六安文化名人丛书

高一涵全集

第七卷

翻译作品　附录

高一涵　著

全国百佳图书出版单位
时代出版传媒股份有限公司
黄山书社

高一涵与夫人陈廷祺在南京莫干山路家门前合影

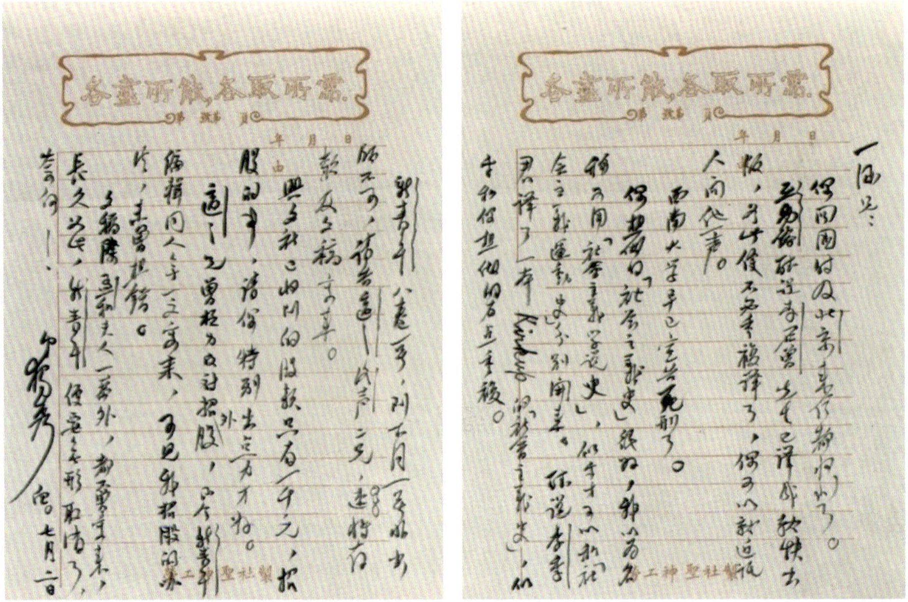

陈独秀致高一涵信件手迹

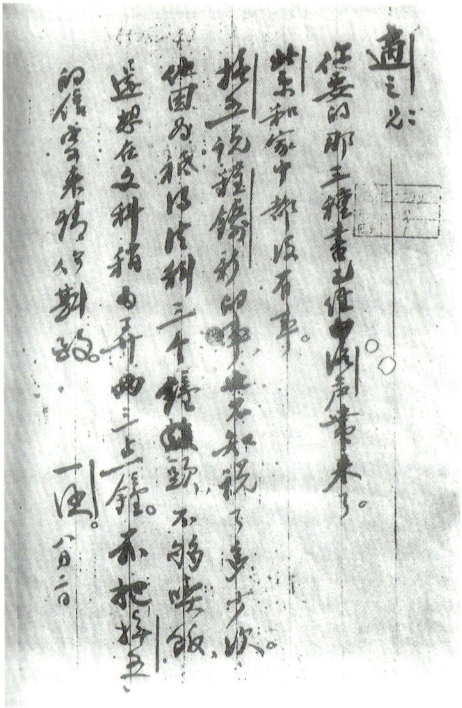

高一涵致胡适信件手迹

目　录

翻译作品

经济思潮史

十九世纪政治思想史

论　文

小 说

附 录

往来函电

自 传

家谱文稿

年谱简编

学者论高一涵

讲演稿

翻译作品

经济思潮史

[日] 小林丑三郎 著

译者弁言

这本小册子，本是我从前初到日本的时候，翻译日本经济学者小林丑三郎的《经济学评论》中的第一编。小林是个个人主义的经济学者，所以他这本书中，全是以个人主义家的眼光来批评一切的学说。大战发生后，他的议论，渐渐发见许多缺点，所以我虽然译过全书四分之三，仍然把他搁置起来了。

我那时就以为，他这部大书中，只有第一编还有存在的价值，因为它是叙述欧洲经济思想史的。今年在我的朋友林素园先生处，看见小林丑三郎有一部《经济思潮史》，翻开一看，果然是他把《经济学评论》第一编抽出来，又加上几篇新作印成的。当时便引起我的翻译心，借回来一看，才知道他修改的地方很少。我因此，便想把我的旧译稿修改修改，把他几篇新作加入。可惜看了他的新作又使我大不满意起来了。因为他那副个人主义的旧脑筋，很不容易改变。所以他那段“俄国过激派的共产制”文中，很有些古怪的议论！因此，又把翻译出版的意思打消了。

有一天，成舍我君来找我替新知书社编本书，我就以我前面这些意思告诉他，他以为既然第一编还有存在的价值，就不妨将他整理起来，使中国人也可以藉此知道欧洲经济思潮的变迁。我听了也很情愿，但因为旧译稿是我初学日本文的时候翻译的，当然有许多错误的地方要改正，因请他拿回去命人重抄一遍再加修改。舍我君拿回去之后不久，就匆匆往上海去了，书社中人图省事，便不用手抄，先交工人排印起来了！等到我知道的时候，已经排印过三分之二了。如果教他拆板，这笔损失赔偿费我又担不起；要想让他出版，实在自己身上又出一阵一阵的冷汗！

舍我君从上海回来又催我速出版，左思右想，只有厚着脸皮让它去罢！

因为板已排好，主观方面一来因为抽不出工夫，二来又不大愿意把他那种个人主义家的社会主义论加入；客观方面印稿上又不容得我改正或加入许多字，所以只得照旧稿排印——这都是将错就错的办法！

小林的新加入的在十八章以前仅有《民主社会主义及运动》《渐进社会主义》和《过激的社会主义》三章。在十八章后新添《欧洲大战之勃兴》《俄德和别的革命》《世界经济的激变》《国际和平联盟论及联盟规约》《改造经济之思想及运动》几章，以后当补译出来加入。

高一涵　十年十月十日

第一 绪 言

经济学之变迁繁矣，就历代最要重之学说，试为之挈纲维，溯流变，原始要终，以详其说之所由起，势必旁考当时经济之情状，远征其沿革，以与斯学之原理政策相并论焉。此不佞斯篇之所由作也。

考列国经济之情状，各树标准以之分划时期者，先有李师其人。彼以生产方法之变迁为标准，分各国经济发达史为五期：第一渔猎经济时代，第二畜牧经济时代，第三农业经济时代，第四农工经济时代，第五农工商经济时代。次有霍代蒲兰以交易用具之变化为标准，分各国经济发达史为三期：第一自然经济时代，第二货币经济时代，第三信用经济时代。次有毕幼霞以经济范围之变化为标准，分为第一室家经济时代、第二都城经济时代、第三国民经济时代之三期。最后有谢茂如以政治部勒〔落〕之变化为标准，分为第一村落经济时代、第二都城经济时代、第三封建经济时代、第四国家经济时代之四期。彼皆欲持一法以驭万殊，臆立标题，即按之一国经济史之全状挂漏犹多，矧欲综赅重要诸国之普通状况哉！立简单之标准，叙写经济史之情状，既有所不能；然欲混合诸法以会其通，则持一国之状况，以与诸国比，纷然错杂，分划綦难；吾人于此，计惟有剖体分肌，一一配合，以为适当之叙述而已。顾欲叙列国经济情状变化之公同，其最关重要者为世界大事，何则？大事发生，必各有其前因后果之可言。故一大事起，其时前后之经济情状及学说，必显有一番变化以随之，历观诸代，盖无或爽者矣。

可称世界大事者虽不多观，然如其事一兴，影响所及，使范围广大之经济情形显然变化其故态。如罗马之兴废、十字军之役、法国大革命、德法战争、日俄战争等事，即不佞所谓大事焉。按，此五大事件，以叙列国经济之演进，虽非适当之举，然据此事由，籀出变化之中心，参较其前后之经济情状，以前述各种经济程式，验其发达之迹，亦庶几提纲挈领之谈欤！

不佞继此所将叙述者，固欲据此分类详为讨论。顾斯篇之主旨，不在征考各国经济情状之沿革，而在叙说经济思潮之原因。故于经济学诸论说三致意焉，于一学说之兴也，重在穷原究委。故凡所记载，仅及于当时各大事及各经济情状之梗概而止焉。

第二 太 古

鸿荒之世，经济情状程式若何，典籍无稽，今不可得而述已，述自埃及以下。

阅埃及、希伯来、阿斯尼亚、巴比伦、斐尼基、波斯等之古史，见其时天文学、数学、医术、攻金术、建筑术、雕刻术及农商业等，已颇振兴。使船驯马，整军备，营商业，铸用金银货，专售染料；且建国施政，大启文明。然其时行宗门种族之制度，逐地迁徙，等于游牧，藉移住殖民以开都市，而集其群。常互以战掠唱霸，悉索贡赋，供不生财者肆其淫威。经济道德，混同为一。其经济程式及生财方法单简粗劣，夫固绝无可疑者矣。

次入希腊时代，则建设国家，创立耆老公民两议院，以实施共和政治。设陆军，编战舰，商业及航海之术，亦颇发达。扩地殖民，铸造金银货。惟其时经济程式，仅为少数自由市民所部勒之都城经济，雅典之市民仅二万人，斯巴达始为八千人，后则不过七百人，各市人口中四分之三皆为奴隶。贱视工商事业，一以委诸奴隶之手。虽以苏格腊底、塞罗风、柏勒图、亚理斯多德等博学鸿识之徒，究其所说，大都以玄学为主，至经济学则直至亚理斯多德始立名词。然财币及价值诸性质之说明，却于伦理及政治学内，稍克睹其端绪焉。其时除农业而外，凡有形产业，均为人民所贱视，谓贷财取息为不正渔利之行。且偏袒奴隶制度，而驰辞强辩。可知其当时经济思想尚属萌芽，至如经济立法，除稍稍崇俭节奢外，殆无足言者矣。

罗马代希腊而兴，其始仅为意大利台北河畔腊千连之一村国。凭藉武力，兼并邻近诸村国，进与希腊属地加塞支（Carthage）决战，征服马其顿、叙尼亚、埃及等国，以建设旷古无匹之一大帝国。所掠夺之金银财宝，悉聚于首都罗马，即以之为商业中心。其地殷富，盖世寡俦。以意大利为帝国之本部，罢免其租税；此外所征服之地，悉隶为藩属，治以总督，而征其贡献。藉此贡献大兴土木于本部，经营宫阙，以饰首都之壮观。

顾窥其帝国之内情，决非金瓯无缺之国，不过笼络数千都城以联合其形貌而已。故罗马帝国直可谓之海市蜃楼耳。内情如此，而尚能弥补其缺者，盖全藉战胜余威所掠得之货财以维持之也。罗马之权力，唯所欲为，无所于限。属土之人民皆奴隶也，富者拥广大之园囿，豪居都市，以独夸首都之殷富；至藩属町畦，悉归荒废。财力集中于国都，各处贫民，日加无已；至四世纪以后，藩属之财力既竭，各都城之经济亦互相分离，无限能力之帝国，遂濒于崩溃之局。故一遭北狄之入寇，遂使庞然大国倏焉瓦解，时纪元前三百七十五年也。都城决裂，一蹶不可复起，不独罗马因之灭亡，即久疲于诛求之诸藩，亦同时溃决。自是经千年之久，欧洲遂为晦盲否塞之秋，几经寒暑，乃见中古之曙光焉。

罗马之徒尚武断，及政治之生活既如此，故其经济思想较希腊为尤劣。人民唯知消费而不知生财。奴隶之制度公行，家争蓄养，公然开市而以人为货焉。产业悉委诸奴隶之手，因以贱奴隶者贱产业。贫富悬绝过甚，无中流社会以维系之，故富者穷奢极欲，贫者至不厌藜藿，各驰至两极焉。当此之时，其思想家如恺陀谢雪卢、孙里加等出，大抵皆唱禁欲主义之节俭论，仅立禁奢法及限制利息法等而已。然亦无效可睹，而奢侈之风，遂浸浸横靡一世矣。

第三　中　古

以夸耀无限权威之罗马帝国，一朝瓦解，余孽远遁，至于东土耳其之君士坦丁堡，饩羊告朔，仅存名义而已。降至中古，北方蛮族（日耳曼族之一种）建立法兰克王国，于纪元八百年加尔满帝之时，统一日耳曼诸邦。西由西班牙之爱尔报，东经爱尔白达今之匈牙利，南包意大利之泰半。其领土之广，几与罗马帝国相匹，为加罗平的王朝之始祖焉。加帝薨后，领地为诸子所分割，至八百四十三年之顷，法、德、意各王国因之而兴。推其中德国为先，于八百六十二年遂袭日耳曼帝国之皇位。然其时意大利之半部，属于罗马法王麾下，法王之权日益隆盛，而欧洲世界相鼎立者，遂为西罗马、日耳曼帝国、罗马法王领域及东罗马帝国之三朝焉。各国渐趋于封建制度。迨加罗平的之王统中绝，代之而起者为塞克逊王朝（纪元九百十一年）。更于千二十四年有法兰克利安之王统起，继日耳曼国之帝位，声威坠地，举其实权拱手奉诸地方贵胄之手，封建制度遂于以酿成焉。

加罗平的王朝以前之欧洲，为室家经济时代，经济程式各自孤立，无通功易事之习，无懋迁有无之风，因亦无钱币之用。盖所谓实物经济也。薄有田土之家，各依其子弟之力，以自勤其手足，自耕即以自食，自织即以自衣，而厚拥田畴者，则使臣仆代耕，以其所奉纳者，用自裕其家计。此实孤立之小己经济也。至加罗平的王朝以后，厚有田畴者日益众，遂联合而成地主团。用封建之规条，以羁束农民。而农民以隶于地主团下之故，渐次集约。都城之手工技艺，亦逐渐增繁，职业联合会因之而起。用公私参合之规则，以羁縻劳力者，而主从之关系益亲，小工业因益发展。于室家日用而外，所有赢余诸品，用以易其所无。于是贸易之习生焉。而寺院及封建领主之属邑，往往开设农产物及手工品之贸易场，因交易之盛，于是遂开通用钱币之风焉。

顾封建之世，武人功烈，煊赫一时。至文学实权，反为僧侣所垄断，学问之事，往往杂宗教迷信于其中。即经济问题，亦为神学势力所左右。严禁利息之法，几有风行中古全期之势。受此等思潮之影响，小己实业益蒙贱侮，工商及供佣等职，视为卑鄙邪僻之为。情势如斯，故纯正经济学说遂无油然蔚发之望云。

十字军役之起，适遭此会。其时属于波斯之耶露撒冷为邪教圣陵之所在。欧洲教徒东来瞻拜圣墓者，往往为异教人所虐待。当是时，宗门势力风靡全欧，罗马法王恃其威令，驱使封建治下愚昧之武夫，使奔命于驱除异教。自千九十六年之役起，迄于千二百七十年之役，欧洲各国之王侯武夫，频年转战于山川险阻之远东。为时凡百七十〔四〕年，为战凡七次。武士之死于锋镝、亡于瘴疠者，先后称二百万人。消耗资财，殆难以数计。然继此武士战亡，枪械发明，遂破封建制度之局，而中央集权之君主政体成焉。国家思想，蔚然发生；工商之力，日增富厚。自由都城，勃然盛兴；航海之术，于焉大启；海外货币，输入益多。依东西文明汇合之余波，振起生财技艺诸学术，并促其思想革新之机。此皆十字军役之效果，而几为全史家所公认者也。

十字军役之后，西欧世界，文物声明，浸浸大启。东欧君堡之东罗马帝国以不能抗奥士门土耳其人之侵入，遂于千四百五十三年五月二十九日灭亡，于是中古晦塞之运终，而近世史光明之影见焉。

第四 近 世

封建制度既废，法西德诸国君权，其势渐兴。代诸侯鹰犬之武士而起者为拥护君侧之常备军制。国家思潮，轩然突发。迨千五百二十一年后，宗教改革之风云，与兹会合。而驾驭此等思潮之各国君主，各争雄长于中原，国际纠葛，蔓延不绝。抗衡既久，因而对外竞争之思想，亦油然勃兴矣。

斯时航海之技大启，遂渐开货币经济时代之局。千五百二十二年，力奖航业之西班牙人征服所寻获之墨西哥、白尔比巴、秘露等地。鸠工营造，赍巨额银片输入欧洲，中美、南美之金银宝藏，渐次发掘，出现于欧洲市场，遂使输入之西班牙藏珍怀宝，富冠一时。而国势隆替端在货币之思想，遂于以肇端焉。

加以国权之扩张，军备之制定，宗教改革之纷扰，列强争雄之猖獗，波谲云涌，迸发于一时。租税烦苛，国债滥集，因而货币之需要益多。于是欧人思潮一变而注射于富强之策。货币加增，非其所惜，而贵金主义及重商政策，遂乘此潮流而兴矣。

第五　贵金主义及重商政策

货币为唯一富源，实曩者风靡全欧之思想，降及十四世纪初叶，英、法二国，凡赍金出国者处峻罚。英国至十五世纪更进而以国产代充输入品之价；至出国品之售价，则尽取金银，且视为商人之本务。千五百二十二年以来，中美、南美之银矿，由西班牙人之手输入欧洲，欧洲各国自政府以至人民，无不有莫大繁荣之感。列国思潮，遂全注于敛金之一策。对内则奖励宏辟矿山之举，对外则谋据富蕴宝藏之邦。此外如西德等国，亦施行严罚输金出国之制焉。

顾此种直接藏金政策，其为愚拙，不难立睹。盖藏金既丰，积而横溢，故金银之价，渐形下落，货物之值，因益腾昂。以流入之金银，交易输入之外品，遂令金银渐去本国市场，向金价较高之国流溢焉。金银出国之禁令，违反者既在政府自身，具文而已，禁云乎哉！

既悟直接藏金之非，于是间接贵金主义因之而起。即所谓“贸易差额说”是也。此说于千六百十三年唱于意人塞若氏，称为无矿国之富国策；而为之发挥光大者，则有千六百二十一年英人门氏及千六百二十三年密司登氏之“贸易差额论”。所谓贸易差额者，以输出商品之价格，比较超越输入者与否，其超过之额，必按价取金，赍还本国。用输出赢余之差，增益自国之富，故增减商品之出入，以其差额利国，较诸直接干涉金银之出入者，其效为益著云。

然仅奖励商品之输出，而限其输入，较诸敛金主义，尚不得谓为安详而周至，何则？以价格低廉之天然品，与价格昂贵之制造品之区别，不能井然周到故也。继兹而有第二间接贵金主义之说起，即重商政策

（Mercantile System）是也。

重商政策之主旨，在奖励高价品之输出，抑制高价品之输入。务使贸易差额卓有赢余，以利己国。其所抱之策，期激赏国内制造品之输出，一也；抑制国内天然品之输出，二也；防遏外国制造品之输入，三也；使外国天然品自由输入，四也。此说为英人约翰罗氏（一七〇七年《货币及贸易论》）、法人梅龙氏（一七三五年《商业政策论》）及十七世纪西班牙、和兰、德意志诸邦识者所唱导，各国政府亦竞先采用。其于奖励也，则赐给保护输出金，奖励航海金；其于抑制也，则实行输入税，拒绝船舶入口及禁止商品输入。

于是中央集权之新国家说，为欲发扬新国家之威权，克奏新国家之功绩，标榜富国强兵主义，极力怂恿其干涉产业贸易之保护褒奖焉。此则实行重商政策之事实也。如法相克尔伯于千六百六十年起，至千六百八十三年止，施行各种保护工业政策，英相格罗伟尔于千六百十五年施行航海条例及其他各国所实行之殖民政策，皆不仅以敛金为主旨，且必为藉国家之力以扶植国产之精进焉。

克尔伯所实行之保护工业策，其大要在增加关税，交付年额百万“立粕”之保护金，设立谷类输出税及保存职业联合会制度之类。

格罗伟尔氏之航海条例：一、凡由欧陆输入英国之物品，以英船运载为限，若由原产国之船舶运入者，则课该商品以二倍入口税，始允其输入。二、凡英国属土之沿岸贸易，除用英船而外，一切禁止。三、凡外船所捕获及输入诸鱼类，课以二倍入口税。四，凡往来于英国殖民地之船舶，以英客占三分有二以上之英船为限。

至于英、法、西、葡诸国所施行之殖民政策：一、殖民地贸易仅限对于本国者。二、贸易所使用之船舶以本国船为限。三、禁止殖民地之工业或加限制焉。四、与殖民地之物品以关税之特惠，使其便于输入本国。

对外贸易之保护褒奖，始依贵金主义，后依国家思潮，既如此已，然至其国内地方之部勒，仍因古封建制度之遗风；否则加以束缚之制，经营工艺，必得公众之应诺，从事工业，必遵职业联合会之规条而受其约束。即至劳动契约、执务时刻、劳金、工人资格，皆严受其限制。此外懋迁有无等业，亦限其维均。

至于农，其主佃之关系，一仍其旧。地主居封建特殊之阶级，不允他级之人樊然羼入，闾里之布政折狱，其权悉操诸地主掌中。农民降心相从，如臣妾然，否则如奴隶、如仆役也。耕作出息，一听地主之指挥，奉敬贡税，若其天职。视此佃者，几为土地之属品焉。其后生计关系，受公法之制裁以行，国家职兼君亲，凡人民之财产职业，均不得自由处理。关于交易懋迁评价生财之道，皆设有一定权衡以干涉之。

(备考) 攻击此主义之学说，其大要如下：

一、货币非唯一之富，仅与他物同为货物之一种，只是有一定效用之货物而已。故纵令物品输出，永远超越其输入，金属流入，渺无尽期；而人民亦决不因此遂称富裕。由是而推，吾人即使贵金输出，亦决非溢出资本。资本虽然流出，可使他货物输入以代之，故不过以此种资本交换他种资本而已。(老汝特氏)

二、且物品输出超越之状态，亦非能继续者。以货币数量过于增加，则货物市价忽焉腾贵，而货币之值因之跌落，币值平准常向值昂之市场而之，跌于此者必逸于彼，不与他国齐底于平准之域不止。且货币之输出也，常易于输入，故禁制货币流通，始终难以收效矣。(侯模氏与斯密氏等)

三、重商主义，每以贸易差额作估计商势顺逆之标准，此其虚伪之甚者也。彼于贸易表册上，见金银超出之额，以为因于输出贸易之不利，遂称为商势不顺焉；殊不知货币出境，果为入购品物而然，抑为偿还国债而然，甚不易于甄别者也。重商主义既以前者为有害矣，抑将以后者为利乎哉？(卡尔德氏)

四、所谓交易特为各当局者得莫大之价格而行，大利所存，必归两益。故平均贸易，乃有无相通，以充实两国物之需要，如秉公交易，虞诈不行，则不特两国皆收莫大之利也，且无论如

何，此等差额亦为理所不应有者。（巴德年阿氏与海尔蔓氏等）

以上非难固多得当，然重商主义其真理亦有颇可采者，故有平反之说存焉。

一、货币固不过货物之一种，然较诸他物，其行也广，其效也溥，既涵有生计之力，复能续继其力于无穷。故货币非国民资本之小有效用者，乃其重要部分也。群化日高，通功易事之法益进，不以货币为效用最多之生产具者，盖未之有焉。（罗恺氏与罗氏等）

二、货币之输入较超，非必不能永续者，侯模平准之说，揆诸事实，凿枘颇多。盖输入货币未必皆流通于市廛，或铸器皿，或饱私家之囊里，或供国库之贮藏，直影响于物价者綦鲜。永藏于一国夫固非绝无之事。即不然而商情兴替，非一朝一夕所能转移。例如一国商业大兴，势趋隆盛，非至货币总额超过内国所需之时，则贸易顺境固不易蓦然衰落。故凡在投资出境或募债入国之邦，泉市舒促，非旦暮非能挽回。斯则贸易之顺逆，断非朝成夕变，幻若云烟者矣。（蒲雪氏等）

三、但言贸易差额，而物品差额与金钱差额二者不为之区分，则贸易差额终不可见。故比例划分，乃为至要。物品差额之所由成，缘于货币之输出，一也；国人因输出而获得利润，二也；因输送往来而厚获运费，三也；售己国船于外国之价值，四也；取外国海上保险之保险费，五也。拂金差额之所由成，于前五举而外，还有：一、由于投资外国，分沾应得之利润及缘此而生资本之转移；二、贷出资本之利息及偿还；三、售股票于他国之价值，并募债于外之新债金；四、由侨客汇入之用费及旅客入居者之携用金；五、由外国送入遗产恩金及临时拂金等。当时重商主义者，不为此种区别，漫然以贸易差额为物品差额，揆以论理，讵曰得宜？然至近时，国际贷貣，日益频繁，往来流通，捷若潮汐。然则一国货币物品之出入，又岂有永久超过之理欤？（劳遂尔氏等）

究之重商政策派中，当时固亦有唱货币非富论者。然此风一盛，举世披靡，试探其通国思潮及政策内容，大抵多吸贵金主义之余波，货币与富浑然同视，唯一目的即在得金钱之多数收入。当时思潮，大率类此。夫货币固非富，由货币购买者乃真为富；又所谓贸易差额仅为商品价额之差，非所语于国际贷貣之差额，若由今日经济思想观之，此固无足轻重者。彼乃重视此两端，谓非重商政策之谬误而何？虽然国家吸留货币之政策，将无往而见其可欤？此一问题，最宜精心研究者也。货物贸易，金钱支拂，仅用货币为衡，藉以媒介其交换。迨至信义大昭之际，有时并此媒介亦所不需，代以飞券钞引之属，即为已足。对于外国，增加新货，即为增加财富之方。而其所增者，又非限于一物也。按己国之所需，无论何物，皆得随时罗集，纳诸国中。有时虽以国货交换需要诸品于邻邦，然抱布贸丝，每难为合，易而且捷，莫货币若者。故于国交弘启之秋，保藏若干货币以供交易之资，洵为得策。且因之激励赢余物品之输出，限制不急用品之输入，即吸收货币，盖无不可者，何则？保存货币，较诸保存货物，其费既廉，且可避消耗亏损之险。再持货币购求所需，则应时骈集，迅捷寡俦。此货币之宜吸留者，一也。国际债务，无论交易贷貣，均须厚备资财，以应其乏。故蓄积多额货币，一朝需要，则可按其定数，任其流出。有金钱流出之因，必于以收物价低廉输出增多之果。然国际贷额愈巨，则货币之逸出愈多，物价廉而金利昂贵，其输出之增加，不过以高利产出之物，博市场之低价而已。推其实际，则产业之利益减少，有价证券之价格亦于焉暴跌。商情变幻，泉布信义之基础动摇。如果因循放任，则货币激减，将至于无。外国兑换市价，为其无现金也，越其兑金限界，低落无垠。输出品价银，收额减少，输入品价银及国际债务拂额，显然增加。国民生计上之负荷损失，将达其极。故际此时会，吸留货币是为至要。此货币之宜吸留者，二也。他如补战时之亏折，救市面之恐慌，吸留货币尤为必要者矣。

顾当时重商政策之所以采用者，非必遭逢兹会而始行之。特以敛金为利国之事实，货物吸收，反视为不足轻重。此其思想之幼稚，夫固无待烦言已。

要之，重商政策根于国家观念而起。彼亦知欲图国家强富，必先增进民财。惟设增富之术，首以货币之额数为主，而获之之方，即在保获干涉人民之贸易。藉贸易差额，以利国家，毕敛金银，即为完成此举之实。因于制造品之输入，天然品之输出，加意制防。而力疾激奖制造品之输出，兼使天然诸品得以自由入国。特重商业之保护，农业之不利，遂反忽焉。且当时国内产业及价格均为所制，浸酿成轻视消费者利便之风。此风一昌，专赖农业课税之法国，遂首蒙其害。于是自然法主义及重农学派遂乘时蔚起，勾萌析甲，妍然见于法国之郊焉。

第六　自然主义及重农学派

随君权确立而起者，为国家侵略之运动。迨十七世纪之季叶，西班牙之国威扫地，和兰独立，英国遂一跃而起，代西班牙垄断海上霸权。法王路易十四行其骄傲政治，唱霸于欧陆。迟之又久，若奥若俄若普亦于群雄角逐场中，崭然露其头角。列国不仅加租增税，募债集资，并用其极端保护贸易策及加产业以严密之束缚。人民政治生计上之屈抑，莫由得伸，社会思潮遂一变而与此暴政相抗。十七世纪之末，法王路易十五（一七一〇——一七七四年）之侍医有蒯芮者，愤现时之情状，沉思冥索，涉及社会之根源，排人工之干涉，唱天然之自由。以土地代货币，而谓为唯一之富源，以农业代工商，而许为唯一之邦本。即所谓自然法说及重农学派是也。

蒯氏之杰作，为千七百六十年所施行之《生计图说》。兹择其所论大要如后：

人类社会，因自然之法与人为之功，错综部勒，而伦脊井然。其所蕲向，均以文明精进、福祉庥和为主旨。而所循依之法则，一定于天意，一定于人为。法既为二，然人为之法，即为施行自然法则之方。故人为法，必循自然法之原则而行也。自然法，不易不偏，万古如一。人为法，则畸零不完，因时为变。人为而循自然之则，则奉天承运，繁荣炽昌，否则达反天行，转瞬即灭。国家之设，纯乎人为。而人类之生，则根于自然。国家如反乎人类生存之自然，干涉为生存必要这小己自由，则是自取衰灭之道，殊无益也。故凡事放任，循自然天则而为，则顺天者昌。经济与国家，必均趋于繁殖昌荣之域。国家之富，非在金银。惟金银孔多之国，则必富，非为金银多而富，唯富则金银多耳。然则国家之富，非金银之增加，乃因财物之丰裕，何则？人类非由金银而生，由财物以衣以食而生故耳。财物非人力所能生，乃由自然之土地而生者。而顺自然之则以生财者，则惟农功是赖。农业常获自然之余利，所谓余利者非他，即所获之富，超于所投之费而已。总称此富，谓曰纯益。人类之相生相养，藉农夫生产之力，以扶不农不产之家，即为此纯益之功效。故一国生计之盛衰，均视此纯益为消长。农业为生此纯益所消费之劳力，谓之生产劳力。天下生产之业，惟农为然耳。此外所费劳力，固无论其为改良财物，抑为制造懋迁也，要尽为不生产之劳力。工业、商业，均属此不生产业之类，何则？此等劳费，于国家富财绝无分毫累黍之益也。谓予不信，请言商业。所谓商业者，不过以价值相等之物，互相交换而已，绝不能为一国生产致富也。商业虽能变化财物，适应人欲所趋之途向，兼有发见其所向之功。然对于国富，固不能为丝毫之加也。其所加者，仅在发见市场，增土地产物以些微之价已耳。次则有工艺之劳力。费此劳力，固能高值其产物之价，然彼于制物之间，必供以衣食之消费。故由工艺劳力以增高之物价，推寻其实，特加以制造时所需工人衣食费之价而已。仅高其值，绝非生产富财也。故能生纯益者，厥惟土地。而致土地生纯益者，厥惟农业。课纯益以租税，是为应然。故课税仅可及于土地，而不可及于工商业，否则无论由何种形式以课税，苟无可负担此税之纯益，则将如之何欤？要之，总合农业之纯益，即为一国自由之所得，而成国家之财源。故政府仅课单一之直接税，固为至当，而又不可不加以保护，使为国家永久之财源焉。试观从来各国政府之所为。仅保护仰给衣食于农业纯益之工商，俾得收充分之利。然其所用之保护金，征于供一国租税之土地者为多。推其结果，使农民不胜其负荷之重，则国家真正财源，于焉枯竭矣。故政府放任不殖产之工商业，而专谋邦本之农业之发达，乃为至要。至谋之之方，惟在循自然之则，于一切生产交易之所关，皆解脱人为之约束，而放任于自然活泼之天而已。

此派所揭示之政策如下：

一、土地之耕作及物产之贸易，全任其自由。

二、凡农夫于身体物品上所负为义务之限制，一切废止。

三、开通道路桥梁，振兴教育。

四、为兴此举而颁赐奖赏金。

五、除去工商业之缔合垄断，一任其自由竞争，致物价趋于低廉。

六、行单一税制，仅征租税于土地之纯益。

此派主旨，在仅以天产物为富。天产物假土地以生，故即以土地为富源。然非假手于利用地力之农业，斯无自然纯益之发生，故特重农业。又负税之实，非必直归于纳税者之自身，而常转归于最终之消费者。彼辈不精擘此租税转嫁原理，以为一切赋税，皆当直归诸农，斯则此主义之缺憾也。顾今者富之本体，不存于财物而存于价值。农业绝非创造价值者，不过与工业同为助长价值之变化而已。自然纯益，亦非农业所特有，特缘于物为吾所专有，遂有此结果耳。工商等业有货物之所有权时，则自然有余利之可生。因而不得不以此为课税之源泉焉。重商学派之议论，本根荡漾，故立论之基，遂不得不陷于歧误之途矣。

然其痛击贵金主义及国家神权说之商业政策，排去风行一时之人为羁罥，而发挥自由之曙光，为生计自由主义之嚆矢，其功绩固有不可没者。继而来模尔、陶格、李泌爱、密若鲍、孔殿雅、古尔来等皆卓越，然为此派之泰斗焉，古尔来氏之放任主义，过于激昂，遂致耸动一世云。

第七　勤劳主义及自由贸易策

货币非富之本体，土地非富之本源。所谓富者，加勤劳于土地所生物产之集合也。凡增益产物价值之勤劳，皆为生产劳力，固无间于农工商贾也。涵容放任，一听其自由活泼而无所于阻，则小己之利益，自与公众利益一致融和，而无损此益彼之弊。以故于干涉产业、保护贸易诸政策剖击无余。首唱是论者，实为近世经济学鼻祖亚丹斯密其人焉。亚氏于千七百二十三年六月五日生于苏格兰之小市加克底。千七百三十七年入格勒斯哥大学，勤修玄学。千七百五十一年任该大学之教官，主讲道德玄学之席。千七百五十九年著《道德学》一书。千七百六十四年辞职，漫游法、瑞诸国。归国后，高卧故山，从事著作。千七百七十六年三月，成《国富性质原因之讨论》一书，即名噪一世之《原富》是已。

《原富》计五篇：第一篇以论劳力价值价格所得之原理为主，第二篇以资本论为主。以上原理门。第三篇论列国富力增进史，第四篇则据前篇事迹判断生计政策之当否。以上政策门。第五篇论国家经费岁入公债，是为财政门。兹述其要旨如下：

一、势力为国富源泉，其劳力之量，缘应用分业机械，而益形增加。因而增进国富之力，其赖工业视赖农业为独多。

二、充餍人生之物欲者为价值。及通功分业之事行，分此价值为二：曰享用价值，曰交换价值。交换价值即价格，所以表示劳动量之多寡。价格之权衡，永视此劳动之量为消息，评价定值，莫不倚以为主因。

三、所得缘于价格而生，按地税、佣金、利润三者而均配之。得到此种均配之人，将消费之以养其生。故消费者之利益，应较特别生产者之利益，为尤须重视云。

四、资本为劳力之果，其类有二：曰固定，曰流动。流动资本为滋生固定资本之源，亦即为生养劳力者之品，诚为人生所不可缺者。至于货币，仅均配产物于参与生产者之间，而又使人间交易易于投合而已，既非为富之全体，亦实非富之要部也。

五、农工贩运四者，皆为人群有益之资本使用法，且为人群所不可无者。国家于此，应放任群众之自由，俾小己急功勇进之心，蔚然勃发，自用于适当之域，以奏厥功效焉。

以上原理门。

六、由列国富力增进之状况以推，则资本泰半先集于农，次使于工，最后则用于外国贸易焉。

七、蒯芮之生计说虽近于真理，然重商派之政策，则有百害而无一利，使各国因之而衰亡。

八、人各深明一己之利益，自觅最良之方法，以优游从事焉。而大利所存，必其两益。如小己利益，得以发达至尽，则可与公共之利益同归于一致，而相需相待，以自达于调和之域。由此而推国际交易，必取兼利两国者而为之，而凡百贸易，应一任其自由。

九、国家职务，除卫国保安而外，所得自行经营者，但限于关系公益事业，而为私人所难举者。行政之道，在使群众安居乐业，克享太平，敛赋征租，适当其度，与夫法律之保卫，无微不周而已。此外无论何如，皆不可施其干涉也。

以上财政门。

十、租税必归着于地税、佣金、利润三者之一，或其二以上。应该有权能以均配国民所得之一部，同时又不得不有此权能焉。

十一、国民应按其资力以负荷政府之费用，政府可从国民岁入之额而课之。课税之基础，存于适当均配国家所得与小己所得于国民生计之上。

以上财政门。

由是以观，亚氏之论说，决非凭空臆断者。博采列国之历史，旁征先世之事实，引为论据，因以证明其所说，此不容疑者也。至亚氏之主旨，实可谓与自然法派之小己主义异，何则？自然法派以小己自由为天赋之自然，并以之为想理之极则。亚氏之说则不然，其主义在公众之利益，其蕲向在求国民富力之增进，固彰然若揭矣。唯所谓达此蕲向之术，以一任小己之自利为最良因，与小己主义同遭排斥，洵可惜也！虽然亚氏之论法，统覆全体，似非无过于散漫之嫌。例如原理门中，凡说及价值价格资本之原理，较从来之学说固为轶群出类，而为学理之钻研。然往往失之肤廓，而乏澄澈精邃之思。至政策门中，其论断更加漫涣，学理之推究颇疏，故常陷于自相矛盾之域。如谓一切活动，若任小己之自由，则小己利益多与公共之利益同归于一致，谓国际交易必取兼利两国者而为之，又于自由放任干涉保护之观念，颇多谬误，皆其疏略之甚者也。于或然之事，断为必然；于析然之事，视为浑然。斯则确为亚氏之缺憾也。设亚氏谓小己利益概与社会利益相一致，二国贸易，概为两国之利益而行，又谁得从而议之，何则？大势所趋，实际必衷于一，不与社会需要相一致之小己营业，其能繁殖者綦鲜，不与两国利益相一致之贸易，其能久行者盖绝无也。夫无论何则，皆有例外。亚氏之论，无包容此例外之余地，故于航海条例及报复关税之辩护，忽与自说相龃龉云。

亚氏既谓无论何处，皆宜放任小己之自利，排斥国家一切之干涉，乃于条举国家职分之时，又特划定其干涉之域。设彼谓小己生计行为，除却例外，概以不受国家干涉为宜，则以实际生计界中发达之事实衡之，庶可证明其不谬。如亚氏之本意，亦以国家职务中之卫国保安公益等事为例外，将何如耶？又关于小己之生计行为，有时应受干涉者，亦决非鲜。彼乃谓宜一切放任，则其论法，似不无用意疏略之嫌。且彼于自由放任干涉保护之观念，多混同政治观与生计观为一，而不为之分析，且于所由之术，所蕲之鹄，其区别之封圻，亦未能了然。与今世普通学者之误，盖相埒也。何事应委小己之自由，何事应由国家之干涉，此政治上国权民权相对之问题，固有重要之区别，然至于生计，则其重要之度，绝不至此。经济学所问者，在事项自身之利害，若移政治观念以为生计之用，小己行之则称为自由，国家行之则皆称为干涉，为保护。以为凡为国家政策，皆为绝无自由之可言。于事项之性质漫无鉴别，单依举行者之属于小己，抑属于国家以为分。自由则皆是，保护者干涉也，干涉则皆非。且若一言政策，绝不容丝毫自由意味存乎其中。又将放任自由，浑然同视，羌无畛域之分。更张既存之制度，固可称为自由的，要求国家之政策，然终不悟自由放任之究有区别也。彼更有误者，即自由保护之观念是已。解自由为废减制限之方法，保护为政府所抱之蕲向。然以方法言，为废减限制之自由政策，而以蕲向言，有不可不为保护政策者。解放奴隶，若废止输出税，若撤除产业之束缚，以云方法，固为自由，以云蕲向，宁非保护耶？此毕竟为区别标准之误也。彼不能纠正凡庸之谬见，而反为所拘焉。既混淆政治上之干涉与生计上之保护而为一，又以政治观念上凡属干涉，处处皆非之思想为主，移观生计，亦断言保护皆非。即此而论，亦足证亚氏理论之疏略云。

亚氏之论就大体以观，其敷陈生计势趋大经大法之指归，固多有颇可采者。然以之为不争之常经，则用意既似粗疏，而胆略亦嫌卤裂。顾此等原则诚得重要。迩来诋諆亚氏之徒，动则挟国家万能主义，以为国家之保护干涉，皆若生计之常经，以处理例外之权道，以代生计之大经大法，乌得不谓为误认经济之根本耶？

虽然以勤劳为值价之要素，以小己社会利害之调和为出于自然，排斥当时弊窦百出之极端保护干涉策，至不遗余蕴，乌得不推为亚氏之功。亚氏主义，通称为小己主义、放任主义、自由主义。而风声所播，几靡全欧，在英则有马尔达、李加多、巴尔来马、克罗等奉为圭臬；在法〔则有〕加拉德等，在德则有鸠伦海尔曼、浩福曼、雅可布、福尔大劳氏等，皈其宗门。此派所以能在经济学史中，蔓延较久，而不坠其宗者，非独因亚氏著作之力，而际彼先后，诸儒辈出，心思论理，相继革新，亦与有力也。在亚氏前有古尔来（一七一二——七五九年）之放任主义，孟德斯鸠（一六八九——七五五年）之三权分立说。与亚氏并代者，有卢梭

（一七一二——七七八年）之平等主义，康德（一七二四——八〇四年）之自由意思说等，尤称卓然有力者焉。

自由平等主义，为玄政法理社会经济诸学共通一贯之大经大法。诸科学术勃焉振兴，宗教威信荡然扫地，社会之心理一变，至有人人不堪旧制情弊之状。而政治上生民未有之变端遂相继而起,即美之独立、法之革命是已。

第八　独立革命之思潮

自十八世纪末叶而后，百年之间，改革之运施，不一而足。而其震惊一世，影响最巨者，则推美国独立及法国革命二事。

北美殖民地之独立，实母国专制殖民政策有以迫之使然。考当时英国殖民政策，垄断殖民地之贸易及航业。凡殖民地所产之天然品，仅使输入母邦。且制其工业，使专用母邦之制造品。盖即前述之吸收主义也。加以英法战争，频年纠葛，英伦国费，需要孔繁，致以殖民地为利源，铢取而寸剥之。千七百六十五年，制定印花税制，课税于殖民地，虽因其抗议而中止，然甫经两载，即设茶纸玻璃等之输入税。迨千七百七十三年，茶税每斤增至四辨（便）士。于是道途侧目，人怀愤心，反抗之志因而弥坚。千七百七十四年六月，母邦战舰封锁鲍司同港，除米谷薪炭而外，一律禁输。至是殖民地十三州使者，曾于费腊德费亚（Philadelphia），于千七百七十六年十月四日，宣布独立，国号北美合众国。当是时，亚丹斯密《原富》一书方公行于世也。欧洲各国人心，同勦美国，法将福若伊等率军来援。转战八年，英军不利，遂于千七百八十三年议和于巴黎，容认美国之独立。于千七百八十七年创美国共和宪法，戴华盛顿为第一任大总统。数自由主义排斥专制保护政策而成功者，实以此为首屈之一指也。

法国是时，正为优柔寡断之路易十六时代，彼父路易十五易箦时，曾有言曰：朕后世将有洪水乎！果验其语，而于千七百八十九年六月遂有大革命之事起。然推其兆变之机，实早隐伏于路易十四时代。路易十四之骄傲政治，与其宰辅克尔伯之保护政策相待而行。致内外国费，俄然暴增，设卖官鬻爵之制，承办暴增之消劳税。享免税特权之贵胄冗吏，日益增繁，负荷课税阶级愈卑而愈重，滥发恶币，强募公债，宦官妻妾之威势，炽手可热，一离宫之建筑，费一亿六千五百万“粒布”之巨款，舞弊营私，烦征苛敛，盖达其极云。及千七百十五年路易十五之袭位也；穷兵耀武，迷不知悛，英、普之国威既振，北美及印度之藩属日蹙日削，内则财政紊乱，外则威信坠落。千七百七十四年，路易十六世起，颇怀摧残廓清之志。然乏英毅果断之姿，为朝臣强请所动，兴师赴美国独立之援，因而暴加国债至十二万五千万“粒布”之多。岁入之数愈乏，国债之高愈加；隆以名相陶格及来加等当整理财政之任，亦恐触朝臣宦竖之忌，惮而不敢断行。至千七百八十九年，国债总额实超越四十二亿五千万“粒布”以上，群目为国家之荡产焉。人民负荷既臻其极，贫富悬隔之嗟声盈天下。夫压弥劳甚者抗弥强，当时自由之议、平等之谈，所在鼎沸，而废止特权破除旧制之气势，早已莫之能抑矣。应国民之要请，开创定宪法之议会，于千七百九十一年，创成民主主义之宪法。其翌年废止王政，遂当新共和政体之下，于千七百九十三年一月二十一日，毅然处废王以极刑焉。

继此一年之间，所谓恐怖时代（Reign of Terror），过激党之互相被戮，无虑百万；是固由彼等自招其祸，而随声附和之群民，亦不得不分任其咎焉。列国王侯，深惧革命余波之横溢，遂从英俄提议之策，群起缔合，运兵攻围法国之四境。

于时，内则党派倾轧，国家秩序荡灭无余；外则联军刁斗，声逼四郊誓死反抗，乃于千七百九十九年一败涂地。士气沮丧，危机日迫，国社行见为墟，此则革命结果之最足恐怖者也。当时微冠世英豪拿破仑诞降，吾恐法国成俎上之肉，而一待他人脔割矣。

拿破仑之被拥称帝也，内而选登人材，理财制法，努力以收揽民心；外则殚精竭虑，希图对于政策之制胜，先乃分击强敌，创来因之同盟，即逞此机于千八百六年，摧德意志之统一，俾成齑粉；揆事实代神圣罗马帝国之后，建成大法兰西帝国，谋杀英国海上权威，封锁大陆，以阻英舰之交通；责俄以违反此令之故，兴大军五十五万，声罪致征，威声一播，震骇全欧，迨莫斯科（俄境）（Moscow）大败，再迫于全欧联军，于千八百十五年三月，大战于活铁炉（Waterloo），天亡拿氏遂见逐于圣海伦勒（St. Helena）之地以终焉。至是全欧列强，亦因疲于军旅，从俄帝亚力大主谋，于千八百十五年，组成神圣平和同盟，誓戢列强互侵之念，休抚疮痍在望之民生，盖实当世拿翁之遗烈云尔。

国际相互之侵略既戢，国内自由主义之运动乃相继而兴，改定宪法以抒畅民权；掊击行政上之限制以发展民力；此等言动，风起云涌，千八百十六年，路易十八之世，法人对于保守党内阁，试行其自由运施；于是若德国儒泰尔三百年祭，大学生徒之自由运动（一八一六年）；若西班牙对费而郎七世废弃宪法而为再兴宪法之筹谋（一八二〇年）；若墨西哥之独立（一八二一年）；若布若妍对于葡国之迫压，愤而为独立之举（一八二五年）；若希腊对土耳其独立之运动（一八二九年）；大抵皆不外革命之一种而已。至千八百三十年法王卡尔乘合并尔塞里之势，解散自由党占（战）胜之议会，变更选举法，遂因之演起七月革命于巴黎。即所谓法国第二革命是也。俄焉比利时、波兰相继而运动独立，意大利、瑞西人民群起而伸其自由，比利时于千八百三十一年脱和兰羁靮而确然独立，俄国于千八百十五年允波兰之立宪，德意志诸邦于千八〔百〕十九年先后颁布宪法，英国于千八百三十二年改正选举制，扩张民权。其后千八百四十二年二月法国民间之政党，互相缔结，唱改正选举制之议。所谓第三革命，轩然又起，创立新宪，再造共和，其影响波及四邻。德则于是年五月开国会，定宪法。法国亦缘社会党同心戮力之故，修改宪法。设任期四年之大总统，而以拿破仑一世之侄路易拿破仑（Louis NaPoleon）充其任。瑞西亦于是年着手改订宪法，民主主义之改革，遂达于完善之域焉。

政治上自由独立之思潮如此，中欧诸邦，创制新宪，确然克奠其国基。自此尔后，遂入于治平无事、群演日新之时矣。方政治变迁之顷，经济之自由主义亦浸浸发辉光大，列邦经济政策，遂于以别开生面焉。

第九 人口论

致富实所以济贫。故富之问题，亦即贫之问题也。然贫之原因，生于过庶。故有时贫富问题又为人口之问题，古来鸿哲，论及此案者多矣。其中最擅荣名者，即乘法国革命后，英人马尔达氏（一七六六——八三四年）于千八百三年印行之《人口论》是已。

曩者重商学派，往往谓人民可以开昌炽之运，故人口繁殖之邦，则富而且乐。亚丹斯密亦曰，居民增加，即为国家繁荣之证。皆信人口蕃衍，确为致富之因。至马尔达出，乃反信人口蕃衍，确为致贫之因焉。

又近世英儒古德荫于千七百九十三年，著《政义及与道德幸福关系论》一书，攻揞英国救贫制度之结果。谓凡百人为制度，却为增益贫民之因。若废人制任天行，则必达于安富尊荣之天。此议一出，大博人世之信仰。马尔达乃一反其说，谓人口增殖，乃为天行之结果。若一任天行，则必陷于贫恶满盈之地狱云。

兹述马氏之大要如后：

人类有自然之情欲，且为人生所必要者，即以一配偶，育众多之配偶是已。生生不已，故人口之孳乳浸多，遂为无限。试观美国北部诸州，其人口每阅二十五年，其数二倍。其地较欧洲各国衣食充裕，风俗纯洁，早婚之弊甚稀，而蕃殖犹如此。若风俗浇薄之后部诸州，则每阅十五年，即增二倍。就普通而论，且有阅十二年或十年而人口倍之者。设障碍不生，听其蕃息，则每二十五年，其数二倍，夫固确然无误者也。然土地有尽，衣食之需用无穷。且适于耕作、便于开辟之土地，更形狭隘。得地之难愈加，斯得食之困愈甚。无论如何运思，谓能豫测英伦农业，自今历二十五年二倍之，再历二十五年又二倍之，比量现时计增四倍。如此臆度何异操蹄豚盂酒，预祝瓯窭满篝，然则人口加繁，历二十五年必累二倍，食物增加断不能二倍也，明已。故人口之生，乃用几何级数，以定数相乘，即如一、二、四、八、十六之累进是也。若食物之生产，则但以定数相加，如一、三、五、七、九之递增是也。以二十五年之例计之，则人口每二百年间可由一生至二百五十六，食物则每二百年间仅由一进至十七。于二百年间之顷，已相差若此，极之京垓年岁之后，则其相差之远，虽巧律不能得矣。果尔，则人人应得之衣食量，必因年递减，推至将来，乌得不底于困穷之极欤？

顾人口之传衍增繁虽如此。然有随与俱来之障害二焉，即所谓豫防限制（Preventive Check）及事后限制（Repressive Check）是已。前者因克欲制情及残忍放荡之为，而限止其生产率。后者因饥寒疾病、战争溺婴等事，而增多其丧亡率，抑或转迁异域也。此等限制，三语以蔽之：曰窒欲，曰贫困，曰罪恶而已。窒欲为一己之道德，贫困、罪恶为一己之愆尤。故人口之蕃增，不受道德之克制，则遭愆尤之迫抑。苟欲守纯洁道德以为生，惩早婚之弊害，以制人口之增繁，则必先殚精竭力，调和人数食量二者，以制其障碍焉可耳。

马氏此论出，当时既遭古德荫之反驳，继此而掊击之者亦颇众。即至于今，其说之臧否，尚未定论焉。批评中之最关重要者，是为美人模利及德人蒲云德脑之说。

（备考）模利曰：马氏之论，首与生物学之原理想凿枘。生物学之常则，高等生物其生殖力较下等之生物为更弱。植物一株可生无数种子，蝇卵一产达二百万，鳕卵一产近千万，至于人类，年举一子，则为最大速度矣。高等生物，常刍狗下等生物而生存。人类滋乳，任至何程，而欲食尽生殖尤繁之食物，宁能达耶？次则马氏谓人口增加较食物增加为尤速，不免有倒果为因之病。因食物之增加，乃有人口之蕃息，故人口繁昌，不过食物增多之结果耳；再次则人口增加，食物亦从之以增加。马氏所忧，适得其反，何则？人口繁则劳力富，硗确不毛之野，不变为禾黍菽粟之场，则变为鱼鸟牛羊之囿。变无机诸品以产生动植物，变动植诸物以产生人类，变人类所消费之物质以为肥料，复归于地，而生植物焉，而生动物焉。因果相循，生生不息。其成也毁也，其毁也成也。循环往复，莫知其终。天不与吾人以一物，天却假万物以为吾人之用。吾人果群聚州处，则辗转贷貣，不息其机。地力既无衰耗之忧，而所需食品亦得如量以供，不虞或尽，是之谓天行。

模利之论如此。虽然，生物原理，常有生多成少之虞。且多生之下等生物，不适高等生物之常食者甚多。此其例亦不可不知也。如常用食物，逐渐乏缺，则贫困必因之而来。所谓贫困之来，尤可与所谓无食而生存者，混为一视，又乌得疵马氏为因果倒置耶？所谓人口稠密之区，因循环作用而无缺食之事，乃因事实上输入食物之多。模利之言，宁与事实相反，故亦非精到之论云。

蒲云德脑曰：马氏人口论，第一，为统计之误谬。征各国人口之统计，即人口增加率最高之新西兰，亦阅三十年而始二倍。如法国则阅三百十六年而二倍焉。所谓二十五年二倍，非统计上所经见者也。第二，为实际上之误谬。依多数之实例，人口增加率随文明之演进而愈灭。所谓人口增加过于食物增加者，全属臆揣。故文明之世，转有人口减少之趋势焉。蒲氏千九百九年之书所云如此，然所称各国之统计，亦有时而特异，非时时如一也。

先于蒲氏者，有古德荫对于马氏之反驳论，有曰：有生产能力之妇人，不过人口五分之一。夫妇产儿平均数，不越四人。故人口之倍增，即处最顺之境，亦需百年之久云。此所断言百年，其表明己意，较蒲氏为正确。然亦不过豫言。今世重要诸国（除法国以外），每年人口增加率，约百分之一余已耳。如今世二十五年无增加二倍之率，惟约百年间始能二倍，则增加率之逐渐减少，乃确然无疑者。顾此增加率之减少，与食物增加之变化，有何等差异，不能明也。且人口过庶之减少，果为马氏所谓窒欲贫罪诸制限之结果焉否邪？若尔，则不得以之为人口论之疵瑕矣。

马氏既曰：人口增加，设障害不生，听其蕃息，则每二十五年，其数至少为二倍矣。如偏袒马氏，凡有戾于事实，皆归咎于障害，则虽攻者多方，不得不终为空论。虽然马氏断言二十五年二倍之增率，第二之二十五年，第三之二十五年及更后之二十五年，皆累乘二倍之比数。如所谓二、四、八、十六、三十二之几何级数者，果何故而然耶？其所谓几何级数，论者皆为之宽容，以为不过其设例之一。顾即如此，亦不免以数字误人之诮。否则指摘其为断用几何数之故，乃以二十五年二倍为主目，则彼亦相对无辞已。无论彼置有设障害不生之遁辞也，即绝无障害之时代，亦终不得有此。故不但除此例外，亦不能以之推论也，且因其一时之二倍遂信为永久之二倍，视为定论焉，亦不可也。

要之，马氏之推理及论断，其使用数字，虽未得底于正确。然思持此以破坏其主重真理，则亦误也。马氏谓每人所得重要食物量，递变递减，夫固人人信为真理矣。有此论以开其先，而达尔文之自然淘汰论，箫宾浩尔之禁欲生活论，始可成立。新国食物输入古国之实例，古国地租腾贵无垠之事实，各国贫民日有增繁之倾向，以及生计艰苦，社会问题，与夫间有数国或有出产渐减之趋势，皆可谓为证明马氏真理之左券矣。

“生齿日繁，则生产方法，必日益变通尽善。察生产之情状，因势而善用之；审社会之妨害，芟夷而蕴丛之。故土地之利用至尽。劳力资本均投注于地，以生产人生必需之食品，即所谓总合生产之设置也。人尽其力如此，故食品之数量，反因人口繁庶而增加焉。”此放任派中白斯点亚、模利、乔其等所主张之乐天主义也。而马克司、殷格司等之悲天论者，则急欲改革生计社会之根本，以补救其缺陷。不佞既主张如乐天派之自然设置总合生产之制，复主张如悲天派从根本改革以成立此总合之生产。且信马氏真理，而以为生齿繁增，日进不已，则过庶之倾向，殆有不可避者。及其终也，必加以道德之克制，务常使生产交通日益发达，以与天行相奋斗焉。此则不佞所深信者也。

顾马氏谓贫民增加，独为人口增加天然之原因，不佞于此，尚有大不满意者，以有私有财产制度为基础，而分配不均之事是已。为其有所不均也，故虽食物递减，而低减之数，各小己间绝未见有同率者。此级人民已迫于人口过庶之苦，而彼级人民绝不低收毫黍，而受直接分担减率之感焉。夫人生所得，各有定率，此盈则彼绌，彼绌则此盈。甲级人民分配之数既多，则乙级人民势不得不受其影响，而生出多数贫民焉。果然，则“贫困增加，非因人为而致，实为人口增加天然之结果”，如马氏所断言者，甚非精邃之论也。次节李加多氏之地租论，实可谓补缀马氏此种论断云。

第十　地租论

马尔达氏断言贫困原因，生于人口增加之自然。承其后以明其说者，为李加多（一七七二—一八二三年）其人。彼于千八百十七年，著《经济及租税之原理》一书，以地租论证明小己所得之不均，乃由于人为产财制度之理。

李氏为犹太人所出，少以鬻股票为业，博巨富，而为银行家及议院议员。生负（赋）奇禀，心思玲珑。故其立论也，不省历史事实，冥思渺索，一以理想出之。不牵于时，不泥于境，而恣为玄理之谈焉。顾彼一着思，则投机中肯，其所断定，却能有合于实际。论锋犀利，有懔然不可犯之风。因而英伦经济学藉亚丹斯密与李氏之名，而风尚不定。惜同时之士，往往以凭空臆断一语排斥之，是其遗憾也已。

李氏明明主张勤劳为凡百之基础。谓物品价格，以勤劳多寡为权衡。所谓价格，包有自然价格、市场价格之二种。而市场价格，有与自然价格同归于一之趋势。又主张生产费说，揭三种价格法。以为占物价大部之制造农产诸品，其价格之高下，皆视生产费以为衡。惟非人力所能多增之物品，则从购者之需要、市者之供给，而定贵贱焉。其他关于佣金、货币、银行及所得分配之大则，为李氏所发辉（挥）光大者，亦不胜枚举。而名高一世者，则其地税之原理也，特述其大要如下：

地租者，因使用固有不减之地力，而与地主之酬价，即对于土地自然力之报酬是也。试考其缘由，则所谓土地者，常因地力之肥硗、位置之通塞，即自然力之异同，而大异其效用。故虽投同等资力，而其报酬，往往迥然不同者。一亩仅获十石者有之，一亩获二十石者有之，获三十石四十石五十石者亦有之。如以一亩五十石之田畴为一等地，则一亩四十石之田畴为二等地，三十石者为三等地，二十石者为四等地，十石者为五等，即最下等地可也。此等参差不等之田畴，其开辟之次第，究以何者为先，何者为后欤？以予观察，始也人口稀少，土地有余，故辟壤而耕者，必先择地味丰腴、位置适宜之一等地（例如一亩五十石）而耕稼焉。其后生齿日繁，衣食告匮，势不得不降而择其地力较劣之二等地而耕稼焉。生齿愈繁，衣食愈匮，则势不得不每况愈下，降至三等地、四等地、五等地而耕稼焉。人口愈殖而愈繁，斯耕境（Margin of Cultivation）愈降而愈下。今由论理以推，耕境方集于一等地也，其时地广民稀，人人得以自由耕作，故地租无由而生。地租之起，实在耕境下降及于二等地之时。齿多食寡，不辟劣等之耕境，则食物将无充给之望，必致谷价昂腾。劣等地之生产，其终亦有余利可言。即二等地投同等资力，虽所获仅为四十石，然如售其所获，则亦有农利焉。何则？同种谷物，列于同一市场，即生产费用少有不同，而市场价格必归一致故也。顾所谓农利者，仅包生产用费与相当利润二者而已。降耕二等田畴，虽无余裕，而可免地租。设地租不免，业农者不得相当之利润，则无有耕稼之者矣。至于五十石之一等地，较之四十石之二等地，生十石之赢余，故争欲耕作者必众。因竞争之故，于是地租生焉。盖农民以其有十石赢余也，即以之供地主之酬价，尚有四十石之余额，适与二等地之所获同率。继而人口更增，食物更乏，则四十石之二等地，为生十石地租，又降而耕作三等地矣，再降而四等地矣，又降而五等地矣。至耕作仅获十石之五等地，而尚有相当之农利焉，则反顾一等地，其地租将为四十石矣。二等地为三十石矣，三等地、四等地为二十石、十石矣。至于五等地，其自身仅以得相当农利之故而耕作之，故不可别出地租焉。今为之表列如下：

地等	产额	地租	利益（生产费）
五等地	十石	○	十石
四等地	二十石	十石	十石
三等地	三十石	二十石	十石
二等地	四十石	三十石	十石
一等地	五十石	四十石	十石

如此表所揭，一等地之佃农，即纳四十石地租，尚与无地租之五等地同得十石之利益。故对于一等地四十石以下之地租，皆欲争耕之，则其地租终至四十石而止。所谓四十石地租者，即五等地产额十石，与一等地产额五十石之差额。全由资力以外之天然地力所生产者也。

地租者，因地力肥硗之不齐，而生天然之恩惠，此等恩惠，即为最劣地之产额，与优等地以上各产额之差。故地主得之为不劳偶获之幸利，此种幸利，复从社会进化生齿蕃滋而大增其量。至于出资家之利润，劳力者之佣金，皆与地主地租，同为分耗一群所得之总量者。虽因各国时殊势异而有所参差，然其自然之势趋，则地主之地租愈腾，斯出资家之利润愈降，至于佣金，则依然安于旧态焉。何也？佣金之实质，视劳力者日用费之多寡为权衡。而其日用费又为农产物之价格所左右。农产物之价格腾贵，则日用费自终不能跌降也。特劳力者之生计状态，常随农产物之腾贵而愈降愈劣耳。故社会之改善，乃为最不容缓之图也彰彰矣。至实行改善之难易，则一视资本家之隆替，与劳力者婚姻之早暮，以为消息而已矣。

要之，李氏地租论含有下列之大则焉：

一、随人口之增加，土地耕稼遂由上田而下降及下田。

二、随愈降愈下之实，每石之生产费，遂生差异。

三、以同种商品列于同一市场，其时价必定于一，生产费虽异而价格则同。（平等法）

四、于生产费差异及价格同一之间所生之差别赢余，则成为各田之地租。

易辞言之：各等田之地租，即为由各等地产额中减去最下地产额之赢余。

五、故地租之大势，反因耕境之下降而上腾。

地租愈腾，则耕作资力之报酬愈减。（报酬渐减法）

此等大则，至今英、德两派之学者，于其大体，尚多宗之。惟其地租界说中有“固有不灭力”一语，招马古饶、密梯浩及其他诸子之非难。李氏于位置便塞之理，解释不周，得鸠伦氏以弥缝其缺。又其关于理法之根本，遭白斯殿亚、模利、马古饶、马沙等之反驳。其中发挥极端反对意向者，则有模利及马古饶二氏。

（备考）模利曰：李氏所谓耕稼由上田下降者，如出书室一步，即有以自悟其非也。夫膏腴沃壤，多位于沼泽森林之边，固非人工微弱之时所能开辟，必也先由地力硗确之砂地始，迨人力益充，渐变而及于上地。李氏又谓因耕境下降，始有地租之起，其谬误更甚。设齐致力于地力同等之区，则地租将永无发生之望。天下有费几许劳力之土地而不生地租者乎？李氏又谓如改善农业，则不惟抑耕境之下降，且道耕境之上进，故足以豫防地租之腾贵。然而农业改善，非一时所能为。若由邃古以来，即从事改进，则日积月累以迄于今，其进益之程，岂不令人以惊讶欤？要之，地租非他，特为施于土地资本之报酬而已。

马古饶氏之反驳，更为有力。其言曰：李氏谓耕稼由上田下降，模氏谓由瘠土上升，皆为察其曲而不知其全之偏论。盖耕稼之初，非必由上田而始，亦非必由瘠土而升也。次则李氏谓地租由于自然之差别而生，模氏谓地租由资本之报酬不同而起。皆欠精确。地力之生产，即无差别；资本之报酬，即无不同，而地租亦必因地主佃农之需要供给而生其多寡增减焉。又李氏谓下田所生之谷物，虽需要生产费为最多，而常为同一市场之谷价所左右，亦全属因果倒置之妄论。恰如谓热度高进，乃因寒暑表水银之上升者然。何也？非为生产费多，乃生谷价腾贵之果。实因谷价先昂，而下田必要之生产费，遂于以加多耳。要之，李氏之论据，乃从倒果为因之误而来，遂违乎逻辑而一一与事实相戾云。今试摘两方之争点，为对勘之如下：

一、李氏曰：谷类总价，因诸谷类耕境最远之生产费而定；然马氏则曰：市场谷价，实生产此耕境最远之谷类。

二、李氏曰：社会日进，则耕稼降及于二等地，而一等地之地租忽起，马氏反曰：迨一等地地租既生，始降而耕稼二等地。

三、李氏曰：耕境下降，则农产物价上腾，何也？因从事生产须费多量劳力故也；马氏驳之曰：农产物价腾贵，则耕境下降，何也？因耕稼虽多费勤劳，而尚有利益故也。

要之，马氏仅以地租为地力之利息，奉此利息以易地力之使用权，即以租易生产力之交换价格而已。故缘地主佃农之需用供给而决定其多寡之量云。

李氏地租论，揆其论法，夫固精巧绝伦，惟度理之根本既诬，观察界域颇失诸褊狭。如彼既断言地租为使用土地固有不灭自然力之报酬，而有无限腾贵之倾向矣。然其耕境之自然力次第尽灭，而其报酬之地租尚愈腾愈贵，则如何耶？然则彼视地租为报酬自然力者，非欠正确而何？此其一。次如谓由较优各地产额中，减去需费过多最下田之产额，而仍有赢余者，即为各田之地租。然最下田所需之最多生产费，将于何处求之？求之之范围，又将如何定之？生产费本依耕稼种类及各地生计之特殊情形而自有同异，各地方就各种之耕稼、各种之情形，而求最多生产费，果何用欤？此其二。又如断言地租之高低与耕境之升降为反比例。意谓生齿蕃滋，日用所需日形匮乏。□□□愈降愈下，及□□最下田□上等田畴地租愈见其昂贵。其说明上田下田地租差别之变化如此。然则如耕境绝无变化，惟一二既耕之地，或因地力之减耗，或因地位之变化，或因他方事业之盛衰，仅于特殊各部之中，忽生地租高低之象，则又何如？此其三。又如李氏以地位之便否，为地租差异之原因。然则李氏地租论，果能适用耕地以外之土地，关于宅基之地租，又将如何适用耶？同一宅基，而为居为市用各不同。居其上者，因所营之业有不齐，故其利益之差别，揣测匪易。然缘街市经界，再无隙地之可降，则其地租，必益见其腾贵之实焉。是果将李氏耕境论为之说明者哉？此等问题，原因繁赜，穷原究委，关涉孔多。详论于历史门中，似为不合，容于本论适宜章节中讨论之。然若李氏所言，单论耕地地租而止，谓耕地地租，其大势所趋，终当归着于各田之自然余利，即归着于所谓“产物价额与生产费之差额”，似庶无大过云尔。

第十一　自由政策及产业改革

英国经济学家之自由主义，实大昌于亚丹斯密、马尔达、李加多三子。阐幽集成，其势遂牢不可破。流风余韵飘扬欧陆，而与浸润人心既久之自由平等诸政治思想冥然会合。维时各邦商业愈演愈进，交易区域遍及全球，通商关系，迥非昔日之比，遂终有不得不睹其生计政策之不变者。降及十九世纪自由主义之生计政策着着发扬，旧时国家之干涉制度、特权制度，随在破坏无余。破坏终则建设始，凡营业契约之自由、主佃从属关系之削除、制限土地所有权之废止、贸易交通之自由等事，群为之努力建设矣。

新机之运施，先起法国。政治上之大革命一起，即于千七百八十九年废削主佃从属之关系，剥夺地主之司法权及渔猎权。越二年更解散职业联合会，确认营业居住之自由。其于外国贸易也，因袭拿破仑战争之后，以保卫国民劳动之旨，存保护关税制。迨千八百六十年于拿破仑三世之朝，缔结英法条约，废止禁止输入案。输入税之定率，按价抽取，并限定在三分以下云。

继法国而采用自由政策者，为普国。于千八百七年，既宣布解放农奴。后此三载，废止土地所有权之限制，又承认营业自由之原则。继于千八百十六年，撤废国内诸关税。后二年，复改正国境关税。不独自由贸易主义确立也，且提自由贸易主义，以游说北德农业诸邦。于千八百十九年，缔成北德关税同盟。又次第威逼工业地南德诸邦，遂于千八百三十四年，使德意志全国关税同盟告成。内则建设诸邦间自由贸易，外则贸易政策亦因时变更。迨千八百六十年自由贸易主义遂于以确立焉。

英国无可解放之农奴，其工商之营业自由，既于十八世纪以来实际推行，唯学徒法之废止至千八百十四年而始行。对外贸易，障害丛生，及十九世纪初叶，自由主义尚难采行。其后觉谷类条例妨害工业甚巨，以高布登、蒲若特擘画，遂于千八百九十四年二月，废止该条例焉。于时又减轻输入税，并特将材料输入税撤免。迨千八百六十年英法条约成，自由贸易主义之基础于焉确定。至千八百六十九年，其纯粹自由贸易制度完备，保护关税至无一存者。

其余诸国亦从大势所趋，略采自由主义，用为布政之方。于土地所有权及农民自由等限制，一律删削。外国贸易，虽不若英国之完备，然其大体亦均趋重自由主义。营业之事，亦以自由为本。至商业交通契约，则更显为自由焉。价格、佣金及服务时刻之约束，大体亦多撤废。但有涉及一群公安公益之职业，须得有司之许令及警察之监督耳。至安息日及保卫劳动所需之各种限制，各国尚共存之。

于是而产业革新之事起。当拿破仑战罢以来，迄千八百六十年，约四十五年之间，欧洲各邦休养生息，国运共庆小康，生计产业遂因而日新月盛。千七百六十四年，蒸汽机关既经发明，千八百三年即供船舶之用。至千八百三十年满，立铁道（Manchester and Liverpool）开车。千七百四十二年塞秀司之蓄电法，于千八百三十八年实用之于德律风。千七百六十八年奥克莱特氏之纺织机成。千八百五十年布尔斯氏德律风法成，千八百五十六年伯思麦之炼钢法发明，其他甘糖玻璃之制造法，亦相继创成焉。汽机、纺织机及铁糖制法，其施诸实用既遍见于各国，而船舶、铁道、德律风及铁糖纺织等业，亦日起而大有功。于是规模宏大之业，盈千累亿之资，遂因之鳞若而兴，蚨若而集。因分业通财之利用，成效卓然。生产之增进，贸易之繁兴，盖全与昔日异其趣矣。诸国现状既已如斯，故一方则激增富力，一方则变化产业之布署。其尤足重者，职业联合会之制度，亦从结社自由之例而罢废之。弛学徒结合之禁，删劳动拘束之律，分力合作之工场大兴，而孤独之手工家艺，遂至根本颠覆。专务于劳力之人，为数既众，又因资财之用途鸿辟，而经营资本之客，亦实繁有徒。故劳力资本两家，屹然各成阶级。此则资本主义极其横行，彼则劳动问题相继而起。又因工业之规模宏大，出品山积，各寻销贩之途。而国际竞争益加激烈，外国市场中，几致失国产之销路。故各国应时所需，思再兴保护政策焉。

会丁此局，一面卵翼资本主义，一面又唱导劳动问题，于学界中巍然表示其中介态度者，则为英国经济学家穆勒约翰氏（John Stuart Mill）其人也。

第十二　劳金基本说及救贫策

英国经济学派如马尔达论贫困问题，李加多作地租论，固皆于人之所得及富之分配两事，已著论及之矣。顾明确区别生产分配，于分配论试行特别研究者，则为其国硕儒穆勒约翰焉。

穆勒英人也，生于千八百六年。年二十三，即发奋著《经济学疑问》一书。时在千八百四十四年，此书出世，既博令名。至千八百四十八年，又作《经济学原理及社会玄理应用论》，果然巨幅。书凡五卷，卷一生产论，卷二分配论，卷三贸易论，卷四论社会演进及于生产分配之影响，卷五论政府及于计学之影响。以李加多之说为主，加以观核事实，综集诸先哲之论说，凡属经济学问题，皆为之旁征博引，罗网无遗，洵经济学中尽善之一大著作也。兹所以称英伦经济学派之殿军云。

穆勒氏既区分生产论与分配论。至其主见，则谓生产之理法，乃由自然不变之天则而成，非人力所能如何者。此其义固与先儒亚丹斯密之言，若合符节。及其论分配也，则谓分配之理法，应社会之演进以变易其方法，而左右于人为之法制者也。若分配资本劳力之报酬，其关系尤不得不然耳。

劳金资本说，固发端于亚丹斯密及李加多两氏，而详为推阐，以前述之主见，于分配论中细为论定者，则穆勒氏也。今表揭其大要如下：

劳金者，因人口与资本之比例而定者也。详言之，则普通劳金之额，乃从得劳金者之数与总充劳金者之财额多寡而定者也。国家有时特储蓄充劳金所用一定之财，而此财额恰当其国所有资本之一部。然其资本总额，与由此总额中指为充劳金所用之部之比较，常非必相同，得随产业之情形，及人民之习惯，而时时变动焉。顾有时其劳金部分之额，即谓为由资本之额而定焉亦可。此即一定时期一定处所之劳金基本也。劳金基本以他时之比较言之，固有所增减，然于一定之时言之，则固确定不变者也。此确定之额，无论由于法律，由于民意，将由于主人之爱情，抑由于劳力者之请求与胥力，皆不得使之变动也，故确定为劳金基本之额。因自由竞争，仅及于分配之率而止，即此劳力者所占既丰，彼劳力者所得遂不得不绌已耳。否则不致令全行绝业不已，何也？劳金基本既已确定，各种劳金不过于其中竞争分配故也。此定额之全部，一律分配，毫无损耗，至为各劳力者所领得之平均额，乃真正劳金也。故劳金之决定，终视存于劳金基本与劳力名数间之比较以为衡，若然，则非劳金基本之增加，抑勤劳者人数之减少，则劳金决无腾贵之理。又设劳金基本之减少，抑勤劳者人数之增加，于此则虽欲劳金之不下落，不可得也。

故目下救贫之策，于设法增加劳金基本外，不得不更图人口之限制。盖如增加劳金基本，非无救贫税以给与贫民职业工银之法也，非无补助劳金法以补充劳金不足之法也。非无均地法使劳力者自耕自给以补救劳银不足之法也，不然，则奖励私人之慈善以图劳金基本之增加亦可。何则？国家与社会于赈济苟延残喘之贫民，皆有义不容辞之责，此则确然无疑者也。顾如欲以前述诸方法救济一般贫民，非所以促人口之增加，助长劳金之下落哉。故救贫政策之大本，惟有以限制人口为主之一法。为细别之如下：

一、以国费教育劳力者之子弟，发育其智识道德，以养成其先见克己之能。

二、因矫正早婚之风，（甲）务唱敦促劳力者自觉之舆论，（乙）如尚有无耻不听者，则以法律之命令，代道德之命令，而设立婚姻限制法。

三、以国费保送殖民。

四、割文化未开之地，划分小段落，以给劳力者，养成小地主之基。但得因时宜，以公债之利息，贷与所需之资金，以资此策之实行。

五、政府可自行救贫之策，毋赖私人之慈惠。但必加被救者以若干条件，俾自觉其待赈之可耻。

夫同盟罢工，乃劳力者自助行为所应尔，其不可禁以法律固无论已。然若以劳金基本之理论衡之，则立觉其为计之左，何则？胸无成竹，不察时机，猥欲强迫他人，漫然行此同盟罢工之举。以无理要挟，迫累资本家。及其终也，减耗劳金基本之根源，而累人者却以自累焉。然如握事业繁盛之时机，审资本家利益之厚薄，而欲分其所应得者之一部，因自然之同情以兴其正正堂堂之师，则社会于此，方将表示其敬意。而资本家既因此震撼，恍然自省其非，遂均其利益之一部，以资分配焉，斯则正当之行，而策之上者也。云云。

对于劳金基本之理论，非难掊击，议论颇觉纷纭。若其时之苏云登及其后之徒荫弼、马古饶、布若士等是也。

（备考）苏云登氏曰：若果有充劳金所用国民基金之存在，则是不外国民中设置资本家社会之各人。各集合其小基金而已，然此所谓各人。果各自有此基金乎？各资本家无论为所自有，抑假诸他人者，要皆有一定之资金，此固然已。然当彼之尽额使用也。必先以购置家族或一身费用之余额，用于彼所从事之事业。当其用之于事业也，必分为数部，以一部充修缮家室器械之用，一部充购置材料之资，其余一部则必用之于劳力。然所谓一家之费用，所谓家室器械之损折，皆各从其原因而变动，决无一定区画于其间。材料之价亦然。然则仅劳力之佣金不变，能乎？否耶！矧劳力佣金之本体，往往自为变动者哉。设人人无劳金资本，即无分配佣使各劳力之固定资本，又何有由此资本而成集合资本乎？又岂有为国民劳金基金者乎？穆勒氏以所谓固定确定者，为此假定劳金基金之要素，以若干资本额，于一定期间，分配于劳金名义之部下，人谁得而非之？顾唯一之问题，即在此额果为确定与否之一点，设为不定欤？则无分之之方。然则指为劳金均率之分子，将从何设定耶？云云。

徒荫弼氏曰：劳金者从生产总积之分配而发生，决非如穆勒所信为来自本中者也。劳金之多寡高低，比例生产总积之分配而决定，决非由资本额之多寡而决定者也。云云。

马古饶氏曰：穆勒氏误以资本为需要劳力之物，是其根本之缺憾也。劳力之需要。实视劳力之效用如何为消息。而劳力之效用，不外因役使劳力所得生产之结果而已。故生产之结果，乃真决定劳金之标准，如以劳金之高下为决于资本之丰绌，则非也。云云。

布若士氏曰：穆勒以劳金为一国总资本之一部，其基本常为确定而不变者，由劳力者之竞争，仅得于此确定额中，均分各自之平均额而已。至于基本之自体，则决为屹然不动者也。然确定不动之法，究竟何如？彼又不为之证明。若进叩其一国生产资本中，将以何部为劳金基本？彼唯答曰：充支给劳金所用之总额，即为劳金基本。是丐问胥词，恰如鹦鹉之对语。然实不得谓为解明劳金基本之界说也，何则？充支给劳金所用之总额，乃因所给劳金之多寡而飘扬荡漾、茫无涯涘者也。云云。

又盆白袁氏说：货物基本论，即所谓新劳金基本说也。其中有曰：货物基本，既由蓄于社会诸货物之确定量而成，而为勤劳者之生资者，特日用必需诸货物之数量耳。此数量非如英国学者所谓伸缩不定凌空无着之资本，乃确然常存者也。且此资本货物之增加，以使用于生产期之延长为主。因而资本家所得之余酬，却有减少之势。然至于劳金者之佣金，则较为腾贵焉。惟其增加率，因由货物之增加而来，其变至缓。至所谓佣金，则为对此货物基本所发行之支拂命令之类云云。

所谓劳金基本，果于一定时期存在于一国者欤？所谓劳金，果为此基本所左右欤？抑视生产总积为消息欤？详推细论，虽越历史门之范围，然劳金基本，乃指资本中之一部以充其用者，今既认此资本为有，又乌得不认此劳金基本之数量为有耶？其数量之所以不得明言者，亦犹精确资本量之不得明言也。至其劳金决定之理法，如令不佞判断之，则两说俱是。唯其观察之点少有不同耳。劳金之决定，往往以资本额为主因；资本额之变迁，往往因生产量之多寡。故即解永久劳金之主因为消息于生产量也，亦宜。

要之穆勒之论，实以马氏人口论、李氏地租论为之基，而又超然立于其表。进论劳金基本之理，揭人口限制之方，渐脱放任自由之正统学派，而底于近世社会主义及德国新学派之门将。其晚年《自叙传》中有曰："吾深盼夫无贫富并峙之社会，为可企及也。吾深盼夫不劳力者不衣食，举世之芸芸总总，均莫逃此规则也。各尽其勤劳之因，乃获生产百物之果。至生产物之分配权，不可决之于家世，务宜决之于正义。"细绎其词，非即其近于社会主义及新学派之一证欤？惟彼于分配问题，觉悟小己自由，非必与社会利益同出于一辙之初念。察其所主，尚欲以小己之道德良知，为维持矫正之具，非若德国新学派全认国家之干涉为至要者也。故为穆勒定论，谓其寄半生于正统学派，投半生于社会主义潮流中可也。而察其介居两主义间之形迹，亦可以占当代之思潮矣。

第十三　社会主义

社会主义之名称，唱始于法人儒罗，彼于千八百三十八年乘法国革命之余势，痛其时小己自由主义，及因机器技艺演进之结果。而于产业上大占势力之资本主义，濡染浸润，风靡于一世，乃唱为反驳之论，举社会主义之义帜以号召焉。其后支分派别，诸说纷歧。今欲备陈其意，确立界说，甚非易易。德国瓦固那氏之界说曰："社会主义者，应社会全局之所需，容认国家对于小己之群聚生养，及生计行为，皆有管辖统治之权"，是也。此说固常为人世所引用，特其意向归宿，漠然无垠，征特不适用以区别他科也，且实行者仅限于国家，不免失于狭隘之憾。以不佞校之，似肥立鲍之界说为近于完备。其言曰："所谓社会主义者，为容认小己之生计，左右于社会条件之事实，因而欲以生计行为之秩序，及产物之分配，委诸社会决定之主义。"是也。即等于所谓社会主义者，认生计上财产与所得分配有不平不均之事实，为社会一大缺陷，欲补此缺陷，及依国家之力，与社会之决定，以整理生产分配等之生计方法也。此界说既足以表明历史上所见此主义之动机及必要，而又能包罗各派社会主义而无余也。

探寻此派社会主义之起源，史家多归功于法国卢梭之一派。其揭平等之奥曰："人类自含生以来，毕究平等，积年阅世，因社会制度之结果不平乃起。而此不平等之源，实导自私有财产之制。"思词激越，遂演起法国大革命，而慓然为一世所战栗焉。其后渐变其貌，传播欧洲诸国，至流出旁支列派之种种社会主义云。

英国社会主义，概为自助，而为高德文、奥文、戴森、茅念士等所唱导。就中以奥文氏《新道德世界》（一八二〇年）及茅念士氏《耶教社会主义》（一八四八年）为最重要云。

奥文氏曰：欲去小己争夺利得，互相逐角之弊，可设和衷共济通财协力之社会以代之。务在小己指导之下，使生产各群所必需之品，对于人人之勤劳，按其晷刻，给以勤劳凭券。劳力者如持此券而来，则酌给其日用所需诸品。奖励教育，培养道德，以殷实有德之人，组设尽善尽美之社会，是则予所期望者也。

茅念士氏谓：矫正生计上根于自由竞争而来之非礼非义贪婪无厌之行为，及改善劳力者由此而生之穷迫、不幸、灰心丧志之弊害，其道不外从基督教之主义，以博爱同仁之缔合为社会之根本而已。先设一劳力者生产联合会，由此及彼，渐臻完备，使各联合会间，生产百物，互相交易，以有易无，用资消费。从小己进修道德之结果，移易其民质。及其实渐举，则使农工商一切产业，均包括于联合原则之下焉。

二子各从事实行，而未见成功，辄遭废弃。由是而知劳力者非秉政操权，运施此策，自无由达所蕲向。于是而政党之擘画始焉。如千八百三十八年之劳动协会，千八百八十四年之社会民主同盟，千八百九十二年之独立劳动党是也。然皆不以改革现行社会制度之根本为归宿，主纲所注，仅在要请选举课税及保卫劳力等方法而已。

法国之社会主义，多丽于空虚，凡生产分配之组织，均欲改造，俾为一群之所公。唱道此说之主峰，有谢蒙伯爵（一七六〇——一八二五年）之《新基督教主义》，富利哀氏之《新产业世界》，蒲郎氏之《劳动组织论》（一八三九年），蒲儒登氏（一八〇九——一八六五年）之《生计矛盾论》。

谢蒙曰：劳力者之数，在今日社会为最多，其阶级又在今日社会为最贫。殷富之室暨中人之家，尝互相结合，以破封建之阶级，彼等自由，固完全获得矣。然其自由，特富裕者之自由，对于劳动者绝无丝毫之益。与曩者封建之世，奚择哉？夫社会之生财，与人群之进化，端以劳力者为动机。故一群之主权，自应为此辈所掌握。元来基督教之主旨，专务增益下级人民之幸福，培养其道德，而发展其天赋之自由。故以此宗教之亲爱主义，代替攘夺制度。俾人各就其力所能为者，从事于动作，以造成按劳给薪之新制度。凡缘于诞生之特权，如袭产权等尽行废止，而于国王监护之下以经营之。云云。

富利哀氏曰：自由主义不但为增加贫困患难之媒，且使自农工等业至于日常生活，皆人各孤立而无缔合之缘。因而劳力货财，徒遭浪费，为生产之阻害，昭然可睹。至于商业，其货物分配之效既鲜，由彼等自收多数之富资以观，可谓其四分之三，全归无用。世人欲避根于小己竞争而来之轧轹，及资力之消耗，发扬国民生产力，使人各自由展发其实力，因以组织规模宏大之劳动联合会。夫劳动为人生之天性，优游服务，自有不胜其愉快者。故以欢忻鼓舞之情，任协力同居之事，则其终也，必增益勤劳之效果，而产业亦骎骎焉日臻胜境。凡所收获，均应人人所贡献之资本才力，公平均配，则贫困患难，于焉消灭，人人安居乐业，各享其无疆之庥矣。

蒲郎氏谓：曩者政治革命，为主持人生之权利；吾人更应以经济革命，为主持劳力者之权利。国家有设立劳动联合会之职，有与吾人以勤务服劳之责。故宜大兴公债，建立各种规模壮大之工厂，俾劳力者息则同居，勤则合力，以从事于生财之道。国家自为最大资本家，可绰然而与其他挟资之家共竞胜利。如富于资者，惠然入会，则按其资本畀以子钱。至联合会之利润，仅得按名均派，以惠勤力任务之徒。凡为该会之员，皆互任经营之责，广延入会者辈，以期逐渐扩张。止自由竞争之害，息私人垄断之机，而代之以和衷共济互相任责之道。念斯则芸芸众生，举自勤其手足，量材授任，载勤载劳，养欲给求，鹑居鷇食。所谓联合精神，于焉完备矣。蒲儒登反对集中国家之社会主义，别倡自由主义之社会改良新案。其说曰：处私有财产制之下，挟资者流，多以之为剥削劳力者之具，而使劳力者于自力所生之货物，不能收有其全部。夫劳力之徒，为一国消费者之主，既剥削其购买力如此，故生产上之恐怖往往发生，致挟资家有荡产之忧，陷劳力者失业穷困之害，社会事业，百弊丛生，盖亦势所必致也。顾欲芟除此弊之本根，而夺小己之自由行止，则毕竟为强迫不平之制。以暴易暴，曾何利之足云？故根于生产法之平等使用，与产物之自由交易，以立平等自由结社之制度，乃最善者焉。欲施此策，必先设一信用联合会于其群。凡生产者所需之资，均由此会借贷而不取其息。以该会之凭券，充其借贷之资，俾流通于各员之间，以作货币之用。如是则人人皆得为资本家，因而消灭挟资者之特权，使毕归于平等。利息地租，泯然绝迹，凡得需用，须自勤劳。不自生财，应无所得。实行此制，不可委行使权力强制之国家以当此任，须一任全部会员之自由决定焉。

法国此外尚有蒲兰克等之社会主义派，亦皆名高一时。至其施行之方，则多以运动政治为主眼。此法国社会主义者之特色也。如所称千八百三十九年之社会党，千八百七十一年共产党，千八百八十年后之独立社会党、革命劳动党及法国劳动党等，皆极力主张共产民主之社会主义，而又奋起直追，欲以夺取政权者也。

德国产业之进化，较他国为綦迟，而其国情又艰于养成自由之风尚，故社会主义之勃兴，亦因之而殿于他国。然于千八百五年，既有白尔秋之异军特起，继而于千八百五十九年有科学社会主义之白眉、马克司者出，更于千八百六十三年又有共和社会主义之若撒来氏见焉。

白尔秋氏（一八〇五—一八七〇年）之社会主义，为欲废私有财产制之渐进社会主义，且与民主社会主义相异。其采用之根本思想，以国家为独立之社会组织体，以小己为社会组织体中之部分生活体，且顺从全体所蕲求之利益。故称为最近德国国家社会主义（即论坛社会主义）之源泉也。其生计之说，即自亚丹斯密氏“勤劳生产物为劳力者之自然劳金”之言引申而广衍之。以货物之价值，视费于生产之勤劳时刻为权衡。按时计核，以决多寡。于其勤劳者精练与否之间，立相当之区别。精练短时间之勤劳，须与拙劣者长时间所勤劳者同视。如是则勤劳时间，按各业劳动之难易，立为一定之标准。然后普通精练勤劳之人，于此所定时间，确定其普通勤劳之量，谓之标准劳量。按此标准劳量，给予标准劳金。确定此等规条，为国家之职分。且须于全群各所设立货物受授厂，凡持产物至厂者，如其劳量，给以相当劳币。所谓劳币者，即明记勤劳时间于额面之凭券，以之证明生产所费之标准勤劳时刻也。怀此凭券，往各所之货物受授厂，则按额面所记之勤劳时刻，取得相当之货物，以自厚其生。此虽非急废私有财产制，然使小己各直接平等，从属于国家。一切生计关系，皆国家自行整理，根于正义，以均配自然劳金。于是厚有资产之家，耗财恣乐之利，愈趋愈减，遂达于废止私有财产制之实云。

马克司于千八百五十九年著《经济学评论》，至千八百六十七年，托《资本论》之名，根于《经济学》价格之原理，以主张科学社会主义焉。彼之价格论，汲亚丹斯密及李加多之余波，谓勤劳即为价格。至其结论，乃反对自由主义，不亦奇欤？请于下述之：

凡物之有价格，乃因需用人类劳力之故，故所谓价格，不过为所费劳力之分量而已。而劳力之分量，即为勤劳之时刻。兹所云勤劳时刻，乃总合一群劳力者所费之时刻，裒多益寡，得其平均之谓。顾事业有繁简，是以繁赜勤劳之一小时，应视作简单勤劳一小时之数倍。由斯义以推，凡百货物，苟生产所需勤劳之时刻相同，则其价格断无不同之理。然就今日实际以观，价格不决定于劳力之分量，即不决定于勤劳之时刻，实决定于市场需要供给之情形，而又依一种之标准货币为计算。故价格之全部，与所需劳力之全量，往往相差，而勤劳遂反为货物之一焉。仅于生产费不足支给之时，受其货币劳金而已。

今设有一人焉，其一日生养所需之货物，费普通六小时之勤劳，即得完全生产之。而其六小时之勤劳，价当三马克之货币。于是有资本家者，日出三马克劳金，以雇役此人，而以自购生产之材料，如纺织及棉花等交付之，使制造如绵丝等之生产物。当此时也，如产出棉花一斤，需勤劳二小时，制出纺机一架，需勤劳二十小时。则棉花一斤，价当一马克。纺机一架，价当十马克。其制造绵丝也，棉花一斤，可得绵丝一斤，而纺机之亏损，又当百分之一。设一人一小时制出绵丝二斤，而服役时间日为六小时，则所得绵丝之量为二十斤。其价格合计棉花十二斤之价十二马克，纺机亏损费即纺锤全价格百分之十二，价一马克二十分尼，与六小时劳金三马克，共为十六码克二十分尼。顾此所计之数，特资本家收回其支出额已耳，并无丝毫益利也。若资本家于此，日役劳力者十二小时，则资本家得绵丝二十四斤，价三十二马克四十分尼。其所支出者不过棉花二十四斤，价二十四马克，纺机亏损费二马克四十分尼，及劳金二马克，合计二十九马克四十分尼而已。两相比较，其差为三马克，即为赢余价格焉。此赢余价格，乃由资本家役使劳力者以久长时间，抢掠其产出额之一部而生者也。

是毕竟产物全部为今之私有资本制所左右劳力者失其生产者昔时之位，因自由竞争契约，至（致）使勤劳如商品然，可以生养费之劳金买卖之焉。

故救济改善之方，非短缩勤劳时刻，俾与劳金均平，即使劳力者得悉收其所产之全体价值，二者固必居一于此已。顾两策之中，皆未有不核计各劳力者以力产出之价值，及所费之普通勤劳时刻也。特其变化原因，甚形复杂，不独核算维艰也，且必由产物全价额中除去非生产吏员及无生产力者之生养费，并资本之收回费、储蓄费等，更属困难问题焉。设即能排此等困难，而遂其核计矣。然私有资本制度乃其根本之弊因。此弊因伏而不灭，则货物交易之价格，往往变动，财产集积，所在皆是。资本劳力两家，失其对立之权衡，抢掠勤劳，减耗多数者之购买力，而生产过多，则恐慌之险及劳力者失业之不幸，亦终不能免者矣。

然则欲解决此弊，其不可不求社会制度之改革也明矣。其方法无他，以今日财产制度之结果，劳力贫民，既占社会之泰半，利用此泰半之机，移政权于其手，藉其众庶之权力，变一切生产之方为通财共产之制。使社会小己，同心戮力，因其询谋佥同，经营全部之生产。且使社会贫民，解脱挟资者一切之生计缚束。通力合作，互相生产，互相消费，恰如旧印度之部落，及南部斯若布之家族村落者然。云云。

若撒来氏当受马克司之指导，而为德国之专心致力，希图实行共和社会主义者。又为千八百六十三年组织勤劳联合会之人。其言曰：方今普国人民为劳金铁则所制驭者，常十之八九。对于此则，藉小己自助之力，既艰于奏功，固不若藉国家之补助，建设通功合作之生产联合会。推行扩充，俾凡属从事劳力之徒，陆续入会。致劳力之子，尽为创业之家，脱挟资者之羁束，谋品位之隆高。国家对于此会，应贷其一亿“达来”之母钱，而不取其子。云云。如上所述之德国社会主义，皆为民主社会主义，而期于立朝枋政，以创设民主国家者也。故从事于政治之运动焉。如千八百六十四年所创立之万国劳动协会，及千八百六十九年所立之“阿逊拿哈”社会民主劳动党（社会民主党）是也。

上叙诸社会主义，其所主张，虽歧异繁赜不可捉摸，而其中议论之根据学术，条理之首尾贯通者，则自应推马克司为最。马氏谓私有制度，戾价值价格之原理，如廓清其弊害，及谋救济本根之方，则在废止私有制度，此其所主张之真体也。不佞对于此旨，虽不得于此详试其议论，然欲一言以评之曰：理论透彻，实行无期而已。

价值非仅为劳力之结果，于今日价值生产费说既破，价值评定说盛行之世界，夫固决然无疑者矣。然价格之所以不与劳量一致者，实今日盛行之私有制度为之厉阶，此不佞所敢断言者也。设私有制度不存，则自然之赢余价格，亦断无存立之理。将如马氏所云：一切物价自与所需之劳量一切相等矣。故马氏之以废止私有制度为蕲向，衡以论理，如关于价值价格者，固无误已。顾有不直接从事生财之劳力，其终也将何如认定其价值，核计价格耶？即产物价值，与劳力分量，将如何使为一致耶？此殆别无胜算之可操矣。次则其数现行私有资本制之弊也，谓有抢掠、购买力减耗、恐慌、失业、困穷等害，抑何多欤？于是而有白云思德荫反对之说。谓社会进化，固有与之相调相剂者，非必尽如马氏所列举。然即姑如马氏所言已，将取此弊而一摧残廓清之，废一切私有制度，为自由之共通生计体，亦如马氏所希图者。然则共通生计体，对于各种复杂勤劳，按其标准勤劳时刻，均酌其实物劳金，果能一秉至公，绝无偏颇耶？不然，则积此不平之因，其终也有不酿成抢掠、恐慌、困穷之果也耶？

藉使标准勤劳时刻之核定，公明如神，绝无分配不平之虑已，然现行私有财产之废止，果能见诸实行欤？废止私有财产制，乌得不与现行赏罚及裁制之机关完全相反哉？乌得不维持勤怠巧拙好恶怨喜之差别哉？是非终相矛盾乎？苟人类非藉游气浮光而生之动物，又无以代其自利利他之心性，则马氏此策，终为不可实施之计画云。

第十四　历史派及国民生计主义

通财共产之社会主义，既偏于一端而不克实施矣。当此派痛诋小己主义之生计说时，又有异军特起，大唱反对自由主义之论法者，则称历史派之相对说及国民生计主义之学说是也。历史派之名，虽唱始于劳遂尔氏。然当李加多派之隆盛时代，英国有耶门斯（Richard James，一八三一年著《富财分配论》），德国有李师（List，一八四一年著《国民生计制度论》），皆为历史派之鼻祖。次则劳遂尔氏于千八百四十三年，成《历史研究之国民经济学》一书，公于世。霍代蒲兰氏于千八百四十八年著《现在将来之经济学》，古念斯氏于千八百五十三年印行《历史研究之经济学》，于是德国经济学之基础，遂于以确定矣。

自来德国经济学原渊源于千七百年代之官房学，视经济学为王侯治产术之一科。迟之又久，有蒯芮密斯之放任自由主义盛行，及劳来、白牛斯、浩福曼、鸠伦、海尔曼等之自由学派辈出，经济学原理之讨论，阐幽研几，渐入胜境。凡政府与产业之关系，袭官房学风之思想，以修补自由主义者綦多。及关税同盟既成，国民生计之思想，于是益加，而历史为经、保守为纬之国民经济主义，遂酿成德国经济学特立之素焉。

德国经济学家如布林司密斯氏，自称为德国满戚司达派。创经济学会于伯林，以鼓吹自由贸易主义，固宛然成一敌派。然所谓德国经济学派之风靡一时者，则称为历史系之新学派。此派议论，断定英国经济学派为独想之旧学系。而谓经济学为因餍足人类正当之欲望所经营之秩然有序之行为。其大经大则，常随各国时势而变迁，绝无永主故常之经法。吾人从事于经济学，要当视为阅时积岁之事。其生其长，皆有生机，递嬗递变，绵延不绝。故其法则亦不得不潜滋暗长，积年累月而变迁，而随时因境，与各国情势相应而行焉。非小己之所独，非世界所能公，乃一群之民，互相营为缔合者也。此即其历史派及国民生计主义派之名之所由来也。

李师氏曰：富之生产力，较富为尤重要。经济学之法则，必按此生产力之异同，与各国之时代境遇，相应而定之。今观各国经济生产力之变迁沿革，第一为渔猎生计时代，第二为游牧生计时代，第三为农业生计时代，第四为农工业生计时代，第五为农工商业生计时代。苟位于温带地方，则其社会之发达，必循此序而演进。迨第三之农业时代，常需仰给精巧品于他邦。欲使农产物与精巧品之出入易于输运也，乃以行自由贸易为利焉。顾进而入于农工时代，工业即甚发达，尚不免在芽萌幼稚之时，苟无保护之条，俾为外国工业所迫压，斯其技术，将无达于精进完成之余地，故不可不由于自由贸易焉。更进而达于第五之农工商时代，物品之制造愈多，材料之需要愈夥。于是精巧品之输出，材料品及其他农产物之输入，渐视为重要便利之事。故藉自由贸易以开此交通利便之机，而决无迫压于人之虑。今之英国，既入此最后时代矣。故采自由贸易主义，增益其生产力，以日趋于富荣焉。法近于英，尚未能造此胜域，反之吾德则不然。今也尚未脱第四期之农工时代，故保护贸易之主义，有不得不断然采行者。采行此策，虽于国民消费上牺牲其一部利益之事，甚或及其全部焉，然为确保国民生产力于永远，乌得不忍其一时之牺牲？且此亦非永久之制也。设吾德产业教育，经营完全，技术发达，日底于精善，则又不得不罢保护之律，而兴自由贸易也。云云。

劳遂尔氏曰：经济学者，社会之生理学也。为其归宿及基本者人也。人心有理欲之分，一为私利心之发动，一为良心之命令，以互相冲动焉。其出而应社会之交际。因私利心及良心之相牵制，相剂相调，而谋公共利益之情念，乃于焉以起。而其心心相印，发为公同者，即为宗族、社会、邦国、人类同情之基本。见天国于大地之上者，独此心之所使然也。且藉兹商业，使人人利害，如蛛网脉络，参伍综错，脉脉相通。以餍人情者，即为自餍其情所必由之道焉。如此委曲繁赜，变化无极之世相，终不可以数学之方式论也。如英国经济学派，就臆撰虚构之人，以论经济学之理。用以钻研，固非无益，然不过凭空臆撰，究非纯正研究之道。理想之社会主义亦然，采之于一国，施之于一时，容有适合之境。若以为可通用于各国民各时代而皆合焉，则谬而已矣。生计制度，未有随施辄当者，亦如人身之于衣服然也。云云。

历史派之着眼于研究方法，颇称适当。夫社会之生计现象，发于历史，成于历史，而毕于历史，此不可争之实迹也。故当历史派之钻研经济学之原理、讨论经济学之政策也，必藉历史之事实与统计，以详考其陈迹，而博稽其度制。应其国境时代之变迁，以立相适之法则。不佞于此，诚无间然。顾事实理断，为一切学问所不可缺之二要素焉。此则必不可忽者也。所谓历史者，详尽事实，无论其若何精邃，而始于事实，终于事实。事实唯足证明存在而已，非足示以条理法则也。易辞言之，历史者，甲事实为甲事实，乙事实为乙事实而已，非所语于甲乙之关系也。听之而无声，敲之而不响。夫欲叩之而响也，则必于所敲之事实而外，别有可敲之物焉，即谓理断是也。吾人所得于历史之智识，乃内籀之知识。至理断则据因果之相推演为定理之外籀知识也。推其极理断之事，虽亦由吾人固有之理性，感受外界之历史经验，籀为此幽玄之智识。然此智识，却为玄然独立，豫存于吾人固有之理性之间者。对于目前事实之智识，则别为一物也。目前事实之知识，乃判定于此智识之下者也。事实之智识为门，而此智识则为键。故非得此键，则不能开历史之门，用吾人之理性，于其中籀出条理焉。然则仅依历史所研究之学问，乃不备不具之学问也。依历史以研究，视不依历史研究者，固为优已。然较研究法之精粗为尤重者，则在最后理断之不误。否则研究法纵极其周匝，至理断而误焉，又岂止功亏一篑之类哉？学问之价值将因此全灭也。

此派依其历史之观察，谓一切经济学法则，皆必随时因境相待而成，用为理论，固无不可。特经济原理中亦有理法焉，可久用于各时，广适于各境者，必非须随时随地为之修正也。至于政策，则应时势之变迁，因境遇之情实，以求运用之咸宜，此固无间于历史派之所言也。然彼仅言“随时因境”于口，而绝不道以何事焉。如此政策学，果得称为政策学欤？抑等于无所谓政策学邪？何也？时云境云，常变化迁流，不主故常者也，故不得不异旧而惟新是谋。然所谓新政策将如何修正旧政策而始适用邪？吾人于此，殊不能有所得也。

历史派中，有谓英国已入农工商时代，故必采自由贸易，德国尚在农工时代，故利于保护贸易，若法国则介于其间云。是即历史派所指为时云境云之大端，而昭示其适用欤？顾何以德国尚在必需保护之农工时代，而英国已独进于自由贸易之农商时代邪？是即所谓大端欤？抑因自国则采行保护主义，故臆为断定欤？此固非历史自体之所昭示吾人者也。英国自千八百六十年以前，已采行自由贸易主义。然论者谓果英国尔时已进于农工商时代乎？然则德国当时已久采自由主义之贸易政策矣，而生产力则骎骎焉有日新月盛之势。此固史迹所昭垂者也。德于彼时见进于农工商时代，迨其后反退入农工时代乎？今后之德国果尚行保护政策与否不可知，然独此国焉，畴昔也入农工商时代，浸假乃逆流而反，复退入农工时代乎？则是德国于千八百六十年农工商业，波涌云蒸，已与英伦并驾矣。德国学者，多以今日英国之自由贸易利益綦微，而高其非难之声故谓英亦大醒旧梦，盛唱保护贸易之论。然则历史派豫言英国藉自由贸易而日益繁昌者为谬误乎？抑英国至今方将反归于农工时代乎？德派学说，诚所谓自便主义也。

新学派谓人生之经济行为，不独私利心之运动也，亦赖良心命令之感发而相剂相调焉，云云。精思邃考以论其详，则吾人经济行为，岂独自利心及良心之命令而已哉，亦赖自负心、虚荣心、博爱心、信仰心、慷慨心、报恩心、复仇心等，交错组织以成之也。如英伦新派以为一切经济现象，仅运行于自利心之上者，其研究方法，既缺而不完，而其理断，亦不免狭薄不周之诮。顾经济现象，若就实际之适用范围，及其永续之时间以言，几全为小己自利心之运行所左右。即不然亦居其泰半焉，此则绝无可疑者也。故非以自利心为重要之鼓荡，则其原理政策，断未有不误其标准者。例如政策，无论其为保护也、干涉也、节制也、奖励也，苟不以鼓舞振奋小己之自利心为首图，则宁有效哉？夫事有经即有权，经言其通则，权言其例外。经济学若主经从权，以定原理政策之纲领，足已。

再历史派于原理政策，亦不免混淆之嫌也。混视理策，实以英国学派为最甚。英派之于原理也，认经济现象以小己自利心之鼓动为其根本大则，而推断其因果关系，固非诬已。特以小己自利心为鼓荡一切行为之具，且必谓自营之私，与一群之幸福相一致，因以放任自由为必然之良策。是即其理策混淆之所。夫所谓原理者，止于即事穷理，籀为定则，以明事实间之因果关系而已。至所谓政策，为社会的伦理目的所命令，以求其达之之方，乃存于原理以外之旨归也。故原理之职，在推寻事实间因果之所关；政策之职，为达其蕲向时所必由之道。其相异也有如此。此等区别，意大利学派类能明之，至于德国历史派则颇有可疑者。以彼钻研历史以推断其原理，即以此历史事实为人伦所公认，尝保守往古实验之方法，以为将来之政策，是则历史派之所以称为保守主义也。此即其混同理策区别之由欤？

抑历史派有全与英国学派相反者。即英派于原理论虽极深研究，而于制度政策之讲求，则贡献甚鲜。至历史派于事实政策之讲求，虽贡献颇多，而于原理论则不能驾乎英派之上。如论价值价格资本劳力之原理，莫不皆然。至分配论，于决定所得之理法，既彰然从英派所论定之地租论、劳金论、利润论矣。于决定原因中，加以政治与社会之现象，并在措词之间，少加修正，语其微绩如此而已。顾历史派于国民经济之思想，殚力鼓吹，启发綦多，此固无可疑者也。此思想既为英派亚丹斯密所明认。其于政策，取自由主义而屏绝干涉，就其事实，则弃集权而重分权；其所论说，亦多有趋向小己主义，或世界主义之势。至德之历史派，其源既滥觞于昔之官房学，始视生计为布政之策，迨关税同盟，及统一分离诸小邦之事成，乃证明生计之事，范围广大，则其利益必较范围褊小者为益多。于此而思潮一变，撤去环境生计之限界，而包罗广土众民，以成最大之经济观念，乃轩然勃发，而以群力趋附焉。其自觉也如此，故其经济政策，均以广大之国民经济为利益，欲以施诸实行。于一切现象，均由国民经济之见地观察之。如自由贸易、保护贸易，则但视为所由之途，而不视为所蕲之极。至若李师，其所采政策，茫无归宿。仅由国民经济之见地以观，利于自由贸易则从自由，利于保护贸易则从保护，要在应各国之时势而决定也，不佞于此论之形式，固无间然。特其实质为国权万能之政治思想所拘，执己度物，流为我见。几以宙内万事，无一不可试其保护干涉之策者，持历史事迹，为其辩护之符，复昔日之重商政策，而少加以修正，实藉一时之名，以行其永久之保护政策也。且国民经济，以历史上之土地民族为最大界限者也。既觉国外发展为今日经济所必需，又觉昔日之经济封圻，早为狭隘。故不得不脱旧谋新，以大自悟察云尔。

第十五　普法战争及德意志建国

法邦革命（三次），扰乱频年。各国乘兹际会，着着运施，政治之民权主义，经济之自由主义，界乎千八百七十年以前，直与国权扩张，及保护干涉主义相颉颃，而且占优胜之势。迨普法战争以后，于千八百七十一年德意志新帝国创成，此主义乃徐形其却退之势云。

普国于千八百三十四年组成德意志各邦之关税同盟也，收德意志霸权于其手，而军器之增善，武备之扩张，直与经济之昌炽相需并进。先破千八百六十六年时奥国之劲敌，执北德联邦同盟国之牛耳，乘其旭日升天之势，截御法国之侵略。于时法以西班牙国王袭位之役，愤普国之掣肘，藉法帝拿破仑第三之名，于千八百七十年七月间，对于普邦宣一战，遂破欧洲频年小康之世局，而开战乱之机矣。

法以轻举妄动，失邻邦之助援。甫及九月，遂有塞丹（Sedan）之大败。法帝至不得已而投降，割地二州，赏金五十亿佛郎，以成巴黎城下之监。继此废止帝位，于共和新政之下，朝野上下汲汲然忍其卧薪尝胆之苦焉。

普国乘战胜之余威，一举而成统一德意志之伟业。于千八百七十一年一月，创建德意志新帝国，制定宪法，堂堂然有并吞欧洲之概焉。迨千八百七十七年，因巴尔干纠葛而起之俄土战役，于时告终。德乃旁观掣肘，使开讲和会议于柏林。为谋奥邦利益，因据俄国之要求，半以间疏法之应援，半以诱致奥邦之亲善。至千八百七十八年，与奥国结攻守同盟之约，以抗制法、俄、意大利于千八百八十三年亦与此盟，至是而所谓德、奥、意三国同盟之缔约乃告厥成功。

奥、意二邦，亦与此盟者，其故何欤？盖意大利自千八百五十九年以来，苦于统一之战争，今虽其业将成，而罗马受法国所怀柔，尚未脱其羁罥。至千八百七十年乘法国请和于德之时，遂割取罗马，俾脱法国之护援。意大利统一之伟绩，虽克奏厥成，而国内之动摇，尚未镇定。奥国则曩者脱离德意志联邦，会同匈牙利以缔为一国，然而国势新造，根本未完，兹三国同盟之成所以易如反掌也。

三国同盟之条件，虽今尚秘而未宣，莫由揣测。然其要旨，大概互相要誓，同心戮力，以确保三国新造之基，且藉其连衡之势，歼灭国内革命自由之运动而维系国权于不坠。此即三国之干涉政策，所以丽国权主义而俄然勃兴之一大原因也。

英国于此，方劳劳于保持殖民政策。如于千八百二十四年，取有海峡之殖民；千八百四十二年，劫得香港；千八百五十七年，直辖印度；千八百七十八年，略埃及之实权；千八百八十一年，容认南非属地之自治，后遂归其版图；千八百七十四年，扩张奥洲属地；迨千九百年，容认奥洲本部之联邦等，皆其最著者也。际兹前后，意、德、法、美诸国，亦斤斤焉遍寻属土云。

施行干涉主义之德国既战胜自由主义之法兰西，欧洲交际，惟其马首是瞻，举左右内治外交会盟征伐之实权，尽归其手。风声遐布，致意、奥两国，亦为干涉主义所薰陶。彼又利用赔款之一部，于千八百七十一年及千八百七十三年，改币制为金本位。影响所及，遂使金价昂腾，物值暴落，各种事业，过于繁昌，生产剩余，突焉山积。而所谓工业上之恐慌，于以呈露焉。特战时之残局，尚未收拾，外邦货物，大有鳞比输入之势。于是为谋国外销路之扩张，制他邦货物之输入，用以维持国内之农工各业，故听从历史派之说，以力复保护贸易政策。因于千八百九十七年，采行保护关税制，一废从来之自由主义焉。而意国于千八百七十八年，法国于千八百八十一年，比利时于千八百八十七年，皆增加关税之律，抵制外品，于自国产业，实行保护，遂开关税战争之端。例如千八百八十一年，美法及意法之关税战争，千八百八十五年德比之关税战争，自千八百九十六年及九十四年俄德之关税战争，皆其最著者也。其尤甚者，自千八百七十六年以来，德、法、兰、比、奥、俄各国，奋勇竭力，互相竞争。而奖励糖饴输出之保护政策，遂与关税战争并称为保护干涉主义之极弊云。

保护政策湍激云扰，列国工业全以人力经营，规模宏开，资财山积，运用巨大机器者，日益增繁。藉物力以代人功，生产之量既多，壮丁之需要复减，通功分业之事日兴月盛，而老妻弱女之佣役者亦实繁有徒。劳金下落，失业綦多，劳动问题，遂因之而起者，实亦当然之结果也。

加以国家权力之扩张，助长教育卫生经济之行政，与军备属土之推广，同为激增国费之媒。财源遂由直接税主义，一变而为消费税主义。于消费等物，均设定有课税专售之制焉。齐民负荷突然增重，劳力者之生计日益艰难。而社会问题，已早成为实行问题矣。顾旧社会主义，原为反抗自由主义而起，所建主义，以流于过激，不免为世人所摈斥。今以激于保护干涉政策之影响，乃不得不变形貌而焕然勃兴焉。

于是，社会主义乃假种种之形式，以发其端，融和调剂，煞费苦衷。欲使国家主义之保护政策，与社会主义相并立，则为国家社会主义；欲使自由主义与社会主义相融合，则为自由社会改良说；欲使宗教与社会主义相调和，则为宗教社会改良主义。此外别有奥大利学派之社会改良说，发皇于奥美二邦。此等学说，为欲别于旧社会主义也，加以社会改良说，或社会政策主义之名称。考其实质间之重要差异，则旧社会主义以废止私有财产为主旨，至社会政策主义，则仍欲其制度。除此而外，其旨同态，合一致进行者，殆亦匪鲜。然社会政策主义，乃当代盛行之学说，论据及政策皆具特性。不佞谨于次章撮其大要而叙述之。

第十六　国家社会主义

国家社会主义之名称，乃创见于德国法理学者阿云斯氏。彼为区别奥文谢蒙等之理想小己社会主义，而加马克司、殷格司之一派民主国家社会主义以此名称也。今则指瓦固那、谢茂如氏等之社会主义而用之。瓦谢二氏为社会政策学会之一员，主张现在国家之保护干涉政策，而观法于历史，取义于保守者也。

德意志既完全统一，而建设新帝国也，于千八百七十二年二月，由大学教授劳遂尔、殷格司、霍代蒲兰、霭喀谢茂如、瓦固那、蒲云德脑氏等之唱议，集举国经济学家及报界于阿尊那提，社会诸疑问，而为学理之钻研，因其议决。乃于翌年设立社会政策学会，是为德国新社会改良主义之发祥地焉。此会之设立，以大学教授为之主，故有讲坛社会主义之称。今也列国社会疑问日益加繁，而此派遂有左右列邦思潮之威力。又与德国千八百九十一年所设立之社会改良学会，以务为实地施行者，同予以莫大贡献云。

此会学者，中分二派：一称国家社会主义，一称自助社会主义，又单称社会改良主义。

国家社会主义，唱始于白尔秋，而完成于瓦固那。属于此派者，如格尔若、枚雅、谢茂如、孔恩等氏是也。此外为之护援者，则有毕士马克公及加尼兹伯，为之实地运施者，则有杜德，皆其著名者也。

此派所标社会主义之界说，大抵以社会内部，贫富相形，产物分配，利害不均，无产阶级，品质夷沦。所谓社会政策者，即调和此相反之利害，改善不良之品质，而蕲一群众生，同臻胜域者也。且证以史迹，无论何时，必建统驭者一人，整理棼若无伦之民生状态，剔抉而爬梳之，与以秩然之纪律。故主此政策者，仅限于国家。藉国家立法行政之权力，见诸实行。此派所主，盖如是焉而已矣（瓦固那为尤著）。是派之所主张，虽或流于强硬，或归于和柔，纷纭议论，百出其途。至其凭藉史迹，认私有财产制度，及建邦立国之事，为人生正当行为，藉国家权力，调和各阶级不平之争。凡经济及社会上之地位，为合群所认为正当者，则为人人保持，以着手于社会之改善。此固多数一致者也。兹其所以称为历史国家社会主义欤？

顾国家社会主义，与其谓为社会主义之一种，毋宁谓为广泛国家主义之一种也。何则？此主义之本旨，根于历史玄理国家说，国家，含灵秉气之人类所创造，而具有生机者也。其利其害，为一群之所公，而超然于一阶一级一党一派之利害以上。凡其所为，皆配义与道，而衷于乾坤之正气。小己必依赖国家，始克达所蕲求，遂其人伦之生活。推其旨意，不过扩张国家集权之范围，于放任职分而外，许其有广泛之干涉职分。既加繁殖产业、启发文化、保护贸易诸项于其中，复举社会政策，同视为国家职分之一部。于是而谓为广泛国家主义之一种，谁曰不宜？

唯其如此也，故其所主张之范围，应形广漠，而非限于狭义之社会改良主义。今摘举其要求之要项如下：

一、私有财产制度全为史迹所遗留，故致力保存，以限制自由竞争。

二、国家之职，本无限制，广为扩张，俾符合乎正义。

三、银行、矿山、运输、交通等业，可特由私人之手还归国家经营。

四、货币的资本为交易经济组织之特色，可限制于其权势。行险侥幸之营利诸业，特加以严重之限制。

五、关于保护劳力之徒及扶持贫而无资之子，皆藉国家立法行政之力实行之。

六、保护干涉之策，凡为维持小农及中等社会所必要者皆得行之。

七、保护幼稚之工业，并恢复衰颓之农业。

八、于课税制度之中合带社会政策及产业保护主义之性质。

要之，国家社会主义乃恢复曩者国权扩张主义而保守之，以广义解释此阶彼级之争，凡加特殊产业，保卫收特殊产业为国有者，皆不外为调和阶级互争时所率由之途径。将保护贸易主义和社会政策，巧为联合。彼既由历史派而来而又隶于社会主义者白尔秋氏之门墙焉，顾保护贸易主义，乃资本家及大营业家之利益，而社会政策乃劳动者及贫而无产者之利益也。杂集两者，合冶于一炉，锻炼消融，独创一格，原属羼杂无理之事。虽一时得宰辅毕士麦公之援助，或有见诸实行者，及至于今，其威势已不如昔日之煊赫；见诸政界者，仅为贵胄保守党及农党所宗尚；至于人心学术间，其势力则有递嬗递灭之势焉。

第十七　社会改良主义

社会改良主义及前章之国家社会改良主义，同为德国社会政策学会之所唱，虽因分类之便，称为自助之社会改良主义，而实则不过义意缩小之社会改良主义也。何则？以他国之社会政策及社会改良主义，无不包涵此义故也。

德国之社会改良主义，即自助之社会政策主义，为蒲云德脑、毕幼霞、曾宿、吴霭伯、老霭门氏等所唱导，而宗教社会主义亦多有属之者。

社会改良主义，以为社会之克臻乐境，乃在群流之利害相剂相调，合为一致。凡今社会制度中，所有相反之利害，务使调和融贯，俾各安其所。凡在无害合群公益之界中，见有背戾调和者，既可制限其势力，又可改善其品形。此其方策，皆彼等所宗者也。欲以国家之保护干涉，排解此等难关，往往失诸公正，抑或觉其过当焉。不独有害群流之调和，而益其争端，且以一己之自觉浑施之，视藉他人之力以行者，其事愈重而其效愈及焉。故解决此案，务宜由人人协同自助之精神，创造互相缔合之社会，藉此社会群力，以观摩运行焉。则庶乎其可矣！

然则国家权力，将施诸何事，运于何时欤？此派于是虽议论纷纭，莫衷一是，而然其旨投意合，谓有可容国家干涉之余地者有三，即人类自私之情，得诸赋界，用之不当，其终为也，将害及一群之公益。国家于此，可限制其自由运施；一也。资本主义及自由竞争，虽为发展社会生计所必要，然稍越其界，则其势必颓。国家于此，可以酌加干涉；二也。决定所得分配，有不得其公平。国家于此，则务宜变通其方法，或加以限制焉；三也。然彼亦非谓必需国权之处理也，不过谓容有干涉之余地而已。此殆其众口同声者欤！

至宗教社会改良主义所主张，认社会群流常相反之状态，固与一切社会政策主义相同者也。其所异者唯其取为最终之方法，以调和社会相反之状态者，在使教会为统驭人群之主而已。然彼亦以国家本然之性质，仅于保卫共同利益必需干涉之时，始能限制小己之生计行动。施国权于社会政策，惟对于放任小己之自治自助，而难于施运咸宜者，乃形其当耳。其所主张之大体，与自助社会改良主义之系统，至为近似。此派之元祖为旧教模戴若祭司。今也新教旧教分为二派，如塞柹霭加、海尔曼、格灵等氏，则属于新教派焉。此外如法、瑞、比、英诸国宗教社会改良派亦实繁有徒云。

所谓社会政策派者如此，其中支分派别，人各不同，论异其所据，政异其所施，故于其实施之方策，欲提要钩元，窥其端绪，不可得也。不佞谨搜罗此派著作中所标之意见，而集其大成。为避其重复，乃就哈浩撒氏所列举于近世社会主义篇者，为叙其要概焉。

社会改良政策纲领：

第一　宪法事项之改良

（一）皆施行普通选举制。

（二）扩张选举权俾及于妇人。

第二　生计政策之改良

一、关于勤动及劳动者

（甲）劳力之改善，即改良专门教育及国民教育制度。

（乙）官公劳动统计及情形之调查。

（丙）设立特别劳动局。

（丁）制定限制妇女幼工劳动法。

（戊）设定劳力者保护法。休息日及最高勤劳时刻等特须加入。

（己）国家强制保险。对于死伤耄老衰废者。

（庚）营业及工场裁判所，使代表劳力者佣主。

（辛）特别官吏之监督工场。

（壬）劳力者之缔合全然自由。

（癸）设立受监督之强制职业联合会(是乃少数社会政策家所主持者)。

二、关于资本及置地土地所有权

（甲）改造袭产法。有坚持于旁系袭产时，认国家有袭产权之主张者，亦多有持全废私人袭产权之意见者。

（乙）防止兼并土地之农业政策。此策于中下农民阶级有充分保护之必要。

（丙）改变私有财产权于终身（是为福来白尔之意见）。

三、关于交易

（甲）决定价格表（不赞同者颇多）。

（乙）防制有害公众之价格同盟。

（丙）便利贫流之贮蓄及消费信用。

（丁）低廉或便利交通之机关。

四、关于国民所得之分配

（甲）劳金表。不得低给及高索。

（乙）制定最低之赁率。若因事业收益过少，而不能拂者，则国家或自治体补助之，或一时自佣之，此其条件也。

（丙）暴利限制法。防不正事业之利润。

（丁）以法律强制劳力者参加冒险营业。

（戊）改良救贫制度。高其保护额，且解去失品丧名之条件。

（己）保障失业者。

A. 失业强制保险，其有阻碍难行者则采用他法。

B. 设定地方劳动所。

C. 国家及自治体临时佣役。——但自治体佣役失业者所勤之事务，由自治体之经济性质及地方各种情形定之。

无论如何不可役之于清道除污等事务，以其全无着性也。而于特别职业之事务，无论何类，亦不可与以保障之权利。

（庚）务为失业者另筹收入，使失业不再增加。（按格氏之意见）

（辛）凡立法有改地税及资本利润，由此级人民移于彼级人民之事，须避之。以国费偿赎质务，虽为农民侧之所希望，然必力避之。

五、关于消费

（甲）贫民中之困于择居者，以居住法补助之。且藉此法使自治体任改良劳力者居住制度之责。改正自治体之选举权，使市中贫民势力之及于市政者，较昔为强。设卫生委员及国家检察居住官，以监视执行居住法。又时常使自治体建筑租借居室，因此而委自治体以有利之公用征收权。

六、关于人口增加

（甲）移民外国。特别的大其规模，而以俄国、南美、亚细亚等地为目的。或有社会改良家说：以武力掠取俄国及小亚细亚亦可。故殷鸠氏关于此等移民以为德国必更须采用重大之社会政策，因而行第二之救贫法焉。

（乙）移密就疏。此法之主要，在移通都大邑及工业区域之密集人民，散诸地方。又以全废农业关税及农税为得土地财产之方法。因而使万邑千村之地，都归公卖。（殷鸠氏）于此不但防止以土地乘机窃利而已。政府会计官入于买卖产业者之间，且以干涉对于新农民财产投资为必要。

（丙）至限制人口策，须证明确实之收入及依法定最低之婚龄，以节制其婚嫁。古昔警察所提示之违者科罚方法，皆为近世社会政策所废弃。

第三　财政政策之改良

（一）累进的所得税。

（二）累进的袭产税。

（三）消费税中增重贫民之负荷，且凡不得援卫生及道德之理由以掩护者，须一律废止。

（四）改良公佣。

（五）扩张自治体的企业机关，以开改良社会之财源（火灾及生命保险、不动产信用机关、公立药种业、乘车业及自治体广告板等）。

（六）城市地之增价税。行此税制之法，先算定土地价、筑室价，及最后售让之际，核定其价额，并计其前后所费之资，而由其所增之价减去之。

第四　劳动自由组织的政策

（一）决定劳金问题之职工联合会。

（二）藉设立自由救助金库（无国家强制保险之际），为老病残疾等保险。

（三）设消费组合，不独以之为廉购日用品的机关，且为节俭生计法之训练所。

（四）设立生产组合及劳力者入股公司。

（五）佣主之公益施设。例如设立均分利益劳力者委员会，劳力者居室所建筑及育婴堂、工场医院、工场学校、给食所、浴堂等之种种愉乐机关。

（六）设公益工程公司，建筑劳力者居室，使廉其价格而正其结构。

（七）畀劳力者子女以家政教育。

（八）设劳力者教育会，附置讲堂、病室、宣讲所、读书室等。

（以上八项为海古拿氏之提案）

国民的宗教与道德之刷新，无论自由主义家、保守主义家、宗教主义家，皆视为重要。惟使自由主义之社会改革家开辟此等改善途径，乃为最困难之举。例如，使富流品行趋归道德，废去放辟邪侈之奢靡；使一切行为不待告教而自衷于人道；使学校教育及伦理与国民教育互相协赞，底于完美；使爱国心性及道德志念日进弥高。凡属此类，为尤难焉。至于保守主义之社会改良家，则惟黜知塞明，以愚黔首。使对于警官、佣主、军长，仅知俯首下心，伈伈伣伣。其最易开辟刷新道德之途者，莫（若）宗教社会改良家。若似彼等持信教之诚、让逊之德，与夫兼爱利人之行，素谂解决社会问题之有效的方法也。

社会改良问题之讨论及政策之实施，德国而外，亦颇盛行其风。然其所趋，多依自由改革之策。如英、德、法、美、奥诸国之自由勤劳联合会，日新月盛，尤可惊怖者也。

蒲云德脑氏劳动联合会之界说曰：劳动联合会者，乃服役同业之人，以本能自助，相为缔结之会也。当其结勤劳契约也，则以保护会员之利益为主旨；当其失业也，则以筹其救济之方为务。其会盛行于英，德次之，美、奥、意、比诸国又次之。其所抱之目的虽如蒲氏所云，而就其实际，则是隐备同盟罢工之举。强要与会，张皇其势，藉以养成争关之机者，其数为多。至德、奥诸邦，其主张过激，如所谓逊底加主义者（Syndicalism），凭其臆想，以造成合力生财之勤劳国，不尽夺资本家之事业于其手不止者，则又鲜矣。

列国之形势既如此，而国际间新奇变动，因之又起。千八百八十九年，既设国际劳动局于瑞西巴撒尔。虽为私立，然其支部殆遍布于德、英、法、意、奥、比、美诸重要之邦，交相研究，贡献颇多，此则其永立之机关也。至千八百九十年，更采文明各国政府所主张，开国际劳动会议于柏林，如期而集者十五国。其后于千八百九十七年开议于比利时布闾色府（Brussels），其决定劳动问题之规定，已传报各国，方资实行普及云。

社会政策派中之最关重要者为自由主义之社会改良派，不佞于此，谨评数言于下。

自由社会改良主义，其立论之本与政策之方，大都皆得其正鹄。其最可称道者，则在于社会国家之界，划然判分。彼辈意见以为人类经济各自孤立，终必难抗拒天行，必也相依相辅。集为大群，始克以人为之功，左右自然之天演，以进于治化无疆之庥。此史迹昭著，人无间然。且足表明社会之成，必以人类经济之关系为主。由此社会观念推而演之，则由经济关系而成之社会。与由政治关系为主而成之国家，攸分畛域，画若鸿沟。故社会之范围与国家之境界，非必一致。社会之连络，果确为生计所关，则其范围直可超越国家境界以外。而一国之内，苟因所业之流各有同异，则从职而分，可于同一国中成立万殊之社会。此流彼派，判然各殊，即为社会之阶级。苟此不同阶级，于财产及所得之分配不得其宜，则赢绌相形，利害生焉；利害相感，冲突起焉；即不然，财产所得，分配均平，然无间何流，皆有所梏。既因其职业之有以异也，乃贵己贱人。于同流之业重若珍奇，于流异之职视如敝屣。此固人情所同然者。故流梏之执，与夫分配之殊，相形愈显，相竞愈张。以其各自相竞也，故害及调和之机，弱其缔合之力，人治不彰，天行乃酷。重重拘梏，听命于自然，甚非所以谋生计之恢张也。故为社会之全局计，不得不芟夷此相竞之根。论思衔按，愈推愈明，此其立论之有当者一也。然此特以国内之生计为主，社会之连结，可远张其范围于国外。此其所以不以国内之政策为满足，必更推而广之，以讨论国际间之社会改良政策也。如变更劳动条件，如救济失业制度，如设定资本税，如使勤劳联合会之运画日起有功等项，仅行于国内社会。今者国际之交，关系日密，使不逐渐讲求，进筹夫国际社会改良之策，微特终不能达社会改良之蕲向也，且阻害横生，而为其进行之梗焉。是国际社会改良之研究，常随国际生计关系之扩张，而愈形其重要。此其用意之有当者二也。彼于运筹政策之顷，即先以资本主义及自由竞争，与夫自营自利之私情，为生计舒张之枢纽。其刷新社会之原则，采自由主义，特排斥保护贸易，而杜绝其缘，是即其异于国家社会主义之所，而思理层接，整然有条者也。此其策画之有当者三也。且彼以垄断一切为群流竞门之厉阶，垄断愈行，则阶级之竞斗愈甚。欲除私人垄断之弊，而移归国家及自治体之公营，固一见而知其与自由主义相龃龉。特彼等以垄断之事，为二三小己之自由，且认为自由竞争之仇敌，故以为废除垄断，一归公营，绝非与自由主义相矛盾，而却能恢复自由竞争，底于圆满焉。此亦其有当一理者四也。

以上所陈，乃不佞赞同社会改良主义之大要。顾细按其坐言之条，以筹夫起行之策，则有未易令人首肯者。事体之缓急难易，显异其程，诚欲实施无间何国，终必期之以渐而已。

不佞之所为彼等遗恨者，即通览条呈，不禁有经纶薄弱之感是也。彼所怀之本旨，在补缀现行制度之缺，固有不得已之苦衷。特类似事项，存于此外者，尚不知其凡几。推寻其实，即政策之界域，亦有所未明，此其第一缺憾也，次则施行是策，而生产技术不能随之精进，是乃危险之道。所谓变更勤劳之条件，所谓限制弱妇稚女之服劳，所谓设备各种教育及愉乐之公所，所谓支给保险金及企业生产费，有不随之增益者乎？至蒲云德脑氏谓缩短勤劳时刻，反令生产之力增多，其所援证之表，乃就限定之时与部分之事以为言，殊不悟其他之反对证据，纷然百出于其间，又不思机力人力之工业，其相差不可以道里计，而时刻劳金制之于产额劳金制，其相去又不能以寸也。立论之基，不当孰甚。欲以不稳健之保证，市其安心，殊为未足。故乃起而唱议，欲制定保护国际劳力者之法焉。设不察一国生产技术之精进与否，漫然自施其政策，则生产之费徒增，而产额仍旧。或于外国市场之竞争，自形退败，所创之业，势已告衰。其终也勤劳失所，劳金低廉，凡百弊端，还然骈见。致使各流之争，愈加激烈，险孰甚耶！此其第二缺憾也。三则施行是策，而资本总额不能随之增加，是亦危险之道。生产技术之精进，必由资本劳力之增多也，不待赘言已。若劳力因保护法之故，比于劳金，不增其量，则其法惟有出于增益资本之一途。今资本依然，绝无增积，而其贮蓄，反因设备勤劳保护及课税等事，而愈形低减。果有此弊欤？则劳力之用，不得尽充其量矣。兹以德为例，依学者之所计，德国投于矿工等业之资本，比较劳力者之人数，一日适当千四百马克之多。由此可知劳力者之从事职务，于劳金资本而外，不可不集有举行大事之资本。苟资财销散，即为致劳力者失业之厉阶。此不佞所以忧资本总额不随保险而增加者之甚为危险也。四则政策之实施，必随事势之缓急而撰定其先后。凡策行而生产之费如故。于资本之增亦无所碍者，乃先择而施之。他则需其时日，施之以渐。此不佞所敢断言者也。如减废消费税，低减住宅费及生养费等政策，先为实行。至如变更勤劳条件等事，则待其后而施焉，是矣。其五则社会改良之策，固不可不施及多数贫民之全体。然其事实，有不能概然者。故惟有舍其他级，而趋重于工厂劳力者焉。依曾霸之综计，则德国之贫而无资者，其数达及总人口三分之二。今以之为五分之二，固无所误。然完全受庇于保护法者，其数綦鲜（约二百二十万人）。至如勤劳时间、休息日及禁止夜工之制，虽于工厂而外，并家室工业、商铺工业，可援用者颇多。然其余之保护制度，能适用于此辈者则盖寡，矧能及于小学教员、下级属吏、室外劳力者、交通机关劳力者及农佃等流者哉？于贫无资产之中，仅保护其三五劳力之徒，此外则概为保护所不及。或及焉而托庇之荫不周其身。及其终也，损益利害，失其调和，相激相搏，浸酿成争竞之因矣。其六则运布此策之顷，亦必视社会之文化道德，其隆替之度为何如？自由改良主义之本旨，专恃人人有先见，有良知，有公德心，始克奏效。即施行干涉主义，亦必以人之自助自克为精神。而此精神之要素，必因其群文化道德之程度而显有高下，固无论已。今若施勤劳保护之渥遇，泽及怠忽无识之徒，则人口之加，忽焉过庶，而受劳金铁案，在之左右。再欲增施庇荫及于穷迫者之身，庇者弥多，托庇者弥众，茫无涯际，殆势所必至者也。此外如劳动联合会，虽本为自营自辅所缔合。若考其实弊，不特强要与会，以盛张阶级竞斗之力也；甚或凭理为推，流于过激。欲达其的，出于暴行。如斯流弊，宁能保其必无耶？此其七也。且群流之争，既起于所业之异，流梏益深，习为天性，任施何方，欲其拔本塞源，终难得已。故职业之种类益增，阶级之流品益赜。阶级之中，复生阶级，亦属意中之事。所谓政策，不过于彼此感情之间，少调和其激烈之争，归于缓和而已矣。至欲见诸实行，非社会之文化道德，湛然日隆，优游浸润，施之以渐，殆无望焉。

此其八也。

奥大利学派，发端于梅格，即于千八百七十一年著《国民计学原理》者也。而巴霭尔（一八八九年著《资本及本利论》）、吴易撒、撒格思、咸立、鲍氏等辉光之。英国之耶方斯、马沙，意国之柯色，法国之蒲鲁克，美国之克若克、安德黎、伯当氏等，与之相应，遂拥成学术上之雄镇焉。

此派先以为历史与学理屹然独立，各有其基，不相混涉，而痛诋德国固守陈迹之历史派。其言学理，又不似英国旧学派永久游移而不定。以为社会新象，随生计之发展而生，而新象呈露，即生新理于其中。其研究经济学之方，直主张以内籀与外籀并用。至其所说，概归学理，而论法所衷，独基于外籀。此其所以又称为外籀派者也。其于学理也，以价值及价格论为主，颇类于英耶方斯最终效用说，而尤以巴霭尔氏之限界利用说为最著名焉。此其特色一也。次则此派推理，多依数学以说明，却与耶方斯之依赖心理学者遥遥相对，故又以数学派见称。此等风气，盛行于英美学者间。此其特色二也。其余之特色，则在其主持社会政策。其所谓社会政策，独以自由自助为根本，故就其经济观念全体以言，又可谓其近于自由主义云。

第十八　二十世纪与国际经济主义

李师之国民经济主义，乃以历史之土地民族为封圻者，既于十九世纪中发挥扬榷，羌无遗蕴矣。欧陆诸国，墨守此主义者，多统一涣散民族，醉心于致富之方。富力既丰，奔腾横溢，生计范围，遂思延及国外。英国于此，早冲破褊狭之国民经济主义，专取海外发展政策，增加属地，生计扩张，遂范围世界，而无所不包焉。美拥天然无尽之富源，迨南北战争而后，物力丰富，四溢而之，至一跃而于欧市争贩路矣。大势如斯，致令欧洲世界，蜕其旧态，人民之耳目心思，于焉不变。国民经济主义之运衰，而范围广大之国际经济，遂起而开中天之景运矣。

当此之时，连贯东西经济络脉之重大事件，轩然突起。其事维何？即二十世纪初开之日俄战争是已。

日本自千八百六十八年以后，生计潮流始与泰西相接触。尔后乃长足阔步，兼程并驰。于千八百九十五年，经清日之战，遂崭然见其头角。顾其终也，仅可谓于东亚经济与以变机，至东西两洋间之生计，尚未显生其变化。而千九百五年日俄之战，遂全异其趣焉。

日俄战局，虽限于亚东，至两方所耗各约二十亿之战费，几举其全部仰给于泰西之资财。西邦富力，充溢横流，遂藉此役之名，开其消费之途于东亚。易辞言之，日俄之争，实即欧美富力侵入东亚之争也。此不佞所以称日俄战役为东西经济之关键也。

且日俄之战，微特融通东西经济之络脉，推其结果，即泰西经济之局，亦显然受其影响。即一则东西泉市（Money Market 日译金融）一气贯通；二则俄国在欧洲列强之间国位变化；其三则风云变态，世界经济之思潮亦咸感其震撼是也。

日俄战争以前，欧洲外交，三国同盟与俄法同盟屹然对峙。观于其隐，实则德国气力方新，其维系列国权力之平衡者，惟依恃强俄，阴与颉颃之力。故巴尔干问题，于柏林会议而还，仍获继其和平之局。迨是役一兴，弹丸倭邦，起问大俄国鼎之轻重。于千九百五年八月，恢张英日旧盟，而俄于是年十月，谋定法、俄、德掣肘之约，莫告成功。庞大之俄，虽未为战费所累，然而国民奋起要求权利之举，其焰滋长。是年十一月间，芬兰之革军既起，各地之扰乱继之。加以各工罢业之风，所在猖獗。仓皇之顷，复来风声鹤唳之惊。于千九百六年，感应民情，开设国会。乃忽焉罢免，颁布新选举法，改造国会，缩其权限，为备咨询之所。专制君权，完全恢复。然国政动摇，频年不绝，染指中欧之余力，荡然无存。于是列强权力，渐失均平之衡。新德气势，有如旭日升腾。法国无亲，陷于孤立，其得维系于不坠者，仅赖英伦之隐怀善意而已。土耳其为德人所笼络，俄族巴尔干诸邦，亦生摇动。德乘此机，不特欲杀英国霸权，大兴海军已也；且复热三国旧盟，而怂恿意、奥两国，亦谋海军之扩张。更联络土耳其使新建海军，以遥成犄角之势。奥于千九百九年之并吞土属二州也，彼为之策应；意于千九百十一年之占领土属陲包里也，彼为之默许焉。揣其用意，前者在舞弄俄国外交，后者在威吓法国之靡非政策，然俄则吞恨屈从，法则声言因茅罗哥条约，而出守中立之态度。与此先后者，有茅罗哥之役，乃德欲以挑激法兰西者也。卒赖法之泉市力，与英相声言应援之故，德乃自行退让，而幸免事端焉。此实日俄战后之形势也。

中欧列强，其权力之均衡破坏如此，而与德同盟之意、奥，亦公然肆其运筹。无论土耳其之国运如何式微，而均为俄法鞭长所莫及，英国亦以自顾不暇，而袖手观望焉。巴尔干所余诸小邦，尚未识鹿死谁手。设不自奋起，以缔结一大经济，则其终也，必与前二州同归于亡也明矣。此千九百十二年之秋，巴尔干三小国，所以互相蹶起，对土宣言，欲与希腊同与于独立战争焉。欧洲土耳其日蹙日削，殆尽灭亡。今也战后余局，虽不能全然收拾，然其胜利，乃出于德、奥意料之外，而符于英、俄所期。权力平衡，稍稍恢复，国际平和之局，宜若可期焉。巴尔干战后之余芬（氛），虽尚未熄，然其终局，必归互相和结，以缔成巴尔干之联合团。此团如能创成，则欧陆紧迫之风云，必能全为扫拨，而列国间所余之疑案，仅经济事业及人民之生活问题而已。关于此端，万国共通事项中如泉市、物价、勤劳等尤为重要的问题，故讨论国际经济政策诸事，遂骎骎焉日觉为切要之图也欤？

日俄战役，实为融通东西泉市之期。此役战费，俄国既赖德、法之资，日本亦仰给于英、法、美、德之助。且不仅战费之供给也，即两国战后之经营，仰欧美之资者，亦居其泰半。借金之兑易，利子之归纳，又往往使泉市之融通益形复叠。东西金银之关，既遭扃脱，欧米厚挟资财者流，益垂涎投资东亚之有利，遂愈向中国、暹罗、斐律宾诸邦倾注焉。而中国自革命以来，如各省借款及最近五国借款之事，其尤显著者也。自今以往，泰西泉市与亚东经济通融联络，将不知其底于何极，此可预卜者也。世界泉市政策，必别开生面于二十世纪也,殆决然无疑云。

继世界泉市而繁昌者，其世界交通之进步乎？日本自战胜以来，私设铁道，既移归国有，而又企图南满铁道及朝鲜铁道之连络。至客岁（千九百十二年十一月），安奉路线一开，而北满、长春及首都东京间之络脉，几成常山蛇势。经长春、哈尔滨达于俄土，而欧亚陆上之交通亦于焉蒇事。更开敦贺浦盐间之航路，以补充之。欧米之间，能增加定期之航，而海上之交通完达。最近更于奥洲航路悬重赏以求勇夫焉。是皆日俄战役所及影响之一也。海陆交通，周环世界既如此。果明岁中美巴拿马运河开航，则东西之海上交通更加迅速,两陆经济愈形密接，其将显有重大之变化生欤？推其终局，宁非世界经济之进发哉？

世界经济之大势，其日新月盛，最足令人惊讶者，欧米诸邦实较东亚为尤甚。

欧美之交通泉市及社会之生活，其贯通联络，日进于无疆之休，实以自十九世纪之季世至二十世纪之今日为最著。海底电线之设，无线电报之交换，连缀全球。来往海洋间之巨舶，前古无伦。乘风破浪，如履大陆。最近之航空机器，果能达所蕲求，则交通之将如何变化，殆难豫测。至欧米泉市，其辐辏伦敦一隅之金力，其权威固尚依旧。而纽约、柏林，乃一新其象，变为泉市之中心。至巴黎一市，尤为中心之中心焉。四大都有价证券之交易，于各邦旅邸之间，坐相呼应。列邦国内所勃兴之工业股票，亦与各国债券同转流于外人之手。欧米各市场之泉市，其融通联缀，殆无内外之殊焉。

泉市既周流于世界，资财乃内外流通，辗转交错。于是工业因之，亦失脱一族一邦之封圻。使各国之保护关税，全失其意趣，英、德、美之钢铁工业，代理之局，遍周世界。英、美之煤油工业，油槽之设，全布五洲。而诃克社之旅行设备，勃尔曼公司之车辆运输，亦随海陆之连接而起，皆足促天下一家之理想，着着进行焉。

世界经济，其脉络感通，利害关切如此，故一国丰赢，万邦所庆；一邑凶歉，万方所嗟。人人相为，是为生养所必需；国国相为，是为交利之大道。此等信根，今乃渐与世人之思想相结合焉。是安得不起而筹世界经济政策耶？

万国协议，开会频频。如邮政电报会议、船舶会议、社会政策会议、货币会议、券引法会议、糖业会议、纺绩会议、统计会议等皆是已。其协议数次者，为糖业会议，限制各国之糖业之护保。而千九百七年之纺绩会议，为抗拒美国之垄断棉丝业，议定凡适棉之地，皆强行种植之策，是谓之国际垄断之当头棒。客岁（千九百十二年）举行第五次万国通商会议，于议决国际经济问题外，并讨论万国协力问题。如票券之统一，在外银行之协助，及物价生养费之节制等事，美国加来格所唱议之平和积金协会，于千九百十一年开国际计学会议于伯恩（Bonn，德国地），硕学鸿儒之与会者，凡十有二国，称为纯全之学术会焉。于研究经济战争之关系及军备问题而外，且提出如何促进国际生活势力之问题。此即极力筹画世界经济政策之一证也。

学说虽迟于事实，然如美国大学教授若荫倩氏于千九百二年所著之

《世界政策》，即为学说之肇端。继则美人鲍尔士于千九百七年著《新国际主义》一书，亦崭然出现。虽有一为政治论，一为经济论之殊，然于破褊狭之国拘增公同之利益，欲令各邦努力，以瞻前途之曙光者，此固二氏所翕然同归者也。

德国学会，其讨论国际经济政策者，亦连袂而起。如霍模士、曾霸、卢得靄、爱云伯、吴靄伯等是已。彼等概出历史派谢茂如氏及国家社会主义派瓦固那氏之门下。今则反对其说，以盖尔大学为研究之中心，而试行其运筹焉。考其所说，盖以历史研究法，为根于德民特具之钝性而来。若删削谢氏书中“如斯发达”一语，则羌无遗物。今日德邦经济学界之风气，全卷入国家社会漩濑之中。彼等所见，仅为只眼，单察劳力者之状况，而抽为玄论。今者真正弱者，转在其余方面。故经济学于此，既须深思精考，又须于世界大同经济作系统的研究焉。其所讨论既一任自由，不为历史所拘梏，而又比较推勘，以折其衷，所蕲不在富财，而在求人类生活递进递展，以底于世界大同之原则。其所唱论，虽乏神趣，然其着眼也，渐注及于世界经济。君子于此，可以知时势之所趋，其重要若何矣。

不佞于史论告终之际，谨贡一言曰，夫所谓世界一家时代，终可企及者，微特非不佞所能信，且亦非不佞之所期。何则？世界统一之事，既终不可行，且天下而定于一，宁非简单沉郁，兴趣萧然，而生气销磨，唵唵待尽者欤？然则奚若缔合数大经济，凡属最高问题，皆于各大经济间互相协定。至普通问题，则一任自由竞争，相励相勖，以期全体发达之为利哉？今者世界经济思想，固可谓渐露光芒。然特泰西二三重要诸国间为然耳。至如东亚，其克造斯境与否，抑尚须以百年前之泰西诸国为楷模与否，皆不可知。要之属于前途辽远之事者，断无疑也。此盖叙最宜留意者也。

（根据北京大学新知书社 1921 年版）

十九世纪政治思想史

[英] 莫克福生 著

译者弁言

这本小册是英国莫克福生（Hector MacPherson）在《爱汀堡晚报》（*Edinburgh Evening News*）上陆续发表的文字聚集起来的，只有两篇是另外做的，原名叫做 *A Century of Political Development*。十九世纪政治思想派别很多，当然不是这本小册子所能尽述的，但是这本小册子却很有价值。我最爱他的有两个地方：（一）把政治思想看作逃不出“适者生存的法则”的东西；（二）他的目的“是想论述这些（政治思想）变迁的进化，为那些坠入五里雾中的读者，理出一点头绪”。

我初读名人政治学说的时候，总是看一家爱一家，却辨别不出来那一家好处在什么地方，坏处在什么地方。看见人家骂卢梭的学说，便以为卢梭的学说一个大不值；看见人家恭维马克思，便以为马克思的话句句都对。这就是不知道比较的研究和历史的研究的结果。

像莫克福生这样，把政治思想看做适宜环境才能够生存的东西，并说：“一种思想如同一种有机体一样，并不是因为他最好才可以生存，只是因为他适宜于环境。”

我以为研究政治思想的人如果抱着这种见解，至少要得到三个益处：（一）知道学说是个假定的真理，（二）知道学说是进步的东西，（三）知道学说是现在应用的工具。

我们虽然不能像边沁那样轻薄历史，说：“我们的知识，不是从祖先的智慧学出来的，乃是从祖先的愚笨学出来的。”但是我们研究前人的学说，至少也可以看出前人的荒谬愚笨到了什么程度。因为从历史上看来，每代的政治现象好像一个谜，这些政治学家好像是猜谜的人在那里摇唇鼓舌的乱猜；那一个猜得满意些，那一个便成了正统的学派。譬如在法国革命以前，大家对于专制的君主政体都绝望；但是孟德斯鸠以为必须仿照英国的宪法，把三权分立起来，才可医治专制的弊病；卢梭以为必须回复到自然世界的状况，再组成主权在民的政府，才可以医治专制的弊病。因为当时法国的政治环境没有容许宪法改革的余地，非从根本上推翻专制政体不行，故卢梭的政治学说才成新政治学派的《圣经》。由此可见政治学说不过是解决政治问题的一种假设，那个假设圆满，那个学说便得势，并不是绝对的真理随时随地都可应用的！

我们研究政治思想并不是单把古人医治政治的老法子记熟了便算了事，要拿古人解决政治问题的方法，供我们参考，从他们的老法子之中得到一个新法子，才是。如果学的目的不在发明新学理，得到新方法，好像一桶水打这个桶里倒到那个桶里，倒来倒去，还是原来一桶水，那就是白费气力的傻子。社会是活的，天天在这里变迁进步，我们研究社会改革的人，应该把他看作未完的一篇草稿子，天天在这里修改，天天在这里接续往下做，才是。譬如当卢梭的“社会契约说”博得全世界狂信之后，就有边沁一派人修正他“自然权利说”的错处，并用具体改革的方法来证明他根本推翻的革命方法和几何式的政治改组计画不能有效。历史派梅因出来，又用历史的方法来证明卢梭的演绎的方法的缺点，把原始契约说的荒唐，从历史事实上一一证明出来。因为后人的学说，至少总要比前人的错处少些，至少总要能够修正前人的错处，才可使学术思想进步。不能修正前人的错处，不能添补前人所没有见到的地方，便是读尽了前人的著作也是枉费工夫！

再我们修正或补救前人的缺点，并不是研究政治思想的唯一的目的。我们唯一的目的是从前人的经验中，得到我们改革政治的适用的方法。如果我们现在的政治环境不是法国革命前的政治环境，那么，就是熟读卢梭的著作也是无济于事。如果我们的宪政不是英国的宪政，那么，边沁的学说也不能供我们生吞活剥。

我们可从前人改革政治的工具中得到我们创造改革政治的工具的方法，却不能拿人家改革政治的工具，做我们自己改革政治的工具。

以上是研究政治思想的人可以从这本小册子中得到的第一层益处，还有第二层益处，就是可以为我们初研究政治思想的人找出思想变迁进化的线索。“历史的方法”就在凡研究某种思想，一定要找出这种思想发生的原因和所以变迁进化的道理。譬如浩布思、洛克、卢梭三个人都是主张“社会契约说”的，但是浩布思的结论主张专制的君主政体，洛克的结论主张立宪的君主政体，卢梭的结论主张直接的民治政体。我们如果作历史的研究，便可知道，浩布思的时候，是国家正在趋向统一的时候，非君主有绝对的权力，便要成为无政府的状况，所以他主张君主专制。洛克的学说，是为一六八八年英国革命辩护的，想使这次革命的新政府得到学理上的根据，故极力陈述革命是道德的正当的行为，极力主张君主立宪的政体。卢梭生在君主政体失败的时候，专制既不可能，立宪也没有希望，故极力主张直接的民治政体。由此可见，“明因”和“知变”是研究政治思想的最重要的两件事。

思想本是社会的产物，没有那一种思想是个人离开社会独创的。孔丘的思想是尧、舜、禹、汤、文、武、周公的思想集合起来的；耶稣的思想是犹太教（Judaism）希腊罗马的文明、东方神秘派的迷信，和希腊晚年的大同主义，一视同仁的精神，杂合起来的。所以我们要想懂得某派思想的内容，必先要懂得某派思想的来踪去路。

理清了一派思想的线索，才可以知道这派思想，那些是受先辈传说的影响，那些是受个人才性的影响，那些是受社会情形的反动，那些是受时代思潮的同化。所以做政治思想史的人，第一件义务就在为初学的人理清了各派思想的来踪去路，换句话说，就是把历史上零碎不相联络的个人思想，贯串起来，使人得到变迁沿革的路线。

以上是我个人读这本书的感想，也就是所以要译这本书的动机（书中论到社会主义的时候，固然有许多地方不能够使我们满意，但是这是他一个人的主张，多参考几家著作，便可以知道他议论的短长）。可惜我外国文程度不高，仓卒译成当然免不掉错误，所用的又是直译的方法，所以非常笨拙，很望读者代我指正指正。

第一章 导言

“自从李安可（Liancourt）公爵把白斯特尔（Bastille）被巴黎群众夺去的消息报给路易十六知道以来，已经过了一世纪了。”运气不佳的皇帝叫道：“这是一件反叛。”公爵答道：“陛下，这是一场革命。”李立（Mr. Lilly）在他的书中说：“这是一场革命，且是近代的革命，是两千年来世界上经验过的最大事件。……法国革命在世界历史上开辟一个新纪元。”我前回做《近代智识的发展》（*A Century of Intellectual Development*）一书的时候，曾说过：宗教的、哲学的、科学的、文学的思想各方面，怎样受了革命的影响，酿成特殊的形式；更说：不能够明明白白懂得这件大事，怎样弄清楚已往一百年的智识的历史。对于政治的发展尤其是这样。要想详详细细懂得政治进化的经过，对于这件使欧洲一切政治制度根本动摇起来，并发生出来革新行为和思想的原则的大事是不得不用心研究的。

在政治的范围以内，法国革命的重要是怎样呢？但是如果我们单把政治的要素分开，孤立起来，把他看做和造成近代文明的别种要素完全无关，那么，便是绝对的错误。我们乍看，觉得宗教和政治没有什么关系，可是我们回头看看法国革命，我们就可以找出推翻国立宗教的原因，也就是破坏政治制度的原因。在政治范围之中，也和在宗教范围之中一样，人类对于上帝关系所抱的观念，可以决定人类对于社会关系的观念。近代这些事的关系所以不明了，只因为孔特（Comte）所极力陈述之近代文明都在混沌状态之中的原故。人类生在社会紊乱的时候，没有一个信仰制度可以范围近代人心。人类宗教的、哲学的、政治的见解之中，彼此并没有一点逻辑的关连。社会已经失掉有机的统一，我们不回想到中世纪罗马教（Romanism）支配人心的时候，便不能知道有这样一种生活制度使人类和上帝社会的关系合成一片的事实。所以我们如果想明白法国革命在政治范围内的真正的效果，对于发生惊人的革命之制度，必定要先有个明白的观念。

我们最不可不注意的，就是为革命的大敌的罗马加特力教（Roman Catholicism）。如果我们把加特力教单看作一种宗教，便不能够真正的了解他。他不仅仅的是一种宗教，并且是一个广大的制度，不但包括人类精神的关系，并且包括人类世俗的关系在内。他不但热心要开放天门，并且还要支配尘世。在中古兴旺的时代，罗马教把人生的智识和精神两方面，一齐包括在他的势力范围之内，就是政治的和宗教的两方面，都是一律受他支配。为新思想仇敌的罗马教愁着眉头极力的排斥造成精神独立的智识运动。为国家主义仇敌的罗马教想用"革除"（Excommunication）的方式，做制驭王侯的精神的铁索，来保持他支配全世界的大权。但是时代的精神，无论在智识的范围，在政治的范围，都是一致的同他反对。人本主义（Humanism）的智识运动，便暗暗的掘倒了智识无妄的教义（The Doctrine of Inellectual Infallibility）。从中古混沌状态之中发生出来倾向国家主义的运动，又掘倒了教王政治的神政威权的基础。罗马教想在正在兴起的国家主义之上施展无限权力的计图已经失败了，便退一步，想出保持自己利益的第二个好方法——想由归依该教的君主利用神权的学说（The Doctrine of Divine Right）来行统治。简单说起来，罗马教是一个庞大的制度，他的目的就想不分政教，做人类和社会一切事务的专制的统治。在精神方面，教会是站在天地中间的媒介。上帝的恩惠只有经过他的手才可以降到人间，只有经过正教认定的思想才许他浸入人心，只有得过教会允许的权利才可以给与人类和社会。人类和社会的义务只是默默无言的服从教会，教会的义务只是在人类和社会之上行使绝对无限的权力。

宗教改革（Reformation）大大的减少罗马教专制的权力，又因为个人权利的思想发达，帮助智识独立的运动，这种运动早发生在“再生时代”(Renaissance)，后来竟图谋政治的独立。罗马教行使专制的统治，大大的得封建制度的帮助，罗马的封建制度根本的观念，就是毫无疑问的服从一个最高的权力，我们固然是要称赞新教（Protestantism）做出人类解放的大事业，可是却不要忘记他的成功实在是因为工业制度兴起的结果，使罗马教会和封建制度两下一齐发见出来和新时代的精神站在绝望的反对地位。经济情形，当新教和旧教冲突的时候，大大的帮助新教。照莱克（Lecky）说：教会的教义是以出家的（Monastic）、禁欲的（Ascetic）和别种类似的理想做基础，这都是完全和工商业相冲突的。工商业初起，法律和教义处处都妨阻他们，不但抑制那做工业主义基础的个人勤勉力和创造心，并且把蓄积财物储蓄金钱都看作罪恶。封建制度也同样的反对工业的精神。教会和封建的元首通同想把社会一切行动都放在他们支配之下。做社会分子的人类有义务没有权利。斯宾塞（Spencer）说得很明白，他说：“到十世纪的时候，法国的各封地都有奴隶或半自由的职工，听受领主的指挥，用食料和物品给他们做工钱。当十一世纪和十四世纪的中间，封建君主无论教俗，都管理生产和分配，到了工商业的许可都要花钱向他们去买的地步；到了君主时代，法律的格言有‘对于劳动的权利是君主卖出臣民买入的一种王权’的一句话，一直到革命时代，国内许可职业，指导方法，检查物产的官吏遍地皆是。”各种事体都以法律规定。无论工业、宗教、政治，只要是有益于文明的东西都消灭完了。凡是劳动者，如果要求为自己工作的权利，都看作叛逆的农奴；凡是宗教家，如果要求脱离教会的权利，都看作异端；凡是政治家，如果反抗专制政治，都看作反叛。这种想把社会生活一切状态都收归教会权力范围的计画，乃是不承认神事和俗事区别的神政观念自然生出的结果。在这样制度之下，万能两个字就是服从。

这就是蒲徕士（Mr. Bryce）所以说中世纪是无政治时代的理由。因为个人义务的思想太盛，所以没有余地可以容认个人权利的思想。但是当封建制度衰微，跟着工业发达，结果就生出和神政观念全不相容的经济情形。譬如自由都市起来，做政治专制主义的武力学说，便被新的学说赶开了。工业如果发展进步，便要要求自由。都市居民的要求就是要求不要老是这样的屈从封建的权力，他有几种自由——对于劳动的权利、对于自己劳动结果的权利和别种类似的权利——不论是教会是封建领主都不能劫夺他的。自由不是领受的一种恩惠，乃是要求的一种权利。在正在兴起的个人主义逼迫之下，不但证明政府的神政形式是完全不适用，并且证明他是绝对有害的。从教王政治实现出来的神政思想，自我们看来，好像是很希奇的，其实仔细看看，也并不是一点没有可以称赞的地方。政治不能看作一种孤立无关的智识。思想家所抱的关于社会政治现象的原理意见，全由他所抱的关于社会的起源和初期发展的意见决定。如果承认人类堕落的教义，因为堕落的结果，所以人类的事务必定要有超自然的干涉，这样一来，便当然要说社会的政制是一种超自然的事体。不是上帝直接的干涉人类事务，便是像《旧约》上所说的上帝把他的权力委托神圣的人物替他行使，不然便像罗马加特力教一样，委托一个团体行使。凡在采用这种学说的时期中，总括政治的两个字就是服从。在这样社会的状态之中，人类心中只知有义务，不知有权利。但是既已不相信教会的神政的权力，便有找出社会的自然理论来代替超自然理论的必要。研究自然的解释的学者所碰着的第一个问题就是政治组织是怎么样起来的？社会怎么样才变成政治的形式？解答这个问题，那种在主权观念发见以前的境界，是很重要的。我们当发见这一部分为什么要在那一部分之上行使主权的理由以前，我们必须知道的，就是政治组织怎样发生。波罗克（Sir Frederick Pollock）说：“我们在政府的各种形式中，都可以找得出绝对的权力，国家一切的各种权力都服从他，他自己却绝对的不服从何种权力。有这种权力，就是主权，主权所在的个人或团体就是主权者。”宗教改革和工业主义都不信用教会的神权。

神政的思想早为思想家所不承认。代替他的是什么呢？要想回答这个问题，实际上和亚里士多德一同消灭的政治学，便又重要起来了。当我们说明法国革命在政治学上有很惊动人心的贡献以前，要简单的说说三个思想家的议论——浩布思（Hobbes）、洛克（John Locke）、卢梭（Rousseau）——他们的著作和革命的理论都有直接的关系。

宗教改革的一个效果，就是把教王政治同社会结在一块的权力原理的信用完全打破。思想家打破神政制度之后，便起首研究自然的和有威权的主权观念。为主权观念找到自然的基础之大计画，就是浩布思造成的。浩布思是一个野心勃勃的思想家，可以叫做那个时代的斯宾塞。他不以建设一种新政治学说为满意，他想在纯粹的自然原理之上建设一种完全的人生观，来替代罗马教的超自然主义。在事实上浩布思的著作及于物理学、伦理学、心理学范围的影响，虽不甚重要，但是现在和我们有最大关系的乃在他关系政治权力的终局地位的理想。浩布思的政治学说的基础是建设在人类心理的和伦理的价值之上的，这就是他思想的哲学趋向的一种特征。从纯粹的自然主义一点上看起来，浩布思所得的人类观念和他所攻击的神学观念并没有什么不一样的地方。浩布思所说的最初人类，并不是很好的东西。在他看起来，初民却是一个非社会的、自私自利的、贪婪鄙吝的动物，并有一种残忍的性质。自己（Self）便是初民活动的中枢。浩布思似乎不知不觉的把神学的原罪说输入自己政治哲学中来了。这种有非社会性的习惯、猜疑妒嫉、自私自利的个人，又怎样能使社会发生呢？有这样反抗性的东西，又怎样能够互相结合，造成我们所说的这样一个社会呢？如果战争是初民的自然情状，又怎样能够连合在一块，结成和平的团体呢？很容易明白的，就是初民自私的智慧，也知道战争的状况是很难得安稳，很说不上幸福的。想打破这个难关，初民便拣一个好日子合在一块会议，大家都一致的承认：要想使社会立下和平的基础，必定要有一定的权力。这种权力怎样建设起来呢？倘若这个人对于他的意见和别人都有同等的权力，各人对于邻人都有猜忌心，便为着一点小事也要争斗，那么，又从那里产生出来能够结合冲突争斗的分子的权力呢？在浩布思想来，初民因为要想设立政府，故聚在一块开个会议。他们彼此互相定下合同，从他们之中选出一个人做主权者，给他无限的权力。——这样绝对无限制，所以他的行为无论怎样专制，社会已经给他这些权力，便不能够再取消他们，除掉屈身服从再没有别的法子。

当浩布思的时候，王党最奉行的便是神权说。那时教士并不欢喜浩布思所倡导的新式的专制主义。旧神权说专制主义有了神学的基础，采用这种学说便是教会权力的光荣，但是新神权说却把主权者高抬起来，放在教权和俗权之上——这是查理士二世（Charles Ⅱ）所最尊重的。主教伯莱（Burnet）说：浩布思的政治著作“使国王查理士二世心中得到深不可摩的印象”。到了复辟（Restoration）之后，查理士曾给浩布思许多尊敬的纪念品。他把浩布思的照片悬挂在白宫（White-hall）的私室中，并且赏赐他年金。现在本没有浪费时间批评浩布思政治哲学的必要。他的社会起源论在事实上本没有根据，他的绝对专制主义也是没有历史的证明。在浩布思时代，社会状况紊乱不堪，他的意思想用和教王绝对无限的权力相似的理想，来适应政治的需要，这是很容易看得出的。罗马旧教徒热心盼望秩序和统一，所以奉戴神命的教会为最高的权力；浩布思不欢喜超自然主义，所以从绝对无责的君主身上找出最高的权力。

浩布思的著作，可拿复辟的事实来解释，洛克的政治思想也可以拿一六八八年的革命来解释。只因为斯透尔（Stuarts）王朝，把浩布思在实际生活上很要限制很有缺点的专制主义学说实行得太过。从事革命的民党实际上已经奉“君主的统治要有限制”的一句话做格言。现在的问题就是限制，及这个限制怎样得到历史的证明。洛克和浩布思一样，都是相信最初契约说的人。但是洛克和浩布思不同的地方，就是说在最初契约上所载的主权者的权力是有限制的，不是绝对的。照浩布思说，人类因为用别的方法无论怎样都不能安安稳稳的过日子，所以由各人把自己的权利愿意的让给一个绝对的官府，才造成这个社会。洛克却以为人性是很有希望的，所以他的社会起源的理想便和浩布思不同。洛克相信初民是社会的动物，他知道在社会中很可以满意。浩布思以为社会是政府的创造物，洛克却以为先有社会后有政府。人类之为人类，有一定的自然权利，不是由政府给与的，因为要保障这种权利——最显然的权利就是由个人自由结果而得的财产权——所以才有政府的必要。浩布思和洛克两个人的关系可以说是这样：他们两个都承认社会是由契约成立的，但是浩布思主张契约的第一条件是委托绝对权力于选择出来的主权者一个人，洛克主张主权者的权力是附条件的，就是最初定约的时候，初民仍然保留下来一定的自然权利，——最重要的如自由权和财产权——虽是主权者也必定要尊重的。浩布思看见当时无政府的情形，所以总觉得无政府不好，不如专制主义的坏处还能够忍受；洛克却以为如果行使主权的人不在明定的限制之内，就是公共利益，公共利益是尊重自然权利的意思，——行使主权，这种社会就不是不能存在，也是不能忍受的。归总一句话：浩布思把绝对服从主权者的命令，看作国民的义务；洛克把尊重国民的权利和制定法律保障公共利益，看作主权者的义务。如果主权者怠忽他的义务，自以为有神授的权利，不尊重公共利益，又将怎样呢？最后的手段便是革命。洛克的最初契约的思想，必定要同人类自然权利的思想调和，这样一来，便可使一六八八年英国人民因为君主不遵限制而起的革命，得到正当的辩护了。

因此洛克的著作便成为民党的政治的《圣经》。民党在他的书中，找到他们推翻绝对的君主政体代以有限的君主政体的行为有正当的理由。凡是英国人讨论到这个问题，总是承认革命原理为洛克所专有。从事实上说来，关于主权者权力的问题，在洛克著书以前，已经盘旋苏格兰人民脑中了。当一六五一年，查理士二世在斯可思（Scone）即位的时候，道格拉（Robert Douglar）举行即位典礼的说教，已经说道：“我王最好是要学得洞见时势之明，知道今天受到的统治权只是由契约限定的，有一定要遵守这些条件的义务。在王位之上，万万不能行专制政体。”这些话并不是在特殊的地方偶然想起的孤立的意见，乃是明明白白的从前几年的事实上发生出来的，在一六四四年，罗塞福（Samuel Rutherford）做成一部有名的书，叫做《王法》（*Lex Rex*）。在这部书中说：“立一个人为君的权力是从人民来的，如果人君不得国民的同意便是篡位的人，因为叫王或王的家族得到王位的声音，只是由人民起的，不是从别处起的。

法律不是国王自己的，是人家委托他的。权力不是从天降下的世袭权，只是人民的生得权（Birthright）借给他的。”契约党（Covenanters）（译者按：契约党是十七世纪中苏格兰的很有势力党派，他们主张在森严的誓约之下，奉长老教会的教义和政策为国教，极力的排斥罗马教王政治）根据这种理由，拒绝查理士干涉自由信教的自然权利之要求。他们绝对反对浩布思君主是法律的源渊，及“君主对于自己制定的法律绝不服从”的格言。马加莱（Macanlay）做《英国史》辩护革命的旨趣，且证明打破斯透尔王朝专制主义的立宪原理为正当。总是不知不觉的，对于那言语行为在英格兰和苏格兰成为立宪自由的种子之契约党，便称赞起来了。

第二章 卢梭与法国革命

我们要常常记在心中的就是：人类的政治发展不过仅仅是进化经过的一种形式，思想在进化经过之中，演成逐渐重要的地位。曾经说过：思想是支配世界的。同时应该切记的就是思想自身是顺着进化的法则走的。要想使思想风行，必定要思想适宜于环境。在智识界内如同在物理界内一样，适者生存的法则是确不可移的。一种思想如同一种有机体一样，并不一定是因为他最好才可以生存，只是因为他适宜于环境，政治思想尤其是这样。关于主权的神政思想所以行了好久，只因为他包括权力原理在内，这种原理最适宜于缺少自治心的社会状态。

在浩布思的时候，思想家好像都承认除非君王有绝对的权力，便要成为无政府的状况。后来政治的环境变迁，洛克的学说便起来代替浩布思的学说，因为洛克的学说是最适宜用于一六八八年革命时代的。但是英国的学说不能够移到别个地方去。法国当打破君主政体的专制主义成为一种倾向以前，最需要的就是一种新主权观念。新主权观念与卢梭的大名很相联合。卢梭着手研究政治哲学的时候，心中已经被浩布思和洛克的教训浸入。卢梭也和他们一样，把政府论的基础放在人性论上边，主张人性是自然善良的。在教会看起来，人是自然不好的，故在这个基础之上便建筑起来他的专制的政府论。如果卢梭帮着人民的要求想人家相信，那么，自然要用人类自然性善说来代替人类自然性恶说了。如果人类是自然善良的，那么，我们又怎样说明人类愁苦呢？浩布思的学说，想用绝对的专制主义，可是结果只落得悲惨的失败。当卢梭的时候，法国的惨状，就是专制政府的结果，朝这个方向去简直是无路可走了。至于洛克的政府论也不能得卢梭的满意。因为洛克的学说是在和法国完全不相同的政治情形之下自然发生出来的。英格兰当洛克的时候，已经有了许多政治机关和立宪形体，可以使人民用最小限度的革命纷扰，脱离专制，得到有限的君主政体。洛克的政治哲学认定一六八八年的革命不是真正严义的革命，不过把宪法中已经有了的政权重行确定一下罢了。

法国的情状便大不相同了。孟德斯鸠（Montesquieu）所主张的政府论，的确与洛克的意见相同，因为他很仔细的研究英国宪法，并希望法国的政府由这个模型铸造起来。他很赞成反对卢梭派的革命计画之宪法改革。但是法国的情形很不适宜于宪法改革。在英国人民的意志可以由议会制度表明，——虽然是不完全。

民党议会的代表坚决的反对斯透尔王朝的专制主义，如同全体人民一样。法国便不然，国王和人民之间，隔绝太远，很难得沟通。虽有个国民会议和英国的议会相当，可是自一六一四年到一七八九年并不曾召集过。国王是无上的至尊，政府渐渐的集权。旧地方政府至少还可以在乡间地方保持一点民政，可是渐渐的也用国王任命的官吏来代替他了。这些官吏“征收租税，管理军警，监视道路桥梁和别的公共土木工程，掌管贫民的赈济”。国家官权这样扩张的结果，故使地方政府的经费大大的增加。国王的官吏第一种义务就是“为皇帝聚敛，只要能够做得到，便不问纳税者的困苦愁恨了”，结果便成为历史上所载的事实。国王和贵族彼此都以骄奢淫逸为事，又因想供给过度的浪费，便横征暴敛起来，不到人民穷得精光不止。欧斯金（Sir Thomas Erskin）说：“当贵族和教官们在微赊喇（Versalles）大开盛宴的时候，饿死整千的苦命的人民。许多土地没有人耕种，听他荒废。无数的饥民都跑到地方城市和巴黎来了，常常受饥寒逼迫投入暴群，或化为盗贼。他们常常逼开仓库，劫掠市场，勒死面包商人。”救济这种情形的方法又将从何处得来呢？议会既已解散，又没有立宪的机关可使人民发表意见。关于政治和社会问题的言论又不能够自由。君主的专制主义推到极端。路易十五宣言：“主权者的权力只在我一身。”他以为他是上帝的代表，上帝已经把法国的主权，交付给他，无论对于何人都不负责。这就是把浩布思的学说推到逻辑的极端。在英国有在民党势力之下的议会可以牵制斯透尔王朝的专制主义，在法国却一点没有牵制。

卢梭虽然有许多缺点，可是对于人民却深深的同情。他想到人民的惨状，不禁愤慨。他读浩布思和洛克的书，从他们绝对的君主政体和有限的君主政体的学说之中，看出人民主权的观念。浩布思和洛克虽然一个说权力无限，一个说权力有限，但是两个人都以为主权者的权力是从人民得到的。卢梭左思右想，得到一个结论，就是人民当初把主权让给别人，铸成不可救济的大错。从自己的手中把主权送给别人，就是实际上把自己卖到凄惨的境界里边去了。卢梭说："人类生而自由，但是到处都受束缚。"人类为政府失掉自由，因为在卢梭看来，政府是堕落人性的。人类丢开自由，离开快乐逍遥的自然境界，进到所谓文明境界，其实就是跳入奴隶的境界。最值得注意的就是：卢梭的政治哲学和浩伯基（Holbach）代表唯物论者所唱导的关于人类和社会的新学说完全相同。卢梭虽不是唯物论者，但是他相信人类自然善良说，却和这一派相同，这种信念就是受教会人性堕落说的激刺而起的。浩伯基说："社会状态就是主权者对于全体人民，和这个人民对于那个人民的战争的状态。人类的不好，不是因为他生来就不好，只是人为的使他成为不好的。对于极力扑灭贫穷不幸的人，不加处罚，结果贫穷不幸的人也必定要一一报复的。"这样一来，人类的义务是什么呢？当然要起来反抗压迫他的人，推翻不公平的政府，预备组织一种有和平幸福的滋味的新社会。

洛克的和平的立宪主义（Constitutionalism）因为与当时的问题无关，所以卢梭不肯采取；卢梭所采取的只是浩布思、洛克二人的"社会契约"和"人民主权"两个观念，把一方面的君主专制主义一方面的限制调和的思想一齐丢开，使思想适合于实际的情状。卢梭说：为什么要用这种迂远的政府方法呢？人民为什么要照浩布思的话，把他们的自由丢给主权者；为什么要照洛克的话，不怕限制主权者权力的麻烦呢？人民为什么不除掉那些从迂远的方法生出来的弊病，单把政府放在他们自己的手中呢？在这个时候，法国的人民除掉卢梭的福音以外，再没有政治学说可采。初民——是一个全体善良的动物——已经做出抛弃自由的笨事。

要让法国人民以人类的民义，拿回来他们主权者的权力，要让他们再定下一种新合同。非民治主义者福禄特尔（Voltaire）以为如果统治者开明，可以达到这种境界。卢梭却不想由统治者达到这个境界。他想教人民自己统治自己，并一心一意的想恢复人类没有抛弃自由以前的自然世界。因此，便不仅仅的想除掉某种政治的和社会的祸害，不想照洛克那样，仅仅的扩张政治的自由。故卢梭的福音，便是叫人把现在的制度一扫而空，开创一种新纪元的意思。

卢梭所希望的不是修正（Modification），只是变革（Transformation）。莱克说："法国革命所以和别的运动不同，就在他们被那有一定的理想和政治权利的观念的人，用宗教信仰的狂信和热诚从中引导，这种新宗教的《圣经》便是卢梭的《民约论》(*Contrat Social*)。"卢梭的政治学说只因为运气好，适合他们社会的环境。法国的情状本来就很可以使卢梭的学说大受欢迎，又因为有美洲殖民地脱离英国的战争，所以格外增加他的势力。法国赞助殖民地，因此，便大大的帮助革命学说的扩张。美洲对于卢梭的福音，真是惊天动地的崇拜。美国一群国家用心用意的打断他们的铁索，破坏奴隶他们的契约，宣布他们自由的权利，这种解放的大事，很靠法国君主政体的协助！卢梭的梦想马上就成为事实。断定卢梭社会说不能实行的人，因为在自由平等的基础上建设起来的一个大共和国实现，不啻得到一个答复。一般人心因受美国革命的激动，所以对于新政治哲学也不必要仔细的分解。

卢梭的学说散播的好似传染病一般。《民约论》就同莱克说的一样，成为新政治学派的《圣经》。陶采（H. J. Tozer）在他有名的《卢梭论》中说："在革命的时代，他（《民约论》）被人家奉为'立法家的指南针'（原文作 Beacon of Legislators，可译为立法家的警标）。法律家和公法学者常常不断的引用他。"戴茂林（Camille Desmoulins）说："这本书（《民约论》）感化了一切的人。"泰因（Taine）告诉我们说："一七八四年，有些官吏的儿子当初学法理学的时候，都把《民约论》放在手中作一种宝鉴。”《民约论》实在是各阶级的政治问答，他的重要的意思已经是遍地传播。我们在立维奴（Nivernais）第三阶级的请愿书中，可以找出卢梭的学理，在这个书中，人民有“对于永远束缚的社会契约的条件完全不解”的哀诉并且要求收回人民固有的不可割让的权利。人民在共和历的正月（Vendemiaire，合现在的阳历从九月二十二日到十月二十一日）二十日的赞美歌中说：卢梭是真正的公民，是自然和真理的朋友，并且称颂他为圣人的模范，人类的恩人。所以只要想到他，便激起热情。有一位义勇兵叫道：“介恩甲克（Jean Jacgues，卢梭的名字）你是我们革命的证人！你是革命的先锋。……你的著作已经启发我们了。”盘恩（Mallet du Pan）说道：“社会中下阶级读卢梭的书，比较读福禄特尔的书要多百倍以上……只有他才能把人民主权的学说移到法国来，生出极端的结果。我于一七八八年在公共运动场中听到马莱（Marrat）讲解和批评《民约论》，大得听者的欢迎。凡是革命党员，听到这种无政府的学说，不发狂喜希望实现他们的，恐怕一个人也没有。《民约论》是社会的融化剂，一七八九年的大言不惭的人，一七九〇年的激烈的民党人，一七九一年的共和党人，和很凶暴的狂人，都奉为《可兰经》（*Koran*）。整千的做论说的人解释他；许多皇宫（Palais Royal）的演说家根据他讨论人民主权，大声疾呼的要求废止特权，建设一种自由民治的宪法；俱乐部的讲演员拿他做他们的课本。”拿破仑更进一层说：如果没有卢梭，便没有法国的革命。

前边说过卢梭政治学说的发展怎样受了浩布思和洛克的感动。可是他此外还从别的地方受了很大的影响。克尔文（John Calvin）在历史上本是造成神学系统的一个人，近来虽然已经失掉人心的倾向，但是还有别的名誉。照卢梭说：“把克尔文单看作一个神学家，只是不懂得他天才的范围。我们的精良的律令的豫备，得他的益处不少，他的信用可和他的《基督教理》（*Institutes*）齐名。无论我们宗教怎样革命，只要我们爱国家爱自由的心不灭，这种大人物的纪念终久是令人尊敬的。”就说卢梭的人类的最初情形，比较的天真烂漫，比较的幸福一个观念，是从克尔文的神学上发脉来的，也并不是胡说。卢梭和克尔文一样，都相信人类堕落的话。但是他两个人最不同的地方就是：克尔文把人类堕落归罪于超自然的势力，卢梭都归罪于文化和政府。卢梭的自然神教（Deism）当然是要阻止他，使他不像克尔文那样求救于超自然的势力，但是看《民约论》通篇的所引用的，就可以知道他并不是一点不带着克尔文神政学说痕迹的。卢梭虽然相信人民，但是他有时却认定没有帮手的人民，很不适宜于编制精良法律的事业。他在《立法》的那一章中说道："因为想发见最适宜于国民结合的规则，必定要有最高的智慧：他可以看出毫无经验的人的感情；他虽然不同我们的性质相似，可是很能够详细知道人性；他的幸福虽然可以不靠着我们，但是他自己却很关心我们的幸福；他更想跟着时世的进步，把未来的名誉聚积起来，可以在这个时代勤劳，在那个时代享用。大概为给予人类法律，一定是要有上帝的。"卢梭既已涉猎神政的思想，便把他的政治哲学的基础完全放在自然主义的观念上，这也是从他的自然神教观念上而来的当然的结果。

卢梭的旗帜就是主权在民。他说新契约的性质是："我们各人把自己的物件、身体、生命和一切的权力一齐放在'国民总意'（General will）绝对的指挥之下，我们团聚起来，使各个人都成为全体的不可分开的一部分。"这样解释契约固然是很好，但是一定要发生一个重要的问题，就是国民总意到底怎样决定？孟德斯鸠顺口就把这个问题答复了。他说：英国的议会制度是发表国民总意的最好方法。可是卢梭根本就不欢喜英国代表制的议会制度。他说："英国的人民自以为是很自由的，但是大错，因为他们仅仅的在选举议员的时候自由；一旦选举过了，马上就变成奴隶，一点力量也没有了。"因为人民是主权者，所以人民必定要自己立法，不能够把他们的权利让给代理性质的代议士。行政又怎么样呢？不能让官吏的思想和行为独立。他是人民的委托人，所以要听人民直接的指挥。

到底在身体、财产、自由、国教之上，行使这样重大权力的人民是谁呢？把卢梭的这种夸大的话平声静气的分析起来，可以看出他的政治学说只有很普通的结论：就是所说的人民，只指着人民的大多数；这样一来，卢梭的理想国的法律便是由对于人民直接负责的委托人制定和执行，人民时常可以不信任他们，可以自由罢免他们。革命党的首领立意要照卢梭的福音做事。因为法国政府在那个时候，完全不能同人民相调和，所以我们对于人民主权和官吏代理的学说的功效便很容易想像了。我们看见马莱托真正主权者以人民的名义，把国王、阁员、政府、法官、律师、财政，事实上就是把立法和行政制度的全部，宣告废止了。当权力离开君主机关归到国民议会的时候，可以看出卢梭主权在民的原理之重要旨趣。卢梭的根本主张之一是，人民从人民之中指出官吏的行为，就是抛弃他们自己权力的某一部分。想调和这一点，所以国民会议才议决议员不能就阁员的职务。这样一来，结果便大不幸，且惹起后来无政府的状况。

国民会议有了这种行为，便不去尽力支配国家，只反对现有的权势。国民会议指教人民的，就是一切智慧和权力是从他们发生的，他们的义务就在问一切取得统治权的人的责任，国民会议因此便另外设下一种比较旧有制度更大更可怕的暴政——杂乱无章的大多数的暴政。福禄特尔老早就从卢梭的主权学说中看出绝大的缺点。所以他说：缩小行政部的权力，把一切权力都归在议会手中，一定要惹起犯罪。倘若人民就是主权者，他们的意思就是法律，立法行政的权力都从他们发生，那么，为什么他们不把一切的权力放在自己手中呢？格来亨（Graham）教授说："主权者的人民在白斯特尔暴动，世界上都称赞他们；把王和后都当作囚犯，把他们的侍臣都杀掉了；既已制定承认人民主权的第一次宪法之后，又打进宫门，逼迫国王，大闹皇宫，拿国王下狱；在一七九二年九月自己行使主权者的权利，自做裁判官和行刑官来判断这些嫌疑犯；强冒议会（Convention）的神圣（是狡猾的首领所主张的），要求驱逐和平的共和党（Gironde Party）。从此这个议会便我行我素的，忽然取一种专制的态度，劫夺主权者的权力，一时便把主权者的人民的口闭塞起来了。在一七九五年，更发生两次暴动，第二次暴动便请鲍拉怕（Bona Parte，拿破仑的名字）带炮兵来征服下去，自此以后（直到一八三〇年七月三日），主权者的人民，在公共的舞台上都不大看见。”卢梭本是一位有慈悲心的人，他是最先判定他的弟子罗伯斯比（Robespierre）和圣甲斯特（St. Just）藉他的政治哲学之名所犯的凶暴。他们都是《民约论》的狂妄的解释家，这是一点没有疑惑的。他们的行为都以名师的教训做基础。罗伯斯比和他的党羽藉《民约论》之名，把反对卢梭国家学说的利益的人一齐处以死刑。卢梭已经说过：人民不遵奉公共认定的宗教，便要处死。罗伯斯比相信他太过，故把他的话一一拿来实行。结果在实际上不论那一党，只要得到权力，便把别的党派看作违背人民利益的逆徒，并假冒卢梭的主义把他们仇敌一律除尽。

这个结果，便是因为权力一齐落在极端的共和党手中，这些朋党造成“恐怖时代（Reign of Terror）”，把法兰西弄成一个杀人场。这种情形后来竟不能够忍受，故罗伯斯比失败后，一般人心便多希望这种穷凶极恶的事件终止。最显而易见的就是因为恐怖时代污坏了自己声名的罗伯斯比和他的党羽们，因为宣传自由平等博爱的福音，把民治主义的铁路辟开了。在法国民治主义之下，自由便变成行刑官砍去他的仇人脑袋的自由，平等便变成用威力迫人的盗贼的平等，博爱变成克因（Cain）把他兄弟的血洒在地上的博爱。

最显明的事实就是：卢梭自己好像先就预料到有一种情形发生，把他的民治主义的福音弄坏了。他以为当平常的权力中止的时候，为保持社会的秩序，要“设下特别的法律，委托在最可尊敬的人物手中”以保障公共的治安。当法国人民厌恶无政府状态的时候，便是把拿破仑看作“最可尊敬的人物”，把政权托付他的时期到了。更有可以注意的事情就是：卢梭的强硬的反对者白克（Burke）也老早就看出法国革命将以独裁政治终局的结果。白克批评革命末期，军队的势力逐渐增加的事体，说：“当一种权力薄弱，一切权力动摇的时候，军官的叛乱骚扰，不等到有懂得安慰军心，有真正指挥的精神，并且大副众望的将军出现不止。军队服从他，只因为他人格的价值；在这种状态之中，除掉这样，再没有别的保持军队服从的方法。当这种事件发生的时候，真正能够指挥军队的人便是他们的主人——国王的主人，议会的主人，全共和国的主人。”所以从卢梭自由的福音中，发生出来拿破仑专制主义的福音，从那些宣传人权的人所造成的情势之中，发生出来蹂躏国家和人民权利的专横家。

第三章　英国的反动——白克

我们仅仅的注意在法国革命惊人的一方面，我们仅仅的从政治一方面研究，便要误会这件大事的完全的意义。革命的内容，事实上包括智识和政治的革命在内，不但使法国的政府完全改变，并且使人类对于社会和政府的根本观念也完全改变了。法国革命同宗教改革一样，超过地理的界限，发生出来普及世界的思想。在英国政治家中，白克是首先发见出来法国变乱的真正性质的人。照白克说：这是“神政的武断主义的革命”。宗教改革，是人心关于精神威权最终的位置的革命；法国革命，是人心关于政治威权最终的位置的革命。在宗教改革以前，精神事件的旗号是“人类的义务”；在法国革命以前，政治事件的旗号也是“人类的义务”。英国的变化是渐渐进行的。他的宗教改革是以调和为重——国民精神自由的思想与精神威权的思想同时并行——在政治范围以内也是这样，幸亏洛克哲学有调和的性质，故一六八八年的革命，自由的思想和权力的思想都有互相容纳的余地。英国不一定要废掉做权力符号的君主政体，才可使做自由符号的民治政体发生。我们都知道洛克所传播的思想移到法国，便生出不同的结果。

因为在法国，权力与自由非常的冲突，革命便是这个原因的结果。卢梭标榜罗马教和封建制度的神政的旗帜——人类的义务——说民政的旗帜是“人类的权利”。这就是白克所以说法国革命是“神政的武断主义的革命”的意思。

我们已经说过卢梭所说的人类权利是什么意思了。不过卢梭的思想有时很不大明白，一方面同洛克一样，说人类有一定的权利，如财产权之类，是在未有政府之先的自然世界中所有的；一方面又把人类权利同人民主权看作一件东西——这实在是他的政治哲学的结果。这种高调应用到政治实际上来，只不过是多数政治的意思。为什么多数人应该有最终的权力呢？这种权力的基础实在没有正当的理由。不过因为想决定权力应该在什么地方，所以只要是以人的头数计算便不致再打破头了。少数人不致于用武力解决问题，是认定武力为大多数人所有，少数人只得和和平平的服从实力。在卢梭这种民治主义的思想中，却暗藏下浩布思的专制思想——就是最强者的统治。依浩布思说：国王是军队的首领，人民的义务只是服从君主的命令。像法国那样把君主废掉，就是给多数人指挥军队的全权，个人自由在这种专制的民治政体之下，比在那专制的君主政体之下，还要危险些。莫烈把浩布思和卢梭专制性的学说的密切关系，说得很明白，他说："从《巨灵》(*Leviathan*，是浩布思论政治学的书名，第一页有个画像，画一个怪物，头戴王帽，一手拿剑，一手拿杖，他的意思就是教元首以威权来威吓人民）的画像上，把怪物的王冠摘去，便是适合《民约论》的画像。"因此我们得到很奇怪的结论：就是分析到底，可以看出卢梭的人民主权和人类权利的学说，结局把政治权力归到武力上去，这种武力普通总是在多数人。可是斯宾塞已经明白看到，说："如果不防止多数人用武力在少数人之上强行自己的意思，那么，有十足的兵力做后盾的专制君主得势，也可以算是正当了。"论到法国事件，不但可以证明斯宾塞的观察不错，并且还可以证明白克的有名的先见，就是"倘若现在共和政治的计画失败，近代自由的保障也必定要一同失败——凡是和缓专制主义的间接的限制一齐除掉；如果君主政体在法兰西完全重兴起来，或者总可以把地球上还没有出现的完全的专制势力由君主贤明善良的意见截堵住了。"这就是卢梭不知不觉的开辟一条道路等待拿破仑出现。

如果法国在路易受刑之后，没有外国干涉可以解决自己国内的问题，如同英国在查理士受刑之后自己解决自己的问题一样，那么，就是说拿破仑的事件不至发生也是可以的。拿破仑出来，一方面好像是为欧洲列强干涉法国内政预备下来惩罚的刑杖；一方面又好像是为法国过信卢梭政治哲学中所隐藏的无政府主义预备下来警戒的鞭策。说到欧洲的干涉，白克要负重大的责任。使各国对于法兰西，以激烈的愤怒和顽迷的固执，宣告开战的，就是白克。他痛恨卢梭主义（Rousseauism）的激烈，好像宗教家虐待异教一般。白克痛恨法国革命，不但是因为他嫌恶无政府状况，——他老早就料到法国一定要沉沦在无政府状况之下——并且是因为他反对主张人权学说的思想家，以为人权学说不从根本上防止，一定要发现出来微弱文明真正根基的政治原理。所以白克就是反动精神的化身。他的著作不但变成英国王党的教科书，并且在欧洲大陆上因为法国革命极端暴乱的结果，也得到一种新势力。思想界的反动得白克热心的帮助，结果便成为实际上诉诸血肉裁判的战争。我们最要讨论的就是在《法国革命论》中寻找出来的白克的政治哲学。浩布思是斯透尔王朝专制主义的政治哲学家，洛克是一六八八年英国革命的政治哲学家，卢梭是法国革命的政治哲学家，白克也和他们一样，是反动的一位政治哲学家；浩布思、洛克、卢梭的政治学说是从社会学中发生出来的，白克也和他们一样，他用来攻击法国革命的政治学说，也是从社会学说中发源而来的。

白克的社会和政府的性质论同卢梭正相反对。他本不是一位有系统的思想家，所以研究白克的学者要想分析他的学说，却大大的感受困难。他把革命看作罪恶的破裂，他是一个被革命激刺起来的事功家，绝不是有理论的哲学家。他就没有工夫把社会的起源拿来作哲学的研究吗？他只能容许人类权利的抽象的议论，至关于社会的议论，他便不欢喜听人家抽象的议论。他的言论有时好像除掉功利之外，再不认得政府；有时承认人类的权利存在，又却和他的反对党意见相同。大概白克所关心的，不在人类离开社会以人类资格得有的抽象权利，只注意在革命党打破法国现存的政府，想从根本上建设起来全体政治组织之权利的要求。白克以为社会无论怎样发生，可是人类生在他当中的这个现有的社会，却因一部分的神意而存在的。为我们设的权利和义务，不是由社会契约之空想而定的，是由我们生活的境遇而定的。他说：“我们生物的造物主是创造我们在宇宙之中位置的人，他不由我们的意思但由他自己的意思用神圣不可知的方策来支配我们，指导我们，我们只可以由他的安排，或在他的安排之中循分安命的做事。”换句话说，就是我们做一个社会的人员不是由什么契约而成的，只是由于神的命令而成的。所以在白克看来，如果把人类权利看作改造社会秩序的权利，那么，便是同神意开仗了。这种见解，很有些像旧日保守党的主张，以为人民只当听天由命，只当服从伟人，一点不要怀着社会的和政治的异想。在白克的学说中，也容许进化，但是他称颂当时英国的宪法为完全无缺的纪念碑，照这样看起来，他所说的进化到底是什么意思，却是很不明了的。

归综一句话：白克的学说仅仅是很大的政治的天主教，他自己是一位政治的刘曼（Cardinal Newman）。刘曼以为个人的理性如果让他自由便要养成无神论（Atheism）——精神的无政府。白克也是这样，以为在政治上个人的理性如果让他自由，也要养成极端的共和主义（Jacobinism）——政治的无政府。刘曼对于当时的人，提出罗马加特力教会做一个防备精神的无政府的工具。白克以为除掉英国的宪法之外，社会也没有希望，政治的无政府也没有方法救济。刘曼不相信个人的理性可以寻出真理，白克也是这样，以为在政治事实上真理是很难得到的。在这个地方，为社会人员的人类，应该把和平看得比真理还要重要些。刘曼以为宗教的事务件件事都应该为群众做，一件事都不应该让群众自己去做。因此便想以罗马加特力教会做指导。白克也一点不相信群众，并且同刘曼一样，还劝群众不要依靠理性，因为在他看来理性是个破坏的势力。刘曼把群众引到教会里边去，白克把他们引到宪法里边去。一个旗帜是“经外的传说”（Tradition），一个旗帜是“剥夺人权”（Proscription）。白克想拿英国的宪法来代替罗马加特力教会，想拿从前人类义务的神政学说来代替人类权利的民治学说。白克的政治信仰的告白是：“我们恐怕上帝，我们敬畏国王、亲爱国会、服从官吏、尊敬贵族。照我们想来，在道德上不能发现出什么东西，在政府的原理上也不能发现出来许多新事项。……我们决定保持我们建设的教会，我们建设的君主政体，我们建设的贵族政体，我们建设的民治政体，各照现在的程度，不要太过。”他的英国宪法的颂词，不仅仅是信仰的告白，故史蒂芬（Sir James Fitzjames Stephen）说道：“英国宪法的光荣，英国人民对于宪法完全之绝对的满足，和宪法影响的宏大，都是英国人对于法国人用轻侮的口气说‘你也可以这样做’，和用怜恤的教训说‘他们也许能够这样做’等自己夸张的结果。”

罗马加特力教想以神设的教会作指导人类精神的思想，来抵抗宗教改革；白克也想以神定的英国宪法作指导人类政治的思想，来抵抗法国革命。罗马加特力教骂宗教改革是罪恶的产儿和产母，白克也骂革命是罪恶的产儿和无政府的产母。再罗马加特力教想到藉宗教裁判所（Inquisition）来压倒异教，是教会神授的使命的一部分；白克也想到召集欧洲列强用武力来灭掉革命的异端，也是他神授的使命的一部分。白克的政治的教王制度，因虐害而告终了。在精神上，教王制度所用力推倒的宗教改革，乃是权利的民治思想刺激起来的结果，这种权利的民治思想就是由纯粹神政专制主义生出来的义务的神政思想的对头。法国革命也是这样，如果离开过度的惨祸说，也是权利的民治思想所激刺起来的，这种权利的民治思想也就是由法国所不能忍受的专制主义生出来的义务的君政思想的对头。白克的天才虽然卓绝，智识虽然渊博，著作虽然是有威权的通论，但是有一件不可否认的事实就是：因为他闭着眼睛，一味的称赞英国宪法，一味的唾骂法国革命的结果，由他怂恿起来长期的战争，便使政治改革的一切计画信用扫地，并使英国专制主义的政治延长了很久的时间。

白克反对法国革命的激烈的感情，传到英国统治阶级里边去，令他们生出骇怕心和嫌恶心。在法国革命之前，英国社会情形很适宜于政治的发展。当彼特（Pitt）时代，扰害韩老维王朝（Hanoverian Dynasties）统治的乱事，已经平息了，国内的状态正在注意政治和社会的改革。彼特很有自由的思想，已经承认议会改革是必要的事体，他研究《原富》（*Wealth of Nations*）很倾向斯密亚丹（Adam Smith）的自由贸易主义。不但因为法国革命的大乱和由白克著作造成的恐慌打断了彼特一切改革的念头，并且受舆论势力的逼迫，采取专制的和反动的立法方针。白克因排斥法国革命，故以为有称赞英国宪法为完全无缺的必要。要把他改良，便是大不敬；要想仿照法国情形把他重行改造，便是大逆不道。这种宪法改革的反对，这种扩张选举权的反对，固然是很不幸的，但是特别不幸的就是遇见别的革命的事实，这个革命便是想消除从前政治界限的工业革命。这种革命惹起工业的大集中，人口大大的移动，故使旧日议会代表制显然发见缺点。要想明白当时事实的情状，一定要把白克的英国宪法的颂词和那时议会代表制的现状两相对照一下。

华颇（Spencer Walpole）在《英国史》中对于当时的情形已经有个大概的观察。在十九世纪之初，英国的众议院共有六百五十八位议员。内中有四百八十九位是英格兰选出的，一百位是爱尔兰选出的，四十五位是苏格兰选出的，二十四位是威尔斯（Wales）选出的。政治权力的分配这样的不平等，所以使四分之一少微多一点的人口（英格兰）得选出全院二分之一的议员，由此可以看出现行选举法的坏处。苏格兰差不多有二百万人口，仅仅的选出四十五位议员，克恩威尔（Cornwall）不过二十五万人口，倒反选出四十四位。就是这样，已经坏得不堪了，但是最坏的乃是实际上许多城市的代表简直同选举人一点没有关系。听说，众议院中的过半数是不上一万五千的选民选出来的。七十位议员是三十四个地方选出的。这种选举仅仅是一种形式，人民对于选举全是有名无实的。二百九十四位议员，在一七九三年本是众议院全院的过半数，可是没有一个是满二百五十人的选举区选出的，在这些选举区中大多数又是不满一百人的。古色若（Old Sarum）有两个议员，但是没有住民；格东（Gatton）只有七个选民，却得两个议员。璧特（Bute）州有个时候仅有一个选民，这个人自己做选举会长，自己推荐自己，赞成自己，并宣告说全体一致的选举。苏格兰全体有选举权的人不上四千人。前边说过，众议院的过半数是一千五百个选民选出的，以下更可从事实上证明选举人对于选举的有名无实，就是英格兰和威尔斯的议员有一百七十二人是由财政部指定的，另外的一百三十人是由财政部或他们的有势力的朋友以不法的势力选出的。譬如苏格兰的四十五位议员，是由三十五个人指定的。大地主的势力有这样大，所以有大规模的买卖制度存在，在这个制度之下公然买卖议席。

这就是白克认为完全无缺和神圣不可侵犯的议会代表制度的情形。大概那时法国惊人的惨事就是因为把人民引进政府的范围之内，故如果想使这种惨事不致传到英国来，那么，只有把宪法看作唯一无二的堤防了。从这种庞大的政治垄断之中，生出凄惨的祸害，这种祸害不单是反动的结果，并且大大的增加反动的势力。长期的革命战争，使人民负担重税，税的一部分并落在地主的利益之上。因为战争的结果，人民自然只有依靠国内的供给，所以米谷的价格昂贵，关于这一点，战事实在是于地主有利益。到了战争终止，价格也跟着下落，地主对于地租便发生一种惊恐。因为地租下落，土地必定没有人耕种，人民必定没有职业，不但地主受损害，就是别的利益也要受损害，所以论者都说非保障地主不可。当战争终止之后设下来的保护立法都是为着贵族政体的，故不致于完全受贵族们的责难。实际上这种立法也当然要发见在地主们推选出来的众议院，但是一定要切记的就是：这时的政治经济家仍然死守着古代保护政策，这种政策还没有被斯密亚丹的大著打破。地主得许多理论家的后援，说以禁止输入来抬高谷价，是对于国家对于他们自己都有利益的。可是因为食价太贵的结果，贫民的人数便大大的增加。

听说许多地方有时所有的工人都降到受贫民救济的地位之上。从一八一二年伯伦（Lord Byron）在贵族院中的演说上边，可以看出当时可怕的状态，他说："我也曾游历过半岛的战场，我也曾到过土耳其暴政最烈的各省，但是就是在异教的政府专制之下，也没有看见过像住在基督教国中心的这样穷苦。"听说在爱汀堡（Edinburgh），平均每八个人中总有一个人要靠赈济生活，各个贫民所消受的面包的分量概由地方长官的命令决定。别的地方也都是这样。

可惜那时代表国教的基督教对于穷人的受苦受难也想不出一点方法

来救济，不但不救济，甚至于还要陷害他们。法国革命，照白克解释起来，便使英国的统治阶级心中联想起来政治的扰乱和无神论。白克的反对家、革命的保障家倍因（Paine），岂不是以在《人类权利》中攻击君主政体为未足，更进一步在他的《真理时代》（*Age of Reason*）之中对于教会挑战吗？由此可见君主政体和教会，要存便存在一块，要亡也便要亡在一块。“宗派区别法”（Test Act）本是为排除罗马加特力教服从官权而设的，可是实行以后，便把一切无教的人也排除出去了，结果便要努力废除这种法律。有时白克很赞成福格思（Fox）废除这种法律的运动，但是到了有名的非国教徒蒲来斯博士（Dr. Price）崇拜革命的事情显然发见的时候，白克便攻击他，使打破英国教会最高权的一切计画都成为画饼，白克自己实实在在的反对非国教会的帮忙。白克认定教会和国家联盟是人民治安所必不可缺的，这种联盟，因为《米谷条例》（Corn Law）所以格外的固结起来了，这种《米谷条例》既增多地主的地租收入，又因地租增加，什一税也跟着增加，故依靠什一税生活的教徒的收入也增加起来了，所以刚在大战终止的那一年，英国人民觉得他们自己被两重专制主义压倒：一个是政治的，一个是宗教的。设下法律增加粮食价格的政府，维持把持宗教的教会，使非国教徒受了很大的实际上痛苦的政府，人民都没有权利可以过问。在这个阶级的立法引起来的灾害之外，又加上一八一六年的饥荒。困苦的情形达到极点，结果便惹起全国的大乱。从社会的困苦中生出政治的纷扰。激进派被法国革命传染，对于现在的状况竟反抗起来了，政府对于此事也定下严厉镇压的方法。

到此，便公布大家都知道的《六条例》（*Six Act*），由这个条例把出版自由、集会自由和政治运动的一切计画，都一齐禁止了。例如在爱汀堡，已经有二十多年不曾开过政治的集会。柯克磅（Lord Cockburn）说：件件事都被革命弄坏了。裁判所（Bench）本很有得到司法的公平的希望，可是竟变成政治专制的绝大机关。

最显明的例就是，爱汀堡的律师莫尔（Thomas Muir）的审问和处罚，他是因为想造成政治的团体，所以被他们放逐。审判这件案情的人就是勃拉格斐尔（Lord Braxfield），他用白克所赞成的语句宣告英国宪法的良好为从古以来所没有的。华颇把活铁炉（Waterloo，活铁炉的战争在一八一五年）以后的情状赅括起来说："当活铁炉以后几年间，英国人所享受的真正自由，比较从一六八八年革命以来什么时候都少。人民的大多数对于立法部都不能过问。政治的权力都在几个保有独占权的运气好的人的手中。纳税的人被不公平不正当的国税所苦。死，是法律对于重罪轻罪所科的刑罚。待穷人如同犯人一样，救贫法一执行，几乎把个个劳动者都弄成穷人。从前的法律已经是苛刻的压制的了不得了，但是统治英国的寡头政治，还想要求更加苛刻更加压制的立法。在活铁炉后五年《出庭状法》（*Habeas Corpus Act*）已被停止，出版自由被限制，集会的权利已被否认，藉检察军队之名实行"住宅的搜索"。这些情形的影响，便激动起来改革的趋势。革命的思想绝不能够扑灭，政府虽有专制的法令，可是人民都热心的爱读改革家所散布的文章。白克已经以《法国革命论》的著作造成反动，改革派深知道他的势力，故以为如果没有一种反驳，改革的事业终不能成功。这种反驳是由倍因的笔头写出来的，他著下《常识》（*Common Sense*）和《危机》（*The Crisis*）两个小册子，已经成为美国革命的大大的帮助。倍因著了人类权利一部书，驾起势来和白克大战——这部书不啻是早年英国激进派的《圣经》，凡是要想懂得政治发展的趋势的人都必定要仔细研究研究。

第四章　人类权利

因为法国革命太过度，和白克著书的大影响，便使革命派的学说信用扫地。倾向改革的人对于这种扰乱社会治安的学说，因为大家嫌恶他，故开头就把他抑制住了。不等到反驳白克的议论出来，便不能够再有进步。反驳的议论就是从倍因来的。倍因和他同时的人一样，看见白克关于美洲革命的著作很受进步派欢迎的态度，便骇怕起来。他以为真正同情于美洲殖民地争自由的人，就不应该出死力来诽谤法国人想脱离比美洲殖民地受苦更厉害的压制的计画。倍因认明白克是引导舆论反动的主人，故马上就用力来反抗他的势力。倍因反驳白克的话都包括在他的名著《人类权利》（*Rights of Man*）书中。他所讨论的问题本就是浩布思、洛克、卢梭等讨论过的旧问题——就是主权的问题。在一切社会之中必定要有个最高的权力，最高的权力究竟是什么呢？卢梭在人民主权之中发见这种权力，白克把这种权力放在"法规"（Priscription）的基础上——这都是前边已经说过的。

白克否认以哲学的第一原理来讨论社会秩序的起原。他深信他们祖先的智识，这种智识就是由包括国王、教师、贵族、平民四者在内的英国宪法表示出来。前章拿政治权力实际的分配对照起来，已经看见白克对于英国宪法的称赞怎样可笑了。就是丢开这一点，说到白克的思想，也是倍因所特别反抗的，因为倍因的心中已经充满了十八世纪革命派的根本思想——就是社会已经被君主政体和教司制度两大迷信败坏完了。

倍因以为如果不废掉世袭君主政体和国立教司两大专制主义，社会便绝没有希望。《人类权利》是反对前者的，《真理时代》是反对后者的。现在所要特别讨论的就是《人类权利》一书。在倍因和革命的思想家，都不曾说君主和教会不是有思想的人创造出来的，只是特别环境的自然的结果。十八世纪的思想家都没有得到进化的观念，不曾知道一种制度不适于这个时代，却很适宜于从前的时代，虽然从绝对的观察点上说，是不可辩护的，但是相对的说来，在一种情形之下却是最适宜的。如果倍因承认这个道理，或者不致于在他的书中那样的极力的攻击古代制度。研究倍因的政治学说的人，除掉因为他眼光狭小，要下相当的斟酌之外，还有许多地方应该注意的，仅仅把倍因看作在英国传播卢梭思想的人便是大错。

其实他是比卢梭还要明白些还要有条理些的思想家。卢梭的政治思想是很驳杂不纯的，他的书中有些地方好像很和洛克一样，认定社会是保障财产权的必不可缺的东西；有的地方又极力的推尊人民主权，使人民主权和个人权利简直没有相容的余地，所以竟为那把个人权利完全放在多数喜怒之下的无政府思想开辟一条道路。白克想攻击这种危险的学说本不是难事，可惜他终始没有建设起来一种社会的真正学说。在实际上，他自己的思潮如果要分析起来，也同卢梭一样的不合道理，因为白克认定人类权利是在人类对于神圣权力的义务之中，这种秘密的神圣，在英国便以国家和教会为代表。

倍因和卢梭、白克两个人有个根本不同的地方。倍因是首先把社会和政府区别得清清楚楚的一个人。在卢梭同浩布思、洛克看来，政府是由社会契约发生出来的，或者换句话说，社会便是政府的精心着意的创造物。倍因的功劳就在说明社会是从人类性质中自然发生的。他不像卢梭，说人类在先是孤立的个人，只因一时糊涂钻进社会，受专制者支配。他不像白克，用神秘的方法把人类分为治者和被治者，说被治者的义务只在承认英国宪法为天意的安排，——就是有一种神秘莫测的安排，把国王、贵族（世俗的和精神的）、平民都变成天定的秩序。倍因讨论这个问题，比较卢梭和白克都很可算得一个科学的思想家。倍因说：“支配人类的这种秩序的大部分并不是政府的结果。他是起源于社会的原理和人类的天然性质之中。他是先政府而有的，就是政府的形式消灭，他也是仍然存在的。人类互相帮助，互相利益，和文明社会各部分互相关系，都是连锁团体的线索。……政府不过是根据社会原理行动的人民的结合。”政府的职务是什么呢？显而易见的就是：政府的职务不是把主权给予大多数的人民。

如果倍因的社会观念不错，如果这种观念在历史上确有根据，那么，个人自有个人的一定的权利，为专制的君主或专制的多数所不能予夺的。这些权利是什么呢？且听倍因说：“自然权利是永远附着人类存生权上的东西。他的种类，是一切智识权（Intellectual Rights）或思想权（Rights of the Mind）和个人在不妨害别人权利的范围之内，图谋自己的安宁幸福的一切行为权。”人类之为人类，有生活、劳动和保持自己劳动结果的自然权。既已如此，所以如果不是妨害别人的自由，不论是君治的政府，是贵族的政府，或是民治的政府，——一人统治，运气好的少数人统治，或是多数人统治——都没有权利可以干涉在肉体的精神的或产业的范围以内的个人自由。国民权利（Civil Rights）就是从自然权利上发生出来的。譬如人类对于自己勤劳的结果有一种自然权利，但是如果他自己太弱，不能够抵抗人家用武力来侵犯，这种权利又有什么益处呢？要想得到保障，所以只有不用自己的自然防卫权，把他让给社会，这个社会是用有能力执行的形式，来保障法律和秩序。在这个地方，人类有个人可做的自然权利——防卫自己财产被害——个人做不到的事体，便教社会来做。这样一来，才有国民权利发生。倍因说：“国家权力，如果正当的解释起来，便是由人类自然权利总合在一起而成的，这些自然权利如果让个人以自己的能力去行，便归失败，便不能适应自己的目的，但是如果集中起来却可以满足各个人的志愿。”在一个合道理爱自己爱公道的个人所组织起来的社会之中，自然权利和国民权利可以并行不悖，但是因为人类不完全，且贪得超出同辈之上的权力，所以政府常常有用权力来保障个人权利的倾向。到这个地方发生一个问题——在什么样政府之下才好好的尊重人类权利呢？

倍因很笑骂白克尊敬世袭的君主。他说："你既尊敬世袭的国王也可以尊敬世传的算学家了。"他又以这种理由，来笑骂由世袭的贵胄而成的政府。倍因对于白克看作神工造成的英国教会，也不能表示相当的敬意。他以为由宗教的方略而成的政府，第一就是奴隶人心的东西，故把他看作最坏的政府。倍因、高德文（Godwin）、蒲尼期特莱（Priestley）一流人，把法国革命所以看得重要的理由，很容易明白，在他们看来，法国革命不仅仅是人民为反抗他们压制者而起的；他想打破的有两件东西，他们以为这两件东西都是使人类陷入苦境的媒介——就是政治的尊王和宗教的迷信。因为尊王，所以便使人类屈伏在那藉神权的名义，劫夺人民自由的君主面前；因为迷信，所以又使人类屈服在那藉神权的名义把人类智识和精神一齐骗入奴隶状态之中的教司面前。倍因想用《人类权利》来打击他所说的政治迷信，想用《真理时代》来打击他所说的宗教迷信。倍因以为从推翻王位和教会的混沌状态之中，可以生出一个新世界——是一个真理和正义的世界，在这个世界之中，各人安坐在自己的葡萄树和无花果树之下，各人保持得住自己的自然权利，那些恐吓他们的国王、贵族、教司一个也没有了。因为倍因的著作激烈，使读者怀着成见，故有许多真理就不是被他们以轻侮的心理反对掉，也被他们忽略掉了。倍因抱着当时革命的思想家很流行的意见，说政府是因欺诈而起的，因欺诈而继续存在的。人类的自然权利都被有谋略的国王、有计画的教司骗掉了。所以人类必到取消国王教司的时候，才可以事事如意。

这种革命的思想都是社会起源观念完全错误的结果。国王并不是欺负无知愚民的骗术，乃是由最初社会之中的情形自然发生出来的。最初社会，除掉怎样保持人类权利之外，还想到别的事件。保持权利的问题还不大要紧，最要首先解决的问题就是怎样保持种族的存在？孔特（Comte）和斯宾塞对我们说：为研究起见，可把人类的历史分作两部分，一部分叫做军国主义（Militarism），一部分叫做工业主义（Industrialism）。浩布思说最初人类状况是一个战争的状况，也有一面的真理；但是战争并不是像浩布思所想的个人同个人战争，乃是种族同种族的战争。在最初时代，战争是一种经济的必要。因为初民不懂得自然，生活资料不能够同人口一样的增加，结果夺取新地便成为种族生存上必不可缺的事件。夺取新地自然便是战争的意思。一个种族，或者一国人民，因为经济的必要，便不得不依军事的方针自行组织起来，政治的制度也要依这个同一的方针发展进步。

如果人人都相信兴盛是由强夺土地而起的，那么，一切物事都要为军事的效果牺牲了。军队只是从军的国民；工业将要因为战争的关系被人抢夺，故个人完全屈从国家，乃是自然和必然的结果。在这种情形之下，就是说人类权利也是无用。第一种道德便是服从。适合“真理时代”的民治政府的组织，遇到外寇便要退位，只能让武力的独裁政治称雄。个人没有对抗国家的权利。他的财产，唉，不但财产，就是生命，也是附属国家的。在这种情形之下，自然要生出来倍因和他同派的人所说的由欺诈而起的君主政府和贵族政府。白克看见的，倍因没有看见的就是：制度的好坏并不是由适合抽象的真理与否判断，只由制度起源和发展的时候的情状判断。白克的错误就在，不承认那样英国宪法在当时已经失掉效用，要想适应将来新发生的情势，非大加修正不可。

倍因说到教会，也和他说君主政体一般，弄成同样的错误。在他看来，教会是教司用来欺骗普通人民，使他们屈服在奴隶状态之中的。最初人类并不是宗教的人类，他们入教只是被狡诈的教司骗进去的。照实际说，教司、教会、初民，都一样的有宗教心，因为宗教是人性的一部分。古代宗教得到特别的形式，不是由于欺骗，只是时势造成的。斯宾塞的崇拜祖先说并不全是事实，但是也有充足的理由，就是由此可以证明在最初的时候人类对于酋长的感情和死后的崇拜心有密切的关系，那时教会和国家并不是两个分立的制度，只是国民生活两方面。酋长死去，便发生两种感情——一发生尊敬心，二发生保持恩惠心。从此便生出圣境。他的坟墓化为神庙，成为祭坛，祭坛之上供献祭礼，——这就是宗教的供奉和祭祀的发源。同这个最有密切关系的就是赎罪的牺牲，——赎罪的牺牲是在战时想祈祷酋长的保佑。密尔约翰（John Stuart Mill）说道：社会的团结的第一个要求——对于一定种类的政府之服从，——在世界上，是很不容易找得出的。想使勇敢好战种族的个人“自由意志”屈服一个共同的裁判官，常常觉得非常的困难，除掉用超自然的势力，便不能制服这种困难，因为这类的民族都把最初文明制度看作神创的。换句话说，在最初社会中的政府，自然要一致采取神政的形式。

听到倍因说话的那个时代的人，自然是同倍根一样，不知道最初习惯的真正的起源，和宗教及尊王的感情进化的方法，但是他们对于倍因的攻击方法，却从良心上厌恶起来了。他们也许不能给倍因一个很满足的回答，但是他们觉得君主政体和教司制度既已起来，总有他们的用处，无论怎样，比法国从废国王废教司到地狱（Pandemonium）——不是千年幸福时代（Millennium）——开始的那样真理时代总要好些。倍因的政治哲学可惜掺杂许多没有历史根据的，和损害他的名誉及势力的学说在里面。我们有可以证明倍根眼力的就是他的自然权利学说，虽然一时失掉信用，可是后来又被德国的思想家和斯宾塞把他复活起来了。斯宾塞把倍因用政治论文家的方法所得到的结论，改用进化哲学的方法得到了。倍因的著作很受当时统治阶级的憎恶，可是人民却大大的欢迎。直到法国革命太闹得不成事体的时候，才损害了他的势力。改革的趋向向着两个方面逆行。法国革命使人权学说失掉信用；倍因攻击宗教，也生出从改革联想到无神论的影响，便使反动的气焰大张起来。倘若要想改革进步，必定要找出一个攻击现行制度的新方法：这是不待说的。把进步党的从前旗帜丢掉，再找出不致十分反对英国人心的旗帜出来。改革的路上，出来一位新领袖，叫做边沁（Jeremy Bentham）。他不用人类权利做旗帜，却用一个集中改革势力的新旗帜——乐利主义（Utilitarianism）。

第五章　边沁与乐利派

英国人的脑筋不欢喜第一原理，这是人人知道的。因为有这种特性，所以法国革命原理在英国便不能生根。当时人民心理因为法国革命闹得太过，都怀着一种恐怕心，这是毫无疑义的；跟着恐怕心便看出把纯粹的哲理的和演绎的方法适用到政治上来的错误。关于这一点，白克的精神实在是比倍因的精神更适合于英国的人心。白克以为根据几何的形式来创造政治组织，是个笨拙的计画；且因为法国革命的结果，完全和他的先见相同，故使当时的人受他的影响非常的大。

白克破坏革命思想的势力，固然很有功效，但是他却没有迎合新工商业情形的建设的学说。——这种情形，不但使英国宪法成为陈腐的无用品，并且成为危险的障碍物。改革要怎样才能实行呢？倍因的方法大大的可以激起人民的不平，可是不能适合国民的脾气。改革的时期来了，主张改革的人物也跟着出见了。边沁有些地方，很和倍因一样，怀着革命的思想，他们两个人都带着十八世纪的精神的特质。边沁很像倍因，完全没有历史的知识。他们回头看看历史上人类奋斗的纪载，都以为没有一个可赞赏的地方；在他们看起来，除掉野蛮、专制、迷信等混沌的愚氓之外，再没有别的东西。大拉伯（D'Alembert）很希望把往事的一切纪录一齐毁掉，这个主张很可以代表十八世纪进步的思想家的态度。白克把祖先的智慧写得很妙，边沁却一句不说。边沁的态度明明白白的揭在他重要的记述之中，他说："笨拙的行为是从笨拙的意见来的，重大的灾害是从笨拙的行为来的，最紧要的警戒是从重大的灾害来的。我们的知识，不是从祖先的智慧学来的，乃是从祖先的愚笨学来的。"

对于既往的态度，卢梭、倍因、边沁三个人通同一样。可以想到英国人不欢喜边沁也和不欢喜卢梭、倍因一样了。边沁轻蔑既往的历史，排斥现在的政治情形，关于这一点，既比那一个革命派都激烈，那么，又怎么样造成一个学派呢？就因为他讨论政治的方法，和那有名的《人权宣言》的革命派完全不同。很新颖的事就是：英国的统治阶级，不但听到这个激烈的改革家反对做法国革命之知识中枢的学说，并且还听到轻侮这种学说的话。如边沁骂美国《独立宣言》为“妄语”（Jargon），就是一个例。他说抽象的人权学说是荒诞无稽的“杂废物”（Hodge-podge）。他又和当时伦理学上和政治学上很流行的口头语宣战。例如他把伦理中“是”“非”两个字仔细分析起来，竟归到“苦”“乐”里边去，又把政治上“自由”“自然法”“社会契约”等语句，看作离开“最大多数的最大幸福”，便没有一点意思。在他眼光中，“自然权利”一语可以同“道德心”（Moral Sense）一语一并反对。总而言之，他只把在伦理学中和在政治学中的各种东西看作乐利（Utility）的试金石。他既不像白克，认定宪法越是古老越有被人家尊敬的权利，又不像倍因和高德文，认定不根据于人类自然权利的宪法，是应该打破的。宪法在实际运用上能够有益于普通的幸福不能，才是边沁的根本问题。

边沁的改革事业先从法律范围内起手。他在这个地方做成很大的事业。他不重先例；对于当时的法律界，不曾把哲学的理想带进去；他不拿自然法来试验理想，只拿及于普通福利的效果来鉴别理想。乐利便是他鉴别的标准，用这个标准来改革我们的法制。关于这一点，梅因（Sir Henry Maine）证明得很详尽，他说：“自边沁以后，所有法律的改革，没有一件不受他的影响。他的影响对于有志改进的国民和职业，几乎有说不尽的重要。边沁在英国得到唯一无二的势力的秘诀，就在他把改进的目的提到国人的面前。他给我们改革的一个明白的法则……把社会的福利高高的捧在一切别种目的之上，使那时常常寻找出路的潮流得到一个出口。”换句话说，就是边沁把革命党抽象的理想、破坏的事实之进步的精神变成实际改革的原理。他想把他乐利的原理适用到政府、伦理、法律之上，乃是当然的道理。革命党为得到合理的、社会的和政治的秩序，想先把现行制度一扫而空，这就是他们的话不能教人家倾听的原因。法国的经验已经是可一而不可再的了。故边沁变个方法，一方面和白克不同，把现行制度看作国家进步的障碍，一方面又和卢梭及他的同党不同，不想破坏现行制度，只想使他们与新的情形调和。我们可以看见他怎样把他们的乐利的原理适用到政府的问题上边去。

他对于当时英国宪法不能忍耐。在一八一七年，他宣言英国的实际政府是一种“贵族盘据的君主政体”，把贵族政体和君主政体的坏处合在一块。这样一来，便把白克和勃拉斯东（Blackstone）的宪法赞美词弄得一点价值都没有了。英国的统治者不是为着最大多数的最大幸福立法；他们的利益就是边沁所说的“偏私的利益”（Sinister Interest），是一阶级的利益，不是全国的利益。要是不想出一点方法使治者和被治者的利益相同，那么，便没有医治这种状况的药方了。

群聚的人类全被自利心支配，故在君主政体，统治者利益便是他自己一个人的利益；在限制的君主政体，利益便是一个特权阶级的利益；在民治政体，目的便在最大多数的最大幸福。照边沁说来，必到这个地步，才是政治问题的解决。主权必定要在一个地方。如果在君主手里不妥当，在那权力被贵族团体限制的地方也不妥当，那么，到底在什么地方才妥当呢？边沁说：要在大多数的人民，他们的幸福便是政府的目的。边沁似乎想到以幸福为利益的人民，便没有偏私的利益。

但是谁是人民，且用什么方法找出人民的志愿呢？边沁所最相信的就是：用普通选举的方法。在实际上，这个方法就是代替一人政府或少数政府的多数政府。——换句话说，就是以数计算的大多数的政府。这样一来，可以使我们从迂曲的路上得到卢梭人民主权的旧学说。边沁的乐利说和卢梭的自然权利说互相携手。倘若没有这种自然权利——倘若大多数是主权者——我们就没有被无限制的专制主义支配的危险吗？密尔约翰曾在边沁的名著中，指出这种政治学说对于社会有非常的危险。

到这个地方，发见一个重要点。如果没有自然权利这种东西，如果乐利便是政府的根本的标准，那么，无论什么权利，自然都是大多数创造出来的，我们到这个地方，便自自然然的回复到卢梭的学说上去了。我们且把这个学说仔细的说一说。照边沁说，政府以“创造给与个人的保障、身体、名誉、财产等权利”为尽职。这就是说：人民选出代表，组织起来创造权利的政府；政府把权利给与各个原来建设政府的有主权的人民。边沁不过造下来一种普通的政治学说，对于最大多数的最大幸福的立法目的并不曾说到。他的思想重实行，不重空洞的理想。他在《立法原理》（Principles of Legislation）中，讨论怎样用立法来把最大多数的最大幸福好好的保障起来。从立法家的眼光看来，幸福包括四件事：生存（Subsistence）、富裕（Abundance）、平等（Equality）、安定（Security）——包括自由在内。为民治政体中最重要问题的财产，究竟是什么呢？如果主权者的权力在大多数，那么，大多数自然要欢喜富财平均了，实行这件事的方法，就是用立法来阻止大资财的集中，要是已经集中起来的，就要使他减少。民治政体所根据的学理，就是大多数都有增进他们自己的最大幸福的权利和权力，故民治主义自然要倾向社会主义，主张财产国有说了。

边沁却不赞成社会主义。在他看来，所有权的安定，乃是进化的真正起点，和鼓动进化的原因——不在富财平等，因为富财平等不是积聚富财的必要的动因。边沁说：“当安定与平等冲突的时候，必定立刻把平等牺牲了。第一重要的是生命的基础，生存、富裕、幸福，件件事都靠着他。平等只能够生出一部分利益。而且我们无论怎样做，都不能完全，我们所能做得到的只是减少不平等……倘若想使所有平等，把财产权推翻，便要生出不可收拾的坏处。也没有保障了，也没有勤励了，也没有富裕了！社会一定要回复到最初的野蛮状态了。”但是假定大多数都以为必定要重行分配富财，使他平等，才可以保得住最大多数的最大幸福，那么，他们就是这样做也不违反边沁的乐利原理。边沁宁肯丢开平等，得到安定，做财产的保障，不能仅仅在乐利的基础上证明。如果财产的基础放在人人有权保存自己劳动的生产物的思想上，那么，这种以幸福为目的而不违反人类自然权利的政府形式，便有很满足的根据了。边沁的乐利主义学说，要用到政治的舞台上去，结果便成为浩布思的专制主义，不过一个是多数专制，一个是个人专制罢了。我曾在《斯宾塞的人物和著作》(*Herbert Spencer, the Man and his Works*）书中讨论到这一点，我说："边沁和浩布思一样，把人类性质看得很低。他们唯一不同之点就是：一个以为除掉用专制的君主政体之外，便没有社会组织的希望，一个的信仰只在乐利的民治政体。浩布思想用专制主义得到的目的，边沁和卢梭却想用目的在最大多数的最大幸福的民选政府来达到他。因为人类权利的学说已经被法国过度的革命弄得信用扫地，故边沁乃用人类幸福来代替他……"

这两种社会观念，在实际关系上影响甚大。如果政府的职务直接的生出社会的幸福，那么，实际上引起专制多数之支配的"爹爹立法"(Paternal Legislation）是必不可免的了。再如果政府的职务是维持个人自由的，那么，不但专制主义是不可能的，并且还要为一切势力和才能的进步开辟一条道路，扼要说起来，便是为个人变化的发展开辟一条道路，这种个人变化乃是社会界中和自然界中永远进步的真正的原素。边沁的乐利说适用到政府上去的时候，总不能得到圆满的结果。他本想养成自由和个人主义，但是真正做下去却引进专制主义和社会主义一条路上去了。但是我们所不要忘记的就是：从实际上观察乐利主义很有给改革运动一大刺激的功劳。边沁实在可算做矫正实际弊害的大事业之首领人物。他使人民明白英国宪法的矛盾和荒谬；他虽然不能够造成有系统的政治哲学，但是因为他是新政治学派的领袖，所以在历史上占一个很名誉的位置。

第六章　哲学的激进派

幸而边沁不是一个大理论的有系统的思想家，故使英国的政治思想可以和和平平的发展。倘若他的脑筋中要印入法国革命的模型，倘若他要抱定极乐社会的热望，那么，必定要使抵抗法国革命的反动心大大的增加了。边沁的智识的性情虽然完全是十八世纪的代表，可是他对于革命派的主张却不表同情，这是这派思想家的幸事。前章已经说过，他用乐利来代替人类权利，换句话说，就是丢开人类权利，采取最大多数的最大幸福。边沁的乐利原理恰和英国人实际的气味相投，而且可以调和极力反抗法国革命学说复兴的稳健派，使他们得到改革的思想。

边沁派和革命派的旗号虽然不同，可是由社会学的见地来讨论政治问题，却是两派一致的。这两派共同的和用以鼓动政治活动的根本信仰便在“人性是可以变化的”“社会是可以达到完美的”两件事。至于这两派不同之点就是革命派以为人性除掉由教育和健全的政治设备来改变他，便不能走上正路，妨害这种理想实现的两大障碍物，就是不自由的教会和专制的君主政体。在他们看起来，除掉把一切社会组织政治组织一扫而空重行建设新制，便没有别的法子。乐利派便不是这样，他们虽然抱着同样的理想，可是却以为要想好好的达到这个目的，只要把现在的社会和政治情形改变改变，不必把他们一齐推倒。边沁因为鼓吹乐利主义，所以攻击一切的弊害——法律的、教育的、政治的——因此，便把那在法国生出破坏结果的大革命的激流，引进实际改革的河路上来了。还有个不可不注意的事实就是：边沁的政治哲学是很不贯出的。照前章所说的，他的乐利主义，当他想造成一种政治基础的时候，已经是自相矛盾了。但是边沁把许多热心的门徒，引到他的左右，使他们自己为新主义的解释家和宣传家，这也是他的大功。

边沁大门徒的领袖便是密尔詹姆士（James Mill）。边沁和密尔詹姆士的政府学说在实际上完全一致，但是边沁真正注意到这个问题上，只是晚年的事。边沁是一个现行制度的大批评家和流行思想的大疑问家。他关于政府的学说，本有很好的成绩，但是制成乐利的方式，专用在当时政治问题上，却是密尔詹姆士的事业。当一八二〇年密尔在寄到大英百科全书的政府论中，已经把乐利派的政治信条造成有条有理的格式。这个论文刚刚遇到改革的时机已经酝酿成熟了。

人民在一八一五年平和克复的时候，已经知道他们是在压迫的专制主义之下生活，他们因为恐怕法国过度的革命，故默认严厉的手段——就是当拿破仑战争的时候，大家认为必要的手段。拿破仑败了，马上又来了“神圣同盟”（Holy Alliance）的新专制主义。神圣同盟的目的是想在人民的民治倾向上，加上一个强硬的限制。后来人民因为受现行专制主义的逼迫，渐渐的忘记了无政府的怕惧心。他们往日想拿来防止革命风潮的制度，现在却成了拘束人类自由精神的牢狱了。密尔约翰在《自传》（*Autobiography*）中说到哲学的激进派当时所遭际的政治情形，他说：“现在人人都知道是自由主义（Liberalism）勃兴的时代了。当那和法国战争同时发生的恐怕和恶感，已经消灭，人民思想集中到内政上去的时候，普通思潮大概都注重到改革问题。因为旧皇室重兴，大陆上再受压迫；因为英国政府赞成神圣同盟反对自由的阴谋；因为长期战争，国债和租税加重，故使政府和议会都失掉人民的信仰。激进主义（Radicalism）在白戴特派（Burdettes）和克贝特派（Combettes）指挥之下，已经成为特别的和重要的学派，可使政府发生怕惧；他们的怕惧，当审判加罗林皇后（Queen Caroline）激起更大更深的厌恶心的时候，就是有名的‘六条例’也难得暂时的使他和缓。厌恶心的外形虽然和激动人心的内因一阵消灭，可是从前不曾见过的反对细微弊害的精神却从各方面汹涌起来了。……当这个时候，自由主义好像已成了时代的思潮，制度的改良已经由上流社会说起，议会组织的根本变革又被下层阶级大声疾呼的要求，时势如此，无怪乎从冲突场中跳出来的新派著作家要求做新倾向的立法家和理论家便大大的惹起世人的注意了。”

在这种情形之下，自然很容易明白密尔詹姆士的《政府论》所以引起人家注意的理由。《政府论》中所说的是一种计画，想一方面满足政治哲学的要求，一方面给政治改革的一个激刺。关于后一层，贝因博士（Dr. Bain）说：密尔詹姆士的论文是第一次改革法案（Reform Bill）运动的实际指导力和促进力。在前世纪政治发展上，这样重要的一篇论文，自不得不教我们用心研究。大概凡是崇拜边沁的人，都异口同声的说：政府的目的应该在最大多数的最大幸福。实际的问题就是政治的宪法要怎样制定才能保得住这个目的？边沁答复这个问题很不圆满，前边已经说过了。现在且看看密尔詹姆士怎样解决这个问题。密尔詹姆士讨论这个问题比边沁格外精细。只空空洞洞的说政府的目的在最大多数的最大幸福，这是他所不能满意的；所以他更进一步，从政治的基础上把幸福分析起来，寻找里边包藏着什么东西。他先研究取得幸福的方法上所必不可缺的勤劳。如果“自然”能够生出满足一切欲望的必需品，那么，便没有利益的冲突了，结果，也可以不要政府了。但是人类勤劳能力是不一样、不平等的，结果，个人劳动的报酬也是不平等的。从这一点上便生出一个根本问题，就是什么是各人分所应得呢？他所应得的就是他自己所生产出来的吗？对于最大多数的最大幸福有什么关系呢？密尔詹姆士的答复是：最大幸福是由“各人得保有自己劳动生产物的最大量数”生出来的。但是怎么才可以做到呢？只有依靠政府，因为政府的职务在保障劳动者由劳动得到的生产品。所以政府便是为保护彼此财产权而集合的人类的组织。要想保持这个目的，以什么政体为最相宜呢？君主政体当然不是最好的政府，因为在这种政治之下，多数人被少数人统治，少数人可以用他们的权力来谋他们自己的私利。所以他的结论不能不说：要想保持多数幸福，必定要有多数的政府——就是民治政体。

在代议制的基础上建设起来的民治政府，便是密尔詹姆士政府之理想的形式，便是乐利主义所认为正当的政体。他以为在民治政府之下，只有利益相同，没有利益的冲突。但是假使人民不懂得自己真正的利益——假定他们以为他们的利益只在侵占少数的财产。那么，又怎样能保证那些在普通选举之下把幸福富财混同起来的人民不想制下一种法律损害富人，使自己得到更多的物质富财呢？

马加莱在《爱汀堡评论》（*Edinburgh Review*）上发表一篇名论答复密尔詹姆士，说：乐利派的政府制度有绝大的缺点。他说：我们有什么保障使人民不致像在君主政体和贵族政体之下被偏私的利益支配，又怎样能保证不使贫者侵夺富者的利益呢？马加莱相信普通选举是和财产制度势不两立的，结果，也要和文化势不两立。密尔詹姆士答复这个批评，大有趣味。他把中等阶级看作人民的真正首领。

他说：选举权虽然扩张，可是道德的威权仍然在中等阶级手中。马加莱更反驳他说：为什么要取这种迂远的政府制度呢？如果中等阶级是人民自然的首领，为什么选举权不以这种阶级为限呢？马加莱的话，“普通选举制，照密尔君说来，不过是把限制选举的代议制所直接做的事，间接做起来的一种计画罢了”。密尔回答他说：普通选举除掉纯粹的政治的价值之外，还有别的价值——他有高等教育的价值，这也是乐利哲学使我们不可轻易看到的一部分。

密尔詹姆士也和法国的学者一样，相信社会可从制度和教育达到完全无缺的境界。他是相信“理想的结合”（Association of Ideas）的学说的人，所以把用正当的教育制度建设个人的环境，和用合理的政治制度建设社会的环境，看得非常的重要；使真正的理想，照经验的结果，成为人性遗传的一部分，并把一切幸福当作一个终极目的来追求他。明白密尔詹姆士这种见解，便不难明白他所以深信普通选举制度和普通教育制度与人民有重大影响的理由，因为影响于人民的势力有这样大，所以可使平民政治在有教育有智识的人中，发见出来自然的领袖。大概哲学的激进派提出来的就是无限的希望。边沁倡导的乐利主义，自哲学的激进派看来，不仅仅是政治学的一系，并且是关于人生的学说，到了密尔约翰，便把他当作宗教的神圣看待。密尔约翰初次见到边沁《立法论》的时候，说："当我读到该论文末卷的时候，我便另外变成一个人。'乐利原理'——照边沁的解释来解释他，照边沁的应用来应用他——便不啻是一条线索，把我知识信仰的零杂破碎的构成分子一齐贯串起来了。他使我事物的观念得到一贯的地位，我现在有了意见、信条、主义、哲学，用最好的字义说，有了宗教了，教授和传播这个宗教，可以作人生外部的主要目的。"

第七章 密尔约翰

我们在前两章已经用了许多气力把边沁所主张的和密尔詹姆士所说明的在政治范围内的乐利主义，阐发明白了。现在且来说说密尔约翰。他被人家奉为乐利主义的先哲之承继人。他从小时，就被他父亲密尔詹姆士把他的身子供献给哲学的思想界。当一八一七年，他刚刚六岁的时候，密尔詹姆士回答边沁——因为边沁有愿做密尔约翰的保护人的话——说："倘若我死了，我心中最难过的就是丢掉这个可怜的孩子，没有把他教养成人。"更接上说，他"容纳边沁的话，把约翰当作我们两个的后继人"。小密尔后来因为对于父亲的尊敬和至诚，竟继承乐利主义的衣钵。他从边沁主义中发见出来宗教、思想系统和政治哲学。密尔詹姆士很费许多气力，想把他的儿子的思想束缚在他自己狭隘的信条之内。幸而小密尔的心思组织强固、行动独立，不仅仅可做乐利思想的传达人。他有被教育养成的批评的习惯，所以他对于人家教授他的信条马上就下批评。他总想不要伤害他的父亲的感情，但是事实上有几个重要之点很同边沁不一样，这也是他在父亲之前所不能讳的。当他父亲在世的时候，他对于边沁派思想不满足的意思总想极力抑制住，到他父亲去世不到几年，他就做了两篇大论文——一是《边沁论》，一是《克连里支论》（*On Coleridge*）——这种著作实在是他智识进步的很重要的痕迹。边沁和密尔詹姆士的思想形式，纯粹是十八世纪的出产品。他们关于人类权利的议论虽然不同法国派一致，但是对于别的两个重要之点却完全一致——就是一由教育和改进的制度可把人类造得完全，二痛恨国王贵族教司，拿他们看作毁坏人性的东西。历史是什么呢？在他们看起来，就是这三个阶级在人类生存中，演出来的猥贱事件的记录。边沁和密尔詹姆士同法国思想家一样，都唾骂对于祖先智慧的赞美词。在边沁说来，历史不过是拿祖先的过失教导我们罢了。至于社会，只有由纯粹真理再造起来，万不要依着历史的教训。

密尔约翰在边沁论中说得很明白，他以为轻蔑历史实在使乐利哲学受重大的损害，在政治哲学上所受的损害尤其大。他说："边沁轻蔑别的一切思想家，决定只用他自己的思想和类似他自己的思想做材料来建筑一种哲学，这就是他第一不够哲学家资格的地方。"这句话和其他类似这句话的说明，便大大的触犯了边沁信徒奉边沁主义为金科玉律的格罗特（Grote）。密尔约翰又在《克连里支论》中，用稀有的勇气和见识，来说明革命派和乐利派的社会政治观念的重大缺点。他说："破坏实在是这些哲学家大部分的目的，除此以外，再也不承认别的东西有用。只要在极乐社会之中，一切迷信、教司跋扈、错误、偏见，都可以消灭。更有几个人以为专制主义和世袭的特权也必定要同时消灭。他们以为只要极乐世界一成立，人类一切的道义美德都可盛兴起来，如同恶草一除，便用不着耕种，自然成为膏腴的一样。"这种谬见到底是从什么地方来的呢？就是从可以叫做政治上绝对主义（Absolutism）的信仰上来的。依他们说，政府可以分成善的和恶的两种。善政府是人民造成的政府；恶政府是为自己私利和想达到私利目的，利用宗教和尊王两大迷信来拘束人民败坏人民的少数人所造成的政府。密尔约翰完全反对这种见解。他很赞赏克连里支一派思想家，因为他们只把政治制度看作相对的重要。密尔约翰以为在最初社会状态中，真理在人类行为之中只占一个极小的部分。重大问题，不是怎样依合理的原则来建筑政府，只是怎样坚固社会的团结力。换句话说，就是怎样在内部和外部冲突的中间，保持事物固定的和永久的秩序。在这个方向上演出来的两种大势力，便是宗教和尊王。密尔约翰说：这两种势力，在最初社会中，很有训练的功效，他们如果一废弛，必定就要酿成无政府的情状，社会就是"不变成专制主义的奴隶，也要变成外敌的牺牲了"。他以为法国哲学家和边沁的政治哲学都因为不懂制度相对性的大真理，所以都弄成重大的错误。

密尔约翰对于边沁和他父亲的政府乐利说都一样的不满意。我们前边已经说过，边沁以为只有大多数人民建设起来的民治政体是社会的救星。密尔约翰却说："边沁政治哲学的根本教条就是普遍的真理吗?"他的批评是："一切永久继续进步或永久兴旺的国家，所以能够这样，都因为有一个反抗统治权力的有组织的反对党存在。……抵抗的中心，无论在大多数人做主权者的国家，或是在教权政体的国家，都是必不可少的东西；因为统治权力所不欢喜的一切道德的和社会的分子，可以自行环绕这个中心集聚在一块，并且可以在这个中心的壁垒的后边，躲避掉统治权力断绝他们生存的计画。"由此可见他和边沁、密尔詹姆士绝对的信仰民治主义，大不相同。我们还可以记得，密尔詹姆士相信只要选举权大大的扩张，人民便可奉中等阶级做他们的自然的领袖；边沁相信只要劳动阶级能够知道他们真正利益不在平均财产的立法计画，只在承认资本重要和承认不平等的结果，那么，对于财产的危险便少得多了。边沁希望劳动阶级丢开有社会主义意味的财产平等，只取有个人主义意味的财产安定。哲学的激进派在改革法案通过之后，立刻就遇着一个使他们醒悟的经验。一方面中等阶级既不想做劳动阶级的领袖人物，一方面劳动阶级又不愿遵奉边沁的教训，把财产不平等当作普通兴旺的必不可少的条件。中等阶级刚刚得到选举权，便立刻就列入特别阶级，没有选举权的阶级攻击他们，也同从前攻击贵族政体一样。这些中等阶级，既不愿做那些运气不好的人民的领袖，便表示他们很不欢喜极端的激进主义，且同那些不赞成普通选举的民党互相结合起来了。

极端激进派把改正法案看作"一种诈骗，给予我们许多专制者，如同商店给予我们的一样"。他们说中产阶级是"社会的真正专制者"，民党把"我们的自由和产业"一齐都托付他们。"产业"这个名词，便把麻烦密尔约翰和哲学激进派的一个原素引到政治学中来，他们的理想国家只是民治政体，政府的干涉缩到最小限度，在这个最小限度之中，要尊重财产权，要认资本的生长自由活动，因为劳动者的工钱和国民的兴旺都靠着资本的增加。密尔约翰很注意劳动首领的言论，他们很不满意哲学激进派限制政府权力范围的理想之实现。他们所希望的是要采用为劳动利益而设的政府。跟着一八三二年改正法案的失望，便生出宪法党的运动和社会党的希图，这都是哲学激进派所不赞成的。边沁和密尔詹姆士所说的政府问题本很简单。只要废君主和贵族的统治，只要把权力放在人民手中，人民在中等阶级指挥之下，必定可以监视各人自由和生产物的保障。但是没有选举权的人民，便和政府的意见不同，他们以为政府不仅仅是为保障个人勤劳的结果而设的，乃是为监视劳动者得到平均的富财特权和快乐而设的。

到了这个时候，政府问题便大大的复杂起来了。这种议论出见之后，哲学的激进派在改进的运动中便立刻失掉信用了。内中有些人投入自由党，又有些人加入保守党。在改革法案之后，他们在议会中间的势力很微弱，议员人数也减少了，所以马加莱用滑稽的口吻说，这一党只有“格罗特同他的夫人两个”。因为密尔约翰对于这派首领边沁所唱导的学说，怀着许多不同的意见，故很受正统派的猜疑。可是他并不曾抛弃这派的学说，不过看见边沁的政治哲学不适用于解决新时代的问题罢了。他因此便起首来修正激进主义，一方面保存边沁主义所有的精华，一方面想使发现在进步的思想家面前的重大问题更得有效的处置。

密尔约翰有一件事的的确确的还保持进步派的意见。就是乐利派固守着十八世纪的信仰，认定社会是可以弄得完全无缺的。在密尔约翰下段文内，可以看出他纯粹的守着十八世纪的乐观主义（Optimism）。他说：“只要有一顾的价值的思想家，没有不相信世界上许多大恶害是可以自行除去的，如果人类事务继续改进，这种恶害必定要缩减到最小的限度。贫穷——包括困苦在内——是可以用社会的智慧联合个人的智慧完全除尽的。就是最难防御的劲敌，如疾病之类，也可以被良好的身体、道德的教育和有害的势力之正当的抑制，来减少他的范围；而且科学进步，将来更可以直接的战胜这种讨厌的仇敌。在这个方向中各种的进步，不但可以救济我们，使我们除去缩短我们生命的机会，并且可以免除夺去我们幸福的机会。运气的变化，和关于一切世事的失望，都是重大的疏忽、放纵的欲望和不良或不完全的社会制度之主要的结果。总而言之，人类困苦的大原因，有一大部分都是人类用心力所能战胜的，就是改变非常的缓慢——当没有完全战胜的时候，虽然要荒废许多岁月，可是如果意志和知识不缺乏，造成我们最希望的世界也是很容易的——但是只要各人心中有一点努力的智识和度量，必定要从奋斗之中得到一种高尚的快乐，这种快乐无论怎样自利自恣，都是不肯放弃的。”这一段话真正可算是高尚的理想。

重要的问题是——在正朝着完全方面进行之中，政治制度有什么功用，这种制度应该用什么样的形式？我们在前几章中，已经知道革命派和乐利派对于这个问题的答复了。用民治政府来代替君主的贵族的政府，来教育人民，照十八世纪的学者说：“这就是你们已经上了再生的社会的国家正路。”到了密尔约翰出来的时候，政府的问题已经非常的复杂。这时已经不能同法国的思想家一样，仅仅的打破政治和宗教的专制主义和普通的腐败政府，便算了事。这些事件有的固然是除去了，可是别种更困难的问题又相因而起。跟着法国政治革命之后，马上就发生英国工业革命。在往古的时代，富财已经大不平等。人家都以为国王、贵族和教会中人利用政府的权力来扩张自己物质的货财，所以普通人民都痛恨他们。但是很显而易见的就是：工业革命的结果，发生出来一种不平等的新渊源——就是经济的不平等。这种不平等和政治的不正当很没有关系。工业的首领已经造成莫大的资产，可是那些成千带万的在污秽的工厂中劳动的人，连生活的必需品也不能够得到。在一八三二年改革运动发生的时候，劳动阶级所有的思想，就是用政治的权力来削平那正在增长的经济不平等，简单说起来就是：社会主义比从前进步的思想家之个人主义格外得靠工钱吃饭的人的同情。从前的人身自由的旗帜，在这些把自由当作饿死解释的人看起来，简直值不得鼓吹了。这种社会的发展，使密尔的乐观主义大受影响。现在所要做的是什么呢？大概从前所称为政府问题，现在拿来和经济问题比较，已经落在第二位了。最紧急问题，并不在政治权力的分配，乃在富财的分配。密尔到了这时，得到他前辈所不知道的真理——就是政治的进化以经济的进化为条件。倍因、边沁以为民治制度无论在什么时候、什么地方，都是必要的，都是绝对好的旧思想，已经发见完全错误了。

密尔无论怎样，似乎觉得讨论政治权力分配的问题，第一要注重的就是富财或经济权力的分配。换句话说，就是他已经知道政治学必定要赅括社会学。密尔极力想发见社会发展的法则。他在各种方面求知识。他有时很赞同孔特有名的“三级法”（Law of Three Stages），有时同情于正在勃兴的历史派，有时又大受屠克维尔（De Tocqueville）思想的感化。他当讨论政府问题之先，就想讨论富财的问题，在一八四八年竟做成一部《政治经济的原理》（*Principles of Political Economy*）。密尔是李佳德（Recardo）的门徒，经济学在李氏手中，已得到和社会可以造到完全地步的学说不一致的结论。李氏分析经济法则和经济势力，得到“工钱的高度不能出乎生存点之上”的结论——这个结论被马尔塞斯（Malthus）“因人口增加，穷人不得参与国家宴会”的格言，弄得毫无趣味。在密尔看来，这是悲愁抑郁的思想。社会愁苦的真正原因，照自然的法则说，并不是人类的不公和政府的专制。然则就没有方法可以免掉这种悲惨的结论吗？密尔以为他找出一个法子，就是想把经济学中生产法则和分配法则分开。他说：“富财的分配纯粹是人为的制度。”这就是他和哲学的激进派的个人主义显然不同的地方。

社会主义所公认的就是平分富财是政府职务之一。我们看见密尔的思想有两个方向，互相争胜。他同边沁派一样，深信自由是社会的盐梅。他的《自由论》（*On liberty*）一本小书，就是从这个信仰中发生出来的。他在这本书中，口能舌辩的说：个人可以做到的自由，不但对于他自己是必不可缺的，就是对于社会也是必不可缺的——这个议论在势力和热心一点上，大可与密尔顿（Milton）的“*Areopagitica*”相比较。但是他讨论政府的时候，关于自由的议论似乎很难自圆其说。现在的问题就是想怎样才可以为社会的利益，找出牵制大多数自由的方法，因为他所怕的就是大多数的自由。如果照密尔的主张，说富财的分配是一种人为的制度，那么，马上就可以知道凡是由大多数卖工的劳动者组织起来的政府，必定要为他们自己的利益，来实行分配的方法了。密尔在一八六一年做出一本《代议政府论》（*Considerations on Representative Government*）。这部书中并没有好多乐观主义在内，社会可以造到完全地步的信仰也大大的衰减。李佳德和马尔塞斯对于那些与政治组织没有直接关系的经济的事实和法则，大大的称赞，结果便使革命派和乐利派的极乐社会似乎在幽暗缥缈的将来之中消毁完了。李佳德和马尔塞斯对于辛辛苦苦的无千带万的劳动者，没有希望的福音。李佳德说："利益是从工钱出来的"，结果资本与劳动中间便生出必不可免的抵抗。有大势力做后盾的资本常常可以战胜劳动，劳动报酬的比例，比马尔塞斯所说的因人口增加的法则递减还要低下得多些。

现在最好的经济学者看穿了李佳德的错处，更把马尔塞斯人口法则减到适中的限度；但是当密尔著书的时候，在他发见科学的政府制度的计画中所碰着的大问题就是：在政治范围之内，怎样可以调和资本和劳动。在单纯的经济范围之内，劳动是没有势力的，但是如果给工人一票，便立刻和同辈结合起来，成为政治的万能。劳动阶级用他们的力量可以做什么呢？边沁以为劳动阶级可看见的，是他们的真正利益，在尊重财产权和资本。密尔詹姆士相信劳动阶级只要得中等阶级的引导，便可计算到他们真正的利益。密尔约翰却没有这种信仰。他已经看见社会主义兴旺起来，并深受政治经济学中凄惨景况的激刺。他所得到的结论就是：劳动阶级一旦得到势力，便可使租税的大部分或全部都由有大宗收入者和有不动产者负担，而且"用增加劳动阶级利益的方法来消费，更可使支出的总额增加"。密尔更以为用立法的计画来增加工钱，也许可以做得到。他对于当时政治趋向的先见的眼光，真正是明白无比。他讨论民治政体的问题，一点没有幻想。密尔在实际上和前辈不同的地方，就是如果想得到完全社会，只有建设抵御万能民治政体的壁垒。他对于毫无牵制的大多数所组织的政府，非常的骇怕。他的壁垒是什么呢？他举出两个——一是少数代表制，一是教育。他以为海尔（Hare）的精详的选举法，就是使少数可以得到制限多数的政治权力的方法。密尔信仰政治机关，故使他不能看出一切计画不是常常的照原来的精神去做的。由美国的经验看来，在原理上极完全的民治计画，事实上便成为伤风败俗的利器。

当政党精神蔓延、政治感情激昂的时候，权力便被不顾公共治安和政治名誉，而以政治为营业的阴谋家暗中操纵。结果政治机关的成功，便全靠国民的性质，密尔关于这一点，很信仰民治制度，因为民治制度颇带点教育的性质。但是密尔既是一个乐利主义家，故不曾丧失他的教育的信仰，这种教育当然不仅是学校教育，并且是在民治制度之下的公民教育。密尔所主张的教育，是一旦得政治的势力，立刻就可以非常的势力行使的，并不必要经过几十年才能有效的慢慢进行。罗伟（Robert Lowe）说：顶好是教育我们的主人，但是如果人民没有教育到做我们主人的程度，便是国民的祸害。

密尔如在《自传》中所说的，并不相信他自己的计画的这一部分。他说："我已经从经验上知道许多错误的意见，并不要改变他心中的习惯，便可以换来真实的意见。……因为他们（英国的大众）虽然丢掉某种错误，他们心中的普通训练，无论是知识方面，或道德方面，总是没有改变的。我现在确信人类思想方法的根本构造如果不大大的变迁，人类的命运总不能大大的进步。……因为大众心中要不在这个方面认定一种趋向，我的人类立刻进步的见解，便不能大有希望了。"密尔因为不满意先辈的信条，所以才着手修正哲学的激进主义。他修正的地方虽然不少，但是总不能使他的政治哲学处处都圆满无缺，结果，不过仅仅的做一点弥缝修饰的工夫罢了。密尔自己也知道自己的失败，故在《自传》中说："如果人家问我用什么系统的政治哲学来代替我所丢掉的，我便答道：'没有系统'；只确实相信真正的系统，必定要比我从前所想的系统格外完全，格外面面俱到些。"他的民治政体的信仰渐渐衰减。他是一个爱自由爱个性的人，所以他恐怕由大多数组成的政府，结果或者要建设狡猾的专制和平庸的政策。在这种状态之下，勤苦自励的道德恐难得到奖励。密尔觉得新思想和新活动的方法，将要惹起民治的保守主义的障碍物。他并不以进步的原素来期望人民。他的结论是：“一切贤明高贵的东西不但都是由个人首创的，并且必定要由个人首创。普通人民的名誉和光荣，只在他能够跟随这个首创东西进行，他能够自行附和贤明高贵的东西，且用他明亮的眼睛来引导他们。”我们在此，无意之中，找出密尔赞同加莱尔（Carlyle）的伟人思想。

第八章　加莱尔的政治思想

加莱尔本是很难得列入政治思想家之类的。有时他攻击最尊贵的旧制度，大快激烈派的人心；有时又在信仰民治政体者头上大加唾骂。他既是那般想得到极乐社会的政治计画的仇敌，又是那般颂扬政治停顿的保守主义的反抗家。我们把加莱尔列入政治思想家，是从两个方面看的：一是近代社会和政治关系的最大解剖家，一是社会再生的特别学说的倡导家。加莱尔讨论社会，大骂边沁派的乐利主义。在加莱尔看起来，社会并不是一群个人单抱着人各自为的原则，来寻找幸福的一个集合。他在《裁缝哲学》（*Sartor Resartus*）中说："你能说社会没有一个社会的观念存在吗？同普通的家庭观念一样，只是大家公同合住的旅馆吗？孤立无群的个人，彼此反抗，死守着自己抢到手的东西，说是'我的'，并因为不用劫财杀人的钢刀，只用巧妙的诡计，便叫做和平。这种样子可算做社会吗？感情交际已变成不可相信的风说；最神圣的圣餐会，不要传教的人，只是有厨子之吃烟的饭馆子宴会，在这个地方可算是社会吗？你们的教司的舌头只作舐杯盘之用；你们的高等监督和总督不能统治；到处只听到'放任'的声音；不要你们的指导，只在极黑暗的里边，让我们自己独做；吃掉你们的工钱便去睡觉。在这个地方又可算是社会吗？这样一来，凡是眼光看得到的地方都是悲惨的光景；穷人因为饥寒和过劳而死；有钱的人更因为饱食终日没有事做和过度生长，陷入可惨的境况。最高的阶级一点不受最低阶级的尊敬；就是像酒馆里边的堂倌想客人多把一点小贴时的口头恭维也没有了。神圣的仪式变成虚文假礼，连费用也不肯花了；这个世界已成为赤身露体的世界；归总一句话，就是教会因为肥胖和中风已经变成哑子；国家因为经费困难，也缩小范围变成警察官署了！”

加莱尔对于乐利派改进社会的机械的方法，大加诽谤。他得到社会进化的观念比较他同时的人也早些。他总算是现在叫做有机体的社会进化说的先觉。他从德国人学来“自然不是原子的机械的集合，乃是精神统一的物质的表示”的观念，并把这个观念扩大起来，应用到社会上去。他在《裁缝哲学》中说：“是真的呀，如果自然是一个活物，是不可分开的全体，那么，人类便更是活物，更是不可分开的全体了。”什么东西把时代和社会结合起来，成为一个生活的有机体呢？

照乐利派和激进派说，只有自利（Self-interest）可以做到这件事。他们以为从前的社会，各方面都受阶级法的妨害。自激进派的眼光看来，照自己的利益立法的少数专制，便是进步的大大的障碍。在经济学上有斯密亚丹，在政治学上有边沁和密尔詹姆士，他们这一派都是以自由做旗帜的。加莱尔有些地方比边沁派和密尔派更激烈。他以为在那种以自由和自利结合起来的社会的国家之中，再也找不出快乐。他极力鼓吹激进派所不知道的思想——义务的思想。他在社会之中，找出许多大恶大难，都是自由和自利所不能医治的。工业革命一方面是试验密尔约翰激进学说的信仰的，可是一方面又是使加莱尔对于乐利派的“万应锭”下猛烈的攻击。

他论到宪章党的时候，把那种使政治运动可以理解的情形，说得很明白。他说：“现在正是公私原理（这个字义已经解释过了）已经绝迹，自利心已经在自由任意的设计、奋斗和争夺的时候。困难迭起，已经到了忍无可忍的地步；已经是有钱的人费尽心力不能统治，贫穷的人因为人多事杂，不能不统治的时候了。竞争和放任的计画各方面都达到极点：各人都局促在他自己的缺陷和危险的范围之内，你也不相信我，我也不相信你，这种扰乱的公共幸福就是公共祸害，大家都明明白白的知道快到末路了。”照加莱尔所说的“英国问题的情形”，绝不是纯粹的政治的死法子所能救济的。选举权的扩张和“现金的关系”（Cash nexus）一定要与社会的救济同时并行的观念，加莱尔也明白承认了。他说：“改革的政府，空如一阵东风。”从普通的人中选出“两万分之一的人送进国民议场”，实在没有什么特别的利益。加莱尔意见，以为民治政体不是贤人政治，只是一群庸人的政治。

但是他对于自己描写出来的惨状用什么方法救济呢？他救济自由弊害的方法就是回复专制主义——不是一阶级的专制，乃是开明的伟人的专制，且承认义务为支配社会生活的原则，比自利的原则格外好些。就是丢开第一个问题——得到伟人——可是在我们这样复杂的社会之中，便是有天才的英雄，一个人也难统治。

加莱尔解决如劳动问题一类的困难问题，总是感情用事，不是用头脑判断的。爱斯皮拉士（Mr. Espinasse）在他很有趣味的《追怀录》（*Recollection*）中说：加莱尔著劳动问题的时候，桌上并没有一本青皮书（就是英国的政治录）。实际上加莱尔论到社会事项并没有完全一贯的意思。他早年的著作，常常称赞自然生活一方面，诽谤用机械的方法来医治社会疾病的一切计画；但是到他研究政治学的时候，又主张用英雄来雕刻社会制度的一个机械的方法。加莱尔自己极力鼓吹的有个真理，就是社会是有机体，不是可以照英雄一个人的意思用模子拓下来的一块泥土。可是他赞扬克林威尔（Cromwell）时，便把克林威尔因为不懂得这个真理而失败的事实忘记了。加莱尔把社会中联合的理想这样牢牢的记着，所以又说如果我的理想不能用义务实现出来，还可以用武力来实现他。无政府的状态是他所最怕的。秩序，在他看起来，是天上第一个法则，最能够保障这种法则的，便是天降的伟人——就是比普通人类更有英明果断的天资的英杰。

崇拜英雄是加莱尔政治组织的锁钥。加莱尔学说的根中，有一个真理的心核，就是：社会是不能用自利、自由、平等结合起来的。在极端民治制度之下，并没有平等这种东西，伟人英雄仍然有他的用处。在近代的情形之下，他就是不必专制的用他的势力，就是不能专制的用他的势力，但是他还有用势力的余地。因为他用壮大的理想，特创的主义，高贵的生活，可以悦服一群人心。伟人是民治政体的盐梅。因为伟人的雄伟在理想境界以内，故可以使公共生活的标准抬高。再如果伟人的目的不高，如果他汲汲皇皇的想得到世俗的人望，他必定要卑污了国民道德的潮流，退回了国家的进步。这种民治方法的代用品之伟人学说，并不是一时可以看得出的，可是和时代的人民倾向联合起来，也可以造成好果。加莱尔的势力，在干燥无味的政治思想的范围内，不如在政治的理想主义的范围内那样大。现在社会的、政治的和工业的关系上的高等伦理观念和活泼的同情心，都大大的得他的益处。著者曾在别的地方说过："经济学者的著作，促起来严重的批评的地方很多，如果加莱尔以识别力讨论这个问题，他对于好的事体必定有一种势力；但是他对于科学的政治经济学和近代工业组织都大加轻蔑，结果便使许多研究社会学的最明白的人都很嫌恶他的著作。"关于这一点，加莱尔实在是比不上密尔，因为密尔虽然由片面的教育养成知识骄傲的坏处，可是他对于真理勇往直前，就是受气质和方法不同的思想家启发指导也是不辞的。究竟这两个人的智识那个大，大家的见解很不一致，可是毫无疑惑的就是密尔住在智识的清朗和高尚的空气之中，远远的离开了像加莱尔所栖息生长的糊涂的纷扰境界。故他两个人很大的区别就是：一个是进步的神圣的徒使，一个是反动的野蛮的代表。

第九章　柯贝登与满基斯特派

当讨论哲学激进派的政治思想的时候，密尔约翰心醉李佳德经济学说和马尔塞斯人口论的事实已经说明了。李佳德和马尔塞斯两个人好像已经给革命派的乐观主义当头一棒。在他两个人必不可逃的铁则的世界之下和康道西（Condorcet）、高德文的极乐社会的希望绝不相容。密尔所说的结论是人类不好的运命从政治制度不公平上来的少，从造物的悭吝上来的多。此外还有一事就是：已经由人力造成的富财分配却不得平均。他想救济这个弊病，所以想用半社会主义的政策。密尔不是完全不相信自由，对于意志自由尤其是相信，但是他既以为造物对于人类活动这样悭吝，所以不能看出自由自身能做出什么利益。如果照李佳德和马尔塞斯说，劳动者仅仅能得到支持生活的工钱，那么，他们从政治行为上又能得到什么利益呢？

哲学激进派中有许多人和密尔的意见不一样。他们仍然抱着旧日的观念，说人民的困苦大部分是从坏法律来的。我们看见当一八三六年哲学激进派如格罗特摩尔斯渥（Molesworth）、侯模（Hume）、罗白克（Roebuck）等组成一个米税废止会，不幸人民都不听他们的话。他们的方法太偏于学理，又不能把米谷法案的问题哄进市场的激烈空气里边去，乃一味的作冷静的研究，这也是他们的态度太冷淡的毛病。一八三八年“反对米谷条例同盟会”（Anti Corn Law League）出见在满基斯特（Manchester），一八四一年柯贝登（Richard Cobden）又由斯多克泡（Stockport）选出，做了众议院的议员。在进化的自然程序上，政治权力已经从哲学激进派移到满基斯特派去了。在柯贝登和布莱特（Bright）率领之下的满基斯特派，为什么能够用旧激进派所不能得到人民倾听的方法来得到人民的倾听呢？就是因为哲学激进派除掉政治的改革之外，还有远大的目的一件事。他们至少也要改造根本的信仰才能满意。边沁和他的同党就是没有受法国革命的方法的影响，也受了他的精神的影响，故把教会、君主政体、贵族政体，看作进步的大障碍。他们对于宗教的态度不曾得多数人的欢迎；他们痛骂尊王，又违反了一般不满足他们政治信条中单纯乐利说的人民的心理。同时哲学激进主义在李佳德、马尔塞斯、密尔几个人物之中，都不能想出方法来救济加莱尔所大声疾呼的人民愁苦。在这个时候，有满基斯特派出见。柯贝登和他的友人不拿宗教的和哲学的根本信仰来麻烦自己，且把盘据密尔心中的关于政府的一切推论的思想放在背后，只想使进步的政治家的全力，趋向经济方面去。他们的根本问题并不是教会对于进步的文明有什么关系？人民对于国王和贵族有什么关系？政治权力应该要怎样分配？他们注意在一个问题上，就是怎样使食物便宜，怎样使工钱增加？归综一句话，就是满基斯特派除掉实行之外，便没有别的事做。

这一派人不注意李佳德和马尔塞斯。他们观察当时情形，说明患难和不平的原因，只在现行的那几种法律有害，与造化的悭吝完全不相干。他们看见当时的需要在经济的鼓动，不在政治的鼓动，这是满基斯特派发见宪章党所没有见到的地方。用他们的眼光看来，保护政策是妨害英国的商业的，因此并使粮价高贵、工钱低落。布格思动（Sydney Buxton）在《财政与政治》（*Finance and Politics*）中说：“农业上的利益，在实际的米谷禁止税外，更加上限制外国一切货物的输入。所以凡是入口的动物，不论是生的、死的，鲜的、腊的，以及硬毛、兽皮、兽毛之类，果菜、麦种之类；如果不是完全禁止，便要加以重税。”贵族院中有一个议员在一八四一年的会议中说道：当无千带万的同胞正要饿死的时候，“凡是在地上走的各种兽类不待说了，就是在水中游的各种鱼虾，和可做食料的各种鸟雀，都一个一个的课税，惟恐怕便宜了我们正要饿死的人民。”华颇也在《英国史》中说道：“课外国的和殖民地的木料的‘差别关税’（Differential Duties）实际上就是加人民二百万磅一年的重税。这个制度又把糖价每韩微（Hundred weight，一韩微合一百十二英磅）增高二十先令，就是从每四百万韩微的消费额上课人民四百万磅的重税。照当时的计算，小麦税的平均额，每拓特（Quarter，一拓特合二十八英磅）十先令，人民一年消费二千四百万拓特，面包税的年额就是一千二百万磅。所以对于这三种东西的保护政策就是在苛税人民之上再加上一千八百万磅的负担。”在这样的重税之下，贸易也消沉了，制造人的利益和劳动者的工钱都丢掉了。当保护政策增高生活必需品的价格的时候，正是人民失掉职业的时候。商业紊乱，失望的劳动者又起来作罢工和扰乱的行动。人民的疾苦达到极点。例如满基斯特有一万二千家全靠周济，有两千家没有睡觉的地方，五千四百九十二个住宅都封锁起来，一百十六个工场中途歇业，总计有八千六百六十六人每周各人所得不上十四个半便士。在斯多克泡地方不知有多少房子都没有人租，所以有一位滑稽的人用石灰在门上写道：“斯多克泡招租。”

柯贝登即时决定他作战的计画。他的主张就是一定要废止米谷条例，废止的方法绝不用哲学激进派的学究的方法，只要组成一个得中等阶级和劳动阶级——制造家和工人——赞助的大同盟会。柯贝登有可以称为政治的将领的资格，他知道如果“反对米谷条例同盟会”成功，一定可以把对于社会不平的一切人招引到这个旗帜之下。他于一八三八年在有名的书信中说道：“我想分崩离散的分子很可以集中在米谷条例一个问题上。我以为不独道德的精神，就是宗教的精神，也可以注到这个题目上去，如果和从前的奴隶制度问题作同一方法的鼓吹，将来便要成为不可抵抗的势力。”满基斯特派最初有一个很大的利益就是：他们不像哲学激进派因反抗宗教的精神，损害了自己的势力。柯贝登虽然不是普通所说的正统的宗教家，他总可以算是英国国立教会的一个会员，他的作战很得宗教势力帮助的利益。至于布莱特便完完全全的是个教徒，他同古代的先觉一样，在神学的立脚点上讨论一切政治的问题，就是把讲演坛变作说教坛。柯贝登既得到政治的、经济的、宗教的势力帮助，又得皮尔（Peel）的皈依之助，终久把米谷条例废止了。学者看见柯贝登这样尽力于同盟的实际的事业，总以为他除掉使人民的食物脱掉禁止的关税制限之外，便没有别的目的。其实柯贝登并不是脑筋简单的政治家，却真是一个思想家，他一生之中，得到许多渊博的文明的学理。

柯贝登在自由贸易之中看出一种原理，在这种原理之上可以建设起来更好的更纯洁的文明。他看见自由贸易和保护政策，就是斯密亚丹时候叫做满基斯特主义，有与文明正相反对的观念。就是保护政策有国家独立（National Independence）的意思，自由贸易有国家互相依靠（National Interdependence）的意思。

究竟什么是保护政策或满基斯特主义呢？也不过是我们权力均等的十八世纪的老朋友穿上一件新衣服罢了。自从奥兰支的维廉（William of Orange）最后对于议会的宣言想使英国保持住权力均等以来，英国的人民为着讨厌的和无效的外交政策费了许多肉血金钱。维廉的旧帝国主义已经把地盘让给新帝国主义了。这时所要的不是保持权力均等，乃是保持贸易平衡。这种新帝国主义也同旧帝国主义一样，酿成国际的扰乱，要求永远的扩张海陆军。在柯贝登眼睛之中，自由贸易的特长就是把基督教的伦理用到国际主义的范围里边去。著者曾在《斯密亚丹论》中说："在自由贸易之下，一国进步可使一切国家都一齐进步。保护那种维持权力均等的垄断贸易，海陆军可以不要，因为服从经济的法则，凡是工业具备的国家，就是在保护的关税之下也可以参与别国的贸易。自由贸易不止是一方面的利益，骨子里很有彼此两便的勤劳交换的意思。国家不致互相吞并，只当作一个大同盟中间的分子，各自极力的开发财源，在互相调查和互相利益之中交换他的物产。

满基斯特派从他们的经济观念之中，自然生出外交政策。边沁派和柯贝登派在这个地方，有个很明白的区别。边沁派虽然完全反对干涉外国事务，可是他们的政策也没有什么主义可根据。柯贝登和布莱特对于外国政治特别的研究，因他们自由贸易说的逻辑的结论，故想使英国对于别国的政策得到真正的和平。

于此有个当然的事体，就是当经济战争战胜的时候，柯贝登便注意到外交政策上去了，他费尽心力来提倡和平。但是他发见在他自己阶级中大多数人一方面虽然汲汲的享受从自由贸易而来的国民的繁荣，可是一方面又发见他们对于他的国内的和国际的理想一点没有兴趣。他虽然主张缩小军备，主张国际裁判，和以人类同胞的思想来鼓吹一切计画，可是都没有效果。他以为英国人是制人而不受人制的。柯贝登和边沁、密尔詹姆士一样，他的希望只在中等阶级，更和他们一样，最相信教育的功效。他晚年有一封书信，可以证明他对于这件事相信太过。他说："通常制造家和商人只希望发财之后可使他们自己在封建制度之下求生活。这个结果怎么样呢？我们国内外的关系，果趋向到那个方向呢？天下大势都趋到权力和势力的错误方向去了，我们能不能希望免掉内忧外患呢？"又说："国民没有学到耐受繁荣自由平等的道理，他们将要学到更高一层的文明。我想我们如果能做一个灯塔，使航海的人得免掉暗礁的危险，便可做子孙的模范了。"

柯贝登在政治发展的进程上占了什么地位呢？这个问题很不难答复。他不曾用过革命派自由平等博爱的旗帜。他所做的事，就是把这些东西从抽象的境界之中搬到具体的实行的境界之中去。他以为缺乏自由便和商业大有妨碍。

他不说什么人类权利，他只要求借社会的幸福之名废掉人民食粮自由输入的限制。他没有平等的哲学的理论，但是他却看得出如果在经济的不平均制度之下，社会的生命便要受损害。他也不夸张什么博爱，但是他却想在自由贸易的基础上，使日常生活养成同胞相爱的观念。在他那个时候，使他感受痛苦的事很多。

他的理想虽然一时消沉，可是还有一件事是很明确的，就是如果要进到较高的文明，这条前进的路程一定要沿着柯贝登以经验得到的道路前进。

第十章　进化论派

察观政府的发展有两种方法：一是静的（Statical），一是动的（Dynamical）。从静的察观法上，一定可以得到两个相反的学说。一是神学的社会观念，把社会看作人类从无知无欲的状态上堕落下来的，从这个观念发生出来的政治理想便是神权政体（Theocracy）。以为人类邪恶的倾向，仅仅可用超自然的方法制止他，认定地上的许多帝王乃是天上一个帝王的代表。在英国史上演出很重要的部位的神权说都是这种思想自然的结果。一是和这种思想相反对的学说，这种学说也是从静的察观法上生出来的。十八世纪反对神学论的著作家，也同神学论家一样，都相信法律和制度是精详计画的结果，但是对于计画人的意见却和他们不同。在奉卢梭为领袖的十八世纪中，大家都以为社会不是由上帝起原的。法律和制度都是那般用尊王尊神的思想来奴隶人民的君主教司等在人类之上设制起来的。

从这种见解之中，自然要生出政治学的革命派。卢梭说：人类生而自由，可是处处都是拘束的铁锁。革命的政治家的义务就在除掉这个铁锁，使人类恢复最初的自由。我们在这个地方可以了解法国的革命派和乐利派的政治学说的真相。我们在前边说过，密尔约翰很不满意这种政治进步的学说。他以为法律和制度并不是全部不好或是全部都好的，不能用绝对的标准来判断他们，只能由他们对于社会进化的特别情状的关系来判断他们。他这种见解很受孔特著作的影响，孔特政治组织的思想，完全在制度相对的一个观念上立脚。密尔知道在政治的科学以前必定有一种社会的科学。因此便牵扯到根本问题上去，就是社会进步的原因是什么？密尔采取孔特的见解，以为进步是智识的结果。照这种见解说，人类的历史便是智识的历史。我们在这个地方很可以看见密尔仍然不能脱离十八世纪“真理是支配人事的势力”的见解。但是他虽然没有完全脱掉先辈的见解，可是却不可因此便责备他。当进化论风靡主要的思想家的时候，密尔虽然也知道无论是社会的或政治的思想行为的一切状态都一定要经过大革命，可是已经衰老，不能为新思想所同化了。进化论演出来的势力，是包括在有机体的社会的根本观念之中，既不像革命派说是人力制造的东西，又不像后来新派人说是个人的集合体，个人的进步是由他们智识范围广狭确定的。

换句话说，照进化论派说，社会的起源既不是专制的君主和教徒以骗人的社会契约结成的，也不是由人类为着增进智识，发生同心协力的意识的愿望造成的。

社会来源只是由人性无意识的冲动而起的。人类筹备自己的物质需要的愿望，便是社会的行动的原因。社会最初的根基，是经济的，不是智慧的。没有社会的契约，初民也不像卢梭所说的是生而自由的。他们生来便做造物的奴隶，造物悭吝使他们不得不同心协力，不得不以种族相结合，来减轻生存竞争的痛苦。到了种族成立，生存竞争便变成一种新形式。因为初民不懂得自然（即造物），故支配自然的力量有限，人口只受支持生活的食物的限制。在最初时代，生存竞争就是种族之间的战争。人口渐渐增加，食物的供给仍旧，故兼并侵略便成为初民必不可少的政策。进化论及于政治思想上最明显的观念就是：政治组织不是有谋略的专制家惨澹经营的结果，乃是由经济状态决定的。如果经济状态常常以战争为必要，在这种社会之中，说个人自由、人类权利，实在是一种废话。在军国主义之下，个人只有义务没有权利，他的利益必定要附属于种族或国家利益之下。最初的宗教，把这种附属弄得格外固定，大家奉酋长或国王为神，把种族的法律看得同天意完全一样。革命派指为人民仇敌的君主和教会的专制主义乃是由最初社会四围情状而生的自然进化。革命派所说的人类权利，不到工业主义发生的时候，在政治上并不占重要的位置，因为工业主义所要求的社会性质与军国主义时代所要求的完全两样。

到了用劳力来满足人类需要不用战争来满足人类需要的计画大行的时候，新时代才在社会上发见曙光。盖左（Guizot）有几句话说明了这个进化的程序，他说："社会一旦成为封建制度之下的社会，封主便立刻有新需要的感觉，对于改良进步感到许多的趣味。在他们封邑内的都市之中，治安和工业渐渐的有点兴起，富财和人口也逐渐增加——增加的速度虽然迟缓，但总是增加。"再都市中的工人渐渐觉得他们的势力，封主和市民两下便开起仗来了，市民终久要使都市脱离封建的支配。到了这个时候，社会进步的有力的要素是和平的工业，不是战争。当社会知道个人有用自己的劳力维持自己的权利不要为战争消费自己的能力的时候，便达到以自由做政治旗帜的文明形式的第一步。这时，进步既不像密尔和孔特说的，是由于知识的增进而来的；又不像屠克维尔所说的，是由于希望平等的感情而起的；只因在工业制度之下人类要保存他对于自己劳力结果的权利，既有这种必要，所以才发生进步。市民不为抽象的人类权利而战——只为对于他们勤劳结果的个人权利而战。人事既有这么大的变迁——社会的经济基础由战争变到工业——便不得不影响到政治的组织上了。自由都市既已勃兴，故权利的新学说便渐渐的起来代替最适宜于军国主义的武力说。后者骨子里就是君主专制主义的意思，前者骨子里就是民治自由的意思。都市的住民根本上所要求的就是：个人不能够屈从国家，个人有一定的权利，无论是封主，是专制的国王，或是政府，都不能剥夺他的。

著者曾在《斯宾塞论》中说道："英国自《大宪章》（*Magna Charta*）到最后改正法案，所有社会的政治进化都可照下列的事实解释，就是这个长久的时期，乃是建设在武力基础上的英国宪法的旧专制分子和正在兴旺的工业主义互相竞争，工业主义要求承认人类根本的权利——这些权利已得生理学上及心理学上的证明——就是生命权、思想权、劳动权和保有劳动出产物的权。从斯透尔王朝的专制政治到韩老维王朝的立宪政治时候的英国宪法的种种变化，上议院的寡头政治和法案改正时代的平民政治，都可代表旧专制主义和近代思想战争的状况——在旧专制主义之下，个人没有反抗国家的权利，在近代的思想之下，国家的义务不是给与人类权利，乃是以保障人类权利为国家自身所以存在及合理的原因。”近几年来，经济发展的新学说和由这种新学说发生出来的政治的新学说，已经深入了一般人心。我们现在想废掉已经发生结果的自由主义，代以个人更要服从国家的支配主义。这种主义到底是表示进步，或是表示退步呢？我们对于美国一位有名的著作家用进化哲学的名义所下的批评，很觉得满意，他说：“想把财产归还社会，想用分位不用契约管理人事，想打破资本，并使工业不能完备，想除掉人类今天播种将来收获的刺戟，想把一切个人主义放在社会的专制之下，专制的程度比印度的阶级压制更厉害——这种志愿明明是把社会进化中所做的一切行为一齐废掉的不规则的志愿。简单说来，就是把卢梭学说扩充到极细微的地方了。”

在卢梭的政治学说上，加上近代的袍套，成为新自由主义、集产主义和社会主义之类，都是一致的否认自然权利。倘若国家的义务不是保障权利，便是什么呢？

照边沁说来，只是保全最大多数的最大幸福。这样一来，社会的幸福全靠着政府，故认定社会是政府所创造的。其实不然，政府只不过是为保障社会正当发展之必不可缺的条件而存在的。社会是先政府而生的。照倍因说政府不过是在社会原理上行动的国民的结合——这个定义和否认人类权利派所下的社会是政府的创造品应该用父权的方法管理的定义大不相同。在自然权利的思想上建设起来的政治学说和否认自然权利的政治学说相差很远。一个是想把政治行动引到保障人民机会平等的方面去，一个是想指出状况平等的方面。假若抱着后边的观念，以状况平等为立法的目标，那么乞丐的人（Lazarus）在富人桌上有位置的时候，为什么一定要坐在富人门前呢？否认自然权利便不能阻止暴乱的社会主义者为多数者——在民治政体中他们的意志便是法律——利益来平均社会状况的计画。这个问题很有重大的影响，社会的将来的政治都全靠着这个问题的怎样解决。就是用以鉴别立法的公道和正义有不有自然的标准。大多数的意志是不是终极的标准，是不是最终的法庭？

第十一章　自然权利说

用以鉴别立法的公道和正义有不有自然的标准呢？这是政治学中根本问题。革命派承认政治学中有自然法存在，虽然是见到一点真理，但是因为他们没有历史的知识，且采用卢梭自然世界的学说，故他们的人类权利的教义只是在最含破坏性的政治教条上建设起来的。乐利派受这派学说的反动，故不把政治的信条放在权利上，只把他放在幸福上，可也是和卢梭派一样，都缺乏历史的知识。到这个时候又有一派学者因为不满意乐利派抽象的方法，故把政治学的基础放在历史上边。这一派叫做历史派（Historical School），以梅因做代表。照梅因说：革命派和乐利派的错误都在应用演绎的方法。浩布思、洛克、卢梭、边沁都把他们的政治学说放在臆想的最初人类上边——这种臆想绝没有历史的基础。梅因反对这几个学派，说他们只尚空谈，故说历史的方法为必不可缺的东西。他说：让我们废掉一切的假设，极力搜找社会的起源，发见政治和别的制度的根芽，且让我们追随进化的踪迹，藉历史的光明，把政治学变成一种科学。梅因在这个范围之内，做了很大的事业。

照格来亨在《英国政治哲学》（*English Political Philosophy*）上说，历史的方法也有一个缺点。他说："历史所说的是往事，拿已往的情状或原因来说明现在的事实。但是历史不能从人性的原理和别种外来的情形上，说明财产和契约为什么是必不可缺的，可是无论在什么时候，总有一个心理和历史的说明，心理的说明尤其重要。……历史派不能把由人类性质和普通的历史原因演出来的部分充分发见出来；且差不多同密尔说的一样，把人性原理看作健全的保障，以为历史的普遍性是可以从人性普通原理上演绎出来的。”阐明往事，回溯各种制度发展的经过情形，固然是历史派的大功劳，可是他对于政治学上“有不有自然权利这种东西存在”的根本问题，总没有明白的解答。有许多有名的著作家不相信自然权利说，他们以权利为社会的安排和利便的事体。故耶芳斯（Jevons）教授说：“我们第一步便要从我们的心中脱去抽象的权利的观念。”亚老德（Matthew Arnold）叙述版权问题的时候说：“著作家对于自己著作物的所有权，并没有自然权利。但就是对于他所能买到或取得的东西也没有什么自然权利。”边沁也是这样，他受了革命派人权信条的幻想的反动，故说：政府的职责“在创设个人的权利，如人身保护权、名誉保障权、财产权等”。奥斯廷（Austin）的政治思想的全部，都放在否认自然权利一个基础上边，在他看来，只有以乐利为基础的“法律的权利”（Legal Rights）。

这个问题怎样才可以决定呢？不用说我们是要应用比历史方法更深一层的研究法，我们一定要研究没有受过政治组织支配时代的初民。说权利是政府创造品的人却忘记了社会是先政府存在的，而且有一个问题发生，就是社会在这种情形之下是怎样成立的？最初社会并不是由中央政府颁布法律结合起来的，只是由习惯结合起来的。习惯并不是统治者加于人民的。古代政府并没有立法事项可做，统治者主要的职务就在保存习惯，这就是习惯有一切能力的证据。但是习惯的来源是什么呢？习惯是从人类本能上自然发达起来的。最初社会中第一本能运动的一件事就是倾向合作（Co-operation），合作是从自卫的本能上发生出来的。怎么说自卫是自然的第一法则呢？因为自卫就是人类主张自己生存的权利，他所以要和他的同辈合作，就是想使他的要求有效。最初人类四围都是仇敌和障碍物，生存这样危险，使他不能不和他的同辈结合在一起。可是这种结合，既不是由于精密的理论，也不是由于中央所颁布的法律，只是由于自卫的本能而起的。自卫的权利并不像边沁说，是由政府给与他的，乃是人类之为人类自然有的权利，政府的第一目的就在保护别人侵犯他这种权利。对于财产权也是这样。财产权也不是政府给与的权利，也和自卫一样，是从人类本能的动作发生出来的。这种权利这样强固，所以由此便生出统治者所不能推翻的习惯。

照斯宾塞说：“在发见于没有政府之先和服从政府权力于既有政府之后的各种习惯，就是承认某种个人的权利——就是用某种方法行使或得有某种物件的权利。”斯宾塞更举出一个实例，就是没有政治组织的某种族中有公认私有权的习惯。财产权在未开化人民之中没有造成政府来给与这种权利的地方，已经建设起来了。他说：“财产权在没有法律以前已经完全承认了，说财产权是法律创造品乃是一种假设。”详细分析起来，政府给与权利的学说只是无稽之谈。这种荒诞的内容斯宾塞说得很详细，他说：“每一个人总以两样资格生存。以私资格论，他是服从政府的；以公资格论，他是设备政府的主权者中的一个人。这就是说：以私资格论，他是受权利一个人；以公资格论，他是授权利的一个人——由他们所设备的政府授予人民权利。把这个抽象的解说变成具体的解说，可以看出他的意义。假定在共有一百万人的社会，不但这一百万人共有他们所居住的土地，并且共有行为和使用的一切自由；这个社会之中所承认的权利只是对于各种物件的全体的权利，结果便怎样呢？每一个人虽然不能享有自己劳动的结果，但是他是主权团体中的一个单位，便有享受一切别人生产物的百万分之一的权利。……每一个人在私资格上虽然没有权利，可是在公资格上他便有百万分之一的权利。他只在这九十九万九千九百九十九人合在一块给与他权利的时候，他才得到权利，他又同这九十九万九千九百九十九人结合起来给与他们其余的每一个人的权利。”

斯宾塞的结论说：边沁的提议实在使我们堕在五里雾中。你如果看不起人类自然权利，你自然要堕入专制政体之中。假若认定为最大多数的最大幸福立法是政府的职务，那么，立刻就要发见少数人不幸的状态。在这种制度之下，少数人一定得不到赔偿，因为国家只要能保得住大多数的幸福的时候，便算尽职。再如果国家的职务是保障人类权利——生命权、财产权等——那么，必定要为一切人保障这种自由的必要条件。

或者用别种方法说：凡否认自然权利的人所指为立法目的的幸福，乃是人类天性志愿和能力等合理的发展的自然结果。这种发展只能在适宜的条件之下发生——就是只以在保持得住发展自由的地方为限。我们在此，可以得到结论，就是社会既不是政府所创造的，人类权利也不是社会的和政治的便利的事体，那么，政府只不过是为得到行使自己权利而不侵犯他人权利的必要条件的工具。

使人类自然权利的学说得到很坚固的科学的基础，乃是斯宾塞的功劳。著者曾在别处说过："斯宾塞和浩布思、边沁相同的一点，就是认定政府是必不可缺的东西；他和他们不同的一点，只在这必不可缺的东西的来源。浩布思、边沁、卢梭把幸福看作立法的动因，斯宾塞却把幸福看作立法的结果。照斯宾塞说，立法与幸福没有关系，与正义却有关系。斯宾塞从生物学和心理学上搜找人类社会的天性，说动物和人类，无论有机的或是超乎有机之上的一切进化的原动力就是寻找发展自由的志愿。允许这种志愿，幸福的第一和必要的条件便确实的得到了。这两种见解的实际的关系很大。如果政府的职务在直接的产生幸福，那么，一定免不掉爹爹的立法，这种爹爹的立法在实际上可使平民政治变成多数专制的政治。但是如果政府的职务在保障以不侵犯他人自由为限的个人自由，那么，不但不能成为专制政治，并且是为一切才力技能的发展开辟一条大道——简单一句话，就是养成个人各种的特操异性，这些特操异性在社会界也同在自然界一样，都是永久进步的真正要素。"现在我们平常都把斯宾塞看作政治思想变成古老形式的代表。我们从他的著作中，找出从来互相水火的自然权利派和历史派两种思想的调和。斯宾塞使有名的人类权利说由法国革命的联想上得到的轻侮和厌恶，一齐免掉了。他对于自然权利的根本观念，在历史的基础上，用进化说来解释——不用革命思想家那样粗浅的话——使自然权利的根本观念得到真正科学的价值。到此便渐渐的可以证明：无论是法理学或是政治学，在否认自然权利存在的哲学基础上都不能造成满意的组织。斯宾塞在英国虽然孤立无援，但是在欧洲大陆上却很尊重他著作的价值。这种"自然法"

(Naturrecht) 的思想成为德国法理学的根本思想，如果我们想免掉政治的扰乱，一定要把他造成我们政治哲学的根本思想。我们就是说，现在政治思想紊乱的情形是由自然权利说已经衰败的主因上来的，也不为过。看不起自然权利，使国家在个人之上有无上的权利，势不至达到社会主义不止，社会主义也不过是在平民政治之下，把乐利说做到逻辑的结论罢了。

第十二章　社会主义的运动

我们当讨论哲学激进派的时候，曾说过他们是中等阶级运动的领袖。其实他们很想扩张选举权，使劳动阶级也得参与选举，但是他们却希望劳动阶级的人员要受中等阶级指导。边沁和密尔詹姆士都确实相信劳动者在中等阶级指导之下，要承认关于一切经济事项的资本的价值，并大大的尊重财产权。边沁曾详细讨论过这个问题。他以为劳动阶级可以把平等的民治思想引到经济学中，因此便极力的尊重“安定”。他说人类劳动的结果如果不能得到安全的保障，便不能成为有秩序的文明；仅仅的求平等就如同把钟表的进行的针扭转回来一样。密尔詹姆士、李佳德和别的哲学激进派都尊重中等阶级，因为他们是资本的代表，资本便是当时政治经济制度的柱石。李佳德派的意见以为在“二十年战争”之后，新工业发展上一件必要的事件便是国民资本速急的增加。

照李佳德说，自中等阶级看来，即自制造家和资本家看来，富裕充足便是唯一的福音。哲学激进派所希望的就是想把政治权力的平衡从地主转移到制造家，制造家的政治上最大的目的自然是在使贸易和商业脱掉立法的阻碍了。这些事自然都是劳动阶级的利益，所以密尔詹姆士自自然然的把中等阶级的利益和下等阶级的利益看作没有差别。但是照经济学者说，资本增加的保障不仅仅在废除旧法律，而且要有自然的——不是人为的——别种法律的自由活动。李佳德说：以事实论，工钱绝不能超出生活程度之上。马尔塞斯并在他有名的人口论上说明这个道理。在那时大家都以为工钱是从资本生出来的，所以工业的进步大部分都靠着低价的劳力。照这样看来，制造家的利益明明白白的和劳动家的利益不同了。密尔詹姆士以为中等阶级并不是保管劳动者利益的人。密尔约翰更明明的说劳动阶级只要选举权扩张，对于社会的上层阶级的态度便不同从前一样，并可以用政治的权力来改进他们经济的地位。社会主义乘政治争论的时机，便起来宣布他们的主张。就是有势力的保守党也从社会主义中看出几个好处；像奥文（Owen）一派的人对于社会再造的新学理的印象很深，所以想拼着财产和名誉来试验这件事。但是资本制度在李佳德的时候，已经得到经济学的后援，大家都相信他已经有真正科学的地位，社会主义家对于资本制度通同攻击，所以很难得成功，那些同情于劳动阶级的人对于李佳德的工钱法则当然不能满意，因为这个工钱法则是跟着马尔塞斯的人口法则来的，只能使资本家得利益，至于工人不过仅仅的能维持生命罢了。但是在这个特别时期中，他们虽然不平，甚至于作政治的鼓吹，都没有什么功效。劳动阶级反对李佳德工钱法则的政治运动，与反对重力法则（Law of Gravitation）的运动几乎是同样的笨拙。

德国有一位大经济学家马克思（Karl Marx）把李佳德的学说拿来，转作赞助劳动阶级攻击资本制度的武器。富财的定义，不幸被斯密亚丹弄错了，李佳德却拿来作一个平易近人的定义，说富财是劳力的创造品。可是从这个定义上又生出一种错误，就是以劳力作货物交换价值的标准。照李佳德说，一种物件的价值由他的生产费用决定。如果富财是劳力创造的，如果资本家是由富财得到利润的，那么，不用说，资本家所得的总额越多，劳动家所得的总额便越少了。只有减少工钱才可以增加利润的思想一旦成立，便不得不达到资本家逐渐兴旺只由于劳动家逐渐衰微的结论。李佳德拿他的工钱法则，来说明这种结果并不是从资本家的贪欲上发生的，只是从资本家所不能左右的事实上发生的。马克思提出很切当的疑问就是：假若以劳力为创造富财的东西，那么，劳力只食资本家掉的剩下来的面包末子，又怎样能满意呢？马克思在精密的长篇议论的末尾，得到一个结论，就是：资本家的利润，只是从刻扣工钱得来的赢余价值。照马克思说，机器本是有恩于劳力的，可是使用机器便要劫夺劳力的利益，结果资本家便越过越富，劳动家——真正创造富财的人——便越过越穷。救济这个弊病要用什么方法呢？社会主义回答这个问题，便跳出经济的范围，钻进政治的舞台上去。他们的救济法就是废除资本制度，用现在工人手中的政治权力，凭藉国家机关，来把富财和分配的工具收归国有。

现在且把我们所经过的路程回头看一看。边沁和密尔詹姆士都相信在中等阶级指导之下，劳动者一定尊重资本制度，这就是尊重财产，不尊重革命派奉为旗帜的平等的意思，因为平等便是回复到野蛮状态去了。斯密亚丹和李佳德所说的富财是劳力的创造，这句话如果是正当，那么马克思所说的创造的富财应该分配于劳动者的话便不可反驳了。劳动者为什么要尊重在人家手里的财产，而真正创造财产的人为什么反自己一点财产都没有呢？马克思在斯密亚丹和李佳德的基础之上设下一种沟通社会主义和平民政治的学说，边沁和密尔詹姆士并不曾以他们有名的乐利说——政府的目的一定要在最大多数的最大幸福——来赞成社会主义；但是社会主义怎么只是他们学说的逻辑的结果呢？归综一句话：社会主义可以承认边沁的功利主义和李佳德的价值说做他的祖宗。如果李佳德不错，如果劳力真是富财的创造主，那么，社会主义家用国家的权力来改善富财的生产和分配，乃是合乎逻辑的行为，无论怎样都免不掉这种结论的。

社会主义唯一无二的有效的方法，就在攻击他所根据的经济误解的基础——富财是劳力的创造。如“劳力”这一个字范围很大，包括智识的和手工的劳力在内，自然可以承认这个富财的定义；但是当社会主义家说富财是劳力的创造的时候，只当作劳动者解释和平常说的得利息的资本家完全分开。于是发生一个很重大的问题，就是过去一百年中，所有的国民富财是不是由卖工阶级的劳力创造出来的呢？如果这样，劳动者想以政治的计画来保障他们经济的权利固然是正当的；如果富财的增加是由资本制度发生的，那么，废止资本制度，想使国家来管理工业，不但不正当，并且是自杀的政策。事实怎么样呢？无论如何总不能说在过去一百年中，英国工人技能是大大的增长。而且在事实上，劳动组合限定普通工人能力的出产额，并可以说是劳动者的技能减去了许多；可是在这个时期中，每一人的经济生产力确实增加到三倍或三倍以上，却是无可隐讳的。

国民的富财这样增加，是什么原故呢？最显而易见的就是不能像社会主义归功于劳力，要当归功于监督发明和组织两种才能的劳力。那时有发明的天才的人如瓦特（James Watt，一七三六——一八一九，他是发明蒸汽机的人）、奥克莱特（Arkwright，发明水力纺织机）、惠特生（Wheatson）、莱尔生（Neilson）、拉布（John Lambe）、福格思（James Fox）和其余的人，得资本的帮助，使工业的生产力非常的增加，如果拿卖工的人和他们比较，那么，卖工的人所创造的国民富财究竟有多少呢？据我们看来，在过去一百年中，富财这样进步，原因并不在社会主义家定下界说的劳力，乃在少有的和宝贵的才能。发明的结果使工商业格外复杂，把工商业的范围造成国际的，并使工商业需要别种组织和管理的才能。他们所需要的才能，很同军事的天才相似，必要组成工业的军队，如若不然，那些工人便成为紊乱的愚众了。白芝浩（Bagehot）说："散漫无纪的工人团体很含有许多暴民的特性，但是一经资本家管辖便含有许多军队的特性。一个资本家为他部下的工人筹备生活费，指导各人什么时候做什么事，在适当的时期使他们发见出来全部结合的希望的结果，如同大将指挥军队一样。在毫无组织的一群工人可以饿死的地方，资本家和他的工人却可以生活，可以致富。近来合作团体的组织，想使劳动者不要依靠一个资本家生活，可是也一定要在结合的外表之下假装成一个资本家。募集公共的资本，推出管理投资事项的人，选择总经理，这都是把单独的资本家用单纯方法所做的事拿来用复杂的方法行使。"照这样看来，如果没有指导工业的人，那些寻找契约地的工人必定要沉迷在这个茫无边际的经济的荒野之中了。

在这一类议论未完之先，可以注意到社会主义家对于资本家所下的严重的攻击。资本家乃是投下金钱收回报酬，并以利润的形式来取得工人所创造的富财。社会主义家似乎把资本看作从天降下来的东西，当天降玉露的时候，少数人刚刚在那个地方，所以把他独占去了。他们本不反对资本自身，只反对资本家。他们认定产生富财要有两种人，就是发明家和工作家。资本家果有必要的职务吗？他果且是好吃懒做的雄蜂子，必定要把他从工业的蜂巢子中间逐出去吗？假定你有求职业的工人军，假定你有发明家预备把他的发明实用到新事业上边去，但是不等到有资本家拿钱出来开办的时候，再也不能做什么事。发明家离开资本家便没有能力。比方奥克莱特发明了纺织机器，可是这种发明，因为他自己没有许多资本来实地试验，所以经过许多失败的危险，经过几次挫折之后，才找到两位有钱的人，拿金钱出来帮助他。奥氏如果没有两个资本家帮忙，他的发明必定要半途失败了。照这件事看来，劳动者的智识的才能和勤苦勉励，实在不能够增加劳动的生产力。换句话说就是：没有资本家帮助，发明家断不能把他创造富财的理想拿出实行，就是工人的勤劳也没有地方去用。

这个问题的答复就是：在社会主义的国家之中，要把发明家的智识的劳动善用起来，并不是什么难事。社会主义的国家不把发明让给资本家随意处置，只由国家自行判断发明的价值。社会主义家以为这是一件容易的事。其实没有什么比判断发明的价值再难了。把发明放在最有名的科学家的面前都常常以全然不能实行来拒绝他。但是学者虽然拒绝他，资本家却以谋利的眼光来帮助失望的发明家，并拿出资本来实行试验。法国有一位记者说：“一想到傅尔东（Fulton）把那发明的汽船奉给拿破仑，便想起法国的学院（Institute）以违反科学法则的理由来反对他的那种轻薄嘲笑的事情。”我们可以证明社会主义的工人会比科学家的团体明白许多吗？法国这位记者又说：“我还记得一位有名的学者，他在第一回从纽约到维伦西亚（Valencia）的海底电线通信的八九上十天前，还对我证明这件事必不能成功。”照他说，感应的电流一定要阻碍送电，安设海底电线所用的资本都是白花了。假定集产主义的国家，以安设海底电线的得失来咨询这位学者，那么，这位学者将给他们什么样回话，国家的财务官得到这回话时又将怎么处〔置〕呢？发明并不是稀奇的事。市场之中处处皆是。所难的就是鉴别出来那个能行，那个不能行。我们看瓦特蒸汽机关特许的事，就可以知道怎样困难。当瓦特把这个发明弄好之后，他便同罗白克（Roebuck）组成公司，罗白克供给他必要的资本。罗氏后来因为财政困难，不得不出卖自己一部分的财产，和瓦特特许中自己应得的利益。罗白克的债主估计这个特许的价值，说只值得一个铜钱！在社会主义的国家之中，不许私人营业，这种改造世界的特许，恐怕一定不能实现了。如果决定这个特许一个大子不值，那么，便再没有告诉的地方了。幸而这个特许落在有名的技师包尔东（Boulton）手里，所以才收到妇孺皆知的结果。国家的官吏连诽谤都不肯冒，资本家却因为利得的希望，才敢孤注一掷。资本家的危险在死板板的做事，不在鉴别多数发明的困苦。因为照例做事的官吏，鉴别力不会好似资本家，因为资本家将来的命运怎样，完全由他对于特别发明怎样判断而定。在社会主义的国家之中，发明家为什么要丢开快乐，一定要天天去辛苦呢？在一个劳工社会化的国家之中发明家的报酬既已和平常的工人一样又从什么地方激刺起来智识劳动的热心呢？再如果一种发明的结果可以废掉劳力，那么，希望社会主义的政府来热心提倡酿成选民不满意的发明，果是合理的吗？

在行民治的社会主义的政治之下，所谓国家只是大多数劳动者的意思，人家多以为在这种国家之中，凡在发明的范围以内的新思想都可得到奖励。其实从工业史上看来，劳动阶级只要遇到抵触他们自己直接利益的新思想，便把他看作仇敌。民治主义和进步虽然有打成一片的倾向，但是民治主义和保守主义也有意想不到的结合。假设在瓦特、奥克莱特和许多发明家出来的时代，劳动阶级在政治上已经有绝对的势力，那么，他们能够允许人使用机器吗？眼光仅注在劳力的利益上的社会主义，一定要把瓦特和奥克莱特当作劳力的仇敌。我们看见格拉斯科（Glasgow）的铁匠对待瓦特一件事，就可知道他们得到权力的时候要怎样的守旧。他们因为瓦特对于算学机器制造的职业没有做过徒弟，又不遵奉劳动组合的规约，所以大家一起同盟来拒绝他。瓦特只得安身在大学校中，在那里平平安安的发展他发明的天才。如果社会主义在工业时代初期就有统治的权力，那么，一定要为着劳力的利益来禁止机器了。在社会主义的政治之下，发明家要说他发明了不要劳力的机器，一定要和现在的资本家一样，被劳动者当作仇敌看待了。有钱的人和有思想的人都要看作劳力共和国的对头。如果发明家在前世纪初期不得资本家的帮助，劳动阶级一定要妨害他们的事业的。英国工商业得到现在进步的地位，劳动阶级得到经济兴旺的大进步，大部分都是受工业指挥家之赐的。

……

第十三章 社会主义的运动（续）

政治的进化以经济的进化为条件。我们用这个法则可以了解近代的文明。

在封建制度打破之前，战争便是经济的最重要的原素，这时的实业都由被强迫的劳动者去做。所以古代的文明以奴隶制度做基础，到了中世纪便变成农奴制度（Serfdom）。在军国主义之下，以“军治主义”（Regimentalism）做旗帜。不知道什么个人的自由，就是工业也在军治主义的原理之下支配。根据战争而来的生活的经济观念，自然要使个人服从国家了。照这样看来，社会主义不过是把军治主义的原理从军国时代带进工业时代罢了。工人如同兵士，只能享受国家随意允许的自由。我们已经说过：所以发生为自由而战的长期战争的动因，就在个人希望打破军治主义的旧军国思想。都市的住民反抗封主在他们之上行使封主权的要求。社会的工业方面又否认封主有管理富财的生产和分配的权利，从这个否认之中又生出来尚强制的军治主义的军国思想和尚个人自由的工业思想之间的冲突。这种经济思想的冲突可证明国中有两大政党——自由党（Whigs）和保守党（Tories）——兴起和发展。鲍林布罗克（Bolingbroke）说：保守党主义和神圣的世袭权、消极的服从、无抵抗主义、奴隶制度，同一个意义。自由党主义和人民的权力、自由、反抗、废王，同一个意义。这就是说，自由党主义承认新工业时代，主张人民有不受国家侵犯的权利；保守党主义主张以绝对的服从国家的命令为人民的义务。

在那个时候，少数人占据国家，运用一种专制政治；在今日社会主义之下，多数人占据国家，运用一种专制政治。但是原理都是一样——

就是个人服从统治者所假定的利益。自由党从古代遗传上得来的自由主义（Liberalism），就是毫无拘束的意思。在自由主义之下所行的立法的改革，直到现在，大部分都是废除专制的政策，这种政策同军国主义互相勾结，又和军治主义互相调和，生出工业时代的坏结果。最可惨的法国革命岂不是封建的专制和民治的自由两个相反的思想演成惊心动魄的冲突的结果吗？在英国，这种冲突很不像法国那样激烈。我们用立法的方法，渐渐把自由的基础扩张起来，以最小限度的扰乱，得到我们的自由。自由主义的目的就在机会均等。

一直到一八八五年，张伯伦（Joseph Chamberlain）发表“激进主义纲要”（The Radical Programme）的时候，自由主义的理想都是这样。在这时以前，自由主义已经有用国家的尽力来代替个人发意的趋向。弄明这种趋向，给这种趋向的一个定式，并用来做引起纯粹选举目的的动机，皆是张伯伦的功劳。张伯伦并没有把他修饰过，他只把相信机会均等的旧自由主义丢开，代以条件均等的社会主义的思想。他极力宣言国家的义务是增加群众的快乐，增高群众的奢侈，供给各个人以自己单独的能力所得不到的利益。国家的干涉是要求“为劳力反抗资本，为需要困苦反抗奢侈安逸”的利益。张伯伦说：“如果说这就是倾向社会主义的立法，我可以听受弹劾。……社会主义并不是一个坏东西，乃是近代促人承认一个趋向。”

张伯伦的这个新自由主义，从意外的方面受了一大激刺。海格尔的哲学，尤其是关于政治的哲学在牛津（Oxford）已经有了根据，经格林（Green）教授和别人的阐发，便感化了教育的自由主义派。关于哲学方面，海格尔的主义，是根据“个人是世界精神一时的化身，他的真正的表现就是国家”的思想而来的。海格尔高唱个人主义没有想到的一种真理就是：个人只有在社会之中和国家组织之下，才能够得到适宜的发展，国家和个人并不是仇敌，只是一个有机体的一部分；但是他太欢喜希腊的理想，所以看不起个人反抗国家要求的自然权利，在他看起来，这种权利完全包在社会理想和道德理想之中。因此便说进步并不是个人努力的事，乃是团体努力的事。浩夫汀（Hoffding）教授说："在国家之中——不是在理想的国家之中，乃在实在的国家之中——发见神圣的和人世的实质的真理的思想家，自然要以个人的理想批评推论为主观的意见和希望，自行夸大，以为自己知道的比人家更好，看不见历史上所存在的深远的真理。海格尔依据'由知道的人支配，不由这些人的愚昧和虚荣心支配'的原则，承认官僚政府为国家真正的代表。他以为'政府是官吏的世界'。他认定德国承认这种原理，普鲁士更承认这种原理。"

这一类的思想与其说是高唱权利的观念，不如说是高唱义务的观念——与其说是高唱个人权利的观念，不如说是高唱国家权利的观念。格林很相信柯贝登、布莱特的激进主义，所以不大满意海格尔的国家神化说。结果，他的政治哲学便很不精确。他虽然把很大的权力送给国家，不知不觉的又接近社会主义，但是有许多地方却和个人主义表同情。他是一个教育的自由派，故把国家看作教育的制度，这种制度的目的就在创造那养成个人极端发展的法律，使个人不致反抗国家严重的干涉。格林很信仰国家的干涉，以为并没有为特权阶级的利益立法的危险。他的乐观主义已传到他的弟子们去了，并说明英国的海格尔派对于海格尔的集合主义之中隐藏的社会主义的根芽完全没有看见。几年前牛津的自由主义家因为赞同集合主义便大大的增加社会主义的声势。

在他们的原理上很难得看见海格尔派的自由主义者怎样和社会主义相反对。因为把国家看得最高无上，不但能钻进工业的范围，并且可以干涉家族的生活，或决定养老年金，或为贫民的利益减少收入——简单说来实行社会主义的理想，使各贫民安坐在有钱的邻人的葡萄树和无花果树下，也没有租吏去麻烦他们。社会主义自身本不是可怕的东西，他的危险就在他们一致进行藉立法的机关使他们的主义即刻传播到惹起工业和社会扰乱的阶级之内。社会主义所根据的理想又粗浅又陈旧。我们就是不回头去说柏拉图（Plato）的社会主义，可是在法国革命的时候，却遇见许多梦想的计画，想使黄金世界立刻发见于穷人的面前。所以马布莱（Mably）说：国家应该像大将，应该做强迫做事的人。莫尔尼

（Morlly）更进一步说：他相信私有财产一定要废掉，每一个公民应该在国家中得到官吏的地位，并要使一切私人生活和家庭生活的事件，都由法律详细的规定。蒲鲁东举出一个社会主义的旗帜，说："财产就是贼赃。"但是高德文是提倡名称其实的社会主义家，他在《政治的正义》（*Political Justice*）书中主张废止私有财产和一切不平等。照高德文说，一块面包的真正的主人，只是那最需要他的人。

……

近来工业的发展，更使基督教的信仰和实行两相冲突的事实格外明了。加莱尔在《已往和现在》（*Past and Present*）书中，略为工业的将领叙一叙勇敢的经验。他被首领的旧贵族思想所感动，故说明他们怎样才可以影响于工业。但是工业的领地即刻就被"托辣斯"（Trusts，信托公司）、"合同组合"（Syndicate）和"公司"（Companies）等夺去了。旧时代雇主和工人的人身关系，完全改废，现在行大规模的工业，人类早已不是人类，只是机械的一部分，这就是社会主义所以传播很快的最显明的事实。古代在气象不好的时候，雇主牺牲多少金钱来保护工人，不使他们失业，也是常常有的事。可是现在一旦没有雇人的人，数百工人一接到通知，便流落到失业的市场中去了。这种事固然是由劳动组合养成了雇主和工人之间的不和而起的，但是不问原因，怎样结果，便是催促社会主义赶快的发生。工人比较减少工钱还要骇怕的就是职业的不稳固。他看见他的朋友在都市中做工，职业和养老金样样安固，他自然要想推广都市的观念，扩张到国家的地步了。做工的人更觉得他们自己所居的是一种奇怪的地位。在经济上他们虽然在附属的地位，可是在政治上他们却是享受独立的地位的。如果用他的投票可以决定国家的形式，为什么他不该用他的政治的独立来得到他的经济的独立呢？不问我们欢喜这个不欢喜这个——有些人不欢喜这个，并且看准了有社会的和工业的扰乱在前边——我们总要碰着一个革命的。历史上隔一时一定要看见革命的。宗教改革不是一个宗教的革命吗？法国的天翻地覆不是一个政治和社会的革命吗？如果罗马教会和君主政体少为他们的权利焦心多为他们的义务焦心，那么，这两种革命已经可以逃避了。资本家应该知道警戒。如果他们不大大的尽些义务，只想贪图权利，他们一定要遇到别种的革命——经济的革命。这种革命可以不流血，可用政治的武器去争；但是在革命完结之前，一定动摇工业世界的根本。

第十四章　帝国主义的勃兴

我们讨论这一世纪中政治发展的各种情状，已经叙述过的大部分都可叫做立宪的政治——就是在君主政体、独裁政体、民治政体的旗帜之下的国家和个人的关系。无论那一种政体，国家和个人的关系都有重大的变化。我们的目的，是想论述这些变迁的进化，为那些堕入五里雾中的读者理出一点头绪。但是政治学并不仅仅包括国家和个人的关系，并包括国际间相互的关系。我们于此可以看见一定的进化的经过。我们论到这个部分问题，必定要拿法国革命做起点。最显明的事实就是：首先主张人类权利的革命更进一步来主张民族（Nations）的权利。法国反对欧洲列强妨害他自己处理自己的事体的权利，并扩张范围，反对列国干涉他宣布君主死刑的权利。法国在拿破仑统治之下，完全忘记了民族的权利，即照从前别国压迫法国的样子来压迫别的国家，这也是最显明的事实。为民族的权利打算，必定要反对拿破仑，因为他失败的结果，便发生出来神圣同盟，表面上的目的是想使欧洲脱离拿破仑的专制。

各国的人民知道他们脱掉一种专制，又得到一种专制。欧洲的人民因为脱离君主专制而奋斗，结果便唤起民族的精神，不到造成反抗外人统治的战争不止。

这世纪的历史大部分是民族精神兴起的历史，这种民族的精神是由德国建国、意大利统一而生的，在欧洲别的部分也正在发挥这种精神。但是无论何时，民族精神一占胜利，便不肯休止，一定要征服别国，这是历史上一个公例。在革命时代的法国，不但想抵制由四面袭来的逆潮，并且还想在拿破仑的指挥之下，来统治别的国家。在近代由占胜利的民族主义（Nationalism）发生帝国主义（Imperialism）也是这样。民族是什么呢？照密尔约翰说：一部分人类如果以本群特有的公共同情心自行结合起来，便可称为一个民族成立。拿破仑的失败，就因为他想把感情不同的民族结合起来放在自己的帝国支配之下。他所做的事业就是没有活铁炉的败仗，也一定不能成功。我们以为有一种民族主义的形式可以和和平平的化为国际主义（Internationalism）。当康德（Kant）预想人类联合的时候，大约心中已有了这种形式。在柯贝登看来，国际主义的一种形式可以和和平平的由商业得来。其实在本世纪中间由民族精神中发生出来的强国的国家，并没有造成和平的国际主义。十八世纪致欧洲扰乱情形的王统的宗教的冲突和恶感是不能复活的了。竞争的骨子只有争工业的霸权。柯贝登所相信的可以联合各民族的商业，实际上反成为一个妨害的势力。各国都越过种族的界限，去向外国市场竞争。贸易跟随国旗而走。故抹煞民族的标准，和振兴帝国的威权，都成为经济上必要事件。

如果贸易要跟国旗走，那么最重要的事体就是占领树立国旗的土地。因此，便使英、俄、德、法同在东方竞争霸权——这种竞争因日本忽然兴起才一时停止住了。依这种经济理想鼓吹起来的帝国主义，为成功起见，必定要增加海陆军费，因此便惹起非常的竞争心和国际间的恶感，使文明退转到野蛮的地步。现在且稍为叙一叙影响世界的政治学说。

帝国主义是由误解达尔文的学说而起的。达尔文的解释家赫胥黎（Huxley）要大大的负咎，因为他说初民的生存如同比武的“擂台”（Donnybrook）一样，弱者被强者蹂躏，为进化起见，只有欢迎最强者和最狡猾者，认为最适宜于生存的话。强力即正义的信仰就是从此发生的。如果人生就在战争不息的状况之中，如果天意只在优待最强的人，那么，便没有什么正义，只由强力支配世界了。西班牙想征服荷兰，也不为过。他的行为虽然失败，可是他的目的却很正当。所设必胜的舰队，不算西班牙的大恶——只不过战术不好罢了。宗教上的迫害也是这样。如果强力即是正义，那么，正义仍是虚伪，只有暴力可算世界的神圣了。试看这种人生哲学怎样适合于文学家的心理，文学家通常总没有什么人生哲学。

他是一位艺术家，艺术家所用的材料，就是动人的插画、活泼的对照、激烈的感情。艺术家很不适宜于根据“括克教”（Quakerism，一六五〇年英人福格司［George Fox］所创设的宗派，这是人家戏弄他送他这个名称）而来的和平的生活。他羡慕竞争，痛恨括克的人生观。他注重保全自己的身体，故最爱根据“擂台”的原理的生活。于是有一群加莱尔、克卜林（Kipling）、亨尼（Henley）等人围绕赫胥黎的左右。加莱尔在文学上赞成国民生活的动物园的学说（Managerial Theory），大大的宣传强力的福音。俾思马克（Bismarck）竟把这种学说在大陆上实行起来。罗德（Messrs Rhodes）和张伯伦因赞同克卜林和亨尼，并把这种学说移到南非洲去了。御选的诗家奥斯庭（Alfred Austin）且以童化体来得世俗的欢迎。我们要讨论这种思想的结果——如果赫胥黎的人生观不错，如果人类的利益是真正互相冲突的，那么，国民的生活也应该是互相冲突的了，保护政策便是唯一的逻辑的财政方针了。如果国家是要自然的成为仇敌，如果这一国进步必定要牺牲那一国，那么，占领许多土地和驱逐别国有利的贸易的国家，一定可以得到霸权了。但是这种霸权是包括强大的海陆军和以战争为基础的外交在内。

凡一种学说得到很可怕的结果，总有错误的地方，错误在什么地方呢？根本错误就是误解进化的道理。著者曾在别的书中（《斯密亚丹论》）说：“现在都承认达尔文时代的悲观说，大部分是因为不能真正的懂得自然和自然的方法。照达尔文的见解，自然似乎是陷入普通的战争之中去了。谭连生（Tennyson）在《回忆篇》（*In Memoriam*）中，虽不说察观自然的有学问的人难免悲哀的思想，可是却做出沉郁的诗词的表示。达尔文想极力说物理的变化和复杂的起源为正当，所以必定要注意到生存竞争和生存竞争的主要的原因——就是人口增加超过食物增加的趋向。现在却不注意到这件事了。但是又有两种别的趋向，达尔文虽然以为是特别的问题，没有关系，故不细说，可是关于历史的哲学的研究是必要注意的——就是：（一）人类想减少生存竞争的程度，故有结合许多同等的趋向；（二）人类想防止动物世界中由人口和食物中间生出的激烈的竞争，故有用增加知识来增加自然的生产力的趋向。你看这两种趋向给人类进化怎样有希望的特性。生存的激烈竞争在动物界中，引起战争的结果；在人类界中，当最古时代，也引起战争的结局。

但是人类因为知识渐开，因为家庭生活种下合作的种子，所以发见出来团结的利益。动物因为缺少食物，所以彼此相食，人类却用合作的方法，来生产食物，并增加自然的生产力。因为想使这种作用容易做到，所以才行分工，由分工更引起物品交换。我们到了这时，便想起用协力援助的一种新方法来代替由孤立无援的个人中间生出来的生存竞争。结果生活资料和个人的所得便大大的增加。

“物品交换”（Banter）这个字中，已含有社会哲学的种子。这个字用斯宾塞的句子说，就是人类从军国时代到工业时代进化的变迁的表示。斯宾塞用灵妙的手笔，在他的《社会学》(*Sociology*）和《伦理学》(*Ethics*）中已经叙述从社会竞争的古代到工业时代进化的经过。工业时代战争是经济上的愚笨和道德上的堕落。斯密亚丹的《富国论》(*Wealth of Nations*）就是从“物品交换”这个字上产生出来的。斯密亚丹和他的朋友侯模（David Hume）从“物品交换”上看出国民怎样抛弃从前的仇恨，和怎样为利益起见，互相团结起来的道理。如果富财是物品交换的结果，那么，横在交易途上的障碍物必定越少越好了。照柯贝登说，自由贸易可使各国都有利益，因为可以最少的费用来行生产的交换，在这样生活学说的基础上，没有保护政策立脚的余地。柯贝登看得最清楚的就是：自由贸易可为消费者的利益，打破地主的垄断；当真正发展时候，可以超过国界的关系，为全体人类利益来打破一切的垄断。侯模也同斯密亚丹和柯贝登一样，抱着国际协力的真正思想，他说：“最普通的事：就是在商业进步的国家之中，常常以猜忌心理来推测邻邦，以为一切经营商业的国家，都是仇敌，并假定利于这国又利于那国的事是万万做不到的。我反对这种狭隘的偏见，断定无论那一国的富财和商业的增加，不但不致损害一切邻国，并且可使一切邻国的富财和商业盛兴；如果四围的邻国都野蛮、顽固、懒惰，一国的贸易和工业一定不能够得到很大的进步。

……如果我们的狭隘的不怀好意的政策可以成功，我们一定要使一切邻国，都像在摩罗哥（Morocco）和巴巴尔（Barbary）海岸地方一样，堕落在那样的懒惰愚昧之中。”

但是结果便怎么样呢？他们也没有什么东西可以贡献给我们，他们也不能从我们得到什么东西；我们国内的商业，自己也缺少竞争、模范和教训；我们自己也马上就同他们一样，堕落在可怜的状态之中。我不但是个人类，并且是个英国的臣民，不但祈祷德意志、西班牙、意大利的商业茂盛，就连法兰西的商业，也祈祷他茂盛。

我敢相信英国和一切国家，如果他们的国王和大臣抱着这种博爱、慈悲、一视同仁的意见，一定要进到兴旺的地位。白尔福（A. J. Balfour）当一九〇三年五月八日在钢铁协会的宴席上，也述了这样的意见。他说："现在流行的信条说这国不兴旺就是那国的灾害；损害别国工业的兴旺，劫夺别国工业上的所得，就是使自己国家工业兴旺。我就是首先不信这种很流行的信条的一个人。我以为这是完全错误的。……我想一国富足，只可以使别国也富足，断不致使别国贫穷；如果我们用仙杖一打，便可使我国以外的别国得到两倍或三倍以上的富财，我们的国家也必定要因此得到大利。”

从国家进步同国际的互益主义并行的观念上生出来的结果，便怎么样呢？结果就是承认民族的幸福不在军国的基础上，乃在经济的基础上。但是这种简单的事实，不但政治家不知道，就连历史家也不知道，所以不幸的结果，在学校方面，便使儿童沾染了增加仇视他族的爱国心。例如西班牙必胜舰队的败阵，在中学学生看来，只不过是一个大大的海战，在这个海战之中，英国的将领得到险恶的天气帮助，把西班牙这个仇敌打败了。学生等知道这许多事实，便以为他是很熟悉历史的。历史教授第一个义务就在改正学生们这种谬误。对于学生说：必胜舰队只不过是西班牙衰败的一个实例。要知道西班牙所以衰败的道理，必定要研究经济的原因。要知道西班牙看不起工业，因宗教的迷信，把社会中的劳动分子驱逐出国去了，只想靠美洲的银矿来支持国家的生活。要知道西班牙是为宗教原故行军国主义的最后的一个榜样，并要知道宗教战争渐渐成为领土和殖民地的战争。教授要论到十八世纪殖民地的观念，手中并要拿一本《富国论》，指出因贪欲心占据土地，和用武力保护土地据为独占的商场的错处。

这样教授的结果，可以养成一班学生，使他们教育的势力可及于四围的政治社会。不幸近来的历史只是“时宪书”和“宫庭纪事”。历史在纯粹散文体的作者手中，本可以成为事实的简单纪录。一到了有爱国成见的人手中，便成为表彰国家功臣的纪念碑。普通看历史的人脑筋中的印象，就是国家的强大全靠我们的海陆军。以为在十八世纪中，国家强盛的基础是壁特（Pitt）创设的，又得到后起的勇将把他弄得更稳固起来。我们看见已战胜了荷兰和法兰西，我们更可以用这种武力来战胜一切的仇敌。这种牵强附会的历史观，全是从文学方法的偏见上来的。文学是描写由个人表现出来的行动和感情的，用文学的见解来做历史，往往夸张个人的行为，低减了普通原因的价值。一注意到普通原因的势力上，便可知道国家强盛的基础在经济方面多，在个人方面少了。谢利（Sir John Seeley）文中说十七、十八两世纪只是英格兰、荷兰和法兰西为帝国竞争的时代。荷兰的失败，只因为英国打败他的海军。法国失掉帝国的机会，只因为我们把他从印度和北美赶出去了。英国的武力，在活铁炉一战打败法国的时候，达到极点。几乎没有一个历史家对读者说：英国战胜仇敌原因在经济的胜利。荷兰失掉海上的霸权，并不是因为英国的勇武海军打破他的战船，只因为荷兰的兴旺只建设在狭小的经济基础之上。法国失掉北美，不单是我们勇敢之气很盛的原故，只因法国赶紧把他的财源弄尽了，所以在军事衰败之先，经济已经衰败了。我国在活铁炉军威大振，并不是威林敦（Wellington）的天才，乃是由于拿破仑的疲困。“二十年的战争”把法国弄败了，我们所以还能够在敌人疲困之后继续战争，只因为工业由我们独占来了的原故。还有同样的思想使我们得到一个结论，就是美国军事的霸权，将要和经济的霸权同时消灭。但是这种观念，比爱国派的历史家的眼光高得多了。

帝国主义有真的也有假的。如果有真正的永久的国际生命，必定要以协力为主要的原素，不以强制为主要的原素了。如果要注意看看，便可知道一切真正的进步是由同心合力造成的，不是由霸权造成的。你看我国的历史，你就可以知道主张霸权的思想已成为一切战争的原因。我们可以把这一类战争中的错误分为三种：（一）信仰宗教支配的必要，（二）信仰王统支配的必要，（三）信仰帝国支配的必要。宗教改革的战争，以为新教如果不成为支配国际的势力，世界便不能上进步的正路。从克林威尔到奥兰支的维廉，这种错误就是浪费金钱血肉的原因。现在这种错误已经消灭，绝没有再生的希望了。人类回过头去看看宗教的战争，好像是一场迷梦。至于王统的错误，便是由破坏的战争得到权力均衡的原因。英国想维持王朝的统治，故加入欧陆的纷乱的同盟，这种错误现在可看作妖术和类似的迷信。帝国的错误，是由不占据领土不能贸易的思想上来的。学者得到人类和社会的渊博学说的帮助，便不难攻击这种抹煞是非观念，走到野蛮境界中的国家霸权的学说了。

第十五章　帝国的联合

在前章末尾曾说过帝国主义有两种。

一种是我们已经说过的，已经演成历史的一大部分，并在历史上留下悲惨的暗痕，他的旗帜就是征服外人和强占土地。

一种是把人种结合的大势力——如种族、感情、宗教等一致之类——看得很重要。这种帝国主义，不以专横的强制为根据，只以自治为根据。他的旗帜不是征服，只是协力。这种帝国主义可以叫做民治的帝国主义，比较上发生很迟——是十九世纪的产物。第一件事是从英国关于美洲殖民地的不幸的经验上间接发生出来的。

联合主义本不是政治学中的新观念，但是在英国实在是因为同美洲殖民地竞争，才把他引进实际的政治范围。那时美洲殖民地的利益完全附属在母邦利益之下；故那时政府的意见，以为美洲殖民地的价值只在谋母邦商业的利益。斯密亚丹虽然大骂为得到主顾的目的来建设一大帝国的政策，可是却没有一点功效。劳斯（Lord North）和他的友人，都主张殖民地的利益要附属在英国利益之下，结果便失掉美洲。

就在那时，也有几个有眼光的思想家，知道联合主义是调和母邦和殖民地利益的一个方法。白克有几篇演说很主张调和政策。听说他很赞成殖民地送代表到英国国会来的政策，但是他因为隔绝和别的障碍的原因，恐怕这种计画不能实行。关于这一点，斯密亚丹比白克更有希望。他在《富国论》中说道："英国的宪法断不致因英国本部和殖民地联合而受损害。不但不受损害，并且因此可以完成他，且没有他便不能做成这件事。议会是讨论或议决关于帝国各处事件的，要想使他得到正确的消息，应该要各处都有代表在里边。或以为这种联合很容易实行，或以为实行起来没有什么大困难，但是这都不是我所主张的。我没听见过世间真有做不到的事。真正的困难并不是从事件的本身上来的，乃是从大西洋两岸上人民的偏见和意见上来的。”斯密亚丹虽然有这种先见，但是却不能感动当时的人心。这个争端除了战争，再没有解决的方法。

到美国独立以后，大家都相信殖民地发展到一定的地步，必定免不掉独立的。

这种信念，在美国宣布独立的二十五年前，已经被屠尔戈（Turgot）有名的预言，弄得人人相信了。他说：“美国一旦能够自立，便即刻要同加塞支（Carthage）一样独立起来了。”他又说：“殖民地好像果子，一成熟便要落掉了。”直到十九世纪，政治思想上都以为殖民地是没有用处的累赘。从前的激进派（如密尔詹姆士）和反对战争派，都说本国人民只应该注意本国事务，别国的事务好让别国自己去做。我们从美国独立的经验上才知道违反殖民地的意思是不能保全殖民地的。至于值得保有、值不得保有，更成一个疑问了。英国两个政党专门讲英国的政治，不承认澳洲殖民地的用途怎样大。他们并不知道英国的扩张与政府学说有什么关系。

我们从福劳德（Froude）和谢利的书中才感到帝国联合的趣味。谢利的《英国扩张》（*The Expansion of England*）书中，很有力于英国帝国思想的发展，但是最初的激刺是从澳洲来的。当一八四四年，罗伟（Mr Robert Lowe）——后来为先布薷克（Lord Sherbrook）——在谢得里（Sydney）的立法会议中说道：“父母待遇儿子，只要儿子成人长大便可放手，我希望并相信英国离抛弃这种待遇殖民地的思想的时期不远了。不当说到了一定的地步便要让他脱离，只要有远大的智识和高尚的政策，把本部与殖民地联合起来，成为一个大同盟，无论用技术，用兵力，都可与世界对抗。”这并不是一个两个人偶然想出来的意见。当前世纪中间，澳斯托利亚、纽慈兰、坎拿大等处又大兴白克和斯密亚丹的联邦思想。这种思想渐渐的传到英国来了。罗素（Earl Russell）在他的《感忆录》（*Recollec tions and Suggestions*）上说道：“我以为如果代表英国和殖民地的议会在秋季几个月中时时开会，一定两下都有利益……在我的眼光看来，将有悲惨的光景出见——神人同哭的光景——就是法国、美国、俄国正在那里窥伺，想合并他们邻近一两块土地的时候，眼看着这种为指导自由的明星的帝国破坏了；老维司考特亚（Nova Scotia）、好望角、甲美加（Jamaica）和纽慈兰，都一个一个的想独立了。”

不能说联合的思想在英国马上就插下根去。虽然有势力的帮助，并有帝国联合会的设立，但是运动的进步还是很迟。罗西贝（Lord Rosebery）是一个联合主义家，极力的主张联合运动。从前的联合主义总在政治的范围之外，罗西贝觉得在这个问题没有加入政治范围以前，仍然在理论的时代，所以才想唤醒他的友人自由党员注意这个问题。当一八九九年自由党在伦敦集会的时候，罗西贝关于帝国联合的贡献如下：“有一种重要的变迁，并不是自一八八六年起的，是在这时以前就有根芽的，这种变迁既影响旧自由党，又影响旧保守党，并且变化了英国政治的全体形状。这就叫做帝国主义，在帝国中是很自负的。——帝国主义是什么呢？有许多明白帝国主义和其他各种事体的人，都极力的攻击帝国主义。他们说他是一切祸害的原因，是我们国家经费大增的原因——实际上有许多影响英国全体的祸害藏在里边。但是帝国主义——是坚实的帝国主义，不是野心的帝国主义——只是较大一点的爱国主义。当我们初做公共生活的时候，爱国心只以这个海岛为限。这时的政治家似乎都以为殖民地如同爬虫的尾巴一样，就是断掉，和全体并没有影响。把殖民地看作领土之外的属地，只有一时的关系，所以没有什么确实的利害可说。但是在最后三十五年中，因为游历和教育的原故，发生一种变化，这种变化是从我们国民的精神上来的。他们以为这个岛子虽然是帝国的中心，可是只是我们帝国的一部分；我们虽然承认帝国的中心在这个岛上，可是两党都要承认通帝国全体的英国的势力，无论在岛内岛外都一样的大。”

当保守党的政府任命张伯伦做殖民总长之后，帝国的联合主义马上就成为政治上最重要的问题。新殖民总长在许多的演说中，极力提高帝国主义的各种问题，并用爱国的热诚，宣告与海外的同族结成更密切的关系。但是感动这种运动，比政治家演说的价值更大的，就是南非洲的战争，这个战争，为防护母国，实际编成殖民地的军队，这就是友谊存在的证明。这个友谊可以抬高帝国联合主义，使他高出于理论的境界之上。这回战争，一面使澳洲各邦的联合巩固，一面使英国政治家在实际的基础上谈联合主义。当一九〇四年在自由党当权的政府之下，伦敦开一个“殖民地会议”（Colonial Conference），目的在造成殖民地和母国亲密结合的基础。

在自由党恢复政权之先，张伯伦在许多公开的演说中，曾说到通商计画的大概，他的意思想用这种计画把殖民地和母国铸成一个大帝国。与保护政策为缘的殖民地，不肯在自由贸易的基础上来同母国通商，张伯伦因此便想到为帝国主义的理想起见，就是使母国牺牲掉自由贸易主义也是可以做到的。他以为殖民地对于英国货物的收税，比较对于外国货物，要格外以好意相待，我们为报酬殖民地起见，对于食物和粗生品也只收很轻的关税。一九〇六年总选举，用这个问题来竞争，结果表示英国的国民，就是为帝国联合主义起见，也不想干涉自由贸易——这个结果是张伯伦在主张优待论之前所预言的。张伯伦于一八九六年六月在伦敦“帝国商业会所联合会”席上演说优待关税，说道：“我再说明我自己的意见，在正当的时候，英国和英国的国会，万没有采取偏见的合同的机会。英国海外贸易这样大，殖民地海外贸易比较的这样小，故殖民地在海外贸易上给与我们的特惠，将要发生小小一个差异——对于我国贸易的总量不过有小小的一点利益罢了——所以我不相信英国的劳动阶级因为想得些微利益便一致答应来做革命的变更。”

张伯伦所主张的这种联合主义，有一个致命伤——就是用个墙壁把母国和殖民地的四周围绕起来，立刻引起来本国与外国经济的冲突，这种冲突，最容易变成军事的冲突，所以间接的就把那商业和战争联合在一块的旧帝国主义的坏处，重新实现起来了。如果想使新帝国主义对于文明有点贡献，那么，必定要把排斥外国的坏原素自行除去。一定不要仿效从前帝国的形式，以排外的思想做帝国主义的根据。一定做一个文明的先锋，不要做一个包办文明的人。新帝国主义，为英国计，应该有一种理想，比殖民贸易公司——根据保护政策而设的爱国团体——的理想还要高尚些，才对。英国商业上的富裕超过地球上各国，为世界将来计，应该有更高尚的使命。帝国联合主义家要求以谢利做他们鼓吹家中最有力的一个人。谢利在他的《自然宗教论》（*Natural Religion*）中曾略叙过坚固的帝国主义的理想，他们对于他这种理想是极端注意的。他比较高等和低等的两种生活，说道："支配低等生活的原理就是'世俗主义'（Secularity）或者就是普通字义的'物质主义'（Materialism）。低等生活纯粹在口腹身体间用心，就是在文明上讲求，也不过像没有开化的人要求自卫、自富、自安、自乐罢了，除此以外，再没有什么别的目的。世俗主义的原理，如果没有文明社会的势力来制止他，使他冒充文明或趋向别的危险，便要成为野蛮人老死不相往来的状态了。为世界利益计，就在防止这种趋向，揭开这种假冒。无论在什么地方，这种世俗主义的原理，并不是公然的废除一切，只是乘机弄坏了合作的生活制度。"

换句话说，谢利所说的为世界利益计，只是为人类利益设想，不是为单纯的国家或帝国霸权的利益设想。如果不把一大共和国的基础安设得很广很深，不以一切的良好事业、社会的改善和政治的平等自由博爱来养成对等，只以国家的抵抗和憎恶来养成对等，那么，我们政治的努力、政治的制度、国家主义和帝国主义，又将有什么用处呢？如果英国固守着物质的帝国主义的卑鄙思想，一定要走进从前帝国的道路上去，要灭亡在这个黑暗道上。再英国如果要实行高尚的使命，由高尚的帝国主义的精神，造成高贵的结合，造成在正义和博爱的旗帜之下的人类结合，那么，将要走到国民可以走到的最高的命运之上，永久有印照在历史上的光辉了。

（据北京大学新知书社 1922 年印行的线装版）

论　文

选举权理论上的根据

［日］吉野作造　著

当讨论选举权的时候，第一应该弄清楚的就是“为什么要有选举权”的一个问题。这个问题不能决定，连那关乎选举权的一切问题，都不能明白了。

从古至今，选举权理论上的根据，也不晓得有许多学说。就是到了现在，尚且有多少人拿那最旧的学说，说个不歇。我们要想明白真正的理论根据在什么地方，顶方便的法子，就是把古来的各样学说，一齐拿来比较比较。

古来讲选举权根据的学说，粗粗的分一下，大概有两种：（一）把选举权看作国民固有的权利；（二）不把他看作国民固有的权利，单看作国家为某种目的特为把给国民的权利。

先讲不认选举权为国民固有的权利一派学说，这派学说之中，又有两种说法:第一种说选举权是国家对于特别效劳特别贡献的国民，所馈赠的报酬，日本到了现在，还有一部分政客，说尽了服兵义务的人，可以取得选举权；就在英美，也有说妇人得到参政权，是因为他们在战争的时候，尽了很大的义务；这些主张，大概总受过这派学说的影响。近来关于选举权学理上的普通学说，老早就不承认这些话了。照现在的理论，若是国家拿选举权作效劳和贡献人的报酬，也没有仅限于尽了兵役义务的人。原来兵役，是全体国民共同担负的义务，本没有必要给他特别报酬的道理。就是把兵役看作特别的事务，也可以拿旁的方法报酬，单拿选举权报酬，总不能说是正当的。况选举权也不限定服兵役的人，把他看作对于特别事务的报酬，在现在讲起来，是狠旧的学说了。

若是从议会制度沿革上讲起来，这一说也狠有历史的意义。现在议会制度，本是从英国发生的，英国议会是怎样弄起来的呢？就是因为想叫老百姓担认租税，所以让他们推出代表，到中央来集会。

也不但英国是这样。古代的国家，一切费用，皆用国王的私财。到了后来，国用越多，单靠国王的收入，是不够用的，所以渐渐叫地方上有钱的人去担认新税。若是一回两回，到也罢了；到了一而再、再而三的，那些有钱有势的人，可就不能够叫怎样便怎样了。到了这时，上下之间，也有起了冲突的。

有了这种经验，渐渐开了一个新例：凡要叫国民承认租税，事先就要叫他们的代表会议，把为什么要钱的理由，说明白给他们听听。这样一来，那担认特别钱粮的财主，就得了讨论政府财政问题的权利。想实行这种权利，所以就把自己的代表，送到中央——这就是民选议员发生的缘因。照这样看来，议员原为承认纳税选出的，选举权也不过是纳税的报酬罢了。所以不纳税的人，就没有选举权，只有纳税的人才有。日本现在的选举制度，选举权的资格，以一定的税额为限，就是根据这个意思相传下来的。但是现在理论上租税性质已经变了，不把他看作国民的特别担负，单把他看作国民的共同担负，同那兵役一样。所以法制上要承认租税和选举权有一定的关系，实在没有什么根据。

现在若承认选举权应该受特别限制的，自然不能不按照有没有纳税和纳税额数多少，去作有没有参政能力和参政能力高低的标准了。拿纳税多少，来作限制选举的标准，自不得不单靠财产多少，去作分别能力高低和有没有能力的独一无二的标准了。到了现在，财产的多少，实在和能力高低没有什么相干。所以现在人对于财产限制的选举制度，都大声疾呼的反对。所以反对的理由，就是证明古时候把选举权看作纳税报酬的制度，到现在没有法子可以保存了。

把报酬特别的义务，看作选举权的根据，固然是完全错了。但是拿义务换来公权，狠可以唤起国民的感情，叫他们欢天喜地的去尽义务，也是狠有价值的政策。法国的被选资格，拿尽完兵役义务，做一个重要的条件，就是这个意思。但是现在欧洲各国，都把选举权和兵役一样看待，当做人人都应该做的事，既是人人都应该做的，实在没有交换的必要了。惟在行限制选举之国，才讨论到这个问题。

日本现在还有许多人是这样主张，所以我们应该特别留心的，就是这两件事的关系，万万不可看作报酬的。况且照我们的意见，鼓动国民兵役义务的感情，不但不是什么上策，而且和扩张选举权问题实在没有关系，又何必出力去讨论呢！若说到限制选举，把选举权给那受过一定教育的人，无论是拿利益说，是拿道理说，倒比刚才讲的问题好得多呢。

说选举权不是国民固有权利的第二种学说，就是把议会看作君主的咨询机关，说他权限有一定的限制。不过当组织议会时，想选出顶好的人，所以才承认由一部分人民选举的制度。

选举权是因为组织这种咨询机关，才由国法承认的，这派学说，把议会的权限看作太狭，以为议会仅仅有立法权和豫算议定权。又把人民所有的选举权，当作由国家命令中反射出来的。照日本宪法条文，作形式上的解释，也有一点道理。不过现在议会的权限，不仅仅有立法权和豫算议定权。单看作咨询机关，同枢密院实在没有什么不同的地方。且把选举权当作选出顶好人的一种方法，试问根据什么理由，一定要用这种麻烦的法子呢？再把选举权当作由国法反射出来的人，更不明白现在所以大声疾呼要求扩张选举权的道理。这种解说，和现在宪政运用上的实在情形真是互相矛盾。现在一部分保守的专制政治家，只晓得守着这种解说去解释宪法，运用宪政实在不合现在政界的实情。我们原不必因为这种解说不合政界大势，就说他是没有用的；然费许多气力，去争辩这个无用的问题，实在可以不必。

照上头说的看起来，当讨论现在议会制度和选举制度的时候，应该把形式的法律论搁将起来，应该去研究研究政治的实质。研究现在政治的实质，开宗明义第一章，就不能不承认选举权——人民的参政权——为人民固有的权利。“固有”两个字，并不说是从先天得来不必根据法律的，说是由法律承认的，不是完全由法律创造的。法律不能创造崭新的权利，因为人民权利在没有法律以前老早就有了。照这样讲起来，选举权的本质，实在是人民固有的权利，一点也用不着疑惑的。不过人民拿出什么理由，可以要求那参与国政的地位为固有的权利呢？这是顶大的一个问题。看最近思想沿革的历史，关乎这个问题，从十九世纪到现在，已经变过三次。所以论选举权根据的学说，大致也可以分作三种：

（一）天生人权说。这种学说，是把那十八世纪末了法国人所主张的个人绝对自由和个人无上权利的各样学说总合在一块儿的。这种思想的发生和他在文化史上的意味，虽不必详加说明，但是他们根本的论据，说人生来就是绝对独立的，无论何人也不能侵犯他独立自由。——这就是天生人权说的根本理由，是不能不说一说的。人类不问在什么时候，都可以自由创造国家，保全他们的生命。人类既有了国家，就不得不在自由独立之上，加了一道金箍圈。这种事实，当年的人也曾承认过的。若要想把免不了的事实和天然生成的权利，拿来调合起来，就不能不想出一种理论；这种理论，就是他们所讲的那个“社会契约说”。他们说：要想自由独立的人，对于他人担负义务，只有一个法子，就是叫他们凭自由的意思，去立个凭据。拿古来私法生活的道理，搬到公共生活上头去；把公共的义务约束，也看作了从凭据上生出的。拿这个道理推究起来，到了末了，自然说拘束个人的国家权力，也是拿个人自由意思合拢起来的。

因为有这个理由，所以把参政权看作个人固有的绝对的权利。照平常人所说的：个人是组成全体的有机的一部分，所以可说个个人都是有主权的人。把这个道理引申起来，凡是国内的人民，没有一个不应该参与国政的——这都是主张人民参政权的论据。这种理论，直到一七九三年才在法国宪法里面，现出来成了一种制度。那个时代的论据，大概都根据这段所说的道理。

这种天生人权论，在那个时代，不但看作选举权的论据，并且看作普通平民政治理论上的根据。所以不但争论人民参政权的人，是这样主张；就是提倡平民政治的人，也是这样主张。这是看那个时代政论的人，应该格外留心的。后来政治学理虽大大的变迁，直到现在，还有许多人死死的抱着这种理论说话，这也是我们应该格外留心的。

天生人权说对于扩张选举权的问题，固然是狠有影响的。但天生人权说可算是扩张选举权的正正当当独一无二的根据吗？我们应该斟酌的就是：第一，死抱着天生人权说的人，必定想以民主共和作顶好的国体，到了结局，自然是不承认君主政体的。第二，天生人权的思想，在文化发达史上虽有许多意味，但按着现在学问说起来，这句话实在说不过去。因为我们决不是生来就独立自由的，独立自由不过是我们将来可以做到的理想的标准。我们必须要努力修养，才能够成就独立自由的人格，不能说他们生来就是这样的。人民参政权是根据这个理由成立的，这个理由既已不可靠了，还能够拿来做人民参政权的论据吗？

若是人民参政权，只有天生人权的一个根据，天生人权的基础已经倒塌，人民参政权说也应该跟着倒塌了。然事实上不但不倒塌，并且主张的人日见其多，这就不能不在天生人权说之外，再找出一个根据了。

（二）第三阶级说。这派人说一国之中第三等的人狠多，要想设个法子去扩张他们权利，营谋他们利益，所以要给他们选举权。

选举权论从根据天生人权说，变到第三阶级说，中间的线索，看看历史，更觉得明白。鼓励变迁顶有力量的，第一是“最大多数的最大幸福”学说，第二是社会主义的政治组织。主张天生人权说的人，都把国家的权限，缩到不可再缩的地步，国权可以命令人民的地方，只限于谋最大多数的最大幸福一件事。本来以最大多数最大幸福作国权发动的一个标准，是狠好的事。不过要成为问题的，就是谁是最大多数呢？关乎这个问题，社会主义渐渐发达，乃把第三阶级当作最大多数。英国本是“最大多数的最大幸福”学说发源的地方，反仅仅守着这种观念，不再进步；到了欧洲大陆社会主义活动起来，要求扩张工人权利的时候，两个思想才结成一块，才说国家目的在极力要求保护第三阶级的人民。

当十九世纪开头，法国革命的时候，大陆各国处处起了政治革命的运动。这种运动，都是得众人力量成功的。改革之后，当权的人，多是中人以上的阶级。剩下来许多劳动的人，后来也跟着文化前进，自己知道降在下层阶级，对于那种不正当的压制，起了反动，于是就大张旗鼓去要求扩张自己的权力。他们自认为第三阶级，又拿第三阶级占了国民顶大的部分为理由，要求国家以经营第三阶级福利作重要的目的——这就是第三阶级的说法。

这种要求拿增加第三阶级福利为国家重要目的的思想，后来一变，变成要求普通选权的思想。这种变迁，全是德国社会党的功劳——拉色尔（Lasalle）的功劳尤其大。拉色尔以前和拉色尔以外，虽也有唱这种议论的，但总要推拉色尔的功劳第一。关乎这种思想都是由他传播的。

现在没有细说德国社会主义主张的工夫，所以单说拉色尔的学说，不是从马克斯出来的一件事。马克斯同拉色尔的根本思想，原来一样，这固是应该留心的；但是两个人实行理想的法子可就全然不同了。马克斯是讲国际社会主义的，不问是那一国的劳动家，都可以合在一块，去同资本家争斗。他说这国同那国战争，单是为贪得无厌之资本家战的，对于劳动的人，一点意味也没有。要想为劳动家作大有意味的战争，只有同心合力去打倒那些资本家。因为现在资本家自己占了便宜，把苦给劳动家去受，我们要想抵抗他，非凭藉武力，讲究顶好防备的法子不可。倘若说用武力抵抗，是破坏国家法制的纪律。要知道国家的法制，不过是帮助资本家压制劳动家的一种武器。现在俄国的列宁楚自克所讲的就是这个道理。拉色尔不是这样，他是尊重国家的，想在法律范围以内，实行他的主义。他说这是可以做到的，又是狠合算的。他相信在现在法律范围以内；可以实行社会主义的理想，却有两个根据：（一）社会主义所注重的劳动家，现在实在占了国民的大部分；（二）自一八四九年法国采用普通选举以后，德国人民也大声疾呼来要求这桩事，可见这种制度，是现在可以实行的。若是实行普通选举制度，让劳动家自己去选举代表，劳动党必定占了一大半议员。照宪法上议院的权限做去，岂有不能实行社会主义理想的道理吗？他当一八六〇年前后，自己挺身出马，到处运动，叫劳动的人合在一块，去要求普通选举，又再三说明组织政党是万不可缓的事。德国到一八六三年才组织社会主义的政党，就是他极力鼓吹的。从此以后，普通选举，就认为是主张第三阶级权利的，更认为所以令国家尽那顶重要任务的顶好的法子。拿这种思想来主张普通选举权的人，就在现在也是不多的。

但是这种理论，也有两个不好的所在：（一）拿选举权当作达到某种目的的手段；（二）因为要扩张第三阶级的利益，反惹起阶级的差别，令社会难得统一。最大多数的最大幸福一说，早已和最新的国家观念不能相容，这派学说的第一根据已经没有了。就是不然，这第三阶级也只能说是人数多一点，不能说他人品好；所以第三阶级，只能代表人数，却不能代表人品。这种学说，打破少数特别阶级的权利，把参政权范围扩张许多，功劳固然不小。但拿来做解说选举权根据的理由，现在已经不行了。

（三）社会协动说。这种学说，是现在新起的。法国人所唱的 Solidarite Sociale 就是这个。现在选举权的论据，固然是不必为“社会协动”说所限。但是因为有这一说，影响近来国家理论的地方狠多。这种学说的大要，是说人类生在国家团体之内，才遂他生存的目的。若离开团体的生活，我们的生活就不能说了。所以我们要想使自己的生活结实，第一步就要使团体结实。因为国家和个人，是因有机的关系成立的，所以个人不能不尽心竭力的把国家弄好，国家也不得不想方设法把个人弄好。一方可见国民有分担经营国家的积极责任，又可见我们也定要要求能尽经营国家职分的地位。这件事无论在君主国、在民主国，皆是一样，简直可说是现在国家的原理。既然如此，我们一方面为尽经营国家的积极的责任，所以有要求保护我们物质上精神上的权利；同时又可以说，决定国家意志是我们固有的权利。从国家方面说来，不但应该叫组织国家的个人，物质上精神上都要满足；并且要叫他们为国家作有意识的行动。这是顶好的事，也是顶重要的事。平民政治是根据这个上头来的，选举权也是从这个上头起的。

以上讲的选举权理论的根据已经变过三次了，第一期随共和主义变的，第二期随社会主义变的。直到现在，看他历史上变迁的经过，或与共和主义或与社会主义有密切的关系，都是明明白白没有疑惑的。现在一般人所承认的理论，说选举权是根据国家本质来的，有国家当然就有选举权；无论什么国家，都不能不承认的。常有人说普通选举，只有共和国家可以行的，这话实在可笑。普通选举说，多是抱共和主义社会主义的人唱的，就是现在，也是这样。所以稳健的政治家说到这件事，多愁眉叹气，说是过激的议论。国人对于普通选举之说，动不动就有误会，也是当然的；不过“因噎废食”，就嫌太无道理了。

如果因为把普通选举看错了，连选举权的论据也受些影响，实在是一桩憾事，所以我们不得不拿来讨论讨论。

（摘译二月号中央公论《选举权扩张问题》的第二章）

（原载《新青年》第六卷第四号）

废止工钱制度

(英) 柯尔　著

这是柯尔 (Cole)《实业自治》(*Self-Government in Industry*) 书中的第四章。柯尔是英国同业社会主义 (Guild Socialism) 中一个健将。同业社会主义的骨子……积极的方面是主张实业自治，消极的方面便是废止工钱制度。柯尔这篇文字可算是这派对于这种制度具体研究的代表。

——译者附注

一、报酬和工钱

我们都知道批评全国同业组合经济学的人以为“报酬”(Pay) 和“工钱”(Wages) 只是名义上的区别，不承认“废止工钱制度”为合乎道理的和实在能行的目的。他们常常说对于所做的勤劳，对于公民身份，应该有一种报酬的形式，这种报酬或叫做“工钱”，或叫做别的，都没有什么区别。全国同业组合的人忍受不住这种批评！因为在他们想来，废止工钱制度是全国同业组合的经济的前提。他们并不是只把“工钱”看作报酬的一种形式！只把他看作资本主义经济的前提之一定的报酬形式。一提到工钱制度，便是说那把劳动当作商品在劳动市场中买工卖工的制度。

要求废止工钱制度，便是完全不承认劳动是商品，不承认劳动是可以拿到“劳动市场”中去买卖的。他们所说的“工钱”便是兑付商品似的劳动的价格。因此他们便想用别种更好的方法，来代替这种报酬的方法。

全国同业组合家常常认定可以代替工钱制度的不止一种方法。普通的有动产奴隶制（Chattel-slavery）、工钱奴隶制（Wage-slavery）和全国同业组合互相对立，他们对于鼓吹国有，特为指出工钱制度将有同国家社会主义相终始和国家将永远可以买工的危险。好像现在邮政和电车工人，虽然他们的顾主是政府机关或地方自治体，但仍把劳动当作商品看待，可见得便在集产主义之下，一切劳工也可以这样看待的。他是可以这样，也可以不这样的。国家万能，可以用法令废止地租、利钱、红利，在平等的基础上报酬工人，不用这工钱制度，或者不这样做也可以。国家社会主义没有废止工钱制度的保证；自实际上看来，大概都是不废止的。因为国家社会主义和工钱制度没有直接的冲突，但是工钱制度是资本主义一切专制的根本，只有在这根本上直接打击才可有效。

全国同业组合家最注意的工钱制度的特点有四，现在且用极简单的话说明之：

（一）工钱制度把"劳动"弄成抽象的，使他同劳动者分开，结果可于劳动者之外去买卖劳动。

（二）因此，卖工的人只在资本家买工而有利益的时候才可以得到工钱。

（三）卖工的人为得到工钱便把生产组织的一切支配权都抛弃了。

（四）卖工的人为得到工钱便把他对于劳动出产品的一切处置权都不要了。

倘若废掉工钱制度，这四种堕落身份的特点必定要废止。全国同业组合对于工人至少要有下列几种事体的保证：

（一）做人类看待，做人类报酬，不得单把有用的劳动力当做活的器具，在劳动市场上有一定的需要。

（二）因此，对于就业和失业，对于有病和无病，都要有一样的报酬。

（三）由工人团结起来来管理生产组织。

（四）自己工作的出产品的处置权也由工人协力行使。

以下且顺序把这四种要求分析出来，但是第一要把妨碍我们经济学应用的误会弄清楚了——这种误会一半是由名词上来的，一半是由我们所用的解说上来的。

我们说军队中人类勤劳的观念高尚，因为他们只得报酬不是得工钱的缘故。但是照实说来，军队中服务的条件，并没有不丢开劳动制度的缺点，这是我们所知道的。我们的军队是阶级的军队，兵士对于服务的组织没有过问的权力。他对于战利品也没有处分权，因为这种处分权是划归秘密的阶级的外交范围。他的"报酬"不是因劳动市场的情形决定；但是工钱支付的现行标准实在很有影响于他们的报酬数目的多寡——至于除队费（Separation Allowance）及各级报酬和薪水更格外要受影响。我们所说的四个特点之中，只有一件是兵士和卖工的人大不相同的，便是兵士无论在就业的时候，或暂时失业的时候，在疾病的时候，或健康的时候，报酬都是一样。所以全国同业组合家常拿兵士的成例，来痛骂工钱制度四大罪恶之一；但是他们并不以兵士的情形为经济的或社会的极乐国。他们明明认定这是兵士服务情形的特点和工钱制度不同，但是在动产奴隶制，也有这样一种情形。

现在极力解说这一点，便因为这是全国同业组合家常常惹人误会的一点。军队的情形和巴拿马运河的情形，都使我们的议论被攻击。因为在这两种情形之下，比较在工钱制度之下规律更要专制些，工人的服从更要利害些。

这种攻击实在是确当得很；但是在这种情形之下，废去工人四大缺点之一，没有回复到动产奴隶制的事实并不因人家的攻击而改变。同时又可指出错认废止工钱制度的一个要因为废止工钱制度本身的危险。单废止和其余毫无关系的一种要因，事实上的结果将免不掉回复动产奴隶制的危险。

在动产奴隶制之下，工钱制度四个罪恶之二已经不存在了。劳动不是离开工人而成为抽象的，所以就业也不能离开失业而成为抽象的。我们对于这种事实不得不反复思量。我们要求定要废除的，不是四个缺点中的一个、两个或三个，是要一齐废掉。倘若要使我们的要求有效，必定要把这些废止的手段放在我们的手中。

二、劳动和工人

以上不过反复把全国同业组合家提出来的工钱制度的重要特征说明。现在且诊察这四个危害实业制度的病症之中第一个病症，想个医治的方法。工钱制度的神髓便是使劳动和工人分开，把劳动变成抽象的，虽然不承认人类可以买卖，却早已承认劳动可以买卖了。

把劳动弄成抽象的东西，乃是往日奋斗的人想使人类自由平等可以实现。他们大言不惭地说人类是不能当做货物看待，把他权利消灭了，拿代价到市场去买卖，并且要他绝对地归物主或买主所有和支配。世界上恶憎动产奴隶制以为他是污秽不堪的东西，把他废掉，使一切人类名义上在法律之前都是平等。但是既不能使法律自己能够在人人面前平等，又不能使人人都能够在资本面前平等。

跟着动产奴隶制而来的便是“工钱的生计”，是“高贵的工钱生计”的前驱。雇工的人家当这个时候知道雇来的劳动比较从前更便宜，更是有效用的器具，自然愿意抛弃人身所有权了。有田地的人家想免掉管理田地的责任，想得随意耕种田地的自由，故很愿意把农奴解放。简单说起来，在动产奴隶制和农奴制底下，资本和劳动的所有权同在一个人手里，因为土地、资本、劳动、工人，都一齐归有钱的人所有。到了工钱制度一行，资本和劳动的所有权便分开了；因为资本只在少数人手中，别的阶级除了他自己的劳动之外，一样也没有了。

在经济的方面，变更到工钱奴隶制便是从集合变到分散，便是把生活的工本的所有权分配于两个阶级。这样分散的结果，不但即刻使货物所有权从人类所有权分开，并使其大多数人类从他们自己所有劳动力分离。在动产奴隶制底下，财主把一个人完全买去；在工钱制度底下，财主只能买一个人的一定分量或一定时期中的劳动。

这件事往常好像是非常的进步，有许多地方是已经进步了，但是单就实业说，也有进步的，也有退步的。他承认一切人都有人的权利和无论何人绝对不能做别人的主人的事实；但是同时又妨碍有权利的人行使最重要的自由处置自己勤劳的权利。我们对于由废止动产奴隶制而来的一层进步固然不可看轻，但是我们更要完全承认自资本所有权和劳动所有权分开后妨害了多少进步。

有人动不动就说由废止动产奴隶制而起的革命单是劳动和工人分离。这不但是所有权的分离，并且是趋向于集合方面的实业同时又趋到分散方面。凡是有资本有工人的人对于资本和工人都有不可争议的支配权；只有劳力的人便不得不把他们的劳力卖给资本家；有资本的人虽然自己没有工人，但可以永远支配工人。所以单重行结合劳动和工人，并不是脱离工钱制度的方法，唯一的方法只有使工人得有资本和劳动的支配权。

关于这一点，全国同业组合家的议论和分配主义家（Distributionist）及白罗克（Belloc）事实上都是一致。但是当他们仔细研究“所有”（Ownership）和“支配”（Control）的时候，他们的主张渐渐地分离。白罗克主张把资本分配于有劳力的人；全国同业组合家主张资本必定要集聚起来为国家所有。

我们对于这两个见解的观察有什么样的关系呢？

我的答案要分做两部，第一关于全国同业组合的全体制度，第二关于变到这个制度的时代。我为什么主张全国同业组合不给各个有劳力的人一点直接的资本所有权，反能实现经济的自由呢？因为他们待遇工人同同胞的公民一样，给他资本共有和资本共管的权利，这便是他行使劳动所有权和支配权的一个保障。换句话说，全国同业组合便含有民治国家的意思。

初看见这个主张的人，也许疑惑我们承认集产主义家的主张。他们一定告诉我，这是承认国家民治化可以引起实业的自由。这种字义上的关系，我一点也不否认，因为全国同业组合家所抱的主张，除非对于工钱制度本身下迎头的攻击，便不能造成民治化的国家。所以一切事体都集注在这变转的时期和破坏工钱制度所采用的方法上边。

工钱制度一行，使劳动和资本不为个人私有，而归几个人所组织的团体所有。红利和工钱虽然终究归到个人手中，但是他们的支配权一方面转入公司、工团、徒党手中，一方面转入劳动组合（Trade Union）手中。所以转移的问题不能看做个人的关系，一定要看做合同的关系。据我看来，分配主义家的错处便在他们不承认转移时代是人类团集的关系。便是承认所有权的个人的分配是一种目的，也决不能拿这个目的作打破工钱制度的方法。

真正的问题便是关于参加实业的劳动组合的性质问题。这种参加对于资本所有权应当不应当要求永远增加干预的形式呢？或是想在现在劳动所有权之外，更要有完全支配权呢？以上所说的便是表明资本的所有权和支配权万万不可不要求的。

我们前边说过，在全国同业组合之下，这种所有权不是归同业组合行使，乃是由国家行使。但是全国同业组合家自然不承认现在的国家是可以为全体社会行使所有权的团体。所以关于直接的政策，我们便不得不研究别的问题。在这转移时期，工人应该有的资本所有权怎样才可由国家施设起来，工人又怎样把所有权收为己有，好来建筑一个民治的国家，再把所有权让归国家呢？

这个答案是这样。工人第一事件，最重要的事件，便是要完全得到他们的劳动支配权，同时又要把统治国家的权力，或使国家变为民治的权力放在他们手中；但是如果他们应该要把资本所有权或支配权收为己有，那么，他们更当在实业界中来极力争夺这种权力了。

这种观念的真正的意思恐怕还不大明白。这个意思便是在工钱制度未消灭以前多少时期以内，劳动一定要出手来经营实业，并且要采用平常所说的“公共负资本主义的责任”一句话。因为劳动逼迫的结果，资本主义和资本主义的国家必定不能独力去支配实业，同时工人也不见得便能有完全支配权。在这个时候，从前全国同业组合的著作家所提倡的共同经营的案子可以实用。结果劳动所能做的，只有承认一种共同经营的法子，等到得到十分实力之后，再把他解散。

这个方法明明的有些危险，但是这种危险在设想的时候还少，惟在实用为战略的时候更多。因为现在还没有到共同经营的时期。必等到了工人有完全支配劳动权，使资本主义完全颠覆之后，才可见诸实行，但是至少也要有个完全平等的条件。在公共负资本主义的责任的时候，想能够抵制劳动的危险，除掉平等便没有别的法子。但是，这样劳动平等的日子还没有到来，只有到了工人在矿路工厂中得有实力和威权，完全把劳动放在他们支配之下，才得到这样平等的时期。这个劳动支配权的扩张便是现前劳动所走的真正的方向。

以上所说的似乎离题太远，现在且把前边所说的大概略为说几句。动产奴隶制是把资本和劳动者所有权集中在少数人手中；工钱奴隶制是把这两种所有权分开，并使劳动离开劳动者。工钱制度必定待到这两个东西重行集合起来，且把资本和劳动通通放在一切人手中，才可以消灭。为达到这个目的，得工钱的阶级必定要把资本支配权收为己有。在全国同业组合底下，这种支配权须由国家集合行使，但是只因劳动的实业权力继续增长，国家才可以化为民治的，故工人要想向全国同业组合的这条路上走，必定要由劳动组合把资本所有权的半分收为己有。

可是如果得不到所有权的半分，断不可承认公共负资本主义责任这件事，并且得到这样权利的时期还没有到，所以现在工人的事务只有把他们实业权力的基础之劳动支配权扩大完成起来，集中在他们手里。

三、保障

因为劳动和资本所有权分开，得工钱的人便失掉保障，这是当然的结果。就大概说，奴隶是安稳的，他的事务是继续的，他无论是就业、失业、疾病、健康，他的主人都负有维持的义务。这种保障是根据于不承认自由而来的无权利的保障，工钱制度便把这种保障一扫而空。不用根据束缚的确实保障，乃用根据不完全的个人自由之不确实的保障。现在我们的问题，便是要重行设下保障，不要再建设确实的动产奴隶制。

在都铎（Tudor）时代，工人都从农业改归工业，地主雇不到人去种地，所以那时乃制定法令禁止工人自由改业。

连在动产奴隶制下的同等的保障都没有，故工人便为雇主所束缚。在我们现在的时代，因为军需法通过，一时也把许多工人放在这样状态之下。雇主可以不给被雇人的解雇证书，同时可以抑留事务和工钱。现在这种弊病虽然改掉，但是受军需法支配的工人为交换就业的保障，仍然被雇主束缚。自由军需工人（War Munition Volunteer）和预备军需工人（Army Reserve Munition Worker）不是受特定的雇主束缚，只受政府指定的雇主束缚。在这种状态之下，工人得回复动产奴隶制的保障；但是他这样做去，是把工钱制度所允许的有限制择主的自由牺牲了。

全国同业组合家一定要打破工钱制度的目的之一，是要重行建设保障；但是他们一定要小心，否则因欲，恐怕不免使工人阶级的束缚更加巩固。现在在改造名义底下，提倡重行建设保障，中间所含的危险便是这件事。

这个提议可分两部分：（一）主张国家要担负保障就业的安全和维持失业的生活之责任；（二）主张在就业和失业的时候，工人生活的保障应该由实业的自体直接支持。这两种提议无论在失业的时候，或疾病的时候，通通可以适用。

在限定的范围之内，这两种原则现在都正在实行。一方面有身体保险失业保险的国家行政，在工人失业条例底下，国家对于失业的人有一定的救济。又一方面按照保险法和雇主责任法（Employer´s Liability Act）、工人赔偿法（Workmen´s Compensation Act），我们可以得雇主的帮助。而且保险法中有混合的原则，可使雇主在一定范围以内成为国家的代理人，作国家和工人的媒介。

但是这些策略并不能建设一种保障，这是普通承认的，积极的宣传要用两个相反的方法。主张国家活动的人，想叫国家根据非出资的原则——就是用租税收入，来完全担负救济失业的责任。对于这种办法，不但雇主和工人都反对，说官僚对于实业的管理权渐渐扩大；并且工人方面因为劳动完全放在国家支配之下，像现在军需法和战时劳动法一样，也要起来反对的。主张国家活动的温和派的救济方法，想把就业的介绍和失业的救济的管理权放在雇主和工人共同手中，不让国家官吏去干预。于是又有种反对论，说这就是由那非公共负责或公共监督的团体来动用由租税收入的金钱。这是一种很严重的反对论，因为他很可以破坏我们的计画。倘若公款一定要支出，议会和财政部又要主张由他们监督;果然如此，我们立刻又要受官僚的管束了。

倘若我们先注意反对派的意见，我们更容易对付这种困难。反对国家支配的人——其中如全国同业组合家主张实业自治一样——想到脱掉这种困难的方法，除了为实业自身担负重任以外别无他策。这也不是单为着方便而主张的；因为全国同业组合要为同业组合员就业、失业、疾病、健康担负责任，一定要设下保障，这是显而易见的。

这种计画目下还不甚精确，但是大体似乎采取这种形式。各种实业，无论是好事业是坏事业，都应该为他全体的人员负责。失业的人应该由实业本身负责，并以生产的结果维持他们，有病的人似乎也应该这样待遇。这种原则已经应用于实业家，他无论是好是歹，是做工是躲懒，都要以实业来维持他。推广一层，凡是经理的人也已经应用，更推到极大的范围，连食俸阶级都已应用。为什么工人不能应用呢？工人拿实业的出产品来维持生活的权利应该确立保障，岂不是承认实业民治的最重要的一步吗？

这种计画的危险即在全国同业组合的建设还不能实现的事实上边。使失业者和疾病者责难同业组合是一事，使他们责难现在所设立的实业又是一事，并且可以使工人完全附属于资本主义更比从前利害些。倘若由资本家担负费用，便更加一层危险，就是资本主义既已为工人担负疾病和失业的责任，事实上更可以把工人所有权收为已有了。照这样情形，我们固然可以打破工钱制度，但是一定又要造成一种新的动产奴隶制。

我以为完全由国家救济失业和资本主义救济失业均有极大的弊病。但是这种责任无论如何总要有人负的，劳动还没有到能负责的地位，而且还不能正正当当地要求负责。这里似乎有两个代用的计策，我们还没有说过。

第一，有失业保险的“Chent”制度，用这种制度可使国家对于劳动组合补助失业救济的相当的经费。这个制度在保险法底下本居于附属的地位，他的一个缺点便是国家因为补助费的代价，便要求极大的支配权。还有一个更大的缺点，便是国家补助的额数全靠着劳动组合所费的自动的失业保险费多少而定。结果凡是不能以自己的费用保护自己的工人阶级便不能得这个制度的保障，并且把大宗保险费责成得工钱的阶级担负也觉得很不公平。这既不是维持失业的普通的计画，尤其完全不能使劳动确实坚定。

这是全国同业组合家的第一个目的之一，因为劳动不确实，便是妨害 Blackleg-proof 工业组织的一大障碍。然则我们便不能以实业来担负失业的责任，脱离这种障碍吗？如果这种责任归实业担负，这些管理工业的人一定要尽力把这种担负减轻了。

现在且论到第二个代用的计画，这个计画便是由劳动组合来担任维持失业或疾病的责任，所要的费用，按照议会法令从实业上征收。设下一种法律，使每一种实业成为代表雇主和劳动组合的法律上的机关，并使他有一种权力，按照雇用人数为比例，征收一切公司的税金。从这种资金中开支救济费的权力，绝对放在劳动组合手里，议会对于他征收的数目和开支的数目都没有权可以过问。这是明明白白地趋向实业自治的一步。

但是只是这样并不能解决全部的问题;因为实业还没有确定，有许多工人和许多雇主还不能确定他们归于哪个实业。因为这样，所以应该有个普通团体，用这个普通团体从劳动方面来代表普通劳动联合，并可以对于使用无所属的劳动的雇主征收普通税金。

劳动介绍的管理权和国家为就业问题设置的实业机关的管理权都要归到这些团体和统一的中央团体手中。

这种计画之中的危险，也和雇主同劳动组合协同组织的一切团体的危险一样，这是无可讳言的。但是在资本主义之下，我们只有两害相权取其轻了。我们对于官僚的国家支配，和为特定目的同雇主行有限制的协力两件事，应当选择，主张全国同业组合的人自然要选择第二个计画，丢掉第一个计画了。说这种计画危险的人似乎想到同雇主协同动作恐不免使劳动陷入恋爱资本主义的危险。

但是支配的兴味便不能生出要求支配的兴味吗？全国同业组合家不曾相信新社会是可以从旧社会中生长成熟的。把现在雇主保留的职权渐渐收归劳动所有，新的情形便一定从旧的情形之中发芽生出来了。在劳动不能支配以前，必定学习怎样支配；这种学习只有靠着支配之实际的经验。我们为这种经验，还要预备冒多大的危险；何况这种计画的危险，照我看来，并不很大呢。

在这些计画之中，主张保障的危险便是将有使劳动者和特别的雇主团结格外密切的结果。我们从前在国立造船所中有这样保障结果的经验，在那儿年金的计画便使工人同他的事务结合起来了。因为这个理由，处理保障问题决不要想同特别的工厂生关系。工人必定要得到保障，保障他不是这个那个工厂的使用人，乃是他做工的工厂里边的一个人员。这便是朝实业自治方向去的道路；如果照这样做，虽然不能以独力去废除工钱制度，离废除的地步亦不远了。结果，就业失业的完全支配权和疾病健康的完全责任一切要归到同业组合；但是现在我们希望的极点是一种制度，在这制度之下，承认工人安全的权利，一点都不妨碍自由，工人得行使保障安定的手段之重要的管理权。

（未完）①

（载《新青年》第八卷第六号）

---

① 在《新青年》第八卷第六号以后的各期中均未刊登《废止工钱制度》的续文，疑是译者没有完成译稿。——编者

小　说

父 亲

(英) 伯恩荪 著

这一段故事，说的就是那乡间有钱的、最有势力的人，名字叫做曹德。有一天他跑到一位牧师书房里头去，诚诚恳恳的说道：

“我生一个儿子，想叫他来受洗礼。”

“他将来叫什么名字呢?”

“芬恩，同我的爹一样。”

“保证人呢?”

所说出的保证人，皆是曹德乡下亲戚之中顶好的男人和女人。牧师看着他问道：

“还有别的事没有?”

乡下人想一想，然后说道：

“我想叫我的儿子独自一人来受洗礼。”

“是不是要在平常的日子呢?”

“下礼拜六正午十二点钟。”

牧师又问他：

“还有别的事没有?”

“没有别的事体”，乡下人手摇一摇帽子，仿佛要想出去。

于是，牧师站将起来，跑到曹德身边，握着他的手，郑郑重重的看着他的眼睛，说道：

“还有一件事体，就是上帝给你这个小孩，将来要使你享福的。”

十六年后，有一天曹德第二次跑到牧师的书房里去，牧师看见他貌容如常，所以说道："你还是这个样子，曹德。"

曹德答道：

"因为我没有麻烦的事体。"

牧师默然无言。歇了一会子问他道：

"你今天晚上有什么欢喜的事体?"

"我今天晚上到你这地方来，因为我的儿子明朝要来行坚信礼。"

"他是很好的一个小孩子。"

"等我晓得他行坚信礼后，在教堂里的位次，我再给你钱。"

"他明天可以占得第一位。"

"我已经听见了，这有十圆钱，就给你罢。"

牧师把眼睛看定曹德，问道：

"还有别的事体要我帮忙吗?"

"没有别的事体。"

曹德走出去。

过了八年之后，一天，牧师的书房外边听见有许多人走进来的声音，曹德领带众人首先跑进去。牧师看一看，还认识他，说道：

"曹德，你今天晚上来的好。"

"我到此地来，请你把我儿子的结婚豫告印出来。他想同站在我旁边的这位古德的女儿斯陶联敦结婚。"

"哦，这是乡间顶有钱的女孩子。"

曹德抹一抹头发，回答道：

"他们是这样说。"

牧师坐下，用心去想一想，然后把他们两个名字写在簿子上，却一词不赞。两个人在名字下画了押。曹德拿出三块钱放在桌子上。牧师说：

"我只要一圆钱就够了。"

"我很知道的，不过我只有这个儿子，所以要做得好看一点。"

牧师收下了钱，说道：

“曹德，这是你为你儿子的事到此地来的第三次了。”

曹德回答：

“但是我儿子的事，已经办完了。”曹德收了钱袋，辞别牧师，走出去。

众人也一齐慢慢的跟他出去。

两个礼拜后，有一天，他父子两个坐一只小船，过那风平浪静的湖，往斯陶联敦那里去，豫备婚事。

他的儿子在船里站起来，整一整坐位，说道：“这坐位不大稳当。”

在他说话的时候，他所站的一块板滑下湖去。他伸两只手，大叫一声，也跌下去了。

他父亲连忙跳起来，拿一枝桨出去，口里大叫道：“拿着这枝桨。”

他儿子想去拿着那个桨，试了两次，终不能站将起来。

他父亲叫道：“等一等。”想把船荡到他儿子身边去。

他儿子翻过身来，开眼看着他父亲，沉下水去了。

曹德狠不相信有这回事，他把船停得稳稳的，眼睛对他儿子沉下去的地方细细的看，他以为他儿子必定再要浮到水面上来的。过一刻，水里翻上许多泡来，再过一刻，泡更多了。到末了有一个狠大的泡翻上来，此后湖面依然是一平为镜的。旁人看见他父亲三日三夜在这一个地方摇来摇去，也不睡，也不吃，几乎想把湖底子翻上来，找出他儿子的身体。到第三〔四〕天早上，才找到了。把他儿子的死尸背在身上，带到山庄子上去。

差不多有一年的光景，在一个秋天晚上，牧师听见路旁有人在外边找门。牧师开开门，走进来一位狠高狠瘦的、弯着腰白着发的老头儿，牧师看了半天，才认得他是曹德。牧师站在他前面，一点不动，说道：

“为什么这一大晚上还跑出外边来呢?”

曹德坐下来说道：

“阿，是的，是不早了。”

牧师等一刻，也坐下来，两下寂然无声。到末了，曹德说道：

“我有一点东西，想施给穷人的，但是要以我儿子的名义捐出去。”

曹德站起来，放许多钱在桌子上，再坐下去。

牧师数一数钱，说道：

“这个钱狠多的。”

“这是我今天卖庄子的半价。”

牧师坐下来，默默无言。最后牧师小心静气的问道：

“曹德，你此刻想做点什么事？”

“想做一点更好的事。”

他两个人坐了一下，曹德两个眼睛对地下看着。牧师两个眼睛总看着曹德，慢慢的轻轻的说道：“我想你的儿子到底总要给你真正的幸福。”

曹德看看牧师，眼睛一开，泪珠子慢慢的滴将下来，说道：

“是，我也是这样想。”

（载 1919 年 1 月 19 日《每周评论》）

附录

往来函电

一九一八年十二月一日致胡适

适之足下：

前日因未接到足下自芜湖来信，心中很着急的；又因交通银行行长张荟甄君往沪（是他昨日来电报说的），恐怕旁人不肯付款；又恐怕足下过芜湖或不到胡开文店中去，不能接得电报；所以我们连打两次电报到交通银行里去问；到昨夜一时才接到张君的电报，说已拨二百元交足下取去了。得到此信，方才放心。

你在火车上所写的信，已收到了。导报已寄两天，以后当连同大学日刊逐日寄来。

著作权的印花，已寄到上海去了。

商务书馆昨日寄思维术一百本来，因这两日放假，所以尚未取来。

张君说："再过几天，再由邮政局汇百元给足下。"已打听绩溪邮局是可以汇兑的，想不致于误事也。

墨家哲学已寄两本到上川去了，又有友人信数封，亦已寄来，今日又有信片及信三件寄来。

芜湖赭山高语罕、刘希平两先生因听说足下要打芜湖过，便欢喜的了不得。好一点的学生，亦多望足下到校演说一次。语罕来信，并请过芜时，即下榻该校。我叫他直接写信给足下，或者有信到绩溪来，亦未可知。足下能于返京时，到该校演说一次，向他们谈谈新文学否？

藉询近况。

高一涵白

一号

一九一八年十二月十九日致胡适

适之吾兄：

你的两封信，都同时接到了。比即持信向辛白说明情节，辛白去找会计课办理此事。大约三五天内，必可付邮寄到芜湖。近日因为学校内没有钱，所以要迟三两天。赵振声的五十元，候辛白交来，由我的手交江世义去，不致误事。

前天有十个学生，送一幅摹本缎的帐子来，我因为不好寄，所以存在这里。今将他们的名姓开给你，使你知道。

石　琅　　黄天俊　　何恩〔思〕源　　孙振甲

胡最良　　周启政　　吴继奎　　　　　尉士述

喻正衡　　黄启华

慰慈前礼拜已寄一百元到源记，现在有信知照你么？

《中国哲学史大纲》的稿本已寄来，但尚未寄原稿来，我已写信去催了。顶好是等你来亲校一遍，更觉得妥当些。

此处尚有些不关紧要的信，等你来看罢，我也不转寄了。报寄到十二月底再停，如何？

今日接到怡荪的信，他说已经收到讣告和《行述》，想寄到北京的，亦不日可以收到。

《每周评论》定于廿一日出版，现在业已齐稿了。可惜好的不甚多，一来是因为警察厅很注意，所以头一回登些迂腐的议论；二来呢，因为昨日立案的批示才下来，今日就齐稿，也未免仓卒些。所以无大精彩者，就是因为这两层。

一涵白

十九日雪夜

（原载《胡适来往书信选》，中华书局，1979 年）

一九二〇年一月二十八日致胡适

适之兄：

来信已收到，你闭门著书甚好，我以为比较东跑西奔的教课还要收效多些。

《大藏经》我已同文伯代你问过，据森江君说："这种书往年很难买，现在刚刚有人卖出来，可赶紧要去。"第一种缩印的字很小，同《晨报》上五号字一样，是铅字排印的，其中有没有错字，不敢说定。第二种最好，板子亦很大，字也很大，装订也很工。你究竟要那种，还要请你早点来信。

这个书铺很不大（专卖佛书），恐怕不能像九善书屋可以用"代金引换"的。《佛教大典》今日已托森江君找去，明后日当可寄来。前回托中西书屋寄上两种《佛教史》，你已经收到了没有？

下月三日，吉野介绍我同文伯两个在帝大辩论会讲演，我因为没有别的可说，只得把你的新思潮的意义重新讲演一番，以及并加上新思潮的具体主张。因为吉野很盼望我们讲中国新思潮的内容，所以才选择这个题目。文伯讲的是"中日将来之关系并两国之青年"。看讲过之后影响如何。

今天看见《时事新报》中（一月廿四日）张东荪答志希的书，内中很有些"混账话"。说什么"浅薄心理"，说什么"五四而后出了许多新伟人"，说什么"专卖新思潮的真正老店"，"止此一家，并无分铺"，"认明招牌，严防假冒"……我看了，觉得他这个人到底是"非我族类"。

仲甫的信我已接到了，他到武昌有什么事！此时想已走了，故不复了。五月间《劳动运动号》叫我预备做“日本劳动界的组织及运动”，我姑且调查材料，不知能否做到成功。

胡夫人即此。

一　涵

廿八日

一九二〇年二月十三日致陈独秀、胡适

仲甫、适之两兄：

《新青年》代派事我已同青年会的干事说到，且于昨晚在“统一纪念会”会场报告了，大家仿佛得到宝贝一样的欢喜。我想这事万不能辜负他们的好意，并望商同梦麟和新潮社国民杂志社按期寄《新教育》《新潮》《国民》和其余有价值的杂志前来（还要廉价才好）。千万不要忘记！此地有许多人，对于北京大学和新青年社同人作“天使”一般看待，我在纪念会讲演得一种意外的欢迎。下台后有许多社会上称他作“离经叛道”的学生，或家庭中称为“忤逆不孝”的学生，都跑来同我握手。这是你们鼓吹的功劳，也就是你们无穷的不可推脱的责任，还望你们快快努力，尽你们“天使”的责任才好！

罗素的政治社会哲学，日本很看得重要，吉野说：“马克思的时代已去，现在要成罗素克鲁泡特金的世界了！”我做一篇《罗素的社会政治哲学》，专封寄来请你两个人改正，把他赶快登出来才好。

我想先译一本罗素的《社会改造原理》，请告诉慰慈把文伯的那一本原本寄来，越快越好！北京学界现状，看报已经得到大概，不必说了。

《佛教大辞典》已寄来了。

一　涵

二月十三日

一九二〇年二月二十五日致胡适

适之兄：

接到来信，知道你把罗素的文改正了，感谢之至！我为什么要做这一篇文呢？因为有一天会到中泽先生，他自命专门介绍罗素的，他著一本《正义与自由》，有一大半是介绍罗说。承他情送我，叫我也介绍介绍。我那时还没有看罗的哲学书，所以直钞他的，现在已知道有许多靠不住，我已写信给仲甫叫他不必发表（你如果没寄到上海去，请不必寄，待我后来再修正罢）。

你替我指出几本书，我很感谢，已去定了。我做的书恐怕不免有许多错误，做成之后你能替我修正一下，那就感激万分了。

一　涵

廿五夜

（小胡的相片已收到，请你代我们谢谢他）

一九二〇年三月八日致胡适

适之兄：

来信已收到了。

《大藏经》已买到了。昨天去看过一遍，东翻西看，大致该没有残缺。这部书是一个文学士吉田修夫家藏的，他自己从头至尾看过一遍，所有重要的地方，都用朱笔作了记号，并在书头上批下小字。吉田死去，所以拿出来卖。他是一个专治佛学的，著的有一小册子《观音四信仰》和《佛教革命观音四救济圣德太子四信仰》都已出版，并听说是高楠博士所器重的人。如果到你的手，再加上些批评圈点将来必定成一种很可纪念的书。

这两天书铺正在打包，等木箱做好，便可送来。至迟三月底总可送到北京。

我现在看做政治学没有什么意味，已着手做政治学史，现在做到亚里士多德了。但是中世纪的参考书很难搜求，借出来的书又不能久看。这是一件很困难的事。你知道有什么好书可以帮助我吗？丛书中的书最好，因为价钱便宜，又容易购买。

《新潮》和《国民》，请告诉洛声请他直寄日本。

东京神田区北神保町十番地中国青年会马伯援先生收（新潮一百册差不多卖完了）。

外有两个书单（发票）请交给洛声。一号，大学出版部买的书，都已经寄来了。内中有没有译错，请洛声查一查。

慰慈好吗？何时结婚，千万不要瞒着我们！小胡已会说话了，更可爱了。待我们回来，恐怕要不认得我们了。

一　涵

三月八日

一九二〇年四月二十九日致胡适

适之兄：

文伯近来意思很坚决，无论如何要朝欧洲去，将来终身做研究学问的事业。我对于他最后这一句话是非常赞同；但是不大赞成他在朝欧洲去。你看如何？

我现在正在写 Stoics 同 Epicureans 两派的政治学，但是这两派的名称真有点不好译。你寻常讲哲学时是怎样译的？请你告诉我罢（日本人译为禁欲派、快乐派，总觉得不大好）。（我看这两派很有点像中国的理学派同名士派）

佛经已收到了没有？不知道这个板子可合意？森江书店又送来《日本续藏经目录》一本，我因为是小本软壳子的书，不好寄，所以还存在这里。

我做起来的书，做到后头，前头已经不得意了。恐怕做起来的时候一看，简直不能用也未可知。千万请你允许替我看一过！

一　涵

廿九夜

一九二〇年五月二日致胡适

适之兄：

看见你这回来信，一望便知道是在著作时候写的。你说学问不到用的时候，不觉得不曾懂得，不觉得没有系统，这真是经验的话！我从前东涂西抹，今天做一篇无治主义，明天做一篇社会主义，到现在才知道全是摸风捉影之谈！——我以为现在“新思潮”也多犯了这个大毛病。

我现在已把希腊、罗马的政治学史写完了；固然说不上著作两个字，但是于我自己实在得了很大的益处。

承你允许为我校正政治学史，非常感激！不过我这回的稿子，做到后边，又觉得前边不满意，时时刻刻在修改之中。我想越发候做完中古的时候，再抄来寄你校正，你看怎样？

现在又遇到几个抽象的习见的名词，便是 Justice，Right，Reason 三个字。Justice 现在多译作“正义”，Reason 有时可译作“理性”，有时可译作“道理”，还可勉强讲得过去；只有这个 Right 真难译，译作“权利”大不妥当。还请你为这三个字想一个适当的译名。

徐、康五人今天还没有电报来，大概也许是在途中挡〔耽〕搁了。到时自然要替他们帮忙。

东京学生渐渐有点动机，《新青年》《新潮》等杂志一到便卖完了。他们很想你来一躺〔趟〕（前回文伯写信给你也说到这事），你到底能来不能？听说叔永、奚苦都要到东京来，最好请你赶到，好到日光去避暑。——这事请你筹计一下，决定后请你通知我，因为有许多人还巅〔踮〕着脚望你来呢！

一　涵　五月二夜

慰慈、洛声、小胡即此

一九二〇年五月二十日致胡适

适之兄：

你的长信已收到了。你确定来东京最好，我同文伯已预备租房子，如果房子租不到，可以定一个旅馆，比租房子还要省事些。

康、孟……诸人到此，把我的住所桌椅都占去了，又兼有许多接洽的事都来找我，整整的要挡〔耽〕误我一个月的工夫。他们到处演说，有时也把我拉进去，因此日本报界送我一个“高教授”的头衔。前天在神田日本青年会开中日学生联合会讲演，我们很攻击帝国主义和军国民教育，……今天《朝日新闻》做了一篇很长的社论，说：“这天所讲的还是稳健主义，至于中国内部学生，早已‘过激化’了，政府还不快快的想出扑灭的方法吗？”

自游日团到东以后，陡然为新人会等增加几多声势。这一部分人当然是“将信将疑”的欢迎，可惜极端排日的留学生，反而“半假半真”的反对——他们以为凡同日本人谈话，都是办卖国的交涉，你想糟糕不糟糕！

听你说又要生“儿子”了，恭喜你这个“无后主义”！

一　涵

二十日

（原载《胡适来往书信选》，中华书局，1979 年）

一九二〇年五月二十七日致胡适

适之兄：

接到来信，说“大学正在筹算减费”，我当时心中便已打算写信告诉你，斟酌我一个人的进退。第三天接到你来信，你恨我从前不斩金截铁做去，反教你为我受累，心中实在不安的很！我虽毫无见识，但关于自己进退，也曾前思后虑过多少次，去年梦麟先生代理校务时，所以写信辞职，便是这个意思。但因为当时任事已有一年，一点没有成绩，不但无以对大学，亦无以对自己，所以梦麟写信留时，也就勉强担任下去。

幸而到东京四个月，置得二百多册书，又因为得大学图书馆的帮助，才勉强编成一点《政治学史》。现在上古已完，我想从此结束，告一段落，待修改抄写成功，交给大学，也算完结了一件心事。

到接你的信时，我同文伯均直接写信给蔡先生，婉言辞职了。倘见蔡先生时，可再累你一下，请你说明我们的意思。

我的书很不好搬运，目下正在想找安置的法子。这几年来这种浮游的生活，实在不能算是真正生活，我想不如回家去闭门读几年书，倒是乐事。但是如果不从北京经过，北京的存书又不能带回；如果回北京来，现在的书籍又必需带到北京，三翻两转，殊觉不便。我的归国期暂不能定，大概至少还有二十天的勾留，正是为此。

康、徐……五人今日午后往京都去了，在京都、大坂当有一星期的耽搁。自他们讲演之后，日本政府取缔新人物更加严厉，——这几天新人会的早坂二郎已被检察所传问，早稻田大学教授木村和中央大学的学生信定都收监了。大杉荣等本约我于明晚六时在明治会馆演说，谁知刚才接到电话，说“警察厅看见广告，已勒令中止了”。这也算是一种变相的“逐客令”。

请告洛声暂不必寄钱来，存款还可够用。你如果有回信，大概还可以接到。

一　涵

二十七日夜

（原载《胡适来往书信选》，中华书局，1979 年）

一九二〇年六月一日致胡适

适之兄：

前几天的信想已收到了。现在因为《政治学史》修改钞写还要一个月的工夫，我想左右到北京来做完了再说回家的事。昨日已将书籍运回北京，惟此地运送局仅能运到天津，由天津到北京，已托天津日租界旭街中日运输会社代送，书籍上写的是你的名字，倘若到时，请你教严海去取，并请代垫从天津到北京的运费。

文伯今早已经动身回吉林，他的官费已得教育厅许可，大约有八九分可靠。

我在此还有两星期耽搁，大概六月半后可动身。还有几个讲演已应准了日本人的约，大概十日后到大坂，如果被他政府赶回，还可省点船钱。

早大教授木村因攻击 mikado〔宫庭〕帝国，照日本国法恐怕要处死刑，吉野已跑到北海道去了，一般舆论也不像拥护森户案子那样出力，可见得皇国势力真大！

一　涵

六月一日

（原载《胡适来往书信选》，中华书局，1979 年）

一九二〇年六月十七日致胡适

适之：

你最后来的短信，我昨去东京时才收到，感谢你的好意。西南大学有派出学习的教授，如果能办到这一层，好让我到美国去学习两年，那更好了。

昨晚离东京，承日本政府派四名高等刑事（即中国高等警察）追随，凡在车站送我行的人，都被他侦探姓名去了，并打电话到各站，探听我从什么地方下车，我到神户马上就有刑事来“欢迎”。在他是神经过敏，在我真受之多愧！

今天到神户，住田中旅馆，此地即五年前我同怡荪同住的地方。今天跑进那间房间里去，不觉心中很难过。回头把怡荪的《传》翻开看看，觉得他的人格还在我的心中。五年前同他在此调停客人和栈主的口角，五年后只得读他的《传》，怎能叫人不伤心！

十八日从此开船，二十二日到天津，天时如早，连夜可赶到北京。

一 涵

十七日午前九时

（原载《胡适来往书信选》，中华书局，1979 年）

一九二〇年八月二日致胡适

适之兄：

你要的那三种书已经由洛声带来了①。

北京和家中都没有事。

抚五说程铸新的事，止不知说了多少次。他因为只得法科三个钟头，不够吃饭，还想在文科稍为弄两三点钟。兹把抚五的信寄来请你斟酌。

一　涵

八月二日

① 指杜威的*How We Fink*、*Essays in Experimental Logic*和*The Influence of Darwin on Philosophy*。

一九二〇年八月十一日致胡适

适之兄：

从上海寄来的信收到了，本天又看见《民国日报》，知道你和仲甫还邀许多人讨论争自由的问题，很好。度日如年的慰慈，只急得天天打电话；归心似箭的洛声，从南京过都不得手进城，带给你的书到芜湖才寄给你。看他俩这种情形，倒觉得还是没有家眷的自在！

奉直暗地里已在预备〇〇了！老徐一只手抓住“胡子”，一只手抓住“三哥”，一双秋波又远远的向着西南送情！真真是个“鼋”首！

大学内部趁你不在这里，又在兴风作波，调集一般“护饭军”开什么会议了！结果怎样还不知道。

旅京同乡对于皖事正在积极进行，大概三、四月后总有一种表示。

涵

八，十一，夜

胡夫人起居如常，三四日内大概不致生产，好像都预备好了，如果“揭晓”，当打电报通知你。

（原载《胡适来往书信选》，中华书局，1979 年）

一九二〇年八月十四日致胡适

适之兄：

来信已收到，关于上海方面的事，我已同孟和、文伯两人说了。梦麟今天可以看见你的信，他的意思怎样还不知道。都主张请你代表我们同上海言论界筹议实行的方法。寡虚言而不联络各界实地做去，是没有效果的，请你斟酌办罢。

慰慈昨天已动身到南京，想可以会到了。

昨天孟和打电话给我，说莘农找我担任政治学史，我当时绝决表示不干，谁知他们竟提到聘任委员会通过了。我所以不就，有两层理由：（一）学问不足担任；（二）不愿以清清白白的身子冒因人求事的嫌疑。所以我左思右想还是不干干净。叔永事已由蔡先生提到聘任委员会，听说亦通过了。

刚写到这个地方，接到同乡会的电话，说明天警厅不让我们开会的事，我要去通知同乡，不再说了。

胡夫人说："请你事完即回，不要再干与别的事。"

涵

十四日

一九二〇年八月十六日致胡适

适之兄：

你的夫人于十六日午前十一时前五分产生一女。于十五日夜便觉腹痛，到天亮打电话给长老医院，即派女医生三名来寓，事先设备一切。杨太太和五周夫人均在寓照料，他们都是有经验的人，所以应该想得到的地方，他们都一一弄好了。

胡夫人很平安的，说话同平常一样。你希望女儿，女儿便来了，望你再做一首《我的女儿》的诗罢。

事毕当可即回。

不多说了。

一　涵

十六日二时

一九二一年五月十五日致安徽各公团电
反对安徽军阀罗织党狱[1]

合肥军队既已擅捕二中校长王仁峰，高、王、洪、周等十人行文通缉。似此藐视约法，摧残教育，蹂躏人权，岂复有血气者所能忍受？务望协助王仁峰君依法提起诉讼，并请转告高、王、李、洪、周等，不畏强御。如果诸公入狱，我等当联合京津沪宁教育界同人，一同返皖，偕三千万皖人与蛮横军人一争公理之胜负。

高一涵、胡适、程洪钟、王星拱、李辛白等叩

（载《民国档案》2006年第4期）

---

① 见《皖军阀罗织党狱》，载上海《民国日报》1921年5月15日。1921年5月初，安徽督军张文生以过激党罪名逮捕安徽省立第二中学校长王仁峰，又通缉皖省教育界知名人士蔡晓舟等人，引起旅居京沪等地皖人强烈反对。

胡适、高一涵致安庆省教育会及陈独秀

安庆省教育会诸公鉴：

教育厅改任张继煦。本教部普通教育司长，品学皆好，思想品新，似能胜皖事。谨闻。

胡适、高一涵等

上海环龙路渔阳里陈独秀转同乡。教厅改任普通司长张继煦。此人狠好，本年国语实施令他的力最大，当能任皖事。

适、一涵等

一九二二年九月十六日为新闻严重失实致《晨报》编辑部函[①]

《晨报》编辑部惠鉴：

敬启者。贵报十二日第六版登载《安徽教育厅长之逐鹿》新闻一条，完全与事实不合。旅京皖事改进会并无电致许省长保刘君代理教厅长之事。刘亦无派人来京运动等情，程弢甫来京，系为挈眷回省，更与教厅一事无涉。特此致函贵报，请为更正，以昭事实。

胡适、高一涵、王星拱同启

（载《民国档案》2006年第4期）

① 见《来函照登》，载《晨报》1922年9月16日。9月12日《晨报》发表《安徽教育厅长之逐鹿》一文，称安徽教育厅长杨乃康势在必去，“乃有筹备高等工业之刘贻燕，见猎心喜，派人到京运动旅京皖事改进会致电许省长，促其代理……”。胡适等人以其失实，乃有此函。

一九二三年一月二十一日为反对江苏督军齐燮元干涉皖政联名通电[①]

《北京晨报》转各报鉴：

顷致苏文一电，文曰：南京齐抚万先生鉴：前者马联甲干政倒许，而公保吕长皖，皖人已深骇怪。及马二次讦许，同时公电亦到，阁议决许、马同查办。处置本已失平，乃闻公复有电，并查办亦不承认，且谓自有对待办法。公为江苏督军，过宁苏淞沪之市，荷枪直立之警士，皆为幽燕健儿，怒目向人，乃知苏人亡省之痛。顾衡以划地自王新例，公之威福亦只能施于一省，领域以内，岂容越疆自治，公以东南盟主自期，中国犹有政府，安徽又非附庸，据何典例，而必须公代治？苏省既未宣告独立，何不待政府命令而可自由行动？公夙有巡阅苏皖赣之大志，近已授意马联甲、蔡成勋联电捧场，然亦必待有一纸任命，然后可以为所欲为也。年来军阀虽极横恣，以一省督军干涉他省民政，犹为创闻。北洋侵略政策，已成末路，王占元、陈光远之覆辙，累累在望，公实力亦自犹人，而颇具政客头脑，察往知来，当非蛮昧武人可比。漫漫长夜，已届钟残漏尽，乃犹卵翼一杀人凶犯马联甲而欲支配皖人，夷我于二重奴隶，此印度、朝鲜人之所羞，皖人虽弱，决不任受也。敢布腹心，伫须内省。旅京安徽学界胡适、高一涵、王星拱、李辛白、程振基、张贻

① 见《旅京皖人反对苏齐》，载《晨报》1923年1月23日。1922年10月皖南镇守使马联甲升任安徽督理后，与安徽省长许世英再次发生冲突。江苏督军齐燮元公开袒马抑许，引起胡适等皖籍名流的愤慨，因于1923年1月21日发表此则联名通电。

侗、刘文典、卢中严、吴复振等。号（廿日）。等语。齐燮元祸苏不足，进而图皖，并觊觎巡阅三省，以为席卷长江之计。皖裁兵正进行，齐则包藏祸心，推翻皖局，阻挠至计，皖人为生存计，尽力抵御，并请一致共起声援，伏此恶魔，不仅皖与苏赣三省之幸也。

旅京皖学界胡适、高一涵、王星拱、李辛白、程振基、张贻侗、刘文典、卢中严、吴复振等叩。祃（廿一日）。

（载《民国档案》2006 年第 4 期）

一九二三年五月三十日致胡适

适之兄：

来片已经收到了。

本期《努力》[1]拟将所有关于《科学与玄学》的讨论完全登出——在君要占十四栏以上，经农三栏，林宰平有六七栏——作一结束。《读书杂志》暂延一周。下一期文稿还缺乏数栏，或者叔永、经农诸君已寄文来在半途了。

达观所译小说，已托思聪君【带】来，请你转托别人校正一遍，并希望你作一篇序文，价钱可卖三四元一千字，因为他是"寒士"，想添补学费的。能先寄若干款更好。

彭无耻近来又倒行逆施，专想与北大为难。听说教育经费绝对不发给北大，沈步洲与他辩，他已同沈翻脸了。他以为北大系少数出风头的人反对他，只要不发薪水就可使内部破裂，由此可推倒此少数出风头的人——这简直是笑话！

你的病好了没有？安心静养吧！

一　涵

卅日

外附译稿一册。

（原载《胡适来往书信选》，中华书局，1979年）

---

① 指1923年6月3日出版的《努力周报》第55期。

一九二三年六月三日致胡适[①]

适之兄：

来信使我感激到十二分！我生平已经过三个垂危的时期：（一）辛亥后在安庆教育厅就事，再无读书的志向；后来刘希平迫我到日本去，所以又走进求学的大门。（二）我在日本拟学习日文，把英文完全抛弃；后来遇着章行严一谈，使我闭门读了半年英文，至今才能勉强的看英文书。（三）到北京后治政治学很有趣味，所以又稍稍的读点政治书；这几年又因为放荡的结果，差不多又把以前的读书兴趣不知不觉的隔开了。今又遇着你的良言，或者又可以起死回生了。

我这几年得无家庭的好处背后得到许多无家庭的坏处——打牌和逛胡同。

又从你的生活里头，看出读书的兴趣，可是又感得求学的难处。我因为我的天分不及你，我的求学的基础不及你，我的身体不及你，所以前几年虽然敢编《欧洲政治思想史》，近来简直又不敢执笔了。因困难而气馁，因气馁而放荡；我也知道这是宣布自己的死刑！

我这一件事所以不敢告诉你，也有种种原因。她是读过书的人，因受夫家虐待，中途离婚（离婚书我已看见过）。她因此无家可居，得到北京来依她的表妹过生活。我看见她气质还好，所以作成此事。如果能相聚长久，或者可以终止我的放荡行为。因为没有经过长期的试验。不知结果如何，所以不曾告诉你。谁知你竟能超脱一切俗见，竟于宽恕之外，

① 胡适 1923 年 6 月 7 日日记，《胡适日记全集》第 4 册，第 71–72 页。

来勉励我前进，真使我感愧无地！

　　此话暂且终止，待你回京后再谈罢。

一　涵

三日

一九二三年六月九日致胡适

适之兄：

来信及“Wife′s Friend”〔妻之友〕(此是否书刊名称，不详）已收到了，谢谢。

前期登载结束的广告，是洛声的主张，嗣后当然仍接续登载。唐擘黄的文字到时，56 期稿已排齐，待下期再登。《中国的病》最不好，我已删去一段。因为徐君初次作文，不能不按期登载，故已替他登出了。

内阁的问题还没有定夺。大概彭无耻一定要去，继任的人还没有定。不过此次内阁的总辞职，背后全为什么最高问题。张绍曾还在奋斗，今天收买的什么国民大会，在天安门没有开成；日内当有军人大索饷的骚动。恐怕他们非迫黎去职不止。此后中央政治又到活动的时期，不过换来换去，仍然是半斤和八两罢了。

此后望分担文字的人，继续来点好稿子，不要钞旧作塞责就好了。

一　涵

九日

(原载《胡适来往书信选》，中华书局，1979 年)

一九二三年六月十二日致胡适

适之兄：

前两天复你一信，当收到了。顾颉刚的一篇文字，我嫌他太长，已经教洛声寄给你，请你斟酌，或用他或还他，请你决定。

北京政变，我不敢发议论，究竟本报应该取什么样的态度？我的意思是反对曹锟做下届总统，尤其是反对曹锟用逼走黎元洪的阴谋攫取总统的地位。你能做极短的时评吗？赶快寄来，还可以赶得上第57期。

再，教育界没有中心的人物在北京，顶好趁此时机，主张将来新阁的继任教育总长的人物。彭仍运动张阁复活，或高凌霨代阁，好使其他阁员继任下去——这是我们应该出死力反对的。

北京教育经费恐怕一时无着落，不知商务书馆可否将我的《政治思想史》的版权税支付若干？你能代我交涉一下吗？

一　涵

十二日

（原载《胡适来往书信选》，中华书局，1979年）

一九二三年七月十五日致胡适

适之兄：

许久没有接到你的来信，不知道你究竟在什么地方。《努力》的稿子近来很觉得困难，上海方面分期担任的人，有一半不曾按期寄稿。北京方面徐志摩又时常出京，在君也许久没有文字交来了。近来时常打饥荒，而且洛声又回去了，我的能力又不够，弄得这个报近来很没有精采，想必你自己看到也有这样的感想吧。

你要在上海，或有信到上海，还要催促他们，好教他们打起精神的干，才好。

谢晋青在南京病个不了，住在病院里没有钱用，来信想支领《伦理学史》的稿费。原信给你看看，但不知能否办得到？

匆匆不多说了。

一　涵

十五日

（原载《胡适来往书信选》，中华书局，1979 年）

一九二三年八月六日致胡适

适之兄：

来信两次，和小说、诗的稿子都收到了。我前回生怕文字不够，所以写信托你向他们催催文字。信发后反而懊悔，因为没有催到别人，倒反使你自己着急起来了。我以后又有一封信给叔永，内中说到《努力》或者停刊的话，也是为催文字而发的，叔永若告诉你，你知道我的意思就得了。

我所以要向叔永说这些话，是想请叔永在上海替《努力》讨沈、王、叶诸位的文字债，因为他们是答应过了，没有践言的。真正说到停办，我也同你一样想，觉得可惜！不过在这一个半月中，我总可以维持下去，或者为凑篇幅起见，文字不好或有之，断不致中止。

你的信我已给慰慈和孟和、文伯（都在慰慈家中）看过了。孟和似乎是说你不妨来；我是不希望你在北大去授课的，来北京著书亦不妨；慰慈很想劝你不要来。我想暂且等几天再看形势罢。

一　涵

六日

谢晋青的病（肺病）很沉重，能否医好，医生还不敢下断语。所以需款甚急者，因为他的医药费太重也。

（原载《胡适来往书信选》，中华书局，1979 年）

一九二九年十月二十二日答胡不归论编《中国政治思想史》

不归先生：

来书已收到。

编《中国政治思想史》犹如披沙拣金，须亲自动手，绝不是偶读几本著作所能编得成的。依我想，最先应当从各种著作中拣选出来关于政治思想材料，编成一本《政治思想史料》，如 *Coker Ronbings in Political Philosophy* 一样。然后再行整理，加以系统的叙述。凡经史子集都是要看的，恐非毕生事业不可，单看几本丛书，或别人叙述的书籍，是没有用的。看书一多，自然会找出许多平常不常见的书，那时自己会指示自己。不识你以为何如？即询。

撰安！

一　涵

（一九二九）十月二十二日

附：胡不归论编《中国政治思想史》

我的朋友倪萍生先生，研究政治多年，数月前寄了一封信给我，说近来他有志从事编《中国政治思想史》，叫我向高一涵先生请示点方法。我便写了信去。月前接得高师来信，所论甚确。我觉得高师的话，很可教我们研究学问的道路，因此我把原函披露出来，以供学者的参考。

（载一九二九年《飞虹半月刊》创刊号）

一九三〇年　月三十一日致胡适[①]

适之兄鉴：

近闻小报《礼拜六》上对于罗君及兄妄肆诋毁，并有人疑为系本校文牍陈廷祯所为。据我所知，陈所办的是《礼拜三》，不是《礼拜六》，且《礼拜三》久已停刊。陈君于两周前已返浙江，现无对证，已去函询问，想不久有复信矣。以我观察，陈君决非做此事之人，谗言是何用意，更无推论之价值矣。兄以为何如？

弟一涵

（一九三〇年）卅一日

再：中公是非真多，上学期已得兄允许，准我辞卸一切职务，马校长处请代为助一臂之力。我实不愿受此无期徒刑，教书已够生厌了，教书外更受莫须有之冤，真是冤哉枉也。一涵又白。

（原载《胡适来往书信选》，中华书局，1979 年）

① 此信约写于 1930 年下半年。——《胡适来往书信选》编者

一九三〇年十一月二十日致胡适

适之兄：

亮功来信托我劝劝你不必管才公风潮，此事你我皆在局中，我之不能劝你亦犹你之不能劝我然，旁观者的意见，究竟不能抹煞，故特将原书奉陈兄一阅。书架子已教人来取，不知兄廿六日能成行否？余俟面谈。

即颂著安

一　涵

廿日

（原载《胡适来往书信选》，中华书局，1979 年）

年　月十八日致胡适

适之兄：

前函想已达到。日下北京政局越弄越糟，阁员补充完全后，恐怕要实行选举。照现在国会的状况，恐怕只要每人有五千元的票费，一定可达到选举总统的法定人数。

我想你如未回京，实在不大好处。学校方面如果有所举动，势必要闹到关门为止，拆北京政府的台固然是一件大事，但是最高学府停止，也不能算是小事。这件事倒要请你慎重。我的意思是希望你暂不回京，待到大选进行时，你即宣言和北大脱离关系，应几也不违背你平日的主张。不知你的意思如何？希平有信给你，劝你要积极进行，他说的固然不错，但是依我看来，大学一旦陷到危险地步，恐怕一时不能转了。请你仔细的想一想罢。

近来因为彤侯被迫辞职，逃往庐山去了。省城方面要求北京去人挽留，并为彤侯解除困难，疏通反对派的意见，所以北京方面推荐抚五、庶为和我回省一行。我去把《努力周刊》的事交给慰慈、孟和负责两星期的责任。如果他俩万一不愿担任，恐怕至少止要暂停两周了。慰慈我已接洽，他不愿独力担任，尚未找到孟和，孟和如答应，便不成问题了。

不过近来的稿件太少，时常发生恐慌，我已向各处催促，大约不令他俩为难。

我们大约在廿二日动身，约两星期回来。

一　涵

十八日

一九二〇年二月二十五日致洛声

洛声兄：

来信和《新青年》都到了，吉野作造处我们由北京赠过他（的）《新青年》没有？请你查一查复我。

书价邮费我弄不清楚，请你再查前账算一算，如果九十一块钱里边没有邮费在内，请你在我的薪水以内扣除罢。

光成馆和东京会的账于今明日去给算清楚，叫他开发票前来便是。

《新中国》请你替我买一册，把我的《政治学研究方法》一篇裁下来寄来便是。

学校以后发薪请你即代为寄下，如果关于我有什么用费，请你扣存若干，以便将来应用。

适之、慰慈均好。

一　涵

廿五日

致南官亭乡政府的信

土地改革运动是惊天动地的壮举，是中国劳动人民迫切的要求，是消灭封建势力的根本措施，是全国人民空前的大喜事。我以诚恳的心情将祖遗土地六十余亩连同契约一并呈交政府，请求分配给无田无地，或少田少地的农民，这既符合“耕者有其田”的口号，也表示我拥护土地改革的实际行动。

（摘自《高晓初回忆录》）

致《光明日报》信

《中华人民共和国宪法草案》公布了。这是我国有史以来，一件符合全国人民共同愿望的大喜事，是我国有史以来，全国人民政治生活中值得纪念、值得骄傲的大喜事。

从满清到国民党政府大半个世纪以来，没有那一个政府能颁布过这样符合全国人民愿望和维护全国人民利益的伟大宪法。

我当垂老之年，躬逢其盛，亲眼看到这个宪法草案的公布，自当虚心学习，衷心拥护，并争取为社会主义彻底实现而奋斗到底。

（原文载一九五四年四月四日《光明日报》）

一九五〇年六月十四日致绪楷侄孙信

绪楷侄孙如晤：

今天接到你的来信十分快慰！几十年以来我处的地方与家乡变成两个世界，彼此皆不能通信，更谈不到见面了。今天，自是同在一个世界中生活，这是何等快慰的事！你们兄弟今天所得到的世界，也是我三四十年前想看见的而未看见，直到白尽了头发，才能看见的世界。虽属可喜，抑甚可悲！究竟你们的幸运比我好，在青年中就可以看见，要算比我早了四十年。我当初入世到现在如走到大沙漠中，风沙蔽天，荆棘满地，所能看到的只是兽蹄鸟迹，绝看不见一条正正当当的道路。到了后来——北伐以后，现在前面的好象是一条道路，谁知走了二十多年，才发现前面却是悬崖绝壑之中了。这个死路，费了一生中正好的光阴——说来真正的可惜可恨。你们现在不同了，你们今天所走的是铺上铁轨的铁路，有绝对聪明的工程师，替你选择了路线，并且敷下不可移动的轨道，又有技术人员开路，将你们推动起来前进。又有红旗绿旗红灯绿灯指示你们前进的方向。你们就是闭着眼睛，也不至于走错路的。这是何等幸运？我在五四运动时，正当年壮，尚能做一个摇旗呐喊的无名小卒。今天老了，再也不能有所贡献了。惟望你们兄弟们天天学习，天天进步，在建设新民主主义的国家中做几个无名小卒，我就死了也闭目了。望你们努力，祝你们进步！

涵庐手启

一九五四年一月九日致房侄燧球

燧球侄：

离乡三十余年，未曾见过你面。来书问我近况，知道你们对我时时关怀。我于四九年任南京大学法学院院长，该院调整后，又调到江苏省人民政府任参事，一切工作均符合我的水平，身体尚健，望你转告知我者放心。

宗沪儿参加空军赴朝鲜作战，保卫祖国，已经一年多矣，望你在文教工作岗位上，为祖国努力工作，好好教育下一代。

一　涵

一九五四年七月二十四日致房侄燧球

燧球侄：

所寄名茶已收到。六月初随江苏省所组织的佛子岭水库参观团到霍山参观水库。不到霍山已四十二年了。过六安时，未遇一熟友，双塔依然，如对故人也。途中有纪行诗数首，另附纸上。

参观佛子岭水库纪行

（一）

云雾山间旭日红，饱尝新茗腋生风。

茶歌声里闻乡语，真个身回故国中。

（二）

百里郊原万象春，秧针绣地绿如茵。

旧家乔木归新生，剩向青山觅故人。

（三）

天开地辟起工程，蓄泄兼筹举世惊。

莫道禹功江汉大，但凭疏凿抑天行。

（四）

昔日归家仍是客，此番归去喜无家。

人生快事无家别，放荡乾坤一客槎。

一　涵

一九五九年三月六日致房侄燧球

燧球侄：

得来书，正值我在北京开会，未即作复，喜闻故乡人民公社建成，一幅美景正如旭日东升，快慰奚如！有暇望将家乡新貌报告一二，恍如亲自归来也。

一　涵

一九五九年五月二十日致宗溥侄信

宗溥贤侄：

来信收到了，想你们都好。

我本拟今年夏秋之交回六安故乡看看，现在天已热了，我想改在秋天回来一次，看看渒史杭和六安到东河口镇的公路通车。到时再通知你们。现在全国都在争取农业高产、稳产，想你们公社也在努力争取。望你们好好工作，响应党的号召，在生产中争取先进称号。

一　涵

一九六一年三月十四日致房侄燧球

燧球侄：

顷接来书说，瞬将两年未通音问，可见时光之快。上次接到你父亲来信，适我有北京之行，回来又去，先后三次，因此，把复信耽搁了，请你转告，并望原谅。农村整风后，气象一新，全国皆然，可见党的领导英明。农村革命干劲冲天，克服了两年的连续灾害，如在过去，不知多少人流离失所。在风调雨顺之年，丰收容易；在连续灾害之年，能够农业产量超过一九五七年就不是一件容易的事。“谁知盘中餐，粒粒皆辛苦。”在抗灾之年，体会更深了。今年农业丰收在望。希望你努力工作，教好下一代青年，对党和国家做出贡献，以报党育之恩。想你们必然这样做了。我们都好，感谢你们的慰问。

一　涵

一九六四年七月四日致房侄燧球

燧球侄：

四月六日来函收到了。离家快六十年，对于家乡的地名，新的固然不知道，旧的地名也大都忘记了。你来信所说的张家拐楼子、横岭都仿佛知道大概，但详细情形已不曾记忆。

最近在报上看到淠史杭要完工，并说河内可以通航，这是一件翻江倒海的大事。接着看到东河口到六安已通车，皆是大喜事。我们以前从家乡到六安，起早带晚要整整一天，有时要一天半。通车后，两个小时就到了，这是显著的“缩地法。”

今年一月在北京会见黄省长（黄岩）、张恺帆厅长，他们都劝我回安徽游览参观一次，我本想这时回来，因为集中学习，把时间耽搁了，拟于今年秋季回六安看看故乡新面貌、新人物，你看好吗？

一　涵

一九六四年七月四日致房侄燧球

燧球侄：

陈书记托购《毛泽东选集》，一时无法订购。现将新华社出版的单行本一齐购全，寄你转给陈书记阅读。每样两册，可与其他同志分用。前寄书价四元已收到，超过书价请陈书记不必补寄，作为我对学习同志的赠送，聊表诚意。望你好好学习毛主席著作，照毛主席指示办事，教好下一代，这是政治任务，千万不要忘记。

一　涵

致房侄高晓初信①

党如此关怀我、信任我、支持我、鼓励我，在工作上的安排，让我胜任愉快；在生活上的关怀，让我备受温暖。纵观我们伟大的祖国，从一个“睡狮”变成东方巨人，从“华人与狗”变成了英雄人民，今天才是我们炎黄子孙几千年来扬眉吐气的时候。作为一个中国人来说，今天是何等幸福、何等光荣，而又何等骄傲！这不是共产党的英明领导，这样的幸福、光荣、骄傲是想也不敢想的。回顾往事，真是感慨万千，心潮澎湃。现在我虽已进入晚年，但余身尚健，誓为建设社会主义祖国大厦，流尽自己的汗水，借报人民之恩，而遂终身之愿。你亦应克勤克俭，任劳任怨，忠心耿耿，为党为人民甘做孺子牛，把毕生精力献给党、献给人民、献给祖国。以弥补你前半生的遗憾。总之，愿我们在祖国的春天里一同奔向社会主义的锦绣前程。

---

① 原信已失，此文是摘自《高晓初回忆录》。高晓初在文中说，读到他的来信十分高兴，为此我还写了一首诗，答谢他老人家对我的关怀，表示自己的革命意志和决心。其诗云：燕舞莺歌花似锦，金陵寄语到芜城。前年庭训情如昨，今日家书意更深。迷路羔羊公指引，经秋枯木我逢春。头颅誓为人民掷，万里征程永不停。

一九六一年致于右任

右任先生：

金陵一别，忽已十三年了。天涯海角，晤面无由，时深惆怅！近从报端读到先生吊贾景德诗云："萧萧落木悲元老，惨惨题诗吊故人"；先生以垂老之年，飘流异地，昔年师友，大半凋零，悲惨心情，不可言喻。古人云："忧能伤人"，尚望先生善自珍摄为幸。

回忆三年以前，先生在《岁寒诗》中有"凋零师友记同游"之句，可见先生怀念旧友，时时不忘。不禁使我想起往事。1949 年南京解放前夕，中山陵音乐台前，玉兰盛开之时，我曾同先生及严敬斋、李群麟亲临游览，大家徘徊于藤廊之下，流连而不忍去。

从音乐台回城时，绕道梅花山，正值梅花开放，先生手抚梅枝，为我口述 1947 年至孝陵前看梅花所赋《浪淘沙》词："斧赦孝陵柴，乱后梅开，天风远远送香来，绿萼而今存几树，有我亲栽。"为经战乱而幸存的几树梅花而庆幸。现在的梅花山，不独当年老树，遍发新枝，就是山前空地，亦皆补种来自各地的名种。十几年来，每当梅花开放时，总是约集老友，赏花赋诗。我曾口占七绝一首云："树树新枝发老根，手栽绿尊至今存。暗香浮到蓬莱岛，勾起乡思合断魂。"即为纪念旧游而作，不知先生读到此诗，具有同感否？

今年 3 月 12 日是中山先生逝世 37 周年的纪念日，在宁老友皆参加南京市政府所举办的谒陵典礼。恰逢江南"杂花生树，群鹭乱飞"之时，音乐台前的玉兰，梅花山上的绿萼，特别开得茂盛。祖国的科技界、文艺界，又正掀起百家争鸣的热潮，不独看到山川生色，而且看到学术增光，这种情景确实令人兴奋！我辈老人，躬逢盛世，人人都有"返老还童”“老当益壮”之感，绝无“时光无情、韶华易逝”“故交星散、师友凋零”的悲痛。

曾记得先生于1949年在《齐天乐》一词中有句云：“天下一家，何人今后敢予侮？”又忆起1937年先生所作《长歌复短歌二首》，中有句云：“哥哥后，弟弟前，争将性命为国捐，击破胡儿在今年”；‘爱吾爱，仇吾仇，勇者不惧仁不忧，大家起来卫神州”。大陆解放已十三年，在大陆上早已“天下一家”，所剩台湾尚在美帝占领之下。正如先生诗中所言，我们应敌我分明，“爱吾爱，仇吾仇”，齐心协力“击破胡儿”“卫神州”！使台湾早日回到祖国怀抱。“心似孤儿恋故乡”之先生，其时自有“白首欣然返”的一天！

谨祝健康！

高一涵

1961年

（摘录自江苏省档案馆1963永久1—65卷号12第103页）

一九一九年十月八日胡适致高一涵、张慰慈、洛声

一涵、慰慈、洛声诸兄：

别后我们就睡觉了。七日早到石家庄，在吴禄贞墓侧的一间屋子内休息，吃了一点面包当早饭。吴墓选得很好，有石台，台上有碑铭，是阎督军做的。我在这墓上颇有点感想，很想做一首吊古的诗，但是一时竟不曾做好，就走了。吴禄贞的死总算是一件很可纪念的事。十年来的人物，只有死者——宋教仁、蔡锷、吴禄贞——能保盛名。生者不久就被人看出真相来了。这是因为时势变得太快，生者偶一不上劲，就要落后赶不上了，不久就成了“背时”的人了。只有早死的人既能免了落后的危险，又能留下一段去思碑。这两天威尔逊病重，也许会死。倘他死在去年十一月，他便真成了有史以来第一个伟人了！威尔逊真倒霉！

七时后，我们上了正太铁路。这条路走过的都是山地，风景极好。路上终日没有饭吃。我们带的有面包、黄油、水果等，吃得很畅快。山西人生计很困难，养成了节俭的习惯，故在火车上不肯吃车上的饭。正太路初成时，车上本有饭，后来因为没有人吃，赔累太多，故停止了。近年南人渐多，仍旧弄不到饭吃（自七时至下午五时），很觉不便。

山西大患在一贫字。年来新政不能不用本地人，不能招用客卿。也是因此，客卿远来，很不能与本地人争生计上的优胜。但是山西现在的发展计画决不能全靠本地人才，本地人才决不够用。现在本省曾招了一大班直隶的中学毕业生来太原，另设“二部师范”，预备一年之后出去做高等小学的教员。但是高级机关中，外省人才太少，故很有狭陋的现象。这个困难问题将来正不知如何能解决。

到太原后，本地官署招呼极周到。因杜威夫人女士同来，故设备颇

不易。我们看他们设备得如此周到，心里很不安。今天去见阎督军，他是一个很脱略的人，杜威先生颇满意。杜威去时，颈上带着软领——可谓哲学家本色。

今天没有讲演，明天开讲。今天我出去走了几处，观察很浅，不敢就下评判。下午见着李泰棻君，谈了半点钟，得益不少。

街上今天（中秋）到处是穿蓝布衣的学生，气象很好。中国旧日的蓝布衣服现在渐渐绝迹，改为浅色的长衫——以至于白衣。这是很坏的趋势。白衣最不耐污，穿白衣是不做粗事的“绅士架子”——是游民的招牌。山西学生的深蓝布衣服使我很欢喜。

街上路灯柱上都贴着黑地白字的格言，如“公道为社会精神、国家元气”“公道森严驾富强而上之”“天下具万能之力者，其唯秩序乎！”“不适时之思想言行，愈觉得好，其害愈大”“亡国之民不如丧家之狗”等。有许多条都剥落模糊了。我希望剥落之后不要再贴了。这种“圣喻广训”式的道德教育是不会有良好的效果的。人人嘴上能说许多好听的抽象名词——如“公道”“秩序”之类——是道德教育的一大障碍。这个意思，我将来当作文详细说明。

今天所说止此。可与仲甫、守常诸位同看。

适

一九一九十月八日

冬秀来了没有？

今日有津浦通车，我□□！

有朋友刘光甫君（澄衷的同学）在路局办事，他答应替我定包房，想靠得住。

请一涵把我的□□□□□□□□□□三部书检出寄给我，我要用他们。

适

一九二〇年七月二日陈独秀致高一涵信

一涵兄：

你回国时及北京来信都收到了，《互助论》听说李石曾先生已译成，就快出版。如此便不必重复译了，你可以就近托人问他一声。

西南大学早已宣告死刑了。

你想做的《社会主义史》很好，我以为名称可用《社会主义学说史》，似乎才可以和《社会主义运动史》分别开来。听说李季君译了一本（英文）的《社会主义史》，似乎和你想做的有点重复。

《新青年》八卷一号，到下月一号非出版不可，请告适之、洛声二兄，速将存款及文稿寄来。

兴文社已收到的股款只有一千元。招股的事，请你特别出点力才好。

适之兄曾极力反对招外股，至今《新青年》编辑同人无一文寄来，可见我招股的办法未曾想错。

文稿除孟和夫人一篇外，都不曾寄来，长久如此，《新青年》便要无形取消了。奈何！

弟　独秀　白

七月二日

一九二〇年十二月二十一日陈独秀致高一涵、胡适

一涵、适之兄：

十七日由上海动身，昨日到广州。今日休息一天，一切朋友都尚未见面（住处尚未定，来信可由水母湾二十七号群报社陈公博君转）。

此间尚能办事，需人才极多，请二兄早为留意。一涵兄能南来否？余颇希望孟和兄能来此办师范，孟余兄能来此办工科大学，请适之兄向顾、陶二君一商。师范要附属小学及幼稚园，我十分盼望杜威先生能派一人来实验他的新教育法。此中也请适之兄商之杜威先生。

弟　独秀

十二月二十一日

一九二〇年十二月十六日陈独秀致胡适、高一涵

适之、一涵兄：

弟今晚即上船赴粤。此间事都已布置了当，《新青年》编辑部事有陈望道君可负责，发行部事有苏新甫君可负责。《新青年》色彩过于鲜明，弟近亦不以为然，陈望道君亦主张稍改内容，以后仍以趋重哲学文学为是；但如此办法，非北京同人多做文章不可。近几册内容稍稍与前不同，京中同人来文太少，也是一个重大的原因，请二兄切实向京中同人催寄文章。

一涵兄与慰慈兄译的《工业自治》，已成功没有？译成时望寄社中，前成一段已检存望道君处（望道君已移住渔阳里二号）。

南方颇传适之兄与孟和兄与研究系接近，且有恶评，此次高师事，南方对孟和颇冷淡，也就是这个原因，我盼望诸君宜注意此事。余言候到粤再谈。

弟　独秀

（民国九年十二月）十六夜

（录自《中国现代出版史料甲编》）

一九二二年七月二十二日萧一山致高一涵

一涵先生：

我上次很仓卒的写上一封信，竟把住址忘了写了，也许先生想回信而无法寄递！

上次文稿，恐怕不值登《努力》，我现又写一篇小文，也是一时高兴写出来的一个感想，先生如以此议为然，请即赐载本期《努力》。

《努力》八期，务赐一份，以便装订！

赐寄银闸六号。

学生 萧一山鞠躬

廿二日

一九二二年八月六日徐新六致高一涵

一涵先生：

这几天在上海遇见了许多从美国回来的朋友，很有点感触，因写一篇《到内地去!》的短文，天气热，没有功夫修整得好，请先生看一看，最好能登入下期的《努力》。

敬颂

暑祉

弟　徐新六上

八月六日

一九二二年十月二日朱经农致高一涵

一涵先生：

《欧洲政治思想史》的序文已经后云五先生发排了。日忙得非常，得着您的信，久未作复，实在对不起得很。

上海近来出了一种杂志，名叫《孤军》，对于《我们的政治主张》，大加批评，又把宗淹慰慈的文章拉在一起，瞎驳了半天，全是卖弄小聪明的话。我已用个人名义写了一封信答复他们，倘使不帮我登出，还要做一篇文章痛痛快快的骂他们一顿。希望各位在北京的做篇文章反驳他们一下。

上海近来下了一个多个礼拜的雨，真是闷极了。天气也是乍寒乍暖，所以生病的人非常之多。不知道北京近来怎样？

祝你平安

经　农

十月二日

一九二三年五月八日孟凝道致胡适、高一涵

适之、一涵先生：

你们改革文学功勋甚伟，很得青年们的信仰和崇拜，所以你们所办的《努力报》亦大受欢迎。

究竟《努力》的内容，有时有很没用很没价值的材料白占地位——选材欠斟酌态度，时评栏的，很多带洛阳呀！——态度不光明，《努力》若是洛阳的机关报，此条那就责怪的不对了。所以我是十分的失望、不满——我先这样说，你们也先这样听，以后我若有功夫，还要用十二分力气详详细细的攻击你们，你们候着吧！

我这封信是警告的性质，要你们及时觉悟！别再像以前那样的欺侮人了。再者《努力》出到第五十一期，恰是一整年了，第二个半年的，我打算仿照你们的汇订本，自己汇订起来，很希望你们破费几个钱，即一张第二个半年的索引随同第五十二期赠送给零买者，以便检阅便利，想你们一定不会拒绝我这种要求。

敬祝

你们努力！

孟凝道上

五月八日

一九二二年　月十五日萧一山致高一涵

一涵先生：

我受了考试的束缚，使我有一些话想说而说不出来。今天忍不住胡扯两句，一定不好，但已写出，怎好不寄给先生看看？

先生改改，能否登在《努力》？

我主张“中国需用总统制”，但未和先生讨论，尚在怀疑。请先生于暇时书数语以教我！

先生假中回南否？我不返里，拟常来领教，不知先生以为何如？

《努力》八期，缺少一份，社中尚有余存否？请赐我一份，以便补齐装订。

适之先生现在何处？

学生萧一山

十五日黄昏

天晚光暗，书字草率，乞谅之！

一九二三年六月二十四日陈衡哲致高一涵

一涵先生：

《努力》合刊本已收到了，谢谢。

关于大同学生傅良的一个责疑，确系哲之粗心，因该稿系请人代写，致将地名倒置。但该信似无发表之必要，鄙意不如请先生在《读书杂志》第十一期之末，加上一个更正，想此信尚赶得上罢。

前期《努力》，哲因近日太忙，致未寄稿，稍缓数日，当为补上。

即颂教安

陈衡哲上

六月廿四日

一九二三年七月十六日任鸿隽致高一涵

一涵先生：

看见第 60 期的《努力》，知道稿子很是缺乏，甚为着急。此间经农、振飞均已催过，云五无暇，已托□□代做一篇，不知何时交来。叶圣陶之稿已交来，收到否？

北京的朋友们也很可以多做一点。志摩的稿子不要太偏爱《晨报副刊》了。听说孟和可做文章，请你向他一索，必望有效。我现在寄来小文一篇、小诗一首，小文可作时评，但如嫌其太长，可作为独立的论说。我安上两个题目，就是预备你任取其一的。如作时评，可单用《国幕南迁第一幕》一题目。诗是衡哲女士的友人由美国寄来的。衡哲女士有一篇小说，但因近来编书太忙，无暇抄出，大约下期可以寄来。

即颂文安

弟　鸿隽

七月十六日

一九二三年八月一日任鸿隽致高一涵

一涵兄：

奉廿七日来书见问两事。《努力》事真把你累赘了。我同内人都因赶书没有多余的时间做文，实在对不住。别处总在催促，不过效果很小。至于《努力》要不要停刊，也等问过适之再决定了。谢君的稿费，因此处尚未见原稿，也要问过适之再说。我在下星期就要到杭州暑期学校讲演，并赴科学社年会，在那里总会见着适之。

看见本期《努力》，你做的几个时评都不错。编劳了。

致问暑安

弟　鸿隽

八月一日

一九二三年八月十六日顾颉刚致高一涵

一涵先生：

前句接诵大札，敬悉一切。承京原稿我已收到，谢谢。

本次教育改进社年会，刚与商务馆同人拟于后日同行到京。读书杂志九月份稿，当□会毕后趋前面缴，此期校勘事最好由刚自为，想承兄可。

嘱撰百张文字，近日碌碌鲜暇。一二月后如得暇闲，自必有以报命。

此次《读书杂志》发表后，未知有无反响？如有此项稿件，乞于趋前时付览是幸。

颉刚敬上

十二年八月十六日

刚到京后寓景山西口大石作胡同三十二号吴宅，如有函，你请寄此处。如无甚事，刚当于月底以前将稿送奉。

一九二三年十月九日胡适致高一涵、陶孟和等[①]

一涵、慰慈、孟和、性仁四位同鉴：

《努力》事，承你们努力维持，至于今日，使我得安心在山中养病，我真不知道怎样感谢你们才好！

我在烟霞洞住了三个多月，虽然很安逸，很快乐，但我真住的不耐烦了。并不是地方不好，实在是心里不安。一来因为我在大学的功课无人担任；二来因为《努力》久累朋友；三来因为离家日久。所以我决计“下山”[②]来了。

四日下山，五夜到上海，一觉醒来，曹锟已当选作总统了。上海一班朋友，都不愿意我此时回来，大家谈论的结果，都劝我暂不回京，医生也不赞成我此时出来工作。因为我现在肛门还有一处痔瘤每天要发二三次，每正坐二时以上，背脊便酸痛。

因此，我于七日上请叔永夫妇、经农、振飞们来商议一次。结果是：

(1) 《努力》暂时停办，将来改组为半月刊或月刊，专从文艺思想方面着力，但亦不放弃政治。俟改组就绪，再行出版。出版当在我恢复健康之时；此时仍继续《读书杂志》。

(2) 我此时暂不回京授课，俟一年假满之时再说。

以上二事皆以我病体未复元为主要理由。

停办之事，原非我的本意。但此时谈政治已到“向壁”的地步。若攻击人，则至多不过于全国恶骂之中，加上一骂，有何趣味？若撇开人

---

① 此信据 1923 年 10 月 21 日《努力周报》第 75 期抄录。

② “下山”二字是浙江教育厅长张宗祥用的《思凡》典故。

而谈问题和主张——如全国会议、息兵、宪法之类——则势必引起外人的误解，而为盗贼上条陈也不是我们爱干的事！

展转寻思，只有暂时停办而另谋换一方向僇力的办法。

二十五年来，只有三个杂志可代表三个时代，可以说是创造了三个新时代。一是《时务报》，一是《新民丛报》，一是《新青年》。而《民报》与《甲寅》还算不上。

《新青年》的使命在于文学革命与思想革命，这个使命不幸中断了。直到今日，倘使《新青年》继续至今，六年不断的作文学思想革命的事业，影响定然不小了。我想，我们今后的事业，在于扩充《努力》，使他直接《新青年》三年前未竟的使命，再下二十年不绝的努力，在思想文艺上给中国政治建筑一个可靠的基础。

在这个大事业里，《努力》的一班老朋友自然都要加入；我们还应当邀请那些年老而精神不老的前辈，如蔡孑民先生，一齐加入。此外少年的同志，凡愿意朝这个方向努力的，我们都应该尽量欢迎他们加入。

九月二十三日，自云栖回到烟霞洞，看见山前的梅树都憔悴不堪了，曾有一诗如下：

树叶都带着秋容了，
但大多数都还在秋风里撑持着。
只有山前路上的许多梅树
却早已憔悴的很难看了。
我们不敢笑他们早雕；
让他们早早休息好了，
明年仍赶在百花之先开放罢！

让我这首小诗预祝我们的新《努力》的生命罢！谢谢你们维持《努力》的热诚和辛苦。

适上

（一九二三年）十二，十，九

（原载《胡适来往书信选》，中华书局，1979 年）

一九二四年九月八日胡适致高一涵[①]

一涵：

久不看报，前日检得你在《晨报副刊》上《关于〈努力〉月刊的几句话》，我仔细读了，实在不懂你是什么意思。

一个人要表示清高，就不惜把一切卖文的人都骂为“文丐”，这是什么道德？

拿尽心做的文字去卖三块钱至五块钱，不算是可耻的事。献寿文，作瞒心昧己的谀墓文，那是文丐；借文字敲竹杠，那是文丐；用抄窃敷衍的文字骗钱，那是文丐；迎合社会的恶劣心理，制造下流读物，那是文丐。但拿不苟且而有价值的文字换得相当的报酬，那是一种正当的生活。我们如果有一点忠恕之心，不应该这样嘲骂他们。如吴稚晖先生在极穷困之中，作文亦不受酬，那是超人待己之严，是可佩服的。但不以此自律，而以此骂人，那是我不希望我的朋友做的，尤其不希望你干的。

办一个有资本的杂志，像美国的《新共和》，那是我十年来的梦想。无钱而办杂志办报，全靠朋友友谊的投稿，那是变态的现象，是不能持久的。《努力周报》不出稿费，连发行部的人也不支薪，这是我最不安的事。所以改办《月刊》时，我极力主张，非集点资本，正不必办。《月刊》应该格外注重文字的质量；既要朋友白帮忙，又要挑剔文字的好歹，那是不容易的事。所以我主张《月刊》每月应有最低限度的编辑费。

但我们既不要军阀的钱，又不愿把自己卖给那一个帝国主义的或反帝国主义的政府，这笔钱打那儿来呢？

---

① 参阅《关于〈新青年〉的几封信》注四。

商务同亚东承办《努力月刊》时，我们即提出这笔编辑费作为一个条件。亚东情愿借贷来承办此报，但独秀劝他们不必竞争，只要求几个条件，内中有一条是独秀和我的文字不受酬，保留版权（独秀当日也是担任《月刊》撰文的人）。商务承办的杂志本无担任编辑费的先例；但对一切杂志皆有“销数满二千部后，其二千部以外销出之数，发行人应以版税二成交付著作人”的规定。《努力月刊》因有《周刊》八千份的底子，故商务肯以六千部的销数作为计算的基础，决定即以此项预支的版税作为编辑费。此是商务承办此报的事实，并无如你说，“商务印书馆于是便板起资本家的面孔，说：‘给你们做文字的人三块钱至五块钱一千字’”的情形。这样说话，但求一时的快意，而不顾事实的不符，也是我不希望我的朋友做的。

至于商务对《努力》的关系，并非谋“红利”，用是商务里面有几位朋友赞成我们的奋斗牺牲的态度，故为友谊的帮助。《周刊》出版后，商务即破例愿为代售，并为代定。以几百万资本的公司，而担此三个铜子的小生意，至一年半之久，这是他们谋“挣红利”的表示吗？《月刊》之非挣钱营业，人皆知之。商务所办杂志，至今能挣钱者，有几个呢？他们这一次恤冒险而担任《努力月刊》的编辑费，我们自己计算，姑以每年五千四百元编辑费而论，加上印刷、发行、广告的费，须真有八千份的销数方可够本，而月刊不比周刊，周刊能有八千份而月刊不易至此数。商务契约上并声明，“以三年为限，限满清算；如著作人应得版税及广告费总数超过三年内预支之总数，应由发行人照数补送”。但如三年内销数不满八千，我们却不须赔偿他的损失。这种单方的条件，我们能说他们是谋红利吗？这种资本家有何威可畏？

君子立论，宜存心忠厚。凡不知其真实动机，而事迹有可取者，尚当嘉许其行为，而不当学理学家苛刻诛心的谬论，——何况我深知商务此番全出于好意的友谊，而你说的话太过火了，使我觉得很对商务不住。我又不愿把我们的契约无故披露在报纸上，以博一班神经过敏的人的谅解。所以我写这封信给你，请你替我想想我处此境地，应该怎样办法。

我说的话有不免太直切之处，但我对朋友的通信是从来不会作伪的，对你尤其不敢矫饰，想你能谅解。

适

十三，九，八

（原载《胡适来往书信选》，中华书局，1979 年）

年 月二十六日高语罕致高一涵

一涵吾兄：

今日我打家里回到此地，特把我所闻见及应行奉商诸事录列于下：

（a）省内各中等学校如一师、二中、法专、一农、四师，都起来赶他们的狗腿校长，这固然好现象，然所换的都是“犹吾大夫雀子”。

（b）此次风潮，一班教育界底“阀阅”群集于“五中”。万望和京中同乡设法保全。他就是我们安徽底“北京大学”。

（c）张继煦应当赶快的来。因为现在省中一班老古董正在那布“迷魂阵”。请你催催他吧。

（d）视学为散布思想、促进教育改革的好工具，要请你和一班同乡找张继煦格外注意，务必找几个好一点的。（省视学以语罕、仲农两人为好耳）

（e）法专务必设法找明甫去干，不然，以第五中学而敌全省教育腐败底势力，孤军深入，实为可虑。万望拼命奔走！

安徽人历来都做些败类的事，此次反对教厅，赶走狗腿校长，总算三千万人人格的表现，幸大家努力，一意孤行为荷。

此上，即颂时祺

弟语罕

廿六日晚

适之辛白诸兄均希致意

汪淮虽是贵同学，实为小人之才，但……

（原载《胡适遗稿及秘藏书信》第三十一册）

自　传

自 传

（1959 年 12 月）

一、家庭情况与社会关系

（1）家庭情况

我生在半耕半读的封建地主家庭中。自高祖以来，衣食靠地租收入，用费靠束脩收入。高祖父以研究经史和儒家理学为事，逝世后，崇祀六安乡贤祠。家在六安和合肥的山区，太平天国战役，多在此地决胜负。祖父在战役中牺牲，因而家道中落，吾父自幼失学，在乡镇店里做学徒，后来与人合资经营杂货商店，做经理。

我们兄弟四人，大兄萝溪，二兄萝龄，皆郡庠生，在乡间设私塾教书。三兄萝松，业管。三人皆逝世多年。侄辈除高宗濬一人读书外，皆为自耕农。我离家已有五十年之久，听说解放后，经过土地改革，皆分到田地。现已同全国各地一样，全部人民公社化，生活均得到大大的提高。

我个人自幼就在大兄和二兄的私塾中读书，用萝弼之名，应致入学。后在国内外进学校读书，皆用此名，到日本留学归国后，自 1916 年以后，即用高一涵之名。在幼年时，家庭给我的影响，就是在封建礼教的家庭中，一心一意地由科考扬名，企图做一个文人学士，达到光宗耀祖的目的。

我自 1906 年离开家乡，到安庆“安徽高等学堂”去入学，仅每年寒暑假回两次。1912 年后，到日本东京去留学，1916 年回国后，返家一次，即往北京，1918 年因母丧返家一次。因侄辈多未读书，不能以书信通音问，除解放前与高宗濬见过面和通过信外，对其他侄辈早已断绝关系了。

（2）社会关系

我自出外求学到做事，时间很长，所交往的人也很多，泛泛之交，多已物故，不及一一叙述，并且在思想改造后，也已完全交代过了，兹仅就对我思想有重大影响，列举主要人物如下：

对我思想有重大影响的，在求学时代，有吴复。因为他是“安徽高等学堂”的监督，是我们学校的校长。他所翻译的关于政治、经济、哲学等书籍，都是资本主义上升时代的名著，我读了受到的影响很大。在做事的时候，有蔡元培，因为他是北京大学校长，提倡兼容并包，主张学术思想自由；有陈独秀，他反对封建文学，提倡新文学和科学及民主；有胡适，他传播实用主义思想；有章士钊，他传播政治调和论。这几个人，对我的思想都起过很大的作用。关于政治理论，除受了欧美各国资产阶级的政治思想毒害外，也受些孙中山先生三民主义的五权宪法的影响。

以上是1917年到1926年底，在北京大学时期的社会关系。另外，在北京办《甲寅日刊》时与章士钊、李大钊有联系；办《每周评论》时，与陈独秀有联系；办《努力》周刊时与胡适有联系；办《现代评论》时，与李四光、丁西林、周甦生、陶孟和等有联系。

我于1926年底离开北京，于1927年2月至6月，在武汉中山大学任教授，并同时在总政治部任编译委员会主委，这时与邓演达（总政治部主任）、章伯钧（中山大学委员会委员、总政治部宣传科长）有联系。同时安徽省国民党省党部设在武汉，因而与沈子修、光明甫、周新民、朱蕴山等有联系。

自1928年到1931年，去上海教书时，与蔡元培（中国公学董事长）、于右任（继任中国公学董事长）、胡适（中国公学校长）等有联系；在国民党改组派中，与王乐平、常恒芳（皆已故）有联系；在寓居上海的安徽同乡中，与关建詹、李少川（皆已故）等有往来。

从1932年到1949年，在反动政府伪监察院服务，所认识的都是一些同事，没有什么交情可说，一经分散，各自东西，以后就没有任何联系。

唯从1941到1946年，在甘肃兰州认识了毛兆屏（那时甘肃省合作管理处长，现任江苏省文史馆员）、吕同崙（那时甘肃省外交机关秘书，现任南大俄文组教授）、王辉明（那时兰州大学教授，现任南京师范学院教授）等，因为同在南京，同为盟员，故亦间有往来。

另外，有本家高达观（前北京大学学生，现任上海外语学院教授），有在甘肃省任监察行署同事张家旺（现任南京科学仪器厂职员）和杨企华（现任南京市中级法院书记）等，亦时有往来。

（至久已亡故的社会关系，不再一一列举）

二、本人经历

（1）社会经历

自1905年清廷废科举后，即进入六安县中学，次年考入安徽高等学堂，至辛亥革命止，都在该校肄业。1912年至1916年在日本东京明治大学学习政治经济学。

1916年7月回国后，应李大钊之约，到北京同办《晨钟报》（后改名《晨报》），后来又同办《甲寅日刊》。1918年入北京大学编辑委员会工作，由讲师改任教授。同时，在北京中国大学和法政专门学校兼任教授。

1927年，因北伐军到达武汉，任中山大学教授，兼法科委员会主任，同时兼任总政治部编译委员会主委。

1927年7月，武汉国民党反动派背叛革命，由武汉随安徽省国民党省党部至安庆，随即逃往上海。1928年，在上海法政大学及吴淞中国公学任教授，又任中国公学大学部社会科学院长。

1931年至1947年，由于右任推荐，任伪监察院监察委员；1935年任两湖伪监察使；1940年调任甘宁专伪监察使；1947年调任两湖伪监察使。1948年，任伪监察院专门委员。解放前一月，伪考试院考试委员，未就。

1949年9月，任南京大学教授兼政治系主任，后又兼法学院长。

1953年院系调整，担任江苏省政府参事，1955年，调任江苏省司法厅长。

（2）参加政治组织

1925年，由李大钊劝告，北大教授石瑛、王星拱（皆故）介绍，加入国民党；1927年，由于李大钊的推荐，去武汉参加革命工作。从北京到上海时，高语罕前来面谈，我即申请加入中国共产党。高语罕过几天，即来通知说，已由党通过我为“名誉党员”。武汉国民党背叛革命，分共，我即随国民党安徽省党部到安庆，随即逃往上海，与党失去联系。

1929年，在上海，由王乐平（被蒋匪特务暗杀）、常恒芳（已故）介绍，加入国民党改组委员会。1932年后，汪蒋合作，这个组织无形取消。到了“一·二八”战役发生后，汪贼精卫与日本订立“淞沪协定”，丧权辱国，全国公愤，我在伪监察院的弹劾案审查会上通过弹劾汪精卫的弹劾案，闹起“汪于冲突”。我自此就与汪贼断绝关系。

1932年，到伪监察院任监察委员，照例要入党，因而由于右任和王陆一（伪监察院秘书）介绍，集体加入国民党。

（3）思想演变

我的大半生是研究政治理论和政治思想的。我所研究的政治理论是资产阶级的政治理论；我所研究的政治思想史是欧洲上左及中左的政治思想史；近代政治思想史只研究到资本主义上升时期为止，根本没有接触到社会主义的历史。因此，我的政治思想完全是资产阶级的政治思想。后来经过苏俄十月革命的启示，也知道资本主义社会必然灭亡，代替它的一定是社会主义。但是社会主义派别很多，而我所好的，都是伪的社会主义，就是英国的“改良社会主义”，因为他们反对革命，赞成改良，他们提出的社会改良的四大原则：（1）民主的；（2）渐进的；（3）和平的；（4）合乎宪政的谬论。我都同意，因而我成为改良主义的信徒。

在国民党反动派末期，政治腐败，我在内心里也表示厌恶政治，不愿再民治，那时唯一想法，只是退休。解放后，本想不问政治，但政治部来问我。一个运动接着一个运动，每经过一次运动，头脑震动一次，也认识到用老眼光来看新事物，处处发生抵触，不由得思想不发生变化。

尤其在“三反”“五反”及思想改造的运动时，检查出来自己资产阶级的本质，深知道自己受资产阶级思想的毒害严重，才开始认识了旧我，痛恨了旧我，也想加强自我改造。

但是思想改造并不是一件轻而易举的事，常常是反复的、曲折的前进。几年前的想法就是想关门思过，自我检查，改旧思想“内消”。可是一遇到阶级斗争尖锐时，旧思想就不召自来，在头脑中又发号施令。在右派分子向党猖狂进攻时，受到一次极其深刻的教训。经过交心运动，又进一步认识自己，本质上还是资产阶级知识分子。每遇到具体事物发生，总是用资产阶级思想意识来观察党的措施，往往立场表现动摇，不能全心全意地接受党的领导，走社会主义道路。因此，经过整风运动，才开始认识到自我改造必首先自政治立场改造做起。

但是我这时又有一个幼稚想法，认为只要政治立场一改变，一切都可迎刃而解。事实并不是这样容易。立场、观点、方法三者是有密切联系的。毛主席教导我们说：“知识分子必须继续改造自己，逐步地抛弃资产阶级的世界观，而树立无产阶级的共产主义的世界观。世界观的转变是一个根本的转变。”使我深深体会到不站稳无产阶级的立场，就不能掌握无产阶级的世界观；同时，不能掌握无产阶级的世界观，也就不能站稳无产阶级的立场。我下最大决心，努力学习，努力服务，力求在服务中加强自我改造，绝不辜负党对我的培养教育。一定要诚心诚意接受党的领导，走社会主义道路，用毛主席六项政治标准做尺度，随时随地来衡量自己的言论行动。

三、政治历史关系

我从留学到回国，及在北京大学教书时期，并没有参加任何政治组织。1927 年，看到了国民党第一次代表大会宣言，实行联俄、联共、扶助农工三大政策，因而从友人的劝告，才参加了国民党的组织。那时在北洋军阀的压迫下，不能公开活动，只是由北大同事石瑛、王星拱两人介绍秘密参加，自始至终，并没有在国民党的中央党部担任过任何党务工作。直到1942年，伪甘宁青监察使署成立党支部，才被选为该支部的监察委员，但没有过什么组织生活，或做过什么党内的活动。

1926年底，北伐军胜利地克服了武汉，因武汉方面需要人，由于李大钊同志推荐，到武汉参加革命工作。从北京过上海时，通过高语罕申请入党，高语罕当面回答说：“入党事已讨论过，因为正式党员纪律严肃，陈独秀的意思，请你同陈豹帆一样，作为‘名誉党员’，又因为你到武汉要为报纸撰论文，关于党内的、国内的、国内外形势的报告会，和党内某些小组会都可允许你参加。”1927年1月到武汉后，即在中山大学和总政治部工作，并在那时的《中央日报》及总政治部的机关报上做社论，曾参加过周总理所作的国内外形势的报告会。又因为安徽省国民党省党部迁到武汉，在该省党部正式成立时，被选为执行委员，并兼宣传部长，但在武汉时，并没有进行实际工作。

在武汉工作时，正遇到蒋匪阴谋背叛革命，那时武汉方面提出两个口号：“打倒昏庸老朽”“打倒个人独裁”。前一个打倒对象是张靖江、吴稚晖；后一个打倒对象是蒋匪介石。那时在各报上还没有公开提出蒋匪姓名时，我在作社论时，就对蒋进行讨伐，因此被蒋仇恨，认为我是“跨党分子”，对我严加防范。凡是反动政府提名时，只要有我的名字，都被蒋勾销。于右任告诉我说：“当提你做监察委员时，曾受到蒋某人的反对，由我力争才得通过。”就是解放前不远，伪考试院提出考试委员名单中，有我在内，也被勾销。后来，李宗仁代伪总统，才将我重行提出通过。没有就职就解放了。

1927年7月间，武汉方面，一面分共，一面又虚张声势地东征蒋介石。当东征到安庆时，提示安徽省国民党省党部回省工作。我同该省院部委员光明甫、沈子修、周新民等和几个专职干部从武汉回到安庆。那时东征军何健占据安庆，防共甚急，不能开展工作，人身安全亦无保障。于是就同沈子修、周新民等先后离安庆逃到上海，从此，与共产党的组织脱离了关系。

我脱离了党的组织关系绝不是偶然的，而是由阶级根源和思想根源决定的。资产阶级知识分子具有两面性，当革命高潮时，也可以冒充革命；一到革命失败时，就立刻退却，脱离革命的队伍。现在深深认识到：一个人如果没有远大的理想、坚定的意志，又不明确社会发展的方向，仅带着浓厚的个人目的参加革命，绝不会想到为革命事业而献出生命。经过这次考验，才真正认识到，“党员是特殊材料铸成的”这句话确是真理。正因为抱着资产阶级自私自利的思想来参加革命工作，一遇到反动派猖狂进攻，掉头就走，悲观失望，毫无斗志，终于走到反动统治下，为反动政府服务，做了反动政府的帮凶。

1927 年 9 月后，隐居上海租界，深怕遭到蒋匪特务的迫害。继续下去，无以为生，只得暂在法租界中上海法政大学教课。后来蔡元培为中国公学董事长，约我到吴淞中国公学教书，并且担保我的安全。因此，才到中国公学大学部去任教授，兼社会科学院长，每周从上海去吴淞两次，上了课仍回上海。

这时畏首畏尾，消极悲观。邓演达从海外来信，通过章伯钧，约我共同组织第三党，我谢绝了。汪精卫在北京开什么“扩大会议”，制定宪法，要我参加，我也谢绝了。直到 1929 年，由王乐平、常恒芳相约，为改组派秘密刊物写稿，介绍我加入改组派。“九一八事变”发生，汪蒋合作，改组派的组织无形取消。到了“一·二八”战事结束后，汪贼以反动政府行政院长兼外交部长名义，与日本签订“淞沪协定”，丧权辱国，激起全国人民公愤。我在伪监察院弹劾案审查会上通过了对汪贼的弹劾案，引起了“于汪冲突”，我亦从此与汪贼断绝关系。

1931 年，伪监察院成立后，于匪右任提名任命我为监察委员，照例凡任反动政府高级官吏，必须奉命入国民党，由于右任和王陆一（伪监察院秘书，已故）介绍，集体入党。

解放后，1949 年 9 月，到南京大学任教，周新民同志在北京民盟总部工作，介绍我参加民盟南京市支部为盟员，取得盟籍至今。

四、做过那些不利于人民的事

我半生学的是资产阶级的政治理论，根本不知道用阶级分析方法来观察问题，我那时总认为，我是中国人，有权利也有义务在中国国家中做工作。而且更错误地认为，我在反动政府下做事，根本上就没有做过坏事。在今天看起来，那时所谓“好事”，只有利于反动统治阶级，而不利于被压迫人民的。略举几件事例如下：

（1）自五四运动以后，青年知识分子的思想起了变化，可是他们真正能认清政治形势，明确政治方向的，还居少数。到了中国共产党组织成立后，一般青年知识分子中，进步的加入共产党或者同情共产党的主张，落后的加入国家主义派或者同情国家主义派的主张；大多数中间分子，多加入国民党或者同情国民党的主张。我那时在北京三个大学中讲政治理论，所讲的完全是资产阶级的政治理论。到了1924年国民党宣布实行“三大政策”后，我又把欧美各国旧民主主义，同孙中山先生的三民主义和五权宪法结合起来，迷惑了许多青年学生，妨碍他们走共产主义的道路。这就是我在教书时代，在政治思想上做了不利于人民的事。

（2）抗日战争时期，我在兰州伪监察使任内，一方面看到了国民党反动派实行阳为抗日阴谋反共的诡计，心中也着实不满，但另一方面，对于反动政府在政治上限共的罪恶行为不敢反抗，接到伪监察院通令要组织“防奸小组”，不敢反对，就指令秘书处照办。虽然这个小组由总务科长陈果青（现在贵州师范学院教书）担任组长，实际上并没有做过任何反共事件；但在这样大是大非面前，不敢表明反抗态度，实质上就是做了不利于人民的事。

（3）1943年的元旦，因为兰州的反动派军政头子都到委员会开会了，新年庆祝会要我主持，由甘肃省国民党省党部写好了开会词，要我照读，词中就有“防奸”字样，骨子里就在污蔑共产党。我虽然没有完全照读，但反动报纸却登载了一段原文，这也是我做了不利于人民的事。

（4）我曾研究过中国御史制度，错误地认为：在旧社会中，只要有人能够检举贪污官吏，就是为民除害，而没有认识到贪污是资产阶级的本质，不推翻资产阶级政权，就无法肃清贪污。想由少数人纠弹几个贪赃枉法的官吏，就可扭转贪污风气，简直是欺人的妄想。我因为抱着这种妄想，投身到反动政府中，为反动政府装点门面，借以迷惑人民，很显然，这就是做了不利于人民的事。

（5）我在甘肃伪监察使任内，曾弹劾过西北区长官司令部中将军需班淦，由重庆反动政府宣布他的死刑。后来才知道为的是答复重庆参政中进步人士的质问，表示反动政府正在严厉地惩治贪官污吏，借以缓和人民公愤。我做了这件事，又是为反动政府粉刷门面，欺骗人民，缓和广大人民的仇恨，这也是有利于反动政府，而不利于人民的一件事。

（6）1947 年，武汉大学发生了“六一惨案”，我那时正在两湖伪监察使任内，调查明确后，即提出报告书，要求惩办凶手伪武汉警备司令彭善一干人犯。反动政府看见“六一惨案”发生后，惹起全国人民愤怒，势不可当，惩办了凶手后，就把武汉学生“反内战、反饥饿”的群众运动平息下去了。直到 1953 年思想改造时，才认识到：这是有利于反动政府、不利于学生运动的事。因武汉大学学生中，真正反对这个运动的是极少数人，绝大多数学生采取中间派的态度。可是一听到残杀学生消息传出后，中间派也投入学生运动，形势浩大起来了。惩办凶手后，缓和了中间派仇恨反动政府的心理，使主持学生运动的学生陷于孤立，反而助长了反对这个运动的少数人的气焰，使学生运动受到严重的打击。我那时还在报纸上发表谈话，劝学生安心读书，求学报国，不要再搞运动，避免牺牲。直到解放后，才认识到这种行为，不是扩大学生运动，而是结束了学生运动。这又是不利于人民的一件事。

附注：事隔多年，有些事一时回忆不起，以后忆起，再行补充。

（据江苏省统战部干部处档案馆存高一涵自述材料）

家谱文稿

第十一次续修《高氏宗谱》谱序

家族制度在欧西诸邦，已成历史上之遗迹。独在吾国垂数千年而未断。历史家多谓，聚族群居为初民状况。故论社会进化史者，往往凭已否脱离宗法社会为标准，以断定一国文化之高低。此例当否姑不具论。然吾国迄今道德法律风俗习惯，多未脱家族制度之范围，此固无庸讳言者也。凡制度之兴废，以制度本身能否适应时代需要为主因。主因亡，而昌言保守无益也。吾国人民之团结力，以地域相结合者，每不若以血统相结合者之严固而久远，故穷乡僻壤为国法官治所难周者，每赖家法以弥缝补救其缺。其在清季，族规所载，且有涉及刑赏范围者，固不仅春秋祭祀以唤起尊祖敬宗之思而已。明乎此，则家族制度之延长自有其延长之需要，固非守护者之功绩也。顾宗法典制远者，因袭数百年之成法。时弥久者法弥备，尊之笃者守之严。人群演进，往往与族制相背驰，此固无足深怪者。盖宗法社会以习惯为彝伦，以成法为经典，谓循古守先为人生之天职；去故就新之事，非必不得已不愿为也。夫立制所以应用，用亡而制徒存无益也。创法所以应时而异，而徒守旧法亦智者所不为也。宗法即周密，又何能逆料未来之事变，而一一纲维之？吾辈生于今日，设不能蜚茂家声，就祖宗未尽之大业，从而发挥光大之，而徒墨守先型，率由旧典，悠悠殁世，又岂祖宗之所期于后人者哉？先人圣哲何益于子孙之童昏？吾辈仰瞻先烈，能毋悚然于衷耶？人事代谢，自然之理。特祖宗所遗留于吾人者至厚，应如何继承先业，俾发展以至于无穷？今与族人约：凡祖宗功业彪炳于一世者，固宜努力继承；而祖宗成法有与时代精神相背者，亦宜改革。往者宗祠之设意在祀祖，今者宗祠财产转利，用之以造育人材。他日若能集资兴学，俾全族子弟均无失学之忧，未始非尊祖敬宗之善法也。兹当十一次续修宗谱告成，谨述意见如此。我族人其有以斯言为当者与，曷亟起以图之。

岁在民国甲子十三年阴历八月中秋后十日之吉，安徽高等预科毕业奖给优贡生、日本明治大学政治经济科毕业给予政治学士，二十三世梦弼谨职。

第十二次续修《陈门高氏宗谱》谱序

我总理之论民族主义也，曰：中国有极坚固之家族团体，故中国国民与国家结构之关系，乃先有家族，后有宗族，最后始有国族。其组织级级扩大，秩序井然，吾人欲构成大团体，必先构成小基础。小基础为何？即宗族团体是也。为欲阐明宗族与国家关系之重要，更举历史实例为之证。《尚书·尧典》有曰："克明俊德，以亲九族；九族既睦，平章百姓。百姓昭明，协和万邦。黎民于变时雍。"可知唐尧时代之治平，系先由家族入手。推广至于百姓，使万邦协和，黎民于变时雍。此即团结家族宗族，造成国族，用以兴邦、用以御侮之明证。旨哉言乎！虽万世不能改矣。窃尝考之，我国之家族、宗族等制度，盖为一切文化之渊源。自社会政治、经济、军事、宗教以至道德，一是皆以家族、宗族为本。国之本在家，故治国平天下之道，即本于修身、齐家。由周而来，家族、宗族制度即根深蒂固。孝为百行之先，人生一切美德，均归纳于此孝之一字之内。《礼·祭义》有曰："居处不庄，非孝也。事君不忠，非孝也。莅官不敬，非孝也。朋友不信，非孝也。战阵无勇，非孝也。"举凡庄、忠、敬、信、勇诸美德，均含于孝中。孝之蕴义如此其广，然则家族为宗族之本，宗族为国族之本，盖彰彰明矣！

吾高氏自有明以来，即聚处六安东南，谱牒之完整，亦早为东南各族冠。今抗战已历八载，烽烟满地，人民多转徙流离，而族人犹不忘第十二次续修宗谱之举，是岂舍本逐末之徒所能道其万一。良以宗法不明，上无以奠兴邦御侮之基，下亦无以立教孝教忠之本。吾宗昔分四大支派，每支各有公堂之组织，公堂之下复有公堂。下至于家，皆有完备之团体，此即所谓小基础也。由家及公堂，层累而上，至于宗祠，各级团体互相衔接，此即所谓级级扩大，秩序井然者也。完成宗族组织，健全宗族团体，即所以完成国族组织，健全国族团体也。其关系固不重哉？

予频年游宦在外，不获与族中贤达分任纂修之劳，实深惭恧然。予生六十年中，与谱牒有关者已历四次。即：生于光绪乙酉，为第九次续修宗谱之年；入学于光绪乙巳，为第十次续修宗谱之年；民国乙丑及本年乙酉，两次续修，予均忝任总纂。下次乙巳，计年甫逾八十，如天假以年，尚思躬亲其事，以补前愆。想吾祖在天之灵，亦必乐为默佑也。临颖神驰，不禁企予望之。二十三世孙梦弼谨撰。

紫阶四叔祖七十寿序

余性酷爱游览名胜，曩渡东瀛，亦尝留心国情风化，徒为学修所苦，未得遍览彼邦之名山大川，私衷窃憾者久之。今年春去北京，取道朝鲜渡海，重抵东京。甫出山海关，望长白山麓，苍松古柏高耸云霄，觉前代龙兴之地，毕竟有异于寻常者。及出安东，游览箕子故都，详察乡里间风俗人情，与夫田园庐舍、道路沟渠，较东瀛之田野阡陌、竹篱茅舍，下至一花一草，莫不见意匠经营者，盖有殊焉。于以知国家兴衰，必有其道，苟无贤明英俊，隐遁乡闾间，维持一乡一邑之文化风俗，若而国家而欲政平讼理、教化休明，殆戛戛乎其难之。欧西名流，往往远慕吾国周代之地方自治。周代地方自治，何以若彼其隆昌？谓非贤明英俊，淡心利禄，散处闾里乡党间，膺乡举里选之任，其孰能致之？故余尝谓，一国盛兴，其乡里贤士之功，往往较庙堂士大夫之力为尤巨。盖国政本源发于乡邑，源远者流长，斯固不易之道也。

吾族自明清以来，数百年无一欲置身通显者，而在乡党间拯灾济急，排难解纷，几乎群引为天职。若吾四叔祖紫阶先生，尤以纲维乡里风化为毕生事业焉。尝闻儒家之道，一视同仁，然兼爱之方，则必施由亲始。四叔祖幼习六经，深究亲亲之道，而又生长于宗法森严之院省，故凡宗族有事，必以身先。监修宗谱者数次，总理祠事者十年，族中事无大小，一经四叔祖处断，无不心悦诚服。以去数十年来，高氏未有以族争诉及官厅者，皆四叔祖敦宗睦族之诚与公正严明之度，有以潜移默化于无形也。顾亲亲既为兼爱之始，然博施济众究不限于血胤之亲。四叔祖之待邻里，亦如其待族人。环居数十里内外，凡有鼠牙雀角之争，莫不踵门求直。余每登四叔祖之门，未尝不见求直者之纷至沓来，有时两造同来，竟不费一席之资，而各得圆满之解决。即多年悬案，各执一词，一经四叔祖处断，咸俯首听从者不知凡几。吾县号称大邑，而讼案较邻县为鲜，于此克见乡里耆宿排纷解难之功焉。

夫读圣贤书原以致用，迂儒食古，于桑梓近事漠不经心；平昔未经人情世事之训练，故虽读破千万卷，一遇邻里鸡犬之争，辄茫然不辨曲直，号为博学，实则腐儒。四叔祖学修言论，在平昔不露端倪；每遇大事当前，群众彷徨莫知所措，乃如老吏高坐堂皇，辩论指摘悉中其隐非。事过境迁，回忆当时，往往莫知高明之见迥异庸流者。先兄镕经遇事谨慎，一日族人有以争执求直者，绕室急走，卒不得解决之策时，适与四叔祖共理祠事，追闻四叔祖议论，大为心佩。归而语余曰："老成高见，毕竟不凡。"

吾国朝野读书之士何止千万，一临大事则盲然不知应付，知体而不知用，明小节而昧大谋几何？不国政日衰而外交日堕也！嗟乎！士生今日，不读书则已，读书而不能明事，犹书橱耳！吾观四叔祖事无大小，泛应咸宜，其益于吾人求学之方者良非浅鲜矣。四叔祖家素清贫，然从未以贫困为意。余每至其家，见虽一米一薪无不临时购取。今老矣，犹率老仆经营商业。晚年诸叔渐长，人口益繁，家宅劫于兵匪者数次，毁于火者至再至三。然立誓进行，虽老不倦，荀卿学说，端重以人胜天。若吾四叔祖者，毕生精力多与水火刀兵相战，而卒能胜之。余性倔强，誓于困苦患难中求生活，即此一念已得诸四叔祖者为多。曩者留学东瀛，食宿之资中断，寓主停餐，且下逐客之令。朋侪来信，多劝余归。惟得四叔祖函，独有勉励驱策之语。今来东京，过昔年旅居之所，虽寓主已更，而当年所居斗室犹可辨识。回忆拆书急读之时，盛谊高情，犹历历在吾心目。临患难而遭青眼，溺深渊而遇拯援，即此私人感受之情，已使吾常留置怀中而不能去，矧乡里间因四叔祖之急公好义，举家受惠者哉！

昔闻升平之世，必有人瑞。实则老成硕望福民利国者，多非升平之世。乃见人瑞，实因人瑞乃克睹升平耳。余频年游览名都，稍观国家治乱兴亡之道，深知国政不修，原因多在地方而不尽在政府。士君子直接尽力于乡里，即间接尽力于国家。此后如得检点行囊返里，躬亲教益，或体四叔祖平生之志，踵而行之。

昔太史公周览天下名山大川，故为文颇有奇气，彼文人也，故以游览所得蕴之于文。余少治政治之学，苟能本平日所游睹，蕴而泄之于政事，庶不负此远游焉。四叔祖得毋于寿筵酬酢之余，掀髯而笑余之狂欤。中华民国九年，侄孙梦弼在东京鞠躬遥祝。

先母胡夫人行述

先母生于清道光二十五年正月七日。生甫六岁即值洪秀全举兵于广东，逾三年，陷南京，即建为太平天国之都。自是，安徽之合肥六安等处，遂成为战区。发兵退则清兵进，清兵败则发兵又来。顾蹂躏吾乡尤惨者，于清兵发兵而外又加以捻匪。乡人居山中者，则扎寨以御贼；无寨可避者，则东奔西迁，俗谓之跑游反。先母幼时，几日随先外祖母以跑游反为事，常伏于深山丛林间昼夜。时乱且荒，即骨肉亦不能相保，故先母来归为养媳。先祖母御下严，因此备尝艰苦。年十八生先长兄镕经，年二十四生大姊，年二十七生二兄德章，年三十二生二姊，年三十六生先三兄澄清，年四十一生余。

先母甫脱离养媳地位又居主妇地位，非特主中馈，且兼治园圃。故早起则芟夷野草，晚则汲水灌溉，至秋冬瓜果成熟，摘积房中，累累如山；常对吾兄弟辈指点，此瓜若干重，为某园某枝所结，意殊自得。先母终身未尝服半缕丝罗，年五十先长兄为置皮衣一件，犹藏诸箱底，不忍作常衣服。园事毕即在房中率诸姊勤纺织，年出纱数十斤，制布二十余匹。余兄弟家常衣服皆由先母纺绩而来。除婚嫁外，不自市中购寸布。余幼从先长兄读，夜读每至二更时始罢。每归寝室见先母率诸姊犹在灯下纺绩。先母展被褥使余寝，待余熟睡后，仍起纺绩如初，非至三更后不辍。邻人有夜过吾门者，辄羡曰："有读书声与纺绩声若此家，安得而不兴哉?!"

先母一生常在哭泣中度日。初归为养媳，先祖母动辄痛击，几每夜饮泣。及至中年，先长兄六育男女而不存；二兄四育男女而夭。先母每见孙男孙女夭折，必哭泣至数月之久。入后，先父逝世，先母每晨哭至周年。继则外祖父死、三舅死、四舅死、外祖母死、大舅死；吾家则先祖母死，大嫂、二嫂、三嫂及余妻相继死。先长兄死，先母更痛哭无已时。余自入六安中学时，始与先母久别，入后又肄业于安庆高等学堂，仅寒暑假归省。故每届出行，先母必强作欢容送余出，自立山坡遥望，余至远处回顾，隐隐见先母以襟擦泪状。及余留学日本，知先母不忍令余去，故至长崎，始以书报。先母闻信后竟哭泣至数月。余自日本归，别先母计六年。见面时，先母喜极，曰："不想尔长兄不能与尔见面，我却能与尔见面。"言毕泣不能声。时民国五年。先母年七十二，头发尽白，行走尚健。余在家仅住二十七日，即来北京。逾年二月间，余主撰北京《甲寅日刊》，适同章行严先生讨论创设特别国务会议，增设不管部之国务员问题。文甫就，忽接先母病重之来电，阅毕手颤至不能加圈点。翌日星夜奔回，逾近乡里，心中愈惧，至不敢询问邻人。入宅知先母病减，见面时先母哭曰："不想今日尚得见尔面也。"既而曰："以吾病误尔事业，悔当初之电招尔也。"先母望子成名之心有如此。逾月，病渐重，至又二月二十七日，竟弃世。享年七十有三。民国丁巳六年夏历又二月，男永灏泣述。

先兄镕经传

先兄镕经，派永讳著，入学名梦溪，于清同治元年十二月十一日生于安徽省六安州东两河口保黄栗树塘埂一小乡村中。同治三年，曾国荃克复南京，太平天国亡。先是被乱，诸省科考久停。清廷至是仍恢复羁縻汉人政策，举行科考。大乱初定，向之藉武功进身者，至是不得不藉科考以图仕进。而考试全凭八股文，故读书人荣身之道，惟有诵文章做举业而已。先兄适生是时，故毕生心力，俱销磨于八股文之一途。先兄九岁从塾师识字，年十二始从先伯东旭公习诸经。至光绪元年，先兄年十四即学作八股文。先父因家贫世乱，不能治学，于先兄八岁时即弃儒而业商于官亭镇。是时，继先高祖乡贤公之儒业者仅有先兄。故先兄遂不得不在继承累代书香之美名下，而埋头于八股文举子业之中矣。光绪五年，吾家由东两河口保迁居于官亭保之田埠塝。先兄仍就读于东两河口保东旭公之家。光绪六年，先兄年十九，初应童子试，小试终覆；年二十二再应童子试，小试取列第六名；年二十三三应童子试，年二十五四应童子试；年二十六五应童子试，年二十八六应童子试，小试俱终覆。年二十九七应童子试，始入学。先兄性谨慎，故每届考试前，辄日夜默诵诗文至夜深人静始辍。入后，每次落第，辄愤恨而泣。吾家距州城几百里，每黄夜步行归，惧于途中逢友人询问。先兄前后计考试四十余场，始博得一领青衿。清廷之玩弄文人有如此。先兄入学后仍攻八股文不懈，窗课文稿积至数十卷，先是多作小巧清浅之文，至是始揣摹名家，务为博大精神之作。年三十，初应江南乡试，邀房荐而未中。年三十二再应江南乡试，年三十三三应江南乡试，年四十一四应江南乡试，再邀房荐。

先兄销磨毕生精力仅以一附生终其身，益不能不归咎于科考制之戕贼人才矣。

吾家世代清贫。先祖母遭荒乱七年之间，夏无蚊帐，冬无被褥，保守祖田数石。先父性爽直，常为邻戚作借贷担保人。借贷者不能偿，先父往往自为还本利。以故商业数十年，家贫依然如故。先兄年三十一，先父弃世，始亲理家政。吾家人口众多，仅收田租以供食用。而先父遗债计一百六十余元，又半属重利。所以先兄日夜焦心，不数年头发大减，残余者且黑白相间。先兄至是不能离家，乃在家设塾教育贫寒子弟，每年收入不及现时国立大学教课两小时之酬金。年四十出，就馆于彼外舅刘宅，束脩稍丰，合诸二兄德章馆金，始将旧债偿毕。农村产物以稻米为大宗，吾家年收租稻百余石，适值米贵，由每银元七八斗降至二斗上下。故先兄已将吾家由债务者地位移至债权者地位，数年蓄积居然稍置田产矣。农事乡村以勤俭为美德。先兄之勤苦俭朴每为乡里所称道。顾先兄之勤俭志不在守财，而在用财。先高祖入祀乡贤祠，及其所著《易经初学快观》之刊行，所费不下数百金。科考停后，余由中学而高等每年学膳书籍等费，均由先兄节衣缩食以供应。先兄常自慰曰："予生平无他长，惟为高祖请祀乡贤祠，及培养四弟成学，为予在贫寒家庭中差强人意之两事。"先兄之快意如此，而先兄之苦心可知矣。

先兄自恨才具平庸，每遇大事必深思熟虑然后行。居恒隐晦，不愿与闻外事。年四十三总理祠事，每届族间大事，起辄迟回，审慎不露锋芒，及至他人发言盈庭，乃博采众议而汇其通。故一生行为，均无错过。盖先兄之庸处，正是先兄之稳处。而先兄之稳处，正是先兄属人望处也。

先兄胸襟阔大，常谓治处之难不在能尽言处，惟在不能尽言处。吾家数十口全感受先兄和蔼之气，常现于家人眉睫间。非先兄大度能容，曷克臻此？余自幼即从先兄读，且读且与群儿戏，一句书每口教数十遍而不怒，十余年间未尝怒责余一次。且先兄教余不执己见，常因势利导，俾余性有充量发展之余地，故余对于先兄，总觉畏惧之心少，而爱戴之意多。于此见先兄循循善诱之功焉。

自清廷诏罢科举。先兄即绝意仕进。惟于待人接物之中练学修。先兄处人蔼然可亲，而律己则是非不苟。余在外读书，得先兄之书数百封，大半嘱余外圆而内方。余与先兄性情多相合，独于处世之道分途而驰。处世之道，须先论理之是非，然后乃能顾及一己之祸福。苟其理万不可不争，则虽外不圆亦不足为病。至于圆云方云，则先应视于理是否有当，不然则与其因外圆而失内方，何如内外皆方犹近于率性。余服膺先兄训，而自有其限度如此。

先兄善待邻人，居尝备邻人之顾问，夏日西沉，农人休沐后多就先兄闲话。故吾家门前，常备板凳烟茶以待邻人。王盛广距吾家半里许，负债将破产，诸事听先兄指点，卒得保持其家。邻人有好赌博者，常恐先兄得知。谓得先兄之呵叱不足畏，惟得先兄之劝勉，斯惭愧无地自容矣。先兄晚年寄意于阴阳风水之说，常徒步奔走数十里，入深山密林中相宋。邻人婚葬多请先兄为之择吉觅地。顾先兄绝不迷信风水，谓为先人择吉壤，惟在使为人子孙者自安其心，非为后人谋福荫也。余自日本归。见先兄晚年日记一巨册，所记水旱、虫荒、彗星、地震诸事甚详，谓汉儒董仲舒之天人感应说。余并不相信，然用以警惕愚人，则胜于说理万倍。又谓，因畏天而为善，总胜于不畏天而为恶；因不信地理而措先人骸骨于水蚁之中，总不若信地理而措先人骸骨于山清水秀之地。为少得人心之安。先兄之谈阴阳风水，其用意大都若是。

先兄自绝意科考后，每日仅阅曾文正家书、国朝先正事略、历代名臣言行录诸书。而其治家轨范得力于曾文正家书者尤多。余于辛亥冬返家居留三越月。时先兄年已五十，身弱多病，家政悉委三先兄澄清经理。余兄弟四人，均断弦后先后续娶，妯娌间多已貌合神离。然赖先兄在，是以怨言不闻于阃外。先兄年三十五生女玉芝，年三十八生子宗濬，晚年得子女，以常情论应溺爱，然犹日令读书。先兄处子女亦如处兄弟，惟闻规劝声不闻督责声。故彼时宗濬已能寓读于戏，而读书为文矣。

余于民国元年供职于安徽民政司及教育司署，因友人刘君希平怂恿，以自费留学日本。临行时恐先兄阻止，故到长崎始以书报。先兄来书亦不责余，惟告以学费艰难。余亦知家贫不能供应，故仅望友人协助，入后渐以鬻文自给。无何国内二次革命起，友人多半亡命，协款中止，有文亦不得鬻，食宿费告罄。旅舍主人且下逐客令。余窘极，以书向先兄乞助。先兄来书责余少阅历，多冒险，劝余返国。余少年气盛，覆书多牢骚语。先兄持余书向先母哭诉余之暴躁无理。自是年余未通书。先兄益悬望。至民国五年四月，接二兄德章来书，道及先兄病，继又接二兄书，谓先兄卧病骨立；至五月十二日三接二兄书，知先兄已逝世。余闻之心肝几裂。回忆前次劝我返国，历引子征叔曾刘巨川姻兄之死以为言，欲促余速归，谋最后之聚会。余不察先兄意，反谓先兄吝。及今思之，益知余之误会矣。

先兄于七岁时，承祧先叔父笙如公为嗣。卒于民国五年四月二十九日，享年五十有五。女一适刘姓；子宗濬毕业于省立第五中学校。先兄著述甚多，革命后自行焚毁，惟晚年作日记，述其处人处己之道甚详。先兄之人品学术可于此窥见一二云。胞弟梦弼鞠躬敬撰。

藻春先生传

余少从先兄镕经游，即闻先兄言东旭公教学之严。一日公来吾塾，见其浓眉美髯，声如洪钟，目炯炯有光，不言而威，不教而劝，心甚畏之。公终身家居，设帐授经史，门下士以数十百计。斋中玉轴连云，牙签压架，枕经胙史，乐此不倦。每岁童子试获俊者，多出门下。远近子弟，踵门问字受业者日益众，弦歌不辍，俨然洙泗之滨焉。先兄镕经、德章，皆从公游甚久。先后补博士弟子员。藻春先生为东旭公长子，幼承庭训，克绍箕裘，自总丱以至成人，皆从公读。韦编三绝，藜床半穿，每出应试，辄名列前茅。年未三十，即于名场中露头角。获俊后，仍日侍庭帏，佐东旭公授业解惑。清季废八股与策论，先生乃以经世之学教人，学风为之一变。

先生名永丽，藻春，其字也。有子三人：宗恺、宗恂、宗悟，皆亲自教读。宗恺弱冠后，即弃儒业商；宗悟毕业于池州师范学校；宗恂曾入中学肄业，未及卒业而止。然皆因家学渊源，根柢深厚，扬葩振藻，文辞斐然。今皆任中学教席，蜚声遐迩。先生澹心名利，于乱世中不求闻达。宗恂两次从政，性戆直，以事迕大吏，祸几不测。先生见其解职归，始大喜曰："吾家素以耕读为业，尔应善守勿替，毋以功名富贵为务。"先生曾一度总理祠事，敦宗敬祖，祠风为之肃穆。此外则设塾课徒，教以立身行己之道。居乡数十年，每当春秋祭赛，与田夫野老杂坐豆棚瓜架间，扶鸠把酒，闲话桑麻。乡人有鼠牙雀角之争者，得先生一言，皆悦服而退，未尝相见于讼庭。以故远近尊仰，呼以先生而不名。

先生生于清同治十一年八月十五日，卒于民国三十二年十一月十四日，享年七十有二岁。元妣胡夫人生子一，曰禹，殇。胡夫人竟弃先生而逝世。继妣黄夫人生子三，即宗恺、宗恂、宗悟；女二，长适刘，次适杨。黄夫人先先生三十年而卒。又继配叶夫人，尚健在，今亦年七十二矣。恺、恂、悟等，有子女十三人，一堂聚首，家道炽昌，皆东旭公及先生阴德之赐也。余频年服官在外，别先生且近三十年，于先生之嘉言懿行未能述其万一。谨视缕其可传者，以垂示我后昆。中华民国三十三年八月一日，弟一涵谨撰于甘肃兰州监察使署。

年谱简编

高一涵年谱简编

1885 年（清光绪十一年）一岁

二月十九日（4 月 4 日）卯时，出生于安徽省六安州官亭保田埠塝（现为六安市金安区东河口镇）。父高显墀，为其第四子，取名永灏，字效梁，号一涵。

1886—1891 年（清光绪十二年至光绪十七年）二岁至七岁

其间由长兄高永著发蒙。

1892 年（清光绪十八年）八岁

父高显墀去世，长兄主掌家事，以教授私塾补贴家用。从长兄读书。

1893—1904 年（清光绪十九年至光绪三十年）九岁至十九岁

继续从长兄、二兄（高永昭）读书，以能诗善文名。其间中秀才，受家人乡里厚望。

1905 年（清光绪三十一年）二十岁

清廷废除科举，传统功名之路断绝。

原配夫人陈氏去世。

1906 年（清光绪三十二年）二十一岁

入六安州中学堂，改学西学，经县政府选送，考取安徽高等学堂。

此后接触到《新民丛报》《中国魂》等新学刊物，思想开始发生变化。

1907 年（清光绪三十三年）二十二岁

7 月，徐锡麟因刺杀安徽巡抚恩铭，被清廷酷刑处死。高一涵同乡好友朱蕴山受牵连陪绑，高一涵深受震动，对清廷日益不满。

1908—1910 年（清光绪三十四年至宣统二年）二十三岁至二十五岁

在安徽高等学堂阅读许多严复译著，对西方政治制度心生倾慕。此间通过倾向革命人士阅读《民报》，逐渐认同共和理想。

续配汪氏进门。

1911 年（清宣统三年）二十六岁

于安徽高等学堂预科毕业，谱记："奖给优贡生"。

1912 年（民国元年）二十七岁

任职于安徽都督府教育司课员，与高语罕同事。不久在同乡刘希平的鼓动和支持下，受友人资助留学日本，就读于日本东京明治大学政治经济科。

1913 年（民国二年）二十八岁

因"二次革命"失败，友人多亡命，资助中断。以作文勉强维持生计，坚持留在日本求学。

1914 年（民国三年）二十九岁

5 月，章士钊在东京创办《甲寅杂志》，高一涵在该杂志上先后发表《民国之祢衡》《民福》《章太炎自性及学术人心之关系》《宗教问题》，与章士钊、陈独秀等人交往。

1915 年（民国四年）三十岁

2 月，参与留日学生总会活动，反对日本向中国提出“二十一条”。

6 月，陈独秀回国，筹办《青年杂志》，邀高一涵供稿。9 月 15 日，《青年杂志》在上海创刊（第 2 卷改名为《新青年》）。该年在《新青年》上发表文章《共和国家与青年之自觉》《近世国家观念与古相异之概略》《民约与邦本》《国家非人生之归宿论》《读梁任公革命相续之原理论》，正式投身新文化运动。

年末，参与留日学生组织神州学会。

1916 年（民国五年）三十一岁

2 月 2 日，被推选为留日学生总会文事委员会委员长、总会评议员、经费委员。李大钊被推选为文事委员会编辑主任，主编机关刊物《民彝》。

4 月 29 日，长兄永著去世，作文《先兄熔经传》悼念。

5 月，《民彝》创刊号发行，在该号上发表《国本》《共和》《程度与民政》三篇文章，明确主张共和。

7 月，于东京明治大学政治经济科毕业，获政治学学士学位。随后与许怡荪同船回国。在沪稍作停留后，返故里探亲。在家不到一月即受李大钊之邀赴北京，投身言论界。

9 月 2 日，到京，与李大钊、白坚武、秦立庵等人筹办《宪法公言》。10 月 1 日，《宪法公言》创刊，在该刊上先后发表《学理上两院制与一院制之比较》《省制问题解决办法刍议》《省权与省长》《〈大总统选举法〉刍议》等文章。

是年，与李大钊订交，为终身挚友。

是年，继续为《新青年》撰文《自治与自由》《乐利主义与人生》等数篇文章。

1917 年（民国六年）三十二岁

1 月 1 日，在《新青年》第二卷第五号发表《一九一七年豫想之革命》。

1月28日，章士钊在北京复刊《甲寅》，改为日刊发行（至6月19日因张勋复辟而停刊）。应章士钊之邀与李大钊等人担任编辑及撰稿工作，发表文章多篇。

2月27日，母病逝，享年七十三岁。作《先母胡夫人行述》，悼念母亲。

9月，赴日留学生的“神州学会”成员陆续回国，《神州学丛》于同月在北京出版（只出了一期）。曾在该刊上发表三篇时评《报律》《波兰再兴》《英国新内阁》。

10月14日，继配夫人汪氏去世，葬六安南官亭张家湾。

10月，经友人许怡荪介绍，与刚到北京大学任教的胡适合租居于竹杆巷。

1918年（民国七年）三十三岁

3月18日，与胡适一起迁居至南池子缎库胡同八号。

9月27日，参加在校长室召开的北京大学编译处会议。会议要求“教职员诸君如有担任编译者，请开列书名，送交编译处编译员高一涵君收存”。

11月，第一次世界大战结束。为庆祝“公理战胜”，在中央公园（现中山公园）和天安门前举行演讲会。高一涵亦同李大钊、蔡元培、胡适等人登台，此为其生平初次演讲。

11月27日，参加在北京大学文科学长室召开的会议，与陈独秀、李大钊、张申府、高承元等共同议定办一份评论时政的周报《每周评论》。12月22日，《每周评论》首期出版，之后为该刊撰文多篇。

是年冬，与李大钊等组织“马克思主义研究会”，开始研究马克思主义学说。

是年，在北大编译处工作同时，兼任中国大学、法政专门学校教授。

是年，为《新青年》撰文《近世三大政治思想之变迁》《读弥尔的〈自由论〉》《非“君师主义”》等，影响渐起。

1919 年（民国八年）三十四岁

1 月，《新青年》发布第六卷分期编辑表，负责第三期。其他五期分别由陈独秀、钱玄同、胡适、李大钊、沈尹默负责。

3 月 10 日，收到鲁迅先生托周作人面交的《孔乙己》手稿和信函。

5 月 4 日，北京爆发爱国学生运动。当晚，与陈独秀谈五四当日见闻，陈授意其写文记之。之后，在《晨报》《每周评论》上撰文《市民运动的研究》《学生事件和国家法律问题》等多篇，为运动正名，倡导民众运动。

6 月 10 日，与陈独秀等人到中央公园散发《北京市民宣言》等传单，次日陈独秀被捕。高一涵随后电章士钊呼吁营救，并积极参与皖籍和各界人士的营救活动（陈独秀于 9 月 16 日出狱）。

6 月 23 日，与胡适、李大钊、周作人等 12 人商议《每周评论》善后事。

7 月 6 日，与李大钊、胡适等在《晨报》上发表启事，为谣传新潮社傅斯年、罗家伦被安福会收买一事辩白。

9 月 20 日，杜威开始在北京大学法科大礼堂演讲“社会哲学与政治哲学”，共 16 次，胡适担任口译，高一涵担任笔记（曾有 3 次由高一涵翻译，孙伏园在演讲后期担任笔记）。记录稿登载于《晨报》与《新青年》。

12 月 14 日，参加发起组织“工读互助团”，顾兆熊、陶履恭、李大钊、程演生、蔡元培、王星拱、陈独秀、胡适、张嵩年、周作人、李辛白、孟寿春、徐彦之、陈溥贤、罗家伦、王光祈等均为发起人。

12 月 27 日，离京赴日，访问游学，宣传新文化运动，考察日本社会主义运动。离京前，胡适设宴饯行。

是年，在《新青年》发表《和平会议的根本错误》《斯宾塞尔的政治哲学》《选举权理论上的根据》《老子的政治哲学》，在《每周评论》上撰文二十余篇。

1920 年（民国九年）三十五岁

1 月 2 日，抵日本下关，乘火车前往东京。

2月，在中国留日学生会“统一纪念会”讲演，大受欢迎，对新文化运动在留日学生中的影响留下深刻印象。

受《新青年》杂志社委托，准备撰文介绍日本劳动界组织与运动（正式发表于同年5月1日《新青年》“劳动节专号”上，题目为《日本近代劳动组织及运动》）。

3月，受吉野作造之邀，讲演“新思潮的意义”。

5月7日，参加北大游日学生团与留日学生会联合召开的“国耻日纪念会”，并在会上发表讲演。

5月17日，参加北大游日学生团组织的中日演说会，发表讲演，讲演内容为帝国主义与中日关系问题，对象为留日学生与日本亲华人士。

5月28日，原与大杉荣等人约定晚六时在“明治会堂”讲演，受日本警察厅干涉而终止。

6月18日，从神户乘船回国，22日抵京。

8月1日，与胡适、蒋梦麟、陶孟和、李大钊等人在《晨报》发表《争自由的宣言》。

8月，参与成立旅京皖事改进会，宗旨为驱逐安徽军阀、改进安徽政治、整顿教育。

是年，在《新青年》上发表《对于〈治安警察条例〉的批评》《罗素的社会哲学》等。自《新青年》于第8卷第1号（1920年9月1日）改版后，因该刊共产主义倾向日益明显，发文渐少。

是年，所著《欧洲政治思想小史》由上海中华书局出版。

1921年（民国十年）三十六岁

1月，赞成胡适意见，主张把《新青年》重新移回北京编辑（此前该刊已随陈独秀南下上海）并“稍改变内容，以后仍以趋重哲学、文学为是”。

5月14日，在清华大学政治研究会讲演“共产主义之历史”。

5月15日，与胡适等人就安徽督军张文生迫害王仁峯、蔡晓舟等安徽教育界知名人士联名致电安徽各公团电："如果诸公入狱，我等当联合京津沪宁教育界同人，一同返皖，偕三千万皖人与蛮横军人一争公理之胜负。"

8月5日，应四川东川道属教育研究会等学会邀请，与陶孟和抵重庆，同月10日开始讲演，主张四川应办大学。在川期间，并受吴玉章（全川自治联合会主席）邀请，希其参与起草四川省宪。

8月19日，参加太平洋问题研究会成立会，被公推为研究员。

11月17日，马克思学说研究会成立。高一涵参加研究会活动并讲演。

11月，在北京政治研究会讲演"共产主义历史的变迁"。

12月25日，出席《晨光》杂志社成立会，担任编辑部主任，随后任"晨光社丛书委员会"委员。

是年，在《新青年》上发表《共产主义历史上的变迁》《省宪法中的民权问题》及译作《废止工钱制度》。

是年，所译日本小林丑三郎著《经济思潮史》由新知书社出版。

1922年（民国十一年）三十七岁

3月20日，与王星拱、李辛白、梅光迪等被安徽省教育会推举为安徽大学筹备处评议员。

4月，与北京各界人士二百余人共同发起反宗教运动。

4月15日，主编刊物《晨光》正式出版。

5月5日，在马克思学说研究会举办的"马克思诞生百又四周年纪念大会"上发表讲演。

5月7日，《努力周报》创刊，为主要撰稿人之一。

5月10日，"非宗教运动大同盟"在北京大学成立。

5月14日，与蔡元培、王宠惠、李大钊、陶孟和、丁文江、胡适等联名签署《我们的政治主张》，正式主张"好政府主义"。

6月1日，与胡适、王星拱及旅京同乡讨论安徽大学事。

8月，在武昌暑期学校讲演"女子参政问题"。

8 月 15 日，与李石曾、李大钊、邓中夏等发起组织“民权运动大同盟”，进行民权运动（至 1926 年“三一八”惨案后被迫停止活动）。

10 月 25 日，法院终审裁决确定安徽省第三届省议会选举无效。与胡适、王星拱等旅京皖人联名致电省长许世英，要求省议会全部改选，以尊重法律与民意，挽救选政、驱除恶势力。并通电上海各报馆转各地同乡钧鉴。

是年，以涵、IH、H 等笔名在《努力周报》上发表时评凡二十篇。

1923 年（民国十二年）三十八岁

1 月 21 日，为反对江苏省督军齐燮元干涉皖政，与旅京皖学界胡适等人联名通电声讨。

3 月 4 日，与胡适等十三人为维护教育经费独立，反对安徽军阀马联甲为补充军费截留教育专款，联名通电声讨。

4 月 21 日，因胡适离京南下养病，开始代编《努力周报》。

10 月 6 日，北大政治学系教授会布告高一涵任政治理论演习指导教师。

10 月 13 日，被聘为北京大学教授。

是年，在《努力周报》发起关于“制宪”问题与“国民党”问题的讨论，发表时评二十余篇。

是年，所著《欧洲政治思想史》（上）由商务印书馆出版。

1924 年（民国十三年）三十九岁

3 月，在北京大学讲演“福滨社会主义派的方法和理论”。

5 月 1 日，出席北京社会主义青年团、北大经济学会、平民大学、马克思研究会等举行的“五一”纪念大会，并与李大钊等人讲演。

8 月 17 日，为同乡老友刘希平撰写碑文，由于右任手书。

12 月 12 日，与胡适等为安徽倪道烺杀害学生姜高琦案致函章士钊，要求依法逮捕倪道烺。

12 月 13 日，《现代评论》周刊创刊，为主要撰稿人之一。

是年，受李大钊（该年初参加国民党“一大”）影响，开始倾向于国民党。后由石瑛、王星拱介绍，加入国民党。

是年，在《现代评论》上发表时评多篇。

1925年（民国十四年）四十岁

1月16日，国民议会促成会（有国共两党背景）成立，以反对段祺瑞的善后会议。高一涵和李大钊、于右任等担任演讲大会演讲人。3月20日，高一涵被聘为该会专门委员。

3月5日，安徽倪道烺杀害学生姜高琦案移交京师地方检察厅审理。当日，由京师地检厅传倪到庭预审，即交保释出。高一涵等因反对倪案移京，责问司法总长章士钊，有“倪道烺辇金运动”一语，章令法庭查究，高一涵亦被传询。30日，高一涵（因病住院）委托中大代表梁济康递交诉状，质问检厅何以不传询章士钊。

3月12日，孙中山病逝于北京。作挽联：民国更六总统，经袁黎冯徐曹，孰若先生真知有民、真知有国；共和本五大族，合汉满蒙回藏，团结一体永保其共、永保其和。同日，被聘为华北六大学辩论会评判员。

4月，得猩红热病，一度有生命危险，养病三月余才痊愈。期间完成《中国御史制度的沿革》（1926年6月由商务印书馆出版）。

8月，与胡适等人一道，反对北大与教育部脱离关系。时任教育部部长章士钊称：“反对本案最力之王君星拱、高君一涵俱与教章（士钊）有嫌，并曾为言语细故涉于诉讼。此次特持公论，时议高之。”

9月21日，与胡适等20人签署《这回本校脱离教育部抗议的始末》，强调所坚持的主张：1.本校应该早日脱离一般的政潮学潮，努力向学问的路上走，为国家留一个研究学术的机关。2.本校同仁要做学校以外的活动的，应该以个人的名义出去活动，不要牵动学校。3.本校评议会会后应该用其大部分精力去谋学校内部的改革，不当轻易干预其职权以外的事业。

10月27日，北大评议员选举，以32票当选本届评议会评议员。

是年，在《现代评论》上发表时评多篇。

是年，所著《欧洲政治思想史》（中）由商务印书馆出版。

1926 年（民国十五年）四十一岁

1 月4 日，国民党中央执行委员会第四次全会函请其任特别宣传委员。

1 月 6 日，出席指导北大雄辩会举行的国语演说。

2 月，参加北京各团体讨张（作霖）反日大会，公开讲演。

3 月 23 日，北京各界为“三一八”惨案遇难者举行万人公祭大会，高一涵作挽联：

说什么法律，说什么共和，只看他卖国则生、爱国则死；

谁配称民军，谁配称领袖，尽都是有害争后、有利争先。

3 月，国民党安徽省临时党部在安庆筹备成立，增补高一涵、章伯钧等十余人为执行委员，高一涵任宣传部部长。

12 月 25 日，致信林素园谢绝就任女师大教务长职务。

是年，在《现代评论》上发表时评多篇。

是年，所著《中国内阁制度的沿革》由北京大学出版部出版（1928 年由商务印书馆收入《国学小丛书》出版）。

1927 年（民国十六年）四十二岁

1 月，经李大钊推荐，赴武汉参加国民革命。途经上海时，由高语罕介绍，申请加入中国共产党。当月抵武汉，经陈独秀、章伯钧介绍，到武昌中山大学任政治学教授、政治系主任、法科委员会主任委员，同时兼任国民革命军总司令部编译委员会主任委员。

4 月 28 日，好友李大钊在北京被张作霖杀害，闻讯悲痛欲绝。

5 月 22 日，出席武昌中山大学集会，追悼李大钊烈士等，报告李大钊事略。

5 月 23 日，发表《李大钊同志略传》，缅怀好友。

6 月，任国民党军事委员会总政治部宣传科科长（秘书长为恽代英）。

7 月，随安徽省国民党省党部自武汉回到安庆，因何健防共甚急，人身安全无保障，同沈子修、周新民等先后离开安庆前往上海。

9 月 24 日，在《现代评论》第 6 卷第 146 号发表《我的共产嫌疑的证据——致〈现代评论〉记者》。反驳“高一涵是共产党”，以避难免祸。

是年，国民革命失败后，避居上海，在上海法政学院任教，兼政治系主任。

1928 年（民国十七年）四十三岁

继续在上海法政学院任教。

4 月 30 日，胡适接任中国公学校长，随后聘其为社会科学院院长，兼任本科教授。

11 月，由王乐平介绍参加陈公博、顾孟余等在上海成立的中国国民党改组同志会，主张“恢复十三年国民党改组的精神”，担任反蒋秘密刊物编辑。

1929 年（民国十八年）四十四岁

继续担任中国公学社会科学院院长，兼任本科教授。

是年，所著《中国御史制度的沿革》再版。

1930 年（民国十九年）四十五岁

2 月 14 日，请辞中国公学社会科学院院长职（之前一月，胡适辞去中国公学校长职，由马君武继任）。

9 月 15 日，国民党中央党部扩大会议约法起草委员会在北京举行成立会，被推为委员（委员共十三人，包括汪精卫等中央委员七人、法学专家六人），高一涵拒绝参与。

11 月，因中国公学事与胡适产生矛盾，友谊几至破裂。

是年，所著《政治学纲要》由神州国光社出版，当年即多次再版。

1931 年（民国二十年）四十六岁

年初，受国民政府监察院院长于右任邀请，赴南京出任监察院委员（2 月 16 日正式任命），由于右任、王陆一介绍，再度加入国民党。由学界、报界步入政界。

夏，与杭立武等四十五位政治学者发起成立“中国政治学会”，参与学会章程起草及筹备工作。

11 月 28 日，奉监察院令前往江苏视察该省赈务。

是年，多次参加监察院会议，提交多件弹劾质问书。

1932 年（民国二十一年）四十七岁

继续担任国民政府监察院委员。

11 月，被选为中国政治学会干事。

1933 年（民国二十二年）四十八岁

1 月 6 日，出席在上海召开的安徽大学董事会第一次会议。

3 月 7 日，与监察委员刘莪青、周利生、田炯锦提交《弹劾华北军事委员分会委员长张学良、热河省政府主席汤玉麟抗日不力失地误国案》文。

4 月 1 日，在《东方杂志》第 30 卷第 7 号上发表《宪法上监察权的问题》；7 月，在上海法政学院《法政季刊》第 1 卷第 1 号发表《专家政治》。皆为从政后有感而言。

1934 年（民国二十三年）四十九岁

4 月，在《时事月报》第 10 卷第 4 号上发表《对于国民大会职权规定之商榷》，认为宪法草案所定国民大会职权违反孙文学说，表示异议。

10 月，被监察院指定为法官训练所第三届毕业考试监试委员。

是年，在监察院提交多份案件审查报告书。

1935 年（民国二十四年）五十岁

4 月 6 日，被任命为监察院湖南湖北监察区监察使。

5月，在《国衡》半月刊创刊号上发表《国民经济的危机》。

6月，中国政治学会召开第一届年会，与王世杰、周鲠生、杭立武、钱端升、张奚若、张慰慈等十一人连任学会干事。

6月12日，呈报在武昌成立两湖监察区使署，启用印信，开始办公。

6月29日，在《监察院公报》第三十五期发表《在湖北省党部（总理纪念周）演说辞》《在使署第一次总理纪念周训话》，强调监察工作的重要性。

是年，发表《训示监察使署职权范围》演讲，论述监察机关与司法机关性质的不同："司法机关注重在犯罪行为之结果，而监察机关则须更进一步推究其犯罪行为之原因。"

1936年（民国二十五年）五十一岁

2月7日，监察委员杜羲投湖自沉，以唤醒国人，促蒋抗日。高一涵作挽联痛悼：

> 三办法误尽苍生，自此后言者足戒，闻者无忧。道上满豺狼，转令谔谔台官，贻诮寒蝉仗马；
>
> 一首诗权当谏草，数年来语焉未能，默焉能忍。喉中横骨梗，怎教铮铮国土，不思捉月骑鲸。

4月21日，国民政府文官处函复监察院，准高一涵辞去监察委员职，专司监察使职。

是年，提交弹劾案文七十多件。

1937年（民国二十六年）五十二岁

8月28日，探望途经武汉的高语罕，并送上五十元。

9月，在武汉晤旧友胡适，并为出狱不久的陈独秀租屋（武昌双柏庙后街26号房），与包惠僧、王星拱为陈独秀处常客。

11月，在武汉家中宴请于右任、王鸿俊等。

是年，提交弹劾案文多件。

1938年（民国二十七年）五十三岁

3月16日，与傅汝霖、段锡朋、陶希圣、王星拱、周佛海等九人在《大公报》《武汉日报》发表《为陈独秀辩诬》，坚决反对訾其为“汉奸匪徒”。

6月底，随两湖监察使署撤退到芷江。

11月下旬，奉中央监察院院长于右任令赶往长沙，调查长沙大火真相，追究起火责任。12月28日，呈交监察院《调查长沙市火灾案报告书》，认为“其中最为主要之关键，则在该管军警机关……虽未查出其有实施放火命令之证据，但其各种慌张躁率，举措乖方，实足以酿成巨变，与曾发命令者无殊，其责任实为重大”。

1939年（民国二十八年）五十四岁

秋，长沙大捷，奉命赴长沙视察前线。

是年，与沈子修在芷江共同救济安徽难民。

1940年（民国二十九年）五十五岁

8月7日，转任甘肃宁夏青海监察区监察使。11月19日，由重庆飞兰州，到甘宁青监察使署就职。

秋，赴兰州，途经重庆，听章士钊劝作诗，赴兰州后便创作出诗集《金城集》。

11月，视察甘肃省政府各厅处、省临时参议会、兵役监督委员会等机构。

12月，视察甘肃省高等法院、皋兰地方法院、皋兰县政府、甘肃学院等机关、学校。

1941年（民国三十年）五十六岁

2月，赴青海视察。

6月，赴甘肃南部巡查。

8月，赴宁夏巡查。

9月，赴甘肃西部巡查。

10月5日，陪同于右任视察河西，考察敦煌。晤张大千于其敦煌临时住所。

是年，提交弹劾、纠举、建议、意见等案文12件，参加监试4次。

1942年（民国三十一年）五十七岁

3月，在兰州接待由王子云率领的西北艺术文物考察团。

5月27日，陈独秀在四川江津病逝，作《悼仲甫》（收入《金城集》卷二），以表哀痛之情。

10月，奉命前往河南勘灾。

12月8日，二兄病逝，作《哭德章二兄》四首诗（收入《金城集》卷二）哀悼。

12月，接夫人陈廷祺家书，告已由上海挈子抵西安，即日赴兰州。其时已与妻儿分别六载。

是年，在兰州为安徽受旱灾民组织赈灾活动。

是年，提交弹劾、纠举、建议、意见等案文24件。

1943年（民国三十二年）五十八岁

1月17日，国立敦煌艺术研究所筹备委员会成立，被聘为主任委员（常书鸿为副主任委员，委员中包括张大千等）。

2月，主持召开国立敦煌艺术研究所筹备委员会第一、第二次筹备会议，讨论了组织规章及其他要案多起。会议通过了敦煌艺术保管研究计划大纲。

3月24日，率领敦煌研究所筹备委员会工作人员常书鸿等一行6人，抵达千佛洞，就地设立办事处，并会晤张大千先生。

3月15日至4月17日，赴甘肃省第六、第七两行政区巡查。

8月14，与朱绍良、谷正伦、鲁大昌等主持“张大千临摹敦煌画展”和“张大千画展”开幕式。

10月，陪张大千游麦积山，并赋诗纪念。

10—12月，赴甘肃省第五、第八行政区巡查。

是年，提交纠举、建议案文件19件，参加监试3次，宣传讲演21次。

1944年（民国三十三年）五十九岁

3月21日，赴兴隆祭成吉思汗陵。

4月16日至5月26日，赴甘肃省第二、第三行政区及宁夏各县巡查。

8月1日，为家谱撰写谱序，并作《德章二兄传》悼念兄长。秋，卧病。作怀人诗多首。

是年，提交弹劾、纠举、建议、意见等案文21件。参加民国三十三年第一次高等考试初试监试。

1945年（民国三十四年）六十岁

3月1日—7日，为民国三十四年司法人员考试监试。

5月5日，中国国民党在重庆召开第六次全国代表大会，为特准列席人员之一。

6月15日，为安徽、江西两省避难西北同乡子女创建学校，与甘肃省主席朱绍良联名致信兰州各界社会名流，呼吁资助。

10月，赴青海乐都、民和、西宁等县巡查。

是年，提交弹劾、纠举、建议案文20件。

1946年（民国三十五年）六十一岁

1月，在兰州编选《金城集》第一至第五卷，收录在甘宁青数年间所做诗文。

1月25日，国立安徽大学筹备委员会成立，高一涵、陶因、杨亮功、叶云龙等为筹备委员，朱光潜为筹委会主任。

5月3日—18日，赴甘肃省第一、第八、第九行政区巡查。

8月17日，被国立兰州大学聘为法学院特约教授。

11月15日至12月25日，出席制宪国民大会。

1947年（民国三十六年）六十二岁

3月11日，再度调任两湖监察使。

3月29日，为全国空军烈士公祭公葬日题送挽联花圈。

6月，就武汉军警两千人包围武汉大学，逮捕进步师生，酿成武大“六一惨案”事，对武汉警备司令彭善及部属提起弹劾，并在《武汉日报》上发表《武大惨案观感》。

7月7日，参加抗战殉难忠烈官兵入祠典礼。

12月下旬，辞去两湖监察使职，赴南京任监察院专门委员。

1948年（民国三十七年）六十三岁

是年末与次年初，数次与胡适晤面（是年12月15日，胡适乘专机离开北大抵达南京）。

年末，共产党员高晓初被捕，营救其出狱。

是年，国民党开放立法委员选举，六安有宗亲故旧欲助高一涵参选，为其所劝止。

1949年　六十四岁

3月，致信安徽省政府秘书长朱子帆为高晓初谋一公开职务，以掩护其地下工作。

4月，国民政府拟任命高一涵为考试院委员，力促其南迁，坚辞，与朱子帆、沈子修等民主人士交往，并与共产党人秘密联系。

4月下旬，作《解放军入城纪事》《闻歌》二诗，记颂解放南京情景。

6月，经中国民主同盟中央委员周新民和陈敏之介绍，加入中国民主同盟。

8月，任南京大学教授，兼法学院政治系主任。

9月，以特邀代表身份参加南京市各界人民代表会议第一次会议。

10月，加入中苏友好南京分会，任理事。

1950年　六十五岁

5月23日，南京大学新一届校务委员会成立，任校务委员，同时任南大法学院院长。

12月，发表《百年来美帝对华政策的透视》。

是年，土改运动开始。致信家乡六安县南官亭乡人民政府，将名下所有土地（共60亩）呈交政府。

1951年　六十六岁

3月26日，南京大学新一届校务委员会成立，再次任校务委员会委员。

5月，任南京市人民政府人民监察委员会委员。

7月，任南京市人民政府政治法律委员会委员。

是年，正值抗美援朝，动员正在南京大学上学的独子高宗沪报名参军赴朝。

1952年　六十七岁

是年，在南京大学参加思想改造学习一学期。

是年，全国院系调整，南京大学法学院撤销，对此提出意见，受到批评。

1953年　六十八岁

2月27日，被任命为江苏省政府参事。

3月14日，与朱偰等五教授薪金由江苏省政府发给。

6 月，赴北京与章士钊以诗互赠。

1954 年　六十九岁

4 月 6 日、13 日、20 日，出席民盟南京市委员会集体办公会议。

4 月，随江苏省组织的佛子岭水库参观团到霍山县参观。

6 月，在南京积极参加讨论《中华人民共和国宪法草案》，发表题为《热烈拥护中华人民共和国宪法草案》的文章。

10 月，参加批判胡适，发表《漫谈胡适》一文。

12 月 4 日，当选第二届全国政协委员（为中国民主同盟 25 名政协委员之一，全国共 559 名政协委员）。

12 月 21 日—25 日，出席政协第二届全国委员会第一次会议。

是年，多次参加民盟南京市委员会集体办公会议。

1955 年　七十岁

1 月 23 日，与陈鹤琴在江苏省暨南京市协商委员会扩大会议上传达全国政协二届一次会议精神。

2 月，江苏省司法厅成立，任司法厅厅长，任期至 1959 年 6 月。

2 月 27 日，在《新华日报》上发表《实用主义的政治思想的反动本质》，批判杜威与胡适的实用主义哲学。

3 月 12 日，出席江苏省暨南京市政协举行的孙中山先生逝世 30 周年纪念大会。

1956 年　七十一岁

1 月 30 日至 2 月 7 日，出席全国政协第二届委员会第二次会议。

9 月 26 日，与李维光等参加由江苏省暨南京市政协召开的各界人士座谈中国共产党第八次全国代表大会文件会议。

11 月 12 日，与江苏省暨南京市各界人士一道参加纪念孙中山先生诞辰九十周年活动。

11 月 21 日—25 日，参加江苏省暨南京市政协组织的参观团，赴武汉参观学习。

12 月 19 日，在《人民日报》发表《审刊人员能不能向科学进军》。

1957 年　七十二岁

3 月 5 日—20 日，出席全国政协第二届委员会第三次会议。

4 月，参加民盟中央全国工作会议，会后与陈敏之留京参加民盟中央常务会议。

5 月 19 日，参加民盟南京市委召开的十教授座谈会，批评撤销南京大学法学院，要求国家重视和充分使用政治学、法学与社会学人才。

是年 7 月 19 日至 1958 年 3 月 11 日，参加民盟江苏省暨南京市整风领导小组会议计 44 次。

1958 年　七十三岁

3 月 26 日—30 日，参加民盟江苏省第二次代表大会，被选为常委、副主任委员。

9 月 19 日，出席政协江苏省第一届委员会常务委员会与省人民委员会联席会议，并向大会汇报赴农村参观的情况。

10 月 6 日—14 日，出席政协江苏省第一届委员会第四次会议，并与全体委员列席江苏省第二届人民代表大会第一次会议，作大会发言，检讨自己自新中国成立以来的思想与言论。

1959 年　七十四岁

4 月 11 日，政协第三届全国委员会委员名单通过，继续为中国民主同盟的 40 名委员之一。

4 月 17 日—29 日，出席全国政协第三届委员会第一次会议。

12 月 1 日—19 日，参加江苏省政协组织的大运河江苏北工程慰问团，赴扬州、淮阴、徐州三个地区慰问。

12月21日—29日，参加政协江苏省第二届委员会第一次会议，当选副主席。

12月，向江苏省政协提交自传。

1960年　七十五岁

3月29日至4月11日，出席全国政协第三届委员会第二次会议。

9月25日，在江苏省政协举行的报告会上，传达中共中央统战部部长李维汉关于学习毛主席著作、逐步改造世界观的报告。

10月14日，江苏省暨南京市政协成立文史资料研究委员会，并召开第一次会议，高一涵为主任委员。

是年，发表《辛亥革命前后安徽青年学生思想转变的概况》。

1961年　七十六岁

5月6日，主持江苏省政协文史资料研究委员会召开的座谈会，商讨撰写解放战争时期文史资料问题。

10月10日，在江苏省隆重纪念辛亥革命五十周年大会上，代表省民主党派发言。

12月30日至次年1月1日，出席民盟江苏省第三次代表大会，被选为常委、副主任委员。

1962年　七十七岁

3月12日，为纪念孙中山先生逝世三十七周年，与江苏省暨南京市各界人士前往中山陵谒陵，并以“咏梅花追忆旧游”为题，致函于右任先生。香港《大公报》予以转载。

3月23日至4月18日，出席全国政协第三届委员会第三次会议。

6月6日至21日，出席江苏省政协第二届委员会第二次会议，代表省政协常委会作工作报告。

10月1日，出席江苏省庆祝中华人民共和国成立十三周年大会。

11 月 12 日，为纪念孙中山先生诞辰九十六周年，与江苏省暨南京市各界人士一道前往中山陵谒陵，并在孙中山先生座像前敬献花圈。

1963 年　七十八岁

6 月 14 日，出席江苏省政协追悼沈钧儒先生大会，并在会上介绍沈钧儒先生生平事迹。

12 月 21 日，参加江苏省暨南京市各界人士和驻宁部队集会，沉痛悼念罗荣桓元帅。

1964 年　七十九岁

12 月 29 日，在全国政协第四届委员会第一次会议上作大会发言。

截至是年底，其所主持的江苏省第二届政协文史资料研究委员会共征集史料 1022 篇，近 700 万字。

1965 年　八十岁

9 月 3 日，参加江苏省庆祝抗日战争胜利 20 周年大会。

11 月 12 日，为纪念孙中山先生诞辰九十九周年，与江苏省政协领导一道前往中山陵谒陵。

1966 年　八十一岁

11 月 14 日，出席江苏省纪念孙中山先生诞辰一百周年大会。

是年，“文化大革命”开始，遭到点名批判。

1967 年　八十二岁

是年，罹患支气管肺炎，身体日渐虚弱。

1968 年　八十三岁

1 月 23 日，在南京病故。

学者论高一涵

启蒙思想家高一涵论

程东峰

高一涵（1885—1968），安徽省六安市金安区人，中国近代著名启蒙思想家。十七岁中秀才；二十六岁毕业于安徽高等学堂，二十七岁自费赴日本留学，获东京明治大学政治学学士学位；三十一岁回国，应李大钊之邀北上共办《晨钟报》；三十三岁经陈独秀介绍任“北京大学丛书”编译委员、编译处编审员，继而任北京大学政治学系教授，同时兼任中国大学、法政专门学校教授。高一涵与陈独秀、李大钊、章士钊、胡适等交往颇深，成为陈独秀主编《新青年》杂志的重要助手，也是胡适主编《努力周报》的重要助手。1927 年春夏后，历任上海法政大学教授、中国公学社会科学院教授兼院长。1932 年经于右任介绍进监察院任监察委员。中华人民共和国成立后任南京大学教授、政治系主任、法学院院长等职。他通晓西方政治思想，“是中国现代政治科学体系的重要奠基者，作为五四启蒙运动中最显赫的一批‘大众导师’之一……是继严复之后又一学院派思想启蒙大师”。著有《欧洲政治思想史》《中国御史制度的沿革》《中国内阁制度的沿革》《政治学纲要》等学术专著，译有《经济思想史》（日本小林丑三郎著）等书。另有诗集《金城集》出版。

一、启蒙及“五四”启蒙思想家的得失

人类的历史是人民不断实践、不断进步的历史，人类文化是人民所有实践的记录、总结与升华；文化为人民所创造，文化又在不断地塑造着一代又一代新人。文化的传承发展靠启蒙，文化的创新变革也靠启蒙；“启蒙同样可视之为贯穿人类历史的主题。”①高一涵之所以值得学习和纪念，因为他是中国近代著名启蒙思想家。那么什么是启蒙呢？什么是五四新文化运动的启蒙呢？

启蒙是“人类自身认识的不断进步，以及人类精神的不断成长和发育”。②启蒙有两重含义：一指开发蒙昧。特指教育儿童，使初学者获得入门知识，祛蔽启蒙，多指蒙童的启蒙教育。二指在社会上普及新知，使人民摆脱愚昧和迷信，接受新事物的社会启蒙运动。

《周易·蒙》就对这两种启蒙给予了深刻的解读：“蒙：亨。匪我求童蒙，童蒙求我。”意思是说：《蒙》卦本意指幼童幼稚蒙昧，有求于人，要接受教育；受教育后，就能明辨事理、运思通达。不是我去找幼童施教，而是幼童来找我接受教育。“《彖》曰……蒙以养正，圣功也。”意思是说“启蒙就是培养人的正直品格，这是圣人的功德”。“《象》曰，山下出泉，蒙。君子以果行育德。”联系上文《彖》辞中“蒙，山下有险，险而止，蒙”③的背景，本句的意思应该是：“山下出泉，出而遇险，未有所之，蒙之象也。若人蒙稚，未知所适也。君子观蒙之象，以果行育德。观其出而未能通行，则以果决其所行；观其始出而未有所向，则以养育其明德也。”④可见，启蒙不仅仅是对懵懂无知的幼儿传授知识以破蒙，而且还要对前行中遇险的君子给予果断的“破除蒙昧、指明道路”式的启蒙，

① 罗卫东：《启蒙及其限制·序言》，浙江大学出版社 2012 年版，第 1 页。

② 罗卫东：《启蒙及其限制·序言》，浙江大学出版社 2012 年版，第 1 页。

③ 杨天才、张善文译注：《周易》，中华书局 2011 年版，第 53-57 页。

④ 《二程集》（下），中华书局 2004 年第 2 版，第 720 页。

使其明理，促其立行。那么今人是怎样解释启蒙的呢？

> 启蒙（Enlighten）的意思是用光明驱散黑暗，以理性代替蒙昧。18世纪在欧洲兴起的启蒙运动是思想解放运动、历史进步运动。恩格斯说：启蒙运动是非常革命的，他们不承认任何外界的权威，不管这种权威是什么样的。宗教、自然观、社会、国家制度，一切都受到了最无情的批判；一切都必须在理性的法庭面前为自己的存在做辩护或者放弃存在的权利。思维的悟性成了衡量一切的唯一尺度。启蒙学者认为以前的弊病和灾难是欺骗和迷信造成的，启蒙的任务就是消除一切非理性、反理性的东西；理性的光芒一旦照耀世界，理性的人就能代替全能的上帝，黑暗的人间就会变成光明的天堂。启蒙理性就是现代理性，启蒙主义的纲领就是现代主义和现代化的纲领。①

启蒙就是把个人或社会从一个懵懂无知的依附状态，引导到一个清晰的理性的文明的独立自由的道路上去。启蒙是一个过程，启蒙是与人类的进步和发展相联系的。启蒙的手段有三：一是创造新知；二是批判传统；三是确立理性。“启蒙运动最伟大的意义在于强有力地推动了人类的自我认识，确立了人的中心地位以及人类应有的自信与尊严。”②

那么，高一涵积极参与的“五四”新文化启蒙运动又是一种什么样的启蒙呢？这得从他生活的时代说起。

> “中国积弱，至今极矣！上则因循苟且，粉饰虚张；下则蒙昧无知，鲜能远虑。堂堂华国，不耻于列邦；济济衣冠，被轻于异族。有志之士，能不痛心！夫以四百兆人民之众，数万里土地

---

① 赵敦华著：《西方哲学简史》，北京大学出版社2012年第2版，第272页。

② 罗卫东：《苏格兰启蒙运动·总序》，浙江大学出版社2010年版，第1页。

之饶，本可发奋为雄，无敌于天下，乃以政治不修，纲维败坏，朝廷则鬻爵卖官，公行贿赂；官府则剥民刮地，暴过虎狼。盗贼横行，饥馑交集，哀鸿遍野，民不聊生。呜呼惨哉！方今强邻环列，虎视鹰瞵久垂涎我中华五金之富、物产之繁。蚕食鲸吞，已效尤于踵接；瓜分豆剖，实堪虑于目前。呜呼危哉！有心人不禁大声疾呼，亟拯斯民于水火，切扶大厦之将倾，庶我子子孙孙，或免奴隶于他族。用特集志士以兴中，协贤豪而共济。仰诸同志，盍自勉旃！”①

这就是一百多年前中国社会的实际状况——孙中山发表这段文字时，高一涵十岁。中国的仁人志士们面对这种积贫积弱、内忧外患的国情，为了救国济民、挽救灭族灭种的危局，奋起救亡图存。他们一边呼唤启蒙，一边发动群众，积极投身到爱国救亡的运动中去。这就是五四爱国运动产生的根本原因。除此以外，林毓生认为中国之所以会发生激烈的五四新文化运动，还有两个原因：

一是“普遍王权的崩溃对全盘性反传统主义的兴起是关键性的，因为这种崩溃导致了文化—道德秩序的解体，随之而来的则是对中国传统文化和传统道德的各个方面都失去信任，它使人不知不觉地产生这种感性认识：中国的传统社会和文化应该作为一个有机体式整体而予以全部拒绝”。

二是辛亥革命后袁世凯称帝和张勋复辟的闹剧，使“人们对逻辑连贯性和对从经验中检验真理的信守，却被最直接的现实和情绪的牵连所突破”。张勋复辟发生在袁世凯称帝失败后仅仅一年多的时间，这就“使中国激进的知识分子比以往更加痛切地认定，中国社会的旧成分多么根深蒂固……同时也激发了一些人的

① 魏新柏选编：《孙中山著作选编》（上），中华书局2011年版，第15页。

迫切感，使他们直接投入以彻底抛弃中国过去为目标的思想革命。”①

其实，中国的近代文化启蒙运动，远非自“五四”始。

这个运动就其实质说，至少在其发展初期，却又只是上一阶段谭嗣同、严复、梁启超的历史工作的继续。谭嗣同对封建纲常的沉痛攻击，严复于中西文化尖锐对比，梁启超所大力提倡的“新民”，就都是用“西学”（西方资本主义文化）反“中学”（中国封建传统文化）的启蒙运动。只不过，五四新文化运动在启蒙要求和主张的全面性，为谭、严、梁阶段所不可比拟。它以彻底与传统决裂的激烈的新姿态和新方式，带来了新的性质。而它之所以能在当时作为一个“运动”而兴起，获得广泛的注意和传播，则又是特定历史环境的具体产物。②

中国近代发生的新文化启蒙运动的基本诉求是，让中华民族摆脱积贫积弱的困境，使中国四万万同胞过上自由、民主、平等、富裕的生活，从而让中国走上繁荣富强的光明大道。毛泽东主席在《五四运动》一文中写道：“五四运动的成为文化革新运动，不过是中国反帝反封建的资产阶级民主革命的一种表现形式。”“在中国的民主革命运动中，知识分子是首先觉悟的成分。辛亥革命和五四运动都明显地表现了这一点，而五四运动时期的知识分子则比辛亥革命时期的知识分子更广大和更觉悟。”所以，觉悟了的知识分子要担当起“启蒙”的任务，“把自己的工作和工农民众结合起来，到工农民众中去，变为工农民众的宣传者和组织者。”③启蒙要

① 林毓生：《中国意识的危机》，贵州人民出版社1986年版，第49、31、32页。
② 李泽厚撰：《启蒙与救亡的双重变奏》，引自许纪霖编《二十世纪中国思想史论》（上），东方出版中心2000年版，第72页。
③ 《毛泽东选集》（第二卷），人民出版社1991年第2版，第559-560页。

有追求光明的方向，启蒙要有思想变革的武器。中国启蒙思想家们从已经富强起来的西方寻找到了这个方向和武器，那就是“科学”和“民主”。就是用“科学的方法”来化解中国社会的“道德和信仰层面的意义危机”和用“民主的蓝图”来拯救“社会政治层面的秩序危机”。

历史已经证明，还将继续证明，五四新文化启蒙运动对中华民族的贡献是巨大的；“启蒙”告诉我们要向西方学习。如果不是鸦片战争，如果不是西方列强的舰队开到我们的家门口，用大炮把我们震醒了，如果不是西方列强的步步紧逼，如果不是面临着亡国亡种的危险，如果不是有良知的知识分子感到“处处不如人”，就不可能有中国近代的思想革命和社会革命，就不可能有中国启蒙思想家的奔走呼号，也不会爆发声势浩大、席卷全国的五四青年学生爱国救亡运动。正如梁漱溟所说，“中国再发展五千年，如果不碰到西方人，它永远也造不出火车大炮”。因为中国“志不在此，它的精神取向是内生的，不是外扩的，不是去征服世界的，所以根本不希望去影响别人，我们就老老实实地过我们的耕读生活就完了”。[①]事实告诉我们，“穷则变、变则通、通则久”，中国古代思想家的智慧是超时代的，变通就是“变革”，“变革”就是“革命”。《周易·革卦》言：“汤武革命，顺乎天而应乎人。革之时大矣哉！”新文化运动期待的就是一场中华民族全方位的“大变革”，五四运动，就是中华民族划时代的文化革命，五四运动的功绩将永垂史册。

由于中国的启蒙是在国家和民族生死存亡的关口进行的，所以，一边救亡，一边启蒙，在救亡中启蒙，启蒙也是为了救亡，启蒙和救亡交织在一起。所以既有“启蒙与救亡的相互促进”，又有“救亡压倒启蒙”的客观事实。迫在眉睫的亡国亡种的危机告诉我们：“要拿工读互助团为改造社会的手段，是不可能的，要想拿社会改造以前试验新生活，是不可能的。要想用和平的渐进的方法来改造社会的一部分，也是一样的不可能

① 汪丁丁著：《教育是怎样变得危险起来的》，中央广播电视大学出版社 2012 年版，第 4 页。

的。”“绕了一个圈，从新文化运动的着重启蒙开始，又回到进行具体、激烈的政治改革中。政治，并且是彻底改造社会的革命性的政治，又成了焦点。”[①]可见，中国的新文化启蒙运动夹杂着太多的诉求。思想家静不下心来，不能从容不迫地思考文化问题。也就是说，中国的新文化启蒙运动是不全面的，甚至一些人粗暴地喊出“打倒孔家店”和“全盘西化”的口号，特别是五四新文化运动的领袖人物持“全盘性反传统主义”，给中国后来的发展带来了一系列负面效应。启蒙思想家追求“自由”，但他们不知道，“真正的自由离不开有生机的传统”。[②]从现在的观点来看，“启蒙自身所具有的局限性和人们对它的认识上的局限性，应该引起我们的高度重视”。[③]五四时期的一些过激的理论和做法，确有值得商榷之处。林毓生在详细分析批评陈独秀、胡适们采用“形式主义或抽象概念的变体”方式来达到“他们的全盘性反传统主义和全盘西化”[④]的结论后指出：“我们知道，自由、理性、法治与民主不能经由打倒传统而获得，只能在传统经由创造的转化而逐渐获得。这是中国知识分子当前最重大的课题。”[⑤]诚哉斯言！现在我们既要做好中国传统文化的现代性转化，又要做好马克思主义中国化，还要不断吸纳西方优秀文化为滋养，才能实现中国特色社会主义的伟大胜利。我把中国特色社会主义文化的结构概括为“中根、马魂、西养”，结构次序不能改变、结构元素不能缺少，各元素在结构中的位置不能动摇，否则都将失去其稳固性、科学性、整合性和战斗性的功能。

纵观全世界近代的启蒙运动，无不是以追求现代化为鹄的。“假如把

---

① 李泽厚：《启蒙与救亡的双重变奏》，引自许纪霖编《二十世纪中国思想史论》(上)，东方出版中心 2000 年版，第 87 页。

② 这是哈耶克、波拉尼、波普尔等的共同观点。（转引自林毓生：《中国意识的危机》，贵州人民出版社 1986 年版，第 264 页）

③ 罗卫东：《启蒙及其限制·序言》，浙江大学出版社 2012 年版，第 5 页。

④ 林毓生：《中国意识的危机》，贵州人民出版社 1986 年版，第 247 页。

⑤ 林毓生：《中国传统的创造性转化》，生活·读书·新知三联书店 1988 年版，第 5 页。

现代化作为一个巨型叙事，启蒙毫无疑问是这个叙事中最重要的思想脉络、文化脉络。正是西方启蒙塑造的价值观念、话语体系，导引出西方现代化社会的出现和成长。”[①]所以，中国启蒙思想家追随西方也就不奇怪了。但是，中国启蒙思想家没有细心地研究西方的启蒙是不能完全脱离自己民族的文化传统的，任何现代化都只能是立足于自己的传统而后作出改革和革命的。从现在的视角看：

> 启蒙意味着对偏见、迷信、独断、特权、压迫的批判，也意味着通过教化提高公众智识、道德和审美能力以及对社会正义、自由平等的期盼。……正是通过在社会经济层面理解启蒙，在哲学、经济学、政治学的统一中理解启蒙，马克思才把握住了启蒙的完整性和全面性。也正是更多在社会、经济层面理解和推进启蒙，才使得极端、片面的启蒙得以遏制。实际上，启蒙是无法完全彻底化的。一些历史流传下来的文化、制度、思维方式并不都失去了存在的合理性。历史唯物主义的创立意味着确立了一种更加现实的思维方式，马克思不再过于理想化地看待消灭私有制、国家、货币、资本，理想化的主张被逐步调整为更加温和和实际的方案。[②]

中国五四新文化启蒙运动是不充分的。急于求成的心态和迫在眉睫的形势逼迫，让处于“启蒙”和“救亡”双重“压迫”下的五四时期的启蒙思想家，头脑发热起来，以为这一切的危机都是中国传统文化造成的，于是认为“不彻底摧毁中国传统文化”便不能摆脱困境。因为高一涵是政治学家，对政治经济学和哲学都有深入的研究，且偏重于制度建设，所以，

---

① 黄万盛:《编辑手记》，转引自哈佛燕京学社主编:《儒家传统与启蒙心态》江苏教育出版社 2005 年版，第 1 页。

② 刘森林:《历史唯物主义对启蒙的批判：从激进到合理》，引自 2019 年第 23 期《新华文摘》，第 39 页。

他的偏激较之于胡适、陈独秀，又有很大的不同。

彻底否定传统，只是破。但是只破不立不行，目的不只是推翻一个旧中国，还要建设一个新中国，让中国和中国人民站起来、富起来、强起来。要站起来、富起来、强起来，就要立一个新的方向，创建一种新的制度、新的文化，才能救中国。新自何来？中国启蒙思想家一致认为，我们要学习的榜样是西方。于是，从“师夷长技以制夷”，到“器可变道不可变”，直到“拿来主义”，无论是学习西方的科学技术，还是学习西方的文化制度，无不以学习西方为目标。只是随着时间的推移，随着形势越来越严峻，我们的启蒙思想家越来越着急、越来越激进、越来越浮躁，从开始的“中学为体，西学为用”，发展到后来的“全盘否定中国传统”和“全盘西化”。由于“西方”只是一个宽泛的概念，“西学”包涵着许多不同性质的国家、思想和流派，学习“西方”也包涵着不同的路径和不同的归宿。五四新文化启蒙运动的思想家们，在推翻反动的腐朽的无能的旧政府上意见高度一致；但在建设一个什么样的新国家新政府的问题上，却出现了严重的分歧。由于受启蒙思想家们立场、观点、方法的影响，中国五四新文化启蒙运动发生了分化：

> 随着启蒙运动内部的分化，对科学和民主的理解愈加复杂和分歧，现代性不再是一个统一的、自明的范式，在西方各种思潮的影响之下，分化成多个尖锐对立和紧张的思想模型。简单地说，分成三个现代的思想阵营：马克思主义、自由主义和文化新保守主义。它们对意义危机和秩序危机各有各的解决之道，但又因此带来了新的问题，不仅传统的危机没有得到舒解，反而在新的历史语境下加剧了危机本身。①

“五四”以后，陈独秀和李大钊无论是思想上还是政治上都走上了马

① 许纪霖编《二十世纪中国思想史论·序》，东方出版中心2000年版，第2页。

克思主义和社会主义道路；胡适在思想上一直走自由主义道路，在政治上则追随蒋介石（定居台湾）走上资本主义道路；而高一涵在思想上一直在马克思主义和自由主义之间徘徊，在政治上倾向社会主义，最后在社会主义的中国（大陆）定居。

正是因为中国启蒙的不彻底性和启蒙思想家之间的矛盾和分歧，致使中国文化思想的危机到现在依然以不同形式和不同程度地存在着，以至于中国社会的思想信仰危机和社会秩序危机到现在也没有完全解决。如“文化大革命”后的20世纪80年代兴起的“历史虚无主义和文化虚无主义”思潮就是其中的一种。无怪乎我国当代著名经济学家汪丁丁说：“启蒙永远不死，它活着，在未来任何一种逻辑可能性的价值体系中活着。”①浙江大学副校长罗卫东也说：“整个中国的社会变革基本上仍然是外生变量的结果，中国人的心灵、精神和心理世界还停留在前启蒙阶段。启蒙对于中国人而言还是一项未完成的自我革命。令人担忧的是，国人并未对此有充分的自觉。”②

我们之所以要编《高一涵全集》，除了是要增强高一涵家乡人民的文化自信心和文化自豪感而外，还在于从启蒙思想家高一涵的思想演变中，发掘启蒙思想家由“激进”转向“保守”，由理论“研究”转向亲身参与社会改造“实践”的心路历程。高一涵之所以身后寂寞，最重要的原因是，启蒙后，他既失去了“启蒙”的形势，也失去了“启蒙”的盟友，思想逐渐走向平淡，多从实际出发，不再有革命家的尖锐“锋芒”和启蒙思想家的耀眼“光辉”，一直处于社会边缘地带。在狂飙突起的时代，人们多把眼光投向社会舞台的中心和时尚的明星，对于一个入党而又脱党的学者和“过时的”思想家，忘记或任他沉寂，也就不奇怪了。

---

① 汪丁丁:《教育是怎样变得危险起来的》，中央广播电视大学出版社2012年版，第26页。

② 罗卫东：《苏格兰启蒙运动·总序》，浙江大学出版社2010年版，第2页。

二、启蒙思想家高一涵跌宕人生的心路历程

高一涵生活的时代，是中国近代史上最为波澜壮阔的时代，也是中国历史上最为动荡的时代之一。在这一百多年的时间里，中国人民经历了从饥寒交迫、内忧外患、民不聊生的困境，到经过救亡启蒙、奋发图强、艰苦卓绝的浴血奋战，终于迎来了人民翻身解放、民族独立崛起的新中国。

（一）少年时代，接受蒙学教育和科举教育，打下了深厚的国学功底；受其家学和家风影响，既养成了勤奋好学、正直善良的优良品质，又树立了胸怀大志、报国利民的家国情怀。

高一涵 1885 年 4 月 4 日出生在六安州南官亭保塝田埠榜张家湾的一个耕读世家。出身书香门第，又作为奉旨入祀乡贤祠的高熙爽的玄孙和因“起练保乡，剿匪御贼”有功、奉旨入祀本乡忠义祠的高灿炉嫡孙的高一涵，从小就苦读“四书五经”和“诸子百家”，期待求得功名以光宗耀祖。据《陈门高氏宗谱》记载：高一涵为“高显墀第四子”。高一涵在《自传》中说：“我个人自幼在大兄和二兄的私塾中读书，用梦弼之名，应致入学。”“在幼年时，家庭给我的影响，就是在封建礼教的家庭中，一心一意由科考扬名，企图做一个文人学士，达到光宗耀祖的目的”。①从而勤奋好学，立志向远。

高一涵的母亲胡夫人幼时随其母逃避战乱，常在深山丛林间过夜，还不能自足温饱，入高家当童养媳，亦备受艰辛，一生勤劳节俭。据高一涵《先母胡夫人行述》称：“余幼从先兄读，夜读每至二更时始罢。每归寝室，见先母率诸姊犹在灯下纺绩，……邻人有夜过吾门者，辄羡曰：有读书声与纺绩声若此家，安得不兴哉?!”胡夫人共生四子二女。四十一岁时生“老幺”高一涵，故疼爱有加。”如弗洛伊德所言：“一个

---

① 高大同编著：《高一涵先生年谱》，上海文化出版社 2011 年版，第 1-4 页。

为母亲所特别钟爱的孩子，一生都有身为征服者的感觉，由于这种成功的自信，往往就引致真成功。”①

高一涵秉承父亲“就耕就读，恪守先业”的遗训，继承祖传家风，依勤耕苦读忠厚传家，靠积德守正安身立命。正是幼年良好家风的影响和父兄们的耳提面命，使得高一涵无论是青年时孤身在日本留学，还是盛年时在偏远的大西北任职；无论是作为声名显赫的北京大学教授，还是作为手握生杀大权的国民政府监察院官员，都能坚持独立思考和公平正义；达则兼济天下，穷则独善其身。志向不改，使命不忘，奋斗不止，自强不息。

1906 年废除科举，高一涵便弃科举而就新学，入六安州中学堂继续就读，时年 21 岁。到中学堂学习后，高一涵开始接触《新民丛报》等进步刊物，无异于打开了一扇眺望世界的窗户，新鲜空气扑面而来，对其思想产生了巨大的震动。如其多年后所言：“在学堂中所学的课程则是西学重于中学，科学重于经史。他们看到清廷腐败，国势危急，瓜分惨祸，迫在眉睫，非变法不能图存，非科学不能救国，因而都迫不及待地走出私塾，进入学堂，弃八股，废策论而学西方科学，想从西方的自然科学和社会科学中找到富国强兵之道。当时凡具有爱国思想的青年学生，民族大义耿耿在心，无论他们的政治理想如何，面对丧权辱国、腐朽无能的清廷统治则深恶痛绝，因而他们的思想都从四面八方汇合成为推翻清廷、恢复中华的革命主流。”②

1907 年 7 月，安徽发生了“徐锡麟因刺杀安徽巡抚恩铭，被清政府剖腹剜心处死”的重大事件。高一涵少年时代的同乡好友朱蕴山被绑赴法场陪斩，激起了他对“丧权辱国、腐败无能、残暴成性的清廷统治的深恶痛绝”，同时也激起了他对革命的向往和对革命党人的同情与崇敬。

---

① 袁澍涓主编：《现代西方著名哲学家评传》(上卷)，四川人民出版社1988 年版，第 451 页。

② 高一涵：《辛亥革命前后安徽青年学生思想转变的概况》，见本全集第二卷。

由于高一涵本来就有深厚的国学功底，又加之新启蒙所焕发出来的蓬勃朝气，使之思想更加活跃，学习更加刻苦，凭着优异的学习成绩和一支生花的妙笔，加之他干练持重的办事能力，很快崭露头角，受到同学们的拥戴和老师们的器重，还没有毕业，高一涵经学监喻康候推荐，顺利地考取了安徽高等学堂，跨上了一个更高更大的平台。

（二）在安徽高等学堂读书的几年是其接受开明新思想、新观念，萌发革命志向的启蒙期。

安徽高等学堂坐落在风景秀丽依山傍水的文化名城安徽省府安庆市。1908年高一涵就读安徽高等学堂时，有两件事对他影响很大，成为他立志去日本留学的关键。

一是严复及其翻译的西方启蒙思想名著，对他影响很大。高一涵到安徽高等学堂就读时，严复刚刚从该校离任，高一涵回忆这段经历时写道：

> 那时极大多数安徽青年学生对推翻清朝封建统治没有什么不同意见，但是革命后究竟要建立怎样的政治制度，心中还没有底。最基本的原因，就是他们所知道的西方政治制度不多。恰好这时留学生中负有盛誉的严复任安徽高等学堂的监督，他用中文古文笔法翻译了资产阶级学者的名著，计有亚丹斯密的《原富》、孟德斯鸠的《法意》、甄克斯的《社会通诠》、约翰穆勒的《群己权界论》以及赫胥黎的《天演论》等。这一类著作都是资本主义上升时期的学术著作，引起了全国学者的重视。安徽青年学生对西方国家的经济发达、政治开明，产生羡慕的心情。他们看见西方国家自产业革命后，工业进步，生产力大提高，比我国落后的农业生产相差很远。同时，又看到自一六四〇年到一六八八年的英国革命，推翻了封建阶级专政，建立了资产阶级民主，宪法上规定人人生而平等，公民有选举权利，有言论、出版、集会、结社的自由。因而对封建的隶属关系、等级制度、王公贵族的无上特权更加反对，认为西方资产阶级民主政治制度是代替我

国封建政治制度的最符合理想的好制度。[1]

二是《民报》和孙中山领导的辛亥革命对高一涵影响深远。《民报》是中国同盟会在日本办的机关报，先后有胡汉民、章太炎等人任主编，孙中山亲自为《民报》写发刊词。高一涵在回忆录中写道：

> 一九〇五年在日本东京出版的《民报》，更使革命思潮弥漫全国，自有杂志以来没有象《民报》这样脍炙人口、激动人心的。我……一到安庆就设法寻找《民报》，但是没有找到。嗣后与霍邱革命前辈徐迂亭谈起想寻找《民报》事，他教我不要声张。一天他把藏在旅馆房间内地板下的一册《民报》拿出给我看。我在先是喜欢读梁启超主办的《新民丛报》和《中国魂》之类刊物的，看到《民报》后，才认识到国家不强是“政府恶劣”，而不是“国民恶劣”，应该建立共和，不应该维持专制，种族革命与政治革命必须同时进行，种族革命绝不会妨碍政治革命。由此可见，《民报》对宣传革命思想，是有显著成绩的。[2]

在安徽省高等学堂读书期间，由于受到学监严复开明思想影响和大量阅读《民报》和西方启蒙思想名著，大开眼界，思想上也发生了翻天覆地的变化。期间，看到他的许多在高等学堂的同学，纷纷留学英、美或日本，寻求富民强国的道理，他再也坐不住了。于是刻苦学习英文，为出国留学做准备。从“读书做官”“光宗耀祖”，到读书“求知图强”“救国济民”，这是高一涵从六安州中学堂到安徽高等学堂思想上发生的最大的变化；在学习求知和思想启蒙方面，革命报刊和西学名著，为其新世界观的确立播下了火种，开辟了道路。

---

① 高一涵:《辛亥革命前后安徽青年学生思想转变的概况》,见本全集第二卷。
② 同上引。

1911 年夏，高一涵在安徽高等学堂预科毕业，因学习刻苦，成绩优秀，获得“优贡生”名号的奖励。

（三）留学日本，是其作为启蒙思想家奠基起步期。

辛亥革命爆发后，在少年好友刘希平和关运隆的鼓励、支持和运作下，高一涵决定东渡日本留学，进一步寻求救亡图存、匡扶正义的本领。于是在 1912 年自费去日本留学，入东京明治大学政治经济科学习。1916 年 7 月获政治学学士学位回国。

在日本留学的四年间，是高一涵成为启蒙思想家的关键转折期，也是他作为启蒙思想家的起步期。在这四年中，他除了系统地学习了西方以政治学为核心的完整的社会科学知识，攻读并完成政治学学士学业外，还参与了以下工作：

1. 1914 年应邀参与章士钊创办的《甲寅》月刊的编辑工作，除为《甲寅》撰稿外，还结识了陈独秀、李大钊、黄侃、周鲠生、杨端六、张东荪、易白沙等人。先后发表了《民国之祢衡》《民福》《章太炎自性与学术人心之关系》《宗教问题》等文章。章士钊 1917 年在北京办《甲寅》周刊时回忆道：“愚曩违难东京，始为甲寅，以文会友，获交二子：一李君守常，一高君。”①

2. 1915 年 2 月 11 日，高一涵参加两千余中国留日学生在青年会馆冒雨举行的大会，抗议日方向中国提出的“二十一条”，成立留日学生总会，并参加留日学生总会工作。

3. 应陈独秀邀请，高一涵参与《新青年》编辑工作，并积极为《新青年》杂志投稿，成为陈独秀编辑《新青年》的得力助手。“民国五年，陈独秀先生在上海创《新青年》杂志，余时已到日本三年，为穷所迫，常断炊。独秀约余投稿，月得十数元稿费以糊口。”②

《新青年》创刊号上发表高一涵连载文章《共和国家与青年之自觉》，

① 语见《甲寅》周刊第一卷 15 号第 3 页，文中李君守常即李大钊，高君即高一涵。

② 高一涵：《沉痛悼念李大钊同志》，见本全集第二卷，第 188 页。

这篇文章是高一涵启蒙思想的第一次集中表达。接着又在《新青年》上发表《近世国家观念与古相异概略》《民约与邦本》《国家非人生之归宿论》《自治与自由》等文章。

4. 1915至1916之间，在日留学生组织神州学会，每周六讲演一次，并讨论政治及世界大事。学会“以研究学术、敦崇气节、唤醒国民自觉、图谋国家富强”为宗旨，主要通过“分科研究，演讲和编撰书报”为手段开展活动，编有《神州学丛》。学会有四五十人，李大钊、高一涵均是该学会主要成员。

5. 1916年2月2日，高一涵被留日学生总会推选为总会文事委员会委员长、总会评议员、经费委员；李大钊被推选为文事委员会编辑主任，主编机关刊物《民彝》。高一涵说：“与李大钊同志见面的时间是1916年春天，那时我们都在日本东京留学。说来有趣，原来我们并不认识，他从《新青年》上看到我的文章，便四处寻找，约我同他共同反袁”。[①]同年3月，高一涵与李大钊结为“无话不谈”的挚友。

6. 在日本留学期间，除在《新青年》上发表文章外，还在《民彝》上发表了《国本》《共和》《程度与民政》等文章。同年7月，高一涵完成政治学科的本科学业回国。

高一涵在日本留学期间，通过系统学习、勤奋著述和广泛交往，获得了以下成就：

一是系统地学习并掌握了西方政治学知识，广泛地涉猎了西方法学、经济学、社会学、教育学、哲学等社会科学知识，为其今后成为著名的启蒙思想家，打下了坚实的西学基础，也为他成为学贯中西的政治学家打下了坚实的基础；

二是他积极参与中国留日学生联合会的活动，既开阔了视野、锻炼了社会交往能力和组织办事能力，又广结人脉，构筑了“报国图强”精英圈子活动平台，彰显了他的卓越才华；特别是他结交了陈独秀、李大钊、章

① 高一涵：《和大钊同志相处的时候》，见本全集第二卷，第366页。

士钊等中国近代史上的风云人物，为他搭建了跨上中国近代思想启蒙运动高地的阶梯；

三是先后参与了《甲寅》《新青年》《民彝》等刊物的编辑工作，并积极为其写稿，充分展示了他的著述能力和思想水平，为其跻身“中国近代启蒙思想家行列”获得了“入场券”。

以上三个方面奠定了他作为中国近代启蒙思想家的学术根基、思想基础和人脉根基，也基本形成了他作为启蒙思想家的学术方向和理想志趣。

（四）加盟北京大学，置身于中国政治、经济、文化中心枢纽位置，投身中国风起云涌的时代革命大潮，也跨入了更高更大的学术活动平台，使他有机会继续深入进行新文化启蒙运动和积极参加北京学生爱国运动。在北京大学工作的八年是其学术研究的巅峰期，也是他作为启蒙思想家最活跃的巅峰期，更是其作为启蒙思想家发展完善的成熟期。

高一涵从日本留学回国，在上海逗留几日后，便直接回六安州官亭省亲。高一涵说：“守常回国后，汤化龙请他主编《晨钟报》，这个报纸后来改名《晨报》。7月，我也回国。常约我同编《晨钟报》。汤化龙是研究系，当然与我合不拢，不到两个月，我们就辞而不干了。”[①]后来李大钊等又创办《宪法公言》，高一涵参与其事，并在该刊上发表多篇文章。高一涵还和李大钊在北京皮裤胡同及竹竿巷“同住了一个时期”，专事章士钊在北京复刊的《甲寅日刊》编辑和写稿工作。同年10月，经友人介绍，刚刚回国在北京大学任教的胡适与高一涵相识，并共同租住在竹竿巷。这是高一涵与新文化运动的另一位领军人物胡适的第一次见面，并建立了深厚的友谊。据来自2013年11月4日“新华网”和“作家网”同时刊载的一篇题为《私人道德值得商榷：高一涵与胡适的同居传奇》的匿名文章写道：

高一涵与同为安徽人的胡适全家，已经度过了将近六年的同居与邻居的和睦生活。

① 高一涵：《回忆五四时期的李大钊同志》，见本全集第二卷，第369页。

> 1917 年 1 月 28 日，已经成为政治明星的前西南军政府秘书长章士钊在北京创办《甲寅日刊》，聘请李大钊、高一涵、邵飘萍等人担任编辑及撰稿工作，李大钊、高一涵因此住进了位于朝阳门内竹竿巷 4 号的《甲寅日刊》编辑部。
>
> 同年 6 月 9 日，张勋率辫子军进入北京，扶持溥仪复辟帝制，章士钊、李大钊、邵飘萍等人相继离京，高一涵滞留竹竿巷 4 号以撰稿为生。9 月 30 日，刚刚到北京大学任教的胡适，在写给母亲冯顺弟的家信中介绍说："适现尚暂居大学教员宿舍内，居此可不出房钱。饭钱每月九元，每餐两碟菜一碗汤，饭米颇不如南方之佳，但尚可吃得耳。适意俟拿到钱时，将移出校外居住，拟与友人六安高一涵君。"
>
> 胡适所说的"将移出校外居住"，就是与高一涵同住在朝阳门内竹竿巷 4 号。1918 年 3 月 30 日，他与高一涵一起迁至南池子缎库胡同 8 号。1920 年 5 月 22 日又迁至地安门内嵩祝寺后钟鼓寺 14 号的四合院。胡适之所以购置这所宅院，是因为继第一个儿子胡祖望于 1919 年 3 月 16 日出生之后，江冬秀又于 1920 年 8 月 16 日生育了女儿素斐，正在北京求学的侄子思聪、思永也同住一处。高一涵从日本访学回国后依然与胡适同住，直到 1921 年 9 月 20 日才从胡适家中搬出，在同一条巷子里的钟鼓寺 7 号毗邻而居。胡适为此专门在当天的日记中留下了这样一句话："一涵与我同居四年，今天他移至同巷七号居住。"

由此可见，高一涵与胡适之间的关系非同一般。

从 1918 年经陈独秀的推荐到北京大学任编译委员会委员、教授，到 1926 年底南下参加革命，高一涵在北京大学整整度过了八个年头。在这八年里，高一涵不仅仅与胡适成为同事，还置身于五四运动的大本营，不仅仅是陈独秀主编《新青年》的得力助手，还成了胡适主编的《努力周报》得力助手：

> 《努力周报》于1922年5月7日创刊，到2023年10月31日，共出版75期，另有增刊《读书杂志》18期。胡适为《努力周报》主编，1922年底胡适生病期间，曾由高一涵代为编辑。该报为同人办报，不出稿费，连发行部的人也不支薪。胡适希望通过《努力周报》，承继《新青年》的精神，引领思想启蒙和思想革命，在思想革命建设方面完成“再造中国”的使命。高一涵在《努力周报》时期，以高一涵和“涵”的笔名发表的各类文章计有54篇，另有疑似高一涵文章的，以“IH”署名的6篇、以“H”署名的2篇。高一涵协助胡适办理《努力周报》并引领了该报关于“好人政府”“国民党改组”等问题的讨论，成为《努力周报》名副其实的核心人物。①

“五四”前后，高一涵作为新文化启蒙运动中两份重要报刊仅次于主编的核心人物，其作用不可忽视。还有一个不可小觑的事实是陈独秀和胡适是“五四”时期中国新文化启蒙运动中公认的双峰对峙的领军人物。在这一段时间里高一涵先后担任两位领军人物在宣传舆论工作方面的重要助手，其地位和贡献不可低估。紧接着高一涵又成为《现代评论》的主要撰稿人，4年间，共发文35篇，多“以时评为主”。归纳一下，高一涵在北京大学工作期间，主要做了以下几件事：

1. 高一涵以《新青年》《每周评论》《努力周报》《现代评论》《甲寅日报》《宪法公言》《甲寅》《晨钟报》等报刊为阵地，以笔为刀枪，通过编报刊、发文章，宣传启蒙理论和民主自由的政治主张，介绍和引进西方现代进步思想，批评腐朽的封建专制制度，揭露军阀政府的种种暴行，倡导建立共和立宪政府。

2. 以北京大学的讲台为阵地，系统地向青年学生讲授“西方政治思想”等课程。他在北大编译处时翻译了 *Boutmi Slultmi in Cunstional Law* 一

---

① 吴汉全、高大同著:《高一涵评传》,人民出版社2019年版,第95-96页。

书，后又陆续出版他独撰的《欧洲政治思想小史》《欧洲政治思想史》《中国御史制度的沿革》《中国内阁制度沿革》等专著。他系统地讲授西方现代政治思想，客观介绍和分析中国政治制度和中国监察制度的优劣，指出中国政治制度改革的路径和应该向西方学习借鉴的方方面面。据《北京大学日刊》1922年8月19日报道，高一涵又成为北大"社会科学组"的重要成员。可见高一涵在"太平洋研究会"成立之前就已经是北京大学政治学教授了。据高一涵《自传》称，"1918年入北京大学编译委员会工作，由讲师改教授，同时，又在北京中国大学和法政专门学校兼任教授"。

3. 积极参加社会活动，不仅仅用笔战斗，还直接参与到青年学生的反帝反封建的活动中去。高一涵不仅仅是独坐书斋的学者、教授、著作家，还是走向街头冲锋陷阵的战士。1918年11月初，"'一战'结束的消息传来，北京三万民众游行庆祝胜利。11月13日，北京城兴奋的人们将象征耻辱的克林德碑改名为公理战胜碑，由东单迁至中央公园。北京大学还在天安门搭台连续演讲三天，欢呼胜利。蔡元培、李大钊、胡适、陶孟和、马寅初、陈启修、丁文江等都轮流先后上台演讲，高一涵也初次登台演讲。"①1919年，北京爆发爱国学生游行示威活动。高一涵参与并支持学生的爱国抗议游行活动。五四当天，高一涵亲自跟随五四学生游行队伍前行，目睹了学生和民众的行动，当晚，由陈独秀授意，奋笔疾书，以"据我亲眼看见"的事实，写下了《市民运动的研究》一文，该文登载在5月7日的《晨报》上。接下来的一段时间，围绕五四学生运动，高一涵写了多篇文章，申述学生和市民运动的合法性，抗议军警对学生和市民的镇压，揭露帝国主义"不讲公理"的丑恶嘴脸和中国政府的"卖国行径"，起到了伸张正义、鼓舞士气、动员群众、激浊扬清的作用。

"五四"后的5月9日，陈独秀起草了《北京市民宣言》。高一涵在《李大钊护送陈独秀出险》一文中写道："在夏天的夜里，我同陈独秀一道，到嵩祝寺旁边一个小印刷所去印刷这个《北京市民宣言》。因为这个

① 吴汉全、高大同著:《高一涵评传》,人民出版社 2019 年版,第 129–130 页。

印刷所是为北大印讲义的，夜里只有两个印刷工人在所内，工人们警惕性很高，把宣言印成后，又将底稿和废纸一概烧得干干净净。我们印完时，已入深夜一点多钟。”之后两天，高一涵都和陈独秀等人一起散发传单。

4. 参加北京高知社会团体，置身新文化启蒙运动的核心。1921 年 8 月 19 日，“太平洋问题研究会”在北京美术学校大礼堂召开成立大会，推举蔡元培为会长，蒋梦麟为副会长，李大钊为中文干事，胡适为英文干事，王世杰、何炳松、马叙伦、高一涵、陈启修等被选为研究员。[①]

高一涵在北大任教期间参加的高知社会团体还有：

(1) 1918 年冬，高一涵参加李大钊在北大组织的中国最早的马克思主义研究团体，为了迷惑警察取名为“马克士主义研究会”，警方以为是研究马尔萨斯人口论的。其实是“大钊同志邀请了一些志趣相投的人学习和研究马克思主义”。

(2) 1920 年 8 月成立“旅京皖事改进会”，高一涵、程演生、蔡晓舟、杨功亮、李辛白等为主要成员。改进会的宗旨是“驱逐安徽军阀，改进安徽政治，整顿教育”。陈独秀等 15 位老乡同时在上海成立了“旅沪皖事改进会”，宗旨与“旅京皖事改进会”相仿。

(3) 1922 年，高一涵与北京各界人士 200 余人共同发起反宗教运动，得到广泛响应。5 月 10 日，北京高知界“非宗教运动大同盟”在北大第三院召开成立大会。上海、汉口、天津、长沙、成都等地，都先后成立分会，抗议和揭露帝国主义利用宗教侵略中国，迫使一些宗教学校放弃强迫学生做礼拜和不准学生参加爱国运动的错误做法。

(4) 1922 年 8 月 15 日，高一涵与李石曾、李大钊、邓中夏、刘相臣、刘华等北京各界三十余人发起组织“民权大同盟”，进行广泛的争取民权运动，并在湖南会馆举行会议成立了“民权运动大同盟”。为彰显大同盟的宗旨，高一涵还写文章揭露当局“治安警察法”对人民集会、结社、言论、出版及示威游行等活动的限制，要求废止该法。大同盟还参与劳动立

① 据《申报》1921 年 8 月 25 日消息：《京教育界太平洋研究会成立》。

法运动，声援“二七”大罢工等。

（5）同年8月19日，《北大日刊》刊登“季刊编辑员八月一日讨论决定”：高一涵与胡适之、蒋梦麟、马寅初等17人为该刊“社会科学组编辑员”。

高一涵在北大的八年，在中国历史上是一个大转折时期，风起云涌，泥沙俱下；而在他的人生历程中，无论是作为学者、思想家，还是作为政治和社会活动家，都是他光芒四射、泽被后世的巅峰期。这一时期对他的启蒙思想成熟的主要贡献表现在以下三个方面：

一是北京大学为中国最高学府，时任北大校长的蔡元培，秉持“囊括大典、包罗万象、思想自由、兼容并包”的办学宗旨，一时人才荟萃、精英云集，实乃中国新思想的发源地和中国学术的最高地；加之北大又是五四运动的大本营，形成了“新思想引领社会，社会运动又促进新思想发展”的互动互进的局面。实乃思想引领时代，时代造就英雄。所谓“时势造英雄”也。高一涵又是一个胸怀大志、不甘平庸的人，在这样的环境中能有一番作为也就不奇怪了。

二是高一涵一直追随在中国近代史上独领风骚的陈独秀、李大钊、章士钊、胡适左右，他们既是高一涵事业上和思想上的引路人，又是其精神上和生活上的良师益友。长期的耳濡目染，使之认同服并身体力行——虽然高一涵对胡适和章士钊的观点都有争议和批评；加之高一涵天资聪颖、勤奋好学、人品纯正、目光远大，成就为一代宗师也就顺理成章了。

三是在北京大学任教授，并非浪得虚名。虽然高一涵国学功底深厚，又留学日本，受过西方政治学知识的系统训练，也在各类报刊上发表了很多文章，而且这些文章大多思想敏锐，能击中时弊，但这离一个称职的北京大学教授还有一定的距离。这距离在于教授要有系统的知识，其著作要能形成系统的知识体系。高一涵在北京大学的几年出版了政治思想史方面的系列专著，且学贯中西，这才是他成为北京大学著名教授的资本。这也就是20世纪90年代中国学者热衷于谈论的所谓“有思想的学术”和“有学术的思想”的问题。没有学术的思想，往往会流于肤浅；没有思想的学术，则是没有灵魂的学术。二者都是不完美的。我个人认为，高一涵是一个熟悉中、西政治制度，且能从政治哲学的角度思考问题的思想家，所以他没有陈独秀和胡适的过分激进，也没有章士钊的忽左忽右。

在政治制度框架下思考问题，是高一涵全部启蒙思想的特点。

所谓启蒙，就是启迪人的思想，提高人的认识，开阔人的眼界，适应时代潮流，跟上时代发展的步伐。所谓启蒙，就是先知启后知，先觉觉后觉。高一涵作为中国近代启蒙思想家，既是时代赋予他的使命，也是他自强不息努力奋进的结果。时代对任何人都是公平的，之所以有人感觉生不逢时或是时代辜负了他，那是他没有跟上时代的节拍或是因为在大浪淘沙中没能抵挡住滔天巨浪的冲击，一失手被淹没了而已。也有人是因为在关键时刻站错了队，一失足成千古恨；或者说是时代或命运没有特别眷顾他而已。人有悲欢离合，月有阴晴圆缺，此事古难全。巅峰过去便是下坡，人过盛年便走向衰老。在北大期间，是作为启蒙思想家高一涵的人生顶峰，顶峰过后，作为启蒙思想家的高一涵便走向停滞，慢慢地归于寂寞。

（五）离开北京大学南下，从其任国民革命军总政治部编译委员会主任委员，到国民革命失败，避居上海任政法学院教授期间，是作为启蒙思想家高一涵的余韵绵延期。

1927 年 1 月，北伐军占领武汉后，急需人才，经李大钊推荐，高一涵到武汉参加革命工作途经上海时，由高语罕介绍，高一涵加入了中国共产党。抵达武汉后，经陈独秀、章伯钧介绍，高一涵到武汉中山大学任政治学教授，同时兼任国民革命军总政治部编译委员会主任委员。蒋介石在上海制造“四一二惨案”后，国民党开始大规模捕杀共产党人，4 月 26 日，李大钊在北京被捕遇难，高一涵悲痛欲绝。武昌中山大学举行李大钊同志追悼会，高一涵在追悼会上报告李大钊事迹。5 月 23 日，高一涵在《国民日报》上发表《李大钊传略》，缅怀英烈，悼念挚友。

同年 7 月 15 日，汪精卫控制的国民党中央实行“分共”，第一次大革命失败。高一涵避居上海，“与党失去联系”，在上海法政大学任教授。

1928 年 4 月 30 日，胡适接任中国公学校长，兼任文理学院院长，聘高一涵为社会科学院院长兼教授。1930 年 1 月 12 日胡适辞去中国公学校长职务，由马君武续任。

从 1927 年到武昌中山大学任教，继而在上海法政大学、中国公学任教，到 1931 年应于右任之邀到南京国民政府监察院任监察委员止，高一涵在这四年里，在授课、教务管理外，也发表了《武汉国民党政府与共产党》《平均地权的土地法》《反对议会制度的独裁制与委员制》《闲话》等好几篇文章，并出版了新著《政治学纲要》，旧作《中国御史制度的沿革》获再版，但在政治上却屡屡受挫，很不得志。1930 年 7 月至 11 月，高一涵两次致信胡适："中公是非真多，上学期已得兄允许，准我辞卸一切职务，马校长处请代为我助一臂之力。我实不愿受此无期徒刑，教书已够生厌了，教书外更受莫须有之冤，真是冤哉枉也。""亮功来信托我劝劝你不必管中公风潮，此事你我皆在局中，我之不能劝你，亦犹你之不能劝我。然旁观者的意见究竟不能抹杀。"[①]由于为中公风潮事闹僵，胡适离沪赴京，高一涵未去送行。作为一个矢志追求真理的学者，高一涵在原则问题上宁折不弯，为了坚持真理，不惜开罪"恩公"（章士钊）和挚友（胡适）。他在《先兄镕经传》中写道："余与先兄性情多相合，独于处世之道分途而驰。处世之道，须先论理之是非，然后乃能顾及一己之祸福。苟其理万不可不争，则虽外不圆亦不足为病。至于圆云方云，则先应视于理是否有当，不然则与其因外圆而失内方，何如内外皆方犹近于率性。"这段话表明了一涵先生的刚直秉性，这既成就了他一生的光辉事业，也为他招来了一些不必要的麻烦。

这段时间，作为启蒙思想家的高一涵，已风光不再了；可作为教授的高一涵或许是更有资格了。《政治学纲要》一书，虽然表明了作者憧憬的民主宪政的政治理想，但其行文已失去批判精神，只是介绍各种政治制度的内容和评析比较它们的优劣，批评的锋芒已深深地隐藏在冷静的辨析和精明的材料取舍中。随着白色恐怖日甚一日，加之故朋旧友的离

① 高大同编著：《高一涵先生年谱》，上海文化出版社 2011 年版。

散、生存环境的变迁、政治形势的急转直下，使得作为启蒙思想家的高一涵日渐消沉。

（六）1931 年初，高一涵受国民政府监察院院长于右任的一再邀请，到南京就任国民党政府监察院委员。自此，高一涵告别学术，步入政坛，开始一段颠沛流离的监察员的“官宦”生涯。此后，虽然作为启蒙思想家的高一涵已成为历史；但是作为社会实践家的高一涵，却始终没有背离自己的初衷：爱国为民，实践自己的思想，利用自己的专业和特长，在现有的条件下尽绵薄之力——为民伸张正义，替社会剜疮剖疽，为国家恢复秩序。

在 1931—1949 年的近 20 年的时间里，他做了以下一些有益的事情：1930 年 9 月高一涵等 6 人为国民政府起草约法草案；1931 年 2 月，经国民政府监察院长于右任提请高一涵等 23 人任南京国民政府首批监察委员，稍后便宣誓就职；并参与审查《弹劾案审查规则案》，起草《接收人民诉状规程》草案。在高一涵任国民政府监察院监察委员和外派任监察使期间，他直接参与弹劾或审查弹劾的官员，上至“弹劾行政院院长汪兆铭（精卫）对上海停战协定不交立法院议决遽行签字案”“弹劾外交部长王正廷巧于趋奉误国丧权串通日商垄断面粉案”“弹劾皖省主席陈调元抗民殃民苛政乱法案”，下到“弹劾南京土地局长常鸿钧荒淫溺职案”，“弹劾河北遵化县长关恩霖渎职贪污违法失职案”等大量案件，这些案件材料收入本全集第 5 卷。

自 1931 年 1 月至 1949 年 3 月，高一涵基本上是在国民政府监察委员、监察使的岗位上度过的，其中有 14 年，正处于全民奋起的抗日战争时期。无论是作为爱国知识分子，还是作为有良知、有正义感的监察院官员，高一涵都能秉承民族大义，坚持公正执法，为国为民尽自己的一份努力，极力主持正义、维持平等，经得住历史的考验。特别是 1949 年 4 月南京解放和中华人民共和国成立前，高一涵拒绝追随蒋介石逃往台湾，积极配合中国人民解放军解放南京，营救共产党人，为中国人民解放事业的最后胜利做出了他力所能及的贡献，这是他大节不亏的表现。这不仅为他的人生增添了亮色，也为新中国成立后的晚年生活埋下了伏笔。

“国家不幸诗人幸，赋道沧桑句便工。”抗日战争时期，高一涵滞留甘肃，大西北的旖旎风光和甘肃丰厚的人文底蕴，让高一涵诗兴大发，“闲居出游，兴到即作”，“造怀指事”，记事抒情，为我们留下了几百首脍炙人口的诗篇佳作，曾汇编为《金城集》出版，现在我们将《金城集》加上他后期的诗作，一并收入本全集第六卷。

三、高一涵启蒙思想述评

启蒙最终目标是人的解放。无论中西，所有的启蒙运动都是一次思想解放运动。14 世纪发端于意大利，15—16 世纪盛行于欧洲的文艺复兴运动是一场影响深远的伟大的思想解放运动。

> 布克哈特在《意大利文艺复兴时期的文化》一书中把这一时期的成果概括为“人的发现和世界的发现”这两大主题。[①]

布克哈特还深刻地指出：

> 在中世纪，人类意识的两个方面——内心自省和外界观察都一样——一直在一层共同的纱幕之下，处于睡眠或半醒状态。这层纱幕是由信仰、幻想和幼稚的偏见织成的，透过它向外看，世界和历史都罩上了一层奇怪的色彩。人类只是作为一个种族、民族、党派、家族或社团的一员——只是通过某些一般的范畴，而意识到自己。在意大利，这层纱幕最先烟消云散；对于国家和这个世界上的一切事物做客观的处理和考虑成为可能了。同时，主观方面也相应地强调表现自己；人成了精神的个体，并且也这样

① 赵敦华著:《西方哲学简史》,北京大学出版社 2012 年第二版,第 184 页。

> 来认识自己。布克哈特把文艺复兴的内容引申到人的精神生活和社会生活的变化。他认为意大利的文艺复兴的重要之处在于创造。……"征服西方世界的不单纯是古典文化的复兴，而是这种复兴与意大利人民天才的结合。"①

从以上引文可以看出，文艺复兴实际上也是14世纪发生在意大利的一场新文化启蒙运动。文艺复兴的巨匠们揭开了罩在"世界和历史"上的"纱幕"，唤醒了人们的觉悟，使"这种复兴与意大利人民天才"相结合，从而把世界从以神为本，转换到以人为本上来，突出了"人的尊严""人的才能"和"人的自由"。当然也揭示了"人的不足与局限"。但丁是文艺复兴的先驱，是"文艺复兴三巨头"之一。高一涵在《欧洲政治思想史》中对但丁的政治思想作了专门介绍。

14世纪前夕的意大利在意识形态上同"五四"前的中国何其相似乃尔。当时，中国的历史和中国所处的世界，也被一层"纱幕"笼罩着，不仅仅是被厚厚的"纱幕"笼罩着，还被"三座大山"压迫着，面临着"亡国灭种"的危险。所以，"五四"前后的新文化启蒙运动是和救亡图存联系在一起的。

在文艺复兴的影响下，16世纪的欧洲，由马丁·路德为代表的宗教改革先在德国，继而在瑞士、英国兴起，将资产阶级革命又向前推进了一步。高一涵是如此介绍宗教改革的：

> 文艺复兴是欧洲一切文明再生的时期，宗教改革却是基督教再生的时期。因为宗教改革乃是个人良心反抗机械式的信仰的结果。由这个运动唤起批评的精神和独立的思想，所有的方法和功效，简直与文艺复兴相等。人文派的复古，求救于古代哲学、文

---

① 张椿年著：《从信仰到理性——意大利人文主义研究》，方志出版社2007年版，第4–5页。

学和美术；改革派的复古，也求救于《圣经》和当初的基督教父——特别求救于奥格斯庭。他们反抗由教会包办的信仰，回转头去，求之于《圣经》和良心；这样一来，便打破了拘束精神的铁锁。由教会压迫的被动的信仰，变成由良心判断的自动的信仰。因此，便抬高了人类的良知，鼓励起来个人的独立。①

18 世纪，法国资产阶级担负起了反封建和反宗教两大历史使命，在意识形态领域掀起了一场伟大的启蒙运动。它以理性为武器，“把批判的锋芒直接指向封建制度和天主教神学这两个当时最神圣的权威”。②法国的启蒙运动是欧洲社会进一步现代化的运动，这个运动的基本诉求仍然是把人从天主教和封建制度的控制下解放出来，破除迷信、确立理性，从而进入文明的现代社会。孟德斯鸠是法国启蒙运动的代表人物之一。高一涵在《欧洲政治思想史》中论述孟德斯鸠时指出：

法律的定义“就最普通的意义解释，法律乃是由事物的性质而生的必然的关系。”就这个定义说，一切事物都各有各的法则：神有神法，物质世界有物质法，超人有超人法，禽兽有禽兽法，人类有人类法。凡一件事物存在必定有它的因果关系，在这些关系之中，就包含有事物存在的法则。……故在未制定法律以前，即已经有可能的正义的关系存在，成文法是依这“正义的关系”的事实而规定的。孟氏这种物观的法律标准说，至少可以免掉个人任凭私意胡乱立法的弊病。……所谓自然法，大概都认为是自然而然的，孟氏却认为是适应自然世界中的人性和人类生活的需要而生的，自然法的第一原则是和平，第二原则是寻找食物，第三原则是互相亲爱，第四原则是社会生活的欲望。这四个原则都

① 高一涵：《欧洲政治思想史》，见本全集第四卷，第 257 页。

② 苗力田、李毓章主编：《西方哲学史新编》，人民出版社 1990 年版，第 401 页。

是从他的自然世界观而来的。[1]

所以孟氏的格言，就是“每种政府的腐败常常从它的原理的腐败起首”(第八卷第一章)。要想使政府巩固，必定要先使它的特别精神永远存在；精神一旦腐败，政府自然也要跟随它腐败了。[2]

孟德斯鸠非常重视国家精神的确立，所以：

孟氏以为“天下古今，固有甚美之意、至良之法，以其民心德之不逮，而不克实施”，如果人民囿于礼（Manner）俗（Custom），虽有神圣的立法家，也不能变更他。故立法家当以人民普通性质为标准而立法。如果普通性质善良，虽有小疵，不必立法去拘束他。换句话说就是：立法家当以一国的精神为精神，去因势利导，绝不可与民俗相背。就是想移风易俗，也要利用风俗来变更风俗。[3]

17 世纪西方启蒙运动的最大成功是实现人类社会的现代化，现代性是现代化的思想特征。现代性的内核是确立人的“主体性”。法国启蒙主义大师们的学说对中国五四新文化运动的启蒙思想家们有重要的影响，特别是孟德斯鸠、卢梭、爱尔维修等，对高一涵政治思想的形成起到了重要的作用。高一涵不仅写文章著作评介西方经典学术著作，还翻译了日本和英美等国家学者的著述。

中国的五四新文化运动提倡的启蒙，也超脱不了意大利“文艺复兴”和法国“启蒙运动”的范畴。我把高一涵在五四新文化运动中启蒙思想的特点，按“人的解放是根本，制度创新是目的，方法手段是关键，通过教育提高公民素质，积极传播马克思主义”五个方面，作简略评述。

（一）人的解放是根本

---

①②③ 高一涵:《欧洲政治思想史》,见本全集第四卷,第 410、416、424 页。

把人从封建主义、帝国主义和军阀的压迫下解放出来，摆脱积贫积弱的困境，过上温饱、独立、自由、和平的日子，是中国人民和“五四”启蒙思想家的首要诉求。高一涵在《平民革命的目的与手段》一文中指出：

(A) 对内至少须要求一个立宪的、公开的和有计划的民治政府，至少须要求定下废督裁兵及保障言论、自由集会的政策。

(B) 对外至少须要求废除一切不平等条约，至少须要求中央政府绝对不受任何帝国主义的势力暗中操纵。

如果连这样最低限度的主张都不能提出，那么就根本上不能大吹法螺，说是平民革命。

假定平民革命的目的如此，那么这种革命成功是那一阶级受害呢？我可以毫不踌躕的答道：军阀。照这样说来，平民的对头就是军阀，平民革命就是打倒军阀，必得把军阀打倒，平民革命的目的才能够实现……

我所谓打倒军阀，乃是推翻一切的军阀，并不是联络甲军阀打倒乙军阀。今天联甲攻乙，明天又联丙攻甲，乃是那抱耍狗熊主义的政客做的，不是平民做的。在平民的眼光看起来，甲军阀、乙军阀、丙军阀、丁军阀……皆是一个娘养的，皆是吃人不偿命的虎狼，皆是杀人不眨眼的强盗。”①

中华民族是一个伟大的民族，中国人民是勤劳勇敢的人民。中国几千年的文明史证实，中国从来不缺舍身报国的英雄，也从来少不了卖国求荣的汉奸；中国历朝历代都有廉洁奉公、一心为民的好官，也从来不缺贪赃枉法、草菅人命的官场败类。近代中国的积贫积弱主要是因政府无能、官场腐败、军阀混战、兵匪一家造成的。高一涵在《青岛交涉失败史》一文最后写道：“中国外交失败，无一处不是卖国贼播弄成熟……实行国民外

---

① 高一涵：《平民革命的目的与手段》，见本全集第二卷，第149页。

交、平民主义的外交，是一刻不容迟缓的。愿国人快快的起来！——愿国人快快的起来！”启蒙，就是要使“国人快快的”觉悟“起来”、团结“起来”！只有国人“觉悟了”“团结了”，民族才能壮大起来！国家才能富强起来！

如果说把国民从帝国主义和军阀的压榨下解放出来，主要是政府的责任，那么把人从神权、族权、政权和流氓地痞、兵匪、自然灾害和贫穷的压迫下解放出来；把人从旧观念、旧风俗、旧的生活方式和旧的生产方式中解放出来；把人从懒惰、贪婪、嫉妒、奸诈、恐惧、贪图小便宜、目光短浅、急功近利的惰性中解放出来，就不仅仅是政府的责任了。虽然政府有依法治国、普及教育、繁荣文化、解放思想、提倡移风易俗的责任，但在人的思想解放方面，政府只有靠制定政策、优化各种制度来实施控制，政府也要靠启蒙思想家、科学家和广大知识分子、科技工作者，以及广大教育工作者来宣传、教育和引领，真正起作用的是我们自己。特别是在个性解放方面，主要是靠每一个“自己”的不断学习、独立思考和积极参加社会活动来解决。梁启超将国家之进步、民族之兴旺、社会之文明进步，寄希望于青年：“故今日之责任，不在他人，而全在我少年。少年智则国智，少年富则国富，少年强则国强，少年独立则国独立，少年自由则国自由，少年胜于欧洲，则国胜于欧洲，少年雄于地球，则国雄于地球。少年进步则国进步。红日初升，其道大光……纵有千古，横有八荒；前途似海，来日方长。美哉我少年中国，与天不老，壮哉我少年中国，与国无疆。”①梁启超用诗一样的语言赞颂了青年，也将国家的富强寄希望于青年。同样作为启蒙思想家，高一涵小梁启超12岁，基本上属于同一时代人，所以高一涵也把启蒙的希望寄托在青年身上。因而，高一涵在《共和国家与青年之自觉》一文中写道：

> 自今以往，吾共和精神之能焕然发扬与否，全视民权之发扬程度为何如。澄清流水，必于其源。欲改造吾国民之德知，俾之

---

① 梁启超著:《少年中国说》,新世纪出版社 1998 年版,第 191 页。

> 脱胎换骨，涤荡其染于专制时代之余毒，他者吾无望矣，惟在染毒较少之青年，其或有以自觉，此不佞之所以专对我菁菁茁茁之青年而一陈其忠告也。①

这里说了两个重点:一是“民权之发扬”；二是“青年之自觉”。民权之发扬讲的是作为公民权利的张扬。公民权包括人身权、参政权、受教育权、劳动权、言论自由、集会自由、婚姻自由、自主自立等等权利，其中最重要的是“自由”和“平等”。没有公民的“自由”“平等”意识作为国家之根基，国家的“共和精神”是难以实现的。而自由又是平等的前提，没有自由也难得平等，所以自由和平等是互为因果的。如胡绳所说：“把自己当作人，就有了自由；把别人也当作人，就有了平等，——有自由，有平等，于是才有民主”②作为公民自由平等意识的保障，唯“法治”一途，别无他法。可见，“法治”和“自由”也是一体两面的。“共和国”的本质特点是“民主”，是“人民”当家“做主”,而“民主”又是建立在“自由”“平等”“法治”基础之上的。所以，政治上的启蒙就是主张民主法治，而民主法治的实现靠人；人的启蒙就是要唤醒“良知”，争取“自由”“平等”“民主”的公民权。这就牵出了高一涵的第二个重点“青年之自觉”。青年是人类最富有创造精神的群体，青年最少保守思想，在任何一个时代，青年都是勇立潮头的弄潮儿。所以，在阴霾重重的危机环境中，高一涵寄希望于青年。那什么是“自觉”呢?自，是自我、己身、自己；觉，乃由外物刺激而醒悟，如觉知、觉解、觉悟、觉醒、觉行。自觉，就是人在外力的作用下使自我受到教育、启发、振动、刺激或压迫，从而产生思想的激变和技能的提高，进而引发“自我意识”的“觉醒”，并激发“自我”的创造性和能动性。这便是“自觉”。所谓“外力”指的是社会事物、知识、思想、武力或他人行为的刺激和作用。如

---

① 高一涵:《共和国家与青年之自觉》,见本全集第一卷。

② 转引自吕布晨:《论胡绳的历史唯物主义文化观》,载 2000 年第 7 期《哲学研究》,第 8 页。

果没有“自觉”或是产生不了自我意识的“自觉”，那么在外力的刺激和压迫下，就可能导致一蹶不振而每况愈下，最后在穷愁潦倒中毙亡。

启蒙，让人们觉醒的是思想，让人们提高的是觉悟，让人们奋起的是行动。所以“人文主义是思想体系，是在复兴古典文明的口号下，从超理智转变为理智的思想文化运动。它历经三百年，其核心思想是伦理道德，涉及政治、文化、艺术、历史、语言、教育等各个方面的内容，不只是人论。”①因而，高一涵所说的“自觉”主要是指道德自觉。那么什么是道德自觉呢？“所谓主体性即道德自觉。”②反过来说，道德自觉就是唤醒人的理性，确立人的主体性。主体性就是人的自知，也就是确立主体意识。人的个性解放既是用科学理性反对盲从迷信，又是把人从依附于神或依附于物的依附性中解放出来，使人真正成为自己的主人，自己主宰自己的命运。这就是中国五四运动提出“科学”和“民主”两大主题的原因；也就是五四新文化运动的启蒙思想家们，用“科学的方法”以解决道德和信仰层面的意义危机，用“民主的蓝图”重建社会政治秩序的原因。启蒙运动的深层内容，就是找回人的尊严，唤醒人的主体性，确立人的自我价值和社会价值，使人真正成为自己的主人——自己主宰自己的命运，自己控制自己，自己成就自己，塑造完整的、健全的、理性的责任人格。所以高一涵说：

> 顾我青年之欲自负此责，与吾人之欲以此责奉诸青年者，必有其根本之图焉。根本维何？即改造青年之道德是。道德之根据在天性，天性之发展恃自由，自由之表见为舆论。……
>
> 今日吾辈青年，正当努力以与旧习俗相战，以独立自重之精神，发扬小己之能力。而自由、权利二者，即为发扬能力之梯阶。务须互重权利、互爱自由、瀹灵启智，各随其特操异秉，而

---

① 张椿年著：《从信仰到理性——意大利人文主义研究》，方志出版社 2007 年版，第 1 页。

② 李中华撰：《国家核心价值即基本精神》，载 2012 年 21 期《新华文摘》。

> 充发至尽。一己之天性完全发展，即社会之一员完全独立。积人而群，积群而国，则安固强盛之国家，即自其本根建起，庶足以巍峨终古，不虞突兴突废矣。国家社会，举为小己主义所筑成，此不佞所以以小己主义为自利利他主义之起点也。[①]

马克思和恩格斯在《共产党宣言》中指出：“每个人的自由发展是一切人的自由发展的条件。”所以高一涵“国家社会，举为小己主义所筑成，此不佞所以以小己主义为自利利他主义之起点”的观点基本上是对的。没有“小我”，即没有“大家”，因为“大家”是由“小我”合成的。但组成“大家”之“小我”，必须自觉服从“大家”制定的规则——制度、法律、伦理、道德和公序良俗。所谓“自觉”即把这种大家共同遵守的“规则”自觉而又自愿地认同，且自觉而又自愿地遵守。如此看来，道德自觉包含两方面的内容，一为理性、觉悟、自由，自己充当自己的主人，做一个独立自由的人；一为自己控制自己，自觉服从国家法律法规，自觉遵守约定俗成的公序良俗，懂得礼义廉耻，能克己合群。也可以说，自由的前提是不自由。自觉因理性而导致，自由为意志所驱使，把“自觉”和“自愿”相“结合”，就是道德自觉。换句话说，道德自觉就是做一个独立自主、睿智理性、人格完善、自觉承担责任义务、奉公守法的好公民。道德自觉在个人身上的体现就是人格完善。那么什么是人格呢？高一涵说：

> 所谓人格者，乃节操之当然，伦理之本然。凡为人类，皆当自知爱护，自知尊重，以副其远于禽兽之实，非所以要誉于乡党、朋友者也。违法而不视为人格上之奇辱，乃视为交际上之缺点，不耻无以对己，乃耻无以对人，是即根本上违反小己主义之处。凡我青年，皆当用以自省者也。[②]

---

① 高一涵:《共和国家与青年之自觉》,见本全集第一卷,第 17 页。
② 高一涵:《共和国家与青年之自觉》,见本全集第一卷,第 17 页。

高一涵还在《政治学纲要》中说："生在国家中的个人，皆从国家得到他们人格，这个人格就是国家的制度和精神的结果。个人的道德义务，就在尽那国家给予他的责任。"①所以，人格具有社会性，人格是时代精神和国家意志塑造的结果。

何谓人格？人格既是尊严、价值和品质在社会实践中的统一，又是自我意识、自我控制和自我创造的统一；人格既是道德自觉的完成，也是人性修炼的定格和成型。有什么样的道德自觉，就会产生什么样的人格；人性修炼的程度和水平，决定了人格的高下和优劣。所以，人格就是一个人品味和德性的档次和标尺。简言之，人格就是每个人人品的位次。凡为"人"者都有"人格"，只是层次不同而已。古之"君子"是"高尚人格"，今之"小人"是"卑鄙人格"；被称为"畜生"者，乃是虽有"人形"却没有进化为具有人的"德性"的"动物"或"野兽"而已。高一涵在这里所指称的"人格"，是指社会公认的"高尚人格"，或曰"道德人格"。那么"道德人格"或"高尚人格"是如何锻造的呢？高一涵给出的建议是：

> 人之所以可贵者，在有人格。日本浮田博士曰："人格因勤劳而成立，因勤劳而实现……斯道德于凡属有益于社会之勤劳，皆视为神圣，而尊之敬之，视为发育人类之品性、完全人类之人格所不可或缺者焉。"然则欲保全人人之人格，必令其藉服劳之结果以自遂其生。仰给于他人者，举为丧失人格之事。今抱慈惠主义者，固明明以丧失人格之事期诸被惠者矣。使之不劳而得财，既反乎生计之原则，其终也必养成被惠者之依赖心，挑动其侥幸之念，而败坏其勤劳之力。且己既以慈惠为仁为善而行之矣，则被惠者必为不仁不善。以仁善自居，而以不仁不善之事转加他人，一方受道德之美誉，一方犯不道德之恶名，已非一视同仁者所忍

① 高一涵著:《政治学纲要》,见本全集第三卷,第138页。

出；矧更违生计之原则，而与社会上以莫大之恶害哉！然则共和国家之青年，他日立身之计，惟以勤劳易利益，自保其人格，并以保他人之人格。不以慈惠之名诱起社会之恶德，斯为中庸之正道矣。①

“勤劳”乃塑造“独立人格”之根本途径，“自食其力”乃“独立人格”形成之基础，为自己尽责、为他人解忧、为社会造福、为国家进步效力，既是塑造“高尚人格”之途径，也是“高尚人格”之标志。当然，对于“慈惠”之事，不能一概否定，要注意的是：慈惠只能施予靠己力无法摆脱贫困者，对于因“身懒”“失志”而不肯努力者施以“慈惠”，则是既害他人又损己德也。高一涵认为，青年之自觉之道，首在练志，次在练胆，又次在练识。

练志、练胆、练识，三者互相为用，不可缺一。以志言，则胆与识所以定志者也；以胆言，则志与识所以壮胆者也；以识言，则志与胆所以致识于用者也。志何以不移？有胆有识以定之故不移。胆何以不怯？有志有识以壮之故不怯。识何以能行？有志有胆以致之于用则行。吾辈丁兹国运，第一戒在抱悲观，第二戒在图自了。一抱悲观，则灰心颓气，而不存猛勇奋进之心；一图自了，则朝不谋夕，而不存任重道远之念。境由心造，心神强壮，则虽残山剩水，亦为我动心忍性之资；心志颓唐，即壮版雄图，反增我感喟凄凉之恨。至欲图自了，则今日更非其时。若吾身昨年已死，自了之愿固可告终。苟吾之死应在明年，则今年尚为吾奋斗之期，而非吾告终之日。非特明年然也，即吾之死在次月、次日、次时、次刻，而吾之奋斗尚当于此月、此日、此时、此刻行之。急起直追，至死乃止，则主人之责已尽，而吾怀乃可少安，吾心乃可明告于天下后世。此所以当共和告别之顷，而殷殷然对

① 高一涵:《共和国家与青年之自觉》,见本全集第一卷,第 18-19 页。

我青年，为此临岐握手、各自珍重之最后一言也欤！[①]

拳拳之心跃然纸上，殷殷期盼发自内心；充满哲理，诉说辩证。启蒙没有终结之时，启蒙思想具有永恒之价值。高一涵一百多年前说的话，今天仍然有强烈的针对性，值得当代青年阅读和效仿。特别是今天的在校大学生们，更应该从五四青年和五四新文化运动先驱们的思想和事迹中受到启发和激励。

（二）制度创新是目的

思想家是新制度的创设者，也是旧制度的破坏者。创设新制度，是因为人类生活遇到了困难，前进遇到了阻力，和平遭到了破坏，迫切需要新制度来引领、塑造和建设；破坏旧制度，是因为旧秩序成了人们生存的陷阱、生活的羁绊、和平的障碍，非破之无以解放。在所有制度中，国家的政治制度处于核心地位。所以，高一涵把政治制度的启蒙和创新作为他启蒙思想的核心。

人类社会中间，所有一切的思想、学术、法律、制度，没有一件不是因为遇到困难才发生的。……人类社会之中，如果一点困难问题不发生，再也想不出什么法律、什么制度来保障的。就是有了某种法律、某种制度，但是事实上并没有感觉那种法律、那种制度必要，这些法律、制度也不会发生功效的。照这样看来，法律、制度是因为遇着困难发生的，是为解决困难而设的。如果不遇着事实上有这种困难的情形，单去立下一种理想的法律、制度，或是抄写别人的法律、制度，便是“无的放矢”，社会上也没有人去注意的。所以社会问题是既已成了问题之后才能解决的，不是悬想将来或者看这种问题发生，就可以预先替它设下解决的法子的。预先设下来解决的法子，断没有遇到困难的时

① 高一涵：《共和国家与青年之自觉》，见本全集第一卷，第 25 页。

候设下来解决的法子周到和亲切。[1]

不仅仅是国家的制度、法规，就是一个地方、一个单位制定制度或规章，也要从地方或单位的实际需要出发，从解决本地本单位的实际困难出发，而不能仅从美好的愿望出发，照抄照搬别人别地的先进经验和制度。适合自己的，才是最好的。什么样的制度和法律是最重要的呢？高一涵认为，能保护人民权利的制度和法律最重要。人民是国家的主体，国家是为了保护人民的权利而存在的。高一涵如是说：

少微研究过宪法的人，大概都知道宪法是人民的“权利书”，因为宪法中最重要的部分就是保障人民的权利。现在一提起“人民权利”四个字，差不多人人都记得他的内容是包括“自由”和“财产”在内。自由的内容又包括言论自由、出版自由、信教自由、集会结社自由、书信秘密自由、身体和家宅自由、营业自由等权利在内。欧洲几百年的宪法战争，差不多都是为着这几种自由权而起的。……因为法律上的条文，只是社会文明进步的结果；有了这样文明进步的结果，回头来又才成为文明进步的原因。……宪法上所规定的人民权利，只是那时自由思想发达的结果，并不是凭空结撰的规定几条宪法，便能创造起来人民的自由。[2]

但是我们知道，人的第一需要是活着，是要满足基本的生存、生产和基本的衣、食、住、行的需要。连基本的“生活”需要都不能满足，何谈“自由”？故而，“人民权利”的第一要义是“民生”权。所以说欧洲——

十七、十八两世纪中的政治运动，只是有产阶级的政治运动，并不

① 高一涵：《言论自由的问题》，见本全集第二卷。
② 高一涵：《省宪法中三个问题》，见本全集第一卷。

是无产阶级的政治运动，所以由这种政治运动得来的结果，也只有有产阶级才能够享受。就无产阶级的经济情形、政治地位和思想程度说，便一点光也沾不着了。①

所以，侈谈“政治”权和“自由”权，不谈“经济”权和“生存”权，这样的“人民权利”便只能是“空中楼阁”式的“画饼充饥”了。因为，没有“财产”就没有“自由”，“自由”是奢侈品，是建立在“财产”之上的。经济是基础，没有经济地位和固定的经济收入，一切自由都只能是空谈。“换句话说就是，这些权利必定要有相当的财产、相当的职业、相当的技能的人才能享受——这就是非享受高等生活的人不能有的权利。”①高一涵的见解是深刻的，也是符合半殖民地半封建中国的实际情形的。几乎处于赤贫状态的工人阶级和无立锥之地的农民阶级，他们最需要的是“活命”问题和“温饱”问题，而不是（至少暂时不是）“言论自由”“信教自由”和“出版自由”的问题。高一涵接着说：

从前宪法的缺点就在只知道注重政治基本权，不知道注重经济基本权，结果便把一般不能够维持生活的人排除在宪法保障的范围之外。所以十八、十九两世纪的宪法只是中产以上阶级的宪法，十八、十九两世纪的政治只是中产以上阶级的政治。我们如果明白不能维持生活的人断不能享受各种自由权的道理，那么，要创造新宪法的时候，便应该把经济基本权加入宪法的保障的范围。

经济基本权的内容是什么呢？第一就是“全劳动收益权”，第二是“生存权”，第三是“劳动权”。全劳动收益权是在共产制度之下行使的，劳动权却是在私产制度之下行使的，生存权也可以在共产制度之下行使，也可以在私产制度之下行使。②

① 高一涵：《省宪法中三个问题》，见本全集第一卷。
② 同上引。

五四时期的中国还是一个农业国。所以，“土地”就成了农民生存、生产和生活的基本依靠了。因而，高一涵非常关注中国的土地问题。他在《平均地权的土地法》一文中写道：

> 农民生产占全生产百分之九十，其人数占全人口百分之八十，故中国之国民革命，质言之，即是农民革命……农民的最重要的问题，当然就是这个土地问题。①

那么，如何解决这一问题呢？高一涵在研究中国、爱尔兰、英国、丹麦的土地与农民的关系法后，得出结论：

> 我个人的意见，以为土地法中，有几个重要问题，不能不先提出研究：（一）收买土地的资金问题；（二）收买土地的机关问题；（三）收买土地的方法问题。收买土地的资金问题。……就中国目前的现状说，只有救急两个办法：（一）减租；（二）对于大地主收累进税，将来把这累进税的全部及地价税的全部划分出来，作为收买土地的资金的担保品。……收买土地的机关问题。收买土地与管理土地的机关，当然同各国一样，要设立土地委员会。可是按照中国现在的情形，乡村自治机关不曾建设，农民自治的经验完全没有，单靠政府的力量去办，无论贪官污吏不能绝迹，就是没有贪官污吏，而各处土地的情况与东佃的关系千差万别，统一的法令，当然不能实施。故在平均地权之先，必须养成农村自治的习惯，而调查户口与丈量土地，等等，又必已有眉目，始可实行。若目前单设下一个土地委员会，必将一事莫办。……收买土地的方法，除强制外，都是空的。……总而言之，土地不是人造的物品，从原则上说起来，就该“不应

① 高一涵：《平均地权的土地法》，见本全集第一卷。

专属”。[①]

高一涵是渐进的改良主义者，不主张没收大地主阶级土地的土地革命。但他又认为“土地不是人造的物品”不应该私人“专属”，处于束手无策的矛盾状态。他引用马尔萨斯的话说：

> 一个人生在一切东西都被别人占去的世界中，如果他不能从他的父亲正分当然的要求得到生活费，社会上再不要他的劳动力，那么，他便没有得到一点食物的权利，他在这个世界上只是多生的，“自然”的大宴会中，没有他的座位，并且要立刻执行自然的命令，叫他走开。[②]

最后，他引用孙中山的观点说明问题：

> 这就是土地被少数大地主占去必然的结果。中山先生首先看到这一点，所以郑重的提出“平均地权”的政策，要使个个耕者都能各有其田。故实行平均地权这个政策，要算是国民党第一件要政了。[③]

看来“土地革命”非得走共产党的路子不可了。高一涵在政治制度建设上考虑到经济问题，而且对经济问题考虑得还非常深刻，这不能不说是高一涵的过人之处。不仅如此，他还认为，中国的经济问题，不仅仅是增加生产问题，更为重要的是分配问题，至少生产问题同分配问题是同等重要的。他在《中国根本的社会问题》一文中指出：

---

① 高一涵：《平均地权的土地法》，见本全集第一卷。
② 马尔塞斯《人口论》语，同上引。
③ 同上引。

《中国根本的社会问题》，这是余天休博士在北大讲演的题目。照他的观察，中国现在的社会根本问题，是一个生产问题，不是分配问题。说中国今日要注重生产问题，这是人人不能否认的。但是若说分配问题不必注意，我可就不敢承认了。因为单注意生产，不注意分配，是欧美经济社会在这百年中表现出来的一大缺点，到现在没有方法补救，才演成阶级战争和劳动革命。我们如果再把这个悲剧重行抄演一遍，以后必得产出同一的结果。人家已经在那里懊悔从前走了转头路，我们还要一步一趋的仿效他，必等到无路可走的时候再想回头，这不是枉费脚力吗？

……这许多劳动者贫穷的现状，岂不是由于分配的问题发生的吗？孔丘说："不患寡而患不均。"不均既是社会的大患，为什么又可以看轻分配问题呢？

我的意思是想把"生产""分配"两个问题看得一般重，同时并行，不要偏重这个忘记了那个。所以我的主张就是中国现在的根本问题是要"社会的生产""平均的分配"！①

虽然，高一涵的"平均分配"仍然是孔子观点的重复，还没有认识到在生产资料公有制前提下的"按劳分配"的科学性，但他看到旧制度中"劳动成果"的"分配不公"，也是独具慧眼的。

高一涵在充分认识人民拥有"经济权"的重要性的基础上，认为现代政治制度启蒙的第一要义是废除人治实行法治。帝王和元首不是国家的最高权威，国家的"主权"应归于人民。实现代议制的国家，最高权应属于人民选举出来的"国民会议"，最高权威是"国民会议"制定通过的"宪法"。高一涵在《国本》中写道：

调和者，国家之职务，具有提议磋商承诺判决之权而享有主

① 高一涵：《中国根本的社会问题》，见本全集第一卷。

张之资格者，必属于宣明国家意思之最高机关。此机关为何？即国民会议是已。夫欲调和主义之永远流行，必纳其意味于国家机关之权限中，不得寓其意味于各派首领之私人意见中。前者为宪法之事，后者则私约之事。宪法者，调剂万派、流通百感之根本法，而为国民之权利书；私约者，则规定当事双方之利益，而为个人之权利书。宪法为国家所创造，以国家为主，国民咸受治于其下者也；私约则为当事者所创造，以双方之权利为主，而无关于国民权利者也。故私约中所含之调和主义，仅当事者两方自享之，若以此两方独享之调和，误认为国家根本之调和，则是以各派首领为国家，以各派首领之意思为国家之意思。……置国家于各派权力之下，国家生命全视两派权力之变动为转移，以权力左右国家，适以导夫武人政治之先路，国不亡祸不已也。①

辛亥革命以后，中国长时期处于军阀混战的动荡局势中，为了争权夺利和抢地盘，各路军阀勾结帝国主义分子瓜分中国领土、祸害中国民众，使中国人民处于水深火热之中，使中华民族沦入半殖民地半封建的危机之中。欲破除半殖民地半封建的困境，必须将国家最高权力收归全体人民，人民意志的实现只能依靠建立人民民主共和国，废除人治，实行法治，除此而外别无他途。高一涵结合袁世凯窃国复辟的实例，充分说明了人民政权丧失的危险。

所谓人民主权者，即主权质素由人民总意所凝集而成者也。人民所委托于政府者为权力而非意志，以权力可委托，而意志绝不能委托者也。故人民总意既离现政府而去，别建一正当集议团体，则新统治权由此而生，旧政府之统治权已完全消灭。卢梭曰："国家最高主权时时为人民所保留者也，人民一正当集会以

① 高一涵：《国本》，见本全集第一卷。

设立主权团体，则政府统治之权即应时消灭。”辛亥之役，当我人民在南京集议之时，中华民国之统治权已由此而生，而满清统治权即完全消失。统治权我民国所自有，何待彼之言“公”？彼之统治权已失，尚有何物得以言“让”？既非让矣，更何有于“因”？何有于“转移”？①

为了纠正当时一些人诋毁“共和”，认为“共和国”不适合中国等谬论，高一涵引用卢梭等西方政治思想家的理论来证明“共和”乃现代政治体制之最佳方案：

数年以来，似闻有人恒言曰：共和不适！共和不适！夫欲辨共和之是否适宜于吾国，必先严辨共和之果为何制。共和一语，近人多与平民政治之 Democracy 同诠，实则二者固自有辨。以行平民政治者，不必国皆共和；国号共和，亦不必尽行平民政治。美儒曼狄生辨此甚详，其言曰：“共和与民政之别有二：一、共和国之统治权常托诸少数被选之公民；二、共和之制较诸民政，可兼容多数人民，而推行于泱泱大国。平民政治，议制布政皆人民亲身任之；共和政治，议制布政则委托代表行之。”……此代表制之所以无限于大国小国、人众人寡之理由也。②

高一涵一边批评“共和”不适合中国的谬误，一边说明什么是“共和”。建立宪政共和国是高一涵一以贯之的政治理想，在他的专著《欧洲政治思想史》和《政治学纲要》中，都有对立宪共和国思想的详细介绍和论证。但丁是意大利文艺复兴的三巨头之首，高一涵在《欧洲政治思想史》里有对但丁（高一涵译为亶特）政治思想的介绍：

---

① 高一涵：《国本》，见本全集第一卷。

② 高一涵：《国本》，见本全集第一卷。

人类的目的有两种幸福：一是地上的，一是天上的，要想得到地上幸福的生活，最重要的条件就是“和平”，保障和平的制度就是国家，国家最好的政体就是君主政体。为什么把和平两个字看作求幸福的最重要的条件呢？因为人类和个人一样，个人必定要平安无事，智慧才能够造得完全；人类也必定要在和平中过安安静静的生活，才可以自由自便的做他们自己应该做的事体。大概自亶特的眼光看来，和平比快活、荣誉、长生、康健、富裕、气力、美丽都重要，故把普遍的和平看作一切事业的根本，把国家看作保障和平的制度。这是四分五裂、杂乱无章的意大利，政治与宗教冲突、王侯与王侯冲突，陷入无政府、无法律的穷境的中世纪应该产生出来的思想。”①

但丁是主张君主立宪的，设立国家的目的就是保障人民能过上和平的生活，只有和平的生活才能让人民充分发挥聪明才智，才能充分施展创造力，才能过上安宁健康的生活，人民的素质才能达到普遍的提高。只有经历过长期动乱生活的但丁才能有这样的思想。这种思想与中国五四新文化运动的启蒙思想家们的想法何其相似乃尔。不仅如此，但丁政治思想的现代性还在于：

亶特很注重自由，认定自由第一原则就是意志自由；最能够自由的就是在君主政体之下的生活。因为国家的目的就在自由，在这种国家之中的人类都是为自己而生活。市民并不是为执政官的幸福存在的，国民并不是为君王的幸福存在的；执政官都是为市民的幸福存在的，君王都是为市民的幸福存在的。因为法律是为适应国家而造的，不是国家为适应法律而造的，所以在法律之下生活的人不是为立法者而生的，是立法者为他们而立的。就政

① 高一涵著：《欧洲政治思想史》，见本全集第四卷，第 201-202 页。

> 治的方法说，执政官和君王虽然是人民之主；但是就政治的目的说，却是人民之仆。因此便断定君主是一切人民的公仆；因此便认定君主政体是为世界安宁幸福所必不可缺的政体。①

但丁在这段话中有三个要点：一是国家的目的就是为了保障人民的自由，而自由的第一要义就是意志自由；二是法律是为适应国家而创造的，而不是国家为适应法律而存在的，法律是保护人民自由幸福的；三是国王虽然是人民之主，但就政治的目的上说，君主是“一切人民的公仆”。这样的思想，在今天也是很进步的。但丁还说：

> 大概自亶特看来，世界只有在共戴一个君主，受治一个政府之下，才能造成普遍的和平。普遍的帝国，最能够适合人类的单一性，最足以表明造物主的唯一性。要想使列国诸侯的纷争得到最终的裁判，要想使执行政的人有自由的意志，除掉世界的君主政体之外，再没有别的法子。亚里士多德以增进人民公同的幸福，为政府善良的标准；亶特以普遍帝国制，保持正义的唯一的好方法，就是从他的原则中演绎出来的。②

有鉴于此，高一涵在书中评论说：“从亶特的统一政府、君主公仆和容认地方政府等观念上看来，简直是近代的政治学者，很不像中古的经院学派的神学家。”③随着科学技术的发展，随着人类社会的不断进步，现代国家制度同传统的国家制度不同。

> 美国行政法学家古德诺（Goodnow）说：从前的问题在立法，

---

① 高一涵著：《欧洲政治思想史》，见本全集第四卷，第202页。

② 高一涵著：《欧洲政治思想史》，见本全集第四卷，第202页。

③ 高一涵著：《欧洲政治思想史》，见本全集第四卷，第203页。

> 现代的问题在行政。现代的国家职务已经专门化、技术化，故执行国家职务的人必须具有专门的经验和科学的知识，不像从前专门以指挥监督为事。换句话说：从前的行政靠权力，现代的行政靠技术。①

这一段话说出了现代政治的本质特点。当然，在现代政治制度中，立法仍然是很重要的，国家法律代表国家的制度和性质，也表明了国家的价值取向，更是国家政府行政人员的基本遵循。“依法治国”依然是现代政治的本质特征。高一涵在《政治学纲要》中借克来布的政治理论来证明主权、国家和法律之间的关系。

> 克来布不但不承认国家在社会之上，并且不承认国家是政治的社会。他以为国家不是在法律之上的，也不是在法律之下的；只在法律之中，而与法律合体。故认定国家是法律的社会，国家的权力是法律的权力。他不承认法律是主权者的命令和主权者是法律的渊源，只承认除掉法律的权力，便没有国家的权力。所以因此便说：国家仅仅是一个法律社会，他的职务，就是在对于人类相互的利益，负法律的价值。他既反对主权者为法律的渊源，那么，法律的渊源究竟在那里呢？在他看起来，法律的来源，不是议会，不是君主，只是从人类的正义的感情而来的。②

所谓克来布的理论“不过是法理学家很平常的理论”。这正说明，克来布的理论是为大家习以为常的做法和说法。这正显示了它的普适性。他进一步论证说：

① 高一涵著：《政治学纲要》，见本全集第三卷，第 260 页。

② 高一涵著：《政治学纲要》，见本全集第三卷，第 145 页。

自布丹以后，政治思想完全受一元主权论的支配，无论主张专制政体的，或主张民治政体的；主张中央集权制的，或主张地方分权制的；主张个人主义的，或主张社会主义的；总多是一致的拥戴这一元主权论。他们的主张无论怎样不同，但总是承认主权是国家的特性，承认国家有物质的武力，可以在一切个人和团体之上执行自己的意志。凡制定法律和执行法律，都是国家的权利；凡在国家所管辖区域内的一切人民和团体，都要受国家权力的支配。统一是国家和主权的特性，个人第一要对于国家忠顺，他就是有权利，也是由国家依法赋予的；就是有自由，也是由国家的创造来的。国家做事的范围由他自己决定，他所受的限制，是他自己这样决定的，绝不受外力的限制。①

亚里士多德虽然受柏拉图的影响很大，但他们的思想各不相同。柏氏的学术脱不掉希腊人的色彩；亚氏思想带有普遍性。亚里士多德认为宪法是国家的神髓，是规定国家目的的。“宪法是国内官职的编制，并规定统治团体和什么是各社会的目的。……宪法同政府这两个字有同一的意义。”但是现代政治与传统政治的最大不同，是信息化、网络化和大数据。仅仅靠“行政权力”已经不行了。所以，现在的政府官员除了要有对国家和人民的忠诚，还要有专业知识和专业技术，否则寸步难行。高一涵在《政治学纲要》中写道：

从前的官吏只负有指挥监督人家做事的责任，现在的官吏却有自行做事的责任。故国家的文官之中，往往包括各种专门的技师或工程师在内。例如电灯厂、电话局、铁路局、卫生局、学校、医院以及冶金、采矿、修路、救火……等事，都不是普通文官，仅有法律知识或政治知识的人所能管理的。因此，国家的事

① 高一涵著:《政治学纲要》,见本全集第三卷,第 145–146 页。

务便不得不专门化，官吏的职掌便不得不技术化；因此，凭权力管理的范围便不得不减少，凭技术管理的范围便不得不增加了……

由此可见，近代的政治中心就在行政。行政的要素可以分为五类：

(1) 财政：财政是维持国家生命的工具，例如租税预算会计审计……等事，都是专门的事业。

(2) 用人：国家的管理机关——自政府以至学校、医院，都要雇用专门的人员充任。这些人员的选择、薪俸、升降、惩戒、养老等事，都是行政上绝大的问题。

(3) 材料供给：材料的供给是最紧要的一件事。自铁路工厂、电话局、医院，以至学校，没有一个机关不要材料的供给。就学校说，自图书仪器至黑板粉笔，都是必不可缺的材料。

(4) 技术：执行各种职务，没有一样不靠专门的技术。例如做铁路、卫生、修路、救火……一类事件，必须具有特别的技能的人才能胜任。

(五) 事务组织：在分工的社会之中，科学的分类法和科学的管理法，是最重要的一件事。故关于事务的组织，要想造成一贯相连的系统，便非有事务组织的技能不可。[①]

这些问题，还没有引起当代一些领导者和管理者的高度重视，比如，找一个从来没有学过医的人去一个具有几千名员工的医院当院长，岂不是“乔太守乱点鸳鸯谱”？一些业务性很强的事业单位，居然搞什么轮岗，试问，一个保卫科的户籍管理人员能到财务处去当出纳吗？这样下去，不出问题才怪呢。

(三) 方法手段是关键

不破不立，是真理；只破不立，是破坏；只立不破，是空想；边破边立，

---

① 高一涵著：《政治学纲要》，见本全集第三卷，第 260–261 页。

是正途。但是，如何破，如何立，如何在立中破，又如何在破中立？都是方法手段问题。高一涵作为一个国学功底深厚而又深受西方思想熏陶的启蒙思想家，特别注重方法和手段的使用。马克思主义认为世界观和方法论是一致的，这在高一涵身上体现得非常明显，虽然高一涵不是一个马克思主义者。

高一涵不仅仅在《欧洲政治思想史》《欧洲政治思想小史》《政治学纲要》中都有他关于政治学研究的方法论和具体使用方法的专门介绍，而且还在时评文章中有关于手段和目的之间因果关系的论述。这在中国传统思想家（包括一部分启蒙思想家）中是很少见的。所以，我认为高一涵关于方法论、方法和手段的研究，也是对中国知识分子、企业家、革命家的启蒙。我在阅读高一涵的著作时，首先打动我的不是他的启蒙思想和政治思想（那些我已有较多的接触），而是他关于手段和目的论述。我之所以要用一节的篇幅来评述他的方法论和方法，是我认为它太重要了。

方法问题，说到底是一个路径问题、手段问题。方法论是关于方法的理论，是从理论的高度来认识方法。无论做什么工作，如果没有使用方法的自觉，那说明你对要做的工作还没有入门，充其量也只能算是经验的重复，甚至只是机械的模仿，不能算是“能做”或“会做”。为什么中国共产党人特别重视“道路自信”？为什么中国当代马克思主义理论家特别重视“中国道路”研究？习近平总书记说：“实现中国梦必须走中国道路。这是中国特色社会主义道路。这条道路来之不易，它是在改革开放 30 多年的伟大实践中走出来的，是在中华人民共和国成立 60 多年的持续探索中走出来的，是在对近代以来 170 多年中华民族发展历程的深刻总结中走出来的，是在对中华民族 5000 多年悠久文明的传承中走出来的，具有深厚的历史渊源和广泛的现实基础。”[①]正确道路的选择是实现最终目标的关键，道路（方法）错了，只能是缘木求鱼或南辕北辙。高一涵对方法、路径和手段的重视也是在对中国近代以来的革命和启蒙的经验总结中悟出来的。他在《政治学纲要》中说：

① 《习近平谈治国理政》第一卷，外文出版社 2014 年版，第 39-40 页。

> 政治学的方法的科学化，是从十九世纪下半期起的，如果单说政治学的方法，那么，老早就有了学者的主张不同，大半就因为所用的方法不同。所以这个方法，就是政治学家造成他们政治主张的工具，建设他们政治计划的规矩，和确定他们根本态度的准绳。每一个政治学家，对于政治经济社会诸问题的解决法，大半是根据他所用的政治学的方法而来的。方法是他们的起点，从这个方法研究下去，便表现出来他们解决政治问题经济问题社会问题的态度。……故方法是因，态度是果；方法是起点，态度是归结；方法是模型，态度是铸象。由此看来，政治学的方法，就是政治学家的逻辑，就是政治学家的思想的法则，故政治学的方法非常重要，因为重要，所以不得不先去研究他。[①]

立场决定观点，方法制约观点。那么在政治学研究中有哪些方法可用呢？高一涵在《政治学纲要》中介绍说：

> 伯伦智理（Bluntschli）也分政治学的方法为四种：（一）纯粹观念论；（二）纯粹实验论；（三）历史的方法；（四）哲学的方法。他以为第一个方法偏重理想，第二个方法偏重经验，皆是错误的方法。只有这第三个方法，把社会看作进化的，不看作停顿的，看作活的，不看作死的。第四个方法，把观念和事实联合起来，造成具体的思想。故这两个方法，都是正当的方法。此外很普遍的，还有有机体的方法，比较的方法，法理学的方法，心理学的方法，唯物论的方法，等等。有机体的方法分为三派：（一）精神的有机体说（Psychic Organism）；（二）生物的有机体说（Biological Organism）；（三）社会的有机体说（Social Organism）。[②]

---

① 高一涵著:《政治学纲要》,见本全集第三卷,第 105 页。

② 高一涵著:《政治学纲要》,见本全集第三卷,第 106 页。

高一涵比较欣赏的方法是：历史的方法、比较的方法、心理学的方法和唯物论的方法。他在介绍历史的方法时，有以下精彩的论述：

> 用历史的方法来研究政治：（一）在寻找政治制度变迁沿革的线索；（二）在寻找所以变迁沿革的原因。福礼门（E.A.Freeman）说："历史是从前的政治，政治是现在的历史。"席黎（Sir John Seely）说："历史没有政治学，是为无果；政治学没有历史，是为无根。"柏哲士（Burgess）也说："历史而无政治，虽然不是个死尸，也是个跛子；政治而无历史，好像一个人闭着眼睛，在暗中摸索。"由此可见历史与政治学的关系。故历史的方法在政治学的各种方法中，乃是第一个重要的方法。这个方法虽然有种种毛病：（一）搜求往事，容易受历史现象的束缚；（二）从历史上得来的智识，多是回顾的，不是向前的；（三）羡慕历史太过，往往富于保守性，缺少冒险改进的精神。但是自受了进化论的影响之后，新的历史家抛弃从前训诲主义的历史观，抱着参考主义的历史观。这样一来，可从历史上找出进化的轨道和创造的智慧，便把从前历史家的循环观念和因袭观念一概打破了。所以现在用历史方法来研究政治学，既不妨害社会的进化，又不助长激烈破坏的革命，当然是弊少而利多了。[①]

在这一段论述中，不仅充分肯定了历史方法的优点，也指出了它的不足，显示了高一涵政治学研究中的辩证法。这也是他在五四启蒙思想家中不属于特别偏激的"反传统"一类人的原因，也是他"用历史方法来研究政治学，既不妨害社会的进化，又不助长激烈破坏的革命，当然是弊少而利多了"。这也是他最终没有成为马克思主义者，仍然坚持自由主义道路的原因之一。

在介绍心理学的研究方法时，高一涵指出：

---

① 高一涵著:《政治学纲要》,见本全集第三卷,第 111 页。

作动派是意识与作动并重，研究心理的生活与生理的生活有什么关系，研究意识与人的作动有什么影响。团体派研究社会、人种、阶级、民族、各种团体的心理，找出团体心理作动的法则，所以团体心理学遂成为一切社会科学的基础。

政治学受心理学的影响，虽然是近代的事体，可是从前的政治学也老早就有了心理的根据。……到十九世纪后半叶，“民族的习惯、神话、言语、法律，都成为研究的资料，想从这些研究之中，发见民族的特性。这个民族心理学建设下政治的心理基础，因此便使多数学者注意到政治制度和政治理想的心理背景，又加以进化的理论和历史的方法，应用到政治学上来，使多数学者去研究古代社会的生长，并说明近代高等的组织都是从古代低等的组织发展进化而来的。他们找到本能习惯风俗等及于古代团体生活上的影响，因此便把本能习惯风俗等看作政治制度和社会制度的根基。”“法理学家如基克（Gireke）、梅兰（Maitland）等，把国家看作许多共同团体的整理者，每一个共同团体都是一个精神的人格者。从这个观念推论下去，自然要说政治的服从是从心理的原动力而来的，政治的进行，性质上多半是心理的了。①

高一涵把近代社会心理学研究的成果应用到政治学的研究中来，并介绍给学习中国政治学的学子们，可谓用心良苦。到现在为止，我们国家和社会管理者把社会心理学应用到社会生活和社会管理中去，还有很大的差距。高一涵在介绍“唯物论的方法”时，特别介绍到马克思的唯物主义。他说：

马克思（Karl Marx）把社会的经济构造看作法律和政治等的基础，以为经济构造是地基，法律政治是在这个地基上的上层建

① 高一涵著:《政治学纲要》,见本全集第三卷,第 112-114 页。

筑。物质生活的生产方法可以决定社会的、政治的、精神的生活过程之普遍性质。所以说：人类的意识不能决定人类的生活，人类的社会生活却反能决定人类的意识。唯物论到了现在，受过科学方法的洗礼，有了许多具体的证明，当然不能看作一部分学者的偏见了。故这个方法的确可算作社会科学中一个最好的方法。[①]

当然，高一涵不是马克思主义者，不可能用历史唯物主义来解释历史，但作为一种方法，他用一节的篇幅来介绍唯物论方法也算是公允了。

至于什么是科学？哲学社会科学算不算科学？关于哲学社会科学的科学性等问题，高一涵有一段独辟蹊径的论述，值得参考，也值得思考。就我个人的感觉，这一说法是能站得住脚的。因为人类只能一步一步地靠近真理，而不能一下子穷尽真理，无论是自然科学还是社会科学，概莫能外。否则，认识就没有发展的空间了，科学就没有可探索的余地了。高一涵在《政治学论纲》第一章“导言”中说：

一切科学都是人类主观的智识，对于客观现象的精密的解释，所解释的是客观的现象，能解释的却是主观的智识。故不经主观智识说明的客观现象，不能成为科学；同时不根据客观现象，而纯为主观的玄想，也不配称为科学。

科学既然是人类主观的智识对于客观的事物的解释，那么，当然不能说科学是纯粹客观的了。不过自然科学常常以事实（客观）变理想（主观），而社会科学却常常以理想（主观）变事实（客观），因此，便有人说自然科学是客观的，社会科学是主观的。可是我们如果要仔细推求起来，古今来凡是配称为科学的政治学，绝没有完全脱离客观的政治事实，纯粹凭着主观的见解恋想的。[②]

① 高一涵著：《政治学纲要》，见本全集第三卷，第 116 页。
② 高一涵著：《政治学纲要》，见本全集第三卷，第 101 页。

这一观点，高一涵在《欧洲政治思想史》的两个序言中，都有表述。如他在《欧洲政治思想史·上卷序》中说：

> 研究社会科学和研究自然科学不同。自然科学只能以事实变理想，不能以理想变事实；社会科学却能以理想变事实，不能以事实拘理想。就因为政治思想可以变更政治情状，所以政治思想家对于同一个问题，各人有各人的见解，各人有各人的解决方法，后来便生出议论纷歧的结果。[①]

在《欧洲政治思想史·中卷序》中说：

> 文艺复兴和宗教改革两件大事业都在这个时期内完成；而为近世政治思想神髓的“主权在民”“社会契约”“自然权利”等学说，也由十六世纪的反对君政论派酝酿成熟。十七世纪清教徒和其他学者所发挥的关于生命权、自由权、财产权、言论思想的自由权和政治的平等权等学理，又无一不成为十八世纪末期的政治革命及十九世纪的宪政改革的学理根据。不但个人主义的思想在这个时期发生，就是近世的社会主义的思想，也在这个时期内播下种子。他如一元的主权论（布丹）、立宪政治论（洛克）、三权分立论（孟德斯鸠）和国际法学（格老秀斯），也都发源或成熟于这个时期。故这一个三百多年，简直可以说是十九世纪以来一切政治思想的媾精成形和产生发育的时期。我们如果不曾研究过这个时期的政治思想，便不能了解十九世纪政治思想的来源。因为十九世纪的政治思想，有许多地方只能算是这个时期的政治思想的发挥光大。[②]

---

① 高一涵著：《欧洲政治思想史·上卷序》，见本全集第四卷，第 1 页。
② 高一涵著：《欧洲政治思想史·中卷序》，见本全集第四卷，第 5-6 页。

这就可以理解，为什么高一涵的《欧洲政治思想史》从古希腊开始只写到孟德斯鸠，而他的《欧洲政治思想小史》却从古希腊写到近代无政府主义政治思想家克鲁泡特金（Kropotkin，1842—1921），其原因是，后者不是前者的压缩和简写，而是一为"纵向"贯通，一为"按时间顺序""分派别"地介绍；一纵一横，各有特色。两本书虽有重叠，但在结构框架和思想内容上，各有重点，各有特色，千万不要以为读了"小史"就可以不读全史了；也不要以为读了全史就不要读小史了，两者是不能互换的。

以上介绍的主要是关于政治学研究方面的方法（当然有一些方法论性质的"方法"，也可以用到其他社会科学研究），高一涵还有更普适的"方法"，也更具有"启蒙"的作用。为什么有些人，有头脑、有知识、有思想、有方法、有毅力，就是做不成事，且屡战屡败。这就有两个方面的问题，一是缺乏对宏观局势的判断力和对未来趋势的预测力，也就是我们平时经常说的小聪明做不成大事；二是缺乏目标和手段之间的协调和有机联系。第一个问题是胸襟和眼界的问题。这在高一涵关于政治和道德的论述中，在介绍古今中外思想家的学术思想时谈了很多，因为是"老生常谈"，所以就"熟视无睹"了。第二个问题是"方法"问题——广义的方法包括进路、措施、安排和手段等。做事，没有方法不行，有方法，但方法不对路，也不行。高一涵睿智地指出：

> 人人都知道，凡做事有手段无目的，便是瞎闹；有目的无手段，便是梦想；有目的有手段，而手段与目的自相矛盾，便是自杀。这个浅薄的理论是尽人皆知的，可是一到实行起来，却往往不免自相矛盾。在他们做得兴高采烈的时候，你要是从旁边插嘴说他们不对，他们往往对你翻白眼骂你，甚至于说你是反革命。[①]

① 高一涵:《平民革命的目的与手段》见本全集第二卷;着重号为编者所加。

"有手段无目的，便是瞎闹；有目的无手段，便是梦想；有目的有手段，而手段与目的自相矛盾，便是自杀。"说得太好了！这里的手段，既是方法的总称，又是包括能力、见识和胸襟在内的方法。"目的"有无是个问题，但"目的"正确与否难道不是问题？"方法"有无是个问题，但"方法"正确与否难道不是问题？可见，"目的"的选择与确立，"方法"的选择与确立，"目的"与"方法"是否统一，都与人的世界观、人生观、价值观相联系，更与人的知识、情操、能力相联系。没有离开"目的"的"手段"，也没有离开"手段"的"目的"。作为一个理性人来说，总是把目的和手段一起考虑的。考虑得是否成熟、周全，那就是智慧了。借助科技的手段，集中大家的智慧，往往是现代领导者制订计划、安排人事、处理问题常用的方法。

批判旧制度、旧思想、旧习惯、旧风俗，是启蒙的常规做法；介绍新制度、新思想、新习惯、新风俗，是为新社会新制度的建设提供借鉴、提供模板，既是新思想的立，也是新制度建设的开始。不破不立，破中有立。任何事物都不可能凭空产生，新事物只能在旧基础上生长。启蒙和复兴，是一个问题的两面。启蒙既有对历史上优良传统的呼唤，也有对传统中落后于时代的旧东西的批判和剔除；启蒙既有对自己传统的继承和改革，也有对别国别地新东西、好东西的引进和接纳。"兼容并包，融会贯通，自强不息、厚德载物"是中华文明生生不息的基本原理。所以，全盘西化是错误的，无政府主义是不可能的。建设新制度，就是建设一套符合时代需要、符合本国国情的规范体系。

启蒙是民众的事业，启蒙是民族处于生死存亡关头的大局。唤醒民众，就是唤醒民众奋起救亡。对于普通大众，如何让他们了解新思想、新观点、新趋势，离开教育别无他途。所以，对于人民大众来说，启蒙就是教育，就是用科学来破除迷信，用知识来逐出愚昧，用解放来解除枷锁。

（四）通过教育提高公民素质

为什么鲁迅要批评国民性？为什么许多思想家都提出改造国民性的问题？为什么历朝历代的政治家和思想家都呼吁要培养新人？因为，人永远是最高价值。所有的启蒙、改革、革命，最终都要落实在人身上。人本身就是目的——启蒙的目的、改革的目的、革命的目的。离开了对人的塑造，一切都是没有意义的。所以，普及教育，提高全民族的国民素质，是一切启蒙思想家和一切有远见的政治家所特别关注特别用心的问题。

提高国民素质，首先是提高国民的道德素质。古希腊的苏格拉底说："知识即美德。"中国的传统文化经典《礼记·大学》篇指出："物格而后知至，知至而后意诚，意诚而后心正，心正而后身修，身修而后家齐，家齐而后国治，国治而后天下平。"中国思想家认为，不仅仅道德修炼要从学习知识开始，而且治国平天下也是从学习知识开始的。所以中外古代政治思想家都认为：教育公民，让全体公民学习知识，是提高国民素质、建设理想国家的必由之路。高一涵在《欧洲政治思想史》中评述柏拉图政治思想的渊源时说：

> 苏氏（苏格拉底）最痛恨思想界的纷乱，他以为知识即是道德，道德界纷乱，就因为知识界没有是非善恶标准的原故。所以柏氏毕生的精力，都用在从思想紊乱之中找出是非善恶标准一件事上。
>
> 蒲鲁德高是一个大教育家。他极力反对希腊旧式的"学堂教育"。他说"人是万物的准则"，这个准则不可不正确；若不正确，便不能度量万物。因此便注重教育。他的教育的目的，在造出"良好的公民"，在使人能够分别什么是好的，什么是不好的。
>
> 他说人的道德不是天然生成的，是由知识得来的，是可以教育造成的。他的知识论有三种说法：第一式是"谁见一物，以为怎样便是怎样"。第二式是"我见物以为如此，便是如此；你见物以为如彼，便是如彼"。第三式最著名，是"人是万物的准则，有便是有，无便是无，都以人为准则"。……一切教育只是要人去掉不好的知识，得到好的知识。[①]

---

① 高一涵著：《欧洲政治思想史》，见本全集第四卷，第 24–25 页。

柏拉图的《共和篇》被认为是道德哲学，他主张国家是“人类精神的产物”，治理国家不是为了自己获得报酬，“乃在谋被治的人的福利”。正义就是给每个人“一个公平的机会”。统治者是谋“弱者的利益”，而不是谋“强者的利益”。理想的国家是应人类的需要“而产生的”。柏拉图认为之所以要产生“国家”，目的是为了“满足”人们各方面生活的需要，因而把“国家构成的基础建筑在各尽所能的社会互助上”。柏拉图在《共和篇》有这样的一段表述：

> 我们不是生来就是彼此一样的；天性各有不同，有的长于做这件事，有的长于做那件事。……如果一个人做事，不能适当其时，必使事业荒废，……倘若这个人在适当的时间，做他天性相近的事业，把别的事让给别人去做，那么，做出的量数必更加多，方法必更容易，品质必更优良。①

柏拉图认为“因才定分，循分做事”，便是大大分工的理想国家。高一涵在评介柏拉图的这一思想时指出：

> 柏氏分工的理由有三种：（一）人类天性各有不同；（二）专门做一件事容易熟练；（三）节省时间。但他认为最大的利益便是发展人类的人格。为什么呢？因为各人如果专做一件事，便各认各的事为分内的事，安分守己的去做，因此便发达各人对于事业的责任心。这种责任心便是人格的基础。伦理的国家便是为发达人格而设的机关；所以认定分工的事不但是经济的原则，并且是决定分位、尊重责任和发展人格的伦理上的必要。
>
> 人类天性可分三种：一叫做“理”（Reason），二叫做“气”（Spirit），三叫做“欲”（Appetite）。各种资质都有正当的职务：理

① 高一涵著：《欧洲政治思想史》，见本全集第四卷，第 32 页。

居脑部，可以养成万事的规则；气居心部，可以给活动的精力；欲居腹部，可以应付必要的刺激。国家需要人民有四种道德：(一) 智慧，(二) 勇敢，（三）节制，(四) 公正。智慧可以治国，勇敢可以护国，节制可以制止欲性的放纵，公正即是正义，是三种道德中的共通道德，所以引导各种天性，使它各尽各的职务的。”①

柏拉图认为，办好公共国民教育，丰富公民的知识，强化公民的生存、生产、生活技能，提高国民的道德素质，完善公民的人格，是公民的最根本最基础的利益，也是建设理想国的基础。如果国民人格不健全，即使有好的法律制度也没有用。他还认为，圣贤帝王是“教育造就的”，不是天生的。对所有人来说，只有教育才是他们“朝真理上走”“朝正义上走”的康庄大道。那么，柏拉图的教育思想有哪些呢？

教育责任由国家担负。但是柏氏并不主张教育普及，不过主张教育治国护国两个阶级罢了。因为国家负教育的责任，所以国家便是教育的机关；因为国家是教育的机关，所以政府的责任便在以知识引导全国；因为只有哲学家有真正的知识，所以政府当局必定要是哲学家。理想国中官吏唯一的职务，便是教育；不但青年要受教育，便是成人也要受教育，教育青年必须身体与精神并重，到了二十岁之后，才偏重精神教育；到三十岁后，再检查他的才能，看可以划归哪个阶级。如果有可以研究高深哲学的，一直教到五十岁，再编入治国阶级。……柏氏相信教育的力量很大，贤哲军人都是教育的结果。所以他虽然主张人类天性不齐和阶级分位之说，但他的阶级分位，是教育训练的结果，不是天造地设的；是人为的，不是命定的。”②

---

① 高一涵著：《欧洲政治思想史》，见本全集第四卷，第 33 页。

② 高一涵著：《欧洲政治思想史》，见本全集第四卷，第 35 页。

柏拉图否定家庭教育，主张用国家“公共教育”包揽一切，还主张“治国护国阶级的精神是“理”与“气”，“理”应该无私，“气”应该无累；要想他们尽量发展“理”与“气”的精神，必先隔绝“欲”的冲动；禁止财产室家便是使他们离开“欲”的生活，达到无私无累的境地，然后才可统一理想的国家。可见，柏拉图的教育思想既有其合理性，也有其空想、妄想的成分。而亚里士多德则从现实政治治理出发，认为“国家基础是建在家族制度之上的，是联合许多家庭组织起来的。家庭和国家不但是程度不同，并且是种类不同。家庭的职务第一是教育儿童，预备造成国家的市民；第二男女是天然要互相接合，互相依靠，才能够生育；第三主仆必定要以家庭的关系相接合，一方才能够完全支配，一方才能够完全做器械。”亚里士多德的教育目的有三：

> （一）为将来市民在社会中得到地位的预备；（二）养成市民道德的生活，使他与社会相调和；（三）使市民得到一种技艺。故亚氏的教育便是政治的道德的技艺的教育。
>
> 亚氏的教育责任，也是不委托私人的。为什么呢？（一）因为教育制度与国家的宪法有关，教育是想发展市民的政治才能，使保存国家的宪法；（二）国家目的只有一个，凡是国家的市民必定要全体统一，所以教育不能让私人去随意发展个人的特性；（三）市民是属于国家不能自主的，所以必定要受国家所定的教育。这就是亚氏的教育只有年龄的差异没有阶级的差异的原因。（亚氏教育自养成精神、身体、道德三个目的上说，却完全和柏氏的教育目的相同）”①

亚里士多德的教育思想是同他的理想国联系在一起的，教育是为理想国服务的，“国家不单是人类生命财产的保险公司，乃是一个道德的

① 高一涵著：《欧洲政治思想史》，见本全集第四卷，第77-78页。

社会，使人类求道德的生活。不仅仅是消极的禁止人民犯罪，并且是积极的使人民得到至善的生活”。但他的理想国又与柏拉图不同。

亚氏与柏氏不同的地方：（一）柏氏只承认理想国是理想的，是不容易实行的；亚氏画出这个模范，却以为是可以实行的。（二）柏氏的理想国是一个贵族政体；亚氏的却是一个民治政体。不过这种民治政体之中，除了多数奴隶以外，还有许多艺术家、商人、农夫，没有政权。在现在看来，也同贵族政体差不了许多了。（三）柏氏理想国中护国阶级为国家做事，是一种“公仆”的性质，并不为着自己的安宁幸福；亚氏的市民替国家做事，却是为着自己的安宁幸福。这都是他两个人不同的所在。①

高一涵除了对西方政治家思想家教育家的教育思想进行有选择的介绍外，他自己也表达了对当时中国教育状况的批判和建议。就学校的学风来说：

中国自有学校到现在，以时期计算，总共不到三十年。可是这三十年来的学风，真可以说是千变万化的了！有时候一个学校闹饭厅，因而使各省的学校都发生闹饭厅的风潮；有时候一个学校抵制外货，因而使全国的学校都发生抵制外货的运动；有时候一个学校闹校长，因而使个个学校都发生闹校长的风气。②

这种盲从和肤浅的学风，断乎培养不出来理性的时代新人的。

盲从是教育界的大耻辱！兵士可以用耳朵不用心思，一听到上官的命令，可以绝对的服从；教育界做事却不可这样。凡是自

① 高一涵著:《欧洲政治思想史》,见本全集第四卷,第 78 页。
② 高一涵:《学风》,见本全集第二卷。

己耳朵所听到的，必定要经过自己意识的作用思索一番，然后才可以决定取舍。群众运动可以重感情，教育界的运动却要重理智。重感情的运动可以一呼而来，一哄而散；重理智的运动却可以永久不变。近来教育界中的运动往往只得到“五分钟热心”的称赞，大概都是盲从的结果。

浮浅也是教育界的大耻辱！我们谋学校的进步，绝不可仅崇拜几个偶像的名人。一个蔡元培绝不能撑住北京大学，一个章士钊也绝不能使农业学校变成他梦想的农村。……如果教育界费了九牛二虎之力，所争的目的仅仅在此，那就不如趁早撒手了！

我以为学校的风气绝不是模仿人家的行动所能造得成的，应该更进一步，从学生自己身上起，打定主意，抱着一种精神，埋头用功做下去。久而久之，方可建为一校特有的学风。所以现在各校闹校长、改大学的风气，只可说是传染病，却不能叫做学风。要想创立一校特有的学风，必先要免去盲从和浮浅的两个毛病。①

高一涵在《北京教育界的歧途》中说，北京的教育界向来就有两样的主张：

A 派主张是：要想维持教育，必先澄清政治。因为教育和政治是分不开的。教育不良，固然不能产出好政治；可是政治不良，也同时不能维持好教育。

B 派主张是：要想维持教育，必先使教育界与政治脱离关系。因为中国的历史上的陈例，纵有神奸巨蠹，也不敢明目张胆的摧残教育。即民国十二年来，虽如袁世凯的专横、安福党的作恶，也不敢公然的干涉教育界。北京教育界的责任只在把大门关得紧，不使政治的恶势力侵入教育界，万不要越出范围，插入政治运动。

---

① 高一涵：《学风》，见本全集第二卷。

我敢本着个人的良心对教育界下一忠告，就是教育界如果能把大门关得水泄不通，无论什么恶势力都绝对的不能侵入，那么，B派的态度也未始不可以采取。但是事实上办得到吗？如果事实上办不到，便不得不采取A派的态度。当此非常政变之时，教育界如果要想表示人格，如果要想表示我们不是那‘有奶就是娘’的学者，只有公然作抵抗拿金钱势力强夺总统的黑暗运动。①

高一涵在《考试和情面》一文中，面对“北京入学考试，半靠学业，半靠人情。苟无人为之关照，即成绩甚优，亦往往以额满见遗”。甚至连“国务总理段祺瑞也有半说情半‘手谕’性质的介绍信。”表达了另一种意见：

在科举时代有句俗话，叫做“场中莫论文”。但是那时他们还有个道德的迷信隐藏在心中，叫做“全凭阴骘”；或者听其自然，叫做“总由天命”。我以为抱这种观念的人，还有几分靠自己、靠天理的信心，比较现在的学生，不求自己，到临时才去低头乞怜，人格上还有点高低的分别。

我要总回答致信的朋友们的，是我个人不但无能力替他们帮忙，就是有能力也不干这样没出息的事。我要特别忠告的是：

（一）北京学校考试，不用合议制的委员会，便用不露姓名的弥封法。从前也许有单靠人情的，现在绝对的没有容纳人情的余地。

（二）现在外省的学生多主使或参加校外活动，把学校的功课丢在脑后。要想矫正这种恶习，甄别谁勤谁惰，只有从严把守升学考试这一关。

做父兄亲友的万不要替他们开一个方便之门，好纵容青年子弟在学校中鬼混。②

① 高一涵：《北京教育界的歧路》，见本全集第二卷。

② 高一涵：《考试和情面》，见本全集第二卷。

盲从、肤浅、舞弊的学风，在今天仍然时隐时现地存在着。可见高一涵的教育思想在今天仍然有针对性。当代中国政治清明、社会稳定，国家依法治教，不存在政治乱干预的现象。但是跟风上、随风跑、急功近利、违背教育规律，用抓经济的手段来抓教育的现象，仍然或多或少地存在着。

（五）积极传播马克思主义

高一涵不仅仅是陈独秀、李大钊、高语罕的朋友，而且加入过中国共产党，并对马克思主义有过较深入的研究，还为中国共产党做过许多有益的事。作为近代著名启蒙思想家，高一涵为马克思主义在中国的传播做过许多不可磨灭的贡献。他除了在一些文章中运用马克思主义的立场、观点、方法，看待、研究、分析事物外，还在“启蒙”期间写有专门介绍和宣传马克思主义的文章。比如他在1921年6月初发表的《共产主义历史上的变迁》一文中，就用比较的方法，将科学的马克思共产主义同历史上形形色色的“从伦理的基础上立论的共产主义”和“从人道的基础上立论的共产主义”区分开来，说明马克思的科学共产主义是“从经济的基础上立论的共产主义”。这就从立论的基础上将科学的共产主义同其他形形色色荒谬的“共产主义”区分开来，从而澄清了当时一些别有用心的人对马克思主义的肆意歪曲和诽谤。文章最后说：

> 从前想用政治的方法来解决经济的问题，以为只要有劳动代表加入政界便可改良经济的生活；现在却想把政治放在劳动者管理之下，使政治问题同经济问题由劳动者自己一同解决。所以从前劳动界只要求参政，现在的劳动者却想直接来管理国家。如果把国家放在劳动者管理之下，如果国家之中没有不劳而得的阶级存在，共产主义就可以完全实现了。①

① 高一涵：《共产主义历史上的变迁》，见本全集第一卷。

在《关于资本主义和社会主义的争论的我见》这篇文章中，高一涵进一步论证了劳动人民必须直接管理国家，才能摆脱贫困的境地。他说：

> 在有资本阶级的社会之中，在实行资本主义的社会之中，所谓增加富力，只是增加资本阶级的富力，“从来没有过过人的生活”的人仍然压在底下。说在资本阶级之下，可使一切人都可以过“人的生活”，是闭着眼睛说瞎话。如果瞧瞧欧美各国现在的情形，如果稍为研究研究社会主义所以发生的原因，我想再也不致于有这种错误。①

这里就隐含着无产阶级只有通过革命获得政权，才能拥有经济解放和人身解放的意思。他在1924年8月发表的《唯物史观的解释》和1925年4月在题为《马克斯的唯物史观》的演讲中，着重介绍了马克思主义的唯物史观。高一涵在介绍马克思的唯物史观时，先批评资产阶级理论家对马克思唯物史观的歪曲以及一些不明真相的人对马克思唯物史观的误解。而且这种批评是与对自己以前的观点的批评结合在一起的，取一种善意的态度，既让别人感到作者的真诚可信，又客观地介绍了马克思主义唯物史观的科学内涵。这既是一种为文的技巧，又是一种平等说理的方法，值得今天作宣传工作的同志们学习。

高一涵在批评日本的中泽临川和中国的胡适之等对马克思唯物史观的歪曲之后写道：

> 不说别人，就是我自己胡乱的写《欧洲政治思想小史》的时候，也抱着同样的见解，说道：“历史的进化都是人类以意识建筑起来的。人类意识可以征服自然，指挥自然，至少也能利用自然，使自然顺着人类的意志向进化的路上走去。如果人类都睡在

---

① 高一涵：《关于资本主义和社会主义的争论的我见》，见本全集第一卷。

那里，自然自己断不会有进步的。”这就是我们自己不满意于马克思的自然进化的历史观的论调。现在少少看过一点关于唯物史观的学说，才知道马克思的唯物史观对于个人的努力的问题并没有十分轻视。因作这篇，想说明唯物史观并不是一种宿命论。①

高一涵在引文介绍和具体解释了马克思唯物史观的“五个公式”后，谈了自己对马克思主义唯物史观的理解和看法，并再一次批评了“资产阶级学者”的“歪曲论”和一些“不明真相者”望文生义的“误解说”。

但是依我看来，马氏的必然论只是表明他自己对于唯物史观的信仰，却不是表明他对于人类理智作用的反对。

马克思所谓社会组织的进化，并没有一处看轻人为的势力。他说由资本主义的组织变成社会主义的组织，这中间必要的关键就是“阶级战争”。故马氏常常把那改造资本主义的社会和实现社会主义的社会的伟大的事业，放在劳动阶级的双肩之上。社会进化必定要经过那由生产力和社会组织的冲突而酿成的阶级战争，然后才可以实现。识破这种冲突者是人，已既识破这种冲突然后和他相决战者也是人，故人类的努力就是构成冲突现象的一部分。假使没有利害相反的两阶级同时并立，便绝不会生出那维持现状和打破现状的两种社会运动。②

当然，在当时的时代背景下，高一涵对“马克思主义”及其“唯物史观”的理解是粗疏的肤浅的，甚至有的地方是错误的，但就总的方面来说，他对马克思主义的基本原理是把握住了的，并能结合历史和中国现实宣传马克思主义，自有其重要的启蒙作用。高一涵在《关于资本主义和社

① 高一涵:《唯物史观的解释》,见本全集第一卷。
② 高一涵:《唯物史观的解释》,见本全集第一卷。

会主义的争论的我见》一文中写道："历史的变化是可以人力修补或改变他的趋向。换句话说，就是不从资本主义的时代经过也可以达到社会主义的时代。人类所以有创造的智慧，就是教人不要把古人的失败史'如法炮制'的重抄一遍。换句话说，就是欧美从前的经济学只注重生产，所以造成贫穷的阶级；我们现在注重生产，同时就应当注重分配，千万不要把欧美的资本主义罪恶史重演一遍。以人力改变历史的趋向，不要问他能不能，只要看他的方法善不善。"[①]在这里，高一涵认识到马克思主义对人的重视，同时也揭示了马克思主义一贯秉承的是"人民主体"地位，主张"人民是历史的创造者"，否定了一切剥削阶级所宣扬的"英雄史观"。

由于在理论上自觉接受了"马克思主义"的熏陶，并在思想上深受共产党人李大钊和陈独秀的影响，高一涵在中国共产党成立以后相当长的一段时间所写的文章，行文中有更多"唯物"的观点和"辩证"的方法，看问题更全面，思想也更深刻，切中要害也更能一针见血。

纵观以上五个方面，我们认为，高一涵作为中国近代史上著名启蒙思想家，其视野是高远的，思想是深刻的，批判是较为彻底的，所揭示的问题是多方面的，对中国现实社会问题所提出的解决方案也是有价值的……。可惜，由于革命形势的急转直下，更因为李大钊的牺牲、陈独秀的"远去"、胡适的疏离，高一涵也只好另谋高就，弃文从政了。

四、余论："启蒙"之外的高一涵

人生是多面的。在高一涵的人生中不仅仅只有"启蒙思想家"这一种身份，还是著名学者，大学教授，政治系主任、院长，同时他还兼任多种报刊的编辑、记者、自由撰稿人等多种角色；1927 年后，他又有了国民革命军总司令部编译委员会主任委员、总政治部宣传科长、国民政府检察院检察委员、国民政府派往两湖和甘宁青等地的监察使等政府职务，同时还

---

① 高一涵：《关于资本主义和社会主义的争论的我见》，见本全集第一卷。

因《金城集》的面世而摘取了“诗人”的桂冠。1949年中华人民共和国成立后，高一涵除了继续担任大学教授和政治系主任外，又多了民盟江苏省副主委、民主党派成员、江苏省政协副主席、江苏省司法厅厅长、中华人民共和国政协委员等职务。在他的一生中既加入过中国共产党（入党数月后，因避居上海租界而脱党），又加入过中国国民党。中华人民共和国成立后的政府任职，是靠他著名学者和前国民党政府官员的双重身份获得的。但在这多重身份中，最重要的是“启蒙思想家”和“著名学者”的头衔，其他身份都是以此为前提的。下面就高一涵任国民政府监察委员、监察使的18年与他在中华人民共和国成立后生活的19年，作简要的评述。

（一）在国民政府任职的18年

高一涵在国民政府任职的18年，主要是从事监察工作，一部《监察工作文稿》和一本诗歌汇编《金城集》，完完全全地记录了他这一段的工作和生活。从报人、大学教授、思想家，到监察委员、监察使；从写新闻评论、学术专著和大学讲稿，到写监察公文、公务应用文书；从理论思维（写学术论文）到形象思维（写诗歌）；从务虚到务实；既可以看作是从理论到实践的转换，也可以看作是他人生的几次转向。撇开身份转换不说，仅就思想方式的转变、情感寄托的转变和生存生活方式的转变这三方面来说，无异于脱胎换骨。可对于一个智者来说，高一涵是变中有不变，不变中有变：变的是形式，不变的是生命的底色；变的是工作对象、工作方式和操作程序，不变的是他爱国为民的初心和坚持法治思维的家国情怀。在《监察工作文稿》中，有他秉笔直书的对违法官员的弹劾文，也有他起草的对弹劾文进行复查的审核书；既有他奉命勘察各地水旱灾情撰写的报告，也有他为监察院起草的法规文件、工作报告等。期间重要文稿，均收在本全集第五卷中，可供查阅。

《金城集》系1941—1945年间，高一涵在任甘、宁、青三省监察使期间写的诗歌。“庚辰之秋，自湘来兰，道经重庆，值长沙章行严先生于山洞。时先生正埋首诗词间，日有新作，极力劝余为诗。到兰后，孑然一身，交游益寡，深宵孤灯独坐，郁郁寡欢，姑试为之。”“壬午秋，行严来兰，索阅存稿，谓大体尚可，仍宜多读多作。厥后积渐成癖，无间闲居出游，兴到即作。五年间存诗六百余首。”可见，高一涵是在章士钊鼓励和敦促下试笔的，在得到章的肯定和鼓励后一发而不可收，而后汇集于《金城集》。诗集不只是高一涵思想情感的抒发和理想情志的寄托，还是他人际交往的记录及对国内国际重大事件的表态。高一涵的诗不同于一般文人雅士的吟风弄月之作，多是对祖国大好河山的赞颂和对国计民生的关怀。诗中有画，诗中有情，诗中有爱，诗中有恨，且情感真挚，爱憎分明。

在本全集第六卷中还收有《金城集》出版后写的部分诗、联。

（二）在新中国生活的 19 年

南京解放、新中国成立时，高一涵已经 64 岁；按现在的退休制度，应该退休了。但高一涵是名人，是为中国人民的解放事业做出过重要贡献的人。所以，1949 年 6 月经周新民和陈新敏介绍加入了中国民主同盟，并被聘为南京大学教授兼法学院院长，次年任南京大学校务委员。1951 年 5 月任南京市监察委员会委员。1953 年 2 月高一涵被江苏省人民政府任命为江苏省政府参事，工资由江苏“省府发给”。从此，高一涵又步入了政坛，最后官至省司法厅厅长、省政协副主席、全国政协委员、中国民主同盟江苏省副主委。仅就级别论，几乎与在国民政府任职时相当。但高一涵又面临着新的转轨定向。虽然建设民主的自由的人民共和国是高一涵致力追求的终身理想，且与共产党人陈独秀、李大钊、高语罕、周新民等过从甚密，也研究过马克思的思想，但真正置身于共产党领导下的欣欣向荣的社会主义新中国时，仍然有诸多的隔膜和生疏，经过一次挫折后，虽小心翼翼，仍不免心有余悸，终难逃“文革”一劫。

中华人民共和国成立后，高一涵也写过一些文章和诗歌。本全集第二卷收入了《百年来美帝对华政治的透视》《从五四运动中看究竟是谁领导革命》《实用主义的政治思想的反动本质》《审判人员能不能向科学进军》《对被告人供词应该怎样正确地评价》《对于目前婚姻关系变化的分析》和回忆李大钊、胡适、辛亥革命前后安徽青年思想情况等回忆文章。这些文章对新中国的社会主义建设起到了积极的促进作用，但与“启蒙”渐行渐远了。

高一涵的一生，无论是就其事业的建树上说，还是就其思想品德修炼来讲，都与其出身“耕读世家”“书香门第”，自幼“勤奋好学”“品行淳朴”；做事“认真负责”“善始善终”，做人“诚信敦厚”“友善和睦”；作文“秉笔直书”“文采斐然”，做官“刚正不阿”“公正廉洁”；一生以“爱国济民”为宗旨，在任何情况下都能坚守“道德文章”伴终身的理念有关。学而不厌、闻过则改，使他受益终身。

金无足赤，人无完人。高一涵迫于形势写过“高一涵辨明非共产党，目的是想活着”的文章，也发生过“因娶妻一事遭友人不屑”的道德瑕疵，还曾因偶尔“赌博”等生活“小节”被人诟病。正如鲁迅所说：“有缺点的战士终竟是战士，完美的苍蝇也终竟不过是苍蝇。”[①]高一涵也不是完人。但高一涵留下的几百万字的作品，同他多彩的人生一样，足以彰显后世，启迪来者。

高一涵的启蒙生涯，从他 1914 年 7 月 10 日在《甲寅杂志》上发表第一篇文章《民国之祢衡》起，到 1935 年 5 月在《国衡半月刊》上发表《国民经济危机》为止，也仅仅 21 年时间。而他在国民政府监察院任职的时间“前后达 18 年”。其实，高一涵 1931 年初就到监察院任职了。到检察院任职后前五年写的略有启蒙锋芒的文章也就 4 篇。如果把这 5 年减去，作职业“启蒙”工作也就 16 年。就是说，高一涵在监察院工作的时间，比他作为启蒙思想家的时间还要长，至多也就是旗鼓相当差不多吧。但是，高一涵在“启蒙”的十六年，思接千载，笔走龙蛇，高朋满座，才华横溢，大有“指点江山，激扬文字，粪土当年万户侯”之气概；也正是这十六年让他光芒四射，声名远播，为其照亮一生。如果没有这十六年，于右任会聘他担任国民政府监察院监察委员吗？如果没有这十六年，中华人民共和国中央政府能让他担任江苏省政协副主席、全国政协委员吗？

用历史的眼光看，五四新文化启蒙运动“是生机勃勃的、前进的、革

---

① 《鲁迅全集》(三)，人民文学出版社 1981 年北京第 1 版，第 68 页。

命的”。启蒙运动的兴起“是一个历史现象，可以说它首先是一个文化运动，但是因为它的推动导致科学技术的发展，导致生活方式的改变，使人的宇宙观、世界观、人生观都发生深刻的改变，并且，各种利益集团，或者说利益集团因此重新组合，这个发展的力量实在太大了，所以我们说它是一个历史现象。”①尽管五四新文化启蒙运动有这样那样的不足，但它在中华民族历史上的功绩，是任何人都抹煞不了的。“五四运动是近代中国革命史上具有划时代意义的事件。它的历史意义，在于它带着为辛亥革命不曾有的姿态，这就是彻底地不妥协地反对帝国主义和彻底地不妥协地反对封建主义，启导广大人民的觉悟，准备革命力量的团结。五四运动对社会主义思潮在中国的蓬勃兴起，起到了极大的推动作用。它促进了马克思主义在中国的传播并与工人运动的结合，为中国共产党的成立在思想上和干部上作了准备。因此，它标志着中国新民主主义革命的开端。”②

高一涵在“启蒙”的十六年，为中华人民共和国的建立作了思想启蒙和舆论准备，功不可没。作为著名政治学教授，不仅仅为国家培养了大批具有近代政治法律观念的学生，也为我国政治学理论的奠基贡献了不可磨灭的功勋。他的《中国御史制度的沿革》《中国内阁制度的沿革》《中国言官制度发展史》和他十八年监察官的生涯留下的百余份监察文案，为新中国的监察工作提供了有益的借鉴。纵观高一涵的一生，真可谓“忠厚传家远，诗书济世长”；道德文章，彪炳青史。

2020 年 5 月

于皖西学院教工宿舍

（作者系安徽省金寨县人；皖西学院教授，

长期从事伦理学教学和研究工作）

---

① 哈佛燕京学社编：《启蒙的反思》，江苏教育出版社 2005 年版，第 11 页。

② 中共中央党史研究室著：《中国共产党的九十年：新民主主义时期》，中央党史出版社、党建读物出版社 2016 年第 1 版，第 20 页。

“五四”时期高一涵的社会政治思想

郑大华　薛　华

高一涵（1884—1968）是“五四”时期一位重要的启蒙思想家。但长期以来由于种种原因，相对于“五四”时期的其他启蒙思想家，如陈独秀、胡适、李大钊、鲁迅、吴虞、傅斯年等人来说，人们对他的研究较少，迄今为止不仅没有专著出版，文章也只有为数不多的几篇①。这为数不多的几篇文章着重论述了“五四”时期高一涵的民主启蒙思想以及高一涵对五四爱国运动的贡献，但很少涉及高一涵民主启蒙思想的独特性及其政治思想的逻辑发展。有鉴于此，笔者拟以高一涵先后加盟的四个刊物——《新青年》《甲寅》（日刊）《每周评论》《努力周报》为线索，对他“五四”时期的社会政治思想作一综合探讨。

一、关于“民权”与“自由”

1914年，高一涵开始涉足新闻领域，成为《甲寅》（月刊）的撰稿人。《甲寅》（月刊）为章士钊1914年5月在日本东京所创办，以“条陈时弊，朴实说理”相号召，以“徐徐牖启民智”为职志，“着重从理论上捍卫

① 主要有张春丽的《五四新文化运动中高一涵启蒙思想初探》《高一涵与五四爱国运动》《浅析高一涵五四新文化运动时期的人权思想》、吴汉全的《〈努力周报〉时期高一涵的政治思想研究》和董宝瑞的《李大钊的文坛好友高一涵》等。

民主政治价值，批判袁世凯集团的专制独裁理论”[1]，在当时极负盛名。高一涵的文风亦深受章士钊的影响，成为“逻辑文”派的代表人物之一。通过《甲寅》，高一涵开始在年轻的知识分子中和思想舞台上树立起自己的形象。第二年，陈独秀在上海创办《青年杂志》（第2卷起改称《新青年》），向高一涵约稿。高一涵先后为《新青年》撰写文章23篇，就数量而言，仅次于陈独秀。1917年他应北京大学之邀，担任北京大学法科教授，并从《新青年》第四卷起，出任六主编之一，成为“一校一刊”的核心人物。

朱成甲教授在他的《李大钊早期思想与近代中国》一书中认为，高一涵在《新青年》的作用是为主编陈独秀摇旗呐喊：“陈独秀强调法兰西的人权思想对于近代文明、对于近代民主主义的极端重要，高一涵就是陈独秀这一基本指导思想的最忠实最有力也是最出色的表达者。”朱教授对高一涵在《新青年》的这一定位为后来研究者所认同。如张春丽在《高一涵与五四爱国运动》一文中写道，“陈独秀高扬民主与科学大旗，欲造就一代新青年之时，高一涵就尽显所长，为陈独秀担纲助阵”[2]。但在笔者看来，对高一涵在《新青年》的这一定位是否准确有待商榷，因为除为陈独秀摇旗呐喊外，高一涵在民主启蒙思想的宣传上也具有自己的鲜明特色。

陈独秀在《敬告青年》中，将“人权”与“科学”并归于现代文明之两大基石，他以个人主义为内涵来诠释人权，提出了以个人主义代替家庭主义的启蒙命题，并指出中国伦理革命的方向是“以个人本位主义易家族本位主义”[3]。“个人主义”作为“人权”的核心思想遂由陈独秀之揭示而风行“五四”思想界。高一涵则从个人的主体性价值来高扬个

---

① 邹小站：《章士钊社会政治思想研究（1903—1927）》，湖南教育出版社2001年版，第314页。
② 张春丽：《高一涵与五四爱国运动》，《承德民族师专学报》2001年第4期。
③ 陈独秀：《东西民族根本思想之差异》，《青年杂志》第一卷第4号。

人主义。在他看来，“人则有独立之才力、心思，具自主、自用之能力。物可为利用者，而人则可为尊敬者也。人之所以为人，即恃此自主、自用之资格。惟具有此资格也，故能发表独立之意见。此人品之第一义也”。①“民主”与“科学”的价值基础是个人主义的主体性诉求。在精神领域，改造国民性而解放个性，从人格依附的臣民文化向人格自由独立的公民文化的转型，是中国启蒙的关键课题。因此，高力克认为，个体价值的提出，“是‘五四’最深刻的启蒙主题，其意义决不在‘民主’和‘科学’之下”②。高一涵将中国数千年文明停滞不前的主要原因归咎于“小己主义之不发达”③，并热切地希望“今日吾辈青年，正当努力以与旧习俗相战，以独立自重之精神，发扬小己之能力”④。

高一涵从主体性价值来诠释个人主义，同他的人权思想相关。他认为，只要是人类就该享有人权。在西方中古国家，“附土农奴，世传仆役”，人类天然的自由权利被剥蚀殆尽，但在我们古代中国，“布衣而为卿相，匹夫而作帝王者，比比皆是”，⑤因此，中国自古以来，在“人权”这一点上“类似近代之制”。人权是天赋予的，是外力所不能剥夺的，所以今天我们所争的与其说是“人权”，不如说是“人格”，而“人格”的获得，不是靠革命的手段而是靠个人的自我完善。所以，他要求青年要练“志”、练“胆”、练“识”。高一涵的人权观念显然得之于洛克的自然权利说。洛克认为人生下来就处于一种人人平等的自然状态，人的自然自由，只能以自然法作为准绳，不受其他任何立法权的支配。高一涵认为，中国人自古以来就能“布衣而卿相，匹夫而帝王”，因此人权相当发达。这说明，一方面他接受了洛克的自然权利说，另一方面他又把中国的“臣民”当成了洛克所说的“人民”，而没有分清“臣民”与“人民”

① 高一涵：《共和国家与青年之自觉》，《青年杂志》第1卷第1号。
② 高力克：《五四的思想世界》，学林出版社2003年版，第23页。
③ 高一涵：《共和国家与青年之自觉》，《青年杂志》第1卷第2号。
④ 高一涵：《共和国家与青年之自觉》，《青年杂志》第1卷第1号。
⑤ 高一涵译：《近世国家观念与古相异之概略》，《青年杂志》第1卷第2号。

的区别，以“民”而不是以“人”作为思考中国问题的原点，并据此而提出了他的“民权”概念。

高一涵提出“民权”这一概念的目的，是为了反对专制政体，建立真正民主的共和国家。所以在他的文章中，“民权”与“共和精神”经常是联系在一起的。他认为有没有“共和”这一名号并不重要，“国体之变更与否，乃形式上的事，不佞所论，乃共和国民立国之精神”。因为“政府施政之效，其影响不逾乎表面之制度，而政治实质之变更，在国民多数心理之所趋，不在政治之形式”[①]。这表明曾经历过辛亥革命洗礼的知识分子对辛亥革命之后“共和”外壳、“专制”实质的社会政治现状的不满，他们热望的共和政体，在不到几个月的时间内就土崩瓦解了，政权落到了被陈独秀称之为中国“三大不幸”的政客、官僚、军阀的手中，徒争“共和”的形式又有什么意义？复辟帝制的袁世凯不是也打出过“共和”的招牌吗？因此在《共和国家与青年之自觉》这篇长文中，高一涵开篇就提出了有没有民权、民权之发达与否应是共和与专制制度的评定标准，他说，“专制国家，其兴衰隆替之责，专在主权者之一身；共和国家，其兴衰隆替之责，则在国民之全体。专制国本，建筑于主权者独裁之上，故国家之盛衰，随君主之一身为转移；共和国本，建筑于人民舆论之上，故国基安如泰山，而不虞退转为专制时代之人民”，“自今以往，吾共和精神之能焕然发扬与否，全视民权之发扬程度为何如”[②]。

高一涵民权观的形成，处处打下了功利主义者边沁和社会契约论者卢梭的烙印。受边沁的影响，他认为，法律的立法原则应该体现功利主义的旨意，“宇宙欲得其治平，惟有集伦汇万殊之苦乐，比例平衡，求得脱苦享荣之极度，立为准则，制为法律”。人类怀有各种相互冲突的利害情感，但不管怎样，避苦趋利的冲动却是人类的本能，由“功利”的本能冲动造成的法律必能使各人之间欲望情感相安相得。法律的目的就

① 高一涵：《共和国家与青年之自觉》，《青年杂志》第1卷第2号。
② 高一涵：《共和国家与青年之自觉》，《青年杂志》第1卷第1号。

是“俾最大幸福，得与最大多数人类共享之”，亦即功利主义者所谓“谋最大多数人的最大幸福”。那么，什么是最大多数人的最大幸福呢？这只有最大多数人亦即人民自己才能判定。因此，人民是否有立法之权便成了能不能为最大多数人谋最大幸福的关键。也正是从这一认识的前提出发，高一涵反对人治，主张法治，主张人民要有立法之权。在他看来，立法权如果由当权者来掌握，没有“不欲滥用其权以自恣”的，这是人的通性。人民把希望寄于当权者的良心省悟、道德谦让，依靠他人来求得幸福自由，这只能是一厢情愿的空想而已。因此他一再强调：“小己之图谋幸福，必自改良政治始；改良政治，必自夺回立法之权始。”[①]

如果说在立法的原则上高一涵主要接受的是边沁功利主义的影响的话，那么，在国家与民权的关系上，他接受最多的是卢梭“民约论”的影响。首先，高一涵认为，国家为人类所创造之一物[②]，国家的权力不是国家本身所固有的，而是由人民所赋予的，国家的权利以人民的权利为根基，国家不是人生的归宿，人生的归宿，在于人生本身[③]。他引用美国联邦法院对国家所做的定义，认为“国家者，乃自由人民为公益而结为一体，以享其所自有，而布公道于他人者也。所以“国家创造之主，曰‘自由、人民’，所以创立之因，曰为‘公益’，所以永存不灭之理‘曰主公道、曰适宜于人群’。兼备此四种要素，而后国家方克巍然存乎于天地之间”[④]。这就是说，国家是自由人民为了享受、保障自己应享有的自由权利而组织起来的，让人民享有自由权利或“主公道”是国家存在的根本目的。他不同意霍布斯关于“契约一经成立，人民再无干涉君主之权”的观点，也不同意洛克的“对于政府，所求者不过是要政府不逾越一定限制，不侵犯个人自由而已”的思想，而赞成卢梭的“民约论”，认为只

---

① 高一涵：《乐利主义与人生》，《新青年》第2卷第1号

② 高一涵：《国家非人生之归宿论》，《青年杂志》第1卷第4号。

③ 高一涵：《近世国家观念与古相异之概略》，《青年杂志》第1卷第2号。

④ 高一涵：《共和国家与青年之自觉》，《青年杂志》第1卷第3号。

有“民约论”才说明了国家的目的、价值以及个人应该享有什么样的基本权利。在文中，他大量引用卢梭的词汇，如“公共意志”“自由意志”“国民总意”“主权在民”“人民总意”等等，认为共和时代的人民的第一天职在于“本自由意志，造成国民总意”[①]。其次，国家的功用在于保障民权。五四新文化运动时期，一个极为重大的贡献就是发现了个人，确立了个人对于国家、社会的独立价值。高一涵特别重视个人的自由权利，反对国权的过度膨胀，更反对统治者以国权主义为借口对个人自由权利的干预，认为国权与民权的关系是：国权盛则民权弱，而民权盛则丝毫不损于国权，因为“建筑国家之权利，必端赖握有权利、富有自治能力之人民，以人民必先能确保一己之权利者，乃能高建国家权力也”[②]。高一涵还批评了中国传统的“君后”观念，指出“中国皇帝身兼天地君亲师之众责，总统也想身兼天地君亲师之众责”。他认为中国传统的泛道德意识把中国的政治塑造成了一个“政治伦理化”的特殊形态，国家的权力不仅“能支配人类外部行动”，而且还可“干涉人类的思想、感情、信仰”[③]，这不符合国家是公仆、人民是主人之立国原理，是一种反仆为主的行为，其结果只能生出三种政治：专制政治、贤人政治、政教混合政治。他把西方古今倡言“国家终极目的”论者，分为“道德幸福说”和“保护权利说”两派[④]。“道德幸福说”以实现理想或追求最大幸福为宗旨，“以道德幸福之责，托诸国家，则国家权力，泛然无所限制”；“保护权利说”则主张国家职责，在立于人民之间，监护人民举动，裁判人民相侵相害的事实[⑤]，奖励自由，保护人格，以促进人民的独立自治[⑥]。因此，他认为，“保护权利说”明定了国权的行动范围，最能补救“道

---

① 高一涵：《共和国家与青年之自觉》，《青年杂志》第 1 卷第 1 号。
② 高一涵：《国家非人生之归宿论》，《青年杂志》第 1 卷第 4 号。
③ 高一涵：《非“君师主义”》，《新青年》第 5 卷第 6 号。
④ 高一涵：《国家非人生之归宿论》，《青年杂志》第 1 卷第 4 号。
⑤ 高一涵：《近世国家观念与古相异之概略》，《青年杂志》第 1 卷第 2 号。
⑥ 高一涵：《共和国家与青年之自觉》，《青年杂志》第 1 卷第 1 号。

德幸福说”的流弊。

国家的功用在保障民权不受侵害。那么国家怎样才能保障民权不受侵害呢？高一涵认为，在消极方面，是不作为亦即不干涉；在积极方面，是为人民权利立法，而且与人民一样，要同样受法律制约，“国家违法，与人民违法，厥责维均”[①]。当然，高一涵进一步指出，国家的功用在保障民权，但人民的权利要真正获得保障，关键还在人民自己，用他的话说：“欲政府不侵我民权，必先立有凛然难犯之概；欲政府不侮我人格，必自具庄严尊重之风。”[②]因此，他希望人们尤其是青年能从传统儒家思想的重压之下解放出来，真正实现精神上和智力上的独立，自觉捍卫做人的权利，以奠定共和国家的精神基础。

和“民权”一样，“自由”是新文化运动的另一个核心理念，陈独秀、李大钊等都从不同的角度对自由进行过阐述和宣扬。陈独秀在《敬告青年》一文中，即把“自主自由之人格”列为其六大启蒙主题之一，并把它看成是一种与生俱来的、受宪法保护的神圣不可剥夺的权利。李大钊也认为，“自由为人类生存必需之要求，无自由则无生存之价值”[③]。高一涵同样探讨了自由的有关问题。

高一涵认为，现代社会中个人要充分享受自由，就必须建立在以下一些基本原则的基础之上：首先，要充分扩大个人的自由权利，这种个人自由不仅是量的而且还是质的。在量上，他认同弥尔的如下思想，即：“以全体意见禁止一人和那以一人意见阻止全体者，同为不公不平的事。”在他看来，每个人都有自由发表意见的权利，每个人都有权利按照他们自己选择的生活方式生活，在不伤害他人的前提下，都应被允许有做他们想做任何事情的权利。他反对好同恶异，强调应充分发扬人的个性，认为个性甚至奇癖是自我充分发展的表现，个性的活跃是个人获得创新

---

① 高一涵：《近世国家观念与古相异之概略》，《青年杂志》第1卷第2号。

② 高一涵：《共和国家与青年之自觉》，《青年杂志》第1卷第1号。

③ 李大钊：《李大钊文集》（上册），人民出版社1984年版，第244页。

的源泉，能使个人按本身的要求发展自己。他说“乡愿乃道德之贼，尚同实蠹蠹性之虫”，要求青年自我做圣。他批判中国纲常名教“拘束我国人心，垂数千年，不知湮灭了许多特性，不知埋没了许多奇材异能”。因此，“中国今日思想，不要统一，只要分歧，所有的学说，不必先去信他，只要先去疑他”①；在质上，高一涵主张从道德的角度去认识自由，认为道德与自由之间存在着密不可分的关系，“道德之基，根于天性，而启瀹之机，则自由是尚”。既然道德与自由都根源于人的天性，“不杂于威势，不染夫习惯”，是自然而然形成的，那么，忿、欲、己、私是人的天性中所固有的，不可用外力强行压制，只可因势利导，否则，则“无可排泄之余地，而溢，而横流也”②。

如何才能使个人更加臻于自由境界呢？高一涵认为，道德的不断完善能增进个人的自由，因此，应该引进理性的原则，即通过道德自律的途径。他认为，自由应包括两重意义，即自由与自治“以我克我曰自治，不以他克我曰自由”。他承认自治必用限制之力，力图通过自我克制的途径以实现自我的统一，希望个人通过驾驭和强制自我，以便最大限度地达到自由的境界。他不认为自我与自治是相互矛盾的，恰恰相反，“举凡大地民族，其最能享受自由之福者，自治之力最强”。在他看来，所谓“自治”就是同人的劣根性即惰性进行搏斗，“自治之道，在自用勤力，以战胜吾惰性而已”③。他认定道德个体所赋予的一些理想品质最能使个人享受自由，而要培养这些理想品质，就必须加强教育，以不断提高个人文化。他说，“自由之界，随文化之演进而弥宽，文化愈高，斯自由愈广”④。的确，处于一定时代的个人，由于受“无知之幕”的“遮盖”，对人类和自然的了解总受到一定程度的限制，人类所享有的绝对自由在

---

① 高一涵：《读弥尔的〈自由论〉》，《新青年》第 4 卷第 3 号。
② 高一涵：《共和国家与青年之自觉》，《青年杂志》第 1 卷第 1 号。
③ 高一涵：《自治与自由》，《青年杂志》第 1 卷第 5 号。
④ 高一涵：《共和国家与青年之自觉》，《青年杂志》第 1 卷第 1 号。

某种程度上来说又是相对的，“故真正自由，天地间绝无此物”，因此人类要不断与“惰”斗争，并通过自我改善的途径，最大限度地享受自由。

其次，将个人主义原则引入集体主义原则之中。高一涵相信个人权利的保护、个人自由的发挥可以使个人在不伤害他人的情况下依靠自身的行为方式有序地生活，但他倡导的个人主义却不仅仅只是为了维护自身的利益，而是认为个人利益是达成集体利益的一种手段，为此他提出了“自利利他主义”的思想。他说，现代社会中“应以谋社会之公益者，谋一己之私益；亦即以谋一己之私益者，谋社会之公益，二者循环，莫之可脱，损社会以利一己者固非，损一己以利社会者亦谬，必二者交益交利，互相维持，各得其域，各衡其平，乃得为之。”为什么要提“自利利他主义”呢？他解释说，个人是社会中的一员，社会由个人群集而成，不谋个人的利益就不能达到社会的发达，在共和国家，“果为自利，抑为利他，举莫能辨”，因为自利就是利他，利他就是自利。但是，高一涵并不把自利与利他看成是平行的，而是“自利利他主义，必以小己主义为始基”[①]。因为人类是先有个人后有国家，国家是为保护个人自由权利而设的，国家的归宿在于人生。他认为，中国数千年文明停滞不前的一大原因就在于“小己主义不发达”。

高一涵把个性解放即个人的独立与自由看作是社会变革、国家和民族解放的前提和基础，因此宣扬人生的真义是不折不扣的“个人主义”，但在宣扬个人主义之时，又念念不忘地告诫人民：“小我”是不能脱离“大我”而独立存在的，必须对“大我”负责。之所以如此，是因为他既要用个人主义来破除封建奴性主义的束缚，求得个性的解放；又担心过度的提倡个人主义会导致利己主义的泛滥，从而妨碍民族独立和国家进步所迫切需要树立的全体国民在精神上和道义上的一致性。而且，高一涵“自利利他主义”的提出有其现实的针对性。在当时的社会生活中，一方面存在着各式各样的封建专制主义的旧观念、旧习惯压制个性的发

① 高一涵：《共和国家与青年之自觉》，《青年杂志》第 1 卷第 2 号。

展；另一方面又普遍存在着只顾个人和小家庭利益的自私自利的心理。因此他在宣扬个人主义的同时，还力图划清个人主义与集体主义、利己与利他的界限，力图防止这场启蒙运动破坏民族、国家的凝聚力，不利于“大我”的图存。在他看来，解放“小我”，是为了挽救“大我”，“启蒙”是为了“救亡”。

再次，提倡宽容，反对“暴论”。高一涵认为，维护自由最重要的一点是“自重品格”。他说，“欲尊重一己之自由，亦必尊重他人之自由，以尊重一己之心，推而施诸人人，以养成互相尊重自由权利之习惯”[①]。这包涵两个方面的意思：第一，个人应该有容纳不同意见之雅量，“不尊重他人之自由言论，则一己之言论自由权已失其根据，迫挟他人以伸己说，则暴论而已矣，非公论也”；第二，国家不得借权力干涉甚至压迫人民思想言论自由。从道德角度立言，思想言论自由是人类道德精神领域内的事，根诸于人类天性，是人人固有的权利，“故凡感于中者发于外，有诸己者传诸人，但须吾人自动之力，法律其奚能为”[②]。因此，真正有言论自由的国度，根本不知道“法律”为何物。而且，国家的势力不能侵入人类的精神领域，干涉个人的道德，他认为“道德必须由我们自己修养，以我们自己的良知为标准，国家是不能攒入精神界去干涉我们的”[③]。国家不能干涉个人的思想言论自由，这不仅由于它是上天赋予的，更重要的是它是“共和国家之本”，是“指导政府、引诱社会之具”[④]，是推动社会发展的有力工具。从法律的角度立言，高一涵认为，言论与出版自由都属于表达的自由，是一项基本的人权。他借用英国著名的宪法大师戴雪的理论，认为法律只能对已成事实进行惩治，即事后制裁，而不能事前限制，即“悬揣其将来或容有违法之事，乃先事制裁以行其

① 高一涵：《共和国家与青年之自觉》，《青年杂志》第1卷第1号。
② 高一涵：《乐利主义与人生》，《新青年》第2卷第1号。
③ 高一涵：《非“君师主义”》，《新青年》第5卷第6号。
④ 高一涵：《共和国家与青年之自觉》，《青年杂志》第1卷第1号。

逆料预防之策”[1]。而且，一旦出版物违反了法律，谤及政府或谤及他人，也只能用普通法进行制裁，以谤律进行论罪，用不着专设一种特别的制度。所以，干涉和压制人民的思想言论自由，从法律的角度上来看，也是不合理的，违背了法律的基本精神。

综上所述，高一涵民主启蒙思想是非常丰富和庞杂的，边沁、卢梭、弥尔、康德、罗素等思想家都对他产生过或多或少的影响，他正是在阐释这些思想家思想的基础上对国家、权利以及自由学说作了探讨。一方面，他从卢梭的理论中借用了“人生而自由”和“社会契约论”的观点；另一方面，他又接受了洛克的“有限政府”的原则，认为国家的作用有其固有的局限性，应该限制政府的权力。他将法国的理性主义政治观念与英国经验主义政治观念作为同质的东西一起提倡，而没有感觉到它们的矛盾与障碍。他之所以如此，并不是像有的人所认为的那样是他思想的浅薄、杂乱，而是因为面对“黑幕层张”的社会现实，他和陈独秀、李大钊等人一样，不可能躲进象牙之塔，作纯而又纯的学理研究，相反有着强烈的现实关怀，其理论的构建也具有很强的现实批判性，在西方思想家思想中吸取什么，或不吸取什么，完全是由现实的需要决定的。把握这一点是理解“五四”时期高一涵社会政治思想的必要前提。

二、对立宪制度的思考

无疑，高一涵在《新青年》杂志上所发表的一系列文章，使他成了新知识分子群体中一个举足轻重的核心人物。1917 年以前，他是以日本留学生的身份向《新青年》投稿的。1917 年 1 月，他从日本回国。不久，接受章士钊的邀请，同李大钊共同主笔《甲寅》。《甲寅》创刊之时，袁氏帝制已被废除，先进知识分子认为在中国建立共和制度、实行立宪民主主义理想的时机又一次到来了。李大钊甚至感慨地说：“洪宪劫后，

① 高一涵：《乐利主义与人生》，《新青年》第 2 卷第 1 号。

吾人尚有此新纪元，抚今思昔，感慨何如矣！”[①]因此，主笔《甲寅》为高一涵阐述自己的立宪民主主义政治理想提供了一个难得的平台。当时，制宪问题是国会面临的最大问题，也是国会中争论最为激烈的问题。作为《甲寅》的主笔，高一涵就制宪的有关问题提出了自己的系统看法。这些看法表明了他对立宪民主主义政治所持的基本立场。

（一）关于“责任内阁制”。高一涵认为，从学理上说来，责任内阁有两个基本内涵，一是在道义层面上的责任内阁，二是作为宪政制度的责任内阁。在道义层面上，责任政府所体现的是政治民主与政治公开的原则，这是民主政府的基本施政原则与行为方式。他说，“责任云者，凡己身之行为与否，而有受他人之评判或制裁之义务也。受舆论之评判而负其结果，是为政治上责任；受弹劾之制裁与法庭之纠问，是为法律上责任”[②]。他要求政府接受舆论的监督，对人民所反映的意见做出说明，解释其接纳或不接纳人们批评的理由，政府施政的结果也需要接受人民的评估，对人民负责。在宪政制度层面，高一涵最心仪的是英国式的责任内阁制。这种制度的基本出发点是内阁成员由议会选举，并对议会负责，受议会监督，总理和内阁成员也就是国务员，是由议会大选中获得多数席位的政党单独或联合其他政党组成，政府权力集中在内阁。他以“府院之争”为实例，批评了北洋政府违背“责任内阁”精神。他说，在实行内阁制的国家，国务员对于议会负责，元首的行为没有经得国务员的副署，视为无效，而当元首与国务员的意见相出入时，在法律上应听从国务员的意见[③]。就是在帝权强大的德国，皇帝的自由也不是没有限度的，其关于外交方面的言论也要受到阁员的拘束。高一涵认为，北洋政府若真能遵循责任内阁的精神，便不会有“府院之争”这样的闹剧发生。即使发生了，如果使用“合法的手段”，也有“造成内阁制

① 李大钊：《元宵痛史》，《甲寅》（日刊）1917年2月8日。

② 高一涵：《责任内阁辨》，《甲寅》（日刊）1917年2月18日。

③ 高一涵：《责任内阁发微》，《甲寅》（日刊）1917年2月15日。

善例的机会”。他还认为，“宪政之善例，要以合法为原则”，反对拘于一时之境的“因人立法”的行为。因人立法在理论上是不能赞许的，因为“遇公明仁让之大总统则务减内阁之权以益之，遇专横自恣之大总统则又务增内阁之权以制之”①。这样，徒使公正的政治家失去政治运作所应有的保障。

（二）关于国会与内阁的关系。当时商榷会一些国会议员担心政府一旦解散国会，就不会再行召集，从而使自己及党派的利益受到损害，因此反对内阁拥有解散国会权。高一涵对这种因人立法的做法持反对态度，认为实行内阁制就要遵循内阁制的精神，应当保持国会与内阁的权力平衡，既然要求赋予国会对内阁的不信任投票之权，就同样应当赋予内阁以解散国会之权。“故制宪者，贵权衡二力之分量，抑物推挽适得其平，始能范其进程而不逾恒轨，以滞平和渐进之政机，解散权与不信任决议权之允宜相衡相剂者，即此理也”②。解散权与不信任投票，如车之两骖、鸟之双翼，缺一不可。不惟如此，他还认为通过解散权还可以“使政党多一次锻炼”，“使选民多一次熏陶”。在他看来，政治的基础在社会，民主政治的实行必须有相应的社会力量作基础。他因此特别重视民众的政治经验与政治素质，“凡际议会解散之时，即为试验舆论对于政党之良好机会，牺牲议会一二年之生存期，以易得锻炼政党之好机会”③。民众政治素质的提高和政治经验增加之后，将会积极地参与政治，这有利于对政治进行自下而上的监督。

（三）关于政党政治。立宪政治的运作，需依赖政党政治的推行；而政党政治的推行，又需认识政治向背之理。高一涵指出，政党的产生起源于人民的利益分化，利益分化达到一定的程度就必然会有利益聚合的要求，必然需要一种表达共同利益的机制，“政党之缘起，乃根诸人性

① 高一涵：《责任内阁发微》，《甲寅》（日刊）1917年2月15日。

② 高一涵：《解散权之积极观》，《甲寅》（日刊）1917年2月1日。

③ 高一涵：《解散权之积极观》，《甲寅》（日刊）1917年2月1日。

不齐而来，苟有政治组织以上，当有党派发生”[①]。因此，国家不但不能扑灭政党，反而要容许政党的存在，“齐人性，非国家之力所能为，故扑灭政党，亦非国家之力所能胜”[②]。他认为，政党与政治生命相始终，“故必有政治，乃有政党可言；政府不存，何有于政治；政治既亡，何有于政党？”[③]他反对“超然内阁说”，认为“内阁实质即为政党所构成，欲脱内阁于政党之外，即不啻取构成内阁之原素而尽毁之也”[④]。他认为政党活动的主旨即是集合群意推动本党政策的实行，具体来说，第一，定国家之政治方针；第二，选择能行此方针之人[⑤]。政党的行动应遵循合法的原则。他认为最理想的政党政治应是两大政党相互对峙，两大政党之间“不重其宗旨相同，惟重其在政治状态中，久具有政党之资格”。在当时，则是“进步党和国民党两大政党”对峙。政党之间应懂得政治向背的道理，应容许反对党的存在并能容纳反对党的意见。政党的行为不过是通过竞选使反对党下台而已，决不是“芟夷蕴最，绝其本根，尽其基础，而摧之，排而绝之于政治范围而外”[⑥]。

凭借对西方立宪民主政治理念的了解，高一涵认识到当前中国走向立宪民主政治道路上所面临的制度危机有三：其一，在实行内阁制的国家，内阁应以国民的支持为后盾，但中国的现实则是“内阁绝不顾议会与人民之评判，与议会动加内阁以恶声，绝不少留其余地”；内阁本在于使立法与行政两部相融无间，但在中国，“内阁意见绝不影响于国会，国会

---

① 高一涵：《解散权之积极观》，《甲寅》（日刊）1917年2月1日。

② 高一涵：《解散权之积极观》，《甲寅》（日刊）1917年2月1日。

③ 高一涵：《宪政常轨中政党活动之正当范围》，《甲寅》（日刊）1917年6月8日。

④ 高一涵：《超然内阁论》，《甲寅》（日刊）1917年2月20日。

⑤ 高一涵：《论欲实行立宪政治者应有之觉悟》，《甲寅》（日刊）1917年6月13日。

⑥ 高一涵：《宪政常轨中政党活动之正当范围》，《甲寅》（日刊）1917年6月8日。

⑥ 高一涵：《责任内阁辨》，《甲寅》（日刊）1917年2月18日。

之意见亦然，质问自质问，答辩自答辩，即如果国务员同意问题，亦不先事会商，徒贸然提出，以斗意气，两部络脉，几无一线之相连矣”[①]。其二，武力干预，非法手段进行。以非法手段解散国会，其副作用不仅是进一步造成军阀专制的局面，而且还从根本上毁弃了实行民主政治、议会政治所需要的健康的政治道德和政治习惯，其结果中国议会政治必然走进死胡同。同时，武力干预宪政的局面一旦开启，宪法的神圣尊严被践踏于军阀的武力之下，宪法的权威性也就不再存在。其三，议会内部政党政治的非理性化发展。这首先表现为在议会内部，党派利益高于国家利益和民族利益。高一涵认为政党的目的应是为增进人民的福利，但是中国的政客，“力疲于沪宁之奔驰，舌敝于徐淮之游说，暗中飞闻果谋何事”，“其政治活动不在政治中心之北京，偏在威势逼人之各省”[②]。其次表现为党派之间的极端对立。不同的政党基于自身的政治利益不同，而持有不同的政治见解，这本是实行政党政治该有的正常现象。在议会内部，各政党在观念和政见上同时应具有一定的包容性，无论是党争和政争，都应遵循基本的政治道德。但在中国，“各政团成立，久者已越数月，未闻有积极政策之宣布，徒见有攻讦之行为”[③]。政团之间一发生争端，就借助议会外的力量，以非法议政的手段达到议政的目的，这大大地影响了议会政治的健康发展，削弱了议会坚持民主政治、制约专制权力的力量。

那么，中国需要建立一个什么样的宪政，才有可能正确地化解当下的深刻危机？以及如何为中国的长治久安提供一个有效的制度框架呢？对此，高一涵赞同章士钊提出的“调和立国论”，认为立宪政治就是以调和为精义的。他引用日本小野冢氏之言，指出：“立宪政治者，国家机关之行动，循乎宪法范围之谓也，立宪国共通之精神，乃反乎专断之独

---

① 高一涵：《责任内阁辨》，《甲寅》（日刊）1917 年 2 月 18 日。

② 高一涵：《近日各政团之三大误点》，《甲寅》（日刊）1917 年 1 月 28 日。

③ 高一涵：《近日各政团之三大误点》，《甲寅》（日刊）1917 年 1 月 28 日。

断主义，而以互相退让互相妥协之意出于执政机关，而外容监督机关之存在拥护而尊敬之。”[①]在他看来，立宪政治应包括五个方面的含义：一、政府权力有所限制；二、相互退让，反对独裁主义；三、尊重国会，听从国会的监督；四、尊重少数，容纳少数者的意见；五、尊重自由，给予人民参政的机会。这五点实质上体现了“调和”的精义：政府权力有所限制，则政府不能滥用其权，专制之力不存；监督国会，则使国会不致于陷于专断独占的地步；给予人民参政权，人民也成了监督政治的一支有力的力量[②]。高一涵强调“调和”，但他认为立于调和的第三者应处于中立的地位，毫无成见，亦无私心，使调和的两端各有所满足，也各有所牺牲。他认为“真正调和主义之实行，必合新旧异同名实质力形色诸原素销溶化合于一炉，使此新旧异同名实质力形色尽变其固有之特质，融成第三种翕合无间之结晶，乃克当调和之真义”[③]。故此，他反对排一以存一、扬此而抑彼的调和方式，也就是反对“伪调和”，反对武人以调和的名义干预国会。

由于文风激进，《甲寅》（日刊）仅存在了 4 个月，就在军阀政府的高压下停刊了。《甲寅》（日刊）的停刊，对于高一涵是一沉重打击。他深陷于共和政治失败与改造社会无力的失望之中。他主张“调和立国”，但没有任何实现的可能性。因为当时掌握中央政权的北洋军阀，采取共和与专制相结合的统治方式，实行以资产阶级民主共和制度为表，以军事实力为里，表里结合的军阀专制制度。希望这样一些毫无近代民主政治观念的人能以国家为重，遵守西方立宪政治的游戏法则，这无异于缘木求鱼。因此，五四爱国学生运动一爆发，高一涵便立刻洞见了它的巨大力量，并积极投身其中。

---

① 高一涵：《论欲实行立宪政治者应有之觉悟》，《甲寅》（日刊）1917 年 6 月 13 日。

② 高一涵：《论欲实行立宪政治者应有之觉悟》，《甲寅》（日刊）1917 年 6 月 13 日。

③ 高一涵：《调和私解》，《甲寅》（日刊）1917 年 2 月 24 日。

三、五四运动的是与非

1918 年 11 月下旬，因母亲去世，胡适返回了安徽老家，陈独秀、高一涵等一些有谈政治愿望的朋友便利用他不在北京的机会，创办了一个带有“政治辩论论坛”的小型杂志——《每周评论》。这是“五四”时期最重要的政治刊物之一，它对五四爱国运动的兴起和发展起过巨大的推动作用。初步统计，高一涵在《每周评论》上共发表了 12 篇文章和 33 篇随想。从这些文章来看，这一时期，他虽站立在陈独秀的大纛之下，但他们的思想却有着很大的不同。陈独秀认为，“强力拥护真理，平民征服政府”①，要民众用“直接行动”达到目的，将民众运动视为夺取或摧毁现行政治制度的手段。他与信奉实用主义的胡适也有一定的差别。胡适认为，对于一个知识分子来说，政治活动只是浪费精力，那种精力最好用在更具有建设性的工作上，他更关注的是维护和扩大个人的自由，他深信现代社会正常运作不可缺少的条件就是有充分的言论、集会和结社等自由，因此胡适将五四运动看成是组织和参与扩大个人自由度的抗争②。高一涵的思想则深受当时传入中国的社会民主主义思想的影响，反对暴力革命，反对独裁专政，坚持用宪政民主的议会道路实现社会主义，挽救中国社会的危机。因此，他将五四爱国运动看成改革当时名不符实的民主共和制度的手段和推动力量，对五四爱国运动投入了极大的热情，寄予了巨大的希望。

（一）“国会”外交思想的提出。在五四爱国运动期间，高一涵发表《青岛问题在欧会中经过的情形》《青岛交涉失败史》《关于胶州和约的修正意见》《签字不签字的害处》等文章，及时向国人报道了巴黎和会中关于中国山东问题的交涉情形，他的用意在于引起舆论的讨论并进一

① 陈独秀：《山东问题与国民觉悟》，《每周评论》第 23 号，1919 年 5 月 18 日。
② 袁伟时：《五四：从爱国激愤到制度寻思》，《南方日报》1999 年 5 月 31 日。

步约束政府，这对激发广大国民尤其是青年学生的爱国热情和民主意识起了巨大的推动作用。他提出了解决青岛问题的实际方法，即他的“七条修正意见”，作为让步的最后限度。他说，“我们研究青岛问题，万不可把主权看作空空洞洞的东西，要把它看作实实在在的东西”①，要用具体的事实而不是抽象的理论来证明主权是否完全，所以我们不要把铁路、矿山、商港、治安管理权等完全让与日本，只糊里糊涂地得一个“主权”的空名。因此，他要求国人不要糊里糊涂地在条约上签字。在他看来，主权是治权的集合与总和，剥离了种种治权，要一个空空洞洞的主权之名是没有什么实际价值的。

高一涵密切关注着巴黎和会关于山东问题的交涉，并及时提出了指导性建议。他认为，这次欧战是由于秘密外交而起的，“秘密外交是闯祸的胎子”②，只有实行“平民政治的外交”，才能免除秘密的祸害。为此，他提出了“国会外交”的政治思想，要求把“外交由国会公开讨论，条约草案必先交国会通过后，才能同外国缔结”③等条款写入宪法，使外交官对于国民负法律上的责任。但如何使国会不同外交当局伙同作弊呢？高一涵指出，一方面修正选举法，废除财产年龄资格教育的限制，选出平民的议员；另一方面，组织公民的政治社团，专门监督选举，检查投票，告发官吏不正当行为，防止官吏的非法把持。而且，还要多多印刷书报，教导公民应有的知识，评论各党各派的主张，评论各候选人的资格是否够格④。他大声疾呼，“实行国民的外交、平民主义的外交，是一刻也不容迟缓的，愿国人快快的起来，愿国人快快的起来”⑤。

高一涵认为，外交问题只有提交国会讨论通过，才可以免除秘密外交的罪恶。在西方国家，国会的确是代表民意的机构，因此高一涵提出

---

① 高一涵：《关于胶州和约的修正意见》，《每周评论》第 24 号。
② 高一涵：《中日怎样能够亲善》，《每周评论》第 3 号。
③ 高一涵：《民众运动的目的》，《每周评论》第 33 号。
④ 高一涵：《民众运动的目的》，《每周评论》第 33 号。
⑤ 高一涵：《青岛交涉失败史》，《每周评论》第 21 号。

的中日外交的一切事情要到国会中宣布，在理论上是正确的。但在当时的中国，国会能否真正体现民意又是一个更为现实的问题，因为在北洋军阀的统治下，国会要么形同虚设，要么被军阀们作为装饰门面的政治工具，国会不是在宪法的限制下运作，而是看军阀的眼色行事。高一涵自己也清楚地意识到中国的国会是依附特殊势力为生活的，不可能代表平民的意愿，更不可能替平民设想①。他痛心地说，“近来政治上好好的名词往往被万恶的官僚政客弄坏，致人民发生恶感”②。这样国民外交的思想也就只能停留在理想层面。

（二）关于“平民政治”的理念。“惟民主义”一词在“五四”前后曾风行一世。它最早是张东荪在 1915 年提出来的③。张在《行政与政治》一文中指出，“近世国家新式政治，得一言以蔽之曰：惟民主义”。高一涵对惟民主义亦作过如下解释：“近世国家原理，在以国家为全体人民之国家，非为主政者一人之私产，无间君主共和，皆取惟民主义。”④除“惟民主义”，高一涵还提出了“平民政治”的概念，其内涵与“惟民主义”一样，即打破实质上的专制政治与官僚政治，实行代议政治与舆论自由，使人民在法律的保障下，以自身的能力与自觉，参与政治的决策与管理⑤。1918 年 1 月，高一涵在《新青年》上发表文章，进一步讨论平民政治的理念，认为在“真正的平民政治”中，个人结成群体，其“小己利益”必须让位于社会公益，而作为一个负责任的政府，民主政府必须给予人民参政的机会，必须以谋求社会公共幸福为目标⑥。

---

① 高一涵：《真真费解的国民大会》，《每周评论》第 6 号。
② 高一涵：《真真费解的国民大会》，《每周评论》第 6 号。
③ 朱志敏：《五四新文化运动初期的“惟民主义”》，《历史教学》1994 年第 10期。
④ 高一涵：《近世国家观念与古相异之概略》，《青年杂志》第 1 卷第 2 号，1915 年 10 月。
⑤ 朱志敏：《五四新文化运动初期的“惟民主义”》，《历史教学》1994 年第 10 期。
⑥ 高一涵：《近世三大政治思想之变迁》，《新青年》第 4 卷第 1 号，1918 年 1 月 15 日。

现实政治的腐败使高一涵对政治抱有一种深深的怀疑与厌恶，并因之产生了一种非政治化的倾向。他认为，现在已是民治政府的时代，官僚生活政客生活正像秋天的树叶一天比一天少了，改革社会不一定非得从改革政治下手，改革政治不一定非得亲自去做几年政客。现今的政治思想是“做社会运动，就是做政治运动；做社会事业，也就是做政治事业。政治生活就是社会生活，社会生活也就是政治生活”[①]。所以他认为孙中山先生辞去军政府总裁就是一种顺应时代潮流的行为，他说：我们不愿“孙先生再作政客式的政治生活，但愿孙先生专作平民式的社会生活；不愿孙先生再做一位凭空假设的总统，但愿孙先生永远做一位实地建设的平民；更愿孙先生不要从‘军政时期’‘训政时期’下手，但愿孙先生专从民政时期起头”。[②]

（三）关于法律与道德问题的争论。就在五四爱国运动风云席卷全国之时，北京的报刊掀起了一场关于五四示威游行事件涉及的法律和道德问题的辩论，焦点在火烧赵家楼和痛打章宗祥是否合法。梁漱溟认为，纵然曹章罪大恶极，在罪名未成立之前，他仍有他的自由[③]。他反对学生以“国民公意”为借口，走上背离法治任意采取非法手段的道路，要求学生应自觉到法庭接受审判，他问道：是否性质正义就可以取非法的手段？在他看来，程序正义是维护法律尊严的重要方式。对这个尖锐的问题，新文化运动的倡导者们基于不同的立场提出了不同的看法。胡适从扩大个人自由的新文化运动的原始初衷出发，认为“恃多数威势”亦是一种暴政。而高一涵以深厚的法学理论为依据，提出了两个更尖锐也更为现实的问题，即：国家和法律与正义是不是一致的？违背正义的国家裁判到底有没有服从的义务[④]？他认为，从国家和法律的含义上来看，它

---

① 高一涵：《欢迎中山先生脱离军政府》，《每周评论》第 35 号。

② 高一涵：《欢迎中山先生脱离军政府》，《每周评论》第 35 号。

③ 梁漱溟：《论学生事件》，《每周评论》第 22 号，1919 年 5 月 18 日。

④ 高一涵：《学生事件和国家法律问题》，《晨报》1919 年 5 月 11 日。

们“都是为人而设的，不过是作为人类求所以生活的一种工具，所以国家和法律没有自身的目的，一定要以人生的目的为目的，国家和法律的功用就在帮助人类求得人生的归宿”[①]。在高一涵看来，国家和法律的功用“都有扶持正义的责任”，他认为，一切良法都应以正义为价值核心，正义是法律的内在根据和法上之法，随着时代的进步，法律也需要不断地进化，过去的法律以维护秩序为目的，现在的法律则以维护正义为原则。因此，他说，违背人道正义的国家法律，人民有不服从的义务，岂但不服从，甚至有“革命”的权力，推翻旧的法律和旧的国家机制，建立一个以善和正义为理念的新型国家和法律。

程序正义固然是法治的正义理念之一，当时在中国还没有受到重视，即使在西方也只是现代思想家才就程序正义问题做出独立、系统的研究。“五四”思想家提出这一问题并引起了广泛的讨论，意义非常重大。罗尔斯将程序正义划为同实质正义、形式正义一类的存在，他认为，程序正义不只是手段正义，它本身还有目的正义，其根本的依据就是人道主义的原则[②]；实质正义要求的是法律的内容本身是否正义。高一涵虽没从法律理念上对梁漱溟做出回应，但他指出法律应以维持人道正义为原则，也是非常富有远见的。

（四）对五四运动的反思。高一涵认为，五四爱国运动的兴起是因为以代议共和制度为基础的政治体制发生了病变，才酿成民众运动的潮流。首先，因为间接发表民意的代议政治不及直接行动的亲切，所以才有“劳动自决主义”和“同盟罢工、国民自决”等事件的发生；其次，因为法律上承认多数政治，少数人和新上来的阶级的意见不能在政治机关内取胜，所以才另从社会方面找一条出路；再次，因为政府不中用，或国家又弱又小，被强权压迫住了，所以国民才起来运动[③]。他把五四运动等

---

① 高一涵：《学生事件和国家法律问题》，《晨报》1919 年 5 月 11 日。
② 曹 刚：《法律的道德批判》，江西人民出版社 2001 年版，第 55 页。
③ 高一涵：《市民运动的研究》，《晨报》1919 年 5 月 6 日。

同于西方的劳动代表运动、妇女参政运动、普通选举运动等一类的社会改良运动，其“消极的功效就在叫醒政府的昏聩，积极的功效就是帮助政府进行”。在他看来，五四爱国运动就是民众帮助政府谋政治上改良的运动，也可叫做民众的自治自决运动①。

五四运动是一个“内除国贼，外御强权”的民族主义爱国运动，表面上这个运动取得了胜利，政府没有在和约上签字，并解除了曹、章、陆的职务，但是在把五四运动看成实行社会民主主义运动的有效手段的高一涵看来，却具有很大的局限性。他在反思五四运动时，指出五四运动存在着如下几种不足：“是消极的一时的运动，没有积极永久的要求”；“是单反对政府和一时的外交政策，不是主张改革外交政策”；“只想呼起人民的自觉，不想得到法律上的保障。”高一涵认为，“现在号称平民政治的国家，没有不是采用代议制政治的，代议政治就是政党政治，政党政治就是两三个党魁的政治”②。因此，民众运动只有实行议会政治，才可以办得到，民众的要求只有通过合法的程序用法律固定起来，即达到杜威所说的“用宪法保障权限，用代议制表现民意”才叫真正实现。五四运动的基本目标应该是建立民主、法治和自由的社会，高一涵并不像陈独秀等人那样要求推翻政府，因为无论自由还是自治，总不能脱去国家权力，要求的结果，必定要得到法律的保障，否则，如果秘密外交的制度还在，“单打伤一个章宗祥，和逐掉一个曹汝霖，以后就能保没有章、曹第二来缔结军事协约，定高徐顺济铁路借款的合同，主张禁止专使发言的权力，替日本人尽忠吗？所以我说逐掉曹、章，拒绝签字，仍然不是秘密外交的根本解决，要想废了秘密外交，除非从法律上改革不可”③。

无论是亲自投身于“五四”这场伟大的民众运动，还是通过《每周

---

① 高一涵：《市民运动的研究》，《晨报》1919 年 5 月 6 日。

② 高一涵：《市民运动的研究》，《晨报》1919 年 5 月 6 日。

③ 高一涵：《民众运动的目的》，《每周评论》第 33 号。

评论》对封建主义与强权政治进行口诛笔伐，高一涵在这场运动中比他的朋友李大钊显示出了更大的热情，他先后写下了《市民运动研究》《学生事件和国家法律问题》《青岛交涉失败史》《签字不签字的害处》等文章，还同陈独秀一道到“新世纪娱乐城”去散发《北京市民宣言》。而据文字记载，同期的李大钊只参与了挽留蔡元培校长、营救陈独秀的活动，写了两篇有关的文章和数篇相关的随想①。

四、“联邦主义”与“好人政府”的架构

1920年8月，由胡适领衔，高一涵、蒋梦麟、李大钊等在《努力周报》上联名发表了《争自由的宣言》，要求北京政府废止一切侵害自由的条款，对于言论自由、集会结社自由、书信秘密自由，“不得在宪法外更设立限制的法律”。这篇宣言被认为是自由主义知识分子“最终形成群体的力量以及寻求合适的发言方式，尝试着进行某种沟通”，它“促成自由知识分子的聚集”②，《努力周报》因此被认为是自由主义知识分子的大本营。在《努力周报》上，高一涵不仅以其深厚的政治学功底为联邦主义在中国的可行性多方提供理论佐证，而且是另一条拯救中国的“好人政府”之路的拥护者。

1920年11月，章太炎和张继首先提出“联省自治”的口号。章太炎说：“各省人民宜自制省宪法，文武大吏，以及地方军队，并以本省人充之，自县知事以至省长，悉由人民直选，督军则由营长以上各级军官会推”，对中央政府的意见，则采取“虚置”的办法③。这一主张，反映了各方面对武力统一的绝望，他们不再重视国会或“临时约法”等法统，

① 朱志敏：《李大钊传》，山东人民出版社1998年版，第347页。
② 章　清：《胡适派学人群与现代中国自由主义》，上海古籍出版社2004年版，第59页。
③ 章太炎：《联省政府虚置政府议》，《申报》1921年1月9日。

而开始寻求新的政治合法性的来源。于是联邦制作为一种新的政治体制的构想提出后，不久就成了舆论的主流。《努力周报》便是热衷于这项事业的重要刊物。主编胡适是联邦主义的赞成者，他主要从历史和现实的角度论证实行联邦制的可行性。他认为中国幅员辽阔，地区之间差异过大，不可能成为一个能得到成功统治的中央集权的政治统一体，因此是统一而不是联邦造成了中国的军阀混战。他说，“增加地方的实权，使地方能充分发展他的潜势力，来和军阀作战，来推翻军阀，这是省自治的意义，这是联邦运动的作用”[①]。和胡适一样，高一涵也是联省自治的积极主张者。但他和胡适不同，他主要是从学理的角度论证联邦政治的可行性，并运用西方的理论为联邦政治寻求合理性依据。

高一涵认为，实行联邦制度需要明确两个方面的问题：（一）中央与地方的权限问题。他指出：“中国建国的第一个大问题，就在确定各省与中央的关系，因为这个问题乃是一切根本问题中的根本问题。”[②]这也是当时人们争论的焦点问题。高一涵主张“中央的权限取列举主义，各省的权限取概括主义”，亦即凡不在中央政府的权限之列的一切权限一律为各省所有；在国宪上只应规定国权与省权的分配，中央不能代替各省规定省制，各省的省制要让各省自定。省制由各省自定这是高一涵强调的关键。他呼吁立宪者千万不要只在国宪上定一个省制的名号草草了事，不能以省制的名号牺牲省制的内容，至少要在国宪上规定各省有立法权、省制的制定权和修改选举权。他认为这样做的好处可以制止中央政府的专制，可以培养各省自治的能力[③]。（二）主权与国权的关系问题。在主权与国权问题上，高一涵提出了“群”的概念，以否定“单一的国性说”。他说，单一的国性说把国家看成一个单一体，认为“一国之内，上只有国家，下只有个人，绝不承认有两个人集合起来的群”。他引

① 胡　适：《联省自治与军阀割据》，《努力周报》第 19 期。
② 高一涵：《联邦建国论》，《东方杂志》第 22 卷第 1 号。
③ 高一涵：《省制的讨论》，《努力周报》第 6 期。

用英国学者白尔克的观点认为，“现在的国家并不是个人与个人的集合体，乃是群与群的联合体，现在的主权也不是单一的主权，乃是许多对等权力同时并立的主权”。他还借用柯尔的行业社会主义的观点，认为国家的性质只是“表明公共目的行使公共行为的统制机关”，故国权只以达到“公共目的”和行使“公共行为”为限。所以，他认为现代的国家应减少行政权力，扩充管理权力，应将分权让与分职，“联邦制度下的分权，乃是把关于公共目的和公共事件划归中央，把各邦的单独目的和单独事件划归各邦”。在主权的性质方面，高一涵认为主权并没有最高的性质，因为“国家这个社会，并不是高出于一切社会之上的一个社会，只是与各种社会平行并立的东西”，绝对主权说不能成立。国家“只同别种社会共有对等主权，绝没有由国家独占的绝对主权，所以，现在的国家只能在全体社会中行使一部分权力，绝没有什么无所不包的权力”[①]。不但国家有主权，各行业有各行业的主权，各地区有各地区的主权，各个实体无限变大的趋势将会直接导致使用联邦制的政治体制。

高一涵之所以主张联邦制，是因为在他看来，当今国内局势混沌不清，没有哪一派力量能主导统一，弱化的国家政权不会对这一制度形成威胁，这正为实践联省自治制度提供了有利的契机。这也是一大批知识分子主张联邦制的理由。另外，高一涵的联邦制理论，有两点值得注意：第一，实行联邦制是实行地方自治的有效途径。他将联邦制与民主政治联系在一起，认为它是治疗共和政体病症的有力疗法。他不同意陈独秀提出的“人民的政治能力，还没有发达到省自治的地步，所以联邦只会使武人冒割据之名”的观点，而认为联邦制正可训练人民的政治能力，促进各省人民的自治能力。所以他坚决主张在国宪中加入“省长民选”的条款[②]，认为这是保证地方自治的主要因素，这样就可以“以自治做方法，一方面打破凭藉中央政府作祟的野心政客和腐败官僚，一方面推翻

① 高一涵：《希望反对联邦论者注意最近的国家性质新论》，《努力周报》第37期。
② 高一涵：《这一周》，《努力周报》第23期。

形同割据的各省督军”①。他还说，正因为联邦制不利于武人割据，所以遭到军阀的反对，他把军阀反对实行联邦制作为联邦制不会导致军阀割据的有力佐证，并乐观地断言，“自治实现的那一天，就是军阀倒塌的那一天”②。第二，联邦制有利于体现人民自由特立的本性。他认为一个地方的事务千差万别，不可以用统一的精神来立宪。因此，省宪由各省自定，如果各地方有特别需要，可以随时救济，如果各地方有弊端，也可以随时医治。联邦不但可以尊重地方的特性，还可以尊重个人的特性，他说：“分权的结果，使人人各得其所；人人各得其所，便可相安无事；人人相安无事，国家内便有了秩序；人人遵守秩序，就是真正的统一。”③当时包括高一涵在内的知识分子很多都是从平民主义、个性解放的立场去拥护联邦主义，这也是他们和一些企图以联省自治对抗中央武力统一的地方军阀、官僚的根本区别所在。用李大钊的话说：“平民政治与联邦主义，有一线相贯的渊源，有不可分的关系。这条线的渊源，就是个性解放……地方的、国家的、民族的、社会的单位，都和个人一样，有他们的个性；联邦主义能够保持他们的个性自由，不受他们的侵犯。”④

讨论联省自治的余音犹存，1922年5月14日，胡适、蔡元培、高一涵等16名教育界和学术界的名流又在《努力周报》上联合发表了一个对于时局的政治声明——《我们的政治主张》。它被看成是自由主义知识分子观点的第一次系统概括，并构成了所谓“好人政府”的政纲。文章发表以后，引起广泛的争论，有人质疑道：“若只想倚赖宣传，我看还是书生之见，还不是根本的办法……若只有提议办法而没有具体组织，我恐怕那些建议只会流于空谈，实际上不会有何收获。”⑤也有人怀疑“恶

① 高一涵：《这一周》，《努力周报》第23期。

② 高一涵：《这一周》，《努力周报》第36期。

③ 高一涵：《反对省宪同志会的宣言》，《努力周报》第53期。

④ 李大钊：《平民主义》《李大钊文集》（下），人民出版社1984年版，第597~598页。

⑤ 转引胡适《关于〈我们的政治主张〉的讨论》，《努力周报》第4期。

社会之下是否可容许好政府出现或存在”。为了回答这些质疑，高一涵在《努力周报》第三期上发表了一篇很重要的文章《政治与社会》，从中可以看出他在“好人政府”问题上与胡适等人的异与同。

因不满意北洋军阀政府的统治，胡适等人要求对中国政治进行改革，并把改革的责任寄托在少数通达明智的“好人”身上，认为首先要有“好人”，然后才能有“好政府”，通过“好人”来监督政府，左右舆论，重新确立政治秩序。如有的研究者已指出的那样，胡适的思想里明显包含着中国政治权威架构中的反民主的“精英主义”色彩，并流露出导向权威主义的危险倾向①。“好人政府”的另一拥护者丁文江将胡适的这种反民主而重视社会上流人物的思想发挥到了极致，他说，“只要有少数里面的少数，优秀里面的优秀，不肯束手待毙，天下事不怕没有办法的……最可怕的是有知识有道德的人不肯向政治上去努力”②。高一涵也意识到了“好人政府”背后所蕴含的反民主的精英意识，以及它对民主政治的危害，因此他在文中再三强调：“我们政治主张的内容，不只要求人的变更，并且要求制度的变更……我们要求的明明是一个宪法的政府、公开的政府、有计划的政府……都要用法律定为制度”③。他不相信单靠几个好人就可以改变中国的政治，相反他认为“制度的变更”比“人的变更”更为重要，法治强于人治。高一涵的这一思想是很深刻的。

当然，高一涵在强调“制度的变更”比“人的变更”更为重要的同时，也认为他们这些自命“好人”的人应该起来监督政府、干涉政治，而不应袖手旁观，放弃知识分子应负的社会责任。用他的话说：他们这些自命好人的人都是在教育界做事的人，如今的教育事业，天天处于风雨飘摇之中，即是受到“恶政府妨害”的结果。他们出来为政治呼吁，

---

① 章　清：《“胡适派学人群”与现代中国自由主义》，上海古籍出版社 2004 年版，第 144 页。

② 丁文江：《少数人的责任》，《努力周报》第 67 期。

③ 高一涵：《政治与社会》，《努力周报》第 3 期。

并不表明他们想抛开教育事业不管，一心去做政治的事业，而是“只想要求一个容许或不妨害我们办教育事业的政府”，使“政治事业与社会事业携手同行”。这就涉及一个自清末以来中国思想界就一直存有争论的问题，即中国政治变革的基础是政府还是社会的问题，前者是自由主义知识分子持有的“政府工具主义”，而后者则代表深入民众甚而革命的敏感问题。通过建立“好人政府”来推动中国政治变革，这是包括高一涵在内的一些自由主义知识分子的期望。高一涵说，“我们主张的好政府，用意在造成一种好组织，使国中优劣分子能随其才之高下，直接或间接得用之于政治，不但想使优秀分子，到政府里边去仍然保得住他本来的面目；并且想使不十分优秀分子，到政府里边去反而改变他的面目”①。高一涵相信“好人政府”是改良政治的可行方式之一，这说明他开始修正以前的主张，不再认为改革社会和改革政治两者没有区别，而是逐渐趋向于杜威的“政治工具主义”②。杜威在访华的演讲中曾指出：过去的社会与政治哲学无非分为两派：“根本解决派”与“保持现制派”。而他所主张的是在“偏于激进”与“偏于保守”之间的第三种立场——“工具主义的态度”，即注重具体问题，对于现行制度不作笼统攻击，也不作笼统辩护③。像胡适一样，高一涵亦从杜威的讲演中发掘思想资源，将中国政治变革的基础落实于对政府行为的工具性意义的理解上。

让好人在政治中发挥作用、担当角色，这是自由主义知识分子对于政治运作的理解，这一想法原本是切合现代意义上政府行为以及知识分子的角色承担。但问题的关键是“好人”如何纳入政府，介入政治，在实际政治层面的操作中发挥作用，自由主义知识分子在此“集体失语”。

---

① 高一涵：《政治与社会》，《努力周报》第3期。

② 杜威的《关于社会哲学和政治哲学》的讲演，由胡适翻译，高一涵与孙伏园记录，其中高一涵记录了前三卷题为《杜威博士讲演录：社会哲学与政治哲学》，连载于《新青年》第7卷、第8卷。

③ 章 清：《“胡适派学人群”与现代中国自由主义》，上海古籍出版社2004年版，第139页。

高一涵清楚地明白当时的政治局势，自由知识分子只能“把平常对政治的大奢望暂时收起来，只存一个‘得尺进尺，得寸进寸’的希望，然后可以冷静地估量那现实的政治上的变迁”①，但是这种“得尺进尺，得寸进寸”的愿望也没有持续多久，王宠惠的“好人内阁”只存在了二个月零六天，政治便回复到更加混乱的状态。高一涵总结说，“中国实力派这几年的行动，简直可说是《水浒传》中强盗报仇的行动。只有报私仇的结合和战争，绝没有守正义的结合和战争”②。因此，“我们对于北京政府绝望，对于南下议员绝望，对于北附议员也老早就绝望，对于研究系、政学系、安福系、直隶系，甚至于对于国民党，也都一律的绝望……中国政府到这步田地，如果我们仍抱着头痛医头脚痛医脚的办法，终久是没有功效的，我们的社会简直是百孔千疮比不得欧美社会大部分健全，只有小部分生点癣疥，所以英美的实验主义派可以主张零碎修补，我们便不得不主张根本改造”③。严酷的政治现实使高一涵萌发出了一种“激进”的想法，即当“恶势力太坏”或者和平努力陷于绝境之时，作为自由知识分子的他也不排除采用其他手段做“根本改造”社会的尝试。

五、结语

综上所述，高一涵是“五四”时期重要的启蒙思想家，他思考的主要是如何将中国引向民主宪政的政治道路，以实现政治民主化的问题。在他看来，民主政治制度的建立是实现政治民主化的有力保障，而塑造现代化的“个人”又是奠定民主政治制度的基础工程。因为在现代社会中，个人的主体性自由是现代社会的一个基本特征，组织社会最根本的原则就是它的基础应奠基在个人意志之上。为此，他提出了“个人主体

① 胡　适：《这一周》，《努力周报》第 7 期。
② 高一涵：《联合倒吴》，《努力周报》第 35 期。
③ 高一涵：《我们最后的希望》，《努力周报》第 64 期。

性诉求”这一重大的启蒙课题，认为除了个人的意志之外，并没有一个超乎它的先验的自然或神的存在作为社会的基础。高一涵从个人的主体性诉求这一现代主题来阐释启蒙，是对陈独秀提出的“民主”与“科学”的重要补充，也在一定程度上超越了梁启超的“新民”主张。他还提出了现代社会中公民所应具有的精神状态与价值准则，即在现代社会，公民应该是“自利的个人”与“互利的群体”，他们个人的各种欲望、要求、意见及判断，只要不妨害或伤害到别人的意志，都应该被允许，社会应允许个性的充分发展，每个人在不妨害他人的原则下应尽量追求个人的最大利益。这也是现代社会运作持续进行的基本原则。

但是，没有获得社会解放和政治解放而孤立的谈“人的现代化”是不可能的，人的现代意识的养成，并不是一个孤立的进程，而是与社会解放和政治解放有着密切的关系。高一涵认为，为中国提供一个长治久安的有效的制度框架，用法律的手段保护个人的自由、民主等权利才可以谈论“人的现代化”问题，他从西方政治传统里借来医治中国混乱政治现状的药剂。从追求立宪民主主义、社会民主主义到自由主义，高一涵对中国政治制度的设计有西方走向近代政治民主化的投影，他心中的理想政治秩序实际上是由西方模式所界定和支配的。他自己就曾经说过：“凡他国由枉道而得之利益，吾可由直道而得之。他国几经试验，由失败而始得成功者，吾为后进之国，自应采取其成功之道，不必再经其失败之途。”①

哈耶克说，“剥离掉一切表层以后，自由主义就是宪政”②。可以说，高一涵始终是一个自由主义学者，他终其一生都在为中国走向宪政民主的政治道路而努力，但他始终也没有找到一条通向民主政治的道路。这不仅因为自由主义的理想是建立在一个稳定而有秩序的社会环境之下，在资本主义国家，依哈耶克的界说，秩序是自发形成的，也就是说从实际运作中产生的。而在当时的中国，秩序却是知识分子从理论和理想中

① 高一涵：《近世三大政治思想之变迁》，《新青年》第4卷第1号。

② 哈耶克著，邓正来译：《自由秩序原理》（上），三联书店1997年版，第243页。

构筑的，中国实际上处在军阀统治的全能政治之下，民主与法治作为宪政的核心理念，不过是装点军阀门面的工具而已。而且，高一涵宪政的理论也有其自相矛盾之处，一方面，他认为只有法治才能防止极权统治，但他同时又把民主政治的运行过多地寄托于政治人物的道德修养与政治素质。一方面他把议会运作看作是政治运作的主要方式，但他又迷信选举，认为在选举中增加民主实力的比例是实行民主政治的有效的甚至是惟一的途径；一方面他迷信政治制度，认为文明制度的建立是保障民主法治的实行现代化的有力保障，但同时他又看到了“五四”期间一支新的具有自主性的市民力量的形成，认为政治改革的途径应诉诸市民社会。

造成这种情况的原因，一方面是由于高一涵的政治思想的来源极其复杂，它既有古代的，也有近代的；既有中国的，也有西方的；既有法国卢梭的激进主义，也有英国弥尔的自由主义；既有戴雪的立宪主义，也有杜威的实验主义；既有英美的民主主义，也有日本的君宪主义，高一涵没有也不可能能将它们有机地糅合在一起。另一方面，我们也可从中看出包括高一涵在内的自由主义知识分子的理论困境。他们在构建中国的政治秩序之时，认为“照搬西方的制度就可以解决中国的问题，在中国建立民主制度只是从西方学一门政治技术，然后照式照样将它机械的用于中国就行了”①。正是这种“理想主义”的思维方式使自由主义知识分子对政治的理解越来越简单，他们相信扫除中国传统，移植西方文明，就可以使中国摆脱政治困境。但是，按欧克肖特的界说，政治制度是无法在全世界输出和移植的，因为它们不是一种抽象的观念，而是一种行为方式，是从传统的政治经验中自发生长出来的。因此，无论是全盘输出一套制度，还是机械地照搬一套制度，都逃脱不了失败的宿命。

（作者系中国社会科学院近代史研究所研究员、思想研究室主任，研究生院教授、博士生导师）

---

① 张汝伦：《欧克肖特与中国自由主义》，见欧克肖特著，张汝伦译：《政治中的理性主义》，上海译文出版社 2004 年版，第 202 页。

高一涵监察思想研究

——以高一涵《宪法上监察权的问题》为中心

郭玉珍　马育良

高一涵是从皖西这块大地上走出去的中国现代著名社会活动家、法学家和五四新文化运动早期的重要人物。高一涵早年留学日本明治大学，攻读政法。民国五年（1916 年）7 月回国，与李大钊同办《晨钟报》失败后，与白坚武、秦立庵、田克苏等人筹办、编辑《宪法公言》，并为《宪法公言》撰稿，又应当时国务院内务部长孙洪伊之约，起草地方自治法规。此后，高一涵或到高校担任法学教授，或著书立说，撰写《中国御史制度的沿革》等法学政治学著作，或在各种杂志发表法学政治学文章。20 世纪 30 年代后，高一涵在国民政府中长期担任监察官员。可以这样认为，高一涵是一位在中国现代法学政治学，包括监察学领域有着很高造诣的学者型社会活动家。

本文拟就高一涵研究中的一处空白——高一涵监察思想，作些初步探讨，并就正于海内外方家。

一、高一涵监察思想的主要内容

"四一二"反革命政变后，高一涵到上海避居。此后，高一涵任上海法政大学和吴淞中国公学教授、社会科学院院长。1931 年，高一涵当选国民党中央监察委员，出任南京国民政府监察院监察委员。

此间，集中反映高一涵监察思想的，是其在参加 30 年代初期的宪政运动和宪法讨论时发表的著名论文——《宪法上监察权的问题》[1]。

1932年，在“九一八”之后的国难危机中，中国知识界发起了一次长达一年的宪政运动。次年1月，国民政府立法院组成宪法草案委员会，着手起草宪法草案。正是在这样的背景下，这一年的4月1日，《东方杂志》第30卷第7号推出了“宪法问题专号”，共发表了17篇讨论宪法的文章，甚至连补白文字都和宪法有关。

在当时的制度框架下，学者们作出的思考达到了相当的高度。他们的立足点基本上是从宪法入手，无论在事先还是事后都能有效地监督、制约行政官员的作为，也就是形成以权力制约权力的良性制衡。那些文章中的多数，是站在世界的高度，对许多发达国家的宪法进行深刻的研究，其中十分重要的一个问题是：关于宪法保障的思考[2]。

在这场讨论中，高一涵提出了宪法上的监察权与行政审判权等问题。

关于宪法上的监察权问题，高一涵在《宪法上监察权的问题》中明确指出，中国现时代的监察权，一要扩大其权限，二要扩大其实践空间。

高一涵首先探讨了监察权的内容，认为中国当时的所谓监察权力过于狭小。他说：“按照现行法律解释：……则监察权中，除审计外，只有弹劾一个职权。这个弹劾权，如照各国议会的通例解释，就是议会对于总统、国务员，或其他官吏的犯罪，得向宪法上指定的有审判弹劾权限的机关提起诉讼，请他审理和处罚的权力。在公务员的犯罪，未成事实之前，监察院只能袖手旁观，不得过问；必得要等到犯罪的事实已经演成之后，才得施行事后惩戒的弹劾权。这是监察权只是弹劾权的解释的结论。”

系统研究过中国御史制度的高一涵接着指出：“如果说，今日监察院所行使的职权，就是中国从秦汉以来御史的监察权，那么，监察权的解释，便不能这样的狭义。因为中国的御史，权力非常广大……”

高一涵也充分了解当时在五权制度之下，许多职权都有独立的机关专掌的现实，但他仍坚定地认为，当代的监察权，应在古代的御史制度与现今的法律框架之间，寻求一个合适的张力空间，“监察权虽然不能依照历史上的成规，扩张到极大的限度；可是依照现行的法律，又未免把监察权缩得过小……若谓在平时完全不必要知道各官署公务人员的资格经验与成绩，而一到他们违法失职的时候，即能不告而知，天地间宁有此理？故监察院对于全国的公务人员，天天在监察之中，即天天在监不能监、察不能察之中。若单靠人民举发，则又与设立监察院之原意显有违背。因为平时的监察，是临时弹劾的前因；而临时弹劾，是平时监察的后果。如果各官署对于监察院完全隔绝，而监察院对于各官署的用人行政完全不闻不问，则监察权之行使，自难周密了。”

高一涵不愧是一位法学和政论大家，其思虑的突出之处在于其发论的缜密。在他看来，当时的法律中，已包含了若干对于官员实行事前监督的内容，依此而论，扩大监察权，并非无中生有，与现行法律绝对不相容，它只会使现行的法律更加完备。他说：“在现行的法律中，也有例外。就是每次举行文官考试（无论是高等的，或普通的，更无论是中央的，或各省的），依法要由监察院指派监察委员监试；而公债基金的保管，依法要由监察院指定监察委员监察。由此可见即在现行法律中，也没有把监察院完全看作事后监督的机关，有几种特殊事项，也许监察院在未曾违法或失职以前，即施行事前的监督。既然允许监察院有事先监督权，那么，再把这事先监督权稍微扩大一点，也不见得就是完全有害无利了。”

关于行政审判权，是高一涵在《宪法上监察权的问题》中探讨的第二个重要问题。之所以在该文中讨论，高一涵认为，这个问题“也与监察权有密切的关系，不能不特别注意”。

高一涵指出，现行的法律，“是采取弹劾权与审判权分立主义的”，即弹劾权属于监察院，审判权属于司法院；而弹劾案的审判机关，又一分为四。对于这样一种制度安排，高一涵认为虽然“是最合乎分权原理的”，但在实际施行中，却产生了同其他法律的冲突，这首先便表现在与《公务员惩戒法》的冲突上。

他分析道：“所谓审判权属于司法院的，只有一个中央公务员惩戒委员会，换句话说，只在政务官以外之荐任职以上人员及中央各官署之委任职人员被弹劾时，才送由这个直隶于司法院的中央公务员惩戒委员会审判；至于在地方各官署委任职人员被弹劾时，却送由那个间接隶属于司法院的地方公务员惩戒委员会审判。至于被弹劾人为国民政府委员时，送由中央党部监察委员会审判，也还说得过去。因为在训政时期，中央党部代行国民大会的职权，国民政府委员被弹劾，送由国民代表审判，就是不属于司法院，也很名正言顺的。我们所最不解的，就是在国民政府以外的政务官被弹劾时，何以审判权不在这个为最高审判机关的司法院，却在这个不司审判专责的国民政府。这个规定，无疑将审判权属于司法院的一个原则，根本取消了。故现行的法律，只可说是将弹劾权与审判权完全划开，并没有严格的采用‘凡是审判权一概归诸司法院’这个原则。”

现行的法律，既然未完全采用“凡是审判权一概归诸司法院”这个原则，那么，“弹劾案的审判权究竟以属于什么机关为最相宜”这个问题，便当然可以而且应该讨论了。

在当时，欧洲的法国和德国等，都是在普通法院以外，另设行政裁判所，专管行政诉讼。凡属行政诉讼，一概不许普通法院受理，只由特别设立的行政裁判所受理。其理由是：人们认为行政上的诉讼，要有行政上的知识与经验，而这不是普通法院所能胜任的。高一涵探讨了西方国家的这一情况，认为采用行政裁判所制度的国家，成绩都有进步，以至于过去非难这个制度或怀疑这个制度的学者，现在也多改变他们的态度，甚至于转而赞成这个制度；因为行政诉讼，固不宜归普通法院审判，但也不宜归行政官厅审判，折衷的办法只能是，特设一个行政裁判机构审判之。

受到上述法、德等国司法实践的启发，高一涵也认定：“弹劾案的审判，为特种审判，并不是普通审判。如军事的审判，另由军事法庭掌理，而不由普通法院掌理，为同样的理由。”他的结论是，在当时的中国，“审理弹劾案的审判机关，也应该在普通司法机关及普通行政机关而外，另设一个审判机关。”“然则弹劾案的审判权究竟以属于什么机关为最相宜呢？我的答案：就是以属于监察院比较的相宜。”

对于弹劾案的审判权以属于监察院为比较相宜的理由，高一涵归结为“一事权而专成”，“监察院是为专门监督行政官吏而设立的机关，他的惟一的职责，就在监察一切官吏的行为。如果只教监察院司弹劾，不教他司审判，便是半弹劾。……所谓弹劾权与审判权通同放在监察院，并不是说通同要放监察院的监察委员手中，自己弹劾，自己审判；仍然要组织一个与监察委员对立的审判机关，与现今的公务员惩戒委员会组织相同，也与普通法院的检察官与推事关系相同。这样一来，监察权才可以称为真正的独立，弹劾权才可以称为整个的弹劾权，而审判的机关也不像现在那样的支离破碎。这也是关于监察权本身的一个重要问题。”

总结高一涵在《宪法上监察权的问题》中的论述，可以认为，高一涵心目中的监察权，不是仅仅通过监察院行使事后的监察，而没有事前监察的权力，监察权也不应只是弹劾权而已，它还应包括行政审判权。在他看来，中国历史上的御史制度，是把监察权渗透到社会生活的方方面面，这一特点，值得我们在今天有所吸纳。但高一涵也绝非一个主张全面复古的法学家，因为中国传统意义上的所谓御史制度，毕竟是围绕专制皇权运作的，它本身甚至就是皇权专制的一种体现，这对于一位从“五四”、大革命中走来的启蒙学者来说，显然是非常警惕的，所以他认为，中国新宪法中的监察权，不能按照历史上的成规，扩张到无限。

应该说，高一涵的这种探讨，即使在今天，仍然有着它的借鉴意义和价值。高一涵很坦白地指责了当时推行的监察制度的缺陷——重事后弹劾，而忽视事前的监察。他说，除了弹劾权之外，监察院还应该有了解各行政官署施政状况、任免人员经过，以及考核人员成绩等的机会。同时，监察院如果只能弹劾，不能审判，则只能算是“半弹劾”，他主张弹劾案的审判权归监察院。这些思想中的一部分，不正在我国现阶段的法律、监察，还包括纪律检查活动中得到施行吗？

那么，高一涵在20世纪30年代提出的监察思想和制度建设主张得以产生的思想渊源为何呢？

二、高一涵监察思想的思想渊源

高一涵监察思想和相关制度建设主张之学理渊源首先应是其留学、“五四”、“大革命”时期形成的国家民主政治理念。

据学者研究，早年的高一涵对西方民主政治思想兼收并蓄、广采博纳，因而，他的启蒙思想所涉及的范围非常宽泛，内容非常庞杂，“可以这样说，不仅当代著名思想家的理论，甚至远到几百年，以至上千年前的一些哲人的思想在高一涵这里都得到了参照、引用甚或推崇，有时也许还有曲解或误解。……从高一涵这里，可以看到各种所谓的民主概念或带有民主内容的思想材料是怎样杂糅在一个人的头脑中并组合构成他自己特定的民主观念的。从某种意义上说，五四新文化运动时期，高一涵的思想在一定程度上呈现了一种‘无序’特征，各种观点甚至是相互矛盾的观点被兼收并蓄”。

面对这一范围广泛、内容庞杂的思想世界，引起我们注意的是，高一涵思想中其实也有着自己的精髓部分，这可能就是其关于国家政治方面的思考，而且，这种思考还为其在以后提出自己的监察思想和相关的制度主张作了精神、思想方面的铺垫和张本。

高一涵在《共和国家与青年之自觉》中，以自然法理论的天赋权利政治学说诠释个人与国家之关系，他强调：“共和国民，其蕲向之所归，不在国家，乃在以国家为凭藉之资，由之以求小己之归宿者也。国家为达小己之蕲向而设，乃人类创造物之一种，以之保护小己之自由权利，俾得以自力发展其天性，进求夫人道之完全。质言之，盖先有小己后有国家，非先有国家后有小己。为利小己而创造国家则有之矣；为利国家而创造小己，未之闻也。……吾国数千年文明停滞之大原因，即在此小己主义之不发达一点。”

高一涵进而用社会契约论来诠释公民权利。他认为：“往古政治思想，以人民为国家而生；近代政治思想，则以国家为人民而设。……是为民约说殊勋。”高一涵强调，权利为公民的基础，国家的目的在于保障公民的权利，“国家者，非人生之归宿，乃求得归宿之途径也。人民、国家，有互相对立之资格。国家对于人民有权利，人民对于国家亦有权利；人民对于国家有义务，国家对于人民亦有义务”。指出个人才是共和国家的根基，在一个从来就没有个人观以至将个人观念等同于自私的国家里，无疑是需要很大勇气的。从培育公民精神入手而为共和宪政奠基，此正为新文化运动的宗旨所在。我们不得不慨叹高一涵很早就发现了新旧思想文化冲突的根本症结所在。他强调，人类社会的最高价值应是人民大众成为政治的、社会的、生活的主人。一切思想、制度只有体现民众的价值才有意义。高一涵的这些思想，说明了民主政治之下，人民与国家之间的关系、人民的主权地位和人民自身的幸福为人生真正归宿的道理。他明确反对国家高于一切，反对国权无限论，反对以国家作为人生的目的或人生的归宿，而是主张把人生当作目的，把国家当作达到人生目的的一种工具。这种看法虽然没有抓住国家问题的本质，但他强调了国家与人民的关系，启发了人们对这个问题的思考。

高一涵秉持这种国家与个人的平衡观，始终坚守“小己”与国家和社会的和谐、同一、并立，坚信它们不应相互为害。他一直相信：“故欲定国家之蕲向，必先问国家为何而生存；又须知国家之资格，与人民之资格相对立，损其一以利其一，皆为无当。”

高一涵关于个人和国家关系的论述，有几点是具有划时代启蒙意义的：（1）突出个人之于国家经济和思想上的独立性；（2）个人和国家是两个对等的法律主体，以国家的名义剥夺个人的权益为民主共和国家所不容；（3）国家的主要职能是保护个人之自由权利，使个人能够充分发展其天性，才能各得其所。这些论述，无疑也启发了他深入思考国家司法体制中体现人民监督权力的监察权问题。

这些思想和主张所体现的现代民主政治诉求，构成了高一涵政治思想包括其监察思想的精神基础。同时，它也鼓舞着高一涵不断地推进自己的政治思想包括监察法学思想。

细读高一涵在《宪法上监察权的问题》一文中提出的监察主张，其中关于行政审判权的思考，便在极大的程度上吸纳了西方近现代民主政治制度与实践所提供的经验。

如果说西方思想对高一涵现代民主监察思想的形成起了重要作用的话，那么，中国传统政治文化资源包括监察制度文化对其新观念的形成也有着不可忽视的影响。

尽管五四新文化运动的一个主要内容是对中国传统儒学进行批判，但是邃于国学甚至在其某些方面有所专精的知识分子在传播新思想新观念之际，却经常有意或无意地回到他们最为熟悉的传统文化中去寻找根据或佐证。譬如，新文化运动的倡导者强调道德在改造政治与社会中的作用，这恰恰与中国传统政治思想中“道德教化”及“德治”的主要内容相吻合。而道德说教，在高一涵的文章中也随处可见，甚至在阐释“民主”这样的政治学概念时，高也过于偏重它的道德含义。

从这点引申开来，可以看到，高一涵监察思想的另一个渊源，应是中国传统法学资源中的监察制度及其文化。中国传统监察制度及其文化源远流长，高一涵曾著有《中国御史制度的沿革》，专门探讨这一课题，这在中国法学史上开了先河。在《中国御史制度的沿革》一书中，高一涵第一次系统地探讨了中国秦汉以来的御史制度，他认为，中国古代的御史权力广大，即使在极端专制的清代，御史也至少有以下特权：（一）建议政事权，（二）弹劾权，（三）监察行政权，（四）考察官吏权，（五）会谳重案权，（六）辨明冤枉权，（七）检查会计权，（八）封驳诏书权，（九）注销案卷权，（十）检查礼仪权（《中国御史制度的沿革》第四章，香港 1933 年版）。这为他在 20 世纪 30 年代参加宪法和宪政讨论，预作了张本。

在《宪法上监察权的问题》一文中，可以明确地看到中国传统监察制度及其文化的影响。通读该文，我们甚至可以得出一个结论：高一涵在探讨当时的监察问题时，虽然坚守的仍是其五四时期形成并提出的国家政治思想和民主政治精神，但其主要的立论依据已经是中国传统的监察实践了。

高一涵在文章中，开宗明义就提出了自己的一个重要认识："监察制度本是中国特有的制度……"这一结论当然与他在《中国御史制度的沿革》中的研究有关。可以说，重视本土监察文化资源的研究、吸纳和利用，是高一涵监察思想的一个重要特征。他认为，中国历史上存在过自己的"三权分立"，即行政权、军事权和监察权的分立，而监察权的分立行施，主要是靠御史制度来维系的，如明朝的"中书总政事，都督掌军旅，御史掌纠察"。

根据他的研究，中国传统的监察权不仅非常广大，而且具有广泛的实践空间，这同西方不同，在西方，现代的监察权，一般仅为弹劾权，而无事前的监督权。而在中国，"从前都察院的监察权，打破普通的行政系统，无论是对于上级官厅，或对于下级官厅，皆一律可以行使。不但可以监察法律范围以内的事件，并且可以监察道德范围以内的事件；不但可以监察百官违反法令，及妨害公益的行为，并且可以监察官吏个人的私德私行；不但可以监察在职的官吏，而且可以监察退职的官吏与非官吏的恶霸土豪；不但可以弹劾那证据确凿的犯罪行为，并且可以弹劾那风闻传说未得确证的嫌疑行为；不但可以弹劾犯罪于已成事实之后，并且可以弹劾犯罪于将成事实之前"。而这一切权力，均来源于"中国固有的特殊的三权分立制"。

高一涵在《宪法上监察权的问题》中提出的监察权的主张，虽然不能说完全来自于中国传统的监察制度，但他于中西之间的取舍是十分明确的。

高一涵国家政治思想包括监察思想中所体现的现代民主政治诉求，使得这位政治家、法学家密切地关注着现实政治的进程。高一涵在《新生活》第 8 号上撰文《八年来政治上的罪恶》，明确指出："政治上的改革本来不是一件容易的事体。因为政治现象就是思想的写真，思想到什么地步，政治自然会变到什么地步……政治革命是应该天天做的事，不是几年几十年或几百年一行的事。社会是天天动的，是天天进化的，跟着社会动，促着社会进化，就是政治精神的革命。”因此，他在猛烈抨击专制制度、宣扬民主思想的同时，也对当时国家的现实政治给予了极敏锐的关注。正是这一点，促使他在20世纪30年代出任国民政府监察官员后，比较充分地利用了当时的政治为他提供的言论平台。

由上可见，在20世纪的前期，高一涵通过撰写书文，投身实际政治活动，而为中国民主政治目标的实现，也包括民主监察目标的实现奠定了重要的基础。可以这样说，高一涵在这一时期以自己的方式，为他此后的宪政活动和具体的监察工作作了准备。

参考文献：

[1] 高一涵.宪法上监察权的问题 [J] .东方杂志,1933，30(7):20-23.

[2] 付阳.七十年前的宪法讨论 [J] .书屋，2004（2）：64-69.

[3] 张春丽.“五四”新文化运动中高一涵启蒙思想初探 [J] .中共党史研究，1999（3）：27-28.

[4] 高一涵.共和国家与青年之自觉 [J] .新青年，1915，1（2）：2-3.

[5] 高一涵.民约与邦本 [J] .新青年，1915，1（3）：1.

[6] 高一涵.国家非人生之归宿论 [J] .新青年，1915，1（4）：3-4

[7] 赵峰峰.论高一涵的政治思想 [J] .中国教育与经济论坛，2004（2）：71.

[8] 朱志敏.五四民主观念研究 [M] .北京：北京师范大学出版社，1996.

讲演稿

社会哲学与政治哲学①

（美）杜威　著

前两次讲演说社会哲学和政治哲学分三大派：（一）偏于理想，想把现行制度一齐推翻；（二）偏于保守，对于现存制度一律辩护；（三）注重具体的问题，对于现行制度不作笼统的攻击，也不作笼统的辩护。今天所讲的属于第三派，随时对于第一第二两派也略加一点批评。

第三派哲学的重要观念，是学说起于纷乱，学说的目的在随时随地补救修正社会的缺点和社会各种势力的冲突；要想补救修正社会的缺点和社会各种势力的冲突，除了注重具体的问题之外，还需要有一些能指导全体的观念。

譬如船家航海，先要有个地图，带个指南针，定个方向，然后再转柁张帆朝这个方向走去。社会哲学家也必要有指导全体的观念，作他们的地图和指南针，先观察社会冲突动摇不安的病根在什么所在，然后来解决具体的问题。但是我们说的指导全体的观念并不是上次所批评的笼统理论，仍然是从具体观念中找出的普通观念。从前的哲学家总好用许多笼统的两两相对的名词，譬如说个人同社会冲突，人民同国家冲突，法律同自由冲突，这样囫囵说去，便把社会冲突的具体原因遮蔽住了。我们要想找出大冲突的原因，不必从这许多抽象的两两相对的名词上去

① 1919 年 11 月，杜威博士在北京以《社会哲学与政治哲学》为题作了 12 次讲演，其中第三至第六次讲演由高一涵记录，故将此讲演记录稿收入本卷。其余 8 次讲演由胡适、孙伏园先生翻译，本卷未收入。——编者

找，应该从群与群交错的关系上去找。

据我们看来，社会冲突并不是什么简单的双方冲突：一造是个人，一造是社会；一造是人民，一造是国家；一造是法律，一造是自由。社会是群与群的结合。群的界限是错杂不齐犬牙交错的东西，所以群的冲突是错杂不齐犬牙交错的冲突。我所说的群是有公共目的的公共利害团结在一块的。人类只要有一种兴趣利益的关系，自然会团结成群。譬如有打球的兴趣，自然会结成球会。社会成立的原因既是这样，所以社会上的冲突，是阶级和阶级、行业和行业、民族和民族的冲突，并不是一方面是个人，一方面是社会。

何以说人类只要有兴趣利益的关系自然会团结成群呢？譬如人类的天性，有男女性欲的需要，男女同居，然后有夫妇，有子孙，有家庭，有家族。又如人生都有要吃要穿的天性，因为这种天性的需要，自然有供给吃的、穿的等群，自然会发生商业、工业、交通等群。再放大范围说，人类的天性好争，因为好争，所以才有国家和政府的需要；因为有国家和政府的需要，所以才有国家和政府等大群。

人类又有一种宗教的天性，对于现世多不满意，要想求那未来的精神的幸福，因为有这种天性，所以大家才同拜一种宗教，因此发生教会、庵观、寺院等群。照这样看来，可见得人类只要有一种兴趣利益的需要就会发生种种的群。

以上所说的是人群发生的原因，自此以后，再说人群冲突的原因。人群是"参伍错综"的东西，并不是一个独立的、彼此毫无关系的东西。比方一个人，在社会是社员，在国家是国民，在教会是教士，在某种行业之中又是某种行业的职员。社会所以有乱，都因为这许多团体不能同时平等发展进步，结果常使这一群压倒那一群，经过几十年几百年，表面上虽然没有什么影响，骨子里已有了纷乱的种子，已经有许多不平之气，所以才有冲突的事件发生。

现在且举出几个例说明，社会中往往有一种群，受特别的待遇，占特殊的地位，把别种群压下去，这便是纷乱的原因。

（一）宗教的群

欧洲中古自五〇〇年到一五〇〇年的一千年的历史，是宗教团体很胜利的时代。宗教的群既占势力，便把家庭、美术、教育、政治等群压降下去。因为宗教家有特别的见解，提倡独身不婚等事，因此便把家庭的兴趣灭杀了。宗教家重用精神不重欲望，恐怕美术感动人的欲望太甚，所以又不注重美术；便用美术，不过为他们宗教作奴隶罢了。宗教家又不敢提倡科学，恐怕推翻他们宗教上几个根本观念，结果又把教育的兴趣灭杀，把教育的团体压将下去。宗教家又反对政权，所以闹成一千多年的政教战争，国家的群和教会的群两不相让，所以造成许多年政教冲突的历史。就是现在意大利还有许多地方尚在争执这个问题。

举这个例是要证明宗教的群在历史上占了特殊的和独尊的地位，结果便把别种群的需要兴趣压倒了，做他们的附属品。这个例是很普通的，除了三个例外：（一）希腊；（二）中国；（三）美国。其余各国都是这样的。希腊古代教会并不曾掌过大权，中国历史上并没有奉为一尊的宗教，但美国自成立国家以后，虽然没吃过政教战争的苦，可是他的祖先已经受过许多痛苦了。美国历史上没有政教战争，不过是“前人栽树后人乘凉”罢了。以上所说的，都是宗教的群占独尊的地位压倒别种群发展进步的证据。

（二）政治的群

政治的群在历史上也曾占过特殊的独尊的地位，把别种群压将下去，做他们的附属品。有一个西洋人同印度人谈天，说东方人所以不能振作的原因。西洋人说：

东方人所以不能振作，因为土人太守旧，太重习惯。例如印度人搬运东西，总是顶在头上，不会用车子去推。有一天教他用车子推煤，他虽把煤放在车上，但仍然把车子放在头上顶着。就此可以证明东方人被习惯的势力绑住了，所以不能维新。

印度人回答说：

东方人固然太重习惯，西洋人却太重政府。西洋人的毛病，就是把政府当做车子用，不会用自己的力量去顶东西，只会靠政府力量去做事，那如我们用自己的头来做自己的事呢？

印度人这几句话很有几分道理。把政府看得过重，实在是西洋人的毛病。譬如这回欧战，国家政府的权力扩张极大，把铁路、矿产、财产、生命，都可以一手拿来，商业、工业、学术各种团体，没有不受他支配的。因为国家政府的力量这样强大，所以发生一种反动。现在有许多明白的人不免发生疑问，要问："国家政府是否应该有这么大的权力？别的团体是否应该受他绝对的支配？"这种怀疑的人现在已经天天增加起来了。

（三）经济的群

中国人常常批评西洋人，说他们偏重唯物的方面，想弄钱，想发财。对于美国尤甚；因为美国有偏重经济的趋向。美国有天然的富源，不能不发展工商各业；因为工商各业发达，便造成许多大资本家；所以经济的组合多有操纵国家政府的势力。美国大资本家常常操纵政府、利用政府；人民有时不知道真正的政府究竟是京城里边的政治机关，还是工商业的组合。这种偏重经济的趋向，遂生出种种流弊，文学、哲学、美术等的发达都落在欧洲之后。这都因为偏重这方面，丢掉那方面，所以一方发展，一方偏枯。

（四）家庭的群

家庭的群也时常占据一个特殊的独尊的地位，因为家庭的群比较别的群更加亲密，更可把经济、政治、教育、宗教等群包括在内。因为如此，所以格外容易代替别种群，把别种群压将下去，一齐由他支配。最初生计的团体，无论东西各国都是一样，都是由家庭生计做起，如纺织衣服、制造饮食等事，都是从家庭起首。奴隶、牛马、妇人都归家庭所有，听受家长支配。后来因为教育儿童，有了教育的需要，家庭之中又兼任教育的职务。由家庭变为家族，由家长变到族长，便含有半政治的性质，可以赏罚家人，可以强令家人做事，故又兼有政治的职务。

古代家长率领子孙拜神祭天，故家庭的群又兼为宗教的群。家庭的团体如此，难怪在历史上占了一个最重独尊的地位，把别种团体都看轻了，都丢开了。

家庭的组合在人类社会上本是很重要的；许多道德的观念，慈悲的观念，如亲爱、和睦、保育幼弱、一视同仁等思想，都是从家庭制度中发生出来的。这都是家庭组合的好影响，但有几种坏处：（一）守旧。家长要保持一部分人的权力，故往往教子孙遵守祖法，久而久之，遂变成死的、不活泼的现象。（二）不平等。家庭之中，一部分人掌权，一部分人服从，妇女、奴隶均受不平等待遇，不能谋全部的充分发展。

（五）区域的群

人类因为地方的关系，因为居住相近的缘故，遂发生邻居的观念。再大则有同村同城同县同省的关系，发生同乡的观念。这都是以区域作基础组织成群的，无论是否同党同教，均因地理上的关系组成一团。好的影响可以横冲进去，把宗教党派等界限化除，连合成为一气，发生很亲密的结果。坏的影响就是疆界的观念太重，因面分成乡界国界，容易发生猜忌。历史上许多战争都是从疆界问题发生的。

以上所说的是要想改良社会，免了社会的摇动，应该知道社会里面互相冲突到底是为了什么缘故？从前的社会都听自然的趋势，必等到偏枯不平的气象出现以后，才知道设法救正。现在我们总要有种工具，可以先事防备，不要等到发作的时候才去救正。所以必定先要观察社会冲突的原因，由于那种社会太占优势，所以盘据最重要的地位；那种社会需要被压太甚，所以退到吃亏的地位。能够如此然后才能够对症下药，预先来设法救正他，调剂各群的地位，让他们有平等的发展平等进步的机会；不但不互相冲突，并且可以互相帮助。一部分有好结果，各部分都受好影响；一部分有坏结果，各部分都受坏影响；这就是因为社会的关系是“犬牙交错”的原故。

我很希望大家把这种社会冲突的观念想一想，从这种观念中研究出来解决社会的具体的办法，好代替那种完全辩护完全推翻的笼统思想。

前几回所讲的有两个要点：（一）学说的起源在社会纷扰不安的时

候；（二）社会所以纷扰不安，就因为偏重一种人群的利益兴趣，把别种人群的利益兴趣压将下去；结果是一种人群占了特殊的独尊的地位，那被压下去的人群便发生偏枯不平的气象，所以才发生冲突。

这种讲法和从前社会哲学史、政治哲学史普通的讲法不同。诸君研究过社会哲学史、政治哲学史，应该知道这种学说和旧说相异的所在。从前的旧说大致可分为几派：

（一）极力提倡个人的自由、权利、尊严。这是个人主义。

（二）但承认社会，根本不承认个人，所以注重法律、秩序和社会全体的利益。

（三）调和二者之间，认定一方面是个人，一方面是社会；一方面是自由权利，一方面是法律秩序。

以为社会的纷乱，是由于这方面的自由权利和他方面的法律秩序相冲突。

以上三派，旧说都和我们的讲法不同。我们认定社会是种种群组合起来的，偏重一群，使这一群把别的群压将下去，结果便发生冲突。因为讲法不同，所以发生两大问题：

（一）倘若我们的讲法是对的，何以三四百年来的社会和政治哲学家都错了？换句话说，社会哲学史上所谓个人和社会的冲突究竟有什么意义？

（二）我们这种讲法和旧说有什么区别？还是口头上纸面上的区别，还是实际上根本上的区别呢？

现在先讲第一个问题——社会冲突究竟有什么意义？

简单的解答，就是社会是群与群组合起来的，并不是一方面个人，一方面社会。所以社会的冲突就是群与群的利益相冲突。一种人群在社会上占了特殊的独尊的地位，社会上已经公认他的特别势力，可以统治一切人群，因而渐渐的把其余的人群利益认为个人的利益。这是什么缘故呢？因为占了势力的人群把个人利益认做社会利益，所以把那没有占势力的人群所认为利益都当作个人的利益，说他们的主张是反对社会的。

其实这些利益都是社会的利益。所以我们与其说个人同社会冲突，自由权利同法律秩序冲突，不如说一部分自由太甚、权利太大，压制其他的部分，所以起了冲突。要知道新进的一部分并不是激励太甚，不过想对于现在的制度法律改正一点，就是对于现在的法律秩序稍稍说几句话，也不过是想补救他修正他罢了。惟在当时，这种主张尚没有占势力，所以人都把它看作个人的利益，想把他打压下去。

照这样说来，两方的冲突都是为着社会的利益，并不是一边是个人，一边是社会。若说是个人，反对的一方面是个人，优胜的一方面也是个人；所以也可以说是这群个人和那群个人竞争；不过优胜的一群人所主张的利益，社会上以公认为社会的利益，反对的一群个人所主张的利益，社会上尚没有公共承认，所以才说他们是捣乱。

历史上最著明的实例，就是政教冲突。欧洲中世纪的政教战争，就是一边是教徒的利益，一边是国民的利益；一边是精神的群，一边是政治的群在那里冲突。这两个大群互相冲突起来，就成了政教的战争。这一群的利益已经社会公认了，效果也有得见了，所以便把他当作社会的利益；那一群的利益未经社会承认，没有效果可见，所以把他当作个人的利益。他们以为如果承认他，便与现状相冲突，国家社会都要受他的危险，所以彼此才发生冲突。仔细看起来，历史上社会冲突，并不是一边是个人，一边是社会；乃是这一部分以自已利益为中心的人群和那一部分以自己利益为中心的人群在那里冲突。

宗教和科学的冲突也是如此。欧洲中古，教会势力非常尊大，他们的教徒便是法律，他们的经典便是教材，他们的教会便是学校，把立法、司法、教育、人权等权都收归他们的掌中。他们尽力保存礼教，维持安宁秩序，把社会的治安看作他们一部分人的责任，以为他们的利益便是社会的利益，同他们冲突便是同社会冲突。凡做科学运动的，凡主张独立思想的，在他们看将起来，都是乱党，都是叛徒，都是社会利益的对头。其实是他们自己把持社会，保持他们自己所说的社会利益。他们不承认新发生的要求，说这种要求都是社会利益的反对，这就是他们自私自利的铁证。

再说一个最好的例，便是东方的家庭。东方的社会以家庭做中心，后来可以把家庭的利益看作社会的利益。家庭中一部分老的男的，占了特殊的地位，有特别的势力，把少的女的一部分利益压迫完了，少的女的便成为他们的附属品。后来时代变了，子弟们也想说话，也想自由选择职业，自由信仰宗教，自由选择婚姻；家庭的长老看见他们这样要求，都以为他们是反对家庭，也便是反对社会；他们都以为想保持社会的利益非保持家庭的利益不可；想保持家庭利益非压制子弟们的要求不可；他们那知道子弟们的要求也是代表一种社会的利益呢？子弟们想自由做事，自由信仰，自由结婚，无非希望造成平等的社会，得自由发展的机会；不过没有经社会公认，所以人家都把他们当做社会的祸害。由此看来，可见得已经公认的社会需要总不承认未被公认的社会需要：历史上的冲突都是由这种原因发生的。

归综一句话：历史上所有的种种冲突，并不是个人同社会冲突，乃是群与群的冲突；一群已被社会公认，一群未被社会公认；这种已被社会公认的群不肯承认未被社会公认的群所要求的也是社会的利益，所以才有冲突发生。

若把世界上所有的革新运动分作三个时期看，格外可以看得明白。现在且举女权运动做例。欧洲自十九世纪到二十世纪可算是女子要求解放的时期。从前的女子在社会上没有地位，近来女子们要想选择职业，替社会尽点义务，所以才起来要求政权，这就叫做女子解放的运动。且把他分做三个时期看：

（一）顺受的时期。从前社会上事业都由男子独占，女子被男子压制久了，自己也承认不平等是当然的，服从男子是应该的。英国法律把夫妇认作一个人，这一个便是丈夫！大家都以为这是天经地义，不能改变的。

（二）反抗的时期。社会上经过一大变迁，种种新需要发生，种种新思想加入，便把从前的天经地义动摇了。从前的女子只做家庭以内的工业，到了实业革命后，机器发明了，工厂也发达了，生产的方法一齐都变了，女子也可以做工了。所以从家庭工业变到工厂工业，从手工生产变到机器生产，女子到这个时候，他们的习惯经验已都改变了，他们也渐渐同社会接近了。后来又因这个发生教育的需要；又因为受了高等教育，知识逐渐增加，知道社会的待遇太不平等，知道他们没有代表便不能参与政治。他们既然有这种觉悟，自然要加入社会的生活，反抗旧时的生活。

但是，这时旧制度、旧道德、旧风俗依然存在，女子运动还是少数，所以被社会把持，结果遂起了冲突。当时社会当他们是一些“个人”，他们自己也只觉得是一些“个人”，所以提出天赋人权之说，主张凡是一个人都该有天赋的权利。自表面上看来，好像一边是争自由、争权利，一边是代表社会，保持已成的秩序。凡是种种革新的运动都要经过这个时期的。

（三）成功的时期。到了这个时期，赞成的人也多了，组织也渐渐有势力，有实行的机会。过渡时代一方维持道德秩序，一方要求神圣不可侵犯的自由权。到了第三时期性质都完全变了，大家都以为所要求的，是社会的利益，不是个人的利益。从前的要求是争权利，现在是争尽义务的机会。他们以为社会不让他们尽义务是于社会有害的；社会也承认他们所要求的不是私利，却是社会的公益。所以从前认为非社会的，现在都变成社会的了。

凡历史上革新运动都必定要经过这三个时期。不过在第二时期中，一方面要维持社会秩序，一方面要主张天赋人权，看起来好像是个人同社会竞争，必待到第三时期，才能明白冲突的竟是都是社会的利益，并不是个人与社会相争。

不但女权运动可以分做三时期看，凡一切革新运动也都可以分做三时期看。譬如劳工运动，在第一个时期，大家都以为不平等的待遇是当然的；到了第二个时期，大家都以为他们自己也是人类，也应该要求权利，所以才提出劳工神圣、待遇平等的观念；到了第三个时期，大家又才知道这不是个人的问题，确是社会的问题，如果容纳他们的要求，不但可满足个人的愿望，并且可为社会增加许多利益。

这三个时期是一切革新运动必要经过的，不必一一举出，诸君可由此类推罢。

以上所说，都是要解答我们提出的第一个问题："政治学说史上所谓个人与社会的冲突，究竟有什么意义？"我们的答案是：本来不是什么个人与社会的冲突，只是这一种人群的利益需要和别一种人群的利益需要相冲突。一部分的利益因为久经社会公认，故自以为可以为代表社会全部的利益。那新起的势力，因为未经社会公认，故表面上很像和"社会"处于对抗的地位。其实这种新起的要求往往也都是社会的需要，不过还没有被社会公认罢了。所以平常所谓"个人与社会的冲突"，其实只是一种人群的要求，当未经社会承认的时候，起来与社会上久占特殊地位的势力相对抗。换句话说，这种冲突不过是一切革新运动必须经过的第二时期的表面解释。过了这个时期，新要求的社会性质渐渐明白了，便不觉得是个人和社会的冲突了。

再讲第二个问题——我们这种讲法和旧说有什么区别？还是口头上纸面上的区别，还是实际上根本上的区别呢？现在且简单说一说，我们现在的讲法，和旧日的讲法不是外面不同，却是实际上不同。如果照旧日的讲法，把社会冲突当作个人同社会冲突，那么，革新家便有许多不方便的地方，便要吃了许多苦。因为社会把革新家的运动看作个人的运动，便说他是社会的仇敌，革新家自己也承认自己的运动是个人的运动，也觉得社会是他们的仇敌。这样一来，两下的仇恨更深，一方面便要笼统把持，一方面又要根本推翻，觉得一切制度都不中用，甚至于暴动起来，要用不正当的手段去根本解决。就是不应该改革的也拿来改革，不应该推翻的也拿来推翻了。这种笼统的推翻真是最不经济的事。

若照我们现在的讲法，革新家和社会都要取研究的态度。第一步先认定社会上有某种需要没做到，有某种有用的分子没有发展，有某种有用的能力过于埋没，把这些事件，都认作社会的缺点。我们的要求，是为社会争某种方法应该推行，某种情形应该改革，却不是要同社会为难。

这样一来，便把仇视的态度变做研究的态度了。既然抱着研究的态度，第二步便要问那种方法是好的，那种方法是不好的？那种方法是对的，那种方法是不对的？到了各取研究的态度，自然不会把革新家当做仇敌，去赶他杀他，可以免掉许多无谓的冲突。不但主张的人抱着研究的态度，就是批评的人也抱着研究的态度。这是完全用人的智慧，用科学的方法，来研究事实，把那些笼统把持根本推翻的毛病都免掉了。革新家也不居功，也不把自己当做社会仇敌，不过提出一种主张，让社会上拿去试验试验，看到底能行不能行罢了。推到这层结果，可见得我们的讲法，并不是纸面上的空谈，实在有些实际上的区别。

我前次讲演中曾发过一问，说从前的学说，说社会上纷乱是个人同社会冲突，现在我们说社会上纷乱是社会的利益兴趣太不平均，所以这一群往往从那一群纷争——这样讲法究竟实际上有没有区别？我的答案是说大有区别。

说社会上纷乱是社会同个人冲突，结果必定激成社会和个人的意气，一方面主张一概保存，一方面主张一概推翻，便把应该研究的具体问题丢开了。新的说法便不是这样，说彼此所争的都是社会的利益，不过一方是已得社会公认的，一方是未得社会公认的罢了。既然都是社会的利益，就应该研究那种主张利益多？那种主张利益少？那处应该改革？那处应该保存？这便是研究的态度，这便是科学的方法，这便是实际上的区别。

用旧法子讲来，自然生出一个天然的趋势：就是把社会同个人看作两不相容的东西。社会中守旧的人并不用研究的态度，并不说明那一部分有价值应该保存，也不说明用什么方法来保存，单是笼统说凡是古的都是好的，反对古的便是反对社会。新的人受了这种激刺，又说凡是成了制度，成了风俗，拘束个人行为的，都是坏的，都是应该推翻的。他们也不研究为什么要变，为什么不变就有坏处？固然不能说凡是旧的讲法都是如此，但是自然趋势必定要归到这步田地。我们现在的讲法并不是主张调和，乃是想找出一个新方法养成鉴别的能力使人人能辨别那件是好的，那件是坏的，那件应当改革，那件应当保存，指出具体的问题，说出所以然的理由，用科学的态度，下具体修正的工夫。

我们且拿无治主义做个例，主张无治主义的人以为一切管理限制都要推翻，如政府、法律、财产、家庭、婚姻等都是束缚个人自由的，都应该废掉。其实那真问题，不是凡是政府、法律等都不应该有，不过是某种政府、法律应该有，某种政府、法律不应该有。极端自由是做不到的事，因为人性自然的趋势免不掉一点限制，就是推翻这种限制，必定又有那种限制起而代之。譬如让路，如果没有一定的惯例，便要生出无谓的冲突，要想免掉冲突便不能不遵守惯例。照这样说起来，不如承认制度是免不掉的，不过要研究那种政府那种法律是好的，是我们可以承认的，这便是研究的态度、科学的态度。

刚才所说的都是绪论，现在且归到方法态度的中心问题，说到鉴别的能力上去。我们要鉴别那种是好的，那种是坏的，那种比较好一点，那种比较坏一点，必定要有个鉴别的标准。现在指出几个鉴别的标准做我们鉴别的工具。

说到标准往往易生误会。从前的旧说也常常提出理想的目的做他们的标准，但是这种标准是空想的，是做不到的；我们所说的标准是根据事实的，是办得到的。譬如航海，如果不辨航路、水性、礁石，不用罗盘，不看地图，单说朝那目的地去，人便笑他是外行了。政治也是如此，应该根据事实，从事实中找出方法，空有理想是没用的。现在的事实是根据人性而来的，这是社会哲学、政治哲学最重要的基本，我们所说的人性并不是空空洞洞的说人性的善恶，是研究人的性质是怎样，变化是怎样，从事实上找出人性的需要、方向和必不可少的条件，拿来做根据，然后想出怎样下手的方法。

现在且举出人性的三种需要做标准：（一）习惯风俗；（二）社会编制；（三）共同生活。个人把已往的经验保留下来，作做事的惯例，便叫习惯；把习惯变成社会通用的惯例，便叫风俗；再把风俗变成制度，便是礼制。把社会安排到分工易事同力合作的地步，使成为有系统的组织，叫做社会编制。这两种都是第二等的重要事件，第一等重要的事件，还是共同生活。人类必定要共同生活，才可互相帮助，互相长进，这是人性顶重要的需要。

（一）习惯风俗。从心理学上看来，习惯风俗是保存人类已往的经验最经济的方法。如果事事都要自己用心安排，一举一动都要现去设想，便把有用的精神，注重到小事上去，再也没有工夫去研究重要的事体了。譬如小孩子没有走路的习惯，初学走路便太费事；又如用筷子，没有用筷子习惯的人便不能随意应用，反要费许多精神去管住他。个人有了习惯，社会有了风俗，很是人类一桩大经济的事体，是人性需要最不可少的东西。

社会风俗既已到了公认的时期，便变成一种礼制，如家庭制度、财产制度、婚姻制度等便是。风俗到了人类公认的时期便有很大的功用。风俗是天然的需要，但不能一定稳固，不必都能一致；到变成礼制的时候，便变成固定的统一的制度。大家都以为照这样做没有错，不照这样做便不是，便错了。如果没有礼制，你想那样做，我想这样做，结果便免不掉冲突。霍布士（Hobbes）说："没有政府的时代，是个互相残杀的时代，有了政府便是安稳的时代。"我们固然不能完全承认他的假设，但是人类社会没有礼制便不能安稳太平，有了礼制便安稳太平，这是大致不错的。

但是风俗有好处也有坏处。好像蛤蜊的壳子一样，固然可以保护蛤蜊的肉体，但是因为太硬了，往往妨害肉体的发达。习惯风俗礼制也是这样，本来是保存已往经验的方法，后来弄错了，把他当做目的，我们反来保护他；又因为保护的结果，好像蛤蜊的壳子越长越硬，便把生机的发展一齐堵住了。堵住的结果，便要生出冲突，便要生出拿暴力推翻一切的革命。革命并不是革新家造成的，乃是守旧党激动起来的。因为有人出死力保存死壳子，所以才起反动的革命。

我们要想使习惯风俗礼制不致妨碍生机，不致激起革命，须要救正他，不要叫他变成死壳子。如想叫他不要变成死壳子，必须注意人的心思作用，用个人的见解来选择、批评、判断、试验他，用人的心思作用来保存生机，使他常常活泼，不要老死。

我们第一个标准要想怎样调剂风俗习惯礼制，使他不致妨碍人性的发展，注重个人选择的自由、批评的自由、鉴别的自由，不叫风俗习惯礼制变成一种死东西，才可免掉革命的危险。

（二）社会编制。风俗习惯是不知不觉变成的，编制是有意编成的。编制组织好像有机体，是互相照应、互相帮忙的，编制得好，组织得完备，自然会加增竞争的能力；要想用力少而成功多，非有有系统的编制不可。

我们对于德国人虽然不满意，但是不能不承认他的编制能力。他用科学的方法来把各部分支配起来、计划出来，要刻期办到，这都是德国人的好处。

但是太偏重编制也有许多坏处。简单说起来，一定限制了许多自由发展的机会，妨害许多自由创造的能力。

譬如商店、公司、兵队等固然不能不讲编制，但是编制的结果，只有几个人从中操纵，其余的人都是器械。

如宗教尽讲些拜跪的仪式，用兵尽讲些操演纪律的死法子，便把自由发展自由创造的能力消磨完了。德国人可以代表最长于编制的民族，同时也可代表偏于编制所以发生种种流弊的榜样。

凡讲究编制组织的，总有一个总机关，如大公司的管理部，如军队的司令部，都是中央集权。结果便只把少数居中操纵的人当人，其余的都当做机械，把个人自由发展自由创造的机会一齐丧失了。这也不但德国如此，便是西洋各国也都免不掉这个毛病。人家多说美国太放任，其实也有太偏于编制的，比如大公司大营业的限制都非常严密，所以往往生出许多板滞不灵的毛病。我们应该得一种教训：就是天地间绝没有“放诸四海皆准”的道理，没有“包医百病”的药方。德国固然是太偏重编制，但是中国也太不讲究编制组织，凡事都是临时现凑。没有组织编制，要想讲究效力，实在是办不到的事体。

我们第二个标准，就是要审查什么宜于编制，什么不宜于编制；编制有多少限度，在多少限度以内可以实行编制，过乎限度便不能死守着老法子，才是正当的办法。

（三）共同生活。现在时间不够，不能详细解释，简单说来，这种生活是互助的，是彼此都能够得益的。好像交友一样，得个朋友的帮助，互换知识，格外可使思想长进，可使生活有意味。共同生活是最高社会的希望，凡是社会都要朝这方向走去。我们的标准就是要想怎样使共同生活发展，怎样使彼此得自由交换智识，怎样得互相帮助互相长进。

上回讲演曾提出一个疑问，说究竟社会编制风俗习惯的最后标准是什么？换句话说便是，拿什么做标准来批评社会的编制组织和风俗习惯？简单的答案，就是要看这种编制风俗习惯能不能发展共同生活。共同生活便是自由交际、互相往还、交换感情，交换种种有价值的东西。社会的编制风俗习惯能做到这步田地是好的，做不到便是坏的，这就是标准。

有几种社会组织，好像墙壁一般，把各部分的共同生活一齐隔开。譬如埃及和印度都有一种阶级制度限制很严，这一阶级和那一阶级隔绝不通，婚姻、礼制、感情、思想……都是互相隔绝的。这种制度不但不能养成共同生活，并且防止他们的共同生活。

不但埃及、印度是这样，便是欧洲的社会从前也有三种阶级：上等是贵族地主，中等是中流人家，下等便是工人和学手艺的人。当这种制度最盛的时候，也是彼此断绝交通的，所以也成一种孤立生活社会，不是共同生活的社会。

不但阶级制度是这样，还有偏重一方面的，如家长制度也是这样。在严格的家长制度之下，一方面是家长，一方面是家属，尊卑、长幼、有名分堵住交通，感情、思想一概隔绝。又如独裁制度无论是政治的、实业的、家庭的独裁制，他们的组织都是一方是上，一方是下，一方是尊，一方是卑，都没有互相交通的机会。又如宗教变成了特别阶级之后，教内的牧师变成专门职业，专管祷告礼节等事。和社会一切生活断绝交通，一方为入世的，一方为出世的，感情、思想都是隔绝的。再说教育，在学校里边的便成了读书人的阶级，如农夫、工人等不识字的，便成了乡下人的阶级，乡下人以为读书的人高不可攀，所以也不同他们往来了，本来理想中的宗教，原是解决人生问题的，不应该离开人生问题专朝出世的方面做去。教育本是应该拿社会生活做根据的，使教育与社会沟通，使生活受教育的影响。如工厂、商店本不是专为发财的，目的在流通货物，不但要使物质方面流通，便是精神方面也要使他流通。我们所希望的社会，便是这种有自由交通、自由交换作用的社会，这便是我们最高的标准。

今天要提出来讲的，是要说明“社会相互的往来、关系、影响，是共同生活的要素”。先从消极方面说，如果没有共同的生活便发生什么弊病？这个最普通的例便是主奴的关系。我所说的主奴关系并不是专指黑奴氏的奴隶制度说的，凡是父母对于子女、夫对于妻、君对于民、雇主对于劳动家……都包括在内；凡是一方面为上、一方面为下，一方面有统治权、一方面没有统治权，一方面发命令、一方面受命令——这些关系都是一种主奴的关系。我们且看这种关系有什么弊病？大概不相交通的社会必发生两种疾病：

（一）这种社会组织在社会本身上有绝大的危险，使社会自身不能持久。

（二）偏重一方面，使妨碍个人人格的发展。

先讲为什么社会本身发生危险。因为有许多人以为把社会分作上下、贵贱、尊卑、长幼各阶级，虽然有点妨碍个人自由，但于社会本身很有好处，很可以保持社会的安宁。

他们以为因为要社会安宁持久，只好叫一方面吃点亏；一方面虽吃点亏，全体却受益了。这种见解的错误在于不知道这种社会阶级的护符就是武力。凡是拿武力来做根基的总是不牢固、不耐久，内部总要发生危险的。不但和个人有害，就是社会自身也有害处。因为独裁政治和平民政治绝对相反。平民政治就是想叫社会互相交通互相影响，根本是不靠武力的，只靠兴趣维持，要使社会各分子都有表示兴趣的机会，各方面互相帮助，互相影响，所以社会坚固。独裁政治全靠武力迫压，只有一方面自动的、没有互助的精神，所以不能稳固。

这种没有共同生活的社会何以要用武力做根基呢？因为社会各分子对于社会本身没有兴趣，全靠武力逼迫才可圈到一块，威力减少，马上就完了。比方一个学校的秩序要是全靠先生拿板子维持，那么，板子没有，或是先生去了，学校的秩序便即刻乱了。又如中国历史上每换一次朝代，必有一次大乱，直至有人把群雄征服了，纷乱才能平定。这是什么缘故呢？因为他们全拿武力来维持秩序，表面上虽然很像太平的，但是各方势力一不平均，马上就起了纷扰。可见得全凭武力维持的秩序，武力一去是即刻要乱的。至于立宪政治，使各分子都有表现兴趣的机会，所以政府虽然变更，秩序绝不会纷扰。

再看这回有欧战发生的大扰乱，这样大的扰乱是从没有过的。结果便有几国受了一场大劫，到了不堪受劫的时候便成了纷乱的现象；但是居然有几国经过这一大劫而不乱的。这是什么缘故呢？比较看起来，经不起这次大劫的国家都是有独裁政治的，如俄国、德国便是。俄国行独裁政治更久，所以乱的程度更甚。再看那些行平民政治的国家，不靠武力把持，却使社会中各分子都得自由加入社会之中，觉得国家不单是几个代表人的，是大家的意志、大家的感情、大家的兴趣联合起来的。既然有这种意味，所以都你帮着我，我帮着你——所以虽然经过这样大劫，究竟不致大纷扰。

观察这种情形应该使我们生出一种觉悟，就是独裁政治一定没有共同生活，一定不能各部分的感情兴趣互相影响。至于平民政治的根本观念便是："凡是公道的政府须根据于被治者的同意。"政府一切行动既已以被治者的同意做根据，被治者觉得他们也是社会的一部分，社会的意志便是他们的意志，尽一部分义务便享一部分权利，所以他们都愿意帮助政府做事——这便是国家最稳固的根基。独裁政治虽然也有能够维持得一二百年的，但是在历史上看来却是很短的时期，还请大家不要贪图这点小便宜，还是要有共同生活的社会才是“长治久安之道”。

独裁政治表面上似乎很有力量，其实都是假的，比较共同生活的社会弱得多了。平民政治是以大家的情愿做根据，表面上好像禁不起大危险，试验起来却靠得住的很。这个最显明的例便是工厂的组织。旧时的工厂经有名的专门学者调查，每天工人所做的工不到他能力百分之五十。因为他们没有兴趣，把工厂看作人家的东西，所以即有能力也不肯用，可见得独裁政治表面上似乎很有强力，但是实际上是没有用的。比方工厂的工人为什么不肯用力呢？因为他觉得他们做工是为生计逼迫的，他对工厂没有别的责任，对于制造出品、销路、赢余、分配等问题全不管的，结果便没有个人的兴趣，不是故意捣乱，便是故意糟踏好材料，用种种消极抵抗的法子。现在美国的工人工钱也增多了，时间也减少了，比较中国好得多了；但是他们还不满意，还要要求管理权，这就是想把民治主义应用到实业的组织之中，使工人不但拿钱，并且要有兴趣，要有发展才能的机会，使他们觉得自己也是工厂的一部分，这是心理上的问题，不单是工钱和时间的问题。

人类并不是机械，是有血气的，有心思才力的；筋肉的能力比较很小，此外还有重要的心思感情的能力比筋肉的能力更大。倘若社会的组织能使社会中所有的心思感情都愿意拿出来为社会用，这种社会比那全靠武力把持的社会，自然要稳固得多了。

再说没有共同生活的社会在人格上发生的影响。且分作两部分说：（一）被治者部分；（二）治者部分。

（一）被治者部分。在没有共同生活的社会中，被治者所受的恶影响有二。

（A）心理上的恶影响。最浅的心理方面的恶影响便是愁苦、怨恨、不满足；甚至于发狂，得神经病。据现在学者的研究，对于神经病下的断案是：神经病是由于把人类平常应该有的正当的需要情欲强压下去而起的。可见得凡压迫人类正当的兴趣、正当的愿望，结果自然发生神经系的种种病。

(B) 天才上的恶影响。天才必须常常的试验才能发展，如果不用，虽然有统治经理的才能，久而久之，也会消废了。再凡天才如果不能向正当的方面发展，便要向不正当的方面发展。这方面摧残了好天才，那方面便养成了坏品性。主奴阶级的社会能产出两种坏根性：（一）奴性——服从、阿谀、谄媚，想种种不正当的方法迎合在上的欢心；（二）狡诈性——狡猾、奸诈、说谎，用种种不正当的方法来规避在上的威权。

更坏的更可笑的便是既已造成恶结果之后，反来替这种制度辩护，说这种制度必不可废，说这一班倚赖的、狡猾的、奴性的、没有知识的人，那配同我们享共同生活？

其实这种种缺点并不是他们生成的，乃是没有共同生活的制度造成的。一种不良的制度养成了一部分人的奴隶品性；后来反用这种制度的结果来替这种制度辩护，说他们不配同我们平等，这便是世间最可惨的悲剧！

（二）治者部分。莫说没有共同生活的恶影响尽在被治者方面，便是治者的部分也养成许多坏行为。

(A) 道德方面的恶影响。因为统治者越发当权，越发养成一种残忍、暴虐、骄傲、奢侈等种种不正当的行为。他们所以这样，也不是天生的，乃是制度养成的，使他们常常高居人上，别人的痛苦一点也不知道，所以只有一方面的道德。

(B) 知识方面的恶影响。统治者方面虽然占了许多便宜，有钱有机会可以求学，但是他们所学的都是偏于狭隘的专门技术一方面。譬如做父亲的，做教师的，做政客的，当老板的，做工头的……都偏于一方面，没有共同的知识。譬如政客如果想保全势力，便不能不用利诱威吓的手段，但这是一方面的技术，不是各方面的知识，总不如大政治家能将各方面的意志希望平均采取，使他们都有共同发展的机会。

还有一个重要的坏处，便是上等阶级最容易堕落，或衰败，连平常的知识也没有。从历史上看来，没有一朝帝王起初不是英明神武的，传了几代，便成为特别的阶级，不同外人往来，要怎样便怎样，没有限制，久而久之，便生下不好的种嗣，这都是人人共见的事实。最大的原因便是没有共同生活，如果有共同生活断不致有这样堕落的情形。

以上所说的都是例，不过想这些例来说明我所讲的民治主义的哲学。这种哲学所主张的是什么社会呢？这个社会一定使各分子有自由发展、自由交换、互相帮助、互相利益、互通感情、互换思想知识的机会，社会的基础是由各分子各以能力自由加入贡献的。在表面上看来，似乎不大强固，实在是强固的很，不但强固，并且可以减少各种由隔绝交通而发生的弊病。

（原载《新青年》第七卷第二号）

主要参考文献

1. 高大同编著:《高一涵先生年谱》，上海文化出版社 2011 年版。

2. 吴汉全、高大同著:《高一涵评转》，人民出版社 2019 年版。

3. 吴汉全著:《高一涵五四时期的政治思想研究》，吉林人民出版社 2012 年版。

4. 许纪霖编:《二十世纪中国思想史论》（上下），东方出版中心 2000 年版。

5. 郑大华著:《民国思想家论》，中华书局 2006 年版。

6. 欧阳哲生著:《新文化的传统——五四人物与思想研究》，广东人民出版社 2004 年版。

7. 哈佛燕京学社主编:《儒家传统与启蒙心态》，江苏教育出版社 2005 年出版。

8. 哈佛燕京学社主编:《启蒙的反思》，江苏教育出版社 2005 年出版。

9. 罗卫东:《启蒙及其限制·序言》，浙江大学出版社 2012 年版。

10. 罗卫东:《苏格兰启蒙运动·总序》，浙江大学出版社 2010 年版。)

11. 萧公权著:《中国政治思想史》（1—3 册），辽宁教育出版社 1998 年版。

12. 侯外庐等著:《中国思想通史》（1—5 卷），人民出版社 1956—1957 年版，1995 年北京印刷。

13. 苗力田、李毓章主编:《西方哲学史新编》，人民出版社 1990 年版。

14. 赵敦华著: 《西方哲学简史》，北京大学出版社 2012 年第 2 版。

15. （英）彼得·沃森著，朱进东等译:《20 世纪思想史》（上下册），上海译文出版社 2008 年版。

16. 中共中央党史研究室著：《中国共产党九十年：新民主主义革命时期》，中共党史出版社、党建读物出版社，2016 年版。

17. 张同新著：《中国国民党史纲》（上下册），人民出版社 2012 年版。

后　记

又是一年芳草绿，依然十里杏花红。历经300多个日日夜夜的搜求、阅读、甄别、苦思与编纂，经过多人多方的努力，集腋成裘，垒土成塔，七卷本的《高一涵全集》总算在高一涵先生的故乡——美丽的六安，杀青了。这是六安文化史上的一件盛事，可喜可贺。作为本全集的主要编纂人员，我由衷地感到高兴。

我原是从事伦理学教学和研究的，对于政治学缺乏深入了解。对于历史学，我知道它重要，但因兴趣所致关注点也不在此。好在教学之余，我还担任了一点行政管理工作，耳濡目染，对政治思想工作有所涉猎。对于高一涵的了解，主要是在接受编辑《高一涵全集》的任务以后开始的。通过阅读高一涵的著作，阅读高一涵的传记和有关评介文章，才对高一涵有了越来越深入的了解。高一涵不仅是中国近代著名启蒙思想家，还是一位大学问家和治学严谨的大学教授。他既对西方政治学有全面而又深入的研究，又有深厚的中国传统文化学术功底；他不仅仅是学富五车的学者，还是行走九州的政治活动家；他不仅仅能站在中国几所著名大学的讲台，还在中国近代政治舞台上展示魅力；他不仅仅写出一部部深邃厚重的学术专著，还是思想敏锐、笔锋犀利，兼编辑记者和自由撰稿人于一身的著名报人；他不仅仅是意境悠远、格调清新、以“古风”擅长的诗人，还是一位笔走龙蛇兼善楷隶的书法家；他不仅翻译了多部（篇）东西方著名学者的论著，还执笔起草了一些民国时期法规和行政公文。所以，高一涵的学问，高一涵的阅历，高一涵在学界的地位，都是我无法望其项背的。编辑《高一涵全集》，的的确确是我难以胜任的工作。但是，盛情难却，必须知难而上。我把编辑《高一涵全集》的过程当作学习的过程，边编边学，边学边编，编中学，学中编。随着编纂的进展，视野也随之打开；伴着阅读的深入，境界也逐渐升华。如果把高一涵比作一座学问的大山，我便是那个奋力攀爬，虽气喘吁吁也不敢停下的登山者……其中的甘苦，非亲历者难以体会。

当我把高一涵的各类著作按照事先安排的框架，一一归位，准备给读者作一个概略的交代，以便那些没有时间读完《高一涵全集》的人能对他有一个较为完整的了解。但这确非易事，又不得不让我一遍又一遍地去翻阅他的有关著作。怎样定位这样一位思想家？怎样把他那么丰富的思想和近300万字的著作囊括到一篇文稿中。几经反复，我把文章的题目定为“启蒙思想家高一涵论”，将视角聚焦于“启蒙思想家”这一核心范畴上。既然是“高一涵论”，当然不能不对他的一生作一评述。这又是一个严峻的挑战。七卷本近300万字的著作放在那儿，高一涵的评论文章、传记、评传放在那儿，高氏宗谱放在那儿，由不得你去信口雌黄。作为高一涵先生家乡的后学，我既怀着崇敬之心仰望高一涵；又本着历史的眼光，期望呈现给读者一个有血有肉、真实鲜活的高一涵；既不能脱离高一涵的历史踪迹，又不能就事论事。于是，我把高一涵这个中国近代史上的著名人物，放到20世纪世界思想史的范畴来审视，放到20世纪中国思想史的大框架中来认知。伟人是历史的产物，伟人又创造历史；名人都有无名的前奏，英雄也有走麦城的失意；耀眼的光圈下有黑暗的斑块，英雄伟人身上也有伤痕瑕疵。不要苛求历史人物身上的“雀斑”，那是历史的污浊在他身上留下的印记；不要挑剔大学者著作中的瑕疵，那是他心力交瘁、思想懈怠时留下的“误置”。我战战兢兢地完成了这篇五万字的“文稿”，浅薄之处、疏漏之处、错误之处，在所难免，恳请方家批评指正，也期待读者诸君随时赐教，还祈望高一涵先生的在天之灵能宽恕我这孤陋寡闻之辈的孤陋寡闻与视野浅近。

最后要感谢丛书主编徐元华先生的信任和抬爱，让我担任这光荣、艰巨而又神圣的工作！感谢黄山书社的领导为六安市的文化建设所做的贡献；感谢责任编辑为《高一涵全集》的编辑出版而付出的辛勤劳动！还要感谢六安市老新闻工作者协会的老同志们在搜寻高一涵著作、校对全部文稿和甄别字句时所付出的辛勤劳动和无私奉献！在征稿过程中得到六安市档案馆、中国第二历史档案馆、江苏省档案馆、安徽省图书馆、皖西学院图书馆及吴汉全、高大同、高绪堂、刘国元、陈良亭等先生们的帮助，在此衷心致谢。我只是在他们将高一涵主要著作收集打印后交给我编辑归类的。还要感谢高一涵先生的嫡孙女高举红的支持和授权，感谢高大同先生在百忙中惠赠《金城集》中缺失的诗稿，并解答编者的几个疑难问题。没有他们的支持和理解，也难以完成这一艰巨而又意义非凡的工作。

感谢我国著名史学家郑大华先生的支持，他发来15年前的大作，为《高一涵全集》添彩增色！也感谢皖西学院马育良和郭玉珍两位将其大作赐予一并收入，这显示高一涵家乡人民早就在关注和研究先贤的思想。在此一并感谢以上两篇大作的各位作者对本全集的支持！

程东峰

2020年3月26日于皖西学院

六安文化名人丛书

高一涵全集

第一卷

论　文

高一涵　著

全国百佳图书出版单位
ARTIME 时代出版
时代出版传媒股份有限公司
黄　山　书　社

图书在版编目(CIP)数据

高一涵全集/高一涵著;--合肥:黄山书社,2020.11
ISBN 978-7-5461-9449-3

Ⅰ.①高… Ⅱ.①高… ②六… Ⅲ.①高一涵(1885-1968)-文集
Ⅳ.①C52

中国版本图书馆 CIP 数据核字(2020)第 241293 号

高 一 涵 全 集
GAOYIHAN QUANJI

高一涵 著

责任编辑 向焱 金红 张元婷 章莹莹
装帧设计 进取
出版发行 黄山书社(http://www.hspress.cn)
地址邮编 安徽省合肥市蜀山区翡翠路 1118 号出版传媒广场 7 层 230071
印　　刷 六安市光明印务有限公司
版　　次 2024 年 1 月第 1 版
印　　次 2024 年 1 月第 1 次印刷
开　　本 700mm×1000mm 1/16
印　　张 205
字　　数 2848 千字
书　　号 ISBN 978-7-5461-9449-3
定　　价 1200.00 元(全七卷)

服务热线 0551-63533768
销售热线 0551-63533788
官方直营书店(https://hsss.tmall.com)

高一涵（1885—1968），安徽六安人，原名永浩，别名涵庐、梦弼，笔名一涵。少年受传统教育，青年留学日本，学兼中西。归国后，应李大钊之邀北上，积极参与新文化运动，是《新青年》群体的重要一员。发表大量政论文章和短评，并经陈独秀介绍任北京大学编译处编审员、政治学系教授，同时兼任中国大学、法政专门学校教授。1927 年春夏后，历任上海法政大学教授、中国公学社会科学院院长兼教授。1949 年后，历任南京大学教授、政治系主任、法学院院长。1954 年后，历任全国政协委员、江苏省司法厅厅长、民盟江苏省副主任委员、江苏省政协副主席。著有《政治学纲要》《欧洲政治思想小史》《欧洲政治思想史》《中国御史制度的沿革》《中国内阁制度的沿革》《中国言官制度沿革史》和《金城集》等，译有《经济思潮史》（小林丑三郎著）等。

宪法公言社同仁合影（前排中为李大钊，后排左一为高一涵）

1915 年，高一涵（左一）与安徽同乡许怡荪在日本东京留影

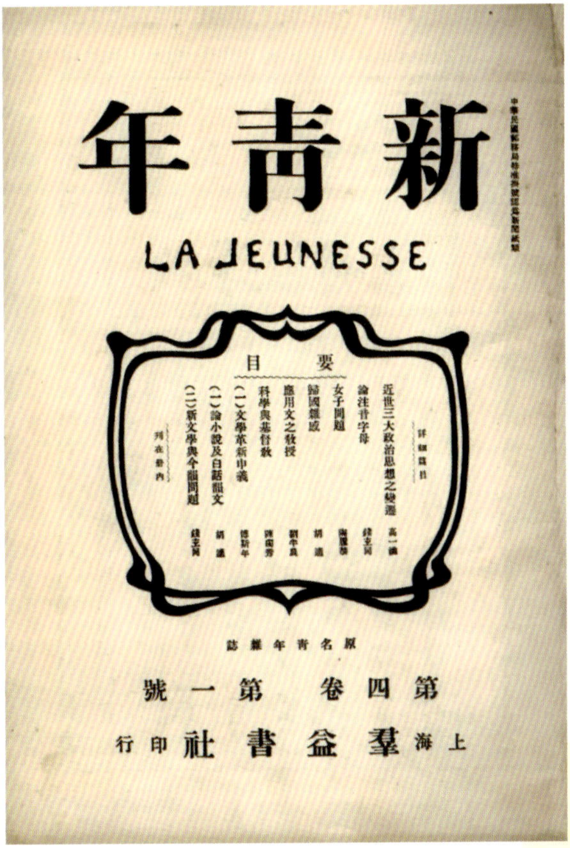

高一涵参与编辑由陈独秀创办的《新青年》

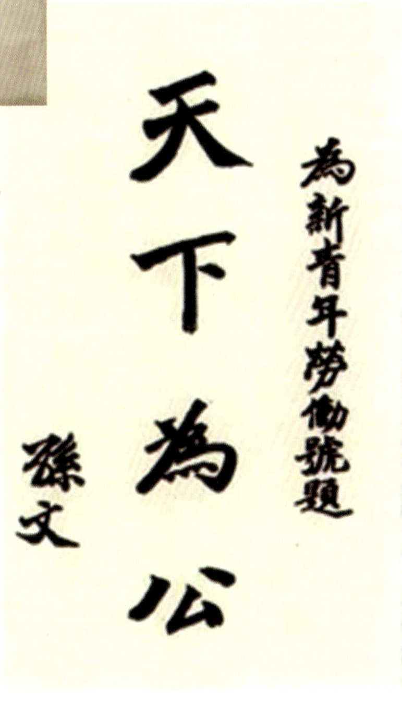

出版说明

高一涵是安徽省六安市金安区人，我国近代著名启蒙思想家、五四新文化运动推手之一、现代政治学奠基人、北京大学教授、著名学者和报人。《高一涵全集》是他生前身后至今为止公开出版的第一部全集，这既是高一涵家乡人民为了纪念这位著名思想家、教授、学者的一片心意，也是资政厉治、繁荣文化事业和激励后学的一项举措。

本全集采用以下方式对高一涵文稿进行整理：

1.《高一涵全集》按文章体裁分卷，每一卷按内容分类编排。《高一涵全集》的主体部分收入高一涵的著作；高一涵与他人的书信往来、作品评介和高一涵参与其中的多人作品等，均以脚注说明或以附录的形式收录。

2.《高一涵全集》共分7卷，近300万字。按照论文、专著、监察工作文稿、诗歌、译著、附录的顺序进行编排。翻译作品收在最后一卷，不仅仅因为是“翻译”，还因为这一部分内容较少，将其与附录合为一卷，也是从各卷篇幅大致相当的角度考虑的。

3.《高一涵全集》中收录的论文和其他文稿，均是高一涵运用其政治学原理，针对社会现实问题所发表的意见、建议、方略和他从事社会活动的记录。论文及其他各类文稿，既是他对其政治思想理论的应用和发挥，又是他积极参加社会实践后，经过深入思考、研究而对其思想理论的丰富和发展。理论和实践，相辅相成、相互支撑、相互转化。不过，高一涵在近百年前的著作中阐述的理论、观点，同今天发展的马克思主义的理论肯定有不一致的地方。为免误导，对个别文稿作了删节处理，并望读者运用历史唯物主义和辩证唯物主义的观点和方法对高一涵的思想理论予以辨析。

4. 有一些“资料性”文稿的收入，纯为研究者提供资料。它们虽然与高一涵本人没有直接的关系，但作为高一涵某些文稿的背景资料，对于读者了解高一涵文稿涉及的某段历史是有一定价值的。

5. 所收文稿，以保存其原貌为准则。对民国时期文稿中之行文词句、纪年、日期、数字、标点符号、序号等一律照录，不作改动，以展示过渡时期白话文的词语特色和演变痕迹，体现作品的时代特征。

6. 所收文稿，无论已刊或未刊，均经校勘整理。原稿中之错字、语句不通等，基本尊重文献原貌，不作改动；明显笔误、刊误之字，将订正之字录于错字之后，并以“〔 〕”标示；脱文增补之字以“〖 〗”标示；删除文字以“〈 〉”标示；手稿中漫漶无法辨识之字以“□”标示；重要校勘则另加注释说明。

7. 本书使用简化汉字，以 1986 年 10 月 10 日国家语言文字工作委员会公布的《简化汉字总表》为准。个别使用简体字可能妨碍文意表达的，仍用繁体字。原稿中之异体字、俗体字、别体字等，除个别易引发歧义之字及人名、地名等专有名词，仍存其旧，其余一般改为规范简体。外国人名、地名和其他名词的翻译，其时并不统一，收录时未作更改，原文照录。

《高一涵全集》是在“六安文化名人丛书编委会”领导下组稿、编辑、出版的，是依靠一些退休老同志的奉献编辑成书的。《高一涵全集》的出版得到中共六安市委宣传部和有关单位的大力支持，也得到了高一涵的家族后嗣和许多学者的大力支持和帮助。

总 序

花香常在地上

徐贵祥

六安市老新闻工作者协会寄来编辑出版《六安文化名人丛书》的方案，约我写一篇文章，我自然义不容辞。做这篇文章，既是我的荣幸，也是我的机会，可以借机谈谈个人对家乡文化的理解。

一

众所周知，六安是一片红色的土地，是一个英雄辈出的地方。但并不是所有的人都知道，这块土地为什么是红色的？为什么会英雄辈出？我的心里有一个答案：因为这块土地有文化。进一步说，因为这块土地盛产文学。多少年来，我一直认为，在鄂豫皖，在江淮之间，在大别山北麓和淮河南岸的广袤土地上，始终弥漫着两股精气神——革命与文学。文学催生了革命，革命滋养了文学，革命与文学就像太阳和月亮一样相辅相成、交相辉映。

什么是文化？我个人理解，就是人类文明发展的精神化石。它的内涵主要包括三个方面，即集体记忆、集体性格、集体行为方式。文化是精神层面的东西，物质只是它的载体。所谓文化遗产，能够称为遗产的那一部分，不是物质，譬如古城墙，文化遗产不是那几块砖头，而是它的建筑特色，它的历史印记，还有它背后的故事。为什么说它是精神化石呢？这是对应物质化石而言的。我们都知道，考古考出了很多物质文化，比如恐龙化石、马王堆文化、兵马俑文化，都是看得见摸得着的文化，属于文化的外在表现。而我们说的文化，是看不见摸不着的文化，是内化于心的东西，它存在并传承于人类生命延续的过程中，成为一种集体无意识。我姑且把它定义为“精神化石”。

结合我们六安，我们的文化就是六安文明发展的精神化石，即六安记忆、六安风格、六安行为方式。一句话说到底，就是六安这块土地上发生的故事——过去的故事，现在的故事，将来的故事。甚至还可以说，文化就是故事，在故事里面包含六安元素、体现六安特色，这就是六安文化。比如大别山区的红色故事，就是大别山的红色文化；比如五百里茶谷，将来就是六安的绿色文化。这样一讲，我们又可以得出结论：文化至少还有两个特征。第一，它是由故事承载的。第二，可以在不同时代不同地域赋予它不同的特色，从而成为远洋巨轮上的一个集装箱。譬如中国文化中的六安文化。

六安地区最重要的文化遗产，除了革命记忆，就是文学记忆。20 世纪之初，鄂豫皖的人民同全国人民一样，灾难深重，民不聊生。就在这个时候，马克思主义传到了中国。特别值得一提的是，最早回到大别山宣传革命的，是中共早期党员、左翼作家蒋光慈，就是这位作家，最早在金寨建立了第一个共产党支部。从此，文学与革命、革命与文学就成为密不可分的战友。还有一位鄂豫皖革命时期的重要领导人，茅盾的弟弟沈泽民，实际上是个文学理论家，还写小说。当然，还有后来彪炳中国文学史的“未名四杰”，都是通过文学译作或创作的作品，同革命思潮遥相呼应。我们常说，一方水土养一方人，但是反过来，这种革命与文学共同浇灌出来的文化，又滋养了一方水土，形成了文学与革命两个车轮并驾齐驱的奇特景观，哺育了这块土地上的人们。

有幸的是，我们这些后来者，从呱呱落地开始，就受到了故乡文化的滋养。

二

无疑，编辑出版《六安文化名人丛书》是一项很大的工程，要把散珠碎玉般的各类文献筛选出来，归纳整理，使其系统化、体系化，形成相对完整的文库，需要有锲而不舍的精神。就像“方案”里说的那样，“估计要多年时间才能做完，一届人做不完，下一届人应该接着做，千万不能因为人员变动而停止该项目”。这段话颇有悲壮意味，体现了大格局、大视野、大决心，也体现了这一代人的担当精神。同时，这段话也从另一个方面印证了，为什么在六安这块土地上，革命与文学能够一脉相承薪火相传。因为生活在这块土地上的人们，特别是文化人的心灵，被革命和文学的日月照亮了，理想引领我们义无反顾，勇敢前行。

关于《六安文化名人丛书》的价值，毋庸赘言。这里，我想结合我个人的经历，谈谈地域文化同个人成长的关系。

我很小的时候，母亲就经常跟我讲，西南方的大山里有红军，有很多英雄。当时，还有很多的民间文学，比如大鼓书，比如20世纪六七十年代流行的乡村文艺节目，都在无形中影响着我。从此之后，关于革命、关于平等、关于理想、关于信仰的各种想象就像种子一样埋在我的心里。我在姚李中学读书的时候，常常在下午放学之后，坐在学校东边的山冈上，向南方眺望，想象那里的历史，想象那里的现在，想象那里的人们，感觉那青黛色的山脊线下面，隐藏着很多神奇的东西。这些想象潜移默化，在不知不觉中构建着我的文化心理。我相信，有这种思想经历的，不止我一个人。

上小学或者初中的时候，我读过一本小说《破晓记》，从书里读到“霍邱”“叶集”两个地名，还有其他一些熟悉的地名，好像还有姚李的大顾店，当时非常兴奋，读得如醉如痴，感觉历史距离我们并不遥远，革命距离我们并不遥远。我后来致力于军事文学创作，应该在那个时候就埋下了种子。

20 世纪 80 年代，我从部队探亲回家，发现我家和姥姥家都有《皖西革命史》，如获至宝，现在我的手里还有两本，家里和办公室都有，什么时候想看，顺手就能找到。后来，史红雨、徐航两位老师合写了一本《皖西漫步》，集历史、名胜古迹、逸闻趣事、民间掌故、红色记忆、风土人情于一体，可以说就是六安文化的百科辞典。当时我还在解放军出版社当总编室主任，所以高质量地出版了这本书。同时，我在审稿的过程中，第一次全方位地了解了六安文化，受益匪浅。我还为其写了一个序《文化的力量》。后来我又写了几部长篇小说，像《八月桂花遍地开》《马上天下》《四面八方》等，写到风土人情的时候，不清楚就翻阅那几本书。

21 世纪初，因为创作《历史的天空》和《八月桂花遍地开》，回家的次数更多。有一次，师兄喻廷江等人带我到大别山“探宝”，聊起皖西文化，就议论到一个话题，《皖西革命史》初具规模，还应该有一部《皖西文化史》。事实上，这项工作一直在做。活跃在皖西各个县区的文友，陆续编撰了大量的文史类书籍，使家乡文化的面目越来越清晰，形象越来越丰满。今天，《六安文化名人丛书》工程启动了，化整为零，集腋成裘，可以看成是《皖西文化史》工程的一个重要组成部分，为此，我要向六安市委宣传部和六安市老新闻工作者协会的同志表示祝贺，也表示感谢！毫无疑问，这套丛书将会是皖西莘莘学子的一笔巨大的精神财富。

前几年，我又构思了一部小说，主题是红色革命与改革开放，暂名《飘呀飘起来》，每年暑假都到金寨和霍山采风，那里有我创作的不尽源泉。2017 年年底，乡亲杜道庆给我寄了一本书，是皖西党史专家台运行和新闻工作者徐元华采写的《杜立元的峥嵘岁月》，我看了非常高兴，我感觉革命烈士杜立元同我有着千丝万缕的联系，是离我最近的知识分子英雄，并且同我的精神发育有着比较直接的关系。杜立元的弟弟是我父亲的私塾先生，杜氏兄弟喝过的河水，后来又养育了我。我惊喜地发现，我在几年前就开始构思的《飘呀飘起来》，其内容框架，同杜立元的时代轨迹有着惊人的相似。特别是韦梦为这个艺术形象，从家庭背景，到革命经历，再到命运遭遇，甚至到后人追寻他的足迹的过程，都与历史的真实相吻合。细细分析个中原委，只能有一种解释，一定是我在很小的时候，就听说过杜立元和杜立元们的故事，幼小的心灵一定对“那个地方”和“那个时代”有过丰富的憧憬和想象，它们根植于血液，在岁月中发芽，在一个朝霞漫天的清晨，突然绽放成为一朵艺术之花。前年我选了这个长篇的一段，作为中篇小说发表，名为《司令还乡》，主人公乔大桥站在老街朝东北方向三鞠躬，那个方向的下面，就有杜立元的故居杜家老楼。

当我成为一名作家之后，经常会被问道：“你是怎样成为作家的？”我每次都会回答，因为我的家乡有一条河，一条源远流长的大河，那里面流淌的是关于革命和文学的鲜活的故事——具有鲜明特色的皖西文化。

三

六安的文化名人，大家耳熟能详的有“未名四杰”——韦素园、韦丛芜、李霁野、台静农，还有蒋光慈、李何林等。事实上，在20世纪的皖西这块土地上还有很多作家，有的至今鲜为人知。我知道的就有两位——胡底和田川。很多文艺作品都提到了，中国共产党最早的红色间谍是钱壮飞。钱壮飞有一个亲密战友，名叫胡底，原名胡百昌，1905年出生，是舒城干汊河镇人，这个人后来到了红军根据地，写了很多剧本，譬如《松鼠》《沈阳号炮》。非常可惜的是，这个人在长征路上被张国焘杀害了。还有一个笔名叫田川的，原名朱溥钧，1926年出生，六安人，抗日战争时期参加新四军，战争年代写过很多剧本，中华人民共和国成立后当过总政歌剧团的团长，出版有《田川文集》，是一个艺术造诣很高的剧作家。建议老新闻工作者协会关注这方面的情况。

既然《六安文化名人丛书》是一项长期、持久的工程，势必要在不久的将来延续到当代文化名人，这里我提供几个线索，抛砖引玉。一位是当代重量级的文学理论家、叶集人黄开发，现任北京师范大学文学院教授，博士生导师，主要从事周作人研究，以及中国现代文学观念和现代汉语散文研究，著述颇丰。我曾经拜读过他的《文学之用——从启蒙到革命》，受益匪浅。还有一位是我的高中语文老师汪泛舟先生，20 世纪 80 年代初，在全国人才调配中，调到敦煌研究院当研究员，在甘肃工作了 17 年，生活了 37 年，发表有关敦煌文学（献）、敦煌宗教等方面的学术论文 86 篇，110 多万字，是一个非常有建树的学者。

编辑出版《六安文化名人丛书》，目的就在于进一步整理文学与革命、文化与文明发展的丰富资源，促进地方文化建设，增强文化自信，满足六安人民日益增长的文化生活需要。前人栽树，后人乘凉，为后人留下一部摸得着、看得见、用得上的文化遗产，功在当代，利在千秋。当然，这也是一项必须耐得寂寞、守住清贫、脚踏实地的工作。我把鲁迅先生当年评价未名社的一段话抄录并送给为这项工作辛勤耕耘的家乡同仁：“这也是实地劳作、不尚叫嚣的小团体……然而未名社的译作，在文苑里却没有枯死……但花香则常在地上。”

2019 年 11 月 3 日

（作者系第十二届全国政协委员、中国作家协会副主席、中国作家协会军事文学委员会主任、中华文学基金会理事长）

序

钱念孙

“大浪淘沙”一词以江河波涛涤荡砂石污泥，比喻社会风云对人物的选优汰劣。此话就宏观言具有颠扑不破的真理意义，但若细察，杰出人物在时代激流中泥沙俱下隐而不彰的事例，不说司空见惯，起码也并非少见。这种历史的“疏忽”，有时可能成为永久的埋没和遗憾，有时可能在下一轮或下几轮的岁月重新淘洗中，漉沙见金而重放异彩。五四新文化运动健将、著名学者和社会活动家高一涵，似乎即经历了这样隐而再显的过程。

高一涵（1885—1968），安徽省六安南乡官亭（今六安市金安区东河口镇）人。他出身书香门第，1902 年 17 岁中秀才，1906 年 21 岁经县政府选送入安徽高等学堂。其时，翻译《群己权界论》《法意》《原富》《天演论》的启蒙思想家严复正任该学堂学监，高一涵因此阅读了大量严复译作，接触和了解西方文明。1912 年 27 岁，他负笈东瀛，入东京明治大学政治系经济科学习，至 1916 年 7 月毕业获学士学位后回国。在日本期间，他与章士钊、陈独秀、李大钊等结为挚友，成为新文化运动的早期参与者和发起人之一，1915 年 9 月出版的《青年杂志》（后改名《新青年》）创刊号上，就开始连载他的文章《共和国家与青年之自觉》。从《新青年》创刊到 1922 年第 9 卷 6 号休刊的 7 年时间里，高一涵不仅作为主要作者撰写发表了 26 篇文章，而且于 1918 年进入北京大学，与陈独秀、钱玄同、胡适、李大钊、沈尹默一起轮流主持编务，成为新文化运动基地“一校一刊”的核心人物。《新青年》后期迁移上海编印，他还鼎力帮助陈独秀解决经费和稿源问题。[1]除《新青年》以外，高一涵还先后参与创办或编辑《甲寅》《民彝》《每周评论》《努力周报》等多种报刊，在《东方杂志》《晨报》《向导》《现代评论》等许多名刊上发表大量文章，1918 年冬还协助李大钊在北京大学秘密发起成立中国第一个“马克思主义研究会”，堪称名副其实的新文化运动的积极倡导者和推动人。

高一涵是五四新文化运动冲锋陷阵的闯将，也是建构中国现代政治学、国家学说、法治理论的开路先锋。他学贯中西，博通古今，1914 年起就先后在《甲寅》《民彝》《新青年》等刊物发表《民福》《国本》《共和》《近世国家观念与古相异之概略》《选举权理论上的根据》等宏文，为开启民智，建立现代国家民主制度呼吁呐喊。他先后在北京大学、武昌中山大学、上海法政大学、南京大学任编译、教授、系主任、院长等职，教学之余，潜心著书立说，成就斐然。1920 年 10 月，他的《欧洲政治思想小史》由上海中华书局首版。1923—1925 年，其大部头的《欧洲政治思想史》由商务印书馆分上卷和中卷印行，很快被北大列为教学参考书。1930 年 2 月他的《政治学纲要》由神州国光社推出，一个月内连印两版都销售一空，一年内印 4 版仍供不应求，可见其著作当时受欢迎程度。他的其他专著如《中国御史制度的沿革》《中国内阁制度的沿革》《中国言官制度沿革史》等，均是以新的眼光梳理和论述中国传统政治体制架构形成的原因、历史及特点，具有较大的开拓性和较高的学术价值。

高一涵满腹经纶，还热心济世，注重将自己的学识经世致用，为国为民建功立业。他 1919 年 5 月曾与陈独秀一起走上街头散发《北京市民宣言》，鼓动各界声援五四爱国运动；1922 年与李大钊、李石曾等发起组织“北京民权运动大同盟”，为民众集会和言论自由争取法律保障；1931 年与杭立武等发起筹备“中国政治学会”，并在成立大会上被选为干事；同年经民国政府监察院院长于右任提名，任首批监察委员。此后，他在

---

① 参见陈良亭编著：《高一涵传》第三章“留学东瀛，襄办《新青年》”，群言出版社 2019 年 3 月版，第 29–48 页。

监察委员任上，除参与起草和审查《弹劾案审查规则》《监察使监察条例草案》《修正惩戒法案》等一系列监察法规外，还撰写“提劾外交部长王正廷贻误外交丧失国土案”“提劾顾祝同违法拘禁江声日报经理刘煜生案”“对张学良、汤玉麟抗日不力，失地误国弹劾文”等大量切中时弊的监察报告书。1935 年 4 月他升任监察院湖南湖北监察区监察使，在湘鄂查灾赈灾、弹劾失职官员、调查长沙大火真相、赴抗日前线视察等方面均成绩卓著。1940 年 11 月他调任甘肃、宁夏、青海监察区监察使，主持调查和调停马步芳部与藏班智达活佛为青海东南部落统治权火并案，严查兰州中央银行仓库囤积居奇案，查实第八战区司令部兵站总监班淦中将贪污及贩卖鸦片案，并奉命前往河南勘察大饥荒灾情，呈报《河南灾情密查报告书》，1945 年 5 月因“巡回监察任职忠勤，历年以来具著成绩”，获民国政府通令嘉奖。在任甘肃、宁夏、青海监察使期间，他还于 1943 年出任国立敦煌艺术研究所筹备委员会主任，主持制定“敦煌艺术保管研究计划大纲与组织规章制度”，率领常书鸿等一行 6 人抵达千佛洞，设立办事处协调各方支持敦煌保护与研究工作。

中华人民共和国成立前夕，高一涵任国民政府考试院考试委员，国民党要员力劝其南迁台湾任职，他坚辞不就，与民主人士朱子帆、沈子修等一起积极活动，并经周新民、陈敏芝介绍加入中国民主同盟，迎接南京解放。伴随天安门广场礼炮轰鸣，他步入新社会，被聘为南京大学教授、法学院院长兼政治系主任，1955 年至 1959 年出任江苏省首届司法厅厅长，1954 年被选为第二届全国政协委员，并在第三届、第四届连任，1956 年起当选民盟江苏省首届、二届、三届委员会副主委，1959 年和 1964 年被选为政协江苏省二届、三届委员会副主席。他担任江苏省政协副主席期间，兼任江苏省政协文史资料研究委员会主任，力推《江苏文史资料选辑》连续出版，对辛亥革命、国内革命战争、抗日战争、“总统府”及西花园历史，以及民国名人等资料热心搜罗，细致编撰，共征集史料 1022 篇，近 700 万字，选送全国政协 159 篇，约 170 万字，为江苏乃至全国文史资料征集工作做出突出贡献。

作为横跨晚清、民国和中华人民共和国三个时期的知名人物，高一涵一生扮演了启蒙者、思想家、著名学者、社会活动家、政府要员等多重角色。不论以哪种角色亮相，不管时代风云如何变幻，他都以渊博的学识、公允的态度、执着的追求、扎实的作风，尽其所能地把所担负的工作做好、做出色。尤其是他对政治学、国家民主制度、法治理论和实践的研究，用力甚多，见解迭出，堪称一份值得珍视的宝贵学术遗产。他的人生旅程和学术道路，是晚清至中华人民共和国早期“数千年未有之大变局”中知识分子的一个缩影，其卓然业绩和跌宕经历，同样让人感慨万千并启迪良多。

然而，由于多种历史原因，人们对高一涵的历史贡献了解不多，对他的一系列学术著作及学术思想知之甚少。六安市金安区政协和民盟六安市委这几年为高一涵研究及文献收集尽心竭力，先后编辑出版《高一涵文选》《高一涵传》等，对高一涵研究及乡邦文献收集整理做了不少工作。现在六安市老新闻工作者协会系统编辑出版《六安文化名人丛书》，《高一涵全集》作为丛书之一，在材料搜集和编辑思路上均更上台阶，呈现全新面貌。从规模看，现在的《高一涵全集》共 7 卷 300 多万字，比原先的《高一涵文选》仅一册 50 余万字增加了 5~6 倍，目前能够找到的高一涵所著文字可说是一网打尽。从内容看，不仅作者名下的各类专著、论文、随笔、诗词、书信、翻译等应收尽收，而且他的许多工作文稿、与他人的信函往来，以及一些资料性文章等，也搜罗颇多，可以说较立体地呈现了高一涵的著述和人生状貌。

譬如，整个第五卷收录的是高一涵领衔或参与撰写的监察工作文稿，包括 100 多份弹劾文、纠举报告书、审查报告书及法规文献等。这些从中国第二历史档案馆历年《国民政府监察院公报》里耙梳出来的史料，不仅反映高一涵正直不阿，勇于与各种徇私舞弊、贪污渎职行为做斗争的风骨和精神；而且从这些案例中可以看出，他作为政治学和法学专家如何将思想与理论应用于实践的情形及启示；同时此类载录当时吏治腐败、失职犯刑的案件文书，对于认识和了解民国时期的官场及社会状况也是难得的资料。再如，第七卷除了收录许多高一涵的信札外，还搜集不少近现代名人如胡适、陈独秀、朱经农、陈衡哲、顾颉刚、任鸿隽、高语罕等致高一涵的函札，刊载了《高氏宗谱》几次续修的谱序、《高一涵年谱简编》，以及一些学者研究高一涵的文章等，这对于全面体察和把握高一涵的成长土壤及友朋环境，深刻理解高一涵作品的历史价值和现实意义等，均具有增广见闻、深化认识的作用。

总之，《高一涵全集》不仅是研究高一涵最为齐全的第一手资料，也是深入了解中国近现代史不可多得的宝贵文献。它的编辑出版，不仅是六安乃至安徽构筑文化高地的一个重要标识，而且为新时代传扬历史文化、建设精神家园注入了营养和活力。可喜可贺，谨以为序。

2022 年 3 月 12 日于书香苑

（作者系民盟安徽省委原副主委、安徽省社科院研究员）

总　目

目　录

中外政治制度和政治思想研究

中国思想家评介

西方思想家评介

马克思主义理论和社会主义制度评介

中外政治制度和政治思想研究

民 福

（1914年11月10日）

政的百端，各有趋向。吾挈其纲，令繁赜万几，厘然就序，循轨赴的而不纷，是曰政鹄。运此政鹄，施于事功，循其必由之途，达吾所蕲之境，不枉其道，不误其归，是曰政术。鹄者以言其经，术者以言其用。鹄为定术之方针，术为达鹄之手段。鹄虽甚当，苟操术不正，则南辕北辙，功效与蕲向僢驰。其驰弥差，其操弥急。压力益迫，抗力益强。一朝爆发，则国与民交罹其菑。此历史恒轨，必无幸免者也。民国成立，于今三载矣。国门布告，莫不以“国利民福”为言。虽中经政变，法案全翻，而此“国利民福”四言，持之益固。闻者疑吾言乎？则请检阅三年以来大总统之命令、各议会之咨文、阁员疆吏之宣告与夫政客之所谈论、报社之所鼓吹，众口同声，几视为天经地义。今大总统以“国利民福”自誓者也，故尊奉之；海外党人，指为反乎“国利民福”者也，故放逐之。然则“国利民福”云云，非吾国所谓政鹄乎？非吾国上下一心，奉为无对不诤而莫与易之政鹄乎？虽吾于此亦无间言，然观其达此政鹄之术，则何如者？

余作政论，雅不欲引征敝政。今以旁求政术，欲已不能，姑就各报已载者采而列之。三年以来，政府非日以谋中央集权为事乎？乃所谓中央集权界说，竟与政府万能主义同诠。国会解散，代行立法机关者，全以任命议员，则没收人民选举权矣。日增国债，不谋于担负之人；商办之业，任意盗抵[①]，则代理人民财产权矣。指奸则奸，诬匪则匪；杀人不询其供，拘人不谋于法[②]，则蔑视人民生命权矣。毁党而任私派[③]，则人民评政之自由权失。返国者须携护照[④]，则人民行动于本国之自由权又失。犹虑或谈政于野也，为密布爪牙鹰犬之间谍以伺之；虑四百兆人民之不能尽臣妾也，为四纵代表国家战斗力之军队以淫之。顷读《国权报》，谓政府注重自治，传云有将任致仕官员监督办理之说，果尔，则自治又移归官治矣。就所行之政，以定界说，岂不曰：中央集权者，乃侵夺人民一切公私权利，集收于政府之下，听其恣意执行，而本人不得谁何者耶？易词言之，政治者，官僚之事业，与人民无关者也。尔人民除出粟米麻丝、作器皿、通货财以事其上外，绝无他职。如敢与人家国事，则匪而已矣。于是硕学通材，为之曲说，曰：此其说昔贤倡之，“微言大义，深入人心”也。曰：“制定国法，不可与历史、地理、风俗、习惯违反”[⑤]也。政府固别无成见，特不如是不足救亡耳，外人所谓特别法，盖即指此。噫！此非今日所谓政术乎？此非今日十目所视、十手所指、公布朝野间之政术乎？谓吾言为过，则固斯民之幸。然昭昭事实，中外具瞻，固不得藉好言美贿以终蔽之也。吾言过乎哉？

然则以若所为，求若所欲，其相差之率，巧律不能得。以言民福，固如龟毛马角，附会无从。若言国利，则吾于是不得不作国家诠说。国家者何？自由人民，以协意结为政治团体，藉分功通力，鼓舞群伦，使充其本然之能，收所欲祈之果，及以自智自力，谋充各得其所之境者也。国家、人民，以性质言，则无二体；以权利言，则互相对待。何谓一体？

---

① 华洋各报载北京商办自来水公司事，是。

② 《国权报》《时事新报》等所载湖北、安徽、湖南三都督事，累里盈幅，曾汇为《冤民录》，得百余页。

③ 见三月十六日北京《亚细亚报》。

④ 见近日留学生经理员联名进呈名单中。

⑤ 见《约法会议咨大总统文》。

以国家者“建筑于人民权利之上”[1]，非离外人民权利，别能空建一国家于无何有之乡也？何谓相对？国家对于人民权利，亦如私人对于私人，逾限妄侵，皆干惩罚。亚丹斯密曰：“大利所存，必其两益。”盖损上益下者固非，损下益上者尤谬。必二者各守其藩，各得其宜，相需相励，调剂融和，使展其本能达于完全之地者，乃为得之。故国家对于人民，其活动之正当范围，除国防、公安而外，均立于调护维持之地位。持以大力，鼓起人民之参政能力，引发人民之政治趣味，就其本能所近，区处条理，使各适其宜。并藉此群策群力之动，兴其自觉自立之情，以求夫自利自安之果。吾人所以乐有此国家者，正以得此组织，可以自由斟酌若者为利、若者为害、若者为吾群所安、若者为吾群所苦之标准，以自为趋避之计耳。驱本群之才力心能，趋向于政治经验，以图谋本群之事业。言其才能，安得不发扬至尽？言其建设，安得不审慎周详？民力发达至此，即一旦政府飘摇，或归倒灭，观于其野，则固纪纲屹立，秩序整然。选出数人，收拾而整理之，则依然治具毕张矣。美利坚之各州独立，英絷已脱，国宪未成，而循序就轨、一丝不乱者，即此例也。国家为自治所放大。欧美文明，所以不虞退转，迥异吾国史中盛衰兴亡之陈迹若轩然大波、突起突落者，此殆其最大原因欤！此即吾所谓民福也。更于次征吾国之所谓民福则何如？

吾国政术，既认为不违历史、地理、风俗、习惯，则欲言今治，不得不略征古史。自三代以来迄于清，所谓国家之盛衰兴亡，只言君主一身之事。易言之，即政府之成毁，而不与于民事者也。历朝政府，组织于何人，味苏子瞻之言，可知梗概。其言曰：“智、勇、辩、力，此四者皆凡民之秀杰者也。类不能恶衣食以养人，皆役人以自养者也。故先王分天下之富，与此四者共之。此四者不失职，则民靖矣。……六国之君，虐用其民，不减始皇二世。然当是时，百姓无一人叛者，以凡民之秀杰者，多以客养之不失职也。其力耕以奉上，皆椎鲁无能为者，虽欲怨叛，

---

① 见本志第二号《哈蒲浩权利说》中。

而莫为之先。此其所以少安而不即亡也。”[①]其所谓智、勇、辩、力者何？即“自谋夫说客、谈天雕龙、坚白异同之流，下至击剑扛鼎、鸡鸣狗盗之徒”[②]也，即“战国至秦出于客，汉以后出于郡县吏，魏晋以来出于九品中正，隋唐至今出于科举”[③]者也。历朝政府，皆以“此四者”为中枢。有大桀者，崛起其间，操纵“此四者”善用之，则国家蓦然盛兴；反之，则应时而衰而灭。其盛兴也，政府自盛自兴；其衰灭也，亦政府自衰自灭。所谓“椎鲁者”举不参与其事焉。试一披数千年来之历史，陈迹具在，岂有一朝逾此常轨者乎？今之所谓“谋夫说客、谈天雕龙、坚白异同、击剑扛鼎、鸡鸣狗盗”，以及“出于客、出于郡县吏、出于九品中正、出于科举”者流，齐集于我大总统袁公之幕下，可谓各得其养，而不失职矣。故上敢以国利民福自誓，下敢以国利民福为言，剥民公私权利，唯恐不尽者，即所谓“分天下之富，与此四者共之”也。但求“此四者”不去吾庭，其他之流离困苦、疾首蹙额、太息痛恨于陇亩之间者，虽戾气干霄汉，既“莫为之先”，终亦无能为也。云其所恃，恃此历朝秘诀也；云其所信，信此历史常轨也。损下益上，为之不厌其过，亦所谓矢在弦上，不得不发耳。势已至此，吾复何言！

然语曰：“当局者迷。”人事果有此一境，则吾又乌能默然？请再引哈蒲浩之言，曰“国家者建筑于人民权利之上”者也，“人群幸福云者，非以其分子所享权利之程度计之，亦殊不成意味”也。然则所谓民福，必合一国全体人民享有权利者之总数计之，乃为有当。纵不能然，自其多者言之，断非徒利用此客、此郡县吏、此九品中正、此科举者流，而为之牺牲人民一切权利，以博其欢心者，所能高建一国于世界上也。国家之所以长治久安，在致人民之知识材能于相当之位，以锻炼而磨琢之。非为少数者谋便利侵夺他人权利，使代庖代斫者，所能克奏肤功也。即

① 见苏轼《志林·战国任侠》篇。
② 见苏轼《志林·战国任侠》篇。
③ 见苏轼《志林·战国任侠》篇。

此少数者同心戮力以谋国，赢得汉祖唐宗之治，已为技尽力穷。考其实功，仍是治者之与被治者划而为二，绝不相谋。质言之，即官僚自官僚，人民终人民耳。政与民既无痛痒之关，焉有不尽夺民利，供一群官僚横欲之理？此等不由自由组织之政治团体，吾断言其不能存于今之世界也。吾闻穆勒言曰："欲为文明之国，持既盛不可复衰之势，其民必得自治之制，以为缮心养性之用。夫而后能自拔于一身一家之私，而与其国之公利众情相习。"其义甚精，深愿吾当道略加味玩〔玩味〕，猛省国无根本，必无足存之理；民丧权利，终有反抗之时。莫谓"凡民之秀杰者"足恃。客养不善，倾轧横加，暗中水火，非一人之力所能调。统制不能，弱者则绝裾之他，强者必倒戈相向矣。莫谓"椎鲁者无能为"，斩木揭竿，固皆来自草野。人情苟无公同，世界安有正义？四者虽莫为之先，而正义则终不能为之屈。众怒难犯，膺之者必无幸逃。吾言及此，吾不寒而栗矣！

总之，国家职务，在致民于各得其宜，不在代民行其职务。质言之，国家为人民之监督保护者，而非代理者。此其界判若鸿沟，何能浑视？以国家代行人民权利，是以人民为无权利能力也，是以人民为发育不完、心神丧失而同于未成年禁治产者之待遇也。国民不能享有权利，非疾废童稚，即为皂隶。今之政术，固明明疾废我、童稚我，抑皂隶我矣，犹绐曰：民福民福。里中村妪，见垂暮高年、龙钟衰朽、孙曾绕膝，饥寒则为之衣食，起坐则为之扶持，生养无能，守以待毙，反从而艳羡，赞曰福星。今之民福，其有异此村妪所赞者乎？欧美郅治，尊重民权，促其自觉者也。唐虞郅治，兴贤选能，任官为理者也。卒之竭尧舜二圣毕生之力，仅赢得"不识不知，顺帝之则"之效果。何况既无二圣之文明睿哲，又不任民、不任贤，徒总揽官民大权于一手者哉！握及盈掌，则暗中旁落。嬖人佞士，窃以自豪，扬首吐气于公堂私第之间矣。生民何辜，独蒙其害？道途侧目，至愿偕亡。此总揽大权者，于不知不觉之间，积为众怨之府。及视两手，空无一物，而大事固已去矣。国利云乎哉？民福云乎哉？

政府疑吾言乎？敢再征穆勒之言曰：“国家之政，不如使民自为者。有三类焉：一曰事以官为之，不若民自为之之善也……二曰其事以官为之，虽善于民之自为，然国家以诱导其民，欲其心常有国家思想之故，又莫若听其民之自为也……三曰官之治事太广，将徒益之以可以已之权力，其流极将至于夺民自繇也。”[①]以上反复所陈，盖即证明此理。夫吾人所贵乎国家主义者，恃有国力，辅翊吾人身家于安全之域，致吾人性能于适宜之地耳。国家不能扶植吾人权利，已为溺职；反夺吾一切所有者，俾为极端之牺牲。未受国家之益，先遭国家之害。无惑乎我先圣宿儒，常遐思太古之治，盛羡无怀葛天氏之民，而欲绝人逃世，脱离政治团体，神入乎太初之自然社会也。故由今之鹄，无变今之术，无论终不能达也，且操之过急，则为獭为鹯，水火势迫于域中，云霓望穿于海外。以暴易暴，焉有不反道背驰，再奔极端之理？吾恐箪食尚温，群狼已斗，天上之时雨未降，人间已洪水横流。吊民之意，直行之于殷墟周黍之间而已。噫！

（原载《甲寅杂志》第1卷第4号）

① 见严（复）译《群己权界论》卷末。

共和国家与青年之自觉

（1915年9月15日、10月15日、11月15日）

（一）

专制国家，其兴衰隆替之责，专在主权者之一身；共和国家，其兴衰隆替之责，则在国民之全体。专制国本，建筑于主权者独裁之上，故国家之盛衰，随君主之一身为转移；共和国本，建筑于人民舆论之上，故国基安如泰山，而不虞退转。为专制时代之人民，其第一天职，在格君心之非与谏止人主之过，以君心一正，国与民皆蒙其庥也。至共和国之政治，每视人民之舆论为运施，故生此时代之人民，其第一天职，则在本自由意志（Free Will）造成国民总意（General Will），为引导国政之先驰。英国宪法学者每自诩曰："吾英宪政，为民权发扬之果，而非以宪政为发扬民权之因。"吾国名号，既颜曰共和，与英之君主国体，虽形式迥异，然无论何国，苟稍顾立国原理，以求长治久安，断未有不以民权为本质。故英宪之根本大则，亦为吾华所莫能外。然则自今以往，吾共和精神之能焕然发扬与否，全视民权之发扬程度为何如。澄清流水，必于其源。欲改造吾国民之德知，俾之脱胎换骨，涤荡其染于专制时代之余毒，他者吾无望矣，惟在染毒较少之青年，其或有以自觉，此不佞之所以专对我菁菁茁茁之青年而一陈其忠告也。

此篇主旨，在述我青年对于国家之自觉。至对于社会、对于一身之自觉，则于他篇觌缕之。今于述青年自觉之先，首当陈述共和国家为何物。夫共和云者，有形式，有精神。形式维何？即共和国体，为君主国体之反对者也。其主权非为含灵秉气之生人所固有，而实存于有官智神欲、合万众之生以为生之创造团体。此团体非他，即国家之本体是已。再，共和国家之元首，其得位也，由于选举；其在任也，制有定期，非如君主之由于世袭终身也。此义虽浅，然用以区别共和国体与君主国体之形式，夫固朗若列眉。次论共和之精神。共和原文，谓之 Republic。考其字义，含有大同福祉之意于其中，所以表明大同团体之性质与蕲向者也。就法律言，则共和国家，毕竟平等，一切自由，无上下贵贱之分，无束缚驰骤之力。凡具独立意见，皆得自由发表；人人所怀之意向、蕲求、感情、利害，苟合于名学之律，皆得尽量流施，而无所于惧，无所于阻。就政治言，使各方之情感、思虑，相剂相调，亘底于相得相安之域，而无屈此申彼之弊，致国家意思，为一党、一派、一流、一系所垄断。故民情舒放，活泼自如，绝不虞抑郁沉沦，以销磨其特性，而拘梏其天机。共和精神，其抚略盖如此。且国家之与政府，划然判分。人民创造国家，国家创造政府。政府者，立于国家之下，同与全体人民受制于国家宪法规条者也。执行国家意思，为政府之责；而发表国家意思，则为人民之任。所谓发表者，非发表于漫无团结、纷纭议论之人，乃假一机关，应合全国各流、各系、各党、各派之代表于一堂，而众多决议以发布之，即所称国会是也。故一国政治，果能本国民总意，以向此共和精神之轨道而趋与否，是为政府之职。至发扬蹈厉，自舒其能，以来自与共和精神相合辙，而发挥其实际，是则我人民责无旁贷者也。欲政府不侵我民权，必先立有凛然难犯之概；欲政府不侮我人格，必自具庄严尊重之风。政治之事，反诸物理，乃可以理想变事实，不可以事实拘理想者。惟其可以理想变事实也，故吾人须先立当然之理论，以排去不然之事情；惟其不可以事实拘理想也，故吾人应超出已然之现象，而别启将然之新机。我任重道远之青年，安得不耸起双肩，自负此责？吾人又安得不以此责，举而加诸我任重道远青年之双肩也耶？

顾我青年之欲自负此责，与吾人之欲以此责奉诸青年者，必有其根本之图焉。根本维何？即改造青年之道德是。道德之根据在天性，天性之发展恃自由，自由之表见为舆论。不佞继此，将逐一详叙焉。

古之所谓道德者，泰西则迷信宗教之威势，东亚则盲从君主之权力及先王之法言。自混沌初辟以来，民智浅陋，茫不知人道之本源。言论思维，全与宗教相混杂，以为天地万物，一造于神。人生良心上之制裁，惟有托诸神意。《圣书》谓道德为神之命令，颇足表明欧人自法兰西革命以前所怀抱之道德思想。至东亚所谓道德，多惟先王之道是从，不问其理之是否合于现世，但问其例之有无。而“遵先王之法而过者，未之有也”一语，颇足表见吾国儒者守先待后之心。顾王由天亶，故道德渊源，亦由天出。于是有天命、天罚、天幸之词见焉。夫维皇降衷，各有所秉，特操异撰，人各不同。欲同其最不同者，以企道一风同之化，故不得不于赋界而外，别求一视之不见、听之不闻之物，托为道德之基。此基一奠，则人人依违瞻顾，虚与委蛇，而瀹灵启知、缮心养性之机失矣。专制之朝，多取消极道德，以弃智黜聪为臣民之本。如“不识不知，顺帝之则”“民可使由之，不可使知之”诸词，见诸经传，利其无作乱之能与犯上之力故也。故往古道德之训，不佞敢断言，其多负而寡正，有消极而少积极者。曰惩忿窒欲，曰克己制私，曰守分安命，云云，皆为吾国道德之格言。今按国家原理与世界潮流，殆无一不形其抵触。功利家欲唱为废弃道德说者，盖亦有不得已之苦衷云。

虽然，道德者本诸学理，应诸时势，根诸人心，乃因时转移之物，而非一成不变者也。道德而不适时势之用，则须从根本改造之，无所惜也。古者象天尊地卑，以定天泽之分，故君臣大义，无所逃于天地之间。今者地象圆球，飞悬太空，而无上天下泽之判，随所在以观，皆觉平等。故人民思潮，基之趋于齐平，此道德取象天地之说也。然不佞以为，道德为人心之标准，本心之物，惟有还证自心，以求直觉，则所谓求之天性是已。所谓天性，乃得诸亶降之自然，不杂于威势，不染夫习惯。顾所谓自然，特不杂第二势力于其中而已，亦非最初、最稚之谓也。必也随其秉赋之奇，施以修缮之力。苟为吾性所固有，即当焕然充发，俾无所遗。循特奇之禀，而之于其极，不可奔向轨外，以求苟同。忿也、欲也、己也、私也，既为吾性之所涵，即当因势利导，致之于相当之域，俾各得其发泄致用之机；不当惩之、窒之、克之、制之，使无可排泄之余地，而溢而横流也。太史公曰："上者利道之，其次整齐之，最下者与之争。"治性之法，亦何莫不然？往古治性，与之争者也。今则首当利道，以宣其蕴；次则整齐，俾趋于名学之律，如斯足已。至于分云、命云，皆吾心之所造，而非造吾心者，操纵左右，为所欲为。何有于守，何有于安，青年记之。夫性犹川然，利道之也顺，拥塞之也狂，此不佞所以有改造道德之说也。持今之道德，以与古较，则古之道德重保守，今之道德贵进取。古之道德，拘于社会之传说；今之道德，由于小己之良心。古之道德，以违反习惯与否为善恶之准；今之道德，以违反天性与否为是非之标。古道德在景仰先王，师法往古；今道德在启发真理，楷模将来。古人之性，抑之至无可抑，则为缮练；今人之性，须扬之至无可扬，乃为修养。此则古今道德之绝相反对者也。德国史家蒙孙氏（Theodor Mommsen）曰："立宪政体，进取者也，富于生机；专制政体，停滞者也，几于死体。"道德随国势为变迁者。古为专制，故道德停滞抑郁，而奄奄待毙；今为共和，故道德亦当活泼进取，而含有生机。

道德之基，既根于天性，不受一群习惯所拘，不为宗教势力所囿矣。顾启瀹之机，将谁是赖？则自由尚焉。自不佞观之，自由之说，不外三种：一绝对自由说，二绝对无自由说，三限制自由说。前者为佛氏、老氏、庄氏之言，后者为普通法家所论，介乎其间者，则为物理学家之所证。美儒柏哲士（Burgess）谓自由泉源，出于国家，如国家不赐以自由权，则小己即无自由之道。定自由之范围，建自由之境界，而又为之保护其享受自由之乐，皆国家之责。自由之界，随文化之演进而弥宽，文化愈高，斯自由愈广。至如十八世纪革命派之所谓自由，则全属理想焉。此即今日盛行法律家之学说。次则由物理以推。凡一事之兴，必有前因后果互持之，无能稍脱其轨范者。法国之言自由，至比之太空浮云，以为真能自由矣。殊不知浮云之舒卷于太空，有通吸力之引摄，有日光热之注射，有大气之盘旋，其上其下，其飞其散，皆感受各力之影响，而循之以之，绝不能稍越其藩，以自行其意向。故真正自由，天地间绝无此物。此物理家之言，赫胥黎等主之，吾国侯官严氏即承其绪余者也。太上有真自由说，谓质力本体，恒住真因，皆存于自然，初无期待。如造化然，如真宰然，孰纲维是？孰主张是？孰居无事而推行是？彼通吸力之所以引，其有所主耶？日光之所以热，其有所燃耶？大气之所以盘旋，其有所运耶？果皆无之，宁非真正自由欤？此其义，佛、老、庄氏各主之，今日余杭章氏其发挥者也。然则自由之说，人将何所适从？

不佞所欲告我青年之自由，固无取艰深之旨，然亦不必采法律家褊狭之说。曩读黎高克氏（Leacock）政治学，见其分自由之类，曰天然自由（Natural Liberty），曰法定自由（Civil Liberty）。柏哲士所论，即属后者。前者为卢梭氏之所主张，谓："人生而自由者也，及相约而为国，则牺牲其自由之一部。"是谓自由之性，出于天生，非国家所能赐。即精神上之自由，而不为法律所拘束者。夫共和国家，其第一要义，即在致人民之心思才力，各得其所。所谓各得其所者，即人人各适己事，而不碍他人之各适己事也。盖受命降衷，各有本性，随机利道，乃不销磨。启瀹心灵，端在称性说理，沛然长往，浩然孤行，始克尽量而施，创为独立之议。故青年之戒，第一在扶墙摸壁，依傍他人；第二在明知违性，姑息瞻依。自贼天才，莫过于此二者。古之人，首贵取法先儒；今之人，首贵自我作圣。古之人，在守和光同尘之训；今之人，在冲同风一道之藩。乡愿乃道德之贼，尚同实蠹性之虫。夫青年立志，要当纵横一世，独立不羁，而以移风易俗自任。因于习俗，莫能自拔；悠悠以往，与世何关？日日言学，徒废事耳。西诗有云："怀疑莫白，口与心违，地狱之门，万恶之媒。"甚愿青年，三复斯言。

顾自由要义，首当自重其品格。所谓品格，即尊重严正，高洁其情，予人以凛然不可犯之威仪也。然欲尊重一己之自由，亦必尊重他人之自由。以尊重一己之心，推而施诸人人，以养成互相尊重自由权利之习惯，此谓之平等的自由也。发扬共和精神，根本赖此。凡我青年，时应以自省也。

康德曰："含生秉性之人，皆有一己所蕲向。"此即人与物所以相异之点。物不能自用，而仅利用于人。人则有独立之才力心思，具自主自用之能力。物可为利用者，而人则可为尊敬者也。人之所以为人，即恃此自主自用之资格。惟具有此资格也，故能发表独立之意见。此人品之第一义也，亦即舆论正当之源泉。夫家族之本在爱情，宗教之本在信仰，而共和国家之本，则在舆论。所谓舆论有三：多数之意见、少数之意见及独立之意见是也。舆论与公论有殊。公论者，根于道理，屹然独立，而不流于感情；舆论者，以感情为基，不必尽合于道理者也。故欲造成真正舆论，惟有本独立者之自由意见，发挥讨论，以感召同情者之声应气求。莫烈（John Morley）曰："凡一理想之发见，决非偶然。苟吾已见及，则此理想，必次第往叩他人之门，求其采纳；吾冥行而见光明，亦必有他人暗中摸索，随以俱至。吾所发明，特其的耳！"然则吾以独立之见相呼，必有他人以独立之见相应。相应不已，而舆论成焉。舆论在共和国家，实为指导政府、引诱社会之具。故舆论之起，显为民情之发表。但当问其发之者果为独立之见与否，不当先较其是非。孟德斯鸠曰："自由人民，其一己之推论，果为正当与否，往往不成问题。所当考究者，其所推论，确为人民自主足已。此即言论之所以自由也。"共和国家之本质，既基于小己之言论自由。然则逡巡嗫嚅，不露圭角，宁非摇动国本之媒欤？专制国家之舆论，在附和当朝；共和国家之舆论，在唤醒当道。专制时代之舆论，在服从习惯；共和时代之舆论，在本诸良心以造成风气。其别也有如此。

虽然，真正发挥舆论，尤有金科玉律宜由焉。即：（一）须有敬重少数意见与独立意见之雅量，不得恃多数之威势，抹煞异己者之主张；（二）多数舆论之起，必人人于其中明白讨论一番，不得违性从众，以欺性灵；（三）凡所主张，须按名学之律，以名学之律为主，不得以一般好恶为凭。共和国家，所以能使人人心思才力各得其所者，即由斯道。政府抹煞他人之自由言论，固属巨谬；即人民互相抹煞自由言论，亦为厉禁。何则？不尊重他人之言论自由权，则一己之言论自由权已失其根据。迫挟他人以伸己说，则暴论而已矣，非公论也；屈从他人，违反己性，则自杀而已矣，非自卫也。故曰，欲造成真正舆论，惟本独立者之自由意见，发挥讨论，以感召同情者之声应气求。

以上所陈，乃国法所不能干，观摩所不能得，师友所不能教，父兄所不能责。何也？以所主唯心，苟非吾心，见象即殊，直觉不能，动辄成翳故也。轮扁对齐桓公曰："得之于手，而应于心，口不能言，有数存焉于其间，臣不能以喻臣之子，臣之子不能受之于臣。"即此义也。不佞所言，糟粕而已。至于精神，则仍吾在青年自觉云尔。

(二)

近者讨论国体之声，震惊中外。饩羊仅存之共和名号，尚在动摇未定之秋。斯篇之论，似可不续。然国体之变更与否，乃形式上之事；不佞所论，乃共和国民立国之精神。政府施政之效，其影响不逾乎表面之制度；而政治实质之变更，在国民多数心理所趋，不在政治之形式。昔罗马之初变帝政也，政治尚不离共和。周室之衰也，仁义之道，满乎天下，及春秋已四五百载矣，而其余业遗风，流而未灭。可知立国精神，端在人民心理。人人本其独立自由之良心，以证公同，以造舆论。公同、舆论之所归，即是真正国体之基础。无论其间若何变迁，而探其远果，转在在为吾人精神之资助，若有意玉成而防其少怠者然。故国体之变更与否，由吾人精神以观，几无研究之价值。吾辈青年责任，在发扬立国之精神，固当急起直追，毋以政治变迁，而顿生挫折，令吾人最贵之精神，转役于曲折循环之时势，而为其奴隶焉，则庶几欤！

不佞此篇所欲述者，乃共和国家之青年对于社会之事。今者通功易事之制兴，公共生活之业起。一自有生以后，盖无一举一动而不息息与社会相关者，生计、教育等事业，其最著者也。处独立生计时代，自耕自食，自织自衣，无交易之习惯，故可以老死不相往来。今则分功协力，为生计之原则。一人之学问职业，举莫不与社会相需相待，以底于成。孤立营生，微特反天演之进化，抑且危一己之生存。闭门自守之生活，既非今世之所能，则吾辈青年，即应以谋社会之公益者，谋一己之私益；

亦即以谋一己之私益者，谋社会之公益。二者循环，莫之或脱。损社会以利一己者固非，损一己以利社会者亦谬。必二者交益交利、互相维持、各得其域、各衡其平者，乃为得之。故今之为社会谋公益者，第一须取自利利他主义。自利利他主义，即以小己主义为之基，而与牺牲主义及慈惠主义至相反背者也。不佞谨继此分论之。

何言乎自利利他主义也？社会集多数小己而成者也，小己为社会之一员，社会为小己所群集。故不谋一己之利益，即无由致社会之发达。近世生计学家，以自利心及公共心二者，为撑拄生计事业之两大砥柱。所谓自利者，即欲使一己之利益，着着落实，非特不害他人之利益，且以之赞助他人之利益之谓也；所谓公共者，即以为社会一员之我，藉公同之事业，而以谋全社会之利益者，遂其一己之生活也。共和国家之人民，互相需待，互相扶持。凡一己所为，莫不使及其效力于全体，各尽性分，以图事功。考其所为，果为自利，抑为利他，举莫能辨。何也？以群己之关系至密，自利即以利他，而利他亦即以自利故也。顾近世国民之自利，绝不与独立生计时代之自利相同。彼之自利，夺他人之利益，窃为己有；此之自利，藉社会之公益，以遂吾生。彼之自利，与社会之公利分道僢驰；此之自利，与社会之公利同归合辙。彼以行险徼幸为能，故自利实所以败风化；此以同心协力为主，故自利即所以遵德行。此即不佞所以合生计之二大砥柱，而名曰自利利他主义之本旨也。

何言乎自利利他主义，必以小己主义为始基也？共和国民，其蕲向之所归，不在国家，乃在以国家为凭藉之资，由之以求小己之归宿者也。国家为达小己之蕲向而设，乃人类创造物之一种，以之保护小己之自由权利，俾得以自力发展其天性，进求夫人道之完全。质言之，盖先有小己后有国家，非先有国家后有小己。为利小己而创造国家，则有之矣；为利国家而创造小己，未之闻也。欧洲挽近，小己主义风靡一时。虽推其流极，或不无弊害。然其文明之所以日进不息者，即人各尊重一己，发挥小己之才猷，以图人生之归宿。而其社会国家之价值，即合此小己之价值为要素，所积而成。吾国数千年文明停滞之大原因，即在此小己主义之不发达一点。在上者持伪国家主义以刍狗吾民，吾民复匿于家族主义之下而避之。对于国家之兴废，其爱护忠敬之诚，因之益薄，卒致国家、社会、小己，交受其害，一至于此。今日吾辈青年，正当努力以与旧习俗相战，以独立自重之精神，发扬小己之能力。而自由、权利二者，即为发扬能力之梯阶。务须互重权利，互爱自由，瀹灵启智，各随其特操异秉，而充发至尽。一己之天性，完全发展，即社会之一员，完全独立。积人而群，积群而国，则安固强盛之国家，即自其本根建起，庶足以巍峨终古，不虞突兴突废矣。国家社会，举为小己主义所筑成，此不佞所以以小己主义为自利利他主义之起点也。

且不佞所谓小己主义者，有二要义焉：一曰用才，二曰重法。共和国家，为各展才能无所曲抑之国家。凡有寸长，均当致诸适宜之境以用之。所谓用者，又非授人以进退黜陟之柄，自为皂隶牛马，供彼颐指气使也。乃己有一分之长，即举而贡献之于社会，无所谦退，亦无所夸张。古之用才，权在君相；今之用才，权在自身。古之怀才者，多待价而沽；今之怀才者，宜及锋而试。怀才于共和国家，而犹待人荐擢，是反主为仆，自侪于皂隶牛马之列，显然自丧其人格。共和国民，不宜若是其贱也。至于共和国家之法，乃人民之公约用以自治自克者，非他人任意制定举以束缚吾人者也。吾人所以乐共和而恶专制者，即在欲得此制法机关，自审吾人所利、所害、所乐、所苦之何在，谋自为趋避之计耳。法律果真由人民总意以定，即应绝对服从，绝对遵守。所谓服从、所谓遵守者，非服从、遵守其形式，须服从、遵守其精神。非因执法者在前，乃勉为自好之士；须于无人察觉之际，而深其自懔之心。惧执法者在前，而始不敢犯者，实寡廉鲜耻、不能自立之辈；乃其所不敢为，非其所不甘为，乃惧他人之察觉，非惧良心之察觉也。夫所谓人格者，乃节操之当然，伦理之本然。凡为人类，皆当自知爱护，自知尊重，以副其远于禽兽之实，非所以要誉于乡党、朋友者也。违法而不视为人格上之奇辱，乃视为交际上之缺点，不耻无以对己，乃耻无以对人，是即根本上违反小己主义之处。凡我青年，皆当用以自省者也。

此外尚有背戾自利利他主义者二事，即牺牲与慈惠是也。凡为社会共通之原则，奉行之者千万人，流传之者千百世。必其则焉，得乎人情之中，放诸四海而皆准，不使一部感其无妄之灾，一部得其分外之惠者，乃克如此。若损其一以利其一，凭一人一时之意气，偶一行之则可，非所望于大公无我、相安相得、区处条理、各适其宜之共和国民也。任侠之徒，愤季世之不平，凭一时之义勇，偶然行此牺牲主义，固足以振起颓废之习俗，激发腐坏之人心。至共和国家，乃合人人之利益以成社会之利益者，人己交际之间，必俱益俱利，乃不违乎社会公益之原则。设损一己之利益，以利他人，则一己之利益既丧，即社会利益之一部，缺而不完。而所谓利他人者，未必即能为他人之利。即苟能之，然一方弃其所应得者而不得，一方乃取其不应得者而得之，亦绝非相安相得、各适其宜之道。且生计通例，凡大利所存，必其两益。已受勤劳之苦者，即应享勤劳结果之乐，乃克维持一群而不涣。今持牺牲主义，使我尽受勤劳之苦，而勤劳结果之乐，乃尽让他人享之。人人皆思受苦而不思享乐，则享乐之事，将谁甘受之？有苦无乐之世界，其能发育人类者几何？反之，而人人皆待他人勤劳之结果以供一己之享乐，则勤劳之事，又将谁任之？有乐无苦之世界，其能锻炼人类者又几何？夫人各有所欲，各有所求，身养其欲，自给其求，且以致人人之所欲所求，各安其相适之域，而如量发泄，安行尽利，乃所以利益社会之过。损其一以利其一，则其利也，必有所穷；而其损也，亦必不绝。非大公无私、相安相得、区处条理、各适其宜之共和国民所宜行者也。此牺牲之事，所以尽反乎自利利他主义也。

复次，有慈惠主义。夫社会之利益百端，要皆由勤劳而得。约翰·弥尔晚年《自叙传》中有云："吾深盼夫无贫无富之社会为可企及也；吾深盼夫不勤劳者不衣食，举世之芸芸总总，均莫逃此规则也。必尽其勤劳之因，乃获生产百物之果。生产物之分配权，万不可决之于诞生，应当决之于正义。"不佞之引此说，乃取其"不勤劳者不衣食"及"生产物之分配权……应当决之于正义"二语。其立论之旨，非所问也。人之所以可贵者，在有人格。日本浮田博士曰："人格因勤劳而成立，因勤劳而实现……斯道德于凡属有益于社会之勤劳，皆视为神圣，而尊之敬之，视为发育人类之品性、完全人类之人格所不可或缺者焉。”然则欲保全人人之人格，必令其藉服劳之结果以自遂其生。仰给于他人者，举为丧失人格之事。今抱慈惠主义者，固明明以丧失人格之事期诸被惠者矣。使之不劳而得财，既反乎生计之原则，其终也必养成被惠者之依赖心，挑动其侥幸之念，而败坏其勤劳之力。且己既以慈惠为仁为善而行之矣，则被惠者必为不仁不善。以仁善自居，而以不仁不善之事转加他人，一方受道德之美誉，一方犯不道德之恶名，已非一视同仁者所忍出；矧更违生计之原则，而与社会上以莫大之恶害哉！然则共和国家之青年，他日立身之计，惟以勤劳易利益，自保其人格，并以保他人之人格。不以慈惠之名诱起社会之恶德，斯为中庸之正道矣。

总之，今者既入于社会生计时代，社会利益，乃根基于小己利益之上积合而成者。欲谋社会之公益，必先使一己私益着着落实，乃克有当。非然者，全其一以丧其一，则社会利益，将终古无完全发达之时。德国伯伦智理（Bluntschli）有言曰：“社会富孕生计、智识之原力，以扶助国家者也。社会不良，则国家之不良随之；社会安宁利达，则国家亦强。故社会者，治安之条件也。”社会与国家之关系，其重要如此。吾国徒以隶于宗法制度之下，垂四千余年，人各重夫一家之私，多不识社会为何物。而“以谋社会公益以自遂其生”之思想，举凋零颓丧，发达难期，遂奄奄至今，日濒于危矣。而犹守宗法制度，奉爱若神。稍一置议，则目为大逆。习俗浸润，浃髓沦肌，法令教育，一时皆难以收效。非人人自悟其非，而以明于中者行于外，持自利利他主义，以振起颓俗，夫固未易言也。语其根源，惟在青年之能改造时势，不为旧说所拘，则庶几也。

（三）

秋风萧瑟，霖雨经旬。槛前淅沥之声，似有意扰吾旅人，故示其变徵音节以相逼。东瀛秋节，风恶潮汹，固时予人以可怖。然大抵多倏起倏落，从未有掀天撼地、相逼而来者。今年何年，胡乃变态若此，诚有令人不寒而栗者矣。乃返瞻故国，萧墙之内，隐伏干戈，激变挑衅，无所不至。一若鹬蚌不久相持，即无以惠彼渔人者。彼行尸走肉之辈，原无足责。独怪吾辈活泼青年，本自居于国家主人之列，放主人之职而不尽，是谓暴弃。要知今年今日，绝非吾人所能自暴自弃之时。今日之变，非但国体之良否问题，实为国家之存亡关键。他日或可旁观，此日则断不容袖手；他人或可贷责，吾辈则断不能少卸仔肩。此不佞所以再四叮咛、苦口忠告者也。前此二篇，乃吾青年之对于国家社会也，当思发挥其实以副之。此篇之旨，则吾青年自今以往，当思所以立身处己之道。故此后所陈，皆就原理往例以为言，俟读者之自觉焉耳。

夫总人类集合之全体，而名之曰国家；指人类协同创设之制度，而称之曰国体。是国家为人类所合成，国体为人类所创造，均非本有自体，由勾萌析甲、含生负性而自生自长以底于成者也。近世学者，自伯伦智理（J.K.Bluntschli）以迄韦罗贝氏（Willoughby），均以国家之起，肇自人类之自觉、感情、意志。而国家有机体说又为多数学者所斥驳，掊击之至无完肤。然则国家之立也立于人，国体之变也变于人。吾人欲创造何种国家，立何种国体，吾人即向何方面着着进行，无所用其顾虑。美国《法苑》之诠国家也，曰：“国家者，乃自由人民为公益而结为一体，以享其所自有而布公道于他人者也。”（A State is a body of free persons united together for common benefit to enjoy what is their own and to do justice to others）吴汝雪（Woolsey）亦曰：“国家者，宜有公道者也。国家而无公道，则其组织，即为不适宜于人群。”然则国家创造之主，曰自由人民；所以创立之因，曰为公益；所以永存不灭之理，曰主公道，曰适宜于人群。兼备此四种要素，而后国家方克巍然存乎天地之间。反乎此者，皆谓之违反今世国家成立之原则。夫违反其原则，未有能生存于今世国家之林者也。国家非物，违反原则与否，非由自动，其自身绝无功过之可言。设其主人袖手旁观，以听国家之自处，欲其自赴于原则也，于理于势，皆有所不能。万众齐趋，造成时局，曰景运；万众瑟缩，酿成祸患，曰浩劫；抖擞精神，着着前趋，曰进步；灰心颓气，任其颠覆，曰退化。吾辈青年，活泼其心，方刚其气，仔肩巨责，来日方长。如以造成景运、着着进步自任也，是谓之自觉；如任万几退化，漠不关心，浩劫长流，永陷不复也，是谓之自杀。使吾辈青年而欲自杀也，则亦已矣。否则正宜猛然奋进，趋于自觉之途，以免自杀之惨。虽然，蠢然盲动，君子所羞。吾辈果欲自觉，必有真正自觉之道焉，而非可盲然以进者也。

青年自觉之道，首在练志。志者，根诸心，发诸己，非可见夺于他人，而亦非他人所能夺者。以他人之志，强夺吾志，及用他人之志，以代吾志者，皆属横暴之事。练志之方，第一即在打破此种横暴障碍，以还我本然之自由，而后志乃可立。曰吾志被人劫夺，曰吾志被人强代者，皆庸庸碌碌、懦夫奴性之流，聊以解嘲而已。果为志士，其动也必随心而之，吾志暂时不行或有之，若夺云、代云，必吾先有易夺、易代之弱点，动人轻视之念；或先露可夺、可代之破绽，予人可乘之机。不然己不被夺，己不甘使人代，又谁能夺之、代之？夫国家者，由吾人之志而成；政策者，合吾人之志同心戮力以向一定之方向而之者也。故国家建筑于人民意志之上，主权发见于人民意志之中，无志则国已无基，奚由而建？主权无主，奚由而生？世人动曰：吾非不欲立志，特强横暴我，时势迫我，境遇苦我，故俾我颓丧至于斯极。不知所谓志者，正在掊此强横，创造时势，战胜境遇，而后志之名称乃称，志之能事乃完，志之实力乃予人以可见，否则皆谓之无志。待时会之来，乘之以自见于世者，因缘际会而已，非志也；仰他人之势力利之以显吾身者，徼幸成功而已，亦非志也。吾所云志，乃预定其当然之理，排除万难，拨开障碍，而循轨赴的以求之。设已然之事，而不与吾当然之理合，则立除其已然者，而求合乎吾所谓当然。若徒叹其不然、听其自然，或待其将然、幸其或然者，举非吾人志内之事，志士绝不为也。人类所以为万物之灵、不为天演所淘汰者，正以负有此志，可以人力胜天行，能胜物而不为物胜。先定一当然之方针，因之以求其将然之归宿，而幸福、安宁、自由、权利，乃可获得，乃可常保，此则立志之用也。

天下万事，凡理之所在，即为事实之始基。初不必旁征故例，以相质证。然即欲明证其例，亦自非远。今为简单便利计，请引法兰西史以明之。《迈尔通史》（*Myers General History*）论法兰西革命之原因，首谓由其君主之专横凶暴，妄用其权，人民之生命财产，得以任意处置。人民被囚，往往不识身犯何罪，而暴征苛敛，又皆唯所欲为（见《迈尔通史》第六百二十七、八页）。以不佞所闻，法自路易十四以来，屡行暴政。赋税之担负，至贫民而益重；强制公债，滥发无垠；不良泉币，遍布于市。贫富相悬，益不可以道里计。握特权者，穷奢极欲；而耕农苦力，至贫无立锥。至千七百八十九年，国债山积，国家财政几于破产。呜呼，何其危也！及观其革命既成而后，建设共和，实施宪政，人民之生命自由举为宪法所保障。《人权宣言》之大旨，一曰自由平等根于天生；二曰国家主权完全在民；三曰法律主于人民总意，一视同仁（见 *The Declaration of the Rights of Man*，August 26，1789）。至其赋税，不得人民许诺，即不得增加一钱。自脱去革命厄运，以迄于今，其享受自由幸福，在世界民族中为第一。呜呼，又何其幸耶！当其暴政横行，国势累卵，举国志士，绝不苟安旦夕，自取灭亡。而乃怒发冲冠，捐躯殒命，血潭骨阜，炮震肉飞。虽其间几经挫折，共和方成，专制旋复，而奋其义勇，绝不迟回。前者覆亡，后者又起。此其故何哉？志在共和。共和未得，故身可捐而志不可违也。彼知不牺牲今日之身家，即无由致国家于安宁巩固之域，而有以保护其神圣之自由也。志之所指，险阻立化为坦途，危亡立转为安泰。法兰西国民知之，法兰西国民行之，此正有志之效也。

青年自觉之道，又在练胆。夫志者，理义既明，定其正鹄以为趋赴之的者也；胆者，本此正鹄、鼓其豪兴以赴前途，无所于惧无所于恐者也。志为心之所之，胆为行之所主。太平之世，因故袭常，循例以行，罔有所阻。当此之时，瑟缩怯懦之夫，亦得滥竽其列。而吾所谓胆，乃退处于无权。及一旦天倾地裂，雷震风惊，狮象在前，猛虎蹑后，国势阽危，千钧一发，覆亡之惨，悬诸目前。瑟缩懦怯之夫，汗颜咋舌、慑伏退避而不知所为。吾所谓胆，乃于是脱颖而去。故胆之为用，专在危急存亡之秋，过此以往将无用武之地。今者吾国险象迭见环生，为有史以来所未见。时之所以锻炼玉成吾人之胆者，委曲周至。吾人须知魔力横生，强邻虎视，在在皆为吾人试胆之时。语曰：英雄造时势。时势何以造？以胆造之。青年第一秘诀，要以时势危急，为吾人练胆之资，不得因时局垂危，遂生丧胆之象。故自今以往，吾国时势，诚为吾人练胆之第一好机也。

彼法兰西自革命以后，制度破坏，秩序荡然，迨入于恐怖时代(Reign of Terror)。激烈党之互遭残戮者，不下百万。外而列国王侯，又以革命影响将不利于己，从英俄之提倡，联结诸邦，合兵攻法。四境敌兵，长驱深入。血战不利，至千七百九十九年一败涂地，国势之不绝者直如缕耳。然法人求共和之心、谋自由之志，未尝因是而止也。其后拿破仑以一世之雄，刍狗法人，从事远略。欧洲列强，莫不为其铁马金戈所践踏。对外如此，对内其又奚言？共和既翻，帝政旋始。生杀予夺，从其一心。然法人求共和之心，谋自由之志，未尝因是而止也。云其危急，其有过于四面楚歌，声声相逼。外兵既临城下，而国内党祸，尚自相水火者乎？云其迫压，其有过于盖世魔王，手操兵柄，长驱普澳之郊，几如入无人之境，况或少怀顾忌于所谓民意民气者乎？何法人迫于党争而不惧、迫于联军而不惧、迫于一世魔王之残摧而不惧，而必善始善终，求所谓共和，求所谓自由者乎？曰：胆为之也。惟其胆略之壮，故能成此掀天撼地之殊勋，为民族而战，为国家而战，为世界之人道而战，而无所恐怖也。此又练胆之功也。

青年自觉之道，又在于练识。识者，御事以理，判案以律，推其原因，而有以知其结果者也。故识之本在学。学者，籀其因果公例，用以数往知来，见其然而必以推其所以然者也。如见日而知其朝升东海、夕沉西山，见木叶之入水而知其浮，见金石之入水而知其沉。此但知其然，非可以之为学也。若见太阳之西向而走，即识为地球东向回转之结果，知地球之回绕太阳，为由引力作用之所致，见木叶金石之浮沉，即理解其从比重之法则而然，此乃谓之科学。非依据律令，不得以臆擅断之，学之真乃于是见。夫求科学之道，不外于万殊物理之中，归籀其统一会通之则。执此统一会通之则，以逆万殊之事，以断未然之机也。前者谓之归纳，后者谓之演绎；前者用以读书，后者用以应事。其所以求此之法，应分三种：一曰试验。试验者，见一物之既然，因以求同此物者之皆然，所得者事实也。次曰推证。就其事实，谨慎研求，以寻其常然之例。常然之例者何？曰因同者果莫不同是也。再次曰推概。推概者，既得物理之常然，著为公例，用以逆睹未形者是也（语本严复《名学浅说》）。如化学家分验杂质，合炼原素，执因求果。凡显见之象，变化之节，均如所期者，谓之试验。由此试验，而求某质之所以显某象者，因于某理；某原素之所以呈某变化者，因于某故。由其然而推其所以然者，谓推证。至于推概，则执此所以然之例，以逆未然，就纷然万殊之物，以籀其同然合理之原。吾见虽或有涯，而吾例则统摄万有，于是归纳之事尽矣。明同因同果之法，则知凡因确同，果必无异。他人以甲法强国者，苟其因确与吾同，则吾用甲法，亦必强国；他人用乙法争得自由者，苟其因亦与吾合，则吾用乙法，亦必争得自由。故准卢梭自由平等来自天生之例，则可知吾既为人，亦应享受天然之自由平等。或有障碍，皆为外缘，吾得排而去之也。准卢梭主权为人民总意所成之例，则可知吾国主权，既无物质，亦应由吾人人民总意肇发之。非然者，即为伪造主权，与吾人无与。凡此皆物理、人事，例有相通者也。

虽然，今者文明大启，而人事之发明有不必为物理之例所拘者。即物理者，每由例以求理；人事者，可由理以肇例是也。物理学家，先于例中考求，由旧有之例，以推阐新理。设例不吾从，吾之理即不能立，当变吾理以殉之。至人事之学则不然。主观在我，凡我以外皆客观。故吾理苟觉可通，吾例即从之而见；凡例有未当吾理者，得以吾理变其例，徒例不能立也。前者由已然而推其所以然，后者则以当然易其未然者也。此又近世物理、人事之根本不同处也。论政者，人事之学，即不引例，吾说亦自可行。矧吾国今日情形，在在与他国之往例有合。理例俱符，他日结果，又安能逃人国之公例哉？

顾吾所谓由理肇例者，乃谓理不必限于例，非谓凡例皆非理，或理皆先于例也。大抵文化初开之时，多以政例肇政理。故有尧、舜、禹、汤之政治，而后孔、孟之政论乃大明。至文明大启之秋，则常以政理启政例。故孟德斯鸠之三权分立说，为近世宪政之精神；卢梭之平等自由论，遂唤起法国之革命。盖以政例肇政理者，其思想常拘于守成；以政理启政例者，其思想常趋于改进。今之世，固脱故谋新日日演进之世也，固理论一出，而世界之趋势因之丕变之世也。吾人今日第一要务，即在求确当之政理，以为政例之前驱。确信于理可通，于例即有可立。察他人之理论，可行于其国者，则知吾人之理论，必可行于吾邦。其所难者，在于察因耳。察因中所含之条件，果确与平日所推论之原理同，则遵吾所推论者以行之，他日自必收相同之果。此按诸逻辑，其律不爽者也。吾国今者，其原因何在，因中所含之条件何若，果宜从若何之理论而行，乃有转危为安之望，此则专在吾辈青年之自觉。欲自觉其正途，不致旁皇道左也，则识尚焉。此练识又所以为自觉之要道也。

总之，练志、练胆、练识，三者互相为用，不可缺一。以志言，则胆与识所以定志者也；以胆言，则志与识所以壮胆者也；以识言，则志与胆所以致识于用者也。志何以不移？有胆有识以定之故不移。胆何以不怯？有志有识以壮之故不怯。识何以能行？有志有胆以致之于用则行。吾辈丁兹国运，第一戒在抱悲观，第二戒在图自了。一抱悲观，则灰心颓气，而不存猛勇奋进之心；一图自了，则朝不谋夕，而不存任重道远之念。境由心造，心神强壮，则虽残山剩水，亦为我动心忍性之资；心志颓唐，即壮版雄图，反增我感喟凄凉之恨。至欲图自了，则今日更非其时。若吾身昨年已死，自了之愿固可告终。苟吾之死应在明年，则今年尚为吾奋斗之期，而非吾告终之日。非特明年然也，即吾之死在次月、次日、次时、次刻，而吾之奋斗尚当于此月、此日、此时、此刻行之。急起直追，至死乃止，则主人之责已尽，而吾怀乃可少安，吾心乃可明告于天下后世。此所以当共和告别之顷，而殷殷然对我青年，为此临歧握手、各自珍重之最后一言也欤！

（原载《青年杂志》第1卷第1、2、3号）

近世国家观念与古相异之概略

（1915 年 10 月 15 日）

一涵曰：伯伦智理（Bluntschli），德意志瑞士之秀里人也，于千八百五十二年崭然特起，创《原国》一书，论者至拟之为希腊亚里士多德。学风所被，论政之士，几无一不受其薰陶，诚近世公正坦白之评政家也。其书去今五六十年矣，而精义入神之处，犹为觇国者之所宗。此篇为《原国》中一节，征古今立国之大经大法，条举骈列，存而不议，令读者一开卷间，自得其变化迁流之绩，恍然悟人事演进不主故常之道焉。比年以来，吾国论政之士，多拘泥史绩，未观其通，不悟吾国生机停滞，今之现状，方诸西土，仅当其千百年前之故辙；乃谓中西殊途，不可强合，方将守此终古，识者惧焉。士君子读史，原在籀古今变迁之往例，测将来人事演进之所趋。天演之运，脱故谋新，迤逦前驰，永无退转。若认作循环，谓继今而往，凡质变迁，皆于古为重规叠矩，则一乱一治之局，终不可逃，是何说哉？今逡译是篇，世有君子，读其文，寻其变，原始要终，探其演进相沿之程序，庶几会通进化之理，而不为史绩所迷欤？

太古国家观念与近世国家观念之差异

（一）公认人权

向也，国家剥夺人权，因亦讳言小己之自由。国民多为无权利之奴隶，所谓自由公民，仅少数耳。农工商贾，多委诸奴隶之手，职此之故，贱视勤劳，凡奔走服役之夫，绝无毫黍价值。奴隶无关于国，仅托庇主人以联络于国家而已，无与闻国事之权，无父母兄弟之邦，人格之权剥蚀殆尽。习惯奉行，胜于法典，虽至善者，亦无定局，而日趋于恶焉。奴隶谋叛时有所闻，而莫不同遭酷遇者。

今也，国家一视同仁，凡属人类，均享人权。废奴隶之阶，视为不道，即附土农奴、世传仆役，亦视为背乎人身天然之自由。人之身体为享有权利之主，不得视同器皿，附属于人。勤劳之事，珍重期待，一任自由，各级人民均有与闻政事之资格，选举之制扩充至普，甚至奔走服役之子亦畀之而不遗。奴隶谋叛，于今弗睹。国基于民，故根深啻〔蒂〕固，安若泰山。

一涵曰：吾国贵贱阶级，方诸西土，似不若彼之酷。布衣而为卿相、匹夫而作帝王者，比比皆是。是乃自始而然，非群化演进、悟而革之者也。至享有人权、与闻政事、国基于民诸事，方之彼邦，将类其近世之制，抑类其太古之制欤？识者当能辨之。夫国为人而设者也，国家权利即以人民权利为根基，自由人格全为蕲求权利之梯阶，而权利又为谋达人生归宿之凭藉。人生归宿还在人生，非一有国家便为归宿之所。以人民为国家之牺牲品，若主人之豢畜犬豕麋鹿然，视人若物，剥尽其权，此太古国家之盛衰兴废所以视政府之智愚贤不肖，而其应如响也。今者国本在民之理大阐明于西方，举国家全力，保护人民之权利，人智日启，即国家之文化日高。国家文明，因人演进，自今以往，日新月盛，将永绝一治一乱、突兴突败之局，而立不退转之文明。然则保障人权，其今日立国之神髓也欤？

(二) 国家措施之范围

向也，国家行为于人生事业总括无遗，举宗教、典章、道德、技艺、学术、文化，一听国家之措施。祝宗之职，即为布政之官，小己之精神自由亦多为其所否认。今也，国家自悟限制其权力，而为法律、政治之社会，宗教信仰之管辖均委之教会及小己之自为，祝宗之职专为司教之官，科学技艺脱离国权之干涉，而质疑建说之自由，又举为国家所珍卫焉。

一涵曰：立宪国家之第一要义，即在限制其政权，而范围之于法律之中。国家违法与人民违法厥责维均。盖国家、人民互相对立，国家权力仅能监护人民之举动，防其互相侵害，无间于物质、精神，国家均不能以自力举行之。国家可高悬奖励学术、技艺之典章，而不能以其权力自图其发展；国家可颁布奖励生产企业之命令，而不能自任勤劳、自冒危险。其所能者，则立于人民之后，赞助人民自为之耳。质疑建说之自由，乃人民自为之凭藉，所以瀹灵启智，俾充发其本然独立之能者也。今者吾国政权，其有所限制欤？质疑建说，果得自由欤？世有君子，举吾国政纲，层层抉剥，必有以知其近于近世抑近于太古者矣。

（三）小己自由及私法

向也，握有权利者，仅公民耳。希腊公私两法，杂空混淆；罗马虽区分其原理，然私法之行，犹全恃人民与国家之意向。小己自由，为其与国家抵触也，亦痛恶而深讳之。

今也，小己举有权利，私法公法画然判分。然私法之事，乃国家所认许，非国家所创制，乃国家所保护，非国家所指挥。人民自由独立发展，不为国家所侵蚀，行使权利，举由一己之意志，而不为国权之所拘。

一涵曰：约翰·弥尔氏谓自由为缮心瀹性、锻炼人生特操异撰之资。柏哲士谓国愈文明，则自由之范围愈广。盖维皇降衷，各有异秉，非随异而之，充发至尽，则无由展其天能，故自由尚焉。国家之文明愈高，自由之界域愈广，实则自由之界域愈广，国家之文明始克愈高耳。今者吾国小己，即梦寐犹不得自由，束缚驰骤，较之希腊、罗马，且万万有加焉。而鼎鼎文名之子，且公然著论，拾赫胥黎之片语，驳卢梭之真诠，引物理家言，证明天壤间绝无所谓自由之事，盖自忘其前日盛称约翰·弥尔书时，曾作何言语也。

（四）统治权

向也，国家统治权绝对独立。

今也，国家统治权乃立宪以自治。

一涵曰：近日留东法政学生，颇拾东人牙慧，唱国权无限之说。然东人崇德学，不读伯伦智理之书乎？

（五）直接政治、代表政治

向之国权，主权者直接运用之。在古代共和国家，为公民凡齐集国民议会，以直决主要之公务。

今则代议制兴，代表机关由公民进举者组织之，以代表齐民之意向，核定国典，运用政权。则今之代表机关之能力，实视古代为尤优焉。

（六）都城民族

希腊为都城国家，罗马则扩张之而为世界国家。

近世以民族国家为最要，都城仅国中之社会，非为国家之中心。

（七）分职

向也，国家之运施，虽因性质主旨而异，然常以同一机关举行各种之职务，立法、行政、司法等职，时执行于同一议会、同一官员。

近世则设官分职，各种事务畀诸各种机关，昔之因权力之旨而分者，今则转因人身之职务而分矣。

（八）国际关系

古代国家之受制于外也，仅为他国所抗拒，而不受普通国际法之制裁，罗马且悍然以辖治世界之力，为己国之特权。

近世国家，举认国际法以限制其国权，藉之保全其民族之生存，反国家之自由，而不许一国高张国权加诸他国之上。

中古国家观念与近世国家观念之差异

（一）源于上帝及源于人生

中世思想以国家及国家之治权为由神降，而国家制度乃神所指挥创造者焉。

近世国家则为人类所建筑，立于人类性情之上，乃公共生活之一制度，创设运用于含灵秉气之人生，由之以蕲人类之归宿者也。

一涵曰：神权国家之说，以元首直接代宣神意，天威尊严，懔然不可干犯。其弊也，小己对抗政府之权利，扫地尽矣。近世乃一反其说，而谓国家为人类所创造以求人生之归宿者，而国家、人民，始同处于法律之中，而有平等对抗之资格。小己权利，乃于以蔚然振兴，郅治之基，方定于此。吾国古虽以神道设教，称元首曰天子，然论政之书，其迷信神权，未尝如西土之笠。乃今者于古无神权之国中，倏有祭天典礼，比隆于古之帝王。某氏，贤者也，竟有《郊天典礼与政治思想之关系》一篇皇皇大文，载之《京报》，盛称神权政治，且谓外国学者不知我国政治之大本。呜呼！是何说者！吾国人其狂易邪？何以国家思想固犹在太古以上也？最近政象之支离，岂尽执政之咎哉？曲学阿世之士，盍自反乎！

（二）神学及科学

中古国家观念，举为神学原理所统制。回教认国土为上帝之王国，而托之于苏丹（Sultan）。耶教则明认国家与教会之二重主义，但信上帝有二道，一圣一俗，一托诸法王，一托诸皇帝。新教讳言神道，仅认国家之大权。惟君主权力，降自上帝，故欲坚握国权，必准乎宗教观念。

近世国家根本原则，为人类哲学、史学所制定，而政治之学首以人生理论诠明国家之性质。有谓国家为小己社会联合而成以卫其安宁自由者，有谓以民族为本位缔合以成者。国家观念不迷于宗教，亦不反乎宗教；国家不恃宗教信仰，而亦不讳言维皇降衷之事及政府信教之为。至于政治，则蔚成科学，不羼杂神道，但殚力诠明国家为人种创造之制度焉。

（三）神政

中古国家之观念，与东方民族迥殊。东方民族为直接神政，西方则间接神政，而主治之人即为上帝之代表。

近世国家，一切神政均屏诸民族之政治良能而外。国家为人类创设之制度，国家治权为公法所限定，而政治蕲向诠以人性之理，运以人类之力，以求民族之公安。

（四）宗教

中古国家，全凭社会之信仰，而要求统一之信条。信根浅薄者流及旁门外道之子，举剥夺其政权，迫胁驱除，俾无噍类。其最上者，则仅容忍之。

近世国家，举不以宗教为法典之条件。公法、私法均脱教旨而独立，且为之保护信教之自由，俾异教之徒，互相和结。即有背教不信之子，亦禁其横加迫胁之行。

（五）教会

中古耶教之徒，谓教会为精神之事，故高尚；国家为肉体之事，故卑下。此掌教之主所以高立于国王之上，而僧侣亦首出于常人，以享有宽免租税之惠及特别大权。

近世国家，自拟人身，举其精神、肉体，而一以贯之（精神即民族精神，肉体即宪法也），独立以与教会相对峙。且积人为体，含蕴质力，主有至高之权，驾乎教会之上。国家法权，四民同享，僧侣之高贵，既非所认，即许免及特权之事亦并与而废之。

（六）教育

中古教会掌有教育青年之权，科学之事亦运行于其权力之下。

近世国家仅以宗教教育畀诸教会，至学校乃国家之学校，科学则离教权而自由独立。其自由之事，国家则专司保护焉。

（七）公法及私法

公私两法无所区分，领土权视同物权，为国王之所私，有国王权力即其家族权利焉。

公法私法画然判分，公共权利一变而为公共义务。

（八）割据主义及统一主义

中古封建制兴，国权分裂，递嬗递降，由神及王，由王而公侯、而武士、而都邑，法律之制定极其万殊。

近世国家为民族所部勒，用其国权保持统一。国基奠于民族之上，愈张愈广，法度典章，适于民族人道，而一视同仁。

（九）代议制

中古代表限于阶级，僧徒、贵族最占其势力，法度典章亦因身份财产而异。

近世国家必赖人民代表，四民平等，绝无差异。国家大权掌于多数人民之手，而其根基毕奠于齐民之上。各级平权，同为公民。法度典章，全国人民一体待遇。

一涵曰：今世国家原理，在以国家为全体人民之国家，非为主政者一人之私产，无间君主、共和，皆取惟民主义。国属于民之特征，即在与人民以参政权一事。故代表制之设立，即明示国家为公，宣布人民总意即为国家施政之准则，俾各党、各派、各级、各流之意见、感情、希望、痛苦，得以如量宣泄，相剂相调，铸成萨威棱帖（Sovereignty）。民情舒则国基固，长治久安之道，肇于是矣。今者吾国之萨威棱帖，既不许合人民总意以铸成，则即有代表机关，亦聋哑者之口耳，具文而已，绝非宣示人民意见、感情、希望、痛苦者。矧并此具文而犹欲绝之哉！固不若谓为中古国家，或竟曰部落，犹似名称其实也。

（十）自由

列侯贵族自由之权大张，致国家权力旁落下堕，村农贫氓之自由权剥夺殆尽，使终拘于不自由之天。

近世国家，公民之自由展至各级，全体国民均服从于国权之下。

（十一）国家措施之范围

中古国家，固亦有法，然裁判之事有所督厉，致人民不能维持其权利，政府行政均甚衰弱，且毫无发达之可期。

近世国家，为其立宪也，故亦为法制国。惟同时从事于生计、文化，而以政治统系一切焉，政府强固，行政亦殚精进展而以求民族社会之治安为归。

（十二）无意而然之习惯及精心创制之立法

中古国家，鲜有精心卓识经营缔造之事，多随自然及大势之所趋。人人所知，惟在天然之发育，而习惯之事，即其典章制度之大源。

近世国家，几无一事不由意匠费营，其所措施，皆有物有则，根于法理，而不因其天然。人为之法，乃其典章制度所由生。

一涵曰：统观伯氏之说，则国家观念，由浑之画，由虚而实，由迷信而真理；出治之权，亦由一阶一级，降而普及齐民，大例昭然，五洲万国，举莫能逃者也。乃回顾吾邦，事事反古，出死力以排除近世国家原理，似惟民主义能行万方者，独不能行于吾国，非持数千年前陈言古义逆系人心，则其群必将立涣，凡其制为吾史乘中所未经见，即当视作异端左道，百计驱除，一若国国皆循进化大势以前趋，独吾一国必遥立于天演公例而外，逆进化之大势而退转。自由平权人格权利，在他国视为天经地义，倾国家全力以保护之者，在吾国必视为离经畔道，倾国家全力以铲除之。他国已入于一治不乱之时者，吾国必永罹一治一乱之劫。犹曰：此吾国历史之特征也，此先王之微言大义深入人心也，此亚洲民俗不能强合欧美也。囚心于虞夏商周，定睛在三皇五帝，迷身于一朝一代历史现象之中，举其比例参勘观察会通之官能屏而不用，则迷于一国史绩，更何待言？苏子曰：不识庐山真面目，只缘身在此山中。吾国君子，得毋同病此欤？欲知妍媸，在于取镜自览。迻译此篇，取镜之义也。

（原载《青年杂志》第1卷第2号）

民约与邦本

（1915年11月15日）

往古政治思想，以人民为国家而生；近世政治思想，以国家为人民而设。而揭此大经大法明告天下，俾拘故袭常、陈陈相因之人心政论别开新面，自其根本改图、以归正极者，是为民约说（Contract Theory）之殊勋。夫立国之始，必基于人民之自觉，且具有契合一致之感情、意志，居中以为之主，制作典章制度，以表识而显扬之，国家乃于是立。故国家之设乃心理之结影，而非物理之构形，自觉心理恳而非察，故国家本体亦抽象而无成形，非凭一机关则不克行其职务。此机关之设，必与国家同时并生，以其直立于国家之后，执行国家之职务，其势常易于攘国家权力据为己有也。故文明各国，皆规定宪法以制之。宪法由国家主权而生，非以限制国家自身之权力，乃以限制国家机关之权力，即规画政府对于人民布政运权之范围者也。政府之设，在国家宪法之下；国家之起，见于人民总意之中。政府施设，认为违反国家意思时，得由人民总意改毁之，别设一适合于国家意思之政府，以执行国家职务。政府之权力乃畀托而非固有，固有之主，厥惟人民，是之谓人民主权（Popular Sovereignty）。古今国家观念之根本差异，即在此主权所在之一点，于此不明，纵政论盈箧，终为词费。民约说精一微言，即在贯彻此理。是说盛行，而国家基础奠于人民，本根益牢固而不可拔。不佞谨摘其要旨，论厥大凡，俾关心国本者，得以观览焉。

民约说立论之本，皆肇自主权在民。而推演其流，其于政体也，乃由极端君主趋于极端民主；其于国家政府之分也，乃由浑而之画；其于国家主权也，始则与人民权力划然判分，终则翕然丽合。考民约说夙分二派：曰行政契约（Governmental Contract），曰社会契约（Social Contract）。不佞所论，乃其后者。此派之首唱于欧洲大陆者，为奥塞秀（Johannes Althusius），唱于英伦者为浩克尔（Richard Hooker），而阐扬遗蕴、发挥光大，以改正国家根本问题、造成掀天震地之伟绩者，厥惟霍布斯（Hobbes）、陆克（Locke）、卢梭（Rousseau）三子。三子者论据虽同，演绎之终，不免互有出入。不佞谨探其真诠，以为误会者告焉。

霍布斯以洪荒初辟之始，即为人群战斗之天，生命财产之权，举无所有，弱肉强食，无一息之安。不得已，乃捐其天然自由之一部，相约而为群焉。一群之立，除一君（Sovereign）而外，余皆为民（Subject）。一经成约，则主权即为君主所固有，不得君主同意，人民绝不得撤回之。君主权力，独立无对，契约既成，则人民革命之权，早已消归乌有。何也？君主所为，无不合法，民约之事，乃民与民相约，而非民与君相约也。此说之误即在混视国家、政府，而不明主权与君身之区别，谬以国家主权为属于国家机关，不识政府之权力为人民所托畀。夫人民之于国家，固不得任意毁坏者也，至政府之宜变更与否，则全视人民总意为转移，总意一去，则现存之政府，已应时瓦解，无复存立之余地。故主权所托，专视人民总意之所归，能托诸人者亦能取而反之。霍氏以主权为不能转易，设由此种政体，变为彼种政体也，必先毁约破群而后可，不知政体之变迁特政府之形式一转易间耳，于主权本体，夫固毫无亏损也。此则霍氏之误也。陆克特起，已开国家与政府区别之机。其第一要义，即在限制主权之行使。彼以为太初天下，人民之自由平等得自天然，及相约为国，乃画定权力，若者托诸政府，若者仍留于人民。国家之存，专以保护人民权利为职务，治权运行，终不能超民权而独立。政府行使权力，设有所过，人民得收而反之，以返真归朴，乐乎天然之自由。霍氏以为就法律言，主权者无不合法之施设；陆氏以为就法律言，主权者无迫胁人民之理由。霍氏以为主权者之权力，在法无所不能；陆氏以为政府之权力，运用当有所限。盖陆氏之说较霍氏更进一步，明察政府为国家之政治机关，官吏为人民之政治代表，而人民对于不良政府之革命权，虽未认为法律上之权利，已允为道德上之权利矣。综陆氏之说，有发明重要之点三：一、最高主权时为人民所保留；二、政府权力乃寄托而非固有；三、政府行动缩纳诸定范常轨之中。自是而数千年来窃权自恣、虽过无责、凭国为祟、莫敢谁何之不良政府，已失其护身之符，而施政方针与夫人民总意乃互相接近、趋集一途，而为民建国、国本于民之观念遂大昌明于天下。反背民意之虚构政府，已为群演所淘汰而破灭无遗，其永存不毁、巩若泰山者，则均建筑于民意上之政府。恶劣政府绝迹人寰而淘汰，所遗之政府，其根基方自此固矣。

虽然，陆氏之说，升堂矣，而犹未入于室也；入室者，其惟卢梭乎？至卢氏而人民主权乃克建极，国家、政府判然划分，国家主权几与人民之主权同视，政府为奉行国家意思之公仆，而绝不能发表国家之意思，立法之权永存于人民之手。何也？以权力可委托于政府，而意志则绝不能委托者也。人民自由，与未约之初，其广阔之界，盖无异处。对于事实上之政府，其服从也视其愿，初无丝毫拘束力焉，其拘束者人民之总意耳。而此总意之发表，由人民直接集会票决之，故真正主权之人，惟属于人民全体。主权既在人民，断无自挟主权以迫胁人民自身之事。于是凡为政府，即为奉行人民总意之仆，选仆易仆，无容动其声色已。举政府人民迫胁抵抗、相持不下、痿腿万几之积弊一扫而空，革新之事，日日流行。且政府之权既有所制，无拘胁人民之力，无壅塞心理之能，民情宣泄，无患渟潴，故革命之惨，自可绝迹于天地之间，此则卢氏之功也。

顾有辨者。论者曰：由卢梭之言，则政府及政府权力之恒久性，已被破坏无余。陆克限制政府之权力，卢梭则毕举其权力而消灭之（美儒Willoughby氏即持此说。见其所著《国家论》中），曰：恶！是何言耶？自不佞观之，卢梭竭其全力，毕举革命之症结，破坏之、消灭之耳，其于政府之恒久性，不啻铸金城以捍之。由卢氏之说，虽谓终古无革命之事可也。夫人情喜宣而恶郁，尚通而惧塞。善治国者，知人民之意见、感情、希望、痛苦，必令如量以泄也，则致之于适宜之所，俾得调剂融和之知；一阶一级、一党一派之心思、念虑、好恶、利害，必令时得调和也，则致之于相安之域，俾得尽量流露之。此非防止革命之策，然革命之事，自拔本塞源，从其先天廓清之矣。盖一代大患之起，必先朝野壅塞，彼此情虑互捍格而不通，而强有力者每以一己意志垄断他人之意志，是非之判举以好恶异同为标准，执一部分心理迫压各阶各级各党各派之心理，此阶此级此党此派之心理纾，则彼阶彼级彼党彼派之心理郁。心理者，流通活泼，寻途前之，一遭顿挫，则萦回曲折，别寻他径以达之。人性不灭，此种心理必灵通于大地之内，回环于人我之间，在在求其感应。藉感之机，互相印证，证得公同所在，则发之为舆论，主之为公理，正义、人道，即此公同之所归。人类苟无此同情，则等于下劣动物，自生自死而已，绝不能成此世界。人情感发之和激，要以壅塞之久，暂为权衡，断无一遇挫折，终古屈而不伸之理。速发者其祸小，迟发者其祸烈，此革命往例所以必在屈抑至极、无路可伸之时也。卢梭所谓人民总意，盖即指此公同而言。主权质素为此公同所构成。设此总意见夺于一人，虽法令如毛，初不与人民之公同相涉。主权质素设非此人民总意、此人民公同所结合，则主权精神已离其躯壳而去。无精神之躯壳，焉有不日即腐坏之理？卢梭谓权力可托于政府而意志绝不能委托者，以政府而却夺人民之意志，蔽之、塞之、毁之、灭之，而不听其自用，强以一己意志代之，是犹移他人之精神强附诸吾人之躯壳，谓使之出死入生，是直行尸而走肉耳，犹得为人哉？故卢梭又曰："人民一正当集会，以设主权团体，则政府统辖之权，即应时消灭。"何也？以离去人民总意，则政府凌空无据，迎风即仆，虽欲自持，以延残喘，不可得也。

然则欲防止革命之险，惟有听人民之总意流行。蔽之、塞之、毁之、灭之，是制造革命之媒也。世谓从卢梭之言，则革命终无可止之时；吾谓从卢梭之言，则革命将永无再见之日。古昔所扑灭之恶劣政府，果有一不显背卢梭之言者乎？今日永存之善良政府，果有一不符合卢梭之旨者乎？请以法兰西喻。法之民性，今固不异于昔也，何以当一千七百八十九年以后，不惮一再革命，至于十次而不已；迨自千八百七十五年至今，乃相安于一政府之下，而断尽革命之梦邪？谓昔日所扑灭之政府，为合于卢梭之言乎？抑今日现存之政府，为合于卢梭之言乎？若今日现存之政府，符合卢梭主权在民之旨，则昔日所扑灭之政府，必为背弃卢梭之旨也明矣。谓从卢梭之言，则政府恒性破坏无余；则不从卢梭之说者，其政府必巍然终古也又明矣。信斯言也，则法兰西昔日之政府，当终古无恙；而今日之政府，当倏建倏亡。乃何以适得其反，昔日政府，竟一仆再仆，朝建设而夕已崩颓；今日政府，反日固一日，绝无动摇之虑耶？且不独法兰西然也。如韦罗贝氏（Willoughby）之言，则民约之说，早大行于德意志，英美政治，亦莫不靡然向风，美国宣布独立，联邦宪法，且明采民约之说，规定于条文之内。何以英、美、德诸国乃不闻有一次革命之举，而革命相续、鸡犬不宁之事反叠见于排斥卢说、诋为异端、视若蛇蝎之邦？然则卢梭之功罪，要亦不烦言而解矣。设淫词以助之攻，宁非自制革命、自取灭亡耶？

人事演进者也，民情流通者也，欲其循常轨而之，必因势利导，不激其流，区别条理，不壅其机。否则郁之久者宣必激，抑之甚者扬必高，凡力以其一冲击其一，必有反动之力以应之，冲力弥甚，抗力弥强，此无间于人情物理，莫不皆然者也。欲销除革命，惟有不挑激革命已耳。扼人民之心理，禁其流通，夺人民之意志，强之同我，人至于有良心而不能发表，有意志而不能径行，其神明所感受之痛苦必较之奴隶、牛马万万有加。侪人民于奴隶、牛马，是剥夺人民之人格也。夫人民对于国家，可牺牲其生命，捐弃其财产，而不得自毁其自由，断丧其权利。国家对于人民，得要求其身体，不得要求其意志，得要求其人生，不得要求其人格。卢梭谓意志不可委托于政府，即保重人格之第一要义。盖意志乃自主权之动因，所以别于奴隶、牛马者，即在发表此意志得以称心耳。一为政府所夺，他事不可知，先令失其自主权矣。自主权失，尚何人格之足言！人格丧失，宁非耻辱之尤者乎？愚民之政，固令人痛恶不堪；辱民之策，尤令人愤恨莫忍。天下难忘之事，孰有过于耻辱；最易逼起反抗之事，又孰有过于耻辱？吾读卢梭之言，吾心怦怦，吾神凛凛，吾欲使吾辈青年知永弭革命之道也，乃于是乎书之。

（原载《青年杂志》第1卷第3号）

国家非人生之归宿论

（1915年12月15日）

今吾国之主张国家主义者，多宗数千年前之古义，而以损己利国为主，以为苟利于国，虽尽损其权利以至于零而不惜。推厥旨归，盖以国家为人生之蕲向，人生为国家之凭藉。易词言之，即人为国家而生，人生之归宿，即在国家是也。人生离外国家，绝无毫黍之价值，国家行为，茫然无限制之标准，小己对于国家，绝无并立之资格，而国家万能主义，实为此种思想所酿成。吾是篇之作，欲明正国家蕲向之所在，以证明此说之自相矛盾。世有君子，幸正教焉。

关于国家蕲向一事，至十九棋（世纪，编者注。下同）初叶以前，纷纷聚讼，几为政治学议论汇萃之区，迨近世且有谓为无置论之必要者。又因国家官品之说兴，多谓国家如自然物，其生长发育，皆因其有自然主体，主体而外，绝无蕲向之可言。殊不知国家为人类所创造之一物，其实有体质，即为人类所部勒之一制度，用为凭藉，以求人生之归宿者也。故一国之建也，必有能建之人与夫所建之旨，能所交待，而国家乃生、乃存、乃发达、乃垂久，固非漫无主旨，而自然生成也者。国家为事而非物，一事之起，必有其所以起之因，事客而所以起之因乃为主。至于物则不然，一物之生长，其有所以生长之因乎？其生、其长，乃因其自然，无所谓当然，于自体而外，一无所为，非如事之有为而为也。故攻物理学家，常以事实变理想，不以理想变事实，因物推理，无所容心；若治人事学者，则凡为经营缔造之事，必有所以经营缔造之旨存乎其先。即事而言，则所经营缔造之事，即为所以经营缔造之旨之凭藉，用为达其所以经营缔造之旨之方法；即人而言，则所以经营缔造之旨，即为所经营缔造之事之蕲向，主之以作所经营缔造之事之归宿。质言之，即事为人之凭藉，人为事之蕲向是已。国家之学，人事学也。当其建国之始，必有所以建国之因，所建者国家，而所以建者则为人生自身之问题，故国家蕲向即与人生之蕲向同归。此学者所以多反掊国家官品说而主张国家必有蕲向之微旨也。

顾国家既有蕲向矣，又不可不明国家蕲向论在政治学上其为重要若何也。格芮曰："欲定国家措施之正当范围，必先定国家之蕲向。"[①]盖政治之事，有鹄焉，有术焉，鹄者根本大则，术则本此大则达诸实行者也。以言其经，则国家蕲向为政鹄，政府之职务为政术；以言其用，则政府之职务为政鹄，政府之政策为政术。故国家蕲向为大经大法之所主，主定，则发号施令皆得准此而行。非先明正国家蕲向之所在，则政府之适当职务必游移荡漾而无着，或起而强定之，歧其途径，则所行之政，必将与所蕲之旨僢驰。此国家蕲向论之所以为重要也。

自政治学说发达以来，关于国家蕲向一事，歧议横生，莫衷一是。日人小野冢曰："国家蕲向论，自古为政治学中之重大宿题。其歧议之横生，亦随历史而愈进。"[②]柏哲士曰："关于此旨，议论丰富。然皆参差背戾，极不相调，且又多非充满之论。"[③]其故何欤？非以人事之学因时变化、不主故常，非若物理之学一成不变者哉？日人浮田和民曰："国家之实际蕲向，因时势境遇及其实力之如何而异其旨，随人民之自觉，应时世之要求，以变其趣者也。"[④]盖国家为人类所部勒，利用之为求人生归宿之资，其职务之均配，必视所建设者当时之缺憾所在，合为群力，以弥缝而补救之也。故国家之措施，设不应时世之急需与夫人民之缺点，以变通尽利之，则反人民之蕲向。反人民蕲向之国家蕲向，斯为不适于

---

① Garner's *Introduction to Political Science*.Ch X，P311.

② 见日本法学博士小野冢喜平次《政治学大纲》"国家之目的"节。

③ Burgess，*Political Science and Constitutional Law*.Vol I，P83.

④ 见日本法学博士浮田和民《政治原论》"国家之目的"章。

人群之制度。制度而不适于人群，斯直无可存之资格，终亦必亡而已矣。且反背人民之蕲向以建国家，则国家、人民之旨趣，莫由调和，莫由一致，将损人民之权利以益国家乎？离外有权利之人民，以创一有权利之国家，则国家权利，将附着何所？夫一物之含有某性也，任碎其分子，至于微尘，所含之性，必不异于全体之物性。何也？以全体之性，即此微尘分子所合而成者也。总集人民之权利，虽不能即成国家之权利，然建筑国家之权利，必端赖握有权利、富有自治能力之人民，以人民必先能确保一己权利者，乃能高建国家权利也。今欲以剥尽权利之国民（分子）结成一权利张皇之国家（全体），是犹聚群盲以成离娄、集群聋以为师旷也。故背戾人民蕲向之国家蕲向，微特不可，抑又不能。人民蕲向，应时势境遇而异其趣，绝无终古不变之事，故学者又分为国家相对蕲向及绝对蕲向焉。

古今唱国家绝对蕲向者，约言之可得两派，即道德幸福说与保护权利说是也。希腊之柏拉图、德国之海格尔皆以道德说为国家之绝对蕲向，亚里士多德以幸福为国家之绝对蕲向。继此而惩前说之弊者，缩定国家蕲向之范围，以限制国家对于人民之干涉，但以确定小己权利及以法律维持秩序等事，为国家唯一之蕲向，如陆克、康德、韩鲍德[①]、斯宾塞尔等其最著者也。陆克谓国家之蕲向在保护人民之生命、财产及自由，康德谓国家以发扬光大人类之权利为主旨，韩鲍德谓人类最高之祈求即在完全发扬其能力，斯宾塞尔之说略与韩同，要皆藉国家之力为一种方法，以发扬鼓舞群伦之权利者也。

此外则有画分国家蕲向以应次施行者，略可当相对蕲向之目。其中著名者，为德人郝尊道[②]。彼谓国家蕲向有三，要皆相需相待，相剂相调，而依其施行之序列之，曰国力，曰小己自由，曰人类文化。[③]伯伦智理承

---

① Humboldt.

② Holtzendorff.

③ der Nationale Machtzweck, der Freiheits oder Rechtszweck, der Gesellschaftliche Culturzweck.

郝氏之绪余，而以公安说为最要。分国家蕲向为直接、间接二者，前者关系国家自体，总括增进国力、完全民生于其中，后者关系小己自身，兼含维持自由治安于其内。①美人柏哲士分国家蕲向为始、次、终三者，谓终极蕲向在人道之完全及世界之文化，次在充发民族之特性及演进其民质民生，始在有政府与自由。②格芮以维持人人之平和秩序安宁公道为原始蕲向，次在图人类之公共治安，终在振兴人类之文化。③日人小野冢氏亦分原始、终局蕲向二者，前包国力国法之施设运用，后包发达人民之身心、演进社会之文化。④此外作者，尚指不胜屈，要皆以国家之蕲向为循序渐进，始奠国家生存之本基，继求小己社会之自由之权利，终则鼓舞振兴世界人类之文明者也。

吾人欲统观诸说，籀其公同，折衷一是，必先解剖各说之窔奥，以会其通，而穷探其利弊，由纷纭歧异之中，寻其合辙同归之旨，而绝不敢擅断焉。顾于未评诸说之先，首当申明吾旨曰：国家者非人生之归宿，乃求得归宿之途径也。人民、国家有互相对立之资格，国家对于人民有权利，人民对于国家亦有权利；人民对于国家有义务，国家对于人民亦有义务。国家得要求于人民者，可牺牲人民之生命，不可牺牲人民之人格；人民之尽忠于国家者，得牺牲其一身之生命，亦不得牺牲一身之人格。人格为权利之主，无人格则权利无所寄，无权利则为禽兽、为皂隶，而不得为公民。故欲定国家之蕲向，必先问国家何为而生存；又须知国家之资格与人民之资格相对立，损其一以利其一，皆为无当。吾将持此观念，评前引诸家之说焉。

道德幸福之说，固皆各有所主，特欲见诸实行，则不免侵害小己之自由。何也？前者以实行道德之理想为界说，后者以求最大多数之最大幸福为格言。若者为道德，若者为幸福，皆无至当之畛域。以道德幸福

---

① J.K. Bluntschli, *Allgemeine Staatslehre*, Bk V, Ch 4.

② Burgess, *Political Science and Constitutional Law*, Vol I, P85.

③ Garner's *Introduction to Political Science*.Ch X, P316.

④ 见日本法学博士小野冢喜平次《政治学大纲》“国家之目的”节。

之责托诸国家，则国家权力泛然无所限制。古今万国，凡国权过大，而无一定之界限者，未有不侵及民权。此说如行，则凡人民对于国家之行动，举莫逃出道德幸福之范围者，即举莫逃出国家之干涉，势必损人民之自由，以为国家之刍狗。国权、人格互相对立之第一要义，即在各有限制，各正其适当运施之封域，相调相剂，而不相侵，道德幸福之说，不得不谓为背此要义也。[①]其最能辟脱此说之弊而着眼于明定国权行动范围者，厥惟保护权利说。夫权利亦非人生之归宿，仅人生欲达归宿必由之一途，至国家实行上之终极蕲向，则不得不止于此。盖国家蕲向有实行理想之别[②]，国家可赞助人民，使求终极之蕲向，而不能自代人民以求之。凡人为之发见于外者，国家可加以制裁，至蕴于心意中之思想、感情、信仰，虽国家亦无如之何，以国家之权力仅及于形式，而不能及于精神。国家可颁布一切制度以奖励人民之行为，不能代人民自行自为之，国家可以权力鼓舞文化学术之动机，不能自行进展文化学术之事。盖精神上之事，国家仅能鼓其发动之因，不能自收其动作之果。且不独精神界然也，即关于实物界，如人口之事然，国家但能筹发展民族之途，布卫生除害之令，使生养居处之适宜，不能自行蕃衍人口，自使人民康强逢吉也；如生计之事然，国家但能颁布善良政策，助起产业之昌盛，鼓励勤劳者之心神，至生产企业投资服役之事，亦非国家所能自行也。[③]故国家职务，在立于亿兆之间，以裁判其相侵相害之事实，调和其相需相待之机宜，奖励其自由，所以发其自治之动因，保护其人格，所以期其独立之结果。人民求其归宿，必取径于权利之一途。国家惟立于人民之后，持其权力，鼓舞而振起之，以杜其害，以启其机，足矣。管子曰：“毋代马走，使尽其力；毋代鸟飞，使弊其羽翼。”[④]此则保护权利说之真正价值也。

---

① 参见浮田和民《政治原论》“国家之目的”章，第二节。

② Holtzendorff，*Principien der Politik*.

③ 参见英译伯伦智理之 *The Theory of the State* 中 *Limitations of State Action* 节。

④ 见《管子·心术上》。

至于相对蕲向诸说，虽所见略有不同，综籀其微，盖出一辙。如郝氏之国力及小己自由，伯氏之维持公安，柏氏之政府自由，格氏之原始、第二两项，小野冢氏之原始蕲向，或以维持国家自身之生存，或以资助小己一身之活动，皆如人生之于衣服饮食然，乃为遂其归宿之凭藉，而非即其归宿所在也。于是诸说所余者，皆仅其最终蕲向之一点，而要莫不归宿于人道之完全及世界之文化。前者为实行之蕲向，此则为理想之蕲向，皆足为保护权利说之臂助，而与其旨有互相发明者。盖保护权利，即自尽其实行蕲向之责，以助人民自求此理想蕲向耳。然则国家蕲向，殆即以保护人民权利为归欤？

或曰保护权利之说，缩小国家行动之范围，而限制过严，推其极也，必令国家供人民之牺牲。要知国家者乃一国人之总业，如农贾然，非实有也。实谓之人，业谓之农贾，如家市乡曲亦然，有土有器有法，土者人所依，器与法者人所制，故主之者曰人[1]，天下有业而能不为主所用者乎？有创造于人之物，不为创造者所凭藉，而创造者反为所创造者之凭藉乎？鲍因哈克曰："漠视小己之权利没收于国家之中者，古代之国家思想，已绝迹于今日者也。盖人在天地间，有最高之蕲求，国家为人而存者，故国家以人生之蕲求为蕲求。"[2]浮氏田曰："置人民于度外，而视玄相之国家及宪法为神圣者，政治之迷信也。……以理想之国家可崇拜，而现实之国家不可崇拜者也。漫然崇拜之，凡事皆仰政府及现在多数者之鼻息，终为一种卑劣之像偶教而已。"[3]然则国家为人而设，非人为国家而生。离外国家，尚得为人类；离外人类，则无所谓国家。人民，主也；国家，业也；所业之事，焉有不为所主者凭藉利用之理？浮田氏又曰："小己之发达，为国家蕲求之一部，若小己而不发达，则国家断无能自发达之道。"[4]是故无人民不成国家，无权利不成人民，无自由不

---

① 章太炎先生《国故论衡·辨性下》。

② Bornhak, *Allgemeine Staatslehre*.

③ 见日本法学博士浮田和民《政治原论》"国家之目的"章。

④ 见日本法学博士浮田和民《政治原论》"国家之目的"章。

成权利。自由、权利、国家，均非人生之归宿，均不过凭之藉之，以达吾归宿之所耳。人民藉自由、权利以巩固国家，复藉国家以保护其自由、权利。自国家言，则自由、权利为凭藉；就自由、权利言，则国家为凭藉；就人民言，则国家、自由、权利举为凭藉。人民藉自由、权利以求归宿，不谓自由、权利供人民之牺牲；至凭国家以求归宿，独恐其供人之牺牲，其有当于名学之律否耶？此牺牲国家之驳议，所以不足累保护权利说之真价也。

于是可知吾人爱国之行为，在扩张一己之权利，以搘拄国家，牺牲一己之权利，则反损害国家存立之要素，两败俱伤者也。小己人格与国家资格，在法律上互相平等，逾限妄侵，显违法纪。故国家职务与小己自由之畛域，必区处条理，各适其宜，互相侵没，皆干惩罚。美其名曰爱国，乃自剥其人格，自侪于禽兽、皂隶之列，不独自污，兼以污国，文明国家，焉用此禽兽、皂隶为？古代人民，若希腊、罗马、日本，大抵皆以国家为人生之归宿，若离国家，则无价值，故不惮尽其所有，以供牺牲，而古代国家，亦绝不与小己以方寸自由之界域。摩西古法，并小己饮食衣服起居之宜，悉受裁制。此为数千年前之古制，久为近世学者所排斥，安有二十棋之国家，反溯其源流、奉为圭臬之理？格芮曰："近世之政治思想，仅以国家为创设之一制度，为发动之因力，为致用之媒介，藉之以求社会公共之蕲向，而非以己身为蕲向者也。"①吾诵斯言，以终吾篇焉。

（原载《青年杂志》第1卷第4号）

① Garner's *Introduction to Political Science*.Ch X，P312.原文曰："It considers the state to be simply an institution，an agency or instrumentality by means of which the collective ends of society may be realized，instead of itself being the end."

自治与自由

（1916年1月15日）

以我克我曰自治，不以他克我曰自由。鲍生葵曰：自治者，勉小己（Individual）以赴大己（Greater Self）、克私利群之谓也；自由者，事由己决、不为物制之谓也。（见 Bosanquet's *The Philosophical Theory of the State*，第六章“自由之概念”篇。）前者必用限制之力，后者则与限制之力绝不相容。睹其名义，二者固若冰炭之相克；推其致用，则实有相反相成之功。小己者何？离群独具之身，偏颇奇特之用，孤立而外于群者也。大己者何？由历史以观，即立国以来世世相承之民族性；由人道以观，则人类众生心心相印之公同礼法谣俗、政教学艺。举由民性公同所孕形，我我相承，性性相续，显见表征，影留史迹者，乃至于今。固非本有客观之自体，予吾人可以观察抚触者也。故历史为吾人心性相连之表见，国情即吾人心性相印之特征。留见既往者，心性之影；焕耀将来者，心性之光。非影非光，而真实可凭，变化由己者，则惟现在。古往今来宇宙间之一切现象，何一非由现在之我所造成？息息以现在之我，脚踏实地，定小己之趋，俾唯大己是向，与天演相战，与他族之人事相战，与一己离群独秉之私欲相战，举夫固有民性，发挥尽致，我我相待，团结之力自坚，几反乎人治之自然，侵凌吾人之外族，举可一扫而空，得以自由生存于大地之内，是之谓自治，是之谓自由。

举凡大地民族，其最能享受自由之福者，自治之力必最强；反之，则终不得入自由福境之一步。二者比衡，丝毫不爽。人生之始，本无性善性恶之分，常徘徊于可善可恶之界。故一自含生而后，方寸之内，即为交兵对垒之场。一身之间，常具勤惰二力，相推相挽，以分主奴之门。鲍生葵曰："持大己以运化联络小己，扩张之，激刺之，必用强力。大力之行，又必与精神之怠惰相终始。"然则自治之道，在自用勤力，以战胜吾惰性而已。今者举国上下，昏昏终日，疲癃恇怯，麻木僵残，嗒然魂丧，颓然心灰，腐坏停滞之机，触目皆是，岂国情所遗，民性所秉，得诸先天者而然哉？论者恒曰：中国民性薄弱。为问强弱之因，果由天地所诞降，抑由人力所造成？设曰由于后者，则吾国之上下昏昏，但当归咎人力之不振，不当归咎民性之不完。论者恒曰：中国国运衰颓。为问运会之事，果有客观之具体物，抑为民族精神所构形？设曰由于后者，则吾国之上下昏昏，但当蔽罪于精神之斫丧，不当误指为运会之流行。盖生性所含，勤惰相杂，吾人若排去惰性，而伸张其勤力，则身心间应时而清明、而壮健，振兴之象应之。若将迎其惰性，委弃其勤力，则身心间应时而颓散、而衰朽，弱亡之象应之。吾国今者所以有朝不保夕、得过且过之象，岂人人伸张其勤力而犹不足挽回者所致哉？特皆苟且迁就，充分发挥其惰性，相染相积，演成此疲癃恇怯、麻木僵残、嗒然魂丧、颓然心灰之见象也。民用云乎哉？国运云乎哉！

心理学家谓人生惰性，根于先天，亦犹无明真如，同时并有。然则吾人不贵无惰，而贵克惰，不必问先天之赋畀，惟当问后天之人工。人类所以超越下生，即在能以自力造成安身立命之所。勤之真诠，惟曰自强不息。乾坤之运行，人生之业举，莫非勤之一字所积成。偶有所间，惰即乘之。人生若无惰性，则勤之一字，转为不词。何也？以无惰性以与勤争，则无所用其兢兢业业之念，以强行自治之功，精神心志，均无所施。则无惰之惰，乃大惰矣。且惰非特精神心志之敌也。不事勤劳，则血液之循环缓顿，脑浆之络脉板滞，细胞松散，筋肉之结构不坚，饮食起居之能，举失常度，肉体之感觉已麻木不仁。精神欲勤，已为肉体所制，不得自由。惰之主乐，复操之于惰，一张一弛，一消一息，俱惟肉体自然之动作是听，非外境之降虏，直自身之降虏耳。即欲自侪于下生，且不可得。自由云乎哉？

且勤则藉助甚殷，惰则排斥必烈；勤则惟日不足，惰常日永如年。何则？大群非独力所能支持，民族特性非一人所能表显。人欲胜物，必先合群。欲表扬民性，必心心相印，向同一之方面齐趋。勤者有此经验，故殷殷望助之情，愈激刺而愈形恳挚。国人至互相望助，相依为命，则感应之敏捷，亲爱之肫诚，其度必继长增高，团结之力，安得不固？至于惰则反之。尔我之间，无资将伯；即有所资，两皆不足以相辅畀。由相轻之念，酿成相侮之端；由相侮之端，激起相排之果。国人至于相排，则中伤、倾陷、嫁祸、构诬诸恶德，安得不相集而来？恒见国人之旅居外国者，每于街衢电车中一遇，多掉首他顾，若将浼焉者。栖处异域且然，他自可知。亡国之征，孰显于此！且人生多不满百，以人计时，安有暇晷。惟日不遑给之人，或得多所成就。何也？以时日之长，只有此限，其暇者人自为暇，非晷刻本身之有暇也。乃返瞻吾国，几半为优游暇豫之人，虑日月之不暮也，则曰消遣时日。非岂燕居逸处，无所事事，精神逸散，百无聊奈〔赖〕之征欤？消遣之名词一立，卒之国家万事，举销沉败坏于逍遥游宴、奔走周旋、醇酒妇人、呼卢喝雉之顷，遂养成今日游民遍国之见状。呜呼！孰知惰之恶德，稍一联想，竟至于斯极矣乎！

吾言及此，流入悲观，大违立言之本旨。乃极力镇定，以反吾初。吾所以以自治与自由命题者，欲以明自由之福，匪可幸致，设不尽自治之功，即无由享自治之报耳。弥尔者，诠自由之名家也。顾谓自由之道，在于人人相关之界，寻得空间以行之。鲍生葵谓其以他人为主，属于消极，终不合为所欲为之旨。乃于一己之中，分治者与被治者二面，治者大己，被治者小己，盖谓社会为吾人精神所放大，合群胜物，以人胜天，乃人生之天职。故国家盛衰之度，全视团结力之强弱以为衡。团结力之强弱，又举以自治力之强弱为标准。宇宙间天行之事，莫不反乎人治，而与之相反相仇。自由者，即超脱乎天行之障碍，径谋夫吾心之所安，不为外物外力所降逼。自治者就一己言，以勤力战惰性；就一群言，以大己战小己；就人道言，则以人治战天行。自由乃自治之归宿，自治实自由之途径，二者常相得相用，而不可相离。舍自治以求自由，自奴而已矣，自缚而已矣，北辙而南其辕，宁有能达之时邪？

（原载《青年杂志》第1卷第5号）

国 本

（1916年5月15日）

斯宾塞之论宗教也，曰："方群演之始也，其所行者惟一教；逮群演之终也，其所行者亦将以一教。独当中天之运，群演方将，是两者常并存而不可废……故方其始也，非行其一则群无由存；及其终也，非行其一则群无由大。而际其嬗蜕变迁之时，非斯二者杂然并用、世重世轻，则群无由进。"[①]其论群演也，曰："盖嬗蜕之群，无往而非。得半者也，其法制则良窳杂陈，其事功则仁暴相半，其宗教则真妄并行……此所以常沿常革、方死方生，孰知此杂而不纯、抵牾冲突者，乃为天演之行之真相欤？"[②]兹所以首引斯言以起吾说者，亦以见群之为物，错综万殊，举所有繁赜不齐之民质，合樊然淆杂之感情心思，递演递嬗，相剂为变，以日进于无疆之休者也。故一自混沌初开，群演之事，由纯之杂，由一之万，由浑然翕合，而演为划然辟分，冲突抵牾，几不可理。而群化之进，即以此杂然不齐之点为动机，故知一人变化不息之途，罔不在相生相克、相摩相荡之天，而偏而不全、杂而不纯之事，转在在与吾人以调剂之机，调剂得宜，而群之能事尽矣。

愚论发端，即昌言调剂之理，亦以明调和主义，乃近世立国敷政之大经。斯宾塞著《群学肄言》，以"调和"[③]一语为全书立论之主纲，近

---

① 见严（复）译《群学肄言》"学诐"第八。

② 见严（复）译《群学肄言》"成章"第十六。

③ 斯宾塞原著名 *The Study of Sociology*，其中明用"Compromise"者，不一而足。特严（复）译多以他字易之。

世莫烈。至以《调和》名书[①]，可见此论踞英人思想界之势力。美人约翰嗣同[②]谓法兰西革命初叶，明调和之旨者，仅拉飞咽[③]一人，故扰扰者竟至八十载。吾国自满清（清廷，编者注。下同）失政以来，群力相冲，未能帖然就范，相持时日久暂不可知，然欲质力调匀，政归常轨，终必出于调和之一途者，可断言也。故调和之说不可辟，所当辟者伪调和耳。今者义师遍起，声势动中原，迟速不必计，要必以贯彻初志为吾人尽责之期，鼓吹调和，是缓义师猛进之心也。且梗顽无耻之徒，方持调停之说以饵我，稍一牵就，即堕彼计中，辛亥前车，可为殷鉴。论者有曰：调和之义，但能行于新人物与新人物之间，不能行于新人物与旧官僚之间者也。吾人于此，正宜大声疾呼，痛辟调和之说，犹从而为之鼓吹，非别有肺腑，阴图利彼奸人，即是姑息养奸，以贻后患。非然者，则为冥顽不灵而已矣。

唯然调和者，势也，力也，实际之问题也。其行其止，不系乎人之欲不欲，而系乎势之能不能。不重乎个人之美德，而重乎双方之实力。余曩习英文，忆课本中有寓言曰："二羊倏然相值于高山狭径之间，下临巉岩，其深万丈，略无余地可容两方之回旋，进既不能，退亦不得，少一钮铻，两败俱伤。于是一则低伏，一则高蹻而去，用能两免于危。"然则调和之机亦必于"略无余地可容两方之回旋，进既不能，退亦不得，少一钮铻，两败俱伤"之时见之，果未陷入此境，即瘏口哓音鼓吹调和之论，而终无一顾之价值。果已陷入此境，即唇焦舌敝，出死力以排之，亦终不能免。故有以调和之说进者，愚决不斥其纰缪，但询其方法是否当于调和之义。义当矣，又当审其时势是否适合机宜，而各方之实力已否陷入绝境。何也？调和主义之实行，必在两力抗拒、各不相下之时，

① *On Compromise*，为 John Morley 所著。

② R.M.Johnston 为美国哈佛大学助教授。著有 *The French Revolution* 一书，多详其所以革命之原因。

③ La Fayette 侯爵。为军界首领，曾有助美国独立之功，其为人笃信自由，终始一贯。

而其协议之前提必在有相当之牺牲。此所谓相当牺牲，不重乎虚名，而重乎实力；不关乎一人之进退，而关乎势力之变更。其中有最不可犯之律，即以一方为主，一方为从，一方保其固有之位势，撤去实力而外之主张；一方贯彻其实力而外之主张，但苟且迁就，不得植其根基、获得相当之位势是也。故凡一事之起，其协议克谐之日，能合乎前者之旨，是为调和；若犯乎后者之律，则为敷衍。敷衍者，名义之事；调和者，实际之事也。二者不划定鸿沟，漫然从事，终必贻噬脐莫及之忧。故敷衍为自杀之刃薮，万害而无一利，探其隐而露之，即失败之饰词耳。辛亥之役，论者莫不谓南北协议，克副调和之实矣。就之论此一役，首宜判为两段。辛亥革命所抱定之主旨，在荡涤专制、建设共和，满清所颁十九信条，固亦略示调和之意，而卒等于废纸者，一以与共和条件根本相反，一以满清实力未亏，虚名立宪，等于石田耳。迨和议告成，一方退位，一方承认优待条件，双方各有所贯彻，亦皆各有所牺牲，故调和主义乃达其圆满之量。此辛亥一役之第一段落也。至和议告终，而入于建设共和政府时代，名义上满清统治权及事实上民国大总统之职，举而托之于袁，复尽清廷所有之实力而掌握之。袁之大权，自谓与清廷蛛丝相接，其性质不变，行使之方法亦不变。斯时之袁，久君主其实、共和其貌矣。所谓南北协约，往复数次，彼之实力固无丝毫亏损也。迨南下受职之议归于消灭，吾民党主张之实行者，仅余共和名号一点。何也？协议之事，袁为主而吾人为从，袁之固有实力依然，而吾人之所主张全为泡影，举调和主义所最忌之律一一犯之。故再越寒暑，吾人之计划全被芟夷，仅余一五色国旗，而群犬狺狺，犹争欲易之以他式，即无癸丑之师，吾人亦将无立足之地矣。当日调和，失此一着，遂演成今日之大错，此辛亥一役之第二段落也。故综此役之始终而论，吾人对于清廷，可谓调和主义圆满见诸实行；至对于袁氏，则一言以蔽之曰：敷衍而已矣。

故谓辛亥之役为调和主义失败或成功者，非将两段落浑〔混〕为一谈，即妄以敷衍为调和，而立界不明也。前事不忘，后事之师，今日所最不可误堕他人计中者，敷衍之云而非调和之云也。调和之义，同薀并育，非排其一以存其一，扬乎此而抑乎彼之谓也。充其义量，必合新旧异同名实质力诸形色性质总纳诸一炉，以锻炼而销镕之，其义始备。而调和之终，又必使原有之新旧异同名实质力尽变其固有之形色性质，融合无间，蕴成第二种形色性质者，而其功始完。故国家之真正平和，必政局中心可以兼容并包，使爱憎二力各有相当之余地，常互相回旋往复，不虞郁久而溃决，若驱逐一阶一级于势力范围而外，或虽名为容纳而各阶级之固有畛域迹象昭然，抑迹虽暂隐而各方面不同之形色性质尚完全保持，不少变化，时露圭角于其间，此与调和之根本原则相差万里。浸淫少久，非一力特起，尽排其余，而独占其政局，则群力对抗互相抵触，扰扰无一息之安，相激相排，终归溃裂，此历史中数见不鲜之例。辛亥之第二段落，虽聚九州铁，已不能铸此大错矣。故当未言调和之先，首应深明其界说。知吾人所以调和之点在于何所，所希望调和之效达于何程，若其时势于调和原则渺无毫黍之相合，斯万无可侥幸尝试之理。漫言尝试，则非别有肺腑〔肠〕、阴图利彼奸人，即是姑息养奸，以贻后患。非然者，则为冥顽不灵而已矣。

愚于调和之界说及效力既略有所陈，继此欲少论调和之用。调和当局，既不能略分主从已，故实行调和主义，乃政治机关之权限问题，而非党派首领之位置问题。易词言之，乃国家问题，而非个人问题也。宇宙万汇，惟人能群；亦惟有群，而后有新旧异同之不齐。新旧异同之不齐，既与群相终始，则一群之内即无日不在抵衡冲突、融剂荡摩之天。故谓调和之义，自应日日流通，永行不息，不必待国中有一力特出之后乃别造他力以倾之。要当于国家根本大法中留有调剂各派之余地，并使各阶各级之力有其一定之封域，不及此限度，可以自行发扬以赴之；过此限度，则有他力足以牵制抵衡之。各守其藩，各遵其轨，相调相剂，以底于平，此调和主义之根本义也。故调和之事必以国家为主体，不得以个人为主体。何也？以国家职务，在立于人民之后保护维持，合一群之内所有繁杂不齐之点，胥纳诸相安相得之域，务令各适其情，各如其量，而不致纵其一以妨扰其他。反是，而以个人权利为调和之主，而不一与国家谋其敝也，必相倾相轧，争权竞势，而以国家为孤注。无论双方之要求终不能斟酌咸宜，各满其欲望以去也；即使能之，而双方各尽力以保其固有之权，必使原有之畛域昭然划分。其互相牵制也，以人而不以法，以个人之手腕，而不由国家之机关，一日不惟武力是务，则必互见扑灭于他方。以力克力，所得惟力，国家而惟力是尚，斯无日不在兢兢战战之天。政局重心，旋环无定，必陷国家于飘摇震荡之域者，可无疑也。故真正调和主义之实行，必以国家为调和之主力，两造各听命焉。取所有磋磨调剂之原理归纳于根本大法之中，俾其基确立而不可拔，而国本乃可巩然。非然者，以永行不息之调和主义对一人一时而言，其人其时务集权，乃反道背驰，起而以分权之法制之；其人其时务统一，乃临渴凿井，起而联邦之制缚之。东救西援，疲于奔命，补疮剜肉，徒自残耳，政治又安有循轨赴途之望。此种协议不浃旬可以成约，约虽成，不崇朝而毁矣。辛亥之第二段落，即对于施行调和主义之误也。此误会调和主义之宜辟者一。

调和之事，既非各党各派首领之自身问题，则朝发一电，夕上一书，北派一使臣，南派一代表，彼提出保势固权之条件，此应以有名无实之要求。自权限言，是以个人代国家；自法律言，则以私约代宪法，举无一当者也。何则？调和者，国家之职务，具有提议磋商承诺判决之权而享有主张之资格者，必属于宣明国家意思之最高机关。此机关为何？即国民会议是已。夫欲调和主义之永远流行，必纳其意味于国家机关之权限中，不得寓其意味于各派首领之私人意见中。前者为宪法之事，后者则私约之事。宪法者，调剂万派、流通百感之根本法，而为国民之权利书；私约者，则规定当事双方之利益，而为个人之权利书。宪法为国家所创造，以国家为主，国民咸受治于其下者也；私约则为当事者所创造，以双方之权利为主，而无关于国民权利者也。故私约中所含之调和主义，仅当事者两方自享之，若以此两方独享之调和，误认为国家根本之调和，则是以各派首领为国家，以各派首领之意思为国家之意思。此等非法之举，绝不得认为国家之事，亦绝不得认为根本之解决。非然者，置国家于各派权力之下，国家生命全视两派权力之变动为转移，以权力左右国家，适以导夫武人政治之先路，国不亡祸不已也。且今日之事有绝不能与辛亥之役相提并论者，即辛亥之第二段落，乃满清既已退位、袁氏与南京政府同立于共和国体之下，与满清协议关乎国体问题，与袁协议则同立于既定国体下，而仅关乎政府之组织问题。易词言之，非国家问题，乃政府问题；非根本问题，乃实际问题也。今袁氏既叛民国而建帝国，则非与我对立于同一国体之下者也，与非立于同一国体下之人言调和，是与满清末季欲召革命党入京组织内阁之事相类，而同为无意识之尤。且宪法既绝，不能认革命[①]为法律上之权利，则凡属革命，自宪法视之，均为叛逆。叛逆之罪，不受惩罚，则宪法永无巩固存立之期，谁能行柯叠达[②]者，即谁能废宪而创宪，而宪法之尊严扫地矣。故袁氏可取消帝政之名，不得取消叛逆之罪。于未正典刑之先，与言调和，是永坏我民国宪法之根基者也。新旧异同之间可言调和，与叛逆则断不得言调和。此误会调和主义之宜辟者二。

昔满清退位，隆裕太后之诏有曰："特率皇帝，将统治权公诸全国，定为共和立宪国体……即由袁世凯以全权组织临时共和政府"云云。当日议和多忽视此点，留一罅隙，遂使曲学阿世之徒妄为解释。有贺长雄谓"中华民国统治权由满清皇帝让与"[③]，民国三年约法会议咨复大总统文有曰："方今共和成立，国体变更，而细察政权之转移，实出于因而不出于创。"有此谬解，则歧义旁生：一则袁世凯所组织之政府与满清政府络脉相联，正统相袭，而南京临时政府为节外生枝，按诸统系，已无存立之余地；一则中华民国之统治权非同人民总意所结合，乃由前代皇帝所转移。有贺氏又曰："满清皇帝将统治权让与中华民国，而统治权

① 凡政治上根本变迁，皆谓之革命，故袁之叛民国而建帝国亦谓之革命。秋桐《帝政驳议》篇论之甚详，见《甲寅杂志》第九期。

② coup d'etat，猛断之政变也。

③ 见有贺长雄所著《观弈闲评》第一章"革命时统治权转移之本末"。

非能自发动，此政治组织之全权实集于袁公一身。”[1]此所谓政治组织即国家组织也，不啻曰中华民国乃袁世凯承满清之命以只手组织之，他人不与其事者也。约法会议所谓“出于因而不出于创”者，盖亦此意。然则辛亥革命固无一钱之价值，而袁世凯一手已不啻挟统治权为私有物矣。夫统治权附国而名，而与国家合体者也，自其流者而言曰统治权，自其凝者而言曰国家，袁氏既挟统治权为私有物，实则早已挟吾国家而尽入私囊矣。充此义以言，岂但总统之权出于因而不出于创哉？即今日之皇位帝权亦为满清所让与，建号改元，特就固有之事实以正其名而已，亦出于因，而不出于创也。当日毫厘之差，遂生今日千里之谬，惩前毖后，则今日之协议必当首严此辨。近世国家无间君主共和，要必为人民主权[2]。所谓人民主权者，即主权质素由人民总意所凝集而成者也。人民所委托于政府者为权力而非意志，以权力可委托，而意志绝不能委托者也。故人民总意既离现政府而去，别建一正当集议团体，则新统治权由此而生，旧政府之统治权已完全消灭。卢梭曰：“国家最高主权时时为人民所保留者也，人民一正当集会以设立主权团体，则政府统治之权即应时消灭。”[3]辛亥之役，当我人民在南京集议之时，中华民国之统治权已由此而生，而满清统治权即完全消失。统治权我民国所自有，何待彼之言“公”？彼之统治权已失，尚有何物得以言“让”？既非让矣，更何有于“因”？何有于“转移”？今袁氏自承认帝制之日，即为失去总统资格之时[4]，故今日之袁在法仅得谓之叛逆。犹曰“与某调和”“迫某退位”，党派之间可言调和，正逆之间则绝无调和之余地。彼犹有总统资格，可言退位，今资格已失，位亦消去，何得言退？以此号召，非失之不词，即归于误解而已矣。此误会调和主义之宜辟者三。

---

① 见有贺长雄所著《观弈闲评》第一章“革命时统治权转移之本末”。

② Popular Sovereignty.

③ 见卢梭《民约论》。

④ 近日沪上各报盛论此节。《中华新报》社论《叛国贼又盗总统邪?》及《请看袁氏调停狡计之失败》诸篇，多论及之。

调和既以国家为主体，国家主权之所在，久为政治学中难解之宿题。然综其议论所归，不出三种：曰在国民，曰在创宪及修宪之团体，曰在凡有立法权之总合体而已。[①]吾国主权在民，久为约法所明载，关乎此点，本无疑难。则此后调和之权必托诸宣明国家意思之最高机关，方为有当。断不容专擅僭窃，以国家之事漫然托诸政府。今无论袁氏已失代表中华民国政府之资格也，即其资格具在，亦但能认为钦仰承国家意思敷陈政事之责，不得认为不宣明国家意思之权。吾人此后即设置临时政府，其权限亦犹是也。调和之机，发动于统治权之主体，归纳于根本大法之中，保之以国权，行之于永久，为国民全体计，非为党派首领计，为政治之常道而设，非为偶然激变而设也。故提议请愿之权，或可少介一二于当事之两方，而最终之判决则应全属人民之总意，此吾人今日所最宜注意者也。若再踏辛亥之故智，以各派首领为调和之主，以保全首领之固有势力为调和之究竟，举提议磋商承诺判决诸大权，漫然托诸政府之手，而不一与国家谋，斯则敷衍之谓，绝不得滥冒调和之名。欲言调和而不以提议磋商承诺判决诸事询诸全体国民之意见，则此次举义之师，又踏辛亥之覆辙，而不值一文矣。

顾调和既以国家为主，以人民总意为归矣，其中尤有最忌之律、确乎不可或犯者，即以党见解决国本是也。昔秋桐著《调和立国论》，尝引英国爱尔兰自治案，谓当此案初兴，格兰斯顿即曰："如斯巨政，不可决之于寻常党争，必由是决，诚为不幸之尤。"其后有自由党议员本格氏之言以起论曰："自格兰斯顿发为斯语，中经二十七年，爱尔兰问题仍然未决，今则决有日矣。……但若视为党派问题以力争之，则其所酿不满不安之象必重而远，且所生险状将至何度，不可前知。须知吾人共同生活与夫共同利益各各有其本基，远在党派问题所当回旋以外，纵令诉之党争，不必即有格兰斯顿所称不幸之事，在法亦不当行。盖于此种事件，非收合各派之聪明才力冶于一炉，使其所定全由同意，不假强为，

---

① 见 Gettell，*Introduction to Political Science*，P98.

不足以安国本而善国俗也。”[1]今吾国建设问题，较诸爱尔兰自治案，其相去奚啻什百，则务宜收纳异同，停匀质力，兼咨博采，相切相磋，其奚待言？然愚以为政党之力微特不能决此问题也，即能措置裕如，而揆其职务亦终为越俎。今识者有唱为废党之说，谓政党为撒克逊民族所特有，而非他国所宜仿行。此一问题原在本论范围而外，欲为论究，须待专篇。今于吾国果可行政党政治与否姑置不论，而假设政党政治在吾国亦可仿行，则此所谓行必远在国制已完、根本大法既定、政治之轨已入常道而后，断不可在国本未定、宪法未成、群力相抗、政越常轨之秋。昔法兰西为王与议院之感情不合，乃于千七百八十九年五月一日召集三族会议[2]，聚贵族、僧侣、平民于一堂，以解决国本。选举告终，祝宗若谢耶[3]、贵族若密拉鲍[4]等多列席于平民阶级中，故约翰嗣同谓：“三族会议之议员，几全为中流社会富受教育之人。贵族、僧侣诸议员，本以代表各级特权而选，乃竟有多数与平民议员情意相投，且皆明智而爱国，又深濡染熏陶于福禄特尔、卢梭、孟德斯鸠之教泽者，以为为一己计，为法国计，为人道计，皆当使君主主义根本廓清者也。”[5]此会议员多为和平稳健、博学闳识之儒，在法兰西当日，诚可谓选得其人。乃平民一部把持议事之权，建立团体，号曰国民会议[6]，以创国家根本之大法。一方为平等自由主义所熏陶，而视君权如蛇蝎；一方则循序渐进，与暴民心理绝不相投。于是全法意见裂为三派，王党主张绝对专制，暴民主张绝对自由，国民会议介乎其中，踏入众矢环集之的，辗转倾轧。王党或联络暴民以攻会议，会议或联络暴民以抗王党，尽其全力，周旋于此胶彼漆之中。所定宪法既不能见采于路易，复不能见谅于暴徒，而革命之

---

① 见《甲寅杂志》第四号。

② *The States-general.*

③ Sieyes.

④ Mirabeau.

⑤ 见其所著《法国革命史》“*The States-general*”章，第51页。

⑥ National Assembly.

事，遂波起云涌矣。夫中坚人物，国家元气之所以寄，和缓稳健，为改革时代所必需。而各党首领若密拉鲍、拉飞咽等之苦心孤诣，又为天下后世所钦服，而卒不克免法兰西革命之乱者，何也？则分党立派之影响误之也。考法国政党多重首领，而不重党纲，一人特出则群相附和，附和之结果，而党派生焉。改革之顷，变化倏忽，少少迎合民意，则顷刻之间声名暴天下；少一持重，则反而试。其攻击者，每起于本党之中，首领之名誉，如轩然大波，倏起倏落，故党派之离合变化至不可以前知。此法之国民性，虽至今犹未丕变者也。夫以王权、民权互相调剂之根本问题，至咨诸畛域攸分之三派，三派之后，复立有多数党派把持之，调剂之机，几何能协？故法兰西之一再革命，一言以蔽之曰：尚偏执而不识调和，抑言调和而不毁党见所生之厉阶而已矣。

今者吾国自帝制发生以来，所有各党尽弃夙嫌，戮力同心，亲睦几如手足。国中不见政党之名久矣，于此而惧偏执，固属过虑，即曰调停、曰联和〔合〕，亦嫌后起。何则？调停以抵抗为因，联和〔合〕以分裂为因，因既不生，奚待鳃鳃然而为无病之呻吟哉？虽然，人自有群，即有感情意见之差与好恶利病杂然不同之点。此异点根诸性情、学术、习俗、流品而生，因政治之活动而起，顷值破坏时代，国中举无政治可言，故收声敛迹，戮力于扫除政治障碍之一途。一入建设时代，政治有商量之余地，则性情、学术、习俗、流品各异点必依旧划然分离。故谓他日党派不生，则断无是理。而党派生则必影响于国本者，又可前知也。或曰，政党本身，原无殃咎，所有殃咎，特组织者自取之耳。故识者于今，不在辟政党，而在辟不良政党。夫所谓良政党者，非集合富有学问经验之中流人士为之乎？非责以和缓渐进中正稳健之法行其改革乎？而政魁党首非以苦心孤诣奋勇谋国为尽职乎？然法兰西革命之机，即不啻为此辈所感召。何也？国本问题远立于党派范围而外。政党之力所能及者，政府之事，非国家之事；实际问题，而非根本问题也。戴雪谓："政党真正之异点必属于重要问题，而不属于根本问题。"根本问题者何？即国家组织是也。政党所可活动之正当范围在立于国家之下，奉现时政治组织为正鹄，所得以自由采择施行者，循轨赴鹄之途术而已。僭乎此限，则为革命党，非政党也。故欲政党活动不生厉阶，则必在国本已决、宪法公布而后，先此而行，举为乱本。若规定根本大法，而曰某党某派所主张，则是革命之种子已莳，而导火之线早爇，名为安定国本，实则扰乱国本也。美利坚三权分立，颇乏联络之枢，六头政治，久为论政者之所诮。然其政党唯一职务，则在于三权鼎立之际，谋弥缝补救之方，绝不敢越雷池一步，问鼎于国家之组织。非特于国家组织问题为然也。爱尔兰自治案，较吾之建国创宪，其轻重相去何如？英国今日之战争，较吾之建国创宪，其轻重相去又何如？乃于前事之起，则有格兰斯顿及自由党议员谓不得决之于寻常党争；后事之起，则不惜举英国政党内阁之历史毅然推翻，以行联合内阁之组织。质言此事，在历史为创例，在政治为革命而已。再言其次，如内阁员之更易，洵可谓与国本无涉已。日本习惯，乃不询之于政党，而咨于远立政争潮流而外之元勋。此其政情得失，非本篇所欲问，然揆其事实，其利益要亦有足多者。然则政党所能回旋之问题盖可知矣。

以上所述，意在明政党之行必于其时，政党之职必有定限。无论党首品望如何尊荣，其措施如何公允，一陷溺于党同伐异之间，遂失其补苴周旋之力。法国党魁之朝荣夕辱，民国元、二年间之各党言论纷歧，稳健者莫能统一，事实昭然，举可为将来之炯戒。今者各党之间联络无间，感情恢复，正在此时。且国势阽危，安有互尚党争之余地？于群期毁党和衷共济之秋，际调剂融和千载一时之会，前瞻大局，莫定舟流，设犹独树一帜，号召党徒，非藉寇兵而赍盗粮，即为弋货财而攫权势。虽出于贤者本怀，余亦不敢苟附。何则？政党本义，乃弥缝补缀，集合错杂不齐之意见，俾向同一之方面而趋。藉不齐之方，以收统一之果；非于衅隙全无之顷，削足适履，凿壁寻瑕，故于翕然密合之一团，剖为樊然不齐之各部也。各国之所以以人力经营政党者，非以迁就人性之偏执，实以归纳万殊、集成公意为原则。故即不论政党权限果能涉及国家组织与否，而不待歧意昭生，先树派别，其党虽成，亦不值贤者之一顾。若再询其党纲，绝无与他人相异之点；而探其党见，竟有牢不可破之根，如民国元、二年之间者，斯真众怨之府而致乱之媒者矣。政治之事，理论、事实贵相调和。事实不合当然之则，当持理论以矫之。果灼见危害在前，方当先事计划，预筹扑灭之方，安可推波助澜，将错就错。论者动曰：法兰西革命史为吾国今日之小影。不知士君子读史，不在识其事迹，而在寻其事迹之因果。故吾人读法兰西革命史，贵探其革命所以屡起之因，不必熟记其革命相循之事迹。果确然察其真因所在，当举全力以廓清其根蒂，万不可认其层层波折为改进群治所必由之阶而步趋惟谨，谓法国经几次革命始奠共和，吾亦当革命几次以效之；法国杀戮若干人，吾亦当杀戮若干人以仿之。何也？历史乃民族心理所演成，各有其特殊性根，方各有其特殊史绩。吾非法兰西民族，何必与彼同演出一形容逼肖之历史？即欲效之，亦终不类。惟所造之因若与彼同出一辙，则其结果之相类。虽欲避之，亦将无术也已。然则鉴于往事以消除革命之因，非贤者所应尽之责欤？

总之，调和者实际之问题，当群演方将、新旧错杂之顷，利用其机，则相反者转以相成；抑塞其途，则相持者终必相灭。顾调和之实非能幸致，必有二物为之后盾，始克尽量流行。此物维何？即人心与实力是已。两力不足相抵，则不生调和之因，无因之调和，是以此就彼也，敷衍之云，而非调和之云也。故实力之为物，不得特为调和之归宿，当特为调和之凭藉。设无实力，则人心之趋向，亦足养成调和之机。英国之政轨，常循途前之、不越其辙者，非各方以势力相衡之力，乃人心之力也。愚论主旨在谓调和之事，既有人群终无可免；至调和之机何日完成，则惟视吾人实力大至何量、人心之坚达于何程，始有开始之余地。否则无论方法若何，保证若何，保证不充，人心不坚，则终成虚愿，苟且迁就，终必爆裂而已矣。故调和主义以抵抗为起因，以心力为凭藉，以国家为主体，以法律为归结。四者缺一，势不可行，强行之亦必败也。深愿国人勿堕入诡计而为辛亥之续也，故取而论之。

（原载《民彝》第 1 期）

共 和

（1916 年 5 月 15 日）

数年以来，似闻有人恒言曰：共和不适！共和不适！夫欲辨共和之是否适宜于吾国，必先严辨共和之果为何制。共和一语，近人多与平民政治之 Democracy 同诠，实则二者固自有辨。以行平民政治者，不必国皆共和；国号共和，亦不必尽行平民政治。美儒曼狄生辨此甚详，其言曰："共和与民政之别有二：一、共和国之统治权常托诸少数被选之公民；二、共和之制较诸民政，可兼容多数人民，而推行于泱泱大国。平民政治，议制布政皆人民亲身任之；共和政治，议制布政则委托代表行之。"①惟曼氏所言，显为纯粹平民政治②，格芮更分平民政体为二，谓："以平民资格直接明定国家意思者，曰纯粹平民政治；以少数被选之代表资格明定国家意思者，曰代表平民政治③。"④然则共和民政固有辨，而由曼、格二氏之言以推，则皆为代表制者可无疑也。近世政治之精神不在人人得以直接议制执政，在多数者享有选举权，得以间接行之耳。故代表制之日行而有效，实为近世共和民政所以成功之真因。以人数计，百人而举一人以议制执政，固为代表；千人而举一人，万人而举一人，即十万而举一人，亦不失为代表焉。以地域计，一乡而举数人以议制执政，固

---

① 见 Madison，*The Federalist*，No.14。

② Pure Democracy.

③ Representative Democracy.

④ 见 Garner，*Introduction to Political Science*，P175.

为代表；一镇而举数人，一邑而举数人，即一省而举数人，亦不失为代表焉。此代表制之所以无限于大国小国、人众人寡之理由也。

今谓吾华为广土众民之国，不适共和，即无异谓广土众民之国，不适于代表制度。代表制度即为疆土辽阔、人民众多、不得躬行执政议制者，乃发明此斟酌尽善之法。国无间君主共和，地无间广轮蕞尔，莫不运用此制，以利推行。故国家苟不能直行平民政治，自靡不惟代表制度是从。君主、贵族国之代表制与共和国之代表制，限度或有不同，性质则无少异。易词言之，代表选举总由庶民，特选举范围有普通、限制之别而已。今谓共和不适者，将以为普通选举不适？抑以为限制选举不适欤？盖泰戈尔曰："纯粹民政，选举执政者之权直接公诸全国。但选举普及之例，为各国政制所无，即以一部分享有选举权者尽行执政，亦为近世各国所未经见。故民政之行，惟在国家加选民以相当之限制及使选民与政府之关系常存不灭而已。此皆限度之差也。"[①]然则多数政治纯为相对之辞，从无一国已入于绝对多数之域者，则限制选举，固今世惟一之政例也。限制选举即高其程度，少限其资格，然终为限度之问题，绝不因此而变易其性质。吾国人才任如何缺乏，政识任如何简单，至一概抹煞，谓无一部分优秀分子堪任国民委托而行其代表之制者，将谁欺乎？无论国体为何，苟并此一部分优秀分子而亦选择无从，则国家基础已先不立，非借材异域，即返乎洪荒。共和固不能行，即专制亦必需一部分奔走奉命之臣供其驱使。今既并此一部分之人而无之，则专制亦终不可行矣。

又闻人之恒言曰：共和国家易酿兵争元首之祸。夫以兵争元首之罪蔽狱共和，骤闻之似觉动听，殊不知共和者国家之制度，争元首者出于桀骜者之野心。以执行此制者之不善，而移罪于共和本身，李代桃僵，讵为平情之论。且共和本义，平荡无偏，调剂万殊，感通众意。苟有一力首出，独占其权，且挟之以排压他人，诛锄异己，则共和之义，先已

① 见 Gettell，*Introduction to Political Science*，P206.

芟除，根本托迹盗名，流于假伪。伪共和流毒所之，苟一力独尊，则酿成黑暗专制之恶剧；苟群力颉颃，则酵作兵争元首之惨行。故此二象，常见于苛叠达肆行之顷，不常见于伯里玺易位之秋，铁案如山，讵庸抹煞。今欲俾国家免于危害，惟有荡涤伪共和之余毒，发扬真共和之精神而已，此外更无他术也。近世国体惟分君主、共和二种，如谓共和易酿兵争，必曰君主国体则否，此固无庸旁征博引，凡稍涉猎吾国历史者，必能自言其详。自汤武以来迄于清，其间除讨伐外夷少兴兵戎而外，其余之穷兵黩武者，何一非争权夺位之事？故中国一部二十四史，即谓为盗国窃位之历史殆亦非过。穷其流毒，至令国家观念云散烟消，兵端相寻，在其位不在其政。故易君虽历二十四朝，而政治则仍如一辙，国为私产，“某业所就与仲孰多”之词公然宣之于口，忝不为怪。呜呼！此即吾国自汤武以来历代皇帝之政绩、之效果、之大义微言也。人才缺乏，政识简单，即食此历代皇帝之报以至于此。因病施药，易以共和，殆为理势之无可逃避者。对于共和而怀疑者，是自扰其神，非真能知共和之制者也。

（原载《民彝》第1期）

程度与民政

（1916年5月15日）

比年以来，程度不足一语，多浮沉于论政者之脑际，一若即此四字，已足制共和死命而有余者。考程度问题，政治家苦无界说。必高至何度，始适共和，不及何度，必宜专制，其间厘然界域若何划分？即政界宿儒，亦恐智有不逮。何也？程度云者，乃比较上相对之称，苦无绝对之界限可立。设豫悬一定之的以在寻求，谓及乎此者方可共和，否则仍宜专制，是视国家如筑室造路，可准绳尺以求，嗟咄立办，而忘其为有机体之发展，为心理之构形也。且必待程度若何仍行何种政治，非政治家所当注意。政治家第一注意之点，即在用何种政治始克令人民智识日开、经验日富而已。共和国家，其用材也，在就其偏全高下，尽致之于相当之途，无论梓杞栋梁曲拳臃肿，皆应并蓄兼收，以供尺寸之用。今骤号于众曰：程度不足，其已爬罗剔抉，罗网无遗，而犹患其不足乎？抑好同恶异，疾直取邪，使异己者置散投闲，莫由自用，而始见其不足乎？果为后者，但当曰遗弃为害，不当归咎于程度。且一国用人出治之源，不衷于法而衷于意，政界进身之术，不藉品学而藉夤缘，揣摩之术不工则不能出人头地，天良之丧不尽则不能为政界完人，举其日夜能力尽消磨于简练揣摩攀附奔走之中，汩没其良知良能，发挥其禽欲兽性，程度不足云乎哉？胥天下人材尽令半途毁弃、力趋下流以至于此也。

且政治才能不重亶降而重栽培，政治知识不主乎直觉而主乎经验。人生天性，本为政治之动物，非必于欧美则先天为优，于亚非则先天为劣，特其栽培之法、经验之机有不同耳。今即吾民程度低下确为事实，惟问此物厉阶，果在何所？平情定论，谓程度低下为食数千年专制流毒之报，无问何人，不能否认。夫扬汤止沸，不如去薪；抱薪救火，智者不取。今欲救程度低下之弊，舍力行平民政治更有何法？若曰政治自政治，程度自程度，必待尔程度已足，吾之专制方可取消，民政方可施用，然则国家职务，其将置人民于度外，听其自进自退乎？抑将培养熏陶，令其烝烝日上，循轨前趋乎？改进程度之法，其将以专制为本，绝其经验之途为善乎？抑以民政为本，令其自行试验为善乎？欲明前问，必先明国家之职务；欲明后问，必先论专制、民政之孰优。夫国家者何？自由人民以协意结为政治团体，藉分功通力，鼓舞群伦，使充其本然之能，收所欲祈之果，及以自智自力谋充各得其所之境者也。国家非人生之归宿，乃人生所凭藉由之以求归宿之途者。故第一要务即在多备机宜，促人民之自醒自觉，启其兴趣，增其智识者，方为得之。然则高其文化，展其天才，乃国家对于人民终极之蕲向，政治运施离去改进人民程度则渺无意味，此论政者之正鹄也。正鹄既定，则所由赴鹄之途乃最有研究之价值。夫人民对于政治而形其非常注意者，必政治之机括息息与人民之意见相关，政府当局之进退，国民得间接以操其柄，而国民总意发表，必能影响于政府行为，此其大经也。能具此灵通之机者，自必以平民政治为最。格芮曰：“涂格维尔之研究美国平民政治也，谓美民之关心公共事务及具有高卓政识与诚实之爱国心者，皆为平民政治所感发而兴起。故推言此制功能，实为训育公民之学校。”①穆勒氏谓平民政治之功效，足以移性陶情，启瀹庶民之灵智。哈蒲浩曰：“政府之责课自国民，庶政之行公诸舆论，而后相衡相荡，相责相望，而大政治家可出。”②平民政治即使国民课政府之责，以舆论作庶政之基者也。然则图政治之进程，增国民之政识，舍民政而外，其道奚由？

专制政治孺稚万民，助长其依赖之性；平民政治尊重人格，长养其

---

① 见格芮《政治学》，第 222 页。

② 见哈蒲浩《权利说》，语从秋桐译。

自立之风。故专制下之民，呰窳龌龊，有若傀儡，碌碌因人，自立则殆。一入平民政治之下，则鼓舞奋发，自启本能，锐钝偏全，兼修并发，崭然树其自重自爱之风气，质乃于焉丕变。穆勒曰：“人从平地而起，觉其行善去恶之权，操之于己，不视执政者感情意向以为成功与否之衡，则其人之气质将大变化，而所以巩固其自助自赖之念者至无涯量。反之，置其人于国家组织之外，一切政事不使闻知，则民气凋丧，不能振作矣。故人觉自由足以强其人格，而得其强之之高量，亦唯在已为公民或将为公民所拥特权不居人后时耳。又不仅感情然也，尤要者，彼于一定时期可以出参国务，其所得人格之实地练习为益宏多……质而言之，如公务之加于其身者甚大，不啻取其人而教育之也。”①然则民政之功效可以睹矣。且论者多谓唤起人民之政治趣味，其功多在于议会。英伦以内阁总理之进退操其权于下院多数党，故每当阁员摇动总理更替之时，奔走演说，议论沸腾，新闻鼓吹，舆论丕著，以一总理之进退，其影响几至于家喻户悉。岂英伦民性嗜政之情、运政之力独迈寰宇哉？特政潮涌荡，舆论为风，煦育亭毒，俾克臻此。人人乐于论政，故经验之磨濯益深，经验既深，故政才之启迪益广。此英伦议会所以有“与其谓为立法，毋宁谓为诲政”之颂也。②吾人引此，非以过夸民政之功，特以欲救程度低下之病，惟民政为最效耳。病虚弱者利培补、不利攻克，果见吾国大患在程度不足，正应药之以共和、补之以民政。不然者，举为戕贼而已矣。

（原载《民彝》第 1 期）

---

① 见 Mill，*Consideration on Representative Government*，P66.

② 详见白芝浩:《宪法论》,“*The Cabinet*”与“*The House of Commons*”两篇中。

乐利主义与人生

（1916年9月1日）

人类自含生受性，而有感觉，因感觉而辨苦乐，因苦乐而争趋避。苦虫蛇禽兽之相害，则习兵剑击刺；苦风雨寒暑之相逼，则作宫室衣裳；苦同群之相侵扰，而制法律；苦异姓之相凌辱，而备甲兵。焚顶捐躯、前仆后起者，苦乐问题之所迫也。仲尼之席不暇暖、释迦之舍身度世、墨翟之摩顶放踵，悲天悯人、皇皇终日者，苦乐问题之所趋也。故人生第一天职，即在求避苦趋乐之方。犷野之种，仅知求生；文明之伦，则知求所以善其生。求生者惟避苦之是务，求所以善其生者惟趋乐之是求。苦乐两境，与有生俱。人治未臻上理，则自受形以讫属纩，常徘徊偃息于此两境之间。宇宙欲得其治平，惟有集伦汇万殊之苦乐，比例平衡，求得脱苦享荣之极度，立为准则，制为法律，俾最大幸福得与最大多数人类共享之。是即乐利主义之旨归也。

自十八棋（世纪，编者注。下同）来，神权、契约两说风靡全欧。修模（Hume）特起，大唱乐利之说以排之。边沁（Jeremy Bentham）承流，毕宣其蕴。其徒堆莽（Dumont）纂辑其言，传播欧陆。逮十九棋初叶，英美二邦亦风尚其说，国法改革悉奉其议为准绳。今日西方立法问题已成往事，故边氏之流风遗韵，亦稍稍衰矣。其所以然，则边氏之说，在探立法之原理，而注意于巩固民权之基，法制既定，则无须沾沾于此。至法制改革本源未正之邦，允宜毕阐其微，铸为造法之大本。今者国制抢攘，法本荡然，敢旁征其旨，赘以诠言，俟关心民权者，得以览观焉。边氏之言曰：

公善者，法家之主旨；公益者，推论之本根。立法之学，应识社会真善之所在，建为立法之基；且探寻途术，由之以实行此善焉。……

天之生人也，俾屈处乎苦乐二境之下，思维肇于是，判断因于是，生活定于是。离去苦乐问题，则衷无所感，莫知所云。虽人生有时舍至乐而求至苦，然通经常权变而衡之，其唯一职志，则在避苦趋乐之一途。其情历久而不渝，坚定而不可折。此固论道经邦者所当殚精钻研者也。苦欤乐欤，其即乐利主义纲维万象之主宰欤？

乐利之名，玄名也，所以明一物脱恶向善之体用也。凡恶皆苦也，即不然，亦为召苦之因；凡善皆乐也，即不然，亦为致乐之兆。凡物利于其人者，必可益其人幸福之总量；利于一群者，必并构此一群之小己，亦各增其幸福之总积焉。……正乐利二字之名，惟在集所有苦乐而计之衡之耳。此外观念，绝不使混淆于其中。

崇尚功利主义者，于一切公私行为，必衡其所生之苦乐如何，而后试其褒贬。吾所用公不公、德不德、善不善诸语，举为广涵之名，而苞蕴若干苦乐观念于其中者也。吾所用苦乐二字，虽愚夫愚妇可以与知。绝无新辟之窔、独擅之奇，谓当排去何苦何乐，而其义始备。亦非有精深之蕴、玄奥之藏，必俟商之柏拉图，质之雅里士多德，而其理始明也。何也？苦乐者人人所同受，无间于贵贱贤愚，其所感觉者一也。

乐利家之所谓善，即由之而肇乐。所谓恶，所由之而肇苦者。……如见常人之所谓德，所生之乐不偿所苦，将决然曰：此伪德也。即举世盲从，而彼将不更为此伪德所束缚。鄙夫之政策，每在利用伪德以达其所图，乐利之徒，深鄙之也。又当世号称罪恶者，其中尽有无瑕之乐。如此为乐利之徒所见，将立宣言曰：此伪恶也，此小人儒之所谓恶也，此奚害为合法之行为也？

是故世有罚非其罪者，大为乐利之徒所怜，而故入人罪之科条，彼必尽歼除之而后已。（以上均见Bentham's *Theory of Legislation*。自“如见常人之所谓德”以下，从秋桐译，惟易其原文“用学之徒”为“乐利之徒”耳）

右所征引，乃边氏乐利主义之诠释，褒然成章，冠诸《立法论》之首。读边氏书所当首先置辩者，即乐利主义乃立为造法之常经，非著为彝伦之典则。何也？夫集万亿不齐之伦汇，而范之以国家；综万亿不齐之利害情感，而平之以法律。则必于樊然错杂之中，求一各足相安之点，本之以为立国之大经、制法之大本，斯其国乃为适宜之部勒，群情对于其法，始克翕然相恰，各满其怀，各餍其望，遂其相安相得之天。近世立法之权所以必操之群众者，亦以吾人　群之苦乐，惟吾人本身自感、自觉、自享、自受之耳。以吾人身受之利害，非还叩诸吾人之本身，则忻喜厌恶，必不克适如吾人之所愿。是故望他人体量吾身之苦乐，任其代定标准者，是奴隶牛马之事，非人类之事也。甘受他人代定苦乐之标准、帖然服习而不辞者，是麻木不仁之身，良心上毫无感觉者也。非他人所能感觉之苦乐，而必仰他人鼻息托其代为判定者，是之谓自寻苦恼、以戕其生者也。近世深爱自由幸福之民族，所以断脰焚身以争民政而踣专制、收回立法之大权者，其用心正在此耳。

或曰：精诚相应，感而遂通，苟得圣贤，必能设身处地，为吾民谋避苦趋乐之途也。不知人类因罪恶不灭，始建国家；因权利不固，始造法律。方群演之始也，无国与法；逮群演之终也，亦无需国与法。惟当中天之运，群演方将，善恶公私之念炽然相战，故必赖国法并存，以维系而平理之，始克奠烝民于安乐之域。夫人治未隆，既不免各有所私，而握有重权者，尤莫不欲滥用其权以自恣，乃中世人生之通性。设立法权集于主权者一身，则彼身之乐必臻其极。立法权落诸贵族一阶，则彼阶之乐亦必日益而不已。其势然也。其有一线希望者，惟主权者与贵族因良心之省悟而自行谦让耳。夫谦者抗之宾，让者争之偶，一群苟乏抵抗之力，则谦之德不能独生；一群苟无竞争之能，则让之美不克自见。政治之事，必相衡相荡，始得其平。其平也，乃抗争之极，而得其衡；非谦让之极，而消其隐。欲持政局之平衡，而乃出之以谦让，自撤其抗争之力，是谓自杀之政策，终归于败而已矣。是故弃分所应享之乐而不受，而乞怜他人求其让与者，是奴隶之根性未除也。应得之乐，不竞争以求得之；应避之苦，不竞争以求避之者，是呰窳偷生之懦夫也。然此犹曰：仰他人以求幸福，其势不可必得也。即万一可得，亦文明伦类所不取。何也？人生幸福，首贵自谋，呼蹴而与，乞人不屑，奚况其他。故保重人格之道，第一即在有自求幸福之能力。喔咿儒儿，突梯滑稽，是丧其人格者也。见真乐所在，则挺身拔剑，奋起而争之，见他人以伪乐欺我，则揭其虚伪，一鼓而破之，决不受其束缚，是之谓尊重人格，是之谓有自立之能，是之谓深知爱护自由幸福之民。

或者曰：苦乐既为吾人所自感自觉，则自求趋避之方可矣。法律于我何择？国家于我奚关？不知国家职务在主乎公道，法律能事在折衷群情、调剂百感，以平其所不平而定其所不定者也。外国家法律以求幸福，是自放于混沌洪荒之世界，荆天棘地，举足左右，则危害之祸应之。生命且危，何有于乐。求乐脱苦之术，必有所凭藉始克实行。凭藉维何？是即权利。权利者，求幸福时所必由之途。而国家法律之第一职务，即在保护此物。无国与法，则权利不存。权利不存，则幸福宁能幸致？且人生于国家之下，即无一事或逃国家之范围。恶政府必生恶法律，恶法律必重人民之苦、夺人民之乐。于法律不良之国，而欲自遂其生、自充其欲望，是犹断港绝潢而求至于海也。是故小己之图谋幸福，必自改良政治始；改良政治，必自夺回立法之权始。

避苦趋乐之道，必于立法原理中求之，既如上所述矣。顾苦乐与人生之究竟关系奚若，则尤不得不略赘一言。崇尚禁欲主义者，每指赏心快目之事为万恶之媒，而以安穷处困为人生唯一之天职。宗教家以苦为性分之所固有，故 Stoics 不以苦为恶，而 Jansenists 则反以苦为善（见边沁《立法论》第二章“*The Ascetic Principle*”）。吾国墨翟之徒，亦以苦身劳形为职志，皆此物此志也。不知人类之所以为万物灵者，不贵其能生，而贵其能善其生。善生者，脱苦安乐之谓也。以宗教家为安苦避乐者，乃见其涂术，误认为彼之归宿也。佛家度世，在使众生离一切苦，得究竟乐；耶苏救世，则悬一极乐世界之天国以引人入胜；儒者尊王，王者始于忧勤，终于逸乐，升平之世，谓为王道之隆，大同之福，乃儒家言治之极；墨子之苦身劳形，乃在兼利天下。然则佛耶儒墨，举莫不以去苦享乐为人生之究竟。其所以刻苦自甘、不忍独乐者，则居中天之运，乐未遍及乎群黎，故暂以安苦为求乐之方法，非其归宿之所止于安穷处困也。专制之朝、犷野之族，群演未深，立法之权，莫知运用，制法之责，专在君相，惨刻寡恩，比比皆是。宗教家悯群生之涂炭，乃倡苦身救世之言，以促君相之觉悟，冀少救残刻凶暴之行。其言安穷处困，乃对救世者言，非对待救于人者言也，乃谓治己之道应然，非谓治人之道亦止于此也。以暂时之苦，易永久快乐之方；以一身之苦，辟众生趋乐之径。苦者暂而乐者常，苦者一而乐者万；苦者其方便，乐者其归宿也。专制之朝得以少敛浮威、犷野之族得以苟延残喘者，皆此说之所赐也。若认方便为归宿，谓安苦避乐为人生之究竟，则失佛耶儒墨之教旨与夫人生终极之蕲向矣。

人生归宿既在于乐，国家者，以人生之归宿为归宿者也。故国家职务，即在调和群类，拥护机宜，俾人各于法律范围之中，谋得其相当之幸福而已。幸福之求，专恃人民之自觉自动。国家之责，惟在鼓舞其发越之机，振兴夫激扬之路。故凡物质上之快乐、体育上之欢娱，务使发扬至尽，俾得与精神焕越之程度相应相调，以遂其演进文明之愿。此晚近国家奉为职志之唯一大则也。禁欲主义，反真归朴，绝圣弃智，是阻人群进化之机者也。推此说而行之，则人生为多事，国家为妄设，所谓戕贼人性、毁弃万有之论也，于近世国家奚取哉？

（原载《新青年》第2卷第1号）

理想与事实

（1916年9月16日）

重理想之说者曰：政治之事，反诸物理，可以理想变事实，而不可以事实拘理想。惟其可以理想变事实也，故吾人须先立当然之理论，以排去不然之事情。惟其不可以事实拘理想也，故吾人应超出已然之现象，而别启将然之新机。是说也，余尝主之。

重事实之说者曰：群者，合万众之生以为生，如生物之干局形制，皆有一定嬗脱变化之期。群质不良，而徒言改革，新制与旧境相迕，则生机每因之而屈。谓国势群生可以少数人之理想而旦夕遂易其前观者，天演之中无此物也。是说也，余亦是之。

谓理想不足重乎？何以卢梭、孟德斯鸠、福禄特尔之学说，竟唤起法国之革命，而创成一种新政例也？谓事实不足重乎？何以无政府主义不能立行于今日，而犹待时世之变迁也？是知理想而不凭乎事实，用以悬揣则可，用以实行则不可。事实而不符于理想，在塞野稚陋之群则可，在文明演进之群则不可。偏尚理想者，政制必多骤变，骤变则国本不宁；拘于事实者，政制必多保守，保守则生机斯颓。

立国于二十世纪以上，而欲拘泥事实，不参几分国家原理于其中，则其国必无幸存之理。然当此过渡时代，而欲举乌托邦之政治，强行于法律势力未就轨范之国家，亦决非稳健和平之策。所谓理想者，即从事实中籀出原理原则，悬之以为治国之方针；所谓事实者，即为原理原则所由出。凡国家之递嬗递变，日进无疆，皆此新旧事实之代谢。理想与事实，乃需相待而不可或偏者也。偶有所偏，则皆足以危害国家。

大抵当文明初启之时，尝因事实而籀出理想，故有尧舜禹汤之政绩，乃产出孔孟之政论。当文明大进之秋，每藉理想以变化事实，故孟德斯鸠之三权分立说为近世宪政之精神，卢梭之平等自由论遂肇起法国之共和。前者趋重保守，后者趋重改进，二者固各有所是；惟当过渡之顷，非保守则无以为改进之资，非改进又绝无保守之望。际斯时也，惟有使理想、事实打成一片，不务高远之空谈，不泥于目前之现状。应知离理想则非事实，离事实亦无所谓理想，相需而为用，丽合而不离，庶不愧为当世救国之政治家欤！

（原载《晨钟报》）

省权与省长

（1916年12月20日）

省制问题为宪法会议中争论最烈之点。审议不调，继以协商，近日协商又以分崩离析见告矣。将来解决之法虽未可前知，然果各本所见，阐发无遗，经以历史国情，纬以学理经验，则最后之成功，必有迥出乎吾人推测之外者矣。

顾细揣双方之议论，间有未慊于衷者。即近日最流行之论调，不曰省权繁赜，分配孔艰，留作后图方为上策，即曰分配职权，贵留余地，列举多疏，宜取概括。夫省权何以利于分配？曰为其繁赜也。何以必须确定？曰为其广泛也。兹乃明知其繁赜之为病，而不为之划清；明知其广泛之为害，而不为之规定。举其不可集之权，总揽之于中央政府之手，卒致坠坏于冥冥之中，而一事莫举。平心而论，今日政象之麻木，既不当归罪于中央政府之无能，复不应归咎于各省长官之跛扈。惟事权庞杂，棼不可理，各省既无专职，故亦不负专责。而行政自治诸事项，遂彼此诿谢，而无专任之人矣。此则今日政象麻木之一大原因也。

夫事权之分配全在人为。惟病其繁也，故必利于分；惟病其泛也，故必利于定。若欲行所无事，望其如生物长成，坼甲勾萌，自成条理，实属乌有之事。美利坚二重政府也，其权限之错杂，亦为创宪时最难划分者。然彼邦人士殚精锻炼，出以匠心，卒令中央政府与各州政府之权限条理井然，一丝不紊，宪法公布而后帖然就范，以迄于今。故蒲徕士之言曰："美国联邦之特质为显然共见者，即两重政府同处一域，而其运施则秩然判别是也。譬如设两机械于一大工厂，而轮轴相交，革纽相错，然各自为用，各行其道，不相触亦不相妨。夫使中央政府与各州政府各守其藩、防其互相凌轹者，彼邦创造宪法者之唯一主旨，抑亦必要之图也……”余引此说，非谓吾国应以美为法，亦设二重政府，特以见权限为物，其参伍错综之数愈赜，则其必需条分缕析之度愈高。由此推论，则无论繁赜之度达于何程，苟善为分配，则自能有条而不紊。夫权限至能有条而不紊，则焉得有互相妨害、废弃不举之病？美国创宪诸公，能于各自独立、妒嫉成风之各邦，锻炼销熔铸成一片，而谓吾国创宪诸公，独不能于服从中央、统一成俗之各省调剂停匀，俾帖然就轨乎？是厚诬吾创宪诸公矣。

且专制国体之政治以集权为原则，共和国体之政治以分权为原则。在专制国体之下，官治之范围必扩充之达于极端；在共和国体之下，则自治之范围必发扬之底于极度。然则吾国各省，一面当然为国家行政机关，一面当然为地方自治之最高级团体。既一面为自治团体，则必有相当之事务放任各省之自为，其必经中央法令之规定指挥者，特纯粹行政问题及关于统一事项耳。无事权之分配，要当有其限度，若者应由中央统一而后可以保国家之巩固，若者必由各省举办而后可以谋地方之发达，逾限越度，非破坏国家统一之基础，即践踏地方自治之萌芽，二者举无一可。就吾国各省情形而论，省制之规定似应采坎拿大之制度而稍加变通，此王先生宠惠所主张者也。分别种类，若者为地方自治之事，若者为国家行政之事。第一类放任各省之自办，第二类则遵中央法令之规定，此外均属中央政府之权限。今为便利起见，敢本王先生之旨而变通条举之如左：

一、各省有自行举办之权者

（甲）地方税（但以不妨害国税为限）

（乙）省公债

（丙）省实业

（丁）省交通

（戊）省工程水利

（己）慈善及公益事项

二、各省须遵照中央法令办理者

（甲）各级学校

（乙）公立银行

（丙）警察

（丁）监狱及感化院

（戊）地方营业公司之登记

此外，尚有受政府委任事项，亦得自行办理。此为地方分权之最小限度，按之现在各省情状，恐其权尚有出乎此者。乃一闻省制加入宪法而相率骇怪，胡为者？

综之事权为物，若过于繁乱，则利于分；若游移无属，则利于定。制宪诸公所以断断争论者，亦必有见乎此。然观议员所提之议案，于省权一项取列举主义者仅寥寥数人，其尤足令吾人怀疑者，如“省之分割以法律定之”及“省得处理省内一切事务”等条文，又有并省权而不规定者如众议员钟才宏之提案是也。夫省在宪法上取得位置与在行政法上取得位置者绝然不同。在宪法取得位置，非变更宪法不能变易各省之制度；在行政法上取得位置，但凭一纸法律可以变易之。今日所以力争省制者，为巩固各省之地位耳。若凭一纸法律可以分划省疆，主张废省者裂一省为十省乃至百省，不得谓违宪也。省疆至裂为十百，则与废省存县者何异？省之位置，又何尝有丝毫巩固之效哉？此记者所不敢苟同者也。至谓省权规定宜取概括，若“省得处理省内一切事务”云云，浑括无垠，与不规定者奚异？满清（清廷，编者注。下同）制度，省有责而无权；迨其敝也，省乃有权而无责。中央有不能自举之事，而无不能自主之权；地方虽有不能自主之权，而实无不能自举之事。中央之权限愈多，则不能举办之事亦愈多，势必举一切事权委诸各省。于是各省遂尽有中央自主之权，而凡事独断独行，中央惟保持集权之名，而地方遂享有分权之实。名义上以中央指挥各省，事实上乃以各省挟制中央。此皆各省无确定之权限有以阶之历也。斯时唯一之救济方法，惟视各省行政长官与中央政府交谊上关系之浅深。其仰承中央意旨者，情也，非法也；其维系中央地方之络脉者，人也，非制也。其人重情谊、善逢迎，则省中微尘事务皆中央之权；其人跋扈专横，则国家大权亦多操于其手。此满清末世省与中央关系之实在情形也。民国成立于兹五载，而此种积习未能廓清，前代观念至今未改。故一闻省长民选之说，遂视为破坏国家统一，抵死不承，奔走骇汗，来相诘责。记者鉴于时势，亦不欲持极端民选论以相强聒，特记者亦有抵死不承之条件。条件维何？即如保持国家之统一，则中央与地方之关系惟恃法律之规定，断不能恃私人之感情；惟恃制度之调剂，断不可恃个人之维持。若由清之旧，无变省之制，则断吾头至地，吾犹怒目掉舌而曰：此非统一国家之道也。

省长任选问题，又为近日纷纭聚讼之端。纵论涉及，不得不略示主张。民选官吏，在欧美人民本视为极寻常之事；国人以运用未惯，视若蛇蝎，亦无足怪。然而望民人惯熟选举于不用选举之国，试念经历何自而生？且议论政制不可自一面观测，选举初行，诚有弊害，然而一方有选举之害，一方必受选举之利。盖引起人民之政治与兴趣，练习人民之政治才能，必以选举为入手方法。绝对谓民选无益，余不信也。且反对民选论者，终有不可通之二点：一以为政府永与人民立于反对地位，一以人民终为不肖。由前说以推，一经民选，则省长之如民意者必不能如政府之意，是人民与政府终无意见相合之时。意者尽如民意之政府必不能发见于吾国欤？抑凡为吾国之政府必终与人民为仇欤？此记者所不解者一也。由后说以推，则民办之事必危害国家，官办则否；多数举行之事必危害国家，一人则否。意者吾国官吏皆非自民间来欤？抑何以为民则不肖，一为官吏则大智大贤欤？此记者所不解者二也。至谓省长民选则破坏国家之统一，记者尤为之大惑。夫国家统一与否，乃法律上职权分配之问题，非形式上官吏发生之问题。宪法上果能使国权、省权调剂适当，则即省长来自中央，既不能于确定权限而外复有所增，然则省长即来民间，又胡能于确定权限之中别有所减？故以省长民选为破坏统一者，是误以职权分配问题与省长发生问题混为一谈也。张君嘉森省制草案谓，省长发生问题共有五说：（甲）纯由大总统选任；（乙）由省议会选举；（丙）省议会选举出若干人，由大总统选定一人；（丁）由大总统选定后，求省议会之同意；（戊）限于省议会反对时，将大总统选任权稍加限制。今甲说与乙说正在相持不下之时，若各逞偏锋，互相聚讼，则两派终无调和之日，亦即宪法终无告成之时。昔美利坚创宪之初，本以巩固中央权利为目的，乃相衡相剂，而卒不免过于分权者，势使然也。当时制宪者名此宪法曰调和之证书，亦以见政治家之美德。其始也，在往复争论以阐其微；其终也，在互相让步，以观厥成。英国大政决于三，世界传为美谈。所谓三者，第一争论是也，第二协商是也，第三调和是也。今省长问题既成两不相下之势，则最终之方法惟有出于调和之一途。调和者，生于抵而成于让，故主张绝对民选与主张绝对任命者，双方必皆有相当之牺牲，始克得调和之道。然则甲说、乙说，既同不可行，而丙、丁、戊三说，乃得供吾人讨论焉。丁说与约法国务员之同意权同其旨趣，然不能无弊。其弊维何？即人民心目中所认为适当人物，而政府心目中或不认为适当人物，政府一再选定议会，一再不予以同意，则省议会与政府又成相持不下之势，而政局必生动摇矣。戊说系于失政，而后省议会乃得施其救济之法。迨救济法行，政事已多败坏而不可收拾，亦非完全之道也。若参酌情形，考求利害，则似以丙说为少优。此亦不得已而让步之一策。究之，欲民选，则民选；欲官选，则官选。民选、官选均为良策，任行其一，皆足为治。美利坚州长由于民选，而政事举；坎拿大省长由总督任命，奥大利州长由皇帝敕任，而政事亦举。主官选论而排民选论，与主民选论而排官选论者，非以政府为不肖即以人民为不肖，二者皆不可通，亦皆非统一国家之道。何也？统一国家之道，应于职权分配问题上求之，不应于官吏发生问题上求之也。

（原载《宪法公言》第 5 期）

省制问题解决法刍议

（1916 年 12 月 20 日）

省制问题，断断争论者已近三月，欲求解决之法，必先求其所以不决之缘由与前次各派协商会所以破裂之原因。夫省制所以不能即决者，其缘由有二：一为党争所激动，一为现象所束缚是也。因党争之烈，而感情用事，故攻守两方之议论多溢出于本问题范围而外，由是群情共愤，尽力相持，愈辩愈纷，愈争愈烈，欲其静息，戛戛乎其难之。且两方所持理论，类多为现象所束缚，不能放开眼光，以筹百年之计。哈密敦曰：“有必至之事，有曾由之道。宪法者，本乎此事、此道，详察若干年中或然之政象，始可以言编纂。是故宪法者，当以现在及将来种种政要之总绩为张本而成之，而不容仅以现在政要之总绩为张本而成之也。”观近日宪法会议中所剌剌不休者，皆不过因一时之客感，而仅得现在政要之总绩而已。缘此二因，故省制遂无解决之望。今欲筹解决方法，惟有远离党争之潮流，俾其言论思维皆由于个人主观，而超然出于现在政要总绩之表现而已。

近日各派协商会所以破裂者，亦有四大原因：（一）该会之组织以党派为主，以党争解决党争，是之谓以火济火，故党争益烈。（二）各代表之后皆有众目睽睽之党员司其督责，伺其行动，故其议论皆为若党若派之议论，绝无机会可以伸个人独立之主张。（三）其所谓代表，乃党派之代表，而非人民之代表。故其议论皆失于偏颇，以发挥党见之异，而不能释躁平情磋商省制之利害。（四）各党之政见多局于一时之客感，无有远谋。以之讨论根本大计，无怪其格格而不入。今欲筹一解决之法，势必本前述之缘由，惩协商之覆辙，别创一远离党潮之团体，俾无牵制，一本主观之判断以讨论省制之利害，其庶几焉。

为解决程序上之便利起见，解决省制问题之法，其切实可行者，愚以为不外二种：其一由两院各选若干人组织一特别会议，以本题付之解决。如章先生行严所主张者是也。其一则由国会选出若干人，由各省选出若干人，同组一省制会议，将议决之案付诸各省议会批准。再交宪法会议加入宪法。此则不佞之私议也。由前之法，则程序异常便利；由后之法，则解决可期圆满。何法是从，当待海内公判矣。

然无论采行何种方法，同有必要之条件。条件维何？即：（一）选出之人宜远立于人为之党派势力而外，各本自主独到之精神，自由发议，不受局外各党之操纵。（二）组织会议人员之品质，必迥出乎寻常。其思想确足代表多数人民之心理，其声望确足以起多数人民之信仰，本其学术经验以建一说，又确足包举多数人民之利害。贤智之明决，胜于群众之盲从。（三）此机关之存在，为期宜暂而不宜久。故虽品学高尚、不欲为政治活动者，亦可出而坐论于一堂。其职务既毕，则会议即解，不患见罪于一党一派，故沽名钓誉之心可泯。（四）其会议必宜秘密，使不致为会外势力所挟持，亦不为党派议论所左右。本主观之所得，尽量发抒其主张之力，自不难达于逻辑上应到之域。（五）其胸臆贵有清明之气。夫能立于党潮而外，则感情之偏、愤恨之私举无所用，澄心〔思〕渺索〔虑〕，以讨论大计，庶可以现在及将来种种政要之总绩为张本，而不为一时一事之刺激以乱其方寸。（六）其人数欲其减少，则用众凌寡、挟势快私、以求逞于群众一哄者，必无所售其伎俩，而真理真象或可于平心静气中得之。凡此皆今日解决省制问题必要之条件也。

总之，以党见解决省制，乃治丝而棼之法。何则？凡争利害而欲各尽其量者，必为休戚与共、利害切肤之人；抑凡争利害而能各阐其微者，亦必饱更利病、身经痛苦之人。今各派人员，何派可以完全代表中央之利害？何派可以完全代表各省之利害？无论何人，不能臆定。以不足代表各省或中央利害之人盈庭聚讼，故终鲜鞭辟入里之言。此不佞所以有加入省选若干人之私议也。维君子择焉。

（原载《宪法公言》第5期）

一九一七年豫想之革命

（1917 年 1 月 1 日）

合纷然淆杂互相错综之生活状态而组成社会，积判然各殊息息变迁之群众心理而演成思潮。持现状以比衡往迹，数其递嬗递变、厘然殊观之经历，而名之曰进化。构成社会之分子愈杂，则演成思潮之支派愈纷。纷之度达其极，则摩荡切劘，各成趋向。趋向愈歧，则变迁愈速，而进化之机乃愈灵。人群进化之原动力，宜万而不宜一，宜互竞于平衡，而不宜统摄于一尊。道一同风之训，乃根诸专制思想而来。一群之众，其受专制之毒弥深，则梦想一尊之心思弥切。甚或从专制思想之中，籀出专制教育主义，至教育主义隶属于专制思想而下，则群众之心灵汩没，而进化之机息矣。

近日从专制思想中，演出二大盲说，必待吾人之力极廓清者，即于政治上应揭破贤人政治之真相，于教育上应打消孔教为修身大本之宪条是也。往岁之革命为形式，今岁之革命在精神。政治制度之革命，国人已明知而实行之矣。惟政治精神与教育主义之革命，国人犹未能实行。实行之期，其自一九一七年始。

易言乎贤人政治，从专制思想演绎而出也。吾国专制思想，其延缘于人民脑襞者垂四千余年。迄于清末，新旧互争，濡染欧化者流，群悟专制之非。而深中旧毒之士大夫，既知专制主义与世界思潮相抵触，又不欲翻然改图，乃弃名取实，诡其词曰“开明专制”。迨民国成立，经二次政治革命而后，专制基础，扫荡无遗，不得公然以专制名词相号召，乃转饰其名曰“贤人政治”。今就二者比较以观，自不难立睹其真相。伯伦智理与黎白，皆谓专制与权力并存。何则？政权公诸有众者也，欲以一部分人私有之，故必赖权力为人保障。贤人政治，亦将公有之政权私之于一部分人士者也，故亦必藉势力为护符。此与专制同者一。专制者，成于独而消于衡，无惟我独尊之心理，则不能决然行专制；亦无惟我独尊之心理，则不敢自任为贤人。此与专制同者二。专制既假权力而行，则专制无定主，惟视权力为转移。贤人亦无标准者也，欲强定其标准，亦惟视权力以为衡。权力愈大者，其贤亦愈大，权力最小及毫无权力者，则不得不降为不肖焉。此与专制同者三。专制之特性，在排斥异己，非排斥至尽，则专且不能，何有于制？贤人之名词，乃与不肖相对待，非指斥他部分为不肖，则不能显见此部分为贤人。何也？以一国皆贤，则无贤人之名可立故也。此与专制同者四。行专制者，必划分人民为治者与被治者二级。贤人政治，以贤人为治者，以不肖为被治者，亦分人民为两级者也。此与专制同者五。专制者之职务，在以一部分人代理全国人之事务，而不欲放任人民之自为。贤人之职务，亦代不肖者总理庶事，而不欲放任不肖者之自为也。此与专制同者六。专制者，想望一人首出庶物，建为元后，以子育人民。贤人政治，亦想望一部分人首出庶物，立为人民师表者也。此与专制同者七。然则贤人政治，殆几与专制同其界说欤！

国家者何？乃自由人民以协意结为政治团体，藉分功通力，鼓舞群伦，使充其本然之能，收所欲蕲之果，乃以自智自力，谋充各得其所之境，非藉他人智力代为自谋者也。古者国家政治，其原动力在官；近世国家政治，其原动力在民。往者政治为人力车，近世政治为摩托车。故国家惟一之职务，在立于万民之后，破除自由之阻力，鼓舞自动之机能，以条理其抵牾，防止其侵越。于国法上公认人民之政治人格，明许人民自由之权利，此为国家唯一之职务，亦即所以存在之真因。谈贤人政治者，虽未见其明定国家之界说，然总观所论，则国家者由一部分贤人握有政权，以尽其指导扶持之责。藉此部分人智力，代他部分人民谋充其各得其所之境者也。凡百行为，以贤人为原动，以人民为被动。于是国法上不能遍认人民均有政治人格与自由之权利矣。由斯义以推，第一与哈蒲浩“国家建筑于人民权利之上”之原则相反，第二与边沁“最大多数之最大幸福”之主旨相违。此在贵族政体盛行时代容或可行，若欲行于二十棋（世纪，编者注。下同）民权大张、群争自立之时，是反世界之趋势与进化之精神，不若仍明倡帝制，犹为直截了当也。论者岂不曰由官治可进于民治欤？然要知官治、民治之根本原理，绝不相容。民治之精神，在先予以政治上之人格自由权利，藉政治之力以自造于贤人之域。政治其因，贤人其果。官治之精神，则先夺其政治上之人格自由权利，俾托贤人之庇荫，安享政治之成。贤人其因，政治其果。故一则养成富于自治自立之风，一则养成依赖他人之习。欲以依人为生之民，行自治自立之事，是命盲者视、聋者听之类也。乌乎可哉！

再言教育。孔道应否为教育大本为一问题，教育大本应否由国家规定，是又别一问题。前者已为海内时贤所斥驳，后者则似尚付阙如。夫教育主义大别不外二种：一隶属于政治者，一超轶乎政治者。国家而以官治为中心，其制度含有专制性质者，往往以政治势力左右教育，故教育主义纯粹隶属于政治范围之中。国家而以民治为中心，其制度含有共和性质者，往往任人民自由选择，听其趋向，以为教育之方针。故教育事业，全超轶乎政治范围而外。军国民教育、实利主义教育及公民道德教育，属乎前者；世界观教育、世道主义教育，属乎后者焉。

曷言乎世界观教育？世界之种类亦有二：一曰现象世界，一曰实体世界。前者以谋现世幸福为鹄的，后者则以谋究竟幸福为鹄的。前者有空间、时间之关系，后者则无空间、时间之可言。前者由于感受，后者全恃直觉。政治者，由人类所感受之激刺，为一族一国之群众谋现世幸福之谓。教育者，由人类一己之直觉，为普遍世界之群众谋无终无极之究竟幸福也。故强使世界观教育，俾隶于政治范围而下，其违背教育主义者二：一为空间之限制，即缩小教育范围，使仅及于现象世界中一族一国之人；一为时间之限制，即减短教育功用，使仅谋现象世界之现在幸福也。人不能有生而无死，国家不能有存而无亡。现世幸福，随死亡以消灭。以不生不灭之人生，于无始无终之实体中，而仅仅以谋随死亡而消灭之现世幸福为鹄的，若而人生，若而世界，有何价值之足云？此世界观教育所以为世界人生之最终蕲向，而超然于政治之表者也。

曷言乎世道主义之教育？夫合无始无终之时、无穷无极之世与有生无生之物以成世界。则所谓世界，即非一时一地之有生物所得专焉者也。矧人类特有生物中之一种乎？论者动曰：人道主义为世界之究竟。不知人道主义，特以人类为范围，不过占世界生物中之一部。谓为人类之究竟，犹且不可，况谓为世界之究竟乎？教育者，以合宇宙万汇有形无形有生无生之全体为范围者也。限以有生有形，已嫌其偏，何况更限以人类？设再以政治之潮流为教育之标，则更以人类一种族一国家之事，为实体世界无始无终不生不灭之真实人生体也。此人道主义之教育，所以不若世道主义之教育尤为范围普遍，万汇咸周之道，而为教育主义之究竟也。

然此特言超轶乎政治之教育也，即隶属乎政治，若军国民教育、实利主义教育及公民道德教育等，亦不宜束缚其趋向，尽纳诸政治潮流之中。教育之事，端在启瀹心灵，顺人类之特生异秉，使充其本然之能。其造诣之境愈杂，则心能之启发愈多，而学术之发明亦愈速。一道同风之说，乃汩没心灵之媒，况一之同之之标本，无能定可定者，欲以谋现世一部分幸福之政治主义，定为谋普遍世界无终极幸福之教育主义，其纰缪更何待言。故不特以孔道为教育大本无有是处，即于孔道而外，别取佛、道、耶、回之道或他宗学流为教育大本，以规定于宪法，亦无有是处。故今日所争者，为教育大本应否规定之问题，非应否规定何人之问题也。无论何人，均不能以一教之力束缚未来人类之心思。更何有于由专制思想演绎而出之孔道？

（原载《新青年》第2卷第5号）

宪政常轨中政党活动之正当范围

（1917 年 6 月 8 日）

吾人论政，首应标明终极之限度。凡在此限度之中行其活动，方有政治之可言，逾此一步，无论其施设何如，举入于非政治之状态。吾所谓宪政常轨者，即指前者言之也。

政党之活动有一大主旨，即集合群意，积极推行本党之政策是也。此外更有一大范围，即正当运动，必在政治状态之下是也。真正宪政轨内之政党行为，惟在谋本党政策，着着见诸实行；不在毁他党之计划，事事从中掣肘。即曰推倒敌党，不过使之下野而已足。断不可溢出轨道，芟夷蕴丛，绝其本根，尽其基础而摧之，排而绝之于政治范围而外。政党之联合运动，固在得友党之助援，然所谓友党，不重其宗旨之相同，惟重其在政治状态中，久具有政党之资格。藉非政党之力以诛锄敌党，即无异假盗以刃，俾残杀吾骨肉之至亲。敌党之命脉方尽，己党之死生亦操诸他人铁肘之下，消焉？息焉？存焉？亡焉？惟有伏首乞怜于强有力者之前而已。

政党之生命，本与政治相终始。故必有政治，乃有政党可言。政府不存，何有于政治？政治既亡，何有于政党？故凡国家陷入非常之境，政府正在飘摇之中，斯时也，护国护法为上。护国护法之事必诉诸全体国民，绝不得认为一党一派之政策。质言之，斯时也，但有国民运动之余地，绝无政党运动之余地是也。吾所谓政党活动之正当范围，即于此划鸿沟焉。

本此二义以论，今日之政变，彼奔至极端、越乎常轨之一派，非口诛笔伐所能稍折其锋，律以吾人论政之限度，已越乎立论范围而外，姑不具论。所欲与一试商榷者，惟在号称稳健之流。今日稳健诸公，举足左右便有轻重，此派所指即为旧进步系一流。律以真正立宪政治之政党行为，则今日进步系所得为者，但应以合法行动抵制国民系之主张，不应越出轨外，藉他力以推翻旧国民党。推翻且滋物议，奚况迹近诛锄。使之翻然下野，固不失堂堂正正之师；若使之绝其根株，则终昧夫政力向背之理。且称兵独立、脱离中央者已达数省，中央政府根本飘摇，已陷入无政府之状态，政府不存，党于何有？悬崖勒马，惟有出于国民运动、护国护法之一途，仗义执言，平情释忿，方不失为大政党之德量。即如人言称激烈者为暴民，然暴民虽厉，容之尚有令其忏悔之机；暴力一伸，则炙手可热，欲其悔祸，殆无望已。亡中国者果为暴民抑为暴力，尚不可知。证以史例，则暴民能力仅能扰乱和平之秩序，至暴力之贻患，每足以倾覆国家。甚愿稳健诸公认定肇亡之媒，以自正趋向可也。

（原载《甲寅日刊》第139号）

论欲实行立宪政治者应有之觉悟

（1917年6月13日）

在吾国今日而拘拘作政理、法理之论，举政治通例、国家原理以绳正政治家之所为，未有不嗤为迂生之论者。殊不知立国于今日世界，无论取何种制度，必含几分政治通例、国家原理于其中，其国乃有存在之希望。若离乎政治常态而犹能独立自存于地球上，占一片空地，号曰国家，遍寻东西，不惟实无斯例，亦断断乎无斯理也。

吾人既以政党相号召，心目中必有一种理想之国家、理想之政治。前提已定，又必认定何阶何级为能组织此种理想国家、实行此种理想政治之人。故政党之第一步在定国家政治方针，第二步在选择实能行此方针之人。研究会之通电有曰：保护共和国家，实行立宪政治。今且不论共和国家之如何保护，但论立宪政治之如何实行。立宪政治者，国家机关之行动一循乎宪法范围之谓也。立宪国共通之精神，乃反乎专制政体之独断主义，而以互相退让、互相妥协之意出之。于执政机关而外，容认监督机关之存立，拥护而尊敬之。此倭儒小野冢氏之言也。浮田氏又曰：立宪政治之第一要义在使政府权力有所限制，第二要义在使政府尊重人民之自由权利，第三要义在广予人民以参政权。其论立宪的道德也，力举二义：一、使多数人民研究政治问题，养成自由竞论之习惯；二、多数人民须尊敬少数人独立之意见，而有虚怀容纳之雅量。综括上列各义，则立宪政治一在政府权力有所限制；二在互相退让，反乎断裁主义；三在尊重国会，听从其监督；四在尊敬少数，容纳其意见；五在尊重自由，广予人民参政之机会。凡此诸端，不啻普通立宪国之天经地义也。

顾自政治通例言之，一言武力，则莫不与立宪政治彻底相反。凡权力而握于武人，断未有不滥用其权以自恣者，限制一义已根本消灭。且专制者，一力独胜之结果。力也者，尚独忌衡之物也，安有退让妥协之可言？若云尊重国会，容其监督武力，而受制于人，是自堕其专断独占之资。若广予人民以参政权，是又自招抗衡抵拒之力。若云服从少数，平心静气之议场、温厚和平之党员犹病未能，以之望鲁莽灭烈、炙手可热之武力，微特心有所不甘，即甘心焉，而揆之于势，实有所格而不行。然则欲与反乎立宪政治者谋举行立宪政治之实，非别有怀抱，则是冥顽不灵而已矣。政治通例往往如此，固非予一人之私言也。

总之，欲实行宪政：第一，须识政力向背之理，而容认反对党之存在；第二，欲获得遵守宪例之果，必先造养成宪例之因。以政治言，民党存，虽不能实行共和；民党亡，则断然复乎专制。民党存，虽不足语于政权平分；民党亡，则必致政权独占。以政党言，民党存，虽不足为进步系之助；民党亡，则实足兆进步系之危。此其例，全由开国六年中之政变经验而得，为凡有耳目者所共见共闻者也。故今日终极之目的，欲使民党暂时在野则可，欲使其一蹶不可复振则不可；欲驱除其暴烈分子于议场则可，欲不择良莠而并绝之则不可。岂惟不可，抑又不能。谨铭斯限，以为关心调和者告焉。

（原载《甲寅日刊》第 144 号）

近世三大政治思想之变迁

（1918 年 1 月 15 日）

政治本由理想产出。理想者，为事实所感召，立之以纲维时会之迁流者也。必有新理想导之于先，乃有新政治实现于后。国人局于现象，鉴吾国政治状况大似欧洲十八世纪之初，凡所论列，多摭拾十八世纪以前之学说，以津津自喜。如天赋人权、小己主义、放任主义，早为西人所唾弃者，尚啧啧称道，自诩新奇。殊不知政治进化，非同机械，发达变迁，均为有意识之动作。凡他国由枉道而得之利益，吾可由直道而得之。他国几经试验，由失败而始得成功者，吾为后进之国，自应采取其成功之道，不必再经其失败之途。由此以推，则凡先进国回环顿挫、历数世纪始获得之进步，后进国可寻得捷径，而于一世纪之中追及之。然则述西人政治思想之变迁，以为吾国政治思想变迁之引导，诚为今日之急务焉。兹略举数事如左：

国家观念之变迁。古代人民思想，均以国家为人生之归宿。故希腊、罗马及前代之倭人，莫不以国家为人类生活之最高目的。人民权利，皆极端供国家之牺牲。至唱人权、放任、小己之说者起，乃一变其说，谓国家权力与人民权利绝不相容；且有谓政府之存在，徒因人类之有罪恶，罪恶一去，政府斯亡。乃至十八世纪以后，新国家主义日益发明，如费舒特（Fichte）、海格尔（Hegel）、玛志尼（Mazzini）、加奈尔（Carlyle）、骆司砇（Ruskin）、格林（Green）诸氏均阐发国家之功能，以为人类一切障碍，惟赖国家之力可以铲除；一切利益，惟赖国家之力可以发达。在千八百六十四年，英人之思想，以反对国家者为正教，以信赖国家者为异端。在最近数年前，则以信赖国家者为正教，以无政府主义为异端。考其所以变迁之原因，盖一由国家观念大异于前，一由国家功效昭昭在人耳目故也。唱人权、放任、小己之说者，以为国家权力与人民权利乃两相妨害之物，国权一伸，民权自不得不缩。近世乃知人民之权利自由由法律所赋予。国家权力强固一分，即人民权利强固一分。确认国家无自身之目的，惟以人类之目的为目的，犹经济学上之富然。富非人生之究竟，乃为求达人生究竟之一途。国家亦非人生之归宿，不过为人类凭藉，以求归宿之所在耳。又因列强竞争，日形激烈。人民自由，仅为此小国家主义所限制，劳劳战备，日在惴惴战栗之天，自由范围，终嫌狭隘。于是信赖民族竞争之小国家主义者，又一变而神想乎人道、和平之世界国家主义。欧战告终，国际间必发生一种类似世界国家之组织，以冲破民族国家主义之范围。此征之于最近西人舆论而可信者也。

乐利主义之变迁。古代之政治思想，多自“损下益上”“捐万姓以奉一人”之原则演绎变化而来。自边沁唱最大幸福之说，政治思潮，倏焉丕变。顾尔时之解乐利主义者，犹重其数量而略其性质。多数之幸福，犹为少数代表所代谋。夫幸福之所以可贵者，在引人民于政治范围以内，俾藉群策群力，以谋公共福祉之谓也。设以他人代谋为原则，使多数人民立于被动地位，颓废其独立自营之本能，所谓幸福，直欺人语耳。盖近世所谓幸福，绝非根据他方之痛苦而来，亦不得以一阶一级之人数为界限。设移此阶此级之幸福，以享他阶他级之人，抑或因谋最大多数之人幸福，而置少数之人幸福于不顾，皆非近世之所谓乐利主义。乐利云云，必以个人为单位。无论牺牲万姓以奉一人者为非，即牺牲一人以奉万姓者亦非。此方所增之幸福，绝不自他方痛苦中夺来，亦非自他方幸福中减出。设在吾国，痛苦一人，以利三万九千九百九十九万人，犹是阶级的乐利主义、多数的乐利主义，而非平等的乐利主义、全体的乐利主义也。真利所存，必其两益。绌此伸彼，终必致两败俱伤。近世学说，多由主张小区选举制度变为主张大区选举制度，由主张多数选举变为主张比例选举。此制如行，则旧日多数专擅、自营其私之弊端可日益廓清，且可更进而行直接民政，公意全发动于人民之自身矣。

民治主义之变迁。在贵族政体初变时代，论平民政治者，犹未脱尽阶级资格之观念。限制选举，多以教育、财产为必要之条件。与其谓之为平民政治，毋宁谓优秀人民政治。乃择其优秀者，畀以参政权；非畀以参政权，使养成优秀人民也。迨十九世纪之末，欧美学者所谓平民政治，大抵皆建筑于人民权利及小己私益之上。以为平民政治云者，小己自保其权利，自享其私益之谓。不知权利私益，皆为人生之凭藉，而非人生之归宿。近数年来，多唾弃小己主义，主张合群主义；唾弃私益问题，主张公益问题。以为真正平民政治，乃建设于担负社会职任之小己之上。小己私益，即自社会公益中分来。人民入群而后，皆以谋社会公共幸福之目的，谋小己之幸福。而社会利益之进化，不徒恃普通选举制及议院政府制，乃恃有中介的团体，使小己与一群，得以联络一气。民治政府，实为责任政府。予人民以参政机会，即道人民以负责之方。以选举之事，锻炼政才。故实行平民政治，实足以收教育之功能。选举制度，不惟无教育资格之必要，且足以补教育之缺焉。

吾国政治思想，偏于守旧。自表面观之，所受世界思想变迁之影响，似乎极微。推求实际，近日政治现况，实与世界思想一致前趋。大凡政治理想发见之初，不为破坏的革命，则为消极的反对。当新思想未能实行之先，必使与我反抗之旧思想，破坏无余，乃有建树新思想之余地。哈蒲浩有言曰："当自由主义之发端也，恒为破坏的、革命的批评。取消极态度者，约数世纪。所立事业，破坏多于建设。削除人类进步之障碍，远多于表明积极之主张。"吾意中国今日之政治思想亦然。袁氏之自私的国家主义已经打消，段氏之负气的武力政策亦瞬见失败。此后群众放矢之的，又将转向"骑墙"的自私诡计而发。凡凭国为崇，图谋一部分乐利，及假贤人政治为名，以屏斥人民于政治范围而外者，皆与此国家主义、乐利主义、民治主义之新思想不能并存。不试则已，试则未有不偃旗息鼓、败北而逃者也。

（原载《新青年》第4卷第1号）

市民运动的研究

（1919 年 5 月 18 日）

四号午后，北京的地方，对于外交问题忽然发见了市民的运动。据报纸传说，云是“学生界的运动”，其实据我亲眼看见，参与其事的有许多工人，许多商人，和许多须发皓然的老青年。说一句老实话，这完全是市民的运动，并不单是学生运动。这件事顺着世界新潮流而起，狠不可轻易看过，说他们是“五分钟的热心”。

原来民众运动，本为弥缝多数政治不平而起的。发生的原因有三：（一）因为间接发表民意的代议政治不及直接行动的真实，所以才有“劳动自决主义”（Syndicalism）和“同盟罢工”（Strike）、“国民决议”（Referendum）等事发生。（二）因为法律上承认多数政治，少数人和新上来的阶级的意见不能在政治机关内取胜，所以才另从社会方面找出一条生路。如劳动代表运动，普通选举运动，妇人参政运动，皆属于这一类。（三）因为政府不中用，或国家又弱又小，被强权迫压住了，所以国民才起来运动。消极的功效，就在叫醒政府的昏愦；积极的功效，就是帮助政府进行。如日本明治二十八年九月反对日俄条约的日比谷大会就是这个意思。

现在号称平民政治的国家，没有不是采用代议政治的，代议政治就是政党政治，政党政治就是两三个党魁的政治。各国的政客，一方面是独占政权的贵族，一方面又是拿人家血汗作乐的资本家。对于这种不会劳动专会争权夺利的政客，只有国民运动可以制裁他。若犯了卖国的大罪，那就更不用说了。

民众运动本是根据自治自决的道理而来的。若抱定目的把人侵占我们的政权拿回来，让我们自己来做，这就叫做自治。若不准政府独断，要让我们公众裁夺，这就叫做自决。这回北京的市民运动，并不单是自治自决，简直可以说是自卫。譬如我家仆人把我的财产偷送给强盗，我知道大祸将临，就应该行使我的正当防卫权。行使正当防卫的时候，就是侵犯人家自由，毁坏人家物件，在法律上并不负赔偿的责任。因为急于自卫，就是个取合法的手续，也不能责备他。照这个原理推起来，警察厅拘留殴打卖国贼的市民，实在是不懂得自卫的道理了。

你看日本，近二三十年来，东京市内不知道起了多少回数市民的运动。顶大顶凶的事件，就是对于改正条约、日俄条约、海军收贿、米价调节等几件事。当时市民结阵，打断大隈的腿子，打破外务大臣的汽车，烧有钱的人房子，拆警察局的屋子，也不晓得闹了多少时候。闹到结果，总是政府让步，有责任的人辞职，从来没有听见说过拘留多少市民的。这就是日本民众势力所以日见其大的原因。看他这回普通选举运动，简直可以说是自由的国家、平民的政治。这个潮流无论那一国皆免不掉的，顺着走可以步步进化，逆着走必定激成革命的大祸，无论如何总没有一个人能拗过他的。

市民运动本是国家兴旺的气象，为什么有许多人却恶憎他呢？这也有个原因。因为一心想达到最希望的目的，却遇着种种阻碍，不能如意，所以才不免有激烈的行动。譬如抱定无政府主义的人，岂不是讲自由、反对武力吗？然而一八八一年七月伦敦的无政府党会议，竟议决了许多杀官僚贵族资本家的法子，并且叫各会员去专心一意的研究化学应用，预备制造炸药。后来的人一听到无政府主义，便联想到炸弹手枪上去了，所以把无政府党看做最危险的人物。其实他们主张，那有一点危险呢？现在的人怕说民众运动也是这个道理。究竟民众运动的方法，胆小的人没有见识的人或者有点看不惯，讲到民众运动的目的，那一件事不是大快人心呢？

（载 1919 年 5 月 18 日《每周评论》，转自《北京晨报》）

无治主义学理上的根据

（1919年7月15日）

现在有许多人把无治主义看得比“洪水猛兽”还利害，你要问他无治主义是什么呢？他的危险在什么地方呢？十个人中恐怕有八个人“莫名其妙”。我想，讲学问的人，最怕的是武断，不明白那种学问的真相，一味的瞎褒贬，是顶没有价值的、顶没有意识的事体。学问家的态度千万不要如此。所以我想把全国骇怕的无治主义写出大概，叫那些瞎褒贬的人先来看看，然后再去下判断。至于无治主义究竟是好是坏，我个人的意思究竟是赞成他是反对他，一个字也不提，好让看的人自由去下裁判罢。

一涵附注

一、无治主义是什么？

我讲的无治主义就是英文的Anarchism。原来Anarchism这个字，是从希腊文αν和αρχη变来的。他的意思就是反抗官府权力（Contrary to Authority）。所以，日本人译做“无政府主义”。究竟无治派的人虽然反对强力，虽然反对拿强力逼人服从的政府，但仍然有个自由结合的机关，叫作社会；仍然有个愿意遵守的规则，叫作契约。他们的根本观念不是打消谋公共福祉的权力，不是反对管理公共事物的规则。他们想打消的是那谋一部分人福祉的权力，是那拿强力逼人服从、不要服从的人同意的法律。他们反对强力到底是什么理由呢？布朗（W. Jethro Brown）讲的最明白，他说：

> 无治主义照寻常意思解释，就是反抗强权的拘束。不愿诉诸统治人的强力，只愿诉诸各个人的意思；不愿让国家强迫，单愿诉之个人良心；不愿受刑律的惩罚，单愿受自由选定法的制裁。

无治主义有消极、积极的两方面。消极的方面是反抗强力，积极的方面就是自治。无治主义的世界是没有强力的世界，并不是无法无天的混乱世界。无治主义的社会何尝没有法律，何尝没有契约呢？你看布朗说：

> 从消极方面讲，无治制度就是拒绝国家拿强力执行自己的意思。一个社会应该有振作社员公共福祉的权柄，这是没有疑义的；所不承认的，乃是拿社会自己看作幸福的去强迫人家服从。主张无治的人，并不是一切政府的对头，单是那不以各人完全自由同意做基础的政府的对头。这种不承认国家的真正理由是很值得注意的。无治派中，除了有些人主张设立警保委员（Vigilance Committee）管理罪案外，还有些人公然或暗地主张一种强制的政策，在契约物权范围以内使用。他们有“契约必须保存”的话，这种契约就是强行的法律……
>
> 从积极方面看，无治制度就是“自治”（Self-government）的意思。叶建德（Egidy）说：“为什么说无治主义呢？”“为什么不简直说自治呢？”屠克尔（Tucker）说：“文明就是叫人自管自的意思。”这种观念和往年新教徒的理论是明明白白一样的，不过这派的主张更明了宽广一些。路德（Luther）虽然在 *The Babylonish Captivity* 中说无治制度的原理：除了亲自答应的，不受人家统治。但是往年宗教改革派仅仅把自治看做达到精神自由的方法，他们是想拿信士的职权代替教会的职权。到了无治派，他的观念更加广大了，他想把一切的自由一齐实现出来。古时新

教徒声明个人要有本自己良心信仰上帝的权柄，近来无治派却声明个人要有自己管理自己一切事务的权柄。这个权柄是先天的，是不能够失掉的。

无治主义的大概既明白了，我们可以说他的定义。

无治思想发源很早。当西历纪元前四五百年，中国就有老子，希腊就有亚里士梯璞（Aristippus）、柔诺（Zeno，Stoic 哲学的祖先）诸人，各人有各人的主张，大体虽然相同，细节总难得一致。要想下一个很简单又很赅括的定义，很不是一件容易的事。没有法子，只得先把他普通的观念写出来罢。

无治主义对于政治，反对强力，反对拿强权逼人服从的政府，要想结合一个自由组织的自治的社会；对于经济，反对资本家侵占他人的利益，反对财产集中，要想组织一个各食其力的自给的社会。

赫胥黎说："无治制度所认为独一无二的正统的政府，就是个人管理各人的社会。"他们因为生产和消费的原故，为求得各种需要的原故，为发达文明精神的原故，也常组织一种自由结合的社会，或拿同行做基础，或拿地方做基础。一方面想达到他们生产、消费、交易、交通、卫生、教育、互卫等种种目的，一方面又想达到增进科学、技艺、文学和社会需要的目的。无论个人的无治主义、社会的无治主义、自治的无治主义、互助的无治主义，他们的根本原理总是人人极端自治、极端自由。不过无治主义和自由主义（Liberalism）很不一样。无治主义把放任主义用到人类一切行为上去，不问是政治的生活，是经济的生活，都要极端的自由，除了自由商议定的社会，别的组织是一概不要的。自由主义只把无条件的自由用到经济事情上去，对于个人的社会关系，尚承认必须有强制的组织。无治主义虽然和社会主义根本上有些不同，但是他们的目的却有许多一样的。不过社会主义拿国家做达到目的的方法，无治主义单倚靠个人能力去达到目的，不倚靠国家的权力去达到目的。这是他们绝对不同的地方。照以上所说的大概，我们可以暂下一个无治主义的定义：

凡主张拿自己的能力自由解决自己的一切行为，不靠强力迫胁的政府，专靠自由结合的社会，这种学说叫做无治主义。

二、无治派的国家政府观

大概政治学说很少无的放矢的。无治主义所以发生的原因，就是那个时候的国家政府实在是坏的不得了。因为国家坏，才要唱不要国家的学说；因为政府坏，才要唱不要政府的学说。这就是他们根本解决的方法。

无治派反对国家政府的第一个理由，就是因为国家政府专重强力。国家的职务本是保护人民，叫他们不要你杀我、我杀你。所以国家存在就是战争侵略存在的根由，国家不是抵抗他人侵略，就是自己去侵略他人。国家成立的要素就是强力，强力的要素就是武备，武备就是战争的祸根，战争就是铲除公理自由的利器。原来武力主义是只许我们爱国，不许他人爱国的；只许我们侵占别人的，不许别人侵占我们的。这是什么原故呢？因为，武力主义只拿强力对抗，没有什么正义人道可讲的。脱尔斯泰说：

> 我曾看见过战争，看见许多人凶狂，变成了畜牲世界。战争的地方没有什么权利，没有什么法律，正义的观念一点儿也看不见了。侵入人家国内，杀了人家保护国家的人，烧了苦人家的房屋，叫人破家荡产，污辱人家妇女，这就是拿武力主义救世的效果。

脱尔斯泰又说：

> 政府的性质是治人的，不是被治的。政府的强力是从军备得来的，所以不能废军备。军备是为战争而设的，所以政府也不能

废战争。

这是无治派反对国家和政府的一种理由。

无治派反对国家政府的第二种理由，就是因为政府为一阶一级霸占去了，政治、法律都是为保全自己地位起见，所以绝对不能公平。且看蒲鲁东（Proudhon）说：

> 法律是为有势力的有钱的而设的蜘蛛巢，是贫贱人家打不破的铁链子，是政府手中打鱼的网罟。

集产主义的无治派把土地私有和资本私有看作天地间顶不公平的事。他们又说，土地独占和资本独占都是国家造成的。因为他们反对土地独占和资本独占，所以也反对国家。

中国古代学者把君主看做国家政府，所以西方的无治派反对国家政府，东方的无治派反对君主。老子和鲍敬言都是中国的无治家，老子说：

> 民之饥，以其上食税之多，是以饥。民之难治，以其上之有为，是以难治。
>
> 天之道，损有余而补不足，人道则不然，损不足以奉有余。

这些话同《伐檀》诗中所说的："不稼不穑，胡取禾三百廛兮！不狩不猎，胡瞻尔庭有县貆兮！彼君子兮，不素餐兮！"《葛屦》诗中所说的："纠纠葛屦，可以履霜。掺掺女手，可以缝裳。要之襋之，好人服之！"大概都是攻击资本家安享别人辛苦得来的利益。至于鲍敬言的话更加激烈，他以为"古者无君胜于今世"。所以他说：

> 天生烝民而树之君，岂其皇天谆谆言，亦将欲之者为辞哉？夫强者凌弱，则弱者服之矣。智者诈愚，则愚者事之矣。服之，

故君臣之道起焉；事之，故力寡之民制焉。然则隶属役御由乎争强弱而校愚智，彼苍天果无事也。……夫役彼黎烝，养此在官，贵者禄厚，而民亦困矣。……使彼肆酷恣欲，屠割天下，由于为君，故得纵意也。

夫天地之位，二气范物。乐阳则云飞，好阴则川处，承柔刚以率性，随四八而化生，各附所安，本无尊卑也。君臣既立，而变化遂滋。夫獭多则鱼扰，鹰众则鸟乱，有司设则百姓困，奉上厚则下民贫……（鲍生的话见《抱朴子》）

老子以为贫富的祸根，由于君上的剥夺；鲍生以为天下的争端，只因“有君之所致”。这就是中国很厉害的无治家。

三、无治派的私产观

无治派以为世间一切罪恶和不平等不自由的事，都是从私有财产起的。友谊、交谊是从平等生出来的，相残相杀是从不平等生出来的。所以他们有人说：

愚民不是聪明人的朋友，有车的人不是没有车的朋友。友爱是平等的女儿，不平等不会发生爱情的。

私有财产不但是友爱的仇敌，并且是犯罪的原因。李特（Leete）博士说：

一切的罪犯，总有二十分之十九是从个人所有不平均起的。因为手头不足，就引起穷人为非；因为贪得无厌和患得患失，又引起殷实的人作歹。爱钱是一切犯罪的动机……

老子常说：

> 不贵难得之货，使民不为盗；不见可欲，使民心不乱。
>
> 绝巧弃利，盗贼无有。

鲍生亦说：

> 尚贤则民争，贵货则盗贼起，见可欲则真正之心乱，势利陈则劫夺之途开。

因为私产为不平等的祸根，为犯罪的原因，所以他们不能不研究私产的性质。蒲鲁东以为私产是抢劫工人的辛苦钱，来图他们自己的快乐。所以他说：

> 财产就是盗犯。
>
> 奴隶把有价值的人格消磨尽了，故奴隶制就如同暗杀；财产是把别人生产有价值的东西抢归自己私用，却不给他相当的酬报，故财产制也如同盗犯。

蒲鲁东虽然反对私有财产制，但他并不像马克思一派的社会党主张共产，不过使人人都有平等的使用财产权，完全享用他自己的生产罢了。他主张集合财产制，把财产归团体所有。

另外有巴苦宁（Bakunin）主张废止袭产制，让各人以能力自由工作。他自己明说是集产党，不是共产党。克鲁泡特金以为集产终久不能平等，所以他主张共产。他说：

> 我们所讲的共产主义，不是非利学派的共产主义，也不是德国理论派（即马克思派）的共产主义，是无治的共产主义。无治

的共产主义是自由人民的共产主义，乃人类历来所想的经济上自由和政治上自由两个目的同时达到了就是。

克鲁泡特金的无治的共产主义有下列三个条件：

（一）一切生产都脱了资本的圈套，一齐劳动，把他生产出来，使参与劳动的人随便自由取用。

（二）各种团体、各种组合都脱掉政府的管束，渐渐由单纯的组织进到复杂的组织，各因需要自由结合。

（三）脱掉宗教的道德之拘束，造到无义务无制裁的自由境界，社会生活都依习惯行动。

以上都是无治派改正私有财产罪恶的方法。

无治党和社会党对于土地私有和资本垄断、劳银制度等，也有许多主张相同的。他们俩儿最大的异点，就是社会党想拿国家的权力来解决这些不平不均的问题，无治党以为这些不平不均的祸害就是国家弄出来的，要想解决这些问题，非拿个人的能力自由处置不可。这就是无治党和社会党根本不同的地方。

四、无治派的人性观

无治派所以主张人人自由处理自己的事务，就因为他们把人性看做善的，看做人人都能够自治不要人家管束的。所以布朗说：

> 许多无治党都把人性看做善的，不是恶的；看做高贵的，不是卑劣的；看做忠诚的，不是不忠的；看做勤励的，不是懒惰的；看做被爱情支配的，不是被憎恶支配的。现在所有种种不好的气质，都是由政府专制和由专制造成的制度惹起来的。个人是好的，只有国家是恶的。……

克鲁泡特金更推广范围，不但说人类是互相亲爱、互相扶助的，就推到无脊椎的动物也是由内争而进到互助。他以为非社会的肉食兽少，社会的兽占多数。团结和互助就是哺乳类的规则。同情的心是社会生活必然的结果，同时又可说是使知识和感情大大发达的原因。想叫高尚的道德的感情发达，必定要以友谊和同情心做第一步，因为这是进化发展顶有力的一个要素。克氏的意思虽然不说人类自始至终没有一点竞争心，但他承认知识越高，同情心越盛，互助力越多。他虽然不说人性是全善的，是生来就是这样不待练习的，但他承认人类进化由本能进到理性，总向善的方面走去。竞争是例外，避竞争、求互助是人类天性。（可参看他的《互助论》）

因为人性是善的，或是一定向善的，所以不要另外用别的强力去迫压他。用外力迫压个人，叫他向善，有三层不当：（一）是不必要的，（二）是不得法的，（三）是错误的。何以说不是必要的呢？因为从经验上试验下来，人类服从规则，全倚靠他的名誉心。现在人民服从国法，不是因为怕罚，是怕大众非难。何以说是不得法呢？因为法律是叫人怕的，是追问人性顶坏的部分，不是追问人性顶好的部分。何以说是错误呢？因为用外力去逼迫人，自道德上讲起来是侮辱人的人格、侵犯人的人权。如把"不得本人答应不能征收租税"当一个原则，那么大多数的人，不得少数人的答应，也应该没有征收少数人租税的权利。并且没有人有权柄可以把反乎人家意思的法律加到人家身上去，叫他服从的。由此推到结果，人类只该自管自。人类所以只该自管自，就是因为他性善。这就是无治派的人性观。

以上所说的不过无治派的普通学说，若欲详细说明，非另著专篇不可。本篇的意思不过想明白大概的观念罢了。无治党所以遭世上人的唾骂，很有几种原因。原因最大的就在他们求达目的的方法。自普通的人眼光看来，炸弹、手枪就是无治主义的旗号。这也有个原故。因为一八八一年七月无治党在伦敦开会，议决推翻现世制度的方法就在除灭官吏、贵族、教士、资本家和那些拿人做物用的人。因为想除掉这一般人，所以不得不用暗杀的方法，叫许多人去研究化学来制造爆炸的药料。但这是他们想达到理想目的的方法，绝不是他们目的。现在有许多人恶憎“布尔札维”派，把他们看作凶兽无比的吃人的豺狼虎豹，这也是因为他们的方法利害一点的原故。若讲到“布尔札维”主义就是人人做工，因为做工就组织劳动联合会，把国家的政权交给该会掌管，这本是社会主义的共和国家，值得什么大惊小怪呢？不过他们把政权专交给劳、兵、农三阶级手里，用强力去贯彻他们的主张，所以没有见识的人看见他们穷人横行，就恐怕起来了。无治主义再平和、再正当、再合乎人道也没有了，你看许多无治主义的新村，“各尽其力，各取所需”，比那《桃源记》中间的“良田美池桑竹之类，阡陌交通，鸡犬相闻，其中往来耕作……黄发垂髫并怡然自乐”的境界，也不知道还好许多！这是各国实地试验的成绩，并不是空想的“乌托邦”！

（原载《新中国》第1卷第3号）

武者小路理想的新村

（1919年8月24日）

近来有一部分官僚痛恨我们小报，因为我们稍为介绍一点新思想，便不问青红皂白，动不动就说我们是“过激派”。这种黑天的冤枉，就有一百张嘴也辩不清。没有法子，只好少谈些主义，少管些武人、官僚私有的政治。我记得前清时代，如有“文理荒谬”的童生，学台大人就出示“勒令归农”。我们小百姓既不配谈政治，也只好“勒令归农”，谈谈村农的生活罢。

日本武者小路实笃（今年三十五岁）于去年十一月约下许多同志，在□向的儿汤郡石河内买了一块地方，盖下许多茅屋，开出许多田地，自己动手耕种，把他新村的理想拿到这个地方来实地试验。近来日本《妇女世界》杂志上发表一篇《访新村的纪事》，很夸奖他们，可见得他们的实地试验已经渐渐成功了。武者小路的理想的新村是什么呢？我且替他介绍介绍：

（一）要做人的生活。中国平常人的生活大概不出三种：（A）禽兽的生活。牺牲人家的人格，鬼混宝贵的光阴。淫欲发动，就跑到姨太太房里或窑子里边睡一觉；拼到三五个人，就来一回麻雀或打一场扑克；没有兴头的时候，不是跑到“新世界”，就是跑进游艺园，鬼混鬼混，就是一天。（B）强盗的生活。不是招来土匪向国家要钱，便是拿点资本来安享劳动人辛辛苦苦的生产物，抢劫人家汗血钱，供他自己浪费。（C）牛马的生活。一天忙到晚，牺牲人格，牺牲自由康健，来供人家快乐，自己连穿的吃的也没有够的时候。这些生活都不是人的生活，是武者小路顶反对的。他主张人的生活：一要自己去尽劳动的义务；二要享受自己劳动的酬报；三为发展自己本能，为尽人类的义务劳动的，不是为兑换口粮劳动的。所以他说：

> 人的生活是怎样呢？是说各人先尽了人生必要的劳动的义务，再将其余的时间，做个人自己的事。
>
> 非人的生活便是说不能顾得健康自由寿命的生活，因为想得衣食住，苦了一生的生活。明知要成肺病，为求食计，不得不劳动；已经成了肺病，为求食计，还不能不劳动；听人家的指挥，从早直做到晚，没有自己的余暇……这等人我们不能说他们所过的是人的生活。

武者小路把非人的生活看做革命的祸根。一方面因为过禽兽的生活，必然堕落人生高尚的精神；一方面因为自己的幸福被人家抢去，必然起一种不安的反感。这种不公平不合理的社会，断断不会长久支持下去的。所以他以为想免掉流血的革命，必须从人类生活上下手。

（二）实行劳动主义。人类幸福并不是单在穿的吃的住的上。穿衣吃饭住家不过是人类求幸福的工具，并不是人生的目的就限定在这三件事上头。所以武者小路的劳动主义，乃是对于人类尽应尽的义务，对于自己做发展的工具，不单是兑换口粮的。假如为口粮去劳动，那么，同那老牛耕一天田换一点稻草吃，猴子跳一个圈子骗一点水果吃，还有什么分别？所以他说：

> 我想世上如还有一个为食而劳动的人存在，那便是世界还未完全的证据。“拿头上的汗，去换口粮”的时代，此刻已应过去了。……现在不但如此，简直可说为了你的口粮，卖去你的一生！处这样境遇的人不知道有多少。但这正是社会制度还未长成完全的缘故。我并不咒骂劳动，但是为了口粮不得不勉强去做的

劳动，是应该咒骂的。至于人类必要的劳动，那是应该赞美的！

新村里边要使人人都没有衣食住的忧虑，让人好去求人生的究竟。不但没有“为了你的口粮，卖了你的一生”的事，并且不许一部分人忙个不歇，一部分人坐着不动，安安稳稳的享受别人汗血的功劳。且看他说：

> 劳动也有几种：有我们生存上必不可缺的劳动和不必要的劳动。现在把这必不可缺的劳动专叫一部分人担负，其余的人都悠游度日，虽说在现今是不得已的事情，决不是正当的事。

新村里边的劳动，也用分工的法子。“男人做男人的事，女人做女人的事”，“体弱的人，如任什么工都不能做，便不劳动也可以的”。如有病人不能劳动，也可以由别人代他劳动。每天早上六时起来吃饭，七时下田，到晚上五时为止。上午十一点钟用午饭，下午两点钟用点心。劳动倦了，可做轻便的工作。两天上午各人自由，下午或搓绳，或编草鞋，或做屋内的工作。每晚各人可以自由读书。这就是他新村中劳动的状况。

（三）创造平等互助的社会。现在俄奥各国的劳农政府，虽然是把贵族和资本阶级压将下去，让劳农阶级出来组织政府，但这也不过是临时的办法。真正说起来，让这部分人去征服那部分人，无论如何，都不是正当的办法。所以俄奥的新政府，必定要把资本、劳动、贵族、平民的各阶级根本打消，才能说起共和两个字。各种阶级怎样才能根本打消呢？就是叫各阶级的人都来劳动，生产的人就是管理的人，管理的人也要变成生产的人，把国家变成一个大新村，在这里边劳动的人，就是管理这里事务的人。不但没有阶级的界限，就连那社会、政治的界限也渐渐的化除了。必是这样，才能成一个平等的社会。这就是武者小路所主张的“合理的社会”。他说：

在合理的社会里，不能雇用男女仆人。各人都是仆役，又都是主人。劳动者这一个特别阶级也没有了，无论什么人都非劳动不可。只是有特别才能的人或衰弱的人可以免去，但这只是一种例外。

劳动者便是绅士，绅士也即是劳动者；平民便是贵族，贵族也即是平民。

劳动原分肉体劳动和精神劳动两种。但同是劳动，便没有高下贵贱之分。武者小路虽然承认有特别才能的人不要劳动，但不过是所做的事不同，并不是人格不同。他说：

贫富平等，并非使富人变成穷人，不过富人、穷人同是一样的“人”，便同是一样的过人的生活罢了。

他既不承认人上的人，自然也不承认“少数的人在多数人的不幸上筑建自己的幸福”。所以他一方讲平等的社会，一方又讲互助的社会。

讲互助生活的人，当然反对“生存竞争”。因为狭义的生存竞争，专做损人利己的事。一到损人利己，便不是人的生活。他说：

我想人类不能享人的生活，是大错的。这错从何而起，大约有种种缘由。简单说，便是因为他们不明白人类应该互助的生活，反迷信自己不能得便宜即要受损失的缘故。所以心想别人的不幸应该永远忍受，只要自己幸福便好。

这便是互助的生活。不使别人不幸，自己也可以幸福。不但如此，别人如不幸福，自己也不能幸福；别人如有损失，自己也不能得利益的生活。

我们想造一个社会，在这中间，同伴的益便是我的益，同伴的损便是我的损，同伴的喜便是我的喜，同伴的悲便是我的悲。现今世上，都以为别人的损失便是自己的利益，外国的损失便是本国的利益。我们对于这宗思想错误，想拿我们的实生活来证明他。

主张互助的生活必然反对生存竞争。所以武者小路也说生存竞争“在我们同伴中间当然可以没有”，并“总是不应有的”。

他的平等互助社会不是限于一县一国的，还想渐渐推广，打破国界，造成世界大同的社会，且看他说：

> 这样的制度试先分国行行，我还梦想将来有全人类实行的一天。一切的人，在自己国语之外，能说世界语。无论到了何处，只要劳动，或是执有劳动义务期满的证据，便不要金钱可以生活，可以随意旅行，随意游览，随意学习。这样世界，只要人类再进一步，没有不能办到的事。一个人到了无论那里，都有同一的义务，同一的权利。先是以人类的资格而生活，更以个人的资格而生活；先在世上为了生存而劳动，更为发展自己天赋的才能而生存。……我望将来有这一个时代，各人须尽对于人类的义务，又能享个人的自由。

这是他推广新村主义的希望。

武者小路很抱和平革命的思想，不想拿暴力去抵抗暴力，只想拿建设来代替破坏。他的新村，对于国家仍然尽纳税服兵的义务。所以他的新村生活，就是自然的、和平的、合理的人的生活。

篇中引句，多用周作人先生的译语，有《新青年》第六卷第三号可以参看。

涵庐注

（原载《每周评论》第36号）

俄国新宪法的根本原理

（1919 年 11 月 5 日）

自从“布尔扎维”主义（Bolshevism）的名字传到东方之后，日本人先搀一点感情进去，把他翻做“过激主义”，把主张这种主义的人翻做“过激派”。再传到道听途说的中国人耳边，就把他当做“洪水猛兽”一样看待。无论什么人，只要把你加上“过激派”的徽号，就可以“格杀勿论”了。平常的人说这样话，我们原不去责备他；不过有责任的政府当局也说他是危险思想，且一口咬定他是无治主义，硬说他们主张公妻、主张女子国有、主张平民独裁，我真不知道他们是从俄国那样法律、那样宣言书中考求出来的？往年布鲁塞尔（Brussels）的警察官，捉到英国众议院一位议员，后来有人报告说这位议员是社会党（Socialist），不是无治党（Anarchist），他说在我看来实在没有分别。欧洲的官吏尚且如此，怎能怪中国的官吏呢？况且无治党和社会党都是用激厉的手段对付官吏、资本家的，就是欧洲人一想到他们，也同时想到手枪、炸弹上去，又怎能怪中国人叫他们做危险人物呢？

我想要叫人家不要误会“布尔扎维”主义，应该先叫人家知道这个主义是怎么一回事。凡是批评人家思想制度，必定要把人家思想的来源、制度的根据考求一番，万不可空口说白话的。我这篇短短的论文，是处处根据俄国新宪法写出来的，本没有什么新奇的意思，不过比报纸上的传说实在一点儿罢了。

俄国共和政府的根本原理，就是在国家社会主义上造成的。这种政府的组织，是拿马克思主义（Marxism）做底稿子。要想明白俄国新宪法的根本原理，应该先明白马克思主义是什么东西。

马克思把人类的历史，看做阶级争斗的影子。先前的历史都是有势力的人、有钱财的人欺压没有势力、没有钱财的人的历史，所以他主张社会革命，想叫穷人出来当权。他在七十几年前，已经发了一个《共产派的宣言》（《共产党宣言》，编者注）（*Communist Manifesto*），宣言书中条件，很可以代表马克思生平的主张。

在马克思前的社会党都是空想的社会主义，到了马克思才成了科学的社会主义。所以马克思和安格尔斯（Engels）两个人用 Communist 一个字表明他们和空想派不同，故马克思的社会主义又可以叫做共产主义（Communism）。马克思共产主义的目的，在宣言书中说明的，是把穷人合成一个团体，叫他们取到政权，把中等人家的私有财产权一齐废掉，请劳动的人出来代替资本家。他们实行这种理想的方法，就是把私有的资本一齐收归公有，把中等人的自由经商、中等人的家族、中等人的宗教道德和国际间的仇恨一齐废掉。他们达到这种目的的方法，仍然倚靠政治行动。宣言书中替穷人要求的条件，共计十种：（一）地租充公；（二）行累进直接税；（三）废去承继家产权；（四）把出国居住的人的财产充公；（五）拿公款来办国家银行，把信用归总起来；（六）把运送的机关收归公有；（七）工场由国家去设，土地让国家去耕；（八）强迫人人做工；（九）渐渐废去城国的界限，好叫生产的分配平均；（十）拿自由公共的教育教导所有儿童。这就是《共产党宣言》书中的大意。

俄国共和政府也拿国家的权力和政治的手段来达他们社会主义的目的，把组织政府的权力，都放在劳、兵、农三种有职业的人手里，废掉私有财产，设立国家银行，这是和马克思主义一样的地方。

俄国的共和不是全俄各阶级的共和，单是劳、兵、农代表会议的共和，不问是中央的政权，或是地方的政权，一齐放在这个会议的手里（一九一八年七月十日的宪法第一编第一章第一条）。俄国新政府，宪法上定名叫做“俄国社会派会议的共和”，全俄劳、兵、农会议，就是俄国政治最高的机关（第三编第六章第二十四条）。另外有高等国民经济部，有国立银行，有国民企业行政部，都是把社会事业放在国立机关手里掌管。可见得俄国的国家权限，比较普通的国家大得多了。他们这种劳、兵、农会议，是国家法定的机关，并不是无治主义的自由社会，任人自由加入、自由脱离的，怎能说他们是无治主义呢？我们想观察俄国的政治组织，第一要弄清楚的——第一容易弄清楚的——就是俄国现在是一个社会主义的国家，绝不是无治主义的国家。

俄国最高的政权都在劳、兵、农会议手里。这个劳、兵、农会议，是全俄都市会议和各地方会议的代表组织成功的。都市会议每两万五千选民选出一个代表，各地方会议每十二万五千选民选出一个代表（第三编第六章第二十五条）。可见得劳、兵、农会议是人民公举的代表，是一种合议体的机关，说是平民合议制则可，断不能说是平民独裁制的。这个会议，一年至少开会两次，由全俄中央行政委员会召集（第二十六条）。闭会的时候，中央最高的政权放在全俄中央行政委员会手里，这种委员会差不多有二百位会员（第二十八条和第三十条）。分部办事，又怎么说是独裁呢？虽新宪第一编第二章第三条末尾一项有组织社会派的赤卫队，保护劳动阶级，解除有资产阶级的军备，这单是军备一项，并不是政治组织全是如此。就说是俄国劳、兵、农会议单限于劳、兵、农三项人，然这是普通阶级，是有职业的阶级，在国内占最大多数，联合这种多数人组织合议制的政府，彻头彻尾是一个共和政体，绝不是一个什么独裁政体。

俄国现在正在过渡时期中间，他这种过渡时期的政府，又专是为贫穷人设的，自然是要把组织政府的权柄，交到劳动阶级手中，让他们去建设一种“狄克泰特”政治（Dictatorship）。况且俄国共和，已经明明白白的说是“俄国劳动人民的一个社会派的自由社会”，所以不得不把凡在社会派会议的共和政府权限以内的一切权力，交给全体劳动人民所组织的会议（第二编第五章第九、第十两条）。自俄国全体人民看起来，似乎很像是劳动阶级独裁制，然自共和政府的组织法看起来，实在是劳动阶级的共和制。况且他宪法中明明说过是“现在过渡时期”中间的办法，想防止有势力的人、有金钱产业的人、有爵位的人反动，在这改革期中，断断乎不能不用这种方法的。

一九一八年的俄国宪法，中间有项大的革命，就是土地和产业两个问题。各国宪法中的人民权利，没有不包括财产权在内的；俄国宪法把这种私有财产权根本推翻，现在世界宪法里面再也寻不出第二个的。俄国所以废掉私有财产权，却有种种原因：（一）想免了拿人家的血汗图自己快乐的利己行为；（二）想废掉贫富的阶级，使人民生计平等；（三）想建设社会党的社会。因为想把土地归国家所有，所以废私有土地权。把全国土地收归国有而后，再分给自己能耕种的农人，让他去自由耕种，对于旧业主不花一点酬报。另外如森林、矿产、水利、器具、模范农场、农事企业，都归国有，生产的资料和运送的机关，都交给劳动人民管理（第一编第二章第九条）。把所有的银行都让给劳农的国家，拿这个做解放劳动人民受资本束缚的一个条件（《劳动人民权利宣言》第二节第三条）。要想使穷人得平等的实在的利益，所以才设国家银行，把银行营业让国家独占。所有现在的合资银行和银行的机关，都归入国家银行之中（《银行国家法案》第一、第二两条）。照这样说来，俄国的宪法对于土地、产业等规定，和《共产党宣言》第五项至第八项差不多相同。俄国的宪法又把工作定为个个人民的义务，并声明一句话，说："不做工的人将不吃饭。"（He shall no eat who does not work）这又和《共产派的宣言》（《共产党宣言》，编者注）（*Communist Manifesto*）书中第八项强迫人人做工的意思相同（俄国宪法第二编第五章第十八条）。依我看来，俄国现在确是国家社会主义的国家，和无治主义根本相反。我们断乎不可像布鲁塞尔警察官，把他们混为一谈才好。

另外还有什么公妻和女子国有两个传说，从法律上和事实上搜索，连一点儿影子都没有。一九一七年十二月十八日同时宣布两种条例，一是规定关于婚姻子女和注册的事体，一是规定关于离婚的事体。这两个条例的内容，差不多和现在各国结婚、离婚的现行法一样。俄国从前结婚也同欧洲各国一样，多在教堂里边注册；现在的婚姻条例，单承认民政的结婚（Civil Marriage），不承认宗教的结婚（Church Marriage），把宗教的结婚作私人行为看待，法律上不发生什么效力。所谓民政的结婚，是一种契约的行为，由两方用口头或文书陈请本处婚事局注册，说明没有法律上禁止的各项事故（如未满法定婚年或直系亲属之类），并声明是自由结合，没有强迫的事情。必照法定的次序，一一经过，给过婚证，才算婚姻成立。结婚两方当事是婚证上所指名的一男一女，明明仍是一夫一妻的法定婚姻制度，那里有什么公妻的胡说？他们结婚、离婚都是两方面互相情愿、自由分合，没有别的力量可以强迫他们，又那里有什么女子国有的胡说？女子如归国有，还能让人自由结婚，还承认一夫一妻的婚姻制度吗？（以上皆见一九一八年十二月十日的《婚姻条例》）

俄国的政治组织本是很平易近人的，一点儿希奇也没有；所以骇人听闻的，只是实行土地产业国有的一件事。究竟这件事，七八十年前的马克思已经说过多少遍，俄国现在不过拿马克思的学说来实地试验罢了，那有什么惊天动地的事，值得起大惊小怪呢？我很望拿“过激派”三个字陷害人的人，和那对于“过激派”抱“格杀勿论”宗旨的人，把俄国的宪法和别项的法律看一看再说话，不要胡言乱语，叫人家笑得肚子痛才好！

（原载《太平洋》第2卷第1号）

万国联盟与主权

（1919 年 12 月 5 日）

威尔逊说："万国联盟并不是别的东西，不过把美国的联邦制度推行到世界上去罢了。"这句话虽然简单，但是一方面可以表明万国联盟的模型，一方面可以表明万国联盟进行的方法。现在万国联盟的进行，事实上固然有许多阻碍，但是学说上的阻碍也不可轻于看过的。我们既然承认学说是根据事实的需要发生的，又认定现在事实上有万国联盟的需要，我们就应该改造学说，叫他朝着适应环境的方向走去。所以我的万国联盟进行方法，第一步就在改造学理上的主权的观念。

现在普通的政治书上所说的主权，大概总认为有"最高的""唯一不可分的""绝对的""无所不包的"几种特性，这种学说在政治学上占了最重要的地位，就把莫狄生、魏慈一派的主权论一笔抹煞。这也都是应时代的要求发生的，那种学说适应当时需要，那种学说便占了优胜的地位。现在时代的要求变了，所以布丹、柏哲士、韦罗贝等主权论也应该退位，好让狄格（Duguit）、拉斯克（Laski）等的主权论出风头了。

我们果然相信威尔逊的话，承认万国联盟就是把美国联邦制度推行到世界上去，那么，我们现在要想谋万国联盟的进行，也应该看美国联邦制度初成立时候的人民态度。美国当一七八七年联邦政府初成立的时候，一般人民对于中央政府很怀疑的，他们认定集权的国家就是专制，就是暴虐。那时的学者一方面想维持联邦政府，一方面又想维持各邦的主权，所以大唱主权可分的学说。莫狄生（James Madison）就是唱主权可分说的一位健将。他说："美国政府既不是联邦的，又不是统一的，但是特别的 Federal Republican Government。”他以为主权如果不可分，那么美国的政治组织岂不是一桩滑稽可笑的事体吗？主权不可分的学说只能适用于欧洲，在美国断不适用，因为美国的宪法乃是从前没有的，是特别新造的，万不能拿旧说来拘束他。不但学者的主张如此，就是美国的法院也抱这种主权观念。当一七九二年 Chisholm V Georgia 一案，美国的法院曾宣告过，说：“合众国对于让与的各种政权是主权者，合众国的各邦对于保留的政权是主权者。”照这种宣言看来，在美国联邦制度之下的主权并不是一个，是分作几个的，有些归联邦国家之手，有些仍然保留在各邦政府之手。

也不但美国初联邦的时候主权观念是这样，就是德国初联邦的时候主权观念也是这样。德意志联邦可分做两个时期：从一八一五年到一八六六年为第一时期，从一八六六年到一八七一年为第二时期。第一期是联邦时代，第二期是帝国成立时代。在这第一期时代，有许多人都主张中央政府与地方政府各有一定的权限，在这种权限之中各自独立，你不干涉我，我也不干涉你。这种独立的权限就是主权。主权有范围和内容的分别，范围是有限制的，所以联邦及各邦都不能逃出自己范围之外去侵犯他方面的独立；内容是无限制的，所以联邦及各邦凡在自己范围以内可以独立做事，不受他方面的干涉。魏慈（Waitz）一派即主张这一说。可见得德国当联邦时代，也承认主权是可分的，只要在自己范围之内，无论是联邦，是各邦，皆有最高的、不受限制的主权。

也不但德美联邦时代主权的观念是这样，中世纪的主权观念也是这样。主权观念法国发达最早，那时所说的 Sovereign，不过是指那有较高的权力的人说，并不单指有最高的权力的人说。所以不但国王可称为 Sovereign，就是在国王之下领有一定封疆的诸侯也都称为 Sovereign。大概中世纪的国家并不是统一的组织，内中有种种独立权力可以同国王对抗，如教会的权力、封建诸侯的权力、自由市府的权力等是。那时各种权力都是各自独立、不受节制的，所以主权观念和现在大不相同。到了十六世纪以后，主权观念才应时代的需要大大的变迁。布丹（Jean Bodin）把主权看做最高的权力，统治一切人民、不受法律的限制的东西，自此以后，主权才成了一种“最高的”“绝对的”“唯一不可分的”“无所不包的”权力。照这样看来，主权性质的解释也是假定的，也是人造的，并不是天经地义，单是适应当时需要、对付当时环境的物事。

人类因为有种种情欲、兴趣、需要，才发生满足这种情欲、兴趣、需要的社会。无论那种社会，总要具有满足人生情欲、兴趣、需要的效果才可以存在。既然存在，必定各有各的职务，各有各的目的。既然有职务，有目的，必定要有自尽职务、自达目的的权力。国家是由许多社会集合而成的，所以国家的职务就在使许多社会各有同时平等发展的机会。既然要他们同时平等发展，当然要给他们自治的权力。国家也是人类社会中一种社会，不过现在他的力量大得很，我们就把他看做支配一切社会的东西。究竟国家是否应该有这么大的权力？我们是否应该受他绝对的支配？将来必定要成一个很大的问题。想解答这个问题，只有看他的效果如何才能决定。这是什么缘故呢？因为人类的社会都是满足人类情欲、兴趣、需要的工具，那种工具最能达到这个目的，我们就用那种，可以听人按他的效果自由去下判断，并不是先天固定的。譬如在初民时代，经济、教育、政治等事都是家族能办的，所以那时只要家族一种社会就可以满足人生需要。后来经济、教育、政治等事渐渐发达，生活渐渐繁杂，家族的能力不够用了，所以才有村落制度。后来生活的方法又改变了，村落的能力又不够用了，所以才有都邑制度，再进才有小国的制度。小国的能力有许多事办不了，才有联合无数小国合为一大国的制度。家族的支配权力就是家族的主权，村落的支配权力就是村落的主权，都邑、小国、大国支配的权力也就是都邑、小国、大国的主权。由此看来，主权这个东西并不是国家的特性，也并不是国家专有的，是各种社会都有的。不过家族的主权不够用，才扩张一步发生村落的主权，村落的主权又有许多事体办不了，才更进一步发生都邑的主权，发生国家的主权。现在我们既承认非组织万国联盟有许多事一定办不到，那么，我们就应该再进一步，抛弃主权为国家特性的成见，创造万国联盟的主权。

现在有许多人对于万国联盟总怀着种种疑虑：（一）恐怕万国联盟成立，有害国家独立的资格；（二）恐怕万国联盟有了主权，可以不顾各国的意思，归到专制一条路上去。我以为这两件事都是不必忧虑的。是什么缘故呢？

（一）现在的国家不过是人生谋幸福的工具，只问他有效验（Efficiency）没效验，不必问他尊严不尊严。从前把国家当做一种偶像，非把他看得格外尊严不能使人尊敬；现在把国家当作工具，所以只拿他所发生的效验来判定他的价值。中古时代政教之争大概都是由于崇拜偶像起的，教会想压倒国家，增高他的尊严；国家也想压倒教会，增高他的威信。到了十九世纪帝国主义大行，总想以我的国家去占了、灭了人的国家，改做我们的殖民地。这种主义盛行，就把国家看做两不相容的物事，如果国家与国家相遇，不是你想灭我，就是我想吞你，再也不能合在一块儿做事。现在人的国家观念便不同了。国家是为人做事的工具，以人为主，不是以国为主的。换句话说，就是无论那个国家都要有为人生谋幸福的效验才能存在，才算荣耀，以强盛为荣、以灭人国为荣的国家观念各当然不能存在了。又有谁愿意要断送人家国家独立的资格呢？

（二）主权的性质虽为最高，但是主权的发生，单是由于人民的允诺（Consent）。古代的法律是自上发生的，所以法律的质素总搀杂几分恐惧性在内；现在的法律是自人民发生的，所以法律的质素是完全由人民允诺造成的。万国联盟如果以国家为单位，那么万国联盟的主权也应该由于各国允诺才能发生。凡自己可以自由允诺的事体，断乎不会发生专制的性质，也断乎不会有不利于自己的性质。这回欧战协约国方面军事上的行动、外交上的行动，没有一国可以独立自做的，就是军队的指挥权也隶属于国际的军事团体之下。严格说起来，当欧战的时候，协约国军事上的布置没有一国是独立自由的，岂不是妨害主权的最高性、绝对性吗？然而当时并不发生什么主权问题，这是什么缘故呢？岂不是因为各国都有自由允诺权吗？岂不是只要保全自由允诺权就不妨害各国自己的主权吗？照这个道理推想起来，对于万国联盟的主权也是不必怀疑的了。

总而言之，主权是人类假设的，是人类造出来适应当时需要、对付当时环境的工具，并不是天经地义、现在性质是怎样将来也是怎样、用不着随时变迁的。我们既然看见旧主权的观念不适于万国联盟的环境，就应该改造旧说，把那一派的“最高”“绝对”“不可分”“无所不包”的话一律丢掉，好让拉斯克、狄格等的主权论流行，又何必要替布丹、柏哲士等的主权论开“追悼会”呢？

（原载《太平洋》第2卷第2号）

日本近代劳动组织及运动

（1920 年 5 月 1 日）

一、劳动组织的历史

各国劳动组织发生都有两种原因：一为职业需要结合的，一为运动需要结合的。日本劳动组织发生也是这样。德川时代的劳动组织是为职业上需要发生的，明治三十年以后的劳动组织是为运动上需要发生的。

日本最早的劳动组织便是“同业组合”，这种“同业组合”仿佛和欧洲古代的“同业协会”（Guild）相似。但是欧洲古代手工同业协会是为反抗商人同业协会横暴发生的，日本手工同业组合却和商人同业组合杂在一块，这是不相同的地方。日本近于商人的同业组合有“吴服商同业组合”（吴服店便是中国绸缎布匹庄）、“米谷商同业组合”，近于手工的同业组合有“大工职同业组合”（大工便是中国的木匠）、“石工同业组合”。在德川幕府时代很奖励手工同业组合，法律并不干涉他们集会。至于商人同业组合更有种种特别权利，对于不同组的商人，便用种种方法虐待他，同组的商店可以联合一气，随便增减物价。明治初年遵照法令便把四十八种职工——如砌匠、木匠、石匠之类——一齐解散了。

经过这回扑灭之后，各种组合都无形消灭，只有“石工同业组合”和“木挽职同业组合”两种仍然存在。“石工同业组合”的历史不能详细知道，只有“木挽职同业组合”尚可考究出来。因为德川幕府霸占江户约有三百多年，总不免大兴土木。家康本是新田义重之后，世世都住在三河，在江户修造房屋的职工都是家康从他老家三河找来的。初找来的时候只有三十五人，后来竟一天一天多起来了，到了明治三十四年（1901），东京市内和府下六郡共计有一千三百多人。并在日本桥越前掘设立事务所，每月十八日开例会一次，一月、七月开两次大会，关于工钱问题都由会中提议。当初的组合本是工头、工人合在一块的，后来纯粹工人设立事务所于京桥新荣町，和原来组合脱离关系，团结力格外坚固，势力也格外扩张。

以上所说的劳动组织都是家庭工业、手工工业时代的劳动组织；到了明治中年，机械工业工厂制度渐渐盛行，一个工厂动不动就是几千工人。人数既多，便渐渐造成一个劳动阶级——这是明治中年劳动组织所以发生的一个原因。日本自明治以后，到美国去做工的人很多，后来看见欧美工人待遇和本国绝对不同，便渐渐有点醒悟。明治二十三年的夏天，在美国劳动工人便在旧金山设立一个“职工义友会”，该会的目的便是“研究欧美各国劳动问题的真相，为他日解决日本劳动问题的豫备”。创办的人便是城常太郎、高野房太郎、泽田半之助、平野荣太郎、武藤武全、木下源藏几位志士，泽田、城常两君于二十九年回国，便想方设法鼓吹劳动阶级的运动。到了三十年四月便在东京麴町区内幸町设一个“劳动组合运动事务所”，名称便叫做“职工义友会”。后来加入高野房太郎、片山潜等，改名为“劳动组合期成会”，到处去运动劳动工人。这也是明治中年劳动组织所以发生的一个原因。

但是那时劳动阶级和工业状况都未十分发达，劳动者还在服从时代，不大懂得劳动组织的用处。所以那时“组合”虽多，都是若有若无的，最长的寿命都不到三年。又因为明治三十三年公布一篇《治安警察法》，便把幼稚的劳动组合一齐扑灭，就是剩下几个团体也只得暗中结合，不敢公然集会。直到明治三十七、八年日俄战争时候，工厂数目陡然增加一倍，劳动人数日日加多，所以许多劳动组合又重新设立起来了。《治安警察法》未发布以前的劳动组合大概如左：

（一）铁工组合。日本真正的劳动组织应当推“铁工组合”为首。这是高野房太郎、片山潜两个人经营的，于明治三十年十二月一日在神田青年会开成立会，会员计一千二百人，大半多是炮兵工厂新桥铁道局里边的工人，和平冈工厂、中岛工厂、东京纺绩工厂、原铁工厂、大宫工厂、横滨铁工厂、竹内金库店工厂的工人共同组织成功的。后来不但在东京附近各铁场设立支部，便是远在仙台、青森、盛冈等处也都设下支部，支部一共有四十二个之多，会员一共有五千四百名之多。直到《治安警察法》宣布之后才无影无形的消灭了。

（二）矫正会。这是日本铁路技师工人因为日本铁路公司待遇不好共同设立的。明治三十一年二月铁路工人同盟罢工，大募基金和会员，卒募得日币两万、会员千名，遂设下这个“矫正会”。因在一个资本家之下，所以团结力很大，规模节制都很可观。后来因为铁路国有便又无形消灭了。

（三）印刷工人组合。这个组合是深川印刷公司中一百多工人发起的，另外加入许多同业的工人，便于明治三十二年十一月成立。横滨、京都、名古屋、大坂、奈良等处都设下支部，也似乎很有一点势力。不过因为举出许多资本家和供资本家驱使的学者做名誉员，会计上又不得人，又受《治安警察法》的影响，所以不久便消灭无踪了。

（四）诚友会。这个会是因为印刷工人组合失败之后，由一小部分工人结合起来的。他们亲眼看见印刷工人组合拉进来许多学者和资本家所以失败，因而只集合纯粹劳动者创设这个会，规模虽然不大，团结力却是很坚固的。

另外还有船工组合、日本劳动协会厨役组合、人力车夫组合等，除了船工组合之外，都不过是三两年的寿命。

二、劳动组织的现状

自从《治安警察法》发布之后，日本国内差不多十几年没有真正劳动组合出现，苟延残喘的只有信友会、友爱会两个组合。但自欧战以来，不但亚东商业完全归日本独占，便是美洲和南洋的商业也比较从前增加。商业既盛，工厂当然更发达。据大正七年（1918）年终农商部的调查，劳动者的人数大概如下：

工厂劳动者{适用工厂法的工厂——一，四二五，二五六人
不适用工厂法的工厂——三一六，一九三人

矿山劳动者——五〇〇，〇〇〇人

农林劳动者——二，五〇〇，〇〇〇人

海运劳动者——五〇〇，〇〇〇人

渔业劳动者——六〇〇，〇〇〇人

公私铁道劳动者——二〇〇，〇〇〇人

家庭机织劳动者——九〇〇，〇〇〇人

手工业劳动者（如木匠、砌匠、石匠之类）——五〇〇，〇〇〇人

杂事劳动者（如车夫及小工之类）——五〇〇，〇〇〇人

总计约数——八，〇〇〇，〇〇〇人

劳动阶级人数虽加，工钱仍然未加。日本全国工人的工资虽然没有详细的调查，但就大坂府、兵库县两处调查表看起来，也可以知道大概。

大坂府二十三万四千六百二十五人之中（大正七年十月末调查）：

日收五十钱以下——四一，四六三

日收七十钱以下——六八，一七九

日收一圆以下——六二，八一一

日收一圆五十钱以下——四〇，一〇六

日收二圆以下——一五，一五五

日收二圆以上——六，九一一

兵库县五万七千六百九十人中（大正八年一月调查）：

日收五十钱以下——一三，〇七一

日收一圆以下——三五，一〇五

日收一圆五十钱以下——七，四六五

日收二圆以下——一，四六三

日收二圆五十钱以下——三三九

日收二圆五十钱以上——二四七

当日本现在生活费陡涨的时候，工人收入每天在一圆以下的竟占十分之六，生活困难的情形已可想见。又加以劳动卫生不大注意，死亡率数逐渐增多。单就矿夫一种工人说，大正六年四十三万三千八百四十三人之中，竟死去十四万九千一百十九人之多，劳动危险情形又可略见大概。这些原因便是促成劳动运动的“催生符”。近几年来，劳动组织遍布全国，据我看来，完全是生活困难、待遇苛刻两件事激起来的。现在且说一说几个最有影响的劳动组织现状：

（一）友爱会。这个会要算日本调处劳动问题的唯一机关。他的名称叫做“日本劳动总同盟友爱会”，是大正元年创设的，现在已有会员五万人，支部四百个。该会的组织当初本取会长独裁制，到去年第七周年全国大会开会后才议决改为理事合议制，但是本部对于各支部的事务仍有监督指挥权，还是一种中央集权制。该会的重要职务有教育、救济、介绍职业、法律顾问、调查劳动情形、调停劳动争议、出版、代理购置八种事项，分配到内务、外务、教育、会计、出版、法律六部分任。该会是由各种同业团体联合起来的，从前各支部还有职业团体、地方团体两种区别，现在渐渐从以地方结合的团体改为以职业结合的团体，朝同业组合的路上走去。总会之中包括“铁工部”“矿山部”“海员部”“妇人部”，连东三省方面都设有“本部分派所”。自改为合议制之后的新职员如左：

会长　铃木文治

理事　（关东方面）　斋藤庄次郎　吉冈吉太郎　菊池喜市
　　　桝田弥三郎　中村一彻　平野安藏　棚桥小虎　麻生久
　　　（关西方面）　久留弘三　贺川丰彦　木村锭吉　加藤滋
　　　常石周益　高山义三　三宅幸太郎　铃木善五郎
　　　（海员部）　滨田国太郎　中野文夫　北野勇吉　醍醐资祐
　　　（妇人部）　野村ッチノ　山内三ナ

评议员　吉野作造　高野岩三郎　河上肇　佐佐木揔一　堀江归一
　　　北泽新次郎　内崎作三郎　森户辰男　栉田民藏　安部矶雄

（二）信友会。这个会是印刷职业的同业组合，他的前身本是“欧友会”，是些洋文印刷工人所组织的组合。后来因为新旧两派不能相容，水沼辰夫一派便解散“欧友会”，组织“信友会”。会员不限定是洋文印刷工人，凡是拈字的、铸字的印刷工人都可入会。该会因为人数很少，故取直接议决制，凡改定规则和重要事项都由每年一回的“大会”或随时召集的“临时大会”议决，至于在规则范围内的重要事务则由干事会议决，会长只代表本会，执行议决的一切会务。会内重要的职务便是调处雇主和工人的争议，介绍佣雇事项，组织“信用组合”“购买组合”图会员彼此间经济上的利益，对于死亡、疾病的会员力谋救济、吊慰的方法。现在的会长便是松崎朋太郎，干事部便是水沼辰夫。

（三）大坂铁工组合。这个会是大坂铁工合组的，一方面想调协资本家劳动家争议，一方面想使工人革新。会务共分五部——救济部、出版部、法律部、讲演部、技术部。并想设“购买组合”、“劳动病院”、“劳动会馆”、“劳动保险”。职员名目很多，有组长、委员、理事、监事、代议员、干事长、干事等名称，组长、干事长、代议员要选举，委员由组长推荐，理事、监事由委员会推举，干事由干事长推举，代议员由五十名会员中选出一名。现在会长是横田允隆，顾问是神户正雄，委员是坂本旭平、井荣藏等。

（四）小石川劳动会。这个会是东京炮兵工厂职工为要求增加工钱，“突如其来”结合的，运动的人、组织的人都是纯粹工人。可惜是单为增加工资结合，工资一加，马上就职，自从运动者收入监狱之后，便把这个会同时消灭。这么大的工厂，几万人的工人，至今还没有久远的团结，东京工人很看不起他们。最近普通选举运动虽然看见“小石川劳动会”的旗子，但是内容很不整齐，仍然是四分五裂的。

（五）劳友会。这个会当初本属于小石川劳动会，后来因为东京炮兵工厂要求很力，派人访问陆军大臣和警察总监，不达到增加工钱的目的誓不复职，王子炮兵支工厂和十条炮兵支工厂便脱离小石川劳动会，另外组织这个“劳友会”。依警察总监的调停，把要求撤去，无条件的回复职务。直到现在还没有十分发达，不过该会根基尚没有摇动，运动的人尚未收监罢了。

（六）电工组合。这个会是大坂电灯公司、煤气公司等劳动工人结合的，会件分生产组合、职业介绍、救济、教育、法律顾问、出版、购买组合七种。会内设大会、理事会、协议会、支部总会、干事会五种机关，组织的内容很算得完善。

（七）日本联合坑夫组合。这个组合是日本全国矿山劳动者联合组织的，发源在明治四十年。矿夫中运动最有力的要算南助松氏，他当初在北海道夕张煤矿中做坑夫，后来又到足尾铜矿去做工，恨资本家横暴，白天做工，夜里设一个“至诚会”讲演，经过他极力运动之后，便生出明治四十年足尾铜矿罢工的大运动。中间相隔十三年不闻声息，现在又感应世界潮流，联合全国的坑夫组织这个大会。该会的目的专在改正法律，废止省令，谋坑夫生活的安全，保证生命的危险。各处设立文部，又创设《矿业新闻》做他们机关报。这五十万矿山劳动者一致联合，组成一个大团体，真是一件稀奇的事！

（八）交通劳动组合。这个组合是交通机关——铁路、电车、邮政、船舶——劳动者联合组织的，以东京市电车员为主体。这类劳动者昼夜不息的劳碌，且又多生命的危险，作成这个组合，主要的目的便是增多薪水、减少劳动时间。市内各电车车库（停放车辆的房屋）都设有支部，如青山支部、三田支部、本所支部、三输支部、滨松支部、巢鸭支部，和理事、干事等职员。今年二月间电车罢工便是这个组合的影响。

（九）食俸者组合。这个会的名字叫做S.M.U.，便是取Salary Men´s Union三个字的第一个字母做会名的。组合员专以靠薪俸过活的人为限。现在日本靠三十圆或五十圆吃饭的人总计有十五六万，想靠同盟罢工来争薪俸，一定做不到。最近才有许多人觉悟互助的必要，才于去年六月在东京私立卫生会中开了一个大会，把这个会组织成功。现在推河津暹博士做会长，在东京设立本部，在各地方设立支部。会员官署中雇员录事也有，银行公司商店中朝俸也有。先从薪水中抽几分做基金，一方为失职的或疾病的设救济的方法，一方组织消费公社购买组合。不过这种不生产的、不聚合的劳动，很不容易举行同盟罢工，所以这种组合没有很大的势力。反不如从前财政部的判任官、专卖局裁判所的雇员录事自行结合起来要求增俸的效力大。

（十）启明会。这个会是教育界教职员的结合，大概以小学教员为主体。去年六月东京小学教员想在日比谷开会讨论加薪的问题，为警察所阻没有开成，但是乡下小学如茨城、高知各处都起同样的运动。“启明会”便是学校教员的组合，主要的人便是下中弥三郎、井上宗四郎等。看他们的宣言书好像不专为增薪的问题，并且要创造新文明，打破不合理、不自然的组织习惯思想，《启明》杂志便是他们的机关报。

此外还有大进会。是博文馆印刷职工的组合，去年夏天同盟罢工，争得星期休息仍给半薪和每日工钱增加五成两个条件后，便觉得组合的重要，把大进会立为常设的机关。又有革进会是去年八月间各新闻印刷职工组织起来的，新闻股东相约不用革进会的工人，革进会便先发制人，于八月三十一夜突然同盟罢业，便令东京十六家大报纸一齐停版。余如东京铁工组合、妇人劳动组合，都属于友爱会，只作友爱会的一个支部。

三、劳动组织的目的

日本劳动阶级已渐渐脱离服从的时期，到了反抗的时期；想解脱机械的生活，要求人格的生活。现在正当劳动、资本两级正式宣战的时期，各种劳动组织都是预备做阶级战斗的大本营，所以他们的宣言书便是劳资两国的宣战书。最明显的例便是友爱会的宣言：

> 人类是生而自由的。所以我们劳动者这样宣言说：劳动者有人格，不是可以由工价行市买卖的。他们一定要得到结社的自由。在这集中资本、掠夺劳力、使一切人性化为物质的时候，劳动者应该以团结力教资本家知道，维持社会秩序，不单在有黄金，要完全靠着生产者的人性。

> 自从机械文化把我们引到错误的方向以来，资本主义的毒害已浸润世界，生产过多和恐慌纷来沓至，不是把生产者从工厂逐出来，便把他当作一个机械的附属品，使他不能不甘受仅足维持生活的工钱。

所以我们生产者这样宣言：

> 我们决不是机械。我们为发展个性，为使社会化的有人格的社会，要求生产者得受教养的社会组织，要求生活安定，要求对于自己境遇的支配权。

这个宣言简直是向资本家宣战的一篇血书。

此外无论是宣言、是规约，类多含混其词的。例如信友会的大旨只说钻研技术、增进福利、陶铸品性，使劳动者地位增高。大坂铁工组合的大旨：（一）想以适合国体国情的职工组合来根本解决劳动问题；（二）藉劳资调协一致之力图本国产业的发达；（三）发展自治精神、培养常识、增进技术，以谋本国工业的革新。电工组合的大旨也只说想免掉生活困难的弊害，使人格增高、知识开展、技术熟练、能率增加种种不可捉摸的议论。启明会的大旨也很含糊，但是他们却大声疾呼的要实现真正人格的生活，要同错误的思想战争，要把一切不合理、不自然的组织习惯思想除掉，创造新文明的文化运动。这个宣言不啻对“皇道教育”宣战，很可以代表思想界的新趋势。

各业组合的具体主张，仓卒间很难搜集，只有友爱会于第七周年大会议决“主张”二十条，很足以代表日本劳动界近来希望的一种趋势。该会的“主张”是：

一、劳动非商品的原则。

二、劳动组合自由。

三、废止幼年劳动（未满十四岁不得做工）。

四、确定工钱最低数。

五、对于同质劳动应确定男女工钱平等制。

六、星期休息（一周休养一回）。

七、一日八小时及一周四十八小时劳动制度。

八、禁止夜工。

九、设立妇人劳动监督官。

十、发布劳动保险法。

十一、发布争议调处法。

十二、防止失业。

十三、内外劳动者同一待遇。

十四、公营劳动者住宅以图改良。

十五、确定劳动赔偿制度。

十六、改良内职劳动。

十七、废止契约劳动。

十八、普通选举。

十九、改正《治安警察法》。

二十、民本化的教育制度。

这二十条主张可算日本劳动界一个共同的趋向，但这不过是劳动组织的目的，再看他们运动的方向。

四、劳动团体的运动

从历史上看来，各国劳动运动都有一个公同的趋势，便是先争工钱然后争管理、先争劳动者人格然后争工厂的效率，如果时机成熟，不但争管理工厂权，并且要争管理国家权。争工钱、争人格便是对于资本家罢工怠业，争管理争效率便是对于工厂革命，争管理国家权便是对于国家革命。日本劳动运动只算刚刚开始，刚在争工钱、争人格的时期，所以唯一的武器便是罢工怠业，对于工厂革命和对于国家革命都还没有想到。不过最近八幡制铁所同盟罢工和东京电车同盟怠业要求选举组长委员权，普通选举运动要求参政权，都是工厂革命、政治革命的初步罢了。

日本同盟罢工在明治三十年前后已经盛行，自劳动组合期成会成立后，到处运动，工人已有连络，故每次罢业必得最后的胜利。自从《治安警察法》发布以后，十几年来，罢工的运动多被压迫，工人多忍气吞声。直到大正三年以后，罢工的事件遂越出越多。据日本内务部调查，自大正三年到八年三月同盟罢工的事件列表如下：

年数	件数	人数
三年	五〇	七，九〇四
四年	六四	七，八五二
五年	一〇八	八，四一三
六年	三九八	五七，三〇九
七年	四一七	六六，四五七
八年（到三月止）	四八	五，六六〇
共计	一，〇八五	一五三，五九五

这几年同盟罢工之中，以坑夫、纺绩工人、染织工人、制造机械金铁品的工人、造船工人、窑业工人、化学工业工人等为最多。罢工的原因不外三种：

（一）要求增加工钱。

（二）要求改良待遇。

（三）反抗监督官的横暴。

这三种原因之中尤以第一种原因为最多。一千八十五次罢工的结果总计如左：

因调停而中止的：四七七件

贯彻要求的：一九五件

撤回要求的：二六四件

拒绝要求的：一四九件

最近一年间几个重要的同盟罢工要算东京炮兵工厂八幡制铁所为最足令人注意的，但是炮兵工厂是暴发的罢工，自首领被捕，王子、十条两支厂脱离关系以后，便无影无形的消灭了。只有八幡制铁所今年二月两次罢工尚足令人注意。他们第二次罢工二月二十四夜由代表提出希望的条件如左：

一、各工厂的工厂组长由工人互选出来然后任命。

二、评议员由会员互选。

三、一年一回的赏钱改作一年两回，与职员同样。

四、三天公共休息日要给一天的工钱。

五、废止在通门前的身体检查。

……（六、七两条从略）

八、对于指定工人须按照家族的人数给与相当的补助。

九、废止同别的工厂缔结的对于退职工人在六个月以内不能雇用的契约。

这个工厂计有两万五千多工人，分厂七十几个，烟管计五百多个，一旦罢业，有一万多工人与警官队对峙，声势非常浩大。无奈罢工的原动力是从友爱会、劳友会干部发生的，到了二月二十六日便有几个工人拿刀去刺友爱会的藤冈文六氏，并有五六十工人强迫友爱会的委员要求自罢工以后的工钱。友爱会看见工人生活不安，又因议会解散豫算案不能成立，工厂长官更不能答应他们增加工钱的要求，所以没有什么结果，这出戏便收场了。

以上所说的是罢工运动，现在再说一说同盟怠业。去年七月间神户火柴公司的职工同盟怠业；隔一个星期又有东京博文馆印刷所工人要求加薪，把杂志的原稿隐藏起来，半天拈不出一个字；到了七月二十七日又有铁道院鹰取工场因为要求加薪而怠业。最大的怠业为日本从前所没有见过的，便是大正八年九月十八日起，神户川崎造船所的大怠业。这次怠业参加的工人计有一万六千人，正式提出“哀愿书”，限定该所社长于九月十八日正午前回答。“哀愿书”后附加四个条件：

一、增加日工钱。

二、明白宣示特别赏金的日期（金额计三七五万圆）。

三、凡继续做工到六个月以上的一年须给与两回赏金。

四、设备饭厅、洗脸室和别的卫生事项。

到了十八日午后仍然没有答复，所以一万六千七百八十个工人，一齐开始怠业，第二天，兵库分工厂也起来响应。兵库分工厂提出的条件如左：

一、增加工钱。

二、对于自己害病的工人须给一半工钱。

三、公司方面须设一个与工人直接疏通意思的机关。

到了二十七日发表分工厂八小时劳动制和加薪案，分工厂便相安无事；到十月四日又把八小时劳动制和加薪案适于本工厂的意思发表，本工厂也算圆满达到怠业的目的了。

再可令人注意的怠业便是今年二月二十六日东京市电车怠业。去年交通劳动组合本提出五条要求，五条之中有三个主要的条件，便是八小时制、日薪制、年功加俸制三种。电气局没有容纳他们的要求，所以自二十六早晨起，三田、巢鸭两处电车工人一齐开始怠业，即以三田一处说，平常有八十五驾电车，这天有许多车都被工人弄坏了，只剩二十三驾可用。京成、玉川两处市外电车也起来响应，提出八时劳动制，并要求增加工钱和给予特别赏金。后来玉川电车工人的要求大部容纳，三田、巢鸭也采用年功加俸和八时间制。但自中西理事被捕之后，交通劳动组合内部几乎分裂，又有六百名车夫情愿复业，所以这台戏便草草终场了。到三月六日又提出六时劳动制和初任事自七十圆起码各种要求，直到现在还没有解决。

此外无论是罢工是怠业或是暴动，大概都是为着劳动时间和工资问题。再举今年几个罢工为例：

日期	工厂	原因
二月二十九日	河津矿山	增加工钱
同日	大坂樱岛工厂	增加工钱
三月	大冢铁工所	八时间制、星期休息、增加工钱
同月	芝浦制作所	加薪问题、组长问题
同月	池贝铁工所	增加工钱
同月	明电舍	设工厂委员、八时间制、增加工钱、星期休息

照这两个月罢工的原因看起来，可见得日本劳动界还是争个人问题的多、争政治问题的少。

近于争政治问题的便是各处普通选举运动。争个人问题以罢工怠业为武器，争政治问题便以讲演游街为武器。这一年来的劳动界示威运动，虽然有几个政客利用他们，但他们也想利用政客求达他们的目的。最近三月二十一日芝公园、上野公园大会尤以劳动团体为最多，他们的议决很含有政治意味。上野公园劳动党的议决文如左：

一、我们民众应弹劾妨碍爱国民众运动的现政府的违宪。

二、我们民众希望更换反对普通选举实现的现政府。

三、我们民众希望以合法的团结力来争得参政权。

现在选举的风云正急，这些无权投票、无钱买票的劳动者只有拼着时间口舌来奔走游说、游街示威。自现在起，每逢星期各公园都有大会，即此已可见日本劳动界演的热心政权了。

五、结论

我本不是专门研究日本劳动组织的人，七扯八拉凑点材料，自己很不满足，不过为时期所迫，不得不做一个“急就篇”聊以塞责罢了。据我个人意思观察，日本劳动阶级现在才到第一个觉悟时期，还没有到第二个觉悟时期。便是他们才知道拼命争待遇，还不曾极力争管理；只知道争普通选举，还不曾知道就是争到选举权也不能解决劳动阶级本身的问题。我以为无论怎样平等待遇，如果仍没有管理工厂权，不但平等两字终久是句空话，并且连公产的希望也根本取消。各国工党不趋向“工团主义”（Syndicalism），便趋向“同业组合”（Guild），这种脱离政治关系，专重自治，实在是本着多年经验而来的。法国劳动党当一九〇五、六年间，也曾想从政治方面下手，后来因为有许多事体办不到，所以才重新觉悟，知道非从“工团主义”下手不可。所以这次选举劳动党反不如从前得票之多，这就是今昔趋向不同的一个明证。日本现在利用劳动党的政客如尾崎行雄、今井嘉幸辈，自己并不是劳动党，偏要自命劳动党，是何用意？如果日本劳动党想利用他们把《治安警察法》废掉，把《劳动保险法》《工厂管理法》重行改正，未不有利益。如果像现在的情形，以为选举权一得，什么事皆可办到，未免是一场春梦。归总一句话，我的意思只想教工人以“同业组合”来解决自身问题，不愿意他们藉政治势力来解决自身问题。要想藉政治势力，那么非行“布尔札维”主义不可，其余的方法都是不中用的。

三月二十五日，在东京做的草稿

（原载《新青年》第7卷第6号）

省宪法中三个问题

（1921 年）

一、主权的问题

中国受过几千年的统一专制的毒，近来谈政治学的人又受了西洋旧时政治思想的毒，所以一谈到省自治的问题，大家心中总横着一个疑问，就是自治与统一到底有没有妨碍？因为这个疑问打不破，所以一般受统一毒的人，还在那里做“统一梦”；就是受毒较轻一点的人，也不敢极力的主张自治；就是主张自治，也不敢公然用“省宪法”的名称，只用“省自治法”或“自治根本法”等名词来遮盖遮盖。抱这种思想的人至少也要有两个迷信：（一）省的资格总不能与国家的资格平行；（二）自治总是与统一相冲突。

我以为这是自治的一个死活问题，这种迷信不打破，休想有什么“省自治”“联省自治”成立。可是这种迷信，并不是凭空结撰、毫无根据的，却有几百年的重要的学说来拥护他。什么重要的学说呢？就是“一元说的主权论”。要想使我们省宪法在学理上占个根据，开首就要把“一元说的主权论”打得粉碎！

A　一元说主权的性质。凡少微研究过政治学的人，没有不知道“主权的原理”（The Theory of Sovereignty）是法国的布丹（Jean Bodin，一五三〇—一五九六）贡献的。布丹的主权观念是什么呢？且看他说：

“主权是在公民和臣民之上的最高的权力，不受法律限制的……我们以为这个权力必定要是永久的，因为在公民之上最高权力也可以暂时托付一个人或几个人，定期一满，权力就马上停止了。”[①]

布丹又以为暂时把主权托付于人，这个被托付的人并不能叫做“主权者”，因为托付的人终久是可以取回的。譬如物主把自己所有的东西租给别人，物主还是物主，终久还可以收回自己所有的东西。

把布丹的话总括起来，可以看出主权论三个性质：（一）最高的；（二）永久的；（三）唯一而不可割让的。因此，后来就有人说主权是“行为不受别人限制，意志超出一切之上的人的手中的最高的政治权力”。这是格罗秀（Grotius）的话。最近美国的柏哲士（Burgess）把前人所有的话通同汇集起来，说主权是“原始的，绝对的，无限制的，无所不包的权力，在个个人民和人民的个个结合之上行使的”。

欧洲这三百多年来，所有的政治学理和政治组织差不多完全是根据这种主权观念而来的。在这种主权观念之下，只许做主权主体的一部分人用强制的方法来强迫人民服从，他们这个团体是独立的，是不受外界节制的。把主权看作国家特有的权力，只许国家有这种最高无上的特权，绝对不许自治的团体和私人结合的团体有同国家一样的最高无上的特权。自治团体的权力无论怎样，总跳不出主权的范围；好像孙行者无论翻了多少筋斗仍然逃不出如来的掌中一样！在这种主权的观念之下谈自治，正如猫儿口中的老鼠的自由一般！

B　一元说主权论的发生。无论那种思想，都没有不是针对当时环境发生的；环境一旦改变，跟那种环境而来的思想便没有生存的价值。所以思想本身的变迁进化，正和生物的变迁进化一样，也逃不出“适者生存”的公例。各种思想并不是因为是最好的才能够生存，只要他能够适宜于当时环境的需要便可以生存。譬如法国在人民不堪专制痛苦的时候，卢梭的“人民主权说”便大受一般人的欢迎；到法国革命闹得太过的时候，卢梭的声名便一落千丈；这就是环境变迁学说的价值跟着低落的铁证。

---

① 《国家论》第一卷第八章。

布丹的“破天荒”的主权论为什么偏生在十六世纪和欧洲大陆上呢？因为欧洲大陆在中古时代是封建盛行的地方。这时欧洲旧血统的观念已经失去效力，新的民族统一观念又还没有发生；封建制度下的封主和臣仆的关系完全是人身的关系——就是受恩深重的臣仆，以忠义心，回敬封主的关系。所以在这个时代，罗马教主只有一个普遍帝国的名称，封建诸侯各有各的封土，各有各的臣民，各国的国王只不过虚有其名罢了。

到了十字军东征的时候，封建贵族死亡不计其数，其余的贵族就是徼倖不死，也伤了许多财产兵士，所以万不能够恢复到从前的跋扈的地位。还有许多贵族因为互相嫉妒，自相争斗，结果也是两败俱伤。又因为十字军东征之后，欧亚交通灵便起来，商务渐渐发达，城市又跟着商务日兴月盛起来。社会上有了商务，有了城市，财产便不能为贵族所专有。助贵族专横的两种武器——财产和武术——一因商业阶级起来，一因火器发明，战术进步，都完全失掉效力。国王利用这个机会，和人民联合一气，把封建贵族一个个打倒，把国内土地渐渐儿用种种方法统一起来，结果才有一种新式的民族国家出现。

这种新政局乃是那时时势的天然出产品。因为贵族和平民相争，贵族和贵族相争，国王和贵族相争，教王又和国王相争，社会上纷扰的现象已经达到极点，人民的生命财产一点没有保障。在这种无政府的状况之下生活的人，怎能够不希望有一个统一的君主出现，苦心救世的学问家又怎能够不把“国家”“法律”“秩序”等观念说得格外的尊严，看得格外神圣，好来救济这纷扰不堪的无政府状况呢？所以国王权力的扩张，实在是当时时势的需要。专制君主政体最先实现于法国，所以说明这种制度所根据的新学理，也最先发见于法国。故布丹在这个时代，才极力的鼓吹一元性的主权论。他这种一元性的主权论，在政局趋向统一的时候，实在是——一方面可以打破罗马帝国的普遍国家的旧思想，推翻中古教会一尊的旧学说；一方面又可以使封建诸侯不能够在他们管辖区域之内行使和国家同等的最高权力——诊察当时政治情形，明白当时政局趋向，对症下药的神方！这就是一元说的主权论所以风行一世，成为正统派思想中心的原因。

C　*一元说主权论的破坏*。每一种思想的进化，走到第二个时代，往往脱不尽第一个时代遗留下来的许多无用的“遗形物”（Survivals）；这种遗形物在早先本是很有用的，后来渐渐的可以用不着他，但是只因为人类有守旧的惰性，故仍旧把他保存起来。譬如男子的乳房，现在已经没有用处了，因为生性的遗传，所以还没有全废。又如现在北京城已经有了警察，可是旧日的更夫仍然夜夜夹在警察中间敲锣敲梆子。一元说的主权论到现在已经降到男子的乳房和北京城里更夫的地位了，不过乘着人类有守旧的惰性的机会还夹在自治声中敲锣敲梆子罢了。

现在且举两件事证明这个例来证明一元说的主权论不适用。

例一，美国当一七八七年联邦政府成立的时候，可以证明一元说的主权论在事实上已经不能适用。大家想必都知道美国联邦政府，是由独立后各有主权的十三州各割出一部分的主权送给中央组织起来的。这时如果再死守着一元说的主权论便说不过去了。所以莫狄生（James Madison）出来，就事实上证明一元说的主权论不能存在。他说：美国政府既不是联邦，又不是统一，只是特别的“联合共和政府”（Federo-Republigan Government）。“如果不承认主权可分的学说，便不能明白解释美国的混合政府制”。一定要抛弃主权性质的抽象的和学究的解释，承认美国的宪法是“没有先例的特制”。不但学者的主张是这样，就连美国的法院也抱着这种主权的观念。当一七九二年 Chisholm V. Georgia 一案，美国的法院曾宣言说：“美国对于让与的各种政权是主权者，各邦对于保留的政权是主权者。”拿美国的制度和一元说的主权论对照起来，可以看见下列的各种根本冲突的地方：

（一）中央政府的主权是由各州让给他的，便打破了主权“原始的”一个性质。

（二）各邦既可以划分若干部分主权让给中央，又可以保留若干部分主权归自己所有，便打破了主权“唯一而不可割让的”一个性质。

（三）中央和各州既各有各的主权，在这个范围以内，彼此都要受一定的限制，便打破了主权“绝对无限的”一个性质。

由此可见一元说的主权论，只可以拿来解释十六七世纪的欧洲那些统一专制的王国，并不是“放诸四海而皆准，建诸万世而不悖”的原理。在美国联邦政府成立的时候，可算主权论宣告过一次死刑！

例二，德意志初联邦的时候，主权论也碰着一个大钉子！德意志的联邦可分做两个时期，从一八一五年到一八六六年为第一个时期，从一八六六年到一八七一年为第二个时期。第一期是联邦时代，第二期是帝国成立时代。在第一个时期中，有魏慈（Waitz）一派人，都主张中央政府与地方政府各有一定的权限，在这种权限之中，各自独立，你不干涉我，我也不干涉你。这种独立的权限就是主权。这时因为一元说的主权论不能适用了，所以大家又区分主权的范围和内容。他们以为范围是有限制的，所以联邦及各邦都不能逃出自己范围之外，去侵犯他方面的独立；内容是无限制的，所以联邦及各邦凡在自己范围以内，可以独立做事，不受他方面的干涉。由此看来，当德意志联邦的时代，他们虽然想曲全主权论，可是事实上使他们不能不承认主权是可分的；换句话说就是，无论是联邦是各邦，只要出乎自己范围之外，便不能有最高的和不受限制的主权，又不啻把主权的“最高性”“绝对无限性”和“无所不包性”通同打破了。

此外实例很多，也用不着一个一个去举，但就是这两个例已经可以看出来为十六七世纪统一的国王辩护的和说明的一元说主权论，到了美德联邦的事实发见，已经搁浅了。我们应该抱着历史进化的观念，把这种从前代遗留下来的遗形物一齐打扫干净，好让我们新主权论的思想登正统学说的大位！

D　多元说主权论的根据。普通的政治思想家大概总有一个通病，就是闭着眼睛颂扬那已经过时的抽象的理论，却看不起当前所发生的新事实和新趋向。譬如英国当十九世纪末期，三权分立的原理已经破坏，议会和内阁已经打成一片，内阁中的阁员，事实上已经变成议会推举出来的行政委员了。但是一般思想家还死守着三权分立的信条，说英国国家是三权互相衡制的。到白芝浩（Bagehot）出来，从内阁的事实上证明内阁是议会的委员会，大家才把眼睛睁开看看，才大大的惊讶，承认白芝浩的话果然不错。迷信一元说主权论的人也是这样，从前碰过了美国联邦制的钉子不觉悟，碰过德国联邦制的钉子不觉悟，遇见各国地方自治权发展的事实不觉悟，甚至于遇见各国工业自治——工团自治，同业自治——的事实还不觉悟！近来法国的公法学家狄格（Duguit）和英人拉斯克（Harold J. Laski）等出来按照事实说几句老实话，大家又才知道照现在各国的政治组织的确没有容认一元说的主权这个东西的余地！

狄格和拉斯克两个人的重要的论据如下：

（一）从实在上着眼。照狄格说，主权说完全是玄想的学说，并不是实在有的东西。因为他们假定社会之上，除掉确实可证明的个人和个人意志之外，还有什么“公人”和“公意志”。“公人”就是国家的人格，“公意志”就是国家的意志。国家的人格和个人的人格绝不一样。国家的意志在个人意志之上，只可以命令个人，却不受别种较高意志的命令。这种国家的意志简单说起来，就是主权。由此可见，主权全是在玄想学说的基础上假设的，绝不是实在有的东西。实在的学说样样都以实有的东西做根据，以为国家只是社会中治者与被治者的总称。国家的权力都在治者个人的手中，国家的人格就是治者个人的人格，国家的意志就是治者个人的意志，国家的行为就是治者个人的行为。社会之中，只有个人人格、个人意志，并没有什么公人格、公意志。公人格公意志乃玄想家自欺自慰的话，事实上绝不会有的。事实上既没有公人格，便没有什么国家自身；没有国家的自身，那里还会有公意志；没有公意志，那里还会有主权呢？

（二）从责任上着眼。绝对无限的主权是不负责任的，但是现在平民政治的真精神就在使国家对于自己所做的事要负责任。主权和责任两件事是根本相反的东西，想保存主权便要丢开责任，想课责任便要丢开主权。现在平民政治费尽许多气力，仅仅做到行政官负责的地位（例如法国屡次宪法都有官吏负责的规定），国家的责任至今还没有实现。平常替国家辩护的人，总说“国家不能为非”，但是有时常常有一种法律与国家存在的目的相反，或与社会中大部分人民的利益相反；这并不是由官吏负责，乃是由国家负责的。在国家责任制之下，国家对于一切法律的好坏也要负责。如谓“国家不能为非”，试问事实上的国家可真有个国家本身存在？既没有国家本身存在，那么，所谓国家不过是操政权的少数个人的代名词，说操政权的少数人“不能为非”，岂不是妄人吗？

（三）从地方自治上着眼。主权论是在历史上中央集权的制度下发生的，是解释中央集权制度的学理。那时并没有地方自治制，大家都不知道地方自治是什么东西，也梦想不到几百年后的地方自治制。到地方自治制发达的时候，便到处和主权论相冲突，这就是为中央集权辩护的主权论不能适用于地方自治制度下的明证。

从这几点上看来，抽象的主权论乃是封建制度破坏之后，应中央集权的时势的需要发生的，并不是“无的放矢”的空论。那时要想结成民族的国家，故有崇拜国家的必要；既有崇拜国家的必要，故又有假定国家为实在体的必要。譬如宗教家要崇拜上帝，必定先承认上帝是个实在有的东西；先把上帝说得活真活现的，才可以怂动人家相信。玄想家对于国家也是这样，不先假定国家为有，便没有主权论立脚的余地；没有主权论，中央集权的国家便没有学理的基础。所以我们第一要明白的，就是主权是为中央集权制辩护的玄想学说，并不是为联邦制地方自治制和工业自治制辩护的实在学说；故只能适用于大陆上十六七世纪统一制的国家，不能适用于美德联邦后和英国自治发达后分权的国家。

E　结论。我们照上边的大意看来，可以证明：

（一）主权并不是绝对的东西，并不是只有一个主权，不许有第二个主权和他同时并立。因为社会如同最复杂的大机器一样，各部分有各部分的功用，有推的力量，有挽的力量，以各尽各的职务，互相帮助，达到全部动作的目的。迷信一元说主权论，便是不明白社会分工协作的道理。

（二）主权这个东西并不是国家的特性，换句话说，就是不是国家一个团体专有的东西，是各种团体应该共有的东西。大家都知道主权的观念法国发达最早。可是那时所说的“主权者”（Sovereign），不过是指那有较高权力的人说，并不是专指着有最高权力的人说；所以不但国王可称为“主权者”，就是在国王之下，领有一定封土的诸侯也都称为“主权者”。不过到了中央集权制一行，才把“主权者”这个名词取归国王专称罢了（如同中国的“朕”字一样，在先本是人人都可称“朕”的。《尔雅·释诂》：“朕，我也。”注，“古者贵贱皆自称朕”。到秦始皇二十六年（公元前221年）才定为至尊的称号，人民便不得称朕了）。我们现在只把国会看做社会的一种，如同宗教社会、经济社会、家族社会一样，各种社会都要有自行处理事务的最高权，万没有再把主权看作政治社会——国家——特有的道理。

（三）主权既然不是国家特有的东西。那么，我们现在除掉列举某种事项（如外交国防国税币制宣战媾和等事项）归中央主权支配外，其余一切保留的权力都应该由省主权支配中央和地方冲突。毛病在权限不分，不在主权单一不单一。如果一省做一省主权以内应做的事项，一国做一国主权以内应做的事项，推广起来，由一家做一家主权以内应做的事项。一村做一村主权以内应做的事项，一乡一县做一乡一县主权以内应做的事项，到国际联盟做国际联盟主权以内应做的事项，按部就班，各尽各的职责，不是一个分工协作顶好的社会吗？

所以我的断语是：我们现在不谈省自治便罢，如果要谈省自治，便要痛痛快快的制定省宪法，规定省的主权；千万不要畏首畏尾的躲在已死的主权论尸骸之下，偷偷摸摸的只谈什么“自治法”“自治根本法”。我们要求的自治权，并不是由上而下的什么主权赋与的自治权，乃是自行创造的自治权。我们要知道由主权赋与的自治，乃是主权者“恩赐”的自治，换句话说，就是“钦定”的自治！钦定的自治是猫儿口中老鼠的自由，是主人允许奴隶的自由——是无生命无人格的自由！

二、民权问题①

少微研究过宪法的人，大概都知道宪法是人民的“权利书”，因为宪法中最重要的部分就是保障人民的权利。现在一提起“人民权利”四个字，差不多人人都记得他的内容是包括“自由”和“财产”在内。自由的内容又包括言论自由、出版自由、信教自由、集会结社自由、书信秘密自由、身体和家宅自由、职业自由等权利在内。欧洲几百年的宪法战争，差不多都是为着这几种自由权而起的。因此，便有人说“宪法是不祥之物”。为什么呢？因为得到宪法必须革命流血，失掉宪法也必须革命流血的原故。得到这几种权利既已这样的难，又何怪乎人家要把这几种自由权利看作神圣不可侵犯呢？

我们从表面上看来，似乎欧洲这几百年的文明进步，都是这几种权利所赐的。但是如果仔细研究一下，就知道这样观察实在错误。因为法律上的条文，只是社会文明进步的结果；有了这样文明进步的结果，回头来又才成为文明进步的原因。换句话说，就是欧洲宪法上所规定的人民权利只是那时自由思想发达的结果，并不是凭空结撰的规定几条宪法便能创造起来人民的自由。

我们明白这个道理，就可以知道欧洲宪法上所规定的自由权利，都是从那时中等阶级的经济情形、政治地位和思想程度种种事实上而来的结果。这几种自由权利既已是由中等阶级做中坚分子要求来的，那么，自然都是中等阶级所能够享受的了。换句话说，就是十七十八两世纪中的政治运动，只是有产阶级的政治运动，并不是无产阶级的政治运动。所以由这种政治运动得来的结果，也只有有产阶级才能够享受，就无产阶级的经济情形、政治地位和思想程度说，便一点光也沾不着了。为什

① 这个问题曾以《省宪法中的民权问题》为题刊于1921年9月《新青年》第9卷第5号。

么呢？只因为有产阶级所要求的是“政治的基本权”，无产阶级所需要的是“经济的基本权”。

A 政治的基本权的发生

凡是十七十八两世纪中政治家所要求的权利和宪法上所规定的权利，通同可以叫做“政治的基本权”。要想知道政治的基本权为什么重要，一定要看看那时经济政治和思想的情形。

中世纪的工业的单位就是“同业公所”（Guild），无论是手工业、商业、渔猎业、教师、画家，甚至于农奴，都有同业公所的组织。同业公所对于内部有独立的裁判权和独立的行政权，无论什么权力都不能干涉他们的内部。对于职业上有严重的限制，不准人家自由改业。譬如生在铁匠家里，便子子孙孙的做铁匠；生在鞋匠家里，便子子孙孙做鞋匠。居住迁徙不能自由；商品的价格由法律规定，不许自由涨跌。同业公所有工商业上专卖专营的特权，个人是绝对不可侵犯他的。简单一句话就是，在同业公所的制度之下，完全没有个人的自由。同业公所的制度虽然和封建制度渐渐的废去，但是很有许多习惯还难得根本铲除。英国在近世纪之初，人民还没有经济上的自由，工钱由法律规定，利钱由法律限制。还有一种“徒弟规则”，无论什么人，如果没有做过七年的徒弟，恁凭什么职业也不许他做。

当封建制度灭亡后，中央集权的国家渐渐的成立。这时有一个普通的思想，就是以国家为致富的机关。国家定下保护干涉的政策，奖励出口货，限制进口货，想用这种方法来发达国内的工商业，又大大的扩张殖民地，奖励他与母国贸易，禁止他与别国贸易。这些政策又没有不是和个人自由极端相冲突的。

处这种不自由的境况之下，又遇着交通利便的机会，人人都可以向海外发展，人人都可以凭着个人的能力去经营工商各业。因此，便使从前一般自耕自食、自织自衣、安享乡土之业的人，赶进近代活泼泼的经济舞台上来了。个人发展的第一步，便在打破同业公所的专制，要求职业自由，推翻同业公所专卖专营的特权，向海外发展的第一步，便在打破保护政策，要求自由放任政策。想使这种个人自由得到法律上的保障，所以大家都在宪法上用意，把“职业自由”“居住迁徙自由”……种种权利，规定在宪法之上，使他们都成为神圣不可侵犯的东西。

经济事业既已发达，工商阶级的首领渐渐的变成中产阶级。他们既已有了金钱，当然有能力去研究学术思想了。这时最和学术思想相冲突的便是宗教。工商业初起的时候，法律和教义处处都和他们有碍，不但抑制那做工业主义基础的个人勤勉力和创造心，并且把蓄积财物储蓄金钱都看作罪恶。教会想把社会的一切行动都放在他的支配之下，所以他的警语便是“服从”，人民只有义务没有权利。莫尼法森（Heetor Macpherson）说的好，他说：那时“无论工业，宗教，政治，只要是有益于文明的东西，都消灭完了。凡是劳动者，如要求为自己工作的权利，都看作叛逆的农奴；凡是宗教家，如果要求脱离教会的权利，都看作异端；凡是政治家，如果反抗专制政治，都看作反叛”。在这种神政观念之下，绝对没有容认个人权利的余地。工商业发达后，经济的情形便首先和这种教义相冲突。他们要求几种必不可缺的自由，这几种自由便是近代文明的产母。换句话说，就是工商业发达之后，中产阶级的经济生活已经毫无顾虑，故逞着这个机会更进一步，要求高等文明生活的自由，来打破由中古沿袭下来的政治专制、宗教专制、思想专制……的旧习惯。这些自由便是“思想自由”“信教自由”等类。也要求规定在宪法之上，看作神圣不可侵犯的东西。

以上种种自由权利，都是“政治的基本权”。这种政治的基本权既然是中产以上的阶级所要求的，当然只有中产以上的阶级才能够享受了。

B　政治基本权的缺点

照前边所说的各种情形，可见得这些权利在那时实在是发展个人能力所必不可缺的东西。可是我们看看这几百年历史上的经验，可以知道这些权利只不过有一部分中产阶级的人可以享受，大多数无产阶级还受不到这些权利的一点儿恩惠。换句话说，就是这些权利必定要有相当的财产、相当的职业、相当的技能的人才能够享受——这都是非享受高等生活的人不能有的权利。

我们就拿财产权——包括物权债权袭产权在内——说罢。财产权的根据本很简单，有一派人说是使劳动的人得享受劳动的结果。为什么人类要享受自己劳动的结果呢？因为人性是自利的，如果承认他由自己的能力生产出来的结果，得由他自己安安稳稳的享受，便可以鼓舞起来人类的自利心，奖励人类的劳动。所以边沁（Bentham 一七四八——一八三二）一派的乐利主义（Utilitarianism）家都说：所有权的安全乃是进化的真正的起点和鼓舞进化的原因。他们只要求财产安全，不要求财产平均。所以边沁说道：

> 当安全与平等冲突的时候，必定立刻便把平等牺牲了。第一件重要的就是生命的基础；生存、富裕、幸福，件件事都靠着他。平等只能够生出一部分的利益。而且我们无论怎样做，都不能完全；我们所能做得到的只是减少一点不平等。……假若想使所有平等，把财产权推翻，便要生出不可收拾的坏处。也没有保障了，也没有勤励了，也没有富裕了。社会一定要回复到最初的野蛮状态了。

从这几句话上看来，可见得那时普通的思想只要财产稳固，不要财产平等。

当初弄到财产的人，也许是亲手起家的，自己安享自己亲手弄来的财产，原是正当的办法。但是后来财产多的人，便以财产生财产，或收买土地睡在家里收租税，或放出本钱睡在家里吃利钱，或生在有钱的人家终身吃他老子的饭。等到这一类的财产发生，便把所以保护财产的原意失掉了。财产不但不能奖励人家勤劳，倒反特来奖励人家懒惰了。财产自身并不是由自己勤劳的结果，却是劫夺人家勤劳结果的赃物；所以蒲鲁东（Proudhou 一八〇九——一八六五）便大声疾呼的说：“财产便是贼赃！”

又有一派人说："财产权是占有无主物的人对于该物的所有权。"如果这句话实在，那么，世界上人口渐渐增加，所有土地尽让先来的人占完了，后生的人岂不要活活的饿死！所以马尔塞斯（Malthus 一七六六—一八三四）说道：

> 个人生在一切东西都被人家占去的世界之中，如果他不能从他老子正正当当的要求到生活费，社会再不要他的劳力，那么，他便没有得到一点食物的权利，他生这个世界上只是多生的。"自然"的大宴会中，没有他的坐位。并且叫他走开，立刻就执行"自然"的命令。①

照以上财产权的两种理论说来，宪法上把财产权看作神圣不可侵犯，岂不是替贼人来保护赃物；岂不是只顾全已经占有财产的一部分人的利益，叫后生的人活活的饿死！

或者有人听到我这几句话说是太过了，我再退两步说：就是承认宪法上规定财产权并不是替贼人保护赃物，并不是叫人活活的饿死；但是无论怎样替宪法上财产权辩护，总不能不承认宪法上所保障的财产权，不是只问他有不有财产，并不问他取得的方法公道不公道。必待有了财产，才用法律去保障他；如果没有，便沾不到宪法的一点恩惠。老实说，宪法上所保障的财产权，只是使已经有了财产的人保住财产安全，并不是使没有财产的人有得到财产的方法或机会。

再就自由权说，也是这样。譬如宪法上只规定"人民有言论思想的自由"，试问能享受这种自由权的人，是否要有相当的生活的能力，社会对于这个人是否要有相当的设备？凡是能享受言论思想自由权的人，第一个条件就在要能够生活。如果生活都不能够维持，便不能身受教育了。就是能够维持生活，能够身受教育，个人本身不发生别的问题，但是社

① 见《人口论》第二版第 531 页。

会上如果没有图书馆的设备，如果没有学者指导他，或引起他研究的兴趣，或者社会上如工业制度和别的习惯等又不能便利他，使他有研究的机会。这样一来，就是宪法上冠冕堂皇的规定下来言论思想的自由，试问教他怎样能够享受呢？

职业选择的自由也是这样。能够自由选择职业的人，第一要有技术上的训练；既已受过技术上的训练，又要有相当的生活费，使他不致为饥寒所迫，苟且迁就。不然教一个一天不做工便要饿死的工人，去自由选择职业，岂不是一句笑话吗？比方抬轿本是不人道的职业，但是在中国现状之下，且有求抬轿而不可得的，教这种求抬轿而不可得的人去自由选择职业，岂不是教那些连饭都没有吃的小百姓去拣选上等的山珍海味来滋阴补阳吗？

所以我总以为这些政治的基本权，中产以上阶级能享受的权利，绝不是无产阶级所能享受的，宪法既然是一般人民的权利书，便不应该仅仅的保障有产阶级政治上的自由权，应该兼保障无产阶级经济上的平等权。

C　经济基本权的重要

从前宪法的缺点就在只知道注重政治基本权，不知道注重经济基本权，结果便把一般不能够维持生活的人排除在宪法保障的范围之外。所以十八十九两世纪的宪法只是中产以上阶级的宪法，十八十九两世纪的政治只是中产以上阶级的政治。我们如果明白不能维持生活的人断不能享受各种自由权的道理，那么，当创造新宪法的时候，便应该把经济基本权加入宪法的保障的范围。

经济基本权的内容是什么呢？第一就是“全劳动收益权”，第二是“生存权”，第三是“劳动权”。全劳动收益权是在共产制度之下行使的，劳动权却是在私产制度之下行使的；生存权也可以在共产制度之下行使，也可以在私产制度之下行使。

什么叫做“全劳动收益权”呢？因为自马克思（Karl Marx）以来，大家都知道“富财是劳力的创造品”。既说富财是劳力创造的，那么，各人就应该把各人自己由劳力生产出来的东西，拿来供自己享用，那些不用劳力的资本家便不应该坐收地租利息了。因为地租利息是不劳而得的东西——是把人家劳动的结果拿来供自己的享用。结果劳动者每天就是做工八小时，可是自己来落得一小时的酬报。其余七小时的劳动结果，都归资本家抢劫去了。因此，便有人主张“凡是劳动者生产的东西，都应该完全归劳动者自己享用”。由这个原则上发生出来的权利，就是“全劳动收益权”。

我们现在虽然不能废除私产制度，但是却断断乎不能再助长资本制度。我个人的主张是想用法律来限制土地和资本独占的趋势，保障自己以劳力直接生出财产的财产权，限制遗产和利息等不劳而获的财产权。

什么叫做“生存权”呢？就是一切财物适应各人欲望的需要分配起来。譬如有一件东西，在甲没有什么大用处，在乙却用处大的很，便应该分配给乙去享用。全劳动收益权以劳动做分配财产的标准，生存权以欲望做分配财产的标准。但是归综一句话：人类既已生存，就该有保持生存的权利，不应该使一部分人连生命都不能维持。我们当共产制度没有采用之先，应该以法律来保障那些得不到生存资料的人。详细说来，就是法律上应该承认未成丁的人有受教养的权利，承认衰老残疾失掉劳动能力的人有受救济的权利。

什么叫做劳动权呢？就是凡有劳动能力的人，在私企业者之下，不能将得劳动的机会者，都有要求给与劳动机会的权利。行使全劳动收益权的人可以要求自己生产的全体归自己享受；行使劳动权的人仅仅要求得到卖工的工钱，不能要求享有生产物的全部。我以为在私产制度之下，如果想救济失业的弊病，法律上应该承认凡有劳动能力的人都有要求劳动机会的权利。

我以为我们现在不谈宪法便罢，如果要谈宪法，便要把经济的基本权收由宪法保障。因为我们认定经济问题不解决，政治也万不能解决；人民不能得到经济上的平等权利，便不能享受政治上的自由权。真正能保障人民经济上的平等权的宪法，才可以算做全体人民的“权利书”；真正能保障人民全体权利的政治才可以算做“全民政治”。

三、立法问题

我们如果不是无政府党，当然不主张废除法律；既已不主张废除法律，当然要讨论讨论立法的问题。但是我们一方面承认法律是维持社会生活所必不可缺的东西，一方面又看见法律是阻碍进步最有势力的东西。我们如果翻开历史一看，那一个革命的志士不被当时法律认为叛徒；那一个激烈的、先见的、革新的思想家不尝过国法的禁止、处罚和放逐的滋味；那一个时代不为着改革法律案演成战争、扰乱、流血、亡命的惨剧！就不说历史上的故事，说我们身历其境的现状。我们一集会结社，便有治安警察法来妨害我们；我们一著书出版，便有出版法或报纸法来干涉我们；劳动者集会，在我们治安警察法之下是禁止的；女子集会结社，在我们治安警察法之下是不行的。所以有许多人受了这种激刺便主张废除一切法律好让个人自由。不过据我想来这并不是法律存废的问题，乃是法律好坏的问题。我们如果一时不能闯进无法律拘束的自然世界，我们应该就法律本身上着想，倡导“立法的科学”和“科学的立法”。换句话说，就是打破现在“政客式”的阶级的立法制度，建设“学者式”的科学的立法制度。

为什么要有学者式的科学的立法制度呢？学者式的科学的立法制度有什么用处呢？因为解答这个问题，不能不说一说所以科学者式的科学的立法的理由。

A　为社会进化设想

但凡一种法律制度都是为着一时代而设的，但是时代已经进化了，法律不但没有改变，反有人把他当作目的，反出死力去保护他。又因为保护的结果，把他的性越发弄得固定了，反把社会中一切生机一齐堵住。往往因堵住生机不能进化的结果，便要激起维新家拿暴力推翻一切的革命。

我们常常看见一切生物的生长，到了一定的时期，必定要把从前保卫自己的外壳冲破了之后，才能够发达，进到新生的时期。譬如螺蚌的贝壳，在先本是保护肉体的工具，但是因为外面硬壳常常阻碍里面肉体发展的原故，所以要达到一个新生的时期必定要脱掉老壳子。社会进化也是这样。往往有一种制度，在先本是保障社会，使他发展进步的；但是到了数十年或数百年之后，社会中发生一个新局面出来，旧有的制度不但不能保障他发展进步，还要阻碍他的发展进步。如果不把这种旧制度打破，就是不能杀死生机，也要激起革命；不然便要起新旧的战争，使社会本身发生不安的现象。

美国的甲富森（Jefferson 一七四三——一八二六）以为自由的国家，想免掉革命的惨祸，另外有一种好法子，就是“定期修改根本法”。每一个时代，有建设自己法律的权利。因为“地球是属于活人的，是供活人用的；死人在地球上既没有能力，也没有权利”。因此便断定这个时代的人断不能通过拘束那个时代的法律，因为他们造法的权力早跟着他们的身体死去了。如果这个时代可以通过拘束那个时代的法律，那么便是受死人的支配，不是受活人的支配了。世界上情形变迁了，人类也变迁了，所以政治制度也要有个跟着变迁的机会。政治制度变迁的机会就在定期修改根本法。他根据布芳（M. de Buffon）的统计，认定一种社会，在二十一岁以上的人，每过十八年八个月，总要死去一半。所以他说：无论什么社会都不能制定超过十九年以上的有拘束力的宪法法律和契约。

照这样看来，法律是要跟着时代和人类变迁的——最好是要先看时代和人类变迁，一方面才可以促进社会的进步，一方面又才可以免除社会的革命。但是诊察社会的病根，把死法律医成活法律，必得再有专门知识的人才可以做到。所以现在实验主义家如杜威博士，对于社会政治主张用研究的方法，好养成个人的“鉴别能力”。鉴别的能力有什么用处呢？且看他说：

我们要想使习惯风俗礼制不妨碍生机，不致激起革命，须要救正他，不要叫他变成死壳子。如想叫他不要变成死壳子，必须注意人的心思作用，用个人的见解来选择、批评、判断、试验他，用人的心思作用来保存生机，使他常常活泼，不要老死[①]。

由此看来，我们社会和国家的一切制度，那样不是我们死去的老祖宗遗留下来的死壳子？我们现在被这种死过几千遍的老壳子捆绑得好似铁桶一般，要想使我们这个被死人灵魂支配的世界，变成活人自己支配世界，又怎能不要一般有"鉴别的能力"的人来做科学的立法事业呢！

B　为思想进步设想

我们翻开历史一看，无论那种思想制度，在先提倡的必定是少数人，甚至于是一个人。大概群众的思想变迁总比个人的思想变迁缓慢得很多。因为群众的思想是个人思想的总积，必待一般人都懂得少数人的思想的时候，才成为群众的思想。所以无论那种思想，等待传播到普通群众的脑子里边去的时候，已经到了半死的时期了；再有群众的守旧惰性做他的保障，所以非到老死的时期不能打破。因此，便有人说："多数党总在错的一边，少数党总在不错的一边"。[②]

我们再看看历史，凡是革新的思想家，总处处和社会的习惯风俗反抗；总有大多数人出来反对他。所以凡是新思想家，至少总要受当时社会的压迫或驱逐，凡是新政府成立，至少总有一部分的当权的人是前政府的囚犯。因为个人的脑筋是很灵活的，社会全体人的脑筋却很迟钝守旧，有时且麻木不仁。但凡麻木不仁的社会，一切事总想照习惯做去。革新的思想是他们所最忌的。如果有革新家出现，他们因他的话处处和现行社会的秩序相冲突，所以都骂他是"捣乱分子"，都恨他"扰害治安"，都说他"大逆不道"。他们对付新思想家的方法，就是不像希腊人对付苏克拉底（Socrates 纪元前四六九—三九九年）活活把他毒死；便要像犹太人对付耶稣，把他放在十字架上活活的钉死；再不然至少也要像欧洲人对付马克思（Karl Mark）一样，无论走到什么地方都不能安身。

① 见《社会哲学与政治哲学》。

② 见易卜生《国民公敌》第五幕。

可是时代变了，苏克拉底、耶稣、马克思等主张变成多数人的主张了。所以又把从前毒死钉死或无处安身的人崇拜起来，当作神圣看待。可是苏克拉底等的思想又老早就变成陈腐不堪的思想，又有许多人想推翻他们了；想推翻他们的人可是又被社会用对付苏克拉底等的方法来对付他们了。

由此看来，思想的进步如果要靠全社会的主张，那么，便要宣告死刑。如果一个社会不能容纳鼓吹改革的思想家，便是半死不生的社会，思想再不会进步的。所以我们从历史上看来，可得下列几个结论：

（一）不有打破旧思想旧制度的急先锋的学说，新时代新社会必定不能产生。

（二）造成新时代新社会的学问思想只能希望少数急先锋鼓吹，不能希望大多数和平中正的安分守己的先生们的舆论批评。

（三）当时认为“大逆不道”的学问思想，经过一定的时期，必定要被大多数和平中正的安分守己的先生们奉为“天经地义”，必定要变成社会的法律制度。

——这都是社会很不容易进步的大原因。我们为容纳新思想起见，应该设立一种制度，使这些新思想家得到贡献新思想给社会的机会。要想这样，又非设立一个学者立法的机关不可。

C　为进化速度设想

我们看见世界各国的进化，先后不齐，有的国家在两三百年中所创造的文明，往往比别的国家在两三千年中所创造的文明还要好的多。可见得历史上，进化的速度全凭人为，没有什么天命国运来限制他的。在现在“人类中心”的世界之中很可以人力来引导社会国家，教他们不要走许多冤枉路。换句话说，就是可用人力来改快社会和国家进化的速度。

譬如当火车轮船飞机没有发明的时代，人家旅行几千里几万里的路程总要几个月或几年；现在有了火车轮船飞机，从前要几个月或几年才走得到的路程，可以几十点钟或几百点钟达到，这就叫做“缩地法”。我以为我们现在应该也造成社会进化的火车轮船和飞机，把从前费掉几十年或几百年的时间才能达到的进化的过程，可以几年或几十年达到，这就叫做“缩时法”。

我们所说的社会进化的缩时法，就是想教智识做引导进步的指路的人。换句话说，就是想使思想和社会打成一片，不要今天骂他“大逆不道”，明天又奉为“天经地义”，白费了许多新旧竞争的冤枉力，使社会的进化白走了许多转头路！要想达到这个理想，第一就是使国内思想家集摆在一块来创造或修改适于新时代新社会的法律。这个方法并不是什么新奇的方法，也就是采用大多数和平中正的安分守己的先生们所用的方法——就是崇拜几百年或几十年前的革新家的学问思想，使他变成法律制度的方法。不过他们迟钝一点，必待几百年或几十年后才崇拜他；我们痛快一点，当时就采用他罢了。我的意思就是说，对于新学说新思想，与其等到他半死的时候，才奉为天经地义；何妨逞着初生的时候或正在活着的时候，就不要看作大逆不道呢？与其待到他要死的时候，方让他成为法律制度；何妨直截了当一点，赶着他正在活着的时候，就让他成为法律制度呢？与其把这个活泼泼的世界听那死人的死学说来支配，何妨用活人的活学说来支配他呢？

我们想根据以上种种理由，把立法的事业完全独立起来，打破从前代表立法或政客立法的弊病。我们想创造一个“立法局”，把立法的事业和审查言论著作的事务一齐由国内专门学者去办，好让他们用“科学的方法”做“科学的立法”，但是我们的提议有一点重要之点不可轻易看过去，就是：学者的法案只算是提案，只算是草稿，最终的决定权全在人民。严格说起来，只算是由学者替人民先草创一个法律案，学者只是提案者，不是真正的“立法者”。真正的“立法者”乃是全体的人民。

D 举例

听到我这种主张的人，一定不肯相信；一定说：“现在民治大盛，那里还有容认这种‘学者立法’的余地！任凭你说得天花乱坠，但是前人既没有主张过，现在欧美各文明先进国又没有实行过，空口说白话，有谁相信你呢？”我以为且慢着批评，待我举出两个实证来。

莫说前人没有主张过，前人如柏拉图（Plato）已经在两千多年前主张过贤人政治，说事务应该听哲人去随时处断。但是他不但不知道法治是什么东西，就说法律也不过是“圣人立法愚者制焉”的理想。真正发明民治式的学者立法的理想，乃是二百六十年前中国一位大学者黄梨洲。且看他说：

> 学校所以养士也。然古之圣王其意不仅此也，必使治天下之具皆出于学校。……天子之所是未必是，天子之所非未必非；天子亦遂不敢自为是非，而公其是非于学校，是故养士为学校之一事，而学校不仅为养士而设也。

由此看来，黄梨洲理想中的学校便是造成一国公是公非的所在。天子有失政，大学校长“直言无讳”；“郡县官政事缺失，小则纠绳，大则鸣鼓号于众”。用现在的新名词翻译出来，“治天下之具皆出于学校”。“公其是非于学校”，就是行使现在国会的立法权；对于天子失政“直言无讳”，就是行使现在国会的弹劾或建议权。对于郡县官的“纠绳”和“鸣鼓号于众”，就是行使现在县议会弹劾县知事或宣布县知事的罪状的职权。总而言之，黄梨洲的“乌托邦”，就是想教学者来主张国家的法律政治，把一切官僚一齐放在学者的指挥监督之下。

但是只引黄梨洲的几句话来证明学者立法的必要，一定有人疑惑，说这不过是一两个人的理想，并不是现在文明国的新趋向。现在且放下黄梨洲不表，单提美国各州近两十年来学者帮助立法的新趋向。

我们要知道学者立法的必要，一定要知道政客立法的坏处。美国各州立法部据蒲徕士（Bryce）说，大概有下列几种弊病。

（一）因为用政党协议的选举制，故便宜了入党的坏人，拒绝了许多不入党的好人。

（二）因为有只选本区人的习惯，故虽有最好的人，只要不住在本选举区便不得当选。

（三）因为州的首都多是小城，和大城隔开，故首都的名字不大昭彰。

（四）州立法部的重要事件多是营业，故不能引起人民的兴趣——照这样看来，美国的各州如果要想有科学技术的立法，便不能在被政客所盘据的议会之外，另想出一个救济政客式的立法的弊病。他们的新方法是什么呢？就是设立“起草局”（Drafting Bureau），来替议员专门做起草事务。据一九一三年美国律师公会立法起草的特别委员会报告，已经有十三州采行这种制度了。这十三州中为议会或议员设备的有两项事：一是立法的参考，一是立法的起草。

这十三州中都另设立法参考事务部，凡是立法部在本会期中要讨论的问题，在没有开会之先，即由该部把所有的材料都搜集在一块，分门别类，提纲挈要，先期都预备好了。参考材料不但包括平常图书馆中所有的书籍论文在内，并且搜找各国立法部的法案草本，和本国外国已经公布的成法。但是有许多法案，并不难在搜找材料，只难在把所有的材料弄成系统，使立法部可以一目了然。在从新创造法律草案时，这种整理材料的事尤其重要。而且现在社会的、工业的、政府的，种种行政问题，都一天复杂似一天，非有专门学者事先加以详细的研究，并参考外国本国所有的成案，一定难免粗率的毛病。

只得到材料的帮助还不能算，此外还有为很重要的法案起草的事务，做该事务的人员都是深明法律的和熟悉起草方法的学者。他们的职务，一在使法案适合宪政的需要；二可使条文完备，可使达到立法时所希望的目的；三要与现行法律不相抵触。这就是科学方法的立法。

在美国做这两种事务的机关，从组织上看起来大概可以分成两种：像威士康森（Wisconsin）州，印度拉（Indiana）州等，设一个常设的局子，做这种参考和起草的事体，像纽约（New York）州，马沙诸些（Massaehusetts）州等，参考事项由州图书馆或州图书馆中一部分办理，起草事项由立法部委任人员办理。

纽约在一八九〇年建设一个立法图书馆，储藏各国立法的详细的记录，并发行极有价值的报告书。威士康森在一九〇一年也设立一个立法参考图书馆。用莫克塞博士（Dr. Mecarthy）管理这件事——莫氏是有名的经济学者和政治学者。这个方法一行，美国各州都起来仿效，故到一九一三年便有十三州的立法参考部的设备。

这是美国立法部倾向“学者立法”“科学立法”的新趋势。但是当我们讲到美国这个制度的时候，我们第一要明白的就是，美国各州现在还用代表立法制，并没有实行人民直接立法制，所以立法参考和起草都不过是专门学者站在议会或议员背后做事，并不是由他们提出法案交由人民直接议决。但是所以要有这种制度的第一个显而易见的理由，就是因为现在立法的事业断不是盘据议会的政客式的议员先生们所能做的；反过去说，就是立法的事业是个专门的事业，非得法理精深、成例娴熟，并知道社会进化原理的人，断断乎不能制造良好的法律。美国这种制度的发达，就是科学方法的立法，非现在的议会所能胜任的明证。

我们既然认清这个道理，何妨直截了当，把立法权从议会中拿出来，归专门学者制出草法，再交由国民投票判决。议员只有监督官吏照法律做事的权，没有制定法律的权。我们并不是崇拜什么“贤人政治”，只是相信“专门名家”；这是艺术的问题，与平民政治的精神毫不冲突；不但与平民政治的精神不相冲突，并且可以收平民直接立法的实效。

我们为前边所述的三件事——社会进化、思想进步、进化速度——设想，并根据旧儒的学说和观察美国近来的趋势，所以想特创一个立法院，用“立法的科学”来制立“科学的法律”。

（载一九二一年《智林》第一期）

一百三十年来联邦论的趋势

（1922年2月28日）

联邦制度本是近代造成的一种特别的国家组织，但是如果要追求根源，在二千多年前已经有了萌芽。现在因为篇幅和参考书的限制，不能详细叙述联邦制度变迁沿革的历史，只能略微述述联邦主义的大概趋势。但当没有叙述近一百三十年来联邦论的趋势之前，且略微说说希腊晚年的联邦主义，继此再入本题，叙述美德联邦初期的联邦论、美德统一时期的联邦论，及最近联邦论的倾向。

一、希腊晚年的联邦主义

希腊国家本都是城市国家（City State），所以政治思想家如柏拉图（Plato）、亚里士多德（Aristotle）等所描写的理想国都不过是只容得十万人以上的小国家。但是这种小国家在和平无事的时候，固然可以做人类道德生活、精神生活的惟一团体，可是一到有事的时候，这种分散的小团体便不能够同外族相抵抗。当波斯西侵及马基顿势力南下的时候，希腊人一齐觉悟，知道小国家万不能和大帝国相抵抗，所以才丢开一城一市各自独立的小国家观念，同时发生两种主义：（一）联邦主义，（二）世界主义。

马基顿以武力推翻希腊的民治政体之后，把希腊各城市一齐放在武力支配之下，爱自由、爱独立的希腊人当然不能心服，所以亚力山大一死（纪元前三二三年），马上就起来反抗。希腊人本善于应付政治环境，一看见散漫无纪的小城市不能抵抗武力统一的国家，故当纪元前三世纪的时候，就组织成功两个重要的联邦，一个叫做亚嘉亚联盟（Achaean League，是纪元前二八一年设立的），一个叫做伊多尼亚联盟（Aetolian League，是纪元前二八〇年设立的）。这两个联盟，都到纪元前一四六年被罗马灭掩了。这种联邦是拿民族来代替城市，联邦的组织便是希腊民族的组织。亚嘉亚联盟有中央议会，每一个联盟的城市（国家）有一票权。又有中央行政部和裁判所，单独一市不能宣战、媾和或同外国人私定条约。中央政府并是直接的民治制度，并不是代议制，凡过三十岁以上的市民都有出席中央议会的权利。每一个城市虽然不得中央政府的许可不得接受外国的公使，但是国内的政治、法律仍然各自独立，不受中央政府的干涉。这个城市的市民可以在别的城市之中得到市民权、互相结婚权和私有土地权。

这时候联邦的目的是想藉各市的团结势力来驱逐马基顿的武力统治，因为他们已经觉得城市国家的势力不够用，故来组织如近代所说的“邦国国家”（Country State），所以这种联邦意在集合许多小国家组成一个大国家，目的注重在集权，并不注重在分权。

二、美德联邦初期的联邦论

希腊晚年的联邦制，严格说起来，只具联邦的雏形，所以和现在联邦制相比较，只可叫做邦联，不能叫做联邦。真正的联邦制要算是自美国一七八九年联邦宪法成立之日发源的。希腊的联邦制是为抵抗马基顿武力而设的，美国的联邦制也是为抵抗外国势力而设的。蒲徕士（Bryce）说：

> ……诸州议会决然采用此宪法者，苟无一大原因在，恐万无可望。原因维何？即畏惧外国之势力是也。（见《平民政治》第三章）

美国联邦宪法虽然被这种特别原因逼着各邦会议通过，但是人民的争论却不曾少歇。因此分成两大党派，终演成南北战争。当时联邦论可分成邦权论及调和论两派。

(A) 邦权派的议论

这一派所以反对联邦，立论的基础完全建筑在自由之上。他们以为强有力的中央政府成立，一定要妨害各邦的权利及市民的自由。所以蒲徕士说道：

> 那时美国人民都说，自由要亡了，被乔其第三（George Ⅲ）所保存的自由将要亡于他子孙之手了。中央集权将要毁坏各市政府和地方制度了。（见《平民政治》第三章）

莱荪（Mr. Nason）在一七八八年宪法会议中下一回最悲惨的哀求，说道：

> 我求这尊荣的会议容我放肆叫几声：自由，哦自由，最好的宝贝！我同你一道生，同你一道死！如果我当他垂危的时候要掉下一滴眼泪，大家要恕恕我呀。诸公，我不能眼睁睁的看着这个无价之宝受伤。我们可以立刻丢开他吗？哦，不能！

但是这时美国人不但有反对联邦的感情，并且有反对联邦的学理。那时有一位法学家屠克（Tucker）极力的拥护邦权。他说：

> 做联盟国一分子的各邦仍然保有独立和主权，每邦仍然是主权国，如果有必要时，仍然可以充量的行使他的职权。公共政府如果要妨害各邦的权利，不论何时，各邦都可以脱离关系。这是各邦人民的自然权利，没有什么势力或契约可以剥夺他们的。邦和邦中的各个人一样，随时都有脱离联邦政府的权利。

后来又有一位南方的大政治哲学家贾尔洪（John Calhoun）也主张这种议论。他在《政府论》（*A Disquisition on Government*）上说出他很有系统的议论。贾尔洪的联邦论可以分为两部分：一、取消论，二、脱离论。

贾尔洪所最痛恨的是多数专制。他极力说“数的多数”（Numerical majority）的危险，主张一切政事由“同意的多数”（Concurrent majority）决定。同意的多数就是给予社会中一部分人消极的行动权。他以为不行同意的多数制，就不能成为消极的；不能消极，就不能成为宪法。消极权就是阻止政府的行为的权力，随便用什么名称，或叫做否决，或叫做劝解，或叫做取消，或叫做牵制，或叫做抗衡，都可以。积极的权力造成政府，消极的权力造成宪法。同意的多数就是给各关系者以否决权，政府的行为不以多数个人同意为条件，但以各关系者的同意为条件。联邦的分子国可以适用这个原则来否决公共政府的行为，凡公共政府有违反宪法的政策，每一个分子国都可以抗拒他。如果四分之三的分子国都赞成公共政府的行为，四分之一的不赞同的分子国便可以脱离关系。这就是他的取消论。

此外，贾尔洪还有脱离论。脱离论的观念是由他的主权论发生出来的。他以为主权是惟一而不可分的东西，“分他就是毁灭他”，因此便说半主权国家和半主权政府不能结合在一块。他只承认邦权是固有的，中央政府只享有行使主权的权利，并不能自有真正的主权。中央政府只是代行主权者，自己并不是主权者。因为各邦是真正的主权者，所以无论何时都可以行使主权和联邦政府脱离关系。这就是他的脱离论。

贾尔洪学说的势力在南方很占优势，南方的独立党（Particularistic Party）几乎奉作信条。他们持这种议论，推到极端，所以后来竟演成了南北战争。

（B）调和派的议论

当美国联邦政府成立的时候，因为是“破天荒”的制度，所以没有适当的名称可用。有人叫做“复合的共和国”（Compound Republic），有人叫做“联合的共和国”（Confederate Republic），有人叫做“联合国”（Confederacy），又有人叫做“社会的集合国”（Assemblage of Societies）。因为新联邦的性质既不是统一性，又不是联合性，只是统一性和联合性的结合而成的。从宪法的批评上看来——因为宪法由各邦批准——是一个联邦国，从立法部的组织上看来——上院的组织含有联邦性，下院的组织又含有统一性——却是一个半统一、半联邦的国家。行政部的组织也是这样，因为选举票的分配一半按照各邦平等的原理，一半又按照人口的原理。但是从政府的活动上看来，可以直达人民，不要由各邦政府转达，又是统一国，不是联邦国。可是从政府权力范围上看来，中央只有特举的几种权力，其余的权力仍由各邦保留，又是联邦国，不是统一国。

因为新联邦政府的性质这样复杂，所以调和派才大唱主权可分的学说。主权可分的学说自美国联邦宪法采用的时候起，直到贾尔洪止，可算是美国人很普通的思想。联邦派便以普通思想做根据，大唱主权可分的学说。他们以为从前十三邦联盟（自一七七六年宣布独立起，至一七八九年新宪法成立止，都是联盟时代），所以不能成功，就因为联盟公会只有半主权，完全的主权仍在各邦的手中。新宪法的好处就在使各邦得保有很重要的主权，不致于降到省、县的地位，各邦虽然不能有完全的主权，但是却有保留的主权。

那时美国的法院也采取主权可分的学说。当一七九二年裁决 Chisholm V. Georgia 一案的时候，曾宣言说，中央对于让与的各种政权是主权者，各邦对于保留的政权是主权者。调和派的大将莫狄生（James Madison）也说，美国的联邦政府既不是联邦的，也不是统一的，只能叫做“联合的共和国”（Federal Republic）。他以为，如果说主权不可分，那么美国的制度便是极滑稽的制度，因为美国联邦政府是一种“破天荒”的制度，从前没有先例的。他的结论就是，主权一部分在中央政府，一部分在做分子国的各邦。

中央政府与各邦政府虽然皆有一部分主权，但是主权的来源彼此却不相同。所以从联邦宪法的历史上看来，各邦的权力有固有的性质，中央政府的权力却有由各邦让与的性质。就是近来的著作家，如果说到历史上的事实，也多是这样主张。且看威尔逊说：

> 各邦仍然是国家，因为他们的权力是原始的、固有的，不是从人家让与的，因为他们政治上的权利不同时就是法律上的义务，因为他们发布命令有与法律相等的效力。（*An Old Master and Other Political Essays*）

蒲徕士也说：

> 中央政府与各邦政府中间权力的分配，是由两个法子弄成的。积极的方面，把若干权力让给中央政府；消极方面，把各种权力加以限制，不要再给与各邦的权力，因为各邦都得保留实际上不曾割让的一切权力。（见《平民政治》）

这都是说明各邦所以与地方行政区域性质不同，惟在邦权是固有的一点。

这种调和派的论调不独在美国联邦初期是这样，便是德国联邦初期也是这样。德意志的联邦可分做两个时期，从一八一五年到一八六六年为第一个时期，从一八六六年到一八七一年为第二个时期。第一期是联邦时代，第二期是德意志帝国成立时代。在第一个时期中，有魏慈（Waitz）一派人却主张中央政府与各邦有一定的权限。在这种权限之中各自独立，你也不能干涉我，我也不能干涉你，这种独立的权限就是主权。魏慈把主权的范围和内容分开说，范围是有限制的，所以联邦及各邦都不能逃出自己范围之外去侵犯他方面的独立；内容是无限制的，所以联邦及各邦在自己的范围之内都可以独立做事，不受他方面的干涉。换句话说，就是无论是联邦，是各邦，只要在自己范围之内，都有最高的和不受限制的主权。

我们把德美初期的联邦论综合起来看，有几个重要的特点：（一）各邦始终保有国家的资格，各分子始终是国家，不是做行政区域的地方团体；（二）各分子国始终得保有完全的或一部分的主权；（三）各邦的主权是各邦固有的，不是中央委托的；（四）中央的主权是各分子国让与的，不是固有的。这也是初联邦时大家舍不得割弃邦权应该有的论调。

三、美德统一时期的联邦论

美国主张统一论的学说在南北战争以前还不大发达。到南北战争终了之后，联邦的感情逐渐得势，所以统一论便变成思想界的正宗。当南北战争之后，欧洲大陆上也同样的发生统一的感情。那时德意志、意大利等国的统一，和美国一样，也是以铁血造成的，铁血成功后才发生统一的学说。

美国统一论的特点：（一）主张权不可分的学说；（二）消灭各邦的国家资格；（三）丢开十八世纪的契约说，专门注重组织的原理。

美国学者主张统一论最透彻的要算柏哲士（Burgess），他在《政治学及比较宪法》中说：

> 联邦者，非复合国也。极而言之，联邦之名，吾且不承。
>
> 所谓联邦云者，亦两种政府成立于同一萨威棱帖（主权）之下云耳……原有之国家在新国家中仅成为政府之各部，非有他也。以邦名之，绝不正当，所以云然，亦中无所有之荣名而已。自来事物新陈代谢，旧名每沿而不改，别创新名，以诂新质，盖非一时所能为也。（用章秋桐译语）

柏氏又说：

> 再造诸邦，其钥乃在为联邦制之所谓邦下一精诂……吾知单

纯国家之根本原则，萨威棱帖也。萨威棱帖者，权之最初无限，可以致人服从，否则加罚者也。至联邦制下之邦则异。若而邦者，地方自治机关，立夫共同宪法最上威权之下而保留其余力者也……邦之性质如此，人谓联邦之邦不能解散，是何理也？（同前）

韦罗贝（W.W.Willoughby）也痛驳各邦主权和各邦主权有原始性的话，他也把各邦同地方行政区域一样看待，说联邦的邦只在历史上有邦的名称，在现在，邦的名称已经不存在了。且看他说：

或曰：诸州权力本来有之。吾直不解所谓本来乃何义也？如诸州者，不能外于联邦别有政治团体之资格。则本来权力一语亦仅含有历史上之意味，谓创造联邦之时彼或为独立国家而已。至言法理，彼之得为合众国之一员，其法权纯出于联邦宪法之畀予，无有他也。或曰：诸州政权不同法律义务。苟吾诠之不谬，盖谓权之行使与否以及行使之方式，大抵由诸州以意为之，无法律为之限制也。虽然，有若市府，有若郡邑，仅得字为行政小区者，亦何尝不有此种自由伸缩之权乎？或又曰：诸邦发号施令义同法律，故不失为国家。易词言之，彼于法权以内所布政令，效力乃与法律同科。然此种定义，推之所有一切机关无不相宜。综而言之，从法理上以观，联邦之诸邦与诸邦之地方行政区域，其权力之不同，特一程度问题，至根本上之异点，自诉之史迹以外，直无从觅也。（见韦氏《国性论》，此用章秋桐译语）

照韦罗贝的话看起来，联邦的邦并不能算做国家，他的权力只是由联邦宪法付与的，并不是固有的。邦与地方团体所有的权力，只有程度的差别，没有性质的差别。

德国到一八六六年之后，是倾向统一的时期，所有从前主权可分的学说，到此时也不能适用了。大法学家如迈叶（Meyer）、拉庞德（Laband）、耶律芮克（Jellinek）等都倡导“主权为法律上自行决定统权之能力”，说这种能力在什么地方，就是主权在什么地方。譬如一乡一村一城一市，在自己范围内部有独立自治权，但这种权力范围怎样规定，乡村城市的自己都没有这种能力，只得听位置较高的机关代定。有主权的国家却不是这样，他自己有决定自己统辖的能力。一国之中不能同时有两个主权并立，所以各邦不得有主权。且看耶律芮克说：

> 联邦者，合诸邦而为一体者也。易词言之，凡联邦权限所能达到之处，诸邦所有各别存在之点皆当消灭。以是之故，诸邦之土地人民皆收入联邦权限之中，凝为一体，邦之疆域即国之疆域也，邦之人民乃统于一国之人民也。

耶律芮克说，国家的要素就在主权，主权既在联邦，故联邦内的各邦皆当合为一体，消灭他们国家的性质。因此，他主张诸邦在法理上没有脱离联邦政府的权力。

不过，德国的联邦还有一种特别情形，就是各邦势力非常的强横，普鲁士一邦便是一个例。当由邦联改组联邦时，各邦固有的邦权大概都不肯轻让，固有的名号大概都不愿意取消。这时要想平各邦的心气，只有别创一种学说，以保全各邦原有的国家资格。所以拉庞德说：

> 单一国土地及人民皆属国家统治高权之下，而于联邦则有二重，即土地、人民属于邦权之下，此邦又隶于国权之下是也。国权之直接客体为邦，邦者为单一体，为公法上之法人，乃国之直臣属也。邦之疆域间接为国之疆域，邦之人民间接为国之人民。故联邦者，邦自屈服之谓也，非压制及解散其邦也。邦上戴国，下复驭民。

照拉庞德的话看来，联邦成立之后，邦的单一体仍然存在。换句话说，就是各邦仍得保有国家的性质。我们单看拉氏的一段话，还不能够明白德国这时何以还有人承认邦有国家资格，我们想要明白这个理由，必定要知道拉氏学说的全体。拉氏不以主权为国家的特性，故承认没有主权的各邦为国家，把主权的实体已经夺过来了，只保存国家的空名。于统一不但没有多大的妨碍，并且可以平各邦之心，使各邦可以自安。这是拉氏的调和论所以发生的原因。

总看德美联邦成功时代的联邦论，共计发见几个特点：（一）联邦国的性质法理上与单一国没有区别；（二）联邦国的各邦事实上就是地方自治团体；（三）邦的名称只是历史上的遗形物，到现在已经是名存实亡了；（四）邦的权力是由中央宪法构成的、畀予的，并没有固有的性质。

四、最近联邦论的倾向

从这一百多年的联邦论上看起来，可见得联邦制度很有由分权趋向集权的倾向。从前各邦在事实上仍然保有国家的资格，所以学者也加以国家的名称；现在各邦事实上已经变成了地方行政区域，所以学者也取消他们的国家资格，只把他们作为地方团体看待。这就是这一百三十年来联邦制度联合性趋到统一性的明证。

但是我们讨论联邦制度有一个最要注意的地方，就是在联邦制度之下，无论怎样趋向统一性，可是统一性只以能维持中央政府的存在及使中央政府可以自由处理全国公共事件为最大限度。此外，无论在法理上或在事实上，都不能再进一步去剥夺各邦的自治权。我们就是认定联邦国与单一国对于地方政府只有程度的差别，没有性质的差别；但是这个统一的程度也只能到现行的联邦制为止，不能够再向统一上更进步——这是可以断言的。

现在的联邦论纯粹从职务上着想，不大从权力上着想。从前只从地方团体上着想，现在且从职业团体上着想。所以从前的联邦论是中央与地方的分权论，现在的联邦论是国家与职业团体的分职论。

从前的学者多把国家看作个人的集合体，现在的学者多把国家看作“群”（Group）的结合体。所以白尔克（E.Barker）说：

> 如果我们要是现在的个人主义家，我们便是结合的个人主义家，我们的个人正在结合成群。我们不要再做《个人与国家》（斯宾塞的书名）的书，只做《群与国》的书。现在联合主义（Federalism）盛行，普通人都以为单一国享有唯一的主权是一种错误的见解，同生活的事实不相符。我们以为每个国家多少总是联合的社会，包括许多不同的人群、不同的教会、不同的经济组织在内，每个团体都可以行使对于团体员的支配权。联合主义的感情异常的普及，新社会主义已经丢开独受中央支配的集产主义的方法，在行会（Guild）名义之下造“群”。他承认国家为生产工具的最后主人，要求把这种工具的动用权付托各种同业行会管理之下，想教国家来鼓励文化，要求由行会管理经济的生活。（见《政治思想小史》）

照白尔克这段话看起来，将来的国家不是联“邦”，乃是联“群”。他以为中古的国家是一个“许多社会的社会”，是行会、教会、都市、郡县的结合体的总集；近代在同业社会主义之下的国家，乃是一个职业行会的社会。因此便说：“我们既以为各种国家——不但真正的联邦国，就是统一国——性质上都是联合的（Federal），我们也可以承认主权不是单一的和不可分的，只是众多的和多数细胞集合的。”（同前）

同业社会主义家所主张的国家说，大概如白尔克所述的话一样。就是俄国现行的苏维埃制，也有些像群的联合。这就是近来的学说所以多注重国与群的分职，不单注重中央与地方的分权的原因，这就是由联邦论变到联群论的倾向。

（原载《法政学报》第3卷第1号）

个人对于社会的责任

（1922 年 5 月 30 日）

个人对于社会的责任这个问题看起来好像值不得研究，但是如果要仔细想一想，却是一个最重要、最复杂的问题。许多哲学家及政治学家大半凭着这个问题的解答的结论，来决定他自己对于社会的态度。所以这个问题便是哲学家和政治学家的根本问题。

但是我们当没有解答这个问题之先，还要更进一步讨论个人与社会的关系。换句话说，到底个人是社会的创造品呢，或者社会是个人的创造品呢？这个问题如同“英雄造时势”“时势造英雄”的问题一样，本是个连环套，要想主张一半、丢开一半，便没有什么理由可以证得圆满的。我现在解答这个问题，只好凭我自己主观的判断，再拿人家的理论，来做我自己主观判断的辩护人。我的主观的判断，认定文明是社会的产物，个人的知识是由社会文明构精结胎成形而来的，待到分娩之后，再独立生长，自己成熟；成熟之后，再行构精结胎成形，产生新的文明。以下且反复证明我的这个定义。

一、极端个人主义家的见解

极端个人主义家件件事都想脱离社会的关系，只讲求“自知”“自我实现”。这种方法固然是发展个性的第一个好方法，可惜他们太把社会的影响看轻了，所以他们心目中的个人好像是从天上掉下来的一点没有尝过人间烟火气的仙人一般。其实世界上那里真有一点不受社会影响的个人呢？斐希特（Fichte）说得好，他说："个人离开他的四围和关系，便是抽象的、玄想的、无形的幽灵！"

但是极端个人主义家却不要受社会影响的个人，只要脱尽社会关系的个人。这种个人主义派发生很早，纪元前五世纪下半期希腊的犬儒派（Cynics）就是他们的老祖宗。犬儒派不承认社会、国家与人生有什么关系，要是有智慧人，便可以自足，便不要受一切物事的拘束。由此推论下去，便不要婚姻，不要家庭，不要社会，不要政治，只要自己听自己的理性指挥，以求"自我实现"。他们不但反对人为的社会、国家，并且反对人为的习惯、礼节，更连自然的羞耻心都一齐反对——因为羞耻心是由顾忌人家意见发生出来的。照这派人想去，人生与社会可以完全离脱关系。

但是犬儒派对于个人主义的学理还没有尽量发挥，尽量发挥这个主义的要推德国斯特拉（Max Stirner）为最。他以为个人第一要觉悟的，就是思想要服事自己，自己万不要服事思想。思想要由自己脑筋中产出，如果得自人家，人家便是自己的主人，自己便是人家的奴隶。如果一个人只有人类的思想，便没有个人的思想，因为人类的思想并不真正是他自己的。且看他说：

> 凡不能使自己脱离一种思想的人便只是替人家传话的奴隶——言语是人类思想的宝藏，言语对于我们专制比什么都厉害，因为他率领固定观念的全军来压制我们。如果你们无论何时都抛开思想和言语，试在反省之中注意自己，便可以看出自己独有的真实进步。你们不但在睡眠中无思想无言语，你们就在深切自省之中也是这样。只有在无思无言之中，才可以有你自己。只从这一点上看来，所用的言语才是自己的言语。
>
> 如果思想不是我的思想，便只是牵引出来的思想，只是奴隶的话语。因为我的思想的来源，并不是思想，只是我。我是他的标准，他的历程只是我自己自享自受的历程。

斯特拉的眼中没有什么真理，他以为真理是我自己创造的才有价值，不然便一个大子也不值。且看他说：

凡在我之下的真理对于我才有价值，在我之上的或拘束我的真理我都不承认。没有为我而设的真理，因为没有什么东西是先我而有的。就是自己的生性，就是人类的生性，也不是先我而有的。

个人主义家最能够摆脱一切的，要数斯特拉为第一。照他的理想，个人绝不可和社会发生关系，言语、思想、观念、真理，都是因为有我在，他们才存在；因为我真实，他们才真实。没有我便没有言语、思想、观念、真理。我们个人绝对不可受固定的言语、悬想的观念、前人的思想、客观的真理等所拘束，一受他们拘束，便是他们的奴隶！

不但欧洲个人主义派是这样摆脱外来的关系，便是佛家的禅宗也是这样。禅宗要求真正见解，生死不染，去住自由。他们以为众生生来便不出法性三昧，长在法性三昧中。着衣吃饭，言谈祇对，六根运用，一切施为，都是法性。因为这样，所以只要自信，莫向外求，自然可以彻悟。临济宗主义玄有几句最沉痛的话，足以表明他们对于一切的态度。他说：

道流。你欲得如法见解，但莫受人惑。向里向外，逢着便杀。逢佛杀佛，逢祖杀祖，逢罗汉杀罗汉，逢父母杀父母，逢亲眷杀亲眷，始得解脱，不与物拘，透脱自在。如诸方学道流，未有不依物出来底。山僧向此间从头打，手上出来手上打，口里出来口里打，眼里出来眼里打，未有一个独脱出来底，皆是上他古人闲机境。山僧无一法与人，只是治病解缚。你诸方道流，试不依物出来！我要共你商量，十年五岁并无一人，皆是依草附叶竹木精灵野狐精魅，向一切粪块上乱咬……瞎汉！头上安头，是你欠什么？是你自家目前用底，与佛祖无别，只么不信，便向外

求？（见《古尊宿语录》四）

历史上像这一类的话很多，也用不着一个一个的引证。但是依我看来，他们所以这样主张，都是受时势或社会思想的反动。就以斯特拉说，他自己所以要摆脱观念或真理的拘束，都是受海格尔（Hegel）思想反动的结果。我们平常所说的社会影响有两层意思：一受社会思潮的束缚，二与社会思潮相抵抗。前者固然是受社会影响，就这后者也是受社会的影响。因为历史上没有无的放矢的思想，无论向的放矢与背的放矢，都通同脱不掉方向的拘束。再，斯特拉固然是想打破言语文字中固定的观念的拘束，但是他自己的著作中文法字义果有一个是他自己独创的吗？他所用的文法岂不是德国社会上通行的普通文法，他所用的字义岂不是社会上公同承认的普通字义吗？所以我敢说，个人主义家理想中的个人，无论怎样超脱，但是至少总要受他的四围和关系的影响，我在思想史上从没有找出一个从天上掉下来的赤条条的个人！

二、主张伟人学说的见解

又有崇拜英雄的人，说社会文明是伟人的创造品。这一派在历史上要推加莱尔（Thomas Carlyle）为第一个人。照他说，世界历史只是几个伟人制造成功的历史。且看他说：

> 依我说，世界历史，现今世界上人类所造成的历史，只是伟人行动的历史。他们是人类的首领，是群众做事的模型，照广义说，是一切事业的创造主。现今世界上所有一切事件都是伟人思想的结果与实现，全世界历史的精神都可说是伟人精神的遗迹。（见他的《英雄崇拜论》第一篇）

崇拜伟人者的见解，大概都是这样。我们自一方面看来，觉得伟人造历史的学说，很可以令人相信。譬如中国出了一个孔丘，便使中国的历史几几乎完全变成儒教的历史；犹太出了一个耶稣，便使一部欧洲中古史完全变成耶教的中古史。他如出了一个亚力山大，便沟通欧亚造成一个世界帝国；出了一个哥伦布，便使新大陆发现。诸如此类，数不胜数。由此看来，英雄造历史的话似乎有点可信。

但是我们如果要相信英雄造历史的话，还要先相信一件事，就是第一要相信“圣人由于天生”这句话。究竟英雄伟人到底是天然生成的或是社会造成呢？现在再进一步讨论这个问题。

三、个人是社会文明的创造品

照前边两派学者——个人主义派和崇拜伟人派——说，社会上的文明、历史上的文明都是个人创造的。这种见解固然有片面的理由，但是只看见个人的后半截，没有看见个人的前半截。譬如我们说：“鸡是鸡子产生的。”这话固然不错，但是却不能不更进一步，说：“鸡子是鸡产生的。”个人主义家和崇拜伟人家的错处，就在只记得“鸡是鸡子产生的”，却忘记了“鸡子是鸡产生的”。所以他们心目中的个人，好像是来路不明的东西。

我们要想知道个人的来路，必定要看清楚了个人的环境和个人的历史。个人主义派主张个人自由不必受社会一切势力的限制；但是我以为个人自由至少总要受社会的限制，绝对自由的个人只有在一个人的世界中可以找得出，在社会生活中的个人绝对不能这样。赫胥黎（Huxley）说得好，他说：

> 普通一般以为“我能够做我所高兴做的事情”一句话是和“必须”的学说相反的，对于意志自由论的争辩多半因此而起。这个问题的解决方法是：无论如何，在某种限度以内，一个人总是能做他所高兴做的事情，但是决定他的“高兴”和“不高兴”

> 的东西是什么呢？……“自由”是反对“必须”学说的人的护身符，然而现在既没有人否认自由，那又何必极力去高呼自由呢？假使他们能推翻了“必须”的道理，他们就应该证明他们可以自由的结合情感和意志，喜欢痛苦如快乐一样，喜欢罪过如德行一样。简而言之，就是证明不管宇宙事物的定序是怎样，而思想的定序确是由机会而定的。

赛利格曼（Seligman）在《经济史观》中引赫氏这段话证明自由多少总要受社会的限制。赛氏跟着说道：

> 每个人都有“意志力”，并且可以决定去做或者不做一桩事情——这可以表明他是一个自由人；但是他最终的判决是怎样，却全靠着他的“机体”里的某种原因而定。……每个人是他自己那么一个样子，是因为已往的和现在的环境的影响的缘故，是我们所知道的。……
>
> 人既然同别的东西一样，因为已往的和现在的环境——就是祖宗的和他自己的环境——的缘故，就成为他自己那么一个样子，那么，如果我们能够知道他已往的和现在的环境的一切事实，我们就更可以预言每人的行为。……
>
> 关于社会环境最简单的解释，就是个人虽然在道德方面和智识方面有绝对自由权去选择他的行为，然而他的选择的范围大部分是要受社会里各种情形、传说、风俗、习惯的影响。（见《经济史观》卷下第一章）

大概每一个社会必定有他的道德观念，这种道德观念是经过这个社会中无数自由人判决过的行为的标准。除特别的关系之外，凡是在这个社会中的人总要以这个标准做他行为的普通倾向，这是毫无疑义的。平常所说的“社会定律”，就是从社会里自由人民的无数判决之中，找出一个行为的普通趋向和划一样式。个人无论怎样自由，但是他的行为至少总要受这个社会中行为的普通趋向和划一样式的影响。

伟人和社会文明的关系也是这样。伟人至多不过能够利用社会的文明，他一手一足的能力却不能够独立创造社会的文明。赛利格曼说道：

> 世人所归功于伟大人物之效果常常大部分都是许多势力的结果，不过这些人碰着巧，刚刚是表现这些势力的工具罢了。凯撒建造罗马帝国，但是不管有没有凯撒那样一个人，罗马帝国是一定要出现的；拿破仑在他的时代改变欧洲形式，但是就是从来没有拿破仑那样一个人，今日的法国大体上也一定没有什么分别；华盛顿和林肯对于当时自然都曾有很大的影响，然而就是从来没有华盛顿和林肯，美国的革命也是一定要成功，南部的背叛也是一定要失败的。（见《经济史观》卷下第一章）

由此看来，从古至今，没有一个伟人不是能够适应社会的需要；从古至今，没有一个伟人不是时势的产儿，不是社会的创造品。例如基督教，不过是犹太的教义、希腊罗马的文明、东方神秘派的迷信和希腊晚年的大同主义一视同仁的精神的总结晶。孔丘的思想也不过是中国尧、舜、禹、汤、文、武、周公等思想的集大成。就是哥伦布发现新大陆，也不过是那时天文学的发明，普通人向外发达的冲动，和他同行的水手伙夫及造船的工人，造罗盘器的工人，供给他粮食、衣服、银钱的人，感动他的著作家的著作……互相帮助才做成功这样一场大功劳！

照前所说的话看来，个人生活无论如何，都脱不掉社会文明的影响。若没有那样这样的社会，绝不会有这样那样的个人。胡适之先生《不朽》中有一段话说明这个道理。他说：

> 我这个“小我”不是独立存在的，是和无量数小我有直接或间接的交互关系的，是和社会的全体、和世界的全体都有互为影

> 响的关系的，是和社会、世界的过去和未来都有因果关系的。种种从前的因、种种现在无数“小我”和无数他种势力所造成的因都成了我这个“小我”的一部分。我这个“小我”加上了种种从前的因，又加上了种种现在的因，传递下去，又要造成无数将来的“小我”。这种种过去的“小我”，和种种现在的“小我”，和种种将来无穷的“小我”，一代传一代，一点加一滴，一线相传，连绵不断，一水奔流，滔滔不绝——这便是一个“大我”。

我们知道个人和社会的关系，就可以知道社会文明并不是几个“寡头”人物造成功的。克鲁泡特金在《自叙传》中说过：“世界上不出名的人民多有能成就历史上的大事业或建筑战争胜利的大基础。”他又在《无政府共产主义》（*Anarchist Communism*）中说：

> 我们试拿一个文明国来看，那些森林已经辟了，沼泽已经清了，各方面的大道和铁路已经密如蛛网了，河流已经通航了，口岸已容易升登了，运河已连着大海了；工厂遍布于四野，科学已经教人怎样用自然的能力满足自己的需要；城市经过多少时代已慢慢的发达了，科学和美术的宝库都积聚在这些文明的中心点——可是这些奇迹是谁做出来的呢？这些结果是数十代以来的人类合力所做出来的。森林已经辟了几百年了，几百万的人费了一年又一年的工作，才开通那些沼泽，修平那些道路，筑好那些铁路；别的千百万人建立那些城市和创设下我们拿来夸耀的文明；整千整万的发明家——大多数是“没世而名不称”的，大多数是死于贫困的——已经构造好了人类赞美他的天才的机械；整千整万的著作家、哲学家、科学家，辅以许多许多的装订者、印刷者和其他无量数的劳动者，共同操作，才把智识构成了，散播出去，免掉许多错误，创造科学思想的空气。要是没有这些人，我们的时代断乎不能发生这样的文明。

把以上所引的话综结起来，可得两句极简单的断语，就是个人是社会文明的创造品，文明又是社会的创造品。

四、个人在社会中的地位和责任

但是所谓“个人是社会文明的创造品”这句话，也要好好的解释，不然便要生出许多错误。我们说个人是社会文明的创造品，并不是消灭个人的人格，教他去做听社会摆布的奴隶。说到这个地方，便不得不说明个人在社会中的地位。

（一）我们只把社会文明看作因人而活动的东西，并不把他看做一个真实的有机体。社会文明所以可宝可贵，只因为他是活的。文明自身不会活动，只是因人而活动。古人说“文以载道”，究竟文字上所载的道还是死道，所以说“文以载道”仍不如说“人以载道”的好。社会所以有文明，就因为有人，没有人存在，就是历史已经发达的文明也会消灭。平常所说的社会文明，只是寄托在真实社会之中的真实个人之上的活文明，并不是寄托在“故纸堆中”或“冢中枯骨”里的死文明。关于这一点，我们也承认个人主义的说法，不过我们的活文明乃是用活人的力量把历史上或社会上已有的文明活动起来，并不是个人全凭自己独立的见解凭空特创起来，和历史上或社会上已有的文明一点没有影响。知道活人是活文明的本源，便可以知道个人在社会中的地位。

（二）我们虽然说活文明是用活人的力量把历史上或社会上已有的文明活动起来，但是却不把活人看做“继往开来”的机械看待。因为旧文明虽然是新文明的种子，但是新文明却不是翻印旧文明，所以活人也不是翻印旧文明的死机械。社会文明是天天进步发展的，譬如一篇草稿子，天天在修正之中，天天在接续往下做之中。因为进步发展的原动力在活人，修改和接续往下做的动作也是活人的动作。

（三）我们所说的个人，大概当求学的时候，总在受社会文明的铸造之中；当做事的时候，总在创造社会文明之中。但是真正说起来，个人没有一天不受社会文明的铸造，也没有一天不铸造社会的文明。所以无论古今中外，只有真正能代表时代精神的人才能够转移时代的精神。

我们从这三点上可以看出个人对于社会的责任。胡适之先生有几句话表明他自己的“宗教的教义”，且把他引来当作我这篇文字的结论：

> 我这个现在的“小我”，对于那永远不朽的“大我”的无穷过去，须负重大的责任；对于那永远不朽的“大我”的无穷未来，也须负重大的责任。我须要时时想着，我应该如何努力利用现在的“小我”，方才可以不辜负了那“大我”的无穷过去，方才可以不遗害那“大我”的无穷未来！

（原载《晨光》第1卷第1号）

省制的讨论

（1922 年 6 月 11 日）

“省制应否加入宪法”是民国五年（1916 年）宪法会议中争论最烈的一个问题，现在翻开那一年的宪法会议的会议录，看看那时议员诸公所持的议论，真真教人失望！现在且把那时议员先生的省制意见书中的误点略举几条于下：

（一）只注重行政分权，不注重立法分权。

那时普通的论调，都以为省制应该由中央的宪法会议制定，全国只有这一种省制，各省都要适用这一种省制。不问各省的情形如何，通同适用一种制度，就性质说，仍然是单一式的国家，绝不是联邦式的国家。我以为现在我们不谈省制便罢，如果要谈省制，至少要在国宪上承认各省有自行制定省宪法的立法权。

（二）只注重省制的加入，不注重省制的内容。

那时国民党的分子多主张把省制加入宪法，可是也只希望把省制加入宪法便算了事。至于省制的内容、各省长民选等重要条件，他们都不惜牺牲。照民国五年的宪法会议中所提出的《省制草案》，充其量不过把《省议会暂行法》第二章“省议会的职权”规定在宪法上罢了，对于省权并没有丝毫的扩张。

（三）只注重省制的巩固，不注重省制的变通。

省制不加入宪法，只用普通的法律规定，那么，修改省制只照修改普通法律的程序，省的基础当然不能稳固——这一层坏处我也认为要防止的；但是我以为这绝不是巩固省制的好办法。要想巩固省制，必定要把省制的制定权和修改权奉归各省，必须由各该省制定或修改。如果照民国五年的宪法会议的主张，把省制规定在国宪之内，一经规定之后，无论何省都要采用，如果有一省两省事实上不能适用，便非用修改国宪的程序修改不可。照《天坛宪法草案》，各省没有提议修改宪法的权限，这样一定，岂不是剥夺各省关于本省省政府的组织权吗？

（四）只注重省性质的规定，不注重表现省性质的法制。

那时宪法会议中对于“省是地方行政区域，或是地方自治团体”这个问题很加意讨论。他们以为只要在宪法上规定他是“行政区域”便是行政区域，规定他是“自治团体”便是自治团体。依我看来，却不是这样。因为省的性质是由省的组织和职权表现出来的，如果省的组织和职权同现行法一样，一点也不修改，那么，就是在宪法上规定他是“自治团体”，也不能教他名实相称。而且中国的省是一种特别的组织，就说他是自治团体，也断不能当做单一国的郡县看待。所以我的主张以为，单把省定为纯粹做自治事务的自治团体，还不能发展省的政治，必须要把他看做半独立国的政府，才可以发展省的势力。我所主张的中国政制，就是采取两重政府制，不是采取单一政府制——把中央政府看作政府，把省政府单看作自治团体。

将来制定国宪，如果不纠正这四个误点，我敢断言仍是中央集权制，不是各省分权制；仍是单一国的制度，不是联邦国的制度。

我主张中央的宪法上边，只能规定国权与省权的分配，不得由中央代各省去规定省制，各省省制要让各省各自制宪规定。

我又主张中央政府的权限取列举主义，各省的权限取概括主义。换句话说，就是凡不在中央政府权限之列的一切权限一律为各省所有。

我所主张的中央政府的权限如左：

（一）外交行政权。

（二）国军行政权。

（三）交通行政权。

（四）国税行政权。

海关税、盐税、烟酒税、印花税、所得税为国税。

（五）司法行政权。

（六）币制的制定和国币的铸造权。

（七）对外的宣战、媾和及缔约、修约权。

但关系各省权利的条约，不得各省的同意不发生效力。

以上是我对于中央政府权限列举的标准。

照近两天的情形看来，似乎还说不到这个问题。国会的恢复究竟能不能成为事实？恢复后能不能安安稳稳的制宪？照从前议员先生的品行学术，所制的宪法能不能合乎人民的和现状的要求和需要？谁也不敢保障。但是就假定国会不能恢复，黎元洪不能复位，也没有什么不得了的。我以为如果真是走投无路，还有一个绝妙的办法，就是暂让南北两政府暂时各维持各方面的现状，双方协定，划出一年期限，让南北各省自行制定省宪法。待省宪法完成之后，由各省按照省宪法组成省政府，再由省议会选举国宪起草员，把中央的宪法定好，交由各省人民投票批准，然后按照国宪来组织中央政府。这样一来，可以得到许多好处：

（一）省宪法由各省自定，可以免去中央集权法制的一切弊病。

（二）按照联邦国“先有邦后有国”的先例，也可以说得过去，故所定的国宪必充满联邦制的精神。

（三）省既为创造中央政府的基础，省的势力必定增大，可以制止中央政府的一切专制。

（四）省的势力既大，政治势力的中心必定由中央移到各省，各省的政治必定可以日见发展。

（五）省既有很强固的组织，中央政变必不能摇动各省的政治基础。

蒲徕士（Bryce）有一段巧妙的比喻，说明美国联邦制的完备。他说：

中央政府与诸州政府，譬如同在一土地之上一大建筑物，包有诸群小建筑物。两者之关系如在许多座小礼拜堂之上建一壮大之新礼拜堂。其初各别建筑之许多小礼拜堂，建筑之时不同，建

> 筑之法亦异，林列于地盘之上。后建造一宏壮寺院，巍然而立于其上，其屋脊摩空而耸高，其墙壁基于旧礼拜堂之上而并合焉，其内部以本身之结构而轮焉奂焉；然其旧建筑物之本体，决不因之而消灭也。若其新而且大之堂宇云亡，则各小建筑稍稍补苴，亦足以蔽风雨，一如其旧焉。举亚美利加诸州悉网罗于联合体之内，其联合体不仅为诸州之一团结，诸州亦不仅为联合体之一部分。联合体破坏，诸州就其现有权力稍稍增益，犹得为各自独立之团体，而无害其生存。（见《平民政治》第二章）

我国各省如能照这样组织，便完完全全是一种联邦制，凡蒲徕士所说的利益，也可以发见于我国了——我个人对于省制的主张如此。

（原载《努力周报》第6号）

我国宪法与欧洲新宪法之比较

（1922 年 11 月25 日）

自一九一七年到现在，总共不过五年。这五年之中，欧洲大陆上产出好几个新国家，这几个新国家又都制定成功他们的新宪法。这几种新宪法各有各的精神，例如俄国的宪法是代表共产主义精神的，德国的宪法是代表社会革命精神的，波兰宪法、捷克斯洛伐克（Czechoslovakia）宪法、南斯拉夫（Yugoslavia）宪法是代表最近民治主义精神的——都有他们特别的色彩。我国的宪法怀胎已经十年了，今年究竟能不能分娩还不能说定。就是今年能够“呱呱坠地”，可是一拿他的内容和上述的五国宪法相比较，恐怕断没有人能够猜想到他们是同一时代的产儿。

宪法是时代思潮的结晶体。当美国独立的时候，社会契约说的势力最大，故美国各邦及中央的宪法都充满了自然权利的精神；法国革命的时候，也是人权说大盛的时代，故法国第一次革命后的宪法也充满了民权自由的精神。但是那个时代的普遍思潮，只注重个人，不甚注重社会；只注重政治，不大注重经济。所以那时的宪法也只注重个人的权利和个人政治上的自由，至于社会的权利和经济上的自由，都一齐放在宪法的范围之外。简单一句话，那时的宪法只可算是个人主义的政谱。

我国的宪法不啻是这一百四五十年个人主义的宪法的汇纂。在十年前世界上还没有代表最新思潮的新宪法发见，故还可以藏头盖面的掩饰过去；现在不幸世界上有了代表新思潮的新宪法，拿这几种新宪法来和我国的宪法比较比较，便发见出来许多不可遮掩的破绽。我本不是研究宪法的专家，故不能作逐条的比较。现在且把我国宪法上违反时代思潮的几个最大缺点指出来，给研究宪法的人参考。我以为我国宪法——以经过二读会者为限——所没有顾虑到的有下列四个大问题：

（一）经济生活的问题。

（二）团体生活的问题。

（三）分职的问题。

（四）立法的问题。

一、经济生活的问题

少数研究过近代民治主义的人大概都知道，近代的民治主义的基础不仅仅的建设在政治的自由上边，并且要建设在经济的自由上边。因为政治自由的幸福必定要在经济自由之后才能够享受得到。从希腊到十九世纪，凡在政治范围之内活动的人，大概都是有产阶级，他们自己并不曾尝过经济压迫的滋味，所以他们开始就要求政治的自由权。那时不但不重视经济的自由，并且把经济事业排除在政治范围之外。柏拉图（Plato）的共产主义就是想教治国的阶级专门做政治事业，把经济事业让给奴隶阶级去做，所以柏氏的结论就是想使经济的生活完全与政治的生活分开。直到法国革命之后，个人主义家也都一个个力争人类政治上的自由权，把经济事业划在国权范围之外，好让个人去自由竞争。我国的宪法仍然死抱着个人主义的旧说，所以对于社会中的经济生活一个字也不提。

经济自由的唯一条件就在打破地租、利息、遗产等种种经济制度，单以劳动做生活的基础。俄国的宪法是共产主义的宪法，所以“劳动群众权利的宣言”第二章中明定土地、森林、矿产、水道、六畜及田地附属品等一切宣告为公产，并于“宪法大原则”章中（第五章）规定：“俄苏维埃共和国宣言劳动为人人应有之义务，凡不劳动者不应得食。”（第十八条）他的财政政策就在“没收资本家之财产，使全国人民对于生产、分配上立于平等之地位”（第十六章第七十九条）。总而言之，俄国宪法的目的在打破资本主义，消灭剥夺阶级，使全国人民都以劳动为生活，这是他想达到人人经济生活自由的唯一的途径。

但这是共产制度，究竟这种制度能否试验无弊，就俄国这几年的政治情形看看，还不敢武断的肯定。我们且退让一步，再研究非共产主义的宪法。德国一九一九年八月十一日所公布的宪法并不曾采取共产制度，故社会的公益和个人的私利并重。但是德国的宪法虽然是公益和私利并重，可是却有个人人共见的特点，就是他的目的是想用社会主义来代替个人主义。因为如此，所以注重社会的公平，限制个人的自由，所以渐废个人私有制，代以社会公有制；渐废遗产继承制，代以遗产国有制；渐废私人营业制，代以国家营业制。

德国宪法第五章特别规定经济的生活。在这一章中可以看出个人自由主义和社会主义的调和。且看第一五一条：

> 经济生活的秩序应该和公平的大原则及人类维持生存的大目的相合。

同时又规定：

> 工商业的自由依国法之规定保障之。

这是一方面维持公平的原则、一方面保障个人自由的铁证。

德国的宪法仍然保障私有的财产，仍然保障土地私有制，但是一方［面］又注重社会的公共幸福。且看第一五三条：

> 私有财产受宪法上的保障。

但是同时又规定：

> 公用征收，在发达公共幸福的范围内而有法律根据时，方得

行之。

由此可见，私有财产一方面为个人财产的安全起见可得宪法的保障，一方面为发达公共幸福起见又可以用报酬去征收他。财产的继承权也是这样。一方面可由私人继承，一方面又可由国家继承。（第一五四条）

土地所有权在德国也没有完全废止，但是“为供住宅的需要，为移民耕樵的发展，为农业的发达，可以征收私人的土地所有权”（第一五五条）。再：土地的价值增加，如果不因为劳力应用、资本应用者，应由国家拿来谋达公众的利益。（同上）至于土地的宝藏及可以利用的天然力——如矿山、水利等——都一齐放在国家的监督之下，私人的矿业特权依法律所规定可以移归国家。（同上）国家对于土地的监督：（一）为防止土地权的滥用，（二）想使人民有卫生的家宅。（同上）这就是防止土地集中于大地主的手中的最好的办法。

私人营业的原则在德国宪法中也没有禁止，但是适于社会所有的私人的营业，得收为国有财产。（第一五六条）至于现有的私人营业，虽然不完全废止，可是得由国家令各邦或地方团体参与管理，国家对于私人营业认为不适当的，又得有抗议权。（同上）

综看这两国——俄国、德国——的宪法，都充满社会主义的精神。俄国宪法上明定“俄罗斯共和国为一切劳动者之社会主义的团体”（第五章第十条），目的在铲除社会中的寄生阶级。果能行之久远，则全国只有一个劳动阶级，绝没有资本阶级可以存在。在这种制度之下，当然不再有阶级战争的弊病。就是德国，虽然还没有实行共产，但是已经用全力向共产方面走去。……我国宪法就是不采取共产主义，也应该把眼光放远些，预先防止资本阶级的成立，断不能设法扶植资本阶级，使将来的社会又要发生阶级战争。

现在且看我国宪法的规定。第十二条：

中华民国人民之财产所有权不受侵犯；但公益上必要之处

分，依法律之所定。

此处所说的“公益上必要之处分，依法律之所定”，大概是指着土地收用法一类说的。我国宪法上关于债权、遗产继承权、土地所有权、私人营业权都没有特别的规定，可见得这些权利都一齐包括在财产权之内了。这样囫囵吞枣的规定实在很有些危险。以下且说明危险的理由。

关于财产权的理论虽多，但是各派共同的一点，就是“财产权是使劳动的人得享受劳动的结果”。照这个定义严格的解释起来，只有亲手弄来的财产才可以由自己享受，此外，如遗产、地租、利息、利润都不是自己劳动的结果，当然不能算做财产权了。如果财产权的内容是这样，为鼓励人人劳动起见，当然有受宪法上保障的必要。可是我国宪法上财产权的内容绝不能作这样严格的解释，多半包括不劳而得的遗产、地租、利息、利润等在内。换句话说，我国宪法上所认为“不受侵犯”的财产权，并不是由自己劳动的结果，却是劫夺人家劳动结果的赃物。把这种财产看作神圣不可侵犯，便不啻替贼人来保护赃物！

再：财产权包括土地所有权在内，更有许多危险。因为土地本是天然生成的东西，土地所有权便是占据天然物认为己有的结果。世界上人口渐渐增加，所有的土地尽让先来的人占去，后生的人岂不要活活的饿死吗？所以马尔萨斯（Malthus）说道：

> 一个人生在一切东西都被人家占去的世界之中，如果他不能向他的老子要求到生活费，社会再不要他的劳动，那么，他便没有得到一点食物的权利，他的生在这个世界上只是多生的，自然的大宴会中没有他的座位，并且叫他走开，立刻就执行自然的命令。（《人口论》第二版五三一页）

由此看来，假如宪法上绝对的保障土地所有权，结果一定要使后生的人活活饿死了！个人主义派关于财产权的理论有个不可遮盖的缺点，就是只要财产安固、不要财产平均（乐利主义派的边沁［Bentham］就是这样主张）；我国宪法上虽然容认“公益上必要之处分”，但是目的只在使为公共利益而设之事业有收买或租用土地的机会（参看土地收用法第一条），并不像德国宪法对于土地所有权的规定，目的在防止土地权的滥用和使人民得有卫生的家宅。归综一句话，我国的宪法对于遗产继承权、土地所有权、私人营业权都取积极的保护主义，无论财产所有主怎样使财产集中，绝不受宪法上的限制。德国的宪法却不是这样，他对于遗产继承权、土地所有权、私人营业权都取消极的限制主义，财产所有主私人的利益如果违反了“公平的大原则及人类维持生存的大目的”时，国家即有权力去实地限制。所以拿德国宪法关于财产权的规定和我国宪法相比较，一个可以代表社会主义的精神，一个只可以代表个人主义的精神。

近来社会主义家把从前宪法上所规定的各种权利（如我国宪法自第五条到第十六条所规定的权利）通同叫做政治的基本权，把生存权、劳动权、全劳动收益权叫做经济的基本权。全劳动收益权非在共产制度之下不能实现，至于生存权和劳动权，德国宪法中已经有了相当的规定。第一六三条：

> 凡德意志人，应予以机会，使得由劳动而维持其生计。
>
> 有求相当劳动机会而不得者，则为之筹尽每人所需之生计。

我国的法律尚没有容认劳动阶级参政的余地（因为《选举法》以纳税为原则，《治安警察法》更不容工人作政治的集会、结社），更说不上生存权和劳动权了。但是凡是制宪的人都应该放大一点眼光，或少微翻一翻欧洲的社会主义家的名著，使脑筋中知道政治的基本权是中产阶级享受的，要想保障无产阶级的生命，非在宪法上容纳经济的基本权的精神不可。这就是因为经济生活问题是近来宪法上的一个中心的问题。

二、团体生活的问题

从前的学者多把个人从团体中解放出来，听凭各个人自己去自由发展。所以十八、十九两世纪的宪法学者极力打破国家的专制，要求个人自由；极力打破“同业公所”（Guild）的专制，要求职业自由；极力打破教会的专制，要求信仰自由。这是解放个人的时期，当然要在宪法上绝对的保障个人的自由权利。可是现在的国家之中，个人的地位已经和从前大不相同了。因为现在社会的生活进步，一国之中，绝没有纯粹孤立的个人，只有做社会之一员的个人，个人的能力和特性，大半都是社会养成的。现在人与人的群集生活，并不像堆积许多鹅卵石在一块，倒很像丝丝相连的一个细网子，这条线牵连那条线，没有一条线不与别条线发生关系。因此便有许多学者把国家看作“群”的结合体。且看白尔克（E.Barker）说：

> 如果我们要是现在的个人主义家，我们便是结合的个人主义家。我们的个人正在结合成群。我们不要再做《个人与国家》（*The Man versus the State*，斯宾塞所著的书）的书，只做《群与国》的书了……我们以为每个国家多少总是联合的社会，包括许多不同的人群、不同的教会、不同的经济组织在内，各个团体都可以行使对于团员的支配权。（见《英国政治思想史》）

这些话如果是实，那么，适应现在思潮的宪法便应该特别注重团体生活了。

俄国的国家是由许多苏维埃（Soviet）联合而成的，所以中央苏维埃、分区苏维埃等组织和权利都得到宪法上的保障。凡是劳动者的集会、结社，都绝对的不受限制。德国宪法更特别的规定“团体生活”一章（第二章），这一章中关于群集生活——如婚姻、家庭、教会等——都受宪法的保障。至关于集会、结社，更有极明了的条文规定。

第一二三条：

凡德意志人，平和的，且不携武装，可不必通知，并不必得特别许可，有集会之权利。

第一二四条：

凡德意志人，关于不背于刑法之目的，有结社之权利。

此项权利不以预防方法限制之。

各项团体，遵民法之规定，有取得法人资格之权利。

此项权利，不得以其团体所抱为政治上、社会政策上、宗教上之目的，从而拒绝之。

这种规定虽然没甚稀奇，但是总可算是适应现在社会生活的潮流。我国的宪法又怎么样呢？且看第九条的规定：

中华民国人民有集会、结社之自由，非依法律不受限制。

这一条的规定，从字面上看来似乎很严重，很冠冕堂皇；但是仔细分析起来，便不啻把集会、结社的自由权根本取消。（其余言论、著作、信仰、职业等自由的规定也犯了同样的毛病）因为从正面说“非依法律不受限制”，自反面说“依法律便得受限制”。如果依《戒严法》，还不过暂时受限制，若要依《治安警察法》，便要时时刻刻的受限制了。因为《治安警察法》把集会、结社的自由放在行政官厅手中，不但政治的集会、结社要受行政官厅干涉，就是关于公共事务的集会、结社，也要听行政官厅的裁度。宪法上很好的一条规定，可以被“依法律”三个字把他根本取消了。在现在群集生活盛行的时代，群众的集会、结社如同吃饭、睡觉一样，又何必要经官厅特别许可。就是极守旧的英国人也老早就承认这层道理了（见戴雪的《英国宪法论》），不想一九二二年新出来的中国宪法还不加以承认！这又是我国宪法不能适应社会生活的潮流的一个铁证。

三、分职的问题

从前的国家大部分职务在于治人，所以国家的动作都含有权力的意思；现在的国家大部分职务在于治事，所以国家的动作却含有义务的意思。从前唯其是权力，所以分配国家职务叫做“分权”；现在唯其是义务，所以分配国家职务叫做“分职”。大概近来社会事业一天复杂似一天，国家是谋社会公共利益的机关，故国家的职务也一天扩张似一天。但是近来国家的职务是专门替社会做事业的，故每一个国家都有他分内应该做的种种职业。职业本是专门的事体，不分工便不能做得好。工场内分工的目的，全在“效律〔率〕”（Efficiency）的增加，国家内各机关分职的目的，也全在“效律〔率〕”的增加。故最近的国家不按照中央和地方的性质分职，便按照国家和社会的性质分职，断没有不论何事都由中央立法或执行的。

近来国内有一派人害了神经病，以为宪法上一列举中央政府的职权，便是联邦国家，又以为凡是联邦国家都是不能统一的。这话只有教人笑死！最近如波兰、捷克斯洛伐克、南斯拉夫的宪法都是采取单一制，就像德国，从前本采取联邦制，现在的新宪法却把地方主义的观念完全打破，几乎变成一个很集权的单一制。所以我的朋友张慰慈先生就断定：“联邦制度实是违反现今政治的趋势。”（见本号《欧洲的新宪法》）我以为小国家不取联邦制犹或可说，断没有大国家如中国可以单一制成功的。德国的新宪法诚然把地方主义的观念打破，但是中央与地方分职的观念比较从前的宪法更加明了。且看德国新宪法第一章“国家与各州分职”的规定。第六条：

以下各项属于国家独有之立法。甲、对外关系；乙、殖民地；丙、国籍、自由迁徙、出入境、递解；丁、国防制度；戊、币制；己、关税、关税区商业区统一问题，货物自由交通问题；庚、邮政、电报、电话。

第七条：

以下各项属于国家立法。一、民法；二、刑法；三、法庭规则、刑事执行、官厅互助；四、护照及外人警察；五、救贫制度、游民管理法；六、报纸、结社、集会条例；七、人口政策，产妇、婴孩、孩童及青年保护法；八、卫生法、兽医法及植物受病之保护规则；九、劳动法、保险、劳工及佣工之保护、劳动供求所法；十、国境内职业代表机关之设立；十一、战事军人及遗族之保护；十二、公用征收法；十三、矿产及生计的企业之收归社会所有，关于公共生计上生计的财物之生产、制造、分配以及定价；十四、商业、度量权衡、纸币发行、银行及交易所制度；十五、饮食品、享乐品及日用需要品之买卖；十六、工业、矿业；十七、保险制度；十八、航船、公海及沿海渔业；十九、铁路、内河航路、水陆空中之自动机交通、公共交通上及国防上道路之建设；二十、戏馆及电影。

中央政府的职权这样列举的规定，和美国联邦宪法第一章第八条的规定性质上有什么区别？故我说德国新宪法虽然没有联邦之名，可是他分职的精神却和联邦国丝毫没有差别。至于俄国的宪法开首就把“联邦”两个字抬出来，明白写下“俄罗斯苏维埃联邦共和国之宪法大原则”云云，各条文内用联邦字样的不知几多次，又安见得俄国的宪法不适应“现今政治的趋势”呢？且俄国宪法第四十九条规定“全俄苏维埃会议”及“中央执行委员会”的职权，也和美德的宪法一样，列举十七项大权属之中央政府。所以我的结论，就是现今的宪法趋势，除掉几个小国家而外，没有不仿效联邦国家列举中央政府职权的。就是宪法上不明说采取联邦制度的名称，却断没有不明明采取联邦制度精神的。

我国的宪法却是怎么样呢？经过八十天的争议（自民国五年十月二十日到六年一月），会议到十次之多，仅仅通过“第〇章地方制度”六个大字。而地方制度草案之中，充其量不过把省议会暂行法中的权限微微列举几条充数罢了。现在虽然有人提议增加“中央政府权限”一章，但看看议会内的空气和议员先生们脑筋，觉得总有十之八九流于悲观。而通过二读会的条文，只是囫囵吞枣的说：“中华民国之立法权由国会行之。”（第二十条）“中华民国之行政权由大总统以国务员之赞襄行之。”（第五十五条）如果要问：中央的立法、行政权与各省立法、行政权有什么界限？无论何人，不能解答；无论根据何法，也不能解答。这样集权的宪法，不想还要出现在二十世纪中，真是奇事！

据我看来，古今权限的冲突多半起于政权的不确定。故免除权限冲突的好方法，只在有明确的划分。当现在社会生活极其复杂的时候，要想不论何种职权都一齐揽在中央政府的手中，结果只有使一件事都不能做罢了。现在的分职学说只有两种：（一）分职于地方，（二）分职于社会。前边是联邦制或地方自治制的分职，后者是同业的社会主义的分职。同业的社会主义现在已经丢开独受中央支配的集产主义的方法，在“行会”（Guild）名义之下造群，一方面承认国家为生产工具的所有主，一方面却要求把这种生产工具的动用权付托在各种行会管理之下，国家只做鼓奖文明的事业，社会却要管理经济生活的事项。一个国家之内划分许多区域，使各区域都有独立做事的权限，叫做联邦；一个国家之内划分许多行会，使各行会都有独立做事的权限，叫做联群。但是现在的宪法，不采取地方分职主义，便要采取行会分职主义，如果一个都不采取，像我们中国的宪法，那倒真是“违反现今政治的趋势”了！

四、立法的问题

近来的学者对于议会制度——代议制度都不十分表示满意，所以对于限制立法的问题想出三种新方法：一是专门家立法制，二是执行部立法制，三是国民直接立法制。前两种方法，只有实例可引，在宪法上还没有明文规定；第三种方法，现在的新宪法差不多都采用了。

为什么要用专门学者立法呢？因为近代各国的立法部全由政党把持，所以立法事业完全由政客包办。又因为用政党协议的选举制，凡是品行高洁和思想独立的人，都不大愿意就政党的范围，所以每一次选举，总要便宜了许多入党的庸人，拒绝了许多不入党的学者。立法本是一种专门的事业，当现在社会事业和情形越过越复杂的时候，要想有科学技术的立法，便不能不在被政客所盘据的议会之外另想出一个方法，来救济政客式的立法的弊病。美国各邦近几年来试用的新方法就是设立"立法起草局"（Drafting Bureau）来代替议员，专门做起草的事务。据一九一三年的报告，各邦设立立法起草局的，已经有十三邦之多了。这十三邦中为议会或议员筹备的有两件事：一是立法的参考，一是立法的起草。这便是帮助议会立法的一种新趋势。

再，从前国会对于立法事项几乎毫无限制，但是照最近政治上的经验，政府的职务还有许多不能够按性质分类的，有许多立法事业，为执行的便利起见，不得不委托行政部去做。例如英国的地方行政部（Local Government Board），如果要不能立法，便没有重大的职务可做。最近英国的税务部部长说道：

现在税务的事务和前二十年或十年绝不相同。那时国会议决一种租税，规定的非常的详细，只把执行的事务交给税务部，使他照着国会设定的标准去实行。现在国会的意向，只定下一些原则，把困难的事实让给税务部去自行裁度。所以现在我们税务部所做的事务很可以说是司法的事务和近于立法的事务。（见拉斯基 *Authority in the Modern State*）这是从经验上表现出来，议会包办一切立法在事实上是绝办不到的。

但是这两种方法不过是帮助议会立法，或分去议会立法权的一小部分，并不是夺去议会的重要的立法权。至于这第三种方法，便是不信任议会立法的最大的表示。德国宪法中关于“国民公决”的规定如下：

第七十三条：

议会议决之法律，如总统在一月以内决定提交国民公决时，得在公布之前提交国民公决。

法律之由议会议员三分之一要求展限公布者，如选民二十分之一提议提交国民公决时，此项法律应即提交国民公决。

选民十分之一要求提出某项法律草案者，亦以国民公决之。

（原载《东方杂志》第19卷第22号“宪法研究号”）

讨论宪法草案①

（1922年12月31日）

喧传专心制宪不管政治问题的国会，为了罗案、张阁等非政治问题（?），闹了许久。不想，在议员先生们“指头流血”“墨盒横飞”“保定磕头”和“包办内阁”的百忙之中，居然有几条宪法草案出现，宪法会议真来制宪，总不能不算是一件稀罕不调的事体！

宪法草案中“国权”及“地方制度”的规定，大体上很可以使我们满意。而且在近一年来，各团体和私人所拟的各种宪法草案中，要算是比较尽善的法案。该草案的精神，中央事权取列举主义，各省事权取赅括主义。中央事权计列举二十八项，二十八项之中，又划分十五项完全由中央立法、中央执行；其余十三项却由中央立法（或执行），令由地方执行。由中央立法并执行的：

（一）外交；

（二）国防；

（三）国籍法；

（四）刑事及商事之法律；

（五）监狱制度；

（六）度量衡；

（七）币制及国立银行；

（八）关税、盐税、印花税、烟酒税、其他消费税，及全国租率应行

---

① 此文系作者为《努力周报》时评专栏《这一周》撰写的，原文无标题，现题为编者拟。

划一之租税；

（九）邮政电报及航空；

（十）国有铁路及国道；

（十一）国布财产；

（十二）国债；

（十三）专卖及特许；

（十四）国家文武官之铨试、任用、纠察及保障；

（十五）其他依本宪所定属于国家之事项。

由中央立法或执行，并得令地方执行的：

（一）农工矿业及森林；

（二）学制；

（三）银行及交易所制度；

（四）航空及沿海渔业；

（五）两省以上之水利及河道；

（六）市制通则；

（七）公用征收；

（八）全国户口调查及统计；

（九）移民及垦殖；

（十）警察制度；

（十一）公共卫生；

（十二）救恤及游民管理；

（十三）有关文化之古籍、古货及古籍之保存。

但第一类第九项有“航空”二字，第二类第四项又有“航空”二字，据我想来，航空事业应该归中央立法并执行，没有令地方执行的必要。或者是报纸上误刊，也未可知。

以上两种分类的方法，很可算是有酌斟的类别，为各种法案上所未见的。向来议会中的法案，我从没有赞成过，对于这次宪法草案可算是我赞成的破题儿第一遭！

（原载《努力周报》第35号）

希望“宪法会议”修改宪法草案中的《大总统选举法》

（1923 年 1 月 7 日）

宪法草案第六章关于总统选举的规定，自第五十六条至第六十二条是完全照抄民国二年所公布的《大总统选举法》自第一条至第七条的条文。我当民国五年十二月间曾在《宪法公言》上发表过一篇《〈大总统选举法〉刍议》，极力反对“大总统由国会议员组织总统选举会选举”之一条的规定，主张采用美制，“由人民选出总统选举人集会于各省选举之”。

不想事隔六年，这个问题还没有决定。我个人直到现在，对于总统民选的手续虽然意见略有变更，但是对于国会议员包办总统选举的规定仍然是极端的反对。

欧美的学者从前也曾讨论过这个问题——总统是由国会选举好呢，或是由人民选举好呢？例如密尔约翰（John Stuart Mill）就是主张总统应该由国会选举的一个人，他的理由：

（1）凡在国会中占多数的政党，必有声誉最好的第一流政治家做他们的党魁，故由国会选举行政元首，可以选出超群出众的人材。

（2）凡超群出众的人物，自己必有独立的主张，他的言论行为，不招敌党的猜忌，便惹起地方的恶感。故美国的总统当选，常常是无声无臭的第二流人物，而第一流人物往往因锋芒太露，得不到全体人民的赞同。由国会选举，多数党可以一致的推戴本党的党魁。

（3）总统由人民几年选举一次，往往引起政治家营谋当选的权术，多数政治家在这几年之中，没有一天不想偶然用一种方法，侥幸得到人民的称赞。

美国的柏哲士是主张总统由人民选举的一个人，他的理由：

(1) 总统选举不由国会，可使行政部超然独立。

(2) 行政部附属于国会，不能与党派分立的国会相抗，那么，国事必然要被少数野心家把持。因为有名无实的总统，必然一件事都不能做。

蒲徕士亦称赞美国的总统选法，他的理由：

(1) 总统的地位完全独立，对于国会，既没有什么希望的，也没有什么怕惧的，故可以专心谋人民的幸福。

(2) 总统选举，如果由人民直接投票，一方面必引起非常的骚扰，一方面必使候补人过分的迎合人民的欢心。如果由国会选举，不但破坏三权分立主义，且将使总统变成最有势力的党派的私有物。美国用复选的方法，可以免掉这两种弊病。

英国的学者的论据，当然要以英国的政治情形为主；美国学者的论据，也当然要以美国的政治情形为主。此外，如法国宪法规定总统由国会选举，也有法国的政治上特别的情形。法国当一八四八年拿破仑第三做总统，是由人民直接选举的。后来竟藉人民的势力，来迫压国会；到一八五二年，竟以兵围攻议会，使选彼为皇帝。所以法国的总统由国会选举，乃是防止总统假托人民的势力来推翻国会的祸根。

中国现在的政治局面，当然比不上英、美、法等国，因为他们政治已经上了轨道，我们的政治还在轨道之外行动。宪法固然不能因一时的特殊情形而定，但是也不能抹煞当时政治情形，不去防止将来的祸变。如果根据中国的政治情形说话，我以为应该注意的有下列几点：

(1) 英国有大政党，故党魁可以副全国人民之望；我国素孚人望的特出人材，往往站在政治关系之外。就这一点说，总统绝没有由国会选举的必要。

(2) 英美各国的政治家，没有一个人做事不把“人民”两个字放在心上，所以不必再有一种制度去引导政治家格外在人民身上注意；我国的政治家，心目中绝没有“人民”两个字，所以必须设下一种制度，使将来大有为的人，不去仰特殊势力的鼻息，而来注意人民的愿望。就一点说，总统正应该要由人民选举。

(3) 美国的总统如果由国会选举，则国会可以操纵总统；我国的总统由国会选举，倒不必忧虑这一层。因为我国的国会势力非常薄弱，故总统由国会选举，一方面酿成总统候补人操纵国会议员，一方面使国会议员奔走总统候补人的势力之下。现在军阀勾结议员和议员“私奔”军阀，都是明白的证据。就这一点说，总统也绝不能由国会选举。

我们既已不赞成总统由国会议员包办的宪法中的规定，但是主张用什么手续选举呢？依我个人的见解，可用下列的方法：

(1) 由各省省议员选举总统选举人，如各省应出参议院议员之数，就各省省城中投票选举总统。

(2) 由国会议员互选总统选举人，合两院人数三十分之一，就国会所在地投票选举总统。

(3) 由各省农工商会各选出总统选举人，如省会所选出的总统选举人之数，就各该会会所所在地投票选举总统。

(4) 将各选举票印封送到参议院，由参议院当议员面前开票，宣告得票过全国省份半数以上者为当选。

(5) 如无得法定票数之人，再仿照美国制度，由参议院决选。

(原载《努力周报》第36号)

希望反对联邦论者
注意最近的国家性质新论

（1923 年 1 月 14 日）

近来国内外所有反对联邦制度的人，无论他们的论据怎样不同，但是总有一点相同。他们相同的一点是什么呢？就是“单一的国性观”。例如留学美国各大学学生的《制宪庸议》中说：

我们以为统治权的表现为统一……中国自秦始皇兼并六国后，郡县制度确立，即为单层统治权。……所以，我们的历史是从稍统一而趋于渐统一，而趋于全统一的。

最近众议院议员钱崇垲反对宪法采用联邦制度的《意见书》中也说道：

然在吾国，自秦废封建后，久为单一国家。省之地位，仅为国家之一行政区域，即自治团体之性质尚且未具，遑言成邦？

此外，还有许多人都抱着这种见解，也用不着一个一个列举了。

这一派人的错误就在把国家看作单一体，以为一国之内，上只有国家，下只有个人，绝不承认有由个人集合起来的“群”。现在的国家并不是个人与个人的集合体，乃是群与群的联合体；现在的主权也并不是单一的主权，乃是许多对等权力同时并立的主权。且看白尔克（E.Barker）说：

我们常常说：中古的国家乃是“群众社会的一个社会”(Community of Communities)，乃是许多团结体——行会、教会、都市、郡县——的总积。在同业社会主义下的近代国家，将要成为包括许多职业行会的一个社会。

他又说：

我们需要一种国家的新观念，我们要倾向一种国家的新观念，其需要的，尤其要倾向的，是一种能够容纳许多新理想的主权的新观念。我们以为各种国家——不但真正的联邦国，就是单一国——性质上都是联合的（Federal）；我们又承认主权不是单一的和不可分的，只是众多的和多数细胞集合的。（见《英国政治思想小史》）

以上是说明国家和主权的性质的新观念。

众议院议员钱崇垲君又主张“分权于民”，反对“分权于省”，这种见解仍是从前个人主义的国家性质观。斯宾塞从前著过一本书，叫做《个人与国家》（*The Man Versus the State*），他们这一派都只承认下头只有个人，上头只有国家，绝不承认由个人群集起来的“群”的地位。到现在，这种见解已经不能成立了。再看白尔克说：

如果我们要是现在的个人主义家，我们便是团结的个人主义家，我们的个人正在团结成群。我们不要再著《个人与国家》的书，只著《群与国》（*The Group Versus the State*）的书了。现在联合主义（Federalism）盛行，普通人都以为说单一国享有唯一的主权是一种错误的见解，同生活的实际不相符。我们以为每个国家多少总是联合的社会，包括许多不同的人群、不同的教会、不同的经济组织在内，每个团体都可以行使对于团体员的支配权。

联合主义的同情心异常普及，新社会主义已经丢开独受中央支配的集产主义的方法，在行会名义之下造“群”。他们承认国家为生产工具的最后主人，要求把这种工具的动用权付托于各种同业行会管理之下，想教国家来鼓励文化，要求由行会管理经济的生活。（同前）

由此可见，现在的国家并不是一盘散沙的个人的总积，乃是集合成群的群的联合体。近来的国家无一处不含有联合的性质。由小国家联合起来的，叫做“联邦”；由职业团体联合起来的，叫做“联业”；由许多小苏维埃联合起来的，或者也可叫做“联会”。所以在联邦的国家之内，可以分权给邦；在联群的国家之内，可以分权给群；在联会的国家之内，可以分权给会。但是在现在“分权于民”，必定要分给有组织、有团体的人民，绝不能分给赤条条的孤立的个人。不然便同“主权在于全体人民”的规定一样，只能在法律上享有一个空名罢了。

钱君也知道“分权于民”是一句空话，所以把“分权于民”和“分权于县”一样看待，这又是不知“国权”“省权”“县权”“民权”的区别的错误。人民对国家、对社会所享受的权利，不外自由权、收益权、劳动权、生存权和在私有财产制度之下的财产权几种，无论什么国家，断没有把国权分给人民之理！至于钱君说“将国家权力分配于各县”，更是不通！因为中央给予县的是自治的权力，并不是国家的权力。我们不但不主张把国权分给各省，并且反对各省行使国权。我们所提倡的分权论，只是把国权分给国家、省权分给各省、县权分给各县、民权分给人民、团体权分给团体，并不曾主张把国权分配于任何团体。

我们第一要明白的，就是国权的性质。要想明白国权的性质，必定要先研究国家和社会的性质。国家和社会的性质是什么样呢？且看柯尔（G.D.H.Cole）说：

国家是什么呢？国家不过是在全体社会中间统制的政治机

> 关。今日文明世界中有许多在政治上独立的和有主权的社会，有许多别的附属于这些社会的社会。每个独立的社会各依统治的机关——依国家——来表明他对于别种社会的关系。每个独立的社会和许多附属的社会又用国家来对付那些个人的关系、团体的关系及个人与团体间相互关系的内部行为。因此，国家便成为统制的机关，是为各种社会表明公共目的、行使公共行为而存在的。（见《工业自治》第五章）

由此可见，国家只是一个表明公共目的、行使公共行为的统制机关。故国权只以达到“公共目的”和行使“公共行为”为限了。

所以联邦制度下的分权，乃是把关于公共目的和公共事件划归中央，把各邦的单独目的和单独事件划归各邦；联业制度下的分权，也只是把关于公共目的和公共事件划归国家，把各行会的单独目的和单独事件划归各行会。中国宪法上的分权，也当然要仿照这个原则，把全国公共事项划归中央，把一省单独事项划归一省，更把一县单独事项划归一县，既不得把国权划归各省，更不得把国权分给各县。

最后，更希望制宪的议员诸公注意的就是主权的性质。现在大部分人都迷信主权有最高的和无所不包的性质，这种谬见顶好完全抛弃。因为国家这个社会，并不是高出于一切社会之上的一个社会，只是与各种社会平行并立的东西。所以我们到现在还主张绝对的主权、唯一的主权，实在是离开实际的生活瞎说。我以为从现在国家的实际上说，只同别种社会共有“对等主权”（Cosovereignty），绝没有由国家独占的“绝对主权”。所以现在的国家只能在全体社会中行使一部分权力，绝没有什么无所不包的权力。且看柯尔说：

> 在人类各种不同的社会中，国家得要求一个重要的地位，但不得要求唯一的特殊地位。在“全体社会”中的各分子都有同等关系的群集的活动，国家便是为执行这种群集活动的重要种类而

存在的。关于别种行动，人类分成别的群，又要有别样的团体来执行。这些各式各样的团体，在他们权限以内，与国家在自己的权限以内一样，都有他们的主权。（见《工业自治》第五章）

大概同业社会主义派都想把行会的资格抬高，使行会与国家享有对等的主权。他们的分权，就是把关于国民精神的事件或通国公共事件——美术、教育、国际关系、正义、公共行为——划归国家，把关于国民收入的事件划归行会。例如专就教育说，国家管理最高教育，行会管理技术教育。这样一来，国家与行会在自己的权限范围以内都有主权，庶几乎可造成分工合作的国家。

联邦制度是按邦土的区别分权，联业制度是按职业的区别分权。总而言之，在近来的国家之内，绝没有总揽一切权力的单一国家。我们如果见到这一层，那么，对于采列举主义的国权的规定，当然用不着争论了。

（原载《努力周报》第 37 号）

“中国根本的社会问题”

（1923 年 5 月 6 日）

这是余天休博士在北大讲演的题目。照他的观察：

> 中国现在的社会根本问题，是一个生产问题，不是分配问题。（《演讲录》载在四月二十五日的《北大日刊》）

说中国今日要注重生产问题，这是人人不能否认的。但是若说分配问题不必注意，我可就不敢承认了。因为单注意生产，不注意分配，是欧美经济社会在这百年中表现出来的一大缺点，到现在都没有方法补救，才演成阶级战争和劳动革命。我们如果再把这个悲剧重行抄演一遍，以后必得产出同一的结果。人家已经在那里懊悔从前走了转头路，我们还要一步一趋的仿效他，必等到无路可走的时候再想回头，这不是枉费脚力吗？

余先生所说的生产四要素——（一）土地，（二）劳动，（三）资本，（四）经理——都是个人主义经济学者的常谈。至于报酬，土地应得“地租”，劳动应得“工资”，资本应得“利息”，经理应得“薪俸”，这也是私有财产制下普通的分配方法。我们在私有财产制下，当然不能主张“劳动生产说”，可是也断断乎不可抄袭外国的老文章，使劳动者的“工资”终不抵“地租”“利息”“薪俸”十分之一。要想免掉余先生所说的：

> 中国人大概每百人中有九十五个是穷的，每天没有饭够食的。
>
> 听差生活，每月不过得五六元的工资，还要去养活家庭，这那儿能够呢？
>
> 此外，当学徒的、供使唤的，只图得饭吃，一文钱都没有，这种人非常之多。

这许多劳动者贫穷的现状，岂不是由于分配的问题发生的吗？孔丘说："不患寡而患不均。"不均既是社会的大患，为什么又可以看轻分配问题呢？

我的意思是想把"生产""分配"两个问题看得一般重，同时并行，不要偏重这个忘记了那个。所以我的主张就是中国现在的根本问题是要"社会的生产""平均的分配"！

（原载《努力周报》第51号）

议会改造的我见

（1923 年 5 月 30 日）

代议制度的坏处差不多人人都能够明白，但是代替代议制度的新制度差不多全世界上的人都没有想出来！在中国现在，只要不是神经丧失的人断没有相信议会可以救国的，但是就是神经健全的人也没有一个人想得出除掉代议制度外还有什么救国的好方法！现在我们在没有方法中想方法，除掉改造议会一个办法外，似乎再没有别的方法了！

英国的同业社会主义家如柯尔（G.D.H.Cole）一流人，虽然反对代议制，但不是想从根本上打消代议制，另外代以一种新制度。他只是不相信这个人可以代表那个人，或一个人可以代表许多人的代议制。且看他说：

> 没有人可以代表别人，没有人的意志可用别人的意志来代替或代表。（见《社会学理》第六章）

从他这两句话上看来，好像是根本打消代议政体，其实不然。再看他说：

> 只有一个法子可以免掉现在议会政府方法的缺点，就是每一种职业，有一个代表的团体；每一个代表的团体，有一种职业。换句话说，真正的民治政体并不是建设在唯一无二的万能的代表议会中，只建设在许多并峙的职业代表团体的制度之中。

柯尔为什么要这样主张呢？因为照他看来，选民团只要一经投票之后便消灭了，必待新选举发生后能集合，故不能指挥监督被选的人。这就是卢梭所说的：

> 英吉利国民每自命为自由，其实大误。其所谓自由者，惟选举下议院之议员而已。议员既选举而后，国民即为奴隶，不成为何物。其自由之时间极短，选举既终了以后，即无所谓自由矣。（见《民约论》第三篇十五章）

这种情形就是我们现在身受的痛苦。我们的心中虽然天天不相信我们的代表——议员，但是却没有方法可以指挥监督他们。就是行“召还制”（Recall）的小邦，也要费尽九牛二虎之力才可以把他们召回一两个人；像我们中国不但法律上没有采用这种制度，即便采用，恐怕也是等于空文了！

然则我们既已明知代议制不好，却不想方法，就听他们断送国家的生命吗？这可不能！

依我想来：中国的议会大病根只在《议会组织法》及《议员选举法》。中国式的政客，简直可以说是素无职业的高等游民！这些游民尽是官僚、军阀的寄生虫！这些游民如果对于官僚、军阀取“不合作主义”，那么，官僚、军阀马上就可以立不住脚！所以我以为要想廓清中国的政界，必先设法断绝无业政客的生路！

要想断绝无业政客的生路，我以为应当先从改造议会的制度下手。我的议会改造方案约举如下：

（一）废除两院制

两院制在中国实在没有采用的理由。因为我国现在既没有贵族阶级存在，又何苦要硬用法律来特创贵族阶级，使他们好凭参议院作祟！而且就在两院制创始的英国，自“巴力门”通过禁止上院否决权的议案之后，贵族院的存在，也不过是历史上一种遗形物了！英国的上院正在消灭的路途上，我们又何必要违反进化的轨道，一定要把人家遗形物特别装潢起来呢！

（二）减少议会人数

议会人多，当然要生出人品不齐的弊病。现在两院之中要说没有一个好人，也不见得。但是一个好人夹在十个坏人中间，自然只容得坏人的猖狂，人品高尚的好人当然要“去之若将浼焉”了！故我以为人多则责任不明、人少则责任心重，即不然也断不致常常发生行凶打架的非为！

（三）被选资格以现有职业者为限

所设现有职业，单以现在在教育、农、工、商各界做事者为限。由各界设立选举会，各选本行业中的代表人。每个行业，又设立一个团体，凡关于本团体中的事项先在本团体中议决，再交由本团体议员到议会中代表提出，或使本团体议员照本团体议决到议会中去主张。这样一来，代议士的性质已经变为委员，故选民对于代表时时保有指挥监督的全权了。

但是这三个改造议会的方法要想由现在的议员提出，真乃是“与虎谋皮”！反正希望现在的议会完成宪法，是根本绝望了。等到议员满任，即召集国民制宪会，由国民制宪会重新制定《国会组织法》与《选举法》，或可达到这种希望。

一二. 四. 一五

（原载《晨光》第1卷第5号）

法国一部有名的反抗君政论

（1923 年 8 月 5 日）

法国当宗教战争期中——十六世纪末期——文学上发现了许多的反对君政论（Anti-Monarchic Doctrines）。新教徒因为受了“圣伯塞老密日”（St.Bartholomew′s Day）事件的激刺，旧教徒因为受了格司（Guise）首领被杀案的激刺，都一致的鼓吹反抗暴君的学说。那时胡格老派（Huguenots）有两大名著：一是浩特曼（Francis Hotman）的 *Franco-Gallia*，一是用布鲁特（Stephanus Junius Brutus）假名公布的 *Vindiciae Contra Tyrannos*——《反抗暴君的权利论》。这本书的真正作者，据多数学者的推定，多半是郎格（Hubert Languet）或莫来（Duplessis Mornay）的手笔。

Franco-Gallia 是一五七三年出版的，书内并没有讨论到普通政治学理的范围，不过从历史上证明法国从来只由国民普通议会行使最高的政权，绝没有行过独裁的君主政体。至于《反抗暴君的权利论》的性质，便完全不同了。这部书对于君权的基础很加以精密的讨论。他所根据的根本原理，和从前宗教改革派的见解绝不相同。他所解答的有四个问题：（一）人民是不是要服从那命令违反神法的君主？（二）抵抗那违背神法和蹂躏教会的君主是不是合法的？如果是合法的，那么，由何人抵抗，或抵抗到什么范围？（三）抵抗那危害国家的君主是不是合法的？（四）赞助邻邦因信仰真正宗教而被压迫的人民或被暴君压迫的人民，是不是君主的职权？

我们要想明白这部书的著者解答这四个问题的论据，必定先要知道他的全般理想。著者的自然世界观很和孙里嘉（Seneca）相近，把太古之初看作“黄金时代”，在这个时代，政府乃是不必要的东西。且看著者说：

> 最显明的是人类天性自由，不愿做奴隶。生来就想自主，不想服从，如果没有多大的利益，绝不愿抛弃自己的自然权利，去服从他人的权利。（见该著第三编）

人类的原始社会既是这样，自然不要政府，自然无庸立君了。那么，政府和国王又怎样发生呢？再看著者引孙里嘉的话说明：

> 在黄金时代，政府是在许多贤哲的手中。他们能打倒强者，保护弱者，并引导人民免害就善。凡人民所需要的，就由他们的智慧供给。他们的刚勇可以免除人民的危险，增进人民的福利。他们的职务是劝勉，不是统驭。因为他们有同化力，所以没有人反抗他们。（同前）

著者因此便断定：

> 政府的唯一目的在人民的权利，君主的唯一义务在护卫人民。真正说起来，皇王的高位不是名誉，只是责任；不是特权，只是职业；不是特别免许，只是应分义务；不是矜贵，只是奉公。（同前）

由此看来，政府是为人民而设的，国王是由人民拥戴起来的。政府和国王的职务是专为图谋人民的福利而设的，绝不是为什么尊荣光辉而设的。因此又毅然决然的断定：

> 没有生而为王的。有时有无王的人民生存，绝没有无人民的王可以生存的。（同前）

著者从这种自然世界观中，得到国王由人民拥戴起来的理想。又从这个理想中，找出人民反抗国王的学理上根据。他的意思就是想以人民护立国王的目的作国王的职务范围，如果国王违反这个目的，便允许人民有反抗的权利。著者从这种自然世界观中看出人民对于暴君的反抗权，可算是后来洛克、卢梭辈从他们的自然世界观中看出人民对于政府革命权的先导。

著者理想中的国王，只算是人民公仆。国王既是人民公仆，人民便是一国的主人。因为他抱着这样理想，所以他的议论有和从前许多宗教家大不相同的一点，就是从前的宗教家承认国王只由上帝选择，没有人民插嘴的余地；可是在著者看来，国王虽然由上帝选择，却要得到人民的确认。因此便断定人民在国王之上——因为被立者总要比立者低一些，授权者总要比受权者高一些。国王既然是个仆人，那么，设立这个仆人时，必定要有两个契约（Contract）：一是君民和上帝的契约，二是人民和君主的契约。我们最应该注意的，乃是第二类的契约。在第二类契约之下，人民和君主虽然是契约的当事人，但是只是人民立君，不是君立人民，所以人民居“主约者”（Stipulator）的地位，君主居“受约者”（Promiser）的地位。换句话说，就是：

> 为主约者的人民，要求国王依据法律秉公执政，而国王答应他们这样做。（同前）

由此可见，王权的基础只建设在契约上。如果王遵守契约，人民便负有诚心服从的责任，不然，全体人民或人民代表便有合法的处罚他的权利。故在著者看来，人民服从国王，是以国王遵守契约为条件的，国王一旦不履行契约，人民便可解除服从的义务。

但是倘若国王用武力来强制人民服从，又怎么样呢？在著者看来，凡是违反道德或自然法的契约，都一概无效。所以国王用武力强制人民服从，便同强盗强迫私人写支票一样，应当无效。因为契约以利益为主，人民不得定下违反自己利益的契约。

国王不但要遵守这为王权基础的契约，并且要服从一切的法律。著者把国王放在法律之下，说他只可以补充法律，不得破坏法律。且看他说：

> 所有国王都应该服从法律，而且承认法律在他们之上。……他们不可以服从法律为愚事，因为法律是一种工具，人类社会用这种工具方可成为郅治，并达到幸福的目的。……法律是贤君的精神，他的神灵生命都在法律之中。国王是法律的官能，法律得他的力量才能完成职务、表现意义。法律是多数圣贤的理智的集合，多数的真知达见远胜于一个人，故信奉法律比信奉一个聪明的人格外安全。法律是不可扰乱的理智，既不受感情好恶的势力牵制，亦不为悲哀威吓所动。至于人，就是禀赋很好，但是常常被愤怒、复仇和别的私欲牵制，感情扰乱，不能自主，理欲交战，欲常胜理。……法律是群众精神的聚合，精神是神的精灵的一部分，故人服从法律，就是服从上帝，使上帝做自己的裁判官。（同前）

著者这种模范性的法律观和客观性的法律观，虽然不是自他作始，可是他把法律放在君主之上，并且信任群众理智结晶的法律，而不信任个人独裁，很可算是那时迷信君主独裁制的当头一棒！

著者重要的议论大概是这样，我们由此便可以明白他对于前边所说的那四个问题的解答。他解答第一个问题多根据经典，拿稣尔（Saul）被立为以色列（Israel）国王的事作证。他主张对于违反神法的君主不一定要服从，这种主张和路德、加尔文等几乎没有什么差别。

著者解答第二个问题的论据，便建设在契约的基础上边。国王违背神法，蹂躏教会，便是不遵守这两种契约。因为国王和人民是为尊奉上帝而互相定约的两造，各方面都有完成这种职务的责任，各方面又都有限制他方违背契约的权利，故人民对于尽事神义务的国王都有反抗权；

但是私人对于国王却不能反抗，只有全体人民的代表才有反抗权。他所说的人民代表，乃是由贵族合组起来的议会，是以监视国王做事或以保障国家和教会的安全为责任的。他这样尊重议会和人民代表，大概都是受康士坦斯（Constance）和巴色（Basel）议会中主张的影响。

著者解答第三个问题，多根据于人民的主权。因为凡是国王都是由人民拥立起来的，没有生而为王的，故国王乃是人民为着自己的利益而设立的公仆。如果违反人民立君的目的，全体人民当然有反抗的权利。他这样一主张，便使那时胡格老派反抗查理九世和亨利三世的行动得到学理上的根据。

著者解答第四个问题是受那时国际战争的影响。他以为基督教会是一体的，人性也是统一的。故教会有对于上帝的义务，人类有对于邻人的义务，国王因此便有帮助他国、干涉异教压迫正教和暴君压迫人民的权利。他这样一主张，又使那时英后爱莲色白和德国信仰新教的国王帮助胡格老派的行动得到学理上的根据。

把《反抗暴君的权利论》中的理论综合起来，可以得到“自然世界”“自然权利”“政府契约”“主权在民”和“革命”等原理。他的证明，多靠《旧约》史和罗马史，虽然不甚确当，虽然仍脱不掉宗教家的鄙陋，但是议论却很新颖。他这种主张，直到卢梭止，都在政治思想史上占有正统思想的地位——这是最值得我们注意的地方。

（原载《努力周报》第64号）

二十年来中国的政党

（1924 年 1 月 10 日）

《东方杂志》自创刊到现在，刚刚二十周年。这二十年中，中国政治上发生极大的变迁。单就政党一项说，已经开中国古来未有的先例。因为《东方杂志》发行二十周年纪念号向我征文，故略述二十年中国政党变迁的概略如下。

一、政党结胎的时期

政党本是立宪政治的副产物，凡采用立宪政制的国家，便自然要发生政党的组织。中国自戊戌变政（一八九八年，即光绪二十四年）及拳匪之乱（一九〇〇年，即光绪二十六年）而后，张之洞、刘坤一等便有改革国政的建议（一九〇一年，即光绪二十七年），清廷也想“鉴前事之失，破迂谬之谈，采外国之长，补中国之短”，于是废科举、设学校、派遣留学生。这时救国的两大方略是“颁布宪法”和“开设国会”。

这几年清廷对于宪政的设施：

光绪三十一年，命载泽、戴鸿慈、徐世昌、端方、绍英五人出洋考察宪政。

光绪三十二年八月，考察宪政大臣归国，开御前会议，颁布预备立宪的上谕。十一月，以军机处为行政的中枢，增改内阁的各部，添设资政院和审计院。

光绪三十三年六月，发布地方官制。九月，把考察政治馆改为宪政编查馆，又将会议政务处归并于内阁。十一月，命各省准备设立咨议局，及命府州县设议事会，各省设调查局和统计处。

光绪三十四年八月，公布各省咨议局规程及议员选举法。十二月，公布九年后召集国会的上谕。

“九年后召集国会”这一句，就是中国政党结胎的原因。到宣统元年(一九〇九年)，各省咨议局便为国会速开运动的中心，江苏咨议局长张謇通电，至谓“救亡之要举在速开国会”。各省咨议局联合运动的结果，代表齐集上海后，便有“国会请愿同志会”的组织。后来清廷缩短召集国会的时期，定于宣统五年（一九一三年）正式召集国会。

清廷所设的资政院已经于宣统二年十月三日举行开院礼。资政院中的敕选议员（百名）多缺乏政治经验和宪政的知识，当然与由各省咨议局中互选出来的议员（百名）主张不同，资政院中便天然生出政党的形势。国会请愿同志会一部分人组织起来“宪友会”，于宣统三年六月六日正式成立。政府为对抗宪友会起见，又组织一个保守党叫做“宪政实进会”，另有一派人又组织一个“辛亥俱乐部”。这就是新旧两党——民党宪友会及保守党宪政实进会与辛亥俱乐部互相对抗的形势，也就是中国的政党呱呱坠地的第一天。

这三党的政纲及组织大概如左：

(A) 宪友会

(一) 政纲

(1) 尊重君主立宪政体。

(2) 督促责任内阁。

(3) 整理各省政务。

(4) 开发社会经济。

(5) 注重国民外交。

(6) 提倡尚武教育。

(二) 组织。这时政党的特色，不但在有政纲，并且粗具政党的组织。故这时的党员并不以议员为限，院外有力的人物参加的也很多。这一党各省支部的领袖如下：

直隶：孙洪伊

湖北：汤化龙、张国淦、胡瑞霖、郑万瞻

江苏：马　良、沈恩孚、黄炎培

山西：梁善济

奉天：袁金铠

江西：谢远涵、黄为基

福建：刘崇佑、林长民、林志钧

四川：蒲殿俊、罗　伦

湖南：谭延闿

这党宗旨在和平改革，无论在什么时代，只要容许他们活动，他们都可俯首迁就。到了他们不能活动的时期，也可偶然加入革命党；但是时局一定，他们便仍然依附势力，托庇势力之下以从事活动。例如汤化龙等在清廷招忌，便回武昌加入辛亥革命；张勋复辟，便依附段祺瑞来恢复共和。他们无论在袁世凯、黎元洪、冯国璋、段祺瑞等那个势力之下，都不停止活动。但是他们也有个最大的限度，例如袁世凯称帝、张勋复辟，在这个时候，他们也停止活动了。这一派入民国以后，先后分合，孙洪伊一派组织“共和统一党”，汤化龙、林长民一派组织“共和建设讨论会”，后来合并改称为“民主党”。

(B) 宪政实进会与辛亥俱乐部

(一) 宪政实进会政纲

(1) 尊重君主立宪政体，以期上下意见之疏通。

(2) 使地方自治发展，以巩固宪政之基础。

(3) 谋政治之改良。

(4) 期法律之完备。

(5) 定教育之方针。

(6) 完成移民事业。

(7) 实行整理财政。

（8）发展人民生计。

（9）研究外交政策，以期国家权利之集中。

（10）谋军备之充实。

（二）辛亥俱乐部政纲

（1）阐扬立宪帝国之精神。

（2）提倡军国民教育。

（3）发展地方之自治能力。

（4）主张保护政策，以振兴实业。

（5）整理财政，以增进富力。

（6）审度公私经济能力，以谋交通之发展。

（7）整饬军队，以充实国力。

（8）体察内外情形，确定外交方针。

这两派是纯粹的官僚党，一入民国以后，便无影无形的消灭了。宪政实进会中如劳乃宣、陈宝琛等始终对于清廷尽忠，赵炳麟虽然加入国民党，也不过随声附和罢了。

以上所说的各党，在清末通同可称为君主立宪党，也通同在清廷的法律之下活动。此外，还有一派革命党，或在海外活动，或在内地各处潜伏，暗中活动——这一派就是所谓“中国同盟会”。

中国同盟会是国民党的老祖宗，他们的精神是共和主义。这个同盟会是在光绪三十一年成立的，会的本部设在日本的东京，由孙文派的“兴中会”、黄兴派的“华兴会”和章炳麟派的“光复会”大同团结而成的。孙、黄等那时所宣布的政纲如下：

（1）推翻清室的恶劣政府。

（2）建设共和政体。

（3）维持世界之真正和平。

（4）主张土地国有。

（5）主张中日两国之国民的联合。

（6）要求世界列国对于中国革新事业之赞成。

这一派人在那时鼓吹民族主义，到处作秘密的革命运动。但是他们同是革命派，主义精神都趋重革命方面，故卒造成辛亥革命的大运动。

二、政党的极盛时期

辛亥革命成功后，国内民气到处发扬，党会的发达也为前代所未有。秘密结社的中国同盟会到这时亦改公开的中国同盟会。他的政纲比较从前很有点变动：

（1）完成行政统一，促进地方自治。

（2）实行种族同化。

（3）采用国家社会主义。

（4）普及义务教育。

（5）主张男女平权。

（6）励行征兵制度。

（7）整理财政，厘定税制。

（8）力谋国际平等。

（9）注重移民开垦事业。

同盟会的特色，如采用国家社会主义、主张男女平权，比较别的党派，似乎含有急进的性质。这一派当南京政府时代，几几乎成为包办政府、议会（临时参议院）的独一无二的大政党。南北统一后，政治中心从南京转移到北京，别的党派同时并起。又因孙文、黄兴两人放弃政权，唐绍仪及同盟会的四总长辞职后，党势便渐渐的衰退。

南北统一后，第一任内阁总理是唐绍仪。这个内阁号称南北联立的内阁，内阁中的阁员如左：

总理——唐绍仪，外交——陆徵祥，内务——赵秉钧，财政——熊希龄，陆军——段祺瑞，海军——刘冠雄，司法——王宠惠，教育——蔡元培，农林——宋教仁，工商——陈其美（后改任王正廷），交通——唐绍仪兼任。

这个内阁虽然号称联立内阁，但是重要的职务都为北方独占去了，只剩下不甚重要的司法、教育、农林、工商归同盟会会员之手，这就是南北统一后预先伏下决裂的隐藏的祸根。

唐内阁因借款问题受国人攻击，阁外的领袖人物如孙文、黄兴等都提倡国民捐以反抗借款政策。内阁以内又互相排挤，不能统一。故到民国元年六月间，唐内阁便不得不倒。陆徵祥继唐出任总理，同盟会四总长（蔡元培、宋教仁、王宠惠、王正廷）相率去职，党势更形衰落。至八月间，宋教仁运用他的心思才力，以同盟会做主，联合“统一共和党”“国民共进会”“共和实进会”“国民公党”四政团造成一个新政党。这个新政党就是中国唯一的、有希望的、得到新人物同情的“国民党”。

国民党是民国元年八月二十五日正式成立的。国民党采取两党对立主义，故在宣言书中说道：“一国政党之兴也，只宜两党对峙，不宜小群分立。”他们想造成政治上的中心，故又取联合主义，使政见相近的各小党合为一体，以便造成共和立宪国的政治中心的势力。他们因着时势，发布五大政纲：

（1）政治统一。

（2）发展地方自治。

（3）种族同化。

（4）民生政策。

（5）维持国际和平。

最可注意即是国民党领袖人物只图党势的扩张，不想主张的贯彻，故把从前的政纲，如国家社会主义、土地国有、男女平权等主张一概抛弃，以迁就所合并的各党党员的主张。据我看来，国民党的成功在这一点，国民党的失败也在这一点。

当辛亥革命后，从前“预备立宪公会”一派人如张謇等，抱着嫉视同盟会的感情，和章炳麟一派的光复会联合起来，以江浙为中心，造成一个“统一党”。统一党本因不满意同盟会的动机而起，故不惜与同盟会的政敌袁世凯携手，作为袁世凯的与党。统一党的政纲是：

（1）团结全国领土，厘正行政区域。

（2）完成责任内阁制。

（3）融和民族，齐一文化。

（4）注重民生，采用社会政策。

（5）整理财政，平均人民负担。

（6）整顿金融机关，发达国民经济。

（7）扩兴海陆军备，提倡征兵制度。

（8）普及义务教育，振起专门学术。

（9）速设铁路干线，以谋全国交通。

（10）励行移民开垦事业。

（11）维持国际和平，保全国家权利。

这一党的政纲比较后来国民党虽然没有多大的差别，可是比较同盟会便含有温和稳健的性质了。这党的成立时期，在民国元年一月。

统一党为对抗同盟会起见，到五月间又与“民社”携手，将“国民协进会”“民国公会”“国民党”（这是伍廷芳、温宗尧等所设的，与前面所说的国民党两样）三团体联合起来，创造一个“共和党”。共和党的政见是：

（1）保持全国统一，而取国家主义。

（2）以国家权力，扶持国民进步。

（3）应世界之大势，而以和平实利立国。

这个党是袁世凯的与党，可以从他们的政见中完完全全的看出来。不过统一党的章炳麟、王揖唐、王印川等不满意于共和党，宣言退出，于是共和党便分裂了。

“共和建设讨论会”（汤化龙、林长民）与“共和统一党”（孙洪伊）本都是清代宪友会的化身，他们本老早就同情于梁启超，梁氏归国后（从日本归国），便联合共和建设讨论会、共和统一党、共和俱进会、共和促进会、国民新政会，合为“民主党”。到了民国二年五月间，共和党、民主党、统一党三政团大联合，便造成与前述的国民党相对抗的

“进步党”。

进步党一方面不满意于官僚的隐秘政策，一方面又不满意于民党的激烈政策。他们自命为健全的政党，想自守轨道，而率天下趋于轨道。他们也主张两党对立主义，故他们结成大党，就是想与国民党作对。进步党的政纲如左：

（1）取国家主义，建设强善之政府。

（2）尊人民之公意，拥护法赋之自由。

（3）应世界之大势，增进和平之实利。

进步党是个联合的大党，团结力当然不能十分巩固。民主党在该党中势力最大，因此，便有一部分脱党而去的，成为“新共和党”。

民国二年四月八日开会的第一次国会之中，最大的政党只有国民党、进步党两个大团体，两院议员的党籍如左。

<table>
<tr><th colspan="2">政党</th><th>众议院</th><th>参议院</th><th>合计</th></tr>
<tr><td colspan="2">国民党</td><td>二六九</td><td>一二三</td><td>三九二</td></tr>
<tr><td rowspan="3">（后来的）进步党</td><td>共和系</td><td>一二〇</td><td>五五</td><td>一七五</td></tr>
<tr><td>统一系</td><td>一八</td><td>六</td><td>二四</td></tr>
<tr><td>民主系</td><td>一六</td><td>八</td><td>二四</td></tr>
<tr><td colspan="2">兼党者</td><td>一四七</td><td>三八</td><td>一八五</td></tr>
<tr><td colspan="2">党籍不明者</td><td>二六</td><td>四四</td><td>七〇</td></tr>
<tr><td colspan="2">总计</td><td>五九六</td><td>二七四</td><td>八七〇</td></tr>
</table>

照这个表的党籍计算，国民党在国会中当然占最多数。可是进步党成立之后，一方面收纳无所属的议员，一方面运动宗旨不定的国民党议员，又加以袁世凯的金钱收买，便把整整齐齐的国民党，弄得四分五裂。因此，便发生下列的各小团体。

政友会——孙毓筠、景耀月

集益社——朱兆莘……

超然社——郭人漳……

癸丑同志会——陈家鼎、韩玉宸……

相友会——刘揆一、杨度……

国民党既然这样分裂，结果便把轰动一时的大政党收在袁世凯手中去玩弄！大概国民党自丧失宋教仁之后，在北京的党势便一天一天的低落了！

三、政党消灭的时期

第二次革命（民国二年七月）起来，国民党的稳健分子又分为两派。张继、白逾桓一派南下，加入讨袁军；吴景濂、李肇甫、张耀曾、谷钟秀一派仍然在北京。在北京的国民党被袁世凯种种压迫，八月间便有国民党七议员同时逮捕之事。参议院自张继抛弃议长之后，九月三日选出进步党的王家襄继任，国民党的势力更形衰弱。九月十一日熊希龄的"人才内阁"告成，进步党的势力可谓达到极点。人才内阁的人物如左：

总理——熊希龄，外交——孙宝琦，内务——朱启钤，财政——熊希龄，陆军——段祺瑞，海军——刘冠雄，司法——梁启超，教育——汪大燮，实业——张謇，交通——周自齐。

这个内阁，进步党占了四个阁席（熊、梁、张、汪）。但是进步党虽然是倾向袁世凯的政府党，究竟还与梁士诒一派的纯粹御用党不同。梁士诒在这时把"议员同志会""潜社""集益社"三个小政团联合起来，组成"公民党"。这个公民党纯粹是袁世凯的私党，不但嗾使他们出来抵抗国民党，并且嗾使他们出来抵抗进步党。公民党出来，便激动国民、进步两党的议员，使他们内中有一部分人实行携手，因此便有国民、进步两党混合而成的"民宪党"。

这时真正有势力的党派有四：（一）进步党；（二）公民党，是政府的御用党；（三）国民党；（四）民宪党，是政府的反对党。

到了袁世凯正式被选为总统后，便先设法消灭为国民党占据的国会，十一月四日便把国民党议员四百三十八名的当选证书及徽章夺回，国会自然便停止了!

政党本为立宪政治的副产物，国会更是运用立宪政治的唯一机关。国会一停闭，不但国民党没有用武之地，就连御用党的进步党也不得不匿迹销声了！国民党以遭袁仇恨而亡，进步党以献媚于袁而亡。故国民党的失败是国民党的荣誉，进步党的成功是进步党的耻辱。因此，国民党多失败一次，多得国人同情一次；进步党多成功一次，多遭国人唾骂一次。进步党自谓一方面反对官僚、一方面反对民党，但是他们每次活动，莫不和官僚携手。国民党固号称激烈，但是一到北京，凡事能迁就者没有不低头迁就，结果一件事都不做。而且除掉一部分民党稍有骨气而外，其余的民党莫不随波逐流、趋炎附势，一遇着金钱贿赂，莫不低首受降，这也是国民党最大的耻辱!

自国会停闭到第二次国会重开（自民国二年十一月到五年八月），这三年之中，只有私党，并无公党。此后中国的政党，便生出三大流弊:

(A) 政党为议员所独占，各党中都没有非议员的党员。

(B) 有政团而无政纲，只有人的结合，没有主义的结合。

(C) 各政党只有本部，并无支部，因此便与人民相隔绝。

故自国民党解散而后，严格说起来，可算是中国的政党横死的时期!

四、变党为朋的时期

自袁世凯死后国会复活（五年八月间）到现在（十二年十二月），国会议员不知分成多少小朋党。第二国会时代的朋党如左:

(1) 宪法商榷会——这个会是由旧国民党系的稳健派、激进派，与进步系孙洪伊一派联合起来的，后来又分为四个政团:

(A) 政学会——谷钟秀、张耀曾、李根源……

(B) 益友会——吴景濂……

(C) 丙辰俱乐部——田桐、居正、白逾桓……

(D) 韬园——孙洪伊、王乃昌……

(2) 宪法研究会——梁启超、汤化龙、林长民、王家襄……

(3) 宪政讨论会——江天铎、孙润宇、陆宗舆……

(4) 宪法协议会

(5) 宪政会

(6) 苏园

(7) 新共和党

民国六年，各政团越分越多，甚至有三两个议员同住，门上也挂出一个招牌，号称一个团体。当时的各小政团如下：

(1) 政学会

(2) 益友社

(3) 丙辰俱乐部

(4) 民友社——韬园为主，加入一部分国民系

(5) 平社——向乃祺、黄云鹏、解树强……

(6) 宪法研究会

(7) 宪法讨论会

(8) 澄社——靳云鹏……

(9) 大同俱乐部——由宪法协议会、宪政会、苏园联合变化而成

(10) 民彝社

(11) 宪友会

(12) 衡社

(13) 友仁社

(14) 潜园

(15) 尚友会

(16) 静庐

(17) ………

民国六年六月十三日，国会解散，七月一日，张勋复辟，此后北方便是段祺瑞的时代。临时参议院由梁启超、汤化龙等提倡，于十月初召集，到七年二月间公布《国会组织法》及《议员选举法》。六月间旧国会

在广东正式开会，八月间新国会在北京正式召集，此后便是南北两国会并立的时期。北方政府下的政团如左：

（1）安福俱乐部——安福俱乐部是“中和俱乐部”的后身。中和俱乐部是六年三月组织的，以靳云鹏为首领，到此乃以徐树铮为首领，不过表面上归旧统一党系的王揖唐指挥罢了。这一派是段祺瑞的嫡系的御用党。

（2）研究系——就是从前宪法研究会一系。

（3）讨论系——就是从前宪法讨论会一系。

（4）交通系——梁士诒、叶恭绰、周自齐、朱启钤……

（5）新交通系——曹汝霖、陆宗舆……

南方国会中的政团如左：

（1）政学会系

（2）益友社系

（3）民友社系

到了民国九年直皖战争而后，八月三日把安福俱乐部解散，三十日新国会闭会，段祺瑞的时代已经过去，中央政府便成为直奉相持的时代。十一年五月，直系战胜，六月间，徐世昌走了，黎元洪重行复任。八月一日，旧国会破镜重圆，居然能在北京开会。当初有一部分议员提议“国会只议宪法，缓行其他职权”，故政团一时不能出现。后来因为种种政治上的关系，使有形无形的又发现许多议员的结合体。这一年中的国会中的政团如左：

（1）政学系——为黎元洪的与党

（2）民宪同志会——旧国民党吴景濂、褚辅成一系

（3）新民社——张伯烈……

<table>
<tr><td>（4）全民社——温世霖</td><td rowspan="2">主张孙曹联合</td></tr>
<tr><td>（5）民治社——孙洪伊一系</td></tr>
</table>

（6）中国国民党——孙文系、田桐、白逾桓……

<table>
<tr><td>（7）研究系</td><td rowspan="2">主张制宪</td></tr>
<tr><td>（8）讨论系</td></tr>
</table>

(9) 安福系——反对曹锟

到了十二年夏天黎元洪出京之后，国会中便发见分裂的现象。这时议员南下的号称四百多人，这些人的党籍如左：

(1) 政学系

(2) 褚辅成一派的民宪同志会

(3) 安福系

(4) 中国国民党

留京参与总统选举会的政团如左：

(1) 吴景濂一派的民宪同志会

(2) 新民社

(3) 全民社

(4) 民治社

(5) 研究系

(6) 讨论系

此外，还有诚社、宪政社、政社、乐园、匡庐、均社、三号、二百号、七号等许许多多的不成政团的政团。

曹锟于十二年十月当选大总统后，便有甘石桥"宪政会"成立。此会由王毓芝、高凌霨、吴毓麟等发起，是纯粹的政府党，想利用他们对抗吴景濂一派的民宪同志会。其实民宪同志会自褚辅成一派南下后，并没有开过党会，早已无形消灭了。此时在京的旧国民党系不过仅有吴景濂一派投降而反遭屏弃的几十人罢了。

宪政会虽然以恢复统一和实施宪法为政纲，但是凭金钱势力而结合的团体，我敢料定不久必要涣散的。这时我们唯一的希望只在尚没完全组织成功的"中国国民党"。

中国国民党于十二年正月一日宣布政纲三项如下：

(A) 民族主义的政纲

(甲) 励行教育普及，增进全国民族之文化。

(乙) 力图改正条约，恢复我国国际上自由平等之地位。

(B) 民权主义的政纲

(甲) 实行普选制度，废除以资产为标准之阶级选举。

(乙) 以人民集会或总投票之方式，直接行使创制、复决、罢免各权。

(丙) 确定人民有集会、结社、言论、出版、居住、信仰之绝对自由。

(C) 民生主义的政纲

(甲) 由国家规定土地法、使用土地法及地价税法。在一定时期以后，私人之土地所有权，不得超过法定限度。私人所有土地，由地主估报价值于国家。国家就价征税，并于必要时得依报价收买之。

(乙) 铁路、矿山、森林、水利，及其他大规模之工商业，应属于全民者，由国家设立机关经营管理之，并得由工人参与一部分之管理权。

(丙) 清查户口，整理耕地，调正粮食之产销，以谋民食之均足。

(丁) 改良币制，以实货为交易之中准。并规定税法，整理国债，以保全国经济之安宁。

(戊) 制定工人保护法，以改良劳动者之生活状况，徐谋劳资间地位之平等。

(己) 确认男女地位之平等，并扶助其均等的发展。

(庚) 改良农村组织，增进农人生活，徐谋地主佃户间地位之平等。

以上都是中国国民党的适合时代思潮和中国需要的政纲。

我的政党组织的条件是：

(A) 须立下一定的主义。

(B) 须以利害相同的阶级为基础。

(C) 须有坚固的组织。

因此，我深望中国国民党缓缓的前进，如果这个政纲得到全国中多数人同意，然后再用大规模的组织，使党员随时可以监督本党在朝党，庶可以免掉今日政党无主义、无实力且与人民相隔绝之大弊！

（原载《东方杂志》第21卷第1号“二十周年纪念号”）

政党要怎样改造?

（1924 年 3 月）

中国政治的紊乱，责任在智识阶级，绝不在一般人民。智识阶级不能把政治引上轨道，不能归罪于智识阶级的个人，只能归罪于智识阶级无良好的组织。中国的智识阶级素来以不入政界为高尚，故民国元年就有民党中几位很孚众望的先生们，以“不做官”“不做议员”相号召。自此以后，便使中国的政党生出几种大弊：

（一）政党为议员所独占，各党中都没有非议员的党员。

中国的政党可以说是和议会相终始的。前清末年，资政院成立后，中国才有正式的政党出现。那时“国会请愿同志会”中一般人，于宣统三年六月间，正式组成一个“宪友会”。和宪友会相对抗的保守党有二：一为“宪政实进会”，一为“辛亥俱乐部”。同盟会虽然是国民党的始祖，但在前清末年，只能算是秘密结社，不能算是公开的政党。革命后，虽然挂上政党的旗号，但是到了民国元年八月间即变成国民党。到民国二年二月正式国会选举之后，可算是中国的政党极盛的时代。可是第二次革命后，国民党解散，国会亦无形消灭，因此，便又使进步党一同消灭。民国五年八月国会重开，国民、进步两系又分作无数的政团同时并立。此后，如“安福俱乐部”，如“民宪同志会”等，也都产生在有国会的时期。大概自国民党成立到现在，国会存，政党亦存；国会解散，政党也解散。因此，便使国会中有政党，国会外无政党，不是议员即同时不是党员。政党和人民无关，人民也从此不管政党了。

（二）先党员而后党纲，甚且牺牲党纲去迁就党员。

自民国二年到现在，中间发生许多政党，大概都是先号召一部分党员，然后组党，故往往有政党成立许多时，并没有宣布政纲的，如安福俱乐部和现在甘石桥的“宪政党”之类是；甚且有自始至终都没有党纲的，如某社、某团、某庐之类是。即如国民党，虽然有正正堂堂的政纲，但是往往因为党员的关系逐渐牺牲原来所抱的主义。例如前清末年的同盟会曾宣布有六条党纲，第四条是“主张土地国有”，到了民国元年，便把这一条删除了。民国元年同盟会还有“主张男女平权”的党纲，到了国民党出现，因为联合“统一共和党”“国民共进会”“共和实进会”“国民公党”的结果，又把上述的两条党纲一概削除了。政党本是为政见为主义而结合的团体，无政见无主义而组党，或为组党而牺牲政见、牺牲主义，自此而后，各政党便不得不自然而然的剩下一块空招牌了。

（三）各政党只有本部，并没有支部，因而重中央而轻地方。

这一类的弊病是由第一类弊病发生出来的当然的结果。因为党员以议员为限，议员集中在中央，故各政党也只得设立在中央。民国元、二年同盟会、统一党、共和党等政党的党员尚不以议员为限，所以各地方还设有各政党的支部；后来国民党解散，别的政党亦随之取消，故全国之中只有中央还有政党机关偶尔出现，各地方已久无政党的组织了。因此，政党的存在和政党的活动都只以中央为范围，故各党的目光都只注重权力，依附权力，便可生存，便可活动，一旦没有靠山，便使本党完全失势。至政党与人民的关系，减到零度，故没有一个政党肯向人民方面下工夫。这就是各政党所以趋炎附势、投效武力阶级的原因，也就是各政党与人民隔绝，不顾民意、倒行逆施的原因。

各政党既然都有这三种大弊，又怎能不变化无常、倏生倏灭呢？既然倏生倏灭，又怎能不随势力转移呢？既然随势力转移，又怎能不违反人民意思，引起全国反对呢？

我们既然认定在平民政治之下不能无政党，又同时认定中国的政党绝对不能实行平民政治，那么，自然只有走改造政党这一条路了。依我想来，不想改造政党便罢，如果要想改造政党，非依下列各种条件不可。

(A) 须立下一定的主义。政党本是主义相同的人的自由集合，蒲徕士说："夫有机体一失其生命，则为无用之物，为腐败之物，为传染疾之媒介，除移而去之于人所不见之处，无他道也。主义之必要于政党，犹生命之必要于有机体也。政党而失其主义，则其体不得不瓦解，至是构成政党之诸要素必飞散于空中，更成其他之新机体。"大概主义必得政党方能实行，政党亦必有主义方能结合。一盘散沙的个人，就是各有主义，也不过是一种空论；毫无主义的政党，就是人数甚多，一旦遇到事变，主张各不相同，便自然要涣散的。最好先提出一定的主义作为党纲，就拿这种主义向民间去宣传，宣传的结果得到多数人同情，然后再把这些同情的人用方法组织起来，树立一个政党，作为实行主义的一种方法。故政党是方法，主义是目的；政党是身体，主义是灵魂。这就是组织政党的第一个条件。

(B) 须以利害相同的阶级为基础。政党是目的相同的人的自由结合，要想使所有的党员目的相同，必定要看所有党员的利害关系是否通同一样。我们如果先提出一定的主义，便可拿这种主义去号召，使一般利害相同的人集聚在一个旗帜之下，共同合作。例如耶稣教立下一个自然平等主义，把奴隶阶级招引在一个旗帜之下；柯贝登（Richard Cobden）提出一个废止米谷条例问题，把一般困在重税之下的分崩离散的人民，结合成为很有组织的"反对米谷条件同盟会"；就是近代的社会主义家，也是提出一个共产的主张，招致一般无产的人民站在一起，造成劳动阶级，好同资本阶级相抵抗。民国元、二年的国民党拉入许多官僚，结果便成为团结不坚的团体，一旦事变发生便相率背叛而去了。大概主义与阶级的利益是不可分开的，抱社会主义的政党，如果加入资本阶级，结果不是分裂，便是牺牲主义。故党员的利益相同是组织政党的第二个条件。

(C) 须有坚固的组织。以毫无组织的人民去监督政府，如同以毫无组织的人民去监督政党一样，皆是必不可能的事体。只有强有力的议会可以监督政府，只有势均力敌的此党可以监督彼党。而在一党之中，又只有本党在野的党员可以监督在朝的党员。故由选民监督政党，只能作一时的监督；由本党的党员监督政党，可以作永久的监督。且看柯尔（G.D.H.Cole）说："真正的代表制……所代表的不是个人，乃是各团体公共的意旨。"在朝的党员如果能自由发表意见，不遵守本党的党纲或本党会议的议决，便不能算是本党的代表。故党员的在朝是直接受本党委托的，如果违反委托的原意，即可由本党召还他。这样一来，便非有极坚固的组织不可了。这是组织政党的第三个条件。

我以为这三层是改造中国政党须不可缺条件。如能采用，至少可以免除中国近几年来政党的各种积弊。

（原载《晨光》第2卷第1号）

美国独立时代的普通政治思潮

（1924 年 11 月）

美国独立（一七七六年）和法国革命（一七八九年）无论在事实方面、在思想方面都有互为因果的关系，因为酿成美国独立的根本思想大部分是由法国或英国输入的，对于卢梭的学说尤其是惊天动地的崇拜，而美国独立的战争又得到法国公然的或暗地的帮助。美国独立后，就用卢梭所说的民治主义做基础，造成若大的共和国，使卢梭的梦想马上成为事实，使从前攻击或怀疑卢梭的理想不能实现的人，到此时不能不改变态度。法国人对于美国最初的各邦宪法非常注意，在一七七八年曾有人把美国各邦宪法编订起来，以备法国人民诵读，不久，美国国会又重印两百部正订本送到法国。屠格（Turgot）、莫布莱（Mably）、孔道西（Condorcet）一班人都曾做过批评美国制度的著作，法国的国民会议里面讨论的时候常常提起美国的《权利宣言》。故美国独立一方面供给法国革命的一个先例，一方面又增长法国人对于革命运动的决心。

美国独立的政治上的远因，起于“七年战争”①。经过七年战争，美国人（一）得到军事的经验，（二）对于英国的关系渐渐薄弱，（三）觉悟十三邦有共同行动的必要。经济上的远因，乃因为英国的殖民政策多取吸收主义，使殖民地的商业由母国独占，殖民地的粗生品专向母国输入，并禁止殖民地内的工业，使专用母国的制造品。至于近因，却起于一七六五年的《印花税法》（*Stamp Act*）。因为七年战争的结果，英国

① 自 1756—1763 年。

的国债增多，想从殖民地中取偿，故由英国国会通过《印花税法》。美国人以为“不出代议士不纳租税”是英国宪法上的大原则，这回的课税是由那没有美国代议士在内的英国国会议决，故美国人没有服从的义务。英国方面以为，议会是有最高权力的政治机关，凡议会所决议的法律案，只要在英国领土内的人民不论海内海外都应该一律服从。美国方面却以为英国议会只能代表在英国居住的国民的利害，和美国没有交涉，故议会的议决当然不能对于那远在海外的人民发生效力。争论越过越激烈，便从法理的关系一步一步的进到政治哲学的范围，因而讨论到人类的自然权利。一七七六年七月四日，十三邦的委员在费拉得肥亚（Philadelphia）开联合会议，发表有名的《独立宣言书》（*Declaration of Independence*），宣告永远脱离英国，自称“合众国”（United States）。这个宣言书是甲富森（Thomas Jefferson）起草的，虽然没有法律上的效力，可是在政治思想史上却有重大的价值。除掉这种文书之外，还有发吉尼亚（Virginia）的《权利宣言》（*Declaration of Rights*），马沙诸些（Massachusetts）的一七八〇年的宪法，都是独立时代美国的普通政治思潮的表现。

《独立宣言书》中最重要的政治思想可从下段文字中看出：

> 我们信为真理的就是，一切人类都是生而平等的。他们有天赋的、不可转移的权利，这些权利就是生命、自由和幸福的图谋。他们为保障这一类的权利才建设起来政府。政府的正当权力乃是由被治者同意而来，无论何时，只要政府破坏这些目的，人民便有改变他或废止他的权利，并且可以重新建设起来最适宜于安全和幸福的新政府。

从这一段文字中可以看出下列几点：（一）在政治社会未成立以前的自然世界中，人人有天生的平等和天赋的权利；（二）政府是为保障自然权利由人民同意建设起来的；（三）政府如果违反这个目的，便可以改造他或推翻他。这就是由欧洲输入的自然权利说、社会契约说、主权在民说、革命权利说等普遍思潮的表现。

美国人深信，在没有政府制度以前的自然世界中的人类是完全自由平等的，各人保护各人自己，没有人可受别人的支配。所谓在自然世界中一切人类平等，并不是体力和知识平等，只是身分和权力平等。没有人生来就是统治别人的，只有生来就是自由支配自己的，各人支配自己的权力平等。美国人在做英国属民的时代，并不以宪章上所允许的权利为满足，故往往超过法律的范围之外去讨论自然权利，认定自然权利是政治权利的根本基础。故笛肯生（John Dickinson）说："我们的自由不是从宪章而来的，因为宪章不过把既已存在的权利公布出来。"他们以为权利是"万王之王"或"万物之主"造成的，是从"造物主"发源而来的，不是从文书上得来的。《独立宣言书》上所说的"他们有天赋的、不可转移的权利，这些权利就是生命、自由和幸福的图谋"，新韩朴霞（New Hampshire）宪法上说有"几种自然的、重要的和与生俱来的权利，这些权利就是享受生命、自由，保障生命、自由，取得财产，享有财产，保障财产。归综一句话，就是寻得幸福"，都是这种自然权利说的表现。

人类生来既已是自由平等，那么，政府制度又怎样建设起来呢？说到这个地方，当然要采用社会契约说的原理了。美国人的信条就是凡是公正的和自由的政治社会，除掉得到被治者各个人同意外，再没有别的根据。他们说现在政府所以能拿强制的权力来支配那些各有主权的各个人，原因只在这一点。故《独立宣言书》中有"政府的正当权力乃是由被治者同意而来"的话，马沙诸些宪法的序文上也说道：

> 政治团体是由许多个人随意结合而成的，这就是社会契约。全体人民和每个公民、每个公民和全体人民共同合意，约定为公共幸福起见，一同受某几种法律支配。

此外，发吉尼亚的《权利宣言》上也说"人类生来就有同样的自由和独立"，进入社会乃是由契约协定的。这时美国人的普通感情都同卢梭一样，相信政治组织乃是契约的生产品。至于契约的确实性质是什么，他们却没有讨论到。由此可以看出他们对于契约说相信的程度。

和这契约说最接近的就是“课税而无代表便是专制”（Taxation without representation is tyranny）的理论。他们以为，合法的法律一定要由代表参与，由代表参与便是由人民同意。亚丹（John Adam）说：“凡不受那没有经过自己同意的法律的支配，便是真正的自由人。”这时美国人的普通感情都以为课税而有代表便是自由课税，而无代表便是奴隶。因为一个人如果要受别人的意志支配，不问支配者是好是坏，总是奴隶。这就是美国人由反对印花税法而来的根本思想。

从自然权利说和被治者同意说上，便生出来主权在民的理论。美国人在这个时候，对于人民是政权来源说已经信为天经地义，因为一切人既然生来就有自然权利，一切政府既然要以人民同意为根据，那么，人民当然是国家的基础了。故凡不由人民同意而来的主权便不能存在，因为在自然世界中，这种固有的和不可转让的主权是属于各个人的。所以《独立宣言书》中说：“政府的正当权力乃是由被治者同意而来。”马沙诸些一七七六年的布告上说，主权“常常在人民的全体，绝不会或不可委托于一个人或少数人，因为造物不曾把那用权力去支配别人的权利给予人类”。北加罗尼拉（North Carolina）宪法上说：“一切政权都只属于人民或来自人民。”新韩朴霞的宪法上说：“一切正当的政府都发源于人民。”这都是人民主权说在建设方面的表现。至于在破坏方面的应用便变成革命权利说。

当美国人反抗英国政府时，大多数人都狂信这种革命权利说。笛肯生很反对那种无抵抗的服从说，以为“巴力门”（Parliament）时常会做错事，故抵抗是绝不可免的。譬如做父亲的如果被坏人欺骗，给他的儿子毒药吃，做儿子的如果要知道是毒药，便应该拒绝不饮。包士顿有一位演说家说，政治自由就是一种权力，无论在何时、为何事都可以变更旧政权、建设新政府。《独立宣言书》更明明白白的说：“无论何时，只要政府破坏这些目的，人民便有改变他或废止他的权利，并且可以重新建设起来最适宜于安全和幸福的新政府。”新韩朴霞的宪法上说，无抵抗主义是奴隶或毁坏人类的幸福。盘西微尼亚（Pennsylvania）的宪法上也说，社会有改革政府的不可割让的权利。大概美国人这时多以为政府的目的在保障人民的自然权利，如果违反这个目的，人民便有权力可以改造他，再重新创造一个适宜于公共幸福的新政府。而且政府的权力是委托的，是要有限制的，并且要根据制衡原理，把政权分作立法权、行政权、司法权三部。行政部和立法部的人员一定要由人民选举，任期很短，如果要滥用权力，人民就可以不再选他。这种政府的组织完全根据民治主义的原理，主权是时时刻刻在民的，故政府一不良，人民立刻就可以起来反抗。

美国人的政治思想除掉上述的几点之外，还有一点更值得我们注意的，就是政权分立的理论。当美国独立的时候，一般人的感情，都怕惧强有力的政府，对于武力尤其是怀疑，总想把武力放在政力支配之下。至于立法、行政、司法各种政权，更照孟德斯鸠三权分立的原理严格的分配起来。马沙诸些的宪法上说："共和国的政府，立法部不得行使行政权或司法权，行政部不得行使立法权或司法权，司法部也不得行使立法权或行政权。"以为达到这个目的便是法治国，不是人治国。莫狄生（James Madison）说："把立法、行政、司法等一切权力集聚在一起，也不问是在一个人手中、少数人手中，或多数人手中，并不问这个人是世袭的，是自己任命的，或是选举的，都可以正正当当的说他是专制政体。"美国各邦不但在学理上采用三权分立说和制衡原理，就是在实际上也很防止各部的专权。故各部的人员都来自选举，限制任期，削除特权，对于行政部尤其是格外限制。

自美国人把欧洲自十六世纪以来一般学者所唱导的民治主义、自然权利、社会契约、人民主权和三权分立等学说充量的实现起来制成法律之后，欧洲人心为之一变。就是从前反对这些学说的人，到此时也不得不默然无言。法国人研究美国制度的日见其多，故这些学理又变成实现法国革命的学理。

（原载《国立北京大学社会科学季刊》第3卷第1号）

国会问题

（1924 年 12 月 20 日）

从法统问题上观察国会应该消灭。

从受贿问题上观察议员资格应该消灭。

从代表意义上观察议员资格也应该消灭。

本篇的目的只在讨论“旧有的国会和旧有的议员资格应否消灭”一点。在这样短篇论文中，并不能涉及国会制度的根本问题，换句话说，并不愿讨论“国会制度是否适宜于中国”或“中国将来是否仍采用国会制度”。我不能附和章行严先生，说“代议制只适宜于工业国，不适用于农业国”；我也不愿抄袭柯尔（Cole）的议论，说“人类的意志不能由别人代表，只有职业团体的意志可以用人去代表”。我现在所要讨论的就是在这以“革命”自居的执政政府之下，旧有的国会是否还有存在的余地？

一、从法统问题上观察

我们要知道，旧有的国会是根据《临时约法》的第五十三条发生的，我们更要知道，这次革命不但是对于曹锟的政府或对于那由贿选国会制定的新宪法的革命，乃是对于民国开国十三年以来一切法律制度的根本革命。换句话说，就是把民国十三年中所演的一段历史一笔勾消，在一张白纸上从新绘画出来一个新制度。执政政府既已决定取这种态度，那么，新宪法和《临时约法》即不待宣布无效，也早就应该无效了。约法既然失效，那么，根据约法而产生的国会，除掉由临时执政另行颁布法令承认他有效之外，也早就应该消灭了。国会的机关既已消灭，那么，议员的资格也应该随同消灭。平常所谓“解散国会”，只是取消议员的资格，并不是取消国会的机关，故只能行于国会的机关仍然存在的时候。若国会的机关已经消灭，议员的资格当然随同消灭。议员的资格既已随同消灭，当然不适用“解散”的手续了。故自临时执政政府成立之日起，国会的机关已经消灭。在执政政府之下，既无所谓“国会”，更无所谓“议员”，无论“贿选”分子、“守正”分子，一概都消灭议员的资格。故“非常国会”云云，简直是不法的行为。

二、从受贿问题上观察

就是执政政府不下明令废止国会，自己承认这次革命只是“半革命”，仅废除为总统的曹锟，并不废除总统的制度，仅取消贿选议员的资格，并不能取消国会的制度，那么，国会在法律上虽仍然存在，在事实上也绝不能存在。因为受贿罪有“枉法贿”与“不枉法贿”两种，受贿而枉法与受贿而不枉法同为犯罪。南下议员除掉极少数人外，谁不在天津方面领南下费，谁不在上海方面领豢养费？南北两方所用的款项同是收买议员的贿赂，南下议员与北附议员同为受贿的议员。如果凡受贿者皆应该丧失议员资格，那么，自然没有什么“贿选”、没有什么“守正”的区别了。故现在不独贿选者非议员，即守正者亦非议员。所谓“由守正议员参与建国大计”，所谓“由守正议员开非常国会”云云，也都是不法的行为。

三、从代表意义上观察

欧美各国的议员就是不能做全国人民的代表，但是至少也要能做一党或一阶级的代表，然后才有存在的价值。中国这种长期不倒的八百人，不但在时间上已经失去代表的本意，就是在实际上也离开代表的意义万里。他们只是权门的“食客”，只是势力的“寄生虫”，不但不能代表人民，并且还要代表军阀来陷害人民。故严格的、顾名思义的说起来，中国人民久已无代表，非代表就是非议员。以非议员来盘据国会机关，更是不法的行为。

（原载《现代评论》第 1 卷第 2 号）

联邦建国论

（1925年1月10日）

一

民国十三年来，每次政变，总有许多关于建国方策的宣言论著应运而生；可是公然不讳的主张联邦建国的，始终不过几个人。故章秋桐说：

> 三年已来，国中颇多消极之说，以指驳联邦论。究其实，主张联邦者何人，其说又何似，愚亦颇留意论坛消息，迄未有闻。……盖当时南京政府实主张统一者也，宋教仁之徒，信之尤笃……至于报章鼓吹，同盟会之重要机关，皆言统一……盖当时东瀛承学之士、旧朝习政之夫，倡言统一为中华唯一必取之途，反此即为不韪。闻者和之，习为一谈。舆论专制之势已成，自由讨论之风莫起，强顽者有所惮，自好者亦默尔而息。（民国三年《甲寅》第四号）

由此可见，自入民国以来，国人的建国方略大致皆采单一制，几乎没有人敢明目张胆的来主张联邦制。故各党派为适合中国国情和逢迎中国人心计，所有政纲和宣言都一律主张单一制……就是偏重地方自治的党派，也只敢主张在单一制下，由中央政府赋予地方政府以自治权，使地方政府在中央政府的监督指挥之下去举办很有限制的自治事业。民国以来，党派虽然很多，可是关于这一点，几乎可算是各党一致。例如中国同盟会初改为政党的时候，他的政纲第一项即说：

完成行政统一，促进地方自治。

中国同盟会在那时要算是很激进的政党，党纲中且不惜采用社会主义的政策，不惜主张男女平权，然却始终不敢采用联邦制。他如统一党的政纲第一条：

本党以统一全国、建设巩固中央政府……为宗旨。

统一共和党的政纲第一条：

厘定行政区域，以期中央统一。

民国元年五月间，统一党、民社与国民党的一派及国民协进会、民国公会等合并称为共和党时，党议的决定就是：

保持全国之统一，而取国家主义。

进步党的党议：

取国家主义，建设强善政府。

就是国民党也不敢不主张政治统一。

最近发生的新中国党也主张：

国权统一……单层统治权。

新中国党的重要分子康洪章等纠合留美各大学学生所宣布《制宪庸议》中也说：

> 我们以为统治权的表现为统一……中国自秦始皇并六国后，郡县制度确立，即属单层统治权……所以我国的历史是从稍统一而趋于渐统一，而趋于全统一的。

除上述的党派意见之外，还有更重要的就是《天坛宪法草案》第一章第一条上规定：

> 中华民国永远为统一民主国。

这一章“国体”的规定，自民国二年到民国十二年，前后十年间，经过几次政变，经过几次修改，俱照原案通过，不曾改变一字。起草委员说明“统一”两个字的时候，特别声明道：

> 民主国有单一与联邦之别，如美国为联邦民主国，中国则不然，辛亥革命并非先有各省然后始成为中华民国。因中国本系数千年来统一之国家，非如美国先有十三州，然后始有北美合众国也。故必须于条文中规定国家为“统一”之民主国家。（起草委员杨铭源的说明）

当起草委员说明这一条时，审议会中有人提起质问说：“‘统一’二字甚有疑义。”起草委员的答复如下：

> 本草案起草时对于“统一”二字亦甚费斟酌，亦知“统一”二字非仅指单一国家而言。惟因我国数千年来皆系统一制度，自习惯上言之，“统一”二字当然指单一国家而言，故起草时采用

"统一"二字。至"单一"二字不过为"联邦"二字之对待名词而已，与"统一"二字本无甚分别也。(同前，均见宪法会议的会议录)

以上所述，可算是民国十三年来关于建国方略的重要的主张，故由这一类的主张表现出来的《天坛宪法草案》和宪法完全是采取单一制。此外，学者的论著，除少数人公然主张联邦制外，大多数人大概都是一听见联邦论即以为是异端邪说的。所以稳健的学者和与政党有关系的政论家，都绝口不谈联邦制；就是想采取联邦之实，也没有不郑重声明避免联邦之名的。

二

取联邦之实、避联邦之名的论著很多，现在不暇一一叙述，姑且选择最重要的几个人出来，做我的话的证据。第一个想避免联邦之名的，要算是王宠惠先生。王氏的《中华民国宪法刍议》，对于省制很加意讨论。他说："总之集权分权之说皆是也，亦皆非也。"因此便把集权分权看作"能并行而不悖"的。其实他已醉心于坎拿大的联邦制，所以"试就吾国种种特别情形观之，似宜略采坎拿大之制而变通之"。王氏的主张是把省权分为三种：

第一种，类皆关于地方自治之事，或虽非纯然关于地方自治之事，而不能不就各省之情形，听其自为举办者，中央皆不干涉之。

第二种，虽属应由各省举办之事，但应遵照中央画一法令办理。

第三种，亦属应由各省举办之事，但必须得中央之允许。(《宪法刍议》上篇第九节)

综合上述的三种省权，可以看出王氏的宪法草案已经充满联邦制的精神。因为他所说的三种省权，第一种事项完全由各省便宜自办；第二种事项，统一虽在中央，而举办却由地方；第三种事项，监督虽在中央，而举办也在地方。这种宪法草案，就是不能算做采取联邦制，至少也是仿效联邦制的，但是他却讳莫如深的否认。且看他说：

> 或谓宪法而规定省制，则是采取联邦主义也。不知此与联邦制有大相径庭者。其要点有三：联邦宪法对于中央权限采列举主义，且列举之范围仅限于中央统一必要之事项，其为列邦所保留之权既巨且多，而此则列举各省之权限……一也。联邦国之各邦皆有自定之宪法……而此则各省绝无省内之宪法……二也。联邦国各邦所保留之权利，虽用修正联邦宪法之手续，如不得各该邦之同意，无论如何不得变更之……而此则各省权利关系根据于宪法，故修改宪法即可以变更之，三也。具此三者，故与联邦之制至为不同也。（《宪法刍议》上篇第九节）

此外，还有一位张东荪先生主张“凡一省之事务，无分巨细，悉归省自理之，惟外交归于中央”。又说：“吾人不主张集治主义，不主张一省有中央委任之长官，不主张行政有监督权。”如果照这样分权，恐怕比联邦制下的分权的程度还要高得多些。但是张氏却不敢居联邦之名，并且口头上还大骂联邦。且看他说：

> 论者必以为吾之说有类于联邦。革命未成之时，联邦论大倡，不佞当时亦为反对此制之一人。……且吾以为联邦之害，不在联邦之实而在联邦之名。……吾人但求自治，不必有联邦之名。（《中华杂志》七号）

张氏以为国人痛恨联邦，已非一日，今想避免国人的指摘，故仅居联邦之实而不居联邦之名。由此可见，主张单一制的人以为单一制是天经地义，如果有人主张联邦制即为大逆不道。所以章秋桐先生说：“舆论专制之势已成，自由讨论之风莫起。”

不但政论家的意见是这样，就连一般议员的意见也是这样。故在宪法会议的议席上，几乎没有一个议员敢于明目张胆的主张联邦制。这种风气一直到民国十一年第二次恢复国会之后还没有改变。故当时有人提议在《天坛宪法草案》之外，增加“地方制度”一章，即有许多人提案反对，以为宪法中如果规定地方制度，就是取联邦主义。热心制宪诸议员看见国人心理痛恶联邦制，所以极力辩护，并且极力的避去联邦之名，更有许多议员想避去“省宪法”的名称，只用“省自治法”的名称来代替，或仅称“地方制度”，不敢竟把“省”看作“邦”。如籍忠寅说：

> 现今一般人对于各省自制省宪一层所怀疑者，只不放心“联邦”二字。故本席以为吾人讨论此点，可以专注意于内容，不必斤斤于名词，如“省”或“邦”之字样是也。……设因地方分权，遽加以联邦名称，则必有人骇然。（见会议录）

吕复讨论地方制度时亦说道：

> 溯当民国二年，袁政府时代，国内讳言分权，有言之者，闻者谈虎色变，目为破坏统一。至民国六年之时，则又讳言联邦，有主张联邦者，闻者亦谈虎色变，以为破坏统一。（见会议录）

罗家衡亦说道：

> 省是一邦亦无不可，但名义上不必认定为邦。如认定为邦，则与地方团体亦自有别，并于国家统一前途上不免发生问题。故不如认为地方最高团体较为妥当。（见会议录）

此外，还有许多类似这一类的见解，不暇一一叙述。总而言之，“联邦”二字为多数人感情上所痛恨，已经是毫无疑义了。故省宪同志会诸议员心理上多赞成联邦主义，提案上也充满了联邦主义的精神，可是却自始至终不敢揭出“联邦”二字。不但不敢揭出“联邦”二字，并且巧立言说，免避这种刺目的名词。由此可见民国十三年来国人心理痛恨联邦的程度。

三

国人既然这样痛恶联邦制，究竟他们反对的理由在什么地方呢？总计起来，不外三点：（一）以为就中国历史说，几千年来都实行单一制，故认定联邦制不适宜于国情；（二）以为联邦的由来，在先有邦而后联为国，决不能先有国而后分为邦；（三）以为现在各省在事实上已被军阀霸占，若再在法律上扩大省权，便不啻为虎作伥。归综一句话，从中国历史上看来久已成为统一国，联邦与统一是势不两立的，故为保持统一计，不得不反对联邦制。从历史上立论来反对联邦制的，在宪法会议上，要推景耀月辈提案为第一。他们说：

> 中国自秦汉以来，既打破封建制度之局，则与瑞士共和国之国情根本已异；有五千年之政治史，则与美国之殖民州、由欧洲各国新建设成立之合众国开端即异；为三代以下三千年来大一统国家之形成，则与德意志及奥匈等之联邦、邦联，与夫瑞典、挪威之邦联双立制度，其国基国情无不迥异；自丧乱以来，国家日日倡和平，人民日日望统一，则与俄罗斯之四分五裂、十余新国蜂起云扰，又其民性喜于分裂乐于割据之局者，又大异其趣，即一时建国之目的，亦无可以与俄国从同之点。由是言之，非由封建改设之国家，不得有二重宪法；非由万国新殖民州组织之国家，不得有二重宪法；非由联邦、邦联组合之国家，不得有二重宪法；非别具目的、别有会心，志在必如新俄罗斯之瓜分豆剖分立并峙而后快者，尤不得有二重宪法。（见会议录）

在宪法会议中反对联邦制的，要算这一派人为最有力。可是这一派人的议论，几乎全倾向感情，在理论上简直没有一点可以站得住。此外，因反对“联省自治”而连带反对联邦者，更是感情用事，简直不知联邦到底是什么。故这些人的议论，老实说，真值不得我们引证。

四

以上都是反对联邦制或怀疑联邦制的人的意见。我以为要想打破这一派人的谬见，不必枝枝节节的去同他们辩驳，须从根本上打破一元的国家观。这一派人的最大信条，只在一元的国家观一点。他们所说的“统一国家”，考其实，就是迷信一元的国家说，换句话说，就是迷信一元的主权论。我们如果能把他们这种根本见解攻破，使他们知道“一元的国家观”或“一元的主权论”在现在的社会实际生活上已经失掉根据，那么，他们所主张的单一国家根本上先没有存在的余地，故他们的反对联邦论也可以不攻自破了。现在且略述最近的“多元的国家观”。

主张“一元的国家观”的人，根本错误在把国家看作单一体，以为一国之内，上只有国家，下只有个人，绝不承认有由个人集合起来的“群”。现在的国家并不是个人与个人的集合体，乃是群与群的联合体；现在的主权也并不是单一的主权，乃是许多对等权力同时并立的主权。且看白尔克（E.Barker）说：

> 我们常常说：中古的国家乃是“群众社会的一个社会”（Community of Communities），乃是许多团结体——行会（Guild）、教会、都市、郡县的总积，在同业社会主义下的，近代国家将要成为包括许多职业行会的一个社会。
>
> ……我们需要一种国家的新观念，我们要倾向一种国家的新观念，尤其需要的，尤其要倾向的是一种能够容纳许多新理想的主权的新观念。我们以为各种国家——不但真正的联邦国，就是

单一国——性质上都是联合的。我们又承认主权不是单一的和不可分的，只是众多的和多数细胞集合的。（见《英国政治思想史》）

最近英国主张行会与国家分权的学者，以为行会与国家有“对等主权”（Cosovereignty），详细说起来，就是国家在国家的范围内有自己独立的主权，各种行会在各种行会的范围内也有自己独立的主权。因为人类有种种不同的生活目的，各种生活目的都不能够单独的达到，故凡要达到一种目的，必有一种结合。人生的目的越多，所结合的团体的种类也越多。例如为达社交娱乐的目的，而设立各种俱乐部；为达物质生活的目的，而组成各种农工商的经济团体；为达性的目的，而造成婚姻、家庭等制度；为达健康的目的，而设下各种关于卫生等团体；为达求学的目的，而设立关于科学、哲学等学校团体；为实现一定主义，推行一定政策，而设立党会等团体；为便利共同生活，而组织市镇村等团体。世界上没有一个团体能够满足人类生活全部目的的，故人生的目的愈杂，团体的种类也愈杂。因此便有许多团体并立在一个“基本社会”（Community）之上，各做各的事件。国家也不过是达到人生目的的一种团体，故国家与别种团体通同是一样的，也是同时并立的。在基本社会之上，既已立着许多平权的团体，那么，国家当然也是与别种团体平权了。国家既已与别种团体平权，那么，任何“国家”都不是一元的，只是多元的了。故柯尔（G.D.H.Cole）说道：

在人类各种不同的社会中，国家得要求一个重要的地位，但不得要求唯一的特殊地位。在基本社会中，各分子都有同等关系的群集的活动，国家便是为执行这种群集活动的重要职务而存在的。关于别种行动，人类又分成别的群，又需要别样的团体来执行。这些各式各样的团体，在他们权限以内，与国家在自己权限以内一样，都有他们的主权。（见《工业自治》第五章）

这就是最近的国家和主权的新观念。

由此可见，近代的国家绝不是单一的，只是联合的。不但联邦国、联业国是这样，就是行自治制的国家，也是联合许多地方自治团体而成的，根本上就没有什么单一国的存在。白尔克说得最透彻，他说：

> 现在联合主义（Federalism）盛行，普通人都以为说单一国享有唯一的主权，是一种错误的见解，同生活的实际不相符。我们以为每个国家多少总是联合的社会，包括许多不同的人群、不同的学会、不同的经济组织在内，每个团体都可以行使对于团体员的支配权。（见《英国政治思想史》）

这就是现代国家绝没有什么单一性质的明证。

五

我们如果知道现在无论何种国家都是联合的性质，那么，当然没有什么单一与联合之争，只有联合什么团体立国之争了。在有农村的国家，可以联农村而立国；在有行会的国家，可以联行会而立国；在有苏维埃（Soviet）的国家，可以联苏维埃而立国；在有家族的国家，可以联家族而立国（如古代罗马）；在有省的国家，可以联省而立国（如近代初期的荷兰）；在有邦的国家，可以联邦而立国。这乃是“事有必至，理有固然”，何用大惊小怪！如以为一说到联合，便破坏单一，不知近代的国家根本上就没有所谓单一性，单一性既不存在，又何有于破坏！

大凡一个国家或者在实际上已经养成各地方独立的习惯，或者顺应世界潮流而有地方独立的要求，国家对于这种势力，即不能极力压制。如果压制过度，则事实上必然要决裂。中国的各省，事实上久已有独立的习惯，只因为高谈建国方略的人不注意这一点，甚至于想消灭这一点，所以横决至今，不可收拾。大概统一与分权都有自然的程度，过乎自然的程度，或不及自然的程度，结果都必定要破裂。说中国现在还在统一，是有目无睹的瞎说；说中国现在完全不统一，也是有目无睹的瞎说。凡不能统一的，越强制他统一越不统一；凡不能不统一的，就是不强制他统一，也自然而然的统一。例如教育一项，在东南独立的几省，表面上似乎完全与中央脱离关系，可是事实上升学仍在中央设立的学校，中小学校的制度仍遵照中央所改革的学制，就是明证。由此可见，建国方针不在权限的统一不统一，只在把那可以统一的事项统一起来，把那不可以统一的事项分散起来，自然可以推行无阻。

中国的省在这几年来，几乎与美国的邦无异。甚至美国的邦所设有的权限，中国的省都可以便宜办理。这固然是混乱时期的状况，但这种状况乃是谈建国方略的人所万不可轻视的。我以为在统一制下固然可以有秩序，即在分权制下，又何尝不能有秩序。故中央与地方的权限，不在一不一，只在定不定。一不能免争端，定则可以免争端。所以中国的建国，如果不把省权与国权详细分开，终久不能免除争与乱的状况。要想把省权与国权分开，那么，只有联邦制是极好的分权的标准。

近日谈建国方略的人有一种最大的缺点，就是只注意中央政府的分权，不注意中央政府与地方政府的分权。换句话说，只注意中央制度，不注意中央与地方的关系的制度。故对于总统制、内阁制、委员制，讨论很详；对于地方制度，每多漠视。如果不改废中央集权的制度，换句话说，如果不把省权保障得十分的巩固，无论是采用总统制，是采用内阁制，或者采用委员制，都没有不随时破坏的。故中国建国的第一个大问题就在确定各省与中央的关系，因为这个问题乃是一切根本问题中的根本问题。

六

我们现在主张联邦制，也不但想在消极方面除去中央与地方的争端，并且想在积极方面适用分工的原则。因为从前联邦论上最重要的问题，乃是邦权到底是固有的或是由中央赋予的。现在的联邦论倒不必要替邦争国家的资格，只在争各邦与中央的权力怎样分配。近来国家的观念已经从主权者的国家观，变到公务员的国家观了。在主权者的国家观之下，中央与地方所争的是主权，所以那时所讨论的，大半是分权的问题；在公务员的国家观之下，中央与地方所争的是职务，所以我们现在要讨论的就是分职的问题。说到分职的问题，便不能不应用分工主义。因为从前的政府多靠权力统治，现代的政府却多靠技术做事。现在的政府多半变成管理事务的机关，生产工具多半由政府管理。国家的职务多已经变成专门技术的职务，不但在消极方面防止人民权利的侵犯，并且在积极方面有许多事务要做，故近代的国家官吏中往往包括各种专门的技师或工程师在内。例如电灯厂、电话局、铁路局、卫生局、学校、医院以及冶金、探矿、修路、救火等事，都不是普通文官所能做的，都不是中央的指挥监督官吏所能遥领的。国家的事务已经专门化，官吏的职务已经技术化，又怎能不适用分工的原则，按事务的性质和做事的功效把各种事项完全分开呢？

由此看来，现在的国家不但就统治关系说应该分工，就事务性质说也应该分工。凡必须由国家管理或举办的事项划归中央，必须由各省管理或举办的事项划归各省，必须由各县管理或举办的事项划归各县，推而至于各乡、各城、各市、各村，都有应行管理或举办的事项，即都有应行划归各乡、各城、各市、各村的职权。这样一来，一国做一国应做的事项，一省做一省应做的事项，一县做一县应做的事项，推而至于一乡、一城、一市、一村，做一乡、一城、一市、一村应做的事项，便是一个很完全的分工协作的社会。

七

我们根据上述的各种理由，不但反对那采取单一制的宪法，并且反对那由中央宪法规定省制的宪法。因为由中央宪法规定省制，表面上似乎采用联邦制的精神，可是事实上却仍含有单一制的精神。为什么呢？就因为由国宪规定省制，必定把全国制度画一，联邦制的精神就在不使全国适用画一的制度。故联合主义的好处就在使国内各部分皆得适应事势的需要和自然的状况来处理事务，以千差万别的立法行政来应付各地方的要求。如果各地方有特别的需要，可以随时给予他；如果各地方有特别的弊病，可以听他用特别的方法去医治。所以蒲徕士（Bryce）说：联邦制是开辟新疆土的最好的方法，就因为这种制度能够兼容并包，不致扑灭新社会中自由特立的本性。

如果我们认定联邦主义的精神在此，那么，像民国十二年的新宪法把地方制度定为宪法的一章，便与联邦制的真精神相矛盾。故现在若谈到建国，只有放任各省自定省宪。中央政权在国宪上取列举主义，凡不在列举的范围之内，一概认为省权。修改国宪，如有变更中央与地方的关系的地方，必先取得各省的同意。这样一来，省权才可以得到巩固的保障，省的事务才可以自由发展，不受中央牵制，中央政府做事，才可以听各省人民的制裁，中央政府的权力，才可以缩小。中央政府的权力缩小后，野心家方才不能把持中央政局，纵欲把持，也不能摇动各省的政局。必得这样，各省政局才可以不随中央政局变动而停顿，方才可以不把各省政治牵入中央政治的旋涡。这就是我的联邦建国论的大旨。

再因为我主张省宪由各省斟酌各省的特别情形，自动的规定，故不愿提出省宪的计划和标准。更要特别声明的就是，省宪的制定必须完全脱离武人军阀的操纵，彻底由民意解决。我主张省宪自定，不但不是替军阀巩固地盘，并且想把军阀所霸占的地盘，拱手奉还各省真正的人民。

十三年，十二月二十日，草于北京

（原载《东方杂志》第22卷第1号）

善后会议议员的出席问题

（1925 年 1 月 10 日）

主张各员亲自出席，反对指派代表出席。

本刊对于善后会议的态度，已经在第四期中由王世杰先生宣布过了，就是：“我们对于这个善后会议……采取一种督责的态度。”

我们并不是信任这个善后会议，我们只是在原则上相信用会议的方法来解决国事，至少总要比用战争的方法来解决国事妥当些，这就是我们所以不肯轻视善后会议的用意。

况且善后会议在这几天内，已经成为事实了，我们对于这已经成为事实的善后会议尤其是不能漠视。我以为群众对于政治运动，至少要带点疯狂的态度，赞成也要狂热的赞成，反对也要狂热的反对。如果明知他或可成功而不去督促，或明知他一定失败而不去阻止，都是放弃国民的责任，“厥罪惟均”。

我们对于这个善后会议要表示反对的，就是组织的分子；尤其要表示反对的，就是由议员自由指派代表出席。

这个善后会议除第一项和第四项资格之外，如第二项为“各军最高首领”，第三项为“各省军民长官”，具这两项资格的人员，十分之九都是残害人民或压迫人民的军阀。这一派人员既占善后会议议员十分之八九，那么，这个善后会议简直就可算是变相的军阀会议。

就是退一百步说，善后会议大半注重在收束军事的问题，因此便不能排斥军事首领，如果我们要承认这个假定是对的，那么，必定要承认所有的议员都有充分可以代表一部分实在势力的资望。例如孙中山至少可以代表国民党，段祺瑞至少可以代表一部分北洋派，张作霖至少可以代表东三省的军界，冯玉祥至少可以代表一部分国民军，这一层我们也当然是承认的。

但是我们只承认孙中山自身可以代表国民党，我们并不承认孙中山随意指派的代表也同孙中山自己一样可以代表国民党；我们只承认段祺瑞自身可以代表一部分北洋派，我们并不承认段祺瑞任意指派的代表也同段祺瑞自己一样可以代表一部分北洋派；其余张作霖、冯玉祥也是这样。如果段祺瑞派他左右梁鸿志出席，张作霖派他儿子张学良出席，冯玉祥派他左右薛笃弼出席，到底能够代表谁呢？再如“各军最高首领”和“各省军民长官”各指派他们的驻京代表出席，这一类第三四等食客及小政客又能代表谁呢？

法国革命后的国民会议、宪法会议，无论是贵族是教士，没有不亲自出席的；美国独立后的联盟会议、宪法会议，无论是华盛顿是甲富森，也没有不亲自出席的；俄国革命后的全俄会议、中央执行委员会，无论是列宁是柯基克，也没有一个不是天天在议场中生活的。独有我国的“大人物”，宁肯在私第里叩头，绝不愿到议会中张口，仿佛一入议场，便失掉“大人物”的威严。此种心理，根本上便不能建设起来共和国家。

奉告与会诸公，善后会议并不是普通行政会议，可以派员充数，并不是普通吊丧祝寿，可以派人周旋。从前督军团会议，尚且有多数督军亲身参与；去年吴佩孚做寿，尚且有许多师旅长躬亲趋拜。若把此次关系国家生死存亡的善后会议，当作普通行政会议及普通吊丧祝寿看待，甚至于看这个善后会议远不及督军团会议及吴佩孚做寿的重要，那么，这个善后会议宁可不开！

故我们主张这次善后会议之中，仅可以有代表各种势力的人员，绝不可有代表各种势力的人员的代表。老实说，代表会议我们已经是根本怀疑了，若再有代表的代表会议出现，我们只有根本上不承认。

（原载《现代评论》第1卷第5号）

那里配称得起“反动”

（1925年10月10日）

自我病了以后，整整隔了三十期（从十四期到四十四期）没有在本刊上发过议论。有许多人说，在这三十期——二百一十天——中，国内发生一派很激烈的“反动运动”，这个运动在政治上主张废除代议制，恢复科道制；废除选举制，恢复科考制。在文学上主张推翻平民文学，恢复他自己都没有做得通的什么贵族文学。尤其荒谬的，是以督理、省长为贵族，由他们指派师爷、幕友来集成什么会什么会，更用那上不在天、下不在田、南奔北附、东倒西歪的无聊政客来商榷什么是什么非。“肉麻”杂志，“饭碗”机关，装饰品似的参什么院，师爷似的起什么草……大概都是这个反动运动的总成绩。

我因为北大脱离教育部一案，多蒙人家抬举，加我“勾结肉麻派”的头衔。以“时论高之”的我，早应该鼓吹“执政府者乃乘无法之末运，开造法之初基……谋弋取天下德慧术智之总量，以奠民生而立大本”一派的吹皱一身皮肉的话，方才对得起“时论”。但是我的梗顽不化的态度，仍和从前作阶下囚时一样，故我对于反动运动的顽固的反对，仍然不因“时论高之”或“时论低之”而改变。

我以为做反动运动的人至少要具下列的三个条件：

（A）要有历史进化的眼光；

（B）要有应付时势的主义；

（C）要有容纳普通思潮的雅量。

我虽然不曾在“名邦大学负笈分驰”过，但是我却相信只要少微有点常识，总可以知道英国人是最会做反动运动的人。当法国革命思想横行世界的时候，别的国家连正眼儿也不敢相觑，独有英国人敢首先出来反对，那时白克（Burke）、边沁（Bentham）、梅因（Maine）一类人就是反对法国革命思潮的急先锋。近来当马克思的社会主义思想横行世界的时候，别的国家也只有画依样的葫芦，又独有英国人敢仗胆出来修正，最近福滨社会（Fabian Society）一派人就是反对马克思阶级战争思潮的健将。

可是边沁和梅因虽然都是同白克一样反对法国的革命思潮，想使英国免去这个传染病的侵害，但是边沁、梅因的反对法国革命思潮的论调却和白克不同。白克以为凡是英国祖先遗传下来的法律习惯，都是神圣不可侵犯的，都是完美无缺的，丝毫没有改革的必要。可是我们如果要读一读华颇（S.Walpole）的《英国史》，至少可以看出白克所颂扬的英国宪政，和那时工业发达的英国实际社会已经两不相容了。那时工业发达，城市的人口移动很厉害，古色若（Old Sarum）在法律上应出两个议员，可是却没有一个住民；壁特县（Bute）只有一个选民，却选出一个代议士。他如大地主公然买卖议席，财政部公然指派一百七十二个议员，都是人人皆知的。故只就代表制一点说，白克所认为神圣不可改易的选举制，已经变成绝对不可存在的选举制了。

至于边沁和梅因的反对法国革命思潮的方法，便不同了。边沁一方面纠正法国革命时所鼓吹的无根据的谬论，一方面却容纳法国革命时所提倡的那些关于民权、民治的真理。故边沁虽然反对“天赋人权说”，却主张“法定民权说”；梅因虽然反对“社会契约说”，却从历史上找出“社会进化说”。换句话说，边沁和梅因的思想虽然都对于法国革命思想的反动，可是经过这一次的反动，结果便淘汰了许多毫无根据的谬想，建设起来合乎社会需要的法律改革论及合乎历史事实的社会进化论。

因此，便有许多学者认定，白克的保守说，本想截堵住政治上的革命，但是结果却制造起来政治上的革命；边沁等的改革说，本不想截堵住政治上的革命，只想疏导革命潮流朝另一方面进行。故白克的反动学说不久便渐渐失势，而边沁的反动学说却成为照着英国社会改革走上正途的明星。所以，真正能消灭革命浩劫的学说并不是白克一派的反动论，而是边沁一派的改革论。

最近英国人抵抗革命思潮的精神，仍然和从前一样的完健。当马克思阶级战争的学说侵入英国的时候，福滨社会便因时而起。他们主张缓缓的进化，不主张激烈的革命；只主张容纳社会主义的思想，不主张一步一趋的模仿社会革命的运动。结果他们便把社会主义的根本原理——如土地公有、生产机关公有、打破不劳而得的阶级等——大部分采用起来，却同时又打破社会革命的学说，建设起来这社会进化的学说。

现在且正告中国的反动派：你们如果以为自己落伍，骂骂人，出出气，那就罢了；如果真正想做点实在事，可不是斗嘴头，弄字眼儿，或尽量的把一般趋炎附势、乞恩求宠的人的私信公表出来，便算完事。第一，最少要具有历史进化的眼光，不要只在历史的轮回劫中翻筋斗，竖蜻蜓，拿古今的差异当作中外的差异，硬一口咬定了说：中国是万古都以农业立国的。第二，要有应付时势的主义，不要把那死过去的制度当作万古不变的圣经看，硬在民治政体下翻出专制政体下的袍褂出来，披在身上，做一件遮丑的衣裳。第三，要有容纳普通思潮的雅量，不要弄小心眼儿，和人家撇气，硬把时代的思潮一笔抹煞。不能如此，便不配称为反动家。

（原载《现代评论》第2卷第44号）

中国现在是否有恢复御史制度的必要?

（1925 年 12 月 1 日）

中国的御史制度真可算是世界上万国所无的一种特殊制度。御史所有的职权，无论那一国都是分散在各种政治机关分别执掌，从来没有看见过有那一国把这些职权合在一个机关、由一种官吏行使，如中国御史制度的。

本篇所说的御史，乃是包括清代都察院的都御史及科道说的。所谓科，就是六科给事中；所谓道，就是十五道监察御史。此外，还有由科道中指派的巡仓、巡漕、巡察、巡城等御史或给事中，都一律包括在内。御史是台官，给事中是谏官，故科道又可只称为台谏。

在宋代以前，言官与察官本是分立的。谏官司言，御史司察。言官掌规谏讽谕，献可替否；察官掌纠弹官邪，肃正纪纲。一个监督君主，一个监察官吏。到了宋代，设下言事的御史，于是言官和察官才合而为一。但是宋代虽然使御史兼言事，可是却不许谏官兼察事。换句话说，只许御史奏论政事得失、民生疾苦，却不许谏官纠弹官吏、指斥奸邪，故台谏两官仍是分立的。到了清代雍正年间，才把六科归并到都察院，因此，台谏两官才完全混合起来了。

大概在唐代以前，待谏官比侍御史隆重；到了宋代以后，君主多讨厌谏官妨碍自己的专制，于是或谏官缺出而不除人，或并谏官一起废掉。就是勉强留下给事中一职，亦不过虚应故事，绝不想使他行使封驳的职权。这样一来，给事中几乎和御史做同一的职务，从此监督君主的职务少，监察官吏的职务多了，这就是近代台谏所以完全混合的原因。我们要想明了御史制度的变迁发展，应该先少须叙一叙台谏两官变迁沿革的历史。

一、御史官职的沿革

在秦代以前，虽然也有御史，但是只掌记事的任务，不掌纠察的任务。到了秦代用御史监理诸郡，汉代用御史中丞察举非法，用御史纠察朝仪，然后御史才掌纠劾非违的任务。可是汉代的御史大夫乃是三公之官，品位次于丞相，和后世的御史大夫职掌大不相同。直到后汉废去御史大夫，使中丞出居外台，做御史台的长官，才专以纠察为职掌，和清代都察院的堂官相同。大概自这一次变革之后，御史台的官职已经确定，而各御史的职掌，如理大狱、治疑案、察非法、劾违失，以及督军、督粮、监郡、捕盗诸任务，也都从两汉以来就确定了。

自晋、宋、北魏而后，不设御史大夫，于是中丞的威望，一天比一天尊重。这个时代的中丞，声势异常的煊赫。“出入千步清道，与皇太子分路，王公百辟咸使逊避，其余百僚下马，弛车止路傍，其违缓者，以棒棒之。”（《通典》）大概专制政体唯一的精神在恐怖，故君主多盛张耳目之官的威仪，务使百僚个个怕惧。唐韦仁约说：“御史衔命出使，不能动摇山岳，震慑州县，诚旷职耳。”故六朝时代，是中丞的威仪煊赫到了极点的时代，到周隋而后，这种风气才渐渐的革除。

隋代又设御史大夫，但是却废掉御史中丞，用治书侍御史代行他的职务。隋代御史制度上一大变迁，就在罢御史直宿禁中的制度。自三代、秦、汉以来，御史备官多在禁中治事，号称天子的近臣。后汉的中丞虽然出外为御史台长，但是如侍御史之类，还每夜更番入直内台。故汉侍御史何敞说：“臣谬预机密。”可见汉代的御史乃是参与机密的近臣。后来虽然常有变更，可是兰台始终属内省，御史常在禁中治事。自隋炀帝废入直禁中的旧制，于是御史渐渐离开宫禁，专隶属于外台了。这也是御史制度的一个重要的变迁。

唐宋的御史台共分三院：（一）台院，其僚曰侍御史；（二）殿院，其僚曰殿中侍御史；（三）察院，其僚曰监察御史。唐代的十道巡察使，乃是明清御史分察各省的渊源；分察尚书省六司，乃是明清御史分察部院各衙门的渊源；监太仓使，乃是巡仓御史的渊源；馆驿使，乃是巡察御史兼查驿站的渊源；至于开元而后，用中丞做探访使，所有的节度使、观察使、刺史等官，多加御史大夫或中丞的头衔，更是元代的行御史和明清两代的督抚加都御史衔的渊源。

此外，尚有两点可以令人注意的，就是：（一）御史风闻弹事，（二）御史独立纠弹。风闻弹事，不问有无实据，皆可弹劾，乃是保障御史的唯一方法；独立纠弹，不受长官的指挥命令，又是保障御史职权独立的唯一方法。

宋代许御史兼言事，也是御史制度的一个重要的变迁。自此而后，御史不但能够纠弹官邪，并且可以条陈时政得失，奏论民生疾苦，一方面可算是御史职权的一大扩张，一方面可算是开台谏合一的先例。

自元代而后，御史的品位越发抬高，御史大夫升到从一品的地位。自此御史台便和中书省、枢密院平行，以中书省掌政务，以枢密院掌兵要，以御史台掌纠察，居然造成了中国式的三权分立制。明初因袭元制，立三大府：中书总政事，都督掌军旅，御史掌纠察，也是一种三权分立的制度。由此可见御史职权的增高和进步。

二、给事中官职的沿革

前面已经叙述过御史官职的沿革，现在再略叙一叙给事中官职的沿革。因为在清代以前，给事中一官，或属于集书省，或属于门下省，或独立自成一署，皆和御史台或都察院不生关系。到了清代雍正初年，才把六科归并到都察院中，使六科受都御史的考察，于是台谏才完全合而为一。

给事中的名称，因为有事殿中，故曰给事中。在六朝以前，大概多以名儒贵戚充任，侍从左右，掌备顾问。到了梁陈两代，给事中在侍从左右、献纳得失外，还有“省诸奏闻……随事为驳”的职掌，自此便有

“封驳”的任务。“封谓封还诏书而不行，驳谓驳正诏书之所失。”（田锡的话）大概自汉到隋，给事中一官多用君主尊宠之人；自隋而后，“皆以外廷之臣为之，并不预宫中之事”（《文献通考》自序）。故从前的给事中，可以在诏书未草之先献纳得失，此后的给事中，仅能在诏书发下之时驳正违误。拿给事中来和御史相比较，虽然可说给事中可以谏止违失于诏书未行之先，御史仅可以纠弹非违于败坏已成之后，但是如果拿隋唐以后的给事中来和从前的给事中相比较，那么，隋唐的给事中似乎仅仅可以谏止违失于诏书已制之后，不能献纳得失于诏书未制之前了。这也是给事中一官由宫内移到宫外的当然的结果。

自唐而后，给事中在封驳诏书的职权之外，还可以驳正刑狱、纠理冤滞无告、裁退选补官吏的不当。到了宋代，给事中一方面分治六房，为后代六科分察六部的渊源，一方面升为门下后省的长官，为后代六科独立自成一署的渊源。这种变迁在给事中制度上很含有重要的意味。

自宋代而后，君主渐渐有嫌恶谏官的倾向，所以谏官往往不常除人。到了三省制度一废，凡谏议大夫、司谏、正言等官曾属于门下省的，也因而废掉。金代的给事中一官虽然未废，但只为内侍的转官，不掌封驳的职任。元代的给事中，又转任兼修起居注之事，也可算是名存实亡。到了明代，给事中的职掌不但恢复唐宋的旧制，并且比唐宋给事中的官职还要扩张。因为自明革中书省后，并把一切谏官裁去，只留给事中一职，故给事中兼掌谏议补阙拾遗的职任。而且在明代，给事中一官，并不属于任何衙门，独立自成一署，凡章疏案牍都和部院衙门平列。官秩虽只有正七品，而职权却非常的重要，六部官吏没有敢抵抗科参的。这是明代给事中的价值。

三、清代的台谏合一制

清初还沿用明制，六科独立，自为一署。直到雍正元年，才把六科归并到都察院，造成台谏完全合一的制度。六科给事中分察六部，十五道监察御史分察各省，六科给事中稽察各部院的文书，十五道监察御史稽察各部院的事务。把六科同十五道合称起来，所以叫做科道制。

现在，把科道的各种职权分别叙述如左：

(A) 建议政事权。清代承继唐宋旧制，凡左都御史、左副都御史、给事中、监察御史都许风闻言事。旧有轮班条奏之例，凡政事得失、民生疾苦、制度利弊、风俗善恶，皆能以耳目官的资格，尽量陈述。故顺治十年的上谕说："凡事关政治得失，民生休戚，大利大害，应兴应革，切实可行者，言官宜悉心条奏，直言无隐。"平时的条奏，随人各抒意见，如果遇到政事上有大阙失，便可由各道全体列名，公同封进。

(B) 监察行政权。不管是中央官厅，或是地方官厅，凡他们所管事务的施行和成绩，皆当向都察院科道报告，科道得检查这一类的报告，兼察视政治的状况。如有违反法令、妨碍公益以及紊乱官纪的事情，都可由各科道奏请纠正。

(C) 考察官吏权。凡"京察"由本衙门考核，填注考语事迹，造册密送吏部、都察院、吏科、京畿道会考。至于外官"大计"，由各省督抚核实官评，分别汇题。吏部会同都察院、吏科、京畿道详加考察，分别奏请。如果有鉴衡不公、黜陟失当、循情滥保、姑容不职者，皆可由科道纠参。此外，如吏、兵等部及宗人府等衙门的议处人员，如降级罚俸等惩戒处分，亦由都察院堂官察核例案，定议具奏。

(D) 弹劾官吏权。都察院虽然有监察行政、考察官吏的权，但却没有指挥命令官吏的权，并且没有直接的惩罚官吏的权。故都察院监察权的行使，全靠这种弹劾官吏权做保障。因为都察院有整饬风纪的责任，故在法律问题之外，还可以过问道德问题。因此，不但对于百官违反法令及妨害公益的行为可以弹劾，就是对于官吏个人的私德私行也可以弹劾。不但对于败坏风纪已成事实的行为可以弹劾，就是对于风闻传说未明真相的行为也可以弹劾。此外，更不但对于普通官吏可以弹劾，就是对于王公贝勒大臣也可以弹劾。这种风闻弹劾的旧例，的确是御史的唯一保障。

(E) 会谳重案权。凡犯罪至死的重狱，必定要下刑部、都察院、大理寺三法司会同复核，这就是近代司法制度中的终审权。从前的御史职在执法，故常常被称为法吏，清代也承认“御史理刑，是其职掌”，故“凡交三法司核拟事情，御史会同大理寺官面审同议”。至于“各省刑名事件，分道御史与掌道御史一同稽核”。御史不但可以同审同议，并且在意见不一致时，可以独立的意见拟定判决书上奏。故都察院至少也可算是构成终审裁判机关的一个重要部分。

(F) 辩明冤枉权。清代的上告，到都察院及通政使司衙门具本奏闻为止。凡人民控诉，先到司道府州县衙门，若这些衙门不理，便可到督抚衙门控诉，若督抚仍不理，或受理而审断冤枉，便可到都察院衙门击鼓鸣冤。都察院处理上告案的方法有三：（一）具本奏闻，（二）咨回各该省督抚复审，（三）径行驳斥。但驳斥权稍有限制，不能擅自行使。由此可见都察院一半是救济冤狱的裁断机关，一半是行政处分的裁判机关。

(G) 检查会计权。无论中央或地方官厅，凡经费的出纳，皆受都察院的监察。各衙门的会计报告，皆付都察院审查。例如户科，凡京内各衙门支领财物的册簿及捐项，皆得随时考查；京外各省的钱粮杂税漕粮盐课关税等事，有浮冒舛错朦混的，皆得指出弹劾。故都察院对于会计的审查，似乎比近代审计院的权限还大。

(H) 封驳诏书权。六科对于本章诏旨的封还驳正权，早定于顺治初年。就是“凡部院督抚本章已经奉旨，如确有未便施行之处，许该科封还执奏；如内阁票签批本错误，及部院督抚本内事理未参，并听驳正”。这就是自梁陈以来，历代给事中所有的封驳权。

(I) 注销案卷权。这种注销权的唯一作用，就在限定时期，使事务按期结束。如有迟延不结的事件，即行参奏。现在的上级官厅对于下级官厅虽有核销案卷权，但是限期却不能这样的周密。

(J) 监察礼仪权。自汉代用御史纠仪而后，历唐宋到明清，监察朝仪的职掌或归殿中侍御史，或归监察御史。凡有朝会，必由御史稽察朝仪，遇有紊越班行、言语喧哗、威仪不肃者，皆可弹劾。至于举行祭祀临雍各种典礼，也由御史稽察违失、肃正礼仪。这也是专制的时代维持君主尊严的一种重要的方法。

以上所述的是清代都察院的各种职掌。大概专制的朝廷，政治组织的根本原理，就在以上制下、以内制外。御史制度不但是以上制下、以内制外的最好方法，并且是政权出自一人的专制制度的最真实的表现。

四、结　论

我们现在要想决定“有无恢复御史制的必要”一个问题，必先要假定说，若不恢复御史制度，凡科道的所有职权，便都没有机关担任。可是现在中国的弊病，并不在监察权没有机关行使，只在各机关法律上有监察权，事实上不能行使监察权。例如建议政事、监察行政、弹劾官吏等权，都分配在国会；官吏的考绩权，如京察、大计等，都分配在各种监督官厅；关于铨选叙任的考核权，都分配在铨叙局；关于官吏惩戒处分决定权，都分配在惩戒委员会；关于刑事案的终审权分配在大理院，检事权分配在检察厅，判断违法不公的救济权又分配在各级审判厅；关于会计的检查，乃是审计院的专责；关于行政争讼的裁判，乃是平政院的专责；关于封驳诏书，很有些像国务员的拒绝附署，又是阁员的责任。他如文卷的注销，虽然没有专管的官厅，可是上级官厅的核销，与六科专在文卷上察核，也没有多大的区别。还有监察朝仪祭礼的职任，已因国体不同而废止，今后更没有恢复的余地了。由此看来，中国现在的政治组织中，并不是没有行使监察权的机关，只因为有监察权而不能行使。故为现在计，只须抬高或改善各种行使监察权机关的地位和组织，似不必另起炉灶的重新创造新机关。

再，御史制度乃是以上制下、以内制外的专制的或集权的制度，根本上就不适用于以下制上、以外制内的民治的或分权的制度。无论你怎样反对代议制，但是代议制可以改易，而由人民管理政府和监督政府的民治原理是绝对反对不掉的；无论你怎样反对联邦制，但是联邦制就是不能实现，而地方自治和行业自治的分权原理也是绝对反对不掉的。有许多人说，国会所以横行无忌，就因为国会的权力太大；反过来说，如果要把所有监察权都集中在一个都察院，那么，都察院岂不是又要变成横行无忌的机关吗？从历史上看来，历代的台谏，党同伐异，排斥异己，攀权附势，贿赂公行，或使毫无常识的人混杂其间，或明知他们越权偾事而不能制止的，到处皆是。大家因深恨议员万能的弊害，便忘却了御史万能的弊害；大家因深恨议员结党营利、依附权势的弊害，便忘却了御史结党营私、依附权势的弊害。但是议员的行动或多是党派的行动，一个人往往未必能任意的为非作恶；至于御史的行动多是个人的行动，故一个人往往可以任意的横行无忌。国会固然一方面可以牵制住少数的好人，使他们不能发挥个性，可是同时又可以牵制住少数的坏人，使他们不能任意作恶；反过来说，御史制度固然可以使一个好人独立的行使监察权，可是同时又何尝不能使一个坏人独立的妄用监察权呢？故就御史的职权说，现在都分配在各种机关，没有恢复御史制度的必要；就御史制的利害说，御史制的弊害或远过乎代议制的弊害，也没有恢复御史制度的必要。

（原载《晨报》七周年纪念增刊）

军治与党治

（1927 年 1 月）

前几天听到一位醉心民治主义的朋友说，近来南北政治如走各的岔道，一方发扬军治，一方讴歌党治，结果，两方面都想把我们平素所相信的民治主义一笔勾消。在军治之下，固然说不上民治，就是在党治之下，也一样的谈不到民治。这几句话，小而言之，不过是一位醉心民治主义者的杞忧；大而言之，却是全国人民心中所隐伏的一团疑念。究竟军治与党治是不是皆同民治相反？或者军治是走到民治的道路呢，还是党治是走到民治的道路呢？本篇所想讨论的，就是这几个问题。

要想讨论军治与党治是不是皆和民治相反这个问题，自然先要说明什么是民治。民治的政府是人民所有的政府，是由人民管理的政府，是为人民做事的政府。这就是欧美人所实行的“民有”“民治”“民享”的三民主义。民治主义的精神，就是自由平等。换句话说，就是全国人民个个都有自由发展个人才能的权利，个个都有平均发展个人才能的机会。就政治说，政府权力受宪法的限制，人民意思由国会代表；就人民说，一切权利由宪法保障，一切言论思想不受任何势力挟制；就社会说，打破不平等的阶级，个人人格上一律平等；就经济说，打破不平等的经济生活，个人对于一切经济事业都有平均发展的机会。这就是十九世纪欧美式的民治主义的内容。

可是这种民治主义只可算是个人主义的结晶，政府所采取的大半是放任政策。他的毛病就在重自由而不重平等，并且错认自由就是平等。结果，只看见有才有识有钱有势者的自由，并看不见无才无识无钱无势者的自由。现在民治主义又变成结晶社会主义的，政府所采取的大半是干涉政策。他们不相信自由便是平等，不相信从自由下手可以得到平等的结果，只相信平等乃是自由，只相信从平等下手才可以得到自由的结果。因此，便想把国家当作天平秤，用这个天平秤来权衡轻重，凡有太过的地方，便由国家来抑制他；凡办不及的地方，便由国家来提拔他；凡违反公共利益的私人利益，一概可由国家立法限制；凡关系公共幸福的私人事业，一概可以收归国家管理。因此，国家职权的范围便日渐扩大，在十九世纪中，国家所不能干涉的事，现在都可以干涉；在十九世纪中，归人民办理的事，现在都可以归国家办理。这乃是由社会主义结晶的民治主义的内容。

军治是否能达到上述的两种民治主义呢？这个疑问很容易说明：第一，军治的政府是军人所有的政府，是军人管理的政府，是为军人做事的政府，和民有、民治、民享的三原则根本相反。中央官吏由军人指派寄生于自己的阶级充任，与人民绝不发生任何关系。他们做事只对于军人负责，绝不对于人民负责。地方官吏如县知事等，性质上一律变成军人的副官与军需，除收税与办差而外，殆无其他责任。第二，在军治之下，一切公私机关都变成单为供给军用的机关。例如铁路、电报、商船、学校，都可随意占为军用的专品。甚至于农人私有的生活、生产、运输的工具，如车、马、房屋、田地之类，一律可以无偿的征收或占用。第三，凡与军治相反的文化事业，如教育、工艺之类，都一律有意的或无意的使他停顿或消灭，思想、言论等等自由，都不得不一律取消。民治主义的民有、民治、民享三大原则，无一不和军治相冲突，久行军治，只能养成服从的国民性，绝对不能养成独立自由的国民性，只能使人民做政治下的奴隶，绝不能使人民做政治上的主人。要想从这个绝境走上民治的大道，谁人都知道是万不可能的。

至于党治是否能达到上述的两种民治主义呢？这个问题便不是一句话所能回答的了。因为政党与军队至少有三个不同之点：（一）军人是特殊阶级，他们的行为的管理裁判是不受普通法律制裁的；党员不是特殊阶级，他们的行为的管理和裁判是要受普通法律裁制的。（二）军人所任的职务是一种特殊的职务，治国治民都不是军人的专责；党人所任的职务，只有一小部分是本党的特殊职务，主要的职务就在治国治民，除治国治民而外，政党就无事可做。（三）军队本身的组织是一种阶级的组织，只能阶级化，绝不能民治化；政党本身的组织原不是一种阶级的组织，故宜于民治化，不宜于阶级化。由这三点推论下去，军人有特别的身分，不能当作普通人民看待；党员并无特别的身分，仍是普通人民。军人治国治民只可算作反串，或者至少也要算是兼职；党人治国治民只可算作本行，只可作专任。军队的组织绝不能作为民治的模围，政党的组织大可算为民治的图型。这是军队与政党最显明的不同之点。

诚然，党治的政府也是一党所有的政府，也是一党管理的政府，但总不能说是专门为一党做事的政府。换句话说，政府尽可以为党有、由党治，但所收的效果，总不尽为一党所独享。在军治的政府之下，有害于军人的地方，虽然不必就是有利于人民的地方，可是有利于军人的地方，却多半是有害于人民的地方。至于在党治的政府之下，不但不必以害民为利党的方法，并且要以利民为利党的方法。故结果凡有大害必是两损，凡有大利必是两益。在资本家专政的时代，固然资本家所享受的利益比较劳动界所享受的多，在劳动党专政的时代，也固然劳动界所享受的利益比较资本家所享受的多；但这只是享受利益多少的差别，绝不是根本上只受害而不能享利的。

……言论、思想的自由，在现代已经成为神圣不可侵犯的权利，近世的文明，差不多大半是由这一点孽乳发育起来的。故极端反对党治的人甚至于说，阻止言论、思想的自由，即无异断绝文明的根源。至于党化教育一层，尤其受舆论上的攻击。因此，便发生本党有自由、异党无自由的讥笑声。关于这一点，似乎是党政府应该早日解释的；但是在党治之下，仍然把言论、思想看作必需品；若在军治之下，那么，老早就把言论、思想看作奢侈品了。故在党治之下，所争的是言论、思想的异同问题，不是言论、思想的存废问题；若在军治之下，那么，要不要有言论、思想的问题或者可容人讨论，至于自由不自由的问题，便没有讨论的余地了。

真正说起来，极端禁止言论、思想的自由，总是人类办不到的事体。如果一国有数党，而每党的党员都是自己认为政见相同随意加入的，在这种状况之下，就是对于党员的言论、思想的自由稍加限制，似乎还可以办得到。若不以政见相同为入党的条件，又不许有异党存在，势力均平，那么，全国人民尽行入党，结果必与无党相同。因为数党并存，异党摈斥在本党之外，与本党漠不相关；若一党独立，异党必尽入本党之中，而与本党合为一体。例如当汉代未定儒教为一尊之前，异端与孔道显然各别；到了定儒教为国教之后，异端无地自容，便不得不脱去道衣道帽，把那儒服儒冠穿戴起来了。所以章太炎先生说：未尊儒教以前，异端在儒教之外；既尊儒教而后，异端便混入儒教之中。……限制言论、思想的自由，则现在不但不可能，并且不必要，而言论、思想就是不自由也自由了。

我们相信思想的生命是不能枪毙的、不能斩绝的，以党治国也不过把某一时代所能应用的思想和必要采用的思想宣传出去，使人家生出一种信仰，再由信仰生出一种力量，使他实现罢了。中山先生明明告诉我们说："主义是一种思想、一种信仰和一种力量。"由此可见，思想是主义之母，主义是思想之儿。真正所谓政党，就是集合思想相同之人，组成长期的团体，去做共同的活动。有相同的思想而无团体的结合，等于无思想；有团体的结合而无共同的活动，等于无团体。一千万毫无组织的群众，他的势力往往不及一千个有组织、有训练的党员；一千万各行其是的学者，他的成就往往不及一千个共同活动的凡民。近代学者对于国民票决制的驳议，就是说国民是一盘散沙，不及那经过政党训练的议员有一定的政见。就是欧美各国信仰那由个人主义结胎而成的民治主义的人们，所有政治的主张和运动，也从来不曾依靠一个一个群众单独去做，必定要依靠那组织坚固、训练成熟的政党去做。没有政党，几乎就没有民治。由此看来，思想是主义之母，主义是政党之母，而政党又是民治之母。

把上述的理由归结起来，可以说，军治与民治是背道而驰，党治与民治似乎是殊途同归。不但可以说党治是达到民治的道路，并且可以说党治就是民治的缩形。因为一党的政见就是全体党员共同意见的结晶品，如果本党之内没有民治的精神，党员的活动不守民治的方式，那么，这种政党便是少数人的专利品，所有的党员都变成被少数人操纵的傀儡，便不是所论“民治的集权制”的政党了。政党本身的组成，无论从形式上看，从方法上看，都必定是个民治制。一切党员，无论职业何如，地位何如，在党的组织上，必定是一律平等的。这是与军队的组织根本不同的地方。况且党员并没有与人民不同的特殊的身分，在党为党员，在国便同为人民。政党的职务既以治国为主，做政党的事务，同时也多半是做国民的事务。如果党治真正是这样，纵不能简直叫做民治，似乎可以将就点叫做民治的缩形；再不然，也似乎可以训练出来、教育出来将来的民治人材。

所以党治就是训政时期的过渡方法，过了这个时期，便可渐渐的跨到民治的彼岸了。

更有进者，中国自古以来，就是群而不党的国家，无组织、无训练的群，当然敌不过有组织、有训练的党。因此，安福系、交通系等类的少数党徒，都可以操纵政局，而号称四万万做主人的人民，反如一盘散沙，任人播弄。中央政局所以被少数官僚、政客操纵，地方政局所以又被少数势恶土豪操纵，就只因为没有政党。故在无公党、有私党的中国，一说到民治，即无异替少数官僚、政客及势恶土豪留活动之地步。如就中国今日局面说，不但可以说与其军治不如党治，并且可以说与其民治不如党治。

（原载《现代评论》第二周年纪念增刊）

平均地权的土地法

（1928年1月10日）

一、平均地权的原因

中国国民党认定“中国尚在农业时代”，就是因为“农民生产占全生产百分之九十，其人数占全人口百分之八十，故中国之国民革命，质言之，即是农民革命”。因此又说：“吾党为巩固国民革命之基础，惟有首先解放农民，无论政治或经济的运动，均应以农民运动为基础。党之政策，首先须着眼于农民本身之利益，政府之行动，亦须根据于农民利益而谋其解放。”（《第二次全国代表大会农民运动决议案》）

国民党既然首先注重农民本身的利益，当然要研究农民本身的利益是什么了。农业的经济生活与畜牧的经济生活有个最大不同之点，就是畜牧的经济生活与土地不发生永久附着的关系，故游牧民族往往逐水草而居，迁徙可以如意。古代把游牧民族所建设的国家叫做“行国”，就因为这个道理。可是农业的经济生活便不同了，他的唯一根据就是土地，没有土地，简直就没有农业。故农民的最重要的问题，当然就是这个土地问题。

根据国民党中央执行委员会农民部所颁布的《农民协会章程》，可称为农民的，大概有下列的五种：

一、自耕农；

二、半自耕农；

三、佃农；

四、雇农；

五、农村中手工业者及在农村中为体力劳动者。

这五种农民，除掉自耕农一种之外，大概都是没有土地可耕或耕别人土地的。根据武汉中央土地委员会今年春间所发表的《中国土地的调查》，列表如次：

全国农户（地主在内）	六五，〇〇〇，〇〇〇
农民人口（每户平均以六口计算）	三三六，〇〇〇，〇〇〇

再把这三万三千六百万农民详细分析起来，有下列的几种：

有地的农民（自一亩起以至大地主）	一五〇，〇〇〇，〇〇〇
无地的雇农	三〇，〇〇〇，〇〇〇
游民兵匪等	二〇，〇〇〇，〇〇〇
佃农	一三六，〇〇〇，〇〇〇
总计	三三六，〇〇〇，〇〇〇

从这个表上看起来，有土地的农民一万五千万，约占农民总数百分之四十五；无土地雇农、佃农及游民兵匪等，合计一万八千六百万，约占农民总数百分之五十五。有地的农民之中，也有极贫极富的差别，可再详细分列如下：

有地农民的种类	人数	地亩
贫农（一亩至十亩）	百分之四十四	百分之六
中农（十亩至三十亩）	百分之二十四	百分之十三
富农（三十亩至五十亩）	百分之十六	百分之十七
小中地主（五十亩至百亩）	百分之九	百分之十九
大地主（百亩以上）	百分之五	百分之四十三

这个表中，富农、小中地主、大地主三项，人数只占有地农民中百分之三十，可是所有的地亩却占全国可耕的土地总数中百分之七十九。

从这个地方可以看出土地集中于少数人手中的情形。除中农对于土地的要求或不致十分的紧迫之外，至于有地而地甚少的贫农、无地的雇农及游民兵匪等，皆一齐被排挤在无地可耕之列了。有地而地甚少的贫农占农民人数百分之二十，无地的雇农、佃农及游民兵匪等占农民人数百分之五十五。照这样说来，每一百个农民之中，总共有七十五人是必须要求土地的了。换句话说，三万三千六百万农民之中，总共有二万五千二百多万人非得到土地便无地可耕了。我们根据中央土地委员会这个调查表（当然仍有不实不尽处）可以看出两种情形：（一）全国可耕的土地合计有百分之七十九集中在少数人手中，（二）全国有耕种能力的农民合计有百分之七十五都必须要求耕地。这就是中国国民党所以要主张平均地权的原因。

二、平均地权的步骤

国民党认定："土地本由天赋，而以养人，天下为公，不应专属。"（《革命政府对于农民运动第二次宣言》）根据这个根本主张，便想推翻大地主，以为少数地主独占去由于天赋不应专属的土地，就是造成经济组织不平等的原因。所以说："酿成经济组织之不平均者，莫大于土地之为少数人所操纵。"（《第一次全国代表大会宣言》）他认为最好的制度是："农民欲求土地之使用，莫善于自为地主，而自力耕耘。"（《革命政府对于农民运动第二次宣言》）故国民党的主张，就是对于"农民之缺乏田地沦为佃户者，国家当给以土地，资其耕作"（《第一次全国代表大会宣言》）。这就叫做"耕者有其田"。

由此可见，国民党目前并不主张土地国有制。他只想推翻少数操纵土地的大地主，并不是把私人的土地所有权变成国家的土地所有权，只想叫耕者有其田，并不是叫农民在国有土地制下，通同去耕国家的田。既然想让耕者有其田，便不是从根本上取消土地的私有权，只不过是推翻大地主的土地独占权。这就是中国国民党与欧洲各派社会主义对于所有权的主张不同的地方。欧洲的工团主义、集产主义、无政府主义目的都在废除私有权，但是集产主义用国家公有来代替私有权，无政府主义用无人所有来代替私有权——根本取消所有权，工团主义用有组织的工团共有来代替私有权。国民党的目的“要把社会上的财源弄到平均”，故目的既不是根本取消土地所有权，又不是把土地私有权变成国家公有权或团体公有权，只想把不劳而获的大地主的土地独占权停止，好让自食其力的农民“自为地主”。故只是使土地所有权平均，不是使土地所有权消灭。

各国由土地私有变成土地公有的办法大概不外两种：用革命的办法，就是全部的没收；用和平的办法，就是一部的征收。国民党目前一不采用土地国有制，二不废除土地私有权，故他的着眼点全在这一个“均”字上，当然用不着全部没收的办法，只用一部征收的办法了。中山先生“所主张的共产，是共将来不是共现在”（《民生主义》），所以主张用和平的办法。除掉地主不尽纳税的义务，可以把他的田地拿来充公之外，大概只用和平的逐渐征收一个办法。

国民党和平的、渐进的办法，就是：“由国家规定《土地法》《土地使用法》《土地征收法》及《地价税法》。私人所有土地由地主估价呈报政府，国家就价征税，并于必要时依价收买之。”（《第一次全国代表大会宣言》）中山先生以为这是最妥当的办法，他说：“地价……由地主自己去定。地主如果以多报少，他一定怕政府要照价收买，吃地价的亏。如果以少报多，他又怕政府要照价抽税，吃重税的亏。在利害两方面互相比较，他一定不情愿多报，也不情愿少报，要定一个折中的价值，把实在的市价报告到政府。地主既是报折中的市价，那么，政府和地主自然两不吃亏。”（《民生主义》）故国民党的平均地权的步骤是和平的、渐进的、折中的办法，并不用快刀斩乱麻的手段，一旦把全国的土地一律宣布为国有。

国民党想由土地的买卖得到调剂贫富的目的，国家买来土地做什么？就是分给那“农民之缺乏田地沦为佃户者”及无地可耕者，使他们“自为地主”“自力耕耘”，慢慢儿达到“耕者有其田”的目的。这种办法，当然不像俄国行土地国有制的简单，可以用一个命令办到。关于征收土地的立法，当然是国民党许多建设问题中一个极重要的建设问题。现在为供给将来立法上的参考起见，姑且把爱尔兰的自耕农地买收法、英国的小农地买收法及丹麦的小农地买收法等等立法上的目的、方法和利害略微叙述一下，以供将来立法的参考。

三、爱尔兰的自耕农地买收法

爱尔兰的农业状况和农民的境遇都是很不好的，因为不好，所以才想方设法去改革。他的改革政策，目的在造成自耕农。怎么才能造成自耕农呢？最重要的一点，就在使农民得到买收农地的机会和便利。他的方法是政府依土地买收法把土地买收来，农民可用分年偿还地价的方法买去自行耕种。这就是爱尔兰创设自耕农制的目的。

爱尔兰在一八六九年、一八七〇年及一八八一年，就发布有些关于土地问题的条例，但是都没有发生很大的效果。比较重要的是一九〇三年的《新土地法》及一九〇九年的《改正土地法》。

一九〇三年的《新土地法》叫做《文顿法》，是国务总理文顿（George Windham）所提出来的议案。自一八六九年以后到一八九一年，土地的条例经过许多次修改。大概买地人分年所偿还的地价是百分之五，后来减少为百分之四，偿还的年数先定为三十二年，后改为三十五年，最后延长到四十九年。到了一九〇三年，《新土地法》上所规定的偿还地价年数为六十八年，每年偿还利息百分之二又四分之三（2.75%），偿还本钱百分之二分之一（0.5%），政府把土地收买金定为一亿镑，把从前土地委员会合并起来，设“所有地委员”（Estates Commissioners）三名，为管理土地权转移的实行机关。地主和农民中间关于土地买卖的契约由这个会参与，地价的高低由这个会决定。对于卖地的地主设下奖励的办法，在地价以外，还给予一成二分的奖励金。凡是土地买卖都用现金交易，不像从前用公债券作地价。这就是一九〇三年的《新土地法》的特点。

依照一九〇三年《新土地法》所创设起来的土地委员会，乃是专管土地问题的机关。关于土地所有权转移的程序、各地方过剩人口的处理、被逐出农民的招回等事，都归土地委员会管理。先规定法定的地价，凡土地的买卖都以这个法定地价做基础，不许故意抬高。土地委员会只做土地买卖的经手人，他在下列的三个地方行使管理土地转移的职权：（一）地主与农民直接买卖的地方，（二）土地委员会向地主买地卖给农民的地方，（三）土地委员会向土地裁判所买地卖给农民的地方。

在地主与农民直接买卖的地方，只许整卖，不许零碎贩卖。关于这件事的判定权在土地委员会，卖主不得土地委员会的判定，不得领取一成二分的奖励金。土地委员会在这个地方如果认为有调查的必要，可以依土地的法定种类，去调查那土地价格正当不正当。

在土地委员会向地主买地卖给农民的地方，土地委员会把土地的界限、土地的法的关系、土地的价格一一调查。关于土地的价格的调查，比较在地主与农民直接买卖的地方更能自由些。如果卖主与买主之间先有关于价格的协定，那么，土地委员会便可以根据他们所协定的价格加以审定。地价审定之后，如果得地主的同意，那么，土地委员会便可以征求农民的意见，问他愿不愿照审定的价格买去。如果要买土地的农民有同意的，土地委员会便同地主定约，等到登广告两个月后，没有异议发生，然后才交地价，完成买卖的行为。土地委员会对于已经买到手的土地便有完全的处理权，可以按照国内移民的计划卖给农民。

在土地委员会向土地裁判所买地卖给农民的地方，就是因为地主负债过多，把他的土地移归"土地裁判所"（Landed Estates Court）管理。在这个地方的一切程序和前两个地方大概相同。

凡按照前三个方法而买得土地的农民，权利上有一定的限制，就是买主当分年偿还地价的义务未完了的时候，不得土地委员会的许可，不得把土地分割或把土地佃给他人。就是在承继的时候，也不许分割。如果到万不得不分割的时候，土地委员会得要求归一个人承买。再如果用该地做抵押去借债，亦不得借那超过分年偿还地价的数额十倍以上的债，并须在三个月以内登记，方认为有效。

一九〇三年的《新土地法》很想特别奖励那出卖土地的地主，这是这个土地法的特点，可是同时也是这个土地法的致命伤。因为奖励金由国家担负，土地的买卖越多，国库的担负越重，因此便难永久支持下去。而且因买收土地的结果，由国库垫出的地价，要一笔交付于地主，至于卖给农民，每年仅收回百分之二又四分之三的利息及百分之二分之一的本钱，时期又要经过六十八年之久，当然是入不敷出了。既然要国库担负垫付的地价，那么，国库当然只有发行公债一个办法。所以这个土地法上规定，付给地主卖价的资金，由国家令英格兰银行及爱尔兰银行发行利息二又四分之三的公债，等到三十年后（一九三三年），国家照券面定额偿还。此项公债最初只能照八七折出卖，每百元的债券仅能卖得八十七元。国家付出的利息要照券面定价计算，国家收入的利息只照卖出实价计算。因此，每百元的公债只能收入二·三九二五利息进来，却要付出二·七五利息出去，故每百元公债，利息上就要吃〇·三五七五的亏。本钱的偿还也是一样的赔累。此外，关于分年偿还本利，更发生迟缴或不缴等弊病。这就是买收土地最大困难的一点。

一九〇三年的《新土地法》关于土地委员会的规定很有特色，至关于财政的计划却太空疏。因此，便使财政上的困难足以妨碍全盘计划的实施，故行到一九〇九年，便不得不再行修改了。一九〇九年的《改正土地法》当然是以一九〇三年的《文顿法》做基础的，所修正的地方大概都是救济《文顿法》的缺点的。最重要的修改计有两点：一是减少奖励金，一是行强制买收制。

减少奖励金乃是救济财政上困难的一个办法。一九〇三年的《新土地法》中，规定奖励金的额数以一千二百万镑为限，故实行到五年以后，便不得不从一成二分降到三分。一九〇九年的《改正土地法》，把从前奖励金的比例一律废止，将地价定为极高、极低两个限度，惟对于情愿以低价出卖土地的地主才给与较多的奖励金，地价与奖励金为反比例，地价越低，奖励金越高，地价高到一定限度，便不给奖励金。经过这一次修改，出卖土地的数目便立刻减少了。

关于强制买收的一点，可算是改正法最值得我们注意的地方。他的规定就是，在农民与地主对于一定的土地买卖不能成交的时候，土地委员会对于地主有致送最后通牒的权力。最后通牒上把土地的价格定明，地主如果遵照这个价格出卖，便同自由买卖一样看待，地主只可以提出用现金交付地价的请求，如果地主不肯依照这个价格出卖，那么，土地委员会便可以实行他的强制买收权。地主如果不服，得用附近有同样的土地可以自由契约买收为理由，向裁判委员会提出抗议，或对于买收的价格提出异议。因此，土地委员会当决定地价的时候，又必得要顾虑到土地的实在价格，不得任意决定。这就是一九〇九年爱尔兰《改正土地法》的概略。

四、英国的小农地买收法

英国自中古的庄园制度（Manorial System）崩坏之后，到了十九世纪，土地渐渐集中，造成大农的组织，因此便有提倡自耕农制及普及小农地制的必要。英国实行小农地法虽然很早，但是行之最有功效，在历史上开辟一个新纪元的，要算是自一九〇八年到一九一九年的小农地法了。一八九二年的小农地法可算是一九〇八年的小农地法的基础，故在此处不得不先述一述一八九二年的小农地法的大要。

一八九二年的小农地法，使地方自治团体买收土地，分划出来，改成十英亩以下的小农地卖给农民。地方自治团体可向金融委员会去借资金作买收土地之用。但是买收的方法到底是采取自由契约制或采取强制买收制呢，这是那时争论最激烈的一个问题。可是讨论的结果，竟不承认强制买收制为可以实行，所以这个小农地法终归失败。

因为这个小农地法行了十五六年，仍旧没有好效果，所以才有自一九〇八年到一九一九年改正的小农地法出来。这个改正的小农地法，比较上把不能实行的困难除去很多，因此便把小农地事业殖下很完备的基础。这个改正法中，首先规定什么是小农地，就是说一英亩以上至五十英亩以下的小耕地；如果超过五十英亩，那么，必须在买卖的时候或在租借的时候为收所得税而定的年价额不超过五十镑以上的小耕地，才可以叫做小农地。

怎么造成这样小农地呢？就是使地方自治团体如县会（County Council）之类，把适当的耕地买来或租来，划成小农地，好卖给或租给自行耕种的农民（第七条）。所谓“耕种”两个字，可作广义的解释，包含园艺及饲养家畜、蜜蜂等在内。为办理小农地的事项，由县会设下小农地及分租地的委员，这些委员或全体为县会的议员，或一部分为县会的议员。要是一部分为县会的议员，那么，由议员充任委员的人数必须过半数。这个委员会就是为实行小农地及分租地而设，负实行上的一切权利和义务（第五十条）。

县会为买收小农地，不管在本县内外，凡有适当的农地，都可以用契约的方法去买来或租来。如果不能以自由契约买来或租来适当的农地，便可行使强制收用权（第七条）。但是凡由强制方法收来的土地，只许租给农民，不许卖给农民。这一点是要特别注意的。

县会在租买到土地之后，对于该农地便有管理上的全权。在该农地卖出或租出以前，可以在地上盖房屋或造其他建筑物，如果原有的一切建筑物破坏了，便可以修缮，如果土地不好，便可以改良。将来这块土地卖出或租出的时候，得到最高地价或租金，可以供给个人或在产业组合的团结下的各人之用（一九一九年法第十一条及第十二条）。

要买小农地的农民，必须先拿出地价五分之一以上，经县会的认可，可以令该农地负担地价百分之四以下的金额，作为永久的地租。如果地价没有付清，县会可以使买主在五十年或六十年内分年偿还（一九〇八年法第十一条）。再如果只把小农地租给农民，那么，占有这块小农地的人，过了六年期间以后，随时可以照时价收买。如果该地因租者改良的结果，卖价比从前的买价高，那么，租者买的时候，便可以请求把高出的地价除去一部分。县会如果不得到主管的最高机关的许可，不得拒绝这样的请求（一九一九年法第十二条）。

无论是买小农地的，或租小农地的，在二十年内，必须要服从一定的限制。什么限制呢？就是不得到县会的允许，不得分割，不得出卖，不得租借。对于耕地，不得作农业以外的目的使用。一块土地上不得建筑一个以上的住宅。在这地上的屋内，不得贩卖麻醉性的饮料。如果所有者死亡，由他的后人承继，也不许分割。县会得于十二个月内要求归并于一个人，不然则县会可以自行出卖（一九〇八年法第十二条）。如果要把土地作为非农业的使用，必定再经过一次买卖的手续（一九〇八年法第十五条）。

照前面所说的，县会只在用合意的契约买不到土地的时候，才有强制收用的权力。但是所收来的土地，只可租借，不得出卖。强制租借的时期，自十四年到三十五年。到了期满的前一年以上、二年以内，向地主通告，重新再定契约（一九〇八年法第四十四条）。如果地主因造屋、开矿等事，要在那强制收去的土地上修道路，从十二个月前通知，得主管部的认可，得以回复所有权（第四十六条）。在租借期间终了的时候，租借人对于土地上所施的改良成绩，如果树及其他植物等，尚有两年以上的收获权。关于别的改良，得向县会请求赔偿。如果县会曾禁止租借人关于某种改良，便没有请求赔偿的权利。这是英国自一九〇八年到一九一九年关于小农地立法的概要。

五、丹麦的小农地买收法

丹麦是一个农业国，在农业上为欧洲各国中最有特色的国家。对于无地的农民，老早就想使他们成为自耕农的小农，各种设施，都比别的国家早些。当十八世纪下半期，曾制定许多计划，想把自耕的小农制建设起来，但是因为没有多大的效果，所以一时停顿下去。直到十九世纪末期，尤其是一八八〇年，农民离村的趋势逐渐显明，以致各地方农业劳动者非常的缺乏，因此，便想创设自耕的小农地制，来挽回那想离村的农民。一八九九年颁布关于小农地建设的法律，经一九〇四年及一九〇九年的改正，逐渐进步。到了一九一七年及一九一九年，又定下几种新的法律，至今还在逐渐修正之中。

一九〇九年的法律，规定各府县设立委员会，使他管理关于创设小农地的事务。这个委员会以三个委员组织之，一名由农政部任命，二名由各该地方团体或乡村会的代表选举。委员的任期六年，所须要的费用由国库担负。

凡享受这个法律所规定的利益者必须合规定的资格。规定的资格："男子或未婚的女子，不问他是卖长工或卖日工（包括为他人做园艺事业在内），凡依普通的农业劳动而得到自己的生活费者，及占有或曾占有与本法所定的同一面积之农地者，皆有受本法的利益的权利。"（第二条）但是资格虽合，不见得就有请求得到农地的权利，凡可以请求者，又必定要合下列的条件：（一）须为本国人，或得有归化的权利者；（二）须满二十五岁以上，但以不超过五十岁为原则；（三）须满十八岁以后至少须做过四年的农业劳动藉谋自己的衣食者；（四）须由熟知本人的有信用之二人提出证明书；（五）欲得到小农地的本人，须有本法所规定的财产。此外，还要是未受过教区的公共赈济及未犯罪者。必须这样，才有提出请求农地的权利（第三条）。

凡选择小农地者，须经乡村会向府县委员会的委员长提出请求书。这个请求书中，须载明小农地的概样、面积、位置、购买价格等项，如果请求者尚没有家宅，又必要载明建筑家宅的计划及建筑费的额数。欲得小农地的价格，必在六千五百"克罗来"以下，就是在价格特别高的地方，也不得超过八千"克罗来"。对于金额有这样严格的限制，故常常因地价变动而时时变更。

凡不能与地主用合意的契约买得土地的人，得向乡村会提出请求书。乡村会在这个地方，必须尽力寻求土地，如果寻求不到适当的土地，便可把乡村内公有的土地向官厅交涉卖给他。地价的一部分可用分年偿还的方法（第六条）。丹麦买收土地法的特点，就在乡村会只能从中斡旋，不能强制购买。

如果私人之间可用合意的契约买到土地，那么，买地者便可请求府县委员会借贷地价。受理请求书的委员会，对于请求的人色、农地的面积、价格及其他各条件具备与否，一一审查，然后决定准驳。无论准与不准，皆一律通知，不准的时候，并通知所以不准的理由（第八条）。

委员会如果准如所请，请求者便有向国库借贷地价的资格，国库可以借给他合地价十分之九的现金替他交付地价（第九条）。丹麦借给买主的地价金竟多到十分之九，比较别国自然是宽大极了。别国为农民买耕地，大概是四分之一的地价由买主自备，丹麦却只要买主自备十分之一的地价。究竟这两个方法那一个好，却很难说。因为借贷的金额太大，买主固然有容易得到土地的机会，可是分年偿还的额数随之增加，买主亦因而有担负不起的忧虑。

丹麦一九〇九年的法律，本没有多大的特色，例如府县委员会没有自行买收土地卖给或租给农民的权能，对于地价的决定也没有积极的决定权。他所管的事务，就是受那想买土地者的请求，决定借贷资金的准驳，调查地价、面积及其他条件是否具备等事。关于买来的土地的管理状况有实地监督权。他的主要职务，不过这样罢了。如果买主与卖主之间不能成立合意的契约，买不到适当的土地，那么，乡村会只能居中斡旋，不能强制执行。国库借给小农地的资金数额太少，往往不能满足农民的需要。这都是一九〇九年的法律的缺点。

一九一七年的法律仍以一九〇九年的法律做基础，没有多大的改正。例如地价的限制，从前的规定，在地价不高的时候，不得超过六千五百“克罗来”，在地价高涨的时候，不得超过八千“克罗来”，现在改为一万及一万二千“克罗来”（第七条）。借出资金的利息，从前年三分，现在改为年四分。分年还本的比例，从前年四分，现在改为年五分（第十条）。关于小农地借出资金的总额，定为从四百万到五百万“克罗来”（第十一条）。

一九一九年颁布的几种法律比较重要，计有关于出卖小教区地与卖日工的农民的法律，关于公有地出卖条件的法律，把世袭地变为自由地的法律。

关于出卖小教区地的法律，第一条的规定："属于小教区的土地，他的性质及位置如和农业相适宜，便可依本法的规定，照他的可能性的多寡，收用为卖日工农民的耕地。只利用这个土地去建设住宅或菜园者，亦得以同一条件收用之。"关于出卖公有地条件的法律，第一条所规定的："公有地的土地性质及位置得为耕地者，可依本法所规定之条件出卖之。该地如可供盖房屋、设菜园之用，亦得以同一条件出卖。"第二条："该地在可能的限度内须分划出来，改作不藉他人助力而能养活一家人口的面积之小农地。"把世袭地变为自由地的法律，也是为达到建设小农地的目的。把贵族所占有的大农地变卖出来，改为小农地，既可除去大地主的弊害，又可以除去土地集中与土地荒废的弊害。这是一九一九年几种新法律的概要。

六、结　论

以上所述的各国——爱尔兰、英国、丹麦——的自耕农地或小农地的法律，都与我国平均地权的宗旨相合，都可以作我们将来关于土地的立法的参考。故特别提出大概，以供将来立法家的采择，我个人并未参加意见，不过略为介绍罢了。

我个人的意见，以为土地法中，有几个重要问题，不能不先提出研究：（一）收买土地的资金问题；（二）收买土地的机关问题；（三）收买土地的方法问题。

（一）收买土地的资金问题。爱、英、丹三国土地法行了多年，没有发生多大的效果，并且有停顿的样子，最大的难关就在这个收买的资金问题上边。用无偿的没收方法，只消下一道命令，像苏俄在一九一七年十月二十六日深夜之中，发布一纸《关于土地的命令》，把"地主的土地所有权，不用何等补偿，尽行废弃"，倒不发生什么资金的问题。如果用有偿的买收方法，那就不能这样简单了。最近日本有人调查全国的土地，照普通市价收买，计若干万万，即发行若干万万公债券充作收买的资金，在三十年内将佃户从前缴纳地主的地租通同收来，作为该公债还利还本之用，预算在三十年内，可以还清。但是中国土地比日本已经多许多倍，而公债在中国的信用又不见高，爱尔兰因公债低落，国家尚担负不起，终于将建设自耕农制的计划无形的停止，何况在财政紊乱的中国呢？就是只收买一部分土地，财政上已经毫无把握，何况收买全国的土地呢？如果尽量的在增加收入方面设想，那么用国家资金买地的农民，必定感觉担负上的痛苦，结果与佃农仍是一样。就中国目前的现状说，只有救急两个办法：（一）减租；（二）对于大地主收累进税，将来把这累进税的全部及地价税的全部划分出来，作为收买土地的资金的担保品。似乎不必开始就发行公债去买收，把爱尔兰那样的失败重演一遍；但是，百分之七十五的无地农民又怎能久待呢？

（二）收买土地的机关问题。收买土地与管理土地的机关，当然同各国一样，要设立土地委员会。可是按照中国现在的情形，乡村自治机关不曾建设，农民自治的经验完全没有，单靠政府的力量去办，无论贪官污吏不能绝迹，就是没有贪官污吏，而各处土地的情况与东佃的关系千差万别，统一的法令当然不能实施。故在平均地权之先，必须养成农村自治的习惯，而调查户口与丈量土地等等，又必已有眉目，始可实行。若目前单设下一个土地委员会，必将一事莫办。

（三）收买土地的方法问题。英国的在先不采用强制买收的方法，故小农地法终归失败；丹麦的乡村会，对于地主只能尽从中斡旋之力，不能强制买收，故亦无成绩可睹。故收买土地的方法，除强制外，都是空的。故爱尔兰的土地委员会对于地主有送致最后通牒的权力，英国的县会在农民用合意的契约买不到土地的时候，即有强制收用的权力，都是我们将来立法所最要注意的地方。

总而言之，土地不是人造的物品，从原则上说起来，就该“不应专属”。欧洲的经济学者老早就承认土地公有的原则，故土地国有的理论并不是社会主义者的发明。苏俄的《关于土地的基本法》第二条上的规定：

“今后土地不须何等——公然的或秘密的——代价，委给自己勤劳的全体人民使用。”这个规定，就是不把“本由天赋”的土地认为所有的物体，只把他认为利用的物体。苏俄《农业法典》上所规定的私人对于土地的利用权，他的效果几乎与所有权相近。故土地的利用权乃是今后土地法上一个最重要的问题了。关于苏俄的《农业法典》当再作专篇介绍，本篇暂不细述。

中国全国版图内，只有百分之十五是已经耕种的土地，东南沿海数省，每一亩地竟住至百人之多，因此地价及地租都增到最高的限度。故中国的农民对于土地的要求已经是十二万分的迫切了。马尔塞斯（Malthus）说的好，他说：

> 一个人生在一切东西都被别人占去的世界中，如果他不能从他的父亲正分当然的要求得到生活费，社会上再不要他的劳动力，那么，他便没有得到一点食物的权利，他在这个世界上只是多生的，“自然”的大宴会中，没有他的座位，并且要立刻执行自然的命令，叫他走开。（《人口论》）

这就是土地被少数大地主占去必然的结果。中山先生首先看到这一点，所以郑重的提出“平均地权”的政策，要使个个耕者都能各有其田。故实行平均地权这个政策，要算是国民党第一件要政了。

我们希望国民党在编制劳动法之外，再设立一个委员会，专门编制农业法典。因为国民党既认定中国今日尚在农业经济时代，认定中国之国民革命就是农业革命，认定农业生产占全生产百分之九十，农民人数占全人口百分之八十，并认定农民之中，有百分之七十五无地可耕，由此看来，这农民问题，是最大多数的人民中的最大问题了。故根据平均地权之原则来制定农业法典，实在是国民党中比什么政策都紧急的一个政策了。因为如此，所以聊作此篇，以备编制农业法典者的参考。

（原载《东方杂志》第25卷第1号）

反对议会制度的独裁制与委员制

（1928 年 1 月 25 日）

一、议会制度的缺点

十九世纪后半期，可以说是议会制度的黄金时代。其实，议会制度并不是什么完全无阙的制度，只不过是地广人众大国家采行民治政体的不得已的办法。他的本身固然有许多显然共见的利益，可是同时也有许多不可讳言的弊害。十九世纪下半期的学者，如密尔（J.S.Mill）、戴雪（A.V.Dicey）等都是拥护议会制度最力的人，他们提倡议会万能，他们提倡代议政体是真正的民治政体。现在且引密尔几句话如下：

> 代表的民治政体，不单是多数的代表，并且是全体人民的代表。在这种制度之下，就是被多数人压迫的利害和议论，也可以发表出来。如果议论的性质纯良，就是由于少数人提议，也有可以得到势力的机会。只有这种民治政体平等，只有这种民治政体不偏不党，只有这种民治政体是以全体统治全体的政体，这种民治政体是真正的形式。在平常所说的虚伪的民治政体，弊害虽然极大，可是在这种真正的民治政体，绝没有这种弊害。（《代议政体论》第七章）

密尔以为采用少数代表制的代议政体，是民治政体的极则，可想见他对于议会制度的推重。

但是无论学者们怎样赞扬议会制度，而议会制度的根本原理上的缺点，终久不可掩饰。现在随便举出数点如下：

(A) 议会制度的基础是建立在横断主义之上的。

一个社会中的各个人，他的知识、技能、职业、财产，总是不能一样的。主张议会制度者因此便不能不强不同以为同，强不等以为等。他们说：人的知识、技能、职业、财产虽各不相同，但是人格总是平等的，人的政治上的权利总是一样的。一个社会的政治，是社会公共的事务，这个公共的事务，必定要由社会全体人员决定。但是大社会的民众，以职业和知识论，不见得个个人都有参与决定的时间和能力，故不得不委托一部分人行使这个决定权。既然把这个决定权委托于一部分人，那么自然要承认这一部分人的意志，就是民众的意志了。其实，以一部分人的意志为全体民众的意志，这个论断，无论在理论上、在事实上，都可以证明出来不确实。而且委任的方式由于选举，所谓选举，便是一锅大杂烩，把智愚贤不肖杂合在一起。只能照人头计算，只能按地理分区。这样糊里糊涂选出一个人，便又糊里糊涂代表一切人，因此，便认定代议士是全体人民的平等的、普遍的代表，他所发表的意志便是全体人民的意志。这就是横断主义的议会制度的理论。

(B) 议会制度是服从多数的制度。

在初采行民治政体的时候，大家最注意的一点，就在各个人的自由。怎样才算是自由呢？不服从别人的意志，才算是自由。因为民治政体是由人民的普通意志产生出来的政府，故人民服从那由自己的意志造成的政府，便是服从自己，绝不是服从他人。但是各个人的自由意志，怎样能变成国民的普通意志（General Will）呢？唯一的方法，就是投票决定。照卢梭说：

> 所有的法律，都要得到市民的同意。就是对于处罚自己的法律，也要得到同意。国家所有组成员的不断的意志乃是普通意志，这个普通意志乃是使市民自由的媒介。市民在会议时提出法

律案，不是希望这个法律案得到承认或拒绝，是问一问这个法律案与普通意志相合不相合。各人由投票发表意见，投票的结果，表现出来普通意志。如果与我相反对的意见占多数，那么，只算是我自己错了，我从前认为普通意志，实在不是普通意志。（《民约论》第四卷第二章）

卢梭所说的真正民治政体，就是议会制度，而这种议会制度，考其实也不过是多数决的制度。所谓人人自由的国家，结果仍只有多数人的自由，没有少数人的自由；不但少数人不能自由，并且还要自己认错，承认反对我的意志是正当的意志。这样一来，人民到议会里去投票，只能算是去猜度国民的意志，不能算是去发表国民的意志了。不想这种猜谜式的投票论，居然变成议会制度中多数决的根本理论，又何怪现在举世都怀疑议会制度呢。

（C）议会制度的分区选举制度，是属地主义的制度。

各国选举代议士，为便利起见，多把全国分为若干选举区，而采用分区投票制。这种分区的标准，大概都采用属地主义，就是依照行政区域来划分选举区域。往时的社会生活，大半以土地为唯一的连锁，而且这种连锁的关系很深、很长久。不但农业生活与土地有重大的关系，就是工商业的生活，亦多附着在一定的地域之上。从前划分选举区域的人，全在土地上着眼，可算是很中肯綮的。可是现在的情形不同了。因为交通机关发达，人类生活的物质基础非常的扩大，土地同人类生活的关系多不确定，加以迁居频繁，与土地的附着关系日见减少。故土地的要素，已经不是我们今日生活的唯一的要素。例如同居在一条街上的住民，以知识论，有的精于专门学识，有的目不识丁；以职业论，有的为工场主人，有的为工场的劳动者；以财产论，有的富有千万，有的贫无立锥；以民族论，有的为满蒙人，有的为汉回人；以宗教论，有的信耶稣，有的信回教、佛教。从这样不同的人色中，想举出一位百能百巧的代表，那自然是必不可能的事了。而属地主义的分区选举制，偏以居住的土地为条件，强不同的利害以为同，这是无可讳言的。一个由杂色人等公选出来的代议士，要教他一个人去代表这杂色人等，当然不可能。结果只有在理论上抽象的说代表全国，而在事实上却只是一个都不代表，单代表他自己一个人了。所以现在的议会竟离开选民，成为空中楼阁，变成一般政客的玩把戏的戏场。

(D) 议会制度的代表是属人主义的代表制度。

欧洲中古的阶级代表固然是属人主义的，就是从阶级代表制变成国民代表制，也仍然是属人主义的。法国一七九一年的宪法上，用明文规定：议员不当做特别阶级的代表，只当做全国人民的代表。自此以后，都把代议士看作全体国民的代表。但是人是全能的，人生是多目的的。一个人不是生来就以某一种职能为限的，他有多种多样的职能。至于设立一个社会，必定有一个确定的目的或特殊的目的，为完成他的目的起见，必定要做一定的职务，故凡是社会都必定有一定的职能。如果想教一个人来代表一群职业各别的个人，无论如何，总是不可能的。但是用一个人来代表一种职业，或一种职业中一个团体，因为职业或团体都有确定的目的，自然很容易做到。故柯尔（G.D.H.Cole）说：

> 没有人可以代表别人，没有人的意志可以用别人的意志来代替或代表。（《社会学理》一〇三页）

又说：

> 真正的代表制，如同真正的团体一样，是特别的，不是普通的；是分职的，不是包办的；所代表的不是个人，乃是各团体的公共意旨。那种根据个人可以完全被人代表的见解而来的代议政体论是错误的学说，破坏个人的权利，扑灭社会的幸福。（同上，一〇六页）

由此看来，现在议会制度的代表制，乃是代表毫无组织的个人的本身，不是代表有组织的一群个人中间公共的某种特定的利益。选民一经过投票之后，便没有长存的团体，所以不能监督代表的政治活动。所以卢梭说："英国人民常常自以为自由，其实大错。因为他们只在选举议员的时候才能自由，已经选举之后，使变成议会的奴隶。"最近有许多学者主张职业代表制，想把代表个人意志的代表制，变成代表团体意志的代表制，就是洞见属人主义的代表制度的弊病。

议会制度除掉上述的几种根本错误之外，还有许多受人指摘的流弊，现在姑且把最通行的批评简单列举如下：

（一）议会往往不能代表真正的舆论，因为议员的任期，不是五年，便是四年，离选举的日期过远，故不能代表民众的真正感情和意见。

（二）议员的选举往往为特殊势力所左右，利诱威迫，都所不免，故不能代表真正民众的意见。

（三）议员的选举以政党为运动的主力，故往往便宜了党内的庸人。而一般品行高洁和思想独立的人，都不大愿意就政党的范围，所以不得当选。

（四）议员由政党指名，而政党的经费多得实业界的资助，故当选者往往重视物质的后援者或出资者的私意见，而漠视民众的真意见。

（五）议员图谋当选，往往一味阿附选举人，甚至于不择手段，用种种欺骗或诡辩的方法。

（六）议员为政客所独占，故往往以争权夺利为主，不把民众的利益放在心上。

（七）议员多注目在选举区的利益，而不注意到全体社会的利益。

（八）现在的议会多不能适合社会生活的实际状况。现代社会生活分成种种经济集团，在横断的国民主义之上立脚的议会，往往不能代表纵断的经济生活。

（九）为政客大本营的议会，事实上不得不变成野心家的集合所、辩论家的舌战场，而且人多嘴杂，责任不明。

（十）议会制度不过是资产阶级的假民治制度。类似这一类的批评，真是举不胜举。这些批评当然有当有不当，但无论怎样，总可以算是反对议会制度或不满意议会制度的呼声。

蒲来士（James Bryce）说："饶有政治兴趣的旅行家，如果要访问各国立法部如何运用，一般老年人必定异口同声的给你悲观的回答。他们的谈天，多说议会的言论比他们幼年时代格外恶劣，优秀人物不欢喜入议会，议事既不完全报告，又没有什么趣味，做议员的在社会上也没有什么名气。因为这些原因，所以不甚尊敬议会。"（《现代民治政体》第二卷）这一段话，大概可以表明欧美现代人对于议会制度的感情。

因为一般人心理，对于议会制度多表示反对或不满意，所以有许多理论，便异军特起的出来修正他。例如国民总投票制、职业代表制，都是纠正议会制度的缺点的。但这也不过是加以修正罢了，尚不主张根本废除他；主张根本废除他的，在苏俄有无产阶级独裁制与委员制，在意大利有行政独裁制。

二、苏俄的无产阶级独裁制与委员制

……

三、意大利的行政独裁制

意大利的法西斯底（Fascisti）主张把国家一初［切］的权力集中于行政部，使议会的地位降下，单成为行政部的咨询机关。这就叫做行政独裁制。

意大利的社会党，在欧战时期中，反对政府。战后，因意大利没有因战胜而得到利益，所以国内到处发见不满意于政府之声。又加以苏俄共产党的宣传势力，渐渐侵入意大利国土，一九一九年十一月十六日议会选举，社会党在众议院中竟得到一百五十六个议席，变成议会中第一党。地方自治机关的选举，社会党又得到二千五百个自治机关。这时的政府，如果不得社会党的援助，便不能保持他的地位。当社会党占胜利的时候，国内到处发见同盟罢工的举动，一九二〇年的夏天，米兰及北部各工业城市，更发见社会主义的工人占领工场的惊人之事。这时的政府，几乎一件事都不能做，眼见国内混乱的状况没有方法挽救。反响的结果，便发见抱国家主义的法西斯底。

法西斯底是一九一九年自一月到三月，以慕沙里尼为中心而造成的国家主义的团体。由在乡的军人、专门家、地主、学生等联合组成的团体，用军队式的训练，目的全在反共。他们以为为发扬意大利民族的精神，就是用暴力专制的手段，亦所不惜。这一派的活动自一九二〇年的秋天开始。这时，意大利的社会党分裂起来，右派反对左派的激烈政策，左派反对右派妥协的政策。内讧一起，政府无法维持，到了一九二一年，便把议会解散。这年五月十五日重行选举的结果，社会党占一百二十二个议席，共产党只占十六个议席。又加以法西斯底用武力压迫，把工业界中的共产党全行驱出。到一九二二年十月，法西斯底的集团屯驻罗马，慕沙里尼便在这个月的三十日得到政权。意大利的政权既从极端的左党之手，落到极端的右党之手，因而造成一种行政部独裁的政治。名义上是法西斯底一党独裁，而事实上却是他的首领慕沙里尼独裁。

慕沙里尼是鼓吹爱国主义的首领，以爱国主义做他们团体的基础。他们好像信仰马克维尼（Machiavelli）的权变主义，只问目的，不择手段，只要能成功，慷慨也罢，吝啬也罢，仁慈也罢，残忍也罢，诚信也罢，欺诈也罢，守约也罢，毁约也罢，是完全不计较的。因此，便主张用武力独裁制，而反对那十九世纪下半期所谓为民治政体的神髓的议会制度。

慕沙里尼以为议会是民众的玩具，是辩士的舌战之所，是乌合之众的会合之所。他虽然不主张废止议会，却主张降低议会的地位，使议会隶属于行政部，做行政部的咨询机关。这固然是慕沙里尼势力胜利的表现，但是也是意大利的议会失掉民众信仰的表现。因为意大利的议会及政治家老早就失掉民众的信仰，民众对于议会的冷嘲热骂到处皆是，反议会主义的运动因而发生，慕沙里尼不过是投机得中罢了。

慕沙里尼以为，解决劳资的问题，不能倚靠议会，只能倚靠他的爱国党。他于一九二六年三月二十六日在罗马召集的法西斯底七周年庆祝会席上说："敬告外国当权者诸君，如果诸君要想继续生存，便要先废止饶舌的议会制度，把所有的权力集中于行政部。如果诸君要想继续生存，便要撞着现世纪的重大问题——即资本与劳动的关系。这个问题，可以由我们法西斯底完全解决。我们是把资本与劳动放在共同目的之前——意大利民族的繁荣和伟大之前——去解决的。"他以发扬意大利民族的精神做旗号，来号召一般爱国的青年，以遂他的雄心。所以他在意大利，简直是舆论的制造者、民众势力的组织者、一般政策的作成者。这就是慕沙里尼式的行政独裁制。

四、独裁制与议会制是否绝对相反

政治制度的变迁，本是很难预言的，最近的将来，到底是独裁制的胜利，还是议会制的复兴，此刻当然不能预料。但是我们要知道，现在采行独裁制的国家，虽然对于独裁制称赞不已，可是他们却明白的或暗示的承认独裁制是过渡时期中的权宜办法，并不曾说这个制度是永久不可变更的制度。苏俄的列宁虽然反对议会制度，但是仍然保存代表制度，这代表制度乃是议会制度的神髓，议会制度不过是代表制度的形式。意大利虽然把议会的地位降低，却不曾根本废除议会制度，另外产生与议会制度极端相反的一种新制度。所以我们到现在，虽然一方面不能不承认议会制度有缺点，但是一方面对于议会制度却仍有相当的希望。

意大利的行政独裁制，完全是因人而设的制度。在政治史上，因人设制的成例甚多，然大都是人亡则政息了。慕沙里尼的生命或政治生命一旦断绝，这种制度能否维持下去，当然是一大疑问。……我们如果拿英国的议会政府制做标准，来讨论这一点，似乎也有办法得到的保证。因为英国人自己夸奖自己的内阁制，就首先举出立法行政打成一片这一点。他们所以不满意于美国所行的总统制，就因为总统制把行政与立法完全分开，行政部没有权力可以控制议会，议会亦没有权力可以操纵行政，所以异议一生，立法部迫而与行政部战，行政部亦迫而与立法部战，两两相持，毫无结果。至于内阁制，便是使行政与立法同力合作的制度，行政的阁员同时就是议会的议员，议会中的党魁同时也就是行政部的首领。内阁并不是别的关机，只是立法部举出来他们自己相信的委员，教他们组成行政部，来替自己执行议决案的。且看白芝浩（Bagehot）说：

> 内阁者何？一言以括之，则立法部本其相习相信之人，选以为一机关，使行其政、治其民者也。……内阁云者，必由立法部自操其选权，而政策必谐于部意，又为全部所信赖者也。质而言之，内阁者，特一富于缀系性之委员会也。譬如连字符（Hyphen），此会连立法部于行政部，譬如扣衣带，此会扣立法部于行政部。（英国宪法中的“内阁”篇）

照他这样说来，内阁制与委员制不过名称不同罢了，实际上内阁本身就是一个委员会，就是议会为执行自己的政策而选出的一个执行委员会。故立法部把议决案交给内阁去执行，事实上不啻自己去执行，而内阁所执行的议决案，也就是自己亲身参与所议决的议决案。照这样说来，列宁一般人所说的委员制的长处，议会政府制也老早就兼而有之了。

意大利的行政部的独裁制，乃是从前君主立宪政体下的常规，日本的宪法上至今还规定议会是天皇的咨询机关，不曾修改。故这种行政部的独裁制，只算是复古，并不是革新。照慕沙里尼的意思，这种独裁制是议会隶属在行政部之下，作行政部的咨询机关，与英国奉议会为一尊，把行政部隶属于议会之下，造成议会政府制，刚刚是相反。其实，英国的议会政府制，从一方面说，固然是议会控制内阁，可是从另一方面说，又是内阁控制议会。故从法律上说，行政部长官的任免权都由议会行使，行政部的一切行为要对于议会负责；但是从事实上说，内阁阁员都是议会里面多数党的首领，故凡在议会内的多数党的党魁，同时就是在内阁内的重要的阁员。党内一切政策的决定，重要首领的力量总比普通党员的力量大。现在一党的重要首领通同集中在内阁，议会中所有的党员大概都是普通党员。故就人的关系说，当然是内阁指挥议会了。再内阁为各党所必争之地，反对党总是想方设法的攻击当时的内阁，如果在议会中的本党党员不尽力拥护本党的内阁，那么，内阁便马上要塌台。故行内阁制的国家的议会，往往事实听命于内阁，就在英国，亦往往有内阁所提出的议案，讨论不曾完毕，即喊叫通过通过。由此看来，行政部控制议会，就是在议会政府制下，也是习见不鲜的事实了。

五、委员制与独裁制是否有连带关系

前面说过，意大利的行政独裁制是因人设制，故不能当作特殊的制度去研究。至于苏俄的委员制，便不同了。委员制其实并不与独裁制发生连带关系，故采用委员制的国家，不但无须同时采用独裁制，并且可以根本取消一切违反民治政体的精神的制度。因为委员制是采用极端合议制的精神的，所有委员，彼此都立在平等的地位之上，法律上的权限彼此都是一样的。故总统制与内阁制仍然脱不掉首领政治的痕迹，独有这个委员制，行政的职权不由一个首领行使，而由众人合组起来的合议团体行使，是合乎真正民治的精神的。

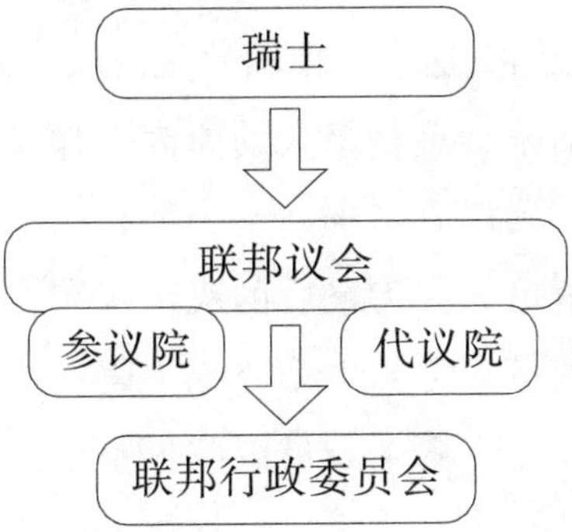

现在各国行使委员制最有效果的，要首推瑞士。瑞士的联邦行政委员会计有五个特点：（一）瑞士的联邦行政委员会每年由联邦议会就七个委员中选定一个委员为联邦总统，再选定一个委员为联邦副总统。但是这个总统与副总统，任期皆只有一年，并且不许连任。总统的职权，除掉对内为委员会的主席，对外代表委员会履行各种仪节而外，别的职权和其他委员一律平等。因此才能使合议制的精神贯彻到底。（二）联邦行政委员会中七个委员各主管一部，做一部的部长。但是各部部长不过预备各该部提交委员会的议案，及执行委员会对于各该部事务的决议，此外并没有什么单独的决定权。就是有单独的决定权，也只能以不关重要的事体为限，至于少微重要的事件，事实上总是由委员会开会决定。这也是贯彻合议制的精神的又一办法。（三）联邦行政委员会超越在党派的关系以上，委员的选择，绝不注意他是否为党派的首领。因为瑞士只想使这个委员会做不同的意见、不同的利益、不同的省分的中介体，并不想使这个委员会做一党一派的代表。故委员的人选，不但不为议会中多数党所独占，并且不因议会中党派的变迁而变迁。例如从一八七六年到一八八三年，自由党在议会中虽然变成少数党，但仍然在委员会中占有四个委员。（四）联邦行政委员会只是事务团体，不是发号施令、决定国家政策的机关。委员的选择，常常以行政上的经验及技能为主，故一般委员几几乎变成终身官，只要是愿意连任的，在习惯上总是继续当选。因此，常常有委员继续任职到二十年以上，并且有一个委员继续任职到三十年以上。（五）联邦行政委员会的各委员不负连带的责任，因亦不必要有一致的意见。这个习惯固然是由瑞士人民一半富于调和性、一半富于服从多数性而来，可是最大的原因，却在因为联邦议会握有最后的决定权。各委员一到议会之中，个个都有独立发表意见的机会，故往往各陈一说，互相辩论。因为最后的决定权在议会，所以各委员所发表的意见，只有供给议员参考的效力，绝不因通过与否而发生去留的问题。从一八四八年以来，有两个委员因政见不合而辞职，只有一个是和议会的意见冲突，那一个却是与国民总投票发生龃龉。由此可见，瑞士的行政委员会有五大特点，就是：（A）各委员职权一律平等；（B）各部重要事务由全体委员合议决定；（C）委员会的分子不为一党所独占；（D）委员会纯粹是事务团体；（E）各委员的意见，完全听受联邦议会的支配。

委员制的利弊近来有许多人讨论。说委员制有弊的，大概不出下列的三点：（一）欠缺敏活。因为委员会是合议制的机关，人选不良，便又变成多头政治的机关。而且一切重要的行政事务，必得要经过合议体的机关决定，自然很难得应付那非常的事变。所以罗马的康修尔制（Consul），不论那一个执政官的决定或行为，都可因别一个执政官的反抗而中止，故当变故发生时，必定要设下一个独裁官，去救济两头政治的缺失。（二）责任不明。因为一切行政政策都决定于地位完全平等的多数人，个人的雄才大略既不容易发展，而一种政策的成功或失败，也不容易识别到底是谁的责任。故真正雄才大略的人，或者不愿加入这种事事受人牵制的委员会，或者一旦加入一个跋扈的枭雄，如拿破仑之辈，便又尽使其余的委员成为附属品。（三）没有实力。因为每决定一种行政方略，既没有像美国式的总统，视为责无旁贷，又没有像英国式的总理，视为内阁的生死关头。如果在民治的素养不深的国家，少数人没有服从多数的习惯，或因少数委员消极的不合作或积极的破坏，那么，每种政策恐都不能贯彻到底了。因为有这几种弊病，所以有人断定：委员制在消极方面防止专制则有余，可是在积极方面奖励做事则不足。如果不能像瑞士降低委员会的地位，使他事事听命于议会，又不能像苏俄以一党执掌政权，使他事事仰承党的意志，那么，要冒然采用委员制，便一定利少而害多。

但是主张委员制的人也有充分的理由：第一，说委员制可以除去首领政治的弊害。因为委员制和内阁制有个显然共见之不同点，就是委员制是彻底的会议制，内阁制便仍不能脱去首领政治的色彩。一个人的才智，当然不能和集思广益的合议团体的才智相比，如果事权集中于一个人，这个人要不是全智全能，那么，行政事务便要因人而受害了。第二，说委员制可以免除专制的弊害。因为把政权委托多人，便不容易做出专擅的行为。大概专制的行为，出自一人独裁，便很容易；出自多数人合议，便很困难。故凡在人民心理怕惧专制政体最甚的时候，委员制便是一种对症下药的神方。第三，说委员制是适合民治精神的制度。因为在民治国家之下，官吏只是受人民委任的仆役，要想达到这个目的，当然不能教行政机关的官吏能和那代表人民全体的议会相对抗。委员制是把行政权附属在立法权之下的制度，只教他去执行人民代表的议决，不教他妄自尊大的独行独断。因为委员会有这几层利益，所以凡在洗涤专制余毒的国家，或在首创共和的时代，总宜采用这种行政合议制。

由此看来，委员制不但不是独裁制，并且是反对独裁、防止专制的。他的精神乃是彻底的民治精神，他的组织乃是彻底的合议组织。委员会的上头，必定要有委任他、监督他、命令他的高级机关，他是受命的机关，不是惟我独尊的机关。所以狄卜莱（Dupriez）说：在瑞士“各行政长官（委员）只有遵奉立法部的意志，他们没有选择别种方法的余地，他们只是好好的服从。如果既采用委员制，又教委员会去独立，使他同立法部相对抗，便与用委员制来防止专制的用意相矛盾了”。由此可以看出采用委员制的用意。故正规的委员制，将来一定要朝真正合议制这一条路上去。

（原载《东方杂志》第25卷第2号）

党治问题

（1930 年）

一

政法研究社要我来此演讲，引起大家研究学术的兴趣，是很好的事情。我的讲题是“党治问题”。现在大家都在研究学术的时代，都没有做党的工作，对党的切身关系比较浅薄，但若以为党治问题于自己没有关系，那便是错误的见解。其实，我们现在都在党治之下过政治生活，党治问题在我们生活当中实在是一个重要的问题，不过我们没有注意它就是了。我国党治已经行了两三年，固然多信仰它的人，但是亦不无怀疑它的人。此次国内战争，就是有人对党治怀疑的明证。现在我讲这个问题，就是要给大家在研究这个问题时做一种参考。党治是好是坏，非一天所能解决，现在我把世界各国的政治通例来叙述一下，看一看党治是否为国家所必不可免。

欲知党治是否适宜，须先明白政党的性质及所以发生政党的原因。现在我可以分四点来讲，即（一）政党发生的原因；（二）党的性质和作用；（三）无党的利害；（四）党治是否民治。

二

说明政党发生的原因的学者计有两派：一派以为政党的发生由于人类的心理上的好恶不同，这是唯心论者的主张。另一派以为政党的发生不关乎人类心理上的差别，乃关乎人类利害上的差别，是唯物论者的主张。我们从各国政党的地理的分界上，可以看出政党的所以发生是由于人类利害上的关系，并不是由于人类心理上的差别；可以证明唯物论者的主张是对的。就以英国为例，英国从前有自由保守两党，现在是劳动党代替了自由党的势力而和保守党对立起来。苏格兰和英格兰北部以及威而斯是自由党的区域（现在已渐渐变成劳动党的区域）。换句话说：就是在 Trent River 以北，十之八九是自由党和劳动党的区域，在此江以南差不多完全是保守党的区域。为什么如此？可以说完全是于经济的关系。因为北部既多山又多矿，于是许多地方都因为工业的关系使制造家企业家工厂工人矿产工人都集中于一处而变成大城市。此种大城市的发生，可以说完全是工业革命的结果。十八世纪工业革命以后，产生了新的生产方式，一切旧社会的制度此时都不适用，人民都要求新的生活和新的政治组织，于是自由党就不能不在政治上谋新的制度的创设。北方人民都抱着议会改革和解放奴隶等自由主义的思想，倾向民治政体。至于南方，是宜于农业的大平原，农业发展的区域大都是乡村，乡村中多农民，同时有大地主，海陆军人，及从海外经商归来的资本家。因为农业社会不需要改革而需要维持旧有的制度，所以他们反对自由主义的政策，反对民治政体的制度。简而言之，英国南部所以属于保守党，由于他是农业的社会；北部所以属于自由党和劳动党，由于他是工业的社会。英国政党的分界是如此，所以不能说这是心理上的差别，即使是心理上的关系，亦为经济的环境所造成。心理决不能营造经济的环境，而经济的环境却可以构造吾人的心理。可知党并不是“无所为”而起，一定要有那样的环境才产生那样的党；党之所以发生，完全是由于物质的环境的不同，所以党的发生的原因是独立于人类意志之外的；一个国家所以发生不同的政党，并不是思想上愿意这样的，却是物质的环境把它造成这样的。所以党的分野不是凭空的，是有基础的；不是唯心的，乃是唯物的。

三

次说到党的性质和作用。英美的学者主张政党政治，英国的学者勃雷斯（Bryce）说：政党有如汽车，其所以走的飞快，是因蒸气的发动。政党是一国政治的发动机，居政治发动的地位，是政治的原动力。美国学者古德诺（Goodnow）说：政党是现行制度下法律范围以外的机关。如无政党，不但许多政治事务办不了，而且许多宪法上的缺点亦不能补救。如以选举总统说，倘没有政党的指挥，人民的投票一定是杂乱无章。所以在二十年前他即提倡想把政党变成法定的机关。再各国所行的比例选举制也是为政党谋利益的，也是承认政党为法定的机关。可知政党是近代政治生活上一个很重要的机关。

照普通的解说，政党是集合许多人的意志，化不同而为同。由此解说，可知政党是集合许多人的意志变为一个团体的意志。所以政党是有三个作用。第一，政党是民意的制造场，英美也和东方一样，人民对政治向不开心，于是两大政党即因制造民意而互相竞争，天天鼓吹人民，使人民不知不觉会去参加政治，故不发生政治问题则已，若一发生政治问题，即可显然地看出赞成和反对的舆论，如大多数人都采取这一党的主张，这一党即能获得胜利。中国人认为党是分散人类意见的东西，这是错误的见解；其实，党是集合大同小异的意见为一个意见，党不是分歧意见而是集合意见的。所以党不仅是民意的制造所，而且是统一民意的机关。

第二，是当选民的司令官。欧美先进国的选民，也一样的不知道被选的人谁好谁坏，此种杂乱无章的意见，全赖党为之训练，为之组织。假使选举时没有党的指挥，使选民向一个方向进行，我想将没有一个国家的选举会达到一个合法的人数，选出一个中心的人物。所以选举必须要有党的指挥，如没有党选举是很困难的。

第三，党是政策的保障者。一个国家即使有某种政策，如无极大的团体来保障，这政策是依然不能行，必要有党集中了许多人的心思才力来保障国家采取一贯的政策，去监督政府非执行不可，如不执行即系违法。有人批评美国的创制权、复决权很不好，因为他是由全体人民的投票，全体人民不易受政党的指挥，各人表示各人的意见，没有整齐的步骤。一个政党在议会中是一贯的，通过法律案是一致的，决不会冲突。所以党是把国家各种政策整齐划一起来造成有系统的法案，即是说，党不仅保障政策之贯彻，而且保障政策之统一。

四

说到无党的利害，这不要搜集外国的事实，因为中国一部历史都是无党政治史。古人有云：“君子不党”“群而不党”。其实，“群”是构成国家的元素，“党”是构成政府的元素，主张“群而不党”的人，误以构成国家的元素当作构成政府的元素，早已是根本错误。但是中国人是否“群而不党”呢？我们在中国的历史上，可以找出许多党来，如东林党、牛僧孺党、王安石党等等。因为中国人对党是讳莫如深，所以只有秘密的党而无公开的党，只有私人的党而无主义的党，只有私党而无公党。故所谓“不党”，只是秘密结党，并不是无党。再看欧美国家，前几年美国参议院由一党包办，后来大家想废止党，一废止党，意见就分歧，致无纪律，无秩序。英国在欧战的时候，自由保守两党组织联合内阁，一致对外，联合内阁即是以不党相标榜，可是在议会中不但不能收不党之利，并且发现无党之害。再看希腊，因为无党，所以常有一种煽动家（流氓）起来强词夺理蒙蔽群众而操纵政治。再看一看中国，民国以来，要党的时候议会如何，不要党的时候议会又如何。自民国元年至民国十二年曹锟贿选时为止，中国的议会在这十二年中间，究竟是要党的时候好，还是不要党的时候好？民国元年，参议院中有四个党，即国民党、共和党、统一党和民主党。民国二年，正式国会成立，国民党革命成功，这时候国会中只有国民党和由共和、统一、民主三党结合而成的进步党，俨然成为欧美国家两党对立的形势。民五以后，在不要党的议会之下，党的数目反而加增，那时竟有政学会、益友社、丙辰俱乐部、民友社、平社、宪法研究会、宪政讨论会、大同均乐部、民彝社、宪友社、衡社、友仁社、潜园、尚友会、静庐十五党，前四党是由国民党蜕变而来，次三党是由进步党蜕变而来，后八党则全是新起的。到民十二年曹锟时代，那时是更不要党，但是议会中的党竟有政学系等三十五党[①]之多，最好笑的是以门牌的号数分党，如三号、七号、二百号、观音堂十号、顺城街三十三号，都是以各人住的门牌号数为党名。参众两院一共只八百人，众议院只五百多人。这五百多人要组成三十五个党，于是结果就有一人兼数党者，甚至一人成一党者。这是不党的结果、无党的结果。表面上是不党无党，实际上反造成小党分立的现象；而且，都是没有主义、没有政策的党。他们并不是以政治的主张做标准，而是以人做标准，以人之利害做标准，若要说他是党也不过是个人关系的私党而已。以上是说无党政治的弊害。

五

最后说到党治是否民治。我们先看一看欧美现行党治的国家是否即民治的国家。欧美各国的党治可以分成三种：（一）英美是两党对立的党治的国家；（二）法德是多党并立的党治国家；（三）意俄是一党专政的国家。英美是两党轮流执政，法德是多党混合执政，意俄是一党专政，党治的状态是如此。我们再看一看他们党治的方法。党治的方法是分不到三种，只能分到两种。先说英国，他虽然是行党治，但不是党拿

① 民十二时的三十五党，即政学系，褚寓□民宪同志会，新民社，浩园，全民社，果园，民治社，法治统一会，中国国民党，诚社，宪政社，政社，研究系，乐园，二百号，讨论系，匡庐，均社，三号，宪法协议会，宪友俱乐部，安福部，适庐，颐园，西河沿俱乐部，大中，明德学社，观音堂十号，广誉社，联社，顺城街三十三号，翠花街，俱乐部，七号等。

到政权。如劳动党执政，并不是劳动党的党部执政，只是以党员的资格送到议会中去将本党的意见贡献出来。这样，党的政策法律化，党是成为法外的团体，完全站在党员的背后指挥党员的行动。政府是劳动党的政府，政策是劳动党的政策，而法律却是以英国国家名义公布的法律，并不是以劳动党党部名义公布的法律。所以，在事实上英国是党治，在法律上英国是民治。再看俄国，也是如此。全俄苏维埃大会固然共产党占多数，但苏维埃不是共产党的下层组织。苏维埃的投票是人民的投票非共产党党员的投票。俄国所适用的法律，并不是党的政纲，乃是党的政纲变成国家的法律。所以，英俄党治的方法可说是相同。意大利就不然了。意大利只是慕沙里尼一个人的。且在意大利的历史上，向来只有私人的党而无主义的党。有谓意俄党治都是一党独裁，实在完全错误。因一人专政才能称独裁，至一党专政，党根本就是合议体的，绝不能叫做独裁。故只有一人独裁制，没有一党独裁制，也没有一阶级独裁制。意大利是一人独裁，是慕沙里尼一人独裁。最高评议会是意大利的最高机关，这最高评议会的议员都是由慕沙里尼一人所指派。慕沙里尼发表的意见，国会须一律尊重意大利的宪法须由慕沙里尼所指定的人修改。这样，慕沙里尼是在最高评议会之上，是在国家之上的国家——太上的国家。所以意大利所行的是独裁制，是人治而非党治。由此看来，可知在个人独裁之下是决不会有党治。

凡真正党治的国家必然是民治。君主政体是君有君治君享，贵族政体是贵族有贵族治贵族享，民治政体是民有民治民享。党是受人民委托的，所谓“民治”就是政府民有，利益归民享，而政治却由党治。所以我们可以说，要在民治政体之下才有党治，有党治才能造成民治。党治与民治实在互为因果的，没有民治的因就没党治的果；没有党治的因也就没有民治的果。我们看法国，到一七八九年革命成功以后召集国民会议讨论宪法时才有党发生。为什么法国的党不发生于路易十四时代而发生于国民会议开会之后？这是证明了在君主政治之下是无党治可言。再看英国，亦是于一六八八年革命之后才有民党和王党的发生（民党是自由党的前身，王党是保守党的前身）。同样的证明了有民治才有党治。所以党治和民治是相互为因相互为果的。党治是民治的方法，民治是党治的目的。党治和民治的关系是如此。党治最要的关键即党治的根本基础尤在党的本身组织与党得到政权维持政权的方法。所谓由党治而达到民治，这个“党”乃是“由下而上”的党，是“全体人民信任”的党，是“由全体人民用选举的方法选出来”的党。如果是“由上而下”的党，那就是个人的党。党的“根基”是在人民意志之上，不在政治权力之上。所以，党的“保障”应根本是人民的意志而不是政治的权力，党的“斗争”应在选举场上而以选举票为“斗争的武器”；党的“胜利”应由选举而来。必须这样，才是民治下的党治、党治下的民治。故我们所要求的是党治的民治和民治的党治。

朱建民、周汉彬纪录

（原载《法政周刊》第一卷第四期）

公民的直接罢免权

（1930 年 1 月）

罢免权（Recall）就是公民得到一定的法定人数，对于他们所认为失职的民选议员、官吏或法官，要求召集全体公民投票表决，在该议员、官吏或法官未满任以前，罢免他们官职的权利。这种制度从前大概多行使于联邦国的各邦及地方自治团体，而且行使的范围多以民选的议员、官吏或法官为限。所谓法定人数，大约占选民总数百分之十到百分之三十五，美国各部中以百分之二十五为最普通的数目。得到法定人数的署名，用极简单的普通书状（美国有的邦中规定不得过二百字），载明要求罢免的理由，请求公民投票表决。如果被要求罢免的官吏在该书状提出五日内不自行辞职，就可以召集公民全体投票，表决去留。如果通过，便重新选举官吏，来补充那被罢免的官吏未了的任期。罢免权的行使也有种种的限制，例如官吏任职不满一定时期（大概定为六个月），不得要求罢免；或对于同一官吏，不得在同一任期中，提出两次罢免的请求。

对于议员的罢免制大概有两种形式：（一）为适用于议员个人的罢免制；（二）为适用于议会全体的罢免制。第一种制度是承认在一个选举区中的选民，得到法定人数署名，对于本区的议员，得要求本区选民全体投票表决罢免他的职务，另选他人补充。美国各邦所采用的罢免制，大概多属于这一类。第二种制度是承认全国选民得到法定人数署名，对于议会全体，得要求全国选民投票表决解散议会。例如普鲁士宪法第十四条规定："邦议会之解散，由议会自行议决，或由内阁总理、邦议会议长及参议院议长所组织之委员会议决，或由国民表决之时行之。"这就

美国各邦关于罢免制度的略表

邦名	年	罢免的范围	请求人数
Oregon	1908	一切官吏	25%
California	1911	一切民选的官吏	12% 邦官吏、五郡地方官吏 20%
Arizona	1911 1912	民选的官吏	25%
Colorado	1912 1912	民选的官吏 撤销判决	25% 5%
Idaho	1912	不应用于法官	
Nevada	1912	一切官吏	25%
Washington	1912	除法官外	25% 35%
Michigan	1913	除法官外	25%
Kansas	1914	选举或任命的一切官吏	10% 15% 25%
Louisiana	1914	除法官外	25%

是由选民投票来解散国会。瑞士各邦中，老早就采用这种制度；而苏联对于一切苏维埃的代表，更完全采用这种制度。

对于行政官的罢免制，是本选举区内的选民，得到法定人数署名，对于民选的行政官吏，得要求召集本区选民投票表决罢免他的职权。这种制度在瑞士和美国各邦很多采用。因为民选的行政官吏与民选的议会议员性质相近，他们既然可以由人民选举而来，当然亦可以由人民罢免而去。美国各邦中，往往有对于民选的议员不用罢免制，而对于民选的行政官却用罢免制，甚至于有对于非民选的行政官也采用罢免制。德国宪法中并且将这种制度适用于中央最高官吏大总统，该宪法第四十三条规定："在总统任期未满时，由联邦下议院提议交国民投票决定，得令退职。"自下议院议决后，总统即停止行使职权，如果国民投票通不过罢免案，总统便算重新当选，而下议院便要立即解散。故德国的罢免制实含有两种意义：一是对于民选的行政元首的罢免，一是对于议会全体的罢免。可是人民行使罢免权的时候，只有决定罢免权，却没有要求罢免权，而要求罢免权只在议会。

对于法官的罢免制。是选民得到法定人数署名，对于民选的法官，得要求选民全体投票表决罢免他们的职务。美国有少数邦中采用这种制度。因为美国的法院有解释法律的权利，如果法官要根据宪法来否认公民所表决的普通法律，往往容易惹起公民的愤怒，故主张罢免制也适用于法官。但是民选的议员和官吏，他的性质本是选民多数的代表，故选民多数得以自己的意见去罢免他。至于法官，就是由选举而来，但无论怎样，性质上总不能认为是选民多数的代表。他既然不是选民多数的代表，所以不应当由选民多数的意见去罢免他。故罢免制适用于议员、官吏固然有许多利益，如果同时适用于法官，就不免妨害法庭的独立，因而生出种种弊窦。因此，美国各邦中，现在主张采用撤销判决制（Recall of Judicial Decisions）的，固然有人，可是主张采用罢免法官制的，却不很多见了。

罢免制如果单适用于议员和官吏，而不适用于法官，可以说是主权在民主义的彻底实现。因为议员和官吏既然由于民选，便是受人民的委托，如果被委托者违反民意，当然可以由委托者撤销委托的关系。现在选民团体一经投票即行解散，没有长期存在的机关行使对于被选者的监督权，乃是显然的缺点。罢免权为选民监督被选者的最后手段，此制一行，选民便不致如卢梭所说的“议会的奴隶”了。现在各国的现行制度大多只注意在议员和官吏的独立一方面，不大注意到议员和官吏与人民接近一方面。采用这种制度，至少可以使议员和官吏的行动与意见不敢显然违背民意。固然有人说，对于行政官吏采用直接罢免制，结果必定要使行政官吏畏首畏尾，不敢尽他的责任，因而使行政官的权力薄弱。但是在民治国家中，与其教行政官的权力因违反民意而强，倒不如教他因尊重民意而弱。又有人说，采用这种制度，一定要使爱惜毛羽、顾全名誉的政治家不愿为公众服务，而愿为公众服务者，便一定是不惜毛羽、不顾名誉之人。但是采用这种制度的目的，原在防止行政官贪赃枉法、舞弊营私。如果真正是爱惜毛羽、顾全名誉的政治家，便绝不会贪赃枉法、舞弊营私。既不会这样，那么，与其说他们因为采用罢免制而受辱，倒不如说他们因为采用罢免制而见荣。议会所行的弹劾制（Impeachment），是由人民的代表来弹劾行政官；选民所行的罢免制，是由人民自己来弹劾行政官。而且弹劾制只能适用于一定的官吏，不能适用于议员；只能适用于某几种犯罪的行为，不能适用于一切失职的行为。用罢免制来代替弹劾制，效用当然要较弹劾制更多了。故罢免制也同创制、复决制一样，现在已经是由理论进到实行的时期，并且有由地方推广到中央的倾向。

（原载《吴淞月刊》第4号）

专家政治

（1933 年 7 月）

政治这两个字，在一般人的眼光中，大都认为污秽不堪的。故以名士自命的人，多以不入政界为清高，不谈政事为风雅。一般高人逸士，多不愿与政治发生关系，宁肯逃避在政治圈外，寄情于山水之间。至于热心利禄之流，又大多不学无术，藉政治为营私舞弊之媒，终身耍政治，终身不知政治是什么东西。一言以蔽之，曰：政治非学识而已。

但是误解政治意义的，也不只是普通人，就是多数有名的学者也有错认政治意义的。我们用不着旁征博引，少微看看历代通行的学说，也就可以知道了。现在姑且略举一二为证：

（一）政治是权术。意大利的学者马克维尼（Machiavelli，一四六九——一五二七）就以为政治的动机完全在于自私自利。故做政治事业的人，无论用什么残忍欺诈阴谋诡计的方法，都可以。只要有成功的希望，慷慨也罢，吝啬也罢，仁慈也罢，残忍也罢，诚实也罢，欺伪也罢，立信也罢，失信也罢，都没有什么关系。凡道德、名誉、信用种种虚名，在政治上是一个钱不值的。由这一派人看起来，大概政治只是术，不是学。

（二）政治是权力。德国的柴西克（Treitschke，一八三四——一八九六）以为承认强力是国家最鲜明与最重要的特性，国家的强力就是最后的道德标准。国家在行使权力的时候，从道理上说，可以不顾私人的任何目的或利益。故政治对于人民，事实上能够支配他们到什么程度，就支配到什么程度，不管他们愿意不愿意，都应当要求他们服从。由这一派人看起来，政治只是力，不是学。

（三）政治是常识。平民政治是贵族政治与贤人政治的反动的结果。在贵族政治下，认定政治是特殊阀阅的事业；在贤人政治下，认定政治是优秀份子的事业。希腊的民治政体初兴，一方面反抗贵族政治，一方面又反对贤人政治，故选举用抽签的方法，不必用人的智识去选择。这就是说政治是平常的事，凡是平常的人，只要当签，就可以做政治的事。由这一派人看起来，政治只是常识，不是学识。

以上略引的几派，姑无论他们认定政治是术、是力，或是常识，然总不承认政治是学识。这些学说，不管他们在历史上有若何的价值、若何的效果，但是到了政治已经科学化的时代，总是不能适用了。从前是以人治人的时代，故政治可以用权术、权力去对付被治者；现在是以人治事的时代，故政治不能单靠权术、权力，反而要靠专门的知识与技术。因为政治要靠专门的知识与技术，故绝不是一般仅仅有常识而无特识的人所能胜任的。决定政策与建设政治是政治专家的事，而选任与信任这般决定政策与建设政治的政治专家才是一般人民的事。故希腊的亚里士多德（Aristotle）在那时便说：奏音乐要靠音乐专家，造鞋子要靠做鞋的工匠；至于一般外行，则只可以批评音乐的好听不好听、鞋子好看不好看，却不能自己动手去奏乐、做鞋的。这就是孙中山先生所说的："国民是主人，就是有权的人；政府是专门家，就是有能的人。"政府是一架大机器，政治家便是运用机器的技师。故今日的政治，就是专家的政治；今日的政治家，就是政治的技师；今日的政府，就是这般政治的技师运用机器做工的一个大工厂。故今日的政治家做事，既不能靠权术，又不能靠权力，更不能靠常识，所靠者只是"能"。能从何来，就是从学识中来的，就是从专门的或科学的知识中来的。

何以今日的政治，不能靠权术、权力与常识呢？因为今日的国家，所管辖者不单是人，多半是事。在十九世纪，个人主义派所说的国家权力范围，与今日已大不相同了。今日的国家，所管辖的范围，无一国不比个人主义派所主张的国家权力范围扩大；但是所扩大的，只是对事的管理权，并不是对人的管理权。从前的教育权不在国权的范围以内，今则教育行政权完全收归国家了；从前的铁道管理权不在国家的范围以内，今则铁道行政权完全收归国家了。此外如工业、矿山、电灯、电话、自来水、道路、桥梁、卫生等等，收归国营或收归国家监督者比比皆是。故今日国权之扩张，并不是国家治人权之扩张，乃是国家治事权之扩张，因此便不得不变更从前政治的界说。从前只说“政者正也，所以正人之不正也”，现在却说“政就是众人的事，治就是管理，管理众人的事，便是政治”。这就是因为从前的国家是治人的国家，故政治可靠权术、权力或常识；现在的国家是治事的国家，故政治要靠专门的学识或科学的知识。从前的政治家是有权的人，现在的政治家是有能的人。美国的彼尔德（Beard）说：现代政治如果用数学方法表示出来，可得一个公式如下：

$$\text{现代政治}=\frac{1}{10}\text{权力}+\frac{9}{10}\text{专门技术}$$

这就是因为从前官吏只负有指挥监督别人做事的职务，现在的官吏，除一部分专以指挥监督为事者外，尚有自行做事的职务。故今日文官之中，往往包括各种专门的技师或工程师在内。例如电灯厂、电报局、电话局、铁路局、制造局、卫生局、学校、医院，以及冶金、采矿、修路等事，都不是普通文官仅有法律知识或政治知识的所能做的。因此，国家的职务便不得不专门化，官吏的任务便不得不技术化了。这就是现代政治所以变成专家政治的最大原因。

现在姑且杂举几个例，证明政治专门化、技术化的趋向。先就各国的立法来说。法律的根据，自古至今已经有了三个变化：就是古代的法律以真理为根据，近代的法律以民意为根据，现在的法律则又以科学为根据。在法律以真理为根据的时代，立法是圣贤的事业，因为非圣贤不能知道真理为何物。故希腊的梭伦（Solon）和中国的周公、子产等，皆是那时所推重的立法家。这时法律是自上而下的，即所谓“圣人立法，愚者制焉”是也。近代民治民体一行，就把立法的事业从特殊的知识阶级手中转移到一般平民手中，故法律不一定要合乎真理，却一定要合乎民意。换句话说，就是法律不必以真理做根据，惟以意志做根据。而从真理主义的法律观，变到功利主义的法律观，故立法要以人民的利害为主，而不必以理义为主了。至于现代的法律，多以社会生活的事实为主。这种社会生活的事实的规律，非用科学的方法研究，往往不能得其准确的根据，故立法的事业，又渐渐的从那做人民代表的议员手中，转移到一般有专门研究的学者的手中了。美国的参议院有了十三个专门委员会，众议院有了四十二个专门委员会，凡关于特殊事业的立法，均由这些专门委员会分别审查讨论，普通的议员大都听从这些专门委员会的意见，而尊重他们的报告。至关于法律的起草，大概多委托一般深明法律和熟悉起草方法的专门学者，凡搜集立法的材料，整理立法的材料，和研究社会的、经济的、政治的各种实际情状，都要聘请一般专家做帮手。故美国各邦议会都有参考图书馆及法案起草局的设立，而议员聘请专门学者做顾问的也不在少数。这就可以证明立法是专家的事业，普通的立法家议员渐渐到了不能立法的地步了。故今日的真正立法家反不是那些代表人民的议员，乃是那些代表学术界的专家了。

再就各国行政来说，也是这样。现在的行政部中，大致可以分为行政与执行两项事务，行政是做那些指挥监督事务的，执行是做那些科学的或专门的事务的。苏俄的政治势力中心，固然集中在中央执行委员会，可是政治事业的中心，却集中在政府之下的各种专门委员会。凡关于农工各业的设计、建设、改造等等，皆是各种专门委员的工作。美国的总统府下，也设有各种专门的局所，负科学的或专门的工作的责任。姑就行政部中的军政一项来说，现代的战争，已经由人的战争变为科学的战争。战斗的能力早已不是兵士而是器械了。这些器械都是一般军事制造家或军事化学家所制造的，兵士不过是这般军事制造家或军事化学家之执行者罢了。故今日行政上之真正的执行者，并不是政治家；军事上之真正的战斗者，并不是军事家；只有这般具有专门的或科学的知识的人，才是真正的执行者和真正的战斗者。

再就司法说，也是这样。美国各部的法官多由民选，然他的弊病，就在只能得到普通的政客，很难得到真正的和纯粹的法律家。再进一步说，现在法官就是能够得到真正的和纯粹的法律家，也未必能够裁判。因为现在的裁判，不单靠法理上的知识，有许多地方反要靠科学上的知识了。例如证据的鉴定、法医的检查以及会计师的清算，等等，均为裁判上最重要的根据，而此类事件，绝不是只懂法律的法官所能胜任的。故今日司法上事实方面之真正的裁判者，并不是法官，而是具有特殊经验的或科学的专家了。

就上述的几个例来说，可以明白政治专门化、技术化的趋势。正因为政治专门化、技术化，所以使立法者不能立法，行政者不能执行，当兵者不能打仗，司法者不能裁判，而立法、执行、打仗、裁判等等，全都要依靠一般专门家或科学家。由此可见，政治绝不能单靠权术，绝不能单靠权力，更不能单靠常识，而要依靠专门的或科学的学识了。处今日的分功世界，人类只有一能，绝不能万能，凡自命万能者便是一无所能，自以为能包办一切者便是一事不办。故今日政治的标语是政治专门化、政治技术化。必得要能够以政治的技术造成技术的政治，然后才配称为政治家。

（原载《法政季刊》第1卷第1号）

中国思想家评介

章太炎自性及与学术人心之关系

（1915 年 5 月 10 日）

记者足下：

自章太炎先生以不逊之言忤当道，困顿京师，海内谈士，不字之曰乱人，即曰颠人。夫天下易一者形式，而最难一者精神。今举国心理，拱卫中央，歧议淆言，群焉息喙，于最难一者一之于数月之间。卓哉当道，吾何间然！

虽然，论太炎先生于今日，宜证其自性，不宜涉及世相。先生本不识世相者也，观想精微，高蹈太虚，世人莫测。以超越人界故，故余谓欲识先生，惟在证其自性之所诣与其及于国学之影响奚若而止。人世之视先生，亦犹先生之视人世。何则？性根殊绝，各不了知故。故关涉世相以论先生，则失之远矣。

先生之学，远窥佛秘，旁征百家。惟其修得者，犹未离名相相执之域。故于相、名、分别三事，执著转深。此三事者，佛家之贼，而学者之宝也。修佛者必并此三事而无之，乃造其极；修学者非藉此三事，断莫能折衷百说，籀其精萃，汇其旨归，以企独到。老氏所谓为学日益为道日损是矣。先生学者而非佛徒，故系心三事，颇牢固而不可拔。盖意根含藏于阿罗耶。执阿罗耶为我，动则人我、法我二执，应时而生，不待告教。先生于世人多有微言，其根源即自此起也。其超出人世百筹者，以奉唯心论为太上。其所论说，惟依自证及直觉而发。自心还证自心，非由外缘为助。故先生之视党人，亦如其视现政府焉。昔日如能附和党人，今日亦必附和当道。然自证己心，非由外界，谓之本无执性。执性且不可见，即不自从，奚有于从人？先生之议人，随议随忘，乃根其性所本有法，而不著世相者也。欲先生不议人也，必先扑灭先生之自性。然先生自性，非真人独具之奇，乃庸众共循之则。故欲扑灭先生之自性，非尽灭有性之人不为功。人性亡则乾坤息，乾坤一日存，则人性一日不灭。人性一日不灭，则先生之自性亦存。自性存，则自由言论之事，终不可无有。故欲杜先生之口，自积极者言之，则惟由人性行；自消极者言之，则惟毁此乾坤。否则别无良法已。

吾既以名、相、分别三事，为修学者之宝，斯先生与学术之关系，可得言矣。吾国昔贤言学，类皆各局于一宗。非惟域外真宗，未能融贯，即域内之旁支别派，亦未敢抉精索髓。道本无方，依宗则有方；道本无体，依宗则有体。若离于宗，则道无书藏。先生之学，不宗一派，所撰《国故论衡》《诸子学》九篇，及《齐物论释》七节，统儒、墨诸流，大、小二乘，而融之于一炉。其最能辟脱吾国学者数千年之恒蹊者，则在离教而唱学。吾国古学，所以优于诸宗者，以合教学为一途；然学之所以不进者亦坐此。孔子为吾国教学合途之代表，故其身果为宗教家抑教育家，迄今不能定论。夫教期于维世，不离学以为言，则教不立；学期于征实，不离教以立说，则学不明。隐依真理，求不悖乎教宗，此吾国学者之特性，非如耶、回诸宗之专言教而弃学也。然而学为一事，教为一事，依教言学，终以有所顾忌，不能验实学之真。今者乃教蜕学昌之世界，先生会丁此运，其学遂创成二大特色：一则总观万法，示拘宗者排异之非；一则推阐真言，破泥教者依违之习。渊哉先生！用心玄远，此宗大昌。吾国学必结成一大异彩，别开生面于二十棋（世纪，编者注。下同）之东方也，可决然无疑已。

正言之，存先生一身，影响于吾国学者如此。反言之，则亡先生一身，其及影响于吾国学者又将奚若？此亦吾徒所应知者也。今当道之锢先生，实则欲锢先生思想者，以一天下之心理。夫人人有藏识，即人人有意根。所取之相，与能取之见，即在一人，亦因时各有变异。故思想之可一者，乃假立于人为之伪思想。何则？以真思想称性而生，不可一故，必欲强一之，其害至于率天下人各隐其真相，尚以为伪。其神明以多畏而不敢抒，其特操异秉，亦以无所施用而浸废。一之之功未著，而人心之腐于无形者固已多矣。和光同尘，乃销磨特性之刃；同风一道，固沉湮真理之媒。矧道恶乎隐而有真伪，言恶乎隐而有是非。一之之标本无能定所定者，今乃由当道者数人以自利心定之，此其纰缪，更何待言？庄生曰：圣人不由而照之于天。然则当国者欲民众之不议其后，惟有公好恶于天下少近是耳。思掩既往之恶，并护后此之非，以锢先生思想者锢天下，是以一篑而障百川之东也，又何伤于先生？特以政府而率人民趋于伪，不得不为世道人心之惧也已。

鸣呼！先生当世宿学，近代通儒，其存其亡，乃国华消长之问题，非其一身之祸福也。先生得罪，徒以言论，此四万万人民所具瞻者。当道如谓亚洲之民，其天秉不当享有言论自由权，则应律先生罪条，明示宇内。若谓古今中外，无因言论科罪之条，则不应缚人自由，致人穷饿以死。治先生狱，此两言决耳，何用迁延，为以莫须有之罪谳先生？则先生死者其体，千古犹生者其神。真人不委，虽化为鼠肝虫臂，未见有殊。若欲以苦之者易其性，则至人之性，亲证如一，永无歧相。大泽焚而不能热，河海冱而不能寒，疾雷破山风振海而不能惊。斯所谓焦明已翔乎寥廓，猎者犹视乎薮泽，亦徒见其劳而已矣。故以先生本性论，已逍遥于齐生死之域，其存其亡，固无增损。特为我国前途茫茫之学术人心计，斯先生之生，固有重于泰山者矣。愿当道于晨钟未动籁寂天静之时，抚其平旦之气，较量乎存亡，先生之利害也，则非特吾华百世以内之福也欤？偶有所触，辄以书之。见大志称述先生言行者屡矣，愿假我数行，暴之天下，以求同情焉。何如？

高一涵白

（原载《甲寅杂志》第1卷第5号）

读梁任公革命相续之原理论

（1915 年 12 月 15 日）

朔风告急，警变时传，眷怀故都，余心戚戚。寄学异邦，频遭激刺，国有佳音，闻之而情舒色喜者，每视在国时为尤切。予自留东以来，每日课余，必检读此邦新闻三数种，凡记载之关吾国事者，必尽览而不遗。顾所谓佳音，恒万不一遇，而所为心惊胆裂者，则在传吾国革命。革命之一事，彼辈用心，专为造言惑我，本无足论之价值；顾吾人何以睹之而惊惶，国内何以闻之而戒惧，岂其国经一度革命而后，遂日日居于临深履薄战战兢兢之天，而永无再免革命之理欤？偶于故纸堆中，得梁任公《革命相续之原理及其恶果》（《庸言》报第一卷第十四号）读之，见其大书特书，开宗明义之言曰："历观中外史乘，其国自始未尝革命，斯亦已耳；既经一度革命，则二度、三度之相寻相续，殆为理势之无可逃避。"又曰："革命复产革命，殆成为历史上普遍之原则。"其终复有最可惊骇之词曰："革命只能产出革命，革命决不能产出改良政治。"读罢置书，神魂若丧，辗转细绎，窃有未安，遂不得不特操斧斤，汗颜血指，造班门而一弄之。

顾余于未著议之先，首当申明者二事。任公之所以危言耸听者，其心在求免革命相续之惨祸，此吾辈所同情者也。人非狂惑，未有欲其国之革命频生者。又任公之论，在"泛论常理，从历史上归纳，而得其共通之原则"，此亦吾辈所同情者也。何则？以涉及时政，非本志范围之所许。故本篇即本此二点以立言，所欲论列者，在明革命之正当观念，欲于此中求革命之真解则可，至其事之为美为恶，决不为之置一辞。盖论事而杂以欣喜厌恶之情于其中，则往往失其事之真相，非余所敢取也。此旨既申，余论乃作，欲求革命之正当观念，宜先严革命之界说。革命本吾国历代君主易姓之称，以之译英文 Revolution，本非确诂。英文 Revolution，含有转圜之意，用之于天文，则凡日月各球，由曲线轨道（in a curved line or orbit）运行一周、复归元极者，以是名之。用之于几何，凡点、线、平面之由中心点线而之他，运点作成曲线、运线作成平面、运平面作成主体者，亦以是名之。此皆别有所译，惟用之于政治，以之训谋变法而成功及政府宪法之倏尔变迁、激烈变迁、完全变迁者，乃以革命译之。故欧洲政治书中所用革命一语，殆无不训为政治根本上之变迁。由此义以推，凡“逐利”“啸聚”“裹胁”“架罪”“构陷”“叱咤”“煽动”云云（凡括弧内单词片语皆引用任公原文，本篇以后均仿此），苟不牵动政治根本问题，求之吾国文字，曰叛曰乱，求之英文，曰 Rebellion、Revolt 云云，不曰 Revolution。反之，苟牵动政治根本问题，即不“逐利”“啸聚”……云云，亦得字之曰革命。如鼐尔孙（Nelson）百科辞典，举革命之例，而以法国千八百四十八年之第二共和与千八百五十一年之路易·拿破仑自帝同类并列；柏哲士谓英国宪法所以底于今形者，乃由三度革命而成，所谓三度革命，即以千二百十五年、千四百八十五年、千八百三十二年之役当之（Burgess，Political Science and Constitutional Law，Vol I，Bk 111，p91—7）。然则所变之政，无论由君主而贵族而共和，抑由共和而贵族而君主，所由之法，无论为平和为激烈，凡为变至骤、为事迁及政治根本者，举为革命字义之所苞。是变迁政治根本，乃革命字义中所含最重之要素，亦犹非具最高性，则不成主权之名辞，非有主权，则不能冒国家之称号也。今为区别之便，准伯伦智理国体演进始而君主、继而贵族、继而共和之例以推，字由君主而贵族而共和者，曰顺进革命，字由共和而贵族而君主者，曰逆动革命，此则革命之界说也。

革命之界说既明，于是应推求肇起革命之真因。夫改革政治，非以革命为归宿，革命特改革政治之一方法耳。故必有改良政治之计画确立于先，不得已一由此法，期以达诸实行，其方法在扫除现政治，其蕲求则在建设新政治。设仅取此方法，而不具此蕲求，则应锡以他名，不得以革命之名假之。此正名之法，即所以正用也。至其为用，按历史通例，凡政治由改良而渐进者，局干久成之事实，每为改革之障碍，令不能尽符乎理想。由革命而骤变者，其民众理想之制度，常足以涤濯积习，不致再局于现象。故福禄特、卢梭之学说，非经法国大革命之锻炼，必不能骤见诸施行；贵族僧侣之特权，非经法国大革命之扫削，必不能一举而铲除殆尽。严复曰："旧有干局，既坚且完，其改制沮力，亦以愈大。而革故鼎新皆难，其物乃入于老死，此不易之公例也。"盖习之既久，则国拘政惑，情瞀智絯，在在为改革之梗。设非变之至骤，则委靡不振之人心，终患无由振作，此满清（清廷，编者注。下同）末世所以不可施药也。且宇内万力，莫不具有爱拒二面，相推相挽以系之，乃克趋循常轨，如月球之绕地是已。夫政见之冲突生于拒，政见之调和成于爱，欲政局之不离常轨，必使爱拒二力，相抵相冲，保其中度，剂其停匀，乃克互相摩荡，得其用而不腐其机，互相权衡，执其中而不走其极。苟其中有一力腐其用，而任他力奔至极端，则此力之辟散，为势至优，彼力之翕聚，为效无睹，政局为独力所鼓荡，斯其国中利害感情，必无一处不形其抵触，颠播殒越之虞，即时有所见。若再此方成骑虎之势，彼方有维谷之形，则革命之事，必真为"理势之无可逃避"，此则革命所以肇端之真因也。

既得革命之界说与其所以肇端之真因，乃于是转入正论，引任公之说以衡之。任公之言，最乖名实者，即在"革命决不能产出改良政治"一语。夫曰改之云者，苟余诠之不谬，则必由甲种国体、政体，变为乙种国体、政体者，始足以当之。即不然，必于同种国体之下而变易其政体，抑于同种政体之下而易其出政之方者，乃足以当之。若此者，岂非所谓政治根本之变迁乎？曰良之云者，如余解之不歧，则必能谋最大多数之最大幸福者始足以副之，即不然，亦必适于国情历史者乃足以副之，此改良政治之界说也。至于革命一语，即如霏尔孙百科辞典所列之路易·

拿破仑自帝之例，亦何尝不移易政治根本。此在余论，谓之逆动革命，然犹曰，凡逆动革命，谓为改政治则可，谓为改良政治则未也。引此证革命之必为改良政治，以折任公，任公必不服。昧任公全文，似不认逆动革命为革命，以逆动革命为疾视顺进革命者行之，多非以“革命为第二天性”，非“失业之民”，非“退伍之兵”，非“初次革命有功之人”，非视“革命成为一种职业”者故也。任公所蛇蝎视者，即此顺进革命，今将以顺进革命之例证之。查欧洲政治史，凡称顺进革命，绝无一不由君主贵族国体而改为共和，或由专制政体而改为立宪，抑由阶级政治而改为惟民主义之政治。其由于激烈，若法若美之由君主或殖民地变为共和者，固彰彰明矣；其由于平和，若英国之革命，亦无一次不迁及政治根本者。如柏哲士言，则其千二百十五年之革命，乃由君主宪法变为贵族宪法，其千四百八十五年之革命，乃国家政权由贵族而移及平民，至其千八百三十二年之役，论者多以革新“Reformation”名之，柏氏考其情形，推其结果，而必字之以革命。盖英国众议院（The House of Commons）之得二重位置，一面为国家主权机关，一面为立法院者，即此千八百三十二年一役之结果故也。然则和平激烈，非革命字义中必需之条件，其至重条件，惟在变迁政治根本问题耳。若美、若法、若英之革命，其为关于政治问题，固卓然共见，其由君主而共和，由殖民地而共和，由君主宪法而贵族宪法，政权由贵族而平民，众议院由立法院而为国家之主权机关，其确足以当得一改字，又卓然共见矣。至谓之良，其路易专制，妄用其权为良乎？抑《人权宣言》以后，平等自由、特权阶级均废法律一视同仁为良乎？此法制也，至如美，其忍受英国专制之殖民政策，禁工抑商、横征暴敛为良乎？抑自建政府，国号共和，最高主权出自平民为良乎？至如英，其国权听君主独裁为良乎？抑由平民公议为良乎？吾知即三尺之童，亦必皆以后者为良矣。改云、良云、政治云，一举法、美、英三国革命之例，则无一字不完全做到，而偏曰“革命决不能产出改良政治”，其意何居？要知革命字义之成立，即在变迁政治根本数字，不改良政治，而偏名之曰革命，是谓不词，此任公取名弃实之过也。设革命而但能“逐利”“啸聚”……云云，然则白狼之蹂躏数省，马贼红胡之出没掠财，最近某省之三合会，高张旗帜，自称为帝，亦将赐以革命之嘉名乎？恐即搜破万卷书，亦寻不出革命字解中果含有此种义蕴也。任公篇末有最得意之笔曰：“请遍翻古今中外历史，曾有一国焉，缘革命而产出改良政治之结果者乎？试有以语我来。”余敢曰：请遍翻古今中外历史，除逆动革命外，曾有一不产出改良政治之结果而可谓之革命者乎？试有以语我来。

任公复曰：“革命复产革命，殆成历史上普遍之原则。”曰：“革命只能产出革命。”夫革命纯为改良政治而起，凡一国革命告终，而议及建设问题，则已入于政治范围，不得仍谓为革命时代。何则？以革命与破坏同其命运，建设一始，则破坏告终；破坏告终，则革命之能事已尽，此其界判若鸿沟，何能混视？故建设之时，纯为政治问题，政治之建设不得其当，由是而肇起革命则有之，谓革命本身有以召之，史例绝不吾许。揆诸事实，苟一次革命而后，制度典章，巩然确立，运得其中，不久激成逆动革命，则所谓二次、三次革命，即无端可得而肇。至云“二次革命之主动者，恒为初次革命有功之人”，此显然指顺进革命而言，其间必经一次逆动革命，乃任公之所未见。何则？以顺进革命之再见，必初次革命之制度典章、人物策略皆自其根本扑灭之者，乃得藉端而起，苟“初次革命有功之人”无逆动革命排之，使离去政局，初次革命后之制度无逆动革命芟夷蕴丛、绝其本根，则“二次革命之主动”，其将对于一己之身再行之乎？抑对于手创之制度而复手自破坏之乎？任公所引之例曰法兰西、曰墨西哥云云，夫法兰西自大革命后，苟非王党之阴谋、拿破仑之自帝，则何至有二次、三次之事？墨西哥非爹亚士之横暴，阴柔伪善，排斥异己，俾国内利害，莫得调和，又何至有迭见兵端之事？故法墨之革命屡起，纯为政治势力趋入一端之所召，于革命本身若风马牛之不相及。今不罪王党、拿破仑、爹亚士等之逆动政治，乃专蔽罪于革命本身，虽文成天口，舌若悬河，辩则辩矣，理则未也。何也？历史中凡第二次顺进革命，纯为逆动改革所酿成，逆动改革，又纯为初次顺进革命后，政治建设之失当，致爱拒二力，莫由平衡，乃相激相感，而召成是果，与初次顺进革命之本身完全无涉。史例具在，安得挟好恶之情以淆之？此征之于例，革命不能产生革命之证也。

余于是再求夫理。革命之兴，既由于政治矣，一云政治问题，则吾人应特别注意于爱拒二力之调和，各方利害之适当，俾各党各派之感情意见好恶利病，饶有自由余地，得施其斡旋融汇之功，不使政局偏于一力一方，久为独占。论者谓法兰西“后乎千八百七十五年，未尝一革命，乃明于政力向背之道，掌力者务使两力相待，各守其藩，由是一党既兴，决不过用其力以倒他党，他党以能尽其相当之分，遂乃共趋一的，而永纳其国于平和有序之中”，即此理也。至美国自一次革命以后绝不再见革命者，由蒲徕士之言以推，则“美国宪法，有两优点，较然分明：一则制宪之时，社会中所存向背二力，悉量衡之，铢两靡遗，且坦然认定离心力之存在，而任其自然发展；当其收合所有向心力，施以准绳，制为规则，亦惟以不久惹起分崩之逆动为限。匠心所至，并使联邦与非联邦两党，皆踌躇满志以归，以是向心力转增高度”。美国所以再免革命之道，端系乎此。此皆完全为政治问题，何尝混入初次革命之关系？然则革命真因专在政治，政治之根本不良，即为产生革命之母。美人察其真因之所在，而先事预防，故革命相续之惨，绝不见于彼土。任公求之美例而不能通，乃字之曰“例外”，不知即此一例外，已足证明革命复产革命之非。又曰：“美国乃独立而非革命。”美自脱离英属，由殖民属土一变为共和国家，政治根本全然迁易，此而不谓之革命，将更赐以何名？就美国对英关系而言，诚为“独立”，就其内政之建设言，则纯为革命。况“American Revolution”一语，稍检西籍，即睹是名者乎？至任公曰“英国统治权不能完全行于美境”，统治权不可分者也，何有完全、不完全之别。又曰“美之独立，实取其固有之自治权扩张之巩固之耳”，自治权任扩张巩固至于何度，终不能名曰最高权，以自治权为统治权所赋与故也。英之统治权既行脱去，而犹曰自治权，是谓无根。且自治权为地方团体所行使之权力，而非国家所行使者，有自治权而无最高权，是曰不国；非统治权所赋与，而犹曰自治权，是谓不词。此又本论以外之枝叶语，因其抹煞美国革命名称，以自圆其说也，姑并及焉。

虽然，任公学者也，余于辩论既尽，敢献一言于吾辈学者之前曰：治心犹治水也，在利导不在抑塞；在宣之使流，不在激之使溃。凡事既能波谲云涌、鼓动人心趋赴之者万亿人，厉行之者数十纪，传播之者数十国，则其事必有所以吸收人心之一道，固不得目为无意识者也。既为有意识之事，补救之法，惟有顺其意识而利道之，致之于相当之域，乃克奏绩，革命之事，其一端也。任公曰：革命"成一种美德"，视为"神圣"，夫事之美恶，在实不在名，其实果恶，虽誉之以神圣，不能强人人之心理而悦服也；其实果美，虽疾之若蛇蝎，亦不能蔽人人之知觉而盲从也。故免除革命，不必问其能革之主体奚若，要当问其所革之客体为何，神圣视、蛇蝎视，均无益也。苏子曰："智勇辩力，此四者皆天民之秀杰者也。……区处条理，各安其处，则有之矣，锄而尽去之，则无是道也。"夫欧人自十五世纪以来，要求立宪，民情汹汹，卒以君主诸国让出政权始得相安者比比，不闻诛戮宪党，令其绝迹也。同盟罢工，资本、劳力两家皆蒙不利、两败俱伤者也，欧洲生计学者，欲免除此弊，乃使双方调剂，一方令资本家增加薪金，一方令劳力者减少晷刻，不闻施愚工之策、布虐工之令而迫胁禁锢之也。女子参政权之运动，喧传各国，英国政治学者，欲弥缝其缺，方广设女学，增其智识，养成其参政能力，不闻其毁废女校、吝施教育、加以愚辱之策也。欧人今日政局常固、革命不生者，安有一国不行此原则？其有不谙此理、倒行逆施者，又安有一国能逃革命相续之惨？革命肇起，既由政治问题，非由天运，安得谓无预防之策。恃感情以诅咒之，不独劳而无功，或转激而加速。学者论事，或出乎此，甚非所以巩固国基之道也。

（原载《青年杂志》第1卷第4号）

老子的政治哲学

（1919 年 5 月）

一、老子时代的政治社会情形

老子生在什么时候，死在什么时候，没有人晓得确实。大概总生在周朝灵王初年，当西历纪元前五百七十年前后。老子前两三百年的时候，中原一带，连年都不免兵争。南边有吴、楚各国争王夺霸，北边又有猃狁、犬戎等族进来打搅。闹得兵火连天，百姓都东跑西散。所以老子的时代，可算是兵祸顶利害的时代。

周朝行封建制度，社会里头，贵贱阶级是很不平等的。《左传》上说："王臣公，公臣大夫，大夫臣士，士臣皂，皂臣舆，舆臣隶，隶臣僚，僚臣仆，仆臣台。马有圉，牛有牧，以待百事。"可见当时的社会是一个比一个胜些。乡下的老百姓，不是替帝王去打仗，就是替权门贵族做马牛。你看《鸨羽》《陟岵》《采薇》《何草不黄》等诗，写得怎样凄惨。后来"钱谷兵刑"的权柄，渐渐落在权贵手里，社会上的财产，一齐聚在几个权贵家里，这就是经济上"分配不均"。有了分配不均情形，社会上自自然然的就现出贫富不等的状况。你看《葛屦》诗里头所说的劳动社会，不是替富贵人家做马牛吗？劳动的人到了冬天，还穿着夏天的衣服鞋子。那王孙公子，沾他祖上福气，一点事也不做，在家里受用那种享不了的荣华、受不尽的富贵。这还怪得《伐檀》的诗人在那里痛骂吗？照这种情形看起来，从老子前几百年来，真是一种贫富不均、"损不足以奉有余"的时代。

再看看那时候的政治。老百姓只有当兵、纳税两种义务。法律是管不着有钱有势的人的。老百姓的生命，一个大子也不值；老百姓的财产，是没有“所有权”的。《大雅·瞻卬》诗中讲的最明白。他说：“人有土田，女反有之；人有民人，女覆夺之。此宜无罪，女反收之；彼宜有罪，女覆说之。”你想这还算什么世界呀？再看做《硕鼠》的诗人，想丢了“父母之邦”不要，跑到外国去过日子。你想当时的政治，岂不黑暗极了吗？所以从老子前几百年来，又可算是暴君污吏以百姓为土芥的时代。

政治思想，本是正对时事发生的。无论谁家学说，不是时代思潮的产儿，便是社会情况的反动。凡当人民顶不自由、顶不平等的时代，自然会有人出来主张“自然法”和“放任主义”。因为凡想打破人为的法制，总会说天然法怎样好，怎样森严。说天然法好，可见得人为法不好；说天然法森严，可见得随便怎样，人为法也不能胜过他。英法两国十八世纪的经济学家深信：“自然法是完全无缺、不变不灭的，人为法是不大完全且常常变化的。人为要顺乎自然才好，若背乎自然，就存不着了。”所以那时经济学家所抱的政策，多是顺乎自然的放任主义。至于政治家，如英国的洛克，法国的卢梭，美国的浩克尔（Hooker）、文素朴（Winthrop）等，皆生在顶不自由、顶不平等的时代。所以一个个都拿“自然法”“自然权利”“自然平等”“自然国家”等说，做攻击政府干涉民事、侵夺民权的武器。这都是当时社会情形的反响。老子的政治哲学，也完完全全是刚才说的三个时代——兵祸顶利害的时代，贫富不均、损不足以奉有余的时代，暴君污吏以百姓为土芥的时代——的反响。讲政治学的人，明白这个道理，可以免去两种弊病：（一）知道政治学说，是对着时事而发的，不要去无的放矢；（二）知道一个时代有一个时代的政治学说，不要强拉时代不同的学说，不分青红皂白，一齐拿来应用。这就是我当叙述老子政治哲学时，所以先叙叙老子时代政治社会情形的原因。

二、老子政治哲学的根本观念

要想明白老子的政治哲学，必先明白老子哲学的根本观念。老子哲学是起于“无”而复归于“无”的。以“无”为一切事物的缘起，亦以“无”为一切事物的究竟。老子说：

> 天地万物生于有，有生于无。

他说恍恍惚惚之中，仿佛有了象，有了物，这就是有生于无的道理。老子所说的“道”，是“先天地生”的。在未有天地之先，当然是一样东西也没有，所以老子的“道”即是“无”，“无”也即是“道”。他以为天地万物是有始有终的，“道”是无始无终的。所以天地万物起于“无”，复终于“无”。他说：

> ……复归于无物。是谓无状之状，无物之象，是谓惚恍。
>
> 至虚极，守静笃，万物并作，吾以观其复。夫物芸芸，各复归其根。归根曰静，是谓复命。

老子所说的返真归朴，就是归到那“无状之状，无物之象”的境界，归到那寂寥混沌、不可名状的“惚恍”的境界。到了可字可名的地步，便不是那“万物恃之而生而不辞，功成不名有，衣食万物而不为主”和那“恍兮惚兮”、“窈兮冥兮”、混混沌沌、不可名状的“道”了。所以他说：

> 道可道，非常道；名可名，非常名。无名天地之始，有名万物之母。

他以为天地的原始，是无名的；有名才有万物。名字既立，人类的知识便随之产生。何以故呢？因为有了名字，万物才有区别。人所以能够识别万物，就因为有了名字可以代表物性。人类藉这名字，把万物的区别印入脑中，所以发生知识的问题。知识越多智越多，智越多伪也越多。善恶、美丑、贤不肖，和那有无、难易、长短、高下、前后种种区分，都是从名字上、知识上起的。既有这种区别万物的工具和识别万物的能力，才生出来文物制度。既有了文物制度，那“无名之朴”的混沌世界，就根本推翻了。老子以为这都是大乱的种子，是人类所以造成种种罪恶的原因。不把这种子和原因去了，再也不能达到那沌沌闷闷、无知无欲的乌托邦。所以他要“绝圣弃智”“绝仁弃义”“绝巧弃智”，拿那“无名之朴”，来镇压人欲，让万物自化，智欲自消，天下自定。所以老子说：

> 民之难治，以其智多。故以智治国，国之贼；不以智治国，国之福。
>
> 天下多忌讳，而民弥贫；民多利器，国家滋昏；人多伎巧，奇物滋起；法令滋彰，盗贼多有。

这就是老子所以尊尚“无名朴”的用意。他说要想便民易治，必先愚民；要想叫人不生情欲，必先废去“五色”“五音”“五味”；要想叫人不争、不偷、不闹乱子，必先“不尚贤”“不贵难得之货”“不见可欲”；要想叫人不作恶，必先叫人不晓得“美之为美”；要想叫人不作不善的事，必先叫人不晓得“善之为善”。老子的意思，想把文物制度一扫而空，使天地万物复归到“无”的境界——这就是老子政治哲学的根本观念。

三、老子理想中的国家

老子的政治哲学，是反抗当时政治和社会情形的，所以他的国家观念，是空想的，不是实际的，只从消极的方面想法子，便不从那积极的文明进步上着想。老子一生，一点也不受政治和社会的现状拘束，这是他所以能成一个理想大家的原因，也是所以仅成一个空想大家的原因。

何以说老子的政治哲学，是反抗当时政治社会情形的呢。因为他看见当时年年打仗，百姓东跑西散，所以才主张去兵；看见当时社会贫富不均，损不足以奉有余，所以才主张尚俭；看见当时暴君污吏，以百姓为土芥，所以才主张无为；看见当时智巧日生，诈伪百出，所以才主张尚愚。这四个主张——去兵、尚俭、无为、尚愚——就是造成老子理想国的入手办法。

（一）去兵。老子的人生哲学是抱定知止不争主义，所以他说：

> 知足不辱，知止不殆，可以长久。……祸莫大于不知足，咎莫大于欲得，故知足之足常矣。

他又说：

> 是以圣人欲上民，必以言下之；欲先民，必以身后之。是以圣人处上而民不重，处前而民不害，是以天下乐推而不厌。以其不争，故天下莫能与之争。
>
> 上善若水，水善利万物而不争……夫唯不争故无尤。

老子以为，为人的道理，贵知止，贵不争。能够知止，自然用不着争的。若要不争，须先把作战争工具的兵废掉了。故去兵就是老子知止、不争主义的实际应用。老子眼见周朝人民，不是直接受服兵的痛苦，就是间接受那因兵争而起的死亡丧乱、流离转徙的痛苦。各国的当道，都把所有的百姓，当他争权夺利的器械。据老子看起来，都因为他们不懂得知止和不争之争的道理，所以造成这样战争不歇的世界。老子所最痛恨的就是兵，所以他说：

> 夫佳兵者（佳，古唯字也），不祥之器物。或恶之，故有道者不处。君子居则贵左，用兵则贵右。兵者，不祥之器，非君子之器，不得已而用之。
>
> 以道佐人主者，不以兵强天下。其事好还。师之所处，荆棘

生焉；大军之后，必有凶年。

老子以为国家的永远和平、天下的永远和平，只在去兵一事。他确信“自然法”是调剂均平，称物平施的，就是有强梁者也不得其死。暂时胜了，不久也是要败的。暂时忍辱含羞，终久必能抵抗强暴。这就叫做“天网恢恢，疏而不失”。与其不能拿人的力量去战胜天的力量，又何必不知止、不退让，去反乎天道而行呢？

（二）尚俭。老子反对高等文化，却不甚反对低等文化。老子对于精神上的欲望极端的反对，所以只叫人见素抱朴，少私寡欲。说到物质上的欲望，他并不十分反对，却要人吃得饱饱的，穿得好好的，住得安安静静的。所以他说：

虚其心，实其腹，弱其志，强其骨。

圣人为腹不为目。

甘其食，美其服，安其居，乐其俗。

老子眼见当时富贵人家的幸福，都是劳动人家的汗血；下等社会的百姓，都是上等社会的马牛，所以非常的痛恨。我们现在读《小雅·正月》一诗：“彼有旨酒，又有嘉肴；洽比其邻，婚姻孔云。念我独兮，忧心殷殷！佌佌彼有屋，蔌蔌方有谷。民今之无禄，天夭是椓。哿矣富人，哀此茕独！”可见当时苦乐不均的状况。读《大东》，“小东大东，杼柚其空。纠纠葛屦，可以履霜。佻佻公子，行彼周行。既往既来，使我心疚”几句诗，可见当时贫富不均的状况。再读《伐檀》诗中“不稼不穑，胡取禾三百廛兮！不狩不猎，胡瞻尔庭有悬狟兮！彼君子兮，不素餐兮”几句，和《北山》诗中“或燕燕居息，或尽瘁事国；或偃息在床，或不已于行；或不知叫号，或惨惨劬劳；或栖迟偃仰，或王事鞅掌；或湛乐饮酒，或惨惨畏咎；或出入风议，或靡事不为”几句，可见当时劳逸不均的状况。大概那个时代，全是“损不足以奉有余”，所以老子想反抗这种现状，“损有余以奉不足”。想把那太奢侈的生活，拿来填补那太贫苦的生活，把社会上的生活，引到一个水平线上。这就是老子尚俭的目的。所以他说：

天之道，其犹张弓乎〔欤〕！高者抑之，下者举之；有余者损之，不足者与〔补〕之。

他以为天地生物，只有一定的数量。分配不均，这个所多的，就是那个所少的。所以他说：

民之饥，以其上食税之多，是以饥。

但是老子说的社会生活平等观，是损有余以补不足，不是添加不足上齐乎有余的。他的真正的目的，在“去甚、去奢、去泰”；他的平等的基础，是“贵以贱为本，高以下为基”。可见老子是求人类最小幸福，却不是求人类最大幸福的。他以为穷奢极欲，必定要侵占人家幸福，所以必须要尚俭。

（三）无为。主张“自然法”的人，大概都有一种迷信，说是：“任凭你费尽了多大力气，总跳不出那天行的圈套儿。”从积极的方面做，知道有天行处处同我为难，必得要步步留神，才能敌得过他，这就是“戡天主义”（Conquest of Nature）。从消极的方面做，明晓得跳不出自然的范围，又何必白费气力，去逆天而行呢？这就是达观主义。老子属于达观主义一派，他以为人是逃不出天地范围的，天地是逃不出道的范围的，道是逃不出自然的范围的。所以他说：

人法地，地法天，天法道，道法自然。

无论是人、是地、是天、是道，总要受自然支配的。顺着自然法则，便“无为而无不为”；背着自然法则，“虽欲为之而无以为”。他把“自然法”的功用，看得这样森严，所以才主张放任主义。不过老子的放任主义，和欧洲学者弥儿、斯宾塞尔等说的不同。他们的放任主义是放任于个人，老子的放任主义却放任于自然。且看老子说：

天之道，不争而善胜，不言而善应，不召而自来，缂然而善谋。天网恢恢，疏而不失。

因为天行如此，所以凡想拿人力去抵抗天行的，皆不是本分内的事。且看他说：

常有司杀者杀。夫代司杀者杀，是谓代大匠斫。夫代大匠斫者，希有不伤其手者矣！

自老子眼光看来，凡是替天行化的，都是违反天道，都是搅乱自然法则。国家的举措赏罚和个人的学问知识，都是用不着的。大家只有混混沌沌、无知无欲，听那“自然”摆布罢了。

（四）尚愚。老子不但主张生活平等，并且主张知识平等。他的知识平等，是以愚作本位。百姓必到了混混沌沌、无知无欲的程度，才合老子乌托邦的人民资格。所以他说：

古之为治者，非以明民，将以愚之。民之难治，以其智多。故以智治国，国之贼；不以智治国，国之福……绝圣弃智，民利百倍；绝仁弃义，民复孝慈；绝巧弃利，盗贼无有。

他以为天地间一切罪恶，皆是从知识上起的。且看他说：

民多利器，国家滋昏；人多伎巧，奇物滋起；法令滋彰，盗贼多有。

因为如此，所以才用全副精力，去打消人类的知识，铲除世界的文化。他的理想的国民，就是他说的：

> 我独泊兮其未兆，如婴儿之未孩。儽儽兮若无所归。众人皆有余，而我独若遗。我愚人之心也哉！沌沌兮，俗人昭昭，我独昏昏。俗人察察，我独闷闷。澹兮其若海，飂兮若无止。众人皆有以，而我独顽似鄙。我独异于人，而贵食母。

这样国民，还有什么知识？这样国家，还有什么文物制度？愚的程度，必到了没有为非作恶的能力，才合老子尚愚的意思。

综看老子这四个主张——去兵、尚俭、无为、尚愚——可见他确是反对政治社会现状的一个顶激烈的政治家。把他的理想实现出来，不但没有国家，并且没有社会。他理想中的天下，不过是一群无知无识的人，散在地面上，天天吃饭睡觉罢了。不用器械，不讲交通，不要甲兵，不要文字。学问、知识、文物、制度，一齐废掉。这还是什么世界，还像什么国家？老子有描写这样天下顶好的一段文章，说：

> 小国寡民。使有什伯之器而不用，使民重死而不远徙。虽有舟舆，无所乘之；虽有甲兵，无所陈之。使民复结绳而用之。甘其食，美其服，安其居，乐其俗。邻国相望，鸡犬之声相闻，民至老死不相往来。

这几句话，的的确确是老子理想中国家的小照。所以特为引出来，作本篇的结论。

（原载《新青年》第6卷第5号）

西方思想家评介

读弥尔的《自由论》

（1918年3月15日）

弥尔的一生著作，其中有极力发挥他自己的特别见解，句句话皆自他心中呕出，推倒舆论，打破习惯，跳出宗教党派的范围者，即是这《自由论》一书。此书作于一八五四年，据他自己说，深得其妻泰勒尔（Mrs Taylor）之力。几次修改，到一八五九年，方才印行于世。林德色（Lindsay）说："《自由论》一篇，在弥尔著述中为最有名之作。凡他自己的特别的道理，皆包蕴于其中。"此论很可谓确当。故读过此书，一则可以窥见弥尔个人的特识，一则可以藉以考证尔时英国政治社会的情况。

凡一代学问家思想的潮流，多为当时社会实在情形所鼓荡。我们尚论古人，必定要明白古人所处的境遇，所呼吸的四围之空气，和那些时代的政治、社会、学术、思想之状态，然后再平情论断，方为得当。我看白克尔（E.Barker）所著《英国政治思想史》，是很推重弥尔的。不过其中有几句话，说："弥尔的《自由论》《代议政体论》二书，皆出于一八四八年而后。虽能将旧说解释精详，然终不脱旧说之范围。故与其称弥尔为一八四八年后新派之先知先觉，不如称彼为乐利派之殿军。"又有人说，弥尔晚年，虽欲辟开习惯礼教的势力，极力主张思想言论之自由。但他的言论思想，仍为乐利主义所拘束。他所梦想的自由、假设的幸福，皆是凭空悬揣，毫无具体的主张。且《自由论》中，往往以异材癖性，混同为一。他以为人类美德，专在发挥奇异的癖性。至于幸福之实质为何，取得自由之途径为何，皆未尝详为指出。故论者多以为彼所论的，乃是空空洞洞的自由和那捉摸不定的个人。这些批评，固也有是的，但自我个人意见观之，未免忽略时代的实情，而以后人的眼光和现代的理想尚论古人了。

我看弥尔一个人，真如那过渡的舟楫、通达两岸的桥梁。在十八世纪的时代，抱乐天主义者，不信大造的神工，即信上帝的万能。弥尔亦是抱乐天主义之一人，但他既不信自然，又不信上帝，而所信仰者惟人。尔时英国的革新派所要求者在制度，弥尔所信托者乃在人民。尔时英国的政治家所谓平民政治，在以少数服从多数；弥尔则以多数专制与一人专制同时并抵，大倡比例选举制，以为少数党谋利益。再以弥尔自幼所受的教育论，我以为世界上的人，自小至大，全由一个先生教授，其为时之久，用力之专，从无第二人如弥尔者。彼自三岁以后，即受教于老弥尔（James Mill）一人。老弥尔与边沁（Bentham）皆终身以传播乐利主义为事。故弥尔自幼，其四周空气，即为乐利主义所弥漫。彼自言当十五岁时，尝信仰边沁主义为宗教。“少成若天性”，此在他人，将终身莫逃乐利主义之范围矣。然弥尔则兼容并包，打破边沁、老弥尔所传道的狭隘乐利主义，而收纳异派，炼于一炉，而成一折衷主义（Eclecticism）。边沁与弥尔同是急进派，但边沁的急进主义是哲学的，立其基础于理想之上；弥尔的急进主义则建其基础于常存不灭之社会上。弥尔以前之乐利主义，多为个人的性质；一入弥尔之手，则由个人的性质而变成社会的性质。先代的乐利派，在攻击少数人的特权、一部分人的私利；到弥尔，则平民政治的根基已日益巩固，故彼乃力排多数党之专制，为少数人争心思言议之自由。弥尔一生心力，不尽是用在个人主义上，乃是将个人主义引入社会之中，使得以递嬗递变，循序渐进。然则弥尔一身，不啻为过渡时代之关键。谓彼为旧说所拘、终身跳不出乐利主义之范围者，似乎有点近于苛论了。

弥尔一篇《自由论》，其唯一无二的宗旨，即在反对好同恶异。他说：“倘若人类除了一个人抱反对意见而外，其余的人，皆是一样的意见，则以全体意见禁止一人，和那以一人意见阻止全体者，同为不公不平的事。”他如礼俗、宗教和世界的通义云云，凡可以拘束个人的心灵者，皆为弥尔所反对。他所以不说幸福的种类者，即是尚异恶同，不愿以我的心思拟度他人的好恶。弥尔的主旨，彻头彻尾归根于个人之自择。倘若代他人定下幸福的种类，说些幸福的性质，不问他人好恶如何，必使他随我所指定的标准而行，岂不是以一人意见拘束他人么？岂不是好同恶异么？

司台芬（Sir Leslie Stephen）说："奇癖的人，犹如'曲拳臃肿之材'，然不能建成国家的。"马磴（MacCunn）说："癖性乃是个人的伪性。"此话诚然。但是幸福、乐利云云，全是个人心安意得认为可幸可乐的。不是奔到极端，以不同于人者为幸福、为乐利。此中有一最为重要之点，即在任人人之自择，人人各寻得其心之所安耳。弥尔盖深痛宗教、习惯等势力，根深蒂结，牢不可破。信教媚俗之徒，心疑之而不敢言，倡为异论，斯为大逆。此犹我国所谓"纲常名教"者然，拘束我国人心，垂数千年，不知湮灭了许多特性，不知埋没了许多奇材异能。严复译弥尔书，有曰："……人尽模棱，而长丧其刚方勇直之心德。虽有明智之士，见微知远之人，大抵以浊世之不可与言，各藏其所独得之抱负。即有告语，不为惊俗忤时之论也。故虽心知其理之不如是，亦必仪情饰貌，以与俗相人。其有宅心高伉，而不屑为媚俗之可差，则亦择事发言，而慎无及于要道，所及者大抵皆社会琐节。即有其弊，将及时而自祛者。独至最高甚重之义，必有自繇不讳之谈，而后有以启沃民心，使日趋于刚直方大者，则宁闭口无言焉……"阅者试掩卷想想，我国数千年来思想的历史，不是这样吗？

我们自读书以后，久已晓得英国是个自由的国家。弥尔生在世界上第一个自由的国家，还痛骂英国习俗专制、舆论专制。倘若生在中国，不知又怎样痛骂了？中国古代思想，不用说是定于一尊的了，就是到民国成立以后，此风犹相沿未改。我见湖南有一位老先生，去年在北京著一篇议论，见中国"言论庞杂"，他就忧虑了不得。要把所有的报馆一齐封禁，叫政府专请几个人来办一个报馆。他还夸口说，这是统一思想的第一个善法子，现在无第二人能想出的。列位想想，比较汉武帝"尊儒术，罢黜百家”不还利害么？“联邦论”在外国，既不是宗教的问题，又不是“纲常名教”，似可听人自由发挥了。然中国人一谈及联邦，即视为破坏国家的罪人。故论联邦者，不曰“我非赞成联邦”，即曰“至个人之赞成与否，须待他篇”。听之者不必待其议论终了，即悍然曰：中国绝不得行联邦制，必终古用这无办法的和那不统一的统一制。这也不独论政为然，即是北京之评戏亦然。说某人唱的不好，问其何故，则曰：“不学老谭。”又说某人某句唱的不好，问其何故，则曰：“老谭不是这样唱。”刘鸿升的坏处，即在与谭派立异；王又宸的坏处，又在轻于学谭，不免看轻老谭了。他如论政治，则梦想“哲人政治”；论德育，则想“以孔道为修身大本”；论兵力，则想“以北洋派统一中国”。逐类旁推，无一处不从专制思想和那好同恶异的念头演绎变化而来。生在今日，想老天生出一个弥尔，为我们打开种种的障碍，还是妄想的。要在我们自己是弥尔，我们自己亲去打开，才是真的。我们要打破习惯专制、舆论专制，必先从我们自己心中打起。因习惯、舆论，即是我们自己心意造成的。所以中国今日思想，不要统一，只要分歧。所有的学说，不必先去信他，只要先去疑他。这就是弥尔的《自由论》中尚异恶同的宗旨了。

（原载《新青年》第4卷第3号）

斯宾塞尔的政治哲学

（1919年3月15日）

一、斯宾塞尔时代的政治思潮

古今学问家的思想，没有一个不受时代影响的。所以要想知道斯宾塞尔（以下或单称斯氏）的政治思想，必先要知道他那个时代的政治思潮。斯宾塞尔的时代，是生物学、经济学等发达的时候。这个时代的政治哲学，多受这些科学的影响。所以要想明白这个时代的政治哲学，又必要先明白这个时代生物学、经济学的原理原则。原来政治和经济是关系最密切的，所以经济学的原理，常常影响到政治学上去了。这种先例，英国是最多的。如放任主义，本是旧派经济学家斯密亚丹和李佳德等所唱导的，后来竟成了政治上的信条；干涉主义，是从德国李斯特（List）的保护主义和马克斯（Marx）的国际社会主义输到英国来的，后来也变成了政治上的信条。生物学的原理影响英国政治学家的思想，更是彰明较著的。如“生存竞争”“适者生存”的公例，和那“物竞”“天择”的道理，也适用到政治学上去了；更有许多人拿自然有机体的生长进化，去说明社会的组织演进。所以斯宾塞尔的时代，可算得拿生物学、经济学的原理原则，来说明社会进化的时代。

当十九世纪的中世，英国思想家因为“保护贸易制度”、《徒弟法》、《米谷条例》等把工商各界的自由差不多剥夺完了，此外又有什么国教，又有什么救贫法，不是拘束思想自由，就是斫丧个人的品格，这皆是不能不反对的。所以当时的学者，一个个都大唱放任主义。打一八四八年到一八八〇年，前后三十二年间，是趋向个人主义的时代。主张个人主义的，必定拿天然权利作根据，拿放任政策作方法。所以这个时代，不问是政治学家，是经济学家，总脱不了天然权利和放任主义两种学说的彩色。这种学说的实际应用，对于内政，总说人民有天赋的权利。因此便想把政府的权限，缩到不能再缩的地步；对于国际贸易，总想把自由贸易的政策，行到各国里边去才好。简单讲起来，这个时代的一般思想，是从侵略主义（Militarism）趋到实业主义（Industrialism）的。所以斯宾塞尔的时代，又可说是个人主义和放任主义极盛的时代。过了一八七〇年后，英国政府因为应时势的要求，所以竟拿国家的权力去施行教育。再过十年，到了一八八〇年的时候，格林（Green）在牛津大声疾呼的主张伸张国家权力，社会主义也渐渐的雷厉风行。当时 Hyndman（激烈社会主义）和 Fabians（改革社会主义），主张虽不大相同，然却没有一个不是想把经济的生活放在社会管理之下的。这就是那个时代的反响和个人主义、放任主义过盛的证据。

斯氏生在这个科学发达的时代，本可拿科学的训验来阐发政治原理。但他的政治学，并不是纯从科学中得来的，是拿各种不同的观念凑成的。当他研究科学的时候，他就先有了政治上的成见。又把不能相合的人权因果观念，和那国家有机体及进化的观念合在一块。所以斯氏的哲学，从头至尾，是拿一个自然权利和生理的比譬凑合起来的。他本想把各不相调的原理融成一个原理，可惜他不能成功。照这样看来，斯氏仅是一位“牛溲马勃”“俱收并蓄”的概括家，不能成一位“条分缕析”“融会贯通”的哲学家；仅成了一个杂乱无章时代的产儿，不能成一个汇合万派的先觉。这也是因为他思想的来源太杂了，所以才成就一个驳杂不纯的斯宾塞尔。

二、斯宾塞尔思想的来源

斯氏生平有一种癖性，就是说凡事由我创始，不肯“拾人牙慧”。所以他的学说，就是和前人一样，也再不说是学人家的。他当一八九九年，写信给司泰芬（Leslie Stephen），说他做《静止的社会观》（*Social Statics*）的时候，并不曾预备过。所论的事，皆是拿自己眼光观察的，不是从人家观察得来的。照他自己说，他的学问是没有来源的；照事实上说，却没有一处不是从人家思想发源下来的。就是他信为“独得之奇”的自由界说，“人人自由，以不侵犯他人自由为限”一句话，也是从法国《人权宣言》书中抄来的。所以我们要想明白斯氏的思想，不可不先去找出他思想的来源。斯氏思想的来源有三：（一）激进主义（Radicalism），（二）自然科学（natural science），（三）唯心主义（Idealism）。

（一）激进主义的发源。斯氏早年，即在英国激进的空气中生活。他生在不信国教的家庭中，自小就受了许多反对国教的教育。他的叔父，名叫斯宾塞尔·泰门司（Rev Thomas Spencer），是一位很文明的神学家。他说教会是适应外界的情形生长起来的。他又常常同斯达支（Joseph Sturge）合在一块，办 *Nonconformist* 周刊，并加入普通选举的运动。斯氏的政治活动，就是从一八四二年任普通选举联合会的职员起。这个时候，英国人多反对金钱选举，成了一种社会的运动，斯氏也曾出了许多气力。又常常做些文章，反对国教和《米谷条例》。他当一八四八年，曾充任 *Economist* 的副主笔，因此才同浩思金（Thomas Hodgskin）合在一块儿。可是自打同他在一块做事，感受他的影响，是很不少的。浩思金说：社会是自然的现象，当受自然法支配。政府的职务，只是消极的，将来的乌托邦，就是无政府。到了无政府的时候，人类全体的感情，自然能够一致。斯氏早年，既受这种激进主义的影响，且把浩思金的思想，奉作政治上的信条。所以他后来的思想，总脱不尽激进主义的彩色。

（二）自然科学的影响。斯氏哲学的思想，是一半从生物学得来的，一半从物理学得来的。斯氏当少年时代，最欢喜抽气机和电机，又亲自做几年机器师，所以他得物理学的益处很多。他常常拿物力机械的名词，说明宇宙的进化，却不用生物有机的名词。他用的第一个原则，就是“物力永存”。又从这个原则中，看出万物的终极，必走到极端的平均。因为如此，所以必须顺着进化的次序，向平均的地方走去。斯氏社会的进化观，也是这个道理。他说社会必有达到极端平均的那一天。因为未达到极端平均的地步，所以才有进化，进化就是向极端平均的地方走的。这种观念，在达尔文前已经有了，斯氏不过承这派的“绪余”罢了。

但是，斯氏受生物学的影响也是很大的。他自幼就好喂养昆虫，所以也很得生物学的益处。后来他常常适用一八〇〇年拉马克（Lamarck）所说的生物学原则。他说外部的境遇，能够感动内部的精神；内部精神的构造和机能，又常适应外界的环境。这种适应，是打多少时代上经过得来的。斯氏的生物进化观，和 Coleridge 的生物进化观念不同。Coleridge 说生物进化是从内部发动的，斯氏说是从外部发动的。所以斯氏自始至终，都主张生物内部的精神，常随外界的环境变化，这就是他跳不出拉马克主义外的铁证。他又承认“自然律”非常的庄严，好像老庄看“天道”一样。因为“自然律”如此，所以才能够淘汰不适宜的，遗留下那种最适宜的。这就是斯氏受生物学影响的所在。

（三）唯心主义的影响。斯氏常从 Coleridge 书中，求得德国 Schelling 和 Schlegel 的唯心主义。他《静止的社会观》中所说的“生命观念”（idea of life），就是从唯心主义中得来的。他说“生命”是宇宙进化的原因，实在就可算是宇宙进化。照这样看来，斯氏的进化观念，并不是从生物学上起首的，也不是拿生物学上的进化观扩张起来，适用到宇宙进化上去的。他是从宇宙进化的观念起首，然后把生物的进化包括到宇宙进化之中的。他书中所说的“进化的假设”，也是 Schelling 讲求过的。所以斯氏哲学的基础，简直可以说是合冶 Hodgskin 和 Schelling 两个人的理想而成的。这就是他受唯心主义影响的所在。

斯氏思想的来源，虽不止这三种，但这三种思想，是斯氏政治思想中最重要的。斯氏的脑筋，是一个“博采兼收”的杂货铺子，所以才成了一个驳杂不纯的概括家。他是打唯心主义的生命观念起头，到唯物的物力永存观念收尾，一方面深信激进主义，一方面又深信自然主义。他虽想用种种的解说，把各种观念调和一致，但他始终不曾做得到——这就是斯氏学说所以驳杂的原因。

三、斯宾塞尔的乌托邦主义

斯氏的政治思想，很有许多地方和我国老子一样：（一）老子主张放任主义，斯氏也主张放任主义。不过老子的放任，是放任于天，对于个人，则主张“无为”，教他不要去“代司杀者杀”；斯氏的放任，却是放任于个人，不教国家去干涉个人的行动。（二）老子把“自然法”看得非常的森严，所以教人听天，不要有为；斯氏也把“自然法”看得非常的重要，所以说天演造就人，比国家造就的好得多。（三）老子的政治学说，推到极端，只有无知无识、老死不相往来的个人，并没有国家社会；斯氏的政治理想，推到终点，也是一个人人均等的无政府的社会。（四）老子心目中的世界，是一个想像的古代的世界；斯氏心目中的社会，是一个想像的将来的社会——这就是他两个人大同小异的地方。我们要研究斯氏的政治哲学，第一件紧要的事，就是要晓得他所论的社会，是将来的空想的社会，不是现在的实际的社会。

斯氏是一位崇拜乌托邦主义的人，他确信进化的终点，必达到完全均等的境界。这完全均等的境界，就是进化最终的目的，也就是终极的社会观念。到了这个境界，进步就止住了，运动也停歇了。生存这个境界中的人，要怎么样便怎么样，应该怎么样做便怎么样做，所以用不着政府。他在《静止的社会观》里面有几句话说到政府存废的问题。他说：

> 政府不是不道德的吗？……政府所以存在，不是因为世间有犯罪的事吗？若是世间没有犯罪事体，政府的职务，已经没有了。还可以存而不废吗？

他又说：

> 说政府可以永远存在，这句话是很不对的……政府不是必定

需要的，乃是偶然需要的。我们看见布虚民族是先有国家后有政府，所以相信这两个东西将来必有一个是可以废止的。

他所以要想废止政府的意思，就是痴心妄想那种无政府的“乌托邦”。因为拿那无政府的“乌托邦”来作社会的标准，所以把现在的社会看作万恶的来源。他所以这样主张，也有几层道理：（一）他看这不完全的政府，实在不配干预人民的行动；（二）他是崇拜个人主义的，所以主张凡事总要从个人的智识得来，不要从国家和政府官吏的智识得来；（三）他是最信人类自然权利的，所以他的反面，不得不反对政府；（四）他是信服“自然法胜于人为法的，所以他相信人为的淘汰，不如天然淘汰的公平。——这也是十九世纪中最普通的政治思想。

斯氏的意思，以为不均等是进化的原因，极端均等是进化的归宿。当未达到极端均等的时候，政府也不能够就废；唯一的方法，只有限制政府的权力。斯氏很反对国家立法去管理贸易，反对立法去干涉卫生，反对国设的教育和国立的教会，反对营求属地，反对救贫的制度，并且连国家管理邮政和发行货币也一齐反对的。他理想中的国家，只是一个合股保险公司，只有保护自然权利的一种职务。在这外边，如再多给一点保护，就是人民多受一点损失。所以他说的国家职务，全属于消极的一方面。只说某事某事都是国家不当做的，不说某事某事是国家应该做的。他所以这种主张，就是因为他确信有自然权利和天演淘汰两件事。

四、斯宾塞尔的自然权利观

斯氏所以反对国家，就因为想保全自然权利。他以为人口数第一件重要的事，就是自由运用个人的才能。把个人的才能，发展到了极点，就能够得最大的幸福。发展个人才能的要件，就是自由。他《静止的社会观》中第一原则，就是平等的自由律。平等的自由，就是人人自由，以不侵犯他人的自由为限。甲尽力发展甲的才能，乙尽力发展乙的才能；

甲也不妨害乙的活动，乙也不妨害甲的活动。这就是斯氏的平等的自由观念。

斯氏哲学的基础，全筑在个人身上。他的个人，是无关系的个人，是虚拟的个人。国家的特性，就是集合个人的本性所成的。所以说国家的根本就在个人。国家全靠着个人，个人全靠着自由。能够自由，才能得权利。斯氏所说的权利，是自然的权利，是从天赋得来，在未有社会以前已经有了的。

这也不是斯氏一个人说的，卢梭也是这样说。但这种观念，是很不对的。因为不由社会承认，不待法律承认，不能算是权利。斯氏不承认人民得私有土地权，因为这私有权，妨害一切自由的法则。他主张把土地归公家所有，不过一经分给个人，则土地上产生的东西，必为个人私有的。这是什么缘故呢？这不是单因为他花费了人工，只因为他向社会租借土地，当得社会承认的时候，已经得到所有权了。照这句话推论起来，私有权要社会承认，难道自然权利就不要社会承认吗？斯氏这一句话，几几乎把自己的自然权利根本推翻。他后来竟把所有权认作社会的权利，就是因为这句话改变的。

但是斯氏说家族制度，仍然本着自然权利的观念。他极力反对妇人服从，并且连儿童的服从也反对的。他不但说妇人应该有选举权，并且说家庭内的生活组织和训育儿童的职任，也是应该废止的。自由的权利，就是小孩子也是应该享受的，也应该和大人一样，不当让父母去压制他。这种主张，也是从自然权利观念发出来的。

五、斯宾塞尔的天演观

斯氏注重自然权利，本想为个人寻出自由的根据，让他去发展自然的才能。他尊重“天演”，发挥“物竞”“天择”“适者生存”的道理，也是教人发展他适宜于环境的才能。他因为那时代的国家说不起造就人物的话，所以相信天演有造就人物的功能。所以他说：

人者生物之一科，而最为善变者也。自其善变，而其变常受成于所遭于外境。（见严译《群学肄言》）

这是说环境影响人生的功效。且看他举出天演中适者生存的证据：

……是故目莫疾于鸷鸟，此非泰始而然也。其不疾者以艰食而渐亡，其疾者以天择而蕃滋焉。故鸷鸟以目疾特传。足莫迅于食荐，其不迅者为豺虎之食尽矣；而豺虎以求食之愈难也，亦存而衍其迅足而善伺者。故天演之事，其能杀与所杀，二者形体之完利，有交相进者焉。不独形体有交进也，其官知亦然。警者遇险而早觉，蠢者当机而晚悟；早觉者传而衍，晚悟者渐以亡也。黠者以善伺而得食，钝者以惊物而常饥。如是黠者有其子孙，而钝者绝其种嗣。故自有生物以还，自然者用其相攻，以范进乎庶类。员颅方趾之伦，其受范于自然亦如此耳，岂能违哉？（同前）

这是斯氏所以重视天演的原因。他因为天演是存留最适宜的，淘汰那不适宜的，所以他反对救贫制度和公共卫生。因这两件事，都是妨碍生存竞争、适者生存的事，是干涉天演的事，就是同老子说的“代司杀者杀”“代大匠斫”，是一个道理。

六、斯宾塞尔有机体的社会观

斯氏因为Schelling所说的生物学原理，有趋于个体的倾向，所以他由生物学得来的进化观念，就是“由一之万，由纯之杂”。因为他深信个体的原理，所以极力主张个人主义。他以为人有人的个体，社会有社会的个体。因为人的个体，是有机体，所以社会的个体，也可说是有机体。原来有机体含有三层意思：（一）是由不一样的部分合组起来的生活体；（二）因为各部有各部的用处，才能够互相补助、互相倚靠；（三）全部的发达，全仗各部能够各做各的事。这种生活体，是天然生长的，不是人力制造的；是由内外部一齐发达长起来的，不是由一部一部单独长起来的。斯氏拿这个原则来说明社会，却有两层用意：一是想让他自由生长，不教国家去干涉他；二是想叫各部分同时发达，各尽各的职务，不可单从一部分着手。不过社会有机体到底是个什么？恐怕连斯氏自己也不大明白。人是天然的躯体，可以称为有机体；社会不过是由人类精神结合的组织，并没有天然生成的躯体。若叫他为物质的社会有机体(physical social organism)，试问这个名词，怎么能通呢？

原来国家和社会，有些地方是同有机体相同的，有些地方是同有机体两样的。什么地方是相同呢？（一）国家和社会的构成分子结成一块，各有各的机能。照这样看来，国家和社会绝不像无生命的机械体，倒很像有生命的有机体。（二）国家和社会想达到公共目的，全仗各部各自做事。有机体也是这个样子。（三）国家和社会的变迁，也是由内部发动，用全体进步的法子。这个地方也很像有机体。说到不同的地方，可就很多了：（一）有机体的构成分子，离了全体就没有独立的生命；国家和社会的构成分子，就是离了全体，也可以独立生活的。（二）有机体的构成分子，不能自由运动迁移；国家和社会的构成分子，不但可以自由运动迁移，并且可以增减个数。（三）有机体的分子发展活动，都是没有意识的；国家和社会的分子发展活动，都是有意志的。因为有这些不同的地方，所以只能说国家社会像有机体，不能说国家社会就是有机体。国家和社会单是精神的、心理的结合，不是物质的、生理的结合。斯氏不把他分析清楚，所以弄出许多费解的议论。

七、结　论

斯氏的政治思想，到后来很有许多变更。土地和妇人两个问题，变易的痕迹是很明白的。他那种直觉的道德观已抛弃了，外界的环境观念，后来也变成内界的精神观念。但他的虚荣心很重，所以始终打不破自我作始的念头，去不掉固执己见的癖性。伯尔克（Barker）说："斯氏生平，不大坦白。若是改变观念，总要遮掩他改变的痕迹。他又有一个习惯，凡遇有矛盾，他就模模糊糊的掩饰过去。他同密尔、泰勒尔争论妇人选举问题，同乔其亨利辩论土地国有问题。后来因为后一问题，竟同赫胥黎、乔其亨利等吵闹。他对于这些问题，虽分明改变了旧日的主张，却不肯明明白白的说出来。他一八九二年所印的《静止的社会观》，把第一次出版书中关系这个问题的部分删了，却不加一个字的说明，这真是一桩可笑的事！"照这几句话看来，就可以明白斯氏学问受自我作始和固执己见两桩事的影响。所以把他引来，作我这篇《政治哲学》的结尾。

本篇的议论，多从白尔克的《英国政治思想史》（Barker's *Political Thought in England from Spencer to Today*）上得来的，读者可以参看原书。

（原载《新青年》第6卷第3号）

克鲁泡特金学说的要点

（1919年7月20日）

我对于克鲁泡特金所著的书籍读过的很不多，拿起笔来就述他的学说要点，自然是不免有许多挂漏。这篇所说的并不是克氏的全部分学说，不过把我见到的两三点写将出来罢了。

我以为克氏的学说有三个重要的地方：（一）文化是社会的产物；（二）互助是进化的要素；（三）自动是人生的要事。

怎么说文化是社会的产物呢？克氏以为文明世界所有的一切文化，没有一件不是那些过去的无名的人创造出来的。就说一条铁路罢，也不知道费许多劳动人的工夫，用许多工程师的心力。做一条铁轨工厂里要许多铁匠帮助，做一张车子又要许多木匠动手。煤也是多少无名的矿工挖出来的，铁也是多少无名的工人炼成功的。发明蒸汽不单是发明的人一个人的功劳，若是一切制造都不大进步，单发明一个蒸汽罐子又能够做什么呢？所以一城的文化，不是几个哲学家科学家文学家造成的，是许多已往的现在的死于无名的科学家劳动家造成的。一村的生活，也不是几个管事的人维持起来的，是那些勤耕苦做各做各事的人互相帮助维持下去的。

克氏的意思，以为社会的文化是大众合力造成的，不单是圣人贤人老爷先生的事。无论什么事都带些社会的性质，不能撇开社会独自去做的。明白这层道理，自然不去倚靠英雄豪杰和大人先生，自然不曾去"遗世独立"，学那些高人雅士。怎么说互助是进化的要素呢？大家都知道当十九世纪中间是个进化论盛行的时代。平常所说的进化论就是达尔文一派的学说。达尔文自己本说人类有"互助"和"互竞"两方面。不过他所证明的稍为偏于互竞的一方面，后来谈进化论的人都在这互竞的一方面发挥，竟造成一个“弱肉强食”的世界。

克氏的互助论就是受这种学说的影响，所以偏要拿动物和各种人类的生活来证明人类互助的倾向。他说人类社会不是以爱情和同情心作基础的，是以天然协进的天性作基础的。譬如我们看见平日不相认得的邻家失火，立刻就会拿起木桶，跑进他家去替他救火，这决不是什么爱情作用。又如有一种野羊，虽然散在几十里路外，到了要过河的时候，也会集合在一块儿，大家一阵过河，这也不是什么同情心的作用，这就是天然协进的本能，不要勉强自然会发见出来的。互助固然不限定是高等动物才能实行，但是社会的精神必定随知识增进，知识越高，社会的精神越大。人类自然有社会的需要，自然有互助的倾向，不过有些地方受国家主义妨害，渐渐的减少了许多。但人类这种精神，是终久不会熄灭的。

克氏既不承认进化派悲观的社会观，也不承认卢梭一派乐观的社会观。他的论据不是打书中得来的，不是打试验室中照书试验出来的，是到山林原野之中，亲自由动物的生活状态中考察出来的。所以克氏的学说决不是捕风捉影之谈。

克氏以互助为进化的要素，积极的方面可得许多同力合作的益处，消极的方面可免掉许多惨刻不仁的害处。十九世纪的自私自利的进化论，不啻被克氏根本推翻了。

怎么说自动是人生的要事呢？克氏以为人类要想发展本能，除非是自己去独立做事总不济事。靠人指挥听人命令的人，放掉手就不能自动，就是能动也是机械的作用，不是精神的作用。所以练兵只能斗兵士作机械的行动，一味的听人号令，凡事总不打心里思索过一回，便是操练成熟，也是筋肉的动作，他们的脑筋是自然不会发达的。克氏的结论就是各人用自己的心思能力在社会里面借大家的帮助来独立做事，不要跳在社会之外，不要互相竞争，不要听人命令，这才是人生的道理。这便是他所以主张无治，所以主张互助的理由。

（载 1919 年 7 月 20 日《每周评论》）

《互助论》的大意

（1919 年 9 月 24 日—9 月 29 日）

十九世纪下半段，总算是进化论大出风头的时代。克鲁泡特金的互助论（Mutual Aid）完全是受了那些进化论的影响。那时候有许多进化论家，如赫胥黎、斯宾塞尔诸人，都把“生存竞争”当做人类求生的要素和天演进化的动机。凡同种同类，这个动物和那个动物、这个人和那个人的生存方法，都是单靠竞争一件事。他们的信条就是“物竞”“天择”，他们的目的就是“适者生存”。把生存竞争看做天演界中“自然的法则”，不但是人类生活上跑不掉的事实，并且是天演进化中很有用的利器。“自然淘汰”不但能够去掉不适宜的，剩下顶适宜的，并且能够叫顶适宜的越发进步、越发适宜。譬如老鹰，他的眼睛、爪子当初也未必十分尖利，后来因为不尖利的都弄不到东西吃，一个个都饿死了，剩下来的都是些眼明爪快的，又因为老鹰的生活单靠着一双眼睛、两只爪子，天天用他，越用越发达，所以把他的本事也都变好了。这也不但物是这样，连人也是这样；不但形体是这样，就是心思才力也是这样。这种学说一唱，所以竟造成一个“兼弱攻昧”“弱肉强食”的世界！

这些进化论家大概都是从观察动物下手的。克鲁泡特金想驳倒他们的主张，所以也先从动物上观察。克氏少年曾到过东西伯利亚和北满洲一带游玩，在这些地方随时观察动物的生活。他以为动物的生活有两方面：一对于自然不能不去拼命的争斗，一对于同种不能不来你帮着我、我帮着你。无论怎么观察，总看不出“同种动物中间”拿猛烈的竞争做生存的方法。所以他对于达尔文派（Darwinism）顶相信的“同种之中因为食物和生存起了可怕的竞争”和“这样竞争于新进化大有功用”的话，就不免疑惑起来了。后来克氏求得许多动物互相扶助的证据，又因一八八〇年一月圣彼得堡大学总长、有名的动物学家凯斯勒教授（Professor Kessler）讲演“互助的法则”（On the Law of Mutual Aid），克氏对于这篇讲演，又受了很大感触。凯斯勒的意思，说自然界中除了“互竞的法则”，“还有互助的法则”。这个互助的法则能叫生存竞争成功，更能叫物种逐渐进化，比那互竞的法则还要重要许多。凯斯勒的讲演，也不过把达尔文在《人种由来》（*The Descent of Man*）中说过的话讲得更进步一点。然克氏一得到他的观念，便搜集许多材料来证明这个道理。那时讨论动物的知识和精神生活的书籍，打一八七二年到一八八六年出了好几种。专门研究这个问题的，有埃思皮拉的《动物社会》（Espinas´*Les Sociétéis Animales*），有赖耐桑的“为生存而竞争，为竞争而共同”的讲演（J.L. Lanesson´s La lutte pour l´existence et l´association pour la lutte），有布斯耐的《动物界的恋爱和恋爱生活》（Louis Küchner´s *Liebé und liebes-pleben in der thierwelf*）。这几部书不但证明互助是道德本能，发生在人类之先，并且认为自然的法则和进化的要素。到了一八八八年赫胥黎做一个《生存竞争的宣言》（*Struggle for life manifesto*），说“生存竞争和他及于人类的影响”（Struggle for existence and its bearing upon man）。他这些议论，在克氏看起来，都不是实在的事情。克氏想做成有系统的文章，痛痛快快的驳他一下，所以请《十九世纪》（*Nineteenth Century*）杂志的主笔脑尔斯（James Knowles）把他的著作在这杂志上发表。

《互助论》的第一、二两章“动物的互助”是一八九〇年九月和十一月发表的，第三章“蒙昧的互助”是一八九一年四月发表的，第四章“野蛮人的互助”是一八九二年一月发表的，第五、第六两章“中世都市的互助”是一八九四年八月和九月发表的，第七、第八两章“近代人的互助”是一八九六年一月和六月发表的。后来找到许多材料加在附录之中，又把杂志上删掉的议论加将进去，印成一种单行本子（现在通行的本子虽然存些附录，但不过十二条子，其余的都重行删掉了）。

以上所说的是克鲁泡特金受当时思潮的影响和他所以作《互助论》的原因。

克鲁泡特金立论的根据，是应该先弄明白。他说社会成立，单靠着人类协进的和社会的本能；文化发生，单靠几世纪几千万无名的人一齐努力。他说社会不是因爱情（Love）和同情心（Sympathy）造成的，是单靠着人类协进的意识（Conscience of Human Solidarit）造成的。所以他说：

> ……把动物的社会性单看做爱情和同情心，实在是减少动物的一般性和重要性。人类道德也是这样。若单把爱情和个人同情心看做伦理的基础，反把笼统的道德感情的意义弄得狭小了。我们假如看见邻家失火，马上就拿起水桶跑进他家。这个邻家的人我们常常不认得，这绝不是爱情了，这就是广大的协进性和社会性的感情感动我们了。动物也是这样。一阵反刍兽和野马结成一阵，防备狼来吃他，这既不是爱情，也并不是真正同情心。狼结成大队防备打猎的杀他，小猫、小羊的玩耍，好多种小鸟整日的在秋天游玩，这都不是爱情。更有一种小鹿，分散在各处成了几十阵，要过大河的时候，他们就会聚在一块。这既然不是爱情，也并不是同情心，是比爱情和同情心还要广大的感情——就是在动物和人类社会中渐渐进步的本能。这类本能可使动物和人类由互助的实验得到势力，又可使他们由社会的生活得到快乐。
>
> ……爱情、同情心和牺牲虽然对于我们道德感情的发展有多大的益处，但是人类的社会并不是拿爱情和同情心做根基，单是拿人类协进的意识做根基的。这是不知不觉的承认那从互助实验上得来的势力，不知不觉的承认各人幸福是紧靠着公共幸福的，更不知不觉的一视同仁的正义和平等。在这种广大的、必要的基础之上，可以发展格外高尚的道德感情。……（*Mutual Aid*，Introduction，P.XII—XIV.）

克氏的意思，说人类的社会是由人类协进的本能造成的，人类的自身就是全世界。虽是小的细胞，都是“自治的有机体”。自治的有机体是协进的，是互相帮助的，所以他把互助当做社会成立的一个顶重大的要素。

克氏又把世界上的文明看做社会的——几世纪几千百万人的——产物。他在《自叙传》中曾说过：“世界上不出名的人民多有能成就历史上的大事业或建筑战争的大基础。”可见得社会不是一个人或几个人造成功的，是笼统人建设的才能合在一块创造起来的。克氏在《无治的共产主义》（*Anarchist Communism*）中说：

> 文明是几千年结合努力造成的。森林是几世纪前开辟出来的，填湖开路，开办铁道，也不知费了几百万人几年几月的气力。另外又必须有几百万人修盖城市，来创造文明，也不知道有多少贫穷无名的发明家造成机械；更须有无数的排字匠、活版匠，得了无数工匠的帮助；又须有几千位文人、哲学家、科学家，使人人都得到知识，免掉错误，造成科学思想的空气。如果没有这些人，我们的时代断乎不能发生这样文明。（*Anarchist Communism*，P.11—16.）

克氏既已把文明看做社会的产物，所以说：“惟有依据群众意志的努力，才能达到那生活的目的。”（《自叙传》）自此推论下去，所以说：

> 生产和社会笼总需要的手段既然是人人合力造成的，那么这些事务应该听人自由处理……应该使生产的人和消费的人同站在一个地方。（见 *Anarchist Communism*，P.18.）

克氏立论的根据大概如此。他因为社会是人类协进的本能造成的，是群众意志合力造成的，所以说互助是社会成立的顶大的要素。

克氏的进化论和达尔文派的进化论有根本不同的地方。就是达尔文派把同种相争看做一个自然的法则，克氏偏说："物种的逐渐进化绝不是从激烈竞争的时代起的。"克氏说：

> 后来我很留意达尔文主义和社会学的关系，然对于他们讨论这个重要问题的著作一概不能同意。他们一个个都费尽心力想证明人类因为知识很高应该减少生存竞争的惨苦，但他们又同时承认物同物、人同人的生存竞争是一个自然的法则。这样见解我是不能同意的。为什么呢？因为他们承认各种物类为求生活起了残杀的内部战争，并承认这种战争是进步的条件。我对于这两层见解，不但是不曾求出证据，并且认为〖是〗没有经过直接的观察来证明的。（*Mutual Aid*，Introduction，P.IX—X.）

但克氏反对的进化论不是达尔文广义的进化论，是达尔文以后狭义的进化论。所以克氏说：

> 达尔文自己有时为特别的目的，也曾把这个名词（竞存）作狭义的解释。但他对于后辈也曾警戒他们不要把这个名词用得太狭。他在《人种由来》书中曾极力说明这个名词本来的广义，他曾指明怎样消灭动物社会彼此因生存惹起的竞争，怎样拿协力（Cooperation）代替争斗，怎样发达那保障生存最好条件的知识道德。他很知道最适于生存的物类未必就是身体顶强的，也未必是顶伶俐的；不过他们不论强弱，都知道结合起来，你帮助我，我帮助你，同谋大家的幸福。他曾说过："社会里边同情心的分子越多，社会越发繁盛，越发能养出许多子孙。"（《人种由来》第一六三页）从马赛的狭窄的竞争观念而来的竞争名词，自明白自然道理的人看来，未免失之太狭。（见《互助论》第一章第二、第三两页）

可见得达尔文进化论中本包涵竞存和互助两个意义，不过他指出的证据偏重在竞存一方面，后人把他的互助一方面的意思丢掉了，单拿互竞来做进化的条件，所以竟造成一个惨刻无情的“弱肉强食”的世界。

且看克氏说：“达尔文的学说和论人类关系的各种学说一样起来了。在达尔文之后继起的学者，不去推广他的学说，反把他的学说越弄越狭小。到了斯宾塞尔，他虽然是独立的，但很和达尔文派相近。他特为在《伦理学资料》第三版的附录上面，讨论‘谁是顶适宜的’一大问题。当这个时候，达尔文派的学者已经把生存竞争的观念弄得狭小极了，他们把动物世界看得如同想食人血的饿鬼一般，天天在那里相争相杀。近代的文学没有不说‘败者该死’，以为这是最近生物界最后一句话。他们把利己的竞争高抬起来，当做生物学上一个原则，人类应该顺从他才好。有不从的，就把他打到互相残杀的世界去了。”（《互助论》第一章第三、第四页）

克氏反对赫胥黎一流悲观的进化论（把自然界看作互相残杀的世界），又反对卢梭一派乐观的原始社会（把自然界看做平和亲爱的世界），这皆不是自然界的公平正当的解释。动物有嘴有爪，自然免不掉争斗的事情。“互助和互争都是自然的法则，但是互助是进化的一个要素，比互争更加重要。一方面可以使保障物种的习惯和特性格外发展，一方面又可以用各人最小的力量得到最大的幸福。”

以上说的克氏的自然观，既不是达尔文派悲观的残忍世界，又不是卢梭乐观的空想世界。他的证据是从森林丘壑高山大野之中动物社会里边实地观察得来的，并不是坐在书房里面空想出来的，也不是单坐在实验室和博物馆内照书行事去试验出来的。

克氏实地观察的结果，知道最下等的动物也能互助。他说：若是拿显微镜来研究水中的顶小的动物，也可以预料到必定有无意识的互助。蜜蜂、蚂蚁很知道彼此相救，若有一个自私的或躲懒的，他们都把他当做仇敌。蜜蜂之中，有抢夺躲懒等性，可叫做“非社会的本能”，这种本能经过“自然淘汰”，必能把他逐渐除掉。为什么呢？因为带一点“非社会的”性质，和那些带“共同性的”在一块儿生活，久而久之，必定渐渐的减少。那些单独生存的虽然狡猾，虽然强悍，必定要被那些懂得社会生活的驱逐完了。鹰鹅之类都知道“狩渔同盟”，鹦鹉之类都生来就有社交的性，狼和狮子也会“狩猎同盟”，啮齿类、反刍类、猿猴类都各有各的社会。照这样看起来，可以断定社会的生活是动物界的规则，是自然界的法则。

从动物的生活上观察起来，可见动物的互助是打无意识、无目的的，进到有意识、有目的的；动物的集合是从机械的动作进到本能的动作，更由本能的动作进到理性的动作。动物的社会性也是跟着知识走的，知识越高，社会的精神越大。

《互助论》从第三章起，专门研究人类社会的情形。克氏说，最古的社会制度决不是起于家族，家族是文明大进的时代造成的。太古的人类生活，是从社会（Society）、团众（Band）、种族（Tribe）起的，不是从孤立的家族起的。那时婚姻关系的组织非常复杂，最初经过“共婚”（Communal Marriage）阶级，到了有限制的婚姻。蒙昧人类的生活，如渔猎、园艺、防卫、报警、抵御外来的人，都是从社交的习惯、团结的精神中得来的。有许多人民如“埃司凯模”（Eskimo）等，老早就有了“共产的村子”和“同行的组合”。无论经过几次神权政治、专制政治，他们这种互助的习惯法仍然存在。

再研究罗马说的“野蛮人”（Barbarians）。那时野蛮人无千带万的从亚细亚搬到欧洲去。搬来搬去，居住不在一块，或遇战争，同种也东逃西散。因为有这些原因，所以把他们的家族制度破坏了。家族制度破坏，不得不有一种新组织见。新组织是什么呢？就是“共产的村子”，合许多不同宗族之人，同在一个村内生活。所以这种“共产的村子”（Village Community）可算是他们新社会组织的根本细胞。几个共产的村子联合起来，可以做共同的事业。又渐渐有了裁判的制度，拿赔偿主义代替古代的复仇主义。依克氏研究的结果，可见得野蛮人搬家到欧洲去，发见几层互助的证据：（一）破坏原有的家族，组成共产的村子；（二）打破血族同住的生活，变成社会的生活；（三）因为是社会生活，所以养成共同劳动的习惯。

到了中世纪，都市的制度渐渐兴旺起来了。因为那个时代，政治、商业渐渐发达，所以都市也渐渐扩大。都市之中又有许多同行的组合，带了许多社会的性质。又有“自治的村子”（Commune），仿佛一个国家，连独立裁判权和独立行政权都有了。但是这种都市制度也不单是保障政治自由的一个政治的组织，他比共产的村子规模还大，他是为互助、为消费生产、为全社会生活组织成功的一个精密的团体。一方面又有自治权，免掉国家的干涉，使各人的艺术、手工、科学、商业和政治的组织等建设的天才，都可以自由发展。当十一世纪的时代，欧洲的都市不过有教会建筑的一些小房子，技艺之类也很不见佳，不过织布、打铁几种，学问除了教会之中，更说不上口。再过三百五十多年，欧洲都市的气象突然大变：房子也好了，装饰品也好了，手工技艺也发达了，船舶也渐渐的走得远了，学问日见发达，科学的方法、自然哲学的基础也渐渐的弄得完全了，机械也渐渐的发明了。后来因为建设中央集权的国家，又因为旧市民和新市民分裂种种原因，才把都市衰败下去了。然而当都市极盛的时代，贡献人类互助的地方也实在不少。

再说近代的社会。近代的社会中互助的趋向多被国家制度拦住了。从共产的村子之中，夺去民会（Folkmotes）、裁判所（Courts）和独立的行政（Independent Administration），公有的土地也被占去了。又从同行的组合之中，夺去财产、自由，放到国家监督之下。都市的主权、民会、裁判所、行政，也被国家制度破坏了。把所有权柄一齐收到国家手里，人类互助的制度似乎没有地方可以找得出来了。

然近代社会中，互助的精神很有许多地方改变形式来同国家相抗。同行的组合破坏之后，又有同盟罢工和别的职业团体出现。后来“劳动组合”“劳动组合大同盟”虽然被专制的政府解散了多少次，终久不能扑灭他们。另外有“产业组合”和“为别的目的而设的自治团体”，都含有社交的精神和亲睦的精神，为共同利益，就是牺牲时间、劳力，甚至就是牺牲性命，也不顾的。现在家族、穷人、农村和劳动的人的互助精神都渐渐露出头角，终久必然要大大成功的。

克氏《互助论》自第一章到第八章重要的意思大概如此，归总起来，就是：

（一）社会是由人类协进的本能结合起来的。

（二）这种协进的本能，虽然遇到阻碍，终久是破坏不了的。

（三）社会的生活是社会的产物。

（四）社会性是从本能进到理性的。人类的知识越高，社会的精神越大。

由这几种论据，得到下列三种结论：

（一）互助是进化的要素，人类是由互助进化，不是由竞争进化。

（二）人类对于自然状态竞争，不是对于同种竞争。

（三）社会性越多，种族越发展；社会性越少，种族越微弱。

这就是互助论的大意。

（原载《北京大学日刊》第445—449期）

罗素的社会哲学

（1920 年 4 月 1 日）

这篇文章是高先生从东京寄来的。我同张崧年先生看了一遍，删去了一部分。因为路远，不能先得高先生的同意，故声明一句。（适）

一、罗素论人类行为的动机

从来政治哲学家的人类行为动机观，在因袭的道德家眼光看来，多说是理性的要求；在个人主义的政治学家眼光看来，又多说是欲望的要求。两家的观察点虽然不同，但有一个共同的地方，便是把人类行为的动机看作有意识、有目的的。到了欧战一开，自高蹈的哲学家眼光看来，全世界的人都一个个极力发挥他的兽性，就是生平以阐明真理自命的人和世界新生的哲学家、思想家、科学家和那些讲人道、博爱的宗教家，都没有一个不为自己国家曲辩，不说人家国家的坏话。即如世界上很推重的倭铿、柏格森等都没有一个不是这样。因此便使一般高蹈的哲学家疑惑几千年来所夸奖的文明都是嘴上说得好听，其实只是欺人的假话；因此便使一般高蹈的哲学家觉得人类行为的动机，仍然没有意识、没有目的，不过是一种本能——生性——的动作罢了；因此便使一般高蹈的哲学家觉得从前把人类的行为动机看作理性的要求，看作欲根的要求，都是错的，不得不从理性欲望之外再求人类行为的动机。

罗素所著《社会改造原理》（*Principles of Social Reconstruction*）第一章开首便说：“凡感受新印象和为新思想所动的人，经过这回大战，从前的信仰和希望上总会生相当的变化。怎样变化虽因个人性格、境遇的关系各有不同，但总有一个共同的地方。我这回由大战所学得的第一件事，便是人类行为的动机观——即人类由什么动机而行动，和怎样才可利导修正这种动机。”（《社会改造原理》）

人类行为的动机到底是什么东西呢？照罗素看起来，便是鼓动本能力量顶大的“冲动”（Impulse）。所以他说：

> 战争的最后原因并不是经济的、政治的，战争的发原并不是因为没有方法来镇压国际的争论，真正的原因是因为多数人抱着不好调和而好争斗的冲动。

又说：

> 冲动一方面是战争的原因，一方面也是科学、艺术、恋爱的原因。（《社会改造原理》）

罗素从前虽然主张理智万能，但察看欧战发动的原因，总觉得理智的力量不及冲动的力量大。从前的哲学家虽然说欲望是人类动作的动机，但自罗素看来，欲望只能支配人类一部分行为，不是支配人类全部行为的主因。所以他说：

> 人类一切活动本从两个渊源生出来的：一是冲动，一是欲望。……但是欲望只支配人类行动的一部分，而且不是重要的部分，只不过是最有意识、最明了、最文明的部分罢了。（《社会改造原理》）

他以为人类行动最大的部分便是发于自然的、无意志〔识〕的、无目的的冲动。这些行动并不受有意识的、有目的的欲望支配。他说：

人类天性更有本然的一部分，在一定范围以内，受无目的的冲动支配，与有一定目的的欲望毫不相干。譬如小孩边走边叫，并没有想得到什么好东西的意思，不过被走的叫的冲动激刺罢了。犬之吠月也并不想到于他自己有什么利益，不过被吠的冲动刺戟罢了。他如饮食、恋爱、争斗、傲慢种种行动，也并不是有什么目的，有什么意志，不过为冲动所感触罢了。（《社会改造原理》）

人类行动不但大部分受冲动支配，这种冲动并且是盲目的、无规则的、无统御的。所以他说：

冲动本来是盲目的，并不豫想什么极〔结〕果，并不是由先见豫料而起的。（《社会改造原理》）

讲辨性的人本来连欲望都看不起的。照罗素说，人类行动不但说不上理性，并且连理性家所看不起的欲望也说不上。可见得人类行动和禽兽并没有什么区别！

罗素不但承认冲动是人类行动的动机，并且承认冲动是不可排除的。如果排除冲动，这种生活便是死的、冷淡的、不快活的生活。他说：

我们所希望的并不是想把冲动弄弱，是想利导他，使他不要朝死亡、荒废的方向去，只朝生活、生长的方向去。想以意志来强制冲动——伦理家常常提倡这一说，并想藉经济的必要来强行这种主张——真是无希望的事。生活受目的和欲望统制，把冲动完全排除，便成不快活的生活，活力生气都消磨完了，极〔结〕果便使人对于所经营的目的不大注意。全国国民如照这样生活，这种国民必定衰弱，遇到阻止欲望的障碍物，便不能有充分的力量将他打倒。

近代产业主义和社会制度，都想强使文明的国民抑制冲动，依目的生活。这种生活的样式结果，不使生命的来源枯涸，便要引起来一种新冲动。这种新冲动和从前为意志抑制的、为意识感悟的冲动性质大不相同，新冲动比被抑制的旧冲动还要坏些。过度的节制，由外部加入的节制，往往唤起残忍的、破坏的冲动。这便是军国主义所以使人民性格上受恶影响的一个理由。如果突发的、自动的冲动没有发泄的路途，结果必定引起压制活气和有害生命的种种冲动。……（《社会改造原理》）

罗素这种人类行为动机观，便不啻把古来制欲派、正心诚意派的社会哲学和政治哲学根本推翻，便不管把几千年来天天抹油搽粉的文明假面具一齐揭开，便不啻把“移风俗”必须从“正人心”做起、改良社会必须从改良个人做起的种种迷梦一齐唤醒。罗素的意思，是想教人知道，现在所夸张的文明世界，仍然是一个兽欲横行世界，要想使兽性渐渐变化，使人性渐渐扩张，非从社会改造、政治改造下手断断不能成功。这便是罗素所以主张社会改造的理由。

二、罗素社会政治目的观

罗素承认人类行为的动机是由于冲动，并承认冲动不应该用意志来强制的，但是他并不是承认所有冲动都是不能利导的；罗素承认现在的世界仍然是本能的世界，并承认本能是不可灭的，但是他并不说本能是绝对不可变的。且看他说：

现在有一个普通的信心，就是说我们的本能不可变化，只有承认他、善用他罢了。这是不对的。人类各有各的自然性质，并可藉外界的境遇，养成一定的性格。就是性格中本能的部分也可以训练出来的。或由信仰，或由物质的情形，或由社交的事情，

或由文物制度，都可以使他生出变化。（《社会改造原理》）

冲动一方面是战争的原因，一方面也是科学、艺术、恋爱的原因。所以我们所希望的并不是把冲动弄弱，是想利导他，使他不要朝死亡、荒废的方向去，只朝生活、生长的方向去。（同前）

罗素虽承认本能可以改变，冲动可以利导，但他的改变和利导的下手方法，和旧道德家绝对不同。旧道德家把正心诚意做治国平天下的本源，罗素却以改造政治制度、改造社会制度为改变个人本能、利导个人冲动的本源。他认定人类行为常随社会政治的情形变化，社会生活根本变迁，社会组织根本变迁，人类行为也会跟着改变。所以他主张：改良人类行为，应该从改造社会制度、政治制度入手。

但是，罗素是一个主张“绝对多元论”的人，所以他的冲动观、本能观也是一种多元论。他不但说人类行为的动机有欲望和冲动两个渊源，他并且说冲动也分两种：（一）叫做占据的冲动（Possessive Impulse），（二）叫做创造的冲动（Creative Impulse）。前者包括财产、权力、战争等冲动说，后者包括知识、艺术、恋爱、建设等冲动说；前者是死的方面冲动，后者是生的方面冲动。他说：

货物可分两种，冲动也可分两种。货物有可以许个人占据的，有可以许人人同享的。这个人的衣食不是那个人的衣食，设若供给不足，这个人所有的便是从牺牲那个人而得的。……至于精神的物品便不是排除他人、专为一个人所有了。譬如某人研究某种学问，不但不因此妨碍他人研究，并且可以帮助他人增进知识。……

冲动也可同货物一样分为两种：（一）叫做占据的冲动，以取得及维持私人独占的财产为目的，因此便造成财产的冲动。（二）叫做创造的冲动，把既不能秘密又不能占据的货财公诸社会，且要令使用有效。（《政治理想》）

冲动是藏在本能里边的，由本能发动出来的。这种本能也有好坏的两方面。所以个人同个人相处，一方面有本能的亲爱，一方面又有本能的嫌恶。大概自罗素看来，无论是本能、是冲动，总都分个好坏两方面。

而且这好坏两方面并不是毫无关系、互相独立的，乃是互和〔换〕消长、互相妨制的。且看他说：

> 占据冲动强盛的时候，很妨害创造的进行。这个发见重要的东西，那个同他竞争的发见家，或者要生出满肚子嫉妒。又如这个人发见治癌的方法，那个人发见治肺的方法，或者你欢喜我发见有错，我欢喜你发见有错。便是不错，也并不是专为治疗病人的痛苦设想。这种地方他们并不是专为着知识效用，不过希望传播声名罢了。所有创造的冲动往往为占据的冲动遮蔽，便是大发志愿、想做圣人的人，对于已经成功的圣人总感觉他怀一种嫉妒。便是爱情也往往同嫉妒相随而至。这便是占据的冲动常常闯入创造的世界。（《政治理想》）

创造的世界既已被占据的冲动闯将进去，无怪乎嫌恶的冲动常常抑制亲爱的冲动，战争的冲动常常遮住艺术、科学的冲动，朝死亡、绝灭方面去的冲动常常驱逐朝生活、生长方面去的冲动。要想拿政治的、社会的势力来利导亲爱的、艺术的、科学的、生活的、生长的冲动，抑制嫌恶的、战争的、死亡的、绝灭的冲动，换句话说，要想减少占据的冲动，利导创造的冲动，这便是罗素社会制度、政治制度的目的。

罗素的社会政治目的，既全在减少占据的冲动，增长创造的冲动，所以他评判一切制度都拿这种观念做标准。要想估计某种制度有没有价值，必定要先研究某种制度合不合这个标准。所以他说：

> 政治或社会制度的好坏，必定由他对于个人的影响善恶而定。看这种制度是不是鼓舞创造性比较占据性多，是不是实现或

增进人类中尊敬的精神，是不是保持自重心，因此才可以判断这种制度的好坏。（《政治理想》）

我们应该尽力增多本能的亲爱之情，减少本能的嫌恶之情。这事比什么都重大，因为必定要由他的结果来判断政治制度的好坏。（《社会改造原理》）

罗素以为，社会政治目的在使人类得到最善的生活，最善的生活便是使创造冲动的活动尽量增多，使占据冲动的活动尽量减少的生活。（《政治理想》）这是罗素的社会政治目的观，他理想的社会政治制度都是从这个观念中演绎出来的，所有建设的主张都是拿这个观念做标准的。

三、罗素理想的政治社会制度

从来哲学方法注重分析的，对于政治社会的主张，多注说〔重〕个人。罗素的政治哲学，有许多地方简直是个人主义的社会政治哲学。讲个人主义的社会政治哲学家，第一个重要条件便是自由，都想把国家社会权力范围缩到最小限度，单靠自由一个方法来做造成个人创造的、自主的、进步的能力的工具。罗素也是这样，所以他说：

政府和法律本来是为限制自由而设的，但是自由实在是政治的产物中很大的东西。（《自由的道路》）

罗素社会政治的理想制度，第一在能使个个人都能自由去发展他的创造的冲动。他把自由看作取得政治的条件、经济的条件最适用的物事，最反对那种消极的自由，说消极的自由一点建设的意味都没有。他说：

安宁和自由不过是理想政治组织的消极条件，我们既已得到之后，便要有积极的条件，即是奖励创造的精力（Creative Energy)。(《政治理想》)

罗素的理想政治，并不是想发见一种“乌托邦”，不过想发见政治运动的正当方向。他有判断政治运动方向的两个原理：

> 一、要尽量促进个人和社会生长力和生活力。
> 二、一个人或一个社会的生长不甚牺牲别个人或别个社会。(《社会改造原理》)

归总一句话，他所希望的人类，便是：

> 不单要许多物质上的好东西，是要更多的自由、更多的自主、更多的创造的机会、更多的享乐的机遇、更多的自发的协同，和更少的不自由的服从。(《社会改造原理》)

罗素对于今后社会政治制度总希望要达到这些目的，所以这几句话便是他理想社会政治制度的抽象的目标。

单研究罗素抽象的目标，还不能明白他社会政治哲学的真相。此后再略为说一说他对于国家、国际关系、财产、教育、婚姻等具体的主张(罗素承认宗教有存在的必要，说社会组织改造和人生哲学改造之后，必定要有适应新时代的新宗教。我是不欢喜说宗教的人，所以把他删了)：

(A) 国家

罗素想从个人自由和公共管理中间找出一个调和的方法，所以一方面不赞成国家社会主义派的主张，一方面又不满意无治主义派的主张；一方面承认国家非常有害，一方面又承认国家暂时为必不可缺的机关。他以为现在国家主要的目的便是势力，尤其是武力的势力。对内侵犯个人的自由，对外侵犯别国的自由，所以认为有害。最好的方法便是以法律代替暴力。不过法律太静，太死，离生长的运命太远。法律太偏于理论，对内除了革命，对外除了战争，不能修正。要想防止这些事，只有藉势力均衡的状态，时时变更修改罢了。

国家的职权必定要尽力缩小，积极的职掌只以两个原则为限：

（一）为人类社会幸福着想，国家在最小限度以内对于普及的事项有主张维持的权利。

（二）国家可以防止牺牲他人的不正当行为。

应用第一原则，国家可以执行卫生法、预防传染病、奖励科学的研究、推行义务教育。应用第二原则，国家有排除经济上不公平的权利。如果把这些权利许给国家，以国家的权力来抑制人民的自由，又将怎样处置呢？唯一的方法便在分权。一组织独立的团体，一委托自治的机关。国家除了维持治安以外，所有积极的目的，不必由国家自己实行，可使若干独立的团体分担执行。地域上及商业上的事项，可委托各种自治机关之手，实行地方分权（《社会改造原理》）。行政部的权力固然不能忽然废止，但有两种方法可以除去弊害：一把各部分的问题，委托各部分团体——地方自治、同业组合——解决；二把行政部占领的权限让立法部收回行使（《自由的道路》）。这便是罗素对于国家改造的大致主张。

（B）国际关系

照罗素想来，妨害国际关系的根本问题，只是人性中一部分心理的原因和事实的原因。这种原因中最重要的便是竞争性、权利性、嫉妒心等，由这些原因发生出来的害处，可用改良过的教育和改良过的经济制度、政治制度来救正他、消灭他（《自由的道路》）。现在所看得见的国际间利害冲突，最重要的有三种：一关税；二虐待劣等民族；三夸张权力和领土。一是妄想，二是罪恶，三是儿戏。必定要一齐打消的。

罗素理想中国际关系，并不是一种“世界主义”（Cosmopolitanism），并不是想藉交通接触的机会把各种民族的特性一齐消灭。消灭各民族的特性是“世界主义”损失的结果，并不是成功的结果。对于祖国的爱国心还是要有的，不过不要妨害个人对他的亲爱罢了。为人类谋幸福，使仁爱的精神赶早实现，使偏狭的爱国心赶早消灭，一国思想学术出众，是为全世界的利益，并不是一国家、一民族的利益。家族的爱情不要想触国家的爱情，国家的爱情不要想触人类的爱情。对于世界人类全以爱做根基，便是除去国际间恶害的好方法。

（C）财产

崇拜金钱足以减去人类的生活力。现在的制度应该尽力改造，使拜金主义消灭，好让一般生命增长。资本主义与近代人所发见的正义观念绝对相反，大资本主义便是牺牲他人所得、侵略弱劣民族的祸根。

经济组织原有四个目的：（一）得最多量数的生产；（二）使分配公平；（三）使生产的人得安定的生活；（四）减少占据冲动，解放创造冲动。现在的经济组织只以第一项为目的，社会主义只以第二、第三两项为目的。现在的改造家想把产业交给个人经营，便是注重这第四项。

罗素以为，社会主义主张生产归国家管理，是很妨碍个人和团体自由发展的。“工团主义”（Syndicalism）固然大唱产业自治，可是他们想完全脱离中央的关系，一定许惹起分配不公的问题。只有同业组合社会主义（Guild Socialism）把分配划归国家统治，把生产划归同业组合自治，是一种完全的组织。罗素的意思是经济的行动与政治的行动并行。所以对于同业组合所主张的直接行动，排斥政治的行动，也是不满意的。

总而言之，罗素最注重前边所说的经济组织目的中第四个目的——减少占据冲动，解放创造冲动。无论什么经济组织，只要违反这个目的，都是他必定排斥的。

（D）教育

罗素以为现在的教育不是给青年的思想，不过是给青年的教条。拿积极的见解去强迫青年，既不使他怀疑，又不想养成他精神的独立性。所以现在的教育实在是阻害自由讨论和新思想发生的障碍物。

教育的真正的目的，不是给青年信仰真理的信条，乃是养成他们对于真理的欲望，养成他们精神上的冒险性。将来的教育应该努力保存独立心和冲动，去了服从和训练；努力养成尊敬心，去了轻蔑心。与其教人默从，不如教人反对；与其教人轻信，不如教人怀疑；与其教人爱慎重，不如教人爱冒险。增加创造的冲动，养成尊敬的心理，便是罗素的教育最大的目的。

(E) 婚姻

罗素对于婚姻制度也没有想出来根本救济的好方法，不过想等到新宗教发生后，再由新宗教去掌管罢了。为现在经济制度逼迫，生出晚婚和避胎两个弊病，是要根本改造的。再：偏于性欲的秘密恋爱，没有共同生活，不生子女，也不是好现象。要想保持男女的关系，使他享幸福生活，得安固生活，必须要有一种新组织。这种新组织第一要鼓吹精神的发达。儿童以国家的经费公育，婚姻制度要取一夫一妇主义，结婚要以自由原则做基础。

附注：罗素的学说外人批评的很多，我想从东京帝国大学图书馆把这一类批评罗素哲学的杂志书籍一齐借出来参考，做一篇《对于罗素政治社会哲学之批评》，但不知这个交涉能办妥不能？

二月十五日在东京作

(原载《新青年》第7卷第5号)

福滨社会主义派的方法和理论

（1924年2月）

一、产生的时代

“福滨社会主义”（Fabianism）是英国科学的社会主义，“福滨社会”（Fabian Society）是一八八四年成立的。这一八八〇年可算是英国的政治思想从个人主义变成社会主义的时期。英国从一八四八年到一八八〇年这三十二年之间，可算是个人主义的极盛时代。密尔（J. S. Mill）的《自由论》（*On Liberty*）是一八五九年出版的，《代议政制》（*Representative Government*）是一八六〇年出版的。斯宾塞（Herbert Spencer）的《社会静止论》（*Social Statics*）是一八五〇年出版的，《个人与国家》（*The Man versus the State*）虽然是一八八四年出版的，但是思想却是在这个时代中酝酿成熟的。到一八八〇年，放任主义的时期已经过去，国家已渐渐的干涉教育了。这一年格林（Green）在牛津讲政治义务原理（The Principles of Political Obligation），主张国家应该除去妨害人民自由进步的障碍。在先，英国青年学者除掉白格思（Mr.E.B.Bax）没有人欢迎社会主义的；一过一八八〇年，便出来许多青年学者注重社会主义的研究。英国的青年学者所以在这个时期变转头去研究社会主义，大概有下列的几种原因：

（一）*放任主义破产*。英国在一八八〇年前，放任主义已经发见破坏的预兆。照戴雪（Dicey）说：自福司特（Forster）提出第一次教育规程时，英国的立法已经从个人主义变成“集合主义”（Collectivism）了（注：在一八七〇年）。密尔一生不只尽力于个人主义，并且想把个人引进社会之中，使他们渐渐的变成与社会有关系的个人。他当一八四八年就在《经济学原理》之中，承认分配是人为的事，应该归国家管理，并且主张对于不劳而获的土地征税。更在《乐利主义》（*Utilitarianism*）（一八六三年）之中，放弃“自利”的原理，采用“自损”（Self-Sacrifice）的原理，说：“牺牲自己幸福以成就别人的幸福”是“人类可以做得到的最高的道德”。耶芳斯（Jevons）当一八八二年做成《国家和劳工的关系》（*The State in Relation to Labour*），把那些“自然权利”和“放任主义”更从根本上推翻了。他以为个人的自由不是目的，只是达到公共幸福的方法，所以为公共幸福计，一定要由国家干涉。而且海德曼（Hyndman）等于一八八〇年在伦敦组织一个民治联合会（The Democratic Federation）——就是现在的社会民治党——宣传马克思派的社会主义，主张土地国有和普通选举等政策。这时只有斯宾塞还在鼓吹个人主义，但是一般青年思想家却把他当作老古董看待了。

（二）旧民治主义缺点暴露。克拉克（William Clarke）说：“二十几年前，美国的共和主义曾为英国的政治思想的引路的明星，现在却不然了。”因为英国这时的问题老早不是代议制、选举制、内阁制、议会制、政党制等纯粹的政治问题了，这些问题都退到第二位，还有第一等重要的问题——社会问题——急待解决了。经济上不平等比较政治上不自由的弊害更大，故政治自由的幸福到底抵不住经济压迫的痛苦。有这种贫富问题横呈在政治学者或经济学者的面前，逼着他们不能不丢开旧民治主义，来讨论经济改革的问题。故这时的民治联合会已经以“土地国有”为政纲，莫利士（Morris）、海德曼一般人不能不受乌托邦派或马克思派社会主义的洗礼，专心研究经济组织的改造了。

（三）新文学发展。浪漫主义的文学已经死去，很有势力的唯实主义派的文学已经引起一般人的注意。他们受了这派文学的影响，便丢开理想中的幻景，注重社会上的事实。社会上痛苦的境状就是他们笔尖的对象，他们的作品便成为社会一切愁惨状况的照妖镜。俄国的文学家多充满社会主义家的感情，因此便引起许多读者研究社会实际问题的兴趣。

养成这种趋向的文学家如笛更斯（Dickens）、嚣俄（Victor Hugo）、加莱尔（Carlyle）、惠特曼（Whitman）、罗斯金（Ruskin）、托尔斯泰（Tolstoi）、左那（Zola）、亚拉德（Arnold）……虽然不尽是社会主义，可是他们的感情却是培养社会主义的肥料。前几十年来，人类注意社会问题的研究，多半是受了这派文学家的影响。

（四）旧经济学失势。个人主义的经济学到这时已经和社会情形相抵触，真正适合社会改造的新经济学尚没有发生。故英国当这个时期，不得不输入外国的经济著作。输入最多的要算是德国的思想。我们看看那时孙伦秀（Sonnenschein）印行的《社会科学类纂》（*Social Science Series*）内中有一半是社会主义的著作，就可以知道英国的旧经济学不合时宜了。

把以上所说的各种原因总集起来，再加上别种原因，便感动了英国一群饱受教育的青年，使他们集合起来，组织成功一个福滨社会。

二、进行的方法

在英国十九世纪初头，能够把法国革命的潮流截堵住了，使卢梭的几何式的革命方法在英国不能发生影响；到十九世纪末期，又能够把德国社会革命的思潮截堵住了，使马克思的阶级战争的学说在英国不能发生效果。防止法国革命思想侵入，我以为并不是白克（Burke）一派守旧党的功劳，乃是容纳革命原理、避开革命形式的边沁（Bentham）一派改革家的功劳。现在防止德国的革命社会主义的流行也不是反对社会主义的保守党的功劳，乃是容纳社会主义的学理、避开激烈革命的形式的福滨社会的功劳。福滨社会的命名，和他们对于社会改革的态度有极大的关系——就是应用罗马大将福滨（Quintus Fabius Maximus）的迟缓主义。福滨战韩连伯（Hannibal）的时候，无论敌人用什么方法挑战，他总是把免战牌高悬，静待机会，因此便得到“迟延者”（The Delayer）的绰号。但是他的迟延处正是他的慎重处，迟延是他的方法，静待机会却是他的目的。现在福滨社会用福滨作社会的名称也就是想以迟延战胜。他们不取急进的态度，只想充分的研究、尽量的讨论。进行虽然迟缓，方法却要稳当。该会所相信的格言是：

> 你们应该等待正当的时机，如同福滨战韩连伯一样，充分忍耐，就是得到迟延的非难也不必顾虑。但是你们也要和福滨一样，时机一到，一定要竭力奋斗，不然，你们的等待便没有结果了。

由此看来，“等待”和“奋斗”两个名词很可以作福滨社会对于社会改革事业的进行态度的写照。

福滨社会是一般青年学者听到美国的乌托邦派大维孙（Thomas Davidson）讲演激动起来的结合。社员包括许多现在的名人在内，例如卫布（Sidney Webb）、萧伯讷（Bernard Shaw）、瓦拉斯（Graham Wallas）、布朗得（Hubert Bland）、蒙莱（Chiozza Money）、康白耳（Rev.R.J.Campbell）等。或是经济学家，或是美术家，或是文艺的批评家，或是宗教家，或是哲学家，或是教授，或是女优，或是律师，或是新闻记者，或是医生，或是工人，或是无职业的人，都一齐收罗在一块。他们所以奉迟缓主义为信条，就因为他们有他们相信的进化观念。且看卫布说：

> 社会的理想不是静止的，是活动的，社会有机体常常有生长发展的必要，已经成为公例。哲学家所注意的只是从旧秩序变到新秩序的循序演进，在演进的行程中不要使全社会组织的连续性中断，或突然变迁。新陈时时代谢，刚认他为新，已经变作旧的了。而且历史所昭示我们的，没有什么乌托邦的或革命的空想忽然成为事实的陈例。①

再看瓦拉斯说：

---

① 见卫布的 *The Development of the Democratic Ideal*。

> 我们应该承认时代精神的缓缓的进步，而且常是不知不觉的进步，为社会进化的真因。我们与其凭理想断定将来社会应该怎么样，倒不如凭事实发见或宣言将来社会一定怎么样。①

从这两段话中看出来福滨社会对于社会改革的态度。换句话说，从此可以看出他们所以抱定主义、静待机会，不取急激态度的原因。他们因此便不得不一方面反对革命派的急进主义，一方面反对乌托邦派的空想的完全社会。

福滨社会所以得到一般人的信仰，并不是因为有出类拔萃的名人做会员，只因为社会的基础建设在知识和理论之上，因此便把社会的势力弄得稳固。他们以为社会问题的解决，虽然离不掉感情，但是不能全靠纯粹的感情解决。应该苦心的思索，严密的研究，平心静气的讨论，不能全在书本子上做工夫，要在社会的事实上找证据。他们不梦想有个极乐国可以即刻发见，只想从事实上一点一点的改革，使社会渐渐进步，朝着极乐国这条道路上慢慢的前进。因此该会的会员们一个个从深思力学入手，并把历史上、经济上、政治哲学上疑难的问题拿来严重的讨论。该会最初人数很少，常常聚在私宅之中讨论。但是这些会员大都是专门学者，所以人人听到讲演都可以立刻发表意见，互相辩证。在先，该会会员们每两周开会讨论一次，但只是自己和自己辩论，只是自己指教自己，并不想教正别人；后来才把他们自己相信的理论向会外去宣传，再后才把他们相信的主张提出到政界上去活动。所以福滨社会的活动可以分作三个时期：（一）自悟的时期；（二）悟他的时期；（三）政治活动的时期。在第一个时期中，极力的创造本会的理论；在第二个时期中，极力拿本会的理论去教育国人；到了第三个时期，便一面继续教育的事业，一面把本会的主张拿出来去实地试行。该会所做的事业大概如左：

（1）开会讨论与社会主义有关系的各种问题。

---

① 见瓦拉斯的 *Property under Socialism*。

（2）调查关于经济方面各种问题，并且征集事实去解释这种问题。

（3）刊行关于社会问题的报告和社会主义的辩论。

（4）在别的社会和俱乐部中提倡社会主义者演说会和辩论会。

（5）选派代表加入各种讨论社会问题的公会。

该会的讲演题目不下千种，多印成许多小册子分送工人去看。所讲演的题目都是社会中重要的问题——例如罗斯金的社会主义、八点钟的法案、铁路的改革、自由平等博爱、社会演进的方法、我们为什么要劳动党、社会主义与个人自由、面包和牛油的福音、生活的权利、许多人为什么贫穷等类。小册子最有价值的就是《社会主义者须知》（*Facts for Socialists*）和《伦敦人须知》（*Facts for Londoners*），完全用最好的、有用的统计学做根据。《读什么书》（*What to Read*）篇中选择许多社会改革家应该看的书目录。《无政府主义的不可能》（*The Impossibilities of Anarchism*）篇中，严重批评无政府主义的要旨。福滨社会讨论社会问题的基础不放在悬空的理想上边，只放在社会的事实上边，尤其是放在可靠的统计的事实上边。白克尔（Barker）说："一八三四年的政治家解决救贫法的问题全靠个人主义的第一原理帮助，八十年后的政治家对于这个问题却靠几百页统计学帮助。"[①]其实"根据统计学立法"的风气固然是耶芳斯开始的，但是"根据统计学论社会问题"的趋势却是福滨社会转移过来的。这就是该会的理论所以根基稳固的原因。他们尊重这种方法，当然要教乌托邦社会主义派羞死！

再：福滨社会主义只是时代精神的说明。他们不株守一家一派的正统思想，所以他们的思想可随社会演进而变迁。他们很自慰的就是没有一个福滨社会的首领受过马克思非常势力的支配；他们更可以自慰的尤其是福滨社会没有一尊的、压倒一切的首领，会内的常任主席只是选举的，可以时常更换的。福滨社会因此便没有株守一先生之说的弊病，没有崇拜某人为正统思想的缺点。时代精神变迁，他们的理论也跟着变迁，因

---

① 见白尔克的 *Political Thought from Spencer to Today*，第 107 页。

此便可以博采兼收，便可以因时变通，不拿社会事实来迁就学说，只拿社会事实来做学说的标准。这种态度真可算是科学家在试验室中的态度。

三、重要的理论

福滨社会的根本观念是建筑在演进的原理上，不是建筑在革命的理想上，所以这个社会主义的思想的来源，不在马克思，只在密尔。他们所开始攻击的不是资本，只是土地私有的制度。换句话说，他们不像马克思攻击资本家偷窃劳动的结果，只像密尔攻击地租，承认地租是不劳而得的东西，地主所得的地租就是把社会所创造的东西窃为私有。

所以福滨社会的目的在他正式宣言中可以看出来的是：

> 福滨社会是由许多社会主义家组织成功的，他志在社会的改造，改造的方法是把个人和阶级私有的土地和工业资本解放出来，归社会公有，以谋公共的利益。只有用这种方法才可使这国的天然的和既得的利益由全体人民平均的享有。这个会因此便尽力使土地私有权、因土地而得到的租金的私有权以及利用土地的肥沃和地位而获得的利益的私有权等完全消灭。

由此可见英国的福滨社会主义与其说是主张资本公有，倒不如说是主张土地国有。

福滨社会所以主张土地国有也有一种特别的原因。因为英国土地所有的制度很特别，我们如果到英伦去看，到处都可以看出土地集中在少数人手中。无论在市外市内，一望无涯的地皮总都被一个两个地主独占。土地的集中如此，自然要使多数人贫穷到没有立锥之地的地步了。所以英国的学者对于资本的态度就是很和平的，可是对于地主的态度却很激烈。格林那时就很非难土地私有的制度，认定这个制度是制造无产阶级的祸首。在格林之先，有斯宾司（Spence）宣传土地国有的主张；在格林之后，有斯宾塞在他的《社会静止论》中反对土地的私有权。密尔在他的《政治经济学》中攻击地租更加厉害，简直说他是不劳而得的东西，应该正正当当的属于社会公有。这些理论大概都可算是福滨社会主张土地国有和地租社会化的思想的渊源。

但是福滨社会的信条是思想自由，因此便不承认他们自己的思想属于某系某派。他们自信他们自己已经脱掉知识的拘束，不曾崇拜过马克思为社会主义的正宗。他们自信不但使英国的社会主义家思想自由，就是德国修正派（Revisionist）白恩斯坦（E.Bernstein）使德国社会主义家思想不受马克思一个人支配也是受他们的影响。福滨社会对于马克思的社会主义几乎全部否认。马克思的思想是建筑在“阶级战争”的原理之上的，他以为社会主义只是无产阶级的信条，社会主义的战胜就是无产阶级对于有产阶级的战胜。福滨社会却没有这种见解，他们以为社会主义不过是中产的平民政治的观念的扩张。他们并不丢开现在支配社会的原理，他们的目的并不在使无产阶级高居中流社会之上，甚至于把工人仍然放在工钱制度的压制之下，他们只想在社会全体的利益之上组织工业。所以说：“我们不想看见矿山和由矿山而来的利益转移到矿工的手中，只想转移到全体社会手中。”又说：“社会主义是为一切人保障平等的权利和机会的一种计划。”（注：前边几句话见 *Social True and False* 篇中，后边几句话见 *What Socialism is* 篇中。）由此可见福滨社会所说的社会主义不是一阶级的信条，只是公共利益的一种哲学。

福滨社会既然主张国家社会主义，他们理想中的国家是什么样的国家呢？他们反对寡头政体的国家，因为这种国家只谋阶级的利益；他们又反对行放任主义的国家，因为国家不能行使干涉的权力，结果必定柔弱无能。因此便提出两种政制的主张：（一）纯粹的民治国家；（二）人才的贵族政体。他们以为富财是全体社会的制造品，所以一定要归全体社会所有，由全体社会管理。如果生产的工具为私人所有，那么，人民生活的情形便要受私人操纵；如果归全民公有，那么有生产工具的人同时就是使用生产工具的人，故人民的生活事实上就是受自己的指挥。

他们这种民治国家的观念可以说完全是卢梭的民治国家的观念。统治的人民同时就是被治的人民，被治的人民同时就是统治的人民，故各人受国家的指挥就是受自己的指挥。萧伯讷以为如果渐渐的扩张选举权，渐渐的把租金、利息收归国有，便可以达到这个目的。

但是福滨社会同时又反对平凡的政府，要求专门的政府。因为国家管理经济的事项非有专门的、有经验的政府不可。因为他们主张要专门技术的政府，所以有许多反对派说他们主张官僚政治。官僚政治是反对平民政治的，因此便说福滨派反对平民政治。其实福滨派在先就主张地方分权制，他们以为要想实行他们的主张非打破中央集权制的国家不可。他们认定地方政府或都市是天然执行社会主义的权职的团体，使地方政府民治化，使地方政府专门化，这样一来，中央政府不过是地方政府各机关的总联合罢了。从前密尔·詹姆士（James Mill）把中等阶级看作人民的真正首领，所以他所主张的民治政体就是由中等阶级指挥引导的民治政体。福滨派一方面主张由智识阶级灌输他们的主张到一切阶级里面去，一方面又主张用专门人材组织政府来执行专门的事件，和密尔詹姆士的用意几乎完全相同。密尔詹姆士一派所主张的民治政体就是“代议的民治政体”（Representative Democracy），卫布和莫克道来（Ramsay Macdonald）等也要求一种代议的民治政体，就连复决权和比例代表制都一律反对。故福滨派所主张的政体，简直是加莱尔的“人材的贵族政体”（Aristocracy of Talent）。

福滨社会所以主张渐进论，就因为把社会看作有机体。无论从经济方面看，或从政治方面看，都把社会当作有生的团体看待。他们以为富财是社会的创造品，是协力合作的出产品，个人不得社会做帮手便不能做事。至于政治团体，更是有机的单位。卫布和莫克道来主张社会有机体的见解，几乎和斯宾塞一样，不惜用生物学上的用语。凡是有机体的生命都不能猛然促进或突然改造的，因此，便生出他们的社会演进说的信条。

福滨社会主义总算是国家社会主义。可是因为他们过信国家，过信代议制的政府，所以又惹起许多人的反动。这个主义在英国盛行不到三十年，便有“同业社会主义”（Guild-Socialism）和“工团社会主义”（Syndicalism）两派起来同他们抗衡。因为他们过信国家，所以有人说他们的“国家社会主义”实在是“国家资本主义”；因为他们主张有经验的代议政府，所以有人说他们的“平民政治”实在是“官僚政治”。故英国近来福滨社会主义大有被同业社会主义“取而代之”的趋势。不过自福滨派自己的眼光看来，他们的贡献究竟是社会主义的方法，不是社会主义的理论。他们的理论不是刻板的文章，是随做随改的文章。他们尊重思想自由，新时代一有什么新需要，就可以有新学说出来应付。他们不崇拜某一派学说，因而也不想教人家崇拜他们自己的学说。他们可以自豪的不是已经出版的几篇死文字，乃是因时制宜的一般活青年！

（原载《国立北京大学社会科学季刊》第2卷第2号）

柯尔的国家性质新论

（1924 年）

一、同业社会主义派的特点

近几年来，关于同业社会主义（Guild Socialism）的新著，固然很有几种，可是我个人最爱读的，只是柯尔（G.D.H. Cole）的《工业自治》（*Self-Government in Industry*）《劳动世界》（The World of Labour）和《社会学理》（*Social Theory*）几种。一来，因为他的思想很精密，很有系统；二来，因为他很可以做同业社会主义派的代表。

同业社会主义本是因为不满意英国劳动党的政治运动而起的；他们起首只批评劳动党议会万能的政策，批评的结果，便产生这派新学说。这派的特点：一方面反对国家万能的“集产主义”，一方面又不满意于“工团主义”（Syndicalism）。

他们为什么反对集产主义呢？因为卫布（Webb）在《工业的民治主义》（*Industrial Democracy*）中说，无论在那种社会之中，工业的经营，至少也有三个先决的问题：

第一，生产的种类、品质、数量，由何人决定？

第二，生产的方法——材料技术的选择和劳动者的选择，由何人决定？

第三，劳动者的佣雇条件，由何人决定？

卫布以为第一个问题应该由消费者决定。因为生产者只可以应消费者的要求而生产，断不可以顺自己的欲望而生产。所以我们要想决定应该生产什么东西，断不可放任以营利为目的的企业家自由决定，应该由国家决定。因为国家是消费者的代表，所以应该使国家来审查消费者的要求。

第二个问题，就大体说，也应该由消费者决定。因为生产的技术也必定要应消费者的要求，才能够进步。技术进步，然后品质才可以改善，价格才可以低廉；品质改善和价格低廉，都非由消费者督促不可。

至于第三个问题却要由生产者自己决定，决不要消费者干与。因为关于这一点，消费者和生产者的利害刚刚相反。消费者所要求的是价格低廉，但是要想价格低廉，必定要先减少生产费；减少生产费，便一定要生出压迫劳动者的结果。

照这样看来，在集产主义之下，国家做消费者的代表，来管理一切的产业，自然要想使生产物的价格低廉了；一想使价格低廉，便非压迫劳动者不可。在现行的资本主义的社会之下，企业家一方面压迫劳动者，一方面又从消费者手中夺取一点余利。但是在集产主义的社会之下，这种弊病仍然不能免去。因为在集产主义的社会之下，消费者就是企业家——雇主——劳动者不过换个主人，可是他们的地位仍然同从前一样，附属人家，一点没有变更。所以有许多人说，集产主义并不能算是“国家社会主义”，只能算是“国家资本主义”。同业社会主义所要求的是事业经营的民治化、物权所有的公共化，因此，便不能不反对集产主义。

他们为什么又不满意于工团主义呢？大概自同业社会主义家的眼光看来，集产主义是将消费者团结起来，来做生产的管理；工团主义是将生产者团结起来，来造成专制的社会。因为照工团主义家的计划，一切产业只由劳动者的自由组合出来经营，由这种组合协同一致用最有效的方法来生产那生活的必需品，并根据最平等的原则来分配他们。他们以为在这种理想的社会中，议会和政府都不必要；因为议会和政府都是替资本主义做事的，资本主义消灭，故他们也要跟着消灭了。

集产主义太注重消费者方面，工团主义太注重生产者方面，这都是同业社会主义所不能满意的。同业社会主义的主张是：

生产的支配权由行会（Guild）行使；但是只有行会专权，恐怕要造成生产者专制的弊病——工团主义的弊病——故又认定有使为消费者代表机关的国家同为生产者代表机关的行会互相对抗之必要。把生产生活同消费生活分开，一切生产的工具通归国家所有，至于生产的经营和生产的结果却划归行会管理。使行会与国家在平等的地位上互相对立，想由此造成他们那种经济权力和政治权力平等均衡的理想社会。

二、讨论国家性质的原因

同业社会主义派既然主张行会与国家平等对立，那么，当然要打破从前的国家性质论，另外创造一种国家性质的新学说了。柯尔所以要讨论国家性质的原因，是：

> 国家社会主义的倒灭便是为新式社会学说开辟一条新路，但是现在还没有建设起来一种新学说来代替这个空白的地位。青年的社会主义派和劳动组合派（Trade Unionists）对于将来的自由社会，都主张把各种产业和事务的实际管理权放在有组织的劳动者自己手中；关于这一点，几几乎人人的见解都很一致的。这种见解已经成为同业社会主义派、工团主义派、工业组合派（Industrial Unionists），和许多不公然以“主义”相标榜的人的公共见解；但是他们的共同见解也只有这一点。他们对于国家在新社会中的职分，没有公同的态度；关于国家继续存在与否的问题，或国家存在与劳动者的工业组织有什么样的关系？或国家不存在应该有什么样式的组织来代替？在这些地方都没有公同的意见。
>
> 公共见解所以缺乏，一半因为各党各派的纲领和态度不同，一半又因为他们对于实际问题不能一致。我们要问道：“现在国家的实在性质是怎样？”他们很可以一致的答复；因为各派的思想家都认定现在的国家是私有财产的保障者，和有产阶级的拥护

> 者。但是要问道：为社会制度之一种的国家的根本性质是怎样？便没有预定的公意可以回答了（见《工业自治》一九一九年出版的《导言》）。

由此可见，同业社会主义中还没有公同承认的国家性质的观念，这就是柯尔所以不能不首先讨论国家性质的原因。

但是同业社会主义中也有许多人仍然遵守从前的国家性质论，主张国家的主权是行会主义的一个要素。柯尔的特点，就在不承认国家的权力高出一切行会之上；换句话说，就是不承认只是国家有主权，其余的行会便不能有主权。且看他说：

> 关于国家主权一个问题，我和浩布生（S.G.Hobson）辩论很久。浩布生和奥来支（A.R.Orage）及《新时代》（*New Age*）的论客——主张国家的主权是行会主义的一个要素。他们不承认国家为消费者的代表或保护人，但主张国家的职分只在行使主权，只是“公民的”（Civic）观点之终极的表现，和生产者或消费者的观点毫没有关系。他们希望把产业的统制权收归生产者手中，并主张在平常的时候，消费者和生产者的利益，都一律由行会加以充分的保护；可是他们却想保全国家的最高威权，把国家当作生产工具的物主。换句话说：国家不是代表那为消费者的人类的，只是代表那为公民的人类的。（同前）

浩布生等既已想保全国家的主权，当然要把国家的威权抬高，无论在经济方面或政治方面，都可以主张国家有权可以干涉了。可是他们却不想使国家出来干涉平常的工业行为，并且不承认国家对于生产组织的关系，有永远不断的代表消费者的必要。可见得浩布生一派人虽然在理论上为国家要求最高的威权，但是在实际上却限制国家干涉产业的范围。这样一来，国家虽然对于政治方面有最高的威权，可是对于经济方面却不能有最高的威权。结果，经济权力和政治权力仍然不能平等均衡。

柯尔一派的学者所以要反对国家的主权，就因为他们想抬高行会的声价。且看他说：

> 和浩布生等立在反对地位的我们，却以为在产业和劳动的组织之中有两个不同的观察点——一把人类看作一个生产者，或看作一个劳动供给者，一把人类看作一个消费者，或看作劳动之一个使用者和享受者。我以为行会——产业的和私法的——是代表前项人类的，国家（和地方自治体）是代表后项人类的。我不承认这两种组织谁可以高出于谁之上，只主张两者要互相补助。因此，便反对国家主权的理论，而主张在经济方面，行会和国家皆有“同等主权”（Co-Sovereignty），同等主权在别的社会活动方面，也可以分配于别种团体的（同前）。

柯尔一派人既已把国家和行会看作平行的机关，看作“互相补助”的团体，那么，国家当然也是社会之一种了；国家既已是社会之一种，那么，主权便不能为国家所专有，而为各种社会所公有了。从前讨论国家性质的学者都说主权是国家的特性，因此便把国家推在一尊的地位；同业社会主义派既不把主权看作国家的特性，那么，国家的一尊地位既已打破，国家性质的观念也当然要改变了。这都是他们所以要讨论国家性质的原因。

三、国家与社会的区别

柯尔讨论国家的性质，所用的是“分析的方法”——他自己相信这是最稳健不过的方法。他以为国家和地方政府原来是“地理的”（Geographical）或“邻近”（Neighbourbood）的组织，所以把他们看作消费者或使用者的代表。至于劳动组合或行会乃是“产业别的”组织，从特定地域的住民之中，挑选特定职业的人组织起来的，所以把他们看作生产者或劳动供给者的代表。他若地方议会（Town Council）或国会（Parliament）又另是“地理的”组织，凡是特定区域内所有的住民，只要他们的需要相同，都可一齐包括在内。归综一句话：国家、地方政府、国会、地方议会，都是为公共需要而结合的地理的组织；劳动组合、行会，却是因职业区别而结会的产业别的组织。

柯尔想根据这些事实，来作国家和社会的学理上的界说。国家是什么呢？

国家不过是在全体社会中统制的政治机关。

今日文明世界中，有许多在政治上独立的和有主权的社会，又有许多别的社会依附这些独立的和有主权的社会。每个独立的社会各依统制的机关——依国家——来表明他对于别种社会的关系。每个独立的社会和许多附属的社会又用他们的国家来应付那个人和团体间相互关系的内部行为。因此，国家便成为统制的机关，是为各种社会表明公共目的，行使公共行为而存在的。（《工业自治》第五章）

照柯尔这几句话看来，国家乃是表明各种社会中间的公共目的，及行使各种社会中间的公共行为之一个统制的政治机关。

柯尔意中的国家和社会有什么区别呢？且看他说：

为两个不同的事体要有两个名称。当我说明全国的和地方的统制的组织机关的时候，用“国家”这个名称；当我说明为社会公同行动而设的制度的杂合体的时候，用“社会”这个名称。国家、教会、劳动运动及其他一切制度，都包括在“社会”这个名称之中。但是国家（或统制的机关）和社会（即社会制度的杂合体）两者都与“全体社会”（Community）不同，全体社会是站在国家与社会的背后，并且是维持国家及社会的。社会是全体社会的意思（Communal Will）的机械体，这种意思只寄在全体社会的自身之中。（同前）

由此可见国家也是人类所结合的许多社会之中的一种社会；他的职务和别的社会不同，他的性质却和别的社会一样。柯尔想教人家注意的有一点：就是国家虽然在事实上行使全体社会的最大部分的权力，可是国家并不是全体社会。所以他郑重的声明道：据我看来，国家和全体社会是两样东西，国家并且不是全体社会中的唯一的制度。（同前）

四、国家特性与社会特性的关系

柯尔的学说中最重要的地方，就在他把国家和全体社会分开，他在这一点上，可以替国家洗清了多年不白之冤！他所以能替国家伸冤，就因为他把国家自身看作空无一物，从前国家所受的罪名，都是国家代全体社会受过。且看他说：

无论在何时何地，国家的真正活动都凭全体社会的势力的分配而定。政治势力自身空无一物，他的自身并不见得重要，他能做社会势力的代表才算重要。（同前）

由此看来，国家的性质与全体社会的构造有密切关系；换句话说，就是国家自身并没有特别性质。全体社会有什么特别性质，然后国家自身才发见什么特别性质。因此便说道：

国家因时候不同、境遇不同而有种种的形式，他的实际上性质与全体社会的社会构造（Social Structure）有密切的关系。封建社会表现出来封建国家，或者造成封建国家作为一种表示。近代资本主义也造成一种资本主义的国家，所以现在的国家只是全体社会的社会构造和经济构造的肖像。富财支配今日的社会生活，故富财也支配国家。从前资本主义的专制政治，自民治主义

起来，已经修改了许多，故国家的资本主义特性，也要被民治主义起来修改了。（同前）

由此可见资本主义的国家只是资本主义的全体社会的表现，如同在信仰宗教的民族的社会中实现宗教的国家，和在尚武的民族的社会之中实现军国主义的国家一样。

普通的人都把全体社会的罪恶当作国家的罪恶，都是犯了倒果为因的毛病。

柯尔立论的脚跟在这一点上站的很稳固，他因此便反对各派思想家的议论。因为他不把全体社会的罪过看作国家的罪过，所以反对无政府主义派“国家是保障私有财产和资本主义”的见解；因为他不迷信国家万能，不想使国家有绝对的权力，所以反对集产主义家“国家是支配国民生活全体”的见解；因为他不把国家看作能够支配一切人民和一切团体的最高机关，所以反对哲学激进派“国家是驱除善良生活的障碍，而谋最大多数的最大幸福”的见解；因为他不把国家看作包括人类全体精神动作的总机关，所以反对唯心论家“国家是国民意识的最高表现，只有在国家之内才可以完成个人意思”的见解。

五、国家与社会的地位

自布丹（Bodin）说明主权的性质后，一元的主权论便在政治思想史上占了正统的地位。凡是主张一元的主权论的人，都把主权看作国家的特性，只承认国家有主权，别的社会都一律在国家之下，绝对要受国家主权的支配。柯尔以为社会和国家都各有职权的范围，在各自的范围内，都有“同等主权”。由此可见柯尔确是一位多元的主权论家。

柯尔所以主张多元的主权论，就因为他不把国家看作神圣的机关，不把国家看作包括一切社会的主权团体。社会在自己的权限以内有主权，国家也只在自己的权限以内才有主权。且看他说：

> 在人类各种不同的社会中，国家得要求一个重要的地位，但不得要求唯一的特殊地位。
>
> 在全体社会中，各分子都有同等关系的群集的活动，国家便是为执行这种群集活动的重要种类而存在的。关于别种行动人类又分成别的群，又需要别样的团体来执行，这些各式各样的团体，在他们权限以内，与国家在自己的权限以内一样，都有他们的主权。全体社会之中，没有公同的主权，因为组织全体社会的各个人，不能用某样式的团体完全代表出来。他们因为有不同的目的，所以造成不同的团体，只在这些团体中的行为和相互行为上才有主权存在。但就是有主权，主权也不完备，因为合成社会的一切体，不能够代表普通意志，普通意志只在全体社会。（同前）

这就是柯尔的一段多元的主权论。他和浩布生不同之点在此，他的国家性质论的精彩处也在此。

柯尔的目的，想极力说明国家不是在各种社会之上的最高团体，只是服从全体社会势力支配的政治团体。全体社会中有许多社会完全不受国家的支配，自己可以独立的处理自己事务。同业社会主义派一面想丢开独受国家支配的集产主义的方法，在行会名义之下造成许多职业区别的小群；一面又想抬高这些小群的地位，使他们同国家站在平等的地位，各自处理各自的事务。他们承认国家为生产工具的最后主人，却要求把生产工具的动用权托付各种行会自行管理：他们想教国家来鼓励文化，却要求经济生活的管理权完全由行会行使。因此，便不能不推翻三百年来正统相传的国家主权旧论；因此，便不能不建设起来行会与国家都有“同等主权”的主权新论。

（载一九二四年《社会科学季刊》第二期）

卢梭的民权论和国权论

（1926年2月10日）

一、卢梭的特性

卢梭（Jean Jacques Rousseau，一七一二——一七七八）是法国革命思想放火的人，是十八世纪以前民治思想的集大成的人。要想知道他的政治思想的特点，最先要知道他个人的性格。他的父母都是富于感情的人，故他自己得父母的遗传，终身富于感情的特性。他在《自传》（*Confessions*）上说：

> 我的盲目的感情非常热烈，一旦受感情支配，什么事都敌不过，并没有什么小心礼节，只有大胆，什么可耻的事，什么可怕的事，都不能使我踌躇顾虑。（第一卷）

他不但感情过胜，并且主观的见解也很坚固。他以为"表现思想固甚困难，而承受别人的思想也极困难"（《自传》第三卷）。所以卢梭的思想，属于感情的地方多，属于理性的地方少；属于主观的见解多，属于客观的见解少。他一生不受冷酷的理性支配，只是赤裸裸的发泄他个人的天真。他不能忍受制裁，并且连自制也不能忍受。凡是拘束人类的制度风俗，他没有不厌恶的。

卢梭的根本思想是"返乎自然"。他以为社会的组织是万恶的渊源，有了家庭和财产等制度，平等自然人便渐渐变成不平等的"文明人"。他所说的自然人的心理，多半就是他自己的心理，故说在自然世界中的人类生活并不受理性支配。可是同时又说：自然人“除掉服从自己的理性，再不服从任何政府”（《教育论》）。又说：“自然人不常用思想，常去回想的人便是腐坏的东西。”（《不平等论》）只有自然的感情才可以给我们和平与真正自由。这种自相矛盾的见解，乃是卢梭笔锋的感情有时不受逻辑范围的结果，也是卢梭的行动是感情的，不是思索的；是情意的，不是理性的；是赤裸裸天真流露，不受礼法习惯节制的性格的表现。

二、社会成立的基本原理

卢梭重感情、轻理性，在这一点上，几乎完全推翻了许多正统派的理论。格老秀斯（Grotius）、蒲芬道夫（Pufendorf）、洛克（Locke）和许多前辈，都没有不说自然人是秉着理性的，从自然世界进到政治组织，全靠着理性的动作。卢梭既然一反前辈的学说，说理性是引人堕落的媒介，那么从自然世界变成政治组织，又以什么做关键呢？换句话说，自然世界和政治社会、自由和权力，既已各不相容，那么又怎样能够使他们调和呢？况且卢梭虽然大叫起来要“返乎自然”，但他并不想毁坏一切文化和制度，回复到野蛮状况，只想文化和制度以自然做标准。然则卢梭想达到这个目的的唯一方法是什么呢？就是社会契约。故他的《民约论》（*Social Contract*）乃是他的建设方面的哲学，乃是他创造理想国家的学说。

在一般思想家看起来，从自然世界变到政治社会总算是进步，但是卢梭却以为是退步或堕落，要想从退步的或堕落的现社会中救出人类，只有使这些久被压迫的人民回复从前的自然的自由。故卢梭的政治理想就在推翻那从自然世界堕落下来的政治社会中一切不平等的制度，再照自然原理来重行创设理想的国家。所以他在《民约论》的开头便说道：

人类生而自由，却又到处都受牵制。有许多人相信他是别人

> 的主人，其实他已经比别人为更大的奴隶。这种变化怎样发生？我不知道。我所能够解释的问题，就是怎样可使他回复于正道。（第一编第一章）

卢梭在《教育论》和别的论文中，常常把自然和政治社会、自由和权力，看得互相冲突的。但是在《民约论》中，却把他们看作不可分离的观念。他在《民约论》的前几章中，很说到政治社会比自然世界好。由此可见卢梭思想的变化。他此时简直把权力和自由看作一个东西，惟其有权力，才可以自由。权力和自由的唯一沟通的关键，就在契约。他把契约看作一群个人结合成功“集合的单位”（Collective Unity）的枢纽，且看他说：

> 人类不能创造任何新势力，只能结合和指导既已存在的势力。现在他们自卫的唯一方法，只在结合群力来抵御反抗力，使他们用单一的活动力做事，造成他们共同的行动。这样的群力的总和只由群众的结合而生，但是各个人的能力和自由仍是自卫的重要的工具。各个人应该怎样善用他，使不致伤害自己，使不妨碍自保呢？这个难题可以解释如下：
>
> “今欲得一种结合的形式，用社会的全力来保护各分子的生命和财产，各分子凭藉他，一方面同力合作，但一方面仍是服从自己，且仍保留下一如从前的自由。”这就是社会契约所解决的根本问题。（第一编第六章）

由此可见，卢梭的理想社会中，权力和自由是相辅而成的，权力虽成，自由如故。不像霍布思（Hobbes）说：在自然世界中人人自由，一到契约告成之后，便人人无自由，只君主一人有自由。也不像洛克说：在平时把权力委托于政府，唯在革命的时候，人民才有完全的自然的自由权。卢梭的理想是说：无论在自然世界，或在政治社会，个人的自由都是一样的。因为：

每人把自己让与全群，其实并没有把自己让给何人。不但各人所让出的权力与所得的权力平等，并且还得到更多的自卫权力（国家权力）。（同前）

故卢梭的契约的精髓就是：

各人把自身和全力贡献在普通意志（General Will）的监督之下，又同时得到那为不可分的全体社会之一员的资格。

由此看来，契约的效果，使各个人合则为集合的公共人身，分则为组成公共人身的一部分。人人是主权者，人人又同时是被治者，服从国家其实就是服从自己，故自由和权力只是一件事的两方面，在公共人身看起来为权力，在个人看起来为自由。因此才说权力和自由是一个不可分离的观念。

三、主权与自由的调和

从来的政治思想家要想保证自由，总要限制权力；要想保持权力，又总要牺牲自由。例如布丹（Bodin）、霍布思，因为要主张独裁君主制，所以极力的抬高主权，不重视人民的自由。至于洛克、孟德斯鸠，因为想保障人民的自由，所以又不得不看轻主权，让他是自由的仇敌。卢梭却野心勃勃，想把独裁说和自由说合冶于一炉。他把那社会成立由于各人定约的理想，推到逻辑的极端，因而把主权看作普通意志。且看他说：

主权者乃是由个人集合而成，所有利害皆不能与个人的利害相反。故主权对于国民不必要什么保障，因为全身没有想加害四

肢的，故主权者也不会加害个人。（第一编第七章）

这就是卢梭所以敢把主权与自由合冶于一炉的根本原因。

卢梭主张主权在国说，同时也就是主张主权在民说。他以为政治团体——国家——是主权所在的地方，此外无论何人都不得有主权。政治团体既然是人民全体用契约创造起来的，契约的结果，人民把所有的权利和权力都让给这个团体，其实各人仍然没有丧失权利和能力。故主权虽然归政治团体所有，这个团体既然是人民创造的，那么主权即不啻仍然为人民所有了。所以他的结论：主权就是人民的“普通意志”，意志的基础是利益。个人常常谋他的私利，个人的私利有许多地方和别人的利益相反，但是又有许多地方，全体的利益是相同的。这种公共利益，就是建设国家的基础。所谓普通意志就是公共利益的说明，这两个观念在思想和实际上都是不可分的。如果组成国家的个人利益没有相同之点，那么，普通意志便不能成立，社会也不能存在。如果意志的说明不和公共利益一致，那么，便不成为普通意志，便缺乏主权的要素。只有普通意志的行为，才可以正正当当的叫做法律。法律只能由主权者——政治团体——一个渊源而来，在这个来源之外，所有的法令，都没有法律的性质。再如果法律所影响的利益不是普通利益，虽然由主权团体而来，也没有法律的性质。

卢梭的主权的基础和原素既是这样，所以敢毅然决然的抬高主权，说主权有三种性质：（一）不可让与；（二）不可分割；（三）没有错误。且看他说：

主权不是别的，只是普通意志的实行，故主权不可割让。而且主权是集合的东西，只能由他自己发表。权力可以转让，但意志不能转让。（第二编第一章）

卢梭的意思以为主权者不能割让主权的一部分，或服从别的主权者，因为这样一来，便破坏社会契约，便是消灭主权自身（第一编第七章）。主权之上一旦有了主人，自身便即时消灭，政治团体亦随即破坏了（第二编第一章）。他的主权不能由自己愿意让弃之说，就是从前主权可由契约让给君主的学说的反响。

卢梭又说主权不用分割。他以为属于人民全体的普通意志，乃是主权者的意志，至于属于一部分的意志，乃是行政命令。且看他说：

> 主权既不可让弃，也不可分割。因为意志或是普通的，或是特别的。前者属于人民全体，后者属于人民一部分。故前者乃是主权者意志，并建为法律；后者只是特别的意志或只是行政行为——至多不过一个命令。

他因此便不满意于许多公法家的议论。他说：公法家因为不能划分主权的原理，乃划分主权的目的。他们分成权力和意志，立法权和行政权，划分征税权、司法权、战争权，划分内务、行政和缔结条约权——时而混淆，时而分离，把主权弄成由各部分联合而成的怪物，如同由许多身体合成一个人身一样，一个合成眼，一个合成手，一个合成脚，此外一无所有。他以为公法家截断社会全体，又把他合拢起来，简直是幻术家的变戏法。因为卢梭自己把主权看作全体人民的意志，故不得不说他绝对不可分割。

卢梭更费了许多气力，证明主权不会错误。他以为主权就是普通意志的施行，普通意志是常常公正，而且是常常倾向公共利益的。但是在事实上，人民的决议和党派的意见，也往往有错误的。这是什么道理呢？卢梭到这时，不得不把“普通意志”和“总积意志”（Will of All）分开，以为前者只关于公共利益，后者却关于私人利益，并且是特别意志的总和。普通意志既然是关于公共利益的意志，那么当然不会错误的。至于那非普通意志的党派意志，在党派自己看起来，固然是一党的普通意志，但是在国家看起来，仍不过是一部分特别意志罢了。如果国内有两个党派把人民分开，以一方面的党派意志来代替普通意志，国家便要灭亡了。

卢梭既已说明主权的不可让、不可分、不会错的道理之后，更精心着意的说明主权的限制。他的主权的限制是从主权定义上顾名思义而来的。他的主权是不能做那不关普通福利的事体，不能侵入纯属私人利益的范围的。且看他主权的定义：

> 如果国家或城市只是一个“道德的人身”（A Moral Person），他的生命是由各分子联合而成的，再如果他的主要目的在乎自卫，那么，就必定要有一种普遍权力和强制权力来指挥运用各部分，以便利他的全体。自然给予人类以指挥肢体的绝对权，社会契约也给予政治团体以指挥各分子的绝对权，而且这种绝对权当受普通意志的指挥时，便是主权。（第二编第四章）

卢梭既已说明主权意义之后，又把公民的权利和主权者的权利分开，并且又把那以国民资格所当尽的义务和那以人类资格所当享受的自然权利分开。这样一来，凡私有人身的生命和自由，都站在那公共人身之外，不受主权的支配。故凡私人由契约退让出来的权力、财产和自由，都以有用于社会的部分为限，主权者绝不能以无益于社会的担负责望公民，因为主权者不能加公民以不平等的义务。且看他说：

> 公民由社会契约得到平等，使各公民立在同一情形之下，享受同一的权利。依契约的性质，主权的每一行为，即普通意志的每一行为，皆使一切公民平等负责或受惠。主权者只知道国民的全体，并不把那组成国家的人设下什么差别。（第二编第六章）

由此看来，主权并不是优者和劣者的合同，只是全体和各分子的合同。因为主权以社会契约为基础，故是合法的；因为主权是全体公共的，故是平等的；因为主权除掉为普通福利之外，绝没有别的目的，故是有用的；因为主权有公共势力和最高权力做保障，故是确定的。人民服从主权，并不是服从别人的意志，只是服从自己的意志。故主权虽完全绝对，完全神圣，完全不可侵犯，但总不会而且总不能超过普通协约（convention）的界限。各个人由协约保留下来的财产和自由，可以一任他自由行使。这就是卢梭在绝对主权之下保持自由的理想，也就是他主权与自由调和的理想。

四、国权与民权的矛盾

《民约论》中的学说好像《镜花缘》中的“两面国”一样：从一面看来，“那种和颜悦色、满面谦恭的光景，令人不觉可亲可爱”，可是一“把他浩然巾揭起”，里面却“藏着一张恶脸，鼠眼鹰鼻，满面横肉”。《民约论》亦然。我们要从个人方面着眼，可以看出他处处拥护民权；可是一从国家方面着眼，又可以看出他处处拥护国权。因为卢梭是个口能舌辩的人，故他的逻辑大半是诡辩。若把他理论推到极端，处处显出矛盾。例如把他的社会契约说推到极端，就不能建设起来任何国家；把他的主权论推到极端，又没有民权论存在的余地。

卢梭不用说是个尊重个人权利的人。他以为人类生而自由平等，他们进入社会，完全由于他们自由意志的行为。社会契约成立之后，个人只丧失自然的独立一部分，但是结果还得到个人权利的保障巩固的报酬。由契约丢去的只是自然权利，这些权利的放弃乃是维持社会所必要的；此外所有非维持社会所必要的权利，都一律由个人保留下去。故说，国权虽然强盛，而个人仍可以保持那和从前一样的自由。因为国家的意志就是普通意志，普通意志就是国民总意，故服从国家的意志并不是服从别的在上者的意志，只是服从自己的意志，服从自己的意志便是完全自由。因为如此，所以他毅然决然的说：国权越发巩固，个人的自由也越发巩固。这就是卢梭尊重个人权利方面。

但是卢梭所以要著《民约论》的目的，就在解释那生而自由的人为什么处处要受牵制的理由。换句话说，就是在自然自由的人类之上，行使无限制的国权，要怎样才算正当。这个很难调和的问题，却被卢梭的舌辩，瞒过了许多粗心读《民约论》的人们。如果我们只读他《民约论》第二编第四章“主权的限制”一段，看见他说：“当主权者要求的时候，公民可以把自己所有的权利供献于国家；但主权者却不能以那无用于社会的担负责望国民。”那么，我们自然不能不相信卢梭和洛克一样，承认让人民在国家之下，仍然保留一部分自然的和不可放弃的权利，可以做国权的限制。但是卢梭在这第四章中同时又说：“公民的权利和主权者的权利可以明白分开，就是那以国民资格所当尽的义务和那以人类资格所享受的自然权利也要明白的分开。”从这几句话上看来，倘若个人在社会中可以保留某种权利，只是以人类的资格保留的，绝不是以国民的资格保留的。一以国民的资格做事，便要受万能的国家拘束了。由此可见个人一入到国家之中，便都为全体社会的一员，都为服从国法的国民，都没有自然权利可以对抗国权。

卢梭把这一类的意思在《民约论》第一编第六章“契约”内说得更明白。他说：

> 契约的文字可以缩减为一句，就是每个人把他的一切权利通同让给社会。……这个让与，因为一点没有保留，故结合要怎样完全都可以办得到，而且没有一个人能够要求什么。因为倘若有什么权利被个人保留（因为没有公共的主宰判断他们和公共间的事，自必每一个人都要求来做自己的法官），他便要要求无论什么事都要自做法官了。自然状况便仍然存续，这种结合也将要变成专制的或无用的了。

卢梭不但说在国家之下，个人不能保留任何权利，并且说国家不受任何法律的限制。他以为：

> 公共决议虽然可以拘束人民，使他们服从主权者，但不能拘束主权者自己。故主权者如果能拿不可侵犯的法律来拘束自己，便和政治团体的性质相违背。……故我们知道没有而且不能有一种根本法律可以拘束政治团体——就是社会契约也不能拘束他。（第一编第七章）

这样主权者——国家——的观念和霍布思又有什么区别呢？卢梭虽然说个人依契约所放弃的权利只以有用于社会的为限，可是马上又接着说："惟主观者能判断什么是有用的。"（第二编第四章）在这种国家万能的情状之下，还有什么个人自由！莫烈（John Morley）说得最痛快，他说："从巨灵（Leviathan）的画像上把怪物的王冠摘去，便可以作为《民约论》的画像。"（《卢梭论》第二卷一五二页）由此可见，卢梭关于建设方面的学说，仍是从前的一元主权说和专制的国家论的结晶。故应用卢梭的学说去推翻从前由一人专制的国家，固然很彻底，但是应用卢梭的学说来建设起来民治的国家，如果用之不善，便依旧是专制。后来罗伯斯比（Robespierre）一般人藉卢梭的政治哲学做了许多凶暴的事情，把反对卢梭国家学说的人一齐处以死刑。结果不论那一党，只要在实际上得到权力，便把别的党派看作违背人民利益的叛徒，并假冒卢梭主义，把他们的仇敌一律除尽。因此，便造成一个"恐怖时代"。

卢梭的社会契约说其实就是"社会有机体说"（De Porganisme Social）。故他所说的并不是洛克的个人主义，乃是柏拉图的国家主义。他以为各别的个人，一到社会契约告成之后，马上便结合成功一个"公共人身"，造成一个"集合的单位"。国家乃是"道德的人身"，自己具有"人格"，一切个人的人格都没收在国家的人格之中，他的信条是："服从普通意志就是服从自己意志。"普通意志乃是由社会契约构成的集合意志，乃是由个人意志组成的。故因此便说，巩固国家的集合意志，便是巩固个人的各个意志。且看他说：

> 今欲得一种结合的形式，用社会的全力来保护各分子的生命和财产。各分子凭藉他，一方面同力合作，一方面仍是服从自己，且仍保留下一如从前的自由。（第一编第六章）

卢梭既已把国家看作保护个人自由的东西，并且说权力和自由绝对不相冲突，因此便说：主权对于国民无须保证，因为全身不能伤害他的肢体的原故。由此更进一步说：

> 如有不服从普通意志者，可以全体去强制他。这种强制不为别的，为的是强制他自由。（第一编第七章）

如果凡是国家强制个人，都当作“强制他自由”解释，那么，个人还有什么理由可同国家对抗呢？他在第四编第二章“投票”中说得更明白。他说：

> ……公民要同意于一切法律。就是他所反对的法律，如果通过了，也要服从。当他犯法时，就是对于惩罚他的法律也要服从。国家的各分子的不变意志就是这普通意志，人民由他得到公民，得到自由。凡法律提到议会，并不是询问人民是赞成他或反对他，只是看看这种法律是否适合普通意志。各人投票只是说明他的意见，计算票数乃是得到普通意志的宣告。故当那与我相反的意见占胜利的时候，只是表明我的见解错了，我所认为普通意志实在不是普通意志。如果我的私见占胜利，那么，我所做的并非我所志的，在这个地方，我亦未见得自由。

照这样看来，卢梭所说的主权者的行为或政府的行为，考其实也不过是多数意志。服从多数意志并不是使人为奴隶，实在是使人得到自由。无怪当法国革命后，政权操在极端共和党手中的时候，便倒行逆施的去杀害反对党了。

卢梭的国家是公共的人身、道德的人身、集合的人身，国家是普遍的大我、公共我，和个人只有消纳在国家之中才可自由等学说，大半是受柏拉图的影响。自此以后，便变成德国的海格尔（Hegel）、英国的鲍生葵（Bosanquet）一派国家是普遍实在我的观念。说国家缩小就是个人的心，个人心放大就是国家，说国家是普遍我、大我，说国家意思是真意思，说以国家意思去强迫人民，不外是强迫人民自由……又都是受卢梭学说的影响。

五、卢梭学说的影响

卢梭的思想与其说是前代民治思想的总结束，不如说是近代民治思想的急先锋；与其说是结论，不如说是提议；与其说他是阐明学理的哲学家，不如说他是鼓吹革命的煽动家。他的学说所以风行一世，得到群众狂热的信仰，一半由于他的幻想和强辩可以引起人家同情心，一半因为他的根本推翻的狂论，适合那时社会改革的需要。那时福禄特尔虽然也承认共和政体是最适用的，但他不喜欢抽象的理论政治，对于普通选举和政治平等并不十分热心。孟德斯鸠又宁愿宪政的改革逐渐进步，不愿把现状完全推翻，致惹起激烈的反动。这两个人的学说，只不愿把现状完全推翻，致惹起激烈的反动。这两个人的学说，只适宜于深思远虑的学者，用沉静的脑力去研究他，不适宜于穷而无告的群众，使他们相信有一个和平幸福的新社会可以立刻发见。莱克（Lecky）说："法国革命所以和别的运动不同，就在他们被那有一定的理想和政治权利的观念的人，用宗教信仰的狂信和热诚从中引导。这种新宗教的圣经便是卢梭的《民约论》。"卢梭的学说因为运气好，适合他们社会的环境，又因为美国刚刚当那时在平等自由的原则上建设起来一个大共和国，不啻对于那些疑惑卢梭学说不能成为事实的人给予一个可以实行的证明。美洲人对于卢梭的福音既这样惊天动地的崇拜，法国的人民正在水深火热之中，对于本国人的学说，又怎能不像传染病一般的散播呢？故陶采（H.J.Tozer）说：“泰因（Taine）虽叫《民约论》为‘掺杂的白兰地’，但在革命的时代，他被人家奉为‘立法家的旗帜’，法律家和公法家常常不断的引用他。戴茂林（Desmonlins）说：‘这本书传播遍地。’泰因又告诉我们说，当一七八四年，有许多官吏的儿子，当初学法理学的时候，都把《民约论》放在手边，作为一种宝鉴。《民约论》实在是各阶级的政治顾问，他的重要的意义已经是遍地传播。”（见《民约论》英译本“导言”第四节）无怪那时法国人称颂卢梭为圣人的模范、人类的恩人，社会中下阶级读卢梭的书，比较读福禄特尔的书，要多百倍以上。真正如拿破仑说的：“没有卢梭便没有法国革命！”

在纯粹理论方面，他的主权论实在很精透的。他以“公共利益”和“普通意志”为主权的基础，说得比什么人都深入。故近代关于国家的各种学说，几乎没有不把这两种东西作为中心的观念。卢梭这种主权观念，用意虽然偏重在调和人民的自由，但是结果却促进统一人民的民族国家。故卢梭这一类的理论，对于民族统一的国家有很大的贡献。可是他的学说一传到德国，又别开一个生面，就是他所主张的主权无限说、权力和自由调和说，变成海格尔的国家万能说。卢梭以为主权的唯一作用，在强制人民自由，故主权越强，人民的自由越巩固，人民只有被没收在万能的国家之中，才可进入自由的堡垒。卢梭利用主权不可抗的学说来保障人民的自由，海格尔等却利用他来抬高国家的威权。用意虽然不同，但是他们的根本理想乃是确实相同的。这些学说就是一元主权论的大本营。

至关于自然世界、自然权利、社会契约等方面的幻想，和根本推翻的几何式的革命理论，后来颇引起英国学者的攻击。白克（Burke）一派攻击他的革命论，变成英国保守党的政纲；边沁（Bentham）一派攻击他的自然权利说，建设起来功利主义的学说；梅因（Maine）一派攻击他的社会契约说，从实际历史上寻找社会的起源，造成很大的历史学派。这都是由卢梭学说激刺起来反动的结果。

卢梭的政府学说后来发生了很好的结果。他把主权者和政府明白分开，说只有主权者可以制定法律，政府只可以发布行政命令。他的“法律”就是近代所说的“根本法”或“宪法”，故近来政治学上的通例，承认宪法由主权者创造，政府根据这种最高法律执行，就是应用卢梭创法的原理。美国独立后，把卢梭的学说用成文宪法实现起来，又在宪法序文中，应用卢梭主权在民的学理，说明宪法的目的和功用。人民主权和政府的关系，都依照卢梭的原理，由宪法实现为确实的制度。由此可见卢梭的政府学说及于近代共和立宪国家的影响。

（原载《东方杂志》第23卷第3号）

海格尔的政治思想

（1926年3月15日）

我编《政治学原理》的讲义时，说："近代关于国家观念有两大思潮，一是斯宾塞的'股份公司的国家观'，一是海格尔的'玄理的国家观'。"现在且把海格尔这种玄理的国家观写出来，以供大家的参考。

德国的政治哲学中的理想主义（Idealism）到海格尔（Georg Wilhelm Friedrich Hegel，1770—1831）可算是达到极点。他的天才奇特，所以他的哲学的渊博深奥甚至于超出他的前辈康德和斐希特之上。他也和康德等一样，把政治学理看作哲学体系的一部分，故要想明白他的法律哲学和国家哲学，必定要先明白他的哲学体系的根本原理。但是他的哲学体系的根本原理绝不是几句话所能说明的，故现在只能说明他的政治思想的根本原理。他以为万有都在"正旨"（Thesis）、"反旨"（Antithesis）、"合旨"（Synthesis）三种形式之下生存。就人身说，肉体是正旨，精神是反旨，心意是合旨；就人生说，个人是正旨，社会——市民社会（Civil Society）——是反旨，国家是合旨。个人和社会是各不相容的，可是这两个相反的东西，在综合的国家之中，才能统一调和。我们从这个论点上，可以找出海格尔法律哲学和国家哲学的根基，就是说，个人和社会是直接反对、互相消灭的两个东西，但是他们在国家之中可以综合起来，联为一致。由此看来，个人只在国家之中才是实在的。既然如此，那么，国家万能不但不能侵犯个人和社会的权利，并且国家越强，个人和社会越发实在。这个根本观念简直和卢梭、康德一鼻孔出气。

海格尔的政治哲学都包括在他的《精神哲学》(*Philosophy of Mind*) 和《法律哲学》(*Philosophy of Right*, 1821年出版) 之中。现在且把他的政治哲学的要点略述如左:

(一) 国家性质。海格尔的国家观念也和康德、斐希特差不多。他说:国家的本质是普遍的 (universal)、自生的 (Self-originated)、自长的 (Self-developed), 是意志之合理的精神。但他是自知自现的, 故纯系主观; 他是一个实在的, 故是单一的个体。国家是存在地球上的神的意象, 国家的存在乃是在世界中的上帝的运动。他在地球上有绝对的权力, 只有自己的目的。他有反抗一切个人的最高权利, 个人有为国家之一员的最高义务。因为国家是完全合理的, 故真正说起来, 国家就是在使道德观念的实现。国家是道德的精神, 这种道德的精神乃是表现自身, 使自身成为显然可见的和实体的意志。故国家是自〖有〗目的的, 为自己生存的, 是自己实现的。个人只有在国家之中才有实行的自由, 就因为他的意志只有在国家之中才可和普通意志相合, 只有得国家之力才能和普通意志相调和。

海格尔的国家理论就是在这个根本观念上建设起来的, 故这个观念是他的哲学体系的终局, 又是他的政治理论的起点。这种见解并不是由海格尔创始的新观念, 卢梭的《民约论》中老早就有这种理想, 不过不及海格尔的辞意玄奥罢了。卢梭说: "想使社会契约不变为空文, 必要默认下列意义: 就是谁不服从普通意志, 便当以全体去限制他。限制他并没有别的意思, 不过说不如此便不能强迫他自由罢了。" (《民约论》第一编第七章) 海格尔说: 国家是自己合理的, 是为自己合理的。这些话的意思完全和卢梭一样, 就是想欺骗个人, 使个人相信他自己只有受万能的国家支配才能够自由, 并相信国家强迫个人, 只是强迫个人自由, 故国家越强, 个人的自由越能够充分发展。

(二) 自由观念。国家如果是道德观念的实现, 那么, 国家的自身便是合理的。国家自身既然是合理的, 那么, 个人对于国家的权力当然不发生问题了。因为个人要想得到多量的自由，一定要在国家之中，得到国家的帮助。在海格尔的这种没收个人的国家观之下，本来是和那自由观念不相容的，他想欺骗人家，所以煞费苦心，把国家和自由两个观念连合起来，就以“自由意志”做他的国家观的基础。他以为普通人把自由看作脱离限制，乃是自相矛盾的见解。自由是积极的，不是消极的，故自由就是自决（self-determination），自由意志就是自己决定的意志。意志自目的决定，目的又由意志决定。所以海格尔到此不得不陷入循环论的套圈，就是自由自决，意志被目的决定，目的又被意志决定，故意志是自决、是自由。他因此便是说：自由是意志的本质，意志的观念就是意志，那自由意志的自由意志，他以为人格、财产、契约等观念都是自由意志的表现。一个生物所以为一个人，就因为他有自由意志要想做人的。一个物件所以成为财产，也因他是被一个人的自由意志决定的；一个人所以成为财产——奴隶，也只因为他缺乏那想使自己自由的自由意志。这就是他那自由乃是自决的说明。

但是个人所以能够自由，就因为他做国家的一分子。国家是特殊和普通的最高综合，只有他能够保障个人，使个人的权利实现，故个人的最高义务就在做国家的一分子。海格尔这种议论乃是法国的个人主义派的学说的反动。一七八九年法国的《人权宣言书》中，明明承认保障个人的自由和财产为国家唯一的目的。只因国家能够保障个人，个人才愿意做国家的一员。故个人加入国家只是自由的，不是一定的。海格尔极力反对这一说，所以说个人只因为国家一分子，才有人格，才有自由。因此便认定个人离开国家便不能实现道德的生活。

（三）神圣的国家观。国家的本质既已是合理的，国家的本身既已是道德观念的实现，那么，只要是个国家，不管他的来源是由于家族、由于武力或由于契约，便都是正当的。这些国家发生说都和国家观念没有关系，玄理的国家观只问那含在观念之中的，不问那表面的形状和那属于历史的事情。他说：卢梭的功绩就在说明意志为国家的根本原理，但是他把意志看作个人的意志，把普通意志看作由个人而来的集合意志，不把他看作国家自己的合理意志，这样一来，国家便是个人自由定下契约组成了。这是毁坏国家神圣尊严的见解。

海格尔玄理的国家观，把国家的偶然的元素、实际的形式和那仅注意于偶然情形与当时事实的学说一律排去。他只讨论国家内含的本质，以为必定要抓住了国家的确实的真实体，才可以懂得国家的真实性。他说：国家自身是道德的全体，是自由的实现，是真理的绝对目的，是精神之不灭的、必要的本质。国家既已是自觉的精神，国家既已生存良知之中，那么，国家在地球上实现便是神圣的，这种神圣元素便是国家在个人之上有无限权力的根本基础。个人只有在政治的神圣之中，才能求到他们道德精神的实现。自由并不是从个性而起的，也并不是从个人的良知而起的，只是从良知的本体而起的。国家是良知和精神的本体，他的基础就是真理的能力。故我们要想建设一个国家观念，倒不必注意那特别国家或特别制度，只要从这个意象——这个真实的上帝——上讨论。

凡是国家都含有神圣的性质，不管他的组织是好是坏。如同一个人，虽然是懦怯、犯罪、罹病、愚昧，但总是一个有生命的人。故一个国家虽然是不良或腐败，但他的本质总是道德观念的实现，总是永久神圣。因为国家是生在世界上的，不是技术制造的，国家的不良或腐败不过是偶然的情形，绝不能影响到他的本然的体质。凡是抱这种国家观念的人，绝不主张限制国家的权力，同时又必教各个人对于这种权力无限的国家不要怕惧，因为一定要经过国家可使他的道德精神完全实现。这种神圣的国家观可算是德国政治理想派的思想的特色，尤其在法国革命后，凡是厌恶革命思想的学者，几乎没有人不倾向这一类神圣的或机体的国家观。

（四）国家组织。海格尔以为国家的理想由三种方法表现出来，就是：一、宪法或国内公法，二、国外公法，三、世界历史。一个特殊国家的根本事实就是人民的政治良知，由这种良知确定宪法。说宪法是创造的东西，说他有个绝对的起点，便是大错。宪法自身并不是人类的制造品，并不是人类良知的创造物，只是自然成形的。宪法虽然时时变迁，但是有些形体是确定事实，和国家的理想是不可分离的。故说，何人应该“创造”宪法，是一个毫无意义的问题；争论什么宪法是最好的，什么政府是最善的，也同是无用的争辩。一国人民，在一定的时期内，自然有表明他的精神和文化的宪法，这种表现一定刚刚同他的精神和文化相适合。故在某一时期内，只有某一种宪法是最好的，待到人民的文化更高，方可适用别种制度。由此看来，宪法只是自然成形的，并不是任人自由选择的。

海格尔的国家是由下列的实在元素组成的：一、是决定普遍和建设普遍的权力，就是立法权；二、是在普遍之下处理特殊事件的权力，就是行政权（包括司法权在内）；三、主体的权力，就是君主权。海格尔的三权分立说，终是德国人如康德等的见解，却不是法国人如孟德斯鸠等的见解。他以为君主权是重行联合别种权力，使他们成为一个单位。因为海格尔哲学的根本观念是普通和特别互相反对，把他们相互联合起来，方可联为一体。立法权是普通的，行政权是特别，使他们互相结合、联为一体的，就是君主权。君主权是给予那立法者立法的责任力和政府命令的责任力的，他是一切权力的最高点。立法权和行政权是说明那理想宪法上很重要的参差的原理，君主权是供给那使理想完成的统一的原理。海格尔认定立宪的君主政体是能满足那完全合理的条件的，国家发达进到这个政体，便是近代世界成功的模范。这种立宪的君主政体是综合三种政体——君主政体、贵族政体、民治政体——而成的，君主代表一，行政代表少数，立法部代表多数。这三个政体，在古代国家是分别存在的，到了近代国家却综合而为一了。

（五）君主主权。海格尔既已把君主权看作一切权力的最高权，那么，不但国家是绝对权力，君主更实在是绝对权力了。他以为近代如普鲁士等高等国家已经进到最好的立宪君主政体，在这种国家之中，确实的统一由于君主能把政治全体的三要素重新联合成为一体。万事从他而来，万事归着于他，他既是起点，又是终点，他握有最高的自决权。一切始于君主、终于君主的权力，叫做主权，主权和专制（Despotism）不能合为一谈。所以他说：“把主权和独裁、专制混同起来，是一大错误。

主权是各种特别权力的理想力（Ideality）。……专制是指着无法而言——在这个地方，特别意志等于法律，甚至于代替法律。主权却不是这样，他是成于各种利益范围和特别行为的理想力，使这些范围和行为不因各自目的而独立，以致互相毁坏自己；反过来，他们行为的目的和方法反由全体的目的决定，因而互相依靠。”（Dyde英译的《法律哲学》三六四页）直简一句话，就是主权是使特别行为和普通行为相合，使特别目的和普通目的一致。主权在君主个人，由他实现出来那特别和普遍的融和。

海格尔的主权说不止于此，并进一步，再详细分析主权的性质。他以为主权是那有下最后命令的权力的一个意志。主权既有一个意志，故是一个人格、一个主体。主权不但是一个人，并且化成一个人，这个人就是君主。主权是国家的个体的元素，他只是单一的、不可分开的。大概海格尔把国家看作一个人格者，国家只像一个人，君主便真正是一个人。人格是说明国家似人的理想，这种理想由君主给予一个真实体。只有这样，才可以说理想就是实在。由此看来，海格尔的学说，就是认定国家的人格发见于君主的人身之中，君主的天赋权力和无条件的权力就是国家一切权力的综合。德国的法理学家如吉白（Yerblr）、拉庞德（Laband）、耶律芮克（Jellinek）等，都把君主看作国家直接的和全能的官能。归综一句话，这就是德国公法的主观说和有机体说的心核，一般公法学家费了许多心力，就是想给予万能的君主以法理的外形。

海格尔既已把君主主权说得这样明白，对于人民主权这个问题又将怎样说明呢？他以为说人民主权，只是说一群人民表面上是自治的，并造成一个正式的国家。既已有了正式的君主之后，所有的人民已经不是做主权者的人民。再，我们虽然认定主权属于国家，不是属于人民，但是我们亦可以说，所谓对内主权在于人民者，只说在于人民的全体。在近代习惯上所说的人民主权，却和我们所说的君主主权相反对，含有无法律的意思。人民要是没有君主，没有全体的组织，便是一群不成体统的群众，不能算个国家，更不能像那有组织的全体，有个公是。再，共和政体或民治政体，本可以说是人民主权，但是我们知道，近代的立宪君主政体已经比民治政体和共和主义更进步，而成为更高等的政体。

（六）政府和国会。海格尔关于政府的学说没有什么奇特的议论。他以为政府是君主裁决的执行者。政府职权就是执行和适用君主的命令，并执行和实施那既已决定的现行法律、制度、命令。政府的权力是由警察权和裁判权组成的，这些权力由阁员和各种官吏及法官行使，所有的阁员、官吏等都是君主的代理人。

海格尔所说的立法部，就是以普鲁士的国会做主，并仿照英国“巴力门”加以修正。以为分权一定要破坏国家的统一，只有给君主以最高权力，然后才可以造成单一的权力。国会做些什么事呢？他以为国会的职务在保障普通幸福和自由。一方面提出那有益于政府的建议，一方面详细讨论，说明公众的意见。如果没有国会，那么，群众便是无机的（Inorganic）、原子的（Atomic）；有了国会，群众便能组织起来，成为一个有机体。群众意见，到此总能成为法律的和正式的形状，利益上的冲突和争执才能够消灭。

海格尔对于国会的选举不赞成普通投票。他以为说一个个人民都应该讨论和决定那关于国家公共利益的事件，因为一切人都是国家的分子，国家事务是个个人全体的事务，这是错误的话。其实国家乃是各分子的组织体，故在国家之中，绝容不得那无组织的群众的元素出现。他更反对议员是个人的代表说。因为被代表的不是个人，只是重要的社会利益，如农业、商业、工业等。海格尔的心目中，常常忘不了普鲁士的国家，故自然要主张两院制：一个贵族院是代表地主世族等有世袭性质的；又，一个议会是代表那不甚有长久性质的利益的。这就是普鲁士国会组织的原则。大概海格尔的意思，以为国会实际上不是立法的机关，只是说明当时流行的意见经过公开的讨论，可以宣明公共意见。其实他只是咨询的机关，国王和阁员只和两院商议，不一定要受他们建议的拘束。最后的裁决权只在君主，只有君主是法律的最后的决定者。他这种主张，和洛克、卢梭等对于立法权的见解，简直是根本相反。

（七）国际关系。前面说过，海格尔已经把国内公法和国外公法分开，那么，这个独立自决的国家和那个独立自决的国家发生关系，便属于国外公法的范围了。不过他以为国际关系没有“法律”可以管理，只由各个国家的意志决定。对外，国家因为是一个自治的个体，国家“自为”（For Itself）的真正精神就在这个自治中表现，故这个自治就是国民的根本自由和最高威严。国家对外是个主观的个体，这个主观的个体化为人身，就是做主权国者的君主。故君主有指挥国家对外活动的权力，凡指挥军队、派遣公使、宣战媾和、缔结条约，都属于君主的权。由此看来，国家的对外权利，就是国家对外有主观的个体存在的证明。国家的主观的个体化为君主的人身，故君主有支配一切国际关系的权力，这种权力就是“对外主权”（External Sovereignty）。

但是，“对内主权”（Internal Sovereignty）所以能够拘束国内人民，就因为他是主权，主权所以能够指挥命令，就因为他有法理的基础。至于国际关系乃是这个主权的国家对于那个主权的国家的反动。既然都是主权的国家，那么，他们又怎样能够服从一个更高的原则呢？海格尔虽然明明知道有这个问题，可是他却没有解答。他以为实在没有国际法，因为没有人类的权力可以高出于国家之上并且在法理上可以要求国家服从的。在国家和国家之间，只有道德的义务，此外又只有契约可以暂时管理他们的关系。由此看来，国家行为的标准，绝不是私人行为的标准，国际关系绝不是法律的关系。条约并不能拘束国家，国家受条约的拘束，只由国家自己的愿意。

海格尔只以利益做条约有效的根基，遵守条约的义务只是利益要求的，并不是法律要求的。故国家和国家之间发生冲突，除掉战争之外，再没有别的解决法。故海格尔到此，不得不赞扬战争。他以为战争是善的，是尊荣的，是有生发的。战争可以保全人民的道德，犹如风浪可以保全海水，使他不致于腐败。这也是因受拿破仑蹂躏而激起爱国心的德国人应该有的主张。

(八) 世界历史。国家实现自由意志的最后关键就是世界历史。海格尔以为各民族的文化——美术、宗教、政制——都在那绝对理想的活动中表现一个特别阶段。他把世界历史分为四个时期，凡代表每一个时期的民族，都有反抗其他民族的绝对权，凡过时的民族就没有反抗正当其时的民族的权利。这四个期，就是东方时期、希腊时期，罗马时期、德意志时期。前三个时期已成过去，不能再见了，现在正在德意志时期中。因为世界历史是世界的法庭，故在这个时期中，德意志的原素应该在全世界上占胜利，由他实现出来正义。近代世界由德意志的精神表现出来科学的战胜和自由的战胜，由此将更进到极完全的世界。在近代世界上，自由显然为国家生活的普遍原理，东方曾知道，并且到现在还知道，只有“一”（专制家）是自由，希腊和罗马知道“多数”是自由，德意志世界知道“全体”是自由。

把海格尔的政治哲学和英美的政治哲学比较起来，可算是独立自成一派。他的国家并不是为达到某种目的的方法，乃是自己有“自日的”的。个人要想努力向上，只有忍着痛苦，屈抑自己的意志，以服从国家的意志。故服从国家的统治便是个人向上的法门，因此便说强制就是自由。国家既是综合一切个人和社会的全体社会，故把一切个人和社会都没收在国家之内。国家之上及国家之外都没有社会，故国际关系便不是社会的关系，只是自然的状态。再，他的国家是最高的道德团体，故把国家和法律看作道德观念的具体化，因此又生出伦理的国家观。他的影响几乎普及于德国的公法界，就是最近英国的鲍生葵（Basanquet）也都奉他的学说为正宗。

（原载《中大季刊》第1卷第1号）

马克思主义理论和社会主义制度评介

共产主义历史上的变迁

（1921年6月1日）

共产主义的界说，学者中间很不大一致。有的以“私财公用”为共产，有的以“公财私用”为共产，有的以“公财公用”为共产。但是晚近的共产主义家有一个共同之点，就是反对私有财产权（Private Property）。故共产主义便是一种经济的理想，这种理想是废止私有财产，设立共有财产的社会，使各个人的需要由公共的财源给供。换句话说，就是以建设起来的权力，使社会的生产平均分配于社员的理论。他们最大的条件就是“共同的生产”和“平等的分配”。

共产主义并不是欧洲近代的社会党所发明的理论，乃是最初社会实行过的事实，和两千年前希腊的学者所讨论过的理论。我们要想明白共产主义在历史上变迁进化的线索，最好是把他们分作三派研究。我的三派区别是：

第一，从伦理的基础上立论的共产主义；

第二，从人道的基础上立论的共产主义；

第三，从经济的基础上立论的共产主义。

第一，从伦理的基础上立论的共产主义

自科学的共产主义发生以前，所有的共产主义本都是从道德上着眼，本都可以叫做“道德的共产主义”。但是希腊的学者柏拉图（Plato，纪元前四二八—三四七）所说的共产主义却是从伦理的基础上立论，不像中

古基督教徒和乌托邦派所说的共产主义完全是从人道——慈悲博爱——的基础上立论。所以我认定柏拉图的共产主义是“伦理的共产主义”。

凡是看过柏拉图的《共和篇》（*The Republic*）的人大概都知道柏氏的理想国并不单是政治的机关，乃是教育的机关。他所讨论的并不单是政治组织的问题，乃是教育方法的问题。他所提倡的是“精神的改善”（Spiritual Betterment），要想改善精神的生活，便不得不免去物欲之累。因此便反对私产制度，想废止金钱，想以共产制度来救济当时贫富竞争的社会。他的理想国家便是消灭独立自足的小我，在正义的观念底下，实现一个普遍的大我。这个普遍的大我之中，最忌的是自私自利，所以必定要叫治国、护国两个阶级离开物欲的生活，才可以免去自私自利的弊害。且看他说：

> 财产共有，家族共同，可以造就出来真正的护国的人。不致因为把一件东西认为你的我的，致国家分裂。不致因为把室家看作私有的，不致因为各有各的妻子，遂惹起各人自己的苦乐。如果他们有同一的苦乐，便可引导他们趋到一个共同的目的上去。（《共和篇》第五卷）

……他的唯一的目的就在使护国的人精神气力都可自由，可以一心一意的去做国家的官能。

……

照以上所说的柏氏的共产主义，和近代共产主义有三个大不相同的地方：

（一）柏氏的共产，完全从精神生活上着想，为的是使护国阶级免除物欲之累，专门去过精神的生活。只要财产没有“你的”“我的”之分，只要使“父母不知自己的子女，子女不知自己的父母”，便可造成至公无私的普遍大我的社会。

（二）柏氏死守希腊人的旧习惯，看不起经济事业，把经济看作消灭智慧勇敢的祸根。近世共产主义家把解决经济问题看作解决政治问题的根本条件，所以想以经济的势力来支配政治的势力；柏氏却想把经济的势力完全放逐在政治范围之外。

（三）柏氏的共产的范围只限于护国阶级，真正的生产阶级还没有共产的分。近代的共产主义完全替劳动阶级想法子，所以想使劳动阶级出来管理国家社会；柏氏却把劳动阶级放在政治范围以外，使非劳动阶级公同享用劳动阶级的生产。

第二，从人道的基础上立论的共产主义

除掉柏拉图的共产主义和近代的科学的共产主义之外，通同可以叫做“道德的共产主义”。大概自有社会以来，就有贫富两个阶级互相对立。希腊的富豪和贫民，罗马的贵族和平民，中古的地主和农奴，差不多天天都在互相竞争的状态之中。有许多慈悲博爱的宗教家和人道主义家，眼见下层阶级穷苦不堪的现象，或者发为诗歌小说，或者造成慈善的团体，或者梦想完全的世界，或者以同志的私人亲自组成自给自足的社会。故这一类的共产主义又可分为三小派：（甲）博爱派；（乙）小说派；（丙）新村派。

（甲）博爱派的共产主义

这一派的共产主义可推最初基督教会做代表。如果我们一翻开《新约》，就可以找出基督教徒对于财产的观念。《使徒行传》中说：

> 信者会同，有无相通，有所需变卖物产分之。（第二章四四及四五）信者之众一心一志。不私己财，有无相通。……其间无穷乏者，盖有田宅者售而挈其金置使徒前，有所需则分与之。……有田售之，挈其金置使徒前。（第四章三二至三七）

照这几句话看来，耶路撒冷的教会当先的确有共产的精神。因为宗

教家主张从精神上解放奴隶，认定人类生来一切平等，在自然法之下，人类都是一样。只要天良不昧，在真理面前便没有主奴之别，阶级的区别都是后起的，都是人为的。并有人相信在自然世界之中，没有什么私有权，凡政府、财产种种制度都不是原始人类的自然的制度。

而且教徒多尊重劳动阶级，圣保罗说“自己不劳动的人不可吃饭”，这就是基督教徒所以为穷人说话、劝富人通财周急的原因。

但是教徒的共产却不是绝对的主张。这种“有无相通”的事体乃是信徒随意的行为，并不是入教会做信徒的条件。就是信徒，仍然得私有财产。且看《使徒行传》中第五章内说：

有名亚拿尼亚者，与妻撒非喇鬻产，夫妇同谋潜藏数金，余挈置使徒前。彼得曰：‘亚拿尼亚胡为撒旦（Satan，恶魔）惑尔心，潜藏售田数金以欺神圣！田未售，非尔田乎？既售，非尔金乎？心生此念何为？是尔非欺人，乃欺上帝也。（一至四）

照这一段看来，基督教会中并未尝否认私有财产权。拿钱出来公用是由于个人的愿意，并不是做信徒的必不可逃的条件。所谓共产也不过是“多寡相助”“周急济难”的意思，和近代所说的共产主义相差甚远。说“已财”，说“有田宅者”，说“变卖”，说“售”，便是在私产之下的状态或行为，共产制度之下那能有这种“物权”和“物权转移”的观念？故基督教徒就说是共产，也不过是“私有公用”罢了。

基督教徒的共产的理想，只是从良心上自发的，并不是用团体的力量强制的，这又是他们和近代共产主义不同的地方。他们良心上为什么发生这种慈悲博爱心呢？他们根本的观念就是教会一体。且看《达哥林多人前书》中说：

一身有百体，身之体虽多究为一身。……如一体苦，百体同苦；一体荣，百体同荣。（第十二章十二至二六）

这种有机体的教会一体观，极端应用起来，当然要发生“信者之众一心一志，不私己财，有无相通”的半私产半共产的事实。

（乙）小说派的共产主义

小说派的共产主义的著作大概都可以叫做“共产主义的小说”。他们所说的只是主观的理想社会，从他们自己的脑子里边自由描写出来，只说在我们的世界之外有这么样的社会，至于我们的社会能不能做到这样理想的境界，或用什么方法才可以实现这样理想的境界，这些问题他们都是不大注意的。所以他们的理想国无论怎样好，在那国里的人类无论怎样舒服，风景无论怎样美丽，止是一场空梦！

这一派第一个代表可推莫尔（Sir Thomas More，一四七八——五三五）。他的《乌托邦》（*Utopia*，一五一六年著的）一书很有许多地方摩仿柏拉图的《共和篇》。乌托邦的政府由人民选举造成的，一切东西都为社会公有，官吏把生产的工具分给人民，由人民劳动生出来的物产大家都可分用。这个国家只有三四百万人口，都要从事一定的劳动，生活要朴实，禁止用金钱及虚饰。莫尔的根本观念是：

缺乏的恐慌是陷一切动物到贪欲境界的东西。

因此，便一方面使全国人积极的生产，一方面禁止全国人消极的浪费。

……

可是乌托邦中有一件特别的事很和柏氏的理想国一样，就是乌托邦中仍然有奴隶制度存在，把大家不高兴做的、危险的、有毒害的劳动，一齐让奴隶去做。把人家生产物拿来供我们不生产的人用，和把一阶级压在经济的势力之下，都是近代共产主义的仇敌，柏拉图和莫尔却拿来做他们共产主义实行的基础，这不是一件很奇怪的事吗？

可是莫尔的立脚点已经站在经济的基础之上。他有几句最痛快的话：

有钱的人贪想各种方法，用这些方法首先把他们不义之财保为己有，然后再用最低的价钱把穷人的劳动工作买来，供自己的私用，图自己的私利。一旦有钱的人以公众的名义实行这种计画，便又成为法律。

这样从经济上着眼，从劳动问题上下手，然后得到共产主义必要的结论，岂是柏拉图梦想得到的吗？

这一派第二个代表可推高德文（William Godwin，一七五六——一八三六）。他在《政治的正义》（*Political Justice*）之中，大吹共产主义。他把财产等级——即普通所说的分配的方法——区别起来：（一）应付必要的分配；（二）对于劳动的分配；（三）私有财产。他以第一个分配的方法为最正当，最能适合自然的法则。他以为人类把自己的财产看作祖先遗赠的，实在是大错。财产——即普通所谓所得——皆是由现在活在世上的人的劳力所生产的，祖先遗给子孙的财产，皆是由剥夺别人劳动的结果积聚起来的。故财物——尤其是遗传的财物——不外是由劳动者的手里拿出来，听所有者浪费罢了。现在欧洲和别的文明国家所有的私有财产，都是法律赋与社会中某阶级垄断别阶级生产结果的权利。换句话说，就是创设不劳而得的制度，这是背理最甚的事体。第二个分配法，就是享有劳动的结果，虽然不像私有财产的不正当，但是如果他人对于我的生产物感觉必要的程度超过于我，我乃占据生产物排除他人的要求，不但不合道理，并且往往要由这个制度变成私有财产制度，故亦不可采用。所以要想使社会达到幸福圆满的境界，必定要采用第一个制度，使人各应自己的必要，各取所需。

高德文以为一切人类如果都本着道德的理想行动，社会的组织便当然要成为共产的组织。人类行动应该以全体社会最大的利益为主，这就是他的“正义”的根本观念。

正义的原则，就是对于一物如果让他人受用比较自己受用更有益于社会全体，便给他人受用。人类行动都是这样，私有财产制度当然消灭，共产制度便当然实现。

高氏把人性看作道德的，以“应该如此”或“当然如此”做议论的前提。他固然是发明了理想的世界，但是却忘记了现在世界的实际状况，却忘记了怎样由实在世界达到理想世界的方法。只看见人性中合理的一方面，没有看见人性中自私自利的一方面。所以他的著作中所发见的只是“目的论”，不是“方法论”。

大概说到“目的论”，无论什么人都可以描写出来一点，一说到“方法论”便不能够“藏拙”了。所以这一类的玄想派中所说的理想国，往往同画师画鬼一样，想怎样画便怎样画，可以画到极精细的地方。他们的理想乡也是这样。譬比克贝（Cabet）的《伊加尼亚的航海记》（*Voyage En Icarie*）中把理想乡中人的服装、劳动年龄、劳动时间，都说到很精细，连议事堂中门铃的设备都想到了。这种无条件的梦想全靠着自己一幅脑子，拿脑子里边的世界做理想乡，只能算是浪漫派的小说家，连写实派的小说家都算不上！这就是马克思所以看不起他们，称为“空想的社会主义”的原因。

（丙）新村派的共产主义

共产主义进化上最有趣味的一件事体，便是最初以著作言论表示理想国的模范，使熟睡在现在社会之中一般人脑筋中忽然知道有这样完全、这样美期〔丽〕的一个社会；这种理想社会的影子留在人类的脑筋中，不知不觉的便对于理想的社会生羡慕心，对于现在的社会生厌恶心，结果便一面以阴谋暴动等方法对于现社会下总攻击，一面又集合少数同志组成一个小团体来实地试验，做出理想国的一个样本给人家看。最后这一派便是我所说的新村派，便是从小说派的共产主义到科学的共产主义中间一个过渡。

实行新村运动的人先有克贝，他想把他书中所描写的理想社会实现起来，在美国泰克塞斯（Texas）州买一百万亩土地，纠合六十九个同志，想在此建设一个新村。最初出发的日期是一八四八年三月三日。

英国有一个乌托邦派的社会主义家叫做欧文（Robert Owen，一七七一——一八五八），他的性情虽然欢喜乌托邦，但是却不曾忘记了实际社会的改革和实际制度的建设。他本是个棉场的管理人，对于工厂工人的安宁很注意。他缩短劳动时间，后来竟变成工厂的法律，在劳动运动史上要算是很大的贡献。

他把环境的势力看得非常重要，以为人性的变化完全是环境造成的。要想变更个人，必先变更环境。因此便想重新创造一个社会，改变人类的环境。他在美国恩戴纳（Indiana）州买下三万亩地皮。一八二五年春间定约的，把他的计画发表出来，几周后得到八百多人的赞成，由这些同志集合起来组成新村，于一八二六年二月五日制成宪法，想先做成新生活的样本给世界人看，可惜不到两年便土崩瓦解了。

还有一位法国的乌托邦派福利埃（Charles Fourier，一七七二—一八三七），以为重新建筑社会是实际问题，不是理论问题。他的实行共产主义第一步方法便是建设“同居舍”（Phalanstere），筑下最大的房屋，可容一千五百人居住。分许多房间，使住的人可以自由选择适当的房子，并使住的人天天在一块吃饭。他以为只要有这种大旅馆式的社会，一切社会问题都可以解决。因为他同欧文一样，相信社会环境如果不变迁，不论什么问题都不能解决；环境一变，使人类得到一种新式的生活，别的问题自然可以不起了。

福利埃以为，在将来新社会中，人人必把劳动看作最有兴味的事体，人人高兴劳动，人人愿意劳动。他的理想的国家便是一种社会的国家（Social State）。在这个国家之中，无论生活的方面、道德的方面，都没有强力去逼迫他劳动，只因为爱做工而做工，所以没有痛苦。他的同居舍的唯一的目的，便是在协助的基础上举行生产，以园艺种植的方法来做农事。联成许多共产团体（Phalanges），便成一个新世界。但是经过多次试验，总是失败了的居多数。

欧文和福利埃都是法国革命后普通思潮的产儿。自卢梭到海格尔（Hegel）的时候，最重要的思想大概都倾向乐观主义，总以为自然是善的，社会是恶的；恶是群聚的，善是个人的；人类是纯洁的，社会是污秽的。因此便想离开旧社会来创造新社会。

这一派的社会运动和近代科学的社会主义家的运动最不相同的地方，就是科学的社会主义家想藉政治的势力、国家的权力来达到改造经济组织的目的，新村派却想藉个人的能力或同志的能力来达到改造经济组织的目的；科学的社会主义家想叫醒在现在社会组织之下一般不益利的人起来组织有力的政治团体，渐次得到参与政治的地步，来改造全体的社会；新村派却想由少数人自由集合，独立于政治的势力之外，来改善一部分人心；科学的社会主义家想促进旧社会变成为新社会，故先从旧社会下手，新村派却想离开旧社会创造新社会，故先从新社会下手，丢开旧社会不问。这种方法只能认为劳动阶级没有觉悟的时期中间一时"聊以自慰"的方法，并不是改造社会的正规；他们所以不能成功，并不是理想太高，实在是方法不善。

把前边这三派——博爱派、小说派、新村派——共产主义总括起来看，可见他们通同是在道德的基础上立论，通同相信人类是善的。他们的实现共产主义的方法，全靠各人自己良心上的自动的制裁。所以遇着亚拿尼亚这派人自私自利，便没有办法，便不得不牺牲"有无相通"的主张，承认他们的私有财产。高德文、欧文、福利埃的共产主义实现也和博爱派有同一的缺点，就是高德文的理想国必定要在高德文的理想条件——正义——之下才能够实行。如果人性都是自私自利，像斯密亚丹（Adam Smith）一派所说的，那便永远没有实行的时期了。且福利埃等想以园艺种植的方法来做农事，这也是农业时代的田园生活，和克鲁泡特金的经济论犯了同一的弊病。拿少数的农业时代的小树□的小工业的生产组织，来同工业时代的大工业的机械生产相抗，那能不"一败涂地"呢？我们固然不能以成败来估计这派学说的价值，但是我们注重的是方法不是目的，故方法的研究却是一件很重要的事体，不是可以轻于看过的。

第三，从经济的基础上立论的共产主义

社会主义逐渐进步，渐渐造成科学的社会主义。科学的社会主义家不是专门描写将来的理想的社会，只注意在实际上的社会改革。他们很攻击道德派的共产主义，以为他们是感情用事。他们说经济制度的好坏，

并不着眼在道德不道德的问题上，单着眼在经济组织的问题上。

这一派最重要的人自然要推马克思（Karl Marx，一八一八——一八八三）为第一了。马克思的共产主义是从“经济的必要”一个基础上发端的。他以为私产制度当初还有存在的理由，因为工业未发达，自耕自食，自制自卖，生产货物都是他自己做的，所以得到的财产都应该归他自己私有。后来行工厂制度，用不着自己去做自己去卖，分工的结果，一件东西经过许多手才制造成功，自己制造的东西不知道卖到什么地方去了。所以他说工厂发达以后，所有制造和分配已经成为“社会化”了，生产分配的方法已经变为社会化，所以经济的制度也必然要变成社会化。

从前要用手足的气力来生产，所以要有许多奴隶，因此便有奴隶制度。在这种经济生活的状态之下，人家都把奴隶制度看作天然的法则，就是柏拉图、亚里士多德也认奴隶为天然的制度，也认奴隶为私有财产。到了这种经济生活消灭了，奴隶制度也跟着消灭，那种以奴隶为私有财产的习惯便一律根本铲除了。现在经济生活已经变迁，生产和分配已经成为社会化，那么，土地资本的私有制度，必定和从前的奴隶制一样，一概没有用处，由此可以变成土地资本的共有制度。这是马克思所以主张共产主义的原因。

马克思的立脚点全在“经济的必要”上边，有了某种经济的必要才有某种经济的制度。某种经济的必要消灭了，跟某种经济的必要而生的经济制度也必然要跟着消灭。

在一八〇五年的时候，曾有浩尔（Charles Hall）这个人，发表一篇《及于欧人的文明之影响》（*The Affects of Civilization on the People in European States*），想取消掉地租和利息。他以为穷人一天劳动八点钟，只有一点钟是为自己劳动的，其余的七点钟所做的工作，在现在的法律秩序之下，都归到富者手中去了。因此便提出两个原则：（一）每人只按照家庭必需的程度而劳动；（二）劳动者应该享受自己劳动结果的全部。由这第二个原则发生出来的权利便是“全劳动收益权”。

“全劳动收益权”是劳动者自己享受自己生产的价值的全部。如果劳动者要实行这种权利，那么，财产制度便不能不改变了。因为私有财产制度只是保障人家已经得到的财产，不管人家用什么方法得到财产。换句话说就是，只是保障那些有得到财产能力的人，不管没有财产的人取得财产的方法和机会。而且在私产制度之下，总要承认地租、利息为正当的所得，因此便不能铲除不劳而得的弊病。故从劳动收益上着想，不能不推翻私产制度，实行共产制度。

总而言之，从前的共产主义家因为看不起经济，所以率性把经济的问题丢开；现在的共产主义家把经济看得很重，所以认定不解决经济的问题，决不能解决政治的问题。从前想用政治的方法来解决经济的问题，以为只要有劳动代表加入政界便可改良经济的生活；现在却想把政治放在劳动者管理之下，使政治问题同经济问题由劳动者自己一同解决。所以从前劳动界只要求参政，现在的劳动者却想直接来管理国家。如果把国家放在劳动者管理之下，如果国家之中没有不劳而得的阶级存在，共产主义就可以完全实现了。所以近代的共产主义家所商榷的只是实行的方法的问题，至于共产制度本身可行不可行的问题，老早就用不着讨论了。

（原载《新青年》第9卷第2号）

关于资本主义和社会主义的争论的我见

（1921年6月20日）

现在中国的社会改革有一个很重大的问题，就是“不经过资本主义的时代，是否能得到实行社会主义的时代？”

这两年来，有一派人的答案是：

> 救中国只有一条路……就是增加富力。
>
> 于此之际，苟目睹资本主义兴焉，Bourgeois兴焉，皆当认为当然之阶级，与其拒之，不如希其速来。（以上是张东荪的话）
>
> ……这样讲来，资本家必定要经过的，世界上并没有不经过此阶级而能达到社会主义的……中国若想社会主义实现，不得不提倡资本主义。（杨端六与罗素的谈话）

近来看见《改造》杂志中讨论这个问题，就是梁任公也是这样的主张。

我想这派人的第一个根本错误，就在把历史的进化太看作机械的。他们自己也许不尽然承认唯物的历史观，……老实说来，简直是“经济的定数论”。因为马克思一生处处都是奋斗，并没有坐在家中作“长期的忍耐”过。且他自己也曾说过：“观察变化，要常常区别两件事，一件是经济的生产状况上所起的物质的变化，这是自然科学所教训我〖们〗人的；一件是法律上、政治上、美术上或哲学上——简而言之，观念上——的形态，人在这些形态上发见冲突而奋斗的。”（一八五九年《经济学批评》第一卷五页）

变化既然是人类奋斗的，更可见得人类不能站在变化之外去“忍耐”了。马克思是主张唯物史观的人，都这样说，况且我们是反对机械的唯物史观的嘛。

我的结论就是说：历史的进化是人类本着由经验而来的智识的创造物，并不是离外人类的意志自然而然的发生的。我们认定十八世纪的产业革命是十七世纪科学革命的结果，现在的社会革命是一百年来社会主义的学理灌入人心的结果。

从我们这种见解推论起来，觉得人家从前没有历史的经验，所以走错了路，跑进了资本主义的时代；我们现在明明看见资本主义在历史的经验上发见出种种的弊害，又明明看见社会主义现在正在针对这种弊害下药医治，我们不问是认定中国现在已经中了资本主义的病症，或认定还没有中了资本主义的病症，都应该用社会主义的方法来医治或先事预防的。如果希望资本主义快来，赶快的把国内造成两个阶级，然后再打开书包，去寻出社会主义的方剂来医治他，便是“削足适履”的办法。如果说不在资本主义之下，社会主义便没有用武之地，便是“打酱油的钱不能打醋”的办法——这都是法国人所说的“经济的定数论”派。那么，只好听他们“长期的忍耐”罢。

这派人还有第二个根本错误，就是把“资本”看得同“资本家”“资本主义”一样的。现在治中国的病要“增加富力”，这是什么人都不能够否认的；可是“富力”的界说和“增加富力”的方法，却不一定要用提倡资本主义的经济学者的学说。从前的经济学者如斯密亚丹（Adam Smith）一流人，都把经济学看作国富的科学，《富国论》中所讨论的大半都是国家的生产。从前的经济的使命在使国家富足，现在经济学的使命在研究各个人的欲望充满或没有充满。所以估计一国的富力并不以交换的总额做标准，是调查一国之中贫穷的人数和享幸福的人数，两相比较，看究竟不能满足生活的欲望的到底有多少。所以个人的欲望和满足欲望的事体是最近的经济学所应该第一要知道的。

因此，往年的经济学注重生产，现在经济学注重分配。只注重生产，以为“生产可以满足一切人的欲望”，是根本错误的。为中国增加富力打算，我以为第一要打破的就是资本主义家“生产是满足万人欲望”的这句话。生产既不能满足万人的欲望，那么，想用资本主义来医治“从前未过过人的生活”的社会，不知道怎样办得到呢？

所以我以为中国现在定要增加富力（这是和张东荪见解相同的），但是增加富力，只要得资本，不要得资本家，更不要提倡资本主义。资本是生产的必需品，可是资本一为私人所有，便成了资本阶级，便成了资本主义了。在有资本阶级的社会之中，在实行资本主义的社会之中，所谓增加富力，只是增加资本阶级的富力，“从来没有过过人的生活”的人仍然压在底下。说在资本阶级之下，可使一切人都可以过“人的生活”，是闭着眼睛说瞎话。如果瞧瞧欧美各国现在的情形，如果稍为研究研究社会主义所以发生的原因，我想再也不致于有这种错误。

我现在不能详细的证明我的结论，只有简单的说明我的结论。我的结论是什么呢？就是历史的变化是可以人力修补或改变他的趋向。换句话说，就是不从资本主义的时代经过也可以达到社会主义的时代。人类所以有创造的智慧，就是教人不要把古人的失败史“如法炮制”的重抄一遍。换句话说，就是欧美从前的经济学只注重生产，所以造成贫穷的阶级；我们现在注重生产，同时就应当注重分配，千万不要把欧美的资本主义罪恶史重演一遍。以人力改变历史的趋向，不要问他能不能，只要看他的方法善不善。所以我认定我们改造资本主义没有发达的社会，只当研究改造的方法，不当武断的或抄袭的下“世界上并没有不经过此（资本）阶段而能达到社会主义”的断言。

（原载《评论之评论》第1卷第3号）

唯物史观的解释

（1924年8月）

我从前读塞利格曼（Seligman）所著的《经济史观》（*Economic Interpretation of History*），看见他述反对派的批评说："经济史观的学说是一个宿命的学说，是和'意志自由论'反对的，并且没有注意到历史上伟人的重要。"自从唯物史观的学说输到东方来，有许多学者也有这样的怀疑。日本的中泽临川在《中央公论》上说道："马克思的唯物史观，从实践的方面去看，这种机械和世界观，一切都受生产的方式束缚，人类的意志在这个中间是一点力量都没有了。我们只要拱手无为以待资本主义的瓦解、共产社会的实现，那就好了。人类既没有依从理想，向一定的方面努力的必要，又没有努力的余地，乃是无为的天下，乃是最适宜于懒惰者的世界。人类不过是忍着饥饿坐待果实熟了落到口中的懒人罢了。"最近这个问题也在中国的论坛上开始战争了。例如胡适之先生在《科学与人生观》的《答陈独秀先生》文的末段也说道："其实独秀也只承认'经济史观至多只能解释大部分的问题'，他能不相信思想、知识、言论、教育也可以'变动社会，解释历史，支配人生观'，那么他尽可以袖着手坐待经济组织的变更就完了，又何必辛辛苦苦地努力做宣传的事业，谋思想的革新呢？"不说别人，就是我自己胡乱的写《欧洲政治思想小史》的时候，也抱着同样的见解，说道："历史的进化都是人类以意识建筑起来的。人类意识可以征服自然，指挥自然，至少也能利用自然，使自然顺着人类的意志向进化的路上走去。如果人类都睡在那里，自然自己断不会有进步的。"这就是我们自己不满意于马克思的自然进化的历史观的论调。现在少少看过一点关于唯物史观的学说，才知道马克思的唯物史观对于个人的努力的问题并没有十分轻视。因作这篇，想说明唯物史观并不是一种宿命论。

一、唯物史观的公式

马克思（Karl Marx）的唯物史观的公式都在他的《经济学批评》①的序文中，他的公式是：

> 人类在他们生活之社会生产上，必进入一定的、必然的和独立于他们意志之外的关系，即进入适应于他们物质生产力的，一定的发达地步之生产关系。这些生产关系的总和，便成为社会的经济构造，便是法律、政治的上层建筑所据以成立的真正地盘，便是发生与他相适应的一定的社会意识的真正基础。物质生活的生产方法可以决定普通社会的、政治的、精神的之生活过程。人类意识不能决定他的生活状态，但是社会的生活状态反可决定他的意识。（公式第一节）
>
> 社会之物质的生产力发展到一定程度，便和那从来活动于社会内部的生产关系或单由法律表现出来的财产关系发生冲突。这种关系本来是生产力的发展形式，到此便变成生产力的桎梏。于是社会革命的时代便来到了。巨大的上层建筑的全部便随经济基础的变动，或者缓缓的，或者激剧的变革了。（公式第二节）
>
> 当观察这种变革时，不可不把那起于经济生产条件上的物质的变革和那人类识破这种冲突且和他决战的态度——法制上、政治上、宗教上、艺术上或哲学上的态度，简单说起来，观念上的态度——分开。把这样变革时代用这时代的意识来判断，恰同某

---

① *Zur Kritik der politischen Oekonomie*.

人以自己的思想为标准来判断他自己一样，不但毫无所得，并且这种意识本身都不得不由物质生活的矛盾而说明，即不得不由社会的生产力和生产关系间现有之冲突而说明。（公式第三节）

一个社会的组织，一切生产力只要在这个组织之内有发展的余地，便非到了完成发展之后决不会颠覆的。再新的、更高度的生产关系，他的物质的存在条件，如果不在旧社会的胎内孕育好了，也决不会发现出来的。故人类常常只以自己所能够解决的问题为问题，因为问题自身就不是已具备解决他所必要的物质条件，便至少也要能在他生成到一定的时候，才能够发生。（公式第四节）

我们可以以亚洲的、古代（希腊、罗马）的、封建的及近代有产阶级的生产方法作为经济社会构成的进步段落。有产者的生产关系是采用社会生产方法之对敌的状态的最后一段落。此处所谓“对敌的”并不是个人对敌的意思，乃是从个人之社会的生活条件而生的对敌的意思。但在有产者的社会之胎内发展起来的生产力，同时就是解决这个对敌所必要的物质条件。故人类社会史的正幕，到这个社会构成方才开始。”（公式第五节）①

马克思的唯物史观的公式很有些难解的地方，今为便利计，且把他分成五段，于次节中作一个简单的解释。

二、唯物史观公式略解

（A）公式的第一节。我们要想明白马克思唯物史观的公式的意义，必先要明白他三个名词的意义——“生产”“生产力”“生产关系”。马克思自己关于“生产”的意义也没有定下一定的界说。不过从消极方面

① 这几段根据英译本，并参以河上肇《唯物史观研究》的译文。

说，马氏所谓生产不包括消费、交通、交换、分配及人类生命的生产（人口繁殖）在内，单指那人类生活上所必要的货物的生产而言。所谓“生产力”就是指着生产的可能性而言，纯粹属于技术的观念。所谓“生产关系”乃是指人与人之间的、一定的社会关系而言，即人类为生产生活上所必要的货物，所直接进入的社会关系。人类要想生产生活上所必要的货物，当然不能孤立的生产，一定要合群而作社会的生产，相互结下社会的关系，才能够生产货物。换句话说，就是社会关系对于经济关系非常的重要，如果没有社会关系，便不能成为社会的生活。社会关系大体上是必然的、一定的，不是一个人的意志所能左右的。例如在封建的经济生活之下，一定脱不掉封建社会的法律和制度的关系；又如在资本主义的经济生活之下，劳动者若不向工厂去出卖苦力，便不能够生活。因此便说“人类在他们生活之社会生产上，必进入一定的、必然的和独立于他们意志之外的关系”。

人类为谋社会的生产，相互跳入一定的生产关系，结果（一）造成“社会的经济构造”，然后以这经济的构造为地盘；（二）建筑起来“法律、政治的上层建筑”；（三）更形成那与此相适应的“社会的意识”。因此便又说“物质生活的生产方法可以决定普通一社会的、二政治的、三精神的之生产过程”。

（B）公式的第二节。社会组织虽然不是有机体，但是有些地方很可以拿有机体去比喻他。譬如螺蚌的坚硬的甲壳，本是为保护柔嫩的肉体而生的。在肉体初发展的时候，甲壳内很有余地可以容他的发展，但是发展到一定的程度以上，旧有的甲壳不但违反原来保护肉体的目的，并且为妨害肉体发展的障碍物了。到了这时，就是甲壳和肉体发生冲突的时期，终久必定有脱去甲壳的革命。社会组织也有两个时期。第一期：社会组织和社会的生产力正相调和，正在最宜于发展的时代。第二期：社会的生产力发展到一定的程度以上，社会组织便同社会的生产力失掉调和，从前赞助生产力发展的社会组织，到这时便变成阻碍生产力发展的社会组织了。冲突越过越甚，便发生缓缓的或激烈的革命。

（C）公式的第三节。马克思以社会的经济构造为政治、法律和意识的地盘。政治、法律是经济构造的地盘上建设起来的上层建筑。至于社会的意识，不但也是在经济构造的地盘之上发生的，并且还要和经济构造相适应。社会组织的改造并不是机械的、自动的，社会是有意识的人类集合起来组织的，故社会组织的改造当然也离不开那生活于这社会之中的人类了。社会组织到了第二期，精神方面被压迫的阶级便发生阶级的自觉心，逐渐发生那可以代表这一阶级的新思想。因此便说“人类识破这种冲突，且和他决战”。意识既已是在经济构造的地盘上发生的，那么“物质的变革”既已起来了，故“观念上的态度”自然也要随地盘的变更而变更了。但是“观念上的态度”是果，“物质的变革”是因。换句话说，就是并不是因为“时代的意识”变迁，然后才有物质的变革，只因为有物质的变革，然后才有“时代的意识”的变迁。知道社会组织和生产力的冲突而出来同他相决战，这固然是人类的意识，可是这种意识却是由“物质生活的矛盾”而起的，却是由“社会的生产力和生产关系间现有之冲突”而生的。故说意识本身必定要由他们来说明。

（D）公式的第四节。在一定的社会组织之下，社会的生产力逐渐发展，有如伏在茧中的蛹一样。如果还没有成熟，这个茧还不曾变成蛹的障碍物，故蛹绝不会咬破茧的。一旦养育成熟，便咬破茧头出来变而为蛾。由蛹变而为蛾，形状固然是不相同，但是“新的、更高度的”蛾的生存所必要的物质条件就是“在旧社会的胎内孕育好了”的蛹，绝不是无因而至的东西。当蛹没有变成蛾的时候，茧还是保障蛹的东西，故茧在这时还没有成为蛹的问题。一旦蛹已经完全发展，故对于茧不得不视为障碍，计划将如何咬破他了。茧的问题是蛹“所能够解决的问题”。凡问题非到解决他所必要的物质条件既已存在或生成到一定的时候，绝不会成为问题的。故蛹能够解决茧的问题，才能成为“新的、更高度的”生物蛾；如不能解决，便要同归于尽了。社会的问题也是这样。人类如果能够解决他，才能造成“新的、更高度的生产关系”，不然社会全体必定要灭亡，社会的历史的发展也从此告终了。

（E）公式的第五节。马克思把社会组织看作进步的，例如由封建的经济构造进到资本主义的经济构造，乃是一段一段往前进行的。现在的资本主义的生产关系必定要由无产阶级起来战胜，变成社会主义的新组织。他以为到社会主义的社会组织实现之后，人类的历史才算开幕，以上所演的都不过是“前史”罢了。故说“有产者的生产关系”是到社会主义的生产关系的“最后一段落”。再，马氏把从来的历史都看作“阶级战争”的历史，把所有过去的社会都看作阶段对抗的社会。凡在同一社会之中，必定有利害相反的两个阶级，这一阶级若以为维持现状于自己有利，于是便反对那个想打破现状的阶级；那一阶级以为打破现状于自己有利，于是便反对那个想维持现状的阶级。现在是资本主义的生产关系和社会主义的生产关系立在“对敌的”地位的时代，这种“对敌的状态”不是因个人的理由而对敌，乃是因社会组织的关系而对敌。但是社会主义的生产关系也并不是凭空而来的，却是从资本主义的生产关系中胎胚而成的。故说：“在有产者的社会之胎内发展起来的生产力，同时就是解决这个对敌所必要的物质条件。”

从马氏的唯物史观的公式中，可以看出他的社会组织的进化论。马氏虽然主张社会革命，马氏虽然说革命有“缓缓的”和“激烈的”两种，可是他的革命既不是使社会组织的连续性一旦中断，又不是拿那从天上掉下来的新社会组织来代替旧社会组织，更不是把从来社会组织一扫而空。马氏的社会组织的进化，乃是由果实而发芽，由发芽而成树、而开花、而结果的一步一步的进化。凡是可以发展的“新的、更高度的生产关系”——即社会组织——没有不是“在旧社会的胎内孕育好了”的。由此看来，马氏的社会革命（Revolution）论实在也就是社会演进（Evolution）论。

三、唯物史观的必然论

凡可以称为因果律的，大概都含有“自然”——自己如此——或“必然”——不得不如此——的意思在内。换句话说，就是既已有某样的原因，自然或必然有某样的结果。马克思是在人类历史的进化中发现出来自然科学的因果律的人，他以为社会的变革有一定的因果律，和那由一定的数学方式演绎出来一个新方式一样的准确。照他说，凡某种社会组织，只要到了拘束生产力发展的时候——原因，这个组织便必然要崩坏，发生出来一种新的社会组织——结果。因此便断定现在的资本主义的组织必然要崩坏，而社会主义的组织必然要成功。

马克思在这个地方，便引起来反对派的许多非难，因此便有人说他的必然论是命定主义，是无为主义。如果照这样解释，那么人类在社会之中只要拱手无为，静候那必然的命运到来便够了，凡教育、思想、运动、宣传都一点没有用处了。既然“人类意识不能决定他的生活状态”，而“社会的生活状态反可决定他的意识”，那么人类的智识到底有什么用处呢？因此便非难马克思的唯物史观，说他只注重物质的势力，反轻视精神的势力。

但是依我看来，马氏的必然论只是表明他自己对于唯物史观的信仰，却不是表明他对于人类理智作用的反对。例如说数学上二加三必然为五，不过是相信数学的公式一定不会错的，并不是说不必待那做数学的人去把三加在二上，就会自然而然的变成五的。必然为五是表明公式可以确信，把三加在二上却是表明演题者的活动。公式可以确信，不但离不开人为，并且必定要得到人为，然后才可以证明公式的准确。

马克思所谓社会组织的进化，并没有一处看轻人为的势力。他说由资本主义的组织变成社会主义的组织，这中间必要的关键就是“阶级战争”。故马氏常常把那改造资本主义的社会和实现社会主义的社会的伟大的事业，放在劳动阶级的双肩之上。社会进化必定要经过那由生产力和社会组织的冲突而酿成的阶级战争，然后才可以实现。识破这种冲突者是人，已既识破这种冲突然后和他相决战者也是人，故人类的努力就是构成冲突现象的一部分。假使没有利害相反的两阶级同时并立，便绝不会生出那维持现状和打破现状的两种社会运动。

旧社会组织到了成为生产力障碍的时候便要发生冲突，有如蛹发展到一定的程度以上，茧便成为蛹的障碍物一样。但是蛹能够变而为蛾，就因为蛹能够咬破茧头，能够打破妨害蛹的发展的障碍物，然后才有这种新生命。社会组织变成生产力的障碍物，也全靠阶级战争，新生阶级能够打破旧有阶级，能够战胜和他相“对敌的”的阶级，然后才能建设起来“新的、更高的”社会组织。不然蛹不能咬破茧，或新生阶级不能由“阶级战争”而打破旧有阶级，结果只有同归于尽。由此看来，人类总是制作历史的素因，历史的进化绝不能离开人力纯粹是机械的作用。

四、唯物史观与人为的势力

照前节所说的看来，唯物史观固然不曾看轻了人为的势力，可是人为的势力一定要在物质的基础之上，和物质的情形相适合，然后才可以发生效果。换句话说，就是人类的意志必定要和经济构造相适合，然后才可以算作有势力、有功效的意志。照这样看来，经济构造到底是人类意志活动的地盘，不在这个地盘上建设起来的人类意志，到底只是幻想，总不能成为事实。

马氏固然说人类是制作历史的素因，可是所谓人类制作历史，却不是随意乱作的。无论在什么时候，总要受物质界的制限。唯物史观的特色，就在能够把这物质条件的拘束认识得清清楚楚。一方面认定历史不是机械的或自动的东西，一方面又认定人类不能自由自在的随意去创造历史，只有人类且受物质条件的限制且立在物质条件的地盘之上去奋斗，然后才能够演成社会组织的进化。

从前嘉莱尔（Carlyle）提倡英雄崇拜论，他以为古今来的历史都是英雄豪杰活动的成绩，换句话说，出了什么样式的英雄，就能创造起来什么样式的历史。若据唯物史观家的眼光看来，伟人及于社会的影响固然是很大，可是影响所以很大，就因为他的思想能够适合社会的环境。塞利格曼说道：

至于世人所归功于伟大人物之效果，常常大部分都是许多势力的结果，不过这些人碰巧刚是表现这些势力的工具罢了。凯撒建造罗马帝国，但是不管有没有凯撒那样一个人，罗马帝国是一定要出现的。拿破仑在他的时代改变欧洲形势，但是就是从来没有拿破仑那样一个人，今日的法国也一定大体上没有什么分别。……

一方面伟人之出现好像只是凑巧，他方面必定要社会已经到了需要伟人的时候，伟人对于社会方才可以有影响。如果社会不需要他，他就不得称为伟人，而称为幻想家或失败者。……①

怎么叫做“幻想家”？就是个人的意识和当时物质生活的条件不相容。怎么样才成为“失败者”？就是自己的思想和当时社会生活的情形不相适合。伟人能够代表某一阶级，就是为某一阶级所需要的人。其实并不是因为社会需要他，他方才成为伟人，乃是因为能够代表某一阶级的真正精神，所以才为社会所需要。由此看来，伟人自身却都是物质环境的创造品了。

英雄豪杰的产生，原因非常的复杂，绝不能如海鸟、陨星一样，可以倏然飞来的。故要想得到伟人出来铸造群众，却非先有由群众铸造出来伟人不可。斯宾塞（Herbert Spencer）说：

虽有文学的天才如莎士比亚（Shakespeare），如果没有数千年闻见的积累以充足他的思想，又没有数百年修明的文辞以传达他的意思，不知他的词曲将从什么地方而来？虽有发明的天才如瓦特（Watt），如果他生在那不知道用铁的时代，或生在那手工炼铁的国家，力学未明，旋床未兴，他又将从什么地方去制造汽机呢？②

---

① 见《经济史观》卷下第一章。

② *The Study of Sociology*，p.34.

英国《泰晤士报》（*Times*）有一回说瓦尔特印刷机（Walter-press）很详细，说每一小时可印一万六千张，凡加墨、切纸、叠纸一切皆由机器自己去做。但瓦尔特的新机一定出在英国，一定出在二十世纪的英国，有无数的旧机做他的发明的基础，故瓦尔特印刷机也不过比较其他旧机更进一步罢了。使瓦氏生在非洲或亚洲机器制造品不曾发达的国家，他就是有发明的天才，亦将无能为力了。不但英国的机器进步可以帮助瓦尔特的发明，即机器上所用的纸也是连卷成轴，伸之长至数十里；使没有此纸，印机亦将归于无用了。这些物质方面的帮助，皆是养成发明人才的培养料，若没有这些社会方面的补助品，就有伟人，也不过碌碌而死罢了。

唯物史观家最扼要的一点，就在看清楚了社会环境与人类思想的关系的重要。他们并不是看不起能够代表社会关系的思想，乃是看不起那与社会生活不发生关系的空想；并不是看轻思想的势力，乃是因为重视思想的势力，故把思想引到真正的基础之上，使他容易发生影响。故唯物史观家只想寻找出来思想有效的方法，并不想把幻想奉作真正的思想。

（原载国立北京大学《社会科学季刊》第2卷第4号）

马克斯的唯物史观[①]

（1925年4月26日）

前两天接到贵会的信，要我来讲演。我很惭愧！我于马克斯的学说，没有多研究，不敢说讲演。不过我觉得现在有许多人，对于马克斯不是作无意识的谩骂，便是作盲目的崇拜，而对于马氏学说却没有精深的研究。像这样的谩骂与崇拜，都不能使马氏心服。大凡当不起批评的学说，算不得真正的学说。学说越经人批评，到底才越明了。所以我今天不过把我对于马氏学说所得的一点，贡献诸君，和诸君批评批评。

马克斯一人所倡的学理很多，都是很难懂的。唯物史观是他学说中的一种，尤其是难懂的一种，诸君要研究马氏学说，非先明了他的唯物史观不可。所以我今便提出这个题目来。马克斯有一句最鲜明的话就是，物质环境能改变人的精神生活，人的精神生活却不能改变物质环境。换言之，社会上的经济组织变迁了，人的思想也要跟着变迁；社会上的经济制度组织没有变迁，思想却不能使他变迁。因为这样，所以有人说，既然思想不能改变物质环境，那么，我们凡事用不着思想了，尽可以大家袖着手或者睡着，等社会自己进化，无须人们来改进。所以一班人讥马氏为命定论派，就在这里。其实不然，马氏的唯物史观，本来含有他的革命主张。我现在先说他唯物史观中的五个公式，诸君就可以知道他不是命定论家。这五个公式，是唯物史观中的根本观念，他说社会进化，都离不掉他的公式。我现在为便利起见，勉强可以把他分成这五段：

① 高一涵先生在中大讲，熊以谦记。此稿经高先生亲自看过。

一、人类社会生活的基础。马氏既是经济学者，又是科学的社会主义者。所谓科学的社会主义者，就是对那班理想的社会主义者而言。理想的社会主义者欲改造社会，不从社会实际方面着想，只凭各人脑筋里空想社会要如何如何的改造，不管实际方面是不是这样，做到做不到。马克斯则不然。他句句要根据实际方面，一句不肯蹈空。他以为社会上经济的地盘先有变动，然后一切制度才能变动，物质的生产方法先变动了，然后社会制度方能变动。比如在游牧时代的民族，他们的生产方法全靠畜牧，在这畜牧情形下的物质方面，不过是畜几头牛和几匹羊，不过逐水草而居，而在这种物质情形之下的经济组织，便是公有制。到了农业生产时期，生产方法变了，物质方面也不反是畜牛畜羊就完事了，必要生产五谷，居住也要建筑房舍，而经济制度也就变成私有制了。因此马氏以为人类社会生活的基础，完全建设在物质生产方法上面的，把物质生产做基础，一切制度都从这基础上面发生。好比以物质生产方法做地盘，所谓政治、法律的建设和社会的意识，都生长在这地盘之上。如：

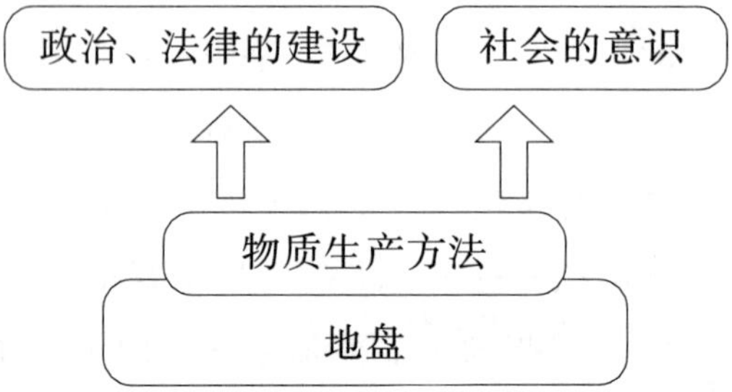

有某种物质生产方法，才有某种政治制度和某种政治、法律发生，才有某种宗教、哲学、艺术、风俗发生。所以人类社会生活，完全是跟着物质走的。物质变，生活一定要跟着变；物质不变，生活单独不会变。物质就是社会生活的基础。这完全是唯物主义，与唯心主义谓万事万物都跟着自己心理的变迁而变迁完全相反。因为马氏主张唯物论，所以他不信人类意识能改造社会环境，社会环境却能改变人类意识。手工生产不能生存了，人们不能不舍家庭生活而到工厂里找工做，过工厂生活，不管你愿不愿意舍家庭而入工厂。物质环境变了，你的生活方法总不能不变。这是马克斯唯物史观的第一点。

二、社会革命发生的原因。何以会发生社会革命呢？马克斯以为社会情形变了，而制度没有变，于是就有革命发生。这里要注意马克斯分的二个时期。他说，第一时期是物质情形与制度相合，这时不能发生社会革命；第二时期是物质情形变了，而制度未变，物质与制度便生了冲突，这时才有社会革命发生，革不合现在物质情形的制度，而使之合于现在物质情形。比如农业时代的制度，都是为保护农业生产而设的，一切只适合于农业时代的情形。等到由农业时代进而到工业时代，那用在农业时代适合的制度，便不能用在工业时代也适合，保护农业制度，不能拿来保护工业，于是非另起炉灶铸出新的适合于工业时代的制度不可。这种另起炉灶铸造新的制度的办法，是革命。我们须知道旧制度不能适合于新环境是不错的，不独人事这样，动植物通有这种情形。比如松树的外皮，本来是由保护树身的内皮变成的，等到树长时，便另生一层内皮，原先的内皮，便成了外皮，内皮生，外皮便要决裂，不然，内皮便为外皮所阻，不能发生。新内皮不能发生，树身便不会生长。新出的竹笋也是一样。笋出土时，外面有很多的壳层层包着，保护竹笋受害。等笋要生长枝叶时，原来的壳便要脱落。我们常见的螺蚌被有一层坚硬的外壳保护他柔软的肉体。肉体是要长的，壳是不会长的，等肉体长到与甲壳有冲突时，甲壳也要脱落，否则肉体的发生，反被保护的甲壳所障碍了。所谓树身、竹笋和螺蚌的肉体都好比是物质，所谓树的外皮、笋的壳、螺蚌的甲好比是制度，所谓树因生长外皮便要破裂，笋与螺蚌生长，他们的壳与甲也要脱落，好比是物质变迁了，社会制度也要变迁。但社会制度不会自己变迁，必须要人将旧的推翻，再建设新的。这种推翻旧的、建设新的的手段，便是革命的手段。革命的手段，有缓进急进的不同：缓进是用和平手段改进旧制度，急进是用激烈手段推翻旧制度。如松与笋之慢慢脱落外皮，乃缓进也；螺蚌之一下子脱落甲壳，乃急进也。马氏近于缓进的革命派，此话后面再讲。马克斯革命起源之说如此，此乃马克斯唯物史观的第二要点也。

三、革命的思想与物质变迁的关系。马克斯既以物质生产方法做地盘，一切政治法律的建设、社会的意识，都在这地盘上发生。所以他以为革命的思想是因为物质生产方法变了，而制度未变，于是有思想的人出来想一种方法，使制度也变得与新的物质生产方法相合，这便是革命思想发生的原因。因为一班有意识的人，觉得物质生产方法已变，而制度不变，制度与物质情形发生冲突，而生活于此种冲突情形之下，觉得不安，非使制度与物质情形调和，生活不会安宁，于是起来革命。照这样说，岂不是社会革命还是要有意识的人出来提倡？岂不是与马氏自己的唯物史观有冲突？其实不然。社会革命固要有有意识的人出来提倡，而所以使这班有意识的人出来提倡的原动力却是因物质生产的方法变动的缘故。物质情形不变，有意识的人也不会觉得制度不合，不觉得制度不合，也不会提倡革命。然则社会革命还是离不了物质关系，这并不与唯物史观有冲突。所以马克斯以为时代的意识是形成社会革命的原因，而物质情形的变革又是形成时代思潮的原因，所以革命的思想与物质的变革脱不了关系。这是马克斯唯物史观第三重要点。

四、新制度的发生。当物质情形变动了，制度也要跟着变动。这跟着变来的制度，便是新的制度。新制度的发生，固然离不了革命的帮助，然而并不是将旧制度完全推翻，凭空另产出一种新制度，乃旧制度中已经结胎孕了这种新制度，只要藉革命的手段把新的从旧的里面产生出来就得了。好比茧这个东西。蚕之所以作茧，其目的在保护蛹的安宁，此时蛹与茧处于相安适的地位。但是等蛹化为蛾时，茧的作用便与蛾的生活冲突了。蛾要脱开不适生活的地方，另找适于生活的地方，于是只有将茧咬破，从中飞出来。我们陡然看见一只蛾从茧中飞出来，以为这新蛾是突如其来的，其实他是从旧的蛾蜕化来的。他必须在蛹的时期将蛾形成熟了，始有我们看见的新蛾。新制度也必须在旧的物质情形之下胎孕熟了，然后才能在新的情形之下产生新的制度。所以社会制度不到发生问题的时候，不会有问题发生。换言之，非有物质情形的作用，问题不会发生，某问题虽发生于此时，却早已在某种物质情形之下酝酿了。大资本主义底下的大工厂组织的制度不独为社会主义者所不愿意推翻，而且想利用到社会主义方面来作一种新的制度。可见马克斯并非激烈的革命派，是认社会进化是演进的，与进化派相像。因此，在急进派看马克斯，便有骂他不主张革命的，而在保守派却有骂他是激烈的革命派。其实马氏根本上主张革命，却不和激烈派的革命一样。他是主张新的制度是要从旧的制度里面出来，旧的制度里面已经有了新的制度，然后你的革命才能成功，否则虽革命也是无用。资本制度虽是社会主义的仇敌，但没有资本制度，社会主义不会发生，社会主义必要从资本主义下产生出来。这种新制度发生的观念，也是不背唯物史观的精神的。这是唯物史观的第四要点。

五、演进的社会革命论。马克斯是主张社会革命的，可是他很带有进化论的色彩。资本制度必承封建制度之后出来，社会主义又必从资本制度之后出来。好比升阶，须循等级，好比演剧，须一幕一幕的来演。社会主义便是社会制度最后的一幕，便是正幕，到这时候，人民才完全享到幸福，以前不过是些开台。所以马氏看社会是循着阶段一段一段进化的。因此，他虽主张社会革命，却不主张凭空革命，却不和那些理想的社会主义者的革命主张一样。他看社会虽然有变迁，其间却有一点相连续的影子。不跟着这影子革命，是不成功的。不有有产阶级的压迫，无产阶级不会起来反抗，资本制度便不会推翻，社会主义制度便不会建设。本着这自然的因果革命，革命没有不成功的。这也与他的唯物史观精神一致。这是唯物史观第五重要点。

我们明白了以上五种公式，便可以知道马克斯非反革命派。他要找出一个因果关系来，使人跟着某种因来革命，一定会得到某种果。有了资本主义的组织，一定可以产生社会主义的组织。这么一来，使革命者的信仰愈发坚定，革命愈发有效。他并不教人袖手等着社会变迁，并不说教育、宣传、运动、思想全然没有用。并且他最主张阶级战争，把阶级战争的重任全放在劳动者的肩上。由资本制度虽然可以产生社会主义，然而一班被压迫的劳动者不起来与有产阶级宣战，资本制度不会自倒，社会主义不会自兴。反之，只要劳动者起来革命，没有不成功的。二加三等于五，这是必然有的结果。马氏对于自己唯物史观的信仰，和信仰二加三等于五一样无疑。而二加三等于五不过是原理如是，而加上来须赖人为。马氏既一面信二加三等于五的自然原理，而一面又提倡那加二与三使之等于五的人为的势力。这样看来，马氏又何尝看轻人为的势力呢？又何尝主张袖手不去革命呢？他的意思不过要找出一条因果律来，使人革命思想信仰坚定，使人革命有成功的预料。

我们总以上的话可以看出马氏的唯物史观的真精神。他以为一切法律、政治的制度及社会的意识都是立在物质生活方法之上的。他以为社会革命是因为物质情形变了，制度未跟着变，旧制度在新的情形之下发生了冲突发生出来的。他以为革命思想无论如何要跟着物质变迁的线索走，不能离开物质情形而会凭空发生革命思想。他以为新制度必要从旧制度中产生出来，如小儿从母亲肚里产生出来一样。他以为现在的社会还没有达到真正有幸福的地位，必等社会主义实现才是真正有幸福的社会，而社会主义又必须从资本制度产生，资本制度是社会主义必经的一个阶段。他以为革命思想的发生虽与物质情形脱不了关系，而人为的势力适足以促成这种革命成功。这些都是唯物史观的根本观念。我们明白了他的根本观念，再来研究，便容易了解了。

（原载《京报副刊》第130期）

六安文化名人丛书

高一涵全集

第二卷

论　文

高一涵　著

全国百佳图书出版单位
时代出版传媒股份有限公司
黄　山　书　社

《新青年》主要撰稿人：陈独秀、胡适、李大钊、鲁迅、钱玄同、刘半农、周作人、沈尹默、高一涵、陶孟和

高一涵（左一）与马君武、蔡元培、胡适等在中国公学合影

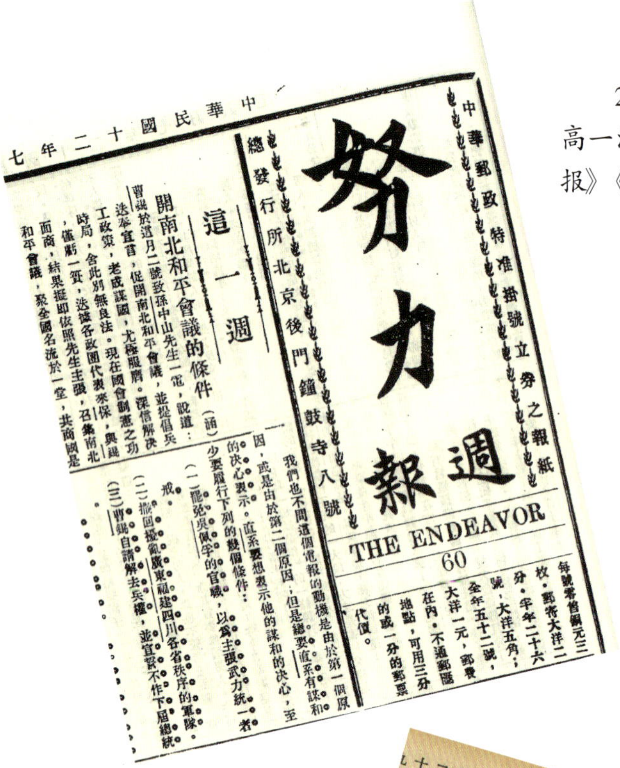

中華民國十二年七

中華郵政特准掛號立劵之報紙

努力週報

THE ENDEAVOR

60

總發行所北京後門鼓寺八號

這一週

開南北和平會議的條件

中華民國七年十二月二十九

（星期日）

每週評論

The Weekly Review

第二號

國外大事述評

▲德國內政之紛擾

▲威爾遜總統在蘇爾朋大學之演說

20世纪一二十年代，高一涵参与编辑的《努力周报》《每周评论》

目 录

中国社会问题评论

教育、文学艺术和宗教评论

报刊短评

中华人民共和国成立后撰写的文稿、回忆录

中国社会问题评论

民国之祢衡

——致甲寅杂志记者书

（1914 年 7 月 10 日）

记者足下：

有友人自京师来，道及太炎先生近境。穷饿囚拘，间日一粥，婉转尘榻，形若槁木。直言之，曰无形残杀而已。先生之学，总籀玄妙，超绝人天。虽在妇孺，亦逆料其不能见容于世。不幸而遭不测，于先生性分固无丝毫损益。特国华消丧，民质就亡，存形体而丧精神，是俗儒而非绝学，固有之精蕴胥捐，而输入文明，复非咄嗟所能融贯。神魂依依，其何能国之云？矧方今大总统在上，圣神文武，明析秋毫，揖让盛仪，继隆古昔。黄巾犹拜郑公，阿瞒尚容名士。而亡清末季，文字祸兴，絷先生于上海，海内激昂，犹得不死。今先生所履之罪，与击鼓詈骂者奚若？大总统之为人行事，与黄巾、阿瞒奚若？堂堂民国，与亡清又奚若？凡有血气，虽不敢宣之于口，类能识之于心。乃锄戮文豪，独见于盛世，余愚窃为盛世惜之。夫当道视先生其重如此，要皆左右亲近游扬之功也。积毁销骨，众口铄金，理固有然，无足深责。独惜海内正人君子，亦箝口而莫之救视，一若先生之死为有当，而大总统之生杀可以好恶出之也。呜呼！文王明夷，则时主可知矣；仲尼厄毁，则人心可知矣。此其问题，固不关乎先生一身之事也。在视革命若蛇蝎之满清（清朝，编者注）时代，清议犹能生先生于狱中；谓当共和大成之秋，而不能救先生于龙泉寺，其又以何说为辞？先生吾国之易也，易不可见，则乾坤或几乎息。此其义，凡读先生书者，类能道之，不假余一一谈也。所可怪者，海内噤口不道先生事。虽雅知敬惮先生者，亦多作仗马寒蝉，气焰可燃正义，其信然欤？余友某君于先生初无一面缘，徒以激于公愤，今已驱车返去，专以营救先生为事。先生如得释，当与偕隐，否则非敢豫测也。以实行自任，以鼓舞公论相援助任余，此余友之决心，临行涕泗纵横为余言之如此。余交寡能薄，未能如约，心滋惭焉。然正义所在，不敢以负吾友者负先生，并负后世。闻贵报影响于社会颇大，敢为言之。倘能加以鼓吹，酿成舆论，得救先生，使当道者知人心不死，公论终不能屈于威权之下也，则非特二三小子之福矣。

高一涵白

（原载《甲寅杂志》第1卷第3号）

忠告国民、进步两系

（1917 年 6 月 7 日）

本报出版以来，原欲以调和主义与海内同人相商榷。顾所谓调和者，特对于遵循宪政常轨之政党而言，非对于越出轨道而外之势力而言。质言之，惟望号称政党者，互相对待，互相调剂，若有一种非宪政之武力，以异军苍头特起，其势虽盛，然按诸宪政国常例，实已陷入无政府状态之中。调和主义于此，绝无脱颖出试之余地。故言：“调和于今日，非妄想则愚耳。”

然调和主义即可废而不讲乎？是又不然。今日明明尚有遵循宪政常轨之政党，在即所谓国民、进步两系是也。是二系之在吾国，一有离合，每开政局之绝大变化。辛亥之秋，两派合同，则满帝翻然而退位；癸丑之役，两派分离，卒为袁氏后先扼吭，分散失败而去；丙辰之役，两派互相携手，故袁氏不逾旬而即败。今者两派地盘、迹证具在，按之宪政国常例，两派又同为在野之政党，其所异者，特国会中多数少数而已。有国会在，两派政策之发表于议场者，固犹有差异之可言。今一派议员既纷纷出京，一派议员又纷纷辞职，国会等于空名，则两派皆已无发表政见之余地。斯时，两派所余之一点，惟在立党大纲。易言之，即同欲保障共和国体与实行立宪政治两事而已。大旨既已相同，已可牺牲感情，恢复旧好，同心戮力，一致抗拒越出宪政而外之势力。况国会一空，无论何派政策亦枕置而不行。政党职务在为政治活动，宪政不存，党于何有？两派中不乏明达之士，共扶大局，正在此时矣。

余前者为议员总辞职之议，实见进步一系因调和无方，相率去职，又因武力迫来，国会势不能于枪林弹雨之中，坚持到底，故倡为总辞职之说，以示国民系表同情于进步系，两派所争皆各有相当范围，在此范围之中，两派故不妨短兵相搏，苟逾范围一步，即为互相联络，实行阋墙御外之谋。今见研究派通电标出两大主义：曰保障共和国体，曰实行立宪政治。此二主义固民党中之天经地义，自辛亥以迄于今，虽祸变迭生而守之弥笃，是国民、进步两系之最大主义，已若合符节。其犹不能释然者，皆感情之事。因感情而误主义，明达者不为。故二系联合之举，并非吾人之空想也。

抑余更有忠告于进步系者。即该系主张素多，与各督之主张相近。设在各省未决裂之先，持之益坚，固不失政党之态度。今则宪法已蒙干涉之污点，即可认为虽罄黄河之水洗涤，难尽之污。设诸公此后变更主张，是为违反初志，所谓责任，义殊难明；设仍守前言，毫无变易，于心纵有可谅，于迹则总近屈从。今日之变，有识者认为一时现象，而稳健和平之政党，则缘延国脉而与共短长，乌可遑一时之感情，遂坏自党之目的。且癸丑之后，国民党固绝迹于国中，而进步系亦渐失凭依，相率下野。今即有他人利用彼派，以除痛恨最深之部分，此部分一去，则政敌全消，而攻击之标，必一变而集矢于进步系。元、二年间历史具在，非记者故为恐吓之言也。同床异梦，终必分驰。故敢以最忠直之言，为我稳健和平之进步系告焉。明达诸公其审慎之。

（原载《甲寅日刊》第 138 号）

收拾时局之商榷

（1917年6月10日、11日）

自张氏到津而后，各方心理为谣诼所动，均呈现一种局促不安之象。于是范、汤、徐等各代表络绎到京，群以保护共和为主倡。考此次激变，本为争宪法、排民党而起，发难之始，原不欲惹起国体问题。乃时局酝酿，日趋晦盲。始之攻击国会者，一转而攻击总统；向之怀疑宪法者，一变而欲推翻约法；向之维持内阁者，又更进一层，而议及临时政府。今不但中央政府飘摇无着，并再进一步而问鼎国体问题。在梁、汤诸公之始意，原不过欲贯彻宪法上之主张，战胜国会之敌党。一闻摇动国体之议，吾意其深恶痛绝必不亚于身造共和诸公。故通电则表明限度，代表则表明心迹，最近研究派中之陈光熹且著论痛诋主张复辟者之妄矣。贤者用心之苦，见几之早，本为吾人所钦佩。亡羊补牢，犹未为晚，失此不图，后悔何及。记者于今，唯有速望诸公之省悟而已。

际兹危急之秋，国民、进步两系，宜合而不宜分。记者已再三陈说，故今日收拾时局之策，唯望国民、进步两系，各释旧怨，降心相从，而出于调和之一策。顾今日所谓调和者，乃关于国本问题，而非派别问题，属于法律问题，而非权利问题。易词言之，乃对法而言，绝非对人而言也。

调和之主旨既明，则应进商实施之法。既曰调和，必始于互竞，而终于互让。然则吾人最终之让步达何限度，此乃先决问题。谨标极限，曰：宪法可以修改，国会可以解职，而总统必不可以退位，约法必不可以推翻是也。

何言之？此次激变，与其谓为以武力争总理之去留，无宁谓为以武力盾宪法之争议。研究派议员之辞职，多以宪法为言，至总理免职一事，不过为武力爆发之外缘。然则总统既无失政之可言，斯无退位之必要。即曰失政，在实行内阁制之国，既不得问总统之责任，尤不可据此政治问题强总统以退位，开后世无穷之争端。至约法，则以革命流血而得之，复以革命流血而复之，行之者数年，争之者数次。约法一坏，国本尽摇，不独前年护国军之血战、各督军之电争举为多事，且使民国共和之基础，全行打销，六年中之惨淡经营，付诸一炬。暴动一次，根本大法推翻一次，认暴动为有宪法上之权利，则谁能暴动，谁即享有废宪创宪之权。若而，国家必终古在云翻雨覆之天，法律安有固定之望？若孙发绪通电所主张，直言之，即消灭民国之基础，毁坏宪法之本根而已。此吾人所以不得不深恶痛绝之者也。

然因激变而修改宪法，非予武力以要求改宪法之权乎？是又不然。余所谓宪法修改者，乃于秩序回复之后，而以合法之程序行之，非于暴动未息之时，假宪法会议而外以议宪之权也。设许外于宪法会议者以非法易宪，则是革命行为，谓为创宪则可，谓为修宪则不可。以讨论宪法必待法定机关、经法定程序故也。宪法为调和万派之权利书，质剂不匀，爆裂立见。故本学理以制定宪法，为学者理想之事；收纳万殊意见以制定宪法，乃政家实验之事。法兰西现行之宪法最散漫无条理，而其生命则较他宪为最长，盖其散漫杂处即其容纳调和处也。鲠生君论法国宪法之特质有曰：“一八七五年之宪法，实用的宪法也。……盖以其包括之问题，皆择其必要不可缺者，每次提出法案，皆循分功之原则，各就其重要部分审定之。较之全以哲学的推论、凭论理的根据、循原则制为条文者，遥为切于实用。一八七五年之宪法所以能善其用而寿命特长。”又曰：“千八百七十五年之宪法，富于伸缩性之宪法也。一八七五年之制宪，一种之党派的妥协也，相互主张之牺牲也。……但使其不绝对相冲突，一并采入，俾两党之情志各得容于其中，无或有离心力过激之恐。加以规定之修正宪法手续亦较简单容易，俾各党皆有获满足于他日之望，而不生嫉视现行宪法之心。蒲徕士之论宪法性质也，曰：不曲则折。千八百七十五年之宪法，盖可随势弯曲而不易折断者矣。”旨哉斯言！吾深望此后制宪诸公反复味玩之。

余基于前述理由，敢认定此次宪法实有重行慎重讨论之必要。不待今日激变迭起，早应自行觉悟者也。激变既生，乃言修改，修改意见之动机已由于各督军，而不由于宪法会议。欲保障宪法尊严，禁止局外干涉之端，断不可令此议发生于暴动未息之时。斯时唯一转圜之方，惟在变易宪法会议之分子，俾修改宪法之事从容实施于无形。其法维何？即国会举行总辞职是已。国会本为各派之互相妥协地，今对立之一派已相率辞职，一派孤立，安有妥协之可言？且政党美德在容纳少数党之意见，今少数党既已绝迹于议场，抗衡之力全消，即虚怀容纳之美德，亦将无所表见。国会乃范围全国之物，凡有建白，自应以民意为依归。各省以武力相向，未谋诸民，固不得假托民意。然旧进步党系，或身在各省，具有选民资格，或身在中央，负有代表资格，讵得一概抹煞，亦谓为绝非民意？吾人果自信所持政见确与民意相孚，似可更进一层，诉诸全国，经一次选举，多证明一重信任，卷土重来，谁敢与抗？此所以不辞诘责再尽一次之忠告也。

总之，今日无论何派，欲以独立收拾时局，皆为虚愿，惟有两派合同出于戮力同心之一途，乃可与他力相抗抵。时局愈趋愈坏，失此不图，必贻噬脐莫及之忧。两派明达诸公，其垂鉴也。

（原载《甲寅日刊》第 141、142 号）

非“君师主义”

（1918年12月15日）

这几个月来，我是不谈政治的，是不读“总统命令”的。一则因为中国现在无举国公认的政府，无举国爱戴的总统；二则因为我们所讲求的是法治不是人治，所研究的是法律不是命令，所以就是总统合法的命令，也不大理会他，何况这种总统的“上谕”呢！然我看见十一月二十四日的“大总统令”中有一大堆“道德”的话头，谓：“牖民成俗，是惟道德……西哲有言，道德为共和国之元气……亟当……揭橥道德以为群伦之表率。……”又有什么“教条”，又有什么“检束身心以为律度”，又有什么“各秉至诚以回末俗”，又有什么“教育事业……著教育部通饬京外学校，于修身学科，认真教授，并酌择往哲嘉言懿行，编为浅说，颁行讲演，以资启迪……”云云。我读了一遍，觉得这种“天地君亲师”的总统观念，在中国是很印入人心的，绝不止徐世昌一人独怀这种意见。曾记得严复有曰：

> ……读此可知东西立国之相异，而国民资格，亦由是而大不同也。盖西国之王者，其事专于作君而已。而中国帝王，作君而外，兼以作师。且其社会，固宗法之社会也。故又曰元后作民父母。夫彼专为君，故所重在兵刑。而礼乐、宗教、营造、树畜、工商，乃至教育、文字之事，皆可放任其民使自为之。中国帝王下至宰守，皆以其身兼天地君亲师之众责，兵刑二者不足以尽之也。于是乎有教民之政，而司徒之五品设矣；有鬼神郊禘之事，

> 而秩宗之五礼修矣；有司空之营作，则道路梁杠皆其事也；有虞衡之掌山泽，则草木禽兽皆所咸若者也。……使后而仁，其视民也，犹儿子耳；使后而暴，其遇民也，犹奴虏矣。为儿子、奴虏异，而其于国也，无尺寸之治柄，无丝毫应有必不可夺之权利，则同。由是观之，是中西政教之各立，盖自炎黄、尧舜以来，其为道莫有同者。……

严氏论事，多执己见，独这一段实写中国君后观念，却无一字虚构的。所以这种“神圣的”总统、“元后的”总统、“家长的”总统、“师傅的”总统思想，在中国社会上很占势力。惟其为“神圣的”总统，所以能定“教条”；惟其为“元后的”总统，所以能“一正心而天下定”；惟其为“家长的”总统，所以云“在下则当父诏兄勉，以孝悌为辅世之方”；惟其为“师傅的”总统，所以“教育”“修身”，皆得由彼“酌择”。然则这次“大总统令”，实为中国旧思想之结晶，所以不得轻易看过去的。

我以为这种“天地君亲师”的总统观念，所以发生的原因有二：一是缺乏历史进化的观念，二是行制度革命而不行思想革命的坏处。

因为缺乏历史进化的观念，所以严复竟将古今立国的异点，看作中西立国的异点。他就不晓得看看欧洲古代国家是什么样儿，他就不晓得欧洲现在的国家观念，是自古如此的，还是从那政教合一时代变来的呢？政治学中所说的国家渊源，不外神权说、家长说、权力说数种，这是人人皆知的。神权说者，多谓国家为神所创造。希伯来人谓国家者，神所直接建设的；希腊及罗马人则谓国家为神所间接建设的。所以他们多谓君主为神的代表，神的权力即是君主的权力。犹太的国家，是由十二族合造的。罗马法中 Patria Potestas，即以家长对于子孙的教育宗教及其他一切权力为基础。至于尊权力说者，又谓国为“首出庶物”者，为“天亶聪明”者所手造。然则“自炎黄、尧舜以来”“作君而外兼以作师”的帝王，以一“身兼天地君亲师之众责”的帝王，亦不独中国有之，即欧洲上古亦有之。现在欧洲的皇帝，连严氏所谓“兵刑”之权亦皆失去，而完全为国家所有矣。文明国家大概皆由古代神权家长及“元后作民父母”的时代递嬗递变而来，严氏以中国停滞未进化的立国原理，去比那欧洲已进化的立国原理，所以觉得不大相同。然此特古今立国原理之差异，而非东西立国原理之差异也。误认为东西异点者，不是未明历史进化的观念吗？

再说共和政治，不是推翻皇帝便算了事。国体改革，一切学术思想亦必同时改革。单换一块共和国招牌，而店中所卖的，还是那些皇帝“御用”的旧货，绝不得谓为革命成功。法国当未革命之前，就有卢梭、福禄特尔、孟德斯鸠诸人，各以天赋人权、平等自由之说，灌入人民脑中。所以打破帝制，共和思想，即深入于一般人心。美国当属英的时候，平等、自由、民约诸说，已深印于人心，所以甫脱英国的范围，即能建设平民政治。中国革命是以种族思想争来的，不是以共和思想争来的。所以皇帝虽退位，而人人脑中的皇帝尚未退位；所以入民国以来，总统行为，几无一处不摹仿皇帝。皇帝祀天，总统亦祀天；皇帝尊孔，总统亦尊孔；皇帝出来地下敷黄土，总统出来地下也敷黄土；皇帝正心，总统亦要正心；皇帝“身兼天地君亲师之众责”，总统也想“身兼天地君亲师之众责”。这就是制度革命、思想不革命的铁证。

因有以上两种原因，所以总统命令，要适用那二千三百多年前的柏勒图学说，不惜以道德为国家目的；不惜以二十世纪的中国，强行那由家长制度变为元后专制制度的希腊的政治学说；又不惜将中国政教分立的国家，去将就那中世纪政教混合时代的思想。欧洲的国家，早在讲法治、重组织的时代；我们国家尚在这里谈人治，用那几千年前“一正心而天下定”的套语，去“检束身心”“以回末俗”。古德诺谓：“吾国政治思想尚在欧洲中世纪时代。”照这样看起来，恐怕还在欧洲上古时代了。又谓：“西哲有言，道德为共和国之元气。”我想所说的西哲，必定是孟德斯鸠。孟氏政治哲学的方法，不原于柏拉图即基于亚里士多德。然他解释法律，既不说法律是性理的表示，又不说是元后的命令，但说是人与人的关系。是孟氏已承认道德与法律及元首是分开的了。他虽说过共和政府以道德为原理，然他所谓“道德”，乃是政治的道德（Political Virtue），即是爱国与爱平等是也，绝不是那关于伦理的道德与宗教的道德（Not Moral or Christian Virtue）。因为近世谈政治的人，稍明政治原理，即明白道德为人类内部的品德，属于感情及良知的范围。国家的权力，仅能支配人类外部的行为，绝不可干涉人类的思想、感情、信仰。岂但不可吗？实在是不能的。所以国家但能保护或奖励人民之生产，却不能自生货财；但能设卫生条例，却不能直接使人民寿康；但能发布宗教制度，却不能逼人生宗教的信仰。若曰能之，则是上古神权家长时代的元首所做的事，而非现在共和国家为民公仆的元首所做的事。然则国家与道德、元首与道德、法律与道德，久已互相分开了。草总统命令者，就说自己的政治学说，认定道德与国家不分就是，又何必以此去诬那西哲呢！

因为国家不能干涉个人道德，所以宪法上必有信仰自由、言论自由、思想自由等等之规定。这几条自由权，在欧洲中古时代，也不晓得费了多少身家性命才争来的。政教混合的时代，元首得代表上帝干涉异教的思想。若对于国教稍持异议，不遭屠戮，即被迫挟。坐此原因，所以个人精神的自由全被皇帝扑灭。用皇帝一人的意见，去下那道德的注脚，往往与人民良知所感觉者相反，却又威迫势禁，令人不得不从。所以人尽模棱，怀疑不白，而特殊的见识、超群出众的思想，皆被国家销磨尽矣。此即近世道德教育所以皆贵自动的而不贵被动的原故。

我的意见，不是说道德是不必要的，是说道德不能由国家干涉的；不是说共和国家不必尚道德的，是说主人的道德须由主人自己培养，不能听人指挥，养成奴性道德的；也不是说现在社会道德是不坏的，是说就是坏到极点，也不能因我们大总统下一道“上谕”的命令，就可以立刻挽回的；更不是说道德不该有人倡导的，是说总统偶吃一次斋，万不能使人人戒杀；偶沐一回浴，万不能使人人涤面洗心；偶正一刻心，亦万不能使人人的心皆放在正中，而永远不歪的。所以道德必须由我们自己修养，以我们自己的良知为标准，国家是不能钻入精神界去干涉我们的。此外尚有一个理由，就是国家待人民，要看作能自立自动具有人格的大人，万不要看作奴隶，看作俘虏，看作赤子，看作没有人格的小人。共和国的总统是公仆，不是“民之父母”；共和国的人民，是要当作主人待遇，不能当作“儿子”待遇，不能当作“奴虏”待遇的。

国家若干涉道德问题，则必生下列的三种政治：

（一）专制政治——扩张国家的权力，使干涉人民精神上的自由。凡信仰、感情、思想等事，莫不受国权之拘束，则道德的范围、道德的解释，皆由统治者自定，于是专制之弊端见矣。

（二）贤人政治——柏拉图以道德为国家的绝对目的，所以柏拉图又尊尚贤人政治。因凡在道德、法律混合的国家，其国家的元首，不是教主，即是家长，不然则是“首出庶物”“天亶聪明”的伟人。治者与被治者，无论在法律上、在习惯上，皆是不平等的。所以柏拉图谓：“人类皆从地底而来，赋生之时，或夹些金质，或夹些银质，或夹些铜铁质。含金质者为君主，含银质者为辅臣，含铜铁质者则为农商。”所以被治者之瀹灵启智，皆须得治者为之引导。此即贤人政治所以成立之基础。以元首不自信为贤人，则必不敢“揭橥道德以为群伦之表率”也。

（三）政教混合政治——中古以后，道德属宗教的范围，法律属国家的范围，本有界限。惟元首并法律、道德而皆得干涉之，则是“奉天承运”“替天行道”的教主与“元后作民父母”的皇帝合而为一矣。所以宪法中也必要以“孔子之道为修身大本”，孔子的诞日，也必要强迫不尊孔的人去放一天假。又要祭孔，又要祭天，这还不是皇帝、教主的“混血儿”吗？

（原载《新青年》第5卷第6号）

什么叫做“国民制宪”

(辟国民制宪倡导会的主张)

(1919 年 1 月 12 日)

前几年大家因为各党的人材，不大完全，于是有“毁党造党”之说。现在又有人说从前的法律，不大适用，所以这几天又生出什么“毁法造法”的议论。他们想毁的法，就是约法，想造的法，就是宪法。其实现在中国的政治法律，久已破产，几条约法，已被武人政客毁坏完了，还有什么可毁的呢。

督军团要求解散国会，是毁约法的着手方法，召集临时参议院，修改国会选举法，是已经不承认有约法存在了，因为约法被毁坏，所以才有护法军起来护法。护法军所护的是什么法呢，就其最大者言之，不过是那临时约法及通过二读会的宪法两种而已。就事实说，因为有毁法的，所以才有护法的。由此推论，因为这方面是护法的，就可以推知那反对的方面是毁法的。前日拿兵力去征服护法的，是想假武人的势力做毁法的手段，现在又有人要制造一种民意，来制定宪法，是想假国民的劳力做毁法的手段。好像王凤卿反串吊金龟，终是一样腔调，不过换副面目去唱唱罢了。

共和国的法律，应当以国民总意为渊源。这本是不用说的，但是国民总意，果从何处发表才为正当呢，这个问题不解决，则所谓国民总意，恐怕是不大可靠的。这是什么缘故呢，因为国民也要受法律制裁的，所以国民总意必定要在法律机关里头发表，才是正当的。自法律家眼光看去，还是依法召集的法定机关可以代表国民总意，还是由几个人印出一本宣言书，就可以代表国民总意呢。

我想他们必说“我们是倡导制宪的人，不是倡导毁坏约法的人”。这且不辩，但要问你们一句话，你们还是平空制宪呵，还是把通过二读会的天坛宪法草案拿来讨论呢，果实行头一句话，则通过二读会的天坛宪法草案，岂不是废了么；若实行后一句话，照法律说，应该归宪法会议讨论。也不是私人资格所能议决的。且宣言书中，明明有“从前种种法律纠纷问题，无拘束国民制宪之法力”。这不是明明要废除以前的宪法草案，另起炉灶去制造吗。我的意思，以为法律的毁造，应当依法律的手续办理。不要把现在又看作洪宪皇帝时代硬去假造民意，以遂自己的思谋。若不问是猫是狗，是鳌是鳖，关起门来制造那鬼鬼祟祟的计划，拿出去硬叫做民意，你说民意两个字冤不冤呀。

（原载 1919 年 1 月 12 日《每周评论》）

和平会议的根本错误

（1919年1月15日）

这几年来，调和两个字，竟成了政客名士的口头禅。然所谓调和的主体，大概皆丢开国民，注重特殊的势力。民国元年（1912年）的调和，乃是民党与袁世凯派平分政权；五年的调和，乃是国民系、进步系与北洋系平分政权；今年的调和，虽尚未宣布具体的条件，然探其内幕，亦不过北洋的官僚与西南的政客瓜分政治上高级的位置罢了。只要特殊势力取得相当的地位，即是调和成功；至于国民的福利和国家的根本问题，就无人过问了。所以中国这几年来，完全是寡头政治，完全是牺牲人民福利，去迁就特殊势力。若是特殊势力因分赃不匀而冲突起来，则无论什么法律，皆要一扫而空。于是胆怯的人和那趋炎附势的人，纯以迁就敷衍为事，遂奉这种特殊势力，以为政治中心。一若政治如失了中心，国家就不得安宁了。这种政治中心之说，就是牺牲国民全体的福利，去迁就一系一派的。这就是政变的祸根！这就是调和的恶果！

我前几年常看人家调和的论说，所以也深信调和是立国的天经地义。现在的观念，稍与往日不同。以为政治改革，全赖一般扎硬寨、打死仗的人，天天和那反对派战争，才能时时改进。若才争得两步，又倒退一步，去等候那守旧的人，则政治进步，便觉停顿很多了。原来政治革命，都是理想家发起的，都是少数人倡导的。既明明知道我所发起的、所倡导的是政治真理，就应该勇往直前，去战胜阻拦障碍的人。断不可因为多数人迫压，就抛弃自己的主张，去迁就那些老死不知改革的人。中国现在南北纷争，正是政治改革的动机。几次战争，皆是平民政治与官僚政治战争、法治思想与人治思想战争、正义人道与强权武力战争。于此乃昌言调和，难道中国应行半官半民的政治，应存半法半人的思想，应作半道义半权力的国家吗？一方要护法，一方偏要毁法，难道法律问题，也可半推半就的吗？连法也不许你护，尚有调和的余地吗？本无调和的余地，而偏要调和，这是和平会议的根本错误一。

若退一步说，认和平会议为有成立的理由，然所谓调和，亦必丢开武人、官僚、政客三种人的特殊利益，为一般平民谋幸福，为国家建定永久的和平，才是调和的正当办法。现在的和平会议，不过是些武人、官僚、政客私议瓜分权利，指定某省画归某人，某位置让与某派。至于为国家主权所在的主人翁，反退居第三者地位，去居间为之仲裁。仲裁本是中间人的事。必身在局外，乃有中立可言，若身在局中，何能中立？既非中立，又何能居间调停？由此推论，可见这次和平会议，大家都看作南北两政府当局的事，不曾看作全体国民的事。所以不是发起国民仲裁会，就是自命为居中调停人。题目都未认得清楚，做出的文章，就可想而知了。这是和平会议的根本错误二。

要想解决法律上纠纷问题，必定要把和平会议所议决的条件，认为最高的法律，非经特殊的机关，不能轻易变更。这是什么缘故呢？因为这次法律上争点，就是宪法。欲将国会从前所不能自由解决的问题，拿到和平会议里去解决，则和平会议所议决的条件，必定要有拘束宪法会议的效力。所以这次和平会议所议决的条件，应当属于国家根本问题，调剂万殊，流通百感，而为国民全体的权利书；不当属于个人权利问题，仅规定当事人的双方利益，而为当局少数人的权利书。现在和平会议，既叫人民居于第三者地位，可见是双方当事人的意思，不是全体国民的意思；所议定条件，亦是当事人的私约，不是全体国民的公约矣。这是和平会议的根本错误三。

和平会议的责任既这样重大，所以任该会代表的，至少必具有三种资格：（一）不受党派的操纵；（二）代表的人品，必高尚纯洁；（三）其人必来自民间，毫无自身的权利思想。必如此，才能看见国利民福所在，不为权利所蒙蔽，不为势力所动摇。这回的和议代表，不是为某党某派去效忠，就是受某人的指使，好像傀儡登场，听人暗中操纵罢了。不但讲不到发挥自由独立的意见，就是叫他们自由，叫他们独立，恐怕也是做不到的。这种傀儡的代表，留音机器的代表，还有什么意见可发挥呢？不过替人家去争权夺利，回头来分“一杯羹”罢了。这是和平会议的根本错误四。

凡是政治上光明正大的会议，没有不可以公开的。只有前几年外交上会议协商，因为有些鬼鬼祟祟的计画，不可告人，所以但凭着几个人秘密磋商，绝不叫外人知道。这回欧战，就是秘密外交造成的，所以协约国现在同声倡议，要打破秘密外交主义，此后一切政治问题，皆须公开，无庸隐秘。这次和平会议，所讨论的是何等重大问题，直到现在，尚不知他们葫芦中卖的什么药。我想果是光明正大的调和计画，断不须严守秘密；他们既已严守秘密，想必是有不可告人的诡计。人家以秘密主义为扰乱世界和平的祸根，不惜尽力打破之；我国反以秘密主义为天经地义，而极力实行。这是和平会议的根本错误五。

有这五种错误，则这次和平会议的效果，也就可想而知了。我且奉告当局几句话，就是二十世纪的政治，不是政党首领的寡头政治；国家的权利，不能容两三党派的重要人物去私下瓜分的；政治的事业，不是那些拿钱吃饭不做事的人所能独占、所能私相授受的。你们要晓得，推翻帝制，打倒贵族，单使中等以上的社会享幸福，那是十八世纪的政治革命；推翻中等以上的阶级，打倒军阀，使全体国民享幸福，才是现在的社会革命呢。要想乘人家革命的机会，使我们于中取利，升官发财，像袁世凯的样子，是万万做不到的了。奉劝代表诸君和自居调人诸君，不要在此做梦罢！

（原载《新青年》第6卷第1号）

真真费解的“国民大会”

——“按之政理法理皆不可通”

（1919年1月26日）

现在各国政治问题没有是不由国民自己解决的。所以政府的运动，简直就可以说是民众的运动。记者本是鼓吹平民政治的人，为什么却来反对“国民大会”呢？这却有两层原因：就是现在所说的“国民大会”是官僚、政客的运动，不是民众的运动，是官僚、政客想代民众去解决政治问题，不是叫民众亲自去解决政治问题。因为我是最宝爱国民大会的，恐怕被他们弄糟了，所以才来说几句话去反对他。

我现在所反对的是什么“国民大会”呢？就是要在南京作“和平会议仲裁机关”，想在北京作“国民制宪倡导”机关的。

仲裁本是第三者的职务，好像说“局外中立”一样，必身在局外，才能中立，断无局中中立的道理。试问这次和平会议，果是何人的事呢？天地间只有处理自己事的，断没有仲裁自己事的。若以和平会议为南北两政府当局的事，试问共和国家，国民应居何等地位？若视和平会议为国民全体的事，试问仲裁二字，作何解释？你们张开口来，就露出依特殊势力为生活的破绽，你们所组织的国民大会，那里还能够替平民设想呢？

再说法律的问题。无论如何，也要遵循法定的程序解决。试问《临时约法》上有何根据可以产出国民制宪的团体？若曰国民大会权力最高，试问此最高权力根据何法而来？在法治国内，无论何人皆应遵守宪法。君主违宪与平民违宪，其罪相等。若曰国民万能，绝不受法律的限制，无论何法要推翻便推翻，却不要遵循法定的程序，果然如此，则法律的效力已根本打消，又要宪法何用呢？

因为有这两层理由，所以这种国民大会无论如何解释，皆不可通。记者想主张合法的国民大会，所以不得不反对这种非法的国民大会。且近来政治上好的名词往往被万恶的官僚、政客弄坏，致人民发生恶感，譬如参战军本为扶持正义人道而设的，自被阴谋家利用，这参战军就变成不好的名词了；俱乐部本是个好名词，自从包办选举之后，人人口中连这三个字也不齿了。只有国民大会一个新名词在袁世凯时代尚未被他们糟蹋够，所以现在偏要日日在这个名词上着想，把他弄成一个恶名词，政治上的武器就一扫而空了。此外尚有几个名流，狠〔很〕得民众的信仰，所以他们也要处处拉在一堆，把他的名誉毁坏。到社会上没有一个清清白白的人，他们那样污七八糟的官僚、政客也就可以出头了。所以我们要宝贵这国民大会四个字，我们应当反对一般假藉国民大会行骗的。这就是记者的正名主义。

（原载《每周评论》第6号）

青岛交涉失败史

（1919 年 5 月 11 日）

青岛交涉失败，一半因为各国不讲公理，一半因为我国办外交的人有意卖国。强国的外交无论蛮横狡猾到什么田地，也必定要得弱国的承认，要得弱国里面有人替他帮忙，才能够偿他的心愿。我看一部青岛交涉失败史，却没有一处不是我们中国人引虎入室的。大家不信，待我说来：

一、德国强租青岛的原因。甲午（1894 年）战争，日本要占据我们辽东半岛，李鸿章心生一计，尽力运动俄、德、法三国出来干涉。干涉之后，日本虽还我辽东半岛，但是俄、德、法三国说他们功劳怎样大，也一个个来侵占我们的土地。俄国借租旅顺口，法国租借广州湾，就连那一点力量靡出的英国，也占了我们的威海卫，意大利也占了我们三门湾。德国更不用说了，因为山东曹州府出了一件谋杀教士的命案，就藉口说中国人忘记了他干涉日本的大恩，带了许多兵船，来占据我们的胶州湾。这是西历一八九八年、前清光绪二十四年的事。

二、德国租借青岛的目的。自中日战争之后，各国看见日本在中国横行无忌，因而大唱保全领土、开放门户、势力均等之说。德国借租青岛就是想在远东占得一个海军根据地。因为军事计画，所以又侵占附近一带的矿山铁路权。租借条约分三章，第一章多说军事上的布置。主要的目的：（一）德国军队可在青岛周围一百里路以内自由行动。（二）割让胶州湾两岸，听德国自由建筑堡塞，储藏军需，修造军舰。第二章专说铁路、矿山两件事。铁路划定两道路线：（一）从胶州起，打潍县、青州、博山、淄川、邹平经过，直穿济南，并可以达到山东省的边界。

(二) 从胶州起，向左边朝沂州府走，穿过莱芜县，直到济南府。凡铁路两旁沿途三十里以内的矿山，如第一路线附近的潍县、博山各处，第二路线附近的胶州府、莱芜县等处的矿产，都听德国人自由开采。第三章专说借款的优先权。凡在山东省内创办有利的事业，要借外资的时候，必先同德国的商人商议。这个条约是光绪二十四年二月十四日结的，中国方面由总理衙门李鸿章、翁同龢两个人署名。

三、日本强劫青岛的原因。当欧战发生的时候，日本因日英同盟的关系，加入协约国，对德宣战，出兵攻打胶州湾：(一) 想占据中国的要害，拔去德国人在远东的势力；(二) 想报复三国干涉辽东半岛的旧仇；(三) 想巴结英人的欢心。因此便把我国主权所在的青岛趁火打劫的抢去了。这是民国二年的事情。

四、日本拿武力迫胁的山东条约。民国四年五月七日，日本对于我国送来一个“最后通牒”，叫我国完全承认他“二十一条”的要求。这个要求之中关于山东问题的很多：(一) 迫胁中国承认他同德国政府协定山东省一切权利利益让与等项的处分。这一条要求，就是承认日本有继承德国在山东一切权利利益的权柄，好像山东问题和我国没有一点关系的样子。(二) 强迫我国政府声明山东省内和沿海一带的土地岛屿，无论怎么样，不能借给外国或让给外国。他言外的意思，就是说这些地方日本人已经有过主权了，不得日本人的承认，是不能自由处置的。(三) 强迫我国承认欧战完了之后，胶州湾租借地完全听日本人处置。并定了四个条件：(一) 以胶州湾全部开放商港；(二) 在日本政府指定的地方，设立日本专管的租界；(三) 如各国想要共同的租界，可另行设立；(四) 另外关于德国的房屋财和别的条件手续各项，当未实行交还之先，应该由中日两国共同商议。这件交还的公文，就是把归还胶州湾的空名声张出去，叫别的国把胶州湾的处置，看做中日两国的问题，不出来干预其事，然后日本就可横行无忌了——这几种要求，是民国四年五月二十五日盖印的，就是日本现在在欧洲和会死争山东问题的根据。

五、日本拿金钱骗诱的铁路合同。这个合同，名叫《济顺高徐与铁路借款预备合同》。济顺铁路是从山东济南到直隶顺德，高徐铁路是从山东高密到江苏徐州。借款为日金二千万圆，利息每年每圆八厘，日本方面的代表是日本兴业银行。将来属于铁路上的财产和收入，不得银行答应不得做担保品或提给他人。这是预备合同，限定四个月内立正式合同。这项合同和“二十一条”要求，大有区别的所在。“二十一条”是日本政府发议的，这个合同，是中国政府发议的。前回要求是威迫的性质，这回合同是利诱的性质。因前回条约丧失山东权利，是受人胁制的；因这回合同承认日本继承德国权利，是自己情愿的。这个合同是去年九月二十八日立的，中国政府的代表就是现在被挨打的章宗祥。欧洲和议代表现在所以没有发言的根据，就是因为受这个合同拘束的。

六、断送胶济铁路的文书。这个交换的公文名义上是撤废山东民政署，实际上是夺我的胶济铁路。文书上说：胶济铁路归中日两国合办，沿路的巡警队说是由中国政府组织，但是经费由胶济铁路供给。巡警队本部、枢要的驿站和巡警养成所，都要聘用日本人。那里还有中国的势力呢？说到民政署，仅有撤废两个大字，什么时候撤废，却没有一个字提起。这还不是拿实利换空名吗？有了这道公文，岂不是明明白白对于日本承继德国权利上再加一重保证吗？

七、日本在欧洲和议席上争持的理由。日本在取得青岛的前后，已布定了重重罗网。对于中国已经定了许多条约合同，对于英法又有伦敦密约的保障。所以和议席上英法都不好发言，只有仗义执言的美国，尚可以照公理说话。现在日本力争青岛的理由，就是拿“廿一条”的要求和去年的密约合同作根据。说和平会议，所以维持条约的神圣不可侵犯，中日条件是万万不可废止的。日本所以要求青岛问题由中日自行解决，内中有三层用意：（一）不在和会里边公开，可以施行他的欺骗迫胁的手段。（二）由他归还中国，在外交上创一个听他处理的先例，好在中国占一个特殊地位。（三）到了归还的那一天，可以弄些鬼计，占些便宜，并可强迫我国交换别的权利。看见现在的结果，可见得日本外交手段真是老辣，从前一条一条的要求，好像蚕虫吐丝，一层一层裹缚的样子。直到今天我国的人民才看见天罗地网，重重围住，才知道外交界造下来的罪孽，真正的不少！

八、最近欧会决定的办法。前回和平会议讨论青岛问题，本想拿来交五国公管，那晓得日本人不承认，中国人也不承认。又因为日本一方以退出和会吓人，一方以伦敦密约借口，青岛问题遂成为日本“笼中之物”。现在英、美、法三国想采纳中日两国的意思，一方面想不违背“土地主权不相侵犯”的原则，一方面又兼顾日本经济上的利益，决定德国完全把山东一切权利放弃，由日本将青岛山东的土地主权完全交还中国。详细的办法，尚没有议定。大概由日本管理一年再还中国云。

我编了这篇《青岛交涉失败史》，我心中狠有几重感触：（一）觉得现在的世界，尚不是实行公理的时候；（二）觉得日本人的德意志思想，一点也没有觉悟；（三）觉得中国外交失败，无一处不是“卖国贼”播弄成熟的；（四）觉得实行国民的外交、平民主义的外交，是一刻不容迟缓的。愿国人快快的起来！——愿国人快快的起来！

（原载《每周评论》第21号）

青岛问题在欧会中经过的情形

（1919 年 5 月 18 日）

青岛问题打欧会开议之后就拿出讨论，一直到今还没有完全收束。中间经了许多波折，我国专使虽然说出很多公理，但在强盗主义大行的时候，公理仍然战不过强权。姑且把青岛问题经过写出来，叫大家知道世界革命真是一件万不可缓的事。

一、中日两国专使争议的情形

一月二十七日，日本专使在和会里面要求胶济铁路和别的利益。对于交还青岛的话，却没有提到一个字。我国顾专使提出辩论书，说明胶澳租界和附带的一切权利应该由德国直接归还中国的理由：（一）青岛问题比不得太平洋属岛问题，可以听人自由处置；（二）青岛完全是中国领土，人民的种族、言语、宗教自有历史以来，就完全一致；（三）德国租借青岛纯是用武力迫胁的；（四）就形势说，胶州是中国北部的门户；（五）就文化说，山东是孔孟降生的地方，是中国文化发源的地方；（六）就经济说，山东地小人多，没有让人殖民的空地。因为有这些理由，所以和平会议处置山东问题，应该注重中国政治独立和领土完全的权利。日本专使听了这篇议论，自己却没有道理可讲，只得拿“中日两国政府已有成议”的话来搪抵。顾专使又说明“二十一条”要求不过为武力所迫，认为临时暂行的办法。又说中德宣战之后，青岛租借的条约早已消灭，一切权利在法律上说，老早就归了中国。日本继承德人权利的话，已经毫无根据。然就是说租借条约不因战争消灭，该条约内明明有不准转交他国的条文，德国那有转送日本的权利呢？

二、日本飞扬跋扈的情形

日本自打上回辩论失败之后，恼羞成怒，又乘法国总理被刺的空子，暗中活动。到了二月十二的这一天，牧野专使叫一个秘书带许多秘密条约交给我国专使。密约共计四种：（一）关于山东问题的日英、日法、日俄、日意的交换文书。这几件文书之中，说英、法、俄、意承认将来议和的时候，关于山东问题都帮助日本。（二）“二十一条”要求中关于交还青岛的文书。（三）关于胶济铁路的文书。（四）关于开原海龙吉林铁路、长春洮南铁路、洮南热河铁路种种交换文书。英、法、意三国都受了密约的拘束，一声不响，所以日本更加跋扈。此刻世界中独一无二的公正人就是美国的代表。

三、美代表的调停办法

美代表不受密约的拘束，所以极力主张把青岛交还中国。不过因为英、法、意三国不能发言，美国代表不免有些孤掌难鸣。到了四月十六日，乃变更办法，提出五国公管之说。凡是德国在中国得到的租界路矿和优先权，一律还给中国。现在暂归和会接收，等到各处要地开做商埠后，再完全交给中国。美代表口头提出这个议案，就是想把青岛问题由五国公同处置，不许一国独占的意思。这种消息传出之后，不但日本人反对，就连中国人也反对起来了。说得美代表哑口无言，所以才弄到现在这步田地。

四、四大国决定的调停办法

日本专使既已反对美代表的提议，又口口声声以退出和会吓人。四月三十日，英、法、美三国代表商议，想出一个政治特权归中国、经济特权归日本的办法，就是现在和约中所载的。（见本报《签字不签字的害处》文中）

五、我国专使向三国抗议的内容

五月一日，英国外交部巴佛尔代表三国拿议决的山东问题办法来通告我国专使。我国专使因为和约上的规定是三国调停的结果，所以不得不向英、法、美三国提起抗议。抗议书中大概说：中德宣战而后，德国在山东所有的权利特权都已撤消，山东省的主权在中国，自然可以收回自由处置。请问三国根据什么理由，把这项权利送给日本？所拟的解决办法，既说山东半岛连同主权归还中国，何必分为两步？又何必先移归日本，听他独自归还？这就是我国向三国抗议的内容。

现在和约已成，一切抗议都没有效力可说。最后一步只有两个希望：一希望德国拒绝和约签字；万一不能，只有希望我国专使拒绝签字罢。

（原载《每周评论》第22号）

签字不签字的害处

（1919 年 5 月 18 日）

据近来欧会消息，山东问题早已没有争论的余地，我们现在应当讨论的只有签字不签字问题。但是我们当没有讨论这个问题之先，应该明白弱国的外交只想免意外的害处，万不能痴心妄想意外的好处。我们研究签字不签字问题，只是“两害相权取其轻”的意思。外交失败到这步田地，还说得起利不利吗？

现在主张签字不签字的人很有许多议论，我且把他先写出来，然后再说我的意见。

一、主张签字的理由

（甲）说：青岛的地方是日本人拿兵力从德国人手中夺去的，从事实上看来，这块土地完全在日本人的手里。我国如不签字，日本坐视不理，照现在现状办去，连那归还的空名也收将起来了，这不是不签字的害处吗？

（乙）说：“二十一条”要求，以条约手续论，不能说是无效。不过因为参战的机会，各国出来停调，才有青岛归五国公管不必照“二十一条”要求处置之说。这件事虽然没有做到，但总算青岛问题不归日本单独处置了。若不趁这个时候签字，各国一卸去干涉的责任，让我们直接向日本交涉，那里还有不更加吃亏的道理呢？

（丙）说：交还条件若在大会里面签字，日本将来如有不对的地方，很可以根据大会的和约，请协约国出来说话。我们如想让交还的条件得和平会议担保，一定是要签字的。

（丁）说：我国参战的目的原想解除一切不平等的条约，不单想解决青岛问题。如对于和约上不签字，势必要退出和平会议。如退出和平会议，将来关于撤废领事裁判权、收回关税自由权、撤消津汉租界、废止赔款条约等问题，自然没有提议的资格。因一个青岛问题丢掉废除一切不平等条约的机会，岂不是不知轻重吗?

（戊）说：我国在国际上的地位，完全靠着“均势”两个字维持，以后更有许多地方要靠着国际联盟。如因不签字退出和平会议，也再不能加入国际联盟。我国若不加入国际联盟，以后能不能得国际联盟主义的保护，这不是一个顶重大的疑问吗?

二、主张不签字的理由

（甲）说：我们不签字不是单为着山东问题，并且可以表明不承认“二十一条”要求为合理，不承认去年秘密协约为合法，不承认伦敦密约为有效。若承认这些强迫的条约、秘密的条约，就是破坏威尔逊外交公开的主张。

（乙）说：对德媾和是一件事，国际联盟又是一件事，我们不在和约上签字，可在国际联盟约章上签字。因为加入国际联盟的，不都是交战国，如瑞士、西班牙等中立国都可加入国际联盟。可见得在国际联盟约章上签字的，不以在和约上签字的为限，我国也当然可以援例的。

（丙）说：日本交还青岛，不过政治上的权利，经济上的特权仍然存在。我国如果签字，胶济铁道的换文，顺济、高徐二路的借款，势必成立。我国得一个交还的空名，日本受一个交还的实惠，真算是得不偿失了。

（丁）说：我们这回要求无条件的交还，原来不想叫日本人在山东得一个根据地，为将来东亚和平的障碍。这回欧会议决的交还条件，虽然有政治、经济的区别，但是日本在山东已占了牢不可破的地位，仍然是东亚和平的障碍，所以万不可签字去承认他。

（戊）说：和约内于中国有益的规定，仅德国承认取消关于《辛丑条约》权利一件事。这件事我国既已和德国宣战，当然有这等利益，又何必声明？何待签字？将来就是同德人单独议和，也必得德人承认的。

（己）说：我们不签字必定要分别办理。和约中和我国没有关系，或有益于我的地方，当然签字。至于山东问题，应当注明我国仍然有再行提议的权柄，不然就注明反对也没有不可以的。因为这种办法当年海牙和平会老早就有过先例的了。

我看以上各说也都各有理由。我们争这种大事，应该通盘筹算，才可以定我们的办法。且把和约上于我国有利的地方，和青岛由日本交还有害的地方，一一比较出来，才可以决定我们签字不签字的方针。

（一）和约上规定关于中国权利的条文

德国把由《庚子条约》得到中国的特别权利和赔款一律放弃，天津、汉口的德国租界和中国境内除胶州外所有的房屋、码头、营房、炮台、军火、船只、无线电台和别的产业（公使馆和领事馆不在其内），同庚子年抢去的天文仪器，一律交还中国。德国承认放弃天津、汉口租界，并叫中国开作万国公用的地方。

德国对于中国，不得因为在中国的德人被禁被遣，因为德人的利益于一九一七年八月十四日以后被收没或被清理的原故，来要求中国赔偿。德国应当把广州英租界内国有的产业让给英国，并把上海租界内德人学校的产业让给中法两国。

（二）和约上规定关于日本权利的条文

德国把胶州各项权利和那因为一八八九年三月六日的山东条约取得的铁路、矿产、海底电线都让给日本。

德国关于胶济铁路的一切权利连同器具矿权开矿权一齐让给日本。

打青岛到上海和到烟台的海底电线都让给日本，并不算钱。

胶州德国国有的一切动产和不动产也都让给日本，并不算钱。

（三）日本交还青岛的条件

把胶州湾全部放为商港。

在日本政府指定的地方，设立日本专管的租界。

如各国想要共同的租界，可以另外设立。

另外关于德国的房屋财产和别的条件手续各项，当未实行交还之先，应由中日政府公共商议办法。

把上述的三项条文合看起来，德国完全交还中国的，仅是一点房屋、军备产业，庚子赔款和一副天文仪器。德国租界虽然还我，仍然不为我国所有。上海的学校产业，我国和法国平分；广州的产业，又完全归了英国。至于日本，不但把德国所得的权利一齐抢去了，并且勒令我在青岛另开一个公共租界。请问高明，就是在这种和约上签字，除了得一副天文仪器和几十万赔款，同一点破家破伙的东西，有什么好处？若说撤废领事裁判权、收回关税自由权、取消各国《庚子赔款条约》等等问题，与签字有什么关系？就是我们签字也没有什么保证。就是有了保证，试问是失了一部分平等权事大，还是失了领土事大？若说要求取消“二十一条”和去年各种密约合同，则更不能签字，因为一签字就是承认各种密约要求合同为有效了。愿国人把利害看明白了，不要糊里糊涂的签字呀！

（原载《每周评论》第22号）

学生事件和国家法律的问题

（1919 年 5 月 18 日）

昨天早晨在国民公报上看见我的朋友梁漱溟君《论学生事件》一文，主张“到检察厅自首，判什么罪情愿领受”。这种光明磊落的气概，敢作敢为的精神，实在可以令人佩服。听说各校的学生现在正在照这样办法进行。

学生的行为，固然应该如此，然而我们要为国家和法律设想，就不免发生种种疑问。第一个疑问，就是国家和正义到底能不能一致？我们人类对于反乎正义的国家裁判，到底有没有服从的义务？第二个疑问，就是法律的功用，到底是在除暴去恶，或是单在维持秩序？死板板的法律条文，到底能不能合乎情理？

我想国家和法律都是为人而设的，不过做人类求所以生活的一种工具，所以国家和法律没有自身的目的，一定要以人生的目的为目的。国家和法律的功用就在帮助人类求得人生的归宿。譬如一条铁路，或是一张汽车，把人送到他想到的地方去才算完事。我们人类现在既已承认学生运动是合乎正义的，国家和法律也应该跟着我们人类往一条路上走。那些道德上承认、法律上不承认的话，是野蛮时代的法律，专以维持秩序作目的的。吾国古代的法家如慎到诸人，大概皆想废去主观的判断，建立物观的标准。所以就是拈钩分钱、投策分马，也没有什么不如人意的地方。这种法律观，单是救济人治之弊的，在现在的国家内，实在没有什么功用。

现在的国家法律的观念，第一要希望和正义相合。如承认替父报仇为正当，法律上就应该许做儿子的杀他父亲的仇人。因为国家和法律都有扶持正义的责任，断不能拿死板板的条文，去妨害正义，去阻止那向正义路上去的人。若是国家和法律单有维持秩序的责任，不问合乎正义不合乎正义的行为，皆一律看待，在文明的世界，这样的国家和法律实在是没有用处。无政府党所极力反对的就是这种国家，就是这样法律。我记得易卜生娜拉剧中有几句讨论法律的话，说：

（律师）法律不管人居心何如。

（娜拉）如此说来，这样法律是笨极了。

（律师）不管他笨不笨，你总要受他的裁判。

（娜拉）我不相信。难道法律不许做女儿的想个法子免得她临死的父亲烦恼吗？难道法律不许做妻子的救她的丈夫的命吗？我不大懂得法律，但是我想总应该有这种法律承认这些事。你是一个律师，你难道不知道有这样的法律吗？柯先生你真是一个不中用的律师了。

无政府主义所以发生的原因，就因为国家和法律的专讲强权，不讲公理，专保护现状，不讲求进步。这种反乎人道正义的国家和法律，我们实在没有受他们裁判的义务。我们要到正义门前去自首，不要到强权武力门前去自首，我们要服从正义的裁判，我们决不甘心受强权武力的裁判。像这样国家和法律，不许人保全他自己的国家，不许人讲公理，不许人谈正义就应该不要他才是，何能甘心去受他的委屈呢？这就是无政府党的根本上主张。

我但愿我们的国家我们的法律，顺着正义走，不要专重维持秩序一方面，忘记了除暴去恶一方面。对于人民行使正当防卫权的时候，不要严格拿那些死板板的条文拘束他们才是。

（载 1919 年 5 月 18 日《每周评论》22 号附录）

关于《胶州和约》的修正意见

（1919 年 6 月 1 日）

现在青岛问题已到了“山穷水尽”的所在，全国的眼光都死死的注在签字不签字一个问题上。依我的意思，不如趁德国不签字的当儿，率性提出一个修正案，在欧会里头争一争。日本的内田专使在巴黎已明白表示，说“日本想把山东主权完全交还中国”，我们正可以拿完全的主权做根据，来修正和约中的条文。

我们讨论关于山东的和约，有几个地方应该先弄明白的：（一）和约中说日本继承德国的利益，不过那列举的几件事，并不是继承那一八九八年的《胶州条约》。（二）德国在山东的利益，有“已得”“未得”两种，和约中所说的不过是“已得”的利益，并不是包括“未得”的利益在内。（三）德国租借胶州是做军港用的，现在中日的《胶州交还文书》上已明明说是“胶州湾全部开做商港”，性质已经是不一样，所以凡关于军用的海面、港湾、房屋、器具等件，应该一律收回。

况且“主权”两字并不是一个空名词。主权是顶高的、独立的权力，从积极的方面说，无论什么事都要听他支配；从消极的方面说，无论什么事都不听人家支配。拿这个原则来讲，青岛主权既已完全在我，凡土地、港湾、房屋、关税、铁路、矿山、炮台、电线、警察、军队、港湾管理权、建筑军港权等，应该一齐听中国政府自由处置。所以我们研究青岛问题，万万不可把“主权”看做空空洞洞的东西，要把他看做实实在在的东西。证明主权完全不完全，不要拿抽象的理论来讲，要拿具体的事实来讲。

以上讲的两层道理，都在条约上说得明明白白的，我们的修正案应该拿来做根据。我们就是忍气吞声，任凭几个强国来摆布，就是退让到千步万步，承认“二十一条”要求之中《胶州交还文书》，承认各国调停由日本直接交还的办法，也应该在条约范围以内，把各项权利争回一寸半寸。丢下这层不讲，一味糊里糊涂的打电报，主张叫专使去签字，真真不解这派人到底是什么心肝！我且根据上头所讲的两层道理，提出一个修正案和大家一同研究研究。

（一）德国把胶州各项权利，和因为一八九八年三月六日的《胶州条约》取得的铁路、矿产、海底线一齐放弃。

（二）德国把关于胶济铁路的一切权利，连同器具和已得的矿权、开矿权，一齐让给中国，再由中国和日本商议办法。

（三）打青岛到上海和到烟台的海底电线都让给中国，并不算价。

（四）胶州德国国有的一切动产和不动产都无条件的让给中国，再由中国转借给日本。

以上系修改和约中关于胶州问题的条文。另外由中国政府根据主权的原则，在和会中对日本提出条件如左：

（一）胶州湾单做商港之用，凡德国所设的沿海炮台和信号地点，皆和中国主权有关，应完全交还中国。

（二）胶州湾青岛和胶济铁路的既完全在中国主权之下，所有一切治安，均归中国保护，日本不得驻海陆军和警察于胶州湾、青岛、济南和胶济铁路各处。

（三）除胶州湾商港外，中国应该有自由建设海军根据地的主权。

（四）青岛的关税和海关管理权应该和中国别处的商埠同样办理。

（五）胶济铁路管理建筑之权，全归中国政府，照津浦铁路办理。只有工程技师可以雇用日本人，铁路巡警应该仿照津浦、京汉各路的办法组织。

（六）沿胶济铁路的矿产，已经德国开采的，都由中日合股，照中国矿业条例办理。

（七）日本租界和各国公共租界只以德国在青岛租借地为限。

以上七个条件，没有一个不是主权所关的。这是我国让步的最大限度，再让一点，主权两字就不能算得完全。日本外交当局既已口口声声还我山东完全的主权，这几个条件，就是主权的实体，和人的五官四肢一样，若缺掉一样，就不能算作完全的人了。日本当局如果不容我们这样让步的条件，就可以证明他是拿主权的空名来骗我们。要想知道日本人的心肝，何妨拿这七个条件试一试呢？

（原载《每周评论》第24号）

民众运动的目的

（1919 年 8 月 3 日）

我国五四运动，不用说是乘民治潮流而起的，不过据我个人观察，觉得很有几种缺点：

（一）是消极的一时的运动，没有积极的、永久的要求。

（二）是单反对政府和一时的外交政策，不是主张改革外交制度。

（三）只想唤醒人民的自觉，不想得到法律上的保障。

民众运动本不是“扰乱治安”，但既然被“扰乱治安”的骂名，应当得到“扰乱治安”的代价。代价是什么？就是对于酿成运动的问题，想个根本解决的方法，用法律规定起来，作未来的保障。这就是“扰乱治安”的代价，就是民众运动的目的。照事实和法律说来，民众政治只有实行议会政治才可以办得到。但是如今自助的社会主义，大多数都是不相信议会政治的。现在不相信议会政治的有三种：一是劳工自决主义（Syndicalism）。叫同行的工人，结合在一块，听他们自己直接行动，去谋同行的利益。二是同盟罢工（Strike）。他们不求教议会，单讲究自动的革命和直接行动的手段。三是国民决议（Referendum）。因为议会不能尽量发表民意，然想叫全体国民来处决各项问题，事实上也不容易做到，所以普通问题仍归议会议决，遇特别事件，乃由国民直接决议。这都是近来自助和自决主义。

但是一件，无论他们讲独立自助的，或是讲共同互助的，总不能脱去国家权力。他们要求的结果，也必定要得法律的保障。这是什么原故呢？大概现在国家的组织功效大著，不藉国家的权力，分配也不能平均，自利心也不能限制，资本家和劳动家的利益也不容易调停。所以单讲自助自决，专在社会上运动，不想参加政治的活动和得到法律上的改革，终久是劳而无功的。且看我举出一个例来：

前几年比利时的选举法是很不公平的。有财产、年龄、教育的限制，有职业的种类和既婚未婚、有儿子没儿子的区别。有的没有选举权，有的只有一票选举权，有的却有两三票选举权。保守党拿这种选举法做护符，每回选举都占胜利，一连独掌三十多年的政权。到了一九一〇年，查调户口，新添议员额数二十名。而且增加议员名额的地方，都是自由党和社会党工业所在的城市。这样看起来，下次选举自由党和社会党当然不会失败了。一九一一年八月，自由、社会两党先就做起同盟罢工的示威运动，到了十月间各地方议会改选，自由、社会两党互相帮助，果然把保守党打败了。但是到了一九一二年国会改选，人人料定必得胜利的自由党、社会党不但不能战胜，保守党的议员名数，反比从前增加许多。到这个时候，他们才知道选举法不改正，任凭你费多大气力去示威运动都是不济事的。所以他们又改变方针，在同盟罢工的“发祥地”里边又大大的闹了一次罢工，才把这种旧选举法改掉，把那些拿旧选举法作护符的保守党推翻了。

照这样看来，比利时改正选举法，着实给我们民众运动的一个大教训，使我们知道民众运动不过是得到民众主张的一个方法，设若没有具体的主张，或有具体的主张还没有得到法律的保护，仍然是没有结果的！

我们五四运动为什么起的呢？大家不是都说是反对秘密外交吗？我们试想一想秘密外交的制度果打破了没有？如这种制度还在，单打伤一个章宗祥和逐掉一个曹汝霖，以后就能保没有章曹第二来缔结军事协约，定高徐、顺济铁路借款的合同，主张禁止专使发言和极力替日本人尽忠吗？所以我说逐掉曹章、拒绝签字，仍然不是秘密外交的根本解决。要想废了秘密外交，除非从法律上改革不可。

中国的外交，从法律上说，代表国家缔结条约的权限是在大总统；从实际上说，代表国家缔结条约的权限是在外交部。这就是秘密外交的祸根。欧战既起之后，有许多外国学者，想打破秘密外交，所以主张民治的外交。鲍生贝（Authur Ponsonby，M.P）的《民治与外交》（*Democracy and Diplomacy*）书中说的很详细。他说外交并不是一种专门的学问，是人人都能办到的。不过因为政府故意把外交秘密起来，使人民不晓得个中情形，看起来好像人民不大晓得外交。其实这都是秘密的坏处。政治本是公开的一种教育，先把他秘密起来，那么，人民将从何处学习呢？鲍氏想造成平民的外交，所以主张外交由国会公开讨论，条约草案必先交国会通过后，才能同外国缔结。他的主张是：

（一）任命外交官须年年由众议院照普通议事手续讨论。这项讨论至少也要占两天的工夫。头一天，由外交总长陈述外交的政策，定下一切大体的计画。第二天，当注意目前有关系的详细的论点和特别的问题。

这一条最大的好处，就是使议会和国民都知道外交的政策，使外交官的外交全体的计画，都对于国民负宪法上的责任。

（二）非经议会议决条款，不得同外国缔结条约。因为条约同别的法律一样重要，所以必定要经人民的代表逐字逐句讨论之后，才能同别国缔结。宪法上果有这样规定，那么，如我国的中日军事密约，高徐、顺济铁路的合同和日英、日意、日法关于青岛问题的换文，自然不能成立了。

（三）非经议会明白允许，不得加入别国的协约同盟和承诺事项。

（四）非得国会允许，不得宣战。

（五）外交总长有定期宣布外交事情的义务。在议会闭会之后，这种宣布更为重要。使国民由此得以学习外交，信任当局，别叫他们堕在五里雾中。

这五条都是鲍生贝的主张。中国想免掉秘密外交的祸害，将来创造宪法必须加入这些条文，才是根本上打破外交黑幕的道理。

但是国会就能靠得住不和外交当局通同作弊吗？这也有个办法。就是一方面改正选举法，去掉财产、年龄、资格、教育的限制，使选出平民的议员；一方面组织公民的政治社，专于监督选举，检察投票，告发他们不正当的运动，抵抗官吏非法的把持。更多多印刷书报，教导公民应有的知识，评论各党的主张，批评各候补人的资格。

以上所说的虽然不大详细，但都是积极的主张，比较到秘密条约结成之后，才去奔走呼号的反对似乎略为好一点。我并不是不赞成民众运动，我是不赞成急来抱佛脚的民众运动，不赞成无目的无结果的民众运动。所以我不问民众运动的方法，单要问民众运动的目的！

（原载《每周评论》第33号）

欢迎中山先生脱离军政府

（1919 年 8 月 17 日）

孙中山先生七日通电辞去军政府的总裁，所以辞职的原因，是因为武人政客不能共事。我以为孙先生这回举动，不单是他个人的观察改变，实在是中国政治思想改变。

何以说是政治思想改变呢？前几年中国人的政治思想，都以为社会改革必须要从政治改革下手。一般人离了南京，就跑到北京，不当阁员，便当政客。好像要改革社会，非自己去做总统、总理、总长不可，要想做总统、总理、总长，非先去七闯八捣的做几年政客生涯不可。这些人大概只知道拿政治去改革政治，不知道拿社会组织去改革政治。这种没根本的政治改革，何怪乎不能见效呢？要知道，现在的政治思想，不是把社会事业放在政治事业之外，社会对于国家，不单要求一点权利，希望得一点维持保护，就心满意足。必定要使政治事业都成社会事业，要使政治组织和社会组织合为一事。国家就是管理生产分配交易消费的总机关，就是掌管土地财产、均匀资本劳力的大公司。社会不单向国家要求权利，并且要把各种社会联合组织起来，来公同管理政治。把多少年分不清楚的政治、社会，拿来融成一片。到这个时候，我们做社会运动，就是做政治运动，做社会事业，也就是做政治事业。政治生活就是社会生活，社会生活也就是政治生活。这就是如今新式的共和国家。

往日的社会主义家都想挑起阶级竞争，他们的主张，不过是想叫资本家少得一点不劳而得的利益，劳动家多得一点汗血辛劳的报酬，生产利益如果平均，就算了事。现在可不是这样了。劳动家不但不承认资本家坐享他人的利益，并且连资本家的一切管理权都不承认。将来劳动人的社会，必定就是劳动人自己管理。到了劳动人自行管理自己的社会，那么，资本劳动的阶级自然是无形消灭了。将来的社会，既然没有资本家和劳动家的分别，将来的国家，也当然没有政治的生活和社会的生活的分别了。换句话说，就是凡不在社会中做事的，都没有资格在政治上办事。那种官僚生活、政客生活，自然像那秋天的树叶，一天少似一天的。

孙先生辞去总裁，固然是证明政客武人不能共事，但是照我看来，却是证明政客武人的政治生涯已经到了“一线灵魂往封神台去”的时候。我们欢送孙先生出军政府的时候，就是我们欢迎孙先生进平民团的时候。不愿孙先生在政客武人之中左右周旋，但愿孙先生来学生劳动界中协力同心；不愿孙先生再作政客式的政治生活，但愿孙先生专作平民式的社会生活；不愿孙先生再做一位凭空建设的总统，但愿孙先生永远做一位实地建设的平民；更愿孙先生不要从“军政时期”“训政时期”下手，但愿孙先生专从民政时期起头——这就是我们欢迎中山先生脱离军政府的意思。

（原载《每周评论》第 35 号）

评徐佛苏的《西南自治与和平》

（1919年8月17日）

北方和议代表徐佛苏君六月间出了一本小册子，名叫《西南自治与和平》。他重要的主张是：

一、当承认西南数省统一自治总体，以处理西南之自治政务，并监督各省之自治事务。其名称或为西南自治联合会，或为西南自治委员会。军政府应即废撤。

二、西南自治总体由西南各省推选三人或五人组成之，再呈请大总统颁发明令加以委任，以合议制处理各事。并另设西南自治议会以监督西南总体之自治行政。其议员亦由西南各省推选，议员之人数与机关之组织及权限由西南当局自定。

三、西南自治总体之监督自治，与西南各省之举办自治，其权限亦由和会议决。藉免西南内部之纷议，尤可谋全国各省自治制之统一。

四、全国各省之自治制度当完全与西南各省之自治制同一条文。其监督自治之总体，即为中央政府。其监督自治之权限，亦当与西南自治之总体同一条文，以谋全国各省自治之统一。

佛苏君把这几条看做和议成立的根本条件。我觉得他的主张有三点可以叫人佩服：（一）承认法制为和平的根本，不像别的代表单在地盘权势上着想。（二）承认自治可以限制武力，可以发挥全国政治才能，比那些文治主义家放出一个省长，就夸口说是军民分治的，眼光究竟高一些。（三）承认中央与地方权限不划清，一味讲究混括的统一，不但办不到，并且是战乱的祸根。这三个主张都是我顶赞成的。

不过佛苏君的“西南自治”仍然是一个空空洞洞的名字。说到地方制度和监督自治、举办自治的权限，他并没有详细说明。究竟佛苏君主张的地方自治是什么样子？分治的权限到什么程度？仍然装在闷葫芦当中，很不容易猜破。不过略为表示出来的就是“本著所主张者系大陆国地方自治制”一句话。

往年，大陆国地方制度和英美地方制度，固然是很有不同的地方。大陆国的地方制度多拿行政的监督作统一的线索，英美的地方制度多拿立法的监督作统一的线索。大陆各国把地方行政权定出一个大纲，凡在总括的范围之内，可让地方自由处理，不要请求立法部许可。英美却把地方行政权详细规定出来，要想在列举的范围之外，创一个适当的制度，必先请立法部允许。再，大陆国的地方官吏多是委任，英美的地方官吏多是选举。唯是这样，所以大陆各国的行政监督很严密的，英美则取立法的监督，至行政监督是很放任的。然这不过是往年的制度，现在可就有些不同了：英美学者多反对立法的监督，渐渐想把行政的监督加严；大陆国也多反对行政的监督，想渐渐把立法的监督加严。佛苏君所主张的大陆国地方自治制，似乎对于自治的权限仍然主张总括，对于行政的监督仍然主张严密，至于地方官吏更是主张任命的。这些地方可要仔细讨论讨论。

我是主张英美自治制的人，当然有许多见解和佛苏君不同：（一）佛苏君主张“全国各省自治统一”，这是我极端反对的。美国地方制度在世界上算得顶复杂，没有一种法律可以通行各地的。至于法国却很注重统一，不论人民如何差异，问题如何复杂，皆想拿整齐统一的法律去统治他。这种死法律毫无伸缩的所在，所以地方事务一点也不大发达。不但地方事务是这样，就是议会政治也不能行。因为集权的地方制度，选举最容易操纵，人民真意往往无辜被迫。这就是我所以反对集权的、统一的自治制的原因。（二）佛苏君对于自治当局只说“推选”“推选之后须中央政府加以委任”，究竟省长、知事和别的自治官吏不由民选，到底能使自治发达不能？这又是我不以为然的。选举是自治的护符，不谈选举的自治制，简直可说没有讨论的价值。（三）自治制既然不能统一，也就不能施统一的行政的监督。随时指挥，不但妨碍自治，实际上也做不到。这都是我反对佛苏的所在。

佛苏君指出五个战乱原因：“（一）专制旧习与共和新潮冲突；（二）中央与地方官民利害相反，感情恶劣；（三）武人与党人互争权势；（四）彼此皆有建设共和之功，又皆有摧残共和之罪，顺逆不明，互相倾轧；（五）彼此武力皆发生于私人之党派，而非培养于国家统一之下，各有割据一隅之心，恐被兼并。”蒲伯英君说他不想消灭这五种原因，单讲分治，不但药不对症，还有点火上加油。蒲君以为想免掉战乱，必须：“（一）要使专制旧习与共和新潮不冲突；（二）要使官民利害一致，感情融洽；（三）要使武人与党人不互争权势；（四）要使彼此皆不言功罪，却又明白顺逆，不起倾轧；（五）要使彼此武力皆培养于国家统一之下，各无割据一隅之心。”我以为蒲君这些话仍然带一点调和派的口气。真正彻底的办法，必定要扫清专制的旧习，去掉官民的界限，只认民众的势力，即让武人、党人去争权夺利，只认国家的武力，那有“彼此武力”名称。我以为果采用英美自治制，这五种弊病的确可以打消。因为自治是民治的基础，真正的民治国家那还有专制的影子。自治的官吏是选出来的，那还有“利害相反，感情恶劣”的道理？自治团体用不着武人、党人，那里还有他们“互争权势”的机会？没有私人的派别，没有私人的武力，第四、第五两个原因当然也根本消灭。所以我的确相信拿自治消灭这五个祸根，真正是对症下药。

蒲伯英君说：“我把通篇看完，除前头提纲之外，没有一句主张民权的话。”胡汉民君答佛苏的信也说：“注重武力党派之调停之一面，而民政发达之正面反甚轻略。”这一层实在是佛苏君的根本错误。他第三条纲领中，本说“本著主张自治之要义，在使全国多数平民自办民政，非为武人与党人争地盘及权势”。这两句话本说得好听。第五条马上接着说道：“对于南北两派主张互承认其势力。”第十五页中又说道：“吾国历年来组织战团……其实力不在一般人民，而在国中一派勋阀耆旧、政客激党，及军民长官之互相联络已成团军。……非仅□人民以自治权利，即可消灭各种势力。”第十八页又说道：“若仅□人民自治，而不承认西南分治，姑无论彼方决不肯轻弃其基业，就范中央。纵令彼方各派亦能一致折而归忱，然万派来朝，众星拱北，政客伟人纵横捭阖，何以待之？”这些议论，好像把他的自治两个字根本取消。把他的意思贯串起来，可以知道他“西南自治”是怎么一回事。他以为南北党人皆不能在新选举制及议会中和平竞争。北派久踞内阁，不肯轻于让人。陆军、财政、内务，北派绝对把持，外交、交通已成了私人系统，他们是不准人加入的。前年，唐绍仪、孙洪伊、陈锦涛、许世英虽来了，不久也都打下去了。南北混合内阁是没有希望的，倒不如划去一块地，让你们西南的“勋阀耆旧、政客激党”“军民长官”“八百旧议员”“七头总裁”，和别的“文曹武职”“谘议顾问”，一大堆人，打着“西南自治”招牌，听凭你们怎样鬼混。只要你们不跑到中央来“争内阁”“入国会”“扩党势”“得地位”“放内外差缺”“进退省长”“操纵选举”，就算“和平”。你们不来，自然不叫你们“焦头烂额，怒而图南”。自然不致“舍田芸田，得陇望蜀，再演中原逐鹿之惨剧”。不但是“南之利”，并且是“北之利”。这就是佛苏君“使全国多数平民自办民政，非为武人与党人争地盘及权势”的“西南自治”制。我真不知道大陆国中那一国的地方自治制是这样？还请佛苏君告诉我罢。

（原载《每周评论》第35号）

中日怎样才能够亲善

（1919年8月31日）

近来日本报纸上常常提到“中日新亲善”几个字，又有两国交换教员的提议。无论他们诚意如何，总算是一种“新亲善的运动”，本是我们欢迎的。但当实行“新亲善”之先，须解决几个先决的问题。如果这些先决的问题不能决定，“中日新亲善”仍然是一句废话。

先决的问题是什么呢？

（一）实行平民政治。中日亲善最大的障碍，就是两国的军阀。日本的军阀平素抱一种侵略的思想。又叫几个文人唱什么大亚细亚主义，怕要把中国一口吞了。同这些人讲亲善，那有不糟的呢？况且两国军阀联合起来，一心一意的来压迫平民，这些平民那有不生恶感的道理？这回山东交涉，平心而论，两国的政府可说是亲善极了。然除了两国政府而外，却没有一个人不反对的。可见得单笼络政府，欺骗军人，断断不会亲善的。只有实行平民政治，才可以去掉侵略的思想；去掉侵略的思想，才可以说到亲善。你看德俄两国的感情当先怎样恶劣，到了俄国革命之后，马上就要单独媾和。可见得平民政治，就是国际亲善的根基。

（二）打破秘密的外交。这回欧战，大半是打这秘密外交上起的。秘密外交实在是闯祸的胎子。中日的交涉，多先由日本政府秘密要求，然后由中国政府秘密答应。这种鬼祟的行为，怎能永久瞒得住人民呢？到了发觉的那一天，不但中国人痛心疾首，就连那有良心的日本人也觉得过分。所以要想中日国民亲善，以后两国的外交，必定要照下列的条件办理：

(A) 中日缔结条约必经国会通过，才算有效。

(B) 中日一切外交事件及情形，必随时由当事人到国会宣布。

(C) 两国公私团体都不得自由和一私人或一机关单独定立借款或军事的合同。

(D) 两国外交官的任免都要经国会通过，一切外交政策须对于国会负责。

(三) 实行文化的提携。前回黎明会诸人有主张两国大学交换教员之议，这也是实行亲善的一种方法。中日两国新思想都在幼稚的时期，又有顽迷的旧思想处处做我们的障碍。如果提倡新文化的人，互相携手，把东方旧空气，用抽气机抽尽，好留点新空气的地步，等到人道正义的新空气满布全国，那些强权武力的旧空气自然是云散烟消了。文化改善，就是国交改善的原因。要想日本对于我国不用强权武力，除非先把强权武力的思想根本打消不可。新文化就是打消这种思想的工具。所以必须两国革新家协力同心，做上前去，势力才比较大一些。

(四) 表明国际的信用。原来表明心迹，单靠指天画地去说，是没有功效的。必定要老老实实做出来给人看，才算是真的。我们现在所以不信日本人的话，就是因为他天天说亲善，偏有“二十一条”的要求；打青岛的时候，明明说把青岛归还中国，到现在偏又抵死不承认；当南北战争的时候，口口声声说不干涉中国内政，偏偏又扶助军阀、接济军火、大借军饷。像这样说亲善，又有谁来相信呢？所以如今日本要想保全他的外交信用，必须先要做几件事：

(A) “二十一条”要求完全取消。

(B) 青岛无条件的归还。

(C) 顺济、高徐借款的草约和军事协定宣布作废。

(D) 关于新银行团的事，不要要求特别条款。

中日的交涉虽不只这几件事，但日本如果真有诚意和我们亲善，不妨拿这几件事来表明心迹。如果日本已经做这步田地，中国自然没有抵制日货等举动了。这就是新亲善的贽见礼。

以上四项，差不多是中日亲善的基本条件，这四个条件做不到，切莫痴心妄想什么新亲善！

（原载《每周评论》第37号）

对于《治安警察条例》的批评

（1920 年 1 月 1 日）

本篇所批评的《治安警察条例》是民国三年三月二日袁世凯以教令第二十八号公布的，后来经“御用”的参政院追认，改编为《法律》第六号。同年三月公布的有《豫戒条例》，四月公布的有《报纸条例》，十二月公布的有《出版法》，都是现在政府拿来迫压五四运动和拘捕公民、封禁报馆、干涉出版印刷等法律的根据。我对于言论出版等自由，前两年曾做过两篇《报律私议》（载在《甲寅日刊》上），略为说出我对于《出版法》和《报纸条例》的意见。现在且把《治安警察条例》拿来略为作一点批评。

《治安警察条例》所管辖的范围很广，凡关于人民政治的集会、结社、公众运动、游戏、传布文书图画和劳动工人的聚集，都可以拿治安警察权去禁止他、干涉他。该《条例》的第一条：

行政官署因维持公共之安宁秩序及保障人民之自由幸福，对于左列事项，得行使治安警察权。

一、制造、运输或私藏军器爆裂物者。

二、携带军器爆裂物及其他危险物者。

三、政治结社及其他关于公共事务之结社。

四、政治集会及其他关于公共事务之集会。

五、屋外集合及公众运动游戏或众人之群集。

六、通衢大道及其他公众聚集往来场所黏贴文书图画，或散布诵读，又或为其他言语形容并一切作为者。

七、劳动工人之聚集。

以上各项除“一”与“二”两项不论外，其余五项都是批评该条例的人所应该研究的。这种法律的根本错误：一是拿一个时代的政治社会的现状作为将来的永远不变的政治社会的现状；二是把一时的安宁秩序当作社会生活的永久目的；三是只承认现在政治上社会上得势的一部分人，忘却了压在现在政治社会底下的一般人；四是把政治上社会上一切事业当作权利，以为别人的要求都是同他们争权利，不是想替社会尽义务。有这几种根本错误，所以无论是从人群进步程序上观察，从社会生活情形上观察，从公共利益上观察，从法律职务观察，都可断定这种条例不但没有存在的价值，没有存在的必要，并且有种种不利益、不公道的坏处。现在且把他的坏处分开说一说：

（A）从人群进步程序上观察。杜威博士说，社会和政治的改革，可分作三个时期看：（一）默认的时期，（二）反抗的时期，（三）成功的时期。譬如从前希腊时代的奴隶、俄罗斯的农奴、美洲的黑奴，不但人家把他们当作主人的财产看待，便是他们自己都作这样想。从前的夫妇在法律上只当作一个人，这一个人就是指着男人说，至于女子法律上是不承认她有人格的。在这个时期之中，不但人家不以为不道德，便是他们自己也以为这是奴隶、女子的天职，是理所当然。后来知识渐渐发达，生活情形渐渐变迁，他们自己才有些觉悟，因而反抗起来了。经过反抗之后，不但从人道方面设想，压迫他们是不道德的；便是从社会实际上观察，看他们在社会上的功劳，也不能不同等待遇，所以才承认他们的要求。这便是成功的时期。《治安警察条例》想藉“扰乱安宁秩序”“妨害善良风俗”之名，来禁止干涉集会、结社、示威运动、散布传单、工人聚集等事，便是想防止压在社会和政治底下的各阶各级人民，使他们永远在“默认的时期”中生活。换句话说，就是只承认他们有“默认的时期”，不承认他们有“反抗的时期”罢了。但凡社会底下有许多阶级正在被压的时候，社会上法律上所说的“安宁秩序”“善良风俗”和“自由幸福”等事，必定都是那些在社会上层占势力的一部分人的“安宁秩序”“善良风俗”“自由幸福”，和压在社会下层的一部分人毫不相干。岂但不相干涉吗？并且还牺牲在下层的一部分人的“安宁秩序”“善良风俗”“自由幸福”，就在这个空地上建筑在上层的一部分人的“安宁秩序”“善良风俗”“自由幸福”。

到了这种在上层的一部分人的“安宁秩序”“善良风俗”“自由幸福”在法律上占得根据，在道德上伦理上占得势力，那么，要想打破这种法律、这种道德、这种伦理，必定不是用温和的、合法的方法所能做得到的。在这个时候，下层社会的人只有以集会、结社、示威运动、散布传单、同盟罢工，为争“安宁秩序”“善良风俗”“自由幸福”的唯一的武器。法国的大革命，充其量不过为第三阶级的人民，在宪法上争得集会结社的自由权；俄国现在的大革命，充其量也不过为第四阶级的劳动者在宪法上争得管理国政的位置。法俄两国所以有那样激烈的大革命，便是从前的法律观念、道德观念、伦理观念反动的结果。换句话说，便是这种《治安警察条例》上所指为“安宁秩序”“善良风俗”“自由幸福”妨碍下层社会自由发展的结果。人群进步的原动力不在这“默认的时期”中间，也不在那“成功的时期”中间，全在这“反抗的时期”中间。《治安警察条例》把政治上集会结社的自由权，女子集会结社的资格，和劳动工人的“同盟解雇”“同盟罢业”“强索报酬”等权利，根本取消，便是把下层社会和上层社会竞争同等发展的机会根本打破，便是把全社会进步的动机根本堵住。结果便是使旧社会的“安宁秩序”“善良风俗”“自由幸福”变成新社会反抗的、仇视的目标。一方面防止过当，一方面反抗过力，所以往往激起来根本推翻的大革命。照这层道理说来，这种《治安警察条例》的确是妨碍人群和平进步的东西。

(B) 从社会生活情形上观察。社会生活的现象可分作两方面看：一是实质的，一是形式的。社会因为想达到生活的目的因而演出的行动，如思想经济之类，这是实质的生活；因为节制这种行动使他循序渐进因而设下的方法，如法律秩序之类，这是形式的生活。实质的生活是动的，是进步的；形式的生活是静的，是保守的。就这两种生活的关系说，形式的生活是实质的生活的方法，实质的生活是形式的生活的目的。换句话说，就是法律秩序是为保护社会进步而设的工具，这种工具是为应付环境需要而设的，是应该随环境需要变更的。社会生活的情形变更，这种应付社会生活的工具也当然跟着变更。譬如在农业生活的时代，雇人耕种自然不如使用农奴耕种的方便，所以这个时代法律只有承认农奴制度。雅典当纪元前三百〇九年，市民总数四十三万一千人，奴隶之数竟有四十万人。罗马当纪元后二世纪之后，农业、矿产、贸易和普通的商业，都在奴隶的手中。英国直到十八世纪之初，别的欧洲各国直到十九世纪，才把农奴制度废掉，变成劳银制度。因为十八世纪之后工业革命，欧洲各国社会的生活，已经由农业的变成工业的。这个时代，已从家族的、个人的小生产生活，变到社会的、团体的大规模生产生活。所以各国的法律都保护工场制度，奖励资本集中。后来因为保护奖励的结果，大资本家、大企业家在社会上占了绝大的势力，便把无钱无势的生产阶级、劳动阶级压倒了。所以现在的法律又注重劳动阶级的生计健康利益和政治上各种权利。且就英国说罢，英国当十八世纪以后，蒸汽机和别种机器渐渐发明，工场也渐渐增加，从前做手工的、做农民的和儿童、妇女都到工厂里来求生活。又因为劳动者供过于求，所以到一八一二年以后常常起失业的恐慌。那时英国的政府又行米谷输入税，米价越高，劳动者的生活越困难。穷民救恤费在一七八四年以英国全国人口计算，每人约占五个先令，到了一八三〇年，每人约占十个先令六个辨士。自一八二四年以后，同盟罢工渐渐多起来了。从一八九五年到一九〇五年之间，同盟罢工之数有六千三十多次，劳动者罢工的人数共百七十八万三千八百多人。直到现在，同盟罢工的新闻还是天天看见。因为罢工结果，不但劳银增加、时间减少、劳动组合渐渐完备，便是工场管理权、政治参预权也渐渐扩张到劳动阶级的手中。由此看来，社会生活变迁，法律也应该跟着变迁。到了社会生活全靠劳动阶级维持的时候，法律就应该照顾劳动阶级，注意他们的生计健康利益和各种政治上的权利。法律如果仍然照顾不到他们，他们唯一的武器，只在集会、结社、“同盟解雇”、“同盟罢业”、“强索报酬”。国家的法律只有随着他们的愿望，保护他们的利益。如果对于他们“聚集”，都认为有“扰害安宁秩序”、“妨害善良风俗”的“诱惑及煽动”等嫌疑，必定要拿治安警察权去干涉他，那么，便是拿社会形式的生活，来拘束社会实质的生活。换句话说，简直是拿社会生活的方法来阻止社会生活的目的了。照这样说来，《治安警察条例》不但不能维持社会的安宁秩序，并且是妨害安宁秩序的东西。

（C）从公共利益上观察。从前的警察权只以维持风俗卫生为限；近来的趋势，凡个人间和团体间的交涉，只要和公共的利益有关系，都可以拿警察权干涉的。所以警察权的目的，是在对于垄断他人利益的个人或团体，负一种干涉的义务。“公共利益”四个字，就是警察权的标准。警察权的效果全用这四个字做“天平秤”。但是警察权虽然有个标准，公共利益的标准，却不容易断定。历史上所载的社会冲突，大概都是为公共利益的标准冲突的。譬如在专制时代，或在寡头政治时代，只有君主和一般权贵们共同享受特利权利，所以他们便把他们贵族阶级的利益当作公共利益。又譬如在教会专权的时代，他们的经典便是法律，他们所说的是非便是道德的标准。结果便把他们法王祭司教徒等所享受的特别利益当作公共利益。在家族制度时代也是这样。一家之中只有长的老的有权有势，所说的财产权便是家长的财产权，所说的自由权只有家长可以行使，其余的家属都是听家长摆布的，所以这时家长的利益便是公共利益。欧洲各国关于治安警察一类的法律大概都是在贵族式的政党、资本家、雇主等当权时代设立的，到了劳动组合进步、劳动代表得进议会的时候，劳动界已经得了自由集会结社的权利，那些为贵族、为资本家、为雇主帮忙的结社法已经成为废纸了。袁世凯时代把人家丢掉的废纸捡起来，当做香帛纸用，我们且不必管他；但是这个条例中偏偏开口就说“公共”两个字，这却不能不证明他“公共”两个字的意义。原来法律上所承认的权利，并不是凭空杜撰的，是拿对于社会所尽的义务换来的。人群进步到了“反抗的时期”，必定这种人群在社会尽了许多义务才能生出这种结果。譬如女权运动，自表面上看来，似乎是示威运动要求来的。

自事实上看来，却是拿他们的“职业”换来的。就拿美国说，美国的妇女职业，即以教育一项说，依一九一五年的统计，小学到大学所有女教员约占四分之三。此外还有许多有价值的运动，如“禁酒运动”“反对幼童作苦工运动”……几乎都全靠妇女的功劳。更有“贫民区域居留地”的设立，所有兴办演说、游戏、音乐、补习课程、医药看护等事，都是妇女提倡办理的。再说英、法、德各国当这回欧战的时候，所有工场、邮局、电车、医院等服务的人员，几乎全靠妇女充任。女子在社会上尽了这么大这么多的义务，如果拿我们《治安警察条例》去管辖他们，叫他们连一个参与集会结社的资格都没有，你说这是公道不公道！至于劳动工人乃是各国社会物质生活的基础，所有生产、运输、贸易……那一件事不靠着他们！照我们《治安警察条例》，不但没有参与政治、管理工场和公共事务的权利，便连一个“聚集”的自由权都没有，你想这又是公道不公道！从前劳动阶级、女子阶级在社会上不占势力，便是公共利益中没有他们的份儿，犹可以勉强说过去；现在他们的“职业”既已为社会生活的生命，他们所尽的义务既已有维持社会生活、改造社会生活的功劳，反不让他们集会结社和自由聚集，这“公共利益”四个字还作什么解释！如果警察权要拿“公共利益”做标准，应该要研究用什么方法可以调剂各阶级的利益，用什么方法可以免去这一阶级的利益供那一阶级的牺牲，并审查审查看上层社会和下层社会到底那一方面享受的利益多，应该保护那方面、限制那方面，才可使各方面利益平均。这才是真正的“公共利益”的意义，这才是真正的警察权的目的。

(D) 从法律职务上观察。前边说过，法律是应付社会生活情形的工具，法律是客体，社会生活是主体，这是法律的性质，也就是法律的职务。法律的职务既然在应付社会生活情形，那么，社会生活的情形变更，法律的目的也应该跟着变更。就以劳动问题说罢，现在劳动的情形，和从前便大不相同。从前劳动家站在债务者地位，后来劳动家站在债权者地位；从前劳动家争的是时间和劳银问题，现在劳动家争的是管理问题；从前劳动家争的是个人权利，现在的劳动家争的是为社会尽义务；从前是对于雇主争利益，现在是为场工争效力（Efficiency）。劳动社会的情形既已这样变更，法律的职务所以也不得不变。譬如古代行奴隶制度，主人和奴隶的关系，如同人和物的关系一般。所以那时的法律把权利尽归主人，义务尽归奴隶。后来产业发达，无产阶级为偿债而替人劳动，叫做“债奴”，所以这时法律的职务，单在强制债奴履行债务。到了十八世纪后产业革命，于是主奴的关系便变成雇佣的关系。这种雇佣的关系是全由契约和信用成立的，劳动家为雇主劳动，不预先受下酬报，且把劳动的结果一律交给雇主，他的劳银请求权便是他站在债权者地位的证据。所以这时法律的职务就在一方面责成劳动家照契约所定的时间和事项做事，一方面责成雇主照付契约中所定的劳银。又因雇佣的关系，只有时间和劳银两个问题常常发生纠葛，十九世纪的同盟罢工，大概不过争这时间、劳银两件事。所以这时法律的职务，专在限制做工的钟点和劳银最低度。又因雇佣的关系是主客的关系，作客的劳动家常常受作主的雇主虐待，所以这时法律的职务便限制危险的和有碍卫生的工作，又设下劳动保险，极力保护劳动者身体生活的安全。现在生产的机关已经改变性质，变成为社会谋幸福的工具，并不是从前为私人生财、为资本家专利的工具。生产机关的性质既已由私人专利的变成社会公益的，所以劳动家的地位也由客体的变成主体的。现在和将来的劳动问题，全在研究生产机关应该怎样管理才能增加效力？劳动家应该怎样才能为社会尽义务？将来法律的问题就在怎样才可使生产阶级和管理阶级完全化除？怎样管理才可使生产格外收效？怎样才可把劳动家从客体的地位变到主体的地位？——这都是现在和将来法律的问题。

以上所说的是劳动社会的地位变迁的经过，也可以说是法律职务变迁的经过。我国《治安警察条例》乃是十八世纪以前的法律，不但离开承认劳动阶级为主体的时代有一二百多年，并且连承认劳动阶级为债权者的时代也还没有达到，简直可说是奴隶制度时代的立法例。不但劳动阶级没有争到主体的债权者的地位，就连“人”的地位也没有争得到。他们不但没有自由解雇、自由罢业、自由索报……的权利，并且连“聚集”的自由也没有。便是退让一百步说，我国劳动社会尚在雇佣关系时代，但是雇佣关系是根据双方自由契约成立的，既说到自由契约，那么，雇佣两方面在法律上应该承认他们有同等的资格，站在平等的地位。试问无产阶级天天受生计的逼迫，如果法律上不许他们联合运动，那还有能力和那些有钱有势力雇主相抗呢？连那共同联合向雇主解雇、罢业、索酬的自由权也没有，又怎么说到有同等的资格，站在平等的地位呢？归总一句话，这种《治安警察条例》不过仍然是一种“阶级法”罢了。

结论：凡批评一种法律必定先要问一问这种法律根本上有没有存在的价值？如果该法律根本上不能存在，便用不着逐条讨论。本篇所以不逐条批评便是这个意思。现在且把我对于《治安警察条例》认为根本上不可存在的理由总括起来，做一个结论：

(1) 社会是这群同那群聚合起来的，过了一定时期总要发生一种新群，和旧群在社会上争平等发展的地位。压迫新群的发展，便是阻挠社会的进步。

(2) 法律是适应社会生活的工具，断不可使这种做方法的工具反为做目的的社会生活进步的障碍。

(3) 法律不应该只认在社会上占势力的一部分人私有的安宁秩序、自由幸福，便把全社会的安宁秩序、自由幸福拿去供他们牺牲。

(4) 法律的职务在保护贫的弱的利益，使他们有平等发展的机会。

(5) 法律应该承认一切职业职工都是为社会谋幸福的，现在最重要的问题是怎样才能使各种职业都能为社会增加幸福，怎样才能使各种职工都能为社会尽义务？

(6) 法律应该不承认这部分人的福利建筑在那部分人牺牲之上，应该使牺牲的人便是享福利的人。换句话说：应该使消费和生产、管理和劳动打成一片，没有不劳动的可以享受福利的。

这几种理由便是我根本上不能承认《治安警察条例》可以存在的原因。

附录：

《治安警察条例》几个重要的条文

第一条　（见前）

第七条　关于公共事务之结社虽与政治无涉，行政官署因维持安宁秩序认为必要时，得以命令令其依前条规定呈报。（即由主任人出名呈报名称规约事务所等事）

第八条　左列各人不得加入政治结社：

……三、女子。……

（第十二条规定“不得加入政谈集会”的人也和这条相同）

第九条　行政官署对于结社认为有左列情形之一者，命其解散：

一、结社宗旨有扰乱安宁秩序之虞者。二、结社宗旨有妨害善良风俗之虞者。三、其他秘密结社者。

第十三条　警察官吏对于集会认为有左列情况之一者，得中止其讲演或命其解散：

一、……（略）二、集会之讲演议论有煽动或包庇犯罪人或赞赏救护犯罪人及刑事被告人或陷害刑事被告人者。三、集会之讲演议论有扰害安宁秩序或妨害善良风俗之虞者。

（自第十四条到第二十一条规定屋外集合及公众运动游戏之解散、政谈集会之监临和文书图画等之禁止或扣留）

第二十二条　警察官吏对于劳动工人之聚集认为有左列情形之一者，得禁止之：

一、同盟解雇之诱惑及煽动。二、同盟罢业之诱惑及煽动。三、强索报酬之诱惑及煽动。四、扰乱安宁秩序之诱惑及煽动。五、妨害善良风俗之诱惑及煽动。

（原载《新青年》第7卷第2号）

言论自由的问题

（1920年1月4日）

人类社会中间，所有一切的思想、学术、法律、制度，没有一件不是因为遇到困难才发生的。譬如走路的人，如果不遇到大沟大河，走不过去，再也不会想去造桥、造船。人类社会之中，如果一点困难问题不发生，再也想不出什么法律、什么制度来保障的。就是有了某种法律、某种制度，但是事实上并没有感觉那种法律、那种制度必要，这些法律、制度也不会发生功效的。照这样看来，法律、制度是因为遇着困难发生的，是为解决困难而设的。如果不遇着事实上有这种困难的情形，单去立下一种理想的法律、制度，或是抄写别人的法律、制度，便是“无的放矢”，社会上也没有人去注意的。所以社会问题是既已成了问题之后才能解决的，不是悬想将来或者看这种问题发生，就可以预先替它设下解决的法子的。预先设下来解决的法子，断没有遇到困难的时候设下来解决的法子周到和亲切。

现在且拿这层道理来说言论自由的问题。民国元年三月十一日所公布的约法第二章第六条人民各项的自由权，虽然有“人民言论、著作、刊行及集会、结社之自由”一项，当时也不过看作“官样文章”看待，并没有人去注意它。第十五条虽既有“本章（第二章）所载人民之权利，有认为增进公益、维持治安或非常紧急必要时得依法律限制之”一种限制的条文，当时也不过当作“例行公事”看待，也没有人去研究它。后来袁世凯修改约法，虽然定下“人民于法律范围内有言论、著作、刊行及集会、结社自由”一项，当时也没有人去理睬它。就是民国五年大家所讨论的《天坛宪法草案》，内中虽有“中华民国人民有言论、著作及刊行之自由，非依法律不受限制”的条文，也没有人去争论它。这是什么缘故呢？因为当时并未遇着言论不自由的困难问题，所以大家都不愿意分点工夫去讨论它。

自从五四运动后便不同了。《五七日刊》封了，《平民周刊》封了，《湘江评论》封了，《每周评论》封了，《浙江新潮》封了，《新生命》封了，《解放与改造》封了，《星期评论》禁止发行了。北京《益世报》、《国民公报》且一方面封闭报馆，一方面拘捕记者。就是没有封闭的日报，差不多常常传出危险的消息，或载出警察厅干涉的强令更正的公文。于是言论界便发见一种不安的现象，大家才回想到法律问题上去。《太平洋》杂志上便有剑农君《宪法上言论出版自由权》，《晨报》纪念号上便有陶履恭君《言论与治安》，别的新闻杂志上关于这一类的文字，也常常的看见。可看得现在言论自由的问题已经到了社会和政府短刀接战的时期，种种困难问题都要跟着发生了。

且举《国民公报》一案做个例。《国民公报》案已于十二月三号在京师地方审判厅开庭公审，那检查官控告的理由，简直是言论界一个“晴空霹雳”！他那自英文译成的日文、由日文译成的中文的《科洛朴秃金的自叙传》，说上海工部局不理于口，说“共和国家以人民为主体，政府措施不当有害国家，人民该当有以制裁之”，都加上一个“公然惑煽他人犯罪之罪”；说“吾们第一个要件便是排除种种不正当的压迫”，说“国内和议问题，南方与北方多不是光明正大的接洽……吾最后唯一的希望，在国民能自己统一起来”，说“青年想做新人物的……定要和旧社会奋斗”，说“我们要改大家一齐改，把我们的旧生活变一个样子，变成动的生活、活泼的生活”，便又加上一个“妨害治安之罪”。我们看见这一案论告的理由，良心上觉得这是政府胡闹。其实凡是旧的社会防止新的社会运动，结果必定免不掉一场胡闹的。这场胡闹并不是“无的放矢”，的的确确是那些“安宁”“秩序”的观念造成的。换句话说，这个言论自由问题便是“认为增进公益、维持治安或遇非常紧急必要时得依法律限制之”，便是“法律范围内”几条条文制造出来的。《报纸条例》和《出版法》，便是根据“公益”“治安”而生的。《戒严法》便是根据“非常紧急”而生的。所以今日解决言论自由问题的第一步，便在打消这三种特别法——《报纸条例》《出版法》《戒严法》。

我并不是主张言论绝对自由、一点不受限制，但主张不要受特别法的限制；并不是主张言论一点不负责任，但主张要待到因言论发生结果之后才能任咎。怎叫不受特别法限制呢？譬如英国便没有专管言论自由的法律，倘如有言论出版等物，妨碍他人利益、品行、名誉，都由《谤律》裁判，凡毁谤政府、煽惑人民、非谤宗教、挑拨各阶级的恶感，都受普通法律制裁，都归审判厅裁判。没有什么法律行政官，没有什么警察厅，可以去随意干涉的。法庭的判决，是以因言论发生的结果做根据，必定有了煽惑或扰害的结果发生，才能指为犯罪成立。如果由行政官或警察厅自由处断，便不问结果如何，一律干涉了。

总而言之，英国法律是英国人自己解决困难的工具，中国的法律是中国人自己解决困难的工具。现在社会上既然都觉得言论自由已经成了一个问题，我们更该研究下去，想出种种方法来解决这个问题才是。政府到“山穷水尽的时候”，自然要胡闹的。可以因为胡闹一次，人心便受一次刺激，结果也是帮着我们，使这个问题格外叫人注重，格外叫人赶快解决。

我想我们现在该想出两个办法：

（一）由全国言论界共同要求中央和各省实行取消《报纸条例》《出版法》和《戒严法》中关于言论自由的条文。

（二）由一省提议废止《报纸条例》《出版法》和《戒严法》的议案，征求各省自治机关如县议会、省议会、商会、教育会……同意，联合要求中央实行废止这三种法律。

十二月三日稿，自北京寄

（原载《星期日》第26号）

我们的政治主张

（1922年5月10日）

我们为供给大家一个讨论的底子起见，先提出我们对于中国政治的主张，要求大家的批评、讨论，或赞助。

（一）政治改革的目标　我们以为现在不谈政治则已，若谈政治，应该有一个切实的、明了的，人人都能了解的目标。我们以为国内的优秀分子，无论他们理想中的政治组织是什么（全民政治主义也罢，基尔特社会主义也罢，无政府主义也罢），现在都应该平心降格的公认“好政府”一个目标，作为现在改革中国政治的最低限度的要求。我们应该同心协力的拿这共同目标来向国中的恶势力作战。

（二）“好政府”的至少涵义　我们所谓“好政府”，在消极的方面是要有正当的机关可以监督防止一切营私舞弊的不法官吏。在积极的方面是两点：

（1）充分运用政治的机关为社会全体谋充分的福利。

（2）充分容纳个人的自由，爱护个性的发展。

（三）政治改革的三个基本原则　我们对于今后政治的改革，有三个基本的要求：

第一，我们要求一个“宪政的政府”，因为这是使政治上轨道的第一步。

第二，我们要求一个“公开的政府”，包括财政的公开与公开考试式的用人，等等。因为我们深信“公开”（Publicity）是打破一切黑幕的惟一武器。

第三，我们要求一种“有计划的政治”，因为我们深信中国的大病在于无计划的飘泊，因为我们深信计划是效率的源头，因为我们深信一个平庸的计划胜于无计划的瞎摸索。

（四）政治改革的惟一下手工夫　我们深信中国所以败坏到这步田地，虽然有种种原因，但“好人自命清高”确是一个重要的原因。“好人笼着手，恶人背着走。”因此，我们深信，今日政治改革的第一步在于好人须要有奋斗的精神。凡是社会上优秀分子，应该为自卫计，为社会国家计，出来和恶势力奋斗。我们应该回想，民国初元的新气象岂不是因为国中优秀分子加入政治运动的效果吗？当时的旧官僚很多跑到青岛、天津、上海去拿出钱来做生意，不想出来做官了。听说那时的曹汝霖，每天在家关起门来研究宪法！后来好人渐渐的厌倦政治了，跑的跑了，退隐的退隐了。于是曹汝霖丢下他的宪法书本，开门出来了；于是青岛、天津、上海的旧官僚也就一个一个的跑回来做参政咨议总长次长了。民国五六年以来，好人袖手看着中国分裂，看着讨伐西南，看着安福部的成立与猖獗，看着蒙古的失掉，看着山东的卖掉，看着军阀的横行，看着国家破产丢脸到这步田地！——够了！罪魁祸首的好人现在可以起来了！做好人是不够的，须要做奋斗的好人；消极的舆论是不够的，须要有决战的舆论。这是政治改革的第一步下手工夫。

（五）我们对于现在的政治问题的意见　我们既已表示我们的几项普通的主张了，现在我们提出我们的具体主张，供大家的讨论。

第一，我们深信南北问题若不解决，一切裁兵、国会、宪法、财政等等问题，都无从下手。但我们不承认南北的统一是可以用武力做到的。我们主张，由南北两方早日开始正式议和。一切暗地的勾结，都不是我们国民应该承认的。我们要求一种公开的、可以代表民意的南北和会。暗中的勾结与排挤是可耻的，对于同胞讲和并不是可耻的。第二，我们深信南北没有不可和解的问题。但像前三年的分赃和会是我们不能承认的。我们应该预备一种决战的舆论做这个和会的监督。我们对于议和的条件，也有几个要求：

(1) 南北协商召集民国六年解散的国会，因为这是解决国会问题的最简易的方法。

(2) 和会应责成国会克期完成宪法。

(3) 和会应协商一个裁兵的办法，议定后双方限期实行。

(4) 和会一切会议都应该公开。

第三，我们对于裁兵问题，提出下列的主张：

(1) 规定分期裁去的兵队，克期实行。

(2) 裁废虚额，缺额不准补。

(3) 绝对的不准招募新兵。

(4) 筹划裁撤之兵的安置办法。

第四，我们主张裁兵之外，还应该有一个“裁官”的办法。我们深信现在官吏实在太多了，国民负担不起。我们主张：

(1) 严定中央与各省的官制，严定各机关的员数。如中央各部，大部若干人（如交通部），中部若干人（如农商部），小部若干人（如教育部）。

(2) 废止一切咨议顾问等等“干薪”的官吏。各机关各省的外国顾问，除极少数必需的专家之外，一律裁撤。

(3) 参酌外国的“文官考试法”，规定“考试任官”与“非考试任官”的范围与升级办法。凡属于“考试任官”的，非经考试，不得委任。

第五，我们主张现在的选举制度有急行改良的必要。我们主张：

(1) 废止现行的复选制，采用直接选举制。

(2) 严定选举舞弊的法律，应参考西洋各国的选举舞弊法（Corrupt Practice Laws），详定细目，明定科罚，切实执行。

(3) 大大的减少国会与省议会的议员额数。

第六，我们对于财政的问题，先提出两个简单的主张：

(1) 彻底的会计公开。

(2) 根据国家的收入，统筹国家的支出。

以上是我们对于中国政治的几个主张。我们很诚恳的提出，很诚恳的请求全国的人的考虑、批评，或赞助与宣传。

十一，五，十三

提议人　职业
蔡元培　国立北京大学校长
王宠惠　国立北京大学教员
罗文榦　国立北京大学教员
汤尔和　医学博士
陶行知　国立东南大学教育科主任
王伯秋　国立东南大学政法经济科主任
梁漱溟　国立北京大学教员
李大钊　国立北京大学图书馆主任
陶孟和　国立北京大学哲学系主任
朱经农　国立北京大学教授
张慰慈　国立北京大学教员
高一涵　国立北京大学教员
徐宝璜　国立北京大学教授
王　徵　美国新银行团秘书
丁文江　前地质调查所所长
胡　适　国立北京大学教务长

（附白）一切赞成与反对的言论，我们都很欢迎，请寄到努力周报社，或寄给提议的人。

（载1922年5月10日《努力周报》）

武化运动

（1922年9月17日）

这几年的“文化运动”，仅仅在智识阶级和劳动阶级之中收回一点效果；至于现在成了极大问题的军人阶级，因为他是文化运动的对头，老早就排斥在新文化的范围之外去了。我以为这是提倡新文化的人一时疏忽，现在要想补救这个错处，应该赶快从“武化运动”下手。

我在两个月前，从京汉铁路到汉口，再由汉口搭轮船回安庆。在这一周中，和兵士的起居通同在一起。看见火车上很干净的饭车被他们占去做卧车，轮船上很干净的洋式茅厕被他们弄得同北京城中的粪场一样。那时我因为受了这种刺戟，心中想到裁兵究竟是姑息的办法。必得要鼓吹战争，把这般人一个个送到前敌上去，让他们互相残杀，才是痛快事，才是根本的解决法！

前两个星期，我又到湖北去一趟。沿路上看见车站上守卫的和稽查的军队，一个个面目黄瘦，在饭车旁边看见我们吃西餐，真个要“垂涎三尺”！而且知识方面一个个都等于零，看见电气风扇，他们都以为奇事！过冯玉祥管辖区内，看见他的军队，大概都是十八九岁的小孩子。官长教他怎样便怎样，完全成了一种机械的动作，真同玩把戏的耍猴子一样。我看见这种情形，不觉把我两个月前痛恨兵士的心理一笔勾消，却生出无限的怜悯的同情心！

我到了这时，才改变我的意志，我觉得这几年来的南征北伐，全是少数野心的将领在那里玩把戏，在那里玩弄无知无识的兵士取乐！我们不痛恨野心的将领，反痛恨无知无识的兵士，的确是我们的观察错误！

以上是我的“武化运动”的动机，以下再说我的“武化运动”的内容和方法。

武化运动当然要同文化运动一样，提出一个简单明了的目标。新文化的文学革命的目的，在造成平民式的新文学；政治革命的目的，在建设平民式的新政府；社会革命的目的，在创设平民式的新经济组织。武化运动也应该采用这个原则，造成平民式的新军队。

平民式的新军队第一要“财政公开”。我们相信财政不公开是一切黑幕的祸根。财政公开便是打破一切黑幕的唯一武器，从前张敬尧的军队欠饷达八个月，但是张敬尧的私产却增至两千万，赵周的军队欠饷达十个月，但是赵周的私产却增至五千万；王占元、陈光远的军队和私产也都是这样。由此看来，军官阶级和兵士阶级的利害，也同资本阶级和劳动阶级的利害一样——资本阶级不掠夺劳动阶级的利益，便不能把资本集中；军官不掠夺军士的利益，也不能增多私产。从前冯玉祥和吴佩孚的军队中，都收了财政公开的许多好效果；张敬尧、赵周、王占元、陈光远等的军队中，也都发见财政不公开的许多恶影响。现在的军士们要知道“你们的欠饷，并不是国家拖欠你们的，只是你们的上官把你们的卖命钱抹上腰中去了”。军士们如果彻底觉悟，主张财政公开，便可救济这一层大弊。

平民式的新军队第二要“好军官”。“好军官”第一要同兵士“共甘苦”。军官住租界，兵士却住在前敌的火线上；军官有三妻四妾，兵士却“仰不足以事父母，俯不足以畜妻子”；军官打几个电报，便取得督军巡阅使地位，兵士拼命两个月，却只领得军饷五毛钱——诸如此类，皆违反平民式的新军队的原理。兵士们要知道：“你们哗变，你们抢劫人民，都是最笨的办法。顶好也要同你们的官长共甘苦，做到有钱大家使有饭大家吃的地步”——常言说得好：“有得吃大家团着，没得吃大家瞅着。”这才是平民式的新军队中可共甘苦的好军士好军官。

平民式的新军队第三要“替平民做事”。国家设立军队本不是为一两个野心的将领争地盘的，也不是一阶一级保护私利的。法国的劳动阶级罢工，往往有政客利用军队去弹压；粤澳铁路上这回竟发生工人与军队冲突的惨事！劳动者与兵士的利害关系很密切，德俄的新国家同是劳兵合作的出产品。有远见的兵士们，此后应该为国家的公共军队，不要为某家某姓的私军队；应该为平民谋公益，不要为野心家争地盘。

以上是平民式的新军队的组织和目的，但是用什么方法，组织成功这种新军队呢？我以为有三个方法可以分别采用：

（一）编成模范军。募高等专门以上的毕业生充当兵士，加以充分的军事训练，为将来裁兵废督的监视军。

（二）编成国民军。就现在已有的军队中，挑选纪律严明的军队，编成国民军。承认这种国民军为国家正式的军队，此外所有的军队按年逐渐裁遣。

（三）开导旧军队。现在提倡新文化的人，都想“到民间去”，我以为这还不是救急的办法。救急的办法，应该“到军队间去”才对。将高等专门以上的毕业生分配到各处军队之中，专门为灌输军人知识之用，并参与决定军事行动的方针。

以上是我的造成武化运动的方法。

归总一句话：从前新文化运动只限于文人阶级，此后应该改变方向，兼从军人阶级着手。这就是说，以宣传新文化的方法来化导武人；不要把武人看作新文化的仇敌，要把武人看作新文化的朋友；新文化的分子不限于智识阶级和劳动阶级，并且要把军人阶级收入，使军人阶级也变为新文化的宣传人。

（原载 1922 年 9 月 17 日《努力周报》）

政治与社会

——答《晨报》《益世报》记者

（1922 年 5 月 21 日）

自从《我们的政治主张》发表之后，便惹起《晨报》记者的根本疑问和《益世报》记者的“怀疑”。两位记者的议论虽然各不相同，可是关于改革政治的“入手方法”的主张却完全一致——就是改良政治必先从改良社会下手。《益世报》的社评《好政府》文中第二段说：

> 以为今日之事而不从根本之教育入手，皆是废话。以吾国地大物博，岁入之丰，欲国民免去印度人民之困苦，非实施三五年以上之普及教育，实不足以语政治之事。

《晨报》的社论《政治主张底根本疑问》一文，议论很精密，在他未说明他自己的观察之前，也承认“政治方面和社会方面底工作，原来是无可轩轾的，只看各人底志愿和能力如何罢了”。到了说明他自己的观察时，却以为：

> 政治是为社会而发展的，同时又要待社会而发展。社会方面底工作比政治方面更重要些。而且政治方面底工作不能单独进行，同时还要靠社会方面底工作做基础。

这就是两位记者的根本主张。

我们的见解不但不与两位记者相冲突，并且要引两位记者为同调。我个人原够不上说什么主张，但是蔡、胡诸先生对于“改良政治必先从改良社会下手”这句话，不但近几年来在言论上常常主张，并且抱定这种主张做终身实行的事业。我们要求两位记者和全国同志谅解的，就是这回《我们的政治主张》的宣言，并不是抛弃我们多年“改良政治必先从改良社会下手”的主张，实在只是贯彻我们多年的主张的一种办法。

两位记者所要请问的是“恶社会之中是否可容‘好政府’出现或存在”？我们所要请问的是“恶政府之下是否可容许或不妨害我们做改良社会的事业”？

说到这个地方不能不“言归正传”，说说政治与社会的关系。我记得民国四年梁任公先生因为政治的主张失败，便改头换面的来谈社会事业，在《大中华杂志》上发表一篇《政治之基础与言论家之指针》，申明政治的基础于社会的道理。可是他虽然主张政治的基础在社会，却同时也承认社会的基础在政治。且看他说：

> 设有难者曰：今日社会种种罪恶，强半皆政治现象所造成，政象不变，其导社会于下者且不知所届，而从事社会事业之人乃如捧土以塞孟津，虽劳何补？此难吾固无以为应也。又难者曰：社会事业强半须政府积极扶助发，然后能成；即不尔，亦须消极放任，有发荣滋长之余地。而在恶政府之下，时不惟不助长之，而更摧残，则所谓社会业者何由自存？此难吾又无以为应也。更曰：社会事业，殖其萌蘖已大不易易，政治现象既予人以不安，一有变故，遂见坏。人人有汲汲顾影之心，谁肯从事？此吾又无以为应也。

从这一段文字上看来，任公也未尝不承认社会的基础在政治。不过因为政治方面无法可想，方想从事社会事业。任公当时幸而没有专门从社会事业下手，如果要这样做，我恐怕他的“今日之我又要同昨日之我挑战”，又要说社会方面无法可设，不得不回转头去，先要改良政治了。为什么呢？就是因为政治与社会两者绝对不能分离的原故。

政治与社会既然是绝对不能分立的东西，我们如果要想“单独进行”，必定要先有一个假定，就是社会与政治两两分离，我做我的社会事业，你做你的政治事业。我纵不能帮助你，但至少也要不妨害你；你纵不能帮助我，但至少也要不妨害我。如果这个假定可以实现，那么，我们才可以使用《晨报》记者的“只看各人底志愿和能力如何”的例，决定他自己下手的所在。如若不然，恐怕任凭从何方面下手，都是“白费精神”了。

我们国内的政治现象怎么样呢？在这种政治现象之下能使这个假定实现不能？只要不是“丧心病狂”的人，我敢断定他的回答必定说“不能”。我们且不必高谈学理或高谈国家大事，只就两位记者和我们发布宣言人亲身的经历说，也可以证明在恶政府之下，断断乎不容你们办社会事业。办《晨报》《益世报》，岂不是社会事业吗？你们为什么封闭了好几次？你们当直皖战争和奉直战争时为什么不“有闻必录”，偏要载些假新闻来欺骗全国？我敢假定你们的回答必定说：“受恶政府的妨害。”

我们发布宣言的人多是在教育界上做事的。教育岂不是社会的事业吗？请问目下教育机关为什么天天在风雨飘摇之中？教育界为什么一点没有生气？教育界中学术思想为什么不发达？办教育的人为什么没有远大的计划？我们如果按着良心说话，便又不能不说是“受恶政府的妨害”。

《我们的政治主张》的宣言末尾明明署上各人的职业，这就是表明我们不是想抛开教育事业不管、一心要想去做政治事业，只想要求一个容许或不妨害我们办教育事业的政府。我们并不是想从政治方面“单独进行”，把社会事业一切停止；只想要求政治事业与社会事业携手同行。我们“好政府的至少涵义”中明明说：

（1）充分运用政治的机关为社会全体谋充分的福利。

（2）充分容纳个人的自由，爱护个性的发展。

这就是表明我们“最低限度的要求”，并不是迷信政治万能。换句话说，只想“平心降格”的要求一个容许或不妨害我们办社会事业的政府，并不是痴心妄想的在这里做“政治一好什么事都好”的一场春梦！

两位记者似乎都相信“社会不良断断不能产生良好的政治”（这一层和我们相同），可是我们更从这一点之外又相信“政治不良断断不能保得住良好的社会”。照《晨报》的记者说：“我们须知现在窟穴在恶政府里面的人，多一半也都是当时社会所谓优秀分子，因为到了容易为恶的地位才恶化了。……万一新分子再恶化了又该怎么样？”我以为这几句话不但不能证明我们不应该从政治方面做工夫，反可以证明我们非兼从政治方面做工夫不可。如果让恶政府永远存在，就是我们费尽心力去造出来的优秀分子，不到三个月两个月便同化了，那么，我们就是从社会方面做工夫，结果不仍然是“白费精神”吗？因为有这一层忧虑，所以为保全我们教育的效果起见，更不得不格外要要求好政府。

再《我们的政治主张》的内容，不只要求“人”的变更，并且要求“制度”的变更。如果从我们的宣言之中看出“主张智识的集权主义”，那么，“去一特殊阶级，换一特殊阶级”，不但《益世报》记者不以为然，就是我们自己也要不以为然的。我们所要求的明明是一个“宪法的政府”“公开的政府”“有计划的政府”。怎样是宪法的政府？怎样是公开的政府？怎样是有计划的政府？都要用法律定为制度，并不是换汤不换药便可了事的。章秋桐先生有几句话最警切，他说：

> ……是不必人之度量如此相越，实乃政制迥别，法度不同。人之组织，使从政者不得不诚，尤才者诚尤甚，诚尤甚者位益隆焉；吾之组织，则使从政者不得不诈，尤才者诈尤甚，诈尤甚者处益显焉。……故政治之良恶、人才之成败于是乎系，决不爽也。（见《甲寅杂志》第六号《政治与社会》篇）

故我们所主张的好政府，用意在造成一种好组织，使国中优秀分子能随其才之高下直接或间接得用之于政治。不但想使优秀分子到政府里面去仍然保得住他本来的面目，并且想使不十分优秀分子到政府里边去反而改变他的面目。《晨报》记者如果像无政府党，把政治本身看作万恶的东西，那么，我们就可以不必多费口舌来辩论。如若不承认政治制度是绝对不好的，那么，我们还可以有商量的余地。换句话说，就是承认恶政治是可以改善的。恶政治既然可以改善，那么，我们想从政治制度上下手来改善政治，或者也不是疯话。

以上是我个人以自己的感想来回答两位记者的，两位记者以为如何？

（原载《努力周报》第3期）

女子参政问题

——在武昌暑期学校的演讲稿

（1922年8月15日）

最近北京方面要求女权的团体同时发生的有两个：一是中华女子参政协进会，一是女权运动同盟会。但这是京内女界的运动，至于京外，除掉天津方面组成团体一致进行之外，各省女界对于这个问题还没有十分的注意——这就是我今天要讲演这个问题的动机。

当没有说到女子参政的必要之先，且略微叙叙普通人反对女子参政的论调。反对女子参政的理由是：

（一）男女知识上不平等。普通人多以为女子的知识总是不及男子，故女子至今没有一个能在历史上占地位的哲学家、政治家。但是我以为男女知识不平等，只是人为的结果，不是天然的结果。因为教育的功能可以变化人类的气质，故密儿的女权论便是根据这种理由。他以为人性可以变迁无定，环境的势力可使人类精神区别。性（Sex）的区别是由外面情形发生的，很可以人力来改变他。因此，便认定男女的区别不是根本的、必不可避的区别，乃是由很久的习惯造成的。如果女子得到社会的、政治的自由，这种区别便可以消灭。女子得参与政治运动、社会运动，便可使才力发展，和男子平等。故我敢断定历史上没有女子哲学家和政治家，只是教育不同的结果，因为有教育不同的原因，所以才有知识不平等的结果。

（二）男女生理上不平等。普通人多以为女子体质薄弱，不及男子体质刚强。但是女子的体质是否比男子薄弱，还是科学上争论未决的问题。

我们的目的并不在解决这个问题，我以为假定女子的体质真正是弱于男子，也不能推倒女子参政的论据。因为参政非比战争，是用智力的，不是用体力的。况且最近各国的女子，学工的也有，学农的也有，学农的、学工的比较学政治的用体力的地方究竟总要多些，女子且能做农、做工，又何不可以参政呢？

（三）女子不能服兵。从前法国的宪法上曾有“非服过兵役者不得有选举权”的规定，似乎参政应该以能服兵不能服兵做条件。但是我以为这是军国主义时代的参政原理，绝不适用于现在的劳动世界。从前国家的基础建筑在军国主义之上，故凡是人民都要当兵；反过来说，非当过兵的人，不能有参政的权利。现在国家的基础以经济为根据，故凡是人民都要劳动；反过来说，非是有职业的人，不能有参政的权利。所以现在的参政只以有无职业做条件，不以能否服兵做条件。

（四）女子不能离开家庭。普通人多以为女子有与男子同居的义务，故女子不能离开家庭，来替国家办事。但是现在各国的女子做工的也有，经商的也有，从事教育事业的也有，且有许多人家，夫妻子女散处在各洲做事的。农、工、教育等职业，并没有人数的限制，女子尚且可以做；做官吏、做议员并且有人数的限制，何以女子反不能做呢？无论国家的官吏、议员怎样多，总不及从事各种职业的人数之众，安见女子一参政，便个个要离开家庭去做官吏、做议员呢？

（五）女子富于感情。普通人多以为女子富于感情，如果有选举权，便只知道选择亲近的人，不能为国家推贤选能。我以为这种话更没有价值。就是认定女子只能举亲不能举贤，但是无论何人，绝不会有成千的女子都和他有亲属的关系。一两个女子情愿举他的父母、兄弟、丈夫，与全国选举又有什么妨碍呢？而且依我看来，女子在团体中调和之力每较男子为强，团体中有了女子倒反可以收许多调剂党争的弊病。

上述的各种反对的论调，久已被人家驳倒了，现在我们且不必讨论。不过我以为中国的女子要想参政，有一个必要的条件，就是要改变女子的“人生观”。

中国女子的“人生观”只在做“良妻贤母”，所以说“妇人主中馈”，说“男正位乎外，女正位乎内”，妇人称丈夫为“外子”，丈夫称妻子为“内助”，丈夫得到好妻子，就说他可以“无内顾之忧”。

如果抱定这种“人生观”，那么，女子充其量不过是家庭之一员，不过是男子的附属品，和社会公共生活不直接发生关系。女子既已不替社会服务，当然没有参政的必要了。

我以为男女既然通同是一个“人”，当然：（一）在社会上都有谋自由独立生活的天职；（二）在社会上都要做同等的事务。女子如果要这样做，一定要打破良妻贤母的“人生观”，离开家庭，出去做社会的事业。必如此，女子才可以做社会之一员，才可以脱掉依靠男子生活的地位，才可以和政治社会发生关系。既然和政治社会发生关系，然后才有参政的必要。

但是这种人生观只是一种理想的目的，要想达到这个目的，必定要有养成这种人生观的方法。我以养成这种人生观的方法计有三种：（一）经济独立；（二）教育平等；（三）权利平等。

我国继承法仍沿古代宗法社会的旧习惯，承继人仍以男子为主。至于妇人，必定要是“夫亡无子守志者（才）得承其夫应继之分为继承人”（《民律·承继编》第一四六七条第二项）。承继人的权利，除掉宗祀权、身份权不计外，最重要的是财产权。我们在私有财产制度之下生活，当然要借遗产的帮助。女子因为没有承继先人遗产权，所以经济不能独立。再，嫁人之后，所有财产又要由丈夫管理使用（《民律·亲属编》第一三五八条）。因此，女子的经济便不能独立。因为经济不能独立，所以许多有志求学的女子，都被经济情形压迫，不得不向家庭低头！求学的机会都不给她，又怎么能够出来做社会的公共事业呢？所以我认定现行的承继法，就是断送女子作社会生活的机会的恶法，女子要想抱着为社会之一员的人生观，非打破这种使女子经济不能独立的继承制度不可。

我国的女子教育制度多偏重家事方面，所以国民学校中所用国文读本要加入家事要项，女子中学的课程特设家事、园艺、缝纫各科，女子师范特别加入“以造就蒙养院保姆为目的”一项，再看各省及中央所办的女子职业学校，大概总不外家事、烹饪、缝纫、蚕桑、缫丝、编物、刺绣、摘棉、造花等科。这种教育机关，简直可算是“良妻贤母养成所”！所有的职业，大半属于家庭的事业；所学的知识技能，大半是操持家政的知识技能。我们天天说男女知识不平等，请问这种教育制度——女子教育与男子教育不同——又怎能造成男女知识、职业平等的结果呢？所以女子要想抱着为社会之一员的人生观，又非打破这种使女子知识不能与男子平等的教育制度不可。

再，我国宪法上的各种权利，都只是专为男子设的，女子绝对的受不到宪法上的保障。至于关于公民参政的种种法律，如《众议院议员选举法》第四条和第五条中所规定的选举权及被选举权，都只以“有中华民国国籍之男子”为限。假定女子的经济能独立，更假定女子的知识能与男子平等，这些法律的规定不改正，就是有政治天才和技能的女子，也没有到政治社会中做事的机会。所以女子要想抱着为社会之一员的人生观，又非打破法律上男女不平等的规定不可。

照以上所述的三种理由看起来，女子要想达到新人生观的目的，非先实行这经济独立、知识平等、法律上权利平等的三种方法不可。要想实行这三种方法，非先改正民法、教育法、宪法、选举法不可。试问修正法案，岂是别人能代女子完全办到的事体？欧洲的劳动阶级的幸福，是劳动阶级自己争来的；欧美的女子参政的权利，也是女子自己以服务社会的成绩换来的，或以政治的结合争来的。中国的女子如果想争女权，便要自动的要求参政；不然，任凭你们等到何时，终究恐怕没有人拿女权来作人情赠送你们的！这就是我个人的女子参政的必要的论据。

女子参政的必要已经说过了，但是这是就女子自身的利益说的；如果就现在选举权的原理说，也当然有使女子参政的必要。选举权的原理在历史上经过好几次的变迁，现在且简单的说明如下：

（一）特别报酬说。在欧洲各国初有议会的时候，大家都把选举权看作国家对于特别效劳、特别贡献的国民的报酬。因为古代的国家一切费用皆用国王的私财，到后来国用越多，单靠国王的收入是不够用的，所以渐渐教地方上有钱的人去担认新税。若是一回二回，倒也罢了；至一而再、再而三的加税，那些有钱的人可就不能够忍受了，所以君臣之间往往发生冲突。因此，便开一个新例，凡教国民承认租税，事先就要向国民的代表会议把为什么要钱的理由说明白给他们听听。这样一来，那些担认特别钱量的财主，就得了讨论政府财政问题的权利，所以美国竟有“不出代议士不纳租税”的格言。

可是现在的选举权对于财产的限制已经取消，无产阶级也都得到选举权了，因此，便把特别报酬说的选举权的原理根本推翻了。所以到现在，没有一国还把选举权看作是以财产的资格换来的报酬了。

（二）天赋人权说。到了十八世纪的末期，自然权利说大盛，大家都以为人人生来就有天然生成的权利，国家社会都是人类为保护他们自然权利而设的。这种学说一行，所以选举权就变成人人固有的和绝对的权利。因为国家是由人人同意结成的，把这个道理引申起来，凡是国内人民，便没有一个不应该参与国政，因此，便把选举权看作人类天然生成的权利。到了乐利主义派发生，认定权利是法律的创造品，不是天然生成品，所以天赋人权说的选举权的原理也被根本推翻了。

（三）社会协进说。这种学说是近代新发生的，法国人所说的 Solidarite Sociale 就是这个道理。这种学说的大要，是说人类必定生在国家团体之内，才可以遂他生存的目的。个人若离开团体的生活，便不能满足自己的生活愿望。所以我们要想使自己生活稳固，一定要先使团体生活稳固。因为国家和个人，是因为有机的关系成立的，国家不得不想方设法的把个人弄好，个人也不能不想方设法的把国家弄好。由此可见，国民一方面有分担经营国事的积极的责任，一方面又要要求得到能尽经营国事的责任的地步。因此，便把选举权看作人民“要求得到能尽经营国事的责任的地步”之一种方法。现在选举权的原理，大概多受这一说的影响。

我们的选举权的原理如果要根据第三说，那么，女子参政的理由便格外显明。因为从前的女子专门做家庭之一员，所以没有分担经营国事的责任；现在的女子多为社会服务，如美国的全国教员女子占了四分之三，欧洲的女子为社会服务的也日多一日。女子既已为社会之一员，当然有分担经营国事的责任了。所以从选举权的原理上观察，女子也有必定要参政的根据。

大凡社会上各阶级的权利都是对立的，这一阶级多得到一点利益，那一阶级必定要多丧失一点利益。例如劳动阶级多争一分工资，资本阶级必定要多损失一分余利。但是女子却不是一个阶级，所以女子多得一分利益，并不使男子多损失一分利益。岂但不使男子损失利益吗？并且因为平权的原因，得到互助互利的效果！所以女子参政运动，凡是人类——不分男女——都应该赞成的。但是女子要想领略权利的滋味，千万不要靠男子以权利为赠品来恩赐女人，一定要经过艰难困苦的力争，争到一分便多生一分趣味。所以女子参政还要女子自己出来力争。

（原载《晨光》第一卷第二号）

联省自治①

（1922年10月8日）

自从陈独秀君发表一篇文字，说“联省自治”不是救济中国目前政治状况的良药之后，这几天报纸上很有人讨论这个问题。独秀君自己说得很明白，他说：

> 联省制即联邦制的理想，固然是我们所不反对的，自治更是我们所赞成的……

但是独秀君为什么说联省自治不能医治目前的病症呢？他的理由是：

> 我以为我们人民底政治能力，才发达到都市自治的程度，若说已能勉强运用省自治制，此则为常识所不许。不能而强欲其能，至不惜以武人割据冒居其名，其结果，上不能集权于政府，下不能分权于人民，徒使军阀横梗其间，统一与民权两受其害。因为真能运用省自治制底联邦，未必有害于统一，而武人割据的联省自治，却去统一太远了。

此外又有李矗天君也说：“联省自治说可以取消。”他的理由是：

---

① 此文系作者为《努力周报》时评专栏《这一周》撰写，原文无标题，现题为编者所拟。

> 联省者，实含联督联防、攻守同盟，且其里面似带有狼狈为奸之色彩者也。

这一派的议论，对于联省自治的主张，实在不免误解。我虽然不主张非骡非马的联省自治，但是却很知道一部分非政客、非军阀的唱联省自治的主张，他们的目的，就想以自治做方法，一方面打破凭借中央政府作祟的野心政客和腐败官僚，一方面推翻形同割据的各省督军，却没有一个人说：陈炯明和吴佩孚携手，便是联省；卢永祥入浙江籍，辞督军的名，便是自治。

我们想用联邦制来促进各省人民的自治能力，想用联邦制来减少中央与各省的纠纷问题，想用联邦制来使人民组织起来省政府，藉人民所组织的省政府来铲除军阀，所以才主张联邦制。我们和独秀君不同之点，在一个认定联邦制不是铲除军阀的方法，反造成助长军阀势力的机会；一个认定非使人民发展自治能力，不能推翻军阀，并认定联邦制是使人民发展自治能力的比较上妥善些的方法，所以主张采用联邦制。我们并不曾承认各省的武人割据便是联邦，也并不承认“联督联防”便是联邦，请讨论这个问题人千万不要误会了！

（原载《努力周报》第 23 期）

议员与内阁[①]

（1922 年 10 月 8 日）

我们老责备行政方面的人，说："某人做了国务总理，为什么不宣布大政方针？"这个责备固然是正当，可是立宪政治大政方针的决定权多在议会，我们的国会第三届常会马上就要招集了。各国议会之中，没有一国没有政党，各政党当议会开会之前，也没有一党不预先宣布大方针。

我国议员先生们，方极力的掩饰，说□自己无党，或说其党或系只是历史上的旧名称，现在与我们不发生什么关系。对于党派这样的讳莫如深的态度，真正教人不解！

各国政党对于现内阁，总分为两派：一是友党，一是敌党。我国政党与内阁好像不发生什么关系似的，既无友党挺身出马的出来帮忙，也没有敌党彰明昭著出来攻击。一切大政方针的决定权，不在某党的本部，不在阁员的自身，也不在那象坊桥，也不在那东厂胡同，却远在那保定、洛阳之间！而议员先生们只完完全全的做一个"旁观党"，煞是快活！

议员先生们没有一个预备宣布议会的大政方针，全国舆论界也没有一个希望议员先生们宣布大政方针，也没有一个责备议员先生们不宣布大政方针，可不是立宪国家的怪事！

（原载《努力周报》第 23 期）

① 此文系作者为《努力周报》时评专栏《这一周》撰写，原文无标题，现题为编者所拟。

废督裁兵的方法①

（1922年10月15日）

双十节的国民裁兵运动可算是北京市民的空前的群众运动，但是结果如何，从黎元洪的演说词中已可看出大概。他说：

> 一切事情有一定的手续，大家可向代表人民机关之省议会、国会去请愿，彼若不履行职务，可以取消其资格。

他这几句话倒是把责任推得很干净。我要问一问做总统的黎元洪到底讲不讲法律！请问督军制度的设立，是不是《约法》上“大总统得制定官制……”一句话而来的？督军和巡阅使的制度，设立的时候，从没有得过正式国会的同意，与省议会更有什么关系？发行公债本是应该通过国会的，但是政府发行十一年的短期公债时，心目中就没有想到国会两个字。至于废督裁兵本是行政官的权限，倒反而谦恭起来，尊重代表人民机关的国会！我不解黎元洪这是推诿呢，还是欺负我们国民不懂得法律呢？

我以为我们国民要求政府裁兵废督，可说是走错了门路。总统是军阀拥戴出来的，内阁是依附军阀苟延残喘的，议员总然不尽是军阀的“走狗”，但是恐怕很有许多是军阀的“走人”！凡政界中人，真正没有“领

① 此文系作者为《努力周报》时评专栏《这一周》撰写，原文无标题，现题为编者所拟。

家”、纯是“自家身体”的，恐怕很少！我们请他们出来帮我们裁兵废督，真可叫做“与虎谋皮”了！

所以我的裁兵方法，是要大家到军队中去，一要劝兵士不要哗变、向民间抢劫，二要劝兵士不要向国家索饷。“谁扣你们的饷，你们向谁算账；谁私自雇你们，你们向谁要口粮”！这样一来，恐怕军阀的裁兵的热心还要比我们小百姓高得万倍！

（原载《努力周报》第24期）

王内阁辞职的理由 ①

（1922年10月22日）

欧洲各国宪政上的好例，大半是有名的政治家“以身作则”提倡起来的。民国十一年以来，从没有一个内阁总理是有名的政治学者，所以内阁制度虽然行了十一年之久，却没有一个人在宪政史上留下一个好成绩。王宠惠以学者的身分组阁，总算为中国宪政史开了一个好例。我们自始至终，总希望他组成一个“有计划、有政策的内阁”，并希望他“光明磊落，抱着一定的大政方针上台，待到大政方针失败时下台”。

不想他的“整理财政”和“裁减军队”两种大政方针的内容还没有宣布出来，而北京各报上便接连不断的传出“王署阁决定总辞职”的新闻！

我们现在姑且不问他为什么而来，且看看他到底为什么而去！据《晨报》的消息：

> 王宠惠鉴于四周空气之恶劣，态度颇为消极。昨日阁议席上，又向阁员声述京、津、保三处，对于现阁均无拥护之诚意，将来同意案提出国会，纵而侥幸通过，而一切政策亦无实行之希望。此际含垢忍辱，而结果仍不免一去，则何如早自摆脱之为意。（十月十三日《晨报》）

---

① 此文系作者为《努力周报》时评专栏《这一周》撰写，原文无标题，现题为编者所拟。

又一消息见十月十四日的《晨报》：

> 总之内阁问题，纯在于内阁之自身。至外传保方如何不满，尚非真相。现时津方确有一种改组内阁计画，而保方是否同意，尚不可知。

十七日的《晨报》又说：

> 至内阁问题，昨日尚无何等发展，据闻保定方面并未开始讨论。

无论这种报纸上的消息是真是假，但是王内阁如果因为津、保方面“对于现阁均无拥护之诚意”而去，不但不为中国宪政史上留下一个好纪念，并且在中国宪政史上留下一个极大的污点！

我记得王氏在《中华民国宪法刍议》上有一段话说道：

> 国务员应对于众议院而负责任，如是者为议院政府制。斯制也，促政治之进步，奠国势于安全，比较之善，无过于此。

今王内阁如果注重议会方面的意见，也应该待到国会不同意的时候，再明白宣布辞职。民治国的内阁与其因军阀“无拥护之诚意”而倒，何如因国会不信任而倒呢？

（原载《努力周报》第25期）

福建问题①

（1922年10月15日）

“武力统一”的迷梦，自从袁世凯、段祺瑞失败后，大家似乎应该醒了。但是直到前回文治总统及现在博士内阁的时代，还是“同床异梦”！福建问题我以为是军阀迫压人民的最后的破裂！徐树铮在里边闹，国人当然要一致的声罪致讨。但是自命为“好人政府”、反来蹈袁段覆辙、主张以武力解决、主张维持迫压人民的军阀李厚基，可不是教人费解！

（原载《努力周报》第24期）

① 此文系作者为《努力周报》时评专栏《这一周》撰写，原文无标题，现题为编者所拟。

如何收拾闽局①

（1922年10月29日）

福建问题总算是近来政局上最难解决而又最关紧要的一个大问题。因为徐树铮夹在里面，高树“建国军政制置府”的旗号，吴佩孚决不肯轻易放过，所以常德盛的先锋队已到福建的边境，萧耀南和孙传芳协商后的援闽的鄂军，又由汉阳兵工厂运去步枪三千五百枝、子弹四十万发、机关枪四架，克日出发！

徐树铮自宣言服从孙中山、段祺瑞的指挥后，凡在广东失意的民军和在北方失足的安福部余党，一个个都协力帮助。许崇智既与徐树铮合兵一块，而吴光新、陈文运又在上海方面为徐树铮奔走军费、军装等事。近则浙江方面的卢永祥可以响应，远则奉天方面的张作霖可以遥作声势！

陈炯明赶走孙中山后，已和民党成了不共戴天之仇。陈为自卫计，为联吴计，都不能隔岸观火。故近来不得不调兵移驻汕头，在这一方面设立兵站线，以便乘机而进！

福建人痛恨李厚基等于安徽人痛恨倪嗣冲、湖北人痛恨王占元。自李厚基逃走后，各地自治军乘机而起，司令招征的名称，几乎处处皆是。萨镇冰南下的时候，对于福建的自治派久已表示好意；近来又被绅商学界中人举为临时省长，并得多数自治军的信任。故萨氏为顾全信用和桑梓起见，又不得不坚持保闽人拒客军的计划！

---

① 此文系作者为《努力周报》时评专栏《这一周》撰写，原文无标题，现题为编者所拟。

徐树铮、吴佩孚、陈炯明、萨镇冰等，各有各的雄心，各有各的实力，要怎样做便怎样做，独独苦了“两姑之下难为妇”的中央政府！

在我想来，现内阁应该完全容纳福建人民的要求，使福建人自治福建，任凭谁方面的军队和势力，都一律扫清，使福建成为一个无兵的省分。

不想中央政府近来仍然袭用段祺瑞武力统一的旧政策，用皇皇的命令，特派李厚基为讨逆军总司令、萨镇冰为讨逆军副司令，只记得调兵派将及为援闽军筹饷，却把福建人希望和平、希望自治的热心送在千丈冰渊之下！

中央现在就是不追究李厚基祸闽的旧罪，也应该办他潜逃的新罪，遵照李厚基的母亲的话，教李厚基“引咎北归，束身司败，自请处分”，才可以敷衍“国法”的面子。不料中央不但不“伸国法”，“特派”一败涂地、弃职潜逃之李厚基出来讨逆，教他来“伸国法而杜乱萌”！萨镇冰在福州，已同许崇智、徐树铮等共商收拾闽局的办法，赤手空拳的萨镇冰，已经被许、徐包围住了，中央反教他做讨逆军的副司令，“从严剿办”，“克日肃清”！

所以这道命令，不但和福建人开玩笑，并且和李厚基、萨镇冰开玩笑！

（原载《努力周报》第 26 期）

国会自杀①

（1922年11月12日）

我们在几个月前曾有恢复旧国会的主张（见《我们的政治主张》），照现在的情形看起来，不啻在我们信任旧国会的热心上，泼了一盆冷水！参议院开了一个月的常会，不但没有议决一件案子，连院内的一个议长都选不出。从前议员在议席上偶然摔墨盒子打人，舆论界便指为大逆不道；现在议会中有打破书记的头的，有拍桌叫骂的，有抬棺材到院里来拼命的，但是舆论界却装作不闻见的。我不知道还是全国人民宽恕这些议员呀，或是这些议员已经为全国人民所不齿呢？

我们也曾在他国议会旁听过，也曾看见过他国议会里面党派纷争的历史。但是人家无论怎样吵，怎样闹，到底还为着政见，还为着主义。我们的国会闹的是什么？且看参议院议员自己口内的供词：

> 外国国会有大政党，可以代表国会多数，故议长即属多数党之首领人物，选举极为容易，此就主义之结合而言。吾国国会既无政党之组织，更无所谓主义之结合，则今日想当议长者，拿钱买票，亦系当然之现象。同人试思之，既无政党，又无主义，则舍拿钱买票外，又岂有其他方法？……国会之投票，可以改曰"投标"。（是参议员王用宾八日在参议院中所说的话）

① 此文系作者为《努力周报》时评专栏《这一周》撰写，原文无标题，现题为编者所拟。

我们看到“拿钱买票，亦系当然之现象”，看到“舍拿钱买票外，又岂有其他方法”，看到“投票可以改曰‘投标’”——这几句话，还能承认这种议会可以存在于二十世纪者，恐怕不是疯子，便是个痴子了！

议员先生们，老百姓何负于你们！袁世凯驱逐你们，后来老百姓希望你们复职；张勋时代解散你们，今年老百姓又主张你们复职。你们要晓得国会能一再恢复，并不是你们议员本身的价值，乃是袁世凯、张勋等一班笨人用非法解散的手段为你们造机会！非法解散是遮掩你们罪过的好方法，如果不遇着这些笨人，让你们长期打架、抬棺材、买票、投标……的闹，恐怕早已“自杀”了，到今天那里还有两所高大房屋做你们的“养老院”呢！

国民国民，国会既不能解决我们的问题，我们何不起来解决国会的问题！

（原载《努力周报》第28期）

国法何在！

（1922 年 11 月 26 日）

罗文榦案的内容我们不是检察官，本没有侦察的必要，而且此案还没有到了结的时期，亦当然不能由局外人妄发议论。但是当此案发生的前后，行政官、国会、检察厅几乎没有一处不违法，这个问题却是我们所不能轻轻放过的。

一、总统方面

凡行内阁制的国家，总统的命令如不得国务员的副署，在法律上便不能发生效果。所以我国《约法》第四十五条：

> 国务员于大总统提出法律案、公布法律及发布命令时，须副署之。

这回总统发布逮捕罗文榦的命令，并没有经国务员的副署，请问是不是“违宪”？

有人说，罗文榦是国务员之一，如果必待国务员副署才能逮捕，恐怕消息走漏，罗文榦早已逃走了，不是使国法无效吗？

这一说初听到似乎有理，可是仍是不法的议论。无论宪法及各种法律上皆没有关于国务员本身问题不要国务员副署的特别规定。就是就事实论，罗案最关刑事，并不是寻常的政治犯。政治犯逃到国外，没有方法逮捕，刑事犯只要他不飞上天去，皆是可以逮捕的。假定罗文榦真正犯罪，并且同从前财政次长殷汝骊一样，逃避无踪，那么，这也不过是一个人逃罪的问题，比违宪问题到底是谁轻谁重呢？置一个人于法，不惜破坏国家根本大法，开这种方便之门，恐怕是法律上绝对不能容许的吗？

二、国会方面

国会的议长对于院外虽然可以做一院的代表，但这是指着礼节说，不是指着法律行为说的。因为议会是合议制，议会的意思只由开会议决表现，不能由议长个人表现。

关于逮捕罗案的公函，发在查办案未曾通过之前，当然不能认为全院的意思，只能认为吴景濂、张伯烈个人的行为。现在吴、张两人既已不承认自己是“告发人”，便是不承认这种行为是他们私人行为了。吴、张的违法情节是有目共见的。照《议院法》第二十一条：

> 议长、副议长有违法情节，经过议员五分之一以上之提议，应交惩戒委员会审查后，付议院决定。如得有总议员三分二以上之出席，出席议员三分二以上认为违法时，即解职另选。

乃众议院议员们竟把这件事轻轻看过，而以“一哄而散”了之，此后议院还谈得起什么法律，还配定什么法律！

三、检察厅方面

检察厅行使侦查处分，必定要先有要求审判犯罪的意思表示。依据《刑事诉讼律》第二百六十一条，检察官开始侦查证据及犯罪人的处分，要有四个原因：

一、由被害人告诉；

二、由第三者告发；

三、由犯罪人自首；

四、由检察官直接闻见。

今罗文榦到厅既没有人告诉，吴景濂、张伯烈又不承认为告发人，罗文榦自己又没有自首，检察官自己又并没有直接闻见，依法律说，这种无因而至的案件，当然拒绝不受，这种无原告的被告人，当然不能收留。

检察厅既已收留了，既已行使侦查处分，当然要依法办理。请问不被告的人何以能留在检察厅？既认为被告人而有犯罪嫌疑，又何以能住在检察长的办公室？现在施行侦查处分的时候，又何以任犯罪人亲友穿梭不断的面会？《看守所暂行规则》第二章至第七章的规定，对于此案何以一律无效？

而且凭一纸违宪的命令将犯罪嫌疑人收入，正在侦查之中，又何以凭汪大燮、孙宝琦等传递总统的话便又将犯罪嫌疑人释放？检察厅的大门的出入，比中央公园的大门的出入还要自由些，岂不是一件怪事！

总而言之，我国的法律是为议员们在议席上混时间、为教员们在讲堂的说白话混饭吃的，一放在政府面前，便一个大不值。同现政府——中国人——讲法律，原是一桩傻事！所以罗文榦从检察厅出来到总统府和总统见面时，总统便为罗文榦喜，并说：

> 非我屈君，则君之人格名望何能倍增曩昔！岂非一大可喜之事？（见二十二日《晨报》）

总统用什么方法不能增加罗文榦的人格名望，偏要破坏《约法》才能增加罗文榦的人格名望！增加罗文榦的人格名望，便是总统破坏国家根本大法的原来的用意！这种运用法律的深心，便是精通法律的人也不能窥见万一了！

（原载《努力周报》第30期）

联邦与割据

（1922年11月30日）

近来留美学生康洪章（原名白情）等五十四人联名发表一篇《制宪庸议》，寄到国内各报馆，“求为镌布，并赐批评”。他们有致各报馆的一张公启，上边说道：

> 自联邦说兴，国内军人士大夫狃于现状，乃揭橥联省自治，欲易我二千年来沿习善制。……

这几位先生“留学联邦”，却力说联邦的坏处，以为“中国历史正统相承和约法所定，都是单层统治权”。

因此，便说：

> 单层统治权利多害少，二重统治权利少害多。

这几位先生都是“留学美国各大学同人”，所发的议论当然可使我们佩服的。不过要拿“中国历史正统相承”做理由，要拿“二千年来沿习善制”做理由，而仅仅的反对联邦制，似乎还不甚彻底，顶好是要连共和制一并反对，才可以保存中国的国粹和特性。因为皇帝专制政体，乃是“中国正统相承”的政体，乃是国粹派认为“二千年来沿习善制”！

诸位先生现在仍不免有效法西洋的彩色，仍不免有模仿的弊病，这样弃皇帝专制之名，暗中保全皇帝专制（单层统治权）之实，似不免有

“名不正”的嫌疑!

现在且丢开闲言，言归正传，讨论康先生等反对联邦制的理由。康先生以为和平是由统一而来，这的确是欧洲中世纪末期学者的普遍见解。康先生等说：

> 中国地广民杂，很像欧洲，但中国统一，欧洲不统一。所以中国历史虽一治一乱，究不如欧洲战争之多。

康先生等到底是可惜欧洲各国不能合成一国呢，或者是说欧洲各国都没有单层统治权呢？我不大懂得欧洲的历史，所以不敢说欧洲每次战争都是由没有单层统治一个理由发生的。但是据我所知道的，欧洲的战争多为国际的，中国的战争多为国内的，欧洲各国的国内战争比较很少，这是可以相信的。康先生等如果说“这就是单层统治权的效果”，那么议论还不大自相矛盾。可惜康先生等竟把国际战争和国内战争混为一谈，未免太欺负我们没有“留学美国各大学”的“同人”！请问欧洲那一国没有过单层统治权？请康先生等为我们指出来。若说“封建时代无论那一国都没有单层统治权”，那么，你们反对封建制度好了，为什么又把封建制度同联邦制度看作一样东西一概反对呢？岂有“留学联邦”的“大学同人”反弄不清封建制度和联邦制度的区别吗？

就说欧洲的战争多是由于没有单层统治权罢，美国没有单层统治权，为什么战争又不多呢？如果承认美国的战争究竟比中国少，那么，岂不是可以证明战争的多少与单层统治权到底没有关系吗？

再，康先生等以为“国民民治修养的不足”，也是不能采用联邦制的理由。故说：

> 就如美国政治现在这种成绩，也经美国人百多年的修养得来。中国社会虽极富于德谟克拉西的精神，人民在政治上却太缺乏这种修养。

请问，美国国民运用联邦制的能力，是自实施联邦制后修养成功的，还是在没有采用联邦制以前就早已有了这种修养呢？康先生等既说“经美国人百多年的修养得来”，可见得美国人运动联邦制的能力，是在实施联邦以后了！中国既不行联邦制，请问，怎么能使国民得到这种修养？康先生等以为国民没有某种修养之后，万不可采用某种制度；我以为唯在实行某种制度之后，才可以使国民得到某种修养。

康先生等因此便说：

> 不但人民自己不善应用，就是主张联省自治的军人、士大夫，也未见得甘守纪律，能在轨道上拥护二重统治权。如湖南、广东首制宪法，现在成绩如何，可以为证。再如浙江宣布自治，竟宣言嗣后铁路、电报等项，概由浙人自管。世界上宁有这样的自治么？

康先生竟这样黑白不分，拿武人割据的事实来反对联邦制度！前边既拿封建制度的弊病来栽诬联邦，此处又以武人割据的弊祸来栽诬联邦，难道你们留学的联邦就是这样吗？我们虽然没有“留学联邦”，但是也万不敢承认武人割据或武人所主张的“联省自治”便是联邦！康先生等在那里看见“士”——除了军人、大夫——所主张的联邦制和现在的武人割据的内容完全相同？

请康先生等放开眼界，看看国内主张联邦制的人的议论，不要做“捕风捉影之谈”！老实说，我们所以主张联邦，就是想扩张省权，使全省人民藉省机关政治得到政治上的势力和经验，好推翻武人割据的局面。靠中央裁兵废督是靠不住的；想使武人各自抛弃权利，自己施行联邦制，也是绝对没有希望的。最好是把省政权和中央政权划清界限，把省议会造成省政治的中心。康先生等要知道，各省督军是现在中央政府的上司，靠中央来撤消督军，只是做梦！省人民的政治热情果然增高，倒还有抑制武人的希望；单靠中央的统治权是无效的。我们主张联邦制，是为人民争政权，想打倒军阀的地盘，并不是为军阀争地盘。真正的联邦制断不容军阀的跋扈，和真正的统一亦不容军阀的跋扈一样。现在各省是军阀割据，不是“联省自治”，更谈不上联邦。请康先生等不要闭着眼睛，把各省的现状和联邦制合为一谈！

此外还有许多误点，已由《努力周刊》第三十期及《时事新报》的记者批评过了，用不着我再费神舌了。

十一年十一月二十七日

（原载《晨光》第1卷第3号）

军阀们看不起的机关①

（1922年12月3日）

自称“孤寄白宫如同聋聩”的黎总统，这回听到曹锟“毅然独行”一句话，居然壮着胆子独行独断的把汪大燮内阁发表出来，总算黎总统生平第一件痛快事！

近几午来政党内阁已经不大时髦了，就在政党内阁发源地的英国，也行了许多次的“联立内阁”。可是外国的联立内阁是以“政策”做线索的，先把几种政策磋商好了，然后才提人员。中国从来没有过政党内阁，总是混合内阁。而这种临时拉杂的内阁，又不以政党做后盾，却多以军阀做靠山。譬如上次内阁，人家多知道某某是保系的人，某某是洛系的人，却看不出某某是某党的党员。所以英国的阁员是国会的委员，中国的阁员却是军阀的委员！尤其稀奇的是，外国的国会是代表性质的团体，而中国的内阁是代表性质的团体（军阀的代表）！

这回内阁比较上代表的性质很少，除掉两高之外，似乎都不是忠于一个军阀的人。从这一点上看来，似乎是好现象。但是据报纸上传说：

> 许世英在皖与马联甲不相容，彭允彝在湘竞争内务司长，致令赵恒惕为难。故许、彭入阁，不过为马、赵调虎离山而已，并无他种深意。（见三十日《晨报》）

---

① 此文系作者为《努力周报》时评专栏《这一周》撰写，原文无标题，现题为编者所拟。

这话果然是真，可是把阁员的品格又降落一层了。从前阁员是军阀代表，虽然品格不高，但内阁还可算是军阀们安插私人的地方，还可算是军阀们看得起的机关。现在的阁员却变为安插军阀所不要的人物的地方，岂不是成了军阀们看不起的机关吗？前几年教育部、农商部、财政部都设下许多“行走”和“办事”的名目，以便收容各省被拒回京的教育厅长、实业厅长、财政厅长，现在的内阁恐怕又要变成各省被拒回京的省长们的“收容所”了！这不是“近视眼养瞎子”，一代不如一代吗？

（原载《努力周报》第 31 期）

违法的先例

（1922年12月3日）

从前人家多说："在中国违法算不了一回事。"这句话也不过在大家口头上说说罢了，并没有人替我们证明过，可是现在却有明文可以证明了。请看黎大总统复吴佩孚的梗电：

> 年来官吏被议，先交法庭，再请免职者，先例繁多，近月弥甚，档案具存，未闻非难。财部前次长钟世铭，久被看管，迄未免职，警厅奉执事之命，犹且毅然行之……

总统的意思就是说："从前的违法事体多的很啦，并不曾有人'非难'，现在违法又算得什么一回事呢？你吴佩孚都可以违法命令警察厅捉拿财政次长钟世铭，难道我黎元洪不能违法命令军警捉拿财政总长罗文榦吗？"

假使只要有违法的"先例"可凭，都不算犯罪，那么，人家就是杀人放火，也不能惩办！如果政府惩办他，他要辩道：

> 年来土匪，到处杀人放火者，先例繁多，近来弥甚，豫匪淦颍，未闻非难。

我不知道政府听到犯人这种陈述的大理由，可否置之不理？

就人情说，他人违法不惩办，单单惩办我，当然要教人不平。可是依法律说，他人违法不惩办的事实，绝不许引来做我开脱罪案的理由。

不想总统训示国家现任官吏的明电，竟出此言！卢永祥通电讥刺吴佩孚还可以恕得过，堂堂行政元首，对于官吏不下明令惩戒，却互相讥刺，岂不是既藐视国家的法律，又失却总统的尊严吗？

（原载《努力周报》第 31 期）

农村立国[①]

（1922年12月24日）

宣布政见本来是一桩难事。当袁世凯时代，熊希龄组织内阁时，曾由梁任公草出一篇洋洋数千言的大政方针，结果却没有一件能实行。这一次王宠惠内阁，我们也曾要求他宣布大政方针，谁知他自上台到下台，却没有宣布一个大字。

这个星期内，不想竟有两个平素不理于人口的武人，居然各自宣布出来大政方针！

这两个宣布大政方针的武人，一个是张绍曾，一个是赵恒惕。

张绍曾的政见无论怎么坏，但总是他“出自心裁”的，以不成政客的政客，来宣布不成政见的政见，无论如何，总可算是“率真”。至于赵恒惕，就省长任的宣言，我并不要求他能够实行，只要他当大众面前，能把这篇宣言书朗诵成句，就算是他的本事！因为据各报上的传闻，这篇宣言书是章行严先生的手笔，是章行严先生的主张，赵恒惕居然冒名顶替，真是最滑稽不过、最儿戏不过的事！宣言书中说道：

> 侵至冒为一切之事，以显其事事可能，而不必真有可能；皆为无端崖之辞，以显其事事知之，而不必真有所知。

---

① 此文系作者为《努力周报》时评专栏《这一周》撰写，原文无标题，现题为编者所拟。

我不知道赵恒惕看见这几句话又将何以自解！

这篇宣言书乃是章先生“农村立国论”的发端。章先生近来以为中国无论采用欧洲某种制度，结果总只得到他的坏处，却得不到他的好处，他因此便断定农业国不能采用工业国的制度。且看这宣言书中说：

> 夫欧洲以工业立国，产业革命数百年，全国悉为工化，而群伦政纪，类以工业为基。资本家立于社会之巅，恣情挥斥，故其规模壮阔，举止豪华，非东方朴鄙之民所能想象。而我国以农立国，适居其反。政理以无为为极，彝伦以宁静为宗。国中贫富，无甚参差，尚俭尚勤，通国一致。于斯以工业国之政制来相运用，朴愿者丧其所守，狡黠者无所不为，驯至事无大小，动以贿成，人无愚智，皆冀非分。……他人工业国之长，以吾无其质，无可发挥；而所有弊害，则往往充类至尽。长此不已，其何能国？

章先生以为政理彝伦都由物质生活的情形决定，几几乎与唯物史观家同一口吻。

但是章先生虽然注重联业，也知道中国无业可联，不像英国中世纪以来就有“同业组合”（Guild），可做现在社会主义家联业的基础。于是又变掉唯物史观家的口吻，说道：

> 今欲为联，首在造业；今欲为造，首在分业。

由此看来，章先生联业政治的目的物——业，还待创造，待创造成功之后，才说得上联。没有工业国的基础既已不能采用工业国的政制，为什么没有业的基础倒反可以说联业呢？章先生不是谈架空政治的人，还请把“农村立国论”早早做成功，或者一方面可慰读者的渴望，一方面可免我们的怀疑。

（原载《努力周报》第34期）

安徽裁兵运动的经过和停顿

（1922年12月31日）

要求军阀裁兵，本来就是“与虎谋皮”，所以安徽人民的裁兵运动已经闹了一年多，结果还只能裁去纸上空报的兵额，实际上的兵数和军饷反而有加无减。安徽人认定，兵不能裁，教育实业政治的改革都绝对无从下手，所以拼命的作裁兵减饷的运动。现在虽然还没有完全达到目的，可是安徽裁兵的计划比谁省都详细，安徽裁兵的运动比谁省都坚决。现在且把安徽这一年来裁兵运动的始末写出来，供全国裁兵运动者的参考。

（一）皖省新旧安武军的历史。安徽在前清时代，只有军队一混成协。倪嗣冲初到皖时也只有军队四路，后添成八路。到直皖战后，倪氏度量自己的军队纪律既坏，又是旧式编制，恐怕部中查核，于是改编，虚报五旅。初报时本预备部中还价，不料陆军部竟然核准。当时名目上说有八成兵，实数并不到五成，饷额定每年三百八十万元。这是旧安武军的历史。新安武军本是张勋的军队，原名定武军。张勋败后，倪嗣冲并为己有，改名新安武军。请中央发饷，号称四十营，每营多者二百人，少者百人。自从张文生督皖，除驻徐州八营外，其余全带入皖，移口就粮。九年二月，国务院规定军饷每年一百四十万元，中央拨付七十万。皖省垫付七十万。这是新安武军的历史。

（二）皖省的财政状况。皖省国家税近年平均岁入不到六百万元。旧军饷每年要三百八十万元。已占十分之六以上。照六、七两年决算，移挪地方收入已过百万。八年以后，移挪更多。向来财政厅就是倪氏的账房，又藉军饷为名，私人从中取利。地方收入内有剩余金一项，本应列入教育经费，因前厅长陶镕不肯，致演成姜案惨剧，这就是军饷太多的原故。新军垫款原止七十万元，张文生到皖一年，共向省库及地方支过二百数十万元，各处厘金又被新旧军占住，解款不到两三成。本年六月间芜湖开财政审查会，报告债款四百六十五万。据最近调查已到八百万了。

（三）裁兵的动机和政府拟定的办法。张文生虽支款二百余万，军饷并不照发，以致军队各在驻在地自谋生计，或贩运私贷，或勒索捐款，或强割禾麦。寿泗等县竟至哗变，寿县被祸尤烈。就是旧军，也怨张文生独吞军饷，所以马联甲有五月勘电，说明军饷内幕，每月止要二十一万；维持现状，止要半数。于是旅津绅士先发电要与张文生算账，次由芜湖绅士发起组织"财政审查会"，集合在省及各县法团，并旅外同乡，推举代表，搜集材料，公同集议。自五月十日开会，至六月十日闭会，决定每年除行政司法经费及应还债款外，只能负担军费一百四十万元。不独新军急应全裁，即旧军饷亦必大加核减，方能收支适合。公举代表到各处宣传，并赴京请愿。正拟出发，奉直战事突起，张勋大事运动，陈德修在徐州广招土匪，殷恭先也放什么将军，倪道烺也被委为陆军司令。未几，奉军败退，政府对皖省军队也很不放心。及代表到京一再请求，遂由参陆办公处规定办法六条：第一步决将新军四十营一律裁尽，第二步再将旧军收束。预定裁遣费三十三万，由皖省挪垫；并说明新军系张勋旧部，又时时扰害地方，及种种不能存在的理由。议定，又分函保定、洛阳、南京，均得同意，此案遂定。

（四）督理发表前后的情形。参陆办公处办法大纲，尚说督军一缺暂留，责成办理裁兵一事。其后马联甲派芜湖关监督何炳麟转求参陆办公处参议李玉麟，奔走南京、保定，遂将督军裁撤，派马联甲督理军务善后事宜。令下之日，皖人因马联甲是姜案凶犯，正拟激烈反对。忽闻张文生、殷恭先要带兵来省胡闹，各公团除教育会因姜案发电声讨外，其余大半沉寂。及见马的宣言书，尚望他有诚意裁兵。不料一到蚌埠，竟减去善后事宜四字，设立"督理公署"，纯照督军署组织，岁费多至四十余万，所用的人员又多是倪氏故旧，人民从此更失望了。

（五）许马电战的事实和社会的激昂。当参陆办公处拟定办法时，许世英即呈报政府，认筹裁兵费三十万元。至是通电各县，先行商借，准三个月后在国税项下如数归还。各县切望裁兵，陆续凑解，竟超过三十万以外。马联甲到蚌埠后，日日来电索款，许电询问办法，则以军事秘密，不便宣布为答。许问新旧合计能否年减一百八十万元（马联甲从本年三月通电揭开军饷内幕后，又到省宣言可裁新减旧，临行又派秘书长臧雪楼代达马意，旧饷可年减八十万元），马电责许徒唱高调。最后发一“哀的美敦”旧式的电报，迫令即日解款。许不得已，先汇去十万。各公团闻信，纷纷诘责，并要求许发啸电通告经过情形。马联甲又发养电，谓前电二十一万，止云维持现状，而忘其有“维持现状止须半数”一语。又云“新军饷七百四十万，可减至五百二十万。能宽筹裁费，可降至四百五十万”。许复有敬电驳诘。社会方面，则以旧军饷三百八十万，本多冒滥，新军垫款七十万，更是一笔冤账，合共不过四百五十万。今裁来裁去，还是四百五十万，人民因此便知裁兵只是一句空话。又见马电谓许不应久据省席，明明干涉省长进退，更是荒唐。因有十六公团通电反对，由此可见人民裁兵的热度已经达于极点了。

（六）裁兵停顿的原因。马联甲电报裁兵次序，先从徐州办起，次及宿县、灵璧、泗县、盱眙、涡阳、霍邱、正阳、蚌埠、合肥等处。实际调查，新军不过十五六营，据闻徐州所裁的军队确多解回原籍，其余则令此营与彼营合并，就拿所裁的军队枪械归入旧军。而殷恭先所带的营，则拟令改编一旅，据李玉麟复旅津皖同乡电，称旧军不敷分布，已裁二十二营，余拟悉数改编。又电云“已裁二十七营，余十二营听候中央处分。因经费用尽，暂告段落”等语。李前电称“多筹费则可多裁兵”，马电亦云“广积金钱，可图再举”。不知马李所云“多”“广”，究竟到何限度，所云“大举”，是否连旧军在内？倘仅指新军，既已裁去二十七营，为什么十二营不能裁尽？兹将皖兵不能裁尽的原因说明如下：

（一）*马联甲实力之单薄*。马联甲名为帮办兼旅长，其实他所能指挥的军队不到一团。第五旅史旅长名与马近，亦无实力，所以不能不受他人的挟制。

（二）李传业殷恭先之勾结。旧军五旅，以李传业和他的军队声名最坏，殷恭先阴与结合，马乃不敢侵犯。

（三）倪道烺陈文权等之构煽。马联甲前在芜湖，三届省议会失效选人来谒，多拒不接见，就职通电，并谓“皖人共弃者彼亦弃之”。不料一到蚌埠，倪陈等趁许马电战的机会，将二十一县保卫团集合起来，发布脱离省政府之宣言，并用种种方法，诱马入其圈套。马一误再误，形神沮丧，正事不得不因之顿挫。

（四）李玉麟之利用。当六月间张文生曾上裁兵条陈，请将新安武军改编一师，被李在办公处打销。皖人闻之莫不感激。后来马做督理，李因有大功，要求第一旅旅长及皖南镇守使，均被旧军反对，未成事实。最后马乃以其子占据八年，年得十万之运漕厘金，让与玉麟之弟李金麟，皖人已深恨。及见马事事惟李命是从，马到蚌埠，忽回复去年在省议会杀人的态度，更以为怪。后有见马者，问及养电，竟茫然莫答。听说此种动作，都是受李指使。李利用许马互斗，乘机取而自代。现在藉复命到京，一面谋倒许，一面说马的坏话，却把新军十二营摆著不动，教政府和马联甲殷恭先都要恭维他。那李传业恐怕亲军裁了，又要裁到他头上，求保新军，更是自保地盘。至对于许世英和地方人民，更可逼令多筹经费。他以为有此停顿，各方面便都不能不受他操纵。

但是皖省裁兵的举动，虽然暂停，可是皖人的裁兵运动，仍不少懈。久而久之，必定要达到目的，这就是皖人向来做事的精神！

（载《努力周报》第 35 期）

军阀反对宪法草案

（1923年1月7日）

这回宪法起草委员会制定“国权”和“地方制度”两章的草案，总算是少数议员先生不“私奔”、不“卖身投靠”而专心研究世界的政治潮流和尊重普通人民的希望的一点成绩。不想实力派对于这两章的规定，居然表示反对！

实力派为什么要反对呢？就因为这个草案中采用地方分权，缩小中央权限，且有点近于“联省自治”。这“联省自治”四个字，真正倒迷！社会主义派反对他，因为唱“联省自治”就是为督军谋地盘的稳固；实力派也反对他，因为实行“联省自治”，现在的割据主义便根本不能存在。到底“联省自治”是扶植割据主义，还是廓清割据主义呢？

我在这一点上，不能不说军阀派的见解究竟比社会主义派的见解高得多。因为我认定自治的实现那一天，就是军阀的倒塌的那一天。现在军阀们反对宪法草案，总算他们还有点眼光！

中国的国会，每到人民讨嫌他的时候，总有人出来替他恢复名誉。民国二年、五年两个先例不必说了，这回国会开会两三个月，实在把国会的尊严丢净了！最好是坚持这个宪法草案，等到实力派来推翻议会，方可恢复国会的名誉。

议员先生们！你们想想，军阀反对你们，比较在光园里招待你们是好些还是坏些？依我想来，你们赎回声价，也只有招军阀反对一个法子了！我奉劝你们一句话：宁可牺牲国会的生命，断不可牺牲起草员的主张。

（原载《努力周报》第36期）

不值一驳的反对论①

（1923年1月14日）

自去年十二月二十日宪法起草委员会把《地方制度修正案》《国权草案》咨送宪法会议以后，便发见出来许多反对《国权草案》的议论。前几天又有民治社、全民社、新民社、讨论会……中议员五六十人在松树胡同民治社开会，表示不满意于该草案的规定。而议员中用个人名义提出反对的意见书者也有几十个。我以为这个问题倒还值得讨论。大家整天的争阁员、谋总统，都不过是些枝叶的问题，只有这个问题真正是国家的根本问题。与其因为拥曹、拥黎而发生私人的派别，倒不如因为拥护联邦或反对联邦而发生政见的派别。我甚盼望两方面根据国情，引申学理，来极力的发挥双方的拥护论或反对论，千万不要做那无意识的调和！万一相持不下，竟把政界中的人物分成拥护联邦和反对联邦的两大党，双方皆以这个问题作党派区分的疆界，那倒真在中国政党史上留下一点极光荣的纪念！

不过近来我看反对派的议论，每每使我们失望！因为反对派不但是个“瞎子”，并且是个“聋子”！他们不但没有看见各省自治独立的事实，并且好像也没有听见过各省要求自治的声浪。他们仍旧闭着眼睛瞎说话，以为中国的现在的局势仍然是统一的单一国。

再，“先邦后国”的争论，早已发见在民国五年以前，虽然经过秋

① 此文系作者为《努力周报》时评专栏《这一周》撰写，原文无标题，现题为编者所拟。

桐先生《学理上联邦论》的辩证，他们仍是记不得。

更有许多人把“联邦”和“统一”看作势不两立的东西。他自己虽然也承认美国的联邦是“团结巩固，组织绵密”，但是却以为中国一说到联邦，便要“启分崩离析之渐”！

这些不值一驳的反对论我们已经领教过了，但不知真正有价值的拥护论何以至今还没有看见发表？

（原载《努力周报》第37期）

关于罗案的批评

（1923 年 1 月 21 日）

罗案①的问题内容本很复杂，所以讨论罗案的人，多把他看作政治的问题，不把他看作法律的问题。故《罗案不起诉处分书》一经发表，政界上又发生出来一种极大的波澜。不过我个人的意见，以为政治问题尽可在政治的轨道内解决，法律问题也尽可在法律的范围内解决，都不必走出政治轨道和法律范围以外，用那非政治非法律的方法来解决他。

就法律方面说，我们所希望的是“司法独立”四个字；可是这四个字倒不在乎外界的尊重不尊重，却在乎司法界本身有没有使外界尊重的价值。换句话说就是，司法独立的精神，要自司法界自己尊重起，要想使外界不来违法的干涉，必定要先使自身没有给外界干涉的口实。

当罗案发生的时候，从罗文翰自己起直到与罗文翰毫无关系的旁观者止，都没有不相信罗文翰决不致犯罪。但是只凭个人的良心判断没有用处，必得由法庭替他办到水落石出的地步，方才可以昭雪的嫌疑。法庭的职务固然不能断惩犯罪嫌疑人，但是也不能袒护犯罪嫌疑人，只在

① 1922 年 9 月在北京的国民中央政府由王宠惠组阁，邀请罗文翰担任财政总长。1922 年 11 月 14 日，罗文翰与华义银行代理人签订了奥国借款展期合同，被时任众议院议长吴景濂等人于 11 月 18 日晚告到总统黎元洪处，黎即令步军统领、京师警察厅总监于深夜逮捕罗文翰。1923 年 1 月 11 日，北京检查厅宣告证据不足，对罗文翰免予起诉，发出《京师地方检查厅侦查罗文翰等办理奥国借款展期合同一案不起诉处分书》。详情参见经先静《20 世纪 20 年代罗文翰案始末》，载《史学月刊》2004 年第 4 期。

替犯罪嫌疑人找出犯罪不犯罪的证据。我们看过《罗案不起诉处分书》，总有些痛惜他的证据和理由不十分充足，所以越想替罗文榦昭雪，越惹起袒护罗文榦的嫌疑。譬如“关于受贿部分”的证明，仅仅据“犯罪嫌疑人”或“共同犯罪嫌疑人”的口供；关于八万磅的用途固然侦出下落，可是关于三万磅和五千磅的下落便置之不问。就以这两点论，不得不说是《处分书》中的缺点。所以我很满意检察厅处分的目的，却不满意检察厅证明不犯罪的方法。

司法界固然不要怕外界的干涉，但是司法界自身的立脚点却不可不格外稳固，我的意思以为司法不必要对得住军阀国会，也不必要对得住罗文榦，只要对得住法律！

以上是我们责备司法方面的，可是司法方面无论怎样错，但还没有跳出法律的范围，至于内阁方面便更无法无天的了！彭允彝果根据何种职权，竟公然提出干涉司法独立的“声请再议”案；程克果根据何种条文，竟用部令令地方检察厅“续行侦查”？彭允彝果居在“告诉人”的地位吗？程克果居在“上级检察官”的地位吗？曲解法律，替军阀报私仇，向国会买欢心，这种行为不想居然敢在“光天化日”之下行之！我们固然痛恨那些目无法纪的武夫，我们尤其不能不痛恨这些曲解法律的政虫！

（原载《努力周报》第 38 期）

国民应该起来制裁这制造革命的国会！

（1923年1月28日）

《约法》第二章第七条明明规定：

人民有请愿于议会之权。

《议院法》第十一章自四十六条到五十四条明明规定有：

请愿之受理。

人民的请愿，不但在法律上不得禁止，并且是宪法上所特别保障的一种权利。议会对于请愿，不但在法律上不得禁止，并且在法律上承认这件事为议院的一种义务。

宪法上所以要保障人民的请愿权，为的是防止革命。国家在法律轨道内如果没有方法可以容纳人民的要求，人民便一定要忍无可忍，走到法律轨道外边去暴动。在法律轨道外暴动，便是革命流血了！

在英国的政治进化史上为什么看不见掀天动地的大革命？皆因人民的意志可由议会转达到政府。法国为什么突然发生了一七八九年的空前的大革命？皆因自一六一四年到一七八九年国民议会中断，政府和人民之间没有方法可以沟通意志。英国人看出这个秘窍，所以自此而后，极力的使议会接收人民的请愿事件。且看英国众议院在十九世纪上半期接受人民请愿书的总数：

自一八二七年到一八三一年：计收请愿书二四四九二件。

自一八三八年到一八四三年：计收请愿书九四二九二件。

自一八四四年到一八四八年：计收请愿书六八五〇一件。

看见英国的众议院接收请愿书如此之多，便可以证明英国的众议院是真正代表民意的机关。因为英国众议院是真正代表民意的机关，所以免掉人民的轨外行动的革命。人类本性总是爱惜和平，然人类意志又总望有流通的机会。但是若走到政治绝望的地方，便不得不丢开和平的方法，一齐走到那革命的一条路上去了！

我们读到蔡元培先生辞职书中“痛心于政治清明之无望”这一句，只要我们不取消极的态度，立刻就要联想起来“只有革命”这四个字。满清（清朝，编者注）末年为什么藉“铁路国有”一件小小的事体，便闹起辛亥的大革命呢？因为那时人人心中都怀着“政治清明之无望”七个字。现在军阀横暴、议员丧节，使神圣尊严的国会，立刻变成拥戴军阀的机关；使代表民意的议员，立刻变成军阀豢养的鹰犬。人民对于政治的一线希望，对于议会的法律行动，只有这“请愿”一个方法！

我们在外国的历史上只看见政府与人民冲突，只看见政府残杀人民，却未看见过议会与人民冲突和议会残杀人民。议会打杀请愿的人民，只在中国演过这一次！我们读到学生《告诉书》中：

> 巡警或用长杆，或用皮带，或用刺刀，向“请愿人”扑杀。以致“请愿人”或伤头面，或伤耳目，血肉横飞，悲惨已极！对于奔逃之“请愿人”，犹……向前追击，有颠仆者，更被其拳足交加，以致脏腑受损，而落后之人，更被其捉入门内，施以毒打，然后放出……

及参议员李素致参院同人书中：

> 议院对于请愿有相当受理……乃警士横加干涉，学子备受赶击，刀砍棍伤，如捕盗犯。人孰无情，何能堪此！

心中的感想如何？议会对于请愿人如此，岂不是绝灭人民对于政治的一线希望，阻止人民对于议会的法律行动吗？换句话说，岂不是想制造革命吗？我想平常想使国家免去革命祸乱的人，一定不肯放过这个好机会，必定要起来制裁这个制造革命的机关。就是平常以革命自命的人，也一定不肯放过这个好机会，必定要起来实行他们寻常怀抱的革命的理想了！我写到此处，不由得不替我国政治的前途担忧！

（原载《努力周报》第 39 期）

关于旅大租借的条约

（1923 年 4 月 8 日）

一八九八年三月六日中国和德国《胶州湾租借条约》成立，一八九八年三月二十七日《旅顺大连租借条约》也以威力逼着定成了。该条约的第一条：

> 俄国欲在清国北境得到适当之军舰停泊所，以保全俄国海军，故清国皇帝将旅顺口、大连湾及附近水面借与俄国，但不得因此妨害清国之主权。

第二条：

> 租借期限自条约盖印之日起，以二十五年为期。期满之后，经两国协议得延长之。

到了一九〇四年日俄战争开始，八月间旅顺为日本所得。一九〇五年八月二十三日，《日俄媾和条约》成立，该和约中明定把俄国的旅大租借权转让给日本。该和约第五条：

> 俄罗斯帝国政府将旅顺口、大连并其附近之领土及领水之租借权，及与该租借权相关或组成该租借权之一部之一切权利、特权及让与，得清国政府之承诺，转让于日本帝国政府。

日俄两国互约遵守前面规定之“得清国政府之承诺”的事件。

日本当这个和约盖印后，便接着同中国定下《北京条约》（一九〇五年十二月二十三日）。《北京条约》第一条：

> 清国政府承认俄国由《日俄媾和条约》第五条及第六条所让与日本之一切转让事件。

从以上三种条约上看来，可得下列的结论：

（一）日本得到旅大的租借权是由于俄国的转让；（二）日本的旅大租借权既是由俄国转让的，那么，内容和范围当然以中俄互定的《旅大租借条约》为限；（三）中国租借旅大与俄国以二十五年为期，日本既是承继俄国的租借权，亦当然以补足二十五年的定期为限。

自一八九八年三月二十七日起到一九二三年二月二十七日止，刚刚满足二十五年的定期，当然要根据条约给还中国的。到了民国四年，日本又提出“二十一条”的要求，后来用“最后通牒”强迫中国政府承诺，内中关于南满及东部内蒙古的条约的第一条：

> 两缔约国于旅顺、大连之租借期限，并南满铁路及安奉铁路之期限，一律延长九十九年。

这个条约现在已经国会否决了，被国会否决的条约如果是当然无效，那么，今年收回旅大当然不成问题。故目前的争点只在民国五年的条约的效力上，至于从前的条约都是死板板的规定，当然没有问题。

（原载《努力周报》第47期）

卖身议员的供状

（1923 年 4 月 22 日）

近来报纸上宣传“制宪借款”的怪事，乍听到的人总绝不肯相信。但是前几天已经提出国务会议里讨论了。制宪借款的理由有某议员的说帖说得很明白，这个说帖上说道：

十年以来，变乱相承，靡有宁日。推源其故，实由于国家根本大法未经制定。迩来宪法会议累以人数不足，不能成会。原因虽多，而岁费不足以维生活，实为各种原因之最重要者。当民国元年时，曾有人提议岁费过多，应从减少。今则相隔十年，社会生活程度日益增高，则年五千元之议费，不特不得为多，且尚觉其过少。况所谓五千者，犹不能按月照给，议员为维持生计之故，自不能不别求所以活动，此宪法会议所以多缺席也。为今之计，惟有由政府以制宪名义，发行一种公债，定额为五百万，以青岛关税为担保（该关税每年收入约一百余万元）。此项公债，亦归安格联保管，以昭信用。至所募集之款，全数蓄存某某银行。除按月拨充岁费外，每逢宪法会议，另给出席费二十元，制宪期间，以四个月为限。如此则议员收入既多，自可安心从事于宪法之完成。且不出席则不得出席费，尤足以资鼓励。制宪前途，实利赖之。

我们看过这一段供状，才大悟议员先生们“别求所以活动”的原因！或南或北，为的是“维持生计”；护阁倒阁，为的是“维持生计”；光园的磕头，为的是“维持生计”；红罗厂的打架，为的是“维持生计”！将来就是卖省、卖国，又何不可说是“维持生计”呢？区区二十元的出席费，就可以“鼓励”议员出席，到底是那里来的这副贱骨头！

（原载《努力周报》第49期）

不信任内阁问题

（1923 年 4 月 22 日）

参议院中不信任内阁的议案已经通过，十八日常会议决将此案移付参议院。在中国的法律上，这种不信任内阁的议决案，究竟能不能发生效力，还是一个问题。

从前行议会政府制的国家的习惯，凡内阁所提出之重要议案，如果不能得国会的同意，就认为国会对于内阁有不信任的表示。结果不是内阁阁员总辞职，就是解散议会。照理说，国会不通过内阁的议案，不必一定是不信任内阁，因为在事实上是认内阁的政策，而反对内阁的一两种议案，也是常有的事。但是立宪国的政治家是为政见上台的，目的本不在做官。所以他们所提出的议案如被否决，为政治道德计，不得不相率去职。一两种议案通不过，尚且认为不信任的表示，何况明明白白的由国会提出不信任的议决案呢？

照这样看来，否决内阁的一两种议案，不信任内阁的程度犹浅；至于专为不信任内阁而提出不信任案，似乎不信任内阁的程度较高了。如果是专为政见上台的政治家，我们敢断定他们一定要连□去职的。如果还要老皮厚脸的说，法律上没有不信任内阁案通过国会后阁员便要总辞职的规定，便丢去不理，一定不是政治家的口气。因为否决内阁的议案内阁即行辞职的习惯，也没有法律的根据，不过是英国的习惯罢了。所以我以为不信任案如果通过国会，内阁就要辞职，绝对不发生法律上有效无效的问题。

最近的捷克共和国关于这一点已经在宪法中用明文规定了。且看他的宪法第七十五条：

政府对于众议院负责。参议院对于政府得为不信任之宣告。

波兰的宪法也有同样的规定。第五十八条：

议会以投票制普通多数，由政治上之见地，就国务员之行为问其责任。内阁及其阁员有议会之要求时，即应辞职。

这种规定是确定议会对于政府信任与否的最明了的方法。我国议员如果因为这次不信任内阁案失效，得到一回经验，就把类似这一类的条文，提出宪法会议，正式规定在宪法之中，也可以免掉将来的许多争执。

（原载《努力周报》第 49 期）

代议制的讨论

（1923 年 4 月 29 日）

章行严先生最近在《申报》上发表一篇《论代议制何以不适于中国》的短文，他的结论是：

> 吾为农国，不能妄采工业国之制度，今图改革，请从农始。

章先生近来有点“农迷”，所以他凡讨论制度总说：“中国是农国，不适用欧美的工业国的制度。”不过我个人心中总有几点疑问：（一）代议制是否为工业国的专有品？（二）代议制是否绝对的不能移植于农业国？（三）凡是农业国，除掉古代已有的制度外，是否绝对的不能发生新制度？

章先生说：“近日欧贤谈政，掊击代议，几无完肤，可见斯制在欧，已邻末路。”我对于这几句话也深表同情。但是如果此话当真，那么，就是工业国也不一定适用代议制了，又何以见得代议制是工业国专有的制度呢？而且章先生又明明的说道：

> 欧洲之有是制，乃出于事势之偶然，而非创议建国，在逻辑非此不可。

由此可见，代议制就在工业国也不过是“偶然”发生的制度，并不是“必然”的制度。换句话说，代议制和工业国并没有逻辑上的联系。为什么结尾又说他是工业国的制度，教我们不要“妄采”呢？

章先生说：

> 代议之设，滥觞英伦。当时英王下令征税，入税者因举代表面王，共订税则。所谓不出代议士不纳租税之名言，基于是时。以知代议之为物，其实不能脱离纳税二字别成一义。代表者何？质言之，即代表入税者之荷包也。

由此更可见，代议制是因为“纳税”而生的，不是因为“工业”而生的了。如果农业国也要“纳税”，那么，已经和代议制的真正意义相合了，又为什么不能“采用”呢？工业国的资本家既“佩戴”“荷包”，安见得农业国的资本家在逻辑上就不能“佩戴”“荷包”呢？

章先生又说：

> 代议制者，吾国古无有也。近来有此一物，徒以欧洲诸国以此为文明之标识也，吾捧心而效之，点缀共和，于焉取资。

章先生从前讨论联邦制，说无邦的国家可以“造邦”；讨论政党制，也说可以“造党”；最近讨论联业救国，又说无业的国家可以“造业”。何以这个逻辑独不适用于代议制，在无代议制的国家之中独不能“造代议制”呢？若说凡是农业国自古无有的制度，后来便不能创造或采用，那么，共和制也不是中国“古已有之”的制度，难道我们或应该唱复辟论吗？

再，章先生近来有一种普通的笔调，每次作文总离不掉“如愿有闻，请俟异日”，或“若须详论，尚待专篇”，不然便说“异日有暇，当详论之”。我们渴望章先生的议论已非一日，去年许我们的《农村立国论》，等到今日还不曾交卷。所以我近来每想挑动章先生从前每被驳必答辩的脾气，不惜“抛砖引玉”的挑战，不知章先生能否堕我们计中，把“异日”改作“今日”，好慰我们的渴望？

（原载《努力周报》第50期）

反对省宪同志会宣言

（1923 年 5 月 20 日）

近来反对省宪的声浪虽然很高，但是从没有看见过这一派人的议论。最近反对省宪同志会发表一篇宣言书，列举他们反对省宪的四大理由。他的第一理由我就以为不能成立。第一理由是：

> 今兹制宪，原期巩固国家，乃置二千余年之统一历史于不顾，而令各省自制宪法。由合而分，以构成联邦之势，必致各省制度各不相同，划中国为二十余国，破统一旧制，召全国之分崩，造此乱因，后难收拾。

这几句话可以代表现在反对省宪者的普通心理。反对省宪者以为一让各省制宪，便破坏国家的统一；主张宪法者也以为只有让各省制宪，然后才可以建设起来真正的统一。由此可见，这两派的目的完全相同，只有方法不同罢了。

统一的目的，本来可用两种方法达到。两种方法是什么呢？就是“集权”和“分权”。当民治政体未发达之前，所有主张统一的人差不多都用“集权”一个方法。例如浩布思，他痛恨英国内乱，所以主张独裁的君主政体，把一切权力都集中在君主一个人手中，全国之内只有君主一个人有主权。

但是这是理想的方法，不但事实上做不到，就是做到了，因为一人有权，万人无权，结果反惹起不统一的扰乱。所以自民治政体发达后，大家又想出第二个方法——就是用“分权”的方法来达到统一的目的。因为分权的结果，使人人各得其所，人人各得其所，便可相安无事；人人相安无事，国家内便有了秩序；人人尊守秩序，就是真正的统一。所以这一派人以为统一的原因不在政权一不一，只在政权定不定，政权一定，便没有纷争，结果才能算是真正的统一。

故依我看来，全国分崩是“统一之旧制”所造下来的乱因，却不是“分权”所造下来的因。如果“分权”可作“分崩”解释，那么，反对省宪同志会又为什么要声明他们是主张“分权”呢?

（原载《努力周报》第53期）

介绍《制宪特刊》

（1923年6月10日）

《制宪特刊》是省宪同志会的机关报。发刊词中说道：

> 《制宪特刊》为关乎制宪之出版……主其事者——所有编辑纂述诸员——即为参与制宪之人，其所记载、搜集，乃至论列得失，或较为翔实而著明，可以供国人之参考，而资其判断也。编辑纂述又皆为省宪同志会之人，其所主张，自与省宪同志会之旨趣无异。

《制宪特刊》既是代表省宪同志会主张的，故第一期登载的文字，皆是赞成省宪的文字。不过省宪同志会同人中一大部分胆子很小，不但不敢高唱联邦制，就是牺牲“省宪”的名称，定为“省自治法”，他们也可以承认。我所以不满意于该会，就因为该会持这种畏首畏尾的态度。严先生的《省宪与联邦》文中，有几句针砭的话说的很痛快。他说：

> 特愚有与汤漪、吕复诸君微异其趣者，则诸君盛言省宪，不肯居联邦之名。愚谓不言联邦，仅为诡避狙怒之道。愚不欲众狙我同人，故宁坦然布怀，极言中国非联邦莫救。

但是汤漪先生却不敢这样说。他的《省自定宪法与地方制度》文中，力辩省宪非联邦。且看他说：

> 省宪即联邦说——此等武断式的误解，更为离奇。……因为联邦非联邦，是从国家全部组织上决定的，不是地方制度上一个条文所能决的。究竟省在国法上之地位，是何等性质？本席可以答复，曰：“省为地方自治团体，兼为国家行政区域。”

依我看来，汤先生这种解释，实在有点“众狙同人”的嫌疑。联邦的邦又何尝不是“地方自治团体”？且看柏哲士说：

> ……至于联邦制下之邦则异。若而邦者，地方自治机关，立夫共同宪法最上威权之下，而保留其余力者也。

近代的联邦论者大概多不承认邦是国家，只承认邦为地方自治团体。汤先生以“省为地方自治团体”做理由，来证明“省宪”非“邦宪”，反对党如果稍微读点书就马上可以驳倒他。又何必不学行严先生，简直大唱省宪即联邦之说，较为直截痛快呢！

我要忠告省宪同志会同人一声，就是诸公应该为主义而定宪法，不应该为宪法而牺牲主义。中央集权的宪法早一日成立，即不统一的政局多一日延长。当此南北分裂的时期，宣布宪法成立，实在是宣布宪法的死刑！倒不如为宪法留一点虎豹在山之势，或者可保存宪法的尊严！故省宪同志会应该以宪法起草委员会的《地方制度修正案》及《增加国权一章草案》为最后的主张，不当再有所让步。

（原载《努力周报》第56期）

开南北和平会议的条件

（1923年7月8日）

曹锟于这月二号致孙中山先生一电，说道：

迭奉宣言，促开南北和平会议，并提倡兵工政策。老成谋国，尤极服膺。深信解决时局，舍此别无良法。现在国会制宪之功仅亏一篑，迭据各政团代表来保，与锟面商，结果拟即依照先生主张，召集南北和平会议，聚全国名流于一堂，共商国是，将一切政治问题，讨论解决。俾国会得以从容言法，树国家万年不拔之基。当亦先生所乐许也。

看到这个电报的人，必定要惊讶说："直系为什么忽然言和？"直系本是主张武力统一的，直系的地盘也完全是建筑在武力之上的，现在不但采取和平统一的方法，并且不惜牺牲自己的武力基础，而赞成兵工政策。如果我们不是个傻子，那么，自然不能相信这个电报是真的了。

如果这个电报是真的，我们便要先问问直系："你们到底是因为图谋总统，激成国会的分裂和国人的责骂，乃设下这条计策，藉此和缓国人的感情呢"，或是"你们自己认定武力统一只是梦想，现在忽然觉悟，抛弃从前的政策，服从他人的主张呢？"

我们也不问这个电报的动机是由于第一个原因，或是由于第二个原因，但是总要直系有谋和的决心表示。直系要想表示他的谋和的决心，至少要履行下列的几个条件：

（一）罢免吴佩孚的官职，以为主张武力统一者戒。

（二）撤回扰乱广东、福建、四川各省秩序的军队。

（三）曹锟自请解去兵权，并宣誓不作下届总统。

（四）请黎元洪回京复职，暂维持中央政府的秩序。

（五）请离京议员回京，专门从事制宪。

（六）待新宪法公布后，再行选举正式大总统，组织新政府。

必能履行这几种条件，方才可以表示出来直系的谋和的诚意和决心。

（原载《努力周报》第60期）

“事实政府”究竟做了些什么事

（1923年7月15日）

北京政府，是我们所自来所只认为“事实政府”的黎元洪复职的合法不合法，是一个未经解决的问题。国会议员本身的合法不合法，也是一个未经解决的问题。我们以为要等到法律解决了，再说组织政府，不但国内急待解决的问题狠多，不能旷日久待，而且直是无从着手。所以我们要求黎元洪认他自己是“事实总统”，那吗〔么〕，他的政府也自然成了“事实政府”。专在事实上把国内的问题解决了。一面制定宪法，再依据宪法组织合法的政府。这是去年黎元洪复位的时候我们的主张，屡次在这报上发表过，想读者还记得的。

我们现在用不着再问北京政府法律上的地位了。可是我们要问他事实上究竟做了甚么事体。就事实上说，北京政府只是一个绝大的饭店，没有饭吃的人，都可以到北京政府里去混一碗饭吃（至于现在因薪俸发不出，连饭也没得吃的，另外是一个问题）。但是要希望他们做一点事，是绝对不可能的。我看见第五十九期的《努力》上，载有顾颉刚君的《说杨惠之塑罗汉像》的一篇文字，他为了一千年前的美术品，曾经求救于北京的历史博物馆，可是终竟没一点用处。我说顾君这种主张，是因为他不晓得北京政府的实在情形，若晓得了，他自然不会起向政府求救的意思，也就不至于失望了。北京的历史博物馆属于教育部，每月有九百元的经常费，可是这九百元，仅仅够开销馆长职员杂役等的薪俸工食，要该馆出几个钱收买历史上的美术上的物品，断乎没有那么一回事。换一句话说，就是政府的机关经费，都只做到为人设饭的一层，至于国家公事的办不办，有成效没有成效，简直没人过问了。

我说历史博物馆，是偶然因保存古物的一件事引起来的，但是他狠可以使我们举一反三，即小见大。我们听说陆军部的部员有两三千人，但是他们何尝能够遣一将调一兵？海军部的部员有五六百人，他们何尝能够遣一兵调一舰？财政部的部员一千多人，而国税的收入却没有一文经过财政部。交通部的部员五六百人，而国家的铁道，几年来不加添一尺，甚至连铁道的收入都保不住了。其余各部各机关，都可类推。总而言之，我们说北京政府是一个大饭店，大家吃了饭不做事，决不是过甚其辞。

吃了饭不做事，倒还罢了，他们可是还要借着政府的招牌，做那捣乱国家、伤害人民的事。今天有一位军阀要黩武穷兵了，发一道命令式的电报问北京政府要钱，北京政府就不能不发公债。明天有几位穷光蛋要急于发财了，有的是财政部印刷局，印花税可以任意的印发。至于教育经费、使馆经费，为国家体面生命所关的，他们都可以熟视无睹。总而言之，就几年前北京政府的历史看来，可以说是为善不足，为恶有余。这样的政府，法律上既然失了根据，事实上又拿什么来做生存的价值？

我们时常说北京这样的政府，既没有生存的价值，就是没有了，也没有人觉得少了一件什么东西。从前容许有人不信这个话，现在他们可自己表示给我们看了！他们没有总统，没有总理，没有总长（九个中只剩下四个，不到一半），而且加上这部罢工，那部锁门，结果是等于完全没有政府了，然而大家并不觉得少了什么。

总括起来，我们可直截了当的说，北京政府，并够不上事实政府的名称。他的正证，是几年以来，并没有做一点有益的建设的事业，而且照现在这种情形，不加一番彻底的改革，似乎没有建设事业的可能性；他的反证，是没了这个政府，我们也不觉得少了什么东西。

我们所希望于国人的，是：

一、不要恐怕北京没有政府。

二、不要希望北京政府会做什么好事。

三、不要错过这个机会，急忙跑出北京的圈子做一点正经的事业。

（原载《努力周报》第61期）

顾维钧到底替谁看大门?

（1923 年 7 月 29 日）

我从那一天在开明剧场里面省宪同志会的会场上，听到顾维钧的演说之后，便警醒了从前希望他做大外交家或大政治家的迷梦。从他的知识上下断语，只认定他是“一位很会出风头的教会学生”。

以“傻子”自命的王正廷，现在尚且若有意若无意的跑开北京；靠做官生活的颜惠庆，现在尚且若隐若现的不肯抛头露面。对现在争权夺利的政客去谈“出处大节”的，当然是个“迂子”；但是我们亲眼自见的，就是在袁世凯时代，凡是被他“垂青”或被他“宠幸”的人，没有一个不丧失了“个人名誉”和“政治生命”！我想到这一层，不禁为这位在中国政治炉中未经烧炼过的顾维钧害怕！

顾维钧所发表的自欺欺人的谈话，说他这次出来专门在“维持国际地位与国家资格”。这一派好听的门面话，凡在袁世凯部下供奔走的人，没有一个不说得嘴响。不想顾维钧到今天还以为是他自己的发明！

顾维钧的通电中所声明的两大宗旨：一是“行使约法赋予之职权”，二是“维持国际现有之地位”。第一个宗旨和他的谈话刚刚相反。约法上明明白白规定“国务总理及各部总长均称为国务员”，又明明白白规定“国务员辅佐大总统负其责任”，而《政府组织令》中又明明白白规定“政府以国务员组织之”，又明明白白规定“国务由国务会议议决行之”。外交总长既是国务员之一，既出席于国务会议，又安有“只守门户不管政争”之理！如果顾维钧能在世界的所有书籍中找出“外交不是政治”或“外交与政治无关”之一类的解释，我们便可相信他的谈话，不然便是一窍不通！如果顾维钧不出席国务会议，那么，自己首先违法，又怎么偏要通电声明说“行使约法赋予之职权”呢？顾维钧知道官吏的责任含有强制性质，凡法律上所有应负的责任都要一律担负，不准自由伸缩的道理吗？

至于说“维持国际地位”，本来是迎合国人心理的一句漂亮话。但是你要求外国撤废领事裁判权，他偏要随便的发生一件侵害人权的案件（罗文榦案）或侵害司法独立的案件（东省特别区法官免职案），使外国人不来中国调查司法状况。你想免除国际共管的国辱，他偏要在直鲁豫巡阅使界内，自己肘腋之下，出了临城案件。你要维持国际信用，他偏要把那些指作外债基金的收入提充军费。你又怎样办呢？在这种军阀横行的世界，你一个人又能做什么事呢？

所以我说顾维钧被诱上台，结果，只能替人家状状〔装装〕门面。老实说，就是替一个谋总统者招待外宾，并不是替全国看守门户！

（原载《努力周报》第63期）

答KC君

（1923年7月29日）

KC君在《解决政局纠纷中的一种办法》（见本报前期）中，开始有几句话是对于本报的质问。说道：

> 去年政变，《努力周报》曾有一种明确的主张贡献于国人，可惜未能见诸实行，迁延因循，酿成今日这种局面。现在北京政府陷入进退失据的地位，已经一个多月了。惊心动魄的外交和内乱，一步一步紧逼上来。《努力周报》是舆论先驱，何以至今没有具体的表示？我们读报的人有点忍不住了，所以大胆把个人的意见发表出来，供大家的讨论。

KC君所发表的意见，如“组织中央临时执行委员会”，如“另组宪法会议”，如“裁并无关重要的机关”，如“改定部员的俸给”，如“以关税、盐税等作国债整理金”，以及“各省得自定省宪、自组政府”等主张，都是一般人公同赞成的。现在姑且放下这些问题不谈，先说说本报对于这一次政变的态度。

这一次政变，在我个人只认为是退步的政变，不是进步的政变。所以政变的结果，只有把政治上所有的罪恶尽量的表现出来，绝对不能现出一线光明之路。

我们在舆论界中过生活的人，至少要明白中国历史上所有政变的特性。我敢武断说，一部二十四史中的所有的政变，只是政治首领的变更，绝不是制度或政策的变更。换句话说，只是一家的兴亡，不是政体的变革。那些争帝争王的人，只想把江山夺过来，至于法律、制度、政策那一样不是因袭前朝的。我们拿这种观念来看民国以来的政变，可以说没有一个例外。倒了一个专制的袁世凯，又来一个专制的段祺瑞；打倒了无恶不作的安福部，又来了无恶不作的天津派；吴佩孚在湖南时代以反对段祺瑞武力统一的政策得名，现在在洛阳却自己做了武力统一的中心。所以这一次各派的冲突，无论将来中央政府是属于曹、属于段，或属于张作霖，一说到政策，那就“乌龟莫笑鳖”，大家都是一样的。

我们从前正在做梦，所以每逢一次政变，照例总要高兴一次，以为这回该可以有点光明的希望了。谁知结果仍然是半斤之于八两，甚至于“朦朦眼养瞎子”，一代不如一代！我们这一次不敢再高兴了，所以不提出具体的主张，为的就是减少废话。

《努力》的主张是：

好政府主义。

好政府积极方面的最少涵义是：

（一）充分运用政治的机关为社会全体谋充分的幸福。

（二）充分容纳个人的自由，爱护个性的发展。

惟在这样的政府之下，可以希望他实行我们所提出的“政治改革的三个基本原则”，就是：

（一）宪政的政府。

（二）公开的政府。

（三）有计划的政府。

这一次摄政的政府，只是曹家的政府，全副精力都注重在大选一个问题上边，怎能说得上“为社会全体谋充分的幸福”呢？至于“个人的自由”和“个性的发展”，他们更不知道是怎么一回事。我们如果对于北京政府建什么议，那岂不是一个傻子吗？

其次希望议员南下，去组织政府一层，我们也不敢领教了。因为议员先生们所为的是金钱势力，如果把他们粉身碎骨的分析起来，除掉金钱势力的成分而外，再也没有别的成分。何以见得他们一离开北京便可相信呢？所以我们对于议员也是绝望了。

再其次，如独秀先生在《向导》里边说：

> 此时国人无论对于何人都绝望了，所希望能救国的只有国民党。国民党就应该起来统率国民做革命运动，便应该断然抛弃以前徘徊军阀之间、鼓吹什么四派势力裁兵会议与和平统一政策。

国民党诚然比什么研究系、政学系、安福系、直隶系等——在历史上看起来——少胜一点。

可是现在北京的民宪同志会，岂不是国民党的重要分子所结合的吗？内中有一大部分，正在这里做攀龙附凤的事业，还有谁想“统率国民做革命运动”呢？退一步说，他们就是肯去做革命运动，像吴景濂这一派人，又有那个“国民”肯听他“统率”呢？所以我们对于国民党也老早就绝望了。

我们现在无论对于何方都绝望，就是提出具体的主张，也不过是一时高兴为报纸上凑凑篇幅罢了。即如 KC 君所提出的意见，何尝不是救国良方，但是依我看来，除非 KC 君亲自上台，是绝对不能实现的。我个人对于时局很消极的，故且略述鄙见，聊作本报的答词。

二六，夜三时半

（原载《努力周报》第 63 期）

我们最后的希望

（1923 年 8 月 5 日）

我在《答 KC 君》的文中（见前期）曾说过，我们对于北京政府绝望，对于南下议员绝望，对于北附议员也老早就绝望，对于研究系、政学系、安福系、直隶系甚至于对于国民党，也都一律的绝望。

这样一说，似乎中国前途条条都是死路，那么，我们又何必不“今朝有酒今朝醉”，还要各自努力呢？不要绝望，不要绝望，还有别的希望！

我们对于什么北京政府、南下议员、北附议员以及什么系、什么派、什么党，固然都一律绝望，可是此外还有几个大有希望的阶级。我们对于什么北京政府、南下议员、北附议员以及什么系、什么派、什么党，固然都应该为减少废话计，不必向他们建一议、画一策，可是对于这几个大有希望的阶级却不可不说几句话。换句话说，我们对于这些武人、政客的“火并”虽然不必去管，但是对于这几个大有希望的阶级，却不可不想方设法的赞助。

这几个大有希望的阶级是什么阶级呢？就是教育界和工商界。

我以为中国政府坏到这步田地，如果我们仍抱着头痛医头脚痛医脚的办法，终久是没有功效的。我们的社会简直是百孔千疮，比不得欧美的社会大部分健全，只有小部分生点癣疥。所以英美的实验主义派可以主张零碎修补，我们便不得不主张根本改造。我希望全国教育界根本改造的事业是：

由全国中等以上学校组织选举会，选出专门学者充任宪法起草委员，人数不得过五十人。

我相信由学者制宪，至少可以采纳下列的主张：

（一）曾任或现任的军人不得被选为大总统。

（二）曾任或现任的军人不得为国务总理。

（三）废除代议制。把国会变作法制局，由全国职业团体选举。在职业团体的组织未完备以前，暂以考试代选举。

（四）采取联邦制。把国权与省权详细划清，并承认省得自定宪法、自组政府。

（五）设立护民官。仿效罗马保障民权的办法，由于人民选出护民官，无论官吏何种权利都可拒绝。

其次希望工业界出来主张：

凡无职业者不得充任国家一切官吏。

我以为无业的政客所以变成军阀的爪牙，并不是道德的问题，只是经济的问题。而经济的问题，也并不是增加区区的出席费、岁费、薪给等所能解决的，最重要的在仿照从前“辍耕而仕”“致仕归农”的办法，因为有职业的人被选便做官，免职便仍回去劳动，自然没有“卖身投靠”的必要。

再，此次希望商业界出来干涉财政，主张：

凡国家一切收支，都由纳税者选出代表去监督。凡不由纳税代表团承认的收支，或收支不对于纳税代表团公开，都认为无效。

我们翻翻欧洲近代政治史，到处都可以看见欧洲新商业阶级的努力。我敢说促进欧洲近代政治进步的最大动力，多半发生于都市。宗教改革是新商业阶级的助力，打倒封建贵族是新商业阶级的助力，英法各国的革命是新商业阶级的助力，议会政治是新商业阶级的助力。所以中国商业阶级如果觉悟，很可以和工业界、教育界联合起来，共同担任改造中国的大责任！

这就是我个人最后的希望。

（附记）我这篇短文刚刚做成时，接到张克昌先生的一封长信，对于我

《答KC君》的文，取消极态度，大不满意。他最后有几句很沉痛的话：

> 《努力》设“在无可奈何的境地里”（见《努力》），虽不能做那割舌的颜杲卿、东林之顾宪成；至少总得学那设《新民丛报》于东京的梁启超、设《向导周报》于广州的陈独秀，这才不至空谈“主张”，这才配那“舆论先驱”！不然，与其“消极”，不如停板〔版〕！

我要回答张先生的，就是我们现在不必向北京政府、南下议员或北附议员去建什么议，要掉转头去另从别的方面着想。我个人的意思，是说这次政变之后，北京绝对的不能有好政府出现，不是断定中国永远没有希望。对于现政府取消极的态度，对于改造的事业仍和从前一样，仍然是取积极的态度。我很感谢张先生的诤言，故在此处略微申明几句话。

（原载《努力周报》第64期）

我对于国民党的态度

——答邓初民君来信

（1923 年 8 月 19 日）

我在前几期《答 KC 君》和《我们最后的希望》文中，很有不满意于国民党的表示，把他和安福系、研究系等一律看待，于是激动了我的朋友邓初民先生，他老远的寄封信来和我讨论。他说：

你那篇文字——《我们最后的希望》——开始便说：“我在《答 KC 君》的文中曾说过，我们对于北京政府绝望，对于南下议员绝望，对于北附议员也老早绝望，对于研究系、政学系、安福系、直隶系甚至于对于国民党，也都一律的绝望。”我觉得你这“一律绝望”的态度，尚不能令人心服。就是没有分析，没有比较，一概抹杀。政府是不足道，军阀是不足道，专就政党说，国民党的分子固不能尽善，而“国民党”的三个字，似不能不以分别的眼光论断之。凡政治的行动都要有组织，人类在政治生活中，按着自己政治的目的和意见分组，各种政治的结合，就是政党。政党与非政党的区别，纯在他的结合有无共同的政治目的和意见。换句话说，即在有无超于一种个人的私的主张。如拿这个标准来衡量中国的政党，国民党是万不能与其他的什么系、什么派、什么俱乐部一概抹杀的。何以故？国民党是有一种超于个人的主张的，是有三民主义、五权宪法的党纲的。即其党员的活动，在南在北，亦多少具有特别色彩，非其他什么系、什么派的分子可比。国民党最令我不满意的，怕也是多数人不满意的，就是誓约组党一事。不过也还有可以原谅处，即国民党始终是一个革命的党（略带军事性质），到处标榜革命，自辛亥以至现在，还无日不在革命的行程中，无日不在做他革命的工作。我以为国民党之所以能吸收现在多数学生（智识阶级）、多数工人（劳动阶级）的同情的，就在这一点。国民党之所以不能一概抹杀的，也应该在这一点。试看从前许多骂国民党唱高调的，近来的主张，也渐渐趋于一致。如你说："中国政府坏到这步田地，如果我们仍抱着头痛医头脚痛医脚的办法，终久是没有成效的。我们的社会简直是百孔千疮，比不得欧美社会大部分健全，只有小部分生点癣疥。所以英美的实验主义派可以主张零碎的修补，我们便不得不主张根本改造。"对呀！早就该根本改造。根本改造就是国民党澈始澈终所标榜的革命。这不是国民党的聪明，实在是中国的政治社会迫得必然的如此。换句话说，"中国政府坏到如此地步"，国民党的革命论，已不是国民党独有的主张，差不多成了一般的共同趋向了。如此说来，国民党怎能与其他的什么系、什么派……一概抹杀呢？我在此须声明一句，我是没有任何党籍的，但将来我开始我的政治行动时，如果不能独立组党，就要加入国民党。

此外还有陈独秀先生近来也一样的重视国民党，他在《向导》第三十一与三十二期合刊上《北京政变与国民党》文中，说道：

国民党究竟怎样？我们用不着夸张，我们敢说，国民党两次在广东执政，为期尚短，虽无什么积极的建设，而消极的未曾压制人民集会、结社、出版之自由，这是我们亲见的。至于国家每有大难，如袁氏谋叛、张勋复辟、段氏毁法等，国民党莫不出而肩负巨任，为国牺牲。这些事实，便是反对党也不能否认。

邓君尊重国民党的主义和精神，陈君尊重国民党的历史和事实。若专就这两点论，我个人对于国民党也是完全赞同的。不过邓君所说的“国民党……是有三民主义、五权宪法的党纲的”，我以为这只是孙中山先生或与中山表同情的几位国民党的学者（如汪精卫、张继诸人）的主张，至于多数国民党议员（如包办大选的议长之类）恐怕就连这“三民主义、五权宪法”的意思都不能明了了。所以我个人很赞成国民党的主义，却大不赞成国民党中所收罗的那些无聊的党员。国民党的主义竟然“成了一般的共同趋向”，可是国民党党员的行为却成为众矢之的。

国民党的多数党员在共患难时有主义，在共安乐时却无主义。所以国民党得荣誉往往在失败之后，国民党遭痛骂往往在得意之时。这种事实不能不令像我们这一类诚心诚意赞同国民党的人大大的失望！

袁世凯称帝的时候，淘汰了一部分国民党的败类——如孙毓筠、胡瑛一流人；这次北京政变，又要淘汰了一部分国民党的败类——如吴景濂一流人，同时又试验出来一部分有志气、有操守的人，可以看得出他们遵守主义到底不变的态度。所以国民党到了现在只剩下一块空招牌，虽然还有几位少数的伙计，但是他们也不打着国民党的老招牌做生意，又新立字号、择吉开张了。所以我以为国民党到了今天，既然只剩下一空店面和一块老招牌，就应该重订店规，重新召股，从新批发，最好是从新制造些货物，在用户面前贩卖。必待用户有个“货真价实”的总批评出来，方可撑持这个门面。

我个人是很相信国民党所抱的主义，可是又同时很相信旧有国民党大部分的党员绝对不能实行国民党的主义。现已相信他们绝对不能实行国民党的主义，那么，只有把他们同什么系、什么派……一样的看待了。邓君说：“将来我要开始我的政治行动时，如果不能独立组党，就要加入国民党。”我个人也是这样的想。但是我个人如果要加入国民党，却有个条件，就是：

（一）要使在北京的民宪同志会的老国民党的党员完全出党！

（二）要国民党自身完全变成社会主义的政党——仅仅与劳动阶级联

络或表同情于劳动阶级，我都不认为满意。

（三）要使有职业的人加入，不可使无职业的人加入，或有职业的人因为入党便抛弃职业，去专门做政治生活。

国民党如果是这样办，我也是要首先加入的一个人。由此可以知道我个人对于国民党的态度。

附注：邓君原函说到别的问题，恕我不一一答覆了。

（原载《努力周报》第 66 期）

不值批评的批评

（1923 年 10 月 14 日）

“发扬国光，巩固国围；增进社会福利，拥护人道尊严……永矢咸遵，垂之无极”的中华民国的“神圣尊严”的宪法，竟出自南北领钱、丑声四播的议员之手！

执行“中华民国之行政权”“对外国为民国代表”“以至诚遵守宪法”的中华民国大总统，居然举出辛亥年扑灭泺州革命军及讨伐西南护国军总司令的曹锟！

停顿至十年之久，开会到二百零二次之多，总计十三章一百四十一条的国家根本大法，竟在统共不出两点半钟以内的三读会中，把全文完全通过！

号称采取联邦主义的宪法，号称拥护省宪的宪法，号称尊重省权的宪法，并“省宪法”的名称都不用，而且连省制和县制都规定了。广东、云南各省且不说，到底看将来怎样对付湖南、浙江！

我们老早就说过，武力不能统一，几派首领人物结合也不能统一，分赃式的和平会议不能统一，土匪式的占据地盘主义也不能统一。将来统一的一线光明，全仗着这个满足人意的宪法。试问这个宪法怎能达到这个目的？

没有宪法固然是国家的大不幸，有宪法而不能实行尤是国家的大不幸。约法虽不完备，还可以代表革命政府的主张，袁世凯破坏他，还有人出来保障。这次宪法将来到底看有何人出来替他保障！

美国宪法宣布的时候，有许多宪法会议的议员著书立说的辩护他、阐明他。我国宪法会议诸公，何人够得上著书立说，何人的著书立说可以引得起社会的信仰？

又何怪乎双十节天安门前的人民只注意表彰宪法、悬挂宪法的彩楼电灯，并昂头看中央公园的烟火，又何怪他们看见了一个好看的烟火，欢欣鼓舞之情比看宪法增高万倍呢！

（原载《努力周报》第74期）

宪法与制宪者

（1923 年 10 月 14 日）

我们到了今天，当然不能相信古代“圣人立法，愚者制焉”的格言，当然不能把法律同道德合在一块，说法律是人类行为的标准模范了。所以我们因此很可以退让一万步说：只要宪法制得好，倒不必问制宪者是阿猫阿狗！

而况“宪法会议”是“宪法会议”，“总统选举会”是“总统选举会”，在法律上究竟是两样资格。我们不必因为报纸上天天骂那些做总统选举会的议员是“猪仔”，是“走狗”，就适用那“狗嘴里吐不出象牙”的公例，断定这些人一定制不出好宪法来！

我有一位朋友，当民国元年时，在安徽做警察厅长，想出一个布告，禁止人民吃鸦片烟，于是请他的秘书起稿。这位秘书是卧床不起的瘾者，就在鸦片烟床上做了一篇冠冕堂皇、字字玑珠的禁烟文。但是我们那时总不忍因为他言行不一致，便说他的禁烟文做得不好！也只得退让一万步说：吃烟是他个人私德，起草是他秘书的职分。我们假若这样设想，那么就是卑污苟贱的议员，也未始不可以制定出来神圣尊严的宪法。

但是本报第四十一期“这一周”中曾经说过：

宪法是国家的根本大法，至少要能引起国人的信仰与崇敬。试问这一个光园拜寿、红罗场领冰炭敬的无耻政客团体定出的宪法，能引起谁的信仰与崇敬？……总之……民治国家的法律决不是那班自己不守法律的无耻政客所能制定的。我们可以预言，吴景濂、张伯烈的国会即使定出一个宪法来，将来决不会有宪法的效能，将来不过添一张废纸！

我们试看看德国的宪法，乃是柏吕斯博士（Dr.Preuss）平昔研究的结果；俄国宪法乃是列宁等多数派的主张的结晶；从前美国的宪法更不用说了，凡是美国的伟大人物，如华盛顿、哈密顿、莫迪森、甲恩森、佛兰克林、詹姆斯·威尔逊等，凡功高望重的政治家兼学者几乎没有一人不在内。我国的宪法会议诸公如果拿镜子自己照照，能不自惭形秽吗？用狗粪做菩萨，还强令人低头崇拜，能不为神圣尊严宪法悲吗?!

（原载《努力周报》第 74 期）

我们对于《国民会议组织法》的主张

（1925 年 2 月 14 日）

我们认定国民会议与临时政府及善后会议的性质绝对不一样，因为国民会议是创造国家的根本法和决定建国方略的，临时政府及善后会议却只是一时的、治标的、注重结束的。故临时执政尽可由实力派拥戴，善后会议的会员也尽可代表实力，而国民会议的议员却要由人民自动的选举。我们对于临时政府和善后会议所以看得不大重要，就因为我们意中有一个神圣的或完善的国民会议，可以判断他们的死活。我们意中的国民会议，若借用卢梭的话说出来，就是：

> 当人民以主权者资格合法集会的时候，政府的一切职权立刻停止，执行的权力即时中断，最下等的公民马上变成第一等的官吏，神圣不可侵犯。

我们既已把国民会议看得这样神圣，那么，对于产生这种神圣的国民会议的方法当然要慎重的讨论。我们主张《国民会议组织法》至少应该采取下列的根本原则：

（甲）废除纳税、财产、教育等限制的选举。

（乙）凡有中华民国国籍的男女，年满二十一岁以上者，皆有选举权。

（丙）凡有中华民国国籍的男女，年满二十五岁以上者，皆有被选举权。

（丁）采用直接选举制。

我们所以提出这四个最少限度的根本原则，就是想组织一个真正能代表人民的国民会议。所以我们要首先郑重声明的，就是：

国民会议只许由人民直接选举出来的代表组成，此外任何机关或个人均不得以特殊的资格推举代表参加。我们根据上述的原则，对于拒贿议员签选代表参加，或第二届国会议员推选代表参加等等的提议，一律表示反对。

我们对于国民会议议员的选举法，主张以采用分区选举制为主，而辅之以职业代表制。现代的选举方法和选举理论，大概不出区域代表制和职业代表制两种。区域代表制是假定“在同一区域的人民总有最大的共同利害关系”，职业代表制是假定“凡从事同一工作的人民总有最大的共同利害关系”。在工业最盛的国家，同一职业的共同利害关系比较同一区域的共同利害关系重要；在交通不很发达的农业的国家，同一区域的共同利害关系却比较同一职业的共同利害关系重要。我们认定中国也免不掉要走这由农业国渐进为工业国的一条道路，故一方面有维持旧有的区域代表制的必要，一方面又有采用新生的职业代表制的必要。

一、区域代表的选举

我们所主张的区域代表的选举的方法：

（甲）各省以现行的道区为选举区。

（乙）各省选出议员的名额依人口的多少决定，每人口二百五十万选出议员一名。

人口的总数暂依民国元年《国会组织法》第四条的根据为准。

（丙）蒙古、西藏、青海选出议员的名额，照民国元年《国会组织法》第五条所规定的名额减去三分之二（蒙古九名，西藏三名，青海一名）。

此外，尚有华侨不能包括在上项选举区域之内，然而依他们的特殊地位和民国惯例，似应当许其参加国民会议的组织。我们以为可于国民会议设置华侨议员名额二人，而适用民国元年《参议院议员选举法》以选出之。

二、职业代表的选举

我们主张在中国职业团体未十分发达以前，不能分业选举，故仅以下列的几种有组织的团体为基础：

（甲）教育会：每省的县教育会联合选举议员二名，每省的省教育会选举议员一名。

（乙）商会：每省中大城市人口满五十万以上者其总商会选举议员一名，满十万以上的各城市的商会联合选举议员二名。

（丙）工会：大城市人口满五十万以上者，其工会联合或总工会选举议员一名。航业工人的工会、铁路工人的工会、矿山工人的工会、机器工人的工会、纺织工人的工会、印刷工人的工会等类会员满万人以上者，各选举议员一名。

上项工会会员之不满万人者，得联合同类的工会凑成会员总数万人，选出议员一名。

（丁）农会：每省的县农会联合选举议员二名，每省的省农会选举议员一名。

此外尚有几种所谓“自由职业”，不能包括在上列各项职业团体之内。然而在国内代表一部分重要的职业的利益，而且比较的具有确定的组织，如律师、医生、新闻记者业之类，似也应当给以独立的代表权。我们以为，可由律师总会或全国各地律师工会联合会、各地医生会联合会、全国新闻记者协会或各地新闻记者联合会各选出议员二人。凡属于数种职业团体之人，只许以一个职业团体分子之资格，享有一选举权。

上列各会现有的组织，或为少数人所把持，或系秘密未公开的结合，往往不能代表各会的全体会员，这是很常见的事。故我们主张在未行国民会议议员的选举以前，凡没有成法可根据的，应从新制定组织法；凡有成法可根据的，亦应指明适用某种旧有的组织法，一律限期改组。

（原载《现代评论》第1卷第10号）

平民革命的目的与手段

（1925年12月12日）

“平民革命”本是一个好听的名词，至少在中国还没有被人轻薄过，可是同时做平民革命的实行家自己也不要玷污了他的清白才好。依我的浅陋的愚见说，要想不白糟蹋了这个好名词，第一要弄清楚这平民革命的目的和手段。

人人都知道，凡做事有手段无目的，便是瞎闹；有目的无手段，便是梦想；有目的有手段，而手段与目的自相矛盾，便是自杀。这个浅薄的理论是尽人皆知的，可是一到实行起来，却往往不免自相矛盾。在他们做得兴高采烈的时候，你要是从旁边插嘴说他们不对，他们往往对你翻白眼骂你，甚至于说你是反革命。

平民革命的目的何在？我个人对于这个问题当然不能作具体的答覆，可是笼统的说起来，总不出下列的一个最小的限度。就是：

（A）对内至少须要求一个立宪的、公开的和有计划的民治政府，至少须要求定下废督裁兵及保障言论、自由集会的政策。

（B）对外至少须要求废除一切不平等条约，至少须要求中央政府绝对不受任何帝国主义的势力暗中操纵。

如果连这样最低限度的主张都不能提出，那么就根本上不能大吹法螺，说是平民革命。

假定平民革命的目的如此，那么这种革命成功是那一阶级受害呢？我可以毫不踌躅的答道：军阀。照这样说来，平民的对头就是军阀，平民革命就是打倒军阀，必得把军阀打倒，平民革命的目的才能够实现。

不然你要立宪的政府，他偏要专制的政府；你要公开的政府，他偏要秘密分赃的政府；你要有计划的政府，他偏要无计划的政府；你要废督，他偏要造督；你要裁兵，他偏要招兵……你要打倒帝国主义，他偏要靠着帝国主义生活。便怎么样呢？

我所谓打倒军阀，乃是推翻一切的军阀，并不是联络甲军阀打倒乙军阀。今天联甲攻乙，明天又联丙攻甲，乃是那抱要狗熊主义的政客做的，不是平民做的。在平民的眼光看起来，甲军阀、乙军阀、丙军阀、丁军阀……皆是一个娘养的，皆是吃人不偿命的虎狼，皆是杀人不眨眼的强盗。

平民要闲得不耐烦，学学政客先生们，好像斗蟋蟀一般挑拨他们打着玩，那我们可以不说话；平民要有仇不能报，学学失意的军阀们，借刀杀人，让我们从旁边看得一个痛快，那我们也可以不说话。如果口中自夸我是无政府主义家，手中执着红帜表示我是共产主义家，或者怀中挟着书包自称是民治主义家，你们再要联起军阀，利用起军阀，或者垂首乞怜于军阀，那就真是梁任公所骂的“傻小子”的行为！

无政府主义家，共产主义家，民治主义家，无主义主义家，今天这个主义明天那个主义家，请你们不要做那某军阀比较好些、某军阀听我们指挥、某军阀被我们利用等等不成梦的好梦，白白的把这“平民革命”一个好听名词弄糟了，才是“中华民国万岁”！

（原载《现代评论》第3卷第53号）

对于委员制的意见

（1926年1月6日）

委员制的宣传到现在已经一年有余，不但本刊对于这个制度不曾明白讨论过，就是我个人也从没有对于这个制度发表过一点半点意见。现在因为北大国语演说会要辩论这个问题，要我发表一点意见，供他们的参考，姑且把我个人对于这个制度的意见略为说一说。

我当未说委员制性质之前，先述述中国人主张委员制的理由。中国的名流学者主张委员制的有章太炎、徐季龙、褚慧僧三人。太炎先生想用委员制来息中国武人的纷争，故说："总统只有一位，而才望等夷者众，其势必出于争。"这是太炎先生主张委员制的理由。季龙先生主张委员制的大意是："内阁制和总统制在中国都试验过了，都没有好的成绩。现在只有一个委员制不曾试验过，不如姑且拿他来试一试看。"季龙先生主张委员制虽然还有其他的理由，但是这也是他许多理由中的一个理由。慧僧先生在善后会议中提出委员制，是想把各省督军督办一齐网罗到中央来，作为废督的初步办法。这是慧僧先生主张委员制的理由。

如果主张委员制的人只拿这几种理由做根据，那么，我们只得哑口无言，听他们发挥"妙论"罢了。如果认为对于委员制的本身还有讨论的必要，那么，小子便要放肆，发挥我个人的"妙论"了。我以为要想采用委员制：

第一，要有委任和监督这委员会的机关。关于这一点，并不必要高谈学理，我们只要"顾名思义"的问一问："委员是什么人委的？"那就够了。只有被委的机关，没有委人的机关时时在他们之上来监督他们的行为、纠问他们的责任，那么，委员制的名义和实际便完全消失了。瑞士的行政委员会是对于“联邦议会”负责的，绝对是服从联邦议会的议决案。所以狄卜来（Dupriez）说：在瑞士，“各行政长官（委员）只有遵奉立法部的意志，他们并且没有选择别种方法的余地，他们总是好好的服从”。委员的来，必由国会选举；委员的去，必同国会期满一同的去。老实一点说，就是国会把他们平日相信的人们推举出来，教他们去组织一个“奉命唯谨”的行政委员会，来执行国会自己的议决案。英国的白芝浩（Bagehot）说：“内阁者，特一富于缀系性之委员会也。”他把内阁看作委员会，立论的根据完全就在这一点。由此可见，凡能名称其实的叫做委员制，必定要有委任机关存在。中国现在的委任机关在那里了？没有委任的机关，只有被委任的机关，就根本上不能冒称委员制。

第二，委员会只能做执行国会政策的机关。凡是采行委员制的国家，立法的本意只想降低行政部的地位，不是想抬高行政部的地位。瑞士的行政委员会在实际上只要委员自己愿意连任，几乎没有不继续当选的，所以行政委员在习惯上几乎变成终身官。由此可见，瑞士的政治制度是把决定政策权划归联邦议会，单把执行政策的职务委托于行政委员会，因此瑞士的行政委员只以行政经验为当选的条件，并不是选举他来代表某一个政党或某一种特殊势力的。例如在一八八八年，中央自由党虽然在国会中失掉势力，可是在行政委员会中依然有三个委员。有时或者也照着政党去分配委员的人数，可是只有极不相容的政党，却没有互相攻击的委员。为什么呢？就是因为委员会只做执行国会议决的机关，不是决定政策的机关，所以只以行政的技术和经验为重，不以代表政党的党纲和政见为重。如果中国采用委员制的本意是注意在使实力派的首领加入，隐隐把这政令不出京城的北京政府地位抬高，那么不但在事实上只是痴人说梦，就是性质上也与委员制的精神绝不相符了。

第三，委员会只能受一个政党的支配。上边所说的两点是瑞士委员制的特色，现在所说的这一点是苏联委员制的特色。苏联的“人民委员会”在事实上既不是事事听命于全俄苏维埃大会，又不是专门做执行政策的机关。这个人民委员会在法律上虽然居第四位（第一是全俄苏维埃大会，第二是中央执行委员会，第三是中央执行委员会主席部），可是在实际上，全俄苏维埃大会不常开会，行使职权的机会极少；中央执行委员会和他的主席部也不过是一个宣传的和示威的机关，亦不能行使法定的职权。故俄国事实上的政治中枢就是这个人民委员会，他所颁布的命令事实上等于立法，他在紧急时颁布一切紧急命令不必经过中央执行委员会或主席部的准许，他又有提出一起法律案的权力。故简单一句话，苏联的人民委员会乃是总握立法、行政两种职权的机关。

照这样说来，苏联的委员制处处和瑞士的委员制相反。那么，他的委员会靠什么机关维持统一、受什么机关指挥命令、对于什么机关负责呢？老实一句话，就是共产党。苏联以党治国，人民委员会的委员就是党中首领，政党的党权和国家的政权都操在这个人民委员会的手中。这个人民委员会既然成为国家与党共同一致的政治中枢，因而又成为团结一致的坚固团体。所以共产党如果不致破裂，人民委员会自然也绝对不会破裂；人民委员会既不会破裂，所以虽然变成决定政策的团体，也绝对不容有或不敢有冲突的意见发生。故苏联委员会一方面既不受国会支配，一方面又为最高政策的决定机关，然终不致发生委员冲突的弊病，乃是这党义维持的结果。中国现在既没有一党可以独掌政权，而各军阀又没有相同的主义或政见，要想行委员制，恐怕不只难于拼“七巧板”，并且要难于团“散沙”了。

我要栽诬主张委员制的名流学者们，认定他们的主张只是为军阀立法，如同前代帝王为一己江山社稷立法一样。要知道军阀比你们乖得多咧，他们并不是争总统，简直是争皇帝。他们岂只想在中央争一把交椅吗？简直是想把中央变成他部下大小喽啰的聚义厅！区区鸟委员，他们那里就看得上眼！

（原载《现代评论》第3卷第56号）

行政委员制与中国①

（1926年1月16日）

近来中国主张行政委员制的很多，他们主张的理由，现在暂且不论，且把委员制本身的特点及采用委员制的必要条件先说明白，再看这制度究竟适合不适合于目前的中国。

委员制本身的特点

委员制的意义，说来很平凡。从前中国的上级官委下级官及普通的委员调查事项，和委员制的性质都很吻合。现在政府的财政委员会、外交委员会和法制委员会，也是委员制的一种。又如俄国的共产党的中央执行委员会、苏维埃大会之下的中央执行委员会、美国的城市政府中所采用的行政委员会及广东政府的中央执行委员会，又皆是一种委员制。如今不说那所谓上级官委下级官和派员调查等的委员，而专说那与内阁相类似的行政委员制。说到行政委员制，必先要讲委员二字的意义。委员英文是Committee，是由众人委托去办理某种事务。盖委员必受他人之委而来，亦必受他人之不委而去。换句话说，就是委员会的上面，必须有更高的机关去指挥监督他。

施行委员制的国家屡见不鲜，现在姑取两个国家来做标准：一个是创始委员制的瑞士，一个是建设委员制未久而且把原来委员制的性质加

① 此文为高一涵先生讲，马志振记。

些改变的苏俄。

瑞士的最高组织行政机关为联邦议会。联邦议会由元老院和代议院合成，前者就是参议院，后者就是众议院。联邦议会之下有联邦行政委员会。行政委员由联邦议会产生，共七人，内一人为委员长，与我国总统相仿。这种委员制的特点，可分为法律与习惯两方面说。（一）法律上的特点：（a）联邦行政委员会会长，对外代表全国，对内为行政委员会的主席，其余一切权利义务与其他委员一例相同，故其委员统在平等地位之上；（b）联邦行政委员会每委员各管一部（共七部），但各部长不得单独决定本部部务，凡遇稍微重大的事项，必经委员会议决通过，方得实行。（二）习惯上的特点：（a）联邦行政委员会超于党派之上。他们选举委员时，不得以党派为主，而以行政经验为主。一千八百八十八年时，他们中央自由党势力很小，人数亦不多，可是选举结果，七人之中，竟占三人，就因为此三人以行政经验及执行技术胜人的缘故。（b）中国行政向来有政务官与事务官的分别，政务官在决定国家大政方针，事务官专施行已决议之大政方针。一在监督的地位，一在被监督的地位。譬如校长之于教员，厂长之于工人，校长、厂长是监督者、指挥者，而教员、工人是被指挥者、执行者。瑞士的行政委员会也是一个执行机关，专根据联邦议会的决议案执行一切政务，委员本身不过是一种职务，所以他们的委员有连任到十年、二十年竟至三十年者。（c）普通国家的内阁是一体的，所有意见必多数一致而后始可通过施行，而在瑞士，则各行政委员意见尽可不一致。因为联邦行政委员会只是一个联邦会议的附属机关，既不是英国的内阁，也不是美国的总统，发号施令的权，全在他上面的联邦议会，委员有不同的意见，尽可陈诸联邦议会，所以各委员意见不妨不一致。综合上面的话，可知瑞士的委员制没有党派关系的，委员是一律平等的，各个人的意见是可以不一致的，各个人要办的重大事项都要得全体议决的，联邦行政委员会是一个执行机关，不是政务机关。

苏俄的最高行政机关，是全俄苏维埃大会。会员二千七百余人，每年开会一次，会期一星期或一星期半。这机关人数既多，开会只一次，会期又很短，全国事务，自难办了。于是委他下面的中央执行委员会去办。中央执行委员会的委员由全俄苏维埃大会选出，最初三百余人，后减至二百余人，每年开会至少三次。名义上这是他们最高的行政机关，事实上，其委员统到军队中去做监督官，宣传共产主义的干事和主持各处开大会的事项。关于政务方面又选出十余人，另组一理事部去施行。然而俄国的行政权、裁判权不在这上面的两个机关，却全在他下面的理事部。至于人民委员会会员统是共产党员，因为他们前有共产党而后才有政府，人民委员会会长从前就是列宁。自一千九百十七年至一千九百二十四年，列宁做了事实上的总统，其权力很大。在法律上讲起来，这人民委员会为俄国第四级行政机关，而事实上是第一级行政机关，凡紧要的命令，只要列宁决定，就可施行，不必公布，也不必经上三级政府的通过。所以俄国委员制的特点，第一，人民委员会的权力超越全俄苏维埃大会、中央执行委员会及理事部。第二，人民委员会名义上对全俄苏维埃大会、中央执行委员会及理事部负责，其实仅对共产党负责。人民委员会会员是共产党的首领，他们所施行的事项，就是共产党的议决案，所谓以党治国，这就是了。第三，人民委员会会长事事可以独裁。总之，苏俄的人民委员会可决定全国的政策，丝毫不受上级机关指挥的。换言之，就是一个共产党的机关。

现在再把瑞士与苏俄两国的行政委员会比较一下：（1）瑞士的联邦行政委员会是多头制，苏俄是独裁制；（2）瑞士的行政委员会是事务机关，苏俄是决定全国的政策机关；（3）瑞士行政委员会不受任何党支配，苏俄在共产党指挥之下。这样说来，瑞士的委员制何以与苏俄的委员制各走极端、绝对两样呢？这有个道理。自来对于国会和内阁的权力有两种说法，有的说国会超越内阁，有的说内阁超越国会。前面的说法，因为内阁人员是由国会里选出来的，国会是母，内阁是子，所以国会超越内阁；后面的说法，因为内阁总理就是国会中多数党议员的首领，二等以上的重要国会议员大都是阁员，二、三等以下的国会议员必受国会首领指挥的，结果变成内阁超越国会。这二种情形各因其时会和环境的不同，都有发见的可能。瑞士完全是国会超越内阁，苏俄乃是内阁超越国会。

采用行政委员制的必要条件

委员制与君主、总统、内阁三种制度根本不同。君主制、总统制及内阁制，往往把立法、司法、行政三权分立，委员制则三权合一。君主制及总统制的政权操在君主及总统一人之手，可以专制一切，内阁制的政权操在阁员少数人之手，亦容易专制，所以皆利用三权分立互相牵制（内阁制虽有立法权与行政权打成一片之说，但仍是三权分立的）。至于委员制，则委员一切行政唯国会马首是瞻，不至于专制，所以三权合一，以便施行。故委员制的条件是：第一，行政委员的上面必有代表全国民意的监督和委任机关，由这机关一面委任委员去执行议决案，一面又时时监督委员，做委员的也须时时报告于这机关。假使像章太炎先生所说“总统只有一个，而才望等夷者众”，于是主张委员制，使一个总统化而为十几个总统，没有监督机关在他们之上，这仍不得谓真正的委员制。第二，行政委员会只能做执行机关，委员的地位必要降低，只可做执行的事务，不得做制定国家大计的事务。若现在中国，有许多根本大计统须由行政委员来制定，那么委员变为主人，不但地位不降低，而且抬高了，这也不是真正的委员制。第三，上面两个条件如果求之不得，那么也至少要有一个能操纵全国的大政党，中央政府须在此党支配之下。苏俄委员的势力所以大，不是委员本身的权力大，而是党的势力大的缘故。

今我中国既没有最高的代表民意的委任和监督机关，又没有一党可以独掌政权，真正的行政委员制从何说起呵！

（原载《京报副刊》第386号）

开玩笑与打巴掌

（1926年1月30日）

吴稚晖先生看见我在本刊第五十三期上瞎三话四的发表出《平民革命的目的与手段》一文，有点不以为然的神气，因而猜出我的心理，说："有如高一涵先生之说，凡人一拿枪，便非好人，一与拿枪者接近，止是上当做梦。"（原文登在一月二十三日《京报》正张）因而又接着说："军人必不可革命，有军即阀。革命事业，难道高一涵先生执笔冲锋，吴稚晖磨墨尾随，方无坚不摧、十分道地乎？我屡想与高先生开玩笑，不料文先生早打了高先生的巴掌，大不以为然。"（文先生的时评载在本刊第五十八期）文先生的"言中意"却不像要打我的巴掌，至于"言外意"那便只好任人见仁见智了。至于吴先生同我开玩笑，却是事实，不是"言外意"。故本文专以答吴先生为限。

我个人自从民国建元以来，的确做过好几次"依赖军阀"的迷梦，每遇到军阀火并的时候，总是十分高兴，说这一次有希望了。如同前几年《时事新报》记者宣言："我们不必问是非，无论皖倒直、直倒皖，结果终去其一。"（语见吴先生《答华林书》）现在种种事实逼住我，觉得"老狗教不会新把戏"，每次依赖军阀打军阀，不但"结果终去其一"是空想，并且每回结果皆是增加其十。人类应当"上一回当，学一回乖"，故希望军阀革命的老把戏，似乎已经没有叫座的能力，现在要想教"平民革命"（我只说平民革命，要是名流革命、政客革命，当然要依赖军阀的），我以为一定要学社党主义大师江亢虎先生口吻，高叫道"别寻光明之路"罢！

前几年当蔡孑民先生们打电报叫孙中山先生退位，好让吴佩孚出来试试的时候，不但吴稚晖先生也曾赞成这个主张，就是小区区也暗中私想蔡先生、吴先生何等人物，他们的主张总是不会错的。不想吴佩孚太不争气，他不但不曾演出新把戏，并且想把他从《古文观止》和《千家诗》《三字经》上所得的三代郅治之隆的旧把戏拿出来试试。他的嘴中不但不能掏出象牙来，并且冒出漫天的毒烟毒火，把黄河长江流域弄得乌烟瘴气，直到如今。

革命要依靠武力，这句话谁人也不能否认，但是我是依靠军阀的惊弓之鸟，所以要小心点说：革命只能依靠那具有革命思想的武力；有奶就是娘，只要军阀想勾搭我们，我们便同他吊起膀子来，终久要被拆白的。辛亥革命所依赖的大概多是南方征的兵，不是北洋雇的兵。征的兵大半富有革命的思想，不独军官为然，就是兵士也多是这样。所以为革命而战，是同心协力的，革命而后对于民党建设上的主张，是一体服从的。若是事先毫没有革命的思想，只到危急时才向我们来一转秋波，我们从此便甜蜜蜜地认他做干娘，他原可以含笑的半推半就的答应，可是他的奶仍然是不给我们吃的。像这样骨格神气与人不同的军阀，我们就是天天祝他“相我，相我”，他就会变成螟蛉一子吗？他为什么不用李协和做司令，为什么不用冷雨秋做参谋，为什么不信徐季龙鼓吹委员制？前几年有人从武穴过，常听到安徽的革命党，每当阴夜，还在半空中大叫“还我头来”！这种呼冤声，吴先生想没有听见过。要想依赖这样的军阀，打出江山后，他自己却优游泉下，好让我们来行三民主义、创造五权宪法，如果没有秦始皇禁止沙中偶语，又怎能教我不交头接耳的说“上当做梦”呢？

吴先生虽然同我开玩笑，我终是板着面孔不笑，说：“依赖那没有革命思想的军阀去革命，总是要上当的。”吴先生说：“蒋介石……难道他一执枪，也变成军阀，不配革命吗？”吴先生，您以为蒋介石是成了军阀后才被民党同化过来的呢？还是他先有了革命的思想，然后再去训练军队以求达到革命的目的呢？我们想依赖的那一位，他的思想、学问、人格，能同蒋介石比吗？君子固然要与人为善，可是老狗到底能不能教会新把戏，总怕还是疑问吧？对于疑问未决的人，就去“依赖”，我是怯者，终没有这样的胆量！

凡去联络军阀的人，也要与被联络的军阀同一慎重。教不成气的人去联络军阀，结果只能联出总长代表来。要想联出三民主义、五权宪法来，恐怕终久是没有希望了。吴先生是再三宣言不做官的，我们也绝对相信什么总长、总理字样绝不会与吴稚晖三个字有联合在一块的时候。但是吴先生去“依赖”军阀革命，我们是千放心、万放心的，换个别人，那就禁不住我要以小人之心度君子之腹了。这也是事实逼住我这样说，我自己那里情愿呢？

最后我可以表示让步，说：“只要吴先生指出可以依赖的军阀出来，我就可以抛弃我的主张，一致的去依赖他。”请吴先生数现在的军阀——现在中国的军阀，有几个可以依赖的？我想吴先生的数法必定是：

第一，蒋介石；

第二，蒋介石；

第三，仍是蒋介石！

吴先生是我私衷里最钦佩的一个人，而且是一位“言语妙天下”的自己不承认为文学家的文学家。区区笨嘴拙腮的我，原不敢班门弄斧。但是我深知道吴先生对于权利之争，是一定让人的；对于主张之争，是一定不会让人的。或者因区区的哓舌，引出吴先生的大道理来，那便是我抛砖引玉的巧计成功了。吴先生，允许我吗？

（原载《现代评论》第3卷第60号）

革命军与言论自由

（1926年2月27日）

自从“首都革命”的名词出现以后，军事当局对于报纸的压迫，自然是比较张作霖、吴佩孚时代好一点；但是所谓“比较好一点”，只是对于本党或友党所办的报纸而言，再不然就是对于依附本党或友党而为本党或友党尽力鼓吹的报纸而言。至对于异党或超然派的报纸，其压迫的程度，不见得就比张作霖、吴佩孚时代好得多少。要像这样做下去，结果必定是凡本派的报纸有自由，异派的报纸无自由；凡依附本派的报纸有自由，反对本派的报纸无自由。比较张作霖、吴佩孚还是“易地则皆然”。

封闭报馆，在中国的首都乃是司空见惯的事体，本犯不着大惊小怪。近来《大同晚报》与《北京晚报》事件，也不过是承继那自袁世凯以来的统传的政策，更犯不着此轩彼轾。不但那自绿林出身的张作霖有到北京来自由抓去陈友仁的特权，就是那些争自由、争平等的群众，也同时有自由焚烧异派报馆的“天赋人权”。所以自己有自由，人家无自由，这两句话简直可算是中国人千载相传的惟精惟一的心法！

我们并不是说言论不当受法律的制裁，只说言论不当受势力的压迫；我们并不是说本党或友党的报纸不应当有自由，只说异派的报纸应当与本派的报纸享受同等的自由。更进一步说，我们并不是袒护那造谣生事或受人利用的言论界，但不能因为言论界目中无法，我亦可以无法之法去压迫他们。比如李彦青固然有可死之道，但是不经由普通法庭裁判，只经由军事法庭裁判，我们总认为不合法治国的精神。《大同晚报》与

《北京晚报》所以被封的理由，未经明白宣布，局外人当然不能详知；但是无论如何，皆当依必经的手续。所谓必经的手续，即依法送交普通法庭审判是也。今军事当局既不曾经由这种必经的手续，倏然就把该两报馆封闭，无论理由如何充足，罪案如何确定，我们总只能认为是受势力的压迫，不是受法律的制裁。这种举动，我们总认为不合法治国的精神。

我们对于国民军的希望，是此后无论何事，皆当依法而行。张作霖、吴佩孚的目中可以无法，国民军的目中却不能无法；张作霖、吴佩孚可以不重视言论自由，国民军却不能不重视言论自由。故我们希望以革命军自命的国民军，以后不要以势力压迫言论自由，应当以法律保护言论自由；并希望以后不单是尊重本派报纸的言论自由，并应当尊重异派甚至于敌派报纸的言论自由。

（原载《现代评论》第3卷第64号）

吴先生还是磨墨罢

（1926 年 3 月 6 日）

不料吴稚晖先生居然上了我的当，被我一激，便把他心中所想说的大道理尽量发泄出来了。吴先生这两篇所以依赖军阀的大道理，自然是说得天花乱坠、顽石点头，但我终是吴先生所说的“被白狗咬了，见白羊也怕”的人，所以虽然能体谅吴先生依赖军阀的苦衷，却绝不愿采取吴先生依赖军阀的态度。

吴先生的依赖军阀有两个特点：（一）是只有依赖军阀的意志，而无依赖军阀的行为；（二）“化阀为军”仍是“由他自己”，我们绝不必投笔从戎，“去做军阀走狗”。换句话说，就是我们只希望军阀化阀为军，至于他化不化，那就随他自便了。这样的依赖军阀，仍然是隔岸观火的态度，仍然是“执笔者”“磨墨者”的口吻。真是吴先生自己所说的“惟多了我们的‘想依赖’三字，甚觉我们的蛇足耳”。故吴先生自己始终还是个“磨墨者”，还是个“磨墨尾随者”，不过不愿意尾随“执笔冲锋”的人，而愿意尾随“化阀为军”的人罢了。这就叫做三千年后的无政府主义家吴稚晖式的依赖军阀！

吴先生的“曲折”处（不敢说是自相矛盾处）计有两点，都和他一面相信无政府主义，而一面又相信无政府主义不能实行的曲折态度一样：第一点是一面主张民治制度，一面又说平民无用；第二点是一面主张依赖军阀，一面又说依赖为画蛇添足。

先就第一点说。吴先生说：“所谓平民，合而崇拜之，似乎风云雷雨都可由他出卖；若析而观之，又要破空开顽笑。章行严先生即能代表其新同志，发仰天之大笑。笼笼总总，包包括括，只有四种，一执笔者，二磨墨者，三执笔人目之不读书者，四磨墨人目中之能开会者，此外即一无所有。有则多至三百九十兆，他止要吃饭睡觉，他可怜被抢被拉，而且被杀，他的‘有奶就是娘’更甚于我。誉之可称曰良民，藐之可称曰小民，无罪而戏判之，可称曰‘昏百姓’。”人民的程度不够，就是袁世凯所以称帝、康有为所以复辟的唯一理由。吴先生今发此议论，料九泉之下与上海之上必有人引为同志，而吴先生几年来抛弃无政府主义，从事革命运动，只可算是瞎忙！然国内果然真正有三百九十兆“昏百姓”，要“吃饭睡觉”，那政治问题早就解决了。难道吴先生的人生观不把吃饭睡觉看做大事吗？难道欧美各国的平民革命不是因为吃饭睡觉的问题而起的吗？昏百姓的“被抢被拉，而且被杀”，试问被谁抢被谁拉被谁杀的？不就是被吴先生所想依赖的军阀抢拉而且杀的吗？吴先生这话岂不是明明告人说平民革命之路不通，须别求依赖军阀的光明之路吗？哀告军阀替平民革命，平民自己却仍然吃饭睡觉的不管，等待军阀成功，而平民坐享其成。试问何国平民革命有此先例？

再就第二点说。吴先生一则曰：“一则我们不捧他，未必即能反对他；二则他的成阀，于我们的捧不捧似无多大关系。”再则曰：“你不放他试，他亦要试。”果然如此，那么，我们既不能推翻他或制服他，试问又怎么能“化阀为军”？因为“不放他试，他亦要试”，所以才去“依赖”他，这是“有奶就是娘，更甚于我”的昏百姓的行为，绝不是扎硬寨打死仗的老英雄的行为。捧之无效，又何必多此一捧；捧之有效，岂不是助桀为虐！这样的依赖，不是趋炎附势，便是垂首乞怜。所以我宁愿终身执笔，更宁愿吴先生终身磨墨，不要添上这一点蛇足。

把以上两点结束起来，可见得军阀自军阀，化与不化，任凭他便。吴先生既无权力使他必化，又无权力干涉他不化。那么，说来说去，终是文人翻字眼儿。吴先生在这一点上几乎和我高一涵一样，仍然是执笔磨墨者。倒不如把“曲折”抛开，多多的执笔磨墨来指导三百九十兆昏百姓。这是我所以还请吴先生磨墨的重要原因。再，吴先生所恭维的人，往往过了一年半载，便成为吴先生所痛骂的人，章行严就是一个顶好的例。吴先生现在敢为他只见过两面的那一位担保，说他“每一反动，无不向明”，这是何等可依赖的人物！如果那一位能照吴先生的理想做去，固然要多多的磨墨，替他做起居注；如若不然，也要援章行严的先例，多多的磨墨，准备将来反转笔头去痛骂他。这又是我自始至终只请吴先生磨墨的一点微意。

附注：至于那一位果配依赖与否，就照吴先生说，也要以将来的事实作证，此时似不必浪费笔墨，作此无聊的辩论。故这一场笔战，只好就此作一收束，不愿再糟踏白花花的报纸了。

（原载《现代评论》第3卷第65号）

政局的前途

（1926 年 4 月 17 日）

段政府的存亡，本来只可算是北京局部的政治问题，和全国的政局丝毫不发生什么关系。故段政府存亡的问题虽然解决了，而全国政治问题的解决仍然是遥遥无期。所以我们因此只把段政府存亡问题看作时局中的一个小小的波澜，绝不认作一件可以在历史上大书特书的要事。

段政府倒是倒了，可是段政府关于三一八惨案的责任却不能逃出法律的追究。段政府政策上的责任或可因去职而消灭，可是法律上的犯罪却不能因去职而摆脱的。国民军既然要推翻段政府，为什么不按照法律的手续，把他们送交法庭去依法惩治，却把他们拉下台去就算完事呢？照这样看来，国民军的当局亦何尝以三一八的惨案为重，也不过是为自身私利而拥护他，并为自身私利而驱逐他罢了。政治问题既不能因段政府一倒而得解决的办法，法律问题也不能因段政府塌台而得个解决的办法。那么，这一次政变，除掉为国民军自身利益设想外，不能不说是于政治问题和法律问题都没有若何利益了。

在我们的眼光看来，凡是军阀都是相伯仲的。北京将来的局面如何，我们虽然不能豫料，可是乙军阀的政策与甲军阀的政策必然大致一样，这是可断言的。别人说：我们所主张的是非攻主义、弭兵主义，这话我们也有几分承认。故凡是用战争的方法去解决问题，总是我们所绝对不能赞同的，凡是用和平的办法去解决问题，都是我们所相对默许的。民穷财尽到了这样的地步，仍然继续战争，不让小百姓得到喘息的机会，无论是那一军阀，像这样做，都是我们所痛心疾首的反对的。照现在的局势看来，就这国民军退出北京，恐怕将来战争的机缘仍然未断。像这样循环式的战争一日不能中止，便是国家根本问题一日不能决定。

因此，我们对于各军阀议和最希望的条件是：

（一）北京和京兆的治安完全由警察维持，永远不得留驻任何方面的军队。

（二）北京政府完全独立，不受任何军阀的支配。

（三）各军阀相约服从中央，好让中央独立，放手做事，建设起来一个立宪的、公开的和有计划的临时政府，作正式政府的过渡。

最后，更希望人格不曾破产的社会的领袖和革新的志士彻底觉悟，赶快从民众的智识和民众的组织方面下点真实的工夫，不要再纵横捭阖，运动甲军阀抵抗乙军阀，结果不是为军阀所利用，便是为军阀的牺牲。这就是我自己不做事而站在一边责备做事人的几句良心话。

（原载《现代评论》第3卷第71号）

护宪与卫戍司令部

（1926 年 5 月 29 日）

民国元、二年间，有一位司法总长亲自察视监狱，看见监狱里面的囚犯差不多都是一般平民，便慨然太息，说道："中国的法治精神全靠一般小百姓维护。中国自古刑不上大夫，故中国的法律只是为小百姓设的，只对于小百姓有效。"这位总长只看见法律的半面，只知道法律是惩罚人民的犯罪，却不知道法律还有一个大目的在保障人民的权利。中国几多年来，小百姓之受法律的惩治固然可说应有尽有，可是小百姓之受法律的保障却是应有尽无了。如果高谈护宪的人，也和这位司法总长一样，只让宪法上所规定的政府权力有效，不让宪法上所规定的人民权利有效，那就是只护半部宪法了。如果宪法上所规定的人民义务一律教人民方面负担，宪法上所规定的人民权利却不许人民方面享受，这个办法，再和那位司法总长的话合将起来，造成两句格言，便是"法不上大夫，宪不下庶人"！

宪法乃是"人民的权利书"，欧美各国两百年来，所有争人权的运动，都变成争立宪的运动，就是因为宪法是保障人权的堡垒。小百姓睡在家中，即有人把他的"权利书"送来，不费他们半点心血，天地间那有第二件像这样的幸事呢！而况护宪之外，还杂着有护法的呼声，真是猗欤休哉！法治之隆，迈乎千古矣！

但是宪法并不是一护所能了事，所贵者不在乎护而在乎行。护宪而后，到今只行过一条，就是："大总统……解职，副总统亦不能代理时，由国务院摄行其职务。"今日独角总理已经把这一出独角戏演起，宪法上

第七十七条可算是有了着落，可是无着落的还有一百四十条！再断章取义的说，这第十九条及第二十条也实行一半了，就是“中华民国人民依法律有纳租税之义务”及“中华民国人民依法律有服兵役之义务”，不过各地方都把“依法律”三字暂行涂去留待后用罢了。

完了，此后再找不出行宪的证据了。尤其是与“权利者”相反的，就是京畿卫戍司令部所颁布的许多条例。说他可以代替《戒严法》罢，可是却与宪法第八十六条“大总统依法律得宣告戒严”的规定不合，就因为戒严须由大总统宣告。说他《惩治盗匪条例》罢，可是如“赤化”、如“藏匿军械”等，事实上既不明火抢劫，又不扰害治安，故名义当然不好直把他当做盗匪看待。说他和人民权利无关罢，可是“不分首从，一律处以死刑”，及搜检家宅，限制集会、结社、言论的自由，又和宪法上第六条“中华民国人民非依法律不受逮捕、监禁、审问或处罚”及第七条“中华民国人民之住居非依法律不受侵入或搜索”等规定又处处根本冲突。宪法上只允许国会行使立法权，卫戍司令部当然不能自认为国会，又何以有关于处罚人身的立法权，又何以有限制人民集会、结社及言论、刊行等自由的立法权？宪法上只许法院行使司法权，卫戍司令部当然不能自认为法院，又何以能不经法庭审判，即可执行死刑，不得法庭命令，即可监禁逮捕？

我想总有人说，凡在非常时期，就应该有非常机关，创造非常法律，来应付非常事件。可是我要问的，就是这非常时期到何时终了？在无政府的时期当然可算是非常时期，到了自家所承认的政府成立时期，当然要算是非常时期终了的时期。如果要承认直到今天，还在无政府的状况之中，那么，将这位依宪法而摄政的颜内阁放在何地？如果要承认这位依宪法而摄政的颜内阁是法律上的正当政府，那么，凡一切在宪法未施行以前而与宪法相抵触的法律，是否还可以继续有效？

在这种有民国而不许民治的国家之中，小百姓自不敢僭越而有所主张。可是代替小百姓而有所主张的人，无论所主张的是好是坏，总要抱着主张做去，不使行为与主张相反才对。没有毁宪能力的小百姓，当然也没有组织人家护宪的能力，更当然没有引导护宪者依宪做事的能力。可是依宪做事不能不说是护宪者的当然的义务，而护宪者如果真想要依宪做事，便不能不取消一切违宪的行为。如果真要依宪做事，纵然不能说“有宪法便不能再有卫戍司令部”，可是总可以说“有宪法便不能再有卫戍司令部的法律”！

（原载《现代评论》第3卷第77号）

委员制的性质及利弊

（1926年6月15日）

在行总统制的政府和行内阁制的政府之外，还有行委员制的政府。从前采用委员制而确有成效的，只有瑞士一国，故一般学者多不大注意这种制度。到了最近，苏俄采用这种制度后，才引起人家研究的兴趣。委员制的特点，就在行政权和立法权完全合而为一。行总统制的国家，行政权与立法权互相对峙，谁也不能够支配谁；行内阁制的国家，虽然有行政、立法打成一片的事实，但是在法律上行政、立法两部仍是分立的，到了两部意见有冲突的时候，内阁还可以解散国会。说到采用委员制的国家，立法、行政的大权，往往同在一个最高的国会。国会选出自己相信的人员，委托他们去组织行政部。这个行政部是事事听命于国会的，只许行政权隶属于立法权之下，绝不许行政权与立法权相对抗。故委员由国会选举而来，他的职务由国会委托，或事先授以意旨，或事后予以撤消。这种样式的行政部，关于国家行政的职权，不由一个首领行使，只由一个众人合组的合议团体行使。组织这个合议团体的分子，彼此都立在平等的地位上，法律上的权限彼此皆是一样的。虽然也有一个人做形式上的首领，可是职权却不见得就优越于其他委员。所以这个制度，一方面和那独裁式的总统制不同，一方面又和那两层机关式的内阁制不同。

这一类的委员制，在罗马有由两个执政官组成的康修尔制（Consul），在法国有自一七九五年到一七九九年由五个委员组成的执政委员会制（Le Directoire）。这两种委员制，和现在瑞士的联邦行政委员制及苏俄的人民委员会，各有不同之点。故本节所说的委员制，只以瑞士及苏俄两国的委员制为限。

瑞士的联邦行政委员会，是由“联邦议会”选举出来七个委员组成的。他们的任期，和联邦议会中“代议院”的任期相同——三年——每届新代议院成立后，须立即和参议院开联合会，选出这联邦行政委员会的七个委员。瑞士的联邦行政委员会，计有五个特点：第一，瑞士的联邦行政委员会，每年由联邦议会就七个委员中选定一个委员为联邦总统，再选定一个委员为联邦副总统。但是这个总统和副总统，任期皆只有一年，并且不许连任下去。总统的职权，除掉对内为委员会的主席，对外代表委员会履行各种仪节而外，别的职权，和其他委员一律平等。因此，才能使合议制的精神贯彻到底。第二，联邦委员会中七个委员各主管一部，做一部的部长。但是各部部长不过预备各该部提交委员会案，及执行委员会对于各该部事务的决议，此外并没有什么单独的决定权。就是有单独的决定权，也只能以不关重要的事体为限，至于少微重要的事件，事实上总是由委员会开会决定。这也是贯彻合议制的精神的又一办法。第三，联邦行政委员会超越在党派的关系之上，委员的选择，绝不注意他是否为党派的首领。因为瑞士只想使这个委员会做不同的意见、不同的利益、不同的省分的中介体，并不想使这个委员会做一党一派的代表。故委员的人选，不但不为议会中多数党所独占，并且不因议会中党派的变迁而变迁。例如从一八七八年到一八八三年，自由党在议会中虽然变成少数党，但仍然在委员会中占有四个委员。第四，联邦行政委员会只是事务团体（Business Body），不是发号施令决定国家政策的机关。委员的选择，常常以行政上的经验及行政上的技术为主，故一般委员几乎变成终身官，只要是愿意连任的，在习惯上总是继续常选。因此，常常有委员继续任职到二十年以上，并且有一个委员继续任职到三十年以上。第五，联邦行政委员会的各委员不负连带的责任，因亦不必要有一致的意见。这个习惯固然是由瑞士人民一半富于调和性、一半富于服从多数性而来，可是最大的原因，却在因为联邦议会握有最后的决定权。各委员一到议会之中，个个都有发表独立意见的机会，故往往各陈一说，互相辩论。因为最后的议决权在议会，所以各委员所发表的意见，只有供给议员参考的效力，绝不因通过与否而发生去留的问题。从一八四八年以来，有两个委员因政见不合而辞职，只有一个是和议会的意见冲突，那一个却是和国民总投票发生龃龉。

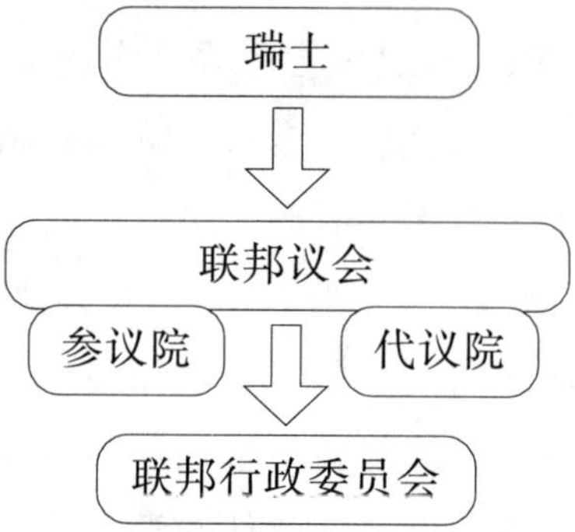

把上述的各点归纳起来，可见瑞士的联邦行政委员会：（一）各委员的职权一律平等；（二）各部重要事务，由全体委员会议决定；（三）委员会的分子，不为一党所独占；（四）委员会纯粹是事务团体；（五）各委员的意见，完全听受联邦议会的支配。这是瑞士的委员制在法律上或习惯上的五个特点。

至于苏俄的人民委员会，却有几个特点和瑞士相反。苏俄的人民委员会在法律上是站在第四级的行政机关，可是在事实上却几几乎是站在第一级的行政和立法的机关。因为苏俄的最高权力机关是“全俄苏维埃大会”，这个大会的会员，多至二千五百三十七个人（内中赋有表决权者有一七二八人），每年只集会一次，会期通常不过一星期至一星期半，因此，这个机关便没有行使最高权力的可能。由全俄苏维埃大会产生出来的第二个机关，便是“全俄中央执行委员会”，这个机关是对于全俄苏维埃大会负责的。在全俄苏维埃大会闭会期中，可以代表该会行使最高的权力。他的最高的权力不仅是掌有立法权或行政权，实在是兼掌立法、行政、司法三种职权。可是在事实上，这个机关的权力却随时增减。有时（自一九一八到一九一九年）不过做宣传及示威运动的机关，凡政府提议的事件，大抵多不用讨论，即行通过。“理事部”在全俄中央执行委员会闭会期中，以该会名义，裁可人民委员会的决议，并得撤回这一类的决议，及任命人民委员。理事部现在渐渐变成行政监督和行政裁判的机关，凡中央机关与地方机关间的争议，中央官吏与地方官吏间的争议，个人与行政机关间的争议，自治的、联合的、同盟的共和国间的争议，皆有裁决权。简单一句话，就是全俄中央执行委员会有变成立法及政治监督的机关之倾向，理事部有变成行政监督及行政裁判的机关之倾向。前者将要变成一个议会，后者将要变成法国式的参事会。

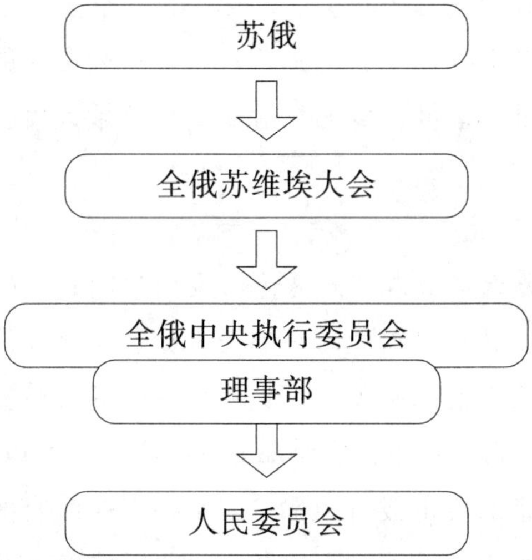

至于苏俄的真正政府，乃是这站在第四级的“人民委员会”。这个委员会起初本为临时政府，故因革命时期的需要，可以运用一切权力。他本是全俄中央执行委员会任命的，故对于该委员会负责。该委员会可以停止或取消人民委员会的一切决议，不过在革命时期中，这些权力皆变成具文，事实上的权力，一切都归到人民委员会的手中。从一九一七年到一九二五年[①]，列宁做人民委员会的总理。他是共产党的首领，同时又

① 原文如此，应为从一九一七年到一九二四年。——编者注

是苏俄政府的元首，故权力能扩张到极大之点。人民委员会的委员，法律上虽说由全俄中央执行委员会任命，但是事实上委员的名单全由共产党提出，由全俄中央执行委员会作形式上的通过。最近苏俄对内对外的一切政策，都由共产党中央执行委员会和他的政治部、组织部决定，凡人民委员会所提出的一切实际的、具体的问题，都由他们裁决。这样一来，人民委员会已经不是一个独立的团体，地位也不如从前的重要，只不过是机械的执行共产党的决议罢了。

由此看来，苏俄的人民委员会的特点：（一）各委员的权力事实上不必一律平等；（二）委员会可以决定政策，甚至于可以处决关于国家根本问题的事项；（三）委员会在法律上是承受上级各会的意旨的，但是在事实上上级各会却承受他的意旨；（四）委员会的委员均为共产党一党所独占，处处仰承共产党的意旨。这是苏俄人民委员会在法律上或习惯上的特点。

……

委员制的利弊近来常常有人讨论。说委员制有弊的也很多，这种制度最显著的弊病，就在欠缺敏活。因为委员会是合议制的机关，人选不良，便又变成多头政治的机关。而且一切重要的行政事务必得要经过合议体的机关决定，自然很难得应付那非常的事变。所以罗马的康修尔制，不论那一个执政官的决定或行为都可因别一个执政官的反抗而中止，故当变故发生时，必定要设下一个独裁官，去救济两头政治的缺失。委员制的第二个弊病，又在责任不明。因为一切行政政策都决定于地位完全平等的多数人，个人的雄才大略，既不容易发展，一种政策的成功或失败，也不容易识别到底是谁的责任。故真正雄才大略的人，或者不愿加入这种事事听命于人的委员会；或者一旦加入，一个跋扈的枭雄，便又尽使其余的委员成为附属品。委员制的第三个弊病，又在没有势力。因为每决定一种行政方略，既没有像美国式的总统，视为责无旁贷；又没有像英国式的总理，视为内阁的生死关头。如果在民治的素养不深的国家，少数人没有服从多数的习惯，或因少数委员消极的不合作，或因少数委员积极的破坏，那么，每种政策便不容易贯彻到底。因为有这几种弊病，所以有人断定，委员制在消极方面防止专制则有余，可是在积极方面奖励做事则不足。如果不能像瑞士降低委员会的地位，使他事事听命于议会，又不能像苏俄以一党独掌政权，使他事事仰承本党的意旨，那么，要冒然采用委员制，便一定利少而害多。

但是主张委员制的论者，也有很充分的理由：第一说委员制可以除去首领政治的弊害。因为委员制和内阁制有个显然共见之点，就是委员制是彻底的合议制，内阁制便仍不能脱去首领政治的色彩。一个人的才智，当然不能和集思广益的合议团体的才智相比，如果事权集中于一个人，这个人要不是全智全能，那么，行政事务便要因人而受害了。第二说委员制可以免除专制政治的弊害。因为把政权委托多人，便不容易做出专擅的行为。大概专制的行为出自一人的独裁便很容易，出自多数人合议便很困难。故凡在人民心理恐怕专制政体最甚的时候，委员制便是一种对症下药的神方。第三说委员制是适合民治精神的制度。因为在民治国家之下，官吏只是受人民委任的仆役，要想达到这个目的，当然不能使行政机关的官吏能和那代表人民全体的国会相对抗。委员制是把行政权附属在立法权之下的制度，只教他去执行人民代表的议决，不教他妄自尊大的独行独断。因为委员制有这几层利益，所以凡在洗涤专制余毒的国家，或在首创共和的时代，总宜采用这种行政合议制。

以上所述的反对和赞成两方面议论，皆各有相当的理由，都不能忽视任何一方面。不过据我个人的意见，委员制是否可行，或行之是否有效，必得要注意下列的三个条件：（一）采用委员制，首先要有委任和监督委员会的机关。所谓委员（Committee），原意就是指那受人委托的人而言。只有被委任者，没有委任者，便根本上不能叫做委员。所以狄卜莱（Dupriez）说：在瑞士“各行政长官（委员）只有遵奉立法部的意志，他们并没有选择别种方法的余地，他们总是好好的服从。如果既采行委员制，又教委员会去独立，使他能同立法部相对抗，便与用委员制来防止专制的用意相矛盾了”。（二）委员会只能做执行国会议决案的机关。

凡采用委员制的国家，立法的本意，只想降低行政部的地位，不是想抬高行政部的地位。瑞士的委员所以能够长期的继续当选，就是只以行政经验为选择的标准。他们既然不能自由的决定政策，所以他们的位置，便不是党派所必争的位置。（三）委员会只能受一个政党的支配。如果上述的两个条件做不到，那么，委员会的第一个统一的方法，便要全靠政党的维系了。苏俄的人民委员会所以能够成功，虽然还有别种原因，可是他完全受共产党支配的一个原因，总是最重要的。……故论者多说人民委员会已经不是有独立意志的个体，不过机械登记他处所采的决议，调印于上罢了。苏俄的人民委员会所以能统一，不能不说他全靠这一点维系了。这就是我个人所相信的采用委员制的三个条件。

（原载《中大季刊》第1卷第2号）

伦敦的帝国会议

（1926 年 10 月 22 日）

本星期二（十月十九）英国召集的帝国会议在伦敦开幕。鲍尔温总理上台演说开始便感谢马来殖民地捐助新嘉坡军港建筑费二千万元。他的意思无非一面要夸奖军备政策的成功，一面又要鼓励各殖民地的努力。这是足令全世界注目的。美国早就疑心新嘉坡军港是对待菲列滨的准备，日本已认定这是英日同盟中止后最重大的问题。但是五卅惨案之血犹腥，又新近经验过英国海军屠杀的中国人民对此应作何感想！

英国的帝国会议本不从今年起首。三十九年前就有的。可是，过了七年才有第二次会议，再过八年才有第三次会议。第三次会议决定每四年开会，欧战后又决定每年开会一次。足见得帝国会议的愈趋紧要。现时英国的殖民地满布于全球，那末，各殖民地总理所组成的帝国会议显然要影响到全球。一九二一年的帝国会议就是英日同盟的死征，就是华府会议的预兆。一九二三年的帝国会议促进殖民地间相互的利益协同去抵抗美国的牛肉、粮食、棉花、烟叶、药品等势力。本届会议定有关于帝国经济和军事的秘密讨论。但各殖民地的利害关系未必一致。加、澳、纽、南非、纽纷兰的总理，印度总督和爱尔兰外长，——这些人是否可以赞成鲍尔温的政策，这便是英国帝国主义的一个生死关头。

（原载《现代评论》第四卷第九十八期）

从武力的胜负到政治的胜负

（1926 年 10 月 22 日）

南军与北军如同光明之与黑暗，绝对不能并存，这是人人承认的。可是自开战以来，酣战的空气之中，时时有和平的声浪微微的震动。其实，孙传芳如果是醉心和平，早已就不必将重兵集中赣境；蒋介石如果是醉心和平，早已就不必树起北伐的旗帜。故目下和平的呼声虽然甚高，充其量不过是一般顾问咨议为他主人预先设下一个收场的步骤，使他主人在万不得已的时候，得一转圜的余地罢了。小百姓如果痴心妄想，以为和平当真可以实现，那就真正是双料的傻瓜。故目下无论何方，皆不必顾念和平，耽误了作战的计划，懈怠了作战的勇气。如果少事姑息，那便是养痈贻患，延长战争的时期了。

各方军事首领到现在应该认清楚了得到最后胜利的途径。少微有点政治常识的人，总应该知道，最后的胜利决不在军事，只在民政。占领地盘，为的是试验政治，故占领地盘是方法，绝不是目的。如果人家所占领的地方之内盗贼蜂起，我所占领的地方之内夜不闭户，道不拾遗；人家所管辖的区域之内，只问军政，不理民事，我所管辖的区域之内，军政得到统一，民政公诸人民；人家所组织的政府，横征暴敛，无所不为，我所组织的政府，弊绝风清，刑轻政简；人家的政府，无法律，无计划；我的政府，有详细的筹划，有大政的方针。这样一来，人民方面有个比较，何去何从，不难立刻决定。既有维持治安的相当的兵力，又得人心的帮助，自然可以长治久安。这乃是得到最后胜利的必然的方法。若只用武力决胜负，就是侥幸战胜，也只是一时的征服，绝不是永久的统一，只算是第二次、第三次战事的开场，绝不能使战事从此结束。

奉方军事当局，对于中央政局仍然坚守从前不干涉的政策，表示一种退让的态度，自然也有相当的理由。但是这只是消极的办法，绝不是积极的办法。张作霖如果要想借中央作个政治的试验场，就应该以办理奉天民政的方法，来办理中央的民政；以约束关外军队的方法，来约束关内的军队。一方面可以免去北京无政府的状况，一方面又可以表现自己政治的能力。不贪权，不恋位，固然是军阀的美德，但是如果只知道避去贪权恋位的小嫌，而放弃政治上的大责，那就是轻重倒置了。张作霖如果采取前年段祺瑞入京的态度，毅然决然的入关，以全副精力来办理中央政治，以将来成绩的优劣，卜全国民心的向背，倒不失政治家的态度。如果真能有所建树，以自己的主张来压倒中山先生的三民主义、五权宪法，才能算是最后的胜利。这样一来，既可以矫正历年以来恃武力决胜负的弊病，又可开到从今以后以政治决胜负的风气。政治家下野乃是政党政治下的常事，比那军事家因战败而下野的当然不同。我不懂当代的军阀为什么不采取这种光明正大的态度，为什么不遵循立宪政治的常轨，偏要意气用事，在战场上决雌雄，而不在政治场上决雌雄呢？

吴佩孚用武力同蒋介石决胜负，惹起退守河南的结果；孙传芳仍不悟，仍用武力同蒋介石决胜负，又惹起浙江的风云。以力制力，必有一伤，此力虽倒，他力又起，将永无安宁统一之期。故我深愿各大军阀丢开用武力决胜负的老把戏，换个用政治决胜负的新花样。

（原载《现代评论》第4卷第98号）

武汉国民政府与共产党

（1927 年 6 月 15 日）

别离了《现代评论》已经四个多月了，天天想寄稿，可是却天天不敢寄稿。因为《现代评论》的态度是科学家的态度，未下批评，先要证据，至于无中生有、信口开河的议论，当然是不要的。这就是我所以不敢轻于寄稿的原因。

现在寄来这点文字，并不敢冒充科学家，不过想替科学家找出一点真凭实据，好让我们这个《现代评论》永久保持得住科学家的态度。

我所想说的有下列几点：

（A）有人说：武汉政府是共产党的政府，南京政府才是“只此一家，并无分铺”的“真正老王麻子”的国民党政府。我想这件事如果是实，必定要先有证据。据我看国民党中央执行委员会共计三十六个人，这三十六个人之中，只有五分之一是共产党。除掉已死的且并未到过武汉的李大钊外，现在做中央执行委员的，只有于树德、谭平山、吴玉章、恽代英、林祖涵、杨匏庵等六个共产党员。并且这六个共产党员之中，于树德已往河南，林祖涵又在军队中做党代表，长川在武汉的通同不过三四个人。我想共产党无论怎样神通广大，只有三四个人，也恐怕不容易使“中央执行委员会的权力渐渐落到共产派……手中”。

就人数说是这样，再就武汉政府的政策说，又怎样呢？有人说武汉政府已宣布实行共产，这个宣布共产的布告真使我寻得好苦呀！

天下事往往耳闻不如目见，凡是住在武汉的人，凡是看见过武汉国民党及国民政府最近所发布的训令的人，再也不会相信真有这回事。

中央执行委员会的训令有下列五点：

一、制定劳资仲裁条例。由劳工部及各省政府组织劳资仲裁机关，解决工人厂主间及店员店主间之各种冲突。

二、制定劳动法。对于工厂商店分别规定工作时间，并按当地生活情形，规定工资之数目及工人之养老金，暨各种劳动保险。

三、制止工人及店员之过度要求，并禁其干涉厂店中之管理，另由总工会与商民协会组织特种委员会，审查工人、店员之要求条件，并加以相当限制。

四、工会或纠察队对于店主或厂主有恐吓罚款及擅自逮捕，或用其他压迫方式者，一律严禁，劳资两方有痛苦者，须陈诉于仲裁机关解决之。

五、外人在华经营商业者，应由外交当局根据上列四项之原则办理。

无论有怎样糊涂的共产政府，总不会在实行共产之后，还许资本阶级存在，还要定什么劳资仲裁条例，设什么劳资仲裁机关。无论怎样不彻底的共产政府，总不会一方面实行共产，一方面又禁止工人及店员干涉厂店的管理。而况最近的中央命令中，明明规定有“凡不依处分逆产条例，而擅行没收人民财产者，政府当予以严厉之制裁。其为团体行动者，解散其团体，并对于负责之个人加以处罚”。逆产尚且不许擅自没收，何况不逆的财产呢？私人既不得擅行没收财产，政府又没有明令没收财产，那么，除掉共天外飞来的产之外，尚有何产可共呢？

(B) 有人说：国民革命军在前方北伐，共产党专在后防〔方〕捣乱，这真是使人最痛心疾首的一件事。但是事实上共产党员死于北伐之役的，不知有多少，可见这次北伐，乃是国共两党的连〔联〕合战争。至于说他们在后防〔方〕捣乱，那就更冤枉了。广东去年机器工人罢工，扰乱后防〔方〕是有的；但机器工人并不在共产党领导之下，却在右派领导之下！说到第二次北伐，扰乱后防〔方〕的不但不是共产党，并且是“奉蒋总司令密令”讨伐共产党的。至于共产党忠告国民党勿因北伐而剥削贫民，似乎是巩固北伐的基础和联合北伐的战线之一法，更不得曲解为妨害北伐了。

(C) 有人说："国民党虽欲容共，而共产党却不容国。"这两句话，若拿眼前的事实来证明，刚刚适得其反。近来自广东北上至上海，自上海西行到九江，所枪毙的革命首领，所残杀的农人工人，到底杀者是共产党人，还是国民党人？被杀者是国民党人，还是共产党人？国民党人杀掉几百个共产党人，还算是"国民党虽欲容共"，共产党人被杀却不哼一声，还算是"共产党却不容国"！这样破天荒的科学家的逻辑，真正是"新发明"！

(D) 有人说，共产党既加入国民党，就应该取消共产党。这个"跨党"的问题，闹了很久。其实，共产党加入国民党，只是党员加入，并不是团体的合并。如果是合并，那么，自然不能另外让共产党存在。至于个人加入，一方面在三民主义的国民党之下做工作，一方面回到自己党内去宣传，似乎也不见得就互相矛盾。我记得孙总理在广东会议席上，曾明白允许共产党跨党。冯自由因为这件事，气得发抖，就在席上写出"奉旨跨党"四个半愤慨半讥笑的大字。至于"曲解三民主义为共产主义"一节，除民生主义中有"民生主义就是共产主义"几句话之外，遍寻共产党机关报如《向导》一类的报纸，从来没有说过这一类的话。倒反在戴季陶的大著中找出这样的"曲解"，可是戴先生不但不是共产党的人，并且是反对共产党的人。

(E) 有位寄公在《现代评论》上说国民党中不忠不良和无能的分子，计有三种：一是骑墙分子，二是投机分子，三是官僚、政客、市侩、士大夫、纨绔子弟。照目前状况看来，反共的大概都是第三种人。最显明的就是安徽，凡安福系的官僚、政客及从来不见经传的纨绔子弟和亡国的士大夫，都一个个做了省党部、省政府以及农工各团体的中心人物了。国民党可容这一类腐败分子，独不能容肯革命的共产分子，到底是科学家的见解，与众不同！

(F) 有人说：吴稚晖上国民党监察委员会呈文上引湖北共产党在双十节对于同志的宣言，有云："我们现在势力未充，应该利用别人想做新军阀的心理机会，貌合神离的帮助他，以打倒原来一切旧军阀。"认为这是共产党的阴谋。这件事说来真好笑，不知谁人恶作剧，冒名顶替做了这篇文字，去骗骗吴老头子。遍询湖北共产党人，没有一个知道这回事。而且共产党的规矩，对同志是不用宣言的，如果在对外宣言上，不打自招的把“阴谋”拉着口袋底一倒，那么，已经成为“阳谋”了，还“阴”什么呢？我不相信天下竟有这样笨拙的共产党人！吴老头子料也知道是假的，不过藉此滑稽一下罢了。

好了，不再多说了。再多说不但保不住科学家的态度，并且就会有人疑心我“赤化”，可以“格杀勿论”，那真是性命交关了。

（原载《向导周刊》第198号）

我的共产嫌疑的证据

——致《现代评论》记者

（1927 年 9 月 24 日）

大学教授这个东西，真是两国不收的一个怪物，无论你走南到北，总有人加你一个头衔。在北方军阀眼中看起来，凡是大学教授，不是“赤党”，便是国民党；在南方共产党眼中看起来，凡是大学教授，不是研究系，便是国家主义派。就是国民党员也犯着这个毛病，右倾的国民党员总把大学教授看作共产党，“左”倾的国民党员又把大学教授看作不革命分子。你如果在今年四、五月以前到武汉，总可以拼到人家恭维你，说你是“知识阶级”。他们所以要恭维你、加你这个徽号的用意，就是想在“知识阶级”四个字之上，轻轻加上“打倒”两个字，凑成一个标语。总而言之，统而言之，大学教授总是到处饱尝闭门羹的滋味，绝没有人愿或敢引为同调的。

在四、五月以前的我，差不多要天天对那些“革命青年”解释我不是研究系或国家主义派。但是解释由你解释，他们是由胡适之推想到丁文江，再由丁文江推想到梁任公，这样一推想，结论便是很客气的，也免不掉“接近研究系”五个字。或者追想到你曾在北京某校内国家主义团体中演说过，追想到你在某纪念日刊物上发表过赞同国家主义的文字。可是到了六、七月以后的我，又差不多要天天对那些“忠实同志”解释我不是共产党了！

或有人说：“你已经加入共产党，是不是？”这一类问话，我也不知道听过多少次。你若反问他：“有什么证据？”他便一条一条告诉你：

第一个证据："武昌政治部中非共产党员不能进去担任重要的职务，你在总政治部中担任重要的职务，因此证明你是共产党。"说我担任的是重要的职务，便是指着编纂委员会委员说的。凡熟悉总政治部内幕的人，都知道这个编纂委员会是羁縻文人的接待室，凡是在海外留过学及少微有点独立思想的人，恐怕你有点不服使唤，或者恐怕你有你的瞎主张，所以把你打进这个冷宫，老实说，就是把你留部随时察看。内中的人色，除掉邓演达，一个德文先生格拉塞无处安顿，只好安顿在这里，教他一个月拿四百元干薪，给他一个额外秘书的名称之外，其余大半是中山大学的教授。这个会在极盛时代，共总有过十五六个人，但是绝没有一个共产党能有这样闲工夫白白的在这里消磨岁月。我们戎已从了，可是笔还没有投掉，在革命空气紧张的武汉，来在这个冷宫里去做这样笔墨生涯，已经是有冤无处诉了，还蒙不知内幕的人，尊为"重要的职务"，这不是真正活冤枉吗！

再所谓重要职务就是宣传科长。宣传科长是总政治部的重要职务，谁也不能否认；但是要知道我兼任这个职务是什么时候，邓演达找到我是什么原因。我兼任这个职务是七月二十八日，七月二十九日便是邓演达离开武汉的日子。他在河南回来后，他早知道各方面对于他的空气，他决定走了，他决定让共产党人同他一阵出总政治部大门，所以才想到宣传科暂由编译局局长（即编纂委员会改的）兼任这个不着痕迹的方法。我在这旧的已去、新的未来的时期中间，做两个星期的机械，一篇宣言未发，一个标语未拟，就是我做这职务的成绩。那里知道竟因此惹得一身膻呢？

第二个证据："高语罕就是高一涵的别名，高语罕是共产党，高一涵当然也是共产党。"关于这一点，实在使我受了不少的麻烦！找高语罕的人，往往找到高一涵的屋里，直谈到先生在广东时什么什么，我才敢说："你找错了，我是高一涵。"高语罕的书，偏拿来教高一涵替他解说，你要说"我也不懂"，他便生气了，说："你自己著的书自己不会解释。"写给高一涵的信，里面偏称"语罕同志"；拿个片子进来见高一涵，高一涵说“认不得，不见”，他偏骂“高语罕这个共产党人摆架子”。这个地方真教我无法解释！你说“高一涵是安徽人”，难道高语罕不是安徽人吗？你说“高一涵是一个大个子”，难道高语罕身材还矮吗？你说“高一涵是日本留学生”，难道高语罕不曾在日本留过学吗？你说“高一涵是言论家”，高语罕岂不是正在办报吗？你说“高一涵是安徽省党部执行委员”，高语罕又岂不是安徽省党部执行委员吗？这一出“双包案”，也不知道演过多少次！这一次南昌之变，要不是武汉的人通知道高语罕早在南昌，那么，留在武汉的高一涵至少也要屈卫戍司令部人员光顾一次。我因此从今天起，改名叫涵庐，不再叫高一涵了。但是我有什么权力不教高语罕改名叫“罕庐”呢？

名号上既说不出差别，只有在实质上找差别了。如果说，高语罕的身体含着无限的共产成分，高一涵的身体绝没有共产成分，那么，要从这个地方找差别，只有请化学家解剖分析了。高一涵要辨明非共产党，目的是想活着，如果要用解剖法，那么，共产成分尚不知道试验出试验不出，一条半老的命已经牺牲了。这个共产嫌疑真正教我难以反证！

第三个证据：“凡非共产党员，不经我们介绍，一定找不到工作。你不经我们介绍，居然找到工作，当然是共产党员。”在武汉重要的国民党员，大都吐露这种口吻。说来真惭愧！我同邓演达只在酒席筵前会过一面，他说：“你到武汉有什么感想？”我说：“武汉的标语虽然贴得墙壁上没有隙地，武汉的宣言虽然占了各报纸上三分之二的地位，但是仿佛人人心中都感觉得没有书看。”好了，这几句话竟是我自己的一封荐书，不到三天便有人请到中山大学去教书；再过几天，又打入编纂委员会的冷宫，依旧是在北方一样的生活了。以北京大学教授来任武昌中山大学教授，人家便以为荣升了；以教书匠兼任冷宫中的编纂事，人家又以为是重要的职务了。这真教我愧死！

第四个证据……

第五个证据……

由此推到一千个证据，逻辑大概都是一样。我现在反证我不是共产党，就在这后半生的生活，花一角钱广告费，买一个“忠实党员”的资格，我是不敢讨这个便宜的。我只愿意终身作国民党的预备党员，待到盖棺之后，不，等到腐化之后，不致再还魂，再有僵尸作祟之后，再请关心我的忠实同志，批评我是不是国民党的党员罢。

高一涵（非高语罕）

九月二十日

（原载《现代评论》第6卷第146号）

沉痛悼念李大钊同志（传略）

（1927年5月22日在国立武昌中山大学追悼南北烈士大会上的演讲）

李大钊，直隶乐亭县人，初号寿昌，后改为守常。守常当10岁以前，父母俱亡。北方习惯，凡无亲之幼子，可定年龄较长之女子为妻，司扶养及治家之责。守常于十二三岁时即成婚，故今岁不过40，而其妻已近50矣。守常最初所入之学校，为清季在天津设立之北洋法政学堂。入校后，粗衣布鞋，无人知为有大志者。迨该校“酱油风潮”（有一年最少之学生，因酱油不好，摔碎杯碗，致受学校当局怒责并开除，因惹起全校学生罢课）起，守常起而“打抱不平”，逐去压迫学生之学校当局，因而全校皆知守常名。清末立宪运动，请求开国会运动，在天津以咨议局议长温世霖为中心。守常率北洋法政学堂学生，赴督抚署请愿，致遭当道之忌。温世霖被捕后，人心益激昂，守常运动天津学校以全体罢课相要挟，而当道益恨之。后温世霖判往新疆充军，守常率全体学生往送，几被捕。由是守常名益著，有“北洋三杰”之一之称。北洋三杰者，李守常、白坚武、张泽民也。皆同学于北洋法政学堂，故有是称。

辛亥革命，守常奔走之力亦极多。民国二年后，因袁世凯专政，守常乃同张泽民潜往日本，肄业于日本早稻田大学经济科。民国四年，陈独秀先生在上海创《新青年》杂志，余时已到日本三年余，为穷所迫，常断炊。独秀约余投稿，月得十数元稿费以糊口。因无钱出门，每日闭门读书，故几无人知余名姓。守常读《新青年》，见余文，知在东京，访问半年余，终无人见告。迨帝制事起，东京有留学生总会之组织，守常见留学生总会中有余名，辗转询问，始得余之住所。一日，房主人持李大钊名片上楼，余览片竟不知为何许人。及接谈，始知守常已访余半年矣，此为余与守常相见之始。因纵谈国事，所见无不合，遂相交。时留学生总会出《民彝》杂志，余与守常被推为编辑，此余与守常共事之始。守常因帝制事生，因约余与湖南申文龙、云南王九龄等，秘密组织神州学会，作革命机关，一时入会者甚众。民国五年袁世凯死，守常先返沪，余亦返国，与守常约会于沪滨。时汤化龙在沪，欲招纳人才为己助，并谓守常，誓欲十年在野，专司评政。因创《晨钟报》（即现在《晨报》）于北京，托守常与余为编辑。并谓言论绝对自由，不加干涉。守常从沪至北京组织报社，余返安徽省视吾母，家居二十七日，守常已三电促余北上。迨我至北京，守常已将脱离该报矣。因汤化龙到北京后即联合徐树铮与孙洪伊相抗，以《晨报》为攻击孙洪伊工具，迫守常著论文，守常因与孙交至厚，直孙而曲汤。汤怒，阴命人撤去守常论文，易以攻孙之论著。守常因此去职。余到时，见事已不可为，故亦退。与守常、白坚武、张泽民同住皮库胡同。余此时已得亲见"北洋之三杰"丰采矣。白时随孙在内务部任秘书，张虽随汤在众议院为秘书，然却亲孙而背汤。故北洋三杰在此时，意见仍一致，而感情亦甚亲密。

章士钊前在日本创办《甲寅》杂志，名声震一时，余与守常亦各为钦佩彼之一人。民国五年章到北京，将《甲寅月刊》改为《甲寅日刊》，邀余与守常同任撰述，余遂离白、张二君，而与守常同住朝阳门内竹杆巷。谁知章士钊已早与政学系、研究系相亲近，余与守常每有批评该两系主张时，士钊有难色，守常因此不再作论说，不过传播俄国及他国之国际新闻而已。无何，复辟事起，士钊避天津，《甲寅日刊》已改印大清年号，余与守常欲登脱离该报启事，竟为报社中人所搁置。人皆知《甲寅日刊》因复辟而停止，不知实因复辟未成而停止也。无何，段内阁成立，章士钊任北京大学教授兼图书馆主任，因守常投闲，故以图书馆主任一职让之。此为守常入北京大学之始，时民国七年也。

守常入北大后，越二年任北京大学教授，在史学系教课。余于民国八年亦入北大为编译员，又得同事。时陈独秀先生为北大文科学长，是年因散布《北京市民宣言》反对安福系事被捕，系狱三越月。出狱后潜离京赴上海，由上海至武昌讲演，折回北京。甫至京二小时，即被警察追踪而至，陈逃至北大教授王星拱宅，与守常偕乘驴车由通州至乐平。守常割去胡须，戴上瓜皮小帽，手携旱烟袋，盘膝坐车上，独秀着王宅厨役油背心，望之俨然两商人也。沿途因守常操北音，故无人盘问而安然脱险矣。

独秀脱离北大后，即往沪，从事中国共产党之组织，守常最先加入。余于民国十年为搜集欧洲政治思想史材料，复往日本，故与守常分离。返国后，守常因党事忙甚，故虽同在北大共事，而促膝谈心时已不及从前之频矣。余因未入党，不悉守常在党中工作，故不能具述。守常于是时，在北大教社会主义运动史及唯物史观，一时讲堂为之充塞。北京官厅此时亦时令人侦伺守常行动，彼住驸马石大街后闸，警厅即在彼门前专设一岗位，凡每日出入及访者姓名容貌皆登记。因此北京五百多暗探，几无人不识守常之面貌矣。

直奉战争起，吴佩孚入京，守常即被通缉。所谓“北洋三杰”之一之白坚武，即为吴运筹帷幄参赞机密之一人。而“北洋三杰”又其一之张泽民，亦在萧耀南治下之宜昌任榷运局，今已面团团作富家翁矣。至守常独不能在国内寻立足地，间道离京赴俄都，游离转徙，至吴败后始得回京。回京后正值国民军在京，故一时尚能居住。三一八惨案发生时，守常率领群众至执政府，为执政府卫队枪柄所伤，跌入马棚，幸彼之亲戚某谓守常为商人，始脱险。至是执政府又下令通缉，自段去迄奉系入京，均住北京俄使馆，故守常之住址，久已成公开之秘密矣。

守常为人从浑厚中透出侠义气，故朋辈对彼亦每从亲爱中露出敬畏心。少年所作诗文甚多，颇类游览名山大川之名士笔墨。及研究政治经济后，遂顿改文士面目，一变而为革新之政治经济家。守常在《青年》上发表《今》之一文，大意谓今即已是古，此语颇足以代表彼个人学术思想之变迁。在维新说初倡时，彼即为维新派之一人，在要求立宪时，彼即为立宪派之一人，在辛亥革命时，彼即为革命党之一人，在民治主义盛行时，彼信仰民治主义，在社会主义初兴时，彼信仰社会主义。故无论思想变迁如何迅速，彼总是立在先锋队中之一人，绝不致落伍或退伍。对于领导思想前进者，则心悦诚服而信慕，对于思想落后者则痛心疾首而批评。彼虽富于感情，然绝不因感情而放弃理智。彼虽善善从长，恶恶从短，然绝不因交游中有一善足录，遂并其恶行而忘之。年来政治漩涡中不知陷入几许人，然彼遭逢政变一次，却思想进步一次，人格提高一次。此即守常之所以为守常矣。

注意：欲知守常思想之概要与变迁，必须读守常各时代之论著。

彼之文字散见《民彝》杂志、《新青年》杂志、《晨钟报》、《甲寅日刊》、《宪法公言》、《每周评论》、《努力周刊》（我们对于时局的主张是守常起草的，胡适之修改的）、《社会科学季刊》及所编北大讲义之中。今因手边无此类刊物，不能详述，又因此间同志多不知彼之历史，故仅志其一生事迹如此。

对于国民大会职权规定之商榷

（1934 年 4 月）

《孙文学说》第六章：

俟全国平定之后六年，各县已达完全自治者，皆得选举代表一人，组织国民大会，以制定五权宪法。以五院为中央政府：一曰行政院，二曰立法院，三曰司法院，四曰考试院，五曰监察院。宪法制定之后，由各县人民投票选举总统以组织行政院，选举代议士以组织立法院。其余三院之院长，由总统得立法院之同意而委任之，但不对总统、法院负责，而五院皆对于国民大会负责。各院人员失职，由监察院向国民大会弹劾之；而监察院人员失职，则国民大会自行弹劾而罢黜之。国民大会职权，专司宪法之修改及制裁公仆之失职。国民大会及五院职员与夫全国大小官吏，其资格皆由考试院定之。此五权宪法也。

《国民政府建国大纲》第二十四条：

宪法颁布之后，中央统治权则归于国民大会行使之，即国民大会对于中央政府官员有选举权，有罢免权，对于中央法律有创制权，有复决权。

我们在没有讨论中华民国宪法草案初稿之前，即征引中山先生的遗教，为什么呢？因为宪法草案的第一条有“中华民国为三民主义共和国”的规定，即根据三民主义来制定宪法，那么，中山先生的遗教，当然是宪法的唯一的根据了。但是我们一看到宪法草案的条文，却与以上所引的两段遗教大有出入。现在且将宪法草案的条文与中山先生的主张不同之处列举如下：

一、中山先生主张以国民大会为行使中央统治权的常设机关，而宪法草案却以国民大会为每三年一召集及每一召集即完了的非常设机关。

二、宪法草案上所谓常设机关，并不是国民大会自身，乃是由国民大会产生出来的以极少数委员组织起来的国民委员会。这个国民委员会是宪法起草人员在中山先生遗教之外运用灵敏心机而特别创造的新发明。

三、中山先生主张由各县人民投票选举总统及立法院的代议士，而宪法草案却规定由国民大会选举总统及立法委员，并扩张国民大会职权，使得选举监察委员。

四、中山先生主张五院皆对于国民大会负责，不对总统或法院负责，而宪法草案却规定行政院院长要单独对立法院负责。

五、中山先生主张，各院人员失职，由监察院向国民大会弹劾；而宪法草案却规定，五院院长、副院长失职，由监察委员向国民委员会弹劾。中山先生主张以国民大会为制裁公仆失职的专司机关，而宪法草案却主张以国民委员会为受理监察委员弹劾各院正副院长的专司机关。

以上所举五项，皆是宪法上最重要的和最值得注意的地方。号称根据三民主义而起草的宪法草案，在这紧要关头，却与发明三民主义者平素主张有这样重大的差异，当然是关心宪法的人们所不能轻易看过的。起草宪法诸公皆一时俊彦，真知卓识，当然非一知半解者所能窥见；然宪法为国家根本大法，关系甚重，起草诸公，既欲广征意见，自应谨就愚见所及，约略陈之。

我们并不迷信代议政体，然而却相信代议政体实在是实现民治主义的一种方法；我们并不反对强有力的政府，然而却相信强有力的政府如果不以民意做后盾，便不见得真正是强而有力。中山先生所倡导的民权主义，根本原理就在“用人民的四个政权，来管理政府的五个治权”。今欲抬高民权，而将代表民权的国民大会放在若有若无、若断若续的状态之中，一个行使中央统治权的最高机关，这样的昙花一现，转眼即归消灭，存在的期间，至长不得过一个月，而消灭的期间，则最短须经过三十五个月，一个国家的统治权是否可以中断？这个问题殊使人难以解答。据英国人观察，国会解散，只是解除议员的职权，并不是取消国会，而使国会这个机关中断。我们的宪法草案的规定，也是这样。他在第五十四条上明明白白的说：“国民大会代表之职权于闭会之日终了。”这就是说，国民大会代表的职权有中断之时，而国民大会的职权却没有中断之时。但是国民大会是由国民大会代表组织起来的，代表的职权既已消灭，那么，国民大会的职权又怎么能够行使呢？国民大会的职权既然是定期行使的，那么，在那定期一过，岂不是就在停止行使的状态之中吗？在这停止期中，事实上岂不就是中断吗？英国的国会解散，为期不过三个月，就要重行选举；照宪法草案的规定，将来国民大会的闭会，一闭就是三年。照这样看来，将来中央的统治权，行使的时期甚少，停止行使的时期甚多。行使的期间那么短，不行使的期间这么长，古今中外，那有这样的新奇制度！譬如我们对于一个人，限定他那发号施令的脑筋每三年只能用一次，那么，除了这一次之外，岂不是天天在行尸走肉的状态之中吗？这还能算得是一个活人吗？号称“民权的政治机关”，对于人民管理政府四个政权这样严格的限制，明明是伸治权而抑政权、重官治而轻民治，又怎样能够实现民有、民治、民享的国家呢？而况中山先生明明的说：“这四个民权，就是四个放水制，或者是四个接电钮。我们有了放水制，便可以直接管理自来水；有了接电钮，便可以直接管理电灯；有了四个民权，便可以直接管理国家的政治。这四个民权，又叫做政权，就是管理政府的权。”（《民权主义》第六讲）如今想把这个放水制或接电钮常常停闭不用，而想使自来水启闭如意，想使电灯开关自如，那岂不是幻想吗？

我们既不迷信代议政体，当然也不迷信国民大会，说国民大会是包医百病的神方，有百利而无一弊。我们更承认在中国现状之下，急需要一个强有力的中央政府，凡事敢作敢为，不受别方面的牵制。但是真正的强有力的政府，却不是从不受别方面牵制而来的，乃是从受多方面辅助而来的。政府是替人民做工的，要做工便应当有极大的权力，不然便要畏首畏尾，忧谗畏讥，伸手也不是，缩手也不是，这一层道理，是人人明白的。但是还有一层道理，比这一层更重要。就是政府如果是真正强而有力，便不是单单靠着不受牵制，还要靠着顺从全国人或大多数人的志愿，而得到全国人或大多数人的帮助，才能够真正强而有力。所以中山先生说："人民有了大权，政府能不能够做工夫，要做什么样的工夫，都要随人民的志愿。……总而言之，要人民真有直接管理政府之权，便要政府的动作，随时受人民的指挥。"（《民权主义》第六讲）这就是说，政府如果得到人民的帮助，人民与政府打成一片，同力合作，那么，政府的力量便是真正的强而有力，再没有别的力量可以阻挠他了。故我们只相信集思广益、询谋佥同的政府是强有力的政府，却不相信独行独断、言莫予违的政府是强有力的政府。我们因此便不能单看到国民大会时有人多嘴杂、妨碍政府做事的坏处，便抹煞了国民大会时有集思广益、与政府同力合作的好处。就在普通立宪的国家，尚且想把国会选举的时期缩短，好借选举来征求人民对于政府党的意见，何况我们以直接民权相号召，以建设"民权的政治机关"相夸示呢？我们的主张是：国民大会可以三年一改选，却不可以三年一召集。因为他是行使中央统治权的最高机关，更因为他是管理政府的唯一机关。我们要他指挥政府做工，我们更要他随时指挥政府做工。

再进一步说，民国二十几年来的政治局面，为什么不能一日安定，我想最大的原因，当然在全国的人民没有用合法的方法取得政权的这一点上。人民只可以用非法的方法对政府革命，却不能用合法的方法予政府制裁——这就是内乱循环不断的根本原因。人民的意志既不能管理政府，使政府循着人民意志的轨道前进，那么，拥护政权与推翻政权的唯一力量，当然是武力了。一方面用武力来拥护政权，他方面便不得不用武力来推翻政权，因此便造成二十年来军阀主政的局面。我们希望宪政成功，就是想把凭武力决定政权谁属的局面，变成凭法律决定政权谁属的局面。想教此后的政治家要凭藉民意来决胜负，不要凭藉武力去决胜负，要在选举场上来决胜负，不要在战场上去决胜负。这个国民大会，就是使人民用合法的方法来管理政治、批评政治以及决定政权应该谁属的唯一枢纽。要想把那以武力为中心的政治局面，变成以民意为中心的政治局面，全靠这个国民大会来担负这种责任。所以我们应该把国民大会看作消灭内乱和统一国家的武器，将来政治能否上轨道，就看这国民大会能否充分的行使职权。这一点也是我们应该注意的。

至于国民委员会的设立，在中山先生的主张中根本就寻不出根据。他既不像苏俄的全俄中央执行委员会，在全俄苏维埃大会闭会期中，代表该会行使一切的权力；他又不像有的国家的国会，在闭会期中，组织一个委员会行使一定的职权。他虽是由国民大会选举出来的，但他的权力又与国民大会不同，并不能算是国民大会的替身；而且他又不是对于国民大会负责的，因为国民大会一开会即终了，也不能问他的责任。这个畸形的机关，既不能直接的代表全国人民，又不能直接的代表国民大会。他虽然是国民大会所生之子，可是他产生之时，即是他的父亲见背之时，终身不能受他的父亲管束。然而他却有不在全国人民指挥之下的独立的权力，他却有不在国民大会指挥之下的独立的权力。所以我们总觉得这个国民委员会是上不在天、下不在田的一个畸形制度。说他有权，他不能代表国民大会；说他无权，他又能代替国民大会受理监察院的弹劾案。中山先生主张，各院人员失职，由监察院向国民大会弹劾之，宪法草案却教监察委员向这个不能代表国民大会的国民委员会弹劾之。他既能代国民大会受理弹劾案，岂不是能代国民大会行使职权吗？这种职权就是中山先生所说的管理政府的大权之一。以这极少数委员，以这非代表人民的极少数委员，来行使这极大的管理政府权力，使政府的生命完全操于极少数委员之手，前途的危险，自然不问可知了。所以我们根据中山先生的主张，决不能承认这个国民委员会的存在。

说到宪法草案中所规定的国民大会的职权，最使我们不能满意的，就是全国人民的代表，一不能过问政府的预算，二不能过问宣战、媾和。英国的成语中，有“不出代议士不纳租税”一句话，这就是说，政府既向人民征收租税，人民就当有权来过问政府对于租税的用途。故将通过预算权付诸国民大会，在中山先生所提倡的民权政治中，真可说是天经地义了。至于宣战、媾和，乃是与国家生存和独立有关的重大事件，也是应该付诸全国人民代表同意的。宪法草案竟夺去国民大会这两种重大的权力，把他们放在立法院的职权之中，不得不说是重大的错误。

我们固然不能把我们的国民大会看作欧美各国的国会，可是同时也不能把我们的立法院看作欧美各国的国会。因为我们的立法院是行使治权的政府机关，不是代表人民的民意机关。将通过预算案及宣战、媾和案的权力划归立法院固然是不伦不类，而将对行政院院长的不信任案划归立法院提出尤其是不伦不类。中山先生所主张的政治系统，是使行使人民的四个政权的国民大会与行使政府的五个治权的五院相对立，换句话说，就是让国民大会来管理政府的五院。故中山先生所说的制衡原理，与普通三权分立的国家所用的制衡原理不同。他是想用国民大会来制衡五院，并不是教立法院来制衡行政院，因为立法院只是行使五个治权之一的政府机关，并不是代表人民行使四个政权之一的民意机关，故立法院根本就不是与行政院对抗的，怎能教他信任或不信任行政院院长呢？中山先生明明白白的说“五院皆对于国民大会负责”，何以行政院偏要单独的对于立法院负责呢？把我们的立法院看作欧美各国的国会，那么，便完全是属于三权宪法的系统，决不是属于五权宪法的系统了。

至于立法委员与监察委员应否由国民大会选举一个问题，似乎也值得我们的注意，因为立法委员须要专家，监察委员须要独立。外国有人说：“在你需要技能的场合，一定要用任命制；在你需要代表的场合，一定要用选举制。”这就是说，想得到代表民意的人才，可用选举制；想得到专门技术的人才，一定要用任命制。立法委员需要专门人才，似乎用选举制不若用任命制好。但是任命制的好坏，也是比较的，不是绝对的。故立法委员到底是由于选举好，或是由于任命好，我们也不敢下断语。至于监察委员由于选举而来，我们便可放肆的说只有坏处没有好处了。因为监察委员为执法之官，他的地位应该超然，应该立在一切政治关系之外。他的弹劾权只是对于违法行为而使的，根本就不能过问政策之当不当，换句话说，他只能站在法律的基础上来行使弹劾权，不能站在政治的基础上来行使弹劾权。如果监察委员之来必由选举，那么，凡是独立而没有特别政治关系的人，不一定就能当选，而当选者不一定就是独立不倚而绝不阿其所好的人。因为铁面无私的察官与八面玲珑的政客本来就是两路。选举制度一行，无论是使监察委员变成政客，或是使政客变成监察委员，皆只有害而无利。如果把一个监察院变成政客的集中所，将来凭藉法定机关去兴风作浪，将何以维持法律的尊严？美国各邦法官之由于人民选举者，多发生上述的弊病，所以我们深不愿中国的监察院将来或蹈美国各邦法官选举的覆辙。

以上所说各点，虽属一知半解的浅见，然对于将来政治影响极大，深愿制宪诸公稍稍加以考虑，倘能辱而教之，尤所欣盼。

（原载《时事月报》第10卷第4号）

国民经济的危机

（1935 年 5 月 10 日）

近几年来，国内建设的新事业，皆有很大的进步，例如道路的建设、水利工程的建设，以及铁路、电信等等的建设，成绩皆卓然可观。但是这一类新建设的事业，虽然一天一天的增多，而社会中旧有的事业，反而一天一天的减少，甚至于根本破坏，不独农业破产已成显著的事实，即其他工业，如棉纱业、丝绸业、毛织业、磁器业、夏布土布等业，亦皆陷入不可收拾的绝境。道路的建设本以辅助国内工商各业为目的，但是结果，不是为外国推广汽车汽油的销路，便是为外国倾销货物的媒介。甚至于有人说，中国的铁矿是为外国钢铁厂开的，中国的道路是为外国汽车公司、汽油各公司而设的。所以建设事业一天一天的增加，而入口货物也一天一天的增加，似乎所有的中国人，都是为消费外国货而生的，中国人的工作，都是为消费外国货而做的了。这话虽或有言过其实之处，但不是完全虚构的。

外国以前旧工商业破坏，是因为新工商业进步；中国今日旧工商业破坏，不但不是因为新工商业进步，反而造成新工商业的破产。所以中国旧工商业破坏，起而代之者，不是中国自己的新工商业，而是外国的新工商业。中国劳动阶级的穷，是因为新旧工商业同时破坏而穷；外国劳动阶级的穷，是因为货财集中在资本家手中而穷。所以中国的穷，是因为全国破产而穷；外国的穷，是因为一部分过富而穷。所以中国的经济恐慌，是因为不生产而恐慌；外国的经济恐慌，是因为多生产而恐慌。外国是资本家富，劳动家穷；中国则不问资本家或劳动家，一齐皆穷。

经济是国家的命脉，故经济破产，断送人民个人的生命尚是一件小事，断送国家及民族的生命乃是一件大事。往日自由主义经济学者，承认经济是达到个人生存目的的事业，故主张放任个人去自由；现在的经济学者都认定经济是达到国家和民族生存目的的事业，故主张须由国家来统制。个人生产的组织要以国家整个的利害为主，这些组织的人要对于国家负管理生产的责任。国家是主体，个人是客体，凡个人的经济活动不能单为自己打算，同时要为国家和民族打算，关于生产的组织及管理是委托者，个人是被委托者。故今日的经济便是国家的经济、民族的经济，绝不是个人私有的或达到私有目的的经济。经济要由国家来统制，这是毫无疑义的。国家要建设起来的国民经济，应该以生产方面建设为主。意大利向为无煤无矿的国家，向为入口货超出的国家，但是近十几年来，政府对于农业、垦植业、公共工程事业、交通事业、矿业、工程工业、化学工业、纺织工业等极力经营，业已有长足的进步，而国民经济亦一天一天的发达起来了。故今日国民经济的建设，第一须以生产建设为主，而这些生产的建设，同时又须要受国家的统制。事业尽可由人民去经营，而利害必定要与国家的利害相一致。故此后建设应改换方向，从间接生产的建设变成直接生产的建设，从推销外货的建设变成生产国货的建设。这是我们的希望，也就是我们的主张。

（原载《国衡半月刊》第1卷第1号）

鄂湘川黔边区食盐问题

（1940 年）

鄂湘川黔四省食盐，本无问题。川省产盐甚多，固无足虑；鄂省接近川疆，川盐之接济亦甚便利，湘省食盐来源，向有淮盐粤盐闽盐西盐川盐之路，截至本年六月止，储存之量，亦是供数月之用。至黔省食盐多以岩盐为主，交通虽感困难，运输亦未受若何影响，因舟运挑运从未间断故也。现淮岸盐运虽有困难，向食淮盐区域，虽有少数改食川盐，然川盐产量增加，仍可源源接济。故就实际情形言，四省边区绝不致发生盐荒之弊。

但湖南发生盐荒，早起于去年□月，长沙市面，一时发生挤购风潮，风声一播，继之而起为衡阳。本年四月间，永绥县内，人民亦感到购盐痛苦，而鄂西各县虽密迩川省，亦时有淡食现象发生。揆其原因，不在食盐分配之不足，每在盐商操纵以居奇。例如永绥之茶洞，为川盐入湘之要路，盐务机关，于去年七月间在该处开始征税。比以川属之秀山，黔属之松桃，其时均未限定销额，各该处又无缴纳五元之岸税，与茶洞地属毗连，越关走私，层见迭起。彼时秀山松桃，食盐异常缺乏，不肖商人贪图贵卖，多将分配于湘西之盐斤，越关私运至川黔各省销售。以致湘西食盐，一时深感减少，故一面购买困难，一面盐费高涨，此为湘西食盐一度发生恐慌之真正原因。

不独湘西为然，即接近川省之鄂西，咸丰宣恩恩施□□□始来凤鹤峰五峰八县，向食川盐，近来食盐缺乏情形，愈加紧迫，城中之牌价每斤虽定为五角六角，而乡中之盐则多涨至一元五角至二元。贫苦农民，往往淡食，本年五月以前，施巴警备司令部破获恩施盐商操纵舞弊，勾结走私，昂价出售，屯积居奇一案，转送该县地，法院侦查终结，于五月间提起公诉。兹将鄂西食盐分配及盐商舞弊情形，列举如左：

（一）鄂西施南及五峰等八县，向销川盐，为川属楚计岸，每月需盐八载有余（每载一百驼，每驼两包，每驼重量合市称一百八十二斤），由恩施□荣楚计岸盐运销公号等由自流井及云奉等场运盐配销。

（二）凡楚计岸盐在本岸内运销，应照川康盐务管理，核定施南牌价出售。去年底核定牌价每市秤一百斤，为二十四元九角，折合每驼价约四十四元五角。

（三）各盐商因照牌价出售，获利较微，遂互相勾结，私设分号于来凤沙道沟等处，暗地高价出售。复因湘西淮盐不敷分配，盐价增高，乃大量向湘西出卖。配销□楚□□盐斤，既大量流出岸外，供求不能相应，故楚计岸两各处发生盐荒，价格亦日益高涨。

（四）盐商不但将分配于楚计量盐斤销售岸外，以图厚利；并且复因岸内盐价高涨，有利可图，遂在恩施乡中私设盐号，昂价暗售，仅城内公号仍照牌价限销。因此遂使鄞中盐价高出城中至两三倍以上。

（五）去年十一月间施南牌价定为每驼四十四元五角，而盐商等于同一时期私售价格已高至每驼自六十五元至九十一元。

以上各种情形，皆由盐商操纵舞弊，勾结走私而起。私售与公卖价格既如此差异，私售愈多，获利当然愈厚。然岸内盐斤之分配额，只有此数，流出岸外之盐斤愈多，即销售岸内之盐斤愈少。故公号门市之盐供不应求，则藉口运输困难，或以少数盐斤搪塞，敷衍门面。因此，私商之整购有盐，公号之零售无盐；私商之屯积有盐，公号之储存无盐；小贩之辗转私购有盐，人民之计□公买无盐。故盐荒愈见发生，盐价愈形飞涨，而盐商之获利愈见增多。

查盐商之私售成交处，或在万县，或在中途，或在恩施各处。参加者到处有人，勾结者毗连数省，鄂西湘西之盐荒，即为此辈所制造。政府之统制食盐，办法十分周密，各地食盐恐慌，其原因不在政府分配盐额之不均，而在盐商故意打破分配定额以图利；不在政府核定牌价之不一，而在盐商故意推翻牌价以居奇。

然政府对于盐商，监督可称严密，盐运者有人，查验者有人，缉私者有人，征税者有人。如负责者果能实地考查，则盐商之操纵舞弊，不惟不敢，抑且不能。今各地发生操纵舞弊之事实，究竟办理盐务人员有无勾结盐商暗中舞弊坐地分肥者，难于臆断，此则有待于上级机关之严加整顿者也。

今淮盐既感运输困阻，则此后四省边区之食盐，全恃川盐接济，若不严加整理，则小民之食盐问题，多感痛苦。如何廓清盐商舞弊，权在政府之上级机关，为四省边区之人民请命，深盼中央及地方有权官厅为人民剔除此害。

（载 1940 年《边声月刊》第一卷第四期）

教育、文学艺术和宗教评论

一则启事①

（1921 年 5 月 19 日）

一湖、石曾、遇夫、君亮、知白、百里、劭西、几伊诸位先生：今天在《晨报》上看见诸位先生的紧要启事，替易家钺君证明《呜呼苏梅》一文非易君所作。我们对于诸位先生郑重署名负责的启事，自然应该信任。但诸位先生的启事并不曾郑重举出证据，也不曾郑重说明你们何以能知道这篇文章不是易君所作的理由。我们觉得诸位先生既肯郑重作此种仗义之举，应该进一步把你们所根据的证据一一列举出来，并应该郑重声明那篇《呜呼苏梅》的文章究竟是何人所作。诸位先生若没有切实证据，就应该否认这种启事；熊先生是女师高的校长，他若没有切实的证据，尤不该登这种启事。我们为尊重诸位先生以后的署名启事起见，为公道起见，要求诸位先生亲笔署名的郑重答复。

十，五，十九

（原载 1921 年 5 月 19 日《晨报》，摘自《逝者如斯未尝往》，陕西师范大学出版社，2007 年 3 月）

① 此“启事”是与胡适先生联名发表的。为何发表这个“启事”，详情参见《逝者如斯未尝往》书中《胡适的“不讲情面”》。

学　风

（1922 年 12 月 24 日）

中国自有学校到现在，以时期计算，总共不到三十年。可是这三十年来的学风，真可以说是千变万化的了！有时候一个学校闹饭厅，因而使各省的学校都发生闹饭厅的风潮；有时候一个学校抵制外货，因而使全国的学校都发生抵制外货的运动；有时候一个学校闹校长，因而使个个学校都发生闹校长的风气。

就以北京论，自五四运动到现在，学校的风气也变过好几次。有时一个学校办一种小报纸，便使个个学校都争先恐后的去办小报；有时一个学校演新戏，便使个个学校都争先恐后的演新戏；有时一个学校收女生，便使个个学校都招考女生；现在一个专门学校改办大学，便使各专门学校都要改办大学；一个学校驱逐校长，便引起各学校都起来驱逐校长！

曾国藩在他《原才》篇中论到风俗的趋向，照他说：

> 风俗之厚薄奚自乎？自乎一二人之心之趋向而已。民之生，庸弱者戢戢皆是也。有一二贤且智者，则众人君之而受命焉，尤智者，所君尤众焉。此一二人者之心向义，则众人与之赴义；一二人者之心向利，则众人与之赴利。众人所趋，势之所归，虽有大力，莫之能逆。故曰："挠万物者莫疾乎风。"风俗之于人心，始乎微而终乎不可御者也。

如果风俗真是"自乎一二人之心之趋向"而来，那么，至少总免不掉两点毛病：（一）盲从，（二）浮浅。

盲从是教育界的大耻辱！兵士可以用耳朵不用心思，一听到上官的命令，可以绝对的服从；教育界做事却不可这样。凡是自己耳朵所听到的，必定要经过自己意识的作用思索一番，然后才可以决定取舍。群众运动可以重感情，教育界的运动却要重理智。重感情的运动可以一呼而来，一哄而散；重理智的运动却可以永久不变。近来教育界中的运动往往只得到“五分钟热心”的称赞，大概都是盲从的结果。

浮浅也是教育界的大耻辱！我们谋学校的进步，绝不可仅崇拜几个偶像的名人。一个蔡元培绝不能撑住北京大学，一个章士钊也绝不能使农业学校变成他梦想的农村。只换换学校的招牌，请一位刻字匠便可以办得到；只抬出一个偶像人物做校长，教育部一道命令也可以办得到。可是这只是最浮浅的表面文章。如果教育界费了九牛二虎之力，所争的目的仅仅在此，那就不如趁早撒手了！

我以为学校的风气绝不是模仿人家的行动所能造得成的，应该更进一步，从学生自己身上起，打定主意，抱着一种精神，埋头用功做下去。久而久之，方可建为一校特有的学风。所以现在各校闹校长、改大学的风气，只可说是传染病，却不能叫做学风。要想创立一校特有的学风，必先要免去盲从和浮浅的两个毛病。

章士钊先生前几天曾说过：“愿为农校的炮手，不愿为农校的校长。”从前严又陵先生到安徽去做高等学堂的监督时，到校第一日便对学生说：“当我未到校之先，自由是你们的；自我到校之后，你们的自由都一齐交托我。”这两天法专的校长风潮又发生了，法专的学生如果想证明他们不是盲从的运动和浮浅的运动，便应该为法专请一个“炮手”来，便应该为法专请一个没收学生“自由”的校长来！农专的学生如果只欢迎那做“农村立国论”的章士钊做校长，不欢迎那做“炮手”的章士钊做校长，那么，便同从前的安徽高等学堂的学生听说严又陵的大名便欢迎他，听说他要没收学生的自由便又要驱逐他一样了。如果是那样，那么，学生的运动便成了盲目的或崇拜偶像的瞎闹！

（原载《努力周报》第 34 期）

辩论家应该熟读的两种名著

（为北京法专的辩论会讲演的）

（1922年12月）

我今天要想讲的两种名著，是很陈旧的，并不是新出来的著作，在座诸君想必人人都知道，或者也许有多数人已经读过了的。所以暂且为诸君留下一个“闷葫芦”，待到讲完之后，好读诸君去自行打开看看，方有趣味。

我现在要想提前说明的：（一）是辩论的重要，（二）是辩论的方法，（三）是辩论家临机应变的窍诀。

（一）辩论的重要

中国人骂人有两句俗话，叫做“面目可憎，语言无味”。“面目可憎”，是自然的责任，我们还可以推诿得过；但是“语言无味”，便是我们自己的责任，一点都推托不掉了。可是讲辩论术的人，也不尽然在免掉“语言无味”的毛病，还有许多更大的、更重要的用处。因为人生在世，有必不可少的两种责任：一是“自悟”，二是“悟他”。《因明入正理论》上有四句颂文，把“自悟”“悟他”分为两大门，每门各分四类，总共八类，叫做“八义”。且列表如下：

- 自悟
  - 现量
    - 真现量
    - 似现量
  - 比量
    - 真比量
    - 似比量
- 悟他
  - 能立
    - 真能立
    - 似能立
  - 能破
    - 真能破
    - 似能破

人生在宇宙中间，全凭五官，直接去感受外界万事万物的现象的刺激，这就叫做“现量”。现量刺激到人的五官上来，然后用意识把他融会贯通起来，便成了事物的“概念”。有了“概念”便建为标准，然后用他去“推理”。孔子由“格物”然后“致知”，也是这个道理。人类的思想学术——凡是知识，都由此发生，佛家所说的“因明”，是追求万事万物的正当原因的方法；墨家所说的“辩”，是分别是非真伪的方法；杜威所说的“思维术”（How We Think）是求得与确思想的方法。不懂得佛家的因明，便得不到佛家的“胜义”；不懂得墨家的辩，便得不到墨家“辩胜，当也”的“当”；不懂得实验主义家的思维术，便得不到能够实验的思想。

但是“现量”单靠五官去感觉事物的状态，还不曾用意识去度量他；“比量”便要用意识去比较类推才可得到。所以，“比量”必定要有两个以上的事物概念嗣时发见于心中。换句话说，就是用从前已经知道的，来比较或类推现在还没有知道的，由此才可以得到是非可否的判断。

“现量”和“比量”都是可以得知识的方法，都是“自悟”的法门。

但是佛家所说的“因明”，最重要的用处，却不在乎自悟，而在乎“悟他”。《因明入正理论》开端就说：

能立与能破，及似唯悟他；现量与比量，及似唯自悟。

窥基解释过：

虽不自晓，无以悟他，理应颂中，后他先自。但以权衡之制，本以利人。故先悟他，后方自悟。

原来宗教家是教人先“信”然后“明”，科学家却教人先“明”然后“信”。从“信”字上下手的宗教家尚且离不掉辩论，何况从“明”字上下手的科学家呢。讲玄学的人，可以说天地间有“非言可喻”的道理；讲科学家的人——尤其是讲法律学政治学的人，万不能说天地间有“非言可喻”的学理。老子可以说“道可道，非常道；名可名，非常名”，可是治法律学治政治学的人断乎不能说“政可政，非常政；法可法，非常法”！一种主义，非得多数人拥护，不能实行；一种政策，非得多数人了解，不能实用。要想多数人拥护和多数人了解，便非从宣传上着手不成。

而且政治家的主张和科学家的定律不同：科学上的定律有绝对不许人家立异的，政治学上的主张却不能使人家绝对不能立异。佛家和墨家的辩论都是从伐异同上起的。佛家说“相符极成”是谬误，所以窥基说道：

对敌申宗，本争同异，依宗两顺，枉费成功。

墨子说道：

辩也者，或谓之是，或谓之非，当者胜也。

希腊自哲人派（Sophist）出来，思想界紊乱极了，因此，才发现苏格拉底和柏拉图的“辩证法”（Dialectics）；中国自诸子百家出来，思想界也紊乱极了，因此，才造成墨家的辩论法。印度因为旁门外道太多，因此才产出佛家的因明学。由此可见辩论的目的，积极的方面，固在“安立正道”；消极的方面，却在“为破邪论”（《因明大疏》卷一）。

这种积极方面就是“能立”，怎么叫做“能立”呢？《因明大疏》上说道：

> 因喻具正，宗义圆成，显以悟他，故名能立。

消极方面，就是“能破”，怎么叫做“能破”呢？《因明大疏》上又说道：

> 宗义各定，邪正难知，由况既彰（由“因”况“喻”彰谓显也），是非遂著。功成胜负，彼此俱明。

故辩论家不能做到是非遂著、彼此俱明的地步，便不配称为辩论家！以上说明辩论的重。

（二）辩论的方法

我们虽然知道辩论的重要，如果不懂得辩论的法术，或者“笨嘴拙腮”或者“言不压众”，也断乎达不得“悟他”的目的。要想达到“悟他”的目的，必定要先懂得辩论的几种法术。

（A）立宗

大凡辩论家必定有个辩论的方式，故新因明有“三支法”，西洋逻辑有“三段法”。新因明的“三支法”例如：

声是无常——宗，

所作性故——因，

凡所作者，皆是无常，譬如瓶等——喻。

逻辑的“三段法”例如：

凡是所者，皆是无常——例，

声是所作——案，

故声是无常——判。

因明的“宗”就是逻辑的“判”——或者叫做“案”。

什么叫做“宗”呢？窥基说道：

> 宗是何义？所尊所崇所主所立之义。

辩论家最忌讳的是宗旨不明——说来说去，令人莫明其妙。所以雄辩家一上讲台便要提出自己所辩的宗旨。可是辩论的功用，就在判别邪正；必在“宗义各定，邪正难知”的时候，才值得辩论。因为“对敌申宗，本争同异”，如果毫无异同，便用不着辩论了。所以因明学中只说“不顾论宗”可以为宗，其余如“遍所许宗”“先业禀宗”“傍凭义宗”等都认为不可建立。

什么叫做“不顾论宗”呢？《因明大疏》上说道：

> 不顾论宗，随立者情所乐便立，如佛弟子。立佛法义，或若善外宗，乐之便立，不须定顾。

翻成白话便是“我自己欢喜怎样主张，便怎样主张，不管人家赞成不赞成”。唯一的条件就是我所提出来的宗，是还没有经过人家公同承认的宗。因此，才有辩论的必要。辩论的结果，必定要把还没有经过人家承认的宗，变成人人一定要承认的宗，这就叫做“是非遂著”“彼此俱明”。因此，才显出辩论的功用。

（B）辩因

辩论家既已把还没有经过人承认的宗提出来，便已是走上战场了，应该预备两种对敌的方法：一是进攻的方法，二是保守的方法。因为人家既不承认我所提出来的宗，我当然要在消极方面准备人家质问，在积极的方面，准备说明我所以立这个宗的理由。因此便到了辩论原因的时期。

“因体有二，所谓‘生’‘了’”。什么叫做“生因”呢？就是万事万物的正当原因，必须要自己去找出。我所找出来的因，仿佛是由我自己生出来的因，所以叫做“生因”。什么叫做“了因”呢？用我的生因去引起人家觉悟的动机，他这种觉悟的动机，便叫做“了因”。生因之中，最重要的是“言生因”；了因之中，最重要的是“智了因”。所以《因明大疏》中说道：

> 因者“言生因”，明者“智了因”，由言生故，未生之智得生；由智了故，未晓之义今晓。

由此可见辩论家的能事：一在善用言词，显出没有明白的道理；二在使他人一听到我的话，就明白他从前不曾明白的道理。这个“言生因”，就是把自己得到过的正确道理，发为言词，使人家一听就懂得；这个“智了因”，就是对于人家所说的道理，用智力去感应，使自己一听就明白。这就是辩论家用言语去挑动听众的觉悟的动机。听众用智力来感应辩论家所说的妙旨。故“言”和“智”是辩论场上两种最紧要的武器。辩论人没有好言词去挑动人家心机，便要使听众“昏昏思睡”；听众不用智力去感受辩论家的妙旨，便要使辩论家“对牛弹琴”！

（C）引喻

喻是辩论家的说明那不容易说明和不容易知道的道理的唯一武器。在整千整万的演说场所中，用玄奥的理论去证明玄奥的道理，总是劳而无功。因为用人所不知的理论去证明人所不知的道理，总不如用人所已知的事实去证明人所不知的道理，可使人容易理解。因此可见喻的用处。

什么叫做“喻”呢？且看《因明大疏》上说道：

立喻者，谓以所见边与未所见边和合正说。师子觉言：所见边者，谓已显了分；未所见边者，谓未了分。以显了分显未了分。令义平等，所有正说，是名立喻。喻者譬也，况也，晓也。由此譬况，晓明所宗，故名为喻。

这就是中国惠施所说的“夫说者，固以其所知喻其所不知而使人知之”的意思。

但是引喻有几个条件：一要实事不要理论，二要是人人所知道的实事，三要是不讨人厌的实。所以因明论上常常举瓶来喻声；苏克拉底也常常举医生、乐师、船家……来喻公道人或政治家。——这都是孔子所说的“能近取譬”的道理。

（三）辩论家临机应变的窍诀

以上所说的三项，是辩论的方法，以下再说明理论家临机应变的窍诀。这些方法是死的，是机械的；要把他们活泼运用起来，才能够发生效果。由运用的好坏上，可以看出辩论家本领的高低。

辩论家临机应变的窍诀有三：

（A）设计诱敌

在学术上争真理，可用正当的方法取胜；同人家争是非利害，可用出奇制胜的方法取胜。外交上用的辩论术，和学术上用的辩论术不同；因为说明真理，全凭智慧，拆冲樽俎，却半靠权术。所以辩论家有时应该用堂堂正正的阵法，有时却不妨用诡计奇谋。

苏克拉底同哲人派辩论，许多地方确是一种诡辩，可是他的诡辩的方法，却安排得如天罗地网一般，教人一入他的圈套，便只能钻进死门，一点寻不着生路。等到自己觉悟的时候，就是想回头，已经不能了。且看苏氏和人家论“公道”（Justice）：

苏：然则公道之人，究于何种之金钱组合上，始有用乎？

派（Polemarchus）：当汝欲稳固妥慎储金时，则有用矣。

苏：当两人相搏时，彼善击人者，非善拒人之击者乎？

派：然。

苏：最善避疾病者，并非即善制造疾病者乎？

派：然。

苏：最善于整部曲、严壁垒之军人，非即最善于袭击其敌人者乎？

派：诚然。

苏：然则最善于保守一物者，亦即最善于废物者乎？

派：此又为吾侪推论之结果也。

苏：是则公道之人，既善保藏金钱，亦即善盗窃金钱之人也。

派：以理而论，是诚然也。

苏：然则公道之人，终不免为盗行者矣。

苏氏的辩论术，先忖度他人心中所想说的，自己代为说出，使人听到不能不点头。你如果不点头，倒还罢了；你如果点头几下，他论锋一转，便直刺到你的痛处，使你不能变口。教你承认不可，不承认又不可，结果只有令辩论者面红耳赤而去！

（B）随顺他心

“游说”也是辩论的一种，但是游说人而不能教人觉悟，使他丢掉自己的主张，来服从我的主张，便不能收游说的效果。佛家最注重游说，因为游说也是“悟他”之一法。游说的条件：一要到什么地方说什么话，二要看见人家欢喜什么说什么。当人家做生时，你说些死亡逃绝的话；当人家开吊时，你说些开心话。结果便同在“和尚面前骂秃头”一样，所以《瑜伽论》论处所时说道：

云何论处所？当知有六种：一于王家，二于执理家，三于大众中，四于贤哲者前，五于善解法义沙门婆罗门前，六于乐法义者前（念经行善的人）。

这就是教人“见风转舵”的方法。

但这只是消极的法子，还有积极的法子。积极的法子，就是教人听到你游说之后，喜笑颜开的欢喜你。且看《瑜伽论》说道：

> 应供者……随顺他心而起言说。……言词柔软，如对善友。是名应供。

这就是教人“察言观色”的方法。一开口便教人讨厌，就是说得“天花乱坠”，总是“格格不入”！

（C）庄重言容

演说场中，声音笑貌、姿势态度，也要经过一番讲究。戏子上台，“嗓音”“口白”“台步”“身段”……都要和戏中的情节相称，才可以引起台下观众的兴头。演说家要想引起人家兴头，也有训练言语容貌的必要。《瑜伽论》说：

> 言具圆满者……谓具五德：一不鄙陋，二轻易，三雄朗，四相应，五义善。不鄙陋者，谓离边方边国鄙俚言词。轻易者，谓有所说皆以世间共用言词。雄朗者，所谓依义建立言词，能成彼义巧妙雄壮。相应者，谓前后法义相符不散。义善者，谓能引发胜生定胜，无有颠倒。又此论声，由九种相，言具圆满：一不杂乱，二不粗犷，三辩了，四限量，五与义相应，六以时，七决定，八显了，九相续。如是一切相，总名言具圆满。

演说家如果能“言具圆满”，那么，说出来的话自然是句句中听、语语入妙，精神一贯、首尾衔接了。

演说家的态度最要从容不迫，一登台便低头缩头，耳红面赤，或缩手缩脚，或抓头摸嘴，总有些教听的人难受。这叫做“处女演说”“疯人演说”，这样演说的姿态，在稠人广众之中和尊严庄重的席上，是最不行的。所以《瑜伽论》说：

> 无畏者，谓如有一，处在多众、杂众、大众、执众、谛众、善众等中，其心无有下劣忧惧，身无战汗，面无怖色，音无謇吃，语无怯弱。如是说者，名为无畏。

佛祖得到这种秘诀，所以“迦陵仙音，偏十方界”，在演说台上，“大狮子吼”“发海潮音”，每开一次大会，即受一次欢迎。

我的结论就是想，人第一要知道辩论的重要；第二要熟悉辩论的方法；第三要精练辩论的技术。如是要三者兼具，虽然有多少书要读，但是初入门的时候，最少却不可不先熟读佛家的《因明论》和柏拉图的《共和篇》。

（原载《努力周报》第32、33期）

北京教育界的歧路

（1923年7月15日）

北京的教育界向来就有两样的主张：

（A）派的主张是：要想维持教育，必先澄清政治。因为教育和政治是分不开的。教育不良，固然不能产出好政治；可是政治不良，也同时不能维持好教育。所以蔡孑民先生说：“数月以来，报章所纪，耳目所及，举凡政治界所有最卑污之罪恶、最无耻之行为，无不呈现于国中。……元培目击时艰，痛心于政治清明之无望，不忍为同流合污之苟安，尤不忍于此教育当局之下，支持教育残局，以招国人与天良之谴责。惟有奉身而退，以谢教育界及国人。”

把这一派的意义归纳起来，就是想发展教育，必先澄清政治，如果政治不能清明，只得放弃教育的责任。

（B）派的主张是：要想维持教育，必先使教育界与政治脱离关系。因为中国的历史上的陈例，纵有神奸巨蠹，也不敢明目张胆的摧残教育。即民国十二年来，虽如袁世凯的专横、安福党的作恶，也不敢公然的干涉教育界。北京教育界的责任只在把大门关得紧，不使政治的恶势力侵入教育界，万不要越出范围，插入政治运动。

把这一派的意思归纳起来，就是办教育的人，只要闭门办教育，不要出门去干涉政治。只要你们不陷入政治漩涡之中，自然可以保持得住教育界的清明。

自从五四运动以后，教育界仿佛是取前一派的态度，举凡外交内政上有大问题发生，教育界总要出来说话。可是自这一次政变起来，一直到现在，上海的商会有主张，安徽以及其余各省的教育界有主张，而北京教育界几几乎一言不发。这又似乎是取后一派的态度了。

我敢本着个人的良心对教育界下一忠告，就是教育界如果能把大门关得水泄不通，无论什么恶势力都绝对的不能侵入，那么，B 派的态度也未始不可以采取。但是事实上办得到吗？如果事实上办不到，便不得不采取 A 派的态度。当此非常政变之时，教育界如果要想表示人格，如果要想表示我们不是那“有奶就是娘”的学者，只有公然作抵抗拿金钱势力强夺总统的黑暗运动。

这是教育界的歧路。请你们想一想，到底应该走那一条！

（原载《努力周报》第 61 期）

考试和情面

（1923年7月29日）

我在北京教育界过了五六个年头，每年夏间，只要各学校的招考广告登出，照例总要接到“八年不见面”“十年不见面”或东在广东、西在甘肃的朋友几十封介绍信，信中大意千篇一律的说：

> 听说，北京入学考试，半靠学业，半靠人情。苟无人为之关照，即成绩甚优，亦往往以额满见遗。某生初次到京，人地生疏，务望力为关说云云。

我去年夏天在武昌，正值武昌高等师范招考，听说，凡英文、算学考得零分的学生，总挟有几十封或三封两封介绍信不等。从前北京大学招考，国务总理段祺瑞也有半说情半“手谕”性质的介绍信。以在北京教育界重要程度等于零的我，也平均每年接到几十封信，何况那些数一数二的教育界的重要分子呢？由此可见，考试和情面在社会一般人眼中已经成为一件不可分离的事实了。

在科举时代有句俗话，叫做“场中莫论文”。但是那时他们还有个道德的迷信隐藏在心中，叫做“全凭阴骘”；或者听其自然，叫做“总由天命”。我以为抱这种观念的人，还有几分靠自己、靠天理的信心，比较现在的学生，不求自己，到临时才去低头乞怜，人格上还有点高低的分别。

我要总回答致信的朋友们的，是我个人不但无能力替他们帮忙，就是有能力也不干这样没出息的事。我要特别忠告的是：

（一）北京学校考试，不用合议制的委员会，便用不露姓名的弥封法。从前也许有单靠人情的，现在绝对的没有容纳人情的余地。

（二）现在外省的学生多主使或参加校外活动，把学校的功课丢在脑后。要想矫正这种恶习，甄别谁勤谁惰，只有从严把守升学考试这一关。

做父兄亲友的万不要替他们开一个方便之门，好纵容青年子弟在学校中鬼混。

（原载《努力周报》第63期）

闲话（一）

（1926年9月25日）

最近有一位署名老敢的，在《国闻周报》上发表一篇希有的大文，题目写的是《蔡元培与北京大学》。这篇文章批评北京大学的弊病究竟对不对，他的语气究竟是否唐突最高学府的神圣，以及将来有没有人照老敢的预料，加他“学界蟊贼”“某系走狗”“反革命”“开倒车”等等徽号，我们都可以不管；可是他说学阀的横暴，简直可与军阀并驾齐驱，那就未免与现在的事实不符了。他以为“《蔡元培与北京大学》这个题目，在北京智识阶级中，差不多是不许平常人随便讨论的”，又说“今人只知军阀势力之下言论不能自由，而不知学阀势力之下言论更不能自由”。这几句话，如果在前一年半年说，或在后两月三月说，至少有一半近于事实，带上学阀头衔的人不但不必因此动气，并且很可以因此自豪。可是在现在说，那就有点令人难受、令人惭愧了。

风气变得真快呀！“三年河东转河西”，这句话真不能不教人承认他是的的确确的真理。在前几年，一说到学校，那是何等尊严，一说到教育界，那是何等神圣。只要你偶尔透出一点半点罢课的消息，无论官僚、军阀都没有不当作重要问题看待的。现在可就一代不如一代了。不但罢课两个字吓不倒人，人们并且还有更进一层的希望，就是希望你们干干脆脆的把学校停办。现在的教育界不但连罢课两个字不敢提，就连维持教育四个字也不敢提了。因为维持教育，便是一桩罪案，什么“赤化”，什么“乱党”，都是有教育而后才有的，如果国内人人皆兵，那么天下便从此太平了。教育界当这苟延残喘的时候，当这动辄得咎的时候，明达者早已远引，老成者早已销声，练达人情洞明世故者又早已降伏，只剩下不尴不尬又臭又硬的书呆子，还死守着这个老营生不放，在这里挣扎一天是一天，挣扎一刻是一刻。至于善观气色看风使舵者，老早就眼睁睁的看见某某学校停办，不敢发一言；白白的瞧着人家把自己所惨淡经营的某某学校举手夺过去，不敢哼一声。不但"随便讨论"没有权力去管，就是捉你、打你、拘留你，甚至于带你到天桥一带去逛逛，也都悉听尊便了。这还配称什么势力，配说得上什么横暴呀！

学阀这两个字，到现在几乎被人家看得比优倡还要下贱，不想老敢先生在这举世贱之之时，还青顾到他，把他看得如此尊严神圣。我们所处的现世界，如果还有人承认学阀有这么大的威风，还有人承认学阀有这么大的潜势力，那么，就称现世界为唐虞盛世，也不为过。恐怕现世界不这样替学阀装脸，而学阀亦未必肯替自己争气。军阀如果真正有可靠之军，军阀是不会倒的；学阀如果真正有可靠之学，学阀也是不会倒的。如果身居最高学府，不能名称其实的做个学阀，那就真正可耻了。所以我并不愿意人家避免学阀之名，我只愿意人家努力做真正的学阀！

（原载《现代评论》第4卷第94号）

闲话（二）

（1926 年 11 月 6 日）

学校开学，本是千该万该的；学生要求上课，也是千该万该的。教员先生，有的为衣食计而别有高就，也是千该万该的；有的为维持学校计而不忍脱离，也是千该万该的。教育本是高尚的事业、精神的事业，只有“谋道不谋食”的人，才可以称为“君子”。大家既不愿做强盗，又不愿做军阀，偏要死守着这清高的职业，那么，自然应该有勉为君子的决心。所以当范圣人做教育总长的时候，看见“一手拿钱，一手挟书包上课”的先生们，实在看不惯，惟恐怕玷辱了他自己，所以毅然决然的弃官不做了。教育界真正下贱，既已做这种精神的事业，又要什么物质的报酬，何怪范圣人“望望然去之，若将浼焉”呢？

但是我们只骂教育界，还不是根本解决的方法，要想更进一步的解决，便应该大骂老天爷。我真不懂得老天爷为什么这样恶事做，他既生出来这个爱做精神职业的人类，为什么又要生出来一个唯物的肚皮。照罗特利（Rowntree）罗先生说，普通的人每一天应该吃下那可以发生三千五百加伦热量的食物，然后才可以劳动不歇。劳动越多，所消费的热量也越多，如同蒸汽机一样，不烧煤炭，他便完全不动，减少煤炭，他就是动也是慢慢儿的不大起劲。照理说，我们应该要求老天爷把这些在教育界服务的士君子们的身体改造一下，只给他唯神的脑筋，不给他唯物的肚皮，免得使马克斯马先生在九泉下自鸣得意，说人家逃不出他的唯物史观的公例。这样一来，“讨赤”的大功，才算是真正的告成。

如果老天爷不肯容纳我们的要求，我们便可以拿出戳天的本领，来征服自然。什么辟谷呀！什么饮露餐风呀！这一类成仙成神的方法都不妨拿出试他一试。如果能够试验成功，那么，比我们现在争俄款、筹基金一类的办法，岂不是更根本吗？这样一来，学校里聘任委员会审查教员的资格更省事了，就是只问他得到辟谷的秘诀没有。如果不能辟谷，再看他能够饮露餐风不能。其实在北京一隅，似乎也不必过于苛求，只要能餐风便够了。因为北京每当春秋二季开学的时候，不要一钱的西北风差不多是天天呼呼的飐得起劲，并且风中常带有七分黄土、三分驴屎马粪，尤其是卫生的无上品！学校能改用这种取之不尽用之不竭的西北风作教员的报酬，那么，国家亿万年教育之基，岂不是定于此矣吗！

再退一步说，大家就是不能征服自然，难道又不能平声静气的抵抗自然吗？抵抗自然的方法，就是白睁着眼睛等他饿死。因为饿死事小，上课事大！大家如果像苏格拉底的仰药，死到脚上，口中仍然讲学不辍；死到腿上，口中仍然讲学不辍；死到腹上，口中仍然讲学不辍；直等到死到心上，讲学的声音方才停止，算是尽完了一生的教育义务，这岂不是大圣大贤吗？可惜范圣人火候未到，当他做某大校长一钱莫名的时候，便病呀病呀的天天辞职，在报纸上登得不亦乐乎；现在担任了什么文化事业的什么职务，他的病也好了，报纸的车站往来上只看见他出入京的消息，绝看不到他的辞职呈文了！他的“一手拿钱，一手挟书包上课”的格言，要变成“一手拿钱，一手挟病办事”的格言了。他是时中之圣，固然无可无不可；至于那未造贤关圣域而挟书包上课的先生们，那就不能追踪大圣，一步一趋了！挟书包上课的先生们！饿死事小，上课事大呀！

（原载《现代评论》第4卷第100号）

新 年

（1927 年 1 月 1 日）

同是一样的新年，只因为少年人迎新、老年人恋旧，所以这个新年，乃是少年人最乐意的时候，同时又是老年人最丧气的时候。其实，就新陈代谢的自然律说，旧的不去，新的不来，弃旧迎新，乃是正理。世界本是活人的世界，一般行尸走肉的老不死的东西，偏要流连晚景，大摇大摆的在活人的世界上横行，简直是故意的违反自然淘汰的天演公例。“夕阳无限好，只是近黄昏”，这两句诗，恐怕就是老年人过新年的感想。

天演公例，固然是优胜劣败，优劣的区分，当然不以身体上的老少做标准，只以精神上的老少做标准。就精神说，有青年的白首，也有白首的青年。我们并不是说，凡是青年都是神圣，都是优者，凡是老人都是废物，都是劣者。这样说法，不但不合逻辑，并且不足服老人之心了。

但是青年人多朝气，老年人多暮气，这是不能否认的；青年人重进取，老年人重保守，这是也不能否认的。因此，一方要想试验那不曾试验过的新戏剧，一方却只能演那历史上曾经演过的老把戏。如果雅歌、投壶真正可以保境安民，礼义廉耻真正可以行于禽兽世界，那么，我们似乎也犯不着希望他们退伍，自然淘汰似乎暂时也淘汰不了他们。可是老天爷太恶事做，偏给人类一点良心，受良心的驱使，偏要箪食壶浆的欢迎新年，深恶痛绝的诅咒老人。所以这个新年，就是青年人同老年人算总账的日子，该换班的换班，该退伍的退伍，区区回光反照，就能认作朝曦吗？

宇宙本是新新不已的宇宙。好像长江，长江的名字虽然是至今未变，可是长江中所流的水却是时时刻刻变化的。比方临流濯足，抽足再入，水仍是水，可是却不是从前的水了。人事代谢也是如此。尸居气余的老人，偏要把持这个世界，断绝新新不已的生机，真是挟泰山超北海，而同天演开战了。姑借这新年的机会，奉劝一般精神上的老人，早早升天，不要转那临去的秋波，来耽误了青年的大事！

（原载《现代评论》第5卷第108号）

求学与革命

（1927 年）

自革命军北伐后，我即脱离了混浊的北京到南方来，想看看革命军的情形。先至武汉，看见许多投笔从戎的青年，忙于革命，无暇顾及书本，往往半年不看书，这种革命而不求学的主张，实是目前的一个重要问题。以前在北京时，曾听闻人说：“求学是青年的天职，在求学时代，不可舍本逐末，做革命工作。”从这两方面看来，好像求学与革命之间，界以鸿沟，事实上不能联合一气。蔡孑民先生主张：“求学不忘爱国，爱国不忘求学。”此言也，似可调和二者，使其并行不悖；但他仍把革命与求学，看做二事。我以为读书非不可革命，革命非不可读书；求学与革命，实即为一事：求学即是革命，革命即是求学。专读书不革命，不能领略革命的兴趣；专革命不读书，不能了解读书的效用。

什么叫做革命，解释此说者有三种主张：第一种主张用激烈的手段，把旧有基础全部推翻，重新创造新的社会，新的国家，称为革命。将旧有基础，用缓和方法，逐渐革新，或仅改革一部分者，称为改良。法国一千七百八十九年的大革命，与俄国最近的革命，便是主张用激烈手段革命的例子。第二种主张用和平手段，逐步改革或改良一部分，即可称革命。据此言，则前说之改良，亦即革命之意。英国历史上的一切革新，属于第二说。我记得某日人有一个妙喻，他把英法二国的革命，比作我国长江黄河的水流；黄河长江之水，流入海中，犹之英法二国都向革新的路上走一样。黄河曲曲折折不规则的流入海中，而长江则循轨道入海，所以法国革命像黄河之流水；英国革命，则像长江的流水。第三种主张把革命意义扩大范围，可应用于世界上的万事万物。先以蚕言：蚕自幼成长时，必蜕皮数次，每蜕一次，即是一次的革命。后来作茧变蛹，化蛾破茧而出，也是革命。次以树言：树自小而大，由瘦而肥，每添一年轮，必脱皮一次；这也是革命。他如蛇的脱皮、小鸡破壳而出，都可称革命。更进言社会制度，制度原是保障人民的，但人类进化到某时期，这种制度不适用、有妨人民时，便不得不起而革命，推翻旧的制度，而建设机关新的制度。以此而言，则革命无尽期，当继续不断的进行，决不可言经过一次革命，以后便可永远度安静的生活。

把上面三种主张总说一说：则第一种革命，离开书本生活，专心从事革命，迨革命成功后，再安心读书。惟事实不能做到，岂有一经革命，即可长享幸福的道理！第二种革命，收效很迟，且不能澈底。第三种革命，则吾人从生至死，无日不在革命生活中。

以上解释革命，以下讲求学。什么叫做学？朱熹作论语注解，谓“学之为言，效也”。他的意思，以为学问前人胜后人，所以后人要效法前人。但是我要问：后人学前人，前人又学再前人，那末最前人向谁学呢？我国儒家不明进化论，所以有这种开倒车的说话。自达尔文的进化论发行于世，方才大家明了世界是进化的，科学之发明，后人远胜前人。达尔文主张：“世界万物，互相竞争，弱者淘汰，适者生存。”根据进化论的原则，吾人欲谋生存，欲谋环境的顺适，便不能不革命。夫革命不仅谋破坏，进一步还要谋建设；谈到建设，全赖学问，没有充足的学问，简直不可革命。故要求学，须革命；要革命，也不可不求学。求学与革命，连续进行，实际上不能分离的。当现在文明时代，言军事，决非一个仅有军事学识的人所能胜任。因为现在战场上战争时所用的工具，已非昔日的弓矢刀石，乃是枪炮飞机战舰潜水艇等利器。换言之，今日的战争，是机器的战争，那方面的机器精利，便是那一方胜利。试看战争的机器，那一样不是科学家发明的，那一样不要应用电学化学等学科去创造。以是而言，军事战争，不全赖科学智识了么？讲政治，也非仅有政治学识的人所能胜任。

以前只要有真命天子出，能压倒人民，即可平安。现在则不然，要达到平安的目的，非谋全体人民的幸福不可。在物质方面增进人民幸福的工具如电话电灯自来水汽车等，何一非科学家所创造。所以做一个健全的政治家，也应该有充分的科学智识，推而至于其他一切的建设，决无离科学而能成功的。我们中国建设人才如此之少，无怪国内混乱到极点，百事都不能振兴了。革命军既定都南京，在表面上看来，各地找工作做的人非常之多，似乎人才是多得很了！但考其实际，这般人不一定都是人才，人才是与奴才有分别的？有学问或技能的人，是人才；没有学问或技能的人，便是奴才。人才不必去求人，而人来求他；奴才因没有人来求他，所以他不得不靦颜求人了！人才的养成，除读书外无他法。无论何人，若肯努力求学，刻苦养成专门技能，都能成人才的。革命与学问的关系如是之深，我们对于求学，不可不特别重视。

关于“革命要求学”的话，上面已说得很多，现在再来讲一讲“读书要革命”。闭门读书，我们大家晓得有许多不合实用的。一面读书，一面革命，才能〔知〕学问那一种重要，那一种不重要。并且革命还能增进我们的经验，促进我们的学识。现在我举一个最浅近的例讲：譬如我们开一个群众大会，会中通过一条取消不平等条约的议案，假设问群众一声，什么是不平等条约？我可断言，必定有许多人莫明所以然，这般不明白的人因此运动而发生觉悟，回去后势必翻看中国条约的书籍。初看，不觉有不平等处；势必再看英日等国的条约，互相比较，英日所订之条约如彼，而中英中日所订之条约如此，于是恍悟不平等条约之所以为不平等条约了。这是因革命运动而引起研究兴趣，并增进学识的明证。

现在正是三民主义实现时代，三民主义，是一切科学的结晶。要三民主义实现，一方面固然要用革命手段破坏，他方面更赖饱学之士与专精技术之人起而建设。专呼口号之人，非三民主义的信徒；真正的信徒，他必努力革命，同时又必努力求学。我主张求学即革命，革命即求学；青年一面要努力求学，一面还要努力革命。诸君勉之！

高一涵先生讲　陆炳熊笔记

（原载一九二七年《暨南周刊》第七期）

皖江见闻记

（1918 年 10 月 15 日）

我离了安徽差不多三年了。我记得那年到安庆的时候，正当洪宪皇帝归天之后，安徽的人，正在那里忙着恢复省议会。逃亡在外的一般“乱党”，也一个个被他们欢迎回去了。这还不算，凡是在学堂毕业的、在外国留学的和亡命到外国的人，他们多恭维他，叫他“新人物”。这种“新人物”在这个时候，可就是阔的了不得了。吃饭总请他首座，打牌就替他垫钱，对他谈话，还口口声声的说我们安徽也要“维新”。我见了很欢喜，以为这是安徽人的思潮一大变迁，从此“维新”下去，这三年中一定是大有进步了。这回我到安庆见那“番菜馆”门前，是很热闹的。别的不用说，就是这“扑克”牌，每一天也能消几十打。我想形式上既“新”到这个样子，精神上一定还“新”呢。进城去想找几个朋友来问问安徽的事情，找了几天，连一个“新人物”也不见。听说那年的“新人物”，又被他们赶到上海去了。我闷极无聊，跑到书铺子里边想买下本《新青年》来看看，谁知问了半天，他们连这个名字也不知道。最后找到一家书店，出来一位老先生，仿佛有点认得我，低声对我说道：“你老不要在这个地方新新新的，因为我们这个地方人最恶憎的是这一个字。还听人说：‘这《新青年》是白话做的，一般人多以为民国的白话与晋代的清谈，同为亡国之兆呢！’”我听了这话，不觉毛发竦然，急回寓处。谁知我同住的一位朋友，已经被巡警抓去了！

那时候，因为冯玉祥在武穴，安庆正在特别戒严，我问：“戒严干什么？”他们说：“这里差不多一年到头皆是戒严，你老正是少见多怪了。”戒严的时期，每晚九点钟就闭城门，凡是出进城的客人，所带的行李包裹，皆要检查的。我想，安庆既不便久居，可到别的地方去逛逛。我的行囊本不多，就是几本破书。打津浦路上走的时候，已经查了一次，箱子上还贴一个“验讫”的条子。到安庆下船时，查了一次，进城门时，又查了一次，这回出城，又查了一次。到芜湖下船，行李就搬到“查船所”，等待军警来查。同行的有位北京去的委员，他对那兵士说：“我们是奉公事来的，该可以不查验？”那兵士挺着腰，大声叱道：“你是公事，难道我们不是公事吗？”那位委员是一个外国留学生，他很看不惯这个样子，他就气着把箱子一抛，把箱子锁抛开了，里面现出一角农商部的护照。那兵士见了护照，他的腰儿也渐渐的弯了，他的声儿也渐渐的小了，还堆着脸笑道：“对不起你老人家。”轮次挨到我，那兵士抬头一看，他的腰又依旧直了，大声叫道：“快把箱子打开！”又被他查了一次。可怜我几本破书，真弄成“韦编三绝”了。我旁边的人说：“你先生被检查数次，失落过东西没有？”我说：“没有。”他说：“你还是幸事。我有一位朋友，去年年底从北京往上海去，到浦口检查行李时，他装钱的皮扎子，竟‘不胫而走’了。在下关住了两星期，还打信到北京望他朋友借钱，才能够到上海呢。”我想了一想，我这回真是万幸了。

在芜湖一带游览山水，足足跑了一个多月。再回到安庆，那时冯玉祥已离去武穴。江西、湖南的前敌上虽然失利，但是离安庆很远，他们是很不关心的。所以社会上又现出一种“歌舞升平”的气象。安庆人的生活，是终日同那熏风巷、御碑亭的姑娘和三层楼小蓬莱的茶房混在一块儿的。他们各机关办事人员，每日有三样功课是必要做的：一是请酒，二是打牌，三是送客。凡有相熟的人离安庆，他们皆要到城外迎宾馆去送的。我一回也跟着多少人在那里送一位位置很高的朋友到蚌埠去。站了半天，连那位朋友的面也未见，他已经上船走了。

在安庆又住了两星期，就从桐城的大路上回家去。走了三天，到了齐岭脚下霸王街，看见许多人在那里站着，听一个人演说湖南的战时情状。我当时看见很奇怪，以为湖南的战场远得很呢，他何以知道这样清楚？后来问了一位姓陶的医生，才知道那人是跟山东师长施从滨到江西、湖南一带去打仗的，刚刚逃回来没有几天。原来施从滨就是桐城霸王街的人，前几年还在家里做挂面，因为赌钱输急了，跑到山东去当兵。后来一步一升，竟升到第十七师的师长。这位演说的人，是施从滨的“把兄弟”，因为他运气不好，所以施从滨做了师长，他还在那里当兵。我就杂在人丛中，听那人演说道：“当我们奉军令开往江西的时候，多少胆小的人，就要逃跑。我是老行伍，知道中国人打仗，不过是摆架子。我们到了前敌，包管有人打电报来讲和的。谁知到了江西，我那‘把兄弟老施’，却远远的在九江住了，发下一个命令，叫我们上前敌去。我听了气闷不过，想想我吃军粮已经二十多年了，当真还去替人家做面子，要打胜仗吗？我们弟兄们也是这样想。所以我们到了战线，就在那山头上睡觉，看见南军来了，我们就把枪儿弹儿给他。他也不杀我们，还送我们一件长大褂子，教我们逃跑。我们朝前进倒没有什么危险，朝后面跑可就费了事了。因为‘老施’是晓得我们要逃回家的，他将所有的路口，早已派兵防堵了。一被他捉去，至少也责打几十军棒，还把你收在那里。他就对中央说，是收抚南边的逃兵，还要望中央要饷呢。我知道‘老施’必然用这一着，所以绕道从湖南那条路跑到长沙。在长沙住了几天，也会了多少当兵的熟人。长沙方面的军人，不是防南军的劳苦，倒是防百姓反太劳苦了。湖南人一见口操北音的人去问路，分明是朝东，他偏教你朝西。有一回，几位朋友请我到小馆子里头去吃面，吃了回来，一个个都叫着肚子痛。还有一位朋友吃面很多，竟弄成七孔流血而亡。兵士们夜里到乡下去放哨，若是落了单，就是几个小孩子，也上前揪着你，将你的枪抢去，然后送你归天去。后来张督军看见这个情状，以为湖南遍地皆是匪，他就用‘以匪治匪’的法子，把山东和徐州一带的土匪全行招来，编成几连人，将他们放到湖南乡下去。当他们初去的时候，所过的地方，真是鸡犬不留。后来这些土匪也改变宗旨，与那些老百姓要好。有一次，从长沙开他们到乡里去，他们刚到城外火车站，就动起手来抢了。抢完之后，就一哄而散，与那些乡下老百姓同过生活。所以现在山东、徐州的土匪，竟在湖南新辟一块‘殖民地’。我那天离长沙，坐了一只小火轮，刚到二更的时分，见岸上来了许多人，大叫‘轮船莫走’！轮船无法，只得停了。那些岸上的人一齐上船，将口操北音的几个人扯将下去，不知后来怎样处置。听船上人说：‘这些岸上的人都是老百姓呢。’我是口说南方语的人，所以才能幸免。因此就赶紧回来了。”我听见这一段话，是很奇怪的。我未到过湖南，不知湖南的状况，真如这位老兵士所讲的么？然比照湖南督军师旅长等所发表的电报，什么“土匪肃清”，什么“军纪严明”，什么“居民安堵”的话头相差的多了。唯有问亲眼见的人才可知道的。

我在家里过了几天，又从水道出来，雇了一只小船，在内河里走。看这内河两岸，设下多少厘金局，这还是曾国藩“抽厘助饷”的遗策。厘金局的章程，只有钱谷准许流通，以外皆要抽税的。黄豆、芝麻等物，不算是谷，谷是但指稻米而言。然稻米又有米厘局收税。可见除钱而外，是无物不纳税的。那厘金局的规矩，是很严的，早上八点钟才办事，下午四点钟就停止办公。我的小船到迟了五分钟，就在那里整整的等了一夜。候他看了一遍，照了船单才敢开船。在船上远远望见一个乡下人，担着一百多个鸡蛋，正在那里赶紧走路。忽被局丁看见了，叫回来命他纳税。那乡下人腰中并无一文钱，哀告了半天。那局丁大怒，说要“办”他。乡下人听见，将要舍鸡蛋而跑，又被局丁抓住了。正争持间，忽来了一位老者，口衔着一枝旱烟袋，足有五尺多长，声称与他解和。看他所提出的调和条件，就叫那乡下人拿出二十个鸡蛋给那局丁，并不要纳税的票子。局丁看在这位老者的面上，才恕过他。那乡下人口中感谢不止，低着头，含着泪，才走了。后来听见人说，那位拿长烟袋的老者，也是厘金局的司事。

这次出来，在安庆住了一个多月，觉得从前看不惯的事，也渐渐看的惯，再不逃去，恐怕要同化了。所以又到芜湖住了十多天，同一位朋友往采石矶一游。到了太平的时候，听见人说：“不好了！太白楼要烧了！”我听见这话很是惊讶。又见一路上大碑很多，碑文是“张老大人德政碑”。我想“张老大人”是谁呢？后来问了一问，才知就是在北京复辟的那位张大帅张勋。原来他做安徽督军的时候，带许多“辫子兵”住在太平、采石一带。隔日稍久，所以“张老大人”的“德政”，只有那个地方人心里还记得，表面上已多看不见了。我到了采石，上太白楼去看看。我往日看见《太白酒楼楹联》一书，所刊的对联共有一百多幅。这回去看，仅仅残留几幅破坏的和那够不着的匾还在上头。听人说，“辫子兵”住在太白楼的时候，就把对联全摘下来，当作铺板睡觉。睡断了的，就当作柴火烧锅。所以如今仅剩了一个破楼了。由太白楼上翠螺山，山的背面有一湾平地，栽的有桃李几十株，桑树几百株。听人说“采石镇每年出产，以丝和绸为大宗。小小的一个镇市，每年收入约在三四万元”云云。到这镇中，见有许多老婆子同小女孩子在街心里绩麻，绩成了线，就去织网。所以长江一带，上自芜湖，下抵镇江，渔家所用的网，皆是采石镇的人制的。“辫子兵”住采石时，采石镇仅剩几个男子在家看门，妇女们皆跑到别处去了。采石镇的酒馆，如翠螺春，如第一楼等，都被那“辫子兵”将本钱吃干了，都歇了业走了，如今才渐渐的回来。所以他们那里人公议要把太白楼和三公祠一齐烧了，恐怕后来又要住兵。我想了一想，这莫非就是“张老大人德政”吗？

我看过采石，搭船到南京。晚间打江口火车站旁经过，见车站旁边有几十个女人在那里邪眉竖眼的勾人。对面站的就是一名“维持风纪”的警察。我因向这位警察问道：“这些卖淫的岂不是有伤风化吗？”那位警察答道：“你老想是初次到南京的，原来先几年这个地方大街小巷都是他们一流人。后来我们厅里煞费苦心，才指定这一个地方，给他们做生意。要在别的地方拉人，那就有伤风化了，那就犯法了。”听他的话，才知道这火车站线两旁边，是一个风化以外的所在，是一个法律所不管的所在。

我这一篇《皖江见闻记》，随便写来，已有三千多字，却无一句不是悲观的话。原来社会改良进步，必先觉得对于社会的现状有些不安，有点看不惯，才知道改良，才能有进步。若人人对于社会都是随遇而安，不觉得社会有点儿坏处，那就是这社会宣布死刑的日子了。我作《皖江见闻记》的意思，要想在日日所见的小事上着眼，要想使人不满意于社会现状，不要为社会现状所同化，要想使人立在社会外看社会，不要钻到社会中为那社会融化了。果人人都想与社会现状作对，那社会现状就站不住脚了。

（原载《新青年》第5卷第4号）

评《一念差》

（1918 年 12 月 29 日）

这出戏是天津南开学校新剧团编的，民国五年该校周年纪念日，即演这出戏。北京文明园所演的《一念差》就是改窜南开学校的原本，加入许多皮簧梆子腔调在内，情节虽同，而编剧人原来的意思，已经失去许多了。

这出戏所演的是宣统二、三年间，广东官场里叶中诚的事。叶中诚本是个好人，只因为花了许多钱到北京去运动粤海关监督的缺，刚要到手，又被那走王府门路的李正齐抢去了。于是设计诬告李正齐私通革命党。李被拿下狱，叶才得这个差事。诬李私通党人的事，叶是不肯作的，只因虚荣心所迫，因为没钱用所苦，又受幕友王守义的蛊惑，才勉强干了，这就是所以叫做“一念差”的理由。

这出戏是写实主义中的问题主义的戏，主要的目的有五层：（一）写幕僚的弊病；（二）写买缺卖缺的弊病；（三）写官场虚荣心的弊病；（四）写官场黑暗，指奸即奸指盗即盗的真相；（五）写官场奢靡，因钱变志的真相。

这出戏的紧要关头，就是要写出叶中诚到底是个有良心的人。未做官以前，他本是个善良的人。所以王守义说“你不是办这个事情的人”。既作官以后，虽然一时转念到底尚想扶养李正齐的家眷。到自杀的时候口里还说“吾现在实在知道什么叫做良心”。可见他的良心尚在，所以做出陷害李正齐的事，实实在在是幕友蛊惑的，是虚荣心刺激的，是用度奢侈逼迫的。因买缺花钱太多，所以不能不设计求缺。因官场黑暗已成习见不鲜的事，所以竟敢倾陷好人。

所以人家看这出戏，脑筋中必然想到如何打破幕僚制度，如何廓清买缺卖缺的弊病，如何打破虚荣心，如何免除官场的黑暗，如何禁止官场的奢华。看完了戏，就将以上各种坏处，拿来当作问题去研究，他所以可叫他为问题主义的戏，如同旧戏中“四进士”戏相同，四进士本皆是好人，一为母子兄妹之情所迫，一为老师所连累，一为诗酒所误，所以弄成“食贼卖法”的罪名。看这出戏的应该想到家庭制度、师弟制度和那名士风流，皆是用不得的了。问题主义的戏就是这一类的。

编戏的人，最大的坏处，就是以主观的意见，去死死的断定了这出戏中的是非利害，这种主观的评判，不留一点伸缩的余地，使看戏的人自用心思去想想他，是没有什么大用处的。《一念差》的作者原意，不是叫人不要作官，是叫人作官不要有一念差的，是叫人去打破那些幕僚制虚荣心，买卖差事，设计害人的种种坏处。文明园改窜这戏的人，不明白这个道理，加入许多不要作官的评判语。把原戏的含蓄处和盘托出，下定了死死的注脚，这就是文明园改剧的人不明白戏剧神妙处的第一个大毛病。

再文明园的新剧除这个毛病外，还有三个毛病：（一）是拿剧本去将就角色。因张小仙张兰卿会唱梆子，就加入一段梆子腔。因鲜灵芝是该园主要角色，所扮的李正齐之妻韩氏并不是这剧中主要人物，所以又加许多不要作官的训戒词，叫他在戏台上去背诵；（二）不明白戏剧上经济的手段，这戏原本仅有五幕，文明园意加至十余场之多（凡在幕外所演者皆为原本所无），因琐碎事加多，精彩处反被掩着。既费时间又浪费看戏人的心思，这是不明白经济手段的原故；（三）是以营业为事，不以改良社会为事，所以专于迎合社会薄弱的心理，加入歌唱引子、报名、台步等种种旧戏的架子。就是一篇崭新的戏剧，也被他七污八糟的弄坏了。所以我常常说，不明白戏剧原理的人，是不能编戏的，不明白剧本原意的人，也是不能演戏的。

（原载《每周评论》第二号）

我的戏剧革命观

（1919年2月23日）

我前几天曾写出《现在戏剧改良家的错处》一段短文，登在《晨报》上，说我对于戏剧改良的意见。因为我的意思，是很不赞成改窜旧戏的，所以有许多人以为我是袒护旧戏。这却不可不辩。我的意思，说戏剧的进化，应当脱尽旧戏的痕迹，另外创造一种新剧。好像上古的文明由穴居进到宫室、由结绳纪事进到书契一样。创造宫室，不必凭借穴居那个穴的基础；创造书契，用的是丹青竹简，不必还去用那结绳的绳子。我说不必改窜旧戏，不是说旧戏完全用不着改的；是说无论把旧戏改到什么样儿，到底算不得新戏。——这就是我所以赞成创造新戏，不赞成改窜旧戏的理由。

凡人觉得新的胜过旧的，断没有不去除旧换新。惟一被旧的拘束住了，可就不容易改变。譬如北京“老妈子”，脑袋后挂着假髻，腿上穿的絮裤，脚下穿的一双尖头鞋子，在他们自己以为这是习俗中最时髦的装饰，所以才不肯改换。爱旧戏的若是同北京老妈子爱他最时髦的装饰一样，可就不容易改变了；社会上都不明白旧戏的坏处，那戏剧革命军也就起不起来了。所以我想把我心目中的旧戏缺点写出，请大家评题评题。

我以为中国学术思想所以千篇一律不大变迁的原因，就因为“心法”“家法”几个字把他们的自由拘束住了。就以文艺说罢，画画的人不想为天然景物写真，偏要去学某人某派的画谱；做诗词的人不想抒写自己的性情，偏要去模仿唐人宋人的笔调。所以竟把几千年来思想，弄成一种刻板文章。戏剧亦然。如“脸谱”“唱工”“台步”“把子”，无一处没有“家法”。不但行腔运调点鼓拍板是有规则的，就是喉咙中所发的声音——嗓子——也要有“行”有“派”。这是事实，却不是缪子君私造的。但这不过是形式上的“家法”，说到精神上的“家法”，影响可就更大了。今且举几条如下：

（一）荒诞主义。中国人心目中的小说戏剧，多是抱着荒诞主义。以为稗史野乘，只有说荒唐无稽的事情，惟有“正史”才可以实写社会情形的。大概思想专制的时代，凡世间公认的相沿的道德，皆奉为天经地义，绝不容人怀疑的。思想深远的人因为犯不着去“离经叛道”，所以才把他所有的思想，寄托在神仙鬼怪之间，创立一种寓言主义，用以抒写个人心思。这派中好的就是作《阅微草堂笔记》一派人，不好的便是作《聊斋志异》一派人。总之皆是假托神仙狐鬼寓意的。这派最大的坏处，就是汩没人生高深的理想，引诱社会迷信狐鬼神仙，却忘记了真实的生活——这是第一应当革命的。

（二）崇古主义。中国戏剧十八九是历史戏，历史戏中又十八九是个人自由虚构的历史。所以中国戏剧只拿“托古改制”的人意中的古人作标准，不曾为现在的社会和将来的社会造成一种模范的人物观。这派的坏处，是阻碍进化的机会，销磨个人的特性，造成复古的思想——这都是令思想千篇一律不大变迁的原因，所以也是应当革命的。

（三）训教主义。训教主义是将三皇五帝以来习俗上所认定的公案，翻出来作道德的标准，偏教人去取法他。这种主义的弊病，就同演绎法派的逻辑一样，若是引用的定例错了，所得的判词也就不得不错了。况且把古代事实道德拿来作标准，对于现在和将来的生活，到底是不能适合的。就说可以适合罢，到底是以看戏的人为成人呢，还是以看戏的人为孺子呢？到底是使人自运心思自下判断为是，还是代人下定判断，就糊糊涂涂的强令人家奉为天经地义为是呢？我绝不信世上所有的道德可以千万世而不变的，拿古人道德作今人模范，先就违背自然进化的律令了。这种训教主义简直就是专制主义，现在编戏如不将他打破，让人去自由思忖，就同拿“八股取士”一样了——这也是应当革命的。

总而言之，凡人想做前代的“功臣”，只有对于前代革命；谨守“心法”“家法”做去，就同把前代的人送到牢狱里头去宣布他的死刑一样！我所以不赞成改窜旧戏的理由，就是想保全一块干干净净的地方，让我们来创造特立的新戏。不要把旧戏的“脸谱”病，传染到演新戏的脸上去。并望演新戏的人打破旧戏的“家法”“道统”，做一个“离经叛道”的戏剧家。这才是中国戏剧的“功臣”！

（原载《每周评论》第10号）

“是可忍”

——孰不可忍?

（1919 年 4 月 13 日）

前半个月听说清华新剧社要到北京来演戏，我就欢喜了不得。因为北京各园子里常演的新戏，多是打着新戏的招牌，暗地里仍是卖那些皮簧梆子的旧货。不但编戏的主义没有变，就是演戏人的“台步”“手势”“脸谱”“调子”也没有更改。我想清华新剧社必定是很有新思想的，很懂得新剧原理的。所以我就拼着一晚上的工夫，花了两张票子，欢天喜地的去瞧瞧。

这天，戏名叫做《是可忍》。看他那“说明书”上说道：

> 郭伯渠业商，一子一女。女，前妻出，许戚李信之。李将游学，郭饯之。郭死，妻虐女，家日落。李在外别娶，归，绝郭氏。女见逐于母，至野遇大雷雨，将自尽，有医士遇而救之，与俱归，为看护妇。李夤缘入官，供大老王某奔走，其妻因通之。后李盗卖矿山，为乡人痛殴，受重创。舁归，寻入医院，遇郭女，悔恨交并，一痛而绝。

我看了这篇“札记小说体”的“说明书”，想一半天，仍然找不出他的命意所在。再看看后边所载各幕的题目，才想起来这出戏就是清华去年年底所排演的《鸳鸯仇》。俞振庭在北京常拿改换戏名字骗人，不晓得新剧家为什么也要学那旧戏家的老法子？

我看了这出戏，觉得很有可以批评的地方，所以写出我的意思，和清华新剧团商酌商酌。

一、论编排的方法

《鸳鸯仇》原来只有五幕，这回到北京来，竟“不惜工本”，把他添到八幕之多。还在《清华周刊》上夸张增加的好处。单讲这一桩事，就可算是“死外行”。西洋现在的名剧，虽然不都是“独幕剧”，然却没有过五折以上的，因为新文学家，没有不注意经济方法的。戏的好处在精彩不在长短，长了必定浪费许多时间，空费许多气力，多要许多布景。做的人也筋疲力尽，看的人也头昏眼花。依我的意思，第二幕、第五幕、第七幕都可删去，因为这几幕毫无意思，且有许多重复的地方。像那种“家奠”和那“游逛的勾当”，实在没有写出来的价值。

这戏的第二缺点，就是和“三一律”相差太远。现在的新戏，虽然不必死死的守着“三一律”，但是为经济和精彩起见，也不能不受他的范围。这出戏时间相隔五年，地点变更五处，所写的又不晓得有几桩事合在一块。真可说是既不经济，又不精彩了。

中国旧戏的坏处，就坏在每出戏都有个结束。把一件事从头到尾，判成死案，简直叫看的人没有一点思忖的余地。既有了主观的判断，还有容纳客观评判的所在吗？这出戏的动人的地方，原在第六幕，偏偏把他加上七、八两幕，来结束李信之一个人，这还不是旧戏中的“团圆主义”“判断主义”吗？

二、论本戏的宗旨

这出戏的大旨，是写婚姻问题的。看编戏人的意思，好像是主张“父母之命、媒妁之言”的婚姻，反对自主的婚姻。不过布局和剪裁，还比不上编“自由实鉴”的万分之一。李信之做官卖矿，和自由结婚本是两件事，本没有因果的关系，扯在一块，实在叫人捉摸不到编戏人到底是什么意思。

自由结婚，能行不能行，是一件事；李信之的夫妇，到底能不能算得自由结婚，又是一件事。自由结婚，必须有高尚的感情、纯洁的道德，才算完备。若拿李信之夫妇的行为，来做根本上反对自由结婚的理由，不是和拿娼妓的逢人配合来反对自由结婚一样吗？我以为拿屈先生一派迂腐不堪的话，来反对新学，来反对自由平等，拿李信之一流人的行为，来反对留学生，来反对自由结婚，皆是前二十年的思想。拿到现在来演，拿到北京来演，难道现在北京的人，连这一点常识都没有，还要你们来“指教”吗？到了今天，还拿前清遗老、长髯大袖、满口纲常名教、张嘴就骂平等自由的屈先生来反对新人物、新思想，我想编戏人的知识，断不至于如此。或者是我把编戏人的意思看错了，也未可知？

三、论描写的情形

写实主义，是要叫看的人一个个心中都觉得所写的全是实事，一点也不能过火。我看这出戏，很有许多地方出乎情理之外的。既说屈先生是以“卫道”自居的人，断乎没有开口“放屁”、闭口“岂有此理”，当面骂人、行同无赖的道理（林琴南先生不在此例）。郭妻就是刻待前妻的女儿，也断不至于在灵堂里边，举手就打，张嘴就骂，凶狠到那步田地。李妻就是淫乱，也倒不至于一见王某，就和他同坐马车，出去闲逛。李信之就是“悔恨交并”，也不至一见郭女，就“一痛而绝”。像那旧戏里头，朝椅子上一坐，就算昏了，望地下一倒，就算死了的样子，能算得写实主义吗？出言太没有分寸，做事太没有体统，也是这出戏一个顶大的毛病。

四、论扮演的脚色

新剧应当男女合演，用男人去扮女人，和北京的坤角扮男人一样，就是做得顶好，总免不了“不自然”三个字的批评。这是新戏的通弊，原不能单怪清华，所以我对于该剧扮演女人的，不加议论，单说扮男角的。扮男角最坏的是那位做医生的，不说别的，就是一句话也说不清楚。扮刘云卿的人无咎无誉，扮李信之的人太平庸了，显不出他做官卖矿的本事。扮屈先生同郭妻的都嫌过火。只有扮郭伯渠和扮李母、郑妈的二个人身份举动，一点都没有可以褒贬的。

（原载《每周评论》第 17 号）

“新文化运动的批评”

（1923 年 5 月 13 日）

这是章行严先生前一个星期六（五月五日）在中国大学讲演的题目。我因为一来，自新文化运动发生以来，大家都糊里糊涂的盲从，不曾遇到过真正学者的严重批评；二来，章先生近来的议论，往往像云里的神龙，见头不见尾的，所以我对于他这一次的讲演不得不安心静听。可惜我当时未带纸笔，不曾把他的演说词一句一句的记下，到今天已大半忘记了，只得把我所记得的几点略为述一述。

章先生说：

> “新文化运动”这个名词，我就不懂得怎么讲。姑且把这个名词分开来说，依我看来，人类的知识有限，世界中所有的思想都是从前所有的思想，绝没有什么新的发生。譬如衣服，前几年巴黎的妇人都深爱穿极短的裙子，以为这是新式的衣服；最近巴黎妇人的裙子又长到脚后跟了，又以为这种长裙子是新式的衣服了。我去年回到上海，看见上海的女人的裙子也作劲短的，也以极短的裙子为新式的衣服。这种样式原是巴黎来的，可是上海当以短裙为新的时候，而巴黎已经又以长的为新了！换句话说，我们今天认为新的，他们今天已经认为旧的了！
>
> 再如我们中国的衣服，从前多么宽大，后来时新的样式改为狭小的，以为越狭小越新，到近两年来，又从狭小的样式变为宽大的样式了。可见得今天所谓“新”就是从前所谓“旧”。

> 思想也是这样，他只是循环的，不是突然的发生的。凡是能适合时势需要的，就可叫做新的，凡是不能适合时势需要的，就可叫做旧的。

我和章先生意见相同的有两点：（一）思想不是突然发生的，（二）思想要适合时势的需要。

但是我虽然承认思想不是突然发生的，却不承认“世界中所有的思想都是从前所有的思想，绝没有什么新的发生”；我虽然承认思想的进步不是直线的，不是有进无退的，却不承认所有思想都是循环的。譬如长江大河的流水，我们如果只看一小部分，又何尝不有回旋的和逆流的水呢？可是一看他的全体，总是就下的，总是前进的。照章先生的话说，那么，学问思想好像一桶水，从这个桶里倒到那个桶里，倒来倒去，仍然是原来的水，只有分子地位的变化，绝没有新加入的分子。我对于这一点觉得非常的怀疑。

章先生近来很有些“复古”的思想，所以一方面说“新的就是旧的”，一方面又说“新的不如旧的好”。他的证据是：“凡是美术品，新的总不及旧的好，例如雕刻，现代已不及古代；例如古碑，唐碑不如魏碑，魏碑不如汉碑。”

我以为要比较文化的进步或退步，万不能单拿文化中所包括的一两件事做代表，应该要观察文化的全体。某一时代需要某一两件事，某一两件事固然可以发达，到了后来时势的需要又转向他方面去了，所以从前很发达的东西，到现在不得不退步了。例如八股文，从明到清，可算进步到了极限，现在不需要这种东西，所以这种东西绝传了。章先生又可以拿清末的策论不及清初的八股、清初的八股不及明代的八股做代表，说现在的文学退化吗？章先生又为什么不说科学、工业今不如古作现代文化退步的证据呢？

章先生反对白话诗，我不敢强辩，因为我是外行；但是章先生反对白话文的理由有一点觉得很薄弱。他说：“白话文太简单，没有选词择句的余地。譬如我们初学外国文的，想造文句时，常常为词字及句法所限，不能作出好文字。文言词句完备，每种意思可以各种词句达出；白话文简单，每种意思只可以少数词字或一个方法达出。”

章先生又说他自己是“做白话文最早的一个人”，“二十年前就做白话文，但是因做不好，所以不敢做”。由此可见白话文作得好、作不好，是一个问题；白话文体到底简单不简单，又是一个问题。现在作白话文的作不出好文字，只能归罪于白话文学家的手段太低，却不能归罪于白话文的文体。《红楼梦》是一部白话文体的小说，有什么意思达不出？《金瓶梅》也是一部白话文体的小说，他描写一切情形那一件不是“惟妙惟肖”的呢？章先生作文言可以“畅所欲言”，我们现在多年不做文言了，要想做一篇文言说明自己的意思，转觉得十分的困难。但是我们可以因此就归罪于文言的体裁不好吗？

以上是我个人听过章先生讲演后的感想，故不分层次的写出来，供大家讨论讨论。至于我或者有误会或误记的地方也未可知，还要请章先生指正。

（原载《努力周报》第52期）

关于《努力月刊》的几句话

（1924年8月28日）

《努力》本是胡适之先生独办的报，当然只有胡适之个人可以决定他的生死。我是一位摇旗呐喊的小卒子，就是发表意见也不能代表努力社的主张。可是适之先生现在在北戴河养病，或者不容易看见萧保璜和澄水两先生的文字。所以做小卒子的我，便不得不越分回答几句话了。

《努力月刊》的创议在去年秋天。商务书馆一听到这个消息便要求归该书馆承办（或包办），同时亚东图书馆也想代为发行，两家竞争的结果，终让商务书馆战胜。商务书馆于是便板起资本家的面孔，说“给你们做文字人的三块钱至五块钱一千字”！适之先生想得一点稿费来报酬常期投稿的穷朋友，本是办报人应该有的善意，但是教我们出来为“三块钱至五块钱”去替那些持商务书馆股票的人争红利，老实说，心中总有一点痛！所以我这一个小卒子对于商务书馆要包办的《努力月刊》，不得不暗地里抱着“不合作主义”！

但这是闲言，如果要“言归正传”的说：（一）因为适之先生不能过劳，朋友们多希望他减少一点工作；（二）适之先生想请张奚若先生回国主持这个月刊，张先生现在还在巴黎；（三）因为由周刊改为月刊，文字的“质”“量”都和从前不同，这样一严格，杂凑的和浅薄的文字不得不割爱，所以非先有确定负文字责任的基本人数不能冒然出版。依我个人意见，这三件事便是使《努力月刊》至今尚未出版的原因。

萧先生所提出的三个疑问——“畏威”“灰心”“畏难”——也有一点关系。我是“畏”资本家之“威”，我是对于做“文丐”的事业“灰心”。至于做事的难原不足畏，适之先生的病倒足畏，故虽不是“畏难”，却有几分“畏病”。

至于适之先生的“确实的答覆”怎样，只好待他回京之后再说罢。

（原载《晨报副刊》第203号）

刘希平先生墓志铭

（1929 年夏）

君讳碗衡，字希平，安徽六安人。少读书，不屑屑咿唔呫哔，壮游东京，专攻政治经济。民国建元后，主讲于安徽江淮大学，声誉播遐迩。癸丑后，避居上海，穷困漂泊者凡十年，未尝稍易其志。既而返皖，出长芜湖赭山第五中学，以诚化人，学子受其熏陶，而五中学风遂为全皖冠。君生平守正不阿，人多谓其迂阔，不足趋时会变。与人言呐呐不能出诸口，然一旦临大事，决大难，则侃侃而道，是非立判。体素文弱，然大义当前，每忘趋避，昂刀锯斧钺加诸身，亦不足撼摇其志。怀德履义，率性而行，非雕琢以为廉而廉，则可使贪者矜；非骄抗以为勇而勇，则可使懦者立。以故士林乡慕，以一身维系全省社会运动中心者殆数载。后以皖政日窳，及辞五中，别创新民中学于南京，备尝艰苦，竟以身殉学矣。自君逝世，学子无所仰止，朋辈无所稽疑，茫茫斯世，继君者何人！己巳夏，李君光炯，卢君仲农，约君之友人弟子及君之子志夔等，葬君于赭山之颠，因勒斯石，以垂不朽。

（载《金安文史》第三辑）

附：刘希平学生温广汉教授《碑文后记》

上碑文希平刘先生，系余读书芜湖五中时之校长。高标绝俗，直道示其身。同盟会会员，当时一先进人物也。先生尝嘱余于课暇教其幼子及其外孙读书。五中校址在赭山，先生寓所在陶塘之畔，每晚往返，风雨无间，如是者几一年。因与先生私人接触机会多，而受其教益与影响亦较深，后余离芜湖不久，先生即归道山。庚午，余重过芜湖，登赭山之颠，拜谒先生墓，读其碑文所载，皆先生一生实录也。文字质朴，未著撰者姓名，全曾裂级录之，距今忽忽四十余年矣。其间海天万里，游踪无定，此纸不知置于何所，且久矣忘之。昨回休假，偶于旧书堆中发现此纸，虽墨色已变，而纸质尚好，字迹可辨，不禁喜出望外，重读一遍，如见先生。而余手提纸灯笼，往返于先生寓所、赭山之间，以及中学时代一切生活情景，宛然赴目，如在当前。流光荏苒，余竟垂垂老矣！鸠江在西长望，怅触何如！旧录碑文之纸幅过小，诚恐得而复失，因重誊录如上。碑文撰者，嗣据先生乡人高一涵见告，是彼手笔，此亦数十年前事矣，兰州晤面时所告知。

碑文中“后以皖政日窳，及辞五中”一语，是指戕杀为争取教育经费游行示威学生姜高琦之凶手马联甲，先以皖南镇守使升皖省督军，后以督军兼任皖省省长，因为教育事业属于省长管辖之下，先生乃不得不辞职。过去皖省反对马联甲之社会运动，汹涌澎湃，特别每年于姜高琦被害纪念日，安庆、芜湖等地皆举行大规模之游行示威，表示反抗。至是全省反马之声，寂然不闻，似皆俯首帖耳于马氏淫威之下，实为皖人之耻。先生愤然！于临去五中前夕，曾召余至其寓所，口授反马传单之腹稿，由余录之，并嘱送交职业学校校长时绍武付诸油印，仍由余将传单分批投入进芜大轮船上邮筒，盖以反马传单在皖省地区难以发出故也。先生明知此一传单，不生何等影响，不过借此以示皖省人士不屈之意云耳。时先生心情苦闷万状，邀其乡人王肖山做伴出游，旅费缺然，由时绍武校长处挪借五十元，始克成行。当先生等上长江下水大轮时，亦由余将其行装送入舱内。此为余与先生最后之一面。忆彼哲人，悲思感念之情，每萦绕胸怀，不能自已也。

先生墓旁建有“爱晚亭”。亭有对联曰：“细雨霏微衰草泣，秋风摇落故人稀。”不知此亭今尚存在否？

联为卢仲农先生所撰。

宗教问题

——致《甲寅杂志》记者

（1914 年 11 月 10 日）

记者足下：

综观论孔教诸篇，似以宗教为人类所必不可无。耿耿余心，思有所白。顾余所欲就正者，非尊孔尊耶之执，乃人类应否终有宗教问题也。关于此端，论者约分二派：一派谓宗教起于民智浅陋，惟太古愚民行之，民智既深，即不需此。一派谓宗教本随时之义而成，与天地相终始。太古民智单弱，见异而惊，故宗教之事起。人智弥进，推知弥远，远则不可思议之境弥多。故宗教之义，日离迹而即于玄。其托愈幽，其行愈远。质言之，一谓宗教与民质为相对者，一则谓为绝对者也。夫推论万象，必归一元。宇内真宗，几皆认为通论。然惟心、惟物之争，至今而未有已。余拙且陋，于二派未敢置辞。就鄙见所及，则重惟心，主张直觉自证。易词言之，谓论事在求其征，说理贵推其故而已。宇宙既形此显象悬示吾人之前，断非徒有象而无理。事有象而理难征者，乃知之有涯，不得谓彼为神秘。吾友赵子寿，人谓佛家言不可思议，即是佛家怠惰。其言虽逼，要足策人猛省。斯宾塞曰：学之道出于思，由明而诚者也；教之道本乎信，由诚而明者也。然则守漠然之信，何如由厘然之思？信为当然，何如推其所以然？信此不可知者，为愚哲祛疑之资，何如悬此不可知者，作万众研钻之的？天地万象，幽渺无穷，如无尽小数，任除至何位，终有余数。此理余固确信，然进除一位，则得数亦进一位。位位相续，谓仍有余数则可，谓得数非多明一位，则不可。人类之推知，亦犹是耳。昔者地雷风火，举拜为神。今虽四者真因，仍不可得，即象推寻，归诸物理，不谓设于神意，此理固甚明矣。夫信之对为疑，祛疑为信不闻，怀疑为信。诚之训为不欺，自欺为妄，不闻自欺为诚。今指不可知者为神造，在学理不得不以为疑；守不能明者为天真，在人道不得不以为妄。如其理玄奥难知，则委为天功；其道怀疑不明，则归诸神秘。即如足下所谓通其不可得通，安其所不自安。所求者在通，以其玄奥难知，则通之途已塞，认不通为通，则通之本已误；所求者在安，以怀疑不明，则安之念已摇，强不安为安，则安之本奚着？余愚窃以为不明则不通，不诚则不安。假不明者以为明，定不安者以为安，则邻于妄且欺。人道期于征实，谓此既妄且欺之行为，必与人道相终始。天地无终极，而此行为亦随之无终极。若佛家所谓真如、无明，终古并存者然。犹诏人曰：此信也，诚也。说将何以自圆？余钝根深，不得圆满确证，终病不能释然也。其说甚长，非单词片语所能如量以白，特示概念，以就正于博学鸿识者之前。其必有以拨吾心雾、涣吾疑团者，断可识也。此问题为根本，尊孔尊耶为枝叶。而某教挟门户之争，某教作事功之梗，某教嗜于利禄，某教流于伪妄，举为教徒之罪，又下此而为枝叶之枝叶矣。虽然，滔滔斯世，习见方深，意根磐错，固执成性，学诐情瞀，负之以驱，是非胶葛，其胡能理？君唱尊耶，愚又问鼎于宗教，侪吾等于地狱、侪吾等于名教罪人之列者，必纷然放矢矣。意气之争，应之将恐至于无暇也。懔乎！悲夫！

高一涵白

附：《甲寅杂志》记者文

手教所论，乃哲学根本问题。不学如愚，何敢为一辞之赞。虽然，西哲有论及此者，间尝涉猎，得窥一斑，请为贤者证之。宗教本于归依上帝，论列宗教有无，首当进叩上帝有无。足下只谓玄奥难知之理，委为天功，终不可通，怀疑不明之道，归诸神秘，有所未安，而未尝推究天功神秘，是否确有其物，可委可归。愚意足下由此推勘，而有得一圆满自足之解答，则玄奥者未必真难知，怀疑者未必真难明，而一切问题皆归冰释矣。笛卡尔者，哲学之母也。其学从尊疑入手。凡非深明其理而以为实在者，决不妄语。本此为推，世间万物，在在可疑，所无可疑者惟我。何也？我有思也。苟我能设思其事非妄，则我必非妄者。若谓我不能设思，疑亦思也。即无由起，苟能疑非妄，则能思必非妄。于是凡吾思之而明了者，皆真相也。举明了之思，其中有最要者，为上帝观念。上帝现于吾之思之中，实为一完全无对之体。人类者不完全者也。不完全焉，知完全为何相，是知此相发于人之脑中，必有主宰者焉，即上帝是也。笛氏主二元说者也，以为心纯乎觉，物纯乎境。觉境两离，非上帝从而斡旋，不生连系。其徒司宾挪莎则主一元，谓心物同为造物之见相。舍宇宙万物而言上帝，实为不词。上帝者即物见之，体物而不可遗者也。此虽与师说有殊，而以逻辑绝严之律，证明上帝之存在，则较笛卡尔愈有加焉。为说过繁，兹不征引。要之二氏皆理学名家，有神之论，悉本科律。揆之足下论事求征、说理推故之意，信乎未睽。即在吾儒，所言亦间与西贤合辙。荀子曰：信信，信也；疑疑，亦信。必以疑疑为信，而后一切论思之本以坚。由是而之，宇内万象，皆不难求其归宿。足下谓不闻怀疑为信，似乎百尺竿头，尚可更进一步。此种芜词，知早在高明意境之内。猥承下问，辄复陈焉，殊自忘其无似也。至前者拙论有谓通其不可得通、安其所不自安，本为愚民说法，殊乏哲理可论之资。言非一端，夫各有当，不以词害意，是望者。

记　者

（原载《甲寅杂志》第 1 卷第 4 号）

宗教改革

（1923 年 9 月 10 日）

一、宗教改革的原因

宗教改革（Protestant Reformation）和文艺复兴的价值相等。欧洲到了再生时代，昌明古希腊的文学哲学，因而推翻中古经院哲学的势力，好产出近代的欧洲文化。到了宗教改革时代，昌明耶苏时代的古文学，因而恢复原始基督教的主义和精神，把天主教的势力打破。再生时代的复古，是复耶苏以前希腊罗马的古，想使欧洲文化，回复到古初时代；宗教改革时代的复古，是复耶苏时代的古，想使欧洲文化，回复到原始基督教时代。自古文学复兴而后，有许多人都能够直接的看《圣经》，又有英法的人把《圣经》翻译过去，便把从前教王和教会专有的《圣经》，变成社会公有的《圣经》。到了这时，人人都看出两大弊病：（一）原始的教义和教会的教义大不相同；（二）教王的奢侈大违反从前基督教刻苦的美德。所以这种复古的运动，可算是宗教改革的动机。

把政治和宗教两种事实联合起来来做反抗教会的运动，可算是自十六世纪才有的。自一五二〇年到一五七〇年，这五十年中，乃是新教徒反抗天主教的时期。他们所以要把一千年的天主教的势力打破，大概有三个原因，——政治的，经济的，宗教的。

（一）政治的原因　在十六世纪以前的天主教的教会，并不像现在，纯粹是个宗教团体。他有许多关于政治权力，由教会的官吏——教王，主教、教师（Priest）、教士（Monk）[①]——行使。教会有自己的土地财产，不纳租税，不归政府管理；有自己的独立的和强迫的收入；有自己的法廷，审判自己的官吏和讼案。自五世纪到十二世纪，因为政府太弱，所以教会应该享有这样的政治权力。但是到了十六世纪，民族统一的国家发达，要想抬高国家的主权，当然要把教会完全收归君主支配。在这民族感情兴起的时候，中古教会的世界观念自然要遭打击。故宗教改革的运动，就是民族主义（Nationalism）反抗大同主义——天主教——的表现。

（二）经济的原因　从经济上说，宗教改革的原因有二：（A）因为教会过富，所以有许多人如君主诸侯都想图谋他的财产；（B）因为教会奢侈，滥用金钱，所以激起人民的痛恨心。当十六世纪初头，许多主教和住持，都有广大的田地，在德国占有全国土三分之一，在法国占有五分之一。这时君主的势力强大，常常乘机没收教会的财产，美其名曰"还俗"（Secularization）。人民方面如农民和工艺阶级，又年年为教税所苦。故德国的诸侯、市民、农民、侍卫等，都极力的反抗教会的经济压迫，常常结合起来，抵制教王的诛求。至于教会官职的买卖，教王亲戚的登用，都是习见不鲜的。如教王李奥十世（Leo X）[②]，更新设教职，公然卖出；又借"赦罪券"（Indulgence）、"大会式"（Jubilee）[③]增加收入。因为教会的官吏这样的贿赂公行，所以当十五世纪和十六世纪初头，改革教会的声音，常常出自一般学者、国王和人民的口中。这时有一派人以为最吃紧的问题，倒不在废止教王的权力、改变教会的组织和变更宗教的教义；却反在改革教官的道德生活和禁止意大利从别国诛求金钱的方法。

（三）宗教的原因　但是十六世纪中，一大群宗教首领如路德（Luther）、司文格里（Zwingli）[④]、加耳文（Calvin）[⑤]、老格思（Knox）[⑥]等，比那

① 今译神父、修道士。
② 今译利奥十世。
③ 今译大赦年。
④ 今译茨温利。
⑤ 今译加尔文。
⑥ 今译诺克斯。

时人文派（Humanista）更进一步，不但想改革教会的道德，并且要改革天主教的组织和教义。这一派人的新神学，大部分是从韦克立夫和胡斯的传授而来的；他们只在《圣经》中求教义，不在当时的教会中求教义。他们因为那时教会中有许多恶习，教会的官吏有许多不道德的行为，和天主教的教义又有许多地方违反原始基督教的教义，故：（A）想打破天主教会的恶习；（B）想革除教会官吏的不道德的行为；（C）想用新教义来代替旧教义。

总而言之，这个时代是世界帝国变为各别的国家的时代，故宗教改革也顺着这个潮流，把宗教的一尊变成政治的一尊。中世纪所表现的是国家化的教会；宗教改革派所主张的是神圣化的君主。换句话说，就是想在一国中捧出一个神君（Godly Prince）做支配教会的元首。教会不但不在国家之上，并且不在国家之外；只在国家之下和国家之中。他们这种运动，就是抬高国家或君主的威严。故在十六世纪的上半期的宗教改革运动只是促进君主独裁制的媒介。所以含代议原理的议会运动，在那时不能成功；而含独裁原理的宗教改革运动，在那时却收了许多效果。

我们要想知道宗教改革运动在历史上的价值，必须先知道这派首领人物的思想和态度。宗教改革派中有几个重要的首领，就是路德、米兰克东[①]、加耳文诸人。

二、路　德

马丁路德（Martin Luther）（1483—1546），是德国的一个穷矿夫的儿子，早年在欧福大学读书，受了许多人文派运动的影响。后来做了奥格斯庭派教会的教士；一五〇三年到威丁堡（Wittenberg）[②]大学去，不到几年，便做了该校的神学教授。他从圣保罗和奥格斯庭的著作中得到原始基督教的

① 今译梅兰希通。

② 今译威登堡或威滕伯格。

教义，和当时教会中所说的教义大不相同。教会赦免罪恶的方法，在教人对于教会尽义务；路德拯救罪恶的方法，在教人直接信仰上帝。他以为信仰是神、人感应的媒介，只有信仰可以感动神灵，可以免除罪过。因此，便用“凭信仰判断”（Justification by Faith）的教义来反对“凭行为判断”（Justification by Works）的迷信。这样一来，人人都可以“信仰”来叫开天堂的大门，不要教王或教会居中介绍，教王和教会便无事可做了。

路德当初原无心反抗教会的权力，就在一五一一年游历罗马的时候，也不过只想做一个崇拜教会的瞻仰人，并不想做一个非难教会的批评家。但是不想一五一七年偏生有太慈尔（Tetzel）[①]发行赦罪券之事，他认为这是教会的极不道德的行为，因此便提出九十五条议论（Ninety-five Theses），说明只有由信仰可以悔罪的道理，把赦罪券捐款赎罪的根据根本打破。到了一五一九年，路德和著名的护教派爱克（John Eck）[②]在来伯慈（Leipzig）[③]开公开的讨论会，便宣言：人类和上帝当直接发生关系，不要教会居中介绍。因为教王和宗教总会（General Council）的言行都会错误的，只有《圣经》是唯一可靠的东西。教王因此便把路德当作异端攻击，宣布“革除”之令。路德亦集合许多学生和市民，把这个命令投入火中烧了。并做一篇《告德国教会贵族的书》（*Address to the Christian Nobility of the German Nation*）[④]，想推倒天主教的三层围墙：（一）攻击教权高于政权之说；（二）攻击只有教王可解释《圣经》之说；（三）攻击只有教王可召集教会的议会之说。路德从此便和天主教脱离关系。这封书不啻“宗教改革的宣言”，自此便开演宗教改革的正剧了。这是一五二〇年的事件。

路德在宗教改革时的声名，几乎和卢梭在法国革命时的声名相等，只是他的学说含有复古性，不及卢梭的学说能够从根本上推翻从前一切

---

① 今译台彻尔。
② 今译艾克。
③ 今译莱比锡。
④ 今译《致德意志基督教贵族书》。

的政治学理。真正说起来，路德只可算是煽动家，不能算是哲学家。充其量，也不过复古罢了——打破中世纪宗教上的乌烟瘴气，回复到教父时代的宗教观念和教会组织。他以为凡基督教徒皆个个平等。教王、主教、教师，皆不过是管理或提倡宗教生活的官吏，他们的职权并不能包括政治关系在内。他所要求的是神圣化的政府，不是政治化的教会。他想抬一个神性的政府出来好没收一切教权，打破中世纪教权一尊的学说，建设起来近代政权一尊的学说。简单一句话，就是废止教会管理的宗教，代以国家管理的宗教。由此便演出十七八世纪的“国王神权说”（Divine Right of Kings）[①]。

但是路德虽然主张把国王变为教王，却不主张以政权来干涉信仰，他以为只有形而下的或肉体的事可由国法支配，如果要用命令去禁止那些精神上的信仰，便是一件笨事。信仰只可由上帝的神力感动，或由规劝感动；却不可用刀剑水火去诛灭异教徒，因为用这个方法只有使异教徒越发坚守他的信仰。他说，那时流行的制度，实在是把君主和主教的真正职务颠倒过去了。主教不尽他们传教的义务，反要求君主去诛灭异教；君主也不惩罚主教等贪残盗窃的行为，反浪费许多时间来替教会护卫信仰。“他们用刀剑去管束精神，用口舌去管束肉体；管俗事的元首反去管神事，管神事的元首反去管俗事。”这都是极愚笨的事体。由此可见新教稍微有点尊重信仰自由的精神。旧教常常用威力去干涉人家的信仰，新教只用言语去感动人家的信仰。

路德焚烧教王的命令，很可以表示出来他反抗强权压迫的精神，但是他只打倒教会的强权，对于君主的强权，却主张无抵抗的服从（Passive Obedience）。所以路德运动的动机，原来是由爱惜自由和尊重别人的权利而起的，结果反成为一个极力拥护“专制主义”（Absolutism）的首领，这是一件很奇怪的事。一五二四年德国农民的反乱，在现在看起来，却是当然的事体，——如要求废止农奴，废止任意裁决的刑罚，允许渔

---

① 今译君权神授。

猎的自由权和工钱——可是路德却认为太过，极力的非难。这都是他主张一味服从的学说的结果。但是到了后来德国的皇帝和新教派的君主完全破裂的时候，他又不大主张当初一味服从的学说，却说在暴虐政治之下，自卫是基督教徒的权利。如果皇帝不遵守管束他自身的法律，人民便没有服从的义务。路德的思想这样一变，便布下后来新教徒中革命思想的种子，决定宗教战争期中政治思想趋向的途径。

三、米兰克东[①]

米兰克东（Philipp Melanchthon）（1497—1560）是路德爱友，可是他的脑筋却和路德完全不同。所以但林（Dnoning）[②]说："路德是个粗暴的、挑战的和大胆的德人，还没有脱去中古教士的精神上的习惯；米兰克东是个精细的、宽和的和胆小的德人，并且深受那中古在北欧攻击一切的人文派精神的熏染。"（见《政治学史》第二册十四页）路德不但攻击天主教的神学，并想把那和神学有密切关系的亚里士多德的哲学一扫而空；但是米氏关于宗教改革的著作，却以亚氏为指南针，并很赞美亚氏的《伦理学》和《政治学》。米氏的思想虽然有矛盾突冲的地方，可是他却建设起来一种很有效用的道德哲学和政治哲学的系统。他曾受过路德的熏陶，故他的议论根据也建筑在经典的上边。

米氏议论多由"自然权利"（Natural Rights）或"自然法"（Natural Law）一个基础上发生出来的。他以为人类正常生活的实际的规律，都包括在自然法之内。自然法的原理便成为私权和自由的基础。《十诫》（*Decalogue*）中所说的"汝毋窃"，就是说明各人的私有权。可是他受了那时情势——新教派的君主竭力没收教会的财产——的影响，所以又说如果有人妄用财产，便可用政治的权力去剥夺他的。他又以为自由并不

---

① 今译梅兰希通。

② 今译邓宁。

同奴隶制度相矛盾，在他看来，奴隶制度是很和自然法相调合的。简单说起来，他受了《圣经》上服从教训的影响，认定政府是合乎自然的神制，故人民服从政府也是合乎自然法则的。他说，政府的特权职务在用肉刑惩罚犯罪人，好维持国内的治安，并提倡道德和真正的宗教。官吏的职务就在扫除错误的信仰和异端。政府虽然不能干涉精神界的事项，但是根据亵渎神圣的理由，可以用国权去强制异教徒。关于内部的信仰虽然不要官吏干涉，可是关于由信仰而表示出来的事体却要官吏去干涉。但是决定什么是异端，怎么样才算是亵渎神圣，这样的事体，只由政教两界贵族合组的机关决定。故米氏的决定信仰和教规的最高机关，就是宗教议会。他所说明的议会，既不是君主制的，又不是平民制的，从组织和性质上看来，却是贵族制的。

米氏虽然主张政府的职权，只注意在外界的关系和利益，但是这种关系和利益却不必以物质的事件为限。他再三的说，治者的职务，不仅仅在关心肉体上的幸福，并且要关心精神上的幸福。但是官吏的职务和天使的职务也不相混。后者在以传授圣经为事，前者在以维持尊敬上帝的形式和行为为事。国家和教会乃是殊途同归的两个机关，他们分途合作，以便达到敬事上帝的同一目的。这种理论虽然和中世纪的政府义务专在为教会鼓励真正的信仰的学说，没有什么大差别；但是在那时实际上，凡属于路德派的国家，政教两权的关系，却和中古不同，因为那时教会只垂手站在政权之下，渐渐失掉重要的位置了。

米氏不甚专重某一种政体，他以为凡是不违背自然法则的政体，上帝可承认。但是他却受了当时民族国家主义的影响，排斥那以一个教王或皇帝统治全世界的观念，主张多数王国并立，各服从各的独立国王。可是因为当时抬高王权的议论盛行，“对于君主的权力究竟能否反抗”这个问题，渐渐引起一般学者的注意。米氏对于这个问题的态度，和路德一样，也主张无抵抗的服从。就是对于那不信神的君主也主张不要反抗。这都是他尊重圣经的结果。但是那时制裁暴主的方法，已经值得讨论了，米氏对于人民诛戮暴主（Tyrannicide）的权也有几分承认的意思。

四、加耳文

十六世纪的宗教改革家起首就分为三派——路德派（Lutherans）、司文格里派（Zwinglians）[①]、加耳文派（Calvinism）[②]。但是加耳文（John Calvin）（1509—1564）在瑞士各省做宗教改革的事业，只算是承继司文格里（Ulrich Zwingli）（1484—1531）未完之功。故当叙述加耳文的思想之前，不可不略微说一说司文格里的思想。

在宗教改革史上看来，司文格里算是一个很重要的人，可是在政治思想上看来，他却不能算十分重要。他反对天主教会的动机，似乎是发源于政治关系。他在先仗着口才，反抗外国君主招雇瑞士的兵士，并反抗教会参与这种不道德的兵士买卖。后来更进一步，对于教会中一切的不道德行为，一并攻击。司氏本可以和路德派联合起来，一致反抗天主教；只因他在一五二三年公布六十七条议论，主张《圣经》的权力最尊，比路德派更加激烈，所以终久不能联合。他在泚列许省（Zurich）[③]的势力很大，这省的政策多半由他决定。他自己虽不是省议员，但是他的意见却多被省议员采取，定为法律。他对于教制和政制的区别的意见，和路德原没有什么大差别。不过他以为教会只是无形的神圣社会，而教规和礼拜的管理却是国家机关的职权。由政治机关管理精神的生活，是把国家和教会混合而成为单一的组织。凡精神生活的仪式和物质生活的规律，都由这单一的机关决定。至关于待遇异教和人民对于治者的无抵抗的服从等意见，都和路德没有什么差异。不过司氏很信任人民，他的理想国家是民治的政体罢了。

司氏陡然战死，瑞士的新教派一时显出群龙无首的现象，到了一五

---

① 今译茨温利派。

② 今译加尔文派。

③ 今译苏黎世。

三六年加耳文寄居在捷利发（Geneva）[①]，便承继续这改革的事业，做了改革运动的中心。加氏改革宗教的成就，远在司氏之上，他的声名同路德相等。路德反对旧教是感情的作用，根据只在良心；加氏反对旧教是理智的作用，根据却在理论。加氏思想渊博，议论精密，在当时新教派中，可算是一个立法家。所以亶林说："路德是宗教改革的神学家，米兰克东是哲学家，司文格里是政治家，而加耳文却是立法家（Lawgiver）。"（见《政治学史》第二卷二十六页）因为他自幼学习法律，又是法国人，所以他的著作的方法和形式大部分都受这两种事实的影响。

加氏关于政治的思想都在《基督教制度》（*Institutes of the Christian Religion*）[②]的第四卷中。他反对司文格里"国家和教会合为一体"的概念，主张教会为行使精神的职务，也要有特别的组织和规律。教会的制度一定要和为政治目的而设的制度完全不同，教权之中应该排除政治的元素。他同时又承认政治组织的重要，反对推翻神建的秩序的妄人和反抗上帝支配的君权党。他以为如果不设法把精神生活和外部生活结合起来，便不能维持神圣的信仰。

加氏因此，便说政治组织——犹如水火空气一般——为人类必不可缺的东西。只有教会的指导，没有法律的强制，总不能保障人类的和平与安全。所以他的政府的目的就在维持人类物质的生存，保障社会的安宁秩序和个人的自由财产；特别重要的，在防止异教徒和叛教徒。由此可见在加氏的理想国家之中，政权教权并不是绝对分立的，只是互相交涉的；并不是互相对抗的，只是互相帮助的，他并不许国家立法去干涉教义和教规，只愿现世政府拥护宗教，达到维持信仰的目的。这便是加氏的政府职权的范围。

加氏虽然把宗教放在第一位上，但是却不迷信宗教万能。他以为官吏的义务在拥护神圣的曾荣，防止神圣的亵慢。如果没有官吏，人民要怎

---

① 今译日内瓦。

② 今译《基督教要义》。

样做便怎样做，便是无政府；照圣书上说：无政府乃是罪恶的一种。但只管尘世的争端，忘却敬神和礼拜事件的君主或官吏，也不能算是尽职。故尽力神事为官吏的第一种职务，至于维持国家的和平与安全，乃是官吏的第二种职务。因为对于作恶犯罪的人不用刑罚惩戒，便足以扰害公共的安宁；故上帝又把惩恶之权赐给君主和官吏，教他们用严刑来惩罚犯人。加氏理想中的治者，要同时做两件事——审判和正义（Judgment and Righteousness），用正义来救济那被虐的人，使他自由；用审判来科罚那不法的或邪恶的人。这就是加氏的官吏的义务。

这些宗教改革家本个个都有点反抗教会强权的精神，可惜他们也受了《圣经》上“凡居位者皆上帝所命”一类话的毒，所以对于政府，都主张无抵抗的服从。加氏也以《圣经》中“尊君王”（《彼得前书》第二章十七节）、“敬畏主和王”（《箴言》第二十四章二十一节）、“非因神怒而服从，乃因良心而服从”（《达罗马人书》第十三章五节）等类的话为天经地义，认定无抵抗的服从是人民对于治者的第一义务。由这种义务之中，更生出遵守敕令、纳税、服官、服兵及其他奉命等义务。人民如不得官吏的许可，不得以私人资格去执行公务、干涉公务，或侵犯官吏的权限。人民的公权只是由执政官的命令赋予的。因为执政官的权力是从上帝而来的，人民如果不服从执政官，便是不服从上帝。

至于不能尽保民责任的君主，虽自然要惹起人民的反抗，但是人民却不得直接行动。且看他说：

> ……虽是暴君的权力也是由神而来的。因为上帝特降暴君，来惩罚这一国的人民。……故就是他个人品行恶劣，不值得尊敬。如果他有了上帝授予的王权，人民对于他，便要同对于好的君主一样的尊敬。（《基督教制度》第四卷第十章二十五节）

人民当责备暴君之前，应该首选自己省审罪过，所以人民就是不能忍受暴君的压制，也不得直接行动，仍然要求救于上帝，因为惩罚君主的权，在上帝不在人民。

但是服从暴君，虽然是信仰圣经的宗教家的信条；可是反抗暴君，在那时君主独裁制下，又渐渐的成为时势的需要。加氏死后才过十五年，便有反抗暴君的《权利论》（*Vindiciae Contra Tyrannos*）[①]（一五七九年出版的）出现，可见那时对于“人民对于暴君，究竟能不能反抗”这个问题，渐渐有讨论的必要了。这种时势的影响，不知不觉的感动加氏，使他不能不从无抵抗的服从之外，略微开辟一条抵抗暴君的道路。所以他说：

> 一切君主的意思都要服从上帝的意旨，他的命令都要顺从上帝的教令，他的威权都要屈从上帝的神威。我们应当特别注意的就是我们主张服从君主的命令，一定要君主的命令是服从上帝的意志的；如若不然，人民便不要服从……所以上帝是众王的王。上帝一经开口，人人都要服从。我们服从官吏，只是服从上帝。倘若君主命令我们反抗上帝，我们便毫无遵守服从的必要了。（《基督教制度》第四卷第二十章十三节）

从这一段的话看来，加氏反抗暴君的思想，只是由宗教的见地而来的，并不是由政治的见地而来的。但是自从发端之后，他那些在法国的，在连塞兰（Netherlands）[②]的和在别处的教徒，便渐渐的用抵抗主义来代替无抵抗的服从了。

加氏的政治思想大概如此，我们更可以看看他的应用。他从一五三六年逃回捷利发，除掉中途被逐的几年，直到临死，都在这个地方做事。他在捷利发，不但做宗教的首领，并且做政治的党魁。他所创设的制度，原圣是神政的，组织却是贵族的。他把这个城市组成政教合一的一个社会。对于宗教的组织，就是设立两个机关：（一）神圣社（Venerable Company）[③]，

① 今译《反暴君论》（*A Defense of Liberty Against Tyrants*）。

② 今译荷兰。

③ 今译牧师团。

由教务官和神学教授组织之；（二）宗教法院（Consistory），由教务官和市最高行政会互选的十二长老合组之。这两个机关专管这个城市中关于礼拜和道德的修练等事。这种制度很和他的学说相矛盾。关于政治的组织，就是设立几种议会，专管政治方面的事务。加氏管理教徒修练的规则，由宗教法院执行，这种规则很含有清教（Puritanism）的严肃规律在内，对于教徒的起居生活，都有一定的限制。例如禁止珠宝、长发、红色的及新式的衣服和奢侈的宴会……之类。至于政府惩罚嫚神判教的刑罚，更加严酷。所以捷利发在加氏的这种神政独裁制下，便成为宣传新教的中心。

加氏不但宣传新教，著书立说，翻译《圣经》；并且建设新教的学校。有许多法国人、德国人、苏格兰人、英吉利人，到捷利发去进他的学校，回去都各树旗帜，自成一派。在欧洲大陆上的叫做“正教宗”（Reformed Faith），在法国的弟子称为“胡格老派”（Huguenots）[①]，在苏格兰便成为“长老教”（Presbyterianism），在英格兰又成为“清教”。他们名称虽然不同，可是重要的特质都还是一样的。

五、宗教改革的影响

文艺复兴是欧洲一切文明再生的时期，宗教改革却是基督教再生的时期。因为宗教改革乃是个人良心反抗机械式的信仰的结果。由这个运动唤起批评的精神和独立的思想，所有的方法和功效简直与文艺复兴相等。人文派的复古，求救于古代哲学文学和美术；改革派的复古，也求救于《圣经》和当初的基督教父。——特别求救于奥格斯庭。他们反抗由教会包办的信仰，回过头去，求之于《圣经》和良心。这样一来，便打破了拘束精神的铁锁，由教会压迫的被动的信仰，变成由良心判断的自动的信仰。因此，便抬高了人类的良知，鼓励起来个人的独立。这类

① 今译胡格诺派。

的效果，虽然不是改革派首领路德和加耳文等的本意，但却是由改革运动而来的不可免的事实。

但是宗教改革派虽然是迎合再生时代的潮流，可是他们的伦理思想和政治思想简直和马克维尼两样，完全是中古和经院学派的思想。他们论到教会和国家的关系，都同马献僚、奥鉴加生等一鼻孔出气，不过把他们原有的学说少少加以修正罢了。他们的特色只在这民族国家的需要，把旧有的含有大同主义的天主教，剖成含有民族主义的新基督教。换句话说，就是由无国界的普遍的教会，变成国立的民族的教会。

帝王神权说就是想用政权来支配教权，自亶特以来，大概都是这样主张。宗教改革派的神性政府论虽然也不过是恢复中世纪前半期原始基督教会的主张，但是因是他们极力主张国王神权说，使一般有雄心的君主利用这个机会，把自己变成政教两界的唯一的主人翁。君主一旦挂上圣徒的招牌，又借教会中“无抵抗的服从”的教义做护身符，便把政教两权集中在一个人的手中，便助长各国政治元首的独裁主义。政府的压力逐渐增加，人民当然不能忍受。改革派被这种情形感动，所以虽然一方面极力的提倡无抵抗的服从的教义，一方面又不能不设下服从的限制。因此，成为后来反抗暴君运动的种子。

宗教改革派不承认罗马的教王，反对教权的政府；打消赎罪费、赦罪券、圣徒的祈祷、遗物的尊敬（崇拜殉教者遗骨和一切物件）、改变圣餐制；主张由个人解释圣经，由个人自己的信仰赎罪……这都是和天主教不同的地方。但是主张用严刑或兵力去压迫异教，这种态度却又和天主教一样。前边说过，路德和加耳文都一致说剿灭异教徒为政府重要的职权，加氏并把色维特（Michael Servetus）[①]处死。对待异教徒这样的惨酷，便激动全欧洲人士的感情，引起“异教宽恕”（Toleration）的议论，但是改革派不但不表同情，并且有人著论，极力说明剿灭异教的合理必要。大凡信仰新教的国家，皆一律出严词禁往来扑灭异教。后来反动的

① 今译塞尔维特。

结果，便引出许多异教宽恕的学说和信教自由的要求。

宗教改革派主张由国家没收教会的财产，国王要做这种没收财产事件，必定要请贵族帮忙，或者贿赂他们，使他们赞助。因此，贵族的富财也日见增加，但那时的君王都是尚独裁主义，故不能不防止贵族们政治势力的复活。要想防止贵族的政治势力的复活，便不得不联合中产阶级，做他们自己的后盾。因此，便使中产阶级的政治势力逐渐增加，故欧洲各国中产阶级的发展，虽然有多种原因，可是我却敢说宗教改革乃是发展中产阶级的多数原因之一。至于农民阶级不但没有得到好处，并且他们现在在独裁君主制下所受的损失和压迫，比从前在专制教会下所受的损失和压迫，格外加重。故宗教改革的结果，不过使农民阶级换压迫者的姓名罢了。

（原载 1923 年 9 月 10 日、9 月 30 日、10 月 7 日、10 月 14 日、10 月 21 日《努力周报》第 71、72、73、74、75 期增刊）

报刊短评

主权所在之疑问

（1917年2月3日）

宪法会议近又生一疑难问题，即增加主权之规定是也。

主权是否为英文之Sovereignty？果为此物，则其行使也，应否有一机关之存在？规定主权之民，人民在法律上行使主权，将以何种方式出之？

人民特国家组织中之一原素，而非国家之总机体。今明明规定主权在民，是否别生总机体以上尚有人民一物存在之误会？

上列疑问，敢请湛深法理之士与制宪诸君一解释之。

（原载《甲寅日刊》第7号）

平分政权

（1917 年 2 月 5 日）

平分政权之说，颇有着眼权利之嫌，固吾人所不敢苟同者也。

然政权平分之对面，必为政权独占。试问今日之政局，果有何派具此独占之资格能力，可以一党组织内阁，而为多数心理所满足乎？

政党政治本非吾人所反对者。然非有两大政党互相代替，乃于政党而外，别凭他种势力，以异军特起，独占政权，则国中所酿不平不安之象，又将奚若？

总之，独占于势不可，分平则于理未安。苟有第三善策，则独占吾所反对者也，平分亦吾所反对。吾宁取平分，不取独占。以平分迹近调和，当国家危急之秋，或不无小补。若独占，则非吾所敢知也。

（原载《甲寅日刊》第 9 号）

外交管见

（1917年2月10日）

自德美绝交后，吾国外交遂生一重大事件，即加入协约国与否之问题也。

外交之原则有利害而无是非，吾国今日之行止自应专自利害方面着想。但弱国外交，有意外之害，断无意外之利。欲借他人血战之功为吾弋取利益之捷径，强国能之，弱国恐无望也。

此后议和将使德奥负战败条件欤？抑调剂平等而造成一种新势力平均欤？此在今日，已可窥见大概。当事者费二三年血战之劳所得，亦不过如此，其他更何利益之可言？

且吾人尤当事先计划者，即加入之后能保无诛求供给者欤？能保无越俎代庖者欤？此类问题盖亦不可轻视者也。

（原载《甲寅日刊》第14号）

议员兼任国务员问题

（1917 年 2 月 17 日）

主张议员不得兼任国务员者，其唯一理由即在防止议员猎官之野心。夫议员与阁员同为国家服务，法律上固皆平等者也。吾不知论者之心理何以视议员如此之清高，视阁员如彼之中陋，以平时痛恨恶官僚之观念移而加之于国务员，并不惜寓微意于宪法条文之中。甚矣！泥旧观者之难与言新治也。

矧在采行内阁制之国，阁员之选拔概以一党之魁硕当之。其资格之取得在平素之经验，而不在一时之营求。安有国务员之资格可以奔竞请托之手腕攫之者？果然，则宪政前途已不堪设想。即能禁止议员猎官之野心，议员而外，岂别无具猎官野心之人哉？反对兼任说者，别取他种理由可矣，拘泥现象以揣测将来，吾则以为不必矣。

（原载《甲寅日刊》第 21 号）

福建问题

（1922 年 10 月 15 日）

“武力统一”的迷梦，自从袁世凯、段祺瑞失败后，大家似乎应该醒了。但是直到前回文治总统及现在博士内阁的时代，还是“同床异梦”！福建问题我以为是军阀迫压人民的最后的破裂！徐树铮在里边闹，国人当然要一致的声罪致讨。但是自命为“好人政府”、反来蹈袁段覆辙、主张以武力解决、主张维持迫压人民的军阀李厚基，可不是教人费解！

（原载《努力周报》第 24 期）

石志泉辞职呈文

（1922年12月3日）

司法次长暂行代理部务的石志泉，果是什么样的人，我们姑且不论他，但是他辞职的呈文看起来，似乎很可以激发人家的天良！他说：

> 收回治外法权之说……已得友邦谅解，是以各国有调查委员会之设，本定今年七月相率来华，以调查吾国法院为入手办法。……外人调查事项，形式特其一端，要其眼光所注，必以吾国法院是否有真正独立之精神为其重要部分。比者百端待理，纲纪未张，每遇要案发生，外界辄有干涉之嫌，士夫亦存轻视之意，遂至办案益形棘手，法院失其尊严。本国人士尚不尊重本国法权，以此而供调查，不惟自惭形秽，恐将艰难收回之希望又复丧失无余。

自罗案发生之后，军阀们兴高采烈，一片声儿叫“组织特别法庭”！恨不得把判决书都弄好了，交由法庭照抄！罗文榦就说是丧失利益，也不过是金钱上的利益，还有价格可算；军阀们因干涉司法，以致治外法权收不回来，岂不是一种无价的损失吗？

（原载《努力周报》第31期）

国会神圣?

（1922 年 12 月 17 日）

十三日《晨报》上有一段很沉痛的话，说：“神圣尊严之国会而行使法赋之职权，尚须仰承军阀鼻息，不独可耻，抑亦可怜！”

这几句话对于别人说还可以，对于议员先生们说实在是不伦不类。他们如果知道国会神圣，那会去到处乞怜；如果不仰仗军阀鼻息，那里还有岁费拿；如果还有羞耻心，那会跑到光园去磕头！

近来又有许多国会的小团体在宣外大街二百号开什么联席会议，主张“先请张绍曾发表政见，以为赞否之标准”。这是痴人说疯话，张绍曾的政见就是“仰仗军阀，过过官瘾”八个大字，久已挂在面孔上，谁人不晓，还要“请”他发表干什么呢?

（原载《努力周报》第 33 期）

所谓“最高问题”

（1922 年 12 月 31 日）

中国实力派这几年的行动，简直可说是《水浒传》中强盗报仇的行动。只有报私仇的结合和战争，绝没有守正义的结合和战争！所以近来报纸上又宣传曹、张、段、孙四派大联合，目的在推倒洛阳吴佩孚的势力！

照常理推测，曹的地位只是吴佩孚替他争来的，曹与张、段、孙联合倒吴，似乎不近情理。但是最可使人将信将疑的，就是关于报纸上所说的“最高问题”。

四派联合起来倒吴，本不是什么难事，最难不过的却在政权的瓜分。因瓜分政权而联合的，结果亦必因分赃不匀而分散。梁山泊群盗所以能够始终结合，就因为他们正同心合意的做报仇的事体，不去勾心斗角的争分赃的事体。他们虽然“打家劫舍”，可是却“大秤分金银，大碗吃酒肉”，所以结果还能保全一点“义气”。这就叫做“盗亦有道”。自这一点上看来，可惜中国实力派的知识还远不如梁山泊的群盗！

（原载《努力周报》第 35 期）

黎元洪的“鬼治主义”

（1923年4月22日）

北京城里——或者可说中国全国——靠鬼吃饭的人本来就在九流三教之中占了一个位置。所以我们对于那般阴阳五行家和扶乩的先生们，倒可不必责备。因为他们的职务本是为鬼而设的，自应该替鬼办事；或者像悟善社同善社中的请仙扶乩的先生们，亦不过是一般“亡国大夫”，“没有棒赤”，所以只得夹在人世界中鬼混。我独不懂黎元洪到底是那一流那一教的人物？更不懂中华民国的大总统到底是不是鬼世界的下级官？如果大总统不是鬼世界的下级官，为什么关于军阀互相残杀一案，偏要向鬼世界去提起控诉？且看黎元洪对鬼世界提出的上诉书：

> 民心所向，天福随之。……谁无骨肉，猖狂鬼神。杀人之子，子必受殃；掘人之亲，亲必临祸。楚宁寤其必及，郭令悔其自招。染冤所衷，阴报不爽！（见十五日骈文的通书）

由他这封上诉书中，可以推想到军阀的跋扈，不是宗教、国法、民意等可以制裁的！因为宗教不能制裁军阀，所以不取宗教中的“神治主义”；因为国法不能制裁军阀，所以不取“法治主义”；又因为民意不能制裁军阀，所以也不谈“民治主义”。在黎氏以为到了这样山穷水尽之时，只得取决于鬼了！这大概也许是黎氏“鬼治主义”的动因。

黎元洪固不足责，然而那位革新大家孙文此次和唐继尧等七人发出的通电里也有“兹值人心厌兵，天道将复”的话，在这个乌烟瘴气的世界里，你也谈天道，他也谈“阴报”，我们似乎还得大大的做一番扫除天鬼的通俗教育的工夫，方才有清明空气的希望呢！

（原载《努力周报》第 49 期）

到底谁是匪?

（1923 年 5 月 27 日）

自临城劫车案发生之后，拿政府方面的电报文书看，都一片声儿称孙美瑶等是“土匪”；再拿孙美瑶的布告看，又一片声儿称政府官吏是“土匪”！我们从前只知道“匪即是兵，兵即是匪”，现在又知道“匪即是官，官即是匪”！

河南、山东、直隶各省，本都是军阀盘据的地方，同时也就是土匪盘据的地方。一般小百姓亲近土匪，或有牺牲一部分财产保全一部分财产的希望，可是一与官兵相接近，便连生命财产都不保了！从前乡下人说“非做官不能撑持门户”，现在却说“非通匪不能撑持门户”！

一部《水浒传》是宋朝的贪官污吏造成的！中国历史上凡贪官污吏横行的时代，也就是土匪横行的时代。那方的贪官污吏多，那方的土匪也必定多。所以要想扫清土匪，必定要先扫清制造土匪的工厂——官厅。所以这次临城案件，责任全在军阀。推翻军阀，土匪便尽化为良民了！故我以为要剿灭土匪，必先自剿灭军阀做起！

（原载《努力周报》第 54 期）

骑墙政策与殖兵政策

（1923年6月3日）

近来武人之中，以统一相号召的有两个人，一是吴佩孚，一是齐燮元。齐燮元眼见冯国璋在南京，以“骑墙主义”起家，攫得副总统的地位，所以他近来也想以一只脚踏两只船，一方面参与什么“最高问题”的阴谋，一方面又派人到上海去和孙洪伊等开统一会议，磋商条件。苏皖赣巡阅使的头衔既不得到手，又垂涎苏皖浙三省的导淮督办，想凭藉这个头衔，来攫取副总统的地位，好像中国副总统一席，非骑墙派不能当选似的！

吴佩孚的武力统一的旗帜，近来越弄越鲜明了！一方面提拔沈鸿英，一方面暗助陈炯明，既派孙传芳入闽，又驱杨森、王汝勤入蜀，近来又调动匪首老洋人率兵南下了。其实吴佩孚自己何尝傻！吴佩孚的政策又何尝笨！他自己的本意又何尝在统一！他自己又何尝相信武力可以统一！他自己又何尝相信他调动出去的军队可以打仗！只因为河南、湖北的兵队多了，最容易发生“心肠之患”，调动出去，打胜了，不得不奉他为上司；打败了，于他自己也丝毫没有损害。所以吴佩孚的统一政策，骨子里只是殖兵政策。

（原载《努力周报》第55期）

黎元洪为什么逃走?

（1923 年 6 月 17 日）

按照责任内阁的原理说，凡内阁的行为总统如果要拒绝盖印，或是总统的行为阁员如果要拒绝副署，结果只有走阁员总辞职的一条道路。

中国这回政变，就张绍曾的辞职呈文和通电说，原因只在争内阁的责任。黎元洪如果肯容纳阁员的意见，只有挽留阁员的一个办法；如果不肯容纳阁员的意见，也只有重新组织内阁的一个办法。我们就找遍世界各国的政例，固然看见总统与阁员冲突的结果有阁员下野，从来没有看见过总统下野，而让阁员连任下去的。黎元洪这一走，真可算是为中国政局上——世界政局上——开一个无奇不有的创例!

（原载《努力周报》第 57 期）

一个紧急动议

——组织统一委员会

（1923年6月17日）

黎元洪“□津行使大总统职权”的办法，是我们绝对不能承认的；“国家不可一日无主”的旧思想，也是我们应该极力打破的。我们虽然不承认“政府是惹祸的根由”，但是却不能不承认在最近的时期内选举总统是惹祸的根由。就是不惹起别的祸乱，至少也要为南北统一的一大障碍！

我敢说一句老实话，现在要想南北统一，非毁去旧政府、从新创造新政府不可。要想从新创造政府，最好趁着这个无政府的时期，把这号令不出府院门外的中央政府暂行停止了，组织一个“统一委员会”，专门办理南北统一的事项。一方面把统一的手续办好，一方面由国会赶快制成宪法。待新宪法颁布和南北统一后，再行选举新总统，重新组织新政府。

这个统一委员会由各省选出全权委员一人组织之，自成立之日起，宣告各省战争一律停止。统一委员会的最大职务：

（一）议定全国兵额；

（二）监督全国裁兵；

（三）统筹裁兵费用。

（原载《努力周报》第57期）

想解决时局应该先停止北京国会的职权

（1923年7月1日）

国会这个机关，在中国真是一个不祥之物！这回逼走黎元洪的祸首虽然是冯玉祥和王怀庆，可是真正的祸首却是吴景濂。吴景濂何以能够成为逼走黎元洪的祸首？就因为他所倚仗的是国会这个机关。

吴景濂包办总统的决心和阴谋，蓄了好久。这般见了钱红着眼的议员，老早就被吴景濂看穿，先料定他们必不能见钱不要的反抗。不料这回阁员发难之后，反弄巧成拙，激走了一百八十多个议员。所以吴景濂近来大着急，便想出一个迅雷不及掩耳之计，好强奸这般留恋北京出席拿钱的议员。

他的方法是，先将总统选举会印信及已经备好封藏的总统选举票，一并秘密由参议院索来，待到宪法会议人数满足时，即刻宣告改为总统选举会。

国民想解决时局的纠纷，应该一致的宣告自六月十五日——一百八十议员离京之日——起，所有北京残留的一部分受吴景濂支配的议员假借国会机关所做的事一律无效。

（原载《努力周报》第59期）

曹锟通电表示要做总统

（1923年7月29日）

自天津派逼走黎元洪、激动议员不合作之后，为和缓人心计，当然不能不教曹锟通电表示他不愿做总统。可是曹锟的电报果然出来了，据这个电报的语气，不但没有表示不愿做总统的话，反而表示只有他才能做总统，或做总统是他的“夙抱”或“素志”。且看他的养电：

> ……抑锟尤有进者。国家创建之始，常患无法，而在宪法初立之国家，则患在有法而如无法。非有遵守宪法之诚心与实行宪法之毅力，必不能除去事势上一切之困难，而遵循法律中惟一之正轨。国会为人民代表，人民为国家主体，所贵有立法之责者，必求其可以共守，可以实行，成为法治之国家。有行政之责者，必诚心毅力二者具备，以负此法治国家之责任。此则锟之夙抱（注意），所愿为我国民披沥陈之者也。锟服务国家垂四十年，民国肇建，未尝一日自逸，私人权利，夙不敢争，耿耿寸衷，惟知有国。用敢尽言，以明素志，邦人君子幸共鉴之。曹锟　养。

他的意思就是说国会虽然是“有立法之责者”，但是必须得一位“有遵守宪法之诚心与实行宪法之毅力”的人，“以负此法治国家之责任”。“诚心毅力，二者具备”，舍掉“服务国家垂四十年，民国肇建，未尝一日自逸”的曹锟，更有何人！他的“夙抱”或“素志”既然如此，那么，只有他可以“负行政之责”，“能除去事势上一切之困难”了。试问负这种执行宪法之责的，不是大总统是什么呢？

（原载《努力周报》第63期）

贿选问题

（1924 年 12 月 13 日）

刑律上关于“妨害选举罪”的规定，本来不曾以受贿者为限，凡受贿者、施贿者、介绍者，都一律有罪。故现在不但要检举贿选的议员，并且应该检举施贿的曹锟。执政府既已认清曹锟是施贿的人，应该把他交由检察厅看管，为什么偏要明令交由内、陆两部的监视？曹锟并不是现役军人，而且所犯的又是普通的刑事罪，凡犯普通的刑事罪者，无论是官吏是人民，一律交由普通司法机关裁判，才可以证明在法律之下一切平等。章行严先生昔日反对行政裁判时，曾论到这一点，为什么不趁这个机会实行？

章行严先生办理贿选的态度和理由，也有些地方令人不解。他说：

> “倘贿选同人具此觉悟，于执政府成立之日……毅然舍去国会之旧巢，自行检举，别寻政治生命，本其国民固有之资格，与反曹诸派共同活动于根本改造之中，鄙人敢决定此种贿选公案可以不起。”

从他这几句话上看来，似乎是因政治上主张不同，因而翻出贿选的旧案去检举他们，假使他们能掉过头去，赞成执政府，便可无罪了。假如一个杀人放火的强盗，一旦毅然放下屠刀，本其国民固有之资格，别寻生命，在法律上是否可以因此不根究他从前杀人放火的罪案？章先生假使说“可以”，试问这是根据中国的法律或世界上各国的法律那一条？

今请问章先生，贿选本身可否构成犯罪？如果不能构成犯罪，为什么可用政治上主张不同而去检举他？如果可以构成罪犯，为什么又可由政治上主张相同而免罪？我们想到这一点，不能不联想到章先生一句格言：“必也不好同恶异，而后可生法治之精神！”

（原载《现代评论》第1卷第1号）

军阀末运

（1924 年 12 月 13 日）

自冯玉祥通电辞职，有“务使军不成阀，阀不代阀，一可斩循环报复之根，二可去民治推行之障”一类动人听闻的话。此后大小军阀接连都有“下野”的通电，吴佩孚也有“罢兵求学”的通电，杜锡珪也有“避位让贤，赴沪养疴”的通电，孙岳也有“另简贤能，俾岳稍释仔肩”的通电。他如蔡成勋已仓皇出走，齐燮元亦预避逃亡，都可算是军阀失败的告白。就连萧耀南与张作霖也愿取消巡阅使的职位，一则不愿帮吴再战，一则自愿率师出关。中央果有彻底改革的决心，应该趁着这个时机，把所有军职一律撤废。凡巡阅使、督军、督理、镇守使、护军使等名称一概取消，使军人专门治军，最高军官只到师长为止，各省民政概归文官执掌，不得中央或省长的命令，军队不得擅自调动。军阀既去，裁兵便容易进行。不知号称“与民更始”的执政府，是否有此决心？

（原载《现代评论》第 1 卷第 1 号）

《善后会议条例》的疑点

（1924 年 12 月 27 日）

善后会议的会员资格计有四项，如：（一）有大勋劳于国家者；（二）此次讨伐贿选、制止内乱各军最高首领；（三）各省区及蒙、藏、青海军民长官；（四）有特殊之资望、学术、经验，由临时执政聘请或派充者，但不得逾三十人。顷据起草人员及各阁员的意见，第一项资格仅有孙文、黎元洪二人，第二项资格仅有张作霖、卢永祥、冯玉祥、胡景翼、孙岳等五六人，第三项资格大约至多不过五十人，加以临时执政聘请或派充者三十人，总计九十人上下。在此九十人的团体之中，临时执政所派请的人已有三十人之多；再加以第七条“本会议以会员全体三分二以上之列席开会，列席员过半数之同意议决”的规定，那么，有六十一个人列席即可开会，列席员有三十一个人同意即为议决。这种善后会议岂不是由临时执政包办吗？就是会员人人决不缺席，亦不能抵制，因为在九十人的团体之中，有三十人以上的政府党，此外都是零零碎碎的会员，无论如何，总不能与政府争胜。

再“有特殊之资望、学术、经验”一语，亦太过于含糊。例如徐树铮、曹汝霖、陆宗舆、郑孝胥一般人，在段执政的心目中，何尝不是“有特殊之资望、学术、经验”呢？他如蔡元培、汪精卫……一流人，在段执政眼中，绝不会认为有资望、有学术或有经验的人。请问这第四项资格，到底有什么标准？依我想来，既然没有标准可定，结果只有一个干净绝妙的办法，就是以安福部党员为限！

（原载《现代评论》第 1 卷第 3 号）

愚弄人民的废督令

（1925 年 1 月 24 日）

去年十二月十日临时执政令上说什么：“据张作霖电称：比年国民痛军阀之横行，日以废督裁兵相号召，正本救济，谁曰不宜。其巡阅使名义应请即日裁撤，以清祸本。”于是一面裁撤东三省巡阅使一缺，一面又任命张作霖“指挥节制”东三省“一切军事”。这种换汤不换药的办法，在政府虽以为巧妙，可以轻轻的瞒过人民，可是在我们看起来，却做得太笨。

这一回废“督理”和废“督军”的各种命令更是笨上加笨。请问执政府，“督军”“督理”“督办”，到底有什么差别？请问执政府，在江苏一省之中，为什么一面裁撤“龙华护军使”，一面又任命“海州护军使”“淮扬护军使”？请问执政府，为什么在什么“军务帮办”“宣抚使”“护军使”“镇守使”“长江上游副司令”等等数不胜数的军职之外，又新为张宗昌设下一个“苏皖鲁剿匪总司令”？请问执政府，像这样花样翻新的废督办法，是不是敷衍军阀、愚弄人民？

执政府自成立到现在，所有的成绩总计不出两点：（一）为军阀报私仇；（二）以军阀制军阀。至于执政府自身，只不过在这种敷衍军阀、愚弄人民的办法之下，多为安福部党员暂时抢夺几个烟酒局、榷运局、关监督等等位置罢了！这就叫做“与民更始”的政府！

（原载《现代评论》第 1 卷第 7 号）

奉谕开会

（1925 年 2 月 7 日）

善后会议究竟是做什么事的？行政当局究竟为什么要召集这个会议？依我猜想，在开会的第一天举行开会礼的时候，一定要详细的宣布。

不料，我们读了段祺瑞和全体阁员的“祝词”“颂词”之后，竟使我们大大的失望——段祺瑞的祝词好像是一篇“春酒颂”，全体阁员的颂词更令人捉摸不到一点意义。到底善后会议议的是什么事，至今还是一个闷葫芦！

尤其荒谬的，就是号称容纳孙中山先生的意见。孙先生所争的是在善后会议中加入代表各种法团的分子，执政府却邀集各法团的代表来作专门委员。换句话说，就是孙先生想召集各种代表民意法团来宣布那指挥命令政府的民意，而执政府却想召集各种法团的代表来做那听政府指挥命令的事务员。把省议会、教育会、商会、农会、律师公会等法团的地位，看得同各部院署的参事、司长、处长、署长等荐任官、特任官一样，这就是执政府心目中尊重民意的办法！

（原载《现代评论》第 1 卷第 9 号）

太上国民与国民太上

（1925 年 2 月 21 日）

执政府所拟的国民会议条件草案，缺点很多，本刊此后也许可作专篇去批评他的，现在姑且批评他的两点。法制院自称，该条例采用“一般选举”和“特别选举”两个方法。可是特别选举之中，更特别的就是“拒贿议员”和“宪法起草委员”两项。这两项简直可以叫做“特别的特别选举”！一般选举每道区选出二人，根据民国元年《众议院议员选举法》全国人口的假定，约三百五六十万人口选出议员一名，特别选举大学区满五千人以上选出议员一名，实业区满一万人以上选出议员一名，铁路区满五千工人以上选出议员一名。若拿这个标准来比较，一个宪法起草委员及三个拒贿议员要抵三百五六十万选民，要抵五千个毕业及肄业的学生，要抵一万个实业工人，要抵五千个铁路工人。这岂不是“太上国民”吗？我们小百姓奉这一类拒北贿而受南贿的先生们为“太上国民”，尤其是冤上加冤！

再依我们看来，国民会议一开，平常最下等的公民，都要变作神圣不可侵犯的一等官吏；平常自命为一等官吏，都要变为最下等的仆役。国民会议的权限只有国民会议自身可以决定，因为没有比国民会议再高的机关可以限定国民会议的行动。现在执政府居然限制国民会议专以制宪为职权，行政既不要他监管，甚至宪法也不让他起草，这个执政府岂不是以“国民太上”自居吗？

故国民会议如果要想开得成，国民会议的议决如果要想有效，非先打消这“太上国民”和“国民太上”的两种障碍不可！

（原载《现代评论》第 1 卷第 11 号）

执政府的生死关头

（1925 年 2 月 28 日）

胡景翼和憨玉琨太不替执政府争口气，偏偏要在这和平解决的声里火拼起来。善后会议还没有开会的时候，本刊即主张“善后会议的第一步便应该议决全国一律休战”，果然，在谈话会席上有人提议休战，执政府也从谏如流的把“休战电”——却不是“休战令”——发出去了。无怪乎执政府现在一听到胡憨开火，便大发雷霆，命军务厅发电，饬令“双方驻军各退三十里”。

现在我们倒不必问执政府有无饬令各省休战的诚意，只问执政府有无制止各省战争的实力。我们倒不必问“随员会议”“师爷会议”到底有无成绩，只问“随员会议”到底有无制止“主帅”的能力？“师爷会议”到底有无拘束“东家”的效果。如果各省不谋而合，得到一个“你议你的，我打我的”秘诀，那么，这种“粉饰太平”的善后会议，就是议决一篇堂哉皇哉的裁兵案，结果也不过同“休战电”发生一样的效果罢了。所以我以为执政府的生死关头，就在这“三十里”内决定！

（原载《现代评论》第 1 卷第 12 号）

溥仪出京

（1925 年 3 月 7 日）

自清室优待条件取消后，溥仪已经取消帝号，变成中华民国的一介平民，凡中华民国的人民在法律上应该享受的权利，溥仪自然也应该享受。故溥仪只要不犯罪，当然有居住、迁徙的自由权。我们对于整千累万的出京的人从来没有大惊小怪过，为什么对于溥仪出京偏要大惊小怪起来呢？

溥仪游历日本，也是溥仪的自由。日本为中国的邻邦，每天不知道有多少人互相往还。为什么别人到日本去，不发生待遇的问题，独有中华民国的国民溥仪到日本去，却要发生待遇的问题呢？日本贵族院议员阪谷芳郎只“希望日政府关于外交上足引起国际疑惑之待遇，应力为避免”，我以为假定日本政府要以邻国君主之礼待遇溥仪，倒不仅足以“引起国际怀疑”，并且引起国交的问题。日本如果承认溥仪仍是皇帝，便是不尊重中国法律改变的结果。

所以我复望中国或日本的当局和人民都不必大惊小怪，不把溥仪当做一个平民看待。

（原载《现代评论》第 1 卷第 13 号）

关税自主将变成一句空话

（1925 年 11 月 7 日）

自前一个星期各国关税会议代表在会议席上表示对于关税自主案的原则大体赞同之后，多数的报纸都认定关税自主已经不成问题。但是我们一看本月三日日本和美国各代表的提案，就可以看出此次所谓“关税自主”只不过是欺骗中国人的一句空话！你如不信，请看日美两国所提出来的条件：

（一）日本全权代表的提案

第五条：“在此同一过渡期内，中国应与其他缔约国分别议订新条约，依两方愿意，规定某种物品所适用之互惠的协定税率，且此项条约应在一定期间内继续有效。”

（二）美国全权代表的提案

本代表团承认中国关税自主之原则，并允磋商一种新条约，以便将该原则发生效力。……

……订立一种新条约内应有下列之条款：（一）此次新条约发生效力三个月后，中国可以征收一种一律实行新进口税率，该项税率由值百抽五至值百抽一二.五，其出口税率由值百抽五至值百抽七五，此作为临时办法，俟至中国关税自主发生效力为止。……

从上述的提案上看来，关税自主的原则各国虽然承认，可是关税自主的原则发生效力的时期，还不知道在于何年何月。日美两国都提议要订立新条约，这个新条约完全以协定关税的原则做根据。这个“互惠的协定税率”的条约，究竟行至何时，当然仍须仰承列国的意旨了。照这样说来，这次关税自主的原则就是经过列国承认，也不过是句空话。和从前各国租借条约一样，那一次租借条约上不承认中国的主权，但是那一个租借地上容得中国实行主权呢？奉劝注意关税自主的人，赶快起来运动，好打消那以新协定条约来代替旧协定条约的办法。

（原载《现代评论》第2卷第48号）

冯、张果真能合作吗？

（1925 年 11 月 21 日）

在这一个星期内，我们虽然不能知道冯、张合作的条件已否议成，可是冯、张双方撤兵却是事实。双方撤兵固然不能说是冯、张合作的成功，但是总可算是冯、张合作的开始。据报纸上的报告，双方撤退的军队集中的地点如左：

（一）北京方面的国民军撤退，集中南口。

（二）保大方面的奉军撤退，集中保定。

（三）北京东北方面的奉军撤退，集中古北口。

（四）京津方面的奉军撤退，集中军粮城。

（五）京东方面的奉军撤退，集中玉田。

这种样式的撤兵，究竟是否为永久和平的表示，尚属重大疑问。因为在古北口的奉军与在南口的冯军，仍然是遥遥相对；在玉田和军粮城的奉军，仍然在监视京津一带；在保定的奉军，仍然是掌握京汉路线上的防御权。而况河南方面的军队又节节前来，邓宝珊已向保定方面突进，李纪才、陈文钊已向山东方面突进，皆有一触即发的危险。照这样说来，不但没有永久和平的希望，就是暂时和平也不是十分靠得住的。

强力之下无公理，武装之下无和平。政见相同，利益相同，可以合作；以力制力，绝对不能合作。故我总以为冯、张合作的根本条件在裁兵而不在撤兵。

（原载《现代评论》第 2 卷第 50 号）

示威运动与警察

（1925 年 11 月 28 日）

近几年来，北京的警察可以说是专门与群众为难。警察厅干涉群众运动的唯一理由就是说“扰害治安”。其实在北京城中扰害治安的事，真是指不胜屈。最足以扰害治安的是总统或执政等的出行，其次是阔人家的出殡，常常断绝交通，或人山人海的挡住大道。但是警察对于这些事不但不敢干涉，并且还要忙得汗流浃背的替他们张罗。再其次是阔人们或军人们的汽车，或者横冲直撞，如入无人之境，或喇叭长鸣，声震天地。但是警察对这件事不但不敢干涉，并且还圆睁着势利眼在马路上骂洋车夫及行路人不快快的躲避，仿佛还鞠着躬对这些汽车夫说，“每分钟不得过若干里”的规则对于你们并不适用！

如果群众出来游行或集会，那就是警察的对头到了，所以每行一次示威运动，结果总打得群众头破血出！过时久的且不说，只就今年说，纪念国耻的五七运动是被打过的，纪念五四运动游行是被打过的，对于关税会议的两次运动又都是被打过的。可是也有一个例外，就是当张作霖到天津时，群众对于沪案的示威运动，政府好像巴不得他们闹得更激烈，好吓住张作霖不敢来京。这样的政府，这样的警察，又何怪每次群众运动以被打为荣呢！

（原载《现代评论》第 2 卷第 51 号）

军阀与言论集会的自由

（1926 年 1 月）

以“务使军不成阀”的国民军，以“主张实行平民政治”的国民军，在前一个月从北京撤兵的时候，又对于敌方提出“保护北京言论集会的自由”的要求的国民军，来担任北京军警两政的责任，我们主张言论和集会的自由的人，应该是十二分满意了。章士钊君在做记者的时候，说“报律二字永远不使出诸国会议员之口”；在做总长的时候，却不但不允许取消出版法，并且还要借重治安警察法来禁止五七的爱国运动。这样言行不一致的事，我相信国民军是不会做的。

不料鹿钟麟接了警察总监之后，不到一星期，报纸上已经喧传说：为限制少数“造谣”的报纸起见，要检阅新闻稿件了！凡关于战争的记载，都要事前送稿到警察厅去请示了！本月十九日京畿警卫总司令又有布告，说“爱国青年学子，在此时机，勿开会为人利用”了！为限制少数“造谣”的报馆，便把北京全城的言论自由权都停止了；为禁止“少数暴徒”的扰乱，便把“爱国青年学子”的集会自由权都取消了。此事如果说出自张作霖，或说出自曹锟、吴佩孚，我们当然相信，我们绝对不相信此事会出自国民军，尤其不相信会出自国民第一军！这也许是“警察厅听错了话”，或者又许是“奸人乘机造谣”。如若不然，那么，我们可以得到一个教训：就是，无论是军已成阀的军阀，或是军不成阀的军阀，对于他们所认为“破坏治安”的言论自由与集会自由，老实不客气，是要“定以军法从事”的！

（原载《现代评论》第 3 卷第 55 号）

吴、冯的胜负

（1926 年 2 月 13 日）

近几年来火并式的军阀战争，无论谁胜谁负，结果对于全局总是无办法。乙军阀攻倒甲军阀后，乙军阀的政策仍然是甲军阀的政策，甚至于每况愈下，一代不如一代。中国一部二十四史上的革命，也可以说只有易姓的革命，没有改制的革命，所以革来革去，还是换汤不换药。现在军阀的革命，也不过是“取而代之”的意思，取甲派的地盘为乙派的地盘，取甲派的督办为乙派的督办，至于乙派的督办在乙派的地盘上所树立的政策，和甲派的督办在甲派的地盘上所树的政策，仍是半斤之于八两。

我们要是以这个眼光去观察吴佩孚与冯玉祥的胜负，那么，无论是吴胜冯胜，当然只能认作人的胜负，绝不能认作主义的胜负和政策的胜负了。这样的革命就是为情势所许，再延长一百年，也不能得好结果。除非各军阀大觉大悟（望军阀觉悟当然是梦想），从大处着眼，从小处下手，把他们所占据的地方先行整理起来，做一番建设的真工夫，然后再说“使平得宰天下亦如此肉”，那才可以将就将就。不然好像前几年的吴佩孚，天天高谈统一，却天天让土匪在他的军营附近横行，一概不管。这样的统一要他何用呢？

阎锡山建设的怎样，我们且不必批评，但是他总还有一点小建设；广东政府建设的怎样，我们也犯不着指摘，但是他总还有一点小建设。假使军阀们要开和平会议，我可以上一个条陈，就由彼此暂时各守疆土，互不侵犯，各以建设来比赛。比赛的优劣由人民下判断决定，谁人得到优胜旗，就让谁人到中央来试他一试。这虽然也是变相的“依赖军阀”，可是我总觉得这样的“依赖”，流弊和范围似乎较小一点。

（原载《现代评论》第3卷第62号）

惨案的前途黑暗

（1926 年 4 月 3 日）

自惨案发生到现在，已经经过半个月了。在这半个月中间，大家天天所忙的多半是对于死者的追悼，此外只有国立各校和私立各校正在汲汲的筹备起诉。起诉本是在文明国家或法治国家之下的正正当当的行为，在理论上当然是丝毫没有议论的余地。不过我们要知道，这种暗无天日的惨案，绝不会在文明国家或法治国家之下发生。既已发生这种暗无天日的惨案，那么，就可以证明中国绝不是文明国家或法治国家。既已不在文明国家或法治国家之下，偏要用文明国家或法治国家的办法，当然是不生什么效力的。

故我总以为这次惨案决不是法律所能解决的。司法、陆军两部尽可以派员调查，国立、私立各校尽可以委托律师起诉，然都不过是牵延时日、敷衍门面的一种办法。简单一句话，就是现政府一日不倒，起诉便一日无效；杀人犯一日不下政治舞台，在事实上便一日不受法律制裁。倘政治问题解决之后，法律问题或者可以有附带解决的希望；倘政治问题不能解决，单去诉诸法律，只不过是自欺欺人之谈罢了。

但是我们群众虽然没有实力可以解决政治问题，虽然也没有实力可以解决法律问题，可是我们群众却有良心可以作人道的保障。在惨案未发生以前，我们的党派，我们的政见，尽可以不同；在惨案发生以后，那就不管党派怎样不同，政见怎样不同，却都要消除私见，和衷共济，一致的主张公道，一致的拥护人道了。我的结论就是大家不可只记得法律问题而忘记了政治问题，更不可只记得私仇而忘了公敌！

（原载《现代评论》第 3 卷第 69 号）

护宪与护法

（1926 年 5 月 8 日）

近来护宪与护法之争，已经形成政治上一个重要的问题，并且有许多人以为如果这个根本问题一解决，其余的枝叶问题便可连带解决。其实这只是一派门面话，真正解决时局的关键，恐怕还在枝叶问题，和这个根本问题渺不相涉。

就是退一步说，认定这个护宪护法问题确是解决时局的关键，那么，对于解决护宪护法的方法，也必得要十分注意。如果只由一派独断独行，不许社会方面、人民方面参加意见，恐怕就是一时解决，不久又要发生问题。从前北洋军阀、官僚及研究系攻击《临时约法》的唯一理由，就是说《临时约法》只是国民党的《临时约法》，绝不是中华民国的《临时约法》。所以国民党存则约法存，国民党亡则约法也亡。现在无论是护法是护宪，如果不改弦易辙，仍然由一派人一手包办，不由人民方面决定，就是幸而争胜了，恐怕将来某派的势力一倒，宪或法的效力也必定要随他消灭了。去年段祺瑞以革命自居，推翻法统，国内有一部分人虽然不赞成他的革命，而对于他召集国民代表重新创造新法的办法却有几分同意。不想政令不出国门的段政府，竟生出包办国家根本大法的野心，所以益使国人失望，致有这回的结果。现在反对段祺瑞包办国法的人，如果不以他为前车之鉴，恐怕法统的纷争将来越发不能免了。所以我终认定护宪护法的问题要靠人民解决，不能单靠任何一派军阀解决。

（原载《现代评论》第 3 卷第 74 号）

闲 话

（1926 年 8 月 21 日）

报纸上的言论，近几年来，最脍炙人口的，绝不是讨论问题和阐发学理的一类文字，只是揭开黑幕和攻人阴私的一类文字。越是板着学者的面孔，讨论学术问题的文字，看的人越少；越是带着三分流氓气，喜笑怒骂的揭黑幕、攻阴私的文字，看的人越多。只要你做的是讥笑人或痛骂人的文字，便不管你讥笑得对不对，痛骂得是不是，总都能引起一般人注意。挖苦人越挖苦得刻薄，越好；谩骂人越骂得痛快淋漓，越好。最糟糕的是政府党的机关报，最令人肉麻的是替政府捧场的言论。当那肉麻周刊颂圣颂得兴会淋漓的时候，你只要一眼瞥见自“执政”到“小儿”一类的字样，就是十分麻木的人，也要教你浑身上下的皮肤一阵阵的乱皱，如同读了张谬子替梅兰芳作起居注的佳作一样。就是看普通的报纸，你要看到“孙文屠杀广州记”“党政府内讧突起”一类的标题，何尝不说得淋漓尽致；可是一拿笔去做那“战胜以后”的一类文字，便十指如僵、口呆舌结了。看的人也不是昏昏欲睡，便要呕吐三日了。

普通人的心理，总以为恭维人是谄媚，笑骂人是高傲。故生有傲骨者不愧为高士，生有媚骨者便不免为小人了。著作家得到这个秘诀，故以骂人起家而致通显者比比皆是。学者一骂而聘书来，新闻家一骂而汽车至，这真可以叫做“一骂而诸侯惧”。我记得当《阿 Q 正传》一段一段陆续发表的时候，有许多人都栗栗危惧，恐怕以后要骂到他的头上。并且有一位朋友，当我面说，昨日《阿 Q 正传》上某一段仿佛就是骂他自己。因此，便猜疑《阿 Q 正传》是某人作的。何以呢？因的只有某人知道他这一段私事。真是常言说的："贼人胆下虚"，"三年被毒蛇咬了，如今梦见一条绳子也是害怕"。从此疑神疑鬼，凡是《阿Q正传》中所骂的，都以为就是他的阴私；凡是与登载《阿Q正传》的报纸有关系的投稿人，都不免做了他所认为《阿Q正传》的作者的嫌疑犯了！等到他打听出来《阿Q正传》的作者名姓的时候，他才知道他和作者素不相识，因此，才恍然自悟，又逢人声明说不是骂他。

"为人不做亏心事，半夜不怕鬼叫门"，现在有许多人坐在家中疑神疑鬼，一看见风吹草动，便以为有人来暗算他，登时就祭起他村妇街的法宝，逢人便没头没脸打将下来，这真叫做"活见鬼"！可惜他是个无枪阶级，能是有枪阶级，恐怕也要照那"肾囊"之狱办理，也未可知。像这样以骂报骂，往复循环，又怎能不造成互骂的风气。大家都迎合这种风气，钩心斗角的去做骂人的文字，这种文字又怎能不脍炙人口呢？社会上既欢迎嬉笑怒骂的文字，而著作家又利用社会的弱点，投其所好，又怎能不造成报界风气，叫人家认《小品报》为大雅之声明呢？

平心而论，骂人者与骂骂人者，本是半斤之折八两，故这篇《闲话》也简直可算是一篇废话。我二十四分的希望一般文人彼此收起互骂的法宝，做我们应该做的和值得做的事业。万一骂溜了嘴，不能收束，正可以同那实在可骂而又实在不敢骂的人们斗斗法宝，就是到天桥走走，似乎也还值得些！否则既不敢到天桥去，又不肯不骂人，所以专将法宝在无枪阶级的头上乱祭，那么，骂人诚然是骂人，却是高傲也难乎其为高傲罢。

（原载《现代评论》第4卷第89号）

《新青年》随感录六则

（1919 年）

警察与卫生

北京城里的警察，成天的把一双眼睛对着学生和出版物瞅着，至于大街小巷的尿屎，任他怎样堆积，睬也不睬。难道只要治安警察忙个不歇，便不怕卫生警察闲着生病吗？

高士傧真不做脸

北洋派成天的说统一，成天的说要以北洋派统一中国，偏有一个不成气的高士傧，在“京畿之侧”反抗中央命令。这事要出在西南，正可借此打趣主张分权主张自治的人。偏偏又出在讲统一讲威信的北方，真有些令人过不去！

非卖品的报纸

我有一位同学在北京办一个日报，我看他手边很阔绰，以为他的报一定很行销。到处去买，再也买不到。有一天会着这位同学，我问他：“你的报天天出多少？”他说：“三十份。”我说：“为什么买不着呢？”他说：“非卖品。我只印三十份送股东和登广告的就是，何必拼着折个去卖呢？”

咒

《水浒传》上宋江一遇急事，常赌咒，说："宋江如有异心，天诛地灭。"李逵也常赌咒，说："李逵如再……嘴上害个大疔疮。"现在有位前清举人，听人说他要运动大学校长，他也赌下咒来，说："天诛地灭，子孙不昌，上帝鉴临，心口如一。"可见得名士英雄都是一样的脾气。

都欢喜私下讲和

程潜私下讲和刚才闹穿了，今天报上又说陆干卿也派人私下讲和。日本对于山东问题不承认英美调停，也要同中国私下讲和。这些人总算都会揣摩北方政府的脾气！

日本人应该觉悟的

如今中日两国的感情总算是坏极了。究竟日本人要明白我们所排斥的日本人，是那种抱侵略主义的，不是这些讲正义人道的。是那些压迫民众勾结卖国贼的军阀，不是这些鼓吹黎明运动社会运动的平民。要想在东亚创造新文明，打破黑暗的势力，非两国平民同心协力，那里能够做得了呢？

（原载《新青年》第六卷第四号）

《每周评论》随感录

（1919 年 5—8 月）

好一个博学的议长

日本众议院议长大冈育造在大阪讲演，说："俄国的过激派是实行托尔斯泰主义的，日本的社会主义家是学托尔斯泰的。""中外"杂志的记者说他这几句话，同那年高等学校考卷中说"诸葛孔明是秦始皇的臣子"的，是同博学多闻的人，古今中外没有一个人比得上的。究竟岛国人少见多怪，他若看见过中国众议院议长的"伯里云者勇于事也，重天德云者安于位里"几句话，包管他不再把博学多闻的徽号，专赠日本的议长了。

步军统领衙门

人人都说京城的治安，既已有警察和别的军队保护，步军统领衙门是没有用的了。我说不然，你看前任的统领江朝宗不是在这衙门里研究"风水之说"吗？现在的统领李长泰前些天不是要带领三堂到大钟寺去设坛求雨吗？此外还有什么打拳的、玩狮子的、踏高跷的、举石盘的，凡是义和拳的各样法术，现在还没有失传，那一件不是步军统领衙门保全下来的？

（原载 1919 年 5 月4 日《每周评论》）

崭新的共和国家

前几天晨报上载的“大总统与各界代表谈话”一节新闻，下边注几个小字，说“将有崭新的一大共和国出现”，比时看见吓得我心里乱跳。我想如今世界上以崭新的共和国夸口的不是过激派的俄罗斯吗？莫不是老徐有心要行布尔扎维主义，所以无意之间露出过激派的口气来？后来看见谈话里面刚讲过“建设崭新的共和国家”，马上就接着一句“以慰亿兆喁喁之望”。才放了心，原来他所说的还是几千年前的“崭新的共和国家”。

（原载1919年7月6日《每周评论》）

“互殴”还是体面的事

民国元、二年间，国民党的议员有人在议场上丢墨盒子，大家都痛骂他们，说是污染神圣的国会。后来益友社和丙辰俱乐部的议员在议场上同进步系的人打架，大家又痛骂他们，说他们是捣乱分子。现在安福系的国会虽然出了几回“互殴”的案子，却没有一个人去责备他们。这是什么原故呢！我想“互殴”虽然是不大文明，但还是人做的事，还是光明的报仇的法子。在安福部议员的行为中，总算是第一件体面的事了！

龚心湛沾染外国人的习气

龚心湛为人如何，我们且不去管他。但是我前几天听见安福部人说：“老龚人倒还不错，可惜他在外国过久了，沾染外国人的习气，死板板的做事，不会揣摩世故人情。”老龚，你真糊涂！既然做了安福的重要脚色，还想学外国人做事，真是“自相矛盾”了！

组阁问题

田文烈不想组阁，安福部偏要强迫他干，周树模想组阁，安福部又偏不让他干。王揖唐若是痛痛快快的干了，莫说三总长、两次长、一秘书长、两候补总长、五十个荐任官，就是连千带万的人也有法子可以安插。他自己偏又再三谦让不肯干。当宋大哥不愿意做梁山泊主的时候，多亏李逵在旁说道："哥哥休说做梁山泊主，便是大宋皇帝你也肯。"宋大哥不好意思，才半推半就的干了。可惜这里没有快人快语的李逵"一语道破"，所以这把交椅直到现在还空着！

只是吃饭要紧

我在西山碧云寺里遇到一个和尚，他说："凡是海内名山名寺我都朝拜过了。"我问他："到底看见过神仙没有？"他说："看什么神仙呀！不过是混饭吃罢了。"

北京城里的边务吃紧

自西北筹边使发表之后接二连三的又放了一个边务督办。昨天张作霖来电，叫政府任命孟恩远做畿辅沿边总司令。段、徐都住在北京城里，筹边使和边务督办的军队也在北京附近，孟恩远的沿边总司令也要调到北京城里后才能就任。一连派定三筹好汉在北京城里防边，可见得北京城里的边务真是吃紧呀！

变相的瓜分

前几年我们听到"瓜分中国"几个字，没有不拼命反对的。现在二十二行省不在“西南”的势力范围里边，就在“西北”的势力范围里边，不然就在“东三省”和“长江三督”的势力范围里边。各省督军就是瓜分的刽子手，上海的和平会议就是谋瓜分的聚义厅。同是瓜分，难道还有什么亲疏远近的分别吗？

赎 路

近来很有人主张筹款赎回高徐济顺铁路。我以为国民不懂得自决的道理，便不是根本解决的法子。单说赎路，难道你赎他就不会再卖吗？设若有人把你身子卖掉，还许你筹款赎身，有人把你国卖掉，还许你筹款赎国吗？

武人的下场

协约国已向荷兰正式要求将德皇维廉引渡，听候审问。国内的政治犯还有外国和租界可以躲避，唯有这种正义的人道的仇敌，除了插翅飞上天去，真算是无路可走了。我狠盼望世界上不讲正义人道的武人看一看维廉的下场，我更盼望协约国把世界上所有不讲正义人道的武人一齐拿来审问审问。

日本的军阀也应该觉悟

日本的军阀呀！你们不看见往西伯利亚去的兵，已经沾染了俄国的思想吗？不看见用兵力压迫的朝鲜人，又已经宣布了独立吗？更不看见国内的黎明会新人会和那些社会党劳动党天天想方设法要推倒你们吗？你们国内的事都忙不了，何苦来偏要插上一把手到中国来打搅！任你们怎样勾串军阀派，怎样勾串卖国贼，怎样捉拿学生，怎样同军队冲突，你们应没有法子可以扑灭你们那国内的新运动。

山西的教育真可怕

阎锡山在山西办教育，政府也传令嘉奖，舆论也顺口称赞。不过据我看来，安徽奉天湖南各省没有教育可说，倒还是幸事。像那阎锡山式的教育，把青年子弟脑筋中装进去许多乾隆嘉庆年间的思想。这种教育的遗毒恐怕比较没有教育还要利害！

（原载1919年7月27日《每周评论》）

犹可为

日本人叫做什么蓄堂的做一首律诗答驻日代理公使庄景珂的“太平颂”，中有“草莽偏存向日诚”一句，底下加些小注子说：“陆章曹诸子虽失势，江庸徐树铮诸子犹可为，庄景珂亦后起之秀，原氏（现内阁总理）其注意及之否?”我们中国人“其注意及之否?”

入　狱

《星期评论》第八号有玄庐先生《入狱》诗一首。我所最爱的句子，是“怎样是不自由？入监狱。因为自由，入监狱。……本来是狱，何待入狱？……既都是狱，何处非狱?”我们这样国家社会学术思想风俗习惯那一件不是监禁人的牢狱？何消提到警察厅里边去才算是入狱呢？

实在有趣

极端自由的社会虽然是好，考其实实在没什么味。惟在这万恶社会之中，看清清白白的青年，天天拼命的和那万恶的社会相战，实在是有趣的很！

政　客

我前两个月通信会说政客误事，有一天忽然想起英国喜剧大家皮诺罗一句骂政客的戏。那折戏叫做《阁员》。说有新婚的夫妇生下一个小孩子，才六个月大，两口子讨论小儿子将来做什么事。学陆军还是学政治呢？争了半天，不能解决。后来去请教一位阁员，阁员踌躇多时才说道："假使你的习惯是忠实的，那就不能学政治了。假使你想无论在什么时候自己定个主见，定了之后还想保存他，也犯不着钻到政界里去。假使你想为你同胞尽一点力，假使你要想到六十岁的时候还像现在六个月的时候一样安稳的睡觉，再也不要入政界。"大家照他的话想一想，政客的生活到底是怎么样？

真算得南北统一

北京城里捉拿学生，南京城里也捉拿学生，甚至于打死学生。现在这种捉拿学生的新潮流，又淌到广东去了。护法的军政府也在那里捉拿学生。照这样看来，还不算南北统一吗？

西南自治

北方代表徐佛苏发表一篇《西南自治与和平》的论文，各报上也有赞成的，也有反对的。我以为他的内容如何姑且不论，但却是一种光明正大的主张。比那些代表关起门来，一味在里边鬼鬼祟祟的分赃，岂不是高得多吗？

警保局长的感想如何？

日本大正四年（1912 年）国会选举，有几百个妇人参与其事。当时警保局长安河内氏看不惯，大发议论。大致说：“日本女子只当在家内做事，出外运动实在伤他的美性。日本女子教育的方针就是良妻贤母主义，参与政治运动是很坏的事体，将来法律必定要取缔的。若放任下去，中了欧美女权扩张论的毒，那么，在建国三千年的国体之中，恐怕要生出一大问题来！”现在不到四年，他们国内不但有什么妇人团体，什么妇人家庭经济讲习会，什么女校联合同窗会，什么友爱会，闹得“不亦乐乎”的，并且组织百人团体，抛头露面的到处演说。不知那位警保局长现在的感想如何？

谁能当起这样骂

《国民公报》载吉林全体军官的通电，内中有几句很痛快的话，说：“和会一再停顿，大局日益纠纷，皆由武人政客操纵其间。而追原祸始，则……实兆乱之渠魁、内讧之导线。……黩武残民，视南北若秦越。……假……为名，擅自增兵至数万之众。扼守畿甸，横行中原。坐梗和议，阴谋并吞。……排斥异己……迫压当局。……”我想拿这些话骂张作霖未免有些冤枉他，大家想一想，有没有人的确可以当起这样骂？

（原载1919年8月3日《每周评论》）

看西南代表面皮有多厚

王揖唐居然做起总代表了，他的人格也用不着去批评的。我们且看看西南代表面皮有多厚，到底能同他开对等的会议不能？

（原载1919年8月17日《每周评论》）

阴谋家

这几年中国政治的罪恶，几几乎没有一件不是阴谋家造成的。但是政治社会本来是万恶之原，本是阴谋家藏身的好所在，这也不足深怪。惟神圣的高等教育机关里面，也让阴谋家暗中操纵，岂不是教育界的耻辱吗？

囚犯政府

俄国新政府里边的人物，不是在先下过狱的，就是在西伯利亚充过军的，不然至少也做过几年亡命客，所以有人称他为“囚犯政府”。可见得真真的革新家总要受过监狱的洗礼，监牢就是革新家的家庭，在监狱里边做苦工就是革新家的生活。

恐怕人忘怀了

现在叫“邪说”的无政府主义共产主义等出版物，不知道禁过多少次。前几天报上又载一种通令，说：“《实社自由录》《工人实监》等出版物，如有存留的，应当一律烧毁。”这些出版物既已禁止，当然不能再登广告。政府想是恐怕人家忘怀了，所以又特为下令提一提。

（原载 1919 年 8 月 24 日《每周评论》）

《努力周报》《这一周》杂感

（1922年7月至1923年1月）

我们对于现在北京的政府裁员减政的举动，曾经表示赞助的评论。但裁员与减政究竟不过是一种消极的补救；今日的急务，决不止于此。这个政府当这个重要的时机，应该做点通盘的计划，把计划公开出来。叫大家知道你们葫芦里卖什么药；这叫做“政策”。天天应付讨债的，天天东挪西补，固然算不得政策。今天打个电报，去招安李烈钧，明天打个电报去招安陈炯明，也不是政策。今天放一个广西省长，明天放一个广东省长，也不是政策。现在北京政府所以天天受报馆攻击者，固然一部分是不免有作用的报复，然而大部分也是政府自取其辱。政府自己没有政策，怪不得人家要猜想他的政策了。起初还只是猜想，久之竟如像真是政府已决定的政策了，怪不得人家竟拿这种猜想的政策来作攻击的目标了。即如近来宣传的大借疑，自从吴佩孚“绝对不借外债”的电报出来之后，便渐渐销灭了。大家晓得这话不会成为事实了，自然无从用其攻击了。绝对不借外债，虽然也是消极的，究竟是一个政策。人家虽然还不知道你葫芦里卖什么药，也可以知道你葫芦里不卖某种药了。现在的北京政府，若想求自身的安定，若想进一步得国民的信用，若想更进一步做点事业，那么，第一步须做点通盘的计划，发表出来，作为公开的政策。

（原载《努力周报》第9期）

我们请各位读者特别注意本期里“一个铁路学者”替我们做的“中国铁路的险象”一篇文章。这篇文章本身的价值，读者自能理会，不用我们来指出。

我们单指出他说的一句不很重要的话，他说：“中国要想在四十年内造二万八千英里的铁路，每年须造七百英里。”岂但是铁路如此？中国现在急需的事，件件都该如此着想，都该如此计划。裁兵、裁厘、收回治外法权、办义务教育……都不是可以邀天之功的，事事都应该分年计划，分年筹备，按期进行。不然，只是飘泊，只是瞎摸索。

（原载《努力周报》第 11 期）

当日本国民党解散改造的时候，中国的国民党也传出根本改组的消息，这自然是很可喜的。我们对于国民党的改组，有几个希望：

（一）打破秘密会党的遗风，扫除指模宣誓等等制度。这种制度都是不信任党员的表示，是侮辱党员的人格的。

（二）打破个人独裁的制度，改用委员会的组织。拿一个反民主主义的组织来提倡民主主义，是不能令人心服的。

（三）党费的会计，在本党须采取公开制度。

（四）党员不可太滥。数目的增加固是重要，但精神上主义上的结合更是重要。

（五）空泛的抽象名词不能成为政纲了；此时宜有一个长期的党纲委员会，研究事实，制定具体的党纲。

（原载《努力周报》第 21 期）

欧洲十五、十六、十七各世纪，是葡萄牙各国到处找殖民地的时期；他们遇到一个弱国，便把他征服了，作为自己殖民的领土。不想中国的军阀，现在竟盗用这种方法，把殖民的政策，改为“殖兵的政策”；更把国际的侵略，改为“省际的侵略”!

湖北人赶走了王占元，便把湖北变为吴、萧的殖兵地；江西人赶走了陈光远，便把江西变成蔡、常的殖兵地；福建人刚刚驱逐了李厚基，四面八方的想殖兵的野心家，又纷纷驱兵大进了；安徽人刚刚请求中央废了督军张文生，又宣传齐燮元电保陈调元做皖南镇守使，吴佩孚电保张克瑶为皖北镇守使了！这都是实行殖兵政策的省际的侵略！

……我们现在如果想提出一个切实的宣言，就应该：

（一）主张全国废除督军镇守使等制度。

（二）主张福建问题由福建人民自决，中央用兵只以驱逐各派的势力为限，绝不使福建再变成他省他派的殖兵地。

（三）主张安徽裁兵废督，不在废止空名的督军，连变相的督军和镇守使等名称，一概废止；军费每年不得过一百四十万元，驻皖的军额应该照一百四十万军费而定。

（原载《努力周报》第26期）

但凡一种制度，每到“寿数将终”的时期，必定要发生许多怪现状。欧美各国市议会的议员，多做市民的小伙计，市民要什么，只要关照他一声，他便狗颠儿屁股跑去承办。所以有许多市议员，不是今天为市民买雨伞，便是明天替市民雇奶妈。

安徽的省议员得到这种秘诀，所以前年当倪嗣冲的“生祠”告成的时候，大家都把预算案搅下，一阵一阵的跑到蚌埠去替倪嗣冲拜生祠。有许多不通人情世故的学生，恐怕他们把预算案耽搁下，使教育经费扩张案通不过，所以天天跑到议会去要求议员先生们不要到蚌埠去。结果，议员先生一怒，便请求马联甲派兵打杀姜高琦、周肇基等一群学生。

这回北京参众两院的议员跑到保定去祝寿，也是他们议员先生的神圣天职，就是把宪法会议和内阁同意案暂且搁下，也算不得什么一回事。

因为第一届国会的寿命，随你怎么算，算来算去也不过几个月了。议员要是终身官，那么，保定这一躺倒还可去可不去；议员既不是终身官，马上就要改选了，现在不趁早钻钻门路，一旦落选，还有谁来理你呀！

政治活动多趋向实力方面，这是无可讳言的。欧美的市民势力大，所以市议员先生们向市民低头；中国的社会武人势力大，所以议员先生们向武人献媚。我们小百姓怪谁呀！谁叫你们没有势力呢？无势力的小百姓，还配说监督议员官吏吗？

（原载《努力周报》第 33 期）

昨天接到许新凯先生一封信，内中有几句话也是我心中老早想说的。这几句话是："我们应该连合起来，应该开诚布公，丢开意气，想出一个改革社会的方法出来。"我也是这样想。放着军阀官僚不攻击，整天的攻击"好人政府"的主张；口口声声的教人家"打倒军阀"，自己却躲在租界上不出头；整天的谈"革命"，自己却不去实行，只喊着"你们不要反对"——我们自己只有自惭笨拙，觉得不佩〔配〕同他们连合！

我要说几句斩金截铁的话，就是：

（一）社会改革有许多方法，绝不能说我所认定的全对，你们所认定的全错。

（二）社会改革可以全体推翻，也可以零碎整理，你欢喜这样做，不必拦阻人家那样做。

（三）自己实行自己相信的主张，怕人家攻击而不做，或因人家不帮助而不做，都绝不是顶天立地的好汉。

（原载《努力周报》第 37 期）

中华人民共和国成立后
撰写的文稿、回忆录

百年来美帝对华政治的透视

（1950 年 11 月 22 日）

凡是懂得资本主义发展规律的人，一定知道美帝侵华政策几个阶段都是适应资本主义发展规律的必然结果，他的侵略方法是残酷是温和，执行侵略政策的人们是本着真面目或带着假面具，都是无足轻重的。资本主义生产的特点是商品生产占有主要地位，商品要有市场，市场要有殖民地。故资本主义的发展，第一阶段是统一本国市场，第二阶段是夺取国外市场，第三阶段是独霸国外市场。美帝在第一阶段时，宣布门罗主义；在第二阶段时，宣布门户开放政策；第三阶段时，促成九国公约。这是从资本主义到帝国主义时钢铁一般发展规律，美帝侵华几个不同的阶段都是根据这个发展规律而来的一贯政策。以下且说明这几点：

（一）对于门罗主义的透视

美帝在一八二三年宣布了门罗主义，作为对外政策，主要的意义就在声明“美洲是属于美洲人的”。把这句话分析起来有两种作用：一是防御性的作用，就是反对欧洲列强的殖民者向美洲扩张，反对欧洲任何国家干涉美洲事件；二是积极性作用，就是说美国在中美南美要独占特别权利。美帝打起门罗主义招牌，不但做了北美合众国的主人，并且做了中南美的主人。从名义上说，美洲是属于美洲人的；从实际上说，美洲是属于合众国的。这正是美帝新兴的资产阶级排斥欧洲先进的资产阶级，确定美帝经济势力范围，不许他人染指的表示。也就是资本主义在青年时代做统一本国市场的第一步工作。

自此以后，门罗主义便成为美帝外交公式，随着各时代具体利害不同，做出不同的解说。在第一次世界大战时，威尔逊就以“德国战胜要危害美洲安全”为理由，参加欧战。所以门罗主义只是关门主义，不是封门主义。封门是内外隔绝，断绝往来，关门则只是不许外人进来，并不妨碍自己出去。由此可见，门罗主义的目的只是禁止别国市场向美洲发展，并不是制止本国市场不向别国发展。我们如果把它看作孤立主义，看作不侵略他人主义，便犯了严重的错误。

（二）对于门户开放政策的透视

门户开放政策是一八九九年，美帝对英法德意日俄等国通牒，在消极方面，要求列强开放在中国的利益范围，不得干涉美国通商；在积极方面，要求利用列强在中国建设的港口码头、内地铁路，以及租界租借地等，起卸或运输美国货物。

美帝在这时为什么向列强要求开放中国门户呢？我们可以从美国方面情形及中国方面情形分别来看。就美国情形说，他自一七七六年宣布独立起，到一八二三年宣布门罗主义止，这四五十年间，只要欧洲列强不侵入美洲市场，美国资本主义大有可以发展的余地。但自此以后，美国人口从九百万发展到一万万以上，而拉丁美洲的工商业又逐渐进步，可与美国竞争市场。而且自一八六一年到一八六五年，南北战争结束，北方新兴的工业资产阶级战胜了南方农业资产阶级，掌握了联邦政府的政权，废除南方的大农贵族制，代之以现代资本主义的商品生产制。资本主义生产向外发展的条件业已成熟。反观欧洲列强在这时已由商品输出转到资本输出的竞争，由制造输出品转到原料品输入的竞争。列强间的矛盾，日益尖锐化，这正是美帝向外发展的大好机会。

再就中国情形说，列强在中国各省的势力范围，已经划定，英国以长江流域为势力范围，法国以两广云南为势力范围，帝俄以长城以北为势力范围，德国以山东为势力范围，日本以福建为势力范围。在这种势力均衡的局面下，大大为美帝经济发展的障碍，所以不能不向列强大声疾呼，要求中国的门户开放。

还有人怀疑，以为美国距中国太远，不必怕他侵略，这也是错误的见解。美帝对此早有计划，他在一八九二年并吞夏威夷，一八九九年占领菲律宾。太平洋中有了步步为营的跳板与基地，就是为向中国叫开门户做好了极周密的准备。

由此可见，美帝的门户开放政策，并不是从“保障中国领土完整和主权独立”一点上出发，完全是他本国商品输出资本输出以及原料品输出等几点上出发；并不是为中国打算，完全是为自己打算。

误解门户开放政策的人，以为自美国提出这个政策后，便取消了列强瓜分中国的企图。殊不知列强在划分势力范围时，诚然有瓜分中国的意思，可是一方面因为列强利害冲突太大，瓜分势必引起混战，这是一个中止瓜分的原因；另一方面，列强在没有瓜分中国以前，市场普及全中国每一角落，瓜分以后，列强中每一个国家仅得到一定区域内的市场，转而丧失了全国性的市场。这样一来，瓜分并不是扩大市场，反而是缩小市场，是万分不合算的。真正中止瓜分中国的原因在此，与美国要求门户开放政策没有什么重大关系。再进一步说，中国不被瓜分，中国反而做了次殖民地，正如中山先生说的：“凡是和中国订条约的国家，都是中国的主人，所以中国不止做一国的殖民地，是做各国的殖民地，我们不止做一国的奴隶，是做各国的奴隶。”所以门户开放政策是使中国降到比殖民地更低一等的次殖民地，难道还说是美帝给我们的恩惠吗？

（三）对于九国公约的透视

一九二一年，美帝为对抗日本对华二十一条要求，促成了九国公约。他以“门户开放，机会均等，主权独立，领土完整”的口号作幌子，便从利益均占，进步到利益独占。他的目的是想以美帝独霸中国来代替日本独霸中国的迷梦。正如日本对朝鲜政策一样，第一步向中国要求朝鲜独立，脱离中国统治；第二步宣布朝鲜为日本保护国；第三步宣告日韩合并。所以九国公约是美帝在中国独霸权力的开始。

到了抗日胜利后，美帝侵略中国的真面目完全暴露。这时美帝所独霸的不止于经济，连政治、军事、文化、教育、医药、慈善等各种事业都完全控制在自己手中。详细一点说，机关、团体、要塞、机场、气候、航空、军火、机器、棉花、麦子、面粉、奶粉、牙膏、香烟、糖果、咖啡、玻璃皮包、玻璃牙刷，一直到美金美钞……一切一切。就物说，真是随地皆是，每饭不忘！就人说，又是参谋顾问，通家往来！凡领土、领空、领海、内河航行、铁路运输、金融政策、财政计划、工矿采掘、物资供应、文化设备、军事训练、外交方针以至医药卫生、慈善救济，都非美国人莫办！从天空到地面，从地面到地底，从外海到内河，从物质到精神，从食品到服装，从富翁到贫民，从儿童到处女，无一不供他利用，无一不供他蹂躏，无一不供他玩弄！

于是中国领土变成美帝版图，中国富藏变成美帝的财产，中国政府变成美帝的支店，中国官吏变成美帝的买办，甚至于想把中国人民完全变成美帝的奴隶，是可忍，孰不可忍！这是美帝独霸中国得意忘形的时期。

归结一句话，美帝国主义是资本主义发展到最后阶段，侵略是帝国主义的本质，独霸是由本质发生出来的现象，现象与本质是分不开的。我们如果还不醒悟，还认为门罗主义不会向外侵略，门户开放政策挽救中国瓜分危局，九国公约取消日本在中国的独霸，根据帝国主义本质说，这种见解是大错特错。

美帝百年来对华侵略所得到的成果，被中国人民革命力量把它一笔勾消，安得不恼羞成怒，因怒发狂！到了这时，完全露出狰狞面目，不惜孤注一掷，完全走日本侵华的老路，以侵略朝鲜为侵略中国的开始！故凡是中国人民的敌人，如日本帝国主义及台湾匪帮，莫不尽力扶植；凡是中国人民友人，如苏联及东欧新民主国家，莫不尽力排斥！美帝侵华如果不先侵略朝鲜，便是美帝愚蠢，我们如相信美帝只是侵略朝鲜而不侵略中国，那末，比美帝更愚蠢万倍！觉悟的人们，一致起来，好抵抗我们最后的、最凶暴的、比日本更可恶的敌人！

（原载 1950 年 11 月 22 日《光明日报》）

实用主义的政治思想的反动本质

（1955 年 2 月 27 日）

美国实用主义的头目杜威，曾于一九一九年来到中国，宣传他的实用主义，在北京举行“社会哲学与政治哲学”的讲演，一共讲了十六次。前九次是我笔记的，在《新青年》第七卷第一号至第三号上发表。第十次以后是别人笔记的。杜威的讲演是在中国散布实用主义的毒素，我替他作笔记，是帮助了他在中国传播毒素。那时国内各地的报纸杂志转载的大多数是我的笔记，这不知迷惑过多少读者。这是我应当向当时的读者负责的。

胡适派散布的实用主义的主观唯心论思想是直接从杜威贩卖来的，我们擒贼先擒王，必须批判杜威的思想。

本文所批判的只是以实用主义的政治思想问题为限，文中引用杜威的话，也多以“社会哲学与政治哲学”讲演中讲过的为限。

实用主义，是资本主义发展到帝国主义阶段的资产阶级“哲学”中一种最反动的主观唯心论的思想体系。从十九世纪末叶以来，马克思列宁主义的辩证唯物论正如旭日初升，把那些传统的唯心论哲学思想作了彻底的批判。杜威为腐朽、没落的资产阶级效忠，就不得不花样翻新、施行诡计。他知道，如果再因袭从前唯心论者的老一套，专用“精神”“心理”“信仰”这一类名词来宣传唯心论，必然要遭受人家的唾弃；于是异想天开，摇身一变，偷窃科学上的术语，盗用辩证唯物论中的“经验”“实践”“效果”等等名词，假装着与唯物论有什么关系，借以迷惑别人，达到他自己宣传主观唯心论反对马克思列宁主义的目的。他妄想把垄断资本家的一切罪恶行为粉饰为“科学理论”，做挽救垄断资本家命运的续命汤。这就是杜威的诡计。

杜威无论在“名学”里，在“人生哲学”里，在“教育哲学”里，都说“思想是发生在遇到困难的时候”。他说：“思想发生，必定在社会制度不中用和有病的时候。社会有病，才有社会哲学发生；政治有病，才有政治哲学发生。”他说他对社会和政治制度，既不赞成“根本推翻”，也不赞成“完全保持”，他自己的“哲学”是属于“第三派”，就是一注重“实验”，处处拿应用的结果来证明学理的功效，判断它到底是真是假；二注重个别的研究，不说“笼统”的话，只注意研究个别的情形；三注重随时补救的知识，以养成知识能力，随时随地补救特种毛病，解决特种问题。因此，他反对“一张口就说要改造社会”，他认为改造社会只要“今天一点，明天一点”，“绝不是一笔批发的货，是要零零碎碎做成功的”。这就是杜威对于社会政治制度点滴改良的主张，也就是杜威不打自招地供认了自己是一个彻头彻尾的虚伪的改良主义者。

杜威的改良主义，还落在英国“费边社”之后，“费边社”的反动政客们还披着“社会主义”的外衣，杜威只是局躅在传统的个人主义和自由主义的小天地中，没有跨出前人一步。他所反对的就是革命，虽然口中也说反对维持现状，但骨子里却是想在资本主义社会制度下来进行点滴改良，换汤不换药。我们知道，资产阶级为着想永远保存自己的社会制度，有时也不得不在人民群众的压力下，作一些不关紧要的让步，实行点点滴滴的改良。但是他们的让步是以保持自己阶级的统治为前提的，决不允许政权转到另一阶级手中。在资产阶级的政权存在的条件下改良，必然成为巩固资产阶级政权的手段。任何改良，都是替他们维持现状，绝不能达到革命的目的。杜威想迷惑我国青年学生，在第二讲结束时说：“今天听讲的大概多是学生，学生应该格外知道这个道理——世间零碎事体可以帮助做的很多，做零碎的事初看很觉得不能满足我们理想，但……到了结果那一天，也许做到我们理想中的大改革。”这几句话就是杜威替资产阶级社会制度做保镖的口供。在资本主义社会里，不打破旧的政权，不建立新的政权，只想在旧政权下用点滴改良的方法，想用乞求统治阶级让步的方法，达到由一种社会制度过渡到另一种社会制度的目的，真是“痴人说梦”！这种欺骗宣传，在当时我国知识分子中散播了很大的毒素。

实用主义所标榜的方法，名为“实验”，其实只是一种“尝试”，想用主观的尝试来决定客观的真理。他以为：国家公布一种新法令，试用一种新制度或决定一种新政策，都只是暂时的“假设”，自试行之日起，没有一天不是在随时尝试随时修改之中。只有试验出来有效的假设才能算是真的。因此，他就认为所有的真理都是假设的，都是相对的，没有绝对的真理。只有试验出来有效果的，才算是真理。

杜威大言不惭地说他的治学态度就是“科学家在试验室中的态度”，可是他的“科学理论”就根本否定了科学的客观性。科学是什么？科学是人类对于客观事物规律的正确认识，是客观事物规律在人类头脑中的反映。科学上的假设是有较充分的客观根据的，是在人类社会实践中产生和受检验的，假设被社会实践证明是符合客观实际情况的，就是真理。所以，假设是否能够成为正确的理论，不决定于人的主观愿望，而决定于它是否符合客观实际情况。杜威就不是这样，在他看来，科学理论的价值不是由反映客观现实的正确程度如何来决定，只是由它在某种具体情况中所试验出来的效果来决定。所有假设，只要试验出来有效果，不管假设的本身是对是不对，一律认为都是真理。就是宗教迷信，如果在社会中能取得效果，宗教迷信也就是真理。杜威所说的真理，不是以客观现实做标准，只是以主观利益做标准的。这又是英美垄断资产阶级唯利是图的本质的表现，也就是英美资本主义社会传统的功利主义思想的表现。

毫无疑义，杜威的实用主义是想以主观决定客观，想以思想支配世界。所以他说：“社会科学必定要有个方向，叫它朝这个方向走，是要它怎样便怎样，不能随它怎样便怎样。”杜威在这里否认了科学理论的客观性，认为科学不过是一种“商品”，一种“买卖”，一种“有效经营商业的方法”。按照他的说法，因果性、规律性，都不过是“概念的性质”，仅存在于人的意识中，并不是反映客观世界中彼此的因果关系和规律实质。只要它“有利益”“有功效”，能解决“实际困难”，能应付“当前环境”，就是“科学理论”。这就是他的主观唯心论的要点。

由此可见，杜威所说的“真理”，是只问利害，不问是非。他认为所有“真理”都是人类为“解决某种实际困难”和“应付某种实际环境”的方便而假设的，真理不是对客观现实的认识，而是主观意图的试探。这种“科学理论”就是遮掩今天美国垄断资本家一切罪恶行为的“魔术”!

我们不要忽视，以为杜威的实用主义只是纸上空谈，要认识到它是美国今天富商大贾、流氓政客和战争贩子们的行动指针。美国大资本家当前的“实际困难”是什么？就是政治危机和经济危机；当前的“主观愿望”是什么？就是攫取最大限度的利润和保持对全世界的反动统治。他们应付危机、保持统治的方法，就是用压迫和剥削本国大多数人民，奴役和不断掠夺其他国家人民，积极准备和制造战争和国民经济军事化的办法。那么，这些办法也就是“真理”。甚至于在准备和制造战争不惜叫嚣要使用原子武器作为讹诈，不用说，这个讹诈政策在他们也是一条“真理”!

总之一句话，杜威想用这个实用主义做幌子，把那些大资本家的一切罪恶行为粉饰起来，使它“理论化”“科学化”，来欺骗广大人民，达到取得最大利润和保持反动统治的目的。所以杜威大吹大擂地说：“学理的第一功用，就是把本来暂时的变成永久的，本来变动的变成凝固的；第二功用，就是能在危急的时候，维持一般人心，使他们（这个‘他们’当然是指人民说的）拚着生命财产不要，去做（当然是替垄断资本家‘去做’）很重大的事体。譬如这回欧战用几个‘公理’‘正义’‘人道’等好听的名词，就可轰动无数的人民拚命去打仗!”

这个老奸巨猾的杜威，肚子里是何等阴险！为了想做一个垄断资本家的忠实走狗，就不惜用尽一切方法来欺骗广大人民，想叫广大人民去替少数资本家送死。这种“择目的不择手段”的实用主义，不独危害美国广大人民的利益，并且危害全世界的和平。所有这些都是杜威的实用主义政治思想的反动本质。

（原载1955年2月27日《新华日报》）

审判人员能不能向科学进军

（1956年12月19日）

在党对知识分子提出向科学进军的任务时，早就由周恩来总理在关于知识分子问题的报告中说过：这一任务是“我们党和全国知识界、全国人民的一个伟大的战斗任务”。由此可见，凡是知识分子，不管他是做科学研究工作的，或者是做各部门实际工作的，都一样地要负起向科学进军的责任。

但是，至今还有些人把向科学进军看作只是科学研究工作者的任务。他们说党提出百家争鸣的方针时，明明说过“这是学术上的百家争鸣”，或者说“对科学工作主张百家争鸣”。就是有人想使百家争鸣与法律工作者发生联系，也只有像杨玉清同志在《政法研究》第四期上说的：“把‘百家争鸣’的方针贯彻到法学研究工作中去。”因此，就使司法机关中有些审判人员认为向科学进军和百家争鸣，只是从事法律研究工作者和法律教学工作者的任务，与做司法实际工作者无关。他们是把实践与理论分开，认为做审判实践工作的，就不必再搞法律理论工作；有的人甚至于把实践工作与理论工作对立起来，认为做审判实践工作就妨害了进行法律研究工作。我个人认为，如果人人抱着这样见解，无论是对于提高国家法律科学水平，或者是对于提高个人法律科学水平，都是不利的。究竟做审判工作的人员能不能负起向法律科学进军的任务来参加百家争鸣的队伍呢？我的答案是肯定的，以下且说明我个人所以肯定这一答案的两点理由。

（一）审判人员所进行的审判实践就是法律科学的基础。

大家都承认：科学的理论是人类在生产斗争和阶级斗争中经验的总结。实践与理论有着不可分离的依赖关系，而且人类的实践活动总是走在理论活动的前面，没有实践就不可能有真正的科学理论。法律科学是社会科学中的一门，社会科学的理论是由人类阶级斗争的实践中总结出来的经验。审判人员所执行的任务就是阶级斗争的一个部门的主要任务，因此，他们在审判刑事、民事诉讼案件的实践中，就为刑事、民事诉讼法典和刑事、民事诉讼科学提供了丰富而确实的研究资料。法律理论是指导审判实践的原则，审判实践又是检验法律理论的标准。我们判断法律理论是否符合真理，不能单依靠主观上觉得如何而定，一定要依靠客观上实践的结果如何而定。因此，审判实践既是刑法、民法科学的发源地，同时，又是刑法、民法科学的检验所。

正因为这样，所以做法律理论工作者，对于审判机关的实践最好是经常地参加实习，而做审判实践工作者，对于法律理论研究的讨论最好也要经常地亲自参加，对法律理论研究的成果又必须充分地利用和细心地检验。苏联的法律研究工作者和审判实践工作者都认为列宁关于理论联系实践的原理，在苏维埃法学领域中有着头等重要的意义，他们因此对自己提出了很高的要求。苏联的总检察长鲁登科说：

“苏联法学理论工作者对于审判机关和检察机关的实践，研究得非常不够，而且常常是没有可能进行这种研究工作。另一方面，审判和检察工作人员也不是能充分地利用理论研究的成果。为了保证理论与实践应有的联系，最好是经常吸收科学工作人员参加法院和检察院的业务会议(解决定罪的问题或其他法律问题)，为法学家研究审判和检察机关的活动，创造正常的条件；同时，实践工作人员也应当更积极地参加理论问题的讨论。”由此可见，凡是说执行法律的工作只是主管部门的业务工作，不值得从理论上予以注意，固然是不对；反过来，凡是说法律理论的研究工作只是法学家或法律教学家的职责，与做实际工作的人无关，做实际工作的人就可以置身于理论研究工作之外，也同样是不对的。

我们的要求是：理论不能脱离实践，实践也不能离开理论，希望每一位理论家都成为实践家，每一位实践家又都成为理论家。又怎能说审判人员不能做法律理论的研究工作，因而就没有向科学进军的条件呢？

（二）审判人员所用的治事方法同时就可用作治学的方法。

审判人员对于每一案件，要想从调查研究中得到真实情况，作出既合法又正确的判决，那就要客观地认定与案件有关的全部事实；要想使所认定的事实确是真实的事实，那就要以辩证唯物主义的认识论做根据，来进行审理工作。这个认识论的出发点是事物存在于我们的意识之外，不以我们的意识为转移，我们的认识只是客观事物对于我们感觉的反映。这个认识论确信一切事物无论怎样复杂疑难，都是可以认识的，并且确信实践在认识过程中有头等重要意义。因此，审判人员要想弄清每一案件的来龙去脉和真情实况，那就只有用辩证唯物主义的客观方法来武装自己，使每一案件在审理过程中，都本着实事求是的精神进行，避免用主观成见去揣摩推测。

审判人员在每一案件的审理过程中，从头到尾，都要牢牢记住“事实是根据，法律是准绳”这一个科学的审判原则。我们必须认识到：不但事实本身是客观的，就是对事实的认定也必须是客观的；不但法律本身是客观的，就是对法律的适用也必须是客观的。这就是说，我们审理案件，只能以客观事实做根据，不能以主观推测做根据，我们判决案件，只能用客观的法律做准绳，不能用主观的成见做准绳。只有这样的审判方法，才是确能反映真情实况的科学方法，由此得到的审判结论才是符合客观真理性质的科学结论。也只有这样，才有可能克服主观主义的审判作风。

认定事实是审判人员一件最繁难的任务。例如就刑事犯罪的案件说，犯罪事实往往被掩蔽到不可认识的地步，无法把犯罪经过像电影一样，一再地重演。这只有依靠侦查人员和审判人员搜集和掌握一切可能搜集和掌握的事实资料，其中包括人证或物证，使得犯罪环境有全部反映出来的可能。这就需要对于这些犯罪证据进行科学上和技术上的鉴定，以便揭露罪犯，证实罪犯。审判人员为了要确定证据，就必须与自然科学家和专门技术家合作，来进行对犯罪证据的鉴定（如痕迹、笔迹、文件、武器、毒品的鉴定等）。这就要求审判人员一方面要利用这些掌握犯罪对策学的科学家用科学技术知识鉴定的结论；一方面又须对鉴定的结论作出正确的评价，作为自己判决的根据。因此，就不得不要求国家不仅要培养精干的、老练的、有揭露犯罪能力的侦查员，并且要同时培养出来具有科学知识和实际经验的审判员，才有可能保证作出正确的判决。

由此可见，审判人员在审判案件的过程中，对事实的认定和证据的鉴定都必须掌握或根据科学的方法，才能得到正确的判决。他们既能用这种科学的方法来治事，为什么就不能用这种科学的方法来治学呢？治事治学，同时并进，不就是创造向科学进军的条件吗？

我们根据上述的两点理由，可以明白地看出：审判人员只要把积累起来的审判经验，加以分析和综合，使它条理化、系统化，由片面到全面，由现象到本质，就有可能创造出深刻的概念，作出合乎科学理论的结论。毛主席在“实践论”中说：“只有感觉的材料十分丰富（不是零碎不全）和合于实际（不是错觉），才能根据这样的材料造出正确的概念和论理来。”这就是审判人员担负向科学进军的任务和贯彻百家争鸣方针的最优越的条件。

（原载 1956 年 12 月 19 日《人民日报》）

对于目前婚姻关系变化的分析

（1957 年 3 月 7 日）

家庭这个社会细胞包括着夫妻关系和亲子关系。它既包括物质的、经济的关系，也包括着法律的、思想的、道德的关系。家庭的形式为经济关系所决定，并随着所有制形式的改变而改变。也就是说，家庭的形式为社会生产方式所决定，只要社会生产方式发生变化，家庭关系和婚姻关系就一定要跟着发生变化。我国在 1955 年下半年和 1956 年上半年中，社会主义革命取得了全面的决定性的胜利，使我国社会生产关系发生了根本变化，这种变化反映到人们的家庭关系上，就不可避免地要发生一定数量的婚姻纠纷事件。

到目前为止，我们对于婚姻问题还没有作过全面深入的社会调查，不可能掌握它的全面情况。我现在仅根据江苏省近几年来法院处理婚姻案件的统计、司法行政机关工作组抽查婚姻案件的报告，以及其他有关婚姻案件的文件，从中摘出与本文有关的一部分材料，分别说明如下。

（一）婚姻纠纷案件的基本情况

江苏省也同全国各省一样，自从婚姻法公布并贯彻执行以后，到了 1953 年，婚姻纠纷案件的数量达到了顶点。法院受理的婚姻纠纷案件以这一年为最多，从此以后，收案数字就逐年下降（全省婚姻案件的收案数，1953 年为五万一千零四十一件，1954 年为三万二千二百三十三件，1955 年为三万零二百三十四件，1956 年为二万七千件）。可是，婚姻案件的收案数字虽然逐年下降，还赶不上其他民事纠纷案件（如继承、析产、债务、房屋、土地以及其他纠纷案件）下降的迅速，因此，婚姻案件在民事收案总数中所占的比例数字（除1954年外）仍然是逐年上升的（全省婚姻案件在民事总收案中所占的比例：1953年为59%，1954年为57%，1955年为64%，1956年为72%）。个别地区婚姻案件所占的比例数字还有更大的，如邗江县1956年2月至9月，青浦县同年1月至10月，同占76%，沭阳县1955年占87.3%，1956年占94.9%。徐州专区的检查口头汇报中说："如以全区人口计算，每六百零五人中就有一件婚姻纠纷案件，甚至有个别的县每四百五十人中就有一件婚姻纠纷案件。"由此可见，婚姻案件收案中的绝对数字虽然随其他民事案件一同下降，但它在民事收案总数中的比例数字（到去年为止）还在逐渐上升。

再就各地婚姻案件的类别上看，封建包办的婚姻所占的比例很小（扬州市占23%，沭阳县占11%），父母作主本人同意的婚姻次之（扬州市占29%），自主的婚姻为数最多（扬州市占48%）。就各地婚姻案件当事人性别来看，申请离婚的当事人绝大多数是女子（邗江县占58%，溧阳县占70%，扬州市占84%）。就婚姻案件当事人的年龄来看，申请离婚的年轻的人占绝大多数（十八至二十五岁占49%，二十六至三十五岁占36%）。就结婚时间来看，结婚时间不久而申请离婚的为数最多（一至五年占40%，一年以内的占20%）。就婚姻案件处理的结果来看，判决或调解离婚的占了极大的比例，如沭阳县在四百件中离婚的占71%；邗江县在一百一十四件中离婚的占60%；扬州市在一百一十四件中离婚的占63%；青浦县在九十件中离婚的占90%，除调解外判决不离的仅有一件。

以上是我从局部的不完全的材料中得到的婚姻纠纷案件的基本情况。

（二）婚姻纠纷案件的产生原因

为什么近几年来婚姻纠纷案件的比例数字不是下降反而上升呢？就因为家庭的形式决定于所有制的形式，我国当前正处在生产资料所有制根本变革的时期，这就决定了家庭关系也要跟着发生变革。自《婚姻法》公布之日起，封建压迫的旧家庭制度正在逐渐消灭，平等和睦的新家庭制度正在不断产生。就农村情况说，在土地改革后，虽然已经摧毁了封建家庭的经济基础，但仍是小农经济，生产和消费仍以家庭为单位，家庭的财产权一般仍掌握在男子手中，女子仍然处在从属的地位。到了农业合作化高潮发生以后，尤其是初级社转入高级社以后，无条件地实行男女同工同酬的工作日制度，这一翻天覆地的变化,就使得妇女脱离了从属地位，成为自食其力的主人。斯大林说得好：“在工作日面前，男女一律平等。谁得的工作日多，谁就拿得多。从今以后，不管你是父亲，还是丈夫，都再不能斥骂妇女，说是你在养活她了。现在，妇女既然是劳动者，既然有工作日，她就是自己的主人！”我国当前的农业社中正在实行“按劳计酬，多劳多得”的工作日制度，妇女脱离了寄生的地位，因而在婚姻关系上就要求自主。青浦县法院在处理婚姻案件情况的文件中说道：“合作化发展后，男女同为社员，同工同酬，妇女完全可以自立，日常生活不愿受丈夫公婆的束缚，稍不如意，即要离婚。此种情况在年轻夫妻中更为突出。”由此可见，申请离婚的当事人，以女子为最多，同时又以富有劳动力的青年人为最多,这是社会物质生产条件变化的结果，这是婚姻纠纷案件的比例数字所以上升的根本原因。

次一个原因就是资产阶级思想残余（甚至还有封建地主阶级思想残余）在新社会中乘机作祟。人类的思想意识总是落在社会形势发展的后边，这种落后的思想意识往往在新社会中起回光返照的作用，破坏我们新的家庭制度。恩格斯说过：“结婚底充分自由，只有在资本主义生产与它所造成的财产关系底消灭，把今日对选择配偶尚有巨大影响的一切派生的经济顾虑消除以后，才能普遍达到。”因为资产阶级思想意识残余还盘踞在某些人们的头脑中发号施令，因此，有的是根据利害打算而结婚，有的是由于贪图物质享受而结婚，有的是由于慕名誉、贪地位、重容貌而结婚；至于年老的一辈中，男尊女卑、男外女内的思想意识仍然存在；而某些落后分子，更存在着喜新厌故和嫌穷爱富的思想意识，时常发生虐待妇女、奸淫妇女等等罪恶行为。所有这些思想意识也都是导致婚姻纠纷事件发生的原因。

此外，因为有些人片面理解婚姻自由的意义，对于婚姻问题没有采取严肃认真的态度，因而造成了轻率结婚和轻率离婚的结果。我国的婚姻法上所说的婚姻自由是包括结婚和离婚两方面的。用法律保障结婚自由，但是却反对轻率的结婚；用法律保障离婚自由，但是却反对轻率的离婚。我们认为正确地处理离婚问题，正是给予家庭幸福的重要保证。列宁说过："其实离婚自由并不会使家庭关系瓦解，而恰巧会使这种关系在文明社会中唯一可能的坚固民主主义原则基础上巩固起来。"因为近三年来，婚姻法的宣传工作有时中断，以致一部分青年男女发生了错误的见解，认为有了离婚自由，结婚就无须慎重，往往"双方在婚前一见钟情，一谈即合"；到结婚后感情破裂，"双方又都认为年轻，易找对象，把离婚看成无所谓"。这又是年轻人申请离婚占很大比例的原因，同时也是结婚不久而申请离婚占很大比例的原因。

我认为婚姻纠纷事件的发生原因是多种多样的，但除了一些个别的具体原因外，总不能出乎上述几种原因之外。

（三）婚姻纠纷案件的处理准则

法院在处理婚姻纠纷案件时，首先碰到的问题就是：什么是判决离婚与否的准则？到底是多判离好呀，还是多判不离好呢？我们认为判决离婚与否要看具体情况，不应该要求在法律上多多规定具体的条文。苏联的法律只规定有关解除婚姻关系裁决的一般准则——解除婚姻必要的准则，不主张用法律条文来详细列举离婚的原因。苏联法学家瓦格贝尔格说："为了保障正常的家庭生活，只建立对离婚问题的某些法律上的条例是不够的，必须消除那些导致离婚的原因。"由此可见，要想用法律条文来详细规定离婚与否的具体原因，是不可能切合实际的。

但是一般准则是什么呢？苏联的法院每每从某案的具体情形出发，认为离婚确有理由，不离则再难继续，将与共产主义道德原则不符，且不能造成共同生活及教养子女的正常条件，只有在这种场合，法院才可准许解除婚姻关系。我国关于判决离婚问题也有过原则上的指示。1953年中央人民政府法制委员会"有关婚姻问题的若干解答"中说道："人民法院对于一方坚决要求离婚，如经调解无效而又确实不能继续维持夫妻关系的，应准予离婚。如经调解虽然无效，但事实证明他们双方并非到确实不能继续同居的程度，也可以不批准离婚。”我们如果能够正确地体会到这一原则的精神，那么，当然就能够作出合情合理合法的判决。

至于判离的比例宜大宜小呢？我认为必须看社会形势的变化如何而定。我国婚姻法规定的基本原则，是要彻底摧毁中国长期封建制度在婚姻关系上所加于人民的枷锁，因此，凡是封建包办的婚姻，只要双方自愿离婚就一律准予离婚。这时离婚自由的作用，就在解除男女双方所受的压迫，使他们得到自由。所以在这时，正确地解决男女离婚问题，可以作为男女结婚自由的补充和保证。现在的婚姻纠纷案件的情形就不同了。这些案件中封建包办的婚姻（除南京市白下区在二百三十案件中，封建包办的婚姻占36%，浦口区在一百二十四案件中，封建包办的婚姻占43%外）所占比例很小，最大多数婚姻都是由于双方自主。因此，就不能与从前一样，可以无条件地准予离婚。

我们在现阶段中，应该坚决主张：结婚与离婚都应该出之于对个人对社会对子女负责的慎重态度，要坚决反对那种不负责任的轻率态度。我们在办案时，为体现这种精神计，就要严格遵守《婚姻法》第十七条规定，男女一方坚决要求离婚的，经区人民政府和司法机关调解无效时，才得准予离婚。这就是说：凡是一方要求离婚的案件，必须首先经过调解，尽量发挥调解的作用，经过调解可能得出三种结果：

（一）调解后双方同意不离（这是调解工作的主要任务）；（二）调解后双方同意离婚；（三）调解后一方仍坚持离婚，另一方仍不同意离婚。凡是调解无效的案件，就要转报法院处理，法院又必须在调解无效时才能判决，在调解和审理的过程中，也就是在说服教育的过程中，这样的判决，于情于理于法，就必然是恰当的。如果照这样做去，那么，判离案件的比例大小，就不必斤斤计较了。

但是，家庭关系是多方面的，除了法律的关系外，还有思想的、道德的关系。马克思说：“法院判决的离婚只能是婚姻内部崩溃的记录。”因为法院用法律来解决婚姻问题，只能解决于纠纷已经发生之后，而不能预防于纠纷不曾发生之前。为正本清源设想，必须坚持教育的方针，用思想教育来打好婚姻关系的基础，用道德教育来建立婚姻关系的准绳。婚姻改革是一件艰巨的社会改革工作，必须经过经常的、系统的思想斗争、道德斗争和法律斗争，才能完成这一伟大的任务。我们司法工作者必须一方面对于逼死妇女、虐待妇女和奸淫妇女等罪恶行为，采取严肃的法律手段，予以制裁；一方面又须经常地、普遍地进行法纪的宣传教育工作，预防纠纷事件的产生。并应及时地与有关部门相配合，结合中心工作（如“三八”节婚姻宣传工作之类），选择有教育意义的严重案件，公开审判，教育广大人民；同时再拣出一些按照婚姻法处理的典型案例，加以表扬，以便树立社会主义婚姻制度的新风气。做好这些工作，就有可能使婚姻纠纷案件迅速下降，民主和睦、互助合作的社会主义新型家庭普遍诞生。

（原载 1957 年 3 月 7 日《人民日报》）

对被告人供词应该怎样正确地评价

（1957 年 3 月 12 日）

自中世纪以来，旧时代差不多所有司法人员都一致地对被告人的供词作了过高的估价，认为它是不可移易的和不容怀疑的证据。我们只要从供字意义上着眼，就可以看出这一点。根据我国字典和辞典，所谓供，就是因事受审而自述他的行动情形；所谓口供，就是受审人在法庭上陈述他自己犯罪与否的情况，以供审判者的比拟判断。如果受审人承认犯罪，就叫做招供；如果这一受审人的陈述牵连到另一个人，就叫做攀供。

从解放前法院的判决书上来看，也可以看出那时的判案根据与被告人的供词是分不开的。几乎所有的判决书都是一贯地把被告人的供词当作判决的证据，不是在判决书的开头上写道："据被告人供认"云云，就是在判决书的结尾时写道："以上情形，皆由被告供认不讳"云云。这都是把被告人的供词作为唯一证据的明证。

既已把被告人的供词提高到唯一证据的地步，那么，每一案件如果得不到被告人的招认，就无法进行结案，因此，那些审判人员的基本任务就在觅取供词。从封建时代以来，旧时代的司法工作人员在觅取供词时所采用的方法是多种多样的，认为最通行和最有效的方法就是设计诱供和刑讯逼供。这种非法手段不独做实际工作者常常采用，就是有些作家也都加以称赞。例如颂扬有名的折狱家像包公案、施公案、彭公案等说部中，不但称赞他们办案公正，并且连他们用欺骗的方法诱供，用刑讯的方法逼供，用迷信的方法骗供，也都加以颂扬。因此，就使旧时代的所有司法工作人员中绝大多数都把这些诱供、逼供和骗供的方法当作审判疑案的宝贵经验，并把那用这些非法手段弄到的供词当作真实可靠的罪证。

这种根据供词办案的办法，不仅是我国旧时代的传统办法，就是在欧洲中古时代也是通行的。那时欧洲的司法人员和法律学家也都认为被告人的供词是“证据之王”。俄国古代的军事条例中，就是用明文规定：“凡本人承认有罪者，则无需进一步之证明，盖本人之招供乃世间证据中之最佳者。”这就是相信被告人的供词乃是证据中的最可靠的材料。

西方国家不独在中古时代是这样，就在现代也仍然是这样。英国的法律，允许法院在取得被告人的供词后，就可用作判决的根据。美国更承认根据被捕者的供词作出对被捕者的判决是正当的，不管这些供词是出自被捕者的自由意志，或是出自法官、狱卒、难友中的走狗、乔装的暗探以及说谎的证人们的捏造。因为美国法官的主要任务就是实行镇压进步人士，来保卫垄断资本家的利益，就是用假见证去证明被捕者的犯罪，有意识地造成冤狱，也不受任何法律制裁的。这就是美国所谓“司法独立”的真正意义。

我们为什么说法院判案不得把被告人的供词当作真实可靠的独立证据呢？因为在案件的审理过程中，被告人的地位与证人、鉴定人、辩护人、被害人或原告人是大不相同的。尤其是被捕在押的刑事被告人，他自己明明知道在法庭上一言一动，都要由他自己直接负责。因此，他在进行辩护时，或者是想尽一切可能的办法，来推脱罪责；或者是避重就轻，希图减轻处罚；再不然则损人利己，试图把罪责推到别人身上，开脱自己的罪责。万一他的实在犯罪情况已被侦审人员掌握，无法否认，则又假装真诚坦白，希望从宽处理；如果他知道侦审人员根本没有掌握到他的犯罪真实材料，那他就乐于讳莫如深地掩蔽真情，一丝不吐。

以上所说的是被告人在平常状态下的思想情况，如果在特殊场合，那么，被告人的心理又会发生变化。因为被告人被提到法庭之后，经过控诉人的控诉、证人的证明、鉴定人的鉴定，无论他是否犯罪，心理上总是十分紧张，甚至于自己不能控制自己的理智。被告人在这种场合就有两种可能：或者看到形势严重，可能说出真话；或者更加狡猾，也可能虚构一套假供，暂图搪塞。如果因此受到刑讯，那么，所有供词的真实性就更会减少了。

我们认为用刑讯逼出来的供词是最不可靠的供词，大都是因受刑不过，不得不招，因而全盘认罪。我们只要从专制近代书籍中举出一个例子，就可证明在受刑的情况下取得的供词是绝对没有证据价值的。《唐书·刑法志》上有这样一段话：“推劾之吏，以深刻为功，凿空争能，相矜以虐。泥耳囊头，折胁签爪，悬发熏耳，卧邻秽溺，刻害支体，糜烂狱中，号曰狱持；闭绝食饮，昼夜使不得眠，号曰宿囚。残贼威暴，取快目前。被诬者苟求得死，何所不至！”被告人在“苟求得死”的情况下供出的供词，如果用作审判证据，那就一定要造成彻底的冤狱。我们国家是以人道对待罪犯的；苏俄刑事诉讼法典上规定禁止使用暴力、恐吓或其他类似方法来强求被告人供认或者坦白，并且规定对于用非法手段刑讯逼供的人判处五年以下的剥夺自由。由此可见，刑讯逼供是黑暗时代审判的野蛮作风，这种作风在社会主义法制下，在以人道主义待遇囚犯的原则下，就不得不受到法律制裁了。

但是，我们说不能把被告人的供词当作判决案件的唯一根据，并不等于说被告人的供词无关紧要，不必加以重视。我国司法人员取得供词的目的：首先在遵守《宪法》第76条和《法院组织法》第7条的规定，使“被告人有权获得辩护”。因为被告人在没有判罪以前，他还是诉讼的一方当事人，还是受到法律保护的公民，通过审讯，好让他得到行使辩护权的机会，进行自我辩护。另一方面，审判人员也可以从被告人的口中得到有罪或无罪的新证据，好把原、被告双方所提出的正、反两面的材料，互相对照，加以分析研究，这就为全面地了解案情，作出正确的判决，提供了有利的条件。再因为有许多犯罪的情形，一过即逝，无法进行重演，在审讯被告人时，就很有可能由他提供他自己在实施犯罪过程中，做了那些实际行动。审判人员所以不能忽视被告人的供词，就因为既可以从他的供词中得到另一些可靠的线索，又可以从他的供词中得到另一些人证或物证。这又为根据供词中的新线索和新人证或物证而进行深入一步地实地调查研究提供了更有利的条件。如果我们忽视被告人的供词，不许被告人充分陈述意见，那就是既不尊重被告人的合法权利，又容易轻轻放过了可能得到的线索和证据。可是有些司法干部根本上就不承认被告人还有什么权利，一听到被告人的辩护就认为他在狡辩；只愿听原告控诉，不愿听被告申诉；只愿搜集不利于被告人的材料，不愿搜集有利于被告人的材料；甚至于说你辩你的，我判我的。因此，就不再虚心从供词内容上找出可信的或可疑的症结，以便分析研究，为进行实地调查创造有利条件。

可是我们说要重视被告人的供词，并不是说对于未经核实的供词，就去无条件地采信；必须用旁证来证明供词可靠，然后才能用作证据。但是某些司法干部的态度却不是这样。他们相信在审讯时“得到被告人的招供是一个巨大的收获”（这是苏联华西里耶夫的话，见1950年苏联《社会主义法制》杂志第4期）。侦审人员如果抱着这种偏见，就有可能不去集中心力调查具体的客观事实，反而消费许多精力来强求被告人的供词。这样一来，或者是指名问供，取得了供词不经核实就信以为真，草率定案；或者是先入为主，按照自己的成见诱取供词；或者是全凭主观推测，只想听取合乎自己主观想像的供词，对不符合自己主观愿望的供词，就一概否定。甚至于不惜使用非法手段刑讯逼供，直到迫使被告人完全承认他所臆造的罪案为止。这种恶劣的主观主义的审判作风，是封建社会和资本主义社会的产物，在社会主义法制下，是绝对不能容许它残留的！

最后，我们说被告人的供词不能算作唯一证据，并不是说被告人的供词不是证据之一。苏联的刑事诉讼证据在法律上规定为五种，就是证人陈述、鉴定意见、物证、勘验笔录与其他文件、被告人答辩（参看《苏俄刑事诉讼法典》第58条）。可见在苏联，如果把被告人的供词作为判案的绝对证据，就不但没有法律根据，并且是与法律相抵触的。

我们究竟要从被告人的供词中解决那些问题呢？关于这一点，苏联的法学博士拉洪诺夫在他的《苏维埃刑事诉讼中被告人供认的证据意义》论文中明白地指出了。他说："为了了解被告人的供认是否虚伪，在被告人的陈述中必须详细阐明下列问题：（一）他的犯罪意图是怎样发生的和怎样成熟的（对于战争犯罪来讲）；（二）他的主导原因和论词；（三）为了实现自己的犯罪意识都采用了哪些方法；（四）促使他犯罪的条件、被阻止他犯罪的条件是什么；（五）有没有同谋，他是谁；（六）用什么样方法和手段来犯罪的；（七）他和他的同谋者都利用那些物质的和其他的便利；（八）物质的物和其他物证都在什么地方（如果他们是盗窃犯）。"（参看《政法译丛》1957年第1期）审判人员如果能从被告人的供词中回答了这八个问题，那么，对于搞清案情显然是有很大帮助的。审判人员必须把被告人的供词与证人陈述、鉴定意见或其他物证等类的证据互相对照，加以精密地检查，绝不能单凭供词定案。苏联法院已有关于审判的先进经验值得我们学习："第一，苏联最高法院把被告人的供认（和否认有罪）看作是证据之一；第二，这种证据虽然对于案件有益，但不是绝对的；第三，它必须与其他证据进行综合评定。"（拉洪诺夫文）这就是说：必须有其他证据证明被告人供词确是真实，然后才有作为证据意义的价值。这就是对被告人的供词极其正确的评价。

（原载1957年3月12日《光明日报》）

对撤销南京大学法学院提出的批评

（1957 年 5 月 19 日）

南京市十位政治学、社会学、法律学的教授，对院系调整时撤销南京大学法学院的主观主义错误痛切陈词，提出了尖锐的批评，要求国家重视和充分使用政治学、法律学和社会学的人才。这次会议是 5 月 16 日下午由民主同盟南京市委员会召开的。

高一涵说：南京有一大批搞法学工作的人，现在很多人都改行了，还有许多人没有工作岗位。

高一涵（江苏省司法厅长，前北京大学法学院院长）：

有人说南京大学重理轻文，其实，社会学、法律学更被轻视。马列主义哲学是一切科学的指导原则，但不能代替社会学、法律学；政府的政策方针也不可以代替法律。南京有一大批搞法学工作的人，现在很多人都改行了，还有许多人没有工作岗位。这是否说搞旧法的就不能搞新法？但是，北京有些司法工作的领导同志也是学的旧法，难道南京有旧法观的人是不能改造的吗？

要巩固人民民主专政，就要加强法制，但谁来订法，现在审理案件时，法律条文上没有，有时判错了，有时就无法判案。

记得 1952 年院系调整时把南大法学院取消了，领导上说：取消是国家政策要这样。我不同意这种说法，他们还要我作检讨，但我的思想还是不通。

孙煦存说：马列主义是一切科学的基础，但不能代替社会学、政治学和法律学。

孙煦存（南京市司法局副局长，前南京大学国际法教授）：

政治、社会、法律究竟是科学还是万金油？是否有了马列主义就可代表一切？这个问题首先要解决。有人说这些是科学，但我们要社会主义的科学，你们是资本主义的一套，要从根拔掉。其实，马列主义不是从天上掉下来的，社会主义科学和资本主义科学是有联系的。

一个政策的好坏要看实践效果。几年来，这个转业的政策效果很明，法学研究工作退步了，如果把我们放在原来的岗位上，我想要比现在东一榔头西一棒好一些。

原因在哪里呢？

第一，领导同志对专业思想和科学观点弄不清，好像马列主义就可以代表一切。马列主义是一切科学的基础，但不能代替社会学、政治学和法律学。

第二，有宗派主义、自满情绪。领导上有些同志认为自己虽不懂自然科学，但社会科学是懂的，因为社会科学是阶级斗争，搞了多少年革命，难道还不懂社会科学么？这样就简单化了。对人是自满情绪，不是虚心帮助人。我们是有缺点的，但可以改造；可是领导上见了我们这批人就好像一个医生遇到重病人就讨厌，往太平间里送。

朱约庵说：搞社会学的人还是可以改造过来，为国家贡献力量的。

朱约庵（江苏省人民委员会参事室参事，前南大社会学教授）：

今天开会是第一阵春风。

高教部、南京大学把法学院一脚踢开。不久前，南京大学的党员负责同志在一次会议上说：撤销法学院错了。他只说了一句话。事实上撤销法学院给国家人民造成了很大的损失。

我认为，即使说社会系是反动的，搞社会学的人还是可以改造过来，为国家贡献力量的。

是不是学社会学的人都没有学问呢？我倒不以为然。例如资产阶级的人口论，是为资产阶级服务的，如果，我们今天加以很好的利用就可以为工人阶级改善生活服务了。其他如家庭问题、宗教问题、民族问题等等都是属于社会学的。有些人搬教条说苏联没有社会学，因此我们中国也不要社会学；其实苏联也是有的，是放在民族学里的。

以十二年为期，向科学大进军，我们这些老弱残兵还有作用。至少在和帝国主义反动学说作斗争中，我们还可以起舌战作用，因为我们的老师是资本主义国家的学者，他们的“八卦阵”我们心里明白。我们还会各国文字，只要领导上用马列主义武装我们，我们愿意在对敌斗争中冲锋陷阵。

王辉明说：我们都是五十多岁的人了，年龄不许可我们等待下去。

王辉明（南京师范学院美术教授，前南大政治系教授）：

政府对法学院的教授和一般知识分子的待遇是不同的。第一，解放后，高等学校的变动很大，但没有学语文的去教化学。而我们搞社会学、法律学、政治学的人，却你到图书馆，他到参事室；你在教美术，他在教俄文。第二，知识分子改造的道路，是要通过自己的专业。但为什么学政法的人就没有这条道路来改造自己？不相信我们呢，还是不相信自己？第三，今天，国内教育处于极不平衡的状态中，历史学开了五朵花，而法律学只有法学一花独放。事实上，拿教书来说，没有新旧法的对比，道理就说不清。

我们的问题，已经拖了五年了，我希望在下一个学年能够解决。我们都是五十多岁的人了，年龄不许可我们等待下去。

陈毅夫说：南京大学和有关文教部门的党委负责人犯了三个错误。

陈毅夫（省人民委员会参事室参事，前金陵大学教授）：

社会科学是应该发展的，可是我们南京的社会学、政治学和法律学却遭到无理的轻视和沉重的打击，为什么会这样呢？我认为南京大学的和有关文教部门的党委负责人犯了三个大错误：

第一，领导人文化水平低，解放后，我在南京大学住了两年，有一位领导同志给我们讲哲学，我问这位领导同志黑格尔的“绝对观念”是什么，领导人不懂装懂，说是“狗屁”。

第二，文教领导部门对中央政策理解不够，甚至故意违背。

第三，道德修养差，特权思想与优越感到达疯狂程度，南京大学的个别党员领导人以马克思主义经典作者自居。当时法学院有一个青年助教，因为他是团员，领导上就要大家都以他马首是瞻。知识贫乏的人就会压制批评，害怕批评，南京大学的领导上对有不同意见的人处处都在考虑报复打击。

把知识分子当地主恶霸看待，这就是秦始皇的焚书坑儒作风。

我们这些人是有缺点，也有些好的方面，并不像南京的文教领导人想像的那样坏；如果单单是只有南京的这批领导人，今天在场的人，至少我自己早已被杀掉了。

建议中央考虑加强对文教方面的领导。

吴学义说：我是搞法律的，我迫切要求归队。

吴学义（华东药学院图书馆，前南大法学院教授）：

我是搞法律的，而现在在图书馆里工作。这是使用不当，安排不妥，既不能从事教学，更不能从事法律研究，我迫切要求归队。因此我具体建议恢复南京大学的法学院，或在南京成立一个法学研究所，把旧的法学教授集中起来。

客观上是不是需要呢？我觉得很需要。建国八年了，但现在法制还不健全，大家只是按政策方针办事。其实，世界上哪一个国家没有法律呢？没有法律，对工作影响很大。其实，几年来不能立法是有困难的，可是领导上又不肯使用我们这批懂一点法律的人。

我现在承政府安排工作，实质上是给一碗饭吃。吃了不做什么工作，连我的孩子也说我是饭桶，但绝不是我自己要这样做的。

赵之远说：现在各地纷纷揭发了许多人民内部矛盾，如不把政法工作搞起来，矛盾就不可能解决。

赵之远（南京师范学院图书馆，前南大法律系主任）：

取消法学院之后，五年来苦闷之极，专长不能发挥，白白浪费时间，这种做法真令人不能理解。

现在各地纷纷揭发了许多人民内部矛盾。政治是一个工具，如不把政法工作搞起来，矛盾就不可能解决。尤其是法律方面，法律要为社会主义建设服务，为经济服务；法律要明辨是非，解决曲折，有重要的作用。光在《婚姻法》方面，家庭、婚姻、子女抚养等等问题，公说公有理，婆说婆有理，如何使人心服呢？要解决问题并不是简单的。马列主义、政策、法令是指导原理，但必须要用法律来解决具体实际问题。要法治，就要使大家懂得法；可是现在法治不完善，法学总则、分则都没有公布，判决案件没有标准。因此，一个案件在这里可以这样判，在另一个地方又是那样判，没有法律就没有法治，我们是六亿人口的大国，有许多法院和审判员，但他们不懂法律如何执行任务。

现在我们对法律有两种看法。一种是有些领导同志的看法：法律很简单，三四句话可解决问题；另一种是我们的看法：法律是科学，不简单。当然，政府过去重视政治经济是必然的，现在是内部问题的矛盾，法律就显得更加重要了。

中国本来研究法律的人不多，而现在不能发挥作用，那是太可惜了。我教了二十多年书，现在停下来了，想到这些情况真是十分愤慨。南京大学是综合性大学，而没有社会科学，这是算什么综合大学！我们要大声呼吁，南大应恢复社会科学。

祝修爵说：院系调整时政府对法学院的处理是粗暴的。

祝修爵（南京工学院图书馆，前南大法律系教授）：

1952年院系调整时政府对法学院的处理是粗暴的。当时，南大的领导上告诉我们说是把我们并到上海华东法学院去的。有人在南京住了二十多年，不愿离开南京，领导上还特地来说服动员，于是大家表示服从分配。可是过了很久不见动静，我们就派代表去问，领导上说："你们还在等呀!"当时，刚刚思想改造结束，大家不敢讲话。领导上不是用说服的办法讲道理的，而是用力量压制。这真是我一生以来精神上最大的打击，最耻辱最痛苦的事!

领导上这样做太缺乏远见了。法律是阶级统治的工具，但也是一门很深的学问，忽视法学研究是不对的。如今是旧的人被打倒了，新的人又培养不出来。如果再过五年我们就都快要六十岁以上的人了，恐怕不可得了。我现在是勉强在教俄文，那是为生存而被照顾。学非所用，工作有什么意义?

柯象峰说：旧法学不是一点都没有可取之处的。

柯象峰（南京大学英语教授，最近才开课，前金陵大学社会系主任）：

应该承认，旧法学和马列主义是有对立的，是有毒素的；但是，现在把旧法学一棍子打死，法学院取消，又来照顾我们的生活，实在令人啼笑皆非。其实，旧法学不是一点都没有可取之处的。我有一个例子说明：

李景汉先生写了北京郊区的调查，真是轰动一时。李先生是我们的同行，过去他在那里调查过，现在还是用社会调查学的方法又去调查一次。尽管过去沾了毒，而现在思想、观点、立场改变了，可以发挥更大的效果。

可是，不知领导上为什么却这样不重视我们这门科学呢?

史国纲说：有人说社会科学是春寒，我看现在的国际关系这一门是严冬。

史国纲（江苏省人民委员会参事室参事，前南开大学政治系教授）：

我是研究国际关系的，可是这里有一个笑话。有一次，我在我现在工作的参事室谈国际关系，很多人却不知道这门科学。

有人说社会科学是春寒，我看现在的国际关系是严冬，一点没有春意。

还有一件小事：去年9月艾森豪威尔讲了挑战的问题，我想驳他一下，就到处找人弄他讲话的原文，遍寻无着，最后请政协去搞仍没有弄到。我想弄点材料绝对不是替帝国主义宣传，可是这里的领导好像在替帝国主义保密。因此在南京的情况看，国际关系像这一门整个已经绝种了。

几年来我是转业在省人民委员会参事室，可是我并没有改行，在可能范围内我还要钻研。但因为资料不公开，东西要不到，所以落后多了。国际关系问题是要和当前工作密切结合的，所以保密材料可以公开，研究之门可以开大一点。

（原载1957年5月19日《人民日报》）

在江苏省政协一届四次会议上的大会发言

（1958 年 10 月 6 日）

我听到江渭清书记在政协江苏省第一届委员会第四次全体会议上的讲话，着重地讲述了思想改造的问题。为我们郑重地指出："人的思想往往是跟不上客观形势发展的，工人阶级立场、观点较好的一些同志的思想也常常落后于实际，经过主观努力，很快地就跟上去了；但是，有一部分人的立场、观点没有很好解决，那就不仅跟不上去，而且有掉队的危险。"这几句话语重心长，一方面为资产阶级知识分子努力思想改造的，提出照路明灯；一方面又对资产阶级知识分子忽视思想改造的，给予当头一棒！

尤其重要的是为我们指出改造思想的标志，看你是站在资产阶级立场、观点上来观察处理问题，还是站在工人阶级立场、观点上来观察处理问题。这几句话对我来说，真是对症下药！

我在一年多以来的反右斗争和整风运动的各个阶段中，逐步认识到立场观点的问题不解决，就说不上思想改造。尤其是通过交心运动，把自我揭发的材料，整理归纳起来，暴露出我的资产阶级立场、观点根深蒂固，它是横在思想改造道路上的拦路石。解放九年来，处处受它蒙蔽，内心上本想接受党的领导和走社会主义道路，但因为立场、观点没有解决，与党的关系和对党的态度总是三心二意。表面上拥护，暗地里怀疑；抽象地服从，具体地抵触。在整个的整风运动过程中，碰到每一个具体问题，总是存在着两条道路、两种思想的反复斗争。这个问题解决了，遇到另一个问题又不能解决；这一关突过了，走到另一个关口又不能通过。一次震动接着又一次震动，一个难关接着又一个难关！弄得精神紧张，终夜失眠，眼前黑漆一团，心中烦闷迭起，归根到底，都是资产阶级立场、观点暗中作祟！

直到整风第四阶段，批评反省，彻底搜寻，才找出自己的真正病根。就是立场观点问题没有解决。我一直是自己蒙蔽自己，自欺欺人地说："我是超阶级的，没有阶级立场观点，也不知道用阶级分析方法来观察处理问题。"错误地认为我从来只服从"真理"，只用真理做标准来分析是非，不用阶级做标准去划分敌我。这种迷信，直到整风最后阶段，才得到根本的认识。到了这时，才真正相信：凡生在阶级社会中的人，一举一动皆打上阶级的烙印。同情什么，反对什么，都是从阶级利益和愿望出发。正如江书记指出的："站在工人阶级立场上，那就会坚决拥护土改、镇反肃反、三反五反、思想改造，拥护社会主义革命和社会主义建设的总路线，拥护人民公社化；站在资产阶级立场上，就会相反，有的或明或暗地进行反抗，有的强调什么付〔副〕作用。所以归根到底还是个立场问题。"这几句话真使我如梦方醒！使我更相信立场决定观点，观点决定对一切事物的态度。人的一举一动没有不是从立场观点出发的。那有什么超阶级的人？那有什么没有阶级立场观点的人？那有什么不用阶级分析方法来观察处理问题的人？

现在就用我交心的材料，来说明这一点。

我过去认为我对于历次运动的看法是站在超然地位上的，没有什么阶级立场观点。可是在土改时总是处处为地主设想，说最好土改不要杀人；在三反五反时，看到有人被斗争，又处处为贪污分子和犯五毒分子设想，说斗争过火，不近人情；在镇反肃反时，又处处为反革命分子设想，说最好法律不溯既往，为他们网开三面。对土改在中国历史上根本消灭封建剥削，对三反五反在中国历史上根本消灭贪污五毒的传统风气，对镇反肃反在巩固我国人民民主专政的政权，安定社会秩序的伟大作用，都熟视无睹，反而处处为被消灭阶级和分子说话。这不是都站在与党敌对阶级的立场上替他们着想吗？到底是为那一个阶级服务呢？又怎能说没有阶级立场观点，不用阶级分析方法观察处理问题呢？

我过去认为我对社会主义国家基本制度的看法也是很客观的，没有什么阶级立场观点，可是看到资产阶级统治的国家里，对无产阶级的压迫，不以为非，反而认为他们的国家是超阶级的。相反的，看到社会主义的国家，对资产阶级的剥夺或改造，就认为是这个阶级压迫那个阶级，因而认为阶级性的国家斗争性太强，不近人情。这就是只容许资产阶级对无产阶级专政，不容许无产阶级对资产阶级专政。这是超阶级吗？又怎能说没有阶级立场观点，没有用阶级分析方法观察处理问题呢？

我过去认为我对党的方针政策的看法也是很客观的，没有什么阶级立场观点。还自欺欺人地说："我对党的任何方针政策，只要做到理论通、思想通，就表示拥护。"其实，所谓理论通、思想通，就是用资产阶级的理论和思想，来衡量党的方针政策。这样一来，就根本不是站在社会主义立场上来接受党的方针政策，而是站在资本主义立场上来抗拒党的方针政策。不想是自己的思想服从党的方针政策，偏要用自己的思想来衡量党的方针政策。因为立场观点不同，对党的方针政策又怎能不三心二意、阳奉阴违呢？这不是超阶级吗？又怎能说没有阶级立场观点，没有用阶级分析方法观察处理问题呢？

立场观点不改变，不但对历次运动，对国家基本制度和党的方针政策的看法处处都有抵触，就对其他任何事物也一样有抵触。我在这一年多反右和整风运动过程中，几乎对每件事都有抵触。例如用资产阶级立场观点去反右，那就藕断丝连，无法与右派分子划清界限。因为自己同右派分子的思想体系和阶级根源一样，口头上在批判右派，内心中就在批判自己，感到句句话都刺到自己的疼处。立场观点不改变，对同志们善意的帮助，往往当作恶意的攻击，不以为德，反以为仇，因而就无法接受。立场观点不改变，看到每张大字报都似乎在揭发自己，感到心情处处紧张。立场观点不改变，参加每一次辩论会，都似乎以自己为对象，说人人都在整我。立场观点不改变，感到我的心与我相处无间，处处情投意合，没有什么黑心可交。立场观点不改变，交心而后，反而多生顾虑，多生感伤，死抱着资产阶级思想的灵牌不放，那就只有感到“如丧考妣”“抱恨终天”，根本就谈不到心情舒畅。这都是我在这次整风运动过程中所感受到的心理上的激刺。

我的思想是怎样转变的呢？主要原因在于党的正确领导，整个的整风运动，确实贯彻了群众路线。通过用群众教育群众的民主方式。……毛主席教导我们说：“凡属于思想性质的问题，凡属于人民内部的争论问题，只能用民主的方法去解决，只能用讨论的方法、批评的方法、说服教育的方法去解决，而不能用强制的、压服的方法去解决。”这就是这次整风运动获得伟大胜利的根本原因。经过这次整风，不知挽救了多少旧知识分子，使他们能够变成了一个新人。不但认识了自己本来面貌，并且使他们由自卑转到自信，由缩手缩脚变到敢说敢为的另一个人。最主要的一点，就是抓住了改造思想的关键，首先教我们从立场的根本改造做起。只要站到工人阶级立场上来，立场变了，观点马上就能够改变。过去认为多说话多错误，多做事多错误，现在认为多讲一句话就是多贡献一分智慧，多做一件事就是多贡献一分才能。过去认为多担任一件事多添一分麻烦，现在认为多担任一件事多添一分愉快。做事不会发生愁闷，倒是不做事反而发生愁闷了！什么个人得失问题，什么名利思想问题，都得到解决了。什么黄昏思想，什么雇佣观点，都受到彻底的批判了。通过这次整风，使我深深体会到：思想改造是要经过艰苦的、复杂的、反复的斗争过程，在每一个阶级中，都存在着两条道路、两种思想、两种方法、两种作风的激烈斗争。此后，前进的广阔道路，就是必须紧密地依靠党的领导，特别是依靠基层党组织的领导，坚决地走社会主义道路；信心百倍地进行以政治为统帅，以劳动和实践为基础，以工作岗位为基地的自我改造、自我革命，为伟大的社会主义建设总路线奋斗到底！

从五四运动中看究竟是谁领导革命

（1959 年 4 月）

五四运动是反帝反封建的革命运动。是从旧民主主义转变为新民主主义的革命运动。这个伟大的革命运动到底是谁领导起来的，至今还有人不大了解。还有人相信资产阶级知识分子如胡适等也算是运动的领导人。这是完全与历史事实不符的，必须予以纠正。

本来，在五四运动以前，就有了提倡科学、民主和新文学的新文化运动。倡导这一运动的进步知识分子，是小资产阶级急进民主主义者，像李大钊、陈独秀、鲁迅等人；也有资产阶级的知识分子胡适等。俄国十月社会主义革命胜利以后，一部分急进民主主义者开始接受了马克思列宁主义，中国出现了一批具有初步共产主义思想的知识分子。因此，在五四运动开始时，这三部分人——共产主义的知识分子、革命的小资产阶级知识分子和资产阶级知识分子，就形成了统一战线。但是，在运动的进程中，这三部分知识分子表现出两种不同的态度。具有初步共产主义思想的知识分子和革命的小资产阶级知识分子是这个革命运动的主力。他们亲身参加和组织了这个运动，他们坚决反对帝国主义和封建主义，向往着俄国十月革命所指出的社会主义道路。而资产阶级知识分子却是动摇的，他们中途退却，甚至阻挠运动的开展。

我们且举资产阶级知识分子胡适作为例证来谈谈吧。

那时我与胡适同住一宅，对他的情况比较清楚。在北京学生举行示威游行之前，他就去上海欢迎杜威去了。五四运动的爆发，他事前并不知道。当他听说在这次游行时，火烧了曹汝霖的住宅，痛打了躲在曹宅内的章宗祥，直到段祺瑞政府出动军警弹压，捕去大批学生等等消息，他的软弱性就彻底暴露，说什么“搞得太过火，没有英美式的政治家风度，出乎英美式群众运动的范围”。正在全国各省市学生纷纷起而响应时，北京的学生总会和北大的学生会开始组织起来。乘机夺取学生会的领导权的，就是胡适的得意门生和后来加入国民党的投机分子——北京学生总会的主席段锡朋霸占去了，新潮社的编辑部也被傅斯年、罗家伦等钻进去了。到了6月3日，这个运动转入一个新的阶段，上海的工人先后罢工，商人实行罢市，全国各地又纷纷响应。胡适看到由青年学生掀起的运动，影响了全国各地，成为全国范围的工商学联合的革命运动，大吃一惊。他就想方设法地为段锡朋、傅斯年、罗家伦等划策，说什么“罢工罢市是很笨拙的消极武器，很难使用，很难持久”；说什么“排队游街，高喊打倒英日强盗，算不得救国事业”；说什么“国家的纷扰，外间的刺激，只应该增加你求学的热心与兴趣”。胡适回到北京，看到北大和其他学校学生还在罢课，就大为不满，嗾使段锡朋等力劝学生复课，作釜底抽薪之计，来瓦解这个革命运动。从这些事实上看来，胡适在那时并不是支持这个革命运动的，只是破坏这个革命运动的。

再看以李大钊、陈独秀等为首的具有共产主义思想和革命意志的知识分子的态度，则完全相反，陈独秀虽然不是真正的马克思主义者，但在五四运动时，却是一位急进的民主主义者。——他以北大文学院院长、《新青年》杂志主编人的资格，在新文化运动的宣传上起了很大的作用。尤其是李大钊同志，在俄国十月革命胜利的影响下思想上起了极其深刻的变化，开始从急进的民主主义者，转变为马克思列宁主义者。他自1917年以来，陆续宣传马列主义，庆祝布尔什维克的胜利，介绍苏维埃俄罗斯的革命新闻。李大钊、陈独秀等人在五四运动以前，就已经取得了新文化运动的领导地位。五四运动爆发时，李大钊同志是一位亲身参加者，并且是一位运动的组织者和领导者。到了6月3日运动进入了新的阶段，参加斗争的就不以知识分子为限，广大无产阶级群众这时走上了政治斗争的舞台，形成了革命运动的骨干和主人。自此以后，五四运动就在俄国革命的影响下，在列宁的号召下，转变为当时无产阶级世界革命的一部分。这就在思想上和干部上为 1921 年中国共产党的成立，准备了胜利的条件。

正因为自五四运动后，马列主义传播的深入和影响的扩大，更引起资产阶级知识分子的恐慌。胡适等资产阶级知识分子右翼，便不得不揭开假面具，利用以唯心主义和改良主义为骨髓的实用主义，彰明昭著地向马列主义进攻，公开地反对革命。正在陈独秀被捕之后和《每周评论》被封之前，胡适被革命潮流冲击，吓得发抖，丑态毕露，他移居到受帝国主义保护的北京饭店。为表明他自己反动的态度，对李大钊同志提出《多研究些问题，少谈些主义》一文，作为他自己的反动宣言，向当时反动透顶的段政府投降。

五四运动的史实证明：代表资产阶级知识分子的胡适等人，在参加运动时，是以资产阶级代言人身份出现，在政治上和思想上与资本主义者根本利益是完全一致的。他们反对日本，是想用美帝国主义来代替日本帝国主义；他们反对封建文化，是想用西方文化来代替中国的文化。迄今还有人不曾弄清史实，认为胡适与陈独秀、李大钊等同是五四运动的领导人，这是彻底违反历史事实的错误说法。我们要看到，五四运动后期，大部分右翼分子早已和敌人妥协，站到反革命方面去了。

五四运动的真正领导者只是具有共产主义思想和革命意志的知识分子。他们一同工农民众相结合，就站到革命运动的最前线，确信这个革命运动是符合社会发展规律的，确信中国人民的解放事业一定会得到胜利。

（原载《五四运动回忆录》，中华书局 1959 年 4 月）

和大钊同志相处的时候

（1957 年 4 月 27 日）

我与李大钊同志初次见面的时间是 1916 年春天，那时我们都在日本东京留学。说起来有趣，原来我们并不相识，他从《新青年》上看到我的文章，便四处寻找，约我同他共同反袁。中国留日学生总会成立以后，我们就在该会的编辑委员会中共事，1916 年回国后一直到 1926 年，我们在北京《晨钟报》、《甲寅日刊》、北京大学共事，后来还在北京皮库胡同及竹竿巷同住了一个时期。事情虽隔三四十年，但他给我的为人正真、急公好义、生活朴素、不苟言笑的印象，仍像在眼前一样。

李大钊同志的生活，一直是朴素的。在日本时，常常穿着一件旧和服；在北京时，经常穿一件灰布棉袍，连皮大衣也没穿过。个人生活上不乱花一文钱，但他对穷苦青年却慷慨资助。革命工作的费用，他总要想法弄到。他一生的工资收入，大半是接济青年学生和花费在社会革命运动上边了。所以，他不但两袖清风，无所积蓄，而且妻子还经常为了油盐柴米发愁。蔡元培校长特地吩咐会计科，每月给大钊同志发薪时扣下一部分钱。蔡校长说："要不然，他把钱全给了贫苦学生，李夫人就不好生活了。"

李大钊同志对待朋友，处处是推心置腹的。我记得湖南易白沙先生说："李大钊同志真正是北方的豪侠之士，他真有'路见不平拔刀相助'的气魄！"我记得他在北京的学生运动中，有多少次都是亲身出马的。有一次群众到北京的北洋政府去请愿，政府的大门外铁栅栏里摆着机关枪，他见此情形大为愤怒，就一人当先向前面直冲，只因为群众把他围住把他拉回来，才没有遇险。

李大钊同志的思想总是站在时代的前边。他在日本时学的是经济，但他对于资本主义的经济学从来不感兴趣。那时他最欢喜读河上肇博士著的马克思主义政治经济学，终天阅读，手不释卷。十月革命后，他就一心一意地学习苏联，专心去研究和宣传苏联的革命理论。

李大钊同志的为人，是只问是非不顾个人利害的。在五四运动以后，北洋军阀对新文化运动十分仇视，不问青红皂白，一概加以“过激派”的头衔。那时北京大学中几位参加新文化运动的教授，人人自危。胡适在这个时候就首先表明自己的态度，企图取媚于北洋军阀，向李大钊同志开火，提出什么“多研究些问题，少谈些主义”的“胡说”。李大钊同志不但挺身出马，与胡适论战，并且在讨论的文章中公开承认他自己是爱好苏联革命理论、相信布尔什维主义的。从这些地方就可以看出李大钊同志的意志是何等坚强，信心是何等坚定了！

李大钊同志对革命的信心是不可动摇的。他对于革命前途始终是乐观的。在革命进行的道路中，虽然遇到许多困难，但他从来就不向困难低头。我记得有一个时期，有些人对革命前途失去信心，意志有些消沉。他针对这些人的情绪发表了许多文章，如《青春》《厌世心与自觉心》等。他想使我们的祖国再生，变成一个青春的中国，他这种信心鼓舞了许多革命同志，使他们在困难中奋勇前进。

李大钊同志的思想是跟着时代发展而前进的。他在日本时期不过是一位民主主义的思想家，他对于封建专制主义是绝对反对的。在袁世凯称帝时，他就在日本组织一个“神州学会”，主要的活动在于反袁。在反袁的斗争中，李大钊同志在东京集合同志，组织力量，以英勇坚毅的战斗精神，进行各种运动。他那时是一位反对专制政治、主张民主主义的理论家和实行家。到了十月革命后，他的思想起了深刻的、根本的变化，开始从急进的民主主义家转变为马克思列宁主义的社会主义革命家。

李大钊同志不管在什么时候，都是坚决地实行自己的主张，从不作丝毫退缩。在一九一六年创办的《晨钟报》，是那时众议院议长汤化龙的政治资本，汤化龙想拉拢北洋大小军阀做自己的爪牙，李大钊同志则集中力量攻击这些军阀的专横。因此，他在《晨钟报》中为时不过两个多月，为着主张不能贯彻，马上就辞职而去，宁可自己失业，不愿作半点迁就。我同他住皮库胡同时，看他在失业时心安理得，天天读书和研究问题，意志绝不向境遇低头。

李大钊同志在北大时，看到有许多青年学生家境贫困，想求学而不能求学，他就发起组织一个“工读互助团”。让学生在团内工作，“工读互助团”团内给他们饭吃，不收饭费。入团后，不论是否为北大学生，都一律允许他们到北大课堂上去听课。这个办法使有志前进的学生皆得到求学的机会，不因贫穷而失学，因此，就培养出来许多艰苦奋斗的青年革命运动家。

那时北京大学的教授们，因为北洋政府欠薪，一年拿不到三四个月的薪水。李大钊同志安于贫困，毫不在意，有时中午一餐仅吃两个馒头。但他如果袋中有钱，接济穷困学生绝不吝惜。因此，有人说他是急公好义、肝胆照人的侠客。我们看到他在每一次群众运动中都亲身参与，一往直前。他的无产阶级的大公无私的本色，只尽义务、不图享受的精神，真令人十分感佩！

在李大钊同志所处的时代里，进行社会革命运动，的确是一件极其困难的事体。那时马克思主义在中国人眼中还是洪水猛兽，既没有像今天有中国共产党的正确领导，而对于革命斗争又没有实际的经验。何况那时又有封建的势力、帝国主义的势力等重重包围，我们革命的队伍还没有一兵一卒，只靠着少数人的战斗意志组成力量，向反动势力冲锋。这样的工作，绝不是偷生怕死的人所能首当其冲的。李大钊同志在那时披荆斩棘，凭着他的坚强战斗的精神，奋不顾身地为革命事业冲出一条血路！我们今天的工作条件，比李大钊同志所处的时代大不相同了。我们今天的享受是他当年“杀身成仁”换来的，我们今天的幸福是他当年“卧薪尝胆”换来的！我们纪念李大钊同志，应当时时不忘他在“舍生取义”中创造革命大业的艰难！

（原载1957年4月27日《工人日报》，李大钊烈士殉难三十年纪念日前一日）

回忆五四时期的李大钊同志

（1959 年）

我和守常认识是在日本东京留学时期。因袁世凯背叛民国称帝，引起全国人民反对。那时东京留学生反对袁世凯的斗争，可分为两个阶段："二十一条"签定以前，反对是秘密进行的，守常组织神州学会，秘密进行反袁活动，这个学会我参加过；"二十一条"签定后，人心愤怒，我们留日学生组织起留日学生总会，公开反对袁世凯。留日学生总会办了一个机关刊物《民彝》，守常任主编。我们在上面都发表过文章。

中国受帝国主义的侵略日甚一日，外患迭起，而内政又日趋腐败，爱国志士，义愤填膺，守常为了拯救国家，毅然决然丢下学业，甚至拿不到大学毕业文凭也毫不顾惜，不等学期终了，就在 1916 年上半年返回祖国，做社会革命运动。

守常回国后，汤化龙请他主编《晨钟报》，这个报纸后来改名《晨报》。七月，我也回国。守常约我同编《晨钟报》。汤化龙是研究系，当然与我们合不拢，不到两个月，我们就辞而不干了。

北洋政府内政部长孙洪伊在那时可算是一位急进的民主派，他认识守常。1917 年，孙找人起草地方自治法规，把守常和我找去，我们负责起草工作，经过三个月，草成。我们主张分权，旧派则站在集权方面，这个草案终于被北洋政府否决。

那时，章士钊在北京创办《甲寅日报》，约我们替他写社论。今天由守常写，明天由我写，后天由守常写，再后天由我写，如此轮流，每人隔一天给《甲寅日报》写一篇论文。我们在文章中攻击研究系，攻击现政府；而章士钊是维护他们的，他不赞成我们的主张。守常又只顾真理，不顾什么情面，不合心意的，他就要痛骂。章士钊不敢去和守常交涉，便托我去和他商量。这怎么行呢？一个人的主张是不能够随便更改的。后来，彼此谈妥，不谈内政，只写国外新闻。那时，十月革命已经胜利。于是，守常便连续介绍俄国革命。我们把各报上主张较新的消息综合起来，介绍给国人。后来又遭到章士钊的反对。到张勋复辟时，我们便登报申明，脱离了《甲寅日报》。

1918年是守常转变成马克思主义者的关键。早在东京留学时，他就接触到马克思的学说了。那时，日本西京帝国大学的经济学教授河上肇博士已将马克思的《资本论》译成日文，河上肇博士本人也有介绍马克思学说的著作。守常接触马克思主义，就是通过河上肇博士的著作。1917年，十月革命的消息不断传来，守常又认识俄国的外交人员。同时，布哈林的著作《共产主义ABC》的英文译本也有了。这种种因素，加深了守常对马克思主义和十月革命的认识。就在这年十一月，他第一个撰文颂扬布尔什维克的胜利。那已是明确站在马克思主义的立场上了。

五四前不到半年，守常在北京大学组织了一个研究马克思主义的学会。我们不是用马克思，而是用马尔克斯这个名字，为的是要欺骗警察。他们回去报告，上司一听研究马尔萨斯(与马尔克斯相混)，认为这是研究人口论的，也就不来干涉了。这个学会，先是公开的，后来就秘密起来。它的对内活动是研究马克思学说，对外则是举办一些讲演会。

1918年11月，第一次世界大战结束，蔡元培先生为庆祝“公理战胜”，组织演讲会，在中央公园(现在的中山公园)里面讲，和在天安门内搭台讲演，一连讲了三天。首先上台讲演的是蔡先生，接着，守常和我也上了台去。我记得，那是初次上台讲演，两腿直打颤，还是硬坚持讲完。

1918年底，我们办一个《每周评论》。经常是我们几个人写稿。

五四游行，守常和学生一道参加。

有一次，为了救援被捕学生，大家集队往政府请愿。队伍走到国务院门前，只见铁门紧闭，门内架着机关枪。守常愤怒异常，一个人跑出队伍冲将上去，大家赶忙上前把他拖住。真是又英勇、又危险。

五四前，大家都对现政府不满，彼此的区别不明显。五四后，出现明显的分化现象：胡适派后退了。青年学生中，落后的加入国家主义派，中间的加入国民党，最前进的加入共产党。

1919 年 6 月，我们散发《北京市民宣言》的传单，主张推翻段祺瑞政府，并宣布京师卫戍司令段芝贵死刑。守常与陈独秀都去散发。当场，陈独秀被捕，三个月左右，释出，仍受监视。守常设法送他逃走。他们扮作商人，带了帐簿，套一辆骡车，守常坐在外面，陈独秀坐在里面，悄悄地把陈独秀送到天津，乘船回到上海。

守常从五四运动以后，经常领导青年学生和工人们进行革命活动，遭受北洋政府的注意，在他的住宅门外设下一个警察岗位。从此我们交谈都是在北大学校里。1924 年后，守常负责领导华北革命的实际行动，为避免反动军阀迫害，转入地下工作，我们会面的时机就少了。1926 年冬，北伐军到达武汉，守常劝我往武汉参加革命工作。我在武汉中山大学任教，到了 1927 年 4 月底听到守常光荣牺牲的消息，不胜悲愤，自此与守常永别了！守常虽然死了，守常的革命精神永远活在广大人民的心中！

（摘自中共中央马克思恩格斯列宁斯大林著作编译局研究室，《高一涵先生谈李大钊同志的历史》手稿本，原载《五四运动回忆录》，中华书局，1959 年）

辛亥革命前后安徽青年学生思想转变的概况

（1960 年）

辛亥革命前后是我国各阶级、各阶层、各派系的政治斗争最激烈的时期，也是我国政治思想变化最复杂的时期。在本文中我想叙述一点关于安徽小资产阶级青年学生思想转变的概况。

那时学校与科举之争、新学与旧学之争、西学与中学之争，固然对青年学生都有一定的影响，其中影响最大的还是清廷废科举设学堂这一重大改革。今天所说的青年学生，就是那时所说的“童生”“秀才”。在那时，凡属于小资产阶级家庭的，多借科举为进身之阶。他们都是为应科考而学习，考八股则学八股，考策论则学策论。自废科举设学堂之后，他们进身的道路由科举转到学堂，在学堂中所学的课程则是西学重于中学，科学重于经史。他们看到清廷腐败，国势危急，瓜分惨祸，迫在眉睫，非变法不能图存，非科学不能救国，因而都迫不及待地走出私塾，进入学堂，弃八股，废策论而学西方科学，想从西方的自然科学和社会科学中找到富国强兵之道。当时凡具有爱国思想的青年学生，民族大义耿耿在心，无论他们的政治理想如何，对丧权辱国、腐朽无能的清廷统治则深恶痛绝，因而他们的思想都从四面八方汇合成为推翻清廷、恢复中华的革命主流。

安徽青年学生接受革命思想也不是偶然的，据我回忆，至少他们都受到了下述三方面的影响：

一、受革命烈士英勇壮烈牺牲的影响

过去安徽青年学生处在风气闭塞的农村中，新事物接触得不多。这时他们到了城市，进入学堂，看到报纸。他们听到了皖籍革命青年万福华刺王之春，吴樾炸五大臣，倪映典参加广州起义，宋玉琳、石经武在黄花冈一役中牺牲等等轰轰烈烈的革命义举，所受的教育极为深刻。尤其是一九〇七年他们亲眼见到徐锡麟因枪杀恩铭，被清廷剖腹剜心的惨刑处死，及一九〇八年熊成基率马炮兵起义，株连到许多青年军官如薛哲等被清廷就地正法、枭首示众的惨事，感受更深。这两件事都发生在安庆。我同一些青年学生都见到有人捧着徐锡麟的血心在恩铭灵前致祭；看到了薛哲的头颅被砍在抚台衙门的门前。可是清政府这样的血腥镇压革命，不但没有吓倒青年学生，反而激起了人民对清廷刻骨的仇恨。就是亲自监刑的继恩铭而为抚台的冯煦（号梦华，金坛人），接到端方要把徐锡麟剖腹剜心的电令，也感难以下手，故先把徐的睾丸击碎，使他失掉知觉后行刑。冯煦后来在安庆大观亭上写出一付对联：“来日大难，对此茫茫百端集；英灵不昧，览兹蹇蹇匪躬愚。”上联是暗中说明革命形势发展，觉得前途茫茫，百感丛生；下联是暗中乞求徐锡麟的阴魂原谅，原谅他是为清室尽了愚忠，不是为了自己。这付对联，名义上是追吊埋骨在大观亭畔的元代死难忠臣余阙，实际上却是对徐锡麟的灵魂表示忏悔。

一九〇八年，西太后与光绪帝同时死去。那年秋季正值新军在安徽太湖秋操，军队云集，士兵都携带武器。军队里革命党人多，声势浩大，谣言更多，人心为之激动。这些消息传到学堂中去，多少青年学生都摩拳擦掌以待新军起义。有一天安徽提学使吴同甲和安徽高等学堂监督洪思亮在高等学堂内为“两宫晏驾”举哀，大礼堂的前排是与祭的官吏，后排皆是学生。司仪人叫“跪”时，官吏一一跪下，学生则弯腰而不屈膝；司仪人叫“举哀”时，官吏嚎啕大哭，学生中有许多人却哈哈大笑。因此，吴同甲为之色变，怕受“大不敬”的处分，又无法制止，只得假装没有听见，草草了事。可见那时青年学生对清廷统治阶级是如何痛恨。

以上所举的几件事实，促使安徽青年学生在思想上起了很大变化，对清朝统治十分仇恨，对革命则表示同情。

二、受革命志士宣传教育的影响

那时安徽青年学生，不管是进入中学，或者是进入高等专门学堂；不管是进入文学堂，或者是进入武学堂；不管是有文化界中参加报馆、学会、图书馆、教育会或其他社会团体，不管是在军队方面到新军中应征入伍，或者是进陆军小学，进陆军测绘学堂等等，没有一个不受革命潮流的冲击。当时所有的文武学堂以及各种社会团体，几乎都有革命志士在其中进行革命宣传工作。

例如怀宁人葛襄在安庆办了一个尚志学堂，实际上成了革命人才的培养所，后来许多学生都同陆军小学、陆军测绘学堂的学生一道，参加了安徽青年军。桐城人李德膏（号光炯）于一九〇四年把他在长沙所办的安徽旅湘公学迁到芜湖，改名安徽公学，聘请了刘师培、陈独秀、张之屏（号树侯）、谢无量、苏曼殊、柏文蔚等做教员，皆成为革命的宣传者。该校一时成了革命的策源地。炸五大臣的桐城人吴樾，就是安徽公学的学生。

再如通俗报社、图书馆、教育会等团体，过去均不大被人重视。但是李辛白主办的《白话报》、陈干生主办的通俗报社、杨󠄀譬龙（号云林）主办的皖北教育会等，都起了组织革命和宣传革命的作用，有的报纸被禁止发行，有的团体被解散查封。

对青年学生刺激尤深的书籍，如明末的遗民著作以及对清军入关残暴行为的记录，私立藏书楼中都有暗藏的，青年学生一读到《扬州十日记》《嘉定屠城记》等书，民族意识得到激发，就容易把他们卷到狂潮中去。这类书籍对安徽青年学生的思想转变都起了极其显著的作用。

一九〇五年在日本东京出版的《民报》，更使革命思潮弥漫全国，自有杂志以来没有象《民报》这样脍炙人口、激动人心的。我个人关于

《民报》有一段小故事。我在考取安徽高等学堂以前，曾在六安县中学肄业。这个中学监督喻康侯是一位“道学先生”，他在学校中兼任国文教员，对我的作文大加赏识。当六安县政府选送我投考安徽高等学堂时，他在临别赠言时说：“你的前途很有希望，但千万不要同革命党往来，千万不要看《民报》!”他把《民报》说得那样可怕，反而引起我的好奇心，一到安庆就设法寻找《民报》，但是没有找到。嗣后与霍邱革命前辈徐迂亭谈起想寻找《民报》事，他教我不要声张。一天他把藏在旅馆房间内地板下的一册《民报》拿出给我看。我在先是喜欢读梁启超主办的《新民丛报》和《中国魂》之类刊物的，看到《民报》后，才认识到国家不强是“政府恶劣”，而不是“国民恶劣”，应该建立共和，不应该维持专制，种族革命与政治革命必须同时进行，种族革命绝不会妨碍政治革命。由此可见，《民报》对宣传革命思想，是有显著成绩的。

安徽青年学生受到了革命志士的宣传教育，不独在思想上有很大进步，并且在行动上也有许多表现。当辛亥革命在武昌发动后，各省纷纷响应，皖抚朱家宝临事逃亡，省城陷入无政府状态，秩序大乱。江西黄焕章的军队到处抢劫，并且杀害了安徽革命志士吴春阳（号旸谷）。这时进步人士韩衍（号蓍伯，江苏海门人，入安徽太和籍）、易白沙（号月村，长沙人）出来组织学生军，名为青年军，分为三大队，韩衍自任青年军总监，易白沙、廖少斋等分任队长。青年军主持正义，保卫地方治安，枪决了清政府侦探，镇压了一批反动分子。一般认为皖省光复，青年军之功不可抹煞。

从上述一些具体情况中，可以看出那时的学校、新军、报刊以及其他社会团体等，对安徽青年学生的宣传教育影响十分重大，因而使一般青年学生在政治思想上都起了不同程度的变化。

三、受西方资产阶级学术思想的影响

那时极大多数安徽青年学生对推翻清朝封建统治没有什么不同意见，但是革命后究竟要建立怎样的政治制度，心中还没有底。最基本的原因，就是他们所知道的西方政治制度不多。恰好这时留学生中负有盛誉的严复任安徽高等学堂的监督，他用中文古文笔法翻译了资产阶级学者的名著，计有斯密亚丹的《原富》、孟德斯鸠的《法意》、甄克斯的《社会通诠》、约翰·穆勒的《群己权界论》以及赫胥黎的《天演论》等。这一类著作都是资本主义上升时期的学术著作，引起了全国学者的重视。安徽青年学生对西方国家的经济发达、政治开明，产生羡慕的心情。他们看见西方国家自产业革命后，工业进步，生产力大提高，比我国落后的农业生产相差很远。同时，又看到自一六四〇年到一六八八年的英国革命，推翻了封建阶级专政，建立了资产阶级民主，宪法上规定人人生而平等，公民有选举权利，有言论、出版、集会、结社的自由。因而对封建的隶属关系、等级制度、王公贵族的无上特权更加反对，认为西方资产阶级民主政治制度是代替我国封建政治制度的最符合理想的好制度。

那时安徽青年学生羡慕西方文明成了风气，大家认为要想学西方科学，必须先学西方文字，因而把学习英文看作压倒一切的功课，别的功课考试不及格不要紧，千万不要使英文不及格。于是安徽高等学堂内从讲堂、自修室、寝室、饭堂一直到操场上，处处都听到朗诵英文之声。后来代替严复执行监督职权的教务长周鼎观（福建人，因严复不常到校，他就在实际上做了监督），对学习英文的进度操之过急，非那时学生能力所能担负。他在讲堂上公开地说："我们教学生，只计程度，不计人数，能教出一个英文专家也对得起国家，不及格的可都一律开除。"学生人人自危，因而激起赶走周鼎观的风潮，严复也因而辞职。严复辞职后，由一位老翰林洪思亮来继任监督，校内风气因此大变，只听到朗诵中文之声，不再听到朗诵英文之声了。这时，热心学习西方科学的先生，如果得到政府派遣，或自己经济能力许可者，都先后到英、法、德、意、日本等国留学。如王星拱、刘贻燕、邵逸周、程振钧、程振基、俞希禹等，都先后出国求学。到了此时，"中学为体、西学为用"的说法已经落后，很多青年学生甚至主张"全盘欧化"了。这就是安徽青年学生在进行新学与旧学之争和西学与中学之争后所保持的以新学和西学来代替旧学和中学的学习态度。这种态度不独安徽高等学堂一个学堂如此，其他学堂也大概如此。

在辛亥革命以前，安徽青年学生由于受了上述三个方面的影响，思想上起了很大的变化，总的趋向是由落后转变为进步。

自一九一三年（癸丑）讨袁之役失败后，安徽省军政大权落到北洋军阀倪嗣冲之手，一面捕杀革命党人，防止革命在安徽再起，一面培养爪牙鹰犬，霸占机关学校。他就用县长、厘金、校长为饵，来拉拢教育界趋炎赴势的人。进步的知识分子不是被杀害就是被赶走，落后的知识分子多半变成军阀走狗而身败名裂。资产阶级软弱性彻底暴露，封建主义的复古思想又得抬头。直到五四运动而后，安徽新的一代革命的青年学生受到五四运动的影响，才以新的思想，投入到新文化运动的队伍中去，与全国革命的青年知识分子一道，走上了新的方向。

（原载《辛亥革命回忆录》第二集 1960 年）

在南京市政协三届一次会议上的大会发言

（1961 年）

主席、各位委员：

我完全同意并衷心拥护徐步副市长所作的政府工作报告和胡小石副主席所作的政协工作报告。现在我就文史资料的征集工作发表一些意见。

征集文史资料是政协的一项新的工作。以江苏和南京论，还只有短短一年的时间。由于经验不足，这项工作的开展，尚处在初步阶段。但是，因为有党的正确领导和各方面的支持赞助，已经取得不少的成绩。撰稿人的队伍不断扩大，承担撰稿任务的有 120 多人，半数以上的人已经交稿，一人交稿多篇的亦不乏其人。征集到的资料近四十万字。

早在两年以前，政协全国委员会周恩来主席在政协全国委员会召开的耆老座谈会上，即号召各方面的具有丰富阅历的人士，把他们的亲身经历和见闻记录下来，传之后代。过后，又一再提出同样的号召。今年春节期间，周恩来主席在座谈会上肯定了史料征集工作的成绩，并进一步指示今后要全面地开展起来。这些都表明党对史料征集工作是十分重视和关怀的。

史料征集工作是社会主义文化建设事业的组成部分，它对于我国近代史的研究工作具有重要的意义。我们知道，从清末到全国解放的几十年间，我国社会经历了极其深刻复杂的变化；以科学的态度来编写清末、北洋和国民党统治时期的历史，不仅是历史科学的迫切任务，而且具有现实的政治意义。因为通过历史的教育，使人民从历史事实的对比中，认识由资本主义到社会主义是历史发展的必然规律，认识到社会主义制度较之一切的旧制度都具有无比的优越性，从而更加热爱社会主义，并不断增强建设社会主义、共产主义的信心。

历史研究工作者需要从大量的真实史料中，分析各个历史时期的矛盾和斗争，以全面、深刻地阐明我国近代社会的发展规律。旧政权时代，各种文字记载，不仅极不完备，而且往往囿于统治阶级的成见，歪曲失实之处甚多，远远不足适应历史研究工作的需要。这就要求各方面的具有社会经历的人士，根据亲身经历和见闻，提供真实、具体、生动的活资料，以补历史文献之不足，丰富其内容，校正其谬误。解放以来，历史研究工作者在以档案作为研究资料的同时，并非常重视群众性的调查研究，使历史科学工作达到了新的水平。他们对于亲身与闻事件的人所提供的史料有很高的评价。他们说：这样的史料，有很大的可能写得翔实、生动，有了这样的史料，档案材料也就“活”了，同时也可以节省许多用于考证方面的精力。

如上所述，撰写史料的主要目的在于为历史研究工作者创造更好的工作条件，也就是为社会主义文化事业贡献力量。与此同时，通过史料的撰写，对于提高思想认识亦有所裨益。根据一些撰稿人的体会，通过史料稿件的撰写和补充修改，在提高稿件质量的同时，在某些历史事件、历史人物的看法问题上，也提高了思想认识。至于由于回忆过去、对比现在，从而更加坚定了跟着共产党走社会主义道路的决心，更是许多撰稿人的共同收获。

我们体会，如果认识到史料征集工作的重要意义，撰写史料不是一件困难的事情。本会根据中央关于史料工作方针性的指示，提出了具体的要求：撰写史料，可以不拘观点，但求真实。我们体会，所谓不拘观点，即是不要求撰稿人对他所写的内容一定要用历史唯物主义的观点来加以分析和论断。因此，即使稿件中存在观点上的偏差和错误，只要提供了真实详尽的素材，就可以被看作撰写者已经对社会主义事业采取了积极的态度。所谓真实，即是站在人民的立场，大胆地揭露过去，实事求是地无所夸饰和隐讳，不论牵涉到亲朋故旧或本身的事情，一概和盘托出。因为，这样才能够比较深刻地接触到历史事实的本质而不至于流于浮光掠影。撰写史料可以不计完整，但求具体。我们体会，所谓不计完整，即是并不要求每一个撰稿者都能系统地完整地叙述某一事件某一人物。固然，能够较为系统地完整地提供史料是需要的，但也可以撰写一个历史事件一个历史人物的片段。我们提倡就重要的历史事件、历史人物和部门提供史料，也提倡撰写一些小稿子，短稿子。所谓具体，即是提倡对史实的背景、过程、人物活动、结果影响等等如实地详细地写出来，用活生生的事实来反映时代的政治面貌和本质。与此相反，就要避免道听途说或空洞的议论。撰写史料可以不论体裁和文字技巧，但求词能达意。撰写史料，基本要求是内容的翔实，用语体文或文言文写作悉听撰稿人自便，文字也不要求华丽，凡能用朴素明晰的语言表达所要写的内容者即可。必须说明，要做到真实具体，首先是撰稿人所写的内容必须是亲身经历和见闻的事情，其次是要扫除一切思想障碍，认真负责地写好稿件，而且还要不惮其烦，反复进行必要的补充和修改。大凡具备这两个条件的稿件，质量就会较高。

事实也证明，在征集史料的工作过程中，由于不断进行了思想动员，使撰稿人对提供史料的重要意义，征集史料的方针政策，以及撰写稿件的要求逐步提高了认识，并且通过具体的写作实践，顾虑渐次消除，热情渐次增长；因此，来稿一天天增多起来，质量也不断上升。

征集文史资料是本着广征博采的方针来进行的。对于某一历史事件，往往因为各人当时所处的地位不同，其亲身经历和见闻可能有所同异，在看法问题上也会存在矛盾，因此，撰写人完全可以从自己的角度如实地提供史料，不必强求一致。尽管在必要时采用集体回忆研究的写作方式，但也还是可以求同存异。至于同一历史事件、同一历史人物，可以向几个人征集史料，自不待言。

为了使所有的史料都能发挥它应有的作用，我们对稿件的处理是慎重的。正摸索经验，建立一套切实可行的处理制度。在还没有出刊选择的条件的情况下，已开始陆续选送一部分全国性稿件给政协全国委员会。

一般的稿件都经过认真的阅读和研究，并和撰稿人合作，进行补充修改，提高质量。所有稿件将全部编印索引，分送有关历史研究单位，供它们查阅参考。由于工作上还存在着一些缺点，对稿件的处理还不够及时，这是今后还要加以改进的。

各位委员，我国社会主义事业，在各条战线上都是一派大好形势。为了加速社会主义建设的进程，需要我们从各方贡献出自己的力量。政协是统一战线的机构，它与各界人士有着长期的密切的联系，因此，通过政协来进行文史资料的征集工作的决定是十分正确的。一年来的工作实践也证明了这一点。我们得到了各民主党派和有关团体、单位的协助，征集到不少的史料，应当表示感谢。今后我们还要在党的领导下，把征集史料的工作进一步开展起来，这就需要与各党派有关团体、单位更好地合作，通过它们宣传动员广泛发动群众。对于各方面的具有社会经历的人士来说，在提供历史资料方面，也是易于对社会主义作出贡献的。征集史料的范围很广，无论政治、军事、文化、教育、经济以及社会生活诸方面，都欢迎撰稿。我们热情地希望各位委员广为宣传动员，并抽出时间，带头撰写稿件。南京市在历史上占有重要的地位，特别是在国民党统治时期，更为全国的政治中心，以今天来说，不少具有社会经历的人士，分布在各个工作部门中，所以，我们认为史料的源泉是很丰富的。让我们大家动起手来，完成党交给我们的光荣任务吧！

以上意见，是否有当，请予指正。

监察院见闻

（1962 年）

孙中山先生在世时，极力赞扬中国“固有的”监察制度，主张在外国的三权分立制度外，加上中国的考试权和监察权，创立五权分立的政府制度。他在《民权主义》第六讲中说：

> 我们现在要集合中外的精华，防止一切的流弊，便要采用外国的行政权、立法权、司法权，加入中国的考试权和监察权，联成一个很好的完璧，造成一个五权分立的政府。像这样的政府，才是世界上最完全、最良善的政府。

可是到了国民党掌握政权时期，孙中山先生认为最理想的监察制度却成为贪官污吏所最痛恨的监察制度。因为政治制度具有阶级性，是由统治阶级的本质决定的，资产阶级的本质就是损人利己，唯利是图，剥削人民，不劳而获。当国民党官僚资产阶级和买办资产阶级执政时，如果真正建立起扫除贪污的监察制度，那就是自相矛盾。这样一来，政治制度就不能为自己的阶级服务了。因此，国民党执政时，既痛恨监察制度，又不能违反孙中山先生五权政府的主张，只设立行政院、立法院、司法院、考试院而不设立监察院。那时，他们内心上最害怕的就是监察权的建立，因而就不得不煞费苦心地在法制上玩弄手法，名为建立监察权，实则取消监察权，使监察权在实际行使中名存实亡。

国民党统治时期，五院中独有这个监察院是最后成立的，直到 1931

年2月监察院的监察委员才开始就职。1930年修正的国民政府组织法规定“监察院设监察委员19人至29人”，后来又把该组织法第四十八条修正为“监察院设监察委员29人至49人”。但反动政府那时所特别留意的，并不在行使弹劾权的监察委员的人数多少，只在惩戒权到底归哪个机关行使？正好，当监察院成立之初，公务员惩戒法还没有公布，他们就趁这个机会，由国民政府出面，牢牢地抓住惩戒权不放。1931年3月16日，国民政府颁布一道训令，指明：“官吏惩戒委员会未成立以前，所有惩戒事件由本府办理。”因而在监察院初成立时，所有依法通过的弹劾案，一律送交国民政府用行政的方法处理，实际上就是由原来任命公务员的行政机关来决定自己所任命的公务员在被弹劾后，应否予以惩戒。这样一来，弹劾权虽然由监察院独立行使，而惩戒权不但不属于监察院，也不属于司法院，反而属于国民政府，把弹劾权与惩戒权完全分裂起来，致使监察院只有权弹劾违法失职的公务员，没有权惩戒违法失职的公务员，监察院只能掌握监察权的一半。

因为公务员惩戒法迟迟没有公布，引起全国人民的不满，国民党政府不得已只得公布惩戒法，同时在惩戒法中玩弄花样，把一个完整的惩戒权规定得四分五裂。最先，把惩戒机关分成三个：

一、被弹劾人为国民政府委员者，送国民党中央监察委员会；

二、被弹劾人为前款以外之政务官者，送国民政府；

三、被弹劾人为事务官者，送公务员惩戒委员会。

这样一来，弹劾权的行使虽然集中在一个机关，惩戒权的行使，却分散在三个机关。这三个惩戒机关，只有公务员惩戒委员会有它完整的组织，是专门为办理惩戒案件而设的。根据公务员惩戒委员会组织法的规定，有委员长和委员，有办事规则和日常办事机构。后来又把该组织法修改，将该委员会分为二种：（一）中央公务员惩戒委员会；（二）地方公务员惩戒委员会。中央公务员惩戒委员会设在首都，地方公务员惩戒委员会则分设在各省。这样，惩戒机关又由三个变成四个，更加分散。

但是这四个惩戒机关还无权惩戒军事人员。军事长官被弹劾时，由中央最高军事机关审议；其他军事人员被弹劾时，由军政部把弹劾案交各该管的署司，按照法令办理。这样一来，惩戒机关又由四个变成五个以上。

那时所谓政务官到底包括哪些官吏在内呢？经过几次修改，把国民政府主席及委员，各院院长、副院长及委员，五院所属各部部长、副部长，各委员会委员长及副委员长，各部政务次长，各省政府委员、主席及厅长，特别市市长，驻外大使、特使、公使及特任特派官吏等均包括在内。凡国民政府及五院的头头们被弹劾的，由国民党中央党部监察委员会办理；五院所属的各部会头头们被弹劾的，则由国民政府办理。后来，国民政府也设立一个“国民政府政务官惩戒委员会”，办理这些被弹劾的政务官惩戒案件。

至于公务员这一名称，既包括政务官也包括事务官。那时所谓中央公务员惩戒委员会办理哪些公务员的惩戒案件呢？根据修正的《公务员惩戒委员会组织法》第一条的规定：“公务员惩戒委员会直隶于司法院，除法律别有规定外，掌管一切公务员之惩戒事宜。”这个规定是公开地说谎。因为该组织法第二条规定：“公务员惩戒委员会分左列二种：（一）中央公务员惩戒委员会；（二）地方公务员惩戒委员会。”地方公务员惩戒委员会只能掌管地方机关委任职公务员的惩戒事宜，中央公务员惩戒委员会也只能掌管简任职、荐任职两级事务官的惩戒事宜（因为在中央不另设地方公务员惩戒委员会，故把中央机关委任职公务员的惩戒案件划归中央公务员惩戒委员会办理），皆不能“掌管一切公务员之惩戒事宜”。至于对政务官则更无权过问，因为这是“法律别有规定”的。

国民党政府在惩戒官吏中煞费苦心地玩弄的另一手法，就是把全国公务员斩头、除尾。

所谓斩头，就是为公务员最高级的党政头头们设下几道防线。这些头头们，如果被弹劾，有的交国民党中央监察委员会办理，有的交国民政府政务官惩戒委员会办理。这些头头们都在各自岗位上发号施令，最有权力，也最有机会进行贪污舞弊的勾当。他们结党营私，官官相护，当然不能把被弹劾人的惩戒权放在别人手里。自己人被弹劾，由自己人决定应否惩戒，牢牢地抓住惩戒权，是对自己人的违法失职最有效的保险。这就是把公务员斩头的妙处。

所谓除尾，就是把另外一部分属于地方的军警官佐和小官小吏放到惩戒机关管辖之外，他们犯罪不归公务员惩戒机关管理。例如驻在各地与人民接触频繁的保安队军官和行政督察专员等被弹劾时，划归军政部办理；至于各县的乡长、镇长、联保主任、司法警长等，则列入自治人员之内，为“非惩戒法上公务员”。这样一来，那班散布在地方的军官军佐、小官小吏，骑在人民头上横行霸道、为非作歹、残害人民、剥削人民的犯罪行为，惩戒机关却无权可以过问。这就是把公务员除尾的妙处。

经过这样斩头除尾之后，把一部分公务员的头头们排除在中央公务员惩戒委员会职权范围之外，又把一部分公务员排除在“惩戒法上公务员”之外，那么，中央公务员惩戒委员会所能管辖的，就只有简任职、荐任职以及中央机关的委任职等较小的事务官了。

国民党政府不但在惩戒法上设下几道堤防，还在弹劾法上设下许多限制。孙中山先生称道中国监察制度乃是“中国固有的东西”，他说：“像满清的御史、唐朝的谏议大夫，都是很好的监察制度。”因为唐代的制度，御史可以“风闻弹事”；清代的台规，御史“即所奏涉虚，众不坐罪”。那时的御史可以风闻弹劾，无论证据是否充足，或与事实是否相符，皆不追究责任。因此，不但可以弹劾证据确凿的犯罪行为，并且可以上奏风闻访知的嫌疑行为。国民党政府的弹劾法都规定得很死，不搜得犯罪的证据，就不能弹劾；就是弹劾了，也因查无实据不受惩戒。这就是单凭犯罪证据弹劾不能凭“风闻访知”的监察。中国御史的职权很大，不但可以监察法律范围以内的事件，还可以监察道德范围以内的事件；不但可以监察百官违反法令及妨害公益的行为，并且可以监察官吏个人的私德私行；不但可以弹劾政府的贪官污吏，并且可以纠举社会的恶霸土豪；不但可以弹劾犯罪于已成事实之后，并且可以警告犯罪于将成事实之前。国民党政府的监察权则相反，它只能弹劾犯罪于既成事实之后，只可说是事后监察，而不是事前监察。许多弹劾案的提出，多根据人民的书状控诉，不是由于自己的视察调查，这又是被动监察，而不是主动监察。而且把许多接近人民的小官小吏，排除在“惩戒法上公务员”之外，又只能对贪官污吏进行监察，而不能对恶霸土豪监察。所有这些规定都是在弹劾法上设下的束缚监察人员手脚的限制。

国民党政府这样呕心血，订妙计，把公务员斩头除尾，又对弹劾权和惩戒权加以重重限制，为公务员设下几道防线，但他们还认为不够。最恶毒的是在“治权行使之规律案”中，限制人民对公务员的控诉权，如规定：“凡对于公务人员过失的举发，应呈由监察院处理，其不经监察院而公然攻讦公务人员，或受理此项攻讦者，以越权论。”既把自上而下的弹劾权和惩戒权以种种限制，又把自下而上的人民对公务员控诉的通路设法堵塞。这样一来，就把对违法失职、贪污舞弊的公务员弹劾法和惩戒法，一变而成为违法失职、贪污舞弊的公务员保障法了！

此外，还有一个问题需要在这里略加说明，就是关于弹劾案和惩戒案的登报公布问题。

当监察院初成立时，惩戒机关还没有成立，那时虽然在报上看不到惩戒案议决书的发表，但还可以看到弹劾案的发表。根据《监察院弹劾法》第十条规定：“监察院人员对于任何弹劾案，在未经移付惩戒机关以前，不得对外宣泄。”监察院认为：凡弹劾案在未经移付惩戒机关以前，不得宣泄；一经移付惩戒机关以后，弹劾案已经送出监察院大门，就有权可以公布了。因此，主张弹劾案一经移付以后，不管惩戒机关议决与否，都有权登报发表，并不违反任何法律的规定。所以在这个时期，监察院许多重大的对大官僚、大军阀的弹劾案都在报刊上发表。

监察院发表弹劾案固然受到人民的欢迎，另一方面却惹起被弹劾的官僚军阀的仇恨。从 1932 年“一·二八”淞沪抗战爆发到淞沪停战协定成立，正是汪精卫做行政院长兼外交部长时期，全国人民看见汪精卫在这样丧权辱国的淞沪协定上签字，深深痛恨。监察院对汪精卫提起弹劾，移付惩戒机关后，立即在报上公布，引起于（右任）汪（精卫）一场冲突。当于右任正在垂头丧气未出席国民党中央会议时，汪精卫乘此机会提出限制监察院权力的“三办法”，其中有一条就是禁止监察院发表弹劾案。自此以后，只许惩戒机关在惩戒案议决后以惩戒机关名义发表，把监察院发表弹劾案的权力根本取消。

把惩戒案议决书登报公布的，只有中央公务员惩戒委员会经常这样做。因为这个惩戒机关有专人负责，天天有人办公，并将弹劾案依照法定程序审议、议决，制成议决书，送交《国民政府公报》发表。至于国民党中央党部监察委员会和国民政府政务官惩戒委员会，则从来没有或者少有依法把弹劾案做成议决书对外登报公布的。军事机关到底发表过惩戒案件没有？对每一案件做成过议决书没有？那就不是局外人所能知道的了。

正因为弹劾案不许由监察院登报公布，惩戒案又不是每一个惩戒机关都依法做成议决书登报发表，只有中央公务员惩戒委员会这一个惩戒机关能够依照该会办事细则所规定的审议、议决、制作议决书等程序，将弹劾案处理完毕后，送《国民政府公报》发表。又因为中央公务员惩戒委员会所办理的案件只包括简任职、荐任职和中央机关的委任职等较小的事务官在内，不能办理政务官的惩戒案件。所以，人民群众在报上看不到大官僚、大军阀受到惩戒，因而异口同声地说：“监察院只打苍蝇蚊子，不打老虎。”这讽刺监察院的话是很自然的，也是很正确的。

可能也有人问：在国民党统治时期，有时监察院也弹劾过大官僚、大军阀，惩戒机关也予以惩戒处分，甚至对某些被弹劾人还宣告过死刑，这是什么道理呢？依我想来，大概不外以下两个原因：

一、国民党政府内部派系很多，派系势力有大有小，派系关系有亲有疏。某派某系势力较强，关系较亲，对国家和人民财产就有资格分赃，不惜用公共财富豢养鹰犬，有意识地让他们分肥。如果遇到某些官吏并不属于自己的派系，他们如果不通过头头们的默许，擅自贪污公款，那就不免要受到派系的排挤，予以惩罚。因此，有的被弹劾人，不但不受惩戒，反而每每升官；有的被弹劾人，则遭受严重惩罚，借以平息人民的愤怒。这是反动统治时期习见不鲜的事。

二、自古大奸大诈惯用的两种手段：（一）花言巧语，施行诈骗手段；（二）野蛮屠杀，施行恐怖手段。在使用恐怖手段时，则令特务出场，实行血腥镇压；在使用诈骗手段时，则令“社会贤达”、御用文人出场，装点门面，借缓民愤，麻醉人心。这就是平常说的“把好话说尽，把坏事做完”。这也是反动统治时期习见不鲜的事。

我在做监察工作时，有两个案子，就是他们这种作法的写真。当1947年武汉大学“六一惨案”发生时，我正在两湖监察使任内，对造成惨案的凶手、武汉警备司令彭善及其部属提起弹劾，不到几天，就把彭善免职，停止任用三年，并对他的部属判处八年到十年徒刑。其实，屠杀学生事件是蒋介石于5月28日电令武汉行辕特务指挥武汉军警宪兵等机关做的。到了惨案发生后，因有两个学生当场被杀，惹起全国人民公愤，蒋介石一看事情闹得太大，无法掩盖，就不得不惩办几个人来平息民愤。“有功归自己，有罪诿别人”，这是蒋介石的惯技。

另一个案子，就是1944年第八战区司令部兵站总监班淦（中将，非黄埔学生）被宣布死刑的事。那时我在甘宁青监察使任内，查实班淦贪污公款、贩卖鸦片及其他违禁物品，存在兰州各银行的赃款就有六亿多元。因为该案牵涉面很广，连第八战区司令长官朱绍良的家属及女婿张宣泽等都有关系，朱绍良想由本司令部自审自判，大事化小，宣布该犯班淦20年徒刑。不想，重庆国民参政会正在这时提出质问，要求国民党政府惩办贪官污吏，陈诚（时任军政部长）出席参政会答复质问，并保证在几天之内就要惩办贪污的高级军官。果然，不到几天，便由重庆来电，令将班淦在兰州枪毙，借他的头颅来回答国民参政会的质问。这也是国民党政府平息公愤、麻醉人心惯用的办法。

如果我们因为国民党政府也曾惩办过一些违法失职的大小官僚军阀就认为他们也想防止贪污，贯彻执行监察制度，那就是受了他们的欺骗。请看，日本投降后，在南京、上海、北平、天津、武汉、广州各地，国民党的文武官吏，军统、中统特务等，有的从天上飞下来，有的从地下钻出来，无法无天，肆行抢劫，把敌伪缴出的大批现金、财宝、物资、武器、车辆、船舶、仓库、厂矿、房屋、家具等等，化公为私，变为集团的或个人的财产。《大公报》上曾把接收叫做“劫收”，揭露他们“抢劫金子、车子、房子、票子、女子，大闹五子登科”，对国民党反动派所演出的贪赃枉法的好戏，这时的监察机关曾提出过弹劾案没有？惩戒机关曾处理过惩戒案没有？就是有一些弹劾案提出，也被束之高阁了。

（原载《文史资料存稿选编·政府·政党》，中国文史出版社，2002 年）

在江苏省政协二届三次会议上的大会发言

（1963 年 9 月 23 日）

各位委员、各位同志：

我们在这次会议上，听取了江渭清主席开幕时的讲话，彭冲副主席的传达报告和任崇高副主席的会务报告，使我们在参加全国政协会议后，又受到一次深刻的形势教育、阶级教育和社会主义思想教育，我表示衷心拥护，并保证在贯彻执行中贡献自己力所能及的一点力量。

彭副主席的传达报告，内容丰富。就我个人说，不可能对党的路线、方针、政策、措施各方面都有全面的深入的体会，现在且说说我个人体会最深的一点。

我听到这大报告，使我对于调整、巩固、充实、提高的方针，有了进一步的认识。从国民经济全面好转这一铁的事实上看来，三年来调整工作已经取得了巨大的成效。在调整过程中，逐步地使我国国民经济各个部门、各个方面的相互关系不协调的状况大有改变，农业生产情况一年比一年好，财政经济情况逐步好转，自此，我们在经济工作上开始掌握了主动。完全依靠自己的力量，基本上克服了由于连续三年严重自然灾害所带来的困难；克服了在实际工作中的一些缺点和错误；尤其重要的是克服了苏联当局背信弃义地片面废除协议所造成的经济上的困难。我们可以肯定地说，调整工作的成就是巨大的。在第二个五年计划期间，遇到了这样的重重困难，还能使我国经济实力进一步增强，我们独立自主、自力更生地建设社会主义的力量，从来都没有象今天这样强大。

回忆我们在一九六一年初学八字方针时，有些见解是不正确的，甚至是严重错误的。那时对调整工作大概有三种意见：（1）有的人认为，调整工作只要全面地进行一次就够了，不需要很长的时间，如果年年讲调整，那就妨碍社会主义建设的速度了。（2）有的人认为，要调整，就不得不缩短建设战线，降低生产指标，那就不是多快地建设社会主义，而是少慢地建设社会主义了。（3）甚至还有人认为，今天要进行调整，就是说明过去搞错了，过去在“大跃进”时，把摊子铺得太大了，无以为继，只得收缩，可见“大跃进”其实只是“大跃退”，调整只能说是纠偏。所有这些看法，今天在事实面前，都一个一个被驳倒了。

毛主席告诉我们说：“不打无准备的仗。”因此，每战必胜。调整工作在某种意义上也就是准备工作，准备工作做得好，为建设创造好条件，就能使国民经济边调整，边发展，而且更能稳步地前进，飞跃地前进。

从一九六一年以来，在党的领导下，对国民经济进行了全面的调整，特别是对工业生产和基本建设，进行了较大幅度的调整。缩短了基本建设战线，降低了许多重工业产品的生产指标。但这只是一个方面。另一方面，也就是最主要的方面，却集中主要力量，增加产品的品种，提高产品的质量。我们要知道，衡量一个国家的工业水平，生产的数量是重要的，可是产品的品种和质量尤其重要。我们的目的，在于建立一个独立的、完整的、现代化的国民经济体系，重要工业产品品种的多少，是一个决定性的环节。所以我们的调整工作，首先就大抓特抓这个具有决定性的环节，不到多时，我们的调整工作就取得了巨大的成就。工业生产能力扩大了，技术水平提高了，技术队伍壮大了，设备能力加强了。这就为在我国建立一个独立的、完整的、现代化的国民经济体系，做好了切实的准备工作，打下了扎实的初步基础，创造了更加有利的条件。

到底调整工作取得的巨大成就在那里呢？以下且举几个例子来说明这一点：

（一）从机械工业方面说：经过从一九六一年到一九六二年的两年调整，生产能力、技术水平、成套生产供应水平、企业管理水平等方面，都起了很大的变化。（1）地区分布，由少数地区发展到多数地区，现在各省、区都建立了不同规模的机械工业。（2）从制造中小型机械设备发展到现代化的大型的精密的机械设备。（3）从仿造发展到自行设计、自行制造。（4）从为进口设备配套发展到能够自行成套制造设备，并且能够组织成套设备出口，支援兄弟国家和新独立的友邦。

这些变化，标志着我国机械工业已建立起初步基础，走上了独立自主、自力更生的发展的道路。这不是调整成绩是什么？难道这还能说是放慢了建设的速度吗？

（二）从石油工业方面说：自贯彻执行调整方针后，面貌有了完全的改变。过去我国需要的石油，大部分要靠从外国进口，每年要付出几亿元的外汇。现在根据我国专家独创性的地质理论，进行勘探，经过三年的建设，我国需要的石油，基本上可以由国内生产来满足了。我国最近新创的炼油厂，是一个大型的，是由自己设计、自己施工建成的，质量既好，产量亦多。比苏联替我们设计建设的兰州炼油厂，有几个优点，就是建设的时间短、投资省、用材料少、占地面积小，而且技术先进，各项装备布局，都比较经济合理。这不是调整成绩是什么？这难道又是推迟建设的速度吗？

（三）从冶金工业方面说：我国冶金工业过去底子太薄，产品的品种，同工业发达的国家比较，是很落后的。我们几年来优先发展重工业，打下了冶金工业初步基础，取得了以下各种成绩：（1）钢种和稀有金属品种大幅度的增加，尤其是增加了许多高级的新品种，高温合金、精密合金，等等。在有色金属和稀有金属方面，过去不能生产高纯度的产品，现在已经能够生产了。（2）大大提高了国内金属材料的自给率。过去大部分重要冶金产品，单靠外国进口，现在钢材的规格，增加了几倍，如机械工业、轻工业、建筑工业等所需要的金属材料，基本上能够自给了。今年的自给率，增长到百分之九十四。（3）合金钢和稀缺品种，产量有很大增加，质量有显著提高。（4）壮大了冶金工业的科学技术的队伍，专门研究院，已经开始形成一支有一定技术水平的研究队伍。这不是调整成绩是什么？这难道又是推迟了建设的速度吗？

（四）从对外贸易方面说：自一九六〇年后，针对苏联撤退专家，撕毁协议和合同，对外贸易有计划有步骤地作了很大的调整，对苏贸易减少了，今年下降到百分之二十八。但对苏出口减少，对资本主义市场的贸易额有了增加，在贸易总额中，一九五九年仅占百分之二十四，今年已经上升到百分之五十了。过去要从国外进口的某些重工业品，现在已经有相当数量的出口。在出口总额中，农产品的比重减少了，工业品的比重增加了。这就是工业生产迅速发展，产品品种增加，规格质量提高的结果。

在措施上：（1）有计划地、有重点地建立一些出口商品的生产基地。（2）对传统出口的蚕茧、茶叶等实行奖售办法，保证完成出口计划。（3）积极开展以进养出的工作，主要是进口原料，加工成品出口。如进口棉花，织成棉布出口；进口毛条，织成呢绒出口；进口橡胶，制成轮胎、胶鞋出口等是。（4）有些地方，建立生产出口工业品的专厂和专车间，增加花色品种，提高规格质量。今年在秋季交易会中，出口成交额打破了历届交易会的最高纪录。……我们对资本主义国家贸易的新情况是：购买了一些技术上比较先进的成套设备，如维尼龙设备，尿素设备，合成氨设备等，对加快现代化的工业建设是有利的。这又不是调整成绩是什么？这难道又是推迟建设的速度吗？

此外，凡是底子差、基础弱的工业，如化学肥料厂之类，则大力地填平；凡是过去属于空白点的，如化学纤维厂之类，则大力地补齐；凡是过去不能全套设计和全套制造的，则大力地填补缺口，配套成龙。部门太多，也就不能一一细说了。

总的说来，我们两年来在调整工作中，由于党的领导正确，由于全国人民艰苦奋斗，在各条战线上进行了艰巨的工作，使农业生产有了进一步的增长；工业生产已经稳步上升；质量不断改进，品种显著增加；市场的商品供应量日益增多，城市人民生活有所改善；科学、文化、教育事业也有了新的发展。这些事实证明，我国的国民经济情况，已经走上全面好转的道路。我们今天，有了党的建设总路线，为我们提出基本方向和主要原则，经过几年来的实践，使总路线的内容得到了进一步发展，一系列的具体政策和实际措施，逐步趋于完备。我们的建设经验，并不是从天上掉下来的，也不是从任何国家生搬硬套而来的，主要是依靠我们本国人民在实践过程中不断总结、逐步积累而来的。在我们这样一个人口众多、情况复杂的国家里，建设史无前例的崭新的社会主义，只有一边做，一边学，一边实践，一边总结，使我们的经验越来越丰富，越来越成熟。因而在各条战线上，都取得了伟大的成绩，已经初步地建立起来一个独立的完整的现代化的国民经济体系。这是值得我们自豪的！

我们从周总理作的《国内外形势和任务》的报告中，得悉我们的政府正在制定以下十六种全面规划，就是：农业、工业、交通、商业、高教、科学、文化、卫生和节制生育、大中城市建设、城市劳力和工资、城市多余劳力的上山下乡、物价、财政税收、金融借贷、行政编制、政府工作制度等。这又使我们感到十分振奋。我们相信，在党的正确领导下，全国人民团结一致、奋发图强、自力更生、勤俭建国，就一定能够战胜一切困难，在不很长的历史时期内把我国建成一个具有现代农业、现代工业、现代国防和现代科学技术的强大的社会主义国家！我们要努力学习，加强改造，听毛主席的话，跟党走，走社会主义的道路，为社会主义事业积极贡献自己的力量。

李大钊同志护送陈独秀出险

（1963 年 10 月）

这是一九一九年冬的事。

在北京发动五四运动后，引起了全国的学生运动和工人运动，对于帝国主义和封建官僚军阀进行了激烈的反抗。这时正是段祺瑞执政的时期，段系集团的横行霸道，尤为全国广大人民所仇视。因为北京大学是五四运动的发源地，段系集团更视为眼中钉。对北大教授具有前进思想的，或赞成苏俄革命的，都称之为“过激派”，对陈独秀、李大钊等则早称之为“过激派”的首领。

陈独秀在这时，可以算做激进的民主主义者，他的性情一贯地急躁，反对北洋军阀尤其激烈。有一天，他起草了《北京市民宣言》，大约有十几条。交由胡适，把它译成英文。在夏天的夜里，我同陈独秀一道，到嵩祝寺旁边一个小印刷所去印刷这个《北京市民宣言》。因为这个印刷所是为北大印讲义的，夜里只有两个印刷工人在所内，工人们警惕性很高，把宣言印成后，又将底稿和废纸一概烧得干干净净。我们印完时，已入深夜一点多钟。

暑假期中，北京学校和机关人员，下午多到“中央公园”（即现在的中山公园）去吃茶、乘凉、会友。他们坐到茶桌子后，往往是坐坐走走。有时，茶桌子上只有茶杯茶壶，而没有人在座。我们就把印好的《北京市民宣言》一张小传单放在没有人的茶桌子上，用茶杯压好，等到吃茶的人回到原桌子上来，看到传单，读后大声叫好，拍手欢呼，引起陈独秀和我们大家高兴。

第二天下午，陈独秀约我们四个人（即王星拱——北大理科教授、程演生——北大预科教授、邓初——内务部佥事）到香厂新世界附近一个四川菜馆子浣花春去晚餐。餐后，陈独秀、邓初和我三人上新世界去散发传单，王星拱、程演生往城南游艺园去散发传单。

今天回想起来，我们那时真正幼稚，一点不知道做秘密工作的方法。根本没有想到昨天在中央公园散发的传单，已被军警拾去，因而在各个游戏场、电影院、戏馆、公园里暗布下军警密探，穿着便衣，装作游客，散在各个角落，等到散发传单的人到来，他们就予以逮捕，讨赏。

我同陈独秀、邓初三人到新世界，见戏场、书场、台球场内，皆有电灯照耀，如同白日，不好散发传单。陈独秀同我两人只得上新世界的屋顶花园，那里没有游人，也无电灯。这时刚看到下一层露台上正在放映露天电影，我们就趁此机会，把传单从上面撒下去。哪知道，我们正在向下撒传单时，屋顶花园的阴暗角落里走出一个人来，向陈独秀要传单看，陈独秀实在天真、幼稚，就从衣袋里摸出一张传单给那个人，那个人一看，马上就说："就是这个。"即刻叫埋伏在屋顶花园暗地里的一伙暗探，把陈独秀抓住。我乘着这个机会，急走到层顶花园的天桥上，探子大叫："那里还有一个！"我就在此一刹那间，把手中拿的传单抛了，赶快走下去，杂在戏园的观众中，并脱去长衫，丢掉草帽，躲藏起来。转眼看到邓初一人，还在对过台球场内，把传单一张一张地放在茶桌子上。我小声告诉他，说："独秀已被捕。"他还说："不要开玩笑罢！"正说间，遥见陈独秀已被探子们捉下楼来。陈独秀怕我们不知道他被捕，故意大呼大跳起来，说："暗无天日，竟敢无故捕人！"

侥幸的是，京师警察厅派来的暗探多，京师卫戍司令部派来的暗探少，在双方互相争夺时，陈独秀落到警察厅便衣暗探的手中，立即用汽车把他解到警察厅去。为什么说侥幸呢？因为那时京师卫戍司令是段派嫡系段芝贵，我们散发的传单中，有一条就指明"要枪毙段芝贵"，如果陈独秀落到段芝贵手里，就不一定能保证他不被杀害。那时警察厅长吴炳湘是安徽人，平日还认为陈独秀是很有名的文人。等到后来，安徽几个老顽固派马通伯、姚永朴、姚永概等都用书状要求保释，吴炳湘也就卖个人情，把陈独秀释放了。但陈独秀虽然被取保释放，仍加以管制，不得自由行动，有行动就须得到政府批准。这是陈独秀在京师警察厅中关了三个月的经过。

在陈独秀被捕的三个月中，可以看出五四运动的人物向左右分化的开始。李大钊真正是威武不能屈的好汉，他这时还是大讲苏俄十月革命的成就，广为宣传马克思主义列宁主义。胡适则真相毕露，不敢在家里居住，搬到受帝国主义保护的东交民巷附近的北京饭店去躲藏起来。胡适听说有人对他所写扇面的主人说："你怎么找这个'过激派'胡适替你写扇子?"大吃一惊！因此，就要出来辩白，说他自己并不是"过激派"。那时我同胡适同住在南池子缎库后身八号，我们所办的《每周评论》，就是以这个地方为通信处。我那时负《每周评论》编辑责任，因陈独秀被捕，气愤不过，对段政府和安福系大加痛骂，说："安福胡同是他们的聚义厅。"李大钊仍然在《每周评论》上介绍马列主义和布尔什维主义。那时反动的北洋政府叫布尔什维主义为"过激主义"，说所有谈"过激主义"的人都是"过激派"。胡适至此，掩盖不了自己的真面目，就在这时写了一篇《多研究些问题，少谈些主义》的论文，针对李大钊进攻，借以表明他自己不但不是"过激派"，反而是反对"过激派"的人。可是李大钊的态度却十分坚定，就在反动政府极端仇视"过激派"的时候，仍在《每周评论》上著文答辩，声明他自己是欢喜研究马列主义理论，绝不动摇。当这场大辩论还没有结束时，《每周评论》就被反动政府勒令停刊了。

陈独秀出狱后，仍住北京北池子寓所，这时他已辞去北大文科学长的职务。他因有事到上海去，回北京时，应湖北省教育厅长李汉俊的邀请，取道武汉，做了一次讲演。国内各地报纸都摘要登载他讲演的重点，用大字刊出。北洋政府看到这些报纸，才知道他已出北京。警察厅就在北池子寓所门前，派一个警察站岗，企图等陈独秀自武汉回京时，加以逮捕。我们得到这个消息，就同李大钊商议，派人先到西车站，把他接到王星拱家里，暂避一避，再设法送他离开北京。

当时同李大钊计划，为保护陈独秀出京的安全，万万不能乘坐火车或小汽车出京。李大钊挺身而出，自愿护送陈独秀从公路出走。因李大钊是乐亭人，讲的是北方话，衣着又朴素，很像生意人。就在王星拱家里准备一切。时当阴历年底，正是北京一带生意人往各地收账的时候。于是他两个人雇了一辆骡车，从朝阳门出走南下。陈独秀也装扮起来，头戴毡帽，身穿王星拱家里厨师的一件背心，油迹满衣，光着发亮。陈独秀坐在骡车里面，李大钊跨在车把上。携带几本账簿，印成店家红纸片子。沿途住店一切交涉，都由李大钊出面办理，不要陈独秀张口，恐怕漏出南方人的口音。因此，一路顺利地到了天津，即购买外国船票，让陈独秀坐船前往上海。李大钊回京后，等到陈独秀从上海来信，才向我们报告此行的经过。后来每谈起他两人化装逃走事，人们都对李大钊见义勇为的精神，表示钦佩。

一九二一年中国共产党成立后不久，陈独秀和瞿秋白到苏联去，路过北京，住在邓初家中。此行极端秘密，一切照料也都是李大钊同志计划安排的。等到他们安全地抵中苏边界来信后，李才告诉我们沿途平安的佳音。

今天回忆，知道这件事的共六个人，至今仅有我一个还在，因而把它记录起来。

附注：李大钊同志于一九二七年在北京被害，陈独秀于一九四二年在四川江津逝世，王星拱于一九四九年秋后在上海逝世，程演生于一九五五年在上海逝世，邓初于一九五九年在北京逝世 (他是北京大学教授邓叔存的二兄)。

再关于《每周评论》出版及被封时间的回忆：《每周评论》第一期是在一九一八年十二月二十二日出版的。共发行三十六期。到三十七期刚付印时，即被查封，停刊时间是一九一九年八月三十一日。胡适的《多研究些问题，少谈些主义》一文，登在《每周评论》一九一九年七月二十日出版的第三十一期。李大钊同志的《再论问题与主义》一文登在一九一九年八月十七日出版的《每周评论》第三十五期。这时李大钊同志在五峰，陈独秀尚未出狱，故李大钊文中有“仲甫先生今犹幽闭狱中”一句话，就是指陈独秀在散发《北京市民宣言》时被捕的事。

胡适害怕“过激派”三个字，他在《多研究些问题，少谈些主义》文中说：“我再举现在人人嘴里挂着的过激主义做一个例，现在中国有几个人知道这一个名词做何意义？但是大家都痛恨痛骂过激主义，内务部下令严防过激主义，曹锟也行文严禁过激主义，卢永祥也出示查禁过激主义。前两个月，北京有几个老官僚，看见我写的一把扇子，大诧异道：‘这不是过激派胡适吗？’哈哈，这就是主义的用处。”

（原载《文史资料选辑》第61辑，中华书局，1979年）

杨永泰被刺案真相

1936年10月25日，国民党湖北省政府主席杨永泰在汉口被刺身死。杨是政学系的首脑人物，在当时国民党政治舞台上也是一个要角，因此他的被刺引起军政各界议论纷纭，一般都认为是派系斗争所致。那时杨案以判“主使人”刘芦隐（蒋介石政敌胡汉民系的骨干人物）10年徒刑而了结，军政界的上层对这个结论表示了极大的怀疑。

那年，我正在武昌任两湖监察使。杨案发生后，我得到监察使署调查科长安梦周的报告，说杨永泰系应日本驻汉口领事之邀赴宴，上午11时由武昌渡江，宴毕返回武昌，在汉口江汉关省政府专用轮渡码头被人枪杀身死。我当即将杨永泰被刺的事情报告监察院，随即收到监察院密令，要我将此案发生经过详细查明具报。同时，报上已刊出蒋介石的命令，令军警机关对杨案限期侦破，对幕后策划者及凶手依法严惩。

嗣后知道，凶手刺死杨永泰后，即丢掉手枪，向江汉关后花楼小巷内狂逃，缉者跟踪追赶，大声呼喊：“捉强盗！”当凶手逃到小巷内一家猪肉案边，为一屠户拦腰抱住，因而就擒。原来，这个屠户适巧在头一天被劫，听到巷口有“捉强盗”之声，立即提高警觉，极力协助。

军事委员会委员长武汉行营因凶手已被捕，又得到蒋介石的命令，当即组织秘密侦查庭，审讯凶手，侦查庭设在汉口某旅社中。

一天，侦查庭的代表廖树东（系武汉行营军统负责人之一，后在“八一三”上海事变时死去）来到我处，向我讲起有关杨案的侦查情况。

原来，捉到的凶手只是执行杀杨命令的人，究竟何人主谋一时还弄不清楚。据凶手供述，他不知道直接联系人的名字和住址，只知这人与汉口的一个叫“老三”的妓女相熟。因此，侦查人员就假作嫖客把汉口市行列“老三”的妓女叫来不少，但仍查不出什么线索。后当侦查员正在写条子叫另一妓院的“老三”时，适有人来访，匆忙之间，条子上只写了个“老二”，差一“横”未写上，结果误把“老二”叫到旅社。一问之下，她说：“我是老二，老三是我妹妹。”侦查人员说：“快叫你妹妹老三来!”“老二”说：“我妹妹近来好像有心事，未必肯出来应客。”但侦查人员终于把这个“老三”叫到了。因从“老二”处了解到她的情况，故侦查员搭讪地骗她说：“你相交的那位客人真不够朋友。他在湖南做了一笔生意，赚了7000多块钱，答应要给我一笔款子，不想我来汉口，连他的影子也找不到，真不够朋友。”这一番恍惚的言语，正切中“老三”的心病，那个客人也曾经对她讲过，正做一笔生意，如成功，有六七千元的赚头，将来准备为她赎身从良。那人头一天晚上坐船回南京，临行向她借300块钱，她当时是将首饰当了，凑齐数目借给那人的。现在听说那人7000元早已到手，反而问她借钱，“老三”认定是受骗了。她越想越气，从袋中摸出一张纸条子，咬着牙狠狠撕掉，抛到水汀炉子的脚下，愤愤地离开了旅社。

“老三”去后，侦查人员忙捡起那张纸条，上面正是那个客人为她留下的南京通讯地址。当晚，侦查庭就将“老三”当作人犯传来审问。据她说，那个客人确在前一天夜晚乘轮回南京，她还亲到码头为他送行。那人头戴一顶蓝呢帽子，行李是用红被单包着的。

侦查庭得到这个线索，立即派人同“老三”乘飞机赶到南京，意欲先期抵达，好在码头上捉住那个客人。孰料船到而人迹渺渺。于是，侦查员们又在轮船码头和火车站上密布明暗岗哨，以“老三”作眼线，继续侦捕。终于在第三天，在京芜车站捉住了那个人。原来他为防不测，中途在芜湖下船，乘火车到当涂采石矶一带盘桓游荡两天之后，才到南京。那人被捕后，供认杀杨凶手是接受他的指使，而他是听命于上海某人，并供出上面的指使人住上海贝当路X号。侦查庭又派人到上海贝当路X号侦查，发觉住在这间房内的人已因他案被捕，于是巡捕房布置一个暗探住在屋内，继续逮捕前来联系的人。这天，适有刘芦隐的秘书前来联系，亦被扣住，供出系奉刘之命前来，并说刘即将由港来沪。于是，刘甫在沪登陆，即作了阶下囚。略加审讯，刘即供认是图谋杀害杨永泰的主犯，因而移交司法审判。

我当时听了廖树东关于案情的叙述，虽然将信将疑，但也说不出杨案的真相。直到6年之后，我调职兰州，方觉察廖树东所言和法庭的判决纯系捏造事实，是用李代桃僵的欺骗手法来了结这一举国注目的案件。

1940年，我调任甘宁青监察使。有一次，CC系重要人物、甘肃省党部专员孙步墀有意地问我："杨永泰被杀时你在武汉，你知道杨到底被何人杀害？"我说："那不是刘芦隐吗？"孙听了大笑一声。后来我又和甘肃民政厅长郑震宇等谈起杨案，这才洞悉内幕真相，杀杨者乃是CC集团，孙步墀即为主谋人之一。

杨永泰当时是政学系首领，颇具政治野心。他在没有取得蒋介石信任时，以张群做内线，煞费苦心地窥探蒋的政治和生活情况，凡是与蒋在政治上有联系的人和事，更特别细心观察、挂钩，并极力迎合蒋的政治动向。如蒋明喊抗日，暗想降日，杨就到处透露"抗日必亡论"，又同国民政府要员黄郛相互勾结，阴谋为蒋打通降日的局路。当时称杨为亲日派大头目，实名不虚传。同时，杨永泰在南昌行营任秘书长时，万事一手包办，即使蒋的亲信死党如陈果夫、陈立夫等要见蒋或呈送密件，都要由杨转呈。二陈因杨永泰钻到蒋的左右，把住行营这一重要关口，对其恨入骨髓，故欲采用"清君侧"的办法，将杨除去。

CC集团谋杀杨，事前做了半年的准备工作，有四个省（据说为河北、山东、河南、湖北等四省）的中统负责人参加密谋，上面提到的孙步墀即为其中一人。至于实行刺杨的凶手，是被钱买通的。他是一个失业士兵，原属于贵州的杂牌军队，该军队被解散后，他与另一士兵被一暗杀集团收留，住在汉口后花楼一小栈房里，每天发零用钱2角，住宿伙食都有人代他们开销。杀杨案前，有人同他们接洽，发给其行凶用手枪一枝，允诺如事成另给酬金2000元。行凶前，联系人通过电话，用隐语指出暗杀对象那天的行装打扮和渡江地点等。据说杀杨之前，国民党设在南京专收日本电报的秘密电台曾收到日本汉口总领事拍回本国的电报，报告天长节日，日本总领事宴请杨永泰，在宴会中，杨永泰表示关于日本在中国进行一切事件，他可以负完全责任。该台收到这电报以后，抄送蒋介石一份，陈立夫一份。陈立夫一看电报，立刻拍案说："这家伙这样的荒唐，非把他干掉不可！"果然，过了几天杨永泰就被暗杀了。选择日本领事邀宴后杀杨，也颇有用意。因为当时国内抗日呼声甚高，人民对亲日分子愤恨不已，乘此机杀掉亲日派头子杨永泰，自能争取社会同情，更可以掩天下人的耳目。然后，把杀人之名嫁到被蒋介石视为异己的刘芦隐身上。而军统戴笠早就有为蒋秘密除掉刘的打算，只是当时密捕未成，改为公开逮捕，不好杀害，故将杨永泰被刺之事硬加给了刘芦隐。这样，既了结了杨案又打击了对手，可谓一箭双雕。

（原载《纵横》1996年第7期）

漫谈胡适

（1965年5月20日）

一、我与胡适的关系

我与胡适本来是不相识的。只因我在日本东京留学时，同胡适的同乡朋友许怡荪（又名许绍南）在东京同住在一个“贷家”，后来才结识了胡适。许怡荪的为人忠诚老实，我们相处得很好，同在日本东京明治大学学习政法，于1916年暑假同期毕业，同船回国。1917年春，怡荪来到北京，住在我的寓所——北京朝阳门内竹竿巷。这个寓所是我同李大钊同住的，那时我们同办《甲寅日报》。张勋复辟后，李大钊搬走了，房屋还有多余。这时适值胡适从美国回国，他应北京大学的聘请，来北京任教，许怡荪介绍他同我住在竹竿巷寓所。此后，我于1918年到北大。在北大丛书编辑委员会工作时，又和胡适同住南池子缎库后身。1920年我到日本调查图书出版事务，次年回国，任北大教授，又同胡适合住在北大后面钟鼓寺。后来我移居到织染局，因为同办《努力周刊》，也朝夕相见。直到1926年，胡适又出国去了，我于1927年初（北伐军到了武汉）往武昌中山大学任教，才同他分手半年多。

武汉分共后，我到了上海。胡适由欧美回国后，由蔡元培先生聘他任吴淞中国公学大学部校长，聘我任中国公学大学部社会科学院院长，又由分而合。

到1930年，胡适从苏联往欧美游历。1946年，国民党制宪会议时，他来南京出席，我和他见过几次面。最后，在1948年，北京解放的前几天，他逃到南京，又见过几次面。

这就是我与胡适聚散时期的大概。

二、胡适的处世哲学

胡适的处世哲学就是实用主义，就是他自己说的“实验主义”。他的信条：“经验就是生活，生活就是适应环境。”他坦白地说：“社会科学没有什么客观存在的真理，只因有用、有利，才是真理。对我有用、有利，是我相信的真理；对你有用、有利，是你相信的真理；今天对我有用、有利，是今天应用的真理；明天对我无用、无利，是明天抛弃的废物。”正因为他把真理完全看作一种应付环境的手段，所以他一生的生活，从来没有坚持过什么原则。只要被别人一打一拉，或者一捧一拉，马上就抛弃自己的意见，俯首投降。他说他的一生，不愿被别人牵着鼻子走，可是在实际上却是相反。当他从美国回国初，为五四运动后国内形势发展所迫，在文学上曾向新的、进步的、革命的方面走几步，至于在政治方面，他一直是主张点滴改良的，尤其是依附旧的政治派系，做他们的应声虫，更为彻底，一直向反动方面走去，直到 1942 年五十岁时，自认成为“过河卒子”，只许向反动政府方向前进不许后退，终于陷入反动统治的泥坑，直到北京解放的前几天，还劝国民党反动政府“苦撑待变”。最后，仍追随蒋介石反动政府，于 1963 年死在台湾（胡适生于 1892 年，卒于 1963 年，享年七十一岁）。

在这里举出胡适一生对一打一拉和一捧一拉，就俯首投降的两个事例。

胡适于 1917 年回国初期，因为《新青年》杂志上登载他的关于文学改革的文章，声誉很好，各方面的官僚、政客、学者，都想拉拢他，他那时趾高气扬，不愿同他们发生关系。研究系和旧政客们看到这一点，就在他的《中国哲学史》出版之初，由梁启超出面，撰文狠狠地批评一顿。他表现出张皇失措，托人求和。于是由王宠惠、罗文幹、林长民等人出面，去拉拢他，他就同他们取得联系。他们当时就指定林长民做联络胡适的工作，之后胡适就与梁启超等私下往来很密。我记得杜威由中国回国时，各界知名人士，在北京南河沿欧美同学会中，设宴替杜威夫妇和女儿饯行，座上蔡元培把杜威当作中国的孔子来颂扬，梁启超把杜威当作印度的释迦牟尼来颂扬，林长民把杜威当作中国的老子来颂扬。杜威在这场宴会中，取得了儒释道三教头子的称号。这些参加饯行宴会的人物，都是由胡适出名请来的。在这些事中，可以看出胡适与研究系的关系。这就是研究系对胡适一打一拉的结果。这是一个事例。

再举一个一捧一拉的事例。就是 1946 年，政府召开国民大会，制定“宪法”。在“宪法”还没有公布以前，胡适就带头提出一个“非常时期临时条款”的提案。这个提案的内容，就是为蒋介石将来违反“宪法”开辟道路，在“宪法”没有实施以前，先做下违反“宪法”的准备。实质上就是只要借口说是“非常时期”，就没有任何法律可以限制总统的权力了。“宪法”还未实施，就为他找出勾消“宪法”全部条文的合法根据。我那时当面问胡适，说：“你为什么提出这样的议案？”他说：“有什么办法呢？为了商议这个议案，有几十个人包围我一个多星期。情不可却，只得这样做了。”这真是他陷入反动政府泥坑，“做了过河卒子，只有拼命向前”的证明。这就是国民党政府对胡适一捧一拉的结果。此外，如这类的事例很多，也不再一个一个列举了。

三、胡适对婚丧制度改革的态度

胡适到了美国那样的资本主义国家，也看到旧中国封建社会的婚丧制度是不适用于资本主义社会的。他在改革旧中国婚丧制度问题上，一方面不满意封建社会的风俗习惯，一方面又为封建社会的风俗习惯所束缚，跳不出旧中国封建礼教的圈子。他自己也承认，自己的思想表现在文学、风俗、习惯等改革上，如同缠过足的小脚女人一样，走起路来，总是扶墙摸壁，左右摇摆，不像天足妇女大踏步前进。这几句话，确是他思想摇摆的写真。

胡适在婚姻问题上，思想斗争很激烈。他与江冬秀女士的婚姻，是按照封建家庭的惯例，完全是自小由他的母亲订婚的，胡适与她从来没有见过面。但他那时在中国学校专心学习，年龄还小，也没有注意到这件事。

胡适到美国留学时，看到美国自由结婚的制度，也认为很好，同时，他在美国同某女士相处很久，情投意合，彼此互相尊重。于是对江冬秀的婚姻发生忧虑，想试试她的知识和性情怎样，与她通信，要求江冬秀亲自回信。江冬秀在回信中只有几句普通问候的话，不能表达任何情意，胡适因而大为不满。但是他的婚姻是由双方父母订下的，想悔婚，又不敢悔婚，恐怕提起悔婚，对母亲说不过去。他在美国，打不定主意，在思想上斗争了好几年。后来，他母亲去信，教他千万不要悔婚，否则就是不孝。因此，他才勉强地丢开悔婚的念头。

但胡适与某女士的交情怎样割断呢？他在回国时，有一首诗，就是说这件事的，诗中仿佛有句云："两个黄蝴蝶（两个黄种人），双双飞上天（到美国如同上了天）。不知为什么，一个忽飞还；剩下那一个，孤单怪可怜！也无心上天，天上太孤单！"他看到某女士一个人孤孤单单地留在外国，实在不忍，但母亲的命令又不能违反，处境陷于两难。

胡适在1917年回国后，曾回家去看过母亲，本想同未婚妻江冬秀见一面，但被她拒绝。到北京后，思想斗争又十分激烈，对某女士犹恋恋不舍。曾有《一念》诗云："才从竹竿巷（北京的寓所），忽到竹竿尖（家乡的山名），忽在赫贞江上，忽在凯约湖边（与某女士在美国同居时住的地方），我若真个害刻骨相思，便一分钟绕遍地球三千万转!"由此可见，他那时的思想斗争是反复曲折的，但终于跳不出封建礼教的圈套。只得遵母命，于1918年回家，与江冬秀结婚了。他在结婚后，做了几首诗词，就是说明他们的婚姻是遵照父母之命的，不是自由的，只好说是"分定"的，情愿不自由，也是自由了。结婚后，有一首词说到1917年回家，江冬秀不同他见面的事，在词中问江冬秀："这回还躲藏起来，不同我见面吗?"拟江的回答说:"谁躲，谁躲，那是去年的我!"

胡适在自己婚姻问题上，说是"分定"，说"不自由就是自由"，就是他应付环境，迁就封建家庭主张的具体表现。

胡适在丧礼改革问题上，也左右摇摆。他在他母亲逝世时，从北京回绩溪举办丧礼，本想趁此机会，把丧礼改革一下，他也承认宗法社会中的旧丧礼用不得，感到遵守旧习惯不好，但结果怎么样呢？他对家乡的亲友来吊丧送礼的，不收锡箔、纸币，但却收香烛；他臂上缠黑纱，但认为不够尊重旧礼，因而脚上也照例穿上白鞋。为穿绸缎衣服怕别人责备，他在内心中又进行了一场斗争。

他在送殡时，虽然头上不好戴孝帽，但身上仍着麻衣。他在出殡前夕，在家举行了家祭，虽然不烧锡箔、冥具，但仍点烛烧香拜跪。他在送殡路上，虽然不用草索束身，但仍用白布束腰。为什么不把旧丧礼丧服彻底废除呢？为的是怕那些学究们背后对他议论。

由此可见，胡适在丧礼改革中，也同他对婚姻制度改革一样，只想点滴改良，应付环境罢了。

四、胡适对文学改革的态度

首先要指出的，就是胡适无论在政治改革的主张上，或在文学改革的主张上，都只提出一个最低限度的要求。他说，我们主张“好人政府”，是改革中国政治的最低限度的要求；所提出的“图书目录”，是一个最低限度的目录；他“理想中的人生观”，只要得到最低限度的一致；他所提出的“建议”，只是解决目前问题的一个平庸的计划，等等。所有这些，都是他对待一切事物的基本观点。

胡适对文学改革，曾发生一点作用。但他根本不是一个文学革命家，只能算是一个文学改良派。他的处世信条就是凡事不要抱着大希望，他不承认凡事都能做“根本解决”，因此，他在文学改革的主张上，决不承认有什么能够“根本解决”的革命。

胡适最初提出的，只是“文学改良刍议”，并没有提出“文学革命”这个名词。文学革命论是陈独秀在《新青年》杂志上提出的。就是“建设的文学革命论”，也不是他自己提出的，他最初只提出“建设新文学论”。他常常说：“我的政治文字大都是迁就朋友的主张。”并说，“文学革命是逼上梁山”。他所说的“迁就”，并不是降低自己的主张水平，而是受到大家的鞭策，提高自己的主张水平。因此，他最喜欢用“最低限度”四个字，来表示他的原来主张。

胡适所做的白话诗文，诚如他自己说的，是一个放足的女子。他在《文学改良刍议》里，虽然也想创造出一派新中国的活文学，但仅仅注意在不用典，不用套语滥调，不重对偶，文须废骈，诗须废律，不摹仿古人，等等。可是他自己做起诗来，仍多是旧式体裁，而不能像那时新做白话诗词的人，做出崭新的、纯粹的新诗词。

胡适在美留学时所做的诗文，固然多属于旧体诗文，就是回国后所作的诗词，也未能脱尽旧文言的窠臼。他的新诗，实际上不过是加一些洗刷工夫的旧诗，仍旧承袭五言、七言的句法，绝不是全部都用白话语言，符合白话的自然音节。他虽然也想做到诗体的大解放，可是旧诗体中束缚自由的枷锁，并没有打破，有的仍然因袭旧诗体的音节。他自己也承认，自己所作的新诗词不如康白情做的白话诗词那样自然。正因为他的诗词是从旧诗词的体裁中脱胎出来的，所以说是放足的女子，而不是天足的女子。

究竟胡适在文学改革上成绩如何，已有定论，我也不必多说了。倒不如用他自己的话，做他的评价。他常同我们说他有“四不如”：（1）主张思想自由，不如蔡孑民；（2）主张政治革命，不如陈独秀；（3）打倒孔家店，不如吴虞；（4）写作白话诗，不如康白情。他这样自我估价，倒也很确当的。

五、胡适在北洋军阀时代的政治态度

胡适常常同我们说，他对于政治不大感兴趣，不想在政界占一个位置。其实不然，他的内心对于政治是最关怀的。他在 1917 年 7 月回国，船到日本横滨，听到了张勋复辟的消息，“打定二十年不谈政治的决心”，可是到北京后，仅仅过了两年零八个月，他就忍不住，又来谈政治了。甚至对什么政治派系都可参加，什么政客官僚都可接近，就连退位的皇帝召见都可晋谒。可见他的内心秘密是念念不忘政治的。

胡适虽然想参加政治活动，但总是不赞成政治革命，只赞成在政治上点滴改良。他坚决地说：“我们不承认政治上有什么根本解决的，世界上两大革命是法国和俄国，骨子里都不过解决一些具体问题罢了。”他完全相信美国是不会有革命的。他说：“我们可以武断地说，美国是不会有社会革命的。因为美国天天在社会革命之中。这种革命是渐进的，天天有进步，故天天是革命。”正因为“美国资本虽集中，而所有权则散在民众”。以上这些话，足以说明，胡适是一个彻头彻尾的政治改良派，绝不是什么政治革命家，他只主张渐变的改良主义，坚决反对突变的革命主义。

我们在 1922 年 5 月间，曾提出《我们的政治主张》，发表在《努力周报》上。这个政治主张，是真正代表胡适政治思想的，只主张要建立一个“好人政府”。也说到那时的政治太不像个样子，必须要进行改革，但对政治改革所采取的手段，只是和平渐进的，只是合法的，根本不是革命的。他不主张采取“先破坏，后建设”的革命方法，只主张“在旧的基础上建筑起来一个好政府”。他公开地主张：“现在要平心降格地公认好政府一个目标，作为现在改革中国政治的最低限度的要求。”

胡适心中所想的“好人政府”的标准究竟是什么呢？有一次谈到熊希龄组阁，把王宠惠、梁启超、罗文榦之流的政客们拼凑起来，作为内阁阁员，胡适就大为满意，同我们说：“这就是我们理想中的好人政府。”他心目中的好人政府的榜样，原来如此！

胡适崇美思想是深入骨髓的。那时中国共产党发表了《中国共产党第二次全国代表大会宣言》，分析当前国际形势，说到美国同日本携手，要来侵略中国。胡适就同我们说：“你看，这个宣言一点常识都没有。”说美国想侵略中国，“这种观察很像乡下人说海外奇闻，几乎是全无事实根据的”。我们从这几句话中，可以看到胡适迷信美帝国主义到了什么程度！

胡适崇拜美帝国主义，也不是偶然的，他受到美帝国主义的恩惠，中毒之深，几至不可想像。他说：“外国对中国投资，早希望中国和平与统一，这次欧战结束以后，老实说，现在中国已没有很大的国际侵略的危险了！”他并说：“租界是福地，外国官员在中国管事，是中国的幸事。你看，中国的海关和邮政，假使不请外国人来管，落在中国官僚军阀手中，那还成什么样子！”这种崇外、亲外、媚外的心理，在他的头脑里占着主要的阵地。因此，他的一生，就是托庇于外国人的一生，尤其是托庇于美帝国主义的一生！

1922年6月，中国共产党发表了《中国共产党对于时局的主张》，针对《我们的政治主张》提出严厉的批评。说它是“妥协的和平主义”，是“小资产阶级的和平主义”，是“姑息的妥协的伪和平论”。胡适看到这种严厉批评，心中多少时候不能平静。他说：“什么叫做小资产阶级？”“难道资产阶级之外，还有什么小资产阶级吗？问问他们，在无产阶级之外，还有没有小无产阶级？”他最后说：“好了，我们不必再争论了，你们发表的是理想的主张，我们发表的是最低限度的主张，我们并不非薄你们的理想主张，你们也不必非薄我们的最低限度主张。”求同存异，各不相犯，这就是胡适口中常说的两句话，也就是他骨子里不得不服输的口气。

其实，胡适所说的“最低限度的主张”，还是虚伪的，骗人的；他根本就没有什么“主张”。只要有人对他拉一拉，捧一捧，最低限度的主张也没有了。前边说过，胡适的头脑中，社会科学就没有什么客观存在的规律，他认为所有的科学规律，都是“人造的最方便最适用的假设”。没有什么科学真理是天经地义和一成不变的。它一是人造的，二是假定的，三是随时可以改变的。实用主义根本不承认有什么不随人的意志为转移的客观存在的真理。认为一切真理都是应用的假设。假设的真不真，全看它能不能发生所应该发生的效果。他说他这种对待科学规律的态度就是“科学家在实验室中的态度”。

胡适根本不承认人类生活有什么一定的规律可循，只承认一切都是应付环境，现举出两件事来证明。

第一件事是他毫不迟疑地参加段祺瑞政府在1924年召开的善后会议。本来在直系下台之后，冯玉祥电请孙中山先生北上，主持国家大计，段祺瑞也因许世英的怂恿，去电表示欢迎。中山先生主张召开以人民代表为基础的国民议会；段祺瑞则主张召开以北洋军阀实力派代表为基础的善后会议。因为协议不成，国民党拒绝参加善后会议。那时许世英想在北大教授中拉出几位教授出席，替段政府捧捧场面。他事先同我们接洽，想请李仲揆、周鲠生和我参加，遭到拒绝。顾孟余事先不知道，名单发表后，他就登报大骂一阵。只有胡适，一请就到。当他出席善后会议的开幕式回寓后，我问他为什么参加这个会议。他说：“我想去看看他们到底玩什么把戏。”后来也因不理于人口，就不再出席了。他不出席，并不是出自本心，只是受到舆论谴责，方才罢休。

第二件事就是应宣统的“召见”，规规矩矩地晋谒一个退位的皇帝。他这次晋谒宣统的事，我在事前一点不知道。在他晋谒的第二天中午，我们同桌吃饭，见他脸上颜色不好看，也未便过问。饭后见报上登载他入宫晋见的情况，说，“我称他皇上”，“他称我先生”，“只许我鞠躬，未要我下跪”云云，真正见不得人！“蒙皇上召见”于当时感到光荣，等到报上给他严厉批评，一才又感到十分惭愧。后来，冯玉祥逼宣统出宫，并取消优待清室条款。他又在报上大声疾呼，为“皇上”鸣不平。胡适在政治上，到底有什么原则，在这件事上，不是十分明显吗？

胡适在从美国回国之初，有许多人把他看作进步人士。为什么仅在几年内就发生了变化呢？转折点到底在什么时候？我不妨在此略微叙一叙我的看法。

大家都知道，1919年的五四运动是中国新文化运动的开始。这个运动，发生在苏联十月革命的思潮流传到中国的时候。五四运动的内容，不只是在文学方面有所改革，同时还进行了“科学与民主”的宣传运动。

而马克思列宁主义的宣传也渐渐进入中国，这就不能不引起许多顽固派的仇视。他们那时，把马克思列宁主义同俄国的布尔什维克主义，一律叫做“过激主义”。把宣传它和研究它的人叫做“过激派”。正在这时，陈独秀被捕入狱，我们所办的《每周评论》也被查封（《每周评论》是在1919年8月被北洋政府查封的）。而《每周评论》的编辑处，就是在我同胡适同住的南池子缎库后身八号。这几件事同时出来，胡适极端恐惧，他赶忙移居到受帝国主义保护的北京饭店里去。并发表《多研究些问题，少谈些主义》一文，作为他自己向反动政府递出的投降表！且看胡适在这篇文章中，害怕“过激主义”和“过激派”的头衔，到了什么程度！他说：

> 我们再举现在人人嘴里挂着过激主义，做一个例子。现在中国有几个人知道这一名词做何意义？但是大家都痛恨、痛骂过激主义。内务部下令严防过激主义，曹锟也行文严禁过激主义，卢永祥也出示查禁过激主义。前两个月，北京有几个老官僚在酒席上叹气，说：‘不好了，过激派到了中国了！’前两天有一个小官僚，看见我写的一把扇子，大诧异道：‘这不是过激派胡适吗？’哈哈，这就是主义的用处。

由此可见，胡适那时对过激主义和过激派这两个名词，恐怖得已经到了神魂不安的地步。

1923年曹锟贿选，走进了总统府，倒行逆施，不理于人口。胡适那时正在杭州烟霞洞养病，10月4日下山，5日到了上海。上海各界正责备他所办的《努力周报》上不骂曹锟。他说：“此时谈政治，已到‘向壁’的地步。”因而写信到北京，把《努力周报》停刊，他想从讨论政治方面转到讨论文学改革方面去。

苏联十月革命胜利后，李大钊同志对社会主义革命的理论，专心研究。胡适最怕人宣传苏联的社会主义理论。李大钊同志劝胡适到莫斯科去游历，多住一时，不要再到欧美去；而胡适则劝冯玉祥不要在苏联停留得太久，最好是再往西去，即使不能到美国，至少也应该看看德国。他们那时的意见分歧，在今天看起来，不正是政治战线上两个阶级、两条道路斗争的具体表现吗？

六、胡适在国民党统治初期的政治态度

胡适在1927年大革命时，还在欧美游历。他是在1926年秋天，从苏联到巴黎、伦敦去游历，于1927年初到美国住了几个月。他是在1928年暑期担任吴淞中国公学校长的。我要说的，只是他在中国公学担任校长前后几年内的几件事。

蒋介石在1927年分共之后，在南京建立了“国民政府”。胡适于1927年冬季回国，本想钻入国立大学里边去任教，但没有方法钻得进去。这中间也有几个重要原因。

胡适在大革命前，对孙中山先生是看不起的，“孙文学说”中最主要部分是知难行易，胡适偏要反驳，说什么“知难行亦不易”。

胡适做孙中山先生的死对头，还不止在学术方面，尤其严重的，是在政治方面，他根本反对孙中山先生的国民革命。他认为“大革命（民主主义大革命）是一时不会实现的，希望用大革命来统一，也是画饼不能充饥”。1922年中山先生誓师北伐，陈炯明在广州叛变。四月间中山先生脱险至上海。胡适说：“孙氏主张用广州作根据地，做到统一中华民国……不惜倒行逆施，以求达到他的目的。”“陈炯明一派这次推翻孙文在广东的势力，本是一种革命。”承认陈炯明做的对。国民党报纸看到胡适反对孙中山先生，一直回骂了他大半年。

胡适这些言论都是在1927年大革命以前发表的。大革命后，胡适回到中国，担任中国公学校长。他办中国公学，学校为国民党所仇视；他同徐志摩等合办《新月》杂志，新月派也为国民党所仇视。中国公学的一些教授，反对国民党政策的，这些教授也为国民党所仇视。学生中间有些是中共的地下党员，把反对国民党的学生组织起来，经常向国民党

的学生进攻，这些学生也为反动派所仇视。胡适看到他在国民党统治下面，没有立足的余地，只因与蔡元培有私人关系，在大学委员会中挂一个空头委员的名义，于是异想天开，做了一篇《孙中山哲学》，想在《中央日报》上发表，但遭到拒绝。后来，我把他这篇文章，寄给香港某报，才在香港报上发表。

那时中国公学是一个私立学校，学校经费起先由熊克武、但懋辛等筹助，并派丁瞉音在校内兼管行政事务。1928 年公推蔡元培先生做董事长，经费即由蔡先生筹措。学校校址在吴淞炮台附近。蔡先生任董事长后，找北京大学旧教授和毕业学生多人担任教员；胡适自己也聘请北大文科毕业学生到校任职。这时中国公学有理科，又把政治、经济、文学各系合并在社会科学院内，故学生比在理科肄业的更多。蔡先生找我到中国公学去任社会科学院院长，兼政治系主任。

胡适在这时，本想专办教育，不谈政治，但是政治却来找他。那时国民党的中央党部已经提出“党化教育”的口号，就是对私立的中国公学，也不能例外。可是那时“蒋家天下陈家党”的局势虽已形成，但办教育的有名人物，不容易接受陈家指挥，陈家也不能相信他们。那时我们还没有知道“CC 派”这个名词，只知道学生会中所有担负工作的学生，大都与“陈家党”有关系。有许多学生被“陈家党”网罗去了，在学校中充当“陈家党”的爪牙。那时中国公学学生会中，也有我们熟悉的学生，他们就常常告诉我，说中央党部月月都有文件来，教学生会报告我们教员们在学校中和课堂上的言论行动。可是“陈家党”在这个时期，在中国公学的教职员中，既找不到重要的代理人，又没有人可以派到学校中来担任重要的职务。只凭学生会中几个学生的能力，也做不出大事，只得在学校中明争暗斗，闹起风潮，破坏学校秩序。到了胡适辞职的时候，正是风潮闹得最大最久的时候。

胡适在中国公学任职不过两年，他在这两年中，除开会、上课到学校中来以外，平时不大到校，缩手缩脚，一件事不能办。1930 年三月，因事出国，把校长私自让给他的旧同学马君武。马君武是广西人，在教育界和本校中都没有后盾。于是到南京去投靠广西派李宗仁（适李宗仁这时来到南京）。蔡元培先生因他拉政治关系，使教育事业重新陷入政治漩涡，又因学生闹风潮，把学校秩序弄得一塌糊涂，有一天晚上，蔡元培先生在上海沧州饭店召开中国公学董事会，到会的董事有刘南陔、丁瞉音、马君武和我几个人。蔡先生在会上大发雷霆，痛骂马君武指使学生闹事，投靠广西政客，败坏教育事业。会议通过蔡先生辞去董事长的职务。后来，国民党政府教育部派于右任做董事长，也遭到学生反对。国民党政府教育部乘着这个机会，就把中国公学解散了。到 1932 年“一·二八”淞沪战事起来，校舍全被毁掉了。

蔡先生办中国公学的计划没能实现，胡适也应负一部分责任。

1965 年 5 月 20 日草成

（原载《文化史料》第五辑，文史资料出版社，1983 年）

六安文化名人丛书

高一涵全集

第三卷

专著

高一涵 著

全国百佳图书出版单位
时代出版传媒股份有限公司
黄山书社

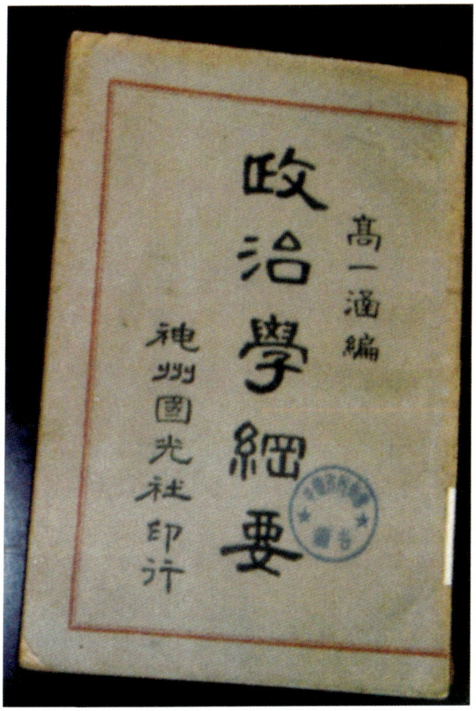

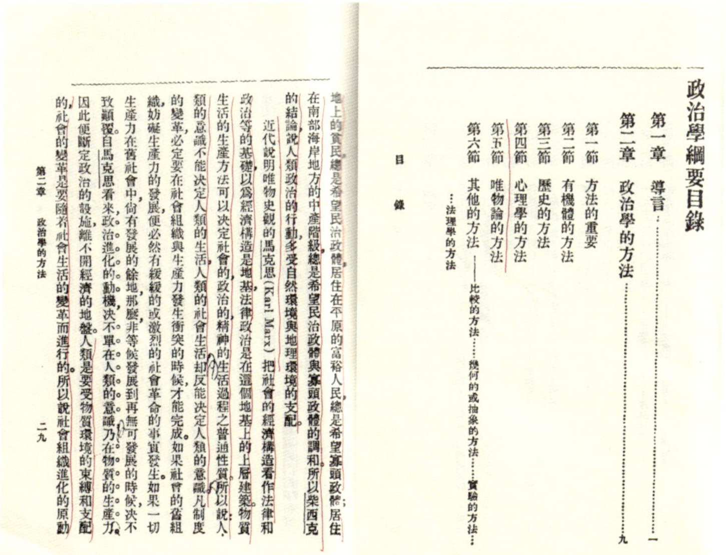

政治學綱要目錄

地上的貧民，總是希望民治政體，居住在平原的富裕人民，總是希望寡頭政體；居住在南部海岸地方的中產階級，總是希望民治政體與寡頭政體的調和。所以柴西克的結論，說人類政治的行動，多受自然環境與地理環境的支配。

近代說明唯物史觀的馬克思(Karl Marx)把社會的經濟構造看作法律和政治等的基礎，以爲經濟構造是地基，法律政治是在這個地基上的上層建築。物質生活的生產方法可以決定社會的，政治的，精神的生活過程之普通性質。所以說人類的意識不能決定人類的生活，人類的社會生活，却反能決定人類的意識。凡制度的變革，必定要在社會組織與生產力發生衝突的時候，才能完成。如果社會的舊組織，妨礙生產力的發展，便必然有緩緩的或激烈的社會革命的事實發生。如果一切生產力在舊社會中，尚有發展的餘地，那麼，非等候發展到再無可發展的時候，決不致顛覆。自馬克思看來，政治進化的動機，決不單在人類的意識，乃在物質的生產力。因此便斷定政治的設施，離不開經濟的地盤。人類是要受物質環境的束縛和支配的，社會的變革是要隨着社會生活的變革而進行的。所以說社會組織進化的原動

高一涵著《政治学纲要》的原版

高一涵部分著作封面

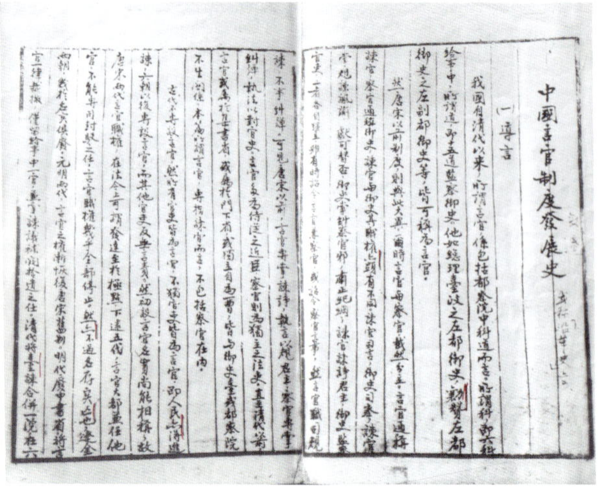

高一涵著《中国言官制度发展史》手稿

目　录

欧洲政治思想小史

政治学纲要

第一章 绪 论

政治思想本是为应付政治环境发生的，故有一代的政治情形，必发生一代的政治思想。政治思想有没有价值，就看他对于当时政治情形能不能发生什么影响。凡不根据当时政治情形而生出的纯粹理想（Pure Ideal）或纯粹理论（Pure Reason）在政治上绝不会发生什么效果；不但没有效果，并且照历史家眼光来看，无论在什么时代，绝不会有凭空结撰的纯粹理想纯粹理论发生；便是发生了，他绝不会存在的。

往社会有机论家说：社会是有机体，生长进化都是自然而然的。唯物史观家说：国家，教会，文学，艺术，科学，哲学，都是历史的副产物（By-Product），只要经济情势变迁，别的东西也自然跟着进化。他把社会看作自然生长衰灭的，不要人工创造。这些物观的思想家，大概多以为人类智识是从历史积聚起来的，却忘记了人类智识是创造历史的一种势力。我们要想知道社会历史所以进化的原因，便不能丢开人类智识，单让社会历史自然生长进化去了。

现在时代的思潮是什么？简单说起来，可算是“人类中心”（Anthropocentric）新观念盛行的时期。现代的思想，不像古代学者以人类为听自然的摆布的玩意儿，乃以人类为创造宇宙的中心点。因此社会和历史都向人本主义（Humanism）和人类中心观念一条路上走来；因此便认智识是创造社会历史的工具；因此便认社会为适应人类需要而创设的器具；因此便认历史一方面为人类智识活动的结果，一方面为人类建筑将来世界的根基。

现在许多思想家都取一种“历史的态度”（Genetic Method），凡研究某种制度，如果要找出那种制度所以发生的原因，所以变迁进化的道理；那么便不得不认定那种制度，是适应那时环境，救济那时毛病，临时假设的东西。自历史家眼光看来，天地间没有绝对不变的制度，没有神圣不可侵犯的真理。某种制度，某种真理，都不过适应某种社会，某时某地的环境，发生出来的。这种“历史的态度”一方面承认一切制度都是临时假定的制度，不遵奉一种制度为天经地义，致阻碍社会的进化；一方面承认一切制度都是针对当时情势发生的，使人容易明白一种制度绝不是包医百病的神方，一种真理绝不是“放诸四海而皆准”的法则。

知道思想是适应时代特别环境发生的东西，当然不能承认世界上有什么纯粹理想纯粹理论可以存在的道理。既不承认世界上有纯粹理想纯粹理论，那么我们凡研究一种思想自然不能不寻找那种思想所以发生的背景（Background）。要想找出思想发生的背景，当然不能不有历史的知识。据我看来，历史知识有两个最重要的益处：

（一）知变

（二）明因

什么叫做知变呢？大概政治史家第一件要紧的事就在研究古今中外政治思想政治制度沿革变迁的线索。譬如浩布思（Thomas Hobbes）洛克（John Locke）卢梭（Rousseau）三个人同是主张民约说的人，但是浩布思的民约说和洛克不同，洛克的民约说又和卢梭不同。又譬如同是一种代议制度，英国的代议制度和法国不同，法国的代议制度又和美国不同。便就英国一国说罢，从前的代议制度和现在又不一样。从他们这些相同的地方和相异的地方找得一个沿革变迁的线索出来，便可知道政治思想政治制度都是适应一时一地环境假设的方法，钞袭人家老死的法子来医治活泼泼的社会，是一椿顶大的危险事体，这便是知变的用处。

什么叫做明因呢？就是既已得到思想制度沿革变迁的线索，应该再进一步，研究所以变化的原因。譬如研究国家观念，便要问：何以中古的国家观念与近古大不相同？近古的国家观念又与现在大不相同？又譬如研究十八世纪经济史便要问：何以那时都主张自由政策！研究近来的经济史便要问：何以这时又都主张社会主义？把这些原因搜求出来，知道有什么原因，必有什么结果；既然有这种结果，又可预料到必然要生出别种原因。抽出因果公例，做我们现在应付事情的指南针，这便是明因的用处。

凡稍微研究政治学的人，大概都知道“历史是从前的政治，政治是现在的历史。”（英国史家福礼门 F.A.Frecman 的话）和“没有政治学的历史是为无果，没有历史的政治学是为无根”。（席黎 S.J.Seeley 的话）这两句话，由此可见得历史和政治关系的密切。

但是历史的研究一点毛病也没有吗？这却不然。历史的研究也有种种的毛病：

（一）搜求往事，最容易受历史现象的拘束。

（二）设没有有系统的研究，所得的历史知识都是零碎不相联络的，不能贯通一气的。

（三）历史是人类过去的经验，由此得来的智识都是回顾的，不是向前的，最易于抱守旧的观念。

（四）历史家多重掌故，拿陈例来对付新环境，一定要妨碍社会的进化。

以上几种弊病大概都是研究历史的人常常有的。何以常常有这几种弊病呢？依我看来，这都是物观的历史坏处。现在人类中心的新观念，很足以救正这些毛病。救正的方法，便是不承认人类知识是由历史堆聚起来的，乃承认历史的知识是由人类以智识寻找出来的；不承认历史自身有进化的趋响〔向〕，乃承认历史的进化是由人类智识创造出来的；不承认历史进化有自然的路径，乃承认这种路径是由人类智识节制，条理，指挥，引导，教他朝一定的方向走去的。这种人类中心的新观念发生以后，那些物观的“断代为史”的，“食古不化”的，“寻章摘句”的历史家，都不得不在淘汰之列了！上边所说的是历史知识的重要，下边再说一说政治思想的方法和思想与事实的关系。

大概太古人类，一切事体都照原来的风俗习惯遗传做去，并不用什么思想，做自己做事的方针。到了时势变了，旧有的风俗习惯遗传都不够用了，不得不发生疑问——研究旧有风俗习惯遗传为什么不能应用？果真不能应用，到底有没有别的方法可以补救——疑问便是思想发生的渊泉。所以政治思想发生，必定要在政治上有了毛病，有了难关之后。

政治思想家的方法：第一步便在研究政治上的毛病，政治上的难关到底在什么地方。譬如医生医病，遇到病人，起首便要搜求得病的原因，凡饮食起居，呼吸便尿，都要检察。细心诊察，然后下个诊断。政治思想家也要如此。譬如中国现在受了外国新思潮的影响，旧有的思想都不能够应用，都从根本上摇动起来了。所以现在思想家多取一种观察批判的态度，来研究各种问题，找出各种问题的病症到底在什么地方——这便同医生诊病，下诊断，一样——这便是思想家第一步方法。

必先知道病症所在，才可以下治病的药方，故政治思想家第二步工夫便在假定种种解决的方法。这些解决的方法并不能凭空杜撰，是要依从前的经验，和自己的知识，提出来的。经验知识的用处全在这些地方。如果经验知识不能活用起来，不能随时随地提出医治社会病症的方法，便是死经验，死知识；如果提出解决的方法，不凭着平素经验知识，便是空想的，武断的，皆不能发生什么效力。

既已提出种种假定的解决方法，便不能不判断那种假定的方法可以适用。故政治思想家第三步工夫便在决定那种方法是适用的解决。凡人遇到一件困难问题，同时往往想出几个解决的方法，政治思想家对于同时提出的种种方法，必先把每种假设方法最后的结果一一预想出来——想定用某种假设应该发生什么结果？这种结果是否能解决这种困难——看那种结果最好，便适用那种假设。

现在人类行事所以和古代不同，文明人行事所以和野蛮人不同，便在一个有意识，有预算，一个无先见，无计划，一味碰命运。所以思想家必事先筹算，不用瞎碰的办法；一方面有预料将来结果的知识能力，一方面又有评判自己所预料的究竟错不错的知识能力。

政治思想家最后的方法便是实验。（注意，古代思想家从没有把实验的行为，归纳在思想方法里面，把行为归纳在方法内，是自实验派才有。）因为政治思想家如果但认定某种假设可以解决某种困难问题，却不去实地试验，试试看与他理想究竟同不同，自己的推想究竟错不错，还不得而知，必得实验过了，才可算是可靠。

把以上四步方法综合起来，便是因困难而下观察，由观察而定假设，依假设而下推断，凭推断而来实验。从前的政治经验，便是现在假设的来源，便是判断假设的武器。可见得政治经验即是政治思想，政治思想也即是政治经验。由政治事实发生政治思想，更以政治思想范围政治事实。故有周朝的政治情形才发生出孔孟政治思想，有卢梭的政治思想才发生法兰西的大革命。这都是思想事实密切关系的证据。

我们既知道思想与事实有这样的关系，便可推测出来各国各代政治学说所以不同的原因。政治学说绝不是包医百病的药方，为什么呢？因为学说的本身是一种随时假设的东西，某种假设是针对某种事实而起的。拿多少年前时代不同的学说，拿多少里外境地不同的思想，移植到我们现在生活的社会里边来应用，当然是格格不入的。所以我们研究政治思想，不可不先弄明白政治思想家种种不同的原因。

政治思想家第一个不同的原因便是受当时政治社会情形的影响。无论什么超群出众的思想家，总超不出当时政治社会的实际生活，亦只因为他不脱离当时政治社会的实际生活去说空话，所以才成超群出众的思想家。我们可检出一个人来说，譬如希腊的柏拉图（Plato）（西历纪元前四二七年生，前三四七年死。）这个人，没有人不说他是理想家，但是我们如果把他的学说分解起来，可看出他的主张无一处不受希腊政治社会实际生活的影响。我且举出几条来：

（A）希腊社会是个贫富阶级争斗的社会，故柏氏主张共产，主张废止金钱，主张按财产分阶级，并限制富人财额不得过贫者四倍以上。

（B）斯巴达（Sparta）当秘罗战争（Peloponnesian War）时候国势很盛，故柏氏很仰慕他，也主张公共教育，公共食堂，和体操训练的方法。

（C）当时斯巴达是武力富豪混合的政体，雅典（Athens）是民治政体，西西里（Sicily）是专制政体，柏氏理想制度都是对症下药的——他见治者教育知识在被治者之下，所以想造成哲学家来做君主，见不是财阀专横，便是军阀专制，所以主张均贫富，尊理性，使人免去私欲之争，养成高贵的人格。

(D) 雅典初行民治的时候，组织不备，平民跋扈，法律的基础毫未完固，所以柏氏在共和篇（The Republic）痛骂民治，后来因为雅典民治的组织渐渐完备，所以他在法治篇（The Law）中不但不极端反对民治，并且很有些地方推重雅典的制度。

照这个例看起来，便是著名的理想家柏拉图，所有主张都不能完全脱掉当时政治社会的实际生活的影响，何况别人！我们明白这层道理，我们研究政治学便当以自己所处的国情为主……因为政治社会的背景，便是政治思想的精神，研究政治思想而不注重思想的背景，便是第一个根本错误。

政治思想家第二个不同的原因，便是受时代思潮，和师传派别的影响。无论什么思想家总不能不带当代思潮的彩色。譬如当进化论盛行的时候，几几乎没有一个重要的思想家不带些进化论的气味；当英国功利主义（Utilitarinism）盛行的时代，英国人总带一点功利主义的色采；又如十九世纪的政治经济学家至少总有一点个人主义的臭味；二十世纪的政治经济学家，又无人不受社会主义的影响——这都是时代思潮的传染。又如亚里士多德（Aristotle）（纪元前三八四年生，前三二二年死。）的思想，总有他的先生柏拉图的模型藏在内；而密尔（J.S.Mill）（西历一八〇六年生，一八七三年死。）一生无论把功利主义的范围怎样扩张，然总不能逃出他的先生边沁（Bentham）（西历一七四八年生，一八三二年死。）的精神——这又是师传派别的势力。研究政治思想如果能先把这两层道理弄得清楚了，便可知道人人思想都有个来踪去路，寻得他的来踪去路便不致生吞活剥的去仿效人家的步武，也不致枝枝节节的去议论人家的短长。

政治思想家第三个不同的原因便是受个人性格的限制。譬如中国的二程三苏思想态度总不能完全一样，英国密尔父子，（老密尔叫 James

Mill，小密尔叫 John Stuart Mill。）虽然同是功利派，但是两人思想态度至少也可看出一点差别。我们明白这个原因，又可以省了多少扶墙摩壁一举一动的效法人的弊病。

这篇绪论写起来已觉得太长，现在且说几句话作此篇的结束。我这篇“政治思想小史”当然是不能详细写的，不过我的意思总想介绍几派很重要的政治思想大概，供大家常识的参考。我的大意是：

（一）拿历史进化观念来证明种种学说都是当时应付环境解决问题的假设，使人自己去打破学说天经地义的观念。

（二）想证明学说是由于政治社会实际生活发生出来的，使人知道人家的学说只可拿来供参考，绝不能拿来生吞下去，不消化他，便想他发生滋养的功效。

（三）想证明时代情境是思想的精骨，不可丢开事实去空发议论。

（四）想供给一点解决政治社会问题的方法，好使大家藉一点参考资材来创造解决中国现在问题的新学说。

这几个目的，以我的知识和这篇小史的内容论，当然是绝对做不到的，不过略为写出来，表明我个人的痴心妄想罢了。如果拿这本毫无价值的小书，引起阅者的反响，大家都觉得这本小册子不好，大家都出来做一本更好更有价值的书——这便是这本小史的影响！

第二章　城市国家时代

欧洲政治哲学的始祖当然要推柏拉图、亚里士多德两个人，这是不待说的；但是这两个人的学说，自一方面看来，似乎一个偏于理想，一个偏于实际，其实皆是希腊时代的产儿，和当时思潮的反响。现在当没有叙述这两个人学说之先，且略为叙一叙希腊政治情形和思想状况。

一、希腊政治情形

希腊政体变迁大概可分为四个时期：

（一）家长式的君主政体时期。（纪元前八百年前后）

（二）富豪政体时期。（纪元前七百年前后）

（三）专制政体时期。（纪元前六百五十年到前五百年）

（四）平民政体时期。（纪元前五百年至马基顿兴国时代）

希腊历史到纪元前七世纪以后才可算作信史，何墨尔（Homer）时代事实究竟怎样，很不明了。自七世纪后，除斯巴达外，大概都是富豪政治（Oligarchy），到了六世纪，商业渐渐发达，国家内部便有许多危险思想发生。大概在农业时代只有家族的个人团体，到了商业时代便由个人生活变到社会的生活。因为商业发达，富者便占势力，处处以自私自利为主，政治现状遂根本摇动。富豪政体破坏后，便生出专制政体。在专制政体之下，既虐待一般贵族，又迫压一般平民，贵族和平民结合起来，便把专制政体推翻。推翻专制政体之后，到马基顿兴起时候，便是平民与贵族各争权力的时代。

当雅典商业发达之后，阶级争斗因之而起。亚里士多德有几句话批评这时的状态。说：

宪法不但为富豪政治的保证，而且平民自大人至小儿都做富者奴隶，耕富者的土地，不过收获全部六分之一。如果不纳地租，不但土地羊等可以没收，便是小儿也要拿来做抵押品。凡借钱都以人为抵押；且因为绝对没有参政权的原故，经济上更发生种种困难，平民什么也没有，什么也不给与。

后来梭伦（Solon）立法想把这种弊病根本改革，解放农奴，取消以土地财产做抵押的借债，允许无产阶级以工商为职业。梭伦立法的宗旨便在调和贫富阶级的争端。他说：

我超出现状之外，保护贫富人民，不赞助一方面，也不想使一方面占优胜。

我们并不是夺取富者的东西，是想调和贫富；这是我们当然的权利义务。

由此可见希腊阶级争斗的利害，照历史上通例看来，凡在贫富不均劳逸不均的社会之中，必定生出一种社会主义或无政府主义的学说出来。譬如周朝贫富不均，便生出老子无政府主义的思想；欧洲当产业革命以后，资本劳动阶级生活不平，便生出马克思、巴苦宁（Bakunin）等共产主义的思想。故希腊的阶级争斗实在情状，也就是柏拉图……主义，亚里士多德均分贫富，限制富者财产等思想发生的原因。

二、希腊思想状况

但逢社会生活不安时候，必定有改造的思想发见。当雅典阶级争斗盛行的时候，便有许多宗教的团体，和改革宪法的思想家出来。又兼商业发达，同外国人来往的机会更多，看见中央亚细亚和小亚细亚诸国和地中海诸殖民地的社会习俗制度，大不相同，大家才各自觉悟，知道习俗制度不是绝对不可变革的。此外还有一个最大的影响，便是波斯战争。

（纪元前五〇〇年到前四七九年。）这个战争，激起希腊民族自觉和个人自觉，他们知道救出希腊危险的是“人类不是上帝”，人本主义便起来代替宗教。后来“哲人派”（Sophist）主张个人主义，说“人为万物准则”，就是受这种战争影响而来的。

希腊到哲人派出来的时候，很像中国历史上“处士横议”“邪说盛行”“杨朱墨翟之言盈天下”时代的景况。哲人派中有文法家，有逻辑家，有修词学家，有道德家及政治家。有的为专制辨护，有的为法治辩护。有的是神智学家，有的是生理学家。这些人大概多不是雅典人，都是从附近各地跑到雅典来的。若拿中国的成语说，真可算是“五方杂处”“百家争鸣”的时代！但逢思想混杂的时候，必定要生一种反动，大思想家出世，必定在是非不明的时代。故希腊哲人派的议论便是柏拉图亚里士多德的先锋！

三、柏拉图 Plato（417-347，B.C.）

柏拉图的母亲与梭伦同族。自幼生在贵族的家庭，三十个暴君之一克尼秀（Critias）是他的叔舅，推翻民主政体实行贵族政治的安体风（Antiphon）也是他的亲戚。到了二十岁的时候，又师事苏克拉底（Socrates），研究苏氏智识的贵族主义之哲学。所以柏氏很推重智识的贵族政治，主张以哲学家做君主。他以为人生目的在求善的生活。只有得到极端抽象的智识之人才能够明白善的真正意义，无知无识的愚民，想过善的生活，只有服从有天资有教育的贤哲指挥命令，才能做到——这便是柏氏主张贤人政治的理由。

照柏氏的意思，只要哲学家做了君主，理想国马上便可以实现。他说：

不等到哲学家做了帝王，或世界上帝王有了哲学家的精力，兼政治的气量和智慧于一身，去了庸人得了这个失了那个的天质：国家的恶害断不能息——不但国家，人种亦然——只有这样，我们国家才可以得到生命，才可以得见天日。

因为柏氏主张贤人政治，所以便痛恨平民政治（Democracy）。柏氏心目中的平民政治便是乞丐愚民瓜分权利的政治。愚民因为贪欲，残杀富豪，驱逐市侩，拿自由权力分给自己同党，把知识，阶级，正义，道德，法律，秩序，一齐打破，趋到极端平等自由。自这方面看来，便是无政府；从那方面看来，便是“一国三公”的多头政治，社会不得不人人自危了。

柏氏又把人类天性分作三种：（一）理（Reason），（二）气（Spirit），（三）欲（Appetite）。理想的社会阶级也分作三种：第一阶级是智识阶级组成的，第二阶级是富有勇气的人组成的，第三阶级是愚怯的有嗜欲的人组成的。第一阶级职在治国，第二职在保国，第三职在为国家生产。柏氏以为人生至最的生活便是高贵的生活，国家的教育要能养成高尚完美的人格。至于下层阶级劳动者，和工商各业，他都看作偏于嗜欲的，一概都看他不起。

柏氏既想免除阶级争斗，又去分社会为三阶级，自表面看来，似乎和他的主旨有点冲突；其实不然。他的理想的阶级是以知识为主，以教育造就成功的，他想免除的阶级争斗，这个阶级是以贫富为标准，以有无财产区分的。换句话说，就是想打破以财产区分的阶级制度，建设以知识区分的阶级制度。他打破贫富之争的方法，便是共产主义。

柏氏共产主义发生，完全是受希腊富豪政治与平民政治竞争的影响。既反对资本主义，又想废止金钱。但是柏氏共产主义与近代社会党无政府所主张的绝不相同。

（一）近世共产党把经济看得非常重要，柏氏因为看不起经济，所以主张共产，好教治国者免除自私自利的弊病。换句话说，近世共产是想以经济势力管理政治势力；柏氏的共产，却想使经济势力完全脱离政治势力。

（二）近代共产主义是完全废除私财产权；柏氏想使治国护国两阶级不要财产，只可谓“半共产主义”。

（三）近代共产主义是从生活上着想；柏氏却只从伦理道德上着想。

总而言之，柏氏的意思是以共产为达到高贵生活的方法。要想使一切人同在正义观念之下过生活，必定要使治国护国两阶级大公无私的替国家做事；要想他们大公无私，必先禁止财产家室，使他们离开嗜欲的生活，达到无私无累的地步——这便是柏氏共产的用意。

柏氏理想的阶级制度，好在不是因家世财产区分的，是以教育造成的。因为教育重要，故一方面把教育看作引导人民适应国家生活的工具，一方面又把国家看作实施市民教育的机关。所以《共和篇》中所讨论的并不是政治构造问题，乃是教育方法问题。哲人帝王不过是教育造就的结果罢了。

雅典教育义务由家族担任，结果人民便没有社会的政治知识。柏氏想打破家族教育权，故主张设公共教育，教育责任由国家担负。但是柏氏并不主张教育普及，不过主张教育治国护国两个阶级罢了。

大概希腊人心理最爱秩序，爱条理，爱统系的，柏氏也有这种心理，所以他的理想国中，人民各有各的道德，各有各的阶级，各有各的行业，各有各的才能，土地有一定的分界，财产有一定的数额，户口有一定的数目，都市有一定的区域——这都是柏氏爱秩序条理统系的明证。

人说柏氏学说多是空想，实在有点冤枉，他的思想都有个来源可以找出，绝不是凭空杜撰起来的。他《共和篇》中“知识即道德”，“政治即技术”两个原则，即是苏克拉底哲学的根本原理。他的正义（Justice）观念是得之皮塞高派的。他的阶级制度，评议会，护法官，夜间会议，……种种设置，都是受梭伦混合宪法的影响。不过梭伦主张调和贫富阶级，柏氏却更进一步主张……废止金钱，把贫富阶级根本打消罢了。柏氏的贤人政治即是贵族政治的化身，公共教育，公共食堂，操练身体，又是斯巴达所已行的。综而言之，柏氏政治哲学虽然有些抽象的议论，他实在是从希腊政治实际和历史中搜寻出来的，并不是信口胡诌的“乌托邦”。

四、亚里士多德 Aristotle（348-322 B.C.）

亚里士多德虽然师事柏拉图，但他二人思想很有许多不相同的地方。柏氏思想是直觉的，亚氏却是推论的；柏氏方法多是演绎的，亚氏却多是归纳的；柏氏的辨证法是一种片断的散文，亚氏却用严正的学术的语句。

因为亚氏的政治学多从实际上着手，他的政治篇便是从研究批评希腊和野蛮国的宪法，观察一百五十多种不同的政体得来的。所以亚氏政治学方法有二：一是历史的方法，一是比较的方法。

历史和比较的方法最大的用法：便是不承认某种原理是天经地义，是随时随地都可应用的。柏氏以为理想的政体，无论在什么国情之下都可适用；亚氏却以为最好的政体总受自然，气候，地理，经济，知识，道德的条件之限制，没有一种政体可以完全适用于一切国情之下的。因此便认定研究社会生活的情况，国家组织的异同，人民性质和社会势力，是政治学者最重要的事体。

我们研究希腊政治学说，第一要明白希腊人的国家观念，希腊人以为国家是先于个人的，个人离开国家便不能生活。结果人民只是国家的分子，离掉国家便没有人格；换句话说，只有国家的个人，没有个人的个人。亚氏因此便造出一句名言，说：

人类是天然的政治动物。

所以亚氏政治学的根本原理是：

（一）人类是天然的政治动物。

（二）人类应该以国家为目的。

（三）人类生来便有社会性，政治家当启发人类社会性为事。

（四）政治社会是达到人类生活的工具，人类绝不能为非社会的生活。

自亚氏眼光看来，国家不是人力有意制造的，乃是“必然”（Necessity）“自然”（Nature）发生的。世界上除了神仙和禽兽之外，没有一个人离开国家可以自己生活，可以满足自己需要的。因为人类不能离群孤立，所以才断定他是天然生成的政治动物。

亚氏以为人类是国家一种官能，各人只限于一种用处，一个国家成立，第一要有许多官能各司其事；第二每一个官能必定要依靠他所附属的全体才能够生活。奴隶没有人指挥命令，便不能动作；主人没有奴隶替他生产，便要饿死；男女分开，人类便要绝种。有了国家不但可以求生活，并且可以求至善的生活。

照亚氏国家观念，是个人为国家而生的，不是国家为个人而设的：和现在“国家工具说”，（说国家是人类为达到自己的目的而创设的一种工具，并不是天然生成的。）根本相反。从亚氏的学说，必牺牲个人自由，权力，以保护国家；从近代学说，则以个人的自由权利和社会幸福为主，国家是为达到社会或个人这种目的而设的。这种观念变迁，政治史上便生出极大的影响。

亚氏的国家，并不是个人的组合，乃是许多组合的组合。由妻子财产——奴隶——结合起来便成家庭，由家庭联合起来便成村落，由村落联合起来便是城市，城市便是国家。他承认家庭是供给人生日常需要的社会，男女因家庭而结合，儿童因家庭才得受教育，主仆因家庭关系才能互助。因此……谓子不知父便没有爱情，消灭家庭的单一国家只有害而无利。

……他痛驳柏氏共产说要算古代反对共产主义最有力的议论。他说共产主义不能实行的理由大概有四点：

（一）行共产制度劳动和劳力报酬，到底不得平均。

（二）财产公有，把享受私有财产的快乐丧失。

（三）在共产制度之下，人类施恩惠于人的道德没有发展的机会。

（四）财产公有，人类更要纷争，不但不便利，更要丧失许多利益。

这都是亚氏反对共产主义的理由。其实亚氏很误解柏氏共产的意思，柏氏所说的共产，不过护国阶级把农民所贡献的财产统归公用，农民自己仍然得私有财产。亚氏所攻击的便是社会共产，却不是柏氏所说的。就说社会共产罢，“各尽所能，各取所需”，既没有酬报可说，当然不生平均不平均的问题。此外（二）（三）（四）三种理由更没有议论的价值了。

但是亚氏虽然反对社会共产，却也不赞成社会贫富阶级相差太远。如果一方面极富，一方面极贫，便要生出无穷的罪恶。极端的财阀必然骄矜傲慢，没有服从的希望；极端的穷人必定愚怯卑劣，没有统治的能力。贫富趋到两极端的社会绝对不能造出理想的国家，只有中等社会占多数，才能保守维持社会平和秩序。在贫富调和的社会之中，行一种不偏不倚调剂均平的混合政治，便是亚氏的理想国家。

亚氏政治学说中最有名的便是国家的分类。他国家分类有两个标准：（一）主权者人数，（二）国家和政府目的。他以为“国家便是道德的社会”，“国家的目的便是道德的生活”。凡合乎这个标准的便是“正当的”国家，不然便是“腐坏的”国家。

（甲）合乎国家目的的国家：

主权者一人——君主政体。（Kingship， or Royalty）

主权者少数——贵族政体。（Aristocracy）

主权者多数——立宪政体。（Polity，or Constitution）

（乙）不合乎国家目的的国家：

主权者一人——专制政体。（Tyranny）

主权者少数——富豪政体。（Oligarchy）

主权者多数——贫民政体。（Democracy）

（甲）种是正当的国家，（乙）种是腐坏的国家。

各种国家又有各种原理，统治者又有各种人色。简单分列如下：

（甲）以公共利益为目的的政制。

君主政体——原理，最高道德。

贵族政体——原理，教育德行——统治者，有教育德行的人。

立宪政体——原理，武力和平庸的道德——统治者，平凡的人。

（乙）以自私自利为目的的政制。

专制政体——原理，武力欺诈。

富豪政体——原理，富——统治者，富人。

贫民政体——原理，自由诞生——统治者，贫民。

亚氏于这六种政体之中，当然是赞成君主政体；但是首出庶物的人不容易得到，而且相信多数人判断总比一个人好些，多数人腐坏总不比一个人容易，所以他又很赞成贵族政体。

亚氏所说的政体分类大概都是希腊各城市历史上已经实现过的。不但他的政体分类是这样，便是他思想的全体也无一不是替希腊城市国家（City-State）写照。他所说的政治组织都是适用于十万人以下的小国家制度；又有希腊种族是文明种族，其余的人都是野蛮种族的先见在心，所以他的社会经济的基础完全建筑在奴隶制度之上，认奴隶为天然生成的阶级：这些主张都是他跳不出当时国家情境的证据。

五、希腊末年的政治思想

希腊自被马基顿征服之后，把城市国家完全压倒，希腊人当初那种人民离开国家便不能生活的信条已经根本打消，觉得虽然不是神仙，不是禽兽，也能脱离国家的生活。这时政治思想便生出两种趋响〔向〕：（一）个人主义，（二）世界主义。

这个时候有两个学派：一叫斯多亚派（Stoics），一叫伊璧鸠鲁派（Epicureans）。斯多亚派有点像董仲舒“正其谊不谋其利，明其道不计其功”的样子，他以为道德是人生的目的，人生做事纯是义所当为，不是有所为而为。谈到政治便把政治与人生（Ethics）分开，从前希腊人相信只有在好好组织的国家之中可以得到高贵的生活；现在却不想藉重国家。单以孤立的个人来解决自己问题。大概希腊这时政治的发源地，已移在马基顿朝廷，不在希腊城市，这种个人主义发生，也是政治情形当然的结果。

马基顿合许多文化不同、种族不同、风俗习惯不同的国家成一大帝国，把希腊人自己以文明民族自居，叫别的民族为野蛮民族的成见完全打消，觉得理性是人类共同的，没有彼此的差别。国家虽然是人类政治性的结果，但是把人类分成国界，使他们互相仇敌，实在违反人性——这便是他们所以主张大同主义，世界主义的原因。这个世界主义后来很发生许多影响，到耶稣教起，且把学理和罗马当时事实融合起来，组成一个系统，一直流传到今。

伊璧鸠鲁派的主张更消极，他说哲学的目的是设下一种计划，教我们怎样求到快乐的生活。他们只知道以快乐为目的，后来他们的门弟子，越讲越远，大有“今朝有酒今朝醉”的派头，所以迈尔士（Myers）说：“有两句俗话很可表明这派的态度，便是“我们明天要死了，好让我们吃吃喝喝罢！”

这派好像哲人派一样，把国家看作为保护个人利益而设的，即是所谓“法律契约说”。虽然不根本反对国家社会，但是只承认国家的基础建筑在个人利益之上，国家目的专在防止侵犯个人利益。可是他们把政治生活看得非常的轻，他们相信果真是聪明的人可以自治，没有加入政治生活的必要。只要快乐，只要安宁，便是有国家也好，无国家也好；立宪国家也好，专制国家也好；希腊人自治也好，被马基顿征服也好：这些问题在他们看起来都是不〔无〕足轻重的。但逢亡国之后，总要受统治国的迫压，志行坚定的人，往往抱着革命的理想，若是志行薄弱的人，没有不抱消极态度，取一种达观主义的。所以斯伊两派的思想都是当时政治情形激起的反响。

第三章　政教冲突时代

罗马政治学说，比较看来很不大发达，鲍里贝士（Polybius）谢雪卢（Cicero）两个人的政治学说，简直是因袭希腊人的。到了中世纪，基督教徒起来，干涉政治，“神圣罗马教会”和“神圣罗马帝国”便成为欧洲中古两大制度。中世纪政治思想上最大的问题，便是法王与皇帝的权限争议。

一、教权兴盛时代的学说

中古政治思想最重要的便是政治权与教权之关系。基督教最初本是主张政权与教权区别的，所以基督有“皇帝的东西归于皇帝，上帝的东西归于上帝”的格言。基督自己想设立的新社会，叫做“天国”，或“神的王国”，是和世间的王国相对立的。到了罗马帝国奉基督教为国教之后，有些人便主张牧师可以审判皇帝，皇帝不可以审判教徒，宫殿属于皇帝，寺院属于教徒，凡属于上帝的东西皇帝无权可以过问。用这种理论遂主张教权独立。

奥格斯庭（Augustine）说国家法律都是为神的教会而设的。谓宇宙的目的在救人类的灵魂，由救人的圣徒所组织的来世的社会，便是神国，教会便是神国的仪表。肉体的和平比精神的和平价值少得多。由此便断定国家比教会轻得多了。

照奥氏的理论说来，国家是为教会而设的，国家若离开教会便没有价值。希腊人的国家自有价值自有目的观念，一变而为国家依属教会存在的观念，这种观念便是中古时代支配欧洲人心的根本思想。

中世纪政治思想本是主张两权——教权政权——分立的，但是他们的议论上往往推重教权，说教权是政权的渊源。大法王格来高一世（Gregory Ⅰ）（纪元后五九〇—六〇四）说："地上的王国须服事天上的王国。"又说"国家的和平须靠教会的和平。"到了阿奎拉（St. Thomas Aquinas）（纪元后一二二五—一二七四）出来，更说政府一切权力都是由上帝得来的。他引《圣书》中"没有权不是从神出的，凡所有的权都是神所设立的"等语来证明他的议论。因此便承认教权在政权之上，认定法王为基督教国的元首。但是法王仅管宗教上的事体，在原则上法王不能管理政权。不过到了实行的时候，往往不分僧俗等事，都归教会管理。又乘中古乱世，把教会权力极力扩张起来，连人民的俗事，社会的安宁，诸侯的纷争，都要由教会去管理裁判。更藉政治的势力，实行支配人民的道德信仰。教会中人把法王比作日球，把国王比作月球，以为月球的光明都是由日球光明印出来的。这种比喻就是想证明国王权力是由法王权力而来的，便是主张法王权力高于国王权力——这都是教权兴盛时代的学说。

二、教权衰弱时代的学说

中古罗马法王所以有很大的权力，大概不外两种原因：（一）凡以基督教为国教的各国，都由法王之力保全一致。（二）人民要得僧侣的保护，僧侣为正义计，必得要干涉政治。到了后来，列国人民对于法王不大爱戴，德国国民因为法王约翰第二和皇帝争论，反赞助皇帝，诸侯等决议承认皇位是由上帝授与的，当然脱离法王的干涉。当十一世纪十二世纪中德皇凡与法王争，因为没有国民的后援，往往归于失败；到了十三世纪以后，时势一变，法国皇帝得到国民的赞助，又因自一三七八年到一四一七年之间，法国派的僧侣和义大利派的僧侣相争，各拥各的法王，列王不知所从，法王的威严完全堕落。故在十四世纪中，便是赞成教权的人也转而赞成政权了。

法国巴黎的约翰著《王权及法权》一书，主张君权独立。他说教会以统一制为善，国家以分立制为善，因为宗教的信仰无论何处都是一样，宗教以外之事，各国便各不相同了。宗教上虽然可以一个人支配全世界，政治上却做不到。因为前者只要言语便够了，后者非用势力不成功。他这种议论便是鼓吹君权独立，便是新时代的精神！

亶特（Dante）（纪元后一二六五——三二一）著君主制一书，虽然脱不了旧思想的痕迹，但是很推重皇帝的权力。他以为世界君主制既可以发挥人性的一致，和人类的命运，又可以表明造物之主仅仅一个。人类真正的自由，只有在统一的君主制之下可以实行。市民不是为统治者而生的，国民不是为国王而生的；统治者是为市民而设的，国王是为国民而立的。他以人民为主权的渊源，谓罗马帝国是罗马人民建设的，因战胜的结果，直接从上帝得到政权，故昔时罗马皇帝便是人民之代表。皇帝的权力和权利是上帝直接授与的，不是由法王传来的，这便是亶特的结论。

义大利的马献僚（Marsiglio of Padua）（纪元后一二七〇——三四二）也焦心时代的扰乱，主张皇帝的大权。他以为国家和教会都在人民主权之下。国家与教会种类各别，教会没有政治上的强制权，他的职务专在劝人信仰，他的方法在以真正的道理教人，使人信从，无论如何，都不能强制人家。教禁和破门之罚，虽然纯是宗教上的惩罚，但不是立法者的权力，不是主权者，所以不能励行，惟政府乃有励行的权力。照他的话看来，教会不在国家之上，却在国家之下，僧侣不过是属于国家的官吏罢了。教会不得国家的许可，不能管理俗事，所发的命令对外也没有效力。大概往时学者多主张法王神权说，到了这时都渐渐变为帝王神权说了。

帝王神权说固然有打倒法王专横的功能，但是因此又发生帝王专制的恶果。到十七世纪前半期英王詹姆司一世（James）查理士一世（Charles）法王路易十四世（Louis XIV）都想拿帝王神权说来保护国家的安宁。詹姆司一世说："说上帝那件事能做，那件事不能做，便是无神；

说君王那件事能做，那件事不能做，便是大逆不道。”路易十四说：“我辈帝王都是全圣全能的上帝所生的印像。”到了这时，帝王已能放胆专制起来，所以政治上的争点，已经不在法王和皇帝之间，不在国家和教会之间，而转在治者和被治者之间了。所争的问题，并不是政权从何而来的问题，乃是政权应该归于何人，应该用什么方法行使的问题。所以自十三世纪以后，民约论的势力，便一天大似一天，后来竟继神权论派而成为开近代政治上新局面的民约论派！所以当未叙民约论派政治思想之先，不得不略为叙一叙迷信的，不合科学的神权说。

第四章　契约论派

希腊政治思想把国家看作自然发生的，中古政治思想把国家看作神造的。至于契约说派才把国家基础放在人民意志上，放在法律观念上——不过法律观念错误——说国家是以人民同意结合的，不是天生的。这派学说到了十八世纪，在英美法德各国政治思想上和政治制度上，发生很大的影响，许多宪法上都把他们所主张的天赋人权，自由平等……等原则加将进去，作为宪法上的条文。

契约说本分两种：（一）政府契约说，（二）社会契约说。政府契约说是说治者和被治者定下合同，把政权托付于特别的人手里；社会契约说是说社会中各个人彼此相互定下合同，组成一个政治团体。政府契约说是在已成立的政治社会中建设一个特别政府，社会契约说是从自然世界中建设一个政治社会。就契约发生的时候说，社会契约在先，政府契约在后；就学说发生的先后说，政府契约说在先，社会契约说在后。中古的契约说大概都是政府契约说，到了十六世纪宗教改革后，社会契约说才大大的发达。

一、政府契约说

这派学说发生很早，《旧约》（The Old Testament）中常有许多神同人约的纪事。中世纪阿来刚（Aragon）国王被选之后，便对于国内贵族行宣誓礼，都是君臣定约的意思。罗马契约法的原理便含有这种契约说的观念。罗马帝国的法律家多把皇帝同人民关系看做契约的，说皇帝的大权当先是由共和时代的人民绝对让给他的。就是中古的封建制度大家也说是以君臣的契约做基础，君主同诸侯的关系全靠契约维持。大概中世纪是契约说势力很大的时代，但是这种契约说都不是说政治社会的起原，单说人民同执政官的关系。如浩克尔(Hooker)密尔顿(Milton)布卡南(Buchanan)奥色斯(Althusius)非尔莫(Filmer)格老秀斯(Grotius) 等都是这一派。

在十六七世纪，无论赞成反对绝对主权的人，都说主权的本源在人民。民主的主权是由人民定下契约让给他的。当时所争论的不过是这样契约性质和范围。有一派人说君主主权的是人民“委托”的，必定合乎委托的目的才能行使，如果滥用主权便可将他撤将回去。苏来 (Suarez) 便是主张主权可以让人之说。他把国家的起原，看作同小儿产生一样。他说人生出之后，对于自己的身体便有绝对自由权，国家也是这样。做父母的要生儿子或不要生儿子，都听他自便；但是既生之后，便不能不承认他有完全的权力，完全的自由。社会要造国家或不要造国家，也都听他自便：但是既已造成了，便不能不受他的管束。苏来的结论，主张国家有绝对的性质，可以抛弃主权或把主权让给别人。格老秀斯又引被征服的人民为赎回生命而做政治奴隶为例，说人民可以无条件的把主权让给别人。同这派反对的，说主权是依契约委托于君主之手的，委任的时候有一定的目的，如果不依委托的目的，滥用主权，并可以把他撤回来。人民主权不能根本让人，便是委托于人，也必定要以公共福祉做条件，定一个行使的范围。人民对于无正当名义的暴君，无论在自然权利上，或政治权利上，都可以反抗他；对于有正当名义的暴君。有的主张只有集合的团体可以反抗，在个人只有服从，有的主张无论如何都要服从——这便是政府契约说的派别。

二、社会契约说

政府契约说是说在已经成立的政治社会之中，建设一个特别的政府。社会先有了法律主体的性质，主权是以社会团体的资格让与的。说到这个地方当然有个先决的问题：便是未结政府契约以前的社会到底是怎样组织起来的？这样设想，这样研究，便把希腊国家是自然生长的观念和中古神权说国家是上帝创造的迷信，一齐打破了。社会契约说中顶著名的便是浩布思、洛克、卢梭三家。

浩布思（Hobbes 一五八八——一六七九）

浩布思的时代，正是宪法争议的时代，因宪法之争便惹起国人反抗国王司特尔（Stuarts），这种内乱如无政府的状况，与浩布思性情大不相投，他因此便跑到欧洲大陆去了。他到了欧洲大陆得到研究政体和治术的机会，且得遍交许多学者和哲学家。他并不是社会契约说首唱的人，但是他把这种学理应用到扰乱不安的英国去，且把他推诸实行。在浩布思看来，英国在这内乱时期中，已经回复到野蛮状态，不是你攻击我，便是我攻击你。所以有这种情形，都因为人民反抗现在的政府，要想免了纷乱，除非另外建设一种强有力的政府不可。所以他的主张，便是说强国政府是万不可少的，反抗政府无论如何总是不合法的——这是浩布思和别的社会契约论者最不同的地方。

浩布思于一六五一年著（Leviathan）一书，把他的主张完全说出。他是主张人类性恶说的，以为人类天性中绝没有社会性亲爱性的。

人类在自然世界之中，全被欲望憎恶之情所支配，这种欲望也没有止境，得到这个欲望马上又生出那个欲望，终身不能脱掉欲望范围之外。因为人人都想得到大权大力，所以才互相憎恶，互相残杀，造成一个战争不息的世界。在自然世界中，没有实业，没有技艺，没有文字，没有社会，天天有生命的危险。人的生活是孤独的，可怜的，污秽的，好像畜生一样的，朝生暮死，毫没有丝毫兴趣。没有公共势力，故没有法律，没有法律故没有不正当的观念。武力欺诈便是他们两种根本的道德。那时人类大概有三种情形：

（一）为满足个人的嗜欲彼此战争。

（二）彼此都恐怕有人得到势力，高出他们之上。

（三）彼此都想自己得到势力，高出他人之上。

因为如此，所以人人都有一种不能忍受的痛苦，这种不能忍受的痛苦便是社会契约的原因。

人人都觉得这种战争的痛苦很难忍受，不得不互相定约，把各人所有的个人权利，让给一个人，或让给一个团体，好得到一点公共利益。这个人或这个团体便是主权者。未定契约之先，主权为各个人所有，既定契约以后，主权便绝对为主权者所有，无论如何绝对不能收回。主权既为主权者所有，如果不得他的许可，便不得废除主权者，或再同别人定约，把主权转让别人。这种契约并不是治者和被治者合定的，乃是被治者相互定约，把主权奉送第三人的。因此主权者便站在契约之上，监督契约的履行，自己不受契约的拘束，无论做什么事，都不能说是违反契约。主权者权力不是由契约得来的，所以毫无限制，人民的服从也不是由契约保障，所以只得绝对服从。这就是因为契约是人民和人民合定的不是人民和主权者合定的原故。

总而言之，浩布思受英国内乱激刺太大，所以断定人性是好私好争的。因为人性皆恶所以才能继续不绝的战争，因为战争使彼此都受很大的痛苦所以才相约而建设一个公共势力来管理监督他们。因为为免除战争状态才建立主权者，如果反抗主权者便与定立契约的宗旨相违背，便是不法。虽然有人对于大多数所建设的政体不同意，也只好服从，不然便是自外生成，便是逍遥于法律之外了。主权者既是立法者，又是司法者，又是行政官，又是赏罚军兵的命令官。大概浩布思既痛恨内乱，不得不把大权委托一个人，既把大权委托一个人，便不得不听他专制自为。所以浩布思的理想国便是主权者万能的国家。

洛克（John Locke 一六三二——一七○四）

洛克生在英国皇朝专制时候，一六八八年英国发生一次大革命，把司特尔（Stuarts）专制皇朝推翻，换了立宪的君主政体。新皇朝成立，受许多宪法限制，皇帝权力有一定的范围，自此以后，再没有专制政体发生了，所以洛克才出来著书，替一六八八年革命辨护，证明新政府有学理上的根据，为什么呢？因为政府是受人民委托的，如果违反民意，或不在委托范围内行事，便是不守契约，人民当然可以出来革命的。认定革命是道德的正常的行为，那么，推翻司特尔皇朝，便不是反叛，却是正正当当的革命。

洛克和浩布思虽然同是契约说派，但是他两人的人性观却却〔切切〕相反。浩布思以为人类天性只有争斗性，没有社会性，在自然世界之中，只以战争为事，如果不得第三者从外部以法律强制他们，便一天也不能安安静静的过他们社会的协同生活。洛克却不然，他以为人类都有社会性协同性，都不能忍受那种孤独的生活。在自然世界之中，土地很阔，物产很多，生活不像现在的困难，而且没有贫富之差。在这种完全自由世界中，自己想怎样便怎样，只受自然法的限制，不受人为法的拘束。可是这种世界中虽然一切平等，一切自由，却不是放纵自恣，毫无轨范的。为什么呢？因为有自然法管理他们，有理性指挥他们，并不是一个战争不息兽欲横行世界，所以没有人可以妨害别人的生命，身体，自由，财产。

照这样说来，人类又何必要互定契约，组成政治社会，废掉自然生活呢！自洛克想来，大概有三种原因：

（一）人类虽然是合理的动物，但是有时因为自利，因为缺乏训练，未免各为自己，不能公平，故有制定一定的法律之必要。道德虽然是自然法，但不是人类制定的，人类常常有规避自然法的行为，所以不能不要法律。自然世界中没有机关发表社会间应守的法律规则，这是一个缺点。

（二）因为自然世界中没有公平的裁判官，便不得不各做各的裁判官，各做各的执行官，因此不但有时不免复仇过度的行为，并且人人袒护自己，结果便弄得没有是非。这又是自然世界中一个缺点。

（三）各做自己的执行官，力弱的不能执行，力强的必容易规避，于是对于不能处罚的罪犯，不能不让子孙出来报仇，冤冤相报，没有已时。这又是自然世界中第三个缺点。

有这三种缺点，所以大家才起来商量设立公共机关，办理立法司法行政的事体，因此便发生出政治的社会。

自洛克看来，各人自然服从习惯法是上帝赋与人类的本性，如果人人都能保全本性，没有退化的恶人，那么自然世界的生活便可以永远继续下去。因为有退化的恶人，所以才要有政治的社会。但是这种政治社会只是个人随意定约结合的，单把几种权力和权利委托政府，不是通同让给他的。除了几种权力和权利而外，其余的自由权利仍为个人所有。没有国家不是绝对不能生活，不过有些不便罢了。因为有些不便，所以才情愿牺牲一部分自由，去换更重的权利。大家虽然牺牲了在自然世界中人人立法人人司法人人行政的自由，但是可以换得大家安稳大家便利的生命财产等等权利。

洛克的理想政体是立宪的君主政体，君主一定要受以保护人民生命财产自由为目的的宪法之限制。君主并不是神圣不可侵犯的，只有宪法是神圣不可侵犯的。因为君主权力是委托的，如果反乎契约，或超出契约范围之外，可由委托人收将回去。所以主权者能照契约的目的做事，便承认他是正当的；如果破坏契约的目的，个人当然出来反抗。由此可以证明英国一六八八年的大革命，的确是人民正当的行为。

因为主权者权力的性质是委托的，所以无论立法司法行政权力都要受国家目的和个人权利的限制。政府存在的时候，虽然立法是最高的权力，行政司法各权力都附属在他底下，可是政府一旦解散，国家的最高权便仍在人民手中。总而言之，浩布思是主张君主万能的，故把国家同政府看作一样，说他们都是绝对无限制的，洛克是一个君主立宪党，所以反对主权无限制之说，说国家中无论那种权力都是有限制的，便是革命时候人民权力也要受自然法的限制。

卢梭（Jean Jacques Rousseau 一七一二——一七七八）

洛克的政治思想是英国革命的哲学，卢梭的政治思想是法国革命的哲学。洛克主张民权究竟还有限制，到卢梭便推到极端。洛克主张三权分立——立法权司法权行政权分立——不能偏重那一种权力；卢梭却认立法权为最重要，司法行政两权都受立法权支配。洛克所代表的是英国人对于立宪政治代议制度的心理；卢梭所代表的是法国人爱自由不信代议制度的心理——他两个学说都是当时政治情形和人民心理的结晶。

卢梭的书中，不大详细说明自然世界的状况，但是他的自然世界是个平等自由的世界，这是人人共见的。不过这种世界之中，也没有极端快乐的生活，还有许多不定的障碍，不是人力所能抵抗的。如果不改变生活的方法，人类便要灭亡了。为什么呢？因为在这种世界中“只有于我无用的东西才可承认是属于人的”，所以非苦战便不能保持生存了。

人类因此便不能不想个方法来解决这个问题。他们解决的方法便是“想找到一种团体，藉公共势力来防卫各人的生命财产，在这团体之中，同大众结合的个人仍然只服从自己，仍然同从前一样，得保留他的自由。”他们结为团体的合同，便是社会契约。

卢梭所说的契约便是：

我们各人把自己的身体和一切的权力放在最高的国民总意（General will）指挥之下，在团结的资格之内，各个人便是与全体不可分离的一位团员。

可是各人虽然一个个的都把自己的权利奉归团体，但不是失掉权利，因为国民总意便是他们自己造成的。

卢梭把国家的主权看得同人民的权力一样，政府只是执行国家意志的仆役，人民怎样要求便要怎样做。人民大多数决议便是国民总意，国民总意便是法律，便是国家的主权。真正政治上主权者便是公民全体。政府是什么呢？是为人民与主权者互相交通而设的中介团体，是委托他保护法律上权利和法律上政治上自由的。不但政府权力这样受限制，并且无论何时都可由人民收回，人民一天正当集会组织主权的团体，政府的管辖便马上消灭。政府是由个人同个人契约的结果而生的，是执行人民意志的仆役，人民可以随意限制变更或剥夺他的权力。因为人民的自由自主，在既有契约以后，和未有契约以先，同是一样。人民服从现在的政府是他自己愿意的，如果不愿意，便不必服从。国民总意要由人民直接集会发表，代议政体不能发表国民总意。例如英国人虽然自信是很自由的，但是事实上只是选择议员自由，一旦选举过了，便仍然做他们奴隶。

卢梭所说的国民总意，也并不是全体一致的意思，只是多数的。在议会中提出法案，并不是教人民赞成或反对，是看看这种法律案到底合不合人民公共的意志。各人对于这案发表自己的意见，用人数表决来证明公共意志所在。如果同我相反的意志占多数，不过是证明我的意志错了，我所假定为国民总意的，不是国民总意罢了。个人对于国民总意应该服从，如果不服从便可以强迫，所谓强迫，并不是剥夺个人的自由，乃是强迫他，使他得到自由。在个人之上的强制权，只有这国民总意一种。

照卢梭的自然权利（Natural Right）说来，人类都是自由平等的，没有一定要受特别阶级统治的道理。他所谓的人民不但是第三阶级——中等社会（Bourgeoisie）——并连第四阶级的农工社会也包括在内。换句话说，凡是人类都有自然权利，都有发表意志造成国民总意的资格。这种学说一兴，便把古代阶级特权制度根本推翻了！

卢梭的民约说虽然同浩洛二氏一样，不合历史的事实，可是他的影响真是不小。近代国家组织和法律观念几乎没有一国不受他的学说影响。最显明的例，便是法国的“人权宣言”。（Declaration of the Rights of Man）一七八九年人权宣言第一节“人类权利是生而自由平等的，是永保自由平等的”。第六节“法律是国民总意（General Will）的宣示。一切公民，都有亲身参与或举代表参与创造法律之权。”美国“独立宣言”（The Declaration of Independence）也有一切人都有“天赋的几种不可让人的权利，这几种权利便是生命，自由，和求乐”——这都是卢梭一派自然权利的影响！

三家学说的比较和批评

浩布思是拥护君权的人，洛克是君主立宪派，卢梭是直接民治派。他三个人虽然都说政治社会起原是由于契约，但是浩布思的契约是各人同各人定的，不是人民同主权者定的，主权者高出契约之上，不受契约的拘束；洛克、卢梭则认契约是人民同定的，主权者的权力是根据契约委任的，故必定要受契约的限制。浩布思、卢梭都主张主权绝对无限的，但是浩布思说主权当初虽然为人民所有，一经定约让人之后，便归一人或一团体所有，人民永远没有收回的权利；卢梭却说主权永远在于人民，政府的权力是受人民委托的，人民要何时收回便何时收回。浩布思把政府和国家合而为一，事实上的政府便是正当的政府，人民绝对不能同他抵抗；卢梭却把国家同政府分得明明白白。洛克虽然把国家起原和政府建设分开，但是他说国家的权利不受自然法的限制，便受社会目的的限制，似乎是主张国权限制说的。他以为国家基础在契约，不得人民应允不得征收租税，立法行政之权不得委托一个人或一个团体手中，这便是近世立宪政治的根本原则。洛克、卢梭都主张政府权力是有限的，又都主张决定政权应该归何人行使，是人民的权利，这是两人相同的。

但是洛克只承认革命时候人民有最高的主权，到了平时最高主权在立法部而不在人民；卢梭却说主权无论何时都在人民，如果实际上不在人民，便不是正当的国家，所以他承认革命是人民正当的权利。至于浩布思又有和洛克不同的地方，浩布思说政府的变迁必定要解散政治社会归到无政府的状态；洛克说这种变迁与政治社会没有关系，不过人民行使他们选任公仆的主权罢了——这就是洛克把政府与国家分开，浩布思混合国家政府为一的结果。

契约说最大的错误便是不合乎历史的事实。古代历史中，再也找不出一种政治社会成立是由于人民互定契约，像浩布思、洛克、卢梭等所说的。古代国家不但没有由契约设立的证据，并且事实上有不由契约设立的证据可以考求出来。古代社会不是受习惯的拘束，便是受团体——家族种族宗教——的拘束，各个人那能够发展个人性，那能够自由独立去互定契约呢？梅因（S.H.Maine）说：“古代社会是一个受习惯拘束的社会，近代社会才是自由契约的社会。”由此看来，契约说但可说是共和国家起原，万不是原始国家的起源。他们错把“当然”的事，认作“已然”的事，这是显然〔而〕易见的错误。他们为什么这样想呢？因为十七十八两世纪是一个梦想自由平等的世界，许多思想家不知不觉的便把预先想好的自由平等的世界推想到没有国家以前的原始社会上去，假定他是自然世界的情况，所以他们的结论才有契约说出现。但是洛克卢梭学说的真正价值，并不在历史的根据上，便是把他们历史上根据推翻，他们学说的原理精神，依然还立得住脚。我们现在研究契约说，只能承认他们的理想有感动人类心理的效果，能拿玄想的世界为实在世界开辟一个新纪元，不必要承认他们的理想真是历史上的事实才对。

契约说第二个错在误认法理的概念。契约说家多说在自然世界中皆受“自然”法（Natural Law）的支配，所谓自然法大概有三个意思：(一）自然法只是原因结果的关系，（二）自然法是生物的自然性，就是保持生在，满足自然欲望的本能，（三）自然法是由神或天而来的假定命令，用以指导人类行为。这几种意义虽略有不同，然大致总不外说自然法是自然而然，不要人力制定。把自然法看得过于尊严，如老子庄子看“天道”一样，必定看不起人类的文化，说文明的生活是不自然的。究竟自然法的解释全靠着人类知识，知识是征服自然法便屈从人为法的工具。未经知识解释制造的自然法算不得法律。因为既没有一定的标准，又没有执行的机关，各人用自己的实力去执行他，结果必定要归到优胜劣败那条路上去。可见得只有实力没有权利，结果便不啻把自然法根本推翻了。法律是人类因时创造的，法律的效力是人类公同认定的，人类没有结合创造法律以前，便没有法律存在。自由是由法律建筑维持起来的，积极的方面，是自己有自由行为的权利，消极的方面，是不妨害人家自由行为的权利，这样的自由并不是没有执行法律机关，没有公共承认的法律之自然社会所能实现的。我们如果不要法律，便连那自然法也当不要，才是真正的自由世界。契约说家偏说不假人为的自然法来做自然世界的唯一支配人类的势力，恐怕是法理观念不明，也未可知。

所以我们研究洛克、卢梭的学说，不必信他在历史上法理上都有确实可靠的根据，只要研究他们说明国家和个人权利的性质范围，讨论国家权力和个人自由的关系，因为这便是他们学说的精神！这便是他们学说的价值！

前边说过，契约说在法国、美国发生许多影响。但是美国受契约说的影响不仅在一篇“独立宣言”，便是各州的宪法和学者的思想也受他感动不浅。例如新韩朴霞（New Hampshire）的宪法也有“一切人都是生而自由平等的，一切政府的权利都是由人民而来的，由人民允许而成立的，为公共福祉建设的”明文。马沙诸斯（Massachusetts）宪法序文中又说“政治团体是由各人各自愿意结合的，这是一种社会契约。各个公民同全体人民，全体人民同各个公民用这种契约约定为公共幸福起见，通同要受某种法律拘束”，北加罗尼纳（North Carolina）宪法中也有“一切政权只在人民，只是由人民发生出来的”规定。可见得美国当独立时代，普通政治思想都以为人类生而自由平等，政治团体是人民互相情愿自行结合的。法律只是人民允诺的结果，法律上的权利只是承认人类固有的自然权利。

当时美国的政治家如笛肯生（Dickinson）甲富生（Jefferson）曼狄生（Madison）也大受社会契约说的影响。笛肯生说：“我们的自由不是从宪章上来的，因为宪章单是宣布已有的权利。”甲富生以为一时代有一时代的主张，这个时代不能拘束那个时代。以人生平均年限做基础计算，各种宪法各种法律到三十四年之后，便会自然消灭，后来他缩短到十九年。所以人家批他，说照他的见解，国家的生命比马的生命还要短些，曼狄生虽然不像甲富生持极端的议论，但是他也说宪法和法律的效力，是由于人民没有公然废止的事实所默然承认的——这都是美国思想家受契约说影响的结果。

至于德国当卢梭之后，思想上也有许多地方受契约说的感化。康德（Kant）斐希特（Fichte）等虽然不承认契约说合乎历史上的事实，但是却承认为很好的假设。康德说契约说是试验法律政党不正当的标准，必须得人民允诺才是正当的法律。不然便是不正当的。斐希特早年的著作，把个人的权利扩张起来比卢梭的个人权利范围还大，说无论何时，都可以脱离国家。到了后来几几乎变成一社会共产主义家，（Communistic）把国家的权力扩张很大。但是他总以契约说为理论的基础，惟在这个基础之上，才可以把公道建筑起来——这都是德国思想界受契约说的影响。

契约说在十七、十八两世纪中诚然占了很大的势力，但是到了十九世纪，历史学社会学渐渐发达，学者多从历史事实上追求国家的起原，把理想的契约说驳得几无完肤。当时梅因边沁（Bentham）格林（J.H. Green）白尔克（E.Burke）伯伦智理（Bluntschli）……等都下了许多不满意的批评。大概自法国革命而后，英国人受了这个影响，对于洛克君主立宪说多不满意，因为他究竟是君主立宪，不是主张民主的，宪法的限制，仍然是很少。因此到了十九世纪便有人出来修正他。从历史的根据上来纠正契约说错误的，便成了梅因等的历史派；从法律政府功用上来修改契约说缺点的，便成了边沁的乐利主义派（Utilitarians）。

第五章　历史派

历史派当然要推重梅因，但是如果在近世政治法律家中找出历史派的首创者，应该又要推重孟德斯鸠。孟氏搜求法律政治上的事实，归纳起来，求出原理原则，排除空想空论，崇尚实证实验，可算是为法学界开一个新纪元。

一、孟德斯鸠（Montesquieu 一六八九——一七五五）

孟氏生时，正当法国路易十四藉英主之名，实行暴虐政治。路易十五继之，渐渐趋到专制路上去。孟氏虽然生在贵族的家庭，却爱自由，恶压制，和平民相接近。一七二一年著《波斯通信》，一七三四年著《罗马盛衰论》，一七四八年做成《法律精神论》。（即严复所译的“法意”）这三部书都是孟氏有名的著作。

孟氏最有价值的发明，便是观察许多不同的地方不同的时代之实际的制度，由此找出政治法律之比较的理论。他的方法便是搜集无数关于政法习惯的零零碎碎的事实，把这些事实安排整理起来，归纳成几个原则。他所引证的事实，虽然杂乱，但是在那个时代，便知道社会制度和国土人情都有种种密切关系，从历史事实中发见科学的原则，教人不能不佩服他的识力。

孟氏以为人类当未成社会之先，在自然世界中，都很柔弱，很害怕的，对于人不敢取攻击的态度。到了组织社会之后，才把那种战战兢兢的生活脱去，对于他人才敢去攻击。由此看来，法律是维持社会秩序的手段，是人类最重要的东西。孟氏不但是法治论家，并且论到自然与政治的关系。自然是什么？便是土地、气候等国家自然的状态，最好的政体法律，便是最适应自然环境，适应国民性情的。

他把政体分为共和、君主立宪、专制三种，共和又分平民政治、贵族政治两种。他不说那种政体是绝对的好，只有最适应自然环境最适应国民性情的便是最好的。小国适于共和，大国适于君主立宪，更大便容易趋于专制。大国要想维持共和制度除非组织联邦不可。不但土地与政体有关系，便是气候也与政体有密切的关系。热带的国家，因为过热，便易于怠惰，非行强制便不想劳动，又加以缺乏反抗的精神，故容易引起专制。寒带温带的国家，国民活泼善动，故常常倾向民主制度。又如亚细亚大陆差不多可说没有温带，由寒带突然变成热带，故北方强悍的民族，常常征服南方游惰的民族，易惹起政治上的专制。至于欧洲大陆，气候不见大差，从北到南，渐渐的变化，故不怕南方被北方征服。风俗与气候亦有极大的关系。热带女子早成人，容颜亦早衰，故男子常常多妻。加以生活容易，人人都可以多妻，所以又使妇女为家庭的奴隶。此外地形又与政体有关。譬如平原沃土，人民因为易得食物，故流于游惰，平原之地，难防敌人侵入，故容易为人征服，不容易设立平民政治。山地生活困难，费许多精神体力才能够生活，故促进体力，养成勤俭的习惯，容易成为民主政体。这都是孟氏自然界对于人事界的影响观。不过在现在科学时代之下，人类中心的思想盛行，大家都想以人力去征服自然，使自然为人类的仆役，故在一定限度以内，人类是可以改变自然的。

孟氏又有一个很重要的学说，便是三权分立。他所说的自由政治以英国三权分立为标准，想以权力如何分配，来测度自由政治的程度。自由是什么？就是在不侵犯他人自由的限度以内，自己得为所欲为。以国法保障这种自由，便是政治上的自由。政治上的自由只在不滥用权力；要想不滥用权力，必定要用法律来限制权力行使的范围。为什么呢？因为滥用权力是人类的常情，故自由政治的宪法专以权力限制权力为事，称为“权力均衡”的原则。因为以权力限制权力，故一国之内，必定要有几个权力并存，所谓几个权力便是立法权，司法权，行政权。这三种权力彼此对立，彼此互相牵制，人民的自由才能够保得住安全。如果有行政权的人兼管立法权，强定法律，强制执行，如行政官想夺人民的财产，便制作一种法律，藉行政权去强制他，那么，人民那还有自由可说呢？此外或以立法的人兼有行政权，或以行政官兼有司法权，都发生同一弊病。这种三权分立论虽然惹起理论上许多批评，但是各国宪法至今还把他当做基本观念，这便是受孟氏的影响。

二、梅因（Sir Henry Maine 一八二二——一八八八）

我们如果认孟德斯鸠为近世历史派创始的人，便可以认孔特（Auguste Comte）为适用历史的、科学的方法，来研究人类社会政治的关系。梅因虽然不大受孔特的影响，但是他研究特种问题，也适用孔特的方法。到了梅因才把社会法律起原之历史的研究，和社会法律的道德基础之哲学的研究分成两事。但是梅因所研究的不是比较的政治，只是比较的法理。他的《古代法律》（*Ancient Law*）是研究法律的起原进化的，中间偶然说到社会的起原，不过想打破契约说派假定的自然法律和自然世界等学说罢了。总而言之，梅因结论完全是从历史事实上寻找出来的。他看见政治哲学家如浩布思、洛克，法理学家如奥斯丁（Austin）、边沁等都以武断主义代替历史的解释，故变更方法，专从历史入手，把一切法律都看作历史的产物。

社会起原说是由于父系的家长制度。就是说民族国家和政治社会都是由于包括夫妻子仆在内的家族关系而起的。家长即最长的男子统治全家，酋长统治全族，皇帝统治全国，这都是由家族发生扩大起来的。古代法律承认父亲是一家之主，在家庭中有最高的权力。梅因这些证据大概都是从罗马法中找出来的，此外更从别的国中——如犹太——找出许多证明。又自印度社会满庐律（Code of Manu）、爱尔兰的布来浩法（Brehon Laws）和斯拉夫条顿习惯法中寻出许多根据。

梅因研究法律社会的方法很和亚里士多德相同。他两个人都从历史进化中寻出国家社会的起原，都承认政治社会是从家长制度起首；不过亚氏的结论是从历史事实中分拆出来的，梅氏的结论是从考察历史事实归纳起来的，这是他两个人不同的地方。

梅氏学说经过许多人批评，他的错处也有许多从批评后发见出来的。但是他的结论虽然有错，他的方法便到现在仍是有用的。我所以把他提出来，不是推重他的结论，只是推重他的方法。

第六章　乐利主义派

乐利主义的根本观念即在谋“最大多数的最大幸福”。想拿最有效用的具体的方法，来改良人类生活的情形；想借国家立法的功效，使一般生活向上。这时英国和别国的思想家所说的人民幸福，都不过是些抽象的名词，空漠的议论，一点都不关实际。乐利派反对这种空论，想从具体的事实上着手来改良社会。这派人的精神很有些像现在实验主义家（Pragmatist），从实际上具体问题上下手，理想有没有价值，都由他所发生的功效而定。他们所讲究的是人类生活，人类行动，人类幸福，所以在政治上便极端反对专制，反对侵犯权利，力争个人的自由。

乐利主义也就是个人主义，把人类看作个个平等，每一个人算一个单位，相信只有个人自己知道自己的利害痛苦。把这种原理在政治上应用起来，便提出来三种具体的主张：

第一，各个人对于自己的利害知之最深，别人断不会替他知道。由这个观念便发生普通选举的理论。一人一票，使各个人宣示各个人的意思。十九世纪普通选举运动大概便拿这一派的个人主义做根据。但是他们所说的人人平等，并不是就知识说的，他们也承认知识是不平等，因此才主张“代议政治”（Representative Government），由普通选举出人来做他们的代表。

第二，举出来的代表如果没有限制，一定要发生危险，所以他们想个法子教他对于国民负责任，国民拿他的政见做标准，决定选他不选他。又规定代表的任期，期满仍待国民审判。这便是使代表对于国民负责的方法。

第三，代表是管立法事体的，立法的如果不受法律的限制，又要发生危险，所以他们在宪法中把政府各种职权都详细规定起来，拿宪法的条文来范围立法者的行动。

他们在这些主张之下，提出普通选举，直接选举，修正选举法种种问题，十九世纪可说是这三种主张的运动和实行的时期。

这一派有边沁密尔詹姆士（James Mill）密尔约翰（John Stuart Mill）格老特（George Grote）奥斯丁（John Austin）倍因（Alexander Bain）……诸人，最著名的是边沁和密尔约翰两个。

一、边沁（Jeremy Bentham 一七四八——一八三二。）

边沁著作的时候，正当契约说派主张自然权利最盛的时候。法国的“人权宣言”，美国的“独立宣言”，都拿自然权利做根据。英国主张这派学说的，有栢因（Tom Paine）和高德文（Godwin）。边沁受这种学说的激刺，所以拿实用的学说来代替自然权利的学说。

边沁极力对洛克、卢梭、布拉斯东（Blackstone）诸人的契约说，说他们的“杜撰”的，没有法律的社会，便是平等也只是不幸的平等；幸福的平等只是受法律保障起来的。人类的权利是法律承认和给与的，不由法律认定或给与的自然权利，便是毫无意义的东西。边沁是个成文法派，把国家的基础和法律的基础都放在乐利主义上。他说：“人类固然要服从权力，或不得不服从权力。但是所以要服从或不得不服从，并不是契约明示暗许的结果，乃是服从比较不服从利益多些。社会所以有服从，并不是为履行契约，乃是想达到最大幸福的方法。”美国实验主义家说“一个观念的意义完全在于那个观念在人生行为上所发生的效果。”可见得观念的价值是因观念的效果而定。边沁也以为法律的价值完全照法律的功用估定，凡是一种法律总要有一种功用。这便是乐利主义近于实验主义的地方。

边沁所主张的是个代议政治——即是多数的代表制——这种制度怎样

才可以造成功，怎样改正英国的宪法才能够达到这个目的，这都边沁所最注意的。因此便提出三种修正宪法的意见：

（一）普通选举（Universal Manhood Suffrage）凡成丁的人只要能读书识字，便有选举权。（自现在看来仍然是一种限制选举，因为他既有教育的条件，又不曾主张妇人选举权）

（二）年年改选的议会（Annual Parliaments）这种短期的议会，既可以保得住教议员不要自私自利，又可以使选民与议员关系更密切，给选民以判断代表的机会。

（三）秘密投票（Vote by Ballot）这种不记名投票法可以保证选举道德，不致发生引诱贿赂等弊病。

第一第三两个主张，后来渐渐做到了，单是第二个主张没有见诸实行。

边沁把法律的基础放在人民权利上，以苦乐定善恶的标准。凡是引起自己和他人很大的幸福快乐的事体，都是善事；引起自己和他人苦痛的事体，都是恶事。如果不能计量那是人类所痛苦的，那是人类所快乐的，便不能决定那件事是善事，那件事是恶事。但是这种苦乐只有个人自己可以知道，可以看得顶清楚，所以立法事业必定要人民自己直接或间接出来过问。

自边沁看来，法律所注意的有四种目的：安定（Security），生存（Subsistence），富裕（Abundance），平等（Equality）。他讲经济学很和当时思潮一样，推重斯密亚丹（Adam Smith），但是他主张“放任主义”（Laissez-faire）比斯密亚丹更甚。他不赞成国家立法去干涉需要供给，这是个人自由所能办得到的，便是干涉私人放高利债，也是一种笨法。他的意思是完全主张个人自由竞争的，因为人没有不怕饥寒的，劳动的结果可以免去饥寒，得到幸福，故虽放任，自然会自己努力的——这不是边沁一个人论调，乃是欧洲“实业革命”（Industrial Revolution）后，一般个人主义派的普通思潮。

边沁虽然和斯宾塞（Herbert Spencer）同是个人主义家，但不像斯宾塞偏于无政府主义（Anarchism）。斯宾塞说：“说政府可以永远存在，这句话是很不对的。……政府不是必定需要的，乃是偶然需要的。”他以为政府存在只因为世间有犯罪的事，若是没有犯罪的事体，政府便可不要了。边氏却不然，他把政府看作为人民谋最大幸福的一种工具。故说：“政府是为被治者公共利益存在的，换句话说，便是为谋增进最大多数的最大幸福存在的。故判断政府行为唯一的标准，只有看他实在的用处。”照边氏说，人类一切幸福都不是天然生成的，乃是政府凭法律保障起来的。譬如出版自由，结社自由，营业迁徙自由，并不是人类自然的权利，乃因治者对于被治者结不得非法侵犯的誓约，由此种约法发生出来的权利。后来德国公法学家所说的人民自由权利多是承认边沁这种学说而来的。

边沁虽然不喜欢说抽象的名词，想从具体的问题上着手，但是他所说的幸福，便利，公共判断，种种名词，仍然脱不掉抽像的讲法。究竟幸福是什么意义，便利是什么意义，都没有详细的说明，听人人随便使用，不但别人，便是他的自己的用法，也间或有矛盾的地方。可见得讲具体问题真不若讲抽象名词容易了。

二、密尔（John Stuart Mill 一八〇六——一八七三）

密尔约翰是密尔詹姆士（James Mill）的儿子，他自幼便从詹姆士学习，关于政治，经济，社会，哲学，逻辑，心理，宗教，都有著作。他终身的教育虽然只由边沁詹姆士一手，但是他的成就却高出于边沁詹姆士之上，真可算是“青出于蓝而胜于蓝”。

密尔约翰（以下单称密尔。）一生真可算是由个人主义到社会主义的过渡的舟楫。当十八世纪，抱乐天主义的，不信自然的神工，便信上帝万能，密尔虽然也是抱乐天主义的一个人，但他既不信自然，又不信上帝，只信仰世界上的人。彼时英国革新派所要求的在制度，密尔所信托的只在人民；英国政治家所谓平民政治，在以少数服从多数，密尔却以为多数专制和一人专制弊病相同，并提倡比例选举制为少数党谋利益。詹姆士和边沁都终身以传播乐利主义为事，故密尔自幼便被乐利主义的空气所包围。他自己说当十五岁时，便信仰边沁主义为宗教。但是他虽然四周都被乐利主义的空气所包围，却很能打破边沁詹姆士所宣传的狭隘乐利主义。收纳异派成一折衷主义（Eelecticism）。边沁与密尔同是急进派。但边沁的急进主义是哲学的，多偏于个人方面；一到密尔便由个人的性质变成社会的性质。先前乐利派在攻击少数人的特权，和一部人的私利；到密尔则平民政治的根基已经稳固，故极力排斥多数党的专制，为少数人争思想言论的自由。密尔一生心力，不单用在个人主义上，是想把个人主义引到社会之中，使渐渐的变成与社会有关系的个人。所以做近世政治史的应该以密尔一个人为自个人主义时代趋进社会主义时代的关键。

大概当密尔时代，个人主义，已达到全盛的时期。因为自由竞争的结果，劳动阶级已被有钱有势的资本阶级压倒，个人主义的缺点已经一齐暴露。当密尔四十二岁的时候，马克思（Karl Marx）的“共产党宣言”（The Communist Manifesto）已经宣布（一八四七年）。当时劳动界不安的情形已可想见。密尔所接触的人都是个人主义家，所以他当初也反对社会主义，批评他，冷视他；后来他也研究研究社会主义，知道社会主义之中包着许多道德观念，所以转而欢迎他。但他自幼到老，总不赞成极端社会主义，他不主张土地国有，便是一个证据。他并不信用那种扩张国家权力压倒个人的社会主义，也不像社会主义家恶憎自由竞争。在密尔看来，自由竞争是发展工商业，防止垄断的最好的方法。他认“职工组合”（Trade-union）是随意结合的团体，可使个人自由联全。甚至于连社会管理生产的分配的问题也都赞成。晚年很想编著关于社会主义的书，可惜未成功而竟死了！

但是密尔这个人，与其说是社会主义的先觉，不如说是个人主义的殿军。他所著的《自由论》（*Liberty*）《经济原论》（*Principles of Political Economy*）都极力发挥个人自由的好处。他说自由可使个人能力向各方面发展，可使个人各尽其天才的所长。智识自由可以发明真理，利益自由可以不害公益，意志自由可以发生真正的公意。因为他把自由看做神圣不可侵犯，凡是拘束个人自由的礼俗宗教，学说思想，没有不是他所反对的。因此便攻击特权，排斥利息限制法和职工组合禁止法，反对国教，反对多数党专制。

密尔虽然以自由为原则，但是对于下列的几个问题也主有点限制。譬如普通教育制度可由国家强制施行，幼年过度劳动必须禁止，疯癫病人必须保护，不能判断自己利害的人，应当干涉他的契约自由。大概这都是针对当时情形说话的。

密尔论财产权（Property）和洛克一样，以劳动为唯一的基础。他说如某种人把他人生产的东西占据起来，这是应该反对的。人类没有特为某人生产制物的义务，所以人不能占有别人用劳力生产的东西。土地可以私有，为什么呢？因为他不是由劳动生产出来的，故对于没能属于人的土地，都有使用的权利。土地如果归个人私有，把他生产力发达更尽，得到最多额的生产，便是社会最大的利益。照他这话说来，凡由个人加上劳力资本生出来的产物应该完全归个人所有。密尔本来很同情于劳动阶级，想改善劳动者的生活，增加劳动者的知识，先从教育上下手，使劳动者可以自立，不专靠资本家求生活。说劳动者所最需要的是正义和自治。（Justice and Self-government）他的意思是想以教育来增进工人知识，唤醒工人独立，做到这一步，工人自然会变更习惯，改良生活。这个目的有一点和社会主义家相同，不过社会主义家想以国家的权力强制资本阶级，赞助劳动阶级，达到这个目的；密尔——个人主义家——却想由个人自由竞争达到这个目的。这是两家方法不同的地方。照现在情势看来，好像自由主义家的方法完全失败，（因为以一贫如洗的小工人和扶资亿万的大资本家去自由竞争，因为经济上能力上种种关系，结果没有不失败的。）社会主义家的方法正在实地试验之中，大有逐渐成功的趋势了。

密尔以为人性是可以变迁的，教育的功能，可以变化人类的气质。他的女权论（Women's Rights）便是根据这种理由。他说人性可以变迁无定，环境的势力可使人类精神发生区别。性（Sex）的区别只因外边情形发生，很可以人力改变的。所以他认定男女的区别不是根本的，必不可避的，区别，乃是由很久的习惯造成的。如果使女人得到社会的政治的自由，这种区别便可以消灭。女人得参与政治运动，社会运动，便可使才力发展，和男子平等。这便是他主张女权的论据。

当密尔时候，各国所行的平民政治（Democracy）都是一部分人的政治，立法行政都不免为自己阶级谋利益。议会里边的少数党简直没有发表意见的机会，只有听多数党专横；议定偏为一方面的法律。密尔觉得少数党也同多数党一样，都有同等的权利，倘若少数党的声音不能达到政府的耳边，民治便不能令人满足。（英国行议会政治，多数党在议会之中非常横暴，往往对于政府提案，条目都没有讨论便表决通过。到了选举时候，少数党也非常吃亏。譬如一九〇六年的大选举，卫尔斯（Wales）的政府党计二一七四六二票，非政府党计一〇〇五四七票，以票数论，刚刚二与一之比。但是选举的结果，政府党得三十名议员，非政府党简直一名都没有。可见得英国多数党专制得利害了！）因此提出“比例选举制”（Proportional Representation）照党员比例选出议员，好为少数党争权利。但是因为多数党把持太甚，竟不能实行。

平民政治第二层危险更是议员的知识问题。照密尔说，立法者必须聪明能干，富有教育的人，才可以胜任。有学问的人当议员，既明白立法的意义，又知道政治的目的，而且有独立不偏的意见，没有自私自利的行为。密尔为达到这个目的，提出两种办法：（一）使有教育的人可得复票，（二）议员不领俸给。至于秘密投票他更反对。他也极力主张普通选举，但是虽打消财产的限制，却主张教育的限制。边沁的选举资格，只要能读（Read），密尔更进一步，要能读（Read）能写（Write）能算（Count）。这都是密尔修正代议制度，救济民治危险所提出来的方法。

大概从英国一八四八年到一八八〇年，这三十二年之中，可算是个人主义极盛的时代。密尔的《自由论》是一八五九年出的，《代议政制》（*Representative Government*）是一八六〇年出的。斯宾塞的《社会静止论》（*Social Statics*）是一八五〇年出的，《个人与国家》（*The Man Versus the State*）也是这个时代中酝酿的。到了一八八〇年，任放［放任］主义渐渐过时，国家已渐渐干涉教育了。这一年格林（Green）在牛津（Oxford）讲《政治义务原理》（*The Principles of Political Obligation*）说国家应该除去妨害人民自由进步的障碍。自此以后，社会主义已在英国殖上根基。海德曼（Hyndman）式的革命社会主义已主张阶级战争；福滨派（Fabans）改良社会主义则主张逐渐改革。但是两派都想把经济的生活放在社会管理之下。一八八四年选举权扩张，旧派学说更大起恐慌，只有斯宾塞还在那里极力发挥个人主义，防止国家侵犯个人的权利。

第七章 进化论派

原来政治哲学的进步，不单靠着自身的发达，并且靠着别的科学帮助。别的科学的方法，政治学上也可以适用；别的科学观念和性质变迁，政治学也可跟着变迁。譬如历史的方法出来，便可适用他来研究社会制度的起原；经济学上的放任主义（如斯密亚丹和李佳德等学说）。和保护干涉的政策（如德国李斯特学说），也都适到政治学上去，做个人主义家社会主义家的政治信条。生物学的方法也一样的可以用到政治学上去，英国学者属于这一派的，也很多。譬如“生活竞争”（Struggle for Life）“适者生存”（Survival of the Fittest）“有机体”（Organism）……等原则都可应用来做政治原理。适用生物进化原理来讲政治学的，大概可分两派：一派受形质遗传观念的影响，想用国家的力量赞助“自然选择”（Natural Selection）；一派受“物竞天择”观念的影响，主张听个人自由奋斗。斯宾塞便是后一派的代表。

自达尔文（Darwin）把进化法理完全证明以后，直到现在，无论哲学，艺术，政治，社会，宗教，没有不拿进化观念做根本原则，即如詹姆斯（William James）派的实验主义（Pragmatisn）克鲁泡特金（Kropotkin）的无政府主义，栢格森（Bergson）的生命主义，也没有一个离开进化论的。由此可见进化论的影响。与斯宾塞同时的，也有赫胥黎（Huxley 一八二五——一八九五）和克德（Kidd）多少人，今为简单起见，仅叙叙斯宾塞一人。

斯宾塞（Herbert Spencer 一八二〇——一九〇三。）

斯宾塞在科学发达的时代，照说，总可拿科学的训练，来阐明政治原理但是他的政治思想并不是纯从科学中得来的，是拿各种不同的观念凑成的。当他研究科学的时候，他就衔有了政治上的成见，又把不能相合的人权因果观念和那国家有机体及进化的观念合在一块。所以斯氏的哲学从头到尾，都是拿一个自然权利和生理比譬凑合起来的。他本想把不相调的原理融成一个原理，可惜他不能成功。照这样看来，斯氏仅是一位“牛溲马勃”“俱收并蓄”的概括家，不能成一位“条分缕析”“融会贯通”的哲学家；仅成了一个杂乱无章的时代产儿，不能成一个汇合派的先觉。因为他思想的来源太杂了，所以才成就了一个驳杂不纯的斯宾塞。

斯氏思想来源有三：

（一）激进主义的影响。斯氏早年便在英国激进派空气中生活。他生在不信国教的家庭中，自小便受了许多反对国教的教育。他的叔父斯宾塞泰门司（Rev. Thomas Spencer）是一位很文明的神学家，他说：教会是适应外界情形生长起来的；他又常常同斯达支（Joseph Sturge）合在一块办《非国教派》（*Nonconformist*）周刊，并加入普通选举运动。后来又同浩思金（Thomas Hodgskin）在一块做事，受他很大的影响。浩思金说：社会是自然的现象，常受自然法的支配；政府的职务只是消极的，将来的“乌托邦”（Utopia）就是无政府；到了无政府的时候，人类全体的感情，自然能够一致。斯氏早年既受这种激进主义的影响，且把浩思金的思想奉作政治上的信条。所以他后来的思想总脱不尽激进主义的色彩。

（二）自然科学的影响。斯氏少年时最欢喜抽气机和电机，又亲自做几年技师，故得物理学的益处很多。他常拿“物力”“机械”等名词，说明宇宙的进化。他用的第一个原则，便是“物力永存”，拿这个原则推测出万物终极，必达到极端的平均。社会也必有达到极端平均那一天，因为未达到这个地步，所以才有进化，进化是向极端平均的地方走的。

斯氏受生物学的影响也很大。他自幼好喂养昆虫，观察生物的进化。

又常常用拉马克（Lamarck）所说的生物学原则，说外部的境遇能够感动内部的精神，内部精神的构造和机能，又常适应外界的环境。斯氏自始至终，都抱着生物内部的精神常随外界的环境变化，这便是他跳不出拉马克主义外的铁证。他又承认“自然律”（Natural Law）非常庄严，好像老庄看天道一样，因为“自然律”如此，所以才能够淘汰不适宜的遗留下最适宜的，这又是斯氏受生物学影响的所在。

（三）唯心主义的影响。斯氏常从克来里支（Coleridge）书中求得德国失林（Schelling）等的唯心主义。他的《社会静止论》中所说的“生命观念”（Idea of Life）就是从唯心主义中得来的。斯氏哲学基础简直可以说是合冶浩思金失林两个人理想而成的。这便是他受唯心主义的影响。

斯氏的政治思想很有许多地方和我国老子一样：（一）老子主张放任，斯氏也主张放任。不过老子的放任，是放任乎天，对于个人却主张“无为”，教他不要去“代司杀者杀”；斯氏的放任，则放任个人，不教国家去干涉个人的行动。（二）老子、斯氏都把自然律看得森严。但是老子教人听天，不要有为；斯氏却说自然造就人比国家造就得还好得多。（三）老子政治学说推到极端只有“无知无识”“老死不相往来”的个人，并没有国家社会；斯氏的终极理想也是一个人人均等的无政府的社会。（四）老子心目中的世界，是一个想象的古代世界；斯氏却是一个想象的未来世界——这就是他两个人大同小异的地方。

斯氏是一位崇拜乌托邦主义的人，他确信进化的终点必达到完全均等的世界。到这个境界进步便止住了，运动也停歇了。生存这个境界中人要怎么样便怎么样，应该怎样做便怎样做，所以用不着政府。他以为“政府不是必定需要的，乃是偶然需要的。我们看见布虚民族是先有国家后有政府，所以相信这两个东西将来必有一个是可以废止的。”他所以这样主张也有几层理由：

（一）他看这不完全的政府，实在不佩〔配〕干与〔预〕人民的行动。

（二）他是个崇拜个人主义的，故主张凡事总要从个人的智识得来，不要从国家如官吏的智识得来。

（三）他是个最信人类自然权利的，所以他不得不反对政府。

（四）他是信认自然法胜于人为法的，故他信相人为的淘汰不如天然淘汰的公平。

这也是十九世纪中最普通的政治思想。

斯氏以为不均等是进化的原因，极端的均等是进化的归宿。当未得到极端均等的时候，政府也不能够就废；唯一的方法只有限制政府权力。他很反对国家立法去管理贸易。反对立法干涉卫生，反对国立的教育和教会，反对营求属地，反对救贫制度，并且连国家管理邮政和发行货币也一齐反对。他理想中的国家只是一个合股保险公司，只是一个警察局。在这外边多加一点保护，便是人民多受一点损失。他的国家职权观，完全是消极的，只说某事某事都是国家不当做的，不说某事某事是国家应该做的。他所以这样主张，因为他确信有自然权利和自然淘汰两件事。

斯氏很反对近世社会主义家的国家职权论，国权无所不包是下等社会的样式，社会渐渐进步，国家的职权渐渐减少。他所以反对国家是想保全自然权利。以为人类第一件重要的事体，便是自由运用个人才能；把个人才能发展到了极点，便能得最大的幸福。发展个人才能的要件，就是自由；《社会的静止论》中第一个原则便是平等的自由律。平等的自由就是人人自由，以不侵犯他人的自由为限。甲尽力发展甲的才能，乙尽力发展乙的才能；甲也不妨害乙的运动，乙也不妨害甲的运动：这便是他的平等的自由观。

斯氏哲学的基础全筑在个人身上，他的个人是无关系的个人，是虚拟的个人。国家的特性便是集合个人的本性所成的，所以说国家的根本就在个人。国家全靠着个人，个人全靠着自由，能够自由才能得权利。他所说的权利是从天赋得来，在未入社会以前已经有了。（后人驳自然权利者很多，说不由社会承认，不经法律许可，不能算是权利。）

斯氏本着自然权利观念来讨论家族制度。极力反对女人服从，并且连小孩子服从也都反对。他不但说妇人应该有选举权，并且说家庭内的生活组织和训育儿童的职任，也都应该废止。自由的权利就是小孩子也是应该享受的，应该和大人一样，不当让父母去压制他。这样主张都是从自然权利观念发生出来的。

失林所说的生物学原理有趋于个体的倾向，因此斯氏便深信个体的原理，极力主张个人主义。他以为人有人的个体，社会有社会的个体；因为人的个体是有机体，所以社会的个体也可说是有机体。原来有机体含有三层意思：（一）是由不一样的部分合组起来的生活体；（二）因为各部有各部的用处，才能够互相补助，互相倚靠；（三）全部的发达，全仗各部能够各做各的事。这种生活体是天然生成的，不是人力制造的；是由内外都一齐发达长起来的，不是由一部一部单独长起来的。斯氏拿这个原则来说明社会，却有两层用意：一是让社会个人自由生活，不要国家去干涉他；二是想叫各部分同时发达，各尽各的职务，不可单从一部分着手。不过社会固然有些像有机体，却不是真是有机体；因为社会是精神的心理的结合，不是物质的生理的结合。斯氏不把他分析清楚，所以弄出许多费解的议论。

总而言之，斯氏最大的毛病便是想自我作始，他的主张便是同人家一样，也不说是学人家的。但是即如他信为独得之奇的自由界说，“人人自由，以不侵犯他人的自由为限”一句话，都是和法国人权宣言书雷同。再他的思想虽有错误，虽有变更，他自己总要遮盖，把他掩饰过去——这都是他心地太不坦白的地方。

第八章　社会主义派

一、社会主义发生的原因

照法国的社会主义家说：“社会主义是一个阶级的问题”（Socialism is a question of class）可见得阶级的区别便是社会主义的产母。我们要想明白欧洲社会阶级怎样发生，怎样发见冲突，必先看看“实业革命”以后经济的情形，和由放任主义所发生的弊病。

欧洲当实业革命以前，农工各业仍在人力生产时代。法国一七八九年虽经过一次大革命，但是日常生活情形仍然是毫无变迁。到了十九世纪初年实业革命遍于世界，这时各国实业发生两大趋响〔向〕：

（一）农工商贾各业都丢去手工生产，人力运输，应用新发明的机器。

（二）因为应用机器，便把家庭工业、手工工业推翻，建筑许多极大的工厂。

美国自一七七〇年到一八一五年都在实业革命时期中，自一八一五年起，把这种革命推行到新旧两个大陆。各国经济生活因此便发生五种情形：

（A）工业扩张。自各国应用机器之后，制造业，矿业，农业，都发生种种变迁，工业范围扩张，故生产便较从前增加多少倍。譬如英国的铁矿，当一七四〇年仅出一七三五〇吨，到了一九一〇年，便增加到一千万吨。棉花制造场当一七六〇年，每年仅造出价值一百万磅，到一九一〇年便增加到六万万磅。这都是由科学的方法和机械的能力所发生的结果。

(B) 商业增加。机器发明之后，轮舟，铁道，电报，电话，样样发达，运输又灵便，又迅速，一国的商品可以分配到全世界，结果便令商业发达。

(C) 人口增多。工商各业发达，饮食衣服比较从前都容易得到，所以人口便突然增多。十九世纪前半期，英国人口陡增一倍。总计十九世纪全欧的人口，从一万七千五百万增加到三万九千二百万。可见得人口增加的迅速。

(D) 城市增大。因为工商各业发达的关系，所以人民渐渐聚集在城市之中生活。

(E) 财富增加。大工厂，大营业，生产既多，获利亦加几倍。资本家资本越多，积利越厚，所以大资本都集中在少数人手中。

——这些情形完全是实业革命的结果。

大概到了这个时候，手工制造变成机器制造，独立的家庭劳动，变成附属的工厂劳动。小工业手工业都被工厂工业机器工业压倒了。往时靠自己能力谋生活的工人，现在都变成倚靠资本家谋生活的工人。因为资本家财富充足，可以操纵工人，工人人口既多，生活又不能独立，所以只得听资本家操纵。因此便把劳动与资本分开，使工人与雇主对立，社会上便生出卖工的工人和买工的资本家两个阶级。

这时劳动阶级，大概都是没有钱自办工厂，自买机器，为饥寒所迫，不得不去卖工过生活。卖工的人数越多，工价越卖不起来，又因物价一天贵似一天，不做十七八小时的工，往往不足维持一家生计。劳动时间越长，工人身体越发损坏；又兼工厂建筑不好，光线空气都不合卫生，并有许多种的劳动，如开矿的坑夫，机械的技工，更发生许多意外的危险。不但以劳力作商品去卖，并且有许多失业的人无工可做，想卖都卖不掉；不但不能说劳动时间过长，并且连昼夜劳动也不能养家活口；不但成年的男子劳动，便连未成年的幼童，体力衰弱的老年人，和妇女，都不能不去卖工。回头看看许多资本家游手好闲，不做一事，反从工人血汗里边，吸收许多血汗钱，供他们任意挥霍。所以一般思想家，不得不从道德上着想，从经济上着想，从社会组织上着想，想出一种基于正义的社会制度，来救济上述的种种生活情形。这种改造社会推翻社会的根本原理，便是社会主义。

以上所说的是实业革命的结果，以下再说一说放任主义的结果。

自实业革命之后，社会上生活情形突然变迁。这时非让个人自由发展，自由竞争，必不能适应当时环境。所以这时一般思想家都主张放任主义，听个人脱离家庭生活，丢掉古代的习惯，到社会上或海外殖民地上去独立生活。大家都以为听个人自由竞争，必定得到平均的结果；因为优胜劣败，不适宜的人可以淘汰干净，适宜的人更可以因竞争而发展自己的才能。故放任主义的学说在这时大占胜利。

但是经几十年事实的试验，遂发见种种缺点：

第一个缺点便是假定个人和个人，国家和国家，都有同等的竞争能力。放任主义派主张契约要让各个人自由去定，不许国家在旁边干涉。他们却忘记了受饥寒逼迫的劳动阶级断不能和有钱有势的资本阶级势力平等。让资本家和劳动阶级自由去定契约，不让国家秉公裁判，结果资本家可以任意蹂躏工人，工人便不得不忍气吞声的将就资本家。虽有契约仍然同没有契约一样。过度的劳动，冒险的劳动，都说是工人自己愿意的。因此国家法律便没有劳动时间，工人待遇种种规定。

第二个缺点便是认定个人私利和社会公益不分。他们以为契约的利害只是当事两方面的关系，这是大错。没有一种个人契约不发生社会关系的。譬如有十个八个工人情愿不遵法律上劳动时间劳动，每天去做十七八点钟的工，自己不卫生的结果，不得肺病传染别人，便要生下弱种，使民族都受损害。又譬如自由竞争，大资本家优胜，小资本家便被淘汰，照说都不过是个人的利害。但是大资本家越占胜利，资本越发集中；资本越发集中，劳动阶级越发要被压迫。结果必定要使阶级的感情越发不好，社会生活越发不安——这都是个人私利与社会公益密切关系的证据。

第三个缺点便是错认自由即是平等。这派人最不相信国家和政府的功用，以为用权力去干涉个人，不如让个人自由竞争容易得到均等的地步。结果便为有钱有势的资本家所利用，自由越多，不平等状况越发暴露。便造成阶级分离的大错，种下贫富战争的祸根！

因为放任主义在历史上发生许多困难的问题，和显而易见的弊病，一般思想家便不得不发生一种反动的学说，想把在个人主义上建筑的经济组织，社会组织，工业制度，资本制度，和私有财产制度，根本打消。这种打破经济组织，社会组织，工业制度，资本制度，私有财产制度的学理上的根据，便是社会主义。

说到社会主义，便不得不略为说一说他的定义。但是社会主义不过是一个总名，中间很有许多派别，有的以实行为主，有的以理论为主。实行派中又有激烈的革命派和平和的改革派的区别。此外有的想藉国家权力达到目的，有的想藉团体的势力，实行产业自治。理论派中，有的从哲学上立说，有的从宗教上立论，有的由政治上着手，有的从经济上着手。就是从哲学上立说，有的是唯物主义，有的又是唯心主义。从宗教上立论，有的是加特力教，有的非加特力教。从政治上着手，或主张民族的，或主张国际的；或主张国家社会主义（State Socialism），或主张城市社会主义（Street Socialism）从经济上着手，或全废私有财产制度，把财产让归社会公有；或把生产的工本让给社会共有；或只对于私有财产加一点限制——这便是社会主义的派别。

社会主义的定义也可分为三种：

（一）最广义的定义，凡改造现存的社会组织的思想和计划，只要是反对个人主义的，都可叫做社会主义。照这个定义，共产主义（Communism），无政府主义（Anarchism），工团主义（Syndicalism），公所社会主义（Guild Socialism），以及国家社会主义等都包括在内了。

（二）广义的定义，凡是对于放任主义，提出抗议，对于资本的营业痛下攻击的，都属于广义的社会主义。这个定义只包括从经济上着手的，和共产主义的一派；此外不但废止国家政府的无政府主义不包在内，便是宗教的，哲学的，政治的社会主义也在范围之外了。

（三）狭义的定义，凡想把生产的工本归诸共有的，便属于这个定义之下。换句话说，便是为谋社会全体的利益，主张把现行的竞争制度改变，凡生产消费都归全体共有共管的，便叫做社会主义。

——这些定义各有不同，也各有所指，固然不能说那个对，那个不对；但是若就现在社会主义一般趋响〔向〕说，似乎社会主义便是把经济的活动放在社会公共势力管理之下，以谋社会公共利益为目的的一派学说的统称。

二、圣西门（Saint-Simon 一七六〇——一八二五）

圣西门可算是法国社会主义首唱的一个人。他是贵族人家子弟，自幼即以社会改革家自居，爵位财产都不要，坐过几次监狱，受过多少饥寒，终久不改初志。美国独立，他才十六岁，便去当兵参战。他的主张在他著作《实业问答》（*Catechisme des Industriels*）《新基督教》（*Nouvean Christianisme*）《工业制度》（*Du Systeme Industrial*）几部书中可以看得出来。他以为社会必须在科学的基础上重行改组，“社会的全体应该劳动以改善最贫阶级的道德和物质的情形。社会应该照这样组织，使能够达到这个大目的。”

他以为自十五世纪之初到宗教改革，加特力教的势力很能支配欧洲人民的行为和精神；后来学问发达，文化进步，教会便失掉指挥人类支配人心的势力，又没有别的制度可以代替；结果社会便混扰不安。现在想救这危急存亡，排除百般障害，只有建设新实业的国家。故圣西门的新社会便是实业主义（Industrialism）的社会。他以为官吏的政府不过是摆面子，他的行为不过是形式的。社会便没有他们也可以存在，生活也可以快乐。但是如果没有学者，没有实业的首领，没有银行家，没有商人，社会便是六根不全了，财源便要干枯了。所以他认定多少年的历史进化，都是预备朝这实业世界上来的，实业实在是现在社会的根本要素。

在这个新社会中最重要的便是废除阶级的区别。这里不要贵族，只有工人（Worker）和懒人（Idler）之分。但是因为制度的关系，懒人将不能存立，只有工人可以生活。工人之中，包括手工，农工，技艺工，制造工，银行家，学问家，美术家在内。他们才能虽有不同，身分绝没有差别，各人做各人适宜的工业。如果报酬多寡，和职业选择有争议时，便由实业的士官决定。凡现在归于富人的权力，都移归工人手中。他说：富贵的人而懒惰，便是盗贼，便是残害社会，吞食他人辛苦的结果的蛀虫。所以新社会中必不能让这种人生存。

照圣西门说，新社会中除了劳动和才力不同而外，没有社会的区别。不但如此，便是所谓“政府”也不是同现在普通意义的政府一样。所谓国民团体（National Association）只是实业的营养。（Industrial Enterprise）政府的职务只以防止工人不生产，和维持生产者的安全自由为限。因此法兰西便变作一个工厂，国家的组织便以工厂的组织作模型。

圣西门很反对遗产制度。他说人生于世，本是一无所有，偶然因别人死去，一下便成为巨富，这是很不公平的。人类只有天赋的才能不能平等，其余一切都是人人相同的。不过这个人生在富家，便得多少万的遗产；那个人生在贫家，便连什么也没有，这可算是合乎神意吗？

但是圣西门也不梦想极端平等的社会。他以为绝对平等的社会，比较不平等的社会反要坏得多。因为有才的人和无才的人，贤者与不肖者，一样待遇，一样报酬，必定要生出许多弊害。人生自然有不平等的才能，偏要强不平等为平等，便要残贼人类的天性。故救济经济上不平等的方法，只要各人尽各人所长，酌量自己的能力去劳动，因劳动高下给与相当的报酬，便是不平等的平等了。

圣西门只是一位人道主义家，并不能算是正规的思想家。他的理论很有许多矛盾，但是把劳动看作神圣，却是他的大功。圣西门死后，门弟子们设一个“道徒圣会”（Sacred College of the Apostles）以巴塞尔（Bazard）、安风庭（Enfantin）两个人为首领。他们要求把土地，资本，和一切劳动的工具都归公有，每人量材任事，量事得酬。他们想像古代教徒一样，每一个男人应该结合一个女人。至于婚姻问题安风庭主张自由恋爱，巴塞尔不同意，因此脱离“道徒圣会”。

三、欧文（Robert Owen 一七七一——一八五八）

欧文是英国一个“乌托邦派”（Utopian），生在小工人家。少年得了许多经验，刚到十九岁的时候便做了用五百多工人的棉场的管理人。因为他善于经理，所以赚了许多钱。他的性情是很慈善的，所以研究为他做工的工人情形。当时英国的工厂制度，使工人运命陷于凄惨的境地，劳动时间非常的长，工人住宅非常的污秽，妇女幼童都成天的做工，因而大伤身体，所以污秽不堪的人，喝酒烂醉的人，愚昧无知的人到处都有！欧文的人道思想都是这时工人生活情形激发起来的。

他的情感虽然欢喜乌托邦，但是他却不曾忘记了实际社会的改革，和实际制度的建设。他对于自己工厂的工人安宁更加注意。缩短劳动时间，在劳动运动上是一个很大的问题，后来竟变成工厂的法律，但是这件事却是从欧文的工厂里边实行起来的。此外如工人住宅，工人食堂，派员监察工人社会和道德的安宁，都成为欧文后五十年内工厂立法的模范。

欧文提出改革事实如下：

（一）每天缩短劳动时间，从十七点钟到十点钟。

（二）不用十岁以下的幼童，但设自由学校使他们求工厂的知识。

（三）废止一切罚金。

但是以他一个人的力量，必不能强迫一切雇主一齐实行，故想教立法部同时注意。英国许多工厂法——如幼童做工最低年龄和幼童做工时间的限制——都是受欧文影响的。

欧文把环境（Environment）的势力看得非常重要。他以为天然的人类本没有什么善恶可说，后来的变化完全是环境造成的。利益只是在社会环境之下，由教育立法所生的结果。要想变迁个人，必先变更环境。因此便想重新创造一个社会，改变人类的环境，但是费一生心力到底不能征服现行的社会制度。大概欧文只知道人类是环境的产儿，却忘记了人类是创造环境的主宰；如果人类不能创造或改变环境，环境又怎么能够变迁呢?

如果建设起来新的社会秩序，那么第一件要事便是废掉利润（Profit）欧文以为利润是万恶的渊源。因为生产物必定要照真正价值出卖，才是公正的价格，利润是从真正价值之外得来的赢余，不但不公平，并且生出许多经济的危急。经济的危险无论是生产过贱，或是消费过减，但都是因为不正当的利润而生的。利润不废，工人买回自己生产的东西，还要在所费的辛苦之外，担负被人家攫去的不正当的花费。照欧文的意思：顶好是以劳动做估定价格的标准，有利润便不得不用金钱做交易的媒介，有这媒介物从中作梗便不能照真正价值出卖了。他主张发行以劳动钟点做比例的“劳动券”（Labour Notes）不用金钱作交易的标准，自然可以废除利润。

废止金钱论虽然不自欧文创始，但是发行劳动券确是欧文的发明。他以为这个发明，比墨西哥（Mexico）秘鲁（Peru）一切的矿还有价值些。后来有一般人在伦敦设立“国民公平劳动交易所”（National Equitable Labour Exchange），又设立“消费组合”（Co-operative Stores），使工人拿劳动券可以储蓄，可以换出相当的价值。这都是欧文理想制度的实验。

四、福利埃（Charles Fourie 一九七二——一八三七。）

福利埃是法国“乌托邦派”第二个有名的社会思想家。他生在中流社会，家中做布匹生意，半生的工夫都消费在商业上，生性仁慈高洁，不适宜于经商，父死之后，没多时便把十万法郎的遗产弄得干干净净，并过几十年的贫苦生活。

他以重新筑建社会是实际的问题，不是理论问题，他的第一步方法便是建设“同居舍”（Phalanstere）。筑下最大的房屋，可容一千五百人居住，分许多房间，使住的人可以自由选择适当的房子，天天在一块吃饭。他以为只要有这种大旅馆式的社会，一切社会问题都可解决。因为他同欧文一样，相信社会环境如果不变迁，什么问题也不能解决，环境一变，使人类得到一种新式的生活，别的问题自然可以不起了。

在这“同居舍”中经济生活可使消费的人费最小的气力得到最大的享乐。柴米油盐在这种情形之下，一定格外便宜格外得用，各人经营家务的劳苦一齐可以省却了。实行这种公共生活，可使素不相知的人彼此可以亲热；同情的心一定可以战胜互相憎恶的心。而且关系越深，利益越多，生活越觉得有味。因为他相信人类如果得做他所欢喜的劳动，便把劳动看得同游戏一样，人人愿意劳动，故生产必定要较平常多加四倍五倍。而且合几百人同居共处，比较分居分处，要省了许多小家小灶的建筑费，和维持费。这样一来，便把战争，扰乱等等弊病去掉，兵士，警察，裁判官，宗教家等无益的职务一切不要，便可让出时间做许多有益的事体。

大概福利埃合居制很和圣西门的新社会不同。圣西门想使人人各量各的才能劳动，拿劳动结果定相当的报酬；福利埃却按劳动的多少，技能的优劣，资本的大小，来定报酬的多寡。把生产一小部分储蓄起来，为大众所共有；此外便按照劳动资本技能作相当的分配。劳动得十二分之五，资本得十二分之四，技能得十二分之三。圣西门不承认资本可以私有，福利埃却承认个人得有资本，这是他二人不一样的地方。

福利埃以为大城一定要分开同居舍一定要推广。同居舍便是中等村落，只要一千八百人，或四百家。应该大大的留心选择适当的地点，最相宜的地方是在很好的江河岸上，有小山环绕，山边可以耕种，余地遍植森林。既可使生活爽快，又可使住宅便宜。各种实业，各样生产，都减到不可再减的最小限度，在初办的时候才可以实行。在小资本实业制度之下，也可免掉人民对于资本主义的优视心。这都是福利埃理想中新社会的生活情形。

福利埃以为在将来新社会中，人人必把劳动看作最有兴味的事体，人人高兴劳动，人人愿意劳动。因为劳动不是被需要的势力压迫的，不是被自己的私利迷惑的。从野蛮世界到文明世界，没有一个人不把劳动看作讨嫌的事，便是因为这层道理。福利埃的理想是一种社会的国家(Social State)，在这个国家之中，无论生活方面，道德方面，都没有强力去逼迫他劳动，只因为爱做工而做工，所以没有痛苦。所以他同居舍惟一的目的便是在协助的基础上举行生产，以园艺种植的方法来做农事，造成新式的社会生活，引起人民对于劳动的兴趣。倘若这样的同居制建设成功，联合许多共产团体（Phalanges）便成一个新世界。但是经过多次试验，总是失败了的居多数，可见得离开旧社会去创造新社会是一件极不容易的事情。

福利埃和圣西门、欧文三个人都是乐观派，所抱的希望，都是法国革命时代普通的社会思想。自卢梭到海格尔（Hegel）重要的学说都说恶是群聚的，善是个人的；社会是不好的，人类是纯洁的。他们受时代思潮的影响，相信人性是善良的，上帝造人类，并没有给人类罪恶痛苦；人类罪恶痛苦都是恶社会制造成功的。痛苦的来源由于无知无识；罪恶的发生由于经济制度不好。如果人类知道生活的正当方法，知道造物初意所在，那么便不致受苦受难了。因此便注重教育，注重环境，注重生活情形。想组织科学的社会，把环境先弄好，不致损害本然的天性，便是理想的世界。

五、布朗（Louis Blanc 一八一一——一八八二）

到了一八三〇年，乌托邦派空想的社会主义渐渐绝灭，革命的时期渐渐到来。法国革命只算中产阶级的革命，所有政权都被第三阶级（Third Estate）独占，贫民被迫渐渐感觉生活的困难。故自一八三〇年到一八五〇年可算是全欧洲人都不满意当时的民治，为工人要求权利的时代。一八四八年欧洲各国的革命，虽然是乌托邦派从道德上伦理上攻击当时经济制度工业组织的影响，但是空想的社会主义，到底不能实际推行，所以逐渐有衰败下去的倾向；德国的科学的社会主义又没有完全成功。这时有一派社会主义家虽然想改良社会，但是不单靠着宗教心道德心去空谈改良；虽然也藉政府权力，但是不如德国社会主义家把国家权扩张那么大。这派是什么人呢？可以做代表的，便是布朗。

布朗是社会新运动第一个思想家，很下劲攻击当时民治政府的组织。

因为如此，所以才同福利埃、圣西门色彩不一样，并且为现代社会著作家的先辈。他著的《劳动组织》（*Organisation du Travail*）出版后（一八三九年出版的），大得工界的赞赏。一八四八年革命的时候，真算是众望所归，为二月间新组织的临时政府中得力的人员。那时很提出许多根据社会主义的议案，只因多数党反对，没有通过，仅仅通过劳动权利一种法则。什么叫做劳动权利呢？便是劳动者不能得职业的时候，有对于政府要求职业的权利。

布郎以为改善人类只从道德上着想，不从物质上着想，总是一句空话。社会改善不是从上边起的——从较高的阶级起的——是从底下起的——从工人阶级起的——所以第四阶级必定要得到政权才可以解放他们自己的经济束缚。这便是他想拿国家的民治组织做基础，实行社会改组的证据。

布朗相信一切经济的罪恶，都是竞争（Competition）的结果，因此极力说竞争不好。以为竞争发生贫困，败坏道德，增加罪犯，造成实业危险，和国际的不和。并引许多新闻，报告，经济条约，政府统计做例，来说明竞争怎样压倒贫民，怎样使有产阶级得利。如果我们要想免除竞争的危害，必定要把他根本拔掉，重新建设自由组合（Voluntary Association）做社会生活的地盘。

布朗意中的自由组合却和欧文（New Harmony）的新组织，福利埃（Phalanstere）的新社会不同。他并不梦想什么将来的经济世界，拿离开现社会的一组一组的团体，来造成完全世界。他只想建设社会的工厂，（Social Workshop）这种社会的工厂不过是一种协济的生产社会，使同行业的人员联合组织，同别人不一样的特点，便是很德谟克拉西的（Democratic）很平等均匀的。不像福利埃的同居制，可以供给一切的需要；他只生产几种东西，别的东西仍然照普通的办法到外边买来应用。所以布朗社会的工厂只是最普通式的协济社会。

这个方法也不是布朗初发明的，当一八三一年便有圣西门的弟子，叫做布奇的（Buchez）曾提议过这回事。布奇想教同行的工人——如土匠，砌匠，鞋匠之类——联合起来，拿各人的器具都拿出归公，所得的利益由他们自己分配，只留五分之一的利益做永远不动的基金。不过布奇只想办小小的实业，布朗却想办大实业，除这一点外，所提出的方法大概都没有什么大差别的。

布朗这种社会的工厂第一个好处便是把所有的利润都分给做工的工人，不像现在的工厂把利润全让企业家白白的收没去了。这便是布朗的工厂和普通工厂最不相同的地方。

从前的社会主义家如欧文福利埃等都把国家看得不大重要，只要私人发起去做便够了，不必要外来的帮助。布朗却不是这样。他以为倘若没有国家帮助，什么事都不能起手做。因为贫民第一没有资本，国家的职务便在赞助他们弄资本；所以布朗想把国家的界说定做“贫民的银行”（The Poor Man's Bank），照这样看来，社会主义家把改革社会的责任放在国家的肩膊头上，要算布朗是第一个了。

法国革命时代，一般思想家所讲的自由大概都是抽象的，只承认他是玄想的权利，却说不出某种某种自由的具体条件。布朗以为说抽象的自由便是无自由；完全自由须包括行使才能改进才能的实力在内，如果只有自由权，没有行使自由的机会和实力，仍是一句空话。这是布朗有过经验的话，大概他那时候，原是自由主义盛行的时期，劳动者对于资本家何尝没有自由权呢？但是没有经济上的势力，可以帮助他坚持到底，所以宪法上法律上的自由权和自由契约，没有一样能够实现。这便是空谈自由的弊病。

但是国家太大，怎样能保持个人自己呢？照布朗说，社会的工厂虽然资本由国家豫备，做事由国家监督；但是经理由他们自己选择，利润由自己分配，所以一成立之后，便可变作自助自治的团体。

布朗虽然不是乌托邦派，但是仍然带点乌托邦派的色彩。他以为人类生出便是纯洁的，便是天真烂漫的，他的罪恶都是由社会中生出来的。不过他更进一步，说生活改变由于物质改变，便与马克思的唯物史观有点接近了。

六、拉塞尔（Lassalle 一八二五——一八六四）

德国社会主义的首领，要算罗德伯特士（Rodbertus）拉塞尔马克思昂格思（Friedrich Engels）诸人。罗氏在新社会学理的基础之上，建设国家社会主义（State Socialism）的原理，国家社会主义才成为一派。什么叫做国家社会主义？便是把生产的工具集中在现在国家手中的意思。换句话说，他们也不要求实业的民治，也不要求社会的民治，但想把生产的工具集中在官僚的军国的阶级的国家手中，使剩余价值归于国家不归于资本家便是。所以李普克尼希（Wilhelm Liebknecht）说：

国家社会主义实在是国家资本主义（State Capitalism）。因为外形相似，名词好听，容易瞒人，使人误解。德国国家社会主义——真正说起来，普鲁士国家社会主义——的理想便是军国的地主的警察的国家；对于民治主义比什么也憎恶些。……民治主义是他们的仇敌。

后来《共产党宣言》中很反对这派，除了德国以外，没有那一国是完全实行这种社会主义的。

德国社会主义实际运动是自拉塞尔开端的。一八六〇年后，海格尔的德意志，变成毕士马克（Bismarck）的德意志；从前以哲学为背景的国民生活，现在变成以政治实业为背景了。拉塞尔于一八六二年后便着手做改革的运动。马克思在学理上建设社会主义的基础，拉塞尔却在实际运动上扩张社会主义的势力。

拉塞尔想以国家的力量建设一种共产的新社会。他一生最尽力的有两件事：（一）在政治方面，极力要求普通选举；（二）在社会方面，极力主张借国家的帮助来建设生产者组合。那时放任主义差不多成了经济学者的天经地义；拉塞尔独大唱国家干涉论，来反对他们，拉塞尔以为人类的历史，不知道经过几多战争，才建设起来自由，才战胜愁苦愚昧微弱种种境况。当战争时候，个人如果孤立无助，便要失败，只有联合起来，才可以占优势。这种联合便是建设国家，便想藉此得到高等的文化。所以国家便是教育人类改善人类的工具；中产阶级的国家观念，以国家为保护私有财产，防卫个人自由的武器，除此以外别无他事，实在不是国家的真正观念。

拉塞尔不但国家观念变迁，便是国家的实质也不同从前一样。他以为国家并不是有产阶级政客等所有的，应该归工人支配。他主张普通选举，便想使第四阶级在政治上占优胜的地位，实行他社会根本改造的计划。拉塞尔所说的“工钱铁则”（Brazen Law of Wages）很可值得注意。他以为人类劳工也同货物一样，货物贵贱固然受价格法则的支配，劳工贵贱也逃不出价格法则之外。故需要劳工多，则工钱增加，劳工的人数加多，则工钱减少。这种法则是一定不可变的，故叫做工钱铁则。要想废工钱铁则，必定要废止工钱制度（Wage-system）。拉塞尔废止工钱制度的方法很有点像布朗。他以为要想除去现在经济组织中资本劳动的冲突，必先组织生产的组合，不让资本家插入劳动和产物之间，从中白白的得许多乾〔干〕利。要想免掉这个弊病，必定要叫政府借钱给劳动家〔者〕做本钱，使劳动者以自己的力量开设机械制造的工厂。故这种生产者组合和普通选举，便是拉塞尔所办的“德国劳动党”两大政纲。可惜三十九岁便因决斗受伤死了，所以他的共产社会竟没有见诸实行！

七、马克思（Karl Marx 一八一八——一八八三）

社会主义在欧洲成为一种势力要算是自马克思起首。在马克思之先，英法各国固然有许多社会主义的学说，当一八四八年革命的时候，法国固然也有社会党想实行他们的计划；但是他们大概都是乌托邦派，且又没有强固的政党出现。到了马克思以后，社会主义内容不但由空想的变成科学的，并且连社会主义运动也由国内的变成国际的了。

马克思于一八一八年生在莱因省（Rhine Provinces）的特来维（Treves）。他的父亲是个律师，由犹太教改奉耶稣教。马克思在德国几个学校中研究法理学，哲学，政治经济学，历史学。他的哲学很受海格尔（Hegel）

的影响，他说历史是意象的进化，又相信世界的变迁成为逻辑的进步，由这种境遇革命变到那种境遇——这都是受海格尔的思想的感动。

他于一八四二年在廓伦（Koln）地方做新闻纸的总编辑，因为论调太激烈，被普鲁士政府干涉，第二年便被封禁了。马克思因此跑到巴黎，在那里研究经济学和法国的社会主义。他于一八四四年遇到昂格思，便做了终身的朋友。他在巴黎办个德文的周刊，极力攻击德国政府的专制，因此触犯了德国政府的忌恨，要求法国把他逐出境外。马克思由巴黎又跑到比京（比利时首都——编者注）布鲁塞（Brussels）去，在那里组织一个“德国工人组合”（German Working Man's Association），又办一个机关报。他这种活动早已惊动了德国的共产党同盟会（German Communist League），所以他们请他同昂格思两个人替他们做篇宣言，这个宣言就是现在大家知道的“共产党宣言”（Communist Manifesto）。这个宣言是一八四八年一月发布的，可算是马克思的主义第一次发表。这年二月法国发生革命，三月德国发生革命，因此布鲁塞的政府害怕起来了，又要把他赶出去。可是德国经过这回革命，马克思可以回去了，所以又复归故土。

可是他回去之后，仍是不安分，又办一个新闻，又触犯了政府之怒，报纸封了，他因此又跑到巴黎去。到了巴黎为六月十三日示威运动的事，恐怕拘留，只得跑进英国，一直住到临死。凡他几种重要的著作，如“政治的经济学批评”，“资本论”，都是在这个时候做起来的。

马克思学说的精髓可分三项说明：（A）唯物史观（Materialistic Interpretation of History）（B）赢余价值（Surplus Value）（C）阶级战争（Class War）。

（A）唯物史观

马克思很受海格尔哲学的思想影响，相信社会国家的生活都是变迁不歇的。没有永远不变的道德，没有长久合用的法制，一切道德，法律，政治，经济，宗教，艺术等文物制度经过适当的时期，自然会有别种文物制度来代替他。这都是他研究历史的结果。但是他不像海格尔把历史看做意象的进化。他以为人类的文明史不是由人类精神造成的，乃是由物质的境遇造成的。人类的努力终跑不出自然的圈套。自然能够支配人类的行为，人类行为不能独立去支配自然。因为人类行为都由物质的境遇决定，故人类文明史只可说是随物质境遇变迁史。因此断定社会进化的根本的原因的要素便是经济的进化。

他以为社会的生活情形全由生产的方法和交易的形式而定，他在《政治的经济学批评》序文中说得很明白，且把引在下面：

> 人类以社会的生产，生出生活资料，可以造成一种自然的，独立于自己意志之外的关系。这种关系便是适应那种社会物质的生产力的发达程度之生产关系。这种生产关系的聚积起来，便成为社会的经济构造，便是建筑法律政治制度的真正基础，又是发生适应某种社会自觉的真正根基。这种物质的生活资料之产出方法，可以决定社会的政治的精神的一切生活的过程。人的意识不能决定人的生活，人的社会生活倒可决定人的意识。
>
> 社会物质的生产力发达到某种程度，便和现在的生产关系发生冲突，换句话说：便是这种生产关系仅仅由法律表示的地方，和从来使生产力活动于自己内部的地方之财产关系（私有关系）发生冲突。原来这种关系不过是生产发达的形式，到了这时便变成束缚生产力的障碍物，于是社会革命的时代便来了。因为经济基础变迁，所以凡建设在这基础上的东西，不要慢慢儿改革，便要猛烈的革命。

由这两段中可看出马克思唯物观的大意。他的大意，便是：

（一）生产的方法变迁到一定程度，社会生活自然要改变。譬如在机器生产发达的时代，不管人类的意志怎样，总不能维持从前家庭手工业的生产的生活，所以说发生“自然的，独立于自己意志之外的关系”。

（二）法律政治制度是随着社会的经济构造变迁的。所以说“经济的构造是建筑法律政治制度的真正根基。”

（三）人类意识不能改变生活情形，生活情形倒可改变人类意识，譬如在机器发明时代，无论人类的意识是怎样，总不能违反自然的趋势，仍做家庭生产手工生产，不变变方法去实行工厂生产机器生产。

（四）社会生产方法发达到一定程度，便要打破旧有的生产方法代以新发展的生产方法。譬如私有财产制度当初还有存在的理由，到了工厂工业发达的时代，所有制造和分配已成为社会化了，所以共产制度自然会出来代替从前的私产制度。

照这四种意思看来，可见得马克思社会进化是偏重在物质一方面，说社会组织变动的根本动力，决不是个人的思想感情意见，个人的精神意识决不足以左右社会组织。这一层自然进化的历史观很招后人议论。因为历史的进化都是人类以意识建筑起来的，人类意识可以征服自然，指挥自然，至少也能利用自然。使自然顺着人类意志向进化的路上走去。如果人类都睡在那里，自然自己断不会有进步的。马克思说实业革命以后，社会生活不能不跟着经济组织变迁，固然是历史的事实；但是他却忘记了十八世纪实业革命是在十六七世纪科学革命以后发生的。可见得有人为的科学发明于先，才有事实的实业革命发生于后，这便是经济组织变迁不能不受人类意识指导的明证。

但是马克思……以社会变动的势力引导个人变动的方法，又是不可轻视的。如果社会组织便于自私自利的人，不便于天天劳动的人，便引起这一阶级拿那一阶级辛苦钱去开心作乐，这便是社会组织帮助个人做不公平不道德的事体的铁证。他想要造成人类公平的道德的生活，非从社会制度上根本改革不可，这话是很对的。他一方面反对个人主义经济学，想免去以制度的势力帮助个人的自私自利；一方面反对伦理道德的经济学，不以改造个人道德为目的，而以改造社会组织为目的；这便是他科学的社会主义远胜于从前道德的伦理的宗教的社会主义的地方。

（B）赢余价值

往时经济学者不说价是由货物的效力发生的，便说是由人类欲望（需要的意思）发生的，再不然便说是由物能和人欲两种合起来估定的。总而言之，离不掉人欲和物能两个要素。但是物能是怎样生出来的，天然的物品怎能够满足人欲呢？还是个根本问题。马克思的《价值论》似乎很可以解决这个问题。

马克思说货物生出价值，是因为人类投下劳力，价值多少要看投下劳力的分量多少，劳力的分量便是劳动的时间。他所说的劳动时间，便是平均全体社会所得的普通劳动者所费的时间。繁杂的一时间的劳动当然可以当得简单的一时间劳动的几倍，所以这一点钟所生产的货物，不必一定要同别的一点钟造成的东西同一价值。但是实际上市场所卖的东西，所有价值并不由劳动时间决定，这是什么缘故呢？照马克思说来，乃是经济组织不好的结果。

姑且举一个例来证明这层道理：譬如一个劳动者每天所要的货物，普通做六点钟的工便可生产出来，这六点钟的工如果以货币计算价值三马克（Mark）。现在有个资本家每天出三马克的工钱，把他雇进工厂去做工。给他一张纺机和若干斤棉花，教他去制造棉线。比方一斤棉花要费两个钟头劳动时间才生产出来；纺机一张要费二十点钟劳动时间，才可以制造成功；如果以金钱计算，棉花一斤价值一马克，纺织机一张价值十马克。把棉花制成棉线，一斤棉花可以制成一斤棉线，纺机每制一斤棉线损害百分之一。假如一人一点钟可以制成两斤棉线。如果资本家只叫劳动者做六点钟的工，结果是：

(甲) 资本家支出

棉花　十二斤　价值十二马克

纺机损害　百分之十二　价值一马克二十钱

工资　一天三马克　价值三马克

合计十六马克二十钱

(乙) 资本家收入

棉线　十二斤　(按生产费计算) 十六马克二十钱

(甲)(乙) 两项对照，刚刚是出入相抵，资本家连一个钱也赚不到。如果资本家叫劳动者做十二点钟工呢？那么结果便是：

(甲) 资本家支出

棉花　二十四斤　价值二十四马克

纺机损害　百分之二十四　价值二马克四十钱

工资　一天三马克　价值三马克

合计价值二十九马克四十钱

（乙）资本家收入

棉线　二十四斤　（照从前生产费计算）三十二马克四十钱

（甲）（乙）两项对照，支出二十九马克四十钱，收入三十二马克四十钱，下有赢余三马克。这三马克便叫做“赢余价值”。资本家不要另外多花一个大［子］，这赢余价值却是完全入了他的私囊去了。故在资本主义出产法底下，一定要生出资本家吸取无报酬的工作，和工人被人劫夺血汗钱的结果。

资本家劫夺赢余价值第一个方法固在延长劳动时间，第二个方法便是减少劳动者生活费。倘若工人每天工钱从六马克落到三马克，那么资本家的赢余价值便从三马克（按照劳动十二时计算）增加到六马克。工人生活费怎样能够减少呢？只有使工业组织完备，用机器生产，使货物生产得越多，生活品如衣服食物住宅自然会有下落的倾向。更用妇女幼童使劳动供给越多，工资自然越贱了。工资越贱，赢余价值自然越发增多了。

这种经济组织不但使资本家得横财，并且使劳动家〔者〕永远没有抬头的日子。资本家利用这种机会，常常提出苛刻不堪的条件，来要挟劳动者。又因他所得的横财太多，越发扩张工业，多买机器，设立大规模的工厂，把小规模的工厂压将下去，让他独占利权。小工厂并为大工厂劳动自然有剩余的，这种剩余劳动（Surplus Labour）合起来又生出一个剩余劳动者阶级，只要有人用他，便不问工资多少。按需要供给的自然原则说，这种剩余劳动者有职业，必定要把正当劳动者的职业夺去了；正当劳动者不愿意做贱工，便不得不去职了。故资本家因竞争兼并的结果，实业便归少数人独占，劳动者失业的越多，穷困自然越甚。到了这时，社会上只有极贫极富两个极端的阶级，没有中等社会，结果贫富两阶级自然是免不掉战争了。

……

（C）阶级战争

马克思说资本集中的法则，是从经济史上找出来的。凡在私有财产和吸取别人辛苦钱的制度之下，便会生出社会营业和集中资产种种现象。在十六世纪的时候，资本主义还没有发生，大多数工人自己都有生产的工具。到了交通机关完备，开辟许多新市场，又有银行，又有商业公司，由此生出公债，结果资本便集中于少数人手中，小资本家便一个一个失败完了。到了此时，资本主义才渐渐成立。

资本主义便是阶级战争的产母，有了阶级战争资本主义便会全灭。因为马克思一派都认定资本制度是一种自灭的制度，按照自然法则说，是要自然趋于灭亡的时代。为什么呢？只因资本主义过甚，必生出三种现象：（一）生产过多，造成实业危险；（二）实业危险，造成贫民社会（Pauperism）；（三）马上可以生出许多“合股公司”（Joint-Stock Company）到了这时，社会上不是一无所有的工人，便是无所不有的资本家。这两个阶级利益完全相反，便不得不争。起初由一地方的工人团体反对资本家个人，继而由一国的工人联合起来，反抗资本团体；最后由国际间工人联合起来，反对一切资本家。这样一来，便可战胜资本家，把所有的土地财产都归公有，既没有人可以劫夺别人的工作，又没有人能够拿财产去制人生死，社会中再没有阶级可分，一切人类都可以自由了。

……

八、柏恩士敦（Bernstein 一八五〇）

自马克思学说盛行的时候，许多人都以为欧洲各国的阶级争斗，马上便可实现，资本主义马上便可以消灭。但是实际上不但不朝马克思所说的方向去，并且还朝相反的方向走。欧洲各国的固然免不了资本集中的现象，但是不像马克思说的那样利害；小资本家和中资本家反比从前加多，工人的生活也渐渐比从前好一些。便是马克思所说的实业危险，也因为银行制度进步，和别的关系，渐渐减少了……故这时社会主义分成两派：一派从马氏社会主义外部下批评，想创造一种新社会来代替阶级战争，一派从马氏社会主义内部下批评，想以进化的社会主义来代替革命的社会主义。前派是“工团主义”（Syndicalism），后派便是栢恩士敦一流的“修正派社会主义”（Revisionism）。

栢恩士敦著作有《进化的社会主义》和《社会主义的前提与社会民治主义的任务》，解释德国社会民治主义理论的趋向和政治运动的方法。……

马克思主义的重要观念是什么？简单说起来，便是唯物史观，赢余价值说，资本集中说，阶级战争说几种。栢恩士敦对于这几个重要的观念都有不满意的批评。

昂格思以唯物史观和赢余价值说为马克思两大发明，因为马克思主义的基础完全建筑在这两个观念之上的。栢恩士敦也承认这是马克思主义的根本法则，所以详细下了许多批评修正……

九、工团主义（Syndicalism）

……

工团主义是在法国产生的。本来德法两国人民性情便大不相同；故德国的社会主义，偏重立法，偏重议会，法国的社会主义却偏重革命，相信自己而不信政府。工团主义所以在法国占了很大的势力，也有种种原因，最显而易见的原因便是受法国政治家的激刺。工团主义的唯一机关，便是“劳动总联合会”简称为C.G.T.（Confédération Générale du Travail）是自一八九五年发起的到了一九〇二年才算完全成立。当初并没有什么很大的势力，不过到了危急的时候，便不是这个会的会员也听他的指挥罢了。只因密尔兰（Millerand）这个人，当初因主张社会主义起身，到了当权的时候，却改变面目，极力压迫社会党的行动。这也不独他一个人是这样，许多政治家也都是这样。当初因社会党的推举才得势，一做了阁员总理，马上便拿兵力来迫压同盟罢工。因此劳动家〔者〕便个个自觉起来，只求自己不求他人，C.G.T.因此便大大的扩张起来了。

工团主义派反对武力主义（Militarism）和国家主义（Nationalism），也都是受武力国家的刺激。当一九〇七年，一九〇八年两次同盟罢工都被政府以兵力压迫。所以C.G.T.委员宣言说政府是“暗杀的政府”，总理是“杀人犯克来蒙梭”（Clemenceau）。随后两年欣路罢工，布兰（Monsieur Briand）便把铁路工人和罢工委员，一齐拘禁；又派军队来替代铁路工人。经这几次武力迫压，同盟罢工倒是暂时止住，可是工团主义派自此便人人觉悟，大家都起来反对武力和国家了。

工团主义的目的是什么？简单说来，便是根本打消资本主义经济组织，想把阶级的劫夺，阶级的支配取消，由各种有职业的工人合在一块，来直接谋自己的幸福。他们的运动都是直接行动，直接行动的唯一武器便是“总同盟罢工”（General Strike）。怎么叫做直接行动？便是不仗着法律，不靠着议会，不要国做媒人，只用直接的手段来达自己的目的。他们反对国家政府，很同无政府主义一样，但是他们的组织却比无政府主义进步。他们借劳动团体的势力来谋自己的利益，也同英国的“同业社会主义”（Guild Socialism）相近，可是既不像同业社会主义承认国家存在，又不像他专以同职业的工人做会员。工团主义不问是什么职业，不问年老年少，不问是男是女，不问本国人外国人，只要是个劳动者，便一律可以入会。简单说起来，便是劳动界的大同团结。

工团主义的教义英国（The Syndicalist Railwayman）第一号介绍得很清楚，且把他引来：

所有工团主义，集产主义（Collectivism）无政府主义，目的都在废止现在经济状态和现行重要的私有权。但是集产主义是把私有改为人人所有，无政府主义是不使一个人能够私有，工团主义是使组织的劳动能够私有。故工团主义便是深知道社会主义所说的经济教义和阶级战争的职工组合。他极力反对集产主义所信赖的议会行动；就这一点说，很有些像无政府主义，不过实行上仅仅限定行动的种类罢了。(见一九一一年八月二十四日泰晤士报。)

照实说来，工团主义和无政府主义的差别很少，故这比较新一点，稍须亲近的“主义”(Ism)已定其界说为“组织的无政府”(Organized Anarchy)，他是法国的职工组合建设的，但是已成为国际的植物，他的根早已伸到适于生长繁茂的英国土中来了。

集产主义家或马克思派社会主义原可以使我们相信他是一种劳动运动；但是不然。他也不是无政府主义。一个实是绅士阶级，一个是贵族，且带许多书生的臭味。工团主义却同他们相反，自始至终都是劳动主义者，和“阶级”没有关系，并且要根本推翻他。《泰晤士新闻》(*Times*)说明“总同盟罢工的意义如下：(见一九一〇年十月十三日)

要想知道总同盟罢工的意义，我们一定要想起法国有一个很有势力的劳动组织，公然以革命为目的，不但要打破现在的社会秩序，并且连国家这个东西都要一扫而空的。这个运动就叫做工团主义。他不是社会主义，却激烈的反对社会主义，因为工团主义家以为国家是个大仇敌，而且社会主义家的国家观念，和集产主义家的所有权，都是使劳工命运比现在在私雇主之下还要坏些。他们想达到目的的方法便是总同盟罢工，这是法国一个工人在二十年前发明的思想，于争胜社会主义家之后，到一八九四年法国劳工会议才采用他。自此以后，总同盟罢工便成为以劳动总联合会做机关的工团主义家，公然采用的政策。

法国有智识的劳动者已经觉悟社会和国家是人类活动的两个分界，并没有什么希望的必不可缺的关系，没有社会人类便成了群居的动物，便不能够生存；没有国家人类很可以过安乐的日子。在职务上不积极做坏事的政治家，便是最好，也是一个奢侈品。

这几段文中，很可以看出工团主义和集产主义无政府主义、马克思派的社会主义都有种种的区别并且可以明白他们对于国家政治家的反对态度。

由此可见工团主义的大纲：

（A）推翻现在的资本主义，并推倒不生产的最高寄生虫的国家，和仅仅做奢侈品的政治家。

（B）这种运动只须自己动手，不靠国家，不靠议会，不靠法律；并不靠神士阶级和有学问有知识的人。

（C）在新社会中，以劳工组合来管理支配所有的产业，没有政治组织和阶级差别存在。

工团主义近来不但在法国很占势力，并且流行到别国去了。美国的工团主义便是I.W.W.（The Industrial Workers of the World）。他的宗旨也同法国工团主义一样，不承认国家，想以劳工组合来代替他支配一切产业，并由直接行动来推翻资本主义，他们不承认以职业区分的职业组合主义，说他是无益有害的。这便是他大体和工团主义相近的地方。

十、同业社会主义（Guild Socialism）

同业社会主义可算是由奥来支（A.R.Orage）提倡起来的。他于一九一二年主办一个杂志，名叫《新时代》（*New Age*），把同业社会主义当作朝自由去的一条道路，极力当劳动阶级面前鼓吹。故同业社会主义发生不过十年内的事体。在理论上指导批评的人：有柯尔（G.D.H.Cole）奥来支，浩布荪（S.G.Hobson）和罗素（Bertrand Russell）诸人。

英国当一九一〇年前后，物价腾高，劳动生活困难，酿成实业界不安的现象。这时一般工人都觉得从前的议会政治只是为有产阶级谋幸福，对于劳动界不但无益并且有害。所以这时许多人对于议会政治很怀疑的，于是改造议会政治和废止议会政治，便成为当时很重要问题。但是这时一般劳动者不信任政治的很多，议会里边虽然有四十个劳动代表，可是势力很单弱，总不能满足劳动界的希望。所以劳动界想减少政治的权力，想教同业组合得有实业的支配权。他们认定劳动界已从团体协约的时代，变到团体支配的时代，并由工钱制度时代变到同业组合直接经营的时代。这便是同业社会主义所以占势力的原因。

同业社会主义一方面不满意工团主义的无政府态度，一方反对国家社会主义变为“奴隶国”（Servile State）的生活。但是他们反对国家社会主义比较更利害，他们说国家社会主义有三大缺点：（一）隳入官僚主义，（二）实际是国家资本主义，（三）是以消费者为本位的制度。由此可见同业社会主义便是废灭资本制度，工钱制度，使以生产为本位的同业组合和保障消费者自由的国家来共同支配实业的新社会制度。

大概同业社会主义家是主张二元论的，一方面要求生产者自由，一方面要求消费者自由；换句话说，便是使生产的人有完全支配实业的权力；又使消费的人得国家的势力保障他消费的自由。所以他对于工团主义把绝对的实业支配权交给各个团体，使各个人集聚起来强夺利润一件事，是很不赞成的。

关于同业社会主义的理论上主张，柯尔很可以代表；现在且述述柯尔的大体意见。

柯尔于一九一三年曾著《劳动世界》（*The World of Labour*）讨论职业组合主义（Trade Unionism）的现在和将来，自卫卜（Webb）著《实业的民治》（*Industrial Democracy*）之后，讨论劳动问题的书要算这一部为最好了。

他在一九一七年又著《实业自治》（*Self-Government in Industry*）做《劳动世界》的绩〔续〕篇，直接讨论同业社会主义。同业社会主义有两大主张：（一）废止工钱制度，（二）要求实业自治。现在且介绍他关于这个主张的理由。

（一）废止工钱制度

废止工钱制度的主张原不是同业社会主义创始的，工团主义便有这种主张。大概说劳动问题的人都承认贫穷是社会的大病，但是贫穷是从什么地方起的呢？在他们看来，都说是由于工钱制度（Wage-System）。工钱制度便是奴隶制度，奴隶制度便是资本制度的结晶。什么叫做工钱制度呢？便是把劳动看作商品，可以拿金钱买卖的制度。这样一来，便把劳动者看作一种物品，把他的人格根本取消了，故叫做奴隶制度。又因为劳动者只要工钱，不要实业的管理权，生产组织都由雇主支配，故这种制度实在是资本主义的真髓。这种工钱制度不废，劳动者便不能脱离奴隶的生活；劳动者不能脱离奴隶的生活，社会的病症便没有方法可以医治。

（二）要求实业自治

工钱制度废止之后，劳动便不仅仅的生产，并且要自行管理生产和生产的结果。原来国家社会主义不但想把生产工本收归国有，并且还把实业的管理权收归国家手中；工团主义又想全由劳动团体支配，绝对不要国家的干涉。同业社会主义对于这种两极端的主张都不能满意，却想把实业管理权收归同业组合手中。故柯尔以为民治主义的原则，不是使官吏支配实业，是使生产者自己来支配管理。一方面使生产者得以自由，不致陷入官僚主义资本主义和消费者专制的弊病；一方面又主张国家在一定限度以内得有发言权，借以调剂生产者过于专横的弊病。

柯尔承认政治的势力是社会的势力重要的表现。生产和消费两方面关系复杂，不能不有公共势力秉公支配。不过立法、行政两种权力，既不能专归国家，也不能专归同业组合，应该按照国家和同业组合的职分，平均分配才对。换句话说，凡关于实业的管理都归生产方面的劳动者和消费方面的国家共同负责，一方面保障消费者的自由，一方面保障生产者的自由便是。

十一、布尔札维主义（Bolshevism）

布尔札维主义是俄国布尔札维克派（Bolsheviki）所主张的一种社会主义。为什么叫做布尔札维克派呢？要想知道他的来源，不何〔可〕不稍微说一说他的历史。

自从一八七二年马克思资本论翻成俄文，输入俄国以后，俄国社会主义派便渐渐的成了马克思主义的信徒。这派首领要推翻布来浩罗夫（Plechanoff），他是“土地与自由”社的著名的社员。到了一八七九年，这个社会便分了激烈和温和的两派。激烈派是“人民的意思”，后来变成社会革命党，以暗杀为方法。自把亚力山大第二杀了之后，因很受政府的压迫，一时停止活动。温和派跳到瑞士去亡命，研究欧洲的社会主义，后来便组织一个社会民治党。布来浩罗夫属于社会民治党中，亡命到瑞士，曾用心研究过马克思社会主义，故社会民治党便是俄国的马克思社会主义的代表。社会革命党可算是一个农民党，社会民治党便算是一个工厂劳工党。社会民治党是一八九八年二月组织的，他们的政纲，决定先从政治革命入手。激烈派这时也组织个社会革命党。这两党虽然同想推翻君主专制，但是社会革命党承认“密尔”（Mir）（俄国特有的农村制度）制度，社会民治党却看作一点没用的保守制度。革命党主张土地共有，民治党主张土地所有一听自由。因为两党的主张不同，所以时常冲突。到了一九〇三年社会民治党又分两派：一派以布来浩罗夫为首领，主张比较温和，叫做“门札维克”（Mensheviki）译言“少数党”；一派以列宁（Lenin）为首领，主张比较激烈，叫做“布尔札维克”，译言“多数党”。（日本人译为“过激派”隐有骂他们的意思）这两派本来同是马克思主义的信徒。但是少数派信用议会政治，认定社会主义是政治的东西；多数派不肯和第三阶级调和，却想使劳动阶级来独操政权：这便是两派分裂的原因。

布尔札维克派的唯一主张便是“第四阶级独揽政权”（Dictatorship of the Proletariat）这便是马克思派所主张的。马克思共产主义便是想把穷人合成一个团体，叫他们取得政权，来支配共有的产业。布尔札维主义也是只许劳动阶级执政，所有权力都归劳兵农会执掌。他们所说的“人民”不是全体人民，只是劳动阶级。把人类分成人民和有产阶级两种，有产阶级在他们看起来不算是“人民”，不但不是“人民”，并且是“人民”的仇敌。这便他们不承认议会政治，和与少数派分裂的原因。

布尔札维主义表见于俄国的便是“俄罗斯社会派的联合苏维埃共和国”（Russian Socialist Fedcration Soviet Republic）的制度，这个制度便是他们“第四阶级独揽政权”的主张之具体表现。所谓苏维埃共和国是一种苏维埃（会议）的阶级制度，从乡村苏维埃城市苏维埃到全俄苏维埃会议都包在内。这种制度的最小单位：在农人方面是农村，由农村里边的劳工选出几个代表，组织一个农村苏维埃。在这一区中所有的农村苏维埃又举出一个区苏维埃；在一县内所有的区苏维埃每一千人举出一个代表来组织县苏维埃。再高一级就是省苏维埃，更高便是全俄苏维埃。全俄苏维埃便是俄国最高的政府机关。

在苏维埃共和国中工业的劳动者是一种有特权的阶级。拿职业来做代议制度的单位，把从前以地方为代议制度的单位根本打破。譬如城市苏维埃，凡有选举权的都是生产的人，把因财产得到选举权的旧制完全取消。凡是代表都是代表职业的，并不是代表城市中各地方的。他们所以如此，是恐怕不生产的资本阶级得利用政治权力来压迫全国第四阶级的人民。

布尔札维主义主张土地国有，土地收归国有的法律已于一九一八年九月实行。这种《土地法》起首就说：

> 所有在俄国境内的土地，矿产，水，树林，和各种天然物的私产权一概取消。
>
> 所有土地供全国工作人民之用，从前地主不得要求赔偿。

他这种《土地法》便是想实现“不做工的不得吃饭”，一句话，使人人都以工作为人类当尽的义务。

布尔札维主义尚在试验期中，是好是坏，当然不能先下判断，但是最近美国社会学者洛史（Ross）与伯尔曼（Perlmen）两个人的观察很可参考，故把他抄在下边。（原文登在美国政治学报第十四卷二号，张慰慈君译登新青年八卷一号。）

> ……苏维埃制度对于执政这一党实有极大的利益，执政党可以利用这种制度永久维持他们的政权。苏维埃代表没有一定的任期，可以由人民随时撤回。这种办法人民有实权监督议会。但是因为选举不是全国同时举行，执政党尽可以用全力在有选举的地

方把反对党的候选人打败。……因为有这一层理由，布尔札维克派此刻所以能维持他们的地位。

苏维埃式的代议制度没有欧美各国通行制度的直接。……俄国此刻的制度，由农民选出农村苏维埃议员，由农村苏维埃举出县苏维埃议员，由县苏维埃举出省苏维埃议员，由省苏维埃举出全俄苏维埃议员，更由全俄苏维埃举出中央执行委员会。……从选举人一直到国会代表须经过四重的间接选举，当时执政的人尽可用他们势力来使最高机关和人民意志逐渐隔离。还有一层，如非在每次间接选举的时候，严行“比例代表”制度，少数党实不能有一点机会，必至完全消灭，而中央执行委员会会员必全为多数党占去。

照理论说，苏维埃制度尽可不必排除中级社会的代表，但是这制度和中级社会实在不相容，就是这一般平民不想专权，中级社会人也不能加入。是不是把他们当做一个团体，或者分做几个小团体，如财政家，制造家，包工人，商人，和投资者？是不是照他们投资方面的利益关系把他们分做几个团体，如铁路，银行，钢铁，电器等类？他们虽然也可以照他们各种活动分配他们的代表，但是他们的代表总是按照财产分配的。所以在苏维埃制度之下，万不能容纳他们。

中级社会虽则不能加入苏维埃制度之中，但是苏维埃宪法已经预备怎样可以利用农工兵以外的人才。上文已经说过，每一个省苏维埃是分成两部或两部以上的。每部可以把会员增加到原有数目五分之一，这种新加入的会员是有点顾问的性质，是从有经验的人中选择出来的。所以专门家也有门路可以利用平素的经验来帮助政府，影响政治。他们既然可以做苏维埃政府的官吏，因之可以尽他们的能力。但无论如何，在这种制度之下，劳工一部分人是最有势力的，这种空气是否能使有才能的人出来极力为社会服务，还是个未决的问题。

第九章 无政府主义派

无政府主义（Anarchism）这个字是从希腊语“无”（Ana）和“支配”（Arche）两个字结合起来的。他们所反抗的便是官府的权力。但是他们仍然有个自由结合的社会，仍然有个愿意遵守的契约。他们的根本观念，不是打消谋公共福祉的同意力，不是反对管理公共事务的规则；只想打消那谋一部分人福祉的权力，反对那拿强力逼人服从不要服从人同意的法律。

罗素说：“无政府主义，照他原意，是反抗各种强力政府的学说。他同那用强力团体的国家是个对头。他们所能忍受的政府，是个自由政府，不单是那种多数政府，乃是全体人民同意的政府。无政府派反对警察和刑法制度，因为这种制度可被这一部分人利用去来威迫那一部分人。……无政府派的信条便是自由是至善，要想找到自由，只有朝废止压迫个人的一切强力统治这一条路上去。”

无政府派对于经济方面，也主张人人都有平等的使用财产权。他们以为一切罪恶和不平等不自由的事都是从私有财产起的。所以李特（Leete）说：“一切犯罪总有二十分之十九是从个人所有不平均起的。因为手头不足，便引起穷人为非；因为贪得无厌，和患得患失，又引起殷实人作恶。爱钱是一切犯罪的动机。……”

照这样看来，无政府主义对于政治，反对强权，反对拿强力逼人服从的政府，想结合一个自由组织的自治的社会；对于经济，反对资本家侵占他人的利益，反对财产集中，想组织一个各食其力的自给的社会。

无政府主义虽然酷爱自由，但是和自由主义（Liberalism）很不一样。

自由主义只把无条件的自由用到经济事情上去，对于个人的社会关系，尚承认必须有强制的组织；无政府主义更推到极端，把放任主义用到人类一切行为上去，不问是政治的生活，是经济的生活，都要极端的自由。

无政府主义对于土地问题，资本劳力问题，工钱制度问题……等也有许多和社会主义主张相同的。但是社会主义家想藉国家的权力做达到目的的方法；无政府主义家却单靠个人自由去达到目的，不想倚靠国家。——这是他们绝不相同的地方。

无政府思想发源很早，当西历纪元前四五百年，中国便有老子，希腊便有亚里士多德（Aristippur）和斯多亚派（Stoics）的柔诺（Zeno），主张这种学说。到了实业革命以后，个人主义正盛，由个人主义更进一步，便是无政府主义。近世哲学的无政府主义自当推高德文（William Godwin 一七五六——一八三六）为始祖。他做的《政治的正义》（*Political Justice*）书中极力攻击政府的短处，可惜他的著作不大得工人的称许，所以不能发生什么效力。在无政府主义中最有势力的人，而且是创造“无政府派”（Anarchist）这个字的人，便是蒲鲁东，共产的无政府主义家有巴枯宁，个人的无政府主义家有斯特勒，互助的无政府主义家有克鲁泡特金。本篇特述这四个人，作为无政府主义各派的代表。

一、蒲鲁东（Pierre Jaseph Proudhon 一八〇九——一八六五）

蒲鲁东是法国人，和马克思同时。那时实业革命的潮流正从英国输到法国，机器和工厂陡然增多，社会上便渐渐造成工厂主人和工厂工人两个阶级。又有许多政治家反对和路易肥立布（Louis Philippe）中产阶级的政府调和，中产阶级因起首向政府要求许多利益。蒲鲁东在这种环境之中生活，便不得不彻底研究社会所以不平的原因。

自蒲鲁东看来，那时社会制度的真正基础，和各种不公平的真正原因，都是这个“私有财产”（Private Property）他当一八四〇年做出一部《什么是财产?》（*What is Property?*）这本书从头至尾，就是说明“财产是贼赃”（Property is Theft）一句话。蒲鲁东的财产定义也同马克思一样，说私有财产权是劫夺别人劳动结果的权力。蒲氏攻击的目标不在财产本身，乃在财主没收人家劳动结果的权力，例如地租（Rent），利息，和不劳而食的特权。

蒲氏只承认劳动有生产力，土地资本如果没有劳力便没有一点用处。(蒲氏的意思和马克思“一切价值由于劳力而生”的解说不同，因为一个说的是价值，一个说的是生产力。）资本家所没收的地租利息，都不是由劳力得来的，所以叫做贼赃。大概在蒲氏看来，土地资本都不是生产的，只有人工可以生产。故把财产权看得同奴隶制度一样，奴隶制消灭人身一切有价值有希望的精神，结果是暗杀；财产权没收人家劳力生产的价值，所以结果便是贼赃。

蒲氏很反对社会主义，说社会主义无论在从前在将来都不能成就一点东西。他所最重视的便是自由，以为无论什么组织，都是妨害工人自由的。经济的完善全靠着工人独立；如同政治的完善完全靠着公民独立一样。因此便反对一切政府，便是社会民治的政府，也同君主制的政府，贵族制的政府，一样看待。他又以为凡是政党，没有一个不争权夺利，便是专制的变相；凡在政党之下的人民便没有自由，在政党之下的社会便没有秩序，在政党之下的工人便没有联合。所以他的理想社会，便是没有政党，没有权力，一切人民都没有绝对自由的社会。

蒲氏反对私产，并不彻底连所有的财产一齐反对。所以他一方面想打破不劳而得的财产，一方面又要保持财产保障工作的自由和交易的权利。换句话说，便是只要转移财产的主人，并不要把所有的财产全行废掉。

蒲氏所发明的制度便是交换银行（Exchange Bank）。这种制度的根本原理：便是各种资本之中，第一个拿租税，利息，扣头（借钱的时候先把利息扣去），种种名称来干没工人生产的东西，便是金钱（Money）因为租税利息扣头都是拿金钱做代表的。倘若我们能使资本公有，或把利息废掉，那么这个干没的权利马上便根本取消了。如果废掉利息，工人借得资本，不费报酬，便可以使工人多余下许多资本，久而久之，便用不着再借了。这样一来，凡不用劳工，单靠资本吃饭的，便在淘汰之列：所谓财产权仅是所有权，并不是乾〔干〕没权。必须这样，经济的正义才可保持得住。

蒲氏以为金钱仅仅是交换的媒介，仅仅是交易的工具。金钱自身对于我们并没有用处，我们得到他，便是为着要用他，既不能消费他，又不能栽培他。照这样看来，纸币（Paper Money）很可以代替他的功用，不但可以代替他，并且比用他还要便宜些。设立交换银行用交换券来代替银行券，把干没权中扣头，利息，租税，一齐免掉，便是合乎正义的经济制度。

当法国革命前后，一般学者多抱乐观主义（Optimism），蒲氏也没有脱掉这个影响，所以相信各人性中总含有正义的意思。正义要求社会人类在唯一契约的基础上生活，这种生活是由人类良知发生出来的。如果废掉现在的国家和人为的法律，人类仍然在一个社会中生活，可是这种生活是由自由契约的力量维持下来的，不是以最高权力逼迫他们的。拿自由契约来代替强制的法律，人类真正的政府，真正的人民主权，真正的共和，才可以建设起来。因为他相信人性是善的，所以说一从国家和法律的强制中解放出来，便安安静静的生在无政府的社会中，断不致为非作歹。

因为蒲氏是可以自善自治的，所以他想用教育来开导人类，使渐渐知道现行制度的坏处，不赞成用激烈的手段来破坏现在政治经济社会宗教种种制度。故蒲氏从现在到理想的无政府社会只用平和宣传的方法，不用激烈革命的方法，关于这一点却和巴枯宁相反。

二、斯特拉（Max Stirner 一八〇六——一八五六）

斯特拉是德国的一位崇拜个人的无政府主义家。他是少年德国急马会的会员，思想上很受海格尔派哲学的影响。他著的《个人和个性》（*Der Einzige und sein Eigenthum*）（一八四四年出版的）。对于社会哲学上很有一点贡献，把个人在新社会中的位置格外提高。

斯特拉第一个重要的目的，便是教各人知道思想是奉事个人的，不要让个人去奉事思想。倘若一个人只有人的思想，那么他便是无思想的个人，因为这个思想不能真正算是他自己的。人如果不能丢开思想，便是思想的奴隶。思想言语把人专制起来，便使人失掉了决定意志的实力。大概自斯氏看来，只有我自己是思想的标准，并不能让思想做我的标准。如果我的思想不算真正是我自己的，那么，我便是思想的留音机器！便是人家思想的奴隶！

真理（Truths）或原理（Principles）是因人而存在的，如果没有人，便没有什么真理可以存在。这种真理观念是把真理看作人类创造的东西。他以为人类既然可由自己的活动生出许多东西，那么自然也可以由自己的思想创造许多真理。真理既然是人类创造的，当然使他供给人用，不要教人去供给他才对。凡是在我底下的真理都同我相亲近；我绝对不承认有在我之上的真理，和必定要受他管束的真理。因为我是先一切而有的；没有我连一切都没有了——这个真理观念很同现在实验主义（Pragmatism）（如美国的皮耳士 C.S.Peirce 詹姆士 William James 杜威 John Dewey 都是这一派。）。派所说的真理是人造的，是为人造的，是人造出来供人用的，大致很相同的。

当斯氏时候，生物进化论还没有得一般学者的承认，但是斯氏已经得到进化主义（Evolutionism）的真意义；他很攻击那时进化论家死死的守住老法子不曾有激烈的变迁。所以他说：因为每时有每时的真理，如果你决然认定没有绝对的真理（Absolute Truth），你可以相信你已经做到极好的地步了。他承认真理是随时代变迁的，不是天经地义万古不变的东西，这也是同实验主义一鼻孔出气的。

没有绝对的真理，怎样有做事的标准呢？照斯氏说：我便是一切的标准，真理都是从这个我生出来的。什么言语，什么思想，都不是实在的东西，只有靠着我才能够存在。这个人之中的我，便是斯氏心目中的上帝。

斯氏把个人主义推到极端，所以相信自由绝对无限制的，凡不是你，我，我们自己的东西，都要同他脱离，万不得受你，我，我们以外的东西拘束。因此便反对国家社会，主张一种自由式的社会组织，叫做“联合”（Union）。他这种联合是在个人需要的基础上建筑的，不是在社会需要的基础上建筑的。譬如吃面包的人，得到面包便是他的事，他的志愿，他的需要，他们便可以联合起来组织一个面包店。

他的联合是完全独立的，不许这个人靠着那个人，连分工（Division of Labour）也不承认是一定需要的。这种“自我联合”（Union of Egos）只是个人手中用的器具，倘若他脱离联合而有益处，便可自由脱离，一点不要踌躇。

斯氏这种社会能否成立，是另一问题，现在且不必讨论。我所最称许他的地方，便是他心中绝对不容偶像存在的。用他个人观念，自由观念，来研究思想，可以脱掉一切习惯制度的拘束，可以打破天经地义的旧思想旧道德的种种观念。从来说个人的，说自由的，没有一个像斯氏这样透澈，没有一个像斯氏推到这样极端。故斯氏的个人和自由论的确可做研究学问人很有益的教训。

三、巴枯宁（Mikhail Bakunin 一八一四——一八七六）

以社会主义的形式来讲无政府主义当然要推蒲鲁东为第一，但是无政府主义的学理多是俄国人阐明的，巴枯宁便是这个主义的天使。巴氏是俄国的贵族，在德国研究海格尔的哲学，又同柏林的青年急进派接洽。到巴黎便同蒲鲁东相识，并接交许多波兰的亡命客，从此便做革命的运动。到一八六九年他组织一个工人团体，叫做“国际社会民治同盟”（International Social Democratic Alliance）会员大概多是南欧各国的人，就在这年加入马克思的“国际劳工会”（International Working Men's Association）但是巴氏与马克思主张大不相同：马氏想藉政治行动来实行经济的改革，巴氏却想藉总同盟罢工来改善工人的生活。一个尚平和，一个尚激烈，所以不久巴氏便从国际劳工会中出来了。

巴氏联盟会的主张便是废止一切宗教，以科学代信仰，以人的正义代替神的正义；废止政治的宗教的法律的婚姻制；废止中产阶级的制度。尤其重要的：是政治的经济的阶级完全废掉；社会上无论男女都绝对平等；废除遗产制，使将来人人都各食其力；凡是劳动用品如土地田园等，和别的资本，都为全社会所公有，只有工人可以使用。大概照巴氏的理想凡是社会政治制度，妨害他将来计划实现的，都应该一扫而空的。

巴氏以为人类自由的两大障碍便是神与国家（后来有人把他的散文收集起来定名就叫“神与国家”）。他说：国家并不是社会，只是社会历史的形式。凶残，劫夺，换句话说，战争，征服，便是国家的产母。又加以神怪的妄想说有上帝，直到现在，还有神定的强力和不平等观念存在。大概巴氏眼中的国家便是权力武力，离了权力武力便没有国家。因此才断定神与国家是人类自由的两大障碍。

巴氏的理想社会究竟是什么样，在他自己的著作中很不容易找出来。不过他反对现有的国家，和实行破坏现行制度，可算是一个最激烈的人。他的生活没有一时离开危险，然而他这个人却没有一刻怕什么危险，这便是他所以引起人家同情的原因。

四、克鲁泡特金（Kropotkine 一八四二年——）

无政府主义可说是蒲鲁东发端的，巴枯宁阐明的，到了克鲁抱特金才集其大成。克氏生在俄国墨〔莫〕斯科一个贵族家庭，父亲是个军人，母亲是富于文学兴趣的妇人。幼年进了侍卫军学校，那时（自一八五七年到一八六一年。）俄国革命的思想，由脱尔斯泰（Tolstoi）巴枯宁鼓吹起来，影响都侵入这个侍卫军学校里边来了。他以后便同俄国一般学生一样同受新思潮的影响，想终身做学者的生活。于一八六二年到西伯利亚，在西伯利亚过了五年，善良的人也会到了，恶劣的人也会到了，高官贵族也会到了，乞丐浪人也会到了。又时常旅行，探访农人的生活，又到满洲来探看东方的地理人情和动植物。他的互助论（Mutual Aid）的基础和材料都是从这时经验上得来的。

克氏后来游历欧洲，归来的时候运回许多新思想的书籍。归国不久，便入了革命的团体（The Circle of Jchaykovsky）被政府拘留。后来又跑到欧洲，专门著作。他的非国家论是三合《法律与强权》《国家论》《裁判论》三篇而成的。一八九一年著《无政府主义的道德》《无政府主义哲学及理想》，一九〇六年著《面包之劫夺》（*The Conquest of Bread*）。他的解决最大的问题的著作便是一九〇二年出版的《互助论》（*Mutual Aid*）。

十九世纪下半段，总算是进化论大出风头的时代，克鲁泡特金的《互助论》完全是受了那些进化论的影响。那时候有许多进化论家，如赫胥黎、斯宾塞诸人，都把“生存竞争”当做人类求生的要素，和天演进化的动机。凡同种类这个动物和那个动物这个人和那个人的生存方法，都是单靠着竞争一件事。他们的信条，就是“物竞”“天择”；他们的目的，就是“适者生存”。把生存竞争看做天演界中“自然的法则”，不但是人类生活上跑不掉的事实，并且是天演进化中很有用的利器。“自然淘汰”不但能够去掉不适宜的，剩下顶适宜的，并且能够叫顶适宜的越发进步，越发适宜。譬如老鹰：他的眼睛爪子，当初也未必十分尖利，后来因为不尖利的都弄不到东西吃，一个个都饿死了，剩下来的都是些眼明爪快的；又因为老鹰的生活单靠着一双眼睛，两只爪子，天天用他，越用越发达，所以把他的本事也都变好了。这也不但物是这样，连人也是这样；不但形体是这样，就是心思才力也是这样。这种学说一唱，所以竟造成一个“兼弱攻昧”“弱肉强食”的世界！

这些进化论家大概都是从观察动物下手的，克鲁泡特金想驳倒他们的主张，所以也先从动物上观察。克氏到东西伯利亚和北满洲一带旅行的时候在这些地方随时观察动物的生活。他以为动物的生活有两方面：一对于自然，不能不去拼命的争斗；一对于同种，不能不来你帮着我，我帮着你。无论怎么观察，总看不出“同种动物中间”，拿猛烈的竞争做生存的方法。所以他对于达尔文派（Darwinists）顶相信的“同种之中因为食物和生存起了可怕的竞争”，和“这样竞争于新种进化大有功用”的话，就不免疑惑起来了。

后来克氏求得许多动物互相扶助的证据，又因一八八〇年一月，圣彼得堡大学总长有名的动物学家凯斯勒教授（Professor Kessler）讲演《互助的法则》（*On the Law of Mutual Aid*）克氏对于这篇讲演，又受了很大的感触。凯斯勒的意思，说自然界中，除了互竞的法则，还有互助的法则；这个互助的法则，能教生存竞争成功，更能教物种逐渐进化，比那互竞的法则还要重要许多。凯斯勒的讲演，也不过把达尔文在《人种由来》（*The Descent of Man*）中说过的话，讲得更进步一点；然克氏一得到他的观念便搜集许多材料来证明这个道理。那时讨论动物的知识和精神生活的书籍，从一八七二年到一八八六年出了好几种。专门研究这个问题的：有埃思皮拉的《动物社会》（*Espinas:Les Societes Animales*）有赖耐桑的《为生存而竞争为竞争而共同》的讲演（*Lanesson:La lutte pour l'existence et l'association pour la lutte*）有布斯耐的《动物界的恋爱和恋爱生活》（*Louis Bichner's liebe und liebes-leben in der Thieswelt*）。这几部书不但证明互助是道德的本能，发生在人类之先；并且认为自然的法则和进化的要素。到了一八八八年，赫胥黎做一个《生存竞争的宣言》（*Struggle-for-life Manifesto*）说“生存竞争和他及于人类的影响”（Struggle for Existence and its Bearing Upon Man）。他这些议论，在克氏看起来，都不是实在的事情。克氏想做成有系统的文章，痛痛快快的驳他一下，所以请《十九世纪》杂志（*Nineteenth Century*）的主笔脑尔斯（James Knowles）把他的著作在这杂志上发表。《互助论》的第一第二两章《动物的互助》是一八九〇年九月和十一月发表的，第三章《蒙昧人的互助》是一八九一年四月发表的，第四章《野蛮人的互助》是一八九二年一月发表的，第五第六两章《中世都市的互助》是一八九四年八月和九月发表的，第七第八两章《近代人的互助》是一八九六年一月和六月发表的。后来找到许多材料加在《附录》之中，又把杂志上删掉的议论加将进去，编出单行本子（现在通行的本子虽然有些附录，但不过十二条子，其余的都重行删掉了），就成一本《互助论》。

以上所说的是克鲁泡特金受当时思潮的影响，和他所以做《互助论》的原因。

克鲁泡特金立论的根据是应该先弄明白的。他说社会成立，单靠着人类协进的和社会的本能；文化发生单靠几世纪几千万无名的人一齐努力。他说社会不是因爱情（Love）和同情心（Sympathy）造成的，是单靠着人类协进的意识（Conscience of Human Solidarlity）造成的。所以他说：

> ……把动物的社会性单看做爱情和同情心，实在是减少动物的一般性和重要性。人类的道德也是这样。若单把爱情和个人同情心看做伦理的基础，反把笼总的道德感情的意义弄得狭小了。我们假如看见邻家失火，马上就拿起水桶，跑进他家，这个邻家的人我们常常不认得，这绝不是爱情了。这就是广大的协进性和社会性的感情感动我们的。动物也是这样。
>
> 一阵反刍的野马，结成一阵，备狼来吃他，这既不是爱情，也并不是真正的同情心。狼结成大队防备打猎的杀他；小猫小羊的玩耍，好多种小鸟整日的在秋天游玩，这都不是爱情。更有一种小鹿，分散在各处，成了几十阵，要过大河的时候，他们就会集聚在一块，这既然不是爱情，也并不是同情心。是比爱情和同情心还要广大的感情——就是在动物和人类社会中渐渐进步的本能。这种本能可使动物和人类由互助的实验得到势力，又可使他们由社会的生活得到快乐。
>
> ……爱情，同情心和牺牲，虽然对于我们道德感情的发展有多大的益处，但是人类的社会，并不是拿爱情和同情心做根基，单是拿人类协进的意识做根基的。这是不知不觉的承认那从互助实验上得来的势力，不知不觉的承认各人幸福是紧靠着公共幸福的，更不知不觉的承认一视同仁的正义和平等。在这种广大的必

要的基础之上，可以发展格外高尚的道德感情。

克氏的意思是说人类的社会是由人类协进的本能造成的，人类的自身就是全世界，虽是小的细胞，都是“自治的机体”，自治的有机体是协进的，是互相帮助的，所以他把互助当做社会成立的一个顶重大的要素。

克氏又把世界上的文明看做社会的——几世纪几千百万人的——产物。他在《自叙传》中曾说过：“世界上不出名的人民，多有能成就历史上的大事业，或建筑战争胜利的大基础”。可见得社会不是一个人或几个人造成功的，是笼总人建设的才能合在一块创造起来的。克氏在《无治的共产主义》（*Anarchist Communism*）中说：

> 文明是几千年结合努力造成的。森林是几世纪前开辟出来的，填湖开路，开办铁道，也不知道费了几百万人几年几月的气力。另外又必须有几百万人修盖城市，来创造文明。也不知道有多少贫穷无名的发明家造成机械。更须有无数的排字匠，活版匠，得了无数工匠的互助；又须有几千位文人，哲学家，科学家，使人人都得到知识免掉错误，造成科学思想的空气——如果没有这些人我们的时代断乎不能发生这样文明。……

克氏既已把文明看做社会所产物，所以说：“惟有依据群众意志的努力，才能达到那生活的目的”。（自叙传）由此推论下去，所以说：生产和社会笼总需要的手段，既是人人合力造成的，那么，这些事务应该听人自由处理……应该使生产的人和消费的人同站在一个地方。（见 *Anarchist Communism* P.18）

克氏立论的根据大概如此。他因为社会是人类协进的本能造成的，是群众意志合力造成的，所以说互助是社会成立顶重大的要素。

克氏进化论和达尔文派的进化论有根本不同的地方。就是达尔文派把同种相争看做一个自然的法则，克氏偏说“物种的逐渐进化绝不是从激烈竞争的时代起的”。克氏说：

> 后来我很留意达尔文主义和社会学的关系，然对于他们讨论这个重要问题的著作，一概不能同意。他们一个个都费尽心力想证明人类因为知识很高，应该减少生存竞争的惨苦；但他们又同时承认物同物人同人的生存竞争是一个自然的法则。这样见解我是不能同意的。为什么呢？因为他们承认各种物类为求生活起了残杀的内部战争，并承认这种战争，是进步的条件，我对于这两层见解不但是不曾求出证据，并且认为没有经过直接的观察来证明的。

但克氏反对的进化论不是达尔文广义的进化论，是达尔文以后狭义的进化论。所以克氏说：

> 达尔文自己有时为特别的目的也曾把这个名词（生存竞争）作狭义的解释，但他对于后辈也曾警戒他们不要把这个名词用得太狭。他在《人种由来》书中，曾极力说明这个名词本来的广义。他曾指明怎样消灭动物社会彼此因生存惹起的竞争，怎样拿协力（Co-operation）代替争斗怎样发达那保障生存最好条件的知识道德。他很知道最适于生存的物类，未必就是身体顶强的，也未必是很伶俐的，不过他们不论强弱，都知道结合起来，你帮助我，我帮助你，同谋大家的幸福罢了。他曾说过：“社会里边同情心的分子越多，社会越发繁盛，越发能养出许多子孙。”（人种由来第一六三页）从马赛尔狭窄的竞争观念而来的竞争名词，自明白自然道理的人看来，未免失之太狭了。（见互助论第一章第二第三两页）

可见得达尔文进化论中，本包涵“竞争”和“互助”两个意义，不过他指出的证据，偏重在竞存一方面，后人把他互助一方面的意思丢掉了，单拿互竞来做进化的条件，所以竟造成一个惨刻无情的“弱肉强食”的世界。且看克氏说：

> 达尔文的学说和论人类关系的各种学说一样起来了。在达尔文之后继起的学者，不去推广他的学说，反把他的学说越弄越狭小。到了斯宾塞他虽然是独立的，但很和达尔文派相近，他特为在《伦理学资料》第三版的《附录》上面，讨论“谁是顶适宜的?”一大问题。当这个时候，达尔文派的学者已经把生存竞争的观念弄得狭小极了。他们把动物世界看得如同想食人血的饿鬼一般，天天在那里相争相杀。近代的文学没有不说“败者该死”，以为这是最近生物界最后一句话。他们把利己的竞争，高抬起来，当做生物学上一个原则，人类应该顺从他才好，有不从的，就把他打到互相残杀的世界去了。……（《互助论》第一章第三第四页）

克氏反对赫胥黎一流悲观的进化论，把自然界看作互相残杀的世界，反对卢梭一派乐观的原始社会论，把自然界看做平和亲善的世界——这皆不是自然界的公平正当的解释。动物有嘴有爪，自然免不掉争斗的事情。“互助和互争都是自然的法则，但是互助是进化的一个要素，比互争更加重要，一方面，可以使保障物种的习惯和特性格外发展，一方面又可以用各人最小的力量得到最大的幸福”。

以上说的克氏的自然观，既不是达尔文派悲观的残忍世界又不是卢梭乐观的空想世界。他的证据，是从森林丘壑高山大野之中，动物社会里边实地观察得来的，并不是坐在书房里面，空想出来的，也不是单坐在实验室和博物馆内，照书行事去试验出来的。

克氏实地观察的结果，知道最下等的动物也能互助。他说：若是拿显微镜来研究水中的顶小的动物，也可以预料到必定有无意识的互助。蜜蜂蚂蚁很知道彼此相救，若有一个自私的，或躲懒的，他们都把他当做仇敌。蜜蜂之中，有抢夺躲懒等性，可叫做“非社会的本能”。这种本能经过“自然淘汰”，必能把他逐渐除掉。为什么呢？因为带一点“非社会的”性质，和那些带“共同性”的在一块儿生活，久而久之，必定渐渐的减少，那些单独生存的虽然狡猾，虽然强悍，必定要被那些懂得社会生活的驱逐完了。鹰鹅之类，都知道“狩渔同盟”，鹦鹉之类，都生来就有社交的性。狼和狮子也会“狩猎同盟”，啮齿类反刍类猿猴类都各有各的社会。照这样看起来，可以断定社会的生活是动物界的规则是自然界的法则。

从动物的生活上观察起来，可见动物的互助，是从无意识无目的的，进到有意识有目的的，动物的结合，是从机械的动作，进到本能的动作，更由本能动作，进到理性的动作。动物的社会性，也是跟着知识走的，知识越高，社会的精神越大。

《互助论》从第三章起，专门研究人类社会的情形。克氏说最古的社会制度，决不是起于家族，家族是文明大进的时代造成的，太古的人类生活，是从社会（Society）团聚（Band）种族（Tribe）起的，不是从孤立的家族起的。那时婚姻关系的组织非常复杂，最初经过“共婚”（Communal Marrige）阶级，到了有限制的婚姻。蒙昧的人类的生活，如渔猎，园艺，防卫，报仇，抵御外来的人，都是从社会的习惯，团结的精神中得来的。有许多人民如“埃可凯模”（Eskimo）等，老早就有了“共产的村子”和“同业组合”，无论经过几次神权政治，专制政治，他们这种互助的习惯法，仍然存在。

再研究罗马的“野蛮人”（Barbarians）那时野蛮人无千带〔待〕万的从亚细亚搬到欧洲去，搬来搬去，居住不在一块，或遇战争，同种也东逃西散，因为有这些原因，所以把他们的家族破坏了。家族制度破坏，不得不有一种新组织发现，新组织是什么呢？就是“共产的村子”（Village Community）合许多不同宗族之人，同在一个村内生活，所以这种共产的村子，可算是他们新社会组织的根本细胞。几个共产的村子，联合起来，可以做共同的事业。又渐渐有了裁判的制度，拿赔偿主义代替古代的复杂主义。依克氏研究的结果，可见得野蛮人搬家到欧洲去，发见几层互助的证据：（一）破坏原有的家族，组成共产的村子，（二）打破血族同住的生活，变成社会的生活，（三）因为是社会的生活，所以养成共同劳动的习惯。

到了中世纪都市的制度渐渐兴旺起来了。因为那个时代，政治商业渐渐发达，所以都市也渐渐扩大。都市之中，又有许多同行的组合，带了许多社会的性质。又有“自治的村子”（Commune），仿佛一个国家，连独立裁判权和独立行政权都有了。但是这种都市制度，也不单是保障政治自由的一个政治的组织，他比共产的村子规模还大，他是为互助，为消费生产，为全社会生活，组织成功的一个精密的团体。一方面又有自治权，免掉国家的干涉，使各人的艺术，手工，科学，商业，和政治的组织等建设的天才，都可以自由发展。当十一世纪的时代，欧洲的都市不过有教会建筑的一些小房子，技艺之类也很不见佳，不过织布打铁几种，学问除了教会之中，更说不上口。再过三百五十多年，欧洲都市的气象突然大变。房子也好了，装饰品也好了，手工技术也发达了，船舶也渐渐的走得远了，学问日见发达，科学的方法，自然哲学的基础也渐渐的弄得完全了，机械也渐渐的发明了。后来因为建设中央集权的国家，又因为旧市民和新市民分裂，……种种原因，才把都市衰败下去了。然而当都市极盛的时代，贡献人类互助的地方也实在不少。

再说近代的社会。近代的社会中互助的趋向，多被国家制度拦住了。从共产的村子之中，夺去民会（Folkmotes）裁判所（Courts）和独立的行政（Independent Administration），公有的土地也被占去了。又从同行的组合之中，夺去财产，自由，放到国家监督之下。都市的主权，民会，裁判所，行政，也被国家制度破坏了，把所有权柄一齐收到国家手里。人类互助的投诉似乎没有地方可以找得出来了。

然近代社会中互助的精神，很有许多地方改变形式，来同国家相抗。同业组合破坏之后，又有同盟罢工和别的职业团体出见。后来“劳动组合”“劳动组合大同盟”虽然被专制的政府解散了多少次，终久不能扑灭他们。另外又有“产业组合”和“为别的目的而设的自治团体”，都含有社交的精神和亲睦的精神；为共同利益，就是牺牲时间劳力，甚至就是牺牲性命，也不顾的。现在家族，穷人，农村，和劳动的人的互助精神，都渐渐露出头角，终久必然要大大成功的。

克氏《互助论》自第一章到第八章重要的意思大概如此，归总起来，就是：

（一）社会是由人类协进的本能结合起来的。

（二）这种协进的本能虽然遇到阻碍，终久是破坏不了的。

（三）社会的生活是社会的产物。

（四）社会性是从本能进到理性的，人类的知识越高，社会的精神越大。

由这几种论据得到下列三种结论。

（一）互助是进化的要素；人类是由互助进化，不是由互争进化。

（二）人类对于自然状态竞争，不是对于同种竞争。

（三）社会性越多种族越发展；社会性越少，种族越微弱。

——这就是互助论的大意。

政治学纲要

（神州国光社 1930 年出版）

三版序

据神州国光社报告，这本书居然在一个月内消了两版，真是一件意外的事。现在正是思想界青黄不接的时期，饱学的人往往不屑著书，著书的人又往往不屑饱学，无怪一般读者饥不择食了。政治学好像一个无边无岸的大海，想乘我这只没有罗盘针和没有一定航线的破船，渡到彼岸，当然是绝不可能。深望海内饱学的人们取消不屑著书的态度，努力满足一般读者的知识欲；那么，我这出垫戏就可以早日收场了。

再有应该声明的一件事，就是这本书中有一两章与张慰慈先生《政治学大纲》大同小异，好在张先生在序文中已经表明过，说该书有些地方是我们两人合编的，或者读者不致疑惑我抄袭。不过我这本书虽然是今年才出版，而前几年在北京和上海两处，早就由学校印成讲义。有时，偶然在某杂志上，看见有人发表与我意见相同、文句也仿佛相似的文字，大概是所见相同，也并不是谁抄袭谁的。

前两版中有若干处错字，现在已经一一改正了。

民国十九年四月一日

一涵补记

第一章 导 言

什么是政治学？这一个问题在许多名著中间都找不出令人十分满意的解答。我们要想知道什么是政治学，必得要首先知道什么是政治。依照中国儒家的解释："政者正也"，或曰"政以正民"，他的用处就在"正人之不正"。治者"理也"，就是治理人民。照孙中山先生的解释："政就是众人的事，治就是管理；管理众人的事，便是政治。"这两种解释所以不一样，就因为古代国家的职务与近代国家的职务不一样。古代的国家是治人的国家，故说政治是治理人民；近代的国家是治事的国家，故说政治是管理众人的事。儒家的理想，与希腊的柏拉图（Plato）的理想一样，想把政治看作教育，把国家看作教育的机关，故说："政者正也，所以正人之不正也。"现在政治与道德早已分开，政治是谋利计功的事，不是正谊明道的事，故说：政治是管理众人的事。所谓政治学，就是用科学的方法，研究出来关于管理众人的事的原理原则，造成一种精密的有系统的理论和能够实地应用的政策。

政治学到底是不是科学？这个问题早就引起许多人的争论。反对政治学为科学的理由，大概有下列的四种：

（一）人类的行为是有目的的和有选择自由的；既然有目的和选择自由，便不能有一定不变的法则。故政治学的法则，一定不能如自然科学的法则那样精确。

（二）历史的现象（社会现象）是一回的，不是重复的；因果完全相同的事件，绝对不能在历史上重演第二回。故社会现象时时变迁，好像临流濯足，抽足再入，已非前水。想在时时变迁的社会现象上找出一定不移的法则，是绝不可能的事。

（三）社会事业大多是伟人的事业，有一个伟人出现，社会现象往往为之一变。故在个人的特性外，去寻找社会的法则，也是不可能的事。

（四）社会现象的自身，本不确定，社会上发见出来的事件，多带有偶然性，绝没有一定的因果律例。

有许多人根据上述的几种理由，便不把政治学当作科学看待，以为科学是客观的，统一的，有公例的，有因果律的；政治学是主观的，自由的，无公例的，无因果律的。

其实，科学也不过是人类主观的智识对于客观的事物的认识。宇宙间的自然现象，固然都是科学的对相，但是必定要经过人类智识的精密认识，方可成为科学，总不能说自然现象就是科学。譬如蒙昧野蛮民族，虽然也在这个自然现象之中过生活，可是却不能精密认识得自然现象的原因结果，所以蒙野时代，没有什么科学可说。由此看来，一切科学都是人类主观的智识，对于客观现象的精密的解释，所解释的是客观的现象，能解释的却是主观的智识。故不经主观智识说明的客观现象，不能成为科学；同时不根据客观现象，而纯为主观的玄想，也不配称为科学。

科学既然是人类主观的智识对于客观的事物的解释，那么，当然不能说科学是纯粹客观的了。不过自然科学常常以事实（客观）变理想（主观），而社会科学却常常以理想（主观）变事实（客观），因此，便有人说自然科学是客观的，社会科学是主观的。可是我们如果要仔细推求起来，古今来，凡是配称为科学的政治学，绝没有完全脱离客观的政治事实，纯粹凭着主观的见解悬想的。譬如国家职权的观念，在布丹（Bodin）一派人以主权为国家元素，在狄骥（Duguit）一派人又以公职（Public Service）为国家元素。否认政治学为科学的人，一见这两个人的学说这样不同，故敢公然不讳的说政治学是全凭主观的见解判断。但是如果我们仔细研究起来，一定可以看得出这两个人的主张完全是客观的叙述，并不是主观的判断。因为布丹生在十六世纪，那时是趋向君主独裁制的时代，不能不抬高国家的尊严。那时是取消封建倾向民族国家的时代，不能不抬出“主权”二字，来打消从前割据的形势，以法理上的统一，来代替从前人身关系的统一。那时的国家又是治人的国家，更不能不捧出一个最高的权力，作为治人的工具。故布丹的学说也只是时势的产儿。到了狄骥时代，国家这个制度，在事实上已经变成治事的工具，和别种社会性质一样，已经打破从前国家的神圣尊严和最高无上的偶像，故不能不丢开从前的主权观念，提出“公职”二字作为国家存在的唯一理由。换句话说，就是国家在事实上果能为公众服务，人民才可服从；所以人民服从国家，只是服从事实上的公职，并不是服从玄想上的主权。国家的性质已经变到这个地步，又怎能教狄骥还要固守从前的主权观念呢？所以狄骥的学说，也是时势的产儿。由此可见各时代的政治学说，无论怎样不同，但都是事实的写真，并不是抽象的玄想；都是事实上逼迫他们不得不这样主张，并不是完全脱离事实的空论。

自然现象和社会现象本是绝不相同的。因为自然现象全世界完全一样，所以自然科学是统一的；至于社会现象，都是因时因地因人而异的，所以社会科学不是完全统一的。但是我们要知道，社会科学不能完全统一，正可以证明社会科学不能离开实际的社会现象，正可以证明社会科学要受实际的社会现象限制，不能绝对的自由。真正的自由，是不受时地人的限制的，社会科学既已要受时地人的限制，便可说是不自由了。凡是读过马克思（Karl Marx）唯物史观的人，大概至少总可以相信人类的思想，多少总要受物质环境的限制，多少总要相信他那经济的构造是建筑法律政治制度的真正根基的格言。所以真正配称为科学的政治学说，绝对不是凭空结撰的，一定要受社会环境的影响。所以我们在历史之中，只要能够找清了一个人当时的环境和已往的环境是什么样，常常一翻开这个人的著作，便可以推定他学说的大概。我们因此，便可以断定政治学说绝对不是自由的了。

至于公例[①]二字，依我看来，无论是在自然科学中，或在社会科学

---

① 公例：指一般的规律。语出邹容《革命军》。

中，都不能说是绝对的。因为科学上所谓公例，也不过是一种比较圆满一点的“假设”，并不是绝对不能变更的天经地义。自达尔文（Darwin）的进化论发生以后，使我们知道：不但人事界时常变更，就是物质界也时常变更；不但人事界中没有万古不变的公例，就是物质界中也没有万古不变的公例。但是如果就社会定律说，也不一定是连一个公例都没有的。不但在相同的自然环境之中，可以找得出人类行为的一定的方法；（例如生长于南洋一带的土人如果生在寒带中，绝不会做裸体的生活）就是在相同的社会环境之中，也可以找得出人类行为的一定的标准。这个一定的标准，就是社会定律。社会定律就是在社会里自由人民的无数判断之中，找出一个行为的普遍倾向，或划一样式。譬如在尊亲敬老的礼教之邦生活的人，如果他的心理不失常态，断不会象非支岛民做那种活埋父母的行为。我们固然能够自由的做我们高兴做的事体；但是无论怎样高兴，总只能在社会公认的道德范围以内做事，绝不会高兴去做那违反道德的事。政治学者对于政治的主张，也是这样。不在有阶级的社会之中，绝不会主张三级议会制；不在劳动阶级占优势的社会之中，绝不会提出职业代表制。社会上没有劳资阶级，绝不会有人主张阶级战争；国内没有资本制度，绝不会有人提倡打倒资本主义。所以政治学中虽然没有放诸四海而皆准的公例，可是遇着一定的病症，却往往有一定的医治的药方。

最后，我们要申明的是：社会现象与自然现象一样，都完全受因果律的支配。不过社会现象中因果关系太复杂，往往使人家不容易明了真正的原因究竟在什么地方罢了。但是我们只能说因为没有明白因果的关系，所以不能预测未来；却不能因为我们不能预测未来，便断定没有因果的关系。譬如风云雷电的因果，古代人何尝知道，何尝能够预测呢？但是不能因为古代人不知道，便断定他们没有因果律。再譬如太空中一片浮云，谁人也不能预测他浮沉舒卷的程度，但是浮云的一浮一沉，一舒一卷，却处处受因果律的支配，他的自身一点不能自由。我们能说浮云的变化不受因果律支配吗？所以我们要认定社会的变化和自然的变化一样，都有因果的关系。无论他的因果怎样复杂，怎样纷歧，总都有个线索可求，总都有个来踪去路可找；绝不是杂乱无章，毫无条理的。在那有因果关系的自然现象上，既然能够建设起来自然科学；那么，在这有因果关系的社会现象上，又何以不能建设起来社会科学呢？故我以为政治学已否成为科学，是一件事；政治学能否成为科学，又是一件事。不得因为现在尚未做到，便断定将来永远不能做到。

我们根据上述的理由，便不能不承认政治学是科学；既然承认政治学是科学，那么，研究政治学的方法也当然要科学化了。

第二章　政治学的方法

第一节　方法的重要

十九世纪下半期，是一个创造社会科学的时期，故许多学者都想用研究自然科学的方法，来研究政治学。但是政治学的方法，并不是到了十九世纪下半期才有的，就在希腊罗马初有政治学的时候，每一个学者也就各有各的方法了。故政治学的方法的科学化，是从十九世纪下半期起的。如果单说政治学的方法，那么，老早就有了学者的主张不同，大半就因为所用的方法不同。所以这个方法，就是政治学家造成他们政治主张的工具，建设他们政治计划的规矩和确定他们根本态度的准绳。每一个政治学家，对于政治经济社会诸问题的解决法，大半是根据他所用的政治学的方法而来的。方法是他们的起点，从这个方法研究下去，便表现出来他们解决政治问题经济问题社会问题的态度。政治学家的态度，有的主张革命，有的主张保守，有的主张激进，有的主张渐进，有的主张全部推翻，有的主张局部改造，可是这些态度并不是他们任意的表现出来的，都是从他们所用的方法上推演出来的。故方法是因，态度是果；方法是起点，态度是归结；方法是模型，态度是铸象。由此看来，政治学的方法，就是政治学家的逻辑，就是政治学家的思想的法则。故政治学的方法非常重要，因为重要，所以不得不先去研究他。

欧洲有名的政治学家都各有各的方法，孔德（Auguste Comte）说研究社会现象的方法有三种：（一）观察，（二）实验，（三）比较。密尔（John Stuart Mill）所说的政治学的方法有四种：（一）化学的或试验的方法（The Chemical or Experimental Method），（二）几何的或抽象的方法（The Geometrical or Abstract Method），（三）物理的或具体的演绎的方法（The Physical or Concrete Dcductive Method），（四）逆演的或历史的方法（The Inverse Deductive or Historical Method）。密尔以为第一个方法专靠试验；第二个方法专靠抽象的理想。前者因为社会原因复杂，不能概行试验；后者因为社会是进化的，社会现象时常变迁冲突，不能用几何学的定律去讨论他。所以说这两个方法，都不合用。第三个方法是从许多不同的前提上演绎出来的一个结论，认定每一种效能都是多数原因的结果。故用这个方法去研究政治学，比较切当。第四个方法是从人类历史上找出进化的原则，因为社会的进化是因时因地而不同的，政治学家要想找出人类进化的法则，不得不先从人类的历史上下手。所以说历史的方法是最好的方法。伯伦智理（Bluntschli）也分政治学的方法为四种：（一）纯粹观念论，（二）纯粹实验论，（三）历史的方法，（四）哲学的方法。他以为第一个方法偏重理想，第二个方法偏重经验，皆是错误的方法。只有这第三个方法，把社会看作进化的，不看作停顿的；看作活的，不看作死的。第四个方法，把观念和事实联合起来，造成具体的思想。故这两个方法，都是正当的方法。此外很普通的还有：有机体的方法，比较的方法，法理学的方法，心理学的方法，唯物论的方法等等，下面姑且说明几个常用的方法。

第二节　有机体的方法

这个有机体的国家观，虽然是在十九世纪的政治学中特别的发达，可是这个学说的发源却是很早的，差不多可以说自有政治学以来，就有这种理论。希腊的柏拉图（Plato）便把国家比作一个大人。他说："最有秩序的国家，很同一个人相似。人的肉体只要有一个指头受伤，痛苦的感觉便由身体传达到精神；国家也仿佛是这样，如果国民中有一个人感受什么苦痛，国家全体也同这个人同时感受同等的苦痛。"罗马的谢雪庐（Cicero）把国家的元首比作支配人类身体的精神。中古的塞里斯伯的约翰（John of Salisbury）也提倡国家有机体说，他把国家的各部分同人身的各部分对照起来，说："君主是头，元老院是心脏，裁判所是肋骨，官吏及裁判官等是耳目及口舌，行政官是不拿武器的手，军队是拿武器的手，财政是腹，农工商民是足，教士是全体的灵魂。"浩布思（Hobbes）把国家当作一个巨灵（Leviathan），当作"人造的人身"；并且以人的官能和疾病来比譬国家的官能和弊病。就是极端相信国家是个人自由创造的卢梭（Rousseau），也说立法的权力是国家的心，行政的权力是国家的脑。

社会契约说派的卢梭虽然也拿有机体来比譬国家，可是社会契约说却与有机体的国家观根本相反。这派学说，以为国家不是自然进化的生长物，乃是人类意志精思熟虑的创造品。他们只把国家看作个人的集合体，国家自己并没有真生命，真身体。个人是独立在国家之外的，要创造什么样的国家，就成为什么样的国家。十九世纪的学者，要想反抗这一类的国家创造说和国家工具说，所以才重行恢复这个有机体的国家说。他们推重政治生活中的自然的原素，不推重政治生活中的人为的原素，因此便说国家不是人类创造的，只是人类天性不知不觉的发展和必然发展的结果。他们的目的，在说明国家的威权是超越人类意志之上的，不是随人类意志为转移的。德国的斐希特（Fichte）便是恢复这派学说最有力的人。他说："国家是自生物，或有机的单一体，国民不是分离独立的个体，乃是全体的一部分。""在有机体中，各部分是维持全体的生命的，维持全体的生命，就是维持自己的生命；国民与国家的关系，也恰是这样。"海格尔（Hegel）也说："国家是道德精神的外部的表现，个人只有在做国家之一员的时候，才是真实的。国家是一个有机体，是一个最高级的人身。"这一派学者都用抽象的方法，来说明国家是理想的或道德的单一体。此外还有许多学者，用具体的方法，来说明国家是生物的有机体，并且拿动植物的器官和机能来比譬国家。

有机体说可以分为三派：（一）精神的有机体说（Psychic Organism），（二）生物的有机体说（Biological Organism），（三）社会的有机体说（Social Organism）。

（一）精神的有机体说。这一派的学者，把国家看作赋有人类智力的人格者，常常拿个人智识发达的阶段，来比譬国家的政治发达的阶段。有人拿国家中的民治原素和君治原素，来比人类心理中的自动原素和自制原素。民治的政府，脱离外来的支配权力，就同人身上自动的机能一样；君治的政府，受中央权力支配，就同上等人类的行动，由自决的意志自制一样。又有人以为国家的政治发达的阶段，如同个人一样，说国家也有儿童时期、青年时期、壮年时期和老年时期。国家在每一个阶段中，政府和法律的性质，都同个人在每一时期中的心理状态相同。例如政府的变迁，从君主政体，经过民治政体，到独裁政体，政党从激进到保守，这些发展的阶段，都和个人的智识发展一样。

（二）生物的有机体说。生物学发达之后，有许多学者应用生物学的方法，来研究政治学，拿那解释生物状态的见解，来解释政治状况。他们以为国家的生长、发育、组织、活动，和生物的生长、发育、构造、官能相同。说国家也同别的生物一样，是由无生的物体与有生的精神合组而成的。有机体的生机是由不断的竞争而来的，国家的生机也是这样。故政治的安静，便是国家死亡的预兆；政治的争辩，便是政治自由的产母。又有人说：国家的组织与有生的有机体的组织相似。国家的赋税和财政的功能，和有生物体中的营养系一样；军事的组织，和有生物体的自卫本能一样；行政司法和人身的卫生力一样。生物的生长，全靠各种官能各尽各的职务；国家的生长，也全靠各种机关各做各的事务。此外更有许多学者，说地理气候和别的自然环境影响于政治的势力，也同影响于生物的势力一样。

（三）社会的有机体说。政治学者要想把个人独立的权利与社会有机的单一性调和起来，很是一件难事。斯宾塞（Herbert Spencer）因此便把有生的有机体与社会的有机体分开，在前者的结合性与后者的分离性中，找出很重要的差别的原理。他以为进化的根本原理，是由那从单一性与统一性变成特殊化与复杂化的有机体而成的。凡社会的发达、生物的进化和宇宙的构成，都适用这个原理。他把社会看作有机体的一种，这个社会的有机体，尤其和生物相似。例如政府的组织，就是官能各别的构造之一，这种构造就是从进化的程序，向特殊的目的上发达的。社会的重要官能，有“保持的官能”（Sustaining System），保持的官能就是社会的工业机关；有“分泌的官能”（Distributing System），分泌的官能就是社会的商业机关；有“管理的官能”（Regulating System），管理的官能就是社会的政治机关。这三种官能就同个人身上的消化滋养的官能、血液循环的官能和神经运动的官能一样。社会中的立法机关，又同人类的脑筋相似，由他来尽那接受报告、悉心讨论和决定方针的职务，传达出去，交给别种官能去做。政治机关，是为全国尽指导和维持的职务而设的，所以因此叫做管理的官能。

有机体的国家观有几种用处：第一，想反对国家是人类随意创造的学说。第二，想提高国民团结的精神。以为国家的人格是国民自觉心的结晶品，国家的有机体是民意趋向统一的结晶品。第三，想应用科学的方法来治社会科学，统一一切的知识。这个学说在政治学上有很重要的贡献，就是把历史和进化两个观念，看得非常重要，并且推重自然环境和社会环境的功效。他把国家看作一个整个的和有生命的生物，可以巩固社会的团结力；他把国家全体的活动，看作个体的各尽所能，可使社会进到分工合作的地步。

但是这个方法有一个最大的缺点，就是把那由人类建设起来的国家，当作天然生长起来的国家，换句话说，国家并不是有生的生物，偏要把他当作有生的生物。既已不是有生的生物，那么，生物的生长变化的法则，当然不能适用于国家了。而且把人民看作国家的机械，便是把人民看作为国家方便而生的，没有独立的价值，没有自己的目的。人民既然离开国家便没有独立的价值，当然没有独立的人格，更当然没有独立的意思，单成为全体的机械了。既然把人民看作无自己的目的，无独立的人格，无自由的意志，那么，便是人民为国家的工具，不是国家为人民的工具了。所以这个方法，在现在国家工具说大盛的时候，当然没有价值了。

第三节 历史的方法

政治学家采用历史的方法，也不是近代的事体，差不多自有政治学以来就有了。希腊的亚里士多德（Aristotle）研究政治学开始就用两个方法：（一）历史的方法，（二）比较的方法。他的政治学（Politics）便是从研究希腊和“野蛮国”宪法历史上种种不同的地方入手；他的《宪法论》便是从观察一百五十多种不同的政体得来的。故亚里士多德的政治学的原理，多是从历史的事实中寻找出来的。罗马的鲍里贝士（Polybius）也从研究罗马史中，得到他的政治原理。他虽然可算做政治哲学家，其实确是一个历史哲学家。谢雪庐的政治学也很得到历史的帮助，所以他说：“历史是时代的证人，是真理的明星，是记忆的生命，是生活的指导师，是往古的传达人。”他以为罗马的政治制度不是一个人的智慧计划出来的，不是一个人的勤劳创造起来的，乃是积累多少时代的智慧多少时代的经历产生出来的，换句话说就是历史的生产物。法国布丹（Bodin）的政治学的基础，也建筑在人类历史的经验上边，说：人类的社会制度和政治制度都是由人类历史的进化上而来的。他因此便从历史的观察上，得到他的政治哲理。孟德斯鸠（Montesquieu）更是发挥光大历史方法的一个人，成为近代历史学派的先进。他的议论的出发点，是一定的事实，拿事实做材料，从中找出理想。他不曾有国家性质或国家主权的纯理哲学，就是有理论，也都是从已往和现在的生活的具体事实上归纳起来的。所以他所说的，只是实际政治，不是理想政治；只是从实际社会生活中求原理，不是悬出一个原理，用以创造一种社会生活。他只主张渐进的改革，绝不主张根本推翻一切法律制度的革命，这就是他用历史方法的结果。

十九世纪，可以说是历史的方法盛行的时代。这时社会契约，自然权利，和自由创造国家的理论，风行一世，反动的结果，便有许多人去提倡历史的方法。凡用历史方法的学者，多不赞同抽象的和演绎的方法，只主张用具体的和归纳的方法。他们特别注重习惯，特别注重逐渐进步的演化。他们以为政治法律，不是政治家或法律家由个人的意志一旦造成的，乃是由历史习惯逐渐演进而成的。因此，便说：制度只是生长起来的，并不是创造起来的。到了十九世纪的中期，历史的方法受了科学的进化论的影响，讲生物学的应用这个方法，讲政治学社会学的也应用这个方法。梅因（Sir Henry Maine）受了这个影响，所以引用达尔文（Darwin）的学说，做他主张族长政治说的后援；更利用“适者生存”的原理，来反对民治政体。梅因相信贵族政体，就是相信知识的性能可由先代遗传下去。此外还有一派历史的法理学家，在德国反对海格尔派的玄理论，在英国反对奥斯庭（Austin）派的分析论。分析派的法理学家，说法律是造的，玄理派和历史派的法理学家，说法律是生的。玄理派以为法律的根本原理是由人类理性上发见出来的，久而久之，成为一种规则；历史派以为社会行为的原理是由人类经验中发见出来的，逐渐发达，成为一种规则。所以历史派否认法律是由人类意志详细讨论而创造起来的，只主张是由习惯而来的。

用历史的方法来研究政治：（一）在寻找政治制度变迁沿革的线索，（二）在寻找所以变迁沿革的原因。福礼门（F.A.Freeman）说：“历史是从前的政治，政治是现在的历史。”席黎（Sir John Seely）说：“历史没有政治学，是为无果；政治学没有历史，是为无根。”柏哲士（Burgess）也说：“历史而无政治，虽然不是个死尸，也是个跛子；政治而无历史，好像一个人闭着眼睛，在暗中摸索。”由此可见历史与政治学的关系。故历史的方法在政治学的各种方法中，乃是第一个重要的方法。这个方法虽然有种种毛病：（一）搜求往事，容易受历史现象的束缚；（二）从历史上得来的智识，多是回顾的，不是向前的；（三）羡慕历史太过，往往富于保守性，缺少冒险改进的精神。但是自受了进化论的影响之后，新的历史家抛弃从前训诲主义的历史观，抱着参考主义的历史观。这样一来，可从历史上找出进化的轨道和创造的智慧，便把从前历史家的循环观念和因袭观念一概打破了。所以现在用历史方法来研究政治学，既不妨害社会的进化，又不助长激烈破坏的革命，当然是弊少而利多了。

第四节 心理学的方法

早期的政治学，多受生物学的影响，研究政府和法律的人，也应用进化科学的方法用到政治学上去，主张有机体的国家观，所以物观的人类进化说风行一时。到了十九世纪的末期，社会科学家多变更方向，从研究心理学下手，从前所注重的是物，现在所注重的却是心。他们从团体意识上去观察团体生活，更开始去研究人性和人类动作的法则。这样一来，本能和冲动便同理性和意志一样，在政治学中占了一个重要位置。其实这个进步，并不是政治学的进步，乃是心理学的进步。从前只有“构造的心理学”（Stractural Psychology），现在方才有“作动的心理学”（Behavioristic Psychology）；从前只有“个体的心理学”（Individual Psychology），现在方才注重“团体的心理学”（Collective Pyschology）。例如“社会心理学”（Social Psychology），“人种心理学”（Ethnic Psychology），“阶级心理学”（Class Psychology），“民族心理学”（Folk Psychology）都属于“团体心理学”之类。构造派和个体派的心理学的研究方法，只注重分析一方面，研究构成心理的细碎元素，说明心理与血的流行呼吸的缓急有什么关系，由心理发生出来的行为有什么法则。作动派是意识与作动并重，研究心理的生活与生理的生活有什么关系，研究意识与人的作动有什么影响。团体派研究社会、人种、阶级、民族、各种团体的心理，找出团体心理作动的法则，所以团体心理学遂成为一切社会科学的基础。

政治学受心理学的影响，虽然是近代的事体，可是从前的政治学也老早就有了心理的根据。浩布思的政治学的基础，是建设在人类自私性上边。在他看来，人类行为的动机，并不是由知识或理性而起的，只是由感情愿望而起的。自私是行为的主因，服从是怕惧的结果。故自浩布思描写人性而后，政治学中才渗杂一点心理学的意味。以后梅因注重习惯性，卢梭注重理性的同意（Rational Consent），都是说明政治行为中的心理基础。功利主义派相信人类行为都是听那求乐避苦的良心的驱使；孔德注重感情（Feeling），尤其是同情心和爱他主义的感情。此外有的学者相信人性常常是相同的，有的学者相信人性是可以用教育和改良的法律制度去改变的。但是他们虽然知道心理的重要，却都不曾找出人性和人类行为的要素。

到了十九世纪下半期，民族主义甚形发达，因而使人注意到民族的精神，认定法律的观念为民族精神的自然表现。这样一来，民族心理学的研究，便成为一种运动。这派学者最著名的，就是渥特（Wilhelm Wundt）。自此而后，民族的习惯，神话，言语，法律，都成为研究的资料，想从这些研究之中，发见民族的特性。这个民族心理学建设下政治的心理基础，因此便使多数学者注意到政治制度和政治理想的心理背景又加以进化的理论和历史的方法，应用到政治学上来，使多数学者去研究古代社会的生长，并说明近代高等的组织都是从古代低等的组织发展进化而来的。他们找到本能习惯风俗等及于古代团体生活上的影响，因此便把本能习惯风俗等看作政治制度和社会制度的根基。这几派的思想，不但激起心理学的研究，并且减轻人类自由意志和理性在政治上的重要程度，反而增高非理性的原素，如暗示（Suggestion）、模仿（Imitation）在政治上的重要程度。换句话说，就是在心理学上只注重作动，不大注重省察了。因此，便有许多学者说社会问题的解释，不能单靠理性和智识，许多社会的生活都是从无意识的和本能的作动上来的。这个时候，又是人民集中在城市中生活的时代，所以群众（Crowd）在近代社会中成为一个重要的原素，因此便有研究群众心理学的必要。又有许多学者拿心理学做立脚点，去研究政党，特别注意到政治生活中的利害冲突。他们用科学方法去分析社会行为的动机，因此便造成社会心理学。这个社会心理学，对于政治学更有很大的贡献。

近代实验主义派开始就从心理学下手，这派心理学大家詹姆士（William James）所说的心理学的基本观念，就是“认定未来的目的，而选择方法和工具以求达到这个目标，这种行动，便是心的作用的表示”。

他们把国家社会法律制度都看作人类达到目的的工具，用科学家在试验室中的态度和科学家研究科学的方法，来讨论社会问题，想使社会科学的方法科学化。此外，还有许多社会学家和法理学家，都从有机体的国家观，变成心理学的国家观。社会学家如格利夫（Guillaume De Greef）、福李（Alfred Fouillee）等，都把社会看作合意结成的有机体，把国家看作团体的最高的形式，因为在这个团体中自由的意志特别重要。法理学家如基克（Gireke）、梅兰（Maitland）等，把国家看作许多共同团体的整理者，每一个共同团体都是一个精神的人格者。从这个观念推论下去，自然要说政治的服从是从心理的原动力而来的，政治的进行，性质上多半是心理的了。英国的白芝浩（Walter Bagehot）也是把政治学转移到心理学上的一个人。他把"模仿"看作古代政治进化中的重要原素，要想废掉模仿性，必须用心理的新原动力。瓦拉士（Graham Wallas）也是注意政治的心理基础一个人。说：政治行为不尽然是有意识的理性的行为，多半是习惯天性暗示模仿等潜在意识的行为。他以为政治问题的决定，不是由于普通意志，多是由于冲动推测习惯成见的杂合。他早年的理论完全是反智识的理论，不过后来才注意到政治心理学中的理性的要素罢了。

心理学的方法，在政治学的各种方法之中，算是最新式的方法，现在要想断定这个方法的好坏，似乎太早。好在现代的心理学家，多半注重社会的实际生活，他们的结论，不蹈唯心论的覆辙；将来的成绩，或有可观。所以我们现在对于这个方法，姑且不下批评。

第五节　唯物论的方法

心理学的方法是把政治行为的基础放在人类心理上边，唯物论的方法是把政治行为的基础放在独立于人类意志之外的物质环境上边。唯物论派，多以唯物主义，或自然环境主义，来解释人类的政治历史，不把人类意识看作政治活动的原动力，只把气候土地或经济看作形成政治活动的原动力。这个方法也不是近代才有的，古代的政治学家也老早就应用了。希腊的亚里士多德在他的政治学中就说政体要受自然气候地理经济知识道德等条件的限制。所以说："在欧洲北部天气寒冷的地方居住的人民，很有勇气，但是总缺少聪明和机智。他们虽然很能自由，但是却没有政治组织，不能统治别的民族。在亚洲居住的人民，虽然很聪明，很有发明的力量，但是总缺少勇气，所以时常被人征服，做人家奴隶。至于居住在北欧和亚洲的中间的希腊人民，性格在这两种人民之间，就是既有勇气，又有智识，所以希腊人民不但能保持自由，并且比任何民族都有纪律。如果他们能结合成为一个国家，也许可以支配全世界。"布丹也以为造成国家或人民特别性质的势力，乃是物质的环境，所以认定人类特性因经纬度不同而发生种种差异。到了孟德斯鸠，把气候寒暖，空气燥湿，土壤肥瘠，影响于政治社会的势力，说得更具体，更明确。他以为热带人民如老夫，寒带人民如少年；寒带宜于自由，热带宜于奴隶。凡专制政体，自由政体，贵族政体，民治政体，以及大国小国，都是适应气候和地形而生的。在他看起来，气候和地理便是造成政治差异的原动力。英国的白克尔（Buckle）在他的《英国文明史论》上，也推重气候、食物、土地和自然状况是支配人类的四种物质势力。气候、食物、土地可以养成民族和社会的特异性，自然状况可以左右人类的思想，就是激刺起来瞑想，扶养成功智识。在他看起来，世界历史的根本基础就是建设在这四种物质的动因上边。此外如若齐尔（Ratzel）说："凡在同一地理的环境上面，不问人种如何，总可以发见大体同样的历史的发达。"吕克拉司（Reclus）说："人类就是高等的人种，也不能脱离自然环境而孤立。"孙蒲尔（Semple）在他《地理环境的影响》中说："地理的状况，比气候风土左右人类心理的力量更大。印度因为地理的孤立，所以人民愚昧、迷信，思想及习惯停滞不进。古代的希腊因为交通便利，以地中海东部作为自己的知识交换所，所以哲学美术文学皆甚发达。"柴西克（Treitschke）也说："凡一国有效的政策，都是以地理为中心，并没有什么例外。从英法的殖民政策，到英国的自由贸易政策，德国的军国主义，欧洲列国的势力均衡政策，美国的门罗主义，都是明证。政党的分界线，大体上也从地理的分界线而定。就雅典的地理状况说：居住在山地上的贫民，总是希望民治政体，居住在平原的富裕人民，总是希望寡头政体；居住在南部海岸地方的中产阶级，总是希望民治政体与寡头政体的调和。”所以柴西克的结论，说人类政治的行动，多受自然环境与地理环境的支配。

近代说明唯物史观的马克思（Karl Marx）把社会的经济构造看作法律和政治等的基础，以为经济构造是地基，法律政治是在这个地基上的上层建筑。物质生活的生产方法可以决定社会的，政治的，精神的生活过程之普通性质。所以说：人类的意识不能决定人类的生活，人类的社会生活却反能决定人类的意识。凡制度的变革，必定要在社会组织与生产力发生冲突的时候，才能完成。如果社会的旧组织，妨碍生产力的发展，便必然有缓缓的或激烈的社会革命的事实发生。如果一切生产力在旧社会中，尚有发展的余地，那么，非等候发展到再无可发展的时候，决不致颠覆。自马克思看来，政治进化的动机，决不单在人类的意识，乃在物质的生产力，因此便断定政治的设施，离不开经济的地盘。人类是要受物质环境的束缚和支配的，社会的变革是要随着社会生活的变革而进行的。所以说社会组织进化的原动力，不在心而在物。

唯物论到了现在，受过科学方法的洗礼，有了许多具体的证明，当然不能看作一部分学者的偏见了。故这个方法的确可算作社会科学中一个最好的方法。

第六节　其他的方法

比较的方法。比较的方法也是很老的一个方法，亚里士多德就是历史方法和比较方法并用的第一个人。他的政治学就是对于那时许多政体的比较研究，他的宪法论就是对于那时一百五十多种不同的政治组织，作比较的讨论。布丹也并用历史方法比较方法，以为政制与法律有各种不同的形式，有各种不同的历史，必须要作比较的研究，才能明了各种制度的长短优劣。耶律芮克（Jellinek）也注重历史方法与比较方法；柏哲士（Burgess）著《政治学与比较宪法》（*Political Science and Constitutional Law*）更显明的应用比较的方法。此外如福礼门、席黎和席兑（Sidgwick）都把比较的政治研究，看得最有价值；如戴雪（A.V.Dicey）把英国的宪法拿来作比较的研究；最近如蒲徕士（James Bryce）所游历的地方，与所观察的制度更多他的《近代民治政体》（*Modern Democracies*）中几乎把全世界所有的民治政体，通同拿来比较研究。这个方法的优点：（一）所研究的政治制度既多，可以不受一国一时的政治现象束缚；（二）所得的政治知识既富，可以产生新观念和新经验。但是这个方法，必定要同历史的方法并用，才可以明白各种制度的客观的价值，免去主观的批评。

几何的或抽象的方法。凡政治学家专从理论入手，想把他的理论应用于一切的国家，以为政治的理想无论任何国家都能适用，绝不受自然气候、地理、经济、历史等条件的限制，这就是用几何的或抽象的方法的结论。希腊的柏拉图著了一本《共和国》（*The Republic*）描写他的理想国家的组织，以为这种理想的国家，无论在什么国情之下都可实现。后来卢梭也同柏拉图一样，做了一本《民约论》（*Social Contract*），描写他的理想国家的组织，以为只有这种国家，才是极完全的国家。此外如乌托邦派的莫尔（Sir Thomas More）写出一本《乌托邦》（*Utopia*）作为他的理想世界、幸福世界的写真；康盘尼拉（Thomas Companella）著了一本《日都论》（*City of the Sun*）描写他理想中的光明世界，都属于这一派。这一派是把纯粹的抽象方法和演绎方法，适用到政治学上去，想根据几何的形式，来创造政治组织。他们是主张根本改造，主张全部推翻，和那用历史方法、归纳方法及具体方法的学者，主张逐渐进化，主张局部改革、零碎改革等态度，当然是根本不同了。前者是用一理来应付万殊，后者是从万殊之中找出一理，所以前者以为政治的原理是放诸四海而皆准，建诸万世而不悖的；后者以为政治的原理，只是因地制宜，因时制宜的。故几何的或抽象的方法，到现在几乎没有人认他为正当的方法了。

实验的方法。物理化学的试验方法，不能适用于政治，差不多已成定论了。近来的实验主义（Pragmatism）所用的实验方法，并不是一概应用物理化学的试验法，乃是取法物理家化学家在试验室中的态度。他们以为国家公布一种新法令，发明一种新制度，或决定一种新政策，自采用之日起，没有一日不在随时试用随时修正之中。政治家就是试验政治的技师，政府就是试验政治的试验室。他们以为凡是真理都是假定的，只有试验出来效果的真理，才是有价值的真理。他们所以要把学理看作假定的，就是想教实验学理的人有随时试验随时修正的机会；他们所以要把试验出来的效果看作学理的价值，就是只想崇拜那受得住试验的学理。这种态度就是他们所说的“科学家在试验室中的态度”。现在很有些学者应用这个方法去研究政治，将来的效果一定是很好的。

法理学的方法。法理学的方法是把国家看作法律的客体，说国家是公法、权利、义务的总体。只认定国家是法律的创造品，不认定法律为国家的创造品。所以这个方法现在也不大通行了。

前边所说的各种方法之中，如历史的方法，心理学的方法，唯物论的方法，比较的方法，实验的方法，都是政治学的方法中很健全的方法；此外各种方法，不是完全错误，便是利少弊多。

本章参考书

Garner—Introduction to Political Science.第一章第四节

Lewis—Methods of Observatiou and Reasoning in Politics.第一卷第二章至第六章

Mill—System of Logic.第六卷第六章至第十章

Comte—Positive Philosophy.第二卷第七九—九一页

Gettell—History of Political Thought.第二四，二五，二八各章

高桥清吾——《政治学概论》 第七章

第三章 国 家

第一节 近代的国家性质说

政治学上的中心问题是国家，政治学上最难解答的问题也是国家。近代下国家定义的学者大概有两大派别：一从国家的组织方面观察，一从国家的活动方面观察。前者是从国家静的方面观察，着眼在国家的形体，后者是从国家动的方面观察，着眼在国家的职能。我们如果从国家静的方面看，那么当然要说国家是由土地、人民、主权三要素合成的政治的地域团体。但是这个定义固然很简单，同时却又太笼统；固然能够说明一切国家的共同性，同时却不能够说明某时某地某一国家的特殊性。至于从国家动的方面看，那么国家的定义，便因时因地而不同了。因为国家的活动力和国家的职能是常常变动的，有时侧重武力，有时侧重道德力，有时侧重宗教力，有时侧重智识力，有时（或时常）侧重经济力。因此便有人说国家是武装控制团体，有人说国家是道德的团体；有人说国家是维护宗教的机关，有人说国家是发展文化的机关；有人说国家是衣食住等“必要”（Necessity）的创造品；有人说国家是经济阶级斗争的工具。因为国家的活动力和国家的职能因时因地而不同，所以国家的定义也因时因地而各别了。

我们现在犯不着把从前的国家性质说一个一个拿来批评，只能把近代最流行的几派国家性质说作一个简单的叙述。我们所要叙述的国家观计有四派：（一）是以德国的康德（Kant）、格尔（Hegel）及英国的鲍生葵（Bosanquet）等为代表的玄理的国家观；（二）是以英国的密尔（John

Stuart Mill)、斯宾塞（Herbert Spencer）等为代表的股份公司的国家观；（三）是以德国的马克思（Karl Marx）、恩格斯（Engels）及俄国的列宁（Lenin）等为代表的压迫工具的国家观；（四）是以英国的马克阿发（Maclver）、柯尔（G.D.H.Cole）等为代表的职能的国家观。现在且把这四派的要点，分叙如下：

（一）玄理的国家观（Metaphysical Theory of the State）　这派国家观的基础建设在他们对于“我”的特别见解上边。以为在我们日常经验的意识的实在我之上，还有一个“理想我”——真我——存在；这个理想我就是国家。又在我们日常经验的和意识的“实在意思”（Actual Will）之上，还有一个“真意思”（Real Will）存在；这个真意思就是国家的意思。国家是一切特殊团体的统一的组织，是全体社会国家缩小，就是个人的心，个人心的放大，就是国家。国家是个人的扩大，可称为“普遍我”，可称为“大我”，故个人的小我只有服从国家的大我。由此看来，国家并不是为达到某种目的的方法，乃是自己有自己的目的的。

个人的实在我和实在意思之上，既然有真我真意思存在，那么，个人的唯一义务，只有服从这真我真意思的指挥命令了，个人要努力向上，只有忍着痛苦，屈抑自己的实在意思以顺从真意思，故服从国家统治就是使个人向上的方法。自由并不是放纵，也并不是随自己的意思做事，这种自由不但不是真我的自由，并且妨害真我的自由。真我的自由乃是抑制放纵自恣的自由，加实在意思以强制，使实现这个真意思。唯有实现真意思，才能实现真我，才能得到真自由。真意思就是国家的意思；故服从国家的意思乃是真自由，此外并没有什么自由可说。因此，便说强制就是自由。

既然把国家看作这样，故认定国家就是包括一切特别团体的全体社会，一切特别团体都不过是在国家里面的一部分。国家既然是全体社会，那么，国家之上及国家之外，自然是没有社会了。这一类的全体社会和全体社会虽然可以互相对立，但是若不把这些全体社会合在一块组成世界国家，那么，全体社会与全体社会之间，却不能发生社会的关系。所以国际关系便不是社会的关系，只是自然的状态了。凡不在有组织的社会关系之下，便没有道德可说，故国际关系并不是道德的关系，只是非道德的（不是不道德的）自然关系。反过来说，国内的个人所以服从国家，就因为国家是最高的道德团体，因此便把国家和法律看作道德观念的具体化，故又生出伦理的国家观——以上都是玄理的国家观的特色。

（二）股份公司的国家观（Joint-Stock-Protection-Society） 这一派的国家观大概都以“自由”做根据，以为人类如果不能自由行动，便不能发展自己的能力；故凡是人类，彼此都有要求行动自由的权利。但是这个人的自由行动，往往可以妨害那个人的自由行动，故各人的自由权利一定要平等。自由权利就是构成社会的根本原理，或叫做“天赋人权”，或叫做“自然权利”。国家就是为保护人类自然权利而设的对内防止个人间相互的侵害，对外防止外敌的侵害。故国家就是各人以自由意志组成的，成为“国民互相保护的股份公司”。照这样看起来，国家只是保护个人自由的方法，他自己并没有目的，结果，便成为工具主义（Instrumentalism）的国家观。

在这种国家观之下的个人，自己有独立的人格，个人只是组合的一员，他的人格并不是完全被国家没收变成国家的肢体，故个人在国家管辖范围之外，有自由行动的范围。

照这样看起来，国家只是特别组织的一种，与其余的特别团体性质相似，并不是没收一切特别团体使成为自己一部分的全体社会了。这样一来，个人在他那和国家不生关系的方面，还可以和别国人交通，可以合全世界的人类自由组织超国家的或在国家之外的社会，故国际关系绝不是自然的状态。因此，国家和法律只是为防止侵害权利而设的，关于伦理或道德方面皆不在国家支配的范围之内——这是股份公司的国家观的特色。

（三）压迫工具的国家观 这一派的国家观，大概多认定国家是暂时存在的组织，不是永远存在的组织。他们以为国家是社会中阶级分裂的必然的结果，因贫富悬隔而分阶级，有阶级便有斗争，斗争的结果，在经济上占优势的阶级便成为支配阶级，因而形成国家这种制度。因此，便说国家是这阶级对于那阶级行使压迫支配的组织。恩格斯说："国家是制止阶级斗争的欲望的结果。但是一旦从斗争之中长成了，便成为最占优势的经济阶级的国家。就是以经济的优胜势力，造成政治的支配阶级，作为支配那被榨取阶级的新工具。"（见《家族私产及国家的原起》）因此，便认定国家是优胜的经济阶级支配被榨取阶级的工具。阶级分裂的结果，便产生国家的制度，阶级消灭，国家也同时消灭。将来在生产者自由平等的基础上建设的团体，乃是自由的社会，不是压迫的国家。由此看来，国家既不是保障自由的制度，又不是道德的团体，更不是全体社会，只是优胜的经济阶级压迫别阶级的一种方法——这是压迫工具的国家观的特点。

（四）职能的国家观　这一派的国家观，目的在伸张那劳动组合等类的新社会集团的实力，所以提倡多元的国家观，打破从前以国家为万能的一元的国家观。一元的国家观，以为国家是一切社会的总合体，国家的权力高出于一切社会之上；多元的国家观，以为国家是社会之一种，国家的权力与别种社会一律平等。前者抱的是横断主义，后者抱的是纵断主义。多元派以为，我们的日常生活有许多部分不在国家或政府的管辖范围之内。例如宗教、文学、艺术等生活，皆是我们生活的一部分，我们过这一类的生活，必须要加入各种社会，不能单靠国家。故国家所支配的，只是我们生活的一部分，不是我们生活的全体。国家如同道路，乃是一切社会的交通的基础，无论你属于何种社会，都是国家一份子，都要服从国家的规律。犹如我们对于道路的责任就是不负担，但总要遵守道路的规则，可是我们不能在道路之上生活，我们更不能为道路而生活。人类对于国家也是这样，人类不能全靠国家而生活，人类更不是为国家而生活，国家有他一定的固有的职能，只能对于社会的各种关系的全体，与以统一的形式，却不得越俎替各种社会代庖。国家的行动不但为自己的职能所限，不是万能的；并且他的职能乃是社会赋予的，他行使职能也要凭借社会力的。故国家并不是基本社会；只是在基本社会之中，与其余的一切社会平行的，并不是一个在一切社会之上的最高的和万能的社会。

人类的各种社会，皆各有各的一定的职能，国家也只有一种或数种职能，与其余各种社会的职能对等。一切团体在职能上互相对立，互相调剂，不奉某一种职能为万能。因此才可以使人类的自由得到确实的保障。他们不相信人类的自由是在国家万能的原则下得到的，只相信人类的自由是在国家与各种社会分职的原则下得到的。因此便由多元的国家观，进到多元的主权论，以为必在国家与社会各有对等的主权之下，才可以充分发展各社会的自治与自由。由此看来，国家不是全体社会，只是为遂行某种职能的一种方法；国家不是在一切社会之上，只是与其余社会平行的一个社会——这是职能的国家观的特点。

我们要想知道这几派国家观的价值，最好是以现在社会的实际生活做标准来判断他们。鲍生葵一派的国家观，可以叫做“国家全体社会说”，斯宾塞一派的国家观，可以叫做“国家股份公司说”。前者以为国家无所不包，自由只在国权强制之下才可以得到；后者以为国家有一定的范围，人民只在一定范围内才受国权的拘束，此外都让个人去自由行为。现在人类的实际生活，果真把国家当作真我，当作最高道德吗？现在的国家果能真正成为真善美的理想体吗？人类到现在，不是还有许多行为，通同不受国家管束吗？例如我们以家人的资格做事，只受家庭的支配；以信徒的资格做事，只受教会的支配；以生产者的资格做事，只受经济社会的支配；惟有以国民的资格做事，才受国家的支配。国家只是管理人类一部分事物的团体，在国家之外，还有许多社会存在，并且关于那非政治的事务，个人往往与国家不生什么关系，他同别种特别团体的关系往往比同国家的关系更要密切。由此可见，国家只不过是全体社会中的一种社会，并不能算是全体社会。

国家到了现在，早已成为人类为达到某种目的而设的工具，故国家不是人类的目的，只是人类的方法，久已成为定论了。照玄理的国家观说：国家乃是判断人生价值的终极的标准，故国家就是至善；照股份公司的国家观说：国家不过是人类为达到安享幸福的生活目的而设立的一种方法，故国家自身无目的，只以人生的目的为目的。前者把人类看作国家的肢体，说国家以外无人格；后者把国家看作人类的工具，说人类以外无国家。一个以国家为主，结果成为专制主义；一个以自由为主，结果成为自由主义。从现代实际生活上看来，国家自目的说当然和实在的国家性质不相容了。

再照压迫工具的国家观说：国家是优胜的经济阶级压迫被榨取阶级的工具。同业社会主义派以为：这一派的错误，在把全体社会的罪恶当作国家的罪恶。国家没有彩色，常常以全体社会的彩色为彩色；政治力不能表现特性，常常跟着经济力所表现出来的特性为特性。这一派把资本主义的社会的缺点当作国家的缺点，似不免有倒果为因的弊病。

第二节　国家的性质

我们要想说明现在国家的性质，纵不能完全赞成国家股份公司说，但总不能不反对国家全体社会说。现在且根据马克阿发（Maclver）的见解，把“团体”（Association）和“基本社会”（Community）分开。再以“社会”（Society）一个名词作为“团体”和“基本社会”的总称。团体是什么？就是人类为达到公共的特殊目的之同意的结合，而以有组织有职能有界限为本质，现在且分别说明如下：

第一，团体是为达到共同的特殊目的而设的结合。无论何种团体，总不能把人类普遍的目的一齐达到，至多不过达到一方面一种类的特殊目的。凡可以作为团体的目的，必定要是能够共同达到的目的，不必要共同达到的目的，不能当作团体的目的。

第二，团体是构成员的合意的结合。团体既然是有公共目的的结合，那么这种结合当然是构成员的合意的结合了。合意的结合和那无意的、自然的或本能的结合不同，因为合意的结合是以意思为前提的。

第三，团体的特点在有组织。组织也和目的有密切的关系，因为团体是目的的结合，所以才发生组织的结合的事实。所谓组织乃是构成员因合意而结为一体，作为达到公共目的的工具。

第四，团体的特点在有一定的职能。凡设立一个团体必有一个团体的目的，既已有确定的目的，那么当采用方法以便达到目的时的种种活动就是团体的职能。

第五，团体有一定的界限。界限是团体构成员和非团体构成员中间的一个分野。

把以上所说的团体的性质拿来同人类相比较，便显然不同。因为人类是普通的，无限的，并有许多目的的。一个人虽然可以做一种机械的生活，但这是他的职业，并不是他的本能。故人生乃是各种特殊目的的总集合。求学只是人生的一个目的，信教也只是人生的一个目的，做农做工做商也只是人生的一个目的。人生可以在求学时同时信教，可以在信教时同时为农为工为商，可是团体却不能这样。例如学校只以讲学为目的，同时便不能再以生产为目的；教会只以信教为目的，同时也再不能以讲学为目的。由此看来人生的职能是普遍的，团体的职能是特殊的；人生的职能是无限的，团体的职能是有限的；人生的目的是众多的，团体的目的是有定的。因为一个团体只能达到人生一个目的，故人生的目的越多，团体的种类也越多。例如为达社交娱乐的目的，而成立各种俱乐部；为达物质生活的目的，而组成各种农工商的经济团体；为达性的目的，而造成婚姻家庭等制度；为达健康的目的，而设立医学会；为行使共同政见，而设立政党；为便利共同生活，而组织市镇村等团体。故团体只是为达到人生特殊目的而设，没有一个团体能够达到人生全部的目的。

至于基本社会乃是这些各别团体的地盘，每种特殊团体都是建设在这个基本社会之上的。基本社会和团体有下列的各种不同的地方：

第一，团体是有一定的特殊目的的结合，基本社会却不能有一定的特殊目的。

第二，团体是合意的结合，基本社会却是本来存在的。

第三，团体有组织，基本社会却没有组织。

第四，团体有一定的职能，基本社会却没有一定的特殊职能的活动。

第五，团体有一定的界限，基本社会却没有构成员和非构成员的界限。

基本社会乃是在一定地域内居住的结果，自然得到相同的言语风俗习惯和相同的利益。如民族（Nation）之类，确是基本社会的好例。此外成为基本社会的一部分的，如阶级（Class）等类皆是。团体和基本社会既然这样不同，那么国家到底是基本社会，或是团体呢？现在的新学说，大概多承认国家是团体，不承认国家是基本社会。

因为国家和团体一样有一定的特殊目的，大概国家的目的无论包括怎样多，但总不能包括人生目的的全部，所以国家目的到底不失特殊目的的特性。基本社会是人类的全体社会，实现人类普遍的目的；国家至多也不过是人类的一部分社会，实现人类某几种目的。人类生活不尽是政治的生活，政治的生活不过占人类生活的一部分，故国家生活只是人类生活的一端，绝不是人类生活的全部。且看马克阿发说：

> 国家不能与基本社会相等，政治团体不能包括人类生活的全部，也不能支配人类生活的全部。国家不能被认作基本社会；只能认为在基本社会中间的一种特殊的权力。团体国家是有限制的，是社会生活的一种有限的组织，基本社会是无限制的，是一个无限发展的制度。（见《基本社会论》）

柯尔也说：

> 国家是什么呢？国家不过是在基本社会中的统制的政治机关……国家是统制的机关，为基本社会表明公共目的，行使公共行为。（见《工业自治》第五章）

由此可以看出国家只管理人类一部分生活，故又可以断定国家和团体一样，只有一定的职能。国家的职能，不是总理基本社会的一切职务，至多也不过在实际上占有基本社会的最大部分权力罢了。但无论国家的权力怎样扩张，总不是基本社会的唯一代表，他的职务常常有一定的界限。且看柯尔说：

> 在人类各种不同的社会中，国家得要求一个重要的地位，但不得要求唯一的特殊地位。在基本社会中各分子都有同等关系的群集的活动，国家便是为执行这种群集活动的重要种类而存在的。关于别种行动，人类又分成别的群，又需要别样的团体来执行。这些各式各样的团体，在他们权限以内，与国家在自己权限以内一样，都有他们的主权。基本社会之中，没有公同的主权，因为组织基本社会的各个人，不能用某种样式的团体完全代表出来。他们因为有不同的目的，所以造成不同的团体，只在这些团体中的行为和相互行为之上，才有主权存在。但就是有主权，主权也不完备，因为合成社会的一切团体，不能够完全代表普通意志，普通意志只在基本社会。（同上）

由此看来，国家只在自己权限内才有主权，在全体社会中国家只占一个重要的地位，并不能占高出一切社会之上的万能的地位。这就是国家不是全体社会的铁证。

再国家除掉有特殊目的和一定职能两点外，还有与团体相同的三点：（一）有组织，（二）有一定的界限，（三）为构成员的合意的结合。此外，国家有一个特点和团体不同，就是国家有领土，国家是地域团体。由此可见，国家乃是人类为达到公共的特殊目的而合意结成的有一定组织和一定职能的地域团体。

第三节　各派学者对于国家的态度

近代各派学者对于国家的态度很不一致，有的绝对的信任国家，恨不得把一切社会事业都交给国家去办；有的绝对的反对国家，恨不得把一切社会罪恶都推到国家身上去；有的相对的信任国家，不想废除国家这个制度，只想缩小国家的权力；有的相对的反对国家，不承认国家是合乎理想的永久制度，只承认国家是不得已的暂时制度。现在姑且略叙各派学者对于国家的态度：

（一）无政府主义派　无政府主义可以分为两派：一是个人的无政府主义，一是共产的无政府主义。这两派学者有一个共同点就是都承认国家是压迫个人自由和保障资本阶级的团体，故想从根本上废除国家。现在个人的无政府主义派势力大减，最有势力的乃是共产的无政府主义派。这一派学者想废除那用少数人的强力来压迫多数人的国家，代之以自由组织的互助社会；想废除那依多数人的意见来拘束少数人自由的法律，代之以合意制定的自由契约。他们理想社会中的政治团体是根据同意的原理，自下而上的；不是根据强迫的原理，自上而下的。在我们看起来，把那含有强制力的国家废止以后，他们的自由社会马上就要变成另一意义的国家。所以我们承认他们只反对强制的国家，并不是根本上不要一切的组织。

（二）个人主义派　个人主义派以为国家是不幸的和不得已的暂时制度，国家应该极力使自身无用，预备自身消灭，所以说：国家的目的就在无国家，政府的目的就在无政府。这一派学者如福礼门、斯宾塞等，都认定国家存在，总是表明人类没有达到完全的地步，因为国家是为人类罪恶而设的，国家存在，只因为人类罪恶存在，到了极端完全的社会，便用不着国家这个制度。最近的英国罗素（Bertrand Russell）也说：

> 国家这种机关，无论无政府主义者怎样反对，似乎是达到某几种目的所必需的。凡媾和，宣战，征税，制定卫生的和贩卖毒药的规则，以及保持公正的分配制度：这些职务在一个没有中央政府的社会里面将不能够执行。
>
> ……现在国家虽是好些弊病的渊源，然也是成就某几种善良

事件的一种方法。当人类暴烈的和破坏的冲动仍然时常出现的时候，国家是不可少的。（见《到自由之路》）

照这一派人看来，国家本是坏的，或是最容易做坏事的东西，但当人类社会没有达到极端完全的这一天，或人类暴烈的和破坏的冲动没有完全消灭的这一天，仍然是可以继续存在的。

（三）工团主义派　工团主义（Syndicalism）就是“有组织的无政府主义”。这一派学者以为国家是资本家的制度，特为虐待劳动阶级而设的，所以要消灭他，他们认定国家不但现在是资本家剥夺他人的工具，就到了将来，也还是遗留中间阶级于社会的媒介。他们想取消由官僚执政的国家，代之以由生产者管理的社会；他们不相信议会与政府可以替劳动阶级谋利益，只想靠劳动阶级自己的“直接行动”来争得自己的利益。他们反对在集产主义的国家之下生活，只想在生产者自行管理的社会之下生活。在我们看起来，他们现在固然是想用工团来打倒国家，可是，到了将来一定要把工团当作国家。所以我们认定工团主义派并不反对为劳动阶级谋利益的组织，只反对那为资本阶级谋利益的组织；也可以说：工团主义派并不是根本反对一切的国家，只反对资本主义的国家。

（四）共产主义派　共产主义派认定国家是优胜的经济阶级为压迫被榨取的经济阶级的工具。国家是阶级分裂的必然的结果，阶级消灭，故国家也要跟着消灭。苏俄的列宁与德国的恩格斯对于国家见解，大致一样。列宁说：“在这个从资本主义到共产主义的过渡期中，压制还是必要的。但是这个时期所谓压制，乃是被榨取的多数者，压制榨取的少数者。故对于压制的特殊机关——就是国家——认为必要；但这个特殊机关只可称为过渡期的国家，并不是含着普通意义的国家。”（见《国家与革命》）到了共产主义的时代，这种以压制为职务的政治机关早已是不必要的，所要的乃是以生产为职务的经济组织。苏俄目前在经济组织之外，还有政治组织同时存在；到了将来，这两种组织一定是要合并的。他的合并的方法，是政治组织的职能渐次为经济组织所吸收，而用劳动组合来代替政府的机关。由此看来，苏俄的将来的劳动组合，便不是单纯的产业上的组织，却显然带有政治上的组织的性质了。故我们也可以说：苏俄理想中的劳动组合，虽然是个自由的社会，也可以叫做另一意义的国家。

（五）同业社会主义派　同业社会主义（Guild Socialism）一方面反对工团主义派以生产者支配消费者；一方面反对国家社会主义派以消费者支配生产者。所以他们一方面既不赞成工团主义派不要国家的主张，一方面又不赞成国家社会主义派以国家为万能的主张。他们主张国家与行会（Guild）分职，使政治事业归国家管，生产事业归行会管。故柯尔说："国家应当享有生产工具，行会应当管理生产事业。"（见《工业自治》）浩布生（Hobson）说："国家管理公民的事务，行会管理经济的职务。"大概同业社会主义的目的，在工业自治，工业自治的结果，只减少国家的权力，不是从根本上废除国家的权力。由工业中各种行会联成一种"国民行会"（National Guild），凡关于工业上一切生产消售和利益，都由该行会办理。故同业社会主义派，只想缩小国家对于生产事业的管理权，并不主张从根本上废除国家。

上述的各派对于国家这个制度，大概都不十分信任；此外如集产主义或国家社会主义倒是十分信任国家，但是又有人嫌他们信任太过。我们以为现在不讨论国家制度便罢，如果要讨论，便不能拿从前的国家观念和内容来宣布国家的罪状。无政府主义派、工团主义派和个人主义派都不免把从前的国家观念当作将来的国家观念；把从前"基本社会"的罪过当作国家的罪过。从前的国家是以主权者的资格待遇人民，主权绝对无限，最高无上，所以国家的权力也是绝对无限，最高无上。自从工具主义（Instrumentalism）的国家观发生，国家已经变成一种工具，所以从前的国家全靠神圣不可侵犯的威权来维持他的生命，现在的国家却只靠自身的功效来维持自己的生命。做主权者主体的国家，往往用威权来压迫人民，故性质上变成强制的组织；做工具的国家，是人造的，是为人造的，人类是主人，国家是客体，客体中所有的权力都是主人托付的。

人类只能怪自己所造的工具不好，工具自己却不能代主人负责。如果各派中理想的自由社会可以实现，那么，我们理想的自由国家也可以实现。所以我们总认定强权的国家是根据主权者的国家观而来的，不是根据工具的国家观而来的。

再无政府主义派、工团主义派和共产主义派都反对资本主义的国家，这是把“基本社会”的罪过移作国家罪过的结果。柯尔说道：

> 国家因时候不同地方不同而有种种的形式，他的实际上性质与基本社会的社会构造（Social Structure）有密切的关系。封建社会表现出来封建国家，或者造成封建国家作为一种表示。近代资本主义也造成一种资本主义的国家，所以现在的国家只是基本社会的社会构造和经济构造的肖像。富财支配今日的社会生活，故富财也支配国家。从前资本主义的专制政治，自民治主义起来，已经修改了许多，故国家的资本主义特性，也要被民治主义起来修改了。（见《工业自治》）

如果柯尔的话不错，可见得资本主义并不是国家的特性，只因为是资本主义的社会，所以表现出来资本主义的国家。如同在好战的民族所组成的社会之中，发现出来军国主义的国家一样。无政府主义派、工团主义派、共产主义派都把资本主义看作国家的特性，不知资本主义国家构成的原因在社会而不在国家。这是犯了倒果为因的弊病。

我们以为政治势力全凭社会的势力决定，政治势力的本身却是空无一物。国家的性质也是这样，所有的特性都是由全体社会的特性决定的，国家本身也是空无一物。譬如在军国主义社会之下，他便变成军国主义的性质；在资本主义社会之下，他又变成资本主义的性质；做主权者的国家，便有强制的性质；做事务员的国家，便有服务的性质；做人生最高目的的国家，便含有道德的性质；做为人利用的工具的国家，便含有机械的性质。就是恩格斯也说：“古代的国家是那做奴隶主人的市民阶级的国家；中古的国家是封建诸侯的国家；现在的国家是资产阶级的国家。”（见《社会主义》一二四页）由此可见国家没有特性，做压迫工具的国家消灭后，或者又有别种样式的国家发生。恩格斯所想废止的国家，乃是现在普通意义的国家，乃是现在资本主义的国家，并不是想废除一切的国家。他只说那做国家的国家消灭，并没有说那做自由社会的国家也消灭。（《社会主义》一二八页）所以我认定国家的性质，尽可以跟着全体社会的性质变迁，国家的制度尽可以永远存在。我们固然不能像亚里士多德说：除了上帝和禽兽之外，都不能脱离国家的生活；但是却敢说：只要人类有群聚的生活，只要有个人或小团体办不了的事体存在，总打不破如国家之类的制度。

我们在这个立脚点上，不但反对无政府主义派、工团主义派、共产主义派打破国家的主张，并且不赞同斯宾塞和罗素一派人的调和论调。我们以为当人类有罪恶的时候，可利用国家来做防止罪恶的机关；当人类暴烈的和破坏的冲动仍然存在的时候，可利用国家来做防止这种冲动的机关。但就是到了极端完美的社会出现，也可利用国家做办理善事的机关；就是到了创造的冲动得势，也可利用国家做帮助这种冲动的机关。国家的强制组织的特性，是可以修改的，国家的资本主义的特性，是可以消灭的，国家的名称，也作兴可以变换的；但是类似国家的政治组织却是可以永久利用的。——这是我们对于国家制度的态度。

本章参考书

Bosanquet—The philosophical Theory of the State.

Spencer—Social Statics

Hobhouse—The Metaphysical Theory of the State.

Cole—Self-Government in Industry.

Hobson—National Guilds and the State.

Russell—Roads to Freedom.

Maclver—community.

Maclver—The Modern State.

Engels—Socialism

Lenin—The state and Revolution

中岛重——《多元的国家论》

李达译——《劳农俄国研究》第四章

室伏高信——《社会思想批评》第一篇

第四章　主权论

第一节　主权的定义

从十六世纪到现在，这三百多年中，所有正统的政治学说，大概多承认主权是国家的特性；主权既然是国家的特性，那么，专以研究国家性质为中心的政治学，自然不得不首先讨论这个问题了。

从十六世纪以来，最占势力的主权论乃是一元主义的主权论（Monistic Theory of Sovereignty）；欧战以后，日新月盛的主权论乃是多元主义的主权论（Pluralistic Theory of Sovereignty）。一元主义的主权论，用横断主义，把一切社会横断的切平，使受同一最高权力的支配；多元主义的主权论，用纵断主义，把一切社会纵断的剖开，使各种社会在自己的职权范围内，有与别种社会互相对峙的自主权。十六世纪是群雄割据的封建社会崩溃和唯我独尊的民族国家兴起的时期，故一元的主权论应运而生，使国家生活由分裂而趋向统一；近代是对峙的劳动团体抬头和万能的国家主义衰败的时期，故多元的主权论又乘机倔起，使社会生活由集权而趋向分权。一元的主权论，目的在造成民族国家的统一；多元的主权论，目的在造成工业社会的自治。故这两派学说的发展，皆各受各的社会环境的影响，皆不是无的放矢。

主权这个名词，在英语中叫做“隆威稜帖”（Sovereignty），是从拉丁Superanus一个字发源而来的，含有“最高”或“较高”的意义。自布丹（Jean Bodin）在一五七六年著《共和篇》（De La Republique）后，才渐渐的造成政治学上的专门名词，成为三百多年来正统派学说的中心。布丹说："主权是在公民和臣民之上的最高权力，不受法律限制的。"他更说："我们以为这个权力必定要是永久的。"由此看来，布丹的主权，含有四种性质：(一) 最高性，(二) 无限性，(三) 永久性，(四) 唯一不可分性。因为他以为主权也可以暂时托付一个人或几个人，但是被托付者终不能叫做主权者，由此可以推想布丹的主权只有一个，是绝对不能分割的。布丹之后，有一位格老秀斯 (Hugo Grotius) 说："凡行为不受别人的意志或法律支配的权力，就叫做主权。"所以他的主权便是最高的和不受限制的政治权力。布拉斯东 (Blackstone) 也说："主权是最高的、无抗的、绝对的、无限的权力。"最近柏哲士 (Burgess) 综合前人的学说，把主权看作"行使于一切人民和一切人民的团体之上的原始的、绝对的、无限的、独立的、无所不包的权力。"这是三百多年来正统学派的主权定义。

第二节　一元主权论的理论

近几百年来，在政治学说上最占势力的学说，要算这一元的主权论。所有的政治思想和政治组织，差不多完全是根据这种学说而来的。一元的主权论，就是把国家看作一个人身，一切个人都变成这个"公共人身"的一部分。这个公共人身有独立的意志，他的意志是真意志，一切个人的实在意志都要服从这个真意志，故国家的意志是高出一切个人的意志之上的，是独立不受节制的。这种最高意志就是主权，主权在法律上是不受限制的。因为在一国之中，最高的机关是主权的主体，如果另外有一个机关可以限制这一个机关的权力，那一个机关就变成主权的主体，这一个机关就不能算是主权的主体。这最高的机关又不能自己限制自己的职权，因为自己制定的法令，随时可以取消，不能发生什么限制。所以一国最高的机关的权力，是不受限制的。

这种一元的主权论有很长的历史，只就中世纪说，就有亶特 (Dante) 是这样主张的。亶特把"最高统一" (Maxime Unum) 看作"最高的善" (Maxime Bonum)，并以为法律是一元的，精神也是一元的，故世界国家不能不是一元的。鲍里福士第八（Eighth Boniface）宣言二元主义（Dualism）为异端，如同阿奎拉（Aquinas）说“二的数是耻辱”（Binarius Numerus Infamis）一样。故这时所讨论的问题都是怎样才能够使“多”隶属于“一”的问题，所有的政治学都可以叫做探求社会统一性的学说。他们无论讨论什么政治问题，结果都归到这个根本问题上边去。——就是社会到什么程度，或用什么方法，可以成为一体？

中世纪的世界本来是一个多元的世界。国家之上，奉有普遍帝国和罗马教主的理想；国家之下，又被封建诸侯、自治都市和自主的基尔特（Guilds）各霸一方。一方面有在国家之上的国家，一方面又有在国家之下的国家。故这时的学者，不得不推翻封建时代靠人情统治的旧局面，造成用法律统治的新局面；不得不改正群雄割据的无政府的状况，用国家的统一来造成安宁秩序。故一元的主权论在这个时代，真可算是诊察到当时政治上的病源，开出一个对症下药的神方。

一元的主权论者虽然都说主权是最高的权力，但是也可以分为两派：（一）主张主权有限说，（二）主张主权无限说。

（一）主权有限说　正统的一元主权论派如布丹、格老秀斯、浩布思、卢梭、奥斯庭（Austin）诸人，大概都承认主权是最高的权力。布丹所说的主权，在法律上是绝对无限的，不但不受前人的法律限制，并且不受自己制定的法律限制。格老秀斯以为：主权是统治一国的最高权力，一切权力都是在这种权力之下的。人民要永久的服从主权者，有时主权者不但可以把人民全体当作私有财产享受，并且可以把这种财产所有权自由出卖或赠与别人。浩布思说：主权者的权力是不可分割的，是不可转让的，是绝对无限的，对于人民是不负责任的。故主权者不是代表臣民的意志，乃是独立在臣民的意志之上，他所发表的意志，就是臣民的意志，故臣民不服从主权者，便是违反正义；主权者对于臣民的行为，无论怎样，都是正义的。因此便断定主权者的行为，容或有不平等不公道的，但是却没有不正义的。卢梭所说的主权有三种性质：（一）不可让与，（二）不可分割，（三）没有错误。他以为主权就是人民的普通意志（General Will），人民自己的意志绝不会加害人民自己，故主权对于国民不必要什么保证。主权既然就是普通意志，普通意志是常常公正，而且常常倾向公共利益的，故断定主权绝不会错误。他更相信没有且不能有一种根本法律可以拘束政治团体，就是社会契约也不能拘束他。所以卢梭的主权性质与浩布思的主权性质完全一样，至多也不过把君主所有的绝对无限的主权，一字不改的奉到人民的手中罢了。故卢梭与浩布思的主权论的异点，决不在主权性质的问题上边，只在主权所在的问题上边。奥斯庭的主权是独立于法律限制之外的，他所说的法律，就是主权者的命令（Command）。故主权是一切法律的渊源，主权本身绝不受任何法律的限制；因此便说主权就是最高的、无抗的、绝对的、无拘束的权力。

但是这一派人所说的主权无限，大概都是说主权不受法律的限制，并不是说主权不受道德或道理的限制。布丹承认主权要受神法和自然法的限制，他以为主权者没有废止或减少神法及自然法的权力。所谓主权不受法律限制，是不受自己制定的法律限制，与神法和自然法无关。此外还有类似宪法的“塞连法”（Salic Law），是塞连民族的传统的习惯法，也是主权者所不能废止或变更的；因为这种法律是主权者得到主权的根基。再布丹更明明的说：国家是被最高的权力和真理所支配的一群家族及家族公共财产的总结合体。一方面受最高权力支配，一方面又受真理（Reason）支配；所以他的国家不仅仅依靠权力，并且还要依靠道理。照这样说，布丹所谓主权，是要受道德法、习惯法和道理的限制了。格老秀斯承认国家是一群自由人为享受法律的利益及公共的利益而结合的完全团体，国家的目的既有限制，当然不能有绝对的权力。而且他以为主权在一定限度内要受宣誓的拘束，就是主权者在宣誓以后，不是负有做某种行为的义务，便是负有不行使某种权力的限制。这样一来，主权当然不是绝对的权力。浩布思虽然是极端主张一元主权论的，但是他却说人民在国家中的自由有两种：（一）主权者——国法——没有禁止的，（二）不是由当初的契约抛弃的。他以为这第二项是最重要的，因为契约是保障当事人的利益的，主权者如果违反这个目的去杀伤他，惩罚他，或者不替他去防御杀害他的人，人民都可以不服从主权者的命令。卢梭的主权限制，是从主权的定义上顾名思义而来的，他的主权是不能做不关普通福利的事体，不得侵入纯属私人利益的范围。而且私有人身的生命和自由，都站在公共人身——国家——之外，不受主权的支配。凡私人由契约退让出来的权力财产和自由，都以有用于社会的部分为限，主权者绝不能以无益于社会的担负责望公民。这就是卢梭的主权的限制。奥斯庭也承认主权要受社会最有势力部分的主义（Principles or Maxims）的拘束，要受社会上通行的意见和感情（Opinions and Sentiments）的拘束。

大概这一派一元主权论者并没有说国家主权论就是国家专制主义论，更没有说批评或反抗国家主权，都是不道德的，非伦理的，背道义的，反社会的，或甚至于不能实行的事体。他们只说国家是制定法律和应用法律的主体，故国家自己绝不能受自己所定的法律和自己所用的法律限制；并不是说国家对于任何人都不负义务，国家对于任何事都不负责任。归总一句话，他们只说：国家是在一定地域内由法律而设的组织，故对于该地域内的一切社会团体有最高的权力。

（二）主权无限说　这一派一元主权论者与前派大不相同，他们不但说主权在法律上是最高的，并且说主权在道德上是最高的；他们不但承认国家可以创造法律，并且承认国家可以建立义理（Rightness）。这一派在十九世纪初期有海格尔（Hegel），在十九世纪末期有柴西克（Treitschke），在最近有鲍生葵（Bosanquet）和布来德里（Bradley）。

海格尔把国家看作“完全的合理体”（Perfected Rationality），说国家是道德精神（Sittlichen Geist）的实现，是真理的绝对目的，他的自身便是合理的。凡是国家都有含神圣的性质，不管他的组织是好是坏。国家有反抗一切个人的最高权利，个人有为国家之一员的最高义务。故个人的最高义务，不是发展个人的才能，只是做国家之一员，忠实的尽那国家分配给他的义务。个人只有在国家之中，才有真实的自由；个人只有以国家的意志为意志，才是真实的意志。故反抗国家的权力，从道德上说和从道理上说，皆是不正当的。

柴西克承认强力是国家最鲜明的和最重要的特性，故国家绝不容有在他之上的任何权力存在。他把国家的权力看作终极的道德的标准。国家在行使权力的时候，从道理上说，可以不顾私人的任何目的或利益。国家的权力只有事实上的限制，故国家对于人民事实上能够支配他到什么程度，就可以支配他到什么程度。国家最高的道德义务，就在保持和强大自己的实力；国家除掉采择用实力去执行自己意志的一个方法外，再没有别的方法。国家在行使特殊权力时，不必斤斤的要诉诸人民的良心和理性；不管人民愿意不愿意，赞成不赞成，都应当要求他服从。故人民对于主权服从到什么程度和主权对于人民应该有什么限制等问题，在柴西克的学说上，皆看作不成问题。

英国牛津（Oxford）的理想派，承继海格尔的国家观，也把国家看作自目的，看作万能。布来德里以为国家是一个道德的有机体，他的意志代表社会正义的原理。生在国家中的个人，皆从国家得到他们人格，这个人格就是国家的制度和精神的结果。个人的道德义务，就在尽那国家给予他的责任。鲍生葵以为国家是有机体，有自己的人格和意志。国家不受个人道德支配，不受他给予人民的权利义务限制。

这一派人真可以说是把国家看作万能，看作神圣，把个人和社会一齐没收在国家之中，听受国家自由支配。国家的行为，无论在法律上，在道德上，都是对的，绝没有不对的。故国家的意志不在普通道德观念范围之内，例如国家命令人民去打仗，人民只有服从，万不能任人民来批评战争的理由。凡国家所做的事，无论错与不错，都是对的；凡反抗国家的举动，无论错与不错，都是犯罪。近代多元的主权论派，与其说是攻击前一派的议论，不如说是攻击这一派的议论。前一派不过是传统的思想，被这一派连累，受殃及之灾罢了。

第三节　多元主权论的理论

一元的主权论纯粹是一种悬想的假设，如果照实际的政治说，这种理论实在是没有根据。因为个人或人群与别的个人或别的人群固然都有关系，但是总不限定要有一种强制的关系。一个工党和一个教会，虽然有关系，但是各做各的事务，各自独立。工党教会与国家也是这样，也不过有些关系罢了。不能算是没收在国家之中。无论那一个人——从家族村落各种组织直到国家——总是属于好几个团体，我们对于各种团体皆有各别的感情。国家的意志并不是处处可以通行，国家的权力有时候也受种种的限制。国家虽然是一种强制的组织，但是国家的强制力有时候也不能发生效用。我们看一看过去的历史，就可以知道国家并不是万能。

我们并不反对国家，只反对万能的国家；我们并不反对每一个团体有一个人格，只反对以国家独一的人格，来没收社会无数的人格。照一元主权论派说："无论什么地方，一总是发现在多之先，所有的多，都是由一发生的，或是结果仍归到一上去。所以要想保持秩序，必定要把多元性抑制在一元性之下。如非一元有管理多元之权，多元的公共事业便不能做起来。……统一是万物的基础，所以也是各种社会生存的基础。"这种论调便宜了国家一个人格，便把社会和个人的人格，一律没收。结果，助长了国家的专制性，当然要消灭了个人和社会的独立自治性。

我们也不反对主权，只反对神圣不可侵犯和绝对无限与无所不包的主权论。我们以为主权万能说不过是学理上的空论，在实际上便绝对不能实现。例如英国主权在议会，英国议会是英国的最高机关，在法律上要制定什么样的法律，没有一个英国人根据法律可以起来反对的。但是英国议会在事实上万不能为所欲为，要什么法律，就制定什么法律。也须时时观察人民的需要及社会上各种事实的趋向，然后制定相当的法律，来适应当时社会的需要。法律的实行，并不单在国家的强制力，全在全体人民意见的赞成。全体人民又各属于各别的团体，所以各种团体的意见也能影响于一国法律的效力。例如英国议会如果要制定一种法律，禁止人民信天主教，这种法律当然不能实行。所以主权的真确意义，并不在国家有强制的权力，却在人民的共同承诺。人民承认国家有最高的权力，也许因为他们自己的意志表示在这公共意志之内；也许因为他们知道这种权力是为普通人民谋公共幸福，为政治社会所必不可少的要素，所以才服从他。近来有一派学者认定国家的权力也应该受种种势力的限制，国家之外的各种社会也应该有相当的独立自治权，所以因此便大唱多元的主权论。

近代多元论派，最著名的有狄骥（Leon Duguit）、克来布（H. Krabbe）、拉斯基（Harold J.Laski）、白尔克（Ernest Barker）、林德塞（A. D.Lindsay）、柯尔（G.D.H.Cole）诸人。这几个人的主张也不一致，有的主张取消主权的名词，有的不过攻击传统派的理论，并不想消灭主权这个名称。严格说起来，叫他们“多元的国家论者”，似乎比较叫他们为多元的主权论者还要适当些。他们对于主权的攻击相同，可是着眼点却不相同。他们的着眼点就是：（一）主权与团体自治，（二）主权与国际主义，（三）主权与法律。

（一）主权与团体自治　这一派人以为许多主要的社会，也替人类服一定的职务，同国家一样重要。因为人类的目的众多，团体的职能有限，单靠一个团体，必定不能同时把宗教的、社会的、经济的、政治的各种目的样样达到。一元论派以为非政治的团体也是由国家建设起来的，他们的继续存在是依靠国家意志的，他们只能行使由国家赋与的权力。这一派人以为这是错误的见解，因为有许多团体是自然兴起的，他们在社会中的主要职能，并不是由国家决定的。故国家对于这一类独立发生的和自具职能的团体的关系，不能一律说是主从的关系。现在这一派多元论者，大概多受基克（Gierke）、梅兰（Maitland）及保磅苛尔（Paul-Boncour）等的影响。基克和梅兰关于社团（Corporation）的学说，就是承认许多集合团体是在每一个社会之中自然发生起来的，各享有一个人格，这个人格是真实的，不是虚拟的，假妆的。这一类的团体，各有一个集合的意识和意志，同他分子的个人意识和意志迥不相同，各有先于国家赋与的职能。保磅苛尔特别注意社会中的职业团体，他也说这些职业团体是在各国各时代中自然兴起的，开始只是任意的结合，逐渐进步，变成含有主权性的团体。他以为各职业团体各有特殊的利益；公共的利益可以由多数的意见支配，这个特殊的利益，绝不能由多数的意见支配。故关于全国公共的利益，可以受国家的主权支配；关于特殊团体的特殊利益，应该受特别的主权支配。

白尔克受基克、梅兰的影响很大，他虽然不承认社团是“真实的人身”（Real Personality），可是却承认团体不是由国家创造的，乃是先国家而存在的。他成为法人，是他的所属人员从他团结的性质和职能上公共确信而来的。他说：“我们很少看见国家是在公共生活中的个人的结合；我们却很多看见国家是由那早已结成各种团体的个人，为更远大的公共目的而组成的结合。”（见《英国政治思想史》一七五页到一八三页）拉斯基也主张团体自治，他说国家只是人类团体的许多种类中的一种；他要求个人对于他的忠顺，不比个人对于其他各种团体的忠顺为特别的高。林德塞也说社会中团结的人格体为数甚多；团体的范围越小，利害越关切，故团员对于他的忠爱心越深，他对于团员服务，比国家更为有效。总而言之，这一派人以为各种团体的社会职能和国家相等，或比国家尤大。人类有各种社会的目的，故必须有各种团体才能一齐达到；只有想达到政治的目的，才倚靠国家，如果想达到其余的目的，如宗教的、社会的、经济的、职业的等类，便不能单倚靠国家。柯尔关于这一点，说得更透彻，他说：“在基本社会中，各分子都有同等关系的群集的活动，国家便是为执行这种群集活动的重要种类而存在的。关于别种行动，人类又分成别的群，又需要别的团体来执行。这些各式各样的团体，在他们权限以内，与国家在自己的权限以内一样，都有他们的主权。”又说：“和浩布生（S.G.Hobson）等立在反对地位的我们，却以为在工业和劳动的组织之中，有两个不同的观察点：一把人类看作一个生产者，或看作一个劳动供给者；一把人类看作一个消费者，或看作劳动之一个使用者和享受者。我以为行会——工业的或私法的——是代表前项人类的，国家（和地方自治体）是代表后项人类的。我不承认这两种组织谁可以高出于谁之上，只主张两者要互相补助。因此，便反对国家主权的理论，而主张在经济方面，行会和国家皆有‘同等主权’（Cosovereignty)。这样主权在别的社会活动方面，也可以分配于别种团体的。”（见《工业自治》）由此看来，国家当然只是团体的一种，那么，主权当然不能为国家所专有，应该为一切团体所同有了。

这一派人大概多主张民治政体，除掉柯尔倾向社会主义外，大都带有个人主义的气味。不过他们的目的，不在保护各自独立的个人权利，只想保护各种团体的权利罢了。他们多主张全国共同事件，由国家管理；各种特殊事件，由各该团体分别管理。国家的义务或权利，在防止团体的主权侵犯公共的权利，或防止这个团体的主权侵犯那个团体的权利；或防止各团体的主权各自侵犯自己团员的权利。除掉少数人如白尔克、拉斯基等，根本上不承认主权，想从政治学说中消灭主权的观念以外，关于国家主权的活动范围，大概的限制如此。

（二）主权与国际主义　现在国际主义（Internationalism）渐渐发达，这种趋势和国家主权的理论最相冲突。国际法到了现在，已经具有法律的要素，不能完全看作道德法；国家对于他的服从，已经不是由互相同意去自由决定了。而且近来的国际组织逐渐进步，对于违反国际法的行为，又渐渐有公断的权力。这种趋势，的确是同一元主权论不相容的。

再国家制度是把世界上人类用人为的力量划分开，使他们互相龃龉，互相敌视。爱国主义只许人民爱自己的国家，不许人民爱别人的国家，同时并不许别国人民爱自己的国家。本来人类分合的真实感情是超出政治的、地理的、民族的界限之外的；天然的分野，只以经济的、职业的、知识的等界限为主，此外皆是矫揉造作的人为的界限。一元主权论建立起来以国家为界限的人为的区分，结果，只能助长人类的互争性，不能发展人类的互助性。

上述的两种理由，皆同传统的主权论相冲突。依照前说，国际法如果变为“实在法”（Positive Law），国际关系便不能受绝对无限的主权自由支配。依照后说，除非到了世界完全统一之后，就是合万国为一国之后，一元主权论的理论便不能适用。国家的国际行为，在道理上应该受国际公认的规则限制，在实际上也多少要受国际公法制裁，这当然是我们承认的。但是现在的国际法虽然比道德法进步，总还没有到实在法的地步。就以国际联盟论，除《联盟约章》上对于违约作战者略微设下一点制裁外，至违反其余国际公认的规则，并没有设下任何制裁。而且国际联盟一方面没有决定分子国的权利与义务的权力，一方面又没有决定自身的权利与义务的权力，当然不能叫做有主权的团体。既然没有成为主权的团体，那么，对于国家主权，当然不能认为完全不相容了。至于世界大同主义，在最短时期，还难希望实现；所以不能实现的原因，与其说是国家主权作梗，不如说是资本主义的经济组织作梗。故这一派理论的根据，似乎还嫌薄弱一点。

（三）主权与法律　传统的主权论者以为法律是国家创造的，所以承认国家高于法律；这一派人却以为国家是受法律限制的，所以承认法律高于国家。这一派最著名的学者，就是狄骥和克来布诸人。

狄骥以为国家和法律迥不相同。他绝对不承认国家是人格者，国家既没有人格，当然没有意志；既没有意志，当然没有主权。他以为国家在事实上不过是一部人的集团，不过是在一定地域内生活的强者，拿自己的意志去支配弱者。他们所以能够统治人，只因为他们的经济力较强，武力较优，智识较富，或人数较多。所谓政治上的制裁，不过是统治者对于被治者施行物质的处罚罢了。法律便不是这样，法律乃是拘束那在社会中生活的人类的行为规则；他并不是国家创造的，乃是先国家而有的，在国家之上的。人类服从法律，并不是因为法律是国家的意志，正因为法律能够供给社会的目的。人类必须在社会中生活，才能够生存，而人类在社会中生活又必定要有一定的行为方式：这都是事实。法律的责任就是直接根据这种事实而来的，因为要维持社会生活的利益，所以一定要注意到在社会中的行为的一定规则；如果不这样，社会便要崩溃或退化。这些事实酝酿成功法律的要素，故法律就是人类在社会中的行为规则，就是人类为保持和增进社会所给予的利益，不得不遵守的行为规则。人类自然会认识这类的规则，人类的自利心强逼他不得不注意这类的规则。大概人类所以要结成社会，所以不得不在社会中生活，就因为人类一方面彼此有共同的需要，共同的才能；一方面又彼此有各别的需要，各别的才能。这种共同的需要，共同的才能，非与别人合作，不能满足；这种各别的需要，各别的才能，非同别人分工，也不能满足。由这个同力合作和分工易事的事实上，便产生“社会的连带关系”（Social solidarity）；这种社会的连带关系便是法律的根基。故普通的社会行为的根本规则，就是尊重那被社会连带关系的目的所限定的行为；避免那违反社会连带关系的目的所限定的行为；并做那可以发展社会连带关系的各种行为。自狄骥看起来，法律与国家有这样的不同，故国家的职务就在服从社会连带关系的要求，为社会尽一定的“公职”（Public Services）。因此，便力说国家只有义务，没有权利；更因此，便以公职为国家的特性，不以主权为国家的特性。

大概狄骥所说的法律乃是由社会连带关系的事实而生的必然的法则，这种法则是客观的，不是主观的；是独立在国家之外，高出于国家之上，生存于国家之先的。国家同个人一样，一律要受社会连带关系的法则拘束，而且由国家去达到社会连带关系的目的，比个人更为有效，故国家所负的义务比较个人更重。国家负有积极的和消极的两种义务：（一）为实现社会连带关系的目的，有在法律范围内积极努力的义务；（二）为励行那由社会连带关系而发生的行为规则，遇必要时，有使用国家的物质强制力的义务。国家进到法律范围之内，就是国家自身，如果要离开社会的生活，也不能维持生存。国家的强制力的自身，并没有任何的合法性；只在用这种强制力来维持那由社会连带关系而生的法律，才算合法。故国家充其量也不过是法律的适用者，他不但止能在法律圈子内活动，并且他对于法律所负的责任比任何个人的责任都重。现在所谓公法，早已不是规定主权者与被治者关系的规则的总称，乃是一定公共事业的组织和经营所必不可缺的规则的总称。所谓条例，也早已不是主权者的命令，乃是关于某种公共事业或某种人类团体的综合的规则。所谓行政行为，更早已不是行使行政权的官吏的行为，乃是以尽公职为目的的法律行为。国家的行为如同私人的行为一样，通同都要负责任，国家对于自己行为既然要负责任，那么国家还有什么主权可说。

克来布不但不承认国家在社会之上，并且不承认国家是政治的社会。他以为国家不是在法律之上的，也不是在法律之下的；只在法律之中，而与法律合体。故认定国家是法律的社会，国家的权力是法律的权力。他不承认法律是主权者的命令和主权者是法律的渊源，只承认除掉法律的权力，便没有国家的权力。所以因此便说：国家仅仅是一个法律社会，他的职务，就在对于人类相互的利益，负法律的价值。他既反对主权者为法律的渊源，那么，法律的渊源究竟在那里呢？在他看起来，法律的来源，不是议会，不是君主，只是从人类的正义的感情而来的（Spring from men's feeling on sense of right）。他的法律也不是由任何个人根据他自己正义的感情决定，只由一个社会的正义的感情决定。一个社会的正义的感情用什么方法表示出来呢？表示的方法就是采用多数决主义。他也知道多数者的感情不见得处处都正当，但是在许多地方，总是正当的。所以克来布充其量也不过把最大多数者的正义感情，当作人类全体的正义感情；故他的学说也不过是法理学家很平常的理论。

其实，狄骥所说的法律，严格说起来，并不能算是法律，不过是群众心理认为国家应该用实力作后盾的一切生活规则。故狄骥的法律，很近于从前自然法派的自然法，与近代法学家所说的实在法的观念迥不相同。由此看来，他所说的主权要受法律的限制，几乎同主权要受道理的限制的理论相等。至于克来布把国家看作法律的社会，把国家的权力看作法律的权力，也不过是法理学家普通论调罢了。

第四节　结　论

自布丹以后，政治思想完全受一元主权论的支配，无论主张专制政体的，或主张民治政体的；主张中央集权制的，或主张地方分权制的；主张个人主义的，或主张社会主义的；总多是一致的拥戴这一元主权论。他们的主张无论怎样不同，但总是承认主权是国家的特性，承认国家有物质的武力，可以在一切个人和团体之上执行自己的意志。凡制定法律和执行法律，都是国家的权利；凡在国家所管辖区域内的一切人民和团体，都要受国家权力的支配。统一是国家和主权的特性。个人第一要对于国家忠顺，他就是有权利，也是由国家依法赋予的；就是有自由，也是由国家创造来的。国家做事的范围由他自己决定，他所受的限制，是他自己这样决定的，绝不受外力的限制。

这一类的主权论乃是封建制度崩坏之后，应民族国家的需要而生的，绝不是无的放矢的空论。那时要想结成民族的国家，故有抬高国家的地位的必要；既想抬高国家的地位，故有假定国家为实在体的必要。不先假定国家为人格者，便没有主权论立脚的余地；没有主权论，中央集权的国家便没有学理的基础。所以我们第一要明白的，就是主权是为中央集权制辩护的玄想学说，并不是为联邦制、地方自治制和工业自治制辩护的实在学说。

不过一元主权论过于偏重理论，不大注意事实；只看见单纯的法理，却忘记了复杂的社会。他们所注意的乃是行使主权时的强制力，不是构成主权时的社会力；他们所讨论的乃是主权的性质，不是主权的基础。故一元主权论者只说主权的后半截，多元主权论者却兼说到主权的前半截；换句话说，一个着眼在已经形成主权之后，一个着眼在尚未形成主权之前。多元主权论者，或多元国家论者，很重视近代社会组织的复杂，认定许多非政治的团体，都各有很重要的职能。从人类的需要和利益上说，尽有许多非政治的团体，对于人类所尽的职务，比国家尤其重要；人类服从或忠爱这些非政治的团体，比服从国家或忠爱国家的程度更高。近代国家的基础在团体，不在个人，故近代国家乃是许多团体的大联合。如果把国家看作唯一的组织，用国家去没收一切团体的自治权，或教一切团员都抛开爱团体的忠心去单独爱国；只承认国家是真实的，是有人格的，不承认团体也是真实的，也是有人格的，那么，便把国家看作万能了。多元派主张一切团体都有权支配他们的团员，都有权做他们在社会中有价值的职务。他们为自己的目的和国家为自己的目的一样，都各是主权者。国家不得违反特殊团体的意志去强行自己的意志；国家更不能消灭特殊团体的职能去包办一切职能。我们以为凡关于全国共同利害的事件，应由国家的主权处理；凡关于各种特殊利害的事件，应由各该特殊团体处理，因为各种特殊利害与各该特殊团体关系较深，他的组成员的处理能力较大。联邦国家的各邦所以有自主的权力，分权国家的各地方政府所以有自治的权力，皆是根据这种理由。不过从前的公同利害和特殊利害的区别，以地方的区域做标准；现在的公同利害和特殊利害的区别，以团体的职能做标准罢了。

我们一方面认定国家的主权不是万能，一方面又认定国家的主权不是完全无用。人类各尽忠心于各种团体，国家不能独占任何人的全部忠心，这是不能否认的。可是这个人的忠心免不掉与那个人的忠心相冲突；这一部分人忠心拥护的这个团体的利益，免不掉与那一部分人忠心拥护的那个团体的利益相冲突，也是不能否认的。这些事实便是国家所以存在的原因。我们认定这种公共团体是必不可少的，同时更认定各种特殊团体也是必不可少的。没收国家的主权与没收各种团体的主权，流弊一定是相等的。

奥斯庭派的主权论乃是严格的和独断的“泥法主义”（Legalism）。多元派以为在社会制度常常不断的变迁时，应该要首先研究政治生活的事实。凡是健全的政治学说，应该特别注意到国家的社会起源和主权的社会基础。国家固然有立法权，但是法律的根基并不是建筑在权力上边，乃是建筑在社会意识和社会生活的事实上边。法律是客观的，并不是主观的；法律是由社会意识和社会生活的事实而来的，并不是由主权凭空创造而来的。故在制定法律之先，主权要处处听命于社会，要处处受社会势力的支配；到了法律公布以后，主权又负有依法执行的义务和保障法律的责任。没有法律，便没有国家；没有法律的权力，便没有国家的权力。主权不能决定社会意识，而社会意识反能决定主权；主权不能决定社会生活的状态，而社会生活的状态反能决定主权。主权如果没有社会意识做后盾，如果没有社会生活的事实做后盾，那么，便成为无用的废物了。由此看来，主权的浑身全带着义务性，绝对不是含着什么无限性；只因为社会意识力或社会生活的事实势力的不可抵抗性反映到主权身上去，所以误认作主权的特性罢了。故一元主权论者虽然不尽是唯心论派，可是大多数却看不见唯物论的真理，所以构成这种凭空结撰的主权论。

我们以为一元主权论无论在逻辑上怎样完备，但是与现在各种特殊团体的势力和物观法律的理论总是相冲突的；多元主权论或多元国家论无论在理论上怎样不完备，但是与现在各种特殊团体的势力和物观法律的理论总是相融合的。我们如果不愿意抹煞各种特殊团体的自主权和物观法律论的真实性，那么，总不能抹煞多元派的一切理论。

本章参考书

Austin—Jurisprudence 第六章

Barker—Political Thought from Spencer to To-day.二二五页到二三五页

Cole—Self-Government in Industry.第五章

Cole—Social Theory.

Duguit—Law in the Modern State.

Dunning—Political Theories.论布丹、浩布思、格老秀斯、海格尔、卢梭各章

Gettell—History of Political Thought.第二十九章

Laski—The Problem of Sovereignty.

Laski—The Foundation of Sovereignty.

Laski—Authority in the Modern State.

Krabbe—The Modern ldea of the State.

Merriam—Political Theories.Recent Times.

Follett—The New State.第二十八章到三十二章

第五章　国权的范围

第一节　个人主义派的理论

关于国权范围的学说，大致可分为两派，就是个人主义派的理论，社会主义派的理论。

个人主义派不像无政府主义派，把国家看作无用的。有些个人主义家虽然把国家看作坏的东西，因此便想极力的限制国家活动的范围，只许国家维持和平秩序，但是他们在目前还承认国家是必不可缺的东西。他们的理想：以为国家的干涉不是幸事，国家的权力扩张，就是个人自由的范围缩小。只因为人类天性中带有本然的自利性，为着自利的目的往往侵犯别人的权利，国家只在这个地方，才有用处。法国有个名人谢蒙（Jules Simon）主张极端个人主义的理想，他说国家应该极力使自身无用，预备自身消灭。福礼门（Freeman）也抱着这种理想，他说："政府的理想的形式，就是无政府；政府存在，无论怎样，总是表明人类没有达到完全的地步。"个人主义家以为国家存在，只因为人类有犯罪的事件发见，所以国家的最大的职务只是限制，不是指导和鼓励。国家不得设立营业公司，专有电报局，补助戏馆，维持图书馆、博物馆、医院、植物园、公园、游戏场、浴堂，或为贫民建筑房屋，为青年设备学校——这些事不但不是保护个人所必不可缺的事体，并且是侵入私人营业的范围，或是干涉个人的自由。所以个人主义家反对公共教育，反对关于卫生种痘检疫等法律，反对拘束职工和各行营业的法令。凡是限制工业和营业，或干涉个人的社会习惯等立法，都一律的反对。由此看来，个人主义的国家只是一个维持和平惩罚犯罪的警察官厅，只要把这件事做完了，就算是尽职。

个人主义成为政治的理论是自十八世纪下半期起的，是欧洲政府太坏的反动。那时有一派重农主义的经济学者，主张国家不应当干涉人民的经济活动，只能够缩小权限，为人民保障自然法。他们因此便攻击通行的国家万能的思想，要求职工各业的自由。自斯密亚丹（Adam Smith）公布《富国论》（*Wealth of Nations*）之后，（一七七六年）这种学说得到很大的势力。斯密亚丹主张国家对于经济事项要采取不干涉的政策，他以为法律要限制生产物的自由交易，干涉劳动家自由寻找职业，便是妨害他们自己的目的。后来经济上“自然的自由”的学说，受许多学者拥护，在英国最著名的人有李佳德（Ricardo）、马尔塞斯（Malthus），在法国有白斯锡（Bastiat）、屠克维尔（De Tocqueville），在德国有康德（Kant）、裴希特（Fichte）、韩鲍德（Humboldt）诸人。直到最后，还有密尔、约翰、斯宾塞等名人极力主张。

韩鲍德在他的《国家的范围和义务》（*Sphere and Duties of the State*）之中，主张国家不当过问国民积极的幸福，只在反抗外敌的一件事上，才有限制个人自由的权限。他说：“国家应当注意的最大一点，就在国民个性的势力完全发展，所以只有国民自己不能做的事——如治安——国家才可做。”斯宾塞在他的《社会静止观》（*Social Statics*）及《个人与国家》（*The Man Versus the State*）书中，也极力叙述放任主义的学理。他以为国家的存在，只因为人类有邪恶性和自利性的结果，国家只是侵害人民的东西，并不是保护人民的东西。如果在道德完全的社会之中，政府便没有存在的理由，所以他说：“政府是不是不道德呢？……政府的存在，是不是因为罪恶存在？当罪恶消灭，政府无事可做的时候，是不是一定要废止呢？”又说：“说政府是永远存在的便是大错。”当权的人虽然说国家是有利益的，是产出最大幸福和普通幸福的，但是利益和幸福的标准，除掉由统治者自己的意见决定外，再没有别的权衡可以决定。

主张个人主义的国家活动范围说的第一个理由，便是说公道（Justice）的标准应该完全让个人自己去定，使各人自己去达到自己生存的目的。康德、裴希特、密尔都是赞成这一说的。照他们说，要想让个个人的能力平均的发展，一定不要让国家从中操纵，因为一限制个人自由的行动，便牺牲个人的自重的心理和创造的才能，损害个人勇往直前的精神，消灭个人自负责任的勇气。

韩鲍德说："人类真正的目的就在使各人自己的能力均发展到完全的境界。"政府的权力过大，不但减少个人的自由，并且增高国家的统一性；统一过度，便使社会一点活气都没有了。密尔也这样主张，他以为政府的干涉或纠察如果过乎限度，便妨碍人民精神上或身体上的能力的发展。禁止人家不要做愿意做的事，强迫人家必定要做不愿意做的事，都妨害个性的发展。自由竞争可以发展个性，可以增加个人自立的精神。政府干涉不但妨害营业，不但阻止职业的自然进步，并且戕贼个性，妨害个人特立独行的意志。照放任主义家说，最高的文明是个人主义的产儿，个人主义促进许多物质上和教育上的进步，这些进步都是用保护主义所不能得到的。斯宾塞说："在一个政府权力大张的国家之下，人人都是一样的，没有一个人有特别的操行，特别的技术。"官僚主义和社会主义的坏处，就在妨害人民个性的发达。因为国家管理过严，便养成人民的平庸、规避、懒惰、曲从等种种心理。

再从从前经验上说，放任主义很发生许多效果。从前的国家，都想由自己决定饮食衣服和一切用品的价值。不禁止人家自由穿衣筑宅，便禁止人家自由运输货物，或限制制造场的出产，或指定工厂的地点，禁止工人结合，规定做工的钟点，限制职业的种类。例如一七九五年英国的官吏有照面包的价值决定工钱的权力。在一八二四年以前，各国常厉行一种法律，限制制造场的地位。在十八世纪和十九世纪之中，各国都很严厉的管束各种工业，指定什么人可以做工。总而言之，他们以为如果工商业不由国家干涉，便不能兴盛，所以各国都想方设法的妨害人家工商业，使自己的工商业发达。个人主义派受这种情形的激刺，所以生出一种反动，才想限制国家的权力范围，使个人自己有自由做事的机会。

个人主义家不但反对国家全智全能的议论，并且反对国家的选择比个人自己选择好些的议论。那时普通的心理，都相信政府没有什么事不能做，都相信政府做事必定比私人做事好些，但是事实上却和他们的信念相反。国家并没有发明和创造的力量，凡是发明和创造的事件都是个人造成的机器的动作，全靠着复杂的机关，互相推挽，互相衡制，然后才能活动；国家并不是具体的机器，具体的机器是个人，所以社会进化的动因在个人不在国家。

第二节 个人主义的缺点

个人主义的国家权限论很受了许多的批评。个人主义派第一件错处，就是把国家看作罪过的结果。国家并不是一个坏的东西，历史上有许多文明的进步，都是由国家的行为做成的。国家固然有损害公共幸福的时候，但不能因此便断定国家是坏的东西。譬如火车有时候也偶然有危险的事件发生，但是不能因此便断定火车是坏的东西。斯宾塞以为国家存在，只因为世间上罪恶未灭，到了道德完全的社会出现，国家便没有用处。这种见解却是错误，因为现代的国家，并不是压制人民的，并不是单做消极事体的，在限制人民和处罚人民之外，还做许多积极的事件。

社会上有许多事件，都不是一个人办得到的，必得有个国家，才能够适应人类群集生活的需要，因此，便不能说这种必要的制度将来可以消灭；现在要国家做的事，将来或可以不要国家去做。而且现在的文明，越过越复杂，所以国家的用处必定越多，国家的权限必定越大。近来反对十九世纪个人主义的运动，到处盛行，所以盛行的原因，大概因为工业一天一天的发达，人民多群集在城市中生活，协力的生产和公共的生活渐渐多起来了，这些情形，都是放任主义的对头。赫胥黎（Huxley）说："国家的文明越高，社会中各分子的行为越发足以影响别人；一个人做错了事，没有不妨碍别人自由的。所以无论怎么说缩小国家的权力，总要比国家警察说派所承认的国权范围还要大些。"此外还有许多学者，都主张国权随文明进化扩张之说。以为文明越进步，各个人越要互相帮忙，要想满足公共的需要，必定要使国权日益扩大。照拉维尼爱（Lavel-eye）说，斯宾塞的个人主义，在现在社会情状之下，是绝不能相容的。

再放任主义家的见解，以为国家为公共利益起见，干涉个人就是缩小个人的自由范围，这话也不很对。他们看见工厂法和检疫的章程，以为这是侵犯个人的自由，其实只是所见太狭。因为不能好好的限制个人行为，必定不能使全体的权利安固。牧马的人必定要去掉一个害群的马，才可以使全体的马平安无事，这就是牺牲小者成全大者的意思。国家和自由并不是互相反对的两个观念，政府的职权扩张，不见得就是个人自由的范围缩小。国家如果好好的做事，好好的指导，不但可以扩大个人道德的、物质的、知识的能力，并且可以增大个人自由行为的范围。因为国家可以帮助弱者，抑制强者，可使没有能力的个人，得到自由行为的机会。说凡是限制都不是好事，这话也不见得。在实际上看来，国家的解放和鼓励的功效，也同限制的攻效一样。照放任主义家说，政府的干涉可使个人的性质大受损害，因为消灭了个人的创造心、自重心和自助心，妨碍个人能力的平均进步。许多个人主义家如密尔、韩鲍德、斯宾塞等，都把个性和奇畸怪癖的性质看作一样。其实奇畸怪癖的性质并没有社会的价值。本性的发展并不单靠着自由，还要靠着好好的训练，好好的管束。所以政府的职权扩张，不见得就是个人的创造心、自重心、自助心缩小。最完全发展的人类，只是结成社会的人类，并不是自然世界的人类，因为个人的性质多半是社会养成的。

个人主义派的大错，就是只说国家管理的坏处，不说国家管理的好处。他们不懂得自由的真正性质和限度，不懂得个人与社会的关系，简单说起来，就是夸张个人的重要，看轻团体的重要。他们只知道社会的性质是由个人造成的，不知道个人的性质大部分却是由社会造成的。这派学说的基础都放在离开社会的个人身上，其实个人不单是社会的一部分，并且是一个全社会的缩影。个人是社会的缩小的一个模型，他如果和别的东西一点没有关系，便毫无意义了。所以斐希特说："个人离开他的四围和关系，便是抽象的、悬想的、无形的幽灵。”

再个人自己知道自己的利益也未见得就必定比别人知道的深些。个人主义家主张让个人自己去判定自己的利益，不要政府去干涉他的利益，这个主张也要有个限制。如果个个人都能明白判定自己的利益、权利、义务，然后照着自己的判断去做，那么，国家的干涉倒是不见得重要。但是对于知识能力或经济能力不充足的人民，如果要放任他，让他自己去做事，结果必定要自己害自己。有许多人要住那不卫生的房子，要喝那不洁净的水，并不是他自己甘心或愿意这样的，只因为他自己没有知识的或经济的能力的原故。个人不但不能够判别自己的利益，并且不知道保护自己身体上的健康和精神上的幸福的方法。国家的政策是全国专门家研究的结果，所以国家判断人类知识上、精神上、物质上的需要，总要比没有专门学识的人判断得好些。用国家的力量来防止个人的疾病和别的危险，禁止人家被嗜欲束缚，强迫人家受教育，都是正当的方法。所以现在的国家，禁止有害身体的药物，禁止妨害身体的工作，甚至于矿山工场中的劳动时间，都用法律规定，不许私人作过度工作。

照波罗克（F.Pollock）说，个人主义家不信任政府，正因为他们不懂得中央政府与地方自治政府的区别。有许多的事体，是中央政府不能做的，就是做也做不好的；但是如果交给地方政府去办，放在人民的监督之下，一定可以办得好的。中央集权与地方分权大有区别，由国家管理个人的行动，与由地方自治体管理个人的行动，也大不相同。因为直接由人民选举出来的自治人员，一定不能反乎民意做事。个人主义家不分官僚政府、民治政府，一概反对，便是大错。

且照斯宾塞说，国家只有“消极的管理”（Negative Regulation）权，这样一限制，便把国家的目的弄左了。国家的目的不在事后的救济，并在事先的预防。譬如国家如果不禁止伤生的食物，不考验不懂医学的医生，必待人家受害之后才去救济，乃是“贼过关门”的办法。一个人要临着大街建筑一座不坚固的房子，必待房子倒下来打死人才去惩罚，何如预先定下建筑房子的规则，叫人家预先就照着规则盖房子呢？人民的自由权固然是重要，但是贩卖毒物，传播病菌，或自己糟蹋自己的自由权，也必定要限制。故国家既已有保护那既已受害的人的权利和义务，也应该有预先防止人家受害的权利和义务。

以上是反对个人主义家的议论。平心而论，个人主义的学说在历史上的贡献实在不小。社会的全体发展，如果不从社会的个体做起，好像空中楼阁，是只可以意会，不可以实现的。欧洲自工业革命后，如果没有个人主义的学说出来，专门注重个人自由，使个人的才能充量的发展，恐怕欧洲的社会未必就能够发达到今日的地步。所以个人主义在十八世纪以前的情境之下，的确有他的真正价值，绝不可以一概抹煞了。

第三节　社会主义派的理论

和个人主义正相反对的就是社会主义。个人主义家主张缩小政府的权力；社会主义家却主张扩张政府或团体的权力。个人主义家不信任国家，把国家看作不好的东西，所以极力要缩小他的权力范围；社会主义家却信任社会和国家，把社会和国家看作积极的好东西，所以极力要扩张他的权力范围。在社会主义家看起来，国家或社会的使命，就在鼓励人民的经济的精神的知识的公共兴趣。个人主义家信任个人自己，社会主义家却信任社会。他们所以有这样不同的主张，只因为从前的国家，政权操在一个小小的阶级之手，人民对于统治者是很不信任的，所以凡看见行政方面的干涉，都认为是侵犯自由。现在国家的政权已经操在人民的手中，人民对于国家的嫉妒心已经消灭。从前国家的意思是少数人的意思，少数人的意思当然不能干涉多数人的意思；现在国家的意思是多数人的意思，故妨碍多数人的意思，就是侵犯多数人的自由。总而言之，少数人的意见总要为多数人牺牲。在这一点上，个人主义和社会主义根本原理固是相同的。

社会主义主张扩张国家权力范围，主张一切实业——包括土地资本和生产及运输的工具——都归公有公管，把私人管理的实业，交由国家管理，把私人的财产权变成公有。这样一来，便把国家的权力扩张得非常之大，凡是生产的工具都受政府的支配。在这种制度之下，国家便是一国财物的物主，个人并没有什么私有财产权。现在极端的社会党多主张由国家没收一切生产的工具，借钱给工人不收利息，为他们预备下工具，替他们建筑房屋，给他们耕地，替他们设备下娱乐。简单说起来，就是供给他们经济的社会的知识的一切的需要。各国的社会党都主张一切生产机关，以及矿山、铁路、运河、电报、电话和别种交通运送的工具，一齐收为国有。地方上的道路、自来水、煤气厂、电灯厂和别种公用的器具，一齐收归地方公有。就连着无产阶级的衣服饮食和儿童的教育，都由国家替他们预备。

社会主义各派之中，主张扩大国家职权的，要算这国家社会主义派。国家社会主义派所谓“国家”（Nationalization），不但说一切生产工具应该归国家所有，并且说一切生产的事业都应该归国家支配。凡生产分配，概由国家的权力经营管理，换句话说，就是把现在在资本家手中的生产工具所有权、工业管理权及生产物的支配权，一律收归国家一手经理。就是《共产党宣言》书中，也把国权推广得极大，凡银行、独占事业、交通工具及生产机关，也一概主张国有。此外如同业社会主义，虽然不主张由国家管理生产事业，但是却主张把一切生产工具的所有权收归国家。

现在的普通思想所以赞成社会主义的原因很多。大概在现行的经济组织之下，劳动阶级不能完全收回劳动的结果，劳动的结果大部分都被资本家和监督人、管理人或中介人横领去了，真正的生产者仅仅的分得一小部分。简单说起来，现在的一切制度都是为有钱的人谋利益而设的，使富人的财产越发增加，使穷人得到财产的机会越发减少。生产的机关都被少数人占去，多数人的辛苦钱都被他们没收。如果没有国家准据正义来实行干涉，结果便要发生社会不安的现象。从前的个人主义家都主张自由竞争，但是自由竞争的结果，便使富人越发独立，穷人便成为富人的附属品。因为个人主义家重自由不重平等，使道德不平等、知识不平等、经济的生活不平等的人，来实行自由竞争，结果又怎能不教一方面占胜利，一方面完全失败呢！社会主义的理论是建筑在正义公道（Justice）的原理之上的，他们不单注重自由，并且要注重平等。以为日光空气是人人平均享受的，所以土地财产也要使人人都有平均享受的机会。因此，便主张土地财产一概归公，消灭从前个人私有的制度。

在现行的制度之下，自由竞争不但不公道，不但压倒许多势力小的竞争家，并且浪费了许多经济上的物品。这种毫无限制的竞争，结果常生出工钱低落、生产过胜、货物便宜、失业增加等类的弊病。照社会主义家看来，要想救济这种情形，只有废除个人主义，代以合同主义，只有在这种合同主义之下，才可使机会平等，报酬均平。但是社会主义家并不曾抹煞个人的特性和个人的自由；并且以为实行社会主义更可以发展个人特性，更可以使个人得到正真的自由。像现在的工业竞争，只收得崇拜物质和不公平不信实的结果，这样一来，便使个人的品性渐渐堕落了。人类的天性，本来就很有弱点，很容易堕落，现行的个人主义却只是发挥人类的弱点，引诱人类的堕落，因此，便把社会或国家的帮助和引导，看做人类所必不可缺的东西。

个人主义家又以为契约的利害只是当事者两方面的自身关系，却不知道没有一种契约只是个人的关系，不是社会的关系。例如如果有五十人或一百人愿意卖身做奴工，或情愿做那不卫生的苦工，这便不止是这几个人的自身关系，全社会都要受他的影响。就从不卫生一点上说，自己不卫生，不洁净，生下来的孩子便弱了，便于种族有害了。在今日的世界，社会的生活进步，简直可以说没有个人的利害不和社会发生关系。

再近代的国家在文化上也不知道有多少贡献。例如有益于一国文化的科学文学美术，如果不得到国家的提倡或帮助，恐怕还不能进化到现在的地步。照莱克（Lecky）说："一个国家如果不注意到这些事，那么，所有的文明便是低等的和不完全的文明。"所以现在的各国没有一国不花费许多金钱来维持图书馆、陈列所、博物院和美术学校。白克（Burke）说："国家不是暂时哺养愚蠢动物的组合，乃是一切科学一切美术一切道德一切富裕满足的团体。"国家的职务不但在秉公裁判，不但在保障生命财产，并且要做社会的进步和经济进步的工具。因为个人如果受了社会的压迫，或受了经济的压迫，不但不能自由发展个人的才性，并且连生命都不能保了。所以古代柏拉图的共产主义，把经济的势力排除在政治的范围之外，现代的社会主义却把经济的势力放在政治的范围之中。以为要想免掉政治上的不自由，必先排除经济上的不自由；要想免掉政治上的不平等，必先排除经济上的不平等。这就是社会的主义家所以主张用国家权力来支配或办理经济事业的原因。

因为个人主义派鼓吹自由的学说，结果便生出社会上不平等的现状，社会主义家因此才出来要求经济的平等，——要求社会的生产，平均的分配。所以耶那（Janet）的社会主义的定义说：“倘若有一种主义，所说的是国家有一种权力，可以矫正现时人世财产的不平等，依法将财产均分，有余的就取出来，不足的就弥补他，而这种情形是永久的，不是遇到什么特别的事件——例如饥荒，公共的灾祸等等——才是这样，这种主义我们就可以称为社会主义。”拉维尼爱说：“社会主义的目的，第一在使社会里边的各种情形更加平等，第二在借法律或国家的权力使种种改革的事体实现出来。”如果我们现在的国家是个实行社会主义的国家，那么，国家的职务便当然要丢开个人的自由，极力去做经济平等或社会平等的事业。

在社会主义之下的国家，性质上并不是治人的国家，只是治事的国家。在治人的国家之中，国家以主权者的资格做事，所以经济的管理不是国家最重要的职务；在治事的国家之中，国家以事务员的资格做事，所以经济的管理乃是国家最重要的职务。因为最近的国家注重经济的职务，所以发生两大趋向：（一）国家所用的生产工人增多，（二）国家所收的生产余利增多。美国联邦政府在一九〇〇年所用的人只有三十万人上下，到了一九一五年陡然增加到四十七万六千多人。再普鲁士一九一四年的预算，从政府的营业中（如路矿森林等）收入的达四万万四千八百万马克，从各种赋税中收入的也不过达五万万二千三百万马克，可见得普鲁士的收入有一半要靠着国家的生产或营业了。

近几年来，凡是新建设的国家，宪法上所规定的国权范围必定比从前扩大。譬如德国一九一九年的新宪法，中央政府所有的立法权，包括许多社会事业在内，自第七条第五项到第二十项止，内中许多立法，都是个人主义家认为应该排除在政府职权范围之外的。至于《经济生活》一章（第五章）虽然把个人自由主义和社会主义融合在一块，但是在条文之中，到处可以看出尊重社会公益抑制个人私利的真精神。如说："经济生活的秩序，应该和公道大原则、维持人类生存的大目的相合。"如说："为发展公共幸福，有法律根据时，得为公用征收。"他如国家对于财产继承权；为家宅移民农业之用，得征收私人土地所有权；凡适于社会所有的私人营业，得收为国有财产的征收权；对于不劳而获的地价增加之科税权与没收权等规定，结果可使私人所有的土地或工业日渐减少，国有的土地或工业日渐增加。至于一九一八年的俄国宪法，除掉规定土地为社会所有，森林矿产水道等宣告为公产之外，中央政府的权力亦比较从前扩张。此外凡是新成立的宪法，关于经济事业的管理权，没有不比从前增大的。宪法上规定经济的管理权，可算是最近宪法的一大特色。

现在一般学说，多根据上述的理由，对于违反社会利益的个人权利，主张由国家加以限制。例如个人自由权，从前视为绝对不可侵犯，现在却必须受两种限制：（一）要不妨害别人的自由，（二）要不违反国家承认个人自由的目的。财产自由权从前亦视为不可侵犯，现在却须要有几种限制：（一）把财产看作带有社会的职务，因而各个人负有运用财产的义务；（二）把财产看作带有社会的利益，故所有人行使财产权时，绝不能损害社会的公益；（三）财产既是以社会利益做根据，故国家为公用计，得以给予代价的方法收为公用。从前一般人单注意在不许国家行使那妨害个人权利的职权一方面，现在却注重到不许个人行使那妨害社会利益的权利一方面。因为这样，所以近来的国权范围大大的扩张。现在国家的职权大概可以分为三类：（一）经济的职权，（二）政治的职权，（三）调节的职权。根据经济的职权，故国家可以制定工场法、劳动法，监督工资，限制劳动时间，防止或救济工人失业，干涉产业上的争议，筹备社会的保险，节制资本家及雇主的商业上的活动，限制"托辣斯"及暴利的行为，奖励或补助产业上的研究，经营交通的机关，扩张国营的产业，征收资本的重税。根据政治的职权，故国家可以制定那关于结婚离婚保护儿童等类法律，制定那关于救护老弱残疾等类法律。此外如军政、外交、教育、内政、卫生、教会等七项非经济的职权，亦皆归国家掌有。根据调节的职权，故国家可以判断各种团体与团体的争执和各种团体与自己的争执。这第三种职权，同业社会主义家如柯尔等虽不承认为国家的职权，恐怕因此助长国家高出于一切团体之上的优越地位，但是许多国家在实际上却都享有这种职权。由此可见近来国家职权范围比较从前格外扩大的梗概。

本章参考书

Adams—Relation of the State to Industrial Action.

Cunningham—Economics and Politics.第四章

Donisthorpe—Individualism.第三，第九，第十各章

Flint—Socialism.自第一章至第三章

Garner—Introduction to Political Science.第九章

Graham—Socialism.自第五章至第九章

Green—Political Obligations.自一四二页至二四三页

Humboldt—Sphere and Duties of the State.

Huxley—Administrative Nihilism.

Kirkup—History of Socialism.导言及自第九章至第十一章

Lacy—Liberty and Law.第四，五，六，八各章

Mckechnie—The State and the Individual.

Mill—On Liberty.

Ritche—Principles of State Interference.第二，第三章

Spencer—Social Statics.

Spencer—The man versus the State.

第六章　人民的权利

第一节　自由权的种类

照蒲徕士（Bryce）说，自由可以分为四种：（一）公民的自由（Civil Liberty）——人民的身体及财产不受裁制；（二）信仰的自由（Religious Liberty）——宗教的思想及信仰的形式不受裁制；（三）政治的自由（Political Liberty）——人民参与政治的权利；（四）个人的自由（Individual Liberty）——个人行为如与公共福利不生显著的影响，而无制裁之必要的，都不受制裁。（见《现代民治政体》第六章）

这四种自由发达的历史，很值得我们的注意。大概在法国革命以前，欧洲人所争的是公民的自由与信仰的自由；法国革命以后，欧洲人所争的乃是政治的自由；到了十九世纪，欧洲人所争的又是个人的自由。最初的争自由，目的在反抗专制的权力与不公平的法律，认定凡不受暴君与贵族的专断权力的侵犯及在法律上不受差别的待遇，就是自由。英国的民党（Whig）最有名的口号“公民的与宗教的自由”（Civil and Religious Liberty）大概就是包括上述的自由意义在内的。但是这两种自由，究竟还是消极的自由，就是君主与贵族允许人民有两种自由，而宪法上还把政权留在君主或一个阶级的手中，这两种自由在实际上仍然是没有保障。所以争自由的人民到此便觉悟了，认定必得要在公民的自由与宗教的自由之外，再要求一个政治的自由，把君主或贵族的无上权力转移到人民手中，然后自由才有保障。故政治的自由并不是人民站在被动的地位上要求别人赋予的自由，乃是人民站在主动的地位上由自己建设起来的自由。因此，政治的自由便含有“政治的自治”的意思。所谓“自由的人民”，就是自己统治自己的人民，就是自己做自己的主人翁的人民。自从由一人或一阶级专政的政府变成大多数人自治的政府之后，多数政治究竟还是多数政治，并不是全体政治；大多数人的思想和欲望，总不能和其余的少数人的思想和欲望，处处相同。国家的立法权操在大多数人的手中，这大多数人还可以制定法律加少数人以种种的限制，给予他们许多不便利。所以到了这个时候，便不得不有个人的自由的要求。所谓个人的自由，就是人民有一部分事务不受政府制裁的意思。个人的自由刚刚和政治的自由相反，后者是要参与法律的制裁，前者却是要脱离法律的制裁。

与自由很相关联的就是平等，有些地方简直可以把平等同自由看作一样；故自由可以说是平等的目的，平等也可以说是自由的方法。自由的结果，虽然不一定得到平等；但是平等的结果，却一定可以得到自由。照蒲徕士说，平等也有四种：

（一）公民的平等（Civil Equality）——一切国民在私法上都有平等的资格。人人的生命财产以及家族关系，都有平等的被保护的权利；这种保护被侵害时，也都有控诉于法庭的权利。

（二）政治的平等（Political Equality）——国内全体人民，或全体成年男子，都有平等的参与政治的权利；而在年龄教育及他项合理的限制之下，都有平等的作官吏的权利。

（三）社会的平等（Social Equality）——这名词较为模糊一点，大概说一个社会内在法律上或习惯上没有显明的阶级差别。从广义说起，就是社会中各分子的接触，都不存“门第”“财产”的成见。

（四）自然的平等（Natural Equality）——这是说人类生来都有一样的五官，所以凡是人类总是一样的……（见《现代民治政体》第七章）

这四种平等，在历史上也有他们的发展的经过。大概当立宪的政府成立后，平等的思想第一次的胜仗，就是争得公民的平等的基础，把人民的私权弄到平等的地步；第二次的胜仗，就是争得政治的平等的基础，把人民的公权弄到平等的地步。但就是人民在政治上得到平等，而因财产得到特殊的势力和因门第得到特殊的地位的情形，终久是不能免的。这种社会的关系，往往是自然的，绝不是法律的效力所能一扫而空的。由法律的平等，来推翻贵族制度，消灭特殊阶级、特殊权利和特殊待遇，结果，在法律之前，固然可以达到社会的平等，但是如挪威、瑞士、美国的人民在法律上虽然平等，而社会的阶级仍然存在，并且有时界限还是很严的。由此可知真正社会的平等的理想，至今还没有完全实现。至于自然的平等，也只做到一半，就是人格的平等；至因后天的环境，造成知识上才具上不平等的事实，现在还不能够否认。严格说起来，所谓公民的平等，政治的平等，也同社会的平等，自然的平等一样，无论在那一国，都还没有完全实现。所以不能完全实现的根本原因，就在经济的不平等。故人类各种平等的理想，应该以经济的平等的理想做基础；经济的平等是地基，其余的各种平等都是上层的构造，经济的平等是主因，其余的各种平等都是结果。所谓经济的平等，照蒲徕士说："就是破除一切财产上的差别，世界上所有物品，都由各人平等的享受。……主张'经济的平等'的议论，以为自然的正义是要国家建设一个真正的澈底的平等，所以国家应该破除财产上的不平等；换言之，国家应该取有余以补不足，使劳动的出产品平均分配于各人。财产是多数人的劳力所得到的，原不应该聚集于少数人的手中。从前人希望政治的平等能够保障社会上一般的满足与和平，现在政治的平等已得到了，非但不能保证社会上一般的满足与和平，反而使有产无产两阶级的悬隔，日甚一日；这两阶级除了投票权的平等之外，再没有别的平等了。假使国家的行为仍然不能改良人民的生活状况，那么，从前人民千辛万苦所争到的参政权究竟有什么用处呢？"（见《现代民治政体》第七章）蒲徕士虽然不完全懂得经济的平等的价值，但是他这一段话，已经把经济的平等是各种平等的根基的真义，完全表明出来了。不但上述的各种平等，要以经济的平等为基础，就是上述的各种自由，也要以经济的自由为基础。故人民的权利之中，政治的基本权利，总不及经济的基本权利重要。

第二节 自由与权力的关系

自由与权力到底是相反的，或是相成的？到底是有权力便不能有自由，有自由便不能有权力呢？抑或是没有自由便没有权力，没有权力便没有自由呢？这个问题从十八世纪到现在，争论了两百多年。拥护国权的学者，便不得不限制自由，甚至于要牺牲自由；拥护民权的学者，又不得不限制权力，甚至于要牺牲权力。至于拥护国权同时并拥护民权的学者，有的把自由与权力看作对峙的，所以把他们的界限划清，一方面限定自由的范围，一方面又限定权力的范围；有的把自由与权力看作合体的，所以把他们的界限打通，说惟其有权力，才可以有自由，亦惟其有自由，才可以有权力。关于这个问题，理论太多，当然不能详细的叙述，姑且叙述下列的三派：

（一）偏重权力派的理论　这一派可以拿浩布思、海格尔、鲍生葵做代表，卢梭的理论也可以附属在这一派之下。浩布思以为政治社会一旦成立，所有的人民一齐把他们的“自然权利”（Natural Right）交给主权者，绝对的服从主权者权力的支配。不但政治上的自由不许存在，就连道德的标准，良心的判断，也不能独立在主权者的权力之外，听凭自己主观的理性主张。故在浩布思所说的国家之下，只有权力，绝对没有自由。

卢梭抱很大的野心，想把历史上许多学者认为互相冲突的自由与权力两个观念，合冶于一炉。他的理想就是“今欲得一种结合的形式，用社会的全力来保护各分子的生命和财产，各分子凭借他，一方面同力合作，但一方面仍是服从自己，且仍保留下一如从前的自由”（《民约论》第一编第六章）。卢梭的根本理想是以人民的“普通意志”（General Will）造成主权，“主权者乃是由个人集合而成，所有的利害皆不能与个人的利害相反；故主权对于国民不必要什么保证，因为全身没有想加害四肢的，故主权者也不会加害个人”（《民约论》第一编第七章）。卢梭的本意，原想扩大人民的自由，他所以敢抬高权力，就因为把权力与自由看成一个东西。结果，卢梭的民权说，同浩布思的君权说完全一样，他居然敢说："如有不服从普通意志者，可以全体去强制他；这种强制不为别的，为的是强制他自由。"（同上）凡国家强制个人，都当作"强制他自由"解释，那么，个人还有什么自由可同国权相抗呢？故卢梭本想把权力与自由打成一片，所以才敢抬高权力，可是因为抬高权力的结果，反而把自由一笔勾消了。这就是后来海格尔、鲍生葵在这一点上所以信仰卢梭的真正原因。

海格尔和鲍生葵都是只想抬高国家的权力，取消个人的自由的。他们以为自由并不是与权力相反的，乃是相成的；没有强制便不是自由，只是放纵。在他们看起来，真正的自由，不是脱离强制的消极的行动，乃是"自决"（Self-Determination）的积极的行动。他们用循环论法解释下去，说："自由就是自决。意志被目的决定，目的又被意志决定，所以结果，意志是自决的，是自由的。"（见哈蒲浩斯《玄理的国家论》第三十四页）他们认定主观的意志，一定要服从客观的法律和习惯；服从客观的法律和习惯，并不是自由的限制，正是得到自由的道路。国家是完全合理的，个人只有在国家强制之下，才有真实的自由。国家强迫个人，正是强迫个人自由；故国权越发强大，个人的自由越发能够充分发展。所以这一派同浩布思、卢梭一样，名义上虽然是想调和自由与权力，但是事实上却是用权力来没收自由。

（二）偏重自由派的理论　这一派可以拿洛克、密尔、斯宾塞做代表。洛克所谓自由，固然是照着自己的意志做事，不受别人意志的支配；但是他的自由，在自然世界中要受自然法的限制，在政治社会中又要受那得自己同意的制定法的限制。所以洛克的自由，不论在自然世界中，或在政治社会中，都是要受限制的；因此便认定权力与自由并不是互相冲突的，乃是互相成全的。权力的目的绝不在消灭或缩小自由，乃在保障或扩张自由。权力要受公共幸福的目的限制，如果违反这个目的，人民便可以行使他们正当的革命权，把这个委托于政府的权力没收回来。洛克在他的《政府论》（*Two Treatises of Government*）中，始终不用"主权”这个字，可见他的目的，专在抬高自由；就是不得已而设下权力，也必定要以能够保障自由为限。

密尔以为自由是人人遵照自己的意见，寻求自己的幸福，同时不要妨害别人遵照别人自己的意见，寻求别人自己的幸福。凡是与个人自己有特别的利害关系，同时不侵害任何个人的利益，皆须放任个人自由去做，社会不得干涉。密尔并不曾主张过违反公共福利的个人权利，但是却极力反对那违反个人利益的政府的命令。他反抗政府用权力去禁止个人做自己愿意做的事，就是反抗政府用权力来限制个人的自由。人类只有在自卫的时候，才可以干涉他人的自由行动；权力只有在防止个人的行为侵害别人的利益的时候，才可以反个人的意思而行使。个人的行为，如果在他自身以外，并不侵害他人利益的时候，无论是法律，是社会，皆要允许他完全自由。大概在密尔看来，权力是为保护自由而设的，保护自由是权力的目的，权力是保护自由的工具。如果自由与权力相冲突，宁肯牺牲权力，绝不可牺牲自由。

斯宾塞的自由论与密尔不大相同。他以为生存竞争是进化的原动力，适者生存，对于不适者便不得不侵害。故个人的行为，不一定要受别人志愿的限制，必须要在不侵犯别人利益的范围内，才可以自由。斯宾塞在这一点上否认密尔的自由与不侵害别人利益相连属的意见。斯宾塞把政府看作罪恶的结果，故极力限制政府的权力。他相信权力的范围越小，自由的范围越大。故完全的自由，就是各人依照自己的意见做事，完全不受外力的限制。他把社会的形式分成两种：（一）军事式的社会，（二）工业式的社会。在军事式的社会之中，只有国家的权力，没有个人的自由；在工业式的社会之中，契约的观念才发生，人人立在自由同意的基础上自由行动，国家只有消极的管理权，没有积极的管理权。因为个人自己知道自己的利益，必定比政府所知道的更真切；个人替自己做事，必定比政府替别人做事更做得好。政府唯一的职务，就在执行法律和保障人民的权利；此外多做一分，便多出一分的害处。故斯宾塞和密尔大概都认定自由与权力是互相消长的，互相冲突的，这两个东西既然不能调和，所以宁肯牺牲权力，绝不肯牺牲自由。

（三）最近学者的理论　前面所说的两派，如浩布思、洛克、卢梭、斯宾塞等，皆把自由看作自然权利，看作天赋人权，以为这种权利是先法律而生的，是独立在国家之外的。如海格尔、鲍生葵等，又把自由看作强制，看作服从，虽然名义上叫自由为权利，可是事实上却认自由为义务，虽然表面上说自由是自由，可是事实上却说不自由是自由。到了密尔已经有很大的进步，因为他把自由看作个人发展知识上道德上与身体上优性的条件，一方面否认自由是自然权利，一方面否认自由是放纵恣肆。可是他的缺点：第一在认个人的自由与别人或社会完全不生关系，第二在认个人的自由单由个人的意志而来，不是由国家的法律而来。

其实，社会越进步，公共的生活越发达，在这种公共生活之中的个人，绝不是个人的个人，乃是社会的个人。既然是社会的个人，所以他的一举一动，在在都可以影响于社会，无论他的行为是好是坏，皆不是单由他一个人负责的。所以哈蒲浩斯（Hobhouse）说："个人的权利并不是什么独立于社会之外的东西，乃是善良的社会秩序所一定要承认的原理之一。"（见《自由主义》第三章）又说："公共幸福是包括全体社会各员的幸福在内的，一个人侵害他自己的幸福，就是与别人不相干，总都与公共有关。"（同前第七章）密尔与斯宾塞似乎都轻视这一点，所以浩康贝（Holcombe）说："如果根据密尔的理论，问道：一个人可有反抗国家的禁令，去自由赌博的权利？密尔将毫不踌躇的答道：有。因为密尔以为赌博者蹧踏他自己的幸运，除他个人以外，再不侵害任何他人的利益。"又说："斯宾塞便不同密尔一样，他以为除赌博者破坏契约上义务，不履行债务外，国家便没有权力去干涉任何赌博。"（见《近代共和政治的基础》第七章）这种见解与最近学者的见解，大不相同。因为最近学者所以承认自由，就因为自由是个人优性发展的条件，故自由只以发展有益于社会的优性为限，并不包括发展有损于社会的劣性在内。最近国家所承认的自由，应有两项限制：（一）不妨害别人的自由，（二）不违反国家承认个人自由的目的。例如享有人身自由权的人，如果自由出卖自己的身体；享有工作自由权的人，如果愿充别人的奴工：皆违反国家所以承认个人自由的目的。换句话说，国家承认个人自由，是想使个人由自由得到自由，不是想使个人由自由得到不自由。所以这一类违反自由的自由，便不是个人应享的权利，国家当然可以用权力去干涉的。最近各国根据这个原则，制定禁止买卖人口的法律，限制妨害生命或健康的工作的法律，都视为保障自由所应该的。此外对于斯宾塞所说的适者的自由应该侵犯不适者的自由的理论，也一律的否认。故对于自由竞争，国家可以立法限制；对于社会上的弱者，国家可以立法保护；对于社会上的强者，国家可以立法干涉。这都不是拿权力来侵犯那一个人的自由，正是拿权力来保障社会的自由。

最近学者又否认天赋自由说，一致承认法定自由说。柏哲士（Burgess）说："我们深信国家是个人自由的来源。十八世纪的革命派说：个人自由是自然权利，如同人类生性一样，附属于个人，与个人所处的国家社会或政府都没有关系。但是这种见解不能实行是显然易见的；因为如果国家社会或政府不定下个人自由的范围，设定他的界限，那么，由个人自己去做这一类的事，便完完全全成为无政府了。……近代的原理是：个人为他自己极端发展计，为他所处的社会与国家的最高福利计，应该在一定范围之内自由活动；这类活动起于人类性质的普遍性；但是只有这为终级主权者的国家，可以定下个人自由的成分，限制他的范围，保护他的享有。个人在这个画定的范围内，可以用创造政府、维持政府及推翻政府的权力，来与政府相对抗；更可以用这同样的权力，经由政府，去阻止各部分的侵犯。反抗这种权力，个人便没有保障终极的主权——国家——不能受个人自由或政府权力的限制；倘若个人自由不是自国家而来，那便可以限制国家了。"（见《政治学及比较宪法》第一卷一七五页）他又说："国家的无限主权并不是个人自由的仇敌，却是他的来源和保镖。如果废止国家决定个人自由的成分与范围的全部的或一部分的权力，结果一定要使个人自己决定；由不同的个人去决定，一定是彼此互相冲突；这样一来，便只见有权力者自由，别人都一律要服从了。……近代民治国家没有把任何阶级或任何个人放在他的法律和权限之外，只在确定的范围内，允许个人自由行动，无论何人超越范围去侵犯他人的权利和自由，或侵犯社会的福利，国家立刻就可以阻止他，或惩罚他。事实的证明，就是国家的主权越完全，越实在，个人的自由越真实，越安全。”（同前第一卷五五页）由此可见，自由不但不同权力相冲突，并且要靠权力做保障。这并不像海格尔、鲍生葵说：自由越受权力的强制越真实，只说自由越受权力的保障越牢固。

从前的学者多误认权力与自由是互相对垒的两个仇敌，却不大注意到社会公益与个人自由的冲突。其实个人自由的对方，乃是社会的公共幸福，并不是国家的权力；国家的权力不过站在两造的背后，替他们作公正的评判人罢了。从前是权力自身与自由争讼的时代，权力自己做自己的裁判官，所以个人方面往往不愿他以自己的意见，去干涉自由。现在是社会公益与个人自由争讼的时代，权力自己居中做他们两个的裁判官，所以国家才敢大胆去干涉那违反社会公益的个人自由。近代的立法，全在不抵触社会公益的范围内，允许个人自由；凡违反社会公益的一切个人自由，都毅然决然的限制或禁止。例如德国的新宪法，只在公道的大原则之下，允许个人自由；甚至于如苏俄在集中全力图谋社会公益的时候，完全消灭或停止了个人自由。

第三节　人民的基本权利

人民的基本权利，原是因时因地而异的，现在各国宪法上所认为人民的基本权利，大概不外下列的三种：（一）消极的基本权利，例如人身自由，言论自由，信仰自由，集会结社自由之类是。（二）积极的基本权利，例如一切人民有享受国家设备最小限度教育的权利，老幼残疾者有享受国家特别救济的权利，劳工阶级有享受国家特别保护的权利之类是。（三）参政权，例如选举权、创制权、复决权、罢免权之类是。可是这三种基本权利之中，第一第三通同是政治的基本权利。这些政治的基本权利都是在法国革命时代，由中等阶级斟酌他们自己的经济情形、政治地位，因而极力要求起来的。这几种基本权利既然是由中等阶级做中坚分子要求来的，那么，自然是只有中等阶级才能够享受了。故政治的基本权利，充其量也不过是中等阶级以上的人民单独享受的高等权利，此外还有经济的基本权利，如全劳动收益权、生存权、劳动权等，才是一切人民个个都能享受的最小限度的普通权利。

政治的基本权利之中，如参政权与各种自由权，在十七八世纪的欧美人看起来，都是人类的“自然权利”。例如美国的《独立宣言》书中说：“我们信为真理的，就是一切人类都是生而平等的；他们有天赋的不可转移的权利，这些权利，就是生命自由和幸福的图谋。”法国的《人权宣言》书中也说：“人类生而自由，永远自由，权利一律平等。一切政治团体的目的，在保障人类天然的和不变的权利。这种权利就是自由财产和抵抗压迫。”那时一般人都以为这些权利，是先国家而生的和独立在法律之外的，凡是人类，都有这种与生俱来的权利，无论何人，都不能剥夺他或侵犯他的。在现在看起来，这种天赋人权说当然是错误的理论，可是在那时却是最有价值的主张。因为在法国革命以前，照莫克法森（Hector Macpherson）说：“无论工业宗教政治，只要是有益于文明的东西，都消灭完了。凡是劳动者，如果要求为自己工作的权利，都看作叛逆的农奴；凡是宗教家，如果要求脱离教会的权利，都看作异端；凡是政治家，如果反抗专制政治，都看作大逆不道。”（见《十九世纪政治思想史》第一章）在这种教会专制与君主专制的势力之下，无论你是想借法律来保障民权，是想借君主与人民的誓约来保障民权，或是想借良好的政治制度来保障民权，结果都是办不到。只要承认人民的权利是依附国家而存在的，或是根据法律而来的，那么，专制的君主便可以利用国家或法律来侵害人民的权利。人民既然没有管理国家和制定法律的权力，便不得不在国家或法律之外，去找出一切权利的根据。因此，才有先国家而生的自然权利说出现；因此，才有独立在法律之外的天赋人权说出现。这种自然权利，或天赋人权，既然不是任何国家所赋予的权利，也当然不是任何国家所能剥夺的权利；既然不是任何法律所创造的权利，也当然不是任何法律所能消灭的权利。

到了近代，立法行政的权力一齐握在人民的手中，人民的一切权利自然不怕国家和法律去剥夺他消灭他了。不但不怕国家和法律侵犯他们的权利，并且要仰赖国家和法律来保障他们的权利。到了这时，独立在国家和法律之外的自然权利说或天赋人权说，当然没有价值，而最有价值的乃是法定的权利说了。民权与国权既已打成一片，当然是国权越发强大，民权的保障越发巩固；故从前做民权仇敌的国权，便一变而为做民权保障的国权。到了这时，不但关于民权来源的理论变更，就是关于民权性质的理论也变更了。从前把各种自由权看作与生俱来不可割让的人权，现在却把各种自由权看作发展个人优性和增进社会福利的条件。因为社会全体的进化，全靠个人优性的发展，故想使社会全体进化，不得不给予个人各种的自由。所以国家承认人民的权利，并不是因为他是天生的，正因为他是有益于全体社会的。国家承认人民的权利，目的既然在有益于全体社会，所以最近的国家，又常常以全体社会的公共利益做标准，来节制各个人的各种权利。就是个人行使权利时，或不行使权利时，绝不妨害别一个人的权利，只要是有碍于社会的公共利益，国家也可以有权去干涉他。故最近个人对于国家的许多权利，几乎都变成个人对于社会的义务。例如从前各国都把工作当做个人的自由权，现在苏俄《劳动阶级的权利宣言》书中，却郑重的声明："各人均有从事于社会有利事业的义务"，这就是把工作当做个人对于社会的义务看待。从前各国都把财产当做个人的自由权，现在有许多国家却把财产看做社会的利益和社会的职务，故运用财产，既是财产所有者对于社会的义务，同时运用财产者又须担负有助于公益的义务。（德国新宪法第一五三条）近代的国家所以能够常常的干涉人民的权利，就因为许多权利之中，往往同时含有义务的性质在内。

在那以中等阶级为中心的民治主义之下，各种自由几乎都被人看作无价的宝物。但是自由权的享受，大概都是有条件的。如果你没有相当的财产，那么，财产权便与你无干了；如果你没有相当的知识，那么，言论思想的自由权便和你不生关系了。自从“没有家住，要自由何用”及“自由只有饿死”等等的呼声，从下层阶级中喊出之后，一般人才觉悟到这个政治的基本权利，到底还是高等的权利，只有一部分人能够享受。至于人人皆能享受的，乃是经济的基本权利，并不是政治的基本权利。就财产权说，当初所以要保障财产权，就因为想使劳动者得享受自己劳动的结果。洛克说：“无论什么天然物品，只要加上他的劳力，这种物品便是他自己的，因此便成为他的财产。”（《政府论》第五章）由此看来，财产是劳力的结果，劳力是个人私有东西，所以由劳力得来的物品，应该归个人私有。这就是当初法律所以要保障财产权的学理的根据。但是金钱多的人，自己用不了，借给别人用，便有利息制度；土地多的人，自己耕不了，租给别人耕，便有地租制度；财产多的人，一生用不了，留给子孙用，便有遗产制度。因为保障财产的结果，不得不兼保障那由金钱而生的利息，由土地而生的地租和由祖宗而来的遗产。这样一来，财产权的保障，便不是奖励人家勤劳，只是奖励人家懒惰了。法律上保障财产，便只问他有不有财产，并不问他取得财产的方法正当不正当。有了财产的人固然保得住财产的安全，但是没有财产的人便不一定有取得财产的方法或机会了。这就是财产权保障的缺点。

现在一般人都相信：人类如果得不到经济上的平等权，便不能享受政治上的自由权。真正是人人都能平等享受的权利，乃是经济的基本权利，经济的基本权利最少也有三种：（一）凡是劳动者生产的东西，都应该完全归劳动者自己享用。由这个原则上发生出来的权利，便是全劳动收益权。（二）凡生存在社会中的人类，都应该获得那满足各人期望的必需品，来维持他的生存。由这个原则上发生出来的权利，便是生存权。（三）凡有劳动能力的人，都应该有劳动的机会。由这个原则上发生出来的权利，便是劳动权第一种权利，必须在共产制度之下，才可以行使；第三种权利，必须在私产制度之下，才可以行使；至于这第二种权利，乃是法律上承认未成年的人有受教养的权利，承认衰老残疾丧失劳动能力的人有受养育的权利，不问在共产或私有制度下皆可以行使。

本章参考书

Bryce—Modern Democracies.第六章及第七章

Holcombe—The Foundations of the Modern Commonwealth.第七章到第十一章

Dunning—Political Theories.第二册第八章及第十章，第三册第一章、第四章、第六章及第九章

Hobhouse—Liberalism.

Hobhouse—The Metaphysical Theory of the State.

Burgess—Political Science and Constitutional Law.第一册第二编第一章

米田庄太郎—《挽近社会思想之研究》（第二篇第一章）

王世杰—《比较宪法》（上卷第二编第一章及第二章）

森户辰男译—《全劳动收益权史论》

第七章　政府职权的分配

第一节　三权分立的理论

三权分立的学说发生最早，古代的亚理士多德、谢雪庐（Cicero）、鲍里贝士（Polybius）等都主张这一说。亚里士多德把政权分为三项：（一）讨论权——关于实际政策的大问题，如宣战媾和缔约立法等事；（二）行政权——大致和近代国家行政权相同；（三）司法权。但是古代的学者虽多把政权分为三种，可是实际政治制度上并不见有何等分立的证据。例如雅典的平民议会（Ekklesia）既通过法律，又执行法律，通常又行使裁判的权力。执政官（Archons）虽然是行政官，可是又掌有司法的职权。罗马的元老院（Senate）既是行政议会，又是立法议会。大概通希腊、罗马和中古时期，行政立法司法等职权都不曾完全分立过。立法权和行政权的分立，直到马献僚（Marsiglio of Padua）的《和平保障者》（*The Defensor Pacis*）（一三二四年著的）书中，才在学理上加以承认。到十六世纪布丹出来，更极力陈说君主兼管司法权的危险，主张把司法权托附于独立的官吏。但是这时是君主专制论最占势力的时代，从主权的性质上观察，非把一切权力集中在君主一个人的手中不可，所以三权分立说在这时很难得通行。英国当十七世纪中间，清教徒革命的时候，政治学的旗号上才标明分权的彩色。洛克著《政府论》的时候，更主张分权的学说。他以为创法权与执法权如果托付在一个人的手中，便自然而然的不愿意遵从自己所定的法律，不然便要为自己的利益来制定法律。洛克的政权共分为三种：立法权，执行权和外交权（Federative Power）。

但是洛克虽然主张分权，可是他却只承认立法部为最高权力的所在，至于近代所奉为天经地义的三权分立说及三种互相衡制说，他却没有讨论。

近代极力发挥三权分立说的要算孟德斯鸠。他在《法意》（*Spirit of the Laws*）（一七四八年出版的）中说：

> 每种政府都有三种权力：立法权，行政权，司法权。
>
> 君主或行政官用第一种权力，来制定暂时的或永久的法律，修改或废止现行的法律。用第二种权力，来宣战媾和，派遣或接受公使，保障国内的公安，设备国界的防御。用第三种权力，来处罚犯罪，或裁判个人中间的争讼。
>
> 人民政治的自由就是指着每人确信自己无忧的意志安宁而言。要想得到这种自由，那么，政府的组织一定要使人人不必互相怕惧。当立法权和行政权通同放在一个人或一个团体的手中时，便没有自由可说，因为将要发生怕惧，恐怕君主或元老院要制定专制的法律，并且要用专横的方法去执行他。
>
> 再如果司法权与立法权行政权不分，也没有自由可说。倘若司法权与立法权合并，那么，裁判者同时就是立法者，人民的生命和自由便要受专断的支配。倘若司法权与行政权合并，那么，裁判官便要凶残了。
>
> 再如果这三种权力放在同一个人或同一团体的手中，无论他是贵族团体，或平民团体，一切事便都完结了。（《法意》第十一编第六章）

孟德斯鸠误解英国的宪法，所以说分权是自由的保障。自孟氏的学说出来之后，这种见解几几乎遍布欧美两洲。法国革命时代的宪法，既很注重分权的原理；美国的联邦宪法和各邦宪法，也都一致的采用分权的大原则。曼狄生（Madison）说："把立法行政司法等一切权力集聚在一手，也不问是在一个人手中，少数人手中，或多数人手中，并不问这个人是世袭的，是自己任命的，或是选举的，都可以正正当当的说他是专制政体。”美国的最高法院也说道：分权是“美国制度的一大成绩”。

孟德斯鸠的三权分立说，在十八世纪几乎成为欧美政治家的信条。一七八〇年美国马沙诸些（Massachusetts）邦的宪法上并且有“立法部不得行使行政权或司法权，行政部不得行使立法权或司法权，司法部也不得行使立法权或行政权”的规定。美国中央政府的行政官不得同时为议会的议员；议会开会，总统及国务总理均不得出席；总理也不随议会的信任不信任为进退。——这也是采用孟氏三权分立说的结果。

第二节　三权分立说的错误

到了十九世纪，学说因制度进步而变迁，便有许多人从事实上来证明三权分立说靠不住。因为当孟氏解释英国的宪法，认英国宪法为三权分立的时候，事实上已经不是三权分立了。那时英国的司法官虽然是独立，行政部与司法部虽然是分工；但是众议院有弹劾权，上议院有审判权，可见得国会可以行使司法权了。到了孟氏死后，英国的责任内阁制更加进步，立法权与行政权又通同收归议会来了。且看白芝浩（Bagehot）说：

> 英伦宪法有成功之秘焉，立法行政两部之融和，其最著者也。自来言政者无不以其良法美意，存乎两部权限之分明；不谓即而察之，适得其反，是亦大可惊矣。夫两部之深相缔结，有其连环，号曰内阁。内阁非古也，自国会有一委员会，特选以执行政之役，而名始立。实则国会中委员会甚多，特兹为最大，国会之命托焉。故其会员举为议员信任之尤。……语其常经：则无论何时，必有一人焉，在国会中最有势力之一院，为是院最有势力之一党所护持，所崇仰，以魁其曹，以治其国。彼何人斯！即所谓内阁总理是也。内阁总理而不为国会之意所寄，未之有也。（《英国宪法论》中的《内阁篇》）

白芝浩最中肯綮的话，就是说："内阁者特一富于缀系性之委员会也。譬如连字符，此会连立法部于行政部；譬如扣衣带，此会扣立法部于行政部。"法国主张两权分立的人说，司法部是行政部的附属品；英国主张议会政治的人又说，行政部是立法部的附属品。——这都是从事实上证明三权分立说的错误。

不独英国是这样，就在别国也不能把立法和行政完完全全的分开。美国号称三权分立，但是议会（Congress）中的常设委员会逐渐进步，可以做内阁与国会互相沟通的惟一机关。马沙诸些邦在美国独立之前，包斯顿（Boston）的"秘密会议"（Junto），实际上已经成为行政委员会。因为政府的职务绝不能够按性质分类的，有许多立法的事体，为执行的便利起见，不得不委托行政部去做。最近英国的税务部的部长说道：

> 现在税务部的事务，和前二十年或十年绝不相同。那时国会议决一种租税，规定得非常的详细，只把执行的事务交给税务部，使他照着国会设定的标准去实行。现在国会的意向，只定下一些原则，把困难的事实让给税务部去自行裁度。所以现在我们税务部所做的事务，很可以说是司法的事务和近于立法的事务。（见拉斯基 *Authority in the Modern State*，七十一页）

这一段话是从经验上证明极端分权说渐渐消灭的趋势。

最近成立的国家如俄罗斯，他的宪法也明明白白的打破了三权分立的学理。俄国的行政部乃是附属于中央执行委员会的几个行政委员；中央执行委员会在全俄大会闭会期中，乃是俄国立法行政及管理之最高机关，掌有一切权力。所以俄国的立法权与行政权也是分不开的。

再三权分立说是十八世纪君主政体之下的产物，那时政治情形和现在的民治政体大不相同。所以在现在看来，三权分立说发现三个大缺点：

（一）那时议会还没有发展到监督行政的地步，所以孟德斯鸠仅仅把议会看作制定法律的机关，不承认议会在制定法律之外，还有许多监督行政的作用。（二）那时选举团体除掉投票选举之外，还没有多大的参与政治的权力。自从民治政体发展，政权的来源便从君主移到人民手中，故人民不得不组织起来，行使他们的职权。近来选举团体确实成为政治制度中的特别部分，并且有一种特别的和确实的职务。三权分立说不承认选举团体的职务，也是他的一大缺点。（三）三权分立说没有把行政与执行分开。行政是代表政府全部及监督政府各部是否依照法律做事；执行是实行法律上所规定的条文。行政是政治的事业，目的在决定大政方针；执行是实行的事业，目的在用专门的或科学的方法，把已经决定的政策实现起来。最近的政治情形，似乎大有注重执行方面的趋势，三权分立说派没有见到这一点，也是他们的缺点。

第三节　近代的两权分立论

近代有许多学者——以法国的学者为最多——承认两权分立说，不承认三权分立说。他们所说的两权，就是：（一）关于构成或宣示国家意思的权力，（二）关于执行国家意思的权力。有两位很著名的行政法家：一是克罗格（Du Crocq），一是古德诺（F.J.Goodnow）。克罗格说："我们只知道有两种权力，就是制定法律权和执行法律权；在这两种权力之外，再也容不得第三种权力。"古德诺也把政府的职权分为两种：一叫做"政治"（Politics），一叫做"行政"（Administration）。政治是决定国家政策，或发表国家意志；行政是执行这些政策，或执行这些意志。

凡是采用两权分立主义的人多说：司法的职务事实上不能另外成为一种权力，只不过是行政权力的一部分，因为都只是适用或执行立法部的意志的。狄骥也反对三权分立说，他说：

> 司法权并不是另外的一种权力，不过是行政权的附属品，应该放在行政权的监督之下。……他只附属于行政权，做一个行政部的事务官。（见《分权论》七三页）

大凡主张两权分立说的人，多把执行国家意志的职务再分为三小种：（一）性质上是纯粹的行政职务，只以指挥监督行政事务为限；（二）性质上是纯粹的执行职务，专门做行政职务中科学的或专门的事务；（三）是司法的职务，只以适用法律解释法律为事。近代两权分立说的分类如下：

- 政权
  - 立法权
  - 行政权
    - 行政（指挥监督的事务）
    - 执行（科学的或专门的事务）
    - 司法（适用及解释法律的事务）

我们最要切记的，就是法国的学者固然多把司法权看作行政权的特别状态或表见，但是却把政务的执行和司法的执行，分得很严，并极力的想使行政权脱离司法权的干涉。归综一句话：法国人心目中的分权原理，很不同英美人心目中的分权原理一样，在法国人看起来，**司法官对于行政官固然要独立**，可是**行政官对于普通法庭也要独立**。

两权分立说虽然大行于法国，但是也有许多法国人反对，叶斯曼（Esmein）就是反对司法权为行政权的附属品的一个人。在他看起来，法庭解释法律乃是执行的第一步，换句话说，就是法庭第一步决定这件案子应该适用法律与否，固然就是决定这件案子应该执行不应该执行；但是司法行为与行政行为各不相同，并不能算作行政行为的一部分。如果司法权只是行政权的附属品，那么，司法官便只是行政部的事务官，司法独立的精神便完全消灭了。

第四节　由分权论到分职论

从前的国家是以主权者的资格治人的，所以政府的组织专门注重权力的分配，现在的国家是以事务员的资格治事的，所以政府的组织只要注重职务的分配。柏拉图在两千多年前，便把“分工”的原理应用到国家的职务上边去，想造成专门治国、专门护国和专门生产的三个阶级，好让国民因才服务，各展各的才能，各练各的技术。但是他的理想从来没有实现过；就是近代的斯密亚丹（Adam Smith），也只把分工的原理应用到工业上边去，却不曾引伸出来应用到政治上边去。最近的国家，职务上大生变化，就是治人的权力日见减少，治事的职务日见增多。将来的国家，也许可以同近来的地方自治体一样，把军政权刑罚权等逐渐丢开，专门做公共的事务。到了这时，便没有分权论存在的余地，所有政府的组织问题的研究，一定要集中在如何分职一件事上来了。

历史上所有的分权论，不是想使政府的基础稳固，便是想防止一人或一个团体的专制。鲍里贝士是说明“制衡原理”（The Principle of Checks and Balances）的最早的一个人。他主张一种杂合的政治，这种政制是有三种机关存在，采用各不相同的原理，藉各以自己的利益互相牵制的行动来构造成功的。他以为罗马的政体是把君主贵族平民三种原素融和配合起来的。政权虽然分配在各种原素之中，但却不是各自独立的，乃是互相制衡的。譬如罗马的执政官虽然有行政的全权，但是他军费的供给，期满的再任，战胜的论功，都要受元老院的牵制。又因为平民议会有决定和战权，所以他的军事行动又不能独断独行。元老院虽然有财务行政和处断联盟等权，但是平民议会可以法律来限制他的权力，人民特别代表“护民官”（Tribune）的反抗可以禁止他的行动。平民议会虽然独立，但是关于公共建设的契约，不能不有财政上的关系，所以又受元老院的牵制；人民无论如何，都要当兵，所以又在执政官指挥之下。**大概凡从权力上着眼**，**便觉得分权是防止一部分人的独断独行**；因此，**便又从分权的原理之中**，**找出制衡的原理**。这种**制衡原理**，便是近代立宪政治家的信条。

这种分权论，从政府方面着想，可以免去专制的害处，可以得到互相制衡的益处；从人民方面着想，可以免掉当权者的压迫，可以得到政治上的自由。所以孟德斯鸠的三权分立的唯一目的，就在保障人民政治上的自由。因为那时的国家，还没有把政权放在人民的直接支配之下，所以认定政府的权力多一分限制，就是人民的权利多一分自由。因为人民的自由，只仗着分权做护身符，所以那时想保障人民政治上自由的政治学者便不得不奉分权说为政治上的教义。综而言之：分权说的目的在调剂权力，故分权的效果，可以免掉一个人或一个团体的专制，可使人民得到政治上的自由，并可使政府的基础常常的稳固。

近来国家所管辖的职务和从前大不相同。故国家性质上就是一个社会，他的职务和别种社会的职务性质上同是一样的。换句话说：国家也是治事的机关，并不像从前专门做治人的机关。凡是治事的机关，都有他分内应该做的种种职业。职业本是专门的事体，不分工便不能做得好。凡在职业团体之中都可以应用分工的原则，国家既是有专职的团体，故国家也可以应用分工的原则。将来的国家，关于事务的管理权既然要比从前扩张，而这些事务通同又是专门的事务，大半要用科学的方法去执行。——这就是现在政治学所以由分权论趋向分职论的原因。

英国社会主义者的理想，一方面想抬高经济团体的权力，一方面又想维持旧有的国家权力，故他们的职权分配论和从前的各派学说皆不一样。照最近韦布（Sidney Webb）的计画，将来英国的政治组织，应该采用两院制，所谓两院：（一）是专管警卫事项的政治议会，（二）是专管社会产业事项的社会议会。政治议会的职务在办理外交殖民国防司法等事；社会议会的职务，在决定现在一切人想享受什么精神的物质的环境；详细说起来，就是（A）决定目前的社会享受什么种类的文化，（B）对于将来的社会，创造一定的文化环境。故社会议会的职权，就在因时制宜的支配全社会的经济的社会的各种活动。他的主要任务，就在行使私有财产的处分权，生产机关的监督权，财政权，课税权，教育权，卫生施行权，交通机关的监督权，社会财源——经济——的管理权，科学的调查施行权及关于物价货币的支配权等。这种分职的方法，与从前的三权分立说大不相同。就是一方面把议会分开，一方面又把行政事项分开。政治议会议决的事项，由内阁执行；社会议会议决的事项，却不交由内阁执行，只交由该议会的常设委员会执行。各个常设委员会之下，又设立行政各部。而社会议会、常设委员会及行政各部，对于产业或公益事业，只行使普通的监督权，实际上的执行，乃在他下面所设的各种事务局。这种分职的办法，几乎同工厂分工的办法相同。这样分职的原因，就是想增加政府做事的效率。所以从前的分权说，专门注重制衡；现在的分职说，却专门注重效率。从前的分权大部分是想防止政府专制的；现在的分职大部分是想增加政府做事效率的。这就是专门治事的国家，所以生出这种分职学说的原因。

本章参考书

Bagehot—The English Constitution.

Bondy—Separation of Governmental Powers.（见哥伦比亚大学《历史经济及公法研究》第五卷）

Duguit—La Separation des Pouvoirs.

Goodnow—Principles of Administrative Law.（第一编自第一章至第四章）

Montesquieu—The Spirit of the Laws.（第十一编第六章）

Webb—A Constitution for the Socialist Commonwealth of Great Britain.

Mill—Representative Government.（第五章）

第八章　议会制度

第一节　古代代表制的性质

照孟德斯鸠说，代表制是近代的产物，古代人不知道用人民的代表组织立法部的方法。福礼门叙述希腊联邦政府时也说："古代世界只走到代表制的门口，却没有升堂入室。"因为希腊行使最高权力的国民大会是由人民直接组织起来的，并不知道现在世界通行的代表制。

但是代表制有广义的和狭义的两种解释。照广义的解释：代表制可以适用于立法部，也可以适用于行政部，例如英国的内阁和议会通同可以叫做代表机关。我们要说希腊人不知道代表制，只可说他们不知道代表制的行政部，不能说他们不知道代表制的立法部。雅典的市议会（Council）就是行代表制的实例。雅典的市议会是由市区选举的，市区好像近代的地方选举区，虽不是直接的选出五百名议员，但是却比例居民的人数，选出一群候补人，然后再用抽签的方法，选出出席市议会的议员。所以白尔克（Barker）说："雅典人不但知道代表制，并且知道比例代表制。不但有议会的选举制，并且有一年一次的选举制，因为市议会是每年改选的。"（《希腊政治学理》三十八页）

但是希腊时代虽然有了代表制，可是却不知道代议政体的理论；雅典的市议会虽然很有点像近代的议会，可是一方面却不承认他是发表人民意见的最高机关，一方面又不承认他是代表人民意见的唯一机关。因为希腊政治的最高权力，在国民大会，不在市议会。至于代议政体的理论，不但不是自上古希腊时代发生的，也不是自中古及近代初期发生的；

代议政体的理论是在美国独立和法国革命以后，由西埃叶（Abbe Sieyes）、倍因（Thomas Paine）几个人发挥起来的。但是中古和近代初期的欧洲人，虽然尚不知道代议政体的理论，可是议会制度却自中古时代就有了。近代的议会制度是从英格兰发源而来的，英格兰的议会产生在十三世纪的中期，而这十三世纪中期的议会却是从安格奴色克逊时代（Anglo-Saxon Period）的两种会议脱胎而来的。那时英国各地方区域中，已经有一种“民众会议”（Folk Moot），这个会议本是每一个部落中的人民或代表组织起来的，他的职权在处理本部落的公共行政事宜。此外还有一种由中央召集的“哲人会议”（Witenagemot），凡国王的立法行政上有重大事件，一概要征求这个会议的同意。这个会议的议员，大概都是一般元老重臣，在社会上很有势力的人，普通人民却没有列席的资格。这两种会议在老尔曼（Norman）人种征服英格兰而后（一〇六六年以后），一时停顿。直到一二一五年，英王约翰（John）被当时教师贵族及人民要求，颁布“大宪章”（Magna Charta），声明以后国王的增课特税，要得到教师贵族所组织的机关的同意。到了一二五四年英王亨利三世（Henry Ⅲ）为增加租税事召集会议，并在教师贵族而外，加上各郡（County）代表二人；更于一二六五年，加上各市代表二人，成为三阶级合组的议会。爱德华一世（Edward I）的时候，常常召集会议，关于贵族的事件，召集贵族会议；关于教会的事件，召集教师会议；关于平民的事件，召集平民会议。到了一二九五年，才同时在一个地方召集这三个阶级的代表合在一块开会，历史家多称这个议会为“模范议会”（Model Parliament）。到了一三三二年，教师贵族合成一院，称为贵族院；郡市代表也自成一院，称为庶民院。这个三阶级合组的议会，便变成两院并立的议会。

大陆上各国使平民加入议会最迟的，只有法国，其他如西班牙的阿来刚（Aragon）王国，在一一六二年，就使平民加入议会；一一六九年加斯特尔（Castile）王国，一二三二年西西里王国，一二五五年日耳曼王国，都仿效这个办法。故使平民加入议会，不是英国特有的，也不是英国先有的，不过英国比法国早一点罢了。法国在一三〇二年召集的一个三级议会——贵族，教师，平民——可算是法国实行代表制度的第一次。在先由国王召集，目的在备国王咨询，未久便创下一个原则，就是不得三级议会同意不得征收租税。不过法国的议会中间停止了一百七十五年之久，直到大革命时才又开始召集。革命之后的议会，便废除阶级代表制，建设国民代表制。

中世纪的议会，最重要的职务在同意国王的增收租税。那时因为商业发达的结果，使货币的价值低落；又因为十字军东征和对外战争的结果，使国家的费用逐渐增加。这个议会乃是为救济王室财政困难而召集的；是国王为加税而自动的创设起来的制度，不是人民为自由而要求设立起来的制度。初有这个制度的时候，人民不但不能靠这个制度得到自由，并且还出这个制度来增加担负。故当十三四世纪，都市中和农村中有势力的人，简直没有一个想争代表者的地位；不但不想争这个代表者的地位，并且还想规避这个代表者的责任。万一无法规避，只得以“人质”的地位去出席，并不是以“代表”的地位去出席。换句话说，就是只以义务者的资格去出席，并不是以权利者的资格去出席。

英国的议会，到了亨利六世（1422—1462）的末年，便开始自行议决法律案，交由国王裁可公布。从前议会对于立法事项，只能以请愿的方式，请求国王自行立法；这时议会便更进一步，不但享有课税的同意权，并且享有法律的议决权。故自十五世纪以后，为征税而设的议会，逐渐变成为立法而设的议会；为纳租税而出的代表，逐渐变成为监督行政而出的代表。担负义务的议会，一变而为主张权利和保障权利的议会，故议会遂成为人民一切权利的护符。这样一来，议会议员由人质的地位，变成代表的地位；更由阶级代表的资格，变成国民代表的资格了。

中世纪代表制的特性，是特别阶级或特别利益的代表制，不是全体人民的代表制。中世纪的国家包括一群社会的一个大社会，所以这时国家的组织，包括许多不同的社会团体和政治团体在内。那时的政治学中都承认各阶级的特别代表制；直到现在，各国的上议院还以代表特权阶级和保守阶级为理由，保存两院制度，故两院制便是从中世纪遗传下来的。中世纪的代表好像是本阶级的使臣，常常遵奉选民一定的意旨去投票。所以有人说：上古及中古的代表制是这个委员和那个委员合在一块议事，仿佛公使和公使在一块合定条约一样。他们并不是代表全国人民公共利益的，单代表委任他的阶级的利益。因为这样，所以到法国革命时代，还有人主张：议会的各个议员，各为本选举区选民所委托的人。承认议员和选民之间，含有私法上的委托关系；并承认这种委托关系，只是各个议员与本选举区选民间的单独关系，不是议会全体议员与全国选民间的共同关系。因为各个议员是受各本选举区选民的委托，故认定被委托者——议员——一定要遵守委托者——选民——的指示（Instructions）；如若不然，便可以随时撤销这个委托。这种主张，当然是受了中世纪代表制的影响。

第二节 近代代表制的性质

欧洲大陆诸国直到十八世纪之后，才从阶级代表制变到国民代表制，不过有些国家直到十九世纪还留下阶级代表制的遗迹。近代代表制的性质：大概都规定在一七九一年的法国宪法之中。这次宪法用明文规定：议员不当做特别阶级的代表，只当做全国人民的代表，并且不当受选举人的指挥命令（见法国一七九一年的宪法第一章第三节）。后来德国的宪法中也采用这个原则，规定议员是全体人民的代表，并没有受人民授意和指令拘束的义务。近来法国的选举法，奥大利亚的选举法及瑞士联邦的宪法，都采用这个原则。

我们要想明白从前的代表制与近代代表制的差异，可从莱白（Lieber）和布罗亨（Lord Brongham）两个人的话中看得出来。莱白说："中古的阶级代表，很受严重的授意和限制的拘束；每有一个新问题发生，便要更换一次新指令（Instruction）。代表之中常常互相猜忌、答应和要求。好像对别国的君主一样，一点不照顾他阶级的利益，也一点不照顾公共的利益。会议如同现在公使团会议一样。因为他自身是独立国的代表，所以各争利益，一点也不根据社会的和互助的原理。”（见《政治道德学》第二卷第六编第一章）这就是古代代表制的特性。就到近代，还有许多人说：选举人关于代议士的投票，就是发下一种命令，这种命令就叫做“指令”。从前美国的参议院议员由各邦立法部选举，故参议院议员要服从各邦的指令。如果代议士由人民选举，人民多数的意见就是指令，故代议士须要服从多数选民的意见。主张指令主义的人，以为代议士遵守选民的指令，就是遵崇选民的自由。但是中世纪的代表制都遵奉指令主义，可是中世纪人民的自由却因此生出许多妨害。所以莱白引许多例，说明近代代表制的特质，他说：一七九五年法国第一共和政府的宪法第一节就有“立法议会的议员不是代表选举他的选举区的，乃是代表全体国民的；选民不得给与他一种指令”的规定。一八〇五年巴特维亚（Batavia）共和国的宪法，第二十三条也有“代议士不得依选举区的指令或命令投票，只以各自独立的意见投票；代议士在院内的言行对于选举区的会合不负责任”的规定。莱白根据这些实例，又说道：“现在宏大的政治社会，如果不行代议制便不能得到自由，保障自由；故代议制不得不成为社会的和国民的。就是代议制不止代表社会的各部分，要把社会看作一个有机体，用代议制来代表社会的全体。议会一定要是总合的社会中的一个机关，因为社会不是各个原子的集合体，乃是各部一致的一个完全的有机体。”照莱白说，议会是代表全体社会的团体，不是代表一阶一级的团体；近代人类的互相扶助，互相倚靠，互相保护，都靠着这个代议制。故代议士要真是社会的代表，必定要代表社会的全体，不能听受一阶一级人民的指令。各选举区选出代议士是为全国选出的，不是单为代表本区利益选出的；代议士是为总筹国家的一切政务选出的，不是单为这件那件特定的事务选出的。故受人指令是代理人，不是代议士；办理特定的事务是委员，不是代议士。

布罗亨的话也大致和莱白一样，且看他说：“代议士代表全体社会的人民，依自己的判断决定一切政策。虽然与选民意见不同，便不得再当选，可是只能自由采纳选民的意见，不受选民指令的拘束。人民的权力在这一定的期间，已经交给代表团体，故人民在这个时期中，不得行使拘束代议士的行为。”（见《英国宪法论》）布氏之外，还有伯伦智理也抱着这种见解。伯氏说：近代的代议士是一国的代议士，不是各个人各团体的代议士，他的职务便是国家的职务。他不受选民指令的拘束，他的行为对于选民也不负定要说明的义务。他有思想行动的完全自由，他有依照自己的智慧心理来解释公共需要和公共意识的权。此外还有叶斯曼（Esmein）和白克（Edmund Burke）也都有这样的主张。

第三节　议会的组织

现在各国议会的组织大多数采取两院制（Bicameral System），只有少数邦国采用一院制（Unicameral System）。英国最初有贵族、教师、平民三个议会；但不独英国一国是这样，中世纪的各国都是这样。封建时代的议会以社会阶级做基础，社会有多少阶级，议会之中便分设多少局部。封建时代的社会大概多分为三个阶级：教师为第一阶级，贵族为第二阶级，平民为第三阶级，故各国的通例都设立三级议会制。瑞典国内除掉这三个阶级之外，还有农民阶级很占势力，故直到一八六六年止，设立贵族、教师、市民、农民四阶级的议会。从前俄国的芬兰到一九〇六年止，都设立四级议会制，后来才改为一院制。

英国议会变成两院制，并不是由论理上演绎出来的结果，完全是偶然发生的事件。因为英国最初虽然行三院制，但是教师另有教会的议会，不愿意和俗人在一块，出席于同一会议。到十四世纪末期，便全然不参与普通议会了。在那时教会的议会，也可以备国王的咨询，所以就是不出席普通议会，国王和教会两方面都没有什么不便当。到了十六世纪前半期，亨利八世和议会协同一致来实行改革宗教，教徒才知道失计，想再行加入普通议会，可是终久未能如愿。由此可见英国的采用两院制，的确是偶然的事体，并没有什么学理上的根据。

两院制和一院制在学理上争论最烈的要算法国。法国当革命的时候，许多人都主张一院制，讨论的结果，便把一院制的原理规定在一七九一年的宪法之中；一七九三年的宪法仍然继续这种原理。共和三年（一七九五年）的宪法，才改废这个原理，变为两院制：到一八四八年二月革命，才又恢复一院制，不过刚刚经过四年又改废了。当一八七一年，普法战争之后，帝制终止，又恢复从前的一院制；到一八七五年又改为两院制。美国当创造联邦宪法之初，除掉佛兰克林（Benjamin Franklin）之外，其余的制宪家几乎没有人主张一院制，故联邦宪法最初就定为两院制。只有平西费利亚（Pennsylvania）第一次宪法采取一院制；此外也有一两邦仿效，但是后来都改成两院制。近代实行一院制的，只有捷克、斯拉夫、芬兰等国和德国联邦中的诸小邦。

但是两院制的发生，虽然是偶然的事体，可是因为实验的结果，便有许多人出来拥护他，说出他的许多好处。现在且把关于一院制和两院制的利弊，略微说个大概如下：

（一）主张两院制的理由

主张两院制的人说：两院制的好处，就在能够救济轻躁。因为他们以为立法部的最重要的目的，就在决定人民理性和公共意识所要求的是什么。解释公共意识，比纪录人民意见难得多。一定要权衡他们的意见，斟酌他们的利益，造成一个普通的原则。要想达到这个目的，非采用两院制不可。且看柏哲士说：

> 一个团体常常有浮躁和偏见等危险，两院制虽然也免不掉疏忽偏执等弊害，但是总比一院制好得多。因为两院并立，自然要互相反对，就是两院多数议员同是一党，对于别院所提出的议案，也要仔仔细细的讨论批评。两院见解的不同，就是救济一党占据两院时轻躁暴乱的唯一利器。两院中多数党互相争论，比较在一院中多数少数的争论还要比较公平。因为各院的多数党，每讨论一个问题必定先研究这个问题的真相，议决时也不大受党见

拘束。（见《政治学及比较宪法》第二卷第五章）

这一派学者都以为立法部最容易为感情所动，一为感情所动便容易鲁莽灭裂，第二院的职务就在牵制这种弊害。凡一件法案，自提出到议决，中间须耽搁许多时日，可以细心讨论。一党的阴谋和一个人的势力，很容易操纵一院，绝不容易操纵两院。而且一件事得到许多人分院讨论，必定格外详细。所以伯伦智理说：四双眼睛总比两双眼睛看得更多更好，从各不相同的立脚点上观察一件事，尤其比从一方面观察好得多。

这一派的学者又说：两院制的好处，又在可以限制专制。因为一个团体独立，没有别的团体牵制，最容易独断独行。且看密尔说：

> 不论是个人，是议会，如果大权在手，不要顾虑别人，便不能合乎自然的公平：这就是赞成两院制存在的正当理由。如果把独行独断的权力交给一个团体，就是为时很暂，也有流弊。假定有一个议会，被一党独占优势，一致行动，必定要在院内占胜利。这个院中的多数党，如果在宪法上不受别人的意见牵制，那么，便一定要放纵专横了。从前罗马执政官，任期不过一年，但是罗马人为预防专横起见，必定设下两个人。根据这个道理来讨论议会，自然可以明白两院制的必要了。（见《代议政府论》第十三章）

但是主张两院制者，不但以为两院对立可以制限专横，并且以为可以调剂进步。因为一院独立，没有他院同他抗衡，一受政潮的鼓动，便容易酿成激烈的革命。如果院数过多又必然一件事不能做，结果便又倾向保守一方面。只有两院制，一个从前方引导，一个从后方牵制，调剂的结果，可以遵循进化的程序前进，不致酿成激烈的革命。

又有人以为立法部采用两院制，可以维持行政部的独立，因为两院意见不齐，行政部便很有自由独立的余地。在实行一院制的国家，如果议会的意见和行政部的意见冲突，便没有调和的方法。立法部的权力太强，行政部便不能够独立，行政部的权力太强，立法部也不能够独立。只有两院制可使行政部得到较多的自由。

但是两院制的功用，不独在前边所述的几项，此外还有能够代表阶级利益的一点。历史上的三级议会、四级议会和近代的两院制的议会，大概都因为社会已经有了不同的阶级，各阶级中又已经有了不同的感情利害：这是发生多院制的事实，也就是多院制所以存在的理由。伯伦智理说：平民贵族质素不同，如果独使一种质素代表立法部，便难得到公平的立法。密尔主张以一院代表人民的感情，以一院代表富有经验的才能智识。换句话说，甲院为平民议会，乙院便为政治家议会。此外还有许多人主张：在联邦国家，以一院代表各邦，以一院代表全国人民；在有劳资阶级的国家，以一院代表劳动阶级，以一院代表资本阶级；在将来实行社会主义的国家，以一院代表消费者（即政治议会），以一院代表生产者（即经济议会）。总而言之，只有在社会阶级不齐的国家，或将两院权限完全分开的国家，才有采用两院制的必要。

（二）主张一院制的理由

主张一院制的人也有许多理由。他们以为一院制的第一好处就在责任明确。内阁在事实上绝对不能对于两院一致的负责；就是在实行两院制的国家，也必定要牺牲上院的独立，仅使阁员对于众议院负责。如果内阁一定要得两院的信任，那么，不是阁员左右为难，便是两院互相冲突。法国的宪法虽然有阁员对于两院负责的明文，但是屡次经验的结果，终不能不使阁员仅仅对于众议院负责。与其牺牲一院的独立，使上院名存实亡；不如采取一院制，反使阁员心目有所专注。英国关于财政问题，两院的权力便不能平等，这是多年试验的结果。所以专就内阁的责任说，一院制实在比较两院制好得多。

主张一院制的第二个理由，就是采用一院制可使民意统一。法国当革命的时候，大家都以为主权在民主义同一院制是不可分开的东西。有代表人民意志的一院便够了，设立上议院来牵制众议院，实在是用贵族主义来牵制民治主义的办法。立法部是发表民意的机关；人民对于同一问题，不能同时横生意见，故立法部的组织不能纷歧。如果两院各有互相否决之权，那么，人民公意到底在那一方面，便难得明了。法国自一七八九年到一八四八年之间和美国当福兰克林的时候，都有这种议论。

此外又有人以为采用一院制，可使议事敏捷，可是议事敏捷的背面，便是轻率浮躁。不过从议会的议事程序上看来，凡议会议事都有一定的程序，自提案到议决，须经过多少时间，断没有不待讨论终止，便能含糊通过的。密尔是主张两院制的人，但是他却反对轻躁之说。他说："人家多以为两院制可以防止轻躁之弊，我以为这种议论没有什么价值。因为如果讨论事件没有经过两回以上的思索，一定要待人家复核，这种代议机关必定非常的恶劣。"由此可见就是采用一院制，也决不致发生轻躁的弊端。

主张两院制的人，动不动就说一院制议事专横，这是不知道团体公意成立经过的人的口气。其实团体的公共意思与个人的自由意思绝不能一样。因为个人的自由意思仅代表一个人的意见，故伸缩极其自如；至于团体的意思，乃是种种意思相攻相错，相剂相调，才能成为公意，既是公意便不能叫做专制。故"议会专制"一语，实在是不成名词。

以上是泛论一院制和两院制的利弊。到底立法部应该采取两院制，或一院制呢？我以为两院制的历史上和事实上的理由，只在代表阶级利益的一点上，除此以外，都有可以互相辩驳的理论。如果国内没有贵族阶级存在，似不必用法律来特创贵族阶级，勉强去仿效人家的两院制。而且就在两院制创始的英国，自一九一一年八月的《议会法》通过后，贵族院已经成为一种装饰品。因为这个《议会法》上重要的规定有两点：（一）凡关于财政案，如果由众议院在议会闭会期前一个月交到贵族院，而贵族院在闭会前不予通过，就可以交国王裁可，成为法律。（二）凡财政案以外的法律案，曾经贵族院在两个会期中继续否决两次者，如果众议院在第三个会期中继续通过，而贵族院仍予以第三次否决时，就可以交国王裁可，成为法律。由此看来，英国的议会在事实上已经仿佛是一院制了。

第四节　立法方法的新趋向

近代各国的议会全被政党占据去了，所以立法事业完全是政客包办。又因为用政党包办的选举制，凡是品行高洁和思想独立的人，都不大愿意就政党的范围；所以每一次选举，总要便宜了许多入党的平庸人，拒绝了许多不入党的学者。立法本是一种专门的事业，当现在社会事业和情形越过越复杂的时候，要想有科学技术的立法，便不能不在被政客所盘据的议会之外，另想出一个方法，来救济政客式的立法的弊病。美国各邦近几年来试用的新方法，就是设立“法案起草局”（Drafting Bureau），来替议员专门做起草的事务。据一九一三年美国律师公会立法起草的特别委员会报告，已经有十三邦采用这种制度了。这十三邦中为议会或议员筹备的有两项事：一是立法的参考，一是法案的起草。

这十三邦中都另外设立立法参考事务部，凡是立法部在本会期中所要讨论的问题，在没有开会之先，即由该部把所有的材料都搜集在一块，分门别类，提纲挈要，先期预备停当。参考的材料不但包括通常图书馆中所有的书籍论文在内，并且搜集各国立法部的法案草本和本国外国已经公布的成法。但是有许多法案并不难在搜找材料，只难在把所有的材料弄成系统，使立法者可以一目了然。在从新创造法律草案时，这种整理材料的事尤其重要。而且现在社会的，工业的，政府的……种种立法问题都一天复杂似一天，非有专门学者事先加以详细的研究，并参考外国本国所有的成案，一定难免窒碍难行的弊病。

仅得到材料的帮助还不为算，此处还要有起草法案的重要帮手，做该帮手的人员一定要是深明法律和熟悉起草方法的学者。他们的职务：（一）在使法案适合时势的需要；（二）使条文完备，可以达到立法时所希望的目的；（三）要与现行法律不相抵触。真正说起来，这就是科学方法的立法。

在美国做这两种事务——立法参考和法案起草——的机关从组织上看

起来，大概可以分成两种：像威士康森（Wisconsin）和印度拉（Indiana）等邦，设立一个常设的局子，专做这类参考和起草的事件；像纽约和马沙诸些等邦，参考事项由邦图书馆或邦图书馆中一部分办理，起草事项由立法部委任人员办理。纽约在一八九〇年建设一个立法部图书馆，储藏各国立法的详细记录，并发行极有价值的报告书。威士康森在一九〇一年也设立一个立法部参考图书馆，用莫克塞博士（Dr.Mccarthy）管理这件事。——莫氏是有名的政治和经济学者。这个方法一行，美国各邦都起来仿效，故到一九一三年便有十三邦的立法参考部成立。

这是美国立法部倾向“学者的立法”和“科学方法的立法”的新趋势。但是美国现在各邦所行的还是代表立法制，并没有完全实行专家立法制，所以立法的参考和起草都不过是专门学者站在议会或议员的背后做事，并不是由他们制出法案交由人民直接议决。最好把学者的起草，当作提案，把最终的决定权放在人民手中。换句话说：学者只算是替人民草创一个法律案——是提案者，不是立法者，真正立法者乃是全体的人民。孙中山先生所创的五院制中的立法院，便只是专门家的立法机关，并不是人民的代表机关。中山先生以为“国民是主人，就是有权的人；政府是专门家，就是有能的人”。凡有权的主人，应该靠着有能的专门家代他们做事。故选择立法院的立法员，是先用考试的方法，试验他的专门学识；然后再用选举的方法，试验人民对于他的信任。同时又把决定法律存废的最高权力，放在国民手中，由国民用复决权和创制权来行使立法的最后权力。这就是中山先生承认学者的立法和科学方法的立法的证明。

这种制度第一个显而易见的理由，就是因为现在立法的事业断不是盘据议会的政客式的议员们所能做的；反过去说，就是立法是专门的事业，非得法理精深，成例娴熟，并知道社会进化原理的人，断断乎不能制造良好的法律。美国这种制度发达，就是科学方法的立法，非现在政客充满的议会所能胜任的明证。将来这种制度或者能推行到各国去，也未可知？

本章参考书

Hare—Election of Representatives.（自第一章至第五章）

Lecky—Democracy and Liberty.（第一卷第三第四两章）

Lieber—Political Ethics.（第二卷第六编第一第二第三各章）

Mill—Representative Government.（自第五章至第十三章）

Rousseau—Social Contract.（第二编第十五章）

Cole—Social Theory.

Beard—American Government and Politics.

第九章　比例代表制与职业代表制

第一节　议会制度的缺点

议会制度的好处，表现于事实上的很多。密尔说："理想上的最好政体，在把主权公诸社会全体，各人对于主权的行使，不但有发言权，而且把全国或地方的公务给人民自己去处理，实际上可以参与政府的事件。"（见《代议政府论》第三章）密尔以为最好的政体，就是代议政体，因为代议政体可使社会各员用现有的、道义的、智力的、活动的各才能，来管理社会的事务。一方面可使社会各员对于政治事业生出一种兴趣，因而把国事当作自己的事务，故人人可以发生爱国心；一方面可使个人有参与政治的机会，因而练习出来运用政治的技能，并养成伟大的政治上的人才。故代议政体的优点，就在一面把政治运动的动机推广到全国人民；一面又能养成一部分专门的代表人才，使他们娴熟政治运用的技术。且看莫加莱（Macaulay）说：

> 代表制的优点就在把民治的利益和由分工而来的利益联合在一块；医生懂得药性比平常的人好的多……鞋匠做鞋比平常的人做得好的多，所以一个人专门做政治的生活也比平常的人好的多。……我的意见是要选民当初慎重的选择，然后自由的放任，待到代议士满任之后，再全盘合算，断定他的行为。

但是无论学者们怎样赞扬行使代表制的议会制度，而议会制度的根本原理上的缺点，终久不可掩饰。现在姑且举出数点如下：

（A）议会制度是建立在横断主义之上的制度。一个社会中的各个人，他的知识、技能、职业，总是不能相同的，主张议会制度者因此便不得不强不同以为同，强不等以为等。他们说：人的知识、技能、职业，虽各不相同，但是人格总是平等的，人的政治上的权利总是一样的。一个社会的政治乃是社会公共的事务；这个公共的事务，必定要由社会全体人员决定。但是大社会的民众，以职业和知识论，不见得个个人都有参与决定的时间和能力，故不得不委托一部分人行使这个决定权。既然把这个决定权委托于一部分人，那么，自然要承认这一部分人的意志，就是民众的意志了。其实，以一部分人的意志为全体民众的意志，这个论断，无论在理论上，在事实上，都可以证明出来不确实。而且委任的方式由于选举，所谓选举，便是一锅大杂烩，把智愚贤不肖杂合在一起。只能照人头计算，只能按地理分区。这样糊里糊涂选出一个人，便又糊里糊涂代表一切人。因此，便认定代议士是全体人民的平等的普遍的代表，他所发表的意志便是全体人民的意志。这就是横断主义的议会制度的理论。

（B）议会制度是服从多数的制度。在初采行民治政体的时候，大家最注意的一点，就是各个人的自由。怎样才算是自由呢？不服从别人的意志，才算是自由。因为民治政体是由人民的普通意志产生出来的政府，故人民服从那由自己的意志造成的政府，便是服从自己，绝不是服从他人。但是各个人的自由意志，怎样能变成国民的普通意志（General Will）呢？唯一的方法，就是投票决定。照卢梭说：

> 所有的法律，都要得到公民的同意。就是对于处罚他自己的法律，也要得到他的同意。国家所有组成员的不断的意志乃是普通意志，这个普通意志乃是使公民自由的媒介。公民在会议时，提出法律案，不是希望这个法律案得到承认或拒绝，只是问一问这个法律案与普通意志相合不相合。各人由投票发表意见，投票

的结果，表现出来普通意志。如果与我相反对的意见占多数，那么，只算是我自己错了，我从前认为普通意志，实在不是普通意志。（《民约论》第四卷第二章）

卢梭所说的真正民治政体，就是议会制度，而这种议会制度，考其实也不过是多数决的制度。所谓人人自由的国家，结果仍只有多数人的自由，没有少数人的自由。不但少数人不能自由，并且还要自己认错，承认与我相反的意志是正当的意志，这样一来，人民到议会里去投票，只能算是去猜度国民的意志，不能算是去发表国民的意志了。不想这种猜谜式的投票论，后来居然变成议会制度中多数决的根本理论。

（C）议会制度是属地主义的制度。各国选举代议士，为便利起见，多把全国分为若干选举区，而采用分区投票制。分区明明是采用属地主义的。往时的社会生活，大半以土地为唯一的连锁，而且这种连销的关系，很深很长久。不但农业生活与土地有重大的关系，就是工商业的生活，也多附着在一定的地域之上。从前划分选举区域的人，全在土地上着眼，可算是很中肯綮的。可是现在的情形不同了。因为交通机关发达，人类生活的物质基础非常的扩大，土地同人类生活的关系多不确定，加以迁居频繁，与土地的附着关系日见减少。故土地的要素，已经不是我们今日生活的唯一的要素。例如同居在一条街上的住民，以知识论，有的精于专门学识，有的目不识丁；以职业论，有的为工场主人，有的为工场的劳动者；以财产论，有的富有千万，有的贫无立锥；以民族论，有的为满州人，有的为汉回人；以宗教论，有的信耶稣教，有的信回教佛教。从这样不同的人色中，想举出一位百能百巧的代表，那自然是必不可能的事了。而属地主义的分区选举制，偏以居住的土地为条件，强不同的利害以为同，这是无可讳言的。一个由杂色人等公选出来的代议士，要教他一个人去代表这杂色人等，当然不可能。结果，只有在理论上抽象的说是代表全国，而在事实上却只是一个都不代表，单代表他自己一个人了。所以现在的议会竟离开选民，成为空中楼阁，变成一般政客玩把戏的戏场。

（D）议会制度是属人主义的制度。欧洲中古的阶级代表，固然是属人主义的；就是从阶级代表制，变成国民代表制，也仍然是属人主义的。法国一七九一年的宪法上，用明文规定，议员不当做特别阶级的代表，只当做全国人民的代表。自此以后，都把代议士看作全体国民的代表。故现在议会制度的代表制，乃是代表毫无组织的个人的本身，不是代表有组织的一群个人中间公共的某种特定的利益。选民一经过投票之后，便没有长存的团体，因此便不能监督代表的政治活动。所以卢梭说："英国人民常常自以为自由，其实大错。因为他们只在选举议员的时候，才能自由，一经选举之后，便变成议会的奴隶。"最近有许多学者主张职业代表制，想把代表个人意志的代表制，变成代表团体意志的代表制。就是洞见属人主义的代表制度的弊病。

议会制度除掉上述的几种根本错误之外，还有许多受人指摘的流弊，现在姑且把最通行的批评简单列举如下：

（一）议会往往不能代表真正的舆论：因为议会的任期，不是五年，便是四年，离选举的日期过远，故不能代表民众真正的感情和意见。

（二）议员的选举往往为特殊势力所左右，利诱威迫，都所不免，故不能代表真正民众的意见。

（三）议员的选举以政党为运动的主力，故往往便宜了党内的庸人，而一般品行高洁和思想独立的人，都不大愿意就政党的范围，所以不得当选。

（四）议员由政党指名，而政党的经费多得实业界的资助，故当选者往往重视物质的后援者或出资者的私意见，而漠视民众的真意见。

（五）议员因图谋当选，往往一味阿附选举人，甚至于不择手段，用种种欺骗或诡辩的方法。

（六）议员为政客所独占，故往往以争权夺利为主，不把民众的利益放在心上。

（七）议员多注目在选举区的利益，而不注意到全体社会的利益。

（八）现在的议会多不能适合社会生活的实际状况，现代社会生活分成种种经济集团，在横断的国民主义之上立脚的议会，往往不能代表纵断的经济生活。

（九）为政客大本营的议会，事实上不得不变成野心家的集合所，辩论家的舌战场，而且人多嘴杂，责任不明。

（十）议会制度不过是资产阶级的假民治制度。

类似这一类的批评，真是举不胜举。这些批评当然有当有不当，但无论怎样，总可以算是反对议会制度或不满意议会制度的呼声。

蒲徕士（James Bryce）说："饶有政治与兴趣的旅行家，如果要访问各国立法部如何运用，一般老年人必定异口同声的给你悲观的回答。他们的谈天，多说：议会的言论比他们幼年时代格外恶劣；优秀人物不欢喜入议会；议事既不完全报告，又没有什么趣味；做议员的在社会上也没有什么名气。因为这些原因，所以不甚尊敬议会。"（《现代民治政体》第二卷）这一段话，大概可以表明欧美现代人对于议会制度的感情。

因为一般人心理，对于议会制度多表示反对或不满意，所以有许多理论，便异军特起的出来修正他。修正议会制度选举方法的，有比例代表制及职业代表制；限制议会制度权力的，有直接由国民投票表决的创制制、复决制及罢免制；根本废除议会制度的，有苏俄的委员制。本章单讨论比例代表制与职业代表制，其他制度将依次讨论于后。

第二节　比例代表制

议会制度一行，不但在议会之中投票，采取多数决主义，就在选举区中投票，也采取多数决主义。这个多数决主义一经采用之后，便便宜了多数党，因而造成多数专制的弊害。在最近几十年内，各国的少数党被多数党压迫，每到选举的时候，总是多数党得到分外的利益。例如美国一九〇四年的中央选举，共和党所得的票数至多不过占全体选民百分之五十四，但是选出的代表，却占百分之六十五。一九〇六年的奥里刚邦（Oregon State）的选举，共和党仅仅得到百分之五十五票数，却选出代表八十八名；民主党得到百分之三十四票数，但只选出代表七名。再如一九二四年十月英国的众议院选举，保守党得七三八五一三九票，如果用比例代表制，只能选出二百七十七名议员，但是却选出四百零二名议员；自由党得二九八二五六三票，如果用比例代表制，应该选出一百十二名议员，但是却只选出四十一名议员。议会制度的理想，本是想教各党各派的选民，都有代表在议会中替他们说话。如果多数党一党包办议会，使少数党全体向隅，便不是真正的全民政治。所谓比例代表制（Proportional Representation），就是想修正多数代表制的缺点。

比例代表制就是想使各党在议会中所得的议员的名数，刚刚和各党选民的人数相称。他的方法，就是先以议会议员的数目，来除选民的数目，除下来的得数，就是选出一名议员所需要的选民人数。凡一群选民只要人数够选出一名议员，就可以选出一名议员。而且比例选举是合全国为一大选举区，凡够选出一名议员的一群选民，也不限定要集聚在某一个选举区投票，就是散在各选举区中，把这一群选民分投的票数合计起来，也可以选出议员。

比例代表制在前几十年中，很受一般学者的推重，英国的密尔就是赞成比例代表制的一个人。他说：

> 民治政体的纯正意义，就是受那同有代表的全体人民所支配的全民政治；普通所说的及现在所实行的民治政体，却是受那特有代表的人民多数所支配的全民政治。前者是一切公民的平等政治；后者是便宜多数者的特权政治。这就是现行的选举制完全剥夺少数者选举权的必不可免的结果。（《代议政体》第七章）

密尔以为在议会中多数者的势力胜过少数者，本是当然的事体，但是总不能承认少数者在议会中不当有代表。所以他又说：

> 真正平等的民治政体，各党各派皆应该按照他们的人数选出代表。多数选民应该有多数代表，少数选民也应该有少数代表。以人做比例，少数者应该同多数者一样，得到相当的代表。如若不然，便不是平等的政治，乃是一个不平等的和特权的政治。这一部分人民支配其余的人民；有许多部分在代表制下应该得到的势力竟不能得到。这种政治乃是违反正义的政治，尤其是违反那以平等为根基的民治政体的原理。（同前）

密尔所以赞成比例代表制，就想免除多数政治的弊害。他以为社会上如果有一个势力比其余的势力都强，那么，这个势力必定一面要吸收其余的势力，一面又要排除其余的势力。到了一个势力压倒其余一切势力，造成道一风同的局势以后，社会便不能进步，国势便一定要衰弱了。故密尔赞成比例代表制，完全根据他所主张的个人主义的原理。个人主义以人为本位，故他所说的比例代表制也是以代表人为本位。在他看起来，一个国家不是集合地域而成的，只是集合个人而成的。故代表制只要能代表人，便可以代表人的居住地。所以密尔只想修正议会制度中的属地主义代表制的缺点，并不想修正属人主义代表制的缺点。

但是密尔虽主张属人主义的代表制，可是他的理论却比从前的学说进步。就是他的属人主义的代表制，并不是空空洞洞的代表一盘散沙毫无组织的个人，乃是确确实实的代表一群政见相同行动一致的选民。且看他说：

> 这个制度第一个好处，就在使各派选民，都能够按照他们的人数选出代表，不但两大政党和特别地方的一二少大的少数党得到代表，就是全国的各少数党，只要他的人数够选出一个代表，依照平等的原则，也能得到一个代表。第二个好处，就在没有一个选民，像现在那样，承认不是由他自己选出的人来做名义上的代表。议会中的每一个议员，都是一个意见相同的选举团的代

> 表。他可以依照当时当选票数的多寡，或者代表一千选民，或者代表两千选民，或者代表五千或一万选民；他不但是选民举出的，并且是选民由全国之中拣择出来的；和现在的选民只由自己的区域，选出一两个老朽出来，绝不相同。在这种关系之下，选民与代表的结合觉得比现在巩固，比现在有价值。选民与代表同心，代表与选民一体，选民所以要选他，不是因为他在候选人名单中，是最适宜于代表投票者自己的意见，便是因为他的才能和性情为投票者所最尊敬，最信赖的。议员是代表都市的人身，不是只代表都市的砖瓦；是代表投票者自己，不是只代表教会的委员，或教区的贵族。（同前）

密尔想打破属地主义的代表制，这是与主张职业代表制者相同的。但是主张职业代表制者，并不是想根本取消分区选举制，只想用按照职业分区的方法，来代替按照地理分区的方法；密尔却是想合全国为一区，根本推翻区域代表制。密尔主张属人主义的代表制，这是与主张职业代表制不相同的。但是密尔虽然主张代表是人的代表，不是人的职业的代表，可是他的选民却是因同一意见而合为一团的选民。职业代表制下的选民，是因客观的职业相同而集合在一起投票；比例代表制下的选民，是因主观的意见相同，而集合在一起投票。但是皆承认“国民代表”的理论是虚伪的理论；皆承认人类生活的关系，是超越地理的关系，这又是两派所同的。属地主义的代表制，把地域相同的人民，看作利害相同的人民，根本上就没有看见同住在一个地域的人民，常常有利害相反的事实。例如资本家与劳动者，地主与佃户，虽然同住在一起，可是利害却不一致。洋货商人与工厂主人，虽然同住在一条街上，但是对于保护关税的利害，彼此却是相反。而且散在各别地方的洋货商人，或散在各别地方的工厂主人，对于保护关税的利害，彼此反而一致。由此可见住在同一地域的，不必有同一的利害关系；同时有同一的利害关系的，却又不必同住在一个地方。密尔所谓主观的同一意见，当然是从客观的同一利害而来。把同一意见的选民集合起来，使一群选民有一群选民的代表，然后选民与代表的关系，才有联成一气的根据。由此看来，这两派的主张虽然不甚一致，但是打破虚伪的国民代表说和狭窄的区域代表说，彼此意见确是相同的。

比例代表制本是想修正多数决主义的缺点，但是他的比例的根据，仍然在“人数”上边。故比例代表制仍然是人的代表和数的代表，还不能从根本上废止多数决主义。可是主张比例代表制者理想中的多数者，绝不是卢梭式的单以人头计算的多数者，乃是以综合各种意见各种利益为内容的多数者。换句话说，就是罗致各种意见各种利益的代表于一堂，使他们尽量的发表意见，把这些意见调剂起来，造成多数意见。故主张比例代表制者的目的，消极方面，就在不使议会为同一利益同一意见的一党一派所独占；积极方面，就在使那抱各种意见各种利益的人群（Group），皆有代表可以发表他们的感情好恶。由那代表各种意见各种利益的代表，互相讨论，互相调剂，然后成为多数意见。故比例代表制下的多数意见，不是由代表同一意见同一利益的一党一派构成的单纯意见，乃是由代表各种意见各种利益的各党各派构成的复杂意见。议会的分子就是全社会分子的缩影；议会的意见就是全社会意见的结晶。一方面凡是具有同一意见同一利益的人群，都有代表；一方面凡是代表都一定要代表一个同一意见同一利益的人群。故代表与人群的关系非常确定；代表与人群的关系既已确定，故只要是本群所推定的候选人，都认为是可以代表本群的。因此便造成“得票转移”（Transfer of vote）和“名单投票”（List System）等等原则。

采用比例代表制最早的，要算丹抹，丹抹在一八五五年，就实行那保障少数党利益的比例代表制。到了一八五九年，英国的海尔（Thomas Hare）刊行他的《代表选举论》（*Treatise on the Election of Representatives*），提出比例代表制的详细的选举方法，密尔赞成比例代表制，多半是受海尔的影响。到了现在，比例代表制的讨论，已经有由理论进到方法、由方法进到实行的趋向。大陆上如德国、法国、比国、奥国、波兰、巨哥斯拉夫（Jugo-Slavia）、罗马尼亚、捷克斯拉夫、瑞士、瑞典、丹抹、芬兰、布加利亚等国都采用这个制度的全部或一部；此外如美国的一部分地方自治团体，英国的大学选举区，爱尔兰的自由国及澳洲等处，也逐渐的采行。这些国家所行的比例代表制虽然各不相同，但是自大体上说来，可以分为“英美式”和“大陆式”两种。

（一）英美式的比例代表制　英美式的比例代表制，大体上是采用海尔的单记转移法。海尔的方法的特点，就在不承认由政党政派指定候选人，只承认由选民指定候选人。英国和美国直到现在，中央选举还没有采用这个制度；采用这个制度的，不过英国的大学选举区，爱尔兰自由国，英国殖民地的一部分及美国的地方团体罢了。英美所行的海尔的比例代表制，大体上的要点如下：

（A）行大选举区制，或中选举区制，每区至少要选出三个以上代表。（海尔的提案，主张合全国为一区，但是事实上很难办到，故修正为大中选举区。）

（B）候选人不由政党指名，只由一定数额的选举人署名推荐。

（C）各选举人只有投一票的权。但为免除某一人得票过多的弊病，故使投票人在第一候选人之外，加入第二第三以下的副候选人；如果第一候选人得到当选票额，便把余票作为第二或第三副候选人的票数。

（D）用代表的额数加一来除投票总数，在所得的商数上又加一，即为当选票额（Electoral Quotient）。（这是德尔布在一八六九年提出的方法。）

（E）如候选人皆得不到当选票额，就以比较得票最多者为当选。

（F）开票所设在最低的自治体内，但只能计算第一候选人的票数。

（G）最低自治体的选举管理员将报告书连同全部票子送交中央选举事务所。

（H）中央选举事务所把各地送到的票子集合起来，分成第一第二第三……候选人的种类，分别计算各候选人的得票数额。

（I）第一候选人得到当选票额，即为当选。

（J）第一候选人除应得当选票额外，还有余票，即转移给第二或第三候选人。

(K) 如有第一候选人，得票极少，绝不能当选，便把他的票转移给第二第三候选人。

这种比例代表制，一方面很尊重选民的意志，一方面又可使被选者能够代表本选举区内的各种利益和意见。综合一般人的批评，采用海尔的方法，可得下列几种利益：(一) 可使选民自由的或自然的结成一团；(二) 可以救正政党政治的弊害；(三) 可使少数意见和利益得到代表；(四) 可以选出最适当的议员。但是反对海尔的方法的，又说有下列的弊害：(一) 打破地域的自然界限，便没有方法可以制止煽动家；(二) 使每个议员代表一群选民，便难免引起阶级立法的恶倾向；(三) 每个代表背后都有他的特别阶级和团体去指挥操纵，便不能独立的发表意见；(四) 少数选民联合起来就可以选出代表，结果，必定引起小党分立的弊害。

(二) 大陆式的比例代表制　大陆式的比例代表制，大体是采用名单投票制。名单投票制有“单记名单投票制”和“连记名单投票制”两种。单记名单投票制又有“单记自由名单投票制”和“单记强制名单投票制”。所谓单记自由名单投票制，是使投票者自由选择候选人；至于单记强制名单投票制，候选人便不能由投票者自由选择，投票者只能对于各政党所提出的候选人名单投票。前者是比利时所行的制度，后者是德意志所行的制度。此外还有瑞士、意大利诸国多种多样的比例代表制，不能具述，以下姑且叙述德比两国的制度。

德国的比例代表制是一九二〇年四月二十七日法律规定的，他的重要特点如下：

(A) 全国共分为三十五个“选举区”。

(B) 把两个以上选举区联合起来，共设十七个“联合选举区”。

(C) 合十七个联合选举区，成为一个“国选举区”。

德国的比例代表制，先定下议员的当选票额为六万人，至于议员人数多寡，并不预定。每届选举时，各政团可以提出三种候选人名单：

（一）向各选举区提出“区候选人名单”，（二）向各联合选举区提出“联合区候选人名单”，（三）向国选举区提出“国候选人名单”。各投票者不是对于各名单中的某一个候选人投票，只对于某一个名单投票；而且每个投票者只有投一票的权利；投票者不得变更各名单中的候选人的人名，也不得变更各名单中所定的候选人的次序。各政团的“区候选人名单”得到六万票时，即当选一个代表；如得到两倍三倍，即当选两个三个代表。如某一个“区候选人名单”得票不满六万张，或除掉当选一个两个代表外，尚有残余票数，只要在三万票以上，便可以把他移归“联合区候选人名单”上去。联合选举区把各政团在各选举区中所余的票数合计起来，每得票够六万张，也当选一个代表。如果联合计算后，还有余票三万张以上，再把他移归“国候选人名单”上去。国选举区再把各政团在各联合选举区中所余的票数合计起来，每得票够六万张，也当选一个代表。

德国的单记强制名单投票制，比较任何国家所行的比例代表制，都精密，都简单。他虽然分全国为三十五个选举区，但是同时又不啻合全国为一个大选举区。凡分区投票的利益和合区投票的利益，皆可以同时得到他，这个制度虽然要求选民放弃个人的选举自由，但是同时更要求选民对于政党作共同的活动，负连带的责任。这就是丢开根据个人主义和自由主义的选举法，代之以根据连带主义和合同主义的选举法。虽然限制了个人选举的自由范围，却增加了个人对于团体的合作心与责任心。

比利时的比例代表制是一八九九年十二月二十九日法律规定的，后来少少加以修正；就是一九一九年所定的现行法，也大都是根据前法而来的。当一九二一年改正宪法时，又把比例代表制的原则规定在宪法之中，例如宪法第四十八条第二项即有“选举采用依法律所定的比例代表制”的规定。此外如“选民有投一票的权利”及“每人口四万得选出众议院议员一名”等原则，也规定在宪法之中。比利时所行的比例代表制，就是单记自由名单投票制。这个方法，一方面承认由各政党提出候选人名单，一方面又承认投票者得以自由选择各名单内的候选人。所谓自由择选，就是投票人不一定要遵照各政党所定的候选人的次序；可以依照投票者自己的意志，任意选举各名单中某一个候选人。这个制度的重要特点大概如下：

（A）各政党得向选举管理员提出候选人名单。

（B）选举管理员把各政党的候选人名单作成公式的候选人名单。

（C）各选民皆只能投一票。

（D）各选民也可以对于某一政党的名单投票，也可以对于某一政党的名单中某一候选人投票。前者是对于名单投票，就是承认这个名单中候选人的次序；后者是对于个人投票，就是承认投票者得变更名单中候选人的次序。

对于名单投票						对于个人投票					
○	○	○	○	○		⊗	○	○	○	○	
周某	李某	孙某	钱某	赵某	⊗	周某	李某	孙某	钱某	赵某	○

对于名单投票就是承认名单中赵某为第一，钱某为第二……的次序；对于个人投票却是由投票者的意思承认周某为第一选候人，而变更原有名单上的次序。

比利时计算票数的方法是采用顿特（Victor D,Hondt）式的计算法。这个方法，是先以一二三等数陆续除各党名单所得的票数，所除得的商数，直到刚刚与该选举区应出的议员额数相同为止。然后把所得的商数，依数目的大小，依次排列起来，以最后的一个商数，作为分配议员名数于各名单的标准。现在假定某一选举区应选出议员五名；该区内有三个政党的名单，各名单中的“名单得票”和“个人得票”如下：

甲党

得票总数	个人得票			名单得票
八〇〇〇〇	孙某 一〇〇〇〇	钱某 二八〇〇〇	赵某 一五〇〇〇	二七〇〇〇

乙党

得票总数	个人得票			名单得票
四二〇〇〇	吴某 九〇〇〇	周某 一三〇〇〇	李某 五〇〇〇	一五〇〇〇

丙党

得票总数	个人得票				名单得票
二五〇〇〇	陈某 一三〇〇	冯某 四五〇〇	王某 五〇〇〇	郑某 三〇〇〇	一一二〇〇

用顿特的方法，把甲乙丙三党得票总数用一二三四除之，

	甲党	乙党	丙党
	80000	42000	25000
以一除	80000	42000	25000
以二除	40000	21000	12500
以三除	26666	14000	8333
以四除	20000	10500	6250

把除得的商数，依大小排列如下：

1	80000	3	40000	5	25000
2	42000	4	26666		

因该区选出议员五名，故以第五个数二万五千为各名单得到议员票额的标准。

甲党得票总数八万张，以二万五千除之，得商数三，即得三个议员；乙党得票四万二千张，以二万五千除之，得商数一，即得一个议员；丙党得票二万五千张，以二万五千除之，得商数一，也得一个议员。至于

各名单内的当选者的决定法如下：

甲党　钱某个人得票二万八千张，已过当选票额三千张，当然当选。

赵某个人得票一万五千张，转移钱某多余票数三千张，再利用名单得票七千张，即够当选票额，故也当选。

孙某个人得票一万张，再利用名单得票一万五千张，也当选。——仍多残余票数五千张。

乙党　周某个人得票一万三千张，利用名单得票一万二千张，即当选。——仍多残余票数一万七千张。

丙党　王某个人得票五千张，再利用名单得票一万一千二百张，并转移郑某、冯某、陈某个人得票共八千八百张，合成二万五千张，亦当选。

比利时的比例代表制的最大特色，在一方面承认政党的力量，一方面又承认个人的自由，可算是个人主义与团体主义的调和。但是他的缺点就在没有补救各党残余票数的方法，例如乙党残余票数一万七千张，全归废弃之类是。这是比制不及德制的地方。

无论英美式或大陆式的比例代表制，一方面固然都想打破区域代表制，可是一方面却没有完全跳出区域的范围；一方面固然都想推翻多数代表制，可是一方面却仍然跳不出数目的范围。他承认每个代表只能代表党团的意见，不能代表全体国民的意见，固然是比较的进步；但是却承认代表是一群人民的代表，便仍然脱不掉属人主义代表制的窠臼。他承认每个代表只代表一群人，不是代表这个人，那个人，固然是比较的进步；但是却承认代表可以包办人类生活的全部，便仍然脱不掉万能主义代表制的痕迹。

反对比例代表制的人，除上述的理由之外，还有种种理由：（一）行比例代表制容易使政党分裂。因为比例代表制根本是为少数党谋利益的，就是把大党分成小党，也不致落选，结果必然要使议会之中没有一党可以占过半数的议席。德国一九二四年五月四日的选举，在众议院得到议席的共十二党；但是到了一九二八年五月二十日的选举，到选举事务所去提出候选人名单的，已经有十七党之多了。议会中政党过多，任何政党皆不能组成一党内阁；就是勉强将就，组成联合内阁，基础也必定不能巩固。法国的内阁，几乎没有一次不是联合内阁，更没有一次的联合内阁是可以长寿的，就是议会中政党太多的原故。英国为保全两大政党对立的现状，所以极端的反对比例代表制。（二）比例代表制太拘束选民的独立与自由。因为在比例代表制下的选民投票，只是对于政党的投票，不能自由的选出自己相信的人物。就是允许选民对于个人投票，但是也只能投那名单上已经推荐出来的候选人，不能投那超然立在政党之外的人。这样一来，选民便没有一个不在政党的势力支配之下，政党既在法律上得到操纵选举的机会，一切选举人都变成政党的傀儡，没有一个人可以自由投票而不失败的。（三）比例代表制太重视部分的利益，轻视全国的利益。议会的立法，本是拘束全体社会的，故必定要以全体社会的利益做标准，不能拿各部分的利益做标准。社会是多数人的社会，少数人的利益，应该为多数人牺牲。议会的议决应该是公共利益的结晶品，不能把议会这个机关看作部分利益的交换所。故为防止阶级立法起见，应该反对比例代表制。

以上是反对比例代表制的普通论调。但是无论这班人怎样反对，而比例代表制的原则，却正在被一般新建设的国家尽量采行。故现在所讨论的，已经不是比例代表制的理论能否成立的问题，乃是比例代表制的理论怎样实现的问题了。

第三节　职业代表制

比例代表制固然很可以纠正从前属地主义代表制和多数主义代表制的缺点，但是仍然脱不掉以人代表人的弊病。根本推翻属地主义代表制和属人主义代表制的，乃是近代才盛行的职业代表制（Functional,Occupational,Professional,or Vocational Representation）。

属地主义代表制，是把地方团体——如省县村市之类——作为选举团体，按照土地的区域，来划分选举的区域。因为从前的社会生活大半以土地为唯一的连锁，而且由土地而生的连带关系，比其他关系都比较密切，比较永久。不但农业的生活与土地发生密切的关系，就是工商业的生活，亦多附着在一定的地域之内。从前的选举团体以土地为要素，本来是很有理由的。至于近代的社会生活，虽然不能说完全与土地不生关系，但是土地的关系，绝不是唯一的关系，也不是重要的关系。因为交通机关和城市生活发达，土地的要素已经不是我们今日生活的唯一要素。和我们住在同一区域的邻人，他们的生活和我们的生活的连带关系，总不及在同一职业同一团体中生活的人们关系那样密切。因此，代表制便有由属地主义变到属业主义的必要。

属人主义代表制是把代表看作全国的或某一地方某一人群的人的代表。其实想教一个人来代表全国职业各别的人，固然是做不到；就是想教一个人来代表某一地方的职业各别的人，或某一人群的职业各别的人，也是同样做不到的。因为人并不是机械，他的能力是普遍的，他的目的是众多的。至于职业团体便不是这样。但凡设立一个团体，必定有一种特定的目的；为完成他的目的起见，必须要做特定的职务。故凡是社会，都必定有一定的职能。用人来代表一切人的意志，便是虚伪的代表制；用人来代表某社会的一种特定的职能，却是真实的代表制。故为革除虚伪的代表制，实现真实的代表制起见，应该废除属人主义的代表制，代之以属业主义的代表制。

人类生活的目的十分复杂，对于精神方面，物质方面，皆有种种的欲求。每一种欲求，总是依靠一种团体才能得到；故人生的欲求越多，团体组织的种类也越多。这种欲求靠这个团体供给，别种欲求又要靠别个团体供给；故抱有多种欲求的人类，势必要成为多种团体的团员。例如为达社交娱乐的目的，做了俱乐部的一员；为达物质生活的目的，做了工场或其他经济团体的一员；为达信教的目的，做了教会的一员；为居住而做了村市省县的一员；为求智识而做了学校的一员。故人类的职能是众多的，团体的职能是有限的。主张职业代表制者，因此，便反对用人来代表人的代表制。且看柯尔（G. D. H. Cole）说：

> 没有人可以代表别人的，没有人的意志可以代替或代表别人的意志的。一个人不能代表一个人，这种事实是显然易见的，所以在这种代表原理上建设起来的许多政治理论和民治理论，都是极难理解的。因为每人都是意识和理性的一个中心，都有那能够自决的一个意志，都是一个最后的实在体。这样的一个意志怎能够代替多数的意志？一个人在成为自己以外，又怎样能够同时还成为多数别的人？（《社会理论》第六章）

照柯尔这样说，代表制是毫没有存在的理由，好像要把代表制的各种形式完全推翻了。但是柯尔的本意，并不在取消代表制的理论基础，不过想阐明真正代表制的理论。他所说的真正代表制，不是以人代表人类意志的代表制，乃是以人代表团体意志的代表制。且看他说：

> 我们相信：一个人的各种行为都是想达到某种特殊目的，人类也都是这样。人类要依靠有组织的团体，或经由有组织的团体，才能求到特殊的目的，所以他们要组织团体，或经由有组织的团体才能求到特殊的目的，所以他们要组织团体，或加入团体。每一个团体都有一个或几个特殊目的，人类为求得几个或一切的目的，因而答应做团体之一员。
>
> 被选者——官吏，委员，代理——不是以自己的人格代替或代表选举团的人格，他所能代表的，只是为团体存在理由的那狭小的和确定的目的。在这个地方，一个人代表许多人，是没有问题的；因为这个代表，既不是代表选举团的全部意志，也不是代表选举团的全体人格；只是代表他们所组织的团体，只是代表这个团体所以存在的目的。（同上）

大概自柯尔看来，人的目的是众多的，人的职能是普遍的；团体的目的是单纯的，团体的职能是特殊的。但凡组织一个团体，必定有一种确定的目的，或特殊的目的，为完成他的目的起见，必定要做一定的职务。如果想教一个代表去代表一群职业各别的个人，总是不可能的空想；如果想教一个代表去代表一种职业，或代表一种职业中的一个团体，因为职业或职业的团体都有确定的目的，自然能够由一个人代表出来。故职业代表并不是万能的人的代表，只是特殊的职业的代表；并不是各别人类的全部意志的代表，只是同一职业的人类的某一种目的的代表。

在职业代表制下，选举者与被选者的关系，更能够确实。因为从前的选举团是暂时集合的团体，投票终了之后，就即刻解散。因为选举团不是常存的团体，就是教选举团给予被选者的指令，也是办不到的。如果选举后情势变更，要想教选举者从新给予被选者的新指令，更没有方法能够办到。因此，把被选者与选举者隔绝起来，本来被选者件件事皆可以代表选举者，但是结果，便件件事都不能代表选举者。故代表者在议会中所发表的意思，完全是代表者自己的意思，绝不是被代表者的意思。到了这个地方，便不得不采取武断主义，硬把那代表者自己的意思，当作被代表者的意思。从前的代表制的虚伪，就虚伪在这个地方。职业代表制颇能纠正这一点错误，因为职业代表制的代表，是由那常存的和有组织的团体选举出来的；这个选举团体，在被选者任期中，继续存在，故对于被选者一切行为，可以随时加以批评，可以随时予以忠告。如果对于被选者绝望，更可以随时罢免他。其实，罢免（Recall）乃是最后的防卫，批评和忠告却是使代表不致离开民治原则的通常手段。卢梭说："英国人民……只在选举议员时候可以自由，议员一被选出，马上就变成奴隶"，真是说尽了从前被选者与选举者太无联络的弊害。故职业代表制就是为纠正这层弊害而提出的。

照主张职业代表制者说，人生是各种特殊目的的总集合，每个团体都是人生达到某种特殊目的的工具；故人生的目的越多，团体的种类也越多。这些各式各样的团体，对于人类社会生活的价值，通同是一样的。各人为达到各种特殊的目的，而分属于各种职能团体。一个人同时属于许多团体，这许多团体对于这一个人的生活皆有同等的价值。故真正的代表制，一方面应该使各种团体皆有代表，一方面又应该使一个人以做各种团体的一员的资格，选出各种代表。且看柯尔说：

> 有职业的民治政体之下，不是把一个人只算作一个人，不是无论何人都不能算作一个人以上。一人一票，只是在伪民治政体下的主张。职业的民治政体的本质，乃是看一个人有几种利害关系的职业，就给他几个投票权。人类所希望的是依照那与他们有利害关系的特别问题的种类投票，如果给予一票，便没有注意到他们的特别利益。我们一定要提倡“以一票代表一种利害，一人有几种利害就有几票权”，推翻从前“一人一票”的旧制。（同上）

这种主张，就是想把从前的人格代表制，变成利益代表制；并想把从前由人民代表组成的议会，变成由社会代表组成的议会。上面所述的，都是英国同业社会主义派的大体上的主张，职业代表制的学说当然还有多种多样，不能以这一派的主张为限，但是这一派的理论，却是很重要的理论。

法国工团主义派的主张，也是这样。他们以为古代政治社会的组织，以家族部落或地方团体做基础，故可以家族部落或地方团体作政治的中心；将来的政治社会组织一定要以职业团体做基础，故不得不以职业团体作政治的中心。将来组成社会的根本原因，一定要离开血统的关系，或地域的关系，转移到从事于同一职业的关系方面去。现在属于同一血统的人民间的利害关系，以及住在同一区域的人民间的利害关系，总不及从事于同一职业的人民间的利害关系，那样普遍，那样密切。有许多国家，职业团体的联合组织和联合会议的势力，往往超出于议会的势力之上。例如英国劳动团体的大集会，美国农矿工人的大集会，澳洲各种劳工组合的大集会，势力常常超出议会之上。议会中如果再不容纳这种势力，便一定不能代表全体社会，酿成外重内轻的局势。采用职业代表制，就是想把这种势力吸收到议会中去，使议会的组织与社会的组织相适应。

再近来议会的议员，几乎为政客所独占，这般政客多半是一无所长的。现在立法事业渐渐的复杂起来，非有特殊知识与特殊经验，往往不能胜任。如果采用职业代表制，各种职业中的专门家，一定有当选的机会，无论什么专门的法案，必定可以得到一部分具有充分经验与理解的人们讨论与审查。这样一来，议会所通过的议案，便不致窒碍难行。这也是主张职业代表制者认为补救议会制度弊病的一种理由。

其实职业代表制并不是什么新的制度，欧洲自中古以来的议会制度，也可以说是在职业代表的原理上构成的。那时的代表由教师、贵族、平民三阶级分别选举，当然多少含有职业代表的意味。不过这个选举的方法，含着阶级的意味多，含着职业的意味少罢了。近代有少数国家，如奥国的上院有商会的代表，意大利的贵族院有学术界、实业界、司法界、行政界的代表，英国的众议院有大学的代表，虽然不是采用职业代表制，但是多少总含有职业代表的意味。最近二十年来主张职业代表制最力的，要推英国的同业社会主义派及法国的工团主义派；此外还有德、俄等国皆已经正式的采用职业代表制的原理。故职业代表制也同比例代表制一样，已经从理论的辩论，进到方式的研究了。

近来采用或主张职业代表制的方式，计有三种：（一）德国式的职业代表制，（二）俄国式的职业代表制，（三）英国式的职业代表制。

（一）德国式的职业代表制　德国一九一九年的新宪法第一百六十五条第三项，规定“区经济会议及中央经济会议的组织，应令全国各重要职业团体，均有选出代表的权利”。一九二〇年五月的《暂行中央经济会议组织法》中，规定：中央经济会议由三百二十六名代表组织而成，代表名额按照十个团体分配：（A）农林，六十八人，（B）园业，渔业，六人，（C）工业，六十八人，（D）商业，银行业，保险业，四十四人，（E）交通业，公益事业，三十四人，（F）手工业，三十六人，（G）官吏，专门家，十六人，（H）消费团体，三十人，（I）德意志各联邦，十二人，（J）德意志共和国，十二人。这三百二十六个代表可以分为四类：（一）各企业的雇主的代表，（二）各劳工团体的代表，（三）消费团体的代表，（四）政府的代表。雇主与劳工所出的代表人数相等，各为一百三十六人；消费团体的代表（三十人）与政府的代表（二十四人）人数虽然较少，但因劳资两方人数相等，故也很有左右该会议的能力。德国的职业代表制，最特别的一点：就在代表名额的分配，不拿各种职业团体中的人数做标准，只拿职业团体的种类做标准。而且他的普通议会的选举，仍然采用属地主义代表制的原理；只有这个对于经济立法与社会立法有建议权和审议权的中央经济会议，采用职业代表制的原理。故德国的普通议会并没有一律采用职业代表制，不过这个权力较小的中央经济会议特别的采用职业代表制罢了。

（二）俄国式的职业代表制　现行制度中，完全采用职业代表制的，要算俄国。俄国的中央最高机关“全俄苏维埃大会”的代表，是由各城市 的苏维埃及各省的苏维埃选举而来的。省苏维埃虽然不是直接的职业代表机关，但是总可以算作间接的职业代表机关。因为选举省苏维埃代表的，是城市及其他下级地方团体的苏维埃，这些苏维埃都是直接或间接由从事各种职业者选举而来的。至于城市苏维埃便可以正正当当的叫做职业代表机关，因为他的代表都是直接的由各种职业团体选举而来的。城市苏维埃可以拿“莫斯科苏维埃”做代表，来说明他的选举程序。莫斯科苏维埃的选举法：（一）凡使用二百至五百劳动者的工场，选出代表一名；使用五百以上的劳动者的工场，每五百人选代表一名；使用二百以下的劳动者的工场和别的小工场联合选出代表。（二）会员二千以下的劳动组合，选出代表一名；五千人以下的，选出二名；五千人以上的，每五千人选出二名；每增加五千人，则加选代表一名。……这种选举明明是以各种职业团体作为选举的单位，故被选的都是产业的代表，绝不是地方的代表。俄人常常自夸他的代表方法，说：

这个代表方法是把经济上的事实和实际生活依原样反映起来的；这就是无产阶级的民治和有产阶级的民治根本不同的第一特

> 征。在有产阶级之下，选举是由那与实际生活全然无关系，而用人工划分出来的选举区做单位而行的。但是苏维埃选举不是这样，乃是由经济生活的必要，现在天天行使其机能的实际生活上的单位而行的。前者是选举终了之后，事实上就归消灭的一种单位，后者就是在选举终了之后，还永久存在的一种单位。这个代表……是代表日常经济上的机能相共同的同僚。他们无论在被选以前，或被选以后，都是和他们的选举者共同生活的。设若他们不能代表选举者的意思时，随时都可以辞职。（李达译《劳农俄国研究》第三章）

这一段话，简直和英国主张职业代表制的同业社会主义派一鼻孔出气。大概苏俄的现制，一方面废止旧式的议会制度，一方面废止旧式的属式主义和属人主义的选举制；不过仅仅留个代表制未废罢了。

（一）英国式的职业代表制　英国议会除掉容认大学区的代表外，并没有正式采用职业代表制。故所谓英国式的职业代表制，不过是英国的社会主义派的一种主张罢了。柯尔主张国家应该设立两种议会：一政治议会，一经济议会。政治议会的立法权，以政治问题为限，经济议会的立法权，以经济问题为限。前者是消费者的代表机关，后者是生产者的代议机关。所以两种议会的选举法，各不相同。政治议会仍然按照属地主义的原则，分区选举；经济议会却采用职业代表制的原则，由各种职业团体选举。照这派的计划，是想使职业团体的代表机关与地域团体的代表机关，地位平等，各有各的立法的职权。

其实，英国现在的众议院虽然没有正式采用职业代表制，可是事实上却把职业团体所选出的议员，渐渐看作职业团体的代表了。且看马里奥（Marriott）在他《近代国家的机关》（*The Mechanism of the Modern State*）中说：

> 现在英国的下院，正式承认的职业代表，只有大学代表。但

> 是在别的方面，虽然没有正式承认职业代表的观念，而职业代表的观念却已经浸入议会之中了。现在劳动组合或雇主组合的代表，在众议院发言的时候，并不是以地方的代表资格发言，只以职业的或经济的代表资格发言。地方区域，往往同某种有力的产业区域合在一起。凡大铁路的中心地，总是由铁路工会的职员做议会代表；凡大矿业的中心地，总是由全国矿山劳动者组合的职员做议会代表。这些职员的被选，本来是教他们做各劳动团体代表的；后来便不期然而然的，分配到某地方选举区中去做候选人。故职业代表的原则，就在今日，实际上已经可以说是在英国的议会中运用起来了。（第一卷五〇三页）

在英国外，还有法国的狄骥主张采用两院制的议会制度，上院用职业代表制，下院用地域代表制。狄骥也以为普通意志一定要由各种团体的代表说明，由各种团体的意见造成这普通意志。立法部如果不是代表构成国家的两大原素——个人与个人的团体——便不能算是国家的真正代表。他认定国民生活的最大的势力，应该由工业、财产、商业、制造业、专门业等等，代表起来的；所以因此便主张地域代表制与职业代表制同时并行。

职业代表制虽然渐渐的进到实行时期，但是反对者仍然不断的发表他们的意见。普通认为职业代表制的弱点如下：（一）将要永久抑制少数者，否认为少数者谋利益的比例代表制。（二）对于独立投票者并不能给以保障，他所最愿意选举的候选人将仍然不能选举，为免避票子分散起见，不得不选举他不大愿意选举的人。（三）划分职业团体的种类，决定个人属于某一团体，皆要发见很大的困难。同一职业散在各处，势必要联合不同的地方为一个选举区；同一地方有许多职业，势必又要划分同一地方为几个选举区。（四）对于从这个工业转到那个工业的人，不能有确当的准备。（五）从事实上说，工业的利益并不能包括其他一切的利益，如果大多数选民想在他做某种职业工人的一个资格以外，再得到他种资格的代表，便办不到。这一类的意见，可以算是对于职业代表制的最普通的批评。

此外还有两种批评：（一）承认职业代表制可以引起阶级的立法，或议会内部的冲突；（二）承认职业代表制偏于保守的性质，足以妨碍社会的进步。提出第一种批评的人，以为中世纪议会的议员是各阶级的代表，所以每次开会，如同各国公使聚在一块会议一样，各以本阶级的利益为主，一点都不肯退让。以职业团体为单位的代表制，各代表背后，皆有一定的和特殊的利益，他们在议会中争论，并不是以社会利益为标准去争论，乃是以特殊利益为标准去争论。坚持这种意见去立法，当然是阶级的立法；固执这种见解去争执，当然是不容易调和的争执。或者一部分职业团体联合成群，压倒其他一切职业团体，便更容易演成多数专制。这一类的批评，似乎也有相当的理由。

提出第二种批评的人，以为职业团体往往富于守旧性。群众团体的习惯，比较个人的习惯已经很难变更；至于职业团体的习惯，比较群众团体的习惯尤其难于变更。因为属于特殊职业团体的人们，往往固守多年的习惯，由习惯而成为天性，他们自己羡慕或赞美自己的习惯，必定比别人更甚。除掉少数特出人才具有破坏习惯的精神外，大多数人们都是跟着习惯走的。当瓦特（James Watt）和奥克莱特（Arkwright）等发明机器的时候，许多职业团体都把他们看做劳动的敌人。莫克法森（Macpherson）在他的《十九世纪政治思想史》（*A Century of Political Development*）上说："我们看见格拉斯科（Glasgow）的铁匠对待瓦特一件事，就可知道他们得到权力的时候，要怎样的守旧。他们因为瓦特对于制造机器的职业没有做过徒弟，又不遵奉劳动组合的规约，所以大家一起同盟来拒绝他。……如果劳动者在工业时代初期就有统治的权力，那么，一定要为着劳动的利益来禁止机器了。"至于瓦拉士（Graham Wallas）教授，不但证明中古的基尔特（Guild）富于保守性，并且证明现代英国律师、医生、军官、教员四大职业团体，亦常常为改善各该业的阻力。瓦拉士因此，便反对英国同业社会主义派所主张的职业代表制。

但是职业代表制虽然引起人家种种的批评，可是他的价值却不因此而受损失。在这个议会制度渐渐失势，各种经济团体渐渐得势的时候，要想纠正从前代表制的错误，除掉采用职业代表制，似乎尚没有新发见的更完善的方法。

本章参考书

Hare—Treatise on the Election of Representatives.

Miil—Representative Government.第七章

Horwill—Proportional Representation its Dangers and Defects.

Cole—Social Theory.

Cole—Self-government in Industry.导言及第五章

Duguit—Constitutional Law.

Commons—Proportional Representation.

Curtis—Proportional Representation.

Wallas—Our Social Heritage.第五第六各章

Merriam—Political Theories,Recent Times.第六章

Garner—Introduction to Political Science.第十四章

Sidgwick—Elements of Politics.第二十章及二十二章

高桥清吾—《政治学概论》第六章本章各节多是以该书做根据的

王世杰—《比较宪法》第三编第一章

第十章 公民团体

第一节 选举权的理论

近代讨论选举权根据的学说，大概可以分为两派：（一）把选举权看作国民固有的权利，（二）把选举权看作国家为某种目的特别给与国民的权利。

现在先说明这第二派，——就是不承认选举权为国民固有权利的一派。这派学者大都说选举权是国家对于特别效劳特别贡献的国民所馈赠的报酬。若从议会制度沿革史上说来，这一说也很有历史的意味。现在议会制度本是从英国来的，英国议会是怎样发生的呢？就是因为想教人民担认租税，所以让他推举代表出来，到中央来集会。也不只英国是这样。古代的国家，一切费用皆用国王的私财，后来国用越多，单靠国王的收入，是不够用的，所以渐渐教地方上有钱的人去承担新税。但是一次两次以至无数次的征收新税，有钱的人自然要抵抗了，因为抵抗，便使君民之间发生许多冲突。有了这种经验，才渐渐的开了一个新例：凡要教国民承认租税，事先就要召集他们的代表会议，把那为什么征税的理由，说明白给他们听听。这样一来，那担负特别租税的财主，便得了讨论政府财政问题的权利。——这就是民选议员发生的原因。议员本是为承认纳税选出的，所以英国人常说："不出代议士不纳租税。"由这一点上看来，选举权简直可以说是纳税的报酬。因此，选举人的资格，都以纳税者为限，凡不纳税者便没有选举权。可是到了现在，租税的性质已经变迁，——就是不把租税看作特别阶级的特别担负，单把他看作国民的共同担负。所以法制上要承认租税和选举权有一定的关系，实在没有什么根据了。

我们如果承认选举权要受特别的限制，那么，自不能不按照有没有纳税及纳税额数多寡，来定有没有参政能力及参政能力高低的标准。以纳税多寡来作限制选举权的标准，就是以财产多寡来定能力有无和高低的区别。其实财产的多寡与能力的有无和高低，绝没有什么不可分离的关系。现在实行普通选举，就是证明古代把选举权看作纳税报酬的制度，实在没有存在的价值。

以报酬特别的纳税，作为选举权的根据，固然是错了。但是又有人说：只有对于国家尽了某种义务的人才可以取得选举权。最近英国的女子得到参政权，论者多以为他们在欧战的时候，尽了很大的义务，所以才把选举权给予他们。从前法国的宪法上有“非服过兵役者不得有选举权”的规定，也是这个意思。可是现在的服兵，已经变成国民共同担负的义务，并非特别的义务，当然不能给予特别的报酬。故以服兵作选举权的交换条件，只可算作在军国主义下鼓励国民的一种政策，绝不能认为选举权的学理上的根据。

现在再说明这第一派——就是承认选举权是国民固有权利的一派。这派所说的“固有”两个字，并非说是从先天得来，不必根据法律的；只说是由于法律承认的，不是完全由于法律创造的。法律不能凭空创造权利，只能承认人民在法律之前已经有了的权利。照这样看来，选举权实在是用法律承认下来的人民固有权利。但是人民拿出什么理由做根据，来要求这参政的地位为固有的权利呢？关于这一点，自十九世纪到现在，学说已经变过三次：

（一）自然权利说　这派学说以为人类生来就有个人绝对自由和个人无上权利。人类既有这种自由自主的权利，故不论何时，都可以自由创造国家，来保全自己的生命。个人既是组成国家的一分子，所以可说个人都是有主权的人。再把这个道理引伸起来，凡是国内的人民没有一个不应该参与国政，因此，便把参政权看作个人固有的、绝对的权利。这种理论，直到一七九三年才在法国宪法里面表现出来，成为一种制度，那时所有关于参政权的议论，大概都根据这种理由。

可是天赋人权说只可适用于革命时代，后来英国的乐利主义（Utilitarianism）起来，根本上不承认人类有天赋的权利，因此，选举权的论据又移到别处去了。

（二）阶级权利说　这一派人以为一国之中总有一个阶级人数最多，要想设个法子，扩张这一阶级人的权利，图谋这一阶级人的幸福，所以才使他们有选举权。提倡这一说的：第一是乐利派，第二是社会主义派。乐利派的国家目的在谋最大多数人的最大幸福。但是谁是最大多数的人呢？密尔詹姆士（James Mill）便认定只有普通人民——除去中产阶级——可算是最大多数，因此，便要求普通选举制。后来社会主义起来，又认定最大多数是劳动阶级，因此，便又要求工人的参政权。国家既是以谋最大多数的最大幸福为主要的目的，劳动阶级既然占国民的大部分，那么，他们当然要有参政权了。

可是又有许多学者以为这种论调，只是为劳动阶级设想的，国家对于人民绝不能存阶级之见，选举是国家的一种制度，不能拿阶级之见作为选举权的唯一无二的理由。

（三）社会协进说　这是近来发见的新学说，就是由德国而来的共同团体说和由法国而来的社会连带关系说（Social Solidarity）。现在选举权的论据，虽然不必以这两说为限，可是最近国家的理论却多趋重到这一点上来了。这一派学者以为人类在国家之中过团体生活，为的是想达到生存的目的。如果离开这个团体生活，人类的生活便不能完全。所以团体生活是人类生活的基础，要想使生活圆满，必定先要使团体巩固。个人与国家如同有机体的各部分与全体的关系大致相似，有机体的各部分务必要为全体尽力，故个人也要为国家尽力。因此，个人便不得不十分的努力，使国家的生活充实，国家也不得不十分努力，使个人的生活发展。因此，国民对于国家便有积极的责任；因为有积极的责任，便要更进一步，去直接分担经营国家或管理国家的职责。又因为个个人都有分担经营国家或管理国家的职责，便不得不在法律上要求经营国家或管理国家的机会。照这样看来，当决定国家的意志的时候，人民应当有参加这意志决定的权利。这就是近来民治主义的根据，也就是发生普通选举权的理论的渊源。

以上所说的各种学说，内容虽然不同，但是有一个共同之点：就是都以选举权为人民的一种权利。此外还有一说，承认选举权为公共的义务。因为选举权与别种权利究竟不能完全相同。换句话说：选举权不尽然含有权利的性质，并且同时含有义务的性质在内。所以有许多国家对于无正当理由而不尽选举义务的人，加以法律上的限制。因为选举团体和立法院一样，通同是国家的机关，是由法律设定的，故人民得到选举权也是由法律规定的，并不是什么天生的权利。选举权和公民权的性质，究竟不一样，公民权是公民最低限度的安宁保障品，是人人应该有的；选举权既不是人人应该有的，也并不是人人所能有的，如同议会中的人民代表不是人人所能做的一样。这一说是自然权利说的反动，在未行普通选举制的时候，也具有一部分的势力。

本来选举权实兼含有权利与义务两重性质。各国法律，都承认：凡依法享有选举权的人民，如官吏有意或无意的不把他的名字注入选举册，便有向法庭提起诉讼的权利。这种规定，明明是承认选举权为人民应当享受的权利。但是这种权利却与私人的普通权利不同。私人的普通权利，准许私人依自己的意志，转让给别人，或委托别人代为行使，或因宣言抛弃而归于消灭。国家对于人民的选举权却不许这样，各国的法律，大概都承认选举权是不得转让、不得委托及不得宣言抛弃的权利。这就是把选举权同时看作义务的证明。因为选举权兼含有义务的性质，所以国家可用法律来强制人民履行这种义务。因此，便不得不一方面把选举权看作人民参与政治的一种权利，一方面又看作人民为国家社会的利益而行使的一种义务。

第二节　选举的方法

各国选举议员为便利起见，多把全国分为若干选举区，而用分区投票制。依普通的学说，选举乃是选举出来全国利害的代表，在理论上说，当然要使全国合为一个选举权区。不过在地广民众的国家，要想实行全国一区制，事实上绝难办到。就是勉强办到，投票既费时间，对于候选人亦一定难使远道而来的投票人知悉。故各国在实际上分区选举，完全是为便利起见。

从前主张属地主义分区论的学者，对于大选举区制和小选举区制也有很激烈的争论。小选举区制就是一国有多少议员就划分多少选举区，每一区只选出一个议员。大选举区制是每一区举出几个议员，每一票可举几个被选人。小选举区每人只举一个议员，故选举人的心目可以集中在一个平素所最熟悉的候选人，而且被选人也容易熟悉这一区的情形和需要。行大选举区制，如果再用连记投票法，倘有一个多数党在这个区内，所有的议员必定为多数党所独占，少数党势必不能得到一个当选人。这是小选举区制的好处。但是同时也有几层流弊：（一）选举区太狭小，被选的人必然才具平庸；（二）小选举区制往往使选举人选出代表本区利益的人，不是选出代表全国利益的人；并且对于公共问题往往怀着狭隘的或特别的见解，没有远大的或全国的见解。（三）小选举区制往往使议会中的多数党为本党利益划分选举区，有以党派利益分区（Gerrymander）的危险。这都是小选举区制从经验上实验出来的弊病。现在有采用小选举区与大选举区的混合制，就是每一区可选出几个议员，但是每一个选举人只能选举一个人。这就是用大选举区制的分区原则，用小选举区制的单记投票法。这样一来，可以得到这两种制度的利益，并可以免除这两种制度的流弊。

此外还有直接选举和间接选举的区别。间接选举就是二重选举，先选出初选当选人，然后再由初选当选人去选出议员或官吏。美国大总统的选举和我国从前众议院的选举都采用这个方法。这种制度的好处：就在先选择少数初选当选人出来担任选举的责任，这少数初选当选人知识可以较高于一般平民，择人的能力也必定较高于一般平民；而且人数少于初选人，故责任心亦可加重。因此，有许多人说间接选举是免除普通选举的弊病的一种较好的方法。且看密尔说：

> 这种计画原在防止人民感情的激昂；把选举的最终权力托附于多数人，但多数人不能自己执行，只由比较少数的代理人执行，这些少数人一定不像群众的感情容易摇动；并且初选当选人是由多数人中选择出来的，他们的智能性质一定超出普通选举人之上，故由他们选举，一定很慎重，很明敏，他们的责任心无论怎样总比较一般人民更深一点。（《代议政体论》第九章）

间接选举在理论上固然有许多优点，可是在实际经验上往往不能发生圆满的功效。法国当初原采用这种制度，可是后来从经验上看起来，终久不能不丢开间接选举制，改用直接选举制。因为政党制度发达，少数初选当选人更容易被政党操纵。美国的总统选举，因为采用间接选举制，到现在初选当选人完全变成政党的傀儡，绝不能自由的行使个人的选择权。初选当选人既已变成政党的傀儡，故初选当选人往往都不是超群出众的人材；而且因为他们的职务是暂时的，是偶然的，故责任心也很薄弱。又因为复选当选人与初选人不发生关系，故不能直接的做选民的代表；初选人既不能指定复选当选人，故他们的投票只是无目的的行动。且人数过多，贿赂运动都不容易着手，人数较少，操纵威迫贿赂等弊更容易发生。选举制度可收教育平民留心政治的结果，行间接选举制便减少人民对于政治的趣味和政治训练的机会。如果单就知识说：一个人能够选举适宜的初选当选人，当然也能够选举适宜的复选当选人。如果以为人民的知识不够，尽可以行限制选举，也没有一定要采用间接选举的必要。这都是近代反对间接选举制的普通论调。凡是间接选举制的坏处，都可算是直接选举制的好处，所以直接选举制几乎被一般学者认为政治教育的最有功效的方法。

近代的代议政治，只可算是多数政治，不能算是全民政治。唯一的原因就在选举方法采用多数决定主义，使少数党不能得到相当的代议士。因此便有许多学者提倡少数代表制和比例代表制。少数代表制（Minority Representation）是使少数党得选出少数代表的方法；并不是使代表的人数与党派的势力得到数学上的比例，不过使少数党多少总可以选出若干代表罢了。如果再进一步使各党派都能按照实际的势力，依数学上的比例，选出代表，这个方法，便叫做比例代表制（见前章）。这两种方法都以少数党得到代表为目的，不过代表人数与党势一个得不到数学的比例，一个得到数学的比例罢了。

达到少数代表目的的方法，约有下列的几种：

（一）限制投票法（Limited Vote）　这个方法，是使各选举人在大选举区中只能选出较少的被选人。例如在选举五个人的选举区中，各选举人只能选举四个人；在选举四个人的选举区中，各选举人只能选举三个人之类。这个方法是对于多数党的势力加以人为的限制，并给予少数党选出一部分代表的机会。不过只能实行于一区选出三个以上议员的区域；并且只为较大的第二少数党设想，不能使第三党得到便宜。故英国自一八六七年到一八八四年一部分选举区中（在三人一区或四人一区的区中）和意大利自一八八二年到一八九一年一部分选举区中，都采用这个方法。后来两国都改行全部小选举区制，便把这种制度废止了，只有西班牙、葡萄牙等国还有采用这种制度的。

（二）累积投票法（Cumulative Vote）　这个方法是在行大选举区制的选举区中，允许投票人把他所有票子分投几个人，或合投一个人。倘若一区选出三个议员，选举人可把所有的三张票分投三个人，或合投一个人。这个方法，目的在使少数党得选出代表，凡属于少数党的选举人都可把他们的票子集中在一个人或两个人，这一个人或两个人可以得到多于多数党的票数，故少数党有选出一两个代表的机会。不过这个方法总要善于运用，要预先知道自党和敌党的选举人数，并且要先把各选举人的票子作适当的分配，才能够制胜，如果战略一错，反使多数党仅能选出少数代表，而发生不公平的结果。政党的训练，当然不能如军队训练的整齐，尤其在大选举区中行这个方法，更难免不公平的结果。故采用这个方法，更使政党得操纵选举的机会，一切选举人都要变作政党的傀儡，没有一个人是可以自由投票而不失败的。

（三）递减投票法（Graduated Vote）　这个方法是在行大选举区制的选举区中，把投票的价值定下区别。例如照普通连记投票法，一票可投数人，但写在第一位的候选人一票算一票，第二位两票算一票，第三位三票算一票，以下准此类推。这个方法是想使少数党的选举人把他们极注意的候选人通同写在第一位，故可以和前面累积投票法一样，使少数党有选出一两个代表的机会。多数党写在第二位以下的候选人，因为价值减少，故又可以同前面限制投票法一样，使多数党有所限制。但是采用这个方法，必定要靠政党的战略，如果措置失当，也和前边所说的方法一样，必定要生出不公平的结果。

（四）单纯的单记投票法　这个方法是在一区选出数人的区中，使各选举人只能选举一个人，以得票最多者为当选。从前中国的众议员选举就是采用这种方法的。这个方法和后面所说的“得票移转制”的单记投票法不同，故叫做单纯的单记投票法，目的在使少数党得到少数的代表。不过选举人的投票也要受政党的势力支配，不然也要发生不公平的结果。

（五）得票公开的单记投票法　这个方法也和前面一样，采用单记投票法，不过改良一下，把每一个候选人所得的票数在投票所表示出来，如果候选者得到当选数就认为当选，使以后的投票人再投别人。这个方法是想免掉票数集中于一两个人的弊病，但是实行起来很有许多困难，如果投票所不在一块，便不能实行。

以上各种方法，如果运用得当，都可使少数党得选出一两个代表。但是选举的结果，往往依偶然的情势而定，没有一定的标准。想补救这几种方法的缺点，定下合理的标准，使代表的人数刚刚和各党派的势力相称，只有这比例代表的方法。比例代表制在前章业已叙过，他也有许多投票的方法，但是各种方法都有两个共通的观念：（一）当选数（Electoral Quotient）的观念，（二）得票移转（Transfer of Vote）的观念。当选数是被选者应该得到的当选票额，各党派的投票都可以法定的当选票额为标准，凡有达到当选票额以上的一群选举人就可以举出一个代表。得票移转是某候选人得票超过当选票额，选举官厅可以从选举人的意思，在某种条件之下，把超过的票数转移到别人。这两个观念可算是比例代表制的基本观念。

比例代表制的投票法，大体上可分为两类：

一以单记投票为基础，一以连记投票为基础。且把他们列举于下：

（一）单记比例代表投票法　这个方法之中，又有两个不同的投票法：（A）海尔投票法（Hare System），（B）名单单记投票法。海尔投票法是把全国合为一区，用单记投票法，使被选人得到当选票额即为当选。但为免掉某一人票数过多的弊病，故使投票人在第一候选人之外，加入第二第三以下的副候选人。如果第一候选人得到当选票额，便把余票作为第二候选人的得票。这个方法在实行上非常的困难，只有极小的地方才可采行。名单单记投票法就是比利时所行的方法，根本的目的也和海尔投票法一样，使投票人在第一候选人当选之后，可以移转余票于第二以下候选人。因为实行上困难，所以不把指定移票的权利给与选举人，只把这种权利给与各党派及其他选举人的团体。这个方法是教各党派或各选举人团体，在投票定期前，先把次序确定的候选人名单送来，把候选人按次印在票纸上，交给选举人去选举。各选举人或对于名单全体投一票，或对于名单中某一人投一票。如果对于名单全体投票，便是以名单中次序为满足；如果对于某一人投票，便是以这个人为第一候选人，至于第二第三候选人，便依名单上次序而定。这个方法，使选举人只有指定第一候选人的权利，第二候选人以下，都由各党派的总部决定。

（二）连记比例代表投票法　这个方法也和前面的方法一样，由各党派预先送出候选人名单；不过前面的方法，使选举人得指定特定的候选人，这个方法不指定特定的候选人，可把所有的候选人一齐举出。连记比例代表投票法也有两种：（A）限制的名单投票法，（B）自由的连记投票法。前者是使各选举人仅就预定的候选人名单中选投一票，选举人自己没有选定候选人的自由，对于名单中连记的候选人没有变更的权利。这个方法在计算上有简单的利益，但是拘束选举人的意思太过，给与各党派总部的势力太大，对于党派内各候选人的个人的名望太不注意，乃是这个方法的缺点。

自由的连记投票法是使各选举人依自己的自由意思投票，或对于某一名单投票，或由各名单中拣出一组候选人投票，或全在名单之外新指定候选人，皆可。这个方法倒没有束缚选举人意思太过的缺点，但是往往有“首领落选”（Decapitierung）的弊病。就是反对党故意使选民选出敌党的次等候选人，使他的首领落选。这个缺点，可以合用累积投票法救济，即本党选举人对于本党的领袖，可投数票，使党魁没有落选的忧虑。但是常依偶然的事情决定选举的结果，故也往往有不公平的弊病。

此外还有行强迫的选举（Compulsory Suffrage）和加重投票法（Weighted Voting）的。可是强迫的结果，不过使选举人投白票；加重的结果，又往往使有知识的人或有财产的人独操政权。加重投票法违反“一人一票”的原理，很不合乎近代的民治思想的潮流。

第三节　公民的直接立法权

十八世纪末期的政治思想多趋重在限制行政部的权力一方面，十九世纪末期的政治思想又多趋重在限制立法部的权力一方面。这种新倾向，尤其在美国各邦的宪法中，可以看得明白。美国的政治学者彼尔德（Beard）说：立法万能的国家已经不能维持长久了，因为“人民的代表”在许多事件上失掉人民的信用。从前主张立法部一尊的学说的人，现在都否认他们自己的理论了，故各邦的宪法会议多在研究限制立法部权力的方法。有许多邦把议会的特权严加限制，禁止立法部用特别法去建设社会。例如发吉利亚（Virginia）的宪法，把制定或改正国内外团体的规则权委托于社团委员会，由邦长任命委员，便是一个实例。此外凡是立法部办不好的事件，或由立法部立法事实上发生弊害的事件，都放在立法部范围之外。现在限制立法部的权力，计有两个方法：（一）把立法部从前的权限划出一部分归别的团体办理；（二）把最高的立法权划归公民团体直接行使。因此，公民团体的职务比较从前越发扩张。

近代的公民团体除选举权外，还有三种权力：（一）创制权（Initiative），（二）复决权（Referendum），（三）罢免权（Recall）。这三种民权发展，就是以直接的民众政治，来修正代议政治的弊病。最近美国的各邦及地方自治体多采用这几种制度。但是美国采用这几种制度，还是最近的事体；至于瑞士，自中世纪以来，就实行公民票决制度。故创制制度和复决制度，早就成为瑞士的政治组织的特色了。

创制制度是达到一定人数的一群公民，得自行起草法案；这个法案或提交议会议决，或依法律的规定，直接由公民投票表决，通过之后，即发生法律的效力。创制制度可以分为两种：（一）直接创制（Direct Initiative），就是把公民提出的法案，直接交由公民全体投票表决；（二）间接创制（Indirect Initiative），就是公民向立法部提出法案，如果立法部予以通过，便成为法律，如果不予通过，便交由公民全体投票表决。创制制度的目的在防止议会违反民意，对于应该制定的法律，不予制定，故由公民自行提案，自行表决。至于提案的人数究竟需要多少，各国制度并不一致。大概最少达选民总数百分之五，最多达选民总数百分之三十。美国奥哈奥邦（Ohio），凡得到选民总数百分之三署名，得自行起草法案，交由议会审议。如果议会否决这个法案，提案者在前百分之三选民署名外，重新得到百分之三选民署名，得把该法案提交选民投票表决。在选民投票时，如果得到多数赞成，这个法案便立刻变成法律。在奥来刚邦（Oregon），凡得到选民总数百分之八署名，得向议会提出法案；如果议会不予通过，不要增加署名的人数，就可以把该法案提交选民公决。

瑞士联邦宪法的修正，得由选民五万人署名，提出发议书。这个发议书，可以用普通的语句，提出公民的修正意见；也可以用制成的法案，提出具体的修正条文。发议者如果提出具体的修正条文，就把该条文送交联邦议会，由联邦议会同意，提交公民票决。发议者如果仅提出修正意见，联邦议会便要依照发议者的意见，制成具体的修正案，提交公民票决。倘联邦议会对于发议者的意见，或具体的修正案，不表示同意，最后的决定权，一概由公民投票行使。至于瑞士的各邦，公民得到一定的选民署名，可以制定法案，直接提交公民票决；也可向邦议会提出普通原则，使邦议会按照该原则来制定新法律。如果邦议会对于公民所提出的普通原则，认为有先交公民票决的必要，便可先提交公民票决；待通过后，再由邦议会制成法律案，提交公民票决。

爱尔兰自由国的宪法规定：有五万选民署名，得提议修改宪法或制定普通法律。德国宪法规定：有公民十分之一，拟就法律案，向政府请愿时，政府须将该法律案提交议会议决。如果议会将原案通过，便不必提交公民票决；否则必须由政府提交公民票决。

复决制度是把议会所通过的法律案或宪法案，重行交付公民投票表决，这个制度的目的在防止议会违反民意，对于不应该制定的法律，妄行制定，故把最后的决定权放在公民自己手中。复决大概可以分为两种：（一）任意的复决（Optional Referendum），（二）强制的复决（Compulsory Referendum）。后者是凡议会所通过的法律，必须经过公民票决，才能够发生效力。前者是议会所通过的法律，不一定要交付公民票决；但是如果在一定期间，或由行政元首认为有交付公民票决的必要，或由公民依法要求交付公民票决，便须在法定期内，依法定程序，提交公民票决。

瑞士的联邦议会所通过的法律案，在法定期中，公民得要求复决。这个复决的要求，须由八邦署名，或选民三万人署名，方为合法。至于瑞士各邦复决投票的召集，大概共有三种：（一）由议会任意召集，（二）由定数选民署名要求召集，（三）依法律的规定召集。在第二种召集时，多数的邦以得到选民总数自百分之五到百分之十五，为必要条件。爱尔兰自由国的宪法规定：有上议员五分之一，或选民总数百分之五要求的时候，对于议会所通过的法案，得召集公民投票复决。德国宪法，把召集复决的权利，付于公民和总统。就是凡有选民总数百分之五署名，要求政府把议会通过的法案交由公民复决时，便须召集公民投票复决。此外还把召集公民投票权交给总统，总统对于议会通过的法案，如认为有复决的必要，便可在该法案未公布以前，召集公民投票复决。由选民署名要求复决，一定要得到选民总数过半数的投票，方为有效。例如一九二六年六月二十日，为没收皇族财产事，召集公民投票，因为投票者总数不及选民总数之半，所以虽然有一千五百万人的赞成，该提案终归无效。

美国各邦对于复决制度，可以说是完全采用。凡邦宪法的修正，地方自治团体的条例，发行公债，以及对于公益事业的特许等事，皆由公民投票复决。奥来刚邦于一九〇二年六月改正宪法，这个改正案就是由公民复决的。这一邦的法律：得到选民总数百分之八署名，可以要求创制；得到选民总数百分之五署名，可以要求复决。当举行创制及复决时，政府把反正两方的主张和提议事项，印刷出来，分给一般公民，让他们自己决定赞成与否。此外如英国至今并不曾行过复决制，但是他解散议会之后的总选举，在某种意义上，似乎也可以看作一种复决制度。

上述的创制与复决两种制度，优点固多，缺点亦复不少。反对创制制度的理由，大概有下列五种：（一）认定立法事业是法律家的专门事业，不是一般民众所能胜任的；（二）公民行使创制权时，没有充分讨论和审议的机会；（三）使立法事业受少数公民的操纵；（四）有许多民众，对于创制的法案不发生什么兴趣；（五）把立法的责任，从议会的手中夺去，放到那被煽动家所支配的无责任的选民手中，因而不明白责任的所在。

反对复决制度的理由，大致也和反对创制制度相似，简单说起来，也有下列的四种。（一）一般民众没有判断法案好坏的能力，结果一定要作盲目的投票；（二）公民不能合在一块开会讨论，故往往得不到评判该法案的真实资料与机会；（三）一部分公民对于他们曾经投票反对过的法案，必定不能满意，如果因为反对不掉而仍然施行，很容易引起革命的行动，作为最后的反对；（四）议会对于法案没有最后的决定权，故往往减少议会对于立法的责任心。

直到现在，一般富于保守性的学者，还对于这两种制度怀疑。他们怀疑，也有相当的原因：（一）因为社会越进化，法律便越复杂，一般公民终日劳劳于各别的职业，那有时间和兴趣，去研究社会上各种复杂的问题。一般公民对于与他有关系的特殊法案，或者偶一留心；对于与他无关系的普通法案，未见得个个注意。因为他们留心特殊法案，故容易发生阶级立法的弊端；因为他们不注意普通法案，又容易发生盲目投票的毛病。（二）国土越大，人民对于全国公共利益的理解力必定越薄弱。在大国之中，采用这种决而不议的制度，只可使一般人民对于某一法案或问题，下一个最后的表示；绝不能使一般人民有各抒意见互相讨论的机会。选民对于他人或政府所提交的法案，因为没有交换意见互相辩驳的机会，故往往不能明了该法案的内容和利弊；单靠政府或政党的说明书，又往往在不知不觉之中，为他人所左右。因此，便使多数选民在投票时或无所适从，或被人利用。（三）法律是整个的，不是零碎的；是一贯的，不是杂乱的议会，一方面专门以立法为事，一方面又在政党指导之下，故所立的法律，绝不会杂乱无章，互相抵触。至于一般民众，既不是专门的立法家，又不是抱有一贯政策的政党，故所通过的法案，不但没有一贯的系统，并且还前后互相矛盾。

上述的各种反对议论固然有相当的理由，但是却不因此便停止创制制度和复决制度的发展。主张采用这两种制度的学者，也说出许多赞成的理由：（一）认定采用创制权和复决权的根本原因，在不信任代议制。他们以为：代议制只是间接的民治政体，不是直接的民治政体。要防止代议制的弊病，不应当诉之于代表者，应当诉之于委托者；不当诉之于立法部，应当诉之于为立法部权力来源的人民。人民有了这两种权力，便可以直接管理政府，实现真正主权在民的原则。将来的议会，不过退居顾问的地位，替人民预备法案罢了。必须这样，才佩〔配〕称为真正主权在民的民治国家。（二）认定采用创制权和复决权的根本原因，在消灭革命的危险。他们以为：人民如果在法律上没有正式的权力，能够防止议会违反民意而不制定某种法律，或防止议会违反民意而制定某种法律，真正的民意便没有用合法的方式尽量发表的机会，势必要挺而走险，逼成法外的行动。复决权是使人民站在被动的地位，利用他来取消议会所不当通过而竟通过的法案；创制权是使人民站在主动的地位，利用他来制定议会所应当制定而竟不制定的法案。这样一来，人民的意见便可以遵循法定的方式发表，不致酿成法律轨道外的革命行动。（三）认定采用创制权和复决权的根本原因，在使人民得到政治上的教育。他们以为：这两种权力一经行使之后，人民对于立法事业，便不能不有相当的注意，甚至于不能不作相当的研究。把选举权付予人民，只能收鉴别人的好坏的效果；把创制权和复决权付予人民，便更能收鉴别法律的好坏的效果。立法的人就是受法律效果的人，受法律效果的人就是立法的人。人民不把立法的事业，单看作议会的责任，说与自己无关；议会也不敢把立法事业，单看作自己的责任，说与人民无关。这样一来，一方面可以提高人民对于法律的知识，一方面又可以提高人民对于法律的责任心。上述的三点，都是拥护创制权与复决权者所列举的普通理由。

创制权与复决权在美国各邦中发生的效果，很有可观。照彼尔得（Beard）说，美国选民所复决的重要事件，大概有下列的三项：第一项，关于政治组织及选举方法的变更。——例如建设都市的自治权，制定或废止预备选举法（即由党员直接选举政党的候选人的法律），减少由选举而来的官吏的数额，延长官吏的任期，改革那关于邦政府的官职和委员会等类的官制之类是。第二项，关于财政和赋税的问题。——例如决定邦及地方自治团体的债额限度，采用土地单一税，废止人头税，募集道路建筑费及军人年金之类是。第三项，关于公益事业的管理及所属等问题。又有人把一九二二年经过复决的一百三十五个问题，统计起来，内中有四十三个问题是关于变更政府的组织及行动的方法的；有十七个问题是提议变更税制的；有十二个问题是关于公益事业的；有七个问题是关于教育的；此外都是关于道路改良，军人福祉，禁酒，各种职业的取缔及公众保险等问题。这许多问题全是与人民利害关系最密切的问题；凡关于人民利害的立法，与其让专门家去决定，倒不如让人民自己去复决更为妥当。因为这一类的事项，就不是专门立法家，也可以判定他的利害。

再照彼尔得说：近来美国的创制与复决，对于激烈一点的提案，往往不容易通过。例如废止邦的上议院，设定责任内阁制度，采用土地单一税制度等提案，都一律否决。由此可见创制制度和复决制度，一方面固然很容易为进步派和激进派所利用；一方面却又很容易为保守派和保护特殊利益派所利用。因此，我们便不能以惹起激烈的变革或破坏进步的秩序等罪名，加到这两种制度的身上去，作为攻击的资料了。（见彼尔得《美国政府与政治》五一二页以下）

蒲徕士说："对于创制制度和复决制度的赞成或反对，一听读者自己判断。我个人的意见以为：复决制度在瑞士已经有了良好的成绩，在美国各邦虽然比不上瑞士，可是也有相当的效果，绝没有什么致命的弊害。瑞士诚然没有采行创制制度的必要，但是无论在联邦中，或在各省中，都没有酿成积极的弊害。在美国的各邦中，一般改革家与其说是想试用创制制度来代替议会制度，不如说是想改善立法部的各种方法和抬高议员的质素；但是这件事似乎是已经绝望了。美国的改革家对于创制制度的实验，比瑞士的机会多，可是却不十分用意去纠正各种缺点，所以不能成功。但是美国的经验很浅，我们对于他，现在还不能下最后的判断。"（见《现代民治政体》下卷四二九页）我以为蒲徕士这种批评，可算是最公平的论断。

第四节　公民的直接罢免权

罢免权就是公民得到一定的法定人数，对于他们所认为失职的民选的议员、官吏或法官，要求召集全体公民投票表决，在该议员官吏或法官未满任以前，罢免他们官职的权利。这种制度从前大概多行使于联邦国的各邦及地方自治团体，而且行使的范围，多以民选的议员、民选的行政官和民选的司法官为限。所谓法定人数，大约占选民总数百分之十，到百分之三十五；美国各邦以百分之二十五，为最普通的数目。得到法定人数署名，用极简单的普通书状（美国有的邦中规定不得过二百字），载明要求罢免的理由，请求公民表决。如果被要求罢免的官吏，在该状提出五日内不自行辞职，就可以召集公民全体投票，表决去留。如果通过，便重新选举官吏，来补足那罢免的官吏未了的任期。罢免权的行使

美国各邦关于罢免制度的略表

邦名	年	适用范围	请求人数
Oregon	1908	一切官吏	25%
California	1911	一切民选的官吏	12% 邦官吏五县地方官吏 20%
Arizona	1911 1912	民选的官吏	25%
Colorado	1912 1912	撤销判决 民选的官吏	5% 25%
Idaho	1912	不适用于法官	未规定
Nevada	1912	一切官吏	25%
Washington	1912	除法官外	25% 35%
Michigan	1913	除法官外	25%
Kansas	1914	选举的或任命的一切官吏	10% 15% 25%
Louisiana	1914	除法官外	25%

也有种种的限制，例如官吏任职不满一定时期（大概定为六个月），不得要求罢免；或对于同一官吏，不得在同一任期中，提出两次罢免的要求。

对于议员的罢免制大概有两种形式：（一）为适用于议员个人的罢免制，（二）为适用于议会全体的罢免制。第一种制度是承认在一个选举区中的选民，得到法定人数署名，对于本区的议员，得要求本区选民全体投票表决，罢免他的职务，另选他人补充。美国各邦所采用的罢免制，大概都属于这一类。第二种制度是承认全国选民，得到法定人数的署名，对于议会全体，得要求全国选民投票表决，一律罢免。例如普鲁士宪法第十四条规定“邦议会之解散，由议会自行议决，或由内阁总理、邦议会议长及参议院议长所组织之委员会议决，或由国民表决之时行之”，这就是由选民投票来解散议会。瑞士各邦中，老早就采用这种制度；而苏俄对于一切苏维埃的代表，更完全采用这种制度。

对于行政官的罢免制是本选举区内的选民，得到法定人数署名，对于民选的行政官吏，得要求召集本区选民投票表决，罢免他的职权。这种制度在瑞士和美国各邦，很多采用。因为民选的行政官吏，与民选的议会议员性质相近，他们既然可以由人民选举而来，当然亦可以由人民罢免而去。美国各邦中，往往有对于民选的议员不用罢免制，而对于民选的行政官却用罢免制；甚至于有对于非民选的行政官，也采用罢免制。德国宪法中并且将这种制度适用于中央最高官吏大总统，该宪法第四十三条规定：“总统在任期未满时，由联邦下议院提议，交国民投票决定，得令退职。”自下议院议决后，总统即停止行使职权；如果国民投票通不过罢免案，总统便算重新当选，而下议院便要立即解散。故德国的罢免制实含有两种意义：一是对于民选的行政元首的罢免，一是对于议会全体的罢免。可是人民行使罢免权的时候，只有决定罢免权，却没有要求罢免权，而要求罢免权只在议会。

对于法官的罢免制是选民得到法定人数署名，对于民选的法官，得要求选民全体投票表决，罢免他的职务。美国有少数邦中，采用这种制度。因为美国的法院有解释法律的权利，如果法官要根据宪法，来否认公民所表决的普通的法律，往往容易惹起公民的愤怒，故主张罢免制也适用于法官。但是民选的议员和官吏，他的性质本是选民多数的代表，故选民多数得以自己的意见去罢免他。至于法官，就是由选举而来，但无论怎样，性质上总不能认为选民多数的代表；他既然不是选民多数的代表，所以不应当由选民多数的意见去罢免他。故罢免制适用于议员官吏。固然有许多利益，如果同时适用于法官，就不免妨害法庭的独立，因而生出种种弊窦。因此，美国各邦中，现在主张采用撤销判决制（Recall of Judicial Decisions）的，固然有人，可是主张采用罢免法官制的，却不很多了。

罢免制如果单适用于议员和官吏，而不适用于法官，可以说是主权在民主义的彻底实现。因为议员和官吏既然由于民选，便是受人民的委托，如果被委托者违反民意，当然可以由委托者撤销委托的关系。现在选民团体一经投票，即行解散，没有长期存在机关，行使对于被选者的监督权，乃是显然的缺点。罢免权为选民监督被选者的最后手段，此制一行，选民便不至如卢梭所说的“变成议会的奴隶”了。现在各国的现行制度，大多只注意在议员和官吏的独立一方面，不大注意到议员和官吏与人民接近一方面。采用这种制度，至少可以使议员和官吏的行动与意见，不敢显然违背民意。固然有人说：对于行政官吏采用直接罢免制，结果必定要使行政官吏畏首畏尾，不敢尽他的责任，因而使行政官的权力薄弱。但是在民治国家中，与其教行政官的权力因违反民意而强，倒不如教他因遵重民意而弱。又有人说：采用这种制度，一定要使爱惜毛羽顾全名誉的政治家，不愿为公众服务，而愿为公众服务者，便一定是不惜毛羽不顾名誉之人。但是采用这种制度的目的，原在防止行政官贪赃枉法，舞弊营私。如果真正是爱惜毛羽顾全名誉的政治家，便绝不会贪赃枉法，舞弊营私；既不会这样，那么，与其说他们因为采用罢免制而受辱，倒不如说他们因为采用罢免制而见荣。议会所行的弹劾制（Impeachment），是由人民的代表来弹劾行政官；选民所行的罢免制，是由人民自己来弹劾行政官。而且弹劾制只能适用于一定的官吏，不能适用于议员；只能适用于某几种犯罪的行为，不能适用于一切失职的行为。用罢免制来代替弹劾制，效用当然要较弹劾制更多了。故罢免制也同创制制复决制一样，现在已经是由理论进到实行的时期，并且有由地方推广到中央的倾向。

本章参考书

Reinsch—American Legislatures and Legislation Methods.自一九七页到二百页

Sidgwick—Elements of Politics.第二十章及第二十三章

Brougham—The British Constitution.

Dougherty—The Electoral System in the United States.第一章

Duguit—Constitutional Law.

Burgess—Political Science and Constitutional Law.下册第二卷第五章

Haines—Principles and Problems of Government.第一〇三页到一一六页

Beard—Documents on the Initiative Referendum and Recall.

Beard—Readings in American Government and Politics.

Lowell—Public Opinion and Popular Government.第十三章以后

Bryce—Modern Democraies.第六十五章

吉野作造——《普通选举论》

美浓部达吉——《选举法大意》

高桥清吾——《政治学概论》（第五章第二节）

王世杰——《比较宪法》（第三编第一章到第三章）

第十一章　行政机关

第一节　行政组织的原理

行政部的意义，就广义说，凡是执行国家意志的一切政府机关，都包括在内。就这个涵义说，除掉立法机关和司法机关而外，全体政府的组织都一齐包括无遗。凡总统，内阁总理，各部总长，局长，外交官，税务官，检查官，委员，邮政官，警察官，海陆军官，都是行政官的一部分，把他们的各机关集合起来，组成一国的行政部。再推广一点说，就连司法官也可以包括在内，因为他们的职务在法律的解释和适用，通同可算是执行的一部分。如果只就狭义说，这个名词仅仅适用于最高的行政机关，就是负有指挥监督全国附属机关的职权机关。

行政组织的原理根本上和立法的组织不同，因为立法的事业一定要由团体去做，集合许多代表在一块，由他们观察社会的需要，定下保障全国公共利益的法律。做这一类的职务，自然是要集思广益的，因为一人的智慧总不如多数人的智慧。所以亚里士多德说："两个人的见解总比一个人的见解高得多。"但是行政的职务既不是讨论国家的意志，又不是创造或说明国家的意志，只是把立法部既已说明的意思实现起来。做这一类的职务，一定要果断，统一，敏捷，有时并要秘密。所以一个人或一小群人做这一类的事必定比较多数人为适宜，如果要"筑室道谋"，便不能果断、统一、敏捷或秘密了。渥尔色（Woolsey）说："一人制的利益很显明，他可以保持政府的统一和功效，因为是一个人，所以他或他的属员都肯负责；如果设下两个总统，他们要是党派不同，便要互相牵制，就是属于一党，也要互相猜忌。”行政权如果分散，一定要使行政部微弱，遇到危急，一定不能灵机应变。在军事行政上，尤其是不能不采用单独制，所以拿破仑有句名言，说：“一个不好的将帅总胜似两个好将帅。”故统一是行政部有力的要素，分散是行政部微弱的要素，因为行政部最大的事业就在执行国家的意志，故权和力两个要素比什么都重要。

从历史上看来，行政部的组织采用多数制和合议制的，往往不能维持久远。雅典的行政权分裂成为数部，由“执政官”（Aichons）和别的机关分掌，这许多机关都是各自独立的。罗马在共和时代，设下两个“执政官”（Consuls），每一个执政官并不是分掌行政权的一部，乃是同掌行政权的全部，这个执政官可以否决那个执政官的行为。法国到了革命之后，几次宪法上都采用合议制，一七九五年把行政权放在五个“执政官”（Directors）的手中，但是结果总不良好。一七九九年的宪法，在理论上是把最高的行政权交给三个“执政官”（Consuls），但是在事实上第二和第三执政官都不过是有名无实的罢了，所以从前各国的行政部，除掉瑞士而外，大概都采用单独制。只有瑞士的宪法把行政权放在七个人的合议团体的手中，七个人中有一个人取得总统的名号，但是实际上这一个人不过是合议团体的主席，行政的权力和其余的六个人都是相等的，他并不是瑞士联邦国行政部的最高元首，他的责任也不比其余那六个人大。这种行政制度就是普通所说的“委员制”。

一九一八年的俄国的宪法上，也把行政权托付在“人民委员会”（Council of People´s Commissars），这个人民委员会负指挥共和国全部事务的责任。人民委员凡十八人，分任各部事务,至关于全体事务却由该会议决执行。一九二三年社会主义苏维埃共和国大联合的宪法上，关于行政组织也采用合议的委员制，由大联合的“人民委员会”作中央执行委员会的行政和管理机关。这是近几年来新发生的行政部的组织，根本原理很和瑞士相近。在这一类行政组织里面，没有单一的首领可以独揽行政权，很可以免去一人专断的流弊。虽然不如单独制那样统一和敏捷，但是见识和势力却远在单独制之上。而且行政事务不仅以执行立法部的法律为限，常常包括许多建设的计划在内，故一群人的心思才力，总要远胜于一个人。近代的行政组织严格采用单独制的很少，例如内阁制，也和委员制一样，通同是在合议制的原理上建设起来的。由此可见合议制的原理不但是可以适用于行政组织的，并且在近代新的行政组织中占很重要的地位。

第二节　总统制

行政组织采用单独制的只有这个总统制（Presidential System），因为现在的政府就是采用君主政体，而君主在实际上已经不是行政部的真正元首。总统制的特点，就在立法部与行政部完全分立，行政元首的政策和任期，都不是立法部所能过问的。行政元首的选举，在宪法上有特别的规定，他的权力也大都规定在宪法之上；他的内阁阁员是由行政元首任命，受行政元首指挥监督，对于行政元首负责；所有阁员均不能同时兼任议会议员，除阿根廷（Argentina）外，并不能出席议会，答覆质问；凡阁员的行政行为和政策，均不对议会负责。就是阁员的行为和政策不为议会所同意，也不得用不信任投票的方法，使他们去职。他们在任期中，只能由总统根据宪法上的权力自由罢免，并不负有连带的责任；除非犯罪，被议会弹劾，无论个人或全体，都不能由议会免职。倘若议会对于公共政策的意见，与总统和内阁不同，总统既不能解散议会，请求选民公判，议会也不能要求总统去职。往往总统属于这一党，议员的多数属于那一党；在这种情形之下，故常常看见立法行政两部互相对抗，却看不见互相调和。

总统制也有好几种：（一）行政元首只有政治上的独立，他的行政行为和政策不对于议会负责；（二）行政元首对于议会完全独立，无论犯了轻罪重罪，议会都不能弹劾；（三）除非犯了叛逆罪要受议会弹劾之外，其余的权力一概独立。美国是行总统制成功的国家，故美国的学者常常称道总统制的好处。且看柏哲士说：

> 总统制是实验的政治制度。第一，这个制度是很确实的把责任放在一个人的身上，没有别的制度再能使人小心谨慎，至公无私，像这种制度一样。第二，这个制度是很活泼的，一个大有为的人只能独断独行，人多手杂，便不能做事。第三，这个制度是很有势力的。世界上最有能力的大将有句名言，说：一个不好的将帅胜似两个好将帅。

他又说：

> 总统制的利益，在意见和利益不同的国家，或者在把政府权力分配两个以上的独立机关执掌的国家，又或在专门以防止外患为事的国家之中，都是显而易见的。如果这些情形同时并有，用别的制度不用这种强有力的总统制，便要立刻发见弊端。（见《政治学与比较宪法》第二卷）

近来有一班学者看见欧洲各国的新宪法，把总统的权力扩大，认为总统制在欧洲是正在发展中的一种制度。且看马丁（Charles E.Martin）在他《欧洲总统制的发达》（*Growth of Presidential Government in Europe*）一文中说：

> 欧洲近代的宪法，多插入责任内阁制的原则。在修正的条件之下，采用内阁制度；普通总是设立一个总统，又设立一个内阁总理，各自行使独立的权力。说一个代表国家，一个代表政府。……总而言之，新宪法已经建设起来一个对于政府各部半独立的行政部。阁员须代总统负责，他们有出席议会和辩论议案的特权，要是兼为议员，并且有表决的特权；同时他们又有向议会提出预算案及法案的义务。在欧战期中，英国的责任内阁制已经显然的失败；大有取消议会制，用内阁总理来行使总统职权的显明

> 的倾向。意大利在莫索尼利（Mussolini）之下，已经把那近似总统制自由实现起来。德国宪法上设立的行政部，不只是名义上的元首，并且在立法行政上有独立的权力。他的总统地位，很有些像以美国的总统制做模范的。即捷克斯拉夫（Czecho-Slovakia）也采用那带有总统职权的独立行政部。战争和改造，已经把英、德、法各国行政部的职权弄得根本变迁。而且这些新宪法创设起来名实兼收的国家元首，就是承认强有力的行政部为必要，就是对于极端议会制的大缺点加以补充（见《美国政治学报》第十七卷五六九页）。

由此看来，采用总统制，现在又几乎成为行政组织的新趋向。

美国的总统制几乎成为世界的模范，不但中央政府采行这个制度，就是各邦也采行这个制度；有些南美国家也都仿用北美的制度。美国总统的任期，由宪法规定为四年；他由人民选举而来，由宪法赋予权力；故他的选举、职权和任期，皆独立在议会之外。他可以否决（Veto）议会所通过的法案；但是他同他的阁员都不能亲自提案，或出席议会有所主张；他又不能解散任何一院，举行新选举。他选择阁员，绝对的自由，不一定要选择议会中多数党相信之人；也不像行内阁制的国家，只能选择内阁总理，让内阁总理去自选阁员。他可以选任全体阁员，全体阁员都是他的属官，不是他的同僚。因此，他同阁员的关系，便与内阁总理同阁员的关系不同。他的阁员只对于他负责，不对于议会负责，不论有无理由，都可由他免职。故美国的行政部，在大体上可算是不受立法部支配的独裁制。

南美各国，如阿根廷的总统制便是仿效美国的。他的宪法上规定：总统的行为须得阁员的副署；凡由个人副署的，便由个人负责，凡由全体副署的，便由全体连带负责（该宪第八十七条及八十八条）。此外还规定：阁员得出席议会，从事辩论，但不得加入表决。阿根廷宪法虽然要求阁员负责，但是却未明白规定是对于总统负责，或是对于议会负责。因此，议会的反对党便要求阁员须随时出席议会，说明政策，并答覆质问。有时总统和内阁因为不得下院同意，辞职而去；但是舆论和实例总是倾向行政部对于议会多数党独立的原则。

总统制虽然得美国人的赞扬，可是却受欧洲人的指摘。欧洲人反对总统制的理由，就是认定总统制是独裁的、不负责任的和危险的制度。因为总统不受人民代表制裁，在他的任期未满之前，可以任意做事，如果他的行为不为犯罪，就是全体议员都想去他，也不能令他去位：这就是总统制为独裁制的明证。因为他的行为，不对于议会负责，所以没有人能问他的责任。议会固然可以批评他，固然可以拒绝他所推荐的法案，固然可以不给予他所要求的权力（例如在紧急时）；但是总不能夺去宪法上给予他的权力，取消选民团体在选举时给予他的委任。在理论上说，他是对于选民团体负责，但是如果不采用直接罢免制，选民便没有方法去问他的责任。选民在他失职以后，固然可以拒绝他下次再行当选，但是这却不是课责的有效方法。因为下次选举，他如果不做候选人，或照例不能再做候选人，拒绝他再行当选的权力便无法行使。这又是总统制是不负责任制度的明证。

再行总统制的国家，总统和阁员对于立法都没有提案的权利；如立法部与行政部冲突，便陷于僵局，没有方法可以调和；就是行政部可以向议会的各种委员会推荐议案，但是委员会中的委员各自独立，决不负有一定要采纳他所推荐议案的义务。所以蒲徕士在《平民政治》上说："美国议会与行政部分权的结果有五：（一）总统和阁员都不能向议会提案，除掉赞助各个议员之外，绝没有权力可以控制议会。（二）议会有无限审查的权力，但是支配行政部的权力却不完全。（三）失策或怠职的责任，国民常常不知道应该由何人担负，总统和议会关于法律的制定与执行，互有关系，所以双方皆可以互相诿过，没有那方面负十分责任去做事。（四）因为互相倾轧，损失许多力量——就是总统和议会的时间和精力，都用在互相倾轧上边。这是一切自由政府所不能免的，因为自由政府全靠牵制，牵制越多，倾轧越厉害。（五）在危急的时候，常有缺乏行政的魄力及敏捷的危险。"（见《美国平民政治》第二十五章）这又是总统制是危险的制度的明证。

白芝浩（Bagehot）是英国拥护内阁制的健将，他把总统制拿来同内阁制相比较，说出许多总统制的弊病。他以为：内阁政治的特点，在使立法行政两相融和；总统政治的特点，在使立法行政各自分立。美国正因为立法行政两部各自分立，关于课税问题便发见许多困难，他的财政总长联络议会的方法，只有借议会中财政委员会的委员长做线索。财政总长自己不能出席议会，提议新税案，只能凭文书往来。故当议会选举财政委员长时，财政总长只能希望赞成新税案的议员当选，借委员长的力量来转移委员会，更借委员会的力量来转移议会，使他们通过他的新税案。这种联络的方法，常常发见障碍，故一当财政危急之时，便一筹莫展。具在总统制之下，总统没有解散议会的权利，议会对于政府辞职绝不介意，因为内阁就是辞职，议会也没有组织继任内阁的责任。故议会与政府一生异议，便只有互相倾轧到底。此外还有更大的弊病，就是内阁政治可以教育国民；总统政治不但不足以教育国民，反足以使国民腐化。因为英国发明了“王的反对党”（Her Majesty′s Opposition）的名称，反对党在议会中批评行政，便使议会变成国政讨论的舞台、国民教育的机关和政治争论的战场。总统政治引不起来舆论，故国民对于政治都不热心，因而流于腐化。而且立法行政各自分立的结果，不但使立法权微弱不振，并且同时使行政权微弱不振。因为一分权，便使政府全体的权力薄弱，全体的权力既然薄弱，那么，各部分的权力也当然薄弱了。总统制把政治的生活分为两半，行政为一半，立法为一半，无论那一半，都不值得人类费全副精力去争的。凡大有为的政治家，必不肯争这个半面的政治生活，因此，争总统的人便大多数是庸庸碌碌的人。总统政治，就在平时，弊端已经有这样多；若在国家多事之秋，必更因为缺乏伸缩力而陷入绝境了。这是白芝浩的批评，很可以代表英国人对于总统制的意见。（以上都见白芝浩《英国宪法论》第一章）

不但英国人说总统制不好，就是美国人自己也说总统制不好。例如威尔逊（Wilson）在他的《议会政府》（Congressional Government）中说：“现在美国的联邦政府，缺乏实力，因为他的职权分离；缺乏机敏性，因为他的权力纷歧；缺乏支配力，因为他的手续迂回；缺乏效率，因为他的责任不明，他的行动没有适当的指导。”（见《议会政府》三一八页）威尔逊的批评，的确是句句中肯。

第三节 内阁制

现在各国的行政组织，除掉采用总统制外，还有一个与总统制对立的内阁制（Cabinet System）。内阁制又叫做“议会政府制”（Parliamentary Government），他的最大特点就在使行政部与立法部联成一气。凡采用内阁制的国家，实际上的行政元首就是内阁，一切政治上的政策和行为，直接的对于议会负责，或者对于代表人民的一院负责，间接的对于选民团体负责；至于名义上的行政元首，便站在没有责任的地位。通常内阁的阁员就是议会的议员，就是在议会中多数党的首领；就是不同时兼任议会的议员，也有出席议会的特权。无论阁员是否同时兼任议员，都可以出席议会，说明政见，答覆质问。简单一句话，就是内阁与议会打成一片。因为内阁人员兼具议员与阁员两重性质，所以行政职权与立法职权便混合起来。白芝浩说：

> 内阁是什么？简单一句话，就是被议会选出他所信任的和熟识的人们，组织一个管理部（Board of control）来治理国民……内阁的特性就在由议会选出他所同意和所相信的人。……一个内阁就是一个联合起来的委员会——他是联合立法部和行政部的连字符号（Hyphen），他是联合立法部和行政部的扣衣服的扣子（Buckle）。（见《英国宪法论》第一章）

我们如果更说得确实一点，那么，一个内阁便是在众议院里面多数党的委员会；他同议会内部的各种委员会不同的地方，就在一个容许少数党的代表加入，一个常常不容许少数党的代表加入。用罗伟（Lowell）

的口气说：内阁就是“议会中占势力的党魁的一个非正式的而长期存在的干部会议”。由他们组织起来实际上行政部，做实际上的行政元首，凡名义上的行政元首一切的政治行为，皆在他们指导之下，必定要由他们副署，才可以发生法律上的效力。他们对于立法部提出预算案及其他重要议案，议会在每一会期中所通过的议案，大部分总是由内阁发议的。故采用内阁制的国家，与其说是议会控制内阁，不如说是内阁控制议会。因为多数党的首领皆集聚在内阁之中，议会中所剩下来的都是次要的党员，故在实际上只有听内阁的指挥操纵。如果内阁不为议会中多数党员所信任，否决他所提出的议案，或对于他为不信任的议决，便只有采用两个方法：一阁员负连带责任，全体辞职；一内阁解散议会，诉诸选民。在解散议会重行选举之后，如果政府党占多数，内阁便继续执政；如果反对党占多数，内阁便须辞职。

英国是内阁制的发源地，他除掉在欧战时实行各党的联合内阁外，许多年来都是由议会中多数党组阁。从形式上说，他的内阁总理是由英皇选任，但是在实际上却是由议会选择的。他的阁员都由内阁总理选择；阁员额数的多寡，无论在法律上或习惯上都不确定，概由内阁总理或行政命令决定人数。英国的内阁制与其说是人工创造品，不如说是历史生产品。这种制度，已经由英国渐渐推广到荷兰、法兰西、比利时、罗马尼亚、瑞典、挪威、丹抹、希腊，并且改变形式流行到中国和日本。最近欧洲新兴诸国，也有采用这种制度的。

英国的自治殖民地中，也多仿效英国的内阁制，——虽然不能像英国那样顺利。澳大利亚的内阁，极不稳固，甚至于几个星期或几个月一换。例如自一八五六年到一九一二年，南威尔斯（New South Wales）换过三十四次内阁，南澳大利亚（South Australia）换过四十一次内阁，肥克陶利亚（Victoria）换过三十三次内阁，檀斯满利亚（Tasmania）换过二十七次内阁。坎拿大的内阁，任期又嫌过长，因为地位稳定，故政策不易变更。有些自治殖民地的内阁，在新议会选举之后，虽然反对党占多数，仍不去职，一直等到新议会正式宣告他的罪状。至于内阁的负责，例同英国一样，只对于众议院行之。

比利时的内阁制很像英国，不过他的国王比英皇的权力大一点罢了。他的宪法上明白规定：国王的行为，不得到阁员副署，不生效力。阁员对于国王负责，国王可以自由的指挥他们，罢免他们。但是国王选举阁员，也一定要以议会中的首领为限，不能够完全自由。他的内阁中，也和英国一样，有不管部务的阁员，借此，可以拉拢有特别势力的人物。除掉军政部要用军界的人物之外，其余阁员常由议会中选择，尤其是从众议院中选择。这也是同英国一样的。无论阁员是否兼任议员，皆有出席议会的权利。

法国的内阁是最不稳固的，因为议会中小党分立，所以只可以组织联合内阁，不能组织一党内阁。照罗伟说："法国自一八七三年五月麦克马洪（Mac Mahon）当选为责任内阁总理以后，到一八九六年，这二十三年之中，已经换过三十四个内阁，故内阁的平均寿命还不到八个半月。"（见《欧洲大陆政府与政党》）自一八七三年到一九二六年，这五十三年中，内阁更换过七十五次，英国在这同一时期中，只更换过十二个总理。再自一九一七年十一月到一九二六年七月，不满九年，倒换过十五次内阁。他的任期，最短的两天，最长的也不过两年零两个月。内中有九个内阁的寿命，不到四个月，有五个，不到一个月。而且每次选任内阁总理和总理选任阁员，都是极困难和极费时日的事。在这种状况之下，要想长久继续推行一种政策，不但是困难的事，并且是不可能的事。议会可以借极小的问题推翻内阁，阁员也可以在内阁之中推翻一部分阁员或总理，故继任内阁的阁员，往往多半就是前任内阁的阁员。法国的内阁，在宪法上是对于两院负责，但是现在的实例却是只对于众议院负责。不过阁员可从两院中选择，同时不管是否兼任议员，也必要出席于两院。

大概英国是发挥内阁制优点的国家，法国是发挥内阁制劣点的国家，故称赞内阁制优点的人，大多是英国的学者。照他们说，内阁制至少有下述的三个优点：

（一）行政部与立法部同力合作　前边说过，内阁是立法部一个委员会，他的阁员同时兼任议会的议员，或者至少亦得出席于议会，故行政部与立法部可以借此沟通。行政部自己提出的议案，经过议会之手，变成法律，然后仍交由行政部自己去执行。这样一来，行政立法两部得到调和的机会，绝不致相倾轧，陷入绝境。所以格芮（Garner）说："想保证政府的行动敏捷、迅速和有效，除掉内阁制外，再没有别种制度可以采用。"（见《政治学与政府》四二四页）

（二）议会与人民皆可以问行政部的责任　内阁直接对于议会负责，间接对于选民负责。如果内阁的政策错误，失掉议会的信任，便可由议会迫令他去职，再由议会选出相信的人来代替他。如果内阁相信他自己的政策，真正可以代表选民的意见，便可以把那反对他的议会解散，直接交由选民来判定谁是谁非。这样一来，行政部便时时刻刻在选民自己或选民的代表监督之下，除非得到选民自己或选民的代表信任，决不能继续执掌政权。总统制的最大缺点就在当他任期未满之前，没有人可以问他的责任。故只有采用内阁制的政府，可以正正当当的叫做负责任的政府。所以蒲徕士说：内阁制是"集中许多权力在一个团体，——立法部，让他的多数去自由支配行政部，行政部得到他的帮助，可以用最迅速的方法，来遂行多数的意见。这种制度的精神，就在使行政部与立法部的多数合在一块做事，可以互相影响。因为行政部常常接近反对党员和自己的党员，故有窥见议会的意向，并由议会窥见舆论的意向的机会。所以这种制度可以保证决事敏速，行事勇敢，更可以使内阁敦促议会制定他所认为必要的立法，无论对内对外政策，都可以利用多数的信任，来阻止反对党的攻击，尽量推行。在这些功绩外，还有责任集中的功绩。一有过错，便可使立法部责备内阁，并可使人民同时责备内阁和议会的多数"。（见《现代民治政体》第二册四六四页）由此看来，内阁制度实在是一个责任最明确的制度。

（三）到了紧急的时候，可以伸缩自如　内阁制富于弹性，伸缩极其自由。照白芝浩说，他有一个权力的储藏所（A Reserve of Power），把那非常时候所必要的权力，储藏起来，一旦要用，立刻可以取出应用。因为内阁没有一定的任期，一到非常的时候，可以马上更换一个适应时势需要的非常内阁（欧战时，就是一个例）。如果在总统制之下，总统有一定的任期，在这个任期中，便没有法子去更换他。这个制度没有一点弹性，无论何事，都是死板的，固定的，不能灵机应变。故美国人犹如预先交下定钱，把政府雇来，无论他与你相宜不相宜，无论他做事是好是坏，更无论你是要他不要他，照法律说，你都是要维持他到底。由此看来，内阁制实在是一个伸缩自如的制度。

但是内阁制的优点固然很多，可是要想采用他，至少也有一个必要的条件。内阁制的条件，就在国内必定要有两大政党互相对峙，而且只能有两大政党互相对峙。且看罗伟在《欧洲政府与政党》中说：

> 劈分政党为二，不仅为内阁之常经，而且为其成功之要素。今试假定有第三党发生，其政纲与前二党绝不相同，如内阁不屈服于其政纲，无论属于何党，彼必反对；而此党之势力，又确足以左右以为轻重。于斯时也，苟前二党不能携手，而在势复举不能应第三党之要求，则内阁无由成立。今让一步，第三党宣言：如内阁所为不与其政纲直接冲突，虽未遂其欲望，亦不抗现内阁，则内阁似可以容头过身。然其效果，则亦止于容头过身已矣。盖若而内阁者，实如一妇居于两姑之间，其所欲得其欢心者，乃不相统一之两团体。有一失意以去，皆足以生摇动。以是阁员不了然于在职期限之短长，而施行政策之手段每流于巽懦。倘多数中所含之派别其数愈多，内阁之位置愈形不稳。即邀各派中之领袖同参国政，此于对付其党究稍收圆活之效；而在阁中欲保持政策之统一，其困难乃比之前此对付其党者有加，而所以联合内阁之弱点乃悉数发现。由是观之，内阁果倚议会之投票为生命，而又能实行一致之政策，稳健而有效力者，厥惟拥护内阁之多数，成于忠而且实之一党时乎，内阁制能与一国以强有力之政府，厥惟

> 内阁为纯一一党所护持时乎而未已也。此言政府党必为一党，而反对党亦不可不如是。当此党居于少数党之地位也，害犹不著，一旦攻倒政府而为多数党，前述各弊乃相环而生。此政党必分为二，而又必仅分为二，乃良内阁必要之条件也（用章秋桐译语）。

由此可见政党真正是内阁制的生命所关，内阁制本来以得到强有力的政府为目的，法国转因此得到最不稳固和最弱的政府，都是缺乏这个条件的原故。

内阁制本身的缺点也很多，第一个缺点就是违背分权和分职的原则。在内阁制下，行政部不能独立，事事仰承议会的意旨，议会就是有时偏于感情，内阁亦不得不垂首听命。所以戴雪（Dicey）在《英国宪法论》中说："简单一句话，在内阁制下，内阁很容易做议会的机械；而且意思浮动乃是代议机关的天然的弱点，内阁制简直是平分这个弱点的。"因为行政部和立法部沟通，故应该专心致志去立法的，反而抛开自己的职务，去干涉行政；应该专心致志去执行的，反而抛开自己的职务，去干涉立法。这样一来，不但违反互相制衡的分权原则，并且违反各自分工的分职原则。

第二个缺点就是使议会完全失掉监督行政的作用。因为由议会中多数党组阁，多数党的议员，便变成阁员的奴隶。只要一否决内阁所提出的议案，便认为是不信任的表示，结果，凡是内阁所交的议案，都要糊里糊涂的通过。只要你相信这一群阁员，便要相信他们所做的事件件都对，就是想从千百个议案之中，反对他一个议案，也是绝不可能的事。照韦布（Webb）在他《大英社会主义共和国的宪法》（*A Constitution for the Socialist Common Wealth of Great Britain*）上说：英国现在真正的政府，既不是议会，又不是内阁，只是内阁中一部分重要人物的私人会议（第一卷三二六页）。故行内阁制的政府，不但议会失掉监督行政的作用，就连内阁中次要人物也失掉决定政策的作用。这样一来，议会便成为傀儡场（故有人称议会为 Ventilating Chamber）。真如白芝浩说的，议会选出自己的领袖，然后百顺百依的服从他们。议会对于内阁，如果用滑稽一点的语句描写出来，好像就是说："我们立法的人数太多，故选出你们来领导我们，因为我们承认你们是我们的领袖，因为我们信任你们；你们认为应该通过的立法案，我们请你们提出，你们认为政费应该要多少，租税应该要多少，我们请你们决定。如果我们想你们所提出的法案好，我们就允许；如果我们想你们所要求的政费和所提出的租税对，我们就画诺。但是我们要监督你们，我们要问你们的行为和政策的责任，而且我们要警告你们，无论何时，你们一失掉我们的信任，我们就要教你们走路，我们再把权力给予一群新阁员。"（见《格芮政治学与政府》四二八页）这一段话，虽然很滑稽，却把近代议会对于内阁的真相，描写得淋漓尽致。

第三个缺点，就是阁员不问小事大事都要代他人受过，连带辞职。内阁的更换，往往牵及全体的阁员。这是反对内阁制的人所最痛恨的。从前英国有一个总理，名叫巴麦斯东（Palmerston），偶因在议会中答覆一个不关紧要的质问，言语过于唐突；所荐的阁员中，有一个人曾为关涉妇人之案所累；又外交总长接法国的通牒，照例应该以牒答覆，而总理令驻法公使面答，议会以为失体。因为这些细事，竟被议会攻击，到全体辞职为止。所以反对内阁制的人，认定连带辞职是一件毫无意义的事体。可是最近捷克斯拉夫（Czocho-Slovakia）的宪法第七十五条规定："内阁对于议会负责，众议院得以全体议员多数出席，出席议员多数投票，而不信任内阁。"把信任内阁与否当作一个议案讨论，自然可免因小事或枝节问题，而引起内阁辞职的弊病。又波兰宪法第五十八条规定："阁员对于议会负责可由众议院多数议员执行之，众议院可以要求内阁全体或阁员个人辞职。"宪法上明白规定可以对于阁员个人不信任，又可免掉从前连带辞职的弊病。

以上是内阁制的劣点，为一般人所承认，我们也不能轻于看过。但是内阁制虽然有弊，可是同总统制比较起来，总是弊少而利多。因为采行议会政治，一党执政，一党评政，便把国会变成政争的战场。而且反对党取得法律上的地位，可以公然在国家机关之中，评论政治上的得失。因此，可以引导全国人民关心政争，发生政治的兴趣，更因此，可以使反对党只在法律范围以内活动，不致酿成革命的风潮。

第四节 委员制

在行总统制的政府和行内阁制的政府之外，还有行委员制的政府。从前采用委员制而确有成效的，只有瑞士一国，故一般学者多不大注意这种制度，到了最近苏俄采用这种制度后，才引起人家研究的兴趣。委员制的特点就在行政权和立法权完全合而为一。行总统制的国家，行政权与立法权互相对峙，谁也不能够支配谁；行内阁制的国家，虽然有行政立法打成一片的事实，但是在法律上行政立法两部仍是分立的，到了两部意见有冲突的时候，内阁还可以解散议会。说到采用委员制的国家，立法行政的大权往往同在一个最高的议会，议会选出自己相信的人员，委托他们去组织行政部。这个行政部是事事听命于议会的，只许行政权隶属于立法权之下，绝不许行政权与立法权相对抗。故立法部与行政部的关系，是主从的关系，绝不是平等的关系。委员由议会选举而来，他的职务由议会委托，或事先授以意旨，或事后予以撤消。这种样式的行政部，关于国家行政的职权，不由一个首领行使，只由一个众人合组的合议团体行使。组织这个合议团体的分子，彼此都立在平等的地位上，法律上的权限彼此皆是一样的。虽然也有一个人做形式上的首领，可是职权却不见得就优越于其他委员。所以这个制度，一方面和那独裁式的总统制不同，一方面又和那两个机关并立的内阁制不同。

这一类的委员制，在罗马有由两个执政官组成的康修尔（Consul）制，在法国有自一七九五年到一七九九年由五个委员组成的执政委员会（Le Directoire）制。这两种委员制和现在瑞士的联邦行政委员制及苏俄的人民委员会各有不同之点，故本节所说的委员制，只以瑞士及苏俄两国的委员制为限。

瑞士的联邦行政委员会，是由“联邦议会”选举出来七个委员组成的，他们的任期和联邦议会中“代议院”的任期相同，——三年——每届新代议院成立后，须立即和“参议院”开联合会，选出这联邦行政委员会的七个委员。瑞士的联邦行政委员会计有五个特点：第一，瑞士的联邦行政委员会每年由联邦议会就七个委员中选定一个委员为联邦总统，再选定一个委员为联邦副总统。但是这个总统和副总统任期皆只有一年，并且不许连任下去。总统的职权，除掉对内为委员会的主席，对外代表委员会履行各种仪节而外，别的职权和其他委员一律平等。因此，才能使合议制的精神贯彻到底。第二，联邦委员会中七个委员各主管一部，做一部的部长，但是各部部长，不过预备各该部提交委员会的议案及执行委员会对于各该部事务的决议，此外并没有什么单独的决定权。就是有单独的决定权，也只能以不关重要的事体为限，至于少微重要的事件，事实上总是由委员会开会决定。这也是贯彻合议制的精神的又一办法。第三，联邦行政委员会超越在党派的关系之上，委员的选择，绝不注意他是否为党派的首领。因为瑞士只想使这个委员会做不同的意见、不同的利益、不同的省分的中介体，并不想使这个委员会做一党一派的代表。故委员的人选，不但不为议会中多数党所独占，并且不随议会中党派的变迁而变迁。例如从一八七六年到一八八三年，自由党在议会中虽然变成少数党，但仍然在委员会中占有四个委员。第四，联邦行政委员会只是事务团体（Business Body），不是发号施令决定国家政策的机关。委员的选择，常常以行政上的经验及行政上的技能为主，故一般委员几乎变成终身官，只要是愿意连任的，在习惯上总是继续当选。因此，常常有委员继续任职到二十年以上，并且有一个委员继续任职到三十年以上。第五，联邦行政委员会的各委员不负连带的责任，因亦不必要有一致的意见。这

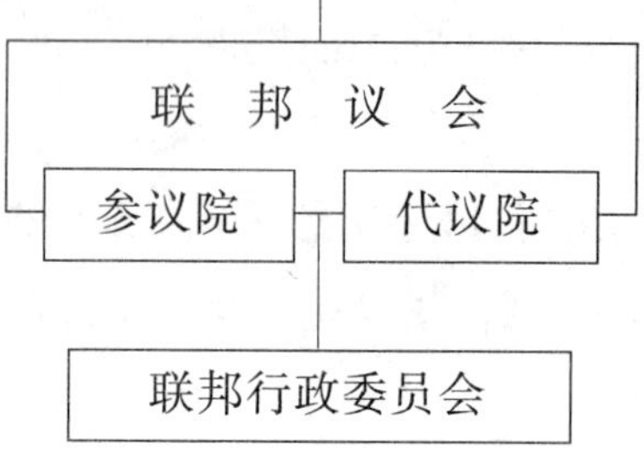

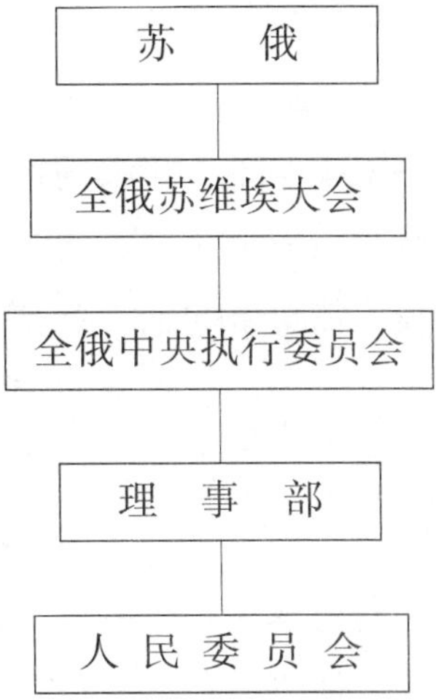

个习惯固然是由瑞士人民一半富于调和性，一半富于服从多数性而来，可是最大的原因却在因为联邦议会握有最后的决定权。各委员一到议会之中，个个都有发表独立意见的机会，故往往各陈一说，互相辩论。因为最后的议决权在议会，所以各委员所发表的意见，只有供给议员参考的效力，绝不因通过与否而发生去留的问题。从一八四八年以来，有两个委员因政见不合而辞职，只有一个是和议会的意见冲突，那一个却是和国民总投票发生龃龉。

把上述的各点归纳起来，可见瑞士的联邦行政委员会：（一）各委员的职权一律平等，（二）各部重要事务由全体委员合议决定，（三）委员会的分子不为一党所独占，（四）委员会纯粹是事务团体，（五）各委员的意见完全听受联邦议会的支配。这是瑞士的委员制在法律上或习惯上的五个特点。

至于苏俄的人民委员会却有几个特点和瑞士相反。苏俄的人民委员会在法律上是站在第四级的行政机关，可是在事实上却几几乎是站在第一级的行政和立法的机关。因为苏俄的最高权力机关是“全俄苏维埃大会”，这个大会的会员多至三千五百三十七个人（内中赋有表决权者有一七二八人），每年只集会两次，会期通常不过一星期至一星期半。因此，这个机关便没有行使最高权力的可能。由全俄苏维埃大会产生出来的第二个机关便是“全俄中央执行委员会”。这个机关是对于全俄苏维埃大会负责的，在全俄苏维埃大会闭会期中，可以代表该会行使最高的权力。他的最高的权力不仅是掌有立法权或行政权，实在是兼掌立法、行政、司法三种职权。可是在事实上这个机关的权力却随时增减，有时（自一九一八到一九一九年）不过做宣传及示威运动的机关，凡政府提议的事件，大抵多不用讨论即行通过。“理事部”在全俄中央执行委员会闭会期中，以该会名义，裁可人民委员会的决议，并得撤回这一类的议决及任命人民委员。理事部现在渐渐变成行政监督和行政裁判的机关，凡中央机关与地方机关间的争议，中央官吏与地方官吏间的争议，个人与行政机关间的争议，自治的、联合的、同盟的共和国间的争议，皆有裁决权。简单一句话，就是全俄中央执行委员会有变成立法及政治监督的机关之倾向，理事部有变成行政监督及行政裁判的机关之倾向。前者将要变成一个议会，后者将要变成法国式的参事会。

至于苏俄的真正政府，乃是这站在第四级的人民委员会。这个委员会起初本为临时政府，故因革命时期的需要，可以运用一切权力。他本是全俄中央执行委员会任命的，故对于该委员会负责，该委员会可以停止或取消人民委员会的一切决议。不过在革命时期中，这些权力，皆变成具文，事实上的权力一切都归到人民委员会的手中。从一九一七年到一九二五年，列宁做人民委员会的总理，他是共产党的首领，同时又是苏俄政府的元首，故权力能扩张到极大之点。人民委员会的委员，法律上虽说由全俄中央执行委员会任命，但是事实上委员的名单全由共产党提出，由全俄中央执行委员会作形式上的通过。最近苏俄对内对外的一切政策，都由共产党中央执行委员会和他的政治部组织部决定，凡人民委员会所提出的一切实际的具体的问题，都由他们裁决。这样一来，人民委员会已经不是一个独立的团体，地位也不如从前的重要，只不过是机械的执行共产党的决议罢了。

由此看来，苏俄的人民委员会的特点：（一）有时各委员的权力事实上不必一律平等；（二）委员会可以决定政策，甚至于可以处决关于国家根本问题的事项；（三）委员会在法律上是承受上级各会的意旨的，但是在事实上上级各会却承受他的意旨；（四）委员会的委员均为共产党一党所独占，接受共产党的政见。这是苏俄人民委员会在法律上或习惯上的特点。

把瑞士和苏俄两种委员制拿来比较，可以看出下列不同之点：（一）瑞士的联邦行政委员会超越党派的关系，苏俄的人民委员会却完全为共产党所独占。（二）瑞士的联邦行政委员会为事务团体，苏俄的人民委员会却是决定政策的团体。（三）瑞士的行政委员会事事听命于联邦议会，苏俄的人民委员却事事听命于共产党。（四）瑞士的行政委员意见不必一致，苏俄的人民委员却要一律遵守共产党的政纲，不许立异。这又是这两种委员制绝不相同的地方。

委员制的利弊近来常常有人讨论，说委员制有弊的也很多。委员制的第一个弊病，就在欠缺敏活。因为委员会是合议制的机关，人选不良，便又变成多头政治的机关。而且一切重要的行政事务，必得要经过合议体的机关决定，自然很难得应付那非常的事变。所以罗马的康修尔制，不论那一个执政官的决定或行为，都可因别一个执政官的反抗而中止，故当变故发生时，必定要设下一个独裁官去救济两头政治的缺失。委员制的第二个弊病，又在责任不明。因为一切行政政策都决定于地位完全平等的多数人，个人的雄才大略，既不容易发展；一种政策的成功或失败也不容易识别到底是谁的责任。故真正雄才大略的人，或者不愿加入这种事事听命于人的委员会，或者一旦加入一个跋扈的枭雄，便又尽使其余的委员成为附属品。委员制的第三个弊病，又在没有势力。因为每决定一种行政方略，既没有像美国式的总统，视为责无旁贷；又没有像英国式的总理，视为内阁的生死关头。如果在民治的素养不深的国家，少数人没有服从多数的习惯，或因少数委员消极的不合作，或因少数委员积极的破坏，那么，每种政策便不容易贯彻到底。因为有这几种弊病，所以有人断定：委员制在消极方面防止专制则有余，可是在积极方面奖励做事则不足。如果不能像瑞士降低委员会的地位，使他事事听命于议会；又不能像苏俄以一党独掌政权，使事事仰承一党的意旨；那么，要冒然采用委员制，便一定利少而害多。

但是主张委员制的论者，也有很充分的理由。第一，说委员制可以除去首领政治的弊害。因为委员制和内阁制有个显然共见的不同之点，就是委员制是澈底的合议制，内阁制便仍不能脱去首领政治的彩色。一个人的才智，当然不能和集思广益的合议团体的才智相比，如果事权集中于一个人，这个人要不是全智全能，那么，行政事务便要因人而受害了。第二，说委员制可以免除专制政治的弊害。因为把政权委托多数人，便不容易做出专擅的行为。大概专制的行为，出自一人的独裁，便很容易；出自多数人合议，便很困难。故凡在人民心理恐怕专制政体最甚的时候，委员制便是一种对症下药的神方。第三，说委员制是适合民治精神的制度。因为在民治国家之下，官吏只是受人民委任的仆役，要想达到这个目的，当然不能使行政机关的官吏，能和那代表人民全体的议会相对抗。委员制是把行政权附属在立法权之下的制度，只教他去执行人民代表的议决，不教他妄自尊大的独行独断。因为委员制有这几层利益，所以凡在洗涤专制余毒的国家，或在首创共和的时代，总宜采用这种行政合议制。

以上所述的反对和赞成两方面的议论，皆各有相当的理由，都不能忽视任何一方面。不过据我个人的意见，委员制是否可行，或行之是否有效，必得要注意下列的三个条件：（一）采用委员制首先要有委任和监督委员会的机关。所谓“委员”（Committee），原意就是指那受人委托的人而言，只有被委任者，没有委任者，便根本上不能叫做委员。所以狄卜莱（Dupriez）说：在瑞士“各行政长官（委员）只有遵奉立法部的意志，他们并没有选择别种方法的余地；他们总是好好的服从。如果既采行委员制，又教委员会去独立，使他能同立法部相对抗，便与用委员制来防止专制的用意相矛盾了”。（二）委员会只能做执行议会议决案的机关。凡采用委员制的国家，立法的本意只想降低行政部的地位，不是想抬高行政部的地位。瑞士的委员所以能够长期的继续当选，就是只以行政经验为选择的标准；他们既然不能自由的决定政策，所以他们的位置便不是党派所必争的位置。（三）委员会只能受一个政党的支配。如果上述的两个条件做不到，那么，委员会的第一个统一的方法，便要全靠政党的维系。苏俄的人民委员会所以能够成功，虽然还有别种原因，可是他完全受共产党支配的一个原因，总是最重要的。……苏俄的人民委员会所以能统一，不能不说他全靠这一点维系了。

第五节　行政在现代政治中的地位

美国行政法学家古德诺（Goodnow）说：从前的问题在立法，现代的问题在行政。现代的国家职务已经专门化，技术化，故执行国家职务的人必须具有专门的经验和科学的知识，不像从前专门以指挥监督为事。换句话说：从前的行政靠权力，现代的行政靠技术。彼尔德（Beard）说：现代政治如果用数学方法表示出来，可得一个公式如下：

现代政治= $\frac{1}{10}$ 权力+ $\frac{9}{10}$ 专门技术（见《北京大学日刊》一二四六号《近代政治中行政的位置》）

由此推想从前的行政，专门注重权力，故行政官只要有一营兵便可以压服多少地方，只要有一把刀，便可以制服多少人民。现在的国家已经变成治事的国家，他的职务已经成为专门技术的职务，故单有一营兵和一把刀，绝对不能执行国家的职务。从前的官吏只负有指挥监督人家做事的责任，现在的官吏却有自行做事的责任。故国家的文官之中，往往包括各种专门的技师或工程师在内。例如电灯厂，电话局，铁路局，卫生局，学校，医院，以及冶金，采矿，修路，救火等事，都不是普通文官、仅有法律知识或政治知识的人所能管理的。因此，国家的事务便不得不专门化，官吏的职掌便不得不技术化；因此，凭权力管理的范围便不得不减少，凭技术管理的范围便不得不增加了。所以近来的行政事务不能仅以指挥监督的事务为限，并且包括各种科学的或专门的事务在内。

自从科学发明以来，政治上也受了极大的影响。权力能征服人类，可是总不能供给人类的需要；权力可以驱除人类的障碍，可是总不能造就人类的幸福。例如一把刀只可以杀人， 总不能替人造出一支表。故现代维持国家生存的，不能单靠警察兵士，大半要靠着专门技师。就纽约全城而论，文官共有八万多人，除掉一万警察而外，其余如工程师、医生、教员等，不是能生产的，就是能造就幸福的。由此可见近代的政治中心就在行政。行政的要素可以分为五类：

（一）财政 财政是维持国家生命的工具，关于财政事项例如租税、预算、会计、审计等事，都是专门的事业。

（二）用人 国家的机关自政府以至学校医院，都要雇用专门的人员充任。关于这些人员的选择、薪俸、升降、惩戒、养老等事，都是行政上绝大的问题。

（三）材料供给 在实地做事的机关之中，材料的供给是最紧要的一件事。自铁路、工厂、电话局、医院以至学校，没有一个机关不要材料的供给。即就学校说：自图书仪器至黑板粉笔，都是必不可缺的材料。

（四）技术 执行各种职务，没有一样不靠着专门的技术。例如做铁路、卫生、修路、救火……一类的事件，必须具有特别的技能的人才能够胜任。不是工程师，当然不能建设铁路，不是医士，当然不能管理卫生。

（五）事务组织 在分工的社会之中，科学的分类法和科学的管理法，是最重要的一件事。例如卫生局的组织，要分成儿童卫生、工厂卫生、一般卫生和医院各组，而医院又必要分成传染病医院，普通医院各科。故关于事务的组织，要想造成一贯相连的系统，便非有事务组织的技能不可。

行政要素固然不止这五项，可是这五项总不能不说是最紧要的要素。国家里面的各种政策，第一要用科学的方法决定；对于既已决定的政策，又要以科学的方法执行。指挥命令别人做事的官吏，只占官吏总额的一小部分；自己实地做事的官吏，不但占官吏总额的一大部分，并且占全部官吏的重要部分。彼尔德甚至于想把向来的政治学、经济学、伦理学和自然科学等分类的界限一概打破，把这些科学混合在一块，另外创造起来一种“行政科学”。在“科学的行政”的时代，需要“行政的科学”，乃是适应时代要求的当然的结论。由此可见行政在现代政治中的地位的重要了。

第六节 行政元首的选举法

行政元首的选举法在各国现行制度中可以分为四种：（一）世袭，（二）由人民直接选举，（三）由人民选出选举人间接选举，（四）由议会选举。

世袭制是君主国家采用的。但是这种制度是从历史上遗传下来的，并不是从理论上研究出来的；是无可如何的办法，并不是选贤任能的办法。这种方法凡在改造的国家中，或重新建设的国家中，大概都是不能适用的。故世界采用世袭制的国家，自此逐渐减少。

同世袭制相反的就是选举制。直接选举制多行于共和国家，南美共和国中，如包立维亚（Bolivia）、秘鲁（Peru）诸国，都采用直接选举制，美国的各邦选举行政官，也采用这个方法。直接选举制的利益，简单说起来，有下列的四种：（一）适合现代民治政体的理论，（二）引起人民对于公共事务的兴趣，（三）可以作为群众的政治教育，（四）被选者的才能道德一定为人民所深知，并且对于人民多少总可以负点责任。可是直接选举也有许多弊病：就是把这种重要的行政官，放在智识不健全的群众的选择之下，如果再是地广民众的国家，那么，选民选择候补人尤其是感受困难。选举人因为自己的一票，效力等于几千万或几百万分之一，因而没有责任心，结果必容易被不道德的势力所引诱。法国一八〇四年的实例，就是一个铁证。

间接选举制如美国、阿根廷、智利、墨西哥等国都一律采用。间接选举的利益计有两种：（一）可以免掉直接选举的热狂、暴乱、骚扰等弊病；（二）因为选举人经过一次选择，知识比群众总要高些，故可以尽选举贤才的责任。可是同时也有许多坏处，就是：（一）因为人数较少，容易被政党操纵；（二）因为初选当选人的职务是暂时的，是偶然的，故责任心也很薄弱；（三）因为选民与复选被选人无关，故使初选的投票变成无目的的行动。

由国会选举的方法，如瑞士、法国和前几年的中国都一律采用。法国和中国大致相同，把两院组织成功一个国民会议，在微奢喇（Versailles）开总统的选举会。称赞这个方法的人大概说：议会议员比一般选民知识的程度高些，而且他们自身的职务与行政部关系太密切，并且议会议员之中必定有许多是知名的政治家，所以由议会选举行政元首，必能够物色出来适当的人物。密尔在《代议政体论》中讨论到这个问题，且看他说：

共和政体的行政元首由民众投票选举，果一点没有疵处吗？换句话说：如美国的宪法，大总统每四年由人民选举，这个制度果是善良的制度吗？这个问题很不容易解答。美国的政府没有常行“苛达叠”（Coup d´etat）的危险，故宪法上使行政元首超然独立于立法部之外，立法行政两部同由人民选举，同对于人民负责，同时又能够互相牵制，不致有专制的流弊。美制有利，实在是毫无可疑的。因为避免大权集中于一人的大弊，乃是美国宪法的特质。但是因为求得这种利益，也花费了很大的牺牲。依我看来，共和国的行政元首公然由议会选任，总胜于立宪君主国的内阁总理由议会选举。第一，行政元首出于议会的选举，比现在的被选人必定更要出类拔萃些。因为在议会里面占多数的党派，照例总要推出本党的首领候选，首领的人物必定是当时第一流的政治家。美国的大总统，自创造共和的名人逐渐死去以来，所有被选的人，大概不是名望不高的人，就是在政治范围以外偶然博得名誉的人。这并不是或然的结果，乃是必然的结果。推出一党的名人，使为全国公举的总统候选人，绝不适宜。因为出类拔萃的名人，他的言论行为不招引敌党的仇视，便惹起地方的恶感，故推他出来做候选人，总难得到多数的票额。至于不露头角，只依党纲做事的人，反容易得到全党的同意。此外还有更当注意的一点：就是人人图谋当选，必生出权谋术数的大弊。一国最高的总统，每数年由人民选举一次，那么，选举与选举中间，所有时间必尽费在运动票数的策略之上。凡大总统、国务员、政党首领及其他附属的人物，常常以此为事，全社会的人都仅仅热中于人物论。各种政治问题不问价值如何，都以关系总统选举的影响如何，作为议论评判的标准。不独以党派的精神作运行一切公务的方针，使人人以各种问题为党派的问题；并且凡提出一个新问

题，必定以助本党张目为主旨，要想就事论事，摆脱党派的偏见，总是不可能的。（《代议政体论》第十四章）

密尔以为总统由人民选举，一方面使候选人专门以逢迎民意为事，一方面使锋芒太露的政治家往往落选，这固然可说是由人民选举总统的坏处。但是谋当选者运动人民，或操纵人民，甚至于利诱威迫人民，总不如运动操纵或利诱威迫议员那样容易。对于全体国民用权谋术数很难，对于议会过半数，用权谋术数往往比较容易。中国前几年的总统选举，就是彰明昭著的实例。就是退一步说，议会选举行政元首与人民选举行政元首弊病相等，仍不如使人民选举为善。为什么呢？因为由人民选举，一方面可以引起人民对于政治的趣味，一方面可以使行政元首生服从民意的习惯。美国当选举总统的时候，宣布政见的小册子飞如蝴蝶，演说运动，举国若狂。虽然表面上百事停滞，但是暗中却收了许多政治教育的效果，总计利害，也似乎是可以抵偿的。

第七节　行政部与议会法庭的关系

行政部和议会的关系，是政治学中一个重要问题。就事实说：世界上所有的国家，没有一国行政权力和立法权力是完全分开的。无论何国，总是给与行政部以相当的权力，使他管理立法部的进行，或直接间接参与立法的职务。反过来说，所有的国家，行政部在某几种关系上，都一定要受立法部的支配。行政部能够参与立法部的事件，如议会的集会、开会、休会、闭会、延长会期及采用内阁制的政府之解散议会权，皆是。有许多共和国家，行政部召集议会的权力只能行之于临时会议，遇有特别事故必须议会通过时，方可召集。至于常会的日期，概由法律规定，每届法定开会时日，由议员自行集会，不要行政部召集；也有的共和国家临时会议亦得自由召集，不要行政部过问。

行政部应否有解散议会权乃是宪法上一大问题。主张行政部应该有解散议会权的人，以为解散权是内阁制的要素，议会方面既已有不信任议决权，那么，行政方面也应该有解散议会权。因为解散权与不信任议决权，在内阁制中，犹如鸟的两翼，车的两骖，缺一不可。如果在三权绝对分立的国家，行政部与立法部两相对立，立法部没有完全监督政府的权限，故政府也因此没有解散议会的权限。如果采用责任内阁制，那么，立法部与行政部的关系便异常的密切，倘若只有不信任议决权，没有解散议会权，便只使议会操纵内阁，不能使内阁抵抗议会。甚至于有人说解散权的有无，实为责任内阁制能否成立的唯一条件。解散权是内阁征求民意的一种方法，如果内阁自信自己所抱的政见，真能福国利民，而不能得到议会的信任，那么，只有依靠解散权，把现有的议会解散，重行选举。重行选举就是征求人民判断的意思。如果重行选举的结果，政府党占多数，内阁可以续任下去，不然，内阁便应当总辞职。故主张解散权的人，多以解散权为尊重民意的重要方法。但是反对解散权的人，也有相当的理由。他们以为在民治国中，根本上就要信任议会，说议会不能代表民意，即不啻从根本上否认议会制度。而且议会议员的任期通常不过三四年，就是民意变迁，也不一定有这样的快。议会既为代表民意的机关，乃竟舍已知的民意而不相信，偏去求救于未知的民意，理由实在是不大充足。此外还有一种调和的办法，就是解散权须受某种条件的限制。例如法国宪法，解散众议院须得参议院的同意之类是。不过这种限制，往往可以使解散权根本无效。法国自有宪法以来，除掉麦克马洪（Mac Mahon）武人时代以外，自三次共和到现在，事实上都没有解散众议院的事。内阁方面因为没有保障，结果只有常常变更。而且内阁变更的原因，不在议会动议不信任投票的时候，便在议会正当讨论不信任投票的时候。由此可见限制的解散权的缺点了。

行政部对于立法部还有一个重要的权力，普通叫做“不裁可权”（The Veto Power）。提案权可以用于法律发生之初，不裁可权可以用于法律成功之后。有几个国家——如英国——行政元首的不裁可权是绝对的，无论议会方面用多少票数都不能打消他。不过英国自一七〇七年以来，就没有用过不裁可权。但是有没有是一件事，用不用又是一件事。英国宪法的根本原理是“国王不得因错过而丧失权利”，可见英国国王现在并不因为长久不用而丧失这种权利。此外有许多国家，行政部的不裁可权是有限制的，就是立法部如果再以非常的人数通过（通常为三分二以上），该不裁可权便不能再用。又有许多国家，行政部没有不裁可权，只得交还议会覆议，故这种权力，在实际上只可以叫做“请求覆议”，不能叫做“不裁可”。

叶斯曼（Esmein）说：不裁可权是“防止国会立法的胡乱和危险的预防药”。因为不裁可权的目的就在免除立法部的轻躁行为，而给予行政部对抗立法部侵权的一种武器。立法部居立法的地位，很容易扩张本部的权力，一般代议士往往以国民自居，以为立法部没有什么事不能管，结果往往侵犯他部的权利和特权。至于议会轻躁，由感情作用通过议案，或对于重要的议案而不仔细讨论，这两类的弊病——轻权和轻躁——都可用不裁可权去防止的。不过不裁可权也有种种可指摘的地方。第一可指摘的就是不信任全体议员的议决，反信任一个行政元首的判断，这岂不是以全体议员的智慧不及一个行政官吗？而且不裁可后，仍要请求议会覆议，议会可以较多数投票通过他，充其量也不过使议会对于不裁可的议案重行考虑一番罢了。最后的判断权仍在议会手中，行政官的反抗力总是很有限的。民治国家在理论上当然要以议会为最高的机关，行政官当然是人民的公仆，公仆竟能拒绝最高机关所制定的法律，至少总有点违反民治原理的嫌疑。如果要以不裁可权为重要，那么，请求国会覆议仍是劳而无功，倒不如由行政部提交国民公决，反比较的正当些。

公布法律乃是行政部的一种义务，因为公布是法律合法通过议会的证明，经过这种手续就可以发生效力。公布的必要乃是分权原理的逻辑的结果。法律经过议会的投票表决，只能算是完成，可是不到公布的这一天，总不能发生拘束力。法国的宪法，给予总统一个月期间，凡由议会送来的法律案，须在一个月内公布，也有的国家只以十五天为限的。

再行政官和法庭的关系，也很重要。凡是由选举而来的行政元首，如有犯罪行为，在理论上都是应该负责的。但是各国的通例，行政元首的犯罪行为或政治策略多不受法庭的制裁。公法的普通原则，凡行政元首如果不是终身不受法庭裁判，便是在职时不受刑事上的诉究。美国大总统的犯罪行为只对于一个团体负责，就是审判弹劾案的参议院。参议院做这种法庭时，只以免去大总统的官职为限，大总统不得由法庭的命令逮捕拘留。共和国的行政元首不受刑事上的诉究，目的并不在维持行政元首的尊严，只是由于政治上的必要。从经验上看来，假使行政元首要受法庭的支配，一定要妨碍行政部的独立，阻碍行政职务的进行，破坏行政权的统一。而且行政元首占据执行的机关，如果法庭治他自己的罪，反要他自己执行，必定要被拒绝，因此便助长行政司法两部的冲突。

本章参考书

Brooks—The Government and Politics of Switzerland.第五章

Bryce—Modern Democracies.第二册，第十八章

Bryce—The American Commonwealth.第二十五，二十九，三十各章

Burgess—Political Science and Constitutional Law.第二卷第二章

Bagehot—The English Constitution.第一章

Mill—The Representative Government.第二，三，七各章

Cole—Social Theory.第六章

Lowell—Governments and Parties in Continental Europe.第二编第十一及十二两章

Lowell—Government of England.第一册第一编第三，四，十七，十八各章

Me Bain and Rogers—The New Constitution of Europe.

Russell—The Practice and Theory of Bolchevism.

Marriott—The Mechanism of The Modern State.第二卷第二十五及二十六两章

Garner—Political Science and Government.第十四及十六两章

Haines—Principles and Problems of Government.第四章

王世杰—《比较宪法》第四编第一，二两章

第十二章　司法机关

第一节　司法机关的职权

国家本是为保护人民权利而设的制度，要想达到保护人民权利的目的，当然要靠这个司法机关。立法部只到近代才充分发达，故没有立法机关的社会，是从前习见不鲜的事体，但是一个文明国家，如果没有司法机关，那就不堪设想了。因为没有立法机关，法庭还有判决例或习惯法可以适用，若是没有司法机关，便没有解释法律、保障权利、审理诉论、惩罚犯罪的方法了。蒲徕士以为司法机关不但是不可少的东西，并且他的功效，就是善良政府的最好的试金石；因为人民的幸福和安全，同司法机关的关系，是再密切没有的。社会如果失掉司法的光明，便真是黑暗地狱了（蒲徕士的话，见《现代民治政体》第二册三八四页）。如果国内再有特殊势力专横，——例如军阀专制、政党横行之类，便更显得司法机关的重要。

司法机关的职权，除掉管理纯粹司法事件外，还可以涉及含有立法行政性质的事件。英美各国承认法庭的判决例，享有与法律同等的效力；而法官审理那没有法律正文可依的案件，又往往得依据正义或条理判断：这是司法权含有立法性质的地方。再各国法庭除掉审理诉讼事件外，还有兼理“非诉事件的职务”（Non-Judicial Functions）。例如美国的法庭，常常任命地方公吏，选任他自己的书记和别的职员，颁发免许状，任命监护人和保管人，管理死亡者的遗产……尤其重要的是颁发各种令状，例如命令公吏履行法定义务的命令状及制止公吏做法律禁止事件的禁止状；他如遗嘱的执行、婚姻及不动产的注册等类，又是法院涉及行政性质的事件。

法院的最重要的职权，乃是对于违宪的法令，有否认或撤消的权利。美国的联邦宪法和各邦宪法大概多承认法院有否认违宪法令的权利；并且照戴雪说：美国的法官不但认这件事为权利，并且认这件事为义务。美国最高法院否认联邦议会违宪的法律（全部否认，或部分否认），计有五十三件；否认邦议会违宪的法律，超过三百多件，至于各邦法院否认邦议会违宪的法律，差不多有几千件。有许多政治家说：就是联邦宪法不规定法院有宪法的解释权，法院亦可以解释宪法，因为这是司法权的固有的权力。哈密敦（Homilton）在一七八八年制定宪法时，就说：“立法部的法律，如果违反宪法，应该一律无效。如果反对这一点，就不啻承认代理人大于原主；就不啻承认仆役高于主人；就不啻承认人民的代表，高于人民的自身；就不啻承认他们不但可以做无权做的事，并且可以做禁止的事。”一部宪法就是一部根本法，一切权力都是从他发源而来的，如果立法部的法律违反他的义意，法院当然有否认的义务。法院否认议会违宪的法律，并不是说法院的权力在议会之上，只说人民的权力在会议和法院之上。如果立法部在法律上表示的意志和人民在宪法上表示的意志相冲突，法官便只应该遵循人民的意志，不应该遵循立法部的意志。换句话说，就是他的判决只当根据根本法，不当根据那非根本法。这是美国人所以主张法院有宪法解释权的理由。

法院的宪法解释权老早就风行于美国，但是欧洲各国在先却没有采用的实例。因为欧洲各国通行的原则就是承认立法部的权力由立法部自身判断；法院对于立法部的法律，却没有宣告他违宪和取消他效力的权利。从前德意志帝国（自一八七一年到一九一九年）虽然允许法院有决定法律形式上效力的权利，——例如法律是否依法定手续通过和是否由元首公布之类，——但是却没有决定法律实质上效力的权利。唯一的例外，就是允许帝国法院（The Imperial Court）有权决定邦议会所通过的法律，在实质上是否违反帝国宪法或帝国法律。但是帝国法院的这种权力，仅能对于邦议会所通过的法律行使，至于帝国法律是否违反帝国宪法的问题，却不许帝国法院决定。这回德国的新宪法第十三条规定："关于各邦法律与中央法律是否相容，发生疑义及意见争执时，其该管之中央官署与各邦官署得根据中央法律之规定，请求中央最高法院判决。"但是这个判决权是被动的，与美国法院有自动的宪法解释权当然不同了。

奥国的新宪法第一百四十条规定："宪法裁判所（The Supreme Constitutional Court）依联邦政府之请求，裁判邦法律之违法与否，依邦政府之请求，裁判联邦法律之违法与否。若其法律可为宪法裁判所判决之前提者，依其职权而裁判之。……依宪法裁判所之判决，认定法律为违反宪法时，联邦内阁总理，或各邦行政长官，即将该判决公布；该项法律撤销之时期，除宪法裁判所限定时期外，自公布之日起，即行撤销。"奥国的法院有不须请求，得自行负责裁判违宪法律的权利，这是与德国不同的地方。至捷克斯拉夫的新宪法规定：立法部的法律违反宪法者无效。他的违宪法律的裁判权，也同奥国一样，放在宪法裁判所；至于普通法院的法官，便只能决定法律是否由总统依法公布的问题（该宪第一〇四条）。瑞士的联邦最高法院，如同德国一样，有判断违反联邦宪法的邦法律为无效的权利，但是对于联邦议会所通过的法律违反宪法与否，却无权可以过问。这都是美国法院的宪法解释权的原则，近来输入欧洲大陆各国的实例。

但是欧洲大陆上还有多数国家仍然把宪法解释权放在议会，就是法律显然违宪，法院也要适用。英国从来承认议会为最高的机关，如果他通过违宪的法律，侵犯宪法赋予人民的神圣权利，只有舆论可以说他违宪，至于法院不但没有否认他效力的权利，并且还要认为合法，一律去适用他。英国只有枢密院的司法委员会（Judicial Committee of the Privy Council），可以宣布属地或自治殖民地的立法部的违宪法律为无效。法国的宪法也承认议会的权力为最高，无论什么法律，只要是经过总统正式公布，不问是否违宪，法院皆当适用。一八三三年，法国议会通过的《出版法》，显然是违反一八三〇年宪章第六十九条的规定。这时法国著名的法学家曾向大理院（Court of Cassation）要求宣布该法为违宪，但是该院判决他自己没有宣布法律违宪的权力。这个判决，后来竟继续有效。故法国的法院只能否认形式上违宪的法律，不能否认实质上违宪的法律。法国所以不承认法院宣布违宪法律为无效的权利，就是根据下列的三种理由：（一）以为这种制度与一七八九年和一七九〇年所宣布的分权原理相抵触；（二）以为立法部是代表人民主权意志的机关，不能使法院的权力高出于他之上；（三）以为这种制度足以助长议会与法院间的冲突，并使法院得以妨碍立法上的改革事业。这就是法国人反对法院的宪法解释权（实质上的解释）的理由。

大概凡在联邦的国家（除瑞士外），一定要把法院的宪法解释权看得重要。因为联邦国家的特点就在中央与各邦分权，这个分权的原则，是用宪法规定的。无论是中央政府的权力取列举主义（如美国），或是地方政府的权力取列举主义（如坎拿大），皆必定要用宪法把他们的权力范围规定明确。无论是中央，是各邦，只要在宪法赋予的权力范围之内，皆各有独立的权力，任何方面，皆不得超越自己的权力范围，去侵犯别一方面的权利。故为保障中央与各邦，彼此皆在权力范围以内做事，同时为防止中央与各邦彼此皆不得在权力范围以外做事，便一定要有一个仲裁机关，来维持这个分权的原则。教法院来担任这个仲裁的责任，比较教行政部或立法部担任更适当，因为他是维持法律尊严的和独立在政争之外的，只有教他来担负这个责任，可以维持邦国间的均衡。

但是反对这种制度的人，也说出相当的理由。他们以为教法院去解释立法部的法律是否违宪，便是把法院的权力放在立法部之上，推翻了三权分立的原理。而且人民代表所通过的法律，还要交由法院去“否认”（Veto），“取消”（Nullify），或使他“失效”（Invalidate），便是教法院做最高的立法者。民选的代表没有最后的立法权，而非民选的法官倒反有最后的立法权，便真是“法官的贵族政体”（Aristocracy of the Robe），或“法官的寡头政体”（Judicial Oligarchy）了。

而且立法的重要条件，就在要适应经济情形和社会生活的需要；法官的重要责任，却在依照法律，率由旧章。经济情形和社会生活是时时变迁进步的，而法律却是一成不变的；如果教守法的法官去裁判那适应于近代生活情形的经济立法和社会立法，一定是不相宜的。美国有许多激进派，都反对法院有否决法律权，因为美国有许多法官，常常用那十八世纪经济政策和社会政策的原理，来判定那适合现代的经济政策和社会政策的立法，所以常常重视财产权而蔑视人权。如果立法部所通过的适合乎近代经济生活和社会生活的法律，一旦被法院否认，人民便一定要群起反对法官，反把司法的尊严毁坏了。反对这个制度的各种理由中，要算这个理由最值得我们的注意。

最近美国的“撤消判决”（Recall of Judicial Decision）运动，已经很有势力，这种运动就是为救济前述的弊端而起的。例如伊里老诺（Illinois）一邦，自一八七〇年到一九一五年，法院宣布违宪的法律，计有二百五十七件，因此，便令人民不得不重视撤销判决的运动。克罗诺多（Colorado）一邦，在一九一二年，已经在宪法上规定公民得撤销法院判决的条文。对于法院宣告立法部违宪的法律，得由人民复决，如果人民赞成立法部的法律，就是法院认为违宪，亦得仍旧发生效力。罗斯福（Roosevelt）最赞成这个运动，以为必定要使人民作根本法的最后解释人，才合乎民治政府的原理。不过美国的律师和法学家，也有人认定撤销判决和直接罢免法官，均有碍法院的独立。因此，便又有人主张：法院裁决法律是否违宪时，须得到特别多数法官的同意，例如说：法院九个法官之中，须得到七个法官同意，方能判决之类是。

上述的赞成或反对法院的宪法解释权的理由，当然各有相当的价值，不能一概抹煞。但是观察大势所趋，似乎欧洲新兴的各国，有逐渐采用这种制度的倾向。

第二节 司法机关的独立

凡是组织完善的政府，能够使人民的一切权利得到极巩固的保障，便当然要有个独立的司法机关，专管一切司法的事件。如果没有司法机关来解释法律，适用法律，裁判争讼，保障权利，或者有别的机关代行司法机关的权限，便要毁坏人民的自由。在君主国中，固然要有独立的司法机关，以阻止君主滥用威权去侵害人民的权利；就是在共和国中，在实际经验上，也要有独立的司法机关，以防止专横的政党侵犯法律和宪法。法庭比较别的政府机关都可靠，就因为他程序确定，组织完备，不容易为个人偏见和群众感情所动摇。要想完成这个目的，巩固这种特性，必须看任命和待遇法官的方法如何，故法官的任命和待遇，是司法机关中的极重要的问题。

法官任命的方法约计可分三种：（一）由立法部任命，（二）由人民选举，（三）由行政部任命。由立法部选任的方法，多遭政论家反对，因为一方面违反三权分立的原则，一方面又使法官陷入政治的漩涡。由议会选举，考其实就是由政党推荐，这样一来，把法院引进政党的范围，甚至于以党派的利益做选任法官的标准，因此，便不能达到维持正义的目的。美国在革命之后，多称赞这个方法，因为这时美国人的感情，一方面猜疑行政部，一方面又不相信人民选举。但是近来美国各邦，除掉四邦——Rhode Island,Vermont,South Carolina,Virginia——之外，一齐都废止这种制度了。欧洲除瑞士联邦裁判所的法官由联邦议会选举之外，别的国家都不甚欢迎这种方法。

法官由人民选举的方法，差不多可算是美国各邦的通行制度，在一九一〇年以前，计有三十三邦采用这种制度。欧洲和英属的自治殖民地，都不采用民选法官制，就是美洲其余的各共和国，民治政府虽然很算进步，但总不采用这种制度。民选法官制的最大弊病就在使法院依附人民，不能独立。选举时往往由政党推荐候选人，铁面无私的法官与八面玲珑的政客，本来是两道，但是一由政党操纵，便不得不以此种政客充任。而且法官如果在裁判时，守正不阿，不去迎合民众的心理，便很不容易一再连任。所以民选法官的方法，一则堕落法官的品格，再则容易使法官化为政客。

从已往的经验上和多数学者的意见上，证明法官由行政部任命的方法，在比较上是最好的一种制度。因为未经训练的群众，要想选择适宜的法官，在事实上是不可能的；若由聪明的行政官选择，必能物色到适任的人材。这种制度是世界上最通行的制度，在实际经验上也发生很好的效果。有的国家对于最高法院的长官，由行政部任命，或附加“得参议院同意”一个条件，或指定必须从法院提出的名单中任命的一个限制，可以叫做有限制的任命制。

司法官的任期和俸给，也是帮助司法独立的一层保障。照现在各国通行的制度，司法官总多是终身官，自被任命之后，只要不被弹劾，便永久不能受褫职的处分。有了这一层保障，就是司法官由行政官任命，却很可以不受行政官的节制。再俸给较优，可以养廉，也是给与司法独立的一种帮助。

第三节　司法机关的组织

司法机关的组织和行政机关或立法机关的组织，大不相同。行政的最高权力，有许多国家实际上总是放在一个人的手中；至于立法的权力，又总是付托那人数很多的议会。司法权一方面既不能放在一个人手中，一方面又不能放在人数甚多的合议制的议会，只放在几个法官手中。有时一个人单独组织一个法庭，也有时几个人合组一个法庭，来审判各种案件。有许多国家——如德国——自初级法庭到最高法庭，所有的组织都适用Collegial Principle。各国法庭的组织很有一点像尖形的宝塔，下面有多数初级法庭，按照人口多寡和事务繁简的原则，分布于全国；顶上有一个全国最高的法庭，处理各种上诉的案件。也有几国最高法庭不止一个，例如意大利就是这样。意大利共有五个独立的最高法庭，每一个最高法庭在自己所管辖的范围内，有最高的判决权。对于每一个最高法庭所判决的案件，不能到别个最高法庭去控告；并且每个最高法庭都可以独立裁判，不必依照其他最高法庭的判决例。这种样式的司法分权，确是意大利政府制度的一大弱点。

近代的民治政体，以使人民参与立法权为自由人民的特征；至于古代希腊人，不但把参与立法看作自由人民的特权，并且把参与司法看作人民自由的特权。雅典人如有重大犯罪，便交付人民裁判，由全体人民中，选出年龄三十以上者使之宣誓，以六千人为审判官，分为十部，每部五百人，余一千人为候补员。平常事件只由一部裁判，非常事件则由两部或三部联合裁判。近代欧美各国由人民直接参与司法权的思想，似乎不很发达，惟关于刑事裁判，有采用人民陪审制度的，如英国，便是一个好例。英国的陪审制度是以普通人民为陪审官，受法官的指导，以审查判决那些关于民刑诉讼的事实问题。陪审官十二人，在发生案件的地方，由有一定财产的户主之中，抽签选出，判决须得全体一致的同意。诉讼人有正当的理由，有拒绝某人为陪审官的权利。如果是重大的刑事裁判，更不问有无理由，得拒绝陪审官中的某数人。陪审官的职务以审查事实问题为限，但是就在这个范围之内，也只能就那由证据所证明的事项而下判决。法官宣告法律的适用；陪审官则审查事实，以决定犯罪的有无或轻重。前者为专门的知识，后者为普通的常识，知识与常识结合起来，可以维持裁判的公平。故陪审制度就是使裁判官和陪审官分工合作。采用这个制度的时候，一方面可使裁判官超然独立在原被告之上，以保持法律的尊严；一方面又可使陪审官得以常识来牵制偏重法理的弊病。而且由人民直接参与审判，可以匡正政府的违法，可以保障人民的自由，并且有给与人民以重大的公共经验的利益。

但是陪审制度在司法不独立，审判不公平的时代，固然可算是保障民权的制度；可是到现在“科学的司法”的时代，效用便渐渐的低减了。因为诉讼事实的审查，单靠普通的常识判断，总不及靠专门的知识判断为确当。英国近来关于民事诉讼，已经逐渐少用陪审制度了。葡萄牙和苏格兰关于民事诉讼也采用陪审制度，但是结果都不大良好；法国和普鲁士只关于刑事裁判采用陪审制度。大概刑事裁判的宣告，总以不违反人民同情为好，故采用陪审制，至少总不致惹起人民的恶感。刑事的裁判，尤其是国事犯的裁判，总以采用陪审制度为最适当。不过现代的法律已经变成科学，偏重法理的裁判，并不见得有什么坏处。而且民事刑事的诉讼法既已确定，法官的位置又完全独立，故由专门的法官裁判，往往很可以保持审判的公平。如果要想得到人民的同情，尽可以把法庭公开，使人民知道审判官的慎重。故在审判的方法技术化或科学化的时代，陪审制度却不能算是保障民权的唯一无二的好方法了。

第四节　行政裁判所

在欧洲大陆上，如法国和普鲁士等，都另外设立一种裁判所，专管行政诉讼——人民与官吏之争，或官吏与官吏之争。凡在采用这种制度的国家，行政诉讼一概不许普通法庭受理，只由特设的行政裁判所受理。这种制度——司法裁判所与行政裁判所分离独立的制度——是从法国发源的。法国的行政裁判与司法裁判的分离，是在革命时代的立法上得到根据的。因为法国在历史上行政权与司法权互相冲突，所以那时立法才把他们分开。法国在君主专制时代，裁判官的位置是由买卖或世袭而来的，不是由君主任命的，对于君主完全站在独立的地位上，故裁判所对于君主有抗议权。因为裁判所有这种权限，所以习惯上常常利用这种权力来干涉国王的立法和行政。在革命以前的君主专制时代，裁判所是君主权力的唯一障碍物，到了革命起来的时候，革命政府恐怕裁判官对于他们宪法上和行政上各种改革有所抗议，所以用法律来严禁裁判官反抗法律的执行和裁判行政争讼事件。他们那时虽然以三权分立的理论做理由，来说明这件事，但是真正的理由并不在此。故法国的行政裁判所以与司法裁判分开，只因为政治上不信任司法权的结果。后来行政裁判所组织很完备，可以与司法裁判一样，得到独立公平的效果，故至今还把行政裁判所保存。至于德国采用行政裁判制度，立法的理由却在事实而不在理论。那时德国的司法官的教育和经验都偏于私法一方面，不适宜于行政上的裁判；他们以为行政裁判要有行政上的知识和经验，更不是普通裁判所所能胜任的。这就是法德两国所以设立行政裁判制度的主要的原因。

赞成行政裁判制度的学者，总以为行政诉讼的性质是特别的，与普通民事刑事诉讼不同，普通法庭的法官万难有审理这类案件的能力。行政官如果因为执行职务同人民发生冲突，那么，这一类的冲突性质上便与普通人民与人民之间冲突不同，万不能把行政官当作普通人民看待。如果把行政官看得同普通人民一样，行政职务便难保不受妨碍。可是赞成行政裁判制度的人，全在行政裁判的知识和经验上着想，却不曾从人民权利的保障上着想。英美两国向来不采用行政裁判制度，凡关于行政诉讼的案件，一概归普通法庭裁判。他们以为便是官吏违法，损害人民的权利，都要同普通人民一样，同受一种普通法的制裁，才可算是在法律下一切平等。英国宪法学者戴雪（Dicey）攻击行政裁判制度很力，他说：

> 凡官吏无论怎样违法，只要他是奉上官的命令，且推求他的意思实在是想尽他的官吏职务，那么，这种官吏犯罪便有护身符，不受普通法庭的检举或裁判。这是行政法最含有专制特性的地方。（见《宪法论》）

戴雪所以要攻击行政裁判制度，就因为行政裁判制度与人民权利有关，因为人民一同官吏涉讼，便受行政裁判所制裁，不能受普通法庭的保障。凡采用这种制度的国家，都把官吏看作有代表国家的特权，使人民与官吏在法律之下不得平等。这是保障官吏特权的法制，与英美人民同受普通法律制裁的精神，大不相容。故英美学者非难行政裁判制度，目的全在把官民看作平等，借以保障人民的权利。

本章参考书

Baldwin—The American Judiciary.自第一章至第七章

Beard—The Supreme Court and the Constitution.

Dicey—Law of the Constitution.第五章

Dicey—Law and Public Opinion in England.第十一章及附录四

Dickinson—Administrative Justice and the Supremacy of Law in the United States.

Hall—Popular Government.第八章

Lowell—The Government of England.第二册第六十一章

Marriott—The Mechanism of the Modern State.第二册自第三十一章至三十四章

Garner—Political Science and Government.第二十四章

王世杰—《比较宪法》第四编第三章

第十三章　监察机关

第一节　中国监察制度的特点

近代欧美各国都把监督行政机关和司法机关的职权，放在议会，采用以人民监督官吏的方法；中国从古代一直到清末，都把监督行政机关和司法机关的职权，放在御史台或都察院，采用以官吏监督官吏的方法。中国自古以来都行“以官治官”的制度，真正治事之官只有知州知县，故顾亭林说：中国“治官之官多，治事之官少”。（见《日知录》）正因为以官吏来监察官吏，故监察权异常发达，成为中国特有的制度。

满清（清朝，编者注）的官制，中央的最下级官厅，依行政的系统，由直接的上级官厅监督，顺次推到最上级的官厅为止；地方的最下级官厅，也依行政的系统，由直接的上级官厅监督，顺次推到最上级的官厅为止。至于中央官厅与地方官厅，却彼此对立，不相统属；地方官厅，除与中央官厅同隶属于君主之下外，不受中央官厅的指挥监督。故满清（清朝，编者注）的行政制度实在是中央与地方平均分权的制度，与现在各国的内阁得直接指挥监督地方最高级官厅者不同。只有这个监察权的行使，却不问是对于中央官厅，或对于地方官厅，皆集中在都察院一个机关。故日本织田万博士在《清国行政法》中说：“清国无真正之集权制官厅，仅有如都察院之特设官厅，依其官吏弹劾权，集中其对于中外官厅之监督权耳。”（见广智书局译本一五四页）都察院的监察权，不但没有中央官厅与地方官厅的界限，并且没有直辖官厅与非直辖官厅的界限。例如在外加都御史衔的督抚，都有弹劾一切官吏的权利。总督可以弹劾巡抚，巡抚亦可以弹劾总督；同时督抚又得进而弹劾中央政府的各大臣。由此可见满清（清朝，编者注）的制度是行政分权，监察集权。行政官厅的监督权只可以对直辖的下级官厅行使；都察院的监察权，却打破普通的行政系统，无论是对于上级官厅或下级官厅，更无论是对于中央官厅或地方官厅，皆一律可以行使。

中国的监察权，所以扩张到这样大，当然是由于他有数千年的历史。考秦以前的御史，与秦以后的御史，职权大不相同。秦以前的御史是史官，多掌记事的职务；秦以后的御史是察官，多掌纠察的职务。春秋战国时代以前，史官的威权超出一切之上，他一正笔直书，便定下千古的罪名，而且真正称职的史官，从来不被威权屈伏。例如崔杼弑君，太史因直书该事被杀，太史的两弟继续直书又相继被杀，最后还有一个最小的弟弟又继续直书，终于达到目的。而且“南史氏闻太史尽死，执简以往”预备继续直书。这个风气一开，不但在朝执笔的董狐，使当时乱臣贼子胆寒，就是在野著书的孔丘，也因“作春秋而乱臣贼子惧”。淳于髡说：“御史在前，执法在后。”可见就到战国时代，正笔直书的御史，与纠弹非违的执法，威权几乎一样。就因为执法可定一时的罪名，史官却可定万古的罪名。

秦汉以后的御史职权，已经由记事变为弹劾。汉代御史的职权大概有下列的十六种：（一）察举非法，（二）举劾违失，（三）典法度，掌律令，（四）理大狱，治疑案，（五）掌图书秘籍，（六）监理诸郡，（七）监察部刺史，（八）监察三辅郡，（九）监督军旅，（十）督运军粮，（十一）讨捕盗贼，（十二）禁察逾侈，（十三）纠察朝仪祭礼，（十四）安抚属国州县，（十五）护从巡幸，（十六）监护东宫。明朝的御史职权如下：

> 都御史职专纠劾百司，辨明冤枉，提督各道，为天子耳目风纪之司。凡大臣奸邪，小人构党作威福乱政者劾；凡百官猥茸贪冒坏官纪者劾；凡学术不正，上书陈言变乱成宪，希进用者劾。

遇朝觐考察，同吏部司贤否黜陟，大狱重囚，会鞫于外朝，偕刑部大理谳平之。……

十三道监察御史主察纠内外百司之官邪，或露章面劾，或封章奏劾。在内：两京刷卷，监临乡会试及武举，巡视光禄京营仓场内库皇城五城，轮值登闻鼓（后改科员）；在外：巡按清军，提督学校，巡监茶马，巡漕，巡关，攒运印马屯田，师行则监军纪功，各以其事专监察。而巡按则代天子巡狩，所按藩服大臣府州县官诸考察，举劾尤专。大事奏裁，小事立断。按临所至，必先审录罪囚，吊刷卷案，有故出入者理辨之。诸祭祀坛场，省其墙宇祭器。存恤孤老，巡视仓库，查算钱粮，勉励学校，表扬善类，剪除豪蠹，以正风俗，振纲纪。凡朝会纠仪，祭祀监礼，凡政事得失，军民利病，皆得直言无避。有大政集阙廷豫议焉。

御史的职权，由汉代到明代，可算是发达到了极点。凡行政，司法，军政，警政，财政，教育，考试，以及一切朝会和祭祀的典礼，均要受他们的监察。就是学术思想，风俗习惯，亦一概有权可以干涉。不但可以监察法律范围以内的事件，并且可以监察道德范围以内的事件；不但可以监察百官违反法令及防害公益的行为，并且可以监察官吏个人的私德私行；不但可以弹劾政府的贪官污吏，并且可以剪除社会的恶霸土豪。这样庞大的监察权，到了明代，便与政权军权鼎足而三，造成“中书总政事，都督掌军旅，御史掌纠察”的中国式的三权分立制。

唐代的制度，御史可以“风闻弹事”，清代的台规，御史“即所奏涉虚，亦不坐罪”。例如北齐沈约为御史中丞，奏弹王源时，只说“风闻东海王源……”就是采用人民告密的书状，也略去姓名，只说：“风闻访知。”从这一点上看来，御史风闻奏事，与近代检察官因直接闻见，得以施行侦查处分，大致相似。但御史凭借风闻弹劾，无论有无证据，或与事实是否相符，皆不负误劾的责任。不但可以弹劾那证据确凿的犯罪行为，并且可以弹劾那风闻传说未明真相的嫌疑行为；不但可以弹劾犯罪于已成事实之后，并且可以弹劾犯罪于将成事实之前。这个旧例的确是弹劾权最有效的保障。

中国御史弹劾，向来不用都察院的名称，只用御史个人的名字，这也是保障御史独立的一种方法。凡都察院中的御史，都各自独立，一方面不受长官的指挥，一方面又不受同僚的牵制。唐朝的监察御史萧至忠说："御史人君耳目，俱握雄权，岂有奏事先咨大夫？台无此例。设弹中丞大夫，岂得奉咨耶！"又说："故事：台官无长官，御史人君耳目，比肩事主，得自弹事。"由此可见中国的御史台，自古以来，就没有行过长官独裁制，也没有行过合议弹劾制。御史不但不受长官的节制，并且像宋璟与武则天的故事，简直可以拒绝君主不当的命令。（见《大唐新语》）御史可以弹劾中丞大夫，巡抚可以弹劾总督，皆是御史无长官，各自独立弹劾的效果。

中国的监察权中，不仅是一个官吏的弹劾权，此外还有许多行政的监督权。例如接受各官厅施政成绩的报告，考核京察大计，检查各官厅经费出纳的会计报告和注销各衙门案卷等，都是都察院的重要职权。这一类行政的监督权皆与弹劾权有密切的关系，如果单有弹劾权，没有行政的监督权，那么弹劾权便等于虚设了。正因为行政的监督权是弹劾权的前因，弹劾权是行政的监督权的后果。

第二节　欧美各国弹劾制度的特点

欧美各国对于行政机关的监督权，大概皆放在民选的代表机关之手，由人民的代表来监督行政的官吏。各国议会的职权，大概可以分为三种：（一）立法权，（二）监督权，（三）财政权。监督权中，与行政机关最有关系的，除质问权，审查权，建议权，不信任投票权外，最重要的就是弹劾（Impeachment）权。弹劾权就是议会对于总统或国务员的犯罪，得向宪法上指定的有审理弹劾案权限的机关提起诉讼，请他审理和处罚的权力。弹劾制度是从英国发源的，到了美国独立后，便输进美国，后来更输入欧洲大陆上各国。但是各国的弹劾制度，彼此互异，必须作比较的研究，才可以明白他的长短优劣。现在姑且先叙述各国的特点如下：

（一）英国的弹劾制度　英国的弹劾制度发生于爱德华三世（Edward Ⅲ）在位期中（即一三七六年），后来也曾行过多次。最初被弹劾的，是拉廷芮（Lord Latimer）和来非尔（Lord Nevill），此外，如一三八六年弹劾波耳（Michael de la Pole），一三八八年弹劾布尔来（Burley），一四四九年弹劾波耳（William de la Pole），皆是最重要的实例。从一四四九年到一六二一年，都没有弹劾案件发生。因为到了斯透尔（Stuart）王朝（自一六〇三年到一七一四年），议会渐占势力，故弹劾权到了一六二一年以后，又变成众议院对于政府有力的武器。自一七一五年以后，到一八〇四年，除掉弹劾哈司丁（Warren Hastings）和莫非尔（Lord Melville）外，没有重大的实例。自一八〇五年到现在，一百二十多年间，弹劾权便完全不用了。

英国的弹劾制度没有明文规定，故想说明他的性质，颇觉困难。但是他有许多次的实例可考，从实例上观察，英国弹劾制度的特性；就在不把弹劾看作单纯的惩戒，并看作一种刑事裁判。众议院举行弹劾，就是举行刑事的告发；贵族院举行裁判，就是举行刑事的裁判。被告的罪名，便是刑事犯罪，对于刑事犯罪的制裁，便是刑罚。

英国的议会能够行使刑事的裁判权，也有他的特殊的历史。因为英国的贵族院历来就带有最高刑事裁判所的性质；众议院本是各郡代表的集合体，——因为英国的法律：凡对于刑事犯罪的告发权，本来是由于普通人民组织起来的陪审员（Grand Jury）行使，——故众议院可以用全国陪审员的资格，来行使告发权。这就是英国的弹劾制度所以一开始就带有刑事裁判性质的原因。但是对于刑事犯罪，如果要一律加以刑罚的制裁，普通法庭便可以负这个责任，原没有特别承认弹劾制度的必要。英国所以特别承认弹劾制度，尚有其他的理由，就是：（一）因为那时司法机关还不能脱离行政机关而独立；（二）因为国务员除刑事犯罪外，还有职务上的过失。这种职务上的过失，便含有政治的性质，不是普通裁判所所能审理的。要想使国务员的犯罪或过失，都受法律的制裁，所以才承认弹劾制度有存在的价值。

（二）美国的弹劾制度　美国虽然仿效英国采用弹劾制度，但是性质却与英国不大相同。美国与英国相同的只是都用“弹劾”这个名称，都用下院来行使弹劾权，上院来行使裁判权。可是美国对于被弹劾者所加的制裁，只得予以剥夺官职和丧失官吏能力的制裁，并不得加以刑罚的制裁。而且美国的弹劾权不是对于国务员行使的，因为美国的内阁阁员，只对于总统负责，不对于议会负责，他的身份和普通官吏没有区别。故美国的弹劾权，不像英国，专对于国务员行使，凡对于大总统副总统及一切官吏皆能行使。但是美国的弹劾权，对人的适用范围虽然很广，而对事的适用范围却颇受限制。就是美国的弹劾权，只适用于犯罪行为（例如叛逆罪、收贿罪及其他重罪轻罪），不适用于失职行为。

（三）法国的弹劾制度　法国自一七九一年初有宪法以来，就承认弹劾制度。现行的宪法（即一八七五年七月十六日的宪法）第十二条第二项规定：“国务员因职务上的犯罪，得受众议院的告发和参议院的裁判。”何谓“职务上的犯罪”？意义很欠明了。有一派人认定凡是犯罪，都是违反刑法上所规定的条文的，因为“无律文便无刑罚”；他一派人又以为就是单纯滥用职权，也可以叫做犯罪。但是法国自初采用弹劾制度以来，便摹仿英国，带有特别刑事裁判的性质。所以有许多学者从沿革上观察，便把“职务上的犯罪”，解作刑事犯罪，同时并说所课的制裁，就是刑罚的制裁。至对于总统的弹劾权，便明白规定以叛逆罪为限。（一八七五年二月二十五日宪法第六条第二项）

（四）德国的弹劾制度　从前德国各邦关于弹劾制度，除两三邦（如普鲁士）完全没有实行外，很有几邦都把他看作刑事裁判，现在的新宪法上的规定，便与从前不同。依照德国新宪法第五十九条的规定：“总统总理及国务员有违反宪法或法律的行为，议会得向国事裁判所提起公诉”；普鲁士新宪法第五十八条的规定：“国务员有违反宪法或法律的行为，邦议会得向政治裁判所提起公诉”。奥国的新宪法，大致和德国一样，对于总统及一切行政官吏违反宪法的行为，得由议会向宪法裁判所提起公诉（该宪第一四二条）。由此可见德国派的弹劾制度，有一个特点：就是不把裁判权放在上议院，只把他放在法院。对于被弹劾者所加的制裁，也都以免官为止，就是情节较重的，也不过使他暂时丧失参政权罢了。

第三节 监察权与弹劾权的差异

中国的监察权范围很广，所包括的当然不止弹劾权一项，监察权中除掉弹劾官吏权外，还有（一）建议政事权，（二）监察行政权，（三）考察官吏权，（四）会谳重案权，（五）辩明冤枉权，（六）检查会计权，（七）封驳诏书权，（八）注销案卷权，（九）监察礼仪权（参看著者的《中国御史制度的沿革》第四章）种种。就是单就弹劾官吏权说，也和外国通行的弹劾权不同。现在且把中国监察权中弹劾官吏权的对事适用的范围、对人适用的范围和科罚的范围，拿来同各国弹劾权比较，指出他们的差异。

（一）对事适用的范围　各国议会所行使的弹劾权，关于对事适用的范围，法律上也没有一致的规定。例如美国的宪法，承认弹劾权可以适用于犯罪的行为；法国的宪法，承认弹劾权可以适用于职务上的犯罪；德国的宪法，承认弹劾权可以适用于违反宪法或法律的行为。但是各国弹劾权对事适用的范围无论怎样不一致，却有一个共通之点：就是弹劾权只能适用于一切违法的行为，不得适用于不当的行为。因为对于国务员政策错误的行为，只能用投不信任票的方法去制裁他，不能用弹劾的方法去制裁他。英国在内阁制未实现以前，议会对于国务员的不当行为（例如同外国订不当的条约），虽然也可以弹劾，但是这一百多年来，对于不当行为，却只用投不信任票的方法，绝不用弹劾的方法了。中国御史的弹劾官吏权，便没有一定的限制。明代的都御史，对于“学术不正，上书陈言变乱成宪，希进用者”，可以弹劾；监御史有“正风俗，振纲纪”的责任，故对于骄淫奢侈违反善良风俗者，也可以弹劾；对于思想不正、行为不端者，也可以弹劾。清代的都察院，“凡政事得失，官方邪正，有关于国计民生之大利害者，皆得言之”。对于王公贝勒大臣的“骄肆慢上”“无礼妄行”，也一切可以弹劾。御史既有讨论“政事得失”的职权，对于政策失当的行为，当然可以过问；御史既有“采风问俗”的职权，对于私人违反善良风俗的骄淫奢侈的行为，也当然可以干涉。由此可见中国御史的弹劾权，范围非常广泛，不但对于违法行为可以适用，就是对于不当行为也可以适用；不但对于妨害公益的行为可以适用，就是对于妨害私德的行为也可以适用。

（二）对人适用的范围　各国议会所行使的弹劾权，对人适用的范围，也不甚一致。例如英国的弹劾权，只适用于国务员，不适用于君主；德国、法国、波兰、捷克的弹劾权，只适用于大总统及国务员，不适用于其他官吏；此外，只有奥国的弹劾权，可以适用于大总统、国务员及邦知事；美国的弹劾权，可以适用于大总统副总统及其他一切官吏。各国的弹劾权对人适用的范围，大概以英国为最狭，被弹劾的多以国务员为限（不过也有非国务员而被弹劾的，哈司丁便是一个例），就是范围比较宽一点的美奥各国，也多以官吏为限。至于中国御史的对人弹劾，却没有一定的限制。内自王公大臣，外至藩服大臣、督抚及道府州县官吏，不分尊卑，不论文武，皆一律可以弹劾。甚至于因巡按所至，可以弹劾非现任的致仕官吏及非官吏的恶霸土豪。有时“主德阙违”，御史也可以陈奏，不过这种陈奏只是言官的规谏，不是察官的弹劾罢了。故御史的弹劾权，可以适用于在君主之下的一切文武官吏；若再就他“为天子耳目”和“代天子巡狩”的职务，说凡君主的职权就是他的职权，便更适用于在君主治理之下的一切官民了。

（三）科罚的范围　各国的弹劾权都由议会提起，这是一致的；至于弹劾案应该归什么机关裁判，各国的规定却不一致。有的国家把弹劾案交由法庭裁判，例如比利时的弹劾案交由最高法庭裁判，德国的弹劾案交由国事裁判所裁判之类是。有的国家把弹劾案交由上议院裁判，例如美国、英国、法国凡弹劾案通过众议院之后，便由上议院组成裁判所裁判之类是。但是普通的原则：对于弹劾案的科罚，大都以免官及剥夺公权为止，如有余罪，再交普通法庭适用刑法科罪。例如捷克共和国宪法第六十七条规定："对于大总统可科之罚则，只限于使失其大总统之职务及丧失将来为大总统之能力为止。"奥国宪法第一四二条规定："依宪法裁判所之判决，可科之制裁，得使之丧失官职，特于情节重大者，得宣告其参政权一时的丧失。"这都是仿效美国宪法第一条第三节第七项"弹劾事件之判决，以罢免职务及剥夺在合众国之下，享有名誉信托或利益等官职之资格为限"的先例。由此看来，各国对于弹劾案的科罚，皆到免官或剥夺官吏能力为止；就是英国把弹劾案当作刑事裁判，他的科罚也不曾超过免官的程度以上。因此，便有许多学者认定这种科罚，至多不过行使特殊的惩戒处分罢了。至于中国弹劾案的科罚，向来没有一定的限制。被弹劾者的科罚，与普通犯罪者的科罚，并不一定要有差别。轻则记过降职免官，重则监禁绞斩，一概由君主自行发落，或由君主的辅助机关拟罪呈请君主发落。因为御史是司宪之官，他的职务，在典法度，掌律令，执法以监临百官。他既是执法之官和察举非法之官，就是中国式的司法官吏，故凡是被他弹劾的，自然都可以依法科罪，不受一定的限制。

以上是中国御史的弹劾权与欧美各国议会的弹劾权的差异。国民政府关于监察制度的历次法规或草案，多把弹劾权看作监察权，将历来监察权中所包括的各种监督行政权，一概抹煞，这是最值得讨论的地方。我以为要想使弹劾权有效，一定要使监察院得行使各项行政的监督权。因为弹劾权是监督行政权的后果，监督行政权是弹劾权的前因，二者有必不可离的关系。如果监察院丧失监督行政权，那么，弹劾权便形同虚设了。至于对事适用的范围，自应照各国弹劾权的通例，只以适用于违法行为为限，不应适用于不当行为，致引起政见上的争执，使监察院陷入政争的漩涡，失掉超然独立的地位。此外对人适用和科罚的范围，似不必仿效各国的通例。因为行政元首和最高行政机关官吏的违法，固然应当由特殊的机关弹劾，以救司法不能独立的弊病；就是其他一切行政司法的官吏，多受一层监督，也未始不可以救正一切贪赃枉法的弊端。弹劾的结果，便应该依犯罪的性质，加以法定的制裁。不必因为被弹劾者是官吏，便加重治罪，也不必因为被弹劾者是官吏，便减轻制裁。官民同受一种普通法律的制裁，就是官民在法律之下一切平等的具体表现，凡是法治国家，都应该有实现这个原则的责任。

本章参考书

May—Constitutional History.

Stubbes—Constitutional History.

Taylor—Origin of English Constitution.

Anson— Law and Custom of the Constitution.第一册三〇四页以下

Burgess—Political Science and Constitutional Law.第一册二四七页及第二册三三二页

Garner—Political Science and Government.七三一页以下

美浓部达吉—《宪法及宪法史研究》（自二〇三页到二五六页）

王世杰—《比较宪法》（第四编第一章第三节第三目）

《九通》（《职官考》或《职官志》等门）

《历代职官表》（《都察院》）

《钦定台规》

高一涵—《中国御史制度的沿革》

第十四章　考试机关

第一节　中国考试制度的特点

中国古代用人的方法，大致可以分为两种：（一）选举，（二）考试。选举是“采之于无心之乡评，以询其履行”，故推荐的权力在下；考试是“试之以可见之职业，而验其才能”，故选拔的权力在上。马端临作《文献通考》，虽然把考试归纳在《选举门》中，可是他却认定考试与选举不同，所以说：“汉制：郡国举士，其目大概有三：曰贤良方正也，孝廉也，博士弟子也。然是三者，在后世则各自为科目，其与乡举里选，又自殊途矣”（见《文献通考·选举考一》）。大概中国的取士方法，“自汉至隋为一类，自唐至明为一类。……汉魏至隋，选举为主，而亦间用考试；唐宋至明，考试为主，而亦参用选举”（见《张之洞等变法自强疏》）。“两汉以来，刺史守相得以专辟召之权；魏晋而后，九品中正得以司人物之柄”（见《文献通考·自序》）。这时虽然举行策试，但是只“考之以里闬之毁誉，而试之以曹椽之职业”，与后世专凭文字考试不同。故胡致堂说：“汉策问贤良，非试之也”，不过“访以理道”罢了。由此可见考试并不是两汉魏晋取士的方法，只是隋唐以后取士的方法。“自以科目取士，而所试者词章而已。于是操觚末技，得以阶荣进之路。……于是选贤与能之意，无复存者矣”（见《文献通考·自序》）。隋唐而后，如“宋之选举，首重进士制科。……明制：科目为上，卿相皆由此出，外此则杂流矣”（见《续文献通考·选举考》）。正因为这一千三百多年来，皆用考试作取士的正途，所以考试制度便变成中国特殊的制度。

选举制度与考试制度本皆是民治政体下用人的方法，本皆是推翻贵族政治最有功效的武器。但是中国式的选举，根本与近代欧美各国所行的选举不同。虽然名义上说是“采毁誉于众多之论”，事实上却是“寄雌黄于一人之口”。两汉魏晋的选举，选举权皆操在政府官吏手中，只行以官选民的方法，绝不行以民选民的方法。两汉时，不由公府辟召，便由郡国荐举，所有衡鉴人才的大权，皆在政府官吏手中。到了九品官人的方法一行，便“唯能知其阀阅，非复辨其贤愚，所以刘毅云：下品无高门，上品无寒士”（见《文献通考·选举考一》）。由此看来，中国式的选举制度，不但不能推翻贵族在政治上的特殊势力，并且做贵族势力的特别保障。隋唐而后，考试制度虽然也不能弊绝风清，可是他的原则却是“只论人才优劣，非谓代族高卑”。故裴子野说：“天下无生而贵者，是故道义可尊，无择负贩；苟非其人，何取代族。……虽名公之子孙，还齐布衣之士。”自考试制度一行，便把士庶的阶级取消，不论士庶皆得平进之路，因而造成将相无种的格言。故中国的永久世袭的贵族政治破坏，实在是考试制度的恩赐。

考试制度的目的原在使人人都有平等上进的机会，原在使人人都有凭借自己的能力以求上进的机会，因此便可以杜绝夤缘请托的风气。宋明以来，考试的法令渐渐严密，例如糊名誊录，监守巡察，回避亲戚之类，本是想使“上下相警，不容毫厘之私”。比较唐朝，似乎稍胜一筹。唐代考试的风气最坏，故薛谦光说：“今之举人，有乖事实。或明诏试令搜扬，则驱驰府寺，请谒权贵。陈诗奏记，希咳唾之泽，摩顶至足，冀提携之恩。故俗号举人为‘觅举’，夫觅者自求之称，非人知我之谓也。故选曹授职，喧嚣于礼闱；州郡贡士，争讼于陛阏。谤议纷纭，浸成风俗。”（见《文献通考·选举考二》）那时士子有许多常用的名词，例如“造请权要，谓之关节；激扬声价，谓之往还”之类是。故裴思谦以仇士良关节，居然敢公然向考官强索状元。又如江陵项氏所说：“风俗之弊，至唐极矣。王公大人，巍然于上，以先达自居，不复求士。天下之士，什什伍伍，戴破帽，骑蹇驴，未到门百步，辄下马，奉币刺，再拜，以谒于典客者。投其所为之文，名之曰：‘求知己’；如是而不问，则再如前所为者，名之曰：‘温卷’；如是而又不问，则有执贽于马前，自赞曰：‘某人上谒’者。嗟乎，风俗之弊，至此极矣！”这一类的恶劣风俗，到宋明而后，都被严厉禁止。就是科目仍然有弊，可是他的弊病，全在科举制度的本身，绝不在考试制度的本身。故我们所应该承认的乃是科举的弊害连累考试，绝不是考试的弊害连累科举。

考试与学校本来是两件事，学校是培养人才的方法，考试是任用人才的方法。学校是耕耘，考试是收获；学校的目的在培植那未成熟的人才，考试的目的在选用那已成熟的人才。可是隋唐以来，把这两件事的主从关系颠倒过去，不以学校为主，只以考试为主；不因学校的程度行考试，只因考试的程度设学校；不等到学业成熟然后考试，只等到考试及格然后认为学业成熟。所以自隋唐以来，都认定学校是为科目而设的。到了宋朝，平时在国子监中肄业的，不过一二十人；一到“科场诏下……多或至千余人，即随秋试召保取解；及科场罢日，则生徒散归，讲官倚席，若此，但为游士寄应之所，殊无国子肄习之法”（见《文献通考·学校考三》）。国家既然以科目为取士的正途，不入学校的可以由科目进身，就是入学校的也要由科目进身。这样一来，当然如马端临说：“国家之学宫，皆刍狗也。……所谓学者，姑视为粉饰太平之一事，而庸人俗吏直以为无益于兴衰理乱之故矣。”（见《文献通考·自序》）

科举制度最坏的一点就在考试不以学术为标准，而学术反以考试为标准。有时国家考试策论，士子便以策论为学业；有时国家考试诗赋，士子便以诗赋为学业；甚至于有时国家考试八股，士子便又以八股为学业。全国的知识阶级都为考试而求学，不为生活而求学，费尽一生精力来讲求应考的方法，绝不费一点精力去讲求生活的技术。故“士方其从学也，曰习读；及进而登仕版，则弃其诗书礼乐之旧习，而从事乎簿书期会之新规”（见《文献通考·自序》）。赵匡《选举议》上亦说：“进士者时共贵之，主司褒贬实在诗赋，务求巧丽，以此为贤，溺于所习，悉昧本原。……徒竭其精华，习不急之业，而当代礼法，无不面墙；及临人决事，取办胥吏之口而已。所谓所习非所用，所用非所习者也。故当官少称职之吏。”尤其荒谬的是明清两朝以八股为代圣贤立言，以四书文为考试正鹄，因而使考试的技术与人类生活的技术相去万里。国家用科举来羁縻文人，文人也借科举来欺骗国家；科举也不想求真才，真才也不想应科举：这就是清末所以宣布科举制度死刑的原因。但这只是科举制度的罪恶，绝不是考试制度的罪恶。换句话说，这不是考试制度的本身腐败，乃是所考试的内容腐败。我们现在只能以考试为任用人才的标准，不能以考试为造就人才的标准；只能教考试跟着学术走，不能教学术跟着考试走。考试权属于政府，教学自由权属于学校。我们固然承认政府的考试权重要，但是同时并承认学校的教学自由权尤其重要。必须这样，将来采用考试制度，才不致蹈从前科举制度的覆辙。

第二节　欧美各国考试制度的特点

英国的官吏可以分为两种：（1）政务官(Political Officials)，（2）事务官（Nonpolitical Officials）。政务官是决定政府普通政策的，是代表人民意志的，他的任期是一时的，必定要跟着内阁去职。故政务官之来，由于选举。事务官是执行政府专门职务的，是靠着自己的能力和经验做事的，他的任期是永久的，绝不随着党派的变迁而去职。故事务官之来，由于任命。其实这个制度并不是英国特有的，乃是各国共有的。故吕恩(Chief Justice Ryan）说：“在你需要技能的场合，一定要用任命制；在你需要代表的场合，一定要用选举制。”就因为事务官在执行专门事务，非具有专门技术的人才，便不能胜任。他的选任既然要受能力和经验的限制，当然不能听人民去自由选举，只当由那有任命权的官厅来依法任命了。

但是任命制固然有可以自由选择适当人才的利益，同时却免不掉因自由任用而引起奔竞请托的流弊。各国为防止任命权的滥用起见，多采用文官考试制度。无论何人，凡不经考试及格，便不能充任任何文官。以考试作任命的预备条件，就是任命权要受一种法定的限制。现在且把各国的文官考试制度，略述于左：

（一）英国的文官考试制度　英国自一八七〇年起，才正式采用公开竞争考试制度（Open Competition Examination）。从前只有东印度公司（British East lndia Company）采用考试制度，凡到印度去服务的人员，都要经过考试。一八五三年，废除东印度公司在印度用人的专权，同时委任莫加莱（Macaulay）组织委员会，讨论印度的吏治问题，结果主张采用公开竞争考试制度。次年又命老塞哥（Sir Stafford Northcote）和柴微良（Sir Charles Trevelyan）二人，考察英国本部的吏治制度和改良方法，结果也主张采用公开竞争考试制度。到了一八五五年，枢密院又下令设立“吏治委员会”（Civil Service Committee），由该会掌理文官一切考试事宜。一八五九年，正式公布法律，规定：此后一切文官的任命，除由英皇直接任命和必须具有特殊能力及资格外，皆一定要有吏治委员会的证书。最后到了一八七〇年，政府才实行采用公开竞争考试制度，由法律规定：无论何人，不经吏治委员会考试及格，不得充任任何文官。（但由英皇直接任命的，由功劳递升的及须有专门或特殊资格的，不在此限。）英国的考试制度，从此便形成两个特点：（1）考试程序简单，把许多职务相近的官职，合成几大班举行一次考试。（2）只试验应考者的普通能力和普通知识，不注重他们技术的或专门的知识。

英国的文官等级，经过一九一八年，到一九二二年，几次改革大致的分类如下：（一）管理级（Administrative Class），（二）执行级（Executive Class），（三）书记级（Clerical Class），（四）助理书记级（Writing Assistant Class）。管理官除由下级文官升任外，大概皆由那曾在大学毕业而考试及格者充任，可以升到事务次长。执行官一部分由书记级升任，一部分由那曾在中等程度学校毕业而经过公开竞争考试及格者充任。书记由那曾在中等程度学校肄业，进到中间级，经过公开考试而及格者充任。助理书记由那经过简单的地方考试而及格者充任。英国的文官分级，是把政府全体的事务官合在一块分类的，并不是由各部去各自分类。故凡应考的人，只要声明应某级文官的普通考试，不得预先指定那一部。所以英国的文官考试，只以试验他曾经受过普通教育与否为目的，就是只以试验他具有普通知识与否为目的；所考试的科目与他将来所服的任务并不见得有十分密切的关系。英国文官考试所考的科目，大致与学校中所习的科目相等。故英国的考试，完全是学术性质的考试，不是职务性质的考试；完全是普通能力的考试，不是特别技术的考试。

（二）美国的文官考试制度　美国自甲富森（Jefferson）总统任职以来（一八〇一年以来），“官职轮流”（Rotation in Office）和“分赃制度”（Spoils System）便一时盛行。于是公家的官职便变成政党的掠获品，因而造成“谁胜利谁分赃”（To the Victor Belongs the Spoil）的格言。到了格兰得（Grant）总统时候，便提出一个吏治改革的意见书（一八七一年），主张采用竞争考试制度，由议会通过，成为法律。但因议会反对吏治经费案的结果，吏治改革案便不能完全实行。直到一八八三年，从新通过吏治改革案，才设下美国吏治制度的根基。

照古德诺（Goodnow）说：“美国联邦政府的法律及各规则，对于联邦官职的位置，皆没有知识上资格的规定。”（见《比较行政法》第四编第三章第二节）因此，美国的考试制度便与英国不同。英国的考试，是知识上的考试，就是考试那般愿就官的人有没有就官的普通知识能力；美国的考试，是实用上的考试，就是考试那般愿就某种官职的人有没有就某种官职的实际能力。所以罗伟说：“英国的文官考试，是试验受考者的普通能力和学识，看看他们是不是能够胜任他们所要做的职务，并不问他们技术上的知识，或专门的知识；美国的文官考试，却特别注重他们技术上的知识，或专门的知识，看看他们对于某种特殊职务到底相宜不相宜。”（见《英国政府》一五八页）故英国的邮务员可以和海关收税员合在一块考试；美国对于邮务员却要试验他们对于邮政的知识和经验，与海关收税员的考试当然要分开。故在美国，凡全国的男女，只要有一技之长，就能够参与文官考试，谋得一个终身事业。这是最适合民治主义原理的地方。美国的文官分类法也和英国不同，依照一九二三年的官吏分类法，所有的文官共计分为五类：（1）专门的和科学的，（2）准专门的（Subprofessional），（3）事务执行的和财务的，（4）保管的，（5）工艺的。英国是由文官的等级分类，美国是由官吏职务的性质分类；前者凡是同级的文官，考试的内容完全一样，后者就是同级的文官，考试的内容却不一样。所以英国的考试内容普通化，美国的考试内容却专门化。

美国为施行考试及执行普通文官法令的规定，常在中央及各邦官职中，设立超越党派关系的委员会，经参议院或参事会的同意，由行政元首任命，通例又只有元首有罢免权。委员会之下设有试验长，他的职务在受委员会的指挥，使各试验委员互相一致，确守公道。考试大概分为“甄别考试”（Pass Examinations）与“竞争考试”（Competitive Examinations）两种。前者有时称为标准考试或无竞争考试（Standard or Non-competitive Examinations），一八五三年因任命联邦的行政官职曾采用过，现在又多改为竞争考试了。大概“甄别考试”，在文官任用条例中，只以适用于例外的位置为限。因为这种例外，没有适当的人物来受试验；而所试验的题目，或者又具有专门技术的性质，或者又须要特别的知识和经验。至于“竞争考试”，又分两种：一为公开竞争考试，一为限制竞争考试。联邦的文官，无论何种，皆采用公开竞争考试制度，凡具有正当资格的人，皆一律可以与考。只有各邦之中，如纽约等邦，在公开竞争考试外，还采用限制竞争考试，就是与考者只以长官所指定的人员为限。考试的性质，在中央及各邦的文官任用法中，都规定：要试验那受考者在实际上务必适合于他们所想做的职务的性质，故凡受考者都要预先说明愿就某种官职，如果考试某种官职及格，便不得改就别种官职。受考者及格而后，便记入本年考试合格人员簿中，遇有缺出，即由委员对于有任命权的官吏，证明表中最高者三人，由有任命权的官吏从中选任一人。这就是考试的效力对于任命权的限制。

（三）法国的文官考试制度　法国的官吏任用资格，多由行政命令及各部规则规定。凡应考专门的和技术的文官的人，皆限定要在国立学校毕业。例如土木工程师，必定要在桥梁及道路学校毕业，矿山技师，必定要在矿山学校毕业之类是。普通的行政官职，大概皆任用经过公开竞争考试及格的人物，受考者要以证书证明曾受过善良的普通教育。普通所需要的毕业证书，就是文学士及理学士的证书；如有需要法律知识的，便要法律免许生（Licentiate in Law）的证书；也有需要最高学位博士证书的。财政部的中央行政，外交部的外交官及领事官，陆军部及农业部的官职：皆以文学士的学位为必要。司法部的局长,普通财务监督的重要官职及某种外交官及领事官：皆以法律免许生的学位为必要。凡各种考试皆由各部官吏举行，由各部长官监督，受考者欲就某部的官职，就到某部去考，并不设立普通的文官任用委员会及考试委员会。

第三节 中外考试制度的异点

中国历代所行的考试制度和欧美各国的文官考试制度的异点，可从下述的三方面观察：

（一）考试的机关　美国联邦政府关于文官考试事宜，由一个委员会掌理，该会由委员三人组成，由总统得参议院同意任命。委员会与各部总长协议，由从事公共职务的官吏中，指定各种试验委员。试验的地点，无论在首都或在别处，均无不可。委员及办理考试事项者，无论何人，如有诈伪行为，皆当处罚。英国的吏治委员会内，设委员长一人，助理委员二人，掌理文官一切考试事宜。又一九二〇年的法令规定英国考试委员会的职务如下：（1）凡提出任命各种职位的人员，无论是永久的，或暂时的，都要由委员会确定他们的资格；（2）规定各机关任命人员的程序及考试委员发给文官合格证的办法；（3）在伦敦公报上公布所有任命的或提升的人员的名单。法国却和英美两国不同，凡考试皆由各部官吏举行，不另设文官考试委员会。由此看来，欧美各国虽然也采用考试制度，可是他们的考试机关的组织却很简单，所以考试制度在欧美各国并没有形成一种特异的制度。

中国的考试机关虽然不是常设的机关，担任考试的人员虽然是差不是缺，但是考试机关的组织却非常的发达。两汉时代，刺史守相皆掌辟召的职权，但是铨衡的大权却在台阁。他如“公府辟掾属，州郡选曹僚，皆自荐举而自试用之”，并不以文墨考试为主。就是孝廉诸科，皆有策试之事，但亦并不因策试而设立专司考试的官职。自九品中正的方法一行，才有专司“区别所管人物”的官职，于是中正便得“干铨衡之机于下”。唐代而后，礼部掌贡举之政令，“以贡举隶于礼部，历代沿为定式，于是礼部遂领邦教之任”（《历代职官表》卷九）。明清以来，凡关于乡试会试一切事宜，皆由礼部主管；乡会的主考皆由翰林六科照例以次差遣，临期倍取正陪，题请钦点。至于各省的考试事宜，又由提督学政掌理。所以中国专管考试的机关，成为一个极大的并独立在行政官系统之外的特殊组织；既不像法国由各部自行考试，又不像英美仅由一个小小的委员会考试。

（二）考试的学科　英国的文官考试本是学校式的考试，故所考的皆是学校中所定的科目。美国的文官考试多考特殊的科目，意在使专精一门，或专娴一技的人有进升的路径。中国的考试最大的弊病就在不照学校的课程来定考试的标准，反而照考试的标准来定学校的课程。甚至于如叶石林说：“唐礼部试诗赋题，不皆有所出，或自以意为之，故举子皆得进问题意，谓之上请。”这样一来，所考的既不是人人必修的学科，又不是人人皆知的常识；既不是人类生活上必需的技能，又不是官吏职务上必需的学识。更因为考试不以学术为主，而学术反以考试为主，故考试不变化，因而学术也无进步。岂但不进步，并且使学术变成定型，化作僵尸。故考经学则经学死了，考策论则策论死了，考诗赋则诗赋又死了。这是中国几千年来学术思想不进步的真正原因，也就是中国的科考制度所以不得不废止的真正原因。

（三）考试的适用范围　欧美各国的考试，只适用于事务官，不适用于政务官。因为政务官以人民信任为主，他们的职务是一时的，所以他们的进退，必须随人民的意志为转移。至于事务官便只依靠他们自己的知识技能去任事，他们的职务是终身的，所以他们的进退，可以在人民的意志之外去找根据。故英美各国的考试，不但只适用于事务官，并且还有少数事务官亦不适用考试。例如英国的考试，把那需要专门的或特殊的资格除外，美国到现在，也不过只有五分之三的官职，一定要经过考试之类是。中国自有科举以来，就以科举为正途，卿相皆由此出，就是无论政务官事务官，一切皆以考试为主。故中国任官的方法，只以官意为标准，从来不是征求民意的。这是民治主义下最不能容认的一个旧原则。照各国的通例说，政务官应该由于选举，事务官应该由于考试。孙中山先生有时主张将选举与考试并用，例如说：议员先由考试选定候选人，然后再交由人民选举之类是。但这是用考试来代替政党的推荐，并不是用考试来代替人民的选举。在民治政体下，考试绝不能侵入选举的范围，故考试只是官吏任命权的限制，绝不是人民选举权的限制。

本章参考书

Lowell—The Government of England.第七章及第八章

Haines—Principles and Problems of Government.第二编第三章

Fish—The Civil Service and the Patronage.

Goodnow—Comparative Administrative Law.第二卷第三章

《九通》选举及学校等门

《历代职官表》《礼部》及《学政》

中国内阁制度的沿革

自　序

我于民国十四年十月间，曾写成一本《中国御史制度的沿革》，由商务印书馆收入《国学小丛书》中，已于十五年六月出版。这一本《中国内阁制度的沿革》，是十五年一月写成的，曾在北京大学《社会科学季刊》上发表过。因为这两种小品，体裁大致一样，都是从历史上和法制上去研究中国的政治制度，作成一个有系统的叙述。所采取的材料虽然不甚完全，但是变迁沿革的概要，却已详叙无遗。或者可供研究这个问题的人一点半点参考，也未可知。因北京大学《社会科学季刊》销行不多，传布不能普遍，故再交给商务印书馆，收入《国学小丛书》。兹当付印之初，记其颠末如此。

中华民国十七年三月二十日　高一涵识

(一) 导言

中国古代并没有内阁的名称，凡国家大政均归宰相掌管，直到明代成祖的时候，才创下这内阁的名号。但是秦汉诸朝的宰相和明清两朝的内阁，虽然都是君主的辅弼，但宰相事无不统，很和近代欧洲各国的内阁执掌相似；而明清的内阁专司票拟，却和近代许多机关中秘书厅的执掌相似。因为秦汉的宰相，辅助天子，赞理万机，自钱财兵刑以至长吏的迁除，皆归宰相综核，六曹百官皆归宰相统率。到了明洪武年间，废除宰相制度，把国务分归六部管理，内阁的阁员只备顾问，重大的执掌在司票拟，仿佛如知制诰的翰林。由此看来，当那没有内阁制度的时代，倒反有实行内阁职权的宰相；到了有内阁制度的时代，却只有起草文书的秘书厅。故明清两代内阁的职掌，不但与近代立宪国家的内阁的职掌不同，并且与中国古代的宰相的职掌也不同。简单的说，没有内阁名号的时代，反有事实上的内阁；有了内阁名号的时代，反只有名义上的内阁。这是中国内阁制度的一种特色。

中国的中枢之任，既不必一定要由法定机关执掌，也不必一定要由法定官吏执行，究竟谁秉国钧，可由君主随时决定。往往行使宰相实权的，不一定要居宰相的官位，居宰相官位的，又不一定能行使宰相的实权。例如汉代以三公为宰相，至后汉三公虽在，但尚书却实行宰相的职权。至曹魏以后，三公更变成具员，而宰相的实权又归中书监令。唐初以尚书、中书、门下三省为政治中枢，后来各省长官如不带“同中书门下三品”或“同平章事”的头衔，便成为本省的事务官，一概不得预闻机密；至于“知政事”“参议朝政”“参预朝政”“参知政事”“参知机务”等官，就是不为三省长官，却反可以任宰相之任。再如明代的内阁，起初不过办理制诰等事，到了仁宣以后，大学士往往因为得到保傅的荣任，地位越高，阁权越大，君主反而言听计从。由此看来，中国的内阁既没有一定的组织，也没有一定的职权，有时可以把内阁的职务委托那非阁员执掌，有时又可以因为人的关系，把阁权随便缩小或扩张。这样无定制、无定员、无定职的中枢制度，又可算是中国内阁的一种特色。

近代各国的内阁地位和职权固然是各有不同，可是最不同的，要算是英美两国。英国的君主在事实上并不是行政元首，事实上的行政元首便是内阁总理；美国的内阁只算大总统的仆役，故内阁的行为，从法律上说，皆是大总统的行为。因此，英国的君主事实上有服从内阁的习惯，美国的内阁却有服从大总统的义务。中国无论是宰相、是内阁，皆不过是君主的仆役，皆一概服从君主。就这一点说，中国的内阁地位和权限与美国相似，与英国的内阁在实际上为行政元首者不同。美国的阁员由大总统任免，阁员“除与大总统会议机密外，与他官吏无异”。[①]中国的阁员任免权也由君主自由行使，宰相或阁员除参预机密外，也和他种官吏一样。丞相的名称始于秦代，应劭说：“丞者承也，相者助也。”《通典》亦说：“相国、丞相皆秦官，掌丞天子，助理万机。”由此可见，中国的宰相或阁员都不过是天子的仆役，他们所做的行政事务都是天子的行政事务，不是自己的行政事务。因此，便不能像英国的阁员享有特殊的地位。

再：英国的内阁为合议制的团体，阁员对于政策负有连带的责任。“美国政府无全体之行动，其实则美国政府本无所谓全体，各自隶属于大总统之下，人人对于大总统负责任，内阁员与内阁员之间无共同之政略，亦不负连带之责任。”[②]中国的宰相或大学士也和美国的阁员一样，有时

---

① 蒲徕士：《平民政治》，第九章。

② 同前。

几个人同为宰相或大学士，这几个人都是各自独立的，各以独立的见解辅助君主，绝不负什么连带的责任。虽然在汉代以后，国家有大造大疑，由三公通而论之，国家有过事，由三公通谏争之[1]，明清两代，国家有大事，交内阁九卿会议，可是三公或阁员不一定要一致的议决，仍然可以独立的意见上奏。就是首相，也没有统一全体阁员意见的责任，因此，也没有连带辞职的必要。就这一点说，中国的内阁又很和美国的内阁相似。

凡是行内阁制的国家，总把阁员的行为看作自己的行为，并不把他看作君主或大总统的行为，因此，内阁对于职权的行使负有无条件的责任。又因为内阁负有无条件的责任，所以对于君主或大总统的违法的或不利益的命令，可以拒绝执行或拒绝副署。中国的宰相或大学士只是君主的辅弼，甚至于只备君主的顾问，所有行为都是君主的行为，故充其量只可以“献替可否，奉承规诲”[2]，在法律上绝没有拒绝执行或拒绝副署的特权。近代立宪国家，凡君主或大总统的行为，如果不经阁员参与，便不能发生效力；中国的阁员行为因为皆是君主的行为，所以没有这一层的限制。因为这样，所以立宪国家的阁员只是对于自己行为、不行为负责，并不是代人负责；中国的阁员本来只是君主的仆役，如果负责，便是代君主负责，并不是对于自己行为、不行为负责——因为他们自己没有独立的行为、不行为的特权。

再：近代的阁议多属公开性质；中国阁员的参赞机密事务，多属秘密性质。因此，凡是宰相，特殊的职务就在参预机密，反过来说，凡是参与机密的官员，皆可以称为宰相。后汉时尚书掌机衡之任，故尚书变成宰相；曹魏时中书监令预闻机密，故中书监令变成宰相；元魏时使门下省的侍中掌枢密之任，故侍中变成宰相；清代当西北用兵时，怕内阁泄漏机密，特设军需房，后来改为军机处，专办机密事件，故军机处又变成真正的内阁。由此看来，中国的内阁乃是参与机要的一种秘密机关。

---

① 《后汉书·百官志》。

② 《明史·职官志》。

把上述的各点综括起来，可以说中国的内阁乃是受君主随意委任、秘密帮助君主做事、专对于君主负责的顾问或辅弼的机关。再专就明清两代的内阁说，中国的内阁乃是点检题奏、票拟批答、起草诏令、兼备咨询的秘书厅。

本篇以叙述民国以前的内阁制度为限。民国的内阁制度是模仿欧洲的，和中国旧有的内阁制度没有什么沿革的关系。可是要想叙述明清两代的内阁制度，便不得不先叙述明代以前的宰相制度，要想叙述明代以前的宰相制度，便不得不划分时代。现在且把他分作四期叙述，自秦到六朝为一期，自隋到宋为一期，自金到元为一期，自明到清为一期。前三期是行宰相制度或省的制度的时代，后一期是行内阁制度的时代。

（二）自秦到六朝的宰相制度

三代时候，已经有“相”的名称，例如《晋书·职官志》说“成汤居亳，初置二相，以伊尹、仲虺为之”，又《尚书·说命》说“爰立作相，王置诸其左右”，皆是。但据《历代职官表》说“三代置相，虽本左右辅相之义，非设有是官”，可见设相为官，乃是秦代的事。且看《史记·秦本纪》说：

> 武王二年，初置丞相，樗里疾、甘茂为左右丞相。

杜佑《通典》也说：

> 始皇尊立吕不韦为相国，则相国、丞相皆秦官也。金印紫绶，掌丞天子，助理万机。

由此看来，相国在秦代是最尊重的官位，班次在丞相之上。到了汉代，相国和丞相通同是一样的官职，所以有时置相国便不置丞相，或置丞相便不置相国。自成帝以后，设立三公，分行丞相的职权，于是三公皆变成宰相。且看《通典》说：

> 成帝绥和元年，御史大夫何武建言，古者民谨事约，国之辅佐，必得贤圣，然犹则天三光，备三公官，各有分职。今末俗之弊，政事烦多，宰相之才不能及古，而今丞相独兼三公之事，所

以大化久未洽也。宜建三公官，定卿大夫之任，分职授政，以考功效。于是上拜曲阳侯王根为大司马，而何武自御史大夫改为大司空，皆金印紫绶，比丞相，则三公俱为宰相。

经过这一次改革，不但把宰相的人数加多，并且把宰相的职掌分开，使他们各有各的专职。古代称“三公论道经邦，燮理阴阳”①，可见三公并没有专职。故《通典》又说：“三公无官，参职天子，何官之称?”就是汉初的丞相，也是没有专职的，且看《史记·陈丞相世家》上说：

孝文皇帝问右丞相勃曰：“天下一岁决狱几何?”勃谢曰：“不知。”问：“天下一岁钱谷出入几何?”勃又谢不知，汗出沾背，愧不能对。于是上亦问左丞相平，平曰：“有主者。”上曰：“主者谓谁?”平曰：“陛下即问决狱，责廷尉；问钱谷，责治粟内史。”上曰：“苟各有主者，而君所主者何事也?”平谢曰：“……宰相者，上佐天子理阴阳，顺四时，下育万物之宜，外镇抚四夷诸侯，内亲附百姓，使卿大夫各得任其职焉。”

由此可见秦汉的宰相，事无不统，并不专司一职，只是政务官，不同时兼做事务官。至后汉太尉（即大司马）、司徒、司空，才各有分职。且看《后汉书·百官志》上说：

太尉，公一人，掌四方兵事功课，岁尽即奏其殿最而行赏罚。凡郊祀之事，掌亚献。……凡国有大造、大疑，则与司徒、司空通而论之。国有过事，则与二公通谏争之。

司徒，公一人，掌人民事，凡教民孝悌、逊顺、谦俭，养生、送死之事，则议其制，建其度。凡四方民事功课，岁尽则奏

①《尚书·周官》。

其殿最而行赏罚。凡郊祀之事，掌省牲，视濯。……凡国有大疑、大事，与太尉同。

司空，公一人，掌水土事，凡营城起邑、浚沟洫、修坟防之事，则议其利，建其功。凡四方水土功课，岁尽则奏其殿最而行赏罚。凡郊祀之事，掌扫除乐器。……凡国有大造、大疑，谏争与太尉同。

大概宰相制度到了后汉，很有一点和近代的内阁制度相似，就是一方面分管国政，一方面又合议国政，几乎和近代的国务员同时兼各部总长相仿佛。三公通论大造、大疑，可当得近代的国务会议，谏争过事，可当得近代的拒绝副署，不过在法律上的效果不同罢了。自汉代以后，无论宰相制度怎样变更，但六曹总归宰相统率，自兵刑钱谷以至长吏迁除，皆由宰相总辖。到了唐代尚书都省之左右司，宋代中书门下之八房五房，亦皆总管庶务。由此可见，从前汉到后汉，宰相所管的职务已经有这样的变迁了。

自光武以后，政事又不任三公，尽归尚书管理。且看《后汉书·仲长统传》说：

光武矫枉过直，政不任下。虽置三公，事归台阁。（章怀太子注：台阁谓尚书也。）自此以来，三公之官，备员而已。

但是光武以后，虽然把政权交给尚书，却没有尽夺三公的职权。故马端临《文献通考》说："自后汉时虽置三公，而事归台阁，尚书始为机衡之任。然当时尚书不过预闻国政，未尝尽夺三公之权也。"①自明帝有录尚书事的制度，三公才不预事，故凡做三公的，如果不录尚书事，便不得预闻国政。此后，杨秉劾侯览，尚书说他越奏，于是三公才不得劾

① 《文献通考·职官考三》。

近臣；吕强请选举但任尚书，于是三公才不预闻选事。所以自后汉而后，尚书便变成“总典纪纲，无所不统”[①]“出纳王命，敷奏万机”[②]“政令之所由宣，选举之所由定，罪赏之所由正……内外所折衷，远近所禀仰”[③]的中枢机关了。

自魏文帝后，又设下中书监和中书令，并管机密事务，此后，中书又变成政治中枢。这时的尚书令和中书监，如荀彧、荀攸、华歆、刘放、孙资等，皆是曹氏的私人；如贾充、荀勖、钟会等，皆是司马氏的私人。因亲信而掌机密，因掌机密而夺取相权，而三公却是一班“备员高位，畏权远势之人”[④]，故政权渐为中书一省所独揽。到六朝时代，门下省的侍中又掌诏令机密，后魏时“犹重门下官，多以侍中辅政，则侍中为枢密之任”[⑤]。王应麟《玉海》说：“政归尚书，汉事也；归中书，魏事也；元魏时，归门下，世谓侍中黄门为小宰相。”

到了后周，仿照《周礼》设官，故以大冢宰为丞相之任。“大冢宰卿一人，掌邦治，以建邦之六典，佐皇帝治邦国。”[⑥]我们现在且把这一个时期的宰相制度综括起来说，就是秦汉以相国、丞相或三公掌内阁的职务，后汉以尚书掌内阁的职务，魏晋以中书掌内阁的职务，后魏以门下掌内阁的职务，后周以大冢宰掌内阁的职务。这是第一期宰相制度的变迁。

---

① 《永乐大典》。

② 欧阳询：《艺文类聚》。

③ 《文献通考·尚书令门》。

④ 《文献通考·职官考三》。

⑤ 《文献通考·职官考三》。

⑥ 《太平御览》。

（三）自隋到宋的三省制度

大概自后汉到后周，这一个时代是三省（尚书、中书、门下）迭掌宰相的职权；自隋到宋，这一个时代是三省同掌宰相的职权；自元到明初，这一个时代是中书一省独掌宰相的职权。从隋代起，尚书、门下、内史（即中书）三省就同行宰相之职。隋代的中央政府的组织如下：

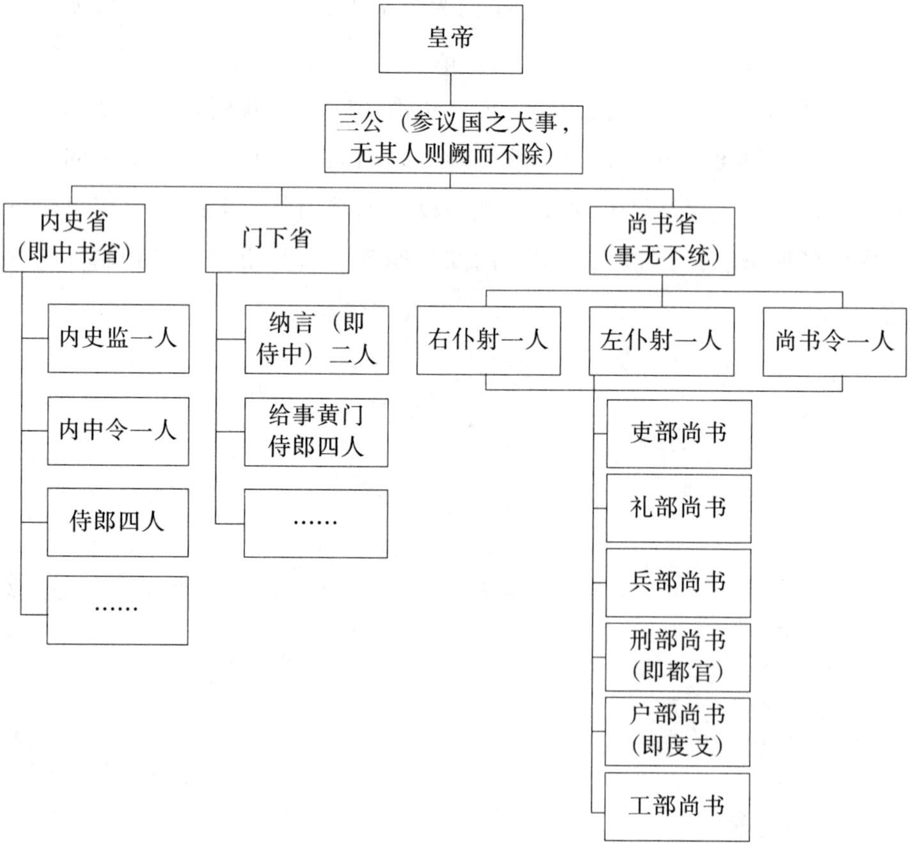

《通典》说："隋有内史、纳言（即中书令、侍中），是为宰相，亦有他官参与焉。柳述为兵部尚书，参掌机事，又杨素为右仆射，与高颎专掌朝政。"[①]由此看来，隋代虽然官制上有三公，但是因为官高不曾除人，故政治的中枢在内史和纳言。可是尚书令权最大，事无不统，当然又是政治的中枢。故隋代一方面已经以三省同掌宰相的职掌，一个方面又以他官兼掌宰相之任（如柳述、杨素等是）。唐代三省同为宰相，及以他官同平章事，大概都是取法隋制的。

唐代沿袭隋制，以三省同掌宰相的职权。尚书曰都省，门下为左省，中书为右省。尚书省总理众务，统率百官；门下省出纳帝命，规驳非违；中书省献纳制册，敷扬宣劳。凡有军国大事，中书出命，门下封驳，尚书施行。现在且把唐代的三省制度列表如下：

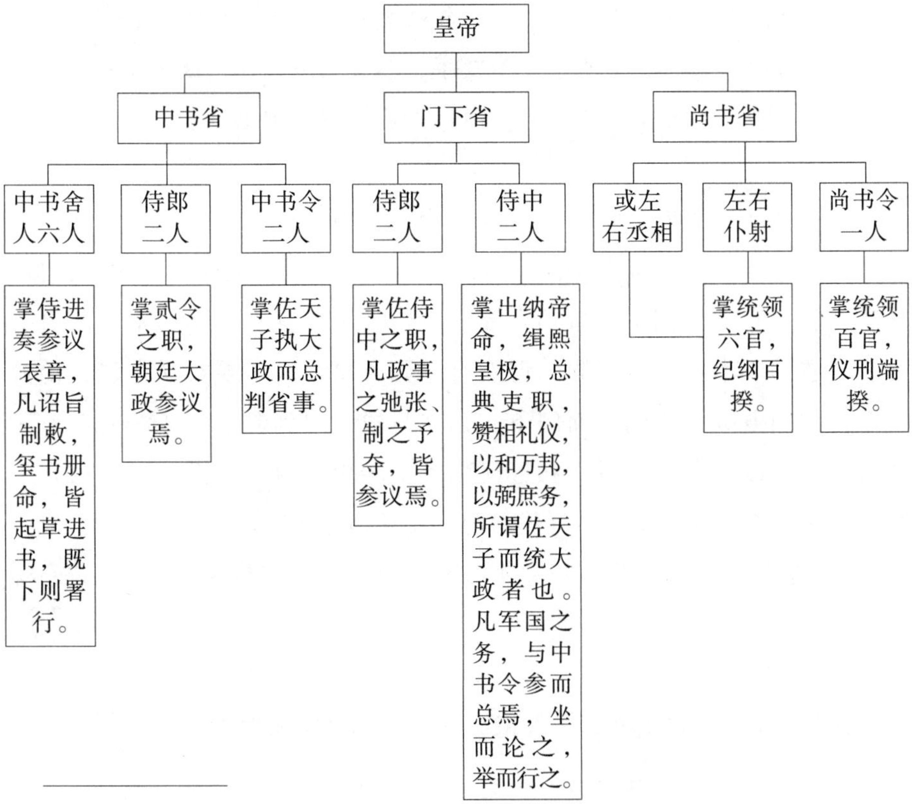

① 《通典·职官三》。

《新唐书·百官志》说：

唐因隋制，以三省之长中书令、侍中、尚书令共议国政，此宰相之职也。其后以太宗尝为尚书令，臣下避不敢居其职，由是仆射为尚书省长官，与侍中、中书令号为宰相。其品位既崇，不欲轻以授人，故常以他官居宰相职，而假以他名。自太宗时，杜淹以吏部尚书参议朝政，魏徵以秘书监参预朝政，其后或曰参议得失、参知政事之类，其名非一，皆宰相职也。

又《通典》说：

唐侍中中书令是真宰相，其余以他官参掌者，无定员，但加同中书门下三品及平章事、知政事、参知机务、参与政事及平章军国重事之名者，并为宰相，亦汉行丞相事之例也。

大概唐以三省为政府，故仆射、侍中、中书令三官，一方面共议国政，为国务员，一方面管理省事，为一省的长官。后来以他官做国务员，凡是三省长官不带同平章事的官衔的，皆不过参预省事，为本省的事务官。三省的职掌虽各有不同，但遇有军国大事，一定要共同合议，仿佛与近代的国务会议相同。而门下省独掌封驳，遇到君主有违法的或不利的命令，可以封还或批驳，和近代国务员的拒绝执行或拒绝副署权几乎相等。这是唐代的三省制和近代的内阁制相似之点。

再：唐代的制度，凡宰相皆兼馆职，照宋敏求《春明退朝录》说：

唐制，宰相四人，首相为太清宫使，次三相皆带馆职，弘文馆大学士，监修国史，集贤殿大学士，以此为次序。

自唐代以宰相兼领馆职以后，历宋代到明清，皆以阁员兼领馆事，故内阁兼领馆职，实在是从唐代起的。

宋代自元丰以前，皆因袭唐制，以平章事为真宰相，以参知政事为副相。不过宋代的宰相制度屡次变更，初年以同平章事为宰相，神宗元丰年间以左右仆射为宰相，徽宗政和年间以太宰、少宰为宰相，钦宗靖康年间又以左右仆射为宰相，孝宗乾道年间又以左右丞相为宰相，自此以后，终宋代不曾再改。宋代虽然以三省同掌国政，但三省的职权在法律上分得很明白，就是中书省取旨、门下省覆议、尚书省施行。且看彭百川《太平治迹统类》说：

> 元丰五年（1082 年）六月诏：自今事不以大小，并中书省取旨、门下省覆奏、尚书省施行。三省同得旨，更不带三省字行出。是日辅臣有言中书省独取旨，事体太重，上曰："三省体均，中书揆而议之，门下审而覆之，尚书承而行之，苟有不当，自可论奏……"先是，……虽仿旧三省之名，而莫能究其分省设官之意……各得取旨出命，既纷然无统纪，至是上一言遂定。

由此可见，到了宋代，中书单独取旨，与君主直接的机会独多，故中书省的地位独重。自此而后，中书的权限独专，他相半成具员，"而门下、尚书之官为首相者，不复与朝廷议论"，故"元佑初，司马光乃请令三省合班奏事，分省治事"[①]。由此可知，宋代名义上虽说三省分治国政，事实上却仍是一省专政。至蔡権为中书侍郎，执中书造命之说排挤他相，使不得与造命取旨之事，更得以使其专政之私了。

宋代定制的本意，原想使取旨、审议、实行三权各自分立，可是行之不久，三权分立之说便完全打破。且看叶梦得《石林燕语》说：

> 本朝沿习唐制，官制行，始用《六典》，别尚书、门下、中

① 《文献通考·职官考三》。

书为三省，各以其省长官为宰相……左仆射兼门下侍郎，行侍中之职，右仆射兼中书侍郎，行中书令之职，而别置侍郎以佐之，则三省互相兼矣。然左右仆射既为宰相，则凡命令进拟，未有不由之出者。而左右仆射又为之长，则出令之职，自已身行，尚何省而覆之乎？方其进对，执政无不同，则所谓门下侍郎者，亦预闻之矣。故批旨皆曰“三省同奉圣旨”，既已奉之，而又审之，亦无是理。门下省事，惟给事中封驳而已，未有左仆射与门下侍郎自驳已奉之命者。则侍中、侍郎所谓省审者，殆成虚文也。

由此看来，三省分立之制，到宋代几乎完全破坏。宋人有提倡废门下省说的，大概就是因为这种原因。司马光虽然仍想维持三省旧制，可是却不赞成三省分立，很想使三省一同取旨，因为照唐代的三省分立制行去，办事的程序非常的繁重，往往一件事迟延至年余才能办完。且看司马光说：

凡内降文书及诸处所上奏状、申状，至门下、中书省者，大率皆送尚书省，尚书省下六曹，六曹付诸案勘会，检寻文书，会问事节，近则寺监，远则州县，一切齐足，然后相度事理，定夺归着，申尚书省。尚书省送中书省取旨，中书既得旨，送门下省复奏画可，然后翻录下尚书省，尚书省复下六曹，方符下诸处。以此文字繁冗，行迁迂回，近者数月，远者逾年未能决绝，或四方急奏待报，或吏民词讼求决，皆困于留滞。①

司马光因为想免除这样繁复的办事程序，所以主张恢复从前三省合议制，“以都堂为政事堂，每有政事差除及台谏官章奏，已有圣旨三省同进呈外，其余并令中书、门下共同商议，签书施行”②。由此可见，到

① 原文见《文献通考·职官考四》。
② 同前。

了宋代，政治的中枢已经渐渐移到中书一省，门下省因为形同虚设，不能行使覆审大权，而尚书省又久已不与闻朝廷议论。元明两代废去尚书、门下，独留中书一省，或者是继续这个多年的趋势，也未可知。

宋代的宰相在事实上很具有政党内阁的雏形。当神宗熙宁二年，用王安石做参知政事，用陈升之做同平章事，不久安石升同平章事，一人独相，便制定新法，极力推行，这可算是新党的内阁成立。后来安石辞职，司马光、吕公著等旧党内阁成立，推翻安石的政策，停止新法，和近代立宪国家政党内阁更代很有一点相似。

（四）金元的单省制度

辽代官制分北南两院：“北面治宫帐部族属国之政，南面治汉人州县租赋军马之事。”[1]北南府宰相“掌佐理军国之大政”[2]，于事无所不统，和尚书令总领六部相似。辽代南院官制还有中书省、门下省、尚书省，金代自正隆定制以后，却只有尚书省。金代尚书省官职如下：

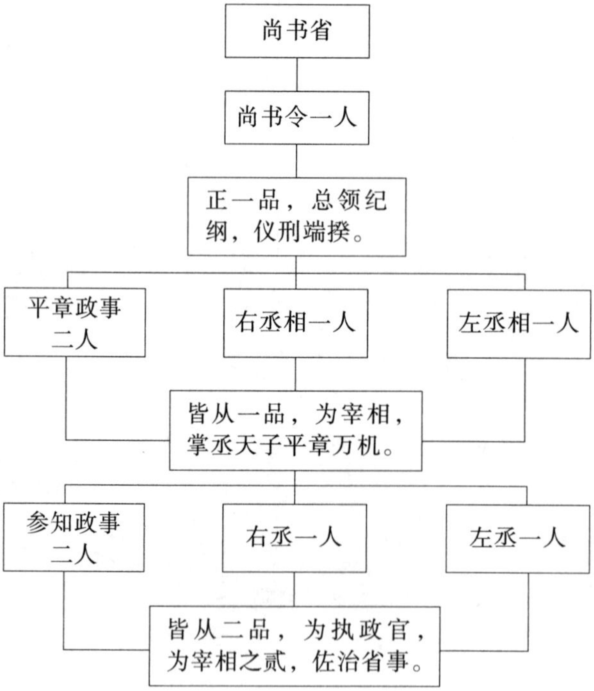

① 《辽史·百官志》。
② 同前。

金以尚书令、左右丞相、平章政事为宰相，左右丞、参知政事为执政官，前者是管理国务的，后者是管理省务的。到了元代，虽然也以丞相和平章为宰相，以左右丞、参政为执政官，与宋金各代一样，可是官制却大有变更。因为元代三置尚书省，但终久还把他废掉，把他的职务一概并归中书省掌管，尚书左右两司曹属皆变成中书省官。这是制度上一大改革。大概元代的中央政府，已经造成一种三权分立制，就是以中书省总庶政，以枢密院掌兵要，以御史台纠弹百官。军政和监察两事另有机关掌管，故中书省只不过管行政事务罢了。元代中书省的官职如下：

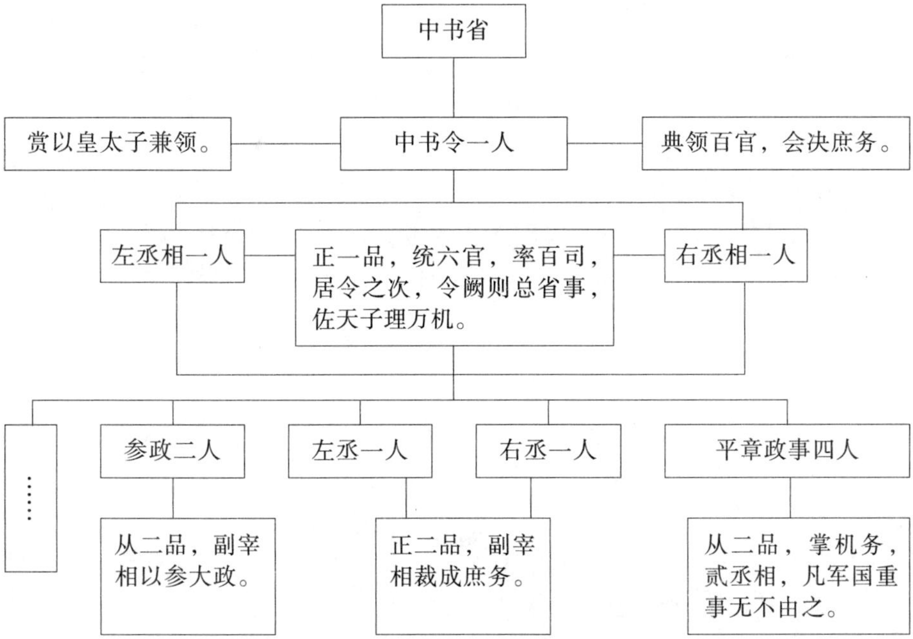

元代的中书令形同虚设，真正宰相乃是右丞相、左丞相。胡粹中在《元史续编》中，攻击元代宰相制度的错乱，说：

> 中书政本，元既有中书令矣，复立左右丞相，则丞相特中书令之佐贰耳。既以令为虚设，左右丞相为正宰相，而复设平章政事，则又以平章为宰相贰矣。然平章政事非宰相而何？名之不

正，莫此为甚！至其末流，丞相而遥授焉，则冗滥极矣。

据《历代职官表》说，元代的这样制度全仿金制（惟金属尚书省，元改归中书省）①，但无论他是创始的或仿效的，总免不掉错乱的弊病。到明代洪武十二年止，宰相制度便告终结，而内阁制度便从此发生了。

① 《历代职官表》卷四。

(五)明清两代的内阁制度

明代初年还沿用元代的旧制，设中书省，置左右相国及平章政事等官。到了洪武十二年（1379年），左丞相胡惟庸等既伏诛，便废掉中书省，抬高六部的地位，使分司国务，于是造成绝对的君王独裁制，历代所称为宰相之官，到这时便完全废止了。虽然仿照唐宋集贤资政等制，设大学士，可是只用他们备顾问，并不用他们来参与国政。且看《明史·职官志》说：

> 洪武十五年，仿宋制，置华盖殿、武英殿、文渊阁、东阁诸大学士，又置文华殿大学士，以辅导太子，秩皆正五品……敕谕群臣，国家罢丞相，设府部院寺，以分理庶务，立法至为详善，以后嗣君其毋得议置丞相，臣下有奏请设立者，论以极刑。当是时，以翰林春坊详看诸司奏启，兼司平驳，大学士特侍左右，备顾问而已。

由此看来，当洪武年间，大学士还以掌翰林职为主，只备顾问，不能算是政治的中枢。到了成祖以后，侍讲、侍读、编修、检讨等官才参预机务，于是才有内阁的名称。再看《明史·职官志》说：

> 成祖特简讲读编检等官，参预机务（简用无定员），谓之内阁。然解缙、胡广等既直文渊阁，犹相继署院事。至洪熙以后，杨士奇等加至师保，礼绝百僚，始不复署。正统（英宗年号）七年，翰林院落成，学士钱习礼，不设杨士奇、杨溥公座，曰此非三公府也，二杨以闻，乃命工部具椅案，礼部定位次，以内阁固翰林职也。嘉、

隆（世宗、穆宗）以前，文移关白犹称翰林院，以后则竟称内阁矣。

大概明代的中枢机关，在国初是中书省，在洪武十三年后是六部，成祖以后是内阁。至仁宗时阁权尤重，因为此时杨溥进位少保，杨士奇、杨荣进位少师，以师保兼领阁权，所以内阁渐重，和宰相简直没有什么差别。自此六部的权任渐轻，凡事多禀承内阁的意旨，然后施行，而六部便变成隶属内阁的机关了。

明代内阁的职掌，据《明史·职官志》说：

内阁中极殿（旧名华盖殿）大学士、建极殿（旧名谨身殿）大学士、文华殿大学士、武英殿大学士、文渊阁大学士、东阁大学士（并正五品）掌献替可否，奉承规诲，点检题奏，票拟批答，以平允庶政。凡上之达下，曰诏，曰诰，曰制，曰册文，曰谕，曰书，曰符，曰令，曰檄，皆起草进画，以下之诸司；下之达上，曰题，曰奏，曰表，曰讲章，曰书状，曰文册，曰揭帖，曰制对，曰露布，曰译，皆审署申覆而修画焉，平允乃行之。……大典礼、大政事，九卿科道官会议已定，则案典制，相机宜，裁量其可否，斟酌入告……以其授餐大内，常侍天子殿阁之下，避宰相之名，故名内阁。

当成祖初创内阁的时候，只正五品，官秩很卑，故朝位班次，远在尚书、侍郎之下。自仁宣以后，阁权渐重，便渐得支配六部，“嘉靖以后，朝位班次俱列六部之上”[①]。故凡国家有大典礼、大政事，由九卿科道官议决，经内阁核准，才能够上奏。可见内阁对于六部及院寺的议决有裁度可否之权，这是内阁得统制六部以下各官厅的明证。不过明代内阁的职掌，专门在票拟一事，只同知制诰的翰林，并不似古代宰相的职掌。故自后汉事归台阁而后，其官虽然不是宰相之官，其职还是宰相之职；自明代

① 《明史·职官志》。

改为内阁制度以后，其官既不是宰相之官，其职也不是宰相之职了。

清朝政府多沿用明代旧制，内阁制度也是这样。清代内阁设大学士满汉各二人，正一品，“均由特简，赞理机务，表率百僚”①，“内外诸司题疏到阁票拟进呈”②。补授后，再由君主命兼殿阁及六部尚书衔。殿阁名有六，曰保和殿、文华殿、武英殿、体仁阁、文渊阁、东阁。（旧制殿名四、阁名二，乾隆十三年省中和殿衔，增入体仁阁衔，为殿阁名各三。）再设协办大学士，满汉各一人，俱从尚书本衔，为从一品。协办大学士与大学士同理阁务，仿佛宋代的参知政事，比宰相次一等。不过宋代参知政事是政府的正员，清代的协办大学士却是以尚书充任的，部务乃是本职，阁务不过是兼职罢了。此外还有学士，掌敷奏本章，传宣纶綍。又有侍读学士，掌收发本章，总稽翻译。

清朝的内阁成于康熙时代，在这时已有翰林院分去内阁一部分职掌，因为翰林院也是掌制诰以备顾问的机关。到了雍正年间，别设一个军机处，又分去内阁一部分重要的职权。于是内阁的职权渐轻，而军机处的职权渐重，大有代替内阁管理一切机密事务的趋势。且看蔡镇藩在《请审官定职疏》中说：

> 国初内三院皆设大学士，康熙时改为内阁，分其职而设翰林院，雍正时又分其职而设军机处。内阁、翰林院、军机处，即初时之国史院、宏文院、秘书院也。惟军机处因西北军务而设，未遑定官，迄今百数十年，赞理万机，政事无所不统，并非专办军务。③

清代的军机处本为西北用兵而设，最初是专管军事的机密命令和计划的，略如元代枢密院的职掌。后来因为军机大臣天天在皇帝的左右参赞机务，便把内阁的职权渐渐夺过去了，居然成为内阁中的内阁。起初，

① 《历代职官表》卷二。
② 《皇朝通考·职官考》。
③ 《皇朝掌故汇编·内编》卷一。

内阁、翰林院和军机处虽然同为君主的秘书厅，可是所司的职务还是分的，且看王昶在《军机处题名记》上说：

> 本朝谕旨诰命其别有四。凡批内外臣工题本常事，谓之旨，颁将军、总督、巡抚、学政、提督、总兵官、榷税使，谓之敕，皆由内阁撰拟以进。凡南北郊时享祝版及祭告山川、予大臣死事者祭葬之文与夫后妃宗室王公封册，皆由翰林院撰拟以进。然惟军机处恭拟上谕为至要。上谕亦有二：巡幸、上陵、经筵、蠲赈，及内臣自侍郎以上、外臣自总兵知府以上黜陟调补，暨晓谕中外者，谓之明发上谕；诰诫臣工、指授兵略、查核政事、责问刑罚之不当者，谓之寄信上谕。明发交内阁，以次交于部科；寄信密封交兵部用马递，或三百里，或四五六百或至八百里以行。其内外臣工所奏事，经军机大臣定议取旨，密封递送亦如之。

由此看来，至雍正后，凡草拟上谕、参赞这一类机密大权，已经转移到军机处手中，内阁概不能参预。就因为“内阁在太和门外，儤直者多，虑漏泄事机……军机处地近宫廷，便于宣召，为军机大臣者，皆亲臣重臣，于是承旨出政，皆在于此矣”①。这就是军机处所以夺取内阁的职权的真正原因。

到了光绪二十七年（1901 年），又设会议政务处，以分军机处的职权。除关于军国大事外，普通政务方针皆由政务处审议。政务处的重要职权就是：（一）会议特旨交议事件，（二）审议百官的条陈，（三）审核各衙门的奏章。最后到宣统三年，清廷乃颁布新内阁官制十九条，仿效近代欧美各国的内阁制，而以庆亲王为内阁总理。中国废掉历史上固有的内阁制，采用各国通行的内阁制，可算是从这个时期起首的。自明代到清末，内阁制度的沿革大概如此。

---

① 赵翼：《军机处述》。

(六) 内阁的职权

中国内阁的职权向来是不固定的，遇到大有为的君主，如清康熙、乾隆的时代，阁员只能唯唯听命；遇到昏庸的君主，如明世宗、熹宗的时代，阁员又往往是大权独操。这种因人而变的内阁制，实在是专制政体下的必然的结果。

中国式的内阁制度到清代而止，故本节所述的内阁的职权以清代为主。又因为清代的内阁和军机处并立，职权的分野既没有法令规定，又没有天然的界限可寻，虽然到了清末，有人建议把军机处改为枢密院，专掌兵要[①]，但这个建议并没有成为事实，故军机处的职掌虽然和元代的枢密院及明代的都督府的职掌大致相同，但因为机关接近君主，人员又为君主所信任，所以往往夺取内阁的实权。由此看来，军机处在实际上居然成为内阁中的内阁，甚至于成为内阁上的内阁，大学士如果不带军机大臣的头衔，往往只管阁务，不得参预机密。军机处既然成为事实上的内阁，自然不能不叙述他的职权了。故本节先叙述清代内阁的职权，然后再叙述清代军机处的职权。

(甲) 内阁的职权。前边说过，中国式的内阁乃是“点检题奏、票拟批答、起草诏令、兼备咨询的秘书厅”，那么，内阁的职权当然以这几种事项为主了。现在为方便计，姑且分别叙述如下：

(一) 起草诏令。明清两代的内阁既然很像知制诰的翰林，故起草文书乃是阁员的重要职务。明代的阁员因为起草诏令，所以有人说阁臣发

① 见蔡镇藩:《请审官定职疏》。

议可以代替王言，地位非常重要。清代自设军机处后，上谕虽然由军机处起草，可是“凡批内外臣工题本常事，谓之旨，颁将军、总督、巡抚、学政、提督、总兵官、榷税使，谓之敕，皆由内阁撰拟以进”。诏令的起草虽然还要呈请君主裁可，比不得现代国务员的拟定命令权，可是在事实上君主却多半是同意的，有时固然要遵奉君主的意旨去起草，但是有时君主或不曾表示意见，而阁员的草稿往往有转移君主意见的效果，使君主只立在同意的地位。

（二）票拟批答。凡内外诸司的题奏到阁，内阁检阅题奏的内容及方式，付以意见，用小票墨书贴各疏面以进。又关于官吏的任免进退，因等级的高下、事情的轻重，拟定办法进呈。有时因为有几种处分的办法，并可以用双签、三签、四签，以待君主的决定。

（三）收发本章。中央各部院的题奏直达内阁，地方长官的题奏经通政司转达内阁。（自光绪二十八年废通政司，凡外臣上奏皆直达内阁。）内阁检阅这一类的题奏，进呈君主；君主因军机大臣的详议然后决定采否。除密行文件外，皆发交内阁，由内阁发送下去，以达于各官厅。

（四）撰拟徽号、谥号。“凡上徽号、进册宝册印，俱由内阁撰拟文篆，至皇子、皇孙及王公、公主名号，俱承旨拟奏。”凡庙号、尊谥、赐谥，皆由内阁照一定的字义拟定上呈。

（五）保管御宝。清代的御宝比任何朝代都多，藏于交泰殿者二十五，藏于盛京者十。因事件的性质不同，故所用玺印也不同。这些事务也是内阁的职务。

（六）纂修实录史志诸书。“凡纂修实录史志诸书，充监修总裁官。”

（乙）军机处的职权。军机处乃是办理枢务、承写密旨的地方，以机密为主。因为机密的缘故，不得不擢用亲信的大臣，因为任用亲信的缘故，不知不觉的便夺去内阁的实权。到了吸收内阁的实权而后，便变成唯一最高的统治机关，不止办理军务，凡军国大政，几乎无所不统。现在姑且把他的职权分述如下：

（一）听答君主的咨询。军机处是君主的最高顾问机关，不论君主在京或在外巡幸，总令军机大臣随行，随时召见顾问。清初机事皆归内阁，自雍正以后，本章归内阁，机务及用兵皆归军机处，故君主几乎没有一天不和军机大臣见面，凡君主有所商议，必随时召见军机大臣陈述意见。

（二）商定军事计划。计划军事乃是设立军机处的唯一目的，凡用兵方略，皆由军机处随时决定，密谕前敌军将遵行。

（三）议决国家大政。军机处不只备君主的顾问，遇到国家大政，往往交由军机处议决。例如于既定官制外从新设立新官制，或处理新设官厅的特别行政事件，及决定外交事务的方针，并宣战、媾和等事，皆由军机处密议，经由君主裁可施行。

（四）起草上谕。军机处的职掌“在恭拟上谕”①，凡“巡幸、上陵、经筵、蠲赈，及内臣自侍郎以上、外臣自总兵知府以上黜陟调补，暨晓谕中外者，谓之明发上谕；诰诫臣工、指授兵略、查核政事、责问刑罚之不当者，谓之寄信上谕”，皆由军机处拟稿，呈请君主酌定。

（五）审议撰拟题奏。凡由内阁所拟的旨敕、由翰林院所拟的封册祭祀之文，如果君主认为不当，便交给军机处审定。②又“凡内外臣工所奏，有旨敕议者，审其可否以闻”③。

（六）审理大狱。军机处关于破坏国宪、紊乱朝政的政治犯，有最终的审理权。如归军机处特别管辖，便由军机处传讯；如须和刑部协议，便同刑部会审。由此看来，军机处也可以行使特别的司法权。

（七）奏请任免钦命文武官吏。凡钦命的文武官员（京内文官自大学士至京堂，武官自御前大臣至步军、前锋、护军统领；京外官吏自将军、督抚至布政使、按察使）的任免进退，均由军机处奏请，或开列候补人的名单，或开列各官厅的缺单奏上，而请君主决定。

以上所述的乃是内阁和军机处的职权。不过严格说起来，无论是内

---

① 王昶:《军机处题名记》。

② 同前。

③ 同前。

阁或是军机处，都没有一定的权限，只有随时属托的事务。简单一句话，就是在君主专制政体之下，“创制立法皆天子之事，既出圣裁，实为典要”①，故内阁所有的只是义务，绝没有什么权利。所以《历代职官表》说：“总之钧衡近地，职参密勿，其事权之属与不属，原不系乎宰相之名，而惟视乎人主之威柄以为操纵。”②如果行近代的内阁制，便是清高宗说的“为宰相者居然以天下之治乱为己任，至目无其君，此尤大不可也”③了。这是中国式的内阁制度所以无定制、无定员、无定职的原因。

（原载《国立北京大学社会科学季刊》第 3 卷第 4 号，商务印书馆 1930 年 4 月初版）

---

① 是明监察御史许士廉等对明太祖说的话，见黄元升：《昭代典则》。

② 《历代职官表》卷二。

③ 《书程颐〈经筵札子〉后》。

中国御史制度的沿革

（商务印书馆一九三四年一月国难后第二版）

自　序

我于今年四月初，忽然得猩红热病，九死一生闯过难关，在病室中活活拘留了三个多月。天下事最痛的是死，最快的是生，惟有这种不死不生养病生活，真正是既不痛，又不快。在这种百无聊赖的生活中，听说有人提倡恢复中国的科道制。这种消息引起我翻看旧书的兴趣，于是天天躺在藤椅子上，看什么《九通》的职官门，《二十四史》的百官志或职官志，《历代职官表》《册府元龟》《春明梦余录》《容斋随笔》《石林燕语》《初学记》《玉海》《古今合璧事类备要》《钦定台规》《皇朝掌故汇编》……等书。今年的北京本可以称为“无夏之年”，故在这风凉的暑期之中，居然东写西抄的集成三万字的《中国御史制度的沿革》。

我从前看到孙中山先生的五权宪法的讲演稿，说：监察院大半是根据中国历史上御史制度而来的；最近又看见《甲寅周刊》上载有章太炎先生论废代议制复科道制的一封信，故对于御史制度似乎觉得有研究的必要。等到看完了上述的各种书籍之后，不知不觉又把我这种羡慕御史制度的意见打消。中山、太炎两先生都主张监察员或科道须由考试而来，太炎更主张在考试后由政府加以任命。我以为考试无论怎样办到完全无弊的地步，中选的人终是只凭他自己的学问中选，和他的邻里乡党一点不发生关系。代议制的重要一点，就是使那监督政府之人，同时是受全国或他邻里乡党的监督之人。近来有许多人主张废掉普通代表制，采用职业代表制，但并不是不要代表，乃是要那真正能代表某一团体或行会的真正意见的真正代表。故说到这一点，我总觉得由上而下的监察机关，或单由个人的学问当选，一点都和他邻里乡党无关的考选御史制，太违反民治政体的原理。如果真正要像这样的恢复科道制，科道制的本身利害且不论，就是本身有利无害，恐怕再行一百年，也不能唤起人民监督政府的兴趣。

我这一本小册子根本上就不配说“研究”两个字，不过把这三个月所看的书抄写下来，就算完事。抄写的错不错，现在还不敢断定，况又在养病的时期，生理上使我不能十分用心思索。不过这个问题的确有研究的价值，这本小册子如有什么益处，至多也不过是供给研究这个问题的人一点参考材料罢了。至于我的断案，只是我个人目前的感想，日后有没有变更，还说不定。深望读者心无成见的对我指正指正。

高一涵　十四年十月十日

再版自序

这本小书是我在民国十四年夏天养病的时候写成的。这时正是段祺瑞的执政府中，一两个无聊的政客，高唱恢复科道制的时代，恐怕他们把这个制度白白的糟蹋了，所以我那时不得不表示反对。这是过去的事，用不着再提，现在所要讨论的是“五权宪法”中监察权如何实现的问题。

现在一般人对于监察权似乎有点误解，就是只把监察权当作弹劾权。其实，明清以来的都察院的权力，绝不以这一种弹劾权为限，此外还包括许多重要的权力在内。中国的御史制度的特点：就在行使弹劾权外，还享有监督行政、考察官吏、检查会计和注销案卷种种特权。因为都察院有监督行政权，所以“不管是中央官厅，或是地方官厅，凡他们所管事务的施行和成绩，皆当向都察院或各科各道报告，各科道得由这一类的报告中，兼察视政治的状况。如有违反法令、妨碍公益以及紊乱官纪的事情，都可由各科道奏请纠正”。因为都察院有考察官吏权，所以凡“京察”“大计”“有鉴衡不公，黜陟失当，徇情滥保，姑容不职者，皆可由科道纠参”。因为都察院有检查会计权，所以“无论中央或地方官厅凡经费的出纳，皆受都察院的检察；各官厅所作的会计报告，皆付都察院检查。”如“有浮冒舛错蒙混的，皆得指出参劾。”因为都察院有注销案卷权，所以对于一切定有限期或没有限期的案件，均得不时稽查，“如有迁延迟误事件，即行奏参。”由此看来，弹劾权只能算是监察权的结果，必须先有上述的几种特权——监督行政、考察官吏、检查会计、注销案卷等权——然后弹劾权才不致成为虚设。监察院如果没有这几种特权，就是教他告发，他也无从着手。故监察院如果要想实行他的监察权，一定要在弹劾权之外，同时再享有这四种权力，然后弹劾权才有着落。

这是我现在对于监察权的一点意见。

高一涵　叙于上海

十八年七月六日

第一章 绪 论

本书所说的御史，乃是包括清代都察院中的科道而言。所谓科，就是六科给事中，所谓道，就是十五道监察御史；此外还有总理台政的左都御史，襄赞左都御史的左副都御史；以及其他由科道中派遣的巡仓、巡漕、巡察、巡城等御史或给事中，都一律包括在内。

考唐、宋以前的制度，言官与察官本是分立的。谏官司言，御史司察；谏官掌规谏讽谕，献可替否，御史掌纠察官邪，肃正纪纲；谏官监督政府，御史监督官吏。到了宋真宗天禧年间，虽然设言事御史，神宗熙宁、元丰年间，虽然以言事官为殿中侍御史，或诏使监察御史兼言事，但却不想使谏官兼行纠弹的职务。故宋孝宗淳熙十五年（1188年）虽依唐朝制度，置拾遗补缺，但却专掌谏诤，不许纠弹。大概唐代重谏官、轻御史，而宋代的御史则多由言官兼权。故从前谏诤之官或缺人不补，而居言官的地位者，又往往分行御史的职务，至于箴规缺失，不曾多见。所以孝宗时，兵部侍郎林栗有言官不许纠弹的建议。自此而后，君主多恨言官足以妨害自己的专断，虽阳存其名，却阴使行御史的职权，故言官反不见重要了。

金、元以前的制度，御史属于御史台，给事中则或属于集书省（如宋、齐、梁、北齐等朝是），或属于门下省（如隋、唐、宋等朝是）。到了金、元以后，虽废门下省，而元、明两代虽不设或裁废其他谏官，但仍留给事中一职。明初使给事中属于通政司，后乃独立自为一曹，称为六科都给事中，凡章疏案牍，皆同部院衙门平行。只因科道并立，各树党援，互相攻击。御史还要听都察院堂官的考察，独给事中无所隶属，故往往放纵自恣。清初尚沿用明制，六科独立，自为一曹，直到雍正元年，才使六科隶属于都察院，听受都御史的考核。科道既然合并，实际上的职权亦因而变异。从法律上说，给事中虽然还有封驳诏令的大权，但是从事实上说，诏令多由军机处密行，不从给事中手中经过，故给事中实际上亦变成御史了。我们若就御史的纠察权说，实在可算是世界上他国从古未有的特殊制度，因此便不能不引起一般研究中国政治制度的学者的特别注意。现在为说明科道的职权起见，故先分述御史制度和给事中制度在历史上沿革的大概。

第二章　御史官职的沿革

第一节　自三代到后汉

秦代以前，虽然有御史的名称，但多掌记事的职务，和后来的御史职权迥不相同。在战国时代，献书多曰：“献书于大王御史。”秦、赵会于渑池，也命御史书事。淳于髡亦说：“御史在后，执法在旁。”由此可见这时的御史多掌记事的职务。但是《周礼》如果可靠，那么《周礼》上所说的御史职掌倒很有一点像是后代御史的渊源。且看《周礼·天官》说：

“小宰之职，掌建邦之宫刑，以治王宫之政令，凡宫之纠禁。”（郑康成注“若今御史中丞”）

再看《周礼·春官》：

御史，掌邦国都鄙及万民之治令，以赞冢宰，凡治者受法令焉，掌赞书，凡数从政者。

故《历代职官表》以此为根据，便说“汉御史中丞执法殿中，与周官小宰掌宫刑以宪禁于王宫者相近，故郑氏援以为比”。又说“周官御史次于内史外史之后，盖本史官之属，故杜佑以为非今御史之任。然考其所掌，如赞冢宰以出治令，则凡政令之偏私缺失，皆得而补察之。故内外百官悉当受成法于御史，实后世司宪之职所由出”（《历代职官表》卷十八）。由此看来，《周礼》上所说的御史，职务固然和后代的御史不同，但是小宰掌王宫的纠禁，与汉代御史中丞居殿中兰台察举非法，似同为宫掖的近臣。而御史虽属小臣（因皆以中下士为之），但是因为他们掌治令，授成法，也的确可算是司宪之官了。

秦代以后，御史始掌纠察的职任。不过秦制太简略，不能推想出来御史的详细的职权，姑且把那可靠的记载列举如下：

> 御史大夫，秦官，侍御史之率，故称大夫。（杜佑《通典》）
>
> 秦置御史大夫，以贰于相。（章俊卿《山堂考索》）
>
> 御史中丞本秦官也。（《晋书·百官志》）
>
> 秦时为御史，主柱下方书。（《史记·张苍列传》）
>
> 侍御史于周为柱下史，老聃尝为之。秦时张苍为御史，主柱下方书，亦其任也。又云：苍为柱下御史，明习天下图书计籍。（原注，见《史记》，如淳曰："方，板也，谓书事在板上也。秦以上置柱下史，苍为御史，主柱下事。"或曰："主四方文书也。"又《职官录》曰："秦改御史为柱下史。"）一名柱后史，谓以铁为柱，言其审固不挠也。亦为侍御史。（杜佑《通典》）
>
> 监御史秦官，掌监郡。（《汉书·百官公卿表》）
>
> 初秦以御史监理诸郡，谓之监察史。（杜佑《通典》）

把以上所引的各条总集起来，可以知道秦时已经有御史大夫，御史中丞，侍御史或柱下御史，监察史等官。御史大夫在秦为丞相的辅助，秦以太尉掌武事，以丞相承天子，助理万机，故贰于丞相的御史大夫其实就是副相，凡丞相出缺，即以御史大夫升迁。杜佑因此便说："此皆为三公，非今御史大夫也。"（《通典》卷二十四）《历代职官表》亦说："秦汉御史大夫史称其掌副丞相，故汉时名为两府。"（原注，《薛宣传》简在两府。师古曰："丞相御史府也"）凡丞相有缺，则御史大夫以次序迁。乃三公之任，与今都御史之职不同。"至于御史中丞在秦时所掌何职，虽然无书可考，但是汉朝的御史中丞想必是因袭秦制的，或者职在“居殿中察举非法”，亦未可知。此外柱下御史显然是掌古今图书计簿的了。故《历代职官表》说：“如淳注，以方书为四方文书，然考《汉书·叙传》称：‘北平志古，司秦柱下。’（原注，张苍封北平侯，故称北平）颜师古曰：‘志，记也；谓多记古事也。司，主也。’是可知柱下实掌古籍，不独天下图书计簿也。秦虽燔灭诗书，而博士所存故在，则禁中亦必有藏书之所，故以张苍主之欤？”（《历代职官表》卷二十五）应劭《汉官仪》说：“侍御史即柱下史。”《通典》也是这样说，或者秦代的柱下御史并有汉代侍御史的察举非法的职任，也未可知。此外最可注意的就是监察史。因为秦代罢侯置守，并把古代的什么方伯连帅等官一齐废掉，单用御史去监理诸郡，所监何事，虽然无书可考，但是后代御史奉命出外巡察，或者即由此而起。明代的巡按御史，的确是仿效秦代的监郡，再一变便成为清代兼右都御史和右副都御史衔的督抚。

汉朝的御史制度，典籍上所载，比较秦代稍觉得完备，职权大都有书可考。现在且依各书所载，条举如下：

> 御史大夫位上卿，掌副丞相。有两丞，秩千石。一曰中丞，在殿中兰台，掌图籍秘书，外督部刺史，内领侍御史十五人，受公卿奏事，举劾案章。（《汉书·百官公卿表》）

汉代的御史大夫和秦代相同，仍为三公之一，并不是后代的御史大夫。汉代的三公，一曰太尉（汉武帝元狩四年改名大司马），一曰丞相（汉哀帝元寿二年罢丞相置大司徒），一曰御史大夫（汉成帝绥和元年改名大司空）。故汉代的御史大夫“为三公，职副丞相，丞相缺则大夫迁”（李华《御史大夫厅壁记》）。但汉代的御史大夫虽然不能算是清代的都御史，可是他这个官却是御史的长官。而且照《薛宣传》说：“御史大夫内承本朝之风化，外佐丞相统理天下。”《朱博传》也说：“御史大夫典正法度，总领百官，上下相监临。”照这样看来，御史大夫虽然不是后代的都御史，但他的职掌在承风化、典法度，执法以监临百官，的确可算是兼执宪之官了。

汉代的御史制度一个大变迁，就在汉成帝绥和元年。这一年御史大夫何武建言：设三公官，分职授政，故把御史大夫改作大司空，分行丞相的职务。自此而后，中丞便变为御史台的长官，很同清代都察院的都御史相似。故《通典》说：

> 初汉御史大夫有两丞：一曰御史丞，一曰中丞。亦谓中丞为御史中执法。中丞……居殿中，察举非法。及御史大夫转为大司空，而中丞出外为御史台率，即今之御史大夫任也。（《通典》卷二十四）

大概从前的御史中丞虽然也掌纠察的职务，但他住在殿中兰台，不过宫庭中的近臣，和后代的副都御史职任各有不同。自成帝时这样一变，中丞出居外台，他的职务便是清代的都察院堂官的职务了。故《历代职官表》说："自东汉省御史大夫，而以中丞为台率，始专纠察之任。其后历代或复置大夫，或但设中丞，规制各殊，要皆中丞之互名，盖即今都察院堂官之职矣。"（卷十八）《通典·御史大夫》注中亦说："今御史大夫即汉以来御史中丞是也。后代或置大夫，皆中丞之互名，非汉旧大夫之任。"故从御史制度说，这一次变迁，不能不算重要了。

前汉的御史，照《西汉会要》所载，除御史大夫及中丞外，尚有侍御史、治书御史、符玺御史、御史中丞从事、监军御史、御史大夫掾、西曹掾、主簿、少史、御史属、柱下令等官，现在且分别叙述于下：

> 《汉旧仪》曰："汉御史员四十五人，皆六百石；其十五人……给事殿中，为侍御史，宿庐在石渠门外；二人尚玺，四人治书给事，二人侍前，中丞一人，领录二十人，留寺理百官事。"（《通典》"侍御史"注）

如淳曰："《汉仪》注：御史大夫史员四十五人，皆六百石；其十五人给事殿中，其余三十人留寺治百官事；皆冠法冠。"（《汉书·萧望之传》注）

御史中丞，旧治书侍御史也。（应劭《风俗通》）

初，汉宣帝元凤中，感路温舒尚德缓刑之言，季秋后，请谳时，帝幸宣室，斋居而决事，令侍御史二人治书，治书御史起于此也。后因别置，冠法冠，有印绶，与符节郎共平廷尉奏罪，当其轻重。（《册府元龟》）

侍御史有绣衣直指，（服虔曰："指事而行，无阿私也。"师古曰："衣以绣者尊宠之也。"）出讨奸猾，治大狱。武帝所制，不常置。（《汉书·百官公卿表》）

绣衣御史暴胜之使持斧逐捕盗贼。（《汉书·王䜣列传》）王贺为武帝绣衣御史，逐捕魏郡群盗。（《汉书·元后列传》）

江充拜直指绣衣使，督三辅盗贼，禁察逾侈。时近臣多奢僭，充皆举劾，请没入车马，令身侍北军，击匈奴，奏可。贵戚惶恐，见上叩头，愿得入钱赎罪。又王贺字翁儒，武帝时为绣衣御史，逐捕群盗，皆纵而不诛。暴胜之亦为之。（《通典》"侍御史"注）

惠帝初，遣御史监三辅郡，其后又置监御史。（《汉官仪》曰："侍御史出督州郡盗贼，运漕军粮，言督军粮侍御史。"）（《通典》）

从以上各条看来，侍御史职任既多且重。至于治书侍御史，"掌以法律当天下奏谳，定其是非，参主台事，犹其初之有两丞，则亦当如今副都御史之职也。"（《历代职官表》卷十八）各种御史都归大夫及中丞管辖，不管他们是在殿中，或在寺中。如中丞奉诏治狱，那么侍御史就负有逮捕犯人的责任。故侍御史虽居殿中，却常听中丞的差委。

至于侍御史的绣衣御史，职在逐捕盗贼，虽然和清代五城御史缉捕奸盗的职任不尽相同，但他出监三辅，督运军粮，却是清代巡漕、巡察等御史的来源。大概西汉而后，御史出差的事日见其多。故《历代职官表》说："御史出使，至西汉而渐多，如绣衣直指监郡督运监军（监军御史见《汉书·胡建列传》）之类，皆以事专行，正如今巡漕、巡察诸差之比。其他随时奉遣者，尚屡见于史。如《食货志》载：分遣御史即治郡国缗钱；《宣帝纪》载：黄龙元年，诏御史察计簿；《霍光传》载：侍御史五人持节护丧事，皆非常例。而收缚罪人亦多以侍御史为之（《刘辅传》上使侍御史收系辅，《谷永传》上使侍御史收永，《朱云传》御史将云下殿）。盖因亦给事殿中，职居亲近，故事之重且急者，往往使之衔命耳。"（《历代职官表》卷十八）由此可见侍御史的地位和职任。

此外如《叔孙通传》载：长乐宫"置法酒，御史执法，举不如仪者辄引去……无敢欢哗失礼者"。后代御史纠察朝仪的职务，大概即由此而来。在上述的各御史之外，还有御史主簿（《通典》卷二十四）、御史属（见《汉书·武帝本纪》）、御史掾（见《汉书·严延年列传》），当与清代都察院中"掌董察吏胥或缮写章疏"的经历都事相同；如少史（见《汉书·萧望之列传》），当与清代都察院中"掌章奏文籍"的笔帖式相同。

到了后汉，废掉御史大夫，或虽复设御史大夫，却不率领中丞。故此后中丞为一切御史的长官，权势日益尊重，可"与司隶校尉尚书令会同，并专席而坐，故京师号曰三独座"（《后汉书·宣秉列传》）。现在为表明御史台各御史的职权起见，且照《后汉书·百官志》所载，列表如下：

后汉的御史，在上列的正职之外，还有其他的职务。例如中丞督兵讨捕盗贼（如范史所载，冯绲以御史中丞将兵督扬州、九江诸郡军事；盛修以御史中丞募兵讨长沙、零陵贼之类皆是），即后世督抚兼都御史的来源。此外侍御史的职务如《历代职官表》所举：

有出使安集州县者。（例如《杜诗传》为侍御史安集洛阳）

有主从驾行幸平治道路者。（例如《章帝纪》："帝东巡狩，敕侍御史方春毋得有所伐杀。虞延传驾经封丘城门，门小不容羽

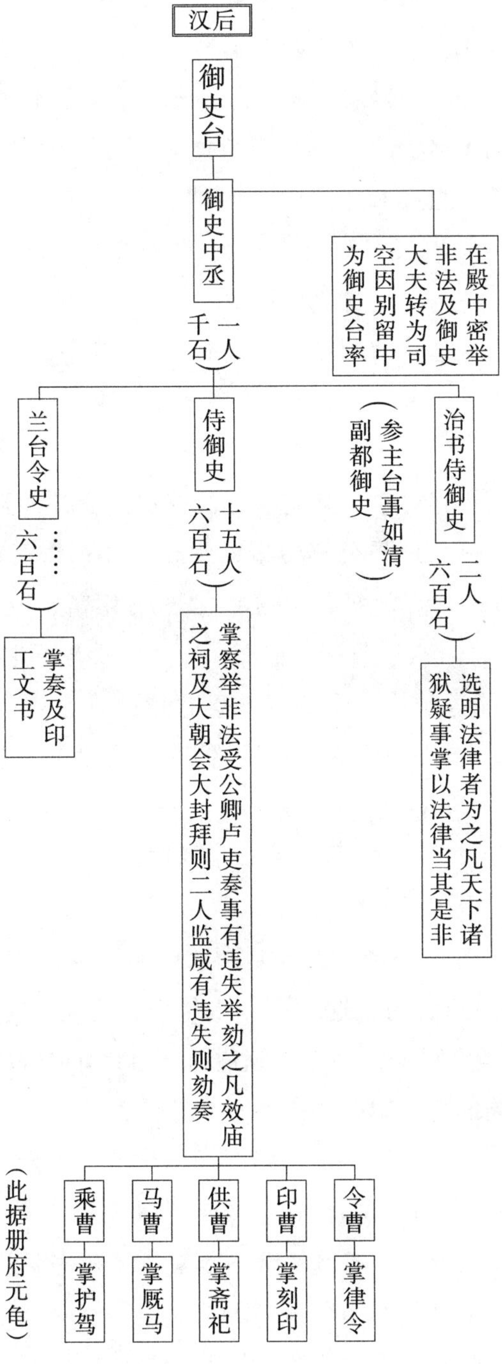
汉后
御史台
御史中丞
（一人千石）
在殿中密举非法及御史大夫转为司空因别留中为御史台率
兰台令史
……六百石）
掌奏及印工文书
侍御史
（十五人六百石）
掌察举非法受公卿卢吏奏事有违失举劾之凡效庙之祠及大朝会大封拜则二人监咸有违失则劾奏
（参主台事如清副都御史）
治书侍御史
（二人六百石）
选明法律者为之凡天下诸狱疑事掌以法律当其是非
乘曹
掌护驾
马曹
掌厩马
供曹
掌斋祀
印曹
掌刻印
令曹
掌律令
（此据册府元龟）

盖，帝怒，使挞侍御史（此即所谓乘曹之职）。”）

有出督军旅者。（例如《高彪传》第五：“永为督军御史，使督幽州。”《桓典传》：“典为侍御史，奉使督军破贼。”）

有慰抚属国者。（例如《李恂传》：“拜侍御史，持节使幽州，宣布恩泽，慰抚北狄。”）

有监护东宫者。（例如《种暠传》：“顺帝时，为侍御史，监护太子。”）

有使典丧事者。（例如《杨赐传》：“赐卒，使侍御史持节送丧，兰台令史十人，发羽林骑轻车介士。”）

我们如果根据上述各项，来定秦、汉御史的职务，至少有下列几种：（一）察举非法；（二）受公卿奏事，举劾违失；（三）典法度、掌律令；（四）理大狱、治疑案；（五）掌图书秘籍；（六）监理诸郡；（七）督察部刺史；（八）监察三辅郡；（九）监督军旅；（十）督运军粮；（十一）讨捕盗贼；（十二）禁察逾侈；（十三）纠察朝仪祭礼；（十四）安抚属国州县；（十五）护从巡幸；（十六）监护东宫。

第二节　自三国到北齐

照上边说的，可见得御史制度到两汉已经演进，成为一种很完全的纠察制度。自三国到后周，这三百六十年中，官制上也有种种的变革。要想研究隋唐的御史制度，必先要知道这三百多年中的变迁沿革。现在且把从三国到后周的御史制度，作个简单的说明。

魏文帝黄初二年（221年），又以御史大夫为司空，改中丞为宫正，后皆复旧名。侍御史置八人。又置治书执法，掌奏劾，治书侍御史但掌律令。（《册府元龟》）

魏置御史八人，有治书曹，掌度支运，课第曹，掌考课，不

知其余曹也。（《宋书·百官志》）

魏置御史八人，当大会殿中，御史簪白笔，侧陛而坐。帝问左右，此何官？何主？辛毗曰：此谓御史。旧时簪笔以奏不法，当如今者直备位，但眊笔耳。（《通典》）

魏兰台遣二御史居殿中，察非法，即殿中侍御史之始也。（《通典》）

（文帝）践阼，（袭）为督军粮御史……更为督军粮执法。（《三国志·魏书·杜袭列传》）

黄初七年……遣治书侍御史荀禹慰劳边方……景初元年……冀、兖、徐、豫四州民遇水，［遣］侍御史循行没溺……开仓赈救之。（《三国志·魏书·明帝本纪》）

现在且把魏代的御史制度列表如下（见下页）：

由此看来，魏代御史的职任：如掌奏劾、掌律令、察非法、掌度支运、掌考课、督军粮以及安抚赈济等事，大致和两汉相等。唯治书侍御史，从应劭《风俗通》上看来，已经比作御史中丞，到了魏代以后，便分统侍御史，沈约说他好像尚书省的二丞，可见他的职位渐渐尊重了。大概治书侍御史职在掌法令、治疑狱，故后汉以来，选用深明法律之人，并“选御史高第者补之”（蔡质《汉仪》），可见他地位的重要。“自汉桓帝之后，无所平理，充位而已”（《通典》），又可见它由重官而降为备员。到了魏代，又复后汉以前的旧制，而分统侍御史，地位且较汉代更为崇高了。这乃是三国时御史制度变迁的重要之点。至蜀、吴官制，史志不大详载，但是《蜀志·向朗列传》有“朗子条景耀中为御史中丞”的话，《册府元龟》中有“吴亦有御史大夫，后又置左右御史大夫”的话，此外还有“中执法”“左执法”“监农御史”等官，见于《三国志·吴志》的各列传。《历代职官表》说“吴之中执法、左执法，其职较崇，当亦即中丞之改名也”（《历代职官表》卷十八）。从这句话上看来，稍稍可以知道三国时御史制度的变迁。

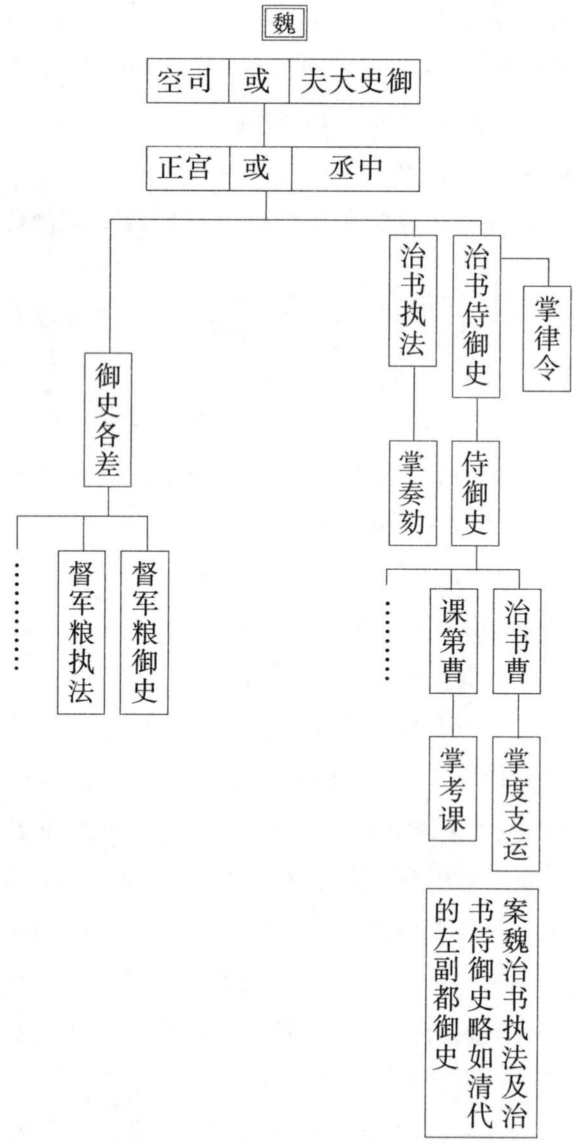

晋代的御史制度多因袭汉朝制度，但亦略有变更，现在且略举史志上的话来说明如下：

> 晋初罢大夫，因汉制，以中丞为台主。（《册府元龟》）
>
> 晋亦因汉，以中丞为台主，与司隶分督百僚。自皇太子以下，

无所不纠；初不得纠尚书，后亦纠之。中丞专纠行马内，司隶专纠行马外；虽制如是，然亦更奏众官，实无其限。（《通典》）

晋置治书侍御史员四人，泰始（武帝年号）四年，又置黄沙狱治书侍御史一人，秩与中丞同，掌诏狱，及廷尉不当者皆治之。后并河南，遂省黄沙治书侍御史，及太康（武帝年号）中，又省治书侍御史二员。

侍御史员九人，品同治书。而有十三曹：吏曹、课第曹、直事曹、印曹、中都督曹、外都督曹、媒曹、符节曹、水曹、中垒曹、营军曹、法曹、算曹。及江左，初省课第曹、置库曹，后分置外左库内左库云。

殿中侍御史，晋置四人，江左置二人。又案魏晋宫品令又有禁防御史，第七品。孝武太元中有检校御史吴琨，则此二职亦兰台之职也。（《晋书·职官志》）

此外叶梦得《石林燕语》中有监搜御史（说“自晋魏以来，凡入殿奏事官，以御史一人，［立］殿门外搜索，而后许入，谓之‘监搜’。御史立药树下，至唐犹然，太和中始罢之”），《武帝本纪》中有督运御史官，皆晋代御史的差委。现在且把晋代御史各官列表如下：

表中所列是晋代御史各官。据李华说：“晋宋元魏以还，无御史大夫，由是中丞威望愈尊，礼有加等。”（《御史中丞厅壁记》）又《通典》说：“魏晋以来，治书侍御史分掌侍御史所掌诸曹，若尚书二丞。”大概晋代的特色，就在不设御史大夫，因而抬高中丞的地位，即以中丞任御史大夫的实职；同时又沿魏制，抬高治书侍御史的地位，即以治书侍御史任中丞的实职。从此演进，便渐渐变成隋代的制度。

宋、齐、梁、陈几朝，大概多因袭魏晋制度，没有多大的变更。不过治书侍御史一职，在宋、齐两朝职任稍轻，故“自郎官任治书者谓之南奔。梁谢畿卿自尚书三公侍郎为治书侍御史，颇失志，多陈疾，台事略不复理，是也”（《通典》）。至梁朝才又看作重要，选任亦比较慎重。至于中丞一官，在这个时代，掌奏劾不法、督司百僚、论劾的责任，集于一身，故百官中有犯罪而被发觉者，便坐中丞以失察之罪，因而免职者颇多。故《刘休传》说："建元（齐高帝年号）初，为御史中丞，顷之，启言……曰宋世载祀六十，历职斯任者五十有三，校其年月，不过盈岁。于臣叨滥，宜请骸骨。"可见这时中丞职任的重要。现在且把宋、齐、梁、陈各代御史各官之见于史志的，附录于下：

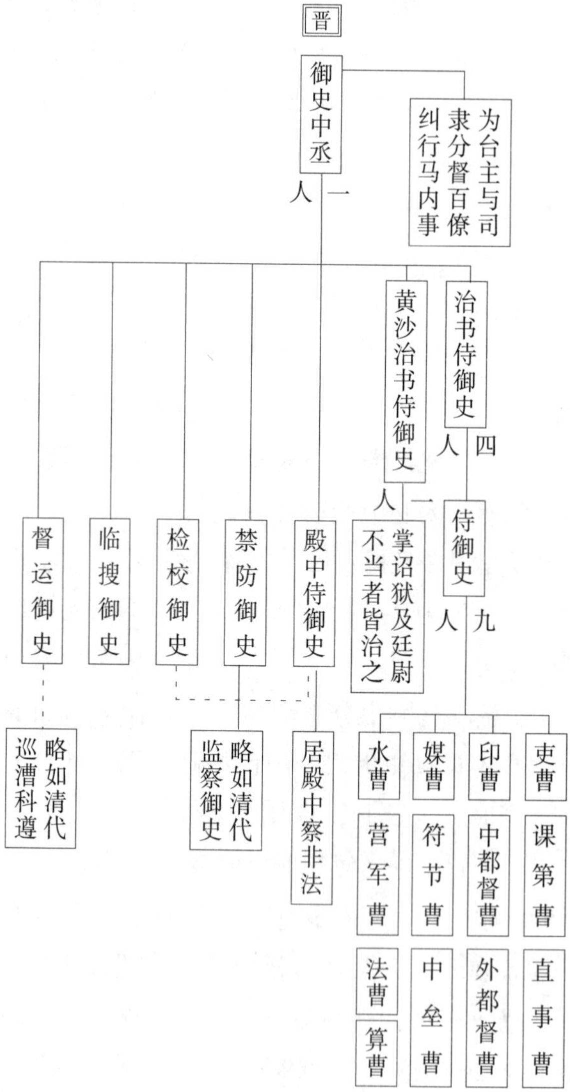

（宋）御史中丞……掌奏劾不法……秩千石。治书侍御史掌举劾，官品第六已上……分掌侍御史所掌诸曹，若尚书二丞。侍御史……掌察举非法，受公卿奏事，有违失者举劾之。（《宋书·百官志》）

（齐）御史中丞一人，治书侍御史二人，侍御史十人。（《南齐书·百官志》）

（梁）御史台梁国初建，置大夫，天监（武帝年号）元年复曰中丞，置一人，掌督司百僚。治书侍御史二人，分统侍御史。侍御史九人，居曹，掌知其事，纠察不法。殿中御史四人，掌殿中禁卫。（《隋书·百官志》）

（陈）陈承梁，皆循其制官。（《隋书·百官志》）

北魏的御史制度也有两点可以使人注意：就是（一）改中丞为中尉，盛张中尉的威仪；（二）慎重御史的选任。北魏的“中尉，督司百僚，其出入千步清道，与皇太子分路，王公百辟咸使逊避，其余百僚下马，弛车止路傍，其违缓者以棒棒之”（《通典》）。大概从后汉以来，中丞的地位日高，故威仪也日盛。专制政体的精神在恐怖，故君主使臣下畏服的唯一方法，就在盛张那耳目之官的威仪，使百僚个个怕惧。唐韦仁约说：“御史衔命出使，不能动摇山岳，震慑州县，诚旷职耳。”就是这个用意。故自晋以后，中丞出外皆“专道而行，驺辐禁呵，加以声色”。倘若有人触犯他，便可用鞭杖殴打。这种仪制到北齐益盛，《通典》说“武成以其子琅玡王俨兼为御史中丞，欲雄宠之，复兴旧制。俨出北宫，凡京畿之步骑，领军之官属，中丞之威仪，司徒之卤簿，莫不毕备”(时俨总领四职)。此等风气，到周隋才渐渐革除了。故盛张中丞的威仪，虽然不自北魏起，但北魏和北齐总算是中丞威仪达到极点的时代。至于重视御史及御史的选任方法，北魏时也有可以令人注意的事实。例如治书侍御史，自“梁天监初始重其选。……后魏掌纠禁内朝会失时，服章违错，飨宴会见，悉所监之”（《通典》）。他的职任仅在中尉之次，那时中尉李彪犯罪，郦道元就以治书侍御史的资格做御史台官长，去讯问他。这是力反宋齐以来轻视治书侍御史的旧习，在历史上也可算是治书侍御史地位的一个小小变迁。至于侍御史亦是这样，《通典》说：“后魏御史甚重，必以对策高策者补之。”这样的慎重选任，大致和后汉治书侍御史“选御史高第者补之”；及侍御史“以公府掾属高第补之，或以故牧守议郎郎中为之”（皆见《通典》）相同。此较“前汉御史多以刀笔吏积劳得之”（《历代职官表》卷十八）者大不一样了。故就北魏的御史选任说，也是研究御史制度的人应当注意的一点。

北魏的御史各官大致和前代相似，有御史中尉（第三品上），治书侍御史（第五品上），侍御史、殿中侍御史（从五品中）；更有检校御史、监军御史；此外如奉命出使征兵、典治丧事、巡察州郡等职，大概多和前代的制度相同。

北齐的“御史台掌纠察弹劾，中丞一人，治书侍御史二人，侍御史八人，殿中侍御史、检校御史各十二人，录事四人”（《隋书·百官志》）。后周的御史制度只有名称上的变迁，至于职权上的变迁，却不甚可考。据《册府元龟》说：“后周六官之建，改中丞为司宪中大夫，御史台为司宪，属秋官府。置司宪上士二人，中士（人数阙），下士八人。”“司宪中大夫二人，掌司寇之法，辨国之五禁”（《通典》），职任和中丞相同。司宪上士，职任略同治书侍御史；司宪中士，职任略同侍御史；司宪旅下士，职任略同监察御史。

第三节　自隋到唐

以上所说的历代御史制度，虽然没有重大的变革，但是有许多重要的倾向，便是演成隋唐两代制度的基础。隋代御史台的变迁特点有二：（一）废中丞一官，抬高治书侍御史的品位，来代替中丞的职任。（二）自炀帝废御史直宿禁中的旧制，于是御史便专属于外台。现在且把隋代的御史制度条举于下：

高祖受命……置御史台大夫一人，治书侍御史二人，侍御史八人，殿内侍御史、监察御史各十二人，录事二人。御史……始自吏部选用，仍依旧入直禁中……炀帝即位，多所改革……御史台增治书侍御史为正五品，省殿内侍御史员，增监察御史员十六人，加阶为从七品。开皇中，御史直宿禁中，至是罢其制。又置主簿、录事员各二人……侍御史……唯掌侍从纠察，其台中簿领皆治书侍御史主之。（《隋书·百官志》）

隋以国讳改中丞为大夫……隋置侍御史八人，自开皇之前，犹踵后魏革选；自开皇之后，始自吏部选用，不由台主。仍依旧入直禁中。大业中，始罢御史直宿。台内文簿，皆治书主之，侍御史但侍从纠察而已。由是资位少减焉。……隋开皇二年，改检校御史为监察御史，凡十二人，炀帝增置十六员，掌出使检校。（《通典》）

隋室讳中，省中丞，增置治书御史之品以代之。（《徐坚初学记》）

由上述的各条中看出，隋代废中丞，抬高治书御史的地位来代替他，只因偶然的故事，并非有意改制。故官名虽变，而官职实则丝毫没有变更。故《历代职官表》说：“隋以中丞为大夫，而治书侍御史专主簿领以为之贰，至唐复改治书为中丞，自是而后，大夫即汉魏中丞之职，中丞即汉魏治书侍御史之职，名虽递易，而实则无殊也。”（卷十八）所以隋代御史台的治书御史便直居中丞的地位，试列表如下：

至于侍御史的选任，后魏以前，本“不随台主简代。延昌中，王显有宠于宣武，为御史中尉，始请革选。此后踵其事，每一中尉则更简代御史”（《通典》）。隋自开皇之始，才废后魏革选的旧制，由吏部选用，不由台主。这也是侍御史选任的方式一大变迁。至于侍御史与殿中侍御史，在后魏“昼则外台受事，夜则番直内台”（《通典》）。这种制度成立很久，汉以前姑且不说，就是汉代御史也常给事禁中，号称亲近的职任。故《后汉书·郅寿传》说：侍御史何敞上疏，有“臣谬预机密”的话，可

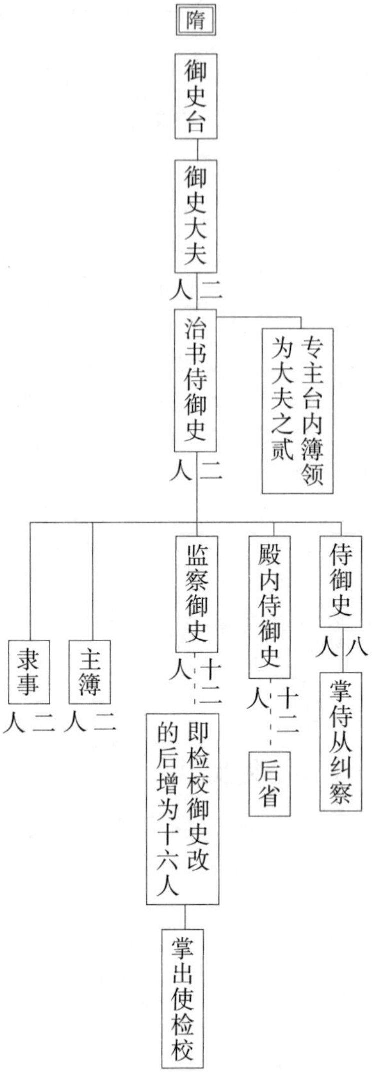

见在两汉时代，御史乃是参与机密的近臣了。后世虽然常有变更，可是兰台却始终属内省，御史常在禁中治事。自炀帝废入直禁中的旧制，御史渐渐离开宫禁，专隶属于外台了。这也是隋代制度一个重要的变迁。

唐代的御史制度发达更为完全，贞观初，“以法理天下，尤重宪官，故御史复为雄要”（《通典》）。至于十道分巡，六部分察，更为后代制度的章本。现在且略引史志来说明唐代的制度的大概。

御史大夫一人，从三品；中丞二人，正五品：掌邦国刑宪典章之政令，以肃正朝列。侍御史四人，从六品下；令史十五人，书令史二十五人：掌纠举百僚，推鞫狱讼。主簿一人，从七品下；录事二人，从九品下：主簿掌印及受事发辰，勾检稽失。殿中侍御史六人，从七品上；令史八人，书令史十人：掌殿廷供奉之仪式。监察御史十人，正八品上；令史三十四人：掌分察百僚，巡按郡县，纠视刑狱，肃整朝仪。（《唐六典》）

御史台三院：一曰台院，其僚曰侍御史……二曰殿院，其僚曰殿中侍御史……三曰察院，其僚曰监察御史。（赵璘《因话录》）

现在且把它列表如下：

唐代御史制度的重要变迁就是分巡分察两事。武后时改御史台为肃政台，设左右肃政两台，“左以察朝廷，右以澄郡县”（《通典》）。故《唐会要》说：“光宅（武后年号）元年（684 年）改为左肃政台，专管在京百司，及监军旅。更置右肃政台，其职员一准左台，令按察京城外文武官僚。”到了中宗以后，又改为左右御史台。“武后天授二年（691 年）发十道存抚使，以右肃政御史中丞知大夫事李嗣真等为之。时分巡天下者，皆左右台官。神龙（中宗年号）二年（706 年），敕左右台内外五品以上官，识理通明无屈挠者二十人，分为十道巡察使，二周年一替，以廉按州郡。景龙（中宗年号）三年（709 年），置十道按察使，分察天下”（《通考》卷六十一）。且看李峤请每十州分置御史巡按疏上说：

陛下（武后）创置右台，分巡天下……自非分州统理，无由济其繁务。请大小相兼率，十州置御史一人，以周年为限。使其亲至属县，或入閭里，督察奸讹，观采风俗，然后可以求其实效，课其成功。

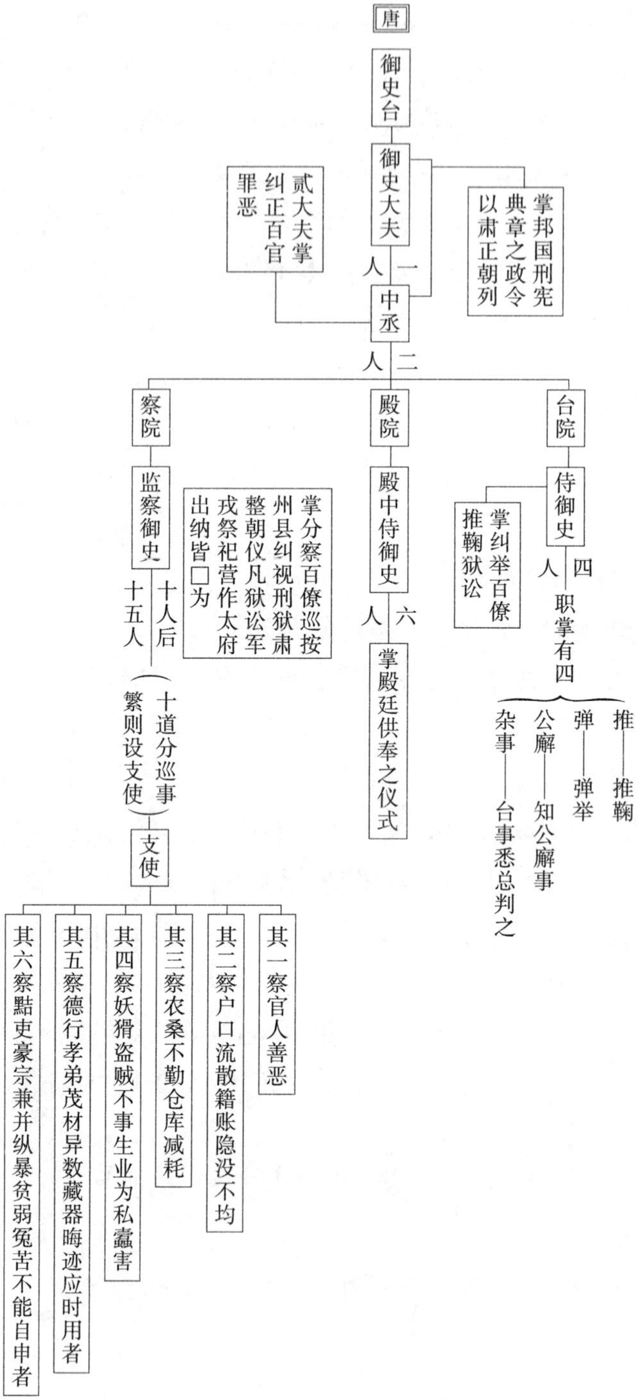
唐
御史台
御史大夫
一人
掌邦国刑宪典章之政令以肃正朝列
贰大夫掌纠正百官罪恶
中丞
二人
察院
殿院
台院
监察御史
十人后十五人
掌分察百僚巡按州县纠视刑狱肃整朝仪凡狱讼军戎祭祀营作太府出纳皆□为
（十道分巡事繁则设支使）
支使
其一察官人善恶
其二察户口流散籍账隐没不均
其三察农桑不勤仓库减耗
其四察妖猾盗贼不事生业为私蠹害
其五察德行孝弟茂材异数藏器晦迹应时用者
其六察黠吏豪宗兼并纵暴贫弱冤苦不能自申者
殿中侍御史
六人
掌殿廷供奉之仪式
侍御史
四人
掌纠举百僚推鞫狱讼
职掌有四
推——推鞫
弹——弹举
公廨——知公廨事
杂事——台事悉总判之

由此看来，唐以御史出外巡察州县，虽然仿自秦代的监察史，但他所行使的职务，只是御史的职务，绝不是如清代的巡抚的职务。故唐代的十道巡按御史确是明代的各省巡按御史及清代的巡察御史的渊源；此外若安抚、存抚、宣抚等使，方才是明清两代巡抚的渊源。至于按察使在先本为观察使，颇与明代的按察使职分相似，皆与纯粹的御史职任不同。所以唐代设立这廉按州县再周而代的十道巡察使，实在是御史制度上一个重要的新发展。

分察各部院衙门，是清代十五道监察御史的重要职权，而这种制度实在是从唐代分察制度渐渐演进而来的。唐代的分察制虽未十分发达，但是总可算是已经有个样子了。且看王应麟《玉海》说：

> 监察御史分察尚书省六司，由下第一人为始，出使亦然。兴元（德宗年号）元年（784 年），以第一人察吏部、礼部，兼监察使；第二人察兵部、工部，兼馆驿使；第三人察户部、刑部。岁终议殿最。元和（宪宗年号）中，以新人不出使，无以观能否，乃命专察尚书省，号曰六察官。开元（玄宗年号）十九年（731 年），以监察御史二人莅太仓左藏库……其后以殿中侍御史上一人为监太仓使，第二人为监左藏库使。

从这一段记载上看来，唐代的分察，很像清代十五道监察御史分察部院衙门。而且监太仓使就是清代巡仓御史的渊源，馆驿使就是清代巡察御史兼查驿站的渊源。故唐代的分察制度发生，在御史制度的历史上的确有很可注意的价值。

再唐代京外各官多兼大夫中丞的称号，或并以中丞兼任。例如：

> 开元二十二年，置京畿采访处置使，以中丞为之。（《唐会要》）
>
> 今之制，受命临戎，职无所统属者，亦谓之使。开元以来，

其制愈重，故取御史之名而加焉。至于今若干年，其兼中丞者若干人……皆得以壮其威，张其声，其用远矣。（柳宗元《河东集》）

大概唐代自从开元时候用中丞做采访使后，所有节度使、观察使、刺史……等官，多加御史大夫或御史中丞衔。如节镇入京为本官，便叫做“知台事”（如《代宗纪》以浙西观察使、苏州刺史、御史大夫李涵知台事是）；如在外的各使而兼大夫中丞官衔者，他的幕府参佐属员，皆用御史为之，叫做“外台”。元代的行御史台的制度，是从唐代的外台制度发源而来的；而明代的总督巡抚的制度，又是从元代的行御史台的制度发源而来的（见《续通考·行御史台门》）。这又是唐代的御史制在历史上有很可以令人注意的一点。

又唐代的旧制，御史可以闻风弹事，这种制度究竟是从何时而起，没有方法详考。但据洪迈《容斋随笔》说：“御史许风闻论事，相承有此言，而不究所从来。以予考之，盖自晋宋以下如此，如北齐沈约为御史中丞，奏弹王源曰：‘风闻东海王源……’苏冕《会要》云：故事：御史台无受词讼之例，有词状在门，御史采状有可弹者，即略其姓名，皆云风闻访知。其后疾恶公方者少，递相推倚，通状人颇壅滞。开元十四年，始定受事御史人知一日，劾状遂题告事人名，乖自古风闻之义。”从这一点上看来，御史风闻奏事，与近代检察官因直接闻见得以施行侦查处分，大致相似。但御史的风闻，范围更大，无论有无实据，或与事实相符与否，皆不深究。故这种风闻奏事的成例，实在是历代保障御史奏弹的重要方法。

此外还有一点，算是御史制度中最完善的成例，就是御史台虽然由长官总管，可是执行奏劾的职务，却是各自独立，不受长官的指挥命令。且看刘肃的《大唐新语》说：

李承嘉为御史大夫，谓诸御史曰：“公等奏事须报承嘉［知］，不然毋妄闻也。”诸御史悉不禀之。承嘉厉而复言，监察萧至忠徐进曰："御史，人君耳目，俱握雄权，岂有奏事先咨大夫？台无此例。设弹中丞，大夫岂得奉咨耶？"丞嘉无以对。

大概凡是御史，都是人君的耳目，就职务说，各有专责，故萧至忠说："故事：台官无长官。御史人君耳目，比肩事主，得自弹事。"盖唐朝的故事，侍御史以下，可与大夫抗礼，后来虽有大夫坐而受拜的事，但往往因人而起，人去便废。又《通典》说："故事：大夫与监察竞为官政，略无承禀。"这乃是专制君王操纵臣下的巧妙法术。虽美其名曰："水火相济，盐梅相成。"考其实，则不过想使人人互相纠举，不教一个人逃出纠察权的管束之外罢了。但单就御史制度本身说，这种各自独立行使纠察权的御史，很有点像近代各自独立行使审判权的法官，也可算是御史制度的一种特色。

然唐代御史台的故事，不但有各御史不受长官支配的成例，并且有大夫、中丞不受君主随便调遣的成例。如果君主任意调遣，便可以拒绝不受。且看《大唐新语》上说：

宋璟则天朝以频论得失，内不能容，而惮其公正，乃敕璟往扬州推按。奏曰："臣以不才，叨居宪府，按州县乃监察御史事耳，今非意差臣，不识其所由。请不奉制。"无何，复令按幽州都督屈突仲翔，璟复奏曰："御史中丞非军国大事不当出使。且仲翔所犯赃污耳。今高品有侍御史，卑品有监察御史。今敕臣，恐非陛下意，当有危臣者。请不奉制。"月余，优诏令副李峤使蜀，峤喜召璟曰："叨奉渥恩，与公同谢。"璟曰："恩制示礼数不以礼遣璟，璟不当行，谨不谢。"乃上言曰："臣以宪司，位居独坐（后汉中丞与尚书令、司隶校尉，朝会皆专席而坐，京师号为三独坐，言其尊也）。今陇蜀无变，不测圣意令臣副峤何也？恐乖朝廷故事，请不奉制。"

中国一切官吏没有一个可以不听君主随便迁调，御史各官也和其他官吏一样，他的升降也并没有法律上的特别保障。但历代君主多慕不杀言官的美名，甚且很怕惹起杀戮言官的清议，御史和谏官，全靠这种习惯做保障，效力自然是非常的薄弱。然如果和其他官吏相比较，这种习惯却可算是无保障中的一点保障了。宋璟三次“不奉制”，武后也无可如何，便是这种习惯保障的效果。所以御史在唐代可以拒绝君主非法的迁调，更可以算做御史制度中的一个特色。

第四节　自五代到宋

御史各官在五代时并没有什么重大的变迁，如御史大夫、御史中丞、侍御史、殿中侍御史、监察御史、主簿……等官，仍依唐朝的旧制。就是三院制也承继唐代旧制，没有变更。到了宋代，御史制度的变迁，最重要的约有三点：（一）御史大夫无正员，只为兼官；（二）御史中丞除正员外，多以他官兼权，而三院出外任风宪之职，常用他官兼领；（三）尤其重要的：是以御史兼言事，开台谏合一的先例。

宋代的御史制度常有变更，今据《宋史·职官志》所载如下：

御史台掌纠察官邪，肃正纲纪，大事则廷辨，小事则奏弹。中丞一人，为台长；侍御史一人，掌贰台政；殿中侍御史二人，掌以仪法纠百官之失；监察御史六人，掌分察六曹及百司之事；检法一人，掌检详法律；主簿一人，掌受事发辰，勾稽簿书。

再《文献通考》说：

宋承唐制，有三院（附注：宋代三院以侍御史的班位为最高，监察御史为最卑，故御史的迁升常由监察升殿中，再由殿中升侍御史）。

现在且根据这两条列表如下：

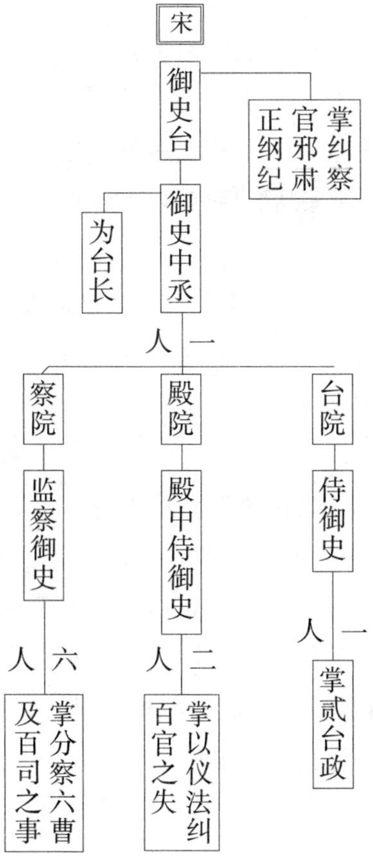

宋朝不除御史大夫，“自国初至元丰（神宗年号）中，检校官多带宪衔，有检校御史大夫者，官制行，并除去”（《通考》）。元丰年间，变更官制，本有可以除御史大夫的机会，神宗并且想用司马光任这个官职，只因宰相蔡确、王珪反对，所以终未除人。至于不想除人的原因，照叶梦得说：

元丰既新官制，四十年间，职事官未有不经除者，唯御史大夫、左右散骑常侍，至今未尝除人。盖两官为台谏之长，非宰执所利，故无有启之者。崇宁（徽宗年号）中，朱圣予为中丞，尝

请除二官，竟不行。（《石林燕语》）

大概御史大夫位高望重，不除大夫，只用中丞做台长，已经于无形之中，使御史台的地位低减。但是以中丞代行大夫的职任，位虽较卑，却仍可以行使纠察的大权，于宰相仍属不便。故在神宗以前，往往连中丞缺人也不愿即补，再使那品职更卑的知杂御史独掌台务。且看李焘说：

御史台自薛奎后，中丞缺久不补，侍御史知杂事韩亿独掌台务者逾年。天圣（仁宗年号）四年（1026年），始命……王臻权御史中丞。（《续资治通鉴长编》）

大概“唐世台官，虽职在抨弹，然进退从违，皆出宰相，不若今之雄紧”（《容斋随笔》），宋朝在未改官制之先，任监察满四年而转殿中，又四年转侍御史，四年解台职，始转司封员外郎。由此可见宋代御史迁叙都有常规，不由宰相随便任免，因此，便不能不用久不除人的一法来抵制它。这是宰执官深恨御史制度的一种表现。

宋代各官多用他官兼领，御史中丞及三院御史也都是这样。故《文献通考》说：

宋中丞除正员外，或带他官者：尚书则曰某官兼御史中丞，丞郎则曰御史中丞兼某官，给事中谏议则曰某官权御史中丞事……三院多出外任风宪之职，用他官领之。

又说：

宋承唐制，无大夫，以中丞为台长，无正员，以两省给谏权……凡除中丞而官未至者，自正言而上，皆除右谏议大夫权。熙宁（神宗年号）初，言者以为躐等，乃诏以本官职兼权。熙宁五年（1072年），以知杂侍御史邓绾为中丞，初除谏议大夫，王安石言：疑近制除待制或可，乃以绾为龙图阁待制，权御史中丞。中丞不迁谏议大夫，自绾始。九年，邓润甫自正言知制诰，为中丞，以宰相属官不可长宪府，于是复迁右谏议大夫权。元丰五年，以承议郎徐禧为知制诰，权中丞，禧言：中丞纠弹之官，赴舍人院行词，疑若未安。会官制行，罢知制诰，禧乃以本官试中丞。

由此看来，宋代的御史中丞，不但多用言官兼权，并且多用宰相的属官兼权。这样一来，便不啻于无形之中，把御史的纠弹权取消了。因为使属官去纠弹长官，势必不能做到，故以宰相的属官兼中丞，中丞的进退从违，自然都逃不出宰相的权力之外。换句话说：就是在表面上虽然仍保存中丞的名称，在实际上却不啻把中丞的纠察权根本取消了。这又是宰执官操纵御史的又一种表现。

唐代的御史和谏官本是分立的，御史不得言事，谏官也不得纠弹。就在宋初，御史和谏官也是各有职司，不相闻问的。就在真宗天禧初年，也曾下诏明定御史和谏官的权限。且看《文献通考》说：

天禧中……两省置谏官六员，御史台中丞知杂推直外，置御史六员，并不兼领职务……其或诏令乖当，官曹涉私，措置失宜，刑赏逾制，赋敛繁暴，狱犴稽留，并令谏官奏论，宪臣弹举。每月须一员奏事，或有急务，亦许非时入对。（《谏议大夫门》）

由此可见就在天禧初年，御史和谏官的职务仍是分开的，各司各事，不能侵越权限。可是同时又置言事御史，且看《玉海》说：

天禧元年（1017年）二月八日丁丑，始置言事御史。……庆历（仁宗年号）五年（1045年）正月乙亥，以殿中梅挚、监察李京并为言事御史。今中丞厅之南，有谏官御史厅，盖御史得兼谏职也。……元丰二年十一月六日，诏御史六员：三分察，三言事……八年十月丁丑，诏监察兼言事，殿中兼察事，用吕公著、刘挚之言也。

大概宋制虽然许御史兼谏官职，却不使谏官兼御史职。故神宗时，以谏议大夫赵彦若侵御史论事，左转秘书监。《容斋随笔》说："盖许其论议，而责其弹击为非也……元佑初，孙觉为谏议大夫，是时谏官御史论事有限，毋得越职。觉请申《唐六典》及天禧诏书，凡发令造事之未便，皆得奏陈。"又孝宗淳熙十五年，依唐制，置拾遗补缺，专掌谏诤，不许纠弹。由此可见宋制使御史兼言事，虽然开台谏合一之端，可是却不许谏官行使御史的纠弹权。而且谏官仍属门下省，不属御史台，比较清代使给事中隶属都察院，将台谏两官完全混合起来，却大不相同了。但是宋代的台谏虽然没有完全合一，可是御史得在纠察非违的职权以外，还有论列时政得失的职权，也可算是御史职权的一大扩张。故宋制虽然不能算是台谏合一的制度，但至少总可算是开台谏合一之端。

此外还有一点可以使我们注意的：就是六察的制度。照谢维新《合璧事类》说：

唐仪台案有六监司，元丰二年，李定请复六察，于是以御史专领六察。元丰三年御史台言："请以吏部及审官东西院、三班院，隶吏察；户部，三司及司农寺，隶户察；刑部、大理寺、审刑院，隶刑察；兵部、武学，隶兵察；礼祠部、太常寺，隶礼察；少府、将作等，隶工察。"从之。其后大正官名……以六察官为监察御史。

这种分察制度，本发源于唐代，到了清代，御史得稽查各衙门，大概就是监察御史的旧职。故特在此处叙述一下，表明后代御史分察制的渊源。

第五节　自元到明

元朝起自北方，所有的制度，都和辽、金有密切的关系。故在未述元代御史制度之先，不能不略述辽、金两代的御史制度。辽南面官有御史台，有御史大夫、御史中丞和侍御史。但除侍御史外，并没有殿院的殿中侍御史和察院的监察御史；只把三院的职事，合并起来。这也是御史制度中一大变革。至金代，御史制度大概和唐宋两代略同。且看《金史·百官志》说：

> 御史台，御史大夫从二品，掌纠察朝议，弹劾官邪，勘鞫官府公事。御史中丞从三品，贰大夫。侍御史二员，从五品，掌奏事，判台事。治书侍御史二员，从六品，掌同侍御史。殿中侍御史二员，正七品，每遇朝对，立于龙墀之下，专劾朝者仪矩。监察御史十二员，正七品，掌纠察内外非违，刷磨诸司，察账，并监祭礼及出使之事。典事二员，从七品，架阁库管勾一员，从八品，检法四员，从八品。

金代的御史制度不但恢复唐宋的旧制，并且他的具体的法规非常的发达，可以挽回宋代御史渐渐衰颓的趋势。金代对于御史，只有积极的强制他行使职权的法令，却没有像宋代消极的阻止他行使职权的习惯。例如金世宗大定中间，制："纠弹之官，知有犯法而不举者，减犯人一等科之。关亲者许回避。"又令"监察职事修举者，与迁擢；不称者，大则降罚，小则决责。仍不许去官。"宣宗贞祐年间，定监察御史黜陟格，"以所察大事至五，小事至十，为称职；数不及，且无切务者，为庸常；数内有二事不实者，为不称职"（王圻《续通考》）。兴定年间，又定《监察御史失察法》和《监察御史违犯的决法》。此类以升迁为奖励御史的方法，以不许去官为保障御史的方法，以不得与人相见为免除御史蒉缘贿赂的方法，以各种法令为敦促御史尽职的方法……等，皆是积极的激劝御史行使职权的表现。

元承金制，御史台中各官也很完备，且看《元史·百官志》说：

> 御史台大夫二员，从一品；中丞二员，正二品；侍御史二员，从二品；治书侍御史二员，从二品；掌纠察百官善恶，政治得失。殿中司殿中侍御史二员，正四品。凡大朝会，百官班序，其失仪失列，则纠罚之。察院秩正七品，监察御史三十二员，司耳目之寄，任刺举之事。

元代御史制度的特点：就在抬高御史的品位。唐代御史大夫只从三品，中丞只正五品，侍御史只从六品下。金代御史大夫只从二品，中丞只从三品，侍御史只从五品。到了元代，御史大夫升到从一品，中丞升到正二品，侍御史和治书侍御史升到从二品。即就侍御史说：唐代的侍御史虽然在殿中监察之上，宋代的侍御史虽然佐中丞、管台政，金代的侍御史虽然与治书御史同判台事，但是品位皆在从五品以下。到了元代，侍御史已经增秩到了二品，从此便成为堂上官了。三院仅存殿中察院，而殿中又只有两人，故明初便废去殿中侍御史，将纠仪的职务，归并到察院里边去，故三院制便从此告终了。这是元代御史制度变迁的重要几点。

元代虽然仍别设谏官，但是御史却承宋制，得兼言职，故《元史·张雄飞传》说："雄飞言于世祖曰：'古有御史台，为天子耳目。凡政事得失，民间疾苦，皆得言；百官奸邪不职者，即听纠劾。如此则纪纲举，天下治矣。'帝善之。"又《廉希宪传》说："立台察古制，内则弹劾奸邪，外则察视非常，访求民瘼，裨益国政，事无大于此者。"由此看来，元代的御史一方面可以建言，讨论时政得失；一方面可以纠察，弹击百司邪恶。这样的职权，完全是承继宋制的。

此外元代还有一种特殊的制度，就是行御史台。行御史台分道设立，"统制各道宪司，而总诸内台"。元代这个制度，就是明代的督抚制度的渊源；故《续通考》说：“若明之总督巡抚，即行御史台之职。”（行御史台门）因为他的职位专在统制各道宪司，究竟和内台大有差别，故《历代职官表》，但把他列入督抚表内，并不列入都察院表内。

到了明代，御史台便改称都察院，御史大夫便改称都御史，中丞便改称副都御史；又佥都御史略当从前侍御史治书御史的职位。明初也曾仿效唐、宋、辽、金、元各代，置御史台，设御史大夫（从一品）、御史中丞（正二品）、侍御史（从二品）、治书侍御史（正三品）、殿中侍御史（正五品）、察院监察御史（正七品）等官。后来废治书及殿中等官，由监察御史摄行职务。而监察御史竟增加到一百一十人，人数之多为从古所未有。洪武中，罢御史台，置都察院。照《明史·百官志》说：

> 洪武十六年升都察院为正三品；设左右都御史各一人，正三品；左右副都御史各一人，正四品；左右佥都御史各二人，正五品；经历一人，正七品；知事一人，正八品。十七年，升都御史正二品，副都御史正三品，佥都御史正四品，十二道监察御史正七品。建文元年（1399年），改设都御史一人，革佥都御史。……宣德十年（1435年），始定为十三道。……十三道监察御史一百十人。浙江、江西、河南、山东各十人。福建、广东、广西、四川、贵州各七人，陕西、湖广、山西各八人，云南十一人。其在外加都御史或副佥都御史衔者：有总督，有提督，有巡抚，有总督兼巡抚，提督兼巡抚，及经略总理赞理巡视抚治等员。

《续文献通考》说：

> 都御史职专纠劾百司，辨明冤枉，提督各道，为天子耳目风纪之司。凡大臣奸邪，小人构党作威福乱政者劾；凡百官猥茸贪冒坏官纪者劾；凡学术不正，上书陈言变乱成宪，希进用者劾。遇朝觐考察，同吏部司贤否黜陟；大狱重囚，会鞫于外朝，偕刑

部大理谳平之。

十三道监察御史主察纠内外百司之官邪，或露章面劾，或封章奏劾。在内：两京刷卷，监临乡会试及武举，巡视光禄京营仓场内库皇城五城，轮值登闻鼓（后改科员）；在外：巡按，清军，提督学校，巡盐茶马，巡漕，巡关，攒运印马，屯田，师行则监军纪功。各以其事专监察。而巡按则代天子巡狩，所按藩服大臣府州县官诸考察，举劾尤专。大事奏裁，小事立断。按临所至，必先审录罪囚，吊刷卷案，有故出入者理辨之。诸祭祀坛场省其墙宇，祭器。存恤孤老，巡视仓库，查算钱粮，勉励学校，表扬善类，剪除豪蠹，以正风俗，振纲纪。凡朝会纠仪，祭祀监礼。凡政事得失，军民利病，皆得直言无避。有大政集缺廷豫议焉。

由此可见御史的职权到明代已经发达到极点。大概自元代以来，中央政府也有他的三权分立制，例如元“世祖立中书省以总庶务，立枢密院以掌兵要，立御史台以纠弹百司。尝言：‘中书朕左手，枢密朕右手，御史台是朕医两手的。’历世遵其道不变”（叶士奇《草木子》）。明初也用这种样式的三权分立制，故“太祖谕御史大夫汤和等曰：‘国家立三大府：中书总政事，都督掌军旅，御史掌纠察，朝廷纪纲尽系于此，而台察之任尤清要。’”（《职官志》）由此看来，御史的地位，到元明两代，增加到了极高的限度，仿佛恢复了汉代的太尉、丞相、御史大夫的旧制。御史得到一二品的地位，总算是元明两代御史制度的特色。

到明代以后，监察御史简直得到独立的地位，不受御史大夫以下的节制。元明两代的监察御史署衔皆不用御史台或都察院三字。故陶宗仪《辍耕录》说：“监察御史署衔无御史台三字，以为天子耳目之官，非御史大夫以下可制也。行台则不然。”邱濬《大学衍义补》亦说：“今六部官属皆书其部，如吏部属，则曰：吏部文选清吏司，兵部属，则曰：兵部武选清吏司之类是也。惟监察御史则书其道，而不系于都察院焉。”大概到了明代，因为废去侍御史、殿中侍御史、治书侍御史等名衔，把那纠劾巡按照刷问拟的责任，一概委给监察御史，故监察御史职权大大的扩张。由此可见监察御史的职权扩张，乃是明代和清代御史制度的一种特色。

至于御史的选任，在明代也很设下许多限制。大概重经验，重才能，并禁止任用新进之士。“洪熙元年（1425年），谕：御史耳目之官，惟老成识治体者可任。又曰：都御史十三道之表，如廉清公正御史虽间有不才，亦当畏惮，今之不才者无畏惮矣。其咨访可任都御史者”（《春明梦余录》）。再看马文升说：

> 御史为朝廷耳目之官，自洪武、永乐、宣德年间，不分进士知县教官，皆得除授；但选之甚精，而授之不苟。至正统年间，朝廷颁降宪纲，新进士初仕，不许除授御史。至正统八年（1443年），进士复得除之。成化六年（1470年），仍遵宪纲，凡遇御史有缺，止于进士出身知县，并行人内行取。中间多有不分贤否，但资格相应，皆得授任者，所以未尽得人。乞敕吏部行移各处抚按等官，各于所属进士、举人除授，到任六年以上知县内，从公推访廉慎公勤、政绩昭著者，明白具奏。遇有御史员缺，吏部据此，并于考满行人博士内行取。如果六年以上知县员少，于办事二年以上进士中选取。仍照例会同本院官考选具奏除授。若所举不实，事发连坐以罪。如是则御史得人，而风纪振肃。（《明臣奏议》）

由此可见明代人希望选任御史的慎重。大概新进之人，多好以纠弹要声誉，明代御史结党营私，颠倒是非，纷纷攻讦者，不可胜数。甚至引用私人，做他自己的爪牙，渐渐发生朋党的弊病。这种重经验重才能的选任，也许是为事实所逼迫的。

再明代的都御史出使，就是清代督抚兼都御史的渊源。且看《续通志》上说：

> 明永乐十九年（1421 年），遣尚书蹇义诸人巡行天下，安抚军民，名曰巡抚，事毕停遣，后定为都御史出使之职。兼军务者，加提督；有总兵者，加赞理；事重者加总督。又有经略总理整饬抚治巡治诸衔，然必以都御史任之，以便行事也。盖仿秦监郡御史，唐巡按州县御史之制，而其秩较尊，大略与元之行御史台同。

明代在巡抚之外，有巡按御史，与巡抚不相统属。又兼多用新进好事之人，往往倚势作威，受贿不法，或干涉州县之事，任意举错。清代裁去这个官职，事权才能统一。故御史出使一制，也是明代御史制度上很重要的一点。自秦代监郡，唐代巡按，元代行御史台，经过明代巡抚，而变成清代的督抚兼都御史制。这也是研究御史制度的人所应当注意的。

第三章　给事中官职的沿革

第一节　自秦到隋

给事中一官，在清代以前，或属于集书省，或属于门下省，或独立自为一曹，皆和御史台或都察院不生关系。到了清代雍正元年（1723年），才使六科改隶都察院，把台谏两官完全合并起来。故在清代以前，给事中制度的变迁沿革，不能不和御史制度的变迁沿革分别叙述。

给事中一官，在六朝以前，大概多以名儒贵戚充任，除侍从左右、备君主顾问外，似还没有"封驳"的职掌。封驳之事究竟始于何代，很难考定。照顾炎武《日知录》说："汉哀帝封董卓，而丞相王嘉封还诏书。后汉钟离意为尚书仆射，数封还诏书。自是封驳之事多见于史，而未以为专职也。"由此看来，王嘉封还诏书，可算是后世给事中封驳的渊源了。考给事中设为官名，大概是从秦代起的。故《晋书·职官志》说："给事中秦官也。"但是秦汉时代虽然都有给事中的官名，可是只是加官，并无正员。给事中设为专官，大概是起于晋代。不过汉代的给事中虽然没有正员，可是他的职掌已经有做后代给事中职掌渊源的资格了。现在姑且抄出几条关于给事中的记载为证：

> 给事中亦加官，所加或大夫、博士、议郎，掌顾问应对，位次中常侍。（《汉书·百官公卿表》）
>
> 《汉仪注》曰：诸给事中日上朝谒，平尚书奏事，分为左右曹。以有事殿中，故曰给事中。多名儒、国亲为之，掌左右顾

问。(《册府元龟》)

照这样说来，给事中不过是君主的趋从左右以备顾问的近臣，和侍中给事黄门侍郎等官之侍从左右、出入禁中者，地位都很相近。汉武帝用儒者孔安国做侍中，掌唾壶，当时都以为是儒者之荣，正因为他能够陪侍左右。至于给事中也是这样。照《汉书》所载，那时曾做过给事中的：如韦贤、匡衡是经学家，刘向是宗室，金敞、金钦是勋戚，可见若不是名流贵戚，便很难侥幸得到这样的荣任。他们所以能够“平尚书奏事”，“掌顾问应对”，正因为他们都是君主尊宠之人，和清代所谓“内廷行走”大致相似。后来这个官职，所以得到专掌封驳的职任，就是因此而起。故《历代职官表》说：“所掌在平尚书奏事，则后来封驳之任，亦已权舆于此矣。”(卷十九)

后汉到了章帝以后，把给事中废掉，到曹魏时又置给事中，但仍同汉制一样，只为加官(《通典》说“或为正员”不确，似以从《历代职官表》为是)。到了晋代，据《晋书·百官志》说：

给事中魏世复置，至晋不改，在散骑常侍下，给事黄门侍郎上。无员。

又据《唐六典》说：

晋代无加官，亦无常员。隶散骑省，位次散骑常侍。晋令云：品第五，武冠，绛朝服。

照这样看来，晋代的给事中已经无加官，而且品位已经定为第五，一定是设下正员了。故《历代职官表》说：“晋给事中设有定品，《册府元龟》载：武帝授张建、陈劭二诏，俱不言以某官给事中，可知并非加官，是给事中之为正员，实自晋始也。”(卷十九)不过晋代就官制说，自加官变成正员，可算是进步；就用人说，自名儒勋戚转移到“帝室茂亲，或贵游子弟”，又可算是退步。

到了六朝，给事中的品秩和职掌更比从前确定了。照《唐六典》说：

给事中宋、齐隶集书省，位次诸散骑下，奉朝请上。梁、陈秩六百石，品第七。

又《通典》说：

宋、齐给事中隶集书省，梁、陈亦掌献纳，省诸闻奏。

又《隋书·百官志》说：

梁集书省有给事中，掌侍从左右，献纳得失，省诸奏闻。文书意异者，随事为驳。陈承梁，皆循其制官。

从上述的各条看来，给事中一职，在梁时已经有“随事为驳”的职掌，可见给事中的“封驳”的职任，实在是从梁代起的（《通典》说“今之给事中盖因古之名用隋之职”不确）。可惜到南齐以来，给事中的人数既多且滥，因而不能得人，比较汉代，却是大大的退化了。

北魏有中给事中（从第五品），给事中给事（从第三品上），给事中（从第六品）及北部给事中、南部给事中、主客给事中等名称，但是史书上都没有详载他们的职掌。到了北齐，给事中不但有明定的职掌，并且有明定的员额。且看《通典》说：

北齐给事中亦隶集书省，凡六十人。

又《唐六典》说：

北齐集书省署给事中六十员，从第六品上。

《隋书·百官志》并详载北齐给事中的职掌说：

后齐集书省掌讽议左右，从容献纳，给事中六人（当是“六十人”之误）。

由此看来，北齐的给事中已经定下额数，设为定缺，可算是给事中制度上的又一进步。

后周把给事中改为给事中士（六十人），属天官府，“掌理六经，及诸文志，给事于帝左右。其后六官之外，又别置给事中四人”（《唐六典》）。到了隋代，给事中又改名给事或给事郎，员额虽然大大的减少，可是职掌却由此渐渐的确定。且看《隋书·百官志》说：

高祖受命，置门下省，有给事二十人，掌部从朝直。开皇六年（586年），吏部又别置给事郎，散官番直，常出使监检。炀帝即位，移吏部给事郎为门下之职，位次黄门下，置员四人，从五品，省读奏案。

隋制有可以令人注意的两点：（一）从前的给事中属集书省，到隋代属门下省，后世便因袭不改。（二）隋以前给事中或专事侍从，或聊备顾问，或掌理经籍。自隋承宋、齐、梁、陈的旧制专掌“省读奏案”，便为后代抄发本章的渊源。故《历代职官表》说“今……六科职掌所沿，亦本于隋代”就是此意。把以上各代的给事中的职掌总括起来：计有五项：（一）侍左右，备顾问；（二）献纳得失；（三）省读奏案；（四）驳正违失；（五）掌理六经文志。

第二节 自唐到宋

给事中一职，到唐宋两代，在法令上所载的职权，可算是发达到了极点。尤其是唐代重谏官，薄御史，故谏议大夫和给事中可称为侍臣，而御史却只能称为法吏。给事中在封驳外还有他种的大权，直到唐代才在法律上有确实的根据。且看《旧唐书·职官志》说：

> 给事中四人，掌陪侍左右，分判省事。凡百司奏钞，侍中审定，则先读而署之，以驳正违失。凡制敕宣行，大事则称扬德泽，褒美功业，复奏而请施行；小事则署而颁之。凡国之大狱，三司详决；若刑名不当，轻重或失，则援法例退而裁之。或发驿遣使，则审其事宜与黄门侍郎给之。其缓者给传，即不应给罢之。凡文武六品以下授职官所司奏拟，则校其仕历浅深，功状殿最，访其德行，量其才艺；若官非其人，理失其事，则白侍中而退量焉。若弘文馆图书之缮写雠校，亦课而察之。凡天下冤滞未申，及官吏刻害者，必听其讼，与御史中书舍人同计其事宜而申理之。录事四人（从七品上），主事四人（从八品下），令史十一人，书令史二十二人，甲库令史七人，传制八人，亭长六人，掌固十人，修补制敕匠五人。

再看白居易《长庆集》说：

> 给事中之职，［凡］制敕［有］不便于时者，得封奏之；刑狱有未合于理者，得驳正之；天下冤滞无告者，得与御史纠理之；有司选补不当者，得与侍中裁退之。率是而行，号为称职。

《新唐书·百官志》说：

凡百司奏钞，侍中既审，则给事中驳正违失。诏敕不便者，涂窜而奏还，谓之“涂归”。

田锡《论军国机要朝廷大体疏》说：

臣又读《唐书》，见给事中得以封驳诏书，封谓封还诏书而不行，驳谓驳正诏书之所失。

由此看来，唐代的给事中职权扩张很大，可以封驳诏敕，可以驳正刑狱，可以纠理冤滞无告，可以裁退选补不当。门下省事可以由他分判；若侍中侍郎并缺，可以由他监封题给驿卷。故从职权上说，给事中一职，到唐代真可算是权力大到极点了。不过在六朝以前的给事中，天天追随左右，掌顾问应对，故常常能在诏书未曾起草之前，就可以献纳得失，驳正违误；到了隋唐时代，“给事中……皆以外庭之臣为之，并不预宫中之事”（《文献通考·自序》），故只能涂窜于诏书已下之后，不能陈说于诏书未制之前。这可算是给事中一官，由宫内移到宫外及由事先谏止变成事后谏止的一大变革。但是唐制虽有这种变革，可是凡诏旨和百司的奏疏由中书宣出者，皆必先经给事中书读，然后才交到外边施行。比较清代凡重要或秘密的诏旨由军机处密行，不由给事中手中经过，却大不相同了。

五代的时候，给事中大概皆兼他官，不能专司封驳之任。故给事中的固有职权在五代时几乎停止，因此，这个制度便没有什么进步可说。到了宋代，给事中在制度上有两个重要的变迁：（一）给事中分治六房；（二）给事中升为门下后省的长官。现在且先举史志为证：

给事中四人，分治六房，掌读中外出纳，及判后省之事。若政令有失当，除授非其人，则论奏而驳正之。凡章奏日录目以进，考其稽违而纠治之。故事：诏旨皆付银台司封驳，官制行，

给事中始正其职，而封驳司归门下。（《宋史·职官志》）

元丰五年四月，知谏院舒亶试给事中，自是给事始除为职事官。（《文献通考》）

元丰官制：门下、中书增建后省，以左散骑常侍，左谏议大夫，左司谏，左正言，给事中……为门下后省，设案六。建炎（高宗年号）三年（1129年），诏谏院别置局，不隶两省，又因旧制，置门下后省，以给事中为长官，四员为额，掌封驳书读，设案四。（王应麟《玉海》）

从这几条上看来，宋初给事中几乎和五代一样，多用他官兼任，直到元丰官制施行时，给事中才有专任的官员。明代给事中分为六科治事，乃是承继宋代给事中分治六房的旧制，故这一类的变迁，在给事中制度的沿革上，含有很重要的意味。到南宋后，又设门下后省，用给事中为后省的长官，自此而后，给事中已经渐渐的进步，封成独立的一曹。后来金代废门下省，仍留给事中一官，和宋代的给事中自为后省的长官，大有因果相连的关系。故宋代给事中制度变迁的这两点，是很值得我们注意的。

宋代的谏官与台官例不相见，天禧之后，虽然设言事御史，可是谏官仍是谏官，故真宗时有令谏官奏论宪臣弹举的诏书。大概台谏两官在宋仍然分立，故谏官御史可以互相纠驳。至于给事中虽同谏议大夫、拾遗、补缺、司谏、正言等同属门下省，但他的主要职务在主封驳书读，当然和谏官不大相同。自宋代起，渐渐有嫌恶谏官的倾向，所以谏官往往不常除人。到了后来三省的制度一废，凡谏议司谏正言等官之在门下者，也因之而废。虽有谏院，也不常除官。到了明代，只存给事中一职，因把前代谏议拾遗补缺等职务，一并兼而有之。这是宋以后给事中制度和职权变迁的大概，推求原因，实在是由宋代给事中独立自为一曹的事实上发生出来的。故我们关于这一点，不能不特别的注意。

第三节　自辽金到明

到了辽金而后，谏官一职，不是名存实亡，便是名实皆废。至于给事中虽名衔未改，可是职权却常有变更。“辽南面门下省有给事中，次于散骑常侍”（王圻《续文献通考》）。金代没有门下省，因而没有主封驳的机关，故特设审官院来掌封驳。至于给事中名目虽存，实则不掌封驳的职务，不过附属于管朝会宴享的宣徽院，作为内侍转官罢了，故我们所应该注意的，只在金代废掉门下省而仍留给事中一官的一点，至于给事中的职权却是名存实亡了。

元代的给事中据《元史·百官志》说：

> 给事中秩正四品。至元六年（1269年），始置起居注，左右补缺，掌随朝省台院诸司。凡奏闻之事悉纪录之，如古左右史。十五年改升给事中兼修起居注，左右补缺改为左右侍仪奉御，兼修起居注。皇庆元年（1312年），升正三品，延祐七年，仍四品。后定置给事中兼修起居注二员，右侍仪奉御同修起居注一员，左侍仪奉御同修起居注一员。

由此看来，给事中的职掌，到元代又发生一大变迁。在唐宋两代，给事中与起居郎虽同为门下省的属官，但给事中掌封驳，起居郎掌记注，职事本是不一样的。到了金代，特别设一记注院，专掌修起居注事；而给事中虽然不掌封驳，却也不掌记注。一到元代，给事中便变成兼修起居注的官吏，名衔虽然与唐宋一样，而职掌却和唐宋大异。故就给事中本职说，也可算是名存实亡了。

但是元代的给事中虽然变成记注的官吏，可是这种职掌却也有个渊源。考宋代给事中曾掌五案：“曰上案，主宝礼及朝会所行事；曰下案，主受发文书；曰封驳案，主封驳及试吏校其功过；曰谏官案，主关报文书；曰记注案，主录起居注。”（《宋史·职官志》）由此看来，给事中主录起居注事，实在是自宋代起首的，元代不过因袭宋制罢了。但是在宋代，修起居注事不过是给事中许多职掌中的一种，在元代，则给事中乃以记注为专职，故名虽为因，而实则却是变革了。

到了明代，给事中的职掌，不但恢复唐宋的旧制，并且比较唐宋两代给事中的职掌还要扩张。因为自明革中书省后，并把一切谏官裁去，只留给事中一官，故给事中兼掌谏议补缺拾遗的职任。这就是明代给事中职掌扩张的唯一原因。不过唐宋的给事中属于门下省，明代的给事中却独立自为一曹（洪武中，虽暂属承敕监或通政司，但皆是暂时的），这又是明代的给事中渊源于宋，而和唐代不同的地方。

《明史·职官志》载给事中的官职很详，说：

> 吏户礼兵刑工六科各都给事中一人（正七品），左右给事中各一人（从七品）。给事中吏科四人，户科八人，礼科六人，兵科十人，刑科八人，工科四人（并从七品）。掌侍从规谏，补缺拾遗，稽察六部百司之事。凡制敕宣行，大事复奏，小事署而颁之。有失，封还执奏。凡内外所上章疏下，分类抄出，参署付部，驳正其违误。
>
> 吏科：凡吏部引选，则掌科同至御前请旨；外官领文凭，皆先赴科画字；内外官考察自陈后，则与各科具奏拾遗纠其不职者。
>
> 户科：监光禄寺岁入金谷甲字等十库钱钞杂物，与各科兼莅之，皆三月而代。内外有陈乞田土隐占侵夺者，纠之。
>
> 礼［科］：监订礼部仪制。凡大臣曾经纠劾削夺，有玷士论者，纪录之，以核赠谥之典。
>
> 兵科：凡武臣贴黄诰敕，本科一人监视，其引选画凭之制，如吏科。
>
> 刑科：每岁二月下旬，上前一年南北罪囚之数，岁终类上一岁蔽狱之数，阅十日一上实在罪囚之数，皆凭法司移报而奏御焉。

工科：阅试军器局，同御史巡视节慎库，与各科稽查宝源局。

而主德缺违，朝政得失，百官贤佞，各科或单疏专达，或公疏联署奏闻（虽分隶六科，其事属重大者，各科皆得通奏。但事属某科则列某为首）。

凡日朝，六科轮一人立殿左右，珥笔记旨。凡题奏日附科籍，五日一送内阁，备编纂。其诸司奉旨处分事目，五日一注销，核稽缓。内官传旨必复奏，复得旨而后行。乡试充考试[官]，会试充同考官，殿试充受卷官。册封宗室诸藩，或告谕外国，充正副使。朝参门籍，六科轮流掌之……遇决囚，有投牒讼冤者，则判停刑，请旨。凡大事廷议，大臣廷推，大狱廷鞫，六掌科皆预焉。

从这一段话看来，明代的六科制度，在历史上可算是没有先例的特别制度。明制本多因袭元制。但是给事中在元代却不分科；宋代的给事中分治六房，虽然可算是明代六科的渊源，但是究竟是否如明代分职的详尽，史志上无从稽考。而且唐宋的给事中虽然和别的谏官同属一省，但是给事中只掌封驳，不掌其他的谏诤，职权究竟大有不同。到了明代，给事中官与职都大大的增加，给事中之上，有都给事中，有左右给事中；而都给事中为六科领袖，格外慎重选任，又可见他的职掌的尊重。至于职务的扩张，是把从前所有的谏官职掌，兼而有之，专司封驳的官吏，一变成为奏论朝政得失百官贤佞的官吏。而且六科都给事中凡章疏案牍得与部院各衙门平列，官虽很卑，职权却很重要。明代的纪纲，多靠六科维持；明代各部，又多怕“科参”的严厉。且看顾炎武说：

明代虽罢门下省长官，而独存六科给事中，以掌封驳之任。旨必下科，其有不便，给事中驳正到部，谓之科参。六部之官，无敢抗科参而自行者，故给事中之品卑而权特重。万历之时，九重渊默，泰昌以后，国论纷纭，而维持禁止，往往赖科参之力，今人所不知矣。（《日知录》）

在顾氏看来，明代的六科在历史上是很有价值的制度。

不过明代的六科独立，无所统属，故往往放纵自恣，干预分外的事务。例如“赵兴邦在兵科，至以红旗督战，敢干预兵事机宜，侵扰国政”(《历代职官表》)，反不若御史尚受堂官的考察。而且科道两方，互相对峙，党同伐异，迭相攻击，竟没有方法去调和他们。这也是六科独立的一大弊端。清代把六科归并到都察院，大概是以明制为殷鉴了。

第四章 清代科道制的概略

把台谏完全合并起来，在六科之外，不设别种谏官，这样的制度是从清朝起首的。清初还因袭明制，六科独立，自为一署，直到雍正元年，才把六科归并到都察院，造成台谏完全合一的制度。清代都察院的职掌如下：

> 都察院专掌风宪，以整纲饬纪为职，凡政事得失，官方邪正，有关于国计民生之大利害者，皆得言之。大狱重囚，偕刑部大理寺谳之。左都御史满洲汉人各一人（从一品），左副都御史满洲汉人各二人（从三品）。右都御史、右副都御史，俱外省督抚加衔，无专职。（《皇朝文献通考》卷八十二）
>
> 吏科户科礼科兵科刑科工科掌稽察六部百司之事，凡制敕宣行，大事复奏，小事署而颁之。如有失，封还执奏。内外章疏，分类抄集，参署付部，驳正其违误焉。（《皇朝文献通考》卷八十二）
>
> 监察御史掌纠察内外百司之官邪；在内：刷卷，巡视京营，监文武乡会试，稽察部院诸司；在外：巡盐巡漕巡仓等，及提督学政。各以其事专纠察。朝会纠仪，祭祀监礼，有大事集阙廷预议焉。分道十有五：曰京畿，曰河南，曰江南，曰浙江，曰山西，曰山东，曰陕西，曰湖广，曰江西，曰福建，曰四川，曰广东，曰广西，曰云南，曰贵州。（《皇朝文献通考》卷八十二）

以上为都察院及科道等的职掌。此外还有科道的各差，如巡视仓库、盐课、漕运、满洲、台湾、五城的各科道，又各有专掌。现在且列表如下：

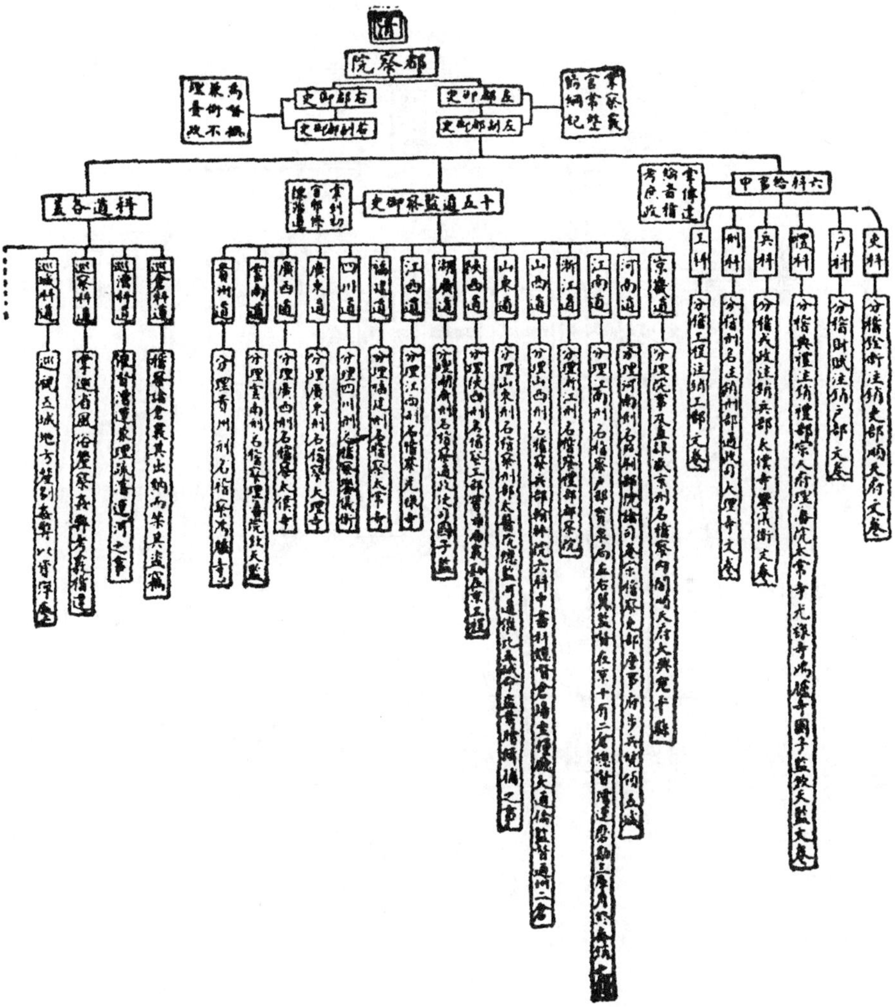
清
都察院
左都御史
左副都御史
右都御史
右副都御史
十五道監察御史
六科給事中
科道各差
京畿道
河南道
江南道
浙江道
山西道
山東道
陝西道
湖廣道
江西道
福建道
四川道
廣東道
廣西道
雲南道
貴州道
吏科
户科
禮科
兵科
刑科
工科
巡倉科道
巡漕科道
巡城科道

清代科道分業表

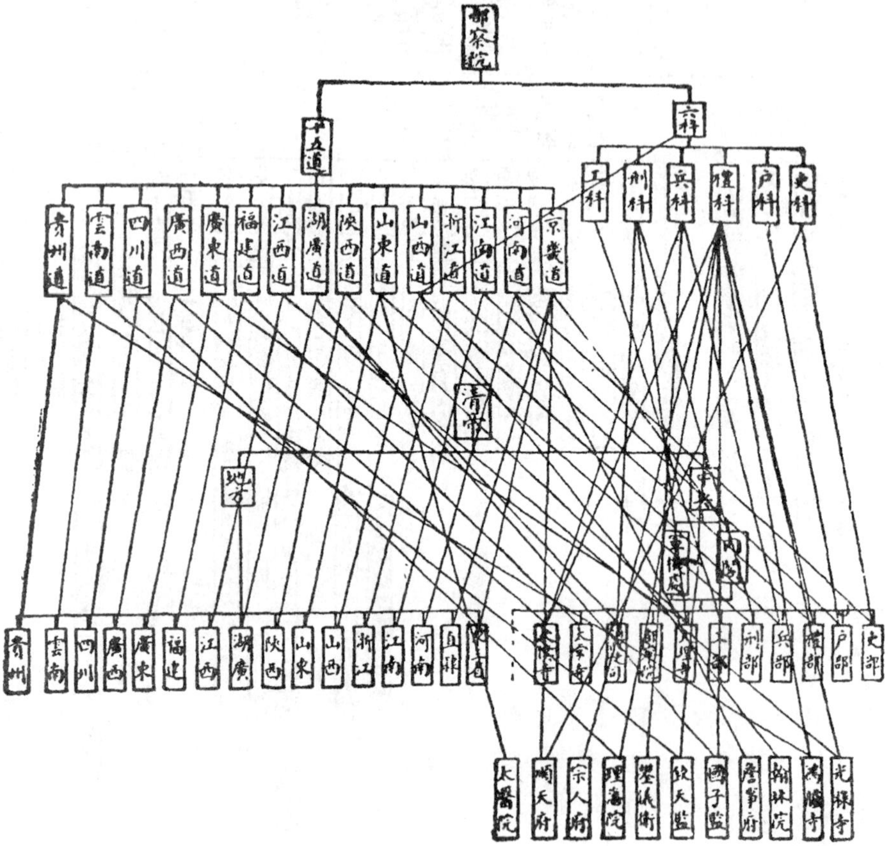
都察院
十五道
六科
工科
刑科
兵科
禮科
户科
吏科
貴州道
雲南道
四川道
廣西道
廣東道
福建道
江西道
湖廣道
陝西道
山東道
山西道
浙江道
江南道
河南道
京畿道
地方
中央
貴州
雲南
四川
廣西
廣東
福建
江西
湖廣
陝西
山東
山西
浙江
江南
河南
直隸
刑部
兵部
禮部
户部
吏部
太醫院
順天府
宗人府
理藩院
鑾儀衛
欽天監
國子監
詹事府
翰林院
鴻臚寺
光祿寺

清代都察院六科十五道的职掌，大致已经在前面叙述过了，现在且把他们的职权综括起来如下：

（一）建议政事权　清代承继唐宋旧制，凡左都御史、左副都御史、给事中、监察御史都许风闻言事。旧有轮班条奏之例，凡政事得失，民生疾苦，制度利弊，风俗善恶，皆能以耳目官的资格，尽量陈奏。故顺治十年上谕："凡事关政治得失，民生休戚，大利大害，应兴应革，切实可行者，言官宜悉心条奏，直言无隐。"平时的条奏，随人各抒己见，如果遇到政事上有大缺失，便可由各道全体列名，公同封进。清初设有建白牌，由各道轮流司管，遇有可言的事件，即由司建白者具稿，会同各道御史署名奏陈。

（二）监察行政权　不管是中央官厅，或是地方官厅，凡他们所管事务的施行和成绩，皆当向都察院或各科各道报告，各科各道得检查这一类的报告，兼察视政治的状况。如有违反法令、妨碍公益，以及紊乱官纪的事情，都可由各科各道奏请纠正。

（三）考察官吏权　凡"京察"由本衙门考核，填注考语事迹，造册密送吏部都察院吏科京畿道会考。至于外官"大计"，由各省督抚核实官评，分别汇题吏部，会同都察院吏科京畿道详加考察，分别奏请。如果有鉴衡不公，黜陟失当，徇情滥保，姑容不职者，皆可由科道纠参。此外如吏兵等部及宗人府等衙门的议处人员，如降级罚俸等惩戒处分，亦由都察院堂官察核例案，定议具奏。

（四）弹劾官吏权　都察院虽然有监察行政考察官吏的权，但却没有指挥命令官吏的权，并且没有直接的惩罚官吏的权。故都察院监察权的行使，全靠这弹劾官吏权来做保障。弹劾不用都察院的名称，只用御史的名字，各御史皆有独立的弹劾权。因为都察院有整饬风纪的责任，故在法律问题之外，还可以管道德问题。因此不独对于百官违反法令，及妨碍公益的行为，可以弹劾；就是对于官吏个人的私德私行，也可以弹劾。不但对于败坏风纪已成事实的行为，可以弹劾；就是对于风闻传说未明真相的行为，也可以弹劾。不独对于普通官吏可以弹劾，就是对于王公贝勒大臣也可以弹劾。天聪十年（1636年），上谕："凡有政事背谬，及贝勒大臣有骄肆慢上，贪酷不法，无礼妄行者，许都察院直言无隐。即所奏涉虚，亦不坐罪。"（《钦定台规》卷二）这种风闻弹劾的旧例，的确是御史的唯一保障。

（五）会谳重案权　凡犯罪至死的重狱，必定要下刑部都察院大理寺三法司会同复核，这就是近代司法制度中的终审权。古代御史职在执法，故常常被称为法吏。清代也承认"御史理刑，是其职掌"，故"凡交三法司核拟事情，御史会同大理寺官面审同议"（《钦定台规》卷一）。至于"各省刑名事件，分道御史与掌道御史一同稽核"（《钦定台规》卷一）。"若意见不符，或有两议者，应于五日内缮稿送部，一并具题。至外省会稿事件，或有另议，亦于五日内缮稿送部"（《钦定台规》卷一）。由此可见都察院随同刑部大理寺核审，虽然没有独立的裁判权，可是却能以独立的意见拟定判决书上陈君主。故都察院至少也可算是构成终审裁判机关的一个重要部分。

（六）辩明冤枉权　清代的上告，到都察院及通政使司衙门具本奏闻为止。顺治八年（1651年）上谕："自今以后，凡有奏告之人，在外者，应先于各该管司道府州县衙门控诉；若司道府州县官不与审理，应与该管总督巡抚巡按衙门控诉；若总督巡抚巡按不准，或审断冤枉，再赴都察院衙门击鼓鸣冤；都察院问果冤枉应奏闻者，不与奏闻，准赴通政使司衙门具本奏闻。在京有冤枉者，应于五城御史及顺天府宛大二县告理；若御史府县接状不准，或审断不公，再赴都察院衙门通政使司衙门具奏申告。"（《钦定台规》卷十一）又十八年都察院题准："官民有冤枉许赴院辩明，除大事奏闻外，小事立予裁断；或令行该督抚，复审昭雪。"（《钦定台规》卷十一）由此看来，都察院乃是清代救济冤枉的上告机关，都察院处理上告案的方法有三：一、具本奏闻；二、咨回各该省督抚复审；三、径行驳斥。不过据嘉庆四年（1799年）的上谕："遇有控告该省督抚贪渎不职，及关涉权要等事，或瞻徇情面，压搁不办，恐启贿嘱消弭之渐，所关非小。"（《钦定台规》卷十一）故关于这一类的上告案，一概不许“擅自驳斥”。由此可见都察院在事实上一半是救济冤狱的裁判机关，一半是行使行政裁判权的行政裁判机关。

（七）检查会计权　无论中央或地方官厅，凡经费的出纳，皆受都察院的监察，各官厅所作的会计报告，皆付都察院检查。例如户科，凡京内各衙门支领财物的册簿及捐项，皆得随时考查；京外各省的钱粮杂税漕粮盐课关税等事，有浮冒舛错蒙混的，皆得指出参劾。故都察院对于会计的审查，似乎比近代审计院的权限还大。

（八）封驳诏书权　六科对于本章诏旨的封还驳正权，早定于顺治初年。就是“凡部院督抚本章已经奉旨，如确有未便施行之处，许该科封还执奏；如内阁票签批本错误，及部院督抚本内事理未协，并听驳正”（《钦定台规》卷十二）。这就是自梁陈以来，历代给事中所有的驳正违失权。清代凡中央或地方官厅的本章，先经内阁阅看，附以意见，送到军机处，军机大臣在御前会议，决定后乃下上谕，上谕下即由给事中赴内阁取领，分发各科。如果科员确实认定该上谕未便施行，即可说明理由，封还军机处，这就叫做封驳。唐代的给事中可以涂窜诏敕，或就敕尾批却之，封还与驳正并用。到了清代，对于上谕只能封还，唯对于本章才可以驳正。故就法令说，六科对于君主的诏书，严格说起来，只有封而无驳了。

（九）注销案卷权　顺治十八年的上谕：“各部事务虽巨细不同，与国政民情均有关系，理宜速结。今各部一切奉旨事件，及科抄，俱定有限期，六科按月察核注销。其余不系奉旨事件，及无科抄者，若不专令稽察，必致稽迟。除刑部已差科员稽察外，吏户礼兵工五部亦应照刑部例，各差科臣一员，不时稽察。如有迁延迟误事件，即行参奏。”（《钦定台规》卷十二）此外如顺天府宗人府理藩院……等各衙门的文卷，也一律分科稽核，依限注销。如有逾限不结的事件，听各科指参。这种注销权后来虽然变成虚应故事，但是对于执行的监督，总算以这个方法为最周密了。

（十）监察礼仪权　自汉代用御史纠仪而后，历唐宋到明清，监察朝仪的职掌或归殿中侍御史，或归监察御史。清代的朝会，必由御史稽查朝仪，遇有紊越班行，言语喧哗，威仪不肃者，皆可弹劾。至举行祭祀临雍各种典礼，也由御史稽察违失，肃正礼仪。这也是在专制的时代，维持君主尊严的一种重要的方法。

从上边所述的各种职权看来，科道乃是专制君主的耳目喉舌，他的职掌是非常的重要。大概专制的朝廷，政治组织的根本原理，就在以上制下，以内制外。御史制度不但是以上制下，以内制外的最好的方法，并且是政权出自一人的专制制度的最真实的表现。

第五章　结　论

大概只要是专制政治，万权总是自上而下的，绝不许有自下而上的监督权发生。凡是民治的国家，总由人民去监督政府和官吏，故治事之官多，治官之官少。凡是君治的国家，总只许君主一人有监督内外百官的大权，故治事之官少，治官之官多。中国的政论家，大概都承州县知事是亲民之官，换句话说，就是治事之官。可是从州县知事朝上数，知府和直隶州知州是监督官，道台是监督官，藩臬是监督官，督抚是监督官，而督抚之上，除君主外，还有许多互相牵制互相纠察的官吏。简单一句话，自直隶州知州和知府而上，一直数到君主，大都是治官之官，而都察院尤其是专以治官做职掌的。故民治的国家，虽然明明白白的知道代议制的坏处，可是总没有完善的方法用来代替代议制，反过来说，如中国从前那样的专制国家，也无论怎样发现出来科道制的弊害，但总没有别的完善的方法，可以用来代替科道制。我们现在可以武断地说一句话：就是代议制是目前民治国家的唯一制度，科道制是从前专制国家的唯一制度。

科道在清代以前，不但机关分立，并且职权也绝不一样，就法令说：给事中掌宣行制敕，故居于内；御史掌纠弹百官，故居于外。给事中所以监督朝廷，御史所以监督官吏。一是纠正于法令未布之先；一是纠正于败坏已成之后。就在清代，科道虽然合一，但是六科分察京内各部院的文书；十五道除稽查京内各部院事务外，还分理京外各省的刑名。一似偏重在纠正君主的违失，一似偏重在纠正百官的违失。故科道的职权，在法令上仍然是分立的。不过自唐代重谏官之后，到了宋元各代，或谏官多不除人，或并谏官一概裁去。虽然仍慕盛代多设谏官的美名，勉强把给事中一官留下，可是却不想给给事中以谏诤的职权。明代所谓科参，乃是参六部，并不是驳君主。到了清代，六科既已附属于都察院之后，事实上便变成察官，就是名义上有言责，也不能实行。故清代的实例，往往科中只留一人，虚应抄发本章的故事，其余的科员多同御史一并出差。例如城仓漕盐等差，科道一并充任，出差人多，留科人少，乃是数见不鲜的故事。最大的原因：就因为在君主专制的朝廷，只愿科道察臣下，绝不愿科道察君主自身。自雍正以后，上谕或由军机处密下，或由内阁直达各部。故名义上虽有给事中一职，而事实上给事中简直无事可做；他们既然无事可做，便不得不藉口科道合一，以言官去做察官的事务了。

清代自科道合一而后，六科几乎等于裁撤，且看乾隆十一年（1746年）曹一士《请复六科旧制疏》说：

> 《会典》开载：凡内阁交出密本，由各该科挂号，即将原封送各该部，取职名附簿备查。是从前密本未有从内阁径下者……即前代中书门下两省更互校验之意也。今臣到任以来，所发见各科本章，只有红本，而密本并未一见。至皇上谕旨径由内阁发部者，臣等迟至浃旬，始得从邸抄一读。如此则虽欲有所论列，或已无及于事，似非设立科臣之初旨也。（《皇朝掌故汇编·内编》卷一）

再看光绪年间，蔡镇藩《请审官定职疏》说：

> 今事或由廷寄，或由阁抄，其下科者：皆系循例奏报，无所用其参驳。虽察六部，只按月由部赴科注销而已。（《皇朝掌故汇编·内编》卷一）

这就是清代的六科失掉封驳的职掌，至于无事可办，不得不和御史做同样的事务的明证。历代的君主，大多数嫌恶言官，对于谏官或缺出而不除人，或并谏官而不设，或勉强在名义上设几个谏官，在事实上却不愿他们尽职。自宋以后，虽也许御史兼言事，但是如果直言君主自身的缺失，总是无效的多，有效的少。故近代的台谏实际上都变成察官之官，这就是台谏不得不合一的原因。

在现在的民治国家中，代议制虽然可以任人尽量的反对，可是民治的原理——就是由人民管理政府监督官吏的原理，总是反对不掉的。如果民治的原理无法可以根本推翻，那么，自上而下的监察制便根本上没有可以存在的余地。再在现在的分权国家中，联邦制虽然也尽可以任人反对，可是政治分工的原理——就是地方自治行业自治的原理，总是反对不掉的。如果政治分工的原理无法可以根本推翻，那么，由内制外的监察制也根本上没有存在的可能。我们也承认现在无论那一国都没有把科道的职权完全废掉.可是我们同时又承认现在无论那一国总不能把科道的职权通同集中在某一个由政府任命的机关。

中国人现在，可以说有大多数人痛心疾首的咒骂代议制，但是平心而论，民国十四年来可有一件事是因为实行代议制而失败的。我敢断言：中国代议制的失败，只是没有真正实行代议制的结果，并不是真正实行代议制的结果。换句话说，正因为代议士受政府威迫利诱而失败，并不是因为代议士受人民支配操纵而失败。现在想废掉那受政府威迫利诱的代议制，而代以仍然免不掉受政府威迫利诱的科道制，可不是以害易害吗！大家因为深恨议员万能的弊害，便忘却了御史万能的弊害；因为深恨议员结党营私依附权势的弊害，便忘却了御史结党营私依附权势的弊害。可是议员的行动或多是党派的行动，一个人往往未必能任意的为非作恶；至于御史的行动多是个人的行动，故一个人往往可以任意的横行无忌。故国会固然一方面可以牵制住少数的好人，使他们不能发挥个性；可是同时又可以牵制住少数的坏人，使他们不能自由作恶。反过来说，御史制度固然可以使一个好人独立的行使监察权；可是同时又何尝不能使一个坏人独立的妄用监察权呢？

中国的政治紊乱，并不是因为各种监察权没有机关行使，只因为各机关法律上有监察权，事实上不能行使监察权。照上边所列举的科道职权，除掉极少数的职权没有行使的必要外，其余的职权大概都分散在各种不同的机关。例如建议政事、监察行政、弹劾官吏各权，都分配在国会。官吏的考绩权，如京察大计等，都分配在各种监督官厅；关于铨选叙任的考核权，都分配在铨叙局；官吏的惩戒处分决定权，都分配在惩戒委员会。关于刑事案的终审权分配在大理院；检举权分配在检察厅；判断违法不公的救济权又分配在各级审判厅。检查会计乃是审计院的专责，封驳诏书很有些像国务员的拒绝附署，又是阁员的责任。至于辩明冤枉权中，有一部分是关于行政处分的违法或不公的救济，现在的平政院专管行政裁判，就是属于这一类。文卷的注销权虽然没有专管的官厅，但是上级官厅的核销，与六科但在文书上察核，相去也不甚远。民治的国家，不尚严肃繁重的典礼，故纠仪监礼等权，早已根本上不能存在，就是现在要想恢复科道制，也当然没有恢复这种职权的余地了。故为目前的中国计，关于这一点，只须抬高或改善行使监察权机关的地位和组织，似不必另起炉灶的重新创造新机关。

中国言官制度沿革史

(一) 导　言

我国自清代以来，所谓言官，系包括都察院中科道而言。所谓科，即六科给事中，所谓道，即十五道监察史。他如总理台政之左都御史，勷赞左都御史之左副都御史等，皆可称为言官。

然唐宋以前制度，则与此大异，尔时言官与察官截然分主。言官通称谏官，察官通称御史，谏官与御史其职权亦显有不同。谏官司言，御史司察，谏官掌规谏讽谕，献可替否，御史掌纠察官邪，肃正纪纲；谏官谏诤君主，御史监察官吏。二者各自独立，虽有时诏令言官兼察官，或诏令察官言事，然言官职司规谏，不事纠弹。可见唐宋以前，言官专掌谏诤，执言以规君主，察官专掌纠弹，执法以对官吏。言官多为侍从之近臣，察官则为独立之法吏。直至清代以前，言官或属于集书省，或属于门下省，或独立自为一曹，皆与御史台或都察院不生关系。本篇所谓言官，专指谏官而言，不包括察官在内。

古代不专设言官，然所有官吏皆为言官，不独官吏皆为言官，即人民亦得进谏，六朝以后专设言官，而其他官吏反无言责。然初设言官名实尚能相称，故唐宋两代言官职权，在法令上可谓发达至于极点，下逮五代，言官大都兼任他官，不能专司封驳之任，言官职权几乎全部停止。然亦不过名存实亡也，辽金两朝，几于名实俱废。元明两代，言官之权渐恢复唐宋旧制。明代废中书省，将言官一律裁撤，仅留给事中一官，兼掌谏议补阙拾遗之任。清代将台谏合并一院，在六科之外，不设他种言官，而六科复因一切诏令多由军机处或内阁密行，不经给事中宣达，于是六科失去封驳之权，往往藉口科道合一，言官遂行使察官之权，故言官亦变为察官矣。

可见古代不专设言官，而人人可为言官，言官设定正员，虽名为言责扩张，实则谏诤之范围缩小。因非言官即不得言事也。降及后世，即言官亦不得进言，其他官吏更无论矣。专制国家，君权无限，以小官专司言责，真批逆鳞耳。纳谏誉为美德，拒谏亦无权可以制裁，纳谏与否仅属于道德范围，超乎法律之外。故言官为中国数千年来特有制度，亦为数千年来毫无进步制度，岂特无进步而已哉，寖且递嬗递变以至于亡也。反观古代寄言责于人民，寄言责于史官，寄言责于一般官吏，以及欧美各民主国，寄言责于舆论界，寄言责于人民代表之议会，真不可同日而语矣。

（二）未设言官前之理想言官

专制之朝，如何致君为尧舜？乃学者唯一讨论问题，欲屈君以伸天，则有天灾天祸天惩天罚之说；欲屈君以伸民，则有民贵民砻民视民听之说。或谓君主以纳谏为圣，或谓人臣以犯颜直谏为贤；或谓史官应秉笔直书，不顾生死，或谓著作家应口诛笔伐，义严斧钺。学者之理想制度如下：

古者圣王之制，史在前书过失，工诵箴谏，瞽诵诗谏，公卿比谏，士传言谏过，庶人谤于道，商旅议于市，然后君得闻其过失也。（贾山《至言》）

尧置敢谏之鼓，舜造诽谤之木。（《淮南子》）

尧舜之世，谏鼓谤木，立之于朝。（《杨震传》）

舜有告善之旌。（《管子》）

禹拜昌言。（《书经》直陈其事，无所讳惮，曰昌言）

禹闻善言则拜。（《孟子》）

东郭祖朝者上书于晋献公曰：顾请闻国家之计。献公使人告之曰：肉食者已虑之矣，藿食者尚何与焉。祖朝曰：肉食者一旦失计于庙朝之上，若臣等藿食，宁得无肝胆涂地于中原之野？其祸亦及臣之身，安得无与国家之计乎！（《说苑》）

学者所以欲圣王皆若此者，盖欲其明目达聪，广四方之视听，以决天下壅蔽也。诗曰：“匪言不能，胡此畏忌！听言则对，谮言则退。”国语有云：“民虑之于心而宣之于口，成而行之，胡可壅也？若壅其口，其与能几何？防民之口甚于防川，川壅而溃，伤人必多，民亦如之。”故凡圣明之朝，必先开通言路，必先使史官工瞽（鼓）公卿士庶商旅皆得尽言。

古人谏君或以诗，或以歌，或以乐，或以赋，每于诗歌乐赋之中，隐寓匡谏规讽之旨。不独诗歌乐赋也，即讴谣谐隐，亦可发人深思。“昔齐威酣乐，而淯于说甘酒；楚襄讌集，而宋玉赋好色。意在微讽，有足观者。及优旃之讽漆城，优孟之谏葬马，并谲辞饰说，抑止昏暴。是以子长编史，列传滑稽，以其辞虽倾回，意归义正也。”（《文心雕龙·谐隐》第十五）《国语》“召公曰：故天子听政，使公卿至于列士献诗，瞽献典，史献书，师箴，瞍赋，矇颂，百工谏”。可见古代帝王耳目之聪明及言路之宽广。

古代君主前后左右又必有献可否备顾问之近臣，陪侍晏私，相亲相近。故马端临《文献通考》《自序》中有云：

> 昔在成周，设官分职。缀衣趣马，俱吁俊之流，宫伯内宰，尽兴贤之侣。逮夫汉代，此意犹存。故以儒者为侍中，以贤士备郎署，如周昌、袁盎、汲黯、孔安国之徒，得以出入宫禁，陪侍晏私，陈谊格非，拾遗补阙。

可知古代人民人人能进言，事事能进言；古代官吏亦人人能谏诤，时时能谏诤，故谏诤方法亦因而进步。《后汉书·李云传》谓：“礼有五谏，讽为上。”所谓“五谏者：即讽谏，顺谏，规谏，指谏，陷谏也。讽谏者知患祸之萌而讽告也。顺谏者出辞逊顺，不逆君心也。规谏者视人君颜色而谏也。指谏者质指其事而谏也，陷谏者言国之害，忘生为君也。”苏明允《谏论》有云：“说之术可为谏法者五：理论之，势禁之，利诱之，激怒之，隐讽之之谓也。”古代重视谏诤，故谏诤之方法，已进步而造成专门技术。因是可知谏诤之重要，及行之久远而普遍也。然此皆未设言官以前之事，古代朝野言论究竟能否发达如此，无从取证，惟一般学者心目中，确具有如是理想。

（三）未设言官前之实际言官

古代因事设官，量能授职，故官吏无内外之分。近臣权力超于一切，不论官职大小，地位高低，皆隐然为实际上之宰相。故言官之重要，在能给事内廷，侍从左右，而司出纳帝命之要职。虞代纳言，即司此职。《舜典》：“帝曰龙，命汝作纳言，夙夜出纳联命，惟允。”后代给事中得行封驳之权，盖即滥觞于此。

给事中原为秦官，六朝以前，仅为加官而无正员。《汉书·百官公卿表》云：“给事中亦加官，所加或大夫、博士、议郎，掌顾问应对，位次中常侍。”“当时给事中日上朝谒平尚书奏事，分为左右曹，以有事殿中，故曰给事中。多名儒国亲为之掌左右顾问。”（《册府元龟》）。给事中位与侍中给事黄门侍郎等相近，侍中之见尊宠，因其后左右，周公戒《成王立政》篇有云：“常伯常任以为左右”，即其任也。汉代皆为加官，多至数十人，出入禁中，与帝升降，旧多用儒者，掌乘舆服物下至亵器虎子之类。孔安国为侍中，特听掌御唾壶，朝廷荣之，因能陪侍左右也。经学家如韦贤匡衡，宗室如刘向，勳戚如金敞金钦，皆曾任此职。可知给事中或侍中皆为君主尊宠之人，旧儒高德，学识渊懿，故仰占俯视，切问近对，均能称职，此辈言官，时时用备顾问，事事可备咨询，日日得以拾遗补阙，无形之中，可以左右君主意志，相机规劝，从容献纳，运用于不知不觉之中，虽不居谏官之专名，却宏收谏官之实效。所以用耆儒硕德，则天下治，用阉宦嬖倖，帝亲贵胄，则天下乱也。

秦代以前之御史，职在“掌赞书而授法令”，不司纠弹，专掌记事。战国时代，动曰：“献书于大王御史”或曰：“御史在后，执法在前”，可见此时御史实系史官，专司记事之职。《礼·玉藻》云："动则左史书之，言则右史书之"，《周礼·春官》有太史内史，太史即左史，内史即右史也。王莽时置柱下五史，秩如御史，听事侍旁，记其言行。可见御史、左史、右史，皆为古代记言记行之官吏。而御史记事，左右史记事记言，君王之一言一行，均逃不出史官范围，偶有违失，经史官直笔一书，遂难逃千古清议。执法之判断，仅定罪于一时；史官之判断，则可定罪至于千古。执法能定生前之罪名，史官则能定生前死后之罪名，故史官威权更超出一切威力之上。

古来良史，多为清议所推崇。董孤直笔，名传万古，南史执间，义震千秋，崔杼弑君，太史书曰："崔杼弑其君，崔子杀之，其弟嗣书而死者二人，其弟又书，乃舍之。南史氏闻太史尽死，执简以往，闻既书矣，乃还"（《左传》）。史官之彰善瘅恶，岁纪绵邈，"褒见一字，贵踰轩冕，贬在片言，诛深斧钺"（《文心雕龙·史传》第十六）。此所以腾褒裁贬，万古动魄也。不独史官为然，即私人著作家，其威权亦为社会所重视，所以孔子作春秋，而乱臣贼子惧。一字之褒荣于华衮，一字之贬严于斧钺。此为中国纲常名教之所系，亦即正义清议之所出，较之近代所谓民意，所谓舆论，其威权殆尤过之。故古代史官，实可称为最有威权之言官。

他如秦置谏议大夫，堂论议，汉代刘辅王褒贡，禹王吉匡衡何武夏侯滕严䂍等，均曾任此官，卓尽谏职。诗云："衮职有阙，仲山甫补之"，即此意也。是时大臣论道经邦，共议国政，近臣簪笔待问，参赞机衡。凡属官吏，几于人人得为言官，故君主一身，可集百官之长为己长，合百官之智为己智，明目达聪，上下内外俱无壅蔽。君位世袭，嗣君不尽贤明，愚昧嗣主犹能临民出政无大违误者，盖以此也。故不设言官而言路开，专设言官而言路塞；未设言官而言路广；既设言官而言路转狭矣。

（四）言官职权极威时代

《历代职官表》上断定晋代给事中，设有定品（品第五），诏令中不言以某官给事中，可见并非加官。是给事中之为正员，实自晋始。下逮六朝，给事中之品秩职掌更为确定。《隋书·百官志》云：

> 梁集书省有给事中，掌侍从左右，献纳得失，省诸奏闻。文书意异者，随事为驳。陈承梁，皆循其制。

“随事为驳”乃后世对驳诏书之权与，可知给事中对驳之权寔自梁始。隋代关于给事中改革之点有二：（一）前代给事中属集书省，隋代改隶门下省，后世遂因袭不变。（二）隋以前给事中或专事侍从，或用备顾问，或掌理经籍，自隋承宋齐梁陈旧制，专掌“省读奏案”，遂为后代抄发本章渊源。隋代给事中职掌计分五项：（一）侍左右，备顾问；（二）献纳得失；（三）省读奏案；（四）驳正违失；（五）掌理六经。

唐代给事中在法令上所载职权，可谓发展达到极点。因唐代重谏官，薄御史，谏议大夫与给事中均可称为侍臣，而御史却仅称法吏。《旧唐书·职官志》云：

> 给事中四人，掌陪侍左右，分判省事。凡百司奏钞，侍中审定，则先读而署之。以驳正违失。凡制敕宣行，大事则称扬德泽，褒美功业，覆奏而请施行；小事则署而颁之。……三司详决，若刑名不当，轻重或失，则援法例退而裁之。或发驿遣使，

则审其事宜，与黄门侍郎给之。其缓者给传，即不应给罢之。凡文武六品以下授职官，所司奏拟，则校其仕历浅深，功状殿最，访其德行，量其才艺；若官非其人，理失其事，则白侍中而退量焉。若弘文馆图书之缮写、雠校，亦课而察之。凡天下冤滞未申，及官吏刻害者，必听其讼，与御史、中书舍人同计其事而申理之。

唐代给事中职权计有五种：（一）制敕不便于时者得封奏之；（二）刑狱有未合于理者得驳正之；（三）天下冤滞无告者得与御史纠理之；（四）有司选补不当者得与侍中裁退之；（五）分判门下省事，若省中侍中侍郎并关，得监封题给驿券。就中尤为重要者为封驳制敕，“封谓封还诏书而不行，驳谓驳正诏书之所失。凡诏敕不便者涂窜而奏还，谓之涂归”。此为唐代言官权力极大时代。

然唐代可称为言官权力极大时代，同时亦可称为言官权力衰落时代。何以言之，即给事中自唐以来，“皆以外庭之臣为之，并不预宫中之事”。六朝以前给事中侍从左右，故每于诏书未制以前，即可献纳得失，驳正违误，唐代而后，给事中由宫内移至宫外，故仅涂窜封还诏书于已下之后，而无由陈说于诏书未下以前。由事前谏诤变为事后谏诤，乃言官职权上之最大损失。然唐代诏敕之下，与百司奏疏之上，凡由中书省经过者，必先由给事中书读始可颁布施行。较之清代重要或秘密诏旨，概由军机处或内阁密行，给事中直待发表以后，始得知悉者则又稍胜一筹矣。

（五）言官分治六房及为省长官时代

五代时给事中大抵皆兼任他官，不能专司封驳之任，固有职权几乎完全停使。宋承五代之弊，官失其守，任官仅使食禄而不使亲职，谏议大夫司谏正言，皆须别降勅旨，许赴谏院供职，方为谏官。元丰官制行后，左右谏议大夫为谏垣之长，方专言责，而给事中始为专任之官。宋代给事中在制度上变迁，计有两大特点：（一）给事中分治六房；（二）给事中升为门下后省长官。《宋史·百官志》云：

> 给事中四人分治六房，掌中外出纳，及判后省之事。若政令有失当，除授非其人，则论奏而驳正之。凡章奏日录目以进，考其稽违而纠治之。故事：诏旨皆付银台司封驳，官制行，给事中始正其职，而封驳司归门下。

王应麟《玉海》云：

> 元丰官制：门下增设后省，以左散骑常侍，左谏议大夫，左司谏左正言，给事中，为门下后省，设案六。建炎三年（高宗）诏谏院别置局，不隶两省。又因旧制，置门下后省，以给事中为长官，四员为额，掌封驳书读，设案四。

分治六房，为明代给事中分治六科渊源，为后省长官，则更进一步成为独立一曹，此种变迁最值吾人注意。

宋代台谏言事官，往往不常上殿，仅从事于轮对条具，权臣用事，言路时为壅塞。言官或则少不更事，以立异为心，或则利口为能，以颠倒是非。此类言官每每使人厌恶，故朝廷不常除人。三省制度废后，凡谏议司谏正言等之属于门下省者，亦因而废去，虽有谏院，亦不常除官。故宋代言官之权已无形堕落矣。

（六）言官名存实亡时代

辽金两代，谏官职，非名存实亡，即名实皆废。辽给事中名衔虽存，但职权时有变更。金废门下省，因无主管封驳机关，另设审官院掌理封驳，考给事中一官虽存，实不掌封驳之任，惟隶属于管理朝会宴享之宣徽院，作为内侍转官。

元代给事中职掌又发生一大变动。在唐宋两代，给事中与起居郎同为门下省属官，然给事中掌封驳，起居郎掌记注，职事显有差别。金代特设记注院专掌修起居注事，故给事中既不掌封驳，复不掌记注。元代给事中与唐宋金三代皆不相同，至元十五年改升给事中兼修起居注，左右补阙改为左右侍仪奉御，兼修起居注。此后给事中遂变为兼修起居注官吏，名衔虽与唐宋金无二，而职掌却大有差异。故就给事中本职言，可谓名存实亡矣。

（七）言官独立与台谏合并时代

明代废中书省后，一切谏官全被裁撤，仅留给事中一官，故给事中兼掌谏议补阙拾遗等职任。明代给事中职掌既有扩张，而地位又独立自为一曹，且分治吏户礼兵刑工六科，各司专责，此为明代特色。《明史·职官志》云：

> 吏户礼兵刑工六科各都给事中一人，正七品，左右给事中各一人，从七品。给事中，吏科四人，户科八人，礼科六人，兵科十人，刑科八人，工科四人，并从七品。掌侍从规谏，补阙拾遗，稽察六部百司之事，凡制敕宣行，大事覆奏，小事署而颁之。有失，封还执奏。凡内外所上章疏下，分类抄出，参署付部，驳正其违误。

明代六科制度在历史上显一特色。给事中之上有都给事中及左右给事中，都给事中为六科领袖，选任异常慎重。至于职权，则兼掌前代所有谏官任务，于是专司封驳之官，一变而为奏论朝政得失百官贤佞之官。且六科都给事中之章奏案牍，皆得与部院各衙门平行，官职虽卑，而地位则颇被尊重。明代纪纲多由六科维持，各部之中最畏“科参”。顾炎武《日知录》中有云：“明代虽罢门下省长官，而独存六科给事中，以掌封驳之任。旨必下科，其有不便，给事中驳正到部，谓之科参。六部之官，无敢抗科参而自行者，故给事中之品卑而权特重。”

然大科独立，无所统属，往往放纵自恣，干涉分外事务。例如“赵兴邦在兵科，至以红旗督战，敢干预兵事机宜，侵挠国政”（《历代职官表》）。且科道两方互相对峙，党同伐异，叠相攻击，终无调和合作之方。此为明代扩张言官职权后之一大流弊。

清代为避免六科独立漫无统驭之弊，特将台谏合并，在六科之外，不别设谏官，所有谏官均令隶属都察院，是为台谏合一制度。清代六科给事中职权，与明代无区别。《钦定台规》卷十二中有云：“凡部院督抚本章已经奉旨，如确有未便施行之处，许该科封还执奏。如内阁票签批本错误，及部院督抚本内理事未协，并听驳正”。前代给事中封驳之权，对君主制勅主行使，明清两代给事中，对君主制勅只有封而无驳，封驳之权，仅对内外章疏行使。可见明清两代言官之权虽有扩张，然对臣下监察之意多，对君主谏诤之意少。故司谏诤之言官，已变为专司科弹之察官，台谏合并，而言官察官亦因而合一矣。

专制之朝，当然不愿科道监察君主。雍正以后，上谕或由军机处密行，或由内阁直达各部，名义上虽有给事中一职，事实上亦无事可办。故曹一士《清复六科旧制疏》有云：

> 《会典》开载：凡内阁交出密本，由各该科挂号，即将原封送各该部，取职名附簿备查。是从前密本未有从内阁经下者，即前代中书门下两省更互校验之意也。今臣到任以来，所发见各科本章，只有红本，而密本并未一见。至皇上谕旨径由内阁发部者，臣等迟至浃旬，始得从邸抄一读。如此，则虽欲有所论列，或已无及于事，似非设立科臣之初旨也。（《皇朝掌故汇编·内编》卷一）

清代至此，六科封驳之权，已无形取消，共下科者，皆为循例奏报，无所用其参驳，虽察六部，亦惟按月由部赴科注销而已。此为台谏合一之显明后果，亦即台谏合一之背后原因。

综之，科道是专制时代言官，此类言官只用以察臣下，绝不愿其察君主自身。所以时至清代，已尽失古代言官之职掌，不过仅求言官之虚名而已。此为清代以前言官变迁概略。至于民国制度事应另立专篇，恕不赘。

（据安徽省图书馆收藏的该书手抄本复印件排版）

六安文化名人丛书

高一涵全集

第四卷

专 著

高一涵 著

全国百佳图书出版单位
时代出版传媒股份有限公司
黄 山 书 社

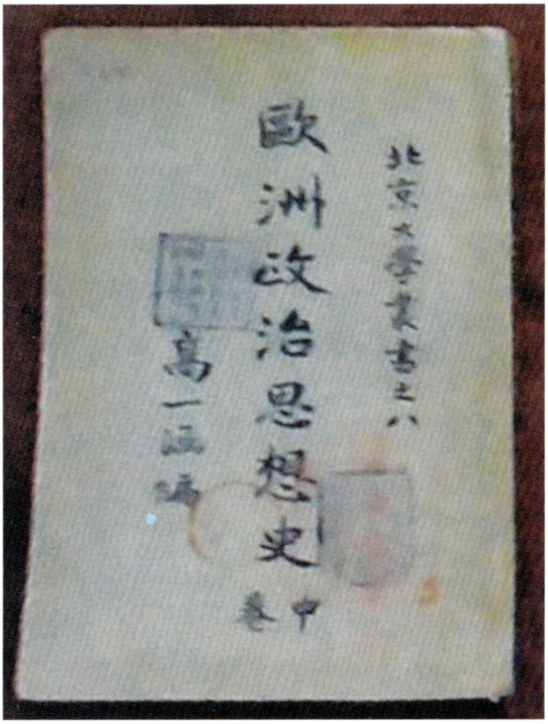

高一涵著《欧洲政治思想史》原版

公元 13—15 世纪欧洲政界划分图

欧洲政治思想史

目　录

第二编　罗马政治思想史

第三编　中古政治思想史

第四编 近代政治思想史（上）

序　一

研究思想史本来就是一桩难事，而研究政治思想史尤其是一桩难事。为什么呢？因为：

（一）研究社会科学和研究自然科学不同。自然科学只能以事实变理想，不能以理想变事实；社会科学却能以理想变事实，不能以事实拘理想。就因为政治思想可以变更政治情状，所以政治思想家对于同一个问题，各人有各人的见解，各人有各人的解决方法，后来便生出议论纷歧的结果。

（二）自然界的变迁进化大概都有事实可见；独人事界的变迁进化，由于事实者很少，由于心理动作的地方很多，故别种科学在十八世纪以前都已成为科学，独社会学发达在自然科学之后，多半要仿照研究自然科学的方法去研究他，才有点头绪。欧洲直到十九世纪才成为创造政治科学的时代，故从前所有的政治思想，都不大合乎科学的律例。

因为这两层原因，所以常常使研究政治思想史的人发生许多困难。

但是凡事有因必定有果，有果也必定有因。譬如太空中一片浮云浮沉舒卷，好像是很能自由；可是用科学的方法研究起来，浮沉舒卷都不能离开因果的关系。因为浮云遇着热才上，遇着冷才下，受空气回旋之力才舒卷。因为有浮沉舒卷的因，才有浮沉舒卷的果，并不能够自由自便的。

政治思想也是这样。无论哪一国哪一时代的政治思想怎样纷歧，怎样复杂，但总有个派别可以找得出，总有个来踪去路可以看得见的。因为我们所研究的思想只是有条理有系统的知识，并不是胡思乱想的废话。

所以政治思想史的功用，就在把许多有条理有系统的思想，用科学的方法找出他的派别和来踪去路，为初学的人理出一点头绪。

大概每种政治思想总都是时势的出产品，断没有一种思想是“无病呻吟”，或是没头没尾的从天空中掉下来的。政治思想多半是时势的写真或反动，由时势产出思想，复由思想造成新时势；再由新时势产出新思想，更由新思想造成新时势。我们如果承认这层道理，便可找出历史上政治思想变迁进步的蛛丝马迹。

我以为研究政治思想史的人可以用科学上分析的方法，寻找每派思想所受的影响。每派政治思想所以结胎成形，都不外下列的三种影响的构精：（一）社会的影响，（二）宗派的影响，（三）个性的影响。

（一）社会的影响

无论什么样的超群出众的思想家，他的思想总跳不出当时社会实际生活情形的范围。他的思想的大部分特质还是社会上的特质；他所以能够成为大思想家，就因为他把他所居住的社会上的倾向，比别人观察得更清楚；因为他把他所代表的那时代的真正精神，比别人表现得格外周到。譬如希腊的柏拉图（Plato）总算是个理想家了，但是他的思想没有一处跳出他所居住的社会的历史和环境。因为他受了希腊古代土地公有、斯巴达财产私有公用和克里特（Crete）岛生产物公用的影响，所以主张共产主义；因为他受了希腊那时把奴隶妇女当作财产看待的习惯的影响，所以主张公妻；因为他受了希腊各国政体循环变迁的影响，所以主张政变循环的理论。

政治思想家受社会的影响，可从反正两方面看出。从正的方面受社会的影响，便生出保守当时社会现状的学说；从反的方面受社会的影响，便生出推翻当时社会现状的学说。例如孔丘生在周朝封建时代，便造出尊卑贵贱等阶级的政治学说，以求适应封建制度下的政治生活；老聃也生在这时，看出封建制度下设下许多人的差别，便想根本推翻上下贤愚种种对待的名词，回复到“无名之朴”的世界。

所以研究政治思想史的人，如果把历史上各时代的社会生活情形弄清楚了，便可以明白某位政治思想家所以发生某种政治思想的一个原因。

（二）宗派的影响

无论哪位思想家只要是受过一派学说的洗礼，再除去社会的影响和个性的影响之外，多少总带点宗派的特质。譬如浩布思（Hobbes）、洛克（Locke）、卢梭（Rousseau）三个人同是社会契约说家，他们一个主张君主专制政体，一个主张立宪政体，一个主张直接的民治政体，主张虽然不同，可是他们却有个根本观念彼此相同的，就是社会成立由于个人同意的契约。他们抱着这个根本观念，随时运用，遇着无政府的时代，就主张人人同意的拥戴一个专制君主；遇着可以实行宪政的时代，就主张人人可以监督政府的立宪政治；遇着专制主义无路可走的时代，就主张主权在民的直接的民治政体。我们研究政治思想史，如果把每位思想家的派别和师傅弄清楚了，便可以明白各派思想变迁进步的线索。

（三）个性的影响

每位思想家固然是跳不出以上所说的两种影响的范围，可是我们仍然不能忘却思想家自己的个性。譬如密尔父子同受边沁（Bentham）乐利主义（Utilitarianism）的影响，可是老密尔一生只在乐利主义的范围内发挥，小密尔后半生却能跳出乐利主义的范围外去创作。因为小密尔自幼就才气活泼，就带有批评的天性，遇事喜欢批评，所以他批评乐利主义的结果，便把乐利主义的范围大大的扩张。我研究政治思想史，如果弄清楚了某思想家的才性，就可以窥见某思想家的特质。

研究政治思想史的人，如果试用这种分析的方法，结果便可把历史上很杂乱的政治思想理出一条路线，使人家一目了然。

我这本《欧洲政治思想史》本想照着这个目标做去，可惜我的学力不够，不能达到这个目的。自初着手到现在，曾经修改过多少次，但总是不能叫自己满意。不过这本书中没有一处是我个人特创的见解，多是根据各种参考材料而来的。第一编多根据白尔克（E.Barker）的《希腊政治学说》，第二编和第三编多根据加莱尔（Carlyle）的《欧西中古政治学史》，此外也略微采用亶林（Dunning）的《政治学史》和韦罗贝（Willoughby）的《古代政治学史》。因为是采集各家的著作而成的，所以在坏的方面，这本书没有特出的所在；在好的方面，却比较凭着个人臆想做成的稍为可信。

此书深深感谢胡适之先生替我校正一遍，可惜仓卒出版，事先没有得到研究政治学史的专家张奚若和金岳霖两先生的指正，只得于出版后再行请示了。

高一涵

民国十一年十月

序　二

这一卷《欧洲政治思想史》是接续我去年（民国十二年一月）出版的上卷而编的。就时代说，是自十五世纪到十八世纪的中期；就内容说，是自教会的议会运动起，到孟德斯鸠止。这一卷的起讫，大半因为字数和上卷相等，故姑且定为一卷，并不像上卷包括上古及中古，有个天然的或公认的界限。不过卢梭的政治思想也可以说是十八世纪以前的民治思想的总结束，也可以说是最近民治思想的开山大师。因为一七八九年法国的革命，在政治史上可算是开辟一个新纪元；而造成这个新纪元的思想，多数学者承认大部分是由于卢梭的《民约论》。因为那时的革命党多奉《民约论》为圣经，并且有人说，如果没有卢梭，便没有法国的革命（拿破仑的话）。故我的下卷自卢梭起，一半也因为这个原因。

这一卷所包括的时期，不过三百三十几年（自一四一五年康士坦斯会议到一七四八年孟德斯鸠《法意》出版），可是这三百三十几年真可以算是欧洲一切思想脱胎换骨的时代。文艺复兴和宗教改革两件大事业都在这个时期内完成；而为近世政治思想神髓的“主权在民”“社会契约”“自然权利”等学说，也由十六世纪的反对君政论派酝酿成熟。十七世纪清教徒和其他学者所发挥的关于生命权、自由权、财产权、言论思想的自由权和政治的平等权等学理，又无一不成为十八世纪末期的政治革命及十九世纪的宪政改革的学理根据。不但个人主义的思想在这个时期发生，就是近世的社会主义的思想，也在这个时期内播下种子。他如一元的主权论（布丹），立宪政治论（洛克），三权分立论（孟德斯鸠）和国际法学（格老秀斯），也都发源或成熟于这个时期。故这一个三百多年，简直可以说是十九世纪以来一切政治思想的构精成形和产生发育的时期。我们如果不曾研究过这个时期的政治思想，便不能了解十九世纪政治思想的来源。因为十九世纪的政治思想，有许多地方只能算是这个时期的政治思想的发挥光大。

以我这样孤陋寡闻的一个人，来编这么重要时代的政治思想史，当然能力处处都嫌不足。而且材料方面没有丰富的图书馆可以供我参考，师友方面也没有专门研究这一门学问的人可以往复磋商。我的材料，处处待我自己搜集；我的错误，处处待我自己发觉。故当我编这一卷书的时候，没有一刻不在亲自尝试“盲人骑瞎马，夜半临深池”的滋味！不得已只得用亶林（Dunning）的《政治学史》做我照路的明星。故分章分节，以及材料的去取、内容的批评，大部分都以亶林为主；并有几个较小的思想家的原著一时搜求不得的，亦只得从他的书中窃取大意。我并不是以亶林的著作为满足，只因生在这个人不悦学的社会，无人可求，无书可读，故不得不如此了。上卷已再版，合计约销四千部，可是至今并没有发生一点反响；或尽作“覆酱瓿”之用，也未可知。这样一想，真使我没有再编下卷的勇气！从外国各种著作的序文上，到处可看见他们感谢某人改正，某人帮忙，某人校读，但我这本书却感谢何人！

高一涵

民国十三年十月

第一编

希腊政治思想史

古希腊建筑

古希腊是欧洲文化的摇篮，由于宗教在古代社会具有重要地位，因此神庙往往是古希腊建筑艺术最高成就的代表。

第一章
希腊政治哲学发生时代

政治哲学一定要发生在政治生活纷扰不堪的时候。如果政治生活可以平平安安的过得去，那么人人只要照着原来的风俗习惯，守着祖先留传下来的老法子做事便够了；对于当时一切制度自然用不着批评的。等到政治生活扰乱他们，他们便不得不用心思费气力来讨论讨论。照这样看来，政治思想的发生，必定在政治生活已经陷入困难的时候。到了这个时候，环境已经变迁，原来的风俗习惯和祖先留传下来的老法子，都发现了不能适应当时需要的缺点；既看见它不能适应当时需要，便不得不研究它的缺点究竟在什么地方？研究用什么方法可以补救？如果认为不能补救，看有什么方法可以代替？这一类的批评讨论出现的时候，便是政治哲学呱呱坠地的时候。

无论哪种学说只要能够代表当时的思潮，便不是凭空结撰；眼前必然有个对象，身后必然有一种背景；由此结胎，便成为一种学说。政治哲学的对象和背景，便是当时政治社会的情形和时势思潮的状况。因为政治情形的扰乱是发生政治哲学的原因，故政治哲学的发生，不但在有了政治制度之后，并且还在政治制度成为困难问题之后。

希腊政治哲学发生时候的情形，便是这样。苏格拉底（Socrates）、柏拉图（Plato）、亚里士多德（Aristotle）诸人的学说都完全是当时政治情形的产儿和思潮激动的反响。现在当没有叙述他们政治哲学之先，且叙一叙希腊政治社会的背景和思想发达的情形。

一、希腊政治变迁的情形

希腊直到纪元前七〇〇年（周桓王二十年）才有信史可说。那时所谓“希腊世界”不过是许多小小的城市，散在希腊半岛和地中海的东岸。各城有各城的政体，组织变迁都不一样。就它变迁的大概说来，可分为四个时期：

（A）家长式君主政体（Patriarchal Monarchy）时期（希腊未有信史以前，约在纪元前九〇〇年的荷马［Homer］时代）

（B）寡头政体（Oligarchy）时期（自荷马时代到纪元前六五〇年）

爱琴海沿岸

多岩石、少平地的海岸特点致使古希腊半岛很多居民向大海谋生，航海技术和知识的积累也使得他们有能力远航，开辟灿烂的地中海文明。

（C）专制政体（Tyranny）时期（自纪元前六五〇年到前五〇〇年）

（D）民治政体（Democracy）时期（自纪元前五〇〇年到灭亡时候）

希腊最初的君主政体，不过刚刚由家族制度的社会变成政治制度的社会，故政治组织仍不脱家长的范围。自荷马到希腊有史时代中间，便是希腊本部许多城市国家由君主政体变成寡头政体的时代。所谓寡头政体便是少数有钱财的富人独占的政治（这是亚里士多德说的）。所以变成寡头政治的原因：（一）因为当时政权多集中在富豪手里，这些一年一换的行政官渐渐把世袭君主的大权盗来了；（二）因为市民的资格非常限制那些被征服的人，由殖民地移来的人和一般贫穷的人，都没有参政权；（三）因为当时各城市都有反对世袭君主专制的倾向，互相仿效，这一城推翻君主，那一城也赶了皇帝。这便是希腊君主政治所以渐渐变为寡头政治的原因。

寡头政治行政上暴戾恣睢、自私自利在所难免，因此便惹起一般人民反抗。又因伊奥宁族诸城（Ionian Cities）（希腊人种原分四族：1.Achaeans；2.Ionians；3.Dorians；4.Aeolians。雅典便是Ionians的代表，斯巴达便是Dorians的代表）商业很盛，商业阶级的知识财产逐渐增加。对于寡头政治遗传上的基础，已经发生疑义，寡头政治自身又发现出来许多道德上的腐败。有些野心家便乘这个机会，大施手腕，为人民尽力打破寡头政治，得了人民的信赖，便把政权弄到手中变成一种专制政治。但是希腊的专制君主并不像罗马一样，不过是野心家做了“因缘际会”的替主，并不是违反古代习惯法律，暴戾恣睢的暴君。

但是在酷爱自由的希腊民族之上，建设这种替主政治，实在不大容易。所以专制政治的时期最短，不过百五十年，便被人民推倒了。

打破专制政治之后，各市的政治大概生出两种趋势：在多尼宁族城市（Dorian Cities）多恢复从前的寡头政治；在伊尔宁族城市便趋向平民政治。但是恢复贵族政治的城市总居少数，便是恢复也不过多数与少数竞争。实行平民政治诸市也是这样。所以自从第五世纪直到希腊灭亡，都是平民政治和贵族政治冲突的时代。国外有波斯年年侵扰，国内又有为保守党占据的斯巴达称霸，对于雅典的平民政治，意见上发生许多冲突。因此，希腊政治便发生一种紊乱的情形，这种紊乱的情形便是产生紊乱思想的种子。

二、希腊思想紊乱的状况

希腊的初民，也同别国一样，在神秘自然界中过了多少年的生活，直到纪元前第六世纪还没有科学的思想发生。哲学思想到皮塞高（Pythagoras）（大约纪元前五八〇年生，五〇〇年死）学派发生之后，大家对于那些建筑在专断的神秘的基础之上的社会制度才发生一种批评的研究。当初不过只研究事物的世界，后来便应用这个方法来研究人类的思想精神。一般哲学家到了此时，遂讨论人生意义，分析人与人和人与宇宙的关系。又拿伦理观念来论究现在社会政治情形，便成了伦理的国家观；因为伦理的国家观又惹起了是非善恶标准的问题。这个问题，便是希腊哲学家终身辩论的事业。

毕达哥拉斯像

毕达哥拉斯（约前580—约前500），书中译作皮塞高。公元前6世纪古希腊哲学家，毕达哥拉斯学派创始人。他很重视数学，企图用数来解释一切。宣称数是宇宙万物的本源，研究数学的目的并不在于实用，而是为了探索自然的奥秘。他以发现勾股定理著称于世。

希腊哲学思想所以这样发达，大概有几层原因。

第一、政体变乱的影响

希腊各城除了斯巴达一城政权为斯巴坦人（Spartans）独占（斯巴达社

会共分三个阶级：一、斯巴坦专掌政权。二、皮尼奥高［Perioikoi］专管工商各业，亦有政权。三、海罗慈［Helios］，这一阶级永远压在底下，专做农奴的事体，没有政权），始终保存贵族政体外。别的城市大概都由君主政体变到贵族政体，由贵族政体变到专制政体，再由专制政体变到平民政体。从纪元前六世纪到四世纪一从梭伦（Solon）（希腊七圣之一，纪元前约六三八年到约前五五九年）至柏拉图、亚里士多德——都是贵族平民互争政权的时代。当时有许多城市突然变成平民政治，贵族虽然失掉政权，因为家世财产的关系在社会上还很有势力。平民虽然在法律上得到政权，但是家世财产知识的势力仍然比不上贵族，所以韦罗贝（W.W.Willoughby）说：

> 跟着政治成功，便来了政治的危险；跟着平民的政治进步，便来了行政方法的退步、外交的知识缺乏，对外方策不定；跟着哲学思想发展，便来了社会的伦理的无政府理想。新理想新政制发生，引起雅典人民道德堕落，爱国心衰退，这便是争论的问题。当时普通观念：便是第五、第四两世纪发现雅典一部分政治上、伦理上显然共见的衰颓。（《古代政治学史》第七十页）

可见得当这个新理想新制度发达时期，便是遗传的风俗制度、道德伦理根本动摇的时期。又兼各城制度不一，有许多材料可供学者研究比较。研究比较的结果，便不得不取一种批评的态度，假定一个理想的主张。要问国家真实的意义，要想出一个最好的国家模型，你争我辩，你是我非，这便是当时思想紊乱的第一个原因。

第二、民治盛行的影响

雅典各市的政权最初只归一小阶级贵族（Eupatridae）执掌，行政重要的主体，便是每年选出九人团体的执行官（Archons）和因议会地方得名的元老院（Areopagus）两个机关。后来又设立一个总包自由市民在内的平民议会（Ekklesia）来选举执政官；又设一个四百人的议院，决定平民议会召集日期和决议事项，并监督平民议会所发布的条例执行。这时雅典的政权已经渐渐由贵族转到平民手中去了。到了民政盛行的时代，又设五百人的议会，和那用抽签的方法，从全体市民中选出五千人分作十班的人民法庭，叫作 Dikasteries，把古代执政官和元老院的政权通同收没去了。这是政治上的关系。再说社会上的关系：从前雅典各市的贵族政体都设在地主和农奴之上；那些无产阶级因为经济迫压，也没有希望和兴趣同有钱人来争政权。后来因为同外国通商，遂发生一种商业的有产阶级。原来的地主，也因经商，饱尝外国的思想，渐渐出来主张维新。这时政体已变为民治，要想以自己的能力夺取权势，非长于政治议论不行，所以舌辩同理论竟变成政治家唯一的武器。白尔克（E.Barker）说：

> 平民政治自身便是尚辩论的政府。这种政府是“以言论”组成的，万事都交付“以这个敏捷的思想打倒那个”的争论场中去决定。（《希腊政治学理》第四页）

可见得希腊的民治政府便是市民自由辩论的战场，这个自由辩论的战场便是思想紊乱的产母。

第三、波斯战争的影响

波斯战争（自纪元前五〇〇年到前四七九年）所以在希腊制度上发生极大变化，都因为在思想上发生极大变化的原故。这种防卫民族的大战抵御“野蛮人”的大战，便是给希腊人思想自由的最大冲突，便是给希腊的民族自觉、个人自觉的最大动机。亚里士多德说：

> 波斯战争之后，希腊人夸耀他们功绩，人的范围推得更广。他们得到一切知识做他们的领域，没有限制，但求格外广博的学修。

可见得大战争之后，希腊思想的趋势便从遗传的宗教的神秘世界，跳进创作的自信的人事世界。戴非（Delphi）（拜神的地方）的势力仿佛无形取消。大家都觉悟救出希腊危险的“是人类不是上帝”。人本主义便起来代替宗教。所以苏福克尔（Sophocles）（希腊诗人，纪元前四九六年到前四〇六年）的诗说：“一切最强的东西之中没有再比人强。”这种打破迷信神力归到信赖人力的趋向，当然要生出“个人主义”和主张“人为万物准则”的“哲人派”（Sophists）的思潮。

综看以上三种原因——政体变乱，民治盛行，波斯战争——便知希腊当这个时代正是思想脱胎换骨的时期。这派哲人都以辩论为事（所以日本称哲人派为说辩派），很像中国老子、少正卯、邓析一流人物，专以“绝仁弃义”“绝圣弃智”“饰褒荣众”“反是独立”“操两可之说，设无穷之辞”为事；又像墨氏之徒“倍谲不同”，好以“坚白同异之辩相訾，以奇偶不仵之辞相应”一样。哲人的派别很多，最有名的大概有下列几种：

(A) 文法家：辩论言语起源的根本问题，研究它是人性创造的，或是天然生成的。

(B) 逻辑家：辩论“异”“同”的观念和“论断”的性质。

(C) 修辞学家：如高捷士（Gorgias）之流，讲究辩学，因为这是青年政治家最需要的。

(D) 道德论家或政治论家：因为道德和政治是与人人有关系的。

此外更有些是稗官野史家，有些是神智学家，有些是生理学家，他们的议论，有的乐观，有的怀疑，有的为旧道德辩护，有的为暴君辩护，有的为法治辩护。即如爱里斯的霍皮士（Hippias of Elis）又是诗人，又是算学家，又是神秘家，又是道德家，又是研究音乐家，又是美术的赏鉴家，又是雄辩的著作家。这些哲人多不是希腊本部的人，如高捷士是从西西里（Sicily）来的，蒲鲁德高（Protagoras）是从阿扑德纳（Abdera）来的，索谢马秋（Thrasymachus）是从查士敦（Chalcedon）来的，蒲鲁底克（Prodicus）从锡奥斯岛（Ceos）来的。他们因为希腊是知识中心，所以都从四面八方赶到，做第一流专门教师，拿舌辩和实练教人。照这样看来，希腊这时的世界，真是个“五方杂处”“邪说横行”的世界！苏克拉底、柏拉图等守旧派痛恨他们，也同中国孔丘、孟轲等痛恨少正卯和杨朱、墨翟一样。这种反动的结果便成就苏氏、柏氏一派的哲学。

三、希腊早年的政治思想

希腊早年的政治思想，要以荷马（Homer）（荷马的出生年月日不能确定，据近代学者考订，大概是纪元前一〇〇〇年到前九〇〇年中间的人）为起首的人。荷马很相信“帝王神权说”，以为王是天帝（Zeus）的子孙，故有神权。他说：

> 多数统治并不是好事。只要一个首领，由神给他权力，以便统治。（见 Iliad 诗中）

到了海箫（Hesiod）（纪元前七〇〇年前后的人），政治组织渐渐成为贵族政体，但神权说仍然大盛。他说：“王是对神负责任的，如果王和贵族不行正道，必遭天罚。”可见得这个时代政治思想刚刚从迷信之中现出一点雏形出来。（海箫当纪元前七世游历希腊，已作诗痛写平民的苦状，很足以引起改革社会的思想）

后来商业渐渐发达，希腊人多和海外邻国通商，国内便生出贫富两种阶级。财产权力尽在富豪阶级手中，贫民的生计上遂大受迫压。所以亚里士多德批评那时社会状态说：

> 那时政制只作寡头政治的保障，平民连小孩子都做富贵人家的奴隶；耕种富家的土地，不过仅得收获的六分之一罢了。如果不缴纳上去，不但土地牛羊都被没收，便连小孩子也要拿去做抵押。

《荷马史诗》插图

《荷马史诗》使希腊文明走出了黑暗时代，因此诗人荷马被希腊人视为新文明的先驱。在古希腊，小学生都必须背诵《荷马史诗》。

一切借债都要拿人身做抵押品。且因绝对的不给平民的参政权，遂渐渐发生生计的危险。平民什么也没有，连什么也不给他们。

照亚氏这一段话看来，可见得希腊当纪元前六〇〇年的时候，贵族因为有执政的权力，越弄越富；平民因为没有参政权，越弄越穷，连人的身子都做了抵押品了！当时经济何等危急，平民生活何等困难！这种危急困难的情形便逼着梭伦出来做了一番经济改革、宪法改革的空前的事业。

梭伦的政治理想，便是建筑“社会的平等”；他的着手方法，便想把贫富分离的国家造成贫富均等的国家。一方面限制富者使用财力的范围，

梭伦像

梭伦（约前630—前560），雅典政治家（“七贤人”之一）。他结束了贵族对政府的独占统治，并代之以一套由富人统治的制度；还制定了一部较为人道的法典，他也是雅典的第一个诗人。

一方面改善穷人的生活。把穷人拿身体作抵押的借债一律取消，并禁止借债人以身体作抵押品。解放农奴，使他们自由耕种，不做土地的附属品。又给外国人机会，让他住在亚特加（Altica），拿工业来引导平民，使平民于农业生活而外，更可做工业、商业的生活。又定下土地所有权的限度和用“节用律”（Sumptuary laws）来限制富人滥用钱财的权利。但是梭伦的经济改革并不是均贫富的政策，不过是一种消极的调和政策。所以他说：

> 我并不是想夺取富者的财物，是想使富者与贫者调和。这是我当然有的权利义务。

梭伦的宪法改革，也是贵族和平民并重。但他虽然不以家庭的资格为参政权的标准，却以财产多寡为参政权的标准。照财产多寡，分人民为四个阶级。第一阶级有被选为执政官的权利，第四阶级只有选举权，并无被选举权。又设下四百人的议会，从第一、第二和第三各阶级中选出议员，第四阶级不得参与。对于司法也把权限扩张了许多，使他得直接监督行政官。梭伦的宪法改革，本是想使贫富阶级的政治权力调剂平均，不让一阶一级独占过去。且看他说：

> 我给人民这种权力，各当他们的本分。既不少给，也不过分的多给。我很注意，恐怕叫有势力有财产的人平白无故的受苦。我对于贫者富者一体保护，不想使哪一部分误占优胜。

他这种调剂均平的用意很可钦佩，可惜他的建设仍然脱不掉以富人为政治中心的弊病，结果贵族的权力仍然大盛，不久又生出阶级的战争。

德谟克利特像

德谟克利特（前460—前370），古希腊哲学家，原子唯物论的创立者之一。他说："除了原子和虚空之外，再不存在任何其他东西。"他的思想得到伊壁鸠鲁的继承、修正和发展。

希腊人从前只跟着古代习惯走，道德法律都从古代宗教的教义和仪节而来的。到了纪元前五六世纪的时候，希腊人对于祖先传下来的宗教、道德、法律都有一点怀疑了。想研究人类行为的标准，到底是遵照天然的法则，或是由于人为的法则。皮塞高出来，成了一个学派，把个人间的道德法律怎样设立，社会与个人有怎样的关系，政治上规则道德怎样制定……种种问题拿来重新研究。皮氏是几何学大家，故说宇宙本体是"数"（Number）不是物质。更拿数的原则来解释"正义"（Justice），说"正义便是一个数，是一个数自乘起来的自乘数。"他的意思就是说，自乘数是由于相等的数乘将起来的，故自乘数完全调匀。如果"正义"同自乘数一样，那么正义的基础便是建筑在以同等分子组成的国家的观念上了。换句话说，正义的政治社会，必定要由平等的分子建设起来；如果侵占他人的本分，便失掉公平，丧掉政治社会的道德

苏格拉底像

苏格拉底（前469—前399），书中译成苏克拉底，古希腊著名唯心主义哲学家。他认为追求真理，不能求诸自然外界，而要返求于己。因此从苏氏开始，自我和自然明显地区别开来；人不再仅仅是自然的一部分，而是和自然不同的另一种独特的实体。

了。这种正义的观念便是当时社会生活不公平的反响。后来柏拉图和亚里士多德的正义观念都受皮氏的影响很多。

纪元前五世纪，希腊思想发生极大的变动。从前只研究自然，现在才研究人性；从前只有自然现象的臆说，现在才有脱离自然现象臆说的政治思想；从前以为道德、法律、国家是天然生成的，现在才晓得道德、法律、国家是人类创造的。这种思潮都是受交通频繁、民治盛行、波斯战争和皮塞高主观的哲学、海来克里特（Heraclitus）（纪元前约五四〇年到前约四八〇与四七〇之间）自然变化观念的影响（海来克里特说宇宙是时时变迁的，譬如我们随流洗足，抽足再入流水，水已变更，不是从前的水了。他又说，政治的原动力在于共同的理智）。因为那时有这些空气，所以才养成以“人类为万物的准则”的个人主义或无政府主义的哲人派。

哲人派人数很多，主张很不一致；但是多数的意见，总想打破现状，推翻从前的宗教道德习惯法律，注重到个人私利。不过他们之中，有的主张专制，有的主张平等，有的注意快乐，有的注意自由罢了。他们在历史上既可算是第一次主张“个人主义”的，又可算作第一次主张“政治契约说”的。他们以为“政治社会并不是天然生成的，乃是个人由契约结合起来的”。自然世界是个你争我夺的世界，因为这样，所以才建设社会防止战争，才由一部分人定下契约，结成一种势力，来统治别人。国家的建设，不是强者想组成团体来制服弱者，便是弱者想组成团体来抵御强者。但是无论怎样，总可由此得到一个断案：说国家是在个人利益的基础上，由人工创造起来的；说人类并不是天然的社会的动物，统治者并不是以公共利益为目的的苏氏、柏氏、亚氏几个人的政治哲学，便是受哲人派这种观念的反响。

伯里克利像

伯里克利（约前 495—前 429），古代雅典政治家。他是公元前 5 世纪雅典帝国的缔造者之一，在雅典城邦实行了一系列的社会改革。他是那个时代雅典最著名的政治家，在他的领导下，雅典发展到了顶峰。

苏克拉底（Socrates）（纪元前四六九年到前三九九年）的政治思想，比较哲人派要算很守旧的。他以为人类的天性总以社会的和政治的生活为主，国家不是由个人意志产生的，乃是上帝或自然的出产品。人类固然是一切的准则，个人的理性固然是一切权力的渊源；但是个人所有的理性，只是总管一切人类、社会、国家和世界的天理的一部分。故理性为人类通同有的东西，由理性的动作而发现道德律。道德律是人类幸福的标准。苏氏哲学是道德的哲学，不像哲人派主张本能的和个人主义的。大概希腊当纪元前五世纪的时候，国内一切根本动摇，哲人派算那时最有势力的思想家，他们崇尚个人，打破现状，自然要惹起保守派的先生们反对。苏氏、柏氏就是这种时代思潮刺激起来的。

以上所说的都是适应当时政治社会情形的背景而发生的思潮。要想懂得柏拉图、亚里士多德的政治学说，一方面须先懂得那时政治社会的背景，一方面又须懂得那时时代思潮的情形——这就是这一章的用意。

第二章
柏 拉 图

一、柏氏略传

柏拉图像

柏拉图（前 428—前 347），古希腊著名的唯心主义哲学家。虽然哲学在前柏拉图时代已经出现，但许多人还是认为哲学的始作俑者是柏拉图。他的主要政治著作有《理想国》《政治家篇》《法律篇》。他的理想政治便是各个人因才定分，循分服职。

柏拉图（Plato），雅典人，生于纪元前四二八年（Thilly《哲学史》说是生于前四二七年，又有人说生在前四二九年，便是柏尼克里［Pericles］死的那年。此从白尔克［Barker］说）。他生长在雅典贵族家庭，克尼扬（Critias）（三十个暴君之一）便是他的叔父，在希腊历史上算是一个有名的暴君。因为门第如此，所以后来竟有人错认柏氏的家庭大受克尼扬的影响，或错认柏氏反对雅典民治的偏见，是从家族教育上来的。究竟他的家族还是民党，不是王党，与梭伦很有关系，柏氏后来在《法律篇》（*The Law*）中，主张混合政制，倒可说是受家族教育感化的。

柏氏二十岁左右，便同苏克拉底来往，学问上受了很大的影响。到纪元前三九九年，苏克拉底宣告死刑，他便同苏氏的几位学生逃往美加纳（Megara）和就优克尼（Euclid）。他在这个时候很同美加纳的人往来，把他哲学的基本观念改变许多。从美加纳到色林（Cyrene）、埃及（Egypt）、大希腊（Magnagraecia）和西西里（Sicily）。在大希腊与皮塞高派交好，他的公共生活、社会交际、文学科学的趣味，都是从皮塞高派学得的。到埃及知道阶级分工的价值，后来竟在《共和篇》（*The Republic*）中极力主张阶级分工的政治。到西西里结识底昂里士一世（*Dionysius I*）极力说专制政体的坏处，因此招忌，他的身子竟被人家卖作奴隶。直到四十岁上下，才恢复自由重回雅典。于纪元前三八六年，在雅典开设大学院，大收学徒。自此以后，便成了哲学派的首领。（柏氏死于前三四七年，一说在前三四八年）

柏氏的计划，想教出一个哲学家出来实行贤哲政治。所以于前三六七年再往西西里，去教底昂里士二世，想把他造成一个哲学的君主，把西西里做成理想的国家。但是连去两次都没有成功。自这回试验失败，柏氏的理想政治不得不略为变更，不得不从君主独裁政体变到混合政制。这就是柏氏《法律篇》（前三六一年做的）和《政治家篇》的主张所以和《共和篇》不同的原因。

二、柏氏思想渊源

柏氏前半生几乎全以叙述苏克拉底的哲学为事，可见他受苏氏影响之大。希腊讲学的方法是“臆拟法”（Method of Adumbration），设下模糊影响的比喻，真意隐隐约约，使人不容易明白。哲人派用的是一种“序列法”，把论题依次排列，循一定程序来行口辩。到苏氏便用一个“辩证法”（Dialectics），用主客问答体来辩明真理。柏氏把这个方法，看做发展知识的技术。

苏氏对于政治哲学虽然没有直接的贡献，但是他对于思想实在有很大的功劳。在苏氏之先，万事都照着习惯经验去做，不必问他何以要这样做？到了苏氏便要问一问“为什么”这样？这是“什么原因”？这样一

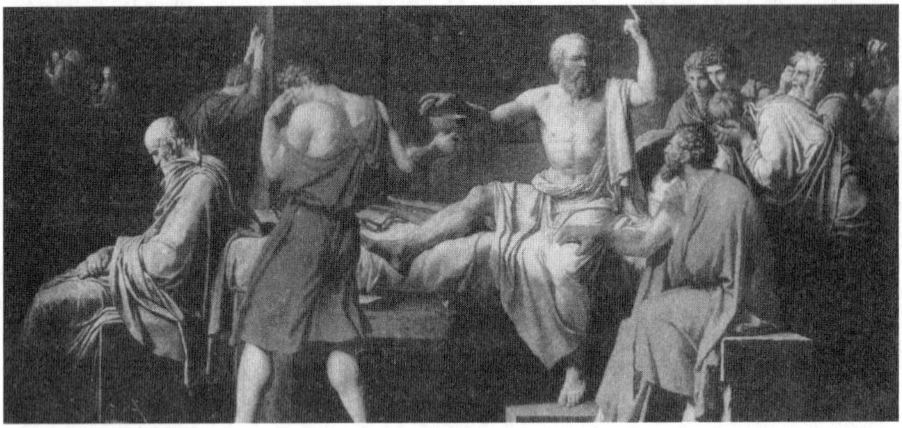

苏格拉底的审判

纵然死神步步紧逼，苏格拉底还是拒绝放弃自己的信念，坚持真理。饮鸩而死后，他一直被尊为欧洲文化史上一位为追求真理而舍弃生命的圣人。

问，便不啻把古代所奉为天经地义的习惯根本推翻了。苏氏最痛恨思想界的纷乱，他以为知识即是道德，道德界纷乱，就因为知识界没有是非善恶标准的原故。所以柏氏毕生的精力，都用在从思想紊乱之中找出是非善恶标准一件事上。

苏氏生平最痛恨的是哲人派，他的思想多是受哲人派刺激的反动。所以我们要追究柏氏的思想来源，必定要懂得苏氏的学说；要想懂得苏氏的学说，又不能不懂得激动苏氏反响的哲人派中几种重要的思想。

（一）蒲鲁德高

前边说过哲人派思想的大概，现在且说这一派代表人物蒲鲁德高的几种重要的思想。蒲鲁德高是一个大教育家。他极力反对希腊旧式的“学堂教育”。他说“人是万物的准则”，这个准则不可不正确；若不正确，便不能度量万物。因此便注重教育。他的教育的目的，在造出“良好的公民”，在使人能够分辨什么是好的，什么是不好的。

他说人的道德不是天然生成的，是由知识得来的，是可以教育造成的。他的知识论有三种说法：第一式是“谁见一物，以为怎样便是怎样”。第二式是“我见物以为如此，便是如此；你见物以为如彼，便是如彼”。第三式最著名，是“人是万物的准则，有便是有，无便是无，都以人为准则”。

他说知识并没有真假之分，只有好不好之分。譬如我在病中以糖为苦，不病的人以为是甜的，只能说不病的人知识好一点。一切教育只是要人去掉不好的知识，得到好的知识。

总之蒲鲁德高的学说只是一种尊重个人，以个人主观的区别为万物准则的知识论。

（二）克尼克士（Callicles）

柏拉图书中有一个少年哲人，叫做克尼克士，主张一种“强权即公理”的政治学说。他说：“一切法律都是无能为的大多数人所造作的。他们的目的全是自私自利。他们用礼法去压制那些强有力的少数人，以免那些少数强有力的人起来侵夺他们的权利。他们说权术欺人是可耻的事，是不公的事。其实他们所说的‘不公’，不过是人类贪多好胜的人情，他们自己无能，故巴不得大家都主张平等。……其实‘不公’‘不平’乃是天道。强的所得应该比弱的多些——这才是天理。无论人类兽类，强的征服弱的，强的享用多于弱的，即是公道。……独有人造的礼法，不但不认这个天理，还要竭力把那些强有力的少年从小就驯服下来，像狮奴驯服狮子一般，天天哄他们道：‘你须要知足，你须要公平。’但将来总有一日，有人不肯受这样压制，不肯受这种驯服，咆哮跳出去，推翻一切体制，推翻一切不合天理的法律。到了那时，如今的奴隶也会大起革命，推倒我们，翻作我们的主人翁，那才是公道大彰的时候了。”

由克尼克士的话推想起来，可见得那时礼法实在使人不满意。他这种说法，很可以代表那时想推翻一切现状的激烈派的思想。

（三）索谢马秋（Thrasymachus）

柏氏书中又有一个少年哲人名叫索谢马秋。他说："世界上公道的人最吃亏。你看……政府收所得税，公正的人定多出些，不公正的人定少出些。再看政界中，那正人尽忠无私去办公事，却得不着公家的酬报，还被许多亲戚朋友骂他不通人情；那不正的人，却处处受荣誉，恰与正人相反。……最不公的是那最大罪人偏享最大的幸福，那些最公正的人却受最大的苦恼。即如专制暴君强夺他人的财产，把整国的土地产业占为私产，这岂不是大恶！这种行为，就是单做一件，若被人知道了，都应该受大罪重罚。做的人，人都称为'贼''盗''偷儿'，等等。但是那做君主的，不但抢劫财产，还把产业的主人都做成他的奴婢。世上的人不但不骂他罚他，并且恭维他，说他好福气呀！……故我说不公道的势力权利还比公道的更大。公道是为有强力的人谋利益的，不公道是各人自己的利益。"

这就是"窃钩者诛，窃国者侯"的注脚。社会上既有这样不平的情形，怎能叫激烈的少年不生革命的思想呢！

这是哲人派中几个很重要的思想。在那种社会状态之中，当然要生出哲人派破坏的议论，当然又要生出苏氏、柏氏等守旧派的反动。哲人派的主张虽然不能一致，但是大概总是主张个人主义，主张政治契约说，主张强权即公理说。对于当时社会的制度礼俗，总不肯糊里糊涂承认，必定要拿主观的知识去批评它，拿独立的见解去推翻它。这种独立的思想、评判的精神，造成一种空气——苏氏、柏氏的思想便是在这种空气中酝酿出来的。

苏氏、柏氏痛恨那时哲人派太偏向破坏的方面，所以主张一种建设的哲学。既不满意哲人派的主观主义和怀疑主义的知识论，又不承认哲人派政治契约说。哲人派尚口辩，讲策略，叫人去取得未得到的权利，并保持着已得到的权利；苏氏、柏氏却尚政治教育，想使治国的人有选择良好政策的能力。哲人派的目的，是替人想法子，教人怎样得到国家之统治权；苏氏、柏氏的目的却在知识，想教人拿知识作做事的工具。柏氏书中，处处用苏氏做说话的人，到底哪些话是苏氏的，哪些话是柏氏自己的，自然没有人能够分别出来。可是惟因柏氏想说的话都借苏氏的口头说出来，更可推想他的思想受苏氏的影响之大了。

三、柏氏思想特质

柏氏政治哲学多和别的科学杂在一块，要想单拣出政治学来说，很不容易。他不把国家看作法理的组织，所以波罗克（S.F. Pollock）说："柏拉图的《共和篇》对于政治学没有贡献。"究竟柏氏何尝没有贡献于政治学的地方，不过把政治伦理杂在一块，使人家易以忽略罢了。柏氏前半生，专以传述苏氏的思想为事，可算在"述而不作"的时代。他总想造个理想国出来，不是想教贤哲做君主，便是想教君主为贤哲。总相信真理最高，君主制最好。只信人治不信法治。后来思想渐渐改变，又有点相信法律和混合的政体。可是他只认为可以实行的，却不认为合乎理想的；只认为比较好一点的政治，却不认为最好的政治。如果拿柏氏同别人比较，可算是个理想家；但是只就柏氏自己说，他前半生偏于理想政体，后半生渐渐趋到实际政治。

康德像

康德（1724—1804），德国古典哲学的奠基人，启蒙运动重要思想家之一。康德的政治思想受到法国启蒙学者，特别是卢梭思想的影响。在先验唯心主义哲学基础上对启蒙思想加以新的阐释，并同其伦理学说密切联系在一起。

凡是唯心论家，大概多不免把抽象的观念看作实在的东西。柏氏是一个理想主义家，所以说："真知"（Real Knowledge）必定要离开物质的渣滓，纯从抽象方法得来。纯正哲学的主体，并不是公共能察觉的物的自体，乃是物的玄想的意象。真实的马和马学的主体，并不是这个马，那个马，单是普通的马和马的意象。由此推想，真实的政策和政治学的主体，并不是这个政策那个政策，乃是普通的政策和政策的意象。因为把意象看作独立存在的东西，所以他眼中的国家社会便是一种有知识有感觉的总体。且看他《共和篇》第五卷中说：

> 最有秩序的国家很同一个人相似，人的肉体只要有一个指头受伤，痛苦的感觉便由身体传达到精神；国家也仿佛是这样，如果国民中有一个人感受什么苦痛，国家全体也同这个人同时感受同等的苦痛。

这就是柏氏把观念看作实在的结果。其实柏氏只认国家是人类精神的产物，后来人家看见他把国家比作个人，便说他是主张"国家有机体说"。到了海格尔（Hegel）、康德（Kant）、鲍生葵（Bosanquet）一派人出来，都崇拜这种抽象的国家观，以国家为"神的意象""精神的实体"，看

黑格尔像

黑格尔（1770—1831），德国近代客观唯心主义哲学的代表、政治哲学家。书中译作海格尔。他对德国资产阶级的国家哲学做了最系统、最丰富和最完整的阐述。他用哲学的思辨揭示国家的本质，反对17、18世纪的社会契约论，认为国家不是契约的任意产物。

作超人类而独立存在的东西。因此便把个人的人格、意志、自由都消纳到这个无影无形的国家实体中去了！

柏氏同苏氏一样把知识看作道德，说真实的道德只是道德的“意象”，真实的知识只是意象的理解。只有得到极端抽象知识的人，才能明白善的真正意思。无知无识的愚民，想过善的生活，只有服从有天资、有教育，能明白善的真正意思的贤哲指挥命令——这便是他主张贤哲政治的原因。但是柏氏虽然说人类资质不同，却不主张“命定主义”，以为人类的分位都由教育决定，所以柏氏的理想的政治制度便是理想的教育制度；最好的国家，便是最好的学校；最有功效的政治，便是能够造出好人的政治——这又是他伦理、教育、政治所以不分的原因。所以政治学成为独立的有系统的科学，只自亚里士多德始，并不自柏拉图始。

四、《共和篇》（*The Republic*）

《共和篇》内容很复杂，有的是说玄学，有的是说道德哲学，有的是说教育学，有的是说历史学；政治哲学不过占中间一部分。总而言之，可叫做“人的哲学”（Philosophy of man）。全书大概可以分为五部分：第一卷及第二卷上半可分为第一部，大致是辩论正义的性质（第一卷）和提出在国家中找出正义的意见（第二卷上半）。这是《共和篇》的导言。自第二卷后半到第六卷可分为第二部，大致论国家的建设组织和军人阶级的教育及生活的情形（第二卷下中及第三卷），论国家和国家的特性（第四卷），论军人阶级妻子财产和理想国家的实现（第五卷），论统治者的性质和教育（第六卷）。这是说明理想国的内容。第七卷可分作第三部，论知识的实性和精神的发展。第八卷可分作第四部，论当时国家的类别性质和变革的原理。第九、第十两卷可分作第五部，论个人与国家的关系和诗歌技艺的性质。与政治哲学最有关系的便是二、三、四、五、六、七、八诸卷。

柏氏这部书内容虽然很杂，但是他的主张有一贯的线索。他本想通论“人的哲学”，所以他第一个问题便是“什么是善良的人”或“怎样造就善良的人”。希腊人的思想，凡是善良的人，必定是国家之一员；也必定要是国家之一员才可造就得好。所以第二个问题便是“什么是善良的国家”或“怎样建设善良的国家”。又因为自苏氏以来都把道德和知识看作一件事，以为凡是善良的人必定要有知识。所以第三个问题便是“什么是使人善良的真正知识”。最后还有一个问题就是“知识既是做善良人的条件，那么好国家应该用什么方法引导市民向真正知识上去”。解答这个问题，自然只有说教育是必要的了。这便是柏氏《共和篇》大旨的一贯。

以下再把他几个重要的观念提出来：

（一）正义

研究人类哲学必先要研究人类的道德，人类的道德的标准就是正义（Justice），所以《共和篇》开宗明义第一章便辩论这个问题。什么是正义呢？简单说来，便是给各个人一个公平的机会，让他去磨砺精神的、道德的、物质的才能。理想的政治便是各个人因才定分、循分服职的国家。正义并不是什么强者的利益，并不是治国的人为着自己的利益；所以政治的目的不在自己的报酬，乃在谋被治的人的福利。譬如做医生的，不是为着自己的利益，乃是为着病人的利益；牧马的人并不是为着牧马的技术，为的是马的利益。所以《共和篇》中说：

> 索谢马秋无论技艺政治，都没有单图自己利益的，不过像我前边所说的，为的是被治者的利益；是有意图弱者的利益，并不是图强者的利益。（第一章）

善良的政治家做政治的当局，本是无可如何的，不是愿意的；不是为金钱、名誉和惩罚，单是为着人民。善良的执政的人，便是正直无私的人；正直无私的人便是有知识有道德的人。结果所以把正义和知识道德合而为一，所以把政治学和伦理学合在一起。

人类最高的生活便是正义的生活；正义是个人的道德，也是国家的道德。因为国家也同一个人一样，且比一个人更大；从个人身上考察正义不正义的性质，不如从国家中考察更容易懂得些。我们要先懂得国家发展的经过，正义不正义的发生自然很容易找出。所以柏氏论到这里又改变论题，先研究他的理想国家。因为在理想国家之中，自然更容易找出一个正义的意象出来。

（二）理想国家

柏氏以为国家是应付经济的需要发生的，人类孤立，想拿一个人的力量来应付自己的需要，得到完全的生活，事实上绝对做不到，故不能不依靠社会，依靠多数人合作的能力。且看他述苏氏的话：

> 自我看来，国家是应人类需要而生的。人类有许多需要，无论何人都是不能自己供给自己的。……我们既有许多需要，并要许多人来供给这些需要，这个人为这个目的要这个人帮助，那个人为那个目的要那个人帮助；当这些互相帮忙的人合住在一块的时候，这个居住团体便叫做一个“国家”。
>
> 他们根据彼此利益的观念，互相交易，一个是与的，一个是取的。……我们到此才起首造出一个国家的观念，但是真正创造国家的便是“必要”（Necessity）。它是我们发明的产母。（第二卷）

由此可见，柏氏把国家的起源的动机放在人类的需要上，把国家构成的基础建筑在各尽所能的社会互助上了。

人类的必要是些什么呢？柏氏以为第一种的——最大的——必要便是食，第二是住，第三是衣。城市国家便是供给这三种必要的社会。这个

亚当·斯密像

亚当·斯密（1723—1790），书中译作斯密亚丹，英国古典政治经济学的杰出代表和理论体系的建立者。他认为在工业领域适用“分工”的原理，即一人一业。

人是农夫，那个人是建筑家，别的是织布匠，再加上几个做鞋的，和供身体需要的，便成一个社会。柏氏似乎很把国家的功用看作应付人类生活的工具（Instrument）。如果再能脱掉希腊人国家观的彩色，不把国家看作自己生存体，不把个人权利消纳在国家总体之中，也许老早就成一种国家工具说了。

国家为什么要建设在社会互助的精神上呢？因为人性各有所长，长于农事的人，未必更能长于建筑；长于建筑的人，必不能更长于织布做鞋。这都是因为天性限制的原故。《共和篇》中说：

> 我们不是生来就是彼此一样的，天性各有不同，有的长于做这件事，有的长于做那件事。……如果一个人做事，不能适当其时，必使事业荒废……倘若这个人在适当的时间，做他天性相近的事业，把别的事让给别人去做，那么，做出的量数必更加多，方法必更容易，品质必更优良。（第二卷）

可见得柏氏在那个时候已经反对“泛劳动主义”，已经先斯密亚丹（Adam Smith）发明“分工”的原理，主张一人一业主义了。斯密亚丹只说分工的原则适用于工业，不适用于农业，且更有市场宽狭和资本量数的限制；柏氏不但承认分工可得到客观的生产上的利益，且得到主观的人格上的利益。柏氏分工的理由有三种：（一）人类天性各有不同；（二）专门做一件事容易熟练；（三）节省时间。但他认为最大的利益便是发展人类的人格。为什么呢？因为各人如果专做一件事，便各认各的事为分内的事，安分守己的去做，因此便发达各人对于事业的责任心。这种责任心便是人格的基础。伦理的国家便是为发达人格而设的机关，所以认定分工的事不但是经济的原则，并且是决定分位、尊重责任和发展人格的伦理上的必要。

人类天性有什么不同呢？照柏氏说，人类有的是混合金质造成的，有的是混合银质造成的，有的是混合铜铁质造成的。人类天性可分三种：一叫做“理”（Reason），二叫做“气”（Spirit），三叫做“欲”（Appetite）。各种资质都有正当的职务：理居脑部，可以养成万事的规则；气居心部，可以给活动的精力；欲居腹部，可以应付必要的刺激。国家需要人民有四种道德：（一）智慧，（二）勇敢，（三）节制，（四）公正。智慧可以治国，勇敢可以护国，节制可以制止欲性的放纵，公正即是正义，是三种道德中的共通道德，所以引导各种天性，使它各尽各的职务。

社会应该因人类天性不同，分为三个阶级。金质的人，富于理的人，分做哲人阶级；银质的人，富于气的人，分做军人阶级；铜铁质的人，富于欲的人，分做生产阶级。第一阶级是知识界的哲学家组

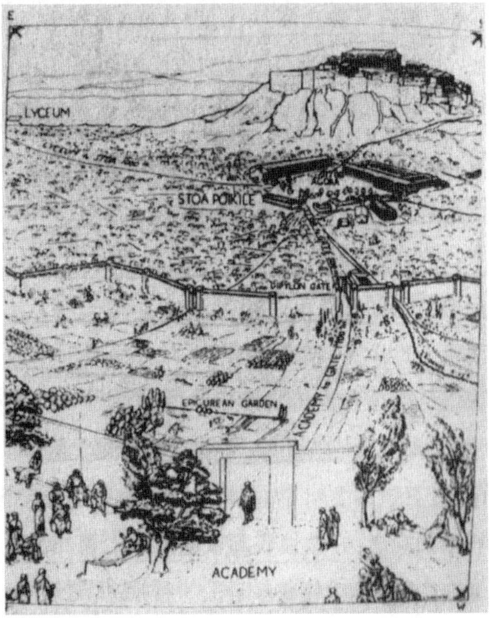

柏拉图的学园

为了培训未来的“哲学王”，大约在公元前387年，柏拉图在雅典城外的阿加德米创办学园，免费收徒，吸引了希腊各地很多学者。亚里士多德也曾是柏拉图的得意门生。

成的；他的职务专在治国，有完全指挥支配权，所发的命令便是法律。第二阶级是勇敢耐劳的人组成的；他的职务专在保护国家，维持秩序，执行第一阶级的命令。第三阶级是愚怯的有嗜欲的人组成的；专做农工商各业，他的义务在服从上级的命令，他的职务在生产物质，维持国家的生活。哲人阶级的根本道德是智慧，军人阶级的根本道德是勇敢。至于节制和公正两种道德又是各阶级应该有的，节制所以制止个人私利服从全体公利，公正所以指导或限制各种与天性相近的正当行为。一国之内，会治国的治国，会护国的护国，会生产的生产，因才定分，循分做事，这便是大大分工的理想国家。

这种理想国家怎样才可实现呢？柏氏以为必得哲学家做了帝王，或帝王有了哲学家的精力，才可成立。哲学家的权限不但指导特殊的事体，凡全国事业都由他一人指导。因为他超群出众，大智大慧，所以不要法律去拘束他，他的命令便是法律。由此看来，柏氏理想国家便是专尚人治的君主独裁的国家。

（三）教育

柏氏造就治国、护国两阶级有两个方法：（一）实行公共教育制度；（二）实行共产主义。希腊人的见解，国家和教育是分不开的。因为他们一方面把教育看作引导市民适应国家生活而设的，一方面又把国家看作为实行市民教育而设的。《共和篇》中所讨论的并不是政治组织问题，乃是教育方法问题。柏氏以为单靠立法断不能造就出来适应社会制度的市民。如果民性健全，便没有法律的必要；如果民性不健全，便有法律也没有用处。哲人的帝王只是教育造就的结果。大概自柏氏看来——自希腊人看来——教育便是个人朝真理上走的，朝正义上走的一条大道。

柏氏教育的方法很有些像斯巴达，却和雅典不同。雅典的教育是私设的，教育义务由家族担负（梭伦法律“令做父母的在家教小孩子认字”便是明证），结果人民都没有社会的政治的知识。柏氏因反对家庭的教育权，所以更进一步要废除家庭制度；因为看见私设教育的弊病，所以主张公共教育，教育责任由国家担负。但是柏氏并不主张教育普及，不过主张教育治国、护国两个阶级罢了。因为国家负教育的责任，所以国家便是教育的机关；因为国家是教育的机关，所以政府的责任便在以知识引导全国；因为只有哲学家有真正的知识，所以政府当局必定要是哲学家。理想国中官吏唯一的职务，便是教育；不但青年要受教育，便是成人也要受教育，教育青年必须身体与精神并重，到了二十岁之后，才偏重精神教育；到三十岁后，再检查他的才能，看可以划归哪个阶级。如果有可以研究高深哲学的，一直教到五十岁，再编入治国阶级。哲学家要离开市民居住，专门求哲学的观念；并教他脱离家庭财产之累，安心做公共事业，毫没有私利心杂在中间。柏氏相信教育的力量很大，贤哲军人都是教育的结果。所以他虽然主张人类天性不齐和阶级分位之说，但他的阶级分位，是教育训练的结果，不是天造地设的；是人为的，不是命定的。

（四）共产主义

希腊自有史以后，便是富豪政治同平民政治相争，这种争斗便是“阶级战争”（Class War）。柏氏受时势的激刺，生出反动，所以攻击私产制度，想废止金钱，打破“资本主义”，拿“社会主义”来救济这时的纷扰。但是柏氏的共产主义和近代的共产主义不同。柏氏的共产主义完全从伦理上着想。理想的国家，便是消灭独立自足的小我，在正义的观念底下，实现一个普遍的大我。正义是使人为公共幸福的目的，做各人本分内的事，最忌的是自私自利。共产主义便是这个正义观念必然的结果。如果想教治国、护国阶级大公无私的替国家做事，必定教他自己在共产主义之下过生活。治国、护国阶级的精神是“理”与“气”，“理”应该无私，“气”应该无累；要想他们尽量发展“理”与“气”的精神，必先隔绝“欲”的冲动；禁止财产室家便是使他们离开“欲”的生活，达到无私无累的境地，然后才可统一理想的国家。所以说：

> 财产共有，家族共同，可以造就出来真正护国的人；不致因为把一件东西认为你的我的，致国家分裂；不致因为把室家看作私有的，不致因为各有各的妻子，遂惹起各人自身的苦乐；如果他们有同一的苦乐，便可引导他们趋到一个共同的目的上去。（第五卷）

这样……治国、护国阶级的精神气力都可自由，可以专心致志的去做国家的“官能”（Organ）。近世共产主义是在经济的基础上建设的，柏氏的共产主义却在伦理的基础上建设——这是第一个不同的地方。

再现在的社会主义家多主张平民政治，他们以为要实现平民政治必定要使经济的势力支配政治的势力；柏氏却主张贵族政治，想使经济的势力完全脱离政治势力。所以说：

> 如果他们私有土地家室金钱，便是地主农夫，不是护国的人；便是市民的仇敌，不是市民的朋友；他们一生不是嫌恶人，便是被人嫌恶，不是暗算人，便是被人暗算。因此便“祸起萧墙”，自身和国家便同归于尽了。（第三卷）

柏氏太看不起经济的利益，他以为经济是消灭智慧勇敢的祸根，必定要把它排出政治范围，专护第三阶级去做，才可免掉自私自利的弊病。这又是柏氏共产主义和近世共产主义第二个不同的地方。

……柏氏共产主义并不是为劳动阶级设想，不过想使治国、护国两阶级对于财产没有“你的”“我的”之分；对于子女，“使父母不知自己的子女，子女不知自己的父母”罢了。所以有人说柏氏的共产主义，只是“半共产主义”（Half Communism）（是 Natorp 说的）。共产的人不到全社会中一半，所共的产业更没有几种，只想使执政的人不要管经济事业，便忘记了使管经济事业的人来参与政治。一个社会之中，一半公产，一半私产，不知又怎能够统一国家？这又是柏氏共产主义与现在共产主义第三个不同的地方。

总而言之，柏氏的共产主义第一个前提便是社会中三个阶级都是按照“理”“气”“欲”三种精神分配过的。如果在没有分配过的社会中，换句话说，如果在第三阶级不尽然是偏于“欲”性的人的社会中——像现在的劳动阶级——那就不能适用了。

（五）政体循环

前面所说的都是达到理想国家的条件，如果不照这些条件做去，政体便一步一步衰落下去。理想国家衰落的第一步，便变成“武力政体”（Timocracy）。这种政体是因为男女配合的不善，生出的人民是铜质与金质混合，铁质与银质搀杂；“理”性消灭，“气”的原质增加，人种杂乱便起战争。这种政治的特色便是贵功名，重军略，尚权谋，尊敬勇敢善战的武士。以武人代据哲学家的地位，因此正义消失，各阶级都失掉平衡了。

再由武力政体衰退下去，便变成“寡头政体”（Oligarchy）（又可译作“金力政体”）。武力政体固然是个混合政体，并包括寡头政体的质素在内；但武力政体的精神基础是“气”，寡头政体的精神基础是“欲”；前者目的在战争，在功名，后者目的在商业，在金钱。故由武力政体变为寡头政体，便是由武人国家变为市侩国家。

在这种市侩国家之中，不用说是没有正义，没有知识，大家都趋到嗜欲一条路上去了。一方极富，一方极穷，一国便分成两国。嗜欲深的人便放纵奢侈，善良的人反流入乞讨之中。住在都市的人民，或因负债失去财产，或因贫穷夺去市民的资格，便咆哮起来，希图革命。所以政体又堕落一步，变为“贫民政体”（Democracy）（柏氏心目中的Democracy实在是一种贫民愚民的政治）。做乞丐的穷人残杀富豪，驱逐市侩，拿自由和权力分给自己同类；官吏不问智愚贤不肖，均以抽签为定。这种政体的精神基础也和寡头政体一样，同在一个“欲”字上，不过寡头政体只有一部分是“欲”，贫民政体便全部分是“欲”罢了。把阶级、知识、正义、道德、法律、秩序一齐打破，趋到极端的平等自由，人人都自以贤哲自居。故贫民政体，自一方面看来，是无政府；自他方面看来，又是“一国三公”的多头政治（Polyarchy）。

贫民政体到了这个时候，人人自危，不得不养成许多勇将，做他们自己的保护人，把许多事体都托付在保护人手中。再进一步，便变成“专制政体”（Tyranny）。专制政体的精神基础也是“欲”，不过不像寡头政体的“欲”专在贪得；也不像贫民政体的“欲”专在平分均摊。专制政体的“欲”，便是一种“兽欲”，残酷淫乱，无法无天，市民全是奴隶，一点不得自由，国家便陷于贫弱了。

以上是柏氏政体循环经过的途径。但是“怎样可由专制政体变到理想国家的贤哲政体”，这个问题柏氏却没有解答。在《法律篇》中仅仅说到“少年暴君”是改革的最好的基础罢了。但是综合《共和篇》和《法律篇》全体的问答，也不啻是这个问题的根本解答了。

五、《政治家篇》（*The Politics*）

《政治家篇》大概是柏氏晚年的著作，不在他接近底昂里士二世的时候（由前三六七年至前三六一年），便在这后一两年内作的。做这篇的时候，柏氏的态度已渐渐变更。对于民治政体，已经不大仇视；对于法律也更换一种新态度，虽然仍是反对，却不是绝对反对的。他的信念仍然集在“独裁主义”（Absolutism）上，同《共和篇》的主张不大差别。他虽然说组织国家要混合各种不同的精神原素在内，但是不像他在《法律篇》中主张混合君主政体和民治政体那样有力。可见得《政治家篇》是柏氏的主张从《共和篇》变到《法律篇》的中介。因此又可断定《政治家篇》必定在《共和篇》告成之后几年内，和《法律篇》还没有动手以前做的。

《共和篇》中所说的多是柏氏理想中的国家情形，这篇所说的多是实际的社会情形。他的意思是想确定真正政治家的特别性质和政治学研究的范围；他的结论是把治者和贤哲政治，和教育政术，和知识看作一件事体。

（一）真正政治家

柏氏心目中的政治家是全智全能，学问知识都高出于全国之上的。为什么希望有这种政治家呢？因为希腊的政治当局，不是愚昧的富人，便是无教育的穷人。所以说：

> 我想神圣的牧者总要高出于帝王之上；但是现在世上所有的政治家，性质却多同他的治下相等，且更享受他治下的教养。

由此可见，那时一般政治家学问智识，同小百姓比较实在是没有高下之分。这些“非驴非马”“牛鬼蛇神”的政治家，竟把政界弄成“白昼鬼行”的舞台，怎能叫柏氏不痛骂呢！

柏氏因为不满意当时事实的政治家，更想一种理想的政治家。他的理想的政治家对于治下不负责，只有对于真理负责；他的特别性质，不在权力而在知识治国的方法，只要运用知识，引导人民，却不要自动手足。所以说：

> 为帝王的，用自己手足身体去维持国家，不如以知识心意之力去维持国家成功的多了。

这便是中国儒家“劳心者治人”的政治思想。

柏氏既然说知识即是政术，既然说阐明真理即是政治学的目的，那么，治国的方法自然只有听那“首出庶物”的真正政治家独运宸衷、临机应变，绝不要受那陈死的法律条文拘束。这便是他反对法治，看不起法律的原因。

柏氏所以反对法律，因为法律是普通的，对人对事都没有区别；且是永久的，适用于这个时候，未必也适用于那个时候。所以说：

人类和人类的行为各有不同，人事的运动变化无常，与一个普通法则和简单法则绝不相容。没有法子可以定下一种规则，使它适用于一切时候。

柏氏这种法律观，却和中国慎到一派的法律观相反。《慎子》说：

君人者，舍法而以身治，则诛赏予夺从君心出。然则受赏者虽当，望多无穷；受罚者虽当，望轻无已。君舍法，以心裁轻重，则同功殊赏，同罪殊罚矣，怨之所由生也。

又说：

法虽不善，犹愈于无法。所以一人心也。夫投钩以分财，投策以分马，非钩策为均也，使得美者不知所以美，使得恶者不知所以恶。此所以塞愿望也。

柏氏说“以君心裁轻重”，可以泛应曲当；《慎子》说“以（君）心裁轻重”，必使赏罚不得公平。柏氏以为物观的法律，往往拘束政治家的自由；《慎子》以为物观的法律，可以免去政治家“身治”的弊病。这两人的话很可以代表法治和人治两派不同的论据。

大概柏氏这时，还没有把法律、政治分得清楚。故以为法律的限制，很妨碍政治的活动。如果他丢开法律，单谈政治，那么，他所说的真正政治家，的确是“临证发药”的医生，不是那些只记“汤头歌诀”和“照书行事”的医生。他所说的治国方法，不但可以医治那些守旧派拿死法律来限制活时代的毛病，并且可以鼓动革新家，使他把政术看作适应时代需要和顺着环境变化的东西。且看《政治家篇》中说：

譬如有个医生或体育家跑到外国去了，老久不见他所医治的

> 病人，只有把他的方法写将出来交给他的学生或病人，因为不如此，恐怕忘坏［怀］了。……倘若他在预定时期之先回国，且因为天气不期而变，用别的方法来医治他必定好些。——或是丢掉从前的旧方子，换一个新方子呢？或是固守从前的规约，医生也不变用新方子，病人也不敢用新方子，只认这个旧方子为健全的，别的方子都是有害的呢？以学术和真正技艺的光明，来观察这件事，岂不是滑稽之极吗！……倘若他对于聚焦在各都市的一群人民制下成文法或不文法，规定哪是善，哪是恶，哪是名誉，哪是不名誉，哪是公正，哪是不公正，使他们都要受这种法律支配；如果这个聪明的立法家突然归来，或是另有一个人来了，可以禁止他变更法律吗？倘若禁止，这种滑稽岂不同前面所说的医生之例一样吗？

照柏氏看来，治国的方法没有什么“天经地义”的，总要随着政治情势变更的。这种适应环境，随时变化的法律观，不啻把法律阻碍进化的弊病根本打消了！

此外，柏氏法律观和现在更有一个重大的区别，便是现在法律是由民意直接或间接制定的，柏氏的法律却是统治者一人自由发布的命令，不是从民意中发生出来的。因此便主张没有顾全民意的必要。以为只要是真能治病的便是名医，不必问他是顺着病人的意思，或违反病人的意思；也不必问他是仿照医书或不仿照医书；更不必问他是用和平的手段，或是用强制的手段。真正的政治家也是这样。只要他真能拿知识来支配民众，不必问他是遵从民意，或违反民意；不必问他是遵守法律，或违反法律；更不必问他是用和平的手段，或是用强制的手段——这都是柏氏尚人治不尚法治的缘由。

但是柏氏在这个时代也不是绝对的反对法律，他以为最上的政治不用法律限制，第二善政却非用法律限制不可。譬如医生船长，非法的待遇病人船客，当这个时候，只有照制定的成法或国民的习惯判断。这些医生船长都可由人民抽签选举，如果他们不遵守成文的法律和祖先遗留下来的习惯做事，人民便可发觉他们的罪案，受选举人的惩罚。政治也是这样。真正的贤哲是很不容易得的，不得已乃用法律限制。因为法律是社会上过去或现在的经验和实际的知识具体表现的东西，所以在不完全的人类所组织的不完全的政府之中，准据法律行事，也是很可以的。

（二）政体类别

研究柏氏《政治家篇》中的政体分类很可以看得出他的政治思想变迁。《共和篇》中纯是理想主义；《政治家篇》中虽然还没有脱尽理想的色彩，但已经趋到实际主义方面来了。在《共和篇》中只承认贤哲为全智全能，在《政治家篇》却于人治的国家之外，还承认法治是第二善政。在《共和篇》中把民治政体列在寡头政体之后，在《政治家篇》中却把民治政体列在寡头政体之前。大概他在这个时期，已经把法律看作智慧的经验所发明的结果，且承认民治政体也可以建筑在法律基础之上的——这都是他政治思想变迁的证据。

这回政体分类和《共和篇》很不相同，这回是拿主权者的人数做政体分类的标准，拿法律做政体好坏的标准。他的分类是：

（A）合法的：

主权者一人——立宪君主政体（Constitutional Monarchy）

主权者少数——贵族政体（Aristocracy）

主权者多数——立宪的民治政体（Democracy of Constitutional Kind）

（B）非法的：

主权者一人——专制政体（Tyranny）

主权者少数——寡头政体（Oligarchy）

主权者多数——极端民治政体（Extreme Democracy）

这些政体都是在理想政体之下次等的实际政体。实际政体的原则，只要按照法文和习惯行事，没有真正的治术，如果依法行事便是好的。因此便拿法律来做比较政体优劣的标准。

柏氏政体优劣的等级是以立宪君主政体为最好，以专制政体为最坏。他说：君主政体受善法限制，便是六种政体中顶好的政体；如果不受善法限制，便是六种政体中最坏的政体。

少数政体好坏参半，多数政体固然不能大好，也不能大坏。所以他说：少数政体介在一人政体和多数政体中间，也介在好坏中间。但是拿多数政体同别的政体比较，薄弱无能，既不能为什么大善，亦不能为什么大恶。因为官职细分，散在多数人手里，结果便把能力减少。所以多数政体在合法的政体中算得顶坏的，在非法的政体中要算得顶好的。

柏氏虽然把立宪君主政体作为第一，看得同神站在人类中间一样；但是他总以为不是最好的理想的政体。故说组成这种政体的人都不是政治家，不过是些党徒罢了。

六、《法律篇》（*The Laws*）

这篇是柏氏最后的著作，大概是在纪元前三六一年到他临死的那一年（前三四七年）中间做的，有些是他自己做成的，有些没有成功，由他的学生们笔记起来的。他这时已从西西里回来，觉得他早年所抱的理想政治完全不能实现，所以把贤哲政治和……一齐丢开，来讨论这个在不完全人类社会之中可以实行的实际政治。从前不过承认法治是第二等的善政，现在却要编一种确定社会生活的法典，拿来支配实际政治，使它生出最好的结果；从前主张废止家庭和婚姻制度，现在却承认有家庭生活、结婚生活的必要；从前把教育事业看作长官独裁的职务，现在却把教育放在检察官监督之下，按照法规施行的事体。由此看来，《共和篇》《法律篇》好像是柏氏的理想政治和实际政治互相对立的两岸，《政治家篇》好像是他由理想政治通到实际政治的一座桥梁。

（一）法律观念

柏氏在别的书中把法律放在执政者的底下，现在却把法律放在执政者的上面。法律的效力不但是事后的强制，并且是事先的劝论；不但是禁止犯罪的律令，并且是引导青年向善的规条。要使一般青年异口同声的称赞法律的好处，认为神授的，不能议论它的短长。因此便把法律的性质看作智慧的标准，使法律的内容包括全体的道德在内。所以他在第一卷中说："立法者当制法的时候不能以一部分道德为目的，应该以全体道德为目的。"

腓力二世像

腓力二世（前359—前336年在位）。他在军事、行政和财政等方面推行了一系列削弱氏族贵族和加强国王权力的改革，国势日盛，并在巩固了国内统治后积极向外扩张。公元前338年，在喀罗尼亚战役中腓力二世战胜希腊联军，从而成为希腊诸城邦的主宰。

法律既是智慧的或道德的准则，故立法时不能不明白道德的观念。道德是什么呢？《共和篇》中认正义为道德，《法律篇》却认"自制"（Self Control）为道德。所谓自制，便是以"理"制"欲"，使"欲"循"理"的意思。《法律篇》的自制，便包括《共和篇》中的智慧、勇敢、节制和正义四德在内。如果这种自制的道德不能完全实现，那么智慧、勇敢、正义诸德便不能存在。由此可见，柏氏自始至终没有改变道德为国家最高目的的理想。不过，从前想由贤哲达到这个目的，现在觉得贤哲难得，只有改变方法，用法律来达到这个目的罢了。

柏氏知识即道德的观念始终没有抛弃。他说愚昧便是亡国的原因，所以立法的人应该以智慧为主要的目的，把愚昧的人放逐到海外去。他又痛恨当时政治家一眼定在军事上，立法都以战争为主旨。以为这种国家只尚一种勇敢的道德，忘记了智慧的道德，便是亡国的原因。大概这时崇尚武力的国家如斯巴达已经于纪元前三六二年打败了，马基顿的武力又渐渐的南下，斐立布（Philip）已于前三五九年称帝，自前三五七年就同雅典开仗，正是一个战争不息的时代，正是立法家个个都作战争准预的时代，所以柏氏《法律篇》中有许多话批评斯巴达武力国家和勇敢的道德等立法的坏处，很想建设一种自制的，以智慧为目的的，永远和平的国家。

（二）社会制度

《法律篇》的特色便是一切制度都取混合调和的主义。法律的性质包含强制劝论，婚姻要使性质不同阶级不同的相接合，财产要把私人所有和公共管理杂合在一块。故《法律篇》中的社会制度之唯一目的，便是想调和经济的利益和社会的势力，使种种阶级各得其所，不致使国家分崩离散。

柏氏到这个时候，……把国家分为三等：第一等是理想国家……；第二等是半理想国，准许财产私有，准许人民结婚；第三等国家柏氏并没有细说，大概不过指着那时实在的国家说。《法律篇》中专于说明半理想国的组织，在这种国家之中，人口至多不得过五千零四十家，生子都要受一定的限制，如果人口过多，可以分送到殖民地去。家室土地也分配平均，使人人各有一份。想使国家永远不致分裂，第一件要事便是不要使贫富阶级距离太远。立法家要定一个贫富的极限，最贫穷的人土地家室都有最少数的分配额。超过这阶级的财产两倍、三倍、四倍都各自分为一阶级，但至多不得超过四倍以上；如果超过此数，国家便容易分裂。由此可见柏氏受梭伦立法的影响，并可想见希腊社会贫富竞争的状况。但是《共和篇》中区分阶级全以知识做根据，《法律篇》中却以财产做根据。由此又可看他自己思想变迁的痕迹。

（三）政府组织

《法律篇》的政府是一种混合的组织；拿君主政体和民治政体，拿知识原理和自由原理，同放在一个火炉中间融化，另外铸造一种适用的政体。换句话说，便想拿雅典、波斯两个实际政体混合在一块，造成一种半理想的政体。大概他此时确认中庸政治为支持治者和被治者亲善感情的唯一方法。所以说：

> 国家的母形有二，各种国家都是由它产生出来的：一是君主政体，一是民治政体。波斯政体是前者顶好的，雅典政体是后者顶好的，别种政体都不过是这两种政体的变形。如果想把自由、智慧、友爱诸德结合起来，必定要以这两种政体做基础。无论什么都市，如果不由这两种政体成立，决不能成为善治。（第三卷）

柏氏对于为民治政体基础的平等观念解释非常的严正。他以为平等原分两种：一是绝对的平等——如抽签选举之类；一是相对的平等——如投票选举之类。一是承认人人才智平等，使人人都有办理公务的机会；一是量材授任，拿人民的才智做比例。柏氏第二等国家中的选举法，便是把抽签和投票两种方法并用的。三十七名行政官是国家最高的行政团体，名叫“护法官”（Guardians of Law），做三次选举。年龄须在五十岁以上，就职到七十岁为止。他的职务在守护法律，掌管财产簿，总揽国家行政权和任免陆军士官。又设一评议会，由四阶级人民平均用抽签、投票两种方法选出三百六十人组织之，专门审议行政事务。另有一个全体自由人民会议，对于行政问题有最后判断权。他的最重要的职务便是选举裁判官和教育官，司法制度也以容纳人民意思为主。由各区选出裁判官审判诉讼事件。此外更有一个会议，叫做 Nocturnal Council（就是夜中会议的意思，每天自微明到日出开会），讨论关于法律上的知识，并判定国家最高的立法行政问题。除了这些机关之外，还有一个最高立法机关。但柏氏以为法律不能固定，如同绘画一般，要随时变迁，常常修补遗漏，改正缺点，使它同社会环境适合。然他始终又偏袒遗传的习惯法，不承认人为法可以改废习惯法，实在有些自相矛盾。

照柏氏这种政府组织的大纲看来，是综合文人、武士、牧师、贵族、平民、长老、青年、各种人民，各种势力，集合在一个议场，使他们感情意见尽量发挥，调和起来，混合起来，建成统一的“国是”——这便是柏氏调和社会的方法和参酌得中的制度。

七、柏氏的思想和环境的关系

人家多说柏氏是理想家，如果我们自一方观察他，固然不能不承认这句话，但是从各方面观察，是句句话都有根据，并不是凭空结撰的“海市蜃楼”。但凡真正有价值的思想，没有一个不有来踪去迹可寻的；不是带着时代思潮的彩色，便带着师友薰染的气味，不然便是发现自己本来的特性。柏氏思想的来源也不外乎这几种原因。

柏氏和苏氏的思想本来是很难得分解的。但是如果认定“知识即道德”“政治即艺术”两句话，是苏氏根本思想，那么《共和篇》全部的精神，便是由苏氏得来的。柏氏到大希腊结识皮塞高派，很受他们正义观念的影响。他们以为数学是最高的学科，由数学可以知天道的运行，可以使国民生活有一定的标准，可以使器物货币都有尺寸。柏氏后来拿数学来支配国家，分一国为五千零四十家，分一市为十二区，便是应用数学观念的确证。

希腊文化思想总以作成高贵的人格为目的。柏氏的哲学家便是高贵人格的现身，知识正义便是由高贵人格表现出来的道德；伦理的国家便是完成高贵人格的机关。

再希腊人的美感是最爱秩序、爱条理、爱统系的。且看杜威说：

> 希腊人的美感性实在有特异的地方。他们注重的美，全是比例的，平均的，融洽的，整齐的美。——研究希腊美术的人就知道希腊的美术无论是建筑图画、雕刻，都是表示比例的、平均的、融洽的、整齐的美，从没有那种奇怪突兀的东西发现。这种美术的特性影响在思想上，就是爱秩序、爱整齐、爱融洽的一种趋势。所以亚里士多德一派学者——其实所有的希腊人——看这宇宙全体不是纷乱无系统的，乃是一个比例的，融洽的，整齐的美术品。（《思想的派别》）

柏氏自然也受了希腊人美观的影响，所以他的国家，必定要经一番人力的分配，各有各的道德，各有各的才能，各有各的行业，各有各的阶级，土地有一定的分界，财产有一定的额数，户口有一定的数目，都市有一定的区域——这都是受美术上整齐划一、平均融洽的影响。

希腊社会自有史以来便是一个贫富阶级争斗的社会。梭伦的混合宪法，最大的目的便在调剂阶级战争。柏氏的母亲是梭伦的后裔，早年受家教的影响，故在《共和篇》中主张……，废止金钱；在《法律篇》中主张按财分级，限制富人的财产额数。分社会阶级为四等，设评议会、护法官、夜间会议等制度，都是梭伦混合政制的化身；便是共产主义也是希腊古代已经行过的。当希腊没有进到农业时代，所有土地都是共有的，都是属于一种一族公管的。到了农业时代，才把土地分开，归各人私有，每人都有若干段地。后来土地为少数人占去，所以又发生“重行分配土地”的问题。便在有史以后，国家仍然可以监督私产，并且自有山林矿地。斯巴达虽然久有私产制度，但是他的公共食堂，便是他财产私有公用的证据。而且克里特（Crete）中“陀尼社会”（Doric Community）也老早就实行公产，这个岛上每一个社会都有公共财产，用公共农奴耕种；每岁收入都分作“宴会俱乐部”（Dining-clubs）的伙食和政府开

雅典学园

《雅典学园》为文艺复兴时代意大利画家拉斐尔（1483—1520）所绘，以古典哲学家的群像表征哲学的人文研究，突出文艺复兴学习古典、提倡人文的时代特点。图中站立者为柏拉图和亚里士多德。此图为罗马梵蒂冈教皇宫签字大厅壁画。

支之用。柏氏《共和篇》中所主张的共产制度，大概很同斯巴达和克里特所实行的共产制度相似。

又因他生长在世家，左右亲戚都是反对民治的贵族；又当雅典民治初行，组织不大完备，平民跋扈，法律的基础又不得稳固；只有斯巴达当皮罗波里塞战争时势力最大，然却是贵族政体。因此柏氏便在《共和篇》中痛骂民治，想极力摹仿斯巴达的公共教育公共食堂和体操方法来救济雅典文弱的国家。雅典到皮罗波里塞战争之后，势力渐渐恢复，政治组织也逐渐进步；所以他在《法律篇》中不但不绝对反对民治，并且有许多地方很推重雅典的民治制度。

柏氏那时各国政治制度，很是乱七八糟的。斯巴达是武力寡头混合的政体，雅典是民治政体，西西里是专制政体。从柏氏眼光看来，个个政体都有毛病，都不能使人满意。心理的基础不是偏于“欲”，便是偏于“气”，再没有尚“理”的国家。治者的教育和知识，往往同被治者一样，甚至于有在被治者之下的。只知道自私，不知道自制；贫富相隔，一国便分成两国。柏氏所主张的理想政制，便是针对当时病症下药的医方。因为那时国家尚“气”尚“欲”，所以特写推尊“理”来医治它；因为那时治者不如被治者，所以想造成哲学家来做君主；他讲科学教育、哲学教育，是想训练治人，教他能够引导人民向智慧上去；他唱共产主义，是想教人免去私欲，好让理性自由；他要均分贫富，是想统一国家，调和阶级的战争。照这样说来，柏氏的政治哲学虽然脱不掉抽象的理想，但是实在都是从希腊政治事实和政治历史中寻找出来的医治弊政的原理，并不是丢掉事实历史凭空杜撰的“乌托邦”。

本章参考书：

Barker，*Greek Political Theory*.（第六章以后）

Willoughby，*Political Theories of the Ancient world*.（自第七章至第九章）

Farrell，*An Introduction to Political Philosophy*.（第二章）

Dunning，*Political Theories*.（第二章）

Pollock，*History of the Science of Politics*.（第一章）

第三章
亚里士多德

一、亚氏略传

亚里士多德（Aristotle）是希腊属地查西底斯（Chalcidice）的司台捷拉（Stagira）的人。纪元前三八四年出生。他的父亲李康墨克（Nicomachus）是马基顿王斐立布（Philip）的官医。这便是亚氏幼年所以研究自然学和后来到马基顿去的原因。亚氏幼年很研究解剖学和生物学，得了许多解析的实验知识，所以他后来研究学问多用分析的方法。亚氏十七岁到雅典进柏拉图的大学院。同时并研究爱苏克拉底（Isocrates）的文学和方法，他的修词学、诗学、名学，便是受爱氏的影响。但是他受柏氏的感化最大，结果竟使他丢掉言语学来研究人类政治伦理。柏氏因为他是最得意的弟子，所以称他为“学校的神髓”。柏氏死后，被爱友海梅（Hermias）招去。过了三年，海梅被杀（前三四五年），亚氏便同他的养女煸泰士（Pythias）逃走，后来同他结婚，爱情极好，因此便发生家庭必要的观念，痛驳柏氏……的主张。亚氏的服用起居都是绅士派头，所以他很相信人类完全发展必定要有物质的富财做条件。前三四二年，亚氏应斐立布之邀，到马基顿去教亚历山大（Alexander），拿哲学来涵养他的理性，拿政治来训练他的实行。亚历山大即位（前三三六年），亚氏重回雅典；前三三五年以后便做雅典学院的领袖，讲学几年，便成了“司台捷学派”。纪元前三二二年死，年六十三岁。

亚氏的著作中有真的，也有假的，因为亚氏弟子们不大注意保存，

亚里士多德的弟子亚历山大

亚里士多德曾为帝王之师，教授年轻的亚历山大王子。后来亚历山大大帝缔造了一个强大的马其顿帝国，改变了古典的希腊文明。

又因柏格茂（Pergamos）的皇帝下诏求书，亚氏弟子们恐怕被他弄去了，故把亚氏的著作埋在地下，所以经过一百八十七年间都看不见亚氏的著作。这便是亚氏著作所以腐蚀损坏、真假混杂的原因。亚氏论政治的书只有《政治学》（*Politics*）一种，虽然也有许多不完全的地方（有一部分是一八九〇年找出来的），但是很可以看得出他政治论的大体。

二、亚氏思想的方法和性质

亚氏虽然受柏氏的影响很大，但他二人思想的形式和性质都各不相同。柏氏的学术总脱不掉希腊人的彩色；亚氏思想的范围和意义却带些普通性，不受希腊特有思想的限制。柏氏的辩证法是一种芜杂片断的散文；亚氏却用严正的学术的语句，把暧昧的想像的气味脱尽。柏氏思想是直觉的；亚氏却是推论的。柏氏的方法虽然不尽是外籀的，亚氏的方法虽然也不完全是内籀的，但是从大体上看来，柏氏是偏于外籀的地方多，亚氏是偏于内籀的地方多。因为亚氏自幼便受生物学和解剖学的影响，总欢喜用科学的分析的方法来研究事物的现象，总想在具体的现象之中找出相同的“共相”。因此便发明“类”（Species）的观念——把一切个体都包括在“类”的中间。

亚氏的政治学多从事实上着手，因此又发明两个政治学的方法：（一）历史的方法；（二）比较的方法。他的《政治学》便是从研究希腊和“野蛮国”宪法历史上种种不同的地方入手；他的《宪法论》虽然是残篇断简，但是从观察一百五十多种不同的政体得来的，研究的方法多是客观的、科学的，所得的原理多是从历史的事实中抽出来的。柏氏的出发点是理想，拿理想来评判事实的是非；亚氏的出发点是一定的事实，拿事实做材料，从中找出理想。如果我们要说柏氏是富于理想的理论家，便不能不说亚氏是善于解析条理的观察家。

因为他两人的出发点不同，所以政治学的应用也有个重要的区别，便是柏氏以为理想的政体，无论在什么国情之下都可适用；亚氏却以为最好的政体，总要受自然、气候、地理、经济、知识、道德的条件的限制，没有一种政体可以完全适用于一切政治情形之下的。要想找出最适宜的政体，要想决定特别的应用，要想指出特别的缺点，必定先要研究公共生活的各种情形，必定要先研究国家各种不同的境况，必定要先研究各种人民的性质和各种社会的势力。这是亚氏所以叙述、分析、比较和批评现在政治状态及历史上政治制度的原因（可参看刘曼［Newman］

亚里士多德像

亚里士多德（前384—前322），古希腊著名哲学家，渊博的学者。他首次将哲学和其他科学区别开来，开创了逻辑学、伦理学、政治学和生物学等多门学科的独立研究。他认为生命的目的不是为了至善而去完善，是为了幸福而去完善。

《亚里士多德政治学》一卷四五八页，韦罗贝《古代政治学史》一三九页以下)。

柏氏把政治学看作伦理学中一部分；亚氏把政治学从伦理学中分出来，认政治学为独立而且主要的科学，目的在增进人类的安宁幸福。从抽象方面说，便是决定人类最高善良幸福的目的；从实际方面说，便是达到最高善良幸福所必要经过的道路。因为“人类是天生的政治动物”，个人独立，任你怎样都不能得到至善的生活，道德和知识必定要在“社会的生活”一个条件之下才可以完全得到。国家在个人和家庭之上，比个人或家庭还要重要；所以政治学的研究，比伦理学或经济学格外的要紧。伦理学是讲究个人道德生活的，经济学是讲究家庭生计的，政治学是讲究人类全体至善的生活的。亚氏意中的国家，便是以达到人类全体至善生活为目的的一种社会，所以他的《政治学》开头第一章便说：

> 各种国家都是一种社会，各种社会都是以某种善良幸福为目的而设立的；因为人类动作都是想得到他们所想的善良幸福的。如果一切社会目的都在某种善良幸福，那么国家或政治社会，是一切社会中最高无上的，是包括一切社会在内的，他的目的便在这最高的善良幸福。(第一篇第一章)

亚氏这种国家观念很和柏氏不一样：亚氏虽然也把国家看作造成善良市民造成人类完全生活的机关，但是以为如果损坏个人或家族的自然权利和身体自由，便不能完成这种目的；不像柏氏看不起个人权利自由。大概把造成市民道德同造成个人道德看作一件事，是希腊政治学说的通性；但是承认个人意思、自由、自觉和合理的智慧，为社会政治的原动力，却是亚氏从研究实际社会生活和宪法法律与人生实际上的关系得来的。

亚氏把“自然”(Nature)看得同一位很聪明谨慎的人一样，并说他是至善的产母。自然虽不能直接行动，却给人类以直接行动的各种才能，使人类应用各种才能去找到至善的所在。人类运用自然赋予的理性，可以看出自然的意志，找出自然的纪律。自然有所不能，便是人为的机会。

亚历山大作战图

该浮雕出自前305年的亚历山大石棺，图左为亚历山大。这一生动逼真的战斗场面展示了亚历山大的勇猛无敌。

自然不能创造政治的事业，有人出来拿政治技能代替自然创造，自然的目的是至善，人类的责任便在求至善。但是人类的才具、志愿、感情需要，便是逼迫人类有社会的协进政治的必要。人生在世便带有国家生活的责任和需要，因此便说“人类是天生的政治动物”。生的时候，生理上、精神上、道德上，有种种不同的地方——有的应分做主人，有的应分做奴隶，有的应分做君后，有的应分做人民——这都是自然生成的资质。

亚氏关于政治的最重要的著作，便是《政治学》。内中虽然不大完全，字句章节虽然有些错误，但自大体看来，总是真作。全书共分八篇，内容可分作三段：第一篇、第二篇、第三篇为一段，研究国家的性质，审议思想家关于国家的理论，区分国家的种类。第四篇、第五篇为一段，说明理想国家。第六篇、第七篇、第八篇为一段，研究各种国家的功用和创造。若从每篇的内容分别看来：第一篇说国家的分析，国家的起源和国内的经济。第二篇批评柏拉图的《共和篇》和别人的国家，论及现在的国家情形。第三篇承接第一篇说国家的分类，并讨论各种国家的好坏，想得到最好的国家。第四篇说理想国家的组织和教育。第五篇专论教育。第六篇、第七篇承接第三篇考察各种国家。第八篇论政治革命和发生革命的原因，防止革命的方法。

三、国家性质

亚氏讨论国家的性质用两种方法：一是分析的方法，一是历史的方法。希腊人对于国家起源问题见解很不一样，哲人派说是由于契约，柏拉图说是由于经济的需要，然这都不过是一种理想的论断。到亚氏便换了一副研究的态度，他以为要想明白国家的性质，必定要把构成国家的分子一层一层解剖出来，才可以知道国家的成分。因此便用分析的方法，来解剖构成国家的原素。但是国家不是倏然生长的，要明白国家的性质，不但要解剖国家的内容，并且还要远远的追求内容成立的次序。要想明白全体是什么性质，必定要知道分子怎样发生。所以既用分析的方法，又不能不用历史的方法。后来梅因氏（Sir Henry Maine）讲政治学的方法，很同亚氏一样。亚氏和梅氏都从历史进化上寻找国家的起源，都认政治社会是从家长制发生出来的；但是梅氏的结论是从考察历史的事实归纳出来的，亚氏的结论是从历史的事实中分析出来的——这是他二人不同的地方。

亚氏研究国家既从国家发展的历史上着手，所得的结论当然与哲人派的契约说、柏拉图的需要说不同。从历史的进化上看来，当然要说国家是自然生长起来的，不是人力制造的；当然要说个人不能离群孤立，必定要在政治社会之中才可以生活。

（一）国家起源

国家既是生长的东西，当然用不着人工创造，只是“必然”或“自然”发生的了。为什么自然生成这个国家呢？且看他说：

> 个人独立的时候是不能自足的，这便是国家是自然的创造，国家优先于个人的明证；个人与国家的关系，好像个体和全体的

关系一样……（第一篇第二章）

为什么要说国家是必然或自然需要的呢？第一层：因为人类为生殖起见，不能不有男女的结合；这并不是有意的结合，乃是自然冲动和禽兽一样的。第二层：因为各自安全起见，不能不有主人和奴隶的结合；主人方面可专用心思支配，奴隶方面可专用体力做工，联合起来两下都有益处。有了男女主仆的关系，自然发生家庭制度。家庭是为供给人生日常需要自然建设的社会，他的职务在满足各个人的欲望。联合几个家族便结成一个村落。村落是家庭的属地，是同种的子孙合在一块组织成的。到家长权力变成市长的时候，便是希腊古代君主政体。

但是村落的力量还小，还不能满足人类的愿望，所以又自然要联合许多村落建设一个国家。国家和家庭不单是程度不同，并且是种类不同。别的社会不过是求生活的社会，政治社会却是求至善生活的社会；别的社会不过单是供给经济需要或物质需要的社会，政治社会却是供给道德需要或精神需要的社会。所以在国家之中的生活，便是至善的生活，便是道德的精神的生活。

由此可以看出国家的性质自然比个人家庭村落都重要，国家的位置自然在个人家庭村落之上。因此便断定国家不是个人有意创造的，乃是个人本能自然创造的。因为本能定要这种社会，所以才自然产生这种社会——这便是亚氏所以断定“国家是自然的创造”，并“国家优先于个人家庭”的原因。

亚氏的政治哲学固然有许多地方是得历史方法的好处，但是同时也不免得历史方法的坏处。从历史上看来，国家好像是自然生长起来的；其实自然能够创造什么？创造的事业都是人力做成的。说本能创造，便是说人类创造，因为本能是人类的本能，所以本能的创造也就是人类的创造。历史上一切事迹，并没有一件是自然的趋势。件件都是人类心理意志的结晶品。把历史的趋势看作自然而然的，这是亚氏和许多历史家一个共通的毛病。

（二）国家观念

因为亚氏把国家看作自然生成的东西，便生出国家有机体的观念。《政治学》中常常把“官能”（Organ）或“官能的”（Organic）这两个字当作“器具”（Instrument）或“器具的”（Instrumental）用。由此可以看出亚氏的国家观念与现在的国家观念有个根本不同的地方：现在政治学家把国家看作人造的，亚氏却把国家看作天生的；前者把国家看作适应人类之用的一种工具，后者却把人类看作适应国家之用的一种官能。所以亚氏认定人类是国家的官能，且认定每一种官能只有一个用处——譬如治者专于治人，被治者专于被人治，水手是运船的官能，奴隶是主人生产的官能——一人既然只限于一种用处，那么，一个国家成立，第一，必定要有许多官能，各司其事了；第二，每一个官能必定要绝对的依靠全体才能够生活。个人若各自分立，奴隶没有人指挥，便不能动作；主人没有人替他生产，便要饿死；男女分居，人类便要绝种。这样一来，不但不能求至善的生活，并且不能生活了。因为国家好比人类的全体，个人好比全体的一手一足，全体毁坏，手足便没有用处了。故亚氏敢断定人类只有在国家中可以生活，不做国家一种官能，便没有存在的价值，没有存在的意义。

亚氏虽然推崇自然太过，好在他想得到以人工修补天然的缺陷这一层。所以亚氏心意中的国家，并不是自然直接创造的，乃是自然生下人类，使人类替他创造的。要不然便要同中国的庄子一样，一味的听自然摆布，发生一种“命定主义”的思想了。

（三）国家目的

亚氏虽然把政治学从伦理学中分开，造成一种独立的科学，但他政治学的内容总没有完全脱掉伦理学的彩色，这也是无可讳言的。他的国家最终的目的，便在道德的生活。这种道德的生活，在现在看起来，确是伦理学的目的。在家庭村落中生活，说不上善的生活，说不上道德的生活，只不过是过物质的生活罢了。单为着生存而结合的团体，不能叫做国家，如果这种团体都可叫做国家，那么奴隶社会或一群禽兽都可成为国家了。所以他说：

> 国家是为得善生活而存在的，不是仅仅为生活而存在的，如果单以生活为目的，那么，奴隶或野兽都可造成一国；他们所以不能成国，就因为他们没有福分，没有自由选择生活的权利。（第三篇第九章）

国家不是为富财而设的，不是单为求生而设的，不是为群众共居而设的，不是为防御不正当行为而设的，不是为贸易和互相交际而设的。所以两国间虽然互结通商条约，不能成为一国的国民；没有公同的政府，没有过问他国人民道德的性质之联盟国，也不能成为一个国家。先明白国家消极的条件，然后可以说明国家积极的目的。国家积极的目的是什么呢？且看他说：

> 真正留心善良政治的人对于国内善恶（大问题）必定注意。可见得如果是名副其实的国家，对于道德必定非常关心。因为没有这种伦理的目的，这种社会便仅仅成了一种联盟国；法律便真像哲人派李可福郎（Lycophron）说的，只是“保证彼此公道”的契约，并没有使市民善良公正的真正实力了。（第一篇第九章）

大概自亚氏看来，法律并不是彼此权利的保障，乃是铸造国民善良、公正等道德的模型。真正国家的目的，不在防止国民的犯罪，在铸造国民的道德。政治社会并不是物质生产的社会，是做道德行为的社会。虽有万人合在一块，果且是鞋匠、木匠、农夫；虽是联盟通商，却没有公共的政府，都不能成为国家。国家是什么呢？亚氏说：

> 国家是家庭村落的联合，以完全生活、自足生活为目的，这种生活就是快乐的生活、荣誉的生活。（第三篇第九章）

所以亚氏的结论便是：

> 政治社会是为高贵的行动而存在的，不单是为群集生活而存在的。（第三篇第九章）

四、国家组织

拿目的论（Teleology）来讲政治学，可以找出国家终极的目的；用分析法（Analytic method）来讲政治学，可以找出国家组织的原素。亚氏在《政治学》第一篇中已用分析法解剖最初的国家，找出发生国家的几种原素。在第三篇中又用分析法先解剖现在的国家，找出组织国家的个体。国家的个体便是“市民”（Citizen）；所以要想定国家的界说，必定要先定市民的界说。先得到由总体解剖出来的个体的性质，然后便可由此得到由个体组成总体的方法。这个由个体组成总体的方法，便是宪法。既知道市民的意义、宪法的意义，然后便可以明白国家的性质；便可由各种不同的性质来区别国家的种类。

（一）市民

亚氏的市民资格很和柏氏不同，柏氏以为只要是都市的人民，便是无教育、非政治的群众，也可叫做市民。亚氏的市民却有个重要的条件，比方居住固然是市民的要素，但是只在一定的土地之内居住——如奴隶和外国人——也不得认为市民。法律上的权利固然是市民的要素，但只有诉讼的权利，也不得认为市民。因为条约的结果，虽是外国人也有可以做原告、被告的人。他如未成丁的人，虽然将来可为市民，但是现在不是市民；如归隐的老人，虽然从前是市民，但是现在不是市民；至于那些剥夺公权和放逐的人也是这样。做市民的条件，不是居住，不是诉讼权，乃是一种参政权。所以亚氏说：

> 我们想下界说的市民是严格的，没有例外可举的，他的特质便是有参与司法和服官权。（第三篇第一章）

大概希腊国家到了亚氏的时代，已多成为民治的国家。所以亚氏说："近世国家的形体，除了造成民治国家，便没有别的法子。"这便是亚氏所以把市民的普通观念放在民治政体上的原因。

但是亚氏所说的市民，是直接参与行使主权的，并不像现在的市民，仅仅有选举主权者的权利；凡是市民都有直接做主权者的资格，并不像现在仅仅站在主权者的背后，拿选举权来判定他们。这种差别，大概是因为城市国家地方很小，可以直接议政行政，不作政治活动的人——奴隶——又不认为市民；近世国家地方很大，又因为多数人民都有参政权，所以不能不行代议政体。由此可见，市民的性质也随国家组织不同而生出差别了。

因为市民的性质不是个个国家都是一样的，所以亚氏的市民定义，也跟着政体变迁。且看他说：

> 市民必定因政体而异，我们的界说是最适用于民治主义的市民，但是未必适用于别的国家。因为有许多国家，人民没有权力，又没有正正当当的议会，仅有些不规则的团体；诉讼都由官吏轮流受理。……在这些国家之中，我们不能不改变我们市民的界说。在别的国家，市民是任一定的立法司法官职的人，而且许多任这种一定的官职的人，或全部任这种一定的官职的人，对于

许多事体或一切事体，都有讨论或审判的权利。这样一来，市民的观念便可弄清楚了。凡有参与某国立法或司法的权利的人，在我们说来，便是这国的市民。再泛一点说，一个国家便是为满足生活目的的市民之一个团体。

照亚氏的定义看来，享有政治权利的人便是市民，行使政治权利的人的团体便是国家，至于那些没有政权单做器具用的奴隶，当然要放在市民范围之外了。

(二) 宪法

亚氏既把国家总体分析出来，找出国家个体的性质，随后便再把国家个体综合起来，找出由个体组成总体的组织法——宪法。国家总体的性质不同，所以由个体组成总体的方法也不同。这是什么缘故呢？因为这种组织法是规定国家总体中个体的彼此关系。市民有做官任事的权利；宪法便是规定这种官职的编制，规定国家分子应该担任各种不同的官职；对于最高级的官职，尤其是宪法中所应该规定的。所以亚氏的宪法定义便是决定国家各机关的数目和相互的关系，规定各机关中做事的方法，尤其是规定国家最高统治权的所在。统治的团体是什么，宪法的性质便是什么。——统治的团体是全体人民，宪法便是民治政体的宪法；统治团体是少数人，宪法便是贵族政体的宪法。如果当革命成功之后，建设一个新国家，创造一个新宪法，重新设官分职；市民由新宪法得到市民的资格，便是新国家的市民，从前的国家已经不在了。譬如雅典当克里斯庭（Clisthenes）实行民治主义的宪法时候（纪元前五〇八年），“雅典的国家已经跟着宪法改变，已是造成新市民的团体，实行新民治主义的国家了”。宪法是国家的神髓，宪法一变，国家便不是从前的国家。这是亚氏很重要的一个观念。

亚氏不但说宪法是国家的神髓，并且承认是规定国家目的的。所以他在第四编第一章内说："宪法是国内官职的编制，并规定统治团体和什么是各社会的目的。"因为宪法是编制国家的方策的，由这种方策决定国家的目的；所以宪法便是说明政治社会所蕲求的那个目的的观念，便是国家生活格式的说明书。各种宪法规定各种生活的格式，决定市民用某种方法，从某条道路，达到某种理想，然后变成某种生活。譬如在寡头政体宪法之下，以财产为做官的资格，因此便养成全国人民崇拜物质金钱的生活。又譬如在平民政治宪法之下，以自由为立国的精神，因此便养成全国人民尊重自由的生活。国家的目的便在决定生活的格式；宪法是生活格式的说明书，所以也便是国家目的的说明书。

把这几层意思总括起来，作亚氏宪法的定义，那么，"宪法便是规定国家的组织，说明国家的目的，限定市民的资格，决定生活的标准之根本法律"。

因为宪法是规定国家形式的东西，所以又把宪法看得同国家一样；不但把宪法看得同国家一样，并且看得同政府一样。他既说宪法是决定高等官府位置的，同时更可说高等官府的位置是决定宪法的性质的。因为人民全体是最高官吏或政府，便是平民政体的宪法，少数富豪造成政府，便是寡头政体的宪法，最高的官府不同，宪法的性质也便不同。所以他认定政府是国家最高的权力所在，宪法在事实上便是政府，宪法同政府这两个字有同一的意义（第三篇第七章）。

（三）国家种类

既已说明市民意义和宪法观念，自然可以明白国家的性质；既已明白国家的性质，便可由此区别国家的分类。亚氏国家的分类有两个标准：（一）主权者人数，（二）国家和政府的目的。

国家是道德的社会，国家目的是道德的生活。凡政治精神向这条路上走去的，便是正当的国家；向反对的方向走去的，便是腐坏的国家。且先看他的分类：

(甲) 向国家目的上走的政体:

主权者一人——“君主政体” (Monarchy)。

主权者少数——“贵族政体” (Aristocracy)。

主权者多数——“立宪政体” (Polity or Constitution)。

(乙) 不向国家目的上走的政体:

主权者一人——“专制政体” (Tyranny)。

主权者少数——“寡头政体” (Oligachy)。

主权者多数——“贫民政体” (Democracy)。(亚氏的Democracy观念并不是被人民建设的，为人民建设的政治，乃是被贫民建设的，为贫民建设的政治。)

甲种是正当的国家，乙种是腐坏的国家。他说:

政府由一个人支配，因为他谋公共利益，我们叫做“君主政体”。不由一个人支配，又不由多数人支配，便是“贵族政体”。所以称它为贵族政体，或者因为主权者是最好的人，或者因为他专心营谋国家市民顶好的利益。有时市民都是国家的执政者，并谋公共的利益，这种政府便是“立宪政体”。

由前边所说的政体腐败下来，君主政体便变成“专制政体”；贵族政体便变成“寡头政体”；立宪政体便变成“贫民政体”。因为专制政体是专以君主利益为目的的一种君主政体；寡头政体是专以财阀利益为目的，贫民政体是专以穷人利益为目的，都没有顾及全国公体的。(第三篇第七章)

以上所说的政体区别，都是以主权者人数做标准的，究竟人数不过是政体发生的结果，并不是发生政体的原因。寡头政体同贫民政体的特征，不单是统治阶级的人数，事实上还有个重要的特征：便是统治阶级一个是富有金钱的财阀，一个是一贫如洗的穷人。如果因为富有财产的

古代晚期的雅典学园

原因才得到政权，那么，无论统治阶级人多人少，都可叫做寡头政体；如果因为一贫如洗的原因才得到政权，那么，也无论统治阶级人多人少，亦可称作贫民政体。由此看来，人数问题，不过是事实的结果，绝不是事实的原因。

国家的区别是从原素生出来的；国家原素是最高道德，统治者便是“首出庶物”的元首，政体便是君主政体；国家原素是文化和高等道德，统治阶级便是有教育有道德的人，政体便是贵族政体；国家原素是武士和平庸的道德，统治阶级便是平庸的人，政体便是立宪政体。专制政体的原素是武力欺诈，所以专权自恣的人便得到政权；寡头政体的原素是金钱，所以富有金钱的人便得到政权；贫民政体的原素是生而有权，所以一般贫民都得到政权。且把它做一个表如下（参看白尔克《柏拉图、亚里士多德的政治思想》第一一四页）：

(甲)以公共利益为目的的宪法：

君主政体——原素——最高道德。

贵族政体——原素——教育和德行；

统治阶级——有教育有德行的人。

立宪政体——原素——武人和平庸的道德；

统治阶级——平庸的人。

(乙)以自私自利为目的的宪法：

专制政体——原素——武力欺诈。

寡头政体——原素——金钱；

统治阶级——富有金钱的人。

贫民政体——原素——生而有权；

统治阶级——贫民。

以上是亚氏以国家目的、统治人数、国家原素为标准，区别出来的政体；此外还想拿政府机关做标准，来区别政体。他以为国家必不可少的机关共分三种：(一)讨论机关，(二)执行机关，(三)司法机关。各政体的特质都看这三种机关怎样分配而定。凡把一切公务全行委付人民公议，人民大部分在法律上有最高权力；执政官由抽签选任，凡是公民都有做官的权利；司法机关也是由市民全体投票或抽签选出审判官组织的，便是极端的民治政体。凡权力集中在一部分人的手中，讨论机关、执行机关、司法机关都为最富阶级独占去了；人民对于法案虽然许他投票，但是不能提出反对的意见；对于官吏虽然可以劝告，但是取舍之权仍在行政长官手里，便是极端的寡头政体。凡把政务分给各机关管理，执政官、司法官都用抽签投票的折中办法，从有相当的财产阶级选出；讨论机关由有相当财产的市民组织，依法律行使相当的职权，便是立宪政体。凡把一切政权放在适当的长官手中，应用寡头政体的组织法，但是首长的资格不以财产为主而以德行为主，便是混合的贵族政体。这都是以政府机关的分配来决定各种政体的特质。

亚氏政体的分类不但很嫌复杂，并且连区别的标准也没有弄得十分的确当。比方立宪政体和混合的贵族政体究竟有什么很大的区别？变形的民治政体政权也在少数富人手里，更同寡头政体一样。这种分类的错乱重复，也是无可讳言的。但是他所说的政体三大分类——君主政体、贵族政体、民治政体——和隐藏在国家组织背后的两大势力——社会势力、经济势力——一直到现在还受许多学者崇拜，亚氏政治学说的影响，很可以在这些地方看得出来。

但是亚氏不但区分政体的种类，并且更进一步比较政体的优劣。君主政体以最高道德为原素，如果得到这种“首出庶物”的人，便用不着受法律的限制。但是这种人是很难得的，与其由近于完全的人来统治，不如由近于完全的法律来统治。因为多数人的判断总要比一个人好些，多数人总不比一个人容易破坏。个人容易为感情所动，一为感情所动，判断便容易错误；多数人绝不能个个都受感情的牵制，同时都朝一条错路上走。亚氏的意思似乎以君主政体为一种理想，认定它是很不容易见诸实行的，所以他的政治理论常常拿民治政体做基础。

亚氏的政体比较论很有许多地方近情近理的。譬如他说拿贵族政体同君主政体比较，贵族政体是由有教育有德行的人统治，虽然人数很少，而且几个人在一块更容易分党分派；但是几个好人治国，究竟总比一个好人治国好些。换句话说：贵族政体——只要不是寡头政体——究竟总比君主政体好。再以贫民政体同寡头政体比较，贫民政体以平等为正义，寡头政体以不平等为正义，都有自身的利益杂在当中，都不能公平判断事务。一个以为只要身体自由这一件事平等，一切事都可平等；一个以为只要财产这一件事出众，别的事都可以出众。都忘记了国家真正的目的，不单是生活，乃是高贵的至善的生活。再拿贵族政体同立宪政体比较，虽然多数胜于少数，多数人判断诗歌、音乐比几个人的判断强；但是贤智总胜过凡庸，所以凡庸千万，总比不上几个贤智。换句话说，立宪政体总比不上贵族政体。至于那专制政体全以武力欺诈为事，简直不能列入合理的政体之中了。

五、法律观念

亚氏法律观念一方面和柏氏一样，一方面又和柏氏恰恰相反。亚氏只承认法律是立法者自由创造的，不要问社会的意思是怎样。只拿法律做教育人民的材料，再以这种教育造成社会的意思。这一层很同中国儒家一派“圣人立法，愚者制焉”的意思相同。孟子说：“遵先王之法而过者未之有也。”“圣人，人伦之至也。”（《离娄篇》）荀子说：“圣也者尽伦也，王也者尽制也。两尽者足以为天下法，极矣。故学者以圣王为师，案以圣王之制为法。法其法以求其统，类其类以务象效其人。”（《解蔽篇》）这一派都把法律看作“标准模范”，都把法律看作圣贤自由制定的。这是亚氏和柏氏相同的地方。

但是亚氏有个地方和柏氏相反，便是柏氏只承认主观的法律，而不承认客观的法律；亚氏却想废掉主观的判断，建立物观的标准。亚氏最反对主权者以心裁轻重，因为一个人裁判，必然被忿怒的私情蒙蔽，很容易弄错。所以说：

> 人类有欲望，有感情，如果得到最高的政权，虽是善人也要为它所左右。真正的法律，便是脱掉情欲的理智。（第三篇第十六章）

他以为人类精神上的制裁，便是理智；人类责任，便在使情欲服从理智的支配。法律既是理智，便是人类精神上的制裁，便是人类道德生活的客观的标准。亚氏承认法律的客观的性质便是法律的好处。如果柏氏要批评亚氏，必定要同荀子批评慎子一样，说亚氏“蔽于法而不知贤”了！

亚氏《政治学》中更有一段形容客观性的法律的好处。说：

> 论者以技术为例，说治病单照医书行事，是很不好的；不如托付熟练的医生才好——这是错误。医书对于病人没有一点偏见

的感情，断不致因此违背医术原理；至于医生，则不但为病人设想，并且以得到金钱为目的。办理公务的人也是这样，很有许多地方要以自己的爱憎行事。如果病人恐怕为医生所误，那么与其照医生的意思行事，便不如照着医书行事了。不但这个，便是医生自己有病，总要找别的医生医治；教体操的人总要同别的会体操的人公同运动。这都是对于关系自身的事件，想免掉自己的偏见，得到正当的判断。（第三篇第十六章）

这些地方，很像慎子一派想免除“诛赏予夺从君心出”的流弊，建立一种“无建己之患，用知之累”的客观的法律观。

亚氏既承认法律是理智，便不能不反对哲人派（李可福郎）的法律契约说。哲人派以为法律是彼此同意制定的，拿来做社会上彼此权利冲突的保障。照亚氏看来，这种法律观单把法律看作保护人类生命财产的东西，未免把法律的范围看得太狭。国家不单是人类生命财产的保险公司，乃是一个道德的社会，使人类求道德的生活。不仅仅是消极的禁止人民犯罪，并且是积极的使人民得到至善的生活。说到这个地方，又发生一个问题：就是“法律到底是人造的，还是自然的呢”？亚氏既不承认哲人派彼此合意制定的契约说，当然不承认法律人造说，而承认法律自然说了。因为法律是理智，是正义，这种理智、正义是普遍的，是人人必不可逃的，不要制定公布，自然有效。但是亚氏却不认为人与自然相反，且亲信自然有了缺陷，便是使人类做事的机会。比如国家虽然是自然生长的，却要经人力依照天然的法则来组织一番，才能完成天工的缺陷；法律也是这样，它虽然是自然的天理，但要经立法家遵循天则把它编制出来，才能成为社会规律。自然法虽然是普遍的原理，但是各国也不尽然一样；人为也可以稍稍加以修正，变更它的范围。经人力修改一道的法律，便是制定法，这是亚氏自然法和制定法的区别。

六、经济观念

希腊人对于经济的生活，大概都不大看得起，因为他们理想中的国家，不单是为生活起见，乃是为高贵的至善的生活起见的。高贵的至善的生话必定要脱掉物质之累，好拿全副精神，专向道德的生活去做。因为把道德的生活放在第一位，便不得不把经济的生活放在第二位；因为把经济的生活放在第二位，便不得不把经济的生活从国家的范围内抽出来，放在家庭范围之中。亚氏以为“政治”和“经济”是两个对立的名词，经济学是管理家务的技术，政治学是支配国务的技术。如现在“政治经济学”这个名词，在亚氏看来，很觉得不可通了。——因为经济是在政治范围以外的。

因为亚氏看不起经济的事业，所以把生产的问题排除在高尚的学理范围之外。他只承认财产是维持生活的东西，不是维持高尚生活的东西；故取得财产不但不是国家的职务，并且是家庭中最卑贱的职务。他把取得财产的方法分为两种：（一）自然的取得，（二）不自然的取得。以自然取得的方法为得到纯粹生活的必要品的方法，这是经济学范围之内应该研究的。例如畜牧、狩猎、种植都是。渔业也附在这一类。不过最奇的是他把掠夺财产也看作自然取得的方法，这是他的自然观念错误的地方。怎么叫不自然取得的方法呢？就是以蓄积无限的富财为主，不是以维持生活为目的的。他以为商业无论是用以物换物的方法，或是用以钱换物的方法，总是出乎生活必要的范围之外，这也是不自然取得的方法。至于使用金钱，或用利息借贷金钱，都必定要生出许多弊害的。大概看不起经济的事业是希腊人的普遍心理；但是亚氏虽然也恶憎商业，可是他关于生产交换很有明了的解释，关于使用价值和交换价值的区别，也有充分的说明。货币的主要职分，也是自亚氏首先介绍的。不过他的资本观念不大明白，所以把利息看得有害的事体罢了。

亚氏所说的经济，内容可分为三部：（一）奴隶，（二）财产，

（三）家庭，但是奴隶是家庭的一部分，财产是家庭的附属品，严格说来，经济只不过是一种家计的管理罢了。

（一）奴隶

希腊社会上生产事业全靠奴隶，各城奴隶除了斯巴达的海罗慈（Helots）之外，大概全是从低等文化的国家——如小亚细亚一带——收买来的。这类奴隶的命运是很安稳的，在家庭之中也同家人一样看待，不由法庭判决亦不得处以死刑。亚氏所说的奴隶大概都指着这一种。就他们的知识能力说，只配做生产的事业。因为有这几层原因，所以高谈道德生活的亚氏也不得不为习惯和利害牵蔽，反对哲人派“人为奴隶说”，大唱“天生奴隶说”。甚且以为奴隶是天然的器具，是天然的生产要素之一。且看他说：

> 凡工人想制造一切有一定目的的技艺，都要有适当的器具。管理家庭也是这样。器具有多少种，或是有生的，或是无生的。例如运船的器具，一种是桨舵，是无生命的东西；一种是水手，是有生命的东西。奴隶也是这样，也是做许多技艺的一种器具。财产是维持生活的一种器具，土地是供给许多用处的一种器具。奴隶是有生的器具，家庭中的奴隶是比别的器具更有价值的器具。（第一篇第四章）

亚氏的奴隶是家庭各种财产中的一种财产，同牛、马、猪、羊一样，这是天然生成的东西，并不是人力迫压的。所以他说：

> 一切生物都是由精神和身体构成的，一个是天然的治者，一个是天然的被治者。（第一篇第五章）

照亚氏说来，有思想的人便是主人，有体力的人便是奴隶，这是天公生定的，用不着人力加功。经济上生产的事业，可完全托付劳力的人——奴隶手里，用不着劳心的人再去分心过问了。这种看不起经济的心理，差不多是希腊人的通病。

（二）财产

亚氏把货财（Wealth）看作满足道德生活的一种工具。说货财是“有用于城市家庭团体生活的各种东西的总积”。又说是“为国家家庭之用的各种器具的总体”。这种货财工具说，很和密尔（John Stuart Mill）把货财看作各个人各社会为达到目的的一种方法相同。

亚氏的经济原理又有重农轻商的彩色，注重自给的经济，反对贸易的经济，这些地方又同法国十八世纪“重农学派”（Physiocrats）以农业为生产一切物品的特别职业，把工商各业看作加工的职业，不是生产的职业相同。亚氏主张自给的经济，所以不重看金钱，说金钱没有自然的价值，单有金钱必不能达到必要的目的。商业专以得金钱为目的，霸占他人的需要，侵害他人的利益，都不是这真正的经济目的。真正的经济目的，不在积聚金钱。说到此处，便仍然归到亚氏人类不止于求生活，必定要求至善的生活那句话上去了。

亚氏攻击共产主义的理论，可算得两千年中最有力量的议论。他以为共产主义实际上有种种不能行和不可行的理由：

（一）行共产制度，劳动和劳动的报酬一定不能够平均。且看他说：

> 如果农夫不是市民的时候，这件事便很容易说；但是如果市民自己耕地，那么，所有权的问题便发生困难了。如果他们的劳苦和享乐不能平均，这一部分人劳动多而所得的少，对于那一部分劳动少而所得消费多的人，必定要愤懑不平了。人类只要住在一块而有公共东西，便常常发生这种困难，对于公有财产那就格

外是难上加难了。“商贾同人的组合”便是一个好例：他们关于普通事件总是常常纷争的。我们同奴隶也是这样，也时常同天天在一块生活的奴隶闹起冲突出来。（第二篇第五章）

（二）在共产制度之下生活，便把享受私有财产的快乐丧失了。他说：

人类觉得那种东西是他自己的，便不知道有多大的快乐。因为自私虽然是要受责备的，但是自己爱自己是人类自然的感情；所谓自私，不单是自己爱自己，乃是爱自己太过，便同守财奴爱惜金钱一样了。因为一切的——差不多一切的——人多少总有一点爱钱和与钱相仿佛的东西。（第二篇第五章）

（三）在共产制度之下，慈惠的道德便没有发展的机会。他说：

对于朋友、宾客等做出慈善或帮助的事体，更是最大的快乐，但是这件事必定要在私有财产的时候才可办得到。在这种国家之中，要消灭两种道德：（一）对于妇人的礼节，（二）对于财产的度量。在公产的时候，没有人可做出慷慨大方的样子和豁达大度的行为；因为慷慨的度量是由用财表现出来的。（第二篇第五章）

（四）在公产制度之下，人类更要纷争，不但不利益，更且要丧失许多利益。

柏氏想用共产制度做调和社会的方法，亚氏的反对也注重在这一点。亚氏以为声音必定有个高低长短缓急之分，才可以调和起来，成为一种音乐，人类的能力也必定要有个贤愚强弱之别，才可以互相帮助，成为一个社会。共产主义不是调和社会，却是使社会成为单调。音乐最恶憎的是单调，因为单调不能成音；社会也是这样，断不可不用力避掉这种单调的生活。

亚氏所说的共产，不但说生产出来的物件，并且说到为生产要素的土地上来了。他说共产共分三种：（一）土地分给各人所有，但把生产物积聚在公共的储蓄所，以供消费——这是许多国家所实行的。（二）土地归公共所有，公同耕种，但是把生产物分给个人，以备个人私用——这是“野蛮人”所行的一种共产制。（三）土地与生产物一齐都归公有。其实这三种共产制度都不是柏氏所说的共产制度，柏氏所说的共产，不过是护国阶级把农民贡献的财产统归公用，农民自己仍然得私有财产，故亚氏所反对的是社会共产制度，并不是柏氏所说的护国阶级的共产制度。

但是亚氏也并不是承认财产私有为最后的目的；他说必定要利用私有财产求达到道德生活的目的——由正当的习惯、正当的立法支配它，使它做达到道德生活目的的方法——才算正当。所以亚氏对于财产虽然主张私有，却仍是想达到公用的目的。

（三）家庭

亚氏的国家基础是建在家族制度之上的，是联合许多家庭组织起来的。家庭和国家不但是程度不同，并且是种类不同。家庭的职务第一是教育儿童，预备造成国家的市民；第二男女是天然要互相接合，互相依靠，才能够生育；第三主仆必定要以家庭的关系相接合，一方才能够完全支配，一方才能够完全做器械。亚氏最不满意柏氏无家庭的主张。柏氏以为做父母的不知道谁是自己的孩子，然后对于国家一切的孩子，自然会发生浓厚的爱情；亚氏却以为爱情是对于自己私有的东西上发生出来的，私有的东西就是爱情发生的本源。如果使做父母的不知道谁是自己的孩子，不但不能够引起更浓厚的爱情，并且连谁也不爱了。至于共妻，也是亚氏所反对的。他以为使个个妇女都为社会公共妇女，一方使人爱情不能注在自己私有的妇人身上，一方又使人类对于别人妻子的那种高尚荣誉的节制的道德不能发展。因此便极力的保护家庭制度，说没有家庭制度的单一国家是不能成立的。

亚氏也认定国家和家庭有些地方是可以统一的，但是不能完全统一；如果统一超过一定的限度，便不成一个国家。国家的统一，是要从道德的生活上做起，从精神的统一着手，不能从消灭家庭村落的组合着手。如果要想统一坚固，必定要用公共教育的精神做手段，才可以办得到；倘若消灭特殊的组合，便不啻消灭国家。

七、理想国家

亚氏的政治哲学固然是从历史的事实中寻找出来的，所说的制度固然都是希腊的实际制度，但是因为他用的是历史的方法，所以又把实在的国家各种好处各种坏处都拿来从他脑筋中改造一道，铸造出来一个理想的政治制度。他的理想的政治制度有种种条件，但是这些条件都是他研究各国政治截长补短集合起来的。在亚氏看来，都是着实可行的，不像柏氏的共和国是想到做不到的。亚氏理想的政治制度想由三个条件做到：（一）理想国的物质基础——就是民质、人口、国境、城郭，应该怎样才能够维持理想国的生活。（二）理想国的社会基础——就是职务、财产、阶级，应该怎样分配，才能把这种理想国组织成功。（三）理想国的教育原理——就是政府应该用什么方法教育人民，才可使这种理想国实现。由此看来，亚氏的理想政制，要在理想的条件之下，才能够制造成功，这便是他受柏氏思想的影响的地方。

（一）物质基础

物质基础的里边最重要的是民数、民质、地理、气候、人种这几项。理想国的人民，以刚刚够做国家各种职务为度，人口过多便难统治。市民多的国家未必便是最强大的国家，因为奴隶和外国人并不是国力的渊源。市民必定要彼此互相知道，统治的人对于归自己裁判的市民不能不知道他们的性质，市民对于统治的人也不能不知道他的才具。且国家的目的在能够自给，如果人口过少，便又要仰给他人了。归总一句话，市民的人数：（一）要使彼此能够互相认得，互相知道；（二）要彼此能够互相接济。市民的性质：（一）要有智慧；（二）要有勇气。换句话说，就是要把欧洲北部人种的勇气和小亚细亚人种的智识兼而有之才好。

国家的都会应该建设在什么地方？这是希腊人争论很久的问题。亚氏以为理想国的都会可以在陆地，也可以在近于海岸的地方。因为近海，便可用海陆两军防御外患，便可以输出国内过多的物产，输入过少的物产。但是贸易仅可按照都市生活的必然的需要情形而定，却不可专为图谋利益起见。都市各部分的交通必须灵便，地址必定要安全，可以躲避冷风，且可以供给许多清水。大概在亚氏那个时候，已经是战争不歇的时代，所以建都的问题，关系非常重大。当时有许多人反对都市近海之说，以为都市近海，外人来住的必一天比一天多，法律便难得贯彻；交通一繁，商人必然趋多，商人越多便越难统治。更有许多有钱的人因为平民往来海外，交换智识，便越向于平民政治，他们嫌恶平民政治，因而归罪于海。亚氏不极端的反对都市近海之说，也是他倾向平民政治的一个证据。

（二）社会基础

物质的基础是造成理想国天然的条件，社会的基础是造成理想国人为的条件。因为国家的目的首在自卫自给，要想自卫自给便有必不可少的六种要素：（一）农夫，（二）艺术家，（三）军人，（四）富人，（五）牧师，（六）执政官。这六种要素便是跟着理想国六种职务而来的。理想国的六种职务：（一）预备粮食，（二）举办技艺，（三）训练军旅，（四）储积财物，（五）崇拜上帝，（六）决定国政。这六种职务之中，尤以军事、政事为重要，军事要托付青年和勇敢的市民，政事要托付老成持重和富有经验的人。按照年龄给与他们的职务。使市民在少年时代，便来当兵；到了老年的时代，便来治国。照这样做去，一来，老成持重的政治家，必然不至于浮动，像斯巴达国家那样好战；二来，军人政治家没有阶级可分，军人不反对政治家，政治家也不仇视军人，那种阶级竞争的坏处，便不啻从根本上打破了。这是亚氏想打消柏氏按才分级、按级授职，拿阶级做职业区别的标准，使治国阶级专于治国，护国阶级专于护国，致生出阶级倾轧那种病根。

亚氏以为在极贫极富两阶级造成的社会基础上，绝对建不起来理想国。因为极端的财阀必然骄傲，没有服从的性质；极端的穷人必然愚陋卑劣，没有统治的能力。只有中等社会占多数，才能够保持得住社会的和平秩序。得乎中道的政体便是立宪政体，立宪政体便是不偏不党、调剂均平的最好的政体。

大概柏氏就是不说理想国的时候，心中总横着一个理想国的情境在内；亚氏就是说理想国的时候，心中却只有一个比较的适当政体在内。亚氏理想中的最好政体虽说是君主政体贵族政体，但是不一定拘泥。他以为要想知道哪个政体最适宜，必定要先看社会的情形是怎么样。譬如在穷人数目超过富人的社会，当然以平民政体为最好；在富人权势可以统治穷人的社会，又当然以寡头政体为最好了。唯在中等阶级最占优势，把贫富两阶级一齐压住的社会，才可适用立宪政体。由此看来，亚氏心目中已经没有“放诸四海而皆准”“建诸万世而不悖”的政体。这就是他从历史的方法和比较的方法上得到的经验。

（三）教育原理

亚氏的教育目的有三：（一）为将来市民在社会中得到地位的预备；（二）养成市民道德的生活，使他与社会相调和；（三）使市民得到一种技艺。故亚氏的教育便是政治的道德的技艺的教育。

亚氏的教育责任，也是不委托私人的。为什么呢？（一）因为教育制度与国家的宪法有关，教育是想发展市民的政治才能，使保存国家的宪法；（二）国家目的只有一个，凡是国家的市民必定要全体统一，所以教育不能让私人去随意发展个人的特性；（三）市民是属于国家不能自主的，所以必定要受国家所定的教育。这就是亚氏的教育只有年龄的差异没有阶级的差异的原因（亚氏教育自养成精神、身体、道德三个目的上说，却完全和柏氏的教育目的相同）。

综看以上三项——物质基础、社会基础、教育原理——可见得亚氏的理想国是纯粹拿希腊城市国家做模型，并不是凭空结撰的。亚氏与柏氏不同的地方：（一）柏氏只承认理想国是理想的，是不容易实行的；亚氏画出这个模范，却以为是可以实行的。（二）柏氏的理想国是一个贵族政体；亚氏的却是一个民治政体。不过这种民治政体之中，除了多数奴隶以外，还有许多艺术家、商人、农夫，没有政权。在现在看来，也同贵族政体差不了许多了。（三）柏氏理想国中护国阶级为国家做事，是一种"公仆"的性质，并不为着自己的安宁幸福；亚氏的市民替国家做事，却是为着自己的安宁幸福。这都是他两个人不同的所在。

八、政治革命

《政治学》三、四两篇所说的政体变迁，是从君主政体经过寡头政体、专制政体变到民治政体，是从社会的经济的进步上发生的，都是变迁的实例。五篇中所说的政体变迁，是因为实际政治违背学理而发生的，都是变迁的原因。政治革命大概可分为四种：（一）建设新的不同的政制，（二）由革命党管理现行的政治，（三）增减现行政制的权限，（四）改废现行的政制。大概亚氏生在希腊城市国家之中，眼见希腊政治生活变迁不定，今天是这样政体，明天又变成那样政体；这个城市趋向平民政体，那个城市又趋向贵族政体。这种政治纷扰阶级冲突的情形，印到亚氏那种敏捷精细的脑筋之中，逼着他不能不搜集历史的旧例，用科学的方法把它分解出来，看看革命的真正的原因到底在什么地方。总计亚氏所研究的：是看看革命有多少原因？原因的性质到底是什么样？

什么质素可使什么国家衰败？各种变迁从什么地方发生？变到什么地方为止？有什么质素可以保持特种国家或普通国家？用什么方法可使各种国家能够好好的保持得住？综括说起来，有两层最重的意思：（一）发生革命的原因，（二）防止革命的方法。

（一）发生革命的原因

亚氏政治学的基础可以说是完全建筑在"正义"两个字之上的。他所说的正义，便是"称物平施""各得其所"、公公道道、不党不偏的意思。

他的实行正义的条件，便是平等；平等法原理便是在不平之中求到各得其平的境界。人类中尽管有智愚贤不肖，但是必定要使智愚贤不肖各得其所；社会中尽管有贵贱贫富，但是必定要使贵贱贫富各安其分。平等原有两种：（一）绝对的平等，（二）相对的平等。譬如多数人看见只有少数人掌有特权，便希望一种绝对的平等；少数人以为他们所有的特权，实在是他们从门第和才能得来的，因此便主张相对的平等。一说到平等，必定要比例平均，万不能拿一件事做标准。譬如民治政体，因为自由一点同等，便要主张事事皆绝对的同等；寡头政体，因为财产一点出众，便要主张事事皆绝对的出众。这种绝对的标准，可算是根本错误。两方面皆因为在政治上所得到的分位，同事事同等，或事事出众的理想不能相合，不得不发生各种不平的感情，这些不平的感情便是造成革命的祸根。

政治变迁的形式有改变宪法的，也有不改变宪法的。譬如把平民政体改成寡头政体，或把平民政体、寡头政体改成立宪政体、贵族政体，都是改造宪法的革命。再如独揽政权，只要把行政大权集于一身，虽然不改变宪法，也可以叫做革命。更有一种程度的问题，譬如同是寡头政体，或者想把它造成极端的寡头政治，或者想把它造成稍好一点的寡头政治，也是一种革命。另外有一种改革官制问题，也可算做革命。譬如斯巴达的李森德（Lysander）想推翻王权，鲍森里（Pausanias）想推翻监督官，都属于这一类。

归总一句话，一切革命的扰乱都是从不平等起来的。因为人人都以求平等为目的，如果看见同自己一样的人，竟然比自己占优胜，或者比别人已经占优胜了，自己还不自足，还要占优胜；再有一部分人不是骄傲，便是贪婪；不是尊崇人太过，便是待遇人太薄。还有那种族混杂，阶级竞争，国内没有中等阶级，国外又有相反的制度，诸如此类，都是扰乱的原因。这些原因的根芽都生在不平等上，所以不平等便是普通的革命原因。

（二）防止革命的方法

既已明白了破坏国家的原因，便可得到保持国家的方法。救济革命的方法大概有三种：（一）从政治制度上着手，（二）从社会阶级上着手，（三）从教育制度上着手。

就政治制度说，行政长官对于参与政治的人和没有政权的人应该有善良的处置法。享有政权的阶级，不能不严守民治主义，就职的任期，无论何人，都应该以六个月为限，使人人都有轮流就职的机会。一个人如果久掌政权，便易于做坏事；如果把许多政权集中在一个人手里，更容易使人堕落。更有一件最要注意的事体，便是官吏万不能与金钱接近。譬如在寡头政体之下，把政权、荣誉、利益一齐集中在富人之手，那就更危险了。使少数阶级和一般人民满意的最好的方法：便是把官职公之全国，不给薪俸，国家财政一齐公开，不让官吏乘机私用公款。——这都是从政制上想出的防止革命的方法。

就社会阶级说，凡是趋到两极端的东西，都是挑惹反对的媒介。贫富阶级不平等，便惹起阶级的竞争；政权分配不平等，便惹起权利的竞争，没有中等阶级能够把极贫、极富、极有权力、极无权力的两极端阶级压倒，政体便不能安稳。——这是从社会阶级上想出的防止革命的方法。

亚里士多德授课图

此图由阿拉伯帝国阿巴斯王朝（8—11世纪）学者所绘。

再就教育制度说，拿宪法的精神教育市民，是保持国家最好的方法。如果青年没有受过训练，不知道某种质素是保持某种政体的最重要的质素，那么，所定的法律便不能通行了。但这并不是说在寡头政体之下，便叫他崇拜货财；在民治政体之下，便把他们养成不识不知的愚民。如果这样，便是助长各种政体已经养成的坏处。因为在寡头政体之下的贵族子弟，一生过的是放荡逍遥的生活，一般平民劳苦不堪，必定要希图革命；在民治政体之下的一般愚民，误会自由平等的意思，便流于放纵，必定要破坏宪法的限制。真正的教育必得要拿宪法原理养成青年的习惯，救正青年种种的坏处，使他们对于一种政体发生爱护的感情，并且有保持的智力。——这是用教育来防止革命的方法。

总而言之，革命是从不平等发生的，要想防止革命，必先要防止不平等的原因发生。

九、亚氏政治哲学的价值

思想本来是时代精神的结晶，无论哪个超群出众的思想家，总脱不尽当时普通思潮的彩色。亚氏政治哲学本有许多地方是他个人的特见；但是也有许多地方总是为希腊思想特质和城市国家写照。他用历史的方法来研究学问，照说很可以得到历史进化的观念了，但是他认定无论个体的事实怎样变来变去，那个物种总是一成不变的。他既已承认自然的意志是经过人类的精神制造过一遍的，既承认国家是人类的本能仰承自然的意旨创造的，照说很可以主张人类中心的学说，很可以主张国家是人力创造的理论了，但是他总要根据希腊普通思想，说国家是自然创造的。他既然认定经济势力同社会势力都在国家组织的背后占了很重大的地位，照说很可以把经济的事业引进政治的范围之内了，但是他偏偏脱不掉希腊人看不起经济的成见，总想把经济事业放在政治范围和道德的生活之外。因为他拿希腊的城市国家做模范，所以他的政治组织都是适用于十万人以下的小国家制度。因为希腊人国家的思想太重，所以对于自由平等的观念很有许多误解，再也不承认它是发展个人才能的媒介。便是反对专制主义，也只反对柏氏所说的方法，并不是认定专制主义为个人自由发展的障碍。因为希腊人的普通思想只认希腊民族为文明的民族，配管理国家，别种民族都是野蛮人，只配做奴隶，所以他的社会组织的基础便建设在奴隶制度之上，并认定奴隶是天然生成的阶级，这种制度是合于正义人道的制度。因为希腊人的思想，政治伦理的目的完全一样，所以他虽然把政治学从伦理学中抽出来，造成独立的科学，但是总把教育放在国家直接支配之下，说教育政治的生活便是教育道德的生活。亶林（Dunning）说："如果人家以为柏拉图的《法律篇》是雅典化的斯巴达的思想，那么，亚里士多德的《政治学》便更明明白白的是斯巴达化的雅典的印象了。"（见《上古中古政治学史》九七页）这是亚氏跳不出希腊思想圈套的地方。

但是亚氏对于政治学很有几个重大的贡献：第一个贡献便是使政治学同伦理学分离，并且单注重实际的政治。他对于政治学有两个解释：（一）以政治学为关于人类绝对的善和绝对的完全的国家之纯正科学，——这是同柏拉图一样的；（二）以政治学为讨论实际社会中实际人类的宪法上、法律上关系之实用科学，——这是同柏拉图不一样的。但是他虽然有这两个见解，他自己的研究，却是偏重在实际方面。他所说明的关于实际社会政治活动力的形式和动机的那些理论，到现在还可算作名言。这都是他把政治学弄成独立的科学，并且专从实际上着手的效果。

第二个贡献便是研究政治学的方法。原来政治变迁都有因果的关系，不考察所以变迁的原因，便不能找到救济的方法。自从亚氏用历史的方法、分析的方法、比较的方法，来研究政治学之后，便成了一种新趋向——从综合的抽象的研究，变到分析的具体的研究，因此便发现政治组织应该适应时代变迁的公例，把那不问自然、气候、地理、经济、知识、道德的情状怎样一概适用理想政治的论据，几乎从根本上推翻了。这又是希腊政治学从理想归到事实的一个关键。

亚氏市民生活的理想，也可救济现在主张专门为生活奋斗的缺点。他以为市民不是为生活而生活，乃是为至善生活、高尚生活而生活。生活只是人类达到终极目的的方法，专为生活而生活便是禽兽的生活。这层见解虽然有混合政治道德和以奴隶供主人牺牲的弊病，但是很可救济主张专为生活奋斗而止的人的错处。

亚氏虽然误解自由平等的真正意义，但是对于自由与权力的调和很有特别的见地。他以为国家天然有治者和被治者两个阶级，这两个阶级，以这方面的意思服从那方面的意思，才有政治的组织。人类如果要想享受安宁，必定先要服从法律。“服从宪法的生活，并不是奴隶的行为，却是最高的幸福”（第五编第九章）。官吏的特别职掌虽然在发布命令，但是命令之上，仍须有舆论和习惯法的分子存在。他的舆论和习惯法的原理，便是“两个好人总比一个好人胜些”“多数人的意见总较少数人胜些”。由此看来，亚氏所说的自由与权力调和，便是以少数人的意见服从多数人的意见的意思。

亚氏认定主权是决定最高行政事务和政治上重大问题的权力。究竟主权应该归于多数人民，应该归于少数人民，或者委托于一个人呢？在他看来，人民总体的总合的德行，总比一部分的德行高些，这就是他主张主权在人民总体的意思。但是他说主权在于人民总体，并不是说教人民直接去处理政务，乃是说国家重大的问题应该由人民决定。譬如评论音乐的好坏，不单靠乐师自己，要靠旁听的多数人民；所以判断政治的

阿高拉

虽然阿高拉是雅典民主的心脏，但它却遭遇过亚里士多德的猛烈批判。

好坏，也不能单靠当权的一部分人，必定要靠旁观的一般人民。因为这个理由，所以说国家的主权应该在人民的全体。至于国家重大的问题，人民应该由什么方法解决呢？从实际上说来，也不过是用选举或别的方法来选任行政官罢了。由此可见他这种主权的观念，很有些和近代的学说相同。

此外还说立宪政府有三种机关——讨论机关、执行机关、司法机关——虽然和近代三权分立的学说不同，但是总算是政府分职的学说的发端。他又认定经济的势力对于政治组织和政治活动有很大的影响，把贫富阶级的冲突，看作政体变革的最大的原因；讨论政体的区别、行政机关的整理和政治的革命，又都在经济的作用上搜求根据——这都是他所发现的政治与经济关系密切的原理。

以上几层都可算是亚氏政治学的价值。

本章参考书：

Barker，*Political Thought of Plato and Aristotle*.（后半部）

Dunning，*Political Theories*.（第三章）

Farrell，*An Introduction to Political Philosophy*.（自三四页到一〇六页）

Willoughby，*Political Theories of the Ancient World*.（第十一章）

Pollock，*History of the Science of Politics*.（自一七页到二九页）

第四章
希腊晚年的政治思想

一、政治思想的趋向

柏拉图和亚里士多德的政治学说在当时实际政治上并没有发生什么影响，最有影响于政治思想或政治生活的却是斐立布式的军政制度和亚力山大式的帝国主义。自从斐立布征服希腊各市之后，用马基顿的君主政体和军政制度把希腊人看作人类万不能脱离的城市国家完全压倒，把希腊人那种人生脱离国家便没有生活的价值的迷信一齐扫除；自从亚力山大杂集许多文明野蛮的种族、高低不齐的文化，聚拢起来造成一个世界的国家之后，又把希腊人一城一市的小国家观念根本取消。因此便生出两种趋向：（一）国家同个人分离，故政治思想很倾向个人主义；（二）小国家不能独立，故政治组织很倾向联邦和世界主义。

斐立布推翻希腊民治政体之后，希腊各市已经失掉自由独立的资格，市民又没有参与政治的机会，一方面减少人民政治的热心，一方面又把人民从社会国家之中解放出来。这时城市国家已经不是政治发动的所在，已经不配使人民得到高贵的生活，所以政治思想便从国家趋到个人。大家渐渐明白满足个人需要，不必要绝对的依靠国家，便不是神仙，不是禽兽，也可以离开国家自谋生活。这就是当时思潮所以倾向个人主义，所以从积极的、自然的、道德的国家观，变成消极的、人为的、法律的国家观的原因。

马基顿虽然以武力征服希腊，但是终不能叫希腊人服从，亚力山大一死（纪元前三二三年），马上就起来反抗。希腊人很善于应付政治的环境，一看见散漫无纪的小城市不能够抵抗武力统一的国家，故当纪元前三世纪的时候，就组织成功两个重要的联邦：一叫做亚嘉亚联盟（Achaean League）（纪元前二八一年设立的）。二叫做伊多尼亚联盟（Aetolian League）（纪元前二八〇年设立，这两个联盟都到纪元前一四六年被罗马灭掉了）。这种联邦是拿民族来代替城市，联邦的组织便是希腊民族的组织。亚嘉亚联盟有中央议会，每一个联盟的城市有一票权；又有中央行政部和裁判所。单独一市不能宣战媾和，或同外国私定条约。中央政府并且是直接的民治制度，并不是代议制，凡过三十岁以上的市民都有出席中央议会的权利。联邦的目的是想藉各市的团结势力来驱逐马基顿的势力，因为他们已经知道城市国家的势力不够用，故来组织邦国的国家（Country-State）。到此时希腊人的国家观念已经脱掉自然的基础，建设在功利的基础之上了。

自从亚力山大帝国主义成功之后，埃及人、亚细亚人、雅典人、托来西人（Thracian）都成为一个国家的人民，因此便把小国家、小种族的观念和“希腊人是天生的文明种族，别的人都是天生的野蛮种族”的偏见一并打破。往日以为国家是天然生成的，现在却以为是以友爱的情谊，互相结合的；这种情谊就是真理，凡是人类都有共同的志愿，都有同等的权利，都服从在一个真理的法则之下。个人同人类全体的关系，比较个人同特别国家的关系更加重要；人类理性的结合是个根本问题，特别的政治结合不过是偶然的事体。这种思想便把个人从特别国家社会之中解放出来，想造成以人类理性相结合的一视同仁的世界。

以上种种思想的结晶便成了两派学说：一是斯多亚派（Stoics），一是爱璧鸠鲁派（Epicureans）。

二、斯多亚派

斯多亚派是在纪元前四世纪的末尾，由柔诺（Zeno）倡导起来的。柔诺重要的思想，大概是从犬儒派（Cynics）得来的，犬儒派的始祖安体斯庭（Antisthenes）又是苏克拉底的学生，所以斯多亚派也可算做苏克拉底一个旁支。苏氏死后，关于伦理学一方面，差不多要以斯多亚派为代表，一直到耶稣教盛行的时候，还继续存在。

芝诺

芝诺（约前 336—前 264），古希腊斯多葛学派创始人。据说因乘船遇险而来到雅典，遂留下学习哲学。作品有《共和国》和《论依照自然生活》等。

柔诺生平事迹可以知道的如下：

前三三六年（周显王三三年）生于希腊城市（Citium）。

前三一四年（周赧王元年）到雅典来，从犬儒派的克来特士（Crates）、美加纳派（Megarian）的斯特波（Stilpo）、大学院（Academy）的鲍里门（Polemon）（前三一四—前二七〇年）学习。

前二九四年（周赧王二一年）在希腊 Stoa Poikile 讲学，因此，凡是他一派都得个斯多亚的名号。

前二七六年（周赧王三九年）往马基顿朝。

前二六四年（周赧王五一年）死。

柔诺思想上所受的影响，以犬儒派为最大。所以要想懂得柔诺的思想，必定要先懂得犬儒派对于道德、国家、社会的观念。

犬儒派是雅典的安体斯庭创始的（安氏生于纪元前四四四年、死于前三六五年）。在这派之下，除了安氏还有戴奥哲士（Diogenes）（生于纪元前四一二年、死于前三二三年）、克来特士（纪元前四世纪下半世的人）诸人。安氏少年时也从高捷士（Gorgias）（哲人派）学过修词学的。自他做苏克拉底的学生之后，便大受苏氏的感化，苏氏死后，便在希腊讲学，不但造成一派伦理学说，并且做了苏氏和斯多亚派连成一贯的中介。

第欧根尼·拉尔修像

第欧根尼（约前 412—前 324），古希腊犬儒学派的主要代表。书中译作戴奥哲士。曾就教于安提斯泰尼，他的传闻轶事经过学生的宣扬，对后世，特别是对斯多葛学派有相当影响。

大凡国家主义最盛或社会情形不安的时候，总有一派似无政府主义的思想发现，这是时代反动必然的结果。我们研究苏氏的伦理学说经过犬儒派变到斯多亚派的变迁线索，觉得很有些趣味。安氏从苏氏得到的伦理学根本观念便是“道德——不是快乐——是生存的目的”。苏氏把伦理同道德极端调合起来，故说“道德就是知识”；安氏更把这个原理的范围弄得格外缩小，凡是个人能力做不到的事都一齐排除在道德的范围之外；因此更进一步，趋到极端的个人主义上去，不承认社会、国家与人生有什么关系。只要是有智慧的人便可以自足，便不要受一切物事的拘束。由此推论下去，便不要婚姻，不要家庭，不要社会，不要政治；并且不要快乐，不要名誉，不要货财。因为权力、声望、金钱都是使理性汩没的东西，都是使精神失其自然的媒介。人类只要自己生存，只要为自己生存。人类最高的目的，就是自己听自己的理性指挥，以求“自知”“自我实现”。

戴奥哲士也说，求道德的生活，必定要先断绝物质的快乐，必定要忍饥受苦才可以得到善行。所以他的弟子们以后都做乞丐的生涯，穿的是穷人衣服，吃的是粗糙菲薄的饭，以为人为的社会与真理至善相冲突，必定要“返真归朴”，才能够实现道德的生活。有智慧的人不要在人为的特定的国家中生活，因为他是“世界的市民”。所以采纳尔（Zeller）说：

他们理想的政制便是自然世界，一切人类同在这个世界中过群集的生活。（希腊哲学史）一二〇页）

这一派人都是革命家。不但反对人为的社会国家，并且反对人为的习惯礼节，更连自然的羞耻心都一齐反对，因为羞耻心是由顾忌人家意见发生出来的。他们更反对宗教的信仰，以为人类真正可崇拜的只有道德一样。

把犬儒派的思论综合起来，觉得他们推翻一切政治、社会、习惯、礼节、名誉、金钱、快乐、信仰，抬高个人的地位，很有些像个人的无政府主义家斯特拉（Max Stirner）；但是斯特拉连真理都看做因人存在的东西，绝对不承认有在“我”之上的真理，和我必定要受他管束的真理；犬儒派却要崇拜道德，却要为道德自苦。他们推倒一切典章文物，回复到自然世界，很有些像老子的“返真归朴”，但是老子只要昏昏闷闷的人，犬儒派却要有聪明智慧的人；老子要人“甘其食，美其服，安其居，乐其俗”，犬儒派却要人断绝物质生活的快乐。他们忍饥受饿，做那种乞丐的生涯，很有些像墨者“以裘褐为衣，以跂蹻为服，日夜不休，以自苦为极”，但是墨者的苦身是想“利天下”，犬儒派的苦身却是想脱掉物累。——这都是犬儒派同这三派不同的地方。

安提斯泰尼像

安提斯泰尼（约前 444—前 365），古希腊犬儒学派的奠基人。先是智者高尔吉亚的学生，后来一直跟随苏格拉底学习。他发挥了苏格拉底重视德行的思想，但是反对柏拉图的理念论。

苏克拉底有两句名言，就是“道德即知识”“政治即艺术”。苏氏不但把道德和政治看得一样重，并且想以政治的方法来达到道德的目的。犬儒派却丢掉政治一方面，单讲道德一方面。所以苏氏先国家而后个人，犬儒派却重个人而鄙弃国家；苏氏以为想求道德的生活必定要受国家的支配，犬儒派却以为想求道德的生活只要听自己理性的指挥。大概这时的希腊正在尊崇国家主义，苏氏是个保守派，所以“因势利导”，想把举国奉为保种御外的国家变成造就道德生活的国家；安氏等是些革命家，所以想从根本上改造，打破举世崇拜的“脱离国家便没有生活价值”的观念，来做些“自我实现”的苦工，并倡导“必定要离开人为的国家才可以做到自我实现的生活”的学说。不过犬儒派还有一点始终没有脱掉希腊人的彩色，就是看不起经济的事业，以为精神的生活应该在物质的生活以外去营求。故犬儒派不要货财的原因，也就是继述苏氏的柏拉图所以主张共产，亚里士多德所以不要执政官管理金钱的原因。

我们懂得犬儒派的思想大略，才可以讲斯多亚派的思想；再要想懂得斯多亚派政治思想，又必要先懂得斯多亚派的人生观。照斯多亚派说：人类只是宇宙的一部分，应该顺从宇宙的法则。且看侯克士（Hicks）在《斯多亚与爱壁鸠鲁》（*Stoic and Epicurean*）中说：

> 我们且丢开全体的宇宙来讲他的部分，论到各个的人类。个人是一部分，只是合理的一部分。他同这有机的总体和别的类似部分有一定的关系。他的态度就是由这些关系的知识决定。因为他是一部分，所以他是附属的，并且要同别的部分一样，必定要服从宇宙的律令。这个律令是在他理性之中指挥他做什么事，或禁止他不要做什么事。因此，爱壁克体特士（Epictitus）便宣告说最高的目的是顺从上帝，请求上帝，承奉他的事务，服从他的命令。（见原书七六页）

失韦纳（Schwegler）在《哲学史》中也说：

> 斯多亚派的伦理学是同他们物理学（Physics）相关连的。在物理学中，证明宇宙合理的秩序是由神意而存在的。在伦理学中，说人类行为的最高法则，生命的精神的统治，是靠着宇宙中合理的秩序和适合宇宙的法则。我们努力的最大目的，就是使我们的生活符合宇宙的法则，就是生活在适应世界或自然的调和之中。（见他的《哲学史》英译本一六四页）

由此看来，斯多亚派的道德格言便是“顺应自然”（Follow Nature）四个大字。

人类为什么要“顺应自然”呢？因为人类的理性是宇宙真理的一部分，这种天然生下来的理性，是人人相同的，并没有什么差别。因为理性相同，所以人人皆应该互相亲爱，如同手足一样，不能以偶然发生的国家界限来妨碍理性的亲爱。国家虽然是人类政治性的结果，但是把世界人类分成国家，使他们你仇恨我、我仇恨你，实在是违反人性。必定要把世界人类通同合在一块，成为一个社会，享受同等权利，才不致违背天理。由这种一视同仁的理想之中，便生出来斯多亚派的“世界主义”（Cosmopolitanism）。

奥勒留像

奥勒留（121—180），古罗马皇帝，晚期斯多葛派的最后一位著名代表。主要著作为《沉思录》。他特别发挥了斯多葛派关于宇宙是一个完善的整体，以及部分服从整体的学说。

斯多亚派的世界主义虽然含有“世界国家”（World-State）的原理，却不是以法律组织以武力统治的政治国家，乃是一种“理想的普遍帝国”（An Ideal Universal Empire)。这种理想的国家没有国界的区别，不受历史上国家的拘束，老实说来，只是一切人类以天性相合的社会。所以文德邦（Windelband）说：“斯多亚派所设想的这种帝国，政治的权力只居第二位，第一便是一个知识意志之精神的统一体。”（见他的《哲学史》英译本一七五页）大概斯多亚派里边的人，多是外国人寄居在雅典，并不是雅典的市民。他们本来没有参与政治生活的权利，因此便想把伦理学与政治的关系减到最小限度，对于人生问题便想单拿个人的自己力量去解决，不靠着国家的力量来帮助。又因为那时希腊人与野蛮人的区别很严，在社会上、政治上都不能享受一样的权利，便是哲学家如亚里士多德一派人，还维持这种习惯，说文明人、野蛮人、主人、奴隶都是天造地设的。有这种种原因，又加上希腊被马基顿征服了，合欧亚接近的两个地方人民通同做一个帝国的国民；一切政治的原动力又已经从希腊各市的议会移到马基顿的朝廷去了；希腊人到了这时受各种情形激刺，不得不轻视政治的生活，打破国家的现状，想造成一个以理性相亲爱的“乌托邦”。

在斯多亚派这种理想的国家之中，只有一种法律、一种权利，就是自然法和自然权利。——因为宇宙间只有一种普遍的真理。一切人类都是从一个父母生下来的，故人人都是弟兄。这种以理性亲爱相结合的精神世界，很可以医治那时希腊人天天在强暴势力之下生活的痛苦。到了罗马，社会上政治上都很受这种学说的影响，把“世界的法律”“世界的市民”等理想居然造成事实。到了伯平尼恩（Papinian）、保罗（Paul）、欧尔平（Ulpian）诸人出来，又把人类同胞的理想，自然法的观念和正义的原理，通同阐发尽致，并收到实际上的功效。耶稣教起来，更把这一派学理和罗马当时事实融成一片，组成一个系统，一直传到如今。

三、爱璧鸠鲁派

这时和斯多亚派相反的就是爱璧鸠鲁派。这派的始祖就是爱璧鸠鲁（Epicurus），生于纪元前三四一年（周显王二八年）。从老西芬士

（Nausiphanes）学到底谟克里特（Democritus）的哲学原理。他的伦理学说一半受底谟克里特的影响，一半又受色林来派（Cyrenaic School）的影响。他于纪元前三〇六年在雅典讲学，学生中朋友也有，女人也有。一直到前二七〇年死的时候都住在雅典。生平著作非常之多，就是《自然论》（*On Nature*）一种就有三十七卷。现在所存的不过些“断简残编”罢了。

爱壁鸠鲁的思想既然是从底谟克里特和色林来派得来的，我们要想懂得他的思想线索，不能不说一说这两派思想的大概。底谟克里特（大约生于纪元前四六〇年、死于前三七〇年）本是一位原子论家（Atomist），他说宇宙是无数物质的原子相互作用的结果，这些原子并没有宗旨、没有知解引导他，和斯多亚派宇宙是一体的，是有理性的，是有目的的见解刚刚相反。因此便又说人类是物质的许多微尘凑合起来的。经过许多困难才凑合成功。所以人类在这生活最短时期中应该要享受一种幸福。因此便把伦理观念放在快乐的基础上，以为生活的真正目的就是幸福，这种幸福是由精神的舒服上得来的。他所说的幸福并不靠着物质，不要财物和身体的快乐，——因为这都是痛苦的出产品——全靠着生活舒服。道德最有价值，因为它可以实现最高的幸福。道德之中最重要的便是“正义”和“仁爱”。愚昧、恐怕［惧］、嫉妒都是发生精神痛苦的原因，精神的痛苦又是生活不安的原因，要想过安稳的日子，必定要尽力排除

伊壁鸠鲁像

伊壁鸠鲁（前341—前270），古希腊著名的唯物主义哲学家和无神论者。书中译作爱壁鸠鲁。他把世界看作没有神工没有意志的无数原子集合而成的机械，人类在这种无知识无目的的世界中，善恶的分界完全以自己的利益做标准。

扰乱精神的东西。底谟克里特很看得起国家，他说我们承奉国家，正因为“一个好好支配的国家是我们最大的保障”，“当国家正盛的时候，一切事体都兴旺；当国家衰败的时候，一切事体都败坏”。

色林来派总算是由亚里士梯蒲（Aristippus）（大约生于纪元前四三五年，死于前三五〇年）创起来的。亚里士梯蒲本是色林（Cyrene）的人，早年便到雅典来，慕苏克拉底的大名，便做了苏氏的学生。中年便到希腊各市去游历，晚年又回到色林去开校讲学，收许多男女奴隶的门徒，自成一派。他的哲学从苏氏道德和幸福两个原理上起首，但是偏重第二个原理——幸福，把快乐看作生活的目的。凡是可以给我们极大快乐的，都认作好的。他的伦理学中根本原则便是，我们一切行为必定要朝着使我们得到最大快乐的方向走。因为把快乐看作生活的标准，故专门朝快乐方面做去，不做和自己快乐无关的事体，叫人要收金钱的酬报（亚里士多德因此便叫他哲人派）。他以为一切情形都要由于自造，快乐要自己去求，不要依靠政府。他费掉许多时间，在海外东跑西奔的，就是想使他自己脱掉一切的拘束。他这种离开社会、离开国家的生命，简直同苏氏的理想根本反对。

爱璧鸠鲁一方面受了这两派学说的影响，一方面又受时势的反动。大概希腊这时社会的情形已经乱得不像样子了。各城市连年打仗，今天打破这个城，明天又打破那个城。皮罗波里塞战争（Peloponnesian War）（前四三一—前四〇四）把雅典政治上的霸权完全夺掉，克林斯战争（Corinthian War）（前三九五—前三八七）把克林斯（Corinth）完全破坏，梯白战争（Thebes War）（前三七九—前三六二）使斯巴达一败涂地。先从自己家里杀起，所以马基顿的斐立布一来，全希腊都变成属土。亚力山大以武力统一欧亚，人人都在武力政治下，战战兢兢的过日子。亚力山大一死，部下的将领又分城掠地，你争我抢的闹个不休。——这些情形从四面八方逼来，怎能叫一般富有思想的希腊人，不把人生问题反复想个着落呢！这时国家糟到这步田地，又怎能叫人不把思想集中到“怎样以自己的能力救济自己”一个问题上来呢！

斯巴达遗址

斯巴达位于伯罗奔尼撒半岛南部的拉科尼亚。公元前6世纪中叶起，斯巴达逐步与伯罗奔尼撒半岛大多数城邦组成伯罗奔尼撒同盟，以对抗雅典。在波斯的帮助下打败雅典，公元前404年，成为延续27年的伯罗奔尼撒战争的胜利者和全希腊的霸主。

故当爱璧鸠鲁的时候，正是人生问题最难解决而且最要解决的时候，所以一般哲学家都趋重这一个问题。爱璧鸠鲁自己因为受底谟克里特的影响，故把世界看作没有神工没有意志的无数原子集合而成的机械。人类在这种无知识无目的的世界中，当这有生的一刹那间，应该怎样生活？换句话说，人类的生活究竟为的是什么？爱氏解答这个问题就是“幸福”两个字。他把幸福看得同快乐一样，又把快乐看作善，把痛苦看作恶，以为凡是快乐总是有利于自己的，凡是痛苦总是有害于自己的。善恶的分界完全以自己的利益做标准，和近世功利派中的边沁（Bentham）的功利解释完全相同。边沁说：

功利（Utility）这个字是个抽象的名词。是说一件东西脱恶向善的体用。凡恶都是苦，不然，也是招苦的原因。凡善都是乐，不然也是致乐的原因。凡是有利益于个人的，必定可以增加个人幸福的总积。有利益于社会的，必定使组成社会的各个人都增加幸福的总和。

……所以功利只以苦乐为比例，并不许别的观念杂在当中。（见《立法原理》第二页）

这几句话，差不多就是爱氏幸福观念的解释，因为爱氏的幸福观念是这样，所以把道德、哲学、国家、社会都看作自己没有价值的东西。它们的价值全在它们能够做人类得到快乐的方法。

爱氏既然以个人自己的利益做估计事物善恶的标准，故对于国家社会也不根本反对，不过要问一问国家社会究竟是不是建筑在个人自己利益之上罢了。人类服从国家，只因为国家能够防止侵犯个人利益的不正当的行为；服从法律，只因为法律能够保障个人自己的利益。这种契约说的国家法律观几乎同从前哲人派和后来契约论派完全一样。

究竟法律和正义是怎样发生的呢？照爱璧鸠鲁看来，在自然世界中的最初人类同禽兽一样生活，后来渐渐的脱离野蛮状况，才同禽兽的生活分开，但是最怕野兽的爪牙伤害他们。后来偶然得到火，又发明有用的技术，才渐渐的有部落的生活，才渐渐的变成友谊互助的社会。爱氏以为在这种社会中，“公正的人精神上享受莫大的舒服，不公正的人烦闷达到极点”。由这两句话推想起来，可见得法律和正义确是从保护自己的安宁与防止不正当的侵害的观念上彼此互相定约发生的了。所以他说：

自然的正义是一种便利的契约，防止侵害人家或自己被人家侵害的（Epicurea P.75，3 Golden Maxim No.XVⅡ）。这些不能彼此互相定约的动物，便没有正义与不正义之分了。人类如果不能互相定约，或不愿互相定约，结果也是这样（Epicurea P.78，10

Golden Maxim No.XXXII）。

由此可见爱氏所说的正义，乃是为防止害人或被害的目的设定的；是人为的，不是天生的。这种人为的正义是这一国和那一国不相同的；只要它便利，自己的国家便可存在，如果认为不便利，便没有拘束人的力量了。

因为防止侵害是法律和正义的唯一目的，所以能够达到这个目的的政府，他们也不反对。但是他们虽然不反对政府，却不一定要自己亲身去参与政治的执行，只在为自己安宁必要时才可以参与政事。因为私人生活比较官吏的生活安静平稳的多，官吏的责任实在是妨碍自己快乐的，他们所以要逃避政治，就是认政治为妨碍或扰乱真正幸福的东西。至于那拿刑罚来恐吓人，使人天天战战兢兢的在恐怖之下过生活，那就更是痛苦，更是不正义了。

总而言之，爱璧鸠鲁派只认得一个幸福为人生最高的目的，只要快乐，只要平安无事，有国家也罢，没有国家也罢；立宪的国家也罢，专制的国家也罢；在希腊城市国家之下也罢，在马基顿帝国之下也罢；这些问题在他们看起来，都是无足轻重的。后来他们的门弟子越讲越远，竟养成“及时行乐”和“得过且过”的心理，所以迈尔士（Myers）说：“因为他们放纵各种嗜欲，故可以一句话说明这派哲学的全体，就是：‘明天要死了，好让我们吃吃喝喝罢！’”（《上古史》三三五页）

爱璧鸠鲁派虽然说求乐避苦，但是与佛家所说的“涅槃”不同。佛家小乘一派所说的“涅槃”是断灭的境界，以生为苦，必定要度脱生死，使我们心和体永远消灭。爱璧鸠鲁派却把生命看得很有价值，因为有生才有欲望，不要禁欲，只要从欲所好。这个地方也和斯多亚派相反。斯多亚派想解脱一切外界的负累，如果不能解脱便可“自杀”。自杀不但可以脱离身体的苦境，并且可以保全精神的自由。爱璧鸠鲁派不但不主张自戕生命，并且以生命为欲望的主体，所以要从欲所好，为的就是这条生命。再斯多亚派的宇宙是以理智、爱情相结合的，爱璧鸠鲁派的宇宙却没有爱情。所以说："除了为自己利益之外，再没有人去亲爱别人。"可见得就是交情，也是以彼此利益为主了。

爱璧鸠鲁派的自利，又有些像杨朱的"为我"主义。他们在希腊那种知有国家、不知有个人的社会之中，居然敢大着胆子提出"为我"的理论，总算是说了柏拉图和亚里士多德所不敢说的！但是爱璧鸠鲁派虽然大唱为我的理论，却不做那种损人利己的为我的事，因为他的正义观念是"防止侵害人家或自己被人家侵害"的，正和杨朱说的"智之所贵，存我为贵；力之所贱，侵物为贱"和"人人不损一毫，人人不利天下，天下治矣"意思相同。爱璧鸠鲁派不主张制欲，要想从欲所好，也和杨朱说的"故从心而动，不违自然所好"和"从性而游，不逆万物所好"意思相同。杨朱不求久生，也不求速死，无非是"从心而动""从性而游"；爱璧鸠鲁派也反对自杀，要人家把生命当作生命。大概杨朱与爱璧鸠鲁派所处的时代，都是痛苦的时代。生命财产朝不保夕，在这个时代，除掉极端的耐苦家如斯多亚和墨子一派之外，自然只有一种及时行乐家如爱璧鸠鲁和杨朱一派了。这就叫做时势的反动。

本章参考书：

Hicks，*Stoic and Epicurean*.

Zeller，*Greek Philosophy*.（Sects，24，37，38，66-67）

Sidgwick，*The Development of Europeans Polity*.（第九章）

Thilly，*History of Philosophy*.（第六、八、二—三各节）

Seelye，*Schwegler's History of Philosophy*.（第九、一三、一七、一八各节）

Willoughby，*Political Theories of the Ancient World*.（第十二章）

第二编

罗马政治思想史

古罗马竞技场

该竞技场是迄今遗存的古罗马建筑中最卓越的代表，也是古罗马帝国国威的象征。

第一章
罗马的政治组织

罗马人对于政治哲学虽然没有什么贡献，但是它的实际制度很有影响于后来的政治哲学；对于法律不但确定法理的根本观念，并且还把法理的系统弄得很完全。罗马民族不长于理论，却长于实行，能把理论上所不容易融洽的各种民族、各种阶级、各种制度融成一片，建设出来一种实际政治。因为这样，所以要想懂得这时政治学说，必定要先懂得这时实际上的政治组织。

罗马政治变迁，可分作三个时代：

（一）王政时代（自纪元前七五三年［周僖王四年］—前五〇九年［周敬王十一年］）

（二）共和时代（自纪元前五〇九年—前三一年［汉成帝建始二年］）

（三）帝政时代（自纪元前三一年至纪元后四七六年［南朝宋废帝元徽四年］）

现在且略为述一述这三个时代的政治组织。

一、王政时代的政治组织

罗马社会最小的单位便是“家”（Family），靠“家”生活的有“被护民”（Client）和“奴隶”，再大一点的组织单位便是 Clan，是由家扩大起来的，更大一点的社会组织，便是 Curia，是同宗、同祖、同一祭祀、同一信仰的人民团体，征兵和最初议会投票都以此做区域。家是社会最重要的团体，Curia 是政治和军事上最重要的基础。在 Curia 之上更大的社会组织便是 Tribe，罗马古代共计有三个 Tribes，每一个 Tribe 是十个 Curia 组织成功的。这些 Families、Clan、Curia、Tribes 都是罗马的社会组织和政治组织的基础，由此便组织成功罗马的社会。

罗马的城市（City），也同希腊古代的城市一样，是一个独立的统治团体。城市的元首便是王，王一方面是人民的父亲，一方面又是一国的元首，军队的大将，教会的最高的祭司。在国王之下有一个“元老院”（Senate），是贵族中最有财产最有名望的人，如家长或 Clan 的首领，组织起来的。有两种重要的职务：（一）备国王的咨询，（二）决定人民会议通过的一切事件。又有一个根据宗族原理组织起来的“贵族议会”（Comitia curiata），这并不是一个正当的立法机关，只是选定新国王，赋予国王以最高和终身的权力的机关。

最初政治权利只归世袭的“贵族”（Patricians）特别受享，“平民”（Plebeians）的人数非常之多，但只享受一部分的市民权（罗马的市民权分公权和私权两种。最重要的私权又分为两种，就是商业权、婚姻权。公权分为三种：在公会中的投票权、做官权、对于官吏的设施诉于人民的权。这都是罗马市民最有价值的权利），自然要生出不安的现象。所以这时的政策：第一在融洽各种不同的人种，第二在打破阶级的差别。因为想达到第一个目的，所以先把普通人民分做许多团体，使 Tribe 的数目加多，组织亦渐渐变动。因为想达到第二个目的，所以使平民脱离奴隶的地步，让他们加入贵族阶级，得享受市民的权利。这时有个“百人会”（Comitia Centuriata，or Assembly of Hundreds），仿效梭伦宪法的前例，不以家族为主，乃以有当兵资格和有自由财产权的平民贵族合在一块组织起来的。这个会的目的就想调剂阶级的不平，使贵族、平民都有参加会议的权利，原来的“贵族议会”不过仍然存在罢了。到这个时代，Curia 的团体更加重要，数目也格外的加多。后来更定下以人数为主的投票制，没有钱的贵族反比有钱的贵族势力更大。——这几种趋势都是酿成罗马共和政治组织的原因。

二、共和时代的政治组织

罗马当纪元前五〇九年驱逐了国王之后，便变成共和政体。但是政体虽变，制度还没有什么绝大的差异，不过把推选的做终身官的一个国王改作一年一换的两个“执政官”罢了。这种改革的功劳本来出自贵族，结果贵族便把持政权，执政官虽然由“百人会”选举，但是限定只有贵族才有被选的资格，故那时只有贵族有做元首的希望。在王政时代固然是贵族政体，就是在共和初年，也仍然是贵族政体。执政官既是将官，又是法官，又是行政官，两个人的权力相等，彼此都有你牵制我、我牵制你的权力。牵制太过，行政部很觉得微弱不能做事，所以当紧急的时候，必定要设个“狄克铁特”（Dictator）（独裁官），权力和从前的国王一

恺撒遇刺图

随着恺撒权势的增强，日益怀恨于心的罗马共和派元老贵族决意谋杀恺撒。公元前44年3月15日清早，借恺撒只身赴元老院开会之机，这位罗马伟人身中23刀后，当场身亡。

样，一点不受限制。

罗马的贫富阶级的战争，比希腊恐怕还要激烈。政治上既不能享受平等的权利，经济上又受了许多的压迫，负债的贫民多变为债主的财产，听他卖作奴隶，听他处以死刑。他们忍无可忍，想脱离罗马市建设一个新城（后来叫做 Sacred Mount），预备用武力来同贵族死战。后来这两阶级调和的结果，遂设立一个由“平民议会”（Concilium Plebis）选举出来的“护民官”（Tribune）（后来增加到十名之多）。护民官的身体神圣不可侵犯，俨然同外国公民一样，所住的宅子，昼夜开门，好让受虐待的平民跑进去躲避。防止贵族政府侵害平民和否决执政官的法令，是护民官的两大职务。他虽然没有积极的命令权，但是他的消极的禁止权不受一点限制；无论什么行政行为都可干涉。当他发言的时候，如果有人打断他，都算犯罪。这个官职，不但在贵族平民纷争的时候有很大的权力，并且在罗马政治史上还占了重要的位置。由此可见罗马政治制度的发达变迁都是受了贵族平民互争政权之赐，经过这两世纪政争的结果，才把互相制衡的两个阶级合成一个市民团体，得享受同等的公权、私权，完成一种富豪、平民互相掺杂的政体。

平民贵族的阶级打破之后，选举护民官的 Concilium Plebis 变成 Comitia Tributa，在共和末年为最有名的立法机关。“百人会”仍然存在，做选举执政官的机关，和裁判执政官犯罪的终级审判厅，对于和战问题并有最后的决定之权。至于“贵族议会”完全丧失从前政治上的权力，不过管管宗教的事务罢了。只有“元老院”名义上虽然为咨询的机关，事实上政府大部分职务都由它支配，如同外国人民的关系，罗马人民和联盟国人民的关系，国家的财政，政治上社会上特权的支配，——这些权力都在“元老院”的手里。由此可见，罗马平民的要求不在支配公务，只在选举支配公务的官吏；不要自己有权可以做官，只要自己有权可以问官吏的责任，阻止官吏滥用威权来侵害自己。自设立“平民议会”之后，平民阶级仿佛自成一国，有“护民官”来做保护他们权利的公使，但是只要求不受官吏压迫，只要求“平民议会”的议决有成为法律的效力，至于贵族做大官的特权也不要求取消了。罗马平民所以这样委曲求全的原因，大概不外两种：（一）因为外患紧急，激成爱国尚武的精神，爱国尚武的人民自然有一种服从政府的习惯；（二）罗马“平民议会”的表决权，不以个人自由意志做单位，只以地方和行政区域的 Tribe 做单位。这种部落里边乡下人比城里人居多，“乡下耕种的人不要统治，只要能抵得住恶政”（Sidgwick—*The Development of European Polity*—四八页）。这便是罗马只能成为贵族式的共和政体，不能实行真正的平民政体的原因。

三、帝政时代的政治组织

鲍里贝士（Polybius）说：罗马政治组织是君主政体、贵族政体、民治政体三种原素融合起来的，执政官代表君主政体，元老院代表贵族政体，平民议会代表民治政体。所以平民的势力大便变成共和，官吏的势力大便变成帝政。当罗马征服附近各种民族之后，所有属地都称为省，

恺撒驱赶元老院成员

公元前 49 年，已识破庞培和元老院企图解除自己兵权阴谋的恺撒，经过深思熟虑，决定打回罗马，夺取罗马的最高权力。图为进军罗马后，恺撒军队驱赶元老院成员的场景。

各省最高权力都集中在中央派遣的“地方执政官”手里（地方执政官叫做Proconsul Propretor）。在共和时代，各省人民都没有市民权，对于地方执政官最初还可以当他任满的时候去弹劾他。后来地方执政官极端的乱用权力，弹劾的方法已经没有效力；到凯撒（Julius Casar）以后，罗马的政治，实际上已经变成武人专制时代。凡是在纪元前四世纪中元首所失掉的各种权力——例如司法权被新设的Praetor（执政官）夺去，修改元老院议员簿和财政等权被新设的Censor（调查官）夺去之类——都一齐收回去，集中在一个终身官的手里。到了奥格司特士（Augustus）把执政官、调查官、地方执政官……种种权力集聚在一个人手里，政体便变成帝政。这就是罗马的政治革命所以用不着杀人流血的原因。

自从“格来基改革”（Reforms of the Gracchi）（纪元前一三三年）之后，元老院实际上的权力比从前更大，寻常平民议会的议决案和执政官分内的职务，事实上已经有让给元老院管理的习惯。到了这时，在新组织之下仍然保留许多权利，他的议决便成为正式的法律。但是到了纪元后二世纪的时候，皇帝的权力逐渐扩大起来了，皇帝的意见常常为法律的渊源。修改法律的权柄都在皇帝一人手中，皇帝的上谕和法律渐渐没有区别。到底克里敦（Diocletian）（自纪元后二八四年起到三〇五年止做罗马皇帝）之后，凡立法、司法、行政等事都归皇帝一人独断。原来的平民议会在奥格司特士的时代虽然还承认他有提出法案权，但是到了谦贝尼士（Tiberius）（自纪元后一四年起到三七年止做罗马皇帝）的时候，立法的唯一机关便是元老院，平民议会的立法、选举等权利都渐渐的丧失了。

罗马的社会组织本来是拿宗教做基础的，宗教的信仰便是联合罗马社会的一种胶漆，所以罗马的法律、政治没有一种不受宗教的影响。但是法律家的主张多把政权和神权分开，说立法权力和政治权力都发源于罗马的人民，说人民的意思就可以成为法律。直到帝政成立之后，利用历代宗教尊奉帝王为神的思想，说皇帝的身体和权力都是神圣的。自奉基督教为国教之后，虽然不说皇帝的身体是神的部分，却说皇帝的权力是从天下降的，一切官吏的权力是从皇帝降下来的，皇帝的权力又是从

格拉克兄弟

为了对抗帝国丑闻和不公平，格拉克兄弟提出一个具有野心的改革计划——收敛罗马精英分子的狂妄自大，并且更公平地分配帝国主义所带来的财富。但是，改革最终以失败收场。

神意降下来的。这时所谓国民统一，便是全体一致遵奉皇帝、服从皇帝的意思。

总看以上各种情形，可见罗马的政治基础，是把各种不同的政体——君主政体、贵族政体、民治政体——凑合在一块建设起来的；罗马的社会基础，是拿一种很完备的普遍法律，将各种不同的民族联合统一起来的。罗马人征服异种人民的方法和波斯、巴比伦各国绝不相同，一个是以奴隶待遇被征服的人民，一个是以市民待遇被征服的人民。政治、法律都是一同待遇，所以便造成世界主义和普遍法律两种原则，直到如今还有影响于世界的政治哲学。

本章参考书：

Abbott，*Roman Political Institutions*.

拿破仑第三：《罗马史》（据《日本兴亡史论刊》行会译本）

Sidgwick，*The Development of European Polity*，*Lects*.（X，XI，XII.）

Wilson，*The State*，III.

第二章
鲍里贝士

一、鲍氏略传

鲍里贝氏（Polybius）本来是一个希腊人。他于纪元前二〇四年（汉高祖三年）生在希腊亚嘉亚联盟的首国亚加底亚（Arcadia）。死于纪元前一二二年（汉武帝元狩元年）。当马基顿衰败之后，罗马人渐渐来侵略希腊。鲍氏同许多政治家联成一党，决定亚嘉亚联盟的政策。鲍氏本是平和派，对于罗马主张取一种消极的态度。到了前一六七年，罗马完全征服希腊的时候，亲罗马派便把联盟党中有名的人物一齐送到罗马去做抵押。鲍氏留在罗马都城十七年（前一六七年—前一五一年），后半生的生活便是游历和观察罗马各处。同罗马许多政治家交好（尤与小 Scipio Africanus 常聚在一块），趁这个机会，搜集许多材料做成一部《罗马史》（该书只有五卷完全存在，其余三十五卷都残缺了）。这部罗马史从纪元前二二四年起，到前一四六年克林斯（Corinth）城毁灭的那一年止，叙述罗马兴盛起来的原因，记载罗马统治属地的情形，解释政治组织的原理。但是鲍氏名义上虽是罗马时代的著作家，其实仍然是希腊的著作家，虽然也可以算做政治哲学家，其实确是一个历史哲学家。

二、政体和政变循环

富于政治理想的希腊人，忽然看见长于应用、长于实际政治组织的

科林斯卫城入口

科林斯系古代希腊的奴隶占有制城邦，扼中希腊与伯罗奔尼撒间的交通要道，前146年为罗马所灭，后成为罗马治下的亚该亚行省的中心。图中的科林斯卫城入口为希腊军事建筑风格最好的残存实例之一。

罗马人，在最短的时期之中，几乎把全世界都征服下来了，自然要生出一种研究的态度，寻找它所以能够统一世界的实效究竟在什么地方，和用什么方法来统治被征服的民族。鲍氏一部《罗马史》的目的大概就在这几点。他说：

> 我的著作的要点最能够有益于学者的，便是可以使他们知道有什么情形，在什么政制之下，使罗马能在将近五十三年之间，几乎把全世界都屈服在它的势力之下，这是从前没有先例的一件事。（第六卷，从 Schuckburgh 的英译本）

又说：

> 这部历史的大旨，是想说明在什么时候，用什么方法，有什么原因，使全世界都屈从罗马的势力。（第六卷）

大凡历史的政治学家，不问研究哪种制度，总有两种注意的地方：（一）要问一问这种制度怎样发生？经过了怎么样的变化？（二）要问一问设下这种制度究竟是什么用意？制度本身到底有什么价值？——这种态度叫做“历史的态度”。鲍氏说明罗马政治组织的功用和价值，就是由这种态度得来的。所以他说：

> 真正有教益于研究历史的人，便是明白观察事体的原因，然后对于特别的事件能够有选择较好政策的能力。我们认定在各种的国家事业中。这个政制的形式是兴衰成败最有力量的动因；因为施行一切观念和计划，不但由此发源前进，并且要由此才能够做得成功。（第六卷）

这种看得起政治组织的观念，便是从历史方法中得到的。

鲍氏《罗马史》第六卷与他历史家的政治观最有关系，凡政治社会的起源、变革，和罗马政治制度的分析，都在这一卷中详细讨论。

鲍氏不承认君主政体、贵族政体、民治政体为唯一的最好的政体。为什么呢？因为君主政体的名称只能适用于在位由人民同意、为政讲道理不讲威力的一人政体，如果用别的方法行政便叫做专制政体。贵族政体的名称只可适用于因才能出众而得到政权的少数人的政体，不然便可叫做寡头政体。民治政体的名称也只可适用于崇神、尊亲、敬老、服法的多数人的政体，不然只可叫做暴民政体。故最好的政体必定要混合三种政体的质素另外融成一个政体，譬如李克格士（Lycurgus）创造斯巴达的制度便是这样。由此可见鲍氏推重混合政体比亚里士多德更进一步，所以他的结论，只承认君主、贵族、平民三种政体合成的罗马政体为世界上独一无二的最好的政体。

这六种政体在历史上怎样发生的呢？鲍氏以为先从强制的专制主义变到君主政体，败坏下去便成为专制政体。君主政体和专制政体两下一齐灭亡之后，又变为贵族政体，败坏下去便成为寡头政体。寡头政体因为治者有不公正行为的结果，便惹起人民反抗，再变为民治政体，败坏下去，平民暴戾放纵，不守法律，又变成暴民政体。——这便是鲍氏所说的政体循环变迁的线索。要想证明他这种说法，非把他所说的各种政体的起源衰败的历史说一说不可。以下且说鲍氏的政治的起源观。

鲍氏以为世界最初因为洪水灾荒和别的原因，几乎把人种灭完了，把社会习惯的和技艺的知识都失掉了。从这些灾难中剩下来的人，自然要同禽兽一样，大家合聚在一块。这个时候，体力强大和胆气勇壮的人，自然可以率领体力弱的和胆气怯的人。这种强者勇者统率弱者怯者的事实，无论人类、兽类都是一样，这是自然的教训。这种权力的限度完全由体力大小而定的最初社会，我们可以给它一个名称，叫做“专制主义”（Despotism）。后来这些群聚的人类，有了家庭的观念和社会的关系，便养成了一种新习惯，人类心中才有善恶是非的观念。正义是与义务相终始的。义务的观念就是因为被人救济而发生的。譬如有人在危急的时候，被人救出危险，如果被救的人还要伤害救人的人，那么旁边的人一定要痛恨这被救的人了。故人类凡对于救护自己的人，必定要发生一种铭感的心理。因此便发生一种义务心，这种义务心便是王政发生的渊源。无论何人，只要有胆力救人危险，人民便要齐心协力的拥戴他。这是从专制政治到王政时代中间必然要经过的中途。一到王政成立，人民不但爱戴君王的本身，还要推爱到君王的子孙，因此便成为世袭的君主制。

起初，君主的饮食、衣服都同人民一样，后来为保护地位起见，渐渐同人民不一样了。又为嗜欲所诱，放纵奢侈，嫌恶猜忌等情因而发生，君主政体渐渐落下去，变成专制政体。人民因为废除君主制度，于是把政权奉给才能出众的最公道最聪明的阶级，故成了贵族政体。贵族子弟承继先业，胡为乱道，便变成寡头政体。这种不公道的政治，结果自然又要惹起人民的反抗。去掉贵族之后，既不敢把政权奉托一个人，又不敢委托少数的贵族，故又变成民治政体。传过几代，平等自由的价值低落，有力的人出来以强力来压制人民，便成为暴民政体。到这个时候，一般暴民夺取人家财产，供自己挥霍，结果便生出暴虐的政治、骚扰的议会，不是残杀人，便是驱逐人，把一切文化的形影都扫灭尽了，仍旧回复到专制主义时代。这便是政体循环的自然的次序。

历史家的能事便是“据往事以推断将来”。鲍氏既已确信这个政变循环的原则，确信无论哪国都免不掉这种变迁的常例，因此便认作公例，用为推断将来国家变革的标准，大似孔子“虽百世可知”的口气。且看他说：

> 我们已经得到的这些原则的帮助，虽然对于一国政体的变革的一定时日不大容易预定，但是如果我们不被偏私感情牵制，那么判定盛衰的等级，说明终久必变的形式，总不至错误的。（第六卷）

鲍氏不但以为别的国家是这样，便是混合各种政体原素而成的罗马政治制度也是逃不出这种循环公例的。历史家的见解，第一怕事实的推断错误，第二怕拘泥历史的现象，鲍氏的观察据我看来，似乎很免不掉这种毛病。

三、制衡的原理

鲍氏以为凡是单纯的政体只有一种原素在内，无论如何总免不掉败坏的分子。若想预防败坏，只有把君主、贵族、平民三种政体，融和配合起来，使它们互相制衡，才可使政体稳固。斯巴达政体的安稳全靠李克格士的高见，预先拿这个原理创造起来的。罗马的政体却不是一个人凭空创造起来的，乃是从多年困苦患难中经验总结出来的。

罗马的政制可算世界上一种特别的政制，无论在什么时代——君主时代、共和时代、帝政时代——制度的基础总不是建筑在一种政体的原素之上的。鲍氏所说的罗马政制，大概是共和时代的政制。他说：

> 罗马政制有三种原素，各有各的最高权力；全国的权力都是这样经心作意用平衡均等主义配合而成的，就是他本国人也不能说定他的政体是贵族政体，是平民政体，或是专制政体。这也没甚稀奇，因为我们如果专看执政官的权力，必定要认做专制的；如果专看元老院的权力，必定就认为贵族的，如果专看平民的势力，似乎又明明白白的是个平民政体。（第六卷）

怎么说执政官有专制的性质，元老院有贵族的性质，平民议会又有民治的性质呢？因为罗马的执政官是行政的首领，除掉“护民官”之外，没有一个不在他指挥命令之下。外国公使由他向元老院提人；平民议会由他召集；各种法案（无论是元老院的法案，是平民议会的法案）都由他提议，通过案都由他执行；军队由他指挥，属于他的一切官吏都由他处罚。又因为“财政官”（Quaestor）受他的命令，所以财政又由他支配——这些权力简直是一个专制的君主权。元老院的职权第一在管理财政，其余如犯罪的考查，联盟国的争议，外国公使的决定，都归元老院专管。从这方面看来，又完全是一个贵族政体。至于人民方面，更有许多很重要的权利，譬如赏罚生死权、立法权、决定和战条约权，都在平民议会。由此看来，似乎又是一个平民政体。

但是罗马政体虽然是由这三种原素造成的，政权却不是各自独立的，乃是互相制衡的。譬如执政官虽然有行政的全权，但是他军队的供给、期满的再任、战胜的论功，元老院都有制衡他的权力。又因为平民议会有决定和战权，所以他的军事行动又不能独行独断。元老院虽然有财政行政和处断联盟等权，但是平民议会可以以法律来限制他的权力，人民特别代表“护民官”的议决可以禁止他的行动。平民议会虽然独立，但关于公共建设的契约不能不有财政上的关系，所以又受元老院的牵制；人民无论如何都要当兵，所以又在执政官指挥之下。鲍氏从这几种互相牵制的事实之中，找出“制衡的原理”（The Principle of Checks and Balances），以为这种互相制衡的制度是一切政治制度中最好的制度。所以他说：

克劳狄像

克劳狄一世系克劳狄王朝皇帝。该王朝皇位均由皇帝亲属继承。从提比略到尼禄统治时期，统治者不断加强皇权，巩固专制统治，发展官僚体系，残酷镇压反对者。这尊公元 1 世纪的雕像将克劳狄一世（41—54 年在位）表现为主神朱庇特，借此突出皇帝至高无上的权力和荣耀。

> 各种权力互相帮助互相牵制的结果，无论在什么危急的时候，都可成一种很坚固的团体，除了这种政制之外，再不能找出更好的政制。（第六卷）

大概最好的政治组织必定要使国内“离心力”（Centrifugal force）和“向心力”（Centripetal force）适得平均，遇到危急存亡的时期，才能够一致团结。这种制衡原理，直到近代，还是英国宪法上很重要的原素。所以白芝浩（Bagehot）的《内阁论》中说道：

> 近人有唱为“触衡说”者，在政治文字中其势甚张，而所取证往往求之吾英。其言曰：君主政治有弊，贵族政治有弊，平民政治亦有弊。惟在英伦创为政府，使若而弊者，相触相衡而终至于相消。易词言之，英伦政府之号为善，不仅不为三弊所掩，乃实由利用三弊而成也。（用章秋桐译语，原文见白芝浩 *The English Constitution* 第一编）

鲍氏的制衡原理和柏拉图、亚里士多德的混合政体不同。柏氏、亚氏是采取各种政体的长处造成混合政体；鲍氏却是利用各种政体的互相帮助、互相反抗，调剂成功巩固的政制。所以亶林说：

> 把罗马制度分析起来，总有一点不十分的均等，并且有许多可疑之点。但是很有关系的便是政治组织中的制衡原理，在政治学史上总算是第一次正式出现。柏拉图和亚里士多德都很赞成把各种单纯政体中的特别原理结合起来成为一种制度。但是他们不过主张在宪法中和有具体的形式之机关的作用中，采用这些原理罢了。亚氏的立宪政体虽然用贵族政治的方法来支配主权的人民，例如说选择官吏，选举胜于抽签之类，但是骨子里乃是一种民治政体。鲍氏却不是这样，他主张一种杂合的政制，这种政制

是有三种机关存在，采用各不相同的原理，藉各以自己的利益互相牵制的行动，来构造成功的。从前的哲学家想把各种原理混合起来，去纠正单纯的一种政体的不巩固的弊病；鲍氏却想利用各种机关相互的反抗来达到这个目的。这两种方法无论在原理上，在事实上，都是后来所承认的；但是与近代政府三种机关中的制衡观念很相似的，倒不是亚氏的方法，却是鲍氏的方法。（《上古中古政治学史》第一七、一八页）

本章参考书：

Dunning，*Political Theories*.（第四章）

Willoughby，*Political Theories of the Ancient World*.（第十八章）

第三章
谢 雪 卢

一、谢氏思想的来源

谢雪卢（Marcus Tullius Cicero）于纪元前一〇六年（汉武帝元封五年）生于意大利的亚平南（Arpinum），死于前四三年。他的家庭本是中上级的人家，他父亲是个骑士。他在前八七年和前八八年之间曾做过希腊诗人亚基士（Archias）的学生，研究希腊的辩术和诗学，故他的言语文学多受希腊诗文学的影响。又因为他是克来色士（Crassus）的挚友，所以又得到许多希腊的学术文化，他从许多希腊的大学院派讲学，所以他的文学、史学、言语学大概没有不是自大学院派传授来的。这就是谢氏的政治思想所以脱不掉大学院派元祖柏拉图范围的原因。

西赛罗像

西塞罗（前106—前43），古罗马政治家、演说家和哲学家。书中译作谢雪卢。在政治上，他认为罗马共和国是最好的政体，属于维护共和国的贵族保守派。

谢氏又得安体诸士（Antiochus)、底道特士（Diodotus)、鲍斯敦里（Posidonius）诸人指教，得到斯多亚主义（Stoicism）的精神，晚年的政治、法律、道德、神学等观念，几乎没有一样逃出斯多亚派的范围，尤以世界主义和自然法的观念带着斯多亚派的彩色为最多。

谢氏虽然口才好，好像一位雄辩家；虽然富于思想，好像一位哲学家；其实还说不上一位政治家。他的主张在当时实际政治上并没有多大的效果，但是后来罗马的法律家和早年基督教徒的著作都很受他的影响。把谢氏主张的内容解剖出来，几乎没有一个新观念是从他自己发生的。他的政治观念是完全摹仿柏拉图的；他的正义和善恶是非的观念，世界主义和自然法的观念，又是完全从斯多亚派得来的；他的制衡原理，更是抄袭鲍里贝士的。所以波罗克（Pollock）说：

> 罗马人是很有名的统治家和行政家，并创造出来有系统的法律。但是他们对于哲学，只不过是希腊的学生和摹仿家罢了。他们对于政治和对于别种学问一样，一点也不能够发明。谢雪卢本是一个文学家兼事务家，大半生的精力都费在用拉丁语来著述哲学思想上去了。他抄袭希腊学派的流行的观念，可算是做到了，关于斯多亚派的思想，说得比亚里士多德的学生们更能够委婉动听。他不过如此而已，并没有一点成就。据我所知道的人没有一个能够在谢雪卢的哲学的或半哲学的著作中找出一个新观念，就是他流传到现在的残缺不全的论共和政治的著作也是这样。（见波罗克的《政治学史》三一页）

由此可见，他所以能够在政治思想史上得一个大名，只因为他口能舌辩的把希腊学者已经说明的国家法律观念，道德法、自然法和国家法律的关系，述得清清楚楚的搬进罗马国内来，变成罗马人的思想。从这些地方看来，谢氏只可算是“转运家”，并不是一个“制造家”。但是他这个转运的功劳非常之大。他说历史的任务如下：

> 历史是时代的证人，是真理的火把，是记忆的生命，是生活的指导师，是往古的传达人。（见 *De Oraiore*11，9）

其实历史最后一层任务——往古的传达人——便是谢氏自己的任务。自从做到这层任务之后，凡是经过他所传达到罗马去的希腊思想，内容上、外表上都受了很大的变化。例如希腊的城市（Polis）变成罗马的共和（Civitas or Respublica），斯多亚派的世界主义变成罗马世界帝国实际的原理。——这都是谢氏个人特别的地方。

二、国家观念

谢氏的著作虽多，但是关于政治哲学的不过《共和篇》（*De Republika*）、《法律篇》（*De Legibus*）、《官吏篇》（*De Officiis*）三种。《共和篇》的大旨拿柏拉图《共和篇》做模范，想说明理想国家的观念，确定抽象的伦理原则，略举理想政制的政府形式。不但理论摹仿柏氏，就连辩论法也套用柏氏的问答体。柏氏的著作用苏克拉底做问答的主体，谢氏却用罗马的名将谢壁奥（Scipio）做书中的主人，托他的名字来说明自己的理想。他的理想国家便是“共和”（Commonwealth）。所以他说：

> 共和是人民全体的组织。这个人民并不是杂合在一块的各个团体，乃是以正义相约、以功利相交的全体民众的联合。（《共和篇》第一卷）

这种结合第一个原因并不是人类孤立无群，觉得有许多缺点，乃是因人类有社会的本能，自然会结合这种组织。大概在希腊时代，关于国家起源就有两派学说：（一）人类是生而孤独的，只因为有生命的危险是无可如何，才结合起来互相防卫；（二）人类生来便有社会性，自然要生出来社会的组织。这第二派的学说便是亚里士多德等所主张的，谢氏的国家起源论，明明白白是摹仿亚氏的。再国家进化还是“有机的生长物”（Organic growth），或是“机械的制作品”（Mechanical Product），这个问题在罗马时代虽然不像在十八世纪的末期历史的运动发生时代，争论那样激烈，但是谢氏在那时已经倡导“国家是有机的生长物”的学说，说罗马制度不是一个人的智慧计划出来的，不是一个人的勤劳创造起来的，乃是积累多少时代的智慧，多少时代的精力产生出来的。这几句话，几乎同十八世纪末期历史派的先锋马金道（Sir James Mackintosh）说“宪法是生长的，不是制造的”见解完全相同了。

西庇阿像

西庇阿（约前236—前184），古罗马统帅。书中译作谢壁奥。在共和国时期以军功显赫著称，长于使用骑兵。公元前202年扎马之战中，打败汉尼拔及其所率迦太基军队，结束了第二次布匿战争，获“阿非利加西庇阿”称号。后又任监察官、执政官。

前边说过，爱璧鸠鲁派说国家是人类因为保全私利，用契约结合起来的，斯多亚派说国家是由人类本能自然发生的（见第一篇第五章），谢氏的国家起源论不用说是和斯多亚派相同了。谢氏的国家基础不是放在个人私利之上，是放在正义和公益之上的。国家所以能够叫做国家，必定在正义和法律的基础之上，为全体人民谋公共的幸福。这个“人民”并不是在某种形式的议会之内的人民，乃是在公共法律之下，享受公共幸福的全体聚合的人民。大概希腊的“城市”（Polis），与罗马的“国家”（Civitas）两个观念很不一样。希腊人区别国家社会的很不多见，政府是国家的机关，同时又是社会的机关；谢氏和一般罗马人却不是这样，谢氏所说的 Civitas 乃是个共和的国家。这种共和的国家是全体人民的；所谓全体人民，就是一种政治的组织，造成一个政治的单位。政府无论是直接的或间接的，总必定是一个民治的政府。人民虽然不能在平民议会中行使政权，但是君主或贵族的政权都是从人民得来的。大概谢氏已经把一个政治单位中人民的绝对无限的主权与政府有限的法律上的主权区别清楚了。第一种主权是政府权力发生的渊源，第二种主权是法律效力发生的渊源。由此又把国家与政府的观念分开，说国家一定要是共和的，政府可以是共和的，也可以不必是共和的。

谢氏又把自由和参政看做一件事。他以为人民只要有参政的机会便得到自由的机会。这种观念恰同近代民治政体把政治的自由和选举权看得相近一样。谢氏同罗马的法律家都把国家权力的基础放在全体人民的“同意”（Consent）上，因为人民是天然平等的，人人都有参与政治的职分。这种“同意”的观念很同“契约”（Contract）的观念相近。说政权和正义是得全体人民同意而发生的，也不啻说是由全体人民相约而发生的了。故谢氏的国家观虽然偏重自然说、本能说，但是同时也带一点契约说的色彩。这都是时代思潮的影响。

三、政体种类

谢氏的政体种类和政变循环的观念几乎完全同鲍里贝士一样。他说原始的三种政体便是君主政体、贵族政体、平民政体。各有各的好处，也各有各的坏处。如果腐败下去，君主政体便变成专制政体，贵族政体便变成寡头政体，平民政体便变成暴民政体。幸亏有第四种政体可以医治腐败的毛病，这种政体是由前三种单纯政体混合而成的，互相制衡，所以没有弊病。——这些见解完全同鲍里贝士一鼻孔出气。不过鲍氏的制衡原理是机械的，——是使执政官、元老院、平民议会三个机关互相牵制；谢氏的制衡原理是精神的，——不单靠各种机关的互相牵制，且靠权力、势力、自由等原理制衡得宜。这又是他两个人不同的地方。

谢氏理想中最好的政体不用说是一种混合政体了，但他对于三种单纯的政体也分别出一个先后的次序和取舍的标准。他对于三种单纯政体，先取君主政体，说这种王政以父亲作元首，保护人民如同保护小孩子一样，教养的目的在使人民得保持住自己的自由，并不是使人民变成他的奴隶。再次便是贵族政体，平民政体却列在最后。他的理想国的实质便是拿柏拉图、鲍里贝士的理想政治做模子印将出来的。在《共和篇》第一卷第四十五章中说得最明白：

> 因为经验的结果，觉得王政比别种政体是最好取的。但是王政总比不上以三种最好的政体互相联合、互相纠正而成的那种混合政体。我想在共和国中建一个皇王和首出庶物的元首，有几部分权力托付贵族手中，有几种保留下来依照民众的判断和志愿去做。这种政治组织：一来调剂平均，如果不得平均，人民便不能常常保得住自由；二来富有能力，因为各部分离各自孤立的政制最易于互相冲突，可使君主政体变到专制，贵族政体变到结党营私，平民政体变到扰乱混杂。这些政体常常要受新革命的损害。但是在混合政体之中，除非官吏有最大的坏处，还不至于发生这种不幸的事体。因为在各人都有固定的适当地位的国家之中，很难遇得着革命的机会，连那使人流于腐败的法子也绝无仅有了。

四、自然法的观念

泰来（Taylor）说，严格的说来，法理学是罗马的创造品，在希腊时代并没有法律哲学可说（见泰来《谢雪卢生平及著作大要》第二章）。我以为这是就法律的形式说，如果就来源说，罗马法理学的根本原理大概都是自希腊传来的。至于谢氏的自然法说不但受了希腊的影响，并且是完全拿希腊自然法的观念做原料，掺合罗马人的见解制造起来的。我们要想懂得谢氏自然法的观念，必定要先懂得希腊人的自然法的观念。

希腊的自然法说盛行，大概有两个原因：（一）希腊半岛，山脉纵横，划分许多政体不同，习惯、法律不同的小城市，要想假定一个正义观念，非在各不相同的人定法之上，还承认有一种普遍的自然法存在不可。（二）自马基顿征服希腊以后，合许多文明野蛮的民族建设一个帝国，自然不能不在风俗、习惯、法律、政体各不相同的实际国家之上，还承认有一种在普遍的法律、普遍的真理上建设起来的一视同仁的国家。

希腊自然法的观念发生很早，在纪元前六世纪末期，海来克里特（Heraclitus）就说：一切法律都由神法（Divine Law）而生，神法和宇宙的真理统御一切物类。苏福克里（Sophocles）也说：神法是人定法的根源，是永久不变的不文的大法。大概这时希腊人已经把法律分为“人定法”“自然法”两种，人定法如果不同自然法融合，那么，国民也没有遵守的义务，裁判官也没有适用的义务。就是苏克拉底也承认自然法存在。他说：

索福克勒斯像

索福克勒斯（前496—前406），古希腊三大悲剧诗人之一。书中译作苏福克里。前496年生于雅典西北郊的科洛诺斯，前406年卒于雅典和斯巴达战争之际。诗人死时，斯巴达将军特下令停战，让他的遗体归葬故乡。他一生共写了120多个剧本，现存的只有7部，代表作是《俄狄浦斯王》。

> 大地之上，人性各不相同，又东西南北互相隔绝，怎样能够互相知道呢？但是各人皆希望有同一的真理，这就是人类中自然法所以存在的原因。（见 Zenophon 手记的《苏氏奇事》。这段译语是从寺田四郎《法律学说研究》三五页转译的）

到了柏拉图不但承认自然法存在，并且叫人家去尊重它。当时有几个哲人派主张强权就是公理，说自然法不过是强者为保护自己的利益，承认它为自己的权利罢了。柏氏痛驳哲人派的议论，说“共和政府的主要目的在确实承认自然法可以存在，人定法恰同那不完全的影子一样，故顺从自然的权利而谋生活乃是贤哲的计划”。后来到了亚里士多德更进一步，把自然法的意义解说得格外明白。他在《伦理学》中说：“人类本来是社交的动物，法律实在是完成这种性质的东西，故必定要适合自然法的才是真正的法律。”又说：“国家的法律中有自然法和人定法两种。自然法不根据国家的立法权，自然有一种拘束力，是没有地方不可行的。人定法全靠立法权的制定，不过单就一个地方看来可算是一种固有的法律罢了。但是自然法一旦成为法文，便不容易变动，必定要适合自然法才可算是正义。”由此可见，希腊人的正义和人定法的基础大概都是放在自然法之上的。

到了斯多亚派出来，希腊世界已经变成一个新局面，旧日的城市国家生活几乎完全打消。所以他们承认宇宙间有支配万有的永远不变的神，有普通唯一的真理，在这个基础之上可以造成功一视同仁的大同世界。斯多亚派的大同世界是什么样呢？

> 斯多亚派国家的根本原理便是以世界为范围的大同社会（Cosmopolis）。这个名称是从实际上发生出来的，苏克拉底和戴奥哲士诸人对于当时很流行的问题：“你是哪个城市的？”答道：“是宇宙的。”我们不要把自己当作一城一族的人，要当作世界大同社会的人。在这个社会之中，凡种族、阶级等一切区别

都附属在同种同胞的意思之下。（见 Arnold. *Roman Stoicism*）

谢氏一方面受斯多亚派大同世界观的影响，一方面又因为这时罗马已经征服许多政体、法律、文化、种族不同的国家合成世界帝国，当然要有一种超越国界、种界的普通的国家观念发生。故谢氏把国家的基础放在“正义”两个字之上，说政府如果不公正，无论是专制政体，是寡头政体，或是民主政体，总不能算做“共和”，不公正的政府不但是恶是害，并且破坏国家真正的精神。

谢氏的正义观念是什么样呢？他的正义观念很同嘉里德士（Carneades）（纪元前二一三年生，前一二九年死）相反。嘉里德士以为法律是从功利上经验出来的，因时代地方变异，没有什么自然法可以存在。换句话说，没有什么正义存在。谢氏的主张就是受他的反动，说正义是自然的原理，一切法律都是根据这个原理发生出来的。所以他的最有名的法律定义便是：

不是罗马有一种法，雅典又有一种法，今天有这种法，明天又有那种法。只有统治万国万世的一种永久不变的法，同上帝一样，做万物之主，统治一切，——又是法律的发明家，又是法律的解释家，又是法律的制定家，——只是一个。（《共和篇》第三卷第二十二章）

谢氏的法律观念便是完全从斯多亚派，把法律同自然看得一样，把正义看作自然的、不是制定的见解中抽将出来的。这种抽象的自然法是从什么地方来的呢？谢氏说：

法律是最高的天理，从自然生出来的，指导当做的事，禁止不当做的事。……最高法律是万世存在的，发生于成文法未制定、国家未成立以前。……法律不是在编制时才发生，乃是和上帝的心意同时发生。（《法律篇》第一卷第六章）

成文法的发生既然是在自然法之后，那么一切的市民法（Civil law）不过是这永久不变的自然法的表示和适用罢了。凡不是从自然法发生出来的法律，虽然具有法律的形式，却没有法律的真正的性质。所以要想研究后国家而有的市民法，必定要先研究先国家而有的万国万世不变的自然法。

在希腊的哲学中，Right 这个字本认为和 Law 不一样的。那时哲学家多把 Right 看作先法律而生，并独立在法律之外的。Right 这个字在实际上本有两种不同的概念：（一）是抽象的德行（Goodness）和公义（Righteousness），（二）是个人或团体所有的权利的总积。希腊的哲学所讨论的，大概都是第一种概念；罗马人所注重的，大概多是第二种概念。谢氏受罗马思想的影响，所以把 Right 看作附属于法律观念的，以为自然法便是一切 Right 的渊源和范围。（参看亶林《上古中古政治学史》第一二二页）

为什么说自然法是一切 Right 的渊源和范围呢？因为一切的自然都是受造物支配的。人类是造物中最高的动物，他的理性和造物一样。造物统治宇宙的法律之唯一原素就是 Right 和 Justice；因为人性中有造物的原素，故这种 Right 和 Justice 的终极原理确实是造物和人类所共有的。自然给一切人的理性，就是给人 Right 的根本原理，就是给人真正的法律，使人依法做事罢了。

这种人性观便是谢氏的平等博爱和国家法律等观念的根本基础。古代政治学说和近代政治学说的不同，全由人性观念这一点上划分界限，亚里士多德时代和谢雪卢时代政治学说的不同之点，也是从这种人性观念上发生出来的。在亚氏看来，人类生来便有两个阶级：一是天然的治者，一是天然的被治者。不但国内的人民有主人、奴隶之分，便是世界的民族也有文、野的差别。他的政治组织、社会组织、奴隶制度，都是根据这个原则发生的。谢氏既然说一切人类都与造物有同一的理性，那么，无论什么人自然都有独立的人格了。人类的学问虽然不能够一样，但是学学问的能力是彼此相同的。因此便打破自然的奴隶说，想在神人共同的宇宙之内建设一个平等博爱的大同社会。

谢氏的自然观念虽然不大明白，或说是创造人类的主宰，或说是物质世界的势力，或说是最初的未进化的情形，但是他这种自然法的观念和世界主义的精神是罗马帝国法律家和早年基督教徒的思想的来源。

本章参考书：

Taylor，*Cicero*，*A Sketch of His Life and Works*.

Carlyle，*Medieval Political Theory in The West*.（第一卷第一章）

寺田四郎：《法律学说研究》（第一篇第二章）

Dunning，*Political Theories*，*Ancient and Medieval*.（第四章第五节）

Willoughby，*Political Theories of Ancient World*.（第二篇第十九章）

第四章
孙里嘉

一、自然和人性观

孙里嘉（Lucius Annaeus Seneca）是纪元后三年生的（他的生年不能确定，《大英百科辞典》作纪元前三年，Erdmann 的《哲学史》作纪元后五年，Myers 的《上古史》作纪元后一年，此从 Thilly 的《哲学史》），六五年死的。他的思想虽然是受斯多亚派的影响最多，但是同时也受柏拉图派和爱璧鸠鲁派的影响。所以孙氏只可以算是一个“混合主义家”（Syncretist），不能硬说他是属于哪一家哪一派。

自谢雪卢到孙里嘉的时代，罗马政局已经从共和变为帝政，这时国家的观念当然要生出一点变迁。所以孙氏的政治学说很有些和谢氏不一样，不过关于人生的学理和社会的学理在这时还可以做斯多亚派的代表罢了。孙氏虽然不大说自然法，虽然不说法律的观念与生活的普通原则有什么关系，但是他所用的“自然”这个字很有些地方简直同说“自然法”一样。他以为顺应自然而生活，便是理性对于人类的要求，自然是指教人类真正生活方法的。凡顺应自然的东西都是好的，反乎自然的东西都是坏的，故孙氏的真理和德行的标准就包含在这自然两个字里边。

孙氏对于人性平等观发挥得非常的详细，大致和谢雪卢没有什么差异。他以为人类同出一源。生来都是一样的，从理性上说，谁也不比谁高贵些。道德不问是自由人，是奴隶，是皇帝，是罪人，都可以修得到的。他因此便反对奴隶制，说精神是绝对自由的，身体纵然可以归主人

奥古斯都像

这尊依公元前20年左右的奥古斯都铜像仿制的雕像，俨然将这位凯旋的将军描绘为神——赤裸的双脚象征了他的神性，脚边骑在海豚上的丘比特则是为了告诉人们他出生于维也纳。

所有，精神总是他自己的，这种精神的解放便是后来身体解放的先声。

孙氏既主张人性平等，自然不能不打破奴隶制度；既想打破奴隶制度，自然不能单在抽象的人性上说，必定要在实际的奴隶待遇上注意。他在信件上讨论奴隶和主人在实际生活上的关系的问题很详细。他不把奴隶看作下等人，却把他看作朋辈。现在人家叫他奴隶的，本是公共的祖先传下来的——都是同住在一个世界内的，同呼吸一样空气的，生时过一样的生活，死时同一样的死——怎样能分我是主人，你是奴隶呢？如果说不能自由便是奴隶，那么，这个受淫欲拘束，那个受贪欲拘束，这个被功名心拘束，那个被怕惧心拘束——谁又不是奴隶呢？因此他便主张同奴隶闲谈，同奴隶商议事体，同奴隶同桌吃饭；使奴隶尊重我们，不要使奴隶怕惧我们。这种待遇奴隶的态度，在现在看起来，虽然不值得什么，但是在那以奴隶作财物看待的时候，这种态度确是一种革命的态度。大概自希腊到罗马国际上没有和平条约存在，交战国的关系完全没有方法可以限制。况且连年打仗，战争是常事，和平只是变态。这国如果被那国打败了，凡是有战斗力的人民都完全被杀，剩下来的又一个个都拿强力压迫他做奴隶。这种兵祸连年死亡逃绝的情形，再加上旁的原因，不知不觉的便激起思想家的慈悲心，由这种慈悲心中便流露出来一视同仁的宇宙观；由一视同仁的宇宙观，又流露出来人性的自然平等观。故自希腊晚年到罗马中世三四百年间，便是国家残杀的事实与人民慈爱的心理天天在竞长争雄的时期。以后罗马的社会勇气渐渐消沉，道德也渐渐堕落，反动的结果，故慈悲的感情便造成慈悲的思潮——这就是这时道德家、政治家所以多研究自然观念和自然法律，主张世界大同和人性平等的原因；也就是耶稣教所以诞生、所以流播的原因。

二、法律制度发生的理由

大凡不满意现在制度的人，心目中总有一种玄想的自然世界在内。孙氏这种自然的世界观和十八世纪民约论派的自然世界观很不一样，但是在孙氏政治思想上，这种观念很占一个重要的位置；换句话说，孙氏的法律制度的功用，就是从这种自然世界观中看出来的。所以我们要想懂得孙氏法律制度的起源，必定要先懂得他的自然世界的情形。

在孙氏看来，最初的人类是很快活的，虽然没有知识，但是很能够保全浑然天理的天性。这种天真烂漫的态度，并不是修道立德的结果，乃是无知识的结果，道德不是天生的，是训练经验出来的，因此便断定“人类生来便可以修道立德，并不是生来就有道德”。——这是孙氏和后来主张自然世界说的最不相同的一点。他以为在这种自然世界之中，大家合在一块过平安无事的生活，什么东西都是公共的，没有什么私有财产权。有最好的最聪明的人做他们的统治者，大公无私的引导他们求幸福，他们也欢天喜地的服从他。这个黄金时代，不用说是没有奴隶，没有强制的政府了，最重的刑罚只不过是逐出境外去罢了。

孙氏所说的自然世界并不是已进化的自然，只是老子所说的“混混沌沌”“无知无欲”的自然。人类脱离自然世界，并不是由于本能进步，乃是由于罪恶发生。无知无欲的本能消灭，贪欲便逐渐发生，只思把公共的东西据为己有，不想以世界的东西供世界公共之用。贪欲一生，最初社会的乐趣便没有了。结果从前宽裕的人到这时反而贫穷了。为什么呢？因为物件有彼此之分，一个人便不能公用一切的物件了。因此统治的人也不愿意遵守古法，也为贪欲所蔽，把王政变为专制。人民到了这时便不得不创造法律来制服统治的人。

由此可以看出孙氏的两种结论：（一）社会的制度是人性败坏、罪恶发生的结果，人为的法制所以重要，是因为人性的缺点，不是因为自然情形的进步。（二）因为人性败坏、罪恶发生所以才要拯救的事体，就是因为承认人类有罪恶而发生的。他那种快乐的自然世界观，便是后来乌托邦派和契约论派——除掉浩布思（Hobbes）——的论据；他那种拯救罪恶观念和由救恶而起的社会制度、财产制度、政府制度等观念，便是耶稣教的神学的精神。

既已有了社会制度之后，人类对于社会应该取什么态度呢？孙氏虽然说真正的智者可以自足，可以无求于人；但是就是智者也应该替社会做事。因为人类生来就在社会之中生活，就要为社会服务，天然有互相亲爱、互相帮助的责任。故人类生活的正经道理就在有用于人，就是不能有用于多数人，也应该有用于自己的朋友，有用于自己的邻近。关于这个问题——智者对于社会做事的问题——可以看出斯多亚派、爱壁鸠鲁派和孙氏的区别。爱壁鸠鲁说："智者除非有特别的事件发生，不必参与社会的事务。"柔诺说："智者除非有特别事件阻止他，都应该参与社会的事务。"前者以参与社会事务为例外，后者以不参与社会事务为例外。孙氏近于柔诺的主张。所以说哲学家和道德家替社会做事同政治家替国家做事一样。智者只在不使公共事务有一点好处的一个条件之下，可以独善其身，此外无论何时都要替社会做事。这又明明是以参与社会事务为原则，以不参与社会事务为例外了。这种精神也就是基督教舍身救世的精神。

三、帝王权力论

罗马到了帝政的时代，政治思想似乎渐渐趋重集权上来了。罗马的共和国家本来是在自由的政府之下长起来的；但是到了后来，已经征服了世界的时候，他的兵锋便转到自己家里来，想拿一个人的武力来制服全国。故当时以法律为最尊的罗马到这时竟变成以皇帝为最尊的罗马。孙氏生活在这个时代，自然也要受时代思潮的影响。故以为自由与政府很有关系，想极力加重皇帝的责任，说人类选出帝王来代替上帝做事，把那使一切人类的生死休戚的权力都放在他一个人手里，一切法律都由他一个人发生。因此便断定，统治的人——无论叫作帝王，或叫作别的——是共和社会的真正的精神和生命。国家因他统一，人民归他保护；没有人可以禁止他的喜怒，就是受他的刑罚也不能去反抗他。这种帝王权力论，简直是根据神意绝对无限的独裁主义。我们要想懂得那些"基督教父"（Christian Fathers）的政治学说，关于政府神造、帝王神权的学说必定要特别注意。我们虽然不敢说孙氏的政治学说完全是一种帝王神权论，但是至少总有一点帝王神权论的趋向。

本章参考书：

Carlyle，*Medieval Political Theory in The West*.（第一卷第二章）

第五章
罗马的法家

罗马的政治思想到了帝政时代，大致可分为两派：（一）罗马法家；（二）基督教父。中古的政治思想，形式和内容虽然有许多变迁，但是几个根本观念，完全是在罗马自二世纪至六世纪的法家和自二世纪至七世纪的基督教父的政治学说的基础上建筑起来的。我所以要在本编和下编叙述这两派的政治观念却有两层用意：（一）想证明政治思想并没有到中古时代忽然中断的话；（二）想藉这两派人的议论证明罗马末年知识阶级的普通思潮。

罗马人到了帝政之后，政治生活既不能独立，地方的法律和地方的行政又比较的发达，因此便没有讨论政治学理的余地，一般知识阶级都想在这广大领土的政治关系之外，去处理个人的事务。又因为罗马帝国想把文明诸国驳杂不纯的要素熔铸起来，好使行政统一。所以许多法家都向这些方面活动，结果便造成一个法学派，做近代各国法律学的渊源。

这些法家从表面上看来，似乎很像得一个先生传授的——多少总有一点像斯多亚派传教的——其实并没有充分的理由可以证明他们是一个学派。我们顶好是把他们看作那时的知识阶级；他们因为罗马的社会情形变迁；故一致的讨论社会和社会生活的根本观念。只拿当时在知识界中最流行的思想做他们议论的根据，并不注意研究这种思想是哪个学派的，这些人不但说不上是哲学家，就连政治学家也说不上。他们对于正义和自然法的观念虽然是近于斯多亚派，并反对爱璧鸠鲁派和最后的学院派；但是只可算做那时知识界的普通思潮，和十八世纪的政治思想家对于“自然权利”的观念、近代政治思想家对于“进化”的观念一样罢了。所以，叙述自二世纪至六世纪的法家思想，即不啻叙述自二世纪至六世纪的知识阶级的普通思潮。

一、自然法的观念

罗马法律普通分为三种：就是“自然法”（Jus naturale），“市民法”（Jus civile），“万民法”（Jus gentium）。

罗马的法家大概多是保守党的健将，看见共和时代风俗渐渐奢侈，故多遵奉斯多亚派的禁欲主义，因为遵奉这派的结果，故大受这派自然法观念的影响，都相信在人定法之外还有一个自然法存在。帝政成功之后，罗马的版图非常的广大，外国人来往滔滔不绝，为罗马的治安和利益起见，自然不能够让许多外国人逍遥法外了。但是市民法虽然存在，只是罗马人适用的法律当然不能够用来裁判外国人。故本着统一的精神，设“外务裁判官”（Praetor Peregrinus），专管外国人或罗马人同外国人的诉讼事件。外务裁判官适用的法律既不以罗马固有的法律为限，又不愿意完全适用外国的法律，损害罗马的威信。故以自然的正义及公众的利益为主，遍查他属国的法律，采用各国普通的原则，来裁断案件。这种裁判外国人的普通法律便是那时所说的万民法。

这种万民法并不要各国承认，不问哪一国都可以遵守，所以古代的法家不说它是“万国国民的普通法律”，便说是“为一切人民所遵奉的法律”，不然便说是“一般人民所用的法律”。因此便同自然法的意义有些混杂：有的把自然法同万民法看作一样，有的把它们明白分开。从这个分合的问题之中便发生出来许多关于自然法的观念。

关于自然法和万民法的见解，格士（Gaius）（约一一〇年—一八〇年，他的著作是在一三〇年——一八〇年中间做成的。那时是罗马帝国正盛，罗马政府正好的时代）和欧尔平（Ulpian）（他的生年无可考查。有人说他是二二八年死的。文学活动约在二一一年—二二二年）两个人就很不一样。格士几乎把自然法同万民法看作一致的，欧尔平却把它们明白区别起来，格士的《法律类纂》（*Institutes*）中说万民法有两个最重要的意义：（一）万民法是普遍的原理，这种原理是一切人类所公认的；（二）万民法是自然的真理所教导人类的原理。《罗马会典》（*Roman Digest*）中载格士关于万民法的理论更加重要，他说万民法与人类种族相同的——包含许多原理，这些原理是自然的真理在人生最初的时候指导人类的。他又说，遗传的财产权属于万民法，是明明白白的和自然的平等相合的。把格士这些话综集起来，可见得他所说的万民法是最初的、普遍的、合理的、平等的；是人类从自然的真理中得来的原理的总体。

格士这种万民法的观念几乎和别的法家所说的自然法观念相同，他因此便不常用自然法这个名词。他的法律种类只有市民法和万民法两种。他说：

> 大凡一国必定有本国固有的法律，和万国共同的法律；前者是国民制定的，叫做市民法；后者是根据自然的道理而来的，叫做万民法。因为万国都用这种法律，或又叫做自然法，因为它是根据自然的道理而生的。（见《法律类纂》第一卷第一章第九节及第十一节，此段是从寺田四郎《法律学说研究》中转译出来的）

照格士这几句话看来，不但把自然法和万民法看得一致的，并且几乎看作一样的。从这个中间又可以看得出格士法律和正义的观念很带点斯多亚派的彩色。就是不把法律和正义看作人类为着自己的利益创造的东西，看作由自然的真理中得来的东西。大概在格士看来，法律并不是人类意思的表示，乃是人类理性的指示。

到了三世纪的时候，有三个法家对于自然法的观念刚刚和格士相反。这三个法家，第一个是托来芬尼拉士（Tryphoninus），他说：自由属于自然法，贵贱是从万民法中生出来的。第二个是福老林体拉士（Florentinus），他说：奴隶是万民法的一种制度，这种法律违反自然，使这个人

恺撒像

恺撒（前100—前44），罗马共和国末期著名的军事家和政治家。凭着不屈不挠的精神和独一无二的领袖才能，成为罗马帝国的奠基人，是比任何一个罗马皇帝更加值得罗马人尊重的"无冕之王"。

屈服那个人。第三个是欧尔平，他说：奴隶的解放属于万民法，因为自然法只承认一切人类都是生而自由的，不知道什么奴隶制度；奴隶制度是从万民法来的，故解放要从万民法解放起。欧尔平更把自然法和万民法分得清清楚楚的，说：私法分为三部，是由自然的条理、万国的规律、市民的法律集合而成的。故法律也分为三种，就是自然法、万民法、市民法。这三个人把自然法和万民法分开来说，便是和格士不同的地方。

欧尔平把自然法和万民法解释得非常清楚。他说，自然法是自然指示一切动物的，不是人类专有的，凡是动物都一样有的。从这种法律中生出男女的结合，更生出来子孙。万民法是人类的国家所专有的法律，不像自然法属于一切动物的。在欧尔平看起来，凡在自然法之下的人一齐平等。奴隶是万民法的制度。因为人类生而自由，不在万民法之下，是不能使这个人屈从那个人的。由此可见，欧尔平的最初世界本是自由的，奴隶制度是后来才有的。从理性上解放奴隶是斯多亚派的法家和哲学家在历史上贡献人类的一大功劳。欧洲奴隶的地位所以变迁，奴隶制度所以废止，固然是受经济势力的影响，但是伦理学说的势力也是不可抹煞的。因为一方面有道德解放的学说，再遇着社会情形变迁，便发生实际解放的效果了。

二、市民法的理论

普通的罗马人的法律观大概多主张一元论。换句话说，就是说一切法律都是从永远不变的神法上发生出来的。谢雪卢以为“法律是最高的天理，从自然生出来的”，凡不是由神法而来的法律，都不能算做真正的法律；无论是君主是人民都不能造成不合乎正义原理的法律（参看本篇第三章第三节）。这并不是谢雪卢一个人的思想，凡是罗马人大概都是这样。

我们且看看罗马法家的理论。格士说人定法与真理的关系最明白。他说无论什么国家的法律原理，都应该保护没有成丁的人，因为这是合乎自然真理的。自然真理是一切国内立法的指导；这种自然真理自身便是万民法的渊源，所以既支配人类的普通法，又支配一国的特别法。由此看来，就是市民法，也必定要根据自然真理，不能够由个人私意或一团体的私意擅行规定的。

在三世纪的时候，有一位马谢拉士（Marcianus）引了两个希腊人的法律定义，——也可以代表马谢拉士自己的法律定义，——很与这个问题有关系。这两个人一个叫做底谟斯庭（Demosthenes）（纪元前三八四年

克利西波斯像

书中译作克里士蒲。公元前3世纪哲学家，斯多葛学派的早期代表和创始人之一。该学派主要宣扬泛神论思想，先后在希腊化世界和罗马产生巨大影响。

生，前三二二年死），一个叫做克里士蒲（Chrysippus）（纪元前二八〇年生，前二〇六［七］年死）。这两个人的思想虽然各不相同，但是关于法律上几个重要的观念几乎是完全一样的。底谟斯庭说，各种法律都是上帝发现的，都是上帝给与的；克里士蒲说，法律是一切东西——神类、人类——的主宰。底氏把法律看作纠正犯罪的东西，克氏把法律看作一切物事公正不公正的标准。他两个的法律定义，很同格士一样，大概都把市民法看作普遍真理和正义等原理特别应用到一个社会里边去，并不是一个社会或社会一个人的意思的说明。我们虽然不敢说马谢拉士便是斯多亚派的信徒，但是他却和谢雪卢一样，信从斯多亚派的正义和法律的观念。

到了欧尔平，市民法的观念更说得明白。他说，法律不单是一个特别社会的规则，乃是正义和德行的永远不变的原理的说明。大概自欧氏看来，正义是法律的根本原理，是法理的真正的性质。但是他把市民法看得和自然法很有区别，以为市民法是从自然法中丢掉一些东西。故在自然法之下，人类平等；在市民法之下，人类便不能个个平等。

与欧尔平同时的有个保拉士（Paulus），他把法律分为几种：凡是永远公正的，叫做自然法；凡是有用于各国全体人民或大多数人民的，叫做市民法。照这两句话看来，保拉士市民法的性质似乎很含着功利的意思在内，这种法律观念是斯多亚派所最痛恨的。照说罗马的法家都相信斯多亚派，在保拉士时代，当然不能有反对斯多亚派的思潮了。保拉士的法律定义也许是不大经意偶尔一用的。

大概在二世纪的罗马法家，都有一种很普通的法律观念，就是认定市民法一定要根据自然和正义的原理制定，不能由立法的人任意制定。因为罗马到了帝政成立之后，皇帝的命令便是法律，所谓人民的“同意”，已变成一句空话。又因为集权的趋势一天盛似一天，人人都怕要受那不公正不合理，专为统治阶级谋利益的法律之害；这时又没有机会去发表那卢梭所说的“国民总意”（General Will）；故不得不尽力打破那种功利主义的法律观，建设一种根据真理正义的法律观。据我看来，罗马法家的用意很有一点像汉初的儒家。汉初的儒家如董仲舒一流人，想抬高君臣的名分，故极力提倡那“屈民而伸君”的学说；又因为君主的威权太大，故不得不抬出一个“天”来恐吓他，因而又大倡“屈君而伸天”的学说。罗马法家也是这样。因为要想统一，故不得不扩张君权；君权扩张太大，又恐怕他任意立法，故不得不抬出一个自然法的观念，来限制皇帝的立法权。在中国古代，就有天威天灾等观念，把天看得有意识，看得能够作福作威，故儒家一派因此便大倡“天人感应”之说，拿灾异来吓倒人君。在希腊古代，就有蔼然可亲的自然观念，就有有秩序有法则的自然观念，故罗马法家信从斯多亚派的宇宙观，大倡自然的真理和自然的正义之说，拿来做法律的基础，限制皇帝胡乱的立法。这就是罗马法家所以说市民法不能离开自然的真理和自然的正义的原因。

三、政权的来源

罗马法家的学说中还有个很重要的问题，就是国家权力的来源，前边说过谢雪卢把自由和参政看做一件事，且把国家权力的基础放在全体人民的“同意”之上（见第二篇第三章）。二世纪以后的法家大概都抱着这种观念，他们的一个共同之点，就是只说人民是行政立法的权力的终极的来源，并不是说人民直接的去参与实际的政治。所以这几个人的学说就是从古代的政治学说到中古社会契约说的媒介。这种同意的理论虽然同契约的原理不一样，但是总可算做未进步的契约说，契约说的原理就是从同意说进一步而来的。不但契约说是这样，就是近代的民治的观念，也是从这一派的法家“人民是政权唯一的终极的来源”一句话上发达进步而生的。

欧尔平以为皇帝的权力，都是自人民得来的。皇帝的意思就是法律。但是所以能够这样，是因为人民愿意给他的。大概从二世纪到六世纪（从Julianus到Justinian），罗马皇帝便是罗马法律的渊源，皇帝所以能够这样，就因为人民定下法律叫他这样的。欧尔平的话不过是代表当时事实和当时的普通思潮罢了。

《罗马会典》中的作者，讨论这个问题的很多。萧里拉士（Julianus）解释习惯在法律中的地位，说习惯正正当当的有法律的效力，因为法律与习惯的权力都是从人民而来的，人民的意志，可以由投票发表，也可以由习惯发表，发表的方法是无关轻重的。由萧氏看来，人民便是习惯和法律的唯一的渊源。格士也说一切权力都是从人民来的。皇帝的命令何以有法律的效力呢？因为皇帝的地位是由人民给他的；官吏为什么有权力呢？因为官吏是由人民选举出来的。

和格士同时的有一位磅保里士（Pomponius），他讨论罗马法制的起源和进化，和权力的来源的问题很有关系。他说，在罗马初年，没有一定的法律（Lex or Jus），一切事都由君主支配。到了罗姆拉士（Romulus）（罗马第一个君王，生死的年岁大约是纪元前七五三年—前七一六年），才对于人民提出一定的法律。后来因为被逐，法律也就不用了。过了多少时候，罗马人民都只受不一定的习惯和常例支配，不是受一定的法律支配。以后派出十个人从希腊城市去搜求法律，编制修改之后，便成为“十二铜表律”（Twelve Tables）。这种法律必定要得大法律家解释，从解释之中生出法律的形式。后来又因为平民同贵族相争，平民便制定他们自己的法律，叫做平民法（Plebiscita）。这种“平民法”后来也认为法律。又因为人民太多，没有法子集聚在一块制法，有必要的时候便不得不让元老院制法，元老院制定的法律叫做“元老院法”（Senatus Consultum）。最后又建设一个君主，给他的权力，使他的命令都有法律的效力。照磅保拉士的话看来，除掉“元老院法”一种之外，所有各种法律的效力都是从人民得来的；皇帝的权力尤其是这样。这就是罗马当二世纪前后的普通思潮。

前边已经说过马谢拉士引底谟斯庭和克里士蒲的法律观，他们的话和权力来源论很有关系。底谟斯庭说：

> 一切人有种种的理由要服从法律，最大的理由就是因为各种法律都是上帝设下的和给予的，是智者制定的，是纠正有意或无意犯罪的，是国家中公同合意的，凡是在国家中的人都靠它生活。（见《罗马会典》）

由此看来，法律有两个重要的部分：（一）是由智者制定的；（二）是由全国合意的。伯平尼恩（Papinian）（与马谢拉士同时）和许多的罗马法家都是采用底谟斯庭这第二部分意思的。由此可见当时思想界对于权力来源的一个问题的倾向。我们到此可以下一句断语说：罗马自二世纪至六世纪，法律上只知道一个政治权力的来源，并且只知道权力的唯一的来源就是人民。

本章参考书：

Carlyle，*Medieval Political Theory in the West*.（第一卷自第三章至第七章）

Moyle，*Institutes of Justinian*，*text and trans*.

Muirhead，*Introduction to the Private Law of Rome*，*Gaius and Ulpian*，*text and Trans*.

Ledlie，*Sohm's the Institutes of Roman Law*.

Dunning，*Political Theories Ancient and Medieval*.（第四章第六节）

第三编

中古政治思想史

失落的文明

第一章
中古的政治和宗教的情形

自政治学家的眼光看来，中古一千年间（从罗马帝国灭亡四七六年到美洲发现一四七二年）最重大的事件就是基督教的创立和基督教会的发展。在罗马政治消灭之先，所谓希腊罗马的文化（Graeco Roman culture）已经破产，所以蒲徕士（Lord Bryce）说：“中世纪是无政治的时代。”但是据我看来，中世纪的宗教活动，如教会和国家的争论，教王和皇帝的争论，大半都是关于政治问题的争论，就是说中世纪的宗教完全是政治的性质也没有什么不可以的。

布赖斯像

詹姆斯·布赖斯（1838—1922），近代英国历史学家和外交家，牛津大学钦定民法教授。书中译作蒲徕士。著有《历史与法理学研究》《现代民主政治》。他认为，民主政治实际上也是由“少数政治寡头支配着政权，民主政治也不能幸免于腐败、堕落、暴力和其他罪恶”。

基督教的发生，并不是从天空掉下来的，也是“时代的产儿，是犹太教（Judaism）的产儿，是希腊罗马文明的产儿”（见 Thilly《哲学史》一三四页）。从

拜占庭皇帝

与西方帝国不同，拜占庭皇帝拥有绝对的政治、宗教权力——他们将自己视作上帝在人间的使者。这幅镶嵌画清楚地表现了这一点：左边的查士丁尼皇帝，手持教会的标志；右边的君士坦丁皇帝，手持城市的标志——毫无疑问代表他建立的君士坦丁堡城。

希腊晚年到罗马帝国成立的时候，无论是伦理、政治、法律、宗教，骨子里总带一点世界主义的气味。世界帝国既已实现，大同主义和一视同仁的精神又被斯多亚派发挥尽致，神的观念又被哲学家说得实实在在；精神不死的道理，又早为东方的宗教和希腊的神秘派所深信不疑。有这些原因，自然要生出一个新世界宗教的结果。再犹太人民因为被罗马征服，引为终身的恨事，天天希望有一个慈悲救世的真主出现。基督乘犹太人民痛苦不堪的时候，想在罗马帝国之上建设一个精神的王国，使人类的思想完全离脱人世国家的拘束。以“听神过于听人”（《使徒行传》第五章二九页）为主旨，使人类觉得还有比国家的法律更贵重的法律存在，还有道德世界的秩序比政治社会的秩序更加重要。一方面因为基督教是希腊罗马文明的产儿，所以得知识阶级的同情；一方面因为基督自己就是木匠，圣保罗（St. Paul）就是制造帐幕的，故很尊重劳动阶级。基督以为到世界的末日，只有贫贱的人可以得荣誉。又说："富者入天国难矣哉！……驼穿针孔，较富者之入神国尤易。"（《玛太福音》第十九章二三与二四页）圣保罗又说："自己不劳动的人不可吃饭。"（《达帖撒罗尼加人后书》第三章八页）因此又到处得下等阶级的同情。这就是基督教所以遍布的原因。

传说罗马的教会是由基督教的弟子圣彼得（St.Peter）及圣保罗建设起来的。大概在君士坦丁（Constantine）帝没有奉基督教为国教之前，教会的组织不过一半受古代信仰的支配，一半被十二使徒相续的传说支配罢了。各教会的小事都由信徒自由处理，关于公共的重大事件，总由地位昭著的教会议决施行。故在君士坦丁没有改教以前，教会与国家的关系一点不发生什么问题；教会不但同国家分离，并且被国家看作仇敌，不怕想方设法的要把它灭掉才好。因为教会是自由结合的社会，要想享受一切的公权都要得国家许可。基督教徒既不愿听从地上国家的命令，丢掉自己的信仰，因而发生教会独立的自觉心，但是这种独立也不过是精神的独立罢了。到了君士坦丁奉它为国教之后，帝国的官吏都化为基督教徒，教会在帝国之中才得一种新地位，故教会的组织渐渐完备。但是教会事务的决定权仍在皇帝手中，关于信仰和组织教会的问题固然由教会议决办理，至于镇压异教处罚叛教徒的权力不得不托付皇帝执行。因此教会与政治的关系便格外亲切了。

罗马人到帝国灭亡后，虽然不能发展政治的天才，以政治统一欧洲，但是能利用宗教制度来同化野蛮民族。野蛮民族以刀剑之力来征服罗马帝国，但是罗马人能利用宗教的感化倒转过来，去征服野蛮民族。那时野蛮民族还没有住在一定的领土之内，还没有建设国家，只在家族制度中生活。故当他们没有组织近世的国家之先，早已受罗马教会制度支配

查理曼大帝像

查理曼大帝（742—814），法兰克王国加洛林王朝国王（768—814）和“罗马人皇帝”（800—814）。书中译作加尔满。继位后不断对外发动战争，扩张领土，使法兰克王国成为控制西欧大部分地区的大帝国。

了。中古的野蛮民族大概都以教会制度为团结的中心。教会比国家成立更早，国家的组织都是得教会赞助之功。这便是罗马教会及于政治上的影响。

东罗马帝国虽然把教会附属在皇帝之下，但是因为土地相隔太远，不但政治上不能保护教会，并且还偏袒希腊教的教王（那时罗马帝国东方有希腊教，西方有罗马加特力教）。到八〇〇年，罗马教王李奥三世（Leo Ⅲ）（自七九五年到八一六年做罗马教王）拥立法兰克王国的英主加尔满（Charlemagne）为皇帝（自八〇〇年到八一四年），罗马帝国便分为东、西两个帝国。西欧一带都属于以日耳曼人为基础的西罗马帝国。这个帝国与古代罗马帝国没有关系，不过由罗马教王的威权，加法兰克王以皇帝的尊号建设起来的。虽然有统一天下的理想，但是事实上只不过统一日耳曼及意大利两国罢了。皇帝的尊号虽然是由教王而来的，但是事实上是由加尔满的军事和行政的天才，已经造成皇帝的地盘，教王不过在已成事实的皇帝头上加一个正式的名称罢了。加尔满虽然还能保得住罗马帝国的名称，可是那时土地太大，交通不灵，散漫离乱的社会，到底不是帝国的虚名可以支配的。所以他死后没有经过五十年，各国的国王就脱离了帝国的拘束，王国里边的地方官吏又是贵族，各占各的土地，成为世袭的诸侯；使各国的国王几乎同皇帝一样，只有一个统治的虚名，对于自己管辖的区域之外，绝不能行使真正的主权。这时人民如果在君主管辖的区域之内，便要屈从君主，不然便要屈从诸侯，几乎没有一个人可以独立自主。社会的组织都由君臣的关系构成的。农民和市民大半都降在半奴隶的地位上。但是到了十一世纪和十三世纪中间，十字军东征几回，渐渐和东方的文明国交通，各地的都市便渐渐的繁盛起来。市民占据都市，享有自治的特权，势力渐渐和占据城市的诸侯相等。所以自十二世纪的后半期到十四世纪之初，西班牙、日耳曼、英国、法国的封建议会必定要由市民的代表出来组织；又因为教会的势力很大，故教徒作为第一阶级，诸侯作为第二阶级，市民作为第三阶级。各国的封建议会大概都可以说是由这三种阶级组织起来的。

古代的希腊罗马以都市为国家，以都市以外四周的土地为都市的属地；近代以郡县为国家，把都市包在郡县之内。希腊罗马由君主制变为贵族制，由贵族制又变为民主制，故议会是人民直接集合的团体，并不用近代所说的代议制。中世纪就是由古代城市国家变为近代郡县国家，由古代人民直接议会变成近代代议制度的一个过渡时代；封建制和封建议会就是这种变迁经过的一个媒介。

政教的竞争几乎占据中古史的大半部。总集中古政教争论的理由不外三种。第一种理由：说教王和皇帝受上帝的托付，教王统治人类的精神，皇帝统治人类的身体。他们的权力都是直接从上帝得来的，只能合在一块，互相帮忙，谁也不能够支配谁。政权的特别职务是维持世界的秩序，并保护教会的安宁。皇帝的刀剑就是为执行教义，镇压违教及扰害和平统一的人。照这一派说来，国家与教会互相联盟，双方都保持住双方的最高主权。第二种理由：说皇帝是高出教王之上的，基督贡献金钱，并说“属凯撒的东西应该归凯撒”（《玛太福音》第二十二章二一页），就是政权高于教权的明证。且平滨（Pippin）和加尔满赐罗马教会的礼物，就是使教王成为皇帝的臣下的一个实例。这是屈教王尊皇帝的学说。第三种理由：说政权应该附属于教权，因为《圣经》上说：“惟他是精神的，故他判决万事，他自己并不被人判决。”（《达哥林多人前书》第二章一五页）教王的权力如同日光一样，皇帝的权力如同月光一样；月光是从日光而来的，故皇帝比教王卑些，皇帝的权都是从教王来的。这是尊教王仰皇帝的学说。中古的政治学说都是由于这三派人在那里打一种断不清的官司，彼此辩护，因而发生出来的。

皇帝和教王的很大的竞争，虽然从十一世纪才起的，但是教会势力增长不是一天两天的了。大概自君士坦丁改教之后，一直到西罗马帝国灭亡，都是教权增加、政权衰减的时代。历代的皇帝多是懦弱无能，历代的主教多是手腕灵妙的；又因为社会的组织不好，故人人都想跑进基督教会之中，求一个安身立命之地。那时主教如奥格斯庭（St.Augustine）（三五四年生，四三〇年死）和甲罗谟（Jerome）（大约是三四〇年生、四二〇年死）等，都拿丰富的心思、灵妙的文笔，来发挥基督教的教旨；又有罗马主教李奥一世能把野蛮人民 Huns 的侵入中途停止，故能叫一般人民很佩服他们。这都是教会权力所以扩张的原因。自此以后，主教有政治上的最高权，有裁判宗教诉讼权，都不过是教王权力扩大的结果，并不是发展教权的原因。

政教两权的冲突，自十一世纪以后，便一天甚似一天，大概自教权扩大以后，主教常常用这种“革除”（Excommunication）的刑罚处罚同门及他阶级的人，到了教会权力集中在教王手里，教王的宣告“革除”遂发生很大的效力，后来渐渐扩张“革除”的范围，惩罚关于教会以外的事体，凡是被处罚的诸侯，便不能得人民的服从，便不能统治人民。

关于叙任的问题，政教之间又发生很大的冲突。格来高七世（Gregory Ⅶ）（自一〇七三年到一〇八五年做罗马教王）于一〇七五年发布一道教诏说，以后教中的叙任不要由世俗的侯伯任命，如有犯者双方处以“革除”之罚。这种教诏的目的，表面上虽然说是想革除教徒贿赂公行的弊病，实际上乃是想使教王完全脱离政权而独立，建设起来一种教权政治。这个教诏的结果，便把帝王任免主教的大权一齐移到教会手中去了。教王方面想使主教教徒完全脱离帝王的关系，帝王方面又想以政权来支配教会，故十二三世纪中教权与政权的冲突达到极点。

圣哲罗姆像

圣哲罗姆（347—420），教会教父和翻译家。书中译作甲罗谟。传统上认为他是最博学的拉丁神父，他写有许多圣经评注，以及评论贝拉基主义和其他异端的论文。406年他完成拉丁文《圣经》的翻译工作，从此一直被西方笔译和口译工作者奉为守护神。他出生的日子——9月30日被现代人奉为国际翻译日。

当一〇七六年，法王格来高七世叫日耳曼王亨利四世（Henry Ⅵ）（自一〇五六年到一一〇六年做日耳曼国王）到教廷里去陈诉他轻视教王教诏的理由。亨利召集日耳曼主教会议决定黜革教王；格来高也宣告“革除”亨利，把他废掉，叫日耳曼的人民不要服从他。又煽惑日耳曼国内愤恨不平的诸侯和主教，叫他们背叛。亨利恐怕失掉部下大小侯伯的心，没有法子，只得脱帽赤脚，在克老塞（Canossa）城门雪中站着，哀求三天三夜，才能免掉“革除”的大罚。这件事可以算是政教冲突的起首。后来日耳曼帝国渐渐瓦解，教王乘十字军东征的机会，便大大的扩张权力，到殷老森三世（Innocent Ⅲ）（自一一九八年到一二一六年做罗马教王）的时候，教王的权力可算是达到极点。皇帝袭位的问题，如有纷争，都要由教王判决。这都是教权比政权还大的结果。

英诺森三世像

英诺森三世，书中译作殷老森三世。在英诺森三世（1198—1216年任教皇）的统治下，教皇权威达到顶峰，盛极一时。使其成为继格列高利七世之后教皇神权政治的著名代表人物。

自十一世纪后半期到十二世纪的后半期，皇帝每同教王冲突一回，总是失败一回。但是教王的权力虽然说神圣不可侵犯，可是从实际上看来，既没有兵力，又没有实在的权力，根据非常的薄弱；所以一遇打击，马上便失败了。当中世纪的末期，各国很出几个能干的君主，知道教会干预民事，很不利于国家，故都想极力巩固王权的基础。鲍里福士八世（Boniface Ⅷ）（自一二九四年到一三〇三年做罗马教王）因为教徒纳税的问题同法兰西王肥立布四世（Philip Ⅳ）

（自一二八八年到一三一四年做法兰西国王）大起冲突。鲍里福士于一二九六年发布教诏说，如不得教王许可，凡是教徒都不得自由纳税。肥立布因为大得人民的帮助——这时贵族、教徒、平民都不赞成教王，“并宣言教王在法兰西没有干涉政治的权力，法兰西王除掉上帝没有再比他高些”。——所以才大着胆子，极力同教王冲突。鲍里福士因为失败，死了。肥立布乘意大利政治紊乱，侵入教王的管辖地内，把教王从罗马移到亚维格老（Avignon）（与法国相接近的省份），受法国七十多年的管束。这时各国对于教王已经没有敬意，故教王虽想恢复从前的地位，总是无效。大概十一、十二世纪的皇帝，因为不得人民的后援，故每回同教王冲突总是失败；现在法国国王大得人民的帮助，故一举手便把教权打得粉碎。又因为法国派的教徒和意大利派的教徒，自一三七八年到一四一七年，彼此相争，各人拥护各人的教王，各国也不知道尊崇哪个才好，故教王的威严一点也不尊重了。所以十四世纪的思潮大概多趋重王权方面，这时学者都大着胆子主张政权。这都是人民恶憎教王、倾向君主的结果。

从大体上看来，中世纪的制度思想差不多都是自相矛盾的。中央的政界既有帝国和教会的冲突，各国内部又有君主和诸侯的竞争。在封建制度之下，便尊重地主，侮辱农商；在教会制度之下，便尊重劳动，轻蔑富人。神圣罗马帝国势力只能到日耳曼和意大利两国；此外皆是封建诸侯势力之下，各人占据各人的地方。没有统一的国家，没有主权完全的君主。各国内部，除掉国王直辖地之外，通同受封建贵族的支配。又有罗马教会统一基督教国，宗教上大权不属于君主，只属于教王；教会和教徒对于各国好像有一种治外法权的样子。各国帝王的主权，外部受罗马教会的牵制，内部被封建诸侯侵占。完全的主权究竟是在国家，是在教会，是在君主，是在法王，实在是弄不明白。这种杂乱无章的情形，就是过渡时代的真相；反动的结果当然要有宗教改革和国家统一的思想发生。

再看中世纪的思想，很有点同中国的汉代一样。中国的思想一到汉代以后，无论是儒墨名法，无论是《易经》《诗经》《洪范》《春秋》，都掺杂许多道士派的阴阳五行、灾异图绎等迷信在内。欧洲中古也是这样，就是亚里士多德的哲学，一到“经院学派”（Scholastic）手里，便弄得乌烟瘴气的。大概那时的思想以基督教为中心，又羼杂许多希腊罗马的文化和日耳曼的风俗习惯在内，基督教本是一神教，罗马教会于基督之外，却还崇拜圣母玛利，崇拜许多圣徒神像，其实仍不过是一种多神教、偶像教罢了。基督教在伦理上本来承认个人有绝对的价值，但是罗马教会想承继罗马帝国的统一主义，认定除掉教会之外，便没有救济灵魂的方法。所以中世纪的思想就是上帝恶魔、天堂地狱、灵魂物质、正道异端等观念冲突调合的结晶。政治学说在中古时代并没有十分明了的系统，不过教王对于皇帝争论一两件时事的问题，各方以本党的见解来拥护自己，批驳他人，并不是平心静气的研究出来的。但是中古文化，差不多是希腊罗马的文明、东方西方的政制、基督教的信仰、日耳曼人的精神，互相汇合，自由自在的发动起来的学术思想，怕统一不怕复杂，杂乱无章固然是学术思想的坏处，但是矛盾冲突是学术思想的好处。中古的政治思想固然是很杂，唯因为它杂，所以近代政治学说中很重要的几个观念，都是从这个时期中酝酿成熟的。

本章参考书：

Milman, *Gibbons Roman Empire*.（第十五、十六、二十、二十一、二十八、三十七、四十九各章）

Sidgwick, *The Development of European Polity*.（自十三章至二十一章）

Dunning, *Political Theories Ancient and medieval*.（第五章）

浮田和民：《政治学史》（中世之部，自第一章至第四章）

Pryce, *Holy Roman Empire*.（自第三章至第十六章）

第二章
《新约》和基督教父

一、《新约》中的政治思想

罗马的政治学说无论怎样，都是从希腊一线串珠的传下来的，并没有掺入别国的思想在内。到了基督教发生以后，政治学说中多少总加入一点犹太人的思想在内。历史家常说，基督教发生，把人类社会的性质、目的和统治的原理等观念都改变了，这话固然是不错；但是基督教的思想究竟哪些是他们自己创造的？哪些是从希腊罗马的文明中酝酿出来的？这个问题倒很有研究的价值。据我看来，有许多政治学理和社会学理固然是基督教徒特有的，但是这种特有的学理也不过是从当时最流行的思潮中流将出来的。现在且把《新约》（*New Testament*）中关于政治的学说搜检出来，看看到底和罗马那时普遍的思潮相似不相似。

我们且从《新约》中找出自然法、人类平等、财产和政府等几个重要的观念：

《新约》上说自然法的地方很少，除掉圣保罗的《达罗马人书》（*Epistle to the Romans*）中说到这个问题之外，几乎无从找起。他这封书中有一段话是说明那没有神法的异邦人与神的关系。他说：

> 法未立而获罪者不以法沉沦之，法已立而获罪者将以法审判之。在上帝前，非听法者称义，乃遵法者称义，盖异邦人无法而自然遵法，是虽无法而自为法。法铭于心，以行彰之，内自为证，

而其思虑时寓褒贬。（第二章一二页至一五页，译语从圣书公会印行本。下仿此，唯间有修改）

照圣保罗这几句话看来，几乎和谢雪卢的自然法的观念完全相同。说“自然遵法”，说“法铭于心”，就是谢雪卢所说的“法律是最高的天理，从自然生出来的”；就是承认“法律不是在编制时才发生，乃是和上帝的心意同时发生”（见第二编第三章第四节）。因为人类的理性就是天理的一部分，所以才能够“虽无法而自为法”。由此看来，圣保罗思想的来源，我们虽然无从考证，但是我们可以断定，他不是幼年在塔色斯（Tarsus）（在犹太北方、地中海极东的海角边）受希腊文化的影响，便是受罗马知识阶级思想的感化。关于人类平等的观念，在《马太福音》（*Matthew*）中稍微提到，基督说：

将有许多人自东自西而至，将同亚伯拉罕以撒雅各同坐于天国。（第八章十一）

圣保罗也有这种观念，且看他在《达加拉太人书》（*Galadam*）中说：

无论是犹太人，是希腊人；无论是奴隶，是自由人；无论是男人，是女人；其在基督耶稣则通同是一个人。（第三章二八）

在《达哥林多人前书》（*I Corinthians*）中又说：

吾众不论是犹太人，是异邦人；不论是奴隶，是自由人；皆洗于一神，饮于一神，归于一身焉。（第十二章十三）

又在《达哥罗西人书》（*Colossians*）中说：

圣保罗像

圣保罗早年曾坚决反对基督教，并参与犹太教当局迫害基督教。据《使徒行传》和《保罗书信》载：保罗改宗基督教，乃由于耶稣在他去大马色的途中向他显现。《保罗书信》还说到，他所以承认耶稣是神子，是由于上帝对他作出了特别的启示，以及他认为自己的使命是把基督教传给一切非犹太人。

无论希腊人、犹太人，割礼不割礼，或夷或狄，或仆或主，基督皆一视同仁焉。（第三章一一页）

这种“大公无私”“物我一体”的精神，《新约》上几乎处处都可以看得见，用不着一一细举。此外还有一切人类都是从上帝而来，都是宇宙的一部分的一个观念，见于《使徒行传》（*The acts of The Apostles*）中说：

主造万国，本于一脉，地以居之，时以定之，界以限之。……盖我侪赖之（上帝）而生，而动，而存，如尔作诗者有云“我侪为其赤子焉”。（第十七章二六至二八页）

这种人类从上帝而来的观念，不就是斯多亚派说的“人类是宇宙的一部分”的观念吗？他这种无国界、无疆界、无贵贱、无亲疏的理想，不又同斯多亚派说的“我们不要把自己当作一城一族的人，要当作世界大同社会的人。在这个社会之中，凡种族阶级等一切区别，都附属在同种同胞的意思之下”（参看第一编第五章第二节及第二编第三章第四节）是一个意思吗？可见得这种人类同祖之说，就是希腊罗马的普遍思潮。

但是还有一件事是我们应该注意的：就是这种打破国界种界和贵贱亲疏的差别的人类平等观，只能说是希腊罗马人的普遍思潮，却不是犹太人的普遍思潮；不但不是犹太国内通行的思潮，并且还是犹太国内所最反对的思潮。犹太人的民族观念很重，宗教中也包含许多民族主义的原理在内。他们救世主的责任，就是想以犹太的国家为主，用自己的宗教去拯救别人。他们的事业专在为一切人类建设一种正义平等，专门想把他们上帝的知识推行到全世界上去。且看《旧约》（*Old Testament*）中《以赛西书》（*Isaiah*）中说：

盍观我仆？我扶翼之，我遴选之，我悦怿之，我将以我神赋

> 之，彼以法示异邦人……昔耶和华上帝创造穹苍，使之张舒，奠定寰宇，使之生植，赋亿兆以吹嘘之气，畀生民以活泼之神。今告厥仆曰：我耶和华召尔以彰仁义，我手援尔，保护尔，俾我与民立约，烛照乎异邦人。（第四十二章一一五至一一六页）

犹太人这种庞然自大的口气，这种民族主义的精神，俨然同希腊人当是以自己民族为文明人，以别的民族为野蛮人一样，故遇到“希腊主义”（Hellenism）便抵抗“希腊主义”；遇到罗马文明，便抵抗罗马文明；哪里还有眼睛瞧得起“异邦人”呀！现在基督带些希腊罗马的文化进到自尊自大的旧国家之中来了，不但打破国界、种界，还要同他们所最瞧不起的“异邦人”你兄我弟的讲起同胞平等来了！这种世界主义就是犹太的民族主义的对头！基督同他的弟子们在犹太被罗马征服的时候，大声疾呼的提倡这种大同思想，怎能不触动犹太人的大怒呢?

凡是主张人类平等观的人没有不反对奴隶制度的。基督和他的弟子们也都是这样。但是他们并不想从根本上推翻奴隶制度，不过想解放奴隶的精神，让他们在上帝之前同自由人一样罢了。总计《新约》上关于奴隶的议论，都不外说奴隶和自由人一样，通同可以做宗教的生活，通同是上帝的儿子。这就是斯多亚派所说的“人类的理性都是宇宙真理的一部分”；谢雪卢所说的“人类学问虽然不能够一样，但是学学问的能力是彼此相同的”；和孙里嘉所说的“人类同出一源，生来都是一样的，从理性上说，谁也不比谁高贵些”完全一样。但是基督教虽然不直接的禁止奴隶，虽然不简直说奴隶制度不合法，可是他们这种在上帝之前一体待遇的方法，自然要使主人有渐渐的给他奴隶自由的倾向。中世纪的教会更促进这种趋势，凡有信奉基督教的奴隶，便赶紧劝告他主人解放他。这便是从精神解放到实际解放的一个证据。

基督教徒对于财产观念很有点令人不大明了。有些地方很有共产的精神，有些地方又主张私有财产。《使徒行传》中说：

信者会同，有无相通。有所需，变卖物产分之。（第二章四四、四五页）

信者之众，一心一志，不私己财，有无相通……其间无穷乏者，盖有田宅者，售而挈其金置使徒前，有所需则分与之……有田售之，挈其金置使徒前。（第四章三二至三七页）

由这几句话看来，耶路撒冷的教会的确有共产的精神，信徒之间财产都可以通用。但是这种“有无相通”的事体，乃是信徒的随意的行为，并不是做信徒的条件。就是信徒，仍然得私有财产。且看《使徒行传》第五章内说：

有名亚拿尼亚者，与妻撒非喇鬻产，夫妇同谋潜藏数金，余挈置使徒前。彼得曰：“亚拿尼亚，胡为撒但（Satan，恶魔）惑尔心，潜藏售田数金以欺圣神！田未售非尔田乎？既售非尔金乎？心生此念何为？是尔非欺人，乃欺上帝也。”（一至四页）

照这几句话看来，基督教会中并未尝否认私有财产权。拿钱出来公用，是由于个人的愿意，并不是做信徒的必不可逃的条件。所谓共产，也不过是“多寡相助”“周急济难”的意思，和近代所说的共产主义相差甚远。说“己财”，说“有田宅者”，说“变卖”，说“售”，便是在私产制度之下的状态或行为，共产制度之下，哪能有这种“物权”和“物权转移”的观念？故基督教徒就说是在会内共产，但是这种共产也不过是“私有公用”罢了。

基督教徒为什么发生这种“有无相通”的理想呢？据我看来，一半是由慈悲博爱的观念，一半是由教会一体的概念而生的。那时教徒都把教会看得同亚里士多德的国家观念一样，说它是有机的；如同人类肉体一样，虽然有许多肢体，可只有一个生命。且看《达哥林多人前书》中说：

基督受刑图

这幅保加利亚的圣像于 1541 年完成，描绘了耶稣被钉在十字架上的场景。

> 恩赐有殊而圣神唯一，役事有殊而主唯一。功用有殊而上帝唯一，施诸事于众中。……一身有百体，身之体虽多，究为一身。基督亦然，吾众不论是犹太人，是异邦人，不论是奴隶，是自由人，皆洗于一神，饮于一神，归于一身焉。夫身不啻一体，乃百体。譬之足，以谓“吾非手，不属身”，岂果不属身乎？譬之耳，以谓“吾非目，不属身”，岂果不属身乎？若身尽目，其听何以？身尽耳，其臭何以？夫上帝置百体于身，各随其意。如百体为一体，则身何在？故体虽百而身则一。目不可谓手曰“吾毋庸尔”；手不可谓足曰“吾毋庸尔”。……如一体苦，百体同苦；一体荣，百体同荣。（第十二章四至二六页）

这种有机的教会一体观，极端的解释起来，自然要发生“信者之众，一心一志，不私己财，有无相通”的思想。

基督对于国家和政府也同他们对于奴隶制度一样，纯粹取一种消极的态度。那时犹太人很处心积虑的想抵抗罗马，但是基督自己不愿参与革命的运动，只想在罗马帝国之上建设一个精神的王国。这种精神的王国并不在地球之上，故基督临危的时候，对彼拉多说：“我的王国不属于这个世界。”所以对于地球上的国家不关心。犹太人想对罗马革命，基督偏说，“凡属凯撒的东西归凯撒；凡属上帝的东西归上帝”。（《马太福音》第二十二章二一页）

基督和他的弟子为什么对政府一味的服从呢？因为他们把政府看作神制，政府的权力是由上帝而来的，故反对政府便是反对上帝。服从政府不但是政治上的必要，并且认为是宗教上应尽的责任。圣保罗的书信最能够代表早年基督教徒对于政府的观念，且看他在《达罗马人书》中说：

> 居上位者众宜服之，非上帝则无居位者，凡居位者皆上帝所命。与居位者敌，是为逆上帝命，逆者必受罪。有司不令善人畏，使恶人畏。尔欲不畏居位者，惟行善，可得其褒。居位者上

> 帝仆也，原以益尔，行恶宜畏之；以其为上帝仆，柄不徒操，刑加作恶之人，此其所以当服之。岂惟刑？故吾心使然也。……所宜与者与之，税宜纳则纳之，饷宜输则输之，宜敬畏则敬畏之。（第十三一至七）

他们既已认定“凡居位者皆上帝所命”，便是相信没有权力不是从上帝来的；故同后来主张主权绝对无限论的人一样，都相信国家不能作恶。因此便认定政府的职务只在执行上帝的意志。换句话说，就是政府的目的专在劝善惩恶。一切权力既是从神而来，故服从权力便是服从上帝。大概那时犹太人的民族思想很盛，对于罗马都不愿意服从，故基督同他的弟子们常常以“服从”两个字劝告国人（《彼得前书》第二十章三至十七页也说一派服从的话）。这就是基督所以杀身的原因。

基督教徒把政府的性质看得和上帝的性质一样，很同斯多亚派的思想家把法律看得和真理正义一样的意思相似。他们制裁政府的唯一的方法，便是说政府的权力是从上帝来的，故政府的职务应该执行上帝的意志；法律要和真理正义相合才算法律，故君主制定法律应该要根据真理正义。但是他们怎不想一想：如果政府不执行上帝的意志，君主制定法律不根据真理正义，便应该怎样去制裁他呢？他们就是遇到这样的君主和政府也不想做出一种反抗的表示，岂但不反抗吗？并且还要服从到底。且看《彼得前书》（*I Peter*）中说：

> 仆当敬服其主，不第于善良者为然，即于苛刻者亦然。尔受枉，缘上帝而忍之，则可嘉矣。尔有过，见挞而忍受之，亦何足褒？若尔行善，反遘艰辛，能忍则为上帝所嘉……见诟不反，受苦不校，上帝鞫人至公。（第二章十八至二十三）

他们既然崇拜这种消极的道德，故无论对于什么事只有绝对服从一个方法。

就是到了政府的命令违反神法，良心上绝对不能遵守的时候，也只得甘心受刑，完成自己的天理人道，说一句“我的王国不属于这个世界”罢了。这种消极的主张固然可使国家万能主义失其作用；但是服从的结果也是一死，抵抗的结果也不过是一死，又何必说不反抗政府才可以完成自己的天理人道呢？在那民族主义正盛的犹太国家之下，在那人人都以亡国为耻的犹太国家之下，一个个正在摩拳擦掌准备革命的时候，乃鼓吹这种服从的道德，又岂能不遭犹太人的仇视呢？

二、安布鲁士

叙述基督教父的政治学说很有几种困难：第一个困难就是材料的整理。因为从第一世纪十二使徒到第七世纪开始以西道（St.Isidore）（大约是五六〇年生、六三六年死的），宗教在国家中的地位既有变迁，故各人的议论也不能一致。有的完全没有高深的思想，有的虽然有点思想，但也不能称为哲学家；有的可以代表当时基督教徒的普通思想，有的却是著者个人的特别的议论。现在想找出他们思想的线索，很不是一件容易的事件，并且恐怕太繁琐了，所以只得仿照亶林，单说几个最重要的基督教父。

现在且说一说安布鲁士（St.Ambrose）（大约是三四〇年生、三九七年死的）。我们前边说过，自然法的观念自二世纪末期才和万民法渐渐的分开（见第二编第五章），但是直到六世纪才算是分得清楚。我们前边又曾说过，谢雪卢和《新约》中自然法观念（见第二编第三章第四节及本编本章第一节），认定自然法是铭于人心的，是引导人类向善、禁止人类作恶的，是表示上帝自己的真理的，是做真正法律标准的东西。这种自然法的观念便是基督教父思想的中心。

安布鲁士常解释“摩西法”（Mosiac Law）和自然法的关系，说人类因为不能够顺从自然法，于是才有摩西法发生。他把法律分成两种：一是自然法，二是制定法。自然法是在人良心之中的，制定法是以文书规定的。说一切人类都在法律之下，便是说在自然法之下。所谓上帝的法律

圣伊西多尔像

伊西多尔（约560—636），中世纪前期基督教拉丁教父。书中译作以西道。他出生于西班牙卡塔赫纳，601年继承其兄任西班牙塞维利亚主教。619年主持第二次塞维利亚会议，633年主持西班牙第四次托莱多会议，使西班牙教会获免纳税，并得没收叛教者产业和开办教会学校等特权。著作有《语源》20卷。

是在正直人良心中的天理，法律不是为正直的人而设的，是为不正直的人而设的。照安氏这几句话看来，可见得人为法只是救济自然法之穷的。

安氏又拿这人性平等观念来谈奴隶制度，以为从人性上说，奴隶竟有比主人强的。他相信人人都能够修道德；更相信肉体可以奴隶，精神到底是自由的。奴隶作劲还比主人自由些，因为天真烂漫就是自由，有罪才是真正的奴隶。他这种自由的观念，几乎完全和孙里嘉一样。以精

圣安布罗斯像

安布罗斯（约 340—397），书中译作安布鲁士。古代基督教拉丁神父，374 年任米兰总督，同年被选为米兰主教。他曾说过："一个聪明人即使是身为奴隶，也是自由的；据此而论，一个傻子虽然统有天下，也仍然是个奴隶。"

神作自由的标准，只要良心不昧，在真理面前便一切平等，什么阶级的差别，什么肉体的拘束，都不能损害良心上真正自由的精神。

基督教徒在四世纪以前，大概都不大注意政治，教会同国家也没有什么大关系。自从四世纪后，基督教已经改为罗马的国教，帝王的行政与教会的关系，一天接近似一天，也一天复杂似一天。这时的教会已经变为社会的制度或半政治的制度。故教父对于政府和统治者的观念已和从前不同了。这时教会中人多半说政府不是最初的制度，只是因为人性败坏才发生的。政府是神制，是上帝救济人类罪恶的制度，统治者是上帝的代表，故我们为上帝的缘故，应该服从他。安布鲁士也说政府是拯救愚民的，不公正的统治者便不是上帝正正当当的代表。正义是国家的原因，国家由正义而成，由不正义而毁。真正的治者必定爱护自由，不好的治者便欢喜奴隶制度。

这种宗教化的国家，与政治力的教会同时并立，始而因为基督教定为罗马的国教，故教会有自己的法律，有自己的执行权，渐渐的脱掉当初附属的地位，离开国家而独立；继而因为教会的权力渐大，与国家的关系也渐多，立在平等的地位上总不能够调和，故又想叫国家屈从教会。安布鲁士乘着这个机会，想扩张教会的尊严；但是他的要求也不过想使关于信仰的案件不受皇帝的裁判罢了。他说："关于信仰的事体，牧司可以裁判皇帝，皇帝不能裁判牧司。"因为皇帝是教会的儿子，要屈从教会的权力，受教会的指教；皇帝是在教会之中，并不是在教会之上的。安氏这个主张虽然是一种消极的要求，但是这种消极要求的结果，便使教会有完全裁判信徒的权限，使国家的官吏不能审判教徒的犯罪，并使国法附属在神法之下——这就是教会脱离国家独立的结果。由此更可见四世纪后教会地位的增高。

安氏虽然想把皇帝收纳在教会之中，但是还注重在教会和国家的分权。他以为如果皇帝要想长治久安，一定要屈从上帝，服从这个"属于凯撒的东西归凯撒，属于上帝的东西归上帝"的规则。"宫殿属于皇帝，教会属于牧司"。故皇帝可以收贡税，可以有教会的土地，但是管不着神宫。他对于教会自身和教会的财产，分得这样清楚，自外面上看来，似乎只是分权，但是从实际上说来，却是限制皇帝干预宗教事务的权限。所以他这种教会财产和国家关系的议论，很有影响于后来宗教派的政治学说，绝不能轻于看过。

三、奥格斯庭

安布鲁士虽然提出教会与国家分权的要求，但是教会对于国家的态度，还不过是一种消极的态度；国家的权力仍然是尊贵的，仍然是不可抗抵的。到了奥格斯庭（St.Augustine）（三五四年生、四三〇年死），政权的形式和职分已经降到不大重要的地位，他们极力抬高的便是信仰的精神生活。奥格斯庭的《神都论》（*De Civitate Dei*）（在四一三年及四二六年中间做的）中，关于国家的学说虽然是专门祖述谢雪卢，但是他把神学弄成一大系统，凡是支配中古思想的主义纲领，都在他这个名著之中一一说明了。

奥氏关于自然法的观念，完全和谢雪卢相同，自然用不着详细的叙述了。他的人类等差，也只是由理性而定，说上帝并不使合理的人去奴隶合理的人，只有在不合理的动物之上，才有主人去奴隶他。人类生来本是自由平等，罪恶奴隶都是后来发生的。这些话也都不过是当时滥熟的思想。

奥氏的社会起源论也同斯多亚派一样，说人类生来就有社会性，就不得不以同类相结合。所谓智者的生活便是社会的生活。人类建设社会、创造和平，都是根于“本然之能”而来的。但是人类为社会而生是自然的道理；这个人为那个人的主人，或这一阶级屈服那一阶级，却不是自然的道理。因此便断定，政府和奴隶制度都不是自然的制度，只是人类罪恶的结果。使这个人屈服那个人，一半是惩罚罪恶，一半是救济罪恶。

自奥氏看来，国家的真伪是以正义为标准的，没有正义，便算不得真正的国家。但是正义只在崇拜真正的上帝的人中间才可以存在。那种没有正义的国家，便和贼团没有区别。大概奥氏以为人类最高的目的就是同上帝结合，但是这种结合不是在现在这个不完全的世上所能做得到

奥古斯丁像

奥古斯丁（354—430），欧洲中世纪哲学家、神学家、罗马基督教拉丁教父的主要代表、新柏拉图主义者、基督教教父哲学的完成者。书中译作奥格斯庭。他认为尘世和天国是绝对对立的，人由于亚当的原罪而远离了上帝，因此具有自私和趋向邪恶的倾向，人只有信仰、热爱和顺从上帝，才能从原罪中拯救自己。

的。人类真正的生活只是将来的生活，故人类必在将来的生活中才能够同上帝相结合。因为地上的生活只是往上帝面前去的道路。拿这个世间上的和平与秩序同精神世界的永远的和平与秩序相比较，便没有什么价值了。因此便把国家附属在教会之下，以国家为方法，以教会为目的，不但降低了地上国家的位置，并且不承认非宗教的地上国家有一点社会的道德。往日亚里士多德说：人类离开国家便没有价值，国家自身却有价值；现在奥氏却说：国家只有依附教会才有价值，国家自身没有价值。这种尊重精神世界轻蔑实在世界的观念便是支配中古一千多年欧洲人心的根本思想。

四、格来高一世

在奥格斯庭后一百多年，增加教会的权力，注重精神的生活，和奥氏的精神大致相同的，就是“最后的教父”格来高一世（Gregory the Great）（五四〇年生、六〇四年死）。大概基督教父多说，人类的本性是自由平等；但是他们虽然主张人性平等，一方面以奴隶制度为违反原始的人性，一方面却又以奴隶制为合法的有用的制度。格来高也是这样。一方面对主人说你的奴隶同你自己有同样的性质；一方面又叫奴隶要替主人做事，叫主人为奴隶担负精神解放的责任。又因为主张人类生而自由，故不承认有强制性质的政府制度是人类原始的自然的制度；但是同时又不承认政府制度是不正当的，不合法的。为什么呢？因为人类有了罪恶，必定要政府去救济；故断定强制的政府是救济罪恶的必不可少的制度，是上帝为救济罪恶而差委的代表。

大概四、五、六三个世纪中，神性的政府论已渐渐的发达。安布鲁士、奥格斯庭都受圣保罗政府是劝善惩恶的一句话的影响，都以为政府是救济罪恶的一个医方。到了格来高更说得津津有味的。他说：人类生来固然是平等的，但是因为罪恶发生的结果便弄得大不相等了。因为人类不一样过好好的生活，所以这个人便不得不受那个人的支配；人类有一种兽性的趋向，到了这时便不得不拿强力来恐吓他们，故认定政府制度就是上帝为救罪而设的。由这种神性的政府观中便渐渐的发生出来元首是上帝的代表的观念；再进一步，便主张元首的权力是直接由上帝而来的，只有对于上帝负责，因此便主张主权者有绝对无限的神权。这种观念便是后来“帝王神权说”（The Divine Right of Kings）的普通原理，

格里高利祈福图

格里高利即书中的格来高一世。他是对中世纪教皇制度影响最明显的第一位教皇，也是第一位曾当过僧侣的教皇。此张羊皮纸缩图出自格里高利的手稿《布道》，他的上方是用几何图形装饰的穹顶，两边是装饰鲜艳的立柱。

这种原理却是从基督教父中来的。格来高的主张便可算做早年的帝王神权说的代表。（注意：教父的议论非常的复杂。帝王神权说固然是由神性的政府论进化的，但是还有许多反抗帝王神权说的论据也是从这些教父中来的）

把元首看作上帝代表的思想，本是从安布鲁士时候就有了。那时他们就把国王看做地上的“上帝代理人”（Vicar of God），到了格来高更把代表的意义发挥得格外透彻。好的元首固然可以当得上帝的代表，就是坏的元首也是代表上帝的。为什么呢？因为好的元首是上帝报酬好百姓的，坏的元首是上帝惩罚坏百姓的。无论元首好不好，他的权力都是从上帝而来的。

不但坏百姓不能反抗好元首，便是好百姓也不能激烈的批评坏元首的行为。因为反抗元首，便是反抗差委元首的上帝。这种上帝代表的元首的观念便造成绝对无限的神权论。就是十七世纪护教派（Apologists）的神权说，关于反抗恶政的范围，也不能比格来高再缩小些。但是格来高扩张帝王的权力，仍是扩张教会的权力的结果。他说：“牧司是上帝的仆人，是上帝的兵士，同天使一样的神圣。”又说：“国家的和平全靠着宇内教会的和平。”由此可见他增加政权仍不过是为增加教权的一种手段。

总看以上几个基督教父的政治学说，也不过是发挥他们先辈或同辈中的普通思想。他们自己只有两个理论是特别的：（一）是神性的政府论；（二）是社会中政权和教权的关系论。除此以外，也不过是“人云亦云”的罢了。从格来高到九世纪宗教的文学，差不多都没有政治的关系，故暂且不说他。

本章参考书：

Carlyle，*Medieval Political Theory in the West*.（第一卷第八章至十五章）

Milman，*Latin Christianity*.（第一卷一二〇页到一二四页及第二卷二九页到一〇三页）

Moeller，*History of Christian Church*.（四九页到九三页及四五三页以下）

Dunning，*Political Theories Ancient and Medieval*.（第六章）

第三章
自九世纪到十二世纪的政治思想

一、九世纪的政治思想

自七世纪到九世纪差不多二百年间，教徒的文学和政治很没有什么重大的关系。自九世纪到十二世纪，虽然也没有什么政治哲学可说，他们所争论的虽然都是关于时事的问题，但是这些争论，都是讨论政权与教权的关系，从他们的辩论之中，很可以找出政治思想的倾向。现在因为没有把他们所争论的问题一个个都拿来讨论的必要，所以只得把他们几个重要人的议论叙一叙。

九世纪教界中鼎鼎大名的人就是里昂的主教亚古伯（Agobard，Bishop of Lyons）（大约七七九年生，八四〇年死），来摩的大主教韩克墨（Hincmar，Archbishop of Rheims）（大约八〇六年生，八八二年死），和教王连克拉士一世（Nicholas I）（自八五八年到八六七年做罗马教王）。

亚古伯也是主张人类没有种族阶级等等区别的。他有一篇短文讨论犹太人的奴隶受洗礼的事，极力主张奴隶自由入教，入教之后，不必仍然属于原来的主人。为什么呢？因为上帝是创造一切人类的，一切人都是从他而来的；只因犯罪的原故，所以才把一部分人高抬起来，使一部分人压在奴隶制度之下。但是上帝只许人以身体奉事人，不准他以精神奉事人。人的外部可以奴隶，人的内部必定要自由，因此便反对那时不得主人许可不能入教的习惯。

九世纪的教徒对于“教规”（Canons）大概有一种共同的态度，就是

利奥三世像

利奥三世，拜占庭帝国封建王朝（750—816）的建立者，曾利用人民对教会的不满，于726年下令捣毁圣像，封闭修道院，没收教会和寺院土地，史称圣像破坏运动。这一运动恶化了拜占庭与罗马教廷的关系。

不分什么阶级都要服从。亚古伯也曾讨论过教规的性质和权力。他说教规是圣灵的结晶，是全世界所同意的，所有的君主都要服从。违反教规的行为就是违反上帝自身的行为，就是违反上帝的教会的行为。

亚古伯没有说到政权的来源，韩克墨关于政府的神权说得非常的明白。大概在九世纪中间，教界的思想都注重在神性的政府说上，都极力的发挥往年教父派所遗传下来的议论。韩克墨也一方面说政府不是最初的制度，一方面又承认政府在实际生活上非常的重要。在他看来，自然是叫人平等的，罪恶却叫人生出区别，叫这个人不能不屈从那个人。因此便说政府的权力是从上帝而来的，所以为上帝的原故，一切人类都应该服从政府的权力。

中国汉代而后的儒家，专门以引经为论点的根据。欧洲中古的教士也专门的引经据典，来证明他们所说的道理。韩克墨因为想贯彻他自己对于政府的绝对服从说，所以拿大维得（David）对于稣尔（Saul）的行为为正当行为的真正模范，并引格来高一世的话——如果反对元首便是反抗上帝——来拥护自己的议论。他说，人类除掉被上帝公公道道的许可，便什么事也不能做。君王是上帝差委他治世的，故真正的信徒绝不反抗他的权力，就是不好的命令也是上帝默认的，应该看上帝的面子去忍受他。由此可以看出格来高的学说在这时的影响，并可想见这时政府神权论的势力。

君王和法律的关系在九世纪中很与罗马帝政时代的见解不同。在罗马帝政时代，名义上虽然说人民是一切权力的来源，但是事实上皇帝是一切权力的来源；名义上人民是法律的终极的来源，事实上皇帝是法律实际的来源。九世纪的君王已经不是法律的唯一的渊源，他既不在法律之上，也不在法律之外，不过执行法律罢了。故在这个时候，君王与法律的关系，已经成了问题。罗戴（Lothair）、路易（Lewis）和查理士（Charles）于八五一年在迈尔森（myerson）会议，有约束信徒违法办人的宣言。韩克墨也极力说君王一定要服从法律，如果要打破法律，一定要受惩罚。并引奥格斯庭的话，说人民判断法律只限于制法的时候，一经制定之后，只有照着它做事，不能够再去判断它了。由此看来，韩克墨的意思是说，君王的义务在依法统治人民，不能够违反法律做事。执行法律的便是公正的君王，违反法律的便是不公正的君王。

大概条顿民族的国家共有三种法律：（一）是遗传下来的部落法。这种法律不是制造的，是从部落之中经过许多年生长起来的。（二）是古代罗马帝国的制定法。这一类的法律法兰克的君王和皇帝简直不能支配它。（三）是实际上的新制法。这一类的法律附加在古代法律之中，王与帝虽然可以发布，但是必定要得人民的同意。九世纪的帝王与国法的关系和古代罗马皇帝与国法关系大不相同。所以韩克墨等主张君王应该在法律范围之内拿法律去统治人民。

但是韩克墨虽然尊重君王，虽然尊重政权，却于国法之外，同时又尊重一种法律；这种法律并且不是国家制定的，它的尊威和势力并且还高出国法之上，就是基督教会的法律。一国之内，总不能有两种最高的法律同时并立，故教规和国法地位关系，便成了九世纪的一个问题。韩克墨已经说过君王和国法的关系之后，又说到君王和教规的关系。他以为教规是由于圣灵而来的，全世界的人类都应该遵守，君王也在世界中间，故君王也要服从教规。如果君王要不服从教规，便当受教会的惩戒。韩克墨这种主张，大概很可以代表九世纪信徒们的意思。关于罗载和泰特伯格（Tetburga）离婚的问题，教王连克拉士也和韩克墨同一主张，说如果罗载不同泰特伯格离婚，便要宣告“革除”。

二、十一世纪的政治思想

十世纪中简直找不出一个与政治思想有很大关系的人。到了十一世纪，因为有几个重大的争论发生，很可以从他们争论之中，找出来一点政治学说。十一世纪顶有名的人便是教王格来高七世和曼里哥（Manegold of Lutterbach），泰奥德里（Theoderic of Verdun），瓦尔德伦（Waltham of Naumburg）几个人。这几个人中要算格来高七世和曼里哥是最重要的。

九世纪中的权力来源总共可分为三种：（一）一切权力，不论政教，都是从上帝得来的；（二）政治社会的最高权力就是法律，这种法律是代表正义的原理的；（三）一切政治权力是直接从社会来的，因为法律是社会的习惯，不得社会承认便没有权力可说。到了十一世纪政权来源的观念似乎很有一点变迁，很有许多人疑惑并且否认政权从上帝而来的话，国家究竟有没有道德的职务和目的，已经成为问题了。在前几世纪中，政府利用教会的势力来统一人心，教会也利用政府的势力来征服异教和叛教徒；到了现在，教会的基础已渐渐稳固，教会的叙任已经不要仰仗帝王的势力，日耳曼的土地和财产多半已经归到主教和住持（Abbot）手中，主

圣格列高利像

圣格列高利，一译为“额我略一世”，第64任罗马教皇（590—604），拉丁教父。在神学思想上，深受奥古斯丁影响，他发展了奥古斯丁关于教会的思想，奠定了中世纪基督教教会基础，并为基督教教会后来的发展指明了方向，后世尊称他为“大格列高利”和“中世纪教皇之父”。

教和住持可以脱离帝王的支配，只受教王的支配。故在这个时候，教会中人不一定要仰仗政府的势力，因而不大看得起政府了。

格来高七世要算是反对帝王神权说最重要的人，他虽然不是发明这派理论的第一个人，总可说是应用这种理论明目张胆的攻击政权的第一个人。且看他致威廉第一的书（一〇八〇年）中说：

> 上帝因为要世人肉眼常能看见这个世界的美，故造日与月两种无上的光明去照耀着它。上帝对于人类也是这样：上帝惟恐那照他自己的影子造成的人或致被引诱到不可挽救的危险路上去，故于教会师保和王朝官僚之中筹备下了种种治人之具。所以你若要我将来当那可怕的“裁判日”，在那铁面无私的裁判官（造物主）之前，替你答辩；那么，请你自己想想：我难道不当很勤勉的筹备你的拯救吗？你难道不该为自保计快快服从我吗？

由此看来，格来高七世不但反对政权高于教权的学说，并且反对政权与教权平行的学说。他的理想政治：凡是基督教国都应该成为世界的帝国，奉上帝的代表教王为一国最高的元首。

格氏论政权与教权的关系，都散见书信之中。他一〇七三年致路道夫（Rudolph）的信说他很希望政教联合起来。人类的身体由两个眼睛支配，所以教会的身体也应该由两个权力合起来支配。一〇七四年致亨利四世书中又说：如果你能服从王中之王的基督，能保护教会，便可保有王权。一〇七五年致斯文（Sweyn）（丹麦的国王）的书，一〇七七年致海路德（Harold）（丹麦的国王）的书，一〇七八年致奥拉夫（Olaf）（挪威的国王）的书，都劝他们服从上帝，并说政权应该服从教权。但是最明显的议论，便是前面所引的致威廉一世的书。大概格氏有时也说政权是从上帝得来的，唯一的义务就在维持正义；他也很希望政权和教权联合，共同一致的统治世界。但是他总以为政府是因为罪恶而设的，政府自身没有目的，不过以保障教会为目的，教会是主体，政府不过是保存主体的一种方法罢了。

奥托二世像

这块大理石匾上刻的是奥托二世与皇后正跪在坐于王位上的基督教父脚下，由此可见奥托二世对于教权的敬畏。

曼里哥在十一世纪中要算是一个很激烈的政论家，他反对专制的君主，几乎同法兰西革命的时期的政论家一样。他以为政权的最后的来源是由于上帝，但是直接的来源是由于社会。凡是照应一切支配一切的人都应该有高出一切人的道德，才能够公公道道的行使权力。政权在理论上固然不是不合法不正当的东西，但是在原则上应该要最公正最诚敬的。人民不但不能拥戴一个人，叫他在他们自己之上去行使专制，并且还要防御专制政体。人类和别的动物的区别，就在一个有理性，一个没有理性。因为人类有理性，所以他不但要问问“什么”是应该做的，并且还要问问“为什么”要应该做，无论什么人总不能自己使自己做帝王，必定要人民来抬举他；人民既已捧他出来，放在他们自己之上，就是想叫他兴善除恶，为大众去执行正义。照曼氏这几句话看来，帝王是有理性的人民拥戴起来的，人民拥戴他必定有个拥戴的理由，并不是盲从被拥戴的帝王，必定要遵守誓约；如果违反誓约，人民便可冠冕堂皇的去反抗他。这种帝王与人民的关系的观念，简直不差似洛克（John Locke）、卢梭（Rousseau）一派的民约论。

三、十二世纪的政治思想

十二世纪中的最重〖要〗的政治学家要数圣伯讷（St. Bernard）（一〇九〇年生，一一五三年死）和塞里斯伯的约翰（John of Salisbury）（大约是一一五年生，一一八〇年死的）两个人。圣伯讷是个革新教士（Monk），极力的想把教父的苦行的和神秘的精神灌注到宗教的实行里边去。他是一个最能舌辩的传教家，最懂得群众的心理，如果对一国的大众说话，他好像生长在这一国之中一样，如果对一阶级说话，他又好像生长在这一阶级之中一样。他在政治和教会之中，势力很大，第二次十字军东征，差不多就是他怂恿起来的。

圣伯讷虽然是个教士，但是有时也很尊重政权。他以为教王的职务只是牧师的，不是君主的。只有基督一个人是主，教王只是基督为世界

圣伯纳德像

中世纪基督教神学家，西多会隐修士，神秘主义者。书中译作圣伯讷。1112 年进入西多会隐修院，1115 年创立明谷隐修院，出任院长，使明谷隐修院成为西多会的中心，本人也成为教会政治中的重要人物。在神学上谴责阿贝拉尔对理性推崇，倡导神秘主义。主要著作有《蔑视世俗》《论爱上帝》《论恩宠与自由意志》《致圣殿骑士团书》等。

而用的用人。这种用人的义务只在抚育，不在统治。但是在别的文字中又很主张教权。他说上帝的两根剑，无论是精神的，是物质的，都应该属于教会，精神的是教会用的，物质的是为教会用的；前者在牧师手中，后者在兵士手中。大概自圣伯讷看来，政权不必放在教王手中，不是因为政务是在教会的范围以外，乃是因为教王如果管理俗事，便损失教权的尊严了。

到约翰出来，便在国家学范围以内，讨论皇帝与教王关系的问题。他是中古提倡国家有机体说的第一个人。他说在教王及皇帝之下的一切人民，笼总叫做世界或国家，以教王及皇帝为国家最高的机关。又把国家的各部分同肉体的各部分对照比较起来，说君主是头，元老院是心脏，裁判所是肋骨，官吏及裁判官等是耳目及口舌，行政官是不拿武器的手，军队是拿武器的手，财政是腹，农工商民是足，教士是全体的灵魂。因此便认定君王是教士的臣仆，凡不值得烦劳教士的事体都归他去做。且看他说：

> 君王的确是教士的用人，凡是不值得教士亲手去做的宗教职务的一部分可以用他去做。因为神法中的各种职务都是宗教的，神圣的，但是惩罚罪犯是下等事体，不足烦劳教士。

阿贝拉尔像

1079—1142年，欧洲中世纪经院哲学家、神学家。在神学观上，他反对盲目信仰，主张以理性来检查信仰。认为除了《圣经》之外，其他都可能有错误；使徒和教父也会犯错误。

约翰的政治论与其说是法治的或立宪的，不如说是伦理的。他于政府的组织职权的分配及关系，一点没有说出什么道理。他的唯一的政体就是君主政体。君主政体的行政组织只拿他所知道的古罗马帝国做标准，他的国家的普通观念就是把罗马帝国和《旧约》中犹太的君主政体融合起来的。他说国家以君主为代表，要想政治得宜，必定要给各部分以适当的职掌，使各部分强而有力，互相补助其他的部分。各部分都不忘自己的福祉，如果别的部分受伤便一同感受痛苦。故国家真正的一致就在各部分与各部分及各部分与元首之间要有正当的一致的结合。

约翰的著作在政治学史上有重要的两点：（一）君主与法律的关系；（二）君主和暴君的差别。君主应该服从法律，但是他不是服从他自己制定的法律，乃是服从永远公正的神法。君主在自己制定的法律之上，但是总在神法之下。教士是保护正义的神法的人，故教士一定在君主之上。约翰也明明白白的承认君主的权力是由上帝而来的。真正的君主统治人民必定要服从法律；如果以武力去压迫人民，便是暴君，故君主的精神就在尊重法律，尊重人民的真正权利和自由；如若不然，名义上虽然是君主，却是名不副实的。暴君没有权利反抗人民，人民杀戮暴君不但是合法，并且是很合乎正义的。因为暴君的权力不是上帝给予的，是僭夺上帝的。上帝给予这个人的权力，这个人便是执行法律和正义的；这个人如劫夺上帝的权力，便是蹂躏法律和正义的人，故杀戮劫夺上帝权力的人，便是人民正当的行为。他这种诛戮暴君的思想，大概都是受了研究《圣经》及希腊罗马历史的影响。

本章参考书：

Taylor，*The Medieval Mind*.（第三十七章）

Carlyle，*Medieval Political Theory in the West*.（第一卷自第十六章到二十一章，第三卷第二篇自第一章到第八章）

Bryce，*Holy Roman Empire*.（第七章）

Maitland，*Gierke's Political Theories of the Middle Age*.

第四章
阿奎拉圣太摩士

一、经院学派的来源

从希腊灭亡一直到十二世纪，这一千四五百年中，严格说起来，简直可说没有政治哲学家出现。但是罗马当共和时代，虽然没有政治哲学家，还有几个正统派的政治学者；到了中古，一般基督教父和神学家，虽然引起政教的冲突，可是他们的议论纯是“武断”，几乎没有一个人在哲学的基础上讨论出来政治的理论。直到十二世纪以后，知识的生活才渐渐的发动，包含“经院哲学”（Scholasticism）的文学才接续出现。

经院哲学就是把哲学同神学融合起来，使哲学附属于神学。换句话说，就是使知识与信仰调和，把知识附属于信仰。早年的经院学派，从九世纪到十二世纪，苦于没有材料，故仅仅的拿“黑暗时代”输进来的斯多亚派和新柏拉图派的理论的大概，做他们议论的根据，并没有人知道亚里士多德的著作。自回教的始祖摩哈默德（Mohammed）（大约生于五七〇年，死于六三二年）征服各地后，回教徒的势力，便由埃及和非洲北岸侵入西班牙。亚剌伯人在那时已经研究希腊的算学、天文学、医学和别的自然科学；亚里士多德的哲学也因新柏拉图派输进亚剌伯。回教徒统治西班牙的时候，极力把亚剌伯的文化输进西班牙，故到十二世纪下半期，亚里士多德的全部著作又由西班牙输进欧洲各处，大学校中且拿拉丁文翻译过去做课本。未久又因为十字军东征把希腊的著作带回欧洲去，所以到十三世纪中期，欧洲的学者才能够看见希腊大儒的著作。因此便

乌尔班二世的演说

乌尔班为法国教皇，生于马恩河畔的沙蒂永。他于1088年当上教皇，1095年11月18日，在法国南部克勒芒召开的宗教会议上发表了极具煽动性的劝说和讲演——号召西欧基督徒进行圣战，从异教徒手中夺回“主的陵墓”，参加者可以免罪——导致了第一次十字军东征的爆发。

把经院哲学造成完完全全的形式。经过许多注疏家的解释，便把基督教义和亚里士多德的哲学融合起来，在武断无理的基督教的外形上，披上一件哲学的“外套子”。

经院学派的最大的目的就是想把宗教与哲学调和起来，造成一种人神一致的哲学。所以一方面引用亚里士多德的博大含蓄的理性论，一方面引用教父的武断的神学，糊里糊涂的调合起来。并且硬把亚氏的学说拉进来，做他们基督教中的正宗哲学。自从这个学派成立之后，欧洲思

托马斯·阿奎那

13世纪意大利多米尼克修会修道士，欧洲中世纪最重要的经院哲学家，他认为人的自然理性可以是真理，但往往出错，而且只能认识较低级的事物。关于上帝的更高的真理，只能来自启示，靠信仰。

想界便很吃了一点亏！

经院学派中第一个学者要算阿奎拉圣太摩士（St. Thomas Aguinas）（生于一二二七年［即宋理宗宝庆元年］，死于一二七四年［即宋度宗咸淳十年］）。他的著作固然是完全为武断的神学支配，但是使政治学恢复从前的位置，把它重新送到科学的范围里边去，要算是从他起首了。可是十二世纪的神学运动，也不单是亚里士多德的影响。教会的教义，一方面受柏拉图理想的支配，一方面又受奥格斯庭神学的支配。奥氏在五世纪中要算是宗教的思想和希腊哲学的唯一的调和家，后来的教会，几乎没有人不受他的影响。太摩士政治思想受奥氏的力量很大，所以他的政治哲学简直可以说是亚氏、奥氏两人的“混血儿”。

太摩士虽然只活到四十来岁，但是他的著作总算很多。关于政治的著作，有《亚氏政治学注解》和《君治论》（*Rule of Princes*）两种。第一种全是注解，没有加入自己的意见；第二种是专门说政治学的，可惜他没做成功便死了！这四卷书中只有第一卷及第二卷的一部分是他自己做成的，此外都是受他教育的弟子们续编的。他的政治理论虽然没有特出的地方，但是法律的定义和分类，对于后世也很有重大的影响。

二、法律的观念

太摩士的法律观念可算是由古代法律观念变成近代法律观念的一个媒介。希腊人总把法律看作真理的指示，罗马的法家有的把法律看作真理的指示，又有的把它看作意志的表示，太摩士的法律定义是：

> 法律是统治社会者为共同的幸福而发布的真理的命令。（《神学》第二卷）

从这个法律定义上看来，太摩士的法律观念，一方面承认它是真理的指示，一方面又承认它是意志的表示，这就是把近代的法律要素——意志——加入古代的法律要素——真理——之中来了。

太摩士把法律分为四类：（一）永久法；（二）自然法；（三）人类法；（四）神圣法。永久法是在上帝精神之中，统治宇宙的大法。自然法是在永久法中的有理性的动物所专有的。由此可以判定善恶，求得真正的目的。人类法是人类的理性把自然法应用到特别的人世间的事件上去。神圣法是补充人类理性的缺点，使人类得以寻求现世界以上的福祉。这种神圣法就是基督教中的“天示法（The Law of Revelation）”。他这种法律分类原没有什么精彩，不过他把法律看作“行为的规则和标准”，把法律的发生看作由超群出众的人而来的，同时又以公布为必不可缺的要素——这是他把法律一方面看作规则，又一方面看作命令的结果。但是他虽然把法律看作在上的人的命令，又同时说法律不能由个人随意发布；只有社会全体或统治社会的公人，为公同的幸福，才可以发布法律。要想使法律有效，不能不有强制力；但是个人只可以劝告人，绝不能够强制人；故个人由理性发表出来的命令，并没有法律的资格。

太摩士四种法律之中，如永久法、神圣法两种，固然可以代表基督教徒的信仰，但是在政治学史上还没有他的自然法和人类法两个观念重要。他把自然法看作求善避恶的普通规则，别的特别规则都不过是为达到这个目的的合理的方法罢了。人类是有理性的动物，故人类得分受这自然法，并服从这自然法。人类法使人怕惧，是维持和平的社会生存所必不可少的东西。人类法是从自然法而来的，不是从自然法的原理上演绎出来的，便是应用自然法的原理。由此看来，太摩士虽然把法律分为四种，但这四种法律都有从属的关系，就是永久法为一切法律的大源，神圣法不过是上帝制定而垂示人类的永久法，自然法不过是永久法的应用，人类法又不过是自然法的应用。永久法是支配全宇宙的，自然法是支配宇宙中间一部分有理性的动物——人类——的，人类法又是应用自然法来支配尘世间实际生活的。因此，便说在自然法原理之下，一切人类都是一样的；只是从这个原理之中演绎下去的结果，便发生各种差别，譬如强盗本是直接违反自然法的，但是在凯撒时代的日耳曼人并不认他为恶。至于人类法既认为是应用自然法的原理，那么，凡是违反自然法原理的法律当然不能承认它是法律了。

太摩士既已承认自然法是宇宙的真理昭示人类的，那么，在这种自然法之下，当然是人人自由，人人平等的了；但是他并不这样主张。在他看来，人类一切制度总以谋公同的幸福为目的，如果为人类生活的利益设想，便是改变自然法，把公共财产变为私有财产，把自由的人类变成奴隶，也没有什么不可以的。这些地方几乎和前几世纪的基督教父的主张一样：一面承认在自然之下，人人平等；一面又承认奴隶制度和强制的政府为合法。由此看来，太摩士的法律，除掉永久法是永久不变的之外，其余如自然法，如人类法，都可以随着人世生活的情形变迁的。

太摩士把自然权利同法定权利分得很清楚，以为法定权利是由人类法而来的，这就是他承认人为的成文法是权利的渊源了。但是他的成文法的效力不是因为制定而生的，乃是因为合乎自然法而生的。所以在他看来，就是成文的法律，如果违反自然法，只能算作败坏的法律，老早就没有拘束人民的效力了。这都是太摩士法律定义和解释与前人不大相同的地方。说得好听一点，说他是调合亚里士多德和斯多亚派的法律观念，而能够“集其大成”；说得不好听一点，便是把亚里士多德、斯多亚派、基督教父和罗马法家等种种不同的法律观念杂凑在一块，成为一个“牛溲马勃”“俱收并蓄”的“杂货铺子”！

三、政权的性质和形式

太摩士的政治思想大概有三种来源：第一个来源就是亚里士多德，不但适用亚氏的理论，并且连方法也适用他的。第二个来源是《旧约》。第三个来源是奥格斯庭翻译的《罗马史》。

太摩士的社会起源观，几乎和亚里士多德一样，也说人类是天然的社会和政治的动物，比较别的动物格外有群众生活的必要。自然给别的动物以齿角羽毛，叫他们自行保卫；至于自然给予人类的只有理性，故运用理性以求到生活上所必不可缺的知识，便是人类特性。人类生活第一个条件就在合群，合群然后才能互助。为什么呢？因为《旧约》上说：

> 二人为侣，胜于一个独居，可相助以有成。（《传道》第四章九页）

但是只知道群居，没有为公共幸福来统治这一群的人，也不能成为社会。因此便以谋公益、私益为政府正当、不正当的标准，如果政府不是为社会谋公共幸福，只谋私人利益，便不是正当的政府。因为《旧约》上又说：

> 耶和华谕我曰：人子，当传我命。责以色列族之牧羊者曰：“主耶和华云：‘以色列族之牧者自顾其身，不牧群羊’，祸必不远矣。”（《以西结书》第三十四章一及二页）

他这种以政府的目的来决定政府的性质的观念，完全是从亚氏正当国家和腐坏国家的分类上脱胎而来的。

但是太摩士也有许多地方和亚氏不同的，譬如亚氏的国家的领域只以城市为限；太摩士却更进一步，承认郡县（Province）或王国为国家的领域，以包括许多城市的王国为御敌时候的财源。把郡县正式的收入政治学的范围之中，要算是自太摩士起首了。太摩士固然也同亚氏一样，对于王政和民治，没有一定的说哪种政体是绝对的好；但是亚氏总是偏重民治政体，太摩士总是偏重帝王政治的。太摩士的政治学的基础几乎是完全建筑在“和平”与“统一”两个名词之上。他极相信“个人统治总比多数统治便利些”。且看他说：

> 一切顺从自然的物事都是最好的，因为自然无论在什么地方都发生最好的效果。但是一切自然的政府总是一个。在人身各种肢体之中，有一个肢体统治一切肢体，便是心；在精神的一部分中间，又有统治一切的一种力量，便是理性。在一群蜂子之中有一个王；在宇宙之中有一个创造一切、统治一切的一个上帝。这是合理的，因为每一个群众都是从一个地方来的。……人类的社会必定要归一个人统治才好。（《君治论》第一卷第二章）

因此便主张郡县和国家都应该受一个王的统治，才能享受和平。他这种思想并不是有意的抛弃亚氏的学说，只是当时政治情形逼迫他，使他不知不觉的变成时代的产儿。因为受时势的激刺，故一方面想把许多王国统一起来，成为一个和平的国家；一方面又想把国家的目的定下，设下一个和平的统一，免掉因谋私利而起的战争。

但是太摩士虽然说社会的起源由于自然的需要，由于人类理性的动作；却又受了经典的感化，把政权的来源看作上帝的赋予。要问他从什么地方证明政权是从上帝来的呢？他便答道：圣保罗说过，“上帝以外无权力”。《箴言》（*Proverbs*）篇中说过：“王的心在上帝手中，叫他怎样便怎样。”他利用亚氏哲学中的“最后原因”和“第一动因”的理论，来证明他武断的学说，这就是他受基督教的独断精神感化的结果。不但太摩士一个人是这样，凡是经院学派几乎没有一个能够脱掉这种不合逻辑的理论的通病!

他把人类对于人类的支配权分做两种：（一）主人对于奴隶的关系；（二）君主对于人民的关系。奴隶制度是因为罪恶发生的——同奥格斯庭的主张一样——国家制度是由上帝赋予人类的社交性而生的。社会要有秩序，秩序就含有不平等的意思。故指挥的权力便是根据于神的制裁而生的。他这种不平等的秩序观，就是封建制度的产物，和中国的儒家寓伦常于尊卑贵贱之中几乎是完全一样的。

太摩士虽然同亚里士多德和奥格斯庭一样，主张奴隶制度，但是亚氏以为奴隶制度是天然生成的（见第一编第四章第六节），奥氏以为是人类罪恶的结果（见第三编第二章第三节），太摩士却以为是鼓励军人勇气的方法。他说："使战败的人做奴隶，就是警戒人，教他不要战败的最有功效的法子"。这种奴隶制度观，自功用上说来，似乎比较亚氏、奥氏更实在的多了。

太摩士的政体分类也有王政、暴政、寡头政体、民治政体、立宪政体和贵族政体几种。他的政权分类也有四种：（一）神俗的权力；（二）皇王的权力；（三）政治的权力；（四）经济的权力。他所说的神俗的权力就是指教王的权力说的。大概太摩士最重要的政治学说，就是在这四分五裂、乱七八糟的社会之中，高唱和平统一的理论；同时又把交通、货币、权衡、制度等设备的权力，收入国家权力范围之中，并把保护贫民等慈善事业看作国家应尽的义务。由此看来，他很可算是从城市国家的政治学变到郡县国家的政治学，及从无政府无组织的政治实际变到和平的统一的政府组织的过渡时期中的一个代表。

四、教权与政权的关系

中古的宇宙构成的原理就是"单一"（Unity），无论在什么地方，总应用这种"单一"的原理；单一总先于多数，一切的多数总是看作从单一而来的。所以中古的一切秩序，就是以多数服从单一的指挥。教权与政权的争论，也是根据这个单一的原理而起的，无论是主张政权高于教权，或是主张教权高于政权，但是两下都只承认一个最高权。这种单一的原理，可以说是支配中古人心的最大的势力。太摩士关于政权和教权的关系的议论，不过是把教界前辈的议论总括起来，将驳杂纷歧的理想，构成整整齐齐的有系统的哲学罢了，他自己实在没有什么发明的地方。

从前亚里士多德说过，国家最终的目的便在“道德的生活”，但是太摩士却不是这样主张。他以为人类不是为道德而生活的，乃是由道德的生活，享受上帝永远的褒赏的。如果这个目的单由人类的道德可以达到，那么只要有行使政权的君主便够了；如果这个目的超出乎尘世之外，那么要想达到这个目的便不能不有更高的机关。换句话说，便不能不有宗教的政府。君主只有支配尘事的权力，不能引导人类求更高尚的目的。因此，便说君主是在基督教的法律之下，在这个范围之内，应该要服从牧师的指导。为什么呢？因为真理不是可以知识得来的，是由信仰或神示感得的，所以说判断事情的最终的权力，必定要在教会，因为教会便是感得真理的地方。

照这样看来，太摩士是主张教权在政权之上，教王就是基督教国的元首了。但是教王的权力只对于有宗教性质的事项，才可以超出政权之上；至于政事仍然要归君主支配——这就是太摩士限制教权的方法。他又在《神学》中说明基督教国对于非教徒、叛教徒和异教徒的态度。他以为国家对于从来没有奉过基督教的人，与既奉基督教又入异教的人，方法应该不一样。就是对于非教徒可以宽恕，对于叛教徒绝不可以宽恕。又对于非教徒能不能在信徒之上行使政权的问题，也很用意解答。他分作两层说：（一）重新建设政权；（二）既已成立的国家，非教徒如果在信徒之上，重新建设政权，那是教会所不能容许的。如果是已经成立的国家，便又不同。君主与臣民的关系是由人类法而定的；信徒与教徒的差别是由神圣法而定的。神圣法不是破坏根据于天理的人类法的。故不能以君主是非教徒的理由，便把支配基督教徒的权力破坏了。但是教会有由神圣法而来的完全的权力，所以要下令废止非教徒的君主的权力，这个命令便是最终的命令，没有别的权力可以变更它的。君主如果叛教逃入异端，教会可以宣告“革除”，解除臣民服从他的权力的义务。太摩士这种主张，并不是他的创见，不过把中古的教界先辈所已经说过的话总集起来罢了。他这种议论一方面可以代表中古教界的普通思想，一方面可以证明教会在中古时代实际上的势力。

五、太摩士后的思想和政教情形

前边说过太摩士的《君治论》有一大部分是由他的弟子们补成的，这个弟子名叫罗马拉士（Aegidius Romanus）。罗马拉士的研究方法很有系统，议论也很精当；但是总不能跳出亚里士多德和太摩士的范围。他以为包括城市在内的国家，比较亚氏所说的城市国家，格外可以自己供给自己。太摩士专门注重御敌一点，罗马拉士且说无论是人类生活的物质的供给，无论是人类生活的道

魔鬼撒旦

胡斯派相信腐败的天主教会正是魔鬼的化身，认为天主教会的财富和它的一些行为（尤其是买卖圣职罪）与耶稣的教导背道而驰。

德的刺激，联合许多城市而成的国家，都胜似以一个城市而成立的国家。——这是罗氏比较前辈的议论格外进步的地方。罗氏也同他先生一样，赞成君主政体，但是他又更进一步，主张长子世袭法，认定这个方法是君主传统的最好的方法。罗氏的法律与权利的关系论，比较前辈说得格外的明白。他虽然把权利分为几种：即成文法的权利、不文法的权利，普通权利、特别权利，自然权利、法定权利种种。但是总以为这些权利都不过是自然权利和法定权利两种罢了。他认定法律也只有自然法及人定法两种。他的法律观念很以人的意志和命令为重要的原素。所以他说：

> 不是有指导公共幸善之责的人所发布的，不是法律，因为法律如果是神圣的，是自然的，便是上帝所制定的。

又说：

> 不论何人，都能够引导或劝告别人做正经事；但是这一类的引导劝告不叫做法律，因为它没有强制的性质，只有使这些引导和劝告备具法律的性质，才可以叫做法律。

由此看来，罗氏的法律观念已经渐渐由真理的指示方面趋重到意志的表示方面来了。罗马的法家的权利根据，与其说放在法律的基础上，不如说是放在自然或理性的基础上，中古时代，把上帝与自然或理性合而为一，故又把自然权利的基础放在上帝的意思上，所以自然法成为法律，就是因为说是由神意制定拿来拘束人类的。这种自然法的观念，支配中古多少年的人心，直到宗教改革之后，才使自然法与上帝分开，才承认自然法是上帝的强制力。

十三世纪的思想可以说有一种特别的趋势，就是从前的政教之争，大半多是意气用事，遇到一个问题发生，便红脸豁齿的争辩；现在政教之争不注重时事的问题，却注重常理的研究。从前动不动就想拿激烈的

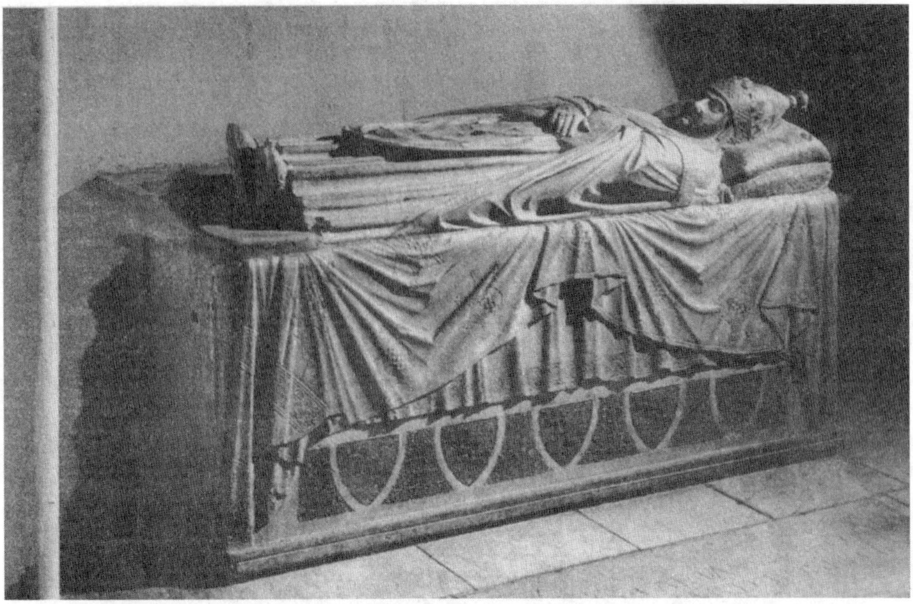

卜尼法斯八世

书中译作鲍里福士八世。1294—1303 年间作教宗。出身于罗马显贵家庭，曾在波隆那学习法律，之后在教廷任职，最后成为枢机主教（1218 年）及教宗。

议论鼓动人心，现在却平声静气的求哲学上的根据。太摩士一派就是这种趋势中的代表，也可以算做扩张教权的“殿军”。太摩士死后二十年的光景，就有鲍里福士八世和肥立布四世之争；这个争斗才了，不久又有约翰二十二世（自一三一六年到一三三四年做教王）和巴维利亚的路易（Lewis of Bavaria）（自一三一四年到一三三八年在王位）之争。自此以后，思想界对于前几世纪扩张教权的学说根本怀疑，大声疾呼的提倡反对教权的议论。从前扩张教权的根据，都在亚里士多德和奥格斯庭的著作里边；现在他们又重新读亚氏、奥氏的著作，重新加以解释，又从经典中极力搜求反对教王特权的议论。因此政治学说又发生一种新趋向，变成宗教改革派宣传自家宗旨的武器。

腓力四世

腓力身材高大，相貌英俊，金发碧眼，有美男子之称。系法国卡佩王朝国王（1285—1314 年在位），纳瓦拉国王（1284 年起，称腓力一世）。他是卡佩王朝后期一系列强有力的君主之一。腓力四世的权力甚至迫使教廷屈服，在他以后的一个世纪内，教皇驻地迁到法国阿维尼翁。

本章参考书：

Dunning，*Political Theories Ancient and Medieval*.（第八章，本章的叙述大半是根据这一章的）

Poole，*Medieval Thought*.（自二三九页到二四六页）

Taylor，*The Medieval Mind*.（第二卷第四十一章）

Thilly，*History of Philosophy*.（述经院学派章）

第五章
亶　特

一、亶特时代的背景

亶特（Dante Alighieri）（一二六五年生，一三二一年死）本是一位诗人，可算近代意大利文学的老祖宗。他既是罗马教的信徒，同时又是主张统一宇内的君主制的人。他的名著就是《君政论》（De Monarchia）一书；非吉士（Figgis）说："蒲徕士说，他这部书并不是预言，只是尾声。"但是从实际上看来，却含有两种性质在内——既是尾声，又是预言。他的普遍帝国的理想，经院学派的伦理，和尊敬罗马，都是说明地上神国的尾声。但是他抬高政权，是把政权放在教权之上，却是近代国家和帝王神权说的预言（见非吉士的 *From Gerson to Grotius* 三二页）。照这样看起来，亶特的思想，可算是一方面代表过去的教界的普通思潮，一方面又开辟近世国家理想的一条思路。

我们如果要研究亶特时代政教思想的情形，就可以知道亶特的思想确是罗马那个时代和意大利那个地方的产儿。罗马的政教之争，在十二、十三世纪中固然算是达到极点；但是这时冲突的焦点，并不在教权的名称，却在教权的实际。这时教王不但有支配精神事务的权力，并且有支配政治事务的权力。当时赞助教王的人，多把教王的权力推尊到绝对无限的地位。他们以为一切的物权都不是由政权支配，只是由教权支配的。儿子继承遗产，不是得自他父亲的，是得自教会的；父亲只能够生出儿子的肉体，还有比肉体更重要的精神是教会再造的，故凡是不信教的人

但丁

意大利诗人、作家、思想家，文艺复兴运动的先驱。书中译作亶特。1265 年 5 月生于佛罗伦萨。出身于没落贵族家庭。父母早亡。少年生活贫困，刻苦自学，对诗歌、伦理学、哲学、神学以及天文、地理、历史、音乐和绘画等均有深刻研究。

都不能正正当当的得有财产。教王管辖区域之内的教士又享有免税的特权，如果不得教王或教徒自己的允诺，便不担负国家的租税。往日欧洲世界完全仰仗教王的权力才可以维持，所以教会第一件事务就在化各国人民的特性而为普遍性；现在各国的人民特性已经确实发现，造成一个新局面了，各国的安宁幸福都不一定仰仗教会的保障了。在这样情形之下，反极力推尊教权，怎能够不惹起各国人民的反感呢？

亶特是意大利的人，意大利历史的特性，就是种族不同，方言不同，政治的利益不同，进化的程度不同，遗传的习惯不同——杂乱无章的情形比较哪一国都厉害。一直到了亶特的时候，都没有一个有组织的政治团体。中央既没有能够统一全国的政府，各城市也没有完全的自由。这种无政府的意大利的历史状况，就是激起亶特统一宇内的君主制的政治理想的原因。

大概十四世纪正是人心厌乱的时期，君主之间互相冲突，城市之间互相竞争，地方上的自由又被暴君破坏完了。亶特生在这时，不得不激起爱国的感情，不得不设法修正当时的制度。他的思想本同太摩士一样，都是中古思想的代表，不过一个推尊教王的权力，一个推尊皇帝的权力罢了。他的方法用的是推测式（Syllogism）。他自己就是一位神学家、法律家、经院学派的玄学家。所以迈尔士说："他这首诗（*Commedia*）叫做中古主义的史诗，就是中世纪生活和思想的概略。他的神学就是中古教会的神学，他的哲学就是经院学派的哲学，他的科学就是他的时代的科学"（见《中古中近代历史》二五四页）。但是因为他自由研究古典，思想独立，判断自由，且富于批评的精神，故又推为"再生时代的先驱"。

二、国家的目的

亶特的家庭本是反对皇帝的教王党（Guelf Party），但是因为时代的要求，后来竟变为赞助皇帝的保皇党（Ghibelline Party）。那时意大利的社会、阶级、家族，差不多接续不断的相争，没有一个机关可以统治全国。亶特被时势的激刺，为政治的问题冒了许多危险，结果便不能不使他大声疾呼的鼓吹和平统一的君主制。

亶特的《君政论》中有三层理想：（一）确信有一个普遍的帝国存在；（二）罗马无论从宗教历史或政治历史上说，都必定要做这种帝国的主体；（三）这种帝国之内，皇帝只由神权统治，不受教王的权力支配。他所说的君主政体，只是政事的君主政体（Temporal monarchy），是以一个君主在一切人民之上统治一切事务。为什么要有这种君主政体呢？因为人类的目的在有两种幸福：一是地上的，一是天上的。要想得到地上幸福的生活，最重要的条件就是"和平"，保障和平的制度就是国家，国家最好的政体就是君主政体。为什么把和平两个字看作求幸福的最重要的条件呢？因为人类和个人一样，个人必定要平安无事，智慧才能够造得完全；人类也必定要在和平中过安安静静的生活，才可以自由自便的做他们自己应该做的事体。大概自亶特的眼光看来，和平比快活、荣誉、长生、康健、富裕、气力、美丽都重要，故把普遍的和平看作一切事业的根本，把国家看作保障和平的制度。这是四分五裂、杂乱无章的意大利，政治与宗教冲突、王侯与王侯冲突，陷入无政府、无法律的穷境的中世纪应该产生出来的思想。

三、普遍帝国的理想

亶特的思想虽然是融合亚里士多德、太摩士和《圣书》中的议论而成的。他的材料虽然是从罗马人的历史、希伯来人的历史和罗马法、教会法中搜检出来的；但是他的结论很和他们不同。他的理想国家就是普遍帝国，以普遍帝国为裁判列国纷争的唯一无二的好法子。且看他说：

> 两个君主之间，谁也不服从谁，有了冲突，便应该有裁判的方法。因为谁也不服从谁，谁也不能裁判谁（因为没有在平等之上的平等的规律），故必定要有制服两方面权力的第三个君主。（《君政论》第一卷第十章）

亶特很注重自由，认定自由第一原则就是意志自由；最能够自由的就是在君主政体之下的生活。因为国家的目的就在自由，在这种国家之中的人类都是为自己而生活。市民并不是为执政官的幸福存在的，国民并不是为君王的幸福存在的；执政官都是为市民的幸福存在的，君王都是为市民的幸福存在的。因为法律是为适应国家而造的，不是国家为适应法律而造的，所以在法律之下生活的人不是为立法者而生的，是立法者为他们而立的。就政治的方法说，执政官和君王虽然是人民之主，但是就政治的目的说，却是人民之仆。因此便断定君主是一切人民的公仆，因此便认定君主政体是为世界安宁幸福所必不可缺的政体。

大概自亶特看来，世界只有在共戴一个君主，受治一个政府之下，才能造成普遍的和平。普遍的帝国，最能够适合人类的单一性，最足以表明造物主的唯一性。要想使列国诸侯的纷争得到最终的裁判，要想使执行正义的人有自由的意志，除掉世界的君主政体之外，再没有别的法子。亚里士多德以增进人民公同的幸福，为政府善良的标准；亶特以普遍帝国制，为保持正义的唯一的好方法，就是从他的原则中演绎出来的。但是这种普遍帝国却不是把地球上所有的地方政府一齐取消掉，造成一个万权集中的独裁制；在这种帝国之下，还容许支配特殊民族的特别法律存在，君主不过是调和各种特殊的社会，成就终局的和平罢了。所以波罗克说："亶特所说的君主并不是个普遍专制者，只是在特别国家的君主之上有较高地位的一个总管，保持他们中间的和平。用现在的话说起来，他有国际裁判所的权限"（见他的《政治学史》四〇页）。从亶特的统一政府、君主公仆和容认方政府等观念上看来，简直是近代的政治学者，很不像中古的经院学派的神学家。

四、神性的政权论

亶特的普遍帝国是以皇帝为中心的政治团体，不是以教王为中心的宗教团体。在他看起来，那时的神圣罗马帝国就是从前以人民为权力来源的罗马帝国的化身，是一脉相传的正统，不是节外发生的旁支。罗马帝国是罗马人建设起来的，罗马人民因为战胜的结果，便直接从上帝得到帝国的权力。罗马皇帝就是人民的代表；神圣罗马帝国的皇帝就是继承从前罗马皇帝的正统的人，所以断定皇帝的权力是直接从上帝得来的，并不是从教王得来的。

他说罗马帝国的权力是直接从上帝得来的这句话，到底有什么证据呢？他的解释很有一点趣味。他推尊罗马共和时代的英雄，说罗马的征服世界是为公共幸福而战的，他们战胜世界，成为世界的帝国，完全是由神意决定的。且看他说：

战胜全世界各民族的人民造成世界的帝国，便是由上帝的判断而战胜的。（《君政论》第二卷第九章）

在他看来，由战争判定功罪便是正义终级的判断。所以他说：

从决斗赢得的就是从正义赢得的。（同前第一章）

他以为无论是用脑力用体力决斗，胜利者就是正义所在。这种以胜败判别邪正的理想，虽然是中古思想的代表，但是骨子里也含有“优胜劣败”“适者生存”的道理。

因为罗马国家的权力是神授的，那么继承罗马帝国一线相传下来的神圣罗马帝国的权力自然也是从上帝直接而来的了。教王并没有由上帝由帝王或由人类全体或多数——得到过一点权力，所以他哪里还有权力可以让给皇帝呢？加尔满大帝的权力并不是教王给他的，也是直接从上帝来的。上帝创造各种各不相同的权力，这各种权力都是人类安宁所必不可缺的。世界帝国中的各种权力就是由上帝直接授予的。照亶特这些话看来，可见得他的议论虽然是根据于亚里士多德的逻辑和法理观念的地方多，根据于教会经典的地方少；但是他反对教王的议论，也不过是“人云亦云”的，一点都没有跃出他以前的两个世纪中反对教王派的议论的范围。不过那时一般教王党都依靠传说，亶特却不是这样，关于这一点很可以算做宗教改革的先驱。

本章参考书：

Symonds, *The Study of Dante*.

Bryce, *Holy Roman Empire*.（第十五章）

Church, *Dante*.（从一三页到四八页及从八四页到九七页）

Taylor, *The Medieval Mind*.（第二卷第四十四章）

Dunning, *Political Theories Ancient and Medieval*.（第九章第四节）

第六章 马献僚和奥铿

一、十四世纪的政教冲突

马献僚（Marsiglio of Padua）（一二七五年生，一三四二年死）和奥铿（William of Ockham）（生年无考，大约是一三四九年死的）两个人的政治思想，可以代表巴维利亚的路易和教王约翰二十二世的冲突时候的普通思想。这回的冲突是因为路易和他的徒弟争日耳曼的王位，约翰被法国国王怂恿，不承认他两个人，并提出第三者继任，因此便酿成很激烈的竞争。又因为约翰攻击法兰西士会（Franciscans）（是法兰西士［Francis］创设的。法氏是一一八一年生，一二二六年死的）的贫穷主义，所以大受这一派人的反对，这派人中最能干的人要算马献僚，詹敦的约翰（John of Jandun）和奥铿诸人，所以这些人都起来去反对教王。

方济各行善图

方济各即书中的法兰西士。他生于富商家庭，为了传教事业，壮年弃家。终生以清贫为福音，以助人为乐事（如图，方济各正在救治病人），以谦卑为美德，赤足托钵四处传道。

这时，尊君抑教的思想几乎成为普通思潮。亶特的《君政论》就是保皇党对于教王党的宣言。又因为路易与教会演成很久的战争，故很惹起一般思想家的注意，发现出来许多辩论的文学。这时的政治学说，与其说是赞助当时的帝王，不如说是反对当时的教王。因为那时教王的缺德和教会的腐败，已经是有目共见的，实际政治又好像在无政府的状况之下。要想廓清教会的积弊，要想造成好好的国家，便不得不改造从前的国家理论。这就是这时的政治学说不得不改头换面的原因。

二、马献僚的政治思想

（一）国家的目的

马氏初年本以自然科学著名，因此便做了巴黎大学总长（一三一三年）。在巴黎结识哲学家詹敦的约翰，便同他合著《和平保障者》（Defendor Pads）一书（一三二四年），这部书在中世纪总算是最大的最有创见的著作。凡十六世纪宗教改革的观念，十七、十八两世纪政治革命的思想，大概多发现在这部书中。他这部书传播到法兰西和意大利去，又翻译到英国去（十六世纪），故使韦克立夫（Wyclif）、路德（Luther）和十七、十八两世纪的革命家都大受他的影响。

马氏的政治观念大概得自亚里士多德的多，不像和他同时的人，专门的引经据典的。他拥护王权的议论虽然比较从前的学者也没有什么出奇的地方，但是关于政治社会、宗教社会的组织和权力的议论，很有许多是由他新发现的。他也和亶特一样，受时局纷扰的激刺很厉害，所以主张权力是维持秩序的必要的条件。他又眼见那时奢侈的风俗糟蹋了许多财物，所以又想藉法兰西士会来改正当时的风气。

马氏关于政治生活的起源及目的的议论，大概都祖述亚里士多德。他也以为社会的结合是由人种的天性发生的，政府是维护社会生存所必不可缺的。国家的目的是什么呢？且看他说：

威克里夫

书中译作韦克立夫（约 1320—1384），英国宗教改革家、神学家、《圣经》译者。宣传《圣经》因信称义，承认《圣经》为唯一的真理之源，教谕若非根据《圣经》，就没有权力。

> 照亚里士多德说，国家是一个完全的社会，包括各种自足的原理在内，不是单为求生而设的，乃是为求所以善其生而设的。这个定义的最后一句话，就是指出国家的终极的目的；因为过政治生活的人并不只于求生，——这是禽兽所做的事；他们却想过幸福的生活。（第一卷第四章）

因此便断定一切人类只要不是丧失理性的，便自然要争完全自足的生活，自然要想方设法的避免灾害。这一派的议论，便是对于中古兵灾不断、政府无能的状况的反抗声！

（二）法律的来源

国家的目的既然在求善良幸福的生活，但是一定要用什么方法才可以求得到呢？在马氏的意思，以为政府的实际的活动力就是法律，创造法律的人就是国家的原素。马氏关于这一点，议论很有些奇特。且看他说：

> 依照真理和亚里士多德的意见，创造法律人便是人民，或者是他们的多数，经过选举或直接在市民普通议会中投票立法；用刑罚的惩创，来命令人在人类社会行为的范围以内做些什么事，或不要做什么事。（第一卷第十二章）

方济各派圣母

方济各派为天主教的第一个托钵僧团。由方济各（或译法兰西士，约1181—1226）于1209年得教皇批准建立。僧团初期以“清贫得救”为口号，以“托钵化缘”为活动形式，宣扬贫穷主义。

照他这几句话看来，法律的来源就是人民。这就是人民主权的原理。这种主张虽然就是亚氏的“主权在人民总体”的意思，但是亚氏不过说国家重大的问题应该受人民的批评；马氏却更进一步，简直说人民是创造法律的主人。

马氏理想中的立法人虽然有两种：一是全体市民的议会；一是市民委托的一个人或少数人。但是受市民的委托的人严格说起来不能算是立法人。他的立法不过是就某种事件，在一定的时期，受立法人的委任。真正立法人还是市民的全体或多数。马氏的市民定义仍然和亚氏相同，就是只以参与政治社会的立法或司法权为限，小孩子、奴隶、外国人、女人都不在内。凡是市民的儿子都可以为市民，除年龄以外，并没有别的限制。这种市民的界说虽然有阶级和门第的区别，但是对于在阶级门第之上的人可算是毫无限制了。

马氏的人民立法论的基础，完全是建筑在功效上边的。他也知道全体人民的意见很不容易一致，但是他却不大注重这件事。他所注重的就是经过全体人民讨论，经过全体人民观察，经过全体人民意思制造出来的法律一定是最好的法律。换句话说，他并不是说全体人民很配管理国家，他只说全体人民很可以批评那样管理好不好。这就是亚氏“多数人的意见总较少数人胜些”的原理；就是亚氏“虽然不是鞋匠，可以批评鞋子合穿不合穿；虽然不是乐师，可以批评音乐的好坏”的道理。马氏人民主权说的观念，本是受罗马法的影响，“皇帝是人民的代表”一句话，差不多是罗马法家的老生常谈；但是马氏书中从来不像罗马人把皇帝看作世界上的万能的统治者。他所说的君主是由选举而来的，并不是由于世袭的——这就是他特别受希腊共和政治和政治思想的影响的地方。

（三）国家和教会的关系

前边说过，中古的人心无一处不受“单一”的原理支配（见本篇第四章第四节）；马氏的议论也是从这“单一”观念上演绎出来的。他根据这个原理，奉法律为最高的权力，由法律组成政府。虽然把国家分为两部：立法部，行政部。但是行政部的权力，是由立法部给予它的，只有照着立法部给予的方式做事。所以他的主张很有些像近代的议院政府论。

马氏论到国家和教会的关系，也是应用这“单一”原理的。他的人民主权论不但应用到国家的组织上，并且还应用到教会的组织上，他的教会论的根据就是完全放在这个观念上的。他把教会看作全体信徒的社会的结合，并不是单以牧司为要素的。在教会之中也同在别的社会之中一样，终极的权力在全体，并不在一部分。表示这种权力的机关就是

上帝与教皇

这幅油画中的上帝正将象征教会权力的钥匙（圣彼得钥匙）授予教皇。

“总会”（General Council），这个总会是由全体教徒或代表组织起来的。凡解释经典、通过革除的刑罚、管理信仰的仪礼、任命教会机关的官吏等事，都由该会用多数投票决定。凡经过这个总会议决的事件，上自教王下至侍僧（Acolyte）都要一体服从。

但是教会组织虽然可以应用政治组织的原理，可是教会的权力职务和目的却与国家大不相同。照马氏的主张，教会决没有强制的权力；他的职务只在鼓励人家的信仰心，他的方法只在指示人家真正的道路，劝人顺着这条道路前进。但是无论怎样，都没有用强制手段的权限。总会自身也不能强行他的议决案，只能匡救信徒品行上毁廉耻乱秩序等事。

所以召集总会，准许入会，对于牧司俗人强行教会的意见，都非最高的立法人或主权者不可。但是这还是政教相关的事体，便是纯粹关于宗教的事件，如“革除”“离宗”（Interdict）等教内的处罚，也非由立法人的权力行使不可。教王的权力只限于宗教，不得参与政事。就是宗教上的事务，如赦罪免罚，皆不是牧司所能做的。教王和主教道德上平等，不过定等级的时候，把教王放在前面罢了。

照马氏的意思看来，教会是在国家之下的，教会的官吏都是属于国家的官职。国家得规定任命牧司的条件、牧司职务的章程，和教会及职官的额数；又可以任免牧司，给予薪俸，和监督他们专办教务。教会所有的土地，半归国家所有，就是不归国有，也要通同受国家支配。国家可以征收教会土地的税租，有正当的理由，又可以收用或转卖教会的土地。牧司的职务只在自己遵奉神法，来指导人家遵奉神法。牧司固然是管理天国的锁钥的人，但是他是以看守的资格管理，只配替人家做看牢的琐事，并不是执行刑罚的人。神圣不可侵犯的教王，经马氏这场痛骂，虽然保留他的虚名，实际上的权力和威严已不啻根本推翻了。从前的思想家多想拿教会来侵占国家的权限，使国家化为教会；现在马氏却倒转过来，想拿国家来没收教会的权限，使教会化为国家。这都是中古的人应用“单一”原理的结论。

三、奥锃的政治思想

奥锃本是英国的一个经院学家，又是唯名主义派。传说他自小就进到法兰西士会中。他的文学比较马献僚渊博得多了，但是他的政治学说却没有什么多大的势力。他的关于政治哲学的著作，有《教王威权的八问题》（*Eight Questions Concerning the Power and Dignity of the pope*）和《辩证论》（*Dialogue*）（前书是个短篇论说，后书虽然残缺不全，但是一个长篇的著作）。他的思想很倾向宇宙帝国方面，不大注重中古的君主政体的观念。故关于这一点，很有些像亶特，不大像马献僚。他虽然也专心致志的研

奥康姆像

即书中的奥铿，14 世纪经院哲学唯名论的代表。生于英国苏莱郡的奥康。在政治上，他坚决反对教权至上，提出世俗权力与教会权力应各自独立、完全平等。世俗事物和宗教事物应由国家和教会分别管理，不得互相干涉。

究亚里士多德的《政治学》，但是不像马献僚那样被亚氏同化。

奥铿只注重两种政体：一是专制政体，一是君主政体。他是很赞成君主制的，但是他以为，君主虽然不受人为法的限制，却要受自然法的限制，他的国家观念同太摩士和罗马拉士一样，都是把希腊的城市国家根本原理应用到王国上去。不过城市国家是居住在一块的人民结合起来的社会，王国是以一个君主统治散在各地方的人民罢了。奥铿把国家的职务分为三项——创造法律、维持正义、鼓励道德。但是最重要的职务，就是惩办叛逆。强制的权力只在君主手中，不过君主做事应该以公正及有益于人民为主。

奥铿的学说，归综不外四项：（一）增高的政治权力；（二）拒绝教权侵入政治事项；（三）把自然法看得最高无上；（四）说君主的权力必定要受自然法的限制。但是在这几项之外，还有他的特别的见解，就是国家有机体论。中古的思想，多是由“单一的全体”（Single Whole）的观念发生出来的，所以有机体说几乎成为普通思想，如塞里斯伯的约翰、太摩士、亶特、马献僚……都是相信国家有机体说的。奥铿说得更加透彻。他说：有机体中，常常看见这个机关有代替那个机关动作的能力。譬如跛子的行动常常以手代足，没有手的人又常常以齿代手。国家和教会，俗人和牧司，都是全体的一个肢体，故有时前者代做后者的任务，有时后者也可以代尽前者的职掌。人类社会同自然的有机体相比较，有时需要机能的互相帮助互相通融的程度，还要比自然的有机体多些。这种有机体的社会观，在现在固然发现出来种种的错误；但是中古的政治上许多重要的观念，多是从这个根本观念上发生出来的。例如政教各团体中的社员观念，一方面只以社员为全体的部分，部分虽有变迁，全体依然是独立不变的，故个体的幸福必定要为全体牺牲；一方面全体的生活单靠着部分，各部分对于全体都有价值，一部分受伤全体都感受痛苦。——这种观念就是从有机体的社会观而来的。再如阶级制度，是合许多职业不同、财产不同、品级不同的分子组织成功的。个人无论在什么团体之中，各有各的职掌，各有各的分位。个人的单位，并不是算学上的平等单位，乃是社会上各不相同的单位。——这种职业有别、分功易事的社会观也是从有机体说得来的。唯在有机体的社会观之下，才能够发生团体，才能够容许地方制度，才能够调剂繁杂不齐的部分成为一个全体。这就是中古所以发生有机体说和有机体说所以有益于中古的原因。

四、马献僚和奥铿的主权及代表制度论

主权（Sovereignty）观念自十二世纪以后已经渐渐发生，它的性质是不能转让的，不能分开的，凡是附属于它的权力都只是由它委托的。君主主权的观念，差不多遍行于中世纪，但是马献僚所说的却是人民的主权。人民主权的观念大概是从契约的观念上发生的，把君主放在主权之下；君主就是有主权，也是人民同他定约委托他的。马氏是个民治主义家，认定立法者就是主权者；又因为立法人必定要是全体或多数人民，故人民就是主权者。但是马氏所说的立法人，并不一定就是裁可法律的或公布法律的，乃是站在他们之上的或背后的全体人民。这种主权不是由人民议会行使，便是由它选举出来的代表行使。所以在中世纪，人民的意志就是国家政务有效的动因。

中古的君主和议会都有代表的性质。但是马献僚所说的代表，并不是空空洞洞的全体人民的代表，乃是帝国的各地方或各社会平均分配的代表。各地方各社会按照人数推出代表，实在是一种新奇的议论。因为按照阶级推出代表，是阶级制度中当然发生的事实；但是按照人员数目的多少分配代表，实在可算是马氏自己的创论。这种议论，在议会政治发达史上总算是一种很大的贡献。

马献僚的宗教总会的代表组织的计划，不用说是十四世纪的特创品了；但是奥铿的宗教总会代表制，也不可轻于看过。他以为一切人民、一切社会、一切团体，在一定的情形之下都可以为自己立法。教会立法团体的组织，最好是由各教区或别的小社会之中一切信徒的初级议会选出代表到中教区（Diocese）或王国或别的政治区域的选举议会中去，再由这个议会选出代表到总会去；这样组织起来的总会便没有教王召集或总理他，也很可以真正的代表教会。这种很平均很完备的间接选举制，也可算是奥铿首先想出的。由此可以看出马献僚和奥铿两个人的政治思想有渐渐脱离中古、趋向近代的趋势。

本章参考书：

Dunning，*Political Theories Ancient and Medieval*.（第九章第六、第七、第八三节）

Gierke，*Political Theories of the Middle Age*.（自第三节至第七节）

浮田和民：《政治学史》（中世之部第三章）

第四编

近代政治思想史（上）

欧洲上流社会的聚会

第一章
十五世纪的政治情形

欧洲近代文明，大概都是发源于“再生时代”（Renaissance）（旧译为文艺复兴），十五世纪前后。所以十五世纪，可算是欧洲近代文明的受孕期。这时人类对于从前的传说、从前的言语文字、从前的美术、从前的神教、从前的教会和国家的政治关系，都发生疑念。这时，欧洲民族好像小儿一般，对于从来所认为完全真实的事情，总要发生疑问。怀疑和批评的结果，便发现个性和理智的作用。差不多人人都知道有个“我”在，差不多人人都学着为自己思想，为自己读书。因此，便揭开中古宗教和政治的黑幕，造成国家反抗教会，理智反抗教义，个性反抗普遍真理的运动。一千年来的政教对峙两不相下的局面卒让国家战胜，故国家和教会双方面都想争得政治的经济的宗教的及知识的自由。

腓力六世

瓦卢瓦王朝的第一位法国国王。他于1328年继承王位，但他的王位继承权受到英王爱德华三世的挑战，后者认为根据《萨利克法典》，继承权不应传予母系亲属，并于1337年宣布自己继承法国王位，由此酿成的冲突成为百年战争爆发的起因。

单就政治方面说，在这一世纪中，

学说的变迁还远不如事实的变迁明显。统计这时政治情形，大概有三种倾向：

一、民族统一的国家成立。中古的欧洲社会思想是单一的，政治上没有国界，学说上不容异宗。最普通的政治理想就是世界帝国。到了十五世纪，这种局面已经打破，各民族的特性渐渐有差别的表现。我们翻开十五世纪的欧洲地图一看，除掉中欧一带，还保存从前神圣罗马帝国的遗形外，其余西欧靠大西洋海岸一带，如英格兰、法兰西、西班牙、葡萄牙各国，都各有各的国家，各有各的君主，各有各的言语文字。这四个国家，都叫做“民族国家”（National States），和中世纪那种包括种族言语不同的人民，和共戴一个皇帝的世界帝国绝不相同。

英法的“百年战争”（The Hundred Years War）（从一三三八年到一四五三年）在历史上的效果，几乎和波斯希腊的“皮罗波里塞战争”（Peloponnesian War）相等。这次战争的结果，便造成了英法两国的民族性和爱国心，并使这两国的君主扩张政治上的权力。西班牙的王国和葡萄牙的民族君主国，也在这时次第造成。只有南欧的意大利，这时既不是民族君主国，又不连属于神圣罗马帝国，却仍然分成许多“城市国家”。十五世纪的南部意大利有“两个西西里”（Two Sicilies）的王国，中部意大利有“教王国”（Papal States），北部意大利又有米兰（Milan）、威尼斯（Venice）、介老亚（Genoa）、福罗林斯（Florence）诸国。这些城市国家都不能与英法等对抗，因而有鼓吹统一的必要，所以这时所有感受英法等国民族统一国家影响的政治家和政治思想家，都在那里大声疾呼的发挥统一的学理。

二、封建贵族的政治势力衰减。当十四世纪的时候，英国的“巴力门”（Parliament）和法国的“三族议会”（Estates-general）在财政和军事上很占势力。到了十五世纪，在英国经过“蔷薇战争”（The Wars of the Roses）（从一四五五年到一四八五年），法国经过“百年战争”，却把封建贵族打倒了。蔷薇战争的结果，使英国君主亨利七世（从一四八五年到一五〇九年在王位）得到两大利益：（一）蔷薇战争事实上就是两派贵族的自相残杀，结果打倒了许多贵族，使国王得到许多财产；（二）蔷薇战争时期很久，平民阶级因为厌恶扰乱，结果便只有协力压服贵族，希望扩张君权。亨利因为得到这个机会，便把英国政府造成一个专权的独裁制。百年战争的结果，唤醒法国民族统一的觉悟，路易十一世乘这个机会，逐渐打消了许多封建的贵族，把他们的封土兼并起来，放在君主支配之下。所以这两个战争终了的时期，就是英法两国对封建制度消灭的时期。西班牙自联合加斯特尔（Castile）和阿来刚（Aragon）之后（一四七九年），也渐渐的向统一制和独裁制这条路上走。所以自此而后，政治思想的中心，多集中在君主独裁主义这一点上，后来竟造成了十六七世纪的专制政体，种下十八世纪各国政治革命的祸胎。

路易十一

1423—1483 年，法国瓦卢瓦王朝国王（1461—1483），法兰西国土统一的奠基人。统治期间，兼并了许多封建贵族，王权加强。统治末年，法国基本统一，只有布列塔尼公国尚未并入法国版图，加来港及其附近地区仍在英国人手中。

三、城市的政治势力增加。自日耳曼民族侵入罗马以后，不惯城市的生活，故当时的城市日见衰败。到了十字军东征以后，东西人民互相交通的结果，城市又日见发达。后来贵族为十字军所累，失掉财力和武力两个要素，城市的经济势力便起来代替贵族的经济势力。封建时代的法律，最不适宜于城市的工商业，故城市都想脱离封建而争得独立的自

路易八世

腓力二世的儿子和王位继承人。战争占据了他短暂统治时期（1223—1226）的大部分时间，他跟英国、图卢兹地区的异教徒作战，并于1226年率领十字军向阿尔比教徒发动进攻。

治权。又因为当中世纪国王贵族教会互相争权的时候，城市得到绝对好的机会，坐收“渔人之利”。无论哪方面想叫城市帮忙，必定要允许它的种种权利。可是中世纪城市所最注意的，乃是商务自由，并不是政治独立。所以到了十五世纪，城市便帮助君主变成推翻封建贵族的一个势力中心。一方面拥护君主，造成君主独裁的政府，一方面变作行政区域，完成中央集权的国家。

因为这个时代的政治情形和中古不同，故政治思想上也表现出来两大特点：（一）因为中古所有的冲突，大概都是这个群和那个群的冲突。那时民族的群、宗教的群、政治的群，和经济的群——城市，都是平权的；因为平权，故谁也不能支配谁，谁也不甘心受谁支配，结果只有竞长争雄的扰乱。到了这时，政治的群独得胜利，凡民族、宗教、城市各群都附属在国家这个大群之下。自此而后，便极力抬高国家、主权、法律、秩序的地位，把这几个字弄得格外尊严，养成神圣不可侵犯的外貌。（二）因为封建制度下的统一，全仗主臣之间的私人感情维持。换句话说，就是那时的服从只是人身的关系，并不是法律的关系；那时的纪律只由恩惠维系下去，并不是由制度维系下去。自十五世纪而后，政治上的统一，便渐渐的从人身关系上转移到法律关系上去；到此便不单靠恩惠维系，而由制度维系了。故此后统一的理想，多集中在组织的完善与否一个问题上，不完全靠那首领的知识和道德了。这都是十五世纪后政治思想变迁的普通趋向。

本章参考书：

Bury，*History of Modern Times*.（第一章至第四章）

Dunning，*Political Theories Ancient and Medieval*.（第十章第一节）

Hayes，*A Political and Social History of Modern Europe*.（第一卷第一篇）

第二章
教会的议会运动

当十四世纪下半期，欧洲各国的民族心理强盛，故意大利和法兰西两国的教徒为着争选教王，结果便演成了教会的“大分裂”（The Great Schism）（一三七八年）。自此而后，便发生教会的“议会运动”（Conciliar Movement）。直到一四 ·八年止，才选出一个各教会公同承认的教王，

约翰·胡斯雕像

1369—1415 年，捷克伟大的爱国志士、神学家，布拉格大学教授兼伯利恒教堂的传教士。他主张改革教会，否认教皇有最高权力。他的言行引起了德国教士以及罗马教廷的仇恨。1414 年，胡斯被召参加在康斯坦茨举行的宗教会议，并被逮捕，于同年 7 月 6 日在康斯坦茨广场上以异端罪名被处以火刑。

藉这个教王再把已经分裂的教会重行联合起来。议会运动有三大目的：（一）终止教会的分裂；（二）防止胡斯派（Hussites）在包海密亚（Bohemia）的运动；（三）改革教会的组织。这第一个目的可算是议会运动发生的原因，至于第二、第三两个目的，便是议会运动的派别和这派所主张的内容。和政治思想最有关系的，是他们改革教会的组织的计划。

十五世纪的宗教和政治的改革运动，在英伦发起的是韦克立夫（John Wyclif）（一三二七—一三八四），在包海密亚继续运动的是胡斯（John Huss）（一三六九—一四一五）。韦克立夫是把全部《圣经》译成英文的第一个人。因为他发动宗教的改革运动，所以人家称他为“宗教改革的晨星”。他的思想很受马献僚的《和平保障者》一书的影响，所以他和胡斯两人的运动，很充满民族的和反对教王的精神，并多少具一点民治思想的外表。

韦氏所反对的是教会的制度、圣徒的崇拜、教师的独身生活和出家的生活，以及教会政治、教王独尊等旧说，想恢复从前组合教会的组织（Original congregational organization），使教会和国家各自独立。国王和教师虽然都是上帝的代表，可是国王的尊严却在教师的尊严之上。他这种尊国家抑教会的议论，多半和马献僚及奥铿相同，胡斯的思想完全是韦氏的思想，一点没有什么扩张。

韦胡两氏在这时教徒的眼中，真算是两个“过激派”，故一四一五年“康士坦斯会议”（Council of Constance），便宣告他两个罪案。这次会议，大家都极力的想医治教会分裂的毛病，所以他们着手的方法不在教义的改革，只在组织和行政的革新。他们革新的方案，便是把教王放在宗教议会的支配之下，以这个议会作教会的最高的立法机关。简单说起来，就是把代议制的原理应用到教会里边去。这一派运动的人物，比较韦胡二氏却都带有守旧的思想，故只可算作改革家，却不能算作革命家。

十五世纪中最重要的事件，要算这议会运动；议会运动的最重要的人物，要算加生（John Gerson）（生于一三六三年）。但是加生虽然也受了马献僚的人民主权说的影响，可是他的教会组织，仍然是“教师政治”

15 世纪的法庭审判

(Hierarchy)，并不是全体信徒参政的平民政治。他的计划是把“有限的君主政体”（Limited Monarchy）和“代议政体”（Representative Government）应用到教会里边去。所以加生一派的运动，只可算是中古立宪主义（Medieval Constitutionalism）的最后的运动。到了他们失败的那一天，才算是近代政治运动开始的日子。

中古的教会立法权都放在教王和教会的总会手中，这个总会是由教会中职官组织起来的。这时，总会的权力和教王的权力常常发生冲突。议会运动的目的就是，想使总会的权力高出于教王之上，凡教会中最高的立法权都放在总会手中。加生一派的议会运动，本注重在弥缝教会的分裂，因此便采取联合主义，把所有的教会一齐联合起来，使各出代表，组成一个总会。这个总会的职权就在专心致志的谋教会的统一。照加生的理想，教王在事实上成为教会的行政官，只在议会闭会或不能立即召集的时候，对于重要事件才有自由裁夺的权力。他以为教会中的法律是一切权力的来源。而所有教王制定的或从前议会制定的一切法律之解释、变更和废止权，都在这个总会。所以加生的教会改组的学理的基础，完全建筑在“有限的君主政体”一个原则上边。

康士坦斯议会所表现出来的，是教王和教官混合起来的贵族政体，百色议会（The Council of Basel）（一四三三年）所表现出来的却是比较激烈的民治政体。因为那时教王方面，对于康士坦斯议会大不满意；改革派受了这样的激刺，所以再进一步主张民治政体。用贵族政体来代替教王独裁制，是康士坦斯议会中加生一派的主张；用民治政体来代替教王的独裁制，便是百色议会中钩士（Nicholas of Cusa，or Nicolaus Cusanus）（一四〇一——一四六四）一派的主张。钩士是德国的一位富有科学精神的学者，他贡献给这次议会的学理，都在这《调合的天主教》（De Concordantia Catholica）一部书中。他这部书中有两点最可使人注意：（一）调

胡斯受刑图

这幅15世纪的图画描绘了胡斯的死刑过程，临刑前他高呼道：“我曾宣讲的福音闪耀着真理之光，而今我甘愿死于其光芒之中。”

合的原理；（二）人民同意的原理。从这两点上，可以看得出他的政治思想已经从中古的形式变到近代的形式。

钩士以为宇宙间一切现象——物质的、精神的，在本体上都是调和一致的，无论哪一部分，就是极小的部分，对于全体都有密切的相互关系。以上帝为中心的宇宙，是一个有机体，每一个分子在这个有机体中都各有它的重要的职务。人事界也是这样，凡各分子的活动，都要和全体的目的相调和，教会和帝王乃是人事组织中两个大制度，每一个制度都是许多部分合组起来的，各部分对于全体的关系都是一样的。这就是钩士的调合的原理。他根据这个根本原理，所以主张教会机关的关系和政治机关的关系完全一样。他不但主张议会为教会组织的中枢，并且主张就是在政治组织中也必须要以议会为中枢。他这种政教原理合一的思想，很有影响于后来的学说。

议会既做政教组织的中枢，故议会便变成法律和权力的唯一来源了。议会的意思，就是出席人的意思，故议会的议决所以发生效力，就是因为得到出席人的同意。因此，便说同意是一切法律效力的基础。凡是为人民所采用的法律，都是得到人民同意的法律，同意是义务的唯一来源，这句话便成为神权和自然权利的一个原则。因为在他看来，一切人类生来都是自由的，所以一切政府——无论是法治政府，是人治政府，都是由人民同意而生的。又因为人类生来都有同等的能力，所以只有由人民选举或得人民同意的人才可以得居高位。这样一来，便把权力和法律的来源一齐放在人民的同意上边。这就是钩士的人民同意的原理。这种思想到了十七、十八世纪，便变成一般政治思想家的普通思潮。

自罗马法家一直到十五世纪，都有一部分学者讨论这个自然权利的问题。可是这个原理仅能适用于道德和私法的问题上边，却不曾适用它作公法的学说基础。钩士力倡这一说，很可算是一位大胆的革新家。不过这个时代，乃是铲除贵族阶级的势力，趋向君主独裁政体的时代；在这个趋向猛烈前进的时候，凡是反抗君主独裁制的学理，无论是采取混合的贵族政体，或是采取人民主权的民治政体，结果总是要失败的。这时的议会运动，可算是一般改革家和教王的君主独裁政策，打了一次很长久很激烈的大仗，结局仍然是失败。到了一五一二年，教王的学说终久战胜，天主教的教会组织仍然回复从前的君主独裁制。故这一场轰轰烈烈的议会运动，不过在政治学理上发生很大的影响罢了。

本章参考书：

Dunning，*Political Theories Ancient and Medieval*.（第十章）

Figgis，*The Divine Right of Kings*.（第四章）

Figgis，*From Gerson to Grotius*.（第一第二两节）

Lechler，*John Wiclif and His English Precursors*.（可参看第二卷四十七至六十五页）

第三章
马克维尼

一、马氏的时代

马克维尼（Machiavelli）（一四六九—一五二七）是意大利福罗林斯（Florence）的人。幼年曾研究过古代的经典，但是他不学那种学究的态度，讲究词章字句；却直接的以人事的世界，做他研究的题目。并不注重希腊的艺术和哲学，单研究罗马人的政府和制度。

马克维尼的政治生活自一四九四年起。从前意大利的自由城市很发达，因为自由的结果，商业才发达；因为商业发达，生活的程度才渐渐增高，文学美术才渐渐兴起。当时福罗林斯的文化和财物，几乎成为世界的中心，不想到老林左（Lorenzo）王去世后，便一天零落似一天。意大利衰败的原因，全在兵制不好。因为商业发达，人人富有，所以没有尚武的气象。马氏力数雇兵的弊病，乃以国民编成常备军。总计马氏的政治生活共二十九年，直到出狱之后，罢官闲居的时候，才勉强著书。他的《君道论》（*The Prince*）、《论业》（*The Discourses*）、《战术论》、《福罗林斯史》都是在这个时代做成的。

马氏做事的时候，正当十五世纪末期及十六世纪初期。这时教会的分裂已经统一；欧洲大一点的国家，都造下专制王国的基础。英国的亨利七世，法国的路易十一世、查理士八世、路易十二世，西班牙的佛德伦（Ferdinand），都造成强大的权力，把封建的议会一齐压倒了。就是柔弱无能的德国君主，也极力想把分裂的帝国主权统起来，这个时代真可算是“兼弱攻昧、取乱侮亡”的时代。只要能得到太平统一的境界，无论什么方法——就是阴谋诡诈的方法——都可以公用不讳的。

但是意大利的情形却很难得统一。因为意大利半岛城市很多，各自独立的情形差不多同希腊古代的情形一样。到十六世纪初期，半岛之中分成五个国家，就是勒帕尔王国（Kingdom of Naples）、罗马教会领土、米兰侯国（Duchy of Milan）和威尼斯（Venice）、福罗林斯两共和国。这时法兰西、英吉利、德意志、西班牙各国的人，一个个都注重民族的统一国家，四分五裂的意大利的人，当然也要感觉民族统一的必要。但是意大利半岛之中既没有能够统一涣散国家的人才，又因为教王特别地位和政策，更为统一的障碍——这就是激起马克维尼功利主义的政治思想的原因。

洛伦佐像

书中译作老林左。文艺复兴时期，佛罗伦萨最富有的家族——美第奇家族几乎成为佛罗伦萨的代名词，而洛伦佐则是该家族最主要的代表之一，为家族首领科西莫之孙，科西莫死后执政。执政期间建立了自己的御用机构——七十人会议，代替旧的百人团，使政府得到真正的稳定。

而且，意大利以分崩离散的国家介在法德西各强国之间，所以外交是最重要的事，也是最不容易办的事。马氏在福罗林斯共和国中当过十四年的枢要的重任，做过几次使臣，本他生平的外交经验和机敏的观察来谈政治，又怎能不注重实际的功利，又怎能脱掉权谋术数呢？

马氏做政治活动的时候，许多工夫都消费在议场军营或宫廷之中，

彼特拉克像

书中译作彼特亚克。文艺复兴早期的代表人物之一，被称为“人文主义之父”。他和但丁一样，想要在学术和事业上博得不朽的荣誉。他说：“我不想变成上帝，……属于人的那种光荣对我就够了。这是我所祈求的一切，我自己是凡人，我只要求凡人的幸福。”

他自己所读的书，只是李维（Livy）、鲍里贝士、达基特士（Tacitus）、亚里士多德（《政治学》一部）、亶特、彼特亚克（Petrarch）几个人的。可是那时意大利的文学美术渐渐脱离中古的思想，摹仿希腊的形式，不但哲学科学是这样，就是宗教也采取古代宗教的新方向。这时意大利的知识，可算是倾向自由，故思想常常脱离宗教政治的范围，朝着高远的地方走。马氏是福罗林斯的思想的中心，故运用精深的知识、犀利的论锋，来解决当时的政治问题，造成适应当时环境的新学说。

马氏学说的功罪，至今还没有定评。基督教会对于他当然是不怀好意的，所以后来竟不许人读他的书；天主教把他看作教会的仇敌；新教徒骂他是恢复古代罗马的精神的人。在法国，有人说柏塞老密（Bartholomew）的虐杀，侯格罗（Huguenot）的扰乱，都是他鼓吹起来的；在英国，王党骂他是无神论派，清教徒骂他是耶私派（Jesuit）（罗马教的一派）。意大利有的批评家说，马氏的散文有的带些神性；又有的说，马氏的思想并不是合理的、道德的、审美的，不过是应有尽有的罢了。大概马氏这个人一生就在阴谋诡诈、暴戾猜疑的空气中生活，那时意大利人轻生命，重复仇，暗杀毒害的事件盛行，残忍卑劣的精神到处皆可以看得出。所以他以为与其说人类性善，不如说人类性恶；人类都是忘恩负义，贪婪欺诈，一见危险便要逃跑的。但是他并不曾从这种人性观中生出厌世和谩骂的态度，乃以政治学者的态度，把这种人性观拿来做他研究的资料。因此，便认定有法律拘束的必要，便认定有用火、弹、斧、索、牢狱等霸道的药方治疗的必要。这种注重功利不尚迂远计划的手段，固然是医治意大利那时急病的好药方，但同时也是马氏自己招人唾骂的一个破绽！莫烈约翰（John Morley）说，马氏在近代政治组织和关于欧洲道德的文学史中，还有一个地位。又说，马氏这样被人憎恶，是因为人家不读马氏书的原故。我以为他这几句话，倒不愧为学者平声静气的批评。

二、马氏的特别性质

我们看见马献僚和奥铿等的议论，虽然渐渐有脱离中古的倾向，但是他们所用的方法，仍然是中古的，他们的论据都是演绎的和抽象的。马献僚虽然不像别的中古学者，专门以引经据典为事，但是他的议论总是从亚里士多德的议论中演绎出来的。到了马克维尼，哲学的方法和观察点，完全变成近世的气派，脱尽中古经院学派的“诗云”“子曰”的派头。我们把马氏看作近世的作者，第一是因为他的结论是从观察古代的历史和当时的政治而得的，不是从摭拾人家的议论或抄袭武断的神学和因袭的哲学而来的；第二脱尽中古的窠臼，把政治学从宗教学、纯正哲学、伦理学中分出来，成为一个独立的科学。所以亶林说，如果要拿罗西尼（Rosellirms）在他五十年前做成的《君政论》同《君道论》相比较，几乎不能猜想到这两位著作家是生在一个世界上的。

照马克维尼的意思说来，政治学的真正方法，就是历史的方法。他以为无论在什么时代，什么地方的人，都是同现在的人一样，都是受同一动机的影响，用同一方法解决问题。故马氏的历史观，完全和中国史家所说的“数往知来”及“前事不忘后事之师也”的见解一样。但是马氏所说的历史，并不是为乌烟瘴气所蔽的中古史，乃是希腊罗马的上古史。至于那些教父的议论、中古学者的思想，和教会法市民法的原文，他引也不引的。这就是他所以能够脱尽中古思想的彩色，救正经院哲学的错误的原因。但是他虽然注重历史的方法，可是一方面划去一段中古史，一方面又不大用历史方法中最重要的比较的方法。这就是马氏最大的缺点。

但是马氏的政治论，与其说他注重历史的方法，不如说他注重当时的事情。他的政治论，严格说起来，只能算是政治术，不能算是政治学。他的眼睛只看着统治阶级，只为统治阶级想出统治的方法；并没有看到被治阶级，不大为被治阶级想出安宁幸福的方法。很同中国那些讲牧民之策的一样，不过把人民看作供他们试验治术的器械罢了。这个地方就是马氏和亚里士多德分界的地方。亚氏的政治家是要为人民谋幸福的，他虽然也很注意政府的作用和实际的政策，但是他主要的日的，却在研究社会生活、政治生活的全体的组织。马氏主要的目的，并不在说明普通的政治学说，专门注重直接的事实问题——这就是一个所以成为哲学家，一个所以只能算是事业家的原因。

三、人性观

自柏拉图到中古，所有的政治学家几乎都是主张性善的，以为人类生来就有理性，这种理性就是宇宙真理的一部分，独有马克维尼主张性恶说。他眼睛中所看见的人，都是自私自利的，没有什么社会的道德可说。人类的动作没有不是被私欲驱使的。且看他说：

> 因为一般人都是忘恩负义、诈伪轻浮、懦怯贪婪的。当你成功的时候他什么东西都附属于你：他们的血肉，他们的财产，他们的生命，他们的子孙，一切都贡献于你；但是一旦遇到紧急，他们就都来背叛你了。（《君道论》第十七章）

马基雅弗利

马基雅弗利（1469—1527），书中译作马克维尼。作为意大利文艺复兴时期的政治思想家和作家，曾一度是佛罗伦萨势力强大的美第奇家族统治者的顾问。他被认为是实用的、无情的政治信条——只要目的正确，就可以不择手段——的创始人。

照马氏看来，人性是诈伪狡狯的，没有不得已的事故逼迫他，再也不会使他善良的。人民服从君主是由于万不得已，如果没有可以不服从的情势发生，马上就会转过头去反叛他。因此，便断定君主治国，用爱不如用威。为什么呢？且看他说：

专靠人民帮助没有别的准备的君主，必定要灭亡；因为由利益结成的友谊，不是以人物门第结成的友谊，当时固然很好，但是

> 不大稳当，到了要用他的时候，便靠不住了；而且人对于亲爱的人，比较对于怕惧的人更容易发脾气，因为爱情是由于义务的束缚而保全的，有恶根性的人，因为利益的关系，随时都可打破的；但是畏惧是由怕受刑罚而来的，无论什么时候都是有效的。（同前）

不但用威吓可以管得住人民，就是用欺诈的手段也是可以成功的，因人民脑筋简单，常常为眼前的利益所迷，君主如果想欺人，随时都可以找得出被欺的人。因为世间上没有一个好人，所以君主做事只有宸衷独断，不可依靠别人，或同别人商议。

马氏心目中的唯一的神圣就是自私自利，所以他把政府的起源及社会制度的基础都放在自私自利的一个观念之上。把亚里士多德的人类是天生社会动物的观念丢在一边，单采用鲍里贝士的政治起源及政体循环的学说。他以为人类欲望是没有穷尽的，故人类一切动作都是想填满这个贪欲之壑的。由此看来，马氏的确以欲望为人类一切行为的动机。

马氏不但以欲望为行为的动机，并且认定这种欲望只是下等的欲望——物质的欲望。物质的欲望中最重大的，就是私有财产的欲望。且看他说：

> ……君主最应该注意的，就是不要触动别人的财产，因为人家父亲死了，马上便可以忘记；家产损失了，是不会忘记的。（同前）

马氏在他的《论业》中更反复说明这种理想。他说，物欲的个人主义，可以显明爱独立、爱自治的特性。虽然也有被权势的欲望驱使的，但是只有极少的几个人是这样，大多数人大概都是被富贵所驱使的。人类为什么欢喜共和政体呢？因为在共和政体之下，大多数人民都有可以得到物质利益的机会；在君主政体之下，一切利益只有被君主一人垄断去了。人类为什么又希望独立呢？因为在那不服从别国的国家之下，货财更可以积得多些。

照这样看来，马氏的政治的动机，完全在于自私自利。人类终日劳碌不歇，都是被物质的欲望所驱使。这种人性观几乎全同浩布思（Hobbes）一样；但是浩布思是在心理的基础上立论，并用科学的形式来说明它；马氏只依主观的判断说明，却不是从社会心理上解剖出来的。（在《论业》中虽然稍稍注意心理的方面，但是仍是武断的议论）简单说起来，马氏的自私自利四个字，就是一切政治活动的根据。这样一来，便不啻把希腊哲学家所说的国家是为道德的知识的生活而设的制度，中古神学家所说的国家是为救济罪恶而设的制度，和人类生来就有天赋的理性，生来就有可以修道立德的才能，……种种理想，一笔勾消了！

四、政体论

马氏的政体分类，差不多是完全采用亚里士多德的——就是以君主政体、贵族政体和立宪政体为正当的政体，以相反的专制政体、寡头政

马基雅弗利献书

1495 年马基雅弗利在佛罗伦萨共和国政府任职。该图表现他正把自己的著作《君主论》献给罗伦佐·德·美第奇。

体和民治政体为腐败的政体。又同鲍里贝士、谢雪卢的结论一样，把混合政体看作最善良最稳固的政体。但是马氏的目的在比较君主政体、侯国（Principality）、共和政体的好坏，并不注重政体的类别。所以亶林说："马氏的政体论是古代的观念同当时的政治情形混合起来的。他的结论，便是杂合孤立的狭小的希腊城市国家，随帝政发展而扩张的罗马的城市国家和近世建设起来的半民族的王国——种种国家观念而成的。"（《上古中古政治学史》三〇七页）

人人都骂马氏，说他是拥护专制政体的人；但是他对于共和政体的价值，也未尝一概抹煞。他的共和政体论，虽然观念和希腊人不同，但是实质并没有什么差别。他以为实行经济平等的社会是最好的社会。共和是很可靠的政体，因为全体人民比君主贤明些，且不至于像君主因循。在共和国中的背道灭德，比君主国总要好些。关于官吏的选择和官职的授与，人民的判断总要健全些。如果以君主为适宜于创设政制或法制，那么，共和便是最适宜于维持政制或法制的。共和政体的机关的活动，比较上虽然是缓慢些，但是比较君主政体更可以保持得住信用。马氏本以适应时势的需要为一切政治成功的要素，因此便又认定君主的性质不容易随时势变迁，共和的性质可以适应时势特别的需要。——这就是民政比王政利益大的地方。

马氏在《君道论》中讨论君主民选的利害，他说：

> 得贵族赞助而得到主权的，比较得人民赞助而得到主权的，更难得维持。因为贵族以为他们在君主的左右，同君主地位相等，君主因此便不能任意制驭他们。但是，如果因为人民帮助而得到主权，人民没有同君主在一块的，没有不预备服从他的。（《君道论》第九章）

由此看来，马氏不但不偏重君主政体，并且讨厌贵族政治。他以为，人民很可以做维持独立的有效的工具；贵族反容易争权夺利，扰乱治安。

因为人民所希望的，只有和平秩序，贵族的感情到处都想争权。至于那些富有土地的贵族，既有城堡，又有家臣，不但不能设立共和政府，并且连君主政体也建设不起来。我们从马氏这几句话中可以看出他受意大利贵族争权夺利所激刺的程度！

总而言之，马氏的政治论的基础，完全放在功利上。所以在他看来，政体的好坏没有绝对的标准，只看它能够适应时势的需要不能。如果能救济意大利，君主政体也好，共和政体也好。对于君主经国的方略，也是这样主张：如果能够成功，慷慨也罢，吝啬也罢；仁慈也罢，残忍也罢；诚信也罢，欺诈也罢；守约也罢，毁约也罢……道德、信用、名誉种种虚名，到他面前简是一个不大值的！他这样不避唾骂敢说敢言的态度，真不能不叫人家佩服！所以我很恨马氏尚权谋，同时又很爱马氏说实话！

五、开国和保国的方略

马氏本是个很尚手腕的事业家，并说不上有系统的哲学家，所以他的政治学说只可以说是治术，并说不上治理。他的《君道论》的目的，在扩张王国的领土；《论业》的目的，在扩张共和国家。马氏所说的“扩张”，并不是使两个或两个以上的社会的政治的机关杂合在一块，是想使多数的国家服从一个君主或一个共和国的支配。所以他说：

> 国家除掉全体服从一个国家或单一的君主之外，没有能够统一或安乐的，法兰西、西班牙就是一个实例。（《论业》）

大概马氏的国家目的，就在国家自身的存在，所以他不问国家哲学的基础，只问开国和保国的实际的方略。自马氏死后三个世纪中，西欧一带政治地理区域的变更，大概都是受马氏学说的影响。

马氏本极力的崇拜伟人，说一个大人物的手腕伎俩可以决定国家的命运；但是他同时又很看重那社会的根本制度上附着的一种潜势力。所以他说，建设或维持新社会新政治的组织，就是英雄豪杰的才能的实地试验。改革家的成功，常常要有充分的武力，才可以作新制度的保障。扩张领土，在马氏看来，无论是共和国，是君主国，都是必不可免的事实。因为君主的权力欲望是没有止境的，故当然要取开疆拓土的政路，就是共和国也实逼处此的不得不这样做。如果共和国的制度不适宜于开辟领土的政略，一遇到紧急的时候，国基必定破坏，制度也必定毁灭了。

马氏以为精练的国民军是共和国必不可缺的东西，也是势所必有的东西。他总不相信普通人所说的“金钱是战争的筋力”（Money is the sinews of war）这句话，他以为势力的实质不是金钱，只是兵士。所以他说：

> 金钱不一定能够常常得到好兵士，但是好兵士总可以常常得到金钱。（《论业》）

马氏不但崇尚武力，并且还崇尚诡计。他以为武力和诡计一般重要，无论何人，要想从微贱升到高贵的地方，必定要并用这两样东西。但是只有武力而没有诡计，便不能成功；有诡计而没有武力，容或可以奏效——这是他深信不疑的真理。

但是马氏对于国家的政治方略，到底是主张革新，或主张守旧呢？据我看来，仍然是个因袭家，并说不上创造家。他的目的，就在“和平”两个字上。所以他以为君主国中为长治久安设想，只有维持现行的制度，尊重已往的习惯。人民如果在善政之下快快活活的享受遗风旧俗，便不再多多的梦想自由了。故马氏的政治思想虽然是崇尚君主政体，但是，他的议论却是为专制政体说法。

马氏虽然极端崇尚武力政治，虽然叫君主宁可受吝啬之名，不可一味的慷慨。但是他以为分赏战胜品必得要极尚豪华，对于人民的财产和妇女却不要触动；一方面又叫君主保障美术界的天才，奖励农商各业，并不要以重税苛苦人民。所以马氏的专制主义，却是一种笼牢民心不反民好的专制主义；马氏的武力政治，却是一种尊尚和平和文化的武力政治。

马氏论到以改革宪法为防止革命的方法的时候，便主张共和国家在危急存亡的时候，一定要由政府几个官吏来行使绝对的权力。他认定“狄克铁特权”（Dictatorship）（独裁权）是罗马共和制度的许多重要的形式之一，罗马的扩大全仗着这一个机关。至于平民与贵族的竞争，不但不是扰害国家的祸根，并且是罗马的扩张所万不可免的情形。党派的竞争是鼓动平民的感情，激起平民的雄心，试验杰出的公民的能力，决定制度法律是否适宜的必不可少的工具。在平安无事的时候，才能出众的人，很不容易表现出来，政权常常落在富人手中。一到竞争的时候，没有能力的君主必定不能回复和平，或保持原来的地位；不合时势的法律，也必定因为试验的结果早被淘汰了。这种以竞争为试验人才、制度和法律的方法的议论，可以算作马氏的特识，也可以算作马氏一生的经验。

六、马氏对于道德和宗教的态度

马氏在政治思想史上占个重要的地位，就因为把政治和道德宗教分开，又使政治道德之中不含有私人道德在内，及政治事业之中不含有宗教事业的性质在内。他的议论，虽然不能在历史上发生出来扫除中古不顾事实全尚架空的议论的影响，但是总可以算是把理论和事实结合起来了，注重到事实的观察和经验的方面去。他虽然在事实上不能减少政教的冲突，但是总给宗教上一个最大的打击。

从谢雪卢一直到现在——十六世纪，自然法一个观念，几乎是政治学的唯一来源，到了马氏，简直把自然法的观念抹煞了。因为他不讨论政府的抽象的哲理，不讨论法律的哲学，不把宗教看作与人生有关的事体；所以取消自然法的观念，并且把神示法看作荒诞，排斥在思想范围之外。

亚里士多德在两千年前便把政治和道德分开，但是亚氏的政治学仍然不能脱离道德而独立。马氏便不是这样，他把政治的现象孤立起来，使政治的研究完全和道德无关。他并不是反对道德，不过他的政治学中用不着道德；换句话说，就是他不把道德看做政治的条件和政治的要素。亶林说得好："他并不是不道德，乃是无道德……他并不是反宗教，乃是无宗教"。（见《上古中古政治学史》二九九页）

马氏对于政治家的价值，完全以成功不成功去估计他；政治的方略，也完全由功利决定。在他看来，与其因为慕仁慈慷慨等美名而失败，倒不如随机应变，冒残忍、吝啬、诡计、伪善等恶名而成功。所以他的政治学，完全在救国出险的手腕上着眼，道德不道德，都是他所不屑计较的。因为君主的责任专在救国，不问方法好不好，只问与国情时势适应不适应。人性不能无疵，万不能具备一切的美德；如果因为避恶名而丧失国家，倒不如蒙恶名去保持国家了。建国的君主，如果为维持国家设想，就是行为违背诚信、违背友谊、违背人道、违背宗教，都是使得的。

马氏是专门研究人类生存事实的，他的政治学也只是研究实际的政治生活，不是研究理想的政治生活的。人类现在的生活情状，是他所研究的；人类将来的生活是怎样，或是人类应该怎样生活，他是完全不管的。因此便把中古学者所研究的理性世界、精神世界抛在九霄云外，专门讨论维持或对付欲性世界物质世界的方法。他的政治学的研究的范围，便不啻从天上掉下地来，从上帝归到人类，从将来的目的变到现在的方法上来了！虽然不直接的反对宗教，但是宗教自身，已经无用武之地了！马氏能够自由自便的不受道德的势力和宗教的势力的影响，来用实地试验法研究政治，便是他最有贡献于近代政治学的地方。

本章参考书：

Taylor, *Thought and Expression in the Sixteenth Century*.（第一卷第四章）

Figgis, *Studies of Political Thought from Gerson to Grotius*.（第三节）

Morley, *Machiavelli*.（从《日本兴亡史论刊》行会译本）

Dunning, *Political Theories Ancient and Medieval*.（第十一章）

第四章
宗教改革

一、宗教改革的原因

宗教改革（Protestant Reformation）和文艺复兴的价值相等。欧洲到了再生时代，昌明古希腊的文学哲学，因而推翻中古经院哲学的势力，好使近代的欧洲文化产出。到了宗教改革时代，昌明耶稣时代的古文学，因而恢复原始基督教的主义和精神，把天主教的势力打破。再生时代的复古，是复耶稣以前希腊罗马的古，想使欧洲文化回复到古初时代；宗教改革时代的复古，是复耶稣时代的古，想使欧洲文化回复到原始基督教时代。自古文学复兴而后，有许多人都能够直接的看《圣经》，又有英法的人把《圣经》翻译过去，便把从前教王和教会专有的《圣经》变成社会公有的《圣经》。到了这时，人人都看出有两大弊病：（一）原始的教义和教会的教义大不相同；（二）教王的奢侈，大违反从前基督教刻苦的美德。所以这种复古的运动可算是宗教改革的动机。

把政治和宗教两种事实联合起来，来做反抗教会的运动，可算是自十六世纪有的。自一五二〇年到一五七〇年，这五十年中，乃是新教徒反抗天主教的时期，他们所以要把一千年来的天主教的势力打破，大概有三个原因——政治的、经济的、宗教的。

（一）政治的原因

在十六世纪以前的天主教的教会，并不像现在纯粹是个宗教团体，他

伊希斯教派祭祀图

对罗马人和希腊人来说，宗教应保证人与神之间的自由关系。神是人类团体的伙伴，应该为人类的福利而合作，也应该尊重基本的“契约”，不可利用它们毋庸置疑的优越性来奴役自由的公民。

有许多关于政治的权力，由教会的官吏——教王、主教、牧师（Priest）及教士（Monk）——行使。教会有自己的土地财产，不纳租税，不归政府管理；有自己的独立的和强迫的收入；有自己的法庭，审判自己的官吏和讼案。自五世纪到十二世纪，因为政府太弱，所以教会应该享有这样的政治权力。但是到了十六世纪，民族统一的国家发达，要想抬高国家的主权，当然要把教会完全收归君主支配。在这民族感情兴起的时候，中古教会的世界观念，自然要遭打击。故宗教改革的运动就是民族主义（Nationalism）反抗大同主义——天主教——的表现。

（二）经济的原因

从经济上说，宗教改革的原因有二：（A）因为教会过富，所以有许多人如君主诸侯都想图谋它的财产；（B）因为教会奢侈，滥用金钱，所以激起人民的痛恨心。当十六世纪初头，许多主教和住持，都有广大的田地，在德国占有全国土地的三分之一，在法国占有五分之一。这时君主的势力强大，常常乘机没收教会的财产，美其名曰“还俗”（Secularization）。人民方面，如农民和工艺阶级，又年年为教税所苦。故德国的诸侯、市民、农民、侍卫等，都极力的反抗教会的经济压迫，常常结合起来，抵制教王的诛求。至于教会官职的买卖，教王亲戚的登用，都是习见不鲜的。如教王李奥十世（Leo X），更新设教职，公然卖出；又藉“赦罪券”（Indulgence）、“大会式”（Jubilee）增加收入。因为教会的官吏这样的贿赂公行，所以当十五世纪和十六世纪初头，改革教会的声音，常常出自一般学者、国王和人民的口中。这时有一派人以为最吃紧的问题，倒不在废止教王的权力，改变教会的组织和变更宗教的教义；却反在改革教官的道

闵采尔

1490—1525年，德意志平民宗教改革家，农民战争领袖。他认为圣灵的根本就是理性，反对将信仰和理性对立，反对路德的因信称义，否认《圣经》是唯一无误的启示；并认为启示就是人的理性觉醒，就是内心之光，通过这种活的启示，人人都能进入天国。

德生活和禁止意大利人从别国诛求金钱的方法。

(三) 宗教的原因

但是十六世纪中,一大群宗教首领如路德(Luther)、司文格里(Zwingli)、加耳文(Calvin)、老格思(Knox)等,比利时人文派(Humanists)更进一步,不但想改革教会的道德,并且要改革天主教的组织和教义。这一派人的新神学,大部分是从韦克立夫和胡斯的传授而来的;他们只在《圣经》中求教义,不在当时的教会中求教义。他们因为那时教会中有许多恶习,教会的官吏有许多不道德的行为,和天主教的教义又有许多地方违反原始基督教的教义,故(A)想打破天主教会的恶习;(B)想革除教会官吏的不道德的行为;(C)想用新教义来代替旧教义。

总而言之,这个时代是世界帝国变为各别的国家的时代,故宗教改革也顺着这个潮流,把宗教的一尊变成政治的一尊。中世纪所表现的,是国家化的教会。宗教改革派所主张的,是神圣化的君主。换句话说,就是想在一国中捧出一个神君(Godly Prince)做支配教会的元首,教会不但不在国家之上,并且不在国家之外,只在国家之下和国家之中。他们这种运动就是抬高国家或君主的威严。故在十六世纪的上半期的宗教改革运动,只是促进君主独裁制的媒介。所以含代议原理的宗教议会运动,在那时不能成功;而含独裁原理的宗教改革运动,在那时却收了许多效果。

我们要想知道宗教改革运动在历史上的价值,必须先知道这派首领人物的思想和态度。宗教改革派中有几个重要的首领,就是路德、米兰克东、加耳文诸人。

二、路德

马丁·路德(Martin Luther)(一四八三——一五四六)是德国的一个穷矿夫的儿子,早年在欧福(Erfurt)大学读书,受了许多人文派运动的影响,

莱比锡神学论战

1519 年 7 月，亲罗马的神学家约翰·艾克迫使路德在保守势力较强的莱比锡进行辩论。路德临危不惧，明确断言《圣经》权威至上，抨击教皇权威。

后来做了奥格斯庭派教会的教士。一五〇三年，到威丁堡（Wittenberg）大学去，不到几年，便做了该校的神学教授。他从圣保罗和奥格斯庭的著作中得到，原始基督教的教义和当时教会中所说的教义大不相同。教会赦免罪恶的方法，在教人对于教会尽义务；路德拯救罪恶的方法，在教人直接信仰上帝。他以为信仰是神人感应的媒介，只有信仰可以感动神灵，可以免除罪过。因此，便用“由信仰开脱”（Justification by faith）的教义来反对“由事业开脱”（Justification by works）的迷信。这样一来，人人都可以“信仰”来叫开天堂的大门，不要教王或教会居中介绍，教王和教会便无事可做了。

路德当初原无心反抗教会的权力，就在一五一一年游历罗马的时候，

艾克像

Johann Eck （1486—1543 年），德意志天主教神学家。书中译作爱克。他曾与路德就教皇权力至上问题进行公开辩论，促成教皇签署通谕，革除路德教籍。他的多篇论文坚持传统教义，为教皇的权威辩护。他还参与起草反驳路德的《奥格斯堡信纲》的教廷文件。

也不过只想做一个崇拜教会的瞻仰人，并不想做一个非难教会的批评家。但是不想一五一七年偏生有太慈尔（Tetzel）发行赦罪券之事，他认为这是教会的极不道德的行为，因此便提出《九十五项论旨》（Ninety -five Theses），说明只有由信仰可以悔罪的道理，把赦罪券捐款赎罪的根据根本打破。到了一五一九年，路德和著名的护教派爱克（Johann Eck）在来伯慈（Leipzig）开公开的讨论会，宣言：人类和上帝当直接发生关系，不要教会居中介绍。因为教王和宗教总会（General Council）的言行都是错误的，只有《圣经》是唯一可靠的东西。教王因此便把路德当作异端攻击，且宣布“革除”之令。路德亦集合许多学者、学生和市民，把这个命令投入火中烧了，并做了一篇《告德国教会贵族的书》（An Address to the Christian Nobility of the German Nation），想推倒天主教的三层围墙：（一）攻击教权高于政权之说；（二）攻击只有教王可解释《圣经》之说；（三）攻击只有教王可召集教会之说。路德从此便和天主教脱离关系。这封书不啻是“宗教改革的宣言”，自此便开演宗教改革的正剧了。这是一五二〇年的事件。

路德在宗教改革时的声名，几乎和卢梭在法国革命时的声名相等，只是他的学说含有复古性，不及卢梭的学说能够从根本上推翻从前一切的政治学理。真正说起来，路德只可算是煽动家，不能算是哲学家，充其量也不过复古罢了，打破中世纪宗教上的乌烟瘴气，回复到教父时代的宗教观念和教会组织。他以为凡基督教徒皆个个平等。教王、主教、牧师皆不过是管理或提倡宗教生活的官吏，他们的职权并不能包括政治关系在内。他所要求的，是神圣化的政府，不是政治化的教会。他想抬一个神性的政府出来，好没收一切教权，打破中世纪教权一尊的学说，建设近代政权一尊的学说。简单一句话，就是废止教会管理的宗教，代以国家管理的宗教。由此便演出十七、十八世纪的“国王神权说”（The Divine Right of Kings）。

但是路德虽然主张把国王变为教王，却不主张以政权来干涉信仰。他以为只有形而下的或肉体的事可由国法支配，如果要用命令去禁止那些精神上的信仰，便是一件笨事。信仰只可由上帝的神力感动，或由规

德国农民战争

这幅图描绘了1524—1525年德国农民战争中的情形。农民揭竿而起，力图摆脱封建枷锁。这在路德看来虽是当然的事件，但由于太过极力的缘故，不免有些欠妥。

劝感动；却不可用刀剑水火去诛灭异教徒。因为用这个方法，只有使异教徒越发坚守他的信仰。他说，那时流行的制度，实在是把君主和主教的真正职务颠倒过去了。主教不尽他们传教的义务，反要求君主去诛灭异教；君主也不惩罚主教等贪财盗窃的行为，反浪费许多时间来替教会护卫信仰。“他们用刀剑去管束精神，用口舌去管束肉体；管俗事的元首反去管神事，管神事的元首反去管俗事。”这都是极愚笨的事件。由此可见，新教稍微有点尊重信仰自由的精神——旧教常常用威力去干涉人家的信仰，新教只用言语去感动人家的信仰。

路德焚烧教王的命令，很可以表示出来他反抗强权压迫的精神。但是他只打倒教会的强权，对于君主的强权，却主张无抵抗的服从（Passive Obedience）。所以路德运动的动机，原来是由爱惜自由和尊重别人的权利而起的，结果反成为一个极力拥护“专制主义”（Absolutism）的首领，这是一件很奇怪的事。一五二四年德国农民的反乱，在现在看起来，都是当然的事体，如要求废止农奴、废止任意裁决的刑罚、允许渔猎的自由权和工钱，可是路德却认为太过极力的非难。这都是他主张一味服从的学说的结果。但是到了后来，德国的皇帝和新教派的君主完全破裂的时候，他又不大主张当初一味服从的学说，却说在暴虐政治之下，自卫是基督教徒的权利。如果皇帝不遵守管束他自身的法律，人民便没有服从的义务。路德的思想这样一变，便布下后来新教徒中革命思想的种子，决定那宗教战争期中政治思想趋向的途径。

三、米兰克东

米兰克东（Philip Melanchthon）（一四九七—一五六〇）是路德的爱友，可是他的脑筋却和路德完全不同。所以亶林（Dunning）说：“路德是个粗暴的、挑战的和大胆的德国人，还没有脱去中古教士的精神上的习惯；米兰克东是个精细的、宽和的和胆小的德国人，并且深受那中古在北欧攻击一切的人文派精神的熏染。”（见《政治学史》第二卷一四页）路德不但攻击天主教的神学，并想把那和神学有密切关系的亚里士多德的哲学一扫而空；但是米氏关于宗教改革的著作，却以亚氏为指南针，并很费美亚氏的《伦理学》和《政治学》。米氏的思想虽然有矛盾冲突的地方，可是他却建设起来一种很有效用的道德哲学和政治哲学的系统。他曾受过路德的熏陶，故他的议论根据，也建筑在经典的上边。

米氏议论，多由“自然权利”（ius naturae）或“自然法”（lex naturae）一个基础上发生出来的。他以为人类正当生活的实际的规律，都包括在自然法之内。自然法的原理，便成为私权和自由的基础。《十诫》（Decalogue）中所说的“汝毋窃”，就是说明各人的私有权。可是他受了那时情势——新教派的君主都竭力没收教会的财产——的影响，所以又说如果有人滥用财产，便可用政治的权力去剥夺他的。他又以为自由并不同奴隶制度相矛盾，在他看来，奴隶制度是很和自然法相调合的。简单说起来，他受了《圣经》上服从教训的影响，认定政府是合乎自然的神制，故人民服从政府，也是合乎自然法则的。

他说，政府的特种职务，在用肉刑惩罚犯罪人，好维持国内的治安，并提倡道德和真正的宗教。官吏的职务，就在扫除错误的信仰和异端。政府虽然不能干涉精神界的

梅兰希顿像

梅兰希顿（1497—1560），德意志宗教改革家、人文主义者。书中译作米兰克东。他首创新教“系统神学”和新教信经。1521 年出版《教义要点》，系统阐述新教教义，为新教第一本“系统神学”著作。他的《圣经》注释完全突破了中世纪的条条框框，并将德国的人文主义思想纳入宗教改革的轨道。

事项，但是根据亵渎神圣的理由，可以用国权去强制异教徒。关于内部的信仰，虽然不要官吏干涉，可是关于由信仰而表示出来的事体，却要官吏去干涉。但是决定什么是异端，怎么样才算是亵渎神圣，这样的事件，只由政教两界贵族合组的机关决定。故米氏的决定信仰和教规的最高机关，就是宗教议会。他所说明的议会，既不是君主制的，又不是平民制的，从组织和性质上看来，却是贵族制的。

米氏虽然主张政府的职权只注意在外界的关系和利益，但是这种关系和利益，却不必以物质的事件为限。他再三的说：治者的职务，不仅仅在关心肉体上的幸福，并且要关心精神上的幸福。但是官吏的职务和天使的职务，也不能相混，后者在以传授《圣经》为事，前者在以维持敬尊上帝的形式和行为为事。“国家和教会乃是殊途同归的两个机关，他们分途合作，以便达到敬事上帝”的同一目的。这种理论，虽然和中世纪的政府义务专在为教会鼓励真正的信仰的学说，没有什么大差别；但是在那时实际上，凡属于路德派的国家，政教两权的关系，都和中古不同，因为那时教会只垂手站在政权之下，渐渐失掉重要的位置了。

米氏不甚专重某一种政体，他以为凡是不违背自然法则的政体，上帝都可承认。但是他很受了当时民族国家主义的影响，排斥那以一个教王或皇帝统治全世界的观念，主张多数王国并立，各服从各的独立国王。可是因为当时抬高王权的议论盛行，“对于君主的权力究竟能否反抗”这个问题，便渐渐引起一般学者的注意。米氏对于这个问题的态度，和路德一样，也主张无抵抗的服从；就是对于那不信神的君主也主张不要反抗。这都是他尊重《圣经》的结果。但是那时制裁暴主的方法，已经值得讨论了。米氏对于人民诛戮暴主（Tyrannicide）的权力也有几分承认的意思。

四、加耳文

十六世纪的宗教改革家，起首就分为三派——路德派（Lutherans）、司文格里派（Zwinglians）及加耳文派（Calvinists）。但是加耳文（John-

Calvin）（一五〇九——一五六四）在瑞士各省做宗教改革的事业，只算是承继司文格里（UlrichZwingli）（一四八四——一五三一）未完之功。故当叙述加耳文的思想之前，不可不略微说一说司文格里的思想。

茨温利

1484—1531年，瑞士重要的宗教改革运动领袖。书中译作司文格里。1520年，苏黎世批准他宣讲“真经正义”，由此掀起了反对禁食和教士独身制的运动，而该运动正是1522年瑞士宗教改革运动的发端。

在宗教改革史上看来，司文格里算是一个很重要的人，可是在政治思想史上看来，他却不能算十分重要。他反对天主教会的动机，似乎是发源于政治关系。他在先仗着口才，反抗外国君主招雇瑞士的兵士，并反抗教会参与这种不道德的兵士买卖。后来更进一步，对于教会中一切的不道德行为。一并攻击。司氏本可以和路德派联合起来，一致反抗天主教；只因他在一五二三年公布《六十七项论旨》，主张《圣经》的权力最尊，比路德派更加激烈，所以终久不能联合。他在泄列许省（Zurich）的势力很大，这省的政策，多半由他决定。他自己虽不是省议员，但他的意见却多被省议员采取，定为法律。他对于教制和政制的区别的意见，和路德原没有什么大差别。不过他以为教会只是无形的神圣社会，而教规和礼拜的管理，却是国家机关的职权。由政治机关管理精神的生活，就是把国家和教会混合而成为单一的组织。凡精神生活的仪式和物质生活的规律，都由这单一的机关决定。至关于待遇异教和人民对于治者的无抵抗的服从等意见，都和路德没有什么差异。不过司氏很信任人民，他的理想国家是民治政体的罢了。

司氏陡然战死，瑞士的新教派一时显出群龙无首的现象，到了一五三六年，加耳文寄居在日内瓦（Geneva），便承继这种改革的事业，做了改革运动的中心。加氏改革宗教的成就，远在司氏之上，他的声名同路德相等。路德反对旧教，是感情的作用，根据只在良心；加氏反对旧教，是理智的作用，根据却在理论。加氏思想渊博，议论精密，在当时新教派中，可算是一个立法家。所以亶林说："路德是宗教改革的神学家，米兰克东是哲学家，司文格里是政治家，而加耳文却是立法家（Lawgiver）"（见《政治学史》第二卷二六页）。因为他自幼学习法律，又是法国人，所以他的著作的方法和形式，大部分都受这两种事实的影响。

加尔文像

1509—1564年，书中译作加耳文，瑞士宗教改革家，新教归正宗创始人。在政教关系上，加尔文认为政权是上帝按其神圣意志任命的，要为人民造福，并捍卫纯正的教义和教会。

加氏关于政治的思想，都在《基督教制度》（institutes of the Christian Religion）的第四卷中。他反对司文格里的"国家和教会合为一体"的观念，主张教会为行使精神的职务，也要有特别的组织和规律。教会的制度一定要和那为政治目的而设的制度完全不同，教权之中应该排除政治的原素。他同时又承认政治组织的重要，反对推翻神建的秩序的妄人和反抗上帝支配的君权党。他以为如果不设法把精神生活和外部生活结合起来，便不能维持神圣的信仰。

加氏因此便说政治组织犹如

水火空气一般，为人类必不可缺的东西。只有教会的指导，没有法律的强制，总不能保障人类的和平与安全。所以他的政府的目的就在维持人类物质的生活，保障社会的安宁秩序和个人的自由财产；特别重要的，在防止异教徒和叛教徒。由此可见在加氏的理想国家之中，政权教权并不是绝对分立的，只是互相交涉的；并不是互相对抗的，只是互相帮助的。他并不许国家立法去干涉教义和教规，只愿现世政府拥护宗教，达到维持信仰的目的——这便是加氏的政府职权的范围。

加氏虽然把宗教放在第一位上，但是却不迷信宗教万能。他以为官吏的义务在拥护神圣的尊荣，防止神圣的亵慢。如果没有官吏，人民要怎样做便怎样做，便是无政府。照《圣书》上说，无政府乃是罪恶的一种。但是只管尘世的争端，忘却敬神和礼拜事件的君主或官吏，也不能算是尽职。故尽力神事是官吏的第一种职务，至于维持国家的和平与安全，乃是官吏的第二种职务。因为对于作恶犯罪的人不用刑罚惩戒，便足以扰害公共的安宁。故上帝又把惩恶之权赐给君主和官吏，叫他们用严刑来惩罚犯人。加氏理想中的治者，要同时做两件事——审判和正义(Judgment and Righteousness)。用正义来救济那被虐的人，使他自由；用审判来科罚那不法的或邪恶的人。这就是加氏的官吏的义务。

这些宗教改革家本个个都有点反抗教会强权的精神，可惜他们也受了《圣经》上“凡居位者皆上帝所命”一类话的毒，所以对于政府，都主张无抵抗的服从。加氏也以《圣经》中“尊君王”（《彼得前书》第二章十七节），“敬畏主和王”（《箴言》第二十四章二十一节），“非因神怒而服从，乃因良心而服从”（《罗马人书》第十三章五节）等类的话为天经地义，认定无抵抗的服从是人民对于治者的第一义务。从这种义务之中，更生出遵守勒令、纳税、服官、服兵及其他奉命等义务。人民如不得官吏的许可，不得以私人资格去执行公务、干涉公务，或侵犯官吏的权限。人民的公权只是由执政官的命令赋予的。因为执政官的权力是从上帝而来的，人民如果不服从执政官，便是不服从上帝。

至于不能尽保民责任的君主，虽自然要惹起人民的反抗，但是人民却不得直接行动。且看他说：

> ……虽是暴君的权力，也是由神而来的。因为上帝特降暴君来惩罚这一国的人民。……故就是他个人品行恶劣，不值得尊敬，如果他有了上帝授予的王权，人民对于他便要同对于好的君主一样的尊敬。（《基督教制度》第四卷第二十章二十五节）

人民当责备暴君之前应该首先自己省察罪过。所以人民就是不能忍受暴君的压制也不得直接行动，仍然要求救于上帝。因为惩罚君主的权，在上帝不在人民。

但是服从暴君，虽然是信仰《圣经》的宗教家的信条；可是反抗暴君，在那时君主独裁制下，又渐渐的成为时势的需要。加氏死后才过十五年，便有《反抗暴君的权利论》（Vindiciae Contra Tyrannos）（一五七九年出版）出现，可见那时对于“人民对于暴君究竟能不能反抗”这个问题，渐渐有讨论的必要了。这种时势的影响，不知不觉的感动加氏，使他不能不从无抵抗的服从之外，略微开辟一条抵抗暴君的道路。所以他说：

> 一切君主的意思，都要服从上帝的意旨。他的命令，都要顺从上帝的教令；他的威权，都要屈从上帝的神威。我们应当特别注意的，就是我们主张服从君王的命令，一定要君主的命令是服从上帝的意志的；如若不然，人民便不要服从……所以上帝是众王的王。上帝一经开口，人人都要服从。我们服从官吏，只是服从上帝，倘若君主命令我们反抗上帝，我们便毫无遵守服从的必要了。（《基督教制度》第四卷第二十章二十三节）

从这一段话看来，加氏反抗暴君的思想，只是由宗教的见地而来的，并不是由政治的见地而来的。但是自他发端之后，他那些在法国的，在连塞兰（Netherlands）的，和在别处的教徒，便渐渐的用抵抗主义来代替无抵抗的服从了。

加氏的政治思想大概如此，我们更可以看看他的应用。他从一五三六年逃到日内瓦，除掉中途被逐的几年，直到临死，都在这个地方做事。他在日内瓦，不但做宗教的首领，并且做政治的党魁。他所创设的制度，原理是神政的，组织却是贵族的。他把这个城市组成政教合一的一个社会。关于宗教的组织，就是设立两个机关：（一）神圣社（Venerable Company），由教务官和神学教授组织之；（二）宗教法院（Consistory），由教务官和市最高行政会互选的十二名长老合组之。这两个机关专管这个城市中关于礼拜和道德的修练等事。这种制度很和他的学说相矛盾。关于政治的组织，就是设立几种议会，专管政治方面的事务。加氏管理教徒修练的规则，由宗教法院执行；这种规则很含着清教（Puritanism）的严肃规律在内。对于教徒的起居生活，都有一定的限制——例如禁止珠宝、长发、红色的及新式的衣服，和奢侈的宴会之类。至于政府惩罚谩神叛教的刑罚，更加严酷。所以日内瓦在加氏的这种神政独裁制下，便成为宣传新教的中心。

加氏不但宣传新教，著书立说，翻译《圣经》，并且建设新教的学校。有许多法国人、德国人、苏格兰人、英吉利人到日内瓦去进他的学校，回去都各树旗帜，自成一派。在欧洲大陆上叫做“正教宗”（Reformed Faith）在法国的弟子称为“胡格老派”（Huguenots），在苏格兰便成为“长老教”（Presbyterianism），在英格兰又成为“清教”。他们的名称虽然不同，可是重要的特质却还是一样的。

五、宗教改革的影响

文艺复兴是欧洲一切文明再生的时期，宗教改革却是基督教再生的时期。因为宗教改革乃是个人良心反抗机械式的信仰的结果。由这个运动唤起批评的精神和独立的思想，所有的方法和功效，简直与文艺复兴相等。人文派的复古，求救于古代哲学、文学和美术；改革派的复古，

法兰西斯一世像

法兰西斯被视为开明的君主、多情的男子和文艺的庇护者，是法国历史上最著名也最受爱戴的国王之一（1515—1547 年在位）。在他统治时期，法国繁荣的文化达到了高潮。

也求救于《圣经》和当初的基督教父——特别求救于奥格斯庭。他们反抗由教会包办的信仰，回转头去，求之于《圣经》和良心；这样一来，便打破了拘束精神的铁锁。由教会压迫的被动的信仰，变成由良心判断的自动的信仰。因此，便抬高了人类的良知，鼓励起来个人的独立。这类的效果，虽然不是改革派首领路德和加耳文等的本意，但却是由改革运动而来的必不可免的事实。

但是宗教改革派虽然是迎合再生时代的潮流，可是他们的伦理思想和政治思想简直和马克维尼两样，完全是中古和经院学派的思想。他们论到教会和国家的关系，都同马献僚、奥铿、加生等一鼻孔出气，不过把他们原有的学说少少加以修正罢了。他们的特色，只在适应民族国家的需要，把旧有的含有大同主义的天主教，剖成含有民族主义的新基督教。换句话说，就是由无国界的普遍的教会，变成国立的民族的教会。

帝王神权说，就是想用政权来支配教权，自亶特以来，大概都是这样主张。宗教改革派的神性政府论，虽然也不过是恢复中世纪前半期原始基督教会的主张；但是因为他们极力主张国王神权说，使一般有雄心的君主利用这个机会，把自己变成政教两界的唯一的主人翁。君主一旦挂上圣徒的招牌，又借教会中“无抵抗的服从”的教义做护身符，便把政教两权集中在一个人的手中，便助长各国政治元首的独裁主义。政府的压力逐渐增加，人民当然不能忍受。改革派被这种情形感动，所以虽然一方面极力的提倡无抵抗的服从的教义，一方面又不能不设下服从的限制。因此便种下后来反抗暴君运动的种子。

宗教改革派不承认罗马的教王，反对教权的政府；打消赎罪费、赦罪券、圣徒的祈祷、遗物的尊敬（崇拜殉教者遗骨和一切物件）；改变圣餐制；主张由个人解释《圣经》，由个人自己的信仰赎罪……这都是和天主教不同的地方。但是主张用严刑或兵力去压迫异教，这种态度却又和天主教一样。前边说过，路德和加耳文都一致说剿灭异教徒为政府重要的职权，加氏并把色维特（Michael Servetus）处死。虐待异教徒这样的惨酷，便激动全欧洲人士的感情，引起“异教宽恕（Toleration）”的议论。

但是改革派不但不表同情，并且有人著论极力说明剿灭异教的合理和必要。大凡信仰新教的国家，皆一律用严刑峻法来扑灭异教。后来反动的结果，便引出许多异教宽恕的学说和信教自由的要求。

宗教改革派主张由国家没收教会的财产，国王要做这种没收财产事件，必定要请贵族帮忙，或者贿赂他们，使他们赞助。因此，贵族的财富也日见增加。但是那时的国王都尚独裁主义，故不能不防止贵族的政治势力的复活；要想防止贵族的政治势力的复活，便不得不联合中产阶级，做他们自己的后盾。因此，便使中产阶级的政治势力逐渐增加。故欧洲各国中产阶级的发展，虽然有多种原因，可是我却敢说宗教改革乃是发展中产阶级的多数原因之一。至于农民阶级不但没有得到好处，并且他们现在在独裁君主制下所受的损失和压迫，比从前在专制教会下所受的损失和压迫格外加重。故宗教改革的结果，不过使农民阶级换个压迫者的姓名罢了。

本章参考书：

F.Seebohm，*The Ere of the Protestant Revolution.*

E.M.Hulme，*Renaissance and Reformation.*（自十章至十八章及自二十一章至二十三章）

Jacobs，*Martin Luther.*

Jackson，*Huldreich Zwingli.*

Richard，*Philip Melanchthon.*

Dunning，*Political Theories from Luther to Montesquieu.*（第一章）

Figgis，*From Gerson to Grotius.*（第三节）

第五章
十六世纪的反对君政论

一、宗教战争

十六世纪的下半期，因为民族国家发达和宗教改革成功的结果，便引起来国内的扰乱和国际的战争。这些内乱和外争的两方面，多因为宗教的教义不同，才分成界线，互相对垒。英国是支持新教的柱石，西班牙是护卫旧教的壁垒。西班牙的国王肥立布二世（Philip Ⅱ）（自一五五六年到一五九八年在王位）想以自身做天主教的保障，不但想用武力扫灭自己国内的新教，并且想剿除别国境内的新教徒。从此互相战斗，便演出一百年的宗教战争。交战的动机虽然多由政治关系发生，但是新教徒却是为着新教的生存而战的，旧教徒也是为着恢复旧教的地盘和统一而战的。

腓力二世像

西班牙哈布斯堡王朝国王（1527—1598）。书中译为肥立布二世。在其统治期间，一度试图巩固西班牙哈布斯堡王朝确立的牢不可破的政教合一。他认为自己是来保护基督教信仰的纯洁性的，是通过政治和军事手段捍卫整个基督教世界的。

西班牙和英格兰在这个时期，都没有内乱发生，故肥立布二世和爱莲色白（Queen Elizabeth）（自一五五八年到一六〇三年在王位）都顺应民族的感情，想用灭敌的方法来达到扩张君权的目的。所以那时西英两国国内的人心都集中在独裁主义上，政治思想没有什么可以特别注意的地方。至于法兰西、苏格兰、连塞兰等国，便大不相同了。在十六世纪下半期，这几国中，常常有接续不断的内乱；因为常有内乱，所以引起来许多很有价值的政治学说。

法国的内乱的发生，本由于政治关系，但是参加内乱的人，却以新

圣巴托洛缪惨案

这幅16世纪的油画描述了1572年8月24日（即天主教的圣巴托洛缪节）凌晨发生在巴黎的残杀胡格诺派教徒的情景。当时天主教武装力量在弗朗索瓦之子亨利·吉斯的领导下，以各教堂鸣钟为号，对毫无戒备的胡格诺派发动了突然袭击。一夜之间，几千名新教徒在巴黎街道上被杀害。

旧教徒为中心。胡格老派在法兰谢一世（Francis Ⅰ）（自一五一五年到一五四七年在王位）和亨利二世（Henry Ⅱ）（自一五四七年到一五五九年在王位）之时，虽然多被虐待，可是信徒的人数却大大的增加。他们因为守着加耳文和其他首领的教训，所以皆服从王权。但是这一派的信徒，多半是中产阶级（Bourgeoise），故在法庭和议会之中占有很大的势力，常常能够牵制君主的专制。自一五六二年到一五九三年，全国的宗教战争发生。那时候，格司（Guise）和包本（Bourbon）两系的贵族，常常互相仇敌。格司一系在遗传上和政策上都属于天主教，包本一系却多倾向胡格老派。这场战争的结果，由国王亨利四世（自一五八九年到一六一〇年在王位）的“郎特赦令”（The Edict of Nantes）（一五九八年宣布的）确定了胡格老派的政治权利，容许加耳文派的私人崇拜和良心自由，以及新教学校的津贴、著作的印行，和教徒的服官权，都一并承认。

在法国宗教战争期中，最可使人惊心动魄的，就是几件虐杀案。伯塞老密日”（St. Bartholomew′s Day）（一五七二年八月二十四日）的虐杀，把在巴黎的胡格老派杀死上万的人，把散在各大城的胡格老派也杀死几万人。这样凶残的案件一出，几乎全世界的人——无论是新教徒、旧教徒都发生咒骂的声音。在加塞恩（Catherine de Medici）母后的本意，也不过想剪除胡格老派中最有势力的首领；可是昏庸的幼君查理士九世（Charles Ⅸ），却不敢生留一个胡格老派，使他后来责难自己，因而演起这样凶残的事件。自这件事发生以后，胡格老派格外团结，格外增加，格外出死力来护卫他们的信仰。后来亨利三世（自一五七四年到一五八九年在王位）又暗杀了天主教派的首领（一五八八年），后一年亨利三世自己也被暗杀。这几件事体发生，天主教和格司系的背后，有肥立布二世暗中操纵，想把法国收归西班牙支配，因此便激起法国民族的感情，才立包本系的亨利四世为国王；亨利四世即位后，才发布“郎特赦令”，容认胡格老派的信仰自由和政治权利。

苏格兰在这时，国内也发生许多冲突，冲突的原因，也和法国一样，是政治和宗教混杂在一起的。从一五六一年到一五六七年，梅丽皇后

诺克斯雕像

诺克斯（约 1505—1572），苏格兰宗教改革领袖。书中译作老格思。他生于苏格兰哈丁顿，在安德鲁斯大学接受天主教神学教育，1544 年改宗新教，大力宣传宗教改革。在英国的支持下，推翻了天主教在苏格兰的统治地位，召开苏格兰长老会第一届全国会议。1561 年国会定长老会为苏格兰国教。其主要著作有《苏格兰宗教改革史》。

（Queen Mary）已经成为贵族中天主教派的首领，新教派老格思（John Knox）极力和她反对，后来梅丽被她第二个丈夫的被杀案牵累而失位，新教便完全战胜了旧教。到了老格思死后，加耳文派和长老教派与圣公会派（Episcopalians）又起了激烈的战争，但是终久仍让长老派得胜。

连塞兰的北部，宗教上很受改革派学说的影响。但是那里不大有路德派，只有加耳文派很占势力；可是加耳文派的信徒，却多系下层阶级的平民。连塞兰久已成为西班牙的属地，故保障旧教的查理士五世，就在该处设下“宗教裁判所”（Inquisition），专门惩罚异教徒——新教徒。肥立布二世继位后，更把他在西班牙所用的行政独裁的方法输入连塞兰。可是他这些独裁的方法，既和连塞兰各省宪章上所定的特权和利益大相冲突，而连塞兰本地的贵族势力又被西班牙的官吏夺去了。又加以肥立布二世更利用宗教裁判所，尽力去扑灭新教徒，因此便激起下层平民的感情，和那些失意的贵族一致联合起来，去反抗西班牙的势力。中间经过激烈的战争，得威廉（William of Orange）的力量，和全欧新教徒的势力帮助，才使北省脱离西班牙的势力，把荷兰共和国（The Dutch Republic）建成（一五八

威廉一世

这幅19世纪的壁画描绘了沉默的威廉一世（1533—1584）（荷兰的奥兰治王朝）。他领导了尼德兰起义以反抗阿尔瓦公爵的政权，又因对宗教持宽容态度而扬名。

一年)，用新教为国教。

从这几国的历史上看来，新教徒在十六世纪末期，受了许多暴君的虐待，牺牲了许多热心传教的信徒。到此，乃一个个变更他们先辈专用言语传教的态度，变成专用铁血护教的态度。因此，便不能不用反抗暴君的教义，来代替从前无抵抗的服从的教义。自此以后，契约说、民权说才逐渐进步，逐渐成为有系统的理论，一直到法国革命时代，都成为正统派政治思想的根本原则。故十六世纪末期的反对君政论，是很值得我们注意的。

二、反抗暴君的权利论

法国当宗教战争的期中，文学上发现了许多的反对君政论。新教徒因为受了“圣伯塞老密日”事件的激刺，旧教徒因为受了格司首领被杀案的激刺，都一致的鼓吹反抗暴君的学说。那时胡格老派有两大名著。一是浩特曼（Francis Hotman）的 Franco Gallia，这是用布鲁特（Stephanus Junius Brutus）假名公布的 Vindiciae contra Tyrannos（就是 The Grounds of Rights Against Tyrants）——《反抗暴君的权利论》。这本书的真正作者，据多数学者推定，多半是郎格（Hubert Languet）（一五一八—一五八一）或莫来（Duplessis Mornay）的手笔。

Franco Gallia 是一五七三年出版的。书内并没有讨论到普通政治学理的范围，不过从历史上证明法国从来只由国民普通议会行使最高的政权，绝没有行过独裁的君主政体。至于《反抗暴君的权利论》的性质，便完全不同了。这部书对于君权的基础，很加以精密的讨论，它所根据的根本原理，和从前宗教改革派的见解是绝不相同。它所解答的有四个问题：（一）人民是不是要服从那命令违反神法的君主？（二）抵抗那违背神法和蹂躏教会的君主，是不是合法的？如果是合法的，那么，由何人抵抗？或抵抗到什么限度？（三）抵抗那危害国家的君主，是不是合法的，或到什么限度是合法的？（四）赞助邻邦因信仰真正宗教而被压迫的人民，或被暴君压迫的人民，是不是君主的职权？

我们要想明白这部书的著者解答这四个问题的论据，必先要知道他的全盘理想。著者的自然世界观很和孙里嘉相近，把太古之初看作“黄金时代”，在这个时代政府乃是不必要的东西（参看第二编第四章）。且看著者说：

> 最显明的，是人类天性自由，不愿做奴隶，生来就想自主不想服从，如果没有多大的利益，绝不愿抛弃自己的自然权利，去服从他人的权利。（见该著第三编）

布鲁图胸像

米开朗琪罗一生向往有一位拯救意大利的民族英雄，这一思想在他的作品中都有所流露。对他来说，铲除意大利奸佞，除了英雄人物，别无倚托。他总爱说：“杀死暴君，其实杀的不是人，而是披着人皮的野兽。”这也许是他创作《布鲁图胸像》的全部动机。

人类的原始社会既是这样，自然不要政府，自然无庸立君了；那么，政府和国王又怎样发生呢？再看著者引孙里嘉的话说明：

> “在黄金时代，政府是在许多贤哲的手中。他们能打倒强者，保护弱者，并引导人民免害就善。凡人民所需要的，都由他们的智慧供给。他们的刚勇，可以免除人民的危险，增进人民的福利。他们的职务是勤勉，不是统驭。因为他们有同化力，所以没有人反抗他们。”（同前）

著者因此便断定：

政府的唯一目的在人民的福利；君主的唯一义务在护卫人民。真正说起来，皇帝的高位，不是名誉，只是责任；不是特权，只是职业；不是特别免许，只是应分义务；不是矜贵，只是奉公。（同前）

由此看来，政府是为人民而设的，国王是由人民拥戴起来的；政府和国王的职务，是专为图谋人民的福利而设的，绝不是为什么尊荣光耀而设的。因此又毅然决然的断定：

没有生而为王的。有时有无王的人民生存，绝没有无人民的王可以生存的。（同前）

著者从这种自然世界观中，得到国王由人民拥戴起来的理想，又从这个理想中找出人民反抗国王的学理上根据。他的意思就是想以人民拥立国王的目的，做国王的职务范围；如果国王违反这个目的，便允许人民有反抗他的权利。著者从这种自然世界观中看出人民对于暴君的反抗权，可算是后来洛克、卢梭辈从他们的自然世界观中看出人民对于政府的革命权的先导。

著者理想中的国王，只算是人民公仆；国王既是人民公仆，人民便是一国的主人。因为他抱着这样理想，所以他的议论有和从前许多宗教家大不相同的一点，就是从前的宗教家承认国王只由上帝选择，没有人民插嘴的余地；可是在著者看来，国王虽然由上帝选择，却要得到人民的确认。因此，便断定“人民在国王之上”——因为被立者总要比立者低一些，授权者总要比受权者高一些。国王既然是个仆人，那么，设立这个仆人时，必定要有两种契约（Contract）：一是君民和上帝的契约；一是人民和君主的契约。我们最应该注意的，乃是第二类的契约。在第二类契约之下，人民和君主虽然是契约的当事人，但是只是人民立君，不是君立人民，所以人民居“主约者”（Stipulator）的地位，君主居“受约者”（Promisor）的地位。换句话说，就是：

> 为主约者的人民要求国王依据法律，秉公执政；而国王答应他们这样做。（同前）

由此可见，王权的基础只建设在契约上。如果国王遵守契约，人民便负有诚心服从的责任；不然，全体人民或人民代表便有合法的处罚他的权利。故在著者看来，人民服从国王，是以国王遵守契约为条件的，国王一旦不履行契约，人民便可解除服从的义务。

但是倘若国王用武力来强制人民服从，又怎么样呢？在著者看来，凡是违反道德或自然法的契约，都一概无效。所以国王用武力强制人民服从，便同强盗强迫私人写支票一样，应当无效。因为契约以利益为主，人民不得定下违反自己利益的契约。

国王不但要遵守这为王权基础的契约，并且要服从一切的法律。著者把国王放在法律之下，说他只可以补充法律，不得破坏法律。且看他说：

> 所有国王都应该服从法律，而且承认法律在他们之上。……他们不可以服从法律为愚事，因为法律是一种工具，人类社会用这种工具，方可成为郅治，并达到幸福的目的。……法律是贤君的精神，他的神灵生命都在法律之中。国王是法律的官能，法律得他的力量，才能完成职务，表现意义。法律是多数圣贤的理智的集合。多数的真知远见远胜于一个人；故信奉法律比信奉一个聪明的人格外安全。法律是不可搅乱的理智，既不受感情好恶的势力牵制，亦不为悲哀威吓所动。至于人，就是秉赋很好，但是常常被愤怒、复仇和别的私欲牵制；感情扰乱，不能自主；理欲交战，欲常胜理。……法律是群众精神的聚合，精神是神的精灵的一部分；故人类服从法律，就是服从上帝，使上帝做自己的裁判官。（同前）

著者这种模范性的法律观和客观性的法律观，虽然不是自他作始，可是他把法律放在君主之上，并且信任群众理智结晶的法律，而不信任个人独裁，很可算是那时迷信君主独裁制的当头一棒！

著者重要的议论，大概是这样，我们由此便可以明白他对于前边所说的那四个问题的解答。他解答第一个问题，多根据经典，拿稣尔（Saul）被立为以色列（Israel）国王的事作证。他主张对于违反神法的君主不一定要服从，这种主张和路德、加耳文等几乎没有什么差别。

著者解答第二个问题的论据，便建设在契约的基础上边。国王违背神法，蹂躏教会，便是不遵守这两种契约。因为国王和人民是为尊奉上帝而互相定约的两造，各方面都有完成这种职务的责任，各方面又都有限制他方违背契约的权利。故人民对于不尽事神义务的国王，都有反抗权。但是私人对于国王却不能反抗，只有全体人民的代表才有反抗权。他所说的人民代表，乃是由贵族合组起来的议会，是以监视国王做事，或以保障国家和教会的安全为责任的。他这样尊重议会和人民代表，大概都是受康士坦斯和百色议会中主张的影响。

著者解答第三个问题，多根据于人民的主权。因为凡是国王都是由人民拥立起来的，没有生而为王的，故国王乃是人民为着自己的利益而设立的公仆。如果违反人民立君的目的，全体人民当然有反抗的权利。他这样一主张，便使那时胡格老派反抗查理士九世和亨利三世的行动，得到学理上的根据。

著者解答第四个问题，是受那时国际战争的影响。他以为基督教会是一体的，人性也是统一的，故教会有对于上帝的义务，人类有对于邻人的义务。国王因此便有帮助他国干涉异教压迫正教和暴君压迫人民的权利。他这样一主张，又使那时英后爱莲色白和德国信仰新教的国王帮助胡格老派的行动，得到学理上的根据。

把《反抗暴君的权利论》中的理论综合起来，可以得到“自然世界”“自然权利”“政府契约”“主权在民”和“革命”等原理。它的证明，多靠《旧约》和《罗马史》，虽然不甚确当，虽然仍脱不掉宗教家的鄙陋，但是议论却很新颖。他这种主张，直到卢梭止，都在政治思想史上占有正统思想的地位。这是最值得我们注意的地方。

三、布卡南

苏格兰的新教徒中，对于政治思想有重要贡献的，就是布卡南(George Buchanan)（一五〇六—一五八二）。他所著的《王权论》（*On the Sovereign Power among the Scots*），是一五七九年出现的。老格思的著作，在苏格兰虽然很有势力，但是对于政治却不曾有普通的和有系统的讨论。布氏的一生，精力都用在为当时反对君政论作科学的辩护一件事上。他所讨论的中心点，就在区别国王和暴君。

布坎南像

苏格兰人文主义者、学者和教育家。书中译作布卡南。在巴黎担任拉丁文老师期间，因发表文章猛烈抨击方济会而被当作异端关入监狱。后来越狱，到波尔多教书，蒙田是他在那里的学生之一。主要著作有《论苏格兰人的王权》（1579年）、《论苏格兰史》（1582年）。

布氏理想中的自然世界，并不是自由平等的黄金世界，只是无法律无定居的野蛮世界。人类过的是禽兽生活，身家性命都不能安全。最初人民想脱离这样草昧的生活才有社会和政府的组织。故布氏的自然世界观和鲍里贝士相近（参看第二编第二章），很和孙里嘉不同。人类社会生活的动机，发动于自利的冲动，尤其是发动于自然赋予的社会性。在自然世界中生活，因为没有法律，所以没有是非善恶的标准；在人类组织的社会中生活，正义

(Justice) 便是必不可缺的要素。社会的永远存在，全靠正义这个要素维系。因此便说国王的职务首在维持正义。

布氏虽然常常和柏拉图一样，以良医来比譬真正的政治家，但是他却以为人类得经验的教训，觉得靠国王来维持正义，总不如靠法律来维持正义。他也和《反抗暴君的权利论》的著者一样，把国王放在法律之下。但是他的法律却是人民的创造品，不是多数圣贤理智的结晶。人民从各阶级中举出代表，由代表组织议会来创造法律；就是法律的解释权也不归国王，只在独立裁判官的团体。不但国王没有法律的解释权，就连法律的补充权也没有——如果因为时势变迁，法律现出缺陷，也不由国王补充。他把国王对于法律的权力减到极小限度，很有点像近代英国式的立宪政治家的主张；可惜他说国王最重要和最困难的事业在维持国家的道德，却很有点混合政治和道德的弊病。

以上是布氏理想中的国王的概念，此外再看看他所说的暴君。照布氏看来，凡是不由人民同意而得到权力的君主，或是行为不合乎正义的君主，都可叫做暴君。前一类的暴君是不受法律保障的，无论何人都可以反抗他；后一类的暴君，对于人民是要负违背法律的责任的。因为法律是正义的注脚，故违背正义，就是违背法律了。他对于《圣经》上无抵抗的服从的教义，辩论得非常的精巧。他又以为照《圣经》上说，凡是恶人都应当绝灭，故他的结论说，就是杀戮暴君，也不为犯罪。

布氏的君民的关系基础，也建设在契约上边。如果有一方面违反契约，他方面便解除服从的义务。凡是暴君总是违反正义，一违反正义，便是毁坏社会的基础。故暴君便是人民的仇敌，人民对于仇敌便应该宣战。战端一开，不但全体人民可以杀这个仇敌，就是各个人也一个个都可以杀他。布氏把反抗暴君的权利，放在全体人民手中，似乎不及《反抗暴君的权利论》的著者把反抗暴君的权利放在人民代表手中，较为确实。倘若全体人民意见不一致，便怎么样呢？布氏以为应该从多数决定。倘若多数人胆小，或被金钱收买，偏袒国王，又怎么样呢？布氏以为应该听良好的公民决定。至于良好的公民与不良的公民到底由什么标准区别？这个标准如果不能确定，那么布氏所有杀戮暴君的理想，恐怕都不能实现了。但是他毫不踌躇的以杀戮暴君为人民维持法治的最后方法，很可以警戒那时横行无忌的暴君。

四、奥色斯

连塞兰独立造成荷兰共和国，影响于政治思想的地方很多。奥色斯（Johannes Althusius）（一五五七——一六三八）虽然不是连塞兰的人，但是他久住在恩敦（Emden）那个地方，故很可以做连塞兰公法学的代表。他的《政治类编》（*Politica methodice Digesta*，*Examplis Sacris et Profanis illustrata*）是一六一〇年完成的，书中的议论，大部分是受连塞兰脱离西班牙时代的政治和宗教观念的影响。故他这部书可算是那个时代多数思想的总汇。

奥氏的特点就是：（一）根据契约原理，以说明社会和政治的组织；（二）根据联合主义（Federalism），以说明国家的性质；（三）把主权观念说得很明白精细；（四）把主权归诸全体人民。

《反抗暴君的权利论》和布卡南等所说的契约都是“政府契约”（Governmental Contract）。奥氏所说的契约，一半是“社会契约”（Social Contract）——就是全体人民互相同意组织起来人为的社会。但是奥氏和卢梭有大

阿尔特胡修斯像

书中译作奥色斯，加尔文派法学家，社会契约派之首倡于欧洲大陆者。在关于抵抗权，或者是关于护民官制的问题上，卢梭曾广泛吸收了阿尔特胡修斯的理论。

不相同的一点：就是卢梭只承认一种契约——社会契约；奥氏却承认两种契约——社会契约和政府契约。奥氏以为各种社会的生活，都以契约做基础，他们要互相同意的：一是支配社会的重要规则，二是为执行规则而生的命令和服从的关系。所以奥氏的契约计有两种：一方面是人民与人民相约怎样组成社会，一方面是人民与元首相约怎样执行法律。国王是受人民委托的人，国王得到王位，是人民选择的或承认的。国王答应人民依法律行政，人民在这个条件之下服从他的命令。关于这一点，和《反抗暴君的权利论》完全相同，就是国王是受约者，人民是主约者。人民服从的义务是有条件的，君主的责任是无条件的。换句话说，就是君主要绝对的遵守契约，如果不遵守契约的条件，人民便解除服从的义务。

奥氏的国家是许多社会的联合，组织国家的单位，是由契约结合而成的较小的社会，不是居住境内的个人。他以为人类社会的最普通的情状，就是群的结合；由简单的家族起，经过组合（Corporation）、郡县（Commune）、省（Province），直到国家，杂合的程度越高。这许多社会的目的，虽然各有不同，但是它们的特性都是一样，就是事务的执行以达到所定的目的为条件，而合群生活的精神，都备具在这个为达到一定目的而结合的契约之中。由许多家族结成各种社会，如村落、城市之类；再由这各种社会结成许多省；更由许多城和省互相结合，而成一最高的形式，就叫做国家。故奥氏的国家界说是：

> 国家是一个普通公共的社会，一群城和省在这个社会之中，联合他们的领土，团结他们的动作，互相约定建设、维持和保障这最高权力。

他这种国家观，大概是受中古“国家是许多社会的社会”的学说和连塞兰联省政府的事实的影响。那时连塞兰的宪典，都承认各省和各城有不可转移的权利。在这样尊重社会权利的国家之中生活的奥氏，他讨论政治组织，当然不从上而下，只从下而上了。他的政治生活的单位，不在个人，只在家族，他的国家就是一群家长联合成的团体。他同时又极力的想防止中央政府侵占各地方和各省的权力。他不但承认家族和省的权利，并且承认家权和省权在国权之先——因为他们都是国家的基础。可是他同时又承认中央政府的必要，认定中央政府之于全国，犹如精神之于肉体一般。他这种联合性的国家观，很可算是近代联邦国家和最近同业社会主义的联合国家的先导。

在民族统一的国家之下，主权论当然要发生。奥氏虽然常常批评布丹，可是很得布丹的益处。奥氏把主权看作最高的和超群的权力，很和布丹相近。他以为凡国内各团体的精神身体的安宁，都由这种权力维持，这种权力只在人民。他所说的人民，并不是个人，乃是组织国家的各员；并不是哪一员是主权者，乃是聚为一个团的全体是主权者。所以奥氏的主权在民说，是说主权归团体（Corporation）所有，并不是说归团体的人员（Members）所有。至于国王和官吏，只因他们是主权者的代理人，惟在这种资格上才可行使权力；说到他们自身，却受全体人民支配。何以官吏要受全体人民支配呢？一来，因为人类生来就是自由平等的，所以一个人要在众人之上行使权力，一定要得到众人的同意；二来，因为人类结合起来的各种社会，都有一定的目的，官吏是达到一定目的的方法，所以必定要受制裁。因此，便说主权者的权力一定要在全体人民，绝不可授予任何个人，或任何个人的团体。就是人民自己也不能让给别人，或委托别人，因为这是社会结合的要素，只要有人民就一定要有主权。主权者的人民的意志寄托在法律上，官吏的义务，就在服从和执行这些法律。

奥氏把一国的官吏分为两种：一叫做“长官”（Ephors），二叫做“元首”（Chief Magistrate）。凡城和省的各级官吏职在牵制元首者，都列在长官之类。这些不同的团体或个人，都受有同样的权力，都是全体人民的代表，并作宣布主权者意志的机关。他们的行为如有过错，便由全体人民的议会来行使他们的权力。元首就是国王，他是人民的行政官，职在执行法律以保障人民的利益和安全。他和人民的关系，便是代理人和被代理人的关系，由人民选择和承认的契约得到行使权力的地位。

奥氏既已把君民的关系放在契约的基础上边，由此便生出他的反抗暴君论。凡是违背法律放弃责任的元首，便变作暴君；人民对于这类的暴君，便可解除服从的义务，行使抵抗的权利。反抗暴君权虽然属于全体人民，可是只由“长官”行使；私人对于不法的命令仅能加以消极的反抗，在自然权利被害时仅能自卫。至于长官的议会，乃是主权者人民的代表，有反抗、驱逐和处决专横元首的权利和义务。大概奥氏这样的学说，多半受连塞兰的特别情形，和连塞兰与西班牙战争的影响，那时自治市的势力，联省的结合力，以及脱离西班牙支配的公约，对于奥兰支系（House of Orange）的选择——这一类的事实多半是构成奥氏政治学说的原料。

奥氏的社会组织的目的，计有两种：一是保护社员精神的安全，一是保护社员身体的安全。政府的职务就在适合这两种目的，故第一，政府要管理宗教、礼拜、道德和教育；第二，政府要制定社会行为的普通规则，用刑罚去执行它。至关于公共幸福的事项，尤其要积极的鼓励。例如商业、货币、权衡度量等都由政府监督；人民的外患内忧都由政府保障。奥氏的教会，不是一个独立的社会，只完全附在国家之中，教会的官吏仅仅是国家官吏的一部分。换句话说，就是奥氏的基督教共和国并不是一个教会，只是一个国家；不是在教会下附设几个政务官，只是在国家的政务官中设下几个教务官罢了。奥氏完全是加耳文派，所以和加耳文一样，主张维持国立教会，是政府职务之一种；并且把学校放在国家支配之下，凡道德行为又都要受国家的检查。

奥氏既已主张主权在民，所以他的国体只有一种，因此便不能不反对古代的国体分类说。但是国体虽然只有一种，而政体却可以有君主的（Monarchic）和多头的（Polyarchic）之分。元首是一个人，便是君主政体；元首是一个议会，便是多头政体。可是奥氏又说绝没有什么纯粹的君主政体或纯粹的多头政体可以存在；在君主政体之下，常常有各种议会分担元首的责任；同时在多头政体之下，为实地执行起见，又常常把政权集中在个人手中。故他的结论是各种政府都是混合的形式。

五、马尼拉

西班牙到肥立布二世时，独裁制的根基久已稳固，故那时这国的政治思想值得我们注意的，仅有马尼拉（Juan de Mariana）（一五三七——一六二四）一个人。前面所说的几个反对君政论家，都是相信新教的，马尼拉却是相信旧教的。因为当宗教战争的时候，凡是信仰或倾向旧教的君主，在新教徒看起来，也都是暴君。所以这时的学者，信仰虽然不同，可是反抗暴君的理论，却大致相似。马尼拉是西班牙的耶私派（Jesuit），他的著作有《王权与王的教育》（*On Kingship and the Education of a King*），是呈献于西班牙肥立布三世的，于一五九九年出版。在先又著有一大部《西班牙史》（*History of Spain*），是一五九二年出版的。

马里安纳

书中译作马尼拉，西班牙耶稣会教徒，基督教父。他并未针对诛戮暴君或国王尊重法律的义务展开探究，而是针对人民权力高于王权，就护民官们（最高司法官或监察委员）的地位进行理论探讨。

马氏的自然世界观也和鲍里贝士相同。他以为原始的人类生活和野兽一样，他们食物的取求和族类的生殖，都是本能的运作；没有法律拘束他们，没有权力支配他们。有天然的岩穴可以居住，有天然的果品可以充饥，有天然的溪水可供饮料。真乃是欺诈不生，矫伪不作，野心私欲，件件俱无。而且不问什么东西都归公用，没有私产。但是在这种黄金时代，个人内部虽然不生贪欲，可是却免不掉外界的危险。因为人类的需要比一切动物都多，同时又不比别的动物有爪牙，可以保护自己和自己儿童。为防御危险起见，便不得不有团体的组织，便不得不服从能保护他们安宁的首领。这就是政治社会所以发生的原因。

最初政府只由一人统治，大家公同承认一个智识最高的人为君，凡事由他独裁，没有什么法律去拘束他。但是后来君主的贤明和正直，有点靠不住了，人类的坏情欲也随知识进步而增加了，所以才加以法律的限制。他以为法律的繁简和罪恶的多寡成了一个正比例。法律在先很少，很简单，后来才越多越复杂。马氏第一欢喜王政（Royalty），民治政体亦认为甚好。受法律限制的君主政体比什么政体的坏处都少，利益都多。人民因为有一定目的才选出君主，自己才愿意服从他，这种目的便是君主权力的标准，故人民对于不受法律限制的暴君，便有反抗的权利。

马氏承认反抗暴君为正当行为的基础，第一建筑在人民主权上，第二建筑在历史中所表现的人类常识上。王权是人民授予的，但是人民只授予君主几种权力，还有比较大一点的权利——如租税权、立法权之类，仍然保留在人民自己手中。换句话说，就是人民在君主之上，而且在全世界中，由人民废戮暴君的事，已经成为普通的信念，这种普通的信念，真可算是人类精神中的自然之声。故凡是颠覆国家的君主，都可由人民废除。至于废君的程序，非有不得已的情形，以不引起大纷扰为好。在先，人民的议会一定要劝告他改悔，只有当拒绝劝告时，才能取极端的手段。人民当议会说话之后，就是私人也可以正正当当的行使杀戮暴君的权利。如果议会不开会，不说话，那么就是一个公民也可以自由杀戮暴君。这一类的话，乃是为杀亨利三世的人做辩护，那时天主教徒都以为亨利三世被杀是大快人心的事体，当然要发生这种论调。

马氏尊重民意机关，实在是十五、十六世纪各国铲除贵族势力的事实之反动。他的民意机关中包括教徒、贵族和城市代表三阶级在内。这种议会，马氏称它为“国家”和“人民”。国家根本法的制定权和保障权，都放在这个议会。他如征收租税，继承王位，和建立国教等事项，也都由这个议会管理。君主不但在议会所制定的根本法之下，并且要服从神意，甚至于要服从舆论。故马氏叹惜西班牙议会权力的消失，也和浩特曼叹惜法兰西议会权力的消失一样，都是那时贵族失势君权集中的时势的反动。

马氏生在西班牙武力正盛和肥立布二世干涉外国的时代，所以他所主张的政策，很有点尚武力权谋。他以为战争是必不可免的，常备军也是必要的；要想维持国内的和平，必定要年年有对外的战争。他虽然在原则上不承认诈伪为君主的权利，但是却承认在十分危急时，诈伪也是不可少的。这些主张很和马克维尼相近。他讨论政策时，很可令人注意的，就是讨论救贫的问题。他要求颁布救贫法，救贫税可向各地方征收，亦可用教会的收入做博施济众之用。他因此便反对国家没收教会的财产。故关于政治道德的议论，马氏很与前边所说的几个新教徒大不相同。

六、反对君政论的前因和后果

前边所说的反对君政论，在这个时代的实际政治上虽然没有什么影响——没有牵制住君权集中的趋势，但是在政治理想上却占有极重要的势力。自十七世纪到十九世纪差不多每一个政治运动家，或每一个政治思想家，不管他是采取这派学说的，或反对这派学说的，总没有一个人可以不知道这派学说。这个学派有他们的几个信条，就是“自然世界”“自然权利”“社会契约”或“政府契约”和“主权在民”。这几个问题后来在欧洲的政治思想史上，竟打了三百年的论战，直到十九世纪中间，才渐渐判定胜负。但是自然世界和契约的观念，并不是十六世纪的特产品，古代希腊、罗马的文学中，早已充满了这种幻想。凡人类不满意于当时的人为制度，便当然要发生他的幻想世界。这种幻想世界，或是超自然的极乐国，或是远在世外的乌托邦，或是太古之初的混沌世界，都

约翰三世像

波兰国王约翰三世（1624—1696），亦称约翰·索别斯基。1674年被选为波兰国王，1683年，在抵抗土耳其人、保卫维也纳的战斗中，他的军队战绩辉煌，由此成为基督教欧洲的一位英雄。

可由幻想者用自己的脑筋自由描写绘画出来。在希腊有哲人派的政治契约说，和斯多亚派的自然世界观；在罗马有鲍里贝士的原始社会状况的描写，有孙里嘉黄金时代的假设；罗马的斯多亚派法家，又有“人类天赋的权利，一切平等”，“在自然法下，一切人类生而自由”，“奴隶制度违反自然”一类的话。此外，在犹太的经典之中，早发现契约说的原理；在罗马的法家之中，又早定下皇帝权力由人民同意而来的信条；到了中古，又有马献僚的人民主权说，和钩士（Nicolaus Cusanus）（见本编第二章）的人民同意的原理。把这许多学说俱收并蓄的汇合起来，便造成现在反对君政论派的根本原理。这一类的根本原理，后来经过洛克、卢梭等的阐明，和梅因、边沁等的反驳，便各在政治思想史上，互相代替的占了正统思想的地位。

反对君政论派虽然极力鼓吹主权在民的原理，其实，他们所说的人民，只是政治上的贵族——贵族议会。他们想用政治上的贵族来牵制君主专制的趋势，和十五世纪宗教的议会运动派（Counciliar Party）想用宗教上的贵族来牵制教王专制的趋势是完全一样的。那时加生一般人想把主权放在宗教的总会手中，目的在推翻教王独裁制；这时《反抗暴君的权利论》的著者和布卡南一般人想把主权放在阶级议会手中，目的也在推翻君主独裁制。议会运动派想建设起来由高僧组成的政府，来行使主权，反对君政论派想建设起来由贵族组成的政府，来行使主权。所以亶林说：“这时的人民主权说大都是反动的，不是革命的”（见《政治学史》第二卷，七十七页）。由此可见，反对君政论派充其量也不过想把前两百年中各国君主从封建贵族手中夺去的政权重行退还出来罢了。在那时，除掉苏格兰行使立宪君主制和联省的连塞兰行使贵族共和制外，其余如法兰西、西班牙、英格兰几个大国。都早已把君主独裁制的根基建得非常的巩固。故这一派的议会主权说，和议会运动派的总会主权说同一命运，在当时都不能实现。但是后来的革命运动家没有一个不拿“人民主权”四个字做宣传革命的旗帜，甚至于各国革命的结果；却没有一个能够逃出他们“议会主权”的主张。由此又可见这一派学说最后的效果。

关于国家和社会的来源这个问题，中古学者和近代学者的解答，有根本不同的一点，就是中古学者多把国家和社会的基础放在神意一个来源之上，近代学者才把国家和社会的基础放在民意一个来源之上。这些反对君政论家，无论他们细枝小节怎样不同，可是他们大纲却有一个共同之点，就是都承认政权是由民意而来的，绝不是由神意而来的。从前以上帝作国家的主人，故执政者只要对于上帝负责；现在以人民作国家的主人，故执政者只要对于人民负责。这样一来，便把一千多年由上帝双手支配的世界，收归人类支配了；便把做上帝代表的执政官，变作替人民服务的公仆了；便把法律的标准从真理移到民意上来了。我们虽不敢说反对君政论家一点没有帝王神权的思想，可是他们都承认君权由人民而来，故凡是专制的暴君，都完全听人民处罚，却使帝王神权说遭着一大打击。

但是这几位反对君政论家皆生在宗教战争期中，他们反对暴君的原因，多半由于感情而起的；而且他们的议论也多半是一种幻想，并不是从历史上或实地经验上得来的。在这个时期中，有一个出众的政治思想家，议论多合乎逻辑，一点不受宗教战争的影响；他的理论基础又多根据于人类在历史上表现出来的经验；他的学说的影响，一直到现在还能支配不分任何国体的国家；这个大政治思想家，就是布丹。

本章参考书：

Baird, *History of the Huguenots*.

Motley, *Rise of the Dutch Republic*.（第二编第一章和第二章）

Figgis, *From Gerson to Grotius*.（第五节以下）

Dunning, *Political Theories*.（第二卷第二章）

Armstrong, *Political Theory of the Huguenots*.（见《英国历史杂志》）

第六章
布　丹

一、布丹的特质

布丹（Jean Bodin）（一五三〇—一五九六）本是在宗教战争的时期中生长的，可是他的思想却不受战争空气的影响。他的著作，颇有哲学的精神，分析精细，理论切当，一点没有感情的议论。他的《国家论》（*Six Books Concerning the State*）是一五七六年出现的，目的在拿人类在历史上表现出来的经验做讨论国家性质和政府形式的问题的根据。他虽然读过柏拉图的《共和篇》，虽然研究过亚里士多德的《政治学》，但是他的国家观念却和他两个人不大一样。

中古的国家制度和希腊的国家制度及近代的国家制度都不是一样的。中古的国家，只是群（Group）的集合，这种集合的唯一的维系，就在人身的依附和忠顺。所以中古的国家基础只建筑在人身的关系上，并不是建筑在法律的关系上的。从皇帝到封建的陪臣皂隶，都全靠这主臣的关系维持，才能够结合起来。他们再也想不出来君民和主臣之间所服从的法律及习惯与地方政府有什么关系。要说国家的法律上的最高权是赅括地方人民在内，那便是近代的国家观念了。布丹的国家观念，便是幼稚的法兰西的民族国家的说明，也便是近代国家学与中古国家学的分野。

法国政治的危急，也是酝酿布丹的政治学说的一个原因。他在《国家论》的第一卷序文中说道：

黎塞留公爵

法国宰相（1624—1642），枢机主教，政治家。黎塞留是操纵人民和处理法国事务的天才，他30多岁成为红衣主教，40岁前成为路易十三的首相，在1624年到1642的18年里，他在法国比任何人都有权势。此图系尚佩涅画作。

> 我想以这个著作来巩固因为内乱而动摇的法国王权的基础，来实现关于国家的理想，并想发现适合事实的法则，决定普通政治学的原则。

因为想“巩固因为内乱而动摇的法国王权的基础”，所以他的政治哲学就在说明独裁的君主制有正当的理由。

布丹的政治哲学的基础是建筑在人类历史的经验上边，因此便反对“乌托邦”的国家的空想，说社会和政治的制度是由人类历史的进化而来的。这样一来便不啻把古代的教义中所说的国家政府的制度是从黄金时代堕落下来的武断主义，从根本上取消了。但是他虽然注重历史的事宜，却从事实中发现出来政治的真理，不像马克维尼，一味的崇拜功利。他虽然把道德和政治分开，但是却把正义和道德律看作政治学的根本，不像马克维尼把道德排斥在政治范围之外。大概布丹在政治思想史上所以占一个重要的位置，就是因为他把政治学说的形式和方法，恢复到亚里士多德的原状，给他一个科学的外形。马克维尼固然也是朝着这个方面走去，可是他应用历史的方法，只不过寻找出来许多政治的技术，并没有找出国家的学理。到了布丹，便不啻把这个运动完全做成功了。可惜他仍然把上帝看作支配政治生活和政治制度的事实——好在他并没有详细说明支配的方式和范围——这是他仍然脱不尽中古思想的地方。

二、国家的起源和基础

社会和国家的起源说在历史上很占重要地位的，大致可分为两派：在布丹之先，有亚里士多德派所主张的由家庭发源的理想；在布丹之后，有浩布思、洛克、卢梭等所主张的由社会契约而起的理想。布丹是个注重历史进化的人，当然不承认理想派的国家是人类由黄金时代堕落下来而发生的制度；所以他的国家起源说，乃是从亚里士多德的理想到社会契约说的理想的过渡。我们要想明白布丹的国家起源说，必定要先知道布丹的国家的定义。布丹的国家定义：

> 国家是被最高的权力和真理所支配的一群家族及家族公共财物的总结合体。（《国家论》第一卷第一章）

大概从梅因（Sir Henry Maine）回溯到亚里士多德，凡是用历史的方法来研究政治学的人，多认定家族是国家的起源。布丹也是这样。在他看来，人类各种团体之中，最重要的是家族，就是这一部分人服从那个人的指挥命令；因此每一个团体便把自然赋予个人的自由侵害了。自然的自由，除掉受永远存在的上帝权力支配之外，再也不受别种权力的拘束。但是他虽然是说人类之中有这种自然的自由的境况，可是他却没有完全说明，在没有社会以前这种观念是怎么样。因为布丹只是注重权力的，不是注重自由的；所以他的政治团体的历史的起源观，只从家族起，并没有从个人自由的观念上着想。他的家族便是在家长最高权力支配之下的一群个人。妻子、奴隶等通同受家长的支配，这就是和自然的自由极端冲突的地方。

布丹似乎也和亚里士多德一样，把社会的发展的基础放在人类的社会性上，可是他的国家发展的基础，却是强力不是理性，这是和亚氏不同的地方。照他看来，人类发源于一个家族，因为自然的结果，便发生出来许多家族；这许多家族要想保障他们自己不受自然的侵害，便在一定的地方建设家庭。这许多家族为公共利益起见，必定要在适当的土地之内结合成群；别群家族因为想得到这个地方，又必定要同他们相争。最初的人类本是一个凶残劫夺的群众，只因为有神授的社会性，才能够合群生活。由这种社会性的协力的结果，最初由同族的人结合在一块，后来才渐渐的联合起异族来了。友谊是越过“自然结合”——家族的界限，到“人事结合”（Civil Association）——职业团体、宗教团体等的境地的活动原理。人事结合虽然和政治的结合不同，但是总是支持社会生活的必要的团体。大概当布丹的时候，“同业组合”（Guild）、“协会”（Corporation）、“自治体”（Commune）等的人事结合在社会生活上很占重要的位置，所以他在家庭社会和政治社会中间，加上这个人事结合的一类团体——这就是布丹国家起源论受当时实际社会影响的地方。

布丹既已说社会的起源是由于社会性的发动，为什么又说国家的起源是由于强力呢？因为他眼中所看见的古代国家，就是历史上的罗马的国家，故说国家的成立是由于战争而来的。当初这一群家族和那一群家族战争，战败了的就成为战胜了的人的奴隶；同时战胜了的人又服从他们自己拥戴起来的首领的权力。这样一来，自然的自由便消失了，奴隶制度和政治制度便发生了。因此，便不承认亚里士多德一派的第一个君主是由于人民自由选出那道德出众的人充任的理想，却主张最初的元首只是军人的领袖，以强力来统治人民的。他这个断语究竟对不对，那是另一问题；但是用他的话来说，却把国家的起源从虚渺无根的黄金时代的空想，降到确有事实可靠的历史事实上来，也可以算作政治学从空想到科学的一点进步。

三、公民的界说

亚里士多德以有参与司法和服官权的人为公民，布丹却只以家长为公民。因为布丹的国家是以家族为原素，并不是以公民为原素的。家族是先国家而存在的，没有国家，家族还可以存在；没有家族，便不能建设成功国家。家长的权力是没有限制的，但是一同别的家长共同在一块做事，便失掉他自己的一部分的自由。家长在这个地位上，便丢开家长的名称，成为一个公民。公民是什么呢？在他说来，便是：

> 受别人的最高权力限制的一个自由人。（《国家论》第一卷，第六章）

除掉这个有自由身份的家长之外，至于奴隶，便没有做公民的资格。大概布丹的国家之中，除掉附属的阶级之外只有两种人民：一是主权者，一是公民。公民同公民的关系，权利义务各有不同；但是公民同主权者的关系，通同是一样，就是无论什么人，都一齐站在服从的地位上。

布丹最不承认公民地位权力等一切平等的话，他以为年龄、男女、门第都应该要有区别的。在他看起来，贵族是一个很重要的社会和政治的制度；妇女只适宜于做家内的事务，不适宜于公共的生活；商人有的可以有公民权，但是小商和工匠却不能有公民权。大概他以为公民是享受法律上的利益和社会上的特权的阶级，必定要依年龄、男女、门第等区别起来，使贵族有贵族的权利，平民有平民的权利才对。可是社会阶级的全体，要想得到统一的有秩序的真正的国家的生活，也只有通同都受一个最高权力的支配。服从主权者权力是公民权唯一的准据，承认一个公共的主权者是国家唯一的规范。这是布丹在半封建制度半民族国家之中应该有的理想，也是布丹想把封建制度变成民族国家应该经过的程序。

公民和外国人有什么区别呢？在布丹看来，公民是服从地方政治权力的，外国人不一定要听从他所在的地方的君主的命令。公民和外国人受君主的保障也不一样，公民如果被敌人伤害，或这个公民伤害那个公民，君主皆一定要保护的；至于君主对于外国人，除非请求保护，或被人道感动，便没有一定要保护他们的义务。但是布丹也觉得社会的统一是非常的重要，因此，便把国家分为两种共和（Respublica）和城市(Civitas)。他说共和国家的一切公民，虽然他们的情形、法律、制度和种族都彼此不一样，但是都要服从同一的最高主权。如果一切的公民都有同一的法律，那么，便不问他们是散住在村落、城镇或都市团体，都不但是一个单一的共和国家，并且是一个单一的城市国家。从这个地方可以看出布丹受希腊、罗马和中古国家观念的影响。希腊的城市国家、罗马的乡城合一的国家，及中古在城市发达后的封建国家，都是铸成布丹共和国家形象的模子。

四、主权的原理

布丹对于政治学的最大的贡献，便是主权的原理（The Theory of Sovereignty)。他能够以一个简单的观念，影响到后来政治学说上，成为三百多年正统派学说的中心，这就是他在政治思想史上占重要地位的一种原因。布丹的主权观念是什么呢？且看他说：

> 主权是在公民和臣民之上的最高的权力，不受法律限制的……我们以为这个权力必定要是永久的，因为在公民之上的最高的权力，也可以暂时托付一个人或几个人，定期一满，权力马上就停止了。（《国家论》第一卷第八章）

由此看来，布丹的主权含有两个重要的性质：一是最高性，一是永久性。因为这样，所以凡有主权的国家可以表现出来两种情形，就是从里面看来，一切的政治权力都是从这个主权生出效力，或失去效力；一切人民对于这个主权都一律站在服从的地位。从外面看来，无论同哪国发生关系，都是独立自由，在法理上是不受强制的。照逻辑的结论，这种主权的观念当然含有土地的性质在内；换句话说，就是必定要在地球表面的一定的地位上行使了。

布丹又以为暂时把主权托付于人，这个被托付的人并不能叫做主权者，因为托付的人终久还可以收回的。譬如物主把自己所有的东西租给别人，物主还是物主，终久还可以收回自己所有的东西。照这样看来，布丹的主权又含有惟一的不可分的性质在内了。

拿布丹的这个主权的观念推论起来，对内当然是不承认立宪的君主政体；对外当然是不承认附庸国或朝贡国有真正的国家的性质了。这种“破天荒”的主权观在他那个时代尤其是有用的。因为实行他这个主权说，一方面可以打破罗马帝国的普遍国家的旧思想，推翻中古教会一尊的旧学说；一方面又可以使封建诸侯不能够在他们管辖区域之内行使和国家同样的最高权力。由此可见，布丹的主权观念，实在是诊察当时政治情形对症下药的神方。

中古的君主除掉神法、自然法之外，还要受遗传下来的习惯法和古代罗马帝国的制度法的限制。布丹的主权说推论起来，君主不但不受前人的法律限制，并且还不受自己制度法的限制。且看他说：

> 人可以受别人的命令，但是没有人可以命令自己。磅保里士（Pomponius）说：如果要受自己意志所决定的制裁，便没有义务可以存在。这就是表明一个君主随便怎样不能受自己的法律命令限制的。照法律家说，教王是不能自己限制自己，最高的君主，或者就是最下级的官吏，或私人，也都不能对于自己发布命令。（《国家论》一三四页）

照布丹的意思，主权的重要和特别的职务就在制定法律。但是主权者绝不受这种法律的拘束力的限制，因为主权者就是创造法律的人，就是法律的主人。如果要像德国的君主受诸侯的命令约章限制，便不得认为真正的主权者了。

但是主权者对于一切法律都不受限制吗？这却不然。就是君主也要同人民一样，同受神法和自然法的限制。且看他说：

> 对于神法和自然法，君主和人民一样的受他们的拘束，故没有废止或减少神法和自然法的人能够逃掉神圣主权的裁判的。我们所说的主权不受法律的拘束力限制，和神法及自然法无关。（同上）

所以布丹的“主权者就是立法人”这句话，也有一点限制，就是他的立法人只是法学家的立法人，不是神学家和道德哲学家的立法人；只是法学家所创的法律的主人，不是神学家和道德哲学家所创的法律的主人。

布丹的国家本是被最高权力和真理两个要素支配的。国家的名义是神圣的，和盗贼的团体不同的地方在哪里呢？就是因为盗贼团体不是法律的或契约的结合，国家是法律的或契约的结合。所以君主对于人民遵守誓约，并不是因为他已经有了誓约，也不是因为他要受誓约的拘束，只因为无论何人，都要受正当的契约的拘束。因此便把法律同契约分开，说君主可以不要人民的同意，自己废止、变更或再造法律；对于契约便不能这样。且看他说：

> 我们万不要混合法律和契约。法律是依附国家中有最高权力的人的意志，这个人可用他的法律来拘束人民，但是不能拘束自己。至于君民之间所成立的契约，便有相互的拘束力，所以非由两方同意，便不能废掉他。……（《国家论》一三七页）

君主不能任意改废的，除掉契约之外，还有私有财产。他以为君主万能是对于国家说的，不是对于土地说的。因此，便尊重人民的私有权，说："主权者如果没有正当的理由，便不能强夺或给与别人的财产。"他既然极力的保障个人私有权，又加以注重家长权和主权，便不能不反对柏拉图和莫尔（More）的共产主义。认定共有财产，必难得使权力专一；认定没有家族，便不能成为国家；并认定人民服从君主，听从他的命令，是因为有上下的定分，如若不然，便要篡夺相仍了。

但是照布丹的主权说推到极端，又怎样能够限制主权者的横暴呢？关于这一层，布丹也是很注意的。他的国家是被真理支配的，他的主权者是受神法和自然法限制的；在这个基础之上，便区别出来仁君和暴君。仁君服从神法和自然法，同人民服从他自己一样；暴君便蹂躏法律，任意的侵害人民的自由和财产了。但是他这个仁君和暴君专由道德的原理区别，不是由法律的原理区别，就是暴君，在法律上仍然是一个主权者。

可是布丹所说的主权者，也不全是受道德的限制，并且还要受法律的限制的。他也说，国家之中，有一种根本法是主权者动不得的。这种法律叫做"塞林法"（Salic Law），就是塞林民族（Salians）的传统的习惯法。（塞林民族是法兰克民族的一种，在下莱因近北海［North Sea］的地方。这种习惯法是五世纪成立的。第五章五十九节中有"凡塞林土地不能为妇人所有，土地的一切承继都归于男子。"到了十四世纪以后，便引伸起来，凡是妇人都不能承继法国的王位。布丹所说的塞林法，就是法国的王位承继法）这种法律的性质，在布丹看起来，仿佛就是现在我们所说的宪法，王国的基础，就在这个法律上建设起来的。且看他说：

> 君主对于那种与最高权有关系的法律，是不能废止或改变的，因为他是同主权连合在一起的；这种法律，就是塞林法。它是我们君主国的基础。（《国家论》一三九页）

照这几句话看起来，布丹的在法律上万能的君主似乎要受宪法的限制。

查理五世的加冕典礼

查理五世被称为“智者”，他于1364—1380年间统治法国，他的智慧在于知道什么时候将国家的事放在一边，让别人操心这些问题。该插图出自弗鲁瓦塞尔的《编年史》。

布丹虽然承认由习惯而成的塞林法有宪法的效力，却不承认习惯有法律的效力。在他看来，主权的第一个重要的职务，就在给予公民一般的或个人的法律，并不要高于它的，或和它平等的，或在它底下的同意。因为如果要高于它的同意，君主便变成臣民了；如果要和它平等的同意，君主的权力便被别人平分去了；如果要在它底下的同意——人民或议会，君主便没有最高的权力了。因此，便把法律和习惯看作不一样。说君主是法律的主人，人民是习惯的主人；法律可以废除习惯，习惯不能废除法律。无论是法律，无论是习惯，都要由主权者的权力决定。由此可见，布丹的主权者是一切法律的渊源，主权者的法律充其量不过是主权者的命令罢了。

五、国家和政府的形式

国家和政府的区别，是近代政治学上最重要的一件事。希腊的国家政府是合在一块的，就是亚里士多德的政治学，也没有像现在把国家和政府分得明明白白的。韦罗贝（Willoughby）虽然说亚里士多德明明把国家和政府两个观念分开，但是我以为这是译本的差错，以希腊的政治情状考究起来，那个时代断乎不会发生国家与政府区别的观念。（韦罗贝在他的《古代政治学史》一六七页上引亚里士多德《政治学》第三篇第六章“The form of government is the ordering and regulating of the city，and all the offices of it，particularly those where in the supreme power is lodged”一句话来证明他这个地方是说政府的观念。又引第三篇第一章中说国家是“The Collective body of the Citizens，sufficient in themselves to all the Purposes of life”一句话，说这个地方是说国家的观念。韦罗贝所引的前段是William Ellis的译本，后段仿佛是B.Jowett的译本，B.Jowett对于前段译作“A Constitution is the arrangement of magistracies in a state，especially of the highest of all”并不用“政府”的名词。这种译本似乎比较的可靠些。且亶林在《政治学史》第二册第一二一页中说：“主权、国家与政府的区别，气候的势力——这几种观念都是希腊不大知道，或完全不知道的。”柏哲士［Burgess］《政治学》上及《比较宪法》第一册第七二页中也说亚里士多德的政体分类是为国家与政府同一的城市国家而说的，且就政治情状看来，在希腊的时候，断没有区别国家与政府的必要，韦罗贝的话似乎有点靠不住）所以国家和政府的区别，应该算是布丹的发端，且他并认定亚里士多德和别人的政治学说的最大缺陷，就在国家和政府不分这一点。由此看来，不但主权的原理是布丹破天荒的学说，就是国家和政府区别的观念也是布丹破天荒的见解。

布丹以最高权力的主体来决定国家的形式，以行使最高权力的组织和方法来决定政府的形式。国家的形式只有三种，就是君主国体、贵族国体、民治国体。这种分类的基础完全在主权者的人数。主权在一个人手里，国家便是君主国体；主权在少数人手里，国家便是贵族国体；主权在全体公民——多数——手里，国家便是民治国体。他这样分类，绝容不着混合国体存在，因为最高权力如果可以分掌在各部分手里，便是无政府，不是国家了。从前许多政治学家所说的主权分立，其实并不是主权分立，乃是职务的分配。故行政可以由几部分合掌，主权绝不可使几部分合掌。当君主把爵位官职给与一定的阶级的时候，这个君主的国家便有一个贵族的政府；把爵位官职给与一切阶级的时候，这个君主的国家又有一个民治的政府。罗马共和便是一个贵族政体的民治国体；柏尼克里（Pericles）时候的雅典，便是民治政体的民治国体；至于神圣罗马帝国，便只可以算是贵族国体，不能算是君主国体了。

布丹又把君主国体分三类：一是“专制主义”（Despotism）之君主国，君主便是古代的家长，统治人民如同家长统治奴隶一样；二是皇王的君主国（Royal Monarchy），君主尊重神法和自然法，人民都能够确享身体和财产的权利；三是横暴的君主国，君主不遵守自然法和万民法，任意残害人民。布丹不但以皇王的君主国为君主国家的理想的模型，并且看作一切国家中的最好的形式。不过因为他拥护主权太力，所以就是暴君；如果是合法的主权者，人民都有服从的义务；如果反抗他，便是反抗主权。

布丹也讨论到国体好坏的问题，他似乎承认，民治的国家比较贵族的或君主的国家都合乎自然些；可是他同时却说民治的国家有种种坏处。

君主的国家固然很好，但是说到承继的问题，却非常的困难，非常的危险。如果定下长子袭统制，不使女人承统，那便是国家中顶好的形式了。贵族的国家是介在两个极端的国体中间的，能够确保道德和财产，似乎也认为一种好国家。总而言之，君主国权力集中，行政不像民治国那样迟缓，最适宜于危急存亡之秋。且国家要开疆辟土，造成一个大国家，使人民享受最大的幸福，更非在君主国不可。

六、国家的变革

布丹的国家变革的议论，虽然是拿亚里士多德的政治学中的议论做模范，但是他两个人的论点却大不相同。亚里士多德眼见希腊各城市的国体变迁无常，所以以完全巩固做政治组织和活动的理想的目的，并拿这个标准来判断一切制度的好坏；布丹希望法兰西的国家渐渐的发展进步，所以他的政治哲学都被这个由衰减而发展的进步的观念所支配。在布丹看来，国家的变革是必不可免的，且是人类能力所不能支配的。上帝拿智识思虑给人类，就想使人在革命没有发生的时候，预先防止革命的原因。人类的力量虽然不能够挡得住革命，但是可以决定革命发生的情形。国家的革命和灭亡，有的是突然发生的，有的是很乱暴的，有的是慢慢发生的，有的是和和平平的变革的。君主如果能够应变施政，讲究适当的处置的方法，总可以把革命的机会或情形改变了许多。

在布丹看来，变革本是两件事。如果最高权力不变，就是法律、宗教，甚至于制度都变迁了，但是只可以算做变迁（Alteration），不能算做革命（Revolution）；如果最高的权力从君主转到贵族或人民，或从人民转到贵族或君主，就是法律、宗教和别的制度还同从前一样，但却是革命，不是变迁。各种国体之中，只有君主的国家不大惹起革命的机会，其余如贵族的国家首领很难得统一，民治的国家世袭的尊严根本破坏，都是最容易发生革命的国家。

布丹的时代，哥白尼（Copernicus）（一四七三—一五四三）的天文学刚

哥白尼像

1473—1543 年，波兰神学家、数学家和天文学家。哥白尼曾做出地球一年绕太阳公转一周、一天绕地轴转一周的断言。这不仅改变了那个时代人类对宇宙的认识，而且动摇了欧洲中世纪宗教神学的理论基础。但这也正是他遭到教会势力恶意诽谤的主因。

刚发现，地球在宇宙之中既然不见得怎样重要，那么，在地球上占一小部分的人类更不用说了。所以这时的人，都相信自然和神的势力，非常的重要，人类的能力不过仅仅的把自然的趋向稍为修改一点罢了。在布丹看起来，每一个国家，每一个人民，都有一种特别的性质，一切制度都要适应这种特性。造成国家或人民特别性质的势力，便是物质的环境。他以为土地气候与社会政治的关系非常的重要，所以在各种著作之中，都用心用意的解释。他认定人类的特性因纬度（Latitude）发生种种的区别。北带的人民体力强壮，南带的人民才智优越；中间的人民体力才智都可以优长，故这种人民最适宜于支配政治，维持正义。自历史上看来，战斗的能力多是从北方来的，哲学和抽象的理论多是从南方来的，政治学和法律学却是从中间的地方生出来的。因为经度（Longitude）的差异也可以发生出来种种的区别。普通可以找出来的，就是西方的民族很有北方人的特质，东方的人民也很像南方的人民。再民族的特性也因土地的形状不同发生差异。故在高山和平原之中的人民的差别，也同在南北纬度人民的差别一样。

这种唯物的民性观，在布丹以后很占势力，但是却自布丹开了一个端，以后才逐渐的进步，得到科学的精神。（柏拉图和亚里士多德从前虽然也论到这一点，但是都没有精密的讨论）。可是布丹虽然把物质的环境看作造成人类特性的一个重要的势力，但是同时也注重政府和法律；虽然他说到星的势力，但是不像从前的星命学家（Astrologer）迷信定命定数。他相信，政府和法律的形式可以决定人民的性质；极端的专横的君主制，可以使强壮的人民变成萎靡不振的人民；民治的国家，可以使被压迫的人民发展政治的能力。他的结论，是想用物质的势力来鼓舞政治家的智识，不是用它来麻木政治家的智识。这是布丹一方面看重物质的环境的影响，一方面又不忘掉人为的制度的影响的地方。

本章参考书：

Dunning，*Political Theories*.（第二卷第三章）

Figgis，*From Gerson to Grotius*.（一四三页至一四五页）

Taylor，*Thought and Expression in the Sixteenth Century*.（第一卷第五十章）

第七章
旧教派的辩护家和法学家

一、天主教的改革

自新教徒对于天主教革命之后，北欧各国大部分属于新教的版图；可是南欧一带如意大利、奥地利、西班牙、法兰西诸国，还正在尽忠于天主教会，不过天主教会的坏处，一经新教徒攻击之后，早已暴露出来，故虽是尽忠于天主教会的人，到此时也不得不力求改革。脱朗得大会（The Council of Trent）（一五四五—一五六三）新教徒既不出席，所出席的全是旧教徒，故这个会可算是完全代表天主教的大会。该会所做的事件约分两种：一是关于教义的，二是关于训练的。关于教义方面，完全不同新教调和，凡新教所主张的重要之点，皆认为异端邪说。该会承认教会的传说和《圣经》为基督教的根基，并认定圣书的解释权应该完全属于教会。凡是天主教都当奉罗马教会为最高机关，并尊教王为教会法律的最高解释人，且为主教的当然的首领。至关于训练方面，把从前贪奢卖官的行为一律革除，并用高级的道德和知识去教育教会的官吏。又设立许多教会学校（Seminaries），教育一般牧师。这样一来，旧教才能与新教对抗，成为互相对峙的形势。

此外还有几个极重要的教团，不但保全下来南欧一带的旧教，并且还能牵制新教，使它不能在北欧一带完全战胜。这类教团中最有名的就是耶稣会（Society of Jesus）。这个会倡始于洛欲拉（Ignatius de Loyola）（一四九一—一五五六），它的会员就是人所共知的耶私派（Jesuits）。洛氏认定世界是上帝与恶魔永久战争的世界，为上帝战争，是人生最大的荣幸，因此便自认为上帝的军人。故耶稣会对于宗教事业，概以军人的精神去做，服从首领，冒险耐劳。普通教徒须宣誓三事：曰受苦，曰贞节，曰慈悲；可是耶稣会却更加一誓，曰服从教皇。该会的宗旨在感化上流社会，尤其注意教育事业，把学校当作信仰的壁垒。天主教在波兰、南连塞兰、包海密亚（Bohemia）、匈牙利、爱尔兰等处能保全势力，并在印度和中国得到新信徒，都是耶私派的大功。这一派中提倡人民主权和杀戮暴君的学者马尼拉（Mariana），前边已经叙述过了（见本编第五章第五节），现在再叙述抱别种主张的几个人。

罗耀拉像

书中译为洛欲拉（1491—1556年），西班牙军人，反对宗教改革的天主教修会——耶稣会的创立者（1540年创立），该修会后来成为天主教会对抗新教徒最有效的智力工具。他的“人若获得全世界而丧失自己的灵魂，又有什么好处”一语，成为神修学上的格言。

二、白拉明和巴克莱

在天主教改革的时候，有一位很能干和很有势力的耶私派，叫做白拉明（Bellarmin）（一五四二—一六二一），他的辩论很引起那时多数人的注意。白氏论到政府的形式，以独裁的君主制为最好，至于混合政体，也认为有相对的功用。原来耶稣会是个阶级极严的社会，首领犹如专制君主，下面设立各部，每部各有部长。白氏受了这种事实的影响，所以

贝拉明

书中译作白拉明（1542—1621 年）。意大利著名的红衣主教及神学家，是教皇及罗马教之热心护法者，也是出名的灵修作品的作者，他非常赞同伽利略发现的天体说。

他论到教会的组织，也采用君主制的原理主张教王享有宗教上的主权。但是白氏学说的最重要的地方，乃在政权与教权的关系。他以为教王对于政治事件，没有直接的权力可以干涉；凡废弃君主，制定法律，或废除法律等事，都不认为教王的职务。教王格来高十三世因为他否认教王对于政事的直接干预权，便把他的著作也放在异端之列。

当这个由宗教优胜到政治优胜的时代，有一位在法国居住的王党巴克莱（William Barclay），极力反对教王全权说。巴氏虽然忠于天主教，却不是耶私派。他一方面反对新教派和耶私派的反抗君政论，一方面又反对耶私派的极端拥护教王论。他以为人民主权的学说和加耳文派的学说一样，都很危险。故巴氏的积极的主张就是神权的君政论。那时反抗君政论的势力很大，诛戮暴君几乎认为“人民”固有的权利。一六〇五年英国的火药事件（Gunpowder Plot），一六一〇年法国的亨利四世暗杀事件，仇恨耶私派的人多归咎于这派的学论，马尼拉的杀戮暴君论，便大被人家反对。巴氏受了这种情形的激刺，故不得不丢开人民主权说和诛戮暴君说，而承认君主神权说是长治久安的基础。

三、苏　来

十六世纪可叫做欧洲法理学的黄金时代，西班牙在政治哲学上所贡献的最重要的礼物，就是一般神学家所讨论的法理学。这些法理学家如苏杜（Soto）、发斯克（Vasquez）、韦克陶（Victoria）、莫林拉（Molina）等，所讨论的都是关于正义（Justice）、权利（Right）、法律等学理。这时欧洲人和新大陆上的印度人，及与其他被征服国人之间的待遇问题已经发生，所以他们多以基督教国剥夺土人权利或奴隶印度人的问题做辩论的材料。他们的方法和理论，大概多宗奉太摩士（Thomas Aquinas），而承继“经院学派”的旧说。至于苏来（Francisco Suarez）（一五四八——一六一七），他原来是西班牙的耶私派，更可算是经院学派最后的一个有名的代表。他的哲学的精神和方法，都是经院学派的精神和方法；他的主义就是太摩士主义（Thomism）。凡是太摩士已经弄明白的，苏来便遵奉它或引用它；凡是太摩士没有弄得明白或没有弄得完全的，苏来便去阐明它或补助它；凡是太摩士有不当的地方，苏来便极力的辩白，证明他所说的和太摩士不同。

普芬道夫像

1632—1694年，德国法学家，古典自然法学派的主要代表之一。他曾经断言：“自然状态下的所有人都是平等的，国际法上的人格者（指国家）处在自然状态下，因而它们也是平等的。”他所阐述的国家平等的法律思想，在18世纪得到了许多国际法学者的赞同。

要想知道苏来的政治思想，必定要研究他的《法律和立法者上帝论》（Treatise on Law and

God the Legislator)（一六一三年出版的）苏来的重要所在，在法理学，不在神学和玄学。他有些地方可算是格老秀士（Grotius）和蒲芬道夫（Samuel Pufendorf）的先驱。他的法律论的基础，建筑在“凡是有理性和自由意志的动物，所有的关系都由法律决定”一个广阔的观念上边。这些关系可以分为宗教的、伦理的、政治的等类，而这些类在法律自身的性质上却都有一个统一性。他的法律定义虽然有点变更，可是都紧紧的追随太摩士的定义，就是法律是适用于一个社会而全然公布的一种公正的和永久的命令。他很像太摩士和罗马拉士，特别注意这意志的要素。就是说法律虽然一面是理性的指示，一面是意志的行动，可是意志的行动却是最紧要的原素。苏来的法律分类就是太摩士的分类：（一）永久法；（二）自然法；（三）人类法；（四）神圣法。我们最应当注意的，只有这为伦理基础的自然法和包含政治原则的人类法。

苏来以为自然法就是生在人类精神之中的法则，由它可以区别是非善恶。创造主上帝是它的来源，生物的幸福是他的目的。照他说来，自然法不但是人类理性的指示，并且是上帝的命令。故自然法就是神圣法，他的立法者就是上帝。这种法律是永远不变的，无论在什么时候，在什么地方，对于什么样的人，都是一样的。人类的力量是不能改动它的，人类的法律——不问是市民法（iuscivile），是万民法（iusgentium）——都没有能力可以变更自然法的职分。

至于万民法，却和自然法相反，自然法是道德上必不可缺的，万民法是因社会上便利的。自然法的命令是从自然演绎而来的，万民法的命令却只是一切人民的共同决定；前者是自上帝发源而来，后者却只是自人类发源而来。不服从前项法律，无论在何时何地，都是错的；不服从后项法律，只在自己所处的当时或当地，是错的。

自然法和万民法的区别，乃是这时神学派的法理学反对唯理派的法理学最重要的一点。后边一派很想把这两种法合而为一，只以人类的公共经验和判断做道德的基础。但是在政治思想史上还有更重要的一点：就是这种万民法的理想对于正在发达的国际法有个很大的贡献。苏来所说明的万民法的内容，很有些地方与国际法原理有关系。他以为国家虽然是个“完全的”社会，可是却没有一个国家可以不同别国交通，能够独立自给的。这种需要交通的事实，便是发生国际法的基础。

苏来也是主张人类生来就有同样的自由，但是人类是社会的动物，在社会中生活一定要有管理的权力，故断定政府的权力是合理的。这种政治的权力应该归于谁呢？他以为既不能归于一个人，也不当归于几个人，应该归于全体社会。在他看来，一个国家不仅仅是无秩序、无物质上统一或道德上统一的一群人类的总积；乃是一群人类，为公共的政治目的，由意志的行动，或由公共的同意，而建设起来的一个社会的团体。这样一个社会万不能没有普通的管理权，而这样的管理权亦万不能不在全体社会。

苏来的人民主权论很和卢梭的学说相近，这都是受罗马法律中“一切人类生而自由平等”及“人民是法律渊源”等格言的影响。但是苏来受罗马的影响更深，所以他虽然在理论上推尊人民主权论，在实际上却取消了人民主权说。他以为社会的最高权力是由建设社会的人民之同意而来，但是这种权力亦可由人民同意让给别人。他以君主政体为最好的政体，可是君主的权力却不是由上帝赐予的，只是由人民同意的。一旦答应把这种权力让给君主，除掉君主不公平或专制而外，便要无限制的服从。苏来也和白拉明一样，不承认教王在宗教范围外有直接干预政治权，但是为保障宗教最高的利益起见，却很注意到间接干预政治权。

苏来所说的最高立法权很和布丹的主权说相似，而且他的理想政体便是那时风行一世的君主独裁制——尤其和布丹相同。他不承认附属的诸侯和省市等立法有法律的性质。他又说最高权力不但要受神法和自然法的限制，并且受别种根本原理的限制——这一点亦和布丹相同。他以为人类立法应该要受神法和自然法的限制，如果人定法违反自然的正义，便当然无效。他承认政治的主权是离开信仰或君主的私人关系而独立的，就是不信教的君主或不道德的君主所定的法律，都应该拘束他的一切人民。所以人民反抗法律的正当基础，不在立法者的性质上，只在法律的性质上。

此外还有一件事为苏来那时所不能不注意的，就是租税问题。在十七世纪初期，西班牙已渐渐衰败下去，它的衰败原因，大部分因为财政制度不良；英格兰亦因为租税问题的争论，渐渐惹起国内的革命。所以关于岁入的立法，便引起许多政治思想家的讨论。苏来以为如果是真正君主政体的国家，征收租税的全权便应当全在君主，不必召集议会，由人民同意。

把苏来的主张总括起来，可以看出他的态度完全是天主教中耶私派的态度、耶私派的主见，是想凭藉人民主权的学说来制服君主，使君主受宗教的道德势力支配，并不在乎鼓励起来人民的势力，使他们反抗君主的专制政治。

本章参考书：

Dunning, *Political Theories*.（第二卷第四章）

Figgis, *The Divine Right of Kings*.

Gooch, *English Democratic Ideas*, *Introduction*.

第八章
乌托邦派

一、莫　尔

“再生时代”，希腊的古文学复兴，英国的牛津（Oxford）大学中柯莱（Colet）一般人，便成为再生时代的思想的代表。他们既已嫌恶“经院学派”的空虚的研究，便不得不别开生面，作古典的研究。柯莱不但是研究古典的一个学者，并且是增加宗教改革和政治改革的气焰的一个鼓吹家。莫尔（Sir Thomas More）（一四七八—一五三五）到牛津大学后，结识柯莱一般人，热心研究希腊拉丁的文学，因此便受了柏拉图的《共和篇》和蒲鲁大（Plutarch）（约四六—约一二〇）的《李克格士传》（Life of Lycurgus）、奥格斯庭（St. Augustine）的《神都论》等的影响，变成了梦想派的文学家。又因为当十五世纪的末期，新大陆刚刚发现，人人心中都以为还有世界外的世界，未经人类到过。所以这类《乌托邦》（Utopia）的幻想，常常往来于文学家的头脑之中。

英国自亨利七世（一四八五—一五〇九）、亨利八世（一五〇九—一五四七）相继即位，放纵奢侈，仇视邻邦，用人民的脂膏来供给无用的战费。租税逐渐增加，劳动阶级大受经济的压迫，多流离失所，作乞食的生活；贫民因经济压迫流为盗窃，而盗窃之罪又类多不问轻重，一概处以死刑。这种社会的情状，刺激人道主义的宗教家，便不得不发生经济改革的梦想。这就是莫尔做《乌托邦》（一五一六年出版的）一书的动机。

《乌托邦》的第一编中所描写的社会状况，如急于外征，不顾内政的

托马斯·莫尔像

1478—1535 年，早期空想社会主义的主要代表人物，欧洲文艺复兴时期的人文主义者、文学家、政治活动家。代表作《乌托邦》，系统阐述了其空想社会主义的基本思想，由此成为近代政治思想史上乌托邦派的社会主义思想的源头。

王侯；懒惰放肆的贵族乡绅；横暴的畜牧业侵占农圃，使穷民人数增加；富豪垄断，使一般物价腾贵；以及残酷的刑罚、过重的赋税——真可算是那时社会的写真。一到第二编便别开生面，极力摹写极乐国中的幸福生活。这个极乐国是一个岛国，地形和工程、国王的人物和经济的政策……等都有点和英国相近。可见得莫尔的心中不曾忘记了英国实际的历史和现状。

乌托邦的政治组织是一岛，分为五十四都市，都市由家族组成，每三十家每年选出一个族长（Philarch）。每十个族长之上设一个大族长（Arch-philarch）。国王由族长投票选举为终身官；别的官吏皆以一年为任期。国王同大族长每三天会议一次，讨论国事。此外还有元老会议，关于重大事件便交由国民大会议决。至于乌托邦的职业除掉农业之外，只有几种织布的和土木的手工业。男女职业相同，遇有战争，父子夫妻一同从军。平时全国人民个个劳动，每天每人只须做工六小时，一切必需品就能够足用。因为没有不生产者和没有做奢靡无用的生产者，所以物产敷用，绝没有贫困的穷人。大概莫尔受了当时贫富不均的现状刺激，所以说除掉乌托邦以外，都不能算是真正的国家，不过是各人各谋自己的私利。因此便说，现在所有的国家都不过是一群富人在国家名称之下结党营私罢了。这就是他所以认定私有财产为万恶根源的原因，也就是他所以离开当时实际社会梦想世外桃源的原因。故我们对于《乌托邦》一书，与其把它看作理想世界、幸福世界的模型，倒不如把它看作实际社会罪恶的照妖镜。

莫尔生在十五世纪末期，正是柏拉图的《共和篇》复活的时代，故他的《乌托邦》有许多地方受了柏氏的影响。这两部书中都主张财产公有，妇女解放。柏氏和莫尔对于财产的态度各有不同。柏氏抱的是禁欲主义，莫尔却带点快乐主义。柏氏共产主义的原因在道德，想使治国阶级护国阶级人人无私；莫尔共产主义的原因在经济，想打破当时贫富不均的实际社会。柏氏看见希腊的国家败坏在自私自利的政客手中，所以想取消私有财产权；莫尔看见英国的土地尽被资本家夺去，把农田占作牧场，所以主张财产公有。柏氏不想使上层阶级做工，只想使他们免去财产家室之累；莫尔却想使全国人民自食其力，故要使个个人自勤手足。

亨利八世像

英国都铎王朝第二代国王（1491—1547）。执政期间，受当时宗教改革思潮的影响，他宣布英国教会脱离罗马梵蒂冈，自任英国教会最高权威。从此，英国教会成为圣公会——基督新教的一个单独教派。

莫尔的共产主义又和近代的社会主义不同。近代的社会主义主张生产工具公有，莫尔却主张生产品公有。近代的社会主义不想断绝华丽的生活，只想使人人同享华丽的生活；莫尔却提倡朴素，把经济的生活弄得简单，农业而外，只许经营几种必要的工商业。但是如果拿柏拉图和莫尔相比较，那么莫尔的共产主义注重物产的公平分配，注重人人平均劳动，似离乎近代的社会主义不远了。

莫尔对于妇女的态度有几点和柏氏相同：都主张妇女的解放，都主张妇女可以与男子做同等的工作。《乌托邦》中妇女可以做官，可以从军，这是与《共和篇》相同的；不过《乌托邦》中没有公妻制度，只行一夫一妻制度。

总而言之，莫尔的著作像柏拉图，莫尔的精神却不像柏拉图，故与其说莫尔是柏拉图式的共产主义之孙，不如说莫尔是近代乌托邦派的社会主义之祖。

二、康盘尼拉

在莫尔之后，有一位归纳哲学的祖宗倍根（Francis Bacon）（一五六一——一六二六），著了一本《新乐土》（New Atlantis）（一六二九年出版的）说明他理想的共和国。倍根想把古代思想根本推翻，重新创造科学美术和人类一切知识。他以为只要丢开古代的思想，世界和社会便可以别开生面。故与其说倍根是社会改造家，不如说他是思想改造家；与其说他的《新乐土》是理想的社会，不如说它是理想的大学。与倍根同时的有一位康盘尼拉（Thomas Campanella）（一五六八——一六三九），著一本《日都论》（City of the Sun），说明他理想中的光明世界。康氏是意大利人，自幼就进了杜密尼克教会（Dominican Order），但是他有自由而且热心求知识的嗜好。他和倍根一样，说“自然”（Nature）的研究，必须由自己直接下手，不能从书籍下手；他说只信仰古人，不去自由研究，便是盲目的崇拜偶像。故康氏的意思是想改造一切科学，使它顺应自然。康氏的知识上的精神完全是再生时代的精神，和他所进的教会的普通精神完全不一样。

康氏在《日都论》中贡献出来社会主义的国家观。这种国家完全受知识的支配，统治者就是哲学家。从这一点上看来，可算是柏拉图《共和篇》的理想复活。日都的统治者是一个牧师，叫做“Hoh”，就是哲学的意思。凡政权教权以及一切事业都是由他管理，他是一国中的最高权力。他的底下有同等权力的三公——力（Power）、智（Wisdom）、爱（Love），辅助他做事。“力”管理关于宣战媾和、武术军备、军官兵士等事；“智”统治关于科学、美术、教育等事；“爱”管理关于人种改良等事。统治者得这三个辅弼，管理一切事项。除掉这些官吏之外，还有两个议会：一是官吏组织的，一是由全体人民组织的。立法和任命官吏等权，属于第一种议会；和战问题的议定等权，属于第二种议会。

培根

1561—1626年，书中译作倍根。英国近代唯物主义哲学家。培根在《新工具论》中强调说：“一切比较真实的对于自然的解释，乃是由适当的例证和实验得到的。”因此他的著作便好像是曾经做过政治家的人的回忆，是沿察当时政治事件的经验之谈。

日都中一切财产是公有的，由官吏的权力分配。凡美术、荣誉、快乐都是公共的，没有人可以独占一件东西。他以为排除一切“私爱”（Self-love），然后所剩下的便只有公爱——就是爱国家。只使人民谋国家的幸福，不使他们私自谋自己的幸福。生儿子为的是绵延种族，不是为着个人的快乐；至于衣服饮食，都是全国同样的，公共的；并且没有家庭制度，没有婚姻制度。

照这样看起来，康氏社会组织的理想是杂合柏拉图的理想和中世纪教士的理想（Monkish ideas）而成的；康氏政治组织的观念，就是普遍的教王独裁制的观念。以哲学家为帝王，不分政教，都受他一个人支配。

日都中的万事都由知识管理，只凭知识分阶级，此外却一切平等。故这种政治组织，就是康氏政教统一的理想的说明。他这种社会组织的方案，多半是抄袭柏拉图和莫尔的计划。康氏绝对承认无家庭制度，无私人所有权的制度，都和柏氏一样；不过柏氏是上层阶级共产，康氏却是社会共产罢了。柏氏想使治国、护国两阶级大公无私的替国家做事，所以想先除去为自私自利的根源的私有财产制；康氏想使人人爱国，所以也想先除去为私爱的根源的私有财产制。市民的食料虽因阶级的功绩定下区别，可是却都是公共的生活，在公共的桌上吃饭。这种公共生活的样式，也是从柏氏思想中得来的。再柏氏的理想国中共分三个阶级，康氏的阶级区分虽然和柏氏不同，但是也认定一个三级制。但是康氏的理想国是“哲学”的世界，故日都中完全受知识的支配；柏氏的理想国是“正义”的世界，故《共和篇》中首先扫除自私自利的祸根。所以康氏、柏氏的共产主义的原因都不在经济，这又是他二人和莫尔不同的地方。

从历史上看来，这一类乌托邦派在实际政治上和实际社会上并没有发生什么影响，这就是人家所以看不起这一派的原因。但是据我想来，这一派的思想也是时势的产儿，虽然在历史上不发生什么直接的影响，可是它的间接的影响却很不小。因为他们不满意于当时痛苦的社会，所以才描写出来他们的理想社会，理想社会描写得越发动人听闻，人类对于理想社会的羡慕心越切。既然羡慕理想社会，便不得不痛恨现在的社会；既然痛恨现在的社会，所以在消极方面，便自然要想推翻现在社会，在积极方面，便自然要想实地建设起来理想社会。此后如赫林吞（Harrington）的《奥西拉共和国》（*The Commonwealth of Oceana*）（一六五六年第一次出版的），如克贝（Cadet）的《伊加尼亚航海记》（*Voyage to Icaria*）（一八三九年出版的），都是用小说家的笔调，绘画出来理想社会的状况。自从克贝、欧文（Owen）、福利埃（Fourier）一般乌托邦的社会主义派出来，便更进一步，想在实际社会之外建设他们的理想社会。他们失败后，科学的社会主义派又更进一步，就在实际社会之中创造他们的理想社会。所以我们一追求近代社会主义的来源，便不得不推莫尔为乌托邦派社会主义之祖。

本章参考书：

Dunning，*Political Theories*.（第二卷第四章及第六章）

Barker，*Greek Political Theory*.（最后的附录）

Bonar，*Philosophy and Political Economy*.（第二编第一章）

高桥诚一郎：《经济学史研究》（七五页至一四三页）

第九章
格老秀斯

一、格氏的略传

格老秀斯（Hugo Grotius）（在荷兰叫做 Hugo de Groot）一五八三年生于荷兰的贵族家庭。自小受了优良的教育，故幼年时代就有神童之称。八岁时就以会做拉丁诗见称于时。十四岁入大学，凡算学、哲学、法理学等皆一律精熟。因为他研究古书，所以称为古典学家。因为他在十七岁时就充当律师，并做一篇很有名的《海上自由论》（*The Freedom of the Sea*），辩护自己国家的海上权利，反抗葡萄牙压迫他国贸易的构暴主张。此外又有许多关于公法的研究，所以又享受法理学家的大名；又因为他研究历史，所以又得了历史家的头衔。

到了一六一三年，格氏更在诗人、古典学家、法理学家、历史家等头衔之上，加上一个政治家的头衔。格氏当三十三岁时，便做西佛来兰（West Friesland）和荷兰的重要行政官吏（Grand Pensionary）。他因为担任外交上的使命到英格兰，遇见有名的学者克梭包（Isaac Casaubon），克氏说：我何幸而与这样大人物格老秀斯相遇，他是一位奇异的人物。我当没有见过以前就知道他；但是未见过他的面未听过他的话的人，总不能十分感觉到他的神才的超绝。”从这几句话中可以看得出格氏是何等奇异的人物。

那时荷兰国内纷争的事件很多，神学上有 Gomarists 和 Arminians 两派的纷争；政治上和经济上有新商业的贵族（以 John of Olden-Barnevelt 为首领）和农业工业的阶级（得 Maurice of Nassau 的帮助）的冲突。格氏因为和奥敦巴连（Olden-Barnevelt）有友谊的关系和官职的关系，故奥敦巴连受死刑后，格氏也被株连，于一六一九年受永远监禁的惩罚。格氏收监后，不久就逃到法国去，受路易十三的保护。在法国时重行过他学者的生活，到一六二五年，他的名著《战和的法律》（*The Law of War and Peace*）告成。后来年俸停止，穷得不堪，因被瑞典女王欢迎，于一六三四年到了瑞典，被瑞典任为驻法公使。重到巴黎后，做了九年的公使，到他死的前一年（一六四四年）才解职。格氏死于一六四五年。

格劳秀斯像

书中译作格老秀斯，荷兰政治思想家，自然法学创始人之一，近代国际法理论的奠基者。他把自然法从神学的束缚下解放出来，恢复和发展了自然法的世俗性。认为它无须教会认可，甚至上帝的旨意也不能改变它。

格氏还有一本书叫做 *De Jure Praedae*，是他在一六〇四年做成的，当时因为没有印行，所以没有人知道。一直到一八六八年，这种旧稿本才在海牙（The Hague）一个书店中发现。从这本书中可以看得出《战和的法律》的全部计划，在他二十一岁时已经决定了。不过前著简略，后著详细；前著范围缩小，后著范围扩大罢了。这种差别，也是他二十年来读书经验深思博考的当然结果。

二、格氏的时代

我看见现在奉行基督教的各国，战争的放肆，虽在野蛮国亦认为可耻的。只要有所藉口，就开始战争；或者一点理由都没有，就开始战争。

凯瑟琳·德·美第奇

书中译作加塞恩。法国皇帝亨利二世的皇后，出生于意大利佛罗伦萨，她是洛伦佐·德·美第奇二世和法国公主玛德琳的女儿。1533 年与亨利二世结婚，1559 年亨利二世去世后，她 15 岁的儿子弗朗西斯二世继位，凯瑟琳迅速攫取了朝政大权。

战端一开，便把神法和人类法一齐丢开，好像人人都有肆行无忌触犯一切罪恶的权利。

这是格氏《战和的法律》的导言，也就是他不得不做《战和的法律》的原因。我们要想知道格氏著作的价值，不可不看看格氏以前和当时各国战争的情形。

希伯来人和邻邦开战，一点不受那时所认为合理的人类法则拘束。他们以为自己有对于一切邻邦肆行残杀的权力，抢劫焚杀，无所不为。除掉使被征服者做奴隶一个例外，无论男女老少是一概不使生存的。因为这样，所以摩西法中常常劝人家不要凶残；后来竟从这种野蛮情状之下，得到一点尊重条约和公使的光明。

希腊时代，已经种下人道的根芽，可是战时的暴乱和残杀也不能全免。罗马当共和时代，常常和各国战争，也照常轻视人道的要求。可是到了帝政时期，许多被征服的国中，已经发生一种含有国际法特性的万民法（参看第二编第五章）。到了十一、十二世纪，教会的职务便在制止中世纪战时的凶残，例如“上帝的休战”（Truce of God），就是想阻止人家在许多圣节期中的战争。不幸在宗教战争期中，新旧两教互相仇敌，说“天主教和异教不能言和，犹如光明和黑暗之不能并见”。所以直到一六二九年，还有人说，天主教和异教中间的所立的条约，应该根本无效。故宗教战争期中，扑灭异教的残忍，各国情形都大致一样。

从再生时代到十七世纪，人道主义虽然盛行，国际交涉虽然发达，但是战争的手段仍然是卑劣不堪。马克维尼在《君道论》中居然以阴谋诡诈作外交的方法（参看本编第三章）。这时把那用毒药刀剑的暗杀，看作帮助战争的妙策；如加塞恩（Catherine de Medici）、肥立布二世（Philip Ⅱ）、奥发（Alva）、亚德来（Des Adrets）、特来（Tilly）、瓦伦斯坦（Wallenstein）诸人，就是支配这个时代的马克维尼主义的化身。

德国的“三十年战争”（Thirty Years' War）（一六一八—一六四八）更发现许多凶残的情状。那时双方的将领大概都允许兵士的蛮横，宗教的教师在未被杀害以前，用种种方法去分解他的肢体；教堂都被那些非战斗员和避难者的血染遍；妇女横被淫杀，小儿就当他们父母的眼前砍碎；把非战斗员的手足钉在教堂的门上；把全家人通同捆在一块焚化。德国全体人民的三分之二被杀，全国村庄六分之五被毁；巴来庭（Palatinate）有一村在两年之中抢掠过二十八次，色克森（Saxony）遍地只见虎狼的足迹，在北部总有三分之一的土地无人耕种，商业都落到法国和荷兰人的手中——这是何等景象！格氏受了这样惨无人理的战祸激刺，怎能不抬出一个人类普遍的理性做最高法庭，把这种

腓力二世像

腓力二世从1556年起任西班牙国王，他支持正统罗马天主教义，将西班牙宗教裁判所作为迫害宗教改革者和新教徒的工具。他所发动的、旨在消除宗教异端的暴力运动，使西班牙领土在其死后四分五裂。

残忍的暴乱的世界，收在仁爱的有秩序的天理之下，叫它听受普遍的理性制裁呢！

在古代罗马的世界帝国和中古初期的封建制度之下，都没有发生外交关系的余地。那时虽然也有公使、谈判、条约，但是公使只是为特别目的临时派遣的，并没有长期的外交代表和专门外交的阶级。到了十五世纪，意大利各城市国家之间，交涉渐多，才渐渐的发生外交的阶级。至卫西肥尼亚（Westphalia）条约成立（一六四八年），外交上才承认独立的主权国间一律平等的原理。自此以后，才有由外交家和公使会议制成的国际公法。三十年战争的结果，凶残横暴的情形，激动一般思想家，注意到战时保护非战斗员的方法，例如疾病伤废者的待遇，奸淫妇女的禁止。由此可见国际法是这时万不可少的东西，时势需要国际法，故国际法便不得不产生了。格氏生在这个时代，所以乘着时势的需要，发明这样有系统的国际法的根本原理。

三、格氏的前驱

格氏的思想有两个重要的来源：一是“自然法”（ius naturae），一是“万民法”（ius gentium）。天主教的法学家对于自然法和万民法已经有很进步的讨论（参看本编第九章）。这一派学说的要义完全和格氏一样，范围和细目都大致相同。他们多以中古的神学家为模范，总脱不掉经院学派的范围。不过这时的思想家都不满意经院学派的学说，所以这一派的法学家不引起人家的注意。这时的思想界的中心转移到新教主义和人道主义上边。格氏所以成功，就因为他的思想是融合这两派的精华而成的。新教派所讨论的自然法的原理，多根据米兰克东，他们以为自然法的基础是理性，由《十诫》中上帝的训谕指示出来的。凡人类正当生活的实际的规律，都包括在自然法之内，自然法的原理，便是社会道德的渊源。自然法在他们手中得到法典的形式，界说很能明确，和他们法律的普通观念几乎一致。文克拉（Winkler）的著作是从米兰克东到格氏的过渡，他列举许多自然法中所包含的原理，并承认它是人类自然权利的基础。文克拉所列举的二十一条，就是尊重神圣的法则，人类的亲爱和自重的法则、家庭的法则、社会道德的法则、政治道德中的爱国、承认自由平等……等法则。他把道德上和法律上权利混合在一块，便成为后来自然法说的标准和后两百年革命运动家的信条。

新教派的法学家也和旧教派一样，都把自然法和万民法分开。文克拉以为自然权利是永久的，是不可变更的；就是上帝自己也不能改变它。至于万民法，却是人类创造的，不是上帝创造的。在先，人类本没有万民法的需要，只在自然法下生活便够了；后来有家庭种族的区分，必定要有一种法律来支配家庭间和种族间的相互关系，才发生这种万民法。故万民法的目的就在保障自然法，维持自然法。凡各国战争中的实例和原理，都是在这个基础上建设起来的。所以文克拉所说的万民法，并不是各国共用的私法的通则，乃是管理国际关系的公法的通则。

此还有几部关于国际关系的著作。因为当十五世纪末期、十六世纪初期，国际交涉逐渐增多，在这种情形之下，当然有扩张法理学范围的需要。因此便打破古代法理学的界限，发生一群国际的法理学家。这时西班牙的法学者亚叶拉（Balthazar Ayala）（死于一五八四年）做了一本 De Jure et of ficiis Belli，讨论战争问题；德国法学家布鲁恩（Conrad Brunus）做了一本 *De Legationibus*（一五四八年出版的），讨论公使的权利义务。比这两位更有名的，就是意大利的法理学教授根特利（Albericus Gentilis）在一五八三年做成一部 *De Legationibus*，在一五八九年又做成一部 *De Jure Belli*。这些人固然都是格氏的前驱，可是格氏的成就却在他们之上。

格氏的《战和的法律》共分三卷：第一卷讨论战争的正当与否，由此以定公战私战的区别，并顺便讨论主权的性质。第二卷讨论战争发生的原因，造成战争机会的人权物权的性质，由物权而来的义务，契约所保障的权利，以及条约的势力和解释。第三卷讨论“什么是合法的战争”的问题，并想使战争者服从一定的法则。现在且把他影响于政治思想的重要学说分为三类——自然法、国际法、国家和主权——依次说明它。

四、自然法

格氏关于自然法的见解没有一处跳出前人的范围，可是他的特长，就在能把前人的理想拿来实地应用。他虽然不曾极力发挥自然法的理论，但是他的道德学说和政治学说却很能适应那个黑暗时代的要求。他把人类的社会性和理性看作自然法的渊源，拿这自然法做一切行为的准则，自然可以把暴乱凶残的世界变作和平慈爱的世界。

格氏也追随亚里士多德把法律分为两种：一是自然法，一是任意法——就是制定法。前者以理性为特质，后者以意志为特质。他以为自然法是人类理性的出产品，不是由什么意志而来的。所以格氏的自然法与其说是法律，不如说是“天理”。且看他说：

> 自然法是真正理性的命令，是一切行为的善恶的指示。

由此可见，凡行为合乎这个标准就是对的，不然就是错的。凡是对的行为都是理性所许的，错的行为都是理性所禁的。自然法是绝对不变的，就是上帝自己也不能变更它。再看他说：

> 自然法这样确定，就是上帝自己也不能变更它。因为神力虽然伟大，但是还有许多事是他所不能干涉的；如果神力可以变动自然法，那么，我们的话便自相矛盾，只是空话，毫无一点意义了。上帝自己不能使二加二不为四；所以也不能把理性上认为恶的变成不恶的。……所以就是上帝自己也不得不受自然法的支配。（第一卷第一章第十节）

格氏把自然法推尊到这个地步，由此可以看出他救世的苦心。但是自然法的效力，却不是由无上的威权而来的，却不是挟着何种威权强制人类服从它；只因为人类生来就有理性，理性之中就有自然法存在，故凡是有理性的人类都自然而然的要受自然法的支配。由此可见，格氏所说的自然法含着真理的意味多，含着法律的意味少了。且凡是人类都有理性，更可见得这种法则是根由人类固有的和公有的本性而来，并不是某一民族独有的特权。

格氏自己虽然崇奉基督教，但是却把自然法和默示（Revelation）分开，说自然法独立于神意之外，所以他的伦理哲学实际上和柏拉图、斯多亚派、谢雪卢相近。他的目的想在正义的基础之上建设一种新科学，可是他的正义基础不是从因时因地而异的利益上边找出来的，是从永久的普遍的不可变易的人性上边找出来的。格氏也和亚里士多德一样，认定“人类是政治的或社会的动物”。且看他说：

> 人类虽然也是动物，但他是非常的动物，他和动物的差别比动物与动物的差别更大；有许多行为是人类特有的，这就是人类和别的动物不同的明证。人类的特性是需要社会——就是需要和他的同类交通，不仅需要交通，并且需要和平合理的共同生活。所以“一切动物生来就只求自己的利益”这句话是不能适用于人类的。（《导言》第六节）

格氏以为人类生来就含有社会性，并且通达为社会生活唯一工具的言语，这都是和别种动物不同的地方。人类有特别的天赋，就是理性，这种理性就是法律的渊源。他因此便和谢雪卢一样，反对嘉里德士（Carneades）的功利的法律观。（参看第二编第三章第四节）且看他说：

> 嘉里德士和别人都说，“功利是正义和权利的母”，真正说起来，是不对的。因为自然法的母是引导人类需要社会生活的人性，国内法（Civil Law）的母是由契约而生的义务；因为契约的效力是从自然法而来的，故自然法可以说是国内法的祖母。（《导言》第十六节）

由此看来，人类的理性乃是一切法律的渊源，功利只能做自然法的辅助，只能作国内法成立的机会。故遵守法律是人性的自然表现，并不为着什么利益不利益。人类创造社会，维持社会，都是由本性而来的自然动作。有利无利还在第二层。格氏既然主张理性的法律观，便不得不反对功利的法律观，这种论调是他当然有的结果。

格氏《战和的法律》的目的，不在尽量讨论自然法的意义，只想说明自然法对于战争的目的方法和结果的关系。换句话说，就是不大注意自然法的理论，只注意自然法的应用。他在应用方面，很有些地方讨论到社会伦理和政治伦理的重要问题。例如，他说战争在自卫的原则之下，是适合自然法的（第一卷第二章及第二卷第一章）；他定下范围，人民对于主权者战争，在一定范围以内是合理的（第一卷第四章）；他最后更设下契约的义务的大原则（第二卷第十一及第十二章）。他在自然法的基础之上，找出社会伦理和政治伦理的原则，就拿这个原则作为人类一切行为的标准。就是战争的行为，如果遵守这个原则，自然也合乎天理合乎人道了。自然法既已是从人类理性而来的，那么遵守它便是率性而行，违反它便是反乎人性了。

五、国际法

格氏也同罗马法家及苏来一样，把“自然法”（ius naturae）和“万民法”（ius gentium）分开；以为自然法是从自然的理性发生的，万民法是从共同的契约发生的。但是在格氏以前的学者所说的“万民法”，虽然也含有国际法的性质，可是大部分是“公用于一切国家或许多国家的法律”（The Law Common to All or Many Nations），格氏所说的“万民法”却是“管理国际关系的法律”（The Law Governing the Intercourse between Nations），故从前可叫做万民法，此后便可叫做“国际法”。

罗马早年所用的万民法，只作为私法看待，还没有看作公法。那时所说的万民法，只是通行于未取得罗马市民资格的民族之间的财产契约婚姻等关系的习惯。到了帝政时代，许多民族都变成罗马的市民，法律便由复杂化为简单，所以万民法与自然法在理论上很难分得开。那时如格士（Gaius）一派人，都把自然法同万民法看作一样（参看第二编第五章第一节）。但是中古的欧洲人民和制度非常的复杂，因此便有恢复万民法的原始意义的必要，故一般学者又多承认万民法为法律的一种。可是这时所说的万民法，却不是关于私权的法律，只适用于社会的关系——尤其是独立的政治社会的关系，不适用于个人的关系。中古的国际关系事实上多半是战争的关系，故万民法便变成战时国际关系的大原则。西班牙的法学家，在十六世纪，多根据从前的见解讨论这个问题。苏来所说的万民法便有许多地方和国际法原理相合（参看本编第七章第三节）。到格氏出来，又更进一步，把从前所说的万民法变成专管国际关系的国际法。

格氏把国际法放在制定法的种类之中，他以为国际之间，可以公同制定法律，因为战争和法律完全是两件事。大概那时就是知识阶级，也都不承认战争和法律是可以同时并存的，格氏的目的，就是想打破“国际间除掉战争以外没有法律”的谬论。国际法是什么呢？就是一切国家或者多数国家所合意采用的一种法则。个人和个人之间，想图谋全体的幸福，因而制定国内法。国家和国家之间想图谋全体的幸福，因而制定国际法。个人如果只顾目前的私利，而不尊重国内法，便破坏了永久的和子孙的利益，故不遵守自然法和国际法的国民，便破坏将来和平的保障。但是利益并不是法律的渊源，遵守法律，就是一点利益都没有也是应该的，因为法律只是人性的表现。由此可见，格氏也把国际法的最后的渊源放在人类社会生活的自然冲动上边来了。就是说，全体人类，或者至少大部分人类，只要建设起来社会，便不能不有普通法则发生。

格氏以为天然的理性是自然法的渊源，共同契约是国际法的渊源；因此，便以人性为自然法的标准，以各国的通行的实例为国际法的标准。格氏的好处就在作这种区别，可是他的缺点也在这种区别上边。在我们看起来，法则的合理究竟不过是学者的判断罢了；各国实用的惯例，它的统一性和普遍性并不是自行发现的。故凡是建为国际法的惯例，必定是经过公法家的选择，而认为值得遵守和仿效的惯例。就在格氏自己看起来，也不是每一个惯例都可以成为真正法律的。故自然法和国际法的界限后来逐渐打消，他们的唯一基础都不过是建筑在公法学家的意见上罢了。因为那时的战争，没有法律的限制，往往凶残横暴，无法无天，所以格氏才承认国际法的存在。国际法既是格氏一般人鼓吹起来的法则，那么自然不是自行发现的法则了。

格氏并不把一切战争都看作不正当，如果为和平而战，为生命财产而战，他都认为正当的战争。因为人人生来都有自卫权，所以兵士到了非杀人不能自卫的时候，就是杀人也不为犯罪。大概格氏的目的并不痛恨战争，只痛恨毫无理由的战争；并不想拿无抵抗主义来消灭战祸，只想拿抵抗主义来制止战祸。归综一句话，他并不是不要战争，只是不要不合法的战争。

格氏的自然法和国际法的区别，也有许多牵强附会的地方。例如他说：因债务而捕获人民，并不违反自然法。但是他这个结论不是建设在理性的基础之上，只建设在希腊和别国的惯例的基础之上。毒杀敌人是自然法许可的，是国际法禁止的，或者至少也是善良的国家的法律禁止的。又说：没有人是“自然”为奴隶的。这个“自然”就是在人为之先，或在原始的自然状况之下，但是由契约而造成奴隶，或由犯罪而罚为奴隶，都是完全适合自然法的。可是在战时把俘虏罚作奴隶，又列在国际法的范围，这就是以做奴隶来代替死刑。格氏以为这也不是普遍的惯例，至于基督教徒，便不把基督教徒的俘虏罚作奴隶，回教教徒也不把回教徒的俘虏罚作奴隶。由此可见格氏所用的“法”字是包括现在的“法律”和“道德”两个名词在一块的，因此便生出许多不明白不确定的弊病。

六、国家和主权的见解

格氏一方面把国家的基础放在天理和人性之上，说国家不是上帝手造的，只是一个自然发生的制度；一方面又把国家的基础放在契约之上，说国家是由人民自由同意而成的。一方面说主权在民，一方面又说主权是时时可以让给一个君主或一个阶级。他把理性说和契约说杂合在一块，故认定人类对于社会生活的自然冲动和因自利而设定的契约，都是政治的渊源。由此可见格氏当初虽然是亚里士多德派，可是后来一方面受了罗马法理学的影响，一方面又被他当时流行的思想所同化，故又成为契约说派。他把社会和国家分开，大概他的意思也许说，社会是人性的产物，国家是契约的产物。

格氏虽然常常的说社会的生活是人类的“自然”情状，可是又常常的承认在未有政治以前的“自然世界”的理想为逻辑的概念和历史的事实。自然世界只受纯粹的自然法支配，在自然法上所有的各人自己的权利都由各人自己执行；因为“公共法庭不是自然的制度，只是人类的创造。”（见《战和的法律》第一卷第三章第一节）在自然世界之中，人人都有保持正义的权利，可是到了人为的社会，为保全公共的安宁计，这种权利便要受主权者的法令的支配。这种人为的社会是怎样组织起来的呢？他以为：

> 原始的人类不是由上帝的命令，只是他们从经验上知道孤立的家庭不能抵抗强暴，因而一致同意的结合起来市民的社会，由此生出政府权力。（第一卷第四章）

这就是承认契约为政治社会——国家成立的渊源。格氏虽然不像反对君政论派及浩布思、洛克、卢梭等把契约看作国家成立的唯一的渊源，虽然他的学说不以契约说为中心，但是从他这段话看来，他却明明白白的可算是契约说派。

格氏关于政府的学说只有这一点，至关于政府的组织和行政的政策等问题，他都没有详细的讨论。他关于主权的原理很有许多的独见，不过和布丹、苏来的观察点不同罢了。格氏的主权定义是：

> 凡行为不受别人的意志或法律支配的权力就叫做主权。

由此看来，主权便是最高的和不受限制的政治权力了。格氏所说的“政治权力”（Potestas civilis），就是“统治一国的道德的能力”（Moral faculty of governing a state），一切职权都是在这种权力之下的。这样的最高权力，就广义说，本为社会全体即国家所有；至于狭义的主权，却在被人民的法律或习惯所公认的一个人或许多人手中。格氏很反对“主权在民”的学说，他以为，人民如当君主滥用权力的时候，得保有惩罚君主的权力，便要发生许多弊害。所以他主张人民全体得依他们自己的行为，把他们的权力让给一个人或许多人所有。例如康巴里人（Campanians）为保全民族生存，请受罗马的支配，便是人民把政权让人的实例。古代有许多国家都依合法的战争而取得政权。由此看来，政权也和土地所有权、奴隶所有权一样，可以依一定的条件让给别人。

反对君政论派说：“政府的唯一目的在人民的福利，君主的唯一义务在护卫人民。”因此便说人民比君主重要。格氏却反对人民优先于君主的主张。他以为，君臣的分位，最初固然是由任意的契约成立的，但是一经成立之后，人民方面便发生永久服从君主的关系；犹如妻和夫，当初固然是由任意的契约结成夫妻的分位，但是契约一经成立，妻对于夫便只得永久的服从。由此看来，君主不必永久的服从人民的意志；君民的关系当初虽然由于任意的契约，后来便成为强制的服从了。君主不是单为人民的福利而存在的，有许多政府是以治者和被治者的共同利益为目的而存在的。例如，人民为免除危害起见，而服从别的强有力的君主，使双方都有利益，便是一个好例。他因此便说：

> 有许多的政府以被治者的福利为目的，如海箫（Hesiod）、谢雪卢（Cicero）等说国王是为正义而设立的，这些话我也并不否认。但是不必因此便说人民在国王之上；因为保护者通常是为被保护者而存在的，可是保护者却在被保护者之上行使权力。有人说保护者对于被保护者不能称职，便可以罢免他，所以国王也应该如此，我们并不以这话为然。因为保护者之上更有优越者存

在，但是政府之上不能再有优越者存在。故我们不得不以一个君主或团体为止。（第一卷第一章第八节）

格氏不但反对人民在君主之上的学说，并且反对君民相互服从的学说——就是君主统治正当，人民便服从君主，不然君主便服从人民。他以为有许多学者承认当君主不正当行使权力时，人民可以不服从，可以支配君主；但是不服从的权利，并不包含政府的强制权力或权利在内。大概自格氏看来，人民对于政府的形体有自由选择的权利，但是既已选定了君主政体或贵族政体之后，职务便完全终了，绝没有什么革命的权利。关于这一点，格氏很同浩布思相近，就是他们的契约只在政治社会初成立时得用一次，过此以往，便没有再定契约的权利了。

格氏不常把人民当作自由人看待，多把人民当作奴隶看待；不常把国家看作民意结合的表现，多把国家看作武力征服的成绩。他时常把他从罗马和希伯来的法律中所看见的奴隶与主人的关系，拿来作为人民与君主的关系的比喻。他又常从罗马征服别国而得到政权的实例中，看出政权就是一种“收益权”（Usufruct），可以永久的作为财产所有权享受。凡君主由自身的财产养兵，因而取得新领土和新人民，这些新领土和新人民便不属于国民，只为君主私人所有。有时君主不但可以把人民全体当作私有财产享受，并且可以把这种所有权转让别人。把政权看作货物，可由君主自由买卖馈赠，纯粹是“普天之下，莫非王土；率土之滨，莫非王臣”的“世袭国”（Patrimonial State）的观念。好在他边把“人身自由”（私权）和“政治自由”（公权）分开，说个人只能享有人身自由权，不能享有政治自由权。故当政权转移的时候，并不是人民的转移，只是统治人民的权力的转移，人民的身体自由并不因此消灭。

格氏的主权说颇不及布丹和奥色斯的主权说周密。他一方面说主权最高，一方面又承认要受宣誓的限制；一方面说主权唯一不可分，一方面又说可以分有。他以为家长对于家人宣誓，不妨害家长的最高权，夫和妻定下结婚的契约，不消失夫的最高权；故断定君主就是对于人民宣誓，也不妨害君主的最高权。但是他同时又说：

> 这样宣誓以后，主权在一定限度内要受限制，这也是我所承认的。就是主权者或负有做某种行为的义务，或负有不行使某种权力的限制。如果违反前者，有行为的义务而不行为，便是不正当的行为。如果违反后者，无行为的权利而偏要行为，便是越权的行为。（第一卷第三章第十六节）

照这一段话看来，无论他怎样解释，总是和最高无限的主权说相冲突的。再他以为罗马的帝权是单一的，但是东罗马的治者可以享有一部分，西罗马的治者也可以享有一部分；或者甚至于分为三部分。有时人民选出君主，自己却保留一部分权力，只把其余的权力让给君主。这样两头的主权，就是他善辩，说在事实上没有什么不便利，但在逻辑上总不能说是不相矛盾。

七、格氏学说的价值

亶林说，格氏的《战和的法律》只建设起来政治学的下部基础，没有建设起来政治学的上面构造。关于政治的方策，不及马克维尼讨论的精细；关于政府的组织，不及布丹分析的确当。他的方法仍然是经院学派的方法；他所引证的材料，又多半是罗马史上和经典上的旧材料。不过在格氏以前或同时的思想家，眼光多集中在国内，只把自然法的原理应用到个人和政府或个人和个人的关系上边；格氏却眼光集中在国外，把私人间或君臣间互相关系的权利义务观念，应用到国家和国家的关系上边。因为从十五世纪到格氏时代，民族国家各自独立，国与国之间，没有一个共同遵守的规则。从前宗教统一的基础早已破坏，就是共同遵奉基督教的国家，也分成新旧两教。国际之间既然没有公共承认的法律存在，所以也没有公共承认的权利义务存在。故百年战争和三十年战争，演出许多毫无人道的惨剧。格氏适应时代的需要，便把公用于一切国家或许多国家的万民法，变成管理国际关系的国际法。在国家与国家中间，发现出来受普遍自然和普遍理性所支配的公共权利与公共义务。这便是格氏在政治思想史上的一大贡献。

格氏的时代，本是人类的弱点极端暴露的时代。因为普遍帝国的观念破坏，因为宗教内部分裂，因为民族国家对抗，便把一元的中古世界变成多元的世界；便把人类的“理性”隐藏起来，极力发扬人类的恶性；便把统治万国万世的永久不变的自然法丢开，使民族与民族之间没有共同承认的真理。要想医治这种横暴凶残的世界，当然不能不抬出“自然法”为对症下药的医方。他打破因时因地而异的功利主义的法律观，建设起来天然统一的理性主义的法律观，便不啻把凶横残忍的兽性的世界，变成大同博爱的理性的世界。故格氏真可算是近代合理主义的哲学和自

路易十六上断头台

1793 年，法国大革命的浪潮把路易十六送上断头台。路易十六在神殿监牢中翻看伏尔泰和卢梭的作品时，哀叹道：“就是这两个人把法国给毁灭了。”

然法学的先驱。

关于主权的理论，虽然不及布丹，关于君主政府的主张，虽然有许多地方很摧残民治的思想，而且把政权看得和私权一样，说它可以买卖转移，生出许多混杂的弊病。但是他是拥护君权的政论家，故他这种世袭国的政权论，也很有些地方可以做那从封建制度到君主政体的进步中的一大帮助。

格氏的自然世界观和政治社会的契约发生说，都和反封建君政派取同一的步骤。这种契约说本就是后来人民主权说的大本营。故格氏的学说虽然一方面助长君主独裁制，可是一方面又帮助限制政府论的主张。因为他把政府的基础放在人民同意和契约之上，无论他怎样扩张君主的权力，但是事实上却不啻为主张民权的学者张目。不过格氏的契约说虽然是卢梭的先驱，但是卢梭却大不满意于格氏的奴隶说。因为卢梭诉愿于民众，格氏却诉愿于思想家。故卢梭的学说可造成革命流血的恐怖时代，格氏的学说却可造成尊重人道的国际关系。

本章参考书：

White，*Seven Great Statesmen*.（五五页至一一〇页）

Hill，*The Work and Influence of Hugo Grotius*.（即英译本《战和的法律》的导言）

Dunning，*Political Theories*.（第二卷第五章）

Figgis，*From Gerson to Grotius*.（第七章）

Holland，*Studies in International Law*.

第十章
英国詹姆斯一世以前的政治思想

一、英国宪政的特性

英国宪政的演进，程序非常的明了，自老尔曼征服之后，（一）建设强固的君主权力抵抗封建时代分裂的趋势；（二）议会发达，联合贵族教徒的势力，牵住政府专制的趋势；（三）三级议会成立，掌有赋税和立法的大权；（四）司法独立，得保障人民一切权利。自“大宪章”（Magna Charta）发布后（一二一五年），便从君主政体变成贵族政体。大宪章总计自约翰（John）（自一一九九年到一二一六年在王位）到亨利三世

亨利三世

英格兰国王，1216 年到 1272 年在位。虽然他的在位时间相当长，却是英格兰历史上最寂寂无闻的国王之一。

伯克像

即书中的白克，他是英国1765—1795年间著名的政治家和政治思想家；在政治理论史上享有重要的地位。他也是自然法的信奉者，认为自然法或上帝法高于人类的成文法、习惯法，对所有地区的所有人类都适用，具有普遍的约束力。

(Henry Ⅲ)（自一二一六年到一二七二年在王位）、爱德渥一世（Edward Ⅰ）（自一二七二年到一三〇七年在王位）时代，历次改变的结果，包括的原理如下：

（一）政府以世袭的君主为元首，行使有限制的权力，而且负有召集和咨询“巴力门”（Parliament）的义务。

（二）非由巴力门的议决，不得征收任何租税，或制定、废止、修改任何法律。

（三）不经过合法的审判，不得拘留或惩罚人民和损害人民的财产或自由。

（四）由陪审官审判。

（五）正义或权利不得卖却、否认或迟延。

但是大宪章并没有建设起来新权利，大部分只是完成旧有的习惯和法律。换句话说，不过把从前人民所有的权利和特权用宪法把他们保障起来罢了。英国的宪法大部分是不成文法；就是成文法也多散在不同的法律之中，并不像别国把宪法编在一块；而且每次改革都是和平渐进的，不像别国陡然发生激烈的革命。因此，便有人说：“英国的宪法是生长的，不是制造的。”如同谢雪庐说“罗马制度不是一个人的智慧计划出来的，不是一个人的勤劳创造起来的，乃是积累多少时代的智慧，多少时代的精力产生出来的”一样。（参看第二编第三章第二节）

照这样看来，英国的宪政发展和罗马有许多地方相同。罗马的制度只是实际政治经验的结果，并不是受任何学说的影响，由人力突然建设起来的英国的宪政也只是实际政治经验的产儿，并不是学理的产儿。而且英国更和罗马相同的，就是公法私法的发展在先，政治学说和法理学说发生在后。故这两国的政治制度，不但不是学理的产儿，并且还是学理的产母。尤其奇怪的是，批评或解释这两国制度的学理，先发生于外国，后发生于本国。例如从罗马政制中找出学理的人，在先有希腊人鲍里贝士，在后才有罗马人谢雪庐；从英国政制中找出学理的人，在先有法国的孟德斯鸠（Montesquieu），在后才有本国的白克（Burke）。（参看亶林《政治学史》第二卷第六章第一节）

但是英国当这个时代，政治学说虽然不甚发达，“守法主义”（Legalism）却很盛行。那时亨利二世（自一五四年到一八九年在王位）和爱德渥一世已经建设起来司法的制度，一般解释法律家便乘时而起。如格兰维（Glanvil）、连格（Richard Nigel）和布来克东（Bracton）诸人，都是最先叙述英国法律的实施和程序的。格兰维和布来克东都说，国王不服从人民，却常常服从法律。到了十五世纪亨利六世（自一四二二年到一四六一年在王位）时代，有位福特斯鸠（Sir John Fortescue）（一三九四——一四九六），著有许多讨论英国法律的论著。在福氏的论著之中，才找出许多含有哲学精神的表示，并把大陆上的法制和政制的理论，输到英国来了。福氏之外，如十二世纪的塞里斯伯的约翰（John of Salisbury）（见第三编第三章第三节），十四世纪的奥铿（William of Ockam）（见第三编第六章）和韦克立夫（John Wyclif）（见本编第二章）几个人，都因别种关系，叙述过了，现在且单叙述福特斯鸠一个人。

二、福特斯鸠

福氏在逃亡之后，做有一部名著，叫做《英国法律的优越》（*De Laudibus Legume Angliae*）（大概是一四七〇年做的），此外更有一篇《自然法性论》（*On the Nature of the Law of Nature*）和《英伦的统治论》（*On*

福特斯库

书中译作福特斯鸠。英国法理学家。他在担任英国高等法院王座庭庭长时曾宣布："宁可让20个罪人逃脱死刑的惩罚，也勿让一个无辜者遭遇死刑。"极力主张法律的宽容。著有《英国法律礼赞》等。

the Governance of England)，都包含许多政治的哲理在内。福氏的哲学都从太摩士阿奎拉而来，故总脱不掉经院学派的常套。他的法律定义和分类本想替太摩士辩护，可是越辩越不明了，只有关于法律哲学的议论倒很确当。他以为自然法是一切生物的普通法典，是由上帝指示的，和完全的正义合为一体。一切人世间事，在习惯法和摩西法没有成立之先，都由自然法指导。自然世界是在政府成立以前，故承认政府的终极权力只可由那行于自然世界的自然法说明。"王权是在自然法下发源的"，故这种最高权力——就是主权，不是人类制定法的产儿，只是人类制定法的产母。

从福氏政体分类的见解中，可以看得出他的思想的目的。他把太摩士的"皇王的统治"（Royal rule）和"政治的统治"（Political rule）合在一块，建成第三种政体，认为这是最值得称赞的政体。这种混合的政体，就是希伯来和古代罗马国家的特性。在英国政体上尤其可以证明，因为英国的国王只有得到三级议会的同意，才可以制定法律，征收租税；法官更是依法审判，不为国王的命令所转移。福氏各种论著都赞美这种政体的优越，并从各种观察点上证明优点的所在。他以为独裁的或皇王的君主制（Absolute or regal monarchy）只由强者的武力和强暴建设起来的，强者的命令，久而久之便成为人民的习惯法；政治的君主制（Political monarchy）是由人民同意建设起来的，人民为社会的统一建立起来王权，故皇王在位一定要依法统治。这种皇王的和政治的合一的政体，造成绝对无限的王权和依法统治的国家，故有可常可变的功能。

英国的政府，在福氏看来，就是皇王的和政治的政府，国王的权力受法律的限制。比方罗马君主的意志，就是法律的唯一原素，可是英国君主的意志，却只是法律的一个原素，并且是附属的原素。因为英国的惯例法是由多年习惯酝酿而成，至于法典，又是得“巴力门”同意而制定的。福氏更从英法两国农民的实际生活上观察，证明法国农民的贫穷愁苦和英国农民的富裕快乐。他的话虽然不见得十分确实，可是他把政治哲学的基础放在实际的观察上边，这种方法却是很正当的。他以为英国因为行皇王的和政治的合一政体，因为有最有用的法律，故生出人民富裕快乐的结果。英国的政治制度所保障起来的利益，在福氏看来，有许多种：就是不得主人许可，无论何人，不得侵入公民的家宅；不得物主同意，无人能够取得别人的财产；不得“巴力门”的许诺，不得征收租税补助金和别种担负，不得制定法律；非由正式的法庭，或非依国法，不得审判人民；非依国法，不得危害人民的生命财产或自由。福氏所说的这些利益，就是英国革命后民权的目录。

玛丽一世像

亨利八世之女，1553—1558 年任英国女王，执政后曾努力把英国从新教恢复到罗马天主教（1555 年）。为此，便对新教徒进行了残酷镇压，短短三年时间处决了将近 300 个反对者。并且曾斩杀格蕾女王，监禁妹妹伊丽莎白，史称“血腥玛丽”。

三、浩克尔

当福特斯鸠赞美英国的法治之后，英国的政治已渐从约克（York）王朝（自一四六一年起到一四八五年止）变到透德（Tudor）王朝（自一四八五年起到一六〇三年止）的专制主义。透德王朝自亨利七世（自一四八五年到一五〇九年在王位）到爱莲色白（自一五五八年到一六〇三年在王位）止，刚刚占完一个十六世纪。这十六世纪的英国政治思想，就是以“无抵抗的服从”为信条，英国人这时都以为为国家的安全和利益，全靠着一个专制的君主。所以这时英国的政治思想非常的统一，除掉极力发挥“无抵抗的服从”的学说外，再没有别种思想能够盛行。莫尔的乌托邦主义只是一个例外，所以在前边已经特别叙述过了（见本编第八章），现在单叙述浩克尔（Richard Hooker）（一五五四——一六〇〇）一个人。

浩克尔生在爱莲色白的时代，那时宗教战争的影响已经渐渐的波及英国来了。爱莲色白对于法国胡格老派战争，政策上彰明较著的帮助新教；可是英国的内部却固守国教会的监督制度，故含有长老主义的清教徒（Puritans）因此便攻击她自相矛盾。拥护国教会的人对于清教徒的攻击作种种的辩驳，浩克尔的《教会政制法律论》（*The Laws of Ecclesiastical Policy*）便是这一类辩驳中的名著。浩氏的著作是一五九四年出版的，在英国文学中可算是第一部理论的大著。该著中的理论与政治思想最有关系的：一是政治社会的基础和起源，二是法律的性质和种类。

（一）政治社会的基础和起源

浩氏社会和政府的基础和起源论几乎与反对君政论派一致，就是把社会或国家的基础放在人民或被治者的契约之上。他以为就是一家族之中，也免不掉争斗，至于多数家庭分立，那么，嫉妒、竞争、不和、暴乱，更是自然有的事体。要想免除由各家族的独立而生的不正义及惨祸，除掉建设同意的组织，以保障和平安全外，便没有别的方法。因此便以契约为社会或国家成立的基础；贵族贤人和有德者虽然有统治隶属者的自然权利，但是为证明自然支配权起见，为治者和被治者之间的和谐起见，必定要得被治者的同意。由此看来，浩氏的自然世界并不是和平安全的黄金时代，只到社会或国家成立之后，才成为和平安全的世界。他这种自然世界观可算是浩布思的前驱。

浩氏有些地方很受亚里士多德的影响，他以为人类生活不是独力所能满足的，为补救单独生活的不足和不完全，才想方设法的和他人协力合作。因此，便以人类社会性作政治结合的起源。他说，政治社会有两个基础：一是人人都有需要社会的生活和彼此协力的自然倾向；二是人类群集生活的结合方式都有明示的或默认的一致的秩序。后者可称为关于公安的法律，乃是政治社会的精灵。因此，便认定法律是结合社会各部的工具，是促进关于公共幸福的必要活动的动机。故法律如果不能限制人类邪恶的行为，及妨害为社会生活目的的公共幸福的行为，便不能叫做真正的法律。这就是浩氏的功利主义的法律观。浩氏不像希腊的哲学家不注重物质的生活，只注重精神的生活。他不但把物质生活和精神生活看得一样的重要，并且还以物质生活作精神生活的基础。且看他说：

> 神的王国固然是我们想达到的根本目的，但是无生命便不能过正义的生活，生命不完全，便不能过道德的生活；故我们想尽力除去的第一障碍就是贫困和生活资料的缺乏。（第一卷［4］）

浩氏这种见解，就是管子“仓廪实则知礼节，衣食足则知荣辱”的见解；大概也是自莫尔以来，注重经济改造的英国思想家当然有的见解。

（二）法律的性质和种类

凡是英国的学者没有不称英国为法律统治的国家，没有不说法律是共同生活的规范，是彼此权利义务的界限。浩氏也是这样，他说人类最初由君主统治，后来从经验上觉悟到由君主专制的意志统治，乃是所以陷一切人类到不幸地步的祸根，才改变方针，而受法律的统治。这种论调是英国人当然有的论调，但是浩氏却有许多地方受了大陆上反对君政论派的影响。他把法律分成两种：一是自然法，一是制定法。制定法能够有一般的拘束力，就因为是得到人民同意的。所以他说，法律的强制力不是由立法者而来的，还有使法律生出法律的效力的别种渊源——就是由神或人民的同意而来的。法律的制定权属于政治社会的全体，若有人不依神的委任或被治者的同意而制定有一般拘束力的法律，便是不法的暴君。

浩氏不但说同意是法律发生强制力的原因，并且认定原始的契约使法律有拘束永久的效力。他以为政治社会在五百年以前的行为，对于现在同一的社会还有效力。因为团体是不死的，所以凡经过社会承认过一次的法律，只要不取消这种承认，便有永久的效力。浩氏生长在习惯法占势力的英国，对于祖先遗传下来的法律，当然有这样尊重的态度。

但是浩氏的法律还有两种分类：一是“混合法”，一是“纯粹制定的”。前者是把从来人类理性所遵守的义务，用法律明白规定起来；后者是规定人类未曾有的新义务。因为人类有时不遵守理性而趋向邪恶，故有明定法律拘束他们的必要。浩氏所说的“混合法”大概与理性法并没有性质上的差别，只有实用上的差别，混合法就是为补充理性法的实际拘束力而设的。至于“纯粹制定法”，乃是为适宜或利益而设的，必得有法律的规定，才能发生强制力，故纯粹制定法是以便利为特质的。例如禁止多妻和乱婚等规定，是混合法；关于土地财产的继承法，是纯粹制定法。

浩氏不但尊重国内法，并且还尊重“万民法”。他以为人类天然不能独立，故要有社会的生活，由言语的介绍，得和别人相交，于是组成社会或国家，得到生活上的满足。但是照苏克拉底说：“我是世界的市民。”可见得人类更当超越国内的交际，以谋全人类的亲交。因为人类具有由一神而来的天性，故应该有超越国界的亲交，所以一个人不得以个人的理由，去侵害国家的法律；一个国家的法律或命令也不得破坏万民法。因为一国没有蔑视全世界共同合意的事体的理由。

浩氏自己本是拥护当时现行制度的一个人，他承认五百年前的法律有效，便是明证。不过他的理论的根据都在那时革命派的学说上；他虽然未明说主权在民，但是却说立法权属于政治社会的全体，可见得他对于当时民治主义的思想已经很表同情了。他是英国倡社会契约说的最早的一个人，浩布思的社会契约说，多少总受了他的一点影响。

四、詹姆斯一世

英国当透德王朝的时代，国家的生存竞争越加激烈，故自亨利八世（自一五〇九年到一五四七年在王位）以来，已经把教王和教会所丧失的权力，一齐集中在君主手中。这时人民为免除外患起见，当然要承认透德王朝的专制主义，以为除掉强有力的君主独裁制外，再没有保障英国的好方法。但是自从打破西班牙的“无敌舰队”（The Invincible Armada）（一五八八年）而后，专制主义已经变成废物；且因透德王朝的政策的结果，把政权渐渐从贵族转移到乡村绅士和商业阶级的手中。宗教改革的个人主义的潜势力已经埋伏了许多年；清教徒又以为独裁制和宗教自由相冲突。假使詹姆斯一世（James Ⅰ）（自一六〇三年到一六二五年在王位）是个聪明人，便应该引导人民向宪政主义方面走去，可惜他仍然发扬他的“国王神权说”，结果惹起宪政派和宗教派两方面的反对。

詹姆斯的政治思想，大部分是从他早年的经验得来的。他的父亲法兰谢二世（Francis Ⅱ）被杀，他的母亲梅丽（Queen Mary）被逐去位；他自己当幼年时继承苏格兰的王位（自一五六七年起，那时叫做詹姆斯六世），无权无势，又不胜愤懑。而且长老教派轻视政权，主张人民有支配国王的权力。老格思又说：“没有誓约可以拘束人民服从或维持那反对上帝的暴君。”布卡南（Buchanan）是他的教师，大倡反对暴君的议论，主张主权

詹姆斯一世

1567年，年仅1岁的他成为苏格兰国王詹姆斯六世。1603年又继承了无嗣的伊丽莎白一世的英格兰王位（称为詹姆斯一世）。从而成为第一位将苏格兰和英格兰统一到一个王位之下的国王，然而他的统治却将强大的国家搞得面目全非。

由人民而来（参看本编第五章第三节）。从他幼年的观察和屈辱中发泄出来，当然要有“无主教无国王”（No Bishop, No King）的格言。

詹姆斯当没有做英格兰君主之前，就做了一篇《自由君主制的真正法律》（*The True law of Free Monarchy*）（一五九八年出版），这是他有系统的政治论文。他以为君主由神权（Divine right）统治，人民没有权力可以反抗他，因此，便从《圣经》中，《苏格兰》的法律中和自然法中，找出他的议论的证据。他说：君主注意人民，如同头脑注意身体。一个慈爱的父亲，总在儿辈的幸福中得到快乐。故国王在人民之上，在法律之上，只能服从上帝和自己的良心。善良的君主一切行为都依据法律；但不是被法律限制，只是他对于人民的善意。国王是每一个人的主人，对于各个人民都有生死的权力。苏格兰的国王是法律的制定者，一切法律都在他的底下。他所说的“自由君主制”，就是一个君主要怎样做便怎样做的政体。

詹姆斯不但说人民不能反抗公正的君主，就连那不义的君主也是上帝为惩罚人民罪恶使他来统治的，反对他就是叫他放弃上帝委托的责任。

至于君主即位的宣誓，也不能限制君主的行为，因为没有人有审判君主违约与否的权力。假使由人民审判，那么，便是人民自己做自己诉讼事件的审判官了。在詹姆斯以为国王只对于上帝负责，故只有上帝可以决定君主的违约与否的权利。他于一六〇九年对国会演说："国王可以正正当当的叫做神，因为他所行使的神权和上帝一样，上帝有自由生杀予夺的权力，不对于任何人负责。国王也是这样，要怎样做便怎样做，除掉对于上帝负责而外，并不对于任何人民负责。"他又于一六一〇年说："君主制的国家是地球上最高的东西，因为这些国王不但是地球上的上帝的代理人，就是上帝自己也都称他们为神。"他于一六一六年在星院（Star Chamber）中演说，又说道："说上帝什么事能做，便是无神，便是不敬；所以人民要说国王什么事可做，或说国王可做这个，不可做那个，也便是大逆，便是亵慢。"凡是十六世纪反对君政论派所采取的根本原则，几乎没有一个不被詹姆斯推翻的。

本章参考书：

Figgis，*Divine Right of Kings*.（第四、第五两章）

Gardiner，*History of England*.

Gooch，*English Democratic Ideas*.（五九一七二页）

Gooch，*Political Thought from Bacon to Halifax*.（第一章）

Creasy，*History of the English Constitution*.

Dunning，*Political Theories*.（第二卷第六章）

第十一章
英国共和时代的政治思想

一、清教徒的革命

十六世纪是神学纷争的时代，十七世纪是政治纷争的时代，可是政治的纷争，却是由教徒的派别而起的。英国自爱莲色白到斯透尔（Stuart）王朝的时代，清教徒很占势力。清教派中的“脱离国教派”（Separatists）或“独立教派”（Independents）和“长老教派”（Presbyterians），都是和国教会势不两立。长老教派的主张，大部分就是加耳文和格老思的学说；至于独立教派，却发挥许多关于信仰自由的新学理。独立教派富有自由的精神，主张把宗教的权力放在教会的全体。他们以为教会的精神，就在把那抱共同信仰的个人，自由联合起来，成为一个团体；《圣经》的解释由个人良心判断；并且不承认国教制度。所以独立教派就是英国宗教改革的激进派。

英国内乱也可算是新旧教派的战争，“圆头党”（Roundheads）属于清教派，“骑士党”（Cavaliers）赞助国立教会的圣公会（Episcopal Church）。内乱（自一六四二年到一六四九年）的结果，清教徒大得胜利，把查理士一世（Charles Ⅰ）（自一六二五年到一六四九年在王位）处死。不久，便由众议院议决废止王位，说：“国王对于人民的自由、安宁和公益是无用的、麻烦的和危险的。”并废止贵族院，说：“贵族院对于英国人民是无用的、危险的。”因此，便建设起来一个自由国家，叫做“共和国”（The Commonwealth）。维持共和全仗着一般武人，而武人之中，如克林威尔

查理一世像

1600—1649 年，英国斯图加特王朝的国王（1625—1649），詹姆斯一世之子，因为征税问题与议会发生矛盾，遂于 1642 年 8 月 22 日发动内战，但终以战败告终，并以暴君、叛徒、杀人犯和人民公敌的罪名于 1649 年 1 月 30 日被斩首。

（Cromwell）（一五九九——一六五八）等，都是独立教派。当王党军队溃败时，尼微拉派（Levellers）在共和军中势力尤其大。尼微拉派虽不是社会党或共产党，却是英国最早的激烈派，在独立教派中，又最激烈，他们的学说的基础，已经从英国的国法上，转移到自然法上来了。他们所说的“自然权利”（Natural rights）包括生命权、自由权、财产权、言论思想的自由权，和政治的平等权在内。清教派的激进党尤其以平等做学说的中心，他们主张普通选举权，就是以平等做根据。这一派以为人人生而自由平等，他们服从政府是由他们自己同意，故代议士由人民选举，就是由人民同意。政府必定要依法律做事，法律必定要是各个人民的意

克伦威尔像

1599—1658 年，英国资产阶级革命时期的主要军事、政治领导人，独立派领袖。1649 年英内战结束后，成立共和国，克伦威尔掌握政权，并于 1653 年 12 月就任“护国公”，进一步加强军事专政。

志。这种意志不由个人自行发表，便由代议士代替人民发表。尼微拉派由这种民治的思想，更进到社会主义的思想的范围，主张财产平等与选举权平等都是各个人的自然权利。因此，便惹起克林威尔的反对，使尼微拉派的计划在军事议会中不能实现。激进派所主张的自然权利，并不像从前的民治思想家认为归团体或议会所有，只认为归各个人民所有。在尼微拉派的许多宣言之中，可以看出自然权利的个人化，此后的思想便从古代民权的观念变到近代的人权的观念了。克林威尔一方面恐怕激烈派主义实现，一方面恐怕普通选举不利于独立教派，所以竟改变制度，建立起来“摄政政治”（Protectorate）。由克林威尔摄政的军人政府，自然不能容纳政治学说，故共和时代的武人阶级，对于政治思想没有什么重大的贡献。

二、密尔东

有系统的反对君政论，十六世纪已经发现于欧洲大陆上，可是英国直到现在，才有密尔东（John Milton）（一六〇八—一六七四）出来发表他有系统的反对君政论。英国从前的政治思想，多以大宪章和惯例法（Common Law）做议论的根据；密氏却以自然法做议论的根据，着眼在

弥尔顿像

英国诗人，散文家，政论家。书中译作密尔东。1608 年 12 月 9 日生于伦敦，1674 年 11 月 8 日卒于同地。先后在圣保罗学校和剑桥大学耶稣学院受教育，1632 年获硕士学位。一向刻苦好学，不仅是继莎士比亚之后英国最伟大的诗人，也是一位富有正义感和民主、革新的政治理想的政论家，对封建专制制度的君政论极为不满。

“天生的权利”（Birth right）。故密氏的政治思想，多半发源于欧洲大陆上，布卡南（Buchanan）等的学说，就是密氏的思想的渊源。结果密氏的政治思想也不仅在英伦三岛上发生影响，并且在大陆上发生影响。

詹姆斯一世的国王神权说，引起以议会为中心的新商业阶级的反抗，这个阶级同清教徒结合起来，便造成一六四〇年以后的内乱和共和政治的结果。这时拥护议会和革命行动的小册子风行一世，其中最著名的，要算是密氏的著作。密氏幼年学习各国语言，后半生专心研究文学，于一六三八年往意大利，到英国内乱发生时，才回到伦敦。密氏很拥护议会和长老教派，克林威尔摄政时，被选为书记官，专管外国文书的翻译。密氏虽然是议会党，但是却反对议会所制定的《印刷条例》，他著有《言论自由论》（*Areopagitica*），主张言论出版的绝对自由，不受政府的检查。他当一六四九年克林威尔处罚国王的时候，做《国王与执政官的权限论》（*Tenure of Kings and Magistrates*），极力说诛戮暴君为合理。到一六六〇年，复辟运动起来，他又做《自由的共和政治论》（Free Commonwealth）来反对他们。密氏的政治思想，都散见在这三种著作之中。关于政府权力的来源和限制等见解，都在《国王与执政官的权限论》中说明；关于自由的性质等见解，都在《言论自由论》中说明；关于自由政府的性质论，都在《自由的共和政治论》中说明。

（一）政权的来源和限制

密氏以为人类生来就自由，生来就有不服从他人的特权。太初的人类过的是自由生活，后来堕落下去，也敢为邪恶暴行，为免除彼此的危险计，才定下互相防御的契约，如有破坏这种契约的人，大家起来共同驱逐他。这就是城市和共和国的来源。政府的权力就是本来为个人所有的自卫权和保存权。为维持和平秩序起见，才把这一类的权力委托于智虑和品格优越的一个人或一群人。这一个人就是君主，一群人就是执政官。他们都是被选的人，他们的权力都是被委托的；如果君主或执政官还有超出被委托的权力，便违反自由社会的性质了。统治者虽然在人民之上，可是统治者之上还有人民共同制定的法律存在，法律就是限制统治者权力的工具。统治者就任的时候，对于人民宣誓遵守法律；如果违反誓约，人民便可迫令统治者退位。由此可见政权是时时刻刻属于人民的。

密氏更反对君主对于王位的权利如同私人对于财产的权利的学说，他以为如果这样主张，那么，人民便变成君主的奴隶或财产了。大概自密氏看来，君主或执政官的权力，是委托的性质，不是固有的性质；是人民为谋公共幸福而托付他们的性质，不是生而有的或自人民之外而来的性质。因此，便说君主要对于人民负责，推翻君主只对于上帝负责的谬论。归综一句话，就是君主或执政官只是以人民固有的权力来为人民谋公共的幸福；如果人民认为于自己不利益时，可以随意把统治者废掉。至于滥用政权，谋自己党徒的利益，把法律和公共幸福不放在眼中的暴君，便可由人民处罚。因为暴君处分权是自由国民所必不可缺的要素。暴君被废，便等于一个私人，人民把他引到正义的法庭之中，和别的犯人一同裁判，乃是正当的行为。因为世间上最高的威权者不是国王的意志，乃是正义的命令，故遵照正义来处罚暴君，乃是人民应该做的事件。

密氏这些议论都是为克林威尔等处分查理士一世的行为作辩护。

（二）自由

密氏不但主张主权在民并且发挥出来许多自由的真义，他以为自由是天生的权利，自由是一切知识的产母，自由的实现不但在废止君主政体，并且要使个人的行动范围大大的扩张，不受任何政府的拘束。他自己虽然不采用极端的放任主义，可是他的自由论却可算是个人主义的先声。

密氏把“理性”（Reason）看作自由的基础，说：“理性只是选择”（Reason is but choosing）。如果政府的命令否认人民选择的自由，便是毁坏它们。故政府的目的就在为各个人保障那图谋幸福的机会。法律只为惩罚犯罪而设，废除法律更可积极的鼓励各个人的道德。种族的真正进步，尤在使人民超出习惯和命令之上，因为习惯和命令的专制，其压倒人民，如同制定的法律一样。故理性——即选择的自由——是人类所以异于别的动物的特征，是上帝给予人类的为善的工具。

密氏以为议论、著述、意见等越多越好，因为这都是知识的前提。他因此便要求宗教上的容忍（Toleration），要求开放宗教的良心和自由，要想使国家和人民繁昌，一定要先使各人得到自由，使他们把各人自己的特质贡献于全社会；要想使宗教发展，也一定要先使宗教有各种宗派，才能够发挥光大。故政治当局如果要压制人民，便是断绝国民新知识的来源。他不但反对出版的检查，并且反对国家立法去干涉各个人衣服、饮食和娱乐。凡近代宪法上的言论出版自由、信仰自由等大原则都是由密氏的著作中发源而来的。十九世纪政治思想家崇拜的信条，大部分已经被密氏道破，故密氏的思想真不愧为个人主义的先导。

密氏的政治思想既已以自由为第一要义，那么保障自由的政府，自然要以共和政体为适当了，他虽然主张终极的政治权力在人民，但是他对于行使权力的机关也并不轻视。因为政府的权力是受人民委托的，故必定要以能保障人民的自由为目的。如果政府有保障自由的功效，便是好政府，故克林威尔虽然丢开共和，实行专制，密氏仍然热心帮助他，处处替他辩护。

（三）自由共和国的特质

到了克林威尔失败后，继承的问题成为英国人争论的焦点。大多数英国人都主张斯透尔王朝复辟，但是密氏仍然在这种不可抵抗的潮流之下，始终坚持他的共和主义。他所主张的是“无元首、无贵族院的一种自由的共和政治”，由一群代表组成政府，由代表之中互选出来行政委员会。这时密氏所主张的已经是寡头政体，不是真正的共和政体了。大概他的信条就是自由须公诸全国，政权却可集中于少数能人。

密氏所说的自由，大概包括“精神的自由”和“政治的自由”两种。他以为没有信教的自由，或解释经典的自由，便没有精神的自由。他称赞新教，就因为新教把解释经典等事委托信徒的良心，因而能确保各个人良心的自由。自由的共和政体因为能保障良心的自由，既得人民全体的信任，更能行公平的政治，故不怕任何阶级或任何暴力。

政治的自由，就是由公民权及适应各人能力的自由发展权而成立的，这种自由尤其是共和政治的要素，密氏不但注意中央政府的组织，并且注重地方自治权。他以为各地方要设立地方会议，适应各地方人民的能力，使他们参加；凡关于地方的立法、行政、司法的权力都一齐委托地方去做。使各地方成为一小共和国。中央对于地方的立法权缩到最小限度，故地方对于中央议会不生疑心。中央议会由自治体选送议员组织，表示自治体对于公共自由问题的赞成或反对。故中央议会的议决，必定要得自治体多数的赞成，才发生拘束全国自治体的效力。地方有自立的学校，有民选的裁判官，故人民思想上的自由和法律上的自由都得到确实的保障。不过密氏又说普通选举和人头的多数决不合理，特别主张人才的贵族政治，故充其量也不过是清教徒革命的一位辩护家罢了。复辟后，密氏便过他的私人生活，专心从事于文学的著作，公共生活上便不见密氏的大名了。

三、赫林吞

密尔东自身属于共和派，他的著作始终替共和派辩护；至于赫林吞(James Harrington)（一六一一—一六七七）既不能列入共和派，又不能列入保皇党，既不是清教徒革命的拥护家，又不是共和主义的反对派。他虽然尽忠于王室，可是他的著作却倾向共和主义，故结果惹起两方面的猜疑。赫氏本是英国的贵族，在牛津（Oxford）大学肄业后，又到荷兰、法兰西、德意志、意大利各国去游历，留心观察各国的政制。回英后，为查理士一世所任用，查理士死后，便从事于政治的著作。他的名著就是《奥西拉共和国》（The Commonwealth of Oceana），想绘画出来理想的国家，来代替旧有的君主政体。他的著作虽然属于浪漫主义派，但是他的方法却是历史的观察的，近于马克维尼和亚里士多德一路，与从前的《乌托邦》派纯用演绎的方法不同。他极力赞扬马克维尼和亚里士多德，对于浩布思的方法和结论却大不满意。他是近代用历史的方法和观察的方法来谈政治学的很早的一个人。他以为“除非先是一个历史家和游历家，才能成为一个政治家。因为人如果没有历史的知识，便不能知道已往是怎么样；如果不是一个游历家，便不能知道现在是怎么样。他既不知道已往是怎么样，又不知道现在是怎么样，便不能知道将来一定怎么样，或将要怎么样”。故赫氏的议论大半引史事或现行制度来证明。

赫氏在意大利的威尼斯（Venice）共和国住了很久，所以他把“势力均衡”看作政府组织的根本原理，就是自威尼斯共和国得来的。他以为完全无缺的政府，主权不在限制而在平均。他把古今政治观念分为两种：一是法治国家（The empire of laws），一是人治国家（The empire of men）。前者是亚里士多德所发挥的，后者是浩布思所发挥的。这两种政府的差别点，就在前者以普通的公共利益为国家目的，后者以特别的私人利益为国家目的。赫氏采取古代的政府观念，以公共幸福作政府的目的。他以为政治的势力计有两种：一是外部的势力，一是内部的势力。外部的势力就是物质的势力，内部的势力就是精神的势力。赫氏对于政治思想的最大贡献，就在能说明政权分配与物权分配平行的原理，他这个结论，一半是从研究罗马史，一半是从他自己国内的经验上得来的。他以为自亨利七世以后，土地渐渐从贵族手中转移到人民的手中，故政权也一定要从贵族手中转移到人民的手中。往日土地所有权在王侯和大地主手中，现在依“土地均分法”（Agrarian Law）限制土地集中，故土地都散在人民手中去了。财产均平是共和国家的基础，故土地或财富既归人民平均所有，平等国家的理想基础便实现出来了。他把经济势力看作政治势力的根源，几乎和亚里士多德一样，故赫氏在近代政治思想家中要算是承认经济现象为构成政治组织和政治职分的根基的第一个人。

赫氏理想中的政治组织和罗马共和时期的政治组织大致相同。他不相信世界上真有纯粹的君主政体、贵族政体，或民治政体；他只相信混合政体，就是像罗马一样，元老院含有贵族政治的要素，人民议会含有民众政治的要素，执政官含有君主政治的要素，这三种要素合在一块，才能造成一个完全的国家。当时，清教徒都赞成一院制，赫氏却赞成两院制。赫氏以元老院代表共和国家的智慧，以人民议会代表共和国家的利益。他以为全国的知识当然在贵族阶级，全国的利益当然属于全国人民。故主张由元老院提案，由人民议会决定；至元老院的精神势力与人民议会的物质势力合同一致时，便可成为法律。因为他的理想的元老院只是人民的咨询机关，元老院的意见只是忠告文，不是法律。元老院所行使的是讨论权，人民议会所行使的是选择权。

赫氏虽然是民治主义家，但是他的民治主义之中总含有首领政治的特色。他虽然说共和国是人人共同的政治社会，但是他又以为人类有贤有不肖。例如二十人的结合，由六个人互相讨论，发挥他们的特色，其余的十四个人不但如子女对于父亲一样，以这六个人为依归，并且要由这六个人得到自己所不懂得的知识。这六个人就是十四个人的指南针，就是十四个人的和平的保障者。我以为他的思想的好处，不在政治的活动上，只在政治的方法上。他以为平等的国家是由“土地均分法”和“官职轮流法”（Rotation）结合而成的。官职轮流法就是由人民自由投票选出执政官，限定任期，使他们在极短时期中轮流交代。如果违反这个原则，设下长期的执政官，便破坏了国家的生命。他这个原则虽然是遵照罗马执政官的先例，并不是什么新奇的创见，但是在克林威尔独揽政权的时候，发生这种议论，可算给那时共和党人当头一棒！赫氏以土地均分法来阻止土地或资本的集中，以官职轮流法来阻止政权的集中，从他这两点上看起来，不但是近代很重要的一个政治的民治主义家，并且是近代很重要的一个经济的民治主义家。

赫林吞和密尔东两个人的学说，可算是互相需要的，互相成就的，密氏注重个人，注重个人天生的自由；赫氏注重政府，注重用政治的方法来决定自由的范围和活动。密氏以为君主政体在人民开明的时候，是不能存在的；赫氏以为君主政体在经济势力平民化的时候，是不能实行的。一个代表打破专制政府时代的思想，一个代表创造政府时代的思想。他们两个虽然都主张人民主权，可是他们两个的理论中却含有贵族主义的特质。他们两个思想都与后代的政治有极大的关系，不过密氏的著作影响普遍，赫氏的著作读者较少罢了。但是赫氏的思想虽然只灌输到少数人脑筋中，可是他的学理后来却成为英美两国实际政治的原则。

四、反对共和主义家——非莫

前边叙述的是共和派的主张，还有王党方面的主张不曾说到。这时反对共和主义，发挥极端专制政体的，要算非莫（Sir Robert Filmer）（死于一六五三年）和浩布思两个人为最著名。可是从前的主张国王神权说或人民服从说的宗教家，根据多在《圣经》；主张国王特权说的法律学家，根据多在英国的法律。一般极端的共和主义家为反对君政起见，便丢开英国的法律，从自然法中搜找人民主权的根据，故自然权利说和社会契约说，到此时几乎成为普遍的思潮，一般君政论派因此便不能单靠着

《圣经》做根据，并且要从自然法中找根据了。

非莫的名著就是《君父论》（*Patriarcha*），这本书直到他死后才出版（一六八〇年）。政治思想史家对于非莫多取攻击的或轻视的态度，其实非莫也有非莫的价值。洛克和西烈（Algernon Sydney）（一六二二—一六八三）都因批评非莫著名，但是非莫的逻辑有许多地方也不亚于洛克和西烈。《君父论》在建设的理论上虽然有些缺点，可是从他攻击别人议论的方面看来，很有许多特殊的见解。他想从社会的自然组织上找出王权的根源，他的王权基础既不建设在武力上，也不建设在民意上，只建设在由上帝造成的人性上。他的全部议论都从家国同制、君父同权的见解演绎出来的。他主张国家是由家庭放大的，国王就是人民的父亲。在家庭中做父亲的人有绝对的支配权，这种权力是由亚丹（Adam）传来的，是绝对不可割让的神权，他根据《旧约》，说上帝使亚丹统治最初的人类家庭，这种神权自亚丹传给拉虚（Noah），一切君主的权力都是从拉虚的儿子得到的。因此便断定：君主的权力就是家长的亲权，君主只凭这种世袭的神圣权力来统治人民。且看他说：

> 君父在一切人民之上所行使的自然权利，是同世界相终始的。……君主权力只遵循上帝的法则，所以再没有下等的权力可以限制他。家庭中的父亲只由自己的意志统治，绝不由他的儿子或仆役的法律统治。（见《君父论》第一章和第二章）

这时政治战场上所争论的，就是主权所在的问题。反对君政派根据自然权利说，否认主权在君；赞成君政派如非莫，也根据自然权利说，否认主权在民。在反对君政派，以为政府的建设如果不得到人民同意，便不是正当的政府；在赞成君政派，以为政府的建设如果要得各个人的同意，便是无政府。非莫说，主张人民主权的人最大缺点就在，到底谁是“人民”？人类既已是个个平等，那么，多数统治或代表统治便没有正当的基础。非莫攻击别人的破绽，可算是深刻之至。可是他自己也有同样的破绽，就是长子为什么独有统治权，第二个第三个儿子为什么不能像长子呢?

非莫以家喻国，比较从前国王神权说派专门从经典中找证据，似乎可靠得多。因为他把君政的“自然”基础放在家庭上，家庭是人类社会中的实际制度，比那些盲从经典的宗教家，自然要实在得多。不过十七世纪中“自然的”自由和“自然的”平等之说大盛，在这个时代倡“自然的”服从和“自然的”不平等之说，当然不能风行一世。所以浩布思的学说不得不采用自然平等和社会契约做根据，想在这个基础之上，来建设他的君主专制主义。

本章参考书：

Figgis，*The Divine Right of Kings*.（第七章）

Gardiner，*History of England*.

Gardiner，*History of the Great Civil War*.

Gooch，*Political Thought from Bacon to Halifax*.（自第三章至第八章）

Dunning，*Political Theories*.（第二卷第七章）

第十二章
浩 布 思

一、浩氏的方法和特质

英国的大政治哲学家，以时代说，自然要推浩布思（Thomas Hobbes）（一五八八—一六七九）为最早的一个人。浩氏在牛津（Oxford）研究经院哲学及亚里士多德的哲学，又在欧洲大陆上各国旅行，在巴黎认识笛卡尔（Deseartes）、盖森底（Gassendi）等几个哲学家和科学家。在英国“长期议会”（Long Parliament）开会之后（一六四〇年十一月），逃跑到法国去，到一六五一年和克林威尔（Cromwell）讲和，才重回英国。浩氏的最有名的著作，就是《巨灵》（Leviathan）（一六五一年）一书。这部书不但在英国可算得一部《圣经》，可与倍根（Bacon）和洛克（Locke）的名著相等，并且还可以比得上在大陆上与他同时的思想家笛卡尔、斯宾挪沙（Spinoza），格老秀斯（Grotius）等的名著。

浩氏曾从威尔士公（Wales）学习算学，对于算学的方法非常信仰的。所以他以为几何的方法是可以给与我们确实的和普遍的知识之唯一无二的方法。只认几何学为唯一的真正的私学，只有从这种科学中才可以得到满足我们心意的精确的结论，至于自然的和政治的历史，都不是科学，——这种知识只是实验，不是可以据理推论的。故浩氏的政治哲学方法是纯粹的“演绎的方法”（Deductive Method）。换句话说，便是同几何学家一样，纯粹从定例演出结论。浩氏早年本是很佩服倍根的，从他得到自然科学的进步的趣味。但是他两个人虽然都受了近代科学运动的影响，反对古代的经院哲学；可是说到别的问题，他两个人却相反。就是倍根的目的是想用有系统的实验的方法来扩张自然科学；浩氏虽也偶然注意到倍根的实验，但是物理学中的实验却是他所唾骂的。浩氏自己的方法全是演绎的，绝不注意到倍根的归纳法，所以浩氏的政治学说和倍根是没有确实相合的地方。倍根的著作是好像曾经做过政治家的人的回想，是洞察当时政治事情的经验话；浩氏固然也注意当时的政治运动，但是他好像是一位局外旁观的人。他那种独断的抽象的理论很有点像他后辈卢梭，很不像有政治历史和事实的经验的人所说的话。

霍布斯像

书中译作浩布思（1588—1679年），英国机械唯物主义哲学家。他提出在没有国家和法律的自然状态下，人人都有追逐私利的平等权利，必然导致互相为敌，互相残杀。为了安全和共同生存，每个人必须出让一部分权利，把它交给国家，并订立契约，用自然法约束自己。

浩氏的伦理和政治思想的基础，完全放在唯物论上。他把政治学的基础放在他的知识和幸福的原理之上，从此便生出他的唯物论。一切的人类知识在他看起来，都是从感觉（Sense）上得到的，各种的理想都是由那外界事物的运动生出感觉的官能上的影响的结果。本体和事物都是终极的现象，精神的观念都是从它们得来的。人类一切感情意绪都是从反对的方面“欲”“恶”上演绎出来的；从这个“欲”“恶”上边生出来许多感情——如悲、喜、希望、失望、怕惧、勇敢、愤怒等类。最初的人类并没有是非善恶的标准，如果某种事物可以引起欲心，便是好的；

如果引起恶心，便是不好的。人类一切行为，都是想得到可欲的免掉可恶的东西。幸福（Felicity）便是接续不断的天天达到自己的愿望。但是愿望是没有止境的，今天得到这个，明天又要想着那个；得到这个，更是为得到那个的预备。因此，便认定最初人类是个贪心不足的动物，最初世界是个你争我夺的世界。

在浩氏以前，伦理和政治的学说，多是因袭的。基督教的世界的伦理基础，大概建设在一半是神示的，一半是亚里士多德所说明的遗传的道德之上。政治基础大概都建设在神权上，到了浩氏便改变方向，他的道德和政治学说既不是从神学中来的，也不是从遗传上来的，只是从人性的研究上得来的。浩氏首先反对的便是经院哲学，他自己的哲学是从理性的原因结果中寻出来的；他以为神学是从超乎自然的神示而得的，不是从理性而得的，故不能列在哲学的范围之内。他的著作本是在清教徒革命中间做成的，当然也免不掉政教冲突的影响；可是他的目的却在建设一种君主独裁制，想以万能的君主来治理全国。他所最痛恨的，便是无政府的情状，所以极力的抬高君主权力，极力的注重秩序。他并不是社会契约说的发明家，也并不是英国应用社会契约说的第一个人，但是这种学说到他手里却变成一种新的形式。在他看来，英国当宪法争论、内乱发生的时候，已经回复到野蛮时代的原状，人人互相残杀，没有治安可说。唯一的方法只有建设一种强固的政府，使人民绝对的服从，才可免掉彼此残杀的无政府的状况。这便是他所以主张君主独裁的原因。

二、自然世界

浩氏的《巨灵》中所讨论的可分做四部：（一）论人；（二）论国家；（三）论基督教国；（四）论黑暗的王国。与政治哲学最有关系的，便是这第二部分。但是我们要想知道政治社会中的人类行为，必先要知道各个人的性质。在浩氏以前，心理学并没有怎样发达，自浩氏描写人类的情形，才少少的设下心理学的基础。在浩氏看来，人类的行为的动机，并不是由知识或理性而起的，只是由感情愿望而起的。人类同别的动物一样，自私自利，只知道保存自己。他的利益兴趣都是从“自己”（Self）这个字上来的，一切行为都是为保护自己、快活自己而生的。因为又没有势力维持他们的秩序，所以人人都想自利，人人都不让别人自利，结果便成为永远互相残杀的世界。且看他说：

> 当人类没有公共的势力可使他们怕惧的时候，他们便在战争的状况之中；这种战争就是各人反抗各人。……对于这种各人反抗各人的战争又要生出一个结果，就是没有什么不正当的。是非公正不公正的观念在这时不能存在。因为没有公共势力，便没有法律；没有法律，便没有不公正。武力、诈欺在战争中便是两个根本的道德。（《巨灵》第一篇第十三章）

大概自浩氏看来，自然本是使人类身体精神都是平等的，从平等生出差别，从差别生出战争。这种战争的情状所以发生，大概有三种原因：（一）彼此为满足同样的欲望互相竞争；（二）彼此都怕别人的势力超过自己；（三）都想使人家钦仰他自己或承认他自己为优胜者。换句话说，各个人彼此间的自然关系是由竞争猜忌和争名夺利等动机决定的。在这种自然的世界之中，人人互相仇敌，没有科学，没有美术，没有别的文明；人的生命是孤独的、贫穷的、污秽的、禽兽的、暂时的，这便是浩氏意想中的自然世界的光景。

在这种世界之中，出门要自己保卫自己，睡觉要锁着门，就是在屋里也要锁着箱子。对于一切东西都没有什么所有权，没有“你的”“我的”之分；谁能够取得，谁能够保持得住，就算是谁的。这种自然的世界观刚刚和孙里嘉相反。孙里嘉以为自然世界是个天真烂漫的世界，私欲诈骗一点都没有；浩布思以为自然世界是个私欲横行的世界，只以武力欺诈为根本的道德。孙里嘉以为没有私有财产权，不至于把公共的东西据为己有，所以人人富足；浩布思以为没有私有财产权，一切东西没有“你的”“我的”之分，结果只有抢夺，所以人人穷困（孙里嘉的自然世界观见第二篇第四章第二节）。但是浩氏这种自然的世界观只是由他的人性观当然推想出来的必不可免的结果，并不是指定历史上确有此事的。他的人类行为的唯一的根基，就是在这个“得到权力还望权力的接续不断、除死方休的欲望”上边。由这种人性观上演绎出来，当然要有人人互相残杀的结论。所以浩氏的自然世界观，是用外籀的方法演绎出来的，不是用历史的方法归纳起来的。

三、自然权和自然法

在浩氏看来，在自然世界中的人都有自然权；他并把自然权和自然法分得很清楚。自然权是什么呢？且看他说：

> 自然权著作家普通叫做 Jus Naturale，是各人用自己的力量保存自己的自然的自由，换句话说，就是保存自己生命的自由。（第一篇第十四章）

照他这几句话看起来，自然权的内容只是各人自己保持自己生存的自由。自由是什么呢？他又说道：

> 照自由的真正的意义解释起来，就是免掉外界的妨害。……（同前）

这种妨害可以把人类做事的一部分力量阻止住了，但是他的力量一旦伸张，他的权利便自然的完全起来了。

——以上是自然权的解释。

至于自然法，并不是这样。自然法是什么呢？且看他说：

> 自然法是戒令，或普通的规则，是从理性而来的，人类用它来禁止伤害他的生命的行为，或禁止夺去自保生命的方法；并且用它来叫人做自认为保存生命最好的行为。（同前）

照这几句话看来，自然权便是自由的意思，自然法却是限制的意思。依照自然权，人人都有要求满足自己欲望的自由；依照自然法，人人却都要负担抛弃某部分的要求使实现其余的要求的义务。自然权是使自然世界成为战争世界的原因，自然法是使人脱离战争世界的原理原则。

在那种战争不息的自然世界中，各人对于一切物件都有权利，就是对于别人的身体也有权利。平等的自然权一天存在，人类的生命便一天不能安稳。所以从自然的根本法而来的第一个法则，便是寻求和平、遵守和平——逃掉自然世界中的战争状况。要想做到这一步，只有各人抛弃自己对于一切物件的自然权。但是抛弃自然权，必定要个个人都相互的抛弃，我对于你也同你对于我一样才是。换句话说，就是各个人同各个人定下合同，禁止彼此行使自然的自由权。这是由自然的根本法而生的第二个法则。

由自然的根本法而生的第三个法则就是实行契约。浩氏把契约的实行看得非常的重要，他的正义的观念都是从这个上边来的。他以自然法为正义的渊源，因为没有契约，自然权便不能转让；自然权不能转让便是人人对于各种物件都有权利；人人对于各种物件都有权利，便没有哪个行为可以认为不正当的。契约成立的时候，便是打消不正当行为的时候。所以不实行契约便是“不正义”；反过来说，实行所定的契约便是正义。因此便断定在自然世界中没有正义和不正义的区别。这种正义的观念，与浩氏哲学大有关系，很不可轻轻的看过去。

从自然的根本法上生出来的第四个法则是对于施恩的人的感谢；第五个法则是相互的礼让；第六是对于悔罪的赦免；第七是禁此过度的复仇或凶残；第八是禁止人用言语、行为、颜色、手势等轻侮或谩骂别人；第九是禁止傲慢，一律平等；第十是禁止尊大……浩氏一直数到十九个法则；但是归总一句话：总是免除战争的原因，寻求和平的境界。所以浩氏的自然法的目的专在寻求和平，防止战争；自然法自身便是造成一种脱离野蛮状况的政治社会的工具。自然的根本法中的种种法则是维持和平的唯一的方法，和平又是充分满足各人欲望的唯一的方法。故“自利”两个字不但是自然世界中人类行为的动因，并且是政治社会中的人类行为的动因；所以要定约结成政治社会，就是想满足各人自利的愿望。

但是浩氏并不承认自然法是法律，只承认它是理性的指示。所以他说：“这些理性的指示，人家往往加它一个法律的名称，但是不正当的；因为这些法则只是关于自保自卫的结论或定理。”大概浩氏所说的自然法，内容就是感谢、礼让、平等、慈爱，等等，都是道德哲学的真正基础；至于真正的法律，却是主权者的意志的说明。这便是浩氏把道德与法律明白分开的明证。

四、社会契约

从前的政治哲学家，如亚里士多德一派人，都认定国家是人性的必然的生产物，都认定人类是天生的社会的动物；但是浩氏却认定国家是群众的制造品，认定国家的建设是人工编制的，不是自然长成的。他以为法律是同人类的自然的感情相反的契约，如果没有强制力来督促，便只是空话，便没有实力来保障一切人类。公共的权力是保障和平的唯一的工具，故没有公共的权力，便不能实行契约。换句话说，没有公共的权力，便不能建设国家。由此可见，人类并不是亚里士多德所说的“社会的动物”，只有蜂子和蚂蚁是他所说的“社会的动物”。因为蜂子和蚂蚁可以在一块生活，不致彼此相争；人类的感情专好争斗，如果没有政府来强制他们，便不能遵守契约成为和平的世界。因此，便断定人类的合同是受人造的契约的限制，蜂子的合同是由于天性的自然。故浩氏的国家起源，是理性的创造，是意志的动作和自觉的商议的生产品，并不是自然生长的。

照浩氏的理论说来，要想脱离战争不息的自然世界，只有寻求和平；要想得到和平，只有建设一个公共的权力。在自然世界之中的人类，不能合在一块定下一个契约，所以这时的人类，只是一个“群众”（Multitude）。有多少人就有多少意志，个个人都可以同他的邻人定约，结果便没有公共的意志，便没有群众合成的单一的契约。要想成为单一的意志，必定要造成一个“人身”（Person）；必得有了这“人造的人身”（Artificial person），才能成为全体合一的契约；有了全体合一的契约，才可成为一个国家。这种国家怎样造成呢？且看他说：

> 当人类的一个群众，各人同各人合意定约，多数人愿意把权利送给一个人或一个团体，做他们全体的代表；各个人，无论是赞成的或反对的，都一致的承认这个人或这个团体的一切行为和判断如同自己的一样，达到自己的和平生活和防止他人侵害的目的的时候，一个国家才可算是建设起来了。（《巨灵》第二篇第十八章）

我们对于浩氏契约的当事人，要特别注意，因为浩氏的契约是“各人同各人合意定约”，故当定约的时候，每一个人对别的各个人说：

> 我在你同我一样抛弃你的权利给他并认可他的一切行为的条件之下，承认抛弃我自己支配自己的权利给这个人或这个人们的团体。（第十七章）

这个契约一成，各人便丢掉各人的自然权，把这些权利收归国家。所以契约便是“巨灵”（Great Leviathan）的起源，或者慎重的说，就是“有终的上帝”（Mortal God）的起源。人类从这在“永存的上帝”（Immortal God）之下的有终的上帝之前，才得到和平与保障。

契约一定之后，便把无数的人格造成单一的人格，把群众的意志造成单一的意志。代表这单一的人格、单一的意志的人，便是主权者，除他之外，都是臣民。得到主权者的权力只有两个方法：（一）由自然力而得的，例如父亲制服儿子、战胜者制服敌人之类；（二）是由契约而得的，就是各人相约服从一个人或一个团体。前者叫作“取得的国家”（A Commonwealth by Acquisition）；后者叫做“建设的国家”（A Commonwealth by Institution）。这种建设的国家，就是由契约造成的。

浩布思的契约说和从前的契约说有大不相同的一点，就是从前的契约说，是说治者和臣民定约，由这种契约把统制的权力付托到特别的人手中；浩氏的契约说，是说自然世界中的个人和个人定约，由这种契约才把自然的世界变成政治的组织。前者是治者和被治者在已经成立的政治社会之中，定下合同，建设一个政府；后者是个人和个人在自然世界之中，定下合同，建设一个国家。故前者叫做“政府契约”（Governmental Contract）；后者叫做“社会契约”（Social Contract），政府契约说发生的最早，柏拉图的《共和篇》中就讨论过这种理论（见 Jowett《释本》三五九页）。《旧约》之中也有许多神人定约的纪事：大彼得（King David）曾在神前同国内长老定约；中世纪阿来刚（Aragon）的国王被选之后，也对于国内贵族行宣誓礼。——这都是君臣定约的实例。后来的学者如苏来（Suarez）、格老秀斯（Grotius），及普芬道夫（Pufendorf）（一六三二——一六九四）等都是发挥政府契约说的。在欧洲大陆上，第一个说社会契约必定要在政府契约之先的人，便是奥色斯（Althusius）。在英国最先说社会契约的人，便是浩克尔（Richard Hooker）。格老秀斯和普芬道夫也采用社会契约的理论，但是使这种理论在政治哲学中占了根本的位置，实在是从浩布思起的。

把浩布思的契约说综合起来，可以看出三种特性：（一）契约的当事人是一个一个的自然人，并不是一种团体，不是合群的人民，不是主权者。主权者是由契约发生的，不是先契约存在的。自然人相互定约，把自然权让给一个公共的受领的人，这个受领的人是最高无上的，不是契约的一方面的当事人。（二）契约是由多数人同意成立的，少数人没有权力可以反抗。（三）契约的目的在维持内部的和平，防御外部的敌人。浩氏所有的政治学说都是发挥这三种契约特性的。

五、主权者的权力

从浩布思契约说的原理上演绎出来，大概有下列的最重要的几种结论：

第一、凡契约一经成立之后，臣民便没有再造契约的权利，故臣民凡有不服从的行为都是不正义的。如果没有主权者的命令，去重新定下代替前约的新约，便是不正义的行为。因为这是违反当初的契约的。主权者便是专横，臣民也不能够反抗他；如果反抗他被他杀掉，便是自杀，因为他们定约时已认定主权者的一切行为就是臣民自己的行为。就是不同人类设定新约，去同上帝设定新约，也是不正义的行为。因为主权者是上帝的唯一的代理人，只有经过他的介绍才可以同上帝定约。大概自浩氏想来，违背君主去同上帝定约（清教徒的理论），明明白白是一句妄话。

第二、因为契约是群众中各个人同各个人互定的，把彼此的自然权互相抛弃，公同拥戴第三个人出来，这第三个人便是主权者。他并不是契约的当事人，所以他不曾抛弃什么，凡是他的自然权利和权力都一律保留起来。因此，主权者对于人民便没有不正义的行为。因为不正义是专对于违反契约说的，主权者不受契约的拘束，故无论怎样，不能叫做不正义。主权者的行为，也许有不平等不公道的地方，但不是不正义。

第三、契约成立，少数人不能拿主权是多数人选择的做理由来反抗他。因为，少数人如果是同意于多数人的决定，那么，便没有反抗的余地；如果不同意他们，便仍然在自然世界之中，随便怎样攻击自然世界中人，都绝不发生正义不正义的问题。

总而言之，自浩氏看来，人类的天性本是反社会的，除掉拿绝对的权力去制服他，便没有和平的希望。所以浩氏心目中的主权者的权力是绝对无限的，对于臣民是不负责任的，臣民的权利义务都是从主权者的终极的权力上发源下来的。如果要攻击主权者的权力，便要回复到野蛮的世界中去了。主权者只受自然法支配，除此以外，他的意志便是法律。

故说“有限的君主政体”便是名实相反了，浩氏把主权者看作一切臣民的代表，可是他这个“代表”背后，却没有人可以问他的责任。换句话说，就是他不是代表臣民意志的，故独立在臣民意志之上，不受臣民意志的限制；他所发表的意志就是臣民的意志。

主权者的权力所以要这样无限制，唯一的目的就在脱离战争不息的世界，得到和平的世界。主权者的权力因为这个目的而生的，因此，便有对于这个目的设下达到一切方法的权力。照浩氏说来，主权者为达到和平目的，方法有下列几种：

一、因为人类的意见是人类行为的动因，如果不由最高的权力取缔言论和出版，便不能保持得住和平。所以善于管理人类的意见，便是善于管理人类的行为；这样一来，才能够达到和平与一致。可见得在浩布思的国家之内并没有言论出版的自由。

二、因为主权者的权力没有设立的时候，一切人对于一切物件都有权利，所以引起战争。主权者必定要有决定人类权利的权力，定下规则，使各人知道哪些东西是他应该受的，哪些行为是他应该做的——这就叫做“所有权”。所有权的规则、人民行为的善恶和合法不合法的规则，都是“国法”，主权者独有制定这一类法律的全权。可见得在浩布思的国家之内，立法权在君主而不在议会；更可见得浩布思的私有权是由于人定法而来，不像中古的宗教家说是由于自然法而来的。

三、因为契约的目的在和平与保障，所以主权者必定要是和平与保障的方法的裁判官，臣民的争议必定要由他判断，所以在浩布思的国家之内也不承认司法独立。

四、因为军队的组织是国家保障臣民的唯一的方法，要想使这种组织统一，必定要由主权者一手支配，所以国家的宣战媾和权，必定要在主权者手中，使他知道设立军备、预备军费的方略。又因为国家的权力由国家的实力而定，军队是实力的表现，故主权者必定要同时又是大元帅，才可保持得住主权。

五、主权者无论在平时或战时，都有选任一切官吏议员和实行赏罚的权力。

以上五种权力都是主权的特征。这些权力都是不可分割的，不可转换的。别的权力，例如铸造货币等类，都可以转让，唯有上边所说的几种权力不可转让。倘若主权者丢开命令军队的权力，就是有裁判权也是空的，因为就是判决也不能执行；倘若丢开征税权，便有支配军队权也是空的，因为没有钱可以供给军费。倘若没有干涉言论权，言论家必定著书煽动革命，国家不得和平。

大概当浩布思的时代，已经有了以一个人总揽立法、司法、军队，和干涉言论、征收租税等权的凶兆。英王查理士一世（Charles Ⅰ）想废除国会，克林威尔（Cromwell）以武力治国，及路易十四（Louis ⅩⅣ）（自一六四三年到一七一五年在王位）之宣告“朕即国家”，都可以看作浩氏《巨灵》的化身。浩氏生当君主集权的时代，眼睁睁的看见英国的内乱弄成野蛮的世界，所以梦想一种万权集中的君主政体。就是讨论别的政体，——君主、贵族、民治——也以为非有一个有最高的单一的权力的主权者不可。如果要把主权分开，给这个人一点，给那个人一点，便是纷扰和内乱的原因。英国的主权者的权力，因为分由国王、贵族院和众议院执掌，所以造成内乱。这是浩氏的思想最特别的地方，也是浩氏受时代影响最显明的地方。

但是主权与自由到底怎样调和呢？浩布思关于这一点，议论也很特别。从来主张个人主义的学者，或是哲学的基础放在个人之上的学者，大多数都是主张放任自由；独有浩布思不是这样。浩氏的政治学说的起点，本是放在个人的利益之上的。但是他绝对不承认个人有对抗他已经建设成功的国家的权力。他也曾讨论过人民的自由，说自由是没有反对的意思，没有外界的势力妨害他的活动，或妨止他已经想做的事体的意思。但是人民在国家中的自由，照他看起来，只有两项：（一）主权者——国法，没有禁止的；（二）不是由当初的契约抛弃的。就是第一项的人民自由也不能够限制主权者的权力，因为权力便是实力，主权者便夺去人民的生命财产，也不受法律上有没有规定的影响。主权者杀人或放逐人，就是没有法律的根据，人民也绝不能够站起来说他是不正义；因为只有毁约才是不正义，没有契约是主权者和人民定的，故主权者无论怎样做，都不负毁约的责任。大概自浩氏看来，公平（Equity）和正义（Justice）是大有区别的。例如雅典的“投票放逐”（Ostracism），固然常常不公平，但不是不正义的。所以主权者对于人民做事，只发生公平不公平的问题，不发生应当做不应当做的问题。近代立宪政治的第一要义，就是主权者对于人民的权力要受法律的限制。如果主权者的行为没有法律的根据，无论他的行为公平不公平，都不成问题；第一成为问题的，就是他应该做不应该做。在立宪政治之下，主权者的权力受法律的限制，凡在限制范围之内就是人民的自由；浩氏的主权者的权力不受法律限制，所以就是说主权者所不禁止的是人民的自由，结果也不过是句空话。故在浩布思的主权者之下，人民的第一项的自由权几乎等于零了。

年幼的路易十四

路易十三去世时，路易十四只有4岁，虽然国家的实际权力被母后安妮掌握，但他已是名义上的国王了，开始了其长达72年的帝王生涯。在位期间，他把法国绝对君主制度推到顶峰。

浩氏的人民自由全靠这第二项，因为契约是保障当事人的利益的。换句话说，人民定约创造国家，最大的目的就在保护各个人的生命，凡是和这个目的相冲突的，各个人都不能够承认。倘若主权者要杀他、伤他、刑他，或者不替他防御杀害他的人，人民都可以不服从主权者的命令。凡关于这些事体，都在法律关系的范围之外，一齐由自然权决定。总而言之，自浩布思看来，人民对于主权者的服从是以他能够保护他们的实力之存在为限的，故服从的原因由于怕惧战争，服从的目的却在得到保障。倘若人民被主权者放逐到国家之外去了，或是主权者抛弃他自己的主权，不然，或是打了败仗，人民对于他都可不要服从。只有这一点是在浩布思的主权者之下的人民对于国家所享受的自由。

六、国家的衰弱和解散

和主权的理论最有密切关系的，便是国家衰弱和解散的理论。前边所说的是保卫国家强盛的方法，现在所说的是妨害国家生命的原由。国家是要好好的营养，使它永远生存；便不然，也不能让它由内症死亡。倘若内症发生，必定是创造的人和指导的人缺乏制造适宜法律和节制臣民行为的技能。人民如果没有一个很能干的工程师，便要建筑成功不坚固的房屋，所以如果没有好立法家和没有制定适当法律的权力，那么这个政府便同房屋一样，必定要随时倒塌在他们后辈的头上了。

浩氏数出国家许多虚弱病：

第一个病症是从“不完全的编制”（Imperfect institution）上发生出来的，如同自然的身体从不完全的生殖上发生出来的病症一样，一国的国王缺少绝对的权力，缺少安定国家保障国家所必要的权力，便要生出这种病症。例如威廉（William the Conqueror），当战胜之后造成一个错处，就是宣誓尊重教会的自由。这个错误便使国内常常发生纷扰和危乱的事件；在亨利二世的时候，大主教白凯（Thomas Becket）得教王的帮助反抗亨利二世，便是明证。再威廉·罗福（William Rufus）也造下这种错处：他想得贵族的赞助，所以扩张他们的权力，使他们可以反抗君主，后来他们得着外援，竟能够背叛国王。在罗马的历史上，也有分割主权者的权力的错处。罗马的国家本就是元老院和罗马的人民，但是无论是元老院或是人民都不能有完全的权力，所以在先惹起格来基（Gracchi）和别的人

查理二世像

查理一世与玛利亚王后的长子。早年因其父王在内战中失败，生活孤独贫困，颠沛流离。1646年，霍布斯曾任流亡的查理二世（时为威尔士亲王）的数学教师。

的暴动，然后引起元老院和人民的内乱，最后惹动磅贝（Pompey）和凯撒的冲突，且把共和国弄亡了——这都是由限制或分裂主权者的权力而发生的病症。鲍里贝士和谢雪庐等说得津津有味的制衡原理，且认为罗马政制的特别的好处，在浩氏看来，却是为内乱祸根的特别的坏处。

第二个病症便是从“杂乱的理论”上发生的。第一个理论就是使各个私人做行为好坏的裁判官。个人自己判别行为的是非善恶是在没有国法的自然世界中的状况，或是在不由法律决定的政府之下的状况。但是国法成立，法律便是行为善恶的标准，立法者便是判别行为标准的人。如果由私人判断，那么必定使人民议论国家的命令，服从它或不服从它都要由私人意见决定了。这样一来，国家便纷扰衰弱了。

第二个理论便是“凡人违反良心做事便是罪过”的理论。这个理论在政治的社会中也要排斥的。因为在没有法律的时候，违反良心做事可以说是罪过；但是在国家之中，法律便是公共良心的标准，只要由法律指导，便不要由理性指导了。如果让人以良心指导行为，便不服从法律了。人的良心各有不同，各人本各人的良心做事，国家便要纷乱破裂了。

还有第三个理论，就是说信仰和神圣不是从学问和理性而来的，是由“超自然的灵感”（Supernatural in spiration）而来的。信仰和神圣并不是不可思议的，只是从教育训诲或别的方法而来的结果。如果说是由于超自然的灵感而来，那么又可以灵感去判别善恶了。这又是解散政治社会的原因。

以上这三种危险的理论，大概都是从不学的神学家的言语文字上出来的；他们误解《圣经》，使人相信神圣和自然的理性是不能并立的。

又有第四个理论，相信主权者要受国法的限制，自浩氏看来，主权者只服从自然法；因为自然法是神圣的，无论何人何国都不能废除的。至于“主权者对于国家制造的法律，是不服从的。因为服从法律便是服从国家，便是服从他自己。他自己是不受法律拘束的”（第二篇第二十九章）。倘若主权者服从法律，那么惩置他的裁判官便是主权者了，这个理论的错误就在把法律放在主权者之上，又把裁判官放在主权者之上，并设下一个惩罚主权者的权力。这就是创造一个新主权者，再由这个道理创造第三个主权者惩罚第二个，推而至于无穷，便是使国家纷扰和解散了。

第五个危险的理论，说各个私人对于自己的东西有绝对的所有权，就是主权者也没有权力可以干与。照浩氏说：所有权别人不得干与，但不是主权者不得干与；如果主权者不能干与，那么国家便不能存在了。

第六个危险的理论，便是前边说过的分割主权者的权力。在浩氏看来，分割便是解散，“因为权力分开便是自相毁坏”（第二十九章）。

但是以上都不过是危险的理论，最坏不过的危险却不是自理论来的，乃是自外境的榜样上来的。因为邻国有不同的政体，便要去摹仿它，例如希腊的各城互相摹仿，所以常常扰乱。又如在君主政体之下的人要读希腊罗马的古代的历史，得到在君主政体之下的臣民都是奴隶、在民治政体之下的人民都是自由人的见解，对于君主政体便要革命了。浩氏把这些书籍看得同细菌的传染一样；他这种心理真有点像秦始皇的“焚书坑儒”的心理。

浩氏心目中还有一个危险的病症，就是使一个最高权和主权对立，教规和法律对立，幽灵的权力和政治的权力对立。这样一来，实在是两个国家统治同一的人民，每个人民同时奉戴两个主人，这也是国家的内乱和解散的原因。但是这还是同政府相对的精神势力，就是在一个政府之中，同时也可以有几种精神。因为一个政府可以把权力分给几个同等的机关，谁也不服从谁的支配。譬如把征收金钱的权力托附在一个普通议会，把行为和命令的权力托附一个人，再使立法的权力仰给别人或别的团体同意。——不但要第一第二者偶然同意，并且还要第三者同意。这样一来，有许多法律往往得不到同意，尤其常有的，便是常常得不到必要的营养品——租税。这就叫做“混合的君主政体”（Mixed Monarchy）。老实说来，这种国家并不是一个独立的国家，乃是三个独立的朋党；不是一个代表的人身，却是三个代表的人身。倘若国王代表人民，普通议会代表人民，别的议会又代表一部分人民，那么，他们便不是一个人和一个主权者，却是三个人和三个主权者了。这也是国家衰弱的病根。

浩布思这些议论几乎没有一处不和现在的立宪政治相冲突——就是人民的财产权、言论自由权、出版自由权、信教自由权，和三权分立说、制衡说种种，到他面前，几乎没有一个不被他看作衰弱或解散国家的祸根。浩氏的思想所以值得我们的研究，就是因为他在历史上可以做专制主义的代表。他的专制方法不但从制度上着想，并且从人类的思想言论上着想。他的政治学说本是由个人利益上着手的，可是结果却不承认个人的个性在政治社会中可以存在道德的标准、良心的判断，只受客观的法律的指导，绝不容主观的理性的主张。大概当浩布思的时代，中古国家政权分崩离散的情形的影子，还留在人民的脑筋中，新势力又在那里蒸蒸日上，处处和集权专制为仇，遂造成英国陷入无政府状况的内乱。浩氏身当过渡的时期，受时势的刺激太大，所以酝酿成功这种极端专制的议论。

七、政府和法律

浩布思的政府和法律的议论都是从他主权的观念上演绎出来的。他并不大注重政府和主权者的区别。他以为国家的区别，就包括在主权者的区别之中。如果主权在一个人手里，便是君主政体的国家；主权在全体的议会，便是民治政体的国家；主权在一部分人民的议会，便是贵族政体的国家。国家的区别只有这三种，再也没有别种样式的国家。因为主权是不可分的，故无论主权是在一个人，在全体的议会，或在一部分人的议会，必定要有完全的主权。历史上或政略书上，虽然还有什么专制政体和寡头政体之分；但是这并不是事实上另外有一种政体，只是由人类感情上强为区别的。且看他说：

> 因为他们不满意于君主政体，故叫它为“专制政体”，不欢喜贵族政体，故叫它“寡头政体”。又如他们在民治政体之下受苦，便叫它“无政府”（Anarchy）。依我想来，一定没有人相信“无政府”是另外一种新政体，更没有人相信当他们欢喜他的时候，是一种政府；当他们憎恶他或被统治者虐待的时候，又是一种政府。

浩氏同布丹一样，不承认混合政体。所以他以为可以讨论的政体只有这三种。在这三种政体之中，权力的范围是没有区别的。无论在哪种政体中，主权者的权力都是一样。所以要拿来比较讨论的，全是关于利益的问题，就是什么政体最适宜于和平保障的目的，最能够使绝对的权力向这个目的上趋。试拿君主政体和别的政体比较，最重要的利益可得四种：

（一）主权者的公利益和私利益相同。因为君主的富强荣誉只是由人民的富强荣誉而来的，倘若人民贫穷卑弱，君主也断没有富强荣誉的道理。

（二）政策由个人决定，既可以自由斟酌，又可以稳固安定，断不致今天打消的，明天又变成议决的。

（三）君主的决定不致和他自己的好恶相背，议会便不能这样。

（四）君主虽然对于他的宠爱人有不公平的赏赐，但是还是少数，不及一群人的宠爱人那样多。

浩氏的大意总是赞成君主政体，总是赞成世袭的专权的君主政体。至于那选举的和限制的国王，在他看起来，都不是真正的君主。

照浩布思的理想看来，政治社会如同动物的有机体一样，第一个要素就是统一。一切的政治机关都要绝对的服从主权者；主权者是唯一的权力，无论什么事体都要听他指挥。所以无论是议会、团体、官吏，都是遵照主权者的意思做事的机械，他们的生命权力是从他的意思发生出来的。如果国内没有一个最高权力，便是无政府，浩布思当时的制度便是一个好例。例如国王于必要时有征收“军舰设备费”（Ship-Money）的权力；但是谁有决定这个“必要”的问题的权力呢？倘若国王有这个权，他便可以随意征税；倘若议会有这个权，国王便不过是一个领钱的人了。因此便破坏主权最高和不可分的原理，便惹起不得收拾的内乱。

边沁

1748—1832 年，英国政治思想家、法学家、经济学家，功利主义创始人。边沁提出的“功利原则”认为痛苦与快乐是人类的两大主宰，求乐避苦是人的本性，是人一切行为的始因和目的。无论何种快乐，性质完全相同，只存在数量差别。

既是一切的政治机关都要奉行主权者的意思，这个主权者的意思究竟用什么方法说明呢？唯一的说明意思的方法就是立法，法律便是主权者意思的说明书。主权者虽然也执行独立生长起来的规则，但是这些规则必定要经他容许或默认才可以存立。浩氏关于这一点几乎同那些拿理想的计划来整理政治秩序，推翻一切不由理性指示而成立习惯法的革命家一样。后来边沁（Jeremy Bentham）和奥斯庭（Austin）几个哲学的激进派的法律论，就是把浩氏的法理学重行恢复起来。梅因说，他们几个人对于浩氏的法律意义的分解并没有增加一点东西，可见得他们受浩氏法理学影响之大了。

浩氏的法律定义在历史上可算得很进步的学说。从前的法家都把自然法看作法律的一种，浩氏却不把自然法看作政治社会中的法律。他以为自然法不是真正的法律，真正的法律乃是主权者的命令。且看他的"国法"（Civil Law）的定义：

> 国法是国家用言语文字或别的表示意思的符号来命令各个臣民的规则，用来作是非的区别；就是说什么是和这个规则相反，什么是和这个规则相合的。（第二篇第二十六章）

照浩氏说，国家固然是立法者，但国家不是一个人，也并没有做事的能力，做事者只是他的代表（就是主权者）。所以主权者就是唯一的立法家。主权者可以创设或废止法律，绝不受法律的拘束。习惯法能成为法律，只因为经过主权者的意思的默认。

浩氏很注重法律的解释，他以为无论是成文法或是不成文法，都必定要经过解释；不成文的自然法尤其要这样。因为自然法所以成为真正的法律，只因为它成为主权者的命令。大概自希腊罗马一直到中古，一般自然法家，都把自然法看得高出于人定法之上，并且说人定法如果违反自然法便不能称为法律。究竟自然法到底是什么呢？有的说是神法（奥格斯庭、圣太摩士一派），有的说是性法（格老秀斯一派），有的把自然法同万民法看作一样（拉士一派），有的把它们明白分开（欧尔平、托来芬尼、拉士一派）。他们相同的一点就是自然法是自然或理性的指示，不待人力编制的。因此，便发生许多不同的理论，发生许多互相冲突的解释。在浩氏君主一尊的国家之下，断断乎不能承认这种不由主权者编制的法律存在。所以说：

> 在国家中自然法的解释不能靠道德哲学的书籍。没有国家威权的著作家的权力，无论怎样真确，总不能够使他们的意见成为法律。……因为……他是由主权者的权力成为法律的；不然，叫自然法为不成文法便是大错。所以我们看见许多著作，这个和那个冲突，自己和自己矛盾。（第二篇第二十六章）

总而言之，主权者是万法的渊源，除了主权者的意思创造或默许之外，便没有法律可说。自然法不是由学者的理论便成为法律；习惯法不是因为它行了许久，或因为它合理，便成为法律；只是主权者明许或默认才可成为法律。

八、国家和教会

浩布思的专制主义不但应用到人类行为上，并且应用到人类思想上；不但行为不能自由，便连着良心也不能自由。兵士在战时良心上觉得这个战争不义，能够反对服务不能？人民因为良心上不承认某种征税为正当，能够拒绝纳税不能？在浩氏看来，如果允许这种自由，国家便成了无政府。它的主权者唯一的目的在保持和平，要想保持得住和平，必定要统一；要想统一，不但要支配人民的行为，并且还要支配人民的良心；不但要干涉行为自由，并且要干涉信仰自由。因此，便不能不讨论国家和宗教的关系。《巨灵》之中差不多有半部是讨论这个问题的（第三篇基督教的国家及第四篇黑暗王国都是讨论国家和教会的关系）。

浩布思对于基督教会的教义，可以说是根本怀疑。基督教徒以上帝的意思为指导人类行为的标准，究竟上帝的意思怎样表示出来呢？不用说是要有个做媒介的了。倘若一个人对我说，上帝已经对于他说了许多话，我必定要疑惑，不容易叫我轻于相信的。但是如果这个人是主权者，他便可以责备我服从，如若不然，便不能够使我相信或服从了。由此看来，浩氏的宗教也要绝对服从主权者的权力。所以说，教会是：

> 一个人类的团体，宣传基督教，由一个主权者的身子结合起来的；得主权者的命令便可集合，没有他的权力便不得集合。

笛卡尔像

笛卡尔生活在17世纪前期，当时批判经院哲学，建立为科学撑腰的新哲学是先进思想家的共同任务。笛卡尔和培根一样，打出了新哲学的大旗。作为17世纪欧洲革命思想的灵魂人物。有人认为现代哲学真正发轫于笛卡尔。“我思，故我在。”这是笛卡尔思想的第一原理。

因此便下两个断语：（一）凡是信仰的团体，如果不得主权者的命令，便不是教会，乃是非法的会议；（二）世界上没有什么普遍的教会可以强制一切教徒都要服从，因为在世界上，没有权力可使别的国家都受它节制的原故。从他这个断语推想起来，世界上不但没有在万国之上的普遍的教会，并且没有在一国主权者之上或主权者之外的真正的教会。

因为承认教会主权，在事实上说来，便要铸成分裂主权的大错；便是设下别的最高权反抗主权，设下教规反抗法律，承认鬼神权反抗政治权。浩氏的意思以为，没有什么神设的精神的威力能够脱离政治的权力。独立的教会并不是王国，只是随意结合的团体。教徒只能够规劝人，不能够命令人。因为他们没有强制的权力，必定要这样才能够保得住国家统一。但是反对的人可以说，如果只想统一，那么使国家服从教会，建设教会的主权岂不是主权不分，岂不是国内统一吗？浩氏的答案却不承认这一说。他不承认罗马的教会，并且不承认自古及今有精神的权力可以不经过主权者的权力而可以存在的。因此便从历史的基础上否认教会支配国家的学说。

九、浩氏学说的价值和影响

浩布思的学说最有影响于实际政治和政治思想的就是：契约说、主权论和法理的分解。但是他的学说虽然引起人家注意，引起人家研究，引起人家批评，可是很不受一般人的信仰。查理士一世时代的骑士党（Cavaliers）和后来的主张王权的人，因为他不承认国王神圣的世袭权，和叫人民转去效忠于共和政府，所以都来痛骂他。他的教会绝对依靠国家的理论，又是英国国立教会（Anglican Church）所不欢喜的；各种宗派的清教徒又因为他的理论在公共崇拜中，不许个人的自由，也不赞成他；民党（Whigs）又通同反对他的独裁的政府论。

但是以上各派人反对他或批评他，多少总有点党派的利益掺杂在内，还不能拿他们的议论来估计浩氏学说的真正的价值。最能够推翻浩氏的自然世界说和社会起源说的，便是根据历史的反对论。浩布思的最大缺点，就是不知道原始社会的实际生活，他所描写的自然世界人人互相战争的状况，和从自然世界到政治社会经过的情形，实际上并没有哪一个社会是这样的。他的社会，要么就是独裁主义，要么就是无政府，除此以外，绝没有第三种状况。他的论断全是一种假设，他的说明全是一种揣测，所以他的社会契约说全是一种虚构。他固然打破自然世界是极乐世界或无知无欲的黄金世界的梦想，但是他全不相信最初的世界，人类生性中含有社会生活的原理，和没有政治组织的初民的社会也有幼稚的基本道德。其实，最初社会结合的单位并不是像浩氏所想的个人，乃是家族或别的团体；初民的生活当然要受旧章和习惯拘束，不能够人人自由。从没有组织或简单的组织到有组织或复杂的组织中间进化的原因，不只因为不堪受某种情形，乃是因为有新需要和新情势发生，不能不同别的团体发生和平的或战争的交际。总而言之，他只认定社会的动因由于人类的自卫性，不承认社会的动因由于人类的互动性。所以他的断案是人类既不是道德的动物，又不是政治的动物。

再，浩布思的绝对的主权论也是英国当时所最争论的问题。十七世纪中，英国的国王究竟应该不应该是绝对的君主？应该不应该有浩氏所要求的一切的权力？是一个争论最激烈的问题。在一六四九年，已经把君主政体废掉，改为共和国家；一六五三年克林威尔以武力解散议会之后，浩氏所说的主权者的权力都集中到克林威尔的手中；在克氏死后两年——一六六〇年——又由共和制改为君主制。查理士二世末年，几几乎变成专制。詹姆士二世（James Ⅱ）也想照着浩氏的主权论做事。直到一六八八年革命之后，才进到立宪政治的时期。可见得十七世纪正是英国人争论国体的时代。浩氏的绝对的主权论，既不能被各党采用，又不合乎英国宪政的历史，所以克拉林敦（Clarendon）说：浩氏是不知道英伦法律和宪法的最有名的人。他说，各种国家都只有一个主权者。他就

英国1688年革命作战图

不知道中世纪的主权一半在教会，一半在国家，一半在国王，一半在诸侯，是否主权者只是一个？他说，混合的政府是无政府。但是事实上，罗马的国家就是最著名的混合政体，却不见得就有长期的内乱。他说政权一分，便要发生内乱；他就不知道制衡原理和三权分立的学说，在历史上发现出来多大的价值。英国一六八八年革命的真正价值，就在使议会得到主权者的地位。由此可见，浩氏的议论的精神，很近于大陆派的公法家，却不像英伦派的公法家。

浩氏的错误，就在把主权看得和人民的自由相反，要想扩张主权，便没有个人自由存在的余地。而且他不但不许个人的行为自由，就连意见也不许自由；不但不许个人的政治自由，就连信仰也不许自由。这是浩氏主权说的最大的弊病。但是从政治思想史的线索上看来，浩氏的主权论却是边沁的，尤其是奥斯庭的主权论的发源。浩氏和白克（Burke）、边沁一样，只承认政府权力的基础建设在社会的需要上，不是建设在人民固有的权利上。可是边沁和奥斯庭都只研究政府的存在，不曾研究主权的历史的起源。他们和浩氏的见解一样的就是，都承认法律是主权的命令；都承认主权无论在一个人，在几个人，或在多数人的手中，性质都是一样，都只是一个。主权者不受民法或宪法的限制，也是奥斯庭承继浩氏的学说而主张的。浩氏的主权的性质论本是很正当的，他们的错处就是，认定英伦的国王在他著书的时候，还在主权者的地位，一点不受国法或宪法的限制，他不主张放任政策，所崇拜的好像是“父性的政府”（Paternal Government），专重保护和教导人民。大概历史上主张集权的人，总要推浩布思为首。他鼓吹政治权力比马克维尼还要厉害。马氏说政治是实行的事务，要独立在宗教和道德之外；浩氏却说政治是哲学的理论，要高居在宗教和道德之上。

浩布思还有一个贡献，就是法律哲学。他同边沁和奥斯庭一样把法律中所含的重要的观念——主权、命令、行为、意志、志愿、自由等一一分解出来；真正说起来，他可算得是法理学中的“分解方法”（Analytical method）的真正祖宗。再他把身体中的营养系、分泌系和管理系的区别适用到国家中去（见《巨灵》二十四章）；又把国家各种的病症拿来和人身相比较——这就是把社会看作有机体，所以拿来和人身的有机体相比较。关于这一点，浩氏又可以算是社会学的老祖宗。此外还有许多论到经济学、心理学、道德学的地方，也是很重要的。总而言之，浩布思的政治思想是英国十年内乱激成功的，故很可叫做内乱时代的产儿。如果我们把他的政府起源的历史的错误、一元主权论的错误、国家支配言论思想信仰的错误，和描写人性自私自利及非社会的错误，一一改正了，所剩下来的可以说是英国的政治学中含有创造性的杰作。

本章参考书：

Graham，*English Political Philosophy*.（自一页到四七页）

Dunning，*Political Theories*.（第二卷第八章）

Stephen，*Hobbes*.

Gooch，*Political Thought from Bacon to Halifax*.（第二章）

Woodbridge，*The Philosophy of Hobbes*.

第十三章
洛 克

一、洛克的思想的背景

英国一六六〇年的复辟（Restoration），可以作急进主义派毫无建设的证明。当时国王（贵族阶级和地主阶级）与议会（商业阶级）虽然想各守中立，不相侵犯；但是到了詹姆士二世（自一六八五年到一六八八年在王位）的时候，又明目张胆的压迫议会，奖励天主教；因此，便惹起议会和新教徒的反动，便激成一六八八年到一六八九年的民党革命。洛克（John-Locke）（一六三二—一七〇四）的政治哲学便是为拥护革命而做的，目的在使一六八八年的革命得到学理上的根据。

当浩布思的时候，英国王党最奉行的便是神权说。那时的教士并不欢喜浩布思所提倡的新式的专制主义。这时反对浩布思一派学说最有名的人，就是非莫。照非莫想去，立宪的君主政体是互相矛盾的名称，因为“限制”和“君主政体”两个名词不能够同时并立，只有世袭的专制政府是真正的政府。洛克的《政府论》（Two Treatise of Government）就是为反驳非莫的《君父论》而作的。因为想打破非莫的神授的君权论，所以主张社会契约说；想打破非莫的绝对的君主专制论，所以主张立宪政体。

在英国复辟之后，一时文学界中，甚至于思想界中，都没有看见赞成共和政体的政治学说，这时的思想全受君主神权说的支配。后来有一派民党（Whigs）才出来用人民主权说来代替君主神权说。不过他们对于君主政体，只想设法限制，并不想根本推翻。他们的理想的政体便是立宪的君主政体。洛克和创造民党的首领沙夫贝来伯（Earl of Shaftesbury）最接近，既做他的秘书，又做他的家庭老师，所以他虽然生在清教徒的家庭之中，虽然肄业于经院学派占势力的牛津大学，却成为一位代表民党思想的哲学家。

洛克像

1632—1704 年，英国唯物主义经验论哲学家、思想家。他的主要政治论著是《政府论》，认为人们建立政府的全部目的只是为了保护人民根据自然法而享有的自然权力，提出把立法权、执行权和对外权分属不同部门掌握的三权分立说，对资产阶级国家制度的发展产生了巨大影响。

洛克初年虽然和沙夫贝来伯相接近，可是对于民党中的急进主义，却不大表同情。只因在查理士二世（自一六六〇年到一六八五年在王位）当国王的时候，受王党的猜疑，便跑到荷兰去躲避，一直到詹姆士二世被逐之后才重回英国。回英国之后，才发表他的政治哲学。他的《政府论》是在一六九〇年出版的，目的在用科学的方法来证明一六八八年的革命为合理的举动。第一篇论说是根据西烈（Sydney）的方法，一层一层的驳倒非莫的《君父论》；第二篇论说较西烈更进一步，说明国家和政府建设的学理。所以许多人都称他为“英国最大的或最超群出众的哲学家”。

二、自然世界

浩布思的君主专制论是从他的自然世界观中推想出来的。他既已怀着自然世界不好的成见在心，所以由此推想出来，便有君主专制政体的结论。洛克的自然世界观却和浩布思相反，所以洛克所主张的政体也和浩氏大不相同。我们要想明白洛克所以主张立宪政体的理由，便不能不先明白他的自然世界观。

洛克虽然有两点和浩布思一样：（一）以为初民生在自然世界中，没有政府的组织；（二）政府的组织是由契约结成的——但是他的人性观与浩布思绝不相同。浩氏以为人类同别种动物一样，是没有社会性的东西，两个人相遇便要战争；洛氏却以为自然世界是个受自然法支配的世界，不是杂乱无章人人乱战的世界。且看他说：

> 自然世界虽然是自由的世界，却不是放纵自恣的世界。人类在这个世界中，对于自己的生命财产虽然可以自由处理，但是除掉为高尚的目的以外，却不能破坏自己的自由。自然世界有人人要遵守的自然法支配；并有理性指导一切平等的和独立的人类，

牛津大学

虽然生在清教徒家庭之中，肄业于经院学派占势力的牛津大学，洛克却成为一位代表民党思想的哲学家。他曾于 1652 年进入牛津大学，毕业后曾任该校讲师。

> 没有人可以伤害别人的生命健康、自由，或财产。（《政府论》第二章第六段）

由此可见，洛克心目中的自然世界是个和平、合理的世界，绝没有生命财产的危险。

洛克也并不是说自然世界中绝对的没有战争，就是在自然世界中也仅有侵害自然法或不服从理性命令的人。所以他又详细的说出“战争世界”与“自然世界”的区别。他以为和平、善意、互助、保全是自然世界的特性；忿恨、恶意、暴乱、互害是战争世界的特性。但是真正的自然世界只是人人遵守理性过他们共同的生活，没有公共的权力来支配他们。

自然世界中的人既已遵守理性过共同的生活，人类为什么又要有政治社会的组织呢？且看他说：

> 人类是上帝的创造物，他不适宜于孤独的生活，深觉得有在社会中生活的必要、利益和倾向，并使他凭着理解力和言语力，来继续享受这种社会的生活。（《政府论》第二章第七十七段）

由此可见，洛氏心目中的人类生来就带有社会性，并不是“老死不相往来”，或“互相残杀的东西”。他的和平合理的自然世界观，就是这种人性观的结论。

三、自然权利

在英国清教徒革命的时代，普通所说的“自然权利”（Natural rights），大概都包括着生命、自由和财产在内。人类的行为的最初动机，就在保全生命。所以保全生命便是由自然法给予各个人的特权。这种特权是与生俱来的，是先政府而存在的，所以无论是别人是政府都不能损害它。

洛克关于自由平等的见解，很有些超出前辈的地方。他所说的平等并不是一切品质的平等，因为年龄、道德、资质等不平等也是洛克所承认的。所以洛克所说的平等，就是人类对于自然的自由都有平等的权利，不服从别人的意志或权力。（参看《政府论》第六章第五十四段）

洛克所以要人类只依自己的意志自由做事，就是因为人类有理性。所以他的自由就是不服从别人专断的意志，只自由顺从自己的意志。且看他说：

> 人类的自然的自由是脱掉世界上一切优胜权力的支配，不屈服在别人的意志或立法权之下，管理他的唯一法律就是自然法。（《政府论》第四章第二十二段）

但是自然的自由虽然不屈从人类立法权力的支配，可是社会中的自由却不是这样。再看他接着说：

> 人类在社会中的自由，不在别的立法权之下，只在由“同意”而建设起来的共和国的立法权之下；也不受别的意志拘束，和别的法律限制，只受被委任的立法部所制定的法律支配。（同前）

照他这几句话看来，自由一方面是只照着自己的意志做事，不受别人意志的支配；一方面在自然世界中却要受自然法的支配，在政治社会中又要受自己同意的制定法支配。所以洛克的自由不论在自然世界中，或在政治社会中，都是要受制限的。换句话说，就是洛克的眼中没有绝对不受限制的自由。在洛克看来，法律与自由并不是互相冲突的东西，法律的目的并不在消灭或限制自由，乃是保障或扩张自由的。

人类只要遵循自己的意志，固然什么事都可以自由去做，可是却不能自由去牺牲自己的生命，或自由去听受别人权力来支配自己。因为洛克不承认奴隶制度是由彼此同意成立的，只因为它违背自然法，故不得自然法的保障。换句话说，奴隶只是由正当的战争被人捕获的结果。奴隶为什么不能由契约而成呢？因为契约这种东西是由两造当事人的自由意志定下的，这个人如果在那个人的绝对的权力之下，便不能制定契约。洛克的话推想起来，不但奴隶与主人之间不能发生契约行为；就是像现在的资本家与劳动家之间所定的契约——劳动家受经济的势力压迫，意志不能自由，结果只有服从资本家的条件——老实说来，也不能叫做真正的契约。

洛克又把财产权当作自然的权利看待。他以为人类既有生命，便有保存生命的权利，上帝便自然要给他维持生命的饮食。上帝既把世界给予人类公有，一方面又给予人类的理性来使用它。世界和在世界中的万物都是自然给予人类维持生命的东西。但是自然既已把世界给予人类公有，那么，私有财产权岂不是违反自然的本意吗？洛克却不是这样主张。他不但不把私有财产权看作背反自然，并且把私有财产权看作适合自然的指示。且看他说：

> 土地和下等动物虽然为一切人类所公有，但是各人得私有各人的身体，除掉他自己之外，没有人可以私有他的。他的身体的劳动和手头的工作，便正正当当的属于他自己。无论什么天然物品，只要加上他的劳力，这种物品便是他自己的，因此，便成为他的财产。人类把自然生成的公共的东西，加上劳力之后，便可离开别人的共有权。因为劳力明明白白是劳力者私有的，凡是加上劳力的东西，除掉劳力者自己之外，别人再也不能私有他的，只有多下来的东西才好与别人公有。（《政府论》第五章第二十七段）

照洛克的这一段话看来，财产是劳力的结果，劳力是个人私有的东西，所以由劳力得来的物品应该归个人私有。他这种以劳力做财产权根据的见解，后来一方面成为个人主义派的私有财产权的根本观念，直到斯宾塞止，所有拥护私产制的人几乎没有一个不同他一鼻孔出气（斯宾塞在《社会静止观》中讨论财产权便引洛克的话作证据）；一方面又经过浩思金

沉思中的斯宾塞

1820—1903年，英国社会学家，哲学家，社会进化论和社会有机体论的代表人物。他社会学理论的突出特点是将社会与生物有机体进行类比，认为社会的进化过程同生物进化过程一样，也是优胜劣败，适者生存。

（Hodgskin）和唐蒲生（Thompson）之手，变成近代社会主义派劳力生产说的渊源。

洛克以为自然法中的实质要素便是自然权利，觉悟或尊重自然权利，便是自然世界中的特性。自然权利既已是自然法中的要素，既已是自然世界中所特别尊重的东西，既已是先国家而存在的东西，那么，国家成立之后，便不得不尊重它或保障它了。由国家创造起来的权利，或可由国家废止它或变更它。至于先国家而有的自然权利，便不得由国家任意废止或变更了。——这就是他主张自然权利的用意。

四、社会契约

照洛克说，自然世界本是一个自然平等、自然自由的世界，各个人生来都有几种自然的权利，为什么又要设立政府呢？且看他说：

> 照前边说的，在自然世界中的人类这样自由，对于自己的身体和财产都是绝对的支配者，一点不受别人的支配，为什么他又要抛弃他的自由呢？为什么要丢开这种权利，听受别种的权力支配呢？这个问题很容易解答，就是在自然世界中的人虽然有这种

> 权利，可是这样的权利很不确实，又常常要被人家侵犯。因为人人各自为主，彼此都是平等，严格的遵守平等正义的很少，所以在这种状态之下，都不能安安稳稳的享受他自己的所有权。因此，便使他想脱离这种可怕的和常常危险的状况，想和预先结合好的别人，或有志结合的别人，在社会中连结起来，来互相保持他们的生命、自由和财物（洛克把这三种东西通同叫做所有权）。所以人类结合起来加入政治社会，并把他们自己放在政府之下，最大的目的就在保持他们的所有权。（《政府论》第九章第一二三段）

由此可见，洛克虽然以自然世界为自由的世界，可是同时又以为缺少三种东西：（一）缺少制定的法律；（二）缺少公共承认的裁判官；（三）缺少执行判决的强制力。这三种缺陷便是人类感觉政府必要的动机。

但是各个人用什么方法加入社会，或用什么方法建设社会呢？洛克的答语便是契约。为什么必定要用契约才可以加入或建立政治社会呢？且看他说：

> 因为人类生来就是自由、平等、独立；如果不得他自己的同意（Consent），便不能放弃这种所有权，和服从别的政治权力。唯一的方法就是各人彼此同意结合起来加入社会，丢开自然的自由，听受国家法律的支配，在国内希图所有权的安全，对外防御外敌的侵入。（《政府论》第八章第九五段）

由此可见契约的成立由于人人同意，契约的目的在于保障生命、自由和财物。浩布思以为契约成立的时候，便是人人把一切自然权利一齐抛弃的时候；洛克以为契约成立的时候，只抛弃两种权利：（一）在自然法范围以内保全自己和他人的权利；（二）惩罚侵害自然法者的权利。浩氏的契约一成，便把一切自然权利奉送一个人或一群人的手中；洛氏的契约一成，只把执行自然法和惩罚侵害自然法者的权力附托在国家手中。浩氏的国家是主权者的国家，故不受契约的拘束；洛氏的国家却不是主权者的国家（因《政府论》通篇没有见过“主权”［Sovereignty］这个字），故不能超出契约的限制之外。浩氏的君主站在契约之上，不受契约的管束；洛氏的政府却在契约之下，故权力范围只以契约所规定的为限。这都是因为浩氏把契约看作人类兽欲横行的结果，洛氏把契约看作人类理性战胜的表现。

但是洛克的政治社会虽然是由各人彼此同意结合起来的。至于这个政治社会中的政治，却不必要是全民政治，只是过半数决定的多数政治。所以他说：

> 当人类的各员由同意造成社会或政府的时候，他们就是团结的造成功一个政治团体。在这个团体中的大多数人便有行为的权利，其余的人都要服从多数的决定。（《政府论》第八章第九五段）

如果少数人有不服从多数人的行为的权利，那么，当初所定的契约便毫无意义。所以洛克毅然决然的说：国家成立的契约，事实上只是由多数人的行为；世界上所有合法的政府都是这样组成的。由此可见，洛克的契约说虽然是一种理想，但是他的心目中总时时刻刻忘不掉英国的议会政治。所以他的学说多半都是英国的多数政治的写真。

五、政权的限制

洛克的国家是为保障先国家而有的自然权利设立的，所以人类权利在已定契约之后，和未定契约之先一样。换句话说，由契约而来的统治权并不是绝对的，却要受个人权利的限制。浩布思主张主权绝对无限说，洛克却主张主权有限说。这是他两个人根本不同的地方。且看洛氏说：

> 绝对专制的权力和无法律的统治，都不能与社会和政府的目

> 的相合。……最高的权力不得人类自己的同意，不得征收他的所有权。因为保护所有权是政府的目的和人类所以加入社会的原因；如果不能保护所有权，人民便以为加入社会反生出来失掉所以加入的目的之大不合理的事情。（《政府论》第十一章）

自洛克看来，如果国权无限，不得人民亲自许可，便得征收财产，那么，人民便同没有所有权一样。因此便说：“凡以为国家的最高权者（立法部）是可以任意行动，可以武断的处分人民财物，或者欢喜征收他那一部分就可以征收——这是一种错误的见解”（《政府论》第十一章第一三八段）。大概洛克以立法权为最高权，这种最高权无论在什么国家，都必定要受四种限制：（一）全国只用一种制定法支配；（二）法律要以人民的幸福为唯一的目的；（三）不得本人同意不得征收租税；（四）立法者不得以立法权转让别人。这是洛克心目中最高权的限制，也就是洛克心目中政府活动的范围。

洛克不但主张限制政权，并且主张划分政权。他以为创法权与执法权如果托付在一个人手中，便自然而然的不愿意遵从自己所定的法律，不然便要为自己的利益来制定法律。他的政权共分为三种，即立法权、执行权和外交权（Federative Power）。外交权的名词是他随便定的，大概包括战争和平条约联盟，和没有国家组织的人中间的条约联盟等权利在内。但是洛氏的分权说不过仅仅提出决定立法部与行政部的关系的大原则，换句话说，就是承认立法部为最高权力的所在。至于近代所奉为天经地义的三权分立说及三权互相衡制说，洛克却没有详细的讨论。

六、革命正当论

洛克的政治学说所以成为民党的圣经，就因为他为一六八八年的革命找到学理上的证据，说明革命是人民的正当的行为。说起洛克对于革命这件事的主张很有趣味。他先前并不赞成革命；他在一六七六年曾说明他的见解，说就是良心上要求，也绝不能以谋反为正当的行动（见 *King Life of Locke* 六二及六三页）。等到他亡命之后，才改变他的思想。

在洛克之前的政治哲学家如布丹、浩布思、非莫等，都以为国家的权力是绝对无限的；只要政府的意思已经成为法律之后，无论从道德上说，或从法律上说，都可以拘束一切人民。正统学派的议论，大概都抱着这个标准发挥；因此，便偏重君主政体，以为主权在一个人总比在一群人确定些。洛克虽然同这些前辈学者一样，把法律的威权推尊得极高；但是却不承认立法机关有绝对不可抗的立法权。换句话说，就是他不承认浩布思所极力发挥的那种主权观念，所以他所说的最高权，只是比较的高，不是绝对的高。

洛克以为政府的最高权应该在立法部；但是立法部所有的权力只是人民委托的，绝不能把这种权力转让别人。就是立法部的权力也是有限的，只能依照自然法做事，只能依照建设政治社会的目的做事。如果牵涉到人民的财产，尤其要得到人民的同意。所以照洛克的理论看来，在最高的立法部背后，还站着一种更高的和终极的权力——人民的权力。如果立法部违反人民的意志，便怎么处呢？且看他说：

> 在以保存社会为目的的国家之中，立法权虽然是最高的权力，但是立法权只是为达到一定的目的而被别人委托的权力，还有一种改废立法部的最高权力仍然留在人民手中，他们看见立法部违背委托的目的的时候，他们可以更换立法部。因为为达到目的而委托的一切权力，都受目的的限制，无论什么时候，只要是显然违背这种目的，委托者便可以没收回去，再选出适当的人来行使这种权力。（《政府论》第十三章第一四九段）

这一段话就是他主张革命是人民正当的权利的唯一根据。他以为用武力来对付没有正当权利的武力是唯一的好办法（《政府论》第十三章第一五五段）。于此又可见他并且赞成以武力对付武力的激烈的革命。

洛克虽然极力的为革命寻找学理上的根据，但是他却一方面不赞成少数人革命，一方面又想维持君主的神圣不可侵犯的地位。他以为只有对于不受法律支配的暴政才可用暴力去抵抗；不然，便不能反抗君主。至于官吏滥用职权，人民尽可以反抗，就是反抗官吏，于君主的神圣仍然无妨，所以国家还安然无恙。洛克有一种很奇怪的见解，就是君主的不法行为如果只侵害人民少数者的权利或利益，与多数人民没有直接的影响，少数人便犯不着革命。所以洛克的革命，只得由大多数人举行，少数人却不得自由革命。

总而言之，自洛克看来，只有谋公共福利，或遵守人民信托的政府。才是正当的政府。但是违反人民信托与否的案子由何人裁判呢？洛克以为真正的判断者只是人民自身，如果君主或执政官不服从人民全体所下的判断，人民便可脱离国家，回到自然世界，取一种适当的方法来对付他。由此可见，政府的行为，时时刻刻都在人民的裁判权之下；政府如果不服从他们的裁判，他们便可回到自然世界行使他们自然的反抗权。

七、洛克在政治思想史上的地位

有许多人说，洛克的政治学说，本是很平易近人的，一点新奇的特性都没有。他的各种理论大概是历代流传下来的普通思想的产儿，他绝没有唯一的师傅。他的议论都在当时的问题上立脚。他所受的教育，得自人的地方多，得自书的地方少。但是他虽然常常说，他的哲学是由他自己“粗鄙思想”构造成的；可是自我们看来，取材于古代普通思潮的地方却很不少。社会契约说本是很陈旧的学说，在希腊时候，苏格拉底和洛老高（Glaweou）辩论过这个问题。自然世界和自然权利的学说，本是罗马法家所贡献的，罗马法家又是受斯多亚派影响的。就是分权的理论，也似乎是受亚里士多德的影响多。至于革命的原理，自表面上看来，好像是他特创的，其实不然，因为自宗教改革之后，思想界对于教会和国家的问题生出一种新的见解，长老教会派（Presbyterian）的古德曼

（Goodman）和格老思（Knox）及天主教派的苏来和马尼拉，法国胡格老派的《反抗暴君的权利论》的著者和浩特曼（Francis Hotman）等，都没有一个不极力的说明公共权力是委托的性质，如果要滥用起来，委托者便可以抵抗。由此可见洛克的思想只是前代遗传下来的思想的集合体。

但是这并不是洛克的短处，却可以算作洛克的长处。无论哪个大思想家，除掉一点两点的特别见解之外，其余的议论都没有不受时代思潮影响的。学说的价值只在能把普通思想应用到实际问题上去，却不在乎超脱普通思想。洛克的议论虽然因袭前人，但是他能利用前人学说来为当时人人怀疑的一六八八年的革命找到学理上的正当的解释，正是他学说的价值。

洛克学说的根本价值，就在极力鼓吹唯理主义的生活观，因此，便主张国家和政府是为人而设的，不是人为他们而生的。所以因此又以国家和政府能达到这个目的与否来判断国家和政府的价值。洛克的伦理哲学和政治哲学，与其说是属于浩布思方面，不如说是属于格老秀斯方面。他虽然也极力讨论个人的自由，但是他总是近于蒲芬道夫，不大和斯宾挪莎相似。至于他的自然权利的理想，后来得到卢梭的发挥，竟成为近代世界上大革命的福音。他应用社会契约说来说明国家的发生，虽然没有历史上的证据；但是他的目的在说明政府的存在以人民信任为条件，所以不得不更进一步，搜求根源，说政治社会是由人民同意产生的。我们根据契约说，可以看出自然权利是先社会而有的，并不是政府或法律的创造品。由政府或法律而来的权利，当然得由政府或法律去没收它或改废它，只有先政府先法律而有的自然权利，不是政府或法律所得自由没收或改废的。政府或法律保护人权的义务和人民对于政府革命的权利，都是从这种自然权利观上发生出来的。这就是洛克的学说所以成为民党圣经的原因。

洛克对于政治思想的最大的贡献，就是他的“自然权利”的学说。他把生命、自由、财产看作各个人不可转让的权利。从前学者只说到自然权利的抽象的观念，洛克的特点就在使这种抽象的观念现出确定的意义，变成人类实际生活的具体的特权。蒲芬道夫所说的自然法，密尔东和斯宾挪莎所赞美的自由，都不过是抽象的和无实在性的观念；洛克所说的自然权利，却是建设国家的目的，可以用政治制度来保护的。政府的唯一目的就在做这几种权利保障的壁垒。洛克的这种贡献，乃是研究思想史的人所不可轻于看过的。

本章参考书：

Stephen，*English Thought in the Eighteenth Century*.（第二卷第十章）

Laski，*Political Thought from Locke to Bentham*.（第二章及第三章）

Graham，*English Political Philosophy*.（自五十页到八十七页）

Dunning，*Political Theories*.（第二卷第十章）

第十四章
十七世纪下半期大陆上的政治思想

一、大陆上政治的普通情形

英国到十七世纪下半期，经过一六八八年的革命，有洛克一派君主立宪政体的学说出现，故这一国的政治思想和制度都已具有近代立宪政体的雏形。只有大陆上几个国家，如法国，还在那里向反对的方向进行，极力发挥那帝王神权主义，或专制主义的精神。路易十四（Louis XIV）（一六三八—一七一五）时代，是近代政治史上一个重要的时代。路易十四自一六六一年亲政以后，极力向专制主义方面走去，把国内所有的权力，都集中在君主一身，因有“朕即国家”（Létat，C′est moi）的名言。十五世纪以来，以民族为本位而统一的国家，至此又变为以君主为本位而专制的国家。内务行政都由朝廷一手包办，地方自治的特权几乎一扫而空。外交政策多取侵掠主义，奉马克维尼的原则为圣经。这个时代，真正是赫林吞所说的人治时代，而非法治时代了。

和路易十四同时代的雄才大略的野心帝王有布兰敦堡（Brandenburg）的维廉（Frederick William，the Great Elector）（一六四〇—一六八八），瑞典的三个查理士（Charles：X，XI，XII），俄罗斯的彼得大帝（Peter the Great）（一六七二—一七二五）等。这些野心家成败虽有不同，但一个个都是对内极端的专制，对外力图侵掠，没有一个是为人民幸福而做事，都是为扩张自己和朝廷的威力而做事。他们的野心扰乱了欧洲的和平，故各国人心都集中在战争方面，绝没有容纳政治学理的讨论的余地。那时

彼得大帝雕像

俄国沙皇（1682—1721）和皇帝（1721—1725），亦称彼得一世。彼得在位期间仿效西欧国家，进行了以军事改革为中心的多方面改革，史称“彼得一世改革”。通过改革，一定程度上改变了俄国在政治、军事、经济和文化教育方面的落后状态，使俄国进入了欧洲强国之列。

研究美术、科学、文学哲学的人除掉做帝王的“御用”学者，或替帝王撑持门面之外，大概多受压迫。至于政治思想家，在那时可以令人注意的，只有那与洛克同年生的斯宾挪莎（Spinoza）（一六三二—一六七七）、蒲芬道夫（Pufendorf）（一六三一—一六九四），和与洛克同年死的鲍煦（Bossuet）（一六二七—一七〇四）三个人。

二、斯宾挪莎

斯宾挪莎生在荷兰，乃是葡萄牙的犹太富商之子。他在先研究希伯来文学，想成为犹太的“法师”（Rabbi），后来因为他的哲学思想与犹太教不相容，所以被他们逐出犹太人集会之外。他被逐之后，历驻许多小城，最后才定居在海牙（一六六九年），什么团体也不加入，只过孤独穷苦的生活。当斯氏生在荷兰时，荷兰共和国已经过变动，故关于政治制度的讨论尤其可以令人注意。故斯氏的政治思想一方面要求信教自由，一方面主张贵族的共和政体，都是受他自己一生经验的影响的铁证。

斯氏的思想，关于玄学的方面，和英国人大不相同，但是在政治和伦理方面，却有许多结论大至与浩布思相似。斯氏的哲学的终极性质就是“万有皆神论”（Pantheism）。他以为万有都是同一的，或叫它上帝，或叫它自然，都可以随你的便。万有的各部分都有一个共通的原理，就是“力”（Potentia），万物都是靠着此力而生存，人类为保存自己的生存而竞争。竞争就是道德，故道德就是力。凡是消灭身体或精神之力的都是恶，凡幸福都是善。自然不要求人违反自然，所以自然要求人爱护自己。每一个人对于那有用于自己的事，都有最高的权力去处理它。故在自然世界之中，每一个人都有权利去做他自己所能做的事体；换句话说，强力即是权利。所谓自然权（Natural right），就是自然力（Natural power）。人类和别的动物一样，以自利为行为的动机，自利的最后的要求就是自卫。这种自私自利的人性观，简直和浩布思一样。

但是在自然世界，既已以自然力为自然权，那么，在这种情状之下，

打磨镜片的作坊

由于斯宾诺莎的研究与正统神学存在分歧，1656年，被犹太人公会给以最高处分——永远革除教籍，此时的他只得搬到阿姆斯特丹南边的一个村庄暂住，靠磨制光学镜片维持生活。

自然是免不掉冲突了。故这时有人人抛弃自然权以谋公共的和平的必要，因此，才不得不定下契约，以保全个人的生命和利益。斯氏的伦理学建筑在个人主义之上，以为个人行为的根本动机就在寻求个人的安全和幸福。故国家这种制度也是一群的个人为保全各自的利益而设的，是为公共利益而限制个人的自然权的。唯在这种有组织的社会之中，才有社会的道德，是非善恶的标准才能够确定。国家的要素就是那强制个人服从自己命令的最高权力，这种权力只有靠着许多个人的力的结合才能够存在；主权者只有靠着组成社会的个人的势力的总积才能够最高。由此看来，斯氏的国家基础也安置在个人主义之上；换句话说，斯氏的国家就是个人

斯宾诺莎像

书中译作斯宾挪莎。作为17世纪西方近代唯物论、无神论和唯理论的主要代表，人性论是其政治学说的理论基础。他运用几何学的方法，试图从人的本性中演绎出最切合实际的原则和制度。他认为，自我保存是人性的根本原则，生存权是人的最高的自然权利，人的自然权利的大小取决于其欲望和力量的大小。

的力的总和。把个人吸收在有主权的国家之中，而国家又是个人的势力的总积，在这一点上，已经含有卢梭的"普通意志"（General will）的意味。

浩布思想把主权者的权力弄到绝对无限的地步，所以先精心着意的把契约这个名词弄得确定。斯氏对于契约这个名词不十分注意，故契约的观念在斯氏的哲学性质上不占什么重要的地位。这两位哲学家因此对于主权和自由遂生出不同的见解。浩氏先有建设起来绝对无限的主权的成见，斯氏却想极力的确定个人自由的范围；浩氏以专制为国家最高的目的，斯氏却想以自由为国家最高的目的；斯氏以为道德的行为就是合理的行为，人类应当依从理性而生活，不当依从情欲而生活。故斯氏的国家，职在鼓励人类为合理的生活，限制人类为禽兽的生活。因此便断定依从理性生活，而不依从情欲生活，就是自由。故国家的权力要以达到自卫的原始目的为限，不能绝对无限。斯氏一生以受思想上的压迫为苦，故颇注意于言论思想的自由。他的《神学政治论》（*Theologica Political Treatise*）的主旨就想证明这类的自由不但不与宗教和政治制度的维持相抵触，并且要想使这些制度巩固，非先使这些自由发达不可。个人想把思想的制裁权让给主权者。或他的言论一概想听从主权者的命令,皆是不可能的事。国家要想绝对的支配言论，一定要生出非难国教和人人愤恨的结果，必因此而危害国家的生命。故主权者绝不能有言论思想的支配权。他的权力只以阻止那直接危害国家生命的理想的发表为限，此外无论何种言论思想皆当听个人自由发表。斯氏要求言论思想的自由和异教的宽恕，和密尔东的主张大致相似。不过斯氏从国家的立脚点上观察自由的效用，密氏却从个人的立脚点上观察自由的效用；斯氏以为言论思想的自由是保持共和国家安全的要素，密氏以为这些自由是个人知识道德的发展的前提。（参看本编第十一章第二节）

斯氏在《政治论》（*Political Treatise*）中，以讨论各种政体和各种政本的利弊为主旨，他在这本书中的结论，和浩布思大不相同，就是浩氏主张君主的专制政体，斯氏却主张贵族的共和政体。斯氏以为君主政体是不可能的，因为一个人绝不能够把主权中所包含的各种权力总揽无遗，故所谓君主政体，事实上也不过是贵族政体罢了。他因为生在连塞兰（Netherland）的共和国中，实际的政治状况给予他不少的影响，所以主张贵族的共和政体。他对于极端的民治政体不十分同情，但却相信民治政府最高权力是由多数集成的，所以比较任何政体都绝对些。可惜他死在《政治论》未完成之先，所以对于民治政体没有详细的讨论。

《亨利二世》

弗朗西斯·培根除了撰写哲学著作之外，还撰写了《亨利二世》，其中饱含其政治思想方面的贡献。

三、蒲芬道夫

蒲芬道夫生的时候，浩布思已经四十四岁，格老秀斯已经四十九岁。这时格氏《战和的法律》已经出版七年了；到浩氏的《巨灵》出现，蒲氏已将近二十岁了。故蒲氏关于社会及政治的思想差不多可算是这两位前辈的混血儿；不然，至少也可算是这两位前辈互相冲突的见解的调和人。在伦理学方面，多偏向格老秀斯的原理；在政治学方面，却又偏向浩布思的学说。但蒲氏也有自己独立的精神，他在一六七二年发表的《自然法和万民法》（De lure Naturae et Gentium）就是对于当时由格氏、浩氏所引起的社会哲学和政治哲学的全体，加以精心着意的批评、选择、修改、辟驳的结果。并且这部书比《战和的法律》和《巨灵》更加渊博细密而有系统；免掉格氏和浩氏的散漫和不条理等种种的弊病，可算是给予自然法以科学的形式和名称的第一个人。

这个时代的政治思想家，所有的政治哲学，大多数都是以“自然世界”为起点。蒲氏和浩布思不同的地方就在，一个说自然世界是普通和平的世界，一个说自然世界是继续战争的世界。蒲氏的自然世界观又有一点和洛克相近，就是说在自然世界中有指导人类做事的自然法。他以为人类是合理的动物，理性的指挥命令能够引导人类做事，不论在有无社会的时候都是一样的。故自然法就是真正理性的指令，行于自然世界之中，使人类免掉相互的伤害，尊重彼此的财产，遵守他们的契约。蒲氏的自然法的界说和格老秀斯相同，以为自然法是决定人类行为的是非善恶之真正理性的命令。蒲氏著作的重要部分就在详细的作自然法的说明，他虽然没有明白的采取浩氏的自利说为法律的原理，可是他的议论却显然倾向这种观念。例如说，第一个自然法就是一定要维持和平的生活和社会的生活；私有财产是社会生活所必需的，奴隶制可以减少懒惰人——如盗贼、游民、乞丐——的人数之类皆是。蒲氏对于自然法的详细的说明，固然是属于格氏一派；但是对于一个根本问题的见解，却采取浩氏的理论，丢开格氏的理论。就是不像格氏把万民法看作能够拘束人类的法律，只像浩氏把自然法和万民法看作一个东西。

人类在自然世界中既已依照自然法做事，自可以适应一切的需要，又何必要有社会的和政治的制度呢？蒲氏以为因为大多数人只循情欲生活，不循理性生活；真正照自然法做事的只有少数人，所以为多数人起见，不能不有组织国家的必要。故国家不是为那过合理生活的哲人而设的，乃是为那下等社会而设的。蒲氏虽然略与洛克相似，说在自然世界之中，人类照自然法做事，是个和平的生活；但是因为多数人自私自利的结果，却又很近于浩氏的人人相战的状况。组织国家的直接的动机就在想免除这种不好的情状，而从自然世界变为政治社会的唯一的方法，就是定下契约。

蒲氏在他的著作之中，很详细的讨论那由自然世界变成政治社会的程序。他的国家发生说，可以说是调和浩氏、格氏学说的结果。就是一方面采取格氏的社会性说，一方面又采取浩氏的社会契约说。他以为“最初的社会”（Primary Societies）如家庭、宗教、团体、商业组织等，是由人类社会性而成的；但是要想建设政治社会，即共和国（Commonwealth），便非由意志的结合而造成契约不可。蒲氏的契约说中有一点和荷兰的学者奥色斯相似，就是主张两种契约：（一）社会契约，（二）政府契约。他以为创设共和国，这两种契约是必不可缺的。最先每一个人彼此互相定约，建设一个永久的社会，由多数决定用什么样式的设备，以保持公共的安全；然后再决定采用什么政体；最后再由政府和社会两方面另订一种契约，政府以谋公共幸福为暂，人民以忠实的服从为暂。蒲氏以为这种进行的程序，不但在政治哲学的理论上是必不可免的逻辑的观念，并且在政治史上是很可推想到的事实。

浩布思的主权的性质是最高无上绝对无限的，格老秀斯却一方面说主权最高，一方面又承认要受暂约的限制。蒲氏的主权性质说是采用格氏的，不是采用浩氏的。他也以主权为最高，但却不以主权为绝对。照他说，限制完全和主权的观念相适合神法和自然法常常限制权力的行使；

习惯在实际上可以决定主权者行为的方式；议会在君主旁边分有立法的权力，却不损害君主的主权。主权不得违反最初契约的目的，因为这种目的是订约的两造的公共安宁。由此看来，主权不过为达到这个目的的方法，方法当然要受目的的限制。可见主权是根据国民同意而来的，不根据同意的主权便没有实行的能力。蒲氏在这一点上，可以打破浩氏绝对主权的流弊，而为最近新主权论的先声。

但是蒲氏虽然在特别的一两点上，或偏重浩氏或偏重格氏不等，可是从普通的精神上看来，却明明是政治哲学中唯理主义派（Rationalists）的一个代表。这一派的好处就在把政治权力看作从人性而来的东西，看作由人类理性动作的结果。这就是唯理主义派高出于神权论派的地方。

四、鲍 煦

这时还有把政权的来源看做在上帝的手中，极力主张帝王神权说的，就是鲍煦。鲍氏是这个时代有学问的和正直的主教，他所倡的帝王神权说，全在他的名著《政治论》（*Politics as Derived from the Very Words of the Holy Scriptures*）中。在路易十四专制的时候，当然要发生出来替他写照的这一类的神权论。从《圣经》上找出神权说的根据，在中世纪本是习见不鲜的；但鲍氏却不采取那中古的形式主义和术语，只采取和他同时代的唯理主义派的畴范。他的文学的天才足使他的学说的势力远出乎那时一般混沌主义（Obscurantism）的神学家之上，甚至于有人把他放在非莫之上。

鲍氏哲学的根本原则和当时习见的教义一样。断定人类生来就是社会的动物，不过人类坏的情欲足以妨碍社会生活，若没有规则去管理他们，社会的生活便不可能，因此才有政府的必要。他有些地方虽然说到政府的权力是从个人转移到主权者手中去的，就是说个人放弃自然权利，把它给予政府权力的所有人，但这并不是他的真意旨。他以为在上帝之下的君主政体，是最通行的、最古的、最自然的政体。君主政体不但最自然，并且最强、最好；而世袭的君主政体尤其是一切政体中之最好的。他说世袭的君主政体有四种特质：（一）是神圣的。因为君主即位的时候，由上帝的牧师证明，所以如果要攻击君主的身体或图谋反对君主，就是亵渎神圣。（二）君主为人民谋幸福，照管人民一切活动，有如父亲抚养儿子一般。故就真正意义说，君主就是人民的父亲。（三）君主的权力是绝对的，是独裁的，行使这种权力只对于上帝一个人负责。故凡在世界上的人类，没有一个可以反抗他的命令的。人民对于坏君，只有祷告上帝，由上帝使他回心转意的一个方法。（四）赋予君主的理性比较赋予什么人的都多；故君主是神圣尊严的上帝的肖像，若把他当作人看待，便是大错。君主是公共的人身，全体人民都包含在他的一身之中。“如同上帝结合一切完美和各样道德于一身一样，故君主的一身乃是社会中一切个人的所有权力的结合。”君主的神威这样的超绝，当然不由人生而由天诞了。

鲍氏这样狂热的推崇君主的威权，无怪得到路易十四的赞许，而诚心诚意的领受他的教育。他以为君主的义务是没有制裁的，人民服从君主的义务是有制裁的。故“人民一定要怕君主，若君主怕起人民，那便万事都休了”。然鲍氏又何尝不力举君主的义务呢？他也说君主一定要维持宗教，维持正义。宗教无论是真的、妄的，总都是社会生活的要素；倘若君主是个能干的人，扑灭谬妄的宗教就是他的义务。鲍氏所以主张由君主维持宗教，就是想以国力维持法国的国教，反抗罗马教会的要求。把鲍氏的政治思想总括起来看，一面可算是路易十四时代感于时而动的应声虫；一面又可算是昏天黑地的发挥帝王神权说的大将。在鲍氏之外，有一位极力拥护帝王神权说的，就是德国的浩恩（Johann Friederich Horn）。他的伦理虽然不亚于鲍氏，可是却不能跳出鲍氏神性帝王说的范围。

本章参考书：

Dunning，*Political Theories*.（第二卷第九章）

Pollock，*Spinoza*，*His Life and Philosophy*.

Wakeman，*Europe*（*1598—1715*）.（自第九章到第十五章）

第十五章
十八世纪上半期的政治思想

一、当时的政治和思想的状况

自英国革命（一六八八年）到十八世纪中心，差不多六十年间，关于政治思想的名著，足以轰动一世的只有两部：一是洛克的《政府论》（一六九〇年出版），一是孟德斯鸠（Montesquieu）的《法意》（Spirit of the Laws）（一七四八年出版）。在这两大名著中间，虽然也有许多关于政治哲学和社会哲学的学者或著作，但是总不及这两大政治思想家和这两大名著富有科学的精神及普遍的势力。这时各国的实际政治和政治问题并不曾冷静或衰歇，但是这时的争论不是超出政治哲学本部的水平线之上，便是落在它的水平线之下。

英国自一六八八年的"光荣革命"（Glorious Revolution）之后，宪政逐渐进步。别的国家到了十八世纪，君主还在那里依靠神权统治，英国这时的真正统治者已经由君主变到国会和内阁了。自斯透尔（Stuart）王朝的维廉（William）（自一六八九年到一七〇二年在王位）和安丽（Anne）（自一七〇二年到一七一四年在王位）等时代，议会政府制已经渐渐的建筑起来，到韩老发（Hanover）王朝的乔其一世（George Ⅰ）（自一七一四年到一七二七年在王位）以后，内阁制也渐渐的立下基础。议会政府制一行，便免不掉政党的冲突；这时王党（Tories）和民党（Whigs）互相对立，王党想使斯透尔王统复辟，民党却倾向韩老发王统，故乔其一世和乔其二世（自一七二七年到一七六〇年在王位）天然的要依靠民党。因此民党才得到最大的胜利，自一七一四年到一七六一年都是民党大占胜利的时代。

民党的首领就是华颇（Sir Robert Walpole）（一六七六—一七四五），从他的行政权力和控制国会多数党几点上看来，可算是英国近代式的内阁的第一任国务总理。他以民党的首领，当政府之冲，总计有二十一年之久（一七二一—一七四二）。他的政策就在维持和平与繁昌，并没有什么关于政治的理论。当华颇当权的时候，王党和民党的区别渐渐消灭。在包林布罗克（Bolingbroke）和斯维夫特（Swift）的指挥之下的王党，已经丢开从前使斯透尔王统复辟的主张；民党因为久享权位，和韩老发的两代君主调和的结果，他渐渐改变从前不信任王权的态度。这时两党的区别，不在政治哲学的原理，只在地位的关系。就是不过一个系在朝党、一个系在野党罢了。总而言之，英国这时的实际政治已经上了宪政的轨道，故政局常趋向稳静，除掉政党在实际上竞争地位之外，没有关于政治哲学的根本上的争论。所以说这一类的争点落在政治哲学的水平线之下。

然英国的政争虽是政党的地位的竞争，不是学理的论战，可是它的政治在理论上还是说替人民谋幸福。至于大陆方面，这时几个强国互相猜忌，年年不断战争。战争的目的只在巩固王朝的势力。换句话说，是为赫卜司保（Hapsburg）、包本（Bourbon）或浩亨操伦（Hohenzollem）的皇族的利益而战，并不是为德国、法国或普鲁士的人民的利益而战。就是振兴农工商各业，也是为君主收税的目的而振兴，并不是为农民、工人、商人的利益而振兴。把国家和君主看作完全相同，把人民的利益和君主的特别利益、本身利益、朝代利益，看得完全一样，故除掉国际上偶然发生的事件用得着讨论之外，再没有讨论政治哲学的余地。国际法的原理，经过格老秀斯和蒲芬道夫的讨论颇形发达。但是这些原理多属于伦理学和法理学的范围，不专属于政治学的范围，所以这一类的讨论又超出政治哲学的水平线之上。（参看亶林《政治学史》第二卷第十一章第一节）

这时英国的宪政几乎成为大陆上的模范，故孟德斯鸠一般人都从英国的宪政上找出政治的根本原理。到了路易十四死后，法国的芳来伦（Fenelon）及圣皮耳（Abbe St. Pierre）、阿根生（Argenson）等，又向那和鲍煦相反对的方向走去。德国方面有渥尔夫（Wolff），意大利方面有斐柯（Vico）等，他们的思想与十八世纪的政治思想的发展都很有关系。故不能不在没有叙述孟德斯鸠的学说之先，简略的说一说。

二、德国渥尔夫和佛来德

德国在这个时代，出现一位很有系统的著作家，就是渥尔夫（Johann Christian Wolff）（一六七九—一七五四）。渥氏的哲学属于李布连兹（Leibniz）一派，把哲学的方法看得和数学一样。又以为经验的事实和理性的推测可以相合，理性和感悟力都是知识的正当才力，故渥氏也是德国的唯理主义家。他把科学分为理论的和实际的两种：前者为本体论（Ontology）、宇宙论（Cosmology）和心理学，后者为伦理学、政治学、经济学。他又把这些科学分为两类：合理的和经验的。例如合理的心理学、经验的心理学之类。渥氏的政治思想和格老秀斯及蒲芬道夫所主张的，大致相似。他所讨论的有三部分：（一）自然法，包括伦理学的全部；（二）国际法，包括国际关系的原理；（三）政治学，包括国家的学理。他的自然法说很和蒲

莱布尼茨像

1646—1716 年，书中译作李布连兹。德国近代哲学家、客观唯心主义者、唯理论者，杰出的数学家，数理逻辑的创始人。他把罪恶看作是一系列“误解”的结果，认为一旦这样的“误解”得以消除，世界和平将占主导地位。

芬道夫相近，把李布连兹和泰摩士（Thomasius）之说略加修正。他也和那时普通的学者一样，武断的说，在自然世界之中，一切人类都自由平等，并说政治社会的发生由于各个人让出天然的权利。他的主权和政府的原则就是世袭国（Patrimonial State）的原则。他的学说在现在看起来，并不激烈，但是在那时的正教的神学家看起来，他过于倾向唯理主义，所以被放逐于普鲁士的国境之外。

佛来德二世（Frederick the Great）（自一七四〇年到一七八六年在王位）继承普鲁士王位之后，欢迎渥氏返普鲁士，可见佛来德对于当时进步的和唯理主义的思想很表同情。佛来德关于政治的著作虽然只注重在实际方面，但是他对于政治哲学的贡献也很重要。他在即位之前早做了一篇论文，痛诋那时流行于君主之间的混沌主义的观念，劝告君主，说君主的在位不是由于神惠，只是得自民爱，或因为为人民谋幸福。他在即位前一年写出一部《反马克维尼论》（Anti-Machiavel），说君主只是国家的第一个仆役；君主能够在位，只因他对于人民的福利有所贡献。他反对那时各国的普通思想——尤其是德国的诸侯——说人民只是君主的私产；更反对马克维尼的《君道论》中所说的君主治国不受平常道德原理拘束的话。在鲍煦一般人大唱帝王神权说之后，来主张君主公仆和君权之本在民的学说，很可算是政治思想上的革命。他晚年又写出一篇《政体和君职论》（*Essay on Forms of Government and on the Duties of Sovereigns*）。这种新的政治精神的发现，可算是大陆上革命运动的先导。

三、英国包林布罗克和休模

英国在这个时代，是定期出版物很发达的时代，因而造成许多论文家。包林布罗克（Henry St. John Bolingbroke）（一六七八—一七五一）是这时周报派的模范的论文家；休模（David Hume）（一七一一—一七七六）本也想把他的论文分期在杂志上发表，但是实际上却是合印起来的，第一卷于一七四一年刊行，第二卷于次年刊行。这两位著作家除掉激烈的反对当时正教的宗教信仰外，几乎没有共同的地方。在政治上包氏是王党中极反对华颇的重要首领，对于王党非常的热心爱护——休氏却非难党派的竞争。

但是这两个人的性质虽然大不相同，可是他两人所讨论的问题却是一样的。他两人所讨论的问题就是英国的宪法和原始的契约。英国的学者，自福特斯鸠起经过白克（Burke），到最近的白芝浩（Bagehot）与戴雪（Dicey）止，总是对于英国的宪法赞不绝口的。包氏和休氏也以为自一六八八年革命后所造成的宪法是混合政体的最完全的榜样。它的要素在组织方面，是君主的质素、贵族的质素和人民的质素，互相调剂起来；在活动方面，是君主贵族院、众议院，互相制衡，使权力得以均平。凡鲍里贝土和谢雪庐所赞美的制衡原理，一概为这两个学者采用。他两人都以为英国人所自夸的自由，只有在这样国家的组织之中，使各机关的权力一个个都不能误占优势，才能够保持得住。孟德斯鸠以为非三权分立，不能保持人民的政治自由；包氏和休氏也以为非君主、贵族、平民三个机关互相牵制，不能保自由不受侵害，都可以代表这时政治思想的普通倾向。包氏以为国会腐败，使国王权力扩张，就是破坏英国的宪政；因拿这种见解去极力攻击华颇。休氏却相信，华颇的实际政治，大部分是保障国王的权力，使不致被众议院侵夺的很正当的方法。由此可见，混合政府制及制衡原理说在这时英国的思想界中所占的势力；直至白芝浩出来，才揭出内阁和国会打成一片之说，才把这三种机关互相牵制的传统的学说打破。

至于原始契约（Original Contract）说，自十六世纪的反对君政论派起，到一七六二年卢梭的《民约论》出版止，可算是在大陆上达到极盛的时期。但是在英国方面，当卢梭《民约论》出版的十年前，就有休模做论文反对。故对于契约说这个问题，包氏和休氏的见解还不一致。包氏有许多地方，都采取契约的原理。他以为保护一六八八年革命的结果的大法，就是原始契约由新君主和人民合意制定的宪法，就严义说，就是君主和人民之间的条件的契约。他同时又以为宪法是国会和全体人民之间的条件的契约，故人民有抵抗坏国会的权利，也如人民有抵抗坏君主的权利一样。总而言之，包氏是推崇制衡原理的，所以不承认任何政治机关有绝对无限的权力。他这种见解本有可以借重契约说的地方。

休谟像

作为18世纪英国经验派哲学家、怀疑论者、历史学家，休谟是启蒙运动的中流砥柱，他攻击超自然的信条，认为情感的本性是关于快乐和痛苦的感觉，一切道德都是建立在这些特殊的感觉基础上的。

休氏对于原始契约说的见解，在政治思想史上可算是很重要的一点贡献。这种虚构的幻想的契约说，虽然到了十九世纪，到处受人攻击；但是在十八世纪中期首先试行攻击的人，总要数休氏为第一。他以为这种幻想的学说，无论在历史方面，在哲学方面，都没有地位。凡到现在还继续存在的政府，不是由篡夺而来，就是由征服而来，绝没有是由于人民自由同意而来的。初民的结合似可说是由于公共同意，因为没有一个人有充足的实力可以强迫一切人服从，但是这时人民知识不够，总不能正式的定下契约。凡新的政府成立，无论用什么方法，但是那些忿懑不平的人民服从他，只是由于怕惧，并不是由于同意。可是因怕惧而服从，久而久之，便生出服从的习惯。如果以为这种服从是人民互相定约自由允许的，便是大错。因为人民除掉服从现政府之外，再没有别的方法，所以他们的服从全是不得已的，并不是愿意的。故休氏总以为从前或现在凡人民的服从，大多数是习惯的结果，至于政治组织的变迁，无论是由小国扩张变成大帝国，或是由大帝国分裂变成小王国，或因为殖民移居而变动；皆只是由于势力而变迁，并没有一国是由于人民互相同意或自由结合而变迁的。就是行选举制度的地方，所谓选举，也不过是少数有势力的人，或多数暴乱的人，操选举胜败之权罢了。无权无势的人民，那里能够和治者定下契约？就是一六八八年的英国革命也不过是七百人的大多数，来决定千万人的政府罢了，并不包括什么契约的理想在内。

原始契约说既已和历史上的事实及现在的现象不相合，那么契约的理想便只是虚构了。然则政府成立的基础到底在什么地方呢？休氏却把多数服从少数，看作根由于人类的冲动（Human Impulse）。他的人性观是属于浩布思一派的，就是以为人人都是恶棍。人类道德上的行为：一是由本能而来的，例如儿童的爱亲；二是由义务的观念而来的，例如遵守誓约的信义。这种义务的观念是由人类社会的必要上发生的；如果不这样，社会便不能存在。所以若要问人民为什么要服从政府？唯一的答案就是“不服从社会便不能存在”。由此看来，“功利”就是个人所以服从政府及人类所以为社会的生活的原因。休氏的伦理学和政治学彻头彻尾是一个功利主义家（Utilitarian）的见解。照他的说法，实在的利益乃是人类社会生活的动因。

休氏除掉反对契约说之外，还反对那时最流行的神权说。他以为神权说乃是有神论（Theism）的必不可免的推论。但是这种理想可以保障世袭的君主，同时也可以保障篡位的僭主；固然可给予君主以神圣的使命，可是同时也可给予警察官以神圣的使命。如果照神权说者的主张，说万物都是神造的，说一切权力都是从神而来的，那么上自帝王下至警察官都是上帝委任的，都有神圣不可侵犯的权利；无论怎样专横的政府，也没有人民过问的余地了。

休氏在政治思想史上的地位也很重要。他虽然没有创始某一学派，他的著作虽然不是政治事实的有系统的说明，他的思想虽然受洛克和赫其生（Hutcheson）一类学者的恩惠，但是也有人推尊他为英国的功利主义的始祖。他在这时种下反对契约说的种子，传播到边沁手里去，便成为十九世纪的一大学派。

休氏用事实来证明原始契约说的错误，在这一点上很可表现出来历史方法的真正意义。此外还有一位在政治思想史上很可称为历史方法的代表者，就是意大利的斐柯（Giambattista Vico）（一六六八—一七四四）。他所著的《新科学》实际上就是历史哲学，他的政体分类大都得自《罗马史》。自此以后，讨论政治和社会问题，而用历史上的事实做证据的学者，便逐渐的多起来了。

本章参考书：

Dunning，*Political Theories*.（第二卷第十一章）

Lecky，*England in the Eighteenth Century*.（第一卷六三——一九页、一六〇—二一〇页、二七一—二七八页）

Stephen，*English Thought in the Eighteenth Century*.（第二卷一六七——八五页）

Laski，*Political Thought from Locke to Bentham*.（第四章）

第十六章
孟德斯鸠

一、孟氏的略传

法国自路易十四过世之后，便进到反动的时期，以怀疑主义和合理的自由来代替从前王权万能和压迫自由等思想。而离卢梭的《民约论》出版只十四年的时候，有一位学者性质和卢梭的根本推翻的革命思想相反，仅抱着改良现状的进步的思想，就是孟德斯鸠（Montesquieu）（一六八九—一七五五）。孟氏生在包尔德（Berdeaux）附近的一个贵族的家庭。成年的时候，学习法律。一七一四年充当包尔德市议会的议员；后两年，他的伯父死而无子，乃以孟氏继承他的权利和议长的官职。但是孟氏对于这种任务没有多大的兴趣，故任职十年中，独专心去研究文艺、哲学、政治、科学等学问；到了一七二六年便退出议长的权利，把精神和身体都集中到学术研究的一个方向上去。孟氏就在这个时候，已经因著作而知名了。他在一七二二年，公表他的《波斯人的书信》（*Letters Persanes*），托波斯人的言语，以讽刺那时法国的文学、宗教、政治、社会的习惯和遗传。这种著作很受当时的欢迎，他的文名便因此大振。孟氏自退出议长的职权后，去到巴黎，不久就被推选为巴黎学士会会员。因为看见法国的政治精神沉沦太久了，故想极力预备他的政治著作，以矫正当时政治上的弊端。他于是立定主意，从观察各国实际政况入手，因遍到欧洲各国去游历，经过奥国、德国的各邦、匈牙利、瑞士、意大利、荷兰，最后到了英格兰。他在英格兰虽然只居住两年，但是所得的印象极大，英国的宪法和法律差不多就是他一部分的政治思想的模型。他回国之后，再居故土，在一七三四年便把他的第二名著《罗马兴亡史论》（*Greatness und Decline of the Romons*）做成了。这部书在近代历史哲学中，要算是最早的重要的著作。

孟氏费了半生心力，从观察各国实际政治得来的见解，都包含在他的最后的名著《法意》（The Spirit of the Laws）（亦译《法律的精神）之中。这部书固然免不掉缺点，但是总可算是用历史的方法研究的出产品。他的知识虽然往往有杂乱和不完全的弊病，他的推论虽然失之轻率，他的判断虽然动不动就招失当之谤；但是他的政治理想总是从历史的经验上得来的。比较当时一般契约说家，梦想太古的自然世界的情状，梦想政治社会发生时的情形，总觉可靠得多。故拿孟氏来比浩布思、卢梭一般人，很可以看出独断主义和经验主义的不同的趋向和价值。

二、孟氏的方法和根本原理

孟氏的思想大概有两个来源：一是罗马的历史，一是英国的宪法。他的政治哲学的目的和全体的系统，大概都是由这两种原素决定的，由此生出那为孟氏政治哲学中心的自由观念。《法意》一书范围很广，与其说它是政治学，不如说它是社会科学。孟氏所以能够超出当时一般公法学者之上，计有两种原因：（一）想适应各种政体的政治上需要，来建设一种立法和制度的比较论；（二）想普遍的观察各种国家及各时代的实际制度，来建设政治和法律的比较论。他的普通精神多半得自亚里士多德的《政治篇》，好像亚氏从观察一百五十多种不同的政体，得到他的政治哲学的理想一样。亚氏的出发点是一定的事实，拿事实做材料，从中找出理想；孟氏的出发点也是从前罗马的历史和当时英国的宪法，拿平素考察的所得做根据，作为批评一切法律制度的标准。他的大功就在对于那由可疑的假设演绎出来的论断，提出历史的研究法。故孟氏的方法是亚里士多德的方法，不是柏拉图的方法；是布丹的方法，不是浩

孟德斯鸠像

法国哲学家、法理学家，国家制度和法律的批评家。他政治学说的理论基础和出发点是“法的精神”。他认为支配人类社会生活的不是偶然性和神意，而是一切事物本性所固有的必然联系的规律性。1748 年，他的名著《论法的精神》问世，这不仅是一部法律、政治著作，而且是一部用自然和社会因素来说明各国历史和不同制度的特点，以彻底否定流行的神学史观的著作。

布思和洛克的方法。他不曾有国家性质或国家主权的纯理哲学的观念；故他虽然和那时的思想家一样，从自然中去找出法律的标准，可是他的自然的教训不是从纯粹理性的抽象假定上演绎出来的，乃是从已往和现在的生活的具体事实上推论出来的。所以孟氏的社会现象和法律意义的说明都不外用历史和观察两个方法。故以方法论，孟氏正正当当的属于历史的和归纳的学派。

从柏拉图到洛克，凡下法律定义的，不说法律是理性的指示，便说法律是主权者的命令，到最近又说法律是人民的意志。这些法律的定义多是偏向主权的方面，绝没有人从物观方面着想。孟氏在《法意》中，首先就下法律的定义，照他说：“就最普通的意义解释，法律乃是由事物的性质而生的必然的关系。”就这个定义说，一切事物都各有各的法则：神有神法，物质世界有物质法，超人有超人法，禽兽有禽兽法，人类有人类法。凡一件事物存在必定有它的因果关系，在这些关系之中，就包含有事物存在的法则。一切法则都有确定不易的关系，如同物体的运动力常依该物体的量和速度的关系而增减一样，各种不同的相总是归于一，每一种变化总是依一定不易的法则而行。人类的智力虽然可以创造法则，但是必定先有法则的可能性，然后可能的法则才可以存在。故在未制定法律以前，即已经有可能的正义的关系存在，成文法是依这“正义的关系”的事实而规定的。孟氏这种物观的法律标准说，至少可以免掉个人任凭私意胡乱立法的弊病。因此，他便以“立法者”自居，把立法者看作圣贤，如同希腊时代把梭伦（Solon）、李克格士（Lycurgus）看作唯一的立法家一样。

在神法、制定法等法律之先，有所谓“自然法”（Laws of Nature）。从来所谓自然法，大概都认为是自然而然的，孟氏却认为是适应自然世界中的人性和人类生活的需要而生的，自然法的第一原则是和平，第二原则是寻找食物，第三原则是互相亲爱，第四原则是社会生活的欲望。这四个原则都是从他的自然世界观而来的。孟氏不像浩布思，把自然世界看作战争的世界。他以为最初的人类是怯懦的东西，听到风吹草动都要害怕。因而断定在自然世界中的人类没有人觉得各自平等，只有人觉得自己是劣等的，因此便不敢互相攻击，而得到和平的状况。浩氏说战争是自然世界的情状，孟氏却说战争是社会成立以后的情状，因而认定浩氏之说是倒果为因。再因为在自然世界中的人类觉得自己怯弱，故觉得有得到维持生活的衣食住之必要，结果便要寻找食物，再因为人性怯弱，一接近同类便觉得快乐，因此便发生同类的亲爱性，更因为人类生有智力，依智力的作用，有促进互相结合的动机，因而发生在一个社会中共存的欲望。由此看来，自然法不过是初民维持生存的非理性的冲动，到了社会成立，人类知识增加，一切情状便都改变了。人类便丢去怯懦的感觉，各自争权，而变成战争世界了。人类既已从自然世界进入政治社会的新境界，这种新境界就是发生制定法的原因。制定法因三种关系而分为三类：（一）国际法；（二）公法；（三）私法。因民族与民族的关系而生出国际法，因各国的治者与被治者的关系，而生出政治法（Le Droit Politique）即公法，因各个公民的互相关系，而生出民法，即私法。国际法的根本原则在使各国当平时互谋幸福，当战争时极力缩小战祸的范围。至于公法和私法，必定要适合国家的特别情形。一国的法律要以适合国民的性情为主，这国法律能够原样的适用于别国，乃是罕有的事。决定某种政体的好坏，必须要看它能否适合某一国的国民的性情。孟氏因此便说，法律与一国的气候、土地、位置、面积、居民的主要职业——例如农业、狩猎、畜牧之类——宪法容许的个人自由范围、居民的宗教、居民的倾向、富的程度、人口、商业、风俗习惯等皆有极大的关系。进一步说，一国的法律尤其与各法律的相互间、各法律的渊源、立法者的目的，和适用法律的主体，互有关联，孟氏这种因时因地因人而异的法律观，乃是采用历史的和观察的当然有的结论。他所说的“法律的精神”，就是由这些关系的综合建设起来的，所以他的《法意》一书，全以研究这些关系为事。

三、政府的性质和原理

孟氏的政体分类在《法意》中占很重要的地位。他把政府的“性质”（Nature）和“原理”（Principle）分开，性质是对于政治组织说的，原理是对于政治作用说的。换句话说，前者是就各种政体的构造方面而言，后者是就那促动政治作用的人类感情方面而言。严复意译孟氏这一段话如下：

> 治制（政体）有形质（性质），有精神（原理）。所谓形质，乃其物之所由立；所谓精神，乃其物之所由行。形质以言其体，精神以著其用；体立而后制度形，用明而后人情著。（《法意》第三卷第一章）

在孟氏看来，这个区别是极重要的，有许多法律都以这个区别为关键。

孟氏以政府的组织为基础区别出来三种政体——共和政体、君主政体、专制政体；而共和政体又分为二种：民治政体、贵族政体。孟氏的政体界说是“共和政体是最高权力在全体人民或一部分人民的政体；君主政体是一个君主依确定的法律统治人民的政体；专制政体是一人独裁不依任何限制的政体”（《法意》第二卷第一章）。孟氏这样的分类既不合乎逻辑，又没有什么创见。他的分类基础一半建筑在主权者人数之上，一半又建筑在执行主权的方式之上。所有政体的名称和特质几乎没有一个不是因袭前人的。

孟氏把政体的原理的差别看得比性质的差别尤为重要。因为精神是人类感情所流露，一切政治活动都以它为动机。四种政体——民治政体、贵族政体、君主政体、专制政体——都各有各的精神如下：

民治政体——道德（Virtue）
贵族政体——礼让（Moderation）
君主政体——荣宠（Honour）
专制政体——恐怖（Fear）

孟氏所谓道德，并不是伦理的道德或宗教的道德，只是“爱国，爱平等”的政治的道德。所谓礼让，并不是从懒惰怯懦而来的，乃是在道德的基础上发露出来的。至于君主政体却不以道德为精神，只以荣宠为精神。名位爵禄各有等级，人心因为仰慕荣宠，便各自发愤有为。君主用荣宠去鼓励人民，也可使人民建赫赫的功业，故虽然没有道德，也没有什么妨碍。至于专制政体，只有用严刑峻法去威吓人民，使人民奉命顺旨，不敢对抗，便可相安；道德荣宠都是不必要的。

孟氏很和亚里士多德相似，以为政府的性质可以决定宪法的性质。共和政府当由全体人民行使最高权力时，叫做民治政体，当由一部分人民行使最高权力时，叫做贵族政体。但是除掉用选举的方法之外，再没有别的法子可以行使主权，故规定选举权的法律乃是共和政府的根本法律。至于议会和别的政府机关的形式和行为、官吏的人数和权力，也都要由法律明白规定。孟氏这种见解多半是由希腊罗马的历史上的事实中得来的，所以他的议论多征引希腊罗马的制度习俗为例。他以为选举的方法有二：（一）拈阄；（二）投票。拈阄是人人平等，毫无选择；投票则选贤任能，有所选择。故民治政体宜用拈阄，贵族政体宜用投票。至于立法权，在民治政府应该放在人民全体的手中；在贵族政府应该放在选举出来的议会或元老院的手中。孟氏虽然很信任民众，但却不迷信民众万能。他以为民众最适宜于择人，却不适宜于治事。且看他说：

> 夫一国之民固多庸众，然使之举人而畀以权，其智尚足任也，盖其所择者皆已所谙悉，而耳目闻见不可荧也。譬有人焉，身经累战，而为常胜之家，此宜将帅者也。又有人焉，廉公慎勤，为群众所称道，此宜尉正（Praetor）者也。乃至身家之富有，居室之闳丽，尤易见也。司空将作，真其选矣。夫使观人必资于事实，彼国民地位平等，处阛阓市府之间，观听所周，固有过于高拱深宫出跸入警者。独际事情诡变一发千钧之顷，务当机立决，晏然因应，乃有以措一国之势于至安，则国民之才诚有不逮，抑亦势有不可者矣。（《法意》第二卷第二章语从严译）

孟氏关于选举的公开和秘密也很注意。他以为规定选举方法的法律乃是民治政体的根本法律。在民治政府之下，选举应该公开，因为“愚贱居其多数，而贤者恒在上流，使其明扬（公开选举），则上流常有左右多数之势力而大人长者之凝重，有以镇其飞扬妄躁，而纳之于仪轨也”（第二卷第二章）。至于贵族政府，或民治政府的贵族元老院，应该用秘密选举，以防止一切阴谋。

前面所说的是关于共和政府的根本法律，至于君主政府的根本法律乃在保障特殊阶级的利益。因为君主一人不能单独统治，必定要靠许多贵族帮忙。君主与贵族，存则俱存，亡则俱亡；故有“无君主无贵族，无贵族无君主”的格言。如果君主政府要废止贵族教官和都市的特权，不变为民治政体，便变成专制政体。在保障贵族阶级之外，并要有保障法律的机关。保障法律的职责，既不能托附于贵族，又不能托附于皇家议会，一定要托附于独立的司法团体。贵族和君主的左右，只能托以君主随时的意向，根本法律不能由他们保管。因为依法律统治乃是君主政体的要素，故必定要制下守护法典的法官。至于专制政体，贵族法官都不必要，这个政府的根本法律只在建设一个“宰相”（Vizir）。因为孟氏理想中的专制政体，乃是东方式的专制的帝王制，万事皆由一人独断独行，和议会制、内阁制绝不相容，故只能建设一个“在一人之下万人之上”的宰相。

以上说的是政府性质和宪法的关系，现在再说政府原理和法律制度的关系。孟氏以为教育和立法都要和各种政体的原理相适合。就教育一项说，在君主政府之下要教人民知道求荣；在民治政府之下，要教人民知道尚德；在专制政府之下，要教人民知道畏威。孟氏关于民治和专制的理想，和希腊罗马的学者所见大致相同。他的特别贡献，只有讨论制度和荣宠的关系一点。他以为荣宠是君主政体的灵魂；而荣宠和贵族又如父子的关系——就是由荣宠生出贵族，由贵族又生出荣宠。在民治政府之下，要叫人爱平等；在专制政府之下，要叫人做奴隶；惟在君主政府之下，便专要叫人尊重这尊卑贵贱的差等。故孟氏论君主政体的教育时，说道：

> 然而心德，其所教者，本于尊己之意多，而本于及人之意寡；非导之使亲于其群也，乃修之以自别于庸众。
>
> 其论德行也，也不课其隐微而贵其喧赫，不严其公私而重其后伟，常歆其奇瑰而不道其中庸。（第四卷第二章语从严译）

又说：

> 是故君主之国有三箴焉，教育者之所重也。其一曰：知有富贵之价值，不知有性命之价值。
>
> 其次曰：视富贵之奉若固有之，慎勿妄自菲薄，而以为非所克堪。

其三曰：宁犯国律，毋伤荣宠，荣宠之所禁，虽国律之所不禁，相与厉其禁也愈严。（同前）

大概孟氏的理想中的最好政体总不外是英国式的君主立宪政体。他所说的民治政体乃是古代的制度，并不会梦想到近代民治政体的精神和实质。故孟氏尊重贵族崇尚荣宠的观念，仍是中世纪封建制度下阶级制度的旧观；用荣宠来羁縻人民的方法，仍是封建诸侯以爵禄名位笼牢臣下的旧方法。其实英国这时的宪政，虽然大部分势力仍然在贵族手中，可是他们在这时，乃是为人民争自由、谋幸福，却不是为自身争荣宠、谋特权了。但是孟氏所用的是历史的方法，所以他所得的知识，只是回顾的，不是将来的；只是往事的考证，不是未来的理想。

四、政体的变革

孟氏既然把政府的原理看得重要，认为是发动政体作用的主因，那么一切政府的形质，当然要随政府的精神变迁而变迁了。所以孟氏的格言就是，“每种政府的腐败常常从它的原理的腐败起首”（第八卷第一章）。要想使政府巩固，必定要先使它的特别精神永远存在；精神一旦腐败，政府自然也要跟随它腐败了。孟氏专从事实方面立论，认定某种政府的存在，全靠某种精神维持。如果某种精神存在，自然无法可使政体变迁；如果某种精神灭亡，就是想使政体不变也办不到。故孟氏对于政体的变革，只是平心静气的讨论，自己并不加入好恶的意见。既不像主张进化说的人，时时刻刻希望一切制度的变迁；也不像保守家，想方设法的要维持旧有的制度。所以他的目的专在说明变迁的原因，不像柏拉图、亚里士多德等特别注重防止革命的方法。

孟氏以为民治政府的原理是平等，民治政体不但在平等的精神灭亡时要腐败，并且在平等太过时也要腐败。如果不服从自己所举出的官吏，人人自以为长官，使长官丧失威严，放肆无忌的风气遍于全国，风俗、秩序、道德必定一扫而空。民治政体到了这个地步，便一定要灭亡了。贵族政体最重礼让，如果贵族专横，那么治者和被治者皆没有道德了。至于君主政体的腐败却和民治政体相反，即民治政体因人民僭夺议会、官吏和法官的权限而腐败，君主政体因君主侵夺社会和城市的特权而腐败。所以孟氏说：

> 民主之倾也，以众庶夺议官长吏与司理者之柄也；君主之弊也，以王者侵地方自治城邑应有之权也。前之弊也，弊于宜萃者而为涣墓于下也；后之弊也，弊于宜分者而为专劫于上也。（第八卷第六章语从严译）

君主到了不想使臣下任职，必欲使臣下尽为奴隶，那么，荣宠便变为耻辱了，故君主政体也无法可以维持了。至于专制政体本不是长治久安的政体，腐败是当然，不腐败却只是偶然。故专制政体常由自身破坏，如果没有不期而来的事情——如天时、地利、宗教、人才等——去维持它，便没有不腐败的。孟氏生在法国，并生在这个时代的法国，痛恨专制政体本是当然的结果。

孟氏并不像柏拉图和鲍里贝士一般人，把政体变革看作循环的，说无论何国的政体变迁都有一定不移的定例。他只说明某种政体腐败，一定要变成某种政体，例如说，民治政体当平等的精神完全丧失时，便变为贵族或君主政体；当平等大过时，便变为无政府或专制政体。贵族政体中的贵族，当他专断而不遵守法律，并把地位弄成世袭时，便成为寡头政体。至于君主政体的唯一的变迁，只能变成专制；到了“一国之政总于京师，京师之官总于宫廷，宫廷之事总于一身”（第八卷第六章），便早已成为专制政体了。这就是孟氏所说明的政体变革的定例。

孟氏深信法律制度和政府的原理有不可脱离的关系。如果原理变迁，那么建设在这个原理之上的法律制度也一定要跟着变迁。因为原理是法律制度的根基，根基一坏，则旧法律、旧制度与新原理必不相容，结果必引起普通秩序的纷乱。

孟氏又以为国境的大小对于政府的原理也有直接的影响。他敢断言：共和政府国境宜小，专制政府国土宜大，君主政府国土宜大小适中。如果共和国家太大，则国家公益常被无数私利益牺牲；若在小国，公共的利益显然易见，阴谋私计很难施行。至于君主国家，若国境过小，势将变为共和；若国境过大，又要分封贵族，结果尾大不掉，君主必等于赘疣了。只有专制国家疆土宜大，一切权力集中于一人，大可以救济国势散漫的弊病。照孟氏看来，国境变迁，政府的原理也要跟着变迁，因而政府的形体也要变迁。故国境这一个物质的基础也是维持政府原理的一种工具（第八卷自第十六章到第二十章皆说明这类事）。除马克维尼以开疆辟土为巩固君主国家和共和国家的一种方略外，其余自希腊学者到卢梭，大概多说小国家宜于共和，大国家宜于专制；直到法美的共和国家成立之后才打破这种谬见。

五、三权分立论

孟氏在政治思想史上最大的贡献就是三权分立论，十九世纪的立宪国家几乎没有一国不把他三权分立的学说当作天经地义。他的特点在以三权分立为保障政治自由的唯一方法，所以要想知道他唱三权分立说的用意，必定要先知道他的政治自由的界说。孟氏以为自由有两种：一政治自由（Political liberty），二个人自由（Civil liberty）。政治自由并不是无限制的自由，因为“政府国家者有法度之社会也。既曰有法度，则民所自繇者必游于法中。凡所可愿，将皆有其自主之权；凡所不可愿，将皆无人焉可加以强制”（第十一卷第三章语从严译）。故要想保障政治自由，必先要使政府的权力不妄用；要想使政府的权力不妄用，必先要使政权分立，得以互相牵制。凡法律所未责成人民的事不要强制他做，凡法律所允许人民的事不要禁止他做——便是政治自由的真正解释。至于个人自由，他却没有详下定义，因为他所最注意的只是政治自由一方面。

孟氏以为凡是无限制的权力不管它在君主手中，在贵族手中或在人民手中，都可以危害自由。所以他说，“民治国家和贵族国家在性质上未必便能自由。政治自由只在中庸的政府中可以找得出来；但中庸的政府亦未必常得到自由，唯权力不滥用方可得到自由”（第十一卷第四章）。他以为在经验上，人类只要有权力，便易于滥用权力，故制止权力的滥用，便是政治自由的神髓。换句话说，政府权力受一分限制，就是政治自由得到一分保障。主权的观念孟氏并没有十分的注意，不过有时偶然说到一两句罢了。由此可见，孟氏的理想政体是受法律限制的君主立宪政体，他根本上不仅仅依赖人性，所以结果重法治而轻人治。

孟氏以为，世界上有一个国家，以政治自由做宪法的直接目的——这个国家便是英国。故他特辟一章专门讨论英国的宪法（第十一卷第六章）。孟氏在英国宪法中所找出的三权分立论大半得自洛克，不过把洛克的立法权、执行权、外交权，修改为立法权、行政权、司法权罢了。但三权分立论虽然不是孟氏的发明，可是自他把洛克执行权和外交权归并为行政权，又加上司法权之后，便成为近代政府权力的普通分类，这却不能不说是孟氏的功绩。且看孟氏三权的划分：

> 每种政府都有三种权力：即立法权、行政权、司法权。
>
> 君主或执政官用第一种权力，来制定暂时的或永久的法律，修改或废止现行的法律。用第二种权力来宣战媾和，遣派或接受公使，保障国内的公安，设备国界的防御。用第三种权力，来处罚犯罪，或裁判个人中间的争讼。（第十一卷第六章）

政治自由与三权分立有什么关系呢？因为孟氏根本上把政治自由看作人民心意安宁的结果。且看他说：

> 人民的政治自由就是指着每人确信自己无忧的意志安宁而言。要想得到这种自由，那么政府的组织一定要使人人不必互相

怕惧。（同前）

现在政府职务的分配，多以分工原理做根据，故防止专制的用意少，便于治事的用意多；从前政府职务的分配多以制衡原理做根据，故便于治事的用意少，防止专制的用意多，孟氏三权分立的基础自始至终都放在制衡原理之上。且看他说：

> 当立法权和行政权归并在一个人或一个团体手中时，便没有自由可说。因为将要发生怕惧，恐怕君主或元老院要制定专制的法律，并且用专横的方法去执行它。
>
> 再如果司法权与立法权、行政权不分，也没有自由可说。倘若司法权与立法权合并，那么裁判者同时就是立法者，人民的生命和自由便要受到专断的支配。倘若司法权与行政权合并，那么裁判官便要凶残了。
>
> 再如果把三种权力放在同一个人或同一团体的手中，无论他是贵族团体或平民团体，一切事便都完结了。（第六章）

由此看来，孟氏的确有分权就是自由的偏见。其实英国在孟氏著书的时候，司法官虽然是独立，行政部与立法部虽然是分工；但是众议院已经有弹劾权，贵族院已经有审判权，绝不是三权绝对的分立了。这是孟氏对于英国宪法的误解。但是欧洲大陆上的行政权虽已经和司法权分开，只有立法权和行政权还没有像英国那样的分立；法国尤其是没有议会，自一六一四年到一七八九年，国民会议并未召集过一次，使国王和人民的意见没有方法可以沟通。孟氏身当其时又怎能不羡慕英国的制度呢？又怎能不把英国特有的制度郑重的向法国介绍呢？

孟氏讨论分权的时候，始终以制衡的原理做根据。如君主的“不裁可权”，议会的“弹劾权”；如贵族院只有“准驳权”，不能有“议决权”；都是在互相制衡的原则上建立起来的。且看他说：

> 我们所讨论的政府的根本组织，是立法部建设两院，各以否决的特权互相牵制。两院同受行政部的限制，也和行政部之受立法部牵制相等。这三个机关（两院和行政部）这样牵制，似乎要变成停顿的状态了。但是人事必然进行，故这三种机关仍是协同活动的。（第六章）

因为孟氏把制衡原理看得这样重要，所以竟反对“立法行政两部打成一片”（白芝浩的话）的议会政府制。且看他说：

> 倘若没有君主，从立法部中选出一定人员来执掌行政权，那么自由便消灭了。因为立法行政的两种权力合并起来为一人所有，很容易成为专制。（第六章）

其实当孟氏的时候，英国宪政已经渐渐向议会政府制方面进行，议会政府制的特色就在立法行政两部融成一片。但关于这一点，不独孟氏误解英国宪法，就是英国学者直到十九世纪末期还说制衡原理为英国宪法的要素；到了白芝浩著《英国宪法论》时才驳倒这种谬见。故一个十九世纪，都是孟氏的三权分立论成为欧美各国政治家信条的时代。

六、法制与气候及物质环境的关系

自然与社会政治的关系的道理虽早已被希腊人说破，但在布丹以前，一般学者都仅能拿抽象的或概括的理论证明；直到布丹以后，才能够拿具体的或个别的事实证明。从十六世纪到十八世纪，物质世界的知识已经大大的进步，故孟氏说明物质世界和社会制度政治制度的关系，也比布丹更有科学的价值。布丹只说人类特性因经纬度发生差别（参看本编第六章第六节）；孟氏却特别论到气候温度、空气燥湿和土壤肥瘠的差异。由此可以看出自然和社会政治关系的学说，由简而繁，由略而详，由抽象而具体的进步线索。

孟氏以为气候的寒热燥湿和人身各官能大有关系。他的生理的解释虽然有许多地方不合乎现在的科学，但是他的结论认定人民的心意感情多因气候的关系而异，却是不能否认的。制度因民性而不同，民性又因气候而不同；故气候便是制度的根基，有某种气候自然要酿成某种制度，乃是必不可逃的结果。且看他说：

> 万物遇寒则缩，遇暖则伸，是故气寒则民之腠理蹙，而肋糸（糸音密，至细之丝也，与系异）之。韧性亦增既蹙且韧，故血之周流亦易以速也。然则所以使之遒紧坚强者，即此使缩之寒而已。气暖者反是，阳精发越，支糸弛纵，是故肋缓体柔，而精力减。（第十四卷第二章语从严译）

因此便断定寒国人民多劲悍，热带人民多疑畏，“热带之民如老夫，其于行也，常顾虑而惧怯；寒带如少年，其人世也每喜事而有为。”（同前）所以气候较寒的地方，多得较高的政治自由；气候较热的地方，多生服从的习惯。换句话说：寒带宜于自由，热带宜于奴隶。就欧亚两洲比较说：亚洲形势没有真温带，只有寒带与热带相直接：至于欧洲各部虽然风气不齐，但皆在温带之内。因此便断定亚洲多专制政体，欧洲多自由政体，亚洲人民多奴隶，欧洲人民多自由（第十七卷第三章）。孟氏仅以天时一项，作为欧亚文野强弱的唯一原因，这种见解已显然错误，但他自己却说是独创的见解。此外如欧亚两洲的地势，在孟氏看来，亦与政治自由有重要的关系。亚洲的地势宜合，欧洲的地势宜分。亚洲地多平原，由山脉河流分成很大部分，故很容易建设大国，实行专制的政治。至于欧洲地势，早分成许多适中的地域，因为不容易建设大国，故多行自由的政治（第十七卷第六章）。

孟氏又以为土壤的肥瘠也和民情国政有重大的关系。硗确的地方，人民往往艰苦耐劳；肥沃的地方，人民往往惰怯贪生。故沃土人民不能与强力相抵抗，身家的顾虑既深，自然很容易驯服。瘠土人民往往百死一生，捍卫祖国，他们的自由就是自己争得来的。因此便断定：沃土常行君主政体，瘠土常行共和政体。“高原之众，乐自治之民主；而处下泽者，则愿贵族为之君；至于海畔居民，则又欲杂取二制之长，并用之以为政府也。”（第十八卷第一章语从严译）这都是孟氏心目中的地形和政治的关系。

总而言之，孟氏的见解多半得自历史，尤其是得自历史上的零碎记载，故往往以不关重要的一时一事作为一国一洲政治上的普通原则。孟氏常说明气候和物质环境时，把天时地利的自然律看得太重，把人为的力量看得太轻，以为只要生在某种地带，便自然而然成为某种社会或政治的组织，好像这是天造地设的不是人力所能左右的。这种见解固然有弊，但却是受时代的影响。因为再生时代的思想，以为宇宙是为人而设的，人类是宇宙中的主人翁。到了科学发明时代，人的地位大大的低落，人类是地球上的一小部分，地球是太阳系的一小部分，太阳系又是宇宙的一小部分；故人类在宇宙中简直是“沧海之一粟”了。孟氏生当此时，故在自然界中求公律，以为求到自然公律便可应用于社会国家，不要人类自作聪明，自造公律，也是顺着时代思潮的当然的结论。

七、法制与礼俗经济的关系

《法意》的大部分讨论法律与国情制度的关系，可是所谓国情和制度并不尽然是属于政治的，大半却是属于社会经济宗教的。照前节的叙述可以看出孟氏注重天时水土的程度，但是孟氏却以为人类并不只受某一种原因支配，所谓天时水土只是支配野蛮民族的；至于一国人民的普通精神，乃是综合天时、宗教、法律、政训、先例、道德风俗等影响而成的（第十九卷第四章）。这是孟氏见识超人的地方。照孟氏说，立法家如果能够明白社会经济宗教政治等各种关系，然后制定法律，这种法律才有价值。故孟氏心目中确实没有“放诸四海而皆准”的抽象的空想的原理，只有因地因时因人而异的制度。因为他的知识都是从实地观察和历史教训得来的，绝没有什么乌托邦的成见横梗在心目之中。

孟氏以为“天下古今，固有甚美之意，至良之法，以其民心德之不逮，而不克实施”（第十九卷第二章语从严译）。如果人民囿于礼（Manner）俗（Custom），虽有神圣的立法家，也不能变更他。故立法家当以人民普通性质为标准而立法。如果普通性质善良，虽有小疵，不必立法去拘束他。换句话说，就是立法家当以一国的精神为精神，去因势利导，绝不可与民俗相背（第十九卷第五章）。就是想移风易俗，也要利用风俗来变更风俗（第十九卷第十四章）。礼俗并不是立法家建设起来的，因为立法家既不能建设它，也不愿建设它。法与礼不可混为一谈，法支配臣民的行为，礼支配人类的行为；礼与俗也不可合而为一，前者关于内行，后者是关于外行。中国与斯巴达的立法家混合这三种东西为一，故人民谦逊文弱，一旦去掉外面的仪文，便要放纵了（第十九卷第十六章）。故孟氏敢断定：政治上的恶不是道德上的恶，矫正道德上的恶不是法律的职务；人民的道德可用别的方法改变，不可用惩罚的立法的方法改变。这就是孟氏明白划分的法律与礼俗的区别。

孟氏对于法律与经济的关系也讨论得很精细。他很推重商业，以为商业和文明进步大有关系，且看他说：

> 通商者，所以治囿习拘虚之圣药也。每见其地民风恢台，则商业必盛；而其地之商业盛者，人心乐易，又可决也。此可视为公例者矣。
>
> 吾国之俗，其日去僿野而进文明以此。盖商业既兴，异国之俗若在庭户，优劣文质得相观而互较焉；相观互较，进化之事出矣。（第二十卷第一章语从严译）

孟氏虽然有许多思想来自希腊，可是却没有希腊人轻视商业的偏见。他不但不轻视商业，并且先斯密亚丹（Adam Smith）倡通商可以致太平之说。且看他说：

> 商通而天下太平，势必至，理固然也。甲乙二国通商，则其利相倚，甲以购货而利，乙以售之而亦利。盖惟两利而俱存，故常互倚而不争。（第二十卷第二章）

这种见解便是十九世纪中自由贸易派的信条。

孟氏以为商业也因政体而异。“君主之商业，大抵以国俗之奢而后有，虽所通者，亦应民用，而其本旨则以致瑰货奇物，以厌其骄奢娱乐喜新厌故之情。若民主之商业，则以生计之殷而有事，其中商贾知列国之所贵贱有无，常取有余以周不足”（第二十卷第四章语从严译）。孟氏的根本见解如此，所以说：凡在君主的国家，银行公司以及其他商业二具，都不宜有，因为王者不可与民争利。贵族经商违反君主制的精神，英国不禁贵族经商，所以王朝的权力越过越弱。孟氏的思想，只禁止贵族经商，却不反对因商而为贵族，这乃是他想鼓励商业发达，并防止商业被贵族独占的用意。赫林吞以为财产的平衡和政权的平衡是互相关连的，必须把这两种权力通同放在人民手中，平等的国家才可以实现（参看本编第十一章第三节）；孟氏却以为财产与政权必定要分开，如果金钱权力聚在一人，民利必尽被君主夺去（第二十卷第十章），或者可以说是对于赫氏学说的反响。

八、孟氏的特色

近代历史上有两个政治思想家好像站在孤立的地位，和当时思想界的空气相隔绝，当时的普通思潮似乎影响不到他们，于是他们便成为异军特起的政治思想家。这两个人一个是十六世纪初头的马克维尼，一个是十八世纪中期的孟德斯鸠。孟氏和他人不同的特点有三：（一）思想的范围；（二）思想的方法；（三）自由的原理。在这三点上，可以表现出孟氏个人的特色。

孟氏《法意》的内容几乎把社会科学一齐包括在内。凡政治、教育、刑法、宪法、政治自由、个人自由、赋税、气候、土壤、礼俗、商业、货币、户口、宗教，下至衣服、宫室、奴婢、妻妾等制度，都有相当的讨论。这样包罗一切社会科学的著作，在历史上简直可以说没有人能够与他相比较。他虽然有时也有抽象的理想，可是他的理想却没有一件不是从历史和观察上得来的。真正说起来，他所说的，只是实际政治，不是理想政治；只是从实际社会生活中求原理，不是悬出一个原理，用以创造一种社会生活。这就是他用历史方法的结果。马克维尼和布丹所用的也是历史的和观察的方法；但是他们所观察的，只以已经进化的国家为限，至于孟氏生当新大陆发现和世界交通之后，不但观察美洲土人的生活状况，就连非洲、日本、中国的风俗礼法，也收入他参考的范围。这是孟氏的历史和观察超出前人范围的地方。

孟氏关于自由的学说也和当时普通思潮不同。那时一般契约说派如洛克等，都把自由的基础放在虚构的"自然权利"之上；觉得这种权利是先政府而有的，从性质上说，政府不能去干涉它。故只在限制政府自由动作时，自由才可以存在。至孟氏书中，绝没有论到自然权利，也不像洛克注重个人的权利。他所特别注意的，不是人类的权利，只是政府权利的分配。他不会说人类生而自由，只说人民惟生在分权的政府之下才能得到自由。当时社会契约说和自然权利说的种种思潮，似乎完全没有影响到孟氏。

但孟氏另外又有一种特性，就是他的知识都是回顾的。他的思想来源不限于一时代、一地方、一民族、一学派，故他的著作可以说是古今中外的法制礼俗的杂货铺子。只要是一种事实，不管这件事是出自信史，或出自旅客的杂谈、教士的报告，都一律信以为真。所以孟氏的著作，不但文体杂乱无章，不相承接，就是所引证的事实，也是零零碎碎，不相统属的。故他的书中，也有金玉，也有瓦砾，好的坏的往往是杂然并陈的。因为这样，所以在好的方面，不分文野国家的法制礼俗一体待遇；

在坏的方面，便往往把一件偶然的事实，建为政治法律上的大原则。又因为他从历史的事实中求原理，所以在好的方面，没有架空的理论；在坏的方面，又往往拘泥古制，叫人看不出进化的方向。故孟氏的思想，只偏重古旧的典故，很轻视当时新生的学说；只可说是十八世纪以前的各种思想的一个总结束，并不像卢梭为十八世纪末期设下一个新纪元。至于把那从十六世纪到十八世纪新生的民治思想的真精神总合在一块，集下一个大成，建为十八世纪末期的政治上信条的，乃是卢梭的《民约论》，却不是孟氏的《法意》。

本章参考书：

Sorel，*Montesquieu*.

Dunning，*Political Theories*.（第二卷第十二章）

Pollock，*History of the Science of Politics*.（第三章）

Flint，*History of the Philosophy of History*.（二六二页至二八六页）

六安文化名人丛书

高一涵全集

第五卷

监察工作文稿

高一涵　著

全国百佳图书出版单位
时代出版传媒股份有限公司
黄　山　书　社

1931年，高一涵（后排左二）任国民政府监察院七区监察使时与于右任（前排中）等留影。

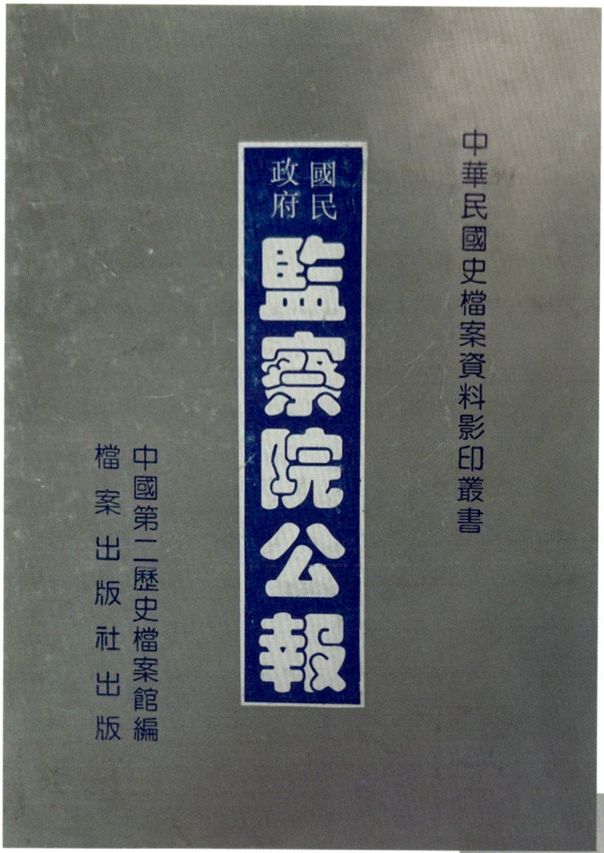

档案出版社出版发行的
《国民政府监察院公报》

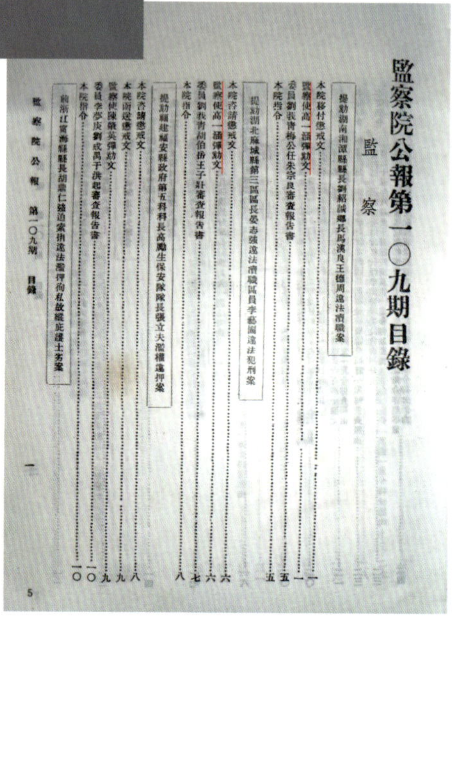

監察院公報第一〇九期目錄

監察

提劾湖南湘潭縣縣長劉紹誠鄉長馬漢良王德周違法瀆職案

提劾湖北麻城縣第三區區長晏志強違法瀆職區員李藝園違法犯刑案

提劾福建福安縣政府第五科科長高勵生保安隊隊長張立夫濫權違押案

前浙江寧海縣縣長胡鼎仁殘迫索損違法濫押徇私故縱庇護土劣案

目　录

弹劾、纠举、建议、审查报告书文稿

调查报告、电文、演讲、参与起草的法规

附　　录

弹劾、纠举、建议、审查报告书文稿

“提劾庄智焕更订大东大北太平洋等公司水线合同丧权辱国案”委员田炯锦高一涵刘莪青弹劾文

（1931 年 3 月 5 日）

呈为交通部电政司长庄智焕办理国际电信水线交涉，与大东大北等公司所议条件，违反本党外交及电信自主政策及交通部拟具解决办法，失职丧权，应即提出弹劾事：窃维本党政纲及政府政策，均以收回国家主权及国际通信自由为原则。案查十九年一月一日行政院转呈国民政府文开：案据外交交通两部会呈，嗣后无论何国政府或公司及私人，在中国境内不再许以海底电线登陆之专利权。又查十八年五月十八日行政院密呈国民政府文开：据交通部拟具大东大北公司全案解决办法：（丁）所有专利特权合同及其他合同中关于专利特权之条款，应即通告取消。（戊）由交通部通告两公司：关于登陆接线合同，可按原约至一九三〇年即民国十九年底为止。在中国领海内安设之水线，悉归中国所有，由国民政府交通部实行接管。万一磋商结果，一九三〇年后水案仍须公司管理，不能取消其登陆接线之权利，则下列条件，实为最低限度之要求，务令公司承认：

（一）须向国民政府交通部领取登陆特准凭照，并缴纳定额租金。（二）只许公司转递外洋电报。（三）不得直接收发报务。（四）公司应将水线维持完善，倘有损阻，即须迅速修复。（五）增加中国应得报费。（六）遇有国内或国际间重大事故，国民政府保留派员检查监视或暂行收归自办之权利。（七）以上特准限期，以二年为限等因各在案。查庄智焕所呈关于电信水线交涉之经过情形节略称，议决最要六点中有：（一）登陆执照有效期限自五年至十年云云。查水线登陆在合同上并未明白规定，仅于公文中标出。今庄智焕竟提出此项条件，是将从来合同上所不曾规定登陆专利权，用明文给予一层保障；不但在合同上未为登陆专利权之取消，并且在合同上增加登陆专利权之保障；既违交通部嗣后不再予任何国政府或公司及私人，以海底电线登陆之专利权之主张；又不遵守交通部所拟取消所有专利特权之办法；丧失国权，莫此为甚！即令交涉让步，亦应遵照交通部戊项第七款条件，特准期限以二年为限。庄智焕何所根据？竟让步至五年至十年？该公司既经领取执照，则在五年或十年之中，所有登陆专利权不但在事实上不曾取消，并且在法律上加以保障，此议果定，则在此五年或十年中，我国丧失交通主权，仍与从前无异。再查交通部拟具解决办法：（丙）由交通部通告两公司将各项借线立即收回，至迟于本年底（即十九年底）与代办水线一律实行接管。今庄智焕始则云：由水线登陆处至上海公司运用室接线，应由交通部电政司借与公司使用，归电政司修理维持；继则云：只许必要之线，联结公司运用处及水线，其余均归我国电报局管理运用。交通部拟具解决办法，主张将所有借线，一律收回，自行接管，而庄智焕竟允许借与公司，明明与交通部收回所有借线及代办水线之办法相抵触。而且所谓必要之线，以何者为标准，既未明白指出，必由该公司认定无疑。果由该公司认定，则何线非必要之线，即何线非借与之线，而交通部所谓收回，庄智焕所谓其余均归我国电报局管理运用，皆将完全成为空言。凡借与公司之线，即我国所不能直接管理之线，果尔则国际通信之自主权，又完全丧失矣。又查交通部拟具解决办法：（戊）前清政府既任公司擅在吾国领海安设水线，复无条件许其登陆接线，自由营业，此类辱国损权之规定，在今日国民政府之地位，本可不受拘束，因此便于最低限度条件中，提出公司不得直接收发报务之办法。既不许该公司直接收发报务，则所有接收及投送电报之权，自应由交通部收回，自由行使。今庄智焕始则主张投递接收事宜，由中国政府委托公司办理，并派员监督，屋外可挂中国电报局牌子；继则主张收发事宜，由我国电报局全权办理，公司现役人员，可接受委任，以资熟手。所谓屋外挂上中国电报局牌子，则内部之组织毫无变更可知；所谓公司现役人员可接受委任，则我国用人行政权之须受限制又可知。此种敷衍搪塞之办法，不特贻邻邦之笑，抑且为吾国之羞。外人享自由营业之实惠，我国享收发报务之虚名，果何用心而竟让步至此？综上情形，于拟分报费一项，并未呈报。其中损失，仅就传闻所知，新草约与旧合同比较，交涉当局报告，认为每年增加收入一百万元，而实际则仍须损失二三百万元以上。查从前旧合同摊分报费，中国方面所得每字为三十八生丁半，现在新草约则分内地与上海两种，内地为六十生丁，上海为三十五生丁（照旧合同减少三生丁半）。按实在情形与商务情形论：上海电报费，须有专家详细核算，方能知其确数。以与内地，其比例为百分之八十与百分之二十，此其中究竟孰得孰失？尤宜研究（该项电报上所举数端，皆系重要关键，其余较轻问题尤不胜枚举）。兹当改定合同之日，正我国收回五十年来丧失国际通信自主权之时，庄智焕司何事？竟敢一误再误，致交涉条件失败至此！可见外间呈控累累，不为无因，似此失职丧权，应依弹劾法第二条提出弹劾。是否有当？乞依法交付审查！

附一：

委员高友唐邵鸿基周利生审查报告书

（1931 年 3 月 7 日）

呈为报告事：案奉院长交下田刘高三委员所提弹劾交通部电政司长庄智焕办理国际电讯水电交涉失职丧权一案，指定友唐鸿基利生三人审查。友唐等当将原案及各种关系文件分别详加审查，咸认原弹劾案所指庄智焕失职丧权各节，事证确凿，情迹显然，自应交付惩戒。在官吏惩戒机关尚未成立之前，应弹劾法第七条先行呈请国民政府，予以撤职之急速救济处分，听候官吏惩戒机关成立之后，再行交惩戒。所有审查意见，合依监察院审查规则第七条缮具报告书，呈请鉴核施行。再查庄智焕现经交通部调任参事，虽免去电政司司长职务，仍应再撤现职，不能因调任而避免，合并声明。

附二：

监察院呈国民政府文

二十年三月十一日

弹劾交通部前电政司长庄智焕由呈为依法提出弹劾案事：查职院于民国十九年十一月十二月间，叠据漳州电信职工会、宣化局全体职工、福建省电信职工会、江苏河北福建三省电信职工会等先后电呈称：今年年底为吾国交通部与大东大北等水线公司合同届满之期，已损主权，不难收回，乃阅京平津闽浙各省通电，电政司司长庄智焕竟敢贪赃枉法，使交涉失败，请免职查办等语。时职院尚在筹备期间，此事系外交重案，主管部方交涉进行，不敢轻听人言，阻挠国计，惟有静默观察。本年一月间，又据福建职工会将该会纠正交通部与大东大北太平洋三公司协定大纲所呈中央党部及钧府呈文印刷分送，亦指斥庄智焕辱国丧权。职院对于本案，已竭力注意。及二月十六日准钧府文官处第一二八五号密函称：奉主席交下庄智焕函呈办理电信水线交涉节略，奉谕应交监察院切实查明核办，并转饬交通部格外慎重，毋得稍有丧失国权之处等因；并检送全案文卷到院。仰见钧座关怀电政，护惜国权之至意。嗣于是月十七日以后，叠准钧府文官处公函，催查本案。适右任及各监察委员等均于二十三日以前先后宣誓就职，当即检出本案，交监察委员刘莪青高一涵田炯锦等详细审查去后，旋据各该员等依据弹劾法第二第三等条之规定，提出弹劾案。略称：交通部电政司司长庄智焕，办理国际电信水线交涉，与大东大北等公司所议条件，违反本党外交及电信自主政策，及交通部拟具解决办法，失职丧权，应即提出弹劾等语。当依本法第四条之规定，指定监察委员邵鸿基高友唐周利生等审查。嗣据报称：友唐等将原案及各文件详加审查，咸认原弹劾案所指事证确凿，应依法惩戒；在官吏惩戒机关尚未成立以前，应依法先呈国民政府，予以撤职处分，听候交付再查。庄智焕现经调任参事，仍应撤现职，不能因调任避免等语。查前任交通部电政司长现任参事庄智焕，身为国家主持电政之官，当敬念总理经营缔造之艰难，挽回国际电信已失之权利，而永保其自由。乃值此改废合同之日，受交涉重寄，而所议新合同，竟与十八年五月交通部所呈之解决办法及十九年十月该部所呈之交涉经过及将来应付方法，大相违背，诚如钧谕之所示者：该参事实属丧权辱国，咎无可逭。应请俯察各监察委员等所呈将该参事免职查办。并据弹劾法第七条之规定，请饬下行政院转行该部，敬遵前谕，慎重补救，似应撤销新订各款，为急速救济之处分。以惩不恪而挽国权。谨抄件附呈，伏祈监核训示。

（《监察院公报》第一期）

“提劾庄智焕更订大东大北太平洋等公司水线合同丧权辱国案”委员刘莪青田炯锦高一涵质问书

（1931年4月22日）

呈为依法提出质问事：案查交通部参事前电政司长庄智焕办理国际电信水线交涉，失职丧权，经莪青等于本年三月五日提出弹劾案，今已月余，未见国民政府予以若何惩戒，仅由文官处交来行政院关于水线交涉之密呈一件，及附件一册。莪青等将来件详细核阅，藉悉此次办理水线交涉之经过，固不为外传丧权辱国之甚，但参考第一次至十二次电信水线交涉会议纪录，庄智焕个人之违法失职，实属罪无可逭。兹谨为院长详细陈之。案查交通部长王伯群于十八年五月所拟关于电信水线交涉大纲：（甲）预付报费合同，应即通告废止，债款另订办法。（乙）代办水线，应通告于一九二九年内收归自办。（丙）所有借用陆线，应即通告实行收回。（丁）所有专利权合同，及其他合同中关于专利权之条款，应即通告废除。（戊）所有水线登陆及接线合同，可按原约至一九三〇年，即民国十九年底为止；惟公司须预先承认期满后之新办法。所谓新办法者，即自一九三一年（民国二十年）起，在中国领海内安设之水线，悉归中国所有，由国民政府交通部实行接管。我方至必要时，可允于数年内酌提该水线营业纯益若干，作为酬报。原有公司技术人员，亦得酌予继续雇用。万一磋商结果，一九三〇年后水线仍须公司管理，我方因环境所迫后，不能取消其登陆接线之权利，则下列条件，实为最低限度之要求，务令公司承认：（一）须向国民政府交通部领取登陆特准凭照，并缴纳定额租金（二）只许公司传递外洋电报。（三）不得直接收发报务。（四）公司应将水线维持完善，倘有损阻，即须迅速修复。（五）增加中国报费。（六）遇有国内或国际间重大事权，国民政府保留派员检查监视，或暂行收归自办之权利。（七）以上特准期限以二年为度。该部曾将右述大纲呈请行政院转呈国民政府备案，并由行政院饬令交通部应即遵照办理。十九年十月交通部密呈交涉经过，又云：该公司等如能幡然醒悟，本平等之原则，以与我国开诚协商，职部为求我国在国际多一通讯机关计，亦无妨于不失主权之下，使其存留。倘仍持强硬态度，我方惟有采用断然之处置以与周旋，若交涉至本年底合同期满之时，再无解决办法，拟将该公司等在我国登陆之水线暂行撤除，然后再与磋商，彼时该公司等无所凭依，则一切条件，或将就我范围矣。是为交通部第二次拟具之应付方法，曾经国民政府于十九年十月二十四日以指令密字一九一七号备案。据此，可知国民政府对于电信水线交涉，在十九年十月以前，绝无表示让步之意，亦绝未付予交通部以让步之权，延至十九年十一月间交通部呈报办理国际电信水线交涉情形，虽略表示困难，然仍云职部鉴于以往国际电信所受之损失，仍应积极再与该公司等严重交涉，俾冀多挽利权。是仍无让步之表示也。直至十九年十二月九日第三次国务会议上，交通部长王伯群始主张交涉让步，反复陈明缘由，经议决水线登陆期限，改为十年或十余年。是交通部主张让步之最早期间，为十九年十二月九日。在此日以前，负交涉全责之庄智焕，倘不照十八年五月之原定大纲力争，则为失职；倘擅许水线登陆期限逾二年以上，则为违法。今试一查庄智焕负责办理水线交涉之会议纪录，不仅失职违法已也，且有故意陷外交于失败之嫌疑。

查第一次与太平洋公司会议为十九年四月七日，纪录有云：庄司长说：运用水线为一事，管理水线营业为另一事，公司可以运用水线，而管理之权须完全在中国政府之手。公司代表说：我们可以在上海运用吗？庄司长说：当然可以。按现在水线之终点为宝山，由马尼拉到宝山，属诸公司；由宝山到上海，属诸政府。在十九年十月交通部密呈交涉经过，尚有倘交涉不得要领，则将该公司等在我国登陆水线暂行撤除之决心。庄氏有何根据，竟于同年四月七日第一次会议席上，即行明白表示让步。此其违法失职，故意陷外交于失败之罪一也。

同年六月二十四日第二次与太平洋公司会议纪录有云：庄司长说：我们预备给你们水线登陆期限五年。公司代表 Deegan 说：五年期限未免太短。庄司长说：期满后，你们可以请求延长……公司代表 Dodd 说：五年未免太短，如果别的条件议妥，我请司长将期限较五年稍微延长一点……庄司长说：你们希望多少年？公司代表 Deegan 说：我意二十年并不算多。公司代表 Dodd 说：三十年吧。庄司长说：交通部预备给你们五年，但我们可以从长计议。试考交通部密呈交涉经过，在十九年十月以前对于水线登陆期限，绝无让步至二年以上之意，而庄氏于同年六月之会议席上，有何根据，竟将原定登陆期限至多不得过二年之成案推翻，始既许以五年，继又明言期满可以延长。查公司代表最初之要求不过欲将登陆期限较五年稍微延长，而且当时并未坚持。庄氏向公司代表说：你们希望多少年？公司代表一说：我意二十年并不算多。一说：三十年吧。玩其语意，并非坚决要求，不过试探我方意思。乃庄氏不但未曾严词拒绝，而且允为从长计议。竟于本年一月三十一日附呈关于电信水线交涉节略，谓：公司方面最初坚持其登陆权为永久的，思以三十年之继续登陆权，为放弃永久权之交换条件，以严词驳复后，方无异议。与会议纪录完全不符，饰词蒙蔽，究何居心？此庄氏违法失职，故意陷外交于失败之罪二也。

又查会议纪录，并氏与大东大北两公司第一次会议时，坚主收回吾国领海内水线，而与太平洋公司第一次会议则绝不谈此事，已属不合。且三公司并非一体，自不应召集三公司联席会议，使其合而谋我。乃庄氏竟于十九年八月二十六号召集三公司联席会议，其应付方法已属失当。且于会议席上说：从前本委员会曾决定给予你们登陆期限五年，但念及我们过去的友谊，今准延长为十年。违背原则，一再让步，丧权辱国，莫此为甚。此庄氏违法失职故意陷外交于失败之罪三也。

又查十九年十一月五号与三公司会议纪录，公司代表 Dahuson 说：为表示我们乐与迁就计，我们愿再让步，要求登陆期限与报务合同期限，均为十五年。庄司长说：好吧！对于第二点若何？Dahuson 说：你已经同意吗？庄司长说：不是，我欲先知一切条件。但直至散会，庄氏并未曾提及登陆期限问题，仅于散会时自动提议：翌日上午九时，将出席者分为两组，一组为普通会议，一组为专家会议。乃第二日早晨各公司代表并未出席专家会议，至十时许，庄氏向我国专门委员声称：今天公司专门委员不能到会，专家会议可以不开。旋与吴南如二人与公司代表开普通会议，不令我国其他委员出席。其会议纪录云：公司代表 Deegan 说：我们很惊奇你在昨日会议席上仍坚持登陆期限为十年之原议，从我们上次会商中，我们记得你说登陆期限可以延长为十五年。Psoctos 说：我记得你很明白的说登陆期限可以给我们十五年。庄氏语言含糊，并未明白否认，结语说：好了。对于收发电报权怎么样？查庄氏于五日会议席上并未拒绝公司代表登陆期限十五年之要求，乃自动提议翌日专家与普通分两组开会，又知公司代表不肯出席专家会议，复不令我国其他代表出席普通会议。在六日之普通会议时，公司代表屡言庄氏于上次会商中，已允登陆期限为十五年，而从前会议纪录并无此项记载，庄氏又不否认，则其为私人秘密会商，毫无疑义。查各地电信职工曾控庄氏于六日开会前，潜至下关惠龙饭店往见公司代表，回部后秘不告人。而第二十次会议纪录中，Deegan 竟称在九月间与庄智焕在大华饭店讨论过几次，庄氏允许放弃收发权。查会议纪录并无在上海大华饭店开会之记载，则 Deegan 两称在大华饭店讨论几次，此为庄氏私人秘密接洽，更无疑义。种种让步，不在公开会议之中，反在私人秘密接洽之顷，此中黑幕，可想而知。按十一月六日为庄氏本人与各公司代表最末一次之会议，仍在第三次国务会议核准交通部所拟让步办法之前，庄氏违背初定原则之罪，虽百喙亦莫能辩。此其违法失职，故意陷外交于失败之罪四也。

综上数点，交通部前电政司长现任参事庄智焕氏于办理国际电信水线交涉一案，在会议席上既不力争，又复秘密会商，私许权利，制止我国其他委员出席十九年十一月六日之普通会议，以便个人私图，事后又捏称公司方面态度若何强硬，饰词蒙蔽，以至交涉失败，国权丧失。倘不严予彻惩，则嗣后当外交之冲者，均将效尤舞弊，只知献媚外人，不顾丧失主权。国家前途，何堪设想？兹谨依弹劾法第九条之规定，提出质问书，呈请院长速即催促国民政府，将庄智焕交付惩戒，以彰国法，而儆效尤。

犹有进者，庄智焕在电政司长任内，除办理水线交涉丧权辱国外尚有购置自动电话机器一事，亦有丧权自利之嫌。查自动电话机之装设，原非必要，欧美通都大邑已装设之旧式电话以经济关系，尚多沿用。我国财政困难已达极点，庄智焕竟费美金二百余万，购置自动电话机，无病呻吟，已属不当。而其与美国自动电话机公司所订之合同，尤为损失国权。查该项合同系于民国十七年十一月七日订立，其付款办法已于第二条载明，购主如果不能按期照付，卖主尽可照第七条之规定撤回一部分财产以抵偿之。乃第三条内竟明白规定卖主得派会计员，监理电话局之收入及支出。此项会计员原系卖主派来监督收支，坐索欠款者，纯为卖主服务可知。而第三条内又规定购主每月应以华币二百元，作为该会计之津贴。又工程师之雇用与否主权存我，乃第六条内规定自装置机器完毕后第四个月起，由购主给予每月华币五百元之津贴，其任期以两年为度，倘购主与卖主两方同意时，延长其任期。是不特二年内之工程师，系卖主所委派，二年以后尚须得卖主之同意，于监督财政之外，更涉及用人，不啻成为中美合办之电话事业。至今电话局月租费收据，竟盖有美国自动电器公司会计特派员图章，是我国国营事业之首都电话，财政管理权毫无必要，而断送于外人之手也。查交通部对于国际电信水线交涉一案，在最早时期，即谓水线有完全收回之必要与可能，并称对公司方面欠款不过百余万元，倘移购置自动电话机之款，为偿还水线交涉欠款之用，实有余裕。不此之图，乃将有用金钱，用之毫无必要之地，而于上政府密呈中，反谓水线交涉，外人以欠款为要挟，迫而让步。措置颠倒，致令国家蒙两重之损失。设若庄氏无贪图回扣之款，何得置国家如此之损失于不顾？更有何必要而于汉口上海各处同时购买此项之自动电话机？而交通部长王伯群于奉令查复呈文中，反为庄氏作种种辩护，即非朋比，亦属昏庸。

据上所述，庄智焕所犯违法失职丧权辱国之罪，自应严惩，而交通部长王伯群昏庸失职，亦实有应得之咎也。其他如各地电信职工所控庄氏营私舞弊，诱奸女职员各节，如果属实，自应受刑事上之制裁，应请政府移交法庭，严行侦察，以警贪污，而肃风纪。抑莪青等对于此次国际电信水线交涉，尚有应请注意之点，敬特为院长分别言之：查交通部所订水线登陆取缔规则，对于私人营业，限制极严，意在取消专利，保持主权，法至善也。乃此次与各公司缔结之报务合同，反将取缔规则中所规定中国方面之种种权利，一律打消，是取缔规则，只能限制其他私人，而不能限制享有报务合同特权之大东大北两公司，故在表面上专利权虽云废止，实际上依旧赋予。此应请注意者一。又查水线登陆权之取消，在北京政府时已向英丹政府提出交涉，当时英使业已主张让步，交通部长王伯群于呈报解决办法文内，亦曾言之。乃庄智焕于第一次会议时，即云公司可以运用水线，显然表示政府无收回水线登陆权之意，以致公司方面，得寸进尺，失败之机，遂伏于此。继庄氏当交涉之冲者，倘能据理力争，坚主收回，岂绝无挽回之余地。此应请注意者二。又查报费摊分办法，旧合同规定中国所得每字三十八生丁半，现时国民政府对外地位增高，对于水线交涉，自应予以彻底解决，交通部长王伯群于呈报解决办法时，曾郑重言之。所谓根本解决者，目系指撤除外国水线而言。今水线既不能撤除，对于摊分报费又不能一律增加，仅将关于中国内地者每字增加为六十生丁，关于上海与各国者每字反减少为三十五生丁。夫内地经由中国线路增加宜也，上海减少有何理由？外人在中国享受水线登陆特权，已属非分，复不肯予中国以应得之利益，负责交涉者，又不据理力争，既失主权，又损利益。此应请注意者三。综上三点，此次交涉结果，中国实毫无所得，倘不力图挽救，将益长外人之气焰，嗣后对外交涉，益形棘手。莪青等管见所及，附陈于此，希政府注意及之，实为万幸。谨呈院长鉴核施行！

（《监察院公报》第二期）

“提劾皖省主席陈调元抗民殃民苛政乱法案”委员周利生高一涵王平政弹劾文

（1931 年 3 月13 日）

为安徽省政府新加盐觔附税及米照费，迭奉明令撤销，迄未遵办，近且派兵勒征，扣留盐米船只，甚至开枪伤毙船户，激成商民罢市，依法提起弹劾，并请转呈国民政府，先予严令制止事：案查国民政府训令第九一号内开：嗣后中央地方，一切对于人民强制之征收，无论其称为税或捐或费或其他名目，其设定及废止，均应先经中央政治会议决定原则，立法院审议内容，始得成立等因。又查国民政府训令第五六号令行政院文开：查盐税为国家收入，不应由地方征收附税，前经令由该院转行各省遵照，凡属原有盐觔附税加税捐省份，均限于民国二十年三月一日一律划归财政部统一核收，以便分别减免，通筹整理，不得藉词抗延在案。乃安徽省政府竟于奉令统一盐税之后，忽又新增省防捐每石二元四角，前据该省人民团体迭次电呈，请予令饬撤销等情前来，业经先后交由该院令电饬将该项盐税附加克日取消，以重功令。不意至今迄未遵办，据报并有在屯溪蚌埠封仓扣船压迫进行情事；各方呼吁之声日益迫切，如非从严制止，勒令撤销，其将何以维政令而慰舆情？合亟令仰该院迅饬该省政府遵照，务将前项所加盐觔附税，即日撤销，不得再有延抗等因。复查行政院长哿日[①]电饬安徽省政府文开：查该省政府征收皖南

① 哿日：指 20 日。

浙盐、皖北淮盐鲁盐附捐，及出口米粮护照费，迭经令饬撤销，迄未遵办，殊与中央政府政令有违。且淮盐行销皖豫间，以冬季为最旺，自该省政府加征附税，盐商裹足不前，国税损失为数不赀，皖北豫东数十县人民咸有淡食之患。至抽收出口米粮护照费，妨害国内粮食流通，在皖省必受谷贱伤农之害，在邻省之向赖皖米接济者，势不能不改食洋米，坐令利权外溢。近迭接皖省各地商民呈电，谓：该省政府派兵勒收捐费，扣留盐米船只，封锁盐仓，甚至有开枪伤毙船户之事。呈请如实，办理尤属操切。总之该省政府征收此两项捐费，核与政令不符，政府万难允准，务望勉力遵行，即日停收具报为要，等因各在案。兹查该省政府于迭奉中央即日撤销盐米两项捐费电令之后，不但迄未遵令撤销，抑且派兵勒迫。兹据本月七日该省各地商民及团体呈电到院，称：该省政府最近复于沿淮一带，扣留米船数千余艘，强迫勒征。本月二日怀远航商千余名请愿陈诉，米粮稽征所主任宗缄之、詹心培，胆敢喝令卫警，向请愿航商开枪百余响，致航商王长发、葛兰金二人身受重伤，命在旦夕，其余受轻伤者，不计其数，以致人心惶惶，不可终日，激起蚌埠全体商号罢市等情。据此：该省政府对于盐米两项捐费，既藐视中央令电，至今迄未遵饬令各地局所一律停征；复擅用兵力，强行勒征，致演成开枪伤毙航商及商号全体罢市之巨变。若不再予严令制止，必使中央财政纷歧割裂，永无统一之期。倘他省从而效尤，不特使中央废除苛捐杂税之政策不能实行，抑且将中央统一财政之计划根本破坏。该省政府负责人员，似此迭抗中央命令，重苦人民，应依弹劾法第二条提起弹劾，并应依弹劾法第七条，先请转呈国民政府立为急速救济之处分，勒令该省政府即日撤销盐米两项捐费，以重功令，而顺舆情。是否有当？祈依法交付审查！

附一：

委员于洪起萧萱刘成禺审查报告书

二十年四月　日

为审查报告事：案奉院长交下刘委员三周委员觉弹劾安徽省主席陈调元裁厘之后，抗命苛征，禁烟之期，公行买卖，密令县长勒民种烟征税一案。及周委员利生高委员一涵王委员平政弹劾安徽省政府新加盐觔附税及米照费，迭奉明令撤销，迄未遵办，近且派兵勒征，扣留盐米船只，甚至开枪伤毙船户，激成商民罢市，依法提起弹劾，并请转呈国民政府先予严令制止一案。委员洪起等将两案合并审查，佥以为安徽省政府主席，对于盐米两项捐费，既藐视中央令电，迄未饬令各地局所一律停征，复擅用兵力，强行勒征，致演成开枪伤毙船商及商号全体罢市之巨变。更于各埠征收鸦片土税，公开买卖，发售烟照牌照，密令各县勒民种烟，征收苗税，重征土税。似此蔑法乱纪，不特中央废除苛捐杂税之政策，不能实行，且将中央统一财政实行禁烟之计划，根本破坏。除依法应呈请国民政府移付惩戒，并应先行呈请国民政府为急速救济之处分：勒令该省政府即日撤销盐米捐费，及鸦片土税烟照牌照勒种苗税等，维法纪而顺舆情，实为公便。又原弹劾案外，关于呈控陈调元案卷十一宗业并弹劾案，详为审查，大致不外抗命殃民加征种烟杀人纵匪等罪状，应将各案抄呈国民政府，以备交付惩戒之参考。是否有当？缮呈院长监核！

附二：

国民政府文官处致本院公函第三四二八号

二十年四月二十八日

陈调元有电具报回电所查各节由径密启者：奉主席交下安徽省政府主席陈调元有电，陈复：皖省盐米两项税捐，早经撤销。粮食管理局查验船只，亦已随时放行。军警稽查处以试办期满，议决撤销。至谓征收烟税，发售烟照，与勒民种烟，绝无此事。京皖接近，如蒙派员莅查，便明真相。屏营待命，伏维乘察一案，奉谕交监察院等因。查此案前由贵院呈据监察委员周利生等提起弹劾，经审查报告，应付惩戒，并先行急速救济处分，转请监核等情到府。当奉以回电，饬于五日内据实具报，并由处录电函达在案。兹奉前因，相应抄同原电，函达查照。

计抄送原电一件（略）

（《监察院公报》第一期）

“提劾南京土地局长常鸿钧荒淫溺职案”委员周利生郑螺生高一涵弹劾文

（1931 年 4 月）

为提案事：查南京土地局局长常鸿钧于上月中旬，在中央饭店与张某、肖某聚赌麻雀，并用种种手段骗奸同住该店湖南女子邓成立。初则给予钞票百元，以作物质之诱惑，后则约以结为婚姻，再作心理之欺骗。该女子涉世甚浅，遂坠其术中而败身矣。从此双宿双飞，俨如夫妇。讵常日久厌生，始乱终弃，邓乃于本月八、九两日，连往土地局催常履约，常则矢口抵赖，尽食前言，因而双方口角，大闹不休，土地局无形停止办公者至二小时之久。结果常令土地局职员胡力生伴该女子往南洋旅社开八号房间暂住，并担任其费用，后又命土地局职员赵某、王某携钞洋二百元，汽车一辆，迫邓离开南京，前往汉口。乃邓收受钞洋而不离开南京，仅由南洋旅社搬至成贤旅馆居住，声请尚欲与常交涉，不达结婚目的不止云。以上情节，已经本京各报连日记载，言之凿凿。复经本院传询该女子邓成立，所述亦复相同。该常鸿钧以堂堂局长之身份，于万目睽睽之首都，竟尔公然聚赌诱奸女子，非但违背法律，而且败坏风纪，倘不加以纠弹，其将何以肃官方而维风化？爰依法提出弹劾，请即日交付审查，谨呈院长鉴核施行！

附一：

委员于洪起罗介夫审查报告书

二十年四月二十一日

为呈报事：案奉院长交下周利生高一涵郑螺生三委员弹劾首都市政府土地局局长常鸿钧一案。洪起审查结果，多数认为南京市土地局局长常鸿钧，确系荒淫溺职，有玷官方，应将被弹劾人交付惩戒。谨呈　院长鉴核施行！

附二：

监察院呈国民政府文

二十年四月二十三日

呈劾南京土地局长常鸿钧由呈为依法提起弹劾事：案据监察委员郑螺生周利生高一涵呈称：为提案事，查南京土地局局长常鸿钧与女子邓成立纠葛一案，本京各报连日记载，言之凿凿。复经委员等传询该女子邓成立，所述亦复相同。不论该女子之行为名誉如何，而常鸿钧以堂堂局长之身份，于万目睽睽之首都，竟尔公然聚赌诱奸，非但违背法律，而且败坏风纪，倘不加以纠弹，其将何以肃官方而维风化？爰依法提出弹劾，请即日交付审查等语。当经指派监察委员刘成禺罗介夫于洪起审查去后，嗣据呈报：本案该市政府土地局局长常鸿钧确系荒淫溺职，有玷官方，应将被弹劾人交付惩戒等语。理合呈请钧府鉴核施行！谨呈。

附三：

国民政府指令　第一〇一七号

二十年四月二十五日

常鸿钧先行停职交付惩戒，由呈悉：常鸿钧应即先行停职，交付惩戒，并候令行政院转行饬遵可也。仰即知照。此令。

附四：

国民政府文官处致监察院公函　第三五七二号

二十年五月一日

准行政院函常鸿钧已令先行停职由径密启者：准行政院第二一五七号密函，为奉令以南京市土地局局长常鸿钧，荒淫失职，应先行停职，交付惩戒，令院转饬遵办等因。除令饬南京市政府遵照，将土地局长常鸿钧先行停职外，请查照转陈等由。准此：查此案前由贵院呈府，当奉第二十次国民政府会议决议：常鸿钧先行停职，交付惩戒，并即由府令行政院转饬遵照在案。兹准前由，除转陈并函复外，相应函达查照。

（《监察院公报》第二期）

“提劾外交部长王正廷巧于趋奉误国丧权串通日商垄断面粉案”委员李梦庚高一涵刘莪青审查报告书（节选）

（1931 年 9 月）

奉交下高委员友唐提起弹劾外交部长王正廷一案，其巧宦事实，前在广州护法时代，王以参议院副议长资格，竟受伪总统徐世昌勋章。并历充军阀、官僚、卖国政府要职，事实俱在，无可讳饰。吉林万宝山案纯系日人唆使挑衅，酿成鲜人惨杀华侨惨案。今春日人居留东省民会自主同盟宣言，遍传各报。其蓄意侵占我国领土，扰乱东方和平，业经迭次实现。而王正廷冥然罔觉，事前既无揭发狡谋、促起世界注意之宣言，临事复无批亢捣虚、严重有力之抗议，甚至处国际情势繁变险恶之际，而驻在美法德等国之公使，虚悬数月之久，至今无正式负责之人。该部所设之情报司，月糜国帑数万之巨，亦不知所司何事？遂使全盘外交现状，陷于盲人瞎马、危崖孤立之势。而日人对我之侵掠，益启其强盗劫夺、席卷包举之心。今且侵掠未已、亡国当前，王正廷失职误国之罪，实属无可宽容。当此对日交涉危急存亡之际，高委员所请自系为紧急救济、惩前毖后起见，应请照案移付惩戒；至该外长王正廷平时与日商勾结情形，路人皆知。高委员所举发之两案，事关外交最高长官勾结外商。该王正廷是否卖身，抑系卖国，并应迅交法院先行看管，依法侦查，严行究办，以为渎职丧权者之炯戒。

附：

监察院呈国民政府文

呈为依法提请交付惩戒事：案据监察委员高友唐提案称：查外交部长王正廷巧于趋奉，一无外交知识。国民政府成立，革命外交当具有大无畏的精神，始能贯彻取消不平等条约之目的。乃王正廷任职数载，备极媚外取容、误国丧权之能事；平日种种失败，罄竹难书。最近如吉林万宝山案，及鲜人之惨杀华侨案，在稍有常识者，无不知日人具有野心，意在挑衅。东三省旅京同乡会曾推代表往见，该部长竟答称外交当局只知亲善。闻者无不骇怪叹息！固知东三省领土，必断送于王正廷亲善两字之下也。今辽吉两省，已被日本占领，且浸及于山东。王正廷除以寻常公文，循例抗议外，束手无策。虽云弱国无外交，然该部情报司每月所耗秘密调查费甚巨，对日本处心积虑已久之满蒙问题，毫无觉察，形同聋瞶，是其怠弛职务，百喙莫辞。辽吉被占，今已数日，举国震悼，同深悲愤。王正廷靦然尸位，未闻引咎自责，显系贪恋禄位，贻祸国家。此等毫无心肝之人，若再令其当外交重任，不将全国断送不止。亡国之惨，已在眉睫。友唐职司纠弹，未忍缄默，拟请政府毅然将外交部长王正廷，立予停职，交付惩戒。再查最近报载前数年间，日人垄断中国面粉业借款，串买沪上各厂案，内有王正廷借受日款一百五十万圆之传闻；又北平日商，前在非通商口岸之平市，设一正阳公司，串通王正廷出名代向商标局注册，有案可查。其中有无卖国行为，以及图利私人、损害国家之处，并应送交法院查办，以儆奸邪，而伸国法。当经指派监察委员李梦庚高一涵刘莪青审查去后。兹据呈报称：奉交下高委员友唐提起弹劾外交部长王正廷一案，其巧宦事实，前在广州护法时代，王以参议院副议长资格，竟受伪总统徐世昌勋章。并历充军阀、官僚、卖国政府要职，事实俱在，无可讳饰。吉林万宝山案纯系日人唆使挑衅，酿成鲜人惨杀华侨惨案。今春日人居留东省民会自主同盟宣言，遍传各报。其蓄意侵占我国领土，扰乱东方和平，业经迭次实现。而王正廷冥然罔觉，事前既无揭发狡谋，促起世界注意之宣言，临事复无批究揭虚、严重有力之抗议，甚至处国际情势繁变险恶之际，而驻在美法德等国之公使，虚悬数月之久，至今无正式负责之人。该部所设之情报司，月糜国帑数万之巨，亦不知所司何事？遂使全盘外交现状，陷于盲人瞎马，危岸孤立之势。而日人对我之侵掠，益启其强盗劫夺、席卷包举之心。今且侵掠未已，亡国当前。王正廷失职误国之罪，实属无可宽容。当此对日交涉危急存亡之际，高委员所请自系为紧急救济，惩前毖后起见，应请照案移付惩戒。至该外长王正廷平时与日商勾结情形，路人皆知。高委员所举发之两案，事关外交最高长官勾结外商。该王正廷是否卖身，抑系卖国，并应迅交法院，先行看管，依法侦查，严行究办，以为渎职丧权者之炯戒等语。据此，理合呈请钧府鉴核施行。谨呈。

（《监察院公报》第七期至第十二期合刊本）

“提劾外交部长王正廷贻误外交丧失国土案”委员高一涵高友唐郑螺生审查报告书（节选）

（1931 年 9 月 28 日）

案奉交下审查李委员梦庚弹劾外交部长王正廷贻误外交、丧失国土一案，委员等审查结果，以外交部抗议文内，谓日军与华军冲突一语，与张副司令迭次电报“衅由日开，我方处以镇静”等语，完全不符。即中外报纸所载，亦系日军袭击占领沈阳等处。王正廷未加调查，竟自认日军与华军冲突，授日人以口实，实属丧心病狂，卖国媚外。其平日对于外交，毫无准备，亦属溺职，无可辞咎。认为，应从严惩处，以救危亡。

附：

监察院呈国民政府文

二十年九月二十八日

呈为依法提请交付惩戒事：案据监察委员李梦庚提案称：为贻误外交，丧失国土，依法提起弹劾事：查外交部长王正廷自长外交以来，素无方针，又乏设备。世界各大友邦，如美、法、德等国公使，虚悬至数月之久，向疏联络，以酿成日本一部分残暴军阀，毫无顾忌，于九月十八日用数师团兵力，同时占领东二省之沈阳、营口、长春各大要埠，焚掠烧杀，惨不可言。当此外交紧迫之时，外交当局宜如何详核事实，慎重抗议，以昭是非，乃王外长于第一次提出抗议文内，竟有因日军与华军冲突，发生不幸事变等语。如此不顾真相，冒然措词，实属失职已极。且事前日人种种军事设备及布置，宣之各报，并未闻王正廷有所表示，使友邦共知。竟一味敷衍，致丧权辱国。如此重大，若不撤职查办，速任贤能，其何以整纪纲而救危亡？事关紧迫，应依法提起弹劾案，呈请依法交付审查等语。当经指派监察委员高一涵高友唐郑螺生审查去后。兹据呈报称：案奉交下审查李委员梦庚弹劾外交部长王正廷贻误外交，丧失国土一案，委员等审查结果，以外交部抗议文内，谓日军与华军冲突一语，与张副司令迭次电报“衅由日开，我方处以镇静”等语，完全不符。即中外报纸所载，亦系日军袭击占领沈阳等处。王正廷未加调查，竟自认日军与华军冲突，授日人以口实，实属丧心病狂，卖国媚外。其平日对于外交，毫无准备，亦属溺职，无可辞咎。认为应从严惩处，以救危亡等语。据此：理合呈请钧府鉴核施行。谨呈。

（《监察院公报》第七期至第十二期合刊本）

“提劾湖南前嘉禾县县长王彬勾结土劣谢中柱等刺杀李光璪等案”委员高一涵邵鸿基弹劾文

（1931 年 12 月）

查湖南前嘉禾县县长王彬勾结土劣谢中柱等刺杀李光璪等一案，事关人命，当由本院函同法院彻查。

查明李光璪李阴棠等二名，系被前县长王彬挟恨，勾结豪绅谢中柱等嗾使王效忠等杀害属实。依据调查事实，查卸任县长王彬及土劣谢中柱、罗树藩、李弼初、李宗元等有杀人之嫌疑，谨依法提出弹劾。请将现已离职之王彬，予以免职及停止任用之处分。其关系刑事部分，交由司法机关办理。其余各土劣均任地方职务，亦应一并停职，交由司法机关依法讯办，以伸法纪。谨呈院长鉴核施行！

附一：

监察院呈国民政府文

二十年十二月十二日

呈为依法提请交付惩戒事：案据监察委员高一涵邵鸿基提案称：查湖南前嘉禾县县长王彬勾结土劣谢中柱等刺杀李光璪等一案，事关人命，当由本院函司法院彻查。兹准。复称：查明李光璪李荫棠等二名，系被前县长王彬挟恨，勾结豪劣谢中柱等嗾使王效忠等杀害属实。依据调查事实，查卸任县长王彬及土劣谢中柱、罗树藩、李弼初、李宗元等有杀人之嫌疑，谨依法提出弹劾。请将现已离职之王彬，予以免职及停止任用之处分。其关系刑事部分，交由司法机关办理。其余各土劣均任地方职务，亦应一并停职，交由司法机关依法讯办，以伸法纪等语。当经指派监察委员郑螺生乐景涛于洪起审查去后。兹据报告称：委员等审查高一涵邵鸿基二委员提劾湖南嘉禾前县长王彬勾结土劣谢中柱等刺杀李光璪等一案，既准司法院复称，派员查明李光璪、李荫棠确被杀害属实。依据调查，卸任县长王彬及土劣谢中柱、罗树藩、李弼初、李宗元等有造意杀人之嫌，王效忠、李同善、雷光郎有杀人之嫌各事实，自应将已离职之王彬，予以免职及停止任用之处分。其关系刑事部分，交由司法机关办理。其余各土劣均任地方职务，亦应一并停职，交司法机关依法讯办。委员等意见相同，特此报告此等语据。理合附件，呈请钧府鉴核施行！谨呈。

（摘自《监察院公报》第七期一第十二期《本院呈国民政府文》）

“提劾行政院院长汪兆铭对于此次上海停战协定不交立法院议决遽行签字案”委员刘三乐景涛高一涵审查报告书（节选）

（1932年5月21日）

奉交高委员友唐弹劾行政院院长汪兆铭违法一案，委员等以为国家既号法治，则一切措施，当循法规；反是即为违法，即应受法之制裁，虽有贤者莫能外也。查国民政府组织法规定：凡宣战媾和及其他重要国际事项，立法院有议决之权。此次淞沪停战协定，虽与宣战媾和不同，但为国际重要事项，则无疑义。行政院不交立法院议决，遽行签字，其为违法，彰彰明甚。且事变无常，将来对外援例，随意协定，危险何可胜言？为此佥认高委员申请惩戒行政院院长汪兆铭，实为允当。

附一：

监察院呈中央党部监察委员会

为呈请惩戒事：案据监察委员高友唐提案称：查二十年十二月三十日修正国民政府组织法第二十七条，立法院为国民政府最高立法机关，立法院有议决法律案、预算案、大赦案、宣战案、媾和案，及其他重要国际事项之职权等因，早经公布施行。此次上海停战协定，已经行政院外交部批准，与日本签字，未闻提交立法院议决。在行政院所藉口者，以此次淞沪之变，乃自卫，非宣战也；停战，非媾和也；协定，乃暂时办法，非条约性质，无须经过立法院议决之手续，可以自由处置。不知组织法第二十七条之规定，有及其他重要国际事项，语意明显，包括甚广。淞沪之变，不得曰不重大也。对方为日本，不得曰非国际事项也。不交立法院议决，遽行签字，违法之咎，百喙莫辞。区区之愚，以为行政院独裁专擅，关系尚小，开此恶例，将来对外随意协定，危险实大。使不严予惩处，有所炯戒，则以后关于国家主权疆土，有此成案可援，皆断送于协定二字之下。瞻念前途，何堪设想？友唐为防微杜渐，特提出弹劾。应请将行政院院长汪兆铭交付惩戒，以免效尤。而崇法治等由，当经派交委员刘三乐景涛高一涵审查。兹据报告：奉交高委员友唐弹劾行政院院长汪兆铭违法一案，委员等以为国家既号法治，则一切措施，当循法执，反是即为违法，即应受法之制裁，虽有贤者莫能外也。查国民政府组织法规定：凡宣战媾和及其他重要国际事项，立法院有议决之权。此次淞沪停战协定，虽与宣战媾和不同，但为国际重要事项，则无疑义。行政院不交立法院议决，遽行签字，其为违法，彰彰明甚。且事变无常，将来对外援例，随意协定，危险何可胜言？为此佥认高委员申请惩戒行政院院长汪兆铭，实为允当等语。据此，查公务员惩戒法第三章第十条第一款被弹劾人为国民政府委员者，送中央党部监察委员会。第二款被弹劾人为前款以外之政务官者，送国民政府。又查二十年十二月三十日公布修正国民政府组织法第十条，各院设院长副院长各一人，由中国国民党中央执行委员会选任之；同法第十五条内载，各院各自对中央执行委员会负责。依照上列各条之规定，各院院长地位，系由中央选任，并各自对于中央负责，与惩戒法第十条第二款所载之政务官，显有不同。此次本院监察委员高友唐提请惩戒行政院院长汪兆铭违法一案，自应查照本法同条第一款所载国民政府委员之规定，呈由中央最高监察机关，依法办理。为此具呈，伏乞察核施行！谨呈。

附二：

国民政府行本院训令　第九七号

二十一年六月三日

为令知事：案奉中央执行委员会务字第五六零三号函开，案准中央监察委员会函：为据国民政府监察院呈，以行政院院长汪兆铭对于此次上海停战协定，不交立法院议决，遽行签字，请惩戒一案。经第七次临时常会决议：查上海停战协定，系中央政治会议第二十九次临时会议决议，此项协定，既非媾和条约，应准外交部所拟办理，交行政院，俟办理完竣，再由行政院向立法院报告在案。此案既经中央政治会议议决，所请惩戒行政院院长汪兆铭一节，应无庸议。请查照办理等由。经提出本会第二十一次常会，决议照办在案。除分函外，相应函达，即希查照，转行监察院知照为荷等因。奉此合行，令仰该院知照。此令。

（摘自《监察院公报》第十三期、第十四期合刊本）

“提劾皖北赈务专员全绍武皖北运储主任德瑞芝皖北运输专员杨树诚易粮委员会委员长辛博森委员查良钊等营私舞弊贻误赈灾案”委员周利生高一涵弹劾文

（1932年8月18日）

为弹劾事：查国民政府水灾薮济会、皖北赈务办事处，迭被皖北水灾善后委员会及各县人民代表控其营私舞弊、贻误赈务等情到院。经派利生、一涵分往蚌埠、上海等处实地调查。调查结果，认为有舞弊及误赈者，约有四事。一、变价。查此次赈品以美麦为主，而摊归皖北之赈麦，被变卖为款者一万余吨。经向皖北运储处，及上海易粮委员会，询其何以有麦不放，必需变价？据其答复，不外有二种理由：（一）各灾区灾民有食麦不惯、请求变价发款者。（二）沪战起后，运输困难，不得不变一部分价，以应灾民急需者。然此二种理由，均与皖北情形不符。就第一点言，皖北地方，素为食麦之区，各县灾民曾数电朱庆澜主任，请求发麦，不必变价；且经复电，允以宜麦发麦，决不变更，往来电稿，尚可复按，是第一种理由不成立。就第二点言，变卖皖北之麦，并非在沪交货，第一次二千六百吨，系由皖北运储处指拨，第二次八千余吨，亦由公家代其运至蚌埠交货；麦既到蚌，何云运输困难？是第二种理由不成立。据此，皖北赈麦本不必变价，且不宜变价，而赈务当局必强为变价，其中隐情，已是呼之欲出矣。且查三四月间，上海麦价每担平均约在四两左右，而易粮食运往蚌埠交货者，亦仅售三两七钱或三两九钱，谓为无弊，其谁能信？又查蚌埠三四月间，麦价每吨总在百元以上（内地尚不止此数），而赈务处发给灾民者，每吨只合八十二元，每吨相差近二十元，仅以皖北被卖之万吨计算，舞弊已近二十万元；若合整个变价而论，其数目当更惊人矣。二、短秤。查美麦一吨，合英磅二千磅；英磅二千磅，合中国曹法秤（正十六两）一千五百七十五斤，而皖北运储处发给灾民之麦，每吨只予曹法秤一千五百斤，每吨短少七十五斤，每二十吨约短少一吨；若以五万吨而论（皖北摊派赈麦共计七万余吨，除变价、变粉外至少尚余五万吨），则短少二千五百吨，每吨以百元估价，舞弊当在廿五万元以上矣。此事已经蚌埠各机关、各团体、各办赈人员（并有美国副领事某某视察处副主任钟可托在场）会同试验，证明实在；而钟副主任且曾当众声明，俟回沪后当据实报告；并请求补发短少之麦。夫补发为一事，舞弊为一事，决不能谓短麦如果补发，即可置舞弊于不问，犹之盗贼已被捕获，决非仅仅追还赃品，即可了事也。三、化粉。查皖北为食面之区，磨具随处皆有，研粉磨面，本无须办赈者为之代劳；乃皖北办赈当局，必勾结当地面粉厂（如宝兴信丰各厂）为之化粉，虽经灾民坚决反对，上海来电制止，然已代磨三日，化去麦子一千余吨矣。查美麦质料优良，每麦百斤，至少可以出粉九十斤（粗粉尚不止此数），而工赈处每麦百斤，仅发面粉七十六斤，两相比较，约差百分之十五；即以一千二百吨计算，灾民已损失面粉一百八十吨矣。为数虽不如变价短秤之巨，然办赈者欲于其中渔利，则情节显然矣。四、延误。查皖北急赈，本应在去冬发放完竣，然延至本年三月，每县急赈，只各发五十吨（皖北二十一县合计只一千零五十吨）。虽经灾民哀呼恳求，催其早放，而赈务当局总以运输困难，粮站无麦为词。然查浦口车站运赈总账，计至四月五日以前，运往蚌埠之麦，已有三万四千五百二十五吨。又查粮站账目，一月底余麦有二千九百余吨，二月底结存二千五百余吨，三月底则结存三十余吨，明明麦已到蚌，故意延不发放，谓非别有作用，其谁能信？且查当地宝兴、信丰两厂，去冬皆因无麦停机，今年则两厂之麦，从未缺乏；宝兴更是美麦山积，并徐州、济宁两处之厂，亦由其运麦开磨矣。何运输不阻滞于商家，而独阻滞于赈品？此中黑幕，隐隐欲现。运输专员李树诚（则宝兴厂主）假公济私之咎，虽百口亦不能辞矣。以上四点系就整个赈务而言；至于赈务专员全绍武办理不善情形，虽不如控告者所言之甚，然其人刚愎颟顸，则固众口一词也。如擅行拘押五河县赈务代表，及任意变更朱主任支配数目，均属事实俱在，无可置辩。且查该员经手赈款，除急赈外，余如国府春赈，及基督教协会等义赈，合计不下四十万元，然其如何支配？如何散放？既未商同各县赈务分会，亦未通知地方人士，且在报上亦无只字公布，以至人言啧啧，怨声四起；虽未查有舞弊吞款证据，然其办理不善，有忝厥职，则无论何人不能代为解释也。水灾为何等悲惨之事！救灾为何等慈善之举！办理赈务者，应如何慈悲为怀、廉洁自矢！今竟有人欲从赈款里面扒钱，向灾民头上揩油，此而不加纠弹，影响将来赈务前途甚大。用特依法提出弹劾。请将应负责任之皖北赈务专员全绍武、皖北运储主任德瑞芝、皖北运输专员杨树诚、易粮委员会委员长辛博森、委员查良钊等，一并移付惩戒。并请转呈国民政府，另派大员会同会计专家，将国府水灾救济会全部账目，彻底清算，如果发现舞弊情事，应将赃款追出，负责人员送交法院审办，以重赈务，而昭大信。是否有当？请付审查。谨呈院长鉴核施行！

附一：

委员王平政田炯锦邵鸿基审查报告书

二十一年八月三十日

为呈报事：案奉院长交下周利生高一涵二委员提劾皖北赈务处营私舞弊、贻误赈务一案。经委员等详细审查，佥认为该被弹劾人全绍武等营私舞弊各节，事实俱在，罪无可辞。应即将该被弹劾人全绍武、德瑞之、杨树诚、辛博森、查良钊等五人，一并移付惩戒，实为公便！特此报告。谨呈院长鉴核施行！

附二：

监察院移付中央公务员惩戒委员会文　第十七号

二十一年九月十四日

为移送事：案据监察委员周利生、高一涵呈劾皖北赈务处全绍武等营私舞弊、诒误赈务一案。当经派由监察委员王平政、田炯锦、邵鸿基等审查。兹据报告，认为应付惩戒等语。相应检同原案各件，移请贵院查核办理。

此移

附抄件（略）

（《监察院公报》第十六期）

“提劾热河省政府主席汤玉麟华北军事委员会委员长张学良背职潜逃丧权失地抗日不力失地误国丧师失地案”委员刘莪青周利生高一涵田炯锦弹劾文

（1933 年 3 月 7 日）

为华北军事委员分会委员长张学良、热河省政府主席汤玉麟抗日不力，失地误国，特行提案弹劾事：窃以张学良在九一八以前身任东北地方长官，以不抵抗而失沈阳、锦州各地，业经本院弹劾有案。此次暴日犯热，我中央政府密令抵抗，并责成张学良负华北军事责任，关于抗日军需各品，亦交由张氏支配。张氏受命之初，虽曾遣兵调将，实无抵抗决心；就其分配军需品之情形，已可表现。开战以后，其主力部队不十日败退六百余里，尤足证明。查我军参加热防者为汤玉麟部约四万余人，张氏直属部队约三万余人，孙殿英部队三万人，统计十万人以上。时当日逆攻热准备，我方早已洞悉，在军事关系上，除滦东必须严防外，热防之重要，实不待言。张已领得中央饷款二百余万元，弹五百余万发，对于参加热防部队，自应公平支配，充分补助，方为有益。然据委员等所知，张对孙殿英部仅给予开拔费三万元、弹三十万发，而孙部所任之防线，则为北路之赤峰，距离后方既远，继续接济自难，乃张氏仅予此数，岂非儿戏？又查此次热防布置，最前方者在北为开鲁，在南为朝阳；其次在北为赤峰，在南为凌源，居其中者为建平，再其次则为平泉、承德。守开鲁者为热军崔旅，守朝阳者为热军董旅，守赤峰者为孙殿英部，在其他各地担任防务者；则为张、汤之主力部队。自上月二十五日与日逆正式接触，至本月四日而承德失陷，所未失者仅一饷弹不足之孙部所守之赤峰。查开鲁至赤峰五百余里，朝阳至凌源约三百余里，凌源至承德亦三百余里，战争开始仅三日，崔旅已退至赤峰附近，董旅已退至凌源附近矣。孙以孤军受崔等败退部队，及义勇军冯占海、刘桂堂等附逆之影响，尚能抗战坚守，直至承德已失而未退。以张、汤之主力守天险之建平、凌源，乃未及三日即行放弃，又三日而平泉、承德亦陷，无论日寇进攻如何神速，果张、汤部队肯抵抗者，决不至未及十日损失六百余里之防地。况张学良任华北军事全责，汤玉麟以热河主席兼任集团军总指挥，自开战以来，均未亲临前线，其无抵抗决心，实可概见。淞沪之战，十九路军尚能坚持数十日，张、汤凭藉天险，手握重兵，应如何努力牺牲一切以赴之？今竟若此。张、汤之肉，其足食乎？兹特提案弹劾，应请转呈中央绳张学良、汤玉麟以国法，以为守土不力者戒。谨呈院长鉴核施行！

附一：

委员于洪起李梦庚姚雨平审查报告书

三月七日

为呈报事：案奉交下刘莪青等六委员弹劾丧失国土之军事分会委员长张学良，热河主席汤玉麟抗敌不力、失地误国一案，委员等认为张学良汤玉麟既失三省，又弃热河，其丧权辱国，事实昭然，如再不严厉撤职惩办，其何以励战士而挽危局？应将张学良汤玉麟移付惩戒。

谨呈院长监核施行！

附二：

委员高友唐李梦庚邵鸿基弹劾文

二十二年三月七日

为提案事：查国家威信，首重纪纲；疆吏天职，责在守土。综览史鉴，历代战征，凡军法严肃者，无不胜算立操；凡姑息宽纵者，无不败绩奔溃，如影随形，如响斯应。远者不必论矣，证之宋明清之历史，宋节度使梁方平失黎阳，金人渡河，靖康立诛之。明都御史杨一鹏失凤阳，流寇南窜，崇祯立予弃市。此外则因失守封疆，一日而戮巡抚陈祖苞总兵吴国镇等三十六人。降及前清何柱清失守金陵，青麐失守武昌，均予正法。鸦片烟之战，耆英以失大沽，赐令自缢。中法之战，唐炯、徐延旭以失桂边而拿办。中日之战，卫汝贵以失平壤而枭首，叶志超，龚照玙以失旅顺而永禁，皆历历可数，从未有一而再、再而三丧师失地，政府既不加以惩处，当事者亦靦然面目，毫无羞耻如今日之张学良者。张学良前以副司令兼边防司令长官，后以绥靖主任兼代军事分会委员长，统辖五省之地，军队至三十万之多，每年糜款至四五千万元之巨，而东北海军与航空及兵工厂尚不与焉。职权非不高也，耗款非不多也，军队非不众也，器械非不精也，讵九一八倭人发难，不崇朝而辽宁失，吉黑继之。以友唐等所闻，当倭军炮攻北大营时，参谋长荣臻由沈阳四次电话在请示应付方针，张学良方在中和戏园观戏，直至曲终返寓，沈阳已陷。张学良为掩饰计，美其名曰取不抵抗主义，诚古今中外所罕闻。不抵抗三字在军事词典中，可谓最新之名词，在各国军事学中可谓最新之战略。两年以来，社会之责难，报纸之攻击，日有所闻，政府曲为优容，未加谴责。论者为政府希望其戴罪图功，勉观后效，近则榆关沦陷，热河全失；所谓功，功于何有？所谓后效，效于何见？虽有秦仪之舌，亦无从为之辩矣。假令九一八以后，张学良稍有人心，力加振作，卧薪尝胆，运筹帷幄，未始不可收回失地，藉赎前愆。乃不意张学良盘踞北平，肆意荒淫，酣歌恒舞，对军士饷糈，数月不发，终日不得饱食，严冬尚无棉衣；此诚倾西江之水，不足涤其污，罄南山之竹，不足尽其罪也。至近日热河告急，张学良利用机会，要兵中央，索取饷械。开战以来，更捏报军情，铺张胜利，而北票、南领、朝阳、承德，不及十日，相继不守。断送东三省已万死不足蔽辜，再以热河资敌，更百喙难辞厥咎。为此依法提出弹劾，拟请将张学良明正典刑，并严拿汤玉麟一并骈诛，以肃军纪，而励戎行。抑友唐等犹有言者：用兵须先立军威，作战尤重激士气。丧师失地，邦有常刑。军事委员长蒋中正赴鄂赣剿匪，对于各路军官有失城处死之严令，用能将士用命，克奏肤功。张学良丧失国土至四省之广，其应处死刑也，毫无疑义。若政府再不闻不问，似军法仅施行于下级，而绥靖主任兼代军事分会委员长则议亲议贵之列，恐非共和国家所宜出此。况热河既陷，华北动摇，各将士以张学良既逍遥法外，丧师失地，无关重轻，孰肯拚命御敌，必至望风溃逃，其危险有非友唐等所忍言者。是皆因宽宥张学良所酿成也。务乞政府当机立断，迅予施行，振前敌各军之士气，慰全国人民愤恨不平之心，收回已失之土地，转列强之视线，胥在此一举也。东北幸甚！国家幸甚！谨呈院长监核施行！

附三：

委员刘三高一涵周利生审查报告书

二十二年三月七日

为审查报告事：查张学良断送东三省等，已于去夏依法弹劾，静候中央惩处。今热河又告失守，所谓代军事分会委员长所司何事？委员等认为情节重大，事变非常，应请院长援紧急救济条文，特案提呈中央，将张学良汤玉麟立正明刑，以励人心，而挽危局，谨具报告如右。谨呈院长监核施行！

附四：

监察本院呈国民政府文　第二七号

二十二年三月七日

呈为转呈事：案据监察委员邵鸿基呈称：查自暴日进占热河，华北震动，该省政府主席汤玉麟于本月四日竟弃承德，背职潜逃，致使日军长驱直入热河省城，失地千里，实属罪不容诛。兹特依法提出弹劾，请将汤玉麟移付惩戒，并请国民政府立将汤玉麟拿办，以维国法。当交监察委员刘莪青、田炯锦、高友唐，审查去后。嗣据报告称：奉交邵委员弹劾汤玉麟弃职潜逃一案，应即移付惩戒等语。又据监察委员刘莪青、周利生、高一涵、田炯锦、刘三、王平政呈称：华北军事委员会分会委员长张学良，在九一八以前，身任东北地方长官，以不抵抗而失沈阳、锦州各地。此次暴日犯热，虽曾遣兵调将，实无抵抗决心。开战以后，其主力部队不十日败退数百余里。热河省政府主席汤玉麟部参加热防者约四万余人，自上月二十五日与日逆正式接触，至本月四日而承德失陷。张学良、汤玉麟均未亲临前线，其无抵抗决心，实可概见。兹特提劾，应请转呈中央，绳张学良汤玉麟以国法，以为守土不力者戒。当交监察委员于洪起、李梦庚、姚雨平审查去后。嗣据报告称：奉交刘委员莪青等弹劾张学良汤玉麟抗敌不力、失地误国案，应将张学良、汤玉麟移付惩戒等语。又据监察委员高友唐、李梦庚、邵鸿基呈称：张学良前以副司令兼边防司令长官，后以绥靖主任兼代军事分会委员长，统辖五省之地，军队至三十万之多，每年糜款至四五千万元之巨，讵九一八倭人发难，不崇朝而辽宁失，吉黑继之。至近日热河告急，张学良利用机会，要挟中央索取饷械，而北票、南领、朝阳、承德不及十日，相继不守。综论张学良之罪状，断送东三省已万死不足蔽辜，今再以热河资敌，更百喙难辞厥咎。为此依法提劾，拟请政府立将张学良明正典刑，并严拿汤玉麟一并骈诛，以肃军纪，而励戎行。当交监察委员刘三、高一涵、周利生审查去后。嗣据报告称：张学良断送东三省，今热河又告失守，委员等认为情节重大，事变非常，应请援紧急救济条文，特案提呈中央，将张学良汤玉麟立正明刑，以励人心，而挽危局等语。据此，查张学良汤玉麟失土辱国，罪有应得。国家若不明正其罪，处以严刑，其何以饬戎行而固国本？用是汇呈各案，即祈钧府依法交付惩戒，并依急速救济处分，将张学良汤玉麟等尽法惩办，以肃纲纪，而救国脉。理合缮附各提案，呈请钧府监核施行。谨呈。

（《监察院公报》第十八期）

“提劾上海市第二特区监狱典狱长谢福慈营私舞弊案”弹劾文[①]

（1933年9月7日）

为弹劾事：案据江苏省上海第二特区监狱看守□□□等呈诉该区监狱典狱长谢福慈克扣囚粮、压迫看守一案，当经监察委员杨亮功、郑螺生签呈，函司法行政部查复，业经函达司法行政部在案。嗣准司法行政部复称：业经本部令据署江苏高等法院第二分院首席检察官王振南查明呈复，除该典狱长谢福慈因另案被控，业经免职外，相应照抄查复原呈函复，等由到院。此次委员奉令视察江苏，又准本院秘书处函交该案，附带调查，即于本月十一日亲到第二特区监狱调查。查悉该典狱长谢福慈，对于一零二号犯人黄树祺（即王树基），二零七号犯人陈连根等，私自用刑，已非一次。计令黄树祺上老虎凳一次（即用绳缚在凳上，并用砖头垫在背后腰上），受反铐二次（即用绳反缚两手于背，每铐十二小时或二十四小时），令陈连根上老虎凳一次，并先用拳打脚踢，后用藤条打，然后才上老虎凳。该二犯经委员亲问，皆云是实，并有自行签字之口供为证。检察官王振南文中，对于该典狱长虽多开脱之词，然亦称：据陈连根、黄树祺、陆文章供称，彼等曾被监内看守用绳绑缚凳上，并用砖头垫在腰间，痛苦难受，名为老虎凳等语。据刘炳生、李如宝供称，彼等被看守用藤条打过等语。王振南并称：此次调查时，监犯陆文章曾

---

① 未署名的“弹劾文”均为高一涵个人所撰，下同。

当场自咬手臂皮肉，欲藉以证明其所说非虚。可见该典狱长之虐待犯人、擅用非刑、私行拷打，已属证据确凿。其他如王振南复称，犯人余少佐死后，遗有银币。虽据该典狱长声称屡次通知其家属具领，然通知书既无底稿，又未挂号，焉能遽信为真。至于将看守扣饷垫用一节，尤为不当。因饷为看守法定薪金，即欲扣存，亦应存储生息，安得以他人应得之薪饷，移作别项开支。其为压迫看守、藉图私利，已可概见。总之，上海特区监狱弊端极深，在司法权未曾收回以前，黑暗情形，早为世人所共见。自司法权收回迄今，为时无几，而第一特区典狱官，因犯侵占罪，而被发觉者，至谢福慈止，已有四起之多。当委员调查第一特区监狱时，该典狱长谢福慈，因在第一特区监狱长任内之侵占罪发觉，尚拘留狱中，以待审判。由此可见该典狱长之营私舞弊，不自今始。兹特提出弹劾，请即依法交付审查，移付惩戒，以重法纪，而儆贪风。谨呈。

附一：

委员田炯锦程运鹏曾道审查报告书

为审查报告事：案奉院长交下高委员一涵弹劾上海第二特区监狱典狱长谢福慈营私舞弊一案，经委员等细核原案及附件，咸认案中所举各节，既系高委员实地查询所得，即从司法行政部查复文中，该典狱长滥用非刑，虐待监犯情形，亦可概见。实属蔑视法纪，违背人道，应请将该典狱长谢福慈，依法移付惩戒。谨呈。

附二：

监察院移付中央公务员惩戒委员会文　第二五七号

二十二年九月七日

为移付事：案据监察委员高一涵，以虐待犯人、擅用非刑，并营利舞弊等情事，提劾上海第二特区监狱典狱长谢福慈一案，当经依法交由监察委员田炯锦、程运鹏、曾道审查去后。兹据报告称：奉交高委员一涵弹劾上海第二特区监狱典狱长谢福慈营私舞弊一案，经委员等细核原案及附件，咸认该典狱长谢福慈依法应付惩戒等语。据此，相应抄检本案各件，备文移付贵会，查核办理。

此移

抄件（略）

（《监察院公报》第二十六期）

“提劾江苏省松江县县长沈庸及法院院长王思贤等违法渎职案”弹劾文

（1933 年 9 月 12 日）

为弹劾事：案查江苏省松江教育会常务委员□□□等，呈诉该县前县长沈庸等违法渎职，暨松江县党部张寰治等函控松江银行行长谢良达等侵吞公款，县长沈庸得贿故纵，及松江法院院长王思贤、检察官祝宗海枉法徇私各案，准本院秘书处函交委员，及书记官黄仁中顺便调查。兹查得松江银行于二十一年二月五日，因上海分行倒闭，在废历年节后，即呈报县政府停止营业。该县长沈庸（现任青浦县县长）既接到松江县党部二月九日函请将该行所有账目及现款派员查封，及各债权人律师等呈请迅为查封该行，保存证件各在案，乃竟迁延至半月之久，至二月二十三日始行查封，纵容该行行员及清理委员会从容消灭证据与伪造证据。及至三月四日以后，迭奉江苏民政、实业、教育、财政四厅会电，令该县长将张啸嵋等看管查办，并严缉该行行长谢良达归案讯办各在案，而县长竟违抗电令，或蒙呈四厅，多方为张啸嵋等开脱，或故为延迟，始将张啸嵋等移送法院。所有该行行员消灭证据，及伪造证据等舞弊行为，皆由该县长纵容坦庇而成。据此，则该县长之串通舞弊，及纵容舞弊之实情，几为有目者所共睹。至于松江法院院长兼推事王思贤，承办债权人控案，先后判决，如出两人，又复狐埋狐搰，改判决为裁定，其审判之任意出入，已可概见。似此枉法渎职，将何以维法律之威信，保法院之尊严，更将何以保障人民之权利利益。兹特提出弹劾，乞将该县长沈庸及该院长兼推事王思贤，依法付惩，以肃官常，而维法纪。至于该行长谢良达，在任时之舞弊营私，及吞没现金各节，暨该行行员及清理委员会委员等之消灭证据，及伪造证据各节，应令法院依法严办，以重法治，而儆刁商。谨呈。

附一：

委员胡伯岳白瑞田炯锦审查报告书

为审查报告事：案奉交下高委员一涵弹劾江苏松江县长沈庸及法院院长兼推事王思贤等违法渎职一案，经委员等审查结果，认为该县长沈庸处理松江银行债务纠纷一案，初则对债权人等请求查封该行财产，保存证件，迁延半月，始为执行。继又违抗江苏民政、实业、教育、财政四厅令，对该行董事张啸嵋等不予拘办，且饰词为之开脱。后移送张啸嵋及文件于法院，又故为迟延，致该行有湮灭证据，伪造账目，及隐匿财产等舞弊行为，是该县长与之串通，故意纵容，无可讳言。至松江县法院院长兼推事王思贤，对本案判词前后两歧，任意出入，且改判决为裁定，失法庭之尊严，尤属违法渎职，应请将前松江县长沈庸、松江县法院院长兼推事王思贤，即日一并交付惩戒。特此报告。谨呈。

附二：

监察院移付中央公务员惩戒委员会文　第二十二号

二十二年九月十二日

为移付事：案据监察委员高一涵以违令纵庇、串通舞弊、纵容舞弊等情事，提劾江苏省松江县县长沈庸；以枉法渎职，提劾松江法院院长兼推事王思贤，请并移付惩戒一案，当经依法交由监察委员胡伯岳、白瑞、田炯锦审查去后。兹据报告称：奉交高委员一涵弹劾江苏松江县长沈庸及法院院长王思贤违法渎职一案，经委员等审查结果，认为该县长沈庸串通纵容，无可讳言。该法院院长兼推事王思贤对本案判词前后两歧，任意出入，且改判决为裁定，尤属违法渎职。应请将松江县长沈庸、松江县法院院长兼推事王思贤，即日一并交付惩戒等语。据此，相应抄检各件，备文移付贵会，查核办理。

此移

推件（略）

（《监察院公报》第二十期）

“提劾江苏邳县县长彭国彦兴化县长华振奉贤县长沈清尘等贪赃枉法案”弹劾文

（1933年9月14日）

为弹劾事：委员此次奉派视察江苏，风闻被控之贪污县长彭国彦等，业经江苏省政府撤职扣留在案，理应切实调查，以明真相。兹准江苏省政府主席顾祝同函送前任邳县县长彭国彦、兴化县县长华振、奉贤县县长沈清尘、阜宁县县长洪福元等四人，贪污罪案重要节略前来，摘叙各该县长贪污违法之事实，颇为确凿。查该前邳县县长彭国彦勒索四隅，征收总书记杜怀芳、梁得中、石鹏年、张明远等例规，计现洋及期票一千八百余元，均经质讯明白。其浮收赋税部分，亦经派员查明，并有该县长所出之布告为凭，均属证据确凿。该兴化县长华振到任十个月内，得不正当收入一万五千元，业经该省民政厅派员查实。其对于盗匪车鹏庆、顾长吉等得贿故杀，及得贿故纵之嫌疑，亦经江苏省政府证明是实。该前奉贤县县长沈清尘伙同秘书杨长佑，得朱锦文之父贿金一案，业经查讯确实。该前阜宁县县长洪福元藉办理烟案，诈索贿赂一款，亦经该省政府查讯，认为确凿有据。该县长等如此贪赃枉法，实为国法所不容，除该洪福元一名，早经本院弹劾，交付惩戒外，尚有该县长彭国彦、华振、沈清尘等，虽由该省政府撤职，尚未经中央明令惩戒。兹特提起弹劾，请一并依法交付惩戒，以正官邪，而警贪风。理合检同江苏省政府主席顾祝同公函，连同所开各节略，一并呈请院长鉴核施行。谨呈。

附一：

委员程运鹏杨亮功高鲁审查报告书

为呈复事：案奉院长交下高委员一涵弹劾江苏邳县县长彭国彦、兴化县县长华振、奉贤县县长沈清尘等贪污枉法一案，委员等审查结果，认为该县长彭国彦、华振、沈清尘等，既经江苏省政府查实，确有贪枉证据，自应依法将被弹劾人移付惩戒，以肃官常。特此报告。谨呈。

附二：

监察院移付中央公务员惩戒委员会文　第二十三号

二十二年九月十四日

为移付事：案据监察委员高一涵提劾江苏省前邳县县长彭国彦、兴化县县长华振、奉贤县县长沈清尘等贪赃枉法一案，当经依法交由监察委员程运鹏、杨亮功、高鲁审查去后。兹据报告称：奉交高委员一涵弹劾江苏邳县县长彭国彦、兴化县县长华振、奉贤县县长沈清尘等贪赃枉法一案，委员等审查结果，认为应依法将被弹人该县长彭国彦、华振、沈清尘等移付惩戒，以肃官常，特此报告等语。据此，相应抄检各件，备文移付贵会，查核办理。

此移

抄件（略）

（《监察院公报》第二十期）

“提劾安徽霍山县前任县长陈立本贪赃枉法渎职殃民案”弹劾文

（1935年5月13日）

为弹劾事：案查前霍山县长陈立本被控贪赃枉法、渎职殃民一案，前经委员签请令行安徽省政府具复，以凭核办在卷。兹据安徽省政府呈复到院，委员详核全卷：（一）该县长接办郭任所移籴款、移筑城堤、以工代赈一案，赈款事前或被各区各保吞蚀，或移作别用，致堤工久延。小民受累，该县长明知之而不追究。（二）该县长经征二十一年田赋，确有裁串催逼、差役勒索情事。又核该县田赋串票，票面仅列附税洋码，附加各次，既未列举，正附税银总计若干，亦复漏填。（三）该县长任内财政科长孙式如，以贱价私购田赋六成预征券，勒令代换现金，或以陈欠串票，代替正款。综上事实，该前县长失职及失察之咎，甚为明显。兹依法提起弹劾，请将前安徽霍山县长陈立本，移付惩戒，以肃法纪。谨呈。

附一：

委员王宪章段宏纲李嗣璁审查报告书

为审查报告事：案奉交下高一涵提劾前霍山县长陈立本贪赃枉法、渎职殃民一案，委员等详加审查。确属违法失职，应移付惩戒，以肃官箴。谨呈。

附二：

监察院移付文　第一三三九号

二十四年五月十三日

案据监察委员高一涵提劾安徽前霍山县长陈本立贪赃枉法、渎职殃民一案，当经依法交由监察委员王宪章、段宏纲、李嗣璁审查去后。兹据报告称：奉交高委员一涵提劾前霍山县长陈立本贪赃枉法渎职殃民一案，经委员等详加审查，确属违法失职，应移付惩戒等语。据此，相应抄检各件，移请贵会查核办理。

此移

中央公务员惩戒委员会

抄件（略）

院长　于右任

（《监察院公报》第二十九期）

“提劾湖南长沙地方法院候补推事李向荣违法审判案”弹劾文

（1935 年 8 月 17 日）

为弹劾事：案查前据湖南长沙县民呈诉长沙地方法院推事违法审判等情到署，当经本署详加审核，对该案第一审是否合于法定程序，发生疑问，即经抄原呈一件，检附原判决书一份，函请湖南高等法院查核见复去后。兹准该院函复略称：查本案第一审未照法定程序，率予判决，自不能辞错误之咎。又称查系前该院候补推事李向荣承办等由，准此。查法官审判案件，自应依照法定程序办理。兹湖南长沙地方法院候补推事李向荣，对于被告汪在位，仅一次传唤未到，遽许到场之原告一造辩论而为判决，殊违反民事诉讼法第三百七十七条第二项之规定，既经本署函准该省高等法院查复属实，自应依法提起弹劾，请予依法移付惩戒，以重审判，而维法纪。谨呈。

附一：

委员程运鹏乐景涛杨亮功审查报告书

为报告事：案奉院长交下湖南湖北监察区高监察使一涵弹劾湖南长沙地方法院候补推事李向荣违法审判一案，经委员等审查。此案既经湖南高等法院查实，该推事未照法定程序，率予判决，认为应付惩戒。谨呈。

附二：

监察院移付文　第二〇一号

二十四年八月十七日

案据本院湖南湖北监察区监察使高一涵弹劾湖南长沙地方法院候补推事李向荣违法审判，请予依法移付惩戒一案，当经依法交由监察委员程运鹏、乐景涛、杨亮功审查去后。兹据报告，“该被弹劾人李向荣应付惩戒”。据此，相应抄检本案各件，备文移请贵会查核办理。

此移

中央公务员惩戒委员会

抄件（略）

院长　于右任

（《监察院公报》第四十二期）

“提劾江汉工程局局长杨思廉等疏忽堤防酿成灾害案”弹劾文

（1935 年 9 月 12 日）

查湖北本年遭受水灾惨烈情形，较之二十年大汛时期，实有过之。全省七十县罹此祸变至达四十县之多，其酿成灾害之果，实由江汉工程局局长杨思廉废弛职务之造因。凡鄂之人民，自七月初旬直至于今，直间接横受漂没荡析之苦况，无不怒于室而市于色，口有道道杨思廉，耳有闻闻杨思廉，手有指指杨思廉，群情愤愤，以指摘杨思廉责任所在，俨如生铁铸成之事实，不可或有所旁贷。盖防护水患，惟在修筑堤防，而湖北江襄两流域修筑堤防之负有专责者，惟在江汉工程局。该局长杨思廉系于民国二十一年十一月三十日，接办一切工程，在职两年有半，不可谓之不久，而于各干堤堤工之窳败，地方隔阂之情况，漫不经心，以致变本加厉，卒召偾事，使工程方面与地方行政方面，失其联系运用，一遇非常事态之到临，便颠倒仓皇，莫知所措。在险工吃紧之时，一涵曾亲巡该局所辖各干堤堤段，并经迭次令派本署调查科科长安梦周、科员喻正权、张家珏、办事员朱桐生等，分别勘察已破未破各堤垸，兹经该员等呈复调查该局平日设施状况、防汛工作情形，及关于张公堤与各干堤防汛期中经过情形，详确调查据报前来。一涵复经搜集各种佐证材料，并博采周咨武汉各机关主要负责人之言论及一般舆论，推究本原，穷其得失利害之故，以及局长杨思廉渎职罪之事实真相与经过，谨分别缕陈如下。

（一）江汉工程局与湖北水利堤工两局之比较

湖北为江汉汇流之区，与堤防相依为命者，计有三十六县。然在民国十五年以前，堤工向无专款，修防之责概委之于人民，迨十五年秋国军奠都武汉，地方各法团始呈奉中央党部、中央政府联席会议议决，于湖北之特税、厘金，暨有堤之武昌等三十六县田赋内，各照正税附征十分之一堤工捐（自二十年起裁撤厘金，故该项厘金附捐，亦随之停止），并于鄂、湘、赣三省海关出进口货按物价百分之一，附征堤工捐，专款存储，由财政部通令施行，俾作鄂省修堤经费，不准移作别用，迭经通令遵行，垂为定案。自十五年十一月以后，专司修防之责者，或设湖北水利局，或设湖北堤工局，皆直隶于湖北省政府。而专司经费保管之责者，则为湖北堤工经费保管委员会。于是修防之责，遂由人民而移归于湖北省政府。至二十一年十一月豫、鄂、皖三省“剿匪”总司令部颁布训令，将湖北水利局、堤工局，及湖北堤工经费保管委员会一并裁撤，所有湖北水利、堤工两局办理之各项水利工程，一并移交全国经济委员会所属江汉工程局接管。其原有堤工经费，照旧征收，另组保管委员会保管。比即订定湖北堤工专款保管委员会章程，令仰遵照在案。于是修防之责，复由湖北省政府移归于全国经济委员会矣。此为湖北堤防水利机关，自十五年起至二十一年止，总计六年之间变迁改革之大略。

查湖北堤防水利事务，在水利、堤工两局办理时代，弊端百出，就经费言，自十六年四月堤工经费保管委员会成立之日起，至二十一年十一月该会裁撤之日止，总共收入堤捐及各项经费计国币一千九百七十万四千余元，支出国币一千五百一十万五千余元，所余四百五十九万八千余元，非为历年湖北各机关所挪借，即为中央银行所倒欠（系民国十六年之中央银行）。又因保管委员会在最初并无稽核权，各征收机关究竟征收若干，无法稽考，以致或征而不解，或解而不清，故挪移亏欠之案，层见迭出。而此挪移亏欠之款，有案可稽者，因公挪移一项，计达六十二万余元，私人亏欠一项，计达七十三万余元，并未列入上项收数总账之内。盖在堤工经费保管委员会保管经费时期，六年之间所有收支数目，从未依会计法列表公布。事前既无完全预算，事后又不办理决算，随意开支，毫无限制，任情挪借，无法归还，悬案迄今，尚未清结。此乃自十六年至二十一年各机关对于防堤专款挪移亏欠之大概情形也。

再就工程言，在水利、堤工两局管理修防时代，对于堤防之修筑，每年分段设工程处，委人承办，三数月以后，工程告竣，工程处即行取消。而竣工与验收，相隔辄在半年以后，故每处所用工款，须待一年之后，方可结束。其或因冬涨而工程淹没，或因匪患而交通阻滞者，往往经过二三年之久，南未验收。故水利、堤工两局历年经支工款，约一千二百余万元，而合法报销者，约计不过三百五十万元。其他浮报开支，及卷款潜逃者，不一而足。因水利堤工两局向保管委员会支领堤款时，从不先定预算，必待支用而后，方造册呈请核销，而各工程处领到堤款，往往随意觅商承包，从不用投标办法。工程处因无预算拘束，故可肆意侵占。而承包人因受层层剥削，又往往偷工减料，百弊丛生。结果，真正用于实际工程开支者不及十分之五六焉。此乃十六年至二十一年水利、堤工两局对于堤防专款浮支侵蚀之大概情形也。

自二十一年十一月三十日江汉工程局接收水利、堤工两局事务以后，动用堤工专款，必遵循法定程序，先经呈准全国经济委员会核发，然后再向湖北省政府建设厅堤工专款保管委员会领取。挪移亏欠之事，自不致随时发生。又因该局内部组织比较完密，每一工程须经过设计、施工、考核各组之手，而凡单价在三千元以上之工程，概用投标办法，招商包修，舞弊机会自较从前减少。故自江汉工程局接办湖北水利、堤工两局事务以来，对于经费之领支及工程之举办，均较从前为进步，此为有目共睹之事实，无论何人，均不能轻易否认者也。

（二）江汉工程制度上之缺点

根据上述情形而言，则江汉工程局之优点，即在该局不得自由支领堤款，不得任意修筑堤防，故该局之一举一动，均受法定程序之限制。为除弊计，则手续固不妨繁重，程序固不妨曲折迂回，然一到夏潮秋汛时机危急之时，安危寄于俄顷，成败悬于目前，苟不能当机立断应变有方，则时机一逝，补救无由，未有不偾事者。故江汉工程局之组织，仅适宜于处常，而不适宜于处变。在常时凡属江汉工程局之优点，一到变时，皆表现为江汉工程局之劣点。盖在闲暇无事之时，用江汉工程局担任修筑工作则可，在危急存亡之时，用江汉工程局担任抢救工作则不可。因该局所行者为包工制，自由雇工，莫能强制，召募不能应时，指挥不能如意，以此应急，未有不贻误事机者。本年七月十二日至十七日张公堤之姑嫂树及禁口堤防塌陷，而该局局长杨思廉不得不避入日本医院，所有抢险工作，必待警备司令叶蓬出而担任，即其明证也。

然江汉工程局亦早虑及此，故由该局及全国经济委员会所拟定之各种办法，大概皆将修筑之责，归之于江汉工程局，将防汛之责，委之于该管地方政府。即关于修筑堤防之事以江汉工程局为主体，关于办理防汛事宜，则以地方政府为主体，该局仅立于指导协助地位（见《江汉干堤防汛办法》第六条）。其自为计，未尝不周，然已为其易，责他人为其难，譬如军队，仅愿担任驻防，一到打仗之时，则退居宾位，而欲使其他军队任前锋，天地间焉有是理？且地方政府，对于该局所修筑之堤工，平时既无权可以过问，修筑是否坚实而合度，不得而知，一旦堤防有事，则孰愿挺身而出，代负抢救之劳。在地方政府之啧有烦言，固亦理所应然。此乃工程与行政不相统属之最大缺点，而为武汉各机关当局所共见共闻者。如长此不变，一届夏潮秋汛之来，江汉工程局因无行政大权，不能召集民夫，而束手无策，地方政府亦因平时不负技术上责任，非至万不得已，绝不愿挺身而起，共济艰危。一涵愚见，以为即经费材料偶感不足，尚不足深忧，惟此行政与工程不能打成一片，乃为防汛时期之极端危险现象。为挽救此种缺点起见，湖北省政府遂有汉口市堤工委员会之设，由汉口市政府、江汉工程局、汉口商会等合组而成。然此种采用合议制之机关，仅能议决，不能直接执行，曲折迂回，迁延时日，诿责则有余，负责则不足，欲令负抢险之责，恐会未开而堤先决矣。此制度上之亟应改革者也。

（三）江汉工程局对于堤防之疏忽

上述各节，大都为制度上之缺点。然制度问题之外，人事问题，亦十分重要。故江汉工程局此次所发见之种种弊端，由于制度者半，由于人事者亦半。查江汉工程局所有工程人员，对于水利工程具有精深之学识及丰富之经验者，寥寥无几。该局局长杨思廉系学铁道工程者，才具平庸，绝难胜此重大责任。兹就其大者言之，约有数端。

（1）查堤工修防时期，早经三省“剿匪”总司令部公布在案。即关于修筑堤工，“其每届开工日期，不得逾当年之一月底。完工日期，不得逾当年之五月底”（《监督修筑湖北堤防办法》第三条）。关于防汛期间亦规定“以六月十五日至九月十五日为标准”（《江汉干堤防汛办法》第二条）。该局事先毫无准备，即关于屏障汉口之张公堤，其由姑嫂树至晒甲山堤段，应施行建筑压浸台工程，延至四月十日方始开工，至七月二十一日，一涵亲自视察张公堤时，尚未完竣。关于修补张公堤浆砌坦坡之裂痕，直至六月二十六日始向汉口市堤工委员会报告，一则曰“拟择要修补”，再则曰“正派员勘估”，三则曰“一俟估毕，即行兴工”（见本署安梦周科长报告第八段）。其违反修筑堤防办法及防汛办法所规定之期限，彰彰明矣。

（2）自七月十二日深夜姑嫂树及禁口堤段发生塌陷情形时，经汉口市政府工程师吴国柄发觉后，报告驻堤之工程师，因深夜材料不济，及工人不应指挥，拟决定放弃抢救，证以汉口市党部派员到本署报告，及本署所派秘书汪淮、科长安梦周查勘报告，均属相同。斯时湖北省政府张主席及本署皆欲一见该局长之面而不可得，故弃职潜逃之消息，业已遍传武汉中央及上海各报纸，事后探询，始知该局长当张公堤危在旦夕之时，正在托病匿居汉口日本同仁医院，故自十二日至十六日，无论在该局之中，或在张公堤上，皆不见该局长足迹。迨至二十一日，一涵与赈务委员会许委员长世英同勘张公堤时，面询该局长自十二日至十七日是否避居同仁医院，该局长亦面称属实。由此可见此次张公堤之幸未出险，全为武汉警备司令叶蓬抢救之功。该局长当此千钧一发之时，竟托病潜藏，放弃职守，论其罪案，当尤重于军人之临阵脱逃矣。

(3) 查该局所管辖之江汉干堤，业经溃决者，计有十五处，尚在危险中者，计有十一处（见本署安梦周科长附呈第四号表）。湖北人民报江汉工程局岁以数百万之巨款，而江汉工程局报湖北人民以四十九县之巨灾，抚衷自忖，何以为情！且钟祥县十一弓之溃决，原因在工务人员一闻水至，即事先弃职潜逃，以至下游人民未闻鸣钟报警，死在梦中者，不知凡几。而江陵之万城大堤，据雷专员啸岑报告，在七月五日午后十一时许，荆江干堤之得胜寺与堆金台一段，即已溃决五十余丈，该荆江堤工局局长徐国瑞竟懵然无知，至七日始称万城大堤漫水。而驻万城之堤工局主任吴锦棠，闻警声，言先往关庙祭奠，旋即潜逃无踪。局内防险材料，一无所有，仅留一职员杨玉龙与众敷衍云云。由此可见该局所属之工务所所长及堤工局局长与工程人员，事先竟毫无防汛准备，事后则多弃职潜逃.置抢救及堵口工作于不闻不问，其废弛职务及酿成灾害之情形，固已铁案如山，百口莫辩矣。

(4) 查汉成、新丰垸、东成三垸系本年自一月起开工新筑者，计用经费二十八万（汉成垸十六万、新丰七万、东成垸五万），与最初估计约需经费七十余万者，相差竟至一倍以上。三垸之修筑事宜，由三垸委员会议决，而三垸委员会则由杨思廉兼任委员长，所有会内工程人员，均由该委员长指派。然则该委员长对于三垸之修筑，自应握有全权，该委员长系专门技术人员，担负设计施工之责，既明知经费不足，自应毅然主张，择要修筑一垸或二垸，乃竟曲从无专门知识者之意见，将三垸同时兴工，以致经费一分，三垸皆不能照原定计划修筑，不得已惟有出减低工价及减少土方之下策。垸顶之高，仅定为四十八英尺。查三省“剿匪”总司令部所公布之《堤工须知》规定，无论缮修或新筑工程，“堤顶高度至少须与该处最大水位平”。二十年汉口之最高水位为五十三英尺六寸，而该委员长所兴筑之汉成、新丰两垸，竟仅定为四十八英尺，与该处最大水位比，相差竟至五尺六寸之多。而且不遵守五月底完工之规定，至夏汛期间，工程尚未完毕，故汉成垸至六月二十六日水位仅高三十六英尺时，其第二十三段即已漫水，及至水位至四十六英尺以上时，该垸即全部淹没矣。新丰垸亦因减低工价，致令承包者多受亏累，做工者发生怠工情形。迨夏汛到来，仍有少许未能完工，致遭漫顶之患。举此二十余万之巨款，尽掷之水中，该委员长自应负完全责任。且新丰垸之漫溢，所缺之款，为数不过数百元，始则因该工程师谢先进携款至堤，惧被包围而返汉，继则因该监工员钱祖源携款至堤，惧被工人擒拿而弃款逃跑（见本署科员喻正权调查报告），一误再误，致全垸俱被没沉。该委员长及工程师等或玩忽职守，怠于防制，或处置失当，督饬无方，致酿成巨大灾害，若从严惩处，自应科以《刑法》第一百三十条之渎职罪，即从宽惩戒，亦应加以《水利官员考绩条例》第七条所规定之处罚焉。

以上所陈江汉工程局局长杨思廉及各工程人员违法渎职各款，仅就其显著者言之。其他各工务所所长及堤工局局长暨工程人员之违法渎职情节，尚不止此。堤防为人民生命财产所系，国家赋税所关，中央历年对于堤防水利负责人员之诰戒，奚止三令五申，乃言之谆谆，而听之藐藐。每届夏潮秋汛，堤防之以溃决闻者，几视如常事。而堤工负责人员之以弃职潜逃闻者，尤比比皆是。若不整饬纪纲，严行惩治，将何以继持法纪而重堤防。特此提劾，请予移付审查。谨呈。

附一：

委员李梦庚巴文峻姚雨平审查报告书

为审查报告事：案奉交下高监察使一涵呈劾江汉工程局局长杨思廉等疏忽提防、酿成灾害一案，经委员等详细审查。认为该局长杨思廉、工程师谢先进、督工员钱祖源，及荆江堤工局局长徐国瑞、万城堤工局主任吴锦棠等，或玩忽职守，怠于防制，或处置失当，督饬无方，致酿成巨大灾害，自应移付惩戒，以重堤防，而申法纪。谨呈。

附二：

监察院移付文　第三零五号

二十四年九月十二日

案据湖南湖北监察区监察使高一涵呈，以查本年湖北水灾，其酿成实由江汉工程局局长杨思廉及各工程人员，于其职务，有废弛、放弃、玩忽等情事，为此提出弹劾，请付审查，当经依法交由监察委员李梦庚、巴文峻、姚雨平审查去后。兹据报告，“案经委员等详细审查，认为该局长杨思廉、工程师谢先进、督工员钱祖源，及荆江堤工局局长徐国瑞、万城堤工局主任吴锦棠等，或玩忽职守，怠于防制，或处置失当，督饬无方，致酿成巨大灾害，自应移付惩戒”等语。据此，相应抄检各件，备文移请贵会查核办理。

此移

中央公务员惩戒委员会

抄件（略）

院长　于右任

（《监察院公报》第四十六期）

“提劾湖北孝感县县长欧阳洪烈贪污违法废弛职务案”弹劾文

（1935 年 10 月 29 日）

案准湖北省党部执行委员会常务委员王绍祐等密报，并据孝感县人民、孝感县旅省同乡会常务理事李永耀等，孝感县厨业工会理事鲁祥润等，及孝感县县党部党员先后呈诉孝感县县长欧阳洪烈贪污违法、渎职殃民一案到署。比经派本署科员张家珏前往并案调查。兹核该科员报告，除密报及各书状中所列“收受重贿”“庇护属员”“捐款渔利”“行为不检”“捐款牟利”“账款挪用”“滥用刑讯”“袒护属员”“侵蚀征收经费”“保甲松懈”“酗酒抹牌”“摧残党务”“逸乐殃民”各款，均经查无实际外，至关于“默弛烟禁”“禁烟诈财”及“出征殃民”各款，据该科员复称：“查孝感县烟禁弛废，乡城众口一词，烟馆领照，混用吸户名义。大者每月交税五元，名为照费，而事实上则按月收钱，并不发给执照，有彭仁安者，开设烟馆于该县第四区第七保（即花园镇）第一甲第二户丁家亭宅后进。据云‘花园一镇，有烟馆二三十家，县府副官费吉六、吴金标来往城乡，月必数起，凡开烟馆者，虽按月纳税，而费等仍不时到烟馆抓人罚钱’。职收其烟照三张，一系元月发，一系三月发，一系七月发，七个月内，三次发照，藉禁烟之名行敛财之实”等情。据此，查该县长以限期戒烟之吸户执照，作为开设烟馆之凭证，证据已十分确凿。再查该县二十四年元月所发之执照，既不填写吸户姓名，又不填写执照号码，及该执照之有效期间，则随人皆可持用，随地皆可转用，尤为显明之事实。查禁烟办法，对于因病不能即时戒断者，发给限期戒烟之执照.而征收照费，原意即在寓禁于征。乃该县长则藉照敛财，因征解禁，以致城区烟馆，竟有一百余家之多，而各乡镇尚不在内。似此阳托寓禁于征之名，阴行因征解禁之实，贪污违法，证据显然。又据该科员呈复略称：在该县花园镇忠义乡肖家港临时行柜，查获浮收钱粮事实，业户董志润应完粮七角九分，该征收生闵家芬竟浮收至一元四角。业户夏代庆应完粮一元七角，竟浮收至二元。又一老妪应完粮七千二百文，竟浮收至八千文等情，据此，查该科员仅抽查临时行柜一所，时间又极短促，而一次发见浮收之弊，已有三起之多，该县全境粮柜甚多，其浮收之数，当更不止此。查湖北《征收田赋暂行章程施行细则》第四条规定："总柜征收主任员生受县长之指挥监督。"第十三条规定："各项征收人员及催租吏，如有违法浮收，需索陋规，或经征税项侵匿不缴并其他各种情弊者，应按照刑法治罪，并追缴其赃款。"该县长对于征收人员及催租吏等，监督无方，以致政警需索酒资，册生以少收多之事，层见叠出。其废弛职务，证据昭然。奚特提案弹劾，请即依法移付惩戒，以警贪污，而纾民困。谨呈。

附一：

委员郑螺生杜忱毛思诚审查报告书

为审查报告事：案奉院长交下湖南湖北监察使高一涵弹劾湖北孝感县县长欧阳洪烈贪污违法、渎职殃民一案，委员等开会审查。佥认为该县长对于该县境内禁烟之废弛，已属无可讳言。且所发给之戒烟执照，类皆开设烟馆冒吸户而领取者，以致该县烟馆林立，而该县长乃从中作弊敛财，不惟有违寓禁于征之至意，乃实因征而解禁，诚属罪无可逭。其关于浮收钱粮部分，亦经调查属实，证据确凿。似此贪污，若不加以严惩，何以肃官常而澄吏治乎？应请依法将湖北孝感县县长欧阳洪烈移付惩戒。关于刑事部分，请交付法院讯办。谨呈。

附二：

监察院移付文　第四四九号

二十四年十月二十九日

案据湖南湖北监察区监察使高一涵提劾湖北孝感县县长欧阳洪烈贪污违法、废弛职务一案，当经依法交由监察委员郑螺生、杜忱、毛思诚审查去后。兹据报告略称："佥认为该县长对于该县境内禁烟之废弛，已属无可讳言，至关于浮收钱粮部分，亦经调查属实，应请依法将湖北孝感县县长欧阳洪烈移付惩戒。关于刑事部分，请交付法院讯办"等语。据此，相应抄检本案各件，移送贵会查核办理。

此移

中央公务员惩戒委员会

抄件（略）

院长　于右任

（《监察院公报》第五十三期）

“提劾湖北第七区行政督察专员兼江陵县长雷啸岑违反法律滥用职权案”弹劾文

（1935 年 11 月 7 日）

案据湖北江陵县人民来丽生呈诉湖北第七区行政督察专员兼江陵县县长雷啸岑非法逮捕恳救济等情前来，即经令派本署科长安梦周、科员张家珏前往调查去后。兹据该科长科员等十月支代电[①]略称，“关于逮捕来丽生一案，专员公署以妨害公务罪，于八月二十九日派警将来票传到案，遂即收押，现已月余矣。月前鄂湘川边区‘剿匪’司令部令该署将来送交法院审理，嗣沙市地方法院亦函请提解法办，该署藉辞以‘呈请湖北省政府派员下县彻究’之理由，未曾照办。如此有意延耽，似属不合，荆沙各界，舆论颇为不平”等情，并抄附江陵县政府关于本案文卷一册，及检送各件到署。据此，查《中华民国训政时期约法》第八条第一项内载“人民非依法律不得逮捕拘禁审问处罚”，第二项内载“人民因犯罪嫌疑被逮捕拘禁者，其执行逮捕或拘禁之机关，至迟应于二十四小时内移送审判机关审问，本人或他人并得依法请求于二十四小时内提审”，又《刑事诉讼法》第二百零八条第一项内载“右列各员，于其管辖区域内为司法警察官有协助检察官侦查犯罪之职权，一、县长……”第二项内载“前项司法警察官应将侦查之结果移送该管检察官，如接受被拘提或逮捕之犯罪嫌疑人认其有羁押之必要时，应于二十四小时内移送该管检察官，

---

① 支代电：指 4 日代电。

但检察官命其移送者应即时移送”各等语。本案该专员兼县长雷啸岑，因其本人被来丽生等控告，并散布传单，认为摇惑观听，及对其故加侮蔑，妨害政务进行（见抄卷内该专员县长呈湖北省政府文，及复沙市地方法院检察处公函所自述之理由），遽将来丽生逮捕拘禁。查江陵县设有沙市地方法院，来丽生为普通人民，纵使其确有犯罪嫌疑，亦系触犯普通刑法，依法自应由该管法院受理，该专员兼县长何得加以逮捕拘禁，且已拘禁至数十日之多，而并不移送该管审判机关审问。约法为国家根本大法，该专员兼县长此种行为，实于约法公然违反。即退一步言之，该专员兼县长，系以县长身份，依上述刑事诉讼第二百零八条第一项之规定，于其管辖区域内，为司法警察官，有协助检察官侦查犯罪之职权，然亦只能居于协助侦查之地位。且依同条第三项之规定，尤不能将来丽生拘禁至数十日之多。迨来丽生之妻来孙氏状请沙市地方法院检察处提审，该处先曾据以函请查复，继则函请将人卷解处侦讯，并有鄂湘川边区“剿匪”总司令部令饬克日[1]将来丽生解交法院审理（见抄卷内沙市地方法院检察处九月十三日及九月二十日公函暨鄂湘川边区“剿匪”总司令部九月十三日训令），该专员兼县长竟始终抗不将来丽生移送法院，其公然违反法律，滥用职权，尤属至为明显。抑有进者，本案该专员兼县长既被来丽生等控告在先，即为涉及本身之事，所有控案之是非虚实，以及来丽生究竟是否犯罪，自均应依法进行，乃竟如此滥用本身职务上之权力，对呈控人非法逮捕，任意蹂躏人权，且已接法院函请移送，仍复置之不顾，将来此风一开，则法律何以施行，人权何由保障。兹特提案弹劾，请即依法移付惩戒，以维法纪，而保人权。谨呈。

① 克日：指 14 日。

附一：

委员刘三姚雨平熊育锡审查报告书

为审查报告事：案奉交下湖南湖北监察使高一涵弹劾湖北第七区行政督察专员兼江陵县长雷啸岑违反法律、滥用职权一案，委员等详加审查，佥认该兼县长逮捕来丽生，藉辞呈请湖北省政府派员下县彻查，非收押月余，不予移交法院讯办，实属违反法令，应请依法将湖北第七区行政督察专员兼江陵县长雷啸岑，交付惩戒。并认为应施行急速救济处分，通知该主管长官，转饬该兼县长速将来丽生移送法院，依法审理，以维纪律，而申人权。谨呈。

附二：

监察院训令　第七八八号

二十四年十一月七日

令湖北省政府，案据湖南湖北监察区监察使高一涵弹劾湖北第七区行政督察专员兼江陵县县长雷啸岑违反法律，滥用职权一案，经交监察委员刘三、姚雨平、熊育锡审查去后。兹据报告略称，“佥认该兼县长逮捕来丽生，藉词呈请湖北省政府派员下县彻查，非法收押数月，不予移交法院讯办，实属违反法令，应请依法将湖北第七区行政督察专员兼江陵县长雷啸岑交付惩戒。并认为应施行急速救济处分，通知该主管长官转饬该兼县长速将来丽生移送法院，依法办理”等语。据此，除移付外，合即令仰遵照。

此令

院长　于右任

附三：

监察院移付文　第四七三号

二十四年十一月七日

案据湖南湖北监察区监察使高一涵弹劾湖北第七区行政督察专员兼江陵县县长雷啸岑违反法律、滥用职权一案，当经依法交由监察委员刘三、姚雨平、熊育锡审查去后。兹据报告，“案经委员详加审查，佥认该兼县长逮捕来丽生，藉词呈请湖北省政府派员下县彻查，非法收押月余，不予移交法院讯办，实属违反法令，应请依法将湖北第七区行政督察专员兼江陵县长雷啸岑，交付惩戒。并认为应施行急速救济处分，通知该主管长官转饬该兼县长速将来丽生移送法院，依法审理，以维法纪，而申人权”等语。据此，除令行外，相应抄检各件，移付贵会查核办理。

此移

中央公务员惩戒委员会

抄件（略）

院长　于右任

附四：

监察院指令　第四十五号

二十四年十一月七日

令湖南湖北监察区监察使高一涵，二十四年十月十二日呈一件为弹劾湖北第七区行政督查专员兼江陵县县长雷啸岑违反法律滥用职权案由呈件均悉。本案业经交付审查成立，移付中央公务员惩戒委员会依法办理，并令行湖北省政府为急速救济处分矣。仰即知照。此令。

院长　于右任

（《监察院公报》第五十四期）

"提劾汉口地方法院检察官兰锡九书记官刘襄违法失职案"弹劾文

（1935 年 11 月 16 日）

案据湖北汉口市住民呈诉湖北汉口地方法院检察官兰锡九舞弄文卷、滥用诉权、办案舛方、徇情枉法等情一案，当经令派本署调查员朱桐生前往调查去后。兹据该调查员查明呈复，并检送汉口地方法院检察处原卷及与该检察官谈话笔录前来。查该检察官兰锡九办理李泽夫等诉薛文青侵占一案，既经向同院刑庭提起公诉，尚在审理之中，则对该案起诉之实质如何，自有法律解决，兹可姑不具论。惟察核该调查员呈复文内所举各节，证以该检察处侦字第四五三一号之原卷（以下简称原卷），则该检察官兰锡九与该检察处书记官刘襄办理该项案件，实有下列之违法失职行为。（一）查《刑事诉讼法》第四十一条第一项内载"讯问被告自诉人证人鉴定人及通译应制作笔录……"；第二项内载"前项笔录应向受讯问人朗读或令其阅览，询以记载有无错误"；第四项内载"笔录应命受讯问人紧接其记载之末行签名画押盖章或按指印"各等语。是此项讯问笔录，应于当庭制成，并应命受讯问人签名画押盖章或按指印，为法定之必要手续，反是则为违法。该检察官及书记官绝无不知。今核阅调查员呈复文内第二项所举各节，并证以原卷第三三页至三四页，及第四三至四四页之情形，暨该调查员与该检察官之谈话笔录，则原卷内所有二十四年七月十二日及七月二十日之两次侦查笔录，实均未经受讯问人签名划押盖章或按指印。而阅其于受讯问人签名处所签之名，竟与该侦查笔录内其他记载各项，及该书记官自己签名之笔迹相同，当系该书记官所代写。再就原卷详加查核，该调查员呈复文内第三项所举原卷页数号码上，印章多不相符，号数多所描改，以及其订卷结线处觉曾有改动各节，均系有如此之情形，则由此推知该两次侦查笔录，均为事后补行添入，亦尚非过甚之词。夫法律上所以规定制作笔录之种种必要手续，即系欲用以证明所制笔录之为真，今乃由书记官代为签名，甚或竟系事后补行添入，其流弊何堪设想？更何以解于伪造之嫌？该检察官及书记官，对于该项侦查笔录之制成，系应共同负责，其违法甚属显然。（二）查原卷内自第二八页至第三一页，系为同一事件，同于二十四年七月十一日所发出，同定于七月十二日传讯之传票回证四张，其回证号数亦同为第一六三号。乃忽于第三〇页及第三一页两张回证之内，既将发出日期改为十五日，复于备考栏内添注有“改传本日（十五日）切切勿误”字样，而其余两张回证，则又未改未添，即该项既改且添两张回证之传票本身（见原卷第二五页及第二六页），亦无既改且添之事。及观原卷第三三页至第三四页之该次侦查笔录，其日期既仍为七月十二日，且补传四人内有三人均经到庭，而所谓“改传十五日”之期，则卷内并无侦查笔录，足见改期之事根本上系属虚无，该调查员呈复文内第一项所举该检察官及书记官办事错乱草率各节，均系实情。夫制发传票，为办理诉讼一种重要事件，应如何慎重为之，今该检察官及书记官，办理该项传票事件，竟有如此之错乱玩忽情形，虽遽难认定其系有何种舞弊之行为，要亦难免同负失职之责任。综观上述各端，该汉口法院检察官兰锡九及该院检察处书记官刘襄，对于办理该李泽夫等诉薛文青侵占案，实均有违法失职之行为。爰特提案弹劾，请即依法移付惩戒，以维法律，而儆玩公。谨呈。

附一：

委员王祺刘莪青李宗黄审查报告书

为审查报告事：案奉院长发交湖南湖北监察使高一涵弹劾汉口地方法院检察官蓝锡九，及该院检察处书记官刘襄违法失职一案，经祺、莪青、宗黄等于十月三十一日午前十一时开会审查结果，该检察官蓝锡九及书记官刘襄，对于办理李泽夫等诉薛文青侵占一案，不遵照刑事诉讼法第四十一条一二两项之规定，伪造笔录，密改传票，证据确凿，实系违法失职。该检察官及书记官身为司法官吏，应如何尊重国家法律，维护人民权益，乃竟于办理检举起诉之际，违法舞弊，实为触犯刑章，渎职违法之罪。应请依法移付惩戒，以维法律，而儆枉徇。谨呈。

附二：

监察院指令　第八九四号

二十四年十一月十六日

令湖南湖北监察区监察使高一涵，二十四年十月十七日呈一件弹劾湖北汉口地方法院检察官蓝锡九及该检察处书记官刘襄办理案件违法失职案由（附抄调查员朱桐生查复呈文一件，检附汉口地方法院检察处侦字第四五三一号原卷一宗，调查员朱桐生与汉口地方法院检察官蓝锡九谈话笔录一份），呈件均悉。该案业经交付审查成立，并经移付中央公务员惩戒委员会办理矣。仰即知照。此令。

院长　于右任

附三：

监察院移付文　第五一一号

二十四年十一月十六日

案据湖南湖北监察区监察使高一涵提劾汉口地方法院检察官蓝锡九及该院检察处书记官刘襄违法失职一案，当经依法交由监察委员王祺、刘莪青、李宗黄审查去后。兹据报告，“认为该检察官蓝锡九及书记官刘襄违法失职，证据确凿，应请移付惩戒”等语。据此相应抄检各件，移请贵会查核办理。

此移

中央公务员惩戒委员会

抄件（略）

院长　于右任

（《监察院公报》第五十五期）

“提劾湖南安化县承审员张健滥用职权故入人罪案”弹劾文

（1935年12月16日）

案据湖南安化县民以被谌及第侵占家产涉讼一案，呈诉该县承审员张健应为不为、贪赃故害等情到署，当经函请湖南高等法院查复在案。兹准函复，略以此案已令据益阳县主任承审员施中谷前往查明呈复，并抄送查复原呈一件前来。察核该主任承审员施中谷查复原呈，除关于谌仇氏所诉该承审员张健收受贿赂及胁迫和解各节，业经查无实据外，其关于该承审员将谌仇氏羁押并处拘役一事，内称：“关于收押谌仇氏一节，谌仇氏投讯两次，谌及第均未亲自投案，迨第三次讯期，与谌及第对质，审判人员对于调查证据及辩论理由自不免有所诘驳。该谌仇氏以张承审员之态度较前稍异，遂疑谌及第有行贿及请人关说情事。迨三月二十三日为四次讯期，谌仇氏于先一日拜神呼冤，语侵张承审员，容或有之，张承审员据传达谭鸿钧口头报告，遂于第四次集讯之后，将仇氏收押。经调阅卷宗，系另一刑事卷，注明辱骂政府及法官之情事。至二十八日提庭复讯，仇氏所供如前，且无谭传达对质之笔录，该承审员遂于点名单内，谕知谌仇氏当街肆口谩骂、任意诋毁，处拘役六日，未决羁押日数，以二日抵拘役一日等语。此张承审员收押仇氏之情形也。窃县政府兼理司法，系以县长司检察职务，承审员司审判职务，当街谩骂，仅违警罚法定有明文，似应由县长检举交办，妨害名誉案件，亦须告诉乃论，谌仇氏谩骂情形，姑无论是否属实，似应经人告诉，或经县长检举交办，方可审判，该承审员仅据谭传达口头报告，即将谌仇氏收押，似觉不合”等语。查该承审员张健，对于谌仇氏谩骂一案，既未经县长检举交办，又未经人告诉，仅据该县政府传达谭鸿钧一人之口头报告，亦复未令对质，遽将谌仇氏先施羁押，继处以拘役之刑，其种种不合情形，该主任承审员施中谷查复原呈，业已言之甚切。惟该承审员所处谌仇氏之刑，是拘役而非拘留，且谕知未决羁押日数，以二日抵拘役一日，是明明适用刑法，而非适用违警罚法，即观查复原呈内谓该承审员系另立一刑事卷，更属可知。查该承审员对于谌仇氏认为究犯何条之罪，并未指明，如认为系犯妨害名誉之罪，则当时刑法上妨害名誉案件，必须告诉乃论，此案既未有合法之告诉，根本上即已无审判之可能。如照该承审员自己所立卷宗，注明为辱骂政府，则当时两度庭讯，谌仇氏亦只供认曾骂谌及第、谌恩荣两人，坚不承认有辱骂政府及法官之情事，何能仅凭该县政府传达一人之口头报告，而遽处人以罪刑。且纵使谌仇氏当拜神呼冤之际，于谩骂谌及第、谌恩荣诸人之中，而间有侵及该承审员个人之语，但其行为之程度，亦与当时刑法妨害公务罪内所谓对于公署公然侮辱者不同。况县长并未检举交办，何能任意故入人罪？其为违法失职，自属显然。查当时刑法第一百三十二条内载“有审判职务之公务员或公断人，明知法律而故为出入者，处六月以上五年以下之有期徒刑”等语。此案该湖南安化县承审员张健，既系身为承审，当然明知法律，乃竟滥用其审判职务之权力，任意故入人罪，则不惟违法失职，且难免有触犯刑事之嫌疑。爰特提案弹劾，请即依法移付惩戒，其刑事嫌疑部分，并请移送该管法院办理，以伸法纪，而儆效尤。谨呈。

附一：

委员李宗黄胡伯岳白瑞审查报告书

为审查报告事：案奉交下湖南湖北监察使高一涵弹劾湖南安化县承审员张健违法失职一案，委员等开会审查。佥认为县政府兼理司法，系以县长司检察职务，承审员司审判职务，如人民有犯法行为者，应由县长检举交办，或经人告诉，承审员方可审判。乃该承审员对于谌仇氏拜神呼冤，是否语侵及己，不加细察，不待县长检举，未经合法告诉，仅凭县政府传达口头之报告，亦复未令对质，擅将谌仇氏收押，遽处以拘役之刑，是该承审员明知法律，乃竟滥用其审判职务之权力，任意故入人罪，不惟违法失职，实属触犯刑章。除应请依法将湖南安化县承审员张健移付惩戒外，关于刑事部分，应交法院讯办，以伸法纪，而儆官邪。谨呈。

附二：

监察院指令　第一一零二

二十四年十二月十六日

令湖南湖北监察区监察使高一涵，二十四年十月二十四日第三三号呈一件，弹劾湖南安化县承审员张健违法失职并有刑事嫌疑一案，呈件均悉。经依法交付审查，结果认该承审员张健不惟违法失职，实属触犯刑章，除应依法移付惩戒外，其关于刑事部分，应交法院讯办。据已将案移送中央公务员惩戒委员会核办矣。仰即知照。此令。

院长　于右任

附三：

监察院移付文　第五三三号

二十四年十二月十六日

案据湖南湖北监察区监察使高一涵呈劾湖南安化县承审员张健有滥用审判职务之权力，任意故入人罪情事，不惟违法失职，且有触犯刑事之嫌疑，请将该承审员张健移付惩戒，其刑事嫌疑部分，并移送该管法院办理，以伸法纪而儆效尤一案，当经依法交由监察委员李宗黄、胡伯岳、白瑞审查去后。前据报告略称，“案经委员等开会审查，佥认为该承审员明知法律，乃竟滥用其审判职务之权力，任意故入人罪，不惟违法失职，实属触犯刑章。被弹劾人湖南安化县承审员张健除应依法移付惩戒外，关于刑事部分，应交法院讯办，以伸法纪，而儆官邪”等语。据此，相应抄检本案各件，移请贵会查核办理。

此移

中央公务员惩戒委员会

抄件（略）

院长　于右任

（《监察院公报》第五十九期）

“提劾湖南靖县教育局局长龙骧侵款潜逃违法失职案”弹劾文

（1936年2月21日）

案查前据湖南靖县第二学区区立镇宁小学校校长王家儒等，呈诉该县教育局局长龙骧吞款祸学劣迹昭彰等情一案，当经函行湖南省政府教育厅查复去后。兹准该厅函复内开“查此案前经令据该县县政府呈报该员亏蚀公款一千一百余元等情到厅，业经本厅令将该局长先行撤职，听候核办。旋据该县政府电呈，该龙骧不俟移交，潜逃来省，比经令据省会公安局将该犯缉获在案。本厅迭据该靖县县长周翰宗呈报龙骧亏款捏控情形，附送该县清算教育局账目委员会报告前来，核其情节，嫌疑重大，业将本案全部卷宗暨龙骧一名移送湖南高等法院检察处依法核办”等由，准此。查原呈所诉该局长摧残乡学、违反厅令、匿账不报、聚赌抽头、酗酒狎妓、短列收入、浮报支出、预支薪俸、侵吞学款、放弃职守、资格不合、不学无术各节，复函内虽未分别叙明，但该局长亏蚀公款，竟有一千余元之多，于奉令撤职之后，又复不俟移交，潜逃到省，违法失职，情节显然。除刑事部分，已由该厅移送法院核办，自应依法办理外，爰特提案弹劾，请即依法移付惩戒，以肃官常。谨呈。

附一：

委员毛思诚梅公任罗介夫审查报告书

为审查报告事：案奉交下湖南湖北监察使高一涵提劾湖南靖县教育局局长龙骧侵款潜逃、违法失职一案，当经委员等开会审查。佥以该局长亏蚀公款竟达一千一百余元之多，实犯意图为自己不法之所有，而侵占自己持有他人之物之侵占罪。于奉令撤职之后，又复不俟移交，潜逃到省，违法失职，莫此为甚。应请将湖南靖县前教育局局长龙骧移付惩戒，以惩贪墨而肃官常。谨呈。

附二：

监察院指令　第一五九四号

二十五年二月二十一日

令湖南湖北监察区监察使高一涵，二十五年一月二十九日第四八号呈一件，呈件均悉。案经交付审查，咨送转饬依法办理，仰即知照。此令。

院长　于右任

附三：

监察院咨文　第一五九四号

二十五年二月二十一日

案据湖南湖北监察区监察使高一涵提劾湖南靖县教育局局长龙骧侵款潜逃、违法失职一案，当经依法交由监察委员毛思诚、梅公任、罗介夫审查去后。兹据报告略称，“佥以该局长亏蚀公款，竟达一千一百余元之多，于奉令撤职后，又复不俟移交，潜逃到省，违法失职，莫此为甚。应请将湖南靖县前教育局局长龙骧移付惩戒，以惩贪墨，而肃官常”

等语。据此，相应抄检本案各件，咨送贵院查核转饬依法办理。

此咨

司法院

抄件（略）

院长　于右任

（《监察院公报》第六十九期）

“提劾湖北房县县长严式超检验吏张金锐违法失职案”弹劾文

（1936 年 2 月 22 日）

案查前据密报，“查民国二十四年二月间，房县城内东街，发生陈郑氏被婆陈金氏与其夫，共同用铁火钳烙阴户及全身，致命而死一案，全城公愤。且其夫……前所掳各处财物，余存甚多，县长严式超竟不彻究，而检验吏又受贿改填伤单，云系服毒身死。后经各法团要求公开复验，竟系谋杀身死，而严县长仅将检验吏拘押三日释放，并不判罪，随将此案判决陈金氏与其夫三年有期徒刑而已。对于死者，又无若何安置。此案已由地方公禀，向襄阳法院上诉”等情到署。当以事属司法，且与验断有关，即经密函湖北高等法院查复去后。兹准该院查明函复（并抄附调查纪录十八张，图说一纸，抄件一纸，判决二份）前来，经予详加查核，认为该县县长严式超及检验吏张金锐，均属违法失职，触犯刑章。（一）该县长严式超，兼理司法事务，自系有追诉犯罪职务之公务员，对于陈郑氏尸身，既因亲往复验之结果，发见检验吏张金锐原验不实，又复改填伤单，于二十四年三月三日，以“查检验吏张金锐验伤不实，又复改填伤单，实系渎职”等词，公然牌示宣告（见抄件），且同日将其革职收押，是实已明知该检验吏系犯有渎职罪刑，乃竟不加追诉处罚，遽于同月二十八日将其开释。而其开释，既无正当事故，又未用合法程序，仅于题签内批有“交保开释”四字（见抄件），是显然为对于明知其为有罪之人，而无故不使其受追诉处罚，依当时刑法第一百三十三条之规定，不惟违法失职，抑且触犯刑章。（二）根据该县长严式超二十四年三月三日之牌示，以及湖北高等法院复函内所叙竹山县承审员苏式宏之查复，该检验吏张金锐验伤不实，已属失职，而据牌示所载“又复改填伤单，实系渎职”，且更构成违法行为。关于此点，该竹山县承审员苏式宏虽谓无有其事，但其所查，仅系根据于事后与人谈话。而该严县长之牌示，则系以当时主办之官员，为正式公示文告，且语气极为肯定，其实在自属显然。至于受贿一节，亦属刑事所关，自应依法讯明办理，爰特一并提案弹劾，请即依法移付惩戒。其刑事部分，并应移送该管法院办理。以儆效尤。

再该竹山县承审员苏式宏查复文内，曾有“惟查县长处理司法事务暂行细则规定，县长并无审判民刑案件之权，严县长竟自行审判此案，未免违背法令”等语。兹查该承审员所引用之章则，系湖北一省所单行，而按诸中央法规现行有效之修正县知事审理诉讼暂行章程第一条之规定，兼理司法事务之县长，对地方管辖案件，有自行审判之权，既有中央法规，自可不受一省地方单行章则之限制。依此原则而言，是该县长严式超，对于此项刑事案件，尚难谓为违法审判，故未将此节列在弹劾之内，合并声明。谨呈。

附一：

委员胡伯岳白瑞田炯锦审查报告书

为审查报告事：案奉交下湖南湖北监察区监察使高一涵弹劾湖北房县县长严式超及检验吏张金锐违法失职一案，委员等审查结果。佥认既据湖北高等法院查明，该检验吏张金锐于陈郑氏因伤致死一案，始则检验不实，继复改填伤单，该县长严式超既发见该检验吏有渎职情形，且牌示宣告，乃不加以追诉处罚，反将其开释，是其违法失职，均属显然。依法即请将该湖北房县县长严式超、检验吏张金锐，一并移付惩戒。至受贿部分，事属触犯刑章，并应移送法院办理。谨呈。

附二：

监察院指令　第六八五号

二十五年二月二十二日

令湖南湖北监察区监察使高一涵，二十五年一月三十日第四九号呈一件，呈件均悉。经依法交付审查，结果认为该县长严式超，检验吏张金锐，应一并移付惩戒。其受贿部分，事属触犯刑章，并应移送法院办理。据已将案件移送中央公务员惩戒委员会核办矣。仰即知照。此令。

院长　于右任

附三：

监察院移付文　第一六〇四号

二十五年二月二十二日

案据湖南湖北监察区监察使高一涵弹劾湖北房县县长严式超、检验吏张金锐有违法失职，并触犯刑章各情事，请予移付惩戒，其刑事部分，并应移送该管法院办理以儆效尤一案，当经依法交由监察委员胡伯岳、白瑞、田炯锦审查去后。兹据报告称，“案经委员等审查结果，佥认既据湖北高等法院查明该检验吏张金锐于陈郑氏因伤致死一案，始则检验不实，继复改填伤单。该县长严式超既发见该检验吏有渎职等情形，且牌示宣告，乃不加以追诉处罚，反将其开释，是其违法失职，均属显然。依法即请将该湖北房县县长严式超、检验吏张金锐，一并移付惩戒。至受贿部分，事属触犯刑章，并应移送法院办理”等语。据此，相应抄检各件，移请贵会查核办理。

此移

中央公务员惩戒委员会

抄件（略）

院长　于右任

（《监察院公报》第六十九期）

“提劾湖南宁乡前任保安大队队长朱鼎三侵占公款违法犯刑案”弹劾文

（1936 年 2 月 25 日）

案据湖南宁乡县前保安大队朱任、清查委员会委员吴笛楼等，呈诉该县前任保安大队长朱鼎三侵吞公款、清查有据等情到署，当经一涵于巡视湖南时，派本署调查员沈爽清前往彻查具报去后。兹据查明呈复前来，略称，查该县前保安大队朱任、清查委员会委员吴笛楼等，实为行政大会所推举，经县政府之委派，于二十四年十月清查完竣后，比将清查结果，连同证件，赍呈该县县政府，并分呈湖南省政府暨全省保安司令部饬追各在案。该县政府据呈后，旋将该会所赍之清查表册，及各项证件，令发财政委员会，复加审核，以便追缴（抄呈县政府训令）。职在该县时，财委会对于此案，尚未审核完毕具报县政府，故县政府暂亦未予执行。惟据县长杨积荪云“宁乡地方财政情形，过去极为紊乱，该清查会所清查朱前队长之浮报各款，大半均系实在，仍令财委会复行审核者，不过照例手续耳。一俟该会审核完毕具复到府后，当即执行追缴”等语。查该清查委员吴笛楼等，既系由地方行政大会所推举，复经县政府之委派，自系正当合法之清查人员，其清查结果，认为该县前任保安大队长朱鼎三，任内经手款项，除超过预算支出一万七千六百九十八元外，其浮报冒领之款共有一万一千七百一十七元四角九分五厘，又短少枪枝三十四杆，子弹一万三千余发等情，自属证据确凿。且该县县长杨积荪，亦已承认其所查浮报各款，大半均系实在。是该前任大队长朱鼎三，侵占公务上所持有之金钱，不惟违法，且犯刑章。爰特提案弹劾，请即依法移付惩戒，并将其犯刑部分，移送该管审判机关办理，以儆贪污。谨呈。

附一：

委员王子壮朱雷章刘侯武审查报告书

奉交审查湖南湖北监察使高一涵弹劾湖南宁乡县前任保安大队队长朱鼎三侵吞公款一案，经委员等开会审查。佥以该队长朱鼎三冒滥公款达一万一千余元及短少枪弹，既经派员调查属实，且经县长证明其浮报，自应依法移付惩戒。其刑事部分移送审判机关办理，以肃官箴。谨呈。

附二：

监察队指令　第一六一八号

二十五年二月二十五日

令湖南湖北监察区监察使高一涵二十五年二月七日第五二号呈一件，呈暨附件均悉。经依法交付审查。并据报告，认为该队长朱鼎三应移付惩戒，其刑事部分，移送审判机关办理。已将案件函送军政部核办矣。仰即知照，此令。

院长　于右任

附三：

监察院公函　第一六一八号

二十五年二月二十五日

案据湖南湖北监察区监察使高一涵弹劾湖南宁乡县前任保安大队队长朱鼎三侵占公款违法犯刑，请予移付惩戒，并将其犯刑部分，移送该管审判机关办理一案，当经依法交由监察委员王子壮、朱雷章、刘侯武审查去后。兹据报告略称，“案经委员等开会审查，佥以该队长朱鼎三应移付惩戒。其刑事部分，移送审判机关办理”等语。据此，相应抄检本案各件，函送贵部查核办理。

此致

军政部

抄件（略）

院长　于右任

（《监察院公报》第七十期）

“提劾湖北黄陂县县长丁铮域越权违法任意滥押案”弹劾文

（1936 年 2 月 27 日）

案查本署前据湖北黄陂县民向玉祚、陈王氏等，呈诉黄陂县县长丁铮域，滥用职权，押毙人命，又据陈王氏呈诉该县长渎职杀人，又据汉口律师公会会长王兆祥呈诉，以转据律师王儒煜函称，为受向玉祚等委托办案，被该县长违法逮捕，妨害职务各等情先后到署，当经并案令派本署调查员张家珏前往调查去后。兹据该员查明呈复，并送各附件前来，经予详加审核。该黄陂县县长丁铮域，因据向玉祚之媳即向长先之妻陈慧文密函报告，谓被其夫向长先等捆绑禁闭，种种非刑凌虐，身受重伤，请予伸冤营救。该县设有黄陂地方法院，该县长不兼理司法事务，但依刑事诉讼法第二百零八条之规定，县长于其管辖区域内为司法警察官，有协助检察官侦查犯罪之职权。该县长于据报之后，即派队前往查拿，固为其职权范围以内之事，且遇境内有此种蹂躏人权违背人道之案件，能立时雷厉风行，查拿办理，不可谓非一种尽职之行为。惟查该案究系普通刑事案件，照《刑事诉讼法》第二百零八条第一、二两项条文，该县既有地方法院，该县长只能协助侦查，应于获案后讯问案情，移送该管检察官办理，既不能久不移送，亦不能将犯罪嫌疑人径予滥施羁押，如检察官命其移送，并应即时移送。原条文规定甚明。乃该县长于将陈慧文起案之时，向玉祚、向长先等均不在家，遂将向玉祚之妻向陈氏（即向长先之母、陈慧文之姑）逮捕到县，开庭质讯。向陈氏即将向长先对陈慧文迭次伤害情形供明，并供称："我待陈慧文如姑娘一样，恨儿子不好。"又称"我为了这些事，只每日啼哭，请人诊治，丈夫在外做事，回来打骂儿子数次"等语。即陈慧文供词内涉及其姑向陈氏之处，亦仅有"我亲娘闻喊声未救，当然就是帮忙"之言，不但未提及向陈氏有何参与行凶之事实，且对于向陈氏所供各节，并无反驳之词。至所称闻喊未救，当然就是帮忙，亦不过系信口推论，姑无论其所谓闻喊未救，是否系属实情，纵使向陈氏当日果有闻喊未救之情形，亦不能认其即系帮忙，尤不能认其即为共犯。况观向陈氏一经到庭，即将其子犯罪情形供出，并不隐瞒，及照其供词内所谓"恨儿子不好"与"只每日啼哭，请人诊治"等情而论，可见其为一良儒之妇人，谓其于其子残暴之行为，无力制止或不敢制止则可，若谓其有意帮忙，犯教唆或帮助之罪，则显然无此情形。即就该县长于讯问后所下堂谕而言，亦仅有"并据陈慧文供称我亲娘闻喊不救"等语之记载，更可见当时侦查之结果，该向陈氏除被陈慧文供为闻喊未救外，实未见有其他犯罪之嫌疑（其后陈慧文所具状词及供语，固亦谓向陈氏在场帮凶，但何以不供述于与向陈氏对质之时，而提出于向陈氏被押及身死之后，其中显有可疑，难资凭信）。该县长既将案情讯明，理应即行移送该管法院检察处，侦查办理，或将向陈氏交保候传，如欲继续协助侦查，亦可一面移送法院，一面对向长先等在逃人犯，仍予查拿，俟拿获续行讯明移送。乃该县长既不依法办理，复将向陈氏滥施羁押，以致向陈氏竟死于押所之中。迨向陈氏身死之后，向玉祚等向黄陂地方法院检察处，状诉该县长滥用职权，羁押毙命，该检察处于勘验后，致函该县长，要求将陈慧文诉向长先等一案卷宗，移送检察处并案办理。乃该县长竟借口于陈慧文之请求，谓须拿获一般犯人，再行移送法院。又谓据陈慧文供称，已向高等法院，请求移转管辖，遂始终不将该案移送检察处办理（关于勘验向陈氏尸身一事，该县长曾函复该检察处，谓其验断不符，并呈报省府，但亦仅系要求更正，并未以此为拒绝移送该案之理由。至其堂谕内所述不送法院之理由，仅系借口于陈慧文之面请。复查该案向陈氏到县被押，系二十四年十月八日，在押身死，系十月十六日，检察处函请送卷并案办理，系十月十九日，而陈慧文于讯供时面请勿送黄陂法院，则系迟在十月二十五日，至堂谕内谓据陈慧文供称已向高等法院请求移转管辖，但查其当日供词，虽曾录有此语，而其文字多系添改，且实际上系于十一月一日，始由陈慧文具呈，请县转请移转管辖，故知该县长系不免有借口之处也）。查依法移送法院，为该县长自身应有之职责，即移转管辖，亦应依法定之手续而行，何得借口于当事人之请求，竟置该管法院检察处之函请移送于不顾。溯自二十四年十月八日向陈氏到案之日起，截至十二月十日本署调查员往查之日止，计已两月有余，在此长久时间，该县长既不依法移送法院，复将向陈氏滥施羁押，死于押中，而向玉祚及陈慧文之伯父陈光宗二人，亦被该县长拘禁多日，此该县长越权违法者一也。又查《刑事诉讼法》第一百零一条规定羁押被告，须认为有同法第七十六条所定之情形，且于必要时，得施羁押。今向陈氏照上述所有案情而论，既非犯罪嫌疑重大，又有一定住所，不至逃亡，且于到案时已将其子犯罪情形供出，可无湮灭伪造变造证据或勾串共犯或证人之虞，更非已有最轻本刑为五年以上有期徒刑之犯罪，是于所谓同法第七十六条所定情形，无一相合之处，依法本不在有羁押必要之中。乃该县长不顾人权，滥施羁押，及向陈氏在押病情日重，甚至水浆不入，生命岌岌可危，迭经该管警官报告，该县长虽有准予交保之批示，犹复有所留难，以致未能保出，竟死押中。虽其后经湖北高等法院检察处派员复验，验得该向陈氏委系生前因受擦伤后患病身死，并无他故。但据该县党部干事刘法向本署调查员所谈，则谓："丁县长将该氏罚跪诘讯，旋即收押于公安科拘留所，禁止家属接见，并不予饮食，该氏因饥愤交迫，在押身死，殊为可惨。"黄陂地方法院检察官谢祖智向该调查员所谈，亦谓："县府略讯后，即将该氏收押，并闻拒绝接见家属，不予饮食，逼交向长先。该氏因被押痛苦及刺激过深，在押身死。"证以该管警官姜宏勋向该县长呈报向陈氏在押所情形文内，有云："该妇时哭时骂，忽跪忽立，甚至将自己身上，乱撞乱捶。"又云："该妇乱跪乱拜，有时口念南无阿弥陀佛，有时将吃饭之碗，顶在头上，谓头上之碗，即系天上之佛，如此乱言乱语，实属精神病无疑。”更证以黄陂仁济医院所具之诊断书，谓“向陈氏系患急性心脏病症”各等语，可见该向陈氏致死之故，固应以高等法院检察处派员复验之结果为凭。但其所以病死之速，亦难谓全与被押无关。夫以原无羁押必要之人，而竟始终羁押，且即死于押所之中，此该县长任意滥押者又一也。基于上述缘由，爰特抄同本署调查员张家珏查复原呈一件，检同原送附件全份，并抄附向玉祚、陈王氏原呈一件，陈王氏原呈一件，提案弹劾，请即依法移付惩戒。再，此案该县政府原卷，该调查员本已调取来署，以上所述案情，除根据该调查员查复外，并多有取证于该项原卷之处，兹因接准汉口地方法院检察处公函，以陈王氏、向玉祚等诉黄陂县长丁铮域渎职一案，业经湖北省高等法院裁定，移转该院管辖，请将该县政府原卷，径送该检察处办理，已将该卷径送，合并声明。谨呈。

附一：

委员郑螺生严庄杜忱审查报告书

为报告事：案奉交下高监察使一涵提劾湖北黄陂县县长丁铮域越权违法任意滥押一案，当经委员等会同审查。佥以该县长丁铮域办理陈慧文密告向长先捆绑禁闭，非刑伤害一案，查该县既设有地方法院，县长依法仅为司法警察官，职权限于协助侦查，应于获案后二十四小时内，移送该管检察官办理。乃该县长将向玉祚之妻向陈氏逮捕到县，滥施羁押，不予移送法院办理，以致向陈氏死于押所，实违刑诉法第一百零一条之规定。迨黄陂地方法院检察处函请将陈慧文诉向长先等一案卷宗，移送检察处并案办理，该县长复藉口原告请求移转管辖，始终不予移送，实属越权违法。应请将湖北黄陂县长丁铮域移付惩戒，以维法纪。谨呈。

附二：

监察院指令　第六九五号

二十五年二月二十七日

令湖南湖北监察区监察使高一涵，二十五年一月十一日第四一号呈一件，呈件均悉，案经依法审查，移付惩戒，仰即知照。此令。

院长　于右任

附三：

监察院移付文　第一六三六号

二十五二月二十七日

案据湖南湖北监察区监察使高一涵提劾湖北黄陂县县长丁铮域越权违法、任意滥押一案，当经依法交由监察委员郑螺生、严庄、杜忱审查去后。兹据报告略称，“佥以该县长丁铮域办理陈慧文密告向长先捆绑禁闭、非刑伤害一案，实违刑诉法第一百零一条之规定。迨黄陂地方法院检察处函请将陈慧文诉向长先一案卷宗，移送检察处并案办理。该县长复藉口原告请求，移转管辖，始终不予移送，实属越权违法。应请将湖北黄陂县长丁铮域移付惩戒，以维法纪”等语。据此，相应抄检本案各件，移送贵会查核办理。

此移

中央公务员惩戒委员会

抄件（略）

院长　于右任

（《监察院公报》第七十期）

“提劾湖南耒阳县义勇队副总队长唐兴华残杀良民案”弹劾文

（1936 年 3 月 2 日）

案查前据湖南耒阳县民贺维桢等，又李梁氏等，又梁周氏，又第一区白沙乡乡长梁炳奎等，先后呈诉该县义勇队副总队长唐兴华冒领奖金、坐大匪势、草菅人命、残杀良民各等情到署，当经函行该县县政府并案彻查去后。兹准该县政府查复前来，除冒领奖金、坐大匪势各节，虽非无因，究未确能证实外。至关于草菅人命，残杀良民部分，其复文内略开“查该副总队长自到职后，不时率队出外剿匪，行止方向，事前多未据报知。惟据事后报告，计自九月十六日至十月十六日止，一月内，各区剿匪，已格杀谢立昭、谢立松、王诗笔、刘后友、刘得才、廖谢氏、邓继良、兰召顺、兰祥玉，及不知姓名者一人，共十名。又据十月二十日报告，于十七晚在星子桥陈村围捕，计射杀陈其任、李选丙、梁彦标三名，俘获伤匪陈寿科（即秀科）一名，据供出交通梁育论等四名，于十八日该陈寿科即因伤殒命。十九日午到白沙缉捕梁育论，因其泅水逃走，射杀江中”各等语，当经据情分别转呈在案。嗣据梁育论之妻周氏，李选丙之妻梁氏，以草菅人命、故意残杀各等情，先后具诉该副总队长前来，正拟彻查，适奉前因，当传白沙乡长梁炳奎及保甲长等到府讯问。据称陈其任系于九月十九日夜，在陈村门口被枪射杀，李选丙于二十日黎明，在该家床前枪毙，梁彦标于二十一日，在马家坳枪毙，梁育论于二十二日在白沙家里拿去，带至河边码头枪毙，陈寿科实曾为匪，李选丙、梁育论素来安分，确系良民等语。该原报告虽称梁育论经俘匪陈寿科供其为匪交通，但陈寿科既已毙命，未由讯证，乃复抄发被杀者姓名，派令本府警长唐云化装前往各处密查，旋据报告，“所有梁育论、李选丙被杀情形，亦与该乡保长等供词无异”等语。查该副总队长唐兴华，每于率队出外剿匪，行止方向，事前多不呈明县长（查县长例兼总队长），辄于事后报告格杀多人，是其时常任意擅杀，跋扈专横，已可概见。兹姑就其擅杀李选丙、梁育论二人而论，（一）查该副总队长之报告，谓于十月十七日晚，在星子桥陈村围捕，计射杀陈其任、李选丙、梁彦标三名，但该县长讯据白沙乡长梁炳奎及保甲长等供称，则谓陈其任系于九月十九日夜，在陈村门口被枪射杀，而李选丙则系二十日黎明，在该家床前枪毙，梁彦标又系于二十一日在马家坳枪毙云云。其中月份之不同，或系由于国历与废历之各异，但原报告谓系同日射杀，而该乡长及保甲长等，则供述三人之被杀，计先后共有三天。此可证明该副总队长原报告之不实，尤可证明其所称围捕射杀之语，乃系其事后捏词，冀可归入格杀勿论范围之内。查李选丙既系安分良民，则该副总队长即不能不负擅杀良民之责任者一。（二）查该副总队长之报告，谓系俘获伤匪陈寿科，供出交通梁育论等四名，陈寿科即因伤殒命，于十九日午到白沙乡，缉捕梁育论，因其泅水逃走，射杀江中，但该县长讯据白沙乡长梁炳奎及保甲长等供称，则梁育论系在白沙家里拿去，带至河边码头枪毙云云。此姑无论陈寿科为已死之人，无法证明其生前曾否供及梁育论为匪，即使确有此供，该副总队长亦应将梁育论带回县城，依法讯明办理。乃明明系先行逮捕，而后带至河边码头枪毙，反于事后谓其泅水逃走，射杀江中，其为捏词掩饰，尤属显然。查梁育论亦系安分良民，则该副总队长即不能不负擅杀良民之责任者二。尤有进者，乡长及保甲长等均为本地之人，且均系担任地方公职，见闻确切，其所言自足为凭。该县长传讯白沙乡长梁炳奎及保甲长后，虽经证实该李选丙、梁育论之惨遭冤杀，犹复派遣该府警长唐云化装实地密查，又经该警长查明李选丙、梁育论被杀情形，与白沙乡长梁炳奎及保甲长等供词无异，益见该副总队长之擅杀良民，其事证甚为确凿。更就全案情形观之，则该副总队长所报格杀其他多人，恐其中亦难保无惨遭冤杀之事。至该县政府复文，虽亦有“该梁育论、李选丙等，是否匪类，抑系良民，该副总队长是否故意残杀，县长未敢遽行断定”等语。但查该县长虽属兼任义勇队总队长，而其武力实权，系握于该副总队长之手，尤以该副总队长之横行独断，不受指挥，现虽经湖南省政府主席兼保安司令将其先行撤职，但尚未归案讯办。该县长或系因此而不便明白开罪，自不能因其复文内未加断语，而遂以抹杀此案迭经查实之情形。综上论结，该耒阳县义勇队副总队长唐兴华，假借权力，擅杀良民，实属违法渎职，触犯刑章，爰特提案弹劾，请即依法移付惩戒。其关于刑事部分，并应移送该管审判机关办理，以伸法纪，而儆凶顽。谨呈。

附一：

委员白瑞田炯锦萧萱审查报告书

为审查报告事：案奉交下湖南湖北监察使高一涵弹劾湖南耒阳县义勇队副总队长唐兴华假借权力擅杀良民、违法渎职、触犯刑章一案，委员等当即开会审查。佥认为该副总队长被控各节，经该署函行该县彻查，除未确能证实外。关于草菅人命、残杀良民部分，调查甚详，是该总队长任意擅杀，跋扈专横，实属违法渎职，应请依法将该副总队长唐兴华交付惩戒。关于刑事部分，应移交该管审判机关办理，以儆官邪，而伸国法。谨呈。

附二：

监察院指令　机字第一六五四号

二十五年三月二日

令湖南湖北监察区监察使高一涵，二十五年二月十三日呈一件，呈暨附件均悉。当经依法交由监察委员白瑞、田炯锦、萧萱审查去后。兹据呈复，应请依法将该副总队长唐兴华交付惩戒，关于刑事部分，应移交该管审判机关办理。除函送外，合行令仰知照。此令。

院长　于右任

附三：

监察院函送惩戒文　机字第一六五四号

二十五年三月二日

案据湖南湖北监察区监察使高一涵提劾湖南耒阳县义勇队副总队长唐兴华假借权力，擅杀良民，违法渎职，触犯刑章一案，当经依法交由监察委员白瑞、田炯锦、萧萱审查去后。兹据报告，认为该副总队长被控各节，经该署函行该县彻查，除未确能证实外，关于草菅人命、残杀良民部分，调查甚详，是该副总队长任意擅杀、跋扈专横，实属违法渎职，应请依法将该副总队长唐兴华交付惩戒。关于刑事部分，应移交该管审判机关办理，以儆官邪，而伸国法等语。据此，除指令外，相应抄检各件，函行贵部查照办理为荷。

此致

军政部

抄件（略）

院长　于右任

（《监察院公报》第七十一期）

“提劾湖南前保安第八团团长王见龙滥权擅杀泄忿报私案”弹劾文

（1936年2月4日）

案查前据湖南益阳县民妇雷福莲、尹淑贞呈诉湖南保安第八团团长王见龙，擅杀其夫雷国斌、尹海鹏一案到署，比经派本署调查员沈爽清前往调查。兹据该调查员呈复略称：“查此案，缘该团长王见龙之侄王林保，在常属之德星垸（即膏粱垸）垦田十余亩，雷国斌亦为德星垸之业户，管有田土一千七百余亩，民国二十三年春间，王见龙嘱其侄往南县之草尾地方垦荒。该王林保因德星垸之田不能兼顾，意欲顶出，而雷国斌以该田系在其一千七百亩之数以内，否认王林保之批顶，事为王见龙知悉，乃即迭函该垸垸首王槐三等，催索顶费，不料彼等竟不之理，遂于是年四月，派枪兵数名，前往该垸，将雷国斌押去，勒出顶费二百元，一场纠葛，至此了事。讵王见龙对于雷国斌，即因是怀恨在心，时思泄忿，无隙可乘，迨是年九月底，雷国斌偕同司账员尹海鹏，在该垸清查所管之租谷数目，时有郭某因与雷有夙嫌，即向该团诬报雷国斌冒充军官，闻郭某与王见龙有旧，加以孕恨在前，会逢其适，爰即令枪兵将雷、尹二人拘解南县团部讯办，枪兵押解雷国斌等到达南县之荷花嘴地方，王见龙乃派一兵骑马前往迎探，嘱令解兵人犯在此等候，马兵旋即折回县城报告，时王见龙在某妓家打茶围，据马兵回报后，即在妓院下一手令，着该团胡连长王连副，率领枪兵十余名，前往荷花嘴，将雷国斌等就地枪决，毋解来部，该连长等奉令，遵即领兵前往，将雷、尹两人押至长兴桥地方（距县城八九里），即行枪决。嗣由湖南省政府主席兼全省保安司令于据控后，委派刘鸿业前往调查，对于雷国斌等被杀原委，访查甚为详尽，并制有查询笔录多件，关于该团长滥权擅杀泄忿报私各点，逐一查明属实，据实呈报在卷。现已将该团长王见龙撤职，送由湖南高等法院检察处，将案发交长沙地方法院讯办”等情，并抄附湖南省政府主席兼全省保安司令所派委员刘鸿业原查复呈文一件、查询笔录一束、高等法院检察处发交该案之训令一件。据此，查该委员刘鸿业查复此案之呈文内，曾叙有王见龙原报雷、尹二人被杀之电文，一则曰“携带枪枝，抢收租谷，纠众抗令，肆意横行”，再则曰：“行抵中途，乘兵单夜黑，劫枪图逃，当由该兵击毙”各等语，此实为本案重要关键。兹查本署调查员沈爽清及该委员刘鸿业查复文中，均未查得雷、尹二人有携带枪枝、强收租谷，及纠众抗令、肆意横行等情事。至雷、尹二人之死，本署调查员则查明系王见龙特派官兵，令于中途将其枪毙，而该委员所查各节，亦复大致相同。该委员并称“该案解兵原六名，而枪毙雷、尹时，忽约有枪兵二十名在市，以胡志明与街众所言情形证之，是增加之兵自系来于南县，有所准备，武力加厚，雷、尹二人势难更逃。就该团特务连长胡重民原报告观之，亦直认当夜带兵验明尸伤，不过诿在枪毙雷、尹之后，图卸责任。职再三考查，雷、尹劫枪一层，固绝无事实，即图脱一节，亦无事证”等语，其情节甚属显然。尤有要者，该委员查复文内，曾叙及雷、尹二人尸身，原被绳捆，因绳结太紧，用刀割去，始收入殓云云。夫以雷、尹仅有两人，而被数十枪兵押解，加以身被绳捆，死后竟至用刀割绳，绳始能断，则其当时被捆之紧，可想而知，此尚复有何劫枪图逃之余地。再就该委员全部查询笔录观之，是该雷国斌、尹海鹏二人之死，实由于该王见龙之挟嫌故杀，其事证确凿无疑。查王见龙身充保安团团长，绥靖地方，为其唯一职责，乃竟假借权力，故意杀人，实属违法渎职，触犯刑章。除刑事部分，已由该管省政府主席兼全省保安司令移送法院讯办外，爰特提案弹劾，请即依法移付惩戒，以彰法纪，而儆凶顽。谨呈。

附一：

委员乐景涛杨亮功高鲁审查报告事

为审查报告事：案奉交下湖南湖北监察使高一涵弹劾湖南前保安第八团团长王见龙，假借权力故意杀人、违法渎职等情一案，委员等当即开会审查。佥认为该前团长滥权擅杀，泄忿报私，不惟该署派员调查，证据确凿，而该省政府亦经查明属实，已将该团长撤职，送由湖南高等法院检察处，将案发交长沙地方法院讯办。是该团长滥权擅杀，毫无疑义。除该省政府已将其刑事部份移交法院讯办外，其违法渎职应请依法移付惩戒，以肃官邪，而伸法纪。谨呈。

附二：

监察院指令　机字第一六八〇号

二十五年三月四日

令湖南湖北监察区监察使高一涵，二十五年二月五日呈一件，呈件均悉。经依法交付审查，结果认为该前团长应移付惩戒，除函送军政部核办外，合即令仰知照。此令。

院长　于右任

附三：

监察院函送惩戒文　机字第一六八〇号

二十五年三月四日

案据湖南湖北监察区监察使高一涵弹劾湖南前保安第八团团长王见龙假借权力故意杀人、违法渎职等情一案，当经依法交由监察委员乐景涛、杨亮功、高鲁审查去后。兹据报告，“佥认为该前团长违法渎职，应请依法移付惩戒”等语。据此，相应抄检各件，函行贵部查核办理。

此致

军政部

抄件（略）

院长　于右任

（《监察院公报》第七十一期）

“提劾湖南溆浦县前任县长余如愚违法失职案”弹劾文

（1936 年 3 月 7 日）

案查前据湖南溆浦县民刘意定等呈诉该县县长余如愚残酷贪暴、纵丁杀人等情到署，当经函行湖南省政府查复去后。兹准湖南省政府查明函复前来，经予详加查核。认为该前任县长余如愚，现已调省，实属违法失职。（一）查肉刑久经废止，此次该县人民，因时难年荒，反对该县举办烟苗清丈登记，向该县政府请愿，愈聚愈多，叫嚣怒骂，致县政府秩序不宁，该前任县长为维护治安，如果已依法发布解散命令三次以上而仍不解散，爰得将聚众之人，当场逮捕。但其事为普通之刑事，其人为普通之人民，仅能于逮捕后，依照普通法办理。乃该前任县长竟将其中舒泰源、舒和顺二人，于拘捕后痛加笞责。其后五区复发生聚众之事，曾有捣毁区公所之行为，然仍在普通刑事范围以内，乃该前任县长又竟将其中之陈清泉、陈肖氏二人，于拘捕后各施棰楚。原复文内谓其系援用军法，但于普通之人民，犯普通之刑事，安能援用军法处理，其违法自属显然。（二）查谭德镜、刘桂云等为该县政府护兵，竟敢在外闹娼斗殴，枪杀人命，该前任县长用人已属不慎，约束已属不严，而该护兵等于事出之后，犹得从容将枪送回县政府，由后门逃逸，至今逍遥法外。该前任县长纵非庇纵，要其办理多疏，亦不免有失职之咎。爰特提案弹劾，请即依法移付惩戒，以维法治，而儆效尤。谨呈。

附一：

委员朱宗良王宪章段宏纲审查报告书

为审查报告事：案奉交下湖南湖北监察使高一涵提劾湖南前溆浦县县长余如愚违法失职一案，委员等审查结果。佥以（一）该前县长余如愚，处理该县民众因反对烟苗登记请愿一事，将县民舒泰源、舒和顺于拘捕后，施用肉刑，及处理五区捣毁区公所一案，又将县民陈清泉、陈萧氏拘捕各施棰楚，滥用职权，实属违法。（二）该县府护兵谭德镜等，闹娼斗殴，枪杀人命，足证该县长平时约束不严，事后听令逃脱，失职之咎，无所逃遁。应请将湖南前溆浦县长余如愚移付惩戒，以维法治。谨呈。

附二：

监察院指令　机字第七三一号

二十五年三月七日

令湖南湖北监察区监察使高一涵，二十五年二月八日第五三号呈一件，呈暨附件均悉。经依法交付审查，兹据报告，该前县长余如愚应移付惩戒。除将案件移送中央公务员惩戒委员会核办外，合行令仰知照。此令。

院长　于右任

附三：

监察院移付惩戒文　机字第一七二四号

二十五年三月七日

案据湖南湖北监察使高一涵弹劾湖南溆浦县前任县长余如愚违法失职，请即依法移付惩戒，以维法治，而儆效尤一案，当经依法交由监察委员朱宗良、王宪章、段宏纲审查去后。兹据报告略称，“应将湖南前溆浦县长余如愚移付惩戒”等语。据此，相应抄检本案各件，各件备文移请贵会查核办理。

此移

中央公务员惩戒委员会

抄件（略）

院长　于右任

（《监察院公报》第七十一期）

“提劾湖南益阳县前县长李裕掌护城镇‘铲共义勇队’前办公处主任郭镇华违法失职案”弹劾文

（1936 年 3 月 7 日）

案查前据湖南益阳县民郭章璜、郭枚生呈诉湖南益阳县护城镇恶痞郭镇华（即郭惠卿）挟嫌虐害、私行逮捕、私用笞刑，迭经求县照案依法判决、置若罔闻等情到署，当经函行益阳县政府查询该案案情，及郭镇华究系任何职务。嗣据该县现任县长梅尉南复称：县长于二十四年九月十六日到任，接收未结案内，并无该项卷宗，遍查已结档案，得悉该郭章璜等，于二十一年春，与郭镇华之胞兄郭雨卿，因祠产纠葛，被郭镇华逮送到府，郭章璜等遂以私行逮捕，擅用笞刑等情起诉，经李前县长票传侦查，两告均未遵期到案。被害人郭章璜亦未继续进行，以致将该案作为已结，归档移交。再查该案发生时，郭镇华系充本县护城镇“铲共义勇队”办公处主任，现已卸职，并无任何职务等语。经核该现任县长复称各节，与该郭章璜等所诉不符，复去函调卷来署，详加查核。认为该县前任县长李裕掌，及该前办公处主任郭镇华，均属违法失职，触犯刑章。（一）该案郭章璜于二十一年四月第一次向益阳县政府起诉时，系以郭雨卿及郭惠卿（即郭镇华）为共同被告，同日第二次续投诉状，且单指郭镇华一人为被告，再郭章璜之伤亦已验明：“左腿排连五伤，右腿排连四伤，其形均横，长约二分，宽约六分，微肿，红紫色，有印系竹板片伤”，载在伤单。是郭镇华犯罪部分，必须依法进行。乃该李前县长，不予依法追讯。其郭章璜第二次所递诉状第一页背面，虽注有“状悉，业已票传，仰如期投讯，此批”字样，但遍查卷内，并无一纸传票或送达证书或讯问笔录可寻。迨其后郭章璜向各上级机关呈诉，经湖南民政厅及清乡司令部，令县依法办理，湖南高等法院检察处，并令解卷凭核，该李前县长迫于上令，始于十二月二日发出郭雨卿传票，郭明山、郭明萱传票，及郭章璜、郭枚生传票各一纸，有送达证书可查。但主要被告郭镇华，则仍未列入，即已传诸人，亦并未经过集讯，乃遽将该案作为已结。查该李前县长兼理司法事务，自系有追诉犯罪职务之公务员，明知郭镇华为犯有伤害罪之人，迭经诉请，而竟无故不使其受追诉处罚，依当时刑法第一百三十三条第一项第二款之规定，不惟违法失职，抑且触犯刑章。（二）郭镇华身充该县护城镇“铲共义勇队”办公处主任，据其向益阳县政府呈解郭章璜文所述，郭章璜于决水毁塍后，即被发觉，自系现行犯人，依当时刑事诉讼法第四十九条条文，该郭镇华原得加以逮捕，但应于逮捕后，即时解归该管县政府依法办理。乃竟自行加以讯问，并施用笞刑（伤痕业经验明，载在伤单可考，而郭镇华于迭次被告之后，并无申辩之词，且有该户族及甲邻郭凤德、刘子祥等多人，在县递有公呈证明，则其事当属实在）。依当时刑法第二百九十三条第一项之规定，实犯伤害罪。并据郭章璜原呈称“殴叔灭伦，私宰尊长”等语，如郭章璜确系郭镇华之旁系尊亲属，则依同法第二百九十八条第二项之规定，应加重本刑三分之一。再查该郭镇华当时既系充“铲共义勇队”办公处主任，当属公务人员，是为假借职务上之权力与机会，而犯伤害罪，又犯有同法第一百四十条规定之情形。爰特一并提案弹劾，请即依法移付惩戒。其刑事部分，并应移送该管法院办理，以伸法纪，而儆效尤。谨呈。

附一：

委员李梦庚杨谱笙朱宗良审查报告书

为审查报告事：案奉交下湖南湖北监察使高一涵弹劾湖南益阳县前县长李裕掌，及护城镇“铲共义勇队”前办公处主任郭镇华违法失职一案，当经委员等会同审查。佥以该主任郭镇华因其兄雨卿与族人郭章璜等因祠产纠葛，遂假借其职务上机会将郭章璜逮捕，擅用笞刑后，送县府审讯，业有伤单验明竹板片伤，载在伤单，且有该户族及甲邻郭凤德等多人证明，自属构成伤害人之身体之伤害罪，实属触犯刑章第二百七十七条之伤害罪。该前县长李裕掌办理郭章璜诉郭雨卿、郭惠卿（即郭镇华）私行逮捕、擅用笞刑一案，不予依法追讯，迨湖南民政厅及清乡司令部令县依法办理，该县长始发出传票，但对主要被告郭镇华则不列入，已传诸人，亦未经集讯，遽将该案作为已结，原系触犯刑法第一百二十五条第一项第三款，“有追诉或处罚犯罪职务之公务员，明知为有罪之人，而无故不使其受追诉或处罚者”之渎职罪。应请将湖南益阳县前县长李裕掌，暨该护城镇“铲共义勇队”前办公处主任郭镇华，一并移付惩戒。其刑事部分，并请移送该管法院依法侦查，以肃法纪。

谨呈。

附二：

监察院指令　机字第七二三号

二十五年三月七日

令湖南湖北监察区监察使高一涵，二十五年一月二十三日呈字第四六号呈一件，呈件均悉。案经依法审查，交付惩戒。仰即知照。此令。

院长　于右任

附三：

监察院移付惩戒文　机字第一七二八号

二十五年三月七日

案据湖南湖北监察使高一涵弹劾湖南益阳县前县长李裕掌，暨该县护城镇“铲共义勇队”前办公处主任郭镇华违法失职一案，当经依法交由监察委员李梦庚、杨谱笙、朱宗良审查去后。兹据报告略称，“认为湖南益阳县前县长李裕掌，暨该县护城镇“铲共义勇队”前办公处主任郭镇华渎职伤害，情节显然，应一并移付惩戒。其刑事部分，并请移送该管法院侦查，以肃法纪”等语。据此，相应检同本案各件，移付贵会查核办理。

此移

中央公务员惩戒委员会

抄件（略）

院长　于右任

（《监察院公报》第七十一期）

“提劾湖南前任宁乡县县长现任临湘县长赵鸿违法滥杀触犯刑章案”弹劾文

（1936 年 3 月 7 日）

案查前据湖南宁乡县民妇胡周氏，呈诉该县前任县长赵鸿滥用职权惨杀良民胡保春，又据湖南临湘县农会干事长卢金山暨人民杨道合等先后呈诉该县现任县长赵鸿违法渎职各等情到署，当经一涵于巡视湖南时，派本署调查员沈爽清前往各该县，分别调查具报去后。兹据该调查员查明呈复，并抄附各项证件前来，经予分别核明如下。

关于第一案，即该前任宁乡县县长赵鸿被诉滥用职权惨杀良民胡保春案。据复文内略称，查胡保春自民国二十三年八月被杀后，其妻胡周氏，比即奔赴省垣，具诉于湖南省政府民政厅及保安司令部，而地方激于义愤，相继参加呈诉者亦有多人。九月，民政厅派委员张祖镐前往调查，查明该胡保春刃伤胡瑞荪，确系由于其父胡有元之死及借索未遂所致，并非盗匪行为，并觅得证据多种，据实呈复（抄呈张委员原呈暨附件），旋又经保安司令部委派法官李华汉，查得该前任县长捏罪滥杀，事属实在。当由该部据情函请民政厅核办在卷（抄呈保安司令部原函暨附件）。时有县民喻国良等具呈省府，证明胡保春为共党“暴徒”，复由县府呈赍胡保春被控为“共暴”档卷一宗，省府爰即据此，仅予该县长以记过处分完案（记过训令照抄附呈）。嗣监察院及司法行政部据胡周氏同样告诉，当经分别函令省府及高等法院查复。惟高等法院于呈复后，奉部令斥其草率，并饬派员复查，遂又委派高等法院第三分院检察官杨善荣前往该县实地调查，亦经查明该前任县长捏罪滥杀，事证确凿，据实呈复（抄呈杨检察官呈复原文）。高等法院爰一面具复司法行政部，一面函请省府将该赵鸿撤职，交法庭讯办（抄呈湖南省高等法院检察处致省府原函）。但省府以案经处分，未予照行。职在宁乡县时，复又按照上述各机关历次所查情形逐一实地调查，情节完全相同。及向该县县政府调阅胡保春民国十六年被控“共暴”案卷时，据现任县长杨积荪云“查无该项案卷，或系呈送到省”云云，故未得阅及。惟据一般人云，该赵鸿因案经省委查实，已知法所不容，乃一面假捏县民喻国良等之名义，具呈证明，一面伪造胡保春十六年被控“共暴”案卷一宗，呈赍省府，冀图开脱等语。查该前任县长枪决胡保春，其所宣布之罪状，据胡周氏原呈附件所抄，以及湖南省高等法院第三分院杨检察官所查，内有“据政警队长紧急报告，有自江西逃回之巨匪胡保春，即胡八伢子，在城内持械行劫，并杀伤士绅胡瑞生（当即系胡瑞荪）一名，命在垂危，报请拿办到府，当经飞饬干警，立将该凶犯胡保春一名拿获到府”等语。本案主要问题在于：（一）胡保春是否巨匪，及于十六年间有无曾为“共暴”之事实。（二）胡保春此次刃伤胡瑞荪，是否系为行劫。就（一）点言之，查保安司令部致民政厅函中所叙该部法官李华汉调查报告称：至该胡保春由江西军队回宁乡原籍后，仍在半仙阁帮厨，经该阁老板钟定辉证明平日系安分良民，是否由江西逃回巨匪，则无事实证据，可资查考。高等法院第三分院检察官杨善荣原查呈文称，“复查胡保春原居宁乡县城内朝阳团，已历多年，平日系以帮贸为业，间尝出外从戎”各等语。一则消极的谓不能证明其为巨匪，一则积极的证明其非为巨匪。而该杨检察官原查复呈文又称，“民国十六年间，该胡保春确未在家充当该县农协会长，亦未犯有匪案。民国二十年该胡保春虽曾迁往宁乡县城外乌龟坡居住，然该地距城仅有五里，查阅宁乡县地图，无柏林桥名称，其声音相似者只有白泥桥，属第一区管辖，距城三十里，经职驰赴该地，据安庆团团总周鹤松、居民周淑霖述称，民国十六年夏间，白泥桥发现农协会时，系由宋佑昆、余绍连充当正副会长，并无胡保春其人，本境内居民亦未闻有喻国良之名具呈举发胡保春系本地农协会长等语，是无论宁乡县其他各地有无喻国良其人，而当日白泥桥所选之农协会长，既均系该地居民，并非他处之人前往担任，足证宁乡县政府卷内所载，胡保春于民国十六年曾充柏林桥农协会长杀人充产各节，显系与事实不符等语。是该胡保春从前有无曾被控为“共暴”之情形，姑可不问，而其确无曾为“共暴”之事实，则可断言。就（二）点言之，查民政厅张委员原查复呈文称：“保春自江西回籍后，疑伊父生前为茅屋事败诉，系出于胡瑞生（当即系胡瑞荪）暗中策动，并曾向胡瑞生告贷银钱。”保安司令部致民政厅函中所叙该部李法官调查报告称：“胡瑞荪并未出名告诉胡保春之父强占强毁，然事关同族纠葛，暗中主使，在所难免。胡周氏原呈指其夫胡保春以此仇杀，不为无因。”高等法院第三分院杨检察官原查复呈文，“胡有元身故，其子胡保春归自江西军营，为悲愤胡有元年老被押，疑系该祠族首胡瑞生所主持，兼因向胡瑞生借贷未遂，挟有嫌隙”各等语。是该胡保春所以刃伤胡瑞荪之起意，乃系出于仇怨可知。又查保安司令部致民政厅函中所叙该部李法官调查报告称：胡瑞荪宴罢，已午后五时，手携二小孩，步回胡祠住宅，该胡保春独候之于大官横巷，见其经过，即持菜刀猛向胡瑞荪脑连砍数刀，以致重伤。据胡瑞荪笔述，当时衣袋内，携有现洋十一元，钞洋三十九元，未被劫去。事后该胡保春仍携凶刀，回经半仙阁原路，转北正街直至县政府投案。询之该县府政警队长彭汉纯面称，并非拿获，亦无报告等语。是其刃伤胡瑞荪后，犹从容自投县府，可见当时情状，并非急迫，而竟对于胡瑞荪身边现款钞票，分文不取，则其毫无行劫意味尤属显明。据此而论，该胡保春之刃伤胡瑞荪，实因出于父仇与私嫌，而仅犯普通杀人未遂罪，何得遽处以死刑。况当时自行直至县府投案，尤有合于自首减刑之情形。乃该前任县长，一则捏造政警队长紧急报告与派警拿获之事实，二则诬以柏林桥充当农协会长杀人充产之情节，三则按民政厅张委员以及保安司令部致民政厅函中所叙该部李法官之查报，被害人胡瑞荪之诉状，系于二十三年八月二十二日投进县府，而县府之庭讯笔录，及宣布枪决胡保春之罪状原稿，则先一日已经判行。又查高等法院第三分院杨检察官之调查报告，此案原由该县府承审员陆冠英审理，乃该前任县长竟假案情重大，不能依通常手续处理为名，从该承审员手中提去自办，并未续行讯问，竟于二十三日上午，援用《惩治盗匪暂行条例》，将胡保春提出枪决（见罪状）。证以上种种情形，该前任宁乡县县长赵鸿显系假借职务上之权力机会，故意捏造事实，杀害胡保春，实属违法渎职，且触犯当时刑法第二百八十二条之杀人罪，复兼有同法第一百四十条所规定应加重处刑之情形。

关于第二案，即该现任临湘县县长赵鸿被诉违法渎职案，查原查复内之最已查得确证者，（一）弃城逃走一节，据复称："二十四年五月十日'共匪'徐彦刚部窜扰临湘县境内之詹家桥忠防一带（距城约二三十里）时，该县长即率领全府职员及义勇队兵迁逃于路口铺车站，第二日始回县府。据一般市民声称，当赵县长逃去后，县城因无保障，人心极形恐慌，全县秩序因此大乱。查该县虽属无城可守，但股'匪'距县尚远，该县长闻风先逃，似属有亏职守。经职前往路口铺车站，查得该县长于五月十日在该处福天申旅社住宿一晚是实，并取得该旅社证明一纸（附呈）"等语。是该县长不独有亏职守，亦且违反法令。（二）纵丁敲诈一节内之粮柜浮收部分，据复呈称，"惟于粮柜发觉浮收田赋情事，当场查出征收员胡二曾浮收粮户石金锡大洋五分，又征收员方耕莘浮收粮户谌文正大洋三分（附呈粮卷两张）"等语。是该县长纵无串同纵庇情事，而最低限度，失察亦有难辞。（三）出巡骚扰一节，据复称，"据前任该县聂区区长李勃林云，二十四年六月十七日县长出巡，人夫轿马共十余人，用去招待费洋二十元，并取得李勃林出具证明一纸（附呈）"等语，是该县长扰民有据，亦属失职行为。

以上各案，既经查实核明，爰特并案提出弹劾，请即将该湖南前任宁乡县县长、现任临湘县县长赵鸿，依法移付惩戒，并将刑事部分，移送该管法院办理。

再查第一案，本署调查员沈爽清查复呈文内有，"嗣监察院及司法行政部，据胡周氏同样告诉后，当经分别函令湖南省政府及高等法院查复”等语，是本已另奉行查有案。惟此次既经本署派员实地查明，且有该省民政厅、保安司令部，及高等法院各机关，迭次派委查复可证。该赵鸿假借权力机会，故意杀人，实属情真罪确，县长为亲民之官，其兼理司法之县，尤操人民生杀之权，似此凭藉权威，任意冤杀，若不迅予严加惩办，将何以彰法纪而儆效尤，故仍详提弹劾。合并声明。谨呈。

附一：

委员王斧于洪起王平政审查报告书

为审查报告事：案奉交下湖南湖北监察使高一涵弹劾湖南前任宁乡县长现在临湘县长赵鸿假借职权故意杀人、违法渎职触犯刑章一案，当经委员等详核全卷，依照原提案逐项审查于后。

（一）关于第一案，该前任宁乡县长赵鸿捏罪滥杀胡保春一案，一则捏造政警队长紧急报告，与派警拿获事实，二则诬胡保春为共匪，三则强据胡瑞荪之诉状，竟对一普通杀人未遂罪犯而又当场自首者处以极刑，显系假借职权，故意捏造事实，以杀害胡保春。其故入人罪，确系触犯刑章。（二）关于第二案一项，该县长赵鸿于二十四年五月十日值“共匪”徐彦刚部窜扰临湘县境之际，不尽其守土之责，竟率领全府职员及义勇队兵他徙，致全县秩序大乱，实触犯刑法第一百二十条“公务员不尽其应尽之责，而委弃守地者”之渎职罪。二项纵丁敲诈节，该县长纵属浮收田赋，已查实征收员胡二曾浮收粮户石金锡大洋五分，又征收员方耕莘浮收谌文正大洋三分，该县长实难辞失察之责。三项出巡骚扰一节，据前任聂区区长李勃林出具证明，显系失职。以上各节，既据湖南湖北监察使署派员查明属实，违法滥杀，触犯刑章，罪无可逭。应请将湖南前任宁乡县长现任临湘县长赵鸿移付惩戒，其刑事部分移送法院，依法侦查，以维法纪。谨呈。

附二：

监察院指令　机字第七二九号

二十五年三月七日

令湖南湖北监察区监察使高一涵，二十五年二月十三日第五号，呈件均悉。案经依法审查，移付中央公务员惩戒委员会核办矣。仰即知照。此令。

院长　于右任

附三：

监察院移付惩戒文　机字第一七三〇号

二十五年三月七日

案据湖南湖北监察区监察使高一涵提劾湖南前任宁乡县县长现任临湘县县长赵鸿假借职权故意杀人、违法渎职触犯刑章，请即移付惩戒，并将刑事部分移送法院办理一案，当经依法交付监察委员王斧、于洪起、王平政审查去后。兹据报告称，认为该前任湖南宁乡县县长现任临湘县县长赵鸿实属违法滥杀，触犯刑章，应请移付惩戒。其刑事部分移送法院侦查等语。据此，相应钞检本案各件，移付贵会查核办理。

此移

中央公务员惩戒委员会

抄件（略）

院长　于右任

（《监察院公报》第七十一期）

“提劾湖南华容县安息垸湖田庄照经理处主任袁锡之及南华查催湖田契税助理员陈耀坤违法渎职案”弹劾文

（1936年3月7日）

案查前据湖南华容县民呈诉华容县护城安息垸袁锡之，与南华查催湖田契税附征尾欠办公处陈耀坤、刘士贵，奇勾巧诈、民不堪扰等情一案，当经函行华容县政府查复。旋准复文略开，“查袁锡之原系南华查催契税处陈耀坤直接委任为安息垸庄照征收主任，办理催收照费尾欠事宜，因浮收滥用，经谢筱连具控到府，正讯明保外候审查账目，依法核办间，昨据该谢筱连等诉称‘袁锡之勾诈假借将垸中沟港塘堰测丈，派收二千余元之外，复指塌西湖为十二姓所有湖荡，责令全垸业民，出资承受，每亩摊洋二角九分，计可收洋六千余元，擅发通知，勒令三日照缴，恳予制止’等情前来，本府以案关摊款，增重人民负担，未据事先呈报核准，殊属违法，当即据情转呈湖南省政府核示去后。旋奉令以袁锡之假名浮摊，着即立拿到案，会同陈耀坤详切讯明，押解赴省，听候严办等因，业将该袁锡之管押在案，已定期集案研讯”等由。经又函行该县政府，请于该案研讯明确后，详切见复去后。兹准续复内开“查此案前奉省令，比即定期传集谢筱连等，提同袁锡之双方研讯，据该袁锡之供称，征收湖荡照费，系奉陈耀坤委令而行，每亩征费二角九分，应共收洋五千七百零二元，是连一切用费附摊在内，并为陈专员所许可等语，本府以湖荡为国有官荒，照章每亩只收照费一角，该袁锡之竟敢每亩浮收至两倍之多，姑无论其主管有无串通行为，惟其本人藉公诈取，实已无可讳言。因于讯明之后，当即遵令将袁锡之押解赴省，听候法办在案。至陈耀坤系省委南华查催湖田契税助理员，刘士贵即其办公处服务之人，计自此案发生，省府业已另委查复，真相若何，当易明了”等语到署。查该湖南华容县安息垸湖田庄照经理处主任袁锡之浮收照费，已由华容县政府讯明属实。该南华查催湖田契税助理员陈耀坤，为办理该项事务之主管人员，袁锡之征收湖荡照费，系奉其委令而行，已应负连带之责任。况据袁锡之供称，浮收照费之事系为陈所许可，则其串通舞弊，更属显然。该袁锡之、陈耀坤，均属违法渎职，触犯刑章，爰特并予提案弹劾，请即依法移付惩戒。其刑事部分，并应交付该管法院讯办，以儆贪污。谨呈。

附一：

委员姚雨平熊育锡王祺审查报告书

为审查报告事：案奉交下湖南湖北监察使高一涵弹劾湖南华容县安息垸湖田庄照经理处主任袁锡之，及南华查催湖田契税助理员陈耀坤违法渎职一案，经委员等于三月三日午前八时开会审查。结果以湖南省政府滥发湖田庄照，妨害水利，已属不合。而该垸庄照经理处主任袁锡之为藉公务员职务上之权力，变更规定征收额数，多至二倍，限日缴纳，实系诈欺取财，藉公肥私，显犯刑章。该南华查催湖田契税附征尾欠办公处陈耀坤对于袁锡之滥征违法，不加制止，而袁为陈委任之人，应负连带责任。且袁之供称，浮收照费，系陈所许可，显系串通舞弊，无有疑义。该袁锡之陈耀坤均属违法渎职，触犯刑章，应请依法移付惩戒。其刑事部分，并应交付该管法院办理。谨呈。

附二：

监察院指令　机字第一七一八号

二十五年三月七日

令湖南湖北监察区监察使高一涵，二十五年二月二十日第六一号呈一件，呈件均悉。案经依法审查咨请转发核办矣。仰即知照。此令。

院长　于右任

附三：

监察院咨送惩戒文　机字第一七一八号

二十五年三月七日

案据湖南湖北监察区监察使高一涵提劾湖南华容县安息垸湖田庄照经理处主任袁锡之，及南华查催湖田契税助理员陈耀坤违法渎职一案，当经依法交由监察委员姚雨平、熊育锡、王琪审查去后。兹据报告，“认为该垸庄照经理处主任袁锡之等，均属违法渎职，触犯刑章，应请依法移付惩戒。其刑事部分，并应交该管法院办理”等语。据此，相应抄检各件，咨请贵院查核，转发办理。

此咨

司法院

抄件（略）

院长　于右任

（《监察院公报》第七十一期）

“提劾湖南攸县第五区区长刘藜魁违法渎职触犯刑章案”弹劾文

（1936年3月7日）

案查前据湖南攸县人民李唐等呈诉该县第五区区长刘藜魁横征暴敛、违法殃民等情一案，当经函行攸县政府查复。旋准查复到署，以所查尚有未明之处，经又提要再函该县政府彻查去后。兹准该县政府查明续复，同时该民李唐等亦具呈续诉前来。查该区长刘藜魁任内所收田赋附加及各项捐税，虽经该县政府于复文内叙明，或经义勇总队部呈报区司令部核准，或经该区务会议议决呈请总队部转呈，或经区司令部及义勇总队部，规定抽收标准表有案，但按诸法令，不合已多。更就该区长于田赋带征特务队伙食捐，每正银一两，浮收四分一节，据该民李唐等续诉所称，竟浮收二百余元之多，证以该县政府对此节查复结果，则浮收系属实情。该区长实属违法渎职，触犯刑章。至于其余各节，该县政府复文内虽未详为说明，但据该民李唐等先后呈诉，罗列事实，附举证据，亦殊可信。爰特提案弹劾，请即依法移付惩戒，其刑事部分，并应交法院办理，以纠非法，而儆贪污。谨呈。

附一：

委员李世军李梦庚杨谱笙审查报告书

为审查报告事：奉院长交下湖南湖北监察使高一涵弹劾湖南修县第五区区长刘藜魁横征暴敛违法殃民一案，当经审核。结果，佥以该区长浮收有据，实属违法渎职，触犯刑章。所有湖南修县第五区区长刘藜魁违法渎职一节，应付惩戒，以肃法纪。至于刑事部分，并应交付法院办理，以纠非法，而儆贪污。谨呈。

附二：

监察院指令　机字第一七二〇号

二十五年三月七日

令湖南湖北监察区监察使高一涵，二十五年二月十七日第五八号呈一件，呈暨附件均悉。经依法交付审查，兹据报告，该区长刘藜魁应付惩戒，至其刑事部分，并应交付法院办理。除将案件咨请司法院查照转发办理外，合行令仰知照。此令。

院长　于右任

附三：

监察院咨送惩戒文　机字第一七二〇号

二十五年三月七日

案据湖南湖北监察区监察使高一涵弹劾湖南修县第五区区长刘藜魁违法渎职，触犯刑章，请即依法移付惩戒，其刑事部分，并应交法院办理，以纠非法，而儆贪污一案，当经依法交由监察委员李世军、李梦庚、杨谱笙审查去后。兹据报告略称，"该区长浮收有据，实属违法渎职，触犯刑章。所有湖南攸县第五区区长刘藜魁违法渎职一节，应付惩戒。

至于刑事部分，并应交付法院办理，以纠非法，而儆贪污”等语。据此，相应抄检本案各件，备文咨请贵院查照转发办理，至纫公谊。

此咨

司法院

抄件（略）

院长　于右任

（《监察院公报》第七十一期）

“提劾湖南永兴县第五区区长廖光祖区公所助理员曹牧违法渎职案”弹劾文

（1936 年 3 月 14 日）

案查前据湖南永兴县民李联芳呈诉略称，本县第五区区长廖光祖，非刑惨毙民父李亲德，非法拷打民弟李哑子。县长吴崇钦、承审员安吉潜对于此案徇情藐法、袒纵埋冤等情，当经函行永兴县现任县长查复去后，旋准该县现任县长赵宗献复文内开，“查该案发生于吴前任内，经于八月十二日判决，本案卷宗，因于判决后双方声明不服，呈解上述审核办，县长于九月三日到任，仅移存判决书附卷，其事实之经过及办理情形，参考判词，并调查所得情形，缕晰陈复如下。原本年七月十六日，该区长廖光祖，因公赴石枧乡乡公所，以前区董廖维翰任内，曾据区丁曾昆生报称：去年废历八月间，在该乡金竹岭地方，催征工人，该地居民李亲德出而反抗，唆使其子侄李哑子等用柴刀、梭标殴击区丁，并抢去提篮工人限字等件。遂于是日午前，由乡公所饬随带之区丁罗富邦、曾昆生、曹球，及区所派驻附近该乡公所碉堡之义勇枪兵贺元坤、曾财生、萧生财等，传李亲德、李哑子前来讯问。乃该区丁枪兵等至李亲德、李哑子家，竟以捆殴种种举动，向李亲德、李哑子吓索，将李亲德捆殴成伤后，经人代出十二元草鞋费限字，该区丁枪兵始将李亲德、李哑子二人，带至石枧乡公所附近碉堡内，未几，李亲德在该碉堡内吞服鸦片烟膏，经枪兵陈雄目见，遂以手近卡其咽喉，欲令吐出未果。后由其庚友廖丙喜保至伊家歇宿，至半夜毒发，于次早毙命。兼以十六日夜间，该区长廖光祖饬助理员曹牧，用竹板笞伤李哑子之腿，李联芳等遂起诉到府，经吴前县长、安承审员验明，李哑子左腿负有竹板伤痕，李亲德尸体，委系生前受伤后服毒身死，并传集该区长廖光祖及助理员曹牧、区丁罗富邦等，与一干人证到案研讯，仅能认李哑子所负之伤系该区长廖光祖饬助理员曹牧所加害。至已死之李亲德，只能认受伤后服毒身死，而其尸体上之伤痕，又只能认系区丁罗富邦等，在其家恐吓财物时捆殴，以及在碉堡内枪兵陈雄用手施救吞服鸦片时所致，不能证明该区长廖光祖有何加害情事。即于八月十二日判决，将该区长廖光祖、助理员曹牧、区丁罗富邦等，分别论罪，其余在逃之区丁曾昆生、曹球，及枪兵贺元坤、曾财生、萧生财等，则候通缉获案另办，实无袒纵情形。兹将本案事实经过，及承办情形，并检同判决书一份，复请鉴核。再本案验断书伤单，因全案卷宗均已呈解桂阳湖南高等法院第二分院核办，无从抄送，合并声明”等由，并抄附第一审判决书一份到署。当以案已上诉，爰又函湖南高等法院第二分院查询。嗣准该分院函复，并检送第二审刑事及附带民事判决书各一份前来。复经函准原县将该案全卷，检送来署核明。查此案第二审判决书内事实证据，即系引用第一审判决书内所载之事实证据，足见第一、二两审对此案所认事实，系属相同，而第二审所列理由，则较为详确可采。该湖南永兴县第五区区长廖光祖，身为区长，根本上无拘提人犯之权，李亲德、李哑子既非盗匪，亦非其他现行犯，乃竟以其上年曾有抗拒征工、追打区丁之嫌疑，公然签发拘票，派遣区丁枪兵，加以拘捕，以致该区丁枪兵等，将李亲德、李哑子二人私禁捆殴，横施勒索，而李亲德并于受伤后服毒身亡，虽第二审认定李亲德之死与该廖光祖之饬令拘提，无因果联络之关系，然其假借职务上之权力，教唆私行拘禁，实属违法渎职，触犯刑章。至该区公所助理员曹牧，受区长之命，讯问此案，并未令其用刑，乃竟擅自将李哑子加以笞责，以致成伤，是其违法渎职，犯假借权力机会以伤害他人身体之罪，亦甚显然。除刑事部分，均已由该管法院办理外，爰特一并提案弹劾，请即依法移付惩戒，以儆效尤。谨呈。

附一：

委员姚雨平熊育锡王祺审查报告书

兹为审查报告事：案奉交下湖南湖北监察使高一涵弹劾湖南永兴县第五区区长廖光祖及该区区公所助理员曹牧违法渎职一案，经委员等详加审核。佥以该区长挟李亲德抗拒征工、追打区丁之嫌，竟假借权力，擅行签发拘票，派遣区丁枪兵公然加以拘捕，致使李亲德受伤服毒身死，实属违法渎职，触犯刑章。该助理员曹牧竟将李哑子笞责成伤，亦犯有违法渎职，及假借权力机会，以伤害他人身体之罪，无可讳言。既经湖南湖北监察使署一再调查，事实明确，应请将湖南永兴县第五区区长廖光祖，及该区公所助理员曹牧一并依法移付惩戒，以儆不法。谨呈。

附二：

监察院指令　机字第一七七四号

二十五年三月十四日

令湖南湖北监察区监察使高一涵，二十五年二月二十七日第七零号呈一件，呈件均悉。案经依法审查，咨送转饬依法办理，仰即知照。此令。

院长　于右任

附三：

监察院咨送惩戒文　机字第一七七四号

二十五年三月十四日

案据湖南湖北监察区监察使高一涵提劾湖南永兴县第五区区长廖光祖等违法渎职等情一案，当经依法交由监察委员姚雨平、熊育锡、王祺审查去后。兹据报告，“佥以该区长该助理员违法渎职，触犯刑章，既经湖南湖北监察使署一再调查。事实明确，应请将湖南永兴县第五区区长廖光祖，及该区公所助理员曹牧一并依法移付惩戒”等语。据此，相应抄检本案各件，咨请贵院查核，转饬依法办理。

此咨

司法院

抄件（略）

院长　于右任

（《监察院公报》第七十二期）

“提劾湖北汉口地方法院登记处主任刘大璋登记员许秉源失职案”弹劾文

（1936 年 3 月 16 日）

案查前据湖北汉口市智民房产公司经理人袁子春呈诉，汉口地方法院登记处登记员许秉源与登记主任刘大璋，勾通枉法、胆大舞弊、渎职妄为、登记黑暗，早经具控在案，已由法院指定为行政处分，应负行政上责任，请予查办等情到署，比经函准承办该案之武昌地方法院函送卷宗前来，经予详加审核。查该院刑庭所为二十四年度诉字第二一二号判决书理由栏节载：“核阅汉口地方法院登记处卷宗，被告许秉源受陈德清之委任，于上年十一月十三日，将智民公司智民里第十八、十九、二十、二十七、二十八等号房，申请为抵押权设定登记，该被告未受智民公司经理袁子春之委任，竟于申请书栏内载明：申请人智民公司经理袁子春，代理人许秉源。同日又为所有权保存登记，而登记处主任即被告刘大璋，遽依许秉源之申请，允许为两重登记。就代理部分言之，登载固有不实。惟查许秉源提出是项申请书，与刘大璋发给登记证明书，对于上开房屋之所有权，仍注明属于智民公司，查刑法第二百一十四条，第二百一十三条所载‘事项’二字，按之下文‘足以生损害于公众或他人’一语，自系指关系他人权利义务之事项而言。既均注明该房屋之所有权，属于智民公司，不得谓登载不实之事项，且因而确定产权，于智民公司之所有权，反增一重保障，亦无损于智民公司。如谓抵押权登记之后，所有人不能充分行使其权利，关于此点，当先就抵押是否真实以为审究。查容乾初系智民公司前任经理，于民国二十一年，以该公司所有五栋房屋及股票，向陈德清押借洋一万四千元，既有抵押字据，附加担保契约，及特三区市政管理局登记证与美国保险公司保险单为证，并为该公司代理人袁济华所自承，不过袁济华称系容乾初私人债务关系云云。容乾初在智民公司经理任内，原负有对内对外之责，其代公司订立抵押契约，不得因经理解职而失效。纵令公司认为容乾初私人债务，亦当向容乾初直接交涉，本为该公司内部问题，要难据以对抗第三人。即许秉源申请登记，刘大璋准予登记，更不能谓有损于智民公司。据此论断，被告许秉源未受委任，自称代理，申请为所有权保存登记，在民法上为无权代理，应属民事范围。被告刘大璋接受该项申请书后，不予调查，概然允许办理，亦属不当，依最高法院上字第五百号判例，仅应负行政上责任。揆以上述刑法第二百一十四条、二百一十三条之构成要件，显有未符，均不负刑事上之罪责，而刘大璋更无渎职可言”等语。查该湖北汉口地方法院登记处登记员许秉源，身任登记员职务，应如何恪守登记规章，今乃未受财业所有权之委任，竟冒称代理，向登记处申请为所有权保存登记，自属失职行为。而该登记处主任刘大璋，于接受此项登记之申请书时，对于授权代理有无证书一事，显有调查之必要。乃竟不为调查，贸然允许登记，按诸民国十一年五月二十一日司法行政部公布现行有效之登记通例第十一条第一项“登记衙门为登记时因必要情形，应调查关于登记事项之证据”之规定，亦属废弛职守。爰特一并提案弹劾，请即依法移付惩戒，以肃官箴。谨呈。

附一：

委员罗介夫王子壮朱雷章审查报告书

案奉院长交下两湖监察使高一涵弹劾湖北汉口地方法院登记处主任刘大璋登记员许秉源失职一案，委员等审查结果，以该登记员许秉源竟冒称代理人向登记处声请为所有权保存登记，而该登记处主任刘大璋，乃不加调查，竟贸然允许其登记，认为均属违背登记规章，有失职守。应将被弹劾人移付惩戒，以肃官常。谨呈。

附二：

监察院指令　机字第七四九号

二十五年三月十六日

令湖南湖北监察区监察使高一涵，二十五年二月二十五日第六六号呈一件，呈件均悉。案经依法交付审查，认为应付惩戒，除移送中央公务员惩戒委员会核办外，合仰知照。此令。

院长　于右任

附三：

监察院移付惩戒文　机字第一七八六号

二十五年三月十六日

案据湖南湖北监察使高一涵弹劾湖北汉口地方法院登记处主任刘大璋、登记员许秉源失职一案，当经依法交由监察委员罗介夫、王子壮、朱雷章审查去后。兹据报告，认为均属违背登记规章，有失职守，应将弹劾人移付惩戒，以肃官常等语。据此，相应抄检本案各件，移送贵会查核办理。

此移

中央公务员惩戒委员会

抄件（略）

院长　于右任

（《监察院公报》第七十三期）

“提劾湖南长沙县前县长刘裔彬贪污渎职案”弹劾文

（1936年3月17日）

案查前据湖南长沙人民杨运泉等，又常治等先后呈诉该县前任县长刘裔彬违法舞弊、贪污渎职、侮圣虐民等情到署，比经派本署调查员张家珏前往调查。兹核该调查员调查报告，除原诉其他各款，或系查无实据，或尚有待于考查者外。其关于浮收闾邻图记工料一款，内开“查该县分自治区十区，计一百四十七乡镇，三千一百九十六闾，一万六千七百二十九邻（见附件一），均经县政府刊发图记，其价格据该县长刘裔彬（现已卸任）谈话，及其呈报民政厅文内，均称照所刻市价二分一字收费（见附件二、三）。查该项图记，每颗由十四五个字至十九个字不等，以二分一字收费，每颗价值在三角以上，照上开闾邻数目平均每颗收费三角，总共可收五千九百七十七元五角。但职在承刻此项图记之同文明刊刷处与蒋文德堂两商号查询（原呈误称为松岚纸店承刻），据各该店主云，每颗仅收洋八分及一角（见附件四），当令该店主等各具证明书一纸，以作凭证。同文明刊刷处之证明书曰：‘查本店承刻长沙县政府刘裔彬县长任内闾邻图记一万三千余颗，每颗实收价洋八分，县府实发九分，介绍人回扣一分，本店开给县政府之收据，刘县长则令照本业公议之价格每字二分开具，每颗图记由十四个字起至十九个字止，计算每颗价洋三角以上，而本店只实收八分。此系遵命办理，工人以营业为目的，非敢串通舞弊，仅据实报告如右，乞恩赐原谅。’蒋文德堂之证明曰：

‘查本店承刻长沙县刘县长裔彬任内闾邻图记五千余颗，每颗实洋一角，而本店开给县府收据，每字照二分扣价，每颗自十五个字起至十九个字止，如以二分一字计算，每颗洋在三角以上，此系刘庶务命令如此开具发票，工人若不如此办理，则每颗一角之价格亦不付给，工人无法，只得照开，非敢舞弊。’根据该商店等之证明书计算，该县长浮收达四千余元之巨，实属犯刑法”等情。据此，查此案照该湖南省长沙县前任县长刘裔彬呈复该省民政厅文内所称（见原附件三），该项闾邻图记，照章本应由乡公所或镇公所颁发，乃该县长竟以形式字迹不能一致为词，改由县府统一刊发，已属违反法令。至刊刻工料，每颗仅付八分及一角之实价，乃该县长竟强令各该刻字店，照二分一字开具发票（见原附件四），即以二分一字之价，分饬各区具领转发（见原附件二、三），其有意浮收及直接图利之行为，证据昭然若揭，实属违法渎职，触犯刑章，爰特提案弹劾，请即依法移付惩戒，其刑事部分，并应移送该管法院办理，以儆贪污。谨呈。

附一：

委员王平政刘莪青李宗黄审查报告书

为审查报告事：案奉交下湖南湖北监察使高一涵弹劾湖南长沙县前县长刘裔彬贪污渎职一案，经委员等审查结果，佥以该县长刊发闾邻图记，藉词形式字迹不能一致，改由县政府统一刊发，已属违反法令，更复从中渔利，浮收达四千余元之巨，违法渎职，昭然若揭。既经湖南湖北监察署派员调查属实，证据确凿，应请将湖南长沙县前县长刘裔彬移付惩戒，以儆贪污，其关于刑事部分，应交由法院依法办理。谨呈。

附二：

监察院指令　机字第七五一号

二十五年三月十七日

令湖南湖北监察区监察使高一涵，二十五年二月十九日第五九号呈一件，呈件均悉。当经依法审查，移付中央公务员惩戒委员会核办矣。仰即知照。此令。

院长　于右任

附三：

监察院移付惩戒文　机字第一七八二号

二十五年三月十七日

案据湖南湖北监察使高一涵提劾湖南长沙县前县长刘裔彬贪污渎职一案，当经依法交由监察委员刘莪青、王平政、李宗黄审查去后。兹据报告称，佥以该县长贪污渎职，证据确凿，应请移付惩戒，以儆贪污。其关于刑事部分，应交由法院依法办理等语。据此，相应钞检原案各件，移请贵会查核办理。

此移

中央公务员惩戒委员会

抄件（略）

院长　于右任

（《监察院公报》第七十三期）

“提劾湖南常德县税务局局长陈意遐违法失职案”弹劾文

（1936 年 3 月 18 日）

案查前据湖南常德私立翰文初级中学校长蒋国钧呈诉该县税务局局长陈意遐威捕私禁、妨害校誉一案到署，比经派本署调查员沈爽清前往调查。兹据该调查员呈复内称：遵即驰往该县，会晤县长蔡其璋，详询本案经过情形，据称，翰文中学，乃蒋氏私捐资产所设立，每年学租收入约一千一百余石，房租收入约五百余元，校长一职亦历由蒋姓人充任，并组有校董会监督校务行政，暨保管校产之责。历年田赋，例由校董会完纳等语（查税务局甫经成立，在未设立税务局以前，田赋杂税统由县政府经征）。复在该县政府查阅档案，该校二十年以前，所有田赋附加，均经豁免。二十年以后仍须照额完纳，系经县政府会议议决，由县政府指令在卷（指令抄呈）。又该校长蒋国钧任事以后，因接管旧欠田赋过巨，曾经呈请县政府严追前校长蒋谟负责清理，当经指令由校董会负责完纳（指令抄呈）。嗣至税务局调阅簿册，该校自十九年起，至二十三年止，共欠正附税一千七百五十六元八角〇九厘（列表附呈），并据该局长声称，因该校欠赋过巨，迭经催征，延抗不缴，故根据《田赋征收章程》第十六条之规定，实行拘传押追办法（章程附呈），爰于二十四年七月二十九日下午将蒋国钧票传到局（传票抄呈），七月三十日下午即由恒信泰商店具保开释（保单抄呈），并将押缴情形电呈省政府，奉有佳代电[1]饬令严追在案（代电抄呈）。此翰文中学延欠田赋，及税务局票传押缴之经过情形也等情，据此查该湖南常德县税务局局长陈意遐职司经征，催缴欠赋，固其职务以内之事，但税务局仅系经征机关，押追税款，纵为遵章行事，亦应请由该管县政府执行，方合手续。况该校校产，既向归校董会负责经理，则延欠赋税，即应由校董会完纳。又查教育部颁布私立学校规程第十九条之规定，校长只负学校行政上之责任，至学校财务责任，则由校董会负之。是该校延欠田赋，责在校董会，而不在校长，亦属显然。乃该局长既不遵照规程，向该校董会负责人追缴，又将校长蒋国钧径行拘捕私禁，实属违法失职。爰特提案弹劾，请即依法移付惩戒，以维法纪，而儆效尤。谨呈。

附一：

委员张华澜王斧于洪起审查报告书

为审查报告事：奉交下湖南湖北高监察使一涵弹劾湖南常德县税务局局长陈意遐违法失职一案，委员等审查结果。认为该校财务责任，既系校董会负责，乃该局长陈意遐不向负责人追缴，擅将校长蒋国钧拘捕私禁，实属违法，应即移付惩戒。谨呈。

附二：

监察院指令　机字第一八〇八号

二十五年三月十八日

令湖南湖北监察区监察使高一涵，二十五年二月二十一日第六十二号呈一件，呈及附件均悉。经依法审查，咨请司法院转发核办矣。仰即

---

① 佳代电：指9日代电。

知照。此令。

院长　于右任

附三：

监察院咨送惩戒文　机字第一八〇八号

二十五年三月十八日

案据湖南湖北监察区监察使高一涵提劾湖南常德县税务局局长陈意遐违法失职一案，当经依法交由监察委员张华澜、王斧、于洪起审查去后。兹据报告，认为该局长陈意遐不向校董会追缴田赋，擅将校长蒋国钧拘捕私禁，实属违法，应即移付惩戒等语。据此，相应抄检本案各件，咨请贵院查核转发办理是荷。

此咨

司法院

抄件（略）

院长　于右任

（《监察院公报》第七十三期）

“提劾湖南零陵县教育局教育委员罗经违法失职触犯刑章案”弹劾文

（1936 年 3 月 18 日）

案查前据湖南零陵县民蒋南仙等呈诉该县教育局教育委员罗经卖放烟土私勒巨款，局长郑桂芳失察纵逃违法渎职等情一案，当经函行零陵县政府彻查去后。兹准该县政府复文，内开，查此案本府于二十四年十二月十二日奉湖南省禁烟委员会令，据本县公民李孚颙、唐棣芬等呈，为违禁包运，因露纵逃，公恳依法处究，并转请彻惩该局长郑桂芳等情，饬即切实查明呈复到府。当以查本府于本月一日据报县属第一区距城十里之大夫庙地方，有人查获私土，中途贿放情事，当经严密侦查，缉获本案有关之周世芹、唐坤、王良权、郭惠堂、唐加友、朱东连等到案讯问。实系王桂林、王良权等多人集股，由邵阳偷运烟土，乔装米贩，经过大夫庙地方，被本县第五区义勇队保信乡中队第十一分队队长唐坤及唐友生发觉，会同当地保长刘仕国查获，计私土九十一饼，又一大包。适教育局教育委员罗经，随带武装政警周世芹，在该地催收学谷，乃将私土加封，率同政警及唐坤等，并一干私运犯押解来府。行至县城太平门，嘱令唐坤、唐友生二人在某粉馆等候，声称烟土由渠解送县府，竟于孙意顺旅店受贿纵放，罗经当时确得现款八十元，随以洋三十二元送交唐坤、唐友生。诡称烟土已解交县府，现由县府赏洋三十二元，并以洋十六元交政警周世芹，嘱令不得声张。该唐坤等知识有限，信以为真，遂即返乡。贿放之土，业由王桂林运往江华，经勒令王良权等追缴未获，已处罚金洋二百六十元。至教育委员罗经于案发时，闻风畏罪远扬，业经撤职通令缉拿，并查封家产。惟该犯财产无多，仅由其亲属暂行赔缴罚款三百元免予拍卖。此系本案之经过实在情形。核与公民李孚颙等所控事实，甚不相符。前据径呈到府，业经批示未准受理在案。奉令前因，理合备文呈复钧会察核示遵等情，呈复在案。至该教育委员罗经在该局长郑桂芳未到任以前即供职该局，以前尚无过失。此次犯罪，又为职务范围以外之私人行为，自系该局长意料所不及，失察之咎，情有可原。该公民蒋南仙等所控各节不免误会等语。查该湖南零陵县教育局教育委员罗经诈得钱财，私放烟犯，既经零陵县政府查明属实，违法失职，触犯刑章，爰特提案弹劾，请即依法移付惩戒。其刑事部分，仍应由该管审判机关办理，以儆贪污。谨呈。

附一：

委员朱宗良王广庆王宪章审查报告书

为审查报告事：案奉交下湖南湖北监察区监察使高一涵提劾湖南零陵县教育委员罗经违法失职触犯刑章一案，当经委员等会同审查。佥以该教育委员罗经于往该县大夫庙地方催收学谷之际，竟在中途受贿，纵放烟贩，得贿款八十元，并向发觉烟贩之第五区义勇队保信乡中队第十一分队队长唐坤、唐友生，及政警周世芹行贿。该罗经纵放依法逮捕拘禁之人脱逃，及受贿行贿，均属触犯刑章。应请将通缉在逃之湖南零陵县教育局教育委员罗经，移付惩戒。其刑事部分，移交法院侦查，以儆贪污。谨呈。

附二：

监察院指令　机字第一八一〇号

二十五年三月十八日

令湖南湖北监察区监察使高一涵，二十五年二月二十六日第六八号呈一件，呈件均悉。案经交付审查，咨送转饬依法办理。仰即知照。此令。

院长　于右任

附三：

监察院咨送惩戒文　机字第一八一〇号

二十五年三月十八日

案据湖南湖北监察区监察使高一涵提劾湖南零陵县教育局教育委员罗经违法失职触犯刑章一案，当经依法交由监察委员朱宗良、王广庆、王宪章审查去后。兹据报告，“佥以该罗经纵放依法逮捕拘禁之人脱逃，及受贿行贿，均属触犯刑章，应请将通缉在逃之湖南零陵县教育局教育委员罗经移付惩戒。至刑事部分，移交法院侦查，以儆贪污”等语。据此，相应抄检本案各件，咨送贵院查核转饬依法办理。

此咨

司法院

抄件（略）

院长　于右任

（《监察院公报》第七十三期）

"提劾南桃源县第八区区长刘成锷放赈专员李正鑫事务员李正昌失职犯刑案"弹劾文

（1936 年 3 月 20 日）

案查前据湖南桃源县民胡之休等呈诉桃源县第八区区长刘成锷，伙同属员李正昌、李正鑫等吞噬赈麦，藉军敛财，案经省委查明，久悬未结等情到署，当经函行桃源县政府查复去后。嗣准该县县长胡开材来文答复，略以此案已由湖南省政府民政厅，派视察员王敬到县查明呈复，爰将王视察员原查复呈文一件，抄送前来。查王视察员原查复呈文第一项，关于吞没冬作赈洋部分，内称："该项赈款，既称冬作赈款，顾名思义，其种麦应于冬作以前一律发放，始能实惠灾区，利用农时，补种麦作，否则全失效用。今查去年废历九月间买进之种麦，迄十一月间尚未发出，已误种麦时期，后遇匪灾损失，更为可惜。足见该放赈专员李正鑫放赈不力，实有贻误时机、致遭损失之责。又该区长刘成锷，既负区自治机关领导职责，根据上海筹募各省旱灾义赈会查放细则第八条内，有地方公团派人负责监放之规定。区内放赈，未能事前利时监放，亦难辞其疏忽之咎。"第二项，关于乘机浮报夫费部分，内称，"计卷载二十六师七十八旅旅部副官处正式收条六纸，共收到力夫五十名，又有由旅部拨来力夫十名之该师一百五十三团副官处之收条一纸，又有该师七十六旅一五一团一营营部收到区公所力夫八十名之收条一纸，总共雇送力夫一百四十名，核与李正昌所报雇夫一百六十五名之数，相差二十五名。李正昌既据各师旅团营函条为准，发给力夫工资，今经查验仅一百四十名，核与一百六十五名之数，相差二十五名。设依照上述区务会议第二项之规定（须有军队回条，方得发给），为发资准则，检核军队回条，又更在少数。此数两歧，不无计算失实之处。又查验各工资收条，多由各保董代领转发，未能由力夫一一亲手具领，手续亦欠妥慎。其上述手续所欠妥善之处，据该区长称，全系该所事务员李正昌一手经办之责。然李事务员固属粗疏，该区长亦乏督饬之方也"各等语。兹察核以上所述情形，该区长刘成锷、放赈专员李正鑫、事务员李正昌，均属有失职守。而事务员李正昌浮报二十五名夫费，显系侵蚀公款，绝非计算失实四字可以蔽其辜。然则该事务员李正昌不独有乖职守，实且触犯刑章。爰特一并提案弹劾，请即依法移付惩戒。其刑事部分，并应移送该管法院办理，以儆效尤。再查此案，王视察员原查复呈文内，曾叙及湖南省政府民政厅厅长派查之条谕，中有"六月，监察院亦据胡之休等呈，检发副呈，令饬查办"等语。是已另奉行查有案，合并声明。谨呈。

附一：

委员朱雷章刘侯武王宪章审查报告书

为审查报告事：奉交审查湖南湖北区监察使高一涵弹劾湖南桃源县第八区区长刘成锷等失职犯刑一案，经委员等会同审查。兹将审查结果说明如下：（一）吞没冬作赈洋部分，据湖南民政厅视察员王敬查复呈文，该放赈专员李正鑫买进种麦，延不发放，贻误时机，致遭损失，允为失职。该区长刘成锷监督不周，难免废弛职务之咎。（二）乘机浮报夫费部分，据视察员王敬查复呈文，该事务员李正昌发给力夫工资，既系遵照区务会议决定，据各师旅团营函条件为准，乃检核军队回条，与李正昌所报相差夫役二十五名，显有浮报名额、侵吞公款情弊，刑事嫌疑，殊不能免。又查验各工资收条，多由保董代领转发，未由力夫亲领，手续亦欠周密。该事务员李正昌难辞处置粗疏之责，该区长刘成锷对于员属整饬无方，要不无疏忽失职之咎。据上说明，该区长刘成锷、放赈专员李正鑫、事务员李正昌均有弹劾法第二条情事，应一并移付惩戒。李正鑫侵占公款部分，并应由惩戒机关查明，移送该管法院审理。

谨呈。

附二：

监察院指令　机字第一八三八号

二十五年三月二十日

令湖南湖北监察区监察使高一涵，二十五年二月十七日第五十七号呈一件，呈暨附件均悉。经依法审查后，咨请司法院转发核办矣。仰即知照。此令。

院长　于右任

附三：

监察院咨送惩戒文　机字第一八三八号

二十五年三月二十日

案据湖南湖北监察区监察使高一涵提劾湖南桃源县第八区区长刘成锷等失职犯刑一案，当经依法交由监察委员朱雷章、刘侯武、王宪章审查去后。兹据报告，认为该区长刘成锷、放赈专员李正鑫、事务员李正昌，均有弹劾法第二条情事，应一并移付惩戒。李正鑫侵占公款部分，并应由惩戒机关查明，移送该管法院审理等语。据此，相应抄检本案各件，咨请贵院查核转发办理是荷。

此咨

司法院

抄件（略）

院长　于右任

（《监察院公报》第七十三期）

“提劾湖南宁乡县前任财政局长刘宗矩浮报借款息金案”弹劾文

（1936 年 3 月 21 日）

案查前据湖南宁乡县民呈诉该县前任财政局长刘宗矩贪污有据等情到署，当经一涵于巡视湖南时，派本署调查员沈爽清彻查具报去后。据该调查员呈复，内称：“遵查此案发生后，当由财政厅委员周坞秋会同宁乡县现任县长杨积荪，召集各清算员于该县县政府组织正式清算会，根据流书簿据，彻底监算。费时三月，始行蒇事。其监算结果，该刘宗矩共计浮报借款息金洋三万七千三百余元。又以滥发流通整散局票，溢出原额洋六万余元，嗣由该委员暨县长将监算结果，连同簿据，一并会赍财政厅核办在卷（抄呈周委员会县监算呈复原呈）。该厅委查据复后，尚未遽予追缴，复又指派厅内科员谢素如、文创南等复算，并通知刘宗矩到厅自行清算。复算结果，认为尚有因汇算错误之点，及应准情酌减之处，爰将原结算存数内，分别剔除二万一千余元（抄呈该厅科员谢素如等复算签呈，其剔除数目，系据彼等所云）。该厅即据复算核定之数，令行该县长遵照办理。至对于溢出六万余元之局票，饬其另案查核具报（指令抄呈）。该县长奉令后，当即依照厅令，分别予以剔除，并呈复据该刘前局长呈复并无溢出局票情形，于是该厅于二十四年十一月十二日，始行指令县府，照案执行追缴。至溢出局票一节，仍令该县长另案办理，并谓‘如果确系手续错误，应准免予置议’等语在卷（指令抄呈）。嗣该刘宗矩迭次具呈不认存款倒息，均经该厅严令驳斥（批示抄呈）。是刘宗矩贪污浮报之案件，几经核减，至此已算确定，此系卷查财政厅办理此案之经过情形也。复查长沙地方法院于二十四年九月十六日，据刘安泰等告诉后九月十九日及二十一日票传两次，被告均未到案。又于九月二十三日票拘该刘宗矩，至十月二十三日始据法警刘海清等报称‘被拘人赴粤无从拘提’等语，旋有被告之妻刘陈氏具状申请展期一月，是此案法院方面，犹在侦查期间，尚未提起公诉”等情，并抄附各件。据此，查该湖南宁乡县前任财政局长刘宗矩，既经湖南省财政厅一再派员清查明确，浮报借款息金，而此种浮报情形之结果，即系为该前任局长自己不法之所有，以侵占公务上所持有之金钱，是不惟违法失职，实且触犯当时刑法第三百五十七条第一项之侵占罪。爰特提案弹劾，请即依法移付惩戒。其刑事部分，仍应由该管法院办理。至其浮报数目，虽曾经湖南省政府财政厅予以核减，但实际上究系若干，亦仍应由该管法院连同其溢发局票部分，通盘彻底核算，依法判断，以儆贪污。谨呈。

附一：

委员毛思诚梅公任曾道审查报告书

为审查报告事：案奉交下湖南湖北监察使高一涵弹劾湖南宁乡县前任财政局长刘宗矩违法失职一案，当经委员等会同审查。佥以该前任局长刘宗矩浮报借款息金，既经湖南省财政厅一再派员清算明确，违法失职，情节显然，应请将该湖南宁乡县前任财政局长刘宗矩移付惩戒。其刑事部分，仍应由该管法院办理，以惩贪墨。谨呈。

附二：

监察院指令　机字第一八四六号

二十五年三月二十一日

令湖南湖北监察区监察使高一涵，二十五年二月二十四日第六五号呈一件，呈件均悉。经依法交付审查，兹据报告，该前任财政局长刘宗矩应移付惩戒，其刑事部分，仍应由该管法院办理。除将案件咨请司法院查照转发办理外。合仰知照。此令。

院长　于右任

附三：

监察院咨送惩戒文　机字第一八四六号

二十五年三月二十一日

案据湖南湖北监察区监察使高一涵弹劾湖南宁乡县前任财政局长刘宗矩违法失职、触犯刑事一案，当经依法交由监察委员毛思诚、梅公任、曾道审查去后。兹据报告称，“案经委员等会同审查，佥以该前任局长刘宗矩浮报借款息金，既经湖南省政府财政厅一再派员清算明确，违法失职，情节显然。应请将湖南宁乡县前任财政局长刘宗矩移付惩戒，其刑事部分，仍应由该管法院办理，以惩贪墨”等语。据此，相应抄检本案各件，咨请贵院查照转发办理，致纫公谊。

此咨

司法院

抄件（略）

院长　于右任

（《监察院公报》第七十三期）

“提劾湖北江陵县第六区永寿乡联保主任李振之监放委员熊西庚侵蚀赈粮违法渎职案”弹劾文

（1936年3月24日）

案查前据湖北江陵县民沈子周等代电呈诉该县第六区永寿乡联保主任李振之吞没赈米及克扣豆麦种籽等情一案，当经函行江陵县政府彻查见复。旋准该县政府复文内开，“经即分别饬警票传沈子周等，及勒拘李振之等来案质讯。据李振之供称，散放两次急赈，尚剩米七斗余未发，已给搬运急赈之车脚夫领去，至所领种籽，除散发外，尚余三十二石，现存联保办公处，以备补发等语。质之监放委员熊西庚，虽不认有同谋之事，然事前事后均不加以干涉，显见彼此同情，不无侵蚀之嫌。当将该李振之、熊西庚二人暂予看管，并令饬该管第二区公所详查事实具报，一俟查复，即依办赈人员惩罚条例第三条，移送法院侦办”等语。此经再函该县政府，俟该管区公所查报后，仍将查明办理情形函告去后。兹续准该县政府复开，“查第六区公所查报李振之对于急赈一项，所差无几，惟豆麦种籽，实不符十二石四斗三升等情，查核所报不符之数，显系侵蚀无疑，经依照办赈人员惩罚条例第三条之规定，将该案全卷暨人犯一并函送沙市地方法院侦办”等语前来。查该联保主任李振之经领属于赈济性质之豆麦种籽，散发灾民，既经该县政府查明其有侵蚀行为，实属违法渎职，触犯刑章。至该监放委员熊西庚，对于李振之吞赈行为，事前事后均未加以干涉，已属有亏职守，且经该县政府查明其不无侵蚀之嫌，自亦应依法讯明办理。除刑事部分已由该县政府移送沙市地方法院侦办外，爰特一并提案弹劾，请即依法移付惩戒，以重赈务，而儆贪污。谨呈。

附一：

委员李正乐郑螺生杜忱审查报告书

为报告事：案奉院长交下湖南湖北监察区监察使高一涵弹劾湖北江陵县第六区永寿乡联保主任李振之、监放委员熊西庚“侵蚀赈粮违法渎职”一案，委员等当即开会详加审查，佥以该主任侵蚀赈粮，既经查明属实，显系违法渎职，监放委员对于李振之吞赈行为，事前事后均未加以干涉，实属有亏职守，依法应请将该主任李振之、监放委员熊西庚等一并移付惩戒，以儆贪污。谨呈。

附二：

监察院指令　机字第一八六八号

二十五年三月二十四日

令湖南湖北监察区监察使高一涵，二十五年二月五日第一号呈一件，呈件均悉。案经依法审查成立，已咨请司法院转发办理矣。仰即知照。此令。

院长　于右任

附三：

监察院咨送惩戒文　机字第一八六八号

二十五年三月二十四日

案据湖南湖北监察区监察使高一涵提劾湖北江陵县第六区永寿乡联

保主任李振之、监放委员熊西庚“侵蚀赈粮违法渎职”一案，当经依法交由监察委员李正乐、郑螺生、杜忱审查去后。兹据报告，“委员等当即开会详加审查，佥以该主任侵蚀赈粮，既经查明属实，显系违法渎职，监放委员对于李振之吞赈行为，事前事后，均未加以干涉，实属有亏职守，依法应请将该主任李振之、监放委员熊西庚等一并移付惩戒，以儆贪污”等语。据此，相应抄检各件，咨请贵院查核转发办理。

此咨

司法院

抄件（略）

院长　于右任

（《监察院公报》第七十四期）

“提劾湖北羊楼峒营业税局崇通稽征所所长何季豪违法渎职案”弹劾文

（1936 年 3 月 24 日）

案准湖北省捐税监理委员会查字第二五号公函内开，“本会前据密报，崇阳县营业税稽征所所长何季豪，在该县史家渡违法设卡，征收过境米捐一案，当即派临时调查员胡蒲青前往调查属实。惟该所长虽经撤职，而案关经征官吏违法渎职，似应予以重惩。兹特佥同本会调查员报告，并公民张少堂等报告、李林卿运米单据各一件，函请贵署查照办理”等由，并附调查员报告一件、证件二纸，准经派本署调查科长安梦周前往该会，调卷来署核明。查该湖北省羊楼峒营业税局崇通稽征所所长何季豪违法设卡，对货物直接抽捐，此种等于厘金之捐税，是明知不应征收而征收，既经湖北省捐税监理委员会派员调查明确，实属违法渎职，触犯刑章。爰特提案弹劾，请即依法移付惩戒，其刑事部分，并应由该管法院办理，以纠非法，而儆贪污。谨呈。

附一：

委员胡伯岳白瑞程运鹏审查报告书

为审查报告事：案奉交下湖南湖北监察区监察使高一涵弹劾湖北羊楼峒营业税局崇通稽征所所长何季豪违法渎职一案，委员等会同审查，佥以该所长何季豪在栎嘴史家渡擅行设卡，对于过境谷米各种货物，抽收等于厘金之捐税，既经调查属实，显属违法渎职。依法即请将该所长何季豪移付惩戒，其刑事部分，并应交法院办理。谨呈。

附二：

监察院指令　机字第一八七〇号

二十五年三月二十四日

令湖南湖北监察区监察使高一涵，二十五年二月二十二日第六四号呈一件，呈件均悉。案经依法审查，咨送司法院转发办理矣。仰即知照。此令。

院长　于右任

附三：

监察院咨送惩戒文　机字第一八七〇号

二十五年三月二十四日

案据湖南湖北监察区监察使高一涵弹劾湖北羊楼峒营业税局崇通稽征所所长何季豪违法渎职一案，当经依法交由监察委员胡伯岳、白瑞、程运鹏审查去后。兹据报告，认为应请将该所所长何季豪移付惩戒，其刑事部分，并应交法院办理等语。据此，相应抄检本案各件，咨请贵院转发依法办理。

此咨

司法院

抄件（略）

院长　于右任

（《监察院公报》第七十四期）

“提劾湖北新堤前任公安局长蔡笃中违法渎职案”弹劾文

（1936年3月28日）

案查前据湖北沔阳县民彭盛纪等呈诉湖北新堤前任公安局长蔡笃中“贪赃枉法，渎职殃民，威施酷刑，拷死无辜”等情到署，比经派本署调查员沈爽清前往调查。兹据呈复，除原呈所诉其他各款，或系查明不实，或系事过境迁，不易查得实据者外，其关于威施酷刑，拷死船户杨其迪一事，据该调查员呈内节称：船户杨其迪，被该局长威施酷刑，逼死狱中，群情尤为愤慨。据该镇湖北水上公安局第四分局局员成大云，杨其迪一案，本属水上公安局管辖范围，乃蔡局长越权受理，实有严刑诈财事情，因杨其迪虽属船户，家境尚称小康，至于该局所属之侦缉队队长刘宜新，尤为地方著名痞棍，敲诈成性，横暴异常，杨船户之死，是否为受伤后自缢身死，抑酷刑拷死，尚是疑问。及向一般市民查询，亦皆作不平之鸣，并称盗卖客货，系属受张某欺骗，杨之本人，赋性忠厚，素极安分。嗣至该局查阅档案，杨其迪究系何日拘押，卷中并未注明，仅据该局局员林某声称，审讯后即发交侦缉队管押，原拟八月六日解送沔阳县政府讯办，公事都已办好，适是晚忽起大风，恐船过洪湖，风大危险，故未起解，讵料该犯即于是夜身死，迨该犯死后，比即函报县政府派员前来检验等语。又查阅解案公函，亦无拘押日期，仅有前日字样，此亦该案中之一大疑窦也。职至沔阳县政府调阅检验卷宗，该杨其迪委系受伤后自缢身死，谨将该县政府所派警佐刘子汉，暨检验员颜继湘，报验情形，照抄附呈等情，据此，查此案，该船户杨其迪所犯嫌疑，仅系盗卖客货，属于通常司法范围，该前局长应即将案移送该管兼理司法之沔阳县县长办理，方为合法，乃竟于审讯后发交侦缉队管押，令其严刑威逼，不解不办，其为意图勒索，甚属显然。若谓八月六日，以洪湖风大，船行危险，致未将该犯解送县府，则杨其迪被押已非一日，即以该局解案公函观之（见附件），亦谓“前日有民人白才章与杨其迪为盗卖客货一案互扭到局云云”，所称前日，至少当为两三日以前，何不早日解送。况该案既与水上公安局有关，该镇设有水上公安局，又何不就近移转办理。复查验断书内载（见附件），该杨其迪遍体伤痕，且多系木器压杠所致，则其为非刑威逼致死，证据尤为确凿。该湖北新堤前任公安局长蔡笃中，实属违法渎职，触犯刑章。爰特提起弹劾，请即依法移付惩戒，其刑事部分，并应由该管审判机关办理，以伸法纪而儆官邪。谨呈。

附一：

委员段宏纲李嗣聪姚雨平审查报告书

为审查报告事：案奉交下湖南湖北监察使高一涵弹劾湖北新堤前任公安局长蔡笃中“违法渎职”一案，当经委员等会同审查，佥以前局长蔡笃中办理船户杨其迪盗卖客货一案，越权受理，竟于审讯后发交侦缉队管押，令其严刑威逼，意图勒索，致被害人在押自缢身死，事复经沔阳县政府派员检验，该杨其迪遍体伤痕，且多系木器杠压所致，其时对于人犯施以凌虐，因而致人于死，实属触犯刑章。应请将被弹劾人湖北新堤前任公安局长蔡笃中，移付惩戒。查被弹劾人违法行为，情节重大，兹依弹劾法第十一条之规定，应为急速救济处分，请咨行政院电令湖北省政府，将该蔡笃中逮拘移送法院依法侦查，以伸法纪。谨呈。

附二：

监察院咨请急速救济文　机字第一九四零号

二十五年三月二十八日

案据湖南湖北监察区监察使高一涵弹劾湖北新堤前任公安局长蔡笃中违法渎职一案，当经依法交由监察委员段宏纲、李嗣聪、姚雨平审查去后。兹据报告，“案奉交下湖南湖北监察使弹劾湖北新堤前任公安局长蔡笃中‘违法渎职’一案，当经委员等会同审查，佥以前局长蔡笃中办理船户杨其迪盗卖客货一案，越权受理，竟于审讯后发交侦缉队管押，令其严刑威逼，意图勒索，致被害人在押自缢身死，事复经沔阳县政府派员检验，该杨其迪遍体伤痕，且多系木器杠压所致，其对于人犯施以凌虐，因而致人于死，实属触犯刑章。应请将被弹劾人湖北新堤前任公安局长蔡笃中移付惩戒，查被弹劾人违法行为，情节重大，兹依弹劾法第十一条之规定，应为急速救济处分，请咨行政院电令湖北省政府，将该蔡笃中逮拘移送法院，依法侦查，以伸法纪”等语。据此，除将案件咨送司法院转发办理外，所请为急速救济处分一节，相应咨行贵院查核办理。

此咨

行政院

院长　于右任

附三：

监察院咨送惩戒文　机字第一九四〇号

二十五年三月二十八日

案据湖南湖北监察区监察使高一涵弹劾湖北新堤前任公安局长蔡笃中违法渎职一案，当经依法交由监察委员段宏纲、李嗣聪、姚雨平审查去后。兹据报告，认为应请将被弹劾人湖北新堤前任公安局长蔡笃中移付惩戒。查被弹劾人违法行为，情节重大，兹依弹劾法第十一条之规定，应为急速救济处分，请咨行政院电令湖北省政府，将该蔡笃中逮拘移送法院侦查，以伸法纪”等语。据此，除咨行政院外，相应抄检各件，咨请贵院转发依法办理。

此咨

司法院

抄件（略）

院长　于右任

（《监察院公报》第七十四期）

“提劾湖北孝感县第三区区长严发轫违法失职案”弹劾文

（1936 年 3 月 28 日）

案查前据湖北孝感县民萧冠群等呈诉该县第三区区长严发轫庇匪纵赌滥权渎职诬良诈财囤卖人口等情到署，当经委派本署调查员张家珏前往调查。嗣因该呈诉人萧冠群等，前曾以同样案情向县呈控，经县饬区查复，该区长本已得悉控案内容，迨闻该呈诉人等又向本署呈诉，复闻本署有人赴该县查案，遂具文申辩来署。本署察核案情，认为尚有应予补查之处，爰饬该调查员再往详查。兹据该调查员查明呈复，并抄附各项关系文件前来，经核该湖北孝感县第三区区长严发轫，实有下列之违法失职及触犯刑事行为。一、原诉庇匪殃民部分。据复文略称：“查陈老五居住区公所对面，勾结匪类行劫是实，确由路警在区公所对面破获，该区长申辩文内所称系由区派事务员唐汉英会同铁路巡警田巡长捕获转送汉口法院有卷，有田巡长唐汉英可凭。质之田唐二人，完全否认（见谈话笔录一、二），足证该区长玩忽职守，诚信未孚。该区公所与陈老五居住近在咫尺，竟未能察觉其有盗匪行为，虽不能谓为庇匪殃民，然实难辞疏忽失察之咎”等语。该区长显属废弛职守。二、原诉诬良诈财部分。据复文略称：“查邱叶氏案，系发生于二十四年元月，据二汉港正绅现任商会常委张心斋云，该氏孑然一身，确系良民，缘邱宅附近，有一小庙，有窃贼徐山者，住在其内，曾往邱家借用脚盆未遂，嗣该贼行窃，被四义镇捉获送区，遂挟嫌诬供，曾在邱家歇过一夜，严区长乃将该氏拘捕，结果罚洋十元释放（见谈话笔录三）。该区长申辩文所称，徐山到区，据讯曾偷皮花一担，存在邱叶氏家，当将邱叶氏传唤到区，供认窝藏不讳，但该皮花已变洋十元，正拟解办间，适有当地商会常委张百年（即心斋）代其要求，从宽办理，力请依赃物没收入公之例，存为修建区仓之费一节，显非实在，而查徐山口供单上，并无涉及邱叶氏之词语，徐山亦未签押（见附件三）。又解送徐山一节，县府函称无卷可考（见附件一），据该区公所事务员唐汉英云：窃贼解送县府之文，是我写的，严区长先期进城，后一日由区丁周世铭解送，是否解到，则不得而知。质之该区长本人，则称,徐贼解送去县之时，区长以事甚细微，遂中止送县，转送军队充当输卒云云”等语。查区长并无追诉或处罚犯罪之权。邱叶氏即使有窝藏赃物之嫌疑，该区长亦仅能解送该管机关，依法办理，何得自行罚款。况邱叶氏系属良民，该张心斋能为保证（谈话笔录三），徐山供词，又并未涉有该邱叶氏窝赃之语，更何得处以罚金。又徐山既经窃盗属实，自应解送该管机关办理，该区长乃竟私自释放，均属违法失职，事实显然。三、原诉擅卖人口部分。据复文略称，“查废历二十三年十一月初，该区杨家河义勇队长杨吉甫，在人和店盘获拐犯刘国瑞拐带少女陈喜娅一名，比将刘国瑞送区发落，越数日，严区长复将少女陈喜娅带区讯问，刘国瑞押约一周，即行释放，陈喜娅留押所内，函其家属认领，时隔月余，杳无音信，遂于废历十二月十九日，将该女择配与区民胡新民（胡汉卿）为妻，该女亦甚愿意，该区长计由胡新民手得洋九十元，名为赈灾之用（见谈话笔录四），至刘国瑞释放时，据陈喜娅及唐事务员并云，该区长曾用肉刑（见谈话笔录一、四、五），人证确凿，自非虚语”等语。查该区长对于刘国瑞，既已明知其有犯罪行为，即应解送该管机关依法讯办，自身固无权加以处理，今乃私禁刘国瑞一周之久，又于用刑后将其释放，是不惟违法失职，抑且触犯刑章。又陈喜娅既有家庭，自应静候其家属具领，乃竟将其擅行择配，且复借此征取款项，尤属假借权力机会，任意为非。四、原诉妨害行旅部分。据复文略称，“二十三年冬季，有黄陂县民六人，每人牵牛一头，路过该区，因无路单，该区长疑为贩卖宰杀，予以扣留，三汉港（即区公所所在地）商会主席敖玉山，出为证明确系耕牛，请释未准，复经牵牛人回籍，持黄陂第四区公所公函前来证明，仍罚洋十六元放行，该款系保长萧禧崇经手交付（见谈话笔录六）”等语。该区长滥权罚款，亦系违法。五、原诉得钱纵赌部分。据复文略称，“二十三年二月间，严区长与区佐理员萧益谦，赴八汉崖监选联保主任，及抵该处，发现赌博，抓获赌犯方某及夏长根二人，夏姓当时罚洋十元释放，方姓即带所究办，拘押三日后，由保长萧禧崇等出为调说，罚洋二十四元开释，质之萧益谦、萧禧崇俱云是实（见谈话笔录七），据该区蒋代区长查复所称，此项罚款，已拨作保长会议经费”等语。查犯赌为刑事案件，该区长乃擅自处以罚金，亦属滥权违法。综上各情，爰特提案弹劾，请即依法移付惩戒，并将刑事部分移送该管法院办理，以儆效尤。谨呈。

附一：

委员刘侯武李梦庚李世军审查报告书

为审查报告事：案奉交下湖南湖北监察使高一涵弹劾湖北孝感县第三区区长严发轫违法失职一案，经委员等审核，佥以该区长种种违法滥权，触犯刑章，事实昭然，显而易见，既据湖南湖北监察使署派员查明，证据确凿，应请将湖北孝感县第三区区长严发轫依法移付惩戒，其关于刑事部分，亦应交付该管法院，按科讯办，以儆效尤。谨呈。

附二：

监察院指令　机字第一九四四号

二十五年三月二十八日

令湖南湖北监察区监察使高一涵，二十五年二月二十五日第六七号呈一件，呈件均悉。案经依法审查成立，已咨送司法院转发核办矣。仰即知照。此令。

院长　于右任

附三：

监察院咨送惩戒文　机字第一九四四号

二十五年三月二十八日

案据湖南湖北监察区监察使高一涵提劾湖北孝感县第三区区长严发轫违法失职一案，当经依法交由监察委员刘侯武、李梦庚、李世军审查去后。兹据报告，经委员等审核，佥以该区长种种违法滥权，触犯刑章，事实昭著，显而易见，既据湖南湖北监察使署派员查明，证据确凿，应请将湖北孝感县第三区区长严发轫，依法移付惩戒，其关于刑事部分，亦应交付该管法院，按科讯办，以儆效尤等语。据此，相应抄检各件，咨请贵院查照转发核办。

此咨

司法院

抄件（略）

院长　于右任

（《监察院公报》第七十四期）

“提劾湖南民政厅科长王政诗省会公安局长周翰违法失职案”弹劾文

（1936 年 3 月 28 日）

案查前据湖南湘乡县民王寿柏等先后呈诉略称：事缘族中王政诗、王少安、王福乔等，于民国十二年为图葬其一家私坟，恃势谋掘合房祖妣冯氏冢，延未安葬。二十四年，经同族王仲福等在春分祭会中，大加责备，致被王政诗等挟仇在胸，勾结已革家首王克诚等，诬王仲福以“共暴”大罪，具控到县，旋经县府讯明无罪，但未依法反坐，致仲福不服，向湖南高等法院提起上诉，正办理间，王仲福忽被王政诗假借其本身现任省政府民政厅科长之权力，条饬省会公安局于长沙加以逮捕。该局局长周翰，不事查察，竟即派警将王仲福拘捕监禁，嗣更解往常德“剿匪”总司令部，意图置之死地，性命垂危，请即分别制止查究等情到署。当以事关紧急，除于去年十月以蒸电[1]向湖南省政府查询，已准该省政府电复，谓令饬省会公安局查复外，复经一涵于巡视湖南时，派本署调查员沈爽清前往彻查具报去后。兹据该调查员查明呈复，并抄附各项关系文件前来。其查复文内略称：职驰往湖南省会公安局，会晤该局局长周翰，据称，逮捕王仲福，据有密报。质其密报内容，究为口头密报抑书面密报，及逮捕时，该王仲福究竟有无现行“共暴”行为，彼谓事隔多日，不能记忆，本局司法科长李祖楙，当能知其究竟等语。比至司

① 蒸电：指 25 日电。

法科晤李科长，据称，该项密报，始终没有看见，只有局长知道，因本科职掌，惟在审理案件，不负查缉之责。又询问查缉队队长，则曰：逮捕王仲福，系奉局长谕，有无别情，我等不得而知。经职调阅案卷，其中并无何项密报，只有王克诚诉请缉拿王仲福呈文一件（按原呈上该局长并未批字）暨审讯供单，及奉省府令查该案呈复文稿一件（原呈抄呈）阅卷毕，因见呈复省府文中，关于王仲福“共暴”嫌疑各点，言之綦详，乃向该科长追询该项情形，究从何处调查得来，彼则答曰：这是王政诗说的。当制有谈话笔录一份（附呈）。次至民政厅向王政诗查询究竟，窥其谈话，语多无稽，惟对于族中祭祠葬坟所发生之种种纠葛，叙述甚详，关于王仲福“共暴”嫌疑各点，虽不能举出证据，但语意之中，极尽攻击之能事。再查常德“剿匪”总司令部，对此案咨复省府文中略谓：卷查湘乡县政府第一审，及湖南高等法院第二审，先后所为之判决，似均未认定该王仲福为“共暴”等语（原咨抄呈），又陆军第六十三师师长陈光中电复省会公安局，亦证明该王仲福无“共暴”嫌疑（原电抄呈）。是王仲福非系“共暴”，业经证实。总之，此案之主因，实为掘坟葬坟之家务纠葛而起，原诉王克诚乃王政诗之胞叔，则王政诗似亦当事人之一，且明明为民事诉争，忽中途捏王仲福为“共暴”，其中究不无假权压制之处，此职所探得本案之原因也等语。查该湖南省会公安局逮捕王仲福，一经本署调查员询查，即称据有密报，如果系有密报，则该局司法科长及查缉队长，何以一称始终没有看见，一称有无别情我等不得而知。而质诸该局长自己，何以亦复不能道出其中之所以然。迨经该调查员调阅卷宗，何以卷中仍无密报。尤有要者，该局如确曾据有密报，则在从前纵可诿为事关秘密，未由局长交科，但呈复省府之时，无论如何，自应以该项密报为根据，乃据该司法科长李祖楙之所言，其呈复内容之情形，系从王政诗处调查而得（见谈话笔录），李为主办此案之司法科长，所言应足为凭，虽其对于此层，亦曾设词解说，谓系传单上有王政诗的名字，所以问他（见谈话笔录），但传单自传单，并非诉状。王政诗既无证人资格，如果此事非由彼所策动，则何以即向彼处调查，又何以即将由彼处查得之情形作为呈复省府之根据，而于呈文内仍谎以“曾据密报”为言(该项呈复文内仍有前据密报云云)，足见该局根本上未曾接有密报，其报告该局而使之逮捕王仲福者，即王政诗。更就该局呈复省府一节而论，王仲福非系“共暴”，原县及高等法院已有判决证明，而陆军第六十三师师长陈光中所复该局之电，不但证明王仲福无“共暴”嫌疑，且未言有因他事查拿之事，乃该局呈复省府，则谓其前在六十三师时陷入“匪”中，为“匪”工作，暗中回县，勾通枪枝，为师部发觉查拿有案等语，是不啻故意栽诬。查此项栽诬王仲福之情形，呈文内虽捏称为前据密报，但李祖楙既言系从王政诗处调查而得，尤足见该局系听取王政诗之栽诬。综观上述各情，是该民政厅科长王政诗，因讼案与王仲福结有嫌怨，竟不惜假公济私，设计诬人为匪，以及该省会公安局长周翰，始终未言明密报自何处得来，其为受王政诗之唆使，将王仲福滥行逮捕拘禁，并欲其受军法处分，情事甚为显然，均属违法失职。爰特一并提案弹劾，请即移付惩戒，以正官纪，而儆效尤。谨呈。

附一：

委员程运鹏乐景涛杨亮功审查报告书

为审查报告事：案奉交下湖南湖北监察使高一涵提劾湖南省政府民政厅科长王政诗，省会公安局长周翰违法失职一案，委员等审查结果，佥以该科长王政诗因讼案与王仲福结有嫌怨，不惜假公济私，设计诬仲福为“共匪”，唆使湖南省会公安局局长周翰，将王仲福逮捕拘禁，实属违法。该公安局长周翰，滥行逮捕王仲福后，呈复湖南省政府文内捏称曾据密报，及王仲福暗中回县勾通枪枝云云，案经湖南省湘乡县政府湖南高等法院判决，及陆军第六十三师师长陈光中复电证明，王仲福非系“共暴”，是王仲福并非共党，事实甚为显然，该公安局长周翰，竟捏造事实，故入人罪，均属违法失职。应请将湖南省政府民政厅科长王政诗、省会公安局长周翰，一并移付惩戒，以正官纪。谨呈。

附二：

监察院指令　机字第七九三号

二十五年三月廿八日

令湖南湖北监察区监察使高一涵，二十五年二月十九日第六十号呈一件，呈暨附件均悉。案经依法审查，移付中央公务员惩戒委员会核办矣。仰即知照。此令。

院长　于右任

附三：

监察院移付惩戒文　机字第一九五零号

二十五年三月二十八日

案据湖南湖北监察区监察使高一涵提劾湖南民政厅科长王政诗、湖南省会公安局局长周翰违法失职，请即移付惩戒一案，当经依法交付监察委员程运鹏、乐景涛、杨亮功审查去后。兹据报告略称，案经委员等审查，认为该湖南省政府民政厅科长王政诗、湖南省会公安局局长周翰均属违法失职，应请一并移付惩戒等语。据此，相应抄检本案各件，移付贵会查核办理。

此移

中央公务员惩戒委员会

抄件（略）

院长　于右任

（《监察院公报》第七十四期）

“提劾湖北通城县县长贾廷申县政府会计何乾违法失职案”弹劾文

（1936年4月1日）

案据湖北通城县旅省人民李汝梅等及徐方玉等，先后呈诉该县县长贾廷中废弛烟禁包贩烟土等情一案，其原呈略称：查二十四年四月三十日下午，驻通城之一百一十七师南门防城士兵，检获湖南烟土八百八十两，并拿获通城县政府政警李东海一名，当在该警身上搜出通城县政府贩烟护照一纸，一并解送该师司令部，经吴师长克仁讯究。李东海供称：贾廷申伙同协记土膏公司股东王全寿等包贩烟土是实，令我持照迎接进城亦是实。吴师长讯实后，又拘王全寿等到案讯究。王全寿等供称：贾廷申等邀我们贩运烟土，如有被缉损失等情，有我负责云云。吴师长以案关厉禁，非严办不可，一并收押候办，旋以军事旁午，交付通城县政府张承审法办。不料贾廷申扮出伊会计何乾出面招认：贩土者是我，不与县长相干。而张承审亦不研究，只判王全寿等之罪，且对何乾并不法办。查王全寿等判决内云：何乾系本府职员，未便处理，候呈湖北高等法院核示办理。敷衍了事，聊塞众怒。后经通城旅省学会常务杨林晖，以贾廷申抗令违法，呈准层峰饬员彻查，业经湖北第一区行政督察专员虞典书查实，拘提会计何乾、政警李东海、伙贩烟土罪犯王全寿、王丹桂、罗汉廷，及烟土八百八十两到案讯究。何乾改供，矢口不认贩土情事。李东海改供：奉贾县长令往南门拿办烟犯的。王全寿等被贾廷申之运动，亦含糊其辞，以致重大烟案，尚悬未决云云等语。本署当以案经该管第一区行政督察专员公署办理，爰经去函查询，请其检卷见复去后。兹准该专员公署函送该案原卷，及所附证件前来，经予核明如下：（一）关于该通城县政府会计何乾部分。查何乾身为公务员，既与王全寿等合股开设土膏店，又复商同贩私，并于运到私货时，派警迎护，经湖北省第一区行政督察专员公署讯明拟判，呈经军事委员会委员长行营核定，处以有期徒刑三年，并科罚金二百元，褫夺公权三年，指令饬遵在卷（抄附原卷内专员公署刑事判决及行营指令）。是该何乾违法失职，触犯刑事，事实昭然。（二）关于该通城县县长贾廷申部分。查该县长被诉包贩烟土，虽无确实佐证，但其对于该土膏店之庇护，几无微不至。一则为定补充办法十一条。再则为土膏店印制标记，函达驻军通令各区公所，前后共发标记四千三百一十二枚，并不呈请上级官厅核准（抄附原卷内该县长所订补充办法一份，该县长向专员公署声复呈文一件，关于上述不呈请上级官厅核准一节，该县长于声复文内，亦自承疏忽之咎）。三则为土膏店印制护照，知照沿途军警放行。及至私土被驻军查获后，一则声称官土，以电话知照驻军释放。再则派员到师部交涉发还。三则令何乾持函到师部请将烟土发还（抄附原卷内一百十七师司令部法字第六八号公函，及该县长原函各一件）。其中蛛丝马迹，甚属显然。该县长既不知其为官土私土，何以通电话时遽谓为官土，且该项私土，既已被驻军截获，该县长于据报之后，何以并不经过调查手续，竟毅然为其再三设法，要求发还，如谓事前不知为私土，则从何证明其实系不知，该县长究何以自解于知情故纵。此种情节，可于该县长向专员公署声复文内查阅而知。尤有要者，该县长系兼任戒烟所所长，何乾系以县政府会计而兼戒烟所主任，其在职务内公然不法之行动，该县长平日岂毫无见闻？乃于事发之后，犹复于向专员公署声复文中，为其极力辩护，希图开脱，此非有意袒庇而何？即退一步言之，亦不能辞其重大疏忽与失察之咎。况运土由县印发护照，明知烟禁法规，无此规定（该县长向专员公署声复文中亦曾叙及），乃竟擅自发印，俾土膏店得以便其私图。综上各情，该县长亦属违法失职。除何乾刑事部分，业经判处有案外，爰特一并提案弹劾，请即一并移付惩戒，以儆官邪。谨呈。

附一：

委员于洪起王平政刘莪青审查报告书

为审查报告事：案奉交下湖南湖北监察区监察使高一涵弹劾湖北通城县县长贾廷申暨该县会计何乾违法失职一案，经委员等审查，佥以该县长贾廷申身为县长，且兼戒烟所所长，明知禁令森严，竟敢伙同协记土膏公司股东王全寿等包贩烟土，擅发护照，庇纵营私，已属罪有应得。乃此案经一百一十七师城防士兵检发后，复向专员公署极力辩护，希图开脱他人及自己之罪，罪属违法。该县会计何乾，合股开设土膏店，商同私贩，于运到私货时派警迎护，公然出面招认，其胆大妄为，实属目无法纪。除刑事部分业经军事委员会委员长行营处判外，应请将该湖北通城县县长贾廷申暨该县会计何乾，一并移付惩戒，以维法纪。

谨呈。

附二：

监察院指令　机字第八〇一号

二十五年四月一日

令湖南湖北监察区监察使高一涵，二十五年三月九日第七三号呈，呈件均悉。案经依法审查，移付中央公务员惩戒委员会核办矣。仰即知照。此令。

院长　于右任

附三：

监察院移付惩戒文　机字第一九七八号

二十五年四月一日

案据湖南湖北监察区监察使高一涵提劾湖北通城县县长贾廷申暨该县县政府会计何乾违法失职请即移付惩戒一案，当经依法交付监察委员于洪起、王平政、刘莪青审查去后。兹据报告略称，“案经委员审查，认为该湖北通城县县长贾廷申，暨该县县政府会计何乾，应请一并移付惩戒，以维法纪”等语。据此，相应抄检本案各件，移付　贵会查核办理。

此移

中央公务员惩戒委员会

抄件（略）

院长　于右任

（《监察院公报》第七十五期）

“提劾湖南汉寿县前县长兼‘铲共义勇队’总队队长脩干中现任‘义勇队’副队长刘东苏财政局长熊蛰安乐乡团总袁建等违法渎职案”弹劾文

（1936 年 4 月 1 日）

案查前据湖南汉寿县油盐杂货业同业公会主席曾理丞，呈诉该县县长兼“铲共义勇队”总队长脩干中（现已调省）、“铲共义勇队”副总队长刘东苏、财政局局长熊蛰违法勒捐设谋陷害。又据该县民人袁国栋等呈诉该县安乐乡团总袁建、“铲共义勇队”副队长刘东苏背令浮征违法拘禁各等情到署，当经一涵于巡视湖南时，派本署调查员沈爽清分别彻查具报去后。兹据该调查员查明呈复，并抄检各项有关文件前来，经予分别核明如下：

关于第一案，即该县油盐杂货业同业公会主席曾理丞所诉之案，据复文内称：查该县箩捐，自二十四年八月一日开始征收，系根据七月抄县政府紧缩会议议决案，未经呈准，即已抽收，因是商民据理反抗，酿起纠纷。迨经湖南省政府八月十八日明令否准（见原诉呈附件）后，乃将箩捐改为盐斤余利，犹继续照征，并未停止（附呈箩捐收据及盐斤余利收据），所有经过情形，湖南省政府视察员孟学思调查此案，呈复甚详（抄呈孟视察员原呈二件），内称：该县扩大县政府会议，于九月三日闭幕之后，各盐店虽已承认盐斤余利捐款四千元，但每包征额，只允二角，并在每包征额未经确定以前，不再向盐号进盐，几经调解，未得解决。

九月五号，该县商会复函县政府，谓各盐店认完纳盐捐，与中央地方法令，均有抵触，愿意牺牲盐斤营业，所有对扩大会议承认捐款一节，请作无效等语。该县县政府接准县商会公函以后，以各盐店推翻前案，意存扰乱，正双方相持不下之时，市面复有无盐购买之谣传，而该义勇队以饷粮摇动，分向县政府财政局请发积欠，同时适有市民刘志鸿等，具控盐商陈芳圃阻挠盐捐造成盐荒等情到县，该县政府乃于当晚将陈芳圃逮捕下狱。次日由该县财政局设立食盐公卖处，各盐店停止营业，至是官绅意见，遂告破裂云云，查陈芳圃九月五日晚被捕下狱之原因，既系根据市民刘志律等具控阻挠盐捐，亦并未涉及有“共暴”嫌疑字样，乃该兼义勇总队长脩干中、副总队长刘东苏，忽于六日急电蒙呈湖南省保安司令部，捏谓陈芳圃系著名“共匪”，扰乱后方，恳饬县拿办等语（原电抄呈）。卷查此电发出后，比有县商会及旅汉长属同乡会暨全县各商店，迭电保安司令部，保证陈芳圃确系正当商人，恳请转饬开释，或提省审明，以保安全（见原诉呈附件），形势严重，似有立被冤杀之可能，嗣经该部于九日电斥该脩干中等意气用事，并饬举出陈芳圃为“匪”证据（原电抄呈），讵该兼义勇总队长等，竟乃无词答复，尤未见举出证据，并经该部迭令指斥在案（摘抄原令四件电令一件）。至湖南省政府，对于该县抽收盐捐，亦迭有严令禁止（摘抄原令四件）。职在长沙调查档案竣事后，旋即驰赴该县，实地访查，首至县商会及盐务验放所暨各关系方面，分别查询，当据商会主席彭连生云：本县盐商，遭此横暴压迫，实乃财政局长熊蛰、义勇副总队长刘东苏，假借权力，敛财肥己，脩县长庸懦无能，受其包围，竟敢曲庇熊刘，违抗功令，以致愈演愈烈，几酿成惨杀无辜商人之案件。乡岸迄今犹在抽收，城内各盐商每日所进盐包，该熊蛰等仍派员秘密登记，以备将来派兵勒索之地步。此案主因实熊刘两人所造成等语。言次愤慨异常，其陈述情形，查与该会九月十四日呈复孟视察员一文无异（见原诉呈所附全案证据抄件）。又据盐务验放所主任李某云：抽征盐捐，不徒违背中央禁令，苛扰商民，亦且影响敝所税收甚巨，迭经呈请湘岸榷运局转请省政府严令制止，而财政局长熊蛰、义勇副总队长刘东苏包围县长，一意孤行。近几月来，税收锐减，因汉寿为腹岸盐区之故也。及访问一般市民，莫不谓熊刘横暴，暗无天日。嗣至各盐店查询，并调阅枪兵坐索盐捐时各商店供奉之伙食账簿，该义勇副总队长，实派枪兵向各该店坐索多次，旋据该商等具书面申述，并抄附原账前来（原件附呈），所述各情，均经查访属实。复据该县总工会筹备主任冯祖桢、市民饶国柱等面称：县长脩干中，曲徇熊刘之请，地方苛扰不堪。旋饶国柱等又具书面申述前来（原件附呈），所述各节，经查多属实在。查该项书面所称违反上令集兵糜饷一节，该县有枪义勇队，原为六排，自刘东苏接充队长后，擅将六排扩充为八排，故经费增至三万七千元之巨，要挟兼总队长脩干中，呈请保安司令部请予补助，并拟截留省有团款，迭经该部令饬缩编，斥不准行在案（抄呈指令二件）。该刘东苏拥兵怙恶，抗不编遣，复又勾结财政局长熊蛰，怂恿县长脩干中，抽收箩捐，并于九月召开扩大行政会议，又议决向各乡摊派捐款三万八千元，不经呈准，竟行勒派（抄呈收据一件）。嗣被县民萧金铭等举发，当经湖南省政府严令斥责制止，并饬将已收捐款如数退还（剪贴湖南《国民日报》一条），乃熊刘等不惟未将已收捐款退还，犹继续遣派枪兵，制发摊款收据，分赴四乡勒缴，更有所谓祠堂捐（附呈原收据一纸）。以上两项收入，均不在地方预算之列。又有所谓户总证金抵借券者（附呈原券一纸），名为抵借，实不兑现。职曾持券亲往粮柜，佯为完粮粮户，竟遭痛斥，拒不抵缴。民怨沸腾，苛扰万端。县长脩干中庸懦无能，措置乖方；财政局长熊蛰贪婪无厌，剥削垂死灾黎；义勇队副总队长刘东苏尤属横暴凶残，恃权诈索。以上各节，均系调查所得之实在情形等语。查该县所征箩捐及盐斤余利，皆系盐斤捐税，而食盐一物，向不准地方私擅加捐，该管省政府亦复迭经严令制止，乃该县长脩干中、财政局长熊蛰，视法令如弁髦，不但未经停止，且更派兵勒索，变本加厉，其违法固不待言，而此种明知不应征收而征收之行为，应构成《刑法》第一百二十九条第一项之罪。此外，该县所向各乡摊派之款与祠堂捐，均系未经呈准在案，且并未列入地方预算，而户总证金抵借券一项，名为抵借，实不兑现，均属任意剥削民财，不恤地方疾苦，违法失职，亦甚显然。至考查以上各种不法行为之造成，则泰半由于该义勇副总队长刘东苏，私擅扩充义勇队，为自己筹谋薪饷之故，遂从而怂恿县长与财政局长，有以致之于前，及至所谋已成，又为派兵勒索。是该义勇副总队长刘东苏，事前既犯教唆，事后又犯帮助，律以《刑法》第二十九条及三十各条之规定，实犯有与脩干中、熊蛰等共犯之罪刑。再查该县盐商陈芳圃，本属正当商人，反对盐捐，亦系其分内之事，即使有如该县市民刘志鸿等所诉，因其反对盐捐而造成盐荒之影响，该县长亦只能于行政方面谋适当之处置，何得遽予逮捕下狱。且其逮捕原因，明明仅为反对盐捐一事，乃犹以为未足，更以兼义勇总队长名义，与该副总队长会衔急电省保安司令部，诬以著名“匪共”，扰乱后方之大题，意图其受重大之刑事处分，幸该司令部察悉其情，斥为意气用事，并饬令举出证据，该陈芳圃始获免受冤刑。是该县长滥用职权，逮捕羁押陈芳圃，应构成《刑法》第一百二十五条第一项第一款之罪。又该县长用兼义勇总队长名义，与该义勇副总队长刘东苏，假借职务上之权力机会，以诬告他人为匪，均犯《刑法》第一百六十九条之罪，并有同法第一百三十四条所规定应加重处刑之情形。

关于第二案，即该县民人袁国栋等所诉之案，据复文内称：查义勇副总队长刘东苏，赋性躁妄，确有假借权力包围县府、压迫平民、恃势横暴、不可一世之情形，业经职于调查该县盐商具控勒征箩捐一案时，据实呈报在案。兹据该县县党部监察委员王金材、执行委员高德昭等面称：‘该队长敢于肆无忌惮者，非徒凭恃武力，更有所谓节食会之组织，党羽分布四乡，藉以上下其手。团总袁建，系与该队长居住一乡，即为节食会重要分子，胆敢诈取包征，实凭恃该队长之权势为保障。当袁案发生，县府开庭传讯时，该队长竟与县长并坐大堂，公然会审，复派枪兵十数名，自县府前街直至法庭，荷枪林立，禁绝交通，复于街前鸣枪数响示威，声称审办匪案，藉以威吓应讯之数十名粮户，以便当庭勒结完案之地步，全城民众共闻共见等语。复查询市民及邻近县府之各住户，亦众口一词，咸称该队长之横暴，袁国栋等之蒙冤。嗣查县政府档案，该袁国栋等，系于二十四年四月二十七日，因团总袁建诈取包征，危害国赋，邀集粮户三十四人，于胡占魁家开会，公议举发，有开会签到簿及议决案可证（签到簿附原卷第一宗卷底），并未议及非法之事，又有临时粮券粘单可考（粘单附原卷第一宗卷底），查阅粮券粘单，该团总袁建，实属违令浮征，意图侵占。乃六月二十九日开庭传讯时，竟诬粮户会议为秘密结社，及查原告三十二人供单，亦悉以诈取包征为词（见原卷第一宗第九件），何得当庭勒具不再秘密结社之甘结（见原卷第一宗第十九件）。袁国栋、胡占魁因不甘勒结，当被拘押下狱（见原卷第一宗第十三件点名单堂谕），迨至七月一日，始有袁建呈诉袁国栋等秘密结社，及袁福田报告袁国栋等秘密结社之诉状呈递（原卷第一宗第十件第十二件）。再查袁福田报告各节，并无事证足据，而原报告书第一行第十二字下，竟有另一笔迹添注“著名地痞曾犯抢案”八字，显系有事后串证，架词虚构，藉图高压袁国栋等之情形。再查九月十七日，胡鹿苓等具呈申诉，内称：袁建畏究，商渠党赤痞李绍白、袁子赋等，贿勾袁芳种即福田，反水谎告民等秘密结社、行为不轨等语，密告民等以图欺蒙钧府，是时民等尚不知悉，庭讯时突提出密告案件，当蒙义勇刘总队副将胡占魁、袁国栋等管押，经历七十余日之久，又限民等出具秘密结社甘结，希图巩固斯案（见原卷第二宗第三件）。所称“当蒙义勇刘总队副将胡占魁、袁国栋等管押”，此点实足证明六月二十九日开庭时，该义勇副总队长刘东苏公然坐堂会审、包围县长、滥权收押各节系属实情，在表面上虽属县政府传讯，实际上即为该副总队长之主谋，蛛丝马迹，处处可寻。该原呈又称：民等呈诉袁建诈取包完，危害国赋大案，现尚高搁，而袁建贿勾之诡报，当庭勒结，又有义勇队下乡沿户围捉，鸣枪示威，恐吓良民，必欲具结欺蒙钧府，而袁建竟一手办成，恃党诬陷，民等将何以堪，民等正当商告不法团总，并非秘密结社，并非不轨行为，再欲民等具结，民等决不甘心。此又为该副总队长刘东苏坐堂当庭勒结，及嗣后派兵下乡骚扰之又一证。原词虽未明言，当系畏势而不敢指陈也。袁国栋被禁后，七月二十三日，有其族长袁延震等七十余人具呈力保，乃该县府当批以“此案业已委查，仰候复到再行核办”等语（见原卷第一宗第二十三件）。遍查全卷，并无受委人员查复只字。九月三日，又有第十九小学校长黄鹤龄等之十一人，据实证明袁国栋确系良民，请求开释，该县长仅于原呈批“不准”二字《见原卷第一宗第二十八件）。果系秘密结社，应即侦查，依法审判。乃既不讯办，又不开释，其非滥用职权而何？查袁国栋自九月十一日由该义勇总队部逃赴省府控告后，乃该副总队长于九月二十二日，又勒令排长黄龙云，将袁国栋之弟袁顺成逮捕到县，拘禁于队部内（见原卷第二宗第十一件），声称作抵，计拘押五十余日，湖南省政府据诉后，因一再令县查复不得真相，乃于十一月八日，复令派视察员邓镕渠，前往该县实地调查。适职于十一月十一日亦行抵该县，邓君先职二日抵县，故已将案情调查明白，晤谈之下，义愤非常，对于袁国栋之弟袁顺成无罪被押五十余日，尤为不平，比乃邀职同赴义勇总队部拘留所，将袁顺成提出讯问。讵该袁顺成冤押过久，身染重病，头面浮肿，状极可危，当即伏地呼冤不止。比又与邓君同至县府质诸县长脩干中、义勇副总队长刘东苏，何以拘押无辜。彼等互相诿卸，无词可答。旋经邓视察员严词谓其枉法，嘱其开释，始由脩干中条谕，将袁顺成释放出狱。关于此点暨全案冤抑情形，邓君当已呈报在卷。又查袁国栋自九月十一日，赴省控告后，比经湖南省民政厅饬县查复（见原卷第二宗第十五件），而该县长呈复文中，竟谓：据袁福田报告，袁国栋等秘密结社，查系实在，故将袁国栋、胡占魁二名收押。又称，不意该犯在义勇总队部，病势稍痊，于九月十一日乘间潜逃，据报后将该部负责看守之排长黄龙云开除等语（均见原卷第二宗第十六件）。查袁国栋、胡占魁，系于六月二十九日第一次传讯时，因不甘勒结，即已被押入狱。袁福田报告，乃七月一日之事，日期前后，显然矛盾。至所谓查系实在，但遍阅全卷，并无调查字样，排长黄龙云亦未开除。职于该县曾亲见其尚在供职，足证捏词虚构，蒙蔽上峰。嗣省政府暨保安司令部，及第二区司令部，迭经令饬查明呈复（见原卷第二宗第十七件第十九件第二十件），乃该县长仍以浮词朦呈。又经民政厅第六八三号指令驳斥，其原令内称：至称袁国栋秘密结社，希图捣乱，查系实在一节，究竟袁国栋所结何社？宗旨何在？情形如何？来呈未据申叙。案关秘密结社，不容含混，仰即详实具复，以凭核办等语（见原卷第二宗第二十三件）。该县长接奉是项指令后，不但未能举出事证，明白具复，竟将原令附卷置之不理，显系词穷理屈，无以答复上峰，枉法滥权，诬陷良民，尤可证实等语。查该粮户袁国栋等，于胡占魁家开会，确系共商举发该安乐乡团总袁建诈取包征之事，并未有非法情形，乃该义勇副总队长刘东苏，为欲庇护该团总袁建，设谋架词，诬以集众秘密结社，公然与县长脩干中坐堂会审，向该袁国栋等勒取不应出具而出具之甘结，因袁国栋、胡占魁二人不从，竟以拘禁强施胁迫，考其传讯及堂谕发押之日，为二十四年六月二十九日，查该项取结性质，与取供相同，该县长为有追诉犯罪职务之公务员，其意图取供而施强暴胁迫之行为，应犯当时刑法第一百三十三条第一项第一款之罪。该义勇副总队长，本非有追诉犯罪职务之人，乃竟假借其身任义勇副总队长之权力机会，以强暴胁迫之手段，使人行无义务之事，应犯当时刑法第三百一十八条之罪，且有同法第一百四十条所规定应加重处刑之情形。再查刑事法规，并无犯罪抵代之办法，该兼义勇总队长及义勇副总队长呈报将袁顺成抵押追缴文内（见原卷第二宗第十一件），美其名为“押弟交兄”，夫袁顺成虽系袁国栋之弟，但各自具有独立之人格，其对袁国栋脱逃之事，固无若何责任之可言。况县府指令只准勒交，未言准押，乃该义勇总队长及义勇副总队长，竟将袁顺成羁押队部，至五十余日之久，至使身染重病，性命垂危，若非湖南省政府邓视察员嘱令释放，其不死者几希。是该兼义勇总队长脩干中，及该义勇副总队长刘东苏，对袁顺成私行拘禁，均应构成刑法第三百零二条第一项之罪，而其假借职务上之权力机会，亦具有同法第一百三十四条所规定应加重处刑之情形。再该安乐乡团总袁建，于二十四年四月二十七日，被粮户发觉违令浮征，意图侵占，至少应构成当时刑法第三百六十三条第三项之欺诈未遂罪。

以上各种情形，既经本署派员查实，一涵于审核之下，深觉政治黑暗至此，良可痛心。其一，废除苛捐杂税，中央久已三令五申，而盐捐向不准地方私擅加捐，即湖南省政府，对该汉寿县，亦复迭有严令制止。乃该刘东苏，仅凭一县“铲共义勇队”副总队长之地位，居然挟持权势，为所欲为，该熊蛰执有专司，竟与之狼狈为奸，不惜破坏国家财政，而该脩干中身为县长，亦竟与该刘东苏通同作恶，暴敛横征，法令不足凭，长官不足重，至所谓民间疾苦，更不足在其一顾之中，迹彼等违法渎职之所为，均实系出于故意。此而不予严惩，吏治安望澄清？其二，人民遇有受害之时，全赖有该管之公务人员执法为之保障，若公务人员不能执法，反假借其职务上之权力机会，以故意诬陷人民，为排除异己之工具，其为害何可胜言。此案该脩干中、刘东苏等，因陈芳圃反对盐捐，故意诬以“共匪”，因袁国栋反对袁建诈取包征，故意诬以秘密结社，此等为常人所不屑为所不敢为之卑劣手段，乃竟出之于假借权力机会之公务人员，且出之于兼理司法事务之县长，此而不予严惩，则人民尚有何保障之可言。爰特一并提案弹劾，请即依法移付惩戒，其刑事部分，并应移送审判机关，依法从严办理，以伸法纪，而儆效尤。谨呈。

附一：

委员李梦庚朱宗良李嗣璁审查报告书

为审查报告事。案奉交下湖南湖北监察使高一涵弹劾湖南汉寿县前县长兼铲共义勇总队队长脩干中，暨现任义勇队副队长刘东苏、财政局长熊蛰、安乐乡团总袁建等违法失职一案，经委员等详加审核，佥以该前县长兼“铲共义勇队”总队长脩干中，对于部属种种违法，不予制止，实属违法渎职。而义勇队副队长刘东苏，未奉上峰命令，任意扩充队丁，藉团队经费不足，擅自征收箩捐及盐斤余利，与财政局局长熊蛰，互相利用权力机会，敛财肥己，其弁髦废除苛杂及盐斤加捐功令，已可概见。况该省保安司令部令饬缩编，抗不编遣，并令将已收捐款，如数发还，该队长刘东苏等竟置若罔闻，犹继续制发摊款收据，四乡勒缴，更有所谓祠堂捐，又有所谓户总证金抵借券者，其横暴征收，剥削民财，不恤人民疾苦，尤为违法失职，律所不容。至人民袁国栋，因反对安乐乡团总袁建诈取包征危害国赋，该副队长刘东苏，与袁建党同之故，凭藉武力，将袁国栋逮捕公庭，与县长同坐会审，且禁绝交通，鸣枪示威，以便当庭勒结完案地步，并虚构事实，谓粮户袁国栋等秘密结社，藉词高压，其滥用权威，尤为显著。又复将袁国栋之弟袁顺成逮捕县府，押归义勇总队部拘留所，几死所中，该县长脩干中，听其滥权枉法，诬陷良民，触犯刑章，实与刘东苏同罪。该县财政局局长熊蛰，与刘东苏狼狈为奸，违抗命令，且玩忽中央废除苛杂及盐斤加捐之功令，酿成纠纷，违法征收，罪无可逭。团总袁建，诈取包征，实属藉公营私，几酿惨剧，亦犯有违法渎职之罪。据上理由，应请将湖南汉寿县前县长脩干中、副队长刘东苏、财政局局长熊蛰、安乐乡团总袁建，一并缉案移付惩戒。并请令行湖南省政府，迅将刘东苏熊蛰袁建先行解职，依法送惩。其属刑事部分，交该管法院侦查详讯，尽法办理，以儆贪暴，而肃官常。谨呈。

附二：

监察院训令急速救济文　机字第八〇五号

二十五年四月一日

令湖南省政府，案据湖南湖北监察区监察使高一涵提劾湖南汉寿县前县长兼“铲共义勇队”总队长脩干中等违法失职一案，当经依法交由监察委员李梦庚、朱宗良、李嗣璁审查去后。兹据报告，奉交湖南湖北监察区监察使高一涵弹劾湖南汉寿县前县长兼“铲共义勇队”总队长脩干中暨现任义勇队副队长刘东苏、财政局长熊蛰、安乐乡团总袁建等违法失职一案，经委员等详加审核。佥以该前县长兼“铲共义勇队”总队长脩干中，对于部属种种违法，不予制止，实属违法渎职。而义勇队副队长刘东苏，未奉上峰命令，任意扩充队丁，藉团队经费不足，擅自征收箩捐及盐斤余利，与财政局局长熊蛰，互相利用权力机会，敛财肥己，其弁髦废除苛杂及盐斤加捐功令，已可概见。况该省保安司令部令饬缩编，抗不编遣，并令将已收捐款，如数发还。该队长刘东苏等竟置若罔闻，犹继续掣发摊款收据，四乡勒缴，更有所谓祠堂捐，又有所谓户总证金抵借券者，其横暴征收，剥削民财，不恤人民疾苦，尤为违法失职，律所不容。至人民袁国栋，因反对安乐乡团总袁建诈取包征，危害国赋。该副队长刘东苏与袁建党同之故，凭藉武力，将袁国栋逮捕公庭，与县长同坐会审，且禁绝交通，鸣枪示威，以便当庭勒结完案地步，并虚构事实，谓粮户袁国栋等秘密结社，藉词高压，其滥用权威，尤为显著。又复将袁国栋之弟袁顺成逮捕县府，押归义勇总队部拘留所，几死所中，该县长脩中干，听其滥权枉法，诬陷良民，触犯刑章，实与刘东苏同罪。该县财政局局长熊蛰与刘东苏狼狈为奸，违抗命令，且玩忽中央废除苛杂及盐斤加捐之功令，酿成纠纷，违法征收，罪无可逭。团总袁建，诈取包征，实属藉公营私，几酿惨剧，亦犯有违法渎职之罪。据上理由，应请将湖南汉寿县前县长脩干中、副队长刘东苏、财政局局长熊蛰、安乐乡团总袁建，一并缉案移付惩戒。并请令行湖南省政府，迅将刘东苏熊蛰袁建先行解职，依法送惩。其属刑事部分，交该管法院侦查详讯，尽法办理，以儆贪暴而肃官常等语。据此，除移付外，合行令仰知照。此令。

院长　于右任

附三：

监察院指令　机字第八〇二号

二十五年四月一日

令湖南湖北监察区监察使高一涵，二十五年三月九日第七三号呈，呈暨附件均悉。经依法审查后，移付中央公务员惩戒委员会核办，并令行湖南省政府为急速救济处分矣。仰即知照。此令。

院长　于右任

附四：

监察院移付惩戒文　机字第一九八〇五号

二十五年四月一日

案据湖南湖北监察区监察使高一涵提劾湖南汉寿县前县长兼“剿共义勇队”总队长脩干中暨现任义勇队副队长刘东苏、财政局局长熊蛰、安乐乡团总袁建等违法渎职一案，当经依法交由监察委员李梦庚、朱宗良、李嗣璁审查去后。兹据报告，认为该前县长兼剿共义勇队总队长脩干中、副队长刘东苏、财政局长熊蛰、安乐乡团总袁建，应一并移付惩戒，并请令行湖南省政府迅将刘东苏、熊蛰、袁建先行解职，关于刑事部分，交该管法院讯办等语。据此，相应抄检本案各件，移付贵会查核办理。

此移

中央公务员惩戒委员会

抄件（略）

院长　于右任

（《监察院公报》第七十五期）

“提劾湖南宁远县县长汤日新失职前承审员袁邦彦滥用刑讯案”弹劾文

（1936年4月6日）

案查前据湖南宁远县第一区逍遥乡乡董李荣仕等呈诉，略称：民弟李年发，缝纫为业，毫不非为，衅因黄锦云遗失锡樽，买通窃盗黄荣仔供扳李先治为窃盗一案，宁远县政府于二十四年十月三十一日夜十时，派武装政警八名，拥至民村，将民弟妄行拘到县政府羁押。次日，承审员袁邦彦提庭讯问，因黄锦云曾与袁承审员预约贿赂，希图利取赔偿锡樽厚金，遂不分良莠，不辨真伪，肆行笞杖，希图取供。民弟李年发因饱受酷刑，即于是日午后八时毙命。民等即状诉汤县长日新，依法检验。不料汤县长与袁有亲戚关系，一意袒护，竟将民之诉状掷于地下，不予受理。民等冤抑难伸，不得已向各公法团哭诉，经齐向县府请求检验，并公开提讯在押监犯黄荣仔。据供称：我供的是李先治，并未供李年发的名字，李年发我实不认识他。汤县长自知违法，迫于公论，始与各公法团，公开检验，计验得右脚一伤，横长一寸七分，宽二寸，赤白红色，系竹片伤，左脚腆起有青红一处，围圆六分，横九分，后骨道有伤一处，青肿，长一寸，宽一寸三分，填具尸格，由检验吏与民互盖私章，各执一份在案。恳请依法究办等情到署，当经函行湖南高等法院彻查见复去后。兹准该院查明函复，并抄附该院第二法院书记官萧钟查复原呈一件前来，经予详加审核，认为该湖南宁远县前承审员袁邦彦（现已被湖南高等法院撤职）实属违法渎职，触犯刑章。该县长汤日新亦有失职之咎。

（一）查湖南高等法院第二分院书记官萧钟查复文内，节称：往晤该县区党部委员萧汉雄，据云，当日验看李年发尸体，其两腿各有伤痕一处，红紫色，未破皮，尸骨有无伤痕，则未详视。袁承审员讯问李年发，听说确曾施用笞责。复至旧监狱，令黄管狱员成签提与李年发同监之何正玉、陈人和，及在押与本案有关之黄荣仔讯问。据何正玉、陈人和均称：系与李兴志（即李年发，县卷载为李兴志）同居一房，李兴志入监第二日，县府提讯，旋即还押。视其两腿，均有伤痕未破皮。陈人和又供：别处有伤没有，我未看见，他没有说，我也没有问。他喊是喊腿子痛，他入监时本有点病。黄荣仔供：袁承审员讯问李兴志，曾提我对质，他腿子上有伤，未破皮。该县政府传达欧阳纪洪亦谓：袁承审员讯问李年发，确曾施用笞责，系其公丁吴梅卿掌刑。又该县教育局长萧志仁，及第一区区董黄战福亦谓：验看李年发尸体，其两腿及尸骨上各有红紫色痕一处，未破皮，然其致死之因，是否由于被笞，则不敢臆断。萧局长并谓：袁承审员笞讯李年发，闻系其公丁掌刑，名姓未悉等语。是该前承审员袁邦彦刑讯李年发，已属证据确凿。按刑事诉讼法第九十八条明白规定，讯问被告应出以恳切之态度，不得用强暴胁迫利诱诈欺及其他不正之方法。该前承审员身任审判职务，明知故犯，不惟违法失职，而此种施用刑讯意图取供之行为，实构成刑法第一百二十五条第一项第二款之渎职罪。至李年发之死，与笞责是否有相当因果关系，湖南高等法院复函中，曾叙明已将该前审员撤职，移送该法院检察处侦查，自可依法判明办理。（二）查县长对于承审员有监督之权责，该前审员袁邦彦违法施用笞刑，该县长汤日新，事前未能加以注意，事后经人告发，又以谊属同乡，多方为之维护（见湖南高等法院复函），失职之咎，自属难辞。除袁邦彦犯罪部分，已由湖南高等法院办理外，爰特一并提案弹劾，请即依法移付惩戒，以肃官常。谨呈。

附一：

委员郑螺生严庄杜忱审查报告书

为审查报告事：案奉交下湖南湖北监察使高一涵弹劾湖南宁远县县长汤日新失职，前承审员袁邦彦违法渎职一案，当经委员等会同审查。佥以该前承审员袁邦彦身任谳务，滥用刑讯，李年发两腿成伤，遂即毙命，构成刑法上渎职之罪行。该县长汤日新，负监督之责，对于此种草菅人命案件，又复多方回护，失职之咎，百喙何辞？除袁邦彦所犯刑事部分，业经湖南高等法院处理外，应请将湖南宁远县县长汤日新暨该前承审员袁邦彦一并移付惩戒，以重民命，而正官邪。谨呈。

附二：

监察院指令　机字第八二〇号

二十五年四月六日

令湖南湖北监察区监察使高一涵，二十五年三月十一日第七四号呈一件，呈件均悉。案经依法审查，移付惩戒矣。仰即知照。此令。

院长　于右任

附三：

监察院移付惩戒文　机字第二〇二二号

二十五年四月六日

案据湖南湖北监察区监察使高一涵提劾湖南宁远县县长汤日新失职，前承审员袁邦彦违法渎职一案，当经依法交由监察委员郑螺生、严庄、杜忱审查去后。兹据报告，认为应请将湖南宁远县县长汤日新，暨该县前承审员袁邦彦一并移付惩戒，以重民命，而正官邪等语。据此，相应抄检本案各件，移请贵会查核办理。

此移

中央公务员惩戒委员会

抄件（略）

院长　于右任

（《监察院公报》第七十六期）

“提劾湖北当阳县县长熊明春渎职失察废弛烟禁案”弹劾文

（1936年4月10日）

案查前准钧院秘书处，先后奉谕函交湖北当阳县民朱拱辰等，呈诉该县县长熊明春贪污卑鄙，渎职殃民，又任子麟等呈诉该县长渎职纵匪，酿成团变等情各案，应即调查核办，嘱查照办理等由。正核办间，又迭据该民等各诉同前情到署，当经先函行湖北省第九区行政督察专员公署并案彻查去后，兹准该专员公署查明函复前来，察核查复各节，除经查明不实，或系事属过去，无从考查之各款不计外，（一）关于刑讯取供部分，其复文内略称：查二十四年七月三日，第二区长尚信安，被县党部干事朱国栋、张初龙等勾通匪犯朱光忠、万有宽等杀害，继续掳勒，及破获各情形，迭由县府呈报行营省府专署各在案。朱光国、张道轩、朱希孔等，均属案内要犯，其中以朱光国为最狡猾，因该犯不肯招供，始加以刑讯，遂各供认实施情形不讳等语。查《刑事诉讼法》第九十八条规定，讯问被告，不得用强暴胁迫利诱诈欺，及其他不正之方法，该县长身兼审判职务，明知故犯，不惟违法，且因意图取供，而施强暴胁迫，实触犯《刑法》第一百二十五条第一项第二款之渎职罪刑。（二）关于浮收税契纸手续费部分，其复文内略称查该县府对于税契一项，均系遵照纳税定例核算后，给予正式收据，所报手续费五角改六角之数，据民人云，间或不免有之，此项额外需索，虽系出于承办人员，但县长亦有失察之过等语。此项额外需索事宜，该县长至少应负失察之咎。

（三）关于包庇贩售鸦片部分，其复文内略称：当阳县属各镇市（如河溶双莲市清溪河等处）烟馆，虽经县府三令五申，严行禁止，一般烟商竟置若罔闻，虽不敢大肆经营，秘密开灯者在在皆是，虽云鞭长莫及，该县长办理不严，实有失察之处等语。该县长废弛烟禁，亦于职守有亏。爰特提案弹劾，请即依法移付惩戒。其刑事部分，并应移送该管法院办理，以纠非法，而儆效尤。谨呈。

附一：

委员毛思诚梅公任曾道审查报告书

为审查报告事：案奉交下湖南湖北当阳县县长熊明春违法渎职一案，当经委员等会同审查。佥以该县长熊明春办理尚信安案件，刑讯逼供，既经查明实在，实违刑事诉讼法第九十八条，讯问被告“不得用暴强胁迫利诱诈欺及其他不正之方法”暨触犯刑法第一百二十五条“有追诉或处罚犯罪职务之公务员意图取供而施强暴胁迫”之渎职罪。至纵属浮收税契手续费，及废弛烟禁，均难逃失察之处。应请将湖北当阳县县长熊明春，移付惩戒。谨呈。

附二：

监察院指令　机字第八三一号

二十五年四月十日

令湖南湖北监察区监察使高一涵，二十五年三月十三日第七五号呈一件，呈件均悉。案经依法审查，移付惩戒，仰即知照。此令。

院长　于右任

附三：

监察院移付惩戒文　机字第二〇五六号

二十五年四月十日

案据湖南湖北监察区监察使高一涵提劾湖北当阳县县长熊明春渎职失察，废弛烟禁一案，当经依法交由监察委员毛思诚、梅公任、曾道审查去后。兹据报告，佥以该县长办理案件刑讯逼供，既经查明实在，至纵属浮收税契手续费，及废弛烟禁，均难逃失察之咎。应请将湖北当阳县县长熊明春移付惩戒等语。据此，相应抄检本案各件，移付贵会查核办理。

此移

中央公务员惩戒委员会

抄件（略）

院长　于右任

（《监察院公报》第七十六期）

“提劾湖南溆浦县第三区区长兼义勇队支队长舒德求违法渎职案”弹劾文

（1936年4月16日）

案查前据湖南溆浦县民罗尚勋等呈诉该县第三区区董（即区长）舒德求、龙角团团董郑昌贵擅用体刑、违法私罚等情到署，当经函行湖南高等法院转行就近法院或邻县承审员详查见复去后。兹准该高等法院函，以已饬据辰溪县承审员王鲁安前往查明呈复，并检附有关各项文件前来。查原函叙王承审员查复呈文内称：查被告郑昌贵供称充任龙角团团董兼义勇队分队长，舒区董兼义勇队支队长，旧历二十四年十月初三日，为……事宜，备席召集团内壮丁开会，因到会人数过多，菜不敷给，争相夺取，发生口角，罗尚勋拿碗打伤舒老二的手，罗宽众拿梭标杀伤舒老二的胸膛，罗宽炽拿梭标打毁器具，我即着人告诉舒区董。初四日舒区董到来，将罗尚勋、罗宽众、罗宽炽带至场上，召集壮丁训话，均称罗尚勋等破坏团规，应予责罚，即将罗尚勋、罗宽众、罗宽炽各打两百板子，解送县政府羁押，开会议决罚洋七十元，交义勇队常备排作军服之用；罚洋十二元，交团赔偿损失；罚洋三十六元八角，交舒老二调伤；至初七日兑清款项，即予释放等语。与被告舒德求之书面报告，对于告诉人罗尚勋等呈诉擅用体刑，违法私罚，及解送县府羁押数日始释各情，均承认属实。即会同检验员易汉纲，依法检验本案受伤人，填注伤单等语。查肉刑久经废止，该区长虽系兼充义勇队支队长，有整顿团队纪律之责，但该罗尚勋等均为地方壮丁，原属普通人民，究非与兵士可比。

壮丁纵有滋闹杀伤情事，亦只能依通常检举犯罪手续，送交该管审判机关，依法办理，何得直接加以处分。乃据查明该区长兼义勇队支队长舒德求，对壮丁罗尚勋等，一则擅行痛加棰笞，再则私自科处罚金，是不惟违法渎职，而其棰笞行为，已经验明有伤，载在伤单，实构成《刑法》第二百七十七条第一项之伤害罪刑。其罚款行为，据查系以送县羁押之方法相恐吓，实构成同法第三百四十六条第一项之恐吓取财罪刑。同时，以上两种犯罪，又系该区长兼义勇队支队长假借职务上之权力与机会而为，亦复具有同法第一百三十四条所规定加重犯罪之情形。爰特提案弹劾，请即依法移付惩戒。其刑事部分，并应移送该管审判机关办理，以儆效尤。谨呈。

附一：

委员肖萱程运鹏乐景涛审查报告书

为审查报告事：案奉交下湖南湖北监察使高一涵弹劾湖南溆浦县第三区长兼义勇队支队长舒德求违法渎职一案，委员等审查结果，佥认为该区长擅用体刑，违法私罚，均经该署函行湖南高等法院转饬辰溪县承审员查明，证据确凿，不惟违法渎职，实属触犯刑章。应请依法将湖南溆浦县第三区长兼义勇队支队长舒德求，移付惩戒。其刑事部分，应移送该管审判机关讯办，以儆不法。谨呈。

附二：

监察院指令　机字第二〇八四号

二十五年四月十六日

令湖南湖北监察区监察使高一涵，二十五年三月二十四日第八〇号呈一件，呈暨附件均悉。经依法交付审查，兹据报告，该区长兼义勇队支队长舒德求，应移付惩戒。其刑事部分，应移送该管审判机关讯办。

除将案件咨请司法院查照转发办理外，令仰知照。此令。

院长　于右任

附三：

监察院咨送惩戒文　机字第二〇八四号

二十五年四月十六日

案据湖南湖北监察区监察使高一涵弹劾湖南溆浦县第三区区长兼义勇队支队长舒德求违法渎职、触犯刑事一案，当经依法交由监察委员萧萱、程运鹏、乐景涛审查去后。兹据报告略称：案经委员等审查，佥认该区长擅用体刑，违法私罚，均经高等法院转饬辰溪县承审员查明，证据确凿，不惟违法渎职，实属触犯刑章。应请依法将湖南溆浦县第三区长兼义勇队支队长舒德求，移付惩戒。其刑事部分，应移送该管审判机关讯办等语。据此，相应抄检本案各件。咨请贵院查照转发办理，至纫公谊。

此咨

司法院

抄件（略）

院长　于右任

（《监察院公报》第七十七期）

“提劾湖北沔阳县仙桃镇公安局长沈文英违法渎职案”弹劾文

（1936 年 4 月 18 日）

案查前据密报湖北沔阳县县长闻百之纵令属员，在该县仙桃镇包宰耕牛、包庇烟馆等情到署，当经连同该县长被控其他各案，一并函行湖北省政府查复去后。兹准该省政府函，以已饬据第六区行政督察专员石毓灵查明呈复，并抄附查复原文一件前来。经予详加审核，除该县长闻百之被控各节，应予另行核办外。其包宰耕牛、包庇烟馆部分，查与该仙桃镇公安局局长沈文英（现已调省）有关。其查复原文节称：（一）查仙桃镇宰杀耕牛，实有其事，宰户为钱连春、傅女娃、刘十斤等，因事关违禁，恐各机关干涉，不能不略为敷衍，对联保主任邱耀堂、甲长李松柏，以本地人关系，不过应酬酒食。对公安局长沈文英馈送，闻每月达二三十元，营业税所长张锡麟次之。但此种情形，均系向当地民商询得，确切证据，则遍寻不获。（二）仙桃镇鸦片烟馆，实未完全禁绝，亦未公开售卖。因营此业者，均系一般穷苦烟民，明则请领吸户执照，自己吸食，暗中则仍供人吸食。沔阳县政府查缉员蔡师程等，以该民等既经领有吸户执照，未予深究。又该民等穷苦无赖，照费不能按季缴纳，只能分期筹缴，间亦由李松柏代收，外人未明真相，云系收取灯捐，实系收取执照之误会。至查缉员清查烟馆，逮捕羁押烟犯，事事依赖公安局协助，该民等以系地方土著，情形熟悉，乘机请托公安局说项，不领吸户执照者，间亦不免。至报酬沈文英与否，及报酬数目之多寡，殊难查确。查缉员蔡师程、梁中钰，因县府监督甚严，尚无舞弊情事等语。查宰杀耕牛，久有禁令，开设烟馆尤为法所不容，该局长俱不加以禁止，已属违法失职。而据查该局长于宰杀耕牛，每月受人馈送达二三十元，是其受贿罪嫌，尤为重大。爰特提案弹劾，请即依法移付惩戒。其刑事嫌疑部分，并应移送该管法院侦查办理，以儆效尤。谨呈。

附一：

委员曾道罗介夫王子壮审查报告书

案奉院长交下两湖监察使高一涵弹劾湖北沔阳县仙桃镇公安局长沈文英违法失职、受贿罪嫌一案，委员等审查结果。以该公安局长沈文英对于人民宰杀耕牛、开设烟馆，不加禁止，既经省政府查复确系事实，则不仅违法失职，显有受贿嫌疑，认为应将被弹劾人移付惩戒。其关于刑事嫌疑部分，因尚无确切证据，应移送该管法院侦查严究，以伸法纪，而肃官常。谨呈。

附二：

监察院指令　机字第二一三四号

二十五年四月十八日

令湖南湖北监察区监察使高一涵，二十五年三月二十八日第三号呈一件，呈件均悉。本案依法审查成立，已咨司法院转发核办矣。仰即知照。此令。

院长　于右任

附三：

监察院咨送惩戒文　机字第二一三四号

二十五年四月十八日

案据湖南湖北监察区监察使高一涵提劾湖北沔阳县仙桃镇公安局长沈文英违法渎职、受贿罪嫌一案，当经依法交由监察委员曾道、罗介夫、王子壮审查去后。兹据报告，认为该公安局长沈文英，应即移付惩戒。其关于刑事嫌疑部分，应移送该管法院侦查严究，以伸法纪，而肃官常等语。据此，除指令外，相应抄检各件，咨请贵院查核转发办理为荷。

此咨

司法院

抄件（略）

院长　于右任

（《监察院公报》第七十七期）

“提劾湖南衡山县政府前任科员唐克艺违法犯刑案”弹劾文

（1936 年 4 月 18 日）

案查前据湖南衡山县民胡和清等呈诉该县第四区区长陈继舜，暨前衡山县政府科员唐克艺等阴谋贿委、贪污败露等情一案，当经函行湖南省政府严密彻查去后。兹准该省政府省民三字第二三七〇号公函内开：案前准贵署第一六六号公函，以据湖南衡山县民胡和清等呈诉该县第四区区长陈继舜，暨前衡山县政府科员唐克艺等阴谋贿委、贪污败露一案，嘱严密查明见复，并将原检抄呈相片，随复见还等因，经将密令衡山县长任家淇彻查情形，先行函复在卷。兹续据该县长函称：此案前据胡和清等由本府司法告诉，县长正在督同司法员司，依法侦查。嗣经迭次集案侦讯，据胡和清等提出凌者致胡铁铮等原函，指供系前科员唐克艺化名索贿之信，核对笔迹，该唐克艺实有藉端敲诈重大嫌疑，且假借钧府民政厅信纸信封，冒称在厅服务，尤为不法已极。当经分别函请该唐克艺原籍零陵县政府，暨长沙地方法院，第十九师司令部各处查传，复经函请前县长郑天演追保交案。该唐克艺藏匿无踪，迄未获案，除依《刑事诉讼法》第八十四条第八十五条制具通缉书，呈请湖南高等法院检察处通令缉拿归案讯办外。至陈继舜、胡铁铮二人，既经本府迭次侦查，并未得到相当证据，即告诉人胡和清等亦不能举出别项事实确切证明，仅据前项近于敲诈信缄，似未便即谓有行贿情事。奉令前因，理合将侦查情形，备文呈请察核等情。据此，相应检送原呈附抄呈照片，函达贵署，请烦查照为荷等由。准此，查此案除该区长陈继舜暨胡铁铮两人，业经该县长迭次集案侦查，关于行贿一节，未能得到确实证据外，该县政府前科员唐克艺，化名凌者，假借湖南省民政厅信纸信封，并冒称在厅服务，致函索取报酬，显属意图为自己或第三人不法之所有，以诈术使人将本人或第三人之物交付，不惟违法，实构成《刑法》第三百三十九条之欺诈罪。爰特提案弹劾，请即依法移付惩戒。其刑事部分，仍应由该管审判机关办理，以儆效尤。谨呈。

附一：

委员王平政李宗黄白瑞审查报告书

为审查报告事：案奉交下湖南湖北监察使高一涵弹劾湖南衡山县政府前科员唐克艺违法犯刑一案，当经委员等会同审查。佥以该科员唐克艺假借湖南省民政厅信封信纸，并冒称在厅服务，化名索贿，既经查实，实属触犯刑章，应请将湖南衡山县政府科员唐克艺移付惩戒，以惩贪污。谨呈。

附二：

监察院指令　二十五年四月十八日

机字第二一三六号

令湖南湖北监察区监察使高一涵，二十五年三月二十四日第八十一号呈一件，呈件均悉。案经审查咨请司法院转发办理矣。仰即知照。此令。

院长　于右任

附三：

监察院咨送惩戒文　机字第二一三六号

二十五年四月十八日

案据湖南湖北监察区监察使高一涵提劾前湖南衡山县政府科员唐克艺违法犯刑，请即移付惩戒一案，当经依法交付监察委员王平政、李宗黄、白瑞审查去后。兹据报告略称，案经委员等审查，认为该前湖南衡山县政府科员唐克艺实属违法犯刑，应请移付惩戒，以惩贪污等语。据此，相应抄检本案各件，咨请贵院查核转发办理。

此咨

司法院

抄件（略）

院长　于右任

（《监察院公报》第七十七期）

“提劾湖南湘阴县前任县长曾晙失职案”弹劾文

（1936年4月25日）

案查前据湖南湘阴县民谭鼎新等，呈诉该县县长曾晙，贪枉渎职、苛敛殃民等情到署，当经令派本署调查员张家珏前往彻查具报去后。兹据该调查员查明呈复，并检附有关各项文件前来。其查复文内就引用私人部分称：原呈称，县府秘书曾衮衡，即曾晙之子，会计即曾晙之婿，政警队长即曾晙之甥。查据县政府传达王子林云：秘书曾衮衡确为曾之子，会计李某确为曾晙之婿，政警队长周正林确为曾之甥，该员等少年浪漫，嫖赌逍遥，皆系事实。就驭下无方部分称：原呈称县府科员罗竹贤之妻，见其夫行为不检，愤而用剃头刀自杀于县政府内一节，据传达王子林云：实有此事。此事轰动全城，妇孺皆知，败坏官箴，莫此为甚。就违令纵欲部分称：原呈称县政府曾秘书与重要职员，联络地方一二商人，合组戏院于城中，并常携眷流连消遣等情，查系事实，据传达王子林云“戏院确有曾秘书之股东”各等语。该员所查，虽泰半出诸该湘阴县政府传达王子林之口述，但该传达在县政府服役，已有十余年之多（见调查员原呈附件一），其所言当日情形，自系实在，该前任县长曾晙（现已离职）身任一县主官，不能约束其属员奉公守法，以致玷辱官箴之事层见叠出，失职之处，殊有难辞。又查复文内就得贿纵凶部分称：二十二年十一月间，财政部湘岸湘阴盐务验放处拿获盗卖引盐正犯丁三保一名，送请该县政府暂予羁押，该县长将其押在县政府待质所内，该犯在押未久，乃串通在押犯人杨炳生，藉患病为由，以五元贿赂看守瞿长卿、甘毓泉等，要求与该看守等同居养病，并请铺保吉茂仁旅社及顺松木行担保。该看守等以既有铺保，复得五元贿金，遂蒙蔽长官，准如所请。不料该丁三保心怀叵测，乘隙脱逃。该县长据报后，即将政警队长刘庄免职，看守瞿长卿、甘毓泉等看管，判处徒刑四月，并将行贿人杨炳生判处徒刑六月等语。看守得贿纵逃人犯，情节如何重大，该前任县长事前竟毫未察觉，亦属有亏职守。又查复文内就纵兵殃民部分称：此案发生于去年废历五月，缘该县北正街有商民任福昌者欠少萃生福号大洋十元，条批五月兑付，废历五月初三日，该萃生福号将条据交义勇队敖副队长请代索兑，敖副队长乃派兵前往兑现，该任福昌因节关紧迫，请求暂缓，被去兵带回队部，敖副队长大加申斥。该民迫于淫威，允于初五日兑现，至初五日晨，向其妻佯言出外筹款，投河自杀，据其妻任江氏云，曾至县府喊冤，曾县长曾派人勘验，后忽有一李姓名内炎者，出为说和，给洋一百五十元为夫料理后事，案遂和解等语。义勇队副队长身为军人，何可以武力非分干预商民债欠。该前任县长事前疏于约束，事后发生人命，又未能依法讯究，听任刑事案件，私和了给，尤为失职玩公。爰特提案弹劾，请即将该湖南湘阴县前任县长曾晙，依法移付惩戒，以肃官方。谨呈。

附一：

委员朱雷章刘侯武刘觉民审查报告书

为审查报告事：奉交湖南湖北监察使高一涵弹劾湖南湘阴县前任县长曾晙失职一案，经委员等会同审查。兹将审查意见，就原劾各款分别说明如下，（一）引用私人，驭下无方，违令纵欲等部分。据监察使署调查员张家珏查复呈文内称：据传达王子林云，秘书曾衮衡确为该县长曾晙之子，会计李某确为曾之婿，政警队长周林确为曾之甥。该员等年少浪漫，嫖赌逍遥，皆系事实，云云。又称，县政府科员罗竹贤之妻，见其夫行止不检，愤而用剃刀自杀于县府，据王子林谓实有其事，此事轰动全城，妇孺皆知，云云。又称，县府曾秘书与重要职员联络商人合组戏院，并时常流连消遣，查系事实，据王子林云，戏院确有曾秘书之股东，云云。该县长任用私人，漫无限制，对于属员平日不知约束，以致嫖赌失检之事，层见叠出，废弛监督，败坏官箴，失职之咎，显不能免。（二）得贿纵办部分。据调查员查复呈文内称：盗卖引监正犯丁三保一名寄押县政府待质所内，串通在押犯人杨炳生以五元贿赂看守瞿长卿等，要求与该看守等同居养病，并请铺保担保，该看守等遂朦蔽长官，准如所请，丁乘隙脱逃，该县长据报后，即将政警队长免职，看守瞿长卿等及行贿人杨炳生均判处徒刑，云云。按，看守得贿纵逃人犯，情节重大，该县长虽于得报后，即将看守等依法判刑，尚无受贿袒庇情弊，然事前疏于督察，究难辞废弛职务之咎。（三）纵兵殃民部分。据调查员查复呈文内称：商民任福昌欠萃生福号大洋十元，条批五月兑付，废历五月初三日，该萃生福号将交与义勇队敖副队长，请代索兑。敖派兵前往兑现未得，将任带回队部，大加申斥，任允初五日兑现，至期投河自杀，任妻赴县府喊冤，曾县长曾派人勘验，后有李姓说和，给洋一百五十元料理后事，案遂和解，云云。按，任福昌既系投河自尽，而期条到期索款，基于债权，与意图自己或第三人不法所有有别，似不能遽认副总队长敖翔确有杀人或恐吓取财之犯罪嫌疑，该县长听任和解了结，亦与明知为有罪之人，无故不使其受追诉处罚者不同，尚未便遽令负渎职之责任。顾敖翔身为义勇队副总队长，竟不知检束，利用部队惩处，废弛职务之咎，要莫能辞。据上说明，该县长显有弹劾法第二条情事，应请将湖南湘阴县前任县长曾晙移付惩戒。谨呈。

附二：

监察院指令　机字第二二一二号

二十五年四月二十五日

令湖南湖北监察区监察使，二十五年三月二十八日第八四号呈一件，呈件均悉。本案已依法审查成立，除移付外，仰即知照。此令。

院长　于右任

附三：

监察院移付惩戒文　机字第八六九号

二十五年四月二十五日

案据湖南湖北监察使高一涵提劾湖南湘阴县前任县长曾晙失职一案，当经依法交由监察委员朱雷章、刘侯武、刘觉民审查去后。兹据报告，“经委员等会同审查，认为该县长显有弹劾法第二条情事，应请将湖南湘阴县前任县长曾晙移付惩戒”等语。据此，除指令外，相应抄检各件，移付贵会查核办理为荷。

此移

中央公务员惩戒委员会

抄件（略）

院长　于右任

（《监察院公报》第七十八期）

“提劾湖南桃源县第五区区长龙昇汉违法犯刑案”弹劾文

（1936年5月30日）

案查前据湖南桃源县民萧同文呈诉该县第五区区长龙昇汉因在甘汉升家失去眼镜，疑系民子春华所窃取，竟将其酷刑拷毙等情到署，当经函行湖南高等法院转行就近法院查明见复去后。兹准湖南高等法院函复，谓已饬据该院第三分院院长钟馥呈复，经派常德地方法院候补推事黄元前往查明，抄同高三分院钟院长呈复原文，并检附有关各项文件前来。查高三分院钟院长呈复文内所叙黄候补推事原查复情形，节称：查二十四年十月二十一日（即废历九月二十四），萧春华往保长甘汉升家贺喜，翌晨，被桃源县第五区枪兵笞责，此为甘汉升、龙昇汉所不否认之事。其原因，甘汉升、龙昇汉虽诡称，事后闻系萧春华赌博，不服制止，与枪兵发生冲突，被枪兵笞责。龙昇汉是日来甘家，亦无失去眼镜追赃之事。惟查原县本年二月二十七日讯据证人张玉祥、张群生、李有成、张长生，及黄柏青等，佥称同在甘汉升家作客，眼见龙昇汉已至甘家，因失去眼镜，指为萧春华所窃取，勒令交出原物，因萧坚不承认，龙昇汉遂喝令枪兵用笞刑，言之凿凿。又询据原县政警罗国袖称，前奉县令，亲至甘保长家，调取喜事礼簿，曾向甘保长探询当日打人情形，甘保长起先还不肯说，以是日客人过多，招待事忙，没有工夫关心此事，即诘问纵然客多事忙，难道隔你家不远，打了人也不曾听说吗？甘保长才说有此事，不过本人没有看见，再问送礼多少，都是你家的客，为什么你不出来排解，要区长来用刑呢？甘保长说，他也曾向区长劝过，眼镜所值不多，不应是这样做，随又往打人的地方甘兆九家，查问情形，都不肯说。即在调取礼部内甘兆九名旁，批了用刑人家云云。元晤甘汉升时，询至区长何日来汝家贺喜，如何失了眼镜，虽答称均无此事，但说至此时，忽然带笑，言语吞吐，观其神色，实有代为隐瞒，欲瞒不得之意思。根据以上各种证明，足见龙昇汉确至甘汉升家，因追还所失眼镜，命枪兵笞责萧春华之事，亦信而有征。诡称不服枪兵制止赌博，发生冲突云云，显系捏词掩饰，诿过他人。萧春华受笞伤后，延至十一月十八日，始至县府报伤，其间相距有二十八日之久，验后即寄住歇户萧金桥家中，于同月二十六即在该歇家身死。又经原县两次检验尸体验断书载，两腿生前笞责伤，皮肉溃烂，未损骨；两手腕，左无故，右青黑一片，无晕，斜长，系生旧痕；两脚腕，左有微紫色形痕一条，不连接，类似绳痕，右无故（右手腕旧痕，左脚腕绳痕，均系复验验断书内填注，第一次验断书无）。又载手脚心黄，身瘦，手足甲微黄，肚腹低塌，委系受伤后，因病身死等语，先后检验，并未发见致命伤痕，即生前之笞责伤，亦非致命要害。至原抄呈内，萧同文所诉扳罾踩杠，至内部受伤一节，卷查萧春华初至县府报伤，仅验得两腿各有笞责伤，两脚腕各有横红痕一道，系捆痕，余均无故。验伤笔录内，该萧春华亦仅报被打，并无板罾踩杠内部受伤之语，随又补具诉状，始云被告龙昇汉复饬令板罾，以绳索绑于两足踝骨边，中夹木棍，纽紧旋转，亦未言及内部受伤。萧春华死后，复经两次检验尸体，其手腕与两足膝盖骨及其他要害处，均未发现伤痕，是萧同文之诉词，纯系空言主张，无确切证据可为因伤至死之证明。原县验系受伤害后，因病身死，当系实在情形等语。查该湖南桃源县第五区区长龙昇汉，在甘汉升家失去眼镜，是否萧春华所窃取，尚不可知。纵使萧春华确有窃取嫌疑，亦只能请由该管审判机关依法办理，何得直接加以处分。乃竟擅作威福，饬枪兵将萧春华酷施棰笞，虽经验明萧春华之死，由于伤后患病，但其笞责行为，既已形成伤害，是该区长龙昇汉实犯《刑法》第二百七十七条第一项之伤害罪刑。同时，其所犯又系该区长假借职务上之权力与机会而为，亦复具有同法第一百三十四条所规定应加重处刑之情形。爰特提案弹劾，请依法移付惩戒。其刑事部分，并应移送该管审判机关办理，以惩横暴，而儆效尤。谨呈。

附一：

委员王平政刘莪青李宗黄审查报告书

为审查报告事：案奉交下湖南湖北监察使高一涵弹劾湖南桃源第五区区长龙昇汉违法犯刑一案，当经委员等会同审查。佥以该区长龙昇汉饬枪兵伤害萧春华酷施箠笞，经该县政府验断确实，实属越权枉罚。该区长以普通窃盗嫌疑被害人资格，竟直接伤害人之身体，实触犯刑法上之伤害罪。同时触犯刑法上公务员假借职务上之权力与机会，并犯加重处刑规定。应请将湖南桃源县第五区区长龙昇汉移付惩戒。其刑事部分，并应移交该管法院办理，以惩横暴，而儆效尤。谨呈。

附二：

监察院指令　机字第二五七二号

二十五年五月三十日

令湖南湖北监察区监察使高一涵，二十五年四月二十五日第九二号呈一件，呈件均悉。案经依法交付审查，认为应付惩戒，已咨请司法院转发核办矣，仰即知照。此令。

院长　于右任

附三：

监察院咨送惩戒文　机字第二五七二号

二十五年五月三十日

案据湖南湖北监察区监察使高一涵提劾湖南桃源县第五区区长龙昇汉违法犯刑等情一案，当经依法交由监察委员王平政、刘莪青、李宗黄审查去后。兹据报告，认为该区长龙昇汉应移付惩戒，其刑事部分应由法院讯办等语。据此，相应抄检各件，咨请贵院查核转发办理。

此咨

司法院

抄件（略）

院长　于右任

（《监察院公报》第八十三期）

“提劾湖南湘岸盐务稽核处第二分区税警第五队队长黄凯违法失职触犯刑章案”弹劾文

（1936年6月12日）

案查前据湖南邵阳旱灾救济委员会常务委员刘钥等代电，呈诉湘岸盐务稽核处第二分区税警第五队长黄凯，开枪伤毙邵阳第八区义勇队士兵暨商民数人等情一案，当以据称已分呈军政当局，爰即函行湖南省政府主席兼全省保安司令查复去后。兹准湖南省政府主席兼全省保安司令保三字第一三〇一号公函内开：径复者，案查前准贵署二十四年九月十七日第九五号公函，请将湘岸盐务稽核处税警分队长黄凯，被诉枪杀民兵一案审理结果，详赐函知等因。准此。当饬保安处积极侦讯。嗣该处侦讯结果，认定黄凯尚无故意杀人意思，依法判处有期徒刑四年又十月。核其判决罪刑，尚属相当，随检卷判呈赍国民政府军事委员会核复。兹奉指令，核准照判执行，经饬通知陆军监狱署执行在案。准函前因，相应检同原判，函达贵署，请烦查照为荷等由，并附判决一份。准此，查该判决理由栏内略载：“查本案被告人黄凯，枪伤邓丙南、王明训致死，及伤害王春池、胡春秋、刘金斗等各情，坚称系失慎走火所致，并非故意杀人，即用枪示威一点，亦不承认。但证以稽核处所派课员赵昕吉调查报告所云，黄凯闻报杨警长不能领回人枪，始愤愤不平，带队冲出，对何乡长不无责难，气躁心浮，未注意枪机，以致走火伤人。犹忆晏区司令（保安第六区）听得调查经过报告时，曾言黄凯开枪虽属有意，杀人决出无心，仁者之言，极近情理等语。足见用枪示威，已无疑义。该被告人身为队长，明知枪弹为危险物品，乃逞一时之忿，用枪示威，又不注意枪口方向，至肇惨祸，虽属误为杀害，其刑事责任，按之法律，亦不容许幸免。至何慰夏等呈诉被告人有意杀人，果如所言，被告人所愤恨者，即为扣留人枪之呈诉人，其枪必向呈诉人射击，今不伤及呈诉人，而伤及自带之队警及毫无关系之商民义勇兵等，其当场无故意杀人情节，已属明显。且此种德造新式驳壳，经第四路军总指挥部军械修理处验明，确有触动快机，可使多数藏弹，尽行放出之效能，尤足证明并非连续扳机射击。兹就种种考察，只能认被告人有用枪示威举动，尚无杀人故意。何慰夏等所诉，殊难凭信等语。查该黄凯身为队长，应如何恪守军纪，爱护人民，乃竟躁妄行事，逞一时之忿怒，用枪示威，虽讯明尚无杀人故意，但既已酿成伤害多人之惨祸，而该案内被害人邓丙南、王明训等且因伤致死，是不惟违法失职，亦且触犯刑章。除刑事部分，业经该湖南省保安处依法判处，呈奉军事委员会核准照判执行在案外。爰特提案弹劾，请即依法移付惩戒，以儆效尤。谨呈。

附一：

委员乐景涛杨亮功高鲁审查报告书

为审查报告事：案奉交下湖南湖北监察使高一涵弹劾湖南湘岸监务稽核处第二分区税警第五队队长黄凯违法失职、触犯刑章一案，当经委员等会同审查。佥以该前队长黄凯枪伤邓丙南、王明训致死，及伤害王春池、胡春秋、刘金斗一案，因用枪示威，致驳壳失慎走火，湖南省保安处根据此项理由，确认该队长系误为杀害，非故意杀人，依据陆海空军刑法第五十七条及第十五条，适用刑法第五十五条各规定处断。原提案因之亦认定该队长黄凯系用枪示威，而无杀人故意。查陆海空军刑法第五十七条规定，系指“因取用兵器或弹药不注意，致毁伤他人身体者”，该队长因所属队兵王明训狎娼被拘，派人交涉无效，遂怒率警士至乡公所质问，迨人枪交还，余怒未息，将子弹退出验明，复行装入，意在示威，致肇惨祸。按此种情节，显非不注意可知。且交涉释放队兵，事与查缉私盐执行职务有别，更无携带枪支全副武装之必要，与该条所谓取用兵器规定，精神亦不相合。意在示威，则有明知并有意使其发生之故意，更难谓为不注意。湖南保安处对该队长所为判决，实有重罪轻罚之嫌，似应加以救济。该队长逞一时之忿，酿成伤害多人惨祸，实属违法失职触犯刑章。应请将湖南湘岸盐务稽查处第二分区税警前第五队队长黄凯移付惩戒，以惩强暴，而维民命。谨呈。

附二：

监察院指令　机字第二七三六号

二十五年六月十二日

令湖南湖北监察区监察使高一涵，二十五年五月四日呈字第九七号呈一件，呈件均悉。案经依法审查，移付惩戒矣。仰即知照。此令。

院长　于右任

附三：

监察院移付惩戒文　机字第九七九号

二十五年六月十二日

案据湖南湖北监察区监察使高一涵弹劾湖南湘岸监务稽核处第二分区税警第五队队长黄凯违法失职、触犯刑章一案，当经依法交由监察委员乐景涛、杨亮功、高鲁审查去后。兹据报告，认为应请将湖南湘岸监务稽核处第二分区税警前第五队队长黄凯移付惩戒，以惩强暴，而维民命等语。据此，相应抄检本案各件，移付贵会查核办理。

此移

中央公务员惩戒委员会

抄件（略）

院长　于右任

（《监察院公报》第八十五期）

“提劾湖南洋县荣市乡乡长吴植三假权擅杀违法渎职案”弹劾文

（1936年6月16日）

为弹劾事：案查本署前据湖南沣县人民杨王氏等，呈诉该县荣市乡乡长吴植三，滥权擅杀杨王氏之夫杨科培等情一案，当以据称业向沣县地方法院告诉有案，即经函行沣县地方法院查询去后。兹准该院函复，并检送判决正本一份前来。查判决正本理由栏，节载：查已死杨科培，左颊一伤斜围六公分，深穿彻骨里，皮肉骨质破裂，骨芒斜竖向外，伤口焦黑有血痕。脑后近右一伤围圆二五公分，深透骨里，皮肉骨质破裂，骨芒斜竖向里，伤口焦黑有血污，系一枪弹自脑后射入，经脑室从右颊透出所致。两膀各二伤，均斜长微青紫，有血瘾，系木器伤。两手腕各有捆痕二道，微破粗皮，系麻绳捆伤。两大拇指各有捆痕一道，微破粗皮，红色，系麻绳捆伤。两膝左右各一伤，均斜围紫赤色，有血瘾，系垫伤。两脚腕左右各微破粗皮一片，有血痕，系擦伤。两大脚趾各有捆痕一道，微破粗皮，红色，系麻绳捆伤。左后肋接连三伤，均斜长微青紫，有血瘾，系木器伤。腰微破粗皮一片，有血痕，系擦伤。委系生前受伤后，被枪弹射击身死，业经本院检察官率吏前往验明，填具验断书在卷。查阅检察官本年一月十七日侦讯笔录载，被告吴植三供称：我捉杨科培是问了供的，但没有用刑，一问就招了，后是我解往县府的时候，杨科培借名小解，就将壮丁打倒想跑，我们追赶，他抵抗，他抵抗不过，又跑，所以才把他枪毙了等语。足见吴植三对于审讯及枪毙杨科培各节，均已供认不讳。惟以审讯杨科培并未用刑，及枪毙杨科培，系因脱逃为辩解。本院讯据证人胡佑轩供称：讯问的时候，对于杨科培都是用索子捆着一双脚板罾，又用鞭子打背，和我一样的惩法。第二天押解我们出街口，不上一里路的地方，就把杨科培枪毙了，枪毙以后，杨科培的索子还是捆在身上的。当时我没有看见杨科培跑。又证人赵祖让在侦查中供称：我和杨科培几个人，都是受了酷刑的，现在还是遍身的伤痕，没有好，二十二日解送县里的时候，吴植三是在我们后面督同来的，走到荣家河下首树行旁边，就把杨科培毙了，我们都是捆了的，杨科培并没有想脱逃。而证人谢代顺、刘绪执、刘少化等所供，亦一致无异。核与检验情形，又适相符。则被告吴植三对于人犯，施以凌虐，及假借职务上之权力而故意杀人之犯罪事实，已足明确认定，无狡卸之可能。至被告罗祖富对于枪杀杨科培之犯罪事实，迭经自认不讳，但亦以杨科培系于押解时因脱逃而枪毙为辩解。本院查杨科培被杀时，身体系有捕绳，并无脱逃之事实，已据同时押解之赵祖让等证明确切，其非因脱逃而枪杀，已属显然。则刑事上之罪责，该被告亦无推诿之余地。惟查该被告等平日与杨科培并无深怨，其所以枪毙杨科培者，纯系狃于"剿匪"时期格杀勿论之积习，致身罹法网而不自觉。审按犯人犯罪之情状，殊堪悯恕，自可酌减其刑。且其于犯罪后，均知悛悔，情节亦有可原，科刑尤应从轻等语。是该乡长吴植三凌虐人犯，假权擅杀，违法渎职，已属实情，夫以区区乡长地位之人，对于其所应行解送之人犯，始而横施凌虐，继则故加枪杀，其职分虽小，权力甚微，亦竟能假借职权，以行此重大不法之事，若不严予惩处，何足以儆效尤。除该乡长触犯刑事部分，业由该管沣县地方法院依法判处外，爰特提案弹劾，请即依法移付惩戒，以维法纪而保人权。谨呈。

附一：

委员胡伯岳白瑞程运鹏审查报告书

为审查报告事：案奉交下湖南湖北监察使高一涵弹劾湖南沣县荣市

乡乡长吴植三假权擅杀、违法渎职一案，经委员等会同审查。佥以该乡长凌虐人犯，假权擅杀杨科培等情，既经监察使署调查明确，实难辞违法渎职并刑事上之罪责。依法应请即将该湖南沣县荣市乡乡长吴植三移付惩戒，以儆不法。谨呈。

附二：

监察院指令　机字第二七五零号

二十五年六月十六日

令湖南湖北监察区监察使高一涵，二十五年五月第一零三号呈一件，呈件均悉。本案业经依法审查，咨送惩戒，仰即知照。此令。

院长　于右任

附三：

监察院咨送惩戒文　机字第二七五零号

二十五年六月十六日

案据湖南湖北监察区监察使高一涵提劾湖南沣县荣市乡乡长吴植三假权擅杀、违法渎职一案，当经依法交由监察委员胡伯岳、白瑞、程运鹏审查去后。兹据报告，略称，认为该乡长凌虐人犯，假权擅杀杨科培等情，既经监察使署调查明确，确难辞违法渎职并刑事上之罪责。依法应请即将该湖南沣县荣市乡乡长吴植三移付惩戒，以儆不法等语。据此，相应抄检本案各件，咨请贵院查核转饬依法办理。

此致

司法院

抄件（略）

院长　于右任

（《监察院公报》第八十六期）

“提劾湖南桃源县县长胡开材承审员施中谷违法失职案”弹劾文

（1936年6月30日）

案查本署前据湖南桃源县民萧同文等，呈诉该县县政府兼司法判决该县第五区区长龙昇汉（即文明），饬丁伤毙其子萧春华一案罪刑不当等情，并抄附湖南桃源县政府兼司法判决书一件到署，当核该项判决，颇有不当之处。惟以据称业于法定期间内，请由湖南高等法院第三分院检察官提起上诉，即经函行湖南高等法院第三分院将上诉审判决书抄送参阅去后。兹准该第一分院函送判决正本一件前来，经与桃源县政府兼司法所第一审判决，对照审核。除该桃源县第五区区长龙昇汉违法犯刑部分，前已提劾有案外。认为该桃源县县长胡开材，及该县政府承审员施中谷，对于该案第一审之判决，实有失出及失入之行为。（一）查上诉判决书理由栏节载：龙文明身充区长，当场喝令队兵用刑，即系直接实施正犯。原审论以教唆，且未依身份加重其刑，均有违误。应将原判决撤销，予以改判等语（见抄附上诉审判决书）。该区长龙文明喝令队兵（即区丁）笞责萧春华，其队兵只知照令而行，毫无自由意志，不过假其手而为之。该区长自系直接正犯，而第一审论以教唆，已属不无违误。况查此种犯罪行为，完全系以区长地位，假借拥有队兵之权力机会，以故意而构成无队兵则无以施其笞责，非区长即不能指挥队兵，其犯有《刑法》第一百三十四条所定加重处刑之情形，至为明显。该县长身兼司法，该承审员身任法官，对于此项明明应行适用之法条，自无不知之理，乃竟违背该条加重处刑之规定，而不予加重其刑，更属难免失出。（二）复查第二审判决书理由栏节载：至附带民事部分，萧春华之死，既非由于伤害之结果，显与《民法》第一百九十二条第一项之规定不合。原审判龙文明赔偿安埋超荐费洋二百元，于法无据。龙文明此部分上诉，非无理由等语。第一审判决既已认定萧春华之死，系生前受伤后，因病所致，与龙文明笞责行为，无因果之关系，乃又判令龙文明赔偿安埋超荐费用，自与上述《民法》条文之规定不符，亦难辞失人之咎。综上二端，该桃源县县长胡开材，及该县政府承审员施中谷，对于该案第一审之判决，既有此失出失入之行为，均应负违法失职之责任。爰特提案弹劾，请即依法移付惩戒。以纠玩法，而儆效尤。谨呈。

附一：

委员于洪起王平政刘莪青审查报告书

为审查报告事：案奉交下湖南湖北监察使高一涵弹劾湖南桃源县县长胡开材，暨承审员施中谷判决案件，违法失职一案，经委员等审查结果。认为该县长暨该承审员对于龙昇汉（即文明）伤毙萧春华一案，明知其为直接实施正犯，乃竟判以教唆罪，不予加重其刑，实属任意出入刑法条文。除龙昇汉经移付惩戒外。湖南桃源县县长胡开材、承审员施中谷，依法亦应移付惩戒，以彰不法。谨呈。

附二：

监察院指令　机字第二九零八号

二十五年六月三十日

令湖南湖北监察区监察使高一涵，二十五年五月三十日第一零八号呈一件，呈件均悉。案经依法审查，移付惩戒，仰即知照。此令。

院长　于右任

附三：

监察院移付惩戒文　机字第一零四一号

二十五年六月三十日

案据湖南湖北监察区监察使高一涵提劾湖南桃源县县长胡开材、承审员施中谷判决案件违法失职一案，当经依法交由监察委员于洪起、王平政、刘莪青审查去后。兹据报告略称：该县长暨该承审员对于龙昇汉（即文明）伤毙萧春华一案，明知其为直接实施正犯，乃竟判以教唆罪，不予加重其刑，实属任意出入刑法条文。除龙昇汉业经移付惩戒外。湖南桃源县县长胡开材、承审员施中谷依法亦应移付惩戒等语。据此，相应抄检本案各件，移付贵会查核办理。

此移

中央公务员惩戒委员会

抄件（略）

院长　于右任

（《监察院公报》第八十八期）

“提劾湖南桂东县前县长奉文晶违法渎职触犯刑章案”弹劾文

（1936年6月30日）

案查前准钧院秘书处第七零八号公函内开：奉院长交下监察委员田炯锦签呈，称据湖南桂东县民吴雄呈诉该县县长奉文晶受贿埋冤、非刑压体、禁锢尸亲一案，经加审核，应请由秘书处函交两湖监察使调查核办等语。奉谕，秘书处照办等因。奉此，相应抄件函送贵署查照办理等由，附抄呈送吴雄原呈一件到署，当经函行湖南高等法院转行就近法院详切查复去后。兹准该高等法院函以已饬据该院第二分院派书记官皮振鹍前往查明呈复前来。查原函叙皮书记官查复呈文内称：遵即前往该县，适奉县长文晶已先期卸任回省，当与现任县长黄震中接洽，并调取该案卷宗详细查阅。该已死吴美珠，系二十四年古历八月十四日，由龙溪外家归来，陡患痛症，经其子方楚堂报知方焱奇，邀请邻人吴报元为之拑痧救济，竟无效验，是晚天明因病身死。十五日早即赶报美珠之胞弟吴茂槐到场，并无异议。随后吴雄亦来方家，谓美珠系被方焱奇等胁嫁凶毙，须方出洋二百元，因方未允，遂即唆使吴茂槐等出名具控。案经奉县长查悉前情，并传案集讯明确，以吴美珠之死，确非逼命所致，因劝令双方休讼。其时吴茂槐等均遵令具结，惟吴雄一人不服，遂被收押，数日后亦经具结开释完案。至该民所称身受非刑，因久已释归，无从查验。经职一再调查，询据该县在职政警副目易永钰声称：奉县长讯问此案时，我已因事外出，旋后闻及吴雄一人，对于奉县长劝谕，匪独不遵，反当庭诬蔑县长受贿埋冤，致触其怒，被踩杠子等语。理合将调查所得情形呈复等语。查该湖南桂东县前任县长奉文晶，为有追述处罚犯罪职务之公务员，吴茂槐等当日具控方焱奇等胁嫁凶毙吴美珠，纵系由于吴雄之唆使，亦必须俟审明判决，认定吴茂槐等确系成立诬告罪名，始能先办吴茂槐等诬告之罪，再办吴雄唆使诬告之罪。乃该前县长竟以吴雄不服休讼之谕，将其收押，是直以羁押勒令休讼。此种滥用职权，而为羁押之行为，不惟违法，实犯《刑法》第一百二十五条第一款之渎职罪。而据该书记官一再调查，从该县在职政警副目易永钰口中，询悉该前县长因吴雄匪独不遵谕，反当庭诬蔑其受贿埋冤，致触其怒，复被踩杠等云云。即使吴雄确有当场侮辱情事，亦只能依法办理，乃竟妄施非刑，尤属违法渎职。爰特提案弹劾，请即依法移付惩戒。其刑事部分，并应移送该管审判机关办理，以纠非法，而儆效尤。谨呈。

附一：

委员王广庆巴文峻谢无量审查报告书

为审查报告事：案奉交下两湖监察使高一涵弹劾湖南桂东县前县长奉文晶违法渎职、触犯刑事一案，经委员等会同审查。佥以该前县长奉文晶办理吴茂槐等控诉方焱奇一案，以负有追诉或处罚犯罪职务之公务员，对人命案件，不依法审明判决，乃以吴雄不服休讼之谕，竟以羁押而勒令休讼，实触犯刑法上有追诉或处罚犯罪职务之公务员，滥用职权为羁押之渎职罪。更以吴雄有当庭诬蔑该县长言论，事属公务员依法执行职务时，当场侮辱，自应依法办理，乃竟妄施非刑，亦属违法。既据湖南高等法院饬查明确，被弹劾人实有违法渎职情事，应请将湖南桂东县前县长奉文晶移付惩戒。刑事部分，并应移送法院办理，以维法治。谨呈。

附二：

监察院指令　机字第二九一零号

二十五年六月三十日

令湖南湖北监察区监察使高一涵，二十五年九月二十八日第一零六号呈一件，呈暨附件均悉。经依法审查后，移付中央公务员惩戒委员会核办矣。仰即知照。此令。

院长　于右任

附三：

监察院移付惩戒文　机字第一〇四三号

二十五年六月三十日

案据湖南湖北监察区监察使高一涵提劾湖南桂东县前县长奉文晶违法渎职、触犯刑事一案，当经依法交由监察委员王广庆、巴文峻、谢无量审查去后。兹据报告，认为该前县长奉文晶应移付惩戒。其刑事部分，应由法院讯办等语。据此，相应抄检各件，移付贵会查核办理。

此移

中央公务员惩戒委员会

抄件（略）

院长　于右任

（《监察院公报》第八十八期）

“提劾湖北沔阳县田赋征收处北柜征收员谢藻棠吴性成征收舞弊违法渎职案”弹劾文

（1936 年 6 月 30 日）

为弹劾事：案查本署前据湖北沔阳县民刘兆元等呈诉该县田赋征收处北柜征收员谢藻棠、吴性成等浮收苛索，吞没粮款等情一案，当经函行湖北省第六区行政督察专员公署（旧制第六区、新制第三区）查复去后。兹准该专署复文，内开：案奉钧署行字第八六号公函，以据沔阳县民刘兆元等，呈诉该县田赋征收处北柜征收员谢藻棠等，浮收苛索，吞没粮款等情，检附原副呈，请查明复核等因。奉此，遵派本署职员李纯厚前往彻查在案。兹据该员回署报告称：窃奉钧令饬查沔阳县北柜征收员谢藻棠吴性成等违法各节，遵即前往详细侦察，谨将查得情形，分呈于后。（一）垄断旧赋——旧赋之未能扫数带征本属实在，阳九下查两里旧赋完纳者实居少数，亦非完全未征，其有无贿卖情形，不得而知。但现奉县府令专征新赋，将旧赋暂行停征；故旧赋现在概未征比。（二）任意浮收——浮算固在所不免，但多由征收生从中舞弊，该征收员之督饬不严，实罪有应得，而征收生之狃于积习，则又非该征收员力量所能挽回。（三）吞没粮款、措留券票——据查亦或有之，但多由征收生与钱粮贩子之行为，至于尹先桃之券则业经裁给。（四）擅收券尾——收钱粮贩子尾子洋，亦有其事，此系钱粮贩子计图速写券票，不能不运动征收生，并非该征收员整个收取。以上查得情形，理合呈报鉴核等情，据此，理合备文呈请鉴核等情。准此，是原呈诉该征收员谢藻棠、吴成性等，垄断旧赋，任意浮算，吞没粮款，擅收券尾各节，不特多系事实，抑且积弊甚深。似此病民害政，实属违法渎职，触犯刑章，爰特提案弹劾，请即依法移付惩戒。其刑事部分，并应移送该管法院办理，以儆贪污。谨呈。

附一：

委员王子壮朱雷章杨仁天审查报告书

奉交审查湖南湖北监察使高一涵弹劾湖北沔阳县田赋征收处北柜征收员谢藻棠、吴性成等征收舞弊，违法渎职一案，经委员等开会审查。佥以所控各节，既经湖北第六区行政督察专员公署派员查明，任意浮收，掯留券票，擅收券尾各节，既确有其事，且积弊甚深，未能芟除。似此违法渎职，自应依法移付惩戒。其刑事部分，移送该管法院办理。以肃官箴。谨呈。

附二：

监察院指令　机字第二八九八号

二十五年六月三十日

令湖南湖北监察区监察使高一涵，二十五年五月二十二日呈一件，呈件均悉。案经依法审查，咨送司法院转发办理矣。仰即知照。此令。

院长　于右任

附三：

监察院咨送惩戒文　机字第二八九八号

二十五年六月三十日

案据湖南湖北监察区监察使高一涵弹劾湖北沔阳县田赋征收处北柜

征收员谢藻棠、吴性成等征收舞弊，违法渎职一案，经当依法交由监察委员王子壮、朱雷章、杨仁天审查去后。兹据报告略称，“认为应请依法移付惩戒。其刑事部分，移送该管法院办理，以肃官箴”等语。据此，相应抄检本案各件，咨请贵院转发办理。

此咨

司法院

抄件（略）

院长　于右任

（《监察院公报》第八十八期）

“提劾湖北衡阳县县长宋鋆非法受理私行拘禁渎职犯刑案”弹劾文

（1936年7月3日）

案查本署前准钧院秘书处第一三四八号公函内开：案奉院长交下监察委员杨谱笙、李嗣璁签呈称，据前湖南衡阳县民妇伍谢氏，呈诉该县长宋鋆违法渎职，捕禁伍镇湘强令代伍崇臣偿还万隆号债款等情一案，经加审核，应请交湖南湖北监察区监察使署调查核办等语。奉谕由秘书处函交等因。奉此，相应抄件，函行查照等由，计抄附伍谢氏原呈一件到署，并据该伍谢氏向本署诉同前情。当以据称业向衡阳地方法院检察处告诉有案，即经函行衡阳地方法院检察处查询去后。兹准该检察处函复，并检送起诉书一份前来。查起诉书内证据并所犯法条一栏，节载：查被告将伍镇湘、伍崇臣先后羁押于县政府，业据当日送饭之罗云品、李陆氏，及送衣服之谢维福到案，指供历历。又据张瑞卿到案，证明伍镇湘被传收押情形，并指述羁押处所，系在县政府进门右侧政警办公室内之一间，房内有栅栏铁锁等设备，外系政警看守，纪供在卷。被告函复本处，固谓仅传伍镇湘来府质讯，随予交保，并未羁押。但查其财字第六十六号草疏委员会请追永丰和债款一案卷宗，二十四年十二月十八日讯案之到单，批明伍镇湘暂住队上，同月二十日到单，批明伍镇湘交保，是其羁押伍镇湘二日之事实，证据确凿，殊难委卸。而同月二十五日伍崇臣被传到案，亦谕知暂住队上，批明在卷。直至本年四月十七日，始行函解本处开释。是伍崇臣被押三月又二十余日，亦属非虚。至被告查封债务人财产，曾经被告呈复湖南省政府，奉令执行错误，迅予启封，被告犹违抗不遵，有卷可按。查伍鼎臣、伍崇臣等如果系永丰和股东，亦仅对万隆号，乃至草硚委员会负责，民法上之履行债务责任，纵令赖不偿还，依正当手续，应由法院判令付给，而后强制执行。被告职司行政，其复函本处，亦知明为债务关系，乃权宜受理，将债务人财产查封，甚至滥押债务人至数月之久，又株连其子伍镇湘，实不免有《刑法》第一百二十八条公务员对于诉讼事件明知不应受理而受理，及第一百三十四条第三百零二条第一项“公务员假借职务之权力及机会，私行拘禁等嫌疑”等语。查衡阳县既设有地方法院，该伍鼎臣、伍崇臣等与万隆号乃至草硚委员会为债务发生纠纷，属于民事范围，自应归衡阳地方法院民庭管辖。该县县长宋鋆，职司行政，且已明知该案为债务所关，何得假借职权，擅行干预。乃据衡阳地方法院检察官侦查结果，该县长竟予非法受理，私行拘禁，甚且株连他人，事实显然，证据充足，殊属违法渎职，触犯刑章。除刑事部分，已由该管衡阳地方法院办理外，爰特提案弹劾，请即依法移付惩戒，以儆非法。谨呈。

附一：

委员杨谱笙刘成禺朱宗良审查报告书

为审查报告事：案奉交下湖南湖北监察使高一涵弹劾湖南衡阳县县长宋鋆渎职犯刑一案，经委员等审查结果，咸认为该县既设有地方法院，凡属民刑诉讼，均应归其处理，县长职司地方行政，不能侵及法院职权范围。乃该衡阳县县长宋鋆，对伍崇臣等与万隆号为债务发生纠纷，依法应由衡阳地方法院判令执行之案件，该县长不明责任，竟予非法受理，私行拘禁，甚至株连他人，是不惟违法渎职，且又触犯刑章。除刑事部分，已由该管衡阳地方法院办理外。应请依法将湖南衡阳县县长宋鋆，移付惩戒，以儆不法，而肃官常。谨呈。

附二：

监察院指令　要字第二十二号

二十五年七月三日

令湖南湖北监察区监察使高一涵，二十五年五月二十九日第一零七号呈一件，呈件均悉。经依法交付审查，据报告，应移付惩戒，除移付中央公务员惩戒委员会核办外，仰即知照。此令。

院长　于右任

附三：

监察院移付惩戒文　要字第一号

二十五年七月三日

案据湖南湖北监察区监察使高一涵弹劾湖南衡阳县县长宋鋆非法受理，私行拘禁，渎职犯刑，请予移付惩戒一案，当经依法交由监察委员杨谱笙、刘成禺、朱宗良审查去后。兹据报告：该县长宋鋆应移付惩戒。据此，相应抄检各件，移请贵会查核办理。

此移

中央公务员惩戒委员会

抄件（略）

院长　于右任

（《监察院公报》第八十八期）

“提劾湖北鄂岸盐务税局第三队前队长周之明暨前分队长戴尧天违法犯刑案”弹劾文

（1936年7月14日）

为弹劾事：案查前据鄂岸盐务税警局第三队前队长周之明，呈诉鄂岸盐务稽核处处长刘宗翼与调查员张邦永、税警十队三分队长丁植楷朋比为奸、共谋陷害等情到署。当以此案据该呈诉人周之明自称，业由鄂岸盐务稽核处将其送经湖北汉口地方法院检察处收押侦查在案。究竟该周之明被送法院检察处收押，是否有如原诉所称，系由于刘宗翼等挟嫌诬陷，抑或该周之明本有应得之罪，而于被押后，对刘宗翼等砌词攻击，希图为自己开脱罪名，即经致函汉口地方法院检察处查询去后。兹准汉口地方法院函复，略谓：本案业经侦查终结，提起公诉，并检送周之明等侵占及妨害自由案起诉书一份前来。查该起诉书犯罪事实栏内载，缘周之明系鄂岸盐务税警局第三队队长，戴尧天系该队第三分队长，本年一、二月间，在虾子沟地带驻防时，先后缉获盐犯多名，所收罚款，计有杨全安、王朝庭六十元，万和清十二元，程一忠十元，刘仙明、朱炳人各一元，孙西生一元三角，李长发三元，叶大运、冯海林、冯明韩、郭得霖、刘云生、王保娃、陈二忠等，亦皆交有罚款，数目未详，船户运盐先后计有五十余船，每担交有一千零五十文，因斤数不明，难计总数，被告等均隐匿不报，侵占肥己。民人黄恩寿在虾子乡所有住房，因被水淹没，被告周之明即令戴尧天指挥队士，将其基地掩毁，妨其建筑。民人叶泽亮、叶泽纯、祁仁甫等田亩近旁之沟涧，复令戴尧天指挥队警，填断水流，妨其浇灌。经鄂岸盐务稽核处派员查明，遂以前情函送本署侦查等语。是该呈诉人周之明向本署呈诉各情，显系于被押后砌词攻击，而其自己及该鄂岸盐务税警局第三分队队长戴尧天迭次侵占罚款，及妨害他人自由之所为，既经法院检查处侦查明确，提起公诉，自属违法犯刑。除刑事部分，现正由汉口地方法院办理外，爰特提案弹劾，请即依法移付惩戒。以儆效尤。谨呈。

附一：

委员李嗣璁刘三姚雨平审查报告书

为审查报告事：案奉交下两湖监察使高一涵弹劾湖北鄂岸监务税警局第三队前队长周之明，暨前分队长戴尧天违法犯刑一案，经委员等会同审查。佥以该前队长周之明等在虾子沟地带驻防时，先后缉获监犯杨全安等多名，所收罚款，均隐匿不报，实触犯刑法上之侵占罪。周之明令戴尧天指挥队士，擅将民人黄恩寿住房基地拖毁，妨其建筑，及填断民人叶泽亮等田亩水流，妨其灌溉，均属强暴协迫妨害他人行使权利行为，并触犯同法妨害他人自由罪行。被弹劾人实有违法犯刑事实，除刑事部分，已由法院办理外。应请将湖北鄂岸监务税警局第三队前队长周之明，暨第三分队前分队长戴尧天，一并移付惩戒，以儆贪暴。谨呈。

附二：

监察院指令　要字第一四〇号

二十五年七月十四日

令湖南湖北监察区监察使高一涵，二十五年六月十日第一一五号呈一件，呈件均悉。案经依法交付审查。兹据报告，该前队长周之明，暨该前分队长戴尧天，应一并移付惩戒。除将案件移送中央公务员惩戒委员会核办外，仰即知照。此令。

院长　于右任

附三：

监察院移付惩戒文　要字第一七号

二十五年七月十四日

案据湖南湖北监察区监察使高一涵弹劾鄂岸监务税警局第三队前队长周之明，暨该队第三分队前分队长戴尧天，有迭次侵占罚款，及妨害他人自由之行为，违法犯刑，请予移付惩戒一案，当经依法交由监察委员李嗣璁、刘三、姚雨平审查去后。兹据报告，被弹劾人实有违法犯刑事实，应将该前队长周之明，暨该前分队长戴尧天，一并移付惩戒。据此，相应抄检各件，移付贵会查核办理。

此移

中央公务员惩戒委员会

抄件（略）

院长　于右任

（《监察院公报》第九十期）

“提劾湖北保安第二团团长胡协南留守处主任陈右平违法渎职案”弹劾文

（1936 年 7 月 15 日）

为弹劾事：案查本署前据原籍安徽泾县、现住湖北武昌人民胡有程呈诉湖北保安第二团团长胡协南等假借公力、滥用权威、私擅捕禁、蹂躏人权、弁髦约法等情到署，当经函行湖北省政府彻查去后。兹准湖北省政府保法字第五三九九号复函内开：案准贵署行字第四〇号公函，以据安徽泾县人民胡有程呈诉湖北保安第二团团长胡协南等假借公力、私擅捕禁一案，嘱彻查见复等由。准此。查前据湖北保安团第二团留守处主任陈右平，报告胡有程图骗该团公积金，解请押追，并据该团长胡协南电同前情到府。经讯据胡有程供称，胡团长夫妇自民国十七年起，用其子祖畿名义，陆续存款一万二千八百元，并非公积金等语，提出胡协南亲笔信函及电报作证。比以双方情词各异，是否公款，抑系私人债务，经电胡团长并批示陈右平提出证据呈缴，被告书立胡仲池、胡祖畿名义存折各一扣，胡祖畿存据二纸，经审核该项折据，均无保安第二团公积金字样，显系私人债务，依法未便受理，案关民事，自应移归法院审理。除被告胡有程由铺保郑善生保释出外候讯，并饬原告依照普通司法程序进行诉讼外，业已检齐本案卷宗，函送湖北高等法院依法办理各在卷。准函前由，相应将办理本案经过情形，复请查照为荷等由。准此。查此案该湖北保安第二团团长胡协南，与胡有程为存款发生纠葛，既经胡有程提出该团长之亲笔信函及电报作证，复经湖北省政府调阅该项存款折据，均无保安第二团公积金字样，则其为私人债款，极属显然。乃该团长为追索私人债款，竟不惜假借职务上之权力机会，指私债为公款，并从而施以非法之行为。观于省政府复文内所言，前据湖北保安第二团留守处主任陈右平，报告胡有程图骗该团公积金，解请押追等语，夫既云解请押追，则该呈诉人胡有程所称被陈右平私擅捕禁，自属非虚。陈右平系该团之留守主任，乃忽假借追缴公款之名，为该团长代索私人债款，并将债务人胡有程私擅捕禁，解送省府，蒙请押追，是其种种非法之行为，自系出于该团长之指使，观于省政府复文内所述“并据该团长胡协南电同前情”之语，益足证明。综上各情，该团长胡协南，及该团留守处主任陈右平，委系假借职务上之权力机会，以妨害他人自由，均属违法渎职，触犯刑章。爰特提案弹劾，请即依法移付惩戒。其刑事部分，并应移送该管审判机关办理，以惩非法，而儆效尤。谨呈。

附一：

委员谢无量王宪章段宏纲审查报告书

为审查报告事：案奉交下湖南湖北监察使高一涵弹劾湖北保安第二团团长胡协南，及该团留守处主任陈右平假借职权私擅捕禁、违法渎职、触犯刑章一案，委员等会同审查。佥认为该团长与胡有程为存款发生纠葛，既经胡有程提出证据，均无保安第二团公积金字样，当为私人债款，毫无疑义。乃该团长不惜假借职务上之权力机会，指私债而为公款，施以不法之行为，而该留守处主任陈右平假借追缴公款之名，私擅捕禁，朦请押追，妨害他人之自由，殊属违法渎职，触犯刑章。应请依法将湖北保安第二团团长胡协南，及该团留守处主任陈右平，一并移付惩戒。其关于刑事部分，应移交该管审判机关办理，以儆官邪。谨呈。

附二：

监察院指令　要字第一五八号

二十五年七月十七日

令湖南湖北监察区监察使高一涵，二十五年六月十日第一一四号呈一件，呈件均悉。本案业经依法交付审查，函送惩戒，仰即知照。此令。

院长　于右任

附三：

监察院函送惩戒文　要字第一五八号

二十五年七月十五日

案据湖南湖北监察区监察使高一涵提劾湖北保安第二团团长胡协南等违法渎职一案，当经依法交由监察委员谢无量、王宪章、段宏纲审查去后。兹据报告略称，应请依法将湖北保安第二团团长胡协南，及该团留守处主任陈右平，一并移付惩戒。其关于刑事部分，应移交该管审判机关办理，以儆官邪等语。据此，相应抄检本案各件，函行贵部查核办理。

此致

军政部

抄件（略）

院长　于右任

（《监察院公报》第九十期）

“提劾湖北房县县长严式超违法渎职案”弹劾文

（1936年7月26日）

为弹劾事：案查本署前据密报湖北房县县长严式超违法舞弊，当经函行湖北省政府查复。旋该县长于调省后，复据房县人民程松卓等呈诉该县前任县长严式超蒙上欺下、贪污虐民等情，经又函行湖北省政府并案查复去后，嗣准湖北省政府先后函复，并抄附第十一区行政督察专员关麟书原查复呈文三件，暨省政府指令一件前来。兹经并案核明，该湖北房县前任县长严式超，实犯有下列违法渎职各事。（一）田亩浮收——查征收田赋亩捐，除额定数目而外，不能多收一文，此系为县长在所明知之事。该县二十三年田赋亩捐，系合券征收，每亩应征正附税各一角二分，亩捐二角五分，共应征四角九分，系属额定数目。乃该县长未经呈准，竟每亩共征五角，计每亩共浮收一分，是明知不应征收而征收，已犯刑法上渎职之罪。嗣经该区行政督察专员公署于行政会议规定，只准照额定数目，每亩征收四角九分，而该前县长藉口于券票业已印就，仍继续每亩共征五角，每亩浮收一分，更是明知故犯，实属违法渎职，触犯刑章。至于该项浮收之款，虽据查系交由地方财务委员会收支，但该前县长既为经征之官（该项田赋亩捐，既系合券，应属县府经征），又负监督财委会之责，自不能以款未经手为词，而可以有所诿卸也。（二）摊派军用各款——查中央严禁苛捐杂税，何止三令五申，而向人民任意摊派款项，自亦在严禁之列。乃该前县长竟藉名招待驻军需费一次，即摊派一次款项，且有派员守提，及带县勒缴之举动，违法失职，甚为显然。（三）自制屠宰税牙帖税捐临时收据及民刑状纸——查征收屠宰税应给正式税票，征收牙帖税捐应发正式收据，均属久有定事。乃该前县长于征收屠宰税，则置领到之正式税票于不用，而另行由征收人员自制临时收据，给与缴税之人。其于该县金生义字号缴纳牙帖税捐三十元一案，亦系不给正式收据，而仅给临时收据。至于民刑状纸，本可预为购领若干，存县备用，乃该前县长亦竟借口距省窎[①]远邮件稽迟，先行自制状纸售用。虽原查复对于该前县长自制屠宰税牙帖税捐临时收据，及民刑状纸各事，或为解释原因，或谓事后均已依照正式手续办理，但舞弊既有嫌疑，按章尤多不合，违法失职，亦属难辞。以上所举各条，原查复各次呈文及湖北省政府指令文内，言之均甚详明，自可资为凭信。爰特提案弹劾，请即依法移付惩戒。其刑事部分，并应移送该管法院办理，以儆效尤。谨呈。

附一：

委员朱宗良巴文峻李正乐审查报告书

为审查报告事：案奉交下湖南湖北监察使高一涵弹劾湖北房县县长严式超渎职违法一案，经委员等会同审查。兹将意见分述如下。

（一）田亩浮收部分——查该房县二十三年田赋亩捐，每亩征收附税暨亩捐共四角九分，系经呈奉核准之数，乃该县长严式超未经呈准，竟每亩共征五角，超出规定一分，任意支用，事后又不将收支数目造册报核，既与该省整理县地方财政章程不合，复触犯刑法上“公务员对于租税明知不应征收而征收”之渎职罪。该县长既有监督财委会之责，复为经征之官，自不得藉口款未经手为词，而卸诿责任。

（二）摊派军用各款部分——该县长藉口招待驻军名义，摊派各项捐

---

① 窎（diào）：深远，很远。

款，收款虽由地方各法团主持，开支由军运代办所办理，然需费一次，即摊派一次款项，既违中央叠次严禁苛捐杂税通令，又与该省通令保安经费不准挪用之旨不符。县长负监视督促之责，自难免失职抗令之咎。

（三）自制屠宰税牙帖税捐临时收据及民刑状纸部分，查征收屠宰税牙帖税捐，均应发给正式税票收据，民刑状纸，例颁购领，方为合法。该前县长于征收屠宰牙帖两税，均给纳税人以临时收据，置正式税票而不用。对民刑状纸，复藉口距省窎远、邮件稽迟为理由，先行自制状纸代用。无论事后如何依正式手续办理，但既不合定章，自难免舞弊嫌疑。

综上审查意见，被弹劾人实有违法失职抗令事实，应请将湖北前房县县长严式超移付惩戒。其刑事部分，并应移送法院办理，以维法纪。谨呈。

附二：

监察院指令　要字第一八〇号

二十五年七月二十二日

令湖南湖北监察使高一涵，二十五年六月八日第一一三号呈一件，呈件均悉。案经依法审查，移付惩戒矣。仰即知照。此令。

院长　于右任

附三：

监察院移付惩戒文　要字第三十三号

二十五年七月二十六日

案据湖南湖北监察区监察使高一涵提劾前湖北房县县长严式超违法渎职等情一案，当经依法交由监察委员朱宗良、巴文峻、李正乐审查去后。兹据报告略称，认为该县长严式超应移付惩戒，其刑事部分，应由法院讯办等语。据此，相应抄检各件，移付贵会查核办理。

此移

中央公务员惩戒委员会

抄件（略）

院长　于右任

（《监察院公报》第九十一期）

“提劾湖南高等法院第三分院兼常德地方法院院长钟馥审理案件违法失职案”弹劾文

（1936 年 10 月 6 日）

为弹劾事：案查本署前据湖南常德监狱官狱员张瀚，密诉湖南高等法院第三分院兼常德地方法院院长钟馥贪污渎职、滥权违法等情，复准钧院秘书处，奉谕函交该管狱员张瀚呈同前情，检卷过署，当经函行湖南高等法院严密查复去后。兹准该院函复，并抄附该院推事汪珏及梁峻查复原呈各一件前来。除查非事实，或查无实据各点，毋庸叙述外。照该院梁推事查复原呈，就原诉该院长钟馥承办杨陈氏妨害婚姻上诉一案，对于有罪判决，竟不记载事实部分，内称：民国二十三年三月，钟院长承办杨陈氏妨害婚姻上诉一案，认第一审论处罪判，为无不合，将其上诉驳回，而判决内漏未记载事实，以致第三审因其程序违法，予以撤销，发回更审。按科刑判决，依法本须认定事实，第二审为审理事实法院，判决内尤无不记载事实之理。原呈第十款指其办事疏忽，尚非无因等语。查该项上诉案件，其第二审判决日期，系在旧刑事诉讼法施行有效时代，按诸该法第一编第一审程序第三百二十一条“判决书除第一百八十三条第一项规定之事项外，并应记载左列事项，一、主文；二、事实”，及同法第三编第二审程序三百七十九条“第二审程序，除本章有特别规定外，准用第一审审判之规定”等语之规定。该法第二审程序章内各条，关于判决书内容记载事项，并未设有特别规定，其应准用上开第三百二十一条，于判决书内记载事实，毫无疑义。乃该湖南高等法院第三分院兼常德地方法院院长钟馥，对于杨陈氏妨害婚姻上诉一案所为判决，竟不为记载事实，致于第三审上诉时，被认为程序违法，发回更审，况第二审为审理事实法院，判决书内尤不应漏列事实之记载。是其违法失职，至为显然。爰特提案弹劾，请即依法移付惩戒。以纠非法，而儆效尤。谨呈。

附一：

委员杜忱罗介夫王子壮审查报告书

为审查报告事：案奉交下湖南湖北监察使高一涵弹劾湖南高等法院第三分院兼常德地方法院院长钟馥违法失职一案，当经委员等会同审查。佥认该院长钟馥承办杨陈氏妨害婚姻上诉一案，所为判决，其第二审判决书内，竟漏列事实，致第三审上诉时，被认为程序违法，发回更审，不特使当事人法益上受不当损害，尤违刑诉法第二审程序之规定。违法失职，甚为显然。应请将被弹劾人移付惩戒，以惩玩忽。谨呈。

附二：

监察院指令　要字第八九八号

二十五年十月六日

令湖南湖北监察区监察使高一涵，二十五年八月二十九日第一二六号呈一件，呈案暨缴件均悉，经依法交付审查。兹据报告，被弹劾人钟馥应移付惩戒，除将案件移送中央公务员惩戒委员会核办外，仰即知照。此令。

院长　于右任

附三：

监察院移付惩戒文　要字第一九九号

二十五年十月六日

案据湖南湖北监察区监察使高一涵弹劾湖南高等法院第三分区兼常德地方法院院长钟馥审理案件，违法失职，请予移付惩戒一案，当经依法交由监察委员杜忱、罗介夫、王子壮审查去后。兹据报告：应将弹劾人钟馥移付惩戒。据此，相应抄检各件，移请贵会查核办理。

此移

中央公务员惩戒委员会

抄件（略）

院长　于右任

（《监察院公报》第一〇二期）

“提劾湖南衡阳前县长陈颖心现任财政局局长万树楷渎职犯刑案”弹劾文

（1936 年 10 月 8 日）

为弹劾事：案查本署前据湖南衡阳县民刘士某等呈诉该县救灾委员会救灾舞弊，财政局局长万树楷违令征收田赋民欠息银等情到署，当经函行衡阳县政府查复，并经函催去后。嗣准复文，内开：呈为呈复事，案奉钧署二十五年一月十七日行字第九号公函开，案据衡阳县民呈诉衡阳县救灾委员会救灾舞弊，衡阳财政局长万树楷违令征收田赋民欠息银等情到署，查本案究竟情实如何，均应予以彻查，相应抄附原呈，函请贵政府详予查明见复，以凭核办为荷等因，计抄附原呈一件。奉此，窃查本县民二十三年惨遭大旱，统计全县收入不达三成，经全县士绅组织救灾委员会，办理赈救事宜，自二十三年八月成立起，至二十四年九月结束止，共计收入各种款项二十七万四千一百六十元零六角五分五厘，支出款项二十三万零二百一十六元九角七分四厘，收支两抵外，存洋四万三千九百四十三元六角七分九厘，前经该会常委刘醉评、宋征文、全雄贺、陈候等造具收支清册，检同单据，函送本府。当即提交第八次县政会议讨论，比推凌云汉、刘星炜、欧方莹、潘国瑞、仇兰舫等五人，审查收支数目，尚属相合，原呈所诉救灾舞弊，殊属误会。又查本县田赋，向系年清年款，二十三年田赋，因被旱灾，人民滞于完纳，欠赋甚多，正供一项，省府已照原额扫解，所有民欠，全数拨作地方附加。二十四年九月奉湖南省政府训令，自十六年至二十三年旧欠正附田赋，均从十月一日起至十二月三十一日止，免征息金，本应遵照，惟本县所收息金，向归财政局、教育局、图书馆支配应用，作为正当收入，列入年度预算。且本县情形特殊，民欠田赋，纯系地方附加，与正供绝无关系，当然不受省令之拘束，以故仍照旧征收。县长于是年十月十八日，由安仁调署衡阳，到任之后，考察情形，当饬财政局、教育局、图书馆遵令停征，比已遵照办理。原呈所诉私擅加赋，未免失于谅解。奉令前因，理合将查明情形，具文呈复钧署，俯赐察核，指令祇遵等语。复以该县在奉令免征旧欠正附田赋息金后，而仍旧照征息金时期之县长及财政局局长姓名，仍属未能确悉，经再函准该衡阳县政府复文开：呈为呈复事，案奉钧署二十五年七月十六日行字第二九九号公函，饬将奉令免征息金后，而仍旧照征息金时期之县长姓名，及在该时期内之财政局长，是否确为万树楷，抑或另有别人，查明函告为荷等因。奉此，窃查上年十月间，衡阳县县长系陈颖心，财政局长即现任财政局长万树楷。奉函前因，理合具文呈复钧署察核等语。除该衡阳县救灾委员会被诉救灾舞弊部分，既据查明不实，自应免予置议外。查田赋附加，应随正赋办理，此为人人所明知。该县二十三年田赋，因旱灾多有滞纳，既奉省令明白规定，凡系十六年至二十三年之旧欠正附田赋，均从二十四年十月一日起，至十二月三十一日止，免予征收息金。则关于地方附加部分应征之息金，当然在随同免征之列，此理亦属甚明。乃该县前任县长陈颖心、现任财政局局长万树楷，不顾人民疾苦，仍然照旧征收，若谓为维持地方预算，则维持预算系属另一问题，自应另定办法。且后任县长竟能停征而未闻有所妨害。若谓事关地方附加，不受省令拘束，则省令系明定旧欠正附田赋，均予免征息金，并未闻有所除外，自均系借口之词。况该县所谓民欠田赋，纯系地方附加，亦系因正供之款，业已照额解省，故将所有民欠之数，悉抵作地方附加，不过为行政方面一种挪款移解之办法，实则此项旧欠仍系正供及附加均有，并非专属地方附加，更无可以藉口之余地。缘此情形，显属故违省令，明知不应征收而征收，实连带犯有《刑法》第一百二十九条第一项之渎职罪。爰特提案弹劾，请即依法移付惩戒。其刑事部分，并应移送该管审判机关办理，以儆效尤。谨呈。

附一：

委员乐景涛杨亮功高鲁审查报告书

为审查报告事：案奉交下湖南湖北监察区监察使高一涵弹劾湖南衡阳县前县长陈颖心，暨现任财政局长万树楷渎职犯刑一案，经委员等会同审查。佥认该前县长陈颖心等，办理该县田赋民欠息银一案，既奉省令旧欠正附田赋，免予征收息金，乃藉口专属地方附加，及维持地方预算理由，仍照旧征收，显系违抗省令，及触犯刑法上“公务员对于租税明知不应征收而征收”之渎职罪行。被弹劾人确有抗令违法事实，应请将湖南前任衡阳县县长陈颖心，暨现任财政局长万树楷，一并移付惩戒。关于刑事部分，并应移交该管法院办理。谨呈。

附二：

监察院指令　要字第九一八号

二十五年十月八日

令湖南湖北监察区监察使高一涵，二十五年九月十六日呈字第一三三号呈一件，呈件均悉。本案已依法移付惩戒矣。仰即知照。此令。

院长　于右任

附三：

监察院移付惩戒文　要字第二〇五号

二十五年十月八日

案据湖南湖北监察区监察使高一涵提劾湖南衡阳县前县长陈颖心，暨现任财政局长万树楷渎职犯刑一案，当经依法交由监察委员乐景涛、杨亮功、高鲁审查去后。兹据报告称，佥认该前县长陈颖心，现任财政局长万树楷，应一并移付惩戒。关于刑事部分，并应移交该管法院办理等语。据此，除指令外，相应抄检各件，移付贵会查核办理。

此移

中央公务员惩戒委员会

抄件（略）

院长　于右任

（《监察院公报》第一〇二期）

"提劾江汉工程局派修襄阳老龙堤技士陈璞冒支公款违法失职触犯刑章案"弹劾文

（1936 年 10 月 19 日）

为弹劾事：案查本署处理湖北汉口江汉工程局派修襄阳老龙堤技士陈璞被控滥支公款一案经过情形，业经于七月寒代电[①]呈报钧院，并奉有三二六号指令在卷。嗣后曾接准湖北省第五区行政督察专员公署八月感代电[②]，并抄附襄阳县水灾救济分会会议记录一份到署，然查此项记录内甲项报告，仅略载"郑视察员报告兄弟借此机会，得与诸位见面，是非常荣幸的。至于视察老龙堤工之经过及缺点，以及陈主任工程草率、开支浮滥，业由书面答复"等语。复经函请该署郑视察员在书面答复原文抄寄来署去后。兹准函复，并抄附郑视察员函复调查老龙堤工施工情形，并附补救办法意见原文一件前来。照该项书面，就第二项"陈主任经支A段土方公款计一万九千余元，其中浮滥冒支，前经本会制就质嫌表指示，并经陈主任承认赔偿，旋即不辞而去"一节，载称：查此项账目，其中不无浮滥，业经水灾分会列表指出。但查原表所提"否认""疑问"两点之数，是否完全准确，尚有问题，拟将此项"否认""疑问"各项细账，再交陈璞逐项自行声明一次，以昭平允，俟声复后，经由水灾分会公开审查，呈候行政督察专员核定，果有不应列报、稍涉浮滥者，为

① 寒代电：指 14 日代电。

② 感代电：指 27 日代电。

尊重公帑起见，应由陈璞如数赔偿，以充补堤之用等语。是该湖北汉口江汉工程局派修襄阳老龙堤技士陈璞浮滥冒支公款，显属实在，不惟违法失职，抑且触犯刑事。至其浮滥冒支为数若干，依法自可讯查明确。爰特提案弹劾，请即依法移付惩戒。并将刑事部分，移交法院办理，以儆效尤。谨呈。

附一：

委员张华澜于洪起王平政审查报告文

为审查报告事：案奉交下湖南湖北监察使高一涵弹劾湖北汉口江汉工程局派修襄阳老龙堤技士陈璞冒支公款、违法失职、触犯刑事一案，经委员等详细审查。咸认为该被弹劾人陈璞经支A段土方公款一万九千余元，其中浮滥冒支，前经襄阳水灾分会制就质疑表指示，并经该被弹劾人承认赔偿。是该被弹劾人浮滥冒支公款，无可讳言。不惟违法失职，实属触犯刑章。应请将被弹劾人陈璞，依法移付惩戒。关于刑事部分，移交法院讯办，以儆不法。谨呈。

附二：

监察院指令　要字第一〇三〇号

二十五年十月十九日

令湖南湖北监察区监察使高一涵，二十五年九月二十五日呈字第一三六号呈一件，二十五年九月二十九日呈字第一四一号呈一件，两呈暨弹劾案并附件均悉。本案业经依法审查，咨送司法院转发办理矣，仰即知照。此令。

院长　于右任

附三：

监察院咨送惩戒文　要字第一〇三〇号

二十五年十月十九日

案据湖南湖北监察区监察使高一涵弹劾湖北江汉工程局派修襄阳老龙堤技士陈璞冒支公款、违法失职、触犯刑事一案，当经依法交由监察委员张华澜、于洪起、王平政审查去后，兹据报告，“应请将被弹劾人陈璞依法移付惩戒。关于刑事部分，移交法院讯办，以儆不法”等语。据此，相应抄检本案各件，咨请贵院查核转发办理。

此咨

司法院

抄件（略）

院长　于右任

（《监察院公报》第一〇四期）

“提劾湖北广水区营业税局应山县稽征所前所长田珍收受贿赂侵占税款案”弹劾文

（1936年10月24日）

为提案弹劾事：案查前准湖北省捐税监理委员会查字第四四号公函，举发前湖北广水区营业税局、应山县稽征所所长田珍违法收税、收受贿赂等由一案，业经本署令据调查员张家珏查明呈复前来。经加审核，除将查无实据者免予冗叙外，谨将查实各部分，分陈如次。

（一）关于收受贿赂部分——据原呈复称：窃职抵广水时，该所长业已离职。又查广水为平汉路南段之大站，因交通便利，及有复康、宏顺、义兴诚、胜昌、同记等五大花庄关系，故枣阳、随州各地棉花运至该地售卖者，为数甚多。有花行四十余家，专代各花庄收买棉花。除同兴发花行早年领有长期牙帖外，其余各行或系临时开设，或因资本过小，俱未领帖，嗣以应山营业税稽征所所长田珍出面干涉，乃由邓德顺、盛丰、同心协等花行老板邓善卿、易献廷、胡心钿，及广水商会常委尹乾三等，出面与田所长接洽，由各行共筹洋贰百元（各行出六元、四元、二元不等），以六十三元合领短期牙帖一张，命名同复永，以二十四元代同兴发花行完纳长期牙帖税，盖该行领有长期牙帖，如各行不代其完纳帖税，即请营业税稽征所取缔故也。其余之款，悉送田所长（以上见附件一、二）。该款分两次缴纳，计第一次缴现款七十元，由邓善卿、易献廷等经手交付，第二次缴一百三十元，由行商请宏顺花庄代出期条（二十四年十一月三十日期），交与田所长，直接向宏顺花庄兑取（见附件三）。后田所长又嘱行商增加十四元，作为该所勤务“跑路钱”，行商无法，遂又筹洋十四元，交由邓德顺、李源太、盛丰、杨宏顺等花行老板邓善卿、李悌君、易献廷、杨松轩等经手，交与田所长，但被邓善卿等扣下二元，作食夜餐之用（见附件二、三）等语。查该前所长田珍，非法收受贿赂，既由经手人胡心钿等多人确切证明，其为违背职务，收受贿赂，而触犯《刑法》第一百二十二条所定之渎职罪，实属事证明确。

（二）关于违法侵占税款及变更税率损害库收部分——据原呈复称：据广水复康花庄经理龚香山称，本庄于二十四年九月十日开张，至二十五年元月五日止，共买棉花二千一百二十包，内七百包因新旧所长交替，未代扣营业税。其余一千四百二十包，自二十四年十月七日起，奉田所长请托，代扣营业税千分之四，共计扣税洋六百十元有零，所有税票，均已陆续发给（见附件七）。又据义兴诚花庄股东易瑞霞、杨道中等称：本庄于二十四年十一月九日开张，二十五年一月十四日收庄，共买棉花四百八十件，计十二万〇四十三斤，成本洋五万三千七百〇一元八角九分，受广水营业税稽征所所长田珍请托代扣卖方营业税千分之四，总共代扣税洋二百〇七元五角九分，均已如数交由田所长收讫。内一百五十八元八角给税票，其余四十八元四角未给税票。惟所发税票，田所长系照规定税率千分之八填给，本庄买花五万三千七百〇一元八角九分，折为二万六千八百五十元九角四分五厘，按千分之八征税，合洋二百〇七元五角九分（见附件八）。又据宏顺花庄经理尹乾三称：本庄于二十四年十一月一日开张，二十五年元月二十二日收庄，共买花五百九十包，计重十四万七千八百五十斤零六两，值洋六万六千四百六十五元七角七分。奉广水营业税稽征所田所长请托，按千分之四代扣营业税，总共代扣税洋二百五十九元四角四分，均缴由田所长收讫。内二百三十七元六角给税票，其余二十一元八角四分未给税票。所给税票，田所长均照千分之八填给，譬如棉花若干包，值洋二千元，照千分之四征税，仅得八元，因税率规定为千分之八，故田所长填给税票则以二千元折为一千元，照千分之八征税给票（见附件九）。胜昌同记两花庄，非广水本地人开设，庄主久已收庄他去，其买包数，经在广生、利源成两转运公司调查，计胜昌买花六百十二包，同记买花六百七十包（见附件十、十一），但两庄代扣营业税数目，则无从调查。复至营业税稽征所，调查田所长任内棉花营业税票根，计填发复康花庄税票六百一十元八角二分，宏顺花庄税票洋二百三十七元二角六分，同记花庄税票一百五十四元二角四分，义兴诚花庄税票一百七十七元二角，胜昌花庄税票一百八十元六角四分(见附件十二)。依据票根与各花庄扣税数目精确计算，除同记、胜昌两花庄因庄主早已收庄他往，无法查核，暨复康庄尚属相符外，其余义兴诚、宏顺两花庄，共有五十二元五角七分（义兴诚扣税二百零七元五角九分，给税票一百七十七元二角，宏顺扣税二百五十九元四角四分，给税票二百三十七元二角六分）未给税票。此项未给税票之款，既经该两花庄代扣缴清，自为该所长侵蚀无疑等语。查广水棉花庄，共计五家，原呈仅就复康、义兴诚、宏顺等三家予以核计，除复康花庄，其款票两相符合外，其余义兴诚、宏顺等两家，其已收税款未给税票者，已达五十二元五角七分之多，若依此类推，则为数自必更巨。总之，税款已收，税票未给，款且不报解，是该前所长田珍为自己不法之所有之侵占行为，已触犯《刑法》第三百三十六条所定之罪，实属事证确凿。再查湖北省财政厅颁行之《湖北营业税征收章程》所附《物品贩卖业税率表》内节载“棉花业千分之八”等语。乃该前所长田珍竟敢请托复康花庄等，代扣营业税千分之四，其为违章变更税率减削比例之半，以便从中渔利，损害库收之行为，亦属显然。

综上情由，理合将该前湖北广水区营业税局应山县稽征所所长田珍种种不法行为，一并提劾，并检同原附各件，呈请钧长鉴核，依法移付惩戒。所有关于刑事部分，并应转司法机关办理，以儆非法，而惩贪污。谨呈。

附一：

委员白瑞萧萱程运鹏审查报告书

为审查报告事：案奉交下湖南湖北监察区监察使高一涵弹劾前湖北广水区营业税局应山县稽征所长田珍侵占受贿、渎职违法一案，委员等详加审查。咸认为该被弹劾人收受贿赂部分，经该署派员调查，既经证人胡心钿等多人确切证明，其收受贿赂，毫无疑义，实属触犯刑章。关于违法侵占税款，及变更税率，损害库收部分，亦经该署调查，证据确凿，是该被弹劾人为不法所有之侵占行为，亦属触犯刑章。应请将前湖北广水区营业税局应山县稽征所所长田珍，依法移付惩戒。其刑事部分，移交法院办理，以为贪污违法渎职者戒。谨呈。

附二：

监察院指令　要字第一〇九六号

二十五年十月二十四日

令湖南湖北监察区监察使高一涵，二十五年十月二日呈字第一四四号呈一件，呈件均悉。本案业经依法交付审查，咨送转饬惩戒。仰即知照。此令。

院长　于右任

附三：

监察院咨送惩戒文　要字第一〇九六号

二十五年十月二十四日

案据湖南湖北监察区监察使高一涵提劾前湖北广水区营业税局应山县稽征所所长田珍收受贿赂、侵占税款等情一案，当经依法交由监察委员白瑞、萧萱、程运鹏审查去后。兹据报告，略称，应请将被弹劾人前湖北广水区营业税局应山县稽征所所长田珍，依法移付惩戒。其刑事部分，移交法院办理，以为贪污违法渎职者戒等语。据此，相应抄检本案各件，咨请贵院查核转饬依法办理。

此咨

中央公务员惩戒委员会

抄件（略）

院长　于右任

（《监察院公报》第一〇四期）

“提劾湖北宜昌公安局局长金广印滥征苛捐第三分局局长陈文进违法拘押案”弹劾文

（1936 年 10 月 26 日）

为弹劾事：案查前据密报湖北宜昌公安局滥征苛捐、累及穷民，暨宜昌公安局第三分局违法拘押等情一案，当经派本署调查科科长安梦周、调查员张家珏前往彻查去后。兹据该员等呈复，查明该公安局局长金广印，暨该公安局第三分局局长陈文进（原密报误为陈文焦）俱属违法渎职，事证昭然，谨分述之于后。

（一）关于该局长金广印滥征苛捐部分，据该员等复称：“查宜昌县城及附郭西坝地方，有康贯祥、谢济东二人，家中婚丧事不久，比即前往查询。康贯祥为子完婚，于本年二月十三日向公安局缴纳洋一元二角，领结婚护照一纸（见附件第一号）。又有谢济东父死出柩安葬，于二十四年八月十九日向公安局缴纳六角，领丧葬通行证一纸（见附件第二号）。据该康谢二人声称，此项婚费一元二角，与丧费六角，名义上谓系收作印花费，实则并未贴印花（见附件第一号及第二号角上附注），查验彼二人所领护照与通行证，确无印花粘贴其上（见附件第一号及第二号），复询据该处保长罗仲清、张觐臣等，所答亦复相同（见附件第三号及第四号）。再查有李协泰米店主人李正贵出殡，请领通行证时，亦曾缴费六角（附件第五号及第六号）。就以上康谢李等三人经过领取照证之情形，是该公安局确有征收婚丧照证费，而其收入该项费款并非为印花之用，情节至为显明。职等为慎重详密起见，又访该地联保主任黄华清查询，据答称：宜昌地方，凡民间有婚丧大事，均须向宜昌公安局请领执照，方可通行，并藉贴粘印花名义，收取照费，计结婚执照每张收纳一元二角，出柩执照每张收费六角，实际上全未粘贴印花等语（见附件第七号）。该公安局藉口粘贴印花征取婚丧照证费，既属众口一词，而又有照证可考，自属事证俱在。然此仅系密查所得情形，容或有所未尽，爰再从正面向公安局查询。当职等初赴公安局时，化装成普通领照市民，径至该局传达室声称前来领取执照，并详询近日婚丧领照人多寡，请将登记簿交阅。该传达室信以为真，果将登记簿检出交阅，比即持簿进局内查询，因该局局长金广印外出，遂与主管科第二科长胡权（字耀庭）接谈，并调阅案卷册籍。查该局所立领照登记簿内载，结婚照每照实缴印花税款一元，丧葬照每照实缴印花税款六角，并于领照人姓名下之贴花人盖章，与主管科加印盖章两格栏内，分别盖有该局传达室及第二科主管科或科长印戳私章（见附件第八号），则该局婚丧照证费之征收，已为不争之事实矣等情。据此，查该局长假借贴用印花税名义擅自发行结婚护照及婚丧通行证，向人民收取费用，欺罔人民，使其如数缴纳，而此种入款，实际上并未贴用印花，纯系自饱私囊，似此情形，不但犯有《刑法》第三百三十九条“意图为自己不法之所有，以诈术使人将本人之物交付者……”所规定之罪责，并应依《刑法》第一百三十四条之规定，加重其刑至二分之一。是该湖北宜昌公安局局长金广印，不惟违法渎职，实系触犯刑章。

（二）关于该公安局第三分局局长陈文进违法拘押部分，据该员等复称：至关于罗发彦丧葬其母，与公安局第三分局纠纷部分，缘罗发彦之母罗朱氏病故，于去年旧历冬月初九日安葬，因贫寒无力，请领通行证，乃向宜昌公安局西坝分驻所央求免费发给通过证，以便通过路线，不受岗警阻拦。西坝分驻所以其贫苦属实，遂准如所请，由该所发给免费便条通行证一纸。不料灵柩经过公安第三分局境内大北门时，该公安局第三分局岗警检查，以其未缴照费，领取正式通行证，不准放行，发生口角，随将该罗发彦与抬夫工头陈开富一并带局羁押。旋经罗发彦再三哀求，并请吉成商店具保，始获放行，将柩安葬竣事。该抬夫工头陈开富，并被拘押半月（见附件第十号）。该罗发彦之子罗其华肄业于县立第五小学，随将安葬祖母与三分局纠纷事实原委，作成日记（见附件第十一号《西坝儿童》第九、十两期），在该校所办之刊物《西坝儿童》上发表（见附件第三号）。事为公安局第三分局知悉，二十四年十二月十四日传讯罗其荣（即作日记人罗其华之兄），查询刊物文字登载之由来，并具保限交其弟罗其华到案（即在刊物上作日记之罗其华，见附件第十二号暨保单）。次日罗发彦（即罗发燕）率子其华到案，审讯之下，因该罗其华不承认刊物上日记为己所作，堂谕暂行外押，经具保释放（见附件第十三号）。此为案情经过之原委也等情。据此，查该罗发彦因安葬母柩，无力请领通行证，业经宜昌公安局免费给证，准其通行，嗣以灵柩经过该分局境内，岗警不准放行，发生口角，竟将抬夫工头陈开富押至半月之久，已违反《违警罚法》第三十八条之规定，况该罗发彦之子罗其华年仅十岁，依法尚无违警责任，乃该分局长以其发表日记于《西坝儿童》刊物，叙述其家境贫苦，因葬祖母，未领丧葬通行证，致与该分局发生纠纷之经过，竟被勒令到案，讯后复堂谕暂行外押，是犹认其有违警责任，显与《违警罚法》第三条“未满十三岁人违警者不罚”之规定相反，则该分局局长陈文进违法渎职之事实，亦至昭然。

综上论断，该湖北宜昌公安局局长金广印，暨该公安局第三分局局长陈文进，均属违法渎职，触犯刑章，爰特一并提案弹劾，请即依法移付惩戒。其刑事部分，并请移送该管法院办理，以纠非法，而儆效尤。谨呈。

附一：

委员罗介夫王子壮朱雷章审查报告书

为报告事：案奉交下两湖监察使高一涵弹劾湖北宜昌公安局局长金广印，暨该局第三分局局长陈文进一案，委员等审查结果。以该局长金广印暨第三分局局长陈文进违法渎职，触犯刑章，既经该监察使署派员切实调查，证据确凿，认为应将被弹劾人移付惩戒。其关于刑事部分，应移送该管法院办理，以惩非法，而肃官常。谨呈。

附二：

监察院指令　要字第一一一零号

二十五年十月二十六日

令湖南湖北监察区监察使高一涵，二十五年十月三日呈字第一四六号呈一件，呈暨弹劾案并附件均悉。案经依法审查，咨送司法院转发办理矣。仰即知照。此令。

院长　于右任

附三：

监察院咨请惩戒文　要字第一一一零号

二十五年十月二十六日

案据湖南湖北监察区监察使高一涵弹劾湖北宜昌公安局局长金广印滥征苛捐，暨该局第三分局局长陈文进违法拘押一案，当经依法交由监察委员罗介夫、王子壮、朱雷章审查去后。兹据报告，认为应请将被弹劾人移付惩戒，其关于刑事部分，应移送该管法院办理，以惩非法，而肃官常等语。据此，相应抄检本案各件，咨请贵院查核转发办理。

此咨

司法院

抄件（略）

院长　于右任

（《监察院公报》第一〇五期）

“提劾湖南常德县第八区区长全浩然侵占公款违法犯刑案”弹劾文

（1936 年 10 月 29 日）

为提案弹劾事：案查前据湖南常德县民王伯琴等及黄子春等先后呈诉该县第八区区长全浩然贪赃枉法等情一案，节经本署先后函准常德县政府函复，复经函准常德地方法院检察处函送起诉书一份过署，经加审核，对于该区长所犯侵占及伤害两部分，应予提案弹劾，爰将其确实情由，分陈如次。

（一）侵占部分。兹就原起诉书称“被告全浩然系常德第八区区长，上年废历九、十月间，协助县禁烟委员会办理禁烟，于其管辖周家店地方，搜得刘伯林烟土二十五两四钱，皮望生烟土四十七两零，二共七十二两四钱零，被告呈缴禁烟委员会仅六十五两五钱。又处罚烟民曾宪哲罚金三十元，呈缴禁烟委员会又仅二十元。合共侵占烟土六两九分零，及罚金十元。又被告于本年二月间向县政府科员罗福臻（现去职）购买连枪子弹三卡，每卡二元，计算费银六元，又有当地农人陈某拾得炸弹一枚，因惧祸投赠被告，由被告予以奖金两串，连同收受县政府刘姓政警之炸弹二枚，亦共仅费茶一元零二串，被告开销公家款项，竟浮报买连枪子弹费十二元五角，炸弹费九元二角，并藏匿一枚炸弹归己，合共侵占公款二十元零三角余，与炸弹一枚”等语。是则该区长所犯侵占烟土烟案罚金暨浮报购买枪弹公款之不法行为，至为显明。

（二）伤害部分。兹就原起诉书称“假借职务上权力，伤害沈德沛身体……于告诉有效期间，出头告诉，自未便以事过境迁，未经验有伤单，置而勿论”等语。查该沈德沛以领照衍期，既被该区长全浩然拘罚，复擅用体刑，掌责成伤，是该区长假借职务上之权力，并犯伤害罪，事证又属显然。

综上两部分，既经常德地方法院检察处函准常德县政府派员详细查复，复经该处传集人证，侦讯明确，该区长确属违法犯刑，理合依法提出弹劾，并抄附原起诉书，呈请依法移付惩戒。所有刑事部分，既经该管常德地方法院检察处提起公诉，仍应由该院办理，仰祈鉴核施行。谨呈。

附一：

委员熊育锡张华澜于洪起审查报告书

为审查报告事：案奉交下湖南湖北监察使高一涵弹劾湖南常德县第八区区长全浩然侵占公款违法犯刑一案，经委员等会同审查。佥以该区长全浩然协助办理禁烟，侵占烟土及罚金与购买连枪子弹，及收受炸弹，浮报子弹费炸弹费，显属意图侵占。至假藉职务上权力，伤害烟民沈德沛，均属违法犯刑，应请移付惩戒。本案刑事部分，既已系属法院，仍应由法院办理。谨呈。

附二：

监察院指令　要字第一一三二号

二十五年十月二十九日

令湖南湖北监察区监察使高一涵，二十五年十月八日呈字第一五零号呈一件，呈件均悉。本案已依法咨行司法院转发办理矣，仰即知照。此令。

院长　于右任

附三：

监察院咨送惩戒文　要字第一一三二号

二十五年十月二十九日

案据湖南湖北监察区监察使高一涵提劾湖南常德县第八区区长全浩然侵占公款、违法犯刑一案，当经依法交由监察委员熊育锡、张华澜、于洪起审查去后。兹据报告，佥以该区长全浩然应请移付惩戒。本案刑事部分，既已系属法院，仍应由法院办理等语。据此，除指令外，相应抄检各件，咨请贵院查核转发办理为荷。

此咨

司法院

抄件（略）

院长　于右任

（《监察院公报》第一〇五期）

“提劾湖南汉寿县税务办事处主任华承亨违法失职案”弹劾文

（1936年10月30日）

为弹劾事：案查本署前据湖南汉寿县民刘正卿呈诉该县税务办事处主任华承亨违章苛敛，民不聊生，暨该办事处田赋催征吏彭裔碧等呈诉该主任薪留势迫，枵腹从公等情到署，当经函行湖南省政府财政厅并案查复去后。兹准该厅函，以该前主任华承亨（因税务办事处已被撤销）被诉违章苛敛，民不聊生之第一案，已饬据科员王厚基查明呈复。其被诉薪留势迫，枵腹从公之第二案，亦令经该前主任自行呈明，并分别抄附原呈各一件前来。除该前主任华承亨被诉第二案，就其自行呈明之文观察，原诉多与事实不符，难于论究外。兹照财政厅王科员查复第一案原呈内略称，“查该县田赋，积弊颇深，粮册户名多系堂名不载的名，又有飞洒之习，往往粮户居住甲乡，而赋银列入乙乡，甚或散见乙丙各乡，错综复杂，莫可究诘，其真实底册，藏在册书之手，彼等操纵把持，视为私产。民国初，县议会主张取销册书，然于册书所持之真实底册，未能追出，故催追时仍须雇用司事及催征吏下乡催追，名额多至二百余人，其薪资旅费全系取之粮户，每两正银加征洋三角，作为征收员及司事津贴。又粮户每户正银五钱以内者，加征洋一角，正银洋五钱以上者，加征洋二角，作为催征吏津贴，二者皆厅令规定以外之需索。然过去在县政府及税务局主办时，均沿用之，有案可稽。全县设东南西北四分柜，开征时由各柜征收员在分柜征收，因之各征收员常有亏欠公款之弊发生。洎办事处成立，主任华承亨乃将分柜收回，在县城设立总柜征收日征收，每日征收税款，全部缴处，避免经征人员之亏欠，然于每两加征洋三角，及每户加征一、二角之陋规，仍旧存在。据云接办之初，本欲废止，因法定催追费收入无多，已发给县政府政警队及保安团所添催追枪兵等旅费，而该县司事及催征吏，虽经裁减，尚有司事八人，催征吏六十人，薪饷旅费无着，不能下乡催追，县地方法团以附加关系，函请仍维原状，故未即时取缔，至四月一日乃悬牌停止征收。职遍查该处征收员账目，则四月一日仍在继续征收，至四月十七日始行停止。以上系查明刘正卿呈控该主任违法浮收催追费之情形。其次关于浮收尾数一节，亦经职查明该处征收田赋，由银两折合银元时，系将厘作分，致每张券票洋浮收一二分，当即责问该征收员等何以如此浮收。据答称，田赋柜人员所用笔墨纸张，全系自备，藉此尾数赢余收入，以资弥补。职乃转问华主任，查该处田赋部分有额定公费，何以不发给笔墨纸张，而任其浮收尾数，华主任答谓该处全部公费月仅三十六元，不敷开支，故未发给等语。查该汉寿县田赋积弊甚深，田赋每两正银加征洋三角，作为征收员及司事津贴，粮户每户正银五钱以内者，加征洋一角，五钱以上者二角，作为催征吏津贴，其加征之数，殊属骇人。虽属在过去县府及税务局主办时代，均沿为用，然二者究皆系财政厅规定以外之需索，该前主任接办以后，既曾欲加以废止，是实已明知此项额外加征，为有害人民，有违法令，应即毅然废止，乃又藉口于法定催追费收入无多，催征吏薪饷旅费无着，不能下乡催追，以及县地方法团函请维持原状，不能即时取缔，竟不果行，然即使事实上有所需要，亦应呈候厅令核示，或另筹他种补救办法，何可瞻徇各公法团之要求，认作征收根据。按该前主任为依据法令征收赋税之公务人员，明知不应征收而征收员司津贴费用，实不惟违法，应犯有《刑法》第一百二十九条第一项“公务员对于租税或其他入款，明知不应征收而征收”所规定之情形。次查汉寿县税务办事处，既有办公费用，对于田赋柜人员所用笔墨纸张，自应按时发给，即使公费数额有限，不敷开支，亦应呈厅核示，或另筹他法，而该前主任乃遽行抑留不发，又复犯有同条第二项“公务对于职务上发给之款项物品，明知应发给而抑留不发”所规定之情形。同时田赋柜人员，以其抑留不发之故，竟致藉每张券票浮收洋一二分，以资弥补之犯罪结果，纵不能谓该前主任有教唆情事，要为其间接促成，则可断言。犯刑情形，需当加重。再查湖南财政厅《田赋征收章程》规定正赋催追费，应由催征吏临门征收，而该前主任竟在柜附带征收，亦属违法失职。综上所论，该前湖南汉寿县税务办事处主任华承亨浮征田赋，抑留物品等等之所为，既属违法失职，且又触犯刑事，爰特提案弹劾，请即依法移付惩戒。并将刑事部分，移交法院办理，以肃官方，而儆效尤。谨呈。

附一：

委员胡伯岳白瑞程运鹏审查报告书

为审查报告事：案奉交下湖南湖北区监察使高一涵弹劾湖南汉寿县税务办事处主任华承亨违法失职一案，经委员等会同审查。佥以该前主任华承亨征收田赋，额外加征员司津贴费用，为数颇巨，又抑留公费不发，竟致征收员浮收尾数，以作笔墨纸张费用，是其所为不仅有违法令，且触犯刑章。既经监察使署查明属实，依法即请将该前湖南汉寿县税务办事处主任华承亨移付惩戒，其刑事部分，并应交法院讯办。谨呈。

附二：

监察院指令　要字第一一三四号

二十五年十月三十日

令湖南湖北监察区监察使高一涵，二十五年十月六日呈字第一四七号呈一件，呈既弹劾案并附件均悉。案经依法审查，咨送司法院转发办理矣，仰即知照。此令。

院长　于右任

附三：

监察院咨送惩戒文　要字第一一三四号

二十五年十月三十日

案据湖南湖北监察区监察使高一涵弹劾湖南汉寿县税务办事处主任华承亨违法失职一案，当经依法交由监察委员胡伯岳、白瑞、程运鹏审查去后。兹据报告，认为依法应请将该前湖南汉寿县税务办事处主任华承亨移付惩戒。其刑事部分，并应交法院讯办等语。据此，相应抄检本案各件，咨请贵院查核转发办理。

此咨

司法院

抄件（略）

院长　于右任

（《监察院公报》第一〇五期）

“提劾湖北钟祥县第七区区员胡荫生非刑勒索聚众殴警案”弹劾文

（1936年10月30日）

为弹劾事：案查本署前据湖北钟祥县民张云梯等，呈诉该县第七区区员胡荫生非刑勒索、苛捐害民等情一案，当经函行钟祥县政府查复去后。兹准复文内开：“案奉钧署本年七月二十四日行字第三二七号公函内开，案查前据湖北钟祥县民张云梯等，呈诉该县第七区区员胡荫生非刑勒索，苛捐害民等情一案，业经于二十四年十月间，函请贵政府查复，迄未准复前来，相应再请查照前函，迅予查明见复为荷等因。奉此，查此案前奉湖北省政府省民二字第二六一六号训令，以据该县第七区和平乡联保主任李楚风等呈诉该区区员胡荫生钻营要职，冀图乘机窃发，恳予撤职惩办等情，附抄发原呈，饬即按照原诉情节，查明依法办理具报。并奉湖北第六区专员公署精字第七四二四号训令，事同省令。暨图字第九一三五号训令，事同前因。同时并分据该联保主任李楚风等暨公民张云梯等径呈前来。正办理间，复奉钧署第一四一号公函，并抄附张云梯等原呈一件下县，经并案令饬本县财务委员会委员长张壁华即日前往，按各原诉情节，分别彻查明晰，据实具复，以凭核办去后。嗣据该委员长呈复称，兹将查得所诉两案情形，分别缕陈于后。（一）据和平乡联保主任李楚风等，所控胡荫生于张区长述南任内，私充区员，经地方反对，匿迹城内，自该区水灾以后，三德乡壮丁队，因无食宿，曾劫掠船上布匹西药，藏在胡荫生家中，显系早有勾结等语。查该区前遭水灾之际，该胡荫生确已离所晋城，有如原诉所云指为早有勾结，似近欲加之罪。三德乡壮丁队，当洪水弥漫之际，顿起变乱，劫掠船只，事诚有之，至赃物运藏胡荫生家中，查无实据。且该三德乡壮丁队，与胡荫生居处之胡家岗，相距二十余里，山湖各不相牟，何肯将所劫之物，运藏于户主远去之家，揆诸情理，似有未实。（二）据和平乡公民张云梯等，原诉胡荫生在快活铺抽收肩挑负贩落地税二百或三五百文等语，查该区公所移至快活铺，设有公安警两班，其经费来源，洵系仰给各商号之门面捐，诉谓抽收肩挑负贩落地税二百或三五百文，经侦诸当街各小负贩，咸称并无其事，原诉或有误会，亦未可知。又诉不论民刑诉讼，一经先发，不问是非曲直，即派丁绑捆押所，非刑拷打，如欲止刑，须纳手续费洋五元或十元不等，并勒索纸烟鸦片等物，有杨保长秀廷、农民蔡志三、商民王玉亭等可以足证等语。查上项情事，各当事人均已正式起诉，一经鞫质，自成信彻。又诉该区所领急赈洋一百五十余元，蚕豆六十袋，另仓谷三十六石，迄今月余，均未发放等语。查上项赈品及仓谷前奉饬到达该区时，均已监放清楚，并无舞弊情事。总之该胡荫生在本区之内，迭任要职，处事待人，均有未洽，以故地方人士，责有烦言，此不能为该被告讳者。奉令前因，理合将并案所查情形，具文复请钧长鉴核等情。据此，当将蔡志三等，所控伤害自由部分，交由司法办理，并已分别呈报湖北省政府，暨湖北第六区专员公署在案。嗣因胡荫生抗传不到，聚众殴警，以致时日延长，案悬未结，亦经呈请通缉有案。兹奉前因，理合将查明第七区区员胡荫生被控非刑勒索，苛捐害民，暨办理经过情形，备文呈复钧署鉴核等由。准此。查该区员胡荫生被控伤害及妨害自由部分，既经该县交由司法办理，自应投案应讯，乃竟敢抗传不到，致被通缉，其情虚畏罪，已甚显然，加以聚众殴警，尤属违法犯刑。爰特提案弹劾，请即依法移付惩戒。其刑事部分，仍应由该管司法机关办理，以肃法纪，而儆效尤。谨呈。

附一：

委员刘莪青李宗黄胡伯岳审查报告书

案奉交下高监察使一涵弹劾湖北钟祥县第七区区员胡荫生非刑勒索、聚众殴警一案，经审查结果。认为该区员非刑勒索等情，既经被害人情愿作证，并曾控诉在案，乃法院传讯，该区员竟抗传不到，聚众殴警，实犯渎职伤害等罪，应即移付惩戒。其刑事部分，仍由法院依法办理。谨呈。

附二：

监察院指令　要字第一一三八号

二十五年十月三十一日

令湖南湖北监察区监察使高一涵，二十五年九月十日呈一件，呈件均悉，案经依法审查，咨请司法院转饬核办矣，仰即知照。此令。

院长　于右任

附三：

监察院咨送惩戒文　要字第一一三八号

二十五年十月三十日

案据湖南湖北监察区监察使高一涵提劾湖北钟祥县第七区区员胡荫生非刑勒索、聚众殴警一案，当经依法交由监察委员刘莪青、李宗黄、胡伯岳审查去后。兹据报告略称，认为应将该区员胡荫生移付惩戒，其刑事部分，仍由法院依法办理等语。据此，相应抄检各件，咨请　贵院查核转饬依法办理。

此咨

司法院

抄件（略）

院长　于右任

（《监察院公报》第一〇五期）

“提劾湖北枣阳县县长张锡典违法犯刑财务委员会委员长王云阁违例失职案”弹劾文

（1936 年 11 月 14 日）

为提案弹劾事：案查前据湖北人民马伯援函略称：枣阳棉花，年产六万包，棉花捐每包二角，应收万余元，乃县长张锡典第一年委其私人办理，分文未缴，第二年委劣绅征收，仅缴征七元余，该县长非伙同分肥，即治事不力。正核办间，又据湖北枣阳县民陈国阳等呈略称：枣阳县财务委员会委员长王云阁，（一）去岁违令擅制一元借券，按户勒派，陈国阳家资不满千元，竟摊四十元，小商佃农，均不得免。（二）团捐附加，自二十年起，每两带征十元，二十三年始减八元，计收十万余元，而保安队薪饷，至去年四月份仅发三成，其余不知如何支销。（三）将公款存放县城豫庆泰生息，悉饱私囊。（四）挪移公款，开设启明书店。（五）在县府包揽券票印刷。（六）恐吓屠宰税主任陈东明迫捐洋一千元。（七）吸烟聚赌各等情。据此，业经令本署调查科科长安梦周、调查员张家珏会同查明呈复，并分别检抄原卷及证件前来。经加审核，认为该县长张锡典，及该委员长王云阁等违法犯刑，证据昭然。兹将调查属实部分，分叙如次。

（甲）关于湖北枣阳县长张锡典之违法刑事项：

（一）违法征收棉花改进捐部分。兹据原呈复称：查棉花为该县出品大宗，年产约十万包（见附件一第一页）。二十三年该县县政府第一次县政会议议决，设棉业改进委员会，推定余鸾笙、杜新民、姜蕴璞、靖融

五、王尔济等五人为筹备委员（见附件一第七页）。筹备成立，由县政府委任姜蕴璞为主任委员，王云阁、杨元松、余鸾笙、靖融五、杜进德、王济、朱汝翰等为委员（见附件二第八页）。该会于是年十一月十一日召开第一次会议，并议决每包棉花向棉商抽收改进捐一角五分，如有赢余，则悉数拨作教育经费（见附件二第二页）。复于十一月十六日第二次会议，确定该会员役名额及经费数目，决议设文牍兼书记一名，司账一员，月各支十六元，事务员五员，月各支十二元，工役二名，月支六元，厨役一名，月支四元，主任委员月支夫马费三十元，办公费三十元，各事务员每月下乡旅费十元，总共月支经费一百七十八元（见附件二第九页），呈经县政府备案（见附件二第十三页）。二十四年春，湖北省棉花搀水搀杂取缔所第三区分所在该县设立，该会即于是年元月撤销。查该会成立数月，毫无建树，据主任委员姜蕴璞面称，共收改进捐九百余元，计拨付棉业公会二百余元，公共体育场四十元，代县政府垫付中心小学二百元，其余均用为该会经费开支，业经呈报县政府准予核销（见附件三）。然据县长张锡典面称，该会所收捐款，用途尚未呈报，县政府正在严催中。并称，此项改进捐，未经呈报省政府核准（见附件四）。该县长未经呈准，滥委人员，擅收改进捐，实属违反中央废除苛捐杂税之法令。而棉业改进会撤销，业经年余，其所经收捐款用途，究竟曾否呈报县政府核销，虽情词各异，然退一步言，即果如该县长所称未报，为何迄今竟任其不报，其玩忽职守，尤属显然等语。查前豫鄂皖三省“剿匪”总司令部于二十一年十二月二十二日颁行之《“剿匪”区内整理县地方财政章程》第十八条明定：“遇有增减税捐之必要，应先由财务委员会拟定办法，再由县政府征集各法团意见，依次递呈财政厅省政府核准，不得向人民征收任何税捐。”依此规定，该县长张锡典如认为有征收棉花改进捐之必要，应先由财务委员会拟定办法，再征集地方各法团意见，并呈报财政厅省政府核准，方合定章。今不遵照定章办理，仅根据棉业改进委员会之议决，遽予批准备案，是该项改进捐，虽由棉业改进委员会征收，然不经该县长核准，该会决不敢贸然征收，是即与该县长直接征收无异。况该项改进捐之征收时期，又在“剿匪”区内整理县地方财政章程颁行之后，则该县长明知不应征收而竟征收，其触犯《刑法》第二百二十九条所规定之渎职罪，更属显然。

（二）违令征收棉花教育捐部分。兹据原呈复称：至二十四年度开始，有政府核定该县地方岁入预算，将屠宰税附加县政教育两项，由二万头改以四万头计征，原定屠宰税附加每猪一头，附征县政捐二角，教育捐一角，全年以二万头计算，共征六千元，以四万头计算，则增一倍。该县营业稽所，以由二万头骤增至四万头，地方附加县政教育两项，共列一万二千元，计超过正税四千元，值此市面萧条、民穷财尽之际，实难如额征解，呈县请为转呈层峰，仍照原额征解。该县长以所呈尚属实情，而支出预算，又均指有用途，乃呈请省政府以准在棉花行所收之佣金内，每元抽收行用捐二角，以资抵补。并称召集地方各机关法团开会讨论，佥以此项捐款，系向各花行所收之佣金内，每元抽收二角，在花商方面并未增加负担，在花行方面不过少得佣金，亦无损失，事关维持地方各项事业，各行商均甚乐从等语（见调卷第一页至第三页）。省政府以抽收棉花行佣捐，类似厘金，且涉及苛细，未予核准，饬将佣金定率及行商自愿捐资证明文件，暨缴款手续，呈明再核（见调卷第六页）。该县长遂即呈称，该县花行所抽行佣，并未超过法定三分通案范围，各行商鉴于地方教育落后，经费困难，自愿就所收之佣用内，每元抽出二角，将名称改为‘枣阳县棉商乐输教育经费’。其缴款办法，责由财委会印制三联收据，会同棉业公会，按月向各行商收缴，以免苛扰，并取具棉业公会自愿捐资志愿书，一并呈核（见调卷第七页）。省政府以既系行商自愿乐输，并于呈内叙明缴款办法，及棉花行佣未超过法定三分通案范围各情形，遂以省财三字第一三五八八号指令照准（见调卷第八页）。不料省政府核准后，该县长不照呈准办法办理，忽委陈大祥为棉花教育捐稽征所主任，向花商设所专征（见调卷第十页），并准其在该县第一区所属之随阳店，第二区所属之陈家店，各设分卡一处，征收花挑捐，每挑重量在五六十斤者，概以半包计算，收捐一角。县政府除布告晓谕挑花小贸易商人遵照纳捐，不得违抗外，复通令各设卡所在地联保主任切实协助（见调卷第十一页至第十四页）。查此项棉花教育捐，该县长呈准省政府，系以各花行自愿在所收佣金内每元乐输二角，规定由财委会会同棉业公会，按月向花行收缴，自不得向花商收捐。今该县长忽于呈准省政府后，委陈大祥设所专征，并准其在各乡镇设卡征收花挑，几于变相厘金，不惟与省政府原旨违背，且与中央裁撤厘金废除苛杂功令抵触，公然违法，事实昭彰。复查该陈大祥于去年十一月奉委，本年四月初卸事结束，在职四个多月（见调卷第六十五页至六十七页）。正值花市畅旺之际，依据湖北棉花搀水搀杂取缔所第三分所统计，自二十四年十二月起，至二十五年三月止四个整月，该县棉花土机包共为一万二千〇八包（见附件五），按包二角收捐计之，应收捐洋二千四百一元六角。然核阅该陈大祥卸事后造报县政府收支款项数目清册，仅收七百八十三元五角，则有一千六百十四元一角不符。即就该所收入之七百八十三元五角，报解仅九元七角二分，其余七百七十三元七角八分，悉截留为所内开销（见调卷第六十五页至六十八页）。查该项棉花教育捐，既经设所征收，而（一）变更省令在各乡镇设卡，将应取之于花行者取之于花商，并有县府布告及通令，事证确凿。（二）依据该县全县棉花运销（二十四年十二月至二十五年三月）包数与应收捐数，陈大祥报告收数已不能达到三分之一，县府并未查究，已属可异。（三）即此未达三分之一之收数，复几于全数供机关之开销，仅报解数元，名为抽捐兴学，实则抽捐维持征收机关，商与民既交受其病，而教育经费终未增加分毫，既违反中央废除苛杂之法令，复违背地方抽捐兴学之本意，该县长身为主管长官，对此项棉花教育捐，宜如何认真督促，以求核实，乃该县长事前对稽征所组织与经费，既不予以规定（见附件四），事后复不详加查察，听凭该主任陈大祥任意滥支呈报，竟然准予备查（见调卷四十三页）。地方人士多谓该县长与陈大祥有所默契，伙同分肥，虽经查无实据，然不能谓事出无因。该县长督责不严，考察不周，致演成此种徒苦商民、无补教育之结果，谓为废弛职务，似已百口莫赎矣等语。查阅枣阳县政府棉商乐捐教育捐案卷，该县长系于二十四年十二月二十三日奉到湖北省政府省财三字第一三五八八号指令核准棉花教育捐按照每元棉花行佣抽收二角，并由该县长就原指令批示办法，则该项捐款之开征，自应在奉到省令以后，乃该县长竟先于二十四年十一月二十五日令委陈大祥为棉花教育捐稽征所主任（见原卷第十页），同日开征（见原卷第十三页），并于同年十二月三日，发出布告叙明业经湖北省政府核准，是则不待省政府核准指令到县，遽敢先行开征，其责任应与未经核准者同视，此其违令者一也。查该项捐款之缴纳办法，原定由财务委员会印制三联收据会同棉业公会按月向各棉花行收缴，曾经呈准湖北省政府在案。乃该县长竟敢不遵呈准办法，私设稽征所，令委陈大祥为该所主任，并准其在各乡镇设卡征收花挑捐，使各棉商不堪其苛索，直等于变相厘金之设立，此其违令者二也。再查原卷，该项捐款办法，先后两次呈报湖北省政府，文稿（见原卷第一、二、三及七页）均经该县长分别划行，签名盖章，而湖北省政府省财三字第一三五八八号指令（见原卷第四、五、六及八、九页），亦由该县长批明迅速出示，并经其盖章，是则该县长对于此案情节，已了如指掌，其所发出之布告及训令，自应遵照省令办理，不料该项省令准向棉花行每元佣金抽收二角，而该县长发出之布告及训令，竟改向棉花商每包（重二百斤）征洋二角，并谓其业经呈奉湖北省政府核准，是该县长明知其为不实之事项，仍敢捏造情节，登载于职务上所掌之公文书，而使一般棉商受其损害，此不仅违反湖北省政府之指令，亦已触犯《刑法》第二百十三条所定之公务员虚伪登载罪，至为明确。

（三）违反征收田赋教育捐部分。兹据原呈复称：该县长于二十三年九月召集临时县政会议，不惜增加人民负担，议决凡花户完纳二十二、三两年田赋者，一律随征教育捐一角，计自二十三年五月至二十五年四月止，共收洋五千六百七十八元。因此项捐款，未经呈报省政府核准，不能公开载于票面，遂另制收据（见附件六），于各花户完粮时收据随票发给，乡民无知，均受其愚。该项教育捐之收入，虽谓为补助本县教育经费之不足，其用途究否真正名副其实，因无案卷细账可查，殊难明悉底蕴等语。查该县长征收田赋教育捐，事前既未呈请湖北省政府核准，事后又无案卷细账可查，其征收之当时，且不敢公开载于票面，另制收据，随票发给，此不仅愚弄乡民，任意苛索，实亦违背前豫鄂皖三省“剿匪”总司令部颁行之《“剿匪”区内整理县地方财政章程》第十八条之规定，其有渎职行为，已无疑义。

（四）浮收团捐及田赋部分。兹据原呈复称：该县田赋亩捐，额外浮收，花样繁多，众口一辞，当职等到该县查案时，对于该项税收情形，曾特别注意，予以密查。查得花户武德堂应完二十一年亩捐六角，征收员实收一元二角，浮收六角。应完二十三年亩捐九角六分，实收一元，浮收四分（见附件七甲）。又花户齐永刚应完二十四年上下忙田赋一元三角六分，征收生唐功勤实收一元四角，浮收四分。又花户齐宏道应完二十年、二十三年、二十四年等三年上下忙田赋一元六角八分，实收一元八角八分，浮收二角（见附件七乙）。又该花户齐宏道应完二十一、二、三三年亩捐三元四角五分，征收生王立生实收四元，浮收五角五分。齐永刚应完二十四年亩捐二元二角四分，实收二元三角，浮收六分（见附件七丙）。以上三花户，应完田赋亩捐十元二角四分，共计浮收一元四角九分，此不过就一时调查之发觉者而已。以十元二角四分之捐赋，竟浮收达一元四角九分之多，由此例推，平时之不实不尽，更可想见。该县长职司何事，漫然不察，自属责有攸归等语。查该县征收生唐功勤等，浮收团捐及田赋，不仅事实真确，且成为普遍现象。该县长对于此等行为，漫不察觉，纵无朋分之事实，断难免失察之过咎。

（乙）关于湖北枣阳县财政委员会委员长王云阁违例失职事项

兹据原呈复称：因职等在豫庆泰调查该会存款时，曾查出该委员长王云阁私人在该号存款三千九百九十元业已付讫之账中，内有七百八十五元，注明系该委员长陆续作打牌之用，中有五十元系注明在财委会内打牌，由该号派人送去者（见附件十三）。该委员长身为地方财务委员会主要人员，竟在公立机关财委会公然打牌，殊属非是等语。查该委员长王云阁，身为公务人员，竟敢以公共机关之财务委员会作为聚众打牌之处所，其行为违反《公务员服务条例》，已属显然。

综上情由，该枣阳县县长张锡典，实属违犯刑法，该枣阳县财务委员会委员长王云阁，亦属违例失职，爰特依法提起弹劾，并检同原送卷宗及证件，一并呈请依法移付惩戒。所有关于刑事部分，并祈移送法院究办，以惩不法，而伸纲纪。谨呈。

附一：

委员巴文峻王宪章段宏纲审查报告书

为审查报告事：案奉交下湖南湖北监察使高一涵弹劾湖北枣阳县县长张锡典违法犯刑，暨财务委员长王云阁违例失职一案，经委员等详核弹劾原文，佥以该县长张锡典种种违法征收，事实确凿，无可讳词。该财务委员长王云阁公然于机关会所聚众赌博，实违反公务员服务条例，亦属失职。据上理由，既经湖南湖北监察使署派员调查明白，自应依法将被弹劾人张锡典、王云阁移付惩戒。关于刑事部分，应由该管法院侦查审理。谨呈。

附二：

监察院指令　要字第一二六四号

二十五年十一月十四日

令湖南湖北监察区监察使高一涵，二十五年十月七日呈字第一四九号呈一件，呈件均悉。案经依法审查移付惩戒矣，仰即知照。此令。

院长　于右任

附三：

监察院移付惩戒文　要字第二八九号

二十五年十一月十四日

案据湖南湖北监察区监察使高一涵提劾湖北枣阳县县长张锡典违法犯刑，暨财务委员会委员长王云阁违例失职一案，当经依法交由监察委员巴文峻、王宪章、段宏纲审查去后。兹据报告略称：应依法将被弹劾人张锡典、王云阁移付惩戒。关于刑事部分，应由该管法院侦查审理等语。据此，相应抄检各件，移付贵会查核办理。

此移

中央公务员惩戒委员会

抄件（略）

院长　于右任

（《监察院公报》第一〇七期）

“提劾湖南湘潭县县长刘绍諴乡长马汉良王德周违法渎职案”弹劾文

（1936年11月24日）

为提案弹劾事：案查前准钧院秘书处第二六七〇号公函交办以据湖南湘潭县民马光奎等呈诉该县县长刘绍諴等不经呈准，藉编组保甲名义，再筹租捐殷实捐等情一案，并检附马光奎等原副呈一件到署。查此案前据湘潭县民朱绍文等以湘潭县长刘绍諴，第五区区长马元珍藉名苛捐、贪污殃民等情呈诉到署。当经函准湖南省财政厅财四字第九五一号公函节开：查此案，曾据该县人民朱绍义、马光奎、黄超然等以同由呈经省府，先后委派本厅视察员赵乃明，民政厅视察员龙之瑞、王潜恒等前往彻查，并根据呈复情节，分别处理于下。（一）县长刘绍諴筹措编组保甲经费，不切实遵依法令，致起纠纷，应予记过一次。区长马元珍，乡长马汉良、王德周均属咎有应得，应予撤职。（二）该县租捐殷实捐二种，既未经核准备案，应即立时停止征收，其已收者，如仅收租捐，或殷实捐之一种，而未同时收取门牌捐，应由原经手区乡长，列数公布，惟款已使用，据查尚无中饱情事，各输捐人不得藉词索还，以息纠纷。（三）其已抽收门牌捐，而又重收租捐或殷实捐者，应将重收之捐发还，并着该县妥拟办法，呈准施行。以上三项，业经令县遵照在案，准函前因，相应查案函复贵署请烦查照”等由。准查本案既经该厅视察员赵乃明呈复，为求明了全案情节起见，实有查阅原呈复文之必要，爰再函准该厅将视察员赵乃明、龙之瑞、王潜恒等呈复原文抄送到署。经加复核，认为该湖南湘潭县县长刘绍诚，暨该县花萼乡乡长马汉良确有违法渎职、触犯刑章之行为，该县天马乡乡长王德周确有违法犯刑之行为。爰就查得之事实，分陈于次。

（甲）关于湘潭县长刘绍諴部分

据湖南省民政厅视察员王潜恒原呈复节称：曾调阅该县关于本案全部案卷，得悉该县府于上年一月奉令编组保甲，经于一月十六日召集各区区长及县属各法团举行编组保甲会议，议决所需印刷及事务等费，均由各区就地筹摊，旋奉钧厅二十四年一月三十一日人字第八八二三号指令准予备查。三月十五日该县府复召开第三次编组保甲会议，讨论具体筹款办法，经议决采用抽收租捐殷实捐门牌捐三种，由各区斟酌地方情形，择一抽收，即一面专案呈请钧府备案，一面通令各区拟定抽收捐款标准，及收支预算呈核。及至同年五月六日该县府奉钧府五月四日民人字第一〇一五五号指令，对于保甲经临各费，饬遵照四月二十九日省民人字第一二八一号训令，以二十四年度团款附加减征八角，充作保甲经临各费一案办理。该县府以二十四年田赋照例须至二十五年一月方有收入，而此项编组工作，需款迫切，事实上缓不济急，且该县府自召集各区区长及各法团议决就地筹措之办法呈奉钧厅指令准予备查，各区即以着手编组抽收，该府并于五月一日布告晓谕人民踊跃输缴。惟此次筹措编组保甲临时经费所采三种捐款，在钧府尚未批准以前，即布告施行，虽曰限期急切，迫不及待，究不免擅专之病，及奉钧府四月二十九日省民人字一二八一号训令，及九月十三日省民三字第三〇一号，及十一月十九日省民三字一二三〇号指令，明白指示纠正后，又不遵令办理。虽曰中途变更，事实上诸多困难，究不免玩忽上令之嫌等语。查增加人民负担，应先呈准，早经中央通饬遵照有案。该县长刘绍諴筹措保甲临时经费，自应遵令办理，乃对于租捐殷实捐门牌捐三种捐款，未先呈准湖南省政府，擅行通饬征收于前，复不遵照湖南省政府三次令文，立即停止征收于后，此不但有违省令，亦与中央功令抵触。况该县政府抽收租捐殷实捐门牌捐三种，交由各区斟酌情形，择一抽收之办法，系经三月十五日第三次编组保甲会议议定，而湖南省政府以二十四年度团款附加减征八角，充作保甲经临各费之有民人第一二八一号训令，系于四月二十九日发出。湖南省政府饬照上项训令办理之民人字第一〇一五五号指令，该县则在五月六日奉到。两相核计，相距仅四十余日，为时尚属甚短。又查该县晓谕人民踊跃输缴之布告，系于五月一日颁发，其时各区乡尚未实行征收，已可想见。而距五月六日奉到省府指令之时，仅有五日，距奉到省府四月二十九日所发训令之时仅有二日，在此极短时期内，该县长如果奉公守法，则遵令更正，事实上当无困难，即以该县长认为二十四年度田赋，照例须至二十五年一月，方有收入，而此项编组保甲工作，需款迫切，事实上缓不济急，不难设法抵借应用，渡过难关。该县竟不此之图，一意孤行，举行各项捐款，事先不经呈准，已属咎无可追，违令擅征苛捐，更属责无旁贷，是其明知不应征收而征收之行为，足以构成《刑法》第一百二十九条所定之渎职罪，已属明显。

（乙）关于湘潭县花萼乡乡长马汉良（即原诉所称之为马翰良）部分

据湖南省民政厅视察员王潜恒原呈复节称：职以访问该区花萼乡乡长马汉良曾被控于财政厅与本案有关，因于本月二十一日径往该乡访查，果查得该乡第三保甲第四甲马兰初、马恒升、马大均等家，及第六甲边作良家，均经抽收殷实捐门牌捐两种。质之乡长马汉良，始犹否认，及传出捐人对质，提出收据（各执收据两纸经验明发还）并具切结后，乃不能再加解辩。职犹恐由于经手人舞弊与乡长无关，故又经传当日协同收捐之乡警马道纯，及保证马松亭与出捐人对质，证明系先后奉了公所令抽收，且无中饱情事。至该乡同一保内，或同一甲内，并行两种捐款，尤为普遍现象。虽加征之捐，该马乡长并未中饱，但一地甚至一家，并抽两种，显违该县县政府规定各区斟酌地方情形择一收捐之原则等语。查该乡长马汉良奉令收捐，自应遵照湘潭县政府令，就租捐殷实捐门牌捐三种之中，择一抽收，乃竟违背县令，并行征收殷实捐及门牌捐两种，是其明知不应征收之行为，亦已触犯《刑法》第一百二十九条所定之渎职罪。

（丙）关于湘潭县天马乡乡长王德周部分

据湖南省民政厅视察员龙之瑞原呈复节称：滥用体刑之点，该乡长（即王德周）等对于讯问窃盗犯李富梅及李大荣（即告诉人所称牛贩）实施笞责，系属实在。至于彭桂生、刘宗一（即刘四篾匠）、陈文兴（即陈日星）未被笞责，众口同音。除陈文兴已回祁阳原籍，不及传讯外，其余均先后具有切结，事实正确等语。查法官讯问被告时，依照《刑事诉讼法》第九十八条之规定，尚不得用强暴胁迫利诱诈欺及其他不正之方法，该乡长王德周，仅以自治人员之身份，对于讯问窃盗犯，竟敢擅用体刑，实属触犯《刑法》第二百七十七条所定之伤害罪。

综上情由，该湘潭县长刘绍諴，暨该花萼乡乡长马汉良，均属违法渎职，触犯刑章。该天马乡乡长王德周，亦属违法犯刑。理合一并提出弹劾，并抄同湘潭县民朱绍文等呈诉原文，暨湖南省民政厅视察员王潜恒呈复全文，呈请钧长鉴核施行。所有关于刑事部分，并应依法移付司法机关办理，以惩非法，而儆效尤。谨呈。

附一：

委员刘莪青梅公任朱宗良审查报告书

为审查报告事：案奉交下湖南湖北监察使高一涵弹劾湖南湘潭县长刘绍諴等违法渎职一案，经委员等会同审查。佥以该县长刘绍諴奉令办理编组保甲，筹措保甲经费，召集各法团会议，决议征收租捐、殷实捐、门牌捐，择一征收，已属不合。迨湖南省府三次训令指示，予以纠正，又不遵令办理，不特抗令擅征，抑且构成刑法上公务员对于租税或其他入款，明知不应征收而征收之渎职罪嫌。该县花萼乡乡长马汉良奉令征收上项捐款，违背县政府令，就租捐殷实捐门牌捐三种之中，择一抽收原则，并行征收殷实捐门牌捐两种，虽无中饱情事，显属故违县令，触犯刑章。天马乡乡长王德周，讯问窃盗罪犯，滥用体刑，既违中央禁用体刑通令，亦复触犯刑法上伤害罪嫌。以上各点，既均经湖南省政厅派员查实，被弹劾人等违法渎职，甚为显然，应请将湖南湘潭县长刘绍諴，暨湘潭县花萼乡乡长马汉良，湘潭县天马乡乡长王德周，一并移付惩戒。关于刑事部分，并应移交司法机关办理，以准法纪。谨呈。

附二：

监察院指令　要字第一三四二号

二十五年十一月二十四日

令湖南湖北监察区监察使高一涵，二十五年十月九日呈字第一五一号呈一件，呈件均悉。本案业经依法交付审查，移送惩戒，仰即知照。此令。

院长　于右任

附三：

监察院移付惩戒文　要字第三〇七号

二十五年十一月二十四日

案据湖南湖北监察区监察使高一涵提劾湖南湘潭县县长刘绍誠等违法渎职等情一案，当经依法交由监察委员刘莪青、梅公任、朱宗良审查去后。兹据报告略称：应请将湖南湘潭县县长刘绍誠，暨湘潭县花萼乡乡长马汉良，湘潭县天马乡乡长王德周一并移付惩戒。关于刑事部分，并应移交司法机关办理，以维法纪等语。据此，相应抄检本案各件，移付贵会查核办理。

此移

中央公务员惩戒委员会

抄件（略）

院长　于右任

（《监察院公报》第一〇九期）

“提劾湖北麻城县第三区区长晏志强违法渎职区员李艺圃违法犯刑案”弹劾文

（1936年11月24日）

为弹劾事：案查前据湖北麻城县第三区区员李艺圃，呈诉该区区长晏志强，挟忿谋杀、捏诬罩制等情一案，当经函行湖北麻城县政府查复去后。旋准函复，除该区长浮收印花费业经证实外，该区员李艺圃尚有强奸谋杀之情由，仍在侦讯中，复经函行该县请将李艺圃强奸谋杀一案之侦讯结果详告，兹续准该县司法处来文，并检同该案判决书前来，经加审核，对于该区长浮收印花费，及该区员妨害家庭两部分，应予一并弹劾。爰将其确实情由，分陈如下。

（一）关于晏志强浮收印花费部分。兹就麻城县县长原查复文观之，该县长是否包庇烟馆，尚未证实，而浮收印花费一节，则已成为事实。该原查复文，谓该署自五月半以前，每禀收洋二角，五月半以后，每禀收洋一角。查人民投递书状，印花税法既未明定须贴印花，受理书状之官署，自不得强制粘贴，即使依照旧例，呈文须贴印花一角，亦由人民自购粘贴，受理书状之官署，不得征收印花费。该区长对于人民书状，在本年五月半以前，竟假借印花费名义，限令每种收洋二角，是其诈欺行为，已触犯《刑法》第三三九条之规定，至为明显。

（二）关于李艺圃妨害家庭部分。查该区员与该区长晏志强，均系麻城第三区区政人员，本年五月八日，该区长因往绥静乡召开保甲会议，午夜迟归。该区员携带手枪，乘夜潜入其卧室内，与该区长之妻晏凌氏相奸。适该区长从外返家，当场闯见，随以磁瓶向该区员掷击，将头部打伤数处，当由区绅解散，旋即互诉于麻城县司法处。嗣经处侦讯前情，于本年八月八日，判决该区员妨害家庭，处有期徒刑六月，缓刑二年。是该员违法犯刑，尤为昭著。

综上所陈，该区长晏志强确有违法渎职，该区员确有违法犯刑，理合一并提案弹劾，并抄附原查复文及原判决书，呈请依法移付惩戒。所有刑事部分，除已由麻城司法处判决者外，其未经处刑之部分，应请移送该管法院办理，以惩非法，而肃官常。谨呈。

附一：

委员刘莪青胡伯岳王子壮审查报告书

奉交下高监察使一涵弹劾湖北麻城县第三区区长晏志强区员李艺圃渎职犯刑一案，经审查结果。认为该区长晏志强，假借印花费名义每票收洋二角，行同欺诈，实属渎职。该区员李艺圃与有配偶者相奸，经麻城司法处以妨害家庭罪判处徒刑六月缓刑二年，实已违法犯刑，理合依法移付惩戒。关于刑事部分除业经判决者外，其未经处刑之部分，应请移送该管法院办理，以惩非法。谨呈。

附二：

监察院指令　要字第一三二八号

二十五年十一月二十四日

令湖南湖北监察区监察使高一涵，二十五年十月十七日呈字第一五三号呈一件，呈暨案件均悉。当经依法交付审查，兹据报告，该区长晏志强等，应移付惩戒，除咨请司法院转发办理外，令仰知照。此令。

院长　于右任

附三：

监察院咨请惩戒文　要字第一三二八号

二十五年十一月二十四日

案据湖南湖北监察区监察使高一涵弹劾湖北麻城县第三区区长晏志强违法渎职，区员李艺圃违法犯刑，请予一并移付惩戒，所有刑事部分，除已由麻城县司法处判决者外，其未经处刑之部分，仍请移送该管法院办理，以惩非法，而肃官常一案，当经依法交由监察委员刘莪青、胡伯岳、王子壮审查去后。兹据报告略称：案经审查结果，认为该区长晏志强实属渎职，该区员李艺圃实已违法犯刑，并应移付惩戒。关于刑事部分，除业经判决者外，其未经处刑之部分，应请移送该管法院办理，以惩非法等语。据此，相应抄检各件，咨请贵院查照转发办理，实纫公谊。

此咨

司法院

抄件（略）

院长　于右任

（《监察院公报》第一〇九期）

“提劾湖南华容县税务局局长彭南先查催员刘承鼎违法渎职触犯刑章案”弹劾文

（1936年12月21日）

为弹劾事：案查前据湖南华容县第二区江白乡乡长王政等，呈诉该县税务局局长彭南先、查催员刘承鼎等违法舞弊、纵兵扰民等情一案，当经函行湖南省政府财政厅查复去后。兹准函复并抄同该厅先后令派视察员李如九、萧铸新等查复原呈到署。经加审核，该局长彭南先及其所属查催员刘承鼎确有不法情事，谨胪列其事实如下。

（一）关于查催员刘承鼎部分。该查催员刘承鼎对于杨对廷一案，始而以恐吓勒款，继而以泄愤捣毁，其经过之详实情形，据财政厅视察员李如九之原查复文内开：杨案发生情形，本年二月十一日华容税务局派查催契赋委员刘承鼎，率查催兵彭亿臣、彭汉臣、张以成等持粮票二张，至第二区墨山铺高陶乡催查新旧欠赋，声明奉令查催，各保须缴查催费用七元，当即前往侯乡长光照家，意欲请其会同协助。适侯出外，乃至杨保长怀湘家（杨对廷之次孙），其时杨之祖父对廷正卧床上，闻有查催员兵来家催赋，怒火中烧，责来人之非是，正言厉色，侮语频加（查杨对廷现年七十余岁，前清武秀才，为地方前辈，其长孙现充行营少将参议，次孙杨怀湘现充保长，在当地为一强有力之士绅）。该员兵等以催查费用尚未到手，而招此大辱，遂申言带区公所法办。杨当时不仅不惧，反挺身前行，员兵以言出恐慌，并非真意，现杨自愿前去，深恐事体扩大，乃改口不带案。彼时杨之孙媳，以其祖父被捕，遂至邻右召集多人，手持梭标短棍，将查催员兵围殴，并将彭亿臣、张以成等捆悬柳树，丛集横殴，均明暗受伤，经县府司法官验明有案，事后，复将催兵缚解区公所。查催员刘承鼎目睹情形严重，次日即回局报告，请局派枪兵六名，会同深夜赶至墨市，到达时杨对廷全家已闭门逃避一空，枪兵等以泄愤在即，乃破门而入，见物捣毁，并捕左右邻人犯七人带局，分别审问口供，均属从犯，次日乃交保开释。复由县府票传主犯杨对廷、杨运太等到案，旋以杨对廷年老力衰、一再诉苦邀免监禁，遂交保随传随到，现押县府者有杨运太等二名。此杨案发生经过等语。根据上述事实，该刘承鼎于本年二月十一日率查催员兵下乡，意图不法之所有，对杨对廷实行恐吓，申言将带至区公所法办，因而招致殴辱，次日即请领枪兵六名，深夜赶至杨对廷家，破门而入，见物捣毁，并捕左右邻人七人，以图泄愤。究该案之所以发生，非因杨对廷抗纳正当赋税，仅以不堪受其额外需索而起。该刘承鼎身为征收租税之公务员，是其恐吓滥捕行为，显已触犯刑章，而假借职务上之权力，以泄一时之愤恨，更应加重处罚。

（二）关于局长彭南先部分。据视察员萧铸新查复文观之，该县契税查催员薪饷，已规定在截留契纸工本及地方附加之项下开支，乃仅因契税不旺，收数无多，遂致查催员刘承鼎率队下乡，而有责令供应之事。又据视察员李如九查复文略称，该局长查催契赋委员刘承鼎率查催兵至第二区墨山铺高陶乡查催新旧欠赋，声明奉令查催，各保须交查催费用七元等语。是其所谓奉令云者，自非尽系藉口于局长之授意，而实由该局长平日有所纵容。该局长果一向奉公守法，该查催员何敢动称奉令，迫令每保缴纳查催费用至七元之多，其所带之查催兵，又何敢间有浮收诈索欠赋招待费一二元之行为，则该局长纵容部属，违法贪污，已非一朝之故。至因其苛索而引起杨对廷案之纠纷以后，该局长仍不约束部属，经厅令始将该查催员刘承鼎撤职，而对于杨对廷，复科以赔偿局派员兵旅费医药费物品损失费及伙食马租等费五十二元八角，墨山铺员丁伙食费二十一元。苛索名目，层出不穷。以杨对廷在地方本属强有力之士绅.其所遭受尚且如此，则一般人民之被苛索，何堪设想？该局所用人员，既有固定薪饷，该局长乃任其苛索敲诈，懵然罔觉，及至杨案发生，又纵而回护部属，不尽监督之责，其失职之咎，实所难辞。

综上论断，该湖南华容县税务局局长彭南先纵容部属苛索，暨该局查催员刘承鼎恐吓滥捕，俱属违法渎职，触犯刑章，爰特提案弹劾，请予依法移付惩戒。关于刑事部分，并请移交法院办理，以肃法纪，而儆效尤。谨呈。

附一：

委员李嗣璁乐景涛杨亮功审查报告书

为审查报告事：案奉交下两湖监察使高一涵弹劾湖南华容县税务局局长彭南先暨该局查催员刘承鼎违法渎职，触犯刑章一案，经委员等审查结果。咸以该局长纵容部分，苛索敲诈，业经调查属实，其失职之咎，实所难辞，而该查催员假借职务上之权力，额外需索，恐吓滥捕，亦经查明有据，实属罪无可逭。应请依法将湖南华容县税务局局长彭南先，暨该局查催员刘承鼎一并移付惩戒。关于刑事部分，应移交法院办理，以儆贪污，而肃法纪。谨呈。

附二：

监察院指令　要字第一五六二号

二十五年十二月二十一日

令湖南湖北监察区监察使高一涵，二十五年十月十七日呈字第一四八号呈一件，呈件均悉。本案已依法咨送司法院转发办理矣，仰即知照。此令。

院长　于右任

附三：

监察院咨请惩戒文　要字第一五六二号

二十五年十二月二十一日

案据湖南湖北监察区监察使高一涵提劾湖南华容县税务局局长彭南先，暨该局查催员刘承鼎违法渎职、触犯刑章一案，当经依法交由监察委员李嗣璁、乐景涛、杨亮功审查去后。兹据报告：经委员等审查结果，咸以应请依法将湖南华容县税务局局长彭南先，暨该局查催员刘承鼎一并移付惩戒，关于刑事部分，应移交法院办理等语。据此，相应抄检各件，咨请贵院查核分别转发办理。

此致

司法院

抄件（略）

院长　于右任

（《监察院公报》第一二二期）

“提劾湖南零陵县义勇队副中队长彭汉明渎职违法案”弹劾文

（1936 年 12 月 26 日）

为提案弹劾事：案查前准钧院秘书处奉谕交办湖南零陵县民张耀南等呈诉该县义勇总队部副总队长畦镇华、书记胡德堂、副中队长彭汉明等诬报藏枪、串害架诬等情一案，又据该民等以同一情由，分呈到署，当以原呈称曾经诉由零陵地方法院判处有案，即经函行该院查询。兹准函复，略谓：本院检察官起诉彭汉明（即彭汉民）渎职恐吓，妨害自由一案，业经刑庭依法判决等语，并抄送判决书一件前来。查判决书理由一项，略称：查张九如、张柏青、张九孝、彭方松、彭正刚、张祝亨在本院及检察处指控彭汉明得钱情形，言之确凿，证人张斌轩、张九夏、张有镒、张奢华、张华德、曾衍远、曾衍森、贾朝颜、张荣华、张敦轩亦将交过情形，证明无误。并谓须出草鞋费非给不可，核与张九如等之言，无不吻合。而彭汉明曾率队丁至张九如等家，又已自承不讳，虽谓不曾得钱，然既经证人张斌轩等证明，当然应负刑责等语。该副中队长彭汉明不惟违法失职，实属触犯刑章，除刑事部分已由湖南零陵地方法院依法办理外，爰特提案弹劾，请即依法移付惩戒。以儆效尤。谨呈。

附一：

委员白瑞王新令程运鹏审查报告书

为审查报告事：案奉交下湖南湖北监察使高一涵弹劾湖南零陵县义勇队副中队长彭汉明渎职违法一案，经委员等审核。佥以该副中队长彭汉明假借职务上之权力，率枪兵数名，至张九如等家搜查枪枝，共得钱四十七元八角，名为草鞋费，实则形同勒索，虽未集获证明实据，然既经证人张斌轩等证明，其犯罪行为，毫无疑义。且私拘张寿福于乡公所，其剥夺人民自由，已可概见。是该副中队长彭汉明渎职违法之咎，无可讳言，应请将被弹劾人移付惩戒，以维法纪。谨呈。

附二：

监察院指令　要字第一六四六号

二十五年十二月二十六日

令湖南湖北监察区监察使高一涵，二十五年十二月十一日呈字第一七一号呈一件，呈暨案件均悉。当经依法交付审查。兹据报告，该副中队长彭汉明应移付惩戒，除将案件函送军政部核办外，仰即知照。此令。

院长　于右任

附三：

监察院函送惩戒文　要字第一六四六号

二十五年十二月二十六日

案据湖南湖北监察区监察使高一涵弹劾湖南零陵县义勇队副中队长彭汉明渎职违法一案，当经依法交由监察委员白瑞、王新令、程运鹏审查去后。兹据报告，该副中队长彭汉明应移付惩戒。据此，相应抄检各件，函请贵部查核办理。

此致

军政部

抄件（略）

院长　于右任

（《监察院公报》第一一三期）

“提劾湖南华容县县长熊宏楷密查员彭续言科员毛孟常违法渎职触犯刑章案”弹劾文

（1937 年 1 月 9 日）

为弹劾事：案查前据湖南华容县驻市市商会主席任湘渠呈转商民何华昌等呈诉该县县长熊宏楷，法外处分，受害难堪，又据该县注滋口商民何国钧等呈诉该县长滥罚滥捕各等情到署。查此案系因该县驻滋口市、北景市两市发行市用角票商店，仍多有未经依法查禁，该县政府派员处罚，复收受贿赂，致生纠纷。当经并案函行湖南省财政厅查复去后。嗣准该厅函复，略以已饬据视察员赵迎明呈复，谓该县长对于查禁市票案之禁发纸币处罚办法，不以发行纸币商店为单位，而以地方为单位，共同处罚，以致发生派款收多报少诸情弊。又禁发纸币费用，应遵照《禁发纸币暂行办法》第十条由罚款内提五成支给。该县长于罚款之外，在注市取清偿旅社伙食等费三十余元；又县派密查委员彭续言，在贿款内支伙食费三十余元，均属非是。且彭续言既系密查，应将发行市票之商店查明后呈报县长处办，乃忽拟带案，又收受关说贿款，实系藉案敲索。究竟彭续言收款若干，注市及墨山铺等处派款多少，收支经手人侵蚀若干，复经据情令饬华容县政府彻底严究等语。本署爰又函行该厅，请其将令县彻究之结果续予函告去后。兹续准函复，并抄送华容县政府原呈及湖南省政府指令各一件前来。经加审核，该县长熊宏楷及其所派密查员彭续言、科员毛孟常，办理查禁市票案件，确有违法渎职、触犯刑章之行为，兹将其确实情由，条列于后。

（一）关于该县长熊宏楷部分。查华容县政府呈省政府原文略谓：遵即传彭续言提同前往注市，与商会主席任渠湘亲面质讯。据彭续言称：我在注市动身的时候，任会长送了一百块钱，他说这笔钱作罚款，或作夫马费，随你作主，我们只要无事就是了。据任渠湘称，派了一百九十多元，送了委员一百是实，当时并替彭委员开销伙食旅费。该商人初以强夺账簿等词要挟恫吓，临行复贿送百元，请求遮饰。察其与受，各有不是，姑念彭续言返府时，即自举发，不无可原，从轻予以记过处分。又上年十月间，派科员毛孟常到北景市查禁市票，访闻该市商人有赠送夫马费情弊，经令据北景市商会主席陈维岳呈复内称，所送夫马费五十元，又招待费用去二十四元，系由永生隆刘复泰等八家，按照发行市票多寡，自动派送。总之，此五十元虽系商人自动派送，在毛孟常不应接受，本应依法惩处，惟该员因事撤职已久，并经通缉在案，无从追缴等语。查该县长处罚商人发行纸币，不以商店为单位，致发生收多报少之情弊，而其禁发纸币费用，又不在罚款内提成支给，竟于罚款之外，在注市令商人清偿旅社伙食等费用，已属违法扰民。而对于所派密查委员彭续言、科员毛孟常收受贿赂两案，竟不依照兼理司法程序办理。对彭续言仅予行政上记过之轻微处分，复不依照法定手续，作成处分书，送达本案受损害人（见湖南省政府指令），不啻直接剥夺受损害方面之上诉或诉愿之机会。对毛孟常，仅谓该员因事撤职通缉在案，无从追缴，以如此彰明较著之受贿案，亦不予依法追诉，尤为不合。查该彭续言、毛孟常均身为公务人员，竟公然收受贿赂，应为违背职务上之行为，确系触犯刑章。该县长以兼司法检察官身份，为有追诉犯罪职务之公务员，而对于所属之彭续言、毛孟常，竟明知其为有罪之人，而无故不使其受追诉，是不惟违法失职，实已触犯《刑法》第一百二十五条第三项之渎职罪。

（二）关于该县政府密查委员彭续言部分。该彭续言，奉华容县政府委派密查该县注市商人发行市票案件，违法收受贿赂一百元，并由地方供给伙食旅费三十余元等情形，已于前项说明。查彭续言身为县政府委派密查，显系公务人员，其违法收贿，触犯刑章，极为明显。

（三）关于该县政府科员毛孟常部分。该毛孟常奉华容县派往该县北景市查禁市票，收受该地商人贿赂五十元，又招待费二十四元，已于第一项说明，违法渎职，亦至昭然。

综上所论，该湖南华容县县长熊宏楷，该县县政府密查委员彭续言、科员毛孟常，均属违法渎职，触犯刑章，爰特一并提案弹劾，请即依法移付惩戒。其刑事部分，并请移送法院办理，以纠非法，而肃官常。谨呈。

附一：

委员乐景涛杨亮功高鲁审查报告书

为审查报告事：案奉交下湖南湖北监察区监察使高一涵弹劾湖南华容县县长熊宏楷等收受贿赂、违法渎职一案，经委员等审查结果，佥以该县长处罚商人发行纸币，不以商店为单位，致发生收多报少之情弊，竟于罚款之外，令商人清偿旅费伙食费用，实属违法扰民。且该县长以兼司法检察官身份，对于所属明知其为有罪之人，而无故不使其受追诉，是不惟违法失职，实触犯刑法第一百二十五条第三项之渎职罪。该县政府密查员彭续言违法收受贿赂，并由地方供给伙食旅费，亦属触犯刑章。又该县政府科员毛孟常，亦收受地方商人贿赂及招待费用之违法渎职，亦属昭然。凡此种种，均经调查属实，应请依法将湖南华容县县长熊宏楷，该县政府密查员彭续言，暨科员毛孟常一并移付惩戒。关于刑事部分，移送法院办理。谨呈。

附二：

监察院指令　要字第一八〇六号

二十六年一月九日

令湖南湖北监察区监察使高一涵，二十五年十二月五日呈字第一六九号呈一件，呈件均悉。本案业经依法交付审查，移送惩戒，仰即知照。此令。

院长　于右任

附三：

监察院移付惩戒文　要字第四〇五号

二十六年一月九日

案据湖南湖北监察区监察使高一涵提劾湖南华容县县长熊宏楷等违法渎职、触犯刑章一案，当经依法交由监察委员乐景涛、杨亮功、高鲁审查去后。兹据报告略称：应请依法将湖南华容县县长熊宏楷，该县政府密查员彭续言，暨科员毛孟常一并移付惩戒。关于刑事部分，移送法院办理等语。据此，相应抄检本案各件，移送贵会查核办理。

此移

中央公务员惩戒委员会

抄件（略）

院长　于右任

（《监察院公报》第一一五期）

“提劾湖南省会公安局督察员黄沅甫平江县邮政局局长张纪万建设厅视察员刘谷书伙同伪造文书印文侵占公产案”弹劾文

（1937 年 1 月 11 日）

为提案弹劾事：查本署前阅报载中央社电传长沙市政府破获燕子岭伪造县契据侵占公产巨万之案，当以案关侵占公产，并牵连多数现任公务人员在内，比经派调查员张家珏前往彻查具报去后。兹据该员查明呈复，并抄同有关之各项证件前来，其原呈略称：遵即驰抵长沙，前往市政府访晤市长何元文，详切查询，当准该市长函称：案查本市附郭东南一带义山公地，范围辽阔，本府保护公产，顾全人道起见，一面布告严禁侵挖，一面设法清理，讵当此进行清查之际，竟有不肖之徒，乘机侵占混争，甚至盗迁盗卖，恫不畏法，实深痛恨。前据市教育经费保管委员会函，以市区教育，日渐扩充，经费困难，无法维持，请将南城外马厂巷白沙井附近左右一带义山，迁葬标卖，以所得价值，全部拨充教育基金，化无用为公益。当经本府勘察，布告限期迁葬，时逾数月，忽于六月间有四顺堂出契强争，并有律师周建业登报代表该堂声明产权，称系该堂买得鳌山庙（即自在庵）住持僧宏亮之业。本府调契详加考究，疑窦滋多，经派员警多名，分途密查，并设法与该地住民接洽，虚与委蛇，暗中侦察，久之，始由科长陈时和结识与该地秘密组织通声气之杨道南、陈福生、李三和等，多方侦察，为时两月，始得线索。一面另派化装员警，以德新堂名义，携带现款，请托刘裕泉、罗福生等介绍，向六合堂彭扬祖、黄沅甫等，购买二里牌山地，不论多寡，一律承受，约定于十月二日下午二时在青石桥奇珍阁书立议约，预缴定金一千元，清火后照算。一面在约定地点，密布探网，届时该六合堂股东经理黄沅甫（即泽融，现充省会公安局督察员）、彭扬祖、龚义和（即岳斌）、沈春泰、唐桂华、刘谷书（即仲麟，现充建设厅视察员）均先后到场，当由该堂公推彭扬祖出笔书立议约，并出具一千元定金收据（附卷），各自书名盖章。议既成，由化装员警，将各从场人犯一并带案，一面派队会同岗警，前往各犯家逐一搜查，果在燕子岭三十四号彭扬祖家搜出初善化县官印三颗，伪造各种不同约据数十张，天心阁游路唐桂华家，搜出四顺堂合约及包迁坟墓字约多纸，又在黄沅甫皮包内搜出六合堂合约一纸。此侦察破案之经过情形也。查四顺堂合约，内载合约人为周建业（律师）、唐桂华、凌厚勋（即七七师参谋长凌震苍）、周荫寰（律师）等四人，比即按名票传，除凌厚勋现未在省，周荫寰住址不明外，当将周建业传唤到案质讯。据唐桂华供称，四顺堂由四人各凑股本二百元所组成，本人无款可凑，只按月认息二分，合约系本年七月在周荫寰家订立，追上年月为二十二年十月，系周建业所主张，当时凌未在省，由周荫寰代表签字。四顺堂契据，系周建业以四百元买得魏家冲老契，携至湖北用药水将人名地名洗去，再行改填，其余四百元，作为一切开销等语，直供不讳。质之周建业，始犹抵赖，经唐桂华当堂指实，则俯首无词，此中情节，已可概见。又查四顺堂前缴呈契据照片，为同治四年八月九日所立，由鳌山庙僧宏亮出笔，经详细调查，该庙洪亮和尚确早年物化，兹拓得该僧墓碑，所载为同治二年五月二日所刊立，佐证确凿，其为纠合伪造，已属显明。复阅凌震苍八月二十五日来函，仍云早年以四顺堂名义价买自在庵山地等语，则周建业所谓以律师资格代表四顺堂声明产权一节，足以证明全为虚构。又查六合堂合约，内载原股为黄沅甫、张纪万（现充平江邮局局长）、龚岳斌、彭扬祖、刘福生、沈春泰六人，又批明因增加股本，除原股外增加四股，刘谷书一股、唐秉义（唐桂华）一股，不出资，只出力，称为人力股，周益义（即周建业堂名）二股，一股作律师报酬，称为律师股，一股由周垫款百五十元，称为垫款股，合为十股，有利均分。复经逐一讯明，唐桂华供称：六合堂所买秦椿树堂即秦何氏二里牌山地契业，并无秦何氏其人，秦何氏即秦李氏。又即彭扬祖之姘妇，实系假托所为，其老契概系彭扬祖印税等语。彭扬祖供称，六合堂原为六股，各凑股本三十二元，嗣因向法院登记，及开辟山场，在在需费，又法院遗失我等契约，难以应付，决计解体。后周建业闻知情形，愿意加入，并称可负责办理，所有诉讼垫款等事，概归伊承担。印税契约一节，人赃俱获，岂敢不承认，此事完全受周建业及内人之害等语。周建业支吾抵塞，经彭扬祖指证，乃无词脱辩。龚义和黄沅甫供略同前。查此次破案迅速，一网成擒，全由杨道南、陈炳生、刘裕泉、彭学恒、李三和等天良发现，告密引线之力，虽在本案内不无牵连之处，将功自赎，为锄奸奖善起见，似应从宽免予置议，此应特为声明者。除将马厂巷白沙井鳌山庙二里牌一带义山公地，依法先行收回，刊碑立界，以资保全，并将四顺堂、六合堂两案卷宗、人犯、证据，移送长沙地方法院办理，其余牵涉各案，情节复杂，正在继续侦讯等语（见附件一）。旋赴长沙地方法院调卷详查，该市所称，仍系同一情形（见附件二），法院方面，因甫经送到，尚未正式传讯。复查阅四顺堂与六合堂（见附件四第一页）合约内容，与该市长函称，亦属完全相同等情。据此，查案内所有犯事人，其身为公务人员而伙同违法舞弊者，计该四顺堂合约内之凌厚勋（即凌震苍，现陆军第七十七师参谋长），六合堂合约内之黄沅甫（即黄泽融，现任湖南省会公安局督察员）、张纪万（现任湖南平江县邮政局局长）、刘谷书（即刘仲麟，现任湖南省建设厅视察员）等四人。除凌厚勋关系证件尚须继续调查，应予另案办理外，查该六合堂合约内载明黄沅甫管契约账项，张纪万经管银钱，均系该组织内首要负责人员。至刘谷书虽只为股东之一，未曾担任何项事，但于市政府密派员警以德新堂名义乔装假做买卖时，竟以出笔人资格到场，显亦本案之主要分子。又长沙市政府破获此案时，计搜出伪善化县县印三颗，伪戳记五颗（见附件五），契据数十张（见附件六），均系该四顺堂与六合堂所伪造。综上所论，该黄沅甫、张纪万、刘谷书，伙同伪造善化县公印暨私文书，实行侵占长沙市市有公产，实构成《刑法》第二百一十条、二百一十八条之伪造文书印文罪，及第三百三十五条之侵占罪。除刑事部分，业由长沙市政府移送法院办理外，爰特一并提案弹劾，请即依法移付惩戒。以正官纪，而儆贪污。谨呈。

附一：

委员朱雷章童冠刘侯武审查报告书

为审查报告事：奉交审查湖南湖北监察使高一涵弹劾湖南省会公安局督查员黄沅甫，湖南平江县邮政局局长张纪万，湖南建设厅视察员刘谷书伙同伪造文书印文，窃占公产一案，经委员等开会审查。佥以此案据湖南湖北监察使署调查员张家珏调查报告，六合堂合约内载原股为黄沅甫张纪万等六人，又批明因增加股本，除原股外，增加四股，内有刘谷书一股，又载明黄元甫管契约账项，张纪万经管银钱，均系重要负责人员，刘谷书既为股东之一，复于长沙市政府密派员警，以德新堂名义乔装假做买卖时，以出笔人资格到场。嗣经长沙市政府搜出伪善化县官印三颗、伪戳记五颗、伪约据数十张，均为该六合堂与四顺堂所共同伪造。该黄沅甫、张纪万、刘谷书等，身为地方公务人员，竟敢勾结地痞流氓夥同伪造公印文书，窃占市有公产，其行为既违背官吏服务规程所定诚实清廉之义务，复显然触犯刑法上伪造文书印文及窃盗等章之刑事嫌疑。应请将该湖南省会公安局督察员黄沅甫，湖南平江县邮政局局长张纪万，湖南省建设厅视察员刘谷书一并移付惩戒。关于刑事部分，仍应由长沙地方法院依法审理。谨呈。

附二：

监察院指令　要字第一八〇八号

二十六年一月十一日

令湖南湖北监察区监察使高一涵，二十五年十二月十二日呈字第一七二号呈一件，又同月二十一日呈字第一七四号呈一件，两呈暨案件均悉。经并依法交付审查。兹据报告，被弹劾人黄沅甫、张纪万、刘谷书应一并移付惩戒，关于刑事部分，仍应由长沙地方法院依法审理。除将案件移送中央公务员惩戒委员会核办外，仰即知照。此令。

院长　于右任

附三：

监察院移付惩戒文　要字第四一一号

二十六年一月十一日

案据湖南湖北监察区监察使高一涵弹劾湖南省会公安局督察员黄沅甫，湖南平江县邮政局局长张纪万，湖南省建设厅视察员刘谷书夥同伪造文书印文、侵占公产、违法犯刑，请予移付惩戒一案，当经依法交由监察委员朱雷章、童冠贤、刘侯武审查去后。嗣又据该使呈以经函准湖南长沙地方法院检察处函送该案起诉书到署，检同原起诉书，请监核予以并案施行等情，即予并付审查。兹据报告略称：应请将该湖南省会公安局督察员黄沅甫，湖南平江县邮政局局长张纪万，湖南建设厅视察员刘谷书一并移付惩戒。关于刑事部分，仍应由长沙地方法院依法审理等语。据此，相应抄检本案各件，移请贵会查核办理。

此移

中央公务员惩戒委员会

抄件（略）

院长　于右任

（《监察院公报》第一一六期）

“提劾湖南耒阳县第四区区长刘秉钧违法渎职案”弹劾文

（1937年1月23日）

为提案弹劾事：案查据湖南耒阳县民周杰等呈诉该县第四区区长刘秉钧违法贪污、侵吞公款一案到署，当以原呈称，曾经诉请县政府组织清理区款委员会，已将指驳款数，逐一呈报核定，请予追缴在案。爰即函行该县县政府，请其将办理该案之经过及其结果，查复去后。兹据该县政府复文，除原书状B项所列侵吞“区公租”“增设区丁工资”“副支队长薪饷”“游击费”“侦探费”“建筑仓廉”“勘界”“添置木器”“旅费”“贫民工租收租费”“招待灾民粥米费”各款，均经查无实据外。至关于“贫民工租”“恤金”两项，其复文略称：惟被控变卖贫民工厂租谷一项，该区长报价每石为二元，本府调询各粮食商店，其时价亦不只此，虽当时城乡谷米价格不同，而事前并未通过会议，事后又未经临时审计员审核，难免有少报价数之嫌，已令饬每石补足三角归公，以彰公道等语。查该区长动支区款，既据称非经区务会议之通过，及临时审计员之审核，而对于贫民工厂租谷，竟敢擅行变卖，又不依照时价，任意短报，虽于发觉后令其补足三角归公，然绝不能因此而取消其犯罪行为，该区长所为，实属意图为自己不法之所有，而侵占自己持有他人之物，应构成《刑法》第三百三十六条第一项“对于公务上或因公益持有之物犯前条第一项之罪者……”之侵占罪。查复文又称：至“剿匪”

恤金一百元，尚未分发给领，迹涉贪污，本应彻惩，姑念该区长平日尚少过犯，从宽记大过一次，以示惩处等语。查该区长领到上项恤金时，应即转知“剿匪”伤亡士兵之家属或其本人具领，乃竟抑留不予发给，显可构成《刑法》第一百二十九条第二项“公务员对于职务上发给之款项物品，明知应发给而抑留不发……”之渎职罪。总上论断，该区长违法渎职，事实昭然，该县县政府虽予以记过处分，然关于刑事部分并未依法办理，故特提案弹劾，请即依法移付惩戒。其刑事部分，应请移送法院办理，以儆贪污。谨呈。

附一：

委员吴瀚涛李正乐郑螺生审查报告书

为审查报告事：案奉交下湖南湖北监察使高一涵弹劾湖南耒阳县第四区区长刘秉钧违法贪污、渎职吞款一案，经委员等审查。佥以该区长刘秉钧对于变卖贫民工厂租谷一项，报价每石二元，于事前未经呈报县政府核夺，又不经会议通过，难免不无以多报少之嫌，虽已令其补足三角，然亦不能取销其犯刑行为，又于“剿匪”恤金，竟抑留不发，亦构成刑法上公务员对于职务上发给之款项物品明知应发给而抑留不发罪。据上理论，该区长之所为不法，既经该监察使署派查属实，应请将被弹劾人刘秉钧移付惩戒。关于刑事部分，交由该管法院依法办理。谨呈。

附二：

监察院指令　要字第一八九八号

二十六年一月二十三日

令湖南湖北监察区监察使高一涵，二十五年十二月五日呈字第一六八号呈一件，呈暨案件均悉。当经依法交付审查，兹据报告，被弹劾人刘秉钧应移付惩戒，关于刑事部分，交由该管法院依法办理。除将案件咨请司法院查照转发办理外，合行令仰知照。此令。

院长　于右任

附三：

监察院咨送惩戒文　要字第一八九八号

二十六年一月二十三日

案据湖南湖北监察区监察使高一涵弹劾湖南耒阳县第四区区长刘秉钧违法渎职一案，当经依法交由监察委员吴瀚涛、李正乐、郑螺生审查去后。兹据报告，应将被弹劾人刘秉钧移付惩戒。关于刑事部分，交由该管法院依法办理等语。据此，相应抄检本案各件，咨请贵院查照转发办理为荷。

此咨

司法院

抄件（略）

院长　于右任

（《监察院公报》第一一七期）

“提劾湖北咸丰县前县长王建国暨保安队中队长王兰泽等渎职犯刑案”弹劾文

（1937 年 1 月 29 日）

为提案弹劾事：案查前奉钧院第一六五一号训令，以据湖北咸丰县县民卢采芹等，呈诉该县长王建国刚愎躁妄、劣迹多端等情一案，抄发原呈，饬即调查核办等因。奉此，遵即函行湖北旧制第十区行政督察专员公署查复去后。旋又据该县县民刘煜斌等，呈诉该前县长王建国浮收苛罚、草菅人命、违法刑讯、庇护私人等情前来，经又函行该专署并案查复。兹准湖北现制第七区行政督察专员公署先后函复，并抄录原查复文连同附件到署，经加审核，该前县长王建国及该县保安队中队队长王兰泽等，确有渎职犯刑之所为。兹谨分陈其确实事由如下。

（一）关于该前县长王建国渎职犯刑部分

（1）浮收税捐。查田赋既有税率，捐输更有限度，均不得在额外有所索取。据该县县民何绍光、兰裕和、颜文卿、王卓然、曾道谦、李藉田等切结所称，该民等应纳之田赋及应捐之木材，多已分别完付，或因无力滞纳，该前县长除纵令会计主任蔡惠彰额外苛索外，并假借名义，浮收田赋，苛索罚款，其行为已构成《刑法》第一百二十九条之渎职罪，至为显然。

（2）侵蚀项款。查该县人民种烟罚款，该前县长对于被罚者，既不给与罚款收据，县府卷宗又无罚款登记及公布用途文件，以致实数多少无法证明（见冯百谦委员二十五年五月四日呈文），是其已有侵蚀无疑。

又该前县长提用团饷商铺捐三百元左右，退还时仅面谕派员接收所收款项，实则并未退还分文（见该县财委会致卢采芹等函），其被侵蚀，事实昭然。此等行为，已触犯《刑法》第三百三十六条之规定，毫无疑义。

（3）收贿纵犯。据湖北第七区行政督察专员公署查复文件册所载：“李西成因有当匪嫌疑，曾以一骡馈王令，王令受之是实。”查贿赂罪之成立，并不以收受金钱为限，即取得其他不当利益，亦可构成。该前县长对于李西成案，纵未受收金钱，而已受领其不当利益如骡马者，当已触犯《刑法》第一百二十二条之规定。又该县保安中队队长王兰泽包运烟土，并有搕诈行为，本已拿获收押，因该县府会计主任蔡惠彰受贿纵逃，该前县长不但对于逃犯及受贿者不加追究，反将已受重伤之看守李宝廷收押，以抵充王兰泽之逃案，如此处理，非仅事后有所庇护，亦可见其有受贿嫌疑（见李宝廷甘结、王仲衡笔据），是应律以同罪。

（4）苛罚滥刑。查该县第二区第三十六保联保主任黄举，以违抗县令，不缴军谷之故，该前县长既经罚至三千余元，后又杖以数百（见湖北第七区行政督察专员公署署字第五八三号公函），此不仅苛罚巨款，抑且妄加体刑，其为违法已极。又该县县民陆耀钦等二十一人，以其族女陆玉莲适忠堡彭敬廷为妻，自缢身死，遂邀集多人，拥至彭家，欲讲人命，原有不合。该前县长为取缔恶习起见，自不妨予以适当处置，乃将该民等尽行拘押，毒打痛骂，并逼令具结永不控诉（见陆耀钦等切结），如此措施，实有失察之处。

（5）纵属杀害。据湖北省第七区行政督察专员公署查复文件册所载：“财委会委员王受安、第二区区长王翔龙，同率保安队士一班，至甲马池催索月捐，代冉子伭讨索吴国权赌账，以致互相斗杀，债务人吴国权、队士黄云程，均受伤毙命（见彭云程报告）。王县长对于死者伤者，未加抚恤，对于受安、翔龙亦未加以法律制裁。”查该前县长以身居县政府监督地位，对于王受安等之藉公图私，事前既未予以防止，事后又未加以惩戒，其纵属为非，已甚显明。

（6）包运烟土。据该县书记吕章甫切结所称：“王县长建国包运禁物一案，曾于八月十四日甫奉县府令，随同大队部军需张伟华，将川商徐子清一行二十余人烟土十余担，护送出境，所具是实。”是该前县长包运烟土，已甚确凿。以一县行政长官，尚公然包运禁物，则其胞侄王翔龙包运烟土，以及屠宰税收税员吕子清强抢烟土（见李春芬切结），全由其庇纵而成，尤无疑义。

(7) 忽视教育。据冯百谦委员二十五年五月四日呈文略称，该县学谷，既经清理学款学产委员会议决，不得移作他用，又经鄂西教育专员办事处袁视察员提议，应令归还借谷，乃该前县长仍未予以执行，并移用税契附加学捐，以致全县仅设小学一所，尚欠薪金九百余元，民教馆暨乡村小学均不能筹办，如此情形，实为失职。

（二）关于王兰泽蔡惠彰渎职犯刑部分。查该县保安队中队队长王兰泽，包运烟土，贿赂出狱，以及该县府会计主任蔡惠彰受贿纵犯（见李宝廷切结及王仲衡笔据），受贿减税（见王受安致冯百谦函），额外苛索(见王卓然致冯百谦函及颜文卿切结)，均属渎职犯刑，至为明显。其经过情形，已有于王建国违法渎职部分中之第一款及第三款说明，故不赘陈。

（三）关于王翔龙王受安渎职犯刑部分。查该县第二区区长王翔龙运土受贿、奸占民妇、私押勒款（见唐文才切结）、纵役横行（见邓永恒切结）、强借枪枝（见邓森齐报告）等行为，已属不法之至。其与该县财委会委员王受安率领保安队伍，代索赌债，以致毙杀人命，枪伤士兵（见彭云程报告），尤属触犯刑章。其经过情形，已于王建国渎职犯刑部分中之第五款说明，故不赘陈。

（四）关于沈瑞霖、吕子清等渎职犯刑部分。查契纸费业经修正改订契税办法规定，每张五角，卖典一律，该县府抄账甲项所载，亦记明每张五角，而该县府第二科科长沈瑞霖经手收税，则间有每张收洋六角者，殊与定章不合，其中显有浮收，已可证实。又该县屠宰税收税员吕子清假藉漏税名义，抢去大批烟土（见李春芬切结），以及多收少报、侵蚀屠税（见湖北省第七区行政督察专员公署第五八三号公函）等行为，均经证实，殊属不法。此外，为该县府职员刘雄宇公开吸烟，烟灯登记委员刘春如擅收灯费（每灯一盏收费二角），派往黔江联络员喻益仁拐款潜逃，田赋征收员李楚屏裁粮苛索、逼毙人命（见刘建亭、许云卿等切结）等情节，亦均为不法。

综上所陈，该前县长王建国及该县保安队中队长王兰泽、县政府会计主任蔡惠彰、第二区区长王翔龙、财委会委员王受安、县府第二科科长沈瑞霖、屠宰税收税员吕子清、县府职员刘雄宇、烟灯登记委员刘春如，派往黔江联络员喻益仁、田赋征收员李楚屏等之违法犯刑，均经一一证实，爰特依法提案弹劾，并检送原送各件，一并请即依法移付惩戒。其刑事部分，应交由法院分别办理，以惩非法，而肃官常。谨呈。

附一：

委员刘莪青李宗黄胡伯岳审查报告书

为审查报告事：案奉交下湖南湖北监察使高一涵弹劾湖北咸丰县前县长王建国，及该县保安中队长王兰泽等渎职犯刑一案，经委员等审查结果。佥认为该县长被劾浮收税捐、侵蚀款项、收贿纵犯、苛罚滥刑、纵属杀害、包运烟土、忽视教育，及该县保安中队长王兰泽包运烟土，贿赂出狱，该县府会计主任蔡惠彰受贿纵犯，该县第二区区长王翔龙运土受贿、奸占民妇、私押勒款，该县财委会委员王受安代索赌债，杀毙人命，该县第二科科长沈瑞霖违背改订契税办法，额外浮收，该县屠宰税收税员吕子清假藉漏税名义，抢去大批烟土，以及多收少报，侵蚀屠税，又该县府职员刘雄宇公开吸烟，及烟灯登记委员刘春如擅收灯费，派往黔江联络员喻益仁拐款潜逃，田赋征收员李楚屏裁粮苛索、逼毙人命等等，均经湖北省第七区行政督察专员公署派员调查属实，罪证确凿，应请将被弹劾人王建国等依法移付惩戒。关于刑事部分，移交法院讯办，以肃不法，而儆效尤。谨呈。

附二：

监察院指令　要字第一九六八号

二十六年二月二十九日

令湖南湖北监察区监察使高一涵，二十五年十二月十一日呈字第一七〇号呈一件，呈件均悉。案经依法审查，分别移付惩戒矣，仰即知照。此令。

院长　于右任

附三：

监察院移付惩戒文　要字第四四九号

二十六年一月二十九日

案据湖南湖北监察区监察使高一涵提劾湖北咸丰县前县长王建国，及该县保安队中队长王兰泽等渎职犯刑等情一案，当经依法交由监察委员刘莪青、李宗黄、胡伯岳审查去后。兹据报告略称：应请将被弹劾人王建国等，依法移付惩戒。关于刑事部分，移交法院讯办，以肃不法，而儆效尤等语。据此，除王兰泽系属军人，业经函送军政部依法办理外（将原卷检送中央公务员惩戒委员会查核办理外，查王兰泽系属军人），相应抄检各件移付（抄件函行）贵会（部）查核，转饬办理。并希于办毕后，将本案卷宗径送军政部为荷。

此移（致）

中央公务员惩戒委员会

军政部

抄件（略）

院长　于右任

（《监察院公报》第一一八期）

“提劾湖北江陵县政府科长金锡贤渎职犯刑案”弹劾文

（1937 年 1 月 30 日）

为弹劾事：案查本署前据湖北沙市福兴营造公司呈诉江陵县政府科长金锡贤（即前第七区行政督察专员公署科长）串供诬害贪污渎职等情到署，当经令本署调查科长安梦周、调查员张家珏等查明呈复前来，经加审核，认为该科长金锡贤，实属违法渎职，触犯刑章，谨将其事由分陈于次：

（一）关于该科长金锡贤虚构物证部分。查该科长判处彭经武等盗窃罪，其主要之物证即系该专员公署所摄“涂福兴建筑沙市新法院偷拆城砖运至施工所在地堆积后摄影一、二”及“涂福兴建筑沙市新法院偷拆城砖地点摄影”两项照片。但经本署调查科科长安梦周等会同沙市地方法院张院长、荆沙商会代表吴继贤及双方当事人等前往实地查勘，城墙上并未拆动一砖一石。嗣经该科长称：上项所摄照片，其一系侦查时误摄，作废未用；其二本照片所说城砖指碎砖而言，整砖并非城砖。［见原呈所附照片 A（2×1）］是彭经武等受刑事处分，纯以拾取碎砖为犯罪根据。然其拾取碎砖能否构成犯罪，须视该县政府曾否有明令禁止以为断。据该县府秘书谈话笔录所载，该县府对于碎砖，并未出示禁止人民拾取，则该科长仍据此以判处彭经武等之罪刑，殊无根据。若以在沙市新法院建筑地点堆积砖渣内，拾出有“鄂城”二字之砖头，则认其为城砖，以为处刑之物证，然据本署调查科科长安梦周等查复所称，不但城墙上之城砖，并未发现“鄂城”字样，且已证实碎砖出自鄂城书院，而为建筑马路时所抛弃之城砖（见附件八）。该科长明知其为鄂城书院之壁砖，而仍指为城砖，依《刑法》第三百二十一条第二项第三十七条第二项等规定，判处彭经武等有期徒刑二年又八个月，并剥夺公权全部三年，是其显系虚构物证，故入人罪，实构成《刑法》第一百二十五条第一项第三款前半段——明知为无罪之人而使受追诉或处罚——之渎职罪。

（二）关于该科长金锡贤捏造证言部分。查彭经武翻供后，该科长判为与涂耀庭显有彼此串通情弊，其主要之佐证，系依据监提人犯之备补警黄孝云及看守所长陶建章所声称。据该判决书略载：黄孝云曾谓“涂耀庭来案后，即往接见，当面嘱托彭经武等过堂时不要牵及该厂，以后总给彭等设法，接济彭等生活，并递纸烟一盒，纸币一元”等语。陶建章曾谓“数日前该营造厂曾遣一李先生前去接见，亦曾面嘱彭经武等于庭讯时务必翻供”等语。但据本署调查科科长安梦周等查复之结果，黄孝云、陶建章等对于该判决书所记载之声述，均已完全否认（见附件（一、二）），则涂福兴教唆彭经武等翻供情事，自属子虚。况据陶建章所称，彭经武、谢记桂二名因看守所人犯拥挤，已于二十五年一月十九日转送监狱暂禁（见附件九），而该县本年二月七日讯问笔录，仍记明陶建章曾谓“本案在未庭讯以前数日，即有涂福兴来人到所与彭经武、谢记桂接见，教他们的供”等语（见原卷第四十五页），是彭经武等移押监狱，已逾十八日之久，仍可派人至看守所教唆翻供，不但不近于人情，其词语亦前后矛盾，当系捏造证言，已可证实。犹有甚者，该科长始而私提彭经武、谢记桂等到其房里，面嘱供出涂福兴令其拾砖，即可释放，继以彭经武、谢记桂等不肯昧良，未遵所嘱供述，遂拍案大骂，并将伊等二人各打屁股二百（见笔录附件三）。按《刑事诉讼法》第九十八条明定“讯问被告应出以恳切之态度，不得用强暴胁迫利诱诈欺及其他不正之方法”，该科长身任审判职务，明知法有禁条，仍敢施刑取供，实触犯《刑法》第一百二十五条第一项第二款——意图取供而施强暴胁迫者——之渎职罪。

（三）关于该科长金锡贤枉法裁判部分。查彭经武、谢记桂所拾砖渣，原系卖与李云记，而由其转售于涂福兴，其间既订有购买砖渣合同，并经查实无异，则涂福兴与本案并无关系，自不负任何责任。即使依法须有处分，亦应由彭经武等与李云记共同负责，决不能开脱李云记，而令涂福兴代受处分。今该科长竟弃真正事实于不顾，而依《刑法》第三百四十九条第二项之规定，科处涂福兴罚金一千元，是其显有颠倒事实、陷人于罪之罪嫌。况涂福兴与彭经武等均系普通人民，不可目为军人，即有偷拆城砖、收买赃物之行为，亦系触犯普通刑法，应由沙市地方法院审理，乃该科长竟敢滥用职权，妄用军法审判。及经省政府察觉其违法，于本年三月十日，令饬移送法院办理，又复无故迟延，至本年五月二日，始将该案移送该管法院，是该科长枉法裁判，有意稽延，实触犯《刑法》第一百二十四条——有审判职务之公务员或仲裁人为枉法之裁判或仲裁者——之渎职罪。

综上论结，对于该科长金锡贤违法渎职、触犯刑章之所为，应予提案弹劾，理合连同附件，备文呈请钧院鉴赐一并移付惩戒，其刑事部分，并应转咨主管机关办理，以惩非法，而儆效尤。谨呈。

附一：

委员胡伯岳白瑞王新令审查报告书

为审查报告事：案奉交下湖南湖北区监察使高一涵弹劾湖北江陵县政府科长金锡贤渎职犯刑一案，经委员等会同审查。佥以该科长金锡贤为故入人罪，对于审判彭经武等一案，虚构物证捏造证言，复滥用职权，妄用军法审判，施刑取供，既奉省政府令饬移送法院办理，又复无故迁延等请，既经监察使署调查属实，显然违法渎职，触犯刑章。依法即请将该湖北江陵县政府科长金锡贤移付惩戒，其有关刑事部分，应并交法院办理。谨呈。

附二：

监察院指令　要字第一九七八号

二十六年一月三十日

令湖南湖北监察区监察使高一涵，二十五年十二月十五日呈字第一七五号呈一件，呈暨案件均悉。案经依法审查，咨送司法院转发办理矣。仰即知照。此令。

院长　于右任

附三：

监察院咨请惩戒文　要字第一九七八号

二十六年一月三十日

案据湖南湖北监察区监察使高一涵弹劾湖北江陵县政府科长金锡贤渎职犯刑一案，当经依法交由监察委员胡伯岳、白瑞、王新令审查去后。兹据报告，认为依法应请将该湖北江陵县政府科长金锡贤移付惩戒，其有关刑事部分，应并交法院办理等语，据此，相应抄检本案各件，咨请贵院查核转发办理。

此咨

司法院

抄件（略）

院长　于右任

（《监察院公报》第一一九期）

“提劾湖北枣阳县县长张锡典违法失职案”弹劾文

（1937 年 2 月 2 日）

为提案弹劾事：案查前据湖北枣阳县民呈诉该县县长张锡典浮收状纸抄录费等六款，暨前准钧院秘书处奉谕交办据湖北枣阳公民马波等呈诉该县长张锡典贪赃纵匪违禁殃民等情两案，业经本署三次函准湖北省第五区行政督察专员公署先后查明咨呈前来。经加审核，该枣阳县县长张锡典，确有违法失职之所为，兹将其情由分陈于次：

（一）镣押联保主任刘诚斋部分。查该县人民傅鼎信前向枣阳县政府控诉联保主任刘诚斋写演花鼓演戏，并砍私有松树十余株，供其搭台之用，以及凌辱伊弟媳等情，嗣经传案质讯，该县长以刘诚斋身任联保主任竟敢演唱花鼓，强伐人民树株，应即斥革，堂谕先行镣押，听候惩办。查《刑事诉讼法》第一百〇五条第三项明定：“被告非有暴行或逃亡自杀之虞者，不得束缚其身体。束缚身体之处分，由押所长官命令之，并应即时呈报该管法院或检察官核准。”该联保主任刘诚斋所犯者仅写唱花鼓、强伐人民树枝两事，案情既属不重，又无暴行或逃亡自杀之虞，自不得束缚其身体。即使有处分之必要，亦应由押所长官为之。乃该县长竟不顾案情之轻重，予以堂谕加镣，实属越权。

（二）违法开释史南宫部分。查该县长以第六学区教育委员会委员长史南宫对于谢“匪”叛变有重大嫌疑，曾交警押质讯办，嗣由史南宫自愿罚洋二百元，以赎前愆，并由史锡胤等负责担保回家改过，是该史南宫既已承认有衍有过，即不无通“匪”之疑嫌。查通“匪”案件，事非寻常，该史南宫果有通“匪”嫌疑，即应详加研究，依法治罪，否则即可无条件开释，不应滥科罚款。乃该县长竟对有重大通“匪”嫌疑暨有衍有过之史南宫，不经依法判结，率予开释，实属违法。综上情由，对于县长张锡典违法失职之行为，应予提案弹劾，理合连同附件，呈请钧院鉴赐依法移付惩戒，实为公便。谨呈。

附一：

委员李梦庚刘成禺王广庆审查报告书

为审查报告事：案奉交下湖南湖北监察使高一涵弹劾湖北枣阳县县长张锡典违法失职一案，委员等审查结果，佥以该县长不顾案情轻重，擅行镣押联保主任刘成斋，实与刑事诉讼法第一百〇五条第三项相违背。又该县第六学区教育委员会委员长史南宫以重大通匪嫌疑，不予依法研讯，乃滥科罚款，实属违法。应请依法将湖北枣阳县县长张锡典移付惩戒，以儆不法，而维法纪。谨呈。

附二：

监察院指令　要字第一九九六号

二十六年二月二日

令湖南湖北监察区监察使高一涵，二十五年十二月三十日呈字第一八二号呈一件，呈件均悉。案经依法审查成立，移付惩戒矣。仰即知照。此令。

院长　于右任

附三：

监察院移付惩戒文　要字第四六九号

二十六年二月二日

案据湖南湖北监察区监察使高一涵提劾湖北枣阳县县长张锡典违法失职一案，当经依法交由监察委员胡梦庚、刘成禺、王广庆审结去后，认为该湖北枣阳县县长张锡典实属违法，应请移付惩戒等语。据此，相应抄检各件，移付贵会查核办理。

此移

中央公务员惩戒委员会

抄件（略）

院长　于右任

（《监察院公报》第一一九期）

“提劾湖南浏阳县第一区区长罗德铭违法犯刑案”弹劾文

（1937 年 2 月 2 日）

为弹劾事：案查前据湖南浏阳县民妇刘蔡氏呈诉该县第一区区长罗德铭私擅监禁苦刑毙命等情一案，当经函行湖南浏阳县政府查复去后。兹准该县政府函复略称：查刘蔡氏已故夫刘润生，于民国二十三年经人告发在前驻军陶旅长部下，陶饬前区长黎仲贤拿获，旋又逃脱，该区队兵李遐初因看守不严，曾经斥革。本年九月十六日，刘润生因事来城被李遐初撞见，即行捕拿，送第一区公所，区长罗德铭因无案可查，未便处理，即羁押该区待质所迟延数日，既未讯明，又未解府以致畏罪自缢。死后报府，当即派本府承审员带同检验吏前往依法相验，委系自缢身死，余无别故，填单在卷等语。查区自治施行法，既未明定区长有受理民刑诉讼之权，自不得任意羁押人民，即依同法三十九条第二项之规定，对于触犯刑法或与刑法性质相同之特别法，确有证据者，遇有必要时，区长得先行拘禁之，然于报告区务会议及与报县政府以外，并应即函送该管司法机关。该区长罗德铭，于刘润生被捕时，既已明知其无案可查，是该刘润生曾否有被人告发与被押脱逃等情事，尚未证实，即使认为有拘禁之必要，亦须依照法定程序，立即将其送县核办。乃该区长竟不出此，擅将该刘润生羁押于该区待质所，迟延数日之久，既不讯明，又不送县，以致该刘润生自缢而死，是该区长已触犯因拘禁而致人于死之罪刑。爰特提案弹劾，请即依法移付惩戒，并将刑事部分移送该管法院办理，以惩非法，而儆效尤。谨呈。

附一：

委员程运鹏乐景涛杨亮功审查报告书

为审查报告事：案奉交下湖南湖北监察使高一涵弹劾湖南浏阳县第一区区长罗德铭违法犯刑一案，查区自治施行法既未明定区长有受理民刑诉讼之权，当不得任意羁押人民。乃该区长对于刘润生案，不依照法定程序进行，擅将刘润生羁押于该区署待质所，延迟数日之久，既不讯明，又不送县，以致自缢身死，是该区长实触犯因拘禁而致人于死之罪刑。委员等审查结果，佥认为应请将湖南浏阳县第一区区长罗德铭移付惩戒，关于刑事部分，移送该管法院办理，以维法治，而儆效尤。谨呈。

附二：

监察院指令　要字第一九九四号

二十六年二月二日

令湖南湖北监察区监察使高一涵，二十五年十二月五日呈字第一七六号呈一件，呈件均悉。案经依法审查，咨送司法院转发办理矣。仰即知照。此令。

院长　于右任

附三：

监察院咨请惩戒文　要字第一九九四号

二十六年二月二日

案据湖南湖北监察区监察使高一涵弹劾湖南浏阳县第一区区长罗德铭违法犯刑一案，当经依法交由监察委员程运鹏、乐景涛、杨亮功审查去后。兹据报告，认为应请将湖南浏阳县第一区区长罗德铭移付惩戒，关于刑事部分，并移送该管法院办理等语。据此，相应抄检本案各件，咨请贵院查核转发办理。

此咨

司法院

抄件（略）

院长　于右任

（《监察院公报》第一一九期）

“提劾湖北潜江县营业税稽查所所长杨金榜违法失职案”弹劾文

（1937年2月5日）

为提案弹劾事：案查前准钧院秘书处第一〇二六号公函交办湖北潜江县营业税稽征所所长杨金榜，侵蚀税款等情一案，业经本署令据调查科科长安梦周、调查员张家珏会同查明呈复前来，经加审核，爰将其查实情由，分陈如次。

（一）征收税款不给税票部分。兹就原呈复称：依据营业税册，查出城区有余太和、杜义记、胡玉香、仁懋永、康大、李兴隆、陈万泰、熊裕茂、李裕顺、易兴发等十五商号，每月各纳税一角二角不等，合共二元四角，均未给税票（见附件一第二页）。又依据该所二十四年五月立之账簿，查得南乡赵家台、范新场、周矶、莲花寺、西乡王家场、蚌湖、义兴场、钟滚垱、长老院、东城乡区、梅家咀、大北乡、泗港、张港，及小北乡左家桥、三江口等处，三、四、五等月份收税款八十元零三角八分，俱未给税票（见附件一第三页）。又依据该所二十五年元月立总账簿，查得本年三、四月份征收城区、南乡、西乡，及大小北乡，摆摊营业税二十三元三角七分，亦未给税票（见附件一五页）。又棉花营业税，查阅该所账簿，以本年三月份征收城区棉花税计之，即有十三元三角，未经填给税票（见附件三第四页）。仅城区一个月未给税票之税款，印有十余元之多，由此类推，其他各月与乡镇各处之不给税票之税款，更可想见。再牙帖税，查该县城区行商裕泰成每季纳税三元，庆生福每季纳税六元，刘永兴每季纳税五元，既无牙帖，亦不给予税票或收据（见附件五）。凡此种种不法之情事，即该所长在其所出之书面报告节略内，亦已言之不讳（见附件四第二页）等语。查征收税款，不给税票，此中浮滥舞弊，病国病民，已不待言。且既经该所长杨金榜自行承认暨各行商分别用书面证明，事证已属确凿。营业税则不给税票，牙帖则全不给帖。烟酒牌照税则俱无牌照，任意征收，为所欲为，该所长意图为自己不法之所有，实属触犯《刑法》第三百三十六条之侵占罪，事实至为明显。

（二）违章征税变更税率部分。兹就原呈复称：营业税，依据该所二十五年元月立总账簿，查得本年三、四月份征收城区、南乡、西乡、及大小北乡摆摊营业税二十三元三角七分……（见附件一第五页）。查《湖北省营业税征收章程》第十五条载称，凡负贩小贸，不在商行店铺营业者，一律免征营业税等语。是负贩小贸，资本既微，获利又薄，复不在商行店铺内营业，自不得在征收之列。乃该所长竟公然征收，已属违法。又棉花营业税率之规定为千分之八，但该所长每包只征二角，据称，查棉花税率，每包规定征收四角八分（每包成本六十元，按千分之八抽税），劳前所长任内……顺徇商会及商民请求，每包减收二角，本所长到任仍沿前规。但此项变通办法，并未呈经总局转呈湖北财政厅核准云云（见附件三第三页）。查棉花营业税率，湖北省财政厅所颁《营业税征收章程》之《物品贩卖税率表》内，已有明白规定，该所长未经照章呈准，擅自减轻税率，固已违法渎职等语。查摆摊云者，当系负贩小贸，不在商行店铺营业者而言，依照《湖北省营业税章程》第十五条之规定，应在免征之列，今该所长竟尔征收，非但与前项章程相违背，且与中央《整理营业税办法》第五条严守征税之限制（营业额不满一千元，资本额不满五百元）保护小本商业实益之规定，大相抵触，洵属剥削摊贩，损害小商。且该所长身为办理税务之公务员，对于上项章程及办法，在所必知，而于上成税款，明知不应征收而竟征收，实属触犯《刑法》第一百二十九条所定之渎职罪。至于该所长未经呈准，擅将棉花营业税率改变，每包应照千分之八抽收四角八分，减征为每包二角，既属违背章程，而所减去之每包二角八分税款，又系损害库收，其意图不法所有之罪责，亦属显然。至于上述不给填税票而收入各税款，据该所长杨金榜自行证明（见附件一第一页附注），既未将收数列入册簿，而所有未填给税票收入各税款，概截留为补助该所经费之用。按该所原有固定经费，而竟藉口补助，以遂行其侵占之实，如营业税已收而短报之税款至一千三百九十三元八角之多，牙帖则不全给帖，烟酒牌照之实收数绝对超出报解数，其未经报解而究其原因，无非为该所长不法所有之收益，犯刑之情节綦重，尤不待言。

综上各情由，该所长杨金榜不给税票、变更税率，实属违法渎职、触犯刑章，理合依法提出弹劾，并检附原送各件，一并呈请钧长鉴赐依法移付惩戒。所有刑事部分，并应交司法机关办理，以惩非法，而儆来兹。谨呈。

附一：

委员高鲁吴瀚涛郑螺生审查报告书

为审查报告事：案奉交下湖南湖北监察使高一涵弹劾湖北潜江县营业稽征所所长杨金榜违法失职一案，经委员等详加审核。佥以该所长征收税款，不给税票，乃违章征税，变更税率各节，实属触犯刑章，违法失职。既经该监察使署派员调查，证据确凿，应请将被弹劾人杨金榜移付惩戒，关于刑事部分，请交该管法院依法讯办。谨呈。

附二：

监察院指令　要字第二〇一二号

二十六年二月五日

令湖南湖北监察区监察使高一涵，二十五年十二月二十六日呈字第一七九号呈一件，呈暨案件均悉。案经依法审查，咨送司法院转饬办理矣。仰即知照。此令。

院长　于右任

附三：

监察院咨请惩戒文　要字第二○一二号

二十六年二月五日

案据湖南湖北监察区监察使高一涵弹劾湖北潜江县营业税稽征所所长杨金榜违法失职一案，当经依法交由监察委员高鲁、吴瀚涛、郑螺生审查去后。兹据报告，认为应请将被弹劾人杨金榜移付惩戒，关于刑事部分，请交该管法院讯办等语。据此，相应抄检本案各件，咨请　贵院查核转饬办理。

此咨

司法院

抄件（略）

院长　于右任

（《监察院公报》第一一九期）

“提劾湖北汉阳县公产清理处处长粟伯隆违法犯刑案”弹劾文

（1937年2月8日）

为提案弹劾事：案查前据湖北汉阳县民李芥厚呈诉该县公产清理处处长粟伯隆虚糜公帑、成绩毫无等情一案，业经令据本署调查员张家珏、周自曾会同查明呈复前来。经加审核，该处长确有违法犯刑之所为，兹将其情由分陈如次。

（一）虚委人员侵占俸薪伪造公文书部分。查该处共有职员二十一人，而其到处办公者，则在十三人以下（见附件二、三）。内有初任股员，继升第二股股长冯叔如暨股员王毅卿、张荣连，办事员刘学义、赵友三等五员，从未签到办公，又不遵章请假，已经该处长公然承认矣（见附件四）。该冯叔如等既系从未到差，既无具领薪俸之权利，自不应发给未到差以前之薪俸，更不应发给未委任以前之薪俸，乃该处长在职员名单上亲笔注明冯叔如、刘学义、赵友三等三人系二十四年十月一日委任（冯叔如聘函底稿系二十五年二月十九日判行，见附件五），王毅卿、张荣连等二人系二十四年十月一日到差（见附件一），而于职员薪俸单上则又注明冯叔如等五人自二十三年十一月一日开始支俸，并于其末端添注“以上各职员薪金，自委任日起，均按月支薪”等语。按此，所谓自委任日起，当系二十三年十一月一日，并非指二十四年十月一日而言，如果冯叔如、刘学义、赵友三等三人，确系二十四年十月一日委任，则发薪应在实行到差以后，何以该员等始终未曾到差，而又具领未委任以前之薪俸。王毅卿、张荣连等二人，确系二十四年十月一日到差，则发薪应在开始办公以后，何以该员等始终未曾签到一次，而又具领未到差以前之薪俸。若谓冯叔如等五人之委任，实在二十三年十一月一日，并同时发给薪金，则冯叔如等三人既经委任，何以至二十四年十月一日又为委任。张荣连等既已领薪，何以延至二十四年十月一日始行到差。该处长前后表示，自相矛盾，究其内情，冯叔如等五人显系虚委人员，实际上并无其人，已可推知。复经本署调查员张家珏等查阅该处造送湖北审计处，及湖北省财政厅审核之二十三年二月份起，至二十五年九月份止经常费支出计算书类，列有冯叔如、王毅卿、张荣连、刘学义、赵友三等五员俸薪单据，合计俸薪二千零五十九元五角。冯叔如等五人，既为该处长所虚委，自无其人具据领俸，则其所支出之俸薪，当为该处长所侵占，而其所粘附之单据，亦必为该处长所伪造，是其已触《刑法》第三百三十六条之加重侵占罪及同法第二百十三条之公务员虚构登载罪，甚为明显。

（二）侵占公款及蓄意侵占登记费部分。查该处二十三年十月份呈报湖北省财政厅之经常费支出计算书类，内有单据第五十五号，列支该处长送谢瑞兰川资十五元，十一月份单据第五十号，列支该处长送苏森川资二十元，十二月份单据第五十二号，列支该处长送李修川资十八元，以上三人，均非该处职员，自无在公款项下开支川资之情理。而其所具之各收据，字迹又属相同，全系出于一人之手笔，是该项单据实属伪造列报，从中侵蚀，至为显然。再查二十三年七月份该处长呈报湖北省财政厅之经常费支出计算书类，内有单据第三十四号及十月份单据第四十五号所列蓝花大碗、蓝花边汤碗等件，共计洋十四元四角，经本署查案人员亲往该处点验，既未发现上列之用具，而承包伙食之厨役，又谓其所用之炊具，均由伊自置，则该项购置费，当亦由其负担，乃该处长竟借购置炊具名义，列据报销，虽为数无多，而侵占公款亦已证实。又查该处长前于鹦鹉洲公产清理处任内曾附设登记所，自二十三年四月起至同年十月止，依据登记费收据存根计算，实收六百三十七元三角八分三厘（见附件十），而其登记簿则仅有三百六十余元（见登记簿）。至其报厅之数目，则仅有四、五、六、七各月份所收五百八十三元五角四分三厘（见附件十一），而八、九、十各月份所收五十三元八角四分，迄今两年，仍未呈报，是该处长蓄意侵占，甚为明显。

（三）违背规程擅委职员部分。查湖北省汉阳县公产清理处组织规程，并无秘书之设置，乃该处长竟函聘该处第一股股长敬元善兼任秘书，实属违背规章，擅委职员。

（四）纵容属员额外征收照费部分。查湖北财政厅发出之公产承租执照一联，并无收取执照费一角五分之规定，乃该处毛股员及蔡收租员于掉换承租执照时，竟敢每张索取执照费一角五分，业经当地保长鲍洪太，承租人鲍兴洪、刘昌恩及保证杜光胜证明确实。该处长对于毛股员及蔡征收员等之额外征收，虽无朋比舞弊之实据，而其平时纵容之咎，当属难免。

综上情由，该处长粟伯隆违法犯刑之所为，应予提案弹劾，理合连同附件，呈请钧院鉴赐依法移付惩戒。其关于犯刑部分，并请转送法院办理，以资儆戒，而整官纪。谨呈。

附一：

委员刘侯武刘觉民李世军审查报告书

为审查报告事：案奉交下湖南湖北监察使高一涵弹劾湖北汉阳县公产清理处处长粟伯隆违法犯刑一案，经委员等会同审查，佥以该处长粟伯隆虚委人员冯叔如等，暨揑报经常费，与前在鹦鹉洲任内蓄意侵占登记费各款，既均经查实，显属触犯刑法上对于公务上所持有之物意图为自己不法之所有，而侵占公款之侵占罪嫌，及同法公务员明知为不实之事项，而登载于职务上所掌之公文书，足以生损害于公众之伪造文书罪嫌。至违背规程擅委职员，既属不合，纵容属员额外征收照费，虽无朋比舞弊实据，而失职之咎，百喙难辞。应请将湖北汉阳县公产清理处处长粟伯隆移付惩戒。关于刑事部分，应交由法院办理，以惩不法，而肃贪污。谨呈。

附二：

监察院指令　要字第二〇四四号

二十六年二月八日

令湖南湖北监察区监察使高一涵，二十五年十二月三十日呈字第一八一号呈一件，呈暨案件均悉。当经依法交付审查，兹据报告，该处长粟伯隆应移付惩戒，关于刑事部分，应交由法院办理。除将案件咨请司法院查照转发办理外，合行令仰知照。此令。

院长　于右任

附三：

监察院咨请惩戒文　要字第二〇四四号

二十六年二月八日

案据湖南湖北监察区监察使署高一涵弹劾湖北汉阳县公产清理处处长粟伯隆违法犯刑一案，当经依法交由监察委员刘侯武、刘觉民、李世军审查去后。兹据报告“应将湖北汉阳县公产清理处处长粟伯隆移付惩戒。关于刑事部分，应交由法院办理等语。据此，相应抄检本案各件，咨请贵院查照转发办理为荷。

此咨

司法院

抄件（略）

院长　于右任

（《监察院公报》第一二〇期）

“提劾湖北沙市营业税局局长李杰等扶同贪污违法渎职案”弹劾文

（1937年2月9日）

为弹劾事：案查本署前准湖北省捐税监理委员会查字四十号公函举发沙市营业税局局长李杰等横征暴敛、舞弊侵蚀等因到署，当经令据本署调查科科长安梦周、调查员张家珏等前往查明呈复前来。经加审核，该局长李杰及该局所辖荆门稽征所所长宗霖确有扶同贪污、违法渎职之所为，兹将其事由分陈如下。

（一）关于该局长贪污渎职部分。据本署调查科科长安梦周等呈复所称，该局长李杰确有贪污渎职、触犯刑章之事实，分陈于次。

（1）勒令津贴饬支员薪。查税捐既有一定比额，自不得额外苛索，从中取利，员薪亦有固定来源，更不得派令下级机关负担，希图转嫁。乃该局长一面令潜江、荆门两县营业税稽征所津贴总局每月一百一十九元，藉以增加总局之额外收入，一面饬潜江、荆门两县营业税稽征所负扣总局派往服务之调查员黄治寰、陈家祥，事务员余蔚生、周民等四人薪金，每月一百零四元，藉以节省总局之必需支出。该局长如此行为，不但利用上级机关之权限，公然舞弊，亦且破坏下级机关之预算，逼使贪污，实已触犯刑法上之渎职罪，至为显然。

（2）滥设冗员侵蚀公款。查该局长自民国二十三年九月到差，即滥设坐领干薪、向不到差之冗员，如邱一山、刘子山、程廉斋、黎天民、华仁寿、江爵希、江葆初、刘明修、苏心如、傅金山等十人，每月共支薪金三百元正。该员等既系从未到差，未必俱有其人，想该项员薪已有被其侵蚀矣。犹有异者，该局长派往潜江、荆门两县营业稽征所服务之黄治寰等四人，薪金业经令饬各该稽征所按月支给，总局即不应再行发薪，然查阅该局二十四年九月、十二两月份及二十五年一月份薪饷存根，该黄治寰等四人，仍旧按月支薪，是同一人在同一时期内，而有重支薪金之事实，已甚确凿。究其重支薪金之归属，当必为该局长所吞没，是足构成刑法上之侵占罪，至为显然。

（3）串通舞弊纵属为非。查监利稽征所所长林佛心，即曾经被控撤职之石首营业税稽征所所长林维德之化名，该局长当已知其经过，仍将其更名委用，是难免串通舞弊之嫌。又该局长之弟李倬充任总局庶务，曾在外荡游宿娼，该局长既为主管长官，又系家长地位，竟任其流连忘返，显系素有纵容，殊为失职。

（二）关于该稽征所所长宗霖违法渎职部分。据本署调查科科长安梦周等呈复所称，该所长宗霖确有贪污渎职、触犯刑章之事实，分陈于次。

（1）擅改税率从中侵蚀。据该所长宗霖面称，查棉花税照章每包应收四角八分，本所迫于事实上之困难，平均每包实改二角五分至三角五分不等，但此种变通办法，并未呈经总局核准等语。查该所长未经呈准总局，竟敢擅改税率，殊属违法。究其所以如此，其目的纯在以少给税票之方法侵蚀税收，实触犯《刑法》第三百三十六条第一项之侵占罪。

（2）短解税款少给票照。据该所长宗霖来函称，本所经费，定为每月三百四十一元，支出需银五百余元，其不足之数，概以短解税收为弥补。查二十四年下季牙帖税短解三百三十二元五角，秋冬两季烟酒牌照短解二百二十元，同年六月至十二月止屠宰税短解五百一十四元，总共短解一千零六十七元四角九分，又短解之税收，均未给票照等语。查向来税政机关所谓短解税款，系指按照比额收不足数者而言，今该所长经征二十四年下季牙帖烟照牌照屠宰等三税，竟藉口于弥补财政厅规定经费预算以外开支之不足，而于实收税款之中，匿报一千零六十七元四角九分之巨，并且公然自认其匿报之税收，悉未给税票，是其显系实行侵蚀，而与短解税款者不同，应再依《刑法》第三百三十六条第一项之规定，律以加重侵占罪。

(3) 变更税制不给票照。据《营业税法》第九条明定，营业税应由纳税者向征收机关直接缴纳，不得由他人承揽包办。该所长对于乡区税收，悉改用包税制度，已属违法。况经本署调查科科长安梦周等亲往面询包税人刘维福及生裕花行，据称，烟酒牌照税包额为八十五元，该所长仅发牌照八张，合洋十四元，屠宰税包额为一百九十五元，该所长仅发税票七十张，合洋二十八元，牙帖税包额为二百五十元，该所长全未给帖，棉花三百七十五包，照千分之八收税，应收洋一百八十元，该所长乃改以每包收税三角，复有六十二包，计洋十八元六角，未给税票，上列未给税票牌照牙帖之各项税款，共有五百零六元六角之多，悉为该局长所侵蚀。该县第三区十里铺镇，查有徐万盛、刘锐记等商号，大小共计三十余家，每月缴纳营业税，向来不给税票，均属实在，是该款亦必为其所吞没。如此行为，实已触犯侵占罪，至为明确。

综上所陈，该局长李杰及该局所属之荆门稽征所所长宗霖，委系扶同贪污、侵蚀税款、违法渎职、触犯刑章，爰特一并提案弹劾，即请钧院鉴赐依法移付惩戒。其刑事部分，并请移送该管审判机关办理，以惩贪污，而儆效尤。谨呈。

附一：

委员于洪起王平政刘莪青审查报告书

为审查报告事：案奉交下两湖监察使高一涵弹劾湖北沙市营业税局局长李杰，及该局所属荆门稽征所所长宗霖扶同贪污、侵款渎职案，经委员等审查结果，佥以该局长被劾勒令津贴，饬支员薪，滥设冗员，侵蚀公款，串通舞弊，纵属为非各款，既经该署派员调查属实，是该局长实有贪污渎职、触犯刑章之事实。又该所长宗霖被劾擅改税率，从中侵蚀，短解税款，少给票照，变更税制，不给票照各款，均经该署调查属实，亦属触犯刑章。应请依法将湖北沙市营业税局局长李杰，及该局所属荆门稽征所所长宗霖一并移付惩戒，以儆不法，而肃贪污。其刑事部分应移送该管审判机关办理。谨呈。

附二：

监察院指令　要字第二〇四八号

二十六年二月九日

令湖南湖北监察区监察使高一涵，二十六年一月九日呈字第一九一号呈一件，呈件均悉。本案业经交付审查，咨行转饬依法办理，仰即知照。此令。

院长　于右任

附三：

监察院咨请惩戒文　要字第二〇四八号

二十六年二月九日

案据湖南湖北监察区监察使高一涵提劾湖北沙市营业税局局长李杰等扶同贪污、违法渎职一案，当经依法交由监察委员于洪起、王平政、刘莪青审查去后。兹据报告略称，应请依法交湖北沙市营业税局局长李杰，及该局所属荆门稽征所所长宗霖一并移付惩戒，以儆不法，而肃贪污。其刑事部分，应移送该管审判机关办理等语。据此，相应抄检本案各件咨送贵院查核，转饬依法办理。

此移

司法院

抄件（略）

院长　于右任

（《监察院公报》第一二〇期）

“提劾湖南绥宁县第三区区长谭宗璧滥收调解费用案”弹劾文

（1937年2月19日）

为弹劾事：案查本署前据湖南绥宁县民苏镇国等，呈诉该县第三区区长谭宗璧蠹吏殃民、苛政如虎、黑暗蔽天、民不聊生等情到署，当经函行绥宁县政府查复去后。兹准该县政府函，以已饬据该府科员高凡前往查明呈复前来。除查非事实或查无实据各点，毋庸叙述外，照该府高科员呈复文就原诉该区长谭宗璧苛取进纸费部分，内称“查该区所每一申请调解事件收取原被告各一元，尚属实情，此外并未另有索取”等语。查民国二十年四月三日司法行政部、内政部会同公布之部颁《区乡镇坊调解委员会权限规程》第十二条规定，办理调解事项除查勘费由当事人核实开支外，不得征收费用或收受报酬。第十三条规定，办理调解事项违反本规程第十条第十一条第十二条之规定者，各依刑法本条论罪等语。该绥宁县第三区区长谭宗璧，每一申请调解事件，收取原被告各一元，既经查明属实，按诸上述规程之规定，实属违法犯刑。爰特提案弹劾，请即依法移付惩戒。并将刑事部分，移送法院办理，以纠非法，而儆效尤。谨呈。

附一：

委员刘觉民李世军李梦庚审查报告书

为审查报告事：案奉交下湖南湖北监察使高一涵弹劾湖南绥宁县第三区区长谭宗璧滥收调解费一案，前经委员等将该案审核，认为所劾该区长苛取进纸费部分，其中事实，尚欠明了，应饬将绥宁县政府呈复原件，送院核阅在案。兹据将该县原件抄呈到院，复经委员等审查，佥以该区长苛取进纸费一节，事实确凿，所为非法，虽属轻微，法应必究，请将被弹劾人谭宗璧依法移付惩戒，以昭法治。谨呈。

附二：

监察院指令　要字第一线二一一六号

二十六年二月十九日

令湖南湖北监察区监察使高一涵，二十六年一月十六日呈字第一九五号呈一件，呈暨附件均悉。经并原案交付审查去后，兹据报告，被弹劾人谭宗璧应移付惩戒。除将案件咨请司法院查照转发办理外，合行令仰知照。此令。

院长　于右任

附三：

监察院咨请惩戒文　要字第二一一六号

二十六年二月十九日

案据湖南湖北监察区监察使高一涵弹劾湖南绥宁县第三区区长谭宗璧滥收调解费用违法犯刑一案，当经依法交由监察委员刘觉民、李世军、李梦庚审查去后。兹据报告，被弹劾人谭宗璧应移付惩戒。据此，相应抄检各件，咨请贵院查照转发办理为荷。

此咨

司法院

抄件（略）

院长　于右任

（《监察院公报》第一二一期）

“提劾湖南安乡县县长张余汾义勇队队长雷大荣失职案”弹劾文

（1937 年 2 月 25 日）

为提案弹劾事：案查前据湖南安乡县安化南垸佃农姚映辉等呈诉该县县长张余汾、义勇队队长雷大荣等“违法渎职枪杀佃农”等情一案，业经令据本署科员喻正权查明呈复前来，经加审核，该县长张余汾暨该队长雷大荣等，确有失职行为。兹将其情由分陈如次。

（一）关于该县长张余汾失职部分。查该县东七佃三堤费，初经湖南建设厅令准试办，继由佃农呈准该厅令县彻查，并嘱其在此案未解决前，暂缓执行，以免纠纷。未久，该县长复准据各垸堤局主任所请，电奉该厅电复，准在此案未解决前，着暂行查照二十一年旧例办理，该县长奉令后，即转饬各垸堤局遵照，并布告周知，各堤局遂又继续催征堤费。无如各佃农仍抗不缴纳，该县即徇安化南垸堤务局主任曾纪友等之请求，初派政警二名前往协助无效，继派枪兵四名，亦经失败。厥后该主任曾纪友等向县报告，其时该县长既不审查以往经过，复不查明目前实情，更不知以双方兼顾之方法，而为持平之处理，乃竟徇一面之请求，听一面之报告，遽令枪兵第二大队队长雷大荣，率兵两班，驰赴安化南垸，将鸣锣聚众抵抗政府命令之首要黄东生等拿部转解法办，以致激成所派第二大队队长雷大荣率领之枪兵伤害农民杨锡凡等多人之事变，实属处置失当，难免失职之咎。

（二）关于该队长雷大荣失职部分。该队长奉令率领枪兵二十余名，于出发前，即令士兵实弹，乃为水灾救济委员会安乡查放长李鸿祥所亲见，此种行为，实为预谋伤害之准备。入垸时适在深夜，即至各农家搜捕，并鸣枪示威，居民疑为匪至，竟聚集二百余人，由三岔河追随，其中有看热闹者、有系被捕之父母妻子追随请求释放者，将近丁家渡，人多纷扰，极少数农民，仍持枪械，形势颇为紧张，难免不无误会。该队长当此时机，未能妥善处置，和平应付，竟发令放枪，伤害杨锡凡等多人，是则该队长既已准备伤害于前，又复发令实施于后，虽为情势所迫，究属处置失当。检其所为，非系违法，即属失职。

综上情由，对于该县长张余汾暨该队长雷大荣等失职之所为，应予提案弹劾，即请钧院鉴赐依法移付惩戒。以儆效尤。谨呈。

附一：

委员王宪章李嗣璁高鲁审查报告书

为审查报告事：案奉交下湖南湖北监察区监察使高一涵弹劾湖南安乡县县长张余汾暨该县义勇队第二大队长雷大荣“失职”一案，经委员等会同审查，佥以该县长张余汾办理该县南垸佃三堤费纠纷一案，不审察以往经过及目前实情为持平之处理，竟徇堤务局主任会纪友一面之报告，遽令义勇第二大队长雷大荣，率领枪兵，驰赴安化南垸，拘捕抗命佃农，遂演成枪伤农民杨锡凡等之事变，处置失当，确属失职。该义勇队长雷大荣奉命率领枪兵驰赴安化南垸拘捕佃农，虽系秉命行事，于出发前即令士兵实弹，时值深夜，即至各农家捕人，并鸣枪示威，迨农民聚众追随，又未能和平应付，竟发令放枪，致伤害农民杨锡凡及姚正卿等多人，虽系迫于情势，究难辞失职之咎。应请将湖南安乡县长张余汾暨该县义勇第二大队长雷大荣，一并移付惩戒，以儆玩忽。谨呈。

附二：

监察院指令　要字第二一八四号

二十六年二月二十五日

令湖南湖北监察区监察使高一涵，二十五年十二月三十日呈字第一八〇号呈一件，呈件均悉。本案经交审查，已分别移函依法办理。仰即知照。此令。

院长　于右任

附三：

监察院移付（函请）惩戒文　要字第五〇九号（二一八四号）

二十六年二月二十五日

案据湖南湖北监察区监察使高一涵提劾湖南安乡县县长张余汾、义勇队队长雷大荣失职一案，当经依法交由监察委员王宪章、李嗣璁、高鲁审查去后。兹据报告略称，应请将湖南安乡县县长张余汾暨该县义勇第二大队队长雷大荣，一并移付惩戒，以儆玩忽等语。据此，除雷大荣（查张余汾）被劾部分应函军政部依法办理外，相应抄检本案各件，移付（送中央公务员惩戒委员会依法办理除检卷移付外，相应抄检函行）贵会（部）查核办理。并希于办毕后将本案检附各件，径送军政部是荷。

此致

中央公务员惩戒委员会

军政部

抄件（略）

院长　于右任

（《监察院公报》第一二二期）

“提劾湖北监利县第一区区长贺昆山违法犯刑案”弹劾文

（1937年2月25日）

为提案弹劾事：案查前据湖北监利县第一区人民武凤鸣等呈诉该区区长贺昆山违法舞弊、激成祸变等情，据此，兹经本署函准监利县政府呈复，以查此案前据公民武凤鸣等以同一案情径呈，即经饬据委员江云程驰往彻查具复，经逐一审核，拟具处分，于本月六日具文呈请湖北省政府核示在卷。兹奉前因，理合抄录原呈，具文呈复鉴核等由，计附抄呈省府原呈一件。准此，经加审核。除查不实在，或查无实据者应予免除不计外，对于该区长贺昆山，违法没收私土等四部分，应予提案弹劾。敬将其情由，分陈如次：

（一）违法没收私土部分。据监利县政府所抄呈省政府原文节称（以下系原查委员呈复语）：原控没收烟土盐斤部分，查有张汉福者，本年七月由柳关乘轮抵毛家口，携有烟土十两、法币六十元，经巡查队查获报告联保主任杨丞仕转解区署，该区长以张汉福确系在柳关收账，烟土系抵账之物，非贩卖烟土者，复经地绅证明，当将烟土没收，法币发还……（以下系监利县政府考语）“据查明该区长将张汉福法币发还，烟土没收，应即将烟土悉数报解，并专案呈明，以凭核办”等语。查《禁烟治罪暂行条例》第二十四条规定，“犯本条例各条之罪者，由军事委员会委员长兼禁烟总监，指定有军法职权之机关审判之，或委任各级地方政府代为审判”，是则区长无权审理烟案，已甚明显。乃该区长对于业经查获之携带私土人张汉福，不行转解主管机关办理，已属违法。至于查获之私土，该区长既不立即转解，又不当时呈报，而竟擅自隐匿没收，非但触犯《刑法》第三百四十六条第一项之罪刑，更属触犯《禁烟治罪暂行条例》第十三条第二项之罪。

（二）违法处罚私盐部分。据监利县政府抄呈省政府原文节称（以下系原查委员呈复语）：行商武家煊代客卖盐，区署指为私盐，罚洋八元，盐斤是否没收，查无确切证明……（以下系监利县政府考语）“至行商武家煊，代客卖盐，既经该区长处罚，即已认定私贩，其盐斤如何处置，亦应专案请示，乃均未据呈报有案，实属不合已极”等语。查地方官协缉私盐，固为《缉私条例》第一条所赋予之职责，惟同条例第四条规定：“缉私营队，缉获人犯，应移送该管司法官署，或兼理司法事务之县知事审理。”又同条例第五条规定：“缉私营队，缉获私盐，应解交就近盐务官署，或解由司法官署及县知事转解盐务官署没收”各等语，是则区长无权审理或处罚贩卖私盐人犯及没收私盐，已属至为明显。乃该区长对于行商武家煊，既不转解讯办，复不即时呈报，竟擅自罚洋八元了事。至于盐斤，既经认为私盐而处罚，则为该区长所没收，实无疑问。察其行为，系属假借权力，勒令而行，使人不敢不交付其财物，实属触犯《刑法》第三百四十六条第一项恐吓取财之罪刑。

（三）违法擅派款项部分。据监利县政府抄呈省政府原文节称（以下系原查委员呈复语），“原控又称每联保勒派临时费洋六元，公民证运费洋一元。查毛家镇联保处缴洋七元，确有区署收据”……（以下系监利县政府考语）“又摊派各联保临时费用，据查亦有收据，但此款共有若干？系何用途？应即分别呈候察核，在未呈奉核准以前，不得私擅勒派任何捐款”等语。查该区长，未经呈准，竟向联保派款，实属违法。

（四）滥处罚金部分。据监利县政府抄呈省政府原文节称（以下系原查委员呈复语）：“原控罚金部分，查董友华、萧佑贤等罚洋三十元，张家新罚洋十元，裴家铺董姓罚购渣箱五元，曹玉清、杨厚培等罚金，均属实在。”（以下系为监利县政府考语）“据查明董友华、萧佑贤、张家新等罚金属实，是否分别给与罚金收据？曾否按月公布？作何用途？均未据报有案”等语。查区署虽能执行警察职务，但该区长对于张家新夫妇匹配不均，曹玉清募买衣服，均分处罚金，核诸违警罚法，并无如前项之规定，而所处上项罚金，均不呈报，其违法滥罚之行为，实属显然。

综上情由，该区长贺昆山，没收私土，处罚私盐，擅派款项，滥处罚金，均属违法犯刑，理合依法提出弹劾案，并连同附件，请即依法移付惩戒。关于刑事部分，亦请移送法院办理，以惩不法，而肃纲纪。谨呈。

附一：

委员曾道朱雷章童冠贤审查报告书

为审查报告事：案奉交下湖南湖北监察使高一涵弹劾湖北监利县第一区区长贺昆山违法犯刑一案，经委员等会同审查，佥以该区长贺昆山没收区民张汉福私土暨处罚行商武家煊私盐罚款，均未据呈报有案，并不转解各主管机关办理，又该区长擅派每联保临时费洋六元，公民证运费洋一元，均未呈奉核准，又该区长滥处董友善、张家声等罚金三十元十元不等，均未呈报，如此违法越权，显属触犯刑法上渎职恐吓等章之犯罪嫌疑。应请将该湖北监利县第一区区长贺昆山移付惩戒，关于刑事部分，应由惩戒机关移送法院办理。谨呈。

附二：

监察院指令　要字第二一八〇号

二十六年二月二十五日

令湖南湖北监察区监察使高一涵，二十五年十二月二十六日呈字第一七七号呈一件，呈件均悉。案经依法审查，咨送司法院转饬依法办理矣。仰即知照。此令。

院长　于右任

附三：

监察院咨送惩戒文　要字第二一八〇号

二十六年二月二十五日

案据湖南湖北监察区监察使高一涵提劾湖北监利县第一区区长贺昆山违法犯刑一案，当经依法交由监察委员曾道、朱雷章、童冠贤审查去后。兹据报告略称，应请将该湖北监利县第一区区长贺昆山移付惩戒，关于刑事部分，应由惩戒机关移送法院办理等语。据此，相应抄检各件，咨请贵院查核转饬依法办理。

此咨

司法院

抄件（略）

院长　于右任

（《监察院公报》第一二二期）

“提劾湖北枣阳县第二区区长丁文容擅理案件违法犯刑案”弹劾文

（1937 年 2 月 25 日）

为弹劾事：案查本署前据湖北枣阳第二区刘升店联保主任习道和等呈诉该县第二区区长丁文容“（一）浮派公款月捐；（二）越权勒罚；（三）克扣中饱；（四）鲸吞缉土”等四款一案，业经本署函准枣阳县政府查复到署。经加审核，除原诉第一第三第四等三款均查明认为证据不足应予免议外，所有原诉第二款“越权勒罚”部分，据该县政府原复文内节称，据告诉人等供称：民人李富显地中曾野生烟苗数株，被该区区队付陈启元发见拔出，报由丁区长，将李富显拘署。复经任子良等要求，免送县府，罚洋六十元了事。据丁文容供称：当时据报发现烟苗，我即亲往验看属实，饬由该管保长邱云山将李富显拘送区署，后来跑了，经陈宰均等竭力要求不报县府，叫我作主罚办，我受他们包围，结果罚洋六十元，以三十元拨充鹿镇实用农校经费，以十元提赏陈启元，其余二十元购买盒子枪弹五十粒，并缴出实用农校陈启元收据，及移交后任代理区长吴敏懋所出之接收盒子枪弹五十粒收据（上注明系李富显罚款所购买）各一纸，核与所供相符。查发现烟苗，事关重大，该丁文容竟敢匿不呈报，擅自处罚，虽藉口于受人包围，罚款并未入己，而违法专擅之咎，要无可辞等语。查《禁烟治罪暂行条例》第三条规定：“意图制造鸦片而栽种罂粟者，处死刑无期徒刑二十年以上有期徒刑。”又同条例第二十四条规定：“犯本条例各条之罪者，由军事委员会委员长兼禁烟总监指定有军法职权之机关审判之，或委任各级地方政府代为审判。”是则区长无权审理烟案，该区长当所明知。该区民人李富显地中，既系发现烟苗，经人拔出向区报告，无论该烟苗是否野生，李富显至少已犯有栽种罂粟之嫌疑，该案即已成为刑法上所称之诉讼事件。乃该区长于明知不应受理之案，竟于拘获人犯后，不将其转送该管审判机关而擅自受理处罚了事，且始终匿不呈报，实属违法犯刑。爰特提案弹劾，请即依法移付惩戒。其刑事部分，仍应由该管司法机关办理，以资儆戒，而肃纪纲。谨呈。

附一：

委员朱宗良王广庆王宪章审查报告书

为审查报告事：案奉交下湖南湖北监察使高一涵弹劾湖北枣阳县第二区区长丁文容擅理案件违法犯刑一案，经委员等会同审查，佥以该区长丁文容越权勒罚该区民人李富显烟款六十元，虽罚款并未入己，按之禁烟治罪暂行条例各专条规定，对于烟案，该区长显属无权受理，乃不依法移送主管机关办理，竟越权擅罚，匿不呈报，被弹劾人确有违法犯刑罪嫌。应请将湖北枣阳县第二区区长丁文容移付惩戒，以儆不法。谨呈。

附二：

监察院指令　要字第二一八二号

二十六年二月二十五日

令湖南湖北监察区监察使高一涵，二十六年一月三十日呈字第二〇二号呈一件，呈暨案件均悉。当经依法交付审查。兹据报告，该区长丁文容应移付惩戒。除将案件咨请司法院查照转发办理外，合行令仰知照。此令。

院长　于右任

附三：

监察院咨送惩戒文　要字第二一八二号

二十六年二月二十五日

案据湖南湖北监察区监察使高一涵弹劾湖北枣阳县第二区区长丁文容擅理案件违法犯刑一案，当经依法交由监察委员朱宗良、王广庆、王宪章审查去后。兹据报告，应将被弹劾人湖北枣阳县第二区长丁文容移付惩戒。据此，相应抄检各件，咨请贵院查照转发办理为荷。

此咨

司法院

抄件（略）

院长　于右任

（《监察院公报》第一二二期）

“提劾江汉工程局第七工务所主任李疆段长兼湖北潜江县第三区勘堤委员吴典等办理堤工失职暨潜江县第三区乡联保主任王贤柏黄孔山等违法犯刑案”弹劾文

（1937年3月10日）

为弹劾事：案查本署前据湖北潜江县第三区人民熊正华等，呈诉江汉工程局第七工务所主任李疆，及该所段长兼潜江县第三区勘堤委员吴典，暨潜江县第三区黄社王洑两乡联保主任王贤柏、黄孔山等敷衍堤防，两次分费等情一案，业经函准江汉工程局查明函复前来。经加审核，认为该员等办理所管堤工，确查出有偷减土方克扣方价之情事，应予一并弹劾。兹将案情分述于次。

（一）关于偷减土方部分：据江汉工程局复函所称，该项全堤高度，既有不足，并有数处似将老土削去。此种偷减土方蒙混取巧情事，虽经被人告发后，由本署函准江汉工程局派员查明，按照实际情形验收，核减土方四千伍百余方，并责令承揽人负责补足土方，或缴还工款，但该承揽人即联保主任等，既已十足领齐工款，又从而偷减土方，显系意图侵占。至该工务所主任李疆，及该所段长兼潜江县第三区勘堤委员吴典，悉负有工程主管之责任，何以事前既无觉察，事后又无补救，足征原诉所称“该李疆吴典等，明知故昧，约与利益均沾”，当非虚构，而至少失职之咎，亦无可辞。

（二）关于克扣方价部分：查该堤方价，曾经江汉工程局定为每方三角二分，并已十足发出，纵照江汉工程局复函所称，将应扣之各数除去，每方亦应实发人民二角四分之谱。乃承揽人竟不按章发足，克扣已足证明。关于此点，虽亦经江汉工程局于派员查明后，函请潜江县政府转饬该管区长，召集两造，切实核算，但该承揽人即联保主任等，克扣职务上所应发给之款项，实已违法犯刑。该李疆、吴典等，以有主管职责之人员，竟于事前事后，均不加以监督，一任该承揽人等，克扣方价，贻误工程，若谓其无通同舞弊情事，其谁信之？且至少亦须负重大失职之责任也。

尤有进者，该项堤工修筑，系规定以沿堤区保甲人员，承揽征工办理，与他种普通性质之工程，由公司或工头之类作营业上之承揽，而另定工价转雇工人办理者，其为事迥不相同。该潜江县第三区黄社王湫两乡联保主任王贤柏、黄孔山等，系以联保主任之资格，负承揽人之责任，是为一种属于公务员职务上之行为，综其偷减土方、克扣方价，实属违法犯刑，非他种普通性质工程之承揽人可比。至该江汉工程局第七工务所主任李疆，及该所段长兼潜江县第三区勘堤委员吴典，对于该项主管工程，既有显然失职之事实，亦有通同舞弊之嫌疑。堤工为国赋民命所关，该员等均负有重大之责任，乃竟发现如此行为，无论情节轻重，均应执法以绳，俾昭儆戒而资整顿。爰特一并提案弹劾，请即移付惩戒。其王贤柏、黄孔山两员刑事部分，并应移交该管法院办理。至李疆、吴典两员，如将来经法院侦查明确，果有通同舞弊及取得不正利益等情事，亦应归法院依法办理，以儆效尤。谨呈。

附一：

委员李宗黄胡伯岳白瑞审查报告书

为审查报告事：案奉交下湖南湖北监察使高一涵弹劾江汉工程局第七工务所主任李疆等办理堤工失职违法一案，经委员等会同审查。佥认该主任李疆、段长吴典对于承揽人联保主任王贤柏、黄孔山等承办堤工、偷减土方，及克扣方价各节，事前既失觉察，事后不予补救，其为失职，情节显然。且王贤柏、黄孔山以联保主任资格，承揽办理堤工，亦属公务员职务上之行为，不惟违法并触犯刑章，现在既经监察使署查实，即请将被弹劾人李疆、吴典、王贤柏、黄孔山等一并移付惩戒，关于王贤柏、黄孔山刑事部分，并应交法院讯办。至李疆、吴典两员，如经法院侦查有共同舞弊情形时，亦应由法院依法办理。谨呈。

附二：

监察院指令　要字第二三二八号

二十六年三月十日

令湖南湖北监察区监察使高一涵，二十六年一月十一日呈字第一九二号呈一件，呈暨案件均悉。本案业经依法审查，咨送司法院转发办理矣。仰即知照。此令。

院长　于右任

附三：

监察院咨送惩戒文　要字第二二二八号　二十六年三月十日

案据湖南湖北监察区监察使高一涵弹劾江汉工程局第七工务所主任李疆等办理堤工失职违法一案，当经依法交由监察委员李宗黄、胡伯岳、白瑞审查去后。兹据报告：应请将被弹劾人李疆、吴典、王贤柏、黄孔山等一并移付惩戒，关于王贤柏、黄孔山刑事部分，并应交法院讯办。至李疆、吴典两员，如经法院侦查有共同舞弊情形时，亦应由法院依法办理等语。据此，相应抄检本案各件，咨请贵院转发办理。

此咨

司法院

计抄送弹劾案原文一件，审查报告原文一件，检送弹劾案原附抄熊正华等原呈一件，抄江汉工程局江字第一二六〇六号公函一件，及其原抄附潜江县第三区区公所致第七工务所公函一件。

院长　于右任

（《监察公报》第一二五期）

“提劾湖南永兴县县长赵宗献违法失职案”弹劾文

（1937年3月16日）

为提案弹劾事：案查前据永兴县民李用忠等呈诉该县长赵宗献庸笨颟顸、贪污渎职等情一案，业经函准湖南省政府函以已饬据该府民政厅视察员龙之瑞前往查明呈复，并附送各项文书证据一本前来。经加审核，认定该湖南永兴县县长赵宗献，确有违法失职触犯刑事之所为，谨分别陈明如下。

一、关于原诉第一款吞赃枉法部分。查盗匪郭巨卿等劫杀陈苏氏一案，该县第一区区长李英翰向县府第一次呈解赃款一百七十一元五角，在二十四年十月六日，第二次呈解赃款六十七元。在同年同月十日（分见检附证据册第一页至第三页及第四页至第五页），该县长赵宗献拟就判决，于同年同月十一日呈请湖南省政府主席兼全省保安司令呈转，国民政府军事委员会委员长行营复核文内，并未申叙此项赃款之处分问题（见前揭证据册第十页），即判决书中亦且未提及（见前揭证据册第十一页下半面湖南省政府主席兼全省保安司令保三字第四四七四号训令）。即如民政厅龙视察员所称，该县长曾有另文呈请核示处置办法（见抄附湖南省政府复本署函），但从二十五年三月三日湖南省政府主席兼全省保安司令保三字第八七号指令中“至赃款洋一百七十一元五角，一俟邵阳县政府咨复确实无人具领准用作地方公益事宜”等语（见前揭证据册第十五页）以观，该县长之请示，实止于第一次李区长呈解之赃款数目，其第二次所获赃款并未呈报在内。而其呈报第二项赃款，乃在二十五年六月八日（见前揭复函及证据第十七页），距李区长呈解时期达八个月以上。具为疏略失职，至为显然。

二、关于原诉第三款坐长匪祸部分。查该县第四区树头市李亲爱及李龙集家，第五区朱毓涛等及邓培兰、曹声扬各家，或被匪劫杀，或遭强夺（见前揭复函），虽云该县兵力单薄，不敢远道分防，常施游击，然而县长有守土保民之责，理应设法请求援助，邑有匪迭次杀人越货，自无辞于玩忽失职之咎。

三、关于原诉第四款违令苛征部分。查湖南省政府通令各县对于旧赋积欠，自二十四年十月一日起至十二月三十一日止，免征息金。该县长奉令，已经分别转令布告遵行，乃率尔根据田赋征收主任邓裕昆之片面呈词，即行提交县政会议议决准予据情转请收回成命，并在未奉指令以前，仍行照旧征息。嗣遭湖南省政府否准，并斥其违背功令（均见前揭复函，并分见前揭证据册自第三十五页至第四十一页），虽云该县长奉令之后，立即停止征收息金，并将已收者扫数报解。但其在未经上峰指示照旧征息之所为，显系违背上令。且据民政厅龙视察员所称，员警催征，需索招待，在所不免（见前揭复函），该县长亦有失察之处。

四、关于原诉第十款滥用体刑部分。查该县第一区东南乡观下军用电话树折倒，该区第五甲甲长邓开甲，负有属地之责，固不应不为报告，乃该县长竟加以笞责，并罚洋二元四角（见前揭复函）。无故勒罚，已属不当，妄用体刑，尤为违法。

五、关于原诉第十一款滥用威权部分。查该县人民马骥，上年旅居长沙中山路新新旅馆，短欠旅费洋七十余元，该县长凭该旅馆主人函托，遂传马到府令其偿还。据民政厅龙视察员所查，该马骥所欠旅费，内多牌账，已先后缴县十五元（见前揭复函）。该旅馆主人如需索债，应投该永兴县政府正式起诉，该县长接有正式诉状，方能依法办理。况此项债款，多系赌账，本为自然债务，不得于诉讼上主张，乃该县长竟凭一纸书函，不惜认真传唤马骥勒令偿还，不惟违法，亦且显有《刑法》第三百零二条以非法方法剥夺人行动自由之犯罪情形。

六、关于原诉第十四款诬蔑人道部分。查该县商民轻视卫生，对于街道向不清洁，该县长以新生活规定綦严，责成保甲长认真晓谕市民扫除，本无不当。但即令不能遵行，亦仅依违警法酌加惩处，乃据民政厅视察员所查，该县长对于犯者，或则令着红衣游街，或则罚跪街心（见前揭复函及证据册第八十二页）。查此两项处罚，法无规定，该县长亦显属触犯《刑法》第三百零二条以非法方法剥夺人行动自由之犯罪情形。

综上所陈，该湖南永兴县县长赵宗献违法失职、触犯刑事，已属事证确凿。爰特提案弹劾，请即依法移付惩戒。并将刑事部分，移送法院办理，以纠非法，而儆效尤。谨呈。

附一：

委员杜忱梅公任吴瀚涛审查报告书

为审查报告事：案奉交下湖南湖北监察使高一涵弹劾湖南永兴县县长赵宗献违法失职一案，经委员等会同审查，佥以该县长赵宗献办理盗匪郭巨卿劫杀陈苏氏一案，对该县区长李英翰呈解第二次赃款，越八个月以上，始迟迟呈报；该县第四第五区迭遭匪患，未能应机防范；违令苛征旧赋息金，滥用体刑，无故勒罚；又办理该县县民马骥短欠长沙新新旅馆旅费一案，仅凭旅馆主人函托代为追偿旅费及赌账；及市民不认真实行新生活者罚跪罚游街，任性妄为，于法无据。以上各款，均属违法失职，情节显然。应请将湖南永兴县县长赵宗献移付惩戒，以维法纪。谨呈。

附二：

监察院指令　要字第二三九〇号

二十六年三月十六日

令湖南湖北监察区监察使高一涵，二十五年十二月二十六日呈字第一七八号呈一件，呈件均悉。案经依法审查移付惩戒矣。仰即知照。此令。

院长　于右任

附三：

监察院移付惩戒文　要字第五四九号

二十六年三月十六日

案据湖南湖北监察区监察使高一涵提劾湖南永兴县县长赵宗献违法失职一案，当经依法交由监察委员杜忱、梅公任、吴瀚涛审查去后。兹据报告略称，应请将湖南永兴县长赵宗献移付惩戒，以维法纪等语。据此，相应抄检各件，移请贵会查核办理。

此移

中央公务员惩戒委员会

抄件（略）

院长　于右任

（《监察院公报》第一二五期）

纠举“甘肃隆德县县长栗智等案”

(1943 年，本案经由甘宁青监察使署径送甘肃省政府核办)

查本署前派秘书沈爽清赴陇东第二第三两行政区各县，作一般视察，及专案调查，并谕令于到达各县工作时，如临时遇有案件发生，人民呈递书状时，准予接收调查。兹据该秘书呈称：职此次奉派视查，于二区之平凉，据三民主义青年团甘肃支团隆德县宣传队队员王致信等，报告隆德县盘山镇第五保保长杨世英贪污案确，逍遥法外等情前来，当经遵谕接收，于该县视察时，施行调查，谨将查得情形呈报于下。调阅隆德县政府本案卷宗，陇东师管区司令部曾据该县盘山镇第五保甲杨文元等呈诉该保长借公营私、鱼肉人民，经转电该县长栗智查办报核，该县长派指导员刘青云彻查，其查复报告略谓：上年储蓄券款，该保短交五百元以上，民间所欠者不足百元，此足证该项储蓄款，完全存于保长手中，应即拘府押追，并以贪污惩处，运固军粮运费，该保长分文未发给花户，并未有账目公布民众，殊失政府体恤民艰之至意，应予传府讯办等语；该县长一面将杨世英先行撤职，一面传集两造庭讯，堂谕：着杨世英限五日内将所欠储蓄款如数交清，并将一切手续办理清楚。嗣杨世英呈送清算款项清折，谓系召集全保甲长详细清算，收支相符，并无长摊浮派情事，而该保各甲长王治通、杨文元、王致和等，同时具呈声明该保长账项不清，无法清理，略谓甲长等经手各款，俱交保队附方志道经收登账，方杨串通一气，竟将所收各甲之款，多无入账，交多入少，有意蒙混，恳予派员或传具监算，并附经手收交各款账单一纸，经予批示传县清算；查该保长所具清算清折，谓收支相符，无长短浮派情事，但该甲长等附呈收交各款账单，其收支两比，竟有两千元以上为该保长杨世英所干没，未数日该甲长王治通、杨文元、王致和等（即原告），忽具切结，谓经当地乡老张升堂等从中以无条件调处，双方均愿和平了结，以息讼案，同时该张升堂等，备具和解状，请求县府核准，以息讼端各等语；该县长爰批示：姑准和解（以上见所附原卷）。职阅卷后，发生下列疑义：（一）该指导员刘青云查明该保长已收未交之储蓄券款及克扣未发军粮运费，未见如何发落，竟予了案。（二）该保长杨世英所具清算清折，显系蒙呈，果真召集全保甲长实行清算，收支相符，何该甲长王治通等反具呈声明该保长账项不清，无法清理，就其所附收交各款账单计算，该保长经手公款又有两千元以上未曾支出，案未清算，虽未可确定其侵蚀之数，但该保长违法贪污，可以断言，既经批示传县清算，乃于未清算前，竟准和解，殊不知是何用意。（三）直属主管上级长官，对于所属所犯贪污案件，是否可以“姑准和解”四字结果，法律规定详明，无待赘述。（四）原告王治通、杨文元等始则大事控告，忽又甘愿作无条件和解，其中必有原因。缘上种种疑窦，当嘱盘山镇公所传唤该王治通、杨文元、王致和等查询，王治通、杨文元因事未得前来，当据王致和结称：为出具切结事，窃民前以藉公营私鱼肉乡民等情，上诉保长杨世英一案，经本保花户开会清算，诈去款项共计数千元之巨，原清单所开各项款项，均系依照该保长诈条录下，确系实在，此种贪污大案，民本拟追述到底，后因县政府孙科员光祖前往本保嘱令调解，民当时因案情重大，不告由民，告则由吏，将来此案如果上级机关追究时，如何办法，孙科员光祖说，如果上级机关追究，自有县政府负责，民等无知，爰具切结，呈县和解，该保长所诈各款，至今尚未吐出，以上所陈，如果虚伪，愿甘反坐，所具切结是实（切结附呈）等语，理合备文呈报鉴核等情，并缴赍原卷一宗、切结一纸前来，经加审核，该保长杨世英扣发储蓄券款，与军粮运费，业经隆德县政府查明属实，其经手其他各项公款，亦多有不实不尽情事，违法贪污，已甚明显。该县政府科员孙光祖竟私自到保，嘱令调处，并谓如果上级机关追究，自有县政府负责等语，袒庇贪污，从中舞弊，亦甚昭然。该县长栗智，身为上级主管长官，对于该保长等贪污舞弊之所为，事前未能觉察，已应负疏忽失察之咎，乃案经派员查明，复经批示传县清算，竟又于未清算前，准其和解，实属知情故纵。综上以观，该县长栗智及科员孙光祖等袒纵贪污，事证确凿。爰依据《修正非常时期监察权行使暂行办法》第三条之规定，除电奉监察院核准外，特提案纠举，请即依法办理，并请将保长杨世英贪污部分，移送该管军法机关审判，以儆效尤，并希将办理情形见复为荷。

此致

甘肃省政府

监察院甘肃宁夏青海监察区监察使　高一涵

（《监察院公报》渝版第一期）

纠举“甘肃庄浪县县长马文江等案”

（1943年，本案经由甘宁青监察使署径送甘肃省政府核办）

为纠举事：案查前据庄浪县旅平学生柳汉卿等，及该县民人薛冠雄等，先后呈诉该县县长马文江等“贪污枉法，鱼肉乡民”等情到署。当经派本署秘书沈爽清，前往并案彻查去后，兹据该秘书查明呈复，并缴赍附件前来。经加审核，除隆德县邮政局局长董作新部分另案办理外，该县长马文江，及民政科长王回澜、财政科长马完白、收发主任马宝珍等，确有共同贪污违法情事；该县仓库保管员李干卿，及吴指导员、李合作指导员等，亦均有贪污之行为。兹分述于下：

一、关于运粮舞弊私收运费部分。据原呈复文略称，该县奉令运送原军粮四千石，每石规定运费八元七角二分五厘，由县仓征实项下，装运二千石，余二千石，由县属之通垫镇仓储拨运。时秦安亦奉令运送隆德军粮七千石，当时秦安粮价，高于隆德，适有隆德邮政局局长董作新，前往秦安承包营运，将秦安应运之粮，粜出一部，携款三十余万元，一面由当地粜粮入仓，一面与该县长密商，将距离隆德较近之通垫镇仓储，拨运之二千石，改运隆德，抵作该局长承包营运秦安军粮一部。再由该局长携款赴固，为庄浪粜粮交纳，并商定由各乡镇派驴运送，每驴驮运一石，加派运费一百五十元。召集各乡镇长开秘密会议，饬令照办施行，未久该县长赴省参加行政会议，将经收运费事宜，密交民政科长王回澜、财政科长马完白、收发主任马宝珍等承办，县仓二千石，由马完白经手，将粮由仓打出，在本城及水洛城出粜，提款赴固，粜粮交仓，当时每粮一石，粜价一百三四十元，至一百五十元，并所加派之一百五十元运费，计约三百元左右，固原粮价一百六七十元即可粜入，每石渔利，当在百数十元之巨，通埜镇仓储改运隆德之二千石，由马宝珍监视打粮，亦须先将一百五十元运费缴纳，始准装运。并逼令各脚户声称所运之粮，系属秦安之粮，不准谓系庄浪之粮，粮运隆德交纳军粮局仓库所制奉安运粮收据后，再由该邮政局长换给收到庄浪粮石临时收据，有该庄浪县政府前任秘书赵光照之书面密呈（见附件册第一页至第四页），云台乡民人李炳坤之愿甘反坐书面报告（见附件册第五页），及通埜镇各保长所具甘结（见附件册第六、七两页）足资佐证等语。又此案发生后，该管专员兼保安司令公署派员查明将该财政科长马完白，着交该县长扣押看管，并说明该县长系九月十五日由兰返庄，民政科长王回澜系于马县长回县之第三日请假赴察，但该县长对专署呈报看管马完白签条，则称王回澜于九月十三日请假，复经多方调查，该王回澜确系在该县长回庄后请假离县，事实不符，显系预为放纵（见查复文及附件册第八页至第十一页）。嗣省府一再电传专署将该马完白、王回澜解省，该县长稽迟甚久，始电专署谓马完白已派警察叶兴礼起解，旬日后专署忽接该警士叶兴礼由静宁寄到报告，谓解送马完白到平后，不料乘大便脱逃，遍寻无踪，乃将解带至静宁邮上，警士自投方便云云。查庄浪至平凉，必须经过山河镇，及隆德县城道路，职于平凉至隆德时，沿途访查，并未闻有警士解送马完白之事，由隆德赴庄浪经过山河镇，询问该镇镇长吴德新，及查询各宿店，亦据陈未见解马之事，纵如该警士所称解抵平凉后脱逃，何以解送呈文，不于平凉或较近之隆德付邮，乃携至数百里外之静宁邮寄。或谓马县长给与马完白一万五千元，使其潜往重庆某处匿迹，信属不诬（见查复文及附件册第十一页至第十二页）等语。综上以观，该县长马文江、民政科长王回澜、财政科长马完白、收发主任马宝珍等，藉运军粮，共同舞弊贪污，及其纵放王回澜、马完白潜逃，冀图诿卸责任，事实明确，无可遁饰。不但该马县长应负《刑法》第一六三条第一项之罪责，且共有《惩治贪污暂行条例》第二条第三两款之罪行。

二、关于违法征收牲畜山货各学佣部分。据原呈复文略称，该县各乡镇畜佣秤佣斗佣以及山货佣，仍在一律派员征收。在云台乡岳家堡查询牲畜市一般牵售骡马牛羊之乡民，及该市附近之店铺主人杨文卿，均称买卖牲畜学佣照三分抽收，其征收人员呼谓陈佣官，系庄浪县府所派，询诸斗秤行，亦称学佣归陈佣官稽征。通堑镇之通边，征收员系何子珍，亦一律按三分征收。水洛城斗行李国香称，无营业牌照，系由县府包来。王骏卿称油秤亦系包来，无有牌照，学佣平时按二分抽收。嗣后该镇中心小学校柳嘉善及各教员称，本镇由货斗秤各间，系地方土劣孙占鹤以巨款向县府包办，明以二分，实际征收甚重（见查复文及附件册第七页及第十三页）。复经嘱由该镇公所岳镇长传集斗秤各行首领，询据斗行李明厚携来营业牌照纸，照上仅填字号及领照人姓名等级，年纳牌照谷一栏未填数字，且全镇斗行有四十余家之多，据称仅此牌照四纸，又显有舞弊之嫌，查甘肃省政府颁发各县市局三十一年度行改征或废除各项捐税种类表，载明斗秤捐改办营业牌照税，并于备考栏内，注明斗佣在内；牙行捐亦改办营业牌照税，备考栏内，注明牙佣在内；畜税附加及学捐，暨其他各项杂捐，载明一律废除。该县长接奉上项命令后，并获呈本省府严令，限将所有各项捐佣立即停止，以符法令。乃一意操切，玩忽功令，迨至现在，犹复仍旧照收等语。是该县长之违法征收各学佣，亦属事实，应犯有《惩治贪污暂行条例》第二条第六款之罪状。

三、关于暴虐跋扈及纵使员警敲诈部分。据原呈复文略称，该县长因通堑镇运粮收据未被收去，愤怒在怀，对该镇县民薛葆观，即藉抗兵抗粮大题，痛加拷打，并带县管押多日，经行贿八百元，由靳作楫经手交付（见查复文及附件册第十四页）。又水洛镇乐盛和店史照明，因乡公所开会未到被拷，其管账先生贾子厚，前往请人说情，史虽放走，却将贾子厚拘捕顶替，于万马乡公所共花二千五百元，经查询乐盛和店，实有其事；又柳锡寿因与柳逢春嫌怨，诉柳逢春为匪抢劫，该县长派警长白耀洲等，将柳逢春父子捆至水洛镇，需索三百余元（见查复文及附件册第十五页）。他如县府委员王执信于通堑需索路费五百一十元；彭警长于该镇两次需索二百八十元；催丁委员任国栋磕索五百元，嗣又向该镇四保居民藉故敲诈五百元；催柴草委员张俊德，低价强买第六保农民陈常德牝马一匹；便衣队长王志远，藉烟案敲诈该镇商民吴鸿安一千七百四十元，又磕去王正清一百元；收发主任马宝珍，向该镇各保需索一百六十元；吴指导员向该镇镇长朱效祖索洋三百三十元；政警马映德揢索第六保花户陈万仓四百元；合作指导员李某，需索第二保花户李光烈一百四十元，又向一、四、五、六、八保索去二百一十元；政警秦生财磕索第二保花户苏满地二百元各节，经予传集各该被诈人等询问，并从旁调查，均属实在。除由各该保长出具负责书面答复外，并由多数被诈人加盖私章，以资证实（见查复文及附件册第六页至第七页）等语。是该县长己身不正，贪污磕诈，相习成风，实触犯《惩治贪污暂行条例》第三条第一项第二款之规定；该马宝珍、吴指导员，及李合作指导员等；亦皆应负同条第一项第二款之罪责。

四、关于浮征扰民扣发粮价部分。据原复文略称，该县长委任该县劣绅李干卿充当仓库保管员，通埜镇各保交纳三十年度军屯粮时，一石三四斗，只能交上一石，且不发粮价，直至二区保安许副司令到县后，每石始发价洋三十元（见附件册第六页），该镇第六保，共送军屯粮十四石，仅交上十石零六斗；又云台乡第二保张家大院，送交军屯粮九石，仅上交六石七斗；又乱庄李姓送交军屯粮十五石，仅交上十一石五斗，蹊非亲见事实，但据云台乡绅民李炳坤、岳贵卿等异口同称，且有通埜各保长所具结证，应非虚构等语。是该县长、保管员等浮收军屯粮扣发粮价，亦属非虚，系触犯《惩治贪污暂行条例》第二条第二款之罪责。

综上所述，该庄浪县长马文江、民政科长王回澜、财政科长马完白、收发主任马宝珍，暨仓库保管员李干卿、吴指导员、李合作指导员以及上述其他各员警，贪污违法，均属确凿有据。爰依据《修正非常时期监察权行使暂行办法》第二条之规定，除电奉监察院核准外，特提案纠举，请即依法办理。所犯刑事及惩治贪污暂行条例部分，并请交由军法审理，以儆效尤，而维法纪，并希将办理情形见复为荷。

此致

甘肃省政府

监察院甘肃宁夏青海监察区监察使　高一涵

（《监察院公报》渝版第一期）

纠举“甘肃永昌县田赋管理处副处长薛得位等案”

（1943年，本案经由甘宁青监察使署呈准
径送甘肃省田赋管理处办理）

为纠举事：案查前据永昌县农会干事长王仲儒等，及该县民众杜杰等，先后呈诉该县田赋管理处副处长薛得位等“违法渎职、薪公诈财”等情到署，当经函行甘肃省第六区行政督察专员兼保安司令公署查复去后，兹准该专署明电复，经加审核，除查无实据部分，姑予免议外，该副处长薛得位，确有违法失职情事，该处第三科科长薛品三，科员刘步云、常耀奎，会计张实等，均有违法贪污之行为，兹分述于下：

一、关于副处长薛得位部分。据原电复略称，“永昌自清末以来，迭遭兵燹，人口递减，耕田面积缩小，故近岁虽粮价激增，而地价不能与之比例增加，据调查永昌土地，以宁远乡南部为最佳，年来价格，每亩仅百数十元至二百余元；其他鸾鸟、永安二乡土地，大半为碱滩，每亩价格，有低至十元以下者。该处原定地价，最高者为永宁堡、暖泉二地，计每亩二百五十元，宁远每亩一百三十元，呈报后，奉省令姑准备查，该处乃复将地价增报，计最高者为碱草沟，每亩至二百元，其余递增，此项地价决定后，即行宣布等语。是该处原定永昌地价，已切合地方实际之价格，案经该副处长呈奉省令核准后，复又擅行增定，殊属违法，虽此项地价，现已经省府划一规定，消失主要原因，但该副处长违法之行为，仍难辞其应负之责任。

二、关于科长薛品三等部分。据原电复文略称，该处于全县土地丈量完竣后，曾以赋三寅字第七号，及赋三呈字第十五号，前后布告各乡镇，

听其申请复丈，乃该处第三科科长薛品三，并不遵照此项规定，私自下乡，以复丈为名，而为贪污之实，各保长所具之结，多可证明；又该处代印失契证明单，每张规定收工本洋二角，惟编查员在乡亦有多收者，收得之款，均交会计张实收存，仅垫交规定工本，又违背省令，勒索总甲停限费，以该处人事未臻健全，容有其事，所有贪污情事多系该处第三科科长薛品三，科员刘步云、常耀奎等所为各等语。是该科长薛品三，假借复丈名义，私向乡民磕诈，及该处多收失契证明单工本，勒索总甲停限费等，均属违法贪污之行为，此项贪污行为，虽属该科长薛品三，科员刘步云、常耀奎等所为，但该副处长身为直接监督长官，疏忽失察，殊难辞咎，会计张实，对于多收失契证明单工本，竟予收存，仅垫缴规定工本，其串通舞弊，亦甚明显。

综上所述，该永昌县田赋管理处副处长薛得位违法失职，及该处第三科科长薛品三，科员刘步云、常耀奎，会计张实等，违法贪污，均属确凿有据，爰依据《修正非常时期监察权行使暂行办法》第二条之规定，除呈报监察院外，特提案纠举，请即依法办理，以儆效尤。并希将办理情形见复为荷。

此致

财政部甘肃省田赋管理处

监察院甘肃宁夏青海监察区监察使　高一涵

（《监察院公报》渝版第一期）

建议“取缔天水秦安两县违反限价发生黑市案”

（1943年，由甘肃宁夏青海监察使署径向
甘肃省政府提出并经本院备案）

为建议事：案据本署秘书沈爽清呈称：窃职此次奉令赴陇南各县工作，一月二十五日出发，适在政府限价法令颁布未久之时，外县多数商人知识短浅，乃沿往昔一县一邑因平价而操纵物价之惯技，查秦安天水两县自施行限价后，日用必需品如大米、面粉、清油、木炭等公开交易，顿形没落，黑市买卖，随处可见。最近两旬来，天水大米由六十余元一斗竟已暗地涨至每斤七元，面粉由三元五六一斤，涨至五元以上，清油由七元一斤涨至十三元，木炭由每百斤七十余元涨至二百元，均超出限价三分之二或一倍有奇，尚属有钱无市，其它各项物品及工资，亦莫不波动甚大。天水如此，秦安亦然，似此情形，殊有急速取缔之必要等情。据此，查限价政策，关系抗战前途至巨，该天水、秦安两县，在实施限价之初，即发生黑市交易，其他各处，恐难免相率效尤。似应严行惩处，以符限价法令。特依法提案建议，请即查照令饬天水、秦安两县县政府，对于违反限价法令之黑市买卖，严密取缔依法惩办，以儆效尤。并希将办理情形见复为荷。

此致

甘肃省政府

监察使　高一涵

附：

甘肃宁夏青海监察使署呈文

查本署前据秘书沈爽清呈报甘肃天水、秦安两县违反限价发生黑市情形，经向甘肃省政府提出建议书，请转饬该天水、秦安两县政府严加取缔以儆效尤一案，业经本署于本年三月六日以呈字第三六八号呈缮同原书副本报请，鉴核在案。兹准甘肃省政府平三丑字第三零四号公函开：查天水实施限价后，食粮菜油发现黑市，自应从严取缔，以期贯彻限价法令。前据天水县长呈报前来，经饬粮政局先饬天水县政府刻即出卖征获田赋粮叁千石，目前救济民食。此外，并指拨秦安、甘谷、清水、武山、天水等各县田赋粮四万八千石，设法运济。关于运输办法，经决定将划拨外县仓粮，交由运输工具机关自运，其无运输工具机关者，着由商人往运，以求迅速在各县田赋粮尚未运到前，着由面粉厂赶速供给面粉，如面粉厂一时不能开工供销时，则将前由粮政局拨购之小麦一万石，先行借供市场销售，以济需要，而安民生。除令饬第四区张专员赶速前往主持办理，并另电天水、秦安两县长对于违反限价法令之黑市买卖，严加取缔依法惩办外，兹准前由相应函复查照等。由此，理合备文呈报，仰祈察监谨呈监察院院长于

监察使　高一涵

（《监察院公报》渝版第二期）

纠举“甘肃通渭县县长贺凤梧案”

（1943年，由甘肃宁夏青海监察使署径向
甘肃省政府提出并呈经本院备案）

为纠举事：案查前据甘肃通渭县民孙效武、杨海清、马义圆等以“贪婪无厌迭次磕诈滥用威权横行报复”及“贪污渎职违法殃民暨捏情陷害刻毒报复”等情，呈诉该县县长贺凤梧等，经本署秘书室先后函通渭县司法处查复，嗣复派本署秘书沈爽清前往彻查。兹据该秘书并案呈复，并缴赍附件前来，经加审核，除杨海清、马义圆等呈诉各案查无实据，应免置议外，孙效武呈诉部分，该秘书呈复称：查郃冬子（即郃思文）原系孙效武之帮备。据孙耀武称，上年一月间，因债务口角，郃冬子母亲持刀拼命，孙效武将刀夺下，打了几下，郃冬子即始以孙效武等率领行凶殴打重伤等情，状告于县政府，继又以孙兑卿（即孙耀武）等吸卖鸦片续行控告，县卷内该郃冬子原状有“胆敢久吸鸦片出卖烟棒等物，以致将民父母二人恶讨烟债私行毒殴”等语。该县长受理后，关于孙效武被控伤害部分，以孙效武保释后，赴省告状，避不到案迄今搁置未结；吸卖鸦片部分，将孙耀武判处有期徒刑一年，呈经省保安处核准执行。嗣该孙耀武申请调服劳役，该县府准如所请，于八月二十八日交保释外服役。时该县长晋省出席行政会议，秘书李如台代行。迨孙效武屡以拘捕苛诈等情，在省控告不休。该县长于十月二十二日又将孙耀武拘传到县，略事讯问，复予逮押，堂谕，“孙耀武指使其弟孙效武以拘押苛诈等情向省府控告，现奉命所告子虚，由其兄函召回县质对以便结案”等

语。质之该县长复行管押孙耀武理由安在，据称在使其将孙效武召回归案再行释放。而甘肃省政府据该孙效武控告后，曾迭电该县长将案内有关之周全德、孔怀麟（即孔获麟）、郭玉海、田奉祖、郭恒基及该府政警魏天才等八人妥为解省质记，迄至职于该县调查时，该县长尚未将上述各关系人传集起解，该县长复会具呈省府将孙效武传获命示派警提县质对，经指命略谓，此案已据孙效武提出证据并电该县长将有关各人证解省质讯饬即遵照。以上系调查案卷之情形。嗣复分别传提孔获麟、郭玉海及在押之孙耀武等，于该县司法处亲加讯问，除孔获麟据称抱病未能传到外，据孙耀武称，“保出去服役，花八百元出六百元帖子，二百元钱送秘书情的，期帖是郭玉海出的，孔获麟送秘书的，从前季秘书在部家沟验尸，在孔获麟家住了一夜，所以认识的，帖子是七月初十日出的，二十日限期到，十九日我就给孔获麟六百元钱”。据郭玉海称，“打帖子六百元属实，是孔获麟说为他拔麦子用的，送谁不送谁不知道。帖子是一月的限期，期满孔获麟拿六百元兑过帖子就回来了。我忘记了是哪一日，大约是七月间”各等语。该孙耀武对该警佐龚学坚等迭次率警骚扰诈索情形所供亦颇详细（以上见附件），复经博访舆论，据谓该警佐政警对孙效武多次藉案磕诈委属不虚，该秘书李如台素性贪污无钱不要，收受孙耀武八百元贿赂亦属人言啧啧。综观本案情节：（一）部冬子状告孙耀武久吸鸦片出卖烟棒因向该民父母恶讨烟债，私行毒殴，是部冬子的父或母必系吸食鸦片之人。况据孙耀武供称部冬子父亲吃烟（见附件），是其吸食鸦片更无疑义。该县长复将孙耀武一人判处徒刑，而部冬子父亲竟不加以依法讯究，实称疏忽。（二）孙耀武既经保外服役，竟因其弟孙效武赴省告状，复行管押，若谓其将孙效武函召回县归案再行释放，而省府迭卷经电饬将案内各关系人传集解省质讯，是非曲直应候省府判断，况省府指令该县长尚不允将孙效武传获提县归案，孙耀武有何权力可勒令其弟自动回县。原诉滥用威权横行报复，殊难谓无因。（三）就孙耀武、郭玉海所供情节互相参证，证之舆论，该秘书李如台收受孙耀武八百钱贿赂，虽孔获麟未能传到当庭质对，而蛛丝马迹已甚明显等情。据此查该县长身兼检察及军法职权，该部冬子原状既称孙耀武出卖烟棒，因向其父母恶讨烟债私行毒殴，是其父母有吸食鸦片罪嫌至为明显，乃竟不予侦查究办，实属违法。该民孙耀武既准保外调服劳役，应无再事管押之理，该县长竟以孙效武避不到案，而将该民复行管押，亦未免滥用职权，该秘书李如台收受贿赂，虽无确据，但就调查情形观之，殊有贪污之重大嫌疑。爰特一并提案纠举，即请依法办理，关于该秘书李如台贪污嫌疑部分，仍请于该案各关系人提省后质讯明确，交由军法机关审理，以儆效尤。并希将办理情形见复为荷。

此致

甘肃省政府

监察使　高一涵

（《监察院公报》渝版第三期）

纠举“甘肃秦安县县长刘景纯等案”

（1943年，经由本院电准甘肃宁夏青海
监察使署径向甘肃省政府提出）

为纠举事：案查前据秦安县民人马宪章以“贪污枉法”等情呈诉该县县长刘景纯等，经即函准甘肃省第四区行政督察专员兼保安司令公署查复，正核办间又奉监察院训令交办秦安县民人马子亨呈诉该县县长刘景纯等残害无辜等情一案到署，当以本案呈诉人马宪章、马子亨呈内所述该县长等索贿刑讯各情形颇为详细，第四区专署查复简略，复经派本署秘书沈爽清前往彻查。兹据呈复并缴赍附件前来，查该秘书查复原呈本案经过情形颇为复杂，其初因马子清之妻于氏难产身死，其娘族于姓与马姓发生口角，并毁损门窗桌椅多件，中经士绅调解，以二千元作为亡人超度费用，马姓坚不应允，遂致双方决裂。马姓以损坏建筑物及动产为由，于姓以伤害致死为由，赴县互控，适因马子青兄马子祥与高庙乡乡长周铭三、龙山镇镇长王介丞本不相能，加以周铭三之妻与死者于氏系属姐妹，对于于姓讼事暗中主谋，以期扩大事态，藉泄私愤，又舆论方面或谓该乡镇长及于氏家属等内控告伤害，势必检验尸体，于氏因产身死，自无伤痕，一经检验，必归失败，于是启坟盗匿尸体，使官厅无尸可验，更可以杀人弃尸，加重马姓罪刑，迨县府委派警佐刘振军前往发坟检验空穴无人，遂将该马子青及其分家另住之兄弟马子祥、马子亨等一并逮捕拘禁押解回县。县长刘景纯不问情由，亦即一律予以管押。该马子祥所控警佐县长等勒索贿赂虽未得实据，但据马彦荣、马万清所称，马子祥送该警佐一千元因钱不够，又将金戒指一个补足数目之言，及马子祥因此案发生后，向米明福借卖茶款六千元，又将山平地六晌价卖马进德五千五百元之事实（见附件第二册第一页至第五页）互为参证，究不无有重大嫌疑，马子祥兄弟三人被县管押后，该乡长周铭三及该镇长王介丞又暗中帮助于姓代为罗致马子祥种种罪行，密函县政府秘书力请严办（见附件第五册第十页及第十一页），一面利用该龙山镇一保前保长李生桂分向专署及县府出面控告马子祥贩卖鸦片杀人越货及马子青吸食鸦片等罪状。该县长听信谗言早有成见在心，又因马子祥赴省控诉其贪污诈贿，成见更深，经以据报押犯马子祥贩卖鸦片并吸食鸦片及据密报龙山镇商民马长烈，常由凉州为马子祥购买大批烟土运县贩卖，并谓马子祥私藏枪枝、结伙凶杀等语，分令监长于怡庭及龙山、高庵两乡镇长暨巡官王宝严密调验解县法办。巡官王宝等搜查马子祥、马长烈住宅，并未查得枪枝鸦片，仅于马长烈家中查得凉州客商马翰章等私函数件（见附件第五册第二十三页至二十六页），遂将该马长烈逮捕，在该镇秦安小店严刑吊拷，由马万德、马德全经手支付王巡官鞋脚费及店账开销共国币五百九十五元，带至龙城镇，又被王巡官诈去二百元，并在龙城所住太和店开销店账四百五十七元（见附件第二册第六页至第七页）。又马子祥雇工老王因此案被县府拘传两次，第一次被警长高长禄拷索二百六十元，又开销店账一百七十元，由兰蕴玉经手。第二次被巡官朱国体拘传，开销店账二百五十元（见附件第二册第八页及第九页）。又马子祥伙计邵登科因与马子祥往来送饭，被看守警张生仓举发，其为马子祥许款五百元，贿请其证明马子祥送与警佐一万三千元之事，并有警长马援德从旁作证，向县府报告，由是该邵登科亦被拘禁。办理结果该县长对于司法部分之于姓所诉杀人弃尸提起公诉，马姓所诉损坏建筑物及动产不予处理，迨司法处审判官备而查询时，事隔数月始饬据该警佐呈复予以不起诉处分，对于军法部分，判处马子祥贩卖鸦片，马长烈帮助贩卖鸦片，马子青吸食鸦片，邵登科贿买诬唆证人等罪刑（见附件第五册第一页至第九页）。经加审核，本案除司法部分已由司法机关依法审理而无不合应予免议外，该县长刘景纯警佐刘振军确有滥权渎职情事，该乡长周铭三、镇长王介丞及巡官王宝、警长高长禄，暨前保长李生桂等亦均有串通设陷贪污之行为，兹申述于后。据原呈复文略称：查该县长兼军法官，所为军法判决所依据之事实理由与职调查结果颇有不符。据龙山镇一般人士云，李生桂前充该镇第一保保长，原系马子祥一手保举，嗣马子祥因该李生桂贪污恶劣，亏蚀兵款粮款达数万元之巨，无法再事庇护，爰即清算账目，撤销其保长职务，因是与马子祥结怨甚深，迨马子祥因案管押后，该乡镇长周铭三、王介丞等因欲乘机打倒马子祥，但又不欲亲露头角，将该李生桂招之为镇公所自卫队司书，利用其出面告状。该李生桂亏蚀巨额兵粮各款，不惟不加追究，反引为有用干部人员，至其所告马子祥杀人越货访之舆论……及亲向该李生桂、张万虎、李虎等查询，窃其语言神态显有诬妄（详见呈复文及附件第二册第十三页至第十六页），该判决事实栏所谓密报马长烈常由凉州购买大批烟土运输来县贩卖云云，查阅卷内并无密报，据秦安县党部多数工作同志声称，该县长对马子祥兄弟被控之命案，始以被乡镇长之欺蒙，以致枝节横生，继以气量狭小，因马子祥控告勒索贿赂，与民争气，以致形成冤狱，所谓密报皆系该乡镇长口头密报，乃即据以审理；又谓马长烈曾一度被该县长施用严刑，勒逼于其预书口供上捺盖指印等语。理由栏内，所谓讯据马子祥伙计马长烈供称有赵松选的大烟砖四十七片，把二十片放在马文周布店内，二十七片放在马子祥家云云，征诸该乡镇长会衔，致该县府秘书密函内有赵松选大批烟土密存伊家（指马子祥）……在张家川被清水县张科长捕拿未获，已向店主要人等语。又查该管专署卷宗，赵松选烟砖案原系甘肃省政府先据报以民三未字第六九三零号密令该专署查办，该专署一面派科长贾俊彦调查，一面令饬该县长将马子祥严加侦讯，从速报核，办理结果，终成悬案。该专署声复文中有“究竟有无其事，应请令饬清水县政府据实声复”（见附件第五册第十二页至第二十二页），即该县长对此竟亦莫知所以，经予多方调查及参证密函所列事实，省府所得密报亦自不外该乡镇长等暗中之所为。职于秦安县司法处提出马长烈询问后（详见呈复文及附件第四册第三页至第五页），又于天水高二分院提出马子祥询问（详见呈复文及附件第四册第十六页至十七页），核对上述各节可证明（一）该乡镇长对马子祥设陷经过与破绽。（二）省府所据密报七月七日马子祥收存赵松选烟砖与马长烈九月十八日供词相同，是先有密报而后有马长烈口供，该马长烈、马子祥所称是乡镇长开的单子，县长照着单子问的，殊为可信。（三）九月十八日供词显非出自马长烈供述，必系施刑胁迫后捺盖手印。又查该判决所谓由马长烈家搜出在凉州购买大烟信件四封，内有与缉私队嗣历记载情形可证等语。询据马长烈供称："缉私队姓拜的因我早认识，在凉州碰见，人家先请我洗澡吃饭看戏，以后我也请他吃饭看戏，是因为同乡的关系……"又查该项档件内，内载多系货物商情，并无可疑暗语。商人文字词不达意者乃属平常之事，况拜某系彼同乡，异地相逢，其往还酬酢亦系人情之常（见附件第四册第五、六两页）。该县长遽加认定，该项信件为购买大烟信件，未免张冠李戴出自悬揣。又原判所谓讯据马长烈供称，马子祥曾派我去凉州卖棉花一万斤，每百斤以上，百元出售，卖款完全购买大烟，因为我当时抱病，一手由马子祥伙计常兴元经办购买，由脚户马占荣负责驮运秦安出卖云云。职于该项县司法处询据马长烈所供（详见呈复文及附件第一、二两页），又于高二分院询据马子祥所供（详见呈复文及附件第四册第十五页），是马长烈出售棉花之款业已汇回，经买骆驼客高尚科之复核，对该马长烈、马子祥两人两地所供情节相符，应属非虚。所谓卖了棉花之款完全购买大烟，其非出自马长烈供述甚为明显。又据马［子祥］供称：县长把马长烈的供与我念了一遍，我说没这事，请与马长烈对质，县长不许可，只说马长烈业已了供就对了（详见附件第四册第十七页）。是该县长九月十八日庭讯马长烈笔录，虽对马子祥朗诵，但既经当庭否认（见附件第五册第二十七页至第二十九页），理应详加质讯，以证确实，乃竟不予当庭质对，显系施刑勒逼盖印，是则该项笔录自不足援为判决之根据。原判所谓据马子青九月五日供称："我吸烟是实在，但这烟具烟棒不是我的。"职于高二分院询据马子青供称："二十四年因病吃烟的，病好我就戒了，前后不过几个月……”（见附件第四册第二十一页及第二十二页）舆论方面亦谓马子青昔曾吸食鸦片，业已戒绝，烟具烟棒系为乡镇公所做赃栽害。又查原县卷宗，三十一年九月一日该乡公所原呈略谓，副镇长杨端于三十一年五月十三日率同保长李生桂清查户口，见马子青夫妇吸食大烟，即将烟具送所保存，本人交该保长听候处理等语。查该镇公所果系当场抓获马子青夫妇吸食鸦片，理应即将重要烟犯连同烟具，送县法办，何以迟至数月之久，待马子青兄弟因案管押后始行发动，纵谓镇长出外游击“剿匪”，其重要公务应由副镇长代行处理，亦不得因此停顿，实难谓无做贼诬陷之嫌。原判所谓马子祥诬控县府公务人员籍端勒索受贿一万五千五百元一案，既经第四区行政督察专员兼保安司令公署派员彻查，全属虚伪饬即依法反坐。查职调查结果，虽无确实证据，该警佐县长等究难免有重大嫌疑（见本文前段及有关证件），及该专署所派科长贾俊彦调查结果亦只谓“互有出入并无实据”（见附件第三册第十五页至第十六页）。夫既谓互有出入并无实据，则至少亦不能谓非无因何得谓为全属无虚伪，该专署指示反坐既属处置失当，而该县长身为被告，纵使反坐亦应依法回避，况人民诬告公务员，仍应交由司法机关审判，司法院解释有例。该县长并无审判职权。原判所谓邵登科贿买诬唆证人张生仓假作见证，询据该邵登科坚决否认，并称：“张生仓时常同马子祥见面，何用我给他们说这些话（指许给五百元的事）……”所供颇有理由。再询据张生仓、马援德虽谓实有其事，但云五百元的话是说过并没有给我钱（见附件第四册第八页至第十四页）。查邵登科乃一送饭之人，竟无辜遭受株连，纵使有许给张生仓五百元之说，而款亦未交递，遽处重刑，显见该县长情虚设陷各等语。是该县长判处马子祥贩卖鸦片及马长烈帮助贩卖鸦片等罪刑，所援为判决之根据马长烈口供，既迫于刑讯，而所谓凉州购买鸦片应酬之信件，又出自揣摩，其所认定之证据已不足为犯罪事实之证明。故入人罪，已甚明显，马子青吸食鸦片查获与呈报期间相隔数月之久，究竟是否当场查获已不无可疑，更参证以致该案发生之情形与所查地方之舆论，显系串通陷害殊有诬告之重大嫌疑，邵登科贿买伪证之举发人及证人均系县府长警，于理已难置信，而此案系属普通司法范围，该县长越权处理擅判罪刑，其所为亦属违法，况有马子祥呈诉该县长勒索贿赂，有看守张生仓见证之事实于前，即有该看守警张生仓等举发邵登科为马子祥贿买伪证之报告于后，该长警等既在县府威权之下，而该县长又因马子祥控告索贿之故，与民争气处处可见，其中冤抑更不无有因果关系。

综上所述，该秦安县长刘景纯情虚设陷、滥权渎职确属事实，该警佐刘振军对于马子青被诉伤害案件，竟将其无关之兄弟一并逮捕拘禁，乘机敲诈，又有马子祥因案借筹巨款之事实旁证，不但滥权渎职且并有贪污之嫌疑；该高庵乡乡长周铭三、龙山镇镇长王介丞挟嫌设陷，处处均有事实可证，其行为殊属不法；该巡官王宝、警长高长禄等藉案搕索，及该龙山镇第一保前保长李生桂侵蚀兵粮各款，均经查属确凿有据，贪污行为亦已证实。爰依据《修正非常时期监察权行使暂行办法》第二条之规定，除电奉监察院核准外，特提案纠举，请即依法办理，所有该县长所为之犯法判决，并请详密查核，依法办理，以儆贪渎而昭平反。并希将办理情形见复为荷。

此致

甘肃省政府

监察使　高一涵

（《监察院公报》渝版第三期）

纠举“甘肃定西县田赋管理处副处长沈立中等案”

（1943年，经由本院电准甘肃宁夏青海
监察使署径向财政部甘肃省田赋管理处提出）

为纠举事：案查前据定西县各乡镇公民代表安惟僧等呈诉该县田赋管理处副处长沈立中营私舞弊误公祸民等情到署，经令据本署秘书沈爽清查明呈复并缴赍附件前来，经加审核，除查非事实及无确据部分应予免议，该定西县田赋管理处副处长沈立中及陈报组组长穆杰三等确均有违法贪污情事，兹分述于下：

一、关于浮丈地亩及违法收复丈费部分。查定西县可耕地面积原为六十三万一千六百一十亩，陈报列为有收益之总亩数共为二百二十二万四千二百九十五亩九分，计超出原额地亩几至四倍（见呈复文及附件第一页），陈报地亩图册内关于申请复丈之户，有十亩改为五亩者，八亩改为三亩者，其丈量不实情形，不但前经该处兼处长王澜生及主管科马科长，会同省田赋管理处王督导员，于秤钩平四两乡实地抽丈属实（见呈复文及附件第二页），即本署秘书沈爽清会同该马科长，亲赴安睦、营后各乡抽丈结果，亦均以少丈多一倍至数倍，或川地变为山地（见呈复文及附件第三页）。又该处征收各乡业户复丈费，经该秘书抽查结果，与各该申请书复丈费栏内所载数目均不相符。如于安睦乡，据第二保业户韩世成称，缴纳陈报组组长穆杰三复丈费六十元，但仅载明征收二元五角，计浮收五十七元五角。据业户喜世雄称，借筹复丈费三百五十元，交伊兄转交组长穆杰三，但仅载明三元，计浮收三百四十七元（见附件第六、七两页)。并据该乡第二第五两保保长声称，曾各被该组长诈去减轻地价及收益科则款数百元（见附件七、八两页)，又于营镇乡第四保，据业户郭玉魁称缴纳复丈费八元，但仅载明征收二元，计浮收六元；业户善果称缴纳复丈费十五元，但仅载明征收一元，计浮收十四元；业户任生虎称缴纳复丈费十五元，但仅载明征收二元，计浮收十三元；业户李重华称缴纳复丈费二十二元，但仅载明征收一元，计浮收二十一元；业户曾科称缴纳复丈费十元，但仅载明征收二元，计浮收八元；业户王克明称缴纳复丈费三元，但仅载明征收一元，计浮收二元（见附件第九、十两页)。又于营后乡，据第二保保长刘也荣称，该保复丈土地约一千二百余亩，共缴纳复丈费六百余元，缴由顾组员收讫，但仅载明征收该保二十八元；该乡第七保保长王志智称，该保复丈土地约五百余亩，缴纳复丈费五百余元由王得本收讫，但仅载明征收该保二十九元，计各浮收数百元巨（见附件第十一页至第十四页)。据此情形，是该田赋管理处办理土地陈报亩数，与实际数目既属错误离奇，复又利用复丈机会，大事浮收复丈费及藉减轻地价与收益科则等项诈款，均属确实。该副处长沈立中身为主管长官何至毫无察觉？其不但失职，是明有串通舞弊贪污之嫌疑。

二、关于贻误修仓要公部分。查三十一年七月十八日，甘肃省田赋管理处汇发该县建仓费五万元，令饬克日动工。九月十二日又续拨二万元，该处竟迟至一月十八日开工，直至本年二月下旬仓库尚未盖瓦。至去年所征实物仍散漫各处，不能归纳新仓存储。经查甘肃省银行定西办事处账簿，该处七月三日存入五万元，同日支出五千元；八月一日支出五千元，八月十五日支出一万元；八月二十四日支出一万五千元，九月二日支出一万元；再查该处修仓现金出纳簿，九月十四日始交付打土基三千五百元（见复呈附件第十七页至二十二页)。据此情形，是该副处长九月二日以前所支之四万五千元并非修仓支用，其系假借公款发放，生息贻误征储要政确属事实。

三、关于勒具空领据侵蚀各乡镇公所应发津贴费部分。经查据前代理安睦乡乡长陈耀文声明，去年七月间，办理土地陈报后，田赋处所发三百元津贴，只具空条，并未得到实款；又据前任营镇乡乡长周尚文声明，去岁丈土地时，在田赋管理处呈领编查经费款三百元领据一纸，但此款已由田赋管理处直接发给编查队顾组长领取，未曾经手云云。有各该任乡长所具之甘结为证（见复呈附件第二十五页）。据此情形，是该副处长侵蚀各乡镇公所办理土地陈报津贴费亦属实在。

四、关于私为豁免富户摊购军粮部分。查该县上年开征前曾召开田军两粮大会，决议贫户田赋粮在纳三市斗以下者，一律免于征购军粮，即由全县各中、上之户分担。青西乡富户纪峻列为三等，应为贫户分担军粮十市石，当分配催征，该副处长竟于分配单上将纪峻名字勾销，谕令免于分配（见附件第二十六页至三十二页）。据此情形，是该副处长徇情私为豁免富户摊购军粮，亦属非虚。

综上所述，该定西县田赋管理处副处长沈立中及陈报组组长穆杰三等，违法贪污均属确凿有据，爰依据《修正非常时期监察权行使暂行办法》第二条之规定，除电奉监察院核准外，特一并提案纠举，请即依法办理，关于贪污部分，并应交由该管军法机关审判，以儆效尤，而肃法纪，并希将办理情形见复为荷。

此致

财政部甘肃省田赋管理处

监察使　高一涵

（《监察院公报》渝版第三期）

建议“为甘肃平凉囤积居奇之风日甚银行提高放款利率请转达主管机关办案”

(1943年8月5日，以设字第一九〇四三号公函送请行政院核办)

院长于钧鉴：屹密据报甘肃平凉近来买空卖空囤积居奇之风日甚，银行暗中放款利率涨至二角二分，刺激物价上腾，破坏限价政策，拟请转达主管院令行甘肃省府及兰州区银行监理官迅即依法查办。

甘宁青监察使　高一涵

(《监察院公报》渝版第四期)

建议“军事委员会严办王家骥案”

（1943 年 9 月 17 日，以设字第一九六四七号代电送请行政院核办）

重庆监察院院长于钧鉴：据报农林部祁连山林警总队第二支队第二大队第五中队分队长王家骥，率部在甘肃宁定县接收壮丁，临行向该县府索派大车，并派兵二人前往催取，对县府职员侮辱备至。县长闻讯，以来兵无理取闹，下令扣留，一兵被押，另一兵则乘隙逃出，回队报告。该分队长随即派武装兵士十余人，鸣枪闯入县府，并将县府大门关闭，迫令开放看守所，时审判官适在看守所门前，见状危急，遂将收押之兵士释出，该分队长复直趋县长办公室，逢人打骂。时省府视察王北屏正在县府出席座谈会，见状乃出面排解，并说明系省政府派来之视察员，该分队长无理可喻，即以木壳枪向该视察射击，幸为县党部郭书记长所阻挡，未肇祸事，其另一士兵乃用长枪向该视察左膀捣击两下，致负重伤。事后，该视察已将经过情形电呈谷主席核办，现该视察业已回省，经派本署秘书张家珏前往该视察王北屏寓所，查询属实，并见该视察臂伤红肿，正在医治中，理合电请钧院转函军事委员会严办，并通令各部队，以后对于县府不得行凶侮辱，以维法纪，实为公便。

甘宁青监察使　高一涵

（《监察院公报》渝版第四期）

建议“改善西北公路运输局对于旅客行李保管及损失赔偿办法案”

（1944年11月13日，以法字第二四四七七号公函送交通部公路总局核办）

为建议事：案查前据甘肃省保安处参谋杨伯达呈，以该员于三十二年六月十五日，携带多年心血换来之一大行李包，乘坐西北国营六一六五号班车，持有第九五五号行李票，由平凉赴兰中途遗失行李，路局照规定每件偿赔三百元，损失重大，请予彻究，饬令估价赔偿等情到署，当经派员查明究竟，兹据查复略称：查公路总局规定行李铺盖损失偿赔价目，三十二年四月一日至三十三年四月十六日，每件为三百元，三十三年四月十七日至同年四月二十一日，每件为三百八十元，三十三年四月二十二日至同年八月十五日，每件为七百元，九月份起，又改为一千三百元，价目虽迭有修正与递增，然以物价波动情形而论，显属过低。该具诉人损失行李一件，如就其失物清单估计，价值实甚可观。西北公路运输局因限于定章，不能估价赔偿，固属事实，而按照当时规定，仅赔偿三百元，虽另饬司机加偿五倍，其不能弥补受损人之损失，亦可断言等语。查值兹交通困难物价随时波动之际，旅客遗失行李，路局照章赔偿，不惟公私受损匪浅，抑且易滋纠纷，惹起旅客对路局之怨言与失其信仰，亟应谋改善之道，兹就所见略述如次：

一、提高赔偿价格。查路局规定对于损失旅客行李赔偿价额，按诸目前物价，实觉过低，似应酌予提高，以符实际，而觉旅客损失过重，并可促使路局员工司机加强对旅客行李之注视，减少损失事件之发生也。

二、恢复宿用行李票。查西北路局过去为便利旅客起见，除普通行李票外，另制有宿用行李票，凡旅客须在中途取用之行李，均制给宿用行李票，到达宿站凭票取用，如此旅客既称方便，中途各站亦可减少麻烦，更无流弊发生。惟查此种宿用行李票，已早不使用，旅客携带行李，无论件数多寡，一律制给普通行李票，譬如旅客携带行李三件，到达宿站时，拟取用一件，即将行李票交与车站，取回应用，其余二件，仍由车站保管，次晨开车前，再将取用之宿用行李交还车站，换回行李票。此在道德上表示彼此互信，固无问题，万一车站不肖员工以为旅客损失行李，规定赔偿甚微，私将旅客未曾提去之行李，藏匿其一件或全部，当旅客交还宿用行李时，而谓其曾提去一件或全部，不肯换回行李票而发生争执，斯时车站方面，在法律上因有行李票可恃，而不顾道德，则振振有词，旅客在道德上，固明明只提回行李一件，但在法律上因有力证据殊难辩白，此类事件，固属罕有，然为保障旅客安全防备万一起见，似仍应恢复宿用行李票之使用也。

三、责成车站对旅客行李之装卸特别注意。查该局各路客车，每至中途餐站停车时，司机与旅客均一拥下车进餐，此时因停车较久，各站人员其能负责照料车辆，与中途搭车下车旅客之行李装卸者，固属甚多。而玩忽职守，漫不注意，任由旅客及站夫办理者，亦属不少，不肖旅客及站夫，往往即利用此种机会，窃取行李，迨至发觉行李短少，询及各站人员及司机，均莫名其妙，以致责任不明，互相推诿。具诉人行李之损失，虽经查明系司机不慎，颠簸失落所致，然以全车行李数十件之多，恰巧颠簸失落一件，实不无论令人可疑。故今后似应由路局责成各车站，对于客车过站停留，以及中途搭车下车旅客行李之装卸，均须特加注意也。

基上所述，爰依《修正非常时期监察权行使暂行办法》第五条之规定，提出书面建议，即请查照令行该局切实改善，以杜流弊，而便行旅，并希见复为荷。

甘肃宁夏青海监察区监察使　高一涵

（《监察院公报》渝版第五期）

“甘肃静宁县前县长张声威等案”弹劾文

（1944年12月14日）

为弹劾事：案查前据甘肃静宁县政府弃职职员张自新等，检举该县县长张声威等贪赃枉法、包庇分肥等情到署，当经函行甘肃省第二区行政督察专员兼保安司令公署彻查，兹准函复到署，经加审核，认为该静宁县前县长张声威（现任甘肃民乐县县长）、城关镇镇长王维桢等，确有贪污违法之行为，谨分述如次：

（一）据查复治平乡烟犯宋象贤（即象乾）任该乡乡公所事务员，确由静宁县政府抓获审讯属实，遂于三十一年六月二十九日，正式判处有期徒刑三年，经呈报甘肃省政府，因公务员吸烟情节重大，遂改判为五年，于同年九月三日以保法未字第一零一三二号指令饬即遵办，并将送监执行日期具报在案。但实际上该宋象贤于三十一年七月十六日由治平乡乡长王效勤呈请保外服役，经县府批准。由县城衙门巷店户任焕章等具保于七月十八日开释，至宋象贤既保外服役，但实际上在该乡公所充任额外职员，复于本年三月间，改委为该乡国民兵队队附，仍充公务人员，嗜好不减于前等情。查该县长审理治平乡公所专务员宋象贤吸烟案，既经呈奉甘肃省政府判处徒刑五年，自应依法执行，乃该县长于执行未满刑期十分之一际，即将该员以保外服役名义准予保释，仍充任乡公所额外职员，继复改委为该乡国民兵队队附，显然违反《军犯调服劳役暂行办法》第二条第一项第一款之规定，有包庇放纵之嫌疑。

（二）据查复前威戌乡乡长李锦成，名竟成，将领得运送固原置粮价四千一百元，有取得去年向县府呈控之保长民众切结一纸为证，未发民人，有人密告县府，经调查属实，查得将二千余元侵吞，遂勒令将款吐出，如数发给条保，并提县拘禁七月，即予撤职。于八月十二日，由县府以民未字第三九五零号呈报省府备查，八月十三日民未字第三九五号训令，饬各乡值知照各在案，但不久复为云萃乡副乡长。本年该乡乡长李林钟，由专署撤职，即派代乡长，至副乡长刘万庆、干事何思明、书记王维敬，磕诈行商五百元、羊毛二十余斤，经调查确系实在，此案被人举发，由县府传案审讯属实，于本年元月十二日庭判，刘万庆罚金二千元，王维敬、何思明各一千元，职务撤销，款交水利委员会等情。查该县长对于乡长李锦成侵吞军粮运价，副乡长刘万庆等磕诈行商之贪污行为，一仅予以撤职之处分，一除撤职外，并科以罚金，皆未依法判处徒刑，且继续委李锦成为云萃乡副乡长，并派代理乡长职务，亦难辞违法轻纵之咎。

（三）据查复城关镇镇长王维桢，藉购骡马贪污二千元一节，经调查任国柱言定，以六千元实付五千元左右，卖骡一项与仁当乡公所，由该乡前国民兵队长陈国举，仍以六千元转卖于城关镇镇长王维桢，王维桢实向城关镇各保收价八千元，此中多收二千元是实等情。是该乡长王维桢，征收购骡价款浮收两千元，实属犯《惩治贪污条例》第三条第六款之规定，罪无可逭。

基上论述，该静宁县前县长张声威、城关镇镇长王维桢，贪污违法，事证确凿，爰特据案弹劾，请即移付依法惩戒，以维法纪而儆效尤。

附：

监察委员王宁章李正乐马耀南审查报告

为审查报告事：奉交高监察使高一涵，提劾甘肃静宁县前县长张声威，城关镇镇长王维桢，贪污违法一案，经委员等会同审查，佥以被弹劾人张声威审理宋象贤吸烟案，既经呈奉甘肃省政府判处徒刑五年，乃于执行未满刑期十分之一际，遽以保外服役名义，准予保释，改委宋为国民兵队队附。又对于乡长李锦成侵吞军粮运价，副乡长刘万庆磕诈行商之贪污行为，均未依法判处徒刑，且续委李锦成为副乡长，原案指为违法庇纵洵属允当。被弹劾人王维桢，征收购骡价款浮收二千元，贪污违法亦属显然，既据该使署行查属实，应请将甘肃静宁县前县长张声威、城关镇镇长王维桢，一并移付惩戒。

（《监察院公报》渝版第五期）

“甘肃西和查征主任白宗周案”弹劾文

（三十三年十二月三十日以机字第二四九三三号
公函送达中央公务员惩戒委员会核办）

为弹劾事：案查本署前据密报甘肃西和查征所主任白宗周，冒领薪津贪赃舞弊等情一案，当经函行西和县司法处查复，兹准函复到署，经加审核，认为该主任白宗周确有违法失职之行为，谨分述如下：

（一）关于捏报职员姓名冒领薪津部分。据查复，捏报职员姓名一节，据该所主任称，关于经费部分，前任（指白宗周）仍未给他交代，是否提报，无从查考等情。查该主任是否提名冒领薪津，姑不具论，乃对其任内经费部分，不为后任交代，显系违反《公务员交代条例》第二条（前后任交代事项如下）第二款（经费实销实与及其余存数）之规定，应负交代不清之责。

（二）关于勒扣员工薪津及侵吞薪津部分。据查复，查此两款有退职工王汉业称，去年欠他的米金六个月，屡经讨要，置若罔闻，迟至卸任时，仍信儿支吾，经他起诉后，始行发给等情。查该主任对于员工津贴（米金），延迟六个月之久，经起诉始行发给，虽不能证明有侵吞情事，要难免于处置失当之咎。

（三）关于任意浮算营业税部分。据查复，查商人敬信和去年每季纳营业税不足千元，给该号冒算三千余元，经控县府核算，减为七百余元等情。查该主任对于敬信和号营业税，冒算为三千余元，经控县府核算，始减为七百余元，虽该主任是否意磕诈图，不便悬揣，而其疏忽错误之咎，实足认定。

基上论述，该西和查征所主任白宗周违法失职，咎有应得。爰特提案弹劾，请即依法移付惩戒，以维法纪，而儆将来。

附：

监察委员马耀南李正东王宪章审查报告

为审查报告事：奉交高监察使一涵弹劾甘肃西和查征所主任白宗周贪职舞弊一案，经委员等会同审查，佥以被弹劾人封其任内经费，交代不清，显属违法，对员工津贴延迟六个月之久，经起诉始行发给，对敬信和号营业税冒算为三千余元，经控县府核算，始减为七百余元，既忽错误，均见失职，既据该使署行查属实，应请将甘肃西和查征所主任白宗周移付惩戒。

（《监察院公报》渝版第五期）

委员高一涵王平政奇子俊审查报告书

（二十年六月四日）

为呈报事：案奉院长交下高友唐邵鸿基田炯锦三委员，提劾卸任淮安县长汪国栋非法捕押、勒捐诈财一案。委员等审查结果，认为该卸任淮安县长汪国栋，及淮安地方款产处主任杨凤翔，违法犯罪事实，均属证据确凿。应即将汪国栋杨凤翔一并交付惩戒。并依弹劾法第七条之规定，通知江苏省政府将杨凤翔立予撤职，发交淮安县政府看管，听候惩戒。特此报告。谨呈院长监核施行。

附一：

委员高友唐邵鸿基田炯锦等弹劾文

二十年五月二十日

为提案事：案据江苏淮安农民王仲文呈控该县卸任县长汪国栋，非法捕押，勒捐诈财，悉由地方款产处主任杨凤翔为之协助一案，前在江苏省政府呈控，当由民政厅查明，将本案函江宁地方法院侦查讯办，而江宁地方法院迄今不传不讯，恳求惩治等情。当即签请派科员李用宾前往江宁地方法院调查。兹据复称：据该院首席检察官陈备三面称，本案前因被告汪国栋拘传无着，已依法呈请江苏高等法院通缉在案。被告杨凤翔，因其所在地为淮安县，不属本院管辖等语。比即调阅卷内江苏民政厅长胡璞安致江宁地方法院公函，有查明该县长汪国栋于诉讼案件，辄以公益为名，罚缴捐款，概交公产公款管理处杨凤翔办理。足见官绅勾结，显非无据等语。是汪国栋非法捕押，实触犯刑法第三百十六条之妨害自由罪。又借职务上之权力，及违背职务而要求不正当之利益，实触犯同法第一百二十九条及第一百四十条之渎职罪。杨凤翔共同之所为，实触犯同法第一百十条之渎职罪，及第三百六十六条诈欺及背信罪。应即依法提出弹劾，移付惩戒。因本案罪证确凿，该被告人淮安县长汪国栋，在撤职查办期间，畏罪潜逃，拟呈请明令通缉，归案讯办。其案内共犯杨凤翔，仍任淮安地方款产处主任，法外逍遥，殊不足以儆贪污。兹依弹劾法第七条，拟饬令江苏省政府为急速救济之处分，将杨凤翔立予撤职，发交淮安县看管，依法检举，并听候惩戒，以免再有逃脱之虞。理合具文检同原卷，右呈院长监核批示施行。

附二：

监察院呈国民政府文

二十年六月十七日

弹劾江苏淮安县卸任县长汪国栋地方款产处主任杨凤翔由呈为依法提请交付惩戒事。案据监察委员高友唐邵鸿基田炯锦提案称：据江苏淮安农民王仲文呈控，该县卸任县长汪国栋，非法捕押，勒捐诈财，悉由地方款产处主任杨凤翔为之协助一案。前在江苏省政府呈控，当由民政厅查明，将本案函江宁地方法院侦查讯办。而江宁地方法院迄今不传不讯，恳求惩治等情。当即签请派科员李用宾前往江宁地方法院调查。兹据复称，据该法院首席检察官陈备三面称：本案前因被告汪国栋拘传无着，已依法呈请江苏高等法院通缉在案。被告杨凤翔，因其所在地为淮安县，不属本院管辖等语。比即调阅卷内江苏民政厅长胡璞安致江宁地方法院公函，有捐款概交公产公款管理处杨凤翔办理。足见官绅勾结，显非无据等语。是汪国栋非法捕押，实触犯刑法第三百十六条之妨害自由案。又借职务上之权力，及违背职务而要求不正当之利益，实触犯同法第一百二十九条及第一百四十条之渎职罪。杨凤翔共同之所为，实触犯同法第一百四十条之渎职罪，及第三百六十六条诈欺及背信罪。应即依法提出弹劾，移付惩戒。因本案罪证确凿，该被告人淮安县县长汪国栋，在撤职查办期间，畏罪潜逃，拟呈请明令通缉，归案讯办。其案内共犯杨凤翔，仍任淮安地方款产处主任，法外逍遥，殊不足以儆贪污。兹依弹劾法第七条，拟饬令江苏省政府为急速救济之处分，将杨凤翔立予撤职，发交淮安县看管，依法检举，并听候惩戒，以免再有逃脱之虞等语。当经指派监察委员高一涵王平政奇子俊审查去后。兹据呈报称：奉交下高友唐邵鸿基田炯锦三委员，提劾卸任淮安县长汪国栋非法捕押、勒捐诈财一案，委员等审查结果，认为该卸任淮安县长汪国栋，及淮安地方款产处主任杨凤翔，违法犯罪事实，均属证据确凿。应即将汪国栋杨凤翔，一并交付惩戒。并依弹劾法第七条之规定，通知江苏省政府，将杨凤翔立予撤职，发交淮安县政府看管，听候惩戒等语。据此，理合检同原副呈及各附件，呈请钧府监核施行。谨呈。

附三：

国民政府文官处致监察院公函　第五一四四号

二十年六月二十三日

前案经国府第一次全体会议决议交行政院转饬苏省府照办由径启者：国民政府第一次全体会议，关于贵院呈据监察委员高友唐等提案，以淮安县农民王仲文呈控该卸任县长汪国栋，非法捕押，勒捐诈财，由地方款产处主任杨凤翔协助，经江苏民政厅函江宁地方法院侦查，迄不传讯，已派员查明，依法提出弹劾等语。经交审查，呈报汪国栋杨凤翔违法犯罪，证据确凿，应一并交付惩戒。并通知江苏省政府，将杨凤翔立予撤职看管，呈请鉴核施行一案。经决议，交行政院，转饬江苏省政府照办等因。除函行政院外，相应录案函达查照。

（《监察院公报》第四五期）

“福建财政厅长何公敢违法征收案”委员奇子俊高一涵谢无量审查报告书

（二十年六月十九日）

为呈报事：案奉院长交下李委员梦庚弹劾福建财政厅长何公敢，抗令苛征一案，经委员等详加审查，认为该厅长及其所属各征收局所，在奉令裁厘以后，改征营业税一节，虽不得谓为违法；但营业税系对于营业之商行征收，并非对于货物征收；系对于营业之商行，按照定期征收，并非对于货物之通过零碎征收；系对于商行以营业总收入额，营业资本额，或营业纯收益额为标准而征收，并非对于商户或运户以货物之数量，及货物之通过为标准而征收。该厅长及其所属各征收机关，所征收之茶业鱼业竹木业等之营业税，多系对于货物本身之数量，或通过而征收，所发给之税单中，竟有商户货运送费之名称。其对于茶业征税，竟称兹有茶若干箱篓袋，代缴税款若干元。是名为营业税，实则为变相之厘金。其他如该省之海防护商捐、测量费、烟苗捐等，巧立名目，种类繁多，不特在营业税中无此种类，即厘金制下亦无此名称。至于鱼税及渔业税，既经中央明令豁免于前，后经财政部阳电（本年四月七日）声明免征于后，而该厅长竟抗不遵行，征收如故，有本年四月十四日、二十三日、二十四日，及五月一日，该厅所发给之税单可凭。数月以来，该省人民举发该厅长违法勒捐之书状，先后到院者计四十余件。因李委员梦庚奉命赴该省调查裁厘，呈请转送到院者，计三十件。此外所附举之证据，更不计其数。据此，则该厅长抗令苛征，实属证据确凿，若不严予惩戒，将何以维法令而解倒悬？委员等审查结果，认为应依法交付惩戒。理合呈报如右，谨呈院长监核施行。

附一：

委员李梦庚弹劾文

二十年六月十日

为提案事：查福建财政厅长何公敢，对于国民政府厉行裁厘停收特税之际，不特不遵令实行，而且变本加厉，征收值百抽五之变相厘金，并类似厘金之过路税，及实行茶业鱼业竹木业等各营业税，均有该省近日税票可查，已属违法多端。乃不止此，又复纵容属局，例外勒索。各地巧立名目，如厦门之测量费，每亩竟收二元之多。外如烟苗捐、户口捐、纸捐等等（见粘簿之报纸）更征失职已甚。按三月十七日财政部巧电福建总商会，略云：是否裁撤厘金，及有变易名目之事等语。是国府对于裁厘要政，如何郑重坚决。又经总商会于四月二日电请制止，四月七日财政部阳电福建财政厅制止在案。而四月二十三四等日以后，尚有王邹鲁交到渔业营业税税票，施敬哉交到之茶业营业税税票，张榕春等均有税票交到多张。该财厅长纵因政费困难，亦应暂忍痛苦，设法借垫，静候中央规定征收办法解决。乃该厅长复于四月三十日张贴告示，严令征收，其公然违法，已证据确凿。——均载在本员调查报告粘簿中——似此行为，安可放任？是以依照《组织法》第五条，《弹劾法》第二条之规定，提出弹劾案，恭请依法交付审查，实为公便。谨呈院长鉴核施行。

附二：

监察院呈国民政府文

二十年六月二十六日

弹劾福建省财政厅厅长何公敢由呈为依法提请交付惩戒事。案据监察委员李梦庚提案称：查福建财政厅长何公敢，对于国民政府厉行裁厘停收特税之际，不特不遵令实行，而且变本加厉，征收值百抽五之变相厘金，并类似厘金之过路税，及实行茶业鱼业竹木业等各营业税，均有该省近日税票可查，已属违法多端。乃不止此，又复纵容属局，例外勒索。各地巧立名目，如厦门之测量费，每亩竟收二元之多。外如烟苗捐、户口捐、纸捐，等等，更征失职已甚。按三月十七日财政部巧电福建总商会，略云：是否裁撤厘金，及有变易名目之事等语。是国府对于裁厘要政，如何郑重坚决。又经总商会于四月二日电请制止，四月七日财政部阳电福建财政厅制止在案。而四月二十三四等日以后，尚有王邹鲁交到渔业营业税税票，施敬哉交到之茶业营业税税票，张榕春等均有税票交到多张。该财厅长纵因政费困难，亦应暂忍痛苦，设法借垫，静候中央规定征收办法解决。乃该厅长复于四月三十日张贴告示，严令征收，其公然违法，已证据确凿。——均载在本员调查报告粘簿中——似此行为，安可放任？兹依照《组织法》第五条，《弹劾法》第二条之规定，提出弹劾案，应请依法交付审查等语。当经指派监察委员奇子俊高一涵谢无量审查去后。兹据呈报称：奉交下李委员梦庚弹劾福建财政厅长，及其所属各征收局所，在奉令裁厘以后，改征营业税一节，纵属筹抵政费，但营业税系对于营业之商行征收，并非对于货物征收；系对于营业之商行，按照定期征收，并非对于货物之通过零碎征收；系对于商行以营业总收入额、营业资本额，或营业纯收益额为标准而征收，并非对于商户或运户以货物之数量，及货物之通过为标准而征收。该厅长及其所属各征收机关，所征收之茶业鱼业竹木业等之营业税，多系对于货物本身之数量，或通过而征收，故所发给之税单中，竟有商户货运送费之名称。其对于茶业征税，竟称兹有茶若干篓箱若干袋，代缴税款若干元。是名为营业税，实则为变相之厘金。其他如该省之海防护商捐、测量费、烟苗捐等，巧立名目，种类繁多，不特在营业税中无此种类，即厘金制下亦无此名称。至于鱼税及渔业税，既经中央明令豁免于前，复经财政部本年四月七日阳电声明免征于后，而该厅长竟抗不遵行，征收如故，有本年四月十四日、二十三日、二十四日，及五月一日，该厅所发给之

“河南永城县县长兼永夏特税所长刘名扬永城县禁烟专员史凤沼庇烟苛捐案”委员罗介夫高一涵姚雨平审查报告书

（二十年七月十三日）

为审查报告事：案奉院长交下刘三周党弹劾河南永城县县长兼永夏特税所长刘名扬、禁烟专员史凤沼，庇烟苛捐一案。委员等审查结果，认为刘名扬与史凤沼保留烟苗，按亩苛捐，并运烟税等情事。有二十年四月十二日两人会衔布告，及六月五日县政府训令、特税办法、特货运销章程，以及其所发给特商营业证、特税收据等为证。据此，则该特税所长及禁烟专员等互相勾结，违法庇烟，实属证据确凿。应将被弹劾人交付惩戒。谨呈院长鉴核施行。

附：

委员刘三周觉弹劾文

二十年六月二十九日

为提案事：案据河南永城县公民代表□□□等呈称：永城县县长兼永夏特税所长刘名扬，河南财政厅所派永城禁烟专员史凤沼，到县之日，即与县长会衔布告保留烟苗，按亩苛捐，至再至三。各区各集，均有布告可凭云云。又据永城县代表姚自重等电呈：禁烟专员史凤沼，县长刘名扬，勾结作弊，违反国禁，匿留烟苗，滥加苛罚，民不堪命云云。查永民种烟，以历遭兵匪，无计谋生，出此下策。官方开导设法铲除，斯为正办。乃始而诱民保苗，继而苛捐勒索，国家禁烟之命，适为若辈肥己之方，可胜浩叹！其始政府优容疆吏，不为去恶务尽之计，于是属吏承风，缘以为利，驯至肆无忌惮，任意诛求，盖非朝夕之故矣。三愚以为一切兵匪，比于疡毒，为痛虽烈，然上工犹能治之。至于鸦片之害，如疽附骨，禁而不力，犹曰缓死须臾；若从而征之，视为利薮，是直饮鸩以速死亡。为政之弊，未有甚于此事者矣！为此依法提出弹劾，请将永城县县长刘名扬、禁烟专员史风沼，交付惩戒，以除民害。其非法征取、饱入私囊者，再治以相当之罪，以儆其余。附原呈原电，及催款办法一纸，谕单及种户姓名亩数摊款数目清折一扣，复查布告一纸，烟土营业执照一纸，烟膏捐营业执照一纸。伏候院长鉴核施行。

（《监察院公报》第四五期）

“提劾江西彭泽县县长项赓云违法失职案”委员高一涵胡伯岳白瑞审查报告书

为审查报告事：案查邵委员鸿基弹劾江西彭泽县长项赓云等违法失职一案，当经委员等认为该县长对于在押被告有经过一年三个月之久，延未依法判决，殊违刑事诉讼法第七十三条羁押被告侦查中不得越二月，审判中不得越三月之规定。惟该县长及承审员何时到任，该在押被告所经过一年三个月时期，是否均在该县长及该承审员到任以后，文内并未叙明，似应重行调查，以凭核办。当经院令饬查在案。兹据江西高等法院查明，函开彭泽县长项赓云系于二十一年六月十五日到任，承审员彭永年系于二十二年六月四日到任等情。据此，查该承审员彭永年到任未久，似应免予惩戒。至该县长项赓云到任一年之久，对于在押被告，迄未依法进行审判，殊属违法失职，应即依法移付惩戒。特此报告。

附一：

委员邵鸿基弹劾文

为提案事：兹查得江西彭泽县监所现在有羁押未决人犯聂家廉等十名，系自二十一年四月十九日至二十二年七月十八日止，其中在押最长期间有一年三个月之久，均延未依法判决。查刑事诉讼程序，以二十日为进行期间，三个月为判决期间。该县长项赓云、承审员彭永年对于上项在押人犯，均超过法定期间，显系违法失职。为此依法提起弹劾，请将彭泽县长项赓云、承审员彭永年等一并移付惩戒，以崇法治，而为漠视司法者戒。谨呈。

附二：

监察移付中央公务员惩戒委员会文　第三五号

二十二年一月二十五日

案据监察委员邵鸿基提劾江西彭泽县县长项赓云、承审员彭永年违法失职一案，当交监察委员高一涵胡伯岳白瑞审查。兹据报告，认为该县长项赓云殊属违法失职，应即依法移付惩戒等语。据此，相应抄检各件，移请贵会查核办理。

此移

抄件（略）

（《监察院公报》第二十一期）

“提劾安徽涡阳教育局长武景运前财政保管处主任李敷五侵吞赈款案”委员罗介夫高一涵李梦庚审查报告书

（二十一年九月二日）

为呈报事：案奉交下田炯锦委员弹劾安徽涡阳县教育局长武景运，前财政保管处主任李敷五侵吞赈款一案，经委员等详加审查。认为该教育局长武景运，及该前财政保管处主任李敷五侵吞赈款，证据确凿，应即移付惩戒。谨呈院长鉴核施行。

附一：

委员田炯锦弹劾文

二十一年八月二十六日

为提案事：案据安徽涡阳县赈务公会常委杨紫峰等，呈控该县教育局长武景运、前财政保管处主任李敷五，侵吞赈款一案；附有财政局开会记录，赈务公会记录，及武李二人自开报销之照片，证据确凿。查该县去秋水灾奇重，人民颠沛流离，稍有人心，宁忍吞赈款以苦灾民？乃该县武李二人竟先后吞没洋四千九百余元。来呈谓入春以来，灾情益重，饿莩载道，乞丐盈城，此时有一元之粮，则足以救活一人之命，是因武李二人之贪污，害死民命，当有数千，实属罪无可逭。据彼等自开之报销，以财局欠教育局洋一千九百余元，两比扣除，此实舞弊被人发觉后冀图掩饰之举。查不许挪用赈款，去秋迭有明令。指定购赈粮之款，岂可擅行截留抵账？即属抵账，事前何不声明，乃至被人查问，无可推赖时，始开此种违法报销。何异欲盖弥彰，自实其罪？应请依法将该教育局长武景运、该财政保管处主任李敷五，移付惩戒。谨呈院长鉴核施行。

附二：

监察院移付中央公务员惩戒委员会文　第一五号

二十一年九月十三日

为移送事：案据监察委员田炯锦呈劾安徽涡阳县教育局长武景运、前财政保管处主任李敷五，侵吞赈款一案，当经派由监察委员罗介夫高一涵李梦庚等审查。兹据报告，认为应付惩戒等语。相应检同原案各件，移请贵会查核办理。

此移

抄件（略）

（《监察院公报》第十六期）

“提劾河南温县清理滩地专员张百祺额外加赋滥用非刑案”委员高一涵李梦庚姚雨平审查报告

（二十一年九月二日）

为呈报事：案奉交下周利生委员弹劾河南温县清理滩地专员张百祺违章加赋、滥刑剥民一案。经委员等详加审查，认为该专员额外加赋，滥用非刑，殊属违法失职，应依法移付惩戒。谨呈院长鉴核施行。

附一：

委员周利生弹劾文

二十一年八月十三日

为弹劾事：查河南温县清理滩地专员张百祺，被该县公民多人控其违章加赋，滥刑剥民等情到院。经派本院科员王玉珍前往调查去后。兹据呈复略称：该专员实属有拂民意，违背定章，且屡用非刑拷打号差张保元、石全顺等，并经当场检验伤痕尚在等语。该专员似此额外加赋，滥用非刑，非惟有忝职守，而且触犯刑章，爰依法提出弹劾，请将该专员张百祺交付惩戒；并令河南省政府严饬该专员将其违章加赋之处，加以纠正，以重功令，而苏民困。是否有当？请付审查。谨呈院长鉴核施行。

附二：

监察院移付中央公务员惩戒委员会文　第十八号

二十一年九月十四日

为移送事：案据监察委员周利生呈劾河南温县清理滩地专员张百祺额外加赋，滥用非刑，爰依法弹劾，请交付惩戒一案。当经派由监察委员高一涵、李梦庚、姚雨平等审查。兹据报告，认为应付惩戒等语。相应检同原案各件，移请贵会查核办理。

此移

抄件（略）

（《监察院公报》第十六期）

“提劾河南党政领袖陈泮岭刘峙赵文焕刘士彬等非法巧立河南募捐救国团名义勒捐案”委员于洪起李梦庚高一涵审查报告书

（二十一年九月九日）

为审查报告事：案奉院长交下邵委员鸿基再提弹劾河南募捐救国团巧立名目、非法勒捐一案，委员等审查结果，认为该案非法勒捐事实显著，已提弹劾于前，依法应将陈泮岭、刘峙、赵文焕、刘士彬等一并分别移付惩戒。并应转呈中央党部（国民政府）速施救济之处分。特此陈报，谨陈院长钧裁。

附一：

委员邵鸿基弹劾文

二十一年八月二十九日

为再提出弹劾事：查河南募捐救国总团违法勒捐一案，前已依法提出弹劾，经审查通过，呈请国府已饬今河南省政府先将救国捐即行停募等情在案。兹准中央执行委员会秘书处留京办事处函，奉常务委员交下河南省政府主席刘峙呈：为呈复关于募捐救国团之经过情形，及不能停止之理由，缕呈鉴核等情一案；奉批仍交行政院酌核办理。查此案前据贵院呈请到会，经奉批关于政治救济部分，交行政院核办在案。兹复奉批发前呈，特抄同原呈函复，即希查照为荷。附抄原呈一件等因。准此。

鸿基详阅该省府呈文内，所谓根据本年一月二十九日国府豔午电开，现在各省应即设法就地筹款，供给境内军政各费，并须解款中央，以资接济中央一案；由该省党政军联席会议，筹议发行一千万元救国公债，经财政部电复似可准发，惟须声明不得以国税作基金。盖因基金无定，将救国公债改为救国捐，拟定各项规则，转呈国府饬财政部核议。尚在核议间，而该省竟以募捐救国美名，按县强派勒捐。本院根据人民控报，调查属实，鸿基始依法提出弹劾。该省府非特不遵令停止非法募捐，近更变本加厉，人民敢怒而不敢言。窃查中央对于抗日剿赤，已有通盘计划，即军政各费，财政部亦按月筹拨，各省事同一律，该省岂能独异？再就河南财政概况而言，除国地收入外，尚有善后公债及烟款，较他省收入为优。本案所提弹劾者，系因募捐救国团非法勒捐，今竟假军政费无着为要挟，不能停止非法募捐，理由殊欠充分。反言法谈势，哓哓申辩不休，初则日奉令于国税范围以外，勉行筹款，原可法外征捐；“此则按县假募捐之名，行勒派之实之由来也”。继则曰亦不敢于法令以外，稍增人民负担，“盖募捐救国，系根据国府豔电，即系法内耶”？查国府豔午电，系指国税以外，就地筹款，并非法外筹款。该省假党政军权势，藉募捐救国之名，行强迫勒捐之实，其巧立名目，非法勒捐，已成显著之事实。与国府二十年三月九一号训令，及各省《组织法》第二条，训政时期《约法》第八第十八两条相抵触。近该省置一切法令于不顾，依然强迫，勒捐各县，事实俱在，万难掩饰。即依其据豔午电之申辩，更多不符，况电令不能变更法令。特再依法提出弹劾，即请将前案所提弹劾之陈泮岭刘峙赵文焕刘士彬等，一并分别移付惩戒。并已详述前案，并再呈请　国府施以急速救济之处分，电令河南省政府勒令停止非法募捐，以维纲纪。此呈院长鉴核施行！

附二：

监察院呈中央监察委员会、国民政府文

二十一年十月六日

呈为依法呈送事：案据监察委员邵鸿基再提弹劾河南募捐救国团巧立名目、非法勒捐一案。当经依法派由监察委员于洪起李梦庚高一涵审查。兹据报告，认为该案非法勒捐，事实显著，已提弹劾于前，依法应将陈泮岭刘峙赵文焕刘士彬等一并分别移付惩戒，并应转呈中央党部国民政府，速施救济之处分等语。除分呈外；理合缮具原案各件，呈请鉴核施行。谨呈。

抄件（略）

（《监察院公报》第十七期）

“提劾江苏省政府主席顾祝同违法逮捕拘禁江声日报经理刘煜生案”委员周利生高一涵李梦庚审查报告书

（二十二年一月十二日）

为审查报告事：案奉交下刘莪青田炯锦二委员提劾江苏省政府主席顾祝同违法拘禁《江声日报》经理刘煜生一案。经会同审查，咸以该省政府主席既违背《约法》及《出版法》，拘禁新闻记者至五六月之久；复藐视监察院组织法，及调查证使用规则，对本院调查员加以拒绝。违法滥权，莫此为甚。自应依法将江苏省政府主席顾祝同移付惩戒，并应咨请行政院令饬该省府迅将刘煜生移送法院讯办，以重人权，而崇法治。谨呈院长鉴核施行。

附一：

委员刘莪青田炯锦弹劾文

二十一年二月十六日

为江苏省政府主席顾祝同违法逮捕拘禁《江声日报》经理刘煜生，经院派员往查，又复抗不令查，特行提案弹劾事：查训政时期《约法》，为训政期内基本大法，凡政府民众应一律遵守，以期促进宪政。按该法第二章第八条之规定：人民因犯罪嫌疑被逮捕拘禁者，其执行逮捕或拘禁之机关，至迟于二十四小时内移送审判机关审问；本人或他人并得依法请求于二十四小时内提审。江苏省主席顾祝同于本年七月二十六日，拘押镇江《江声日报》经理刘煜生于该省保安处戒严司令部，迄今五月之久，尚未移送法院依法讯办。违背约法，蹂躏人权，其罪一。查本院组织法第三条之规定：监察院为行使职权，向各官署及其他公立机关查询或调查档案册籍，遇有疑问时，该主管人员应负责为详实之答复。又调查证使用规则第一条明白规定：调查员持此证赴各公署各公立机关调查档案册籍，各该公署或机关之主管人员不得拒绝，并不得藏匿被调查之案件。兹据本院奉派调查科员马震报告，该员抵省府调查该案时，该主管非特不能尽情答复，且坚决拒绝调卷。破坏监察制度，藐视政府法令，其罪二。又查该省政府于七月十六日令饬省公安局文称：《江声日报》违背《出版法》第十九条一、二两款所定禁止之记载，合亟令仰该局长遵照，勒令《江声日报》及副刊即日停止发行，并派警密传该报经理刘煜生到府，以便究办等语。查《出版法》第二十三条（详见调查报告附件）明白规定："禁止出版或扣押之处分权，属于内政部。"该主席非法逮捕，逾越职权，其罪三。再查该省府致函该省省党部函称：《江声日报》副刊《铁犁》，言论有妨治安，依据江苏省会戒严暂行条例第十三条第一项第十三条第一款（详见调查报告附件）送交戒严司令部办理等语。核与该省府令饬公安局密文，所行条例前后不同，显系别有作用，意图陷害，其罪四。再《江声日报》副刊《铁犁》登载之《当》《下司须知》《边声》《端午节》各篇小说，仅系描写我国社会生活状况之作品。此类文字京沪各报时有揭载，中央党部并无禁载之命令，内政部亦无因禁载此类文字封闭报馆、拘捕新闻记者之前例，即该主席事前亦无禁载之文告。在专制时代不教而诛，已属不可，况在今日？妨害言论自由，破坏法治精神，其罪五。基上各点，应即依法提出弹劾，请将江苏省政府主席顾祝同移付惩戒。一面为急速救济之处分，请咨行政院令饬该省府迅将《江声日报》经理刘煜生移送法院，依法讯办，藉维法纪，而保人权。是否有当？谨呈院长鉴核施行。

附二：

监察院咨行政院文　第四二号

二十二年一月二十三日

为咨请事：案据监察委员刘莪青田炯锦以江苏省政府主席顾祝同违法逮捕拘禁《江声日报》经理刘煜生，经院派员往查，又复抗拒等情，提起弹劾一案。当经派由监察委员周利生高一涵李梦庚审查，兹据报告，认为应付惩戒；并应咨请行政院令饬江苏省政府迅将刘煜生移送法院讯办等语。据此，除呈请国民政府外，相应检呈原案各件，咨请贵院查照办理为荷。

此咨

附三：

监察院呈国民政府文

二十二年一月二十三日

为依法呈请交付惩戒事：案据监察委员刘莪青田炯锦以江苏省政府主席顾祝同违法逮捕拘禁《江声日报》经理刘煜生，经院派员往查，又复抗拒等情，提起弹劾一案。当经派由监察委员周利生高一涵李梦庚审查。兹据报告，认为应付惩戒，并应咨请行政院令饬江苏省政府迅将刘煜生移送法院讯办等语。据此，除咨行政院外，理合抄同原案各件，呈请钧府鉴核施行。谨呈。

抄件（略）

（《监察院公报》第十八期）

“提劾故宫博物院院长易培基出售金器有违法令案”委员萧萱于洪起高一涵审查报告书

（二十二年一月十一日）

为审查报告事：案奉院长交下周委员利生弹劾故宫博物院院长易培基出售金器、有违法令一案，委员等审查结果，认为该院长易培基变卖院内金器，事前既未经理事会议决，亦未经行政院批准，实有违背法令之处。依法应将易培基移付惩戒。右报告书，谨呈院长鉴核施行。

附一：

委员周利生弹劾文

二十二年一月七日

为弹劾事：查故宫博物院出卖古物以来，外间疑传甚多。本院为明了真相起见，曾派利生及高委员鲁前往切实调查。业将调查结果，另文报告在案。关于盗卖古物一层，虽未查有确切证据，而出售金器，殊有违背法令之嫌。查故宫博物院理事组织条例，处分物品，须经理事会议决。又查十八年呈准行政院备案之监察委员会规则，亦仅载明售卖皮货绸缎药材食品等物。今查故宫此次变卖金器，事前既未经理事会议决，亦未经行政院批准，事后（今年八月间）虽曾补呈备案，然已经行政院训令驳斥。按之法律手续，殊有未合。若谓已经监察委员会议决，然监察委员会并无处分物品之权（有监察委员会组织规则可查）。若谓所售系无关文化物品，然查所售者有金八仙、金八宝、金如意，与美术文化甚有关系之物（有该院售卖金器报告册可查）。至谓所售皆咸丰以后器皿，并非古物，姑无论咸丰距今将近百年，在欧美五十年以上之物，即视为古物。纵令现在尚非古物，迟二三百年后，即为古物。盖金器可以长久保存，非若绸缎食品等物之易于腐朽也。且查所售金器之价值成分，亦与普通情理不合。照理售卖金器，应比售卖金子之价为高，若以故宫古物而论，其价值当较其重量更贵。纵以金子而言，故宫金器多系各处进贡而来，其成分当较普通金质为高。今查故宫所售金器，其价值全与金子相等，且其成分多在六成左右，谓为别无情弊，实难相信。总之故宫此次变卖金器，法律情理，均有不合。倘不加以纠弹，关系现在尚小，流弊将来甚大。盖金器不经议决批准，可以自由变卖，则其他故宫古物，何以不可以自由变卖？金器可以认为无关历史文化，不须保存，则其他珠玉宝石更可认为无历史文化，不须保存矣。用特依法提出弹劾，请将故宫博物院院长易培基移付惩戒，以重法令，而保古物。是否有当？敬希交付审查，谨呈院长鉴核施行。

附二：

监察院呈国民政府文

二十二年一月二十七日

呈为呈请交付惩戒事：案据监察委员周利生呈劾故宫博物院院长易培基出售金器、有违法令一案。当经派由监察委员萧萱、于洪起、高一涵等审查。兹据报告，认为应付惩戒等语。据此，理合检抄各件，备文呈请钧府鉴核施行。谨呈。

抄件（略）

（《监察院公报》第十八期）

“提劾浙江新昌县法院推事周文亮渎职殃民案”委员高一涵李梦庚周利生审查报告书

（二十二年二月二日）

为呈报事：查高委员弹劾浙江新昌县法院推事周文亮渎职殃民一案，认为该推事拘押业经退保之保人，及指摊履勘用费，与冒科吕毓奇印花罚金各节，均属有乖职守。应即移付惩戒，特此呈报。谨呈院长鉴核施行。

附一：

委员高友唐弹劾文

二十二年一月二十七日

为提案事：查浙江新昌县法院推事周文亮被控渎职殃民一案，经本院咨行司法院彻查去后。兹准司法院咨复，据司法行政部转饬浙江高等法院查复呈称：查潘南容伪造文书一案，旧保人陈维山退保，新保人徐相余呈缴保状照准，传案未到，新保当然负责。新旧保人同时传押，显然违法。至浮收勘费，本城俞时鸣与陈荣老墙界纠葛一案，该推事藉口履勘时间过久，该院内午膳一饭之费，饬两造各摊洋五元，实系任意敲诈。又滥科印花罚金，袁徐氏与王济邦契约一案，吕毓奇与袁徐氏各执同样之合同，该推事误认袁徐氏所缴之合同为吕毓奇，冒然科罚吕毓奇洋三十元，其处事尤为颟顸。后经吕毓奇声明否认，再科罚袁徐氏八十元之罚金。契约虽同，而执契主则异，同一科罚，而相差悬殊。渎职殃民，昭然若揭。根据上项调查，实犯贪污渎职之罪。为此提起弹劾，并请移付惩戒，以肃官箴。谨呈院长鉴核施行。

附二：

监察院移付中央公务员惩戒委员会文

二十二年二月六日

为移送事：案据监察委员高友唐呈劾浙江新昌县法院推事周文亮渎职殃民一案，当经派由监察委员高一涵、李梦庚、周利生等审查。兹据报告，认为应付惩戒等语。相应抄检各件，移请贵会查核办理。

此移

抄件（略）

（《监察院公报》第十八期）

“提劾江苏丹阳第四公安分局局长曹定安违法渎职案”委员高一涵李梦庚姚雨平审查报告书

（二十二年一月二十一日）

为呈报事：案奉交高委员友唐邵委员鸿基弹劾江苏丹阳第四公安分局长曹定安违法渎职一案，经委员等审查结果，认为该局长征收宰牛捐、赌博捐，及民刑诉讼调解费各节，实属违法。应即移付惩戒。特此报告。谨呈院长鉴核施行。

附一：

委员高友唐邵鸿基弹劾文

一月二十七日

为提案事：查江苏丹阳县第四公安局分局长曹定安，被该县公民徐锦华等呈控违法殃民、渎职弄权一案，当经本院令行江苏省府彻查。兹据呈复：查明该局长征收宰牛捐、赌博捐，并擅收民刑诉讼，勒索调解费各节，均与所控相符，并附证据前来。且查明曹定安曾犯诈财案，判处徒刑，有案可稽，实属贪劣昭著，且系累犯。应依法提起弹劾，请将丹阳县第四公安局分局长曹定安，移付惩戒。其关于刑事部分，应交法院从严治罪。再该局长既系曾经法院判处徒刑人犯，何以委充公安局局长？并应由惩戒委员会查明原委之长官职名，一并惩戒，以肃官箴，谨呈院长鉴核施行。

附二：

监察院移付中央公务员惩戒委员会文　第五五号

二十二年二月三日

为移付事：案据监察委员高友唐邵鸿基以违法殃民渎职弄权等情，弹劾江苏丹阳县第四公安分局局长曹定安一案，当经派由监察委员高一涵、李梦庚、姚雨平审查去后，兹据报告，认为应付惩戒等语。据此，相应抄检原案各件，移请贵会查核转付江苏地方公务员惩戒委员会办理为荷。

此移

抄件（略）

（《监察公报》第十八期）

“提劾湖北监利工赈第七区第五段蔡贤傅浮报工程克扣赈粮案”委员刘成禺高一涵李梦庚审查报告书

（二十二年二月二日）

为呈报事：案查于委员洪起、姚委员雨平弹劾湖北监利工赈第七区第五段段长蔡贤傅浮报工程、克扣赈粮一案，认为该段长浮报工程，克扣赈粮各节，均属证据确凿。应即移付惩戒。特此呈报。谨呈院长鉴核施行。

附一：

委员于洪起姚雨平弹劾文

二十二年一月三十一日

为提案事：查湖北监利县工赈第七区第五段段长蔡贤傅被控浮报工程、克扣赈粮一案，前经委员等签请派员调查去后。兹据调查员刘远荫查复呈称：该第五段江堤工程，委系虚松不实，在在有险。原估增高三尺，现仅加高尺许，如八尺弓蒲家渊等七八处险工，且均尚未修复。至于欠发灾工麦面，亦经该调查员证明确有其事，有口供赈簿可稽。仅就收回已发给灾工之装面布袋，私行拍卖吞没而言，已足见其渔利企图，无微不至。该段长蔡贤傅浮报工程，克扣赈粮，影响堤工，处处危险，以至监利等九县人民，对于水灾，毫无保障。上辜政府救灾恤民之至意，下益难民水火之深热，实属违法渎职，不有惩戒，何以服民心而肃政纪？恃此提劾，应请即移付惩戒，并移送法院办理。右提案谨呈院长鉴核施行。

附二：

本院移付中央公务员惩戒委员会文　第五六号

二十二年二月四日

为移付事：案据监察委员于洪起、姚雨平呈劾湖北监利县工赈第七区第五段段长蔡贤傅浮报工程、克扣赈粮一案，当经派由监察委员刘成禺、高一涵、李梦庚审查。兹据报告，认为应付惩戒等语。据此，相应抄检原案各件，移请贵会查核办理。

此移

抄件（略）

（《监察院公报》第十八期）

“提劾热河省主席汤玉麟华北军事委员会委员长张学良背职潜逃丧权失地抗日不力失地误国丧师失地案”委员刘三高一涵周利生审查报告书

（二十二年三月七日）

为审查报告事：查张学良断送东三省等，已于去夏依法弹劾，静候中央惩处。今热河又告失守，所谓代军事分会委员长所司何事？委员等认为情节重大，事变非常，应请院长援紧急救济条文，特案提呈中央，将张学良汤玉麟立正明刑，以励人心，而挽危局，谨具报告如右。谨呈院长鉴核施行。

附：

委员高友唐李梦庚邵鸿基弹劾文

二十二年三月七日

为提案事：查国家威信，首重纪纲，疆吏天职，责在守土。综览史鉴，历代战征，凡军法严肃者，无不胜算立操，凡姑息宽从者，无不败绩奔溃，如影随形，如响斯应。远者不必论矣，证之宋明清之历史，宋节度使梁方平失黎阳，金人渡河，靖康立诛之。明都御史杨一鹏失凤阳，流寇南窜，崇祯立予弃市。此外则因失守封疆，一日而戮巡抚陈祖苞总兵吴国镇等三十六人。降及前清何柱清失守金陵，青麐失守武昌，均予正法。鸦片烟之战，耆英以失大沽，赐令自缢。中法之战，唐炯、徐延旭以失桂边而拿办。中日之战，卫汝贵以失平壤而枭首，叶志超，龚照玙以失旅顺而永禁，皆历历可数，从未有一而再再而三丧师失地，政府既不加以惩处，当事者亦靦然而目，毫无羞耻，如今日之张学良者。张学良前以副司令兼边防司令长官，以后绥靖主任兼代军事分会委员长，统辖五省之地，军队至三十万之多，每年糜款至四五千万元之巨，而东北海军与航空及兵工厂尚不与焉。职权非不高也，耗款非不多也，军队非不众也，器械非不精也，讵九一八倭人发难，不崇朝而辽宁失，吉黑继之。以友唐等所闻，当倭军炮攻北大营时，参谋长荣臻由沈阳四次电话请示应付方针，张学良方在中和戏园观戏，直至曲终返寓，沈阳已陷。张学良为掩饰计，美其名曰取不抵抗主义，诚古今中外所罕闻。不抵抗三字在军事词典中，可谓最新之名词，在各国军事学中可谓最新之战略。两年来，社会之责难，报纸之攻击，日有所闻，政府曲为优容，未加谴责。论者为政府希望其戴罪图功，勉观后效，近则榆关沦陷，热河全失；所谓功，功于何有？所谓后效，效于何见？虽有秦仪之舌，亦无从为之辩矣。假令九一八以后，张学良稍有人心，力加振作，卧薪尝胆，运筹帷幄，未始不可收回失地，藉赎前愆。乃不意张学良盘踞北平，肆意荒淫，酣歌恒舞，对军士饷糈，数月不发，终日不得饱食，严冬尚无棉衣；此诚倾西江之水，不足涤其污；罄南山之竹，不足尽其罪也。至近日热河告急，张学良利用机会，要挟中央，索取饷械。开战以来，更捏报军情，铺张胜利，而北票、南岭、朝阳、承德，不及十日，相继不守。断送东三省已万死不足蔽辜，再以热河资敌，更百喙难辞厥咎。为此依法提出弹劾，拟请将张学良明正典刑，并严拿汤玉麟一并骈诛，以肃军纪，而励戎行。抑友唐等犹有言者：用兵须先立军威，作战尤重激士气，丧师失地，邦有常刑。军事委员长蒋中正赴鄂赣“剿匪”，对于各路军官有失城处死之严令，用能将士用命，克奏肤功。张学良丧失国土至四省之广，其应处死刑也，毫无疑义。若政府再不闻不问，似军法仅施行于下级，而绥靖主任兼代军事分会委员长则议亲议贵之列，恐非共和国家所宜出此。况热河既陷，华北动摇，各将士以张学良既逍遥法外，丧师失地，无关重轻，孰肯拼命御敌，必至望风溃逃，其危险有非友唐等所忍言者。是皆因宽宥张学良所酿成也。务乞政府当机立断，迅予施行，振前敌各军之士气，慰全国人民愤恨不平之心，收回已失之土地，转列强之视线，胥在此一举也。东北幸甚！国家幸甚！谨呈院长鉴核施行。

（《监察院公报》第十八期）

“提劾首都警察厅前厅长吴思豫后厅长陈焯保安无方劫掳迭出案”委员高一涵姚雨平王平政审查报告书

（二十二年三月七日）

为呈报事：案奉交下于委员洪起、刘委员莪青弹劾首都警察厅前厅长吴思豫、现厅长陈焯保安无方、劫掳之案迭出一案，经委员等详细审查。咸认为，数月以来，首都发生劫杀各案，业已数起，该厅长等迄未能一一缉获，殊属有乖职守，应即移付惩戒。特此具报。谨呈院长鉴核施行。

附一：

委员于洪起刘莪青弹劾文

二十二年三月四日

为首都警察厅前厅长吴思豫及现任厅长陈焯维持无方，治安不保，特行提案弹劾事：查首都自去年中国银行被抢后，迄今数月，未闻捕获正凶，致使大憝漏网，宵小肆胆，同和裕银号遂以上月被抢闻。为时未几，上海银行又于本月三日被抢。他如新闻记者之被刺，木屋小商之被杀，以及绑票勒赎之案迭出。以军警棋布之首都，而屡次发生上述事实，警察厅即非故纵，亦属失职。兹特提案弹劾，请将警察厅前厅长吴思豫及现任厅长陈焯移付惩戒，以儆既往，而励将来。谨呈院长鉴核施行。

附二：

监察院移付中央公务员惩戒委员会文　第六六号

二十二年三月十三日

为移付事：案据监察委员于洪起刘莪青呈劾首都警察厅前厅长吴思豫现厅长陈焯保安无方、劫掳之案迭出一案，当经派由监察委员高一涵、姚雨平、王平政审查。兹据报告：认为应付惩戒等语。据此，相应抄送原案各件，移请贵会查核办理。

此移

抄件（略）

（《监察公报》第十八期）

“提劾河北新城县县长乌云珠贪墨枉法渎职殃民案”委员刘三于洪起高一涵审查报告书

（二十二年三月九日）

为审查报告事：案奉交下刘委员莪青弹劾河北新城县县长乌云珠贪墨枉法、渎职殃民一案，查此案虽经河北省政府彻查属实，业将该县长撤任，但关于刑事犯罪部分，尚未交由法院讯办。刘委员请由惩戒机关，移交法院严缉重惩，实为允当。谨议。右呈院长鉴核施行。

附一：

委员刘莪青弹劾文

二十二年三月八日

为提案弹劾事：案查河北新城县民王抡元具控该县长乌云珠贪墨枉法、渎职殃民一案，当经本院令行河北省政府彻查在案。兹据该省政府复称：该县长乌云珠被控纵匪殃民、疏脱监犯、任用宵小、舞弊受赂、违章造枪、售卖渔利、强售烟土、表分图利、贪利放赌、以启盗源各节，均有事实。殊属违法渎职，罪无可逭。兹特提起弹劾案，应请将新城县长乌云珠移付惩戒。其造枪售烟各款，均系触犯刑章，应交法院讯办，藉维法纪，而清吏治。再该县长业经河北省政府撤任，仍应请由惩戒机关移交法院严缉到案，免漏法纲。谨呈院长鉴核施行。

附二：

监察院移付中央公务员惩戒委员会文　第六七号

二十二年三月十七日

为移付事：案据监察委员刘莪青弹劾河北省新城县县长乌云珠一案，经交监察委员刘三、于洪起、高一涵审查去后。兹据报告称，查此案虽经河北省政府彻查属实，业将该县长撤任；但关于刑事犯罪部分，尚未交由法院讯办。刘委员请由惩戒机关，移交法院严缉重惩，实为允当等语。据此，相应抄检原案各件，移请贵会查核办理。

此移

抄件（略）

（《监察院公报》第十八期）

“提劾浙江安吉县县长郑溱贪赃枉法倒行逆施案”委员于洪起高一涵李梦庚审查报告书

（二十二年三月十四日）

为审查报告事：案奉院长交下委员周利生弹劾浙江安吉县县长郑溱贪赃枉法、倒行逆施一案，委员等以为该案业经浙江省政府查复，该县长郑溱被控各节多系事实，应即移付惩戒。兹具报告如右。谨呈院长鉴核施行。

附一：

委员周利生弹劾文

二十二年三月九日

为弹劾事：案查浙江安吉县县长郑溱前被该县曹葛乡乡长游辉元等控其贪赃枉法、倒行逆施等情到院，经令浙江省政府查明去后。兹据该省政府呈复略称，该县长被控各节，多系事实。其渎职殃民、罪无可逭等语。据此，自应依法提出弹劾，请将该县长郑溱移付惩戒，是否有当，乞付审查。谨呈院长鉴核施行。

附二：

监察院移付中央公务员惩戒委员会文　第六八号

二十二年三月十七日

为移付事：案据监察委员周利生呈劾浙江安吉县县长郑溱贪赃枉法、倒行逆施一案，当经派由监察委员于洪起高一涵李梦庚审查。兹据报告：认为应付惩戒等语。据此，相应抄检原案各件，移请贵会查核办理。

此移

抄件（略）

（《监察院公报》第十八期）

“提劾江苏淮安公共体育场场长程鸿达违法失职侵占公款案”委员杜羲高一涵白瑞审查报告书

为审查报告事：案奉院长交下邵委员鸿基弹劾江苏淮安公共体育场场长程鸿达摧残体育、侵吞公款一案，委员等当即会同审查。以为程鸿达违法失职及侵吞公款有据，罪无可逭，既经江苏省政府查复属实，自应依法交付惩戒。谨呈。

附一：

委员邵鸿基弹劾文

（检送江苏省政府数字第三号呈一件）

为提案弹劾事：查淮安公共体育场场长程鸿达被控摧残体育、侵吞公款各案，前经本院令行江苏省政府调查去后。兹据呈复前来，查得该场长素行不检，及侵蚀公款、滥支浮报等情，均有实据。该场长程鸿达实属违法失职，侵占公款有据，应即提劾请予移付惩戒。谨呈。

附二：

监察院司法院文　咨字第六九号

二十三年六月二十二日

案据监察委员邵鸿基弹劾江苏淮安公共体育场场长程鸿达违法失职、

侵占公款一案，当经依法交由监察委员杜羲、高一涵、白瑞审查去后。兹据报告，略称，委员等会同审查，以为程鸿达违法失职，及侵吞公款，既经江苏省政府查复属实，自应依法交付惩戒等语。据此，相应抄检本案各件，备文咨请贵院查照，转发江苏省地方公务员惩戒委员会依法办理。实纫公谊。

此咨

抄件（略）

（《监察院公报》第二十三期）

“提劾浙江海宁县法院院长王櫄首席检察官刘傅曾挟嫌虚构诬陷属员案”委员于洪起高一涵胡伯岳审查报告书

为审查报告事：案奉院长交下委员朱雷章弹劾浙江海宁县法院院长王櫄，及首席检察官刘傅曾挟嫌虚构、诬陷属员一案，委员等详加审查，佥以为该县法院院长王櫄，及首席检察官刘傅曾检举该县管狱员孙宋卿吸食鸦片、诈取财物，均系明知虚伪，故意诬陷，实属滥用职权。依法应移付惩戒。谨呈。

附一：

委员朱雷章弹劾文

为提案事：查前浙江海宁县管狱员孙宋卿呈诉海宁县法院院长王櫄、首席检察官刘傅曾挟嫌虚构，诬陷属员一案，经本院函请浙江高等法院查覆去后。兹据函复略称：是案前据该县法院院长首席检察官以孙宋卿吸烟扣粮等情，举发到院，经令撤职侦办，由杭县地方法院检察官派法医调验，鉴定为无烟瘾。而诈财一节，罪嫌不能证明，其余起诉之克扣囚粮，及虚报看守名额二部分，亦经该地方法院判决无罪等语前来。委员详阅该案起诉书判决文，暨呈文训令笔录等件，该县法院院长首席检察官将狱中平日所用秤囚饭之十八两短秤吊去藏匿，而以程任所备毫无污点，向未用以秤饭之十七两长秤呈案，捏称系孙宋卿置备通常使用，作为克扣囚饭之证据。经杭县地方法院刑庭审判长实地调查属实，于判决文内明白叙述。其所呈囚犯笔录，与审判长实地调查所制成之笔录比较，如徐加法沈四荣刘惠民等所供之词，前后歧异。如此而所谓实数看守名单，亦与审判长向各看守囚犯调查研讯之结果，全不相同。其检举之吸食鸦片、诈取财物两部分，均经杭县地方法院检察处侦查，并无嫌疑。而该县法院院长首席检察官检举呈文内，一则曰吸食鸦片月须数十元，再则曰所举四项均系事实，有案可稽，并无一语虚饰云云。查该全卷，该县法院院长首席检察官显系明知虚伪，故意诬陷。虽检举属员，系出职权，自不能认为诬告罪之犯罪主体。但其湮灭证据，与滥用职权之嫌疑，及违背官吏服务规程所规定诚实义务之责任，要无可免。兹依弹劾法第二条提起弹劾，请将该县法院院长王櫆、首席检察官刘傅曾移付惩戒，以肃法纪，而正官邪。

附二：

监察院移付中央公务员惩戒委员会文　第四五号

二十二年十二月十二日

案据监察委员朱雷章弹劾浙江海宁县法院院长王櫆，暨首席检察官刘傅曾故意诬陷属员一案，当经交由监察委员于洪起、高一涵、胡伯岳审查去后。兹据报告，认为该被弹劾人王櫆、刘傅曾，应即移付惩戒等语。据此，相应抄检本案各件，移请贵会查核办理。

此移

抄件（略）

（《监察院公报》第二十一期）

“提劾湖南宁乡县长赵鸿违法渎职案”委员杜羲高一涵胡伯岳审查报告书

为审查报告事：案奉交下刘委员莪青弹劾湖南宁乡县长赵鸿违法失职一案，委员等当即会同审查。以为该县长对于张玉生、姚济堂等赌博行为，自应依法处理，何得滥用笞刑，致干厉禁。是该县长赵鸿违法显然，应请交付惩戒。谨呈。

附一：

委员刘莪青弹劾文

为宁乡县长赵鸿违法渎职，特行提案弹劾事：案据宁乡县人民□□□等呈控甯乡县长违法渎职各节，关于骗取半仙阁主人古画，及笞责张姓等部分，经委员前往半仙阁访查。据该馆主人钟定辉称，曾有友人寄存旧画四幅，赵县长假开会为名，着人借去，迭经往取，据云业已遗失，由该县长自书直幅四张，作为赔偿。迨至本年二月二十日左右，有张玉生等四人在该馆饮，藉雀牌为戏。同时该县长亦在楼下宴客，即令卫兵将四人中之张玉生、姚济堂笞打二百，并以掌批钟定辉之颊，旋逮捕回县，各判徒刑三月。后经长沙地方法院撤销。钟定辉并谓，酒馆赌牌，在湘省事属平常，该县长挟索画之仇，故下此辣手云云。又据湖南高等法院检察处函复：验得张玉生姚济堂被笞受伤属实。足证赵鸿之滥用笞刑确属实在。关于诬陷文炳蔚部分，查文为该县芳储区区董，并无犯罪证据，该县长必欲罗织其罪，曾以私函请省政府主席何健准予枪毙，经何主席将原函发交民政厅转饬依法办理，始得讯明释放。经查属实，则该县长之玩视民命，尤可概见。总上各点，该县长违法渎职，情节显然。兹特依法提案弹劾，应请移付惩戒，以儆效尤，而重法治。

附二：

监察院移付中央公务员惩戒委员会文　第四八号

二十二年十二月十五日

案据监察委员刘莪青提劾湖南宁乡县长赵鸿违法渎职一案，经依法交由监察委员杜羲、高一涵、胡伯岳审查去后。兹据报告称，案奉交下刘委员莪青弹劾湖南宁乡县长赵鸿违法失职一案，委员等当即会同审查，认该县长滥用笞刑，致干厉禁，应请交付惩戒等语。据此，相应抄检本案各件，移请贵会查核办理。

此移

抄件（略）

（《监察院公报》第二十一期）

“提劾河南封邱县长袁士彦等违法殃民案”委员杨天骥王子壮高一涵审查报告书

为报告事：奉交下王委员广庆弹劾河南封邱县县长袁士彦等勒收滩地巨款、纵刑受贿、藉粮科罚一案，经加审查，袁士彦被控各款，均经本院查明，证据确凿。又由王委员访问所得，尚有郑村庄堡长韦廷举一案，逮押多人，索贿了案。其违法渎职，尤为显著。应请将被弹劾人河南封邱县县长袁士彦，暨第一科长彭炼、清理滩地主任李典午、第五区区长王济来、牙税征收局局长魏致亭等，一并移付惩戒。其关于刑事部分，并请交付法院依法讯办，以肃官方。谨呈。

附一：

委员王广庆弹劾文

为提案事：查河南封邱人民□□□等先后呈诉该县县长袁士彦，勒收滩地巨款，官绅狼狈纵刑，又复藉粮科罚，及袒护牙税包商，不予遵令纠正各案，委员曾奉院令前往调查。除将履查情形及所得证据分别呈复外，查袁士彦在任数月，专以搜括为能事，违法贪污，全县切齿。对于封邱滨河西斗社一带滩地，不依河南清理滩地章程之规定从事清理，而与清理滩地主任李典午、第一科长曾代县长之彭炼、第五区区长王济众互相勾结，派遣警队，逼索巨款。其收到数目可征者五千余元，而呈解财政厅者不过六百五十八元余，其余共同朋分，并不移交后任接收。复与承审员贺柱中及王济众等勾结，对该县第五区群杀鲁春芳等五命一案，勒付恤金，受贿骩法。又复假藉职权，收受牙税营业税征收局局长魏致亭办公费银月五十元，致令魏致亭希图取盈，违令滥收帖张捐费，且藉催索欠粮，滥派员警，违法苛罚，蹂躏人权，均属查有实据。此外未经告发，经委员访问得之者，如该县第四区郑村庄堡长韦廷举，因雇工韦牛妮枪杀同族韦王氏一案，业经闾邻长说合了事，虽不合刑事手续，而乡间以为私自了处，可以息事宁人。讵袁士彦经保安队长报告，误以廷举为皇党分子，将说合人等分逮押，罚洋五千余元，旋即释放，亦未依法处刑。此案委员曾传询保安队长虞斌，据言虽系自己发觉，其后即闻发生毛病，人言啧啧，亦足证明其受贿不虚。综上各款，该县长违法殃民，实属罪无可逭。至与袁士彦同恶相济之彭炼，于代理该县县长期间，公然挟妓，招摇过市。李典午因行为卑劣，其妇与之离婚，即于姚县长接事之日，发柬张筵，另娶新妇。王济众于第五区区长任内，勾结官府，欺压乡邻。魏致亭不遵章程，滥收帖张捐费，显然违法，均应移付惩戒。其关于刑事部分，并请咨行交由法庭依法严办，以警官邪，而彰国法。谨呈。

附二：

监察院移付中央公务员惩戒委员会文　第二六号

二十二年九月十九日

为移付事：案据监察委员王广庆提劾河南封邱县县长袁士彦，暨第一科长彭炼、清理滩地主任李典午、第五区区长王济众、牙税征收局局长魏致亭等，违法殃民，请付惩戒，其关于刑事部分，并请交由法院依法办理一案，当经依法交由监察委员杨天骥、王子壮、高一涵审查去后。兹据报告称，奉交王委员广庆弹劾河南封邱县县长袁士彦等一案，经加审查，应请将被弹劾人河南封邱县县长袁士彦，暨第一科长彭炼、清理滩地主任李典午、第五区区长王济众、牙税征收局局长魏致亭等，一并移付惩戒，其关于刑事部分，并请交付法院依法讯办等语。据此，相应抄检各件，备文移付贵会查核办理。

此移

抄件（略）

（《监察院公报》第二十六期）

“提劾安徽高等法院第一分院推事杨昌炽违法失职案”委员王平政杜羲高一涵审查报告书

为审查报告事：奉交监察委员邵鸿基提劾安徽高等法院第一分院推事杨昌炽违法失职一案，经委员等详细审查，认为该推事杨昌炽办理戚开章一案，既将诉讼人执行收押，未能即将保证金及保证书分别发还注销，确属违法失职。应即将安徽高等法院第一分院推事杨昌炽移付惩戒，特此报告。谨呈。

附一：

委员邵鸿基弹劾文

为提案事：前据人民□□□呈诉安徽高等法院第一分院推事杨昌炽利用职权，违法监禁一案，当经签请咨查。兹准司法行政部函复，查明该推事杨昌炽未能依法发还保证金及保证书，办理殊嫌未合等情。查该推事办理此案，已取得保证金保证书在先，案既未终结，又未发现新事实，似不宜将诉讼人执行收押。即经收押，亦应依法发还其保证金及保证书，方合法定手续。今置保证金保证书于不顾，竟将控诉人执行收押，显属违法失职。为此，依法提起弹劾，请将该推事杨昌炽即日移付惩戒，以重法治。此呈。

附二：

监察院移付中央公务员惩戒委员会文　第六三号

二十三年二月二日

案据监察委员邵鸿基提劾安徽高等法院第一分院推事杨昌炽违法失职一案，当交监察委员王平政、杜羲、高一涵审查去后。兹据报告称，认为应将安徽高等法院第一分院推事杨昌炽移付惩戒等语。据此，相应抄检各件，移请贵会查核办理。

抄件（略）

（《监察院公报》第二十二期）

“提劾河北尧山县长白达仁违法渎职案”委员高一涵胡伯岳白瑞审查报告书

为报告事：案奉交下杨委员亮功弹劾河北尧山县县长白达仁违法渎职一案，经委员等详加审查，认为该县长滥用非刑，证据确凿，应即移付惩戒。其渎职及故意伤害人民之行为，显触刑章，并请移交法院从严法办，以儆残酷。特此报告。谨呈。

附一：

委员杨亮功弹劾文

为提劾事：案查河北尧山县长白达仁违法刑讯一案，前经本字电令该省府饬查去后，兹据呈复前来，查得该县长于办理恒益长号亏欠官银一案，不予勒限缴款，遽将该银号经理股东加以逮捕，并滥用非刑，以辣椒水浇灌王春和等情，均属实在。该县长办事操切，违法渎职，实属罪证确凿，应请移付惩戒，以重法纪。谨呈。

附二：

监察院移付中央公务员惩戒委员会文　第九六号

二十三年五月十八日

案据监察委员杨亮功提劾河北尧山县长白达仁违法渎职一案，当经依法交由监察委员高一涵、胡伯岳、白瑞审查去后。兹据报告，认为该县长白达仁应即移付惩戒，其渎职及故意伤害人民之行为，显系触犯刑章，并请移交法院从严法办，以儆残酷等语。据此，相应抄检各件，移请贵会查核办理为荷。

此移

抄件（略）

（《监察院公报》第二十三期）

“提劾河北遵化县县长关恩霖渎职贪污违法失职案”委员高一涵白瑞田炯锦审查报告书

为审查报告事：案奉交下高委员友唐提劾河北遵化县长关恩霖渎职贪污失职一案，经详加审查，认为该县长关恩霖贪污违法各款，既经高委员友唐实地调查，证据确凿，应予移付惩戒。其刑事部分，并应连同王立田、崔占鳌、丁葆亨、沈耀先一并移送法院讯办。

谨呈

附一：

委员高友唐弹劾文

为弹劾事：案据河北遵化县人民温子山秦益群等，先后呈控该县长关恩霖贪污不法各款，又据工会常务理事孟子书等呈控该县长关恩霖蓄意解散团体，破坏工人教育等情，友唐细核原呈指控各款，极为奇特，出乎常情以外，当即化装前往调查。住居小饭店伪作诉讼，改姓名为李维周，到县署购买诉状，又到看守所与看守耿彬接洽，将一切真相明了，然后赴县署正式访问县长。不意关恩霖已赴天津，署中秘书、第一科科长、第二科科长均不在，仅有新就职之承审员潘孝尧出见。询以行政各事，全不接洽；询以司法各事，亦因到差未久，不甚了了。兹将查明各款情节较重者，提出弹劾于下。

（一）闭城按户搜查勒罚巨款及藏匿烟枪一节——询之县城商民，众口一词，被其搜查两次（一在旧历七月二十九日，一在旧历九月十二日）。询之公安局局长周毓琨，亦称确由县长率卫队长崔占鳌执行（周毓琨非关私人故未令其同去），其中搜出违禁品者，有县队带烟泡栽赃者，至被罚数目，人言不一，有云数万元，有云数千元，因系现洋交易，随罚随放，无案卷可稽。询之被罚者，均慑于关恩霖之压制淫威，不敢承认，免再遭祸；仅有胡墨林一名，系无辜被罚，具结承认，数虽甚微，足以证明被罚属实。是否收入司法项下，抑饱入私囊，无从知之。至李宝春烟枪一案，判罚八十元，枪在收发处存放，查阅枪上嵌有宝石蚌珠翡翠四块，安斗处有金箍一道（与原控微不同），此枪是否没收焚毁，抑关恩霖干没，不得而知。因关不久即撤任，且被省政府看管，须向新任调查也。

（二）售状加价及递状须交铺保一节——售状加价，询之民众，佥称确有其事，浮收一元或八角不等。友唐化装往购，付给七角（正价六角附加囚衣费一角）并未多收，想系已知监委来查，故尔敛迹。但附加照章应于状面加盖木戳，既无此戳（原状附）则为便于舞弊浮收，已可概见。至递状将原告交保一节，则为法院编制法所不载，实系该县长自创之新花样，为诈财之计，钱如其愿，无论何铺保均合式，无钱则任意刁难。函询该县长因何理由，将诉讼当事人交保，据复“恐传不到”，夫既纳讼费起诉，岂有传不到之理，未免强词。

（三）滥拘滥押久不审讯一节——查关恩霖以卫队长崔占鳌，及保卫队长沈耀先为爪牙，到处以查烟为名，恐吓敲诈，稍不遂意，即送拘留所，行同绑票，上下勾结，毫无忌惮。崔占鳌侵吞田志成、张志永烟土十九斤，又侵吞马成贵烟土一百七十两，现洋二百元，均经押犯张广发供述，令其笔录印手模作证。其久押不审，据被押人临时声诉者有张鸿存、刘满、尹士英、刘殿臣、张义端等五案。发现于典狱员所送表册内，押期已久，从未提讯者，有张王氏（即代夫张四受押者）、吴海成、秦德胜、高有、于长顺、张德、徐广文、李东祥、孙兰、朱玉、洪万祥（即代弟洪万林受押者）、张子俊等十二案。其余讯一次不再讯者，记不胜记。上述被押各案，以刘殿臣、张义端为最离奇。缘有冯友租刘殿臣房住家，保人张义端。冯友因房多人少，又转租与王永祥（即所谓二房东）、王永祥之婿张四（即张王氏之夫），因盗案嫌疑逃走未获，先押王永祥（得贿始保释），后押王永祥之女，已出情理之外，更押房东刘殿臣，则真所谓岂有此理。最后则将冯友租房保人张义端拘押，可谓奇之又奇矣（冯友亦在传拘之列逃走）。试问张四纵真为强盗，与其妻父这房东何干？更与租房之保人何干？株连至此，空前绝后，虽方孝孺十族之诛，无以过之。原控谓关恩霖注重在押不在审，洵为的论。贪黩至此，叹观止矣！面询承审员潘孝尧，何以久期拘押，从不提讯，据答所收各案，关恩霖于簿上以△记明，凡有△者，自讯，不许承审员过问等语。均须由关办理。

（四）满街捉人调验及自造匿名信控人吸烟滥押人妻第一节——关恩霖满街捉人调验，询之民众，均称每逢集期，县长手提马棒，满街巡视捉人，众目睽睽，确有其事。但被捉何人，勒款若干，均不能指出证据。查押犯中有洪万祥代堂弟洪万林（吸白面）受押，张王氏代夫张四（匪案嫌疑）受押，脚带铁镣，检验踝骨已被铁镣磨破，红肉外漏，情形极惨。刘贵代兄刘瑞受押，该洪万祥刘贵均具结状附陈。因张王氏不识字，未能具结，当面询问属实。该县长滥用职权，荒谬绝伦。

（五）虐待囚犯任意需索及捏造资格一节——查管狱员王文田履历写二十五岁，观其面色，实不及二十岁，其履历内载北平精一学院毕业，遍询北平教育界，不知此学院，既名学院，必为大学，以不及二十岁之人，已在大学毕业，而又在机关服务四五年，显系捏造。王文田虽否认与关恩霖有亲戚关系，但关恩霖这妾，籍贯姓氏，均与相同。原控称为妾弟，不为无因。且观其任意需索，毫无忌惮，关恩霖不加制止，其密切可知。至监狱看守所无卫生设备，冬日无稻草，无棉衣，犯人均席地而卧，均系实在。内有马成贵一犯，因冻缩慑，友唐购棉衣裤一套予之，取有收据，足以证明关恩霖因囚犯寒衣无着，呈准高等法院于状纸每套附加洋一角，专为囚衣之用，何以严寒之际（正值大雪），竟不发给棉衣？其为中饱无疑。至任意需索，有灯油钱、尿粪桶钱、下楼镣钱等名，有犯人张广发、许履忠、马成贵具结状证明。

（六）侵吞赈款一节——查遵化县急赈，河北省政府拨给三万五千元，已于阴历中秋前领到。直到友唐到彼时，隔三阅月，尚未散放。（闻友唐行后始放）既名急赈，如此迟延，纵非有意侵蚀，其玩视民瘼，废弛职务，百喙莫辞。

（七）教育局长敲诈包商一节——查教育局长丁葆亨号阔航，于日军占据县城，曾就伪职，关恩霖到任后，利用其联络日人，将前教育局长徐兆鹏撤职，以丁继任。丁出入县署，不避嫌疑，且吸食鸦片，人言啧啧。其敲诈牲畜税包商贾云山洋四百元，经被害人具结证明属实。

（八）摧残工会一节——查工会原设城隍庙内，筹办工人子弟学校，正在招生开学，关恩霖忽勒令迁移三义庙。工会以用去修理费三百余元，不肯迁移，推举代表王有往见该县长陈说，该县长一味野蛮，对代表大骂（我不知道什么党，不遵我的命令就该枪毙）。该代表甫退回，该县长即派沈耀先带领保卫团前往工会，将学校木器打毁，办事人员概行逐出。该县长摧残工会，阻止教育，确凿有据。至沈耀先曾充日人所委伪公安局局长，有画稿可证，确系从逆。关恩霖委汉奸为保卫团队长，其失职可知。

（九）虚领薪俸一节——查关恩霖遵化县署职员录，一科科长、二科科长秘书，均不在署。函询关恩霖，声复：二科科长赴束鹿办交代。一科科长已往办交代，交代系二科专责，何以一科亦随同前往，太不近情。秘书武葆秀，据复：因病请假，询之县署吏役及绅商，均称向未见有武葆秀秘书其人，是虚领薪俸，毫无疑义。据检验吏马俊麟结称，应支薪十八元，领八元，是侵占入己，亦确凿可证。

以上关恩霖渎职贪污，违法失职，均应弹劾。该县长已经河北省政府撤职，发交天津县看管，应再交付惩戒，并连同王文田、崔占鳌、丁葆亨、沈耀先移送法院治罪，以肃吏治，而惩汉奸。谨呈。

附二：

监察院移付中央公务员惩戒委员会文　第一零五号

二十三年七月二十八日

案据监察委员高友唐提劾河北遵化县长关恩霖渎职贪污、违法失职一案，当经依法交由监察委员高一涵、白瑞、田炯锦审查去后。兹据报告略称，经详加审查，认为该县长关恩霖渎职贪污、违法失职各款，既经高委员友唐实地调查，证据确凿，应予移付惩戒。其刑事部分，并应连同王文田、崔占鳌、丁葆亨、沈耀先一并移送法院讯办等语。据此，相应抄检本案各件，移请贵会查核办理。

此移

抄件（略）

（《监察院公报》第二十五期）

“提劾河南唐河县区长扈少康违法殃民案”委员高一涵胡伯岳白瑞审查报告书

为审查报告事：案查朱委员雷章弹劾河南唐河县区长扈少康违法殃民等情一案，经委员等会同审查，佥以朱委员所弹劾各款，均经省政府查明属实，该区长违法渎职殃民各节，实属罪无可逭，应即移付惩戒。其关于刑事部分，并应移送法院，特此报告。谨呈。

附一：

委员朱雷章弹劾文

为提案事：查河南唐河县民□□□等呈诉区长扈少康违法殃民等情一案，前由委员签请令行河南省政府查复去后。兹据呈复前来。经加审核，分项说明如下。（一）私放各匪：查金圣法、白克立、徐青山等是否确有重大盗匪嫌疑，未有积极证明，该区长办理情形，虽不无稍涉疏忽，究未能遽认为放匪，原呈所诉，尚难置信。（二）威逼人命：查罗云明不允侄媳离婚，该区长将云明棍责囚禁，云明之弟云纲、侄宝山均被打押。云明因伤过重，释放后，数日即死。又巴阵图以鞠劳三借枪嫌疑，被该区长拉区重打，又罚洋九十元，致巴阵图含羞带气殒命。威迫人命，事实确凿，揆之刑法，该区长显有擅权私禁，伤害人致死，及恐吓取财等嫌疑。（三）吞侵公款：该区长办理馍面借款，烟苗罚款，士兵欠饷各节，颇有不实不尽之处，虽侵占公款嫌疑，似有不足，而处置失当，贻人口实，要无可讳。（四）擅打勒讹：查该区长以滥派款项罪名，将朱玉琨抓区打押，玉琨之弟前经区部，亦被囚禁，复经人说合，交本造枪一支，子弹三十排，洋四十元，遂释回。迨朱玉琨赴县控告，复被拉至区部，与小程庄程秀山一同打骂，秀山中衣尽被血染，次日释回。又李海晏之马力匣枪在李俊卿处修理，该区长强借使用。又方金安因管说人票，该区长以通匪罪名抓区重打数百，罚钱三百千，即释回。以上各节，该区长擅打勒讹，毫无顾忌，亦难免擅权私禁伤害恐吓取财，及强迫使人行无义务之事等嫌疑。（五）私收赌捐：该区部抽收上屯镇、黑龙镇、下屯镇、昝罔房云寺等处赌捐，均系事实。每市镇、每会场交洋者准赌，不交洋者名曰禁赌。该区长抽收赌捐，违背功令，显有刑法上公务员明知不应征收而征收之嫌疑。综上说明，该区长身为地方公务人员，不知奉公守法，深自惕励，竟有种种违法殃民行为。苟不严予惩处，何以维法纪，而肃官箴。应依弹劾法第二条提起弹劾。请将该河南唐河县区长扈少康移付惩戒。关于刑事部分，除伤害系告诉乃论之罪外，其余应移送法院办理。谨呈。

附二：

监察院咨司法院文　第七一四号

二十三年十二月二十一日

案据监察委员朱雷章提劾河南省唐河县区长扈少康违法殃民一案，当经依法交由监察委员高一涵、胡伯岳、白瑞审查去后。兹据报告，佥以朱委员所弹劾各款，均经省政府查明属实，该区长违法渎职殃民各节，实属罪无可逭，应即移付惩戒。其关于刑事部分，并应移送法院等语。据此，相应抄检各件，咨请贵院查照，转发河南省地方公务员惩戒委员会依法办理是荷。

此咨

抄件（略）

（《监察院公报》第二十五期）

“提劾侨务委员会事务科长兼会计主任李韶清舞弊贪污案”委员高一涵胡伯岳田炯锦审查报告书

为审查报告事：案奉交下郑委员螺生弹劾侨务委员会事务科长兼会计主任李韶清浮开单据，中饱私囊一案，经委员等根据审计部调查报告，详加审查。咸认该被弹劾人李韶清经手账目，如汽油邮票各项，或有单据而无账，或有账而无单据，或账与单据，两不相符，而纸张一项，亦有不清可疑之处。其贪污舞弊，罪证确凿，应将该科长兼会计主任李韶清移付惩戒。至于刑事部分，并应移送法院讯办，以儆贪墨，而重法纪，特此报告。谨呈。

附一：

委员郑螺生弹劾文

为提案弹劾事：查侨务委员会事务科长兼会计主任李韶清浮开单据、中饱私囊一案，前经由院令审计部派员调查去后。兹据呈复前来，查得该科长兼会计主任李韶清于汽油一项，仅锦昌一家，已不符千元左右。荣昌号账与单据，亦不符甚巨。于邮票一项，九个月内，计浮报八百九十七元。纸张账目，亦有糊涂不清之处。该李韶清实有舞弊贪污情事，应即移付惩戒，其刑事部分，并应移交法院办理。谨呈。

附二：

监察院移付中央公务员惩戒委员会文　第一一二五号

二十四年三月十二日

案据监察委员郑螺生弹劾侨务委员会事务科长兼会计主任李韶清有舞弊贪污情事，请即移付惩戒，其刑事部分，并应移交法院办理一案，当经依法交由监察委员高一涵、胡伯岳、田炯锦审查去后。兹据报告略称，案经委员等根据审计部调查报告，详加审查，咸认该被弹劾人李韶清贪污舞弊，罪证确凿，应即移付惩戒。至其刑事部分，并应移送法院讯办，以儆贪墨，而重法纪等语。据此，相应抄检本案各件，备文移请贵会查核办理。

抄件（略）

（《监察院公报》第二十六期）

“提劾黄河水灾救济委员会工赈组主任孔祥榕工程处长孙庆泽长垣县长步恒勖监理员区董范贞臣孙亲鼒废弛职务案”委员高一涵白瑞杨天骥审查报告书

为审查报告事：案奉交下王委员平政弹劾黄河水灾救济委员会工赈组主任孔祥榕等废弛职务、贻害地方一案，经会同审查。认为该工赈组主任孔祥榕，及其第三工程处处长孙庆泽，于承修石车段大堤工程，殊欠坚固，致酿成黄河二次决口之祸。该区监理员区董范贞臣、孙亲鼒等，以面粉抵折工价，课值较市价迥昂，藉赈牟利，证据确凿，长垣县长步恒勖经理工款手续不清，亦属失职。应请将该被弹劾人孔祥榕、孙庆泽、步恒勖、范贞臣、孙亲鼒等，一并移付惩戒，以重工赈。谨呈。

附一：

委员王平政弹劾文

为提案弹劾事：查去岁黄河二次决口后，据长垣县民人□□□等呈诉河北河务善后工程处胡源汇等废弛职务、贻害地方一案，当经院令高友唐、周利生两委员就近调查在案。兹据高周两委员呈复前来，正核办间，河北省政府以奉令饬据建设厅技士王国梁彻查黄河石车段决口各事实，抄同原附各件，呈请鉴核训示到院。委员当即并案审核，认为此次决口之石车段大堤工程，确系工赈组主任孔祥榕所承修。其堤身沙多土少，不耐淘刷，新修口门之外，既未筑圈堤，又未修后戗（根据高周两委员报告）。且比较善后工程处所修石头庄以北大堤，低及八公寸，窄及一公尺（根据王国梁报告），以既矮且薄，毫无掩护之沙堤，当直接冲刷之洪流，瞬息漫决，本无足怪。况全段大堤长及数十里，胡源汇等接收甫十日，即告出险，无论抢护若何得力，时间上亦不容许。故此次黄河决口，应由承修该段堤工之孔祥榕，与孙应泽负其责任。至长垣县长步恒勖，对于筑堤工价，延不发表，经手工款，密不公布，亦不移交后任，致各乡因筑堤确有亏赔，工人所领工价，多与原定价额不符。该县长纵无侵吞挪移情弊，亦难辞失职之咎。又该监理员区董范贞臣、孙亲鼐等所经手以面粉抵工价一节，纵非全系臭面，但其折价较市价迥昂，显有渔利之嫌。该步县长是否知情，虽难悬揣，然似此重大舞弊之事，而又受害普遍，阅时长久，该县长竟毫无觉察，尤非寻常失职可比。为此提起弹劾，请即将黄河水灾救济委员会工赈组主任孔祥榕，工赈组第三工程处处长孙庆泽，前长垣县县长步恒勖，监理员区董范贞臣、孙亲鼐等，一并交付惩戒，谨呈。

附二：

监察院移付中央公务员惩戒委员会文　第一一八三号

二十四年四月五日

案据监察委员王平政弹劾黄河水灾救济委员会工赈组主任孔祥榕，工赈组第三工程处处长孙庆泽、前长垣县县长步恒勖、监理员区董范贞臣孙亲鼐，有废弛职务失职等情事，请予一并交付惩戒一案，当经依法交由监察委员高一涵、白瑞、杨天骥审查去后。兹据报告，应将被弹劾人孔祥榕、孙庆泽、步恒勖、范贞臣、孙亲鼐等，一并移付惩戒。据此，相应抄检本案各件，备文移请贵会查核办理。

此移

抄件（略）

（《监察院公报》第二十六期）

“提劾湖南安乡县第四区区董李鸣嵩失察渎职案”委员高一涵胡伯岳白瑞审查报告书

为审查报告事：案奉交下李委员梦庚弹劾安乡县第四区区董李鸣嵩贪污虐民、渎职枉法一案，经会同审查，认为该区董失察渎职各节，既经湖南省政府据安乡县长查明属实，应即将该区董李鸣嵩移付惩戒。谨呈。

附一：

委员李梦庚弹劾文

为提案事：据湖南安乡县民罗德晋等呈诉安乡县第四区区董李鸣嵩、贪贿虐民、渎职枉法一案，当经委员签请令行湖南省政府查复，以凭核办在卷。兹据该省府转据安乡县长呈复到院，经委员详加核阅，该区董李鸣嵩纵容区丁，勒罚赌博，并非一次。又该区董奉令筹募救国公债，每百元外加收洋六元，作办公收解各费之用，虽经会议通过，未免过多。以上各节，既经查明实在，该区董失察渎职之咎，实难辞责。兹依法提起弹劾，请将湖南安乡县第四区区董李鸣嵩移付惩戒，以伸法纪。谨呈。

附二：

监察院咨司法院文　第一三五六号

二十四年四月二十日

案据监察委员李梦庚提劾湖南安乡县第四区区董李鸣嵩失察渎职一案，当经依法交由监察委员高一涵、胡伯岳、白瑞审查去后。兹据报告略称，经会同审查，认为该区董失察渎职各节，既经湖南省政府据安乡县长查明属实，应即将该区董李鸣嵩移付惩戒等语。据此，相应抄检本案各件，咨请贵院查核，转饬湖南省地方公务员惩戒委员会，依法办理。

此咨

抄件（略）

（《监察院公报》第二十六期）

“提劾福建罗源县长张汉良前警察队长邢武违法失职案”委员王平政杜羲高一涵审查报告书

为审查报告事：案奉交下李委员正乐弹劾福建罗源县县长张汉良、前警察队长邢武违法失职一案，经委员等根据福建省政府查报各节，详细审查，认为该前警察队长邢武，私收米捐，显属违法；该县长张汉良当时既未予制止，事后又未加惩处，实属失职，应请将被弹劾人罗源县县长张汉良、前警察队长邢武一并移付惩戒。谨呈。

附一：

委员李正乐弹劾文

为提劾事：案据福建罗源县商会常委委员阮文勳，公民代表□□□等，先后呈控该县县长张汉良贪污渎职、违法殃民一案，经委员等签请令行福建省政府彻查。兹据呈复，委员详核全卷，查原呈所控勒索乡民、私收米捐一节，业经查明属实。虽云收捐一事，系前警察队长邢武所为，然该县长用人不当，自难辞失察之咎。况捐款尽入私囊，既经发觉，自应严行惩处，该县长仅将私收之捐，暂行停止，对于队长邢武并未加以惩办，殊有未当。基上各点，认为该县长张汉良、前警察队长邢武，均属违法失职，依法应请一并移付惩戒，以儆贪污，而重法纪。谨呈。

附二：

监察院移付文　第一四三七号

二十四年五月二十五日

案据监察委员李正乐弹劾福建罗源县县长张汉良、前警察队长刑武，均有违法失职情事，请并移付惩戒一案，当经依法交由监察委员王平政、杜羲、高一涵审查去后。兹据报告称：案经委员等根据福建省政府调查报告各节，详细审查，认为该前警察队长刑武私收米捐，显属违法。该县长张汉良当时既未予制止，事后又未加惩处，实属失职。应请将被弹劾人罗源县县长张汉良、前警察队长邢武，一并移付惩戒等语。据此，相应抄检本案各件，备文移请贵会查核办理。

此移

中央公务员惩戒委员会

抄件（略）

院长　于右任

（《监察院公报》第三十期）

调查报告、电文、演讲、参与起草的法规

调查江苏省江北堤防报告书

（与参事洪兰友一道　一九三一年九月十七日）

呈为呈复事：案奉第二〇五号训令内开：兹派监察委员高一涵、参事洪兰友赴江苏省调查水灾情状，及救济事宜。此令。等因又奉，第二一五六号训令内开：为转令事，本月三十一日本院奉国民政府第四三五号训令开：为令饬事，查此次江河泛溢，已成巨灾。推厥原因，良由备患无方，捍灾乏术。致使庐舍田禾，多数被淹；平时可资为利者，反蒙其害。悯念灾黎，地方有司，万难辞咎。应由行政院、监察院查明。凡负有地方及水利责任之官吏，忽略堤防之修治，及水道之疏通者，予以严惩。经本府第十次常会决议在案。除分令外，此令。等因奉此，合即转令遵照，此令。等因奉此，遵即前往江北一带调查。所有关于水灾情形，及救济事宜，业经先后函电呈报钧座在案，兹再将该地方负水利专责之官吏，忽略堤防之处，分节详呈于左：

（一）治运经费之保管与动支

查治运经费，向以亩捐货捐为专款。亩捐开始于民国三年。初则仅令淮安、临城、江都、高邮、宝应、泰县、兴化、东台八县，按亩缴纳二分水利附捐。继则令淮阴、阜宁、涟水、泗阳、仪征、铜山、宿迁、邳县、睢宁、丰县、沛县、萧县、砀山、东海、沭阳、灌云、赣榆等十七县，亦带征二分亩捐。自民国五年起，此项亩捐即拨充治运治沂之用。每年收入约计四十万元。但因各县截留兴办地方水利，故解款者甚少。以后几经整顿，至民国十九年，全年收入计捌万壹千余元。二十年一月至九月收入，计拾壹万余元。货捐创始于民国四年，就江北各税捐局所带收二成。原定以三年为限。继则一展再展，永无止期。此项货捐，原期每年可得三十四五万元，然亦因截留及短收，集款甚寡。至民国十八年，全年收入计拾壹万叁千余元。十九年全年收入，计拾壹万余元。今年厘金裁撤，故货捐亦因之终止。此外尚有新案亩捐一项，指定淮安、临城、阜宁、江都、高邮、宝应、泰县、东台、兴化等九县，在原有治运亩捐（原有治运亩捐，此后称为旧案亩捐）外，另加二分，作为开浚五港，及兼治上下游经费。自十二年上忙起，由县署带征，会同地方士绅保管。至十六年调查实收数目，已达六十万元；全为各地方所挪用。自十七年起至二十年八月止，各县解到之款，计拾壹万余元。以上旧案亩捐及货捐，自十七年起，解交镇江江苏银行，以建设厅名义存储。由建设厅长、水利局长，及运河工程处长，合盖印章提取动用。新案亩捐，自二十年三月后亦仿照旧案亩捐办法，由建设厅保管；由厅长、局长、处长盖印提取动支。故在建设厅长孙鸿哲任内，所有治运专款，及开港经费，统由建设厅保管，统由建设厅水利局运河工程处动用，在督办运河工程局时代所有局内经常费，概由国库拨充，不得移用治运专款。今据孙厅长面称：水利局经费每月为一万零七十二元，而财政厅仅月发八千元，甚至时有拖欠，此项不敷与拖欠之数，均由治运专款项下动支。在王柏龄任内，即是如此。由此可见人民对于建设厅长之攻击，不为无因。盖将保管与支用之权，集中于该厅之手，而水利局长与工程处长，均为该厅之属员，焉能稍持异议。专就此点而言，该厅长对于治运专款，实已妨害其独立，而有浮支滥用之嫌。该厅长所以取消新案亩捐保管委员会之唯一理由，就在谓该会拒绝支付测量王家港之费用。自将所有专款，改为由建设厅保管与动支之后，予取予携，莫不如意。故该厅长自接任以来，除新案亩捐尚有拾壹万肆千余元存储于扬镇两处中交两行外，其余如王前任移交之贰拾伍万伍千余元，及自十九年三月起至二十年九月十一日止，共收入之伍拾贰万余元，共计柒拾柒万柒千余元之巨款，已用至柒拾陆万柒千余元。结至九月十一日止，所存者不过壹万零壹佰叁拾六元七角六分而已。

（二）水利局之组织与弊端

查治运机关，向为督办运河工程局，该局直隶于中央政府，而与省政府平行；督办会办之地位，均甚隆崇。自改为江北运河工程处后，该处处长仅能向水利局建议，绝无对外之权力；因该处直隶于水利局，水利局又直隶于建设厅，建设厅又直隶于省政府，故地位与权力均异常卑下。不特运河工程处，无指挥县政府及命令县人民之权力；即水利局本身，对于县政府与人民，亦不能直接指挥命令。同时与运河关系最切之各县县政府，不但不能命令水利局与运河工程处，并且不能指挥各段工务所。水利局与县政府文书来往，均用公函。双方如不得省政府命令，无论分工合作，皆不可能。一遇紧急之时，水利局因不能召集民夫，束手无策。县政府亦因无材料、经费，爰莫能援。直至本年七月三十一日江苏省政府始发见此弊，乃于第四二一次会议中，议决两项救济办法。一令江北沿运有关各县县长，会同水利局，督率民众，尽力保堤；一令建厅转饬水利局，会同各县县长，督率民众，共同保堤。此项决议案，显然为水利局与县政府不能通力合作之确证。再查水利局规模之大，用人之多，与积弊之深，洵堪惊异。本局之内，自局长、处长、总工程司、副工程司、佐理工程司、工务员、测绘员，以至课员、办事员，试用办事员等，共计七十一人。所辖江都段、高宝段、淮邳段三段工务所，自所长以至雇员各十一人，计三十三人。工务所之下，共分为十余汛，每汛自修守员、修守副员，以至队目、堡兵，少者十余人，多者三十余人。约计不下四百人。局内上级人员，其工作仅为文书、册籍、计划、考核，绝少参与运河工程之实际工作。至于下级人员，大都有名无实，甚至因袭从前积习，迄今未除。据建设厅长孙鸿哲，及水利局长茅以升面称：汛兵向恃屯垦为生活，并不支薪。自入民国以来，或盗卖所垦之田，或敲诈人民之产，甚至民间耕牛偶在堤上吃草，亦可私自罚金。至于每岁修防之费，大都彼辈分肥，上下相蒙，已非一日。据此则河工下级人员，不独害及堤工，并且灾及民众。无事时则营私舞弊，无所不为，有事时则疲癃残疾，无一足用。该局长对于河工人员，岂无监察考核奖惩黜陟之责。今知之而不予严惩，一若事不干己也者，纵不必诛其有纵兵殃民之心，亦当责其负姑息养奸之咎。又该局长在其二十年运河防汛工作简报中云：一再令知各段所长，转饬各汛，认真筑做，毋任偷减，事后查有丈尺不符，或做未合法之处，均经责令赔修。可见偷减与丈尺不符，及做未合法等舞弊情事，已为修防中公开之秘密，而为人民所共见共闻者矣。该局长所司何事？迄今不加惩治，谓非失职而何？又查水利局之职掌，大半为水利工程事项。而三段工务所所长，所习者皆为土木工程，并无一专习水利工程者，其于河工，素无相当经验。故对于出险时之抢险，及出险后之堵塞，皆束手无策。即此一端，亦可证明水利局长之用人不当矣。

（三）春修夏防之疏忽

查运河春修，原为防险之豫备，故积土积石积柴，为春修之最重要工程。此次查勘河堤，见高邮以下，积土全无。而宝应淮安一带，虽存有积土，然已多半供筑路之用，所余无几。而且此项积土，至少为五年前之物，因土中树木，高者二丈有余。由此可见水利局，今年虽开支伍万余元之春修费，然对于积土工程，则完全未做。故当七八两月河水陡涨，急于抢险之时，数百里长堤，同时缺土，麻袋蒲包亦同时告罄。贻误河工，实非浅鲜！至于夏防及抢险工作，由水利局自做者，不及十之三四，由各县县政府及二十五路军帮同筑做者，实超过大半。有水利局之蓝色图可证（附图二纸）。又据各县县长面称：淮安加子埝八十余里，仅用洋叁万余元。宝应加子埝亦数十里，仅用洋五千余元。淮阴高邮，为数尤少。而水利局这夏防费，竟开支叁拾万余元。数目相差，竟如是之巨。谓为吞没公款，固无确证；然谓为浪费公款，则真百口莫辩矣。当七月间，孙鸿哲到工视察时，民众团体以多备工料为请，孙厉声谓“此事我能负责”。及二次复到巡工，民众请谒，遂拒绝不见。此事高邮县商会陈主席言时，声泪俱下，自属可信。于此可见孙鸿哲之刚愎自用，于人民之建议，丝毫不纳。其疏忽堤防，在所多是，不仅春修夏防已也。

（四）出险前后河工人员之渎职

查本年八月二十五六两日，雨量之多，风力之大，实所罕见。八月一日间之雨量，为一零六公厘。而二十五日一日间之雨量，竟为一零二点三公厘；二十五日之风力为五点五。次日之风力为六点三。至于水位，却较民国十年为低。民国十年御马头水志之最高水位达一丈九尺八寸，本年最高水位达一丈九尺六寸。无如狂风急雨，相并而来，当此风狂浪急之一刹那间，自非人力所能抵抗。保堤抢险之工作，自是难于实施。然假使河工人员，于春修夏防之工程，认真筑做，则决口或不至如此之多。加以抢险之前，材料又无充分预备，以致临事仓猝，无所措施。人民迫于巨灾之余，以决口之责，完全归咎河工人员，虽稍涉苛刻，而事先材料不备，抢救不力，河工人员实不能诿过。且河工人员所司何事？讵能因预见风力水势之不可抵抗，竟擅离职守，逃避一空。兹查运堤决口，多在八月二十六日上午三时至六时。人民举发河工人员渎职书状中，有谓连日险象环生，茅以升、武同举、李仲强等不思设法抢护，各雇轮船，停泊西岸，日日升火待发。茅更趋避独早，二十四日见风浪大作，即托故乘轮先行。迨二十六日荷花塘等处出险，人民方鸣锣告警，河工人员均已不知去向云云。兹据调查所得，并证以水利局自开茅局长驻工日期表，明载该局长于八月二十五日回省报告，并于二十七日至三十日往宣宝山察勘太宝、常熟塘工。据此，该局长当堤防危急之际，纵有要公向省方报告，则专差电达均可，并无离防之必要。二十六日出险，该局长在省当接电知，何又不回防督率抢堵？若谓宝山海堤危急，须亲往视察，又何以在省耽搁两日之久，并出席科学社年会？于此纵不能证明其有心趋避，实可以证明其昧于先后缓急，措施失宜。至于江都段工务所所长邵福宸，与高宝段工务所所长李仲强，亦不先不后，均于堤决之次日（八月二十七日）连袂到省。置下河数百万人民之生命财产于不闻不问。其尤荒谬者，即李仲强在堤决之时，将该所所存公款及账册单据，一概遗失无余。详其呈报文中。以致经手十二万工款，究竟作何用途，迄无簿册可考。此宝可以证明其当出险之时，早已远离任所，不然何以并账册单据一概不能携带？而况李仲强等移在船上办公，早为民众所共晓，如此则其是否蓄意消灭收支单据，更有重大嫌疑矣。又查此次运堤决口，计大小二十七处，宽约八百丈，最小者约十余丈，最大者约一百六七十丈。河工人员对于最大决口，不但迄今未定堵塞计划，甚且迄今尚未实地测量。若问每一决口，宽度若干？深度若干？河工人员亦瞠目而不知所答。现在或将已涸出之口，略事填补，或将水势较浅之口，略加土袋。至于堵塞大口之计划与工作，则全未着手实施。最近江部段工务所所长邵福宸屡报堵口若干，核与事实，多不相符。文电往来，互相蒙蔽，固不独此一事为然也。向例淮水泛溢，开启双金闸，以利渲泄。本年八月间，该闸亦循例启放。乃驻闸监守员赵筱齐（即赵裕成）胆敢留底板四块不启，朦报开放完全，以致水流渲泄不畅。该段所长赵履祺，于此启闸大事，不亲临督工，已属荒谬。开启以后，又复不往履勘，经人民责问至再至三，始发觉实有四块底板未启。挽救不及，乃委其责于监守员，一若不关己事者。闻赵筱齐不启双金闸之原因，系受监河下游监商之贿。据淮阴县贺县长面称：此中系因陋规五十元未曾取到，故留四块不启。并谓此事赵所长亦不否认。其为受贿，抑或陋规，今姑不具论。该赵履祺身为所长，事前既不加督察，事后亦并不看管，任其逃逸，实有串同得贿之嫌。局方并未严追，亦属疑窦。此事亟应切实查究，并责令赵履祺交赵归案。

（五）决堤前后省政府之措施

当江北灾象已成，运堤未决之际，苏省府虽曾议决募赈，及防范办法，而于运河防险工程，实未加注意，尤于开坝保坝之争，迟疑不断。七月二十八日议决水位至一丈七尺三寸时，车逻坝启土分两次开放，先开一半，如水仍涨，再开一半。详考淮系年表，从无开半坝之说。县坝一经启口，无论口之广狭，不久必全部放水。只开半坝，实为事实所不许。又查水志自二十八日起，即已达一丈七尺四寸，因循延误，阅六日之久，达一丈八尺八寸，超出原定水志一尺五寸，始行启放，致泄水不畅。次日仍续涨一寸。比经茅以升电告危急，请准续开南新两坝，乃议决：南新两坝，于水势继涨不已，见为危急时，准予续开。细案先后两议决案，并无确定主张，力求诿卸责任。当此千钧一发之际，江北数百万民命财产所系，省府为一省最高行政机关，应如何审度轻重，权衡利害，确定开放与否之主张，令饬遵办。乃因循延误，卒至上下游均不能保，谓为疏忽，其将何辞？堤决以后，举上游河湖之水，齐向东流，倘不从远堵塞，不独运河水涸，而泰东兴监阜五县，将同为湖荡。省府仍不从速设法堵塞，乃组织所谓江北运河工程善后委员会者，迟至九日始开成立会。至今犹无施工消息。盖距决堤已二十有一日矣。在省府急于容纳旧日河工人员，藉以缓和民怨，考虑未始不周，然惟日周旋于新旧之间，而对于数百万灾民所切盼之堵口工程，迄今尚未实施，实属缓其所急，而重其所轻。又按，国府曾明令严惩水利负责人员，而省政府对于茅以升仅以撤职留任了事，其他负责人员，决未闻予以若何惩处？又安得谓平？安得谓当？综上所陈各节，江苏省政府于决堤前后，措施均有未当。建设厅厅长孙鸿哲、水利局局长茅以升、运河工程处处长武同举、高宝段工务所所长李仲强、江都段工务所所长邵福宸、淮邳段工务所所长赵履祺，及其他河工人员，均应负疏忽堤防之责。事证俱在，皆可复按。似此玩忽职务，致人民死伤如此之众，若不分别予以严惩，将何以肃官风而平民愤，伸国法而重堤防？奉令前因，理合具文呈报，伏候钧察，并祈转呈国民政府鉴核。谨呈。

附图两纸（略）

附一：

监察院呈国民政府文

二十年九月十七日

监察委员高一涵等调查江苏水灾报告转呈鉴核由，呈为转呈事：窃本院此次派员分赴各省调查水灾，业经呈报在案。兹据监察委员高一涵、参事洪兰友将查视江苏境内灾情状况，缮具报告书，呈请转呈前来。理合核同该原件，呈请钧府鉴核施行。谨呈。

附二：

国民政府文官处行监察院公函　第七七八一号

二十年九月十九日

函达国府常会决议江苏省治运短期公债条例转送中央政治会议及查办苏省负责水利人员一案由，径启者：国民政府第十二次常会，关于行政院呈据、江苏省政府呈送：治运短期公债条例及还本付息表，经院饬据财政部核复，认为基金尚属确实，条例间有未妥之处，亦经该部酌予修改，缮请鉴核，迅赐发交立法院，议定公布，俾便着手募集，藉济急需。又行政院蒋兼院长提案为：江苏省政府委员兼建设厅长孙鸿哲，应请撤职查办，遗缺拟以沈百先继任。除补提下次国务会议外，请先予明令任免。又贵院呈报派员查视江苏境内水灾状况，暨水利负责人员失职情形，检同报告书，转请鉴核施行各一案。讨论时佥以运堤溃决多处，堵筑之需甚巨，苏省政府请发治运公债五百万元，自属切要。应准予转送中央政治会议核饬办理。惟江北运河，居淮沂泗下游，淮河挟豫皖，水势奔腾直注，益以飓风猝发，沂泗同时暴涨，裹运河东西堤溃决，遂致不可收拾。苏省政府当灾歉之余，以一省之力，膺此艰巨，自见竭蹶。所议筹发之公债五百万元，推销需时，折损亦巨，决口待塞，情形紧急，万不能停工候款。现在溃决各处，其堵筑救险工事，应视同急赈，与寻常一地方之水利工程有别。苏省政府既另呈本府，请于核准发行公债五百万元以前，先行借垫工款三四万元，自应由救济水灾委员会提前拨发现款一百万元，协同苏省政府举行工赈，于最短期间内完成堵修救险紧急工程。至关于监察院所请处分渎职人员，及革除积弊各节，并应分别情形，予以适当处置。即（甲）其因年久积弊，事实上不易一时改革，及由制度不良而发生之危险错误等，不必过责当局人员。（乙）其因本人舞弊懈怠无能等而生之危险舞弊者，应负刑法上之责任。懈怠者应受行政处分。无能者其责任在用人之人，除本人革职外，以后须注意不再用无能之人。综上各项，讨论结果，当经并案决议：治运公债五百万元案，送中央政治会议。临时救急办法及救急经费，应令江苏省政府负责妥筹办理，一面训令救济水灾委员会提前拨现款一百万元，协同江苏省政府，迅速办理运河堵修救险等项紧急工程，以工代赈。堵救工程，务于最短期间完成。江苏省政府委员兼建设厅长孙鸿哲撤职查办，遗缺调沈百先继任。水利局长处长所长以次失职人员，交行政院转饬查明，情节轻重，分别议处在案。除已由政府训令行政院，暨救济水灾委员会分别遵照办理，并指令贵院知照，另将治运公债条例及附表转送中央政治会议外。相应录案函达查照。

附三：

国民政府行监察院指令　第二八四五号

二十年九月十九日

据呈监委高一涵等报告查视江苏水灾状况及请惩处负责水利人员一案经决议分别处办由，呈件均悉。案经本府第十二次常会决议，江苏省政府委员兼建设厅长孙鸿哲撤职查办，遗缺调沈百先继任。水利局长处长所长以次失职人员，交行政院转饬查明，情节轻重，分别议处在案。除令行政院转行饬遵外，仰即知照。此令。

（《监察院公报》第六期）

江苏省江南塘工查复报告书

（与参事洪兰友一道查复　二十年十月十四日）

为呈复事：案奉训令第二零五号派赴江苏省调查水灾情形等因。又奉训令第二一五六号，转令查明凡负有地方及水利责任之官吏，忽略堤防之修治，及水道之疏通者，予以严惩等因。奉此，遵即于九月二日前往江苏各县实地调查。除业将关于水灾情形及救济事宜，先后函电呈报钧座，并将关于江北堤工失职人员，忽略堤防之处分，呈请转呈国民政府在案外，谨再将关于江南塘工状况，呈报如下：

查江苏省建设厅两年以来，对于江北堤工固甚忽略，而对于江南塘工，其忽略之程度，恐较堤工为尤甚。即以修防经费一项而论，治运尚有专款数十万，而治塘经费则为数较少。故宝山太仓一带塘工，除设有江南塘工事务所，定有经常费外，其余如修防抢险之经费，往往临时筹拨，故塘工失修，已非一日。至八月二十五日宝山县险要各段，一遭狂风巨浪之摧残，桩木既剥削无遗，土方亦坍去十之七八。太仓一带，危险尤甚。据江南塘工事务所八月二十六日调查报告，内称：宝山一县塘工出险工段，共有一千余丈，桩木冲断数千根，土石崩溃无算。其他各工段虽被冲坏，尚未发生危险者，亦有数千丈，云云。据此，则塘工之年久失修，已为不可掩饰之事实。故每遇急风暴雨，即摧枯拉朽之不若，缺口坍坎随处皆是。再查江南塘工事务所所长薛兆枢，不特在未出险之前，未能先事预防；即在既出险之后，亦多敷衍塞责。据该所长于九月间呈报省厅，称：该塘出险后，每日雇工分头工作，现抢险工程已告成十分之八云云。然据宝山县护塘委员会调查抢险工程，尚未及半，且多草率从事。与该所长所呈报者，大为不符。又据宝山县致该所公函，称：案据第五区区长浦维润箇代电称，职于箇日（即九月二十一日）驰赴陈华浜调查该处迄未兴工。旋至顾隆墩察勘，工程进行异常滞迟。且薛家滩段所打木桩，深掘地洞，敷衍了事。即如木料均用丈五个，殊嫌细弱，不足以资防御，云云。据此，则该所长这朦报事实，贻误工程，实属证据确凿矣。九月二十九日，即废历八月十八日潮汛最大，吴淞水志达三十五尺，宝太一带塘工所，幸未大出险者，因无风浪耳。设者政府再不另筹岁修经费，改委负责人员，认真修筑，恐宝太淞沪一带，将成高邮兴化第二矣。该所长如此玩忽职务，若不予以惩戒，将何以伸国法而重堤防。奉令前因，理合具文呈报，伏候钧察，并祈转呈国民政府鉴核。谨呈。

附宝山县塘工抢险摘抄卷一册（略）

附二十五路军抢险筑堤成绩报告书一件及工作一览一册（略）

（《监察院公报》第六期）

水灾救护工作应行奖惩之公务员查复报告书

（与参事洪兰友共同查复　二十年十月十七日）

呈为呈报事：窃职等于九月上旬，奉派查察苏省水灾所有各地灾况，节经具报在案。江北运河一段，查有讨逆军第二十五路梁总指挥冠英，领率部队，沿运河各地，抢险救灾，筑堤堵口，颇著劳绩。计其工作有防患于未然者，有救济于事后者，谨撮其要，呈候钧察。查该军于八月上旬，见河水陡涨，即将淮阴东门外及域西一带河堤，全部修筑，加高堤身，以防溃决。并在马头镇抢堵第一第二两闸决口。俾淮阴淮安沿河北岸村落，赖以保全。八月下旬高邮邵伯河堤决口时，该军抢堵甚力。出险以后，复又竭力救济难民。瓜州西南河堤溃决一段，经该军抢修三日告成。其在泗阳宿迁等处，亦颇有抢险筑堤之成绩。该军本军民一体之旨，协助民众，临事奋勇，良足称道。谨将该军所记对于运河抢险筑堤工作情形，及摄影各一册，呈送钧座鉴察！并乞转呈国民政府，予以嘉奖，用彰劳绩。谨呈。

附一：

监察院呈国民政府文

二十年十月二十二日

据监委高一涵等续呈调查江南塘工案暨梁冠英抢护运河案转呈鉴核由

呈为转呈事：查本院监察委员高一涵、参事洪兰友，前奉派调查江苏全省水灾，所具报告，业经本院转呈；并于九月二十二日奉钧府指令在案。兹续据该委员等报告，调查江南塘工状况，暨讨逆军第二十五路总指挥梁冠英率队筑堤堵口各成绩，祈转呈请予嘉奖等情。据此，理合缮折，检同各附件，呈请钧府鉴核施行。谨呈。

附抄呈高一涵等呈二件（略）

附呈宝山县政府塘工抢险摘钞卷一册（略）

“讨逆军”第二十五路对于运河抢险筑堤之工作情形摄影一览各一册（略）

附二：

国民政府行监察院指令

二十年十月二日

呈据监察委员高一涵等续呈调查江南塘工情形并将玩忽职务之所长拟请惩戒抢险救灾之梁总指挥冠英拟请奖励等情检陈附件转请鉴核施行由，呈件均悉，转陈江南塘工事务所所长薛兆枢玩忽职务，请予惩戒；“讨逆军”第二十五路总指挥梁冠英，督率部队，抢护各险工，筑堤堵口，成绩昭著，请予奖励各等情。业经提出本府第十七次常会决议，薛兆枢停职查办，梁冠英明令嘉奖，业经分别令办在案。仰即知照。此令。件分别存缴。

附三：

高委员一涵等报告行抵淮阴之鱼电

二十年九月六日

监察院于院长钧鉴：涵等昨经邵高宝淮一带，于本晚行抵淮阴。事毕转往下河各县查勘。谨电奉闻。涵友叩鱼。

附四：

高委员一涵等行抵泰州报告灾情之青电

二十年九月九日

院长钧鉴：鱼电计达。沿运一带灾情，以高邵两地为最重，赈粮时有断绝之虞，曾代电向各方告急，乞公再令主赈机关从速救济。昨溯斜丰港北上，沿江百里，田舍均遭淹没，灾民待赈孔急，为状尤惨。此间一片汪洋，河道不办，行抵老阁，小轮迭遭险阻，不得已转由下河东行，于本日行刻抵泰县。拟即往东台一带查察。谨电奉闻。涵友叩青。

附五：

监察致救济水灾委员公函

第一七四号

二十年九月十日

转高一涵洪兰友青电一件，函请查照办理见复由。径启者：奉院长交下本院查灾委员高一涵洪兰友青电一件，奉批：交救济水灾委员会查照办理等因。奉此，相应抄件函请查照办理，见复为荷。

计抄送原电一件（略）

（《监察院公报》第六期）

江苏各县监狱警政自治田赋等情形视察报告

（1933年）

监察院监察委员高一涵氏，奉派视察江苏。经于七月九日前来本省各县实地视察，迄八月十九日回京，除将关于江北运河及江南塘工危急情形另文呈复，关于各县烟赌娼等弊政另文密呈，暨关于各县公务人员违法失职查有实据者，分别另案弹劾外，已将关于监狱、警政、自治、田赋等情形制定报告书呈报监察院，并转呈中政会，并已由中政会转送行政院交由司法部、行政部、内政部及江苏省政府办理。高氏对于本省各项情形，视察极为详尽。其列举应行挽救各点，尤中肯要，兹承函送报告书原文，特为披露于下，以供参考。

一、监狱情形

监所拥挤。查各地监狱及看守所，如镇江、无锡、高邮、宝山、淮安等县，屋宇陈旧，房间过少，光线空气，均感不足。总计吴县等处十七监所，平均约超过定额一倍（见附呈各县监所超过容额人数表）；而吴县之江苏第三分监，及高等法院看守所，现押人犯竟超过容额两倍；故各监所房屋，每间仅能容四人者，今竟住至七八人之多，或仅容八人者，竟住至十五六人之多，天气炎热，类多露宿院中，仰卧湿地，饮露餐风，既无秩序，复碍卫生。至于医房浴室，大都空有其名，事实上一无设备，而教诲做工亦仅少数监狱实行，多数则概未举办。查监狱之设，原以禁锢犯人之身体，并非用以戕贼犯人之生命，今观监所，几如地狱，法律上所予之痛苦颇轻，而事实上所予之痛苦极重，无论就法律言，就人道言，均不禁为犯人呼冤，然改建新监，在镇江、高邮等县，亦曾有此计划，惟省政府及高等法院均未拨款，而仅责令各县县长自行筹募，以致年复一年，无从着手。窃维国家建设经费，应比例平均，似不应偏重某项，致其余各项事业，一律停止进行，应请中央速令司法行政部筹定的款，专为建筑新监或修补旧监之用，以解监犯之倒悬。

办案迟缓。查各地监所，往往有人犯押至数年之久，而从未加以审讯，或虽加审讯，而未予以判决者，如淮安县看守所之未决犯中，有十七年入所者八名，十八年入所者四名，十九年入所者十名，二十年入所者三十名，二十一年入所者七十七名，经过四五年之久，尚未判决确定诚属骇人听闻；又如吴县江苏高等法院看守所上诉第三审案中，有包礼文一名，于十五年上诉北京大理院，北伐后，因大理院终止行使职权，至今七年之久，竟无人过问，此外上诉时间经过五年两个月而未判决者一人，经过四年十个月而未判决者三人，经过四年九个月而未判决者二人，经过三年五个月而未判决者一人，经过二年而未判决者一人，其余经过一年以上而未判决者计四十七人（见附呈江苏高等法院看守所造送上诉第三审花名册）。查《刑事诉讼法》第七十三条，对于羁押被告之侦查审判期间，早有严格规定，今羁押人犯至四五年之久，延不判决，殊与法令相抵触。至于上诉之案，由犯人自行提起者，原冀或可减轻，今迟延至数年之久，则不但不能减轻，反往往延长在监时期，而使之加重，致有刑期已满而尚监禁狱中以待上诉案之判决者。查上述第三审案所以迟缓者，原因在最高法院庭少案多，最高法院原有民刑正式庭各四，临时庭二，现改为民事五庭，刑事七庭，每庭庭长一人，推事四人。本年六月份刑庭推事每人最少结十八案，最多结二十九案，共计是月总结五百零四案，因全国上诉案件过多，而结案如此之少，则积压旧案，当然日益增多，故普通上诉案，多非经过二年不能判决，今欲使上诉第三审案，迅速判决，非再行扩张最高法院刑事法庭，势难办到。再查各地羁押较久而判决者，类多为盗匪犯，盗匪案多由军事机关移送而来，法官对于此类既无原告亦无确证之嫌疑犯，侦察审判，均感困难，被害之家，既不愿或不敢出入法庭而与盗匪对质，而盗匪自身又百般狡赖，不易招供，故起诉判罪，既无证据可凭，交保释放，又恐纵匪为患，援罪疑惟轻之例，则恐不能稍息盗匪之风，援治乱世者用重典之例则又恐造成冤狱，而令无辜者受累，事出两难，故不得已只有押而不讯、讯而不判之诿过办法，于是各县看守所中，多年未决之盗匪犯，遂因而日增。再查各地法院推事月结案件，虽例定为二十六案，然考其实，则月结五十案者居多，甚至有结至六七十案者，办案过缓，则押所有人满之患，办案过速，则审理又有潦草之嫌，凡此种种困难情形，似皆中央所应慎思熟虑而设法挽救者也。

各县司法弊端。查本年司法行政部对于法官办案迟延，曾有纠正之明令，令法官在未开庭前，须有充分之准备，在开庭时尤须相机审问。今查各地法官，因审理不得其法，再三开庭，法院多开庭一次，则诉讼当事人即须多留住城内一周，法警下乡多传讯一次，则诉讼当事人即须多破费一次，故人民因涉讼而倾家者，几于习见不鲜。又法庭中所用之书记官，多无经验，往往在审讯完了时，即以白纸一张，令被审讯者签名或画押于纸尾，退庭之后，始追记两造口供，错误与否，被审讯者往往无法过问。再查有少数县政府，往往不卖状纸，人民告状，即以状稿交收发处，而由收发代抄，藉以图若干钱一百字之收入，谓为调剂收发，如淮安县司法，即有上述等弊，此亦应请中央令饬司法行政部严令纠正者也。

（二）警政情形

查各县警政，内容腐败者居多，考其通弊，约有数端：（一）薪饷其微，不足维持警士之生活。（二）缺少训练，不知行使警士之职权。（三）以本县人为本县警士故多偏重情面，尊重势力，而不能守法奉公。（四）分驻所散处乡镇，县政府监察不周，时有敲诈乡民之事。查各县警饷，类多月仅六七元，甚或不能按月发给，除支伙食，所余无多，而烟赌娼之查禁，又为公安局之职掌，故不良警士，其包庇烟赌娼也，固可藉以自肥，即查搜烟赌娼，亦可藉以敲诈。至于缺乏训练之结果，站岗时概无一定纪律，或坐店门谈天，或倚电柱打盹，或见行人殴斗，袖手旁观，而不知其自身职司何事。再因警士一为土著，则违法徇情，势所难免，而分驻乡镇者，因人数无多，又往往维持治安则不足，为害乡镇则有余。至于江苏各处之水上公安，或有欠饷积至年余者，政府既无以维持其生活，又将何以责其清廉？如欲设法整顿，似宜增高其待遇，统一其训练，名额不必过多，驻所不必滥设，此中央所应特别注意，而严令该省限期整顿者也。

（三）自治情形

训政时期之要政，首在促成各县之自治，查江苏各县之自治机关，均先后筹备成立，但多数县份，自治机关仅到区公所为止，区以下之乡镇公所，多未设立完备，即呈报设立，亦不过为纸上之空文，即就区论，大概只有行政费而无事业费者居多。惟因事业费无着，故区公所之一切事业，不能举办，而区长唯一职务，仅在传达县政府之公文书而已。间有不肖区长，勾结地方土劣，藉机关之权力，以图私人之利益者，所到之处，亦微有所闻。在自治建设之初，即令人民感到只享受自治之累，而不能享受自治分毫之利，则自治前途，何堪设想？查自治法规定下级自治机关任务，未免过于周密，事实上欲推行无阻，殊感困难，人民之程度过低，实为自治事业之障碍，中央似应根据人民之教育经济等程度，以为次第实施自治政策之方针，若欲在最近期间，令下级自治机关，依法一律成立，则县政府惟有设词虚报，以蒙蔽中央而已。中央此时似应切实考虑，根据实际情形，另定自治政策之方针，对于法律及事实双方，务须统筹兼顾，若欲于最近一二年内，强令各县下级自治一律完成，以符法令，则适足演成虚伪政治，此亦中央所应深思熟虑，早定方针者也。

（四）田赋情形

查江苏田赋，江南江北迥然不同，江南地较肥美，故正税颇重，江北地多硗确，故正税较轻，因此江南之田赋附加税，不过超过正税二三倍，而江北则多数超过八倍或十倍，甚至于有超过十五六倍者，故江北如高邮、宝应、淮安各县，每开县行政会议，人民方面，多提议要求减轻附加。惟人民之利益，与公家之事业，必须兼顾。各县附税，其额虽多，然皆确定用途，量出为入，设依行政院最近整理田赋办法，使各县附税，不得超过正税一倍，则不惟江北各县，拟难实行，即江南各县，亦势难办到。如欲照办，则恐地方事业，将一律破坏无余，且减税若不与减租并行，亦只能使地主及自耕农稍得利益，至于佃农，则仍不能少沾国家减税之恩惠，故为农民利益计，中央如能严厉宣布，此后在三年或五年之内，各省不得再行增加田亩附捐，更不得临时照田亩摊派捐款，及负担保安队或军队等给养，则即不减税，而民心亦可稍安。今日人民所痛苦者，不在合法之赋税，而在非法之摊捐，赋税之额有定，而摊派之数无穷，故中央如顾念民穷财尽，似不应仅注意于减税之一途，而其害更千百倍于赋税者，例如军队征发车辆、驴马、柴草、米粮，及县政府之强制摊捐等类，尤应严行禁止。万一在禁止后，犹有此类事项发生，应准被害人民，开单呈报中央政府，要求中央政府严令各省如数赔偿，方可稍苏民困，即以减税论，土地如何丈量，地价如何估定，正税税额如何厘定，皆为减税之先决问题。不然而言减税，则田赋不均之弊，依然未除，似非公平办法，此亦中央所应深思熟虑者也。

（《江苏月报》1933 年 1 月专载）

宪法上监察权的问题

（1933年4月10日）

监察制度本是中国特有的制度，将各国议会中关于监督行政权的一部分划分出来，另外设立一个独立的机关来行使，也是将来的中国宪法的一个重要的特点。二十年六月一日所公布的《中华民国训政时期约法》，仅在第七十一条中规定五院的名称，对于各院的基本组织及职权并没有一个字提及，一概委诸普通法律（第七十七条：国民政府及各院部会之组织以法律定之）。如是重大的五权分立制度，不在国家的根本法上规定基本原则，乃将各院与各部会一同看待，让普通法去自由规定，根本上就失掉“五权宪法”的重要意义。凡在三权分立的国家，没有一国的宪法上不把行政、立法、司法各部的基本组织及职权详细的一一规定。三权分立在各先进国有成例可考，新兴国家的宪法尚且规定得详详细细，至于五权分立，乃是中国特创的制度，中国历史上的成规既不能一一采用，而世界各国的宪法又没有这样制度可供我们的参考，如宪法上对于五权的基本组织及职权不作详明的规定，不但在理论上失去五权宪法的意义，并且在事实上助长五院制度的纠纷。故监察权应当在宪法上规定基本原则，似乎是毫无疑义的。

监察权既然必须要在宪法上规定，就要首先决定监察权的内容。监察权的内容是什么？是各国议会中所行的弹劾权（Impeachment）呢？或是中国历史上固有的监察权呢？按照现行法律解释，《国民政府组织法》第八章第四十六条：“监察院为国民政府最高监察机关，依法行使弹劾、审计之职权。”则监察权中，除审计外，只有弹劾一个职权。这个弹劾权，如照各国议会的通例解释，就是议会对于总统、国务员或其他官吏的犯罪，得向宪法上指定的有审判弹劾案权限的机关提起诉讼，请他审理和处罚的权力。照这样解释，那么，监察院仅仅为事后的监察机关，绝对不能行使事前监察的权力。在公务员的犯罪未成事实之前，监察院只能袖手旁观，不得过问，必得要等到犯罪的事实已经演成之后，才得施行事后惩戒的弹劾权。这是监察权只是弹劾权的解释的结论。

如果说今日监察院所行使的职权，就是中国从秦汉以来御史的监察权，那么，监察权的解释便不能这样的狭义。因为中国的御史权力非常大，就在前清的都察院也有下列的几种特权：（一）建议政事权；（二）弹劾权；（三）监察行政权；（四）考察官吏权；（五）会谳重案权；（六）辩明冤枉权；（七）检查会计权；（八）封驳诏书权；（九）注销案卷权；（十）监察礼仪权。（参看拙著《中国御史制度的沿革》第四章）故从前都察院的监察权，打破普通的行政系统，无论是对于上级官厅，或对于下级官厅，更无论是对于中央官厅，或对于地方官厅，皆一律可以行使。不但可以监察法律范围以内的事件，并且可以监察道德范围以内的事件；不但可以监察百官违反法令及妨害公益的行为，并且可以监察官吏个人的私德私行；不但可以监察在职的官吏，并且可以监察退职的官吏与非官吏的恶霸土豪；不但可以弹劾那证据确凿的犯罪行为，并且可以弹劾那风闻传说未得确证的嫌疑行为；不但可以弹劾犯罪于已成事实之后，并且可以弹劾犯罪于将成事实之前。都察院的监察权所以这样的广大，实为中国固有的特殊的三权分立制所酿成。所谓中国的三权分立，就是指那明朝的“中书总政事，都督掌军旅，御史掌纠察”的政权、军权、察权的三权鼎立的制度。现在在五权制度之下，有许多职权都有独立的机关专掌，例如考察官吏权中的京察、大计之类，属于铨叙考绩，已由考试院专掌；会谳重案权与辩明冤枉权，已由法院专掌；建议政事权亦将由民选代表的机关专掌；监察行使权与注销案卷权，亦有行政各部分别专掌。在今日五院制度下，监察院当然用不着行使这样庞大的权力，这也是一般人所共同承认的。

但是监察权虽然不能依照历史上的成规扩张到极大的限度，可是依照现行的法律，又未免把监察权缩得过小。现在的监察权，终始只是一个弹劾权，监察院对于公务员，除弹劾外，一无所知，一无所能。在这个地方，并不是主张监察院在弹劾权外，还要有完全的监督行政权；只主张监察院除弹劾权外，应该还要有知道各行政官署施政的状况、任免人员的经过与考核人员的成绩等等的机会。现在各官署施政的状况、任免人员的经过与夫考核人员的成绩，通同不向监察院报告，监察院对于某一官署的公务人员，不但不知道他的履历、他的施政与他的成绩，并且不知道他的姓名。即近在咫尺的行政院各部会，他们的任免人员，监察院不知道；他们所考核的人员的成绩，监察院不知道；他们终年做些什么事，监察院也不知道。若谓在平时完全不必要知道各官署公务人员的资格、经验与成绩，而一到他们违法失职的时候，即能不告而知，天地间宁有此理？故监察院对于全国的公务人员，天天在监察之中，即天天在监不能监、察不能察之中。若单靠人民举发，则又与设立监察院之原意显有违背。因为平时的监察是临时弹劾的前因，而临时弹劾是平时监察的后果。如果各官署对于监察院完全隔绝，而监察院对于各官署的用人行政完全不闻不问，则监察权之行使自难周密了。

如果说按照现行的法律，监察院的监察权完全以弹劾权为限，换句话说，完全以事后监督为限，那么，各官署的公务人员在未违法失职以前，监察院当然概不得过问了。但是在现行的法律中，也有例外，就是每次举行文官考试（无论是高等的或普通的，更无论是中央的或各省的），依法要由监察院指派监察委员监试，而公债基金的保管，依法要由监察院指定监察委员监察。由此可见，即在现行法律中，也没有把监察院完全看作事后监督的机关，有几种特殊事项，也许监察院在未曾违法或失职以前即施行事前的监督。既然允许监察院有事先监督权，那么，再把这事先监督权稍微扩大一点，也不见得就是完全有害无利了。况法律上如果只教各官署将施政的状况、任免人员的经过与考核人员的成绩等等向监察院报告，使监察院明了一切公务人员在职的情状，那么，监察院的监察自然要比较的周密得多了。关于这一点，似乎是将来规定监察权的内容时应该补充的。

此外还有关于弹劾案的审判机关问题，也与监察权有密切的关系，不能不特别注意。按照现行的法律，弹劾案的审判机关支离破碎，分而为四：

（一）被弹劾人为国民政府委员者，送中央党部监察委员会；

（二）被弹劾人为前款以外之政务官者，送国民政府；

（三）被弹劾人为荐任职以上及为中央各官署委任职者，送中央公务员惩戒委员会；

（四）被弹劾人为地方各官署委任职者，送各该省地方公务员惩戒委员会。（以上均见《公务员惩戒委员会组织法》及《公务员惩戒法》）

本来，“弹劾权与审判权应否归在一个机关”这个问题，很有详细讨论的价值。现行的法律是采取弹劾权与审判权分立主义的，根据《国民政府组织法》，弹劾权属于监察院（第四十六条），审判权属于司法院（第三十六条），这个原则，在五权分立的制度下，当然有存在的理由，就是凡是弹劾权一概归诸监察院，凡是审判权一概归诸司法院，是最合乎分权原理的。现行法律如果彻底的遵守这个原则，当然有相当的理由，可是《公务员惩戒法》便首先与这个原则相冲突。所谓审判权属于司法院的只有一个中央公务员惩戒委员会，换句话说，只在政务官以外之荐任职以上人员及中央各官署之委任职人员被弹劾时，才送由这个直隶于司法院的中央公务员惩戒委员会审判，至于在地方各官署委任职人员被弹劾时，却送由那个间接隶属于司法院的地方公务员惩戒委员会审判。至于被弹劾人为国民政府委员时，送由中央党部监察委员会审判，也还说得过去，因为在训政时期，中央党部代行国民大会的职权，国民政府委员被弹劾，送由国民代表审判，就是不属于司法院，也很名正言顺的。我们所最不解的，就是在国民政府委员以外的政务官被弹劾时，何以审判权不在这个为最高审判机关的司法院，却在这个不司审判专责的国民政府——这个规定，无异将审判权属于司法院的一个原则根本取消了。故现行的法律只可说是将弹劾权与审判权完全划开，并没有严格的采用“凡是审判权一概归诸司法院”这个原则。

现行的法律，既然不采用“凡是审判权一概归诸司法院”这个原则，那么，“弹劾案的审判权究竟以属于什么机关为最相宜”这个问题，当然可以讨论了。查欧洲有许多国家（如法国和普鲁士等）都在普通法院以外另设一种行政裁判所去专管行政诉讼。凡属行政诉讼，一概不许普通法院受理，只由特别设立的行政裁判所受理。他们的理由就是以为行政上的裁判要有行政上的知识与经验，这并不是普通法院所能胜任的。近来采用行政裁判所制度的国家，成绩都很有进步，向日非难这个制度或怀疑这个制度的学者多改变他们的态度，甚至于转而赞成这个制度。因为行政诉讼固不宜归普通法院审判，尤不宜归行政官厅审判，折衷的适当办法，就是特设一个行政裁判所审判。我个人的见解，以为审理弹劾案的审判机关，也应该在普通司法机关及普通行政机关而外，另设一个审判机关。故既不赞成将审判权归于司法院的主张，又不赞成将审判权归于国民政府的主张。就是现行法律也顾虑到这一点，故中央及地方公务员惩戒委员会的委员，皆在法官之外加以具有行政经验之专任委员，这就是认定审理弹劾案与法院的普通审理不同，不专靠法律的知识与经验，还要靠行政的知识与经验。由此可见，弹劾案的审判为特种审判，并不是普通审判，如军事的审判另由军事法庭掌理而不由普通法院掌理为同样的理由。我们既然认定弹劾案的审判与普通审判性质不同，那么，弹劾案的审判机关便没有一定要隶属在司法院之下的理由了。可是弹劾案的审判机关固然没有一定要隶属于司法院之下的理由，同时也没有一定要隶属于普通行政机关的理由。因为以行政机关来审判那些关于行政机关的案件，无异教被告的人自己审判自己。然则弹劾案的审判权究竟以属于什么机关为最相宜呢？我的答案就是，以属于监察院为比较的相宜。

何以说弹劾案的审判权以属于监察院为比较的相宜呢？理由是一事权而专责成。监察院是为专门监督行政官吏而设立的机关，他的唯一的职责就在监察一切官吏的行为。如果只教监察院司弹劾，不教他司审判，便是半弹劾。若以为弹劾与审判同归在一个机关，审判恐有不公不平的弊病，试问普通法院将检察与审判合在一处，果有不公不平的弊病吗？所谓弹劾权与审判权通同放在监察院，并不是说通同要放监察院的监察委员手中，自己弹劾，自己审判，仍然要组织一个与监察委员对立的审判机关，与现今的公务员惩戒委员会组织相同，也与普通法院的检察官与推事关系相同。这样一来，监察权才可以称为真正的独立，弹劾权才可以称为整个的弹劾权，而审判的机关也不像现在那样的支离破碎。这也是关于监察权本身的一个重要问题。

（原载 1933 年《东方杂志》第 30 卷第 7 号）

湘鄂灾情呈文

（1935 年 7 月 7 日）

院长钧鉴：前月赴湘察视，曾将行期电呈察阅。兹于六日返鄂，临行时亦曾电京报告。湘鄂水灾，势难幸免。赴湘时，系搭船前去，自汉口到新堤一带，大堤虽水溃裂，然沿江所筑之小堤，工既不坚，堤顶亦较低窄，大抵十破八九。惟此类小堤内，仅种杂粮，损失尚不甚巨。一入洞庭湖口，则见两岸低田，尽成湖泽，仅见农村屋顶及堤边绿树，飘荡于水面而已。而沿湖数百里，如湘阴、安乡、南县，地本低下，又兼港汊最多，闻有多数堤身，业经崩溃，即不崩溃，而久雨不晴，而堤内之水，无法疏通，亦将田禾淹没。其他高田，又被山洪所冲，禾苗半槁。计刻下报灾者，已达十四县之多。六日乘车返鄂，沿途水势，亦与湖边相等。除一线铁路轨道外，两旁皆成湖沼。湖北境内，如蒲圻等县，地势稍高，水随退去，而禾苗之曾被淹没者，大都死去，灾象亦已完成。今日见江水尚在继续增涨，监利等县已超过二十年水位至一尺之高。而汉口水位，本日已达四十八尺，岸高五十四尺，相差五六尺耳，距二十年最高水位五十三尺半，尚差五尺半。午后又复阴雨，水势恐只有加无降，若再续涨三四尺，则所有江堤，势必尽溃。刻下关于水利方面人员，俱已注意防范，前途如何，尚难预料。本署派出履勘人员，已有数起，水势如再不退，当继续为之，以期补救于万一。每闻雨声，心如刀割，草草呈报，不能具详。

高一涵呈

（《监察院公报》第三十七期）

高监察使报告勘查湘鄂水灾元代电

(1935 年)

监察院院长于钧鉴：水利堤工关系民生至巨，本署成立之始，适值夏汛水涨时期，对各地防险事宜，即予以极端之重视。计六月中旬以后，阴雨连绵，江汉湘沣诸水，同时逐日增涨，凡属有堤区域，大都险象纷呈。一涵目击心忧，爰即一面亲自择要巡视，并派员分往调查，一面迭用口头及正式文书，唤起各主管机关之注意。兹将经过情形，缕陈如下。(一）六月二十二三等日，阅悉报载湖北武丰堤发见裂痕消息，比即于二十四日，派本署调查科科长安梦周前往查勘。旋据呈复，略称，该堤为大江南岸之干堤，其最险要之一段，名为荒五里，该段堤身系于民国二十年溃决后所新建，至今堤内贴近之地，尚留有当年决口时为水冲成之广大水塘，而适于是处发觉裂痕四所，大者长约二丈，宽近一尺，深有尺许，细察地形，似系因堤土向下陷落所致等语。当以该段堤身既系最关险要，则发见裂痕之处，自须格外注意预防，俾免发生危险，经函湖北建设厅请其派员查勘办理。嗣准该厅函复，谓该堤段系归江汉工程局管辖经修，并已由厅饬据省会防水委员会呈复，正在派队翻修筑实。其后一涵于七月九日，亲自率同安科长巡视武惠堤时，行经武丰堤，特到该段复勘，见前次发见裂痕之处，已由江汉工程局派人修补，而水塘一带，堤脚亦正做打桩工程，并有工程司一名在场监督指示。比经告以堤工重要，谆嘱在场诸人务须加紧切实办理。（二）七月二日，探悉汉口方面之汉成垸，业经崩溃，即派本署科员喻正权驰往调查。旋据呈复略称，该垸面积有数十万亩，其堤系本年所新筑，由湖北省政府向全国经济委员会借拨经费，支配该垸十八万元，组织委员会办理其事，工程未竣，洪水已来，加以高度不足，工料欠坚，虽据会中人员声称，系因经费不裕，工作多感困难，以致未能如期修竣，但究属未免疏虞，至该垸全部淹没之后，因垸内多系荒地，且居民亦属无多，故损失尚不甚大，不过工程上所费巨款，未免虚掷等语。观此情形，是该垸之前功尽弃，固不能谓其非有经费上之困难，但其规划实施，究似亦不无疏忽之处也。（三）七月七日，武汉各地又复大雨如注，长江水位更高；八日，江汉关水志已达四十八尺，知大江南岸重要干堤之武惠堤形势甚为严重，爰于九日，亲自率同本署安科长，及武昌县政府第三科科长前往巡视，并邀同已在工次之武昌县县长杨适生，及帮同抢险之营长薛典谟，自武昌青山镇起，至鄂城县西之白浒山止，逐段详加复勘，见该堤身极不坚固，土质颇松，而武惠、永保两闸又复漏水，武惠闸之石闸内面，已发见三四寸许之裂痕，其靠江一面，堵闭门之泥土下陷丈余，情势异常危急。此外自永保闸至武惠闸之间，又发见堤身漏水者数处，而靠近武惠闸东边，有一段堤身甚为弯曲，如有西南北三方风浪，均可有堤身冲断之虞，当即面商杨县长，迅予一面帮宽堤身，一面加高堤埝，并令堆积麻袋五尺，以资捍御波涛。晚间勘毕回署，又谆嘱杨县长等务须特别加紧抢救，日夜不休，并嘱将办理情形，随时报告。十日，接杨县长报告继续抢救情形，并称，经费材料均极缺乏，应付甚感困难。当以抢险最须急速，该堤关系重大，又已险象环生，自应即将该项抢险工程，及关于经费材料等事，迅予注意办理，即经函达湖北省政府查核施行，免有延误。嗣准函复略谓，关于该堤抢险经费，及材料一案，曾迭令江汉工程局遵照办理，兹复电催该局克日遵办云云。现在该堤情势，仍在日见危急之中，本署亦正在加工督察。（四）七月八日，据报新堤有险，当以新堤为湖北大堤，即经函请湖北建设厅查照注意。嗣准函复，谓已案呈省府，令饬江汉工程局严查核办，并转饬该管工务所竭力抢护，云云。（五）湖南方面，一涵于六月三十日前往巡视，时沿河及滨湖各县，多系早遭大水，灾象已成，经于往返途中，亲加察看，并切实商请省府严行督属查明，已成灾者，务须设法救济；未成灾者，尤须极力防护，须使其勿再成灾，一面并由本署另行派员择要查察。迨一涵返鄂之后，见江水继续增涨，汉口方面江岸业已上水，深恐各处堤防亦将继续发生危险，尤恐各处负有地方及水利责任人员，对于救护堤防，或不免偶有疏忽，即将贻害无穷，复经电请湖南、湖北两省政府，饬属一体注意。电文中并将中央历年以来，注重堤防修治之大政，严惩水利失职之人员，暨钧座关心民瘼，注意堤防，以及本署职司监察，倘有玩忽堤防要政之人，定当依法办理各情形，详为宣达，此近日对于注意查察水利堤工之经过各情形也。正在呈报间，适奉钧座佳电，仰见廑系之深，自应加意遵办。除候继续详细呈报外，理合先将以上所述各缘由，电呈鉴核，仍候指示祇遵。高一涵叩。元。

（《监察院公报》第三十八期）

监察院湖南湖北监察使署二十四年度工作概况

（1935 年）

（一）组织成立

查一涵自奉令特派，并与各区监察使在京就职后，即将设署事宜，于二十四年五月一日起，在京着手筹备，选用人员，购办物品，一面实施组织，一面规划进行，并派员前赴武昌，布置一切，嗣复亲到武昌督率，筹备完成，遂于六月十二日，将本署在武昌正式组织成立。关于署所方面，因一时无相当公有房屋，暂赁民房住用，拟俟将来如有公有房屋可以迁移，再行置备固定之署所。关于组织方面，系遵照监察使巡回规程及监察使署办事通则之规定，署设秘书处，秘书处置总务、调查二科，所有秘书、科长、科员、办事员等职员，均依定额分别任用，并另行聘任参赞三人。惟自组织成立以来，署务日臻繁重，原有职员太少，时感分配不敷，虽经增用书记员二人，仍觉难敷分配，每观各职员忙于工作，多不免有过度之劳，此则似有待于根本组织上，将来得有可以补充之办法也。

（二）处理案件

查本监察区内湖南、湖北两省，辖有两市及一百四十五县之多，区域既广，案件甚繁。计本署自成立日起，截至十月底止，为期四月有半，共有收文一千三百余件，其中属于人民书状性质者陆百余件，而此陆百余件之中，已有三百余件，经过派查或行查之程序，余则或系正在核办，或系审核结果，认为应予存查。惟查本署处理案件，因手续较为详密，故需时亦难免较多，除通常文件，系照通常处理公文手续办理外，对于人民书状，因系本署中心工作，故以格外郑重处之，其办法系于公文拆封时，即按其性质，分簿登记，凡属于书状性质之案件，经监察使核阅后，分配或指定人员，先行详细审查，逐项签注意见，拟具处理办法，如系应行调查，并将案内要点之所在、证据之所关，以及调查时应行注意之事项，应行采用之方法，均予详细签明，呈报监察使加以核定，再行交科办文。良以书状内容，虚实既属不一，性质亦复有殊，其有显属虚无，或非属于本署职权范围以内者，自不必空费调查。至于应行调查之案件，既经过如此审查签注，则调查时先已得有纲领，再加以实地临机侦察，自不难洞悉真情。迨查明复到之时，仍经过审查签注，再由监察使核定办法，故本署对于每一属于书状性质案件之处理，其先后颇费工夫，即一般认为应予存查之案件，亦均系经过审查签注，再由监察使核明存查，以免疏误而昭郑重。

（三）防水救灾之察勘

查水利堤防，关系国计民生，至为重大，本署成立之始，适值夏汛水涨时期，对湖南、湖北两省之防汛事宜，即予以极端之注意。计自六月中旬以后，阴雨连绵，江汉湘资沅澧诸水，同时逐日增涨，凡属有堤区域，大都险象纷呈，一涵目击心忧。爰先赴湖南巡视，一面沿途察勘指示，一面商由政府当局，迅将防水工作加紧督属施行。回署后，复因武汉附近之张公堤及武丰、武惠各堤，关系异常重要，迭次亲往察勘督促，并随时派员调查，卒因军警及地方官民，抢救努力，得以转危为安，而于其他各地之防险事宜，亦复迭次派员，前往查察，几于全体动员，并不断与政府方面，往返行文，促其注意。迨各处水灾发生之后，一涵因救灾工作，极为民命攸关，爰一面亲出视察，并与赈务委员会许委员长同乘飞机勘灾，一面继续派员，分赴各地查勘，尤注意于各处负责人员，有无违法舞弊，有无失职误公，至今查勘之人，在外未有间断。最近因各地正在办赈，尤须监察从严，除仍不断派员调查外，复由一涵再赴湖南巡视，注重于此项之察勘事宜，并将关于两省赈务事项之调查，特交各参赞担任办理，以期监察更为严密，兼藉以督促救灾工作之进行。至本署对于防水救灾之察勘，历来详细情形，均经呈报在案，而关于负责人员之奖惩，及对于水利行政条陈兴革事宜，亦均经另呈有案，兹不赘陈。

（四）地方情况之调查

查本署调查事项，除关于公务员违法失职及上述防水救灾等事项之特别调查外，即重在地方情况之调查，爰经依照《监察使巡回监察规程》第七条之规定，将关于本监察区内各官署及公立机关之设施事项，本监察区内各公务员之行动事项，本监察区内人民疾苦及冤抑事项，逐项拟订计划，制成表格，分别普遍调查，而对于有关民生利病之各项重大事宜，又复分类特别调查，制成统计，以便就调查统计之所得，研究改善方案，以贡献于中央，期能于积极方面，使地方多促成一事之改善，即为人民多减去一分之疾苦，而尤注意于整个制度改善之促成。例如各处水灾之迭见，其原因固属甚多，然水利行政制度之未良，实为主要原因之一，若能整个加以改善，自足为减轻水患之要图。又如各处捐税之病民，其原因固亦属非一，但对于各种捐税之制度，如能得有整个改善之办法，则自可减除不少之弊端。现关于水利一项，前已就调查研究之结果，专案上有条陈，而关于捐税一项，亦正在调查研究，将来对于其他有关民生利病之调查研究，仍当随时依次进行，期能继续贡献中央，以有助于监察权之行使。再本署办理各项调查，工作甚为繁重，爰于署内组织调查工作研究委员会，以研究调查工作之进行，而为调查科之辅助，至于调查工作之实施，则仍属于调查科之职掌也。

以上所举四端，系就本署所有工作情形，撮要加以概述，至详细工作状况，另按月编具报告，合并陈明。

高一涵谨呈

（《监察院公报》第五十八期特载）

视察长江流域湖南湖北水灾概况报告

（1935 年 12 月）

据湖南湖北监察区监察使高一涵报告，该使署成立之始，适夏汛水涨时期，对各地防险事宜，即迭函各主管机关注意，计自六月中旬以后，阴雨连绵，江、汉、湘、资、沅、澧诸水同时增涨。六月廿二廿三各日阅报载湖北武丰堤发现裂痕消息，即派员往查。据报该堤为大江南岸干堤，其最险要之一段名为荒五里，已现裂痕四处，大者长约二丈余，宽深俱近尺许，为免发生危险起见，即经函湖北省建设厅转函江汉工程局派工修补。至七月七日武汉各地又复大雨，江水高涨至四十八尺，知大江南岸之武惠堤，关系重要，爰于九日率同科长安梦周并邀同已在工次之武昌县长杨适生等，自武昌青山镇起，至鄂城县西之白浒山止，逐段履勘。见该堤堤身极不坚固，土质亦松，并已发现漏水者数处，当即面商杨县长迅即饬工加宽堤身，增高堤埝，以资捍御，并函经湖北省政府转令江汉工程局对于该项抢险工程，及经费材料等事，迅予注意办理。嗣因襄水猛由谌家矶入江，该堤首当其冲，江水又日见增涨，对于该堤之抢救工程，如材料之分配，施工之程序，及佚工之组织与管理，均未臻严密，除函嘱杨县长亟予注意改善外，特于七月十六日亲率秘书汪淮再度巡视，并择勘各处险工。见其抢救工程，仅可暂保安全，当经谆嘱在工人员格外注意防护，以免灾害。至汉口方面之张公堤，一面接近长江，一面接近襄水，堤内地广人稠，且为汉口全市之保障，关系至重，即于七月十二日先派员往勘，嗣又闻该堤与襄水接近之姑嫂树、禁口、桥口各处，堤身坍卸，情势危急异常，并据报工程当局，似有怠忽情事，经于七月十四日再派秘书汪淮等往勘，据报该堤禁口、桥口等处，或则堤身坍卸，或则堤面漫水，均经武汉警备司令部全参谋长督率军警民伕，尽夜抢护，暂可不致溃破，姑嫂树一段堤身，于十四日晨坍卸约十余丈，亦已由武汉警备司令叶蓬，及汉口市长吴国桢，亲率军民抢救。迨七月二十一日，随赈务会许委员长往勘时，见在工人员，都能努力救护，但姑嫂树之坍坡犹日日下陷，下桩桩移，压土土卸，禁口之坍陷亦未尽止，幸抢救极力，或可渡过难关。惟此次鄂省被灾区域之广大，情况之惨重，较二十年为尤甚。七月二十日因赈务委员会许委员长约与张主席群、李委员书城同乘飞机，自汉口经汉阳、嘉鱼、监利、公安、石首、沙市、江陵、天门、汉川等县市巡视，所过皆一片汪洋，能见屋顶树梢之区为数已少，原田山地可俯瞰而得者，计不及千分之一，居民牲畜，田园庐舍，沉没殆尽，全省富庶之区，几为怒潮席卷以去，以致救命救灾救堤之策，均无所施，省府地位，实处万难，若非中央协助，恐一事不能举办。

至于湘省灾情，亦至惨重，当七月初在湘巡灾时，凡临水被淹各县，大都灾象已成，即一面亲自视察，并与省府当局筹商成灾者救济，未成灾者预防，一面仍派员调查。只以该省灾区甚广，灾情綦重，兼之受灾区域，交通阻滞，田庐淹没，人口死亡情形，猝难得详确之统计，经先后派员查勘，据报湘省自入夏以来，淫雨连绵，内水既涨，盛于江河，外水复倒注于湖泊，以致滨湖各县，泛滥为灾。加以石门、慈利等县，陡因山洪暴发，水势奔腾，人民受祸实惨。澧县、常德两县县城，亦均没于水中，安乡县则以上遭山洪直冲，下受江流倒灌，水位之高竟比二十年超过二尺，而南县水位，且超过二十年三尺之高，受灾之惨，于此可见。综计该省被灾区域达三十余县，被灾惨象可得以知者，如益阳县被灾人民四十万，浸毁田园十六万亩，汉寿县被灾人民三十余万，淹田六十余万亩，常德县淹田三十余万亩，淹毙人口二百余，沅江县溃堤垸一百余处，淹田十五万余亩，溺淹人口千余，安乡县淹没人口二千余，冲刷田地三十六万余亩，澧县淹毙人口二千余，财产损失数百万以上，岳阳县淹没田禾三十六万余亩，溺毙人口尤众。他如石门、湘阴、临湘等县，灾害亦重（附湖南水灾最重县分损失统计表，及湖南各县灾情调查表）。

附：

监察院治理长江意见

本年江属两湖以下，水灾奇重，考其所以致灾之原因，除湖南之湘、资、沅、澧诸水流，及江西之修水偶因山洪暴发，泛滥于沿江岸田亩外，其余各县之被灾者，大概均因堤防之漫溢或溃决，因两湖以下地势较低，水势一高，则低地尽成泽国，故人民生命财产，实恃堤防为唯一之保障。民国以来，谈治江者，莫不谓疏江浚湖为始本之上策，然疏浚工程，同时并进，工程浩大，自非目前国家财力所能担负。然水患不可一日不防，即堤防不可一日不从事修筑，疏江浚湖之治本办法，既因财力之艰困而不能行，而如高堤防之治标办法，似不宜再事疏忽。爰就观察所得，条陈治标管见如左：

（一）关于全国水利堤工之设计及施工等事项，应由中央设立一最高统一机关，统筹办理。所有以前各自为政、不相统属之水利机关，应一并裁撤。

（二）关于全国水利堤工之监察事项，应由中央设立一最高统一机关，专负审核工款、监督工作，及验收工程之责。

（三）最高之水利堤工机关，应有直接指挥命令地方政府协助之权。

（四）水利经费，除征收沿江海关附加、沿江交通附加，及有堤县份之田亩附加外，并应增加奢侈品（如烟酒及化装之类）之入口税，以为水利专款。

（五）凡沿江湖沼可作蓄水之用者，其通江之水口，应一律疏导，严禁地方政府或人民筑堤。其已筑堤垦成田亩者，应令废田还湖。

（六）凡湖滨之草山滩地，应严禁地方政府准许人民呈领垦殖，其已领垦成田亩者应令废田还湖。

（七）在水利堤工之统一机关，未设立之前，凡省与省及县与县交界地方之堤防，应指定机关负责修防，不得彼此推诿。

（八）凡沿江沿湖较长之民堤，非一县民力所能单独修防者，应一律收为官堤。

（九）在水利堤工之统一机关，未设立前，凡夏期之抢险工程，须严令地方政府负责。凡民伕之召集，工作之指挥监督，及秩序之维持等事，皆责成地方政府担任。他如材料之供给、技术上之指导等事，则由该管水利伕工机关担任。

（十）在抢险时期，其经费之动支，应令该水利伕工机关得自由支配。

（摘自《监察院水灾报告书·水灾视察之部》见《监察院公报》第六十期）

查察堤工筱电

（1935 年 9 月）

监察院院长于钧鉴：本署近日注意查察水利堤工经过情形，业用元代电详陈在案。兹再将元日[①]至铣日[②]经过情形，续陈如下。

（一）武惠堤，连日续据武昌县县长杨适生报告，因襄水猛由谌家矶入江，该堤首当其冲，水势又复盛涨，险象日见增加，情势益为严重，仍正在设法抢救中。当以该堤抢救工程，固正在继续办理，就一涵于佳日亲往巡视之所得，觉其对于材料分配之分量、工作实施之程序，以及对于夫工之组织管理等事宜，尚有欠严密整齐之处。事关工程效率，极宜注意改良，爰于元日致函杨县长，略谓：（1）抢险材料之分配，须有精密之计算，不得任民夫自由使用，以供不急之需。例如民夫多有自由使用公家材料，以各自防护其住宅附近之堤身，而反忽略于整个堤身之防护，均应在纠正之中。（2）凡属险要处所，均须随时往勘，权其轻重缓急，作成施工先后之程序，不得任民夫自由移动。（3）须将民夫分配，每十人一组，派一人指挥监督，其有工作不力、站立不动者，随时加以处罚。抢险如战争，须有军纪阵法，号令尤须统一而严厉，事机急迫，稍纵即逝，多数人民之生命之财产，系于一身，毋使“为山九仞，功亏一篑”云云。旋又接杨县长报告，略谓现正变更组织，并派队强迫加倍征工以图挽救等语。至元代电所述该堤靠近武惠闸，有一段堤身甚为弯曲，最易发生危险，曾面

---

① 元日：指 13 日。

② 铣日：指 16 日。

商杨县长迅予加高培宽，并多堆麻袋，以资捍御。嗣接报告，该段果已迭次坍卸，每次堤面分裂数尺，中可见水，裂缝达数丈以上，危险万状，人心极为恐慌，正在抢筑。由此可知抢险工程，实须权其轻重缓急，扼要施工，非可漫无程序。一涵因该堤关系异常重大，特于铣日亲率同本署秘书汪淮，再赴该堤作第二度之巡视。到堤后，晤杨县长及在堤帮同抢救之陆军独立炮兵第六团第二营营长薛典谟、第三营营长卢盖军，并择勘各处险工，往返达二百里。见武惠闸附近一带，及其他各处险要地段，虽均已做过抢护工程，而一涵上次面嘱加高培宽，及堆积麻袋诸端，亦均已大致照办。惟考其抢护程度，仅可暂保安全，倘水势再有增涨，或突遭风浪相侵，则仍恐难以幸免。且武惠闸附近，又复新有裂痕发现，尤属可忧。当经指示一切，嘱其继续加工，并于回署后以说电先行呈报。

（二）汉口方面之张公堤一面接近长江，一面接近襄水，堤内地广人稠，且为汉口全市之保障，万一该堤不保，则匪惟堤内农民之生产损失殊多，而汉口全市人民亦同受淹没之祸。一涵鉴于该堤之关系极为重大，遂于文日[①]先派本署科员张家珏前往该堤，与长江接近方面之谟家矶一带查勘堤防。据复，略谓：查得谟家矶段内堤身在民国二十年决口之处，因渗漏而发见裂痕，长约百米余，虽已用麻袋填塞，然仍微有漏水之处。当裂痕发现之时，形势颇为危险，现已大致堵就等语。嗣又闻该堤与襄河接近方面之姑嫂树、禁口、桥口各处，堤身卸坍，情势异常危急，并据报工程当局，似有怠忽情形，即于寒[②]晨派本署秘书汪淮、调查科科长安梦周，会同前往查勘。据复，略称：遵经驰履勘，并查询一切情形，比查得该堤禁口及桥口等处地方，或则堤身坍卸，或则堤面漫水，均经武汉警备司令部参谋长金巨堂督率军警民夫，昼夜抢救，暂可不致溃破，但仍在危险之中。至姑嫂树一段堤身，则于寒晨忽然坍卸约十余丈，因该处堤基内临深潭，外受大水之压迫，其临潭方面之堤土，因压迫而无力支持，遂向下边

① 文日：指12日。
② 寒：指14日。

倾坠，以致堤脚空虚，堤身崩裂，其崩裂处半边脱体下沉，半边凌空高耸，倘再受风浪袭击，必将倒坍无疑，实属非常危急。顷正由武汉警备司令叶蓬，督同汉口市长吴国祯亲自率领军警民夫先就堤脚填筑，抢救工作，极为紧张。但究竟能否挽回，尚难预必。颇闻该段堤工，原为江汉工程局人员所经管，且该局近在密迩，尤属责有攸归，乃对于防险一事，组织既欠健全，工作亦有疏忽，若非叶司令出而努力，恐已成灾。现该堤抢险事务，已由叶司令统一指挥，值此情况变迁，对该局究系如何疏忽情形，似宜再作精详之考察。事关责任问题，应请核夺施行等语。一涵当以此事极有关系，复于删[①]晨率同安科长亲身前往，逐处查勘，所见情况，与该秘书科长等所称各节，大致相同。并见该堤继续坍陷部分，危如累卵，其崩裂处之堤顶，已仅剩有三分之一，征询舆论，亦闻江汉工程局疏忽职务，叶司令抢救得力，比经一面宣达中央及钧长忧念堤防之意旨，一面对叶司令等在场抢救人员加以慰勉，嘱其务须继续努力，期能有最后之挽回。回署后，曾以删电呈报。嗣复于铣日令派安科长率同科员张家珏、办事员朱桐生，将江汉工程局平日设施状况、防汛工作情形，以及关于张公堤汉成垸各案之经过详情，再予确切查明具报核办。至张公堤抢救工程，顷闻已颇有效，倘无特别变化，可望转危为安。

（三）据汉阳新丰境堤工协进会常务委员王哲夫等呈诉汉阳工程局工程师谢先进等玩忽堤工，致遭溃决等情到署，当以事关工程师被控玩忽堤工，致使人民受害，应予彻查，即于铣日令派本署科员喻正权前往调查报核。

此自元日至铣日关于注意查察水利堤工之经过情形也。又本日武汉水势退至五十一英尺，较前日约退三寸。除仍继续注意查察具报外，理合驰电呈报，仰祈鉴核示遵。

监察院湖南湖北监察区监察使高一涵叩，筱印

（《监察院公报》第四十六期）

---

① 删：指15日。

预察水利堤工三办法

（1936 年 3 月）

（甲）附钞湖南湖北监察区监察使署代电湖南（湖北）省政府询问水利堤工情形

湖南（湖北）省政府勋鉴：查湖南（湖北）上年大水为灾，堤垸多遭溃漫，未破者应予加高培厚，已破者应予堵口复堤，均须未雨绸缪，早为督促，期能于春潮夏汛期前，准备周密，用资防范，而保安全。贵府对于水利堤防，早经策划，主持督饬，深佩贤劳。比者冬工已过，春水将生，全省堤工，谅已多有成就，究竟所有官堤民堤，施工进度如何，至何时可以完全竣事，应请详赐示知，并随时继续见示。倘承分附图表，感盼尤殷。抑有进者，水利堤防，关系国计民生，至为重大，凡负有地方及水利责任人员，必须尽职于平时，庶免贻误于临事。贵府对所属地方政府与水利机关，以及各处堤工关系人员，自属考查有素。中央关心民瘼，对于水利堤防大政，早经迭令查询，兹值春汛将届，堤工加紧之时，施工自应迅速，考察尤当周详，至希转行所属，一体早为加意。除份电（另电江汉工程局）外，相应电达，统祈察照为荷。高一涵叩真[1]印。

附 1：钞湖南省政府复湖南湖北监察使署函

径复者：案准贵监察使真代电，关于本省官堤民堤堵复一案，嘱将施工进展竣事情形，及各项图表见复，并嘱转行所属，一体加意等由，

---

① 真：指 11 日。

具征关怀水利，无任佩纫。查本省堤防分为江堤民堤，江堤仅临湘一段，余均民堤。自藕池等处溃口，江水挟泥沙倒灌洞庭湖，而湖地平衍泥沙随地沉淀，淤成洲渚，滨湖人民，领照垦荒，随洲堍围，各自为政，以致修防失宜，年罹水患。上年本府为整理计，定为官督民修，订立各种章则，于滨湖之益阳、湘阴、岳阳、临湘、华容、安乡、澧县、南县、沅江、常德、汉寿等县，各设修防处，由县长兼理，复由本府派修防督察员，分赴各县督察办理。惟上年夏汛之后，继以秋汛，溃决大小堤垸以千百计，各垸灾民，谋食不遑，更无力进行堤垸之堵复，当由本府呈准中央，于二十一年工贷收回，作为水利专款项下拨款一百万元，作为复贷。又签请中央配发工赈，及请改急赈为工赈，共公债九十五万元，但公债尚未变旧，先将复贷款分期交由各该县长转给，一面饬各该县长遵照委员长蒋行营冬令赈工服役办法，按亩征工，用期迅赴事功，并限期具报所辖各垸筹备及兴工情形。据各该县长呈报兴工者固多，亦有尚在筹备期间，而兴工之垸又回冬季雨量过多，工程进展，颇为迟缓，均经分别严令照章于三月内竣事各在卷。兹准前由，除通令加紧办理外，相应检同滨湖各县溃垸堵复工程概况表，及各种修防章则，函达贵使烦为查照为荷。

此致

特派监察院湖南湖北监察区监察使高

计送溃垸堵复工程概况表一份修防章则两本

主席　何键

附 2：湖北省政府复湖南湖北监察使署代电

武昌高监察使一涵兄勋鉴：真代电敬悉。查水利堤防关系赋命，弟受命于大水残破之余，自应以堵口复堤为最急之务。关于江汉干堤部分，业与全国经济委员分别派员会商勘估，核定工程计画、工款数目，饬由江汉工程局负责办理。吾兄已分电该局有案，所有干堤工程图表，应俟该局直接造送。关于各县民有堤垸修复工程，前经派员分途前往勘估，制印土方估计表，令发各该县市政府遵照，由当地人民按照国民劳动服役季节，征工修筑，并于桃汛期前赶筑完成，以资防范。至于灾情最重县份，其土石工程浩大，需费过巨者，则由湖北省水灾救济总会，在工赈款内，酌予补助各在案。准电前因，除再饬各县市政府遵照迭令办理外，相应检同修复各县民有堤垸土方估计表，电复查照为荷。弟杨永泰有省建二印。

（乙）附抄湖南湖北监察使署代电江汉工程局询问水利堤工情形

江汉工程局勋鉴：查湖北上年大水为灾，堤垸多遭溃漫，未破者应予加高培厚，已破者应予堵口复堤，均须未雨绸缪，早为督促，期能于春潮夏汛期前，准备周密，用资防范，而保安全。贵局所辖各处堤段，谅早兴修，工务考查，谅有统计。迩来冬工已过，春水将生，究竟各段堤工，已进展至如何程度，至何时可以全部修成，应请详赐告知，并随时继续见告。如承分附图表，感盼尤殷。抑有进者，水利堤防，关系国计民生，至为重大，凡负有水利堤防责任人员，必须尽职于平时，庶免贻误于临事，贵局对所属各局所及各处堤工关系人员，自属考查有素。中央关心民瘼，对于水利堤防大政，早经迭令查询。兹值春汛将届，堤工加紧之时，施工自应迅速，考察尤当周详，至希转行所属，一体早为加意。除分电外，相应电达，即烦察照为荷。高一涵真印。

附：抄江汉工程局复湖南湖北监察使署代电

武昌高监察使赐鉴：真代电奉悉。仰见关怀堤工之至意，钦佩莫名。兹将本局督饬赶办本届堵口复堤及岁修各工情形，分陈如下。关于堵口工程，查上年江汉两流，水位奇涨，多半超过民念（廿），最高水位。本局所辖堤段，其因拼力抢救不及而致漫溃，或以当时水高流急，无法堵筑者，比即饬由各该管工务所立时抢筑里头，以免扩大。迨至水位稍落，即鸠工赶堵，现在均已堵筑合龙。其较大较难如长江上游之麻布拐，及襄河之三四工两口，亦先后于本年一月十五日，暨二月十一日合龙。关于复堤工程，查各处堵筑工程，经堵筑断流之后，尚须估工加修，早经本局饬据各该管工务所，详细估计，并拟具计画图表呈局，转呈核定，令饬克日兴工有案。现在除少数因地形变迁必需变更计划者，正在订约兴工外，其余均已先后开工赶筑。关于岁修工程，查本届岁修工程早经初估，并蒙全国经济委员会暨湖北省政府派员莅局，会同本局人员亲赴各堤复估后，将图表呈赍全国经济委员会核示，旋奉世电，以在全部预算未核定之前，其急要工程，准由局先行兴工等因，比即遵照拟具办法，通饬各工务所遵照赶办。其已开工者，计有张公堤、老龙堤、金口长堤、帝字号、四顾闸等重要工程。其余正陆续订约兴工。此外并随时加派视察员，分赴各工务所，严切督促，以昭慎重。奉电前因，除通饬遵照赶办，并俟岁修工程图表核定发下，再将施工总平面图，及总估表检送以备查阅外。相应检同堵口复堤工程工款，暨开工完工日期一览表一份，谨电复请查核。江汉工程局局长席德炯，秘书主任席荣代叩感印。

附一：

监察院代电各区监察使仰参酌采行两湖监察使署详陈预察水利堤工三办法　机字第七三三号

二十五年三月六日

镇江丁监察使、福州陈监察使、南昌苗监察使、北平周监察使、济南方监察使、兰州戴监察使鉴：本年二月间，据两湖高监察使函呈，请提前勘察该区内水利堤防，并督促该区地方长官等预防灾变各情，当经指令并分令各该使分别查照上年查灾经过情形，提前查察各在案。本月二日续据高使艳代电略称，近以湖南湖北上年大水，堤垸多溃，未破者应加高培厚，已破者应堵口复堤，均须未雨绸缪，早为督促，期能于春潮夏汛期前，周密防范，爰用办法三条。（一）省政府对于全省堤工，自有通盘之策，比者春水将生，究竟两省官民各堤，已修至如何程度，何时可以全部竣工，各级负责人员，必须尽职于平日，方免贻误于临事，是宜督促加严，经于二月真日分电两省政府查询，并请转行所属早为加意。江汉干堤，系由江汉工程局负责，亦同日分电该局。嗣闻湖北省对于各县堤工拨款举办工赈，复经致函省府请将办法与所拨县份及数目详告，现均有复电到署，特钞呈察阅。（二）本署前于堤工振务会，曾一面由一涵亲巡及派员择要实地调查，一面特交各参赞常川调查。现仍一面派查，一面特交各参赞继续常川调查，一涵亦亲巡察勘要工。（三）各处堤工，于工振有无失职误工，有无违法舞弊，现于察勘时特别注意。本署收受书状时，如有涉及此事者，均加意处理。所有本署近来对于水利堤防注意监察各缘由，除随时具报外，理合驰电呈报等语。查该使所陈三项办法，实事求是，足供各区之参考。除电复外，合即代电各该使酌核前列办法参酌各该区水利堤工情形，切实注意。并将办理经过，随时呈报。

监察院长　于右任印。

附二：

监察院代电高监察使据陈预察水利堤工三办法已分电各区监察使参照

机字第七三五号

二十五年三月　七日

武昌高监察使鉴：艳[①]代电及附钞各件均悉。前据函请促令有堤省分早为注意，已分令各区监察使一律照办。兹阅所陈三项办法，实事求是，擘画尤为周详，至深嘉许。除分电各区监察使参照办理外，合即电令知照。

院长于右任印

（《监察院公报》第七十一期）

① 艳：指29日。

呈报视察湖北钟祥襄堤情形

（1936 年 3 月 18 日）

查湖北钟祥县襄堤工程，关系甚为重大。乃江汉工程局所派襄堤工程处人员，自二十四年十一月十六日即到旧口镇实施查勘及测量工作，至二十五日测量已告完毕。工程总预算，定于十二月份起分别实施，其全部完工日期，定为本年五月底。第一工段于去年十二月四日正式成立，第二工段于十二月十二日正式成立，第三工段亦于十二月底正式成立，比即先后开始树立分段标志，召集理硪工伕，而承揽遥堤之工伕，计有潜江、天门、钟祥、汉川、京山等五县，预计召集工伕六万人至九万人。不料时至三月，一方因工伕到工不甚踊跃，及管理不甚周到，工作进行极为迂缓，一方又因设计不周，对于难工雨工经费，苦无着落，以致自开工至三月十日，业经两月有余，计算所做成之土方，尚不及四分之一，而桃汛之至，即在目前，万一不能如期完工，则后患将不堪设想。因于三月九日，偕同经济委员会水利处副处长郑肇经、湖北省政府委员范熙绩等，亲往钟祥视察。兹将视察所得结果，分别报告如下：

一、钟祥襄堤地位之重要

查二十四年全国水灾，以湖北为最重，湖北水灾，以襄河流域为最惨，而襄河流域，如天门、潜江、汉川各县，几于全部沉没者，则因钟祥县境三四弓堤岸之溃决，盖襄河至钟祥县境，亦犹黄河至开封以下，水位往往高出地面之上，随时随地，皆有溃决之虞。然襄河堤岸之溃决，在下游者其害小，在钟祥境内者其害大。去年钟祥三四弓决口，洪水直奔天门、潜江、汉川，数百里膏腴之地，转瞬尽成泽国，即其明证也。

二、三四弓堵口工程之完成

全国经济委员会认定钟祥襄堤，关系重要，故为思患预防计，于去年冬季，对于此段堤工，秉承行营，商同政府，采用江汉工程局所拟定之远大计划。一面就三四弓决口附近，进行堵口断流工程，一面从旧口镇到大龙山之罗汉寺，筑一新堤，名曰遥堤。其三四弓堵口地点，择定自熊家桥至新集一段，实施断流工程，一则因该处水面较狭，深度较浅，易于施工，一则因断流坝地点靠近三四弓附近，使襄水在中水位时，可以归槽。其堵口断流工程，业于二月十一日完成，曾经电报本署在案。然此种工程，仅足以防止中水位，而不足以防止洪水位，故不得不重新在旧堤之外，建一遥堤，以作襄水之第二道防线。

三、遥堤工程之浩大

查遥堤自钟祥旧口镇起，至火龙山之罗汉寺止，中经沙港，计长18.08公里（计华里三十一里强）。根据江汉工程局顾问工程师美人史笃培计划，堤顶之高，较二十四年最高洪水位高一公尺，堤顶之宽定为七公尺，全堤需用土方共计186066.18市方，而堤脚挖槽及填补土方共计8100市方。合计三四弓堵口断流工程遥堤工程，及其他附属工程（如防浪排水等工程），共估定经费二百二十二万六千余元，在江汉流域内，可谓极大之工程。

四、施工后所发生之困难情形

（甲）承揽方法之不良——遥堤土方，全采用招工承揽制，全堤分为四个工段，除第四工段由襄堤工程处自行招人包工外，其余第一、二、三各工段，均由天门、潜江、汉川、京山、钟祥五县选送承揽人。此类承揽人，半系城乡绅董，均缺乏管工能力与经验，承揽人恐工佚做工不力，致受亏累，工佚又恐承揽人扣发工资，致劳而无获，互相猜疑，不能合作，故每队工人均如一盘散沙，逃走者有之，懒怠者有之，因之工程进行，异常迟缓，工作秩序，异常凌乱。

（乙）工佚能力之薄弱——各县所征民夫，多半无做堤经验，偷闲躲懒，迟作早休，工具既不精良，气力亦复低弱，做工之成绩愈低，愈不能维持生活。

（丙）工人所得之过少——初步取土，距离必在最远，故截至二月二十九止，平均每人每日仅能完成土方 0.22 市方，合计五人始能做得一方土，依一月三日工程处实地试验工人效率之结果，每人每日仅能得工资一角六分。加以商人剥削，初时旧口之米每担不过六元，继而增至九元，油盐蔬菜之价格亦然，故工人一日劳动，仅足维持一日之生活。

（丁）雨天工资之无着——工伕每日所得工资甚少，故一遇阴雨，即无法维持其生活，若听其自由回家，远者相去数百里，一时又不易招回，若禁止其离散，则又无款可以维持其最低限度之伙食。二月间时常雨雪，故工伕日食难度，来而复去者甚多。

（戊）取土之艰难——初步取土，既限令自远地开挖，路途既远，往返自难，且该处地势低洼，土质多沙，极易透水，掘土至一公尺以下，坑内即有水涌出，而排水工具，又无充分预备。

五、目前拟定之救济办法

以上所举各种困难情形，仅就其大者言之，其他较小困难尚不止此。最近两周内，协修委员会与襄堤工程处，经数次讨论结果，关于工伕管理方法，业已改用保甲制，由区长及联保主任，负监督管理之责，承揽人则仅负指导工作、领发工款，及收交土方之责。自此以后，工作顿形紧张。一涵在堤上察勘时，亲见工作秩序甚佳，懒怠逃走情形，颇为罕见。最近天门等五县驻堤督工之区长及联保主任，共计有二百人之多，其五县之专员县长，亦皆任协修委员会委员，同时驻堤督率，而省府亦推派委员范熙绩专任督察事宜。兹录三月八日在堤工作人数如下。

（附注）遥堤全堤分为第一、第二、第三、第四工段，再分为六十分段，自一分段到五二分段，均在第一、第二、第三各工段内，自五三分段至六十分段，在第四工段内，第四工段为自由包工，由襄堤工程处自招工人包做，至三月十日，约有六千余人工作。

前表系三月八日工作民夫的统计，此后数日尚有陆续到工者，约计

五县到堤民工暨作工人数报告表（三月八日）

縣別/項目	承修堤段	到堤人數	雜務人數	病工人數	實在工作人數
天門	五分段至二四分段	三一、三九四	五〇一	八二	三〇、八一一
鍾祥	二五分段至三八分段	一七、五八〇	四七三	八六	一七、〇二一
潛江	一分段至四分段	三、八六五	一〇一	一一	三、七五三
漢川	四三分段至四八分段	一〇、一六七	四九六	五〇	九、六二一
京山	三九分段至四二分段 四九分段至五二分段	一六、九〇〇	四三〇	三一	一六、四三九
合計		七九、九〇六	二、〇〇一	二六一	七七、六四五

可达十万人数，故工作民夫，亦较二月以前为踊跃矣。

全国经济委员会秘书长秦汾，此次来汉，于三月十六日，同湖北省政府主席杨永泰，协议赶工条件，及拟加经费数目如下：

（甲）赶工条例。

（一）第一、二、三工段限五月底完成，第四工段限六月中旬完成。

（二）民夫数目须增至十一万八千人，每日至少须做土二万市方，第四工段包工每日须做土四千市方。

（乙）拟加经费数目。

（一）硪工理工四万元。

（二）一、二、三段难工六万元。

（三）四工段土方加价十六万元。

（四）拦水坝加高及护岸与细筑其他小口十五万元。

（五）雨工天津贴伙食及奖金十五万元。

以上所拟增加经费数目，均为依限完工及救济实际上各种困难所必不可少者，如能得此五十余万元，则上述各种困难情形，皆可有解除之望矣。

总之，钟祥襄堤地位之重要，遥堤工程之浩大，以及施工后所发生之种种困难情形，与目前拟定之救济办法，均已如上所述。然无论工程如何浩大，施工如何困难，限期如何急迫，民夫如何痛苦，以及技术人员与协修人员是否尽职或失职，皆有法可以补救。所成为重大问题者，独此五十余万元之款，如何筹措耳。湖北省库自去年水灾而后，收入锐减，官民双方，俱感穷困，委实无款可筹。而全国经济委员会，亦因堤款用尽，罗掘俱穷，无法应付。然返观沿堤各县人民，几若生命俱可牺牲，而此堤则不可不筑，故在堤民夫，日则负土挖坑，形同牛马，夜则幕天席地，饱受风霜，其挟有敝絮一方者，已视为殷实富户，其他则并一束稻草而无之，而回忆家园，有地而不能耕，有种而不能播，然所以忍饥负痛，在堤工作者，岂恋此难供一饱之工资哉。实因惩前毖后，唯希望此堤之成，或可偷一息之生耳。此情此景，真为世界万国所无，视察之余，不禁心酸泪下也。伏冀钧座本恫瘝在抱之怀，为鄂民求一线生路，如能迅予转呈国民政府，俯准速拨五十万元之款来鄂，俾遥堤得以早日完工，则堤防固而民命亦得保全矣。是否有当，理合检同钟祥襄堤区域图一份，备文报告，仰祈鉴核！谨呈院长。

附钟祥襄堤区域图一份

监察院湖南湖北监察区监察使高一涵

二十五年三月十八日呈字第七七号

鍾祥襄隄區域圖

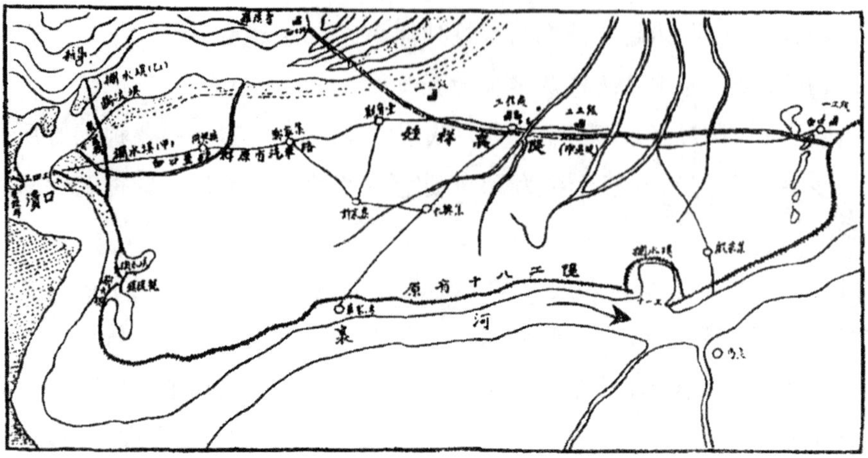

注：行政院二十五年四月十日第 76 号咨复监察院函：经财政部拨到是项工款五十万元，转发应用在案。

附一：

监察院公函　公察字第六二九号

二十五年三月二十一日

案据湖南湖北监察区监察使高一涵，呈报视察湖北钟祥襄堤情形，请予转呈迅速拨款，俾完堤工等情。据此，查核来呈所陈，该处堤工关系之重要，以及地方政府人民工作紧急之状况，至为详晰。所请筹拨五十万元，以便赶于桃汛前，依限完工等语，自系实际情况，迫切需要。襄汉堤防，关系民命，想贵院早有尽筹。兹特检同原报告，转送查核，务请俯予照准，将该项工款如数饬拨，至纫公谊。

此致

行政院

计检附高监察使原呈一件（见本报七十五期特载栏）

院长　于右任

附二：

监察院指令　机字第一九六六号

二十五年三月三十一日

令湖南湖北监察区监察使高一涵，二十五年三月十八日呈第七七号呈一件呈报视察湖北钟祥襄堤情形由呈件均悉。当经函转行政院，兹准该院三月二十七日第六零号咨复内开，案准贵院二十五年三月二十一日第六二九号公函开：案据湖南湖北监察区监察使高一涵，呈报视察湖北钟祥襄堤情形，请予转呈迅速拨款，俾完堤工等情。据此，查核来呈所陈，所陈该处堤工关系之重要，以及地方政府人民工作紧急之状况，至为详晰，所请筹拨五十万元，以便赶于桃汛前，依限完工等语，自系实际情况，迫切需要。襄汉堤防，关系民命，想贵院早有尽筹。兹特检同原报告，转送查核，务请俯予照准，将该项工款，如数饬拨，至纫公谊等因。准此，除交财政部、赈务委员会，并函达全国经济委员会外，相应检还原件，咨复查照等由，并附还原报告一件到院。准此，合亟令仰知照。此令。

院长　于右任

（《监察院公报》第七十三期、第七十五期特载）

呈报查勘水利堤防情形元代电

（1936年4月）

钧鉴：本署对于水利堤防注意监察情形，历经呈报在案。兹再将近来是项工作，撮要陈之。（一）湖北武昌下游之武惠堤，系滨江一大干堤，且为省会之保障，去年夏汛期间，该堤经过多日之抢救，其形势危险异常，一涵因该堤关系重要，曾迭次亲往查勘，并对抢救事宜，加以指示督促。其后江汉堤多溃漫，而该堤幸获转危为安。本年三月有日[①]，一涵念该堤本已失修，又受上年之损坏，自应惩前毖后，速予修筑巩固，以保安全。现工程究已做至如何，深堪注意，爰亲赴该堤视察，见其所做土方甚少，而石工则全未开工，当以桃汛将临，何能再有迟缓，即于三月感日致函武昌县县长杨适生，嘱其将该堤施工事务，赶紧积极进行，并告以前次视察钟祥遥堤，见其管理征工，系运用保甲制度，成效颇佳，可以仿办。旋接杨县长复文，声述工程延缓，系由于经费及招标等事发生困难，现已加紧办理，并将管理征工一事，照函转令遵行。嗣又接本署特交调查湖北省水利堤防参赞喻育之报告，查勘武惠堤工程情形，及应行注意事项，复经于四月鲁日[②]函转武昌杨县长，嘱其查照注意施行。（二）湖北汉阳方面之永丰垸，为汉阳全县之保障，去年大水为灾，永丰堤闸冲溃，全县均遭陆沉。接喻参赞查勘该垸江永堤三眼桥一带地方报

① 有日：指25日。

② 鲁日：指7日。

告，略谓，该堤上自姚家岭起，下至孔湾孟家铺止，计有溃口五处，内有一段现已修复，惟尚须加高二尺，正在打硪。又有一段，则修筑工人既少，督工又不认真，若不速令加工，恐难如期告竣。当以该堤既为汉阳全县保障，其关系自属重要异常，极应加紧施工，俾克早日修复，即于四月支日[①]函请湖北省政府转饬注意办理，以免有再蹈上年覆辙之虞。现已接准该省政府函复，谓已转饬汉阳县政府遵照注意赶修，并由省政府令派技术专员前往彻查在案。又汉口方面之长丰南北两垸，为汉口市之保障。接喻参赞查勘报告，略谓，该两垸原系民堤，南垸有大小溃口二十一处，现由江汉工程局认为干堤，预定在一周内开工修复。北垸有大小溃口二十二处，尚在就地设法筹款，准备兴修。当以该两垸虽系民堤，而关系甚为重要，自应赶紧实行施工，经于四月鱼日[②]分函江汉工程局及汉口市政府查询督促。现江汉工程局业已函复，谓关于该局本届估修部分之工程，自应速办完成，已令知该管工务所遵办等语。又黄陂县各处堤工，亦已经喻参赞前往查勘具报，因尚无有需转行之处，即予存署备查。（三）本署前对水利堤防，曾派员前往各处择要实地调查，兹据本署所派科长安梦周、科员张家珏，由湖北江陵县沙市发来四月支代电，报告查勘荆沙一带重要堤工情形，其中尤以荆大堤为荆沙一带地方之保障，而阴湘城堤系与荆江大堤上游堆金台衔接，唇齿相依，其关系均极重要。该两堤去年均遭溃决，现正进行堵口复堤及加高培厚与翻筑工程，经该科长科员等登堤查勘，费时四日，始行查毕，详细报告前来。特将原代电抄呈察阅。（四）湖南省赈务调查，早经特交本署彭参赞常川担任办理。嗣又将该省关于水利堤防之调查事宜，特交彭参赞常川担任。近据彭参赞陆续查明报告本署，正在核办中。除仍将两省水利堤防，继续注意监察外，理合将以上所述各缘由，驰电呈报，仰祈鉴核。

高一涵叩元印

计抄附本署科长安梦周、科员张家珏支代电一件（略）

（《监察院公报》第七十九期）

---

① 支日：指4日。

② 鱼日：指6日

视察自汉口至沙市沿江干堤情形呈报文

（1936年4月29日）

查湖北地势低下，号称泽国，人民田庐，多依堤防为唯一之保障，堤防之中，又分民堤干堤两种。本年民堤岁修工程，由省政府择要酌拨工赈之款补助，而由县政府负责征集民夫修筑，凡属有堤县份，大都先后开工，在夏汛以前，期于全部一律蒇事。干堤系指沿长江及襄河两岸干堤而言，归江汉工程局管辖者，计长一千九百余公里，共设置七个工务所，分段管辖，兹将各工务所管辖堤段依次述之。

（一）管辖长江干堤之工务所所管堤段如下。

第一工务所管辖堤段——北岸自黄梅县之极东界起，至黄冈县之堵城止。南岸自阳新县之莒浦港起，至鄂城县城止。

第二工务所管辖堤段——北岸自黄冈县之堵城起，至汉阳县之新滩口（簰洲对岸）止。南岸自鄂城县城起，至金口长堤之嘉鱼县极东界止。

第三工务所管辖堤段——北岸自汉阳之新滩口起，至监利县之白螺矶上荆河脑止。南岸自嘉鱼县极东界起，至湖南之临湘县界止。

第四工务所管辖堤段——北岸自监利县荆河脑起，至拖茅埠止。南岸自石首县之章华港起，至松滋县之松滋河止。

又荆江堤工局管辖堤段，仅有江陵县境之北岸，自拖茅埠上与第四工务所交界之地点起，至万城大堤之堆金台止。该局工款，系由省政府拨付，工程则归江汉工程局指导之。

（二）管辖襄河干堤之工务所所管辖堤段如下。

第五工务所管辖堤段——南北两岸均自汉阳之襄水入江口岸起，至沔阳县之仙桃镇止。

第六工务所管辖堤段——北岸自沔阳县之仙桃镇起，至潜江县之狗腿湾止。南岸自仙桃镇起，至潜江县之东荆河西岸关家榨止。

第七工务所管辖堤段——北岸自潜江县之狗腿湾起，至钟祥县之观山止。南岸自荆河西岸关家榨起，至宜城县止。

又襄堤工程处，专为修筑遥堤工程而设。其管辖堤段，自钟祥县之旧口镇起，至火龙山之罗汉寺止，并将第七工务所堤段自旧口镇起至三四弓止一段，划归该处管辖。

以上各工务所及局处管辖之堤段，因遭去年七月间洪水之冲漫，溃决矬坍之处，随地皆有。总计本年度江汉工程局原定及追加岁修之加高培厚工程（土方及石方）复堵工程，及钟祥新筑之遥堤工程，连同夏期防汛工程等，共需款五六百万元。除遥堤原定二百二十余万，在三月间又增加五十六万元，合计二百七十六万余元外，其余皆为堵口复堵工程，岁修之土石工程，及防汛之工料等项所需用之经费。堤防在湖北关系既如是之重，而工程又如是之大，用款又如是之多，设不于事前严加注意，一旦夏汛期来，势将束手无策。一涵爰特于本年三月间，先往钟祥之遥堤视察，复于四月十三日，由汉口沿长江上至沙市，沿途视察长江干堤，计视察一千余里。所有各险要及各重要工程地段，均经逐处上堤，详细履勘。除视察遥堤情形，业经具文呈报外。兹再将视察自汉口至沙市之沿江干堤情形，缕陈如下。

（一）第二工务所管辖堤段，自汉口而上，以岁修工程为多，而岁修工程中，以加高培厚之土工为多。仅金口长堤一段，凡土坡崩塌处所，均做抛石工程，此段工程，正在进行之中，在五月底以内，均可完成。

（二）第三工务所管辖堤段，自新滩口起，至监利县之白螺矶止，亦均以岁修工程为多。其岁修工程中加高培厚之土工，约完成十分之六七。至叶家洲上岸，视察该处石工，见自叶家洲至七房墩等处，江滩崩塌甚多，且有塌至堤脚甚近者，该处抛石工程，已做一半。再至新堤上岸，视察该工务所附近岁修土工，完成者亦复不少。再至崇阳树上岸，见堤身加高培厚工程，亦做至一半，惟现在堤上，已无人继续做工，问其原因，则谓民夫均回里赶修民堤，民堤完工后，当可复行到堤工作。螺山之下，堤边滩地崩塌者甚多，现亦在修补。据第三工务所主任刘复瑗面称，截至五月底止，所有该管堤段全部工程，可以一律完工。

（三）第四工务所管辖堤段，自白螺矶起，至拖茅埠止，此段工程，计定经费约六十万元，约占江汉工程局全部岁修经费四分之一，此为在所有各工务所管辖堤段中工程最大，及险工最多最难之一段。该段工程，除岁修之加高培厚土工外，计有观音洲、上车湾、狮子口等处，及自戴家马口至渣家淌（即该工务所所称之戴渣段）等处之抛石工程，与麻布拐去年溃口处之复堵工程。除戴渣段石工，因洲滩高涨，距江甚远，目前不能运石，原定自六月一日以后动工外，其他各段土石工，均完成十分之六七。惟观音洲一带，现在在堤工作人数甚少，上车湾一带，工作人数虽较多，然堤岸崩塌，距堤脚甚近，幸内有二十年大水后所筑之月牙堤，可以防备万一，惜其月牙堤堤身较低耳。

麻布拐之复堵工程，计完成十分之八九，该处旧堤甚为弯曲，堤内江滩甚宽大，水大上滩，变成巨湖，一遇西北风起，巨浪直扑堤身，故多次溃口，均在此处，现已另筑新堤，将堤身取直，以后危险似可较少。惟决口处堤内之江滩，已流成一河，水深逾丈，复堵时拦河作堤，因积水未退，填土入水，转瞬即溶为泥浆，虽堤外下桩，桩外抛石，然因堤身内外，皆有积水成河，堤脚不坚，新土下矬。视察时，见桩已外斜，堤土复因而下建，发现多数裂缝，若夏期水涨，堤内压力增加，则塌矬更易，塌矬不已，将与去年七月间汉口张公堤之姑嫂树一段，发现同样坍陷情形。一涵观此状况，认为十分可虑，比晚即与江汉工程局席局长、工务所主任，及监利县政府熊秘书，妥商救济办法，当经决定在原来抛石之外，就坡水泓加填青沙坡二十米，以为堤身防衬，并加打脚桩，自一排至二、三排，以资稳固，已由席局长面嘱该工务所主任立即办理。其新堤与老堤之接头处，俗谓之搭脑，恐不坚固，亦议定加大坡度，并在堤内增筑压台，以为新堤之保障，亦已由席局长面嘱照办矣。

（四）荆江堤工局所辖堤段，除岁修之加高培厚土工外，并有石工及复堵工程。该段堤工，技术由江汉工程局指导，工款由湖北省政府拨付，计本年岁修土石各工款，复估核定及追加之数，共为二十七万余元，现省政府准发二十万元，不敷颇巨。自拖茅埠以上至郝穴，均由一涵亲自履勘，自郝穴以上至堆金台，亦已由本署科长安梦周、调查员张家珏等前往调查，截至一涵履勘之日止，全部工程，均完成十分之六七，据该荆江堤工局局长徐国瑞称，五月二十日以前可以一律完工。

上述各段堤工，除第四工务所管辖之戴渣段石工，须照原定期在六月一日以后动工外，其余各段之土石及复堵工程，大都可以如期完竣。惟从前沿江沿汉两处抛石工程，多属草率从事，仅收散碎石块，抛置将塌未塌之土坡上，厚薄聚散，均无沉实，石小而轻，下皆浮土，一遇洪水冲荡，即随波逐流而去，所费之款甚多，所收之利甚少。今江汉工程局对于抛石工程，设计较为进步，先用铁丝编巨笼，将大小石块盛满，再用铁丝将笼口封紧，或沉于岸脚，或压住岸土，每一石笼，均重逾千斤，聚小石而为大石，功效激增，上车湾一带护堤工程，共估抛石笼八千个，其他各处所抛者亦多，此种设计，于堤防用处极大。惟岁修之土工因民夫须兼顾民堤，故到堤工作之人数，均不能如预定之多，而堤上硪工（即以绳系石块，用八人举之，从高掷下，筑土使坚之工）为数亦少，新筑之加高培厚工程，如不能层层坚固，则危险实多，视察时已面告各段工程人员，迅予设法救济矣。所有此次视察自湖北汉口至沙市沿江干堤情形，理合备文呈报，仰祈鉴核。再，此次巡视时考查所及，尚有数处重要民堤，似宜由江汉工程局于下年度收作干堤，并先于本年度酌予拨补防汛材料，以资救济，容俟另文陈述，合并声明。谨呈监察院院长于。

监察院湖南湖北监察区监察使高一涵谨呈

二十五年四月二十九日

（《监察院公报》第八十期）

调查呈报文

（1936年5月4日）

湖北黄瓦堤、武惠堤、阴湘城堤等似应收作干堤，并应先予拨补防汛材料，转请核咨行政院办理。

查湖北省江汉各堤，有干堤与民堤之别。干堤除荆江堤工局管辖一部，工款系由省府拨发，工程仍由江汉工程局指导外，余均属江汉工程局所管辖，大体上亦即由该局担任修防。至民堤则仅由各县地方政府，督饬地方人民，自行担任修防事务。其各地民堤之中，固有利害关系较微、工程担负较轻之处，以之责令地方担任，容或力所能胜。然亦有利害关系较巨，及工程担负较重，而实为地方所力难担任者，虽有时亦请准省方拨款补助，究属为数甚微，若不早予设法救济，则不惟地方受苦太深，尤恐因而贻误工程，使他处亦蒙其害。兹就各方陈述，加以考查，认为有数处应予注意，爰为分别转陈之。

（一）荆门县属之黄瓦堤，为滨汉大堤之一。一涵此次巡视江堤，行抵沙市，据荆门县县长叶鸿洲来沙面述该堤情形，并具有《黄瓦干堤修复状况报告》。略谓，黄瓦堤南自荆门沙洋黄家山起，北至钟祥瓦瓷滩止，内分小江湖堤及邓家湖堤两段，共长七十五里，关系荆钟两邑人民赋命，与对岸钟祥遥堤，有辅车相依之势，历来政府知其重要，均拨巨帑修筑。二十四年春间，江汉工程局呈报干堤岁修表，亦列入第七表中，经省府令行有案。迨七月间溃决后，工程过大，经县呈省请饬该局修复，该局亦已饬由第七工务所勘估计划，乃忽将其改为民堤，由省饬县自行修复。查该堤共有大溃口十三处，其余小溃口尚多，须做土十六万三千余方，省府先后拨发该堤工赈之款，仅共有五千元，除已支付各项经费外，按款分配，每方不过分配一分八厘，再以三人同做一方计算，每一人工，仅可得津贴六厘，而荆门灾后遗黎，本已终日不得一饱，且多散之四方，按亩摊夫及远道征工，均属困难万状，不得已由县长亲身赴乡奔走多日，向民众动之以感情，述之以利害，历尽艰辛，始将工程做至十分之六七。窃思该堤保障良田数十万亩，系与对岸遥堤夹流而峙，使汉水洪波直下，可保荆钟等县之安全，否则小江湖及邓家湖一经溃决，则水宽浪大，势将冲激对方，使遥堤发生危险。夫以有如此重大利害关系之堤工，乃交由如此民穷财尽之地方担负全部修防之责任，深恐难保万全，应请赐予主张，俾得仍由江汉工程局收作干堤，以重堤防，而纾民困等语。其言时恳切异常，几于声泪俱下。一涵详加访察，该县长所述困难各节，委系实情。至该堤既为滨汉大堤，其所有利害关系，自亦显然较巨。复经查阅江汉工程局所制第七工务所管辖堤段平面图，南岸自潜江县之东荆河西岸关家榨起，经荆沙洋上至宜城县止，亦将该黄瓦堤列在图内。证以该县长所言各情，是该堤本系干堤，中间曾归江汉工程局第七工务所管辖，二十四年度岁修表内，并经列有该堤，即就成案而言，该堤亦应在收作干堤之列也。

（二）江陵县属之阴湘城堤，系与荆江大堤之上部紧相衔接成堤，而与其有同一重大利害之关系。乃荆江大堤早已作为干堤，由荆江堤工局负责办理，惟此阴湘城堤，迄今犹在民堤之列，归地方自行担任修防。一涵此次巡视江堤，曾亲到荆江大堤下部视察，其荆江大堤上部，及阴湘城堤，均已由本署科长安梦周、调查员张家珏等前往查勘。据该区行政督察专员兼江陵县县长黄公柱，具有《江陵县阴湘城堤述要》，并面述该堤情形，略谓：阴湘城堤，创建于明湘献王，起堆金台，迄枣林岗，长十余里。缘荆江大堤于有明隆庆二年建筑后，且漳河水仍由阵头山入柳港，灌菱角湖，直冲阴湘城，淹没荆沙，出关沮口，入长湖，下淹四十八垸及监利县一带，故湘献王创建此堤，依岗修筑，以与荆江大堤起点之堆金台相衔接，而资防堵，是阴湘城堤实为荆江干堤之缘领。此堤不保，荆江干堤直等于废物，盖两堤皆处于一线上，互相为辅者也。嗣又于阴湘城堤之外，造闸筑堤，藉作阴湘城堤外护，亦称外堤。历年阴湘城堤岁修，皆由县地方拨款办理。去年大水为灾，全堤溃漫，水势如顶灌足，一泻千里，江陵、潜江、监利、沔阳等县，均蒙其害。筹款复修，既非地方力量所能及，而该堤当沮水与长江之汇，利害直同荆江干堤，似以划归省修为妥善。故去冬地方人士，有呈请移转管辖之议，当蒙层峰令由荆江堤工局测估结果，连外堤共需工款十一万二千余元，旋奉省令准拨工赈二万元，仍饬地方自行筹修。地方以工巨款少，兼顾为难，遂决定仅先将阴湘城堤修复，俟有余力，再修外堤，现因工款支绌，仅将阴湘城堤高度，修至与去年洪水位相平，倘将来水位超过去年，则以现在高度，仍属不能抗衡。至外堤亦仅分配工赈三千八百元以修去年溃口。深冀阴湘城堤及其外堤，均能划归省修，庶期款足工坚，得有安全保障等语。一涵详予考查，并询据该科长安梦周、调查员张家珏等面陈查勘状况，与该兼县长所述各节，大致相同。查该阴湘城堤，既与荆江大堤在一线上紧相衔接，则虽系两堤，仍与一堤相等，阴湘城堤设有漫溃，该县及其下游各县之受害，实与受害于荆江大堤之漫溃者相同。今荆江大堤，既早已作为干堤，由荆江堤工局负责办理，似应即将该阴湘城堤，亦收归荆江堤工局管辖，俾免地方无力修筑，贻误工程。至于该项外堤，系与阴湘城堤有连带之关系，似亦应随同办理之也。

（三）武昌县属之武惠堤，上与滨江干堤之武丰堤在青山镇相衔接，下至白浒山止，计长七十里，亦为滨江之重要大堤。去年夏汛期间，该堤经过多日之抢救，其形势危险异常。一涵因该堤关系重大，曾迭次亲往查勘督促，其后江汉堤多漫溃，该堤勉强转危为安。本年三月间，一涵又亲往该堤视察一次，所有视察情形，业经详细呈报。查该堤地位既关重要，防护亦甚困难，本应归入干堤之列，徒以业经划作民堤，遂使如此巨大之工程，仅责诸一隅地方担任，力量过于单薄，堤工久患失修，一逢大水之年，便有溃破之虑。去年该堤抢险之时，官民竭力支持，洵属异常困苦，本年岁修工程，虽已由省府准拨石工工款二万八千元，亦不过为一时补助之用，若不另谋善后，则地方恐终将无法支持。一涵历次视察该堤，每据地方人民陈述，佥谓该堤在民国二十年大水之后，曾有收归江汉工程局管辖之议，惜未能成，现仍请主张收作干堤，俾可由江汉工程局担任修防，免致地方无力担负。一涵思该地方人民陈述之言，实堪注意，似应如其所请，以策该堤根本之安全。

以上所述各堤，均系利害关系较巨，工程负担较重，而其修防事务，实为地方所力难担任之堤。在当日划作民堤，谅亦有其一时之故，惟近年水灾屡见，工程既日关重要，地方亦日感困难，极应从根本上设法转移，用资救济。一涵既据各方陈述，复经加以考查，实有注意必要，自未便壅于上闻。所有该荆门县属之黄瓦堤，及武昌县属之武惠堤，似应收作干堤，归江汉工程局管辖。江陵县属之阴湘城堤及其外堤，似应收作干堤，归荆江堤工局管辖。均自二十五年度起，由各该局担任修防。惟本年度夏汛之期，转瞬即届，各该堤岁修工程，已属勉强应付，防汛时必更无力支持，并应由各该局先于本年度内按其防汛材料需要，酌予拨补若干，以重堤防，而保民命。可否恳由钧院俯将上述缘由，准予咨请行政院察酌办理。理合抄同荆门县县长叶鸿洲所具《黄瓦干堤修复状况报告》一份，兼江陵县长黄公柱所具《江陵县阴湘城堤述要》一份，备文转请，仰祈鉴核施行，实为公便。谨呈监察院长于。

计抄附《黄瓦干堤修复状况报告》一份、《江陵县阴湘城堤述要》一份（略）

监察院湖南湖北监察区监察使　高一涵谨呈

二十五年五月四日

附一：

监察院咨文　机字第二四〇四号

二十五年五月十三日

案据湖南湖北监察区监察使高一涵呈，以湖北荆门县属之黄瓦堤、江陵县属之阴湘城堤及其外堤、武昌县属之武惠堤等，似应由江汉工程局及荆江堤工局分别收作干堤，均自二十五年度起，由各该局担任修防。并先于本年度内，按其防汛材料需要，酌予拨补若干，以重堤防，而保民命，转请鉴核咨请酌办等情，并抄附黄瓦干堤修复状况报告及江陵县阴湘城堤述要各一份。据此，除指令外，相应抄件咨行贵院酌办理，并希见复为荷。

此咨

行政院

计抄送高监察使原呈一件，《黄瓦干堤修复状况报告》一件（略），《江陵县阴湘城堤述要》一件（略）（见本报特载栏）

院长　于右任

附二：

监察院指令　机字第二四〇八号

二十五年五月十一日

令湖南湖北监察区监察使高一涵，二十五年五月四日呈字第九六号呈一件，为湖北荆门县属之黄瓦堤、江陵县属之阴湘城堤、武昌县属之武惠堤等，似应由江汉工程局及荆江堤工局分别收作干堤，并先予拨补防汛材料，转请鉴核赐咨行政院，察酌办理由。

呈暨附件均悉。已据情咨请行政院察酌办理矣。仰即知照。此令。

院长　于右任

（《监察院公报》第八十一期）

“报告前往钟祥县沙港附近视察堤工”佳日代电

（1936 年）

钧鉴：本署前曾电江汉工程局，查询堤工进度，嗣准该局电告，钟祥县三四工堵口程，业已合龙，顷并闻从该县沙港附近筑一新堤，工程浩大，每日有七八万人工作。一涵因各该处水利工程，关系异常重要，特于佳晨，约同全国经济委员会水利处副处长郑肇经、省政府委员范熙绩等，前往视察，日内即可返署。谨此电呈。高一涵叩佳印。

“报告视察钟祥竣事”寒日代电

钧鉴：一涵于于佳日赴钟祥一带视察堤工，比经电呈在案。兹已于元日公回，除详情另报外，谨先电请鉴核备查。高一涵叩寒印。

（《监察院公报》第七十二期）

视察湖北潜江县堤工情形的报告

（1936 年）

监察院院长于钧鉴：本署前因对于水利堤防，应实地加以监察，曾派员前往各处择要调查。嗣据本署所派科长安梦周、科员张家珏报告，查勘荆沙一带荆江大堤，及阴湘城堤等处重要堤工情形，业于四月元代电内，呈报在案。兹续据该科长等由湖北潜江县发来五月庚代电，报告勘查潜江县堤工情形，略谓，该县最重要堤防有二：一为护城堤，一为东荆河堤。现该两堤培修及堵口工程，均可依限完竣，并附呈潜江县支配工程赈款情形及开工实况调查表前来，理合抄同原代电一份，报请鉴核备查。

监察院湖南湖北监察区监察使　高一涵叩效印

计抄附本署科长安梦周、科员张家珏庚代电一份（代电内所附潜江县支配工程赈款情形及开工实况调查表，存署备查）（略）

（《监察院公报》第八十四期）

报告遥堤工程最近查询所得情形冬代电

（1936 年 7 月）

院长于钧鉴：本署对湖北钟祥遥堤工程，历经注意，查察督促，暨续电该堤善后工程委员会范主席委员熙续查询各情形，迭已电呈在案。兹接范主席委员陷电[①]开：漾电[②]敬悉。此次经委会秦秘书长率领技术人员，于梗日到工实地勘察，迭经开会讨论，商定办法七条，大要堵筑工程，仍由善后会继续办理，堵口暨四段未完工程与附属工程，共约需经费八十万元，除余文（“文”字似系款字之误）存料外，尚需七十万元之谱。施工步骤，七月下旬至九月巩固坝头，加培坝身，修筑四段堤身，十月底完成堵口工程，十一月完成四段全部工程。此项办法，业奉经委会省政府感电会同核定，弟遵照施行，惟力是视。除将会商纪录二函寄奉外，谨电奉开等语。除仍对本监察区内各堤注意查察督促外，理合将遥堤工程最近查询所得情形，驰电报请钧院鉴核。

监察院湖南湖北监察区监察使　高一涵冬[③]印

（《监察院公报》第九十三期）

---

① 陷电:指 30 日电。

② 漾电:指 23 日电。

③ 冬:指 2 日。

监察院湖南湖北监察区呈报文

（监察使署呈字第322号）

（1938年12月28日）

窃一涵前闻长沙市发生大火，比经派员往查。旋奉命亲往调查，遵即起程前往。计自十二月五日之夜，到达长沙，至十三日离去该市，费时七日，始查得一切情形。惟此次调查本案，有最感困难者数端：一则起火时直接负责，及亲身在事之人，或已死亡逃避，或已离散迁移；即当时担任放火工作之员兵，亦或经拨编他处，或经逃散远方；事过境迁，均难以得其质证。而起火适在深夜，已少目击之人，火后又多流亡，即旁询亦非易事，一则各机关均值迁移，复遭大火，凡属有关文件，或已运往他处，或经被火所焚，多无法加以搜集。至于善后工作，因其正在进行，亦尚未得有具体之结果。故本报告书所述各节，均系由于尽量设法，实地调查，再加博访周咨，衡情度理，参以公平之舆书壹份。至关于慰问一节，亦经联叙及之。理合备文呈送，仰祈鉴核！谨呈监察院院长于。

计呈送调查长沙市火灾案报告书壹份连同附件

监察院湖南湖北监察区监察使　高一涵

附：

长沙市火灾案调查报告书

案查前奉钧长十一月敬电①，录以湘垣大火，损失甚巨，其中情节，尚有调查未尽、未经处分者，饬即亲往调查并慰问等因，遵经亲往调查，并为慰问。所有起程暨回署日期，以及在长沙与沿途所查概况，曾经迭电呈报在案。兹查一涵此次赴长，系先由乾城所里，带同原在乾城永绥一带调查之本署科长安梦周、调查员张家珏，经沅陵驰抵长沙，奉行使命。嗣又亲往湘潭、湘乡等县，视察一切情形。并于归途经过宁乡、益阳、常德、沅陵等县，亦均加以视察。除视察各县情形，容俟另行呈报外，谨先将调查长沙市火灾案之详细情形，缮具调查长沙市火灾案报告论证诸现存之文书，并为其追溯原因、详考经过，而尤注意于该管机关人员之责任问题。爰分为：（一）火灾之酿成；（二）火灾之责任；（三）火灾之损失；（四）火灾之善后。依次缕晰陈之。

（一）火灾之酿成：

此次长沙火灾之酿成，考其最大原因，约为下列二种。

（甲）由于事前地方之慌乱：自我军放弃武汉以来，咸宁、蒲圻、临湘、岳阳、崇阳、通城等县，相继失守。迨至十一月初旬，通城之敌，前锋已迫近距平江以北六十公里之九岭；粤汉路之敌，前锋已迫近距汨罗以北三十五公里之新墙河。汨罗距长沙八十公里，故沿铁路线之敌，距长沙不过一百二十公里。因前线逼近长沙，故在长沙起火之日即十一月十二日以前，人心即已异常惶恐，秩序几于不可维持。其情状之最为显著者：

（1）中产以上住户，几于完全迁移，所遗住宅，仅留一二人看守。

（2）商店门多半掩，仅于夜晚营业，迨至十一月十一日，十之八九店门，均已完全关闭，以致旅客之饮食居住，均极困难。

---

① 敬电：指 24 日电。

(3) 因后方医院负责者率先退走，故伤病兵之颠沛流离，不绝于道。

(4) 民用交通工具，如汽车、人力车等，均无从雇乘。

(5) 市内收容之难民，全部步行迁出，络绎于途。

(6) 至十一月十二日午后，省市政府及其他党政军各机关人员，大都仓惶撤退，沿街沿路行人，更摩肩接踵。

(7) 十二日为总理诞辰纪念，预定于是日之晚，举行火炬游行，乃届时参加者不及千人，所过之处，观者更属寥寥。

观上述各种情形，可知当时长沙人心，已惶恐至如何程度。因其如此惶恐之故，遂致一时风声鹤唳，草木皆兵，人人心理之中，以为旦暮即将放弃。再加以该管军警机关，种种慌张躁率，举措乖方，更使人心益见惊慌，秩序益趋紊乱，竟即于此惊慌紊乱之下，酿成空前未有之火灾，其情节乃于后文详述。

(乙) 由于军警举措之乖方：战时前方情报，在在与后方秩序有关，愈当战争紧迫之时，其关系亦愈为重大。地方军警机关，负情报交通责任，应如何严密审慎，俾情报悉为真实，应付悉洽机宜，方不至于偾事。而其本身一举一动，尤关局势安危，更须镇定周详，以资维系。该省政府主席张治中，既不兼任野战司令，所得情报，多系间接而来，在危急之时，自不免稍嫌迟缓。乃该管军警机关，平日对于情报，布置既属多疏，致难得有真实之消息，临时又竟将得诸传闻，甚或以敌方之虚伪播音，为情报根据，更从而张皇失措，自误误人，以致铸成大错。据当时在长沙者口述，军警机关在十一月十一及十二两日之间，所得前方之消息如下：

(1) 传闻得有前线某指挥官电话，谓在岳阳附近之某某师，不服指挥。

(2) 传闻汨罗方面，我方无一兵一卒防守。

(3) 传闻平江、汨罗，均为敌人占据。

军警机关既误信上述流言，竟即张皇躁率，举措乖方，而市内遂更有下列之现象：

(1) 警察局未奉命令，遽将警察先行撤退，十一及十二两日之长沙城市，已无警察站岗，至十二日晚，张主席限定省会警察局长文重孚，令警察在两小时内复岗，当时竟未遵办，及再以电话询问，而该局电话已不通，该局长已不知去向。

（2）十二日下午，军警机关以警备司令部名义，到处抓车，中央通讯社及中央日报社之卡车，都曾被扣，即第九战区司令长官传令兵之汽车，亦曾被扣留一次。

（3）十二日晚间，因秩序无人维持之故，市内已闻到散兵枪声，以盘查为名，劫掠行旅。

（4）十一及十二两日，大街之墙壁上，每见有用墨笔所写之日文标语，在认识日文者，知此为即将放弃长沙之表示，其不认识日文者，且以为汉奸或敌人便衣队，已在城内活动，更即将放弃长沙。

市内既有如此情形，自更足增加地方之慌乱。然彼时军警机关，如能将准备放火一事，格外精密筹划，慎重施行，尚不致遽招奇祸。乃竟一味慌张躁率，其举措愈益乖方，于是空前浩劫，遂酿成于顷刻间矣。

缘长沙既为重要城市，又系已临战区，我军为应付战略转移，而速由政府事前准备，俾遇放弃时，即将该城市及有关军事之建筑物，施以破坏，免资敌用，原为作战之必要，亦属事实上所当然。观于蒋委员长对此案所致行政院之电文，暨中宣部与政治部对此案所发之说明，可以明了（蒋委员长电文暨中宣部政治部说明均抄附，见附件一、附件二）。惟所谓准备破坏，乃系先行准备，届时实施，并非即可实施破坏也。该省政府主席张治中，承办此事，即密交长沙警务司令酆悌，及该省保安处长徐权，拟订计划，速为准备，免临时贻误事机，但并未发有实施破坏之命令。酆悌接受此项任务后，即交由该司令部参谋长石国基、参谋处长许权，拟具破坏计划，并准备破坏工作。惟因其时误信流言，正在张皇失措，故一面拟具破坏之计划，一面即分配准备破坏之工作。酆悌于十一月十二日午后，将所拟计划，送呈张主席核阅，张主席当时即认该计划为未妥，令其详加改订，仍于次日呈阅。但分配准备破坏工作之事，亦已正在进行，连夜即令警备第二团，担任放火事务，编为二十四队，分布全市各区，武装自卫队亦经加入。并令同时以卡车装载汽油火油等引火之物，散在街头巷口，专候放火工作之实施。当十二日夜间起火之时，有人亲见枪兵与武装自卫队，佩戴放火队之臂章，挨户驱走人民，发油放火。一涵此次调查时，曾面询长沙青年会门房勤务，所言亦与此相符。可见该警备司令酆悌等，在拟订破坏计划，尚未呈经主席核准之时，即先自实行分配放火之工作，编队分区，遍布街市，引火材料，放火徽章，亦均发给齐全，俨若迫不及待。夫以如此庞大之组织，聚则传令较易，散则传令实难。且当准备破坏之时期，即假以实施破坏之工具。其在上级机关，固知准备与行动系为两事。而在下级员兵，根本未明真相，徒见情势如此汹涌，谣言如此繁兴；政府机关人员，多已仓皇步行而去；昔日繁盛街市，亦已大都寂然无人；至于军警抓车，警察撤退，其事实又早为大众所共闻。今独令彼等守候街中，既无严密纪律之防闲，复无高级长官之督率；而对于彼等所担任之破坏工作，究竟系为准备，抑即实行？以彼等思想简单，亦属难以辨别；遂致惶惶无主，更增躁急之心，且以为情势如斯，行动已不容再缓，一唱百和，顿成吠影吠声。夫以当时如此情形，实已如矢在弦，一触即发，但使稍有误会，或有一人一处开端，则一发即不可收拾。况闻当彼等出发之初，对于施行放火之信号，曾告以或以举火，或以传令，或以警报，尚未确切定明。在群情惶惑之中，既未责以有一定信号之遵守，则只须有一人一处，有类似发布信号之行为，便即可引起全体之动作，则中宣部与政治部所发说明内，谓系由于从事准备破坏之人，将准备变为行动，于是一处起火，到处发动，系属可信之词。一涵访察之时，舆论亦大都如此。至放火时究竟有无命令一节，除省政府查未发有实施破坏之命令外，其警备司令部等机关，亦未查出有曾发此命令之证据。惟即照上述情节言之，此次长沙大火之酿成，实系由于事前地方之慌乱及军警举措之乖方，而推究地方所以事前慌乱之原因，亦大都系受军警举措乖方之影响。况担任放火工作，实以该警备第二团为主力之人。则所谓酿成火灾之两种原因，仍系二而一也。

（二）火灾之责任：

长沙火灾酿成情形，已如上述，而其中最为主要之关键，则在该管军警机关，始则情报多疏，误以流言为实；手忙脚乱，派队四出抓车，警察撤岗，秩序无人过问；甚至市内机关电话，亦竟拆卸不通；种种惊扰情形，益陷地方于慌乱。继则奉令拟订计划，准备破坏，竟于计划尚未呈准之际，遽将放火工作，擅自分配多人，并给以实行放火之工具；而又无严密纪律，资以防闲；以致空前火灾，遂发动于其所分配诸人之手。虽未查出其有实施放火命令之证据，但其种种慌张躁率，举措乖方，实足以酿成巨变，与曾发命令者无殊，其责任实最为重大。查此次最应负责之军警机关，系为长沙警备司令部、警备第二团、湖南全省保安处，及湖南省会警察局。现警备司令酆悌、警备第二团团长徐崐，已以“误信谣言，惊慌躁切，辱职殃民，罪无可逭”；省会警察局长文重孚，已以“未奉命令，放弃职守”，均经军事委员会高等军法会审，判处死刑，并经发交长株警备司令部执行暨布告在案（布告抄附，见附件三）。保安处长徐权，亦以“惊惶失措，摇动人心”，经军委会予以革职查办之处分。惟警备司令部参谋长石国基、参谋处长许权，均已在逃通缉。此外该省政府主席张治中，业经军委会查为“用人失察，防范疏忽”，呈请中央予以革职留任，责成善后，以观后效。长沙市长席楚霖，亦由该省政府以其“对于此次火灾，疏于防范”，免职留任。观于上述处分，责任均已分明，惟一涵于调查之后，觉对于该省此次惩办负责人员，尚有应行补充意见者：

（1）此次事变酿成，上述长沙警备司令部、警备第二团、全省保安处，及省会警察局等军警机关，最应负重大之责任。今警备司令酆悌、警备第二团团长徐崐，及省会警察局长文重孚，均已明正典刑，洵属罪有应得。而保安处长徐权，则尚在查办期内，查保安处负全省保安之责，在敌军业已侵入本省境内之时，对前方情报交通，其责任当更为重大。乃该处长平日布置多疏，致情报不能真实；反更将得诸传闻，甚或以敌方虚伪之播音，为情报之根据；遂从而张皇失措，作种种惊扰行为。颇闻派队四出抓车一事，虽系用警备司令部名义，而其实则系由该处一同为之。至于拆除电话，断绝交通，闻该处亦曾参与。且闻误传情报，摇动人心，亦多由该处宣传不慎，实属罪有攸归。其尤为重要者：关于准备破坏一事，该处长实与酆悌二人，奉令同负准备之责任。虽当时分配放火工作，系警备司令部之所为，然该处长身负全省保安之责，又奉共同准备之令，且同系驻在城中，岂竟毫无闻见；若非参与其事，即属放弃职权，巨变酿成，安能辞责？似应速予查明严惩，以昭国法而平人心。

（2）警备司令部参谋长石国基、参谋处长许权，均系奉令拟具计划，准备破坏之人员。乃于计划尚未呈准之时，遽将放火工作，实行分配；并即散发臂章，拨给工具，致大火瞬即酿成；均属责有攸归，罪无可逭。且闻分配放火工作一事，许权尤为实际上办理之人。当奉令准备之时，即由彼召集电灯厂工人，及其他商店员工，商议如何彻底破坏各该厂店之方法；至今长沙人犹能言之。可见该项事宜，多系由其所办，情节更为重大，尤宜速正典刑。现该二人均系在逃，亟应严缉重惩。抑有进者，当时放火之举，虽未查出警备司令部等机关，有曾发命令之证据。但究竟是否有人擅发命令？该许权系为亲身办理之人，仍须于缉获后再行追究也。

又查此次事变，在长沙之其他文武官员，因未奉有准备破坏之命令，事前均未参与，当无何种责任之可言。除该管军警机关之负责人员，均已法办或正在通缉外，其该管省政府主席及长沙市市长，亦均以疏于防范，受有处分，此外，则尚未查出有应受处分而未经处分之人也。

（三）火灾之损失：

此次长沙火灾，计自十一月十二日深夜即十三日上午二时许，起火后，因火头太多，火势太大，无法灌救，听其延烧，直烧至三天之后，火始渐趋衰歇。似此空前浩劫，言之弥足痛心。关于火灾损失情形，一时难有确实统计。无论财产损失未易调查，即房屋人口之损失，亦属猝难明了。长沙火灾临时救济委员会，现正组织调查委员会，着手详密调查，尚未调查完毕。兹据各方面概计房屋焚毁数目如下：

(1) 省会警察局报告所查损失统计：

原有户数 45501 户。

完整户数 10030 户。

焚毁户数 35471 户。

至焚毁户数之中，计有住户 24663，商店 10538，机关 155，寺庙 94，外侨住宅 21，共为 35471 户。

(2) 第九战区第二政工大队报告所查损失统计：

财产损失无法统计。

焚毁房屋 16469 间。

(3) 美联社记者估计：

商店焚毁者百分之八十五。

住宅焚毁者百分之七十。

以上统计房屋损失数目，均系未经详切调查，其数字自不十分可靠。若就一涵此次勘查所及，则环城马路以内，所有繁盛之区，如南正街八角亭一带，凡属巨大商店，几于百无一存。其他各大街市之中，残存者亦仅各有三五家或十余家不等。而省党部、市党部、财政厅、教育厅、法院、银行，以及省政府等公共机关，则或系完全存留，或尚存一大部分。公私相形之下，难免令被难者心更不平。综计长沙市内房屋，除浏阳门一带，早被敌机轰炸燃烧而外，仅北外南外东外各处房屋，所存较多，余则大都被毁。通盘估计，全存及残存者，恐不及百分之二十。一俟调查委员会调查完毕，当有较为详明之统计焉。

又此次火灾中之人口死亡，亦尚未有详明之调查统计。惟因当时长沙人民，大都均已分散，而担任放火工作者，亦曾于事前驱走人民，故死于火灾者尚少。兹据各方面报告业已掩埋之数目，姑予列载如下：

第九战区第二政工大队报告掩埋数 335 人。

四十五收容所报告掩埋数 183 人。

五十八师报告掩埋数 25 人。

省会警察局报告掩埋数 24 人。

市政府保甲人员报告掩埋数 40 人。

附注：据救济委员会工作人员报告，第二政工大队报告掩埋总数，为 335 人。如包括四十五收容所及五十八师掩埋数在内，则该队之掩埋数，仅为 127 人。因当时负掩埋工作总责者离长他往，故无从查询。

综计上列业已掩埋之数目，则死亡者最少尚不足四百人，最多亦仅为六百零七人，究竟死亡人数多寡，仍有待于详明之调查统计也。

（四）火灾之善后

长沙市火灾善后，可分为“紧急之处置”“救济之进行”及“复兴之筹划”等部分，撮要述之。

（甲）紧急之处置：火灾既起之后，该省政府主席张治中，即一面分电呈报，并自请处分，一面采取下列之紧急处置。

（1）手令严拿放火者，准许就地枪决。

（2）派员并亲自召集有关人员，查询起火真相及主动者。

（3）派保安团上街维持秩序。

（4）派员调查外侨有无损害并慰问。

（5）令主管机关，加紧伤兵难民之救济，并维持恢复交通。

蒋委员长据报后，立即亲临镇抚，并采取下列处置。

（1）逮捕首事有关人员，依法严惩。

（2）拨付巨款，救济被难民众。

（3）调集重兵，加紧长沙防卫。

（4）改组地方军警机构，办理一切善后。

上述各项处置，均经依次施行。而第九战区陈司令长官及政治部，亦分别调队派员，协同地方政府，维持秩序，恢复交通，并极力抚辑灾民，俾治安渐臻稳定，遂续作救济工作之进行。

（乙）救济之进行：救济工作之组织，以长沙市火灾临时救济委员会为中心（委员会组织大纲见附件四），该会于十一月二十二日成立，内分总务、救济、工程、市场、交通、治安、宣传、经理等八组，推行工作。而关于救济一端，实尤为当务之急，特为提出叙述之。

查该会救济工作，首在安置灾民，其手续先办登记，再办疏散收容，并有小本贷款及保育费之设置，以为灾民不愿住收容所者生计之预筹，兹录其所定原则如下：

（1）灾民收容所登记灾民，至十一月底截止，疏散灾民，至十二月三日截止，再发给灾民证办理疏散。

（2）收容所灾民，日发给养一角。

（3）指定疏散县份，为湘中安化、新化、邵阳、武冈，湘南祁阳、零陵、东安、宁远，及湘西泸溪、溆浦等十县。各县由各县政府办理灾民收容所，凭证收容长沙市难民，供给食宿，至明年三月十五日止，三月十五日以后，由赈委会负责救济。

（4）如有不愿到第三条所指定之疏散县份，亦发灾民证、疏散费、给养费，任其自行前往，如满百人，即可添设收容所。

（5）疏散费规定以每三十华里发二角五分为标准，另发给养三天计三角。

（6）各县只办收容所，不发现款，但灾民不满百人，不能设所时，每人折发十元。

（7）凡不愿住所愿小本贷款者，每人得贷款十元，十二岁以下之儿童，不得贷款，但得领保育费五元，由救济委员会发给贷款证、保育证及疏散费，灾民持往疏散地县政府领款，其愿留长沙者，不给疏散费。

该会依上述原则办理，自十二月一日至七日，经疏散至外县之灾民，共有 25813 人。其中贷款者 23804 人。领保育证者 1792 人。领灾民证者 217 人。

灾民登记及疏散日期截止之后，仍有灾民未及登记，签请补行救济者。该会为体恤灾民起见，复决定于十二月九日，每人发给一次救济费五元。是日领款人数仍有八万四千余人之多，共发出救济费四十二万余元。连同已往所发收容、疏散及贷款、保育等费，共已用去六十余万元，其来源系为中央之补助，及该省之自筹。至该会对于救济工作，办理颇属紧张，所有在事人员，大都废寝忘餐，勇于负责。一涵详加考核，尚属聊足慰怀。

(丙)复兴之筹划：该省政府对于长沙之复兴，已设有长沙市善后建设委员会，主持筹划(委员会组织大纲抄附，见附件五)。并决定由二十七年该省建设公债项下，指拨一千万元，作为该项建设经费，不足再筹。一切复兴事宜，均已开始筹划。

至关于长沙此次火灾善后之大体办法，业经张主席先出布告，继发通电宣布矣(布告及通电抄附，见附件六、附件七)。

综以上所述之各节，胥为一涵查得之情形。除前已撮要电呈外，谨具书报请鉴核！再一涵此次前往调查，并曾奉命兼为慰问，遵经于到达长沙之后，向灾民及各界人士，代致钧长垂注之殷，及特命一涵亲往调查慰问之意。并于长沙火灾临时救济委员会开会时，向众详为申说。报章亦有载明，地方同深感奋。合并陈明，谨呈监察院院长于。

计抄呈附件壹册(略)

监察院湖南湖北监察区监察使　高一涵

中华民国二十七年十二月二十八日

(摘自中国第二历史档案馆馆藏监察院档案)

(见高大同编《高一涵监察工作文选)

抗战三年来监察法规增定及推行经过

（1941 年 1 月 1 日）

一、抗战前监察权行使之程序

监察院在平时行使监察权，及惩戒机关在平时行使惩戒权，皆应以审慎详实为主，为实现审慎详实之原则起见，法定程序自比较繁重，以一弹劾案件，自提出以至终结，无论由于自动监察，为监察委员或监察使所风闻访知者；或由于被动监察，为人民用书状陈诉者，皆必须经过下列程序：

甲、调查事实，搜集证据。

乙、提出弹劾案。

丙、发交原提案委员以外监察委员三人审查。

丁、审查经多数议决，认为应付惩戒，由监察院移付惩戒机关。

戊、惩戒机关对于受移送之惩戒事件，得指定惩戒委员自行调查，或委托行政司法官署调查。

己、惩戒机关指定期间，命被付惩戒人员提出申辩书，或到场质询。

庚、惩戒机关以出席委员过半数之同意议决，作成议决书，送达被付惩戒人，并通知监察院及被付惩戒人所属官署。

上述甲乙丙丁四项，为监察院对于每一弹劾案件在移付惩戒机关前，所必须经过之法定程序；戊己庚三项为惩戒机关对于每一移付惩戒之弹劾案件，所必须经过之法定程序。如弹劾案中被弹劾人有涉及刑事嫌疑者，惩戒机关于接受惩戒案件后应即将该案移送该管法院审理，非由法院经过刑事诉讼程序，于刑事确定裁判后，不得开始惩戒程序。

由此可见，在抗战前关于监察权之行使，法定程序比较繁重，监察院提出弹劾案件后，必须经过调查、审查、移付等程序；惩戒机关接受弹劾案件后，必须经过调查、申辩（或质询）、议决等程序；司法机关审理涉及刑事嫌疑之弹劾案件，又必须经过刑事诉讼程序，自侦查、起诉、审讯、判决，以至再审、三审，及判决确定，稽延之时日更多。因此，每一弹劾案件，自移付惩戒机关以后，动辄经过数月或数年之久，尚未终结，被弹劾人因未受惩戒处分，仍得照常执行职务，以致法律之尊严、人民之疾苦，与监察之效果、惩戒之效率，均不无较受影响。

二、抗战后监察权行使之程序

抗战军兴而后，监察院为适应战时需要，并使监察权得以有效急速行使起见，特拟定《非常时期监察权行使暂行办法》五条，提经国防最高委员会核准，由国民政府于二十六年十二月十七日公布施行，其后复经立法院审议，于二十八年八月二十七日修正公布。该办法因修正结果增为七条，综其要点有二：即事后监察与事前监察并重，审慎详实与简捷迅速并行。

甲、事后监察与事前监察。依该办法第二条规定：“监察委员或监察使对于公务员违法或失职行为，认为应速去职，或为其他急速处分者，得以书面纠举。”第五条规定：“各机关或公务员对于非常时期内应办事项，有奉行不力或失当者，监察委员或监察使得以书面提出建议或意见。”纠举为对于公务员违法失职行为而设，在违法失职业经构成事实后行之，是谓事后监察。建议为对于各机关或公务员在非常时期内应办事项有奉行不力或失当者而设，在应办事项将构成尚未构成违法失职之事实前行之，是谓事前监察。因为在抗战时期，对于公务员违法失职，业经构成事实之行为，固应急速惩处；然仅为事后之惩处，而不为事先之预防，贻误于抗战时期之行政效率者必多，凡属非常时期内应办事项，大都直接或间接与抗战建国有关，而为刻不容缓及适应事机之事项，与其监察于事后，毋宁监察于事前；与其惩戒于构成违法失职行为之后，毋宁警惕于尚未构成违法失职行为之前。一见其有奉行不力或失当之处，即以书面提出建议或意见，送交各该机关或其上级机关，俾得及时为适当之计划与处置。于消极的警惕告戒之中，隐寓有积极的督促纠正之意。对于违法失职之行为，防止一分，即对于抗战建国之实效，增加一分。故建议权之增设，不独在消极方面可以除去抗战建国工作之妨碍，并且在积极方面督促抗战建国工作之进行。

乙、审慎详实与简捷迅速。监察权之行使，重在不枉不纵，故审慎详实，为监察院提出每一弹劾案件前，及惩戒机关议决每一惩戒事件前，所必须严格遵守之原则。但在抗战时期，审慎详实，又必须与简捷迅速相辅而行。该办法所特别注重之点，即在于详实中求简捷，于审慎中求迅速。依第二条之规定，监察委员或监察使，对于公务员违法或失职行为，“认为应速去职，或为其他急速处分者”，第一步即可不提弹劾，“得以书面纠举”。因弹劾需经过繁重程序，已如前述；至纠举书之提出，则程序较为简单，既不须经过审查，复无须移送惩戒机关。如纠举荐任职以上之公务员，呈经监察院院长审核后，即可送交被纠举人之主管长官或其上级长官；如纠举委任职公务员，并于呈送监察院院长时，即以书面径送各该主管长官或其上级长官。故监察委员在分派执行职务之省市内，监察使在该管监察区内，对于委任职公务员之纠举，可以立即以书面径送各该长官，其程序异常简捷迅速。

被纠举人之主管长官或其上级长官，于接受纠举书后：（一）因对被纠举人平素有隶属关系，并有任用与监督指挥关系，故对于被纠举人之贤否及其行为之违法失职情形，知之必较为详实；（二）因主管长官或其上级长官，均有权可立将被纠举人撤职，或为其他行政处分，故决定亦必能迅速；（三）因决定撤职或其他行政处分者，即为被纠举人之主管长官或上级长官，知之既甚详实，故处分亦自必公平。一举而详实迅速公平之数效毕见，与惩戒机关相比较其审慎详实如出一辙，而简捷迅速则有过之而无不及，此为该办法之最大优点。

该办法第四条规定：被纠举人之主管长官或其上级长官，如不依法为行政处分，或不依法申复不应处分之理由，或虽申复而无理由，监察院即以纠举文件为弹劾案，得不经过审查程序，而径行移付惩戒机关。如被弹劾人受惩戒时，各该主管长官或其上级长官，亦应负责。可见该办法第一用意，在求简捷迅速，但并不因求简捷迅速，而忽略审慎详实之原则。至简捷迅速之目的不能达到时，则宁愿严守审慎详实之原则，以达到维持法纪整饬官常之目的。

三、抗战后集体巡察制度之推行

依非常时期监察权行使暂行办法之规定，固较抗战前监察权行使之程序显有不同，然仍有一相同之点：即视察、调查、纠举、建议，完全与弹劾相同，仍由监察委员或监察使单独行使是也。自二十七年后，复有集体巡察制度之创设。集体巡察制度，约可分为二类：甲、由监察院院外组织者；乙、由监察院院内组织者。由监察院院外组织者，亦有两种：（一）由他机关设置巡察考察团体，而由监察院指定监察委员为该团体委员，参加巡察；（二）由职权有关各机关合组监督团体，而由监察院派重要人员为委员，并由监察院召集。由监察院院内组织者，即由监察院独立组织巡察团体，自派院内委员组织之，在指定区域内巡回视察。

甲、由监察院外组织之巡察监督考核团体。此项集体巡察制度，计有三个组织：一为军事委员会战区军风纪巡察团，一为中央兵役监督委员会，一为战时行政工作考核团。

（1）战区军风纪巡察团。军事委员会于二十七年制定战区军风纪巡察团组织规程草案及服务细则，公布施行，旋经合并为战区军风纪巡察团规程，于二十九年三月十八日修正公布。设置该团之目的，在整饬战时纲纪，以促进抗战效能。其设置团数及团巡察区域，由军事委员会视需要情形，随时以命令规定。该团之权责如下：

一、纠察并处理区内军风纪，及文武官员贪污渎职与其他不体事项，并接受民众关于各该事项之控告。

二、考察并促进改善各省市役征及伤退官兵之治疗管理与难民救济等事项。

三、考察并促进改善各部队之经理卫生事项。

四、督促地方官员整饬庶政，并促进军民合作精神。

五、其他与抗战攸关或临时指派事项。

考该团之职权，除巡视外，并包括有行政上之督导权，而且所偏重者在军事，与监察院所行使之纯粹监察权性质不同，故该团直属于军事委员会，监察院仅对于每团指定监察委员一人至二人参加工作。

(2) 中央兵役监督委员会。军事委员会政治部于二十八年二月间制定《兵役宣传及监督实施方案》关于兵役监督机构之组织：A.常设兵役监督机构为：(一) 中央兵役监督委员会，由中央监察委员会、国民参政会、监察院、最高法院检察处、军事委员会政治部、军法执行总监部及宪兵司令部等各派重要人员为委员组织之，由监察院召集。(二) 各省兵役监督委员会，由省党部监察委员会、省参议会、当地高级政治部、本区监察使署、高等法院检察处等各派重要人员为委员组织之，由省参议会召集。B.巡回兵役监督机构为巡回兵役监察团，由国民参政会及政治部指派人员组织若干团，分赴各划定地区实行监督。此项兵役监督实施方案，于二十八年三月间奉令暂缓实施，故各省兵役监督委员会虽间有组织成立而由各区监察使署派员参加者，但中央兵役监督委员会及巡回兵役监察团，则概未组织。

(3) 战时行政工作考核团。该团为严密考核战时行政计划之实施机关，以考查战时行政计划工作进展之实施，及审核战时行政计划工作报告等为主，监察院亦指派委员二人参加工作。

乙、由监察院院内组织之战区巡察团体。监察院为推行第二期战时监察工作实施纲要，并加紧巡回监察起见，特于二十九年八月间，制定《战区巡察团组织规程》十六条，经提请国防最高委员会核准，设立战区巡察团，该团直隶于监察院，其设置之团数及各团巡察区域以军事委员会划定之各战区为准，各巡察团以监察院监察委员三人组织之（该区有监察使署，监察使为当然委员），由监察院院长指定一人为主任委员，主持事务。其职权除各巡察团之监察委员依法行使监察职权外，并承监察院院长之命，办理特定任务。各巡察团在巡察区域内，得接受人民控告公务员书状，并须普遍巡察，或由各委员随时分途出巡。关于人民诉状之办理，出巡之分配，工作之改进，及其他应讨论事项，均取决于委员会议。各巡察团所至之地，与本区各级党部、军风纪巡察团、战区司令长官部、战区军法执行监部，及其他有关机关，须随时联络，为执行职务，并得指挥当地宪兵警察。该团之特点，一面得由该团在指定区域内集合巡察，并以团的名义接受人民书状，以团之委员会议决定处理书状办法，一面又得由充任团员之监察委员依法单独行使监察职权，是为集体巡查，分别纠弹制度。

四、监察院对于战时监察工作之实施

中央既颁布非常时期监察权行使暂行办法，以救济监察法规应付战时之不足。俾程序效果，愈趋简捷确实，监察院在该办法公布施行时，即一面厘定施行细则，一面规定非常时期监察委员分赴各省市工作准则，以期切实推行，增进战时监察效率。兹将自二十七年起至二十九年年终止，监察院对于战时监察工作之推进办法最重要者列举如下：

甲、制定非常时期监察院视察调查工作纲要。监察院于二十七年二月间公布《非常时期视察调查工作纲要》九条，将视察工作分为二种：（一）专案视查；（二）一般视查。就指定之机关团体或某种事项为特别之视查，为专案视查；就指定之区域为各地方一般事项之视查，为一般视查。一般视查尤特别注重下列各事项：

一、关于兵役征募及军事征用事项

二、关于民众组织训练事项

三、关于食粮之储调备济事项

四、关于交通及运输事项

五、关于抗敌及肃奸事项

六、关于治安及防空设备事项

七、关于伤兵之处理事项

八、关于难民之救济事项

九、关于捐税及其他有关人民担负事项

十、关于生产建设及战时教育事项

以上视查工作用下列方法行之：

一、由院长派遣监察委员或其他视查人员前往各地视查，或令各区监察使在其所管区内视查。

二、由各区监察使在其所管监察区内，自行视查或派员视查。

乙、派遣监察委员分赴各省市工作或视查。监察院在抗战以后，即遵照中央命令，派遣监察委员分赴各省市工作，其留院者亦随时分派出外视察，其后更遵照中央决议暨总裁训示，制定监察院第二期战时监察工作实施纲要，次第推行。二十八、九两年度中，按各省行政专员区，分派监察委员前往普遍视察，先从贵州、云南、四川各省起，分区派监察委员二人前往各县视察战时一切政治设施。至中央之各院部会处等，亦指定监察委员或视察员分别前往视查。

丙、视察各地精神总动员办理情况。二十九年五月间准国民精神总动员会函托，请乘监察院监察委员多人分赴各省考察政务之便，连带视察所经各地精神动员情形，并将视察所得，随时报转该会。各区监察使于巡视时，亦乘便随地视察，报转该会。

丁、派员参加军风纪巡察团工作。自各区军风纪巡察团成立后，监察院对于每一巡察团，均依法指派监察委员二人，参加工作。所派委员均常年在战区以内，或亲临战线，执行法律上所赋予之权责。并有时深入敌人后方，或随同作战部队，出入火线，视察各部队作战情形。

戊、组设战区巡察团。二十九年八月间，奉国防部最高委员会秘书厅函知奉准组设战区巡察团，于二十九年度内组设两团，爰即划定区域分别出巡。第一团巡察长江以南各战区，第二团巡察长江以北各战区。第一团已于十月中旬出发，经湖南之芷江、沅陵、常德、益阳而达长沙一带。第二团亦正在整装待发中。

五、结论

监察院对战时监察工作较平时更为努力推进，工作之繁，较前增加数倍。以上所述，不过就其大者要者言之，其他则概从简略。总之在抗战时期，后方政治工作之推进，十分重要，故监察院特本总裁“政治重于军事，后方重于前方”之训示，努力推行战时监察法令，以增进战时监察之效能，使抗战建国之大业，得以顺利完成。此为监察院之权限，亦即为监察院之责任。兹当三十年度开始谨述战时监察法规及推行之经过，以待留心监察制度者之考证焉。

（《中央日报·元旦增刊》1941年1月1日）

为呈《河南省灾情密查报告书》致监察院院长

（1942 年 11 月 30 日）

案查前奉钧长东电[①]，略以奉委员长申梗[②]侍秘代电开：河南灾荒情形，希派公正之监察委员与中央委员数人前往密查实报为要等因，中央方面已定张委员溥泉前往或飞兰州，本院派一涵会同密查实报，饬即在兰待命办理等因；正待命间，复奉鱼电[③]，以张委员由渝乘车赴西安，饬即启程到陕同行。遵即于十月十一日启程前往，于十四日到达西安，张委员溥泉、张秘书长厉生亦于是日到达，相与略商后，随于十八日同赴洛阳，会晤豫省军政当局暨各法团首长，一面听取各方面报告及意见用作勘灾参考；一面同赴外县实地密查（计历阌乡、灵宝、陕县、海池、新安、洛阳、偃师、登封、密县、新郑、长葛、许昌、襄城、叶县、郏县、宝丰、鲁山、临汝、伊川、伊阳等县），以明真相，经查完竣于三十日返洛。在洛时又奉筱电[④]，以奉委员长酉筱侍密代电开：关于查灾要旨已面告溥泉、厉生两同志，请嘱高监察使于到豫时与溥泉先生接洽，务期态度一致等因。奉此，查一涵此次奉派会查豫灾情形，节经电陈在卷，盖会同密查时见闻相同，自当与张委员溥泉、张秘书长厉生态度一致。

① 东电：指旧电。

② 梗：指 23 日。

③ 鱼电：指 6 日电。

④ 筱电：指 17 日。

除将勘查所得实在情形，已会衔呈报中央鉴核外，理合将密查豫灾详细情形，并摘要编具报告书，一并备文呈送，仰祈鉴核。谨呈监察院院长于。

附呈《河南省灾情密查报告书》一份

监察院甘肃宁夏青海监察区监察使　高一涵

附：

河南灾情密查报告书

一、河南各县灾荒实况

查本年河南各县灾荒，系由多数原因凑成，高原地带多受旱灾，黄河滩地尽被水淹，而风雹霜蝗各灾又复接踵而至。河南人民食粮，素以秋收为主，秋灾一成，民食已减大半，而本年灾情以秋灾重于春灾，春麦既已欠收，秋灾又复严重，因此遂成饥荒。一涵此次到豫，除道经阌乡、灵宝、郏县、渑池、新安、洛阳各地留心考察外，并选出灾情最重之区，实地查勘，计经过偃师、登封、密县、新郑、长葛、许昌、襄城、宝丰、叶县、郏县、鲁山、临汝、伊阳、伊川等县，亲见高原地带玉蜀黍、高粱、小米、棉花等现仍残存于地中者，其高皆不盈二尺，晚种荞麦受霜已枯，红芋之实大不盈指。据省政府河南三十一年灾况表所列：全省六十八县之中，秋收不及二成者五十县（郑县、广武、禹县、洧川、密县、汜水、中牟、新郑、尉氏、荥阳、长葛、许昌、郾城、宝丰、鄢陵、鲁山、襄城、临汝、临颍、郏县、泌阳、叶县、舞阳、南召、方城、西华、沈邱、扶沟、项城、商水、正阳、潢川、息县、光山、罗山、经扶、洛阳、孟津、伊阳、登封、嵩县、偃师、宜阳、巩县、伊川、陕县、渑池、洛宁、阌乡、新安）；春收不及三成者四十一县（郑县、广武、禹县、洧川、密县、汜水、中牟、新郑、荥阳、长葛、许昌、郾城、宝丰、鄢陵、鲁山、襄城、临汝、临颍、郏县、镇平、叶县、舞阳、南召、方城、西华、扶沟、罗山、洛阳、孟津、伊阳、登封、嵩县、偃师、宜阳、巩县、伊川、渑池、阌乡、新安、淮阳、太康)；春收秋收皆不及一成或二成者计十五县（登封、广武、郑县、密县、汜水、荥阳、长葛、鄢陵、郾城、临汝、临颍、郏县、扶沟、偃师、巩县）（附原表一件）。一涵亲至登封吴家岗、密县牛儿店之乡村中逐户视察，大抵皆家无余粟，仅恃芋叶、芋藤、榆叶、榆皮、刺芥芽（本草名小蓟）等和杂粮麸皮煮熟充饥。麦场上所晒者大多为芋叶、芋藤、榆叶等类，全家逃难者多用泥土紧封门户；其他或留一二人守家，余皆出外就食，总计逃难人数，除南入湖北、东走安徽人数无法统计外，其逃入豫西以至陕西者，据赈济委员会运送配置难民洛潼总站报告，自八月九日起至十月三十一日止，共为九万一千四百四十四人，而步行及自购车票前往者尚未计算在内，此河南各县灾情及难民出境之大概情形也。

二、构成饥荒之重要原因

查豫省民性忠诚，自奉俭约，对于军粮田赋征购，均能如期缴清，故人民不苦于粮赋之征购，而苦于摊派之频繁，盖粮赋之外，尚有公教团队之食粮（即公务员役平价麦、保安团、警察自卫队后备队、国民兵团防护团等食粮，学校教职员麦津，乡镇保甲人员麦津及其他麦津）。据豫西救灾会所制洛阳、偃师、巩县、孟津、登封、新安、渑池、宜阳、洛宁、嵩县、伊川、临汝、郏县、宝丰、伊阳、陕县、灵宝、阌乡十八县三十一年征购麦粮调查表所载，征实征购共为一万二千七百五十九万一千八百三十九市斤，而县公务员役平价麦、团警食粮、教职员麦津、乡镇保甲人员麦津及其他麦津五项，共为三千九百九十三万三千六百二十二市斤，约占征实征购总额三分之一以上，再加以省级公教员役团警公粮，游击队给养，以及代购柴草麸料军粮运输等项，故负担颇为繁重（附照抄原表一件）。现该省政府已将省级公教员役团警公粮由四十二万石减至二十一万石，而军粮运输复改由政府办理，民力似可少苏；但省公粮数量究不及乡镇保甲公粮数量之多，甲公粮素无统计，自行摊收，据该省当局面称，全省约合一百万石，实际上数量恐或超过此数甚巨。本年春麦各地减收，除灾情特重县份不计外，即令征购粮赋二百万包，民力似尚可勉强担负，今以再增加上述各项摊派，则灾重县份，民食已十九告罄，提前缴清者现多家无余粟，而迟迟未交者，又因食用殆尽，此则二百万包粮赋难于扫数征齐，而灾重各县所以目前已构成饥荒，致使人民相率外逃之重大原因也。

三、救济办法及意见

河南各县灾荒实况，及所以构成饥荒原因，已如上述。所幸者冬麦业经遍种，所种之地亩且较昔年为多，十月之间曾得透雨，冬季如降雨雪，则明岁丰收，定可预卜。人民在此农隙之时，多数出外就食，尚不妨碍农耕，且可减少运粮入豫救济之困难，故难民逃走，明春仍可回籍，其问题并非严重，所最感严重者留籍待赈之人，处此青黄不接之时耳，据该省救灾简报所估计，非赈不活人民为数约有二百万，此二百万人之生活严重时期，当在自本年十二月至明年四月之交（附节抄河南省政府救灾简报），且灾情最重，人民待赈最多之区域，皆为大军所驻之区域，救灾与抗战关系至深且巨，故救济灾民实为当前刻不容缓之要务也。

救济办法，除各县自筹救济外，曾与该省军政当局，及各方负责办理救济人员商讨数次，综合各方意见，条陈于下：

一、豫省灾民食粮大量缺乏，运粮入境自应视为首图，故办理平粜为目前最急之务，该省政府除自筹九千万元自办平粜外，甚望中央拨款二万万元，作为平粜基金，以资周转。

二、平粜食粮，价格虽然较低，然仍须灾民有购买能力者，方可得食，凡属正当农民，合乎农贷条件者，自应增加放款，以济急需，该省政府甚望农民银行移缓救急，将他省农贷移若干成至豫省贷放，如能超过一万万元，则正当农民当可全活无算。

三、对于有工作能力灾民，举办以工代赈，乘此时机，兴办水利工程，最能适合需要，该省建设厅业经拟就河南省三十二年度拟办农田水利工程，初步计划及疏浚河道工程计划，以便以工代赈。

四、该省人民副业，素以生产土布为大宗，据建设厅当局报告，该省土布年可出产一千五百万匹，如能将土布统制办法停缓一二年，除军政部所属军需局需要土布数量由该省如数供给外，概准人民自由买卖，并得运输他省，有裨灾民当复不浅。

五、为补救粮食缺乏，希望中央电令邻省，对豫省购运粮食予以便利，并希望邻省贷予杂粮稻谷，俟明年收获，再行拨还。

六、在举办平粜农贷及工赈以资救济外，倘有少数灾民，仍无法维持生计，拟于紧急时期，发放赈粮或动用积谷，以救此非赈不活之灾民。

七、奖励富户捐粮，并保护粮商运粮入境。

总之豫省人民，最严重时期为自本年十二月至明年四月，以上办法，如能一一见诸实行，或可渡过难关，而乡自为救，县自为救，及省自为救，尤为当前急务，明年春季如获丰收，则灾民相率回籍，故移民垦殖办法，恐实际上无大效果。

计附河南省三十一年灾况表一件（略），照抄豫西各县三十一年度征购麦粮调查表一件（略），节抄河南省政府救灾简报一纸。

监察院甘肃宁夏青海监察区监察使　高一涵

中华民国三十一年十一月三十日

附：节抄河南省政府救灾简报（民国三十一年十月）

（略）本省待赈人数为一千一百四十六万余人，其中非赈不活人数以二成估计，约为二百万人。现在至明年麦季尚有八月之久，灾重期长，民命堪忧。（略）

（摘自中国第二历史档案馆馆藏监察院档案）

（见高大同编《高一涵监察工作文选》）

视察青海政治教育建设司法等情形呈监察院报告

（1943年12月20日）

窃一涵于本年十月四日，由兰州赴青海省视察，计历民和、乐都、以迄西宁，费时六日。兹谨将视察该省政治、教育、建设、司法等情形择要分述如下：

（甲）政　治

青海省政府自二十七年起曾提出六大工作，即编组保甲、训练壮丁、推广识字、禁绝鸦片、种植树木、修筑道路等六种工作，经逐年发展，均有长足之进步。其在行政方面：

（一）调整行政区域

查该省面积辽阔，大部属于游牧区，多未开辟。自二十七年至二十九年，先后成立祁连、兴海、通新、海晏、西乐、和兴、和顺等七设治局，以利行政。今祁连、海晏、兴海三设治局已升局为县，然各县局所辖地域仍感过广，治理不便。该省政府本年度施政计划规定于都兰县属之哈姜香日德坝、芒夏等处增设三设治局，业已按照计划增设新川、香德二设治局，以增加行政效能。该省县局现共有二十六单位矣。

（二）新县制推行情形

查该省业已实行新县制之县份计有西宁、互助、大通、贵德、湟源、乐都、民和、循化、化隆、门源、同仁等十一县。本年度施政计划列增设设治局，澄清吏治调整保甲，建立各级户政机构，扩充警政机构，充实警察设备，彻底禁运烟土，推广救济，注重礼俗，建立县社会行政机构，推行社会事业等事项为中心工作，以完成新县制，并已依照计划次第付诸实施上列。各该县之保甲编组及户口调查，自二十七年起已先后办竣，该省政府以未能彻底完善，特依据该省县以下各级组织规程及保甲实施规程，暨部颁县保甲户口编查办法，复于本年重施整编，以求完密。并以过去三位一体制试办结果，顾此失彼，颇感不便，规定各乡镇保长不得兼任校长，学校教职员不得兼任乡镇公所经济文化主任及户籍干事，以专责任。关于户政方面，虽已于三十年派民政厅主任科员杨景修、马善浩二人前往重庆，参加内政部举办之户政干部训练班受训，以为办理各级户政之准备，惟以省户政干部训练经费预算，连年往返交涉延误不决，致原定训练计划未能实现，而本年度户政经费，在该省省预算内中央仅准八万元，对于户政机构之充实，尚不敷支配，遑论办理规模宏大之全部户政。总之该省户政须待干部人员训练完成，经费充裕方能从事实际推动。其县等已遵新县制之规定，参酌各县人口、面积、文化、交通各实际情形，分别厘定。列西宁为一等县，互助、大通、乐都、民和为二等县，贵德、湟源、门源、共和、化隆、循化、玉树为三等县，同仁、都兰、称多、囊谦、同德、祁连、海晏、兴海为四等县。

（三）壮丁训练状况

查该省对于民众训练，民国二十四年以前即已着手编训，故过去海南、河西剿匪诸役迭立战功。二十七年该省政府改组以后，仍积极推进并遵令成立青海省原国民军训练处。二十九年，奉令征组国民兵常备队，旋又改为后备队。迨至上年三月，奉令将壮丁训练名称，一律改为国民兵训练，数年以来甚著成绩。本年训练已征及蒙藏同胞，尤属难能可贵。据该省当局谈称：全省国民兵训练，预计明年可全部完成。

（四）本年灾荒情形

查本年入夏以来各地多受洪水、冰雹、河涨、沙压等灾，时间同在五、六、七三个月内，计受洪水淹没田禾庐舍，并损伤人畜者，有化隆、南屏、湟源、大通、贵德、祁连、门源等县局；被冰雹伤害人畜田禾者，有化隆、西宁、互助、大通、祁连、共和、兴海、门源、同仁等县局，故本年被灾各县收成较减，粮价颇形高涨。

（乙）教　育

青海省除设有国立西宁师范学校及湟川中学外，该省府认为该省地处边陲，民族复杂，国民教育及中等教育既须特别注重而推广识字教育，又为该省六大工作之一，故对于教育之设施，非常积极。其概况：

（一）国民教育

查该省学龄儿童共为五万七千九百四十人，就学儿童为四万七千九百六十七人，失学儿童为九千九百七十三人。全省现已设中心学校151所，国民学校795所，前者较上年增设50所，后者较上年增设70所，西宁、乐都、湟源三县之国民学校已达到“每保一校”之规定。

（二）中等教育

查该省中等学校计有八所，省立者七所，曰：西宁中学校、乐都初级中学校、西宁女子师范学校、民和简易师范学校、化隆简易师范学校、大通蒙藏简易师范学校、西宁初级职业学校。私立者一所，曰：昆仑中学校，据上年度统计共有41班，学生1187名。

（三）推广识字教育

查该省地处边陲，民族复杂，故文盲比例他省，为数较多，该省政府为提倡民众识字教育，特订县乡村民众识字训练班办法规定，每保设识字处一所，由各县长责成各保甲长督导进行，保内不识字者，在每日规定时间内，一律到处识字，并授以抗战歌曲，讲以抗战忠烈事迹，各小学均附设识字班，上年受识字教育之人民，计四万余人，本年预计可到十万人左右。

（丙）建　设

种植树木、修筑道路均为该省府中心工作，各机关及兵民所植树木早已超过五百万株，至公路之修筑，近年以来亦甚积极，其实施情形：

（一）造　林

该省自十九年起即努力于造林工作，历年皆由驻军及训练机关担任大部分，其余则由各级党政机关及法团学校分任之，推行以来，成绩甚为可观，所植之树约在一千万株以上。截至目前止，已成活者有六百余万株，惟以民间自动种植者为数无几。本年，该省党政军工作检讨大会决定三十三年度造林计划，发动全省农民普遍种植，以期由绿化城郊进而收绿化原野之广大效果。

（二）公　路

查青藏公路自开工以来，进行颇为顺利。该路共分四段，自西宁至共和（恰卜恰）为第一段，自共和至大和坝为第二段，自大河坝至黄河沿为第三段，自黄河沿至歇武族为第四段，先测量第一、二、三段，一、二两段测量完毕即行施工，第一段开工后，一个月完成，二、三两段，三个月完成，故本年内已修至大河坝，距黄河沿仅隔四十五公里矣。

（三）垦　务

查柴达木屯垦事业，已着手为初步之进行，惟交通困难，运输成为极严重问题，因人烟稀少，道路未修，沿途苦无宿站，加以气候寒冷，旅行维艰。故运输车辆、骡马损失约占十之七八，至于三角城一带军垦，本年试验可为圆满成功。所种青稞、菜子业已成熟，一川黄金四望无际，由湟源、海晏各县雇派民夫五千人协同军队赶收所有收成，尽作军粮之用，故玉树一带，防务上所需军粮已形充足，且可免去长途运输之劳。

（丁）司　法

青海各级司法机关均能依法组织，或偶因事实之需要，县司法机构与他省略有不同，亦不过因地制宜，于法务之推行，尚无窒碍。惟经费困难急待补助，以利法务其实在情况。

（一）机　构

查该省司法机构有青海高等法院、西互地方法院、乐都地方法院、湟源地方法院、化隆地方法院、民和地方法院、大通司法处，其由县政府兼理司法者，有循化、贵德两县，此实为他省所少见，高等法院设于省会西宁，并无分院，各级法院受理案件，以民事案件较多。

（二）困　难

（1）经费：查该省司法经费，在二十八年以前完全仰赖地方，自二十九年以后改由中央拨付。据该省高等法院院长马师融面称，本年六月以后之经费及七月以后之米代金，迄未拨到。物价逐日高涨，员工生活不但蒙受影响且已无法维持。

⑵ 建置：据马师融院长面称，该省各司法机构，除高等法院及西互、乐都两地院，地址尚符适用外，其他各县之司法处兼理司法县政府与看守所之办公地点或暂赁民房，或借住庙宇，内容既极简陋，外表亦欠庄严，青海蒙藏人民甚多，该二民族崇尚礼节，最重仪表，似此设备简陋，实属影响司法威信。故各该院处购置地址，建筑办公房屋乃为目前重要之图，惟物价高涨用费不赀、至感困难等语，该院长所述困难情形，经一涵多方访问确属实情。

总之，青海政治、教育、建设等项均日有进步，尤以造林成绩为佳，理合将视察情形择要呈报，仰祈鉴核。谨呈监察院院长于。

监察院甘肃宁夏青海监察区监察使　高一涵

（甘肃省图书馆馆藏）

（见高大同编《高一涵监察工作文选》）

视察青海政治教育建设及骑五军移防新疆等项情形呈监察院报告

（1945年11月20日）

窃一涵于本年十月十七日，由兰州赴青海省视察。计历民和、乐都以迄西宁，费时八日。兹谨将视察该省政治、教育、建设以及驻青国军骑兵第五军奉令移防新疆开拔等情形择要分述如下：

（甲）政　治

青海省面积辽阔，大部属于游牧之区，其政治设施多因地制宜，以期逐渐开辟易于治理。在行政方面，经不断改进，已获相当之成效。其概况：

（一）行政区之调整

该省行政区原定设置七区，而正式成立者为第五区（共和、都兰、兴海等县，西乐、通新、香德等设治局属之）、第六区（玉树、襄谦、称多等县属之）、第七区（同德县及和兴和顺星川等设治局属之）三个区，其余各区县局，虽各划定，因专员公署尚未成立，名称暂尚未定。本年奉令依照设置秩序，改第五区为第一区，第六区为第二区，第七区为第三区，其未设置专员各区，拟以后即按设置秩序再定区划名称。本年内并拟设置南屏、河曲、河沿三个设治局，以增加行政效能，现正在筹设报部中，预计该省县局将达二十九个单位矣。

（二）地方自治之实施

该省地方自治之推行，颇为积极。实施情形：

（1）编查户口：截至去年底，已编查完竣并经整编者，有省会西宁、乐都、大通、互助、民和、贵德、湟源、门源、循化、化隆、同仁、共和、海晏、祁连等十四县局与直属塔尔寺一乡。本年整编乐都、民和、贵德、同仁、循化、化隆、互助、大通、门源、祁连、共和、海晏等十二县局保甲，并令兴海、同德等县编查保甲调查户口。现全省户口包括未编查保甲之蒙藏游牧区域各县局，共计212170户1384648口，拟俟本年地方预算内所列之户政经费核准补发到省，户政人员训练办理完竣后，即办理户籍登记及人事登记。

（2）整理财政：各县财政除中央划拨县市国税外，地方收入仅有财产权之率息一项，年收入五万三千余元，至法定五种自治捐税，除屠宰税外，其余均未征收。本年县预算岁入力求增加，岁出力求紧缩，然收支悬殊，不敷颇巨，已分别向院部呈请补发，俾便地方自治事业顺利进行。

（3）组训民众：积极筹备其成立农会者，有西宁、湟源等八县，会员17331人，已受训练者4536人。其成立工会者有西宁、湟源等九县，会员人数3756人，已受训练者756人。其成立教育会者，有西宁等九县，会员人数1220人，已受训练者856人。其成立商会者有西宁、湟源等十县，会员人数590人。

（4）开辟交通：已完成者为西宁等十九县，县道长2561华里，在建筑中者约576华里，乡村道路已完成者有二十二县局，在建筑中者约有110华里。

（5）办理警卫：各县、区、乡、镇、保、国民兵队业经成立，并由各区乡镇保长充任各该队队长，召集适龄国民兵于每年四月间集中训练。办理以来，成效卓著。各县运用保甲组织，严密稽查盗匪，人民安居乐业，地方颇称安谧，盖因国民兵组织之组织管理教育与警察执行各种事项，密切合作，负责执行，收效甚大。

（三）地籍之整理

该省本年原拟清丈互助、同仁、循化三县土地，嗣因荒旱过甚，遂专注于乐都县耕地田赋之整理。以该县差赋久未清理，紊乱不堪，畸轻畸重，病民特甚，已将该县土地先行丈量，并调查各项资料，辨别土地肥瘠，拟定三等九则，规定粮额。总计该县全部水旱地 469531 亩，粮额共 6455 石。此外，并整理民和、化隆、门源等县粮赋等级，计民和水旱地共 621078 亩，粮额共 6852 石；化隆水旱地共 321350 亩，粮额共 2561 石；门源水旱地 189493 亩，粮额 331 石，至各县荒地调查与使用亦经办理。

（四）荒灾之救济

该省上年牛瘟、冰雹、亢旱诸灾迭相侵乘，元气未复。本年自春徂夏天道亢旱，禾苗多已枯萎，迨至仲夏，又遭冰雹摧残，灾情普遍，民心惶惶，生计堪虞。由该省府一面电报行政院内财粮等部及赈济委员会拨款救济灾黎，一面令饬各县局办理救济事业，计共支出救费 15505015 元，实物（白面）59500 斤，救济人数 11974 人。

（乙）教　育

青海省政府对于教育行政向极重视，年来经切实整理改善益行进展，其概况：

（一）国民教育

该省中心国民学校原为 155 所，学生人数 7972 人，国民学校原为 749 所，学生人数 33843 人。本年中心国民小学校为 195 所，学生人数 13412 人，国民学校为 752 所，学生人数 38120 人，较前均有增加，拟于以后逐年增设，以达到每乡镇设一中心国民学校之规定。

（二）中等教育

该省中等学校原有八所，省立者七所，私立者一所。本年增设为十三所，省立者十二所，曰西宁中学、乐都初级中学、贵德初级中学、西宁职业学校、西宁女子师范学校、西宁简易师范学校、民和简易师范学校、化隆师范学校、大通简易师范学校、循化简易师范学校，湟源简易师范学校、玉树简易师范学校，私立者一所曰昆仑中学，总计有 117 班，学生人数 3665 名。

（三）社会教育

该省为提倡民众识字教育，曾订定各乡村民众识字训练办法。规定每保设识字处所，各小学均附设识字班，并已于湟源、互舫二县成立民众教育馆各一处，计划在本年内于乐都、民和二县，各设民教馆一处。此外，有省立图书馆、民众教育馆、县立图书馆、民众书报室、公共体育场、儿童剧场、省垣无线电收音处，并拟于各县装设收音机，以辅助社会教育之进展。现就学儿童已达 51535 人，成年受教育者已达 26014 人。

（丙）建　设

青海省以修路、造林、垦荒等事务为其中心工作。其进展概况：

（一）公　路

该省公路经继续修筑计完成干线八条，即青藏公路 827 公里，甘青公路 109 公里，里宁临路 244 公里，宁张路 452 公里，宁都路 386 公里，宁贵路 138 公里，宁凉路西互段 52 公里，省鲁路 23 公里。支线七条，即黑上路 27 公里，贵循路 143 公里，循同路 92 公里，互大路 56 公里，民临路 132 公里，湟海路 45 公里，色大路 26 公里。

（二）造　林

该省每年发动军民及机关学校栽植树木，截至上年全省共栽植杨柳 7447296 株。本年，倡导各县自行栽植，计植 485773 株，树苗 7930266 株，移植 20075 株，共植 8436114 株，总计 15883655 株。对于所植树木养护事宜特别注意，故十九全活。

（三）垦　荒

该省在“增加后方生产”号召之下，军民从事开垦，历年以来成效颇为可观，其军垦土地共计 92641 亩，民垦土地共计 641000 亩，蒙藏人民垦地 21449 亩，合计 755090 亩。

（四）创办发电厂

该省为适应西宁市区电力需要，根据经济部资源委员会青海省政府西宁电厂事业计划第四项规定，商定创办水力发电厂，勘定河北林家崖为厂址，自上年四月兴工建修，至本年六月所有土木工程全部完成，并将水轮机业已装置妥善，现正装置发电机，最近即可供电。

（丁）骑五军移防情形

驻青国军骑兵第五军奉中央命令移防新疆，青海省全体军民人等以该军万里长征，宣勤党国，备极赞扬。该军共六个骑兵团，开拔顺序，定二个团为一单位，分三梯队开拔。现已到达新疆省奇台、迪化二地接防。查该军留青之特务、炮兵二团，亦奉令开新增防。一涵由兰赴青海省各县视察时，该二团官兵正由西宁防地出发，兹将该军开拔及沿途给养军纪情形略述于下：

（一）开拔路线

该军出发经过路线，原定经永登、武威、张掖、酒泉等地，系取由河西大道行军，并奉第八战区长官部令，于本年五月五日以前集中酒泉，候领武器。嗣以河西地方，正值青黄不接、粮草缺乏，大军过境，势必增加人民负担，重以夏令气候炎热，沿途缺乏水草，马匹损耗堪虞，经电请委座及长官部，准将行军路线改由青海省属之民和、乐都、大通、门源等县及祁连设治局取道草地行军，直达酒泉，人马均甚适便，该段沿途各站运输给养均由青海省按站配备。

（二）经过地方

该军自青省享堂出发，经老鸦城、乐都、平安镇、西宁至香山休驻一日，又经流水沟、阴天、门源至老虎沟滩休息二十日，又经白水河大梁、俄博八宝河，至八宝休息三日，又经大浪、三珠龙台、酸利沟、锅允石、热水、陶苿滩、白水河、大水、三义沟、米沟、车井湖、玉门、三道沟、布隆吉、小湾、安西、白洞子、红柳园、大泉、马连、井子，出猩二峡，经沙泉子、苦水、烟墩、骆驼井子、格塔井子、黄田至哈密后，又经头堡、二堡、三堡、三道岭、窑洞、南湖泉、七角井、蛇鼻口、大石头、三个泉、木勒河、老奇台、奇台县、顺元县、三台、芝泥泉、古木地，其间共经驻站地方五十九处，始抵迪化。

（三）粮秣补给

该军实有官兵6375人，马骡7452匹。官兵每日计需面粉12830斤（折合麦市石121石2斗3升），骡马每日计需麦草74520斤，莞豆372斤，谷子33534斤，计共在青海省境内用粮4243石3斗，莞豆13041石，麸子1174000斤，因门源以上军马均行放牧，需草较少，计共用草

894240斤。以上所需给养，除享堂至门源，各站粮秣统由就地补给站支补外，其余由门源至酒泉各站粮秣，均雇用民夫驮运存储，以应军需。门源以上各站所需粮秣均由青海湟源、互助、大通等县驮运，计共需驮牛6000只、雇用牛夫二千余人，每日所需口粮、干姜2898石。此外，并在酒泉附近，金佛寺运屯十日，食粮130540斤，莞豆297石7斗，交由副军长韩荣福，作为酒泉至哈密所需粮秣，此项给养全数由青海湟源县境驮运，计雇用达吾夷、刚察等地民间驮牛4334只，其运送青境各站粮秣，计雇用民间驮牛1600只，雇价均由青省府筹付。该省连年灾祲频仍，人民生活艰窘，此次军粮输运，人民竭诚以赴，其平日军民合作之精神，于焉可见。

（四）军纪与犒赏

该军驻防青省军长马呈祥、师长韩有文等对于部属约束严明，深得人民同情与爱戴，每年发动兵工修路、种树、垦荒、开渠，成绩昭著，此次移防人民深表缱绻，故筹办供应亦较为容易，该军行至香山驻休时，计犒赏牛羊34只，在老虎沟滩驻休时，计用牛羊各34只，在八宝、五岭沟、金佛寺等地均用牛羊犒赏，计共用食牛276只、羊176只。

总之，青海省各县政治、教育、建设等项均日有进步，新兴事业亦积极筹备，尤以修路、造林、垦荒成绩为最优良。至骑五军之开拔赴新，除取道四无人烟之草地外，即沿公路进行，亦必住宿毡帐，严守秩序，对于各地人民秋毫无犯，其纪律严明，行动敏捷，均可称为行军模范。似应传令嘉奖，以示鼓励。理合将视察情形，择要呈报，仰祈鉴核。

谨呈监察院院长于

监察院甘肃宁夏青海监察区监察使　高一涵

（甘肃省图书馆馆藏）

（见高大同编《高一涵监察工作文选》）

监察院甘肃宁夏青海监察区机构沿革与历年工作概况

（1945 年）

一、前　言

民国二十四年春，国民政府监察院，以监察委员集中中央，间虽派往各省视察吏治，终以地区辽阔交通阻塞，不易周知吏治实况与民间疾苦，为求政治清明、贪污敛迹起见，特划全国为十六个监察区，于二十四年四月间，先行设置七区，各派监察使一人，以监察委员兼任，专司各该区巡回监察之责。甘肃宁夏青海三省，划为第十三监察区，由国民政府于同年四月二十九日特派戴愧生为本区监察使，当于五月间进行筹备，六月二十日设署兰州开始办公，成立以来，将及十载，爰特将历年（二十四年六月起至三十四年十二月止）来工作实施情况，编具概略，以备参考。

二、组　织

本署组织，系根据《监察使署组织条例》（二十五年四月十四日公布），内部单位分为总务科、调查科、会计室三部分，署内设监察使一人，秘书二人至三人，科长二人，会计员一人，科员三人至五人，调查员二人至四人，助理员五人至八人，并得酌用雇员。民国三十一年二月七日，为适应实际情况，经将前项条例修改，于同年二月七日公布，充实人员，增设秘书室，科员由三人至五人，增至四人至六人，调查员由二人至四人，增至四人至六人，助理员由五人至八人，增至六人至十人，余均仍旧。三十二年十二月三十一日，中央为加强监察权之实施，又复将条例修正，增加荐任调查员二人。三十三年十一月，复遵令成立人事室。此外本署于三十二年六月遵令确立行政三联制基层制度，成立设计考核委员会，兹将本署组织概况，列表于下：

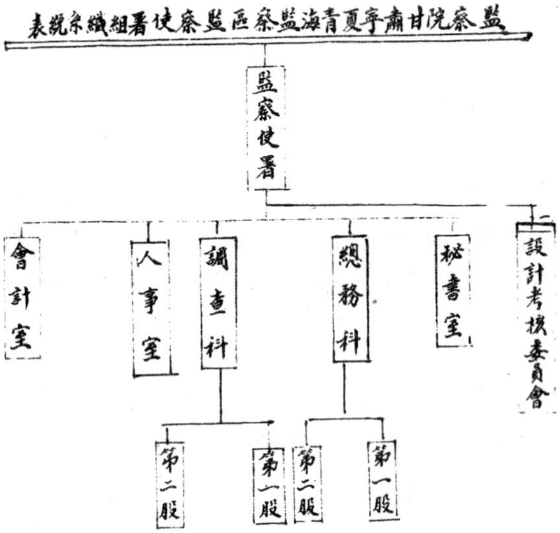

三、沿　革

民国二十四年四月，国民政府特派戴愧生为本监察区监察使，当于同年五月进行筹备，原定兰州小北门五省会馆为署址，六月二十日正式成立，开始办公。二十七年二月，国民政府特派严庄为本区监察使，同年三月十二日，接印视事，旋于二十八年十月间，因署址不敷应用，迁至曹家厅六号（陕西会馆）办公。二十九年九月，国民政府特派高一涵为本区监察使，于同年十一月十九日接印视事，蝉联三任，以迄于今。

卅四年冬，复以署址系向陕西会馆租用，殊感不便，经商甘肃省政府，允以民国路前教育厅旧址，拨作本署址，旋即稍加修整，于三十五年二月迁入民国路新址办公，由此本署之办公处所，始有一定地址，此为本署成立以来之大略情形也。

四、历年工作简况

（一）二十四年六月至十二月份工作概况

监察院划甘肃、宁夏、青海为第十三监察区，呈请国民政府于四月二十九日特派戴愧生为该区监察使，当于五月间进行筹备，六月二十日设署兰州，开始办公。兹将本署半年来政治成绩述要如下：

（甲）地方情况之调查

本署为求明了地方情况，彻底澄清吏治起见，曾订定地方情况调查表三种，分别翻印，内分：1.地方概况，2.县市政府，3.县市长，4.公安，5.财政，6.教育，7.建设，8.社会状况，9.自治，10.司法，11.党务，12.驻军各栏，测量政治有无进步，人民疾苦已否减除，次及施政时有无阻碍等项。除于派员前往各县视察时查填外，并分令各县县长切实查填。

（乙）巡回监察之经过

本署设立后，先后由戴监察使亲往宁夏、青海两省及甘肃省西路一带视察，并派员分赴甘肃省东路、南路视察。计已历经甘肃省之皋兰、永登、武威、永昌、古浪、张掖、山丹、高台、临夏、临洮、泾川、平凉、灵台、榆中、定西、通渭、秦安、甘谷、武山、陇西、渭源、洮沙等县；宁夏之宁夏、宁朔、金积、灵武等县；青海省之西宁、互助、民和、乐都、大通、湟源等县。

（丙）人民书状之处理

本署半年来收受人民书状凡 113 件，其中属于甘肃省者为一〇九件，宁夏省者凡一件，青海省者凡三件。

（二）二十九年一月至十二月份工作概况

1. 视察

本年十一月二十日高监察使一涵接事后，即亲往甘肃省省政府各厅处视察设施情形，并赴甘肃省临时参议会及兵役监督委员会等机关视察。本年十二月以后，继续视察甘肃高等法院、皋兰地方法院、皋兰县政府、甘肃学院等机关及学校。

2. 调查

（甲）普通调查

本年四月本署派员调查甘肃省车驼管理局、交通部兰猩车驮运输所、财政部西北官盐运输处、甘肃省立医院等机关一般设施情形。本年十一月派本署秘书韩树模调查甘肃兵役监督委员会及甘肃省临时参议会关于兵役征募及军事征用之一般情形。

（乙）专案调查

本年计收受书状一二七件，行查六五件，派查八件。

3. 弹纠及建议

本年计提案弹劾者六件，其被弹劾者内有县长二人，保甲委员一人，县政府科长一人，区员一人，联保主任一人。计提案纠举者四件，其被纠举者，内有保长一人，县教育督学一人，县禁烟事务所所长一人，统税稽征所所长一人。

（三）三十年一月至十二月工作概况

查本署本年度中心工作，除对于抗建期内要政之设施及推进情形随时查察，以期适合战时监察工作之本旨外，对于视察调查以及宣扬党义政令，增进宗族间之团结精神，尤为注重。计自本年一月至十二月总共收到文件为1456件，发出文件为733件。其中：

（1）奉行法令321件；（2）主管院交办事件122件；（3）接受书状189件（除旧案或其他不在本署职权范围以内者外，委任其他机关查复者111件，派员调查者16件）；（4）提出弹劾案二件（被弹劾者四人）；（5）提出纠举案六件（被纠举者八人）；（6）提出建议案三件、意见案一件。兹将工作实施情形分别略述于下：

1. 视察

依《监察使巡回监察规程》第二条："监察使应就所派监察区内，巡回视察。"监察使出巡之任务，除普通视察政治、财政、教育、司法、水利等各种情形外，并得向各官署及其他公立机关查询，或调查档案册籍及接受人民举发公务员违法或失职之书状，其特别注意者：（1）关于所派监察区内各官署及公立机关之设施事项；（2）关于所派监察区内各公务员之行动事项；（3）关于所派监察区内人民疾苦及冤抑事项。

高监察使一涵本年除在兰州附近视察：（1）军政部第二十六补训处第二团新兵待遇等情形；（2）第八战区兵站监部及军法执行监部并监所；（3）皋兰县政府杨家桥办事处、华林山军政部第二十六补训处第二团第二营新兵训练及待遇等情形；（4）兰州市区建设及甘肃省银行办理各情形；（5）交通部西北公路局机器场；（6）皋兰地方法院及地方法院看守所；（7）三民主义青年团甘肃支团部；（8）榆中县水利及县政；（9）甘肃省兰肃师管区司令部及第一监狱；（10）兰州市被炸情形；（11）防空监视哨办理情形；（12）交通部会计人员及站务人员训练班；（13）西北盐务管理局主办之兰州慈幼院；（14）榆中县政府、县监狱、甘肃省立农业学校外，计出巡六次，视察之县份，计有青海省六县、甘肃省三十一县局、宁夏省四县、阿拉善和硕特旗定远营等处，所亲自视察之机关，甘宁青三省合计有 282 单位，兹列举于下：

第一次率本署秘书韩树模往青海各县视察，其在（1）西宁：视察西宁县政府、青海高等法院、西互地方法院、青海省党部、蒙藏小学、回教中学、湟川中学、简易师范学校、省立图书馆、洛家湾军营。

（2）互助：视察互助县政府、县党部、县中心小学校。（3）大通；视察大通县政府、县党部、县中心小学校、大通煤矿公司。（4）湟源：视察湟源县政府、县党部、县中心小学校、县司法处。（5）乐都：视察乐都县政府、县党部、地方法院及监狱、县中心小学校。（6）民和：视察民和县政府、县党部、县司法处及监狱、县中心小学校。自二月二十八日起至三月十四日止。时间为十五日。

第二次率本署秘书张家珏往甘肃省南部各县视察，其在（1）临洮：视察临洮县政府、县党部、地方法院、国民兵团、民众教育馆、邮政局。（2）岷县：视察岷县县政府、县党部、第一区行政督察专员公署、第一区保安司令部、三民主义青年团分团、地方法院、高等法院驻岷分庭、国民兵团、民众教育馆、统税办事处、特税局、直接税局、保安第二团、保安补训团、中央银行、中国银行、交通银行、省银行、畜税局、卫生院、县立中学、女子小学、肃政街小学、商会、监狱署。

（3）临潭：视察临潭县政府、县党部、司法处、国民兵团、民众教育馆、中心镇公所、商会、旧城镇公所、旧城镇商会。（4）卓尼：视察卓尼设治局、党部、岷沸路保安司令部、商会、拘留所。（5）夏河：视察夏河县政府、县党部、拉卜楞保安司令部、国民兵团、特税局、畜税局、中央职业学校、大夏街小学、拉卜楞女子小学、邮政局、省银行汇兑所、畜牧场、西北盐务管理局夏河秤放办事处、拉卜楞学校、兽疫防治所、司法处、黑错小学、警察所、监狱署、藏民文化促进会、教育会、商会、工会、教费征收处、民众教育馆、三十八军无线电台、拉卜楞青年团、卫生院、中国银行夏河农贷通信处、巡回施教队、回教促进会、边闻通讯社、西北羊毛改进处推广站。（6）临夏：视察临夏县政府、县党部、第五区行政督察专员公署、第五区保安司令部、国民兵团、地方法院、监狱署、看守所、田赋征收处、民众教育馆、商会、卫生院。自六月十一日起至七月十一日止，时间为三十一日。

第三次往宁夏省视察：（1）贺兰、金积、宁朔、灵武等县。（2）阿拉善和硕特旗、定远营等处。（3）军委会派驻阿拉善军事专员办公处、国立阿拉善中心小学、吴忠堡甘宁区税务局宁夏分局吴忠堡办事处、甘宁绥区货运稽查处吴忠堡支处、宁夏省党部、宁夏省政府、民政、财政、教育、建设各厅、宁夏高等法院、宁夏电报局、西北盐务局宁夏分局、甘宁青新直接税局宁夏分局、甘宁区税务局宁夏分局、宁夏省印刷局、宁夏省农林局、宁夏省银行、宁夏造纸厂、宁夏面粉厂、被服厂、毛织厂、棉铁工厂、利宁甘膏制造厂、宁夏省畜牧总场第二分场等机关。(4)唐徕、汉延、惠农、大清、秦、汉等渠。自八月八日起至八月十五日止，时间为八日。

第四次率本署秘书张家珏往甘肃省西部各县视察，其在(1)永登：视察永登县政府、永登县县党部、永登地方法院、永登县商会、永登县龙岗小学校、永登县私立青云小学校、永登国民兵团、三民主义青年团永登分团筹备处。(2)古浪：视察古浪县政府、古浪县党部、古浪县司法处、古浪县监狱、古浪县财政监理委员会。(3)武威：视察武威县政府、武威县党部、武威县地方法院、武威县商会、甘肃省立武威师范学校、武威县农会、三民主义青年团武威分团部、武威青云学校、财政部甘宁区税务局武威分局、财政部甘宁绥区货运稽查处武威支处、财政部甘宁青新直接税局武威分局。(4)永昌：视察永昌县政府、永昌县党部。(5)山丹：视察山丹县政府、山丹县党部、山丹县司法处、山丹国民兵团。(6)张掖：视察张掖县政府、张掖县党部、张掖县商会、甘肃省立张掖县师范学校、甘肃省立张掖中学、张掖县动员委员会、张掖县农会、张掖县工会、张掖县教育会、张掖国民兵团、三民主义青年团张掖分团、财政部甘宁区张掖税务局、张掖青云学校。(7)临泽：视察临泽县政府、临泽县党部。(8)高台：视察高台县政府、高台县党部。(9)酒泉：视察酒泉县政府、酒泉县党部、酒泉县农会、酒泉国民兵团、酒泉救济院、财政部甘宁青区税务局酒泉分局、财政部甘宁青新直接税局酒泉分局。(10)玉门：视察玉门县政府、玉门县党部、玉门县卫生院。(11)安西：视察安西县政府、安西县党部。(12)敦煌：视察敦煌县政府、敦煌县党部。自九月二十八日起至十月二十一日止，时间为二十四日。

第五次率本署秘书张家珏往青海省各县视察，其在(1)西宁：视察西宁县政府、青海省党部、蒙藏小学、回教中学、简易师范学校、省立图书馆。(2)民和：视察民和县政府、县党部、县司法处及监狱、县中心小学校。(3)乐都：视察乐都县政府、县党部、地方法院及监狱、县中心小学校。自十月二十四日起至二十九日止，时间为六日。

第六次随监察院于院长往甘肃省东部各县视察，其在（1）定西：视察定西县政府、定西县党部；（2）静宁：视察静宁县政府、静宁县党部；（3）隆德：视察隆德县政府、隆德县党部；（4）平凉：视察平凉县政府、甘肃省第二区行政督察专员公署、平凉县党部、西北公路运输管理局平凉车站；（5）泾川：视察泾川县政府、泾川县党部；（6）两当：视察两当县政府、两当县党部；（7）徽县：视察徽县县政府、徽县县党部；（8）天水：视察天水县政府、天水县党部、天水高等法院第二分院、甘肃省第四区行政督察专员公署；（9）秦安：视察秦安县政府、秦安县党部；（10）通渭：视察通渭县政府、通渭县党部。自十一月四日起至十二月十日止，时间为三十七日。

2. 调查

本署对于调查案件，计分专案调查与普通调查两类：

（甲）专案调查：

以事项及案件为主，就指定事项及指定案件为特别调查。本署对于书状之处理，无论其为奉院交办或本署接受之案件，经详加审核后，悉经过调查之程序。至调查方法，分为派查及行查，而行查之中，复有依照《监察使巡回监察规程》第四条所规定“查询”之一种。计自本年一月起至十二月止，经派员调查案件为16件，函行其他机关调查案件为111件。

（乙）普通调查：

就某一区域内一切有关政治设施事项为一般之调查（监察使出巡时随从秘书于监察使视察各机关设施情形时作普通调查，其调查机关详见视察一节中）。

3. 弹劾：

由本年一月至十二月，提出弹劾案二件，被弹劾者四人，其中县长二人，县府科长一人，保长一人。

4. 纠举：

由本年一月至十二月，提出纠举案六件，被纠举者八人，其中县长四人、县府秘书一人、县府科长二人、场主任一人。

5. 建议：

由本年一月至十二月，提出建议三件，关于改善壮丁待遇者一，关于拟请修改现行法令者一，关于拟请彻底解决甘青两省边境纠纷办法者一。

6. 意见：

由本年一月至十二月，提出意见案一件，关于请甘肃省政府令行兰州市政府转饬警察局拘留所改善羁押人犯待遇。

7. 监试：

自本年一月起至十二月止，由高监察使一涵亲自到场监试者四次：一为二十九年高考初试在兰州举行初试（本年一月）；一为甘宁电政管理局举行报务员及机务员考试；一为西北公路运输管理局举行特种考试，交通技术人员乙种会计人员考试初试；一为三十年高等考试司法官初试临时考试及三十年普通考试临时考试。

经派员前往监试者二次，一为交通部西北公路运输管理局举行站务人员训练考试，及交通部交通技术人员训练会计班兰州分班举行复试。

（四）三十一年一月至十二月工作概况

本署本年度工作，计自一月起至十二月止，在内勤方面，总共收到文件1931件，发出文件924件。其中（1）奉行法令469件。（2）主管院交办案件15件。（3）接收书状234件（除旧案或其他不在本署职权范围以内者外，委托其他机关查复者148件，派员调查者30件）。（4）提出弹劾案三件，计被弹劾者九人。（5）提出纠举案18件，计被纠举者43人。（6）提出建议案一件。（7）提出意见案二件。在外勤方面，主要工作为视察调查，兹分别略述于下：

1. 视察

监察使出巡，除视察政治、财政、教育、司法、水利等各种情形外，并向各官署及其他公立机关查询，或调查档案册籍及接受人民举发公务员违法或失职之书状，其特别注意者：（1）关于所派监察区内各官署及公立机关之设施事项。（2）关于所派监察区内各公务员之行动事项。（3）关于所派监察区内人民疾苦及冤抑事项。高监察使一涵由本年一月至十二月，除在兰州视察（1）甘肃省赈济会及白道楼难民习艺工厂。（2）财政部西北盐务管理局。（3）财政局甘宁青区税务局。（4）财政部甘肃缉私分处。（5）财政部兰州海关税务司公署。（6）派本署秘书张家珏、科长王觐辰、科员汪崇瀛、高杰、李丕卿等五员视察兰州市警察局及各分局拘留所等各机关救济税收以及设施各情形。（7）派本署秘书沈爽清、张家珏视察皋兰县征实征购情形外，兹将视察本监察区内各地区及机关团体情形列表于下：

次数	起止时间	地省	县局	蒙藏	机关团体	随从人员职务姓名	附注
第一次	3月21日 4月16日	甘肃	定西通渭秦安天水甘谷武山陇西渭源临洮康乐洮沙榆中等十二县	无	机关甚多从略	秘书 张家珏 书记 郑孝培	
第二次	5月5日 5月5日	甘肃	榆中	无	视察该县各官署及公立机关设施情形		
第三次	10月10日 11月12日	甘肃	泾川平凉隆德静宁定西等县	无	同上	秘书 张家珏 书记 郑孝培	

2. 调查

本署对于调查案件，计分为专案调查与普通调查两类：

（1）专案调查

本署专案调查分为派查与行查两种，计自本年一月至十二月，经派员调查案件30件，函行其他机关调查案件28件。

（2）普通调查

本署本年度三月至四月派秘书张家珏随同监察使出巡，并作普通之视查，所视者计为甘肃省定西、通渭、秦安、天水、甘谷、武山、陇西、渭源、临洮、康乐、洮沙、榆中等十二县，五月派本署秘书沈爽清赴甘肃省永登视查湟惠渠工程情形，八月至九月复派秘书张家珏再往通渭、定西两县各乡镇作更详细之视查，十月派秘书沈爽清赴甘肃省平凉一带视查，所视查者计为平凉、泾川、庆阳、崇信、华亭、化平、隆德、庄浪、静宁等九县作普通视查。综计先后调查之县份共为二十一县，视查之机关共为二百余所。所有视查报告均分别呈报监察院备查。

3. 协办要案

本年六月准甘肃省政府函奉委员长电，以中国银行有囤积居奇情形，饬严密查报，当以情形复杂，进行殊感困难，经陈奉委座电开“在执行检验时，可由省政府约同监察使署会同办理”等因，请查照会同进行等由，当以本案关系重大，情形亦至繁复，经即一面派本署秘书张家珏、科长王觐辰前往会同省府主办本案人员办理，一面由高监察使一涵随时商同省府订定检验步骤及办法，以资进行。又以本案牵涉颇广，而该行仓库又散在城郊，必须逐一检验方明真相，自非有相当时期不克济事。计自本年六月起至八月中旬止，始将各仓库检验完竣。除由省府电奉行政院核准分别处办外，本署已将会同省府进行情形先后呈报监察院备查。

4. 会查豫灾

本年十月，奉监察院东电，以奉委座电开，河南灾荒情形希派公正之监察委员与中央委员数人前往密查实报为要等因，中央方面已定张委员溥泉前往，监察院派高监察使一涵会同密查实报等因，经即于十月十五日驰赴西安，与张委员溥泉、张秘书长厉生同往洛阳，会晤豫省军政当局及各法团首长，一面听取各方面报告及意见用作勘灾参考者，一面同赴外县（计阌乡、灵宝、陕县、渑池、新安、洛阳、偃师、登封、密县、新郑、长葛、许昌、襄城、叶县、郏县、宝丰、鲁山、临汝、伊阳、伊川等二十县）实地密查，以明真相，经查完竣，于三十日返洛，当将勘查实在情形汇报中央鉴核，并将密查豫灾详细情形摘要编具报告书呈监察院鉴核，嗣奉院指令，已经将原报告抄送国防最高委员会在案。

5. 弹纠及建议

本署对于弹纠及建议等权之行使，均取极端之慎重。对于经过调查审核之案件，认为应由行政或司法机关解决者，即交由行政或司法机关办理，认为应呈院核办者，即呈院核办，计自本年一月至九月，提出弹纠及建议意见各案如下：

（甲）弹劾案三件，被弹劾者九人，其中县长一人，县府科长一人，县府收发一人，法院院长二人，推事二人，书记官一人，首席检察官一人。

（乙）纠举案十八件，被纠举者四十三人，其中公路局长一人，油库管理员二人，科长三人，机器厂长一人，事务员一人，县长四人，县府事务员一人，保安团团长一人，县府警佐一人，国民兵团团副一人，县府指导员一人，乡长四人，县府收发主任二人，县府秘书三人，保长二人，审判官一人，县府科长四人，县府巡官一人，县府科长二人，县府会计员一人，县府事务员一人，警察局收发主任一人，查缉所所长一人，仓库保管员一人，县田赋管理处副处长一人，县邮局局长一人，省邮局视察员一人。

（丙）建议案一件，建议国防最高委员会为甘肃省田赋征实及军屯粮应请酌予减征配购，仰祈鉴核察酌施行。

（丁）意见案二件，（1）为陇西县政府收押人犯王世昌，经讯明确系异党分子，并“阴谋活动”，请甘肃省党部及甘肃省政府提省讯办。（2）为向甘肃省新生活运动促进会妇女工作委员会提供解放妇女缠足意见，请查核办理。

6. 监试：计自本年一月至十二月，由高监察使一涵亲自监试三次，派员监试二次，兹将监试情形列表于下：

次数	起止时间	种类	试场	监试情形
第一次	五月十八日 五月二十日	三十一年高等考试	甘肃省府中山堂	监察使亲自监视
第二次	五月二十一日 五月二十四日	三十一年第一次普通考试	同上	同上
第三次	九月二十八日 九月三十日	三十一年第二次高等考试初试	同上	同上
第四次	十月五日 十月七日	三十一年第二次高等考试初试及三十一年特种考试高级公务员考试	同上	因奉令赴豫查灾，派总务科长陈果青、调查科长王觐辰前往监视
第五次	十月十一日 十月十二日	三十一年第二次普通考试同上	同上	同上

（五）三十二年一月至十二月工作概况

本年度工作实施情形如次：

1. 视察

高监察使一涵本年出巡四次，第一次率本署秘书张家珏、书记郑孝培往甘肃省第六、第七两行政督察区视察，计视察永登、古浪、武威、永昌、山丹、张掖、临泽、高台、酒泉、玉门、安西、敦煌等县，自三月十五日起至四月十七日止，时间为一个月零三日。第二次于本年六月往甘肃省榆中县视察。第三次于十月间赴青海省民和、乐都、西宁等县视察。第四次于十月至十二月间赴甘肃省第五、第八两行政督察区各县视察。监察使每次出巡，除就各县一般政治设施情形及本署所规定之视察事项一一加以视察外，对于各地特有情况尤加注意，如甘肃省第六、第七两行政区之水利兴办，哈萨克民族之安抚等重要情形，俱经详加考察，并缮具报告书专案呈报监察院转呈国防最高委员会核办在案。

2. 调查

本署调查工作，分普通调查与专案调查二类，分述如下：

（一）普通调查

本年一至十二月调查三次，第一次派本署主任秘书李锡五往天双路一带（即甘肃省第四行政督察区）调查，计调查天水、徽县、两当等县。自二月一日起至四月八日止，时间为两个月零七日。第二次派本署秘书张家珏往甘肃省第六、第七两行政区调查（该秘书系于监察使出巡时随同前往专作普通调查），计调查安西、敦煌等十二县，自三月十五日起至四月十七日止，时间为一个月又三日。第三次于本年七月十七日，派本署秘书张家珏、调查科长王觐辰调查兰州市各中央及地方机关，计调查机关有：甘肃省防空司令部、兰州汽车检查处、交通部西北公路运输局、军委会西北运输司令部、交通部西北公路工程局、交通部甘新驿运管理分处、兰州航空检察处、贸易委员会驻兰办事处、复兴公司西北分公司、复兴公司西北运输处、中国茶叶公司西北分公司、西北羊毛改进处、兰州电厂、国外贸易局驻兰办事处、资委会运务处兰州区办事处、甘肃矿业公司、财政部福生陇庄、财政部火柴专卖公司甘宁分公司、财政部甘宁青烟类专卖局、财政部甘青税务管理局、财政部甘青税务管理局兰州分局、财政部西北盐务管理局、财政部盐务总局甘肃硝磺处、财政部兰州海关、皋兰地方法院、皋兰地方法院检察处、皋兰地方法院看守所、甘肃省第一监狱、兰州市政府、兰州市警察局及拘留所、兰州市警察局第一、二、三、四、五、六分局及拘留室、皋兰县政府、陇右师管区司令部、甘肃省会军警督察处、兰州市税捐稽征处、中国农民银行（农贷部分）、甘肃省银行兰行（农贷部分）、甘肃机器厂、兰州织呢厂、甘肃省贸易公司、兰州电池厂、工业合作协会兰州事务所、财政部甘肃缉私分处等四十八个单位。第四次派本署秘书张家珏赴青海省各县调查，第五次仍派该秘书赴甘肃省定西、通渭、秦安、天水、徽县、成县、康县、清水等县调查，举凡各地政治、教育、建设、司法、物资管制、征实征购，及粮食储备等情形，均经详为考察。

（二）专案调查

本署于管辖区内，就视察所及或核阅人民书状，认为有进行调查之必要者，当即派员或委托其他机关为之。本年一至十二月除委托其他机关调查案件一百四十二件外，自行派员赴各地调查者二十六次，调查案件计四十一件。

3. 纠举及建议

本署对于纠举及建议等权之行使，系就自动监察与接受举发事件，经过调查审核，证实公务员确有违法失职行为者，即依法提案纠举。如证实公务员对于非常时期内应办事项奉行不力者，即依法提出建议案于其主管机关或其上级机关，期其为适当之处置。计自本年一月至十二月：(1) 提出纠举案十二件，被纠举者二十七人。其中县长三人，巡官二人，查验员二人，办事处主任科员、保长、副乡长、警佐、乡长、镇长、警长、副处长、组长、库长、视察秘书、稽查、看守所长兼监长、所长、连长、事务主任各一人，总务分局长一人。(2) 提出建议案七件，关于拟请取缔天水、秦安等县违反限价发生黑市买卖者一；关于拟请增贷甘肃省第六、第七两行政区内各县籽种以利春耕者一；关于拟请增派酒泉仓库斗级名额，免除人民纳粮感受不便者一；关于机密建议者一；关于拟请改善各地中央机关员工待遇者一；关于甘肃省平凉县囤积居奇、银行提高放款利率、刺激物价、破坏限政，建议行政院依法制止者一；关于西北公路被洪水冲毁多处，建议交通部赶修以利交通者一。

4. 监试

本年一至十二月，监试十一次。第一次为甘宁电政局招考无线电机务佐，本署派科长陈果青前往监试。第二次为甘肃省政府举行统计人员特种考试，本署仍派该科长陈果青监试。第三次为三十二年第一次高等及普通考试初试，由高监察使一涵亲往监试。第四次为甘肃学院银行会计专修科学生毕业考试，本署派科长王觐辰监试。第五次为甘肃省普通考试县各级干部人员乙级会计人员考试，本署派秘书张家珏监试。第六次为甘肃省普通考试县各级干部人员乙级会计人员第二次初试，本署派秘书张家珏监试。第七次为财政部全国财务人员训练所兰州分所举行初级税务员入学考试，本署派科长王觐辰监试。第八次为甘肃省普通考试县各级干部人员普通行政人员考试，本署派秘书张家珏监试。第九次为甘肃省合作人员考试，本署派秘书张家珏监试。第十次为三十二年高等考试外交官领事官临时考试初试，由高监察使一涵亲往监试。第十一次为甘肃省普通考试县各级干部人员建设人员考试，本署派科长王觐辰监试。第十二次为甘肃省政府举行县长考试，由高监察使一涵亲往监视。

5. 其他

本署本年一至十二月工作概况，略如上述。本监察区（甘宁青三省）地处边陲，文化落后，在兹抗建期间，对于中央政令之宣传与学术讲演，至关重要，故于经常工作而外，并将讲演一项亦列为本署重要工作之一，计有本年一至十二月，高监察使一涵应各机关团体邀请讲演者二十一次。

（一）在甘肃学院对三民主义青年团兰州青年冬令营讲“现代政治思潮的批评”；

（二）在西北公路特别党部执行委员会讲“新约之优点与今后订约应行注意几项意见”；

（三）在甘肃省新生活运动促进会讲“对于过去新生活运动之检讨”；

（四）在甘肃省政府学术讲演会讲“新约中重要问题”；

（五）在敦煌陆军第四十八师一四二团讲“总裁中国之命运的大意”；

（六）在永昌县扩大纪念周讲“屯垦与国防之关系”；

（七）在武威各界欢迎会讲“如何做边疆的屯垦员”；

（八）在陕甘线区司令部及辎汽四团团部官佐联合纪念周讲“在西北工作人员应有之努力”；

（九）在国立西北师范学院甘肃分院讲“何谓知难行易”；

（十）在中国银行兰州支行讲“中国古代学术思想所以时常退化的原因”；

（十一）在兰州市各界庆祝工程师节大会讲“科学给与政治之影响”；

（十二）在中央军事学校毕业生调查处甘肃通讯处讲“争取时间”；

（十三）在兰州市各界纪念总理广州蒙难大会讲“总理一生之革命史迹”；

（十四）在第八战区政治部讲“不平等条约给予中国之影响”；

（十五）在甘肃省立农业学校讲“农业与国防之关系”；

（十六）在甘肃省政府讲“读《中国之命运》几点意见”；
（十七）在空军第八大队讲“《中国之命运》的要点”；
（十八）在西北干部训练团讲“《中国之命运》的大意”；
（十九）在三民主义青年团兰州青年夏令营讲“青年须立志作工程师”；
（二十）在三民主义青年团兰州青年夏令营讲“现代思想评判”；
（二十一）在甘肃省党部总理第一次起义纪念日讲“总理的革命精神”。

（六）三十三年一月至十二月工作概况

本年度中心工作，仍以符合战时施政情形为目标，兹将工作实施概况，分述如下：

1. 视察

高监察使一涵于本年四月十六日率同本署秘书张家珏、书记郑孝培等前往陇东及宁夏省各县视察，计视察所及者有甘肃省第二、三两行政督察区之平凉、华亭、隆德、静宁、庆阳、泾川、镇原、固原、及宁夏省之同心、中宁、金积、灵武、宁朔、永宁、贺兰各县暨定远营一特别区域。监察使在宁夏时，除对于规定事项一一视察外，并对该省各部落宗族加以宣导抚问，至五月二十五日完毕，为时一个月又十日。所有视察情形及各地应加改进及特别注意之事项，均经分别省区编成报告书呈报监察院转呈国防最高委员会办理有案。至第二、三次之视察工作原定于九、十、十一等月分期办理，惟因经费不敷，未克实施，其困难情形，前经呈请监察院核示在卷。最近接奉院令呈请追加视察费，但总数仅为四万元，如按照工作计划出巡，则调查工作即无法推进，爰将原计划加以变更，令派本署秘书李锡五、张家珏及调查员原佑仁分往各县进行普通调查，此为本署本年度实施视察工作之大概与变更计划之实在情形也。

2. 调查

本署调查工作，分专案调查与普通调查二种，已如前述，兹将办理情形分别述之。

（一）普通调查

本年度作普通调查者三次，第一次系派本署主任秘书李锡五往甘肃省第四行政督察区调查秦安、徽县、天水、两当、通渭等县情形，于十月二十八日出发，至十一月三十日返署，工作时间为一个月零三日。第二次派本署秘书张家珏、调查员原佑仁等调查兰州市中央及地方机关、交通部西北公路运输局、财政部花纱布管制局兰州办事处、甘肃省物价管制委员会、资源委员会、中央电工器材厂第四厂、兰州电池支厂、资源委员会甘肃机器厂、财政部复兴商业公司西北分公司、经济部工矿调整处、兰州办事处、陇右师管区司令部、财政部甘肃缉私处、中国茶叶公司西北分公司、财政部甘宁青区专卖事业局、陕甘线区司令部等十二处，历时半月。第三次系十二月下旬，派本署秘书张家珏赴甘肃河西各县调查，历时二十八日，调查县份有永登、古浪、张掖、武威、酒泉、永昌、高台、山丹等八县。

（二）专案调查

考查过去办理案件情形，以自行派员调查者较为迅速确实，结果良佳；而委托其他机关代查者，则往往稽延时日，且多不实不尽，真相难明。是故本署历年以来，皆以尽量派员调查减少委托调查为原则，本年度经费虽极支绌，然仍未敢稍懈，故派查案仍能达到预定数字，统计本年度委托调查案件为一百四十三件，派查案件为二十四件。

3. 纠弹及建议

本署关于纠弹及建议意见案件之提出，纯以事实为根据，凡属公务人员之违法失职，经查明属实者，即行依法提出纠弹；如有对于非常时期内应办事项奉行不力或处置失当者，即行提出建议或意见于其主管机关或上级机关，俾为适当之处置与救济，本年度计（一）提出纠举案者十四件，被纠举者二十五人，内县长二人，县田赋管理处副处长二人，县府科长二人，乡长三人，营长、推事、保长、司事办理土地陈报人员、镇长、保安团团长、大队长、总干事、副乡长、查征所主任、代理查征所主任、警长暨工务局局长各一人。（二）提出弹劾案者二件，被弹劾者三人，内县长一人、镇长一人、查征所主任一人。

（三）提出意见案者三件，一向甘肃省政府建议改善隆德县政府积习意见；一为甘肃省第九行政督察专员公署与驻在该区之陆军步兵学校西北分校学员发生冲突，专署被学员捣毁，电请监察院核转军事委员会将该校严加整饬，彻底改革以肃学风，而使军政团结一致以维后方秩序；一为九十一军军部及该军骑兵第十师由陕西安康接收新兵，开往甘肃张掖防地，沿途因衣食医药等项之未周备，死亡太多，以及下级官长对死亡之士兵脱去衣服任意抛弃等情形，呈请监察院核转主管机关注意改善。（四）提出建议案者一件，建议交通部公路总局改善西北公路运输局对于旅客行李保管及赔偿办法。

4. 监试

本年度监视考试者十次。第一次为特种考试卫生技术人员第二届公共卫生护士考试初试，本署派秘书张家珏前往监试。第二次为三十三年第一次高等考试初试，由高监察使一涵亲往监试。第三次为甘肃省土地测丈人员考试，本署派秘书张家珏前往监试。第四次为甘肃省三十二年普通考试县各级干部人员乙级会计人员再试，派秘书张家珏前往监试。第五次为甘肃省三十三年县各级干部人员普通行政人员初试，本署派秘书张家珏监试。第六次为甘肃学院举行毕业考试，本署派调查员原佑仁监试。第七次为甘肃省三十三年普通考试县各级干部人员统计人员初试。第八次为甘肃省普通考试乙级土地测丈人员再试。第九次为甘宁青电信管理局举行报务员及话务员考试。第十次为甘肃省本年度普通考试县普通行政人员再试，均由本署派秘书张家珏前往监试。

（七）三十四年一月至十二月工作概况

本署三十四年度工作实施情形，分述于下：

1. 视察

查本年一至十二月，高监察使一涵亲往各地视察者先后计五次。第一次于四月三十日视察甘肃省榆中县政治设施情形。第二次于五月上旬视察甘肃高等法院、皋兰地方法院及该院新建监狱暨看守所等处。第三次于五月十二日巡视甘肃省第六、第七两行政督察区各县县政设施情形，计历经省直辖区属之永登，第六区属之古浪、武威、永昌、山丹、民乐、张掖、临泽，第七区属之高台、酒泉、玉门等十一县，除依工作计划所定视察事项逐一加以视查外，尤以河西为军事要区，关于军队补给、军粮运输，以及军风纪等情形，关系綦巨，均经详为察查，并编成报告条陈所见，呈报监察院转呈国防最高委员会鉴核在案。第四次于十月中下旬视察青海省之乐都、民和、西宁等县及该省政治设施情形，并亲自调查青海高等法院院长马师融被控贪污违法各案，复宣导抚问各宗族。第五次于十二月二日至十二日，巡视甘肃第九、第五两行政区临洮、洮沙、会川、康乐、宁定等五县政治设施情形。

2. 调查

本署调查工作分专案调查与普通调查二种，已如前述，兹将办理情形分别述之：

（一）普通调查

查本署依照本年度工作计划分月进度表于五、六两月令派秘书张家珏、调查科科长王觐辰、调查员原佑仁等调查兰州市、甘肃省政府及兰州市政府所属各机关施政及一般情形，计调查者有甘肃省卫生处、甘肃省贸易公司、甘肃省地政局、兰州市政府所属各局所、兰州市政府警察局各分局、兰州税捐稽征处、兰州市救济院等机关。九月派调查员原佑仁前往甘肃省第一区各县，调查县政设施及一般情形，并作专案调查。十月派科长陈果青、调查员原佑仁随从监察使赴青海省调查各县县政设施一般情形。十一月派秘书汪崇瀛、调查员高杰调查中央驻兰各机关，计调查者有财政部花纱布管制局兰州办事处、财政部复兴公司西北分公司、财政部甘青宁新区货物税局兰州分局、财政部甘青宁新区直接税局兰州分局、行政院液体燃料管理委员会兰州办事处、经济部中央工业试验所西北分所、军政部第二织呢厂。十二月派张家珏随从监察使赴甘肃省第九、第五两行政督察区调查各县县政设施及一般情形。同月，又派调查员原佑仁调查甘肃省第一、第四两行政督察区各县县政设施及一般情形。

（二）专案调查

分委托调查与派员调查二种。本年度本署自行派员调查者计四十一案，委托其他机关代查者二百零一案，合共二百四十二案。

3. 监试

本年度监视考试者五次，第一次为元月二十二、三两日之甘肃省政府三十三年普通考试县各级干部人员统计人员再试，本署派调查科科长王觐辰监试。第二次为三月一日至七日之三十四年司法人员考试，由监察使亲往监试。第三次为四月四日之交通部交通人员训练所兰州训练区有线电实习报务员再试，本署派秘书张家珏监试。第四次为七月二十七日起至三十一日止举行之甘肃省县司法处审判官考试，由监察使率同秘书张家珏前往监试。第五次为九月十五日至十八日之三十四年高等考试初试，特种考试高级邮务员考试及普通考试，由监察使亲往监试。

4. 纠弹及建议

本年度共提出纠举案十六件：（1）纠举甘肃省徽县前县长兼田赋处处长陈谕民（赵从显）、前副处长李炳辰等违法犯刑案；（2）纠举甘肃广播电台筹备处主任葛豫夫、总干事周光扶同舞弊案；（3）纠举甘肃省化平县县长金定扬、建设科长马文忠、民教馆干事张善继及前黄花乡乡长张寿山、前田粮处科长成得宝等违法失职案；（4）纠举西北师范学院与兰州市政府合办之国教实验区负责人王镜铭等贪污案；（5）纠举甘肃省徽县税务征收局局长宫秉良、成县查征所主任李心宰等贪污舞弊案；（6）纠举甘肃省陇西县甲长董和玉强奸民妇触犯刑律案；（7）纠举新四师师长周煦龙、领兵人史世琦贪污违法，团长李纯辉，连长许剑秋、黄玉山不守军纪案；（8）纠举甘肃省海原县古城镇镇长张怀礼、副镇长何玉洁等贪污违法案；（9）纠举甘肃省酒泉县县长邱书林交接新兵扶同贪污案；（10）纠举甘肃省临洮县田赋粮食管理处科员魏琨兼职兼薪案；（11）纠举甘肃省宁定县县长吴淞涛贪污违法案；（12）纠举甘肃省甘谷县政府财政科长张飞鹏及黄警长等违法贪污案；（13）纠举甘肃省庆阳税务征收局局长蔡少轩违法贪污案；（14）纠举甘肃省敦煌县前县长宋子衡贪污案；（15）纠举陆军通讯兵独立第二营第四连连长王旭东贪污案；（16）纠举国立第十中学校长高维昌贪污案。提出弹劾案三件：弹劾甘肃省陇右师管区司令蒋汉城妨害自由、该司令部补一团学兵连连长魏开邦违法失职案；弹劾甘肃皋兰地方法院推事张方聪审理案件故入人罪案，弹劾青海高等法院院长马师融及其子马天民违法犯刑案。又向行政院提出建议案一件，为甘肃省各县市乡三十四年度遭受灾欠拟定救济方略请予救济案。

5. 经费

（一）办公费

本年度自元月份起，物价步涨，办公费各月份均不敷用，除尽力撙节外，并发动全署职员实行节约消费公文用品，结果尚有成效，惟以物价有增无减，故一至十二月份办公费均略有超支，至本年冬季炭费更无着落，曾经专案呈请追加，近奉院令核准追加本年度经常费588460元，本年度冬季煤炭，当可无甚问题。近奉院令代为追加经常费997000元，亦已拨到。

（二）视查费

本年年初本署因车价及食宿增高，视查费不敷应用，曾于二月间呈院拟将视查计划加以变更，请示遵在案。旋奉院三月九日会字第25704号训令，以出差费支给标准核定按现行标准增加一倍，所有增加数，饬在经费内匀支等因，当以本署本年度预算视查费，均系按照现行国内出差旅费标准，仅列计视察费全年一十六万元，调查费全年三万元，今按照新核定标准，年需视察调查费共计四十七万九千零四十元，除原预算十九万元外，请追加视察费十三万九千零四十元，调查费十五万元，此项追加费业经奉拨到署，原拟视查计划自无须变更。

（三）特别办公费

本年度预算分配表列特别费项下，特别办公费全年一十一万二千八百元，奉院本年三月七日会字第25672号训令，提高特别办公费支给数额，自本年一月份起实行，并准核实办理追加等因，经遵照新颁特别办公费支给数额表核算，年需四十三万二千元，除原预算分配外，请追加三十一万九千二百元，此项追加款，业已奉拨到署。

6. 人事

查人事为施政之本，监察机关用人尤难，而战时国家支出浩繁，于不妨碍工作进行之原则下，更宜力求紧缩，故本署现有职员，除秘书三人、科长二人足额外，余如科员（法定六人现有三人）、调查员（法定八人现有二人）、助理员（法定十人现有五人）均未足额，因是对于各员职务之分配，咸以一人而兼办数人之事，然论工作效率与进度，均能按时进行，未尝减低，但战后监察工作，仍极繁重，人员之添补，尤不容缓。至于本署内部人事管理，自三十二年十一月成立人事室以来，所有人员任用之初步审查及平时工作成绩之纪录，均由该室办理，遇有新派人员，即依法定期间送审，其平时考核成绩，亦按时送请铨叙部备查，本年一至六月份委任职以上公务员，平时工作成绩考核结果均甚优良.计参加考核者十四人，各月平均分数在九十分以上者一人，八十分以上者八人，七十分以上者五人。至雇员之参加考成者共计八人，其考成结果，总分数在八十分以上者四人，七十分以上者二人，六十分以上者二人。

（甘肃省档案馆藏）

（见高大同编《高一涵监察工作文选》）

视察甘肃第一、八、九行政区各县局所情形呈监察院报告

（1946 年 6 月）

为呈报事：窃一涵于本年五月三日，率本署秘书张家珏、调查员原佑仁等前往甘肃省第一、八、九各行政区巡视，计视察第一区岷、临潭、卓尼三个局，第八区武都、西固二县，第九区洮沙、临海、会川三县，时历十六日，地经八县局，兹谨将此次巡视所得情形，摘要分别报告于次：

（一）一般政治情形

查甘肃省政治，自现任谷主席三十年到任以来，日以澄清吏治为事，贪官污吏被惩治者，颇不乏人。就第一、八、九各区视察所得，认为各县政治均有进步，尤以武都一县接近四川，崇山峻岭，交通不便，夙为盗匪出没之区，上级机关人员罕至其地，自三十年设立第八行政区，经前任行政督察专员与保安司令孙振邦、彭之琦等先后努力清剿盗匪，除暴安良，地方治安与社会秩序，赖以日臻巩固与安定，政令遂能推行无阻，故该县政治、教育、禁烟诸事，有出于意想以外之进步。惟第一行政区所属之卓尼设治局，因系藏民区域，地方情况与他县不同，设治局与洮岷县保安司令部（前为世袭土司制，十八年易称今名）合署办公，司令杨复兴现年仅十八岁，其职务概由参谋长杨生华代为处理，司令部之力量，并不能控制全境，设治局长刘济清出身行伍，缺乏行政经验，平日处理公务甚感困难，推行政令，只知一味敷衍迁就，不能彻底，行政成绩亦复平平。

（二）禁政办理情形

查肃清烟毒，业已早逾限期，第一、八、九各区行政督察专员与保安司令公署及各该署所辖各县局，对于厉行禁种、禁运、禁售、禁吸诸端，均甚努力。惟第一区地域辽阔，民族复杂，第八区文武两县接近四川，山深林密，各有特殊环境，复受前年匪乱影响，少数莠民，惑于重利，不时偷种，不法之徒，辗转偷运。第一区种烟区域，以卓尼之叠部，岷县之洛大为最多，岷漳（即岷县与漳县）岷西（即岷县与西固县）毗连之深山丛林中，亦曾有烟苗发现，夏河、临潭两县，行人不到之偏僻地区，亦难保证无偷种之事。最可恨者一般汉回流氓地痞，利用藏民八、九有枪有马，徒恃武力自卫，不知法令尊严，以金钱魔力，怂恿藏民种烟，坐收厚利，政府投鼠忌器，因恐引起藏民反感，未便调兵深入铲除，此使当局至感棘手者也。至外来烟土之来源，以四川松潘为大宗，大部集中于临潭县属之旧城镇，其来路有三：一路由卓尼之叠部运进；一路由临潭之郎木寺西仓毡畦运入；一路由夏河之欧拉运至黑错拉卜楞，再由黑错转运而来。至此又分三路运销他处：一路经黑错、陌骏、土门关销于临夏；一路经岷县、会川、漳县、陇西、大贩销于秦安、天水、甘谷、武山、临洮、康乐一带；一路经卓尼插岗乡销于武都、文县，故临潭之旧城镇，实为外来烟土集中地点。而岷县、漳县、陇西、文县、武都又为运销烟土之门户，贩运高人，多系清水、张家川及秦安、甘谷等处之回民，大多身藏轻便武器，所有武力，不能盘查。第一区专员公署，对于肃清烟毒，订有缜密计划，与各县局设置盘查哨办法，堪称不遗余力，然终以地方情况特殊，迄未能达到禁绝之目的。第八区地方环境较为单纯，办理禁收，可以雷厉风行，而无特殊之顾虑，遇有武装烟匪，即派队痛剿，最近距文县境十里地带之川边好溪乡，发现武装烟匪数十名，经该县派队击溃，毙匪三名，活捉一名，并越境铲除烟苗五亩许。地方豪猾之徒，鉴于政府禁绝烟毒如此严厉，亦不敢以身试法，故八区各县禁绝烟毒，可望先一区而实现。

（三）硬币与法币之纠纷

查硬币（即银币）禁止行使，中央早有明令，财政部前以据密报陇南各县市面硬币充斥，金融物价均受影响，电准甘肃省政府转饬陇各县政府认真查禁行使，暨以高价兑换硬币，违法即予没收充公。第一区各县局，除岷县一部分外，均系为藏民区域，商业交易，仍沿用硬币，对于查禁行使硬币之命令，在岷县尚能严格实行，并曾查获硬币案件多起，然其他各县局，因地方情形之特殊，不但未能查禁，且任其公开行使，按硬币与法币之价值，现为1与1300之比，岷县县政府迭次查获实准后将充公之硬币，向中央银行掉换法币，均为一与一之比，因此引起纠纷甚多，查缉人员以比值如此悬殊，洁身自爱者，以事不合理，多放弃查禁责任，而贪污不肖者，即藉机舞弊，或查获不报，或受贿轻纵，或以多报少，携带硬币之刁狡商人，亦或故意以少报多，反诬查缉人员，此类纠纷在岷县层见叠出，同一行政区，在甲县则实令查禁，严格取缔，在乙县则亦实令查禁，而任其公开行使，殊属矛盾之至。

查银币行使蕃地区域，包括青海、甘肃、西康各省，并与西藏商业往来有关，仅从第一、第五等区各县查禁绝非根本办法，并可使各弊丛生。对于蕃民往往大失信用，中央似应规定统一办法，限期兑换，过期则一律禁止使用，否则，各县政府不得不禁，而蕃民通商及交易又不得不使用，矛盾终不能免，若此区域禁止使用，而他区域或他省一律通行，殊失政府威信。

（四）司法概况

查此次巡视陇南各县局，系与甘肃高等法院院长叶在畴同行，各地舆论，对于司法颇多訾议，一涵抽查结果，以岷县地方法院检察处首席检察官靳鸿范及临潭县司法处前审判官李粹卿声名最为狼藉，且均有违法行为，人民呈诉该靳鸿范案件甚多，业经派员调查，依法办理。该靳鸿范办理案件，羁押当事人，有逾二月以上，从未侦讯一次者，更私用额外法警，地方人士呼之为黑头法警，又称之为跑票法警涉讼之人，畏之为虎。最近该县岩留乡间发生人命案件，该靳鸿范派警长赵云高往传该管保甲长，实则赵并未出城一步，私派黑头法警前往，当事人招待店费及被需索，耗去六万余元，业经叶院长与一涵分别派员向需索之法警，及被需索之保甲长查明确凿。又该靳鸿范喜酗酒闹事，每饮必醉，醉则笑话百出，某次酒后与岷县驻军骑兵队发生冲突，率领法警奔向骑兵队部大呼捕人，骑兵队亦出为戒备，正于紧张之际，事为该管行政督察专员兼保安司令张仰文所悉，急速出为劝阻幸未为肇祸，该靳鸿范即大声叫嚣，一时观者如堵，殊失司法尊严。前任临潭县司法处审判官李粹卿，办理案件，进行疲缓，终结多不制作判词笔录，送达民事案件，未预征裁判费，迨终结时，始向当事人补收，若未接当事人提起上诉，则不换贴印币，嗣于会川任内，亦复如是，对于法收，就即时填载印币联单，亦不随时解库，甘肃高等法院已经将其免职，交付侦查矣。查甘肃司法积弊甚深，尤检察处最为黑暗，今幸叶院长锐意整顿，不法推事及审判官被惩治者，时有所闻，惟高检处不能配合并进，深受牵制与影响，除岷县地方法院首席检察官靳鸿范等违法贪污各节经查属实，另行提案弹劾外，应请中央早为注意调整，以配合甘肃司法之改革者，庶乎有望。

（五）军政部岷县种马牧场办理情形

查该场场长王善政颇具事业心，对于房厩建筑，卫生设备，与农事经营，均甚著成绩。配种所共有五所，马匹生产率本年为百分之六十五，倒毙率本年截至一月止，仅为百分之小数点二，农事播种达 2150 市亩，工作成效深得地方人士好评，实该嘉尚。

（六）受理案件

查此次巡视前述各行政区属之各县局，共计接收人民诉状二十九件，比经衡度轻重缓急，分类处理，或派随行人员调查，或请托行政与司法官署查复，其属于诉愿性质者，则分别转送各主管机关办理。在第一区由岷县至临潭途中，有回民数百人为汉回枪案纠纷跪地拦车请愿，当即下车，面嘱推出代表报告案情，并据随行之该管行政督察专员兼保安司令张仰文报告该署已受理备案，正在办理中，一涵于听取双方报告后，一面责成该专员迅速依法妥慎以报结，一面谕知请愿人民，政府办理匪案，或任何案件，悉以法令为根据，一秉公正，绝对不伪、不袒、不枉、不纵，乃无种族之分。回胞表示悦服而去。又第一、八两区岷县与武都人民，以甘川公路岷武段经两县发动民工筑成，路基傍山崎岖，易为山洪冲毁，要求设站通车，以利交通，设立道班，藉以护路，而免枉费民力、财力，经已函转交通部筑税局第七区公路工程管理局核办，该局已派车前往勘路设站，不久即可通车矣。

以上所述，系此次视察甘肃省第一、八、九各行政区属之岷县、临潭、卓尼、武都、西固、临洮、洮沙、会川等八县有关重要之事项情形，理合具呈报告。仰祈鉴核施行。谨呈，监察院院长于。

监察院甘肃宁夏青海监察区监察使　高一涵

（甘肃省图书馆馆藏）

（见高大同编《高一涵监察工作文选》）

监察制度之精义
——在湖北省党部纪念周讲演

（1935 年 6 月 17 日）

主席、诸位同志：

兄弟今天得在此参加纪念周，与诸公欢晤一堂，感觉得异常愉快！兄弟奉中央派遣来担任监察工作，当此训政时期，诸公秉承中央修明政治之决心，复兴民族之努力，兄弟才短，也得竭尽绵薄之力，辅助地方政治之推进，帮同吏治之澄清。至于地方利病，民间隐微，就责任职务上，当随时与诸公陈说研讨，以期尽量贡献于中央，仰体总理监察创制之遗意。按照巡回监察之规定，及中国监察制度之沿革与监察权之运用，谨将兄弟一得之愚，略略报告于诸公面前：

一、监察制度为中国特有制度

欧美各国多把监察权放在议会，中国则自秦汉以来，监察权即单独成为一个系统，由唐宋到明清，其余行政机关，虽迭有变更，而监察机关则大都一贯。至明初发达到极盛之点，与政权军权鼎足而三，造成“中书总政事，都督掌军旅，御史掌纠察”的中国式的三权分立制。

二、监察制度的沿革

中国监察制度有两个特点：（一）职权统一；（二）内外并重。

所谓职权统一，就是监察集权，例如清朝，行政制度采取中央与地方平均分权的制度，行政官厅的监督权只可以对直辖的下级官厅行使，而都察院的监察权，却打破普通的行政系统，无论是对于上级官厅，或下级官厅，更无论对于中央官厅，或地方官厅，皆一律可以行使。

所谓内外并重，就是中国的监察权，不单在中央行使，并且在各地方行使，秦初以御史监理诸郡，谓之“监察史”。明清两朝，皆以右都御史衔或右副都御史衔加外省督抚，此外随时出发外地的御史甚多，例如巡仓、巡漕、巡盐、巡江、巡湖、巡茶、巡马、巡城、巡盗之类皆是。但是秦以御史监郡，是以监察官代理行政官，明清加督抚以御史衔，是以行政官兼代监察官，惟有唐朝中宗时代，派十道巡察使分巡天下，廉按州县，二周年一替，职在监察奸讹，观采风俗。其性质与现在的监察使制度，颇多相合，也可以说是现在监察制度的来源。

三、监察权之运用与成绩

中国历史上监察权之活动，大多在政治清明的时期，而在天下将治未治或将乱未乱之时，监察权之活动尤力。一旦大乱已成，则监察权完全失其作用。即以清朝为例，当康熙及乾隆时代，政治清明，故科道之活动既多，成绩亦颇卓著，而在顺治时代，天下将治，百端待举，故科道之成绩颇佳。及到道光时代，天下将乱，而科道之成绩尤为进步。清代御史奏章至今可考者计有六百八十七疏。竟有一百十三疏，出现于道光二十九年之间，其中被采纳者占百分之七六以上。清代科道成绩，于斯最盛。但晚年倦勤，厌恶科道，故被处罚者，有清一代计三百十九人，而道光一朝竟多至八十一人。至于道光晚年，和坤当国，宵小横行，直言路塞，以及咸丰同治两朝，国内兵祸，年年不绝，则科道几同虚设。

由此可见监察与政治是互为因果，有政治清明之因，乃产生监察权活动之果，同时亦由监察权活动之因，产生政治清明之果。反过去说，政治越不清明，监察权越没有效果；监察权越没有效果，政治越不得清明。

四、监察与法治的关系

根据上述理由，可见政治状况与监察权的行使极有关系。换句话说，只有在真正法治的国家中，监察权才可以推行无碍。因为法律是权衡度量，有了权衡度量，然后才有长短轻重大小多少之分。中国的法家，久已阐明此理。故一个国家，若没有宪法，便无所谓违宪，若没有法律，或者法律失效，便无所谓违法。故违宪这个名词，只有在实行宪政的国家，才可以出现，违法这个名词，亦惟有在法治国家之中，才可以听得到。例如火车，惟因其有轨道，然后才有出轨之事，若马车汽车，本无轨道，故从来未闻马车出轨，或汽车出轨这个名词。由此看来，监察权之行使，或行之有效，一定要在政治已上轨道的地方。政治越上轨道，监察权越有效用。这是监察与政治的关系。

五、监察与行政的关系

监察与行政，不但不是互相冲突的，并且是互相辅助的，他并不是两件相反的行为，乃是一件相合的行为。例如一个房主，要造一所房子，则有工程师为之设计，有工人为之做工，又有工程师为之监工。政治也是这样，人民便是房主，上级官厅便是为人民设计的工程师，下级官厅便是为人民做工的工人，而监察人员便是为人民监督工程的监工。分而言之，有设计者，有做工者，有监工者，合而言之，则皆是为人民造房子。故行政与监察，是相辅而行的。一是指挥监督其下级官厅，教他如何依法，一是监察官厅教他不要违法，一是引导执行的人教他走入依法执行之路，一是监察执行的人，教他不要走入违法执行之路。其实目的是完全相同的。故监察乃是帮助行政，贯彻他原来的一贯计划，这是监察与行政的关系。

两湖历来为中国政治中心，贤明长官求治之切，地方父老望治之殷，在今日已积极建立向上光明的政治，一涵虽自惭驽钝，深幸……追随诸公，忠心及努力执行职务，使监察与政治得以相辅而成，而符中央推行监察与推进政治之意，深盼在座诸公，随时指示。（完了）

（《监察院公报》第三十五期）

在使署第一次纪念周的训话

（1935 年 6 月 17 日）

诸位同志：

今天是本署成立后第一次举行总理纪念周，有许多话要同诸位说：我们在纯服务的观点上，只有尽忠职务，便是忠于党忠于国，尤其是服务于风宪机关，古人说“以身作则”，正己而正人，不但奉公守法，砥励风节，即署内之秩序纪纲，格外要做到“整齐严肃”四个字，我是长官，自然是身先诸位，领头来做。我们职司纠察官邪，决不可轻易批评人半个字，至于时政得失，人物臧否，那更不容许冒然出口。职务以内的，惟有敬慎戒惧，职务以外的，一概不管。

武汉为新生活最努力的地方，关于严守时刻及生活朴素两点，第一步必须做到，勤励可以补救过失，俭朴可以养成廉洁，当此空前国难时间，能从个人私生活检点，不但可以洁己奉公，影响到诸同志公共生活及社会方面去，而且多发挥一分朝气，无疑义的挽回国家民族一分生机。

话还应该回到我们的职务上，我们定下几条必具的信条及执行职务时的戒律，期于我们坚决的易守易行：

一、本监察使无论对于任何机关不作请托介绍书信。

二、凡本监察使出外巡视或本署派员出外调查时，绝不受任何方面之供给馈遗，并不参加宴会及欢迎会。

三、凡本署出外调查委员，均携有监察院所发之调查证及本署所发之调查令文，被调查机关，可以事前索阅。

四、凡人民向本署呈递书状，皆由呈诉人自行缮就投递，或付邮投递，绝不收取任何费用。

五、本署办理案件，惟凭事实为根据，以公正为依归，以期不偏不徇，无枉无纵。对于违法失职之公务员，既须严加纠正，而对于奉公守法之良吏，亦须使其安心，至对于人民呈诉事件，一方面既须详切调查，俾民隐可以畅达，而另一方面，亦须严防诬告，以矫正刁狡之风。

六、凡派令密查案件，须严守秘密，不得宣泄，即署内同事，非在专司及受令之人，彼此不得随意说出。

七、凡本署发布新闻或本监察使发表谈话，通常以书面为主，并一律加盖本署秘书处长戳。

总之，我们在执行职务时要敬慎戒惧，惟恐做不好，在各个人平日生活上要整齐严肃，惟恐有丝毫疏忽，国家监察权之尊严，一地方监察权之推行与信赖，我们责任的负起，须在我们工作的表现力。（完了）

（《监察院公报》第三十五期）

附 录

附 录

附录一：

参与民国宪法监察法规修订

甲：国民大会第一四一号提案

（高代表一涵等一九三人提对于宪法草案第九章第九十五条之修正案）

第九十五条：原文："监察院为国家最高监察机关，行使同意弹劾及监察权。"

拟请修正为："监察院为国家最高监察机关，行使弹劾、纠举、惩戒及审计权，对国民大会负其责任。"

理由：

一、删去同意权：因监察委员为执法之官，宜处于超然地位，如行使议会式之同意权，易成为党派斗争之工具，必影响于监察权之超然与独立。

附注：本草案第七章第八十三条，第八章第八十九条，第九章第九十九条，皆与同意权之行使有关，拟请予以修正或删除。

二、增加纠举权：依照过去经验，凡纠举案皆径交被纠举人之主管机关或其上级机关，调查既甚便利，处置自更迅速，且各该机关平素对于被纠举人，皆有监督权，故于迅速之中，兼寓审慎之意，此为监察院过去行使之实际经验，故应仍予继续行使。

三、增加惩戒权：监察权离立法权独立行使为孙中山先生五权宪法所首倡，孙先生有云："裁判人民的机关已经独立，裁判官吏的机关，却仍在别的机关之下，这也是论理上说不去的，故此机关也要独立。"所谓裁判官吏的机关，当不仅指提弹劾案而言，亦必包括弹劾案之审理，故依五权宪法创始人之原意，惩戒权应属诸监察院。查欧洲许多国家都在普通法院以外，另设一种裁判行政所，去专理行政诉讼，凡属行政诉讼一概不由普通法院受理，只由行政裁判所受理。他们的理由，就是以为行政上的裁判要有行政上的知识与经验，这并不是普通法院所能胜任的，故行政审判既不归普通法院亦不归行政机关，而另设行政裁判所，以掌其事。弹劾案之审理亦与法院之普通审判不同，主其事者不专靠法律的知识与经验，还要靠行政的知识与经验，由此可见弹劾案之审判为特种审判，如军事审判与行政诉讼应归军事法庭及行政裁判所审理，而不应归普通法院。在三权制下，弹劾案之审判机关，应隶属何部门，在学理上固成问题，在五权制下，其应属诸专司监察之院，当无疑义。又查在政治上欲求效率增强，必须权责分明，凡负某种责任者，应有完成其责任之权力，方能期其有所成就。监察院为全国最高监察机关，吏治之澄清，贪污之清除，一般人都认为系监察院责任，十余年来，凡有贪污舞弊情事暴露，国人均责望监察院有所纠正，但因惩戒权不归监察院行使，故虽负澄清吏治之责任，而无权以完成任务，往往弹劾案审查成立移付惩戒后，迄无下文，甚至惩戒处分虽经确定，而惩戒机关之上级机关为之请准暂缓执行，故监察院对惩治贪污，实系有责任而无权力，管理惩戒之部门，又系有权力而无责任，欲免除此种弊病，当使惩戒机关隶属监察院，以一事权而专责成。

四、增加审计权：凡三权分立国家皆无监察机关之设置，故审计权有径由国会行使者，本草案既采取五院制，自应仍照中国历史上成例，由监察院行使。良以审计职权不以审查决算为限，尤其重要者，则在监督预算之执行，此中如核签收支命令、审核计算与稽察财务上之不法或不忠职务行为，皆系执行性质，而为构成监察权之主要部分，故自应主张审查决算权归立法院，而审计权即仍应划归监察院。

五、因监察权既已列举规定，而为概括名词之监察权三字自当删去。

是否有当？敬请公决！

提案人：高一涵、水梓、田炯锦、曹启汉

连署人：江一平、陈长蘅、贺世昌、顾祖德、王寿如、陈紫枫、朱贯三、张维、刘候武、丁象谦、蔡景忱、李世军、王正廷、吴风清、骆力学、蔡呈祥、张岫岚、陈丽生、李景才、鲁大昌、庞镜塘、黄梦飞、张履中、鲁效智、李嗣璁、孙岱亭、何克夫、陆锡光、查笑山、沈灵修、武振纲、罗贡华、张之杰、史升、翟玉航、左正荣、张维翰、李鸿文、赵煊、童冠贤、胡伯岳、连天祥，葛覃、赵连登、刘怀璠、邓鸿业、王熙垚、吴闻天、李保合、南桂馨、冷曝冬、左恒祥、孙廷俊、吕超、梁上栋、李培国、张渊扬、陶尧阶、王介庵、李永新、何梅志、张瑞生、王澍霖、赵炳琪、何兆群、卢凤阁、王致云、郑彦棻、杨宗培、张施武、李佩青、王维新、杨静芳、赵澍、成蓬一、王广庆、邓飞黄、温寿泉、刘蔼如、戴仲正、贾景德、胡庭梁、丁得义、李法和、施今墨、余拯、金崇伟、李正乐、杨慧存、陈联芬、严庄、蒋公亮、应锡华、陆鼎甲、陈博生、方青儒、周大烈、于芝秀、傅岩、周聘三、韩光琦、李锡五、黄志大、冉寅谷、呼延立人、王秉诚、蒲允升、香玉堂、刘不同、黄少谷、杨叔文、王星舟、曹浩森、王镜清、阳叔葆、王杰夫、李继武、陈顾远、杨志俭、延国符、金璇、杨兴勤、关大成、侯天民、罗大愚、姚彭龄、许俊哲、单成仪、殷君采、莫萱元、谢澄宇、朱永宝、刘振东、萧赞育、史尚宽、李蒸、涂公遂、李曼瑰、王兆荣、张忠道、李应生、朱子帆、詹学海、邓翔海、陈希豪、王启江、骆美奂、包一民、韩静远、唐国桢、周兆棠、王立文、庄静、包德明、费侠、许惠东、张子扬、刘瑶章、陈剑如、李芳春、刘秀洪、萧一山、张渊扬、周杰人、甘家馨、吕晓道、相菊潭、邵华、胡健中、王铸人、王同荣、孙元甫、高宗禹、张清源、袁雍、汪观之、曾济宽、王和亭、郭紫峻、周伯敏、刘真如、段焯、鲍殿丞、沈肇年、韩春暄、李华栋、黄国桢、陈畴、张瑞璜

（上海图书馆藏：《国民大会提案原文》第三册第 141 号提案）

（见高大同编《高一涵监察工作文选》）

乙：关于监察法规提案、法规解释的请示

监察法规提案

民国二十四年，8 月 28 日，监察院第三十三次会议

高一涵与监察委员罗介夫提《免一案两劾或一案重查案》，会议决议：通过，交秘书处。

高一涵提：《请决定凡院交各监察使署派查案件，可径用秘书处名义送达，以减省正式令文手续，且使各使署对于该案办法，稍有伸缩余地案》，会议决议：照办。

高一涵提：《请决定沟通调查专员之工作案》。会议决议：各区监察使署因执行公务之必要，可随时呈请调派本院调查专员及其他职员赴署工作。

高一涵提：《请决定改进监察委员办公室之工作方式案》，会议决议：指定刘三监察使等八人审查，由刘委员三召集。（《监察院公报》第五十七期）

民国二十五年，7 月 17 日，监察院监察使第六次谈话会

监察使高一涵、周利生、戴愧生提：《请决定监察使署调查案件，除调查员外，仍得委派秘书科长科员等查案》，会议决定：通过，呈院通行知照。

监察使高一涵、戴愧生、周利生提：《请决定请院通令各省市政府以后编制省市县施政计划书，及县长以上人员更调，应函知该区监察使署，以资考核案》，会议决定：通过，呈院通令遵照。

监察使周利生、戴愧生、高一涵提：《请决定请院咨行政院通令各省市政府通饬所属机关，对监察使署调取文卷证件，须绝对遵从案》，会议决定：通过，呈院转咨分饬遵照。

监察使周利生、戴愧生、高一涵提：《请决定请院规定“监察使署奉令核办案件呈复书”格式，通令各监察使署遵照呈报案》，会议决定：

通过，由院分行照办。

（《监察院公报》第九十期）

法规解释请示

监察院指令令湖南湖北监察区监察使高一涵

二十五年三月十九日呈第七八号呈一件，为关于处理案件有应行请示事项，祈鉴核发迅赐示遵由。呈悉。关于请示事项一：查照本院调查证使用规则第四条之规定，自可委托该协助机关代为传案，由该调查人员讯问取供。亦可委托该协助机关代为询明。应由该调查人员酌量情形为之。关于请示事项二：向私人或私人团体商号公司等调查时，自不适用本院调查证使用规则第一条暨第二条所规定各节。遇必要时，得照调查证使用规则第四条之规定，通知协助机关会同办理。但仍须审慎行之。关于请示事项三：可由该监察使酌量情形办理。仰即遵照。此令。

院长　于右任

附抄原呈

查本署兹有关于处理案件，应行请示事项如后。

（一）调查证使用规则第三条，载有“遇必要时调查员得查询该项案件之关系人并调查其证物”等语，查调查案件，往往须向呈诉人被呈诉人证人或其他有关系之人查询。设有人于受查询之时，或故意不与调查人员见面，或见面而不肯答复而仅为口头上之言谈，不肯签押于询问笔录。在行政司法各机关，对于案件侦查，尚可传案讯明取供，而本署则无此项可资依据之法规。虽同规则第四条内，曾有“遇必要时调查员得持此证知会地方法院市政府县政府公安局协助”之规定，但究可协助至如何程度，原条文未经订明，每有感受重大困难之处。究竟本署派员调查案件，遇必要时，可否委托该协助机关，代为传案，由该调查人员，讯明取供，或即委托该代为传案机关，代为讯明取供，用利进行。此应行请示者一。

（二）查案时，证物调查最关重要，但受调查人往往不肯将证物取出，甚至有根本拒绝调查，殊足为事务进行之妨碍，查调查证使用规则第一条规定："调查员持此证赴各公署各公立机关调查档案册籍，各该公署或机关之主管人员不得拒绝并不得藏匿应被调查之案件。"其第二条第一项规定："遇必要时调查员得临时封锁该项案件并得携去其全部或一部。"第二项规定："前项携去之部分须令该主管人员加盖图章由调查员给予收条"各等语。细释第二条两项文义，似系承接上开第一条条文所定，对各公署及各公立机关而言。其对于私人或私人团体，及商号公司等类，如向其调查证物，遇必要时，是否可以援用该条，而将其有关证据之物件，予以封锁或携去。倘受调查人不肯将证物取出，或根本拒绝调查，则又有何种补救之办法。本署最近曾据有调查人员报告，谓因有公务员被诉贪污一案，须向一商号查阅账据，乃该商号借口无账，拒绝调查，无法进行调查工作，可否暂予查封，呈请核示。一涵窃思受调查人拒绝调查，是否可以查封，本署尚无明文依据。且关于公务员被诉贪污，尤其关于征收舞弊等事，欲予彻底清查，每须查阅各有关系商号等之账据，在受调查人方面，或因有利害之关系，或因有情面之牵连，拒绝调查，势为事所恒有。设或劝之不从，纵请该管机关协助，亦因未有明文规定，不能为何种强制之执行。对于行使职权，关系甚为重大，究应如何办理。此应行请示者二。

（三）前奉钧院第二八一号训令，以呈诉案件，在进行调查中，被呈诉人已被主管机关免职者，对该项呈诉案件，应仍进行查办等因，自应遵照办理。兹查公务员遇有违法或失职时，虽已经该管长官予以惩戒处分，然或因本署查明其所犯之情节，重于该管长官认定其所犯之情节，或因按诸《公务员惩戒法》之规定，不应径由该管长官施行该项之惩戒处分者，则当然仍为弹劾之进行。但亦有荐任职以下之公务员，遇有违法或失职，已由其主管长官查明情节，依照《公务员惩戒法》第十二条，径予以记过或申诫之处分，而本署查其所犯之情节，并不重于该管长官所认定之情节，若再将其提劾，则是该公务员于一事件，既已受其主管长官之合法惩戒于前，又复受本署之提请移付惩戒于后，似未免有重复之嫌。究竟遇有此种案情，是否仍须一律提劾，抑或有可以酌量情形，以定提劾与否之处？此应行请示者三。

以上所述各条，均有关于处理案件，理合备文呈请，仰祈钧院鉴核，迅赐指示祈遵。谨呈监察院院长于。

监察院湖南湖北监察区监察使　高一涵

二十五年三月十九日

（《监察院公报》第七十四期）

监察院咨文

为咨请事，案据湖南湖北监察区监察使高一涵呈，略称：查湖南滨湖各县办理堤务人员，或称垸首，或称堤务董事，或称堤工局总办主任，有种种不同之称谓，当以该省各县民垸办理堤务机关，究系如何组织，上述各项人员，是否系受有政府委任，而为依法令从事于公务者，均有查询之必要。经致电湖南建设厅查询。嗣准该厅本年四月江代电略开，查本省滨湖各县办理堤务人员，名称向不一致，上年省政府为整理起见，特于制定《湖南省滨湖各县垸堤修防章程》第十三条，规定各垸原有堤工局会等，一律改为堤务局，负责人名称，定为主任、副主任，从前垸首、经理、委员、董事等名义，概行取消。又第十四条内，规定主任、副主任，由业户开会选举，呈报县长兼修防处长委任等语。查照电开各节，于该项垸堤修防章程未经颁布以前，其各县办理堤务人员，如垸首、经理、委员、董事等名义，究系如何产生，是否受有委任，仍有未明，经再函请该厅查复。兹准该厅地字第三四二三号公函略开，查本省滨湖各县堤垸，素系人民自行出资修筑，从前垸首、经理、委员、董事等，由垸众公推，既无选举程序，复无县府委任，公推之后，不过呈请县府备案而已。自上年颁布修防章程，改为官督民办，始规定堤务局主任副主任会计员，先由业户选举，次呈报县府委任等语。查照湖南建设厅两次复文，该项办理堤务人员，其现任之各堤务局主任、副主任等系经政府委任，照章办理，其为公务人员似无疑义。惟从前之垸首、经理、委员、董事等，既系由垸众公推，仅报政府备案，则其是否为公务员，尚属疑问，又如遇该项人员被诉事件，使署应否受理，理合呈请钧院鉴核示遵等情。据此，查所请系属公务员资格之核定，有关法令解释，相应咨请贵院查核予以解释，俾便饬遵为荷。

此咨

司法院

院长　于右任

（《监察院公报》第八十五期）

附录二：

参与起草审查的监察法规目录

《接收人民诉状规则及审查人民诉状规则》（《监察院公报》第一期）

《监察使监察条例草案》（《监察院公报》第三期）

《修正弹劾法草案》（《监察院公报》第三期、第七期—第十二期合刊）

《修正弹劾法》（《监察院公报》第二十三期）

《修正惩戒法》（《监察院公报》第二十三期、第二十六期）

《修改监察院组织法第六条、监察委员保障法第六条》（《监察院公报》第二十三期、第二十六期）

《规定监察使任期》（《监察院公报》第二十三期、第二十六期）

《弹劾案急速救济处分》（《监察院公报》第二十六期、第二十七期）

《审计院时代审计法及审计法施行细则内关于处分违法公务员之规定，业已失效，请决定办法，令审计部遵照案》（《监察院公报》第五十七期、第七十二期）

《监察制度提案》（《监察院公报》第五十七期、第七十二期）

《监察使署办事规则》（《监察院公报》第九十期）

《湖南湖北监察使署秘书处及各科办事细则》（《监察院公报》第一〇七期）

六安文化名人丛书

高一涵全集

第六卷

诗歌　小说

高一涵　著

全国百佳图书出版单位
时代出版传媒股份有限公司
黄　山　书　社

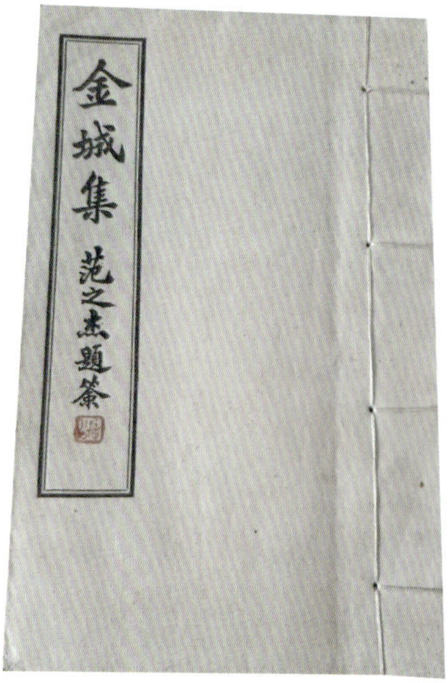

高一涵著《金城集》的西北原版

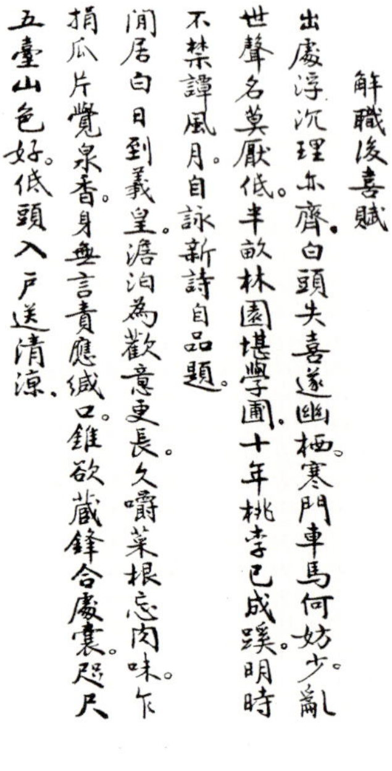

解職後喜賦

出處浮沉理亦齊。白頭失喜遂幽棲。寒門車馬何妨少。亂世聲名莫厭低。半畝林園堪學圃。十年桃李已成蹊。明時不禁譚風月。自詠新詩自品題。

閒居白日到羲皇。澹泊為歡意更長。久嚼菜根忘肉味。乍捐瓜片覺泉香。身無言責應緘口。雖欲藏鋒合處囊。咫尺五臺山色好。低頭入戶送清涼。

1948 年夏，高一涵手书《解职后喜赋》诗一首

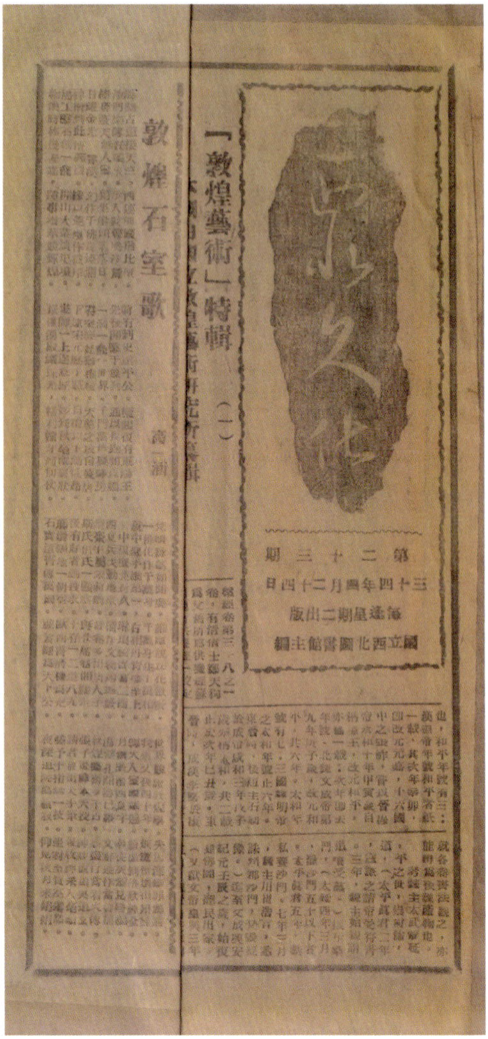

西北文化

第二十三期
三十四年四月二十四日
每逢星期二出版
國立西北圖書館主編

「敦煌藝術」特輯（二）

敦煌石室歌

高一涵

1945 年 4 月 24 日的《西北文化》刊高一涵诗一首

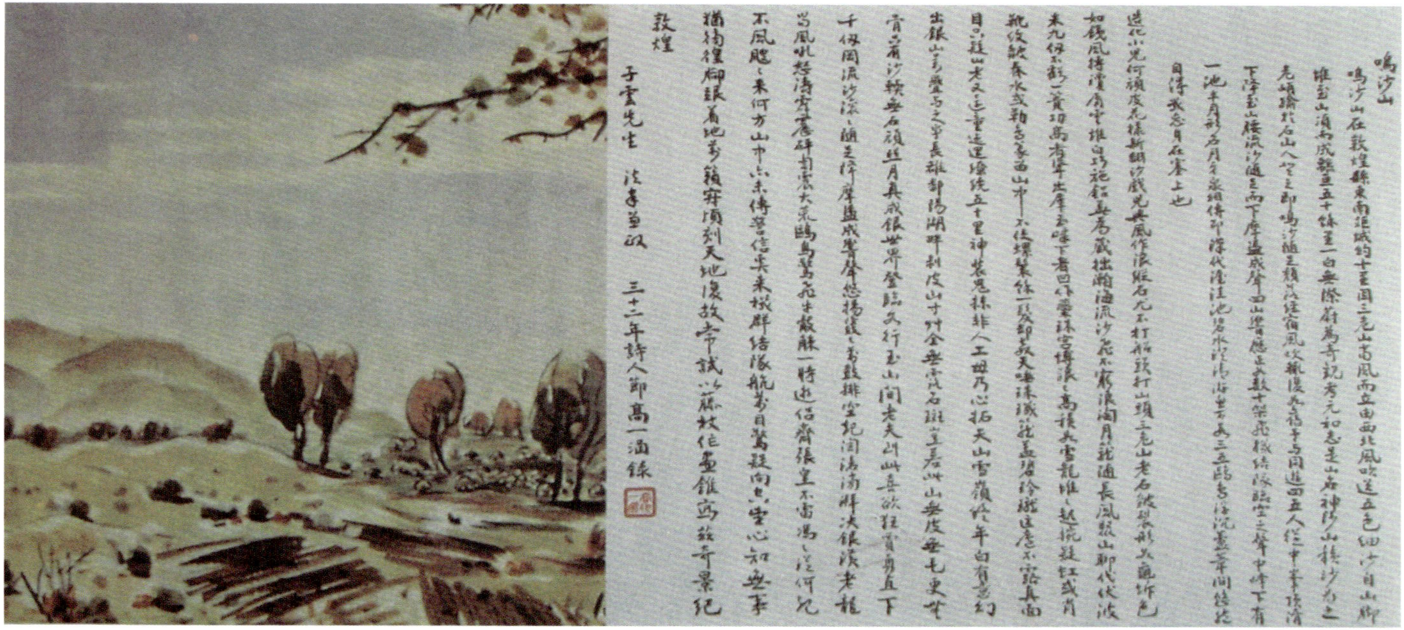

1943年，高一涵为王子云《三危山与鸣沙山写生画长卷》题《鸣沙山》一诗

目　录

金城集

卷一　三十年（辛巳）稿

卷二　三十一年（壬午）稿

卷三　三十二年（癸未）稿

卷四　三十三年（甲申）稿

卷五　三十四年（乙酉）稿

集外拾零

小　说

金城集

自 叙

余生平喜读诗而不善作诗，故于诗学未窥门径。庚辰之秋，自湘来兰，道经重庆，值长沙章行严先生于山洞。时先生正埋首诗词间，日有新作，极力劝余为诗。到兰后，孑然一身，交游益寡，深宵孤灯独坐，郁郁寡欢，姑试为之。得诗二百首，从未敢出以示人也。壬午秋，行严来兰，索阅存稿，谓大体尚可，仍宜多读多作。厥后积渐成癖，无间闲居出游，兴到即作。五年间存诗六百余首，夫诗之道岂易言哉。余之为诗，羌无节奏，正如虫鸟之自鸣自已。造怀指事，不求纤密，驱辞逐貌，惟取昭晰。卒之径情直发，言外无余，刻露浅率，一览辄尽，毫无超诣，势固然也。白首学诗自奋亦深自愧，兹集所存，聊当五年以来之游览日记，若以诗律绳之，呜呼，诗之道岂易言哉。

民国三十五年一月四日

六安高一涵识于兰州曹家厅官署

卷一

三十年（辛巳）稿

云海行

庚辰冬由渝飞兰两渡云海因作此歌。

蜀江水暖蜀山深，千岩万壑时昏沉。
渝州三冬成雾市，日月晦冥无晴阴。
我今奋飞御天风，扶摇直上见晴空。
皑皑银峰映朝日，璇光四射何玲珑。
琼楼玉宇争飞翚，晶莹灿烂生光辉。
溶溶月照梨花院，淡淡风生素女衣。
轻盈疑是虞兮舞，云罗雾谷相追飞。
黄山云海饶奇趣，古有坐观无飞渡。
今我飞渡只须臾，茫茫千古夸独步。
忽然云开天地清，如闻下界鸡犬声。
川原一望平如掌，云此已近锦官城。
桑麻竹树绕场圃，田畴阡陌聚棋枰。
青青欲滴霜皮柏，摇摇欲坠黄金橙。
以手抚膺仰观天，欲去不去心茫然。
天上苍苍何所有，毕竟仙境在人前。
西去成都百余里，层云又从万山起。
此时云高山亦高，峰峰耸出云端里。
俯首看云兼看山，青螺翠黛参差是。
中有一岭号摩天，上去青天不盈指。

北望千山更万山，云海截然从此止。
羽轮到此无奈何，翼与山顶时相摩。
凌空盘旋似秋隼，且择万峰阙处过。
一山未尽又一山，山山起伏如洪波。
万道金龙齐赴海，大川小川归江河。
昆仑原为万山母，峥嵘突兀莫与偶。
撑天拔地蛇龙走，下视五岳皆培塿。
遥望黄河九折回，盘涡倒卷声如雷。
皋兰耸立势崔嵬，嫖姚雄烈何雄哉。
翩然一降落尘埃，天上人间任往来。

辛巳元日登皋兰山远眺寄抚五嘉州

满城箫鼓岁华新，衰草连天惨不春。
瀚海风来沙作雨，黄河浪起水生尘。
凌波皮筏轻于叶，隔岸冰橇皎若银。
遥想峨嵋山下客，应思塞外有离人。

忆君行寄抚五

忆君昔住珞珈山，奇书万卷贮琅嬛。
夜听松风涛万顷，日泛东湖水一湾。
碧烟缭绕杨枝舞，红云灿烂桃花殷。
山中楼台耸天半，恍疑身在蓬莱间。
鼓鼙声中一别离，后会渺渺今难期。
我自洞庭浮沅水，君去黄鹤上峨嵋。
嘉州山水西州冠，武陵丘壑四时奇。
山花开落无冬夏，苍翠常缀老龙枝。
桃源犹有避秦人，不知柯烂但观棋。
桑麻鸡犬遍山阿，怪底人称安乐窝。
两年我住景星寺，长松百尺寄女萝。
门前绿水一曲带，楼上青山万点螺。
青白分明云出岫，晴空淡荡月舒波。
雪后流萤飞上下，窗前梅影舞婆娑。
桃花溪畔无双艳，迎风带雨时相过。
毕竟灵境难久留，一风吹我到兰州。
地老天荒太古世，日日坐对愁城愁。
胡沙猎猎吹人面，思君一日如三秋。
焉支也有好颜色，无奈东风吹枝头。

晨自享堂赴民和

老鸦峡口曙光寒，白发飘萧强据鞍。
迤逦穿林人似燕，踉跄下坂客如丸。
扬鞭遥望鹦哥嘴，夹道谁看獬豸冠。
饥走荒山思杜叟，惝因坠马得朝餐。

青海行

青海高如瓶在屋，岳本水源从此伏。
祁连库坤[1]势极天，未膺秩祭遗荒服。
泰岱峰从平陆起，拔地仅及三千尺。
为山原不藉丘陵，丘陵终助山高矗。
平地之山诩嵚崎，高原之山卑不辞。
浅草青青没马蹄，行过山顶人不知[2]。
山到极天转平夷，不自矜高真吾师。
暗门背负老鸦山，浩浩清流水一湾。
四海而今任往还，畛域尽泯何须关。
平荒莽莽少城郭，黄云黯淡连大漠。
我行海上已半月，只见杨柳无松柏。
忽指前山见兰若[3]，翠柏红墙相交错。
霜皮黛色枝干古，全天幸避人剪伐。
古来材大不求用，留伴云烟寄岩壑。
山中终岁披羊裘，雪拥峡口水不流。
返辔兰州先一笑，春风已上柳梢头。

---

① 《清会典图》作库尔坤。
② 日月山及巴颜哈喇山均不见高峰。
③ 广鹜寺。

寻春莫问春早迟，春到人间自有期。
塞上百花齐放日，江南春去已多时。

早行

凄凉野馆露花滋，客上征鞍主未知。
低霭不遮衔岭月，好花常缀拂人枝。
数家灯火留残焰，几处鸡声出短篱。
漏尽钟鸣天地醒，万山杲杲映朝曦。

见梨花满地有怀

去年花下共开樽，今岁花时独闭门。
霰落莺啼空有恨，雪消鸿散了无痕。
寒香脉脉依梅友，幽梦蘧蘧化蝶魂。
春带愁来还自去，忍抛残粉满亭园。

兰州初春

春断江南百万家，陇头风日转清华。
山间白草生新绿，天上黄云变彩霞。
十里平畴翻麦浪，满庭梨树吐琼花。
乡人别有幽闲趣，醒傍门前种醉瓜。

五泉山夜归

却把禅关作塞关，香消僧散水潺潺。
谁家明火惊村犬，几处吹笳扰市阛。
玉垒凄凉闺里月，龙峦缥缈梦中山。
高峰似与人争老，白雪盈头学鬓斑。

戊寅长沙大火星夜前往视察

武陵行过又衡山，我马虺隤未敢闲。
柔舻咿哑宵渡水，残星明灭雁临关。
江村劫后无鸡犬，野寺尘封见狖猨。
宅第都随烽火尽，只余斜月向人圜。

兴隆山祭成吉思汗陵

兴隆山距榆中县十五里，对栖云山而言，则称东山，峰峦耸秀，曲折纡回，从云龙桥登山，翠柏蔽空，沿途皆有寺院，最上为玉皇阁，及太白泉，泉自峰下出，清越有声。寒冽清芳，可供茗饮。致祭时为三十年四月十七日，正日苏换约，承认蒙古共和国独立完整之时，回首当年不胜慨叹。

飞岸云龙接玉台，丁香红柳满山隈。
扫空翠柏依岩立，挂壁清泉出寺来。
一代雄才余画戟，百年大业剩寒灰。
可怜万马纵横地，帛裂惟凭酒半杯。

客至谈新疆事有感

——次果青见贻诗韵

汉代旌旗去不留，何人凿空海西头。
千秋旧恨翻新恨，三复无愁果有愁。
阆苑不传青鸟讯，天山只许白云游。
男儿报国须投笔，卫霍功名起成楼。

慰果青①

积盛园小饮后，果青以诗见赠，国忧乡思，情见乎词，知其醉意别有在也，因以慰之。

滁州太守欧阳公，饮少辄醉醉称翁。
醉翁之醉不因酒，强年称翁聊戏友。
滁山高绝滁水深，醉翁喜听醉翁吟。
醉醒一与人同乐，高枕溪石卧丘壑。
莫言一醉解千愁，白也销愁愁不休。
莫言酒醒愁自收，灵均独醒泪盈眸。
醒醉不关乐与忧，愁与酒如风马牛。
东南宾主天西头，入穴应思定远侯。
吾侪风雨今同舟，决胜齐献帷中谋。
国耻未雪壮士羞，生入玉门亦楚囚。
誓复春秋九世仇，扫尽胡尘补金瓯。
匈奴既灭壮志酬，酿泉为酒饮高楼。
泉香酒洌交觥筹，滁州山水滁人游。

---

① 此首诗原无题，现题为编者拟。

追忆施南道中

李杜文章神鬼惊，足迹所至尽知名。
蜀中山水亦何幸，万景都从笔底生。
施南自古隐天外，面目未向人前呈。
有水亦作巴字绕，无山不与天争衡。
山山相衔若鳞比，百里不见一里平。
天梯石栈森相向，千岩万壑异阴晴。
硃崖咽石水无路，故向滩头作怒声。
龙洞阴森竦毛骨，穹隆幽邃腾九闳。
白练条条悬龙口，明珠万斛一泻倾。
路缘峰转不得直，时从崖上架危程。
高下一随山起伏，穿云出雾空中行。
将往复旋几盘曲，来途去路失分明。
山花到处自开落，不与人世争枯荣。
苍松虬蟠当风立，吞吐云气作龙鸣。
我来正逢三春暮，杜鹃一路相送迎。
衣上白云犹未净，明朝又复赋长征。

登皋兰山①

辛巳五月朔，偕石轩刚直登皋兰山第三峰。

乘兴闲行到五泉，更扶藤杖陟层岭。
羊肠曲折依山路，棋局纵横负郭田。
如线河流天际落，凌空壁垒岭头连。
凝眸欲向江南望，无数高峰插塞烟。

① 诗题为编者拟,原无题。

答箸芬[1]

余登皋兰山时，正值卫立煌将军在晋南酣战，扫潢池之残丑，播大汉之声威，令人兴奋，再次前韵奉答箸芬。

偶寻壁垒到林泉，曳杖攀登古戍巅。
百战勋名垂断臂，万山云树绕屯田。
河倾积石涛声壮，地接秦关紫气连。
今日边功谁第一，愿为下笔写凌烟。

① 诗题为编者拟，原无题。

书 感

少时狂纵气如山，自信文章足济艰。
瘏口愿筹桑土计，处堂宁任燕雏闲。
十年宦海成春梦，万里羁愁望故关。
剑外拾遗虚奉使，一闻笳鼓一惭颜。

边行杂咏

三十年（1941）六月，与甘肃省政府赵委员龙文，第一行政督察区胡专员公冕等参加藏区黑错行政会议，自兰州取道洮沙、临沙、岷县、临潭、卓尼，至黑错寺，会毕复田波喇，乔浩拉卜楞，沙沟寺桥沟清水，晒经滩寺，土门关，至临夏，由和政宁定，洮沙返兰，初临边地，一花一草，皆觉新奇，因纪以小诗，用志鸿迹。

层峦叠嶂阻征轮，攀葛缘崖过一身。
溪涸河床供走马，草低沙软不占尘①。
平畴一望渺无涯，十里清渠绕屋斜。
流水当门桥作路，绿杨城郭是洮沙②。
人随水草定迁留，村落多依水磨沟。
一道清溪几水磨，万家生聚水沟头③。
芍药翻阶散彩霞，千红万紫斗春华。
东皇有意怜羁客，六月能开二月花④。
刘顺川前瓜果新，桃源洞里遇秦人。

---

① 七道岭阻车。
② 洮沙城远眺。
③ 罗家磨夜宿。
④ 岷县看芍药。

倾谈洪武年间事，弹指光阴五百春[①]。
灿烂星光照眼来，幕天席地枕苍苔。
老年空有从军愿，也算沙场卧一回[②]。
丈八长矛马上挥，万山丛里出长围。
黄裳紫绶迎风舞，逐电龙驹掠地飞[③]。
修到如来人作佛，转生活佛佛为人。
信知人佛原无二，成佛成人一转身[④]。
霏霏细雨湿毡墙，且藉荒原作睡乡。
一夜西风吹幕冷，起看罽毯已凝霜[⑤]。
一袭羊裘四季衣，长虹紫带称腰围。
随身不用蓑兼笠，冒雨冲寒自在归[⑥]。
辫垂璎珞饰花钿，一串珊瑚压两肩。
似向人前夸富有，背拖银币杂铜钱[⑦]。
金环如月耳边垂，袒臂开胸露雪肌。
一曲清歌将进酒，乐人旁弄小横吹[⑧]。
高原气候总无常，一日须携四季装。
山下百花山上雪，午愁赤日夜愁霜[⑨]。
塞上春光特地多，山间六月正清和。
嫣红姹紫纷纷是，一路看花到夏河[⑩]。

---

① 刘顺川老人闲话。
② 荒原幕宿。
③ 黑错演武。
④ 活佛转世。
⑤ 波喇过霜。
⑥ 盛夏披裘。
⑦ 藏女服装。
⑧ 拉卜楞夜舞。
⑨ 午行苦日。
⑩ 草原野花。

林深沟密路盘纡，冷暖阴晴众㲉殊。
山立四围人入瓮，溪流百折水成珠[①]。
山上柯条一尺长，山根灌木已逾墙。
蔷薇处处都成树，错认红花作海棠[②]。
琼楼高处自清凉，盛夏犹披草上霜。
雨代蓑衣眠代被，临边聊效武灵王[③]。
陇上千峰寄一身，黄云白草总愁人。
岂知白水洮河外，一岁欣逢两季春[④]。

---

① 清水峡中。
② 土门关道士。
③ 衣藏服摄影。
④ 告慰知友。

望月怀子修[①]时寓芷江

时清分手去，世乱每相亲。
江汉曾同客，潇湘又结邻。
情因离愈密，交为老弥真。
万里婵娟月，宵宵照两人。

---

① 系沈子修（1880—1955），原名全懋，安徽霍山县人。1907 年参加同盟会，开始革命活动。民国八年至十二年任六安三农校长。1948 年参加中国民主同盟，积极从事爱国民主运动。新中国成立后，任安徽省副省长、省政协副主席、民盟安徽省委副主任委员，1955 年 12 月病逝。——编者

宁夏杂咏

山吐蛾眉月半环，断峰迤逦石文斑。
黏连故垒乌珠墓，只在斜阳蔓草间①。
龙蟠虎踞几经秋，万里烽烟次第收。
横扫千军资笔阵，词源如海接天流②。
渚蒲牙白芰荷青，远近山光列画屏。
波影乍摇鱼戏藻，人家多住绿杨汀③。
千秋浩气贯精忠，凤舞龙飞字字雄。
行到贺兰山阙处，放怀高唱满江红④。
水云缥缈黄沙渡，驿路迷离赤木关。
血作长河骸作镇，汉家户门巩如山⑤。
连天沙碛接平羌，虎门狼争百战场。
壁垒销为耕凿地，町畦绣错野云黄⑥。
山带连天沙报雨，火轮灼地草生烟。
风旋羊角尘头起，直上长空一柱圆⑦。

---

① 贺兰山。
② 笔架峰下出紫石，可为砚，俗呼贺兰端。
③ 南塘。
④ 岳武穆书送张紫岩北伐诗碑。
⑤ 赤木关。
⑥ 平羌堡。
⑦ 西套蒙古沙漠。

地开盘谷涌甘泉，洞里桃源别有天。
世外衣冠存古朴，峡中鸡犬亦神仙[①]。
青铜峡口水悠悠，袅窕冲融自在流。
唐来汉延三百里，稻花香满白蘋洲[②]。
湖水伏流穿暗洞，长渠交错渡飞槽。
支分派别如蛛网，浥注无烦手足劳[③]。

---

① 定远营。

② 青铜峡峡下为唐来渠、汉延渠水源。

③ 从小骊至青铜峡，望汉唐清惠四渠湖渠之水纵横交流，渠底穿洞以泄湖水，谓之暗洞中渠，横过乙渠架木槽跨渠上以通之，谓之飞槽。

七道岭观日食①

三十年九月二十一日陪右公②及曙青登皋兰七道岭观日食。

岁在辛巳八月朔，七道岭头观日食。
天朗气清风习习，万里长空净如拭。
高岭恰当全食带，千载良机争一刻。
驹影屡移无消息，万众心头正惶惑。
忽见巨影来远方，电逐风驰虎扑羊。
又如雷雨动地来，日端顿时翳明光。
二丸相交若环连，一明一暗边衔边。
众口同声曰初亏，黑白分明两镜悬。
观者群以手加额，日体今见哉生魄。
何人误撞金瓯缺，一点尘污玉盘白。
细吞缓咽余半规，晶光黯淡如帘隔。
天地一时皆易色，鱼鳞隐见林影隙。
初疑断环纷铺地，忽讶金波浮大泽。
暮霭苍茫逼人飞，乾坤遁入浑沌夕。
牛羊下山鸡入室，狐兔仓皇乱窜逸。

---

① 诗题为编者拟。

② 系于右任(1879—1964),原名伯循,字诱人,陕西三原人,中国近代政治家、教育家、书法家。早年是同盟会成员,常年在国民党政府担任高级官员。——编者

逐队寒鸦返故林，灿烂星光三五出。
清露瀼瀼凝蔓草，夜气阴森股战栗。
到底镜匣掩不牢，金光四射散彩条。
佛顶煌煌著华冕，珥珰左右晃鬓毛。
两镜参差露一斑，轮边灼灼耀金环。
烁石烧空宝光灿，清曦次第照河山。
神魂飞动易恍惚，转疑斯世非人寰。
遥见天女画蛾眉，粉痕遗留碧落间。
不然正值日中天，倏忽奚来月一弯。
一阳来复光重生，满天鸦鹊噪新晴。
大地霎时解宿醒，眼前万象皆光明。
真宰毕竟无毁成，岁值重光[1]宇宙清。

---

① 《尔雅》：太岁在辛曰重光。

敦煌石室歌

李怀让大周李君修功德记。“前秦建元二年，沙门乐僔行至此山。忽见金光状有千佛，造窟一龛，有法良禅师从东到此，又于僔师窟侧更即营建。后刺史建平公东阳王等……后合州黎度造作相仍。”按，敦煌石室在甘肃敦煌县东南鸣沙山中，旧名莫高窟，俗名千佛洞。清光绪庚子，有道士扫除积沙，于覆壁破处见一室。内藏书甚富，发之，皆唐前后及五代人所手写。并有雕本，佛经尤多，盖西夏兵革时保存于此也。英人斯泰因、法人伯希和先后至其地，皆择其完好者捆载而去，陈于彼国博物院中。至我政府更往搜求，精好者已不可得。近人据伯希和所得本印行者，有敦煌石室遗书、鸣沙石室古佚书等，多为前所未见之秘笈。

阳关古道接天竺，西连佛国犹比屋。
沙门乐僔托钵来，步入敦煌鸣沙麓。
榛莽蔽天无人室，独坐崖头看落日。
日耀金光烛霄汉，幻作千佛森灿烂。
神僧到此悟禅机，缘以荒崖作彼岸。
鸠工凿石创一龛，开山大业烦圬墁。
物换时移几星霜，踵事增华竞辉煌。
前有刺史建平公，继起复有东阳王。
先后开凿千余洞[①]，通以长廊间以墙。

---

① 今上洞存有壁画者三百八十洞，其余残缺。及下洞之无画者，一百八十九洞。

一洞一龛一世界，千门万户疑蜂房。
苻秦经始犹椎轮，大辂之成自盛唐。
下逮宋元历千载，自桧以下无低昂。
画师一一逞意匠，妙到秋毫难穷状。
飞楼涌殿灿珠光，幡刹幢牙列仙仗。
梵头咏歌如闻声，维摩说法花散帐。
一佛化作千万身，千万身生千万相。
就中圣手谁第一，右相宗派推至上。
洞中覆壁尘封久，琳琅秘室富二酉。
西夏兵戈动地来，权作文物逋逃薮。
梨枣半属宋前镌，经卷多出唐人手。
斯氏伯氏一顾空，毡苞席卷间关走。
后有好者勤搜求，十存一二遗八九。
琅嬛福地一朝空，欧西书府栋为充。
石室遗书传万国，秘笈翻为天下公。
世界竞夸敦煌学，失马浑难罪塞翁。
我来又后四十年，烟薰壁坏损妍鲜。
篝火入室摩挲遍，粉墨剥落叹神全。
月仪墨迹西夏字，幸从灰烬见残编。
汤盘孔鼎器已渺，文辞述作尚连篇。
敦煌艺术卓千古，薪尽行当看火传。
张八[1]画佛本天授，神妙直追吴道玄。
请君放出大手笔，尽收神采入毫颠。
嗟予十指无一技，坐对至宝空潸然。
夜深道院万籁寂，仰见秋月来娟娟[2]。

---

① 原名正权，后改名爰，字季爰，号大千，蜀人。——编者
② 是夜适为辛巳中秋。

右公立马鸣沙山

渥洼池上听山鸣，虢虢风雷足下生。
踏破银峰闲立马，白鬓如雪映沙明。

鸣沙山

鸣沙山在甘肃敦煌县东南，距城约十五里，因山当风而立，由西北风吹送五色细沙自山脚堆自山顶而成。绵亘五十余里，一白无际，蔚为奇观。考《元和志》，此山“名神沙山，积沙为之，危峭逾于石山，人登之即鸣，随足颓落，经宿风吹，辄复如旧”。予与同游四五人从中峰滑下，降至山腰，流沙随足而下，摩荡成声，四山响应，正如数十架飞机结队临空之声。中峰下有一池，半月形，名月牙泉。相传即汉之渥洼池，碧水澄清，游鱼可数，三五鸥鸟，浮沉芦苇间悠然自得，几忘身在塞上。

造化小儿何顽皮，花样新翻沙戏儿。
兴风作浪纵石尤，不打船头打山头。
三危山老石皴裂，形如龟坼色如铁。
风搏琼屑云堆白，巧施铅华为藏拙。
瀚海流砂飞不穷，浪淘月笼随长风。
聚山聊代伏波米，九仞不亏一篑功。
高者耸出群玉峰，下者凹作蕊珠宫。
博浪浪高积如雪，龙堆堆起婉疑虹。
或肖靴纹皱春水，或勒鸟篆留山中。

不使螺髻余一发，却教天唾珠玑笼[1]。
匡庐不露真面目，只疑山老又还童。
迤逦缭绕五十里，神装鬼抹非人工。
毋乃心妒天山雪岭终年白，有意幻出银山万垒与之争长雄。
鄱阳湖畔剥皮山[2]，寸草全无露石斑。
岂若此山无皮无毛更无骨，只有沙软无石顽。
照月真成银世界，登临如行玉山间。
老夫到此喜欲狂，贾勇直下千仞冈。
流沙滚滚随足降，摩荡成响声悠扬。
隆隆万鼓排空起，汹涌滂湃决银潢。
老龙当风吼怒涛，霹雳砰訇震大荒。
鸥鸟惊飞牛觳觫，一时游侣齐张皇。
不雷凭凭从何起，不风飕飕来何方。
山中亦未传惊信，奚来飙车结队航。
万目警疑向空望，心知无事犹彷徨。
脚跟著地万籁寂，顷刻天地复故常。
试以藤杖作画锥，写兹奇景纪敦煌。

① 盖碧玲珑。
② 赵瓯北有剥皮山诗。

敦煌西望

西望阳关没草莱，龙沙流宕不成堆。
秋云惨淡天山路，只见黄羊结队来。

敦煌披图寻河源

扎陵浅碧鄂陵蓝，印月涵星两镜潭。
莫道河源千万里，回看已在地东南。

瓜沙道中

古道阳关接大荒，官杨零落不成行。
阴沉日色连云白，黯淡风沙入塞黄。
鸿觅稻粱衔矢石，人拚皮骨战冰霜。
唐藩汉垒今何在，秦月依依照故疆。

游安西榆林窟

兰若荒寒地，来游动隐心。
平沙千里雪，流水一溪琴。
壁上丹青古，崖头石窟深。
采薪人不到，红柳自成林。

自玉门还入嘉峪关

行到长城西尽头，城边河水碧于油。
玉门生入吾滋愧，嘉峪重来自快游。
天半祁连苍万古，关前明月炯千秋。
霜寒风劲归何处，酒美泉香望肃州。

循嘉峪关边墙南行至陶来河[1]

如箭归心逐马蹄，喜从关下见清溪。
匆匆便欲寻舟去，忘却陶来水向西。

---

① 或名陶赖河。

河西道中

十月伊凉道，长空雁几行。
羡他南翥去，犹有水云乡。
疏勒河中水，西驰皱浅蓝。
望乡空下泪，流不到淮南。

晚过黑水古城

俗称此古城为黑水国，距甘州西三十里，位于黑河滨，近因筑路掘出墓砖甚多，砖上有“日利大吉好女子”等字，皆汉隶。

何代城墟黑水边，沉埋空碛不知年。
荒丘高下千官冢，广陌纵横大吉砖。
文物已罹嬴氏火，衣冠犹带汉宫烟。
盈虚消息无今古，举首中天月正圆。

晚至山丹

考《山丹县志》，汉名删丹，李陵出居延塞，及送苏武归国，路博德设遮虏障，均在此。城外孤峰高耸，名龙首山，与焉支遥遥相对，镇夷峡为弱水出口。地产红盐，灿若桃花，山崖亦多赤色，故名山丹。

删丹城外夕阳斜，玉节牙旗想汉家。
遮虏障前山四面，镇夷峡口路三叉。
牛羊蕃息添毡帐，壁垒荒凉静塞笳。
盐赤崖朱霜叶老，焉支掩映蔚红霞。

随右公过凉州望雪山

山石嶙峋水断流，天荒地老古凉州。
春来消雪为霖雨，膏泽生民仰白头。

野 望

狰狞山石似鳞皴，古老岩寒惨不春。
河广千寻时绝水，村余四壁阒无人。
岭头松柏垂垂尽，陇上蓬蒿处处匀。
负女牵儿拦道哭，一披书状一酸辛。

戏赠空同山道人

洞中石室自高寒，局外棋枰袖手看。
幻作尻舆随造化，收来天地入蒲团。
云随玄鹤朝朝舞，松向苍崖曲曲蟠。
灶冷烟销眠不醒，那知枫叶几回丹。

西京怀古

汉代旌旗出塞多，心思猛士大风歌。
九千华岳攒青剑，百二秦关障浊河。
铁骑横驰天北极，楼船雄镇海南波。
尘寰扰扰何时定，应识麾戈即止戈。

雪后过灞桥

销魂树上雪飞棉，古道初程十月天。
送尽东西人渡水，牵离绾恨自年年。
诗思应从驴背生，灞桥风雪一鞭轻。
天公忽作催租吏，行到桥头雪正晴。

雪后三原郊外观猎

菜黄麦秀兔儿肥，白鹿原头看打围。
叱咤一声三窟破，韩卢掠地快如飞。

三原杂咏

家学琅玡耀后先[1]，闻风继起马溪田。
三原宗派承关洛，正统相传五百年。
秋老鸡心[2]颗颗黄，临潼火锦[3]更甜香。
诗人只喜吟瓜枣，谁补豳风食柿章。
封红烧白[4]水盆羊，活络[5]丝丝入口凉。
晨起街头闲缓步，微风吹送老糟香[6]。
油糕松脆佐油茶，撇撇甜南[7]遍酒家。
待到明年三月暮，重来原上醉梨花[8]。

---

① 王庄毅、王康僖父子。
② 柿名。
③ 亦柿名。
④ 肴肉。
⑤ 荞麦面。
⑥ 甜米酒。
⑦ 皆酒名。
⑧ 亦酒名。

晨过益门寻大散关

满地霜花欲晓天，却来秦岭吊前贤。
放翁忠义高千古，垂老临边不计年。

晚过酒莫梁

征车宛转万山中，酒莫梁头见太空。
谷小翻疑天宇窄，山高饱看夕阳红。

庙台子留侯庙

万峰环拱红花铺，二水交流紫柏山。
月朗风清人迹静，轻车来去自闲闲。
义士精神侠士风，行踪雪矫似游龙。
亡秦兴汉千秋业，只在先生掌握中。

褒河桥畔别右公返兰

白首輶轩万里巡，拈毫和泪写流民。
东风信有回天力，雪里重生满地春。
临歧分手各依依，日短江湖白发稀。
南望剑门旌节远，冰天雪地一人归。
征程三月偏东西，陇阪秦原入马蹄。
明月临关人不寐，清心赖有软儿梨。

天水谒李广墓

飞军神箭自千秋，白首沙场卧未休。
生不受封何足恨，乱时名将压王侯。

忆茈江

景星古寺气萧森，官舍三间俯碧岑。
晋代桃源秦代月，出山泉水在山心。
行藏渐喜无朝野，囊橐深惭剩鹤琴。
若遇巢由应笑我，竟令萝薜杂缨簪。
万笏嵯峨逞秀姿，悠悠舞水碧涟漪。
云生山径衣沾絮，窗接松崖翠扑眉。
桂树孤高梅影淡，牡丹娇艳杜鹃痴。
望城坡下村如画，阡陌纵横一局棋。
云起峰余万笋青，青螺点点插苍冥。
人居水绕山环寺，门对桃红柳绿汀。
滩急时闻沙怒语，舟轻浑似浪飘萍。
三冬尽见花开落，雪里围炉看乱萤。

屐

织得人间锦绣城，春风却费万般情。
一闻响屧繁华尽，恼煞天心是此声。
满地苍苔布翠茵，齿痕一印隐泥尘。
驺虞举步怜生草，踏碎河山却是人。

读史有感

昨宵座上尽英豪，今日门庭顿寂寥。
珠履三千皆候鸟，暖来寒去信如潮。
朱亥原非入幕宾，客中毛遂亦沉沦。
从来临难输肝胆，谁是寻常宠信人。

次抚五[①]见寄诗原韵奉答

时艰未许计刀头，踏破沙场马足遒。
鲜水湖边逢九日，莫高窟下作中秋。
闲来遣兴吟长句，老为驱愁事浪游。
叶置天西君勿笑，梨香瓜美味全收。

① 抚五即王星拱，系作者安徽高等学堂同学。——编者

次抚五辛巳冬季见寄诗原韵

斗回冰泮感时迁，万里风云海上传。
南北东西同一慨，辛壬癸甲此何年。
秦强齐大皆丘貉，宫黍廷蒿叹芊蔚。
幸有长沙飞捷报，献俘献岁共华筵。

明妃曲

拼将哀怨诉琵琶，不把黄金买画家。
却笑留宫承召女，图中空有貌如花。
自分明珠已暗投，宫中塞外一般愁。
当时倘贿毛延寿，也锁长门到白头。

卷二

三十一年（壬午）稿

奉命由湖湘调赴甘宁青[1]

庚辰秋，余奉命由湖湘调赴甘宁青，锡五石轩淮生先后从六千里外只身前来相助。今春，耀西又将自湘来兰，念数君跋涉之劳，因纪以诗。

一官迁徙逐浮云，肠断沅江手暂分。
雁入长空终结阵，萍随流水不离群。
深惭乌柏霜凝淡，多负鸰行臂助殷。
植矩悬规吾辈事，敢摭浮议诩风闻。

① 诗题为编者拟,原无题。

甘谷城郊春望

平川远近杏交花，水皱靴纹浅见沙。
野草连绵铺地软，柳丝旖旎受风斜。
天门涧碧流青玉，朱围山丹炫彩霞。
园上青青春韭茂，未成村落两三家。

登甘谷大像山

尺五连天大像楼，一川景物望中收。
松横钗股攒青盖，风卷杨花辊白球。
百丈悬崖陈色相，万峰倒影插灵湫[1]。
前途好自留余地，不待云封即转头[2]。

---

① 天门灵湫为甘谷八景之一。
② 阁道至白云封处止，危磴峭壁触目惊心。

武山途中遇雨

风狂云暗路迷离，山雨帘纤点鬓丝。
零落梨花容惨淡，迟回雁阵字斜欹。
车行涧道愁方轨，水透衣衫冷逼肌。
寂历孤城无驿舍，一灯明灭对荒祠。

陇西道中

柳禅莺娇三月天，村村稚子摘榆钱。
牛车转粟云霄上，梨树飞花雪岭前。
蚕豆渐舒纤蝶蕊，蕨芽齐弄小儿拳。
陇山鹦鹉声凄切，疑是江南听杜鹃。

渭源赠原佑仁县长

弹丸小邑寄岩疆，三月春郊柳未黄。
飞鸟下厅公府静，杂花生树讼庭香。
千秋义粟惟薇蕨，万古贤关一首阳[1]。
禹迹烟销何处是，空余鼠鸟郁青苍。

---

① 渭源昔为首阳县。

临洮观哥舒碑

此是哥舒百战场，长城遗迹吊微茫。
残碑剥落无多字，犹似当年半段枪。

洮岷道中所见

蓬松鸦翅配荆钗，怀抱娇儿背负柴。
日暮场收人影散，踽踽忙煞凤头鞋。
妇跨雕鞍手抱婴，夫随骥尾步归程。
蹇驴似解听情语，故踏山坡缓缓行。

华家岭

陇阪如涛卷大波，纵横绣陌偏山阿。
蠕蠕虮虱羊成队，滚滚铜丸马下坡。
百折巉岩盘鸟道，千年残穴胜蜂窠。
岭间滴水犹甘露，窖雪储冰不厌多。

西园看梨花有感

淡扫蛾眉虢国姨，酒潮从未上冰肌。
深深院落无人问，消尽香痕总不知。
空庭寂寞自年年，意态轻盈伴水仙。
最是伤心春欲晚，斜风细雨五更天。
李秾杏闹山桃艳，毕竟凡花作态多。
不抹胭脂轻傅粉，溶溶月下舞霜娥。
雨妒霜欺已足哀，园丁何事复相催。
长竿更比风姨虐，忍使纷纷点翠苔。
山容苍老花容嫩，对立河滨亦自惭。
隔岸已成香雪海，半为塞北半江南。

追记湘西永绥道中

矮寨危途十八旋，人循之字上层巅。
将迎忽送依山日，就曲随风转舵船。
眼底去来无捷径，岭头呼吸可通天。
低峰都是儿孙辈，下视苍茫几点烟。

闻南海战事

海水群飞卷浩波，漫漫长夜竟如何。
青春徒意童时好，白发偏于乱后多。
昧谷凄凉沉暴日，花旗摇曳仗天戈。
三山引去风涛定，再谱周廷越雉歌。

边 关

望得春来春又还，白头依旧客边关。
参差不整河干柳，剥落无肤陇上山。
万里家书传血泪，频年心事寄刀环。
烽烟海陆弥漫遍，魂梦难忘国步艰。

干　戈

干戈影里二毛人，栖枳鸾皇气不驯。
阅世渐知蝉翼重，论交总觉布衣真。
帘窥鹦鹉防饶舌，姓变陶朱倦卧薪。
块垒填胸胸益阔，垒成丘壑自嶙峋。

落 花

曳杖闲行过短篱，杜鹃声里雨如丝。
春深门掩谁家院，衔到残红燕亦痴。
算来虽只一春红，淡抹浓妆总化工。
底事吹开复吹落，人间最妒是东风。
三生盟约渺难期，蝶梦依依总是痴。
消尽香痕无一语，绿章欲奏已嫌迟。
爱花须趁半开时，安得春阴久护持。
怕触残英飞地尽，低头让过碍人枝。

闲　游

偏于乱世作闲游，河上清风夏似秋。
戏水鱼拖花瓣去，负暄龟著石衣浮。
鬃鬓发菜堆青髻[①]，苍翠祁连戴白头。
只此天西干净土，略无惊浪到沙鸥。

---

① 原稿为“发菜”二字，疑有误。

赠与隆山太白泉道人

干戈满地走天涯，偶遇名山即是家。
春雨带云锄药圃，秋林和露拾松花[①]。
牡丹五月方舒蕊，百合千头欲变霞。
清越泉声生石壁，汲来自煮六安茶。

---

① 松花为松翠之一种，以太白泉附近所产者为最佳。

湖北大水[①]

二十四年夏，湖北大水，余与许公静仁、张君岳军同乘飞机勘灾，回忆惨状，宛然在目，近闻长江流域又将大水，因追记之。

江汉中途正合流，久枯云梦亦通舟。
千峰出水疑春笋，万宅随波泛海鸥。
桥断人家隔岸语，浪高鱼队过山游。
当街架木营巢住，权把门前作渡头。

---

① 诗题为编者拟，原无题。

七 七 节

谁将杀戮作耕耘，五载妖氛塞上横。
锦绣河山时带甲，烽烟海陆见连营。
虎衣铁胄齐生虱，樵斧农锄尽利兵。
跳跃旄头犹未落，好凭众志筑长城。

秋　思

凉飔拂面客心惊，络纬阶前断续鸣。
露冷先凋虫蛀叶，风狂难缓雁征程。
陇头流水余悲曲，庄氏闲吟总越声。
梦到幽燕胡虏遁，追奔轻骑出关行。

喜闻浙赣国军破敌

一日追奔下七城，风驰电击鬼神惊。
常山已布长蛇阵，遥指西湖洗甲兵。
疾风扫叶趁秋时，一往无前破竹师。
盛事行将观北伐，中原父老望旌旗。

秋　夕

画角声声壮晚晴，黄尘十丈一时清。
雁排密阵冲烟去，云散长空避月行。
野菊经霜英不落，石苔得雨绿重生。
银河灿灿明如水，可为人间洗甲兵。

陇游杂诗

断笳残角逐鞭梢，茅店柴门月下敲。
输与双双闲燕子，一年一度共还巢。
衔山月似钩斜挂，逆水船如鹢退飞。
白首乘槎行万里，河源未到不言归。
明沙飘忽逐飞蓬，南北东西一任风。
堆起犹龙流似水，模山肖海具神工。
忽前忽后单人骑，同止同行列队兵。
一只一双残斥堠，半倾半圮古长城。
大漠穷秋夕照斜，牛羊逐队自归家。
流沙堆出千山雪，霜叶红成万树花。
三季冰霜四季风，并无衣裤被儿童。
家家财物吾能计，尽在羊裘一领中。
水果城中夏亦秋，凉州以外此凉州。
箧中空贮团圞扇，惹起佳人一段愁①。
五云飞处是京华，笑指城西打桨娃。
双桨划开湖上月，残荷盖下自浮家。

① 俗谓兰州为水果城。

晚晴小园独立

香飘桂子近中秋，摇落深添宋玉愁。
阶菊迎霜犹强项，园花过雨尚低头。
风高叶战声生树，露冷河明月半钩。
我比庾公为客久，他乡三十六年留。

赠伊吾卢女史

羃面缠头佩玉璇，穹庐为室毾㲪毡。
来从昆圃银峰外，住近瑶池翠水边。
灼烁金羁天马辔，蓬松雾鬟牧羊仙。
苍凉悲壮伊州曲，直奏横吹合管弦。

秋园小立

园花半谢蝶心哀，飞过墙东不下来。
墙外寒花尤索寞，徘徊无计复飞回。
护花别具苦心肠，只恐娇姿著夜凉。
春为海棠烧画烛，冬安暖阁作花房。

学 诗

花甲将周始学诗，达夫常侍是吾师。
中兴大敌颓靡气，医俗神方酝藉词。
游戏何妨翻著袜，生疏只合倒绷儿。
天成烟霭无妆点，呕血钩心亦太痴。

次少堂前辈听琴韵

槎泛长河八月天，西来阆苑会群仙。
关山明月听三叠，陇阪秋风又一年。
鲙切银鲈萦客梦，诗成白雪助徽弦。
胡笳满地人千里，何处江湖可溯沿。

戏咏塞上名产夸于在渝诸友

吹尽黄云洗净沙，五风十雨助芳华。
自甘澹泊蒲萄酒，不着闲愁富贵花。
凤卵枝头香喷雪，鸡心红处艳流霞。
炉边炕上陈冬果，杏后桃前熟醉瓜。

将军足迹不入城①

朱霁青将军息影河北也是园，足迹不入城市，赋赠。

何人谈笑失长城，游击将军气不平。
学得屠龙无用所，凤林关下听河声。
种菜英雄道不孤，沙鸥田父喜相呼。
桔槔俯仰门前转，此外机心一点无。

① 诗题为编者拟，原无题。

壬午中秋夜登望河楼望月

骨肉流离为避秦，一宵五处望乡身。
客中最怕逢佳节，况是高楼独倚人。
清辉笼遍古金城，白屋朱楼一样明。
莫为离人添别恨，烦君为照汉家营。
雄师百万护山河，四海丁男尽荷戈。
料得今宵闺里月，团圞人少别离多。
悔将灵药误华年，竟把情天作恨天。
卿已惯尝离别苦，何心更照世人圆。
家家瓜果拜三更，为祷银河洗甲兵。
剩得老身无着处，凉宵来此听河声。
忆到钱塘月正明，人谁有兴看潮生。
水犀圣手今何在，好把狂潮一射平。

自华家岭至平凉道中口占

征车迤逦逐云腾，历尽千峰最上层。
行过六盘重着地，平原如掌路如绳。

邠州道中怀古

万顷云堆履迹坪，高凭复穴望咸京。
农师教稼开基地，节度临边坐镇城。
草没甘泉鸾迹渺，烟销仙掌露盘倾。
茂陵松柏秋风里，天马何时入汉营。

骊 山

不见金舆十月天，楼空人去自年年。
温汤懒逐炎凉变，阅尽兴亡是此泉。
去年十月宿临潼，雨雪纷纷落故宫。
夜听回廊幽咽水，犹疑环佩响丁东。
舞罢惊鸿各散场，暖池销尽玉莲香。
龟年已向江南老，只有鹦哥问上皇。
吹笛楼前长绿苔，合欢堂里遍蒿莱。
满山落木萧萧下，犹似诸姨列队来。
颗颗垂珠缀柿枝，生成绝味不逢时。
霜林远立行宫外，闲看红尘送荔枝。
翠黛工愁亦善颦，明眸宜笑复宜瞋。
七情自是关天性，枉为胡儿怨美人。

九日过华阴遥望华岳

孤峰裂罅成仙掌，万剑攒青象石莲。
呼吸自能通帝座，何劳伸手独遮天。
竦处称尊险处奇，三峰高下自参差。
忽忽未作峰头饮，孤负黄花九日期。

潼关城垣①

潼关城垣半圮，行人攘攘，丝竹卢雉之声喧，甚感，赋二绝。

华山已过见荆山，目送风陵水一湾。
鸿雁不知陵谷变，犹排密阵度残关。
雄关百二剩颓垣，汉角胡笳隔水喧。
北岸呼卢南喝雉，各拼孤注赌乾坤。

---

① 诗题为编者拟，原无题。

潼关怅望

崿崿桃林塞，浑浑风陵津。
四扇扼九州，一径贯三秦。
龙门泻竹箭，环抱几屈伸。
仙掌撑天外，中条插水滨。
天堑难飞渡，涧道不并轮。
嬴秦据此险，东向延敌人。
四塞以为固，诸侯齐逡巡。
如何咽喉地，一旦成灰尘。
片水界华夷，河山乱主宾。
临关长太息，屯难思经纶。

瀹波口村中夜坐

白日沦悲谷，素月起东山。
清光明瓮牖，皎洁豁心颜。
松风时谡谡，溪水自闲闲。
靴纹摇繁星，钗股攒千环。
不见渔火来，但听棹歌还。
村尨眠已熟，柴扉敞不关。
推窗仰视夜，秋声生树间。

重到洛阳仍驻西宫

洛阳一别鬓成丝，寂寞西宫似旧时。
翼翼中州文物地，何堪一水界华夷。

宿嵩山少林寺

朝出洛阳郭，暮解轘辕辔。
轘辕十二曲，纡徐入幽邃。
丹枫艳于花，老柏含晚翠。
伊洛浅且清，山辉川亦媚。
六十二峰间，太室独嵬峃。
峨峨汉河山，永奠中天位。
摩挲石阙铭，剥蚀无完字。
惟供牛砺角，日触残石坠。
汝颍东南流，汇入淮南地。
淮南白云多，油然动乡思。
暝色没前山，夜投少林寺。
碑残知寺古，地迥无客至。
道人献黄精，野蔌列三四。
明月照我床，形影不相弃。
隔河望烽烟，郁纡难成寐。
夜半动疏钟，哀鸿犹奋翅。

十一月十九夜望月不见[①]

黄云无际暗层楼，云里清光想像幽。
黯淡河山萧槭夜，一分明处一分愁。

① 是日为予来兰二周年。

陇　禽

山鸡爱羽毛，映水沉大泽。
孤鸿下汀洲，时有矰缴厄。
何如陇山鹦，雕笼作安宅。
窥帘识主人，珍若连城璧。
金环系颈足，飞鸣依肘腋。
默默堂前人，含情不敢白。

夜中闻笛

霜满龙堆月满楼，何人深夜按凉州。
此身拼与尘沙老，不著乡思也自愁。
一声吹落陇头梅，陇上行云去复回。
任是无心亦惆怅，归山出岫两徘徊。

大鹏篇

大鹏徙天池，莺鸠抢榆枋。
各自有天地，飞鸣两无妨。
拘儒嗜糟粕，反唇肆鼓簧。
壁垒胸中横，门户遥相望。
鱼目笑明珠，执短以论长。
万物期并育，大道本无方。
珍裘集众腋，鸿业资匡襄。
风定万籁息，道一百家亡。
毋令明达士，饮酒自放狂。

离　愁

蓬山一万重，离愁几千斛。
夜夜向灯花，暗把归期卜。
清风不入帏，明月伴幽独。
谁知月无心，照见燕双宿。

覆车行酬少堂前辈见赠之作

壬午十月奉命往河南勘灾，十三日行至陕西监军镇，雨后泥泞甚深，突然覆车，幸无受伤者。回兰后少堂前辈赠诗见慰，赋此酬答。

夜宿华家岭，朝过六盘山。
山势插霄汉，白云相往还。
骏马走坡无阻厄，飞身直下三千尺。
过鸟恍如鹢退飞，道傍行人皆辟易。
大鹏展开图南翮，背负青天嫌天窄。
仄径已过苦竹冈，广陌谁呼泥滑滑。
车声辚辚迎面来，烟雨蒙蒙未先察。
猝然相遇不容发，行人高呼开不得。
开不得，停不住，车声惊马马嘶怒。
左奔右突如脱兔，马蹶车倾横当路。
自古畏途是康庄，人生何处可坦步。
君不见十万灾黎过潼关，炮击车翻谁复顾。
一蹶赢得千金句，乘除悲欢相挹注。
回时再过覆车处，午夜梦魂犹惊怖。

寄孤桐重庆

艰难脱得贼中身，万里随蒙剑外尘。
峡拆云霾烽火急，大钧著意铸诗人。
瞿塘水接洞庭波，自古骚人寄迹多。
滟滪堆头珠错落，千秋不废此江河。
郢中善和里人歌，欲染髭须奈老何。
古调自弹还自爱，啼猿旦暮助吟哦。
巴字澄江百折湾，波澜久向雾中闲。
少陵老去词源涸，好领天西半壁山。

悼仲甫

云梦胸中八九吞，风生艺海浪涛翻。
灵均驰骋皆先路，贾傅敷陈半罪言。
论到盖棺犹未定，心虽委地尚余温。
老来频洒忧时泪，一读遗书一惨魂。

白　梅

一分清冷一分春，风骨都从淡处真。
但饮陇头冰雪水，不将颜色事他人。

塞上曲

画角边塞声，古驿阳关道。
处处见牛羊，夜夜卧戍堡。
五月飞清霜，四月生青草。
秋菊花未黄，四山头已皓。
铁笛落寒梅，龙沙堆琼岛。
夜爱朔风凉，午爱骄阳燠。
一日备四时，羊裘代衫袄。
肥鲜野火燔，湩酪终岁宝。
有客皆幕宾，推襟送怀抱。
犬豕两忘形，牛马同一皂。
秦月汉时关，金鞍大宛骓。
鸿荒太古风，一世乐皞皞。
生平轻万里，出塞苦不早。
可怜苏子卿，未共尘沙老。

行役篇

年年事行役，不知客路长。
高原登秦陇，水国泛湖湘。
走马观华嵩，驱车过夜郎。
雨中花楸枰，月下酒莫梁。
云间开鸟道，眼底瞰边墙。
方离瘴疠地，来此冰雪乡。
登山听沙鸣，访画过敦煌。
沙堆千山雪，月照一天霜。
岂不惮行迈，畏兹简书忙。
愧非干城选，分当巡故疆。
将士久浴血，宁处我岂遑。
九域尚未复，烽火遥相望。
何时落旄头，濯足踏扶桑。
不勒燕然石，奚事昼锦堂。
沙平高卧稳，大风歌泱泱。

雪中望白塔山

濯濯白塔山，山势何狰狞。
当风一夜立，突忽新妆成。
参差旧楼台，处处铺瑶琼。
高檐泻珠玑，落地响纵琤。
以彼顷刻花，饰此不夜城。
纵教群阴冱，难当白日明。
何如松柏姿，岁寒益坚贞。

杂 诗

种兰莫当门，当门锄如草。
斩草莫留根，留根碍除扫。
荃蕙择地生，萧艾每当道。
当道能几时，瞬随秋风老。
青青万年枝，四时长美好。

和氏抱连城，不能卫两足。
野人献山鸡，反以见诚笃。
君子守其常，安能计荣辱。
但求真赏真，宁论俗人俗。
万世有老吏，自能断斯狱。

周武圣明时，夷齐卧首阳。
汉代中兴年，富春老严光。
浩气所磅礴，山林与朝堂。
在山为气节，在朝为纪纲。
荣华诚烜赫，君子慎行藏。

凄凄李陵台，边草匝地黄。
曾以五千众，转战入胡疆。
如何偶顿挫，悻悻投戎荒。

欲归苦无颜，徘徊咏河梁。
中心郁以悲，依依望故乡。
不遭时板荡，何以识忠良。

雪后西园闲步

官舍局城隅，斗室自偃仰。
薄游步西园，野境爱闲敞。
恍如脱笼禽，一翅入苍莽。
皑皑华林山，迢迢云外赏。
孤鹤舞长空，白云作素氅。
黄河天际来，冰涛止浩荡。
寒梅满院香，早韭当户长。
俯仰天地宽，淡荡襟怀爽。
滞虑一涤清，悠然绝尘想。
年来栖山国，举步思旷壤。
野游得平原，何惜大如掌。
胜境不嫌幽，独来还独往。
暮霭上禅林，清磬一声响。

将 军 行

将军白须如白雪，赤胆轮囷五肠热。
欲染霜髭事后生，老去腰肢苦难折。
夜梦乘桴浮海行，海上惊涛翻长鲸。
又梦入山披短发，山中处处虎狼窟。
腰悬宝剑走江湖，白首不肯低屠沽。
自言欲渡桑干水，叱咤风云走强胡。
功成不愿受上赏，归来自结南山庐。
岂知所如百不合，愤著僧衣卧禅榻。
终日焚香独诵经，闲招白云补旧衲。
天生七尺身昂藏，安忍坐老白云乡。
不然怒马走大荒，出塞且作毡裘王。

黄河浮冰歌

北风刺面如刀剟，透入狐裘冷于铁。
当风嘘气不成云，翻向胸前霏微雪。
长河落地愤不平，满抱珠玑向人泻。
行经雪海又冰山，雪海崩溃冰山裂。
洪波已杂泥沙黄，零琼犹保冰雪洁。
泛泛有若白鸥闲，随波渨灅起复灭。
长为玉笋圆银盘，鱼行成贯鹅成列。
急峡束水水震怒，故撞菱花碎为屑。
雷轰海啸千山鸣，翩翩翻翻走雪橇。
盘涡掀起浪拍天，百万珍珠出珠穴。
忽遇雪黯朔风号，一夜银潢全胶结。
明镜平铺无底壑，灿烂神桥天为设。
轮蹄杂遝横渡来，冰下苍波冰上辙。

仆夫吟

彳亍复彳亍，恨不生羽翼。
陇头何崔嵬，羊肠殊倾仄。
道颇行不平，道曲踏不直。
年年奉长斋，日日作寒食。
伤哉彼仆夫，念之中心恻。

绝 塞

绝塞尘沙蔽九闳，只余积雪向人明。
云生瀚海天无路，马踏冰川地有声。
攫食饥鹰频上下，防边古戍尚纵横。
英雄老去长城在，一代河山几战争。

寄寒操迪化

瑶池翠水接天流，一任飙车自在游。
重舌旃裘迎汉使，虎头麾节驻洋州。
平安堠火交河戍，络绎明驼瀚海舟。
峻极银峰元始雪，皑皑终岁豁吟眸。

哭德章二兄

昔罹洪杨乱，祖业久飘荡。
吾父素轻财，负债无由偿。
辛苦祖母刘，七载无蚊帐。
吾母勤纺绩，每至晨鸡唱。
兄弟傍母读，书机声颉颃。
言念父母劳，中情殊凄怆。
二兄运蹇涩，早年困场屋。
台简乞无灵，仰天夜痛哭。
艰难博一衿，未食斗升禄。
皓首犹穷经，挑灯课党塾。
兵戈满天地，龙蛇纷起陆。
盗贼密如梭，有家不得宿。
白日望烽火，深宵卧岩谷。
五载战未休，输边纳钱谷。
未见泰阶平，返驾抑何速。
一生在山林，未享山林乐。
十年一布衣，明志甘澹泊。
子女已满堂，手足犹操作。
去书劝加餐，返书词谔谔。
耕读吾家风，勤苦助俭约。
宁愿自枵腹，不使家道落。

书翰犹在目，音容顿寂寞。
追念吾兄言，金石永不铄。
陵谷瞬变迁，白云幻苍狗。
童年如昨日，突忽成老叟。
案多绝笔书，座尽忘年友。
百年能几时，例同草木朽。
钩心一枰棋，弈罢终敛手。
兄妹共五人，无一臻上寿。
拳拳骨肉情，一生几聚首。
关河阻且修，不获亲奠酒。
抚棺违心愿，终身呼负负。

山寺寻梅

蹇驴得得出城闉，特地来寻雪里春。
偶揭帘栊山入坐，惯经门巷犬迎人。
梅撑傲骨何妨冷，佛有明心不碍尘。
寂寞一僧峰下住，粥烧腊八饷游宾[①]。

---

① 是日适为壬午十二月初八日浴佛会期。

小 园

小园斜对小西湖，鹿眼篱围树几株。
柏抱冰霜无碍冷，梅先风气不嫌孤。
分瓜醉客当呼酒，斫鸽为斋等脍鲈。
春日名花浓拂槛，杨妃低首待人扶。

踏　冰

胶尽银川隔尽埃，逢人都道踏冰来。
寒风日傍黄河岸，吹老梅花冻未开。

喜见妻儿来兰[1]

吾妻廷祺与儿宗沪陷上海围城中六年，今间道来兰，喜而赋此。

封豕窥上国，荐食东南疆。
迢迢黄歇浦，远隔天一方。
耳断归鸿音，心忧道路长。
六载蛰围城，郁纡结中肠。
安得化黄鹄，逍遥飞故乡。
故乡渺云外，惆怅将何归。
陇上多名山，麦秀薇蕨肥。
今年复明年，空见燕雁飞。
潇湘有捷报，淞浦不解围。
惟见闺中月，不睹汉旌旗。
生还何日事，夜夜梦床帏。
入梦虽云频，烟波阻迷津。
城郭余焦土，万里少行人。
传闻彭城路，中夜狙兵轮。
贼酋齐断首，行客无完身。
幸因就道迟，始得避艰屯。
事后一回思，不禁泪沾巾。

① 诗题为编者拟，原无题。

沾巾无已时，间道程难知。
关塞多险阻，举步自迟疑。
古渡落日寒，荒村猛虎驰。
冷月照残垒，画角声惨悲。
饥馑中州道，四野见横尸。
凄凉人烟断，何处借一枝。
枝上鸟鹊欢，喜信来长安。
一念在陇阪，顿忘行路难。
避盗夜微行，兼程日忘餐。
秦关趁宵渡，天地一朝宽。
辛苦贼中来，离合生悲欢。
回忆六年别，执手两心酸。
心酸只自知，举目见吾儿。
忆昔居汉皋，儿方垂髫时。
日夕依膝下，竹马庭中嬉。
自为万里别，舐犊徒情痴。
父书愠烽火，负此璞玉资。
努力光祖德，毋恃幼岐嶷。

卷三

三十二年（癸未）稿

雪后望祁连山

一钩新月送斜曛，远碛驼铃断续闻。
白首祁连终不老，逢时吐气亦生云。

出嘉峪关

萧条嘉峪日凄凄，人与东风并向西。
路入大荒千里直，天垂平碛四围低。
堆堆残雪翻银浪，阵阵惊沙认沼溪。
极目苍茫飞鸟绝，黄羊三五送轮蹄。

月牙泉上早春

东风无力转陶钧，皓首鸣沙卧一春。
惟有月牙泉上柳，早垂青眼笑迎人。

沙场晚眺

枯苇衰芦接莽苍，平芜尽处下斜阳。
龙堆涌起千山雪，盐泽蒸成满地霜。
月照忠魂磷吐焰，马埋战骨草生香。
铁衣远戍男儿事，醉卧沙场即故乡。

酒泉道上

关前新月照黄昏，又带征尘入玉门。
鸦雀翻飞知近市，沟渠交错自成村。
巍巍人祖苍颜老，沸沸金泉绿酒温。
大汉声威洋溢地，空余陶赖水沄沄。

焉支山

为保焉支不顾身，只因颜色起边尘。
单于也自风流甚，直把关山奉美人。

春日永昌道中

征程日日傍边墙，断续悲笳趁夕阳。
古雪封尘参黑白，枯丛生草杂青黄。
关山戍远明驼瘦，井里人空比境荒。
碛里阴沉春到晚，冰霜三月伴官杨。

风雪中过乌沙岭

庄浪东流古浪西，岭头一别永分离。
雪花也怕分离苦，欲落还飞故故迟。

永登道中口占

去时雪满河西道，回日祁连叠翠屏。
春到人间纤草觉，万山相约一齐青。
风吹锦浪欲平堤，两岸红云映碧溪。
秦代桃源何处是，梦魂长绕武陵西。

玉门关外雪迷离，广武山边柳缀丝。
一样不胜羌笛怨，白门紫塞两凄其。
江南已是暮春天，方趁轻寒种石田。
烟柳不遮山破碎，凄凄风物为谁妍。

追忆二十五年沙市之行

宿雨初收后，春晴好泛艖。
江因添水阔，帆为借风斜。
村妇渔还绩，舟人客亦家。
香飙时一过，畦菜吐黄花。

山到荆门尽，群流一泻前。
微波时啮岸，远水欲浮天。
江似羊肠曲，舟缘鸟道牵。
荒村烟火绝，饥馑苦连年。

梦江天

江天细雨净泥沙，嫩霭轻阴正养花。
蝌斗一池文活泼，荻芦满地箭萌芽。
桃花涨里初肥鳖，云雾峰头试采茶。
杜宇声声惊客梦，春来争得不思家。

雨后游小西湖

碧天如水草如茵，塞上栖迟又一春。
新涨池塘方饮马，初栽杨柳不遮人。
随波出没鱼儿活，入幕呢喃燕子驯。
身老正须闲处著，未应放过是良辰。

屯 艰

满拟余年见太平，岂期六载未休兵。
枕沾焦土焚舟泪，诗杂寒笳暮角声。
烟霭不遮山阙破，屯艰惟励节忠贞。
人生只合沙场死，何用丹青污姓名。

乡　关

梦里乡关不可寻，陇原高处怕登临。
冰天雪地年年客，楚尾吴头夜夜心。
旧业已随焦土尽，名都半共夕阳沉。
飘零翻羡归飞鸟，日暮相将返故林。

庭院晚坐

春半东风始渡关，阶前弱柳舞金鬟。
清除小院迎新月，疏翦丛林出远山。
儿感时艰拖敝履，妻愁薪尽典双环。
醉瓜当酒难成醉，仰视浮云意自闲。

皮船闲泛

羊皮筏以十三只皮囊攒成，首尾各四只，中五只，每筏可载四五人顺流而下，颇为轻便，惟回至上游时，须以人力负之而还。

溶溶雪水生，黄波殊浩荡。
欲济叹无舟，临流嗟河广。
一苇天际来，翩翩大如掌。
恰受两三人，容膝资方丈。
省挂蒲十幅，毋劳风五两。
舟虚不扬波，棹逸无激响。
鱼龙水底眠，梦魂绝扰攘。
竹箭下中流，一身寄漭瀁。
不觉船低昂，但见山俯仰。
微风触浪生，银花时过颡。
忠信涉波涛，瞑目不敢想。
沿水自在行，逆流无由上。
力者负以趋，一肩代双桨。
道旁数归舟，远隔烟波赏。
灵槎上岸行，沙鸥徒神往。

漫兴

黄金为米桂为薪，无酒无花过一春。
且摘醉瓜供痛饮，半醒半醉卧沙尘。
芒鞋倦踏九州尘，欲傍河干理钓纶。
日鲙鸧鱼供一饱，不辞永作陇头人。

闻遁轩筑新屋并造假山戏赠

匈奴未灭若为家，漫把垣墉砺鼠牙。
世界风行焦土计，看从楚炬变烟霞。
君从平地起陵河，咫尺岩峦奈小何。
陇上高峰千万叠，移来相赠可嫌多。

题王子云兰州图

岑嘉州咏金城关有句云："山根盘驿路，河水浸城墙。"气象万千，一语中的。然非亲至其地者不知也。子云此画，似为嘉州注诗；嘉州之诗，又似为子云题画。即未身临斯土者亦得从容卧游也。爰志以小诗。

重险金城夕照红，长虹飞岸影浮空。
嘉州诗句名千古，收入先生尺幅中。

故　国

剩水斜阳故国情，烽烟高处望吴京。
梦余铁锁沉江恨，潮带铜驼泣草声。
王气已无龙虎卫，古丘时有鹧鸪鸣。
凄凉一片秦淮月，夜照残山直到明。

吊屈子[1]

癸未诗人节，追吊屈子，时适闻鄂西渔洋关之捷。

骚人轩翥起南疆，编苦为膺亦自伤。
谣诼有心仇謇谔，江湖无地著忠良。
渔洋鼓角殊悲壮，澧浦旌旗正奋扬。
日暮弯弓齐竞渡，细腰宫畔射斜阳。

怀沙宁愿碧潭深，九死难移报国心。
天上无门通款曲，人间有路听行吟。
悠悠湘水容当涸，謇謇修名总不沉。
为就重华陈理乱，义兼风雅托哀音。

---

① 诗题为编者拟,原无题。

雨后望兴隆山云树

螺鬟沐罢黛浓描，泉迸珠玑树挂绡。
米墨王图双画本，山光天色一柴窑。
浮云透日纤鳞灿，古柏迎风活翠摇。
向晚人归霞正起，恍疑晓看赤城标。

夏日兰州苦雨

黄梅节后犹多雨，雨脚如麻暮复朝。
云里青山娇入浴，屋头幽草扮垂髫。
墙倾转喜峰当户，河涨争传鲤过桥。
门巷肥添三尺水，轻车来去学乘潮。

闻意相墨索里尼罢职

因人碌碌总无功，圬墁徒称一世雄。
掌上乾坤余棒喝，碛中鹰犬化沙虫。
脐灯难烛弥天暗，劫火先燃半岛红。
安得海伦[①]方寸地，穷途潦倒伴拿翁。

① 圣海伦岛。

答稚柳

稚柳寄迹敦煌莫高窟及安西榆林窟，精研壁画近一年，癸未夏返渝，道过兰州，聚处两月，临行以长句见赠赋答。

偶起东山闲卧身，莫高窟下驻征轮。
手摩石室残龛画，笔扫榆林古壁尘。
右相丹青谁接武，老莲花鸟几传人。
巴州归去千山阻，蓬荜犹留四季春。

魁北克会议[①]

有感为魁北克会议时英苏龃龉而发。

仁义干戈久不存，鸡虫失得复奚论。
千秋樽俎潜弓影，万国河山拥壁门。
戎首逍遥延讨伐，机心翻覆织仇恩。
龙拏虎掷今犹昔，四海何由定一尊。

① 魁北克会议是指 1943 年 8 月 14 日至 24 日，罗斯福和丘吉尔率领各自三军参谋长在加拿大魁北克举行的会议。当时的苏联没有参加会议。会后，罗斯福和丘吉尔才联名写信给斯大林，告诉他会议的决定。故下文中的“英苏”应为“英美”之误。——编者

栖　迟

四海风尘满，栖迟春复秋。
凄凉关塞月，幽咽陇头流。
天马羁槽枥，星槎泛女牛。
子卿冰窖老，汉节苦淹留。

喜闻意大利投降

九月九日公布投降协定。

忽传罗马竖降旗，屐折东山罢赌棋。
万乘貔貅争寸土，三年日月克偏师。
天骄臂断终难续，南海珠还会有期。
玉帐欢声腾塞上，未衰应见太平时。

癸未中秋望月

十分圆满夕，七载乱离时。
朔漠惊秋早，西天得月迟。
砧传闺阃怨，笛惹塞垣思。
也识团圞好，兵销未有期。

去　雁

目送南飞雁，高翀入窅冥。
厌看关塞月，欲寄荻芦汀。
泽国风波恶，江天水味腥。
纷纷胡骑扰，云梦莫轻停。

久　客

壮怀流水逝，久客感飘零。
风冷侵诗骨，毡寒困使星。
贫惭青白眼，老畏短长亭。
为洗烦襟净，焚香读梵经。

读　史

汉代既弛商贾律，富商大贾从此出。
男不耕耘女不缫，豪侈几与王侯匹。
闾阎无策感鬼神，市井有路通要津。
室庐舆服僭将相，出入宴寝椒房亲。
策肥曳缟厌粱肉，朝餐海错暮山珍。
稽物腾耀计奇赢，一商兼并万农贫。
忽焉有事西南鄙，凿山通道千余里。
移军朔漠西击胡，负担馈粮无时已。
大农陈藏一朝空，天下骚然辍耒耜。
朝廷鬻爵首武功，便便大腹弹冠起。
藻缋鹿皮皮币兴，四十万金轻如纸。
吏民逐利忘性命，盗筹岂肯虑生死。
钱轻物贵失平衡，入羊入马藉相抵。
谋臣计吸山海精，不惜引用贾人子。
盐铁豪贾半服官，官贾并肩作朝士。
官邪贾邪势莫分，心计以外无廉耻。
利析秋毫桑弘羊，法禁腹诽始张汤。
大农笼尽天下物，官府翻作屯积商。
一时竞夸平准法，民无贮蓄库有藏。
公卿阿谀甘默默，坐看不雨焚巫尪。
呜呼！大汉声威震天地，一戎衣除万世累。

国家何代无战争，萧何勋业谁能嗣。
市侩从来不更事，忍使汉廷变鏖肆。
何时净扫胡虏尘，永销剑戟铸农器。

雁南飞

秋风萧撼玉门开，去寒就暖雁南来。
零落三两不成阵，徘徊顾侣嘶声哀。
长征万里何太苦，南下岂不厌鼙鼓。
黄芦岸边少行人，胡骑纷纷挟弓弩。
地经丧乱稻粱微，江山摇落洲渚非。
关塞虽寒仍故土，毛羽自足御霜威。
瀚海无波沙平软，和鸣静集闲相飞。
胡为飘零远客不思归？

猛虎行

苍天何故生猛虎，金睛眈眈钩爪舞。
炳然蔚为大人仪，却攫血肉恣吞吐。
明月沉山万壑冥，当风呼啸一林腥。
在山尚可庇藜藿，出柙翻使祸生灵。
乞食摇尾或如狗，捋须应防祸生肘。
自居兽长号山君，城狐假威效奔走。
恶伥四出为傅翼，临风高举肆哮吼。
一饱势将吞万人，口下余生亦何有。
呜呼！当今谁是神箭手，为我引弓扫群丑。
不然惟祝皇天速使变麒麟，生草自兹不入口。
表瑞含仁居郊薮。

重游西宁

前年西宁遇重九，黄叶纷纷满地走。
今来西宁又重阳，柳青梨赤天未霜。
棣萼飘零余我在，异乡怕见菊花黄。
年年卧毡啮冰雪，孤负江南好时节。
澄湖鲜碧蟹初肥，栖霞枫丹艳于绯。
惆怅有家归不得，撩人乡思雁南飞。

九日游塔儿寺

露裛黄花丹染枫，九日登高天无风。
道入蕃服行人少，代步都藉胡青骢。
探幽渐入无人境，忽见塔影撑晴空。
法幢参天楼覆地，金瓦熠熠耀苍穹。
吾闻蕃儿饮酪饱肉卧毡帐，焉有楼台亭阁如此其崇隆。
地近昆仑邻星宿，得非浮槎误犯牛女宫。
又或桃源仙境非虚拟，不在南服在西戎。
众僧迎客皆倒屣，毳衲斜披半肩紫。
睢盱伛偻能鞠躬，幢牙排列几半里。
经堂灯火如秋萤，撞钟吹螺日诵经。
绣楯彩桷纷烂熳，参差佛阁影珑玲。
潜虬蟠梯通天上，藻井彩错耀中庭。
壁上森然动魂魄，神物鬼怪绘丹青。
出家还仍在家俗，持斋食肉无检束。
古拉转过灯挑明[①]，余事不劳勤手足。
高卧闲听风诵经[②]，咒水驱人登鬼录。
一生誓磕十万头，那有闲情辨菽粟。

---

① 寺廊间置圆木桶，内装经典，中有铁轴承之，用手转动以代诵经，谓之转古拉。

② 用长布条抄录经文，横悬木架上，因风吹动成声，以代口诵。

倾囊倒箧作法供，龛上堆金累珠玉。
一灯燃尽万民膏，知是天堂是地狱？
呜呼！佛义自觉觉他人，立志苦行不为身。
惟愿高僧了了无遮念，修到空空不染尘。

千龄社[1]诗咏之一

重九后十日，千龄社第一次集五泉山，分均得几字。

绿野谁家堂，奇峰罗眼底。
寒泉咽山腰，流溪叉燕尾。
湛湛蒙泉清，净渌缨可洗。
适当后重九，黄花香满邸。
山静泉愈鸣，节晚菊逾美。
开筵人坐花，斗句词翻海。
矍铄雁门公[2]，童颜终不改。
儒雅羡紫阳[3]，风流盛文采。
胸罗武库奇，诗成泣神鬼。
文社结千龄，词源百川汇。
嗟我老临边，把酒忆霜蟹。
异乡寡亲交，佳节思兄弟。
盛会古难常，知心今有几。
吟罢复登高，遥天树如荠。
烟销见长河，一声闻欸乃。

---

① 1942 年 6 月 18 日，高一涵与兰州喜好诗文者 20 人于五泉山集会，切磋诗词，成立诗社。因 20 人积年逾千岁，故以“千龄”为名。众推朱绍良为社长，高一涵为副社长。——编者

② 闻鼎铭将军时年八十有五岁。

③ 朱一民将军。

游麦积山[1]

癸未十月与张大千同游麦积山。

为访灵岩境，清晨涉渭津。
云收低度岭，泉迸洁无尘。
霜柿红于火，秋花艳若春。
东柯何处是，沿路问樵人。

入峡二三里，奇峰十几重。
秋山红着锦，古柏翠蟠龙。
曲径依流水，危崖挂倒松。
地偏僧亦俗，对客但敲钟。

① 诗题为编者拟，原无题。

天水社棠镇口杜公草堂

涟沦渭水浅平沙，玉蝀凌空一带斜。
东谷阳坡铺锦绣，西枝阴壑走龙蛇。
地生义圣文明古，云接昆仑道路赊。
柿子垂珠瓜粟美，少陵何事更移家。

成县

卓午发栗亭，薄暮望同谷。
鸡山何崔巍，撑空先入目。
黄叶杂红叶，青松间绿竹。
谁家丹青手，写此千丈轴。
下有良田畴，膴膴宜蔬菽。
人工寸寸锄，俨然鳞次屋。
清风弄麦苗，生机得煦育。
奈何杜公祠，荒寒依隈隩。
曲水作蛇蟠，巉崖如虎伏。
龙去湫无灵，凤杳台空筑。
白首负丹心，干戈阻骨肉。
日日随狙公，芋栗不果腹。
荒山无寸土，何处寻黄独。
行役苦连年，有家不遑宿。
乐土思南州，那计穷途蹙。
举首望仇池，白云迷层麓。

登成县鸡头山顶

悬崖如削鸟猿愁，老至翻夸足力遒。
缥缈仇池差露首，嵯峨泰石亦低头。
高吟恐触群星坠，放眼能将八极周。
冉冉云烟生脚底，等闲竟作太清游。

夜宿鸡头山普贤殿

朔风如虎扑禅房，冒雨攀林十指僵。
多谢懒残牛粪火，炕床温暖芋魁香。

成县飞龙峡谒杜公祠

飞龙峡口路迷离，龙去潭空异旧时。
一掌平原同谷县，数椽矮屋杜公祠。
萧萧短发荒山客，耿耿孤忠故国思。
我亦无家堪送老，白云深处望仇池。

访西狭颂摩崖[1]

迢遥天井山高矗，骨立嶙峋羌无肉。
何时突遭巨灵擘，裂入厚坤呀为谷。
两山接天天昏暝，一峡束水水湍洑。
雨后树杪百重泉，散作崖头千道瀑。
跻攀鸟道蹑荆榛，背负青天首俯伏。
牛羊上山作人立，人行翻如蚁缘木。
不慎中途偶失足，翻身下坠如转轴。
李公鞭石成津梁，欲将险阻化康庄。
石间虽有斧凿迹，年深崩落径渺茫。
万里寻碑不辞远，但恨与碑相见晚。
昔从窗下玩纸本，喜见笔画无缺损。
二十年来日临摹，今距咫尺宁蹉跎。
盘崖绕壑口接膝，剜苔剔藓频摩挲。
三颂至今仅余二[2]，深山赖有神㧑呵。
口读指画终复始，吟哦岂止十遍过。
山峻遮日日早暮，徘徊欲去不忍去。

---

① 崖在成县鱼窍峡天井山中。

② 郙阁石门，西峡三颂雄劲奇伟，为汉碑冠郙阁颂，旧在栈道中。后栈道他徙，石亦磨沟（因摩崖刻石地处拐弯，古代纤夫借此勒绳以省力所致）。明代县令申如□重刻之，今所传拓本非原刻。

贪看鸾翔凤翥姿，暝色渐没山前路。
回途再访耿勋碑[1]，崖石剥落无完处。

① 耿勋碑在西狭颂下游约二里许之石崖上，今已损十之五六矣。

登成县嵋峪峰

跻攀鸟道步难移，行到中途日已迟。
万里寒风侵肺腑，九天浓雾落须眉。
峰峦起伏千堆髻，阡陌纵横几局棋。
如此河山如此世，可怜锦绣覆疮痍。

嵋峪山道中

鸡山大拐耸晴空，压倒群山一万重。
人向崖头耕寸土，天从井口露微容。
攀登绝栈危梯道，饱看生龙活虎峰。
怪石奇松随地有，深藏岩壑不求封。

犀牛江上

半壁东南阻战争，亦思勇退恋时明。
我家近傍江南岸，行到吴头为寄声。
五年不见长江水，今喜江源蔚浅蓝。
安得张帆明月夜，轻摇柔舻下江南。

康县白马关

《康县志》谓白马关即杜少陵诗中之木皮岭，所谓：“远岫争辅佐，千岩自崩奔。始知五岳外，别有他山尊。”颇与此处山势相似。

白马关邻白马羌，千年残垒踞岩疆。
地连梁雍山容壮，水下荆扬驿路长。
峻极峰高欺五岳，阴沉谷暗蔽三光。
狰狞恶石横当道，鞭叱无能只自伤。

陇南行

濯濯陇山上，万古一苍颓。
岭阙待云补，崖崩费跻攀。
一山绵亘数百里，但有童头无黛发。
南来嶓冢近巴蜀[①]，湛湛清江鸭头绿。
陇阪迤逦卧如龙[②]，此山峭削立如鹄。
攀崖扪葛陟层巅，欲以呼吸通帝天。
云雾乱点须眉白，直与孤鹤同蹁跹。
山中樵子偶相值，时或误为云中仙。
岭上云雾岭下水，活泼最爱是山泉。
溪行曲折频频渡，浅揭深厉仍一川。
千尺崖头垂白练，珠玑迸落白云边。
偶然一夜朔风起，挂崖冰箸条条圆。
四山恍如冠盖集，不招自从天井入。
山家日与山为缘，儿孙高低当户立。
为农为牧都在山，丘陵以外无原隰。
百里未见一里平，石罅岩隙寸寸耕。

---

① 天水西南有嶓冢山，为江渭之分水岭，东流入渭，南流入江，故山南气候物产均与蜀相近。

② 陇阪之山如卧，秦州之山如坐，而武都之山则如立。

方看牛从天际叱，旋惊马在壁上行。
山中无盐素淡食，十人瘿嗉九崚峥。
千里馈粮常恐后，时随旅雁共宵征。
苍天底事瞢腾醉，靳予吾民方寸地。
万山争妍逞姿媚，时露头角思出类。
左盘右旋巧趋避，争向空中耸青翠。
遮天回日不容辔，行人苦无御风翅。
不知龙蟠虎踞万重山，愁落古今多少穷途泪。

老马行

陇坻九迥泥阪湿，行人举步辄于邑。
阪下何人叱粮车，老马疲苶鞭声急。
口沫喘白汗流红，一怒腾骧脱羁馽。
马逸无踪车翻覆，筐倾粮泻无余粒。
落日衔山少行人，舆夫掩面道旁泣。
细叩其由心转伤，自云千里馈军粮。
陇阪接天途险峻，十马中道九马僵。
去年倾资走甘凉，直以万金觅骊黄。
此马西来名汗血，腾越昆仑如丘垤。
扬鞭一蹙破霜蹄，蹴踏层冰碎为屑。
平沙莽莽任奔驰，不向恒蹊循故辙。
矫矫龙性终难驯，奔腾沛若江河决。
昔充战骑一敌万，今促辕下转跛鳖。
农家四时常苦饥，安用银鞍玉辔黄金羁。
长秸短豆不甘食，年年瘦损减雄姿。
踯弛脱略厌槽枥，顾影骄嘶空权奇。
在坰长鸣谁翦拂，直与驽劣同鞭笞。
岂期一怒绝缰去，去如飞电回无期。
呜呼老马运何否，不遇王良遇竖子。
当年若在沙场死，早有功勋垂边鄙。
不然道逢伯乐得知己，络月羁金被罗绮。

出入香街紫陌里，终胜长才困辱在泥滓。
俯首贴耳伴鹿豕，呜呼老马运何否！

晨过天水大山顶

大山顶上晓霜融，温水河边旭日烘。
岁晚松林重叠翠，秋高枫叶浅深红。
川连万派朝巴蜀，地涌千峰拱华嵩。
数典难忘书契祖，开天一画启鸿蒙。

武陵行

洞庭连天水无波，四野云黄黍稌多。
西成共庆篝车满，秋社村村击壤歌。
忽然长鲸来水底，逆流西上犯沅澧。
吞舟不填无底壑，岂为饥鸿留菰米。
鼓浪成雷渡石门，腥风直逼武陵源。
松下房栊无完舍，云中鸡犬亦飞奔。
渔父飞叉如电掣，设网提纲拦江截。
横江一拥百千鳞，半生半死眠涸辙。
众鱼常才尽弃捐，逃遁仅余缩项鳊。
椎牛飨士鼍奏鼓，鲙飞金盘开盛筵。
腥膻一洗桃源净，依旧秦时月在天。

丈夫行

孺子不肯跪黄石，中原何时罢逐鹿。
勾践不作城下盟，安能亲见吴社屋。
丈夫能伸亦能屈，青眼白眼随世俗。
穷通进退不为身，抱璞宁思卫两足。
出矢鞠躬处抱膝，陋巷可居肱可曲。
任他乾坤一蛮触，形骸究须脱桎梏。
人生上寿仅百年，安能留此眉宇著荣辱。

从军行

蕃女婚嫁自媒妁，不羡豪富羡豪杰。
年当十八初上头[1]，辫发萦后珠贝缀[2]。
马上相逢马下歌，野田草露相慕悦。
春风陌上百花开，花间自作同心结。
朝朝暮暮比翼飞，不识人间有离别。
忽焉东海肆长鲸，神州万里阵云横。
羽檄交驰起壮士，男儿相率请长缨。
蕃儿自是群中秀，不持寸铁犹格斗。
借躯复仇不顾身，报国岂甘落人后。
毳幕之前系斑骓，豫进黄龙酒一卮。
不作寻常儿女态，牵衣拦道语其私。
慷慨高歌声裂地，塞雁哀鸣塞马痴。
良人挥手从军去，回幕自抚襁中儿。
碧玉生小不识字，莫由远寄断肠词。
牛羊下山闲无事，帐前穿眼望红旗。
夜深见月芳心碎，怕向关山照别离。

---

① 蕃女年十七八编辫发数十条陈背后，于旧历正月初三日举行成人礼，俗谓之上头。
② 《晋书》：晋时吐谷浑妇人，辫发萦后缀以珠贝，至今蕃女装饰犹如此。

归　梦

昔年有家不得归，今日国破归思切。
风吹魂梦度关山，梦里那知途径绝。
故乡一别几经年，里中人民散如烟。
乌鸢衔肠挂枯树，髑髅无语地下眠。
古佛坠龛尘漠漠，老树心空见弹穿。
不见持珠人何在，只见念珠遗殿前。
残月昏昏悬木末，照见禾枯无人割。
人去山空山亦愁，虽欲排青已无阕。
苍茫野渡横孤舟，鱼网挂门谁复收。
野犬噬人狠如虎，豺狼不复藏山丘。
万人冢作狐兔窟，雄鬼夜哭声啾啾。
英雄死去精灵在，力尽关山志未酬。
远近不闻鸡唱曙，天明欲去无道路。
儿时竹马嬉游场，山花寂寞红如故。
总角亲交满四邻，今日流离不知处。

岁暮吟

岁云暮矣增感伤，风沙猎猎天为黄。
朱门炉火腾金焰，冰窖老人犹牧羊。
市儿矜夸狐裘白，魂梦不去温柔乡。
冰雪封山狼入市，恢恢天网徒高张。
山中老梅有奇骨，霜里作花伴寒日。
案头枉自供水仙，徒有霜华无霜质。

岁暮书愤

西来四见岁云徂，薪米何期变桂珠。
颠倒乾坤双墁手，搅翻江海几侏儒。
千烧万战余焦土，剩水斜阳吊故都。
乱世功名三尺剑，文章值得一钱无。

卷四

三十三年（甲申）稿

甲申元日书感

踌躇无策靖烽烟，一望河山一惨然。
开府萍踪羁北阙，季鹰心事在南天。
春回紫塞须三月，人伴黄云已四年。
歌啸不离沙碛海，时艰安敢计林泉。

南郭寺古柏

秦州古寺有南郭，独立崖头俯丘壑。
双双老柏兄弟行，抵足对眠如相约。
收拾溪山归枕篋，黑甜乡中避锋锷。
一卧高山数千年，欹斜自有孙枝托。
君不见孔明庙前柏摩空，正直孤高招烈风。
干排风雨空强项，虎倒龙颠影憧憧。
何如双柏自谋工，枕石高卧秦之东。
此身永属羲皇侣，不作云龙作卧龙。

忆春日江南

少年日月总宽闲，不望春还春自还。
舟泛碧溪垂柳外，身行红雨乱花间。
柳眠柳起泥人醉，花落花开惹鬓斑。
塞上春来春亦晚，苍岩何日变青山。

冰雪消融春水生，玻璃草色绿盈盈。
秧针插后畦如绣，茶市归来火接城。
野鸟飞鸣皆并偶，山花开落不知名。
东风也畏边关冷，吹暖江南再北行。

追记洞庭泛舟

澄湘一道接湖湾，上界谁抛九曲环。
舞影婆娑洲畔柳，堆烟浮荡镜中山。
波平鱼没纹犹见，风顺帆忙橹自闲。
远水吞天天水碧，衡峰浑在有无间。

野寺即景

寺前幽草比人长，寺后山花扑鼻香。
蜗着半墙摩籀篆，碑残满地碎文章。
芭蕉叶大连窗碧，蝴蝶衣柔带茧黄。
日月自忙僧自懒，倒拖一杖看斜阳。

追忆江行

双舻咿哑烟雨蒙，短蓑开合两艄公。
船过飞鸟翔云际，水净游鱼戏镜中。
远渚芦花千点白，临流渔火半江红。
今来瀚海龙沙地，聊把车篷作钓篷。

行役杂咏

聊凭行役了浮生，临水登山弗计程。
毡帐星霜蝴蝶梦，戍楼灯火柝铃声。
昼过瀚海驼为舫，夜宿沙场马作城。
莫道儒衣身不称，蓝舆高卧阅蕃兵。

匹马轻装款段行，高低陇亩看春耕。
出山流水频回首，入塞狂风故作声。
雁自瑶池波上到[①]，月从瀚海岸边生。
连年彳亍天西路，足踏龙沙似玉明。

征尘日日染衣黄，板屋门前解客装。
马迹重重梯子路，篆烟渺渺炕儿床。
炉开饼爱锅盔脆[②]，风动羹传玉蜀香。
高卧土坯坚比铁，柔乡无著住温乡。

节物东西异后先，好花岁结岁回缘。
阴晴不定黄梅雨，寒热无常紫塞天。

① 泾川县。
② 俗呼大饼，曰锅盔。

河似长蛇蟠陇谷，山如奔马下秦川。
生涯数月藏冰窖，一日春光值万钱。

斜日骑驴趁客程，逢山不及问山名。
峰头樵唱回声和，渡口人归背岸行。
飞挽刍粮新活计，起居复穴旧经营。
民间草木皆安命，只有溪流气未平。

击壤歌残四境荒，汉廷贤守想龚黄。
石壕吏接新安吏，丰乐乡成伏莽乡。
齐妇无心辞虎去，永民宁愿捕蛇亡。
渊明归卧文翁老，何日黔黎汔小康。

驿亭星月五更头，行客真成夜不收。
峰影模糊疑卓笔，霞光灿烂欲烧楼。
柳凝朝露青犹滴，河绕春山翠若流。
却羡农家天独厚，花香鸟语助锄耰。

春郊细雨润如酥，处处林园似画图。
村外禽声催布谷，花间鸟语劝提壶。
梨开雪岭高低白，杏放焉支上下朱。
三月农人多在野，山山耕牧笑相呼。

雨后山如出浴身，凝脂洗罢净无尘。
弯环野径频回马，拂路花枝欲倚人。
原上有声知叱犊，烟中闻语识垂纶。
何时得伴羲皇侣，埋首田园作隐沦。

溪回路转傍岩隈，一径红云衬绿苔。
修树临风殊婉娈，流泉避石故纡回。
杨花绕袖来还去，野鸟冲岚合又开。
水底看山山更好，苍烟飞动翠成堆。

嫖姚垒上雁初旋，瀚海苍茫起暮烟。
浅草平沙盘马地，斜阳荒碛射雕天。
客来凉夏瓜为酒，种播新春石粪田[①]。
零落棋枰云外赏，陇原高处陌连阡。

西来惟爱鸣沙好，晨夕风光迥不同。
尘净月游疑踏水，泉清鱼戏若行空。
山铺碎玉添霜白，柳映朝霞匝地红。
天马云遥池又冷，只余鸥鸟伴禅宫。

① 农田春耕，先铺石子于地面，然后莘之如用肥料然。

漫吟书感

乱世羞为醉步兵，酩然高卧待承平。
身穷几欲疑诗祟，颜老真难诟镜明。
强项朝官霜后菊，萧条关塞劫余枰。
匀圆又见樱桃熟，汉马何时复两京。

白首他乡汗漫游，寄身天地一浮鸥。
屈信已似无名指，飘泊真同不系舟。
鹦鹉能言娴拾慧，凤鸾栖枳胜幽囚。
冯唐老去应知命，汉代嫖姚贵黑头。

欲试戎衣愧老孱，难将干羽格苗顽。
吟哦枉弄生疏笔，登览愁看破碎山。
春意阑珊花寂寂，陇头幽咽水潺潺。
燕云怅望旌旗久，列阵空余雁度关。

春风吹草碧侵门，枯坐寒毡一笑温。
水暖河天鱼放子，泥融苔径竹生孙。
衰年屯戍营平老，乱世输将卜式尊。
自问不如归塞雁，干戈满地任高骞。

诗律粗疏信手拈，天清云淡息恬恬。

饮冰受命因防热，敛翅全生懒赴炎。
学步邯郸殊少能，寄怀风月不伤廉。
老来心事尘嚣外，补贴春光有笔尖。

自笑儒穷宦亦穷，白头依旧袖余风。
一腔心事浮云外，半世生涯乱角中。
锻向炉前慵跃冶，声传爨下剩焦桐。
万花开落随天意，桃李何须怨化工。

孤灯无焰欲三更，人静宵深夜气平。
何去何从天莫问，宜醒宜醉卜难明。
一春恼乱听蛙吹，万里伶俜事笔耕。
正是梦回无觅处，月华如水送河声。

双丸跳荡疾于弹，炊熟黄粱枕未安。
烽火惊心回梦易，诗书拄腹折腰难。
归山有愿锥何在，更事无多兴已阑。
三月春风犹料峭，飞沙翳日逼人寒。

普 腾

普腾人世总堪哀，梦醒南柯见穴槐。
仙药岂离间草木，神山空有幻楼台。
升沉日月皆萤火，今古乾坤几劫灰。
莫道西天真上界，坐床活佛亦凡胎[①]。

① 西藏班禅转生于青海循化县，现年七岁，甲申上元节在塔儿寺举行坐床典礼。

美军进攻土鲁克岛[①]

二月十八日，美海空军进攻土鲁克岛。土鲁克乃加罗林群岛之一，为日本在太平洋中坚强之海军基地。岛中大部为玄武岩及珊瑚构成，每半年有自东及东北吹来之贸易风，日舰藏匿其中者计有二十五艘云。

海上旌旗射日红，穴中蝼蚁运将终。
千窠篙透珊瑚岛，五两帆乘贸易风。
雌伏舳舻鱼在釜，高飞鹅鹳翼翻空。
斩开铁锁降旛出，破竹初收第一功。

① 诗题为编者拟，原无题。

寄慰友人

三杯难换终身醉，一蕊原无百日红。
泾水长流仍带浊，海波自涌不关风。
交深有手翻云雨，貌美何须赂画工。
参透人情心自爽，升沉荣悴两空空。

春 雷

三月郊原草欲生，轻雷隐隐忽飞声。
竹离阴重犹残雪，杨柳丝微未见莺。
有限春心防雨碎，无多花胆怕风惊。
吹开吹落随天意，底事訇棱气不平。

春 来

料峭东风试剪裁，裁红剪碧绣春来。
穿泥芦笋参差出，冒雨梨花俯仰开。
河涨不浮青雀舫，塞寒犹恋白龙堆。
江南水暖初肥鳜，鸭绿新波正酦醅。

春日即事

养花节气转新晴，小饮酴醾滞虑清。
浅黛点鬟山有态，回纹织锦多水情。
温书忽忆儿时味，披牍常闻地底声。
盎盎春风天宇阔，人无城府觉心平。

画楼记事

画楼西挂一钩纤，池上初眠比翼鹣。
未免有情人待月，似曾相识燕窥帘。
春宵寂寂花如睡，烛影摇摇梦亦甜。
晨起闲调鹦鹉粒，忽看栏药吐红尖。

寄安西友人

无家王粲欲何之，漫向他乡泣路歧。
辋水云烟千载画，灞桥风雪一天诗。
但求秦火留遗籍，休怨长安似弈棋。
莲岳撑空仙掌在，黄流终古有清时。

河　行

滚滚黄波日夜流，半乘车骑半乘舟。
皮囊作筏浮鼋背，尘土随风没马头。
沙细衬蹄闻怒语，月斜转舵讶回眸。
乱山为我遮愁眼，一发江南望不休。

论 诗

故步自封终故我，望尘学步丧真吾。
宜今宜古原非易，同面同心自昔无。
风月一天诗境界，雕镂满纸匠工夫。
文章最忌随人后，学杜涪翁未是愚。

伊凉道中所见

祁连东下走长蛇，疏勒西流入塞沙。
坎井水行翻就上，云杉枝冷每低斜。
碛埋古邑州沉陆，漠过征轮海泛车。
蜃气弥漫成陆市，空中倒挂几千家。

寄抚五嘉定

平羌江月朗千秋，高照峨嵋雪满头。
山水清音方响洞，风流胜迹荔枝楼。
凭栏歌啸谁宾主，载酒登临傲郡侯。
小驻文翁勤教授，如君真不负嘉州。

祭成帝陵[①]

甲申三月二十一日兴隆山祭成帝陵时，山中积雪盈尺，恍似严冬。

皋兰山下杏花红，成帝陵前雪映空。
银椋不遮寒骨冷，朔风犹拥大王雄。
斡难玉帐埋荒土，钦察铜驼泣故宫。
壮志初酬人已逝，遗言珍重嘱和衷[②]。

---

① 诗题为编者拟,原无题。

② 遗诏有广土众民万众一心之语。

雪中过六盘山

四月枯林草未生，花开顷刻送行程。
峰腴山失清癯貌，车过途闻杂佩声。
古屋昏昏成帝寝，寒云漠漠宋家营。
三关口外桃千树，一片红霞照晚晴。

平凉阻雨

满地泥深没马蹄，齐天云雾压山低。
沙流路见嶙峋骨，水泛途成断续溪。
茅店灯檠蝴蝶梦，河桥风雨鹧鸪啼。
虺隤行役无时已，杨柳何心绿上堤。

和煦园平凉阻雨喜晴原韵

天上霞光满，人间庆晚晴。
雨收青嶂出，风送白云轻。
桃李迎春笑，榆杨夹道生。
长途尘土净，款段过开城[1]。

---

① 开城为元置开城府，故址在固原境内，道最难行。

平凉柳湖追怀左文襄公

柳湖书院为左文襄宗棠读书课士处，所书书院匾额犹悬门首，篆刻“暖泉”二字存园内，书院今改作平凉师范学校。

平凉城北水生珠，一线涓涓注柳湖。
薤叶披离丞相篆，渚芽深浅暖泉蒲。
崆峒剑气干云日，韩范威名慑塞胡。
桃李满园初破蕊，弦歌声里鸟相呼。

平凉赠范汉杰总司令

自是胸中富甲兵，登车揽辔望澄清。
轻裘儒雅敦诗将，画戟森严细柳营。
朔漠胡儿呼老子，陇原黎庶倚长城。
崆峒剑气干霄上，早把旄头一扫平。

固 原

三边雄镇固原城，多少营名作地名。
万姓有村皆筑堡，四郊无险不屯兵。
河山百战咽喉道，驿路终年鼓角声。
惆怅豆萁燃益急，萧关北望更心惊。

宁夏道中

荒原春色故迟迟，春尽宫杨未挂丝。
忽见墙头红杏闹，累人缱绻立多时[①]。
黄云漠漠雨冥冥，百里郊原不见青。
一望垂杨排道立，行人相告近中宁[②]。
两行青眼笑相迎，尽日垂杨道上行。
客路浑忘于役苦，织烟穿线学流莺[③]。
尘土黏天思障日，暴风如虎欲冯河。
青铜峡水冲融下，一片黄云暗白波[④]。
张公祠院梨千树，摇曳琼枝弄晚风。
香火一龛遗像冷，惟余铁马响丁东[⑤]。
轻薄东风妒物华，忍将梨蕊委尘沙。
红衫掩面谁家女，俯首无言拾堕花[⑥]。
任春渡口汇深潭，野艇横斜客两三。
渔子维舟杨柳岸，依稀风景认江南[⑦]。

---

① 同心城。
② 中宁县。
③ 金积县。
④ 青铜峡。
⑤ 吴忠堡张壮勤公祠。
⑥ 同前。
⑦ 任春渡。

洗尽黄云雨乍晴，贺兰当户雪峰明。
金波朗照银川水，玉塞天开不夜城[①]。
半亩方塘水倒流，松风谡谡似深秋。
清和四月春初到，一树丁香护佛楼[②]。
贺兰山外古沙场，衰草丛丛匝地黄。
行过山边一柯树[③]，桃花红杂野丁香[④]。

---

① 银川夜月。
② 定远营达王府花园。
③ 地名。
④ 北寺。

宁夏东教场大阅

貔貅十万集边营，九塞春风卷旆旌。
令下贺兰山岳动，威张银水浪涛平。
骅骝神骏飞如电，干莫浏漓听有声。
怅望中原烽火急，愿凭铁血捍长城。

华亭道中

汭水东流过峡门，朝那秦汉旧乾坤。
两仪山口崖中断，神禹犹留斧凿痕。
四山环拱仪州郡，一路山花带雨香。
自古西戎争战地，威张九塞想隋唐[1]。

---

① 华亭县名始于隋唐。

华亭安口窑

陶神庙祀盛香烟，古朴窑头尚宛然。
抟埴犹传虞氏法，寝兴舜日四千年。

泾川罗汉洞闻杜鹃

兰州无杜鹃，不闻此声已四年矣。

忆从湘蜀伴行云，月夜关山处处闻。
客路忽惊春事晚，那堪花落又逢君。

董志原

高原百里尽平畴，多少居民住九幽[1]。
乳燕弄风频绕塔，饥乌逐食每随牛。
井深汲绠修千尺，麦茂行人出一头。
万户炊烟从地起，丛林疏处耸谯楼。

① 人民穴居凿地深及数丈。

西峰镇感事

西峰镇北赤旗扬，董志原头万弩张。
咫尺鸿沟分楚汉，膏腴腹地作疆场。
河山久战余焦土，兄弟何心尚阋墙。
四野徒闻笳鼓壮，市廛户户锁斜阳。

牡　丹

占得人间第一芳，万般红紫失低昂。
兰花以外皆臣妾，香国之中有后王。
梅诩孤高输富贵，桃矜浓艳逊端庄。
无双阀阅无双貌，姚魏声华冠洛阳。

感 春

天西岁岁负芳时，春尽红稀雪未知。
蜡炬摇窗空滴泪，丝帘隔梦不通辞。
风摧雨妒双重劫，蝶化鹃啼一例痴。
却幸阴成将结子，莫教藤蔓束柔枝。

邻 园

小窗特地向园开，插棘编篱短短栽。
待到月明三五夜，移他花影上窗来。

种 花

癸未秋日向友人乞得牡丹两株，植于官署园内，时高不盈尺，恐著花时吾已得替而去矣。因口占一绝云：“为怜柏署过清寒，且向台前种牡丹。我本无心攀富贵，好花留待后人看。”不意今春竟有花放，喜而有作。

天怜冷署逼人寒，故遣东风放牡丹。
坐待成林真有日，种花犹得及身看。

闻 道

闻道成皋路险巇，项刘曾此决雄雌。
鸡鸣关任田文度，儿戏车容霸上驰。
急羡陶朱为富贾，更无南八是男儿。
伤心竖子成名地，欲划鸿沟事已迟。

太室巍巍镇汉京，九朝都会洛阳城。
开张伊阙回行易，洞达轘辕捷径平。
云梦烽烟三楚合，殽函风雨二陵惊。
千烧万战余焦土，凄绝铜驼泣草声。

望河楼晚眺

斜阳又射望河楼，楼下黄波日夜流。
肃邸残碑凝碧血，元家古戍剩荒丘。
风狂渡口无归棹，水落滩头吐乱洲。
楚塞秦关烽火急，中原不见使人愁。

读明史书后

谁将血扇点桃花，笺写春灯燕子斜。
廊庙万机操阉竖，江淮四镇化虫沙。
东林门户空坚壁，西厂冤仇几荡家。
帅悍兵饥民力竭，中原群盗乱如麻。

惊闻函谷关弃守

峭潼古道卧虬龙，函谷天开俯要冲。
山峙中流蟠底柱，关横北戎锁弘农。
青牛白马今何在，虎口丸泥讵可封。
设险不应徒恃险，坐看鸡狗度从容。

成　败

杜叟他乡望中兴，黄流何日庆清澄。
须眉渐失峥嵘气，衣钵惟传粥饭僧。
地有斯文同腐鼠，野无余肉饱饥鹰。
中原成败真孤注，独立苍茫自抚膺。

东 望

中原烽火隔天涯，东望淮南不见家。
乡信那堪凭雁帛，节旄只合老龙沙。
难浇块垒河池酒，枉念旗枪谷雨茶。
皖水陇山千万里，斗边何日得回槎。

怀　人

日落扬子江，风波不可渡。
梵声动金焦，渔火明瓜步。
欸乃下中流，虚无是征路。
天末怀佳人，沧江邈烟雾。

人生相离合，动如波上舟。
风帆偶一遇，各自东西游。
我棹青海月，君狎沧洲鸥。
相思日千里，云水空悠悠。

铅 椠

悔亲铅椠弃犁锄，入世方知计略疏。
早岁咿唔斜上字，老年寝馈线装书。
文成金石皆音末，笔挟风霜亦绪余。
不为穷愁谁著作，漫将迂固判龙猪。

视察长沙前线[1]

己卯秋，长沙大捷，余奉命视察前线，风雨之夕，从衡山乘车至渌口。渌口以北铁路桥梁已先破坏，乃易小舟，经株洲湘潭至长沙。孤舟北上，敻不见人，舟过湘潭封锁线时，所布水雷犹浮沉荇藻间。入长沙市，居民返者仅千余人。近长沙战事又迫近城郊，而渌口、株洲、湘潭等地皆沦为战场。追念前游，历历在目，爰赋四章志慨。（六月十六日记）

乱后衡阳道，无心问土风。
雨添湘竹泪，声断楚天鸿。
簇簇棕榈绿，离离穲稏[2]红。
中宵过渌口，戍火伴孤篷。

黯淡株洲市，寒灯夜寂寥。
移军途拆轨，坚壁野添碉。
宅破无完舍，川危有断桥。
凄凉风雨岸，落木正萧萧。

① 诗题为编者拟，原无题。
② 一种稻子名。——编者

孤艇系湘潭，江天共蔚蓝。
水雷牵荇带，弹雨落金柑。
菰米波漂黑，枫林叶战酣。
祝融高插汉，倒影一峰涵。

长沙兵燹后，入市少人烟。
家立烧残壁，江沉凿废船。
青磷迷岳麓，白骨塞湘渊。
旅馆随烽尽，征车宿露天。

书斋晚坐时忍冬盛开

黄白花争放，穿帘细细香。
柳梢初月澹，蘋末晚风凉。
天地双蜗角，乾坤几战场。
那堪萧瑟夜，空自梦羲皇。

无 能

六十年中几废兴，乱时有味是无能。
逢花不肯摇鞭去，选胜犹思揽辔登。
事业乘除余白发，光阴补贴赖青灯。
笑他饱饭东坡叟，未老先如退院僧。

河干即目

林樾清无极，幽花何处香。
渔村人语静，瓜架水风凉。
荇动知鱼戏，槎过见鸟翔。
长河天际落，流出几沧桑。

忆寿县八公山

乱后淮南路，天荒草木稀。
艰难今日泪，风鹤昔年威。
故国家何在，他乡客未归。
八公山色黯，犹自峙淮淝。

送人之安西

瓜州唐重镇，西去接龟兹。
瀚海三千里，风沙十二时。
寒山镶铁壁，苦水汲盐池。
寥廓阳关道，茫茫何所之。

昆圃龙堆外，苍茫一望收。
合黎横塞出，疏勒入沙流。
佛画榆林古，梅花铁笛愁。
班生勤远略，原不为封侯。

夜 坐

惘惘无长策，依依对短檠。
生涯安澹泊，日夕望承平。
月影临窗静，河声到耳清。
心花拈一笑，不著世间情。

雨后五泉步月

细雨洒高林，微风散余热。
幽泉鸣琤琳，苔径转曲折。
晚霞敛残绮，皓月当空洁。
缘源入幽阒，凿向厚坤裂。
汲泉煎玉茗，清芳沁口舌。
不闻钟磬音，人天两寂灭。

皋兰山远眺

振衣直上三台阁，放眼回看镇远桥。
星宿河源悬碧落，崆峒剑气指青霄。
嫖姚故垒余衰草，扩廓荒营任采樵。
衡岳烽烟高烛汉，不堪南望楚云烧。

登五泉山

黄河如线落奔雷，河上千峰翠作堆。
古木高寒衣薜荔，残碑低卧枕莓苔。
争天沟柳排空起，过涧藤花隔岸开。
龙口鸣泉悬树杪，在山出谷几徘徊。

兰州盛夏

高爽兰州地，骄阳少郁蒸。
夜捐蕲竹簟，市贱范池冰。
蚊弱何须帐，堂虚不畏蝇。
天阶凉似水，清露透吴绫。

阶柳垂阴密，堂深好读书。
闲知清昼永，凉认嫩秋初。
将雨心先爽，无风愠自除。
敲棋瓜代酒，醉看百花舒。

兰州无荷[①]

兰州夏日无荷花，作忆荷曲。

水国烟乡里，无边长碧荷。
暗香原在澹，净绿不嫌多。
露下珠跳玉，风生翠叠波。
夜凉人定后，鸳梦稳如何。

---

① 诗题为编者拟，原无题。

九 州 台

九州台在兰州白塔山，后俗称神禹治水时，曾登此俯瞰九州。

禹迹空山上，苍茫瞰九州。
中原方板荡，黄水复横流。
淮海谁包贡，湖湘痛缺瓯。
龙门天险共，东望不胜愁。

清晨五泉闲步

杲杲上初日，出郊迎新曙。
乔木含清风，瀼瀼滴朝露。
冲霄鹤梳翎，带声鸦迁树。
幽泉澄我心，晨钟澹吾虑。
人语响空林，花香不知处。
野老启荆扉，驱羊向山路。
相遇无一言，扬鞭入山去。

早 起

晨星未落先已醒，夜气清明养性灵。
虚牖初生鱼肚白，远山渐露佛头青。
浮云身世终如幻，流水光阴总不停。
自古圣贤争顷刻，任他日月似飞萤。

题吴御史柳堂书札卷后

风骨棱棱峻，云笺字字芳。
罢归途托钵，老去笔凝霜。
古道存肝胆，愚忠动庙堂。
经过南府宅，仰止荐心香[①]。

① 今兰州南府街尚有吴御史住宅。

甲申大暑喜雨

时雨塞上来，凉飙起庭树。
雨脚连山椒，檐溜不知数。
一雨清烦襟，炎凉异指顾。
青山出新浴，红尘渺当路。
蚊蚋敛雷声，骥尾失蝇附。
新湍跃文鲂，浅浍苏涸鲋。
田家庆有秋，努力输井赋。

陇上夏日吟

炎方畏夏长，朔方畏夏短。
炎方愿夏凉，朔方愿夏暖。
禾黍向阳生，清凉滋生缓。
陇阪上上田，引热敷石卵。
田家岂不苦，赤背当火伞。
愿以斗升汗，易得篝车满。
一雨变深秋，愁雨复愁旱。
何时塞上天，能为左右袒。

自　然

鹏鹦飞鸣各有天，蟪蛄寸晷视如年。
盆栽马齿当阳长，檐覆牵牛避日妍。
涧树争空谁揖让，蔓藤失附互纠缠。
细推物理知人事，是是非非一自然。

闻抚五卧病寄问

秋风客里忆嘉州，为祷维摩病早瘳。
挥尘昔陪燕市酒，题诗曾上武昌楼。
且收人日思乡泪，好放青春出峡舟。
同学少年皆白首，东西南北也应休。

秋　夜

气爽天清快若何，良宵无那雁声多。
愁怀似病难胜酒，秋水如烟不受波。
淡淡寒英霜后节，纤纤新月柳梢梭。
银河灿烂玉绳低，东逝黄流日夜过。

读 史

九月十八日作

玉体深宵拥淑妃，军书汾上马如飞。
一围未了平阳破，人在天池尚未归。
夫差习战已三年，于越行成共戴天。
抉眼子胥应笑问，阖庐遗恨几时捐。
傅粉搔头浊世郎，蓬莱清浅阅沧桑。
小时了了侯公子，垂老惟余壮悔堂。

甲申中秋送周生彦龙之新疆

投笔班生正少年，追陪都护远临边。
周郎名震三分国，汉使槎浮八月天。
瀚海穹庐新版籍，瑶池玄圃旧山川。
嗟余老去虚持节，听唱阳关转黯然。

痛闻潇湘沦陷

湘漓一水两分流，千里烽烟阻客舟。
斑竹淋漓妃子泪，皇舆败绩楚累愁。
九疑兵尽云为守，八桂林昏瘴不收。
岭外音书从此断，越裳翡翠更何求。

正是橙黄橘绿时，洞庭万顷碧琉璃。
水滨谁问昭王驾，泽畔空余屈子祠。
荆镇云深天柱没，衡阳雁断帛书迟。
国殇已逝英灵在，雄鬼依依为守陴。

秋日河干小饮

乱里光阴未易过，得销磨处且销磨。
难分清浊逡巡酒，不露文章熨帖波。
菊傲寒霜开独晚，雁怀故土去无多。
秋风每忆鲈鱼鲙，欲向长河理钓蓑。

送小鲁彦龙之任新疆

汉家天子重开疆，星使浮槎泛斗旁。
宛马离宫嘶苜蓿，蒲桃名郡换伊凉。
迢迢葱岭丝绸路，彧彧渠犁黍稷乡。
太息轮台哀诏下，渐闻朝议弃河湟。

万国衣冠往复还，阳关亭障路三千。
沙行绳度乌□界，身热头疼赤阪巅。
贡奉时输西极马，馈遗不吝大农钱。
玉门生入班侯老，无复星轺落日边。

外甥古国建遐荒，公主悲愁忆故乡。
鄯善曾闻遮汉使，于阗不复贡琳琅。
迷离石走沙飞境，惨淡风灾鬼难方。
自昔男儿征战地，碛埋忠骨野花香。

天山天半雪盈头，黯淡黄云入塞浮。
热海炎波煎汉月，伊吾古道阻征辀。
见愁汗马驰瓜郡，空望蒲桃熟火州。
西域至今犹虎穴，谁将玉帛化戈矛。

旅 雁

我来西极远投荒，君去南天觅稻粱。
同是天涯飘泊客，输君犹近水云乡。
遥从塞北望家山，八载烽烟梦里还。
安得随君南翥去，繁星晓月吊残关。
忆昔潇湘九月秋，莓苔菰米满汀洲。
而今回雁峰头月，只为芦花照白头。
茫茫水国断人烟，衡浦飘零只自怜。
千里传书无递处，空将离恨诉青天。

九日漫兴

异乡久客雪盈头，怕看东南破碎州。
杜叟飘萧羞见菊，楚人摇落正悲秋。
苍梧竹叶今无分，白帝玄猿亦解愁。
惆怅佳辰对群盗，满天风雨雁啁啾。

楚汉烟销戏马台，宋公昔日此传杯。
中原豪杰争亡鹿，南渡江山付劫灰。
二谢有才遭丧乱，诸王无策挽衰颓。
登高兄弟今何在，惟愿黄花不再开。

一战何人失马当，滕王高阁阅沧桑。
东南宾主筵终散，松菊林园径又荒。
岂有渔歌闻左蠡，更无雁阵下衡阳。
襟江控楚咽喉地，不见寒英傲晚霜。

荆州西北是龙山，落帽参军意自闲。
问鼎楚王空觊觎，连营蜀主不回还。
夷陵土黑秦灰重，岘首碑残客泪潸。
登览愁看歌舞地，细腰宫里杂倭鬟。

望仙台下晚香凝，四战中州感废兴。

白水金刀虽应谶，黄流底柱竟难凭。
腥膻朔漠连三晋，风雨殽函逼二陵。
欲向峰头倾菊酒，乱离太华几人登。

齐安劫后剩荒丘，杜牧当年载酒游。
乌鹊无枝栖赤壁，江山何处识黄州。
英雄一世空横槊，鼎足三分痛碎瓯。
东望小朝廷畔路，萧萧故垒石城秋。

饮马长城窟行

长城迤逦低复高，东起榆关西临洮。
风沙猎猎无人境，地绝泉井山不毛。
鱼钥相望五千里，北门重锁金瓯牢。
今人城下耕且牧，不识长城何人筑。
史家但书秦皇功，谁见秦皇亲畚搊。
自古众志易成城，筑城秦卒皆编氓。
千里裹粮应征戍，积雪没胫塞上行。
日看瀚海黄云色，夜梦爷娘唤子声。
判将白骨换黄土，留与子孙作场圃。
前者已仆后者来，姓名早随血肉腐。
有名无名皆英雄，英雄不与人争功。
何用凿残燕然石，铺扬勒铭传无穷。
呜呼！秦皇按剑一四海，六王甫毕山河改。
金人阿房都成尘，惟有长城巍巍终古在。

忆江南

半江红树鲈初美，九月黄花蟹正肥。
如此江南好时节，年年空羡雁南飞。
江南久别忆吴娘，风雨潇潇总断肠。
不道阳关声更苦，樽前怕按小秦王。

秋宵卧病

夜凉如水月侵帏，月自流天雁自飞。
一病乍惊来日短，残年深感故人稀。
飘零木叶无生意，栗烈金风寓杀机。
乱后还家应怅怅，人民城郭是耶非。

病后中山林闲步偶作

龙尾坡前欲降霜，连林梨柳半红黄。
身同去雁长飘泊，人与秋山并老苍。
海上冤禽方堕水，竿猴头戏渐收场。
惟余鹦鹉能言语，犹占闲枝巧弄吭。

立冬日作

红叶黄花晚更妍，江南好景暮秋天。
朔风吹断江南梦，孤负鲈鱼又一年。

痛闻桂林弃守

炎火潇湘接桂州，边陲是处任虔刘。
雁过庾岭惊回翅，云入苍梧化作愁。
百粤柑霜皇树老，九疑竹泪帝坟秋。
凄凉南极无冠冕，龙户猺人亦楚囚。

冥冥氛祲暗南天，百万苍生正倒悬。
山耸玉簪难作障，岭连海峤尽防边。
瓯残象郡无铜柱，人散龙江有瘴烟。
越雉文□消息断，珠还合浦更何年。

冤鸟

白门东接海门开，清浅蓬瀛梦一回。
归命甘随孙皓后，降旛先向石头来。
过江敢怨朝廷小，行酒宁忘玉树哀。
桃叶桃根潭水上，迎风翻雨不成材。

一从铁锁断江滨，六代兴亡似转轮。
王谢乌衣空有巷，胭脂宫井更无人。
生前长乐虽丞相，死后承畴只贰臣。
冤鸟岂忘风浪险，翻因衔石自沉身。

梦游芷江景星寺①

古寺荒江岸，青山绿水田。
黄柑垂户牖，白鸟破溪烟。
帆影张三面，钟声落九天。
秦余花竹地，鸡犬亦神仙。

① 病中多梦,所梦皆为昔日经行地。醒后各作小诗以纪之。

梦游成都赠张八大千

三寸黄柑万颗珠，玻璃江水酿醍醐。
白沙翠竹红枫树，千幅徐熙著色图。
云开山半乌犍出，雨过峰头白鹭飞。
应是西川邻佛国，青山都著水田衣。
峡中倒涌词源水，天上高擎卓笔峰。
水吐文章江作字，山川千古蔚文宗。
乱里频添杜二愁，浣花溪上几春秋。
何时携手东游去，万里桥边下峡舟。

夜　梦[①]

夜梦收京，返棹时舟泊牛渚，青天映水，白露横江，仿佛中秋佳节也。

闻道天兵下石头，舟回牛渚正中秋。
矶头一战胡儿去，明月清风太白楼。
余霞散绮碧天清，如练澄江到眼明。
六代兴亡浑泡影，青山终属谢宣城。

---

① 诗题为编者拟，原无题。

梦寻无定河

壮士频年转战多，天南地北日挥戈。
闺中有梦无寻处，处处皆为无定河。

梦过江津怀仲甫

闻笛山阳鹤驭空，墓门寂寂落花风。
羊昙怕过西州路，零落山丘恨未穷。

梦游荆州

歌舞章华久寂寥，虎行人路雨萧萧。
枯杨那管兴亡事，犹趁寒风斗细腰。
又见秦兵驻绿萝，元宵无复采茶歌。
荷灯不照夷陵路，城郭秦灰特地多。

梦游桃源

千树桃花映碧流，红鹃白枳满青丘。
分明一幅黄筌画，谁放空山夜不收。

梦至故友旧居时玉兰盛放

春风淡荡柳枝斜，三十年前故友家。
门巷依稀犹昔日，只添一树女郎花。

梦从军

魂梦从军计亦良，优游冲瘴入蛮乡。
家人莫问金钱卜，卜到归期更断肠。

新　声

一曲新声万马奔，禄儿反手倒乾坤。
唐家合有中兴日，未许霓裳入剑门。

蜀道难

李白曾夸蜀道难，崔巍剑阁出云端。
阴平也是蚕丛路，邓艾毡苞走疾丸。

卧 病

一官蠖屈莫能伸，何福今朝抱采薪。
因病偷闲缘谢客，延医勿药不妨身。
午窗昼寝无人议，孤枕低吟免妇瞋。
安得华胥千日卧，醒来重作太平民。

回忆湘游慨然有作

岳阳楼下望君山，渺渺烟波叶叶帆。
欲吊湘娥临水立，不知风露湿轻衫。
途穿阡陌稻花香，斑竹青青橘未黄。
衡岳云开峰顶出，淡烟疏雨过潇湘。
岳麓山高回雁低，云间七十二峰迷。
南天柱石倾颓尽，付与胡儿衬马蹄。
屈子忠魂不可招，忍看三户尽藏逃。
汨罗江上无情水，也效灵胥起怒涛。

病中蒙右公赐书赐米赋谢

病里维摩百事疏，药炉经卷日相于。
晋人脚气虽微疾，博得山阴问慰书。
寸薪如桂米如珠，折断腰肢儋石无。
今日罢挥求米帖，也教方朔傲侏儒。

舟 行

泛泛蜻蛉小，茫茫水路遥。
风生帆得势，川阔橹伸腰。
打桨摇波月，眠樯过板桥。
迎流滩搁浅，沙怒语声娇。

馆娃宫

馆娃终夜舞声娇，胥口狂风起怒潮。
宫外涛声宫内屧，听来一样梦魂销。

读秦史

诗书之外有诗书，典籍虽亡道不孤。
秦火只烧秦鼎沸，山东豪俊几文儒。
金人铸就已无忧，况有精兵压九州。
一事终留遗憾在，未教氓庶废锄耰。

兰州绝句题鸿汀兰州古今注卷后

中山园圃各西东，肃邸池豪剩百弓。
莫道节园天地小，已吞河岳在胸中。

蔬香馆内菜畦荒，水榭空余半亩塘。
寂寞笠翁园畔路，槎枒衰柳立斜阳。

邸镌阁帖最声名，七载钩摩字字精。
也似兰亭千百刻，独推定武重连城。

扩廓旌旗出塞行，凤林关外暂屯兵。
凄凉末世奇男子，隔代犹传保保营。

莲花池上水源枯，五里方塘半野蒲。
画舫不来莺欲散，嘉名犹唤小西湖。

新年社火阵堂堂，锣队高跷杂剧妆。
十八壮夫八面鼓，翻空腾击唱伊凉。

船自方方囊自圆，小于舴艋疾于弦。
日斜风定人归后，拾起虚舟荷半肩。

海鲜十月下金城，玉尺银梭到眼明。
山市亦如江市闹，满街冰雪卖鱼声。

嘉鱼鸽子胜河豚，鲙斫银鳞雪满盆。
曾作邑侯珍贡品，每随腊酒献公门。

水果城中特地凉，西瓜瓤子别红黄。
一经秋雨无人顾，切玉堆盘满市香。

频婆鲜果女儿腮，颊粉沾红笑靥开。
甜比蜜筒松比雪，月圆时节上场来。

倒吊垂珠颗颗圆，黄金冬果四时鲜。
软儿似畏冰肌冷，半傍炉边半酒边。

病起雪中望皋兰龙尾诸山

一病因循卧半冬，重帘遮断四山容。
朝来雪压窗前树，飞出玲珑四五峰。

寄友人乞故乡梅花

江南先入旧年春，磬口檀香次第新。
雪后北来逢驿使，一枝乞赠陇头人。

自　警

杨震深宵畏四知，惊心昏暮叩门时。
人禽关键几希甚，午夜扪心莫自欺。
平川也有兴波日，风向常多急转时。
顺水顺风须著意，前途休悔落帆迟。

题溪山幽居图

峰峦绕郭水潆洄，古木森森覆钓台。
臞鹤闲眠蜷腿立，灵禽学语上肩来。
当阶竹笋横斜出，夹道山花迤逦开。
月夕自温缸面酒，招邀野老共衔杯。

白马篇送知识青年从军

白马何权奇，玉鐢黄金羁。
连骑谁家子，彬彬娴礼仪。
意气各纵横，头角并岐嶷。
悦礼敦诗士，论道讲艺师。
叱咤生风云，扬威沙漠垂。
马下草露布，马上率熊罴。
左顾斩楼兰，右盼系月支。
今者寇已深，事急欲燃眉。
投笔赴国难，环甲争先驰。
前拒虎狼秦，回定西南夷。
复我九世仇，奠我万年基。
椎牛鼍奏鼓，痛饮黄龙卮。
何以报辛勤，绣像买新丝。
何以纪功勋，铭勒燕然碑。
行矣陇上士，父老望旌旗。

谪 降

谪降青莲亦是仙，为何恶谪喜升迁。
我今小试红尘谪，游戏人间六十年。

卷五

三十四年（乙酉）稿

闻兴始曲江沦陷

双阙东西失堵墙，三枫五渡暗斜阳。
摩天梅岭难为界，裂地韩泷已断航。
凤阁箫韶成往事，羊城歌舞剩荒冈。
伏波擫笛南征路，马革何人裹国殇。

阪 上

阪上驰驱薄笨车，黄云十丈渺愁予。
何时曲港回汀里，结屋如船傍水居。
风波毕竟胜风沙，雪浪银涛喷作花。
若得五湖三亩宅，烟波深处一帆斜。

梦乱后泛舟长江喜而有作

昔年辞别武昌楼，五月梅花铁笛愁。
夜半剪江飞棹去，晴川阁下几回头。
遥从湖口望彭湖，招手先将五老呼。
尽日帆随江势转，凭余横侧看匡庐。
归帆幸遇马当风，江涨初高九派通。
惆怅彭郎波底没，小姑依旧立江中。
孤舟晨过射蛟台，鹅屿浮沉晓雾开。
回首皖公山色好，数峰青峭入杯来。
高塔迎江影不流，飞鸢眠鹭满汀洲。
菱湖菡萏花千顷，正好归来理钓舟。
参差楼阁大观亭，亭下潮回没旧汀。
罗刹矶头停棹望，九华遥送九峰青。
洲田处处委泥沙，渔浦鸥乡剩几家。
江燕初飞帆影断，野棠临水乱开花。

赠禺生

鸟台鹓鹭愧联翩，十九人中齿最先。
离乱少陵诗是史，佯狂太白酒称仙。
放言直欲无千载，辩口惊看动四筵。
忍别天台终不返，尘寰游戏却忘年。

碧血碑[1]

韬碧亭前血尚新，斑斑猩色护贞珉。
古今家国无穷恨，都付投缳坠井人。
松柏思陵岁岁春，攀髯仙去惜无人。
须眉倘似红颜烈，也省清廷传贰臣。

---

① 在甘肃省政府后园韬碧亭内中有明代诗碑二，崇祯末流寇陷城，肃王妃颜氏触碑而死，天阴雨湿，犹见血痕斑然。

书印泉滇缅战场纪事诗卷后

昆明鳞甲汉时多，横海功勋忆伏波。
南下雄师收越赕，西来飞盖接牂牁。
楼船已复朱鸢路，铙吹新翻白雉歌。
乱日少陵悲故国，将诗作史纪干戈。

王保保城[①]

皇觉寺僧仗剑起，手撕袈裟作天子。
江东小窃走传车，鄱阳渔夫中流矢。
投鞭横渡津沽流，鱼儿海畔妥欢死。
黄屋飞入六朝宫，名家龙虎气如虹。
东南半壁一囊括，独于西北无全功。
西北奇男王保保，旌旗遮蔽河南道。
倾颓巨厦一木支，破碎河山思再造。
孛罗构衅内讧生，忍使心膂伤怀抱。
剥官削邑那在眼，退兵泽潞固城堡。
鼎镬宁夺文山气，波涛不没田横岛。
陆贾招谕久无功，万里黄龙谁直捣。
丹心斗胆真人豪，横刀气与天山高。
长河天险难飞渡，直以凤林作虎牢。
元家开国多英哲，道通欧亚车同辙。
国运盛衰何须论，碣石残山几人杰。
保保慷慨孰比数，万古男人一男儿。
皋兰山色郁苍苍，合剌那海水飞扬。
英雄成败原天命，巾帼须眉并堂堂。

---

① 在兰州凤林关北右山□河山巅，有故垒颓然数壁，即元扩廓帖木儿屯兵处。

白塔山下土花碧，遗镞断弩交辉光。
凄凉隔代条侯壁，剩与樵苏吊夕阳。

偶 作

十载因循负遂初，刚柔到口吐还茹。
皂囊弹事存高阁，差喜中无封禅书。
高顾党朋矜气势，周房宾客互嫌猜。
乌台轩敞无门户，自诩清流亦祸胎。

学　书

半世生涯傍砚池，欲研八法总无师。
三钱犷劣鸡毛笔，几卷模糊鸟篆碑。
野鹜但邀儿辈赏，秋蛇每弄子云姿。
遂良须鬓成霜雪，画腹濡头愧已迟。

哀商君

商君信赏必罚，人谓其作法自毙。于是立法者不必执法矣。故作歌哀之，商君之亡也，客舍舍人不内，亦奉法唯谨之流也，因并及之。

九流竞炜煌，法家暗不章。
儒以文乱纪，侠以武争强。
孔孟尊人治，心秤资贤智。
徒法不自行，兼尚法外意。
商鞅昔治秦，执法理丝棼。
日绳贵公子，反以见寡恩。
寡恩焉足耻，秦国有伦纪。
不恨法如山，但求衡如水。
刑不上大夫，立法制庸愚。
圣人出庶物，不复作囚徒。
论法不论势，焉得自为计。
惟有守法人，制人亦自制。
嗟嗟商於君，作法不顾身。
千古奉法者，关中一舍人。

哀霸陵醉尉

霸陵醉尉不知何许人，然以微官而敢呵止李将军夜行，亦奉法唯谨者，将军斩之，于是奉法者不奉法矣，因作歌哀之。

射虎将军掉猿臂，神威懔懔匈奴畏。
大黄不发发必中，目中胡儿皆鼠辈。
不道暗噁飞将军，霸陵亭下独解辔。
芝麻微官一小尉，三尺法教万人避。
平时驿骑扰攘亭，今作纪纲森严地。
将军俯首默无言，夜枕寒流不成寐。
汉代公卿牵裙带，孽子人奴皆将帅。
胸无点墨气飞扬，国法多自武夫坏。
陇西老将平地起，身手以外无倚赖。
何期竹符朝在握，暮报睚眦逞一快。
即今霸上渡水人，销魂桥畔犹洒泪。
为悲老将老不侯，更痛醉尉空一醉。

痛闻襄阳沦陷

铁骑纵横楚水西，拦街又唱白铜鞮。
风流销歇思儒将，陇亩荒凉剩废畦。
岘首碑前清泪堕，鹿门寺畔远烟迷。
汉家余业归豚犬，争怪山公醉似泥。

闻南阳战事感赋

赤符受命此重光，谶应真人作帝王。
十世炎精兴白水，一天雷雨夺昆阳。
商於不复为秦塞，鄢邑而今弃楚防。
汉水方城陵谷变，更从何处觅金汤。

读 史

长安天半起朱楼，第宅相传等置邮。
给事人奴曾拜将，平胡猿臂不封侯。
马医列鼎鸣钟食，胃脯连骑衣锦游。
薄技即今堪致富，市中洒削亦貂裘。

六一初度感赋

华年如梦夫悠悠，壮日心怀水上沤。
偶近名关常敛足，但趋义府不回头。
才情渐减闲三上，贫妒胥捐慕四休。
万事让人先一着，浮沉身世本虚舟。

革命军兴革命衰，蜩螗国是乱如丝。
强藩翻覆称戈日，太学纷纭论政时。
水火煎成文字狱，姓名荣附党人碑。
毡坛差喜春风暖，一雨欣看百卉滋。

开国中山墓草新，六朝佳丽地无尘。
匆匆告别三千士，碌碌追随十九人。
持禄稀闻言直戆，抚腰空剩骨嶙峋。
东方早被俳优视，谲谏应惭近保身。

无端东海忽扬波，衰鬓争禁患难多。
一发千钧悬国脉，四方三面动金戈。
贾生抗策虚垂泪，杜叟哀时且放歌。
八载欲归归不得，空令猿鹤笑蹉跎。

刀风吹面刺人寒，破碎河山带泪看。

遗世渊明求醉易，居官武子学愚难。
虚糜刍豆惭清议，坐对脂膏忍素餐。
秃节谁怜苏属国，寸心老去尚如丹。

寒食春郊尚朔风，一天沙雨失空蒙。
河山憔悴干戈里，岁月销磨案牍中。
典去鹴鹴宁为酒，减除肴哉但余菘。
胡笳吹断乡关梦，怕听江南返塞鸿。

乙酉上巳日作

九分春色日重三，芳草天涯绿已酣。
觞咏风流思内史，莺花时节忆江南。
兰亭无地供浮白，曲水何心皱浅蓝。
遥想笼钩深巷女，胡笳声里暗祈蚕。

上巳日煦园主人赠花赋谢

修禊欣逢三日晴，隔墙时听卖花声。
主人自具移春力，判白批红着手成。

塞上韶光始暮春，重三佳节百花新。
公门桃李花千树，赠我纤秾当丽人。

冷官衙署隔东风，上巳莺花想像中。
今日方知春有脚，碧桃花插满堂红。

采茶曲乙酉谷雨作

云雾山间云雾遮，春风三月贡新茶。
市朝争取头纲早，不采旗枪采玉芽。

雨前风日自清和，春服初成换绮罗。
蜂蝶满山莺百啭，杏花风送采茶歌。

绛囊包裹一封斜，驰送长安富贵家。
焙馥蒸研辛苦罢，看人活火试新茶。

灯火三更夜不眠，拣茶例得沈郎钱。
到京须及清明宴，纱帽笼头信手煎。

浇舌能将魂礌摧，卢仝七碗闷怀开。
谁知嫩绿鲜芳品，都自巅崖堕命来。

玉茗钗头未足夸，一生专爱六安茶。
使君作相知何日，苏息无能转自嗟。

纯钩行

若耶溪涸青铜出，铸成纯钩利无匹。
嵌以黄金囊以革，拔鞘光芒耀冰雪。
百步以外发必中，贯甲洞胸如无物。
虎气腾空化为虹，倚天一吼走雷风。
若教落入隐娘手，白昼杀人都市中。
不知何年沉入土，纯青如翠锷不腐。
光彩射人更新鲜，出没人世几千年。
酒酣高歌持斫地，切玉为泥如儿戏。
若得此剑长随身，世间应无不平事。

喜闻国军连克襄樊

襄阳下后克樊城，万岘深潭水又清。
羊傅祠前鼍鼓壮，鹿门山上贼壕平。
槎头戏浪参差出，楚艑乘潮自在行。
新谱铜鞮作铙吹，儿童箪食道旁迎。

谢千龄社赠墨

社中赠我一丸墨，云是黄山云海之松烟。
臭之香作龙麝气，抚之质如玉石坚。
磨之无泡点如漆，色不染手光新鲜。
利可削木兼裁纸，有锋在口如刀铤。
呜呼！廷珪不作张遇死，谁复精此雕虫技。
墨官墨师两无存，捣杵不复烦高士。
取材惟取平地松，空令闇然思君子。
自从海上估舶来，不尚歙烟尚油煤。
歙烟深黑油煤白，黯淡全无香味色。
我生惟爱茶与墨，乱后西来求不得。
即今世事多倒颠，墨反新白茶陈黑。
今得此墨日观摩，爱他兼备才韵德。
晴窗偶试硬黄书，满纸云烟流光泽。

悼罗斯福总统

万方多难仗雄才，双手能将劫运回。
天上星辰皆北拱，人间霖雨自东来。
黄龙未捣神龙隐，四岳同尊一岳颓。
盟主云亡王霸在，金山樽俎泪中开。

喜旧金山和平会议开幕[1]

枉把秕糠铸尧舜，难将得失问鸡虫。
域中今是谁天下，谋闭兵销想大同。
龙虎风云感会初，誓将玉帛易诛锄。
希夷懒与人间事，一笑掀髯竟堕驴。

① 四月二十五日。

德国投降①

四月二十九日，传希特勒及墨索里尼被戮，德国投降。

纳粹城边水皱鳞，独夫霸业此沉沦。
半生逐逐缘何事，天下汹汹为二人。
两路红旗扬易北，三年碧血涨来因。
到头未作降王长，孤负刘郎执梃身。

① 诗题为编者拟，原无题。

哀墨索里尼

报载墨氏于四月二十八日在摩科湖村中被杀，陈尸米兰市中，为群众践蹋，有一妇人向彼发射五枪，云彼有子五人均被谋害，故报以五枪。

飞扬跋扈一穷奇，二十年来几丧师。
死后项王犹裂体，墓中楚子任鞭尸。
商君客舍逃身日，郿坞脐灯照夜时。
怨毒中人深入骨，区区棒喝竟何支。

过桂林廖井芝先生宅

凤林关外步荒墟，来吊柴桑处士庐。
偃蹇兰山当户牖，逶迤德水绕阶除。
座余白社谈诗客，案剩丹铅脱手书。
久饮砂泉人亦老，空留遗草敛相如。

千龄社里忆衡文，强病平章到夜分。
窀穸未安迟挂剑，枌榆已失滞归魂。
羊昙怕过西州路，文起空余北郭村。
循吏儒林应合传，风流绳武望兰孙。

乌沙岭

乌沙岭上路回环，猎猎天风怆客颜。
尽日人钻牛角杪，终年雪压马牙山。
东来汗血驰驱道，西去星轺出入关。
四月农家初播种，峰头草色有无间。

凉 州

姑臧风物近幽燕，地老春迟塞上天。
渺渺平沙迷朔漠，皑皑积雪覆祁连。
汉家旌旆飞扬日，晋代毡裘割据年。
苜蓿蓬蓬宛马去，山川形胜尚依然。

永昌郊望

四月和风习习凉，空蒙积翠望云庄。
乌龙河外牛羊壮，柯黑山前湩酪香。
羌女如花蓬雾鬓，蓄情似水入边墙。
沮渠秃发皆尘土，剩见焉支伴夕阳。

抵山丹次辛巳年晚至山丹原韵

路绕焉支石径斜，雕楣画栋几千家。
仙堤草色裙腰合，头坝渠流燕尾叉。
高岭不遮青海月，征夫惟怨玉门笳。
琴湖盐似佳人面，酒晕微添粉颊霞。

高台即目

古寺崇台阅战争，黄云高压建康营。
北凉故国城何在，西海流沙草不生。
一发黎山边外没，余波弱水地中行。
月牙湖畔秧针细，欲绣荒原总未成。

酒泉城上远眺

祁连雄峙萧州城，形胜依然汉代营。
滴滴泉滋边草茂，回回沙洗玉杯明。
方圆毳幕参差出，红黑渠流错杂行。
闻道乌孙消息断，阳关西去客心惊。

酒 泉

一池春酒碧于苔，三过名泉屡举杯。
潘酿漫疑错著水，鸭头先见酦新醅。
毋劳沽送瓶长满，不待移封客自来。
欲奠娥亲无处所，花前把盏几徘徊。

观酒泉兵过

官柳飞花送客行，玉门西去不闻莺。
乌孙烽火连天暗，瀚海旄头彻夜明。
胡马常遮关外路，汉军犹露雪中营。
枕戈待命男儿事，一片檀槽出塞声。

邻舍翁[1]

邻舍老翁夜张弩，深宵捕鼠如捕虎。
里人惊从梦里醒，隔墙呼问无回语。
左舍父老向余言，比岁军兴闾阎苦。
从征馈粮人不归，农村十室九易主。
此老四子三从军，昨日良田今荒土。
朝来里正催献金，正值孙饥妇无乳。
室如磬悬仓如洗，呼儿拆屋货梁柱。
忽闻仓底饥鼠号，顿令老翁毛发竖。
昔年红朽尔不啮，今偏与我争余腐。
挽弓蹀躞夜不眠，誓将灭此宵行虏。
平明里巷炊烟高，不见翁家洗尘釜。
尽室相向默无言，穷檐仰屋泪如雨。

---

① 酒泉乡中所见。

张掖道中

处处沟渠处处河，江南风物此间多。
荻芦水浅藏鱼鸟，麦稻花香歇骆驼。
岁稔不须天作雨，砂流如见海生波。
苍茫广漠牛羊壮，四野时闻敕勒歌。

晚过定羌庙望焉支山

古庙何时号定羌，颓垣残碣向斜阳。
蓄庭妇女胭脂库，汉代嫖姚战伐场。
返照著峰红似火，流沙映月白于霜。
两山对峙为屏障，一道中开作走廊。

大 漠

平沙莽莽渺无边，寥廓苍穹面面圆。
碎石因风时走地，孤烟如柱直撑天。
胡羊三五皆成队，瀚海高低已变田。
牛马微茫疑点滴，浑浑人在太初前。

河西道中杂咏

行行如到细腰宫，零落桃花满地红。
疑是息妫春梦醒，无言默默向东风[1]。

千里奔雷到耳惊，急披袯襫欲兼程。
岭头细听翻成笑，错把河声当雨声[2]。

清和时节似清明，庄浪河边草渐生。
如掌平原金布地，菜花香里过红城[3]。

古浪河边雉堞环，风云犹护汉时关。
孤城斗大无平地，一半人家一半山[4]。

六出轻花五月飞，边风料峭袭人衣。
披裘不上严陵濑，来看天山雪打围[5]。

---

① 安宁堡见桃花满地。
② 河口。
③ 红城子。
④ 占浪。
⑤ 祁连山。

如花蕃女总心痴，骠骑无家似未知。
杀尽风情浑不管，三军雪夜夺胭脂①。

池涨桃花山映霞，绿杨城郭几人家。
星河一道穿城去，半灌园蔬半灌花②。

杨花如雪糁征途，人祖须眉淡欲无。
大漠不遮千里目，悠悠白日下平芜③。

---

① 焉支山。
② 山丹。
③ 甘州平原。

题鹧鸪图

苦行岭头人未归，故乡城郭是邪非。
无心羡尔怀南鸟，江北江南故故飞。

题饭牛翁图

歌罢南山只益愁，后车闭置亦笼头。
高人谁似陶弘景，稳卧华阳但画牛。

怒　号

怒号窍里眠庄叟，众妙门前拜老聃。
凫鹤短长谁断续，斗衡剖折转浑涵。
夤缘任尔三无坐，疏懒容余七不堪。
浊酒一杯弹一曲，慵将臧否助清谈。

千龄社诗咏之二①

乙酉诗人节，千龄社第二次小集，追吊屈子，分韵得旅字。

楚累去千年，佳节又重午。
临觞忽不乐，遥望潇湘渚。
潇湘风雨多，岁岁苦军旅。
湘水吊无情，谁投碧筒黍。

缅维东周时，两大惟秦楚。
秦军虽虎狼，亡秦必三户。
何心子兰徒，萁豆相煎煮。
凤皇已受诒，兰芷委泥土。

蝉翼重千钧，黄钟贱瓦釜。
閶阖不可通，叩阍阍者怒。
太息望龙门，蒐结共谁语。
含冤愤怀沙，一沉痛千古。

---

① 诗题为编者拟，原无题。

奇文留南天，兰蕙滋艺圃。
风雅渐寝声，离骚实底柱。
上为雅颂孙，下作词赋祖。
皎皎日月光，百世莫与伍。

秦宁能亡人，夫人必自侮。
绿萝驻秦兵，夷陵罹秦炬。
云梦莽烽烟，章华罢歌舞。
兰枯柳亦衰，愁绝涔阳浦。
连天洞庭波，招魂知何所。
汨罗千里遥，不获荐椒糈。
枫林黯斜阳，伤心久延伫。

题渔村图

地偏欲与世相忘，人在蒹葭水一方。
沙嘴夕阳斜照网，鸬鹚晒翅满鱼梁。
茅舍三间傍钓台，门无车马不常开。
任他阳鱎纷纷至，未许衔钩入钓来。

月夜独坐期友人不至

风静柳梢宁，露下花枝重。
人定河声清，星疏天宇空。
披衣把道书，对月时一诵。
之子期不来，孤琴谁与弄。

晓起河干闲步

朝日照雁滩，清辉明水木。
夹岸麦苗肥，一雨添新绿。
径幽少行人，信步途转谷。
狂风天际来，怒涛起河曲。

题蕃僧图[①]

王舍城边顿悟禅，阇梨也以食为天。
打包托钵原非计，且制袈裟学水田。
栽田博饭息闲舒，林下经翻贝叶书。
夜半钟鱼声静后，周妻何肉累奚如。

---

① 图写蕃僧率家人烹羊奠西〔酒〕，共事无成。

题　画

花明柳媚不遮山，水自萦纡鸟自闲。
路转忽闻人笑语，数椽茅屋白云间。

祭成陵[①]

乙酉五月十六日祭成陵归后作。

五载居皋兰，十与成陵祭。
腰脚昔顽健，履山如平地。
蹋阁攀林行，恨不生两翅。
身在此山中，神飞彼山外。
心中小天地，目中无泰岱。
健步登悬崖，那忆垂堂戒。
一病感身衰，精神先颓敝。
举首望前途，中心懔懔畏。
未行先摸壁，顿现女儿态。
五步一迟回，十步一停滞。
后行人已前，前行渺云际。
今昔曾几时，衰健如隔世。
寄语游山人，及时早为计。

---

① 诗题为编者拟，原无题。

河　清

入夏冰雪消，河水湛寒绿。
隐隐倒青山，沉沉流碧玉。
一鸟向天飞，清影落九曲。

月　下

凉月无声悄上楼，金波穆穆柳梢头。
一帘花影风吹乱，散作浓云满地流。

晨游五泉山

西园下残月，东冈挂新旭。
栖鸟犹在林，晨钟断还续。
清泉流山翠，泠泠碧于玉。
何当携壶来，取作杯中醁。

阶前小立

列阵方看阶斗蚁，绕枝又见雀争巢。
乾坤到处皆蜗角，宁独人间劫未销。

题　画

凤州三绝手酒柳，柳中三绝眼眉腰。
金丝踠地无人惜，只爱纷纷说灞桥[1]。
牵枝附木上青霄，惹得人怜有细腰。
毕世不知匏系苦，年年依样任人描[2]。

---

① 凤州柳。
② 葫芦。

忆西川

五年不践西川土，梦里三刀想益州。
巴字江边山木合，青衣水上夜猿愁。
井蛙已误公孙业，鼎足宁销汉相忧。
玉垒天回停战伐，南京胜地许重游[1]。

---

① 唐至德二载改成都府号曰南京。

梦游广州

无复龙舟队队过，疍人不唱木鱼歌。
凄凉鱼藻门前路，空见斜阳逐逝波。

浴日亭边里巷空，呼鸾道外瘴云蒙。
木棉花照春波赤，辉映三山劫火红。

昔年宫鬓学飞鸦，今日风鬟舞乱麻。
阿阁三重宵暗锁，沙园闲却素馨花。

歌舞冈前歌舞残，斜晖犹恋荔枝湾。
刘郎喜作降王长，侍酒欢陪执梃班。

频 年

频年塞上蹋层冰，久卧沙场胆气增。
龙碛草平思跃马，乌号风劲欲呼鹰。
寻源便拟浮槎去，乘胜犹堪拔帜登。
谁料苏卿逢盛世，居延海畔滞行縢。

韵 潮

抄示与绍兴陈颂洛唱和诗，即次原韵简颂洛天水。

闭门觅句陈无已，度陇闲居尚越吟。
镜水稽山牵客梦，塞云关月触乡心。
兰亭集为干戈阻，文字交从肺腑深。
何日剡溪风雪夜，扁舟乘兴一相寻。

观祈雨

片片洮云透日黄，悠悠高处幻霞裳。
出山宁为闲舒卷，但解因风作势忙。
长河归壑不沾山，浩浩惟旋九曲环。
为雨为霖俱不愿，只添波浪到人间。
金花仙子女儿身，玉露明珠净绝尘。
不道荒唐逢楚客，枉将云雨事难人[①]。
楼头山雨欲来时，风伯常先助雨师。
谁料风云乖际会，竟施缧绁到封姨[②]。

① 传左文襄公向花娘娘乞雨有灵，至今凡遇旱犹胄其塑急入市向之乞雨。
② 此间习惯，凡求雨时必以枷锁风神之颈。

寿烈武将军

五溪丘壑任栖迟，临水登山远不辞。
三峡楼台供啸傲，八公风鹤助旌旗。
耆英图画须眉古，淮海威名草木知。
待捣黄龙归痛饮，寿春城下祝期颐。

听松图为韵潮作

满堂动色叹神奇，写出听松觅句姿。
琴韵清幽风谡谡，分明一幅有声诗。

闻冷厂河北澹园落成寄贺

历落嵚崎不著愁，梨花树下结茅幽。
门迎九曲黄河水，人卧三间白板楼。
元振建功缘任侠，林宗垫角自风流。
梦中濠泷禽鱼乐，淮海何时返棹游。

池 上

一池清水翠于蘋，活碧玻璃万顷新。
满拟照来双鬓绿，谁知依旧白头人。

塞上吟

悔著儒衣塞上行，不曾缚裤学长征。
书生用武无多地，且上诗坛按酒兵。
坟典真堪葬火坑，几曾麟阁画儒生。
封侯有相须投笔，两石强弓一旅兵。
樗蒲百万尽豪英，何用文书记姓名。
自古争王图霸客，大都书剑两无成。

祝宁夏盐池县刘前县长母寿

蒲鞭悬壁政刑宽，子舍亲承菽水欢。
封鲊应知慈母意，盐池司马是鱼官。

寄遁轩

鹤林有高士，掩关事禅悦。
秋菊傲东篱，卓然霜下杰。
世事鲠在喉，欲吐还结舌。
蒹葭又苍苍，何以解郁结。
乌府车马稀，日望故人辙。
池阁生清凉，无虞炙手热。

暮 归

暮霭苍茫合，遥峰剩翠鬟。
马辞芳草地，鸟下夕阳山。
田父当门饭，禅扉带雾关。
平林眉月淡，细细向人弯。

小西湖游眺

宛在亭前望，丛芦茁剑芽。
浅池堪浴鹤，疏柳不藏鸦。
山伴黄河曲，风偎燕子斜。
临渊思结网，何日足鱼虾。

题 画 马

戏拈秃笔扫花骢，曹霸丹青百代宗。
不画金羁惟画骨，洗空凡马出真龙。

塞　上

何处吹芦管，撩人尽望乡。
举头天作幕，视夜月如霜。
田种黄沙碛，关依白骨场。
狂风掀瀚海，幻出几沧桑。

雨后过田家小饮

廉纤细雨润如酥，娅姹花枝覆半途。
烟树微茫昏壁画，水云飞动辋川图。
园蔬小摘皆新味，缸面初开不用沽。
饮罢汲泉煎玉茗，自吹松火自当炉。

老　至

壮龄不屑忧生计，老至飘零转黯然。
闲把渔洋诗过日，浅斟徽郡酒为年。
愁心每逐清秋发，归思频居旅雁前。
淮上青山三亩在，何时植杖自芸田。

叠闻广西捷报喜而有作

鸡陵金鼓震南天，夜夺昆仑月正圆。
亲见万方频送喜，楼船十道下朱鸢。
飞鸢跕跕落溪多，艰苦南征想伏波。
洗尽瘴云淫潦后，再标铜柱界山河。
八桂林中一战酣，不教真腊并扶南。
苍梧风卷愁云去，依旧山排碧玉簪。
殊方土物贡天家，桂蠹文犀载满车。
海上货通师子国，汉宫重睹日南花。

和梅川居士七十漫述

神州痛陆沉，天厄遘阳九。
南阳云中龙，不获卧陇亩。
起率汤武师，小试回天手。
既驱窃国胡，复诛独夫纣。
汉帜摇青天，义师光九有。
蜩螗国是棼，黄钟贱瓦缶。
霖雨阻东山，卧种先生柳。
时危仗老成，德失资法守。
弼教期明刑，手挽纪纲纽。
喜公绝漠来，星光灿陇首。
兴尽忽回车，隔山望南斗。
何日下峡行，尽涤乾坤垢。
一帆过黄州，退谷揖漫叟。
妩媚散花峡，潆洄樊山口。
岘潭槎头鳊，云梦羔儿酒。
棹歌入梅川，奉觞为公寿。

胜利凯歌

八月十日作

连朝胜利逼人来，海上降旛取次开。
日昃刚酤鸡尾酒，黄昏献捷又传杯[①]。
无端技痒学吞刀，十四年前夜度辽。
利刃横胸生受苦，纵教切腹也难消。
黄犊初生气未降，珍珠港内戟先撞。
投桃赠李寻常事，相报争禁弹一双。
蓬莱山下水生波，崖石冲成弹子窝。
毕竟三山天地小，丸泥封偏碎关河。
夜郎之技等黔驴，帷幄田中计已疏。
到底天骄空自大，难禁一纸吓蛮书。
蜃气楼台似有无，一囊饱死笑侏儒。
方思困兽犹能斗，岂料长鲸竟伏诛。
更于何处待神风，劫火先烧半岛红。
霹雳当头春梦醒，牵羊肉袒霸图空。
千年一系屋犹黄，土偶登台作戏忙。
莫道此君无用所，留他行酒长降王。

① 是日中苏友好协会开鸡尾酒会。

元祖东征事未成，受降城郭待经营。
朔方三戍黄河外，海上应添第四城。
唐家新调谱伊凉，为纪开边汉武皇。
从此共和新乐府，又添铙吹破扶桑。

赠受降特使徐永昌将军

十道楼船压海疆，抚绥日出处降王。
汉家龙节云霄上，遥见灵槎著日傍。
四国同挥反日戈，扶桑濯足蹋鼋鼍。
铙歌鼓吹鱼龙舞，一碧浮天海不波。

龙 沙

十日边关九日晴，龙沙如雪照天清。
风来挟作浮云去，飞上长安蔽日明。

题剑阁图

山木青青欲雨时，剑峰字水系人思。
蜀中自有金牛险，笑尔东方牧犊儿。

题张大千画四绝句[①]

癸未仲春重游敦煌，访张八大千于莫高窟，盘桓数日，夜中纵谈名胜，忽忆及滇池之游，乃展素作图，且谈且绘，口沫横飞、墨花乱舞于深夜中，写成此幅嘱携交腾冲张舜臣将军，将军见画顿兴故乡之思，嘱题数语以志颠末，因占四绝纪之。时三十四年八月同客兰州。

青蛉塞外瘴云收，万里昆明许卧游。
八月湖平天宇净，依然金碧护梁州。

草爱纤腰花爱歌，四时天气总清和。
道通佛国西天近，衣钵莲花特地多。

空中池里两崔嵬，倒影茶花照水开。
湖底看山山更好，苍烟飞动翠成堆。

水汇金沙下海洋，轻舟容与过螳螂。
待君名遂归休沐，先试安宁第一汤。

---

① 诗题为编者拟，原无题。

潭上步月

松际清光来，照见沙如雪。
玉轮沉秋水，天水共澄澈。
忽焉风落石，击碎一潭月。

闻降约签字喜赋四十韵

海盗投戈后，泱泱唱大风。
捷书传蜀国，卮酒醉郫筒。
奏凯新翻曲，班师早挂弓。
马关湔夙耻，麟阁绘精忠。
战伐频年困，讴歌此际同。
□刚交否极，岳写降元戎。
雁荡山灵秀，羊城骏业崇。
坚贞行卓荦，胞与量冲融。
驾驭皆英杰，驰驱尽虎熊。
睿谋泉涌穴，神武气凌虹。
讲信邻多助，包荒俭平公。
艰难忘利钝，辛苦任磨砻。
幸赖金牛险，能教铁骑穷。
陪都依鸟道，半壁保□□。
列郡悲焦土，生民叹转蓬。
啄肠余悍鸷，号野剩哀鸿。
四渎楼船泛，千村犬彘空。
台儿庄血赤，楚子国烽红。
虏燧惊秦塞，荆驼泣洛宫。
脑肝涂地下，愤怒积胸中。
石弩疑星陨，瀛洲陷火攻。

鲸鲵沉碧浪，鹈鹳蔽苍穹。
港塞鱼游釜，庭犁鹤化虫。
连艘遭覆没，两弹决雌雄。
弗悔飞䴙拙，还夸切腹工。
大和魂已断，武士道无终。
上界旄头落，人间使节通。
灵槎摩日月，降表递艨艟。
扶灭戎恩厚，歼魁见度洪。
胁从全宥赦，归顺得帡幪。
元祖非常绩，轩辕不世功。
再尊天可汗，重整水犀船。
申浦航蕃舶，芦沟驶汉骢。
澎台回版籍，辽沈脱樊笼。
樽俎联欧亚，邦畿奠镐酆。
陵园云纠缦，将阜柏葱茏。
王霸分成败，乾坤晋豫丰。
中兴诗献颂，铭勒字镌铜。
兵挽银河洗，勋酬泰砺隆。
欢声腾甲帐，鼍鼓正鼟鼟。

胜利歌

其一

凯乐红旗动四塞，薄海欢呼同一快。
兵凶战危圣所戒，自古穷兵兵必败。
何时东海窟长鲸，巨鳌赑屃冠山行。
吞舟鱼潜无底壑，海上屡弄潢池兵。
甲午初试鱼龙戏，东亚雄狮正酣睡。
遂将杀戮代耕锄，目中直欲小天地。
长白山头秋风高，衔枚乘虚夜渡辽。
欲剪吴淞半江水，先断芦沟十孔桥。
狼奔豕突如流电，紫荆山下陵寝震。
席卷中原千百州，万里横布长蛇阵。
飞鸢跕跕铜柱倾，传烽烧偏日南郡。
马来岛上马脱羁，珍珠港内珠探骊。
海峤万千一囊括，自诩东方无敌师。
惟我神州与彼美，国境相望隔一水。
仁义为戈信为弓，赫然一怒仗剑起。
舳舻衔尾横海来，鹅鹳蔽空日翔回。
游鱼在釜鹢退飞，天狗堕地声如雷。
沙虫猿鹤几幻化，朱楼白屋成飞灰。
我临西南天半壁，遥望鲸鳄截波赤。
手挥六师动地来，鲁阳戈起摧残敌。

脑沙漠兮髓余吾，扫天狼兮震霹雳。
坐看方丈海扬尘，笑指三韩兴灭国。
八年焦土玉石焚，痛定思痛赋策勋。
一曲凯歌千白骨，万瓮行酒祭忠魂。
九州血补金瓯阙，日月所照皆吾军。
昔见远山朝白帝，今看众水汇白门。
万人鼓吹蒋山下，五云依旧护陵园。
马关奇耻一朝雪，永销剑戟事耕耘。
彼善战者服上刑，从兹四海靖风云。

其二

枝头雀争巢，阶前蚁列阵。
蜗角临蛮触，伏尸动盈万。
弱肉强食理自顺，豺虎难将仁义豢。
三代以来几纷争，天下奚定定于战。
武装之下无和平，和平只是弱者声。
天演淘汰无私情，优胜劣败如持衡。
物败因静静以止，物胜因动动而争。
争之不已天为择，弱者自死优者生。
中华立国五千载，居安思危勤无怠。
多难兴邦忧启圣，大地河山终不改。
涿鹿一战擒蚩尤，茫茫禹甸定九州。
秦皇远将漠北收，汉武兵指天西头。
唐家三箭天山留，元祖铁骑遍欧洲。
兼弱攻昧固金瓯，战在一时功千秋。
书生偷安多厌乱，每见兵起辄三叹。
晋宋江山去太半，犹思南渡图安晏。
今我仗剑斩蛟螭，誓将歼此不义师。

要令东海绝鲸鲵，杀伐亦如皇天慈。
莫以胜利遽荒嬉，虽处平时犹战时。
天道好还盛复衰，外宁内忧事无疑。
华胥有无未可知，文德武功相扶持。
安能默默终守雌，弭兵直与虎谋皮。
强持刀俎弱为牺，临终束手等噬脐。
国事成败犹弈棋，一着能将全局支。
不可胜者乃真胜，好黩武者终必危。
五千年来一胜利，戒慎恐惧宁为痴。
今日痛饮黄龙卮，惟愿安不忘危念在兹，万世永保胜利旗。

千龄社诗咏之三①

胜利日，千龄社金城燕集，分韵得河字。

频年四塞角声多，此日金城醉凯歌。
富士峰高看立马，大和魂断竞投戈。
神山历劫仙犹死，卉服来朝海不波。
徐市灵槎天际去，恍疑博望泛星河。

黄龙府内醉颜酡，醽酒椎牛庆止戈。
海峤参差归版籍，蓬莱清浅徙黿鼍。
三韩帝祚开新运，万国盟书赞协和。
汲尽沧溟供洗甲，漫劳壮士挽天河。

---

① 诗题为编者拟，原无题。

题黄宾虹黄山图

垂老临边思乡，念切黄山之游，久为烽烟阻隔，忽从兰州得宾老此图。失一黄山于故国，得一黄山于塞上，为之狂喜，因占二绝以志之。

乱里黄山未许游，遥从陇上梦浮丘。
何时得伴沧洲逸，手汲香泉洗客愁。

失喜黄公为写生，眼中三十六峰明。
悄然坐我天都下，如见群仙抗手迎。

喜闻收复徐州

乱山合沓绕徐州，城角依然汴泗流。
天下汹汹成往事，霸王厅上耸黄楼。
中原豪杰逐秦嬴，楚汉雌雄几战争。
戏马台前山郁葱，空余落日照彭城。
微子山边夕照残，台儿庄上角声酸。
斑斓十万男儿血，染得枫林树树丹。
楚歌四面泣重瞳，爱妾名骓大泽中。
子弟八千齐解甲，也应无面见江东。

千龄社诗咏之四[1]

乙酉九日，千龄社集五泉山武侯祠，分韵拈得字。

九日天气佳，登高杖轻策。
言赏兰山秋，信步恣所适。
掬月漾金波，蒙泉灿琼石[2]。
跻攀武侯祠，纵目寥天寂。
浅深梨林红，远近沙阜白。
高阁集佳宾，话旧感今昔。
忽闻弦指音，松风动四壁[3]。
恍疑卧龙兴，挥手写胸臆。
战尘没东南，故圃久萧摵。
虽有傲霜姿，黯淡无颜色。
晚节抱晚香，淡中养高格。
幸见银河清，为我洗兵革。
旅雁正南飞，杳无关塞隔。
长歌归去来，罢作异乡客。
扫除三径荒，葺补五亩宅。

---

① 诗题为编者拟，原无题。
② 五泉即惠泉、月露泉、掬月泉、摸子泉、蒙泉是也。
③ 宴后闻舜臣新令弥琴。

佳色放东篱，素心共晨夕。
摇红看笑日，带紫望盈陌。
长吟助躬耕，悠然意自得。

乐都吊南凉王兄弟

碾伯城边战垒荒，空余湟水抱青唐。
白眉韬略雄三杰，赤手乾坤冠五凉。
部曲不留仙海岸，居民谁忆武威王。
瓮中日月殊昏暗，马上功名马下亡[①]。
花萼相辉羡友于，傉檀机智盖群胡。
英才岂必生神胄，名将宁皆出圣儒。
忍见家邦归乞伏，痛凭鸩酒报乌孤。
骷髅台下骷髅泣，百战声威堕半途[②]。

---

① 武王秃发乌孤。
② 景王秃发傉檀。

秋日青海旅次杂吟

树卷秋声叶灿霞，书空雁阵字欹斜。
秋风也是丹青手，绘出梨园满树花。
野外寒花红寂寞，道旁秋柳绿萧疏。
老来心事悲摇落，况是鲈肥雁过初。
醉把茱萸爱晚香，西宁三度遇重阳。
明年此日知何处，漫道他乡即故乡。
天地苍茫敕勒秋，风沙猎猎草飕飕。
虎台雄峙麒麟岸，遍野牛羊是鄯州。
飞升羽化事无奇，沧海桑田信有之。
蕃寺方传人转佛，仙湖又道海生儿①。
熊掌牛心羊肚羹，朝朝席上列山珍。
聊将斫鲙持螯手，抓肉抟粑学藏人。
案上新供菊一盆，恰如人意淡无痕。
连朝怕冒西风冷，坐对寒英不出门。

---

① 尕海，小海也，俗称有儿子。

遁轩自迪化飞闽过兰赋赠

飙车西渡瑶池外，回翅悬针复向东。
翡翠瓜香尝嫩绿，硫黄荔熟擘轻红。
虎头肉食山珍美，马甲盘登海味丰。
德水清溪皆九曲，沧溟星宿一航通。

正论简冷厂

千秋正论忆欧阳，党引为朋道义亡。
元祐名儒分蜀洛，甘陵食客误周房。
髡钳北部风流尽，水火东林士气伤。
羡尔垫巾槐阪上，乔松攫汉自徜徉。

临洮晚望

向晚洮云片片黄，马衔高耸郁青苍。
空闻岳麓台栖凤，不见哥舒夜带枪。
地老崖凝三合土，俗廉人住半边房。
椒山正气双忠节[1]，怀古心添一瓣香。

---

① 椒山祠下有双忠祠祀张北溪、邹兰谷。

临洮客次呈张致堂前辈

北斗星高彻夜明，长城起处拜耆英。
乡邻白贺诗逾好，地近夷齐节更清。
鲁殿灵光天外古，凤台桃李雪中荣。
兑溪归隐椒山去，道统祠前百感生。

康乐虎狼关

虎狼关下几虫沙，一虎当关万众嗟。
地已无皮供舐血，山惟有骨任磨牙。
峡中川合双溪水，天外莲开五瓣花。
兄弟阋墙成往事，埙篪声里话桑麻。

河洮纪游

陇上黄云欲蔽天，车尘如浪复如烟。
此行深得风云护，吞吐尘沙日几钱。
城边恒水[①]万珠圆，峰上莲花百朵鲜。
水走雷音花满寺，斯游直到小西天[②]。
风去台空曾几时，碧梧斩绝子孙枝。
锁林峡口煤如故，留作椒山去后思。
矮屋朱门忠谏坊，兑溪恰似米颠狂。
庐州解组无长物，书画船添石一方。
临川阁下水生珠，堤上垂杨插万株。
仕女莺花春社里，滩头指点话西湖[③]。
会川受爵此穷荒[④]，铁券颁来桧柏庄[⑤]。
斗大印章悬肘后，建牙开府小洮阳[⑥]。
莲花山下住蕃儿，兹白飞黄未是奇。
行过虎牢三汊水，平川蹀躞走胭脂[⑦]。

---

① 洮水一曰恒水，其声如雷。
② 俗称洮阳曰小西天。
③ 昔日西湖今只余湖滩而已。
④ 明正统五年封赵安土司为会川伯。
⑤ 赵土司后裔今为会川县参议会议长，铁券官印犹在。
⑥ 官堡昔称小洮阳，今为会川县治。
⑦ 胭脂川产胭脂马。

天方门宦久分疆，华寺红门又白庄。
稍喜穆扶提忽醒，阿訇知上读书堂。
少年个个美髯髭，黑白平冠老教师。
渡过康家崖畔水，野田处处唱花儿[1]。
铁门坎是铁门关，多少男儿去不还。
十里陂陀红似染，忠魂犹护董家山。
自严壁垒自为营，处处村墟处处城。
襁褓随娘乘马惯，尕娃生小即骑兵。
好是鸿荒太古初，不知不识把犁锄。
扫除文字归真朴，自备修金雇读书。

（《金城集》见《西北文献丛书》第 174 卷）

① 河州民歌曰花儿曲。

集外拾零

自题小照

（1938 年 6 月）

高希翠竹凌云志，洁羡青莲出水姿。
十丈红尘浑不管，一灯风雨写清词。
百代文章罗眼底，万家忧乐系心初，
研几探奥吾人事，不为千秋亦著书。

（见《金安文史》第一辑）

芜湖烟雨墩晚眺

烟雨孤墩傍赭圻，绮霞静练伴晴晖。
估帆万叶江三面，灯火千家水四围。
安得渔舟寄飘泊，漫凭犀角烛幽微。
楚亡吴沼鸠兹在，剑戟宁能决是非。

（载一九四七年《草书月刊》第一卷第三期）

登黄鹤楼

黄鹤矶头又击舲，江城玉笛喜重听。
春醅襄汉千杯绿，草染龟蛇两点青。
天地有情容我在，山川无恙待人醒。
英雄魂魄看淘尽，逝者如斯总不停。

（载一九四七年《草书月刊》第一卷第三期）

武昌徜斋

依山曲径日跻攀，移得林泉入市阛。
横到尊前螃蟹峡，飞来江山凤凰山。
明楼淡荡波心月，倒影玲珑水面鬟。
蛙解讴歌花侍卫，香凝宴寝夜闲闲。

（载一九四七年《草书月刊》第一卷第三期）

蛇山远眺

武昌四面水成围，半是山居半水扉。
远去帆樯余顶见，近来岚翠扑眉飞。
伯牙已往台空在，楼观犹存鹤未归。
开罢桃花江正暖，河豚初上鳜初肥。

（载一九四七年《草书月刊》第一卷第三期）

丁亥闰二月作

陇上年年春到迟，迎春多是送春时。
天公不管黄杨厄，补我春光一月期。
江南忙煞踏青人，两遇花朝两仲春。
我与百花同一快，今年再度庆生辰。

（载一九四七年《草书月刊》第一卷第三期）

由沪回京

沪兰飞机停航，乘凯旋号车由沪回京。

避乱投荒年复年，容和人力可回天。
书生合有扬眉日，高卧车厢奏凯旋。

（载一九四七年《草书月刊》第一卷第四期）

登鸡鸣寺

十年重上豁蒙楼，虎踞龙蟠一望收。
天外三峰连楚尾，云端双阙壮牛头。
江山阅尽兴亡恨，萁豆煎成骨肉愁。
为问清谈夷甫辈，循环战伐几时休。

（载一九四七年《草书月刊》第一卷第四期）

登北固江山第一楼

飘泊边关已六年，今朝失喜见江天。
崖头浪涌千堆雪，水上山浮两点烟。
吴楚帆樯飞足底，鱼龙鳞爪舞尊前。
六朝风月浑如梦，劫后登临一慨然。

（载一九四七年《草书月刊》第一卷第四期）

登焦山绝顶

江天四顾水茫茫，坚白亭前吊国殇。
瘗鹤铭残嵌石壁，蟠龙柏老带金疮。
徵君洞作桃源洞①，选佛场成瓦砾场。
沙走虫飞猿鹤散，空留战垒向斜阳。

（载一九四七年《草书月刊》第一卷第四期）

---

① 焦隐士三诏洞战时作防空洞。

出京感怀

纵横戎马半乾坤，谁甸齐疆羽檄繁。
氛祲消来北户□[1]，烟尘犹暗国西门。

久劳辽海冰天戍，时诅萑狐雪夜尊。
跨马出郊愁极目，河山处处带疮痕。

（载一九四七年《亚洲世纪》创刊号）

---

① 《亚洲世纪》刊此诗时，此处丢掉一个字，为空白。——编者

痛别武昌感怀

（1947 年）

廿年三度武昌游，三见烽烟半九州。
蜀洛称戈吾党恨，铜驼泣草上京羞。
遭逢直似怀荆璞，局促真疑作楚囚。
老去已无争席意，满江风月付海鸥。

浮生碌碌岁骎骎，篱畔梅花又满林。
霜鬓疏过黄叶树，风尘阻绝白云心。
脱笼羁鸟惊天阔，转壑移民痛水深。
安得武陵干净地，闭门高卧对书琴。

离汉返南京

（1947 年末）

征帆斜挂武昌城，晓月寒笳送客程。
三度来游逢乱日，十年奉使负苍生。
澄清素志随冰冷，淡泊孤心对水明。
回首鹿门烟树合，鸟归鱼聚触乡情。

梅落江城又解舲，满天风雪没寒汀。
贾生痛哭嫌多虑，渔父狂歌笑独醒。
俯仰乾坤双白眼，浮沉身世一青萍。
年年笛里关山月，鹤去楼空不忍听。

矶头日日望烽烟，祖帐凄凉断管弦。
度陇少陵当乱世，乞湖狂客正衰年。
横江鹤渡黄州夜，背郭堂依白下天。
心远地偏堪大隐，六朝风月浩无边。

解职后喜赋

（1948 年）

出处浮沉理亦齐，白头失喜遂幽栖。
寒门车马何嫌少，乱世声名莫厌低。
半亩林园堪学圃，十年桃李已成蹊。
明时不禁谭风月，自咏新诗自品题。

闲居白日到羲皇，淡泊为欢意更长。
久嚼菜根忘肉味，乍捐瓜片觉泉香。
身无言责应缄口，锥欲藏锋合处囊。
咫尺五台山色好，低头入户送清凉。

知已脱险喜赋

得抚五鸠江书，知已脱险喜赋。

扁舟载险出危城，消息传来喜又惊。
闻道生还今日事，远书珍重故人情。
从头细读浑疑梦，闭日相思似隔生。
东下白门应驻马，同摩老眼望生平。

解放军入城纪事

（1949 年 4 月 24 日）

江南红雨洛花天，江北朱旗照眼鲜。
幡出石头争弃甲，将飞天堑未投鞭。
破荒大业开新运，多难苍生解倒悬。
刁斗无声军令肃，青鞋布袜六街前。

（原载《六安县文史资料》）

参观佛子岭水库纪行

（1954 年 7 月）

（一）

云雾山间旭日红，饱尝新茗腋生风。
茶歌声里闻乡语，真个身回故国中。

（二）

百里郊原万象春，秧针绣地绿如茵。
旧家乔木归新生，剩向青山觅故人。

（三）

天开地辟起工程，蓄泄兼筹举世惊。
莫道禹功江汉大，但凭疏凿抑天行。

（四）

昔日归家仍是客，此番归去喜无家。
人生快事无家别，放荡乾坤一客槎。

（原载《六安县文史资料》）

挽蔡松坡[①] 将军

（1916 年 12 月 1 日）

创造革命者前推国父，继续革命者首赖先生，恨湘水之无情，憔悴奔驰同一死；

去年十二月会议滇南，今年十二月追哀燕北，望蓬莱兮不见，风流儒雅自千秋。

（原载《六安县文史资料》）

---

① 松坡为蔡锷将军的字。——编者

挽孙中山先生联

（1925年3月12日）

民国更六总统，经袁、黎、冯、徐、曹，孰若先生？真知有民，真知有国；

共和本五大族，合汉、满、蒙、回、藏，团结一体，永保其共，永保其和。

（原载《六安县文史资料》）

挽李大钊

（1926 年 4 月 28 日）

他对人们，从浑厚中透出侠义气；
人们对他，从亲爱中露出敬畏心。

（见高大同《高一涵先生年谱》，上海文化出版社 2011 年版）

挽“三一八”惨案亡灵 ①

（1926年3月23日）

说什么法律，说什么共和，只看他卖国则生，爱国则死；
谁配称民军，谁配称领袖，尽都是有害争后，有利争先。

（摘自郭汾阳《邵飘萍传》，浙江人民出版社2006年版）

---

① 1926年3月，直奉军阀联合进攻冯玉祥的国民军，日本帝国主义见奉军失利，便于12日将军舰驶入大沽口，炮击国民军守军，国民军当即开炮还击。事后日本向段祺瑞政府提出抗议，并纠集美、英、法等八国提出“最后通牒”，要求国民军撤除水上防务。18日，北京各界人民在天安门集会，进行反帝示威，要求驳斥八国通牒，驱逐八国公使。会后群众赴执政府请愿，段祺瑞竟命令卫队开枪，造成了刘和珍等47人死亡，伤199人的“三一八”惨案。——编者

挽杜羲[1]

（1936年2月7日）

三办法误尽苍生，自此后言者足戒，闻者无忧，道上满豺狼，转令谔谔台官，贻诮寒蝉仗马。

一首诗权当谏草，数年来语焉未能，默焉能忍，喉中横骨鲠，怎教铮铮国士，不思捉月骑鲸。

① 杜羲为国民政府监察委员，因言路受阻，沉湖自尽以唤醒国人。——编者

小　说

逃　兵

（1919年3月30日）

离兖州城五十几里，有一个小小的村子，住有三四户人家。当秋收的时候，村里头的人，都到地里做活去了。只有朝南的一间屋里，草垫子上，卧着一个病人。年纪有六十多岁，盖着一条破棉被，在那里气喘喘的叫：“水……水……”声音又小又战，又没有人在面前，所以没有人答应他。

到太阳刚落的时候，有一个老婆子，年纪也有六十岁的光景，牙齿都落完了。身上背着一大捆秫秸，一步一歪的走到村里来。口里唧唧咕咕的自言自语道：“好好的一个儿子，硬要叫他去当兵，去了半年，一点信儿都没有。……天爷爷呀！为什么偏不叫我死呀！我前生造了什么孽呀！叫我活着这样受罪呀！”一面走，一面说。

刚走到村门口，才把秫秸放下，抬头看见邻家李大奶奶在门口。李大奶奶问道：

“王大妈，王大爷今天可好些呀？”

“李大娘，那能够好呀！不过多活一天，多受一天罪罢了。这是他自作的，还怪人吗？一个儿子在家里勤耕苦做，什么不好？硬要信张傻子的话，叫他去当兵。把田地都当尽了。弄得我老不死的人，眼睁睁在这里受罪。李大娘你看我前生作了什么孽呀！”

“王大妈，你不要这样说，你儿子那样老实，一定会带钱来家的。你看张傻子的儿子，当先在家里，不是偷鸡摸狗都干吗？听说他已经做了兵官，昨儿回来……”

说到这里，歇看四外望望，又挨到王妈妈身边，小小的声气说道：

“他昨儿回来，带来一车子钱。我银儿跑到他家里去，看见白生生的一根银条，有二三尺长。说是抢人家的簪环首饰，没有地方放，把他烧化了，倒在枪管子里头做成的。”

“李大娘，我的儿子怎比得……”

正说着话，听见那老头儿呼呼的喘气。连忙跑进屋里，一看，说：

“不好了！老老着慌了！这怎么了呀！”

李大奶奶也跟着进来，一看王大爷眼睛望上翻，连忙用手掐着他的人中，叫道：

“王大爷！王大爷！你回过来呀！你……”

叫了半天，听见哼了一声，又一会，挨近王大爷身边，听见一点声音，仿佛是要说：“水……水……”

刚拿水来，倒一点到王大爷口里，回头看王妈妈倒在地下发抖。又远远望见外边有许多背枪的兵赶着一个人，到村门口才捉住了，说是什么“逃兵”。李大奶奶跑出去一看，原来就是王大爷的儿子。

听那背枪的兵问王大爷的儿子道：

“你可是振武军的人？”

“是。”

“你是什么时候入营的？”

“我是今年四月去的。”

“你为什么逃跑呢？”

“我并没有逃跑。我在营里等了五个月，只拿到一块钱的饷，以后……”

“胡说！振武军的饷，从来是中央按月照发，没有欠过的。”

“我也听人这样说，不过月月关饷，只能到营长手里。下头的官长，也就同我一样领不到的。”

“胡说八道！难道他们还扣饷吗？你们就是没有饷，也不应该抢人啦。”

“我并没有抢过人。”

“还赖得过吗？你不是同‘逃兵’一块儿来的吗？”

“我是前两个月出营的。因为营里拿不到饷，就同黄得胜请假出来，想到青岛报名去，到外国去做华工。不想没有钱走不脱，就在路上要饭吃。刚要饭要到杨家村，闯见邻家张四。他说振武军散了，他要回兖州，叫我替他推一车银子。你不信，你到张四那里去问。我刚才走他那里回来的。”

“不管你怎样，也要去会会我们营官。”

“让我到家看看爸爸妈妈罢！”

刚刚进门，王大爷一看见他儿子，一欢喜；又看见许多兵捉他，痰往上一涌，就死过去了。

他母亲看见儿子，连忙从地下爬起来，想一把抱着，背枪的兵用手一拦，把他打倒了。几个人拥着他儿子，说：

“走！……走！……走！……”

（原载《每周评论》第15号）